И. К. САЗОНОВА

РУССКИЙ ГЛАГОЛ И ЕГО ПРИЧАСТНЫЕ ФОРМЫ

ТОЛКОВО-ГРАММАТИЧЕСКИЙ СЛОВАРЬ

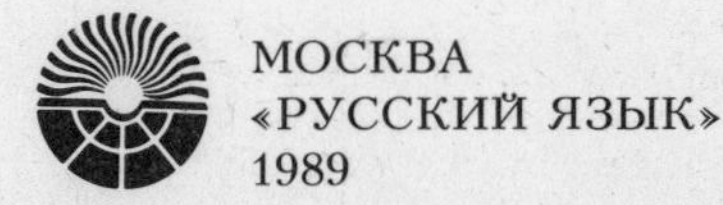

МОСКВА
«РУССКИЙ ЯЗЫК»
1989

ББК 81.2Р-4
С14

Рецензенты: чл.-корр. АН СССР А. А. ЗАЛИЗНЯК,
чл.-корр. АН СССР Ю. С. СТЕПАНОВ

Сазонова И. К.

С14 Русский глагол и его причастные формы: Толково-грамматич. сл.— М.: Рус. яз., 1989.— 590 с.
ISBN 5-200-00391-1.

Содержит около 2500 глаголов и около 7500 причастий. Впервые на большом материале описаны смысловые отношения глаголов и их причастных форм, показаны семантические, синтаксические и морфологические особенности причастий. Иллюстративные примеры к глаголу служат материалом для самостоятельного образования причастных конструкций. Рассчитан на языковедов, преподавателей русского языка в СССР и за рубежом и др. Для широкого круга читателей может служить справочным пособием по трудным вопросам орфографии причастий.

С $\frac{4602030000-328}{015(01)-89}$ 177—89 **ББК 81.2Р-4**

ISBN 5-200-00391-1

Посвящается
светлой памяти моих родителей
Кузьмы Капитоновича Сазонова
и
Лидии Александровны Сазоновой

ПРЕДИСЛОВИЕ

Настоящий словарь — первое лексикографическое описание причастий современного русского литературного языка. В нем раскрываются семантические и грамматические отношения глаголов и их причастных форм. Потребность в таком словаре ощущалась давно. В современном русском литературном языке, особенно в устной публичной речи (беседах на общественные темы, лекциях, диспутах и т. п.), в языке газеты, радио, телевидения, в научно-популярной и научной литературе причастные формы глаголов употребляются очень активно. С их помощью выражается большое количество разнообразных значений. Однако система этих значений во всех ее особенностях оставалась не исследованной. В словарях русского языка последовательно и полно лексические значения причастий не описаны. Может быть, отчасти поэтому причастия являются наиболее трудными для усвоения при изучении русского языка.

Все это, а также многолетнее исследование причастных форм побудило нас начать свыше 10 лет назад работу над словарем. Словарь ставит своей задачей отразить тесную связь семантики глагола со свойствами его причастных форм, показать особенности лексической семантики и некоторых грамматических свойств причастных форм. Поставленные задачи требовали поиска нового типа словаря, толково-грамматического, в котором могли бы решаться тесно связанные между собой задачи разграничения и толкования лексических значений глагола и его причастных форм и описания взаимосвязанных грамматических свойств глагола и причастий. В связи с этим нам пришлось решать ряд теоретических вопросов — о границах лексических значений глаголов, их количестве в семантической структуре глагола с учетом свойств причастных форм, о типологии стативных и адъективных значений причастий, о способах толкований стативных значений и др.

Необходимо было решить также ряд лексикографических проблем. Прежде всего нужно было найти форму словарной статьи, которая позволила бы в одном томе с помощью небольшого числа условных обозначений и внутренних отсылок дать максимум семантических и грамматических сведений, касающихся личных форм глагола и его причастных форм.

Давая в словаре те или иные оценки, определяя степень употребительности причастных форм, значений, синтаксических конструкций и др., мы опирались на данные словарей (см. „Источники словаря“), собранную автором картотеку, в основе которой — современная периодика, записи устной публичной речи, речь информантов. Словарь отражает норму современного русского литературного языка. Однако известно, что язык — сложная и постоянно меняющаяся система. Поэтому следует иметь в виду, что данные в словаре характеристики степени употребительности той или иной причастной формы или конструкции могут меняться.

Словарь включает самые разнообразные сведения о глаголах и причастиях. Он предназначен для языковедов (прежде всего русистов), преподавателей русского языка в СССР и за рубежом, а также для широкого круга читателей, для всех, кто изучает русский язык.

Языковедам материалы словаря могут быть интересны при исследовании семантических и функциональных свойств глагола и его форм, при выявлении закономерностей в этой области.

Преподаватели русского языка в СССР и за рубежом могут использовать словарь как справочник, который отвечает на вопросы о том, какие глаголы имеют нарушения в регулярности образования и употребления причастных форм и каков характер этих нарушений; какие глагольные лексические значения имеют причастные формы; каковы типы лексических значений у причастных форм; какие омонимы, синонимы, паронимы есть у причастных форм и др. Словарь может рассматриваться и как один из видов учебного пособия — словарная статья дает возможность использовать ее материал для разнообразных заданий, например: построить на основе данных при глаголе иллюстраций причастные обороты; отметить значения глаголов, не имеющие причастных форм; отметить значения причастий, характерные только для этих форм; определить различия между причастной формой и сходным с ней прилагательным; сравнить функции причастных форм у глаголов совершенного и несовершенного видов и др.

Широкому кругу читателей, всем, кто изучает русский язык, словарь помогает образовать причастные формы от какого-либо глагола, дает ответ на вопрос о том, какие лексические значения имеет причастная форма в отличие от прилагательного. Обратясь к указателю, читатель может получить сведения о причастной форме, встретившейся ему в тексте. Словарь помогает читателю разобраться в трудных вопросах орфографии: в каких случаях причастия пишутся с -нн-, а прилагательные с -н- *(паханный — паханый)*, в каких случаях краткие формы причастий пишутся с -н-, а краткие прилагательные с -нн- *(образована — образованна)*.

В ходе работы над словарем нами были учтены критические замечания и советы рецензентов словаря — чл.-корр. АН СССР А. А. Зализняка и чл.-корр. АН СССР Ю. С. Степанова, которым мы приносим свою искреннюю благодарность.

Особую, неоценимую помощь в создании словаря (в поисках наиболее оптимальной формы словарной статьи, уточнении семантической и грамматической информации, улучшении толкований и иллюстраций) оказала автору редактор словаря — старший научный редактор издательства «Русский язык» Н. Г. Зайцева — опытный лексикограф и лексиколог, обладающий тонким чувством языка и строгим, словарным подходом к материалу.

Мы выражаем также свою искреннюю признательность первым рецензентам словаря, поддержавшим идею его создания, В. В. Пчелкиной и Г. Ф. Жидковой; сотрудникам редакции филологических словарей русского языка В. С. Розовой, Е. А. Калинкиной, Е. В. Тростниковой; И. Ю. Сазонову, О. А. Лаптевой, Ф. Б. Шапиро, В. П. Смирнову, И. Е. Городецкой, Т. С. Тихомировой, Т. А. Ганиевой, К. М. Черному, Н. Л. Тумановой, Х. М. Черневу, И. В. Червенковой, Д. В., В. К. и В. И. Сазоновым, помогавшим автору преодолевать трудности при создании книги и выступавших на разных этапах работы в качестве информантов; Е. Н. Сченснович, подготовившей машинописный экземпляр книги.

Мы будем благодарны всем читателям за критические замечания, советы и пожелания, которые просим присылать в издательство «Русский язык» по адресу: 103012, Москва, Старопанский пер., 1/5.

И. К. Сазонова

КАК ПОЛЬЗОВАТЬСЯ СЛОВАРЕМ. ОСОБЕННОСТИ СЛОВАРЯ

I. О СЛОВНИКЕ СЛОВАРЯ

В словарь включено около 2500 глаголов современного русского литературного языка и около 7500 их причастных форм. Основным критерием отбора глаголов для данного словаря являлось наличие у причастных форм глагола каких-либо (грамматических, семантических и др.) особенностей. Это прежде всего глаголы, причастные формы которых, помимо глагольных значений, имеют свойственные только им значения, а именно — стативные значения (см. ниже), например: *расположенный, связанный, привязанный, призванный* и др.; адъективные значения (см. ниже), например: *пониженный, завышенный, усиленный, лечащий, закрытый, открытый* и др. Это также глаголы, причастные формы которых имеют особенности при их употреблении в роли существительного, например: *влюбленный, прошедшее* и др. При включении глаголов в словарь учитывались некоторые синтаксические особенности причастных форм — в ряде глагольных лексических значений они не могут употребляться в информативно достаточной синтаксической конструкции „одиночное причастие перед определяемым словом“, см., например, соответствующие причастные формы глаголов *бросить, послать, согнуть* и др. В словник включены также глаголы, причастные формы которых употребляются не во всех лексических значениях этих глаголов (см. *тереть, толкать, носить, приглушить* и др.).

В словарь включены также наиболее употребительные глаголы современного русского языка, у которых образование и употребление причастных форм регулярно, а семантика причастий не выходит за рамки семантики других форм.

В словник вошли переходные, непереходные, возвратные глаголы совершенного и несовершенного видов. Бóльшая часть возвратных глаголов помещена из-за соотносительности их причастных форм с причастными формами переходных глаголов *(испугаться — испугавшийся — испуганный)*.

II. СТИЛИСТИЧЕСКИЕ ПОМЕТЫ

В основном в словарь включены глаголы, которые принадлежат к нейтральной лексике современного русского литературного языка. Специальные, диалектные, устаревшие и просторечные глаголы в словарь, как правило, не включались, за исключением тех случаев, когда у глаголов этого типа причастные формы имеют какие-либо особенности, например, могут употребляться в значении прилагательного и в этом значении являются, в отличие от глагольных значений, нейтральными. В этом случае глагол (или его значения) получают соответствующую стилистическую помету (*прост., устар., спец.*).

Значения глаголов, имеющие разговорный или книжный стилистический оттенок, даются с пометой *разг.* или *книжн.* В словарь включаются также некоторые наиболее употребительные просторечные лексические значения с пометой *прост.*

Стилистическая помета приводится после толкования лексического значения глагола или причастной формы.

III. НОРМАТИВНЫЕ ХАРАКТЕРИСТИКИ

Словарь является нормативным. Варианты форм и варианты ударений даются в соответствии с нормой, определенной „Орфоэпическим словарем русского языка" под редакцией Р. И. Аванесова (М., 1983).

Пометы при вариантах грамматических форм

Варианты грамматических форм, употребляющиеся в современном языке как равноправные, соединяются союзом „и", например: *нагру́женный* и *нагружённый, то́пящий* и *топя́щий, кро́шат* и *кроша́т*.

Часть вариантов имеет помету *доп.* (допустимо), например:

КОЛЫХА́ТЬ, колы́шу и *доп.* колыха́ю, колы́ш|ут и *доп.* колыха́|ют...

I. КОЛЫ́ШУЩИЙ, -ая, -ее, -ие и *доп.* КОЛЫХА́ЮЩИЙ, -ая, -ее, -ие...

Помета *доп.* означает, что существует вариант нормы, менее желательный, но находящийся в пределах правильного употребления.

Если один из вариантов грамматической формы глагола является устаревшим, но от его основы образуется причастная форма, широко употребляющаяся в языке, этот устаревший вариант приводится с пометой *устар.*, например:

ЗАВЯ́НУТЬ ... завя́л и *устар.* завя́ну|л...

II. ЗАВЯ́НУВШИЙ, -ая, -ее, -ие; *действ. прош.*

С пометой *устар.* или *доп. устар.* могут быть даны также варианты причастной формы.

Пометы об употребительности причастных форм

Ряд помет характеризует сферу употребления причастных форм. Помета *редко* означает, что данная причастная форма употребляется в языке ограниченно, например:

ПОСМО́ТРЕН, -ена, -ено, -ены; *кр. ф. (редко)*

За знаком ▭ дается помета *не употр.* Она может свидетельствовать о неупотребительности данного причастия во всех глагольных лексических значениях, например, у глагола *золотить*:

▭ Прич. III не употр.

Она может указывать на неупотребительность причастия не во всех, а только в некоторых глагольных лексических значениях. При такой причастной форме ставится звездочка, например, у глагола *примирить*:

IV. ПРИМИРЁННЫЙ, -ая, -ое, -ые; *страд. прош.**

. . . .

▭ Прич. IV во 2 глаг. знач. не употр.

Помета *не употр.* не является запретительной: она означает, что причастная форма или некоторые ее глагольные лексические значения в данный период развития языка не употребительны.

В некоторых случаях в конце словарной статьи за знаком ▭ говорится о том, что какая-либо причастная форма не образуется. Таким способом в словаре обозначаются случаи невозможности образования причастных форм у определенных классов глаголов, например, у глагола *вычесть*:

▭ Прич. II не образуется

IV. СТРУКТУРА СЛОВАРНОЙ СТАТЬИ

Заголовочным словом словарной статьи является инфинитив. Глаголы располагаются в алфавитном порядке. Словарная статья состоит из двух частей (блоков).

В первом блоке дается информация о глаголе (инфинитиве и личных формах), во втором блоке — о причастных формах этого глагола.

1. ГЛАГОЛЬНЫЙ БЛОК СЛОВАРНОЙ СТАТЬИ

Грамматические сведения

При инфинитиве, до перечня лексических значений, приводится следующая информация: указаны личные формы, от основ которых образуются причастные формы; вид (совершенный или несовершенный), переходность или непереходность (если они свойственны всем лексическим значениям глагола); тип управления, сохраняющийся и в глагольных значениях причастных форм (если этот тип управления свойствен всем лексическим значениям глагола); указание на то, что семантическим и грамматическим субъектом действия у глагола во всех лексических значениях может быть только „не лицо“ *(S не лицо)*, т. е. не человек, так как это один из важных показателей специфики семантической структуры глагольного лексического значения, определяющий наличие или отсутствие некоторых его причастных форм.

Если вид, переходность — непереходность, характер управления у лексических значений глагола не одинаковы, а также помета *S не лицо* может быть отнесена не ко всем лексическим значениям, эти сведения указываются при каждом лексическом значении после цифры значения.

Помета *неперех.* при возвратных глаголах не дается, так как они не бывают переходными.

Особенности подачи личных форм глагола

При инфинитиве даются не все личные формы глагола, а только те из них, от основ которых образуются причастные формы. Это форма 3 лица множественного числа настоящего времени и форма единственного числа мужского рода прошедшего времени. Основы, от которых образуются причастные формы, отделяются прямой чертой, например:

РАСПОЛОЖИ́ТЬ, располо́ж|ат, располижи́|л...

Для образования причастной формы к соответствующим основам нужно присоединить суффиксы причастий: располож + енн → *расположенный*; расположи + вш → *расположивший* (см. таблицы „Образование причастий“).

Если в других личных формах глагола настоящего или прошедшего времени меняется ударение или происходит чередование, эти формы также указываются, например:

ВОСПРИНЯ́ТЬ, восприму́, воспри́мут, воспри́ня|л, восприняла́, воспри́няло, -ли...

ДАВИ́ТЬ, давлю́, да́в|ят, дави́|л...

В том случае, когда гласные основы в 3 лице множественного числа настоящего времени и в форме единственного числа мужского рода прошедшего времени графически совпадают (чита́|ют, чита́|л), но фонетически отличаются, т. е. в основе 3 лица настоящего времени конечной фонемой является -j-, для показа качественного различия этих двух основ гласная основы 3 лица настоящего времени дается курсивом: чит*а́*|ют.

Особенности подачи видовых пар

Подача видовых пар в словаре не традиционна. Если причастные формы каждого из видов глагола имеют свои семантические и грамматические особенности, полная разработка (грамматические пометы, толкования значений и т. д.) дается при каждом глаголе видовой пары в отдельности (см., например, видовую пару *воодушевить — воодушевлять*). Такой способ описания облегчает восприятие информации и помогает более наглядно выявить некоторые закономерности в употреблении причастий, характерные только для совершенного или только для несовершенного вида.

Разработка при каждом из двух видов дается и в том случае, если глаголы видовой пары различаются количеством лексических значений, а причастные формы этих значений могут иметь какие-либо особенности.

Противоположный вид дается отсылочным к другому виду с помощью отсылки (см.) в том случае, когда у его причастных форм нет специфических лексических особенностей. Этот вид не имеет разработки глагольного блока, а содержит только причастный блок. Отсылочные глаголы целиком ориентированы на объем лексических значений противоположного вида с основной разработкой (толкованием значений, управлениями и т. п.). При причастных формах отсылочного глагола указывается количество глагольных значений, в которых эти формы могут употребляться. Эти значения нужно смотреть у глагола, к которому дана отсылка, например:

ДАВА́ТЬ, *да*|ю́т, дава́|л; ***несов. к*** дать (см.)

I. ДАЮ́ЩИЙ, -ая, -ее, -ие; *действ. наст.*

Синт.: **а, б** — в глаг. знач. 1—18

Особенности подачи управлений

Одним из важных грамматических свойств глагола, определяющим состав причастных конструкций, тип субстантивации, характер адъективации причастной формы и др., является управление глагола. Оно дается или до лексических значений глагола, если относится ко всем его значениям, или при каждом значении.

Управления могут даваться через союз „и“. Это значит, что в предложении реализуется одно из двух данных управлений, например:

ОСТА́ВИТЬ ... **1.** ***кого (что)*** и ***что*** *Отец оставил детей в деревне. Я оставила документы в сейфе* [уходя, удаляясь, намеренно не взять с собой]

Управления, данные с союзом „также“, имеют факультативный характер, т. е. могут реализоваться, а могут и не реализовываться. Так, например, указание „***кого (что),*** также ***чем***“ — означает, что употребление существительного в творительном падеже возможно, но не обязательно, например:

ДОЛБИ́ТЬ ... **1.** ***что,*** также ***чем*** *Рабочий долбит отверстие в стене. Рыбаки долбят ломом лед* [пробивать чем-л. отверстие, углубление в чем-л. частыми ударами]

Управления типа *кого(что) чем, что чем* и др. (так называемые двойные управления) даются без запятой. Они означают, что предложения могут быть построены только при реализации двух этих управлений, например:

ОСВЕЩА́ТЬ ... **2.** ***кого(что)*** и ***что чем*** *Олег освещает фонариком спящую девочку* [направлять лучи света на кого-что-л., делая видимым]

Управление переходных глаголов

У переходных глаголов всегда указывается управление — *кого(что)* или *что*.

Управление *кого(что)* означает, что объектом действия является лицо — *кого* или группа лиц — *(что)*, например: *ученик* или *класс учеников, девушка* или *группа девушек*.

Управление *кого(что)** (со звездочкой) означает, что объектом действия является не лицо, а животное или группа животных.

Управление *что* означает, что объект действия — не лицо, а предмет (неодушевленное существительное).

Такие различия управлений переходных глаголов отражаются в словаре последовательно, так как это важно для показа некоторых особенностей причастий, в частности, типа субстантивации причастной формы (см. раздел „Субстантивация причастных форм").

При переходных глаголах иногда дается управление типа *что* и *без дополн.* Таким способом показывается возможность так называемого абсолютивного употребления переходного глагола (когда внимание сосредоточивается на самом процессе, без указания на прямой объект действия), например:

ДЕ́ЛАТЬ ... **4.** ***что*** и ***без дополн.*** *Что нам делать? Не знаю, что делать в этом случае. В подобных случаях я делаю иначе* [поступать каким-л. образом]

Управление непереходных глаголов

Управления, указанные при непереходных и возвратных глаголах, не имеют такой большой информативной нагрузки, как у переходных глаголов. Эти управления помогают читателю правильно построить любое предложение с глаголом в данном лексическом значении, а также соответственно и причастную конструкцию, например:

ЛА́ЗИТЬ ... **2.** ***по чему*** *Кто-то лазил по крыше...* **5.** ***во что*** *Девочка несколько раз лазила в пакет за конфетами...*

Ср. соответствующие предложения с причастными оборотами: *кто-то, лазивший по крыше...* или *девочка, несколько раз лазившая в пакет за конфетами...*

Особенности подачи лексических значений глагола

В отличие от толковых словарей, лексические значения глагола группируются по принципу наличия у них свойств переходности или непереходности. Группировка значений по принципу переходности — непереходности облегчает задачу определения закономерностей в образовании и употреблении соответствующих причастных форм.

Вопрос о том, какую группу значений давать вначале, решается в соответствии с тем, какие из них являются в современном литературном языке наиболее употребительными, объем каких значений, переходных или непереходных, более широк.

Не все лексические значения глагола, даваемые в толковых словарях, отмечаются в данном словаре. Например, в словарь не включались лексические значения глагола, употребляющиеся только в одной из его форм, например, только в повелительном наклонении, или в инфинитиве, или только в безличной форме. Но если лексические значения такого типа имеют семантическую соотносительность с некоторыми лексическими значениями у причастий (ср. *в боку колет — колющая боль*), они включались в словарь.

У возвратных глаголов не давались значения, выражающие только форму страдательного залога.

Вместе с тем словарь расширяет количество лексических значений глагола по сравнению с толковыми словарями русского языка, так как в сферу формальных показателей, дающих основание считать лексическое значение самостоятельным, вовлекаются некоторые грамматические свойства причастных форм. Например, во многих случаях формальным показателем самостоятельности лексического значения глагола является неупотребительность какой-либо причастной формы в этом значении, вызванная особенностями семантики значения глагола.

Анализ материала показал, что возможность или невозможность употребления причастной формы в информативно достаточной одиночной препозиции **(в)** (см. раздел „Синтаксис причастных форм") — также один из грамматических показателей самостоятельности лексического значения глагола, что определяется особенностями семантики этого значения.

Отсутствие у тех или иных лексических значений глагола субстантивации причастных форм также является формальным показателем самостоятельности лексического значения, так как эти значения имеют такие особенности семантики, которые ограничивают процесс субстантивации.

Тесно связан с лексико-семантической структурой глагола, спецификой его лексических значений и процесс адъективации причастных форм, процесс формирования у причастий стативных значений (см. ниже).

Иллюстративные примеры при лексических значениях глагола

Иллюстративные примеры, в отличие от их традиционной подачи в толковых словарях, даются перед толкованием. Это вызвано тем, что в словаре наиболее информативно значимым и важным для связывания двух блоков словарной статьи — глагольного и причастного — оказываются иллюстративные примеры, а не толкования значений. Именно они служат материалом для образования на их основе многочисленных причастных конструкций и уяснения характера глагольных лексических значений причастных форм. Поэтому для словаря отбирались главным образом такие иллюстрации, где в активной конструкции назван субъект действия, а при переходных глаголах и объект действия. Такие примеры облегчают задачу построения причастных конструкций. Этим же объясняется намеренное сохранение в большинстве случаев (там, где это возможно) однотипных иллюстраций для глаголов совершенного и несовершенного видов, если разработка лексических значений дается при каждом из этих видов.

Примеры из литературных произведений, иногда в сокращенном виде, взяты нами в основном из толковых словарей современного русского языка.

2. ПРИЧАСТНЫЙ БЛОК СЛОВАРНОЙ СТАТЬИ

В этом блоке описываются следующие причастные формы глагола: действительные причастия настоящего времени (I); действительные причастия прошедшего времени совершенного и несовершенного видов (II); страдательные причастия настоящего времени (III) (краткие формы этих причастий включаются только в случаях их частого употребления, подтвержденного материалами картотеки); страдательные причастия прошедшего времени совершенного и несовершенного видов (IV) — полные и краткие формы. Полные и краткие формы причастий даются в мужском роде единственного числа с окончаниями форм женского и среднего рода и множественного числа. Если при образовании полной причастной формы происходит чередование, это чередование указывается при причастной форме, например:

IV. ГЛА́ЖЕННЫЙ, -ая, -ое, -ые; *страд. прош.*
[чередование д/ж]

Сначала описываются особенности полных форм, затем — особенности кратких форм.

Синтаксис причастных форм

При каждой полной причастной форме отмечаются три типа причастных конструкций, условно обозначенных буквами: **а** — причастный оборот после определяемого слова; **б** — причастный оборот перед определяемым словом; **в** — причастие без поясняющих слов перед определяемым словом (одиночная препозиция); причем, в словаре позиция **в** отмечалась только тогда, когда смысл этой причастной конструкции понятен без контекста (т. е. является информативно достаточным), например, *гудящие провода, дезинфицируемое помещение* и др. Другие конструкции, в которых могут употребляться полные причастные формы, не отмечаются.

Синтаксическая позиция кратких форм в словаре специально не оговаривается, так как она для всех кратких форм одинакова — употребление в значении сказуемого в пассивной конструкции.

После полной причастной формы указывается, в каких причастных конструкциях она может быть употреблена в конкретном глагольном значении, например:

РАСТЕРЯ́ТЬ ... **1.** ***что*** *Олег растерял много хороших книг* [потерять что-л. по небрежности одно за другим] **2.** ***что*** *Максим постепенно растерял знания по астрономии, перестав заниматься ею* [постепенно утратить что-л.] **3.** ***кого(что)*** *Ольга растеряла всех своих друзей* [потерять связь с кем-л., утратить контакты]

II. РАСТЕРЯ́ВШИЙ, -ая, -ее, -ие; *действ. прош.*
Синт.: **а, б** — в глаг. знач. 1—3

„Синт.: **а, б** — в глаг. знач. 1 — 3" для читателя значит следующее: данные при глаголе примеры в каждом из трех его лексических значений можно использовать для построения указанных синтаксических конструкций (**а, б**). Например: *Олег растерял много хороших книг* → *Олег, растерявший много хороших книг, [снова начал собирать библиотеку]* (позиция **а**); *растерявший много хороших книг Олег [снова начал собирать библиотеку]* (позиция **б**). (В квадратных скобках здесь и ниже помещается текст, который может быть добавлен читателем к данному в словаре глагольному примеру.)

По тому же принципу строятся причастные обороты во 2-м и 3-м лексических значениях глагола *растерять*.

При глаголе встречаются примеры с придаточными предложениями (они иллюстрируют один из типов управления) или в безличной форме. Нужно иметь в виду, что эти примеры не могут быть использованы для построения причастных конструкций.

Для кратких форм причастий конструкции пассива строятся также в соответствии с указаниями на значения, данные при форме, например, у глагола *положить*:

ПОЛО́ЖЕН, -ена, -ено, -ены, *кр. ф.*

В глаг. знач. 1—9

Запись „В глаг. знач. 1—9“ означает, что краткая форма может образовать девять пассивных конструкций (в соответствии с каждым лексическим значением глагола): *раненый был положен на носилки* (по 1 значению); *книги и тетради положены мальчиком в портфель* (по 2 значению); *все заработанные деньги положены на сберкнижку* (по 3 значению) и т. д.

Типы причастных оборотов у страдательных причастий

(§ 1, § 2, § 3)

Некоторые переходные глаголы имеют двойное управление типа: *кого(что) чем* или управление типа *кого(что)*, также *чем*, например:

ИСПУГА́ТЬ ... **1.** ***кого(что),*** также ***чем*** *Незнакомец испугал малыша громким кашлем* (см. § 1) [вызвать испуг, внушить страх, боязнь]

При переводе активных конструкций, имеющих существительное в творительном падеже, в причастный оборот со страдательным причастием, в этом обороте могут соединяться два существительных, стоящих в творительном падеже (одно из них — преобразованный грамматический и семантический субъект действия активной конструкции). В одних случаях оба существительных, стоящих в творительном падеже, могут сохраняться, в других — одно из них опускается.

Для разграничения причастных оборотов по этому признаку в словарь введены параграфы (§ 1, § 2, § 3), отсылка на которые дается при примерах в глагольном блоке.

§ 1 означает, что семантический и грамматический субъект действия активной конструкции в причастных оборотах **а** или **б** трансформируется в несогласованное определение и должен быть употреблен в родительном падеже: *незнакомец испугал малыша громким кашлем → малыш, испуганный громким кашлем незнакомца, [заплакал]* или: *испуганный громким кашлем незнакомца малыш [заплакал]*. (Ср. искусственность такой конструкции: *малыш, испуганный незнакомцем громким кашлем, [заплакал]*).

§ 2 означает, что семантический и грамматический субъект действия активной конструкции может быть употреблен в причастных оборотах **а** и **б** в творительном падеже (при этом причастный оборот может сохранять два существительных в творительном падеже), например: *малыш нарисовал домик мелом — домик, нарисованный малышом мелом, [был похож на квадрат].*

§ 3 означает, что семантический и грамматический субъект действия активной конструкции не может быть употреблен в причастном обороте, например: *Илья утомил глаза непрерывным чтением → глаза, утомленные непрерывным чтением, [нужно слегка массировать]* или: *утомленные непрерывным чтением глаза [нужно слегка массировать]*. (Ср. искусственность такой конструкции: *глаза, утомленные Ильей непрерывным чтением, [нужно слегка массировать]*).

Лексические значения причастных форм

Словарь фиксирует разные типы лексических значений причастных форм — глагольные, стативные, адъективные. Глагольные лексические значения не имеют своих толкований, а воспроизводятся из толкований, данных в глагольном блоке. Для этого даются отсылки к лексическим значениям глагола при характеристике синтаксических свойств причастной формы (см. выше раздел „Синтаксис причастных форм“). Стативные же и адъективные лексические значения причастий (см. ниже) имеют свою разработку, т. е. толкования и иллюстративные примеры, причем, порядок их расположения, в отличие от глагольного блока, традиционный — сначала даются толкования, затем — примеры. Характер иллюстраций также отличается от глагольного блока: здесь возможны не только фразы, но и речения.

При кратких формах причастий толкования не повторяются, так как практически их семантика почти полностью совпадает с семантикой полных форм. При кратких формах приводятся только примеры.

Соотнесенность полных и кратких форм обозначается указаниями в скобках: (также *кр. ф.* ↓), (также *полн. ф.* ↑).

Глагольные лексические значения причастных форм

Глагольные лексические значения причастных форм — это лексические значения глагола, реализующиеся в причастных конструкциях (см. раздел „Синтаксис причастных форм“). Их количество у причастной формы указывается при синтаксической характеристике полной формы и при краткой форме, например, у глагола *выиграть*:

IV. ВЫ́ИГРАННЫЙ ...

С и н т.: **а, б** — в глаг. знач. 1—4 ...

. . . .

ВЫ́ИГРАН ...

В глаг. знач. 1—4

Глагольные значения причастий, как уже говорилось выше, не имеют в причастном блоке толкований. Не имеют они и иллюстративных примеров. Их приведение при каждой причастной форме увеличило бы объем словаря до беспредельности. Если, например, глагол имеет 10 лексических значений и 4 причастия, то нужно было бы дать при каждой причастной форме по 10 примеров на каждую причастную конструкцию, что в однотомном словаре, естественно, невозможно да и не нужно.

Если данное причастие может употребляться не во всех глагольных значениях, а только в одном или нескольких, цифры этих значений указываются при синтаксической характеристике полной формы и при краткой форме. В таком случае само причастие дается со звездочкой, а в конце словарной статьи за знаком ▭ указаны те лексические значения глагола, в которых причастие не употребительно, например, у глагола *укрепить*, который имеет 6 значений:

IV. УКРЕПЛЁННЫЙ, -ая, -ое, -ые; *страд. прош.**

С и н т.: **а, б** — в глаг. знач. 1—3, 5 ...

. . . .

УКРЕПЛЁН ...

В глаг. знач. 1—3, 5

▭ Прич. IV в 4, 6 глаг. знач. не употр.

Особую сложность для читателя могут представить глагольные значения причастий тех соотнесенных по виду глаголов, у которых отсутствует разработка словарной статьи. Эти глаголы даются отсылочными к противоположному виду. В их причастном блоке дана отсылка на значения того члена видовой пары, который имеет разработку, например:

НАКАЛЯ́ТЬ ... ***несов. к*** накали́ть (см.)

I. НАКАЛЯ́ЮЩИЙ, -ая, -ее, -ие; *действ. наст.*

С и н т.: **а, б** — в глаг. знач. 1—3

Указание типа „С и н т.: **а, б** — в глаг. знач. 1—3" означает, что читатель при построении причастных конструкций ссылочного глагола *накалять* должет обратиться к примерам и толкованиям, данным в парном глаголе *накалить*, перевести их в соответствующий вид и только потом уже строить причастные обороты или пассивные конструкции, например: *солнце накалило крышу → солнце накаляет крышу → солнце, накаляющее крышу* и т. д.

Стативные лексические значения причастных форм

Стативные лексические значения свойственны только причастным формам глагола. Они выражают непроцессуальный признак, значение состояния, результата действия. Употребляясь в конструкциях того же типа, что и причастные обороты (**а, б**), причастия в стативных лексических значениях не выражают грамматического значения страдательности, а краткие их формы не имеют значения пассива.

Стативные лексические значения причастия, если таковые имеются, даются после характеристики синтаксических свойств причастия и указания на количество его глагольных значений, например, у глагола *расположить*:

IV. РАСПОЛО́ЖЕННЫЙ, -ая, -ое, -ые; *страд. прош.*

. . . .

С т а т и в. з н а ч. (также *кр. ф.* ↓) **1.** ***к кому (чему)*** Испытывающий чувство симпатии, хорошо относящийся к кому-л. *Олег, совсем не расположенный к новой знакомой, был угрюм и неразговорчив...*

РАСПОЛО́ЖЕН, -ена, -ено, -ены; *кр. ф.*

. . . .

С т а т и в. з н а ч. (также *полн. ф.* ↑) **1.** ***к кому (чему)*** *Олег был очень расположен к своей новой знакомой ...*

Синтаксическая характеристика стативных значений объединяется с синтаксической характеристикой глагольных значений, поскольку тип конструкций тот же (**а, б**), например:

IV. УДАЛЁННЫЙ, -ая, -ое, -ые; *страд. прош.*

С и н т.: **а, б** — в глаг. знач. 1—4 и в статив. знач. ...

Стативные значения не выходят за рамки глагольной семантической зоны, не переходят в прилагательные. Они толкуются всегда через глаголы, так как обозначают состояние лица или предмета, связанное с действием (ср. *влюбленный в кого(что) — влюбившийся в кого(что) — влюбиться в кого(что)*).

Для стативных лексических значений, как и для глагольных, характерна регулярная субстантивация.

Краткие формы стативных значений (они регулярно образуются) пишутся всегда с одним -н-.

Причастия в значении прилагательных (адъективные значения причастий)

При причастной форме после глагольных и стативных значений отмечаются адъективные лексические значения. В адъективных значениях причастие обозначает действие или состояние как признак, свойство в их отвлечении от временно́й приуроченности: *блуждающая улыбка, документирован-*

ный вывод, дифференцированные нормы, думающий инженер, разоряющие траты и др. В словаре они даются с толкованиями и примерами.

Адъективные значения, как и стативные, не могут быть отнесены к прилагательным, поскольку они обозначают такие свойства или состояния лица или предмета, которые связаны прежде всего с процессом действия или его результатом. Причастия в этих значениях сочетаются с тем же кругом существительных, которыми управляет глагол в личных формах *(взволновать человека → взволнованный человек, лимитировать подписку → лимитированная подписка)* или с существительными, называющими семантический и грамматический субъект действия *(думающий инженер, знающий специалист)*. Часть из них мотивирована также возвратными глаголами *(сломанная игрушка → сломавшаяся игрушка — сломаться)*.

Для адъективных значений характерна, как правило, синтаксическая позиция **в** (см. выше раздел „Синтаксис причастных форм"), поэтому синтаксис адъективных значений в словаре специально не отмечается.

Адъективные значения имеют обычно полные и краткие формы. Краткие формы, как и краткие формы стативных значений, не имеют значения пассива, не входят в залоговое соотношение актив — пассив.

В отличие от кратких форм прилагательных, краткие формы адъективных значений, как и краткие формы стативных значений, пишутся всегда с одним -н-, например: *глаза воспалены, девушка растеряна, борода растрепана* и др.

Сопоставление причастных форм с прилагательными

В словаре дается сопоставление некоторых глагольных и адъективных лексических значений причастий с прилагательными — паронимами, омонимами, синонимами, например, у глагола *различать*:

III. РАЗЛИЧА́ЕМЫЙ, -ая, -ое, -ые; *страд. наст.*

. . . .

С р. прил. **различи́мый**, -ая, -ое, -ые; -и́м, -и́ма, -и́мо, -и́мы, обычно ***с нареч.*** Такой, который можно различить, рассмотреть, расслышать. *С трудом различимые краски. Скалы в темноте были едва различимы*

Это сопоставление помогает лучше уяснить специфику лексического значения причастия, а также выявить те речевые ситуации, при которых уместно употребление причастий, а не прилагательных и наоборот.

В словаре проводится сопоставление лексических значений страдательных причастий настоящего времени с прилагательными типа *различаемый — различимый, соединяемый — соединимый* и др.

Сопоставляются с прилагательными адъективные значения действительных причастий настоящего времени типа *убеждающий — убедительный, привлекающий — привлекательный* и др.

Проводится сопоставление с прилагательными страдательных причастий прошедшего времени несовершенного вида типа *паханный — паханый* (отпричастное прилагательное пишется с одним -н-, причастная форма — с двумя -нн-).

В словаре даются омонимы типа причастия — прилагательные, например: *испуганный человек — испуганный взгляд* (краткие формы этих омонимов также различаются в написании -н- или -нн-: у кратких форм адъективных значений пишется всегда -н-, у кратких форм омонимичных прилагательных — -нн-).

Сопоставления такого рода помогают читателю разобраться в трудных вопросах орфографии.

Субстантивация причастных форм

После описания всех типов лексических значений полной формы причастия даются сведения о возможности ее субстантивации, т. е. о возможности употребления ее в значении существительного.

В словаре различаются три типа субстантивации:

С у б с т а н т и в.$_1$ называет лицо и имеется только у действительных причастий настоящего и прошедшего времени: *Аплодирующие встали. Я попросил говорившего по телефону поскорее закончить разговор.*

С у б с т а н т и в.$_2$ и с у б с т а н т и в.$_3$ возможны только у страдательных причастий настоящего и прошедшего времени. С у б с т а н т и в.$_2$ означает, что страдательное причастие настоящего или прошедшего времени может употребляться в значении существительного, называя лицо: *Награжденные собрались в зале. Осматриваемых врачом сестра записывала в регистрационную книгу.*

С у б с т а н т и в.$_3$ означает, что страдательное причастие настоящего и прошедшего времени может употребляться в значении существительного, называя предмет: *Подчеркнутое красным карандашом нужно выписать в отдельный столбик. Уничтожаемое пожарами люди восстанавливали довольно быстро.*

С у б с т а н т и в.$_1$ и с у б с т а н т и в.$_2$ обычно употребляются в языке в форме мужского или женского рода единственного числа или во множественном числе. С у б с т а н т и в.$_3$ имеет форму единственного числа среднего рода.

Субстантивация причастных форм — процесс продуктивный. Почти каждая причастная форма может быть употреблена в значении существительного. Поэтому словарь отмечает только случаи отклонения от регулярности. Если в словарной статье не дается информация о субстантивации, это значит, что она возможна у всех причастных форм во всех глагольных лексических значениях.

Если читатель хочет употребить субстантивированные причастные формы (субстантивы), он должен обратить внимание на следующее:

С у б с т а н т и в.$_1$ есть у тех лексических значений причастий, где у соответствующего глагола в активной конструкции грамматический и семантический субъект действия — лицо, т. е. человек. При этих лексических значениях в глагольном блоке отсутствует помета *S не лицо*, например, у глагола *убивать: убивающий надежду* и т. д.

С у б с т а н т и в.$_2$ возможен только у причастных форм переходных глаголов с управлением *кого(что)* без звездочки, например, у глагола *убить: убитые фашистами, убитый отказом* и т. д.

(Читатель должен помнить, что управление *кого(что)** (со звездочкой) относится к существительным, называющим животных.)

С у б с т а н т и в.$_3$ есть только у причастных форм переходных глаголов с управлением *что*, например, у глагола *сделать: сделанное на заводе, сделанное в соответствии с инструкцией* и т. д.

Если субстантивация невозможна или возможна не во всех глагольных лексических значениях, а только в одном или нескольких, об этом сообщается следующим образом:

С у б с т а н т и в.$_1$ не употр.
С у б с т а н т и в.$_1$ в глаг. знач. 1, 2
С у б с т а н т и в.$_2$ не употр.
С у б с т а н т и в.$_2$ в глаг. знач. 3
С у б с т а н т и в.$_3$ не употр.
С у б с т а н т и в.$_3$ в глаг. знач. 1—4

Если в каком-либо глагольном лексическом значении субстантивация возможна только в форме множественного числа или употребление в этой форме является предпочтительным, об этом дается указание:

С у б с т а н т и в.$_2$ во мн.
С у б с т а н т и в.$_1$ обычно мн.

Если причастная форма, регулярно употребляющаяся в значении существительного, приобрела самостоятельное лексическое значение, словарем такие значения отмечаются, например, у глагола *служить*:

В з н а ч. с у щ. **слу́жащий,** -его, *м.*; **слу́жащая,** -ей, *ж.*

В словаре даются также сопоставления с существительными-омонимами, образовавшимися из таких субстантивированных лексических значений причастий, например, у глагола *влюбить*:

IV. ВЛЮБЛЁННЫЙ, -ая, -ое, -ые; *страд. прош.*

. . . .

С р. сущ. **влюблённые,** -ых ...

3. ИНФОРМАЦИЯ ЗА ЗНАКОМ ▭

В конце словарной статьи за знаком ▭ может быть дана следующая информация:

1. Указания на различные отклонения от регулярности в образовании причастных форм, например:

▭ Прич. III не образуется
▭ Неперех. глагол имеет прич. III
▭ Глагол не имеет прич. III, IV
▭ Глагол сов. вида имеет прич. I, III

2. Указание на то, что какие-либо причастные формы у глагола не употребительны, например: ▭ Прич. IV не употр.

3. Указание на те лексические значения глагола, которые не имеют каких-либо причастных форм, например:

▭ Прич. IV во 2, 3 глаг. знач. не употр.

4. Указание на степень употребительности причастной формы в каких-либо глагольных лексических значениях по сравнению с личными формами глагола, другими его причастными формами или по сравнению с употреблением той же причастной формы, но в других лексических значениях, например:

▭ Прич. IV в глаг. знач. менее употр., чем личные ф. глагола и прич. I, II
▭ Прич. I в 3 глаг. знач. менее употр., чем в 1, 2 глаг. знач.

V. УКАЗАТЕЛЬ К СЛОВАРЮ

К словарю дан алфавитный указатель всех причастных форм, помещенных в причастном блоке словарной статьи. Указатель дает возможность быстро найти в словаре необходимую читателю причастную форму.

Кроме того, он содержит информацию обо всех особенностях причастной формы, отмеченных в словарной статье (в причастном блоке). Эта информация дана в закодированном виде:

стз — наличие у причастной формы стативного значения (статив. знач.)

зп — наличие у причастной формы адъективного значения (в знач. прил.)

зс — наличие у причастной формы субстантивированного лексического значения (в знач. сущ.)

с — наличие у причастия в значении существительного существительного-омонима

п1 — наличие у причастия в глагольном значении или у причастия в значении прилагательного (суффикс которых пишется с двумя -нн-) прилагательного-паронима (суффикс которого пишется с одним -н-)

п2 — наличие у причастия в глагольном значении или у причастия в значении прилагательного (суффикс краткой формы которых пишется с одним -н-) омонима-прилагательного (суффикс краткой формы которого пишется с двумя -нн-), а также наличие других прилагательных-омонимов

п3 — наличие прилагательных-паронимов

Причастные формы, снабженные в словаре пометой *(редко)*, отмечаются в указателе звездочкой.

ОБРАЗОВАНИЕ ПРИЧАСТИЙ

ДЕЙСТВИТЕЛЬНЫЕ ПРИЧАСТИЯ НАСТОЯЩЕГО ВРЕМЕНИ (I)

Суффиксы		Тип основы	Примеры
-ущ- **-ющ-**	глаголы I спряжения	основа настоящего времени	пиш|ут → пишущий игр*а*|ют → играющий
-ащ- **-ящ-**	глаголы II спряжения		крич|ат → кричащий бел|ят → белящий

ДЕЙСТВИТЕЛЬНЫЕ ПРИЧАСТИЯ ПРОШЕДШЕГО ВРЕМЕНИ СОВЕРШЕННОГО И НЕСОВЕРШЕННОГО ВИДОВ (II)

Суффиксы	Тип основы	Примеры
-вш-	Основа прошедшего времени на гласную	крича|л → кричавший
-ш-	1) Основа прошедшего времени на согласную 2) Основа настоящего времени на -т-, -д- глаголов на -сти	нёс → нёсший привед|ут → приведший подмет|ут → подмётший

СТРАДАТЕЛЬНЫЕ ПРИЧАСТИЯ НАСТОЯЩЕГО ВРЕМЕНИ (III)

Суффиксы	Тип основы	Примеры
-ем- глаголы I спряжения	Основа настоящего времени на гласную	чит*а*|ют → читаемый
-ом- глаголы I спряжения	Основа настоящего времени на согласную	нес|ут → несомый
-им- глаголы II спряжения	Основа настоящего времени	дел|ят → делимый

СТРАДАТЕЛЬНЫЕ ПРИЧАСТИЯ ПРОШЕДШЕГО ВРЕМЕНИ СОВЕРШЕННОГО И НЕСОВЕРШЕННОГО ВИДОВ (IV)

Суффиксы	Тип основы	Примеры
-енн- **(-ённ-)**	1) Основа прошедшего времени на согласную 2) Основа настоящего времени на -т-, -д- глаголов на -сти 3) Основа настоящего времени на согласную глаголов на -ить, -еть (кроме глагола *видеть*)	испёк| → испечённый (чередование к/ч) привед|ут → приведённый закрут|ят → закрученный (чередование т/ч) обид|ят → обиженный (чередование д/ж)
-нн-	1) Основа прошедшего времени на -а-, -я- (кроме глаголов типа *жать, мять*) 2) Основа прошедшего времени на -е- глагола *видеть* и его производных	слома|л → сломанный посея|л → посеянный увиде|л → увиденный
-т-	1) Основа прошедшего времени на гласную (из глаголов на -а-, -я- только глаголы типа *жать, мять*) 2) Основа прошедшего времени на -р-	би|л → битый мы|л → мытый жа|л → жатый мя|л → мятый наде|л → надетый стёр| → стёртый

ПРИЧАСТНЫЕ ФОРМЫ У ПЕРЕХОДНЫХ И НЕПЕРЕХОДНЫХ ГЛАГОЛОВ

Тип глагола	Количество причастных форм	Примеры
Переходные глаголы		
а) несовершенного вида (*играть*)	4	I. Играющий пьесу (действ. наст.) II. Игравший пьесу (действ. прош.) III. Играемая пьеса (страд. наст.) IV. Игранная пьеса (страд. прош.)
б) совершенного вида (*сыграть*)	2	II. Сыгравший пьесу (действ. прош.) IV. Сыгранная пьеса (страд. прош.)
Непереходные глаголы		
а) несовершенного вида (*сидеть*)	2	I. Сидящий человек (действ. наст.) II. Сидевший человек (действ. прош.)
б) совершенного вида (*сесть*)	1	II. Севший человек (действ. прош.)

ИСТОЧНИКИ СЛОВАРЯ

Источниками для словаря послужили: материалы, вошедшие в картотеку автора, расшифровки записей устной научной речи Института русского языка им. А. С. Пушкина, расшифровки записей устной разговорной речи Института русского языка АН СССР, иллюстративный материал лексикографических источников, научных работ, посвященных причастиям.

ЛЕКСИКОГРАФИЧЕСКИЕ ИСТОЧНИКИ

Словарь русского языка: В 4 т. / Гл. ред. А. П. Евгеньева; АН СССР. Ин-т рус. яз. 2-е изд., испр. и доп. М., 1981—1984. Т. 1—4

Ожегов С. И. Словарь русского языка: Ок. 57000 слов / Под ред. Н. Ю. Шведовой. 16-е изд., испр. М., 1984. 800 с.

Толковый словарь русского языка / Под ред. Д. Н. Ушакова. М., 1935—1940. Т. 1—4

Словарь современного русского литературного языка / АН СССР. Ин-т рус. яз. М.; Л., 1950—1965. Т. 1—17

Новые слова и значения: Словарь-справочник по материалам прессы и литературы 60-х годов / Сост.: Н. З. Бутарова, Н. З. Котелова (руководитель группы), Е. А. Левашов и др.; Под ред. Н. З. Котеловой, Ю. С. Сорокина; АН СССР. Ин-т рус. яз. М., 1971. 544 с.

То же: Словарь-справочник по материалам прессы и литературы 70-х годов / Е. А. Левашов, Т. Н. Поповцева, В. П. Фелицына и др.; Под ред. Н. З. Котеловой; АН СССР. Ин-т рус. яз. М., 1984. 808 с.

Новое в русской лексике. Словарные материалы — 77 / Н. З. Котелова, В. П. Петушков, Ю. Е. Штейнсапир, Н. Г. Герасимова; Под ред. Н. З. Котеловой; АН СССР. Ин-т рус. яз. М., 1980. 176 с.

То же. Словарные материалы — 78 / Н. Г. Герасимова, Н. З. Котелова, Т. Н. Поповцева, В. П. Петушков; Под ред. Н. З. Котеловой; АН СССР. Ин-т рус. яз. М., 1981. 264 с.

То же. Словарные материалы — 79 / Н. З. Котелова, М. Н. Судоплатова, Н. Г. Герасимова, Т. Н. Поповцева; Под ред. Н. З. Котеловой; АН СССР. Ин-т рус. яз. М., 1982. 320 с.

Краткий толковый словарь русского языка / Сост.: И. Л. Городецкая, Т. Н. Поповцева, М. Н. Судоплатова, Т. А. Фоменко; Под ред. В. В. Розановой; АН СССР. Ин-т рус. яз. 3-е изд., испр. и доп. М., 1982. 248 с.: ил.

Учебный словарь сочетаемости слов русского языка: Ок. 2500 словарных статей / Денисов П. Н. и др.; Под ред. П. Н. Денисова, В. В. Морковкина; Ин-т рус. яз. им. А. С. Пушкина. М., 1978. 688 с.

Орфографический словарь русского языка: 106 000 слов / Под ред. С. Г. Бархударова, И. Ф. Протченко, Л. И. Скворцова; АН СССР. Ин-т рус. яз. 18-е изд., испр. М., 1981. 480 с.

Зализняк А. А. Грамматический словарь русского языка: Словоизменение: Ок. 100 000 слов. М., 1977. 880 с.

Орфоэпический словарь русского языка: Произношение, ударение, грамматические формы: Ок. 63500 слов / С. Н. Борунова, В. Л. Воронцова, Н. А. Еськова; Под ред. Р. И. Аванесова; АН СССР. Ин-т рус. яз. М., 1983. 704 с.

Грамматическая правильность русской речи: Опыт частотно-стилистического словаря вариантов / Л. К. Граудина, В. А. Ицкова, Л. П. Катлинская. М., 1976. 454 с.

Частотный словарь русского языка / Под ред. Л. Н. Засориной. М., 1977. 934 с.

Полякова Г. П., Солганик Г. Л. Частотный словарь языка газеты. М., 1971. 281 с.

* * *

Русская грамматика / АН СССР. Ин-т рус. яз. М., 1980. Т. 1—2

УСЛОВНЫЕ СОКРАЩЕНИЯ

безл.— безличное
буд.— будущее время
вводн. сл.— вводное слово
вин.— винительный падеж
воен.— в военном деле
вр.— время
высок.— высокое
глаг.— глагольный
действ. наст.— действительное причастие настоящего времени
действ. прош.— действительное причастие прошедшего времени
доп.— допустимо
дополн.— дополнение
дополнит.— дополнительное (придаточное предложение)
ед.— единственное число
ж.— женский род
знач.— значение
зоол.— в зоологии
и др.— и другие
книжн.— книжное
книжно-поэтич.— книжно-поэтическое
кр. ф.— краткая форма
л.— лицо
-л.— либо
м.— мужской род
малоупотр.— малоупотребительно
мед.— в медицине
мест.— местоимение
мн.— множественное число
мор.— в морском деле
накл.— наклонение
напр.— например
нареч.— наречие
наст.— настоящее время
наст.-буд.— настоящее-будущее время
неодобр.— неодобрительное
неопр. ф.— неопределенная форма глагола
неперех.— непереходный глагол
несов.— несовершенный вид
неуп.— неупотребительно
обл.— областное
обстоятельств.— обстоятельственное
офиц.— официальное
перех.— переходный глагол
полн. ф.— полная форма
поэтич.— поэтическое
придат. дополнит.— придаточное дополнительное предложение

прил.— прилагательное
прич.— причастие
прост.— просторечное
проф.— профессиональное
прош.— прошедшее время
разг.— разговорное
с.— страница
синт.— синтаксическая конструкция причастной формы
сказ.— сказуемое
см.— смотри
сов.— совершенный вид
спец.— специальное
ср.— сравни
ср.— средний род
статив.— стативное (значение)
страд. наст.— страдательное причастие настоящего времени
страд. прош.— страдательное причастие прошедшего времени
субстантив.— субстантивированная форма причастия
сущ.— существительное
тех.— в технике
употр.— употребительно
устар.— устаревшее
ф.— форма
ч.— число
шутл.— шутливое

УСЛОВНЫЕ ОБОЗНАЧЕНИЯ

S не лицо — субъект действия не лицо (см. с. 6)
I — действительное причастие настоящего времени
II — действительное причастие прошедшего времени совершенного и несовершенного видов
III — страдательное причастие настоящего времени
IV — страдательное причастие прошедшего времени совершенного и несовершенного видов
а — причастный оборот после определяемого слова (см. с. 8)
б — причастный оборот перед определяемым словом (см. с. 8)
в — причастная форма в информативно достаточной одиночной препозиции (см. с. 8)
В глаг. знач.— причастная форма в глагольном значении (см. с. 9)
В знач. прил.— причастная форма в значении прилагательного (в адъективном значении) (см. с. 10)
В знач. сущ.— причастная форма в значении существительного (см. с. 12)
Статив. знач.— причастная форма в стативном значении (см. с. 10)
Субстантив.$_1$ — субстантивированная причастная форма, называющая действующее лицо (см. с. 11)
Субстантив.$_2$ — субстантивированная причастная форма, называющая лицо, подвергаемое действию (см. с. 11)
Субстантив.$_3$ — субстантивированная причастная форма, называющая предмет, подвергаемый действию (см. с. 11)
§ 1 — тип причастного оборота (см. с. 9)
§ 2 — тип причастного оборота (см. с. 9)
§ 3 — тип причастного оборота (см. с. 9)
◊ — знак, вводящий фразеологизм, в составе которого есть причастная форма
▭ — знак, за которым даются сведения о семантико-грамматических особенностях причастной формы
↓ — смотри соотносительное значение в краткой форме, которая дана ниже
↑ — смотри соотносительное значение в полной форме, которая дана выше
* — звездочка: а) в управлении, обозначающая, что объектом действия является животное или группа животных (см. с. 7);
б) при причастной форме в корпусе словаря, обозначающая, что данная причастная форма может быть не у всех лексических значений глагола (см. с. 10);
в) при причастной форме в Указателе, обозначающая, что эта форма в корпусе словаря имеет помету *редко*

Условные обозначения в Указателе — см. с. 13

АЛФАВИТ

А а	И и	Р р	Ш ш
Б б	Й й	С с	Щ щ
В в	К к	Т т	Ъ ъ
Г г	Л л	У у	Ы ы
Д д	М м	Ф ф	Ь ь
Е е Ё ё	Н н	Х х	Э э
Ж ж	О о	Ц ц	Ю ю
З з	П п	Ч ч	Я я

А

АВТОМАТИЗИ́РОВАТЬ, автоматизи́ру|ют, автоматизи́рова|л; ***сов.*** и ***несов., перех., что*** **1.** *Предприятия нашего города автоматизировали производство. Мы автоматизируем несколько сложных производственных процессов* [применить или применять, внедрить или внедрять автоматические приборы, приспособления, машины, заменяющие ручной труд] **2.** ***S не лицо*** *Работа на конвейере автоматизирует движения рабочих* [сделать или делать автоматическим]

I. АВТОМАТИЗИ́РУЮЩИЙ, -ая, -ее, -ие; *действ. наст.*

С и н т.: **а, б** — в глаг. знач. 1, 2

II. АВТОМАТИЗИ́РОВАВШИЙ, -ая, -ее, -ие; *действ. прош.*

С и н т.: **а, б** — в глаг. знач. 1, 2

III. АВТОМАТИЗИ́РУЕМЫЙ, -ая, -ое, -ые; *страд. наст.*

С и н т.: **а, б** — в глаг. знач. 1, 2; **в** — в глаг. знач. 1

С у б с т а н т и в.$_3$ не употр.

IV. АВТОМАТИЗИ́РОВАННЫЙ, -ая, -ое, -ые; *страд. прош.*

С и н т.: **а, б** — в глаг. знач. 1, 2

В з н а ч. п р и л. (только *полн. ф.*) **1.** Не применяющий ручной труд, оснащенный автоматическими приборами, приспособлениями, машинами. *Автоматизированное предприятие* **2.** Работающий, осуществляющийся с помощью автоматических приборов, приспособлений, машин, заменяющих ручной труд. *Автоматизированный процесс изготовления кинескопов* ◊ **Автоматизированная система управления (АСУ)** — совокупность методов, технических средств (ЭВМ, средств связи, устройств отображения информации и т. д.) и организационных комплексов, обеспечивающих рациональное управление сложным объектом (процессом) в соответствии с заданной целью (С р. прил. **автомати́ческий,** -ая, -ое, -ие в знач. 'действующий без участия человека'. *Автоматический тормоз*)

С у б с т а н т и в.$_3$ не употр.

АВТОМАТИЗИ́РОВАН, -ана, -ано, -аны; *кр. ф.*

В глаг. знач. 1, 2

АВТОРИЗОВА́ТЬ, авторизу́|ют, авторизова́|л; ***сов.*** и ***несов., перех., что*** *Молодой писатель авторизовал перевод своей драмы. Художник авторизовал копию своей картины* [официально одобрить или одобрять перевод, копию, репродукцию и т. п. своего произведения, подготовленные кем-л. для воспроизведения, издания и т. п.]

I. АВТОРИЗУ́ЮЩИЙ, -ая, -ее, -ие; *действ. наст.*

С и н т.: **а, б** — в глаг. знач.

II. АВТОРИЗОВА́ВШИЙ, -ая, -ее, -ие; *действ. прош.*

С и н т.: **а, б** — в глаг. знач.

III. АВТОРИЗУ́ЕМЫЙ, -ая, -ое, -ые; *страд. наст.*

С и н т.: **а, б, в** — в глаг. знач.

IV. АВТОРИЗО́ВАННЫЙ, -ая, -ое, -ые; *страд. прош.*

С и н т.: **а, б** — в глаг. знач.

В з н а ч. п р и л. (только *полн. ф.*) Официально одобренный автором. *Авторизованный перевод. Авторизованная копия картины*

АВТОРИЗО́ВАН, -ана, -ано, -аны; *кр. ф.*

В глаг. знач.

АДАПТИ́РОВАТЬ, адапти́ру|ют, адапти́рова|л; ***сов.*** и ***несов., перех., что*** *Авторы учебника русского языка адаптировали переводы русских текстов на французский язык* [упростить или упрощать какой-л. текст для начинающих изучать иностранные языки, для малоподготовленного читателя]

I. АДАПТИ́РУЮЩИЙ, -ая, -ее, -ие; *действ. наст.*

С и н т.: **а, б** — в глаг. знач.

II. АДАПТИ́РОВАВШИЙ, -ая, -ее, -ие; *действ. прош.*

С и н т.: **а, б** — в глаг. знач.

III. АДАПТИ́РУЕМЫЙ, -ая, -ое, -ые; *страд. наст.*

С и н т.: **а, б, в** — в глаг. знач.

IV. АДАПТИ́РОВАННЫЙ, -ая, -ое, -ые; *страд. прош.*

С и н т.: **а, б** — в глаг. знач.

В з н а ч. п р и л. (только *полн. ф.*) Упрощенный, предназначенный для малоподготовленного читателя. *Адаптированный текст. Адаптированный перевод*

АДАПТИ́РОВАН, -ана, -ано, -аны; *кр. ф.*

В глаг. знач.

АДРЕСОВА́ТЬ, адресу́|ют, адресова́|л; ***сов.*** и ***несов., перех., что кому(чему)*** **1.** *Наша бригада адресовала приветственную телеграмму президиуму съезда. Брат адресовал письмо дирекции института* [послать или посылать что-л., обозначив адрес, имя, фамилию адресата] **2.** *Свой вопрос мы адресовали докладчику. Очень острую критику выступавшие на собрании адресовали руководству. Эту книгу молодой писатель адресовал малышам* [обратить или обращать к кому-л.; предназначить или предназначать кому-л.]

I. АДРЕСУ́ЮЩИЙ, -ая, -ее, -ие; *действ. наст.*
С и н т.: **а, б** — в глаг. знач. 1, 2
II. АДРЕСОВА́ВШИЙ, -ая, -ее, -ие; *действ. прош.*
С и н т.: **а, б** — в глаг. знач. 1, 2
III. АДРЕСУ́ЕМЫЙ, -ая, -ое, -ые; *страд. наст.*
С и н т.: **а, б** — в глаг. знач. 1, 2
С у б с т а н т и в.$_3$ в глаг. знач. 1
IV. АДРЕСО́ВАННЫЙ, -ая, -ое, -ые; *страд. прош.*
С и н т.: **а, б** — в глаг. знач. 1, 2
В з н а ч. п р и л. (только *полн. ф.*) Специально обращенный к кому-л., предназначенный кому-л. *Эти произведения лирического жанра представляют собой развернутое адресованное высказывание от первого лица*
С у б с т а н т и в.$_3$ в глаг. знач. 1
АДРЕСО́ВАН, -ана, -ано, -аны; *кр. ф.*
В глаг. знач. 1, 2
▭ Прич. III, IV во 2 глаг. знач. более употр., чем личные ф. глагола

АККРЕДИТОВА́ТЬ, аккредиту́|ют, аккредитова́|л; ***сов.*** и ***несов., перех., кого(что)*** **1.** *Аккредитовать главу дипломатического представительства при иностранном правительстве может только глава государства, парламент, государственный совет и другие органы высшей власти* [назначить или назначать кого-л. дипломатическим представителем при иностранном правительстве или постоянным представителем государства при какой-л. международной организации] **2.** *Различные агентства печати аккредитуют своих журналистов при оргкомитетах олимпиад, международных конференций* (из газет) [назначить или назначать представителем прессы при каком-л. официальном органе — оргкомитете олимпиады, международной конференции и т. п.; назначить или назначать представителем прессы, специальным корреспондентом, передающим информацию из-за рубежа]
I. АККРЕДИТУ́ЮЩИЙ, -ая, -ее, -ие; *действ. наст.*
С и н т.: **а, б** — в глаг. знач. 1, 2
В з н а ч. п р и л. Имеющий дипломатическое представительство в другом государстве, посылающий своих дипломатических представителей в другое государство. *Аккредитующее государство*
II. АККРЕДИТОВА́ВШИЙ, -ая, -ее, -ие; *действ. прош.*
С и н т.: **а, б** — в глаг. знач. 1, 2
III. АККРЕДИТУ́ЕМЫЙ, -ая, -ое, -ые; *страд. наст.*
С и н т.: **а, б** — в глаг. знач. 1, 2
IV. АККРЕДИТО́ВАННЫЙ, -ая, -ое, -ые; *страд. прош.*
С и н т.: **а, б** — в глаг. знач. 1, 2
АККРЕДИТО́ВАН, -ана, -ано, -аны; *кр. ф.*
В глаг. знач. 1, 2
▭ Прич. IV более употр., чем личные ф. глагола и прич. I, II, III

АПЛОДИ́РОВАТЬ, аплоди́ру|ют, аплоди́рова|л; ***несов., неперех., кому(чему)*** и ***без дополн.*** *Зал долго аплодировал балерине. Собравшиеся горячо аплодировали докладчику. Делегаты съезда встают и долго аплодируют* [бить в ладоши в знак одобрения или приветствия, рукоплескать]
I. АПЛОДИ́РУЮЩИЙ, -ая, -ее, -ие; *действ. наст.*
С и н т.: **а, б, в** — в глаг. знач.
С у б с т а н т и в.$_1$ обычно мн.
II. АПЛОДИ́РОВАВШИЙ, -ая, -ее, -ие; *действ. прош.*
С и н т.: **а, б, в** — в глаг. знач.
С у б с т а н т и в.$_1$ обычно мн.

АПРОБИ́РОВАТЬ, апроби́ру|ют, апроби́рова|л; ***сов.*** и ***несов., перех., что*** *Министерство здравоохранения апробировало новое лекарство* [официально одобрить или одобрять что-л. на основании проверки, использования на практике]
I. АПРОБИ́РУЮЩИЙ, -ая, -ее, -ие; *действ. наст.*
С и н т.: **а, б** — в глаг. знач.
В з н а ч. п р и л. Имеющий право и обязанность апробировать что-л. *Апробирующий орган*
II. АПРОБИ́РОВАВШИЙ, -ая, -ее, -ие; *действ. прош.*
С и н т.: **а, б** — в глаг. знач.
III. АПРОБИ́РУЕМЫЙ, -ая, -ое, -ые; *страд. наст.*
С и н т.: **а, б, в** — в глаг. знач.
IV. АПРОБИ́РОВАННЫЙ, -ая, -ое, -ые; *страд. прош.*
С и н т.: **а, б** — в глаг. знач.
В з н а ч. п р и л. (только *полн. ф.*) Давший положительный результат; одобренный после испытания. *Апробированное лекарство. Апробированный учебник. Апробированный метод*
АПРОБИ́РОВАН, -ана, -ано, -аны; *кр. ф.*
В глаг. знач.

АРГУМЕНТИ́РОВАТЬ, аргументи́ру|ют, аргументи́рова|л; ***сов.*** и ***несов., перех., что*** *Эту часть выводов выступающий аргументировал с особенной тщательностью* [подтвердить или подтверждать, снабдить или снабжать доказательствами, аргументами]
I. АРГУМЕНТИ́РУЮЩИЙ, -ая, -ее, -ие; *действ. наст.*
С и н т.: **а, б** — в глаг. знач.
II. АРГУМЕНТИ́РОВАВШИЙ, -ая, -ее, -ие; *действ. прош.*
С и н т.: **а, б** — в глаг. знач.
III. АРГУМЕНТИ́РУЕМЫЙ, -ая, -ое, -ые; *страд. наст.*
С и н т.: **а, б, в** — в глаг. знач.
С у б с т а н т и в.$_3$ не употр.
IV. АРГУМЕНТИ́РОВАННЫЙ, -ая, -ое, -ые; *страд. прош.*
С и н т.: **а, б** — в глаг. знач.
С р. прил. **аргументи́рованный,** -ая, -ое, -ые; -ан, -**анна**, -**анно**, -**анны**. С убедительными доказательствами. *Аргументированный вывод. Выступление Смирнова было кратко и аргументированно*
С у б с т а н т и в.$_3$ не употр.
АРГУМЕНТИ́РОВАН, -ана, -ано, -аны; *кр. ф.*

В глаг. знач.

АРЕСТОВА́ТЬ, аресту́|ют, арестова́|л; ***сов., перех., кого(что)*** (*несов.* аресто́вывать) *Советские органы безопасности вовремя арестовали преступников* [подвергнуть аресту, лишить личной свободы]

I. АРЕСТУ́ЮЩИЙ, -ая, -ее, -ие; *действ. наст.*

Синт.: **а, б** — в глаг. знач.

II. АРЕСТОВА́ВШИЙ, -ая, -ее, -ие; *действ. прош.*

Синт.: **а, б** — в глаг. знач.

III. АРЕСТУ́ЕМЫЙ, -ая, -ое, -ые; *страд. наст.*

Синт.: **а, б, в** — в глаг. знач.

IV. АРЕСТО́ВАННЫЙ, -ая, -ое, -ые; *страд. прош.*

Синт.: **а, б, в** — в глаг. знач.

В знач. сущ. **аресто́ванный,** -ого, *м.*; **аресто́ванная,** -ой, *ж.* Тот (та), кто находится под арестом

АРЕСТО́ВАН, -ана, -ано, -аны; *кр. ф.*

В глаг. знач.

□ Глагол сов. вида имеет прич. I, III

АРЕСТО́ВЫВАТЬ, аресто́выва‖ют, аресто́выва|л; ***несов. к*** арестова́ть (см.)

I. АРЕСТО́ВЫВАЮЩИЙ, -ая, -ее, -ие; *действ. наст.*

Синт.: **а, б** — в глаг. знач.

II. АРЕСТО́ВЫВАВШИЙ, -ая, -ее, -ие; *действ. прош.*

Синт.: **а, б** — в глаг. знач.

III. АРЕСТО́ВЫВАЕМЫЙ, -ая, -ое, -ые; *страд. наст.*

Синт.: **а, б, в** — в глаг. знач.

АССИГНОВА́ТЬ, ассигну́|ют, ассигнова́|л; ***сов.*** и ***несов., перех., что на что*** **1.** *Дирекция завода и профсоюзный комитет ассигновали на строительство детского сада крупную сумму. Правление клуба ассигновало деньги на покупку музыкальных инструментов* [включить или включать в смету, назначить или назначать выдачу определенной суммы для какой-л. цели] **2.** *Смирнов ассигновал на покупку байдарки двести рублей, но она стоила дешевле* [выделить или выделять какую-л. сумму денег на покупку чего-л.; *разг.*]

I. АССИГНУ́ЮЩИЙ, -ая, -ее, -ие; *действ. наст.*

Синт.: **а, б** — в глаг. знач. 1, 2

В знач. прил. Имеющий право включать в смету, назначать выдачу определенной суммы для какой-л. цели — о государственном учреждении. *Ассигнующий орган. Ассигнующее учреждение.*

II. АССИГНОВА́ВШИЙ, -ая, -ее, -ие; *действ. прош.*

Синт.: **а, б** — в глаг. знач. 1, 2

III. АССИГНУ́ЕМЫЙ, -ая, -ое, -ые; *страд. наст.*

Синт.: **а, б** — в глаг. знач. 1, 2

IV. АССИГНО́ВАННЫЙ, -ая, -ое, -ые; *страд. прош.*

Синт. **а, б** — в глаг. знач. 1, 2

АССИГНО́ВАН, -ана, -ано, -аны; *кр. ф.*

В глаг. знач. 1, 2

АСФАЛЬТИ́РОВАТЬ, асфальти́ру|ют, асфальти́ровал|л; ***сов.*** и ***несов., перех., что*** (*сов. также* заасфальти́ровать) *Рабочие асфальтировали дорогу перед нашим домом* [покрыть или покрывать асфальтом]

I. АСФАЛЬТИ́РУЮЩИЙ, -ая, -ее, -ие; *действ. наст.*

Синт.: **а, б** — в глаг. знач.

II. АСФАЛЬТИ́РОВАВШИЙ, -ая, -ее, -ие; *действ. прош.*

Синт.: **а, б** — в глаг. знач.

III. АСФАЛЬТИ́РУЕМЫЙ, -ая, -ое, -ые; *страд. наст.*

Синт.: **а, б, в** — в глаг. знач.

IV. АСФАЛЬТИ́РОВАННЫЙ, -ая, -ое, -ые; *страд. прош.*

Синт.: **а, б** — в глаг. знач.

В знач. прил. (только *полн. ф.*) Покрытый асфальтом. *Асфальтированная площадка. Асфальтированная дорога* (Ср. прил. **асфа́льтовый,** -ая, -ое, -ые в знач. 'покрытый асфальтом'. *Асфальтовая дорога*)

АСФАЛЬТИ́РОВАН, -ана, -ано, -аны; *кр. ф.*

В глаг. знач.

АТАКОВА́ТЬ, ата́ку́|ют, атакова́|л; ***сов.*** и ***несов., перех.*** **1. *кого(что)*** *«Лесистая и болотистая местность не позволяла атаковать противника широким фронтом».* Шолохов, Тихий Дон [произвести или производить стремительное нападение на неприятеля, произвести или производить атаку] **2. *кого(что)*** *«Наши юные читатели буквально атакуют нас, писателей: „Напишите книгу о будущем!"»* Михалков, Читается с увлечением... [сделать или делать что-л. энергично, с напором, чтобы добиться чего-л., получить что-л. и т. п.; *разг.*] **3. *что*** *Наша команда атаковала ворота противника* [произвести или производить комбинацию в спортивной игре с целью нападения]

I. АТАКУ́ЮЩИЙ, -ая, -ее, -ие; *действ. наст.*

Синт.: **а, б** — в глаг. знач. 1 — 3

В знач. прил. Острый, насыщенный спортивными атаками. *Атакующая игра. Эта команда показала прекрасный атакующий футбол* (из газет)

II. АТАКОВА́ВШИЙ, -ая, -ее, -ие; *действ. прош.*

Синт.: **а, б** — в глаг. знач. 1 — 3

III. АТАКУ́ЕМЫЙ, -ая, -ое, -ые; *страд. наст.*

Синт.: **а, б** — в глаг. знач. 1 — 3; **в** — в глаг. знач. 3

Субстантив.$_3$ не употр.

IV. АТАКО́ВАННЫЙ, -ая, -ое, -ые; *страд. прош.*

Синт.: **а, б** — в глаг. знач. 1 — 3

Субстантив.$_3$ не употр.

АТАКО́ВАН, -ана, -ано, -аны; *кр. ф.*

В глаг. знач. 1 — 3

АТТЕСТОВА́ТЬ, аттесту́|ют, аттестова́|л; ***сов.*** и ***несов., перех., кого(что)*** **1.** *« — По секрету скажу — оч-чень положительно аттестует тебя начальство».* Злобин, Пропавшие без вести [дать или давать отзыв, характеристику кому-л.] **2.** *Вас еще не аттестовали?* [присвоить или присваивать какое-л. звание] **3.** *Сына не аттестовали в третьей четверти, потому что он долго болел* [оценить или оценивать чьи-л. знания, ставя какую-л. отметку]

I. АТТЕСТУ́ЮЩИЙ, -ая, -ее, -ие; *действ. наст.*
Синт.: **а, б** — в глаг. знач. 1 — 3
В знач. прил. Имеющий право и обязанность присваивать какое-л. звание. *Аттестующая комиссия*

II. АТТЕСТОВА́ВШИЙ, -ая, -ее, -ие; *действ. прош.*
Синт.: **а, б** — в глаг. знач. 1 — 3

III. АТТЕСТУ́ЕМЫЙ, -ая, -ое, -ые; *страд. наст.*
Синт.: **а, б, в** — в глаг. знач. 1 — 3

IV. АТТЕСТО́ВАННЫЙ, -ая, -ое, -ые; *страд. прош.*
Синт.: **а, б, в** — в глаг. знач. 1—3
АТТЕСТО́ВАН, -ана, -ано, -аны; *кр. ф.*
В глаг. знач. 1 — 3

Б

БАЛОВА́ТЬ, балу́|ют, балова́|л; ***несов., перех., кого(что)*** **1.** *Ольга очень балует своих детей* [относиться с излишним вниманием, излишне нежить и холить, исполнять все желания и прихоти] **2.** также ***чем*** *Родители не баловали сына подарками. Новый воспитатель не баловал детей вниманием* [доставлять радость кому-л., предоставляя то, что ему приятно — обычно с отрицанием] **3.** ***S не лицо*** *«Недолго нас баловала хорошая погода».* Арсеньев, Дерсу Узала [быть в наличии, вызывая своим, обычно редким, появлением чувство радости, удовлетворения, облегчение условий жизни и т. п.]

I. БАЛУ́ЮЩИЙ, -ая, -ее, -ие; *действ. наст.*
Синт.: **а, б** — в глаг. знач. 1 — 3

II. БАЛОВА́ВШИЙ, -ая, -ее, -ие; *действ. прош.*
Синт.: **а, б** — в глаг. знач. 1 — 3

III. БАЛУ́ЕМЫЙ, -ая, -ое, -ые; *страд. наст.**
Синт.: **а, б, в** — в глаг. знач. 1

IV. БАЛО́ВАННЫЙ, -ая, -ое, -ые; *страд. прош.** (*редко*)
Синт.: **а, б** — в глаг. знач. 1
Ср. прил. **бало́ванный,** -ая, -ое, -ые. Капризный, эгоистичный. *Балованный ребенок*
БАЛО́ВАН, -ана, -ано, -аны; *кр. ф.** (*редко*)
В глаг. знач. 1

□ Прич. III, IV во 2, 3 глаг. знач. не употр.

БЕ́ГАТЬ, бе́га|ют, бе́га|л; ***несов., неперех.*** **1.** *Каждое утро мы бегали до берега реки и обратно. Дети бегали по парку* [двигаться быстрым, отталкивающимся от земли шагом — о действии, совершаемом в одном направлении не один раз или в разных направлениях] **2.** *« — Куда это вы все бегаете? — В библиотеку».* Воронин, Хлопушечка [часто ходить куда-л., часто посещать кого-что-л.; *разг.*] **3.** *Дима начал бегать месяц назад и теперь лучше себя чувствует* [заниматься спортивным бегом] **4.** ***за кем(чем)*** *Мальчишки бегали за знаменитым вратарем по пятам, как только он поселился в нашем доме* [неотступно следовать за кем-л., встречать и провожать, стараться находиться рядом; *разг.*] **5.** *« — Щеглов два раза с каторги бегал».* Л. Толстой, Воскресение [не один раз совершать побег, самовольно, тайком уходить откуда-л.] **6.** ***S не лицо*** *Пальцы пианистки быстро бегали по клавишам* [быстро двигаться по поверхности чего-л.] **7.** ***S не лицо*** *У этого человека глаза бегают* [быстро менять направление взгляда — о глазах]. Ср. бежа́ть

I. БЕ́ГАЮЩИЙ, -ая, -ее, -ие; *действ. наст.*
Синт.: **а, б** — в глаг. знач. 1 — 7; **в** — в глаг. знач. 1, 3
В знач. прил. **1.** Занимающийся спортивным бегом. *Бегающие люди гораздо выносливее тех, кто относится к бегу скептически* **2.** Такой, у которого быстро перемещается направление — о взгляде. *Бегающий взгляд. Бегающие глаза*

II. БЕ́ГАВШИЙ, -ая, -ее, -ие; *действ. прош.*
Синт.: **а, б** — в глаг. знач. 1 — 7; **в** — в глаг. знач. 1,3

□ Прич. I в 5 глаг. знач. менее употр., чем личные ф. глагола и прич. II

БЕЖА́ТЬ, бегу́, бежи́т, бег|у́т, бежа́|л; ***несов.*** (в 3—5 знач. также ***сов.***), ***неперех.*** **1.** *Дети бежали по дорожке парка* [двигаться быстрым, отталкивающимся от земли шагом — о действии, совершаемом в одном направлении, один раз] **2.** *Завтра Илья бежит в эстафете на 10 километров* [участвовать в соревнованиях по бегу] **3.** *Этот человек бежал из фашистского плена* [совершать или совершить побег, самовольно, тайком уходить или уйти откуда-л.] **4.** *Жители города бежали из домов, услышав подземный гул* [спасаться или спастись бегством] **5.** *Враг бежит, не приняв боя. «После короткого боя противник бежал из деревни».* И. А. Козлов. В крымском подполье [быстро отступать или отступить в результате военных действий] **6.** ***S не лицо*** *По небу бегут облака* [быстро перемещаться, нестись — о дыме, облаках и т. п.] **7.** ***S не лицо*** *Как быстро бежит время!* [быстро проходить, протекать — о времени] **8.** ***S не лицо*** *Вода бежит из крана. Кровь бежит из раны* [течь, литься] **9.** ***S не лицо*** *Молоко бежит, скорее выключай газ!* [кипя, бурля, литься через край, убегать — о жидкости] **10.** ***S не лицо*** *Стрелка прибора бежит вверх* [быстро двигаться — о стрелках часов, каких-л. приборов, механизмов и т. п.]. Ср. бе́гать

I. БЕГУ́ЩИЙ, -ая, -ее, -ие; *действ. наст.*
Синт.: **а, б** — в глаг. знач. 1 — 10; **в** — в глаг. знач. 1, 5, 6
В знач. прил. в выражении: **бегущая дорожка** — спортивный снаряд для тренировки ног (у космонавтов, спортсменов и т. д.)

II. БЕЖА́ВШИЙ, -ая, -ее, -ие; *действ. прош.*
Синт.: **а, б** — в глаг. знач. 1 — 10; **в** — в глаг. знач. 1, 5

БЕЛИ́ТЬ, белю́, бе́л|ят, бели́|л; ***несов., перех., что,*** также ***чем*** (*сов.* побели́ть *к* 1 знач.; *сов.* набели́ть *ко* 2 знач.; *сов.* отбели́ть *к* 3 знач.) **1.** *Маля-*

ры белили потолок известью (см. § 2). *Мальчишки белили забор* [покрывать мелом, известью; красить белым] **2.** *Клоуны белили лицо новым косметическим средством* (см. § 2) [покрывать белым красящим веществом, белилами, используемыми в косметике и в театральном гриме] **3.** *Бумагу белят специальным раствором* (см. § 2). *Работницы белили холсты* [делать белым, подвергая особой обработке]

I. БЕ́ЛЯЩИЙ, -ая, -ее, -ие и БЕЛЯ́ЩИЙ, -ая, -ее, -ие; *действ. наст.*
Синт.: **а, б** — в глаг. знач. 1 — 3

II. БЕЛИ́ВШИЙ, -ая, -ее, -ие; *действ. прош.*
Синт.: **а, б** — в глаг. знач. 1 — 3

IV. БЕЛЁННЫЙ, -ая, -ое, -ые; *страд. прош.*
Синт.: **а, б** — в глаг. знач. 1 — 3
Ср. прил. **белёный,** -ая, -ое, -ые. Подвергнутый побелке, белению, отбелке. *Беленые стены. Беленый холст*
БЕЛЁН, -ена́, -ено́, -ены́; *кр. ф.* *(редко)*
В глаг. знач. 1 — 3

□ Прич. III не употр.

БЕРЕ́ЧЬ, берег|у́т, берёг|, берегла́, -ло́, -ли́; ***несов., перех.*** **1.** ***что*** *Бабушка свято бережет письма дедушки с фронта* [содержать в целости, сохранности, хранить] **2.** ***кого (что)*** и ***что*** *Сыновья соседки берегут мать, делают все домашние дела сами. Ольга бережет свое здоровье, строго соблюдает диету* [заботливо оберегать, предохранять от чего-л.] **3.** ***что*** *Молодожены берегут деньги, не расходуют их зря. Дима бережет свое время, не тратит его по пустякам* [осторожно, расчетливо тратить, не расходовать напрасно]

I. БЕРЕГУ́ЩИЙ, -ая, -ее, -ие; *действ. наст.*
Синт.: **а, б** — в глаг. знач. 1 — 3

II. БЕРЁГШИЙ, -ая, -ее, -ие; *действ. прош.*
Синт.: **а, б** — в глаг. знач. 1 — 3

IV. БЕРЕЖЁННЫЙ, -ая, -ое, -ые; *страд. прош.** *(редко)*
[чередование г/ж]
Синт.: **а, б** — в глаг. знач. 1
Ср. прил. **бережёный**, -ая, -ое, -ые. **1.** Такой, который сам себя оберегает, которого оберегают, осторожный, осмотрительный во всем. *Береженого бог бережет* (пословица) **2.** Бережно сохраняемый, охраняемый. *Береженая копейка рубль бережет* (пословица)
БЕРЕЖЁН, -ена́, -ено́, -ены́; *кр. ф.** *(редко)*
В глаг. знач. 1

□ Прич. III не образуется. Прич. IV во 2, 3 глаг. знач. не употр.

БЕСЕ́ДОВАТЬ, бесе́ду|ют, бесе́дова|л; ***несов., неперех.*** *«..доктор и моряк беседовали, сидя в полутемном кабинете».* Паустовский, Бриз. *Брат долго беседовал со старым другом* [вести беседу]

I. БЕСЕ́ДУЮЩИЙ, -ая, -ее, -ие; *действ. наст.*
Синт.: **а, б** — в глаг. знач.; **в** — в глаг. знач. (только *мн.*)

II. БЕСЕ́ДОВАВШИЙ, -ая, -ее, -ие; *действ. прош.*
Синт.: **а, б** — в глаг. знач.; **в** — в глаг. знач. (только *мн.*)

БЕСИ́ТЬ, бешу́, бе́с|ят, беси́|л; ***несов. к*** взбеси́ть (см.)

I. БЕ́СЯЩИЙ, -ая, -ее, -ие и БЕСЯ́ЩИЙ, -ая, -ее, -ие; *действ. наст.*
Синт.: **а, б** — в глаг. знач.

II. БЕСИ́ВШИЙ, -ая, -ее, -ие; *действ. прош.*
Синт.: **а, б** — в глаг. знач.

□ Глагол не имеет прич. III, IV

БЕСПОКО́ИТЬ, беспоко́|ят, беспоко́и|л; ***несов., перех., кого(что)*** (*сов.* побеспоко́ить *к* 1 знач.; *сов.* обеспоко́ить *к* 1, 4 знач.) **1.** также ***чем*** *Извините, я вас беспокою? Дима огорчался, что беспокоит соседа своей просьбой* [затруднять чем-л., доставлять беспокойство, хлопоты] **2.** *Дети спали неспокойно, беспокоили друг друга* [нарушать покой, мешать кому-л. неловкими движениями, переменой позы и т. п.] **3.** ***S не лицо*** *Вас не беспокоит этот резкий свет? Летчика беспокоила незаживающая рана* [мешать, раздражать — о звуке, шуме, свете и т. п.; причинять физическое неудобство, боль] **4.** ***S не лицо*** *Меня беспокоит ваше отношение к работе. Долгое отсутствие писем от дочери беспокоило мать* [внушать тревогу, волновать]

I. БЕСПОКО́ЯЩИЙ, -ая, -ее, -ие; *действ. наст.*
Синт.: **а, б** — в глаг. знач. 1 — 4
В знач. прил. Такой, который мешает, вызывает раздражение, неудобство и т. п. *Беспокоящий свет. Беспокоящий шум. Беспокоящий звук*

II. БЕСПОКО́ИВШИЙ, -ая, -ее, -ие; *действ. прош.*
Синт.: **а, б** — в глаг. знач. 1 — 4

III. БЕСПОКО́ИМЫЙ, -ая, -ое, -ые; *страд. наст.** *(редко)*
Синт.: **а, б** — в глаг. знач. 1—2

□ Прич. III в 3, 4 глаг. знач. не употр. Глагол не имеет прич. IV

БЕСПОКО́ИТЬСЯ, беспоко́|ятся, беспоко́и|лся; ***несов.*** **1.** ***о ком (чем)*** и ***о чем, за кого (что)*** и ***за что*** и ***с придат. дополнит.*** *Наша бабушка всегда беспокоится о внуках. Вся страна беспокоилась за судьбу ледокола „Михаил Сомов", зажатого льдами. Мы беспокоимся, что опоздаем на собрание* [тревожиться, волноваться] **2.** *Не беспокойтесь, пожалуйста, я сам сделаю. Мы просили хозяйку дома ни о чем не беспокоиться* [затруднять себя чем-л., утруждать себя, нарушать свой покой — обычно с отрицанием]

I. БЕСПОКО́ЯЩИЙСЯ, -аяся, -ееся, -иеся; *действ. наст.**
Синт.: **а, б** — в глаг. знач. 1

II. БЕСПОКО́ИВШИЙСЯ, -аяся, -ееся, -иеся; *действ. прош.**
Синт.: **а, б** — в глаг. знач. 1

□ Прич. I, II во 2 глаг. знач. не употр.

БЕТОНИ́РОВАТЬ, бетони́ру|ют, бетони́рова|л; ***сов.*** и ***несов., перех., что*** (*сов.* забетони́ровать) *Рабочие бетонируют дорогу* [залить или заливать бетоном]

I. БЕТОНИ́РУЮЩИЙ, -ая, -ее, -ие; *действ. наст.*
Синт.: **а, б** — в глаг. знач.

II. БЕТОНИ́РОВАВШИЙ, -ая, -ее, -ие; *действ. прош.*
Синт.: **а, б** — в глаг. знач.
III. БЕТОНИ́РУЕМЫЙ, -ая, -ое, -ые; *страд. наст.*
Синт.: **а, б, в** — в глаг. знач.
IV. БЕТОНИ́РОВАННЫЙ, -ая, -ое, -ые; *страд. прош.*
Синт.: **а, б** — в глаг. знач.
В знач. прил. (только *полн. ф.*) Укрепленный бетоном, покрытый бетоном. *Бетонированная стена. Бетонированная дорога* (Ср. прил. **бето́нный,** -ая, -ое, -ые в знач. 'сделанный из бетона'. *Бетонные плиты. Бетонный пол*)
БЕТОНИ́РОВАН, -ана, -ано, -аны; *кр. ф.*
В глаг. знач.

БИНТОВА́ТЬ, бинту́|ют, бинтова́|л; ***несов., перех., что*** и ***кого,*** также ***чем*** (*сов.* забинтова́ть) *Ольга бинтовала руку больной девочке марлей* (см. § 2). *Сестра бинтовала раненых прямо на поле боя* [перевязывать, плотно обертывая бинтом, марлей и т. п. какую-л. часть тела]
I. БИНТУ́ЮЩИЙ, -ая, -ее, -ие; *действ. наст.*
Синт.: **а, б** — в глаг. знач.
II. БИНТОВА́ВШИЙ, -ая, -ее, -ие; *действ. прош.*
Синт.: **а, б** — в глаг. знач.
III. БИНТУ́ЕМЫЙ, -ая, -ое, -ые; *страд. наст.*
Синт.: **а, б, в** — в глаг. знач.
IV. БИНТО́ВАННЫЙ, -ая, -ое, -ые; *страд. прош. (редко)*
Синт.: **а, б** — в глаг. знач.
Субстантив.$_2$ и субстантив.$_3$ не употр.
БИНТО́ВАН, -ана, -ано, -аны; *кр. ф. (редко)*
В глаг. знач.

БИТЬ, бь|ют, би|л; ***несов.*** (*сов.* проби́ть[1] *к* 5 знач.; *сов.* проби́ть[2] *к* 6, 7, 12 знач.) ***1. перех., кого (что),*** также ***чем*** *«Если вы бьете вашего ребенка, для него это во всяком случае трагедия».* Макаренко, Книга для родителей. *Кучер бил лошадь кнутом* (см. § 2) [наносить удары, ударами причинять боль] ***2. перех., кого (что)*** *Партизаны били врага далеко от линии фронта* [наносить поражение, побеждать] ***3. перех., что*** *«Дети колхозников сидели на корточках и смотрели, как дорожники ловко бьют камни».* Лидин, Дорога в горах. *Во дворе мальчишки били выброшенную кем-то старую глиняную посуду* [дробить на мелкие части, размельчать; раскалывать, разбивать, ломать] ***4. перех., кого (что); S не лицо*** *Больного била лихорадка* [трясти, вызывать дрожь у кого-л.] ***5. перех., что*** и ***без дополн.*** *Нападающий бил одиннадцатиметровый штрафной удар в ворота противника. Кто-то из игроков бил по воротам, но промазал* [направлять удар, бросок куда-л., во что-л. — в спортивных играх] ***6. перех., что*** *«На площади... стояли барабанщики и били сбор».* Л. Толстой, Война и мир [давать сигнал к чему-л. — в сочетании с сущ. *сбор, набат, отбой, тревога, зоря* и т. п.] ***7. перех., что*** и ***без дополн.; S не лицо*** *Куранты бьют полночь, Где-то далеко били часы* [отмечать ударами, звуками, звоном что-л.; издавать звуки, обозначая что-л.] ***8. неперех.; S не лицо*** *«Слепящий, порывистый огонь сварки бил в глаза».* Николаева, Жатва. *Неприятный запах бил в нос* [с силой действовать на ощущения, чувства и т. п., вызывая резкое неприятное, необычное состояние] ***9. неперех.,*** также ***чем; S не лицо*** *На площади бьет фонтан. Кровь бьет из раны фонтаном. «Из радиатора начал бить пар».* Паустовский, Повесть о лесах [вытекать стремительной прямой струей, выбиваясь с силой; выбиваться откуда-л. с силой] ***10. неперех., по чему*** и ***без дополн.*** *Артиллеристы били из орудий по окопам врага. На переднем крае били зенитки* [стрелять] ***11. неперех., чем по чему*** и ***во что*** *Мальчик старательно бил молотком по гвоздю. Незнакомец бил кулаком в дверь* [ударять, колотить] ***12. неперех., во что*** *Дежурные били в гонг, что означало конец работы* [ударами производить непродолжительные громкие звуки, стук, звон и т. п.] ***13. неперех., по кому (чему)*** и ***по чему*** *Автор статьи бьет по недостаткам в сфере обслуживания. Это постановление партии бьет по бюрократам* [направлять свои действия против кого-чего-л.; быть направленным против кого-чего-л.]
I. БЬЮ́ЩИЙ, -ая, -ее, -ие; *действ. наст.*
Синт.: **а, б** — в глаг. знач. 1 — 13; **в** — в глаг. знач. 7, 9
II. БИ́ВШИЙ, -ая, -ее, -ие; *действ. прош.*
Синт.: **а, б** — в глаг. знач. 1 — 13; **в** — в глаг. знач. 7, 9
IV. БИ́ТЫЙ, -ая, -ое, -ые; *страд. прош.**
Синт.: **а, б** — в глаг. знач. 1 — 3; **в** — в глаг. знач. 1
В знач. прил. (только *полн. ф.*) Расколотый на куски, не целый, разбитый. *Битая посуда. Битое стекло* ◇ **Битый час** — долго, долгое время, дольше, чем ожидалось
Субстантив.$_2$ в глаг. знач. 1; субстантив.$_3$ не употр.
БИТ, -та, -то, -ты; *кр. ф.**
В глаг. знач. 1 — 3
▭ Прич. III не образуется. Глагол в 4—7 знач. не имеет прич. IV

БИ́ТЬСЯ, бь|ю́тся, би́|лся; ***несов. 1. с кем (чем)*** и ***без дополн.*** *Солдаты бились с врагами до полной победы* [сражаться] ***2. на чем*** *В старину мушкетеры бились на шпагах* [бороться, драться, разрешая таким образом какой-л. конфликт] ***3. над чем*** и ***с чем*** *Брат долго бился над решением этой задачи. Мой друг бьется с этим стеклом весь день, а вставить не может* [прилагать много усилий для достижения чего-л.] ***4. обо что,*** также ***чем*** *«И на меня опять нашло: рыдал, рыдал, потом стал биться головой об стену».* Л. Толстой, Записки сумасшедшего. *Волны бьются о берег. Птица бьется о стекло* [ударяться, колотиться обо что-л.] ***5.*** *Женщина билась в истерике. Лошадь бьется на земле* [содрогаться, производить резкие движения] ***6. S не лицо*** *Сердце бьется неровно* [быть в ритмическом движении — о сердце, пульсе и т. п.] ***7. S не лицо*** *Смотри, эта ваза не бьется, из чего же она сделана?* [разбиваться под действием кого-чего-л.] **8.** ***S* не лицо** *Стекло бьется* [иметь свойство разбиваться]

I. БЬЮЩИЙСЯ, -аяся, -ееся, -иеся; *действ. наст.*

Синт.: **а, б** — в глаг. знач. 1 — 8

В знач. прил. Имеющий свойство разбиваться. *Бьющаяся посуда*

II. БИ́ВШИЙСЯ, -аяся, -ееся, -иеся; *действ. прош.*

Синт.: **а, б** — в глаг. знач. 1 — 8

БЛАГОДАРИ́ТЬ, благодар|я́т, благодари́|л; ***несов., перех.*** (*сов.* поблагодари́ть *к* 1 знач.) **1. *кого (что) за что*** *Мы благодарим Вас за книгу. Благодарю вас за помощь!* [выражать признательность, благодарность; говорить „спасибо"] **2. *что за что*** и ***с придат. дополнит.*** *Мы благодарим случай за нашу встречу. Я благодарю судьбу, что всё так хорошо кончилось* [испытывать чувство радости, благодарности, удовлетворения из-за удачно сложившихся обстоятельств, оказанного кем-л. внимания, понимания и т. п.]

I. БЛАГОДАРЯ́ЩИЙ, -ая, -ее, -ие; *действ. наст.*

Синт.: **а, б** — в глаг. знач. 1, 2

II. БЛАГОДАРИ́ВШИЙ, -ая, -ее, -ие; *действ. прош.*

Синт.: **а, б** — в глаг. знач. 1, 2

IV. БЛАГОДАРЁННЫЙ, -ая, -ое, -ые; *страд. прош.** (*редко*)

Синт.: **а, б** — в глаг. знач. 1

Субстантив.$_2$ не употр.

БЛАГОДАРЁН, -ена́, -ено́, -ены́; *кр. ф.** (*редко*)

В глаг. знач. 1

□ Прич. III не употр. Прич. IV во 2 глаг. знач. не употр.

БЛАГОУСТРА́ИВАТЬ, благоустра́ива|ют, благоустра́ива|л; ***несов. к*** благоустро́ить (см.)

I. БЛАГОУСТРА́ИВАЮЩИЙ, -ая, -ее, -ие; *действ. наст.*

Синт.: **а, б** — в глаг. знач.

II. БЛАГОУСТРА́ИВАВШИЙ, -ая, -ее, -ие; *действ. прош.*

Синт.: **а, б** — в глаг. знач.

III. БЛАГОУСТРА́ИВАЕМЫЙ, -ая, -ое, -ые; *страд. наст.*

Синт.: **а, б, в** — в глаг. знач.

БЛАГОУСТРО́ИТЬ, благоустро́|ят, благоустро́и|л; ***сов., перех., что*** (*несов.* благоустра́ивать) *Горсовет благоустроил городской парк. Брат прекрасно благоустроил свой дом* [сделать удобным для жизни, отдыха, снабженным всем необходимым]

II. БЛАГОУСТРО́ИВШИЙ, -ая, -ее, -ие; *действ. прош.*

Синт.: **а, б** — в глаг. знач.

IV. БЛАГОУСТРО́ЕННЫЙ, -ая, -ое, -ые; *страд. прош.*

Синт.: **а, б** — в глаг. знач.

Ср. прил. **благоустро́енный,** -ая, -ое, -ые; -ен, -енна, -енно, -енны. Удобный, снабженный всем необходимым для жизни, работы, отдыха и т. п. *Благоустроенная квартира. Благоустроенный поселок*

БЛАГОУСТРО́ЕН, -ена, -ено, -ены; *кр. ф.*

В глаг. знач.

БЛЕСТЕ́ТЬ, блещу́, блест|я́т, блесте́|л; ***несов., неперех.; S не лицо*** **1.** также ***чем*** *Фольга блестит. Снег блестит. Посуда блестит чистотой* [излучать блеск, светиться; сверкать] **2.** *Глаза блестят от радости* [сверкать под влиянием возбуждения, радости, гнева и т. п.— о глазах] Ср. блиста́ть

I. БЛЕСТЯ́ЩИЙ, -ая, -ее, -ие; *действ. наст.*

Синт.: **а, б** — в глаг. знач. 1, 2

Ср. прил. **блестя́щий,** -ая, -ее, -ие; -я́щ, -я́ща, -я́ще, -я́щи. **1.** Яркий, сверкающий. *Блестящие глаза. Блестящая игрушка* **2.** Роскошный, великолепный. *Блестящий маскарад. Блестящий бал* **3.** Обладающий яркой внешностью, прекрасными манерами, очень хорошо одетый. *Блестящий гвардейский офицер* **4.** Выдающийся, превосходный, замечательный. *Блестящие успехи. Блестящая статья. Блестящее образование*

II. БЛЕСТЕ́ВШИЙ, -ая, -ее, -ие; *действ. прош.*

Синт.: **а, б, в** — в глаг. знач. 1, 2

БЛИСТА́ТЬ, блещу́ и блиста́ю, бле́щ|ут и блиста́|ют, блиста́|л; ***несов., неперех.*** **1.** также ***чем; S не лицо*** *На темном небе блистают звезды. Корабли блистали яркими огнями прожекторов* [излучать блеск, светиться, сверкать с большой силой, большой интенсивностью] **2. *чем*** и ***без дополн.*** *Ольга в молодости блистала красотой. Мой друг блистал эрудицией. Андрей не блещет остроумием. На сцене молодой актер блистал* [отличаться какими-л. исключительными качествами, обращающими на себя внимание, вызывающими восхищение, всеобщее признание и т. п.]. Ср. блесте́ть

I. БЛЕ́ЩУЩИЙ, -ая, -ее, -ие и БЛИСТА́ЮЩИЙ, -ая, -ее, -ие; *действ. наст.*

Синт.: **а, б** — в глаг. знач. 1, 2; **в** — в глаг. знач. 1

II. БЛИСТА́ВШИЙ, -ая, -ее, -ие; *действ. прош.*

Синт.: **а, б** — в глаг. знач. 1, 2; **в** — в глаг. знач. 1

БЛУЖДА́ТЬ, блужда́|ют, блужда́|л; ***несов., неперех.*** **1.** *Мы блуждали в лесу весь день и вышли на дорогу только вечером. Илья долго блуждал по незнакомому городу, но, наконец, нашел наш дом* [бродить, плутать в поисках дороги, какого-л. места] **2.** *«Вот уже целый месяц я блуждаю в степи по кочевым дорогам».* М. Пришвин, Черный араб [скитаться, странствовать] **3. *почему,*** также ***чем*** *Его взгляд блуждал по незнакомым предметам. Больной блуждал глазами по палате, ничего не говорил* [беспорядочно переводить с одного предмета на другой — о глазах, взгляде] **4. *S не лицо*** *Его мысли блуждали где-то далеко* [не сосредоточиваясь на чем-л. одном, переходить с одного предмета на другой, обдумывать то одно, то другое]

I. БЛУЖДА́ЮЩИЙ, -ая, -ее, -ие; *действ. наст.*

Синт.: **а, б** — в глаг. знач. 1 — 4

В знач. прил. Такой, который постоянно меняет направление движения, не сосредоточивающийся, не останавливающийся на чем-л. одном; то появляющийся, то исчезающий. *Блуждающий взгляд. Блуждающая улыбка* ◇ **Блуждающие огни** — бледные синеватые языки пламени, появляющиеся ночью на болотах вследствие сгорания метана, выделяющегося при гниении. **Блуждающий нерв** — один из черепно-мозговых нервов. **Блуждающая почка** — смещенная со своего места и подвижная почка

II. БЛУЖДА́ВШИЙ, -ая, -ее, -ие; *действ. прош.*

Синт.: **а, б** — в глаг. знач. 1 — 4

БОДРИ́ТЬ, бодр|я́т, бодри́|л; ***несов., перех., кого (что)*** и ***без дополн.*** (*сов.* взбодри́ть); ***S не лицо*** *Гимнастика меня бодрит. Купание бодрит. Этот напиток бодрит* [восстанавливать силы, придавать бодрости, энергии, слегка возбуждать]

I. БОДРЯ́ЩИЙ, -ая, -ее, -ие; *действ. наст.*

Синт.: **а, б** — в глаг. знач.

В знач. прил. Вызывающий чувство бодрости. *Бодрящий напиток. Бодрящий воздух*

II. БОДРИ́ВШИЙ, -ая, -ее, -ие; *действ. прош.*

Синт.: **а, б** — в глаг. знач.

IV. БОДРЁННЫЙ, -ая, -ое, -ые; *страд. прош.* (*редко*)

Синт.: **а, б** — в глаг. знач.

БОДРЁН, -ена́, -ено́, -ены́; *кр. ф.* (*редко*)

В глаг. знач.

▭ Прич. III не употр.

БОЛЕ́ТЬ[1], боле́|ют, боле́|л; ***несов., неперех.*** **1.** ***чем*** и ***без дополн.*** *Брат болеет гриппом. Этот мальчик часто болеет* [быть больным, переносить какую-л. болезнь] **2.** ***за кого (что)*** и **за что** *Каждый рабочий нашей бригады болеет за общее дело* [не быть равнодушным, испытывать заинтересованность в чем-л.] **3.** ***за кого (что)*** и ***за что*** *Вся наша семья болеет за хоккеистов „Динамо“* [остро переживать успехи и неудачи какого-л. спортсмена, спортивной команды]

I. БОЛЕ́ЮЩИЙ, -ая, -ее, -ие; *действ. наст.*

Синт.: **а, б** — в глаг. знач. 1 — 3; **в** — в глаг. знач. 1

Ср. прич. в 1 глаг. знач. с прил. **боля́щий,** -ая, -ее, -ие. Болеющий, больной; *разг.* *«[Дор:] [Я] прикинулся болящим старичком».* Арбузов, Двенадцатый час

Ср. субстантив.$_1$ с сущ. **боля́щий,** -его, *м.*; **боля́щая,** -ей, *ж.* Тот (та), кто болеет; *разг.* *«— Что здесь наша болящая? — спрашивал он.— Еще не улыбается?»* Карпов, Сдвинутые берега

II. БОЛЕ́ВШИЙ, -ая, -ее, -ие; *действ. прош.*

Синт.: **а, б** — в глаг. знач. 1 — 3

БОЛЕ́ТЬ[2], бол|я́т, боле́|л; ***несов., неперех.; S не лицо*** *Нога болит. Зубы болят* [испытывать, ощущать боль — о какой-л. части тела]

I. БОЛЯ́ЩИЙ, -ая, -ее, -ие; *действ. наст.*

Синт.: **а, б, в** — в глаг. знач.

II. БОЛЕ́ВШИЙ, -ая, -ее, -ие; *действ. прош.*

Синт.: **а, б, в** — в глаг. знач.

БОРО́ТЬСЯ, борю́сь, бо́р|ются, боро́|лся; ***несов.*** **1.** ***с кем (чем)*** и ***без дополн.*** *Мальчишки боролись несколько минут. Молодой боксер боролся с очень опытным противником* [схватившись друг с другом, стараться осилить противника; стремиться победить соперника в спортивном состязании] **2.** ***с кем (чем)*** и ***с чем, против кого (чего)*** и ***против чего*** и ***без дополн.*** *Советские солдаты боролись против фашизма и одержали победу. Народ этой страны борется и победит. Мы боремся с бюрократизмом* [сражаться, стремясь победить; стараться преодолеть или уничтожить что-л.] **3.** ***за что*** *Все честные люди земли борются за мир во всем мире* (из газет) [отстаивать что-л., добиваться чего-л., преодолевая препятствия] **4.** ***с чем*** *Илья долго боролся со сном. Юноша явно боролся с робостью, не решаясь подойти к профессору* [стараться победить, побороть какое-л. чувство, состояние, не поддаваться чему-л.] **5.** ***в ком (чем); S не лицо*** *Радость во мне боролась с испугом. «В Ломоносове боролись два призвания — поэта и ученого, и последнее было сильнее первого..»* Белинский, Сочинения Александра Пушкина [вступать в противоречие, в столкновение — о чувствах, стремлениях и т. п.]

I. БО́РЮЩИЙСЯ, -аяся, -ееся, -иеся; *действ. наст.*

Синт.: **а, б** — в глаг. знач. 1 — 5; **в** — в глаг. знач. 1 во мн.

II. БОРО́ВШИЙСЯ, -аяся, -ееся, -иеся; *действ. прош.*

Синт.: **а, б** — в глаг. знач. 1 — 5; **в** — в глаг. знач. 1 во мн.

БОЯ́ТЬСЯ, бо|я́тся, боя́|лся; ***несов.*** **1.** ***кого (чего)*** и ***чего*** и ***с неопр. ф.*** *Я боюсь этого человека. Дети боятся темноты. Мальчик долго боялся ходить в лес один* [испытывать боязнь, страх] **2.** ***чего*** и ***с неопр. ф.*** *Я боюсь дождя, поэтому беру с собой зонтик. Илья боялся вам надоесть, поэтому рано ушел* [опасаться чего-л. нежелательного] **3.** ***за кого (что)*** и ***за что*** *Мать очень боялась за дочь, которая уехала в незнакомый город. Тренер боялся за исход соревнований, так как заболел один из членов команды* [беспокоиться, тревожиться] **4.** ***чего; S не лицо*** *Этот сорт семян боится влаги* [не переносить чего-л., портиться от чего-л.— о растениях, продуктах и т. п.]

I. БОЯ́ЩИЙСЯ, -аяся, -ееся, -иеся; *действ. наст.*

Синт.: **а, б** — в глаг. знач. 1 — 4

II. БОЯ́ВШИЙСЯ, -аяся, -ееся, -иеся; *действ. прош.*

Синт.: **а, б** — в глаг. знач. 1 — 4

БРАКОВА́ТЬ, браку́|ют, бракова́|л; ***несов., перех., что*** (*сов.* забракова́ть) **1.** *Отдел технического контроля браковал детали с неровной поверхностью* [считать недоброкачественными какие-л. предметы производства, изделия] **2.** *Наша бабушка всегда браковала этот сорт семян* [отвергать, признавать негодным]

I. БРАКУ́ЮЩИЙ, -ая, -ее, -ие; *действ. наст.*

Синт.: **а, б** — в глаг. знач. 1, 2

II. БРАКОВА́ВШИЙ, -ая, -ее, -ие; *действ. прош.*

Синт.: **а, б** — в глаг. знач. 1, 2

III. БРАКУ́ЕМЫЙ, -ая, -ое, -ые; *страд. наст.**

Синт.: **а, б, в** — в глаг. знач. 1

IV. БРАКО́ВАННЫЙ, -ая, -ое, -ые; *страд. прош.**

Синт.: **а, б** — в глаг. знач. 1

С р. прил. **брако́ванный**, -ая, -ое, -ые. С браком, с изъяном, с недостатками. *Бракованные изделия. Бракованная книга. Бракованная чашка*

БРАКО́ВАН, -ана, -ано, -аны; *кр. ф.** (*редко*)

В глаг. знач. 1

□ Прич. III, IV во 2 глаг. знач. не употр.

БРАТЬ, бер|у́т, бра|л, брала́, бра́ло, -ли; ***несов.*** (*сов.* взять) **1. *перех., кого(что)*** и ***что***, также ***чем*** *Илья часто брал маленького сына на руки. Мальчик брал книгу с полки и углублялся в чтение. Лаборант брал пинцетом кусочек срезанной кожицы и клал под микроскоп* [схватывать, захватывать рукой или руками, щипцами, пинцетом и т. п.] **2. *перех., кого(что)*** и ***что*** *Смирнов часто брал с собой в экспедицию сына. Ольга берет в дорогу чемодан и сумку. Я часто беру работу на дом* [уводить, увозить, уносить с собой] **3. *перех., что*** *Дима брал трудные темы для сочинений. «Но, что страннее, что непонятнее всего,— это то, как авторы могут брать подобные сюжеты».* Гоголь, Нос [избирать для рассмотрения, разработки и т. п.; останавливаться мыслью на чем-л.] **4. *перех., кого(что)*** и ***что*** *Наши друзья берут на воспитание девочку, оставшуюся без родителей. Директор берет на работу людей, имеющих опыт работы с вычислительной техникой. Петр брал самые трудные поручения и быстро выполнял их* [принимать — обычно с каким-л. обязательством, с какой-л. целью] **5. *перех., что*** *Мы берем книги в библиотеке. Валерий часто брал такси, чтобы успеть на работу* [получать в свое пользование; нанимать] **6. *перех., что*** *Аня берет билеты в театр в этой кассе. Сестра берет хлеб только в универсаме* [покупать, приобретать; *разг.*] **7. *перех., что*** *Катя брала уроки музыки* [пользоваться чем-л.] **8. *перех., что*** *Предприниматели часто берут штрафы с рабочих. Этот портной брал мало денег с заказчиков* [взимать, взыскивать; взимать в качестве платы] **9. *перех., что*** *Докладчик брал цитаты из сочинений В. И. Ленина* [извлекать, заимствовать] **10. *перех., кого(что)*** и ***что*** *Солдаты берут крепость штурмом* [завладеть кем-чем-л., захватывать в результате военных действия] **11. *перех., кого(что); S не лицо*** *«И дрожь, и злость меня берет».* Пушкин, Евгений Онегин. *Сережу брало сомнение, ехать или не ехать в Ленинград* [овладевать кем-л., охватывать кого-л.— о каком-л. чувстве] **12. *перех., что*** *Этот спортсмен в прыжках с шестом берет высоту 6 метров. «Поезд трудно брал подъем».* Федин, Необыкновенное лето. *Моя собака прекрасно берет барьеры* [преодолевать] **13. *перех., что; S не лицо*** *Новая работа берет слишком много времени* [отнимать, поглощать, требовать] **14. *перех., кого(что)*** и ***что; S не лицо*** *Это снотворное меня не берет. Лопата не берет каменистую почву* [производить, оказывать на кого-что-л. действие, свойственное тому или иному средству, орудию — обычно с отрицанием] **15. *перех., что*** *Отец не брал в расчет мнение детей. Сосед всегда брал под защиту мальчишек, попадавших мячом в цветник* [в сочетании с некоторыми существительными — производить какое-л. действие в соответствии со значением существительного] **16. *неперех., чем*** *«Противник берет пока что числом, внезапностью».* Фадеев, Молодая гвардия [добиваться чего-л., достигать успеха, цели в силу чего-л.]

I. БЕРУ́ЩИЙ, -ая, -ее, -ие; *действ. наст.*

Синт.: **а, б** — в глаг. знач. 1 — 16

II. БРА́ВШИЙ, -ая, -ее, -ие; *действ. прош.*

Синт.: **а, б** — в глаг. знач. 1 — 16

□ Прич. I, II в 11 глаг. знач. менее употр., чем личные ф. глагола. Прич. III не образуется. Прич. IV не употр.

БРА́ТЬСЯ, бер|у́тся, бра́|лся, брала́сь, брало́сь и *доп.* бра́лось, брали́сь и *доп.* бра́лись; ***несов.*** (*сов.* взя́ться) **1. *за что*** *Малыш берется за ручку двери и отпускает ее. Все участники митинга брались за руки и скандировали: „Мир и дружба!"* [хвататься, брать что-л. рукой] **2. *за что*** *Девушка несколько раз бралась за книгу, но читать не могла. На субботнике жители нашего дома дружно берутся за лопаты. Когда Илья брался за перо, он писал неплохие стихи* [производить то действие, для которого предназначен предмет, названный существительным в вин. п. с предлогом *за*: браться за книгу = читать, браться за лопату = копать и т. п.] **3. *за что*** *После урагана жители поселка брались за восстановление разрушенных домов* [начинать делать что-л., приниматься за какое-л. дело] **4. *за кого(что)*** *Мы, наконец, беремся за нарушителей трудовой дисциплины на нашем предприятии* [предпринимать какие-л. решительные действия в отношении кого-л.; *разг.*] **5. *за что*** и ***с неопр. ф.*** *Никто не берется за написание такой статьи. Рабочие завода берутся выполнить годовой план досрочно* [принимать обязательство что-л. сделать] **6. *S не лицо*** *Откуда у вас берется время, чтобы сделать все намеченное?* [появляться, возникать]

I. БЕРУ́ЩИЙСЯ, -аяся, -ееся, -иеся; *действ. наст.*

Синт.: **а, б** — в глаг. знач. 1 — 6

II. БРА́ВШИЙСЯ, -аяся, -ееся, -иеся; *действ. прош.*

Синт.: **а, б** — в глаг. знач. 1 — 6

□ Прич. I, II в 4, 6 глаг. знач. менее употр., чем личные ф. глагола

БРЕСТИ́, бред|у́т, брёл, брела́, -ло́, -ли́; ***несов., неперех.*** *После долгого перехода мы еле брели по пыльной дороге* [идти с трудом или медленно]

I. БРЕДУ́ЩИЙ, -ая, -ее, -ие; *действ. наст.*

Синт.: **а, б** — в глаг. знач.

II. БРЕ́ДШИЙ, -ая, -ее, -ие; *действ. прош.*

Синт.: **а, б** — в глаг. знач.

□ Прич. II менее употр., чем личные ф. глагола и прич. I

БРИТЬ, бре́|ют, бри|л; ***несов., перех., кого(что)*** и ***что***, также ***чем*** (*сов.* побри́ть) *Парикмахер брил*

Смирнова раз в неделю. Сергей брил бороду. Илья бреет усы электробритвой (см. § 2) [срезать бритвой волосы до корня]

I. БРЕ́ЮЩИЙ, -ая, -ее, -ие; *действ. наст.*
Синт.: **а, б** — в глаг. знач.
В знач. прил. в выражении: **бреющий полет** — полет самолета на предельно малой высоте над поверхностью земли

II. БРИ́ВШИЙ, -ая, -ее, -ие; *действ. прош.*
Синт.: **а, б** — в глаг. знач.

III. БРЕ́ЕМЫЙ, -ая, -ое, -ые; *страд. наст.*
Синт.: **а, б** — в глаг. знач.

IV. БРИ́ТЫЙ, -ая, -ое, -ые; *страд. прош.*
Синт.: **а, б** — в глаг. знач.
В знач. прил. (только *полн. ф.*) Со сбритыми волосами. *Бритый человек. Бритое лицо. Бритый подбородок*
БРИТ, -та, -то, ты; *кр. ф.*
В глаг. знач.

БРОСА́ТЬ, броса́|ют, броса́|л; ***несов. к*** бро́сить (см.)

I. БРОСА́ЮЩИЙ, -ая, -ее, -ие; *действ. наст.*
Синт.: **а, б** — в глаг. знач. 1—9

II. БРОСА́ВШИЙ, -ая, -ее, -ие; *действ. прош.*
Синт.: **а, б** — в глаг. знач. 1—9

III. БРОСА́ЕМЫЙ, -ая, -ое, -ые; *страд. наст.*
Синт.: **а, б** — в глаг. знач. 1—9; **в** — в глаг. знач. 1
Субстантив.$_2$ не употр.; субстантив.$_3$ в глаг. знач. 1, 2, 6, 7

БРО́СИТЬ, бро́шу, бро́с|ят, бро́си|л; ***сов., перех.*** (*несов.* броса́ть) **1. *что, что во что, в кого(что)*** и ***во что чем*** *Аня бросила мяч дальше всех. Мальчик бросил палку в дерево. Кто-то бросил в прохожего снежком. Зачем ты бросил снежком в окно?* [взмахом руки заставить лететь, падать то, что находится в руке; взмахом руки направить какой-л. предмет в кого-что-л., стараясь попасть им в намеченную цель] **2. *что*** *Дима вошел в комнату и бросил рюкзак на пол* [опустить что-л. резким движением на какую-л. поверхность] **3. *что*** *Рыбаки бросили невод недалеко от берега. Корабль бросил якорь у входа в гавань* [погрузить в воду, на дно водоема] **4. *кого(что)*** и ***что*** *Против забастовщиков, вышедших на демонстрацию, правительство бросило крупные силы полиции. Командование бросило в бой танки* [быстро направить, переместить, послать куда-л.] **5. *что*** *Ольга бросила взгляд на вошедшего и опустила глаза* [взглянуть, посмотреть — в сочетании с сущ. *взор, взгляд*] **6. *что*** *Переехав на новую квартиру, мы бросили всю старую мебель. Альпинисты на перевале бросили лишний груз* [выбросить, освободиться от чего-л., устранить как ненужное] **7. *что*** *Мальчик бросил мокрую одежду и убежал на улицу* [положить небрежно, не на свое место] **8. *кого(что)*** и ***что*** *Этот человек давно бросил семью. Сосед бросил дом и уехал на Север* [покинуть, оставить кого-л.; уйти навсегда откуда-л.] **9. *что*** и ***с неопр. ф.*** *Актриса, заболев, не бросила сцену. Олег, наконец, бросил курить* [прекратить чем-л. заниматься, перестать делать что-л.]

II. БРО́СИВШИЙ, -ая, -ее, -ие; *действ. прош.*
Синт.: **а, б** — в глаг. знач. 1—9

IV. БРО́ШЕННЫЙ, -ая, -ое, -ые; *страд. прош.* [чередование с/ш]
Синт.: **а, б** — в глаг. знач. 1—9; **в** — в глаг. знач. 6, 7, 8
В знач. прил. (только *полн. ф.*) Находящийся в запустении, оставленный людьми; не доведенный до конца, незавершенный. *На Севере мы проплывали мимо брошенных деревень. Брошенное строительство*
Субстантив.$_2$ в глаг. знач. 8; субстантив.$_3$ в глаг. знач. 1, 2, 6, 7
БРО́ШЕН, -ена, -ено, -ены; *кр. ф.*
В глаг. знач. 1—9

БУДИ́ТЬ, бужу́, бу́д|ят, буди́|л; ***несов., перех.*** (*сов.* разбуди́ть *к* 1 знач.; *сов.* пробуди́ть *ко* 2 знач.) **1. *кого(что),*** также ***чем*** *Мать будила детей рано утром. Дима будил меня громким пением* (см. § 1) [заставлять проснуться] **2. *что в ком(чем),*** также ***чем*** *«Эта женщина, однообразно ласково улыбавшаяся всем, будила любопытство».* М. Горький, Жизнь Клима Самгина. *Своими увлекательными рассказами писатель будил в детях интерес к русской истории* [возбуждать, вызывать к жизни какое-л. чувство, состояние; *книжн.*]

I. БУДЯ́ЩИЙ, -ая, -ее, -ие; *действ. наст.*
Синт.: **а, б** — в глаг. знач. 1, 2

II. БУДИ́ВШИЙ, -ая, -ее, -ие; *действ. прош.*
Синт.: **а, б** — в глаг. знач. 1, 2

III. БУДИ́МЫЙ, -ая, -ое, -ые; *страд. наст.* (*редко*)
Синт.: **а, б** — в глаг. знач. 1, 2
Субстантив.$_3$ не употр.

IV. БУ́ЖЕННЫЙ, -ая, -ое, -ые; *страд. прош.** (*редко*) [чередование д/ж]
Синт.: **а, б** — в глаг. знач. 1
БУ́ЖЕН, -ена, -ено, -ены; *кр. ф.** (*редко*)
В глаг. знач. 1

□ Прич. IV во 2 глаг. знач. не употр.

БЫВА́ТЬ, быва́|ют, быва́|л; ***несов., неперех.*** **1. *S не лицо*** *Так часто бывает. Здесь бывают сильные ветры. На свете бывают странные случаи* [время от времени случаться, происходить] **2.** *Илья часто бывает в театре. Ольга не раз бывала на Кавказе* [время от времени приходить, приезжать куда-л., посещать кого-что-л.] **3. *S не лицо*** *«Всегда так будет, как бывало; Таков издревле белый свет: Ученых много — умных мало, Знакомых тьма — а друга нет!»* Пушкин, Всегда так будет... *Этому не бывать никогда!* [быть, существовать] **4.** *Смирнов редко бывает раздражительным* [неоднократно находиться в каком-л. состоянии] **5.** *По вечерам я бываю дома. «Я сумею выпутаться, не в таких переделках бывал».* В. Беляев, Старая крепость [находиться, присутствовать где-л.; неоднократно участвовать в чем-л.]

I. БЫВА́ЮЩИЙ, -ая, -ее, -ие; *действ. наст.**
Синт.: **а, б** — в глаг. знач. 1, 2, 4, 5

II. БЫВА́ВШИЙ, -ая, -ее, -ие; *действ. прош.**
Синт.: **а, б** — в глаг. знач. 1, 2, 4, 5

□ Прич. I, II в 3 глаг. знач. не употр., а в 1 глаг. знач. менее употр., чем личные ф. глагола

БЫТОВА́ТЬ, быту́|ют, бытова́|л; ***несов., неперех.; S не лицо*** *Эта книга посвящена старинным обрядам, которые бытовали в северных областях России* [иметь место, быть распространенным в быту]

I. БЫТУ́ЮЩИЙ, -ая, -ее, -ие; *действ. наст.*
С и н т.: **а, б** — в глаг. знач.

II. БЫТОВА́ВШИЙ, -ая, -ее, -ие; *действ. прош.*
С и н т.: **а, б** — в глаг. знач.

▭ Прич. I, II более употр., чем личные ф. глагола

БЫТЬ, *наст.* (только 3 л. ед.) есть, *буд.* бу́дут, *прош.* бы|л, была́, бы́ло, -ли; ***несов., неперех.*** **1.** *«Не говори с тоской: их* [*друзей, спутников*] *нет; Но с благодарностию: были».* Жуковский, Воспоминание [существовать] **2.** *Сейчас у нас есть свободное время. У сестры были хорошие друзья* [иметься] **3.** (наст. опускается) *Мы были на премьере этого балета* [присутствовать, находиться] **4.** (наст. опускается) ***S не лицо*** *Бассейн был недалеко от нашего завода. На сестре было новое платье* [располагаться, размещаться где-л.; находиться на ком-л.— об одежде] **5.** (наст. опускается) ***S не лицо*** *Во Дворце спорта были международные соревнования по теннису. Вчера была сильная гроза* [происходить, совершаться, случаться] **6.** (наст. опускается) *К. И. Чуковский был в переписке со многими знаменитыми людьми. «Он как будто был в недоумении».* И. Гончаров, Обыкновенная история [в сочетании с отвлеченными существительными обозначает действие или состояние, участие в чем-л. и т. п. в соответствии со значением существительного]

I. Прич. нет
С р. прил. **бу́дущий**, -ая, -ее, -ие. Такой, который последует за настоящим; следующий. *Будущие встречи. Будущий год. На будущей неделе*

II. БЫ́ВШИЙ, -ая, -ее, -ие; *действ. прош.*
С и н т.: **а, б** — в глаг. знач. 1—6
С у б с т а н т и в.₂ в глаг. знач. 3, 6
В з н а ч. п р и л. **1.** Не́когда существовавший. *Бывшее русло реки.* **2.** Утративший прежнее положение или назначение. *Бывший директор. Бывшие друзья* ◊ **Бывшие люди** — опустившиеся, потерявшие свое прежнее общественное положение люди

▭ Прич. I не образуется

В

ВАЛИ́ТЬ [1], валю́, ва́л|ят, вали́|л; ***несов., перех.*** (*сов.* свали́ть; *сов.* повали́ть *к* 1, 2 знач.) **1.** ***кого (что)*** и ***что*** *Мальчишки, смеясь, валили друг друга в сугроб. Ураганный ветер валит деревья* [заставлять кого-л. падать, силой приводить в лежачее положение; с силой опрокидывать что-л.] **2.** ***что*** *«Аннушка много работала... Зимой в лесу валила деревья, чуть не на себе таскала».* Воронин, Рассказ о войне [спиливая, подсекая у основания, заставлять падать на землю деревья, древовидные кустарники и т. п.] **3.** ***кого(что); S не лицо*** *Усталость валила туристов с ног. Сон валил людей с ног после нескольких бессонных ночей* [овладевать кем-л., одолевать кого-л.— о сне, усталости и т. п. в сочетании со словами *с ног*] **4.** ***кого(что); S не лицо*** *«— Подошла сибирская язва, стала валить скот».* Гл. Успенский, Власть земли [истреблять, губить во множестве — об эпидемических болезнях; *разг.*] **5.** ***что*** *Илья валит все книги в нижний ящик. Дворник валил мусор в одну кучу* [беспорядочно сбрасывать, складывать, небрежно бросать куда-л. в большом количестве] **6.** ***что на кого(что)*** и ***на что*** *Зачем ты всегда валишь свою вину на других? Продукты стали портиться, директор базы валил всё на плохую работу транспорта* [слагать, перелагать ответственность, вину за что-л. на кого-что-л.; *разг.*]

I. ВА́ЛЯЩИЙ, -ая, -ее, -ие и ВАЛЯ́ЩИЙ, -ая, -ее, -ие; *действ. наст.*
С и н т.: **а, б** — в глаг. знач. 1—6

II. ВАЛИ́ВШИЙ, -ая, -ее, -ие; *действ. прош.*
С и н т.: **а, б** — в глаг. знач. 1—6

III. ВАЛИ́МЫЙ, -ая, -ое, -ые; *страд. наст.**
С и н т.: **а, б** — в глаг. знач. 1, 2, 4—6
С у б с т а н т и в.₂ не употр.; с у б с т а н т и в.₃ в глаг. знач. 5

IV. ВА́ЛЕННЫЙ, -ая, -ое, -ые; *страд. прош.** (*редко*)
С и н т.: **а, б** — в глаг. знач. 1, 2, 5
С у б с т а н т и в.₂ не употр.; с у б с т а н т и в.₃ в глаг. знач. 5
ВА́ЛЕН, -ена, -ено, -ены; *кр. ф.** (*редко*)
В глаг. знач. 1, 2, 5

▭ Прич. III в 3 глаг. знач. не употр. Прич. IV в 3, 4, 6 глаг. знач. не употр.

ВАЛИ́ТЬ [2], валю, вал|я́т и *доп.* ва́лят, вали́|л; ***несов., неперех.*** **1.** «[*Лиза:*] *Смотрите на часы, взгляните-ка в окно: Валит народ по улицам давно».* Грибоедов, Горе от ума. *Толпа валит из клуба* [идти, двигаться в большом количестве, потоком — в сочетании с сущ. *народ, толпа; разг.*] **2.** ***S не лицо*** *Снег валит хлопьями. Дым валит из трубы* [вырываясь, выходя откуда-л., двигаться, подниматься, лететь и т. п. сплошной массой — о снеге, дыме, паре и т. п.]

I. ВАЛЯ́ЩИЙ, -ая, -ее, -ие; *действ. наст.*
С и н т.: **а, б** — в глаг. знач. 1, 2
С у б с т а н т и в.₁ во мн.

II. ВАЛИ́ВШИЙ, -ая, -ее, -ие; *действ. прош.*
С и н т.: **а, б** — в глаг. знач. 1, 2
С у б с т а н т и в.₁ во мн.

ВАРИ́ТЬ, варю́, ва́р|ят, вари́|л; ***несов., перех., что*** (*сов.* свари́ть) *Бабушка варит суп. Илья сам варит себе кофе по утрам. Дима варит картошку* [делать готовым для еды или питья; кипятить в воде, какой-л. жидкости, приготовляя для еды]

I. ВА́РЯЩИЙ, -ая, -ее, -ие и ВАРЯ́ЩИЙ, -ая, -ее, -ие; *действ. наст.*
С и н т.: **а, б** — в глаг. знач.

II. ВАРИ́ВШИЙ, -ая, -ее, -ие; *действ. прош.*
С и н т.: **а, б** — в глаг. знач.

III. ВАРИ́МЫЙ, -ая, -ое, -ые; *страд. наст.*
С и н т.: **а, б** — в глаг. знач.

IV. ВА́РЕННЫЙ, -ая, -ое, -ые; *страд. прош.*

Синт.: **а, б** — в глаг. знач.
С р. прил. **варёный**, -ая, -ое, -ые. Не сырой, приготовленный варкой. *Вареная картошка*
ВА́РЕН, -ена, -ено, -ены; *кр. ф.*
В глаг. знач.

ВВА́ЛИВАТЬСЯ, ва́лива|ются, вва́лива|лся; ***несов. к*** ввали́ться (см.)
I. ВВА́ЛИВАЮЩИЙСЯ, -аяся, -ееся, -иеся; *действ. наст.*
Синт.: **а, б** — в глаг. знач. 1—3
II. ВВА́ЛИВАВШИЙСЯ, -аяся, -ееся, -иеся; *действ. прош.*
Синт.: **а, б** — в глаг. знач. 1—3

ВВАЛИ́ТЬСЯ, ввалю́сь, вва́лятся, ввали́|лся; ***сов.*** (*несов.* вва́ливаться) **1.** ***во что*** *«Опасаясь впотьмах ввалиться вместе с лошадью в какую-нибудь ямину, я ..направился проселочной дорогой».* Бек, Волоколамское шоссе [упасть, провалиться куда-л.] **2.** ***S не лицо*** *У него глаза и щеки ввалились* [стать впалым, вдаться внутрь — о щеках, глазах и т. п.] **3.** *Ребята шумно ввалились в комнату. Толпа ввалилась в зал. В дом ввалился незнакомец весь в снегу* [войти куда-л. толпой, беспорядочной группой; *разг.*; вломиться без зова, неожиданно, назойливо; *разг.*]
II. ВВАЛИ́ВШИЙСЯ, -аяся, -ееся, -иеся; *действ. прош.*
Синт.: **а, б** — в глаг. знач. 1—3
В знач. прил. Вдавшийся внутрь, впалый. *У старика были тонкие, ввалившиеся губы. Вошел мальчик с ввалившейся грудью*

ВВЕЗТИ́, ввез|у́т, ввёз|, ввезла́, -ло́, -ли́; ***сов. к*** ввози́ть в 1, 2 знач. (см.)
II. ВВЁЗШИЙ, -ая, -ее, -ие; *действ. прош.*
Синт.: **а, б** — в глаг. знач. 1, 2
IV. ВВЕЗЁННЫЙ, -ая, -ое, -ые; *страд. прош.*
Синт.: **а, б** — в глаг. знач. 1, 2
ВВЕЗЁН, -ена́, -ено́, -ены́; *кр. ф.*
В глаг. знач. 1, 2

ВВЕРГА́ТЬ, вверга́|ют, вверга́|л; ***несов. к*** вве́ргнуть (см.)
I. ВВЕРГА́ЮЩИЙ, -ая, -ее, -ие; *действ. наст.*
Синт.: **а, б** — в глаг. знач.
II. ВВЕРГА́ВШИЙ, -ая, -ее, -ие; *действ. прош.*
Синт.: **а, б** — в глаг. знач.
III. ВВЕРГА́ЕМЫЙ, -ая, -ое, -ые; *страд. наст.*
Синт.: **а, б** — в глаг. знач.
Субстантив.$_3$ не употр.

ВВЕ́РГНУТЬ, вве́ргнут, вве́ргну|л и вверг|, вве́ргла, -ло, -ли; ***сов., перех., кого(что)*** и ***что во что*** (*несов.* вверга́ть) *Наиболее экстремистские круги ввергли страны Ближнего Востока в пучину войны* (из газет). *Это сообщение ввергло Ольгу в отчаяние* [силой вовлечь во что-л. плохое; привести в какое-л. тяжелое состояние]
II. ВВЕ́РГНУВШИЙ, -ая, -ее, -ие и ВВЕ́РГШИЙ, -ая, -ее, -ие; *действ. прош.*
Синт.: **а, б** — в глаг. знач.
IV. ВВЕ́РГНУТЫЙ, -ая, -ое, -ые; *страд. прош.*
Синт.: **а, б** — в глаг. знач.
Субстантив.$_3$ не употр.
ВВЕ́РГНУТ, -та, -то, -ты; *кр. ф.*
В глаг. знач.

ВВЕРНУ́ТЬ, ввернут, вверну́|л; ***сов., перех.*** (*несов.* ввёртывать) **1.** ***что во что*** *Илья ввернул лампочку в патрон. Мастер ловко ввернул винт в крышку ящика* [вращением ввести или вставить внутрь чего-л., ввинтить] **2.** ***что***, также ***во что*** *Гость ввернул в разговор остроумное замечание, и все развеселились* [ловко, к месту вставить в чью-л. речь слово, замечание, шутку и т. п.; *разг.*]
II. ВВЕРНУ́ВШИЙ, -ая, -ее, -ие; *действ. прош.*
Синт.: **а, б** — в глаг. знач. 1, 2
IV. ВВЁРНУТЫЙ, -ая, -ое, -ые; *страд. прош.* [чередование е/ё]
Синт.: **а, б** — в глаг. знач. 1, 2; **в** — в глаг. знач. 1
Субстантив.$_3$ в глаг. знач. 1
ВВЁРНУТ, -та, -то, -ты; *кр. ф.*
В глаг. знач. 1, 2
▭ Прич. IV во 2 глаг. знач. менее употр., чем личные ф. глагола и прич. II

ВВЁРТЫВАТЬ, ввёртыва|ют, ввёртыва|л; ***несов. к*** ввернуть (см.)
I. ВВЁРТЫВАЮЩИЙ, -ая, -ее, -ие; *действ. наст.*
Синт.: **а, б** — в глаг. знач. 1, 2
II. ВВЁРТЫВАВШИЙ, -ая, -ее, -ие; *действ. прош.*
Синт.: **а, б** — в глаг. знач. 1, 2
III. ВВЁРТЫВАЕМЫЙ, -ая, -ое, -ые; *страд. наст.*
Синт.: **а, б** — в глаг. знач. 1, 2; **в** — в глаг. знач. 1
Субстантив.$_3$ в глаг. знач. 1
▭ Прич. I, II, III во 2 глаг. знач. менее употр., чем в 1 глаг. знач.

ВВЕСТИ́, введ|у́т, ввёл, ввела́, -ло́, -ли́; ***сов., перех.*** (*несов.* вводи́ть) **1.** ***кого(что)*** и ***что*** *Учительница ввела первоклассников в класс. Мальчик ввел лошадь в конюшню. Командование ввело танковые войска в город* [заставить или помочь войти внутрь чего-л., привести куда-л.; осуществить перемещение каких-л. воинских частей куда-л.] **2.** ***кого(что) во что*** *В состав жюри мы ввели только мастеров спорта. Собрание ввело в партийное бюро еще двух человек* [принять в состав какого-л. общественного органа, в число кого-чего-л.] **3.** ***что во что*** *Врач ввел лекарство больному в вену. Агроном ввел в почву необходимые удобрения* [влить, впустить, вмешать что-л. внутрь чего-л.] **4.** ***что во что*** *В поселке ввели в эксплуатацию небольшую электростанцию. Недавно в больницах города ввели в употребление новое лекарство. В городе ввели в строй новые предприятия* [сделать действующим или употребляемым — в сочетании со словами *в эксплуатацию, в употребление, в строй* и т. д.] **5.** ***кого(что) во что*** *Тебя эта женщина ввела в заблуждение. Сын ввел родителей в большой расход, попросив купить ему магнитофон* [привести в какое-л. неприятное, нежелательное состояние, вовлечь во что-л.] **6.** ***что*** *Во многих развивающихся странах ввели всеобщее десятилетнее обучение. В Европе опять ввели новую моду: женщины ходят в коротких брюках* [установить, учредить; положить начало чему-л., внедрить, принять для употребления]

II. ВВЕ́ДШИЙ, -ая, -ее, -ие; *действ. прош.*
С и н т.: **а, б** — в глаг. знач. 1—6
IV. ВВЕДЁННЫЙ, -ая, -ое, -ые; *страд. прош.*
С и н т.: **а, б** — в глаг. знач. 1—6; **в** — в глаг. знач. 6
С у б с т а н т и в.₃ в глаг. знач. 3, 4
ВВЕДЁН, -ена́, -ено́, -ены́; *кр. ф.*
В глаг. знач. 1—6

ВВИНТИ́ТЬ, ввинчу́, ввинт|я́т и *доп.* вви́нтят, ввинти́|л; ***сов., перех., что во что*** (*несов.* вви́нчивать) *Дима быстро ввинтил железные кольца в стену и сделал турник. Мастер осторожно ввинтил винт в крышку ящика* [вращая что-л., имеющее винтовую резьбу, ввести или вставить внутрь чего-л., ввернуть]
II. ВВИНТИ́ВШИЙ, -ая, -ее, -ие; *действ. прош.*
С и н т.: **а, б** — в глаг. знач.
IV. ВВИ́НЧЕННЫЙ, -ая, -ое, -ые; *страд. прош.* [чередование т/ч]
С и н т.: **а, б, в** — в глаг. знач.
ВВИ́НЧЕН, -ена, -ено, -ены; *кр. ф.*
В глаг. знач.

ВВИ́НЧИВАТЬ, вви́нчива|ют, вви́нчива|л; ***несов. к*** ввинти́ть (см.)
I. ВВИ́НЧИВАЮЩИЙ, -ая, -ее, -ие; *действ. наст.*
С и н т.: **а, б** — в глаг. знач.
II. ВВИ́НЧИВАВШИЙ, -ая, -ее, -ие; *действ. прош.*
С и н т.: **а, б** — в глаг. знач.
III. ВВИ́НЧИВАЕМЫЙ, -ая, -ое, -ые; *страд. наст.*
С и н т.: **а, б, в** — в глаг. знач.

ВВОДИ́ТЬ, ввожу́, ввод|ят, вводи́|л; ***несов. к*** ввести́ (см.)
I. ВВОДЯ́ЩИЙ, -ая, -ее, -ие; *действ. наст.*
С и н т.: **а, б** — в глаг. знач. 1—6
II. ВВОДИ́ВШИЙ, -ая, -ее, -ие; *действ. прош.*
С и н т.: **а, б** — в глаг. знач. 1—6
III. ВВОДИ́МЫЙ, -ая, -ое, -ые; *страд. наст.*
С и н т.: **а, б** — в глаг. знач. 1—6; **в** — в глаг. знач. 6
С у б с т а н т и в.₃ в глаг. знач. 3, 4

ВВОЗИ́ТЬ, ввожу́, вво́з|ят, ввози́|л; ***несов., перех.*** (*сов.* ввезти́ *к* 1, 2 знач.) ***1. кого(что)*** и ***что*** *В операционную больных ввозили на специальной каталке. Сосед ввозит дрова во двор на тачке* [везя, доставлять куда-л., в пределы чего-л.] ***2. что*** *Гранитные глыбы ввозили на вершину холма на машинах* [везя, доставлять наверх, на верхнюю часть чего-л.] ***3. что*** *Эта страна ввозит сырье из нескольких соседних государств* [доставлять из-за границы, заключив торговое соглашение, импортировать]
I. ВВОЗЯ́ЩИЙ, -ая, -ее, -ие; *действ. наст.*
С и н т.: **а, б** — в глаг. знач. 1—3
II. ВВОЗИ́ВШИЙ, -ая, -ее, -ие; *действ. прош.*
С и н т.: **а, б** — в глаг. знач. 1—3
III. ВВОЗИ́МЫЙ, -ая, -ое, -ые; *страд. наст.*
С и н т.: **а, б** — в глаг. знач. 1—3; **в** — в глаг. знач. 3

ВГИБА́ТЬ, вгиба́|ют, вгиба́|л; ***несов. к*** вогну́ть (см.)
I. ВГИБА́ЮЩИЙ, -ая, -ее, -ие; *действ. наст.*
С и н т.: **а, б** — в глаг. знач.
II. ВГИБА́ВШИЙ, -ая, -ее, -ие; *действ. прош.*
С и н т.: **а, б** — в глаг. знач.
III. ВГИБА́ЕМЫЙ, -ая, -ое, -ые; *страд. наст.*
С и н т.: **а, б, в** — в глаг. знач.

ВДАВИ́ТЬ, вдавлю́, вда́в|ят, вдави́|л; ***сов., перех.*** (*несов.* вда́вливать) ***1. что во что,*** также ***чем*** *Мальчик вдавил монету в землю каблуком* (см. § 1). *Петя нечаянно вдавил пробку в бутылку* [давя, заставить что-л. углубиться, войти внутрь чего-л.] ***2. что*** *При аварии самосвал ударил в правую стенку кабины „Жигулей" и вдавил ее* [прогнуть, вмять давлением, ударом]
II. ВДАВИ́ВШИЙ, -ая, -ее, -ие; *действ. прош.*
С и н т.: **а, б** — в глаг. знач. 1, 2
IV. ВДА́ВЛЕННЫЙ, -ая, -ое, -ые; *страд. прош.* [чередование в/вл]
С и н т.: **а, б** — в глаг. знач. 1, 2
В з н а ч. п р и л. (также *кр. ф.* ↓) Погнутый, вогнутый вовнутрь, вмятый. *Стул с вдавленным сиденьем. Вдавленные стенки кабины. Кровать с вдавленными пружинами*
С у б с т а н т и в.₃ в глаг. знач. 1
ВДА́ВЛЕН, -ена, -ено, -ены; *кр. ф.*
В глаг. знач. 1, 2
В з н а ч. п р и л. (также *полн. ф.* ↑) *Сиденье у стула вдавлено. У машины стенки кабины были вдавлены. Пружины у кровати вдавлены*

ВДАВИ́ТЬСЯ, вдавлю́сь, вда́вятся, вдави́|лся; ***сов. к*** вдавливаться в 1, 3 знач. (см.)
II. ВДАВИ́ВШИЙСЯ, -аяся, -ееся, -иеся; *действ. прош.*
С и н т.: **а, б, в** — в глаг. знач. 1, 3

ВДА́ВЛИВАТЬ, вда́влива|ют, вда́влива|л; ***несов. к*** вдави́ть (см.)
I. ВДА́ВЛИВАЮЩИЙ, -ая, -ее, -ие; *действ. наст.*
С и н т.: **а, б** — в глаг. знач. 1, 2
II. ВДА́ВЛИВАВШИЙ, -ая, -ее, -ие; *действ. прош.*
С и н т.: **а, б** — в глаг. знач. 1, 2
III. ВДА́ВЛИВАЕМЫЙ, -ая, -ое, -ые; *страд. наст.*
С и н т.: **а, б** — в глаг. знач. 1, 2
С у б с т а н т и в.₃ в глаг. знач. 1

ВДА́ВЛИВАТЬСЯ, вда́влива|ются, вда́влива|лся; ***несов.*** (*сов.* вдави́ться *к* 1, 3 знач.); ***S не лицо*** **1.** *Пружины у дивана вдавливались с трудом. Почва вдавливалась под нашими ногами* [вгибаться, сжиматься от давления; образовывать вмятину, углубление от давления] **2.** *У этого контейнера крышка вдавливается автоматически* [иметь свойство вгибаться, сжиматься, перемещаться внутрь чего-л.] ***3. во что*** *Маша чувствовала, что шипы розы вдавливаются постепенно в ее ладонь, но продолжала крепко сжимать цветы* [надавливая, углубляться, входить во что-л. обычно мягкое, сыпучее и т. п.]
I. ВДА́ВЛИВАЮЩИЙСЯ, -аяся, -ееся, -иеся; *действ. наст.*
С и н т.: **а, б** — в глаг. знач. 1—3
В з н а ч. п р и л. Имеющий свойство вгибаться, сжиматься, входить внутрь от давления. *Мы купили шкатулку с вдавливающейся крышкой*

II. ВДА́ВЛИВАВШИЙСЯ, -аяся, -ееся, -иеся; *действ. прош.*
Синт.: **а, б** — в глаг. знач. 1—3

ВДОХНОВИ́ТЬ, вдохновлю́, вдохнов|я́т, вдохнови́|л; ***сов., перех.*** (*несов.* вдохновля́ть) **1. *кого (что),*** также ***чем*** *Молодая девушка вдохновила поэта своей красотой* (см. § 1) [пробудить вдохновение в ком-л.] **2. *кого(что); S не лицо*** *Первый успех вдохновил молодого писателя* [воодушевить, вызвать душевный подъем] **3. *кого (что) на что*** *Партия вдохновила народ на подвиг в годы Великой Отечественной войны. Комсомол вдохновил молодежь на героические дела* [побудить к совершению чего-л. героического, прекрасного]
II. ВДОХНОВИ́ВШИЙ, -ая, -ее, -ие; *действ. прош.*
Синт.: **а, б** — в глаг. знач. 1—3
IV. ВДОХНОВЛЁННЫЙ, -ая, -ое, -ые; *страд. прош.*
[чередование в/вл]
Синт.: **а, б** — в глаг. знач. 1—3
Ср. прил. **вдохнове́нный**, -ая, -ое, -ые; -е́нен, -е́нна, -е́нно, -е́нны. **1.** Проникнутый вдохновением, исполненный вдохновения. *Вдохновенный труд. Вдохновенный поэт* **2.** Выражающий вдохновение. *Вдохновенный взгляд. Вдохновенное лицо*
ВДОХНОВЛЁН, -ена́, -ено́, -ены́; *кр. ф.*
В глаг. знач. 1—3

ВДОХНОВЛЯ́ТЬ, вдохновля́|ют, вдохновля́|л; ***несов., перех.*** (*сов.* вдохнови́ть) **1. *кого(что),*** также ***чем*** *Молодая девушка вдохновляет поэта своей красотой* (см. § 1) [пробуждать вдохновение в ком-л.] **2. *кого(что); S не лицо*** *Первые успехи вдохновляют молодого писателя. Похвала вдохновляет человека* [воодушевлять, вызывать душевный подъем] **3. *кого(что) на что*** *Партия вдохновляла народ на подвиги в годы Великой Отечественной войны. Комсомол вдохновлял молодежь на героические дела* [побуждать к совершению чего-л. героического, прекрасного]
I. ВДОХНОВЛЯ́ЮЩИЙ, -ая, -ее, -ие; *действ. наст.*
Синт.: **а, б** — в глаг. знач. 1—3
В знач. прил. Являющийся побудительной силой для каких-л. героических или необходимых действий. *Вдохновляющий труд. Вдохновляющий подвиг. Вдохновляющий пример*
II. ВДОХНОВЛЯ́ВШИЙ, -ая, -ее, -ие; *действ. прош.*
Синт.: **а, б** — в глаг. знач. 1—3
III. ВДОХНОВЛЯ́ЕМЫЙ, -ая, -ое, -ые; *страд. наст.*
Синт.: **а, б** — в глаг. знач. 1—3

ВДОХНУ́ТЬ, вдохну́т, вдохну́|л; ***сов., перех.*** (*несов.* вдыха́ть *к* 1 знач.) **1. *что*** *После грозы мы с радостью вдохнули свежий, пахнущий липой воздух* [вобрать, втянуть в легкие вдохом, при вдохе] **2. *что в кого(что),*** также ***чем*** *«..мысль о спасительной силе материнской любви вдохнула в нее* [*Варвару Сергеевну*] *новую бодрость».* Караваева, Разбег. *Политрук своей речью вдохнул силы в уставших бойцов* [возбудить, заставить появиться]
II. ВДОХНУ́ВШИЙ, -ая, -ее, -ие; *действ. прош.*
Синт.: **а, б** — в глаг. знач. 1, 2
IV. ВДОХНУ́ТЫЙ, -ая, -ое, -ые; *страд. прош.** (*редко*)
Синт.: **а, б, в** — в глаг. знач. 1
ВДОХНУ́Т, -та, -то, -ты; *кр. ф.** (*редко*)
В глаг. знач. 1
▭ Прич. IV во 2 глаг. знач. не употр.

ВДЫХА́ТЬ, вдыха́|ют, вдыха́|л; ***несов. к*** вдохну́ть в 1 знач. (см.)
I. ВДЫХА́ЮЩИЙ, -ая, -ее, -ие; *действ. наст.*
Синт.: **а, б** — в глаг. знач. 1
II. ВДЫХА́ВШИЙ, -ая, -ее, -ие; *действ. прош.*
Синт.: **а, б** — в глаг. знач. 1
III. ВДЫХА́ЕМЫЙ, -ая, -ое, -ые; *страд. наст.*
Синт.: **а, б, в** — в глаг. знач. 1

ВЕЗТИ́, вез|у́т, вёз|, везла́, -ло́, -ли́; ***несов., перех.*** **1. *что*** *Мальчик вез тачку с песком* [перемещать, заставлять перемещаться какие-л. средства передвижения — о движении, совершаемом в одном направлении, в один прием] **2. *кого (что)*** и ***что*** *Родители везут ребенка в больницу на скорой помощи. Мы везли овощи на машине* [перемещать кого-что-л., при помощи средств передвижения — о движении, совершаемом в одном направлении, в один прием] **3. *кого (что)*** и ***что*** *Рикша везет целую семью. Автобусы везут детей в пионерский лагерь. Самосвалы везут бревна* [передвигаясь, перемещаясь в одном направлении, в один прием, доставлять кого-что-л. куда-л.— о средствах передвижения] **4. *кого (что)*** и ***что*** *Дима везет с собой на дачу книги. Илья везет на рыбалку всех своих друзей* [отправляясь в поездку, брать с собой — о действии, совершаемом в один прием]. Ср. вози́ть
I. ВЕЗУ́ЩИЙ, -ая, -ее, -ие; *действ. наст.*
Синт.: **а, б** — в глаг. знач. 1—4
II. ВЁЗШИЙ, -ая, -ее, -ие; *действ. прош.*
Синт.: **а, б** — в глаг. знач. 1—4
III. ВЕЗО́МЫЙ, -ая, -ое, -ые; *страд. наст.* (*редко*)
Синт.: **а, б** — в глаг. знач. 1—4
Субстантив.$_2$ и субстантив.$_3$ не употр.
IV. ВЕЗЁННЫЙ, -ая, -ое, -ые; *страд. прош.*
Синт.: **а, б** — в глаг. знач. 1—4
ВЕЗЁН, -ена́, -ено́, -ены́; *кр. ф.* (*редко*)
В глаг. знач. 1—4

ВЕЛЕ́ТЬ, вел|я́т, веле́|л; ***сов.*** и ***несов.*** (прош. только ***сов.***), ***неперех., кому с неопр. ф.*** и ***с придат. дополнит.*** *Олег велел нам приехать немедленно. Дедушка велел, чтобы мы не открывали дверь на балкон* [приказать или приказывать распорядиться или распоряжаться что-л. делать или сделать]
I. ВЕЛЯ́ЩИЙ, -ая, -ее, -ие; *действ. наст.*
Синт.: **а, б** — в глаг. знач.
II. ВЕЛЕ́ВШИЙ, -ая, -ее, -ие; *действ. прош.*
Синт.: **а, б** — в глаг. знач.

ВЕНЧА́ТЬ, венча́|ют, венча́|л; ***несов.*** (в 1 знач. также ***сов.***), ***перех.*** (*сов.* увенча́ть *ко* 2 знач.; *сов.* обвенча́ть *к* 4 знач.) **1. *кого (что) чем*** *Предсе-*

датель жюри венчает чемпиона лавровым венком (см. § 2) [возлагать или возложить на кого-л. венок в знак почетной награды, присвоения высокого звания; *книжн.*] **2. *что; S не лицо*** *Кремлевские башни венчают рубиновые звезды. Крышу дворца венчал купол* [заканчивать собою что-л., находясь наверху чего-л.] **3. *что; S не лицо*** *Конец венчает дело* (поговорка) [успешно завершать что-л.] **4. *кого (что)*** и ***кого с кем (чем)*** *А. С. Пушкина с Натальей Гончаровой венчали в Москве* [соединять браком по церковному обряду]

I. ВЕНЧА́ЮЩИЙ, -ая, -ее, -ие; *действ. наст.*
Синт.: **а, б** — в глаг. знач. 1—4

II. ВЕНЧА́ВШИЙ, -ая, -ее, -ие; *действ. прош.*
Синт.: **а, б** — в глаг. знач. 1—4

III. ВЕНЧА́ЕМЫЙ, -ая, -ое, -ые; *страд. наст.**
Синт.: **а, б** — в глаг. знач. 1, 4
Субстантив.$_2$ в глаг. знач. 4 во мн.

IV. ВЕ́НЧАННЫЙ, -ая, -ое, -ые; *страд. прош.**
Синт.: **а, б** — в глаг. знач. 4
ВЕ́НЧАН, -ана, -ано, -аны; *кр. ф.**
В глаг. знач. 4

▭ Прич. III во 2, 3 глаг. знач. не употр. Прич. IV в 1—3 глаг. знач. не употр.

ВЕ́РИТЬ, ве́р|ят, ве́ри|л; ***несов., неперех.*** **1. *во что*** *Борцы за мир верят в успех борьбы. Мы верим в завтрашний день* [иметь твердую уверенность, быть убежденным в неизбежности, правильности, успехе и т. п. чего-л.] **2. *в кого (что)*** *«Только тот победит и удержит власть, кто верит в народ, кто окунется в родник живого народного творчества».* Ленин, Заседание ВЦИК 4 (17) ноября 1917 г. *Мы верим в этого человека, так как он хорошо знает дело* [быть уверенным в положительных качествах кого-л., считать, что кто-л. безусловно оправдает ожидания, надежды] **3. *в кого (что)*** *Не все ходящие в церковь верят в бога* [быть религиозным, веровать] **4. *чему*** и ***во что*** *Брат верит каждому твоему слову. Бабушка верит в приметы* [принимать за истину что-л.] **5. *кому (чему)*** *Мы верим своим друзьям. «Лазарь вообще не верит докторам. Он их не признает».* Нилин, Жестокость [доверять кому-л., полагаться на кого-л.]

I. ВЕ́РЯЩИЙ, -ая, -ее, -ие; *действ. наст.*
Синт.: **а, б** — в глаг. знач. 1—5

II. ВЕ́РИВШИЙ, -ая, -ее, -ие; *действ. прош.*
Синт.: **а, б** — в глаг. знач. 1—5

ВЕРНУ́ТЬ, верну́т, верну́|л; ***сов., перех.*** **1. *кого (что)*** и ***что*** *Террористы вернули заложников и сложили оружие* (из газет). *Грабитель сам вернул все похищенные ценности* [отдать обратно кого-что-л., захваченное или взятое силой] **2. *что*** *Петя вернул книгу в библиотеку вовремя. Соседка вернула мне долг. «Через неделю мне вернули* [*из редакции*] *рассказ».* Инбер, Место под солнцем [возвратить полученное] **3. *что,*** также ***чем*** *Врачи вернули Смирнову здоровье. Клоун своими шутками вернул мне хорошее настроение. «Утром батальон контратаковал, вернул деревушку».* Эренбург, Буря [помочь вновь получить, обрести что-л. утраченное; в результате боевых действий вновь получить что-л. отданное неприятелю] **4. *кого (что)*** *Отец вернул детей домой, встретив их во дворе. «..*[*граф*] *вспомнил еще нужное, вернулся сам, вернул повара и эконома и опять стал приказывать».* Л. Толстой, Война и мир [заставить, попросить вернуться, прийти, приехать обратно] **5. *кого (что)*** *Учителя школы приложили много усилий, чтобы вернуть сына матери. Друзья вернули брата в семью. Воспитатели вернули мальчика к прежней жизни* [способствовать восстановлению утраченных связей, отношений кого-л. с кем-л., возвращению кого-л. к кому-л. или к чему-л.] **6. *кого (что) к чему,*** также ***чем*** *«Слова жены грубо вернули меня к прошлому».* Катаев, Святой колодец. *Смирнов своим сообщением вернул собравшихся к действительности* [заставить вновь обратиться к тому, что забыто или отвергнуто, отложено и т. п.]

II. ВЕРНУ́ВШИЙ, -ая, -ее, -ие; *действ. прош.*
Синт.: **а, б** — в глаг. знач. 1—6

▭ Прич. IV не употр.

ВЕ́РОВАТЬ, ве́ру|ют, ве́рова|л; ***несов., неперех.*** **1. *в кого (что)*** и ***во что*** *«— Маменька в него* [*Маслобоева*] *верует, как не знаю во что».* Достоевский, Униженные и оскорбленные. *«Владимир Семенович искренно веровал в свое право писать».* Чехов, Хорошие люди [быть твердо убежденным в чем-л., совершенно уверенным в ком-чем-л.; *книжн.*] **2.** *Моя бабушка не верует* [быть религиозным, верить в бога; *книжн.*]

I. ВЕ́РУЮЩИЙ, -ая, -ее, -ие; *действ. наст.*
Синт.: **а, б** — в глаг. знач. 1, 2; **в** — в глаг. знач. 2
Ср. сущ. **ве́рующий,** -его, *м.*; **ве́рующая,** -ей, *ж.* Тот (та), кто признает существование бога, верит в бога, религиозный человек. *Верующие пришли в церковь задолго до начала службы*

II. ВЕ́РОВАВШИЙ, -ая, -ее, -ие; *действ. прош.*
Синт.: **а, б** — в глаг. знач. 1, 2; **в** — в глаг. знач. 2

▭ Прич. II и личные ф. глагола менее употр., чем прич. I

ВЕРТЕ́ТЬ, верчу́, ве́рт|ят, верте́|л; ***несов.*** **1. *перех., кого (что)*** и ***что,*** также ***чем*** *Гимнаст вертел партнершу над головой высоко под куполом цирка. Мальчик вертел колесо старого велосипеда двумя руками, воображая, что он стоит у штурвала* (см. § 2). *Наташа медленно вертела ручку кофейной мельницы* [приводить в круговое движение, вращать] **2. *перех., что,*** также ***чем*** *Бабушка вертела в руках письмо, по ошибке положенное в наш почтовый ящик. Незнакомец вертел рукой трость* (см. § 2) [поворачивать в разные стороны, с одной стороны на другую, нижней стороной кверху и т. п.] **3. *неперех., чем*** *Малыш вертел головой, отказываясь есть. Встречая хозяина, собака радостно вертела хвостом* [быстро поворачивать из стороны в сторону] **4. *неперех., кем (чем)*** *Этот ученик вертит всем классом. Ольга вертит тобой, как хочет* [подчиняя своему влиянию, заставлять кого-л. выполнять любые просьбы, желания, распоряжаться кем-л. по своей прихоти; *разг.*]

I. ВЕРТЯ́ЩИЙ, -ая, -ее, -ие; *действ. наст.*
Синт.: **а, б** — в глаг. знач. 1—4

II. ВЕРТЕ́ВШИЙ, -ая, -ее, -ие; *действ. прош.*
Синт.: **а, б** — в глаг. знач. 1—4

IV. ВЕ́РЧЕННЫЙ, -ая, -ое, -ые; *страд. прош.* (*редко*)
[чередование т/ч]
Синт.: **а, б** — в глаг. знач. 1, 2
Ср. прил. **ве́рченый,** -ая, -ое, -ые. **1.** Своенравный, легкомысленный, непостоянный в своих привязанностях; *разг.* *«Здешние девки дерзкие, верченые».* Диковский, Горячие ключи **2.** Непоседливый, излишне подвижный, шаловливый. *Весь он какой-то верченый, ни минуты на месте не посидит*
ВЕ́РЧЕН, -ена, -ено, -ены; *кр. ф.* (*редко*)
В глаг. знач. 1, 2

▭ Прич. III не образуется

ВЕРТЕ́ТЬСЯ, верчу́сь, ве́рт|ятся, верте́|лся; ***несов.*** **1.** ***S не лицо*** *Смотри, как быстро вертится это колесо!* [находиться в состоянии кругового движения] **2.** ***S не лицо*** *В нашем театре сцена вертится* [иметь свойство вращаться, совершать круговые движения] **3.** *Я долго вертелся в кровати, не находя удобного положения. Малыш вертелся на стуле, не хотел есть* [поворачиваться в разные стороны, часто меняя положение] **4.** *Мальчик весь день вертелся около взрослых. Какой-то подозрительный человек уже третий день вертится около склада* [постоянно находиться где-л., около кого-чего-л., мешая или с какой-л. целью] **5.** ***S не лицо*** *Весь день в голове вертится этот веселый мотив. «Разговор.. вертелся вокруг событий последних дней».* Шолохов, Тихий Дон [постоянно возникать в сознании, в памяти; постоянно обращаться, возвращаться к кому-чему-л.— о мыслях, разговорах, спорах и т. п.] **6.** *Не вертись, говори правду!* [прибегать к уловкам, хитрить, уклоняться от прямого ответа; *разг.*] **7.** *«Бабушка стряпала, шила, копалась в огороде и в саду, вертелась целый день».* М. Горький, Детство [делать разнообразные дела, быть в постоянных хлопотах, не имея времени на отдых; *разг.*]

I. ВЕРТЯ́ЩИЙСЯ, -аяся, -ееся, -иеся; *действ. наст.**
Синт.: **а, б** — в глаг. знач. 1—5, 7; **в** — в глаг. знач. 1
В знач. прил. Способный двигаться по окружности, в разных плоскостях — о предметах. *В нашем театре вертящаяся сцена. В парке есть аттракцион с вертящимися кабинами в виде космических ракет*

II. ВЕРТЕ́ВШИЙСЯ, -аяся, -ееся, -иеся; *действ. прош.**
Синт.: **а, б** — в глаг. знач. 1—5, 7; **в** — в глаг. знач. 1

▭ Прич. I, II в 6 глаг. знач. не употр.

ВЕСЕЛИ́ТЬ, весел|я́т, весели́|л; ***несов., перех., кого (что)*** (сов. развесели́ть *к* 1 знач.) **1.** также ***чем*** *Клоун веселил зрителей разными трюками* [забавлять, развлекать кого-л., вызывать веселое настроение] **2.** ***S не лицо*** *«Чувство радостного облегчения продолжало веселить Решетникова».* Л. Соболев, Зеленый луч [доставлять удовольствие, радовать]

I. ВЕСЕЛЯ́ЩИЙ, -ая, -ее, -ие; *действ. наст.*
Синт.: **а, б** — в глаг. знач. 1, 2
В знач. прил. в выражении: **веселящий газ** — закись азота, бесцветный газ, вызывающий при вдыхании сходное с опьянением состояние

II. ВЕСЕЛИ́ВШИЙ, -ая, -ее, -ие; *действ. прош.*
Синт.: **а, б** — в глаг. знач. 1, 2

▭ Глагол не имеет прич. III, IV

ВЕ́СИТЬ, ве́шу, ве́с|ят, ве́си|л; ***несов., неперех.*** *Ребенок весит сорок килограммов. Мой багаж весил двадцать килограммов* [иметь тот или иной вес]

I. ВЕ́СЯЩИЙ, -ая, -ее, -ие; *действ. наст.*
Синт.: **а, б** — в глаг. знач.
Ср. прил. **весо́мый,** -ая, -ое, -ые в знач. 'обладающий весом'. *«[Самгин] смотрел во тьму, и она казалась материальной, весомой».* М. Горький, Жизнь Клима Самгина

II. ВЕ́СИВШИЙ, -ая, -ее, -ие; *действ. прош.*
Синт.: **а, б** — в глаг. знач.

ВЕСТИ́, вед|у́т, вёл, вела́, -ло́, -ли́; ***несов.*** **1.** ***перех., кого (что)*** *Отец вел ребенка за руку. Врач ведет больного на прогулку* [о движении, совершаемом в одном направлении, один раз: идя рядом, направлять движение; помогать кому-л. или заставлять кого-л. идти] **2.** ***перех., кого (что)*** *«Царь к востоку войско шлет, Старший сын его ведет».* Пушкин, Сказка о золотом петушке [находясь во главе, направлять чьи-л. действия, предводительствовать] **3.** ***перех., что*** *Концерт ведет молодой конферансье. В нашей семье домашнее хозяйство ведет бабушка. В газете Олег вел отдел сатиры и юмора* [направлять деятельность кого-чего-л., управлять, руководить кем-чем-л.] **4.** ***перех., кого(что)*** *Учительница по литературе вела наш класс три года. Этого больного ведет заведующий отделением* [быть чьим-л. учителем, воспитателем, научным руководителем, лечащим врачом и т. п.] **5.** ***перех., что*** *Андрей ведет машину умело, осторожно. Экипаж вел самолет в густом тумане. Машинист вел поезд строго по расписанию* [управлять каким-л. транспортным средством — о движении, совершаемом в одном направлении, один раз] **6.** ***перех., что*** *Строители ведут нефтепровод через тайгу. Рабочие вели шоссе вдоль реки* [прокладывать, протягивать, проводить что-л. в определенном направлении] **7.** ***перех., что*** *Железнодорожники ведут борьбу со снежными заносами. Смирнов давно ведет дневник. Наш класс ведет переписку с пионерами Болгарии. Журналист вел беседу с передовиками производства. СССР ведет торговлю со многими странами мира* [осуществлять, выполнять, делать то, что выражено существительным] **8.** ***неперех., чем по чему*** *Учитель вел указкой по карте, показывая границы Азии* [двигать чем-л., перемещать что-л. по какой-л. поверхности — о движении, совершаемом в одном направлении, один раз] **9.** ***неперех.; S не лицо*** *Эта улица ведет на Красную площадь. Лестница ведет на балкон. Аллея ведет прямо к дому* [иметь то или иное направление, служить путем куда-л.] **10.** ***неперех., к чему; S не лицо*** *Мы готовы поддержать те предложе-*

ния, которые ведут к прекращению гонки вооружений (из газет) *Ложь к добру не ведет* [иметь что-л. своим следствием, завершением]. Ср. водить

I. ВЕДУ́ЩИЙ, -ая, -ее, -ие; *действ. наст.*
Синт.: **а, б** — в глаг. знач. 1—10
В знач. прил. **1.** Идущий впереди, головной. *Ведущий самолет. Ведущий броненосец* **2.** Главный, возглавляющий, руководящий. *Ведущее медицинское учреждение. Ведущая отрасль промышленности. Ведущий инженер. Играть ведущую роль* **3.** Приводимый в движение двигателем и передающий движение другим частям механизма. *Ведущая ось. Ведущее колесо*
Ср. сущ. **веду́щий**[1], -его, *м.* Тот, кто идет впереди, направляет движение самолета, машины и т. п., головной. *Летчик следил за полетом своего ведущего*
Ср. сущ. **веду́щий**[2], -его, *м.*; **веду́щая**, -ей, *ж.* Тот (та), кто ведет, сопровождает комментариями представление, спектакль, концерт, теле- и радиопередачу. *На сцену вышел ведущий и объявил первый номер программы*

II. ВЕ́ДШИЙ, -ая, -ее, -ие; *действ. прош.*
Синт.: **а, б** — в глаг. знач. 1—10

III. ВЕДО́МЫЙ, -ая, -ое, -ые; *страд. наст.** (*книжн.*)
Синт.: **а, б** — в глаг. знач. 1, 2, 4, 5
В знач. прил. **1.** Такой, который следует за ведущим самолетом, машиной и т. п., идет под командой ведущего самолета, машины и т. п. *Ведомый самолет* **2.** Приводимый в движение ведущим механизмом — в технике. *Ведомое колесо*
Субстантив.$_2$ в глаг. знач. 2; субстантив.$_3$ не употр.
Ср. сущ. **ведо́мый**, -ого, *м.* Тот, кто следует за ведущим самолетом, машиной и т. п., идет под командой ведущего самолета, машины и т. п. *Ведомый шел за самолетом командира справа*

IV. ВЕДЁННЫЙ, -ая, -ое, -ые; *страд. прош.*
Синт.: **а, б** — в глаг. знач. 1—7
Субстантив.$_2$ в глаг. знач. 1; субстантив.$_3$ не употр.
ВЕДЁН, -ена́, -ено́, -ены́; *кр. ф.**
В глаг. знач. 1

▭ Прич. III в 3, 6, 7 глаг. знач. не употр. Кр. ф. прич. IV во 2—7 глаг. знач. не употр.

ВЕ́ШАТЬ[1], ве́ша|ют, ве́ша|л; ***несов., перех.*** (*сов.* пове́сить) **1. *что*** *На улице вешали флаги по случаю праздника. Илья вешает сейчас книжные полки* [помещая что-л. в висячем положении, прикреплять] **2. *что*** *Дети сами вешают свою одежду в шкаф* [помещать что-л. в висячем положении] **3. *кого (что)*** *Гитлеровцы вешали партизан на центральной площади города* [подвергать казни на виселице]

I. ВЕ́ШАЮЩИЙ, -ая, -ее, -ие; *действ. наст.*
Синт.: **а, б** — в глаг. знач. 1—3

II. ВЕ́ШАВШИЙ, -ая, -ее, -ие; *действ. прош.*
Синт.: **а, б** — в глаг. знач. 1—3

IV. ВЕ́ШАННЫЙ, -ая, -ое, -ые; *страд. прош.* (*редко*)
Синт.: **а, б** — в глаг. знач. 1—3
Субстантив.$_2$ не употр.; субстантив.$_3$ в глаг. знач. 2

▭ Прич. III не употр. Кр. ф. прич. IV не употр.

ВЕ́ШАТЬ[2], ве́ша|ют, ве́ша|л; ***несов., перех., кого (что)*** и ***что*** (*сов.* све́шать) *На больших весах женщина вешала живых поросят. Девушка вешала яблоки и ссыпала их в корзину* [определять на весах вес кого-чего-л.]

I. ВЕ́ШАЮЩИЙ, -ая, -ее, -ие; *действ. наст.*
Синт.: **а, б** — в глаг. знач.

II. ВЕ́ШАВШИЙ, -ая, -ее, -ие; *действ. прош.*
Синт.: **а, б** — в глаг. знач.

IV. ВЕ́ШАННЫЙ, -ая, -ое, -ые; *страд. прош.* (*редко*)
Синт.: **а, б** — в глаг. знач.
ВЕ́ШАН, -ана, -ано, -аны; *кр. ф.* (*редко*)
В глаг. знач.

▭ Прич. III не употр.

ВЗБА́ДРИВАТЬ, взба́дрива|ют, взба́дрива|л; ***несов. к*** взбодри́ть (см.)

I. ВЗБА́ДРИВАЮЩИЙ, -ая, -ее, -ие; *действ. наст.*
Синт.: **а, б** — в глаг. знач. 1, 2; **в** — в глаг. знач. 2

II. ВЗБА́ДРИВАВШИЙ, -ая, -ее, -ие; *действ. прош.*
Синт.: **а, б** — в глаг. знач. 1, 2; **в** — в глаг. знач. 2

III. ВЗБА́ДРИВАЕМЫЙ, -ая, -ое, -ые; *страд. наст.*
Синт.: **а, б** — в глаг. знач. 1, 2

ВЗБЕСИ́ТЬ, взбешу́, взбе́с|ят, взбеси́|л; ***сов., перех., кого(что),*** также ***чем*** (*несов.* беси́ть) *Смирнов взбесил нас своими пошлыми разговорами о женщинах* (см. § 1). *Олега взбесило равнодушное отношение к матери ее сыновей* [вызвать крайнее раздражение, гнев, ярость]

II. ВЗБЕСИ́ВШИЙ, -ая, -ее, -ие; *действ. прош.*
Синт.: **а, б** — в глаг. знач.

IV. ВЗБЕШЁННЫЙ, -ая, -ое, -ые; *страд. прош.* [чередование с/ш]
Синт.: **а, б** — в глаг. знач.
В знач. прил. (также *кр. ф.* ↓) Пришедший в состояние крайнего раздражения, гнева, ярости, взбесившийся. *«Взбешенный инспектор как был в нижнем белье, так и ворвался в переднюю».* Пермитин, Первая любовь
ВЗБЕШЁН, -ена́, -ено́, -ены́; *кр. ф.*
В глаг. знач.
В знач. прил. (также *полн. ф.* ↑) *Директор был взбешен, бледен*

ВЗБЕСИ́ТЬСЯ, взбешу́сь, взбе́сятся, взбеси́|лся; ***сов.*** **1.** *Лев в зоопарке взбесился и его пришлось усыпить* [заболеть бешенством — о животных] **2.** *«Когда он* [*Шустенок*] *стал порочить учительницу, я взбесился до помрачения и не помнил, как бросился на него..»* Гладков, Лихая година [прийти в состояние гнева, ярости; *разг.*]

II. ВЗБЕСИ́ВШИЙСЯ, -аяся, -ееся, -иеся; *действ. прош.*

Синт.: **а, б** — в глаг. знач. 1, 2; **в** — в глаг. знач. 1

ВЗБИВА́ТЬ, взбива́|ют, взбива́|л; ***несов. к*** взби́ть (см.)

I. ВЗБИВА́ЮЩИЙ, -ая, -ее, -ие; *действ. наст.*

Синт.: **а, б** — в глаг. знач. 1, 2

II. ВЗБИВА́ВШИЙ, -ая, -ее, -ие; *действ. прош.*

Синт.: **а, б** — в глаг. знач. 1, 2

III. ВЗБИВА́ЕМЫЙ, -ая, -ое, -ые; *страд. наст.*

Синт.: **а, б, в** — в глаг. знач. 1, 2

ВЗБИ́ТЬ, взобью́т, взби|л; ***сов., перех., что,*** также ***чем*** (*несов.* взбива́ть) **1.** *Перед сном бабушка взбила подушки. Девушка взбила волосы специальной расческой* (см. § 2) [легкими ударами сделать пышным, рыхлым, пушистым]. **2.** *Ольга взбила сливки и дала их детям. Повар взбил яичные белки венчиком* (см. § 2) [легкими ударами снизу вверх вспенить жидкость]

II. ВЗБИ́ВШИЙ, -ая, -ее, -ие; *действ. прош.*

Синт.: **а, б** — в глаг. знач. 1, 2

IV. ВЗБИ́ТЫЙ, -ая, -ое, -ые; *страд. прош.*

Синт.: **а, б** — в глаг. знач. 1, 2

В знач. прил. (только *полн. ф.*) Пышный, густой, пенистый в результате взбивания; рыхлый, пушистый в результате взбивания. *Взбитые белки. Взбитые сливки. Взбитые волосы*

Субстантив.$_3$ в глаг. знач. 2

ВЗБИТ, -та, -то, -ты; *кр. ф.*

В глаг. знач. 1, 2

ВЗБОДРИ́ТЬ, взбодр|я́т, взбодри́|л; ***сов., перех., кого (что)*** (*несов.* взба́дривать; *несов.* бодри́ть ко 2 знач.) **1.** ***чем*** *Когда Дима пришел в уныние, Илья взбодрил его веселой шуткой* (см. § 1) [привести в бодрое состояние, настроение] **2.** ***S не лицо*** *Холодный душ взбодрил меня* [восстановить силы, придать бодрости, энергии, слегка возбудить]

II. ВЗБОДРИ́ВШИЙ, -ая, -ее, -ие; *действ. прош.*

Синт.: **а, б** — в глаг. знач. 1, 2

IV. ВЗБОДРЁННЫЙ, -ая, -ое, -ые; *страд. прош.*

Синт.: **а, б** — в глаг. знач. 1, 2

ВЗБОДРЁН, -ена́, -ено́, -ены́; *кр. ф.*

В глаг. знач. 1, 2

ВЗБУХА́ТЬ, взбуха́|ют, взбуха́|л; ***несов. к*** взбу́хнуть (см.)

I. ВЗБУХА́ЮЩИЙ, -ая, -ее, -ие; *действ. наст.*

Синт.: **а, б, в** — в глаг. знач.

II. ВЗБУХА́ВШИЙ, -ая, -ее, -ие; *действ. прош.*

Синт.: **а, б, в** — в глаг. знач.

ВЗБУ́ХНУТЬ, взбу́хнут, взбух|; ***сов., неперех.; S не лицо*** (*несов.* взбуха́ть) *Почки на деревьях взбухли в этом году слишком рано. Веки взбухли от напряжения* [увеличиться, налившись влагой, соком и т. п., набухнуть, разбухнуть]

II. ВЗБУ́ХШИЙ, -ая, -ее, -ие; *действ. прош.*

Синт.: **а, б, в** — в глаг. знач.

ВЗВА́ЛИВАТЬ, взва́лива|ют, взва́лива|л; ***несов. к*** взвали́ть (см.)

I. ВЗВА́ЛИВАЮЩИЙ, -ая, -ее, -ие; *действ. наст.*

Синт.: **а, б** — в глаг. знач. 1, 2

II. ВЗВА́ЛИВАВШИЙ, -ая, -ее, -ие; *действ. прош.*

Синт.: **а, б** — в глаг. знач. 1, 2

III. ВЗВА́ЛИВАЕМЫЙ, -ая, -ое, -ые; *страд. наст.*

Синт.: **а, б** — в глаг. знач. 1, 2

Субстантив.$_3$ в глаг. знач. 1

ВЗВАЛИ́ТЬ, взвалю́, взва́л|ят, взвали́|л; ***сов., перех., что*** (*несов.* взва́ливать) **1. *на кого(что)*** и ***на что*** *Старик взвалил тяжелый груз на осла и пошел с ним рядом. Дима взвалил мешок с картошкой себе на спину* [подняв что-л. тяжелое, с усилием положить, нагрузить на кого-что-л.] **2. *на кого(что)*** *Мастер взвалил самую трудную работу на одного человека. Отец взвалил на старшую дочь все хозяйство* [поручить кому-л. что-л. трудное для исполнения, обременяя, не считаясь с возможностями, условиями и т. п.]

II. ВЗВАЛИ́ВШИЙ, -ая, -ее, -ие; *действ. прош.*

Синт.: **а, б** — в глаг. знач. 1, 2

IV. ВЗВА́ЛЕННЫЙ, -ая, -ое, -ые; *страд. прош.*

Синт.: **а, б** — в глаг. знач. 1, 2

Субстантив.$_3$ в глаг. знач. 1

ВЗВА́ЛЕН, -ена, -ено, -ены; *кр. ф.*

В глаг. знач. 1, 2

ВЗВЕ́СИТЬ, взве́шу, взве́с|ят, взве́си|л; ***сов., перех.*** (*несов.* взве́шивать) **1. *кого(что)*** и ***что*** *Медсестра взвесила ребенка перед осмотром. Перед посадкой в самолет наш багаж взвесили* [определить вес кого-чего-л.] **2. *что*** *Родители взвесили все доводы, все обстоятельства, прежде чем решить этот серьезный вопрос* [всесторонне предварительно обдумать, оценить]

II. ВЗВЕ́СИВШИЙ, -ая, -ее, -ие; *действ. прош.*

Синт.: **а, б** — в глаг. знач. 1, 2

IV. ВЗВЕ́ШЕННЫЙ, -ая, -ое, -ые; *страд. прош.* [чередование с/ш]

Синт.: **а, б** — в глаг. знач. 1, 2 и в статив. знач.; **в** — в глаг. знач. 1

Статив. знач., ***в чем*** (также *кр. ф.* ↓) Находящийся в неподвижном состоянии в жидкой или газообразной среде и не соединяющийся с этой средой — о частицах твердых тел. *Ребята рассматривали под микроскопом невидимые глазу мелкие частицы, взвешенные в капле воды*

В знач. прил. (только *полн. ф.*) **1.** Обладающий свойством, находясь в жидкости или газообразной среде, не соединяться с этой средой — о частицах твердых тел. *Молодой ученый занимался взвешенными частицами* **2.** Такой, при котором какие-л. вещества, частицы, твердые тела, находящиеся в жидкой и газообразной среде, не соединяются с этой средой. *Эти кристаллы находятся во взвешенном состоянии* ◇ **Быть (находиться) во взвешенном состоянии** — о неопределенном положении человека, когда не решены какие-л. важные для него вопросы, связанные с жильем, работой и т. п.; *разг.* *Несколько недель Смирнов находился во взвешенном состоянии, приехав в незнакомый город*

Субстантив.$_3$ в глаг. знач. 1

ВЗВЕ́ШЕН, -ена, -ено, -ены; *кр. ф.*

В глаг. знач. 1, 2

Статив. знач., *в чем* (также *полн. ф.* ↑) *В капле воды взвешены невидимые глазу мелкие частицы*

ВЗВЕ́ШИВАТЬ, взве́шива|ют, взве́шива|л; ***несов. к*** взве́сить (см.)

I. ВЗВЕ́ШИВАЮЩИЙ, -ая, -ее, -ие; *действ. наст.*

Синт.: **а, б** — в глаг. знач. 1, 2

II. ВЗВЕ́ШИВАВШИЙ, -ая, -ее, -ие; *действ. прош.*

Синт.: **а, б** — в глаг. знач. 1, 2

III. ВЗВЕ́ШИВАЕМЫЙ, -ая, -ое, -ые; *страд. наст.*

Синт.: **а, б** — в глаг. знач. 1, 2; **в** — в глаг. знач. 1

Субстантив.$_3$ в глаг. знач. 1

ВЗВИНТИ́ТЬ, взвинчу́, взвинт|я́т и *доп.* взви́нт|ят, взвинти́|л; ***сов., перех., кого(что),*** также ***чем*** (*несов.* взви́нчивать) *Сережа до предела взвинтил всех присутствующих своим сообщением* (см. § 1). *«— Нельзя так нервничать, вы взвинти́те себя до истерики. Давайте поговорим спокойно».* Ажаев, Далеко от Москвы [сильно возбудить, взволновать, привести в состояние нервного подъема]

II. ВЗВИНТИ́ВШИЙ, -ая, -ее, -ие; *действ. прош.*

Синт.: **а, б** — в глаг. знач.

IV. ВЗВИ́НЧЕННЫЙ, -ая, -ое, -ые; *страд. прош.*

[чередование т/ч]

Синт.: **а, б** — в глаг. знач.

В знач. прил. (также *кр. ф.* ↓) **1.** Испытывающий сильное возбуждение, чрезвычайно взволнованный, взвинтившийся. *Взвинченный человек* **2.** Крайне возбужденный. *Взвинченное настроение. Взвинченные нервы*

ВЗВИ́НЧЕН, -ена, -ено, -ены; *кр. ф.*

В глаг. знач.

В знач. прил. (также *полн. ф.* ↑) **1.** *Смирнов взвинчен, очень бледен* **2.** *Настроение у всех явно взвинчено. Нервы у сестры взвинчены*

ВЗВИНТИ́ТЬСЯ, взвинчу́сь, взвинтя́тся *и доп.* взви́нтятся, взвинти́|лся; **сов.** (*несов.* взви́нчиваться) *«Нина вся взвинтилась и, сверкнув глазами, грохнула чайной чашкой об пол».* Шишков, Угрюм-река [прийти в крайне возбужденное, повышенно-нервное состояние, сильно взволноваться, возбудиться; *разг.*]

II. ВЗВИНТИ́ВШИЙСЯ, -аяся, -ееся, -иеся; *действ. прош.*

Синт.: **а, б, в** — в глаг. знач.

ВЗВИ́НЧИВАТЬ, взви́нчива|ют, взви́нчива|л; ***несов. к*** взвинти́ть (см.)

I. ВЗВИ́НЧИВАЮЩИЙ, -ая, -ее, -ие; *действ. наст.*

Синт.: **а, б** — в глаг. знач.

II. ВЗВИ́НЧИВАВШИЙ, -ая, -ее, -ие; *действ. прош.*

Синт.: **а, б** — в глаг. знач.

III. ВЗВИ́НЧИВАЕМЫЙ, -ая, -ое, -ые; *страд. наст.*

Синт.: **а, б** — в глаг. знач.

ВЗВИ́НЧИВАТЬСЯ, взви́нчива|ются, взви́нчива|лся; ***несов. к*** взвинти́ться (см.)

I. ВЗВИ́НЧИВАЮЩИЙСЯ, -аяся, -ееся, -иеся; *действ. наст.*

Синт.: **а, б** — в глаг. знач.

II. ВЗВИ́НЧИВАВШИЙСЯ, -аяся, -ееся, -иеся; *действ. прош.*

Синт.: **а, б** — в глаг. знач.

ВЗВОЛНОВА́ТЬ, взволну́ют, взволнова́|л; ***сов., перех.*** (*несов.* волнова́ть) **1.** ***кого(что)*** и ***что,*** также ***чем*** *Оратор взволновал слушателей пламенной речью* (см. § 1). *Русские народные песни взволновали нас* [привести в состояние волнения, радостно-приподнятого возбуждения] **2.** ***кого(что),*** также ***чем*** *Родственники и знакомые явно взволновали больного рассказами о семейных делах, о работе* (см. § 1). *Эта телеграмма взволновала мать* [сильно обеспокоить, встревожить]

II. ВЗВОЛНОВА́ВШИЙ, -ая, -ее, -ие; *действ. прош.*

Синт.: **а, б** — в глаг. знач. 1, 2

IV. ВЗВОЛНО́ВАННЫЙ, -ая, -ое, -ые; *страд. прош.*

Синт.: **а, б** — в глаг. знач. 1, 2

В знач. прил. (также *кр. ф.* ↓) **1.** Испытывающий волнение, радостно-приподнятое возбуждение, взволновавшийся. *В комнату вошел взволнованный отец, он только что узнал, что его наградили орденом.* **2.** Сильно встревоженный, неспокойный. *Взволнованная мать требовала немедленно идти искать пропавшую девочку*

С р. прил. **взволно́ванный,** -ая, -ое, -ые; -ан, -анна, -анно, -анны. Полный волнения, выражающий волнение. *Взволнованный вид. Взволнованное лицо. Взволнованные голоса. Речь взволнованна*

ВЗВОЛНО́ВАН, -ана, -ано, -аны; *кр. ф.*

В глаг. знач.

В знач. прил. (также *полн. ф.* ↑) **1.** *Отец очень взволнован* **2.** *Сестра была взволнована — дочь не пришла из школы*

ВЗВОЛНОВА́ТЬСЯ, взволну́ются, взволнова́|лся; **сов.** (*несов.* волнова́ться) **1.** ***S не лицо*** *«Погода опять испортилась: юго-восточный ветер принес туман, и море снова взволновалось».* Арсеньев, В горах Сихотэ-Алиня [прийти в колебательное движение, покрыться волнами] **2.** *«Кончив рассказ, он, видимо, сам взволновался и тяжело переводил дух».* Достоевский, Братья Карамазовы [прийти в состояние волнения, возбуждения] **3.** *«— Что, что такое? — взволновалась Арина Петровна».* Салтыков-Щедрин, Господа Головлевы [прийти в состояние тревоги, встревожиться]

II. ВЗВОЛНОВА́ВШИЙСЯ, -аяся, -ееся, -иеся; *действ. прош.*

Синт.: **а, б** — в глаг. знач. 1—3

ВЗДЁРГИВАТЬ, вздёргива|ют, вздёргива|л; ***несов. к*** вздёрнуть (см.)

I. ВЗДЁРГИВАЮЩИЙ, -ая, -ее, -ие; *действ. наст.*
Синт.: **а, б** — в глаг. знач. 1—3
II. ВЗДЁРГИВАВШИЙ, -ая, -ее, -ие; *действ. прош.*
Синт.: **а, б** — в глаг. знач. 1—3
III. ВЗДЁРГИВАЕМЫЙ, -ая, -ое, -ые; *страд. наст.*
Синт.: **а, б** — в глаг. знач. 1—3

ВЗДЁРНУТЬ, вздёрнут, вздёрну|л; ***сов., перех.*** (*несов.* вздёргивать) **1. *что*** *На корабле по сигналу капитана вздернули флаг* [резким, быстрым движением, дергая, поднять вверх; *разг.*] **2. *кого(что)*** *«[Народ:] Ребята! Что долго думать! Вздернем их обоих!»* А. К. Толстой, Смерть Иоанна Грозного [казнить через повешение, повесить; *разг.*] **3. *кого(что)*** * *Всадник вздернул коня на дыбы* [резким, сильным натяжением узды, поводка и т. п. заставить животное встать на задние ноги]
II. ВЗДЁРНУВШИЙ, -ая, -ее, -ие; *действ. прош.*
Синт.: **а, б** — в глаг. знач. 1—3
IV. ВЗДЁРНУТЫЙ, -ая, -ое, -ые; *страд. прош.*
Синт.: **а, б** — в глаг. знач. 1—3
Ср. прил. **вздёрнутый**, -ая, -ое, -ые; -ут, -та, -то, -ты. Приподнятый кверху — о носе, плечах, голове. *У девушки было приятное лицо с маленьким вздернутым носиком*
ВЗДЁРНУТ, -та, -то, -ты; *кр. ф.*
В глаг. знач. 1—3

ВЗДОХНУ́ТЬ, вздохну́т, вздохну́|л; ***сов. к*** вздыха́ть в 1 знач. (см.)
II. ВЗДОХНУ́ВШИЙ, -ая, -ее, -ие; *действ. прош.*
Синт.: **а, б, в** — в глаг. знач. 1

ВЗДУВА́ТЬ, вздува́|ют, вздува́|л; ***несов. к*** взду́ть (см.)
I. ВЗДУВА́ЮЩИЙ, -ая, -ее, -ие; *действ. наст.*
Синт.: **а, б** — в глаг. знач. 1, 2
II. ВЗДУВА́ВШИЙ, -ая, -ее, -ие; *действ. прош.*
Синт.: **а, б** — в глаг. знач. 1, 2
III. ВЗДУВА́ЕМЫЙ, -ая, -ое, -ые; *страд. наст.*
Синт.: **а, б** — в глаг. знач. 1, 2
Субстантив.$_3$ в глаг. знач. 1

ВЗДУВА́ТЬСЯ, вздува́|ются, вздува́|лся; ***несов. к*** взду́ться (см.)
I. ВЗДУВА́ЮЩИЙСЯ, -аяся, -ееся, -иеся; *действ. наст.*
Синт.: **а, б, в** — в глаг. знач. 1—5
II. ВЗДУВА́ВШИЙСЯ, -аяся, -ееся, -иеся; *действ. прош.*
Синт.: **а, б, в** — в глаг. знач. 1—5

ВЗДУТЬ, взду́ют, взду|л; ***сов., перех.*** (*несов.* вздува́ть) **1. *что; S не лицо*** *Ветер вздул над дорожкой осенние листья* [дуновением привести в движение и поднять вверх] **2. *что*** *Нефтяные магнаты вздули цены на нефть* [чрезмерно повысить, поднять цену] **3. *безл., что*** *У мальчика сильно вздуло щеку. От этой похлебки животы у собак вздуло* [сильно увеличить в объеме, раздуть]
II. ВЗДУ́ВШИЙ, -ая, -ее, -ие; *действ. прош.*
Синт.: **а, б** — в глаг. знач. 1, 2
IV. ВЗДУ́ТЫЙ, -ая, -ое, -ые; *страд. прош.*
Синт.: **а, б** — в глаг. знач. 1, 2
В знач. прил. **1.** (также *кр. ф.*↓) Распухший, увеличившийся в объеме, вздувшийся. *Вздутый живот. Вздутая щека* **2.** (также *кр. ф.*↓) Не ровный, с выпуклыми, вздувшимися, поднявшимися горбом частями. *Вздутые обои. Вздутый лед* **3.** (только *полн. ф.*) Чрезмерно повышенный, увеличенный. *Вздутые цены на нефть. Вздутый курс акций*
Субстантив.$_3$ в глаг. знач. 1
ВЗДУТ, -та, -то, -ты; *кр. ф.*
В глаг. знач. 1, 2
В знач. прил. (также *полн. ф.*↑) **1.** *Живот у больного вздут, температура повышена. Щека у мальчика вздута* **2.** *Обои вздуты. Лед вздут.*

ВЗДУ́ТЬСЯ, взду́ются, взду́|лся; ***сов.*** (*несов.* вздува́ться); ***S не лицо*** **1.** *«Свинцовый небосклон нахмурен. На мачтах вздулись паруса».* Блок, Ушел корабль — конец надежде [увеличиться в объеме, наполнившись воздухом, поднятым от дуновения ветра] **2.** *У больного вздулся живот. Щека у мальчика вздулась от флюса* [увеличиться в объеме; раздуться, вспухнуть] **3.** *«Весна началась дружно.. налились синей водой степные овраги, вздулся Донец».* А. Н. Толстой, Хмурое утро [подняться выше обычного уровня — о реках, водоемах] **4.** *«Потолок был оклеен когда-то белой бумагой, она вздулась пузырями..»* М. Горький, Фома Гордеев. *«Лед на воде вздулся, того и гляди, что тронется».* Решетников, Свой хлеб [взбухнуть, подняться горбом] **5.** *Цены на рынке вздулись* [сильно подняться, повыситься, увеличиться; *разг.*]
II. ВЗДУ́ВШИЙСЯ, -аяся, -ееся, -иеся; *действ. прош.*
Синт.: **а, б, в** — в глаг. знач. 1—5

ВЗДЫХА́ТЬ, вздыха́|ют, вздыха́|л; ***несов., неперех.*** (*сов.* вздохну́ть *к* 1 знач.) **1.** *Больной тяжело вздыхал* [делать, испускать вздохи] **2. *по ком (чем)*** и ***по чем, по кому (чему)*** и ***по чему, о ком (чем)*** и ***о чем*** *«Теперь от вас, мои друзья, Вопрос нередко слышу я: „О ком твоя вздыхает лира?"»* Пушкин, Евгений Онегин. *Олег после поездки по городам-героям часто вздыхал по Москве. Дедушка все время вздыхает о прошедшей молодости* [тосковать, грустить; *разг.*] **3. *по кому*** *Мать заметила, что ее дочь явно вздыхает по молодому инженеру, поселившемуся в их доме два года назад* [быть влюбленным в кого-л.; *разг.*]
I. ВЗДЫХА́ЮЩИЙ, -ая, -ее, -ие; *действ. наст.*
Синт.: **а, б** — в глаг. знач. 1—3
II. ВЗДЫХА́ВШИЙ, -ая, -ее, -ие; *действ. прош.*
Синт.: **а, б** — в глаг. знач. 1—3

ВЗЛОХМА́ТИТЬ, взлохма́чу, взлохма́т|ят, взлохма́ти|л; ***сов., перех., что,*** также ***чем*** (*несов.* взлохма́чивать и лохма́тить) *Мальчик вышел из парикмахерской и нарочно взлохматил себе волосы. Перед выходом на сцену артист взлохматил расческой бороду* (см. § 2) [растрепать, сделать лохматым]
II. ВЗЛОХМА́ТИВШИЙ, -ая, -ее, -ие; *действ. прош.*

Синт.: **а, б** — в глаг. знач.
IV. ВЗЛОХМА́ЧЕННЫЙ, -ая, -ое, -ые; *страд. прош.*
[чередование т/ч]
Синт.: **а, б** — в глаг. знач.
В знач. прил. (также *кр. ф.* ↓) **1.** С растрепанными волосами, шерстью. *Из кустов выскочила взлохмаченная собака* **2.** Растрепанный, непричесанный — о волосах, шерсти. *Взлохмаченные волосы* (Ср. прил. **лохма́тый,** -ая, -ое, -ые; -а́т, -та, -то, -ты в знач. **1.** С длинной густой шерстью, косматый. *Лохматый пес* **2.** С всклокоченными волосами. *Лохматый мальчик* **3.** Растрепанный, непричесанный — о волосах, шерсти. *Лохматые волосы. Лохматая шерсть*)
ВЗЛОХМА́ЧЕН, -ена, -ено, -ены; *кр. ф.*
В глаг. знач.
В знач. прил. (также *полн. ф.*↑) **1.** *Собака была взлохмачена, худа, без ошейника* **2.** *Волосы у мальчика взлохмачены, руки в глине*

ВЗЛОХМА́ЧИВАТЬ, взлохма́чива|ют, взлохма́чива|л; ***несов. к*** взлохма́тить (см.)
I. ВЗЛОХМА́ЧИВАЮЩИЙ, -ая, -ее, -ие; *действ. наст.*
Синт.: **а, б** — в глаг. знач.
II. ВЗЛОХМА́ЧИВАВШИЙ, -ая, -ее, -ие; *действ. прош.*
Синт.: **а, б** — в глаг. знач.
III. ВЗЛОХМА́ЧИВАЕМЫЙ, -ая, -ое, -ые; *страд. наст.*
Синт.: **а, б, в** — в глаг. знач.

ВЗМЫ́ЛИВАТЬ, взмы́лива|ют, взмы́лива|л; ***несов.*** к взмы́лить (см.)
I. ВЗМЫ́ЛИВАЮЩИЙ, -ая, -ее, -ие; *действ. наст.*
Синт.: **а, б** — в глаг. знач. 1, 2
II. ВЗМЫ́ЛИВАВШИЙ, -ая, -ее, -ие; *действ. прош.*
Синт.: **а, б** — в глаг. знач. 1, 2
III. ВЗМЫ́ЛИВАЕМЫЙ, -ая, -ое, -ые; *страд. наст.*
Синт.: **а, б** — в глаг. знач. 1, 2

ВЗМЫ́ЛИВАТЬСЯ, взмы́лива|ются, взмы́лива|лся; ***несов. к*** взмы́литься (см.)
I. ВЗМЫ́ЛИВАЮЩИЙСЯ, -аяся, -ееся, -иеся; *действ. наст.*
Синт.: **а, б** — в глаг. знач. 1, 2
II. ВЗМЫ́ЛИВАВШИЙСЯ, -аяся, -ееся, -иеся; *действ. прош.*
Синт.: **а, б** — в глаг. знач. 1, 2

ВЗМЫ́ЛИТЬ, взмы́л|ят, взмы́ли|л; ***сов., перех.*** (*несов.* взмы́ливать) **1.** ***что*** *Илья взмылил пену и начал бриться* [путем взбивания получить насыщенную мыльным раствором пену] **2.** ***кого(что)* *,** также ***чем*** *Всадник взмылил коня бешеной ездой* (см. § 3) [довести лошадь до сильной испарины, допустить, чтобы лошадь покрылась пеной]
II. ВЗМЫ́ЛИВШИЙ, -ая, -ее, -ие; *действ. прош.*
Синт.: **а, б** — в глаг. знач. 1, 2
IV. ВЗМЫ́ЛЕННЫЙ, -ая, -ое, -ые; *страд. прош.*
Синт.: **а, б** — в глаг. знач. 1, 2
В знач. прил. **1.** (только *полн. ф.*) Насыщенный мыльным раствором — о пене. *Взмыленная пена* **2.** (также *кр. ф.*↓) Покрытый пеной, в сильной испарине от быстрого бега, взмылившийся — о лошади. *У крыльца остановилась взмыленная тройка лошадей* **3.** (только *полн. ф.*) Сильно вспотевший, запыхавшийся в результате быстрого долгого бега, тяжелой физической работы — в сочетании со словами *весь, совершенно* и т. п. *«Прибежав весь взмыленный домой.., он поднялся на чердак».* А. Васильев, Понедельник — день тяжелый
ВЗМЫ́ЛЕН, -ена, -ено, -ены; *кр. ф.*
В глаг. знач. 1, 2
В знач. прил. (также *полн. ф.* в знач. 2↑) *Лошади были взмылены, тяжело дышали*

ВЗМЫ́ЛИТЬСЯ, взмы́лятся, взмы́ли|лся; ***сов.*** (*несов.* взмы́ливаться); ***S не лицо*** **1.** *Пена хорошо взмылилась* [насытиться мыльным раствором при взбивании] **2.** *«Видно, как изо всех сил рвется обезумевшая лошадь.. Потные бока взмылились».* Серафимович, Железный поток [сильно вспотеть, покрыться пеной — о лошади]
II. ВЗМЫ́ЛИВШИЙСЯ, -аяся, -ееся, -иеся; *действ. прош.*
Синт.: **а, б, в** — в глаг. знач. 1, 2

ВЗОЙТИ́, взойду́т, взошёл, взошла́, -ло́, -ли́; ***сов., неперех.*** (*несов.* всходи́ть; *несов.* восходи́ть *ко* 2 знач.) **1.** *Старик с трудом взошел по лестнице. Туристы взошли на вершину горы по западному склону* [идя, подняться куда-л.] **2.** ***S не лицо*** *Взошла луна. Солнце уже взошло* [появиться, подняться над горизонтом — о небесных светилах] **3.** ***S не лицо*** *Морковь хорошо взошла. Пшеница взошла слишком поздно* [прорасти, показаться на поверхности почвы — о посеянном]
II. ВЗОШЕ́ДШИЙ, -ая, -ее, -ие; *действ. прош.*
[от основы -шед- + суффикс -ш-]
Синт.: **а, б** — в глаг. знач. 1—3; **в** — в глаг. знач. 2, 3

ВЗОРВА́ТЬ, взорву́т, взорва́|л, взорвала́, взорва́ло, -ли; ***сов., перех.*** (*несов.* взрыва́ть *к* 1, 2 знач.) **1.** ***что*** *Саперы взорвали несколько старых снарядов, которые были найдены под землей при строительстве дома* [произвести взрыв чего-л., имеющего взрывательное устройство] **2.** ***что,*** также ***чем*** *Партизаны взорвали железнодорожный мост. Строители взорвали скалу динамитом* (см. § 2) [разрушить что-л. взрывом] **3.** ***кого(что); S не лицо*** *Пренебрежительное отношение этого человека ко всем окружающим взорвало меня* [сильно рассердить, возмутить кого-л.; *разг.*]
II. ВЗОРВА́ВШИЙ, -ая, -ее, -ие; *действ. прош.*
Синт.: **а, б** — в глаг. знач. 1—3
IV. ВЗО́РВАННЫЙ, -ая, -ое, -ые; *страд. прош.**
Синт.: **а, б, в** — в глаг. знач. 1, 2
ВЗО́РВАН, -ана, -ано, -аны; *кр. ф.**
В глаг. знач. 1, 2
▭ Прич. IV в 3 глаг. знач. не употр.

ВЗОРВА́ТЬСЯ, взорву́тся, взорва́|лся, взорвала́сь, взорвало́сь и *доп.* взорва́лось, взорвали́сь и *доп.* взорва́лись; ***сов. к*** взрыва́ться (см.)

II. ВЗОРВА́ВШИЙСЯ, -аяся, -ееся, -иеся; *действ. прош.*

Синт.: **а, б** — в глаг. знач. 1, 2; **в** — в глаг. знач. 1

ВЗРЫВА́ТЬ, взрыва́|ют, взрыва́|л; ***несов. к*** взорва́ть в 1, 2 знач. (см.)

I. ВЗРЫВА́ЮЩИЙ, -ая, -ее, -ие; *действ. наст.*

Синт.: **а, б** — в глаг. знач. 1, 2

II. ВЗРЫВА́ВШИЙ, -ая, -ее, -ие; *действ. прош.*

Синт.: **а, б** — в глаг. знач. 1, 2

III. ВЗРЫВА́ЕМЫЙ, -ая, -ое, -ые; *страд. наст.*

Синт.: **а, б, в** — в глаг. знач. 1, 2

ВЗРЫВА́ТЬСЯ, взрыва́|ются, взрыва́|лся; ***несов.*** (*сов.* взорва́ться) **1.** ***S не лицо*** *Снаряды неожиданно начали взрываться* [разлетаться на части, разрушаться от взрыва] **2.** *Каждый раз, увидев беспорядок, заведующий лабораторией взрывался* [не сдержав своего возмущения, выражать его в резкой форме; *разг.*]

I. ВЗРЫВА́ЮЩИЙСЯ, -аяся, -ееся, -иеся; *действ. наст.*

Синт.: **а, б** — в глаг. знач. 1, 2; **в** — глаг. знач. 1

II. ВЗРЫВА́ВШИЙСЯ, -аяся, -ееся, -иеся; *действ. прош.*

Синт.: **а, б** — в глаг. знач. 1, 2; **в** — в глаг. знач. 1

□ Прич. I, II во 2 глаг. знач. менее употр., чем личные ф. глагола

ВЗЪЕРО́ШИВАТЬ, взъеро́шива|ют, взъеро́шива|л; ***несов. к*** взъеро́шить (см.)

I. ВЗЪЕРО́ШИВАЮЩИЙ, -ая, -ее, -ие; *действ. наст.*

Синт.: **а, б** — в глаг. знач. 1, 2

II. ВЗЪЕРО́ШИВАВШИЙ, -ая, -ее, -ие; *действ. прош.*

Синт.: **а, б** — в глаг. знач. 1, 2

III. ВЗЪЕРО́ШИВАЕМЫЙ, -ая, -ое, -ые; *страд. наст.*

Синт.: **а, б** — в глаг. знач. 1, 2

ВЗЪЕРО́ШИТЬ, взъеро́ш|ат, взъеро́ши|л; ***сов., перех., что*** (*несов.* взъеро́шивать) **1.** также ***чем*** *«[Сапожков] снял папаху, взъерошил мокрые волосы».* А. Н. Толстой, Хмурое утро. *Мальчик взъерошил свою пышную шевелюру двумя руками* (см. § 2) [взлохматить волосы] **2.** ***S не лицо*** *Увидев собаку, кот взъерошил шерсть. Петух взъерошил перья и закукарекал* [поднять дыбом, кверху свою шерсть, перья — о животных, птицах]

II. ВЗЪЕРО́ШИВШИЙ, -ая, -ее, -ие; *действ. прош.*

Синт.: **а, б** — в глаг. знач. 1, 2

IV. ВЗЪЕРО́ШЕННЫЙ, -ая, -ое, -ые; *страд. прош.*

Синт.: **а, б** — в глаг. знач. 1, 2

В знач. прил. (также *кр. ф.*↓) **1.** Растрепанный, взлохмаченный — о волосах, шерсти. *Взъерошенные брови* **2.** С растрепанными, взлохмаченными волосами, шерстью. *По клетке ходил взъерошенный медведь*

ВЗЪЕРО́ШЕН, -ена, -ено, -ены; *кр. ф.*

В глаг. знач. 1, 2

В знач. прил. (также *полн. ф.*↑) **1.** *Брови у Сережи взъерошены, волосы растрепаны* **2.** *Медведь взъерошен, никого к себе не подпускает*

ВЗЯТЬ, возьму́т, взя|л, взяла́, взя́ло и *доп.* взяло́, взя́ли; ***сов. к*** брать (см.)

II. ВЗЯ́ВШИЙ, -ая, -ее, -ие; *действ. прош.*

Синт.: **а, б** — в глаг. знач. 1—16

IV. ВЗЯ́ТЫЙ, -ая, -ое, -ые; *страд. прош.**

Синт.: **а, б** — в глаг. знач. 1—10, 12, 13, 15; **в** — в глаг. знач. 3, 5

ВЗЯТ, взята́, взя́то, -ты; *кр. ф.**

В глаг. знач. 1—10, 12, 13, 15

□ Прич. II в 11 глаг. знач. менее употр., чем личные ф. глагола. Прич. IV в 11, 14 глаг. знач. не употр.

ВЗЯ́ТЬСЯ, возьму́тся, взя́|лся, взяла́сь, взяло́сь и *доп.* взя́лось, взяли́сь и *доп.* взя́лись; ***сов. к*** бра́ться (см.)

II. ВЗЯ́ВШИЙСЯ, -аяся, -ееся, -иеся; *действ. прош.*

Синт.: **а, б** — в глаг. знач. 1—6

ВИБРИ́РОВАТЬ, вибри́ру|ют, вибри́рова|л; ***несов., неперех.; S не лицо*** **1.** *Пол самолета сильно вибрировал* [находиться в состоянии вибрации, колебаться, дрожать] **2.** *Голос певицы красиво вибрировал на верхних нотах* [переливаться, дрожать — о голосе, звуках]

I. ВИБРИ́РУЮЩИЙ, -ая, -ее, -ие; *действ. наст.*

Синт.: **а, б, в** — в глаг. знач. 1, 2

В знач. прил. Дрожащий, переливающийся, звучащий прерывисто, неровно — о звуках, голосе. *Вибрирующий звук. Вибрирующий голос*

II. ВИБРИ́РОВАВШИЙ, -ая, -ее, -ие; *действ. прош.*

Синт.: **а, б, в** — в глаг. знач. 1, 2

ВИДА́ТЬ, наст. малоупотр., вида́|л; ***несов., перех.*** (*сов.* повида́ть *к* 1 знач.) **1.** ***кого(что)*** и ***что*** *«Внушать любовь для них беда, Пугать людей для них отрада. Быть может, на брегах Невы Подобных дам видали вы».* Пушкин, Евгений Онегин [неоднократно, много раз видеть, встречать] **2.** ***что*** *Ваша дочь еще не видала трудностей* [переживать, испытывать; *разг.*] **3.** ***кого(что)*** и ***что*** *«..[Тихон] в одной новой александринской рубахе, которую еще не видала на нем мать, сел на лавку».* Л. Толстой, Тихон и Маланья [воспринимать зрением, видеть — обычно с отрицанием; *разг.*]. Ср. ви́деть

II. ВИДА́ВШИЙ, -ая, -ее, -ие; *действ. прош.*

Синт.: **а, б** — в глаг. знач. 1—3

Субстантив.₁ в глаг. знач. 1, 2

IV. ВИ́ДАННЫЙ, -ая, -ое, -ые; *страд. прош.**

Синт.: **а, б** — в глаг. знач. 1, 2

В знач. прил. в выражении: **виданное ли это дело?** — о чем-л. необычном, вызывающем удивление, возмущение и т. п.

Субстантив.₂ не употр.

ВИ́ДАН, -ана, -ано, -аны; *кр. ф.**

В глаг. знач. 1, 2

□ Прич. I не употр. Прич. IV в 3 глаг. знач. не употр.

ВИ́ДЕТЬ, ви́жу, ви́д|ят, ви́де|л; ***несов.*** (*сов.* уви́деть к 1, 2, 5 знач.) **1. *перех., кого(что)*** и ***что*** *Сегодня по телевизору мы видели космонавтов, вышедших в открытый космос. Команда корабля видела берег очень ясно* [воспринимать зрением] **2. *перех., кого(что)*** *Вчера я видел учителя по математике два раза* [иметь встречу с кем-л.] **3. *перех., что*** *Смирнов видел много трудностей в жизни* [испытывать, переживать] **4. *перех., кого(что)*** и ***что*** *Моя бабушка в своей жизни всяких людей видела* [наблюдать, получать знание, представление о ком-чем-л.] **5. *перех., что*** и ***с придат. дополнит.*** *Ты видишь свою ошибку? Теперь-то я вижу, что Олег прав* [сознавать, понимать] **6. *перех., что в чем*** *В этих фактах я вижу подтверждение своим мыслям. Илья видит в математике свое призвание. Дима не видит в этом ничего особенного* [чувствовать, находить, усматривать] **7. *перех., кого(что) в ком(чем)*** и ***кого(что) кем*** и ***чем*** *Смирнов видел в этом человеке своего союзника. «Ты привыкла видеть меня девочкой и тебе странно, когда у меня серьезное лицо».* Чехов, Три сестры. *«..Сергей видел себя всего лишь маленькой.. частицей большого коллектива».* Бабаевский, Кавалер Золотой Звезды [признавать кого-л. кем-чем-л.] **8. *неперех.*** *Ребенок плохо видит, покажите его врачу* [иметь зрение, обладать способностью зрения]. Ср. вида́ть

I. ВИ́ДЯЩИЙ, -ая, -ее, -ие; *действ. наст.*
Синт.: **а, б** — в глаг. знач. 1—8; **в** — в глаг. знач. 8

II. ВИ́ДЕВШИЙ, -ая, -ее, -ие; *действ. прош.*
Синт.: **а, б** — в глаг. знач. 1—8

III. ВИ́ДИМЫЙ, -ая, -ое, -ые; *страд. наст.**
Синт.: **а, б** — в глаг. знач. 1, 5
В знач. прил. (также *кр. ф.*↓) Доступный зрению. *Видимый горизонт. Видимый мир. «В синеватой дали, где последний видимый холм сливался с туманом, ничто не шевелилось».* Чехов, Счастье (Ср. прил. **ви́дный,** -ая, -ое, -ые; ви́ден, видна́, ви́дно, видны́ в знач. 'доступный зрению, видимый, заметный'. *«Смотри, заря чуть видною полоской Прорезала восточный неба край».* А. Островский, Снегурочка. *Брат оставил ключи на видном месте. Склоны хребта стали видны сквозь туман. Дом виден издалека*)
Ср. прил. **ви́димый,** -ая, -ое, -ые. **1.** Явный, заметный, очевидный. *Он подошел к нам с видимым смущением* **2.** Кажущийся, внешний. *Это видимый успех. Его видимая веселость не могла нас обмануть*
Субстантив.$_3$ в глаг. знач. 1
ВИ́ДИМ, -има, -имо, -имы; *кр. ф.**
В глаг. знач. 1, 5
В знач. прил. (также *полн. ф.*↑) *«Склоны хребта стали видимы сквозь сизую мглу ночи».* Шишков, Алые сугробы
Ср. **ви́димо,** *вводн. сл.* Вероятно, по-видимому. *Видимо, Олег уже не придет к нам сегодня*

IV. ВИ́ДЕННЫЙ, -ая, -ое, -ые; *страд. прош.**
Синт.: **а, б** — в глаг. знач. 1—5
ВИ́ДЕН, -ена, -ено, -ены; *кр. ф.** (*редко*)
В глаг. знач. 1—5
□ Прич. III во 2—4, 6, 7 глаг. знач. не употр.
Прич. IV в 6, 7 глаг. знач. не употр.

ВИДОИЗМЕНИ́ТЬ, видоизмен|ят, видоизмени́|л; ***сов., перех., что*** (*несов.* видоизменя́ть) *Инженеры слегка видоизменили проект. Рабочий немного видоизменил деталь* [внести какие-л. изменения во что-л., частично изменить]

II. ВИДОИЗМЕНИ́ВШИЙ, -ая, -ее, -ие; *действ. прош.*
Синт.: **а, б** — в глаг. знач.

IV. ВИДОИЗМЕНЁННЫЙ, -ая, -ое, -ые; *страд. прош.*
Синт.: **а, б** — в глаг. знач.
В знач. прил. (только *полн. ф.*) Ставший частично другим, несколько иной, чем был, видоизменившийся. *Видоизмененный лист растения. Видоизмененные семена пшеницы*
ВИДОИЗМЕНЁН, -ена́, -ено́, -ены́; *кр. ф.*
В глаг. знач.

ВИДОИЗМЕНИ́ТЬСЯ, видоизменя́тся, видоизмени́|лся; ***сов.*** (*несов.* видоизменя́ться) *«Фамусовы, Молчалины, Загорецкие и прочие видоизменились так, что не влезут уже в кожу грибоедовских типов».* И. Гончаров, „Мильон терзаний". *Эти растения видоизменились в сильной степени. Некоторые виды животных сильно видоизменились* [приобрести или утратить, изменить какие-л. признаки, частично измениться]

II. ВИДОИЗМЕНИ́ВШИЙСЯ, -аяся, -ееся, -иеся; *действ. прош.*
Синт.: **а, б, в** — в глаг. знач.

ВИДОИЗМЕНЯ́ТЬ, видоизменя́|ют, видоизменя́|л; ***несов. к*** видоизмени́ть (см.)

I. ВИДОИЗМЕНЯ́ЮЩИЙ, -ая, -ее, -ие; *действ. наст.*
Синт.: **а, б** — в глаг. знач.

II. ВИДОИЗМЕНЯ́ВШИЙ, -ая, -ее, -ие; *действ. прош.*
Синт.: **а, б** — в глаг. знач.

III. ВИДОИЗМЕНЯ́ЕМЫЙ, -ая, -ое, -ые; *страд. наст.*
Синт.: **а, б** — в глаг. знач.
ВИДОИЗМЕНЯ́ЕМ, -ема, -емо, -емы; *кр. ф.*
В глаг. знач.

ВИДОИЗМЕНЯ́ТЬСЯ, видоизменя́|ются, видоизменя́|лся; ***несов. к*** видоизмени́ться (см.)

I. ВИДОИЗМЕНЯ́ЮЩИЙСЯ, -аяся, -ееся, -иеся; *действ. наст.*
Синт.: **а, б, в** — в глаг. знач.

II. ВИДОИЗМЕНЯ́ВШИЙСЯ, -аяся, -ееся, -иеся; *действ. прош.*
Синт.: **а, б, в** — в глаг. знач.

ВИЗЖА́ТЬ, визж|а́т, визжа́|л; ***несов., неперех.*** **1.** *Малыш визжал и не хотел идти домой. Щенок визжит* [визгливо кричать, издавать визг] **2. *S не лицо*** *Пила визжит* [производить резкие, высокие звуки]

I. ВИЗЖА́ЩИЙ, -ая, -ее, -ие; *действ. наст.*
Синт.: **а, б, в** — в глаг. знач. 1, 2
Ср. прич. в 1 глаг. знач. с прил. **визгли́вый,** -ая, -ое, -ые; -и́в, -и́ва, -и́во, -и́вы в знач. 'часто визжащий'. *Визгливый поросенок*

В знач. прил. Резкий, высокий. *Визжащий звук* (Ср. прил. **визгли́вый**, -ая, -ое, -ые; -и́в, -и́ва, -и́во, -и́вы в знач. 'пронзительно резкий, с визгом'. *Визгливый голос*)

II. ВИЗЖА́ВШИЙ, -ая, -ее, -ие; *действ. прош.*
Синт.: **а, б, в** — в глаг. знач. 1, 2

ВИЛЯ́ТЬ, виля́|ют, виля́|л; ***несов., неперех.*** **1.** ***чем*** *Собака виляет хвостом, увидев знакомого человека* [перемещать, двигать из стороны в сторону хвостом, задом, бедрами] **2.** ***S не лицо*** *Колесо у телеги виляло, пришлось его чинить* [двигаться не прямо, отклоняясь то в одну, то в другую сторону] **3.** ***S не лицо*** *Дорога виляет по полю между камней* [делать крутые повороты, изгибы — о дороге, ручье, реке и т. п.] **4.** *Мальчик явно виляет, путает, но правды не говорит* [уклоняться от прямого ответа, лукавить; *разг.*]

I. ВИЛЯ́ЮЩИЙ, -ая, -ее, -ие; *действ. наст.*
Синт.: **а, б** — в глаг. знач. 1—4; **в** — в глаг. знач. 2
В знач. прил. Не ровный, не прямой, с отклонениями то в одну, то в другую сторону. *Виляющая линия. Виляющая походка*

II. ВИЛЯ́ВШИЙ, -ая, -ее, -ие; *действ. прош.*
Синт.: **а, б** — в глаг. знач. 1 — 4; **в** — в глаг. знач. 2

ВИНИ́ТЬ, вин|я́т, вини́|л; ***несов., перех.*** **1.** ***кого(что)***, также ***в чем*** *Олег при неудаче винит прежде всего самого себя, а не других. Аня винит во всем свекровь, а не себя* [считать виноватым в чем-л.] **2.** ***кого(что) за что*** *Отец не винил нас за опоздание* [упрекать, осуждать]

I. ВИНЯ́ЩИЙ, -ая, -ее, -ие; *действ. наст.*
Синт.: **а, б** — в глаг. знач. 1, 2

II. ВИНИ́ВШИЙ, -ая, -ее, -ие; *действ. прош.*
Синт.: **а, б** — в глаг. знач. 1, 2

□ Глагол не имеет прич. III, IV

ВИСЕ́ТЬ, вишу́, вис|я́т, висе́|л; ***несов., неперех.*** **1.** ***S не лицо*** *Люстра висит над столом. На окнах висят красивые шторы* [будучи прикрепленным к чему-л., находиться в вертикальном положении без опоры снизу] **2.** ***S не лицо*** *Картина висит криво. На заборе висит объявление* [быть прикрепленным к какой-л. вертикальной поверхности] **3.** *Казненные фашистами партизаны долго висели на главной площади города* [не быть освобожденным от петли после удушения и находиться в подвешенном положении без опоры снизу] **4.** *Спортсмен висит на перекладине уже пять минут. «Свадьбу справляли во дворе и любопытные висели на заборах».* Вс. Иванов, Пархоменко. *«[Павлик] висел на подножке переполненного вагона».* Горбатов, Мое поколение [схватившись за что-л. руками, находиться в вертикальном положении, без опоры снизу; уцепившись руками, с трудом удерживаться на чем-л.] **5.** ***над кем(чем)*** и ***над чем; S не лицо*** *Над нами висела огромная грозовая туча. Над полем висело низкое серое небо* [нависать, простираться над кем-чем-л.] **6.** ***над чем; S не лицо*** *Скалы висят над озером* [выдаваться, выступать над чем-л. какой-л. своей частью] **7.** ***на ком; S не лицо*** *Костюм на девушке висел, на ногах были старые туфли* [быть не по фигуре, бо́льшим по размеру, чем нужно — об одежде] **8.** ***S не лицо*** *Волосы у мальчика висят клочьями. Левая фалда висит* [свисать, ниспадать неровно, концами неодинаковой длины или ниже, чем нужно — о волосах, частях одежды и т. п.; *разг.*]

I. ВИСЯ́ЩИЙ, -ая, -ее, -ие; *действ. наст.*
Синт.: **а, б** — в глаг. знач. 1 — 8; **в** — в глаг. знач. 8
Ср. прич. в 1 глаг. знач. с прил. **вися́чий**, -ая, -ее, -ие. Приспособленный к тому, чтобы висеть. *Висячий замок. Висячая лампа*

II. ВИСЕ́ВШИЙ, -ая, -ее, -ие; *действ. прош.*
Синт.: **а, б** — в глаг. знач. 1 — 8; **в** — в глаг. знач. 8

ВИ́СНУТЬ, ви́сн|ут, ви́сну|л и вис, ви́сла, -ло, -ли; ***несов., неперех.*** (*сов.* пови́снуть) **1.** ***над чем*** и ***на что; S не лицо*** *Волосы виснут на глаза. Густые ветки ивы виснут над ручьем* [спускаться книзу, принимая висячее положение, свисать] **2.** ***на чем*** *Парашютист свободно виснет на лямках парашюта. «[Листья] падают с деревьев, виснут на железных зубьях оград».* Вс. Иванов, Сервиз [зацепившись за что-л. или удерживаясь на чем-л., оставаться висеть, повисать] **3.** *«Окна и двери были распахнуты, везде стояли на балконах; мальчишки.. висли на фонарях».* Бондарев, Юность командиров [уцепившись руками за что-л., удерживаться без опоры внизу]

I. ВИ́СНУЩИЙ, -ая, -ее, -ие; *действ. наст.*
Синт.: **а, б** — в глаг. знач. 1 —3

II. ВИ́СНУВШИЙ, -ая, -ее, -ие; *действ. прош.*
Синт.: **а, б** — в глаг. знач. 1 — 3

ВИТАМИНИЗИ́РОВАТЬ, витаминизи́ру|ют, витаминизи́рова|л; ***сов.*** и ***несов., перех., что*** *Ветеринар в нашем колхозе витаминизирует пищу животных* [ввести или вводить витамины, насыщать витаминами]

I. ВИТАМИНИЗИ́РУЮЩИЙ, -ая, -ее, -ие; *действ. наст.*
Синт.: **а, б**— в глаг. знач.

II. ВИТАМИНИЗИ́РОВАВШИЙ, -ая, -ее, -ие; *действ. прош.*
Синт.: **а, б** — в глаг. знач.

III. ВИТАМИНИЗИ́РУЕМЫЙ, -ая, -ое, -ые; *страд. наст.*
Синт.: **а, б, в** — в глаг. знач.

IV. ВИТАМИНИЗИ́РОВАННЫЙ, -ая, -ое, -ые; *страд. прош.*
Синт.: **а, б** — в глаг. знач.
В знач. прил. (только *полн. ф.*) Насыщенный витаминами. *Витаминизированный напиток* (Ср. прил. **витами́нный**, -ая, -ое, -ые в знач. 'содержащий витамины'. *Витаминные корма. Витаминный напиток.* Ср. прил. **витамино́зный**, -ая, -ое, -ые. Богатый витаминами. *Витаминозные овощи*)
ВИТАМИНИЗИ́РОВАН, -ана, -ано, -аны; *кр. ф.*
В глаг. знач.

ВИТЬ, вь|ют, ви|л, вила́, ви́ло, -ли; ***несов., перех., что*** (*сов.* свить) *Девочки вьют венки из ромашек. Старик вьет веревку. Ласточка вьет гнездо* [изготовлять, делать что-л., сплетая, скручивая, плетя из чего-л.]

I. ВЬЮ́ЩИЙ, -ая, -ее, -ие; *действ. наст.*
Синт.: **а, б** — в глаг. знач.
II. ВИ́ВШИЙ, -ая, -ее, -ие; *действ. прош.*
Синт.: **а, б** — в глаг. знач.
IV. ВИ́ТЫЙ, -ая, -ое, -ые; *страд. прош.*
Синт.: **а, б** — в глаг. знач.
Ср. прил. **вито́й**, -а́я, -о́е, -ы́е. В виде спирали, винтообразный. *Витой поясок. Витая лестница*
ВИТ, -та, -то, -ты; *кр. ф.*
В глаг. знач.
□ Прич. III не образуется.

ВИ́ТЬСЯ, вь|ю́тся, ви́|лся, вила́сь, вило́сь и *доп.* ви́лось, вили́сь и *доп.* ви́лись; **несов. 1. S не лицо** *У малыша вьются волосы* [расти завитками] **2. S не лицо** *Вокруг колонны вился плющ* [расти, обвиваясь вокруг чего-л.] **3. S не лицо** *Между полями вьется дорога. За машиной клубами вилась пыль. Над чайником вьется пар* [извиваясь, пролегать, течь; подниматься кольцами, спиралью — о дыме, паре и т. п.] **4. S не лицо** *Над нами вьется первый снег. Вокруг палаток геологов вилось огромное количество комаров. Над домами вьются праздничные флаги* [летать, кружась, порхая; развеваться] **5.** *Около футболистов постоянно вились мальчишки. «— И странное дело — ее любили все девушки, вились вокруг нее».* Грибачев, Рассказ о первой любви [вертеться возле кого-чего-л.; неотступно ходить за кем-л., искать постоянного общения; *разг.*]
I. ВЬЮ́ЩИЙСЯ, -аяся, -ееся, -иеся; *действ. наст.*
Синт.: **а, б** — в глаг. знач. 1 — 5
В знач. прил. **1.** Имеющий свойство при росте обвиваться вокруг чего-л., цепляться за что-л. *Вьющиеся растения* **2.** В завитках, волнистый, не прямой — о волосах. *Вьющиеся волосы*
II. ВИ́ВШИЙСЯ, -аяся, -ееся, -иеся; *действ. прош.*
Синт.: **а, б** — в глаг. знач. 1 — 5

ВКА́ПЫВАТЬ, вка́пыва|ют, вка́пыва|л; **несов. к** вкопа́ть (см.)
I. ВКА́ПЫВАЮЩИЙ, -ая, -ее, -ие; *действ. наст.*
Синт.: **а, б** — в глаг. знач.
II. ВКА́ПЫВАВШИЙ, -ая, -ее, -ие; *действ. прош.*
Синт.: **а, б** — в глаг. знач.
III. ВКА́ПЫВАЕМЫЙ, -ая, -ое, -ые; *страд. наст.*
Синт.: **а, б, в** — в глаг. знач.

ВКАТИ́ТЬ, вкачу́, вка́т|ят, вкати́|л; **сов., перех., что во что** (*несов.* вка́тывать) *Рабочий вкатил бочку во двор* [катя, продвинуть, вдвинуть внутрь чего-л.]
II. ВКАТИ́ВШИЙ, -ая, -ее, -ие; *действ. прош.*
Синт.: **а, б** — в глаг. знач.
IV. ВКА́ЧЕННЫЙ, -ая, -ое, -ые; *страд. прош.* [чередование т/ч]
Синт.: **а, б** — в глаг. знач.
ВКА́ЧЕН, -ена, -ено, -ены; *кр. ф.*
В глаг. знач.

ВКА́ТЫВАТЬ, вка́тыва|ют, вка́тыва|л; **несов. к** вкати́ть (см.)
I. ВКА́ТЫВАЮЩИЙ, -ая, -ее, -ие; *действ. наст.*
Синт.: **а, б** — в глаг. знач.
II. ВКА́ТЫВАВШИЙ, -ая, -ее, -ие; *действ. прош.*
Синт.: **а, б** — в глаг. знач.
III. ВКА́ТЫВАЕМЫЙ, -ая, -ое, -ые; *страд. наст.*
Синт.: **а, б** — в глаг. знач.

ВКЛЮЧА́ТЬ, включа́|ют, включа́|л; **несов., перех.** (*сов.* включи́ть *к* 1—3 знач.) **1. кого(что)** и **что во что** *Тренер включал в команду новых игроков, но это не давало результатов. Писатель несколько раз включал эту главу в свою повесть* [вводить или вносить в состав, в текст, в число кого-чего-л.] **2. что во что** *« — Хотел бы я уточнить только, что ты включаешь в понятие „производство"?»* Николаева, Битва в пути [считать составной частью чего-л., относящимся к числу, разряду чего-л.] **3. что** и **что во что** *Мастер включал мотор, а мы проверяли, как он работает. Вечером Дима не включал свет. Бабушка включает утюг и забывает о нем. Аппарат в сеть включал лаборант* [приводить в действие, пускать в ход; присоединять к источнику энергии для приведения в действие] **4. что; S не лицо** *Текст Конституции СССР включает в себя пункты, гарантирующие право человека на труд, отдых, образование, охрану здоровья, жилище. «Признано, что воспитание включает в себя преподавание».* Л. Толстой, Воспитание и образование [иметь своей составной частью, содержать, состоять из чего-л.— обычно с мест. *себя*]
I. ВКЛЮЧА́ЮЩИЙ, -ая, -ее, -ие; *действ. наст.*
Синт.: **а, б** — в глаг. знач. 1 — 4
II. ВКЛЮЧА́ВШИЙ, -ая, -ее, -ие; *действ. прош.*
Синт.: **а, б** — в глаг. знач. 1 — 4
III. ВКЛЮЧА́ЕМЫЙ, -ая, -ое, -ые; *страд. наст.**
Синт.: **а, б** — в глаг. знач. 1 — 3; **в** — в глаг. знач. 3
□ Прич. III в 4 глаг. знач. не употр.

ВКЛЮЧИ́ТЬ, включ|а́т, включи́|л; **сов. к** включа́ть в 1 — 3 знач. (см.)
II. ВКЛЮЧИ́ВШИЙ, -ая, -ее, -ие; *действ. прош.*
Синт.: **а, б** — в глаг. знач. 1 — 3
IV. ВКЛЮЧЁННЫЙ, -ая, -ое, -ые; *страд. прош.*
Синт.: **а, б** — в глаг. знач. 1 — 3; **в** — в глаг. знач. 3
ВКЛЮЧЁН, -ена́, -ено́, -ены́; *кр. ф.*
В глаг. знач. 1 — 3

ВКОПА́ТЬ, вкопа́|ют, вкопа́|л; **сов., перех., что во что** (*несов.* вка́пывать) *Рабочие вкопали в землю бетонную сваю. Артиллеристы вкопали в грунт орудие* [укрепить в выкопанном углублении, врыть]
II. ВКОПА́ВШИЙ, -ая, -ее, -ие; *действ. прош.*
Синт.: **а, б** — в глаг. знач.
IV. ВКО́ПАННЫЙ, -ая, -ое, -ые; *страд. прош.*
Синт.: **а, б** — в глаг. знач.
Ср. выражение: **как (словно, точно) вко-**

панный (остановиться, стоять) — совершенно неподвижно. *Олег остановился как вкопанный*

ВКО́ПАН, -ана, -ано, -аны; *кр. ф.*

В глаг. знач.

ВЛАДЕ́ТЬ, владе́|ют, владе́|л; ***несов., неперех.*** **1.** ***кем(чем)*** и ***чем*** *«Мой прадед.. был полковым писарем, дед — русским чиновником, как и отец. Крепостными душами и землями они, кажется, никогда не владели».* Короленко, История моего современника. *«Лишь мы, работники всемирной Великой армии труда, Владеть землей имеем право, Но паразиты — никогда».* Интернационал [иметь кого-л. или что-л. своей собственностью] **2.** ***чем*** *«Россия шесть лет владела Порт-Артуром..»* Ленин, Падение Порт-Артура [держать в своей власти, управлять чем-л.] **3.** ***кем(чем)*** *Молодая учительница хорошо владеет классом. Этот лектор прекрасно владеет аудиторией* [обладать способностью подчинять своему влиянию, своей воле] **4.** ***кем(чем); S не лицо*** *Одна мысль владеет Ильей — построить солнечную электростанцию* [подчинять себе, охватывать — о мыслях, чувствах] **5.** ***чем*** *«Кинжалом я владею, Я близ Кавказа рождена».* Пушкин, Бахчисарайский фонтан. *Молодой поэт прекрасно владеет рифмой. Смирнов владеет тремя иностранными языками* [уметь обращаться с чем-л., искусно действовать чем-л.; в сочетании с некоторыми существительными означает: хорошо знать, быть мастером в какой-л. области] **6.** ***чем*** *У больного отнялись ноги, и два месяца он не владел ими* [быть в состоянии действовать какими-л. органами тела]

I. ВЛАДЕ́ЮЩИЙ, -ая, -ее, -ие; *действ. наст.*
С и н т.: **а, б** — в глаг. знач. 1—6

II. ВЛАДЕ́ВШИЙ, -ая, -ее, -ие; *действ. прош.*
С и н т.: **а, б** — в глаг. знач. 1—6

ВЛАЧИ́ТЬ, влач|а́т, влачи́|л; ***несов., перех., что*** **1.** *«Долго я звонкие цепи влачил, Душно мне было в горах Акатуя».* Песня „Славное море, священный Байкал" [тащить, тянуть, не отрывая от поверхности чего-л., волочить; *поэтич.*] **2.** *«[Нина:] Жребий людей различен. Одни едва влачат свое скучное, незаметное существование..; другим же.. выпала на долю жизнь интересная, светлая».* Чехов, Чайка [вести унылую, безрадостную или полную лишений, горя жизнь — в сочетании с сущ. *жизнь, существование, век, дни*]

I. ВЛАЧА́ЩИЙ, -ая, -ее, -ие; *действ. наст.*
С и н т.: **а, б** — в глаг. знач. 1, 2

II. ВЛАЧИ́ВШИЙ, -ая, -ее, -ие; *действ. прош.*
С и н т.: **а, б** — в глаг. знач. 1, 2

III. ВЛАЧИ́МЫЙ, -ая, -ое, -ые; *страд. наст.*
С и н т.: **а, б** — в глаг. знач. 1, 2
С у б с т а н т и в.$_3$ в глаг. знач. 1

IV. ВЛАЧЁННЫЙ, -ая, -ое, -ые; *страд. прош.*
С и н т.: **а, б** — в глаг. знач. 1, 2
С у б с т а н т и в.$_3$ в глаг. знач. 1
ВЛАЧЁН, -ена́, -ено́, -ены́; *кр. ф.* (*редко*)
В глаг. знач. 1, 2

ВЛЕЧЬ, влек|у́т, влёк|, влекла́, -ло́, -ли́; ***несов., перех.*** **1.** ***кого(что)*** и ***что*** *Течение влекло пловца и разбитый плот все дальше вниз по реке* [тащить, тянуть за собой] **2.** ***кого(что); S не лицо*** *Сережу все сильнее влечет физика* [увлекая, привлекать, притягивать к себе] **3.** ***кого(что)*** *«Катя влекла его к себе все сильней и сильней».* Достоевский, Униженные и оскорбленные [вызывать непреодолимое чувство симпатии, желание общения, сближения и т. п.]

I. ВЛЕКУ́ЩИЙ, -ая, -ее, -ие; *действ. наст.*
С и н т.: **а, б** — в глаг. знач. 1—3

II. ВЛЁКШИЙ, -ая, -ее, -ие; *действ. прош.*
С и н т.: **а, б** — в глаг. знач. 1—3

III. ВЛЕКО́МЫЙ, -ая, -ое, -ые; *страд. наст.* (*поэтич.*)
С и н т.: **а, б** — в глаг. знач. 1—3
С у б с т а н т и в.$_2$ и с у б с т а н т и в.$_3$ в глаг. знач. 1
ВЛЕКО́М, -о́ма, -о́мо, -о́мы; *кр. ф.* (*поэтич.*)
В глаг. знач. 1—3

IV. ВЛЕЧЁННЫЙ, -ая, -ое, -ые; *страд. прош.** (*редко*)
[чередование к/ч]
С и н т.: **а, б** — в глаг. знач. 1, 3
С у б с т а н т и в.$_2$ и с у б с т а н т и в.$_3$ не употр.
ВЛЕЧЁН, -ена́, -ено́, -ены́; *кр. ф.** (*редко*)
В глаг. знач. 1, 3

▭ Прич. IV во 2 глаг. знач. не употр.

ВЛИВА́ТЬ, влива́|ют, влива́|л; ***несов. к*** влить (см.)

I. ВЛИВА́ЮЩИЙ, -ая, -ее, -ие; *действ. наст.*
С и н т.: **а, б** — в глаг. знач. 1—3

II. ВЛИВА́ВШИЙ, -ая, -ее, -ие; *действ. прош.*
С и н т.: **а, б** — в глаг. знач. 1—3

III. ВЛИВА́ЕМЫЙ, -ая, -ое, -ые; *страд. наст.**
С и н т.: **а, б** — в глаг. знач. 1, 3
С у б с т а н т и в.$_2$ во мн.

▭ Прич. III во 2 глаг. знач. не употр.

ВЛИПА́ТЬ, влипа́|ют, влипа́|л; ***несов. к*** вли́пнуть (см.)

I. ВЛИПА́ЮЩИЙ, -ая, -ее, -ие; *действ. наст.*
С и н т.: **а, б** — в глаг. знач.

II. ВЛИПА́ВШИЙ, -ая, -ее, -ие; *действ. прош.*
С и н т.: **а, б** — в глаг. знач.

ВЛИ́ПНУТЬ, вли́пнут, влип|; ***сов., неперех., во что*** (*несов.* влипа́ть) *Оса села на варенье и влипла в него* [попасть во что-л. липкое, вязкое, пристать к чему-л. липкому]

II. ВЛИ́ПШИЙ, -ая, -ее, -ие; *действ прош.*
С и н т.: **а, б** — в глаг. знач.

ВЛИТЬ, волью́т, вли|л, влила́, вли́ло, -ли; ***сов., перех.*** (*несов.* влива́ть) **1.** ***что*** и ***чего во что*** *Ольга влила немного сливок в кофе. Олег влил в бочку ведро воды* [заставить втечь жидкость внутрь чего-л., во что-л.] **2.** ***что в кого(что); S не лицо*** *Известие об успешном испытании нового прибора влило в нас бодрость, уверенность в правильности всех расчетов* [вселить, внушить, вызвать какое-л. чувство, мысль и т. п.] **3.** ***кого (что) во что*** *Командование влило свежее пополнение в пехотный полк* [ввести, включить, пополнив состав кого-чего-л.]

II. ВЛИ́ВШИЙ, -ая, -ее, -ие; *действ. прош.*
С и н т.: **а, б** — в глаг. знач. 1—3

IV. ВЛИ́ТЫЙ, -ая, -ое, -ые; *страд. прош.**
С и н т.: **а, б** — в глаг. знач. 1, 3
С р. прил. **влито́й,** -а́я, -о́е, -ые в выраже-

нии: **как (словно, точно) влитой сидит** — хорошо, плотно облегая — об одежде. *На ней это платье сидит как влитое*

Субстантив.$_2$ во мн.

ВЛИТ, влитá, влúто, -ты; *кр. ф.**

В глаг. знач. 1, 3

▭ Прич. IV во 2 глаг. знач. не употр.

ВЛИЯ́ТЬ, влия́|ют, влия́|л; ***несов., неперех.*** **1.** ***на кого(что)*** и ***на что; S не лицо*** *Мирные инициативы СССР влияют на улучшение политического климата в Европе. Прогулки на свежем воздухе хорошо влияют на здоровье* [изменять каким-л. образом свойства, состояние и т. п. кого-чего-л., оказывать какое-л. действие] **2.** ***на кого(что),*** также ***чем*** *Новые друзья хорошо влияют на Олега: он стал заниматься спортом, бросил курить. Ольга влияет на сына без нравоучений, незаметно, собственным примером* [воздействовать на кого-л., вызывая стремление, желание поступать, жить каким-л. образом и т. п.]

I. ВЛИЯ́ЮЩИЙ, -ая, -ее, -ие; *действ. наст.*

Синт.: **а, б** — в глаг. знач. 1, 2

Ср. прич. во 2 глаг. знач. с прил. **влия́тельный,** -ая, -ое, -ые; -лен, -льна, -льно, -льны. Имеющий авторитет, власть. *Влиятельный человек*

II. ВЛИЯ́ВШИЙ, -ая, -ее, -ие; *действ. прош.*

Синт.: **а, б** — в глаг. знач. 1, 2

ВЛЮБИ́ТЬ, влюблю́, влю́б|ят, влюби́|л; ***сов., перех., кого(что) в кого(что)*** (*несов.* влюбля́ть) **1.** *«Если бы я была безнравственная женщина, я бы могла влюбить в себя ее мужа».* Л. Толстой, Анна Каренина [заставить почувствовать любовное влечение к кому-л., увлечься кем-л.— обычно в сочетании со словами *в себя*] **2.** *Новый учитель буквально влюбил в себя весь класс* [внушить кому-л. чувство восхищения, любви, привязанности — обычно в сочетании со словами *в себя*]

II. ВЛЮБИ́ВШИЙ, -ая, -ее, -ие; *действ. прош.*

Синт.: **а, б** — в глаг. знач. 1, 2

IV. ВЛЮБЛЁННЫЙ, -ая, -ое, -ые; *страд. прош.**

[чередование б/бл]

Синт.: в глаг. знач. нет; **а, б** — в статив. знач.

Статив. знач. (также кр. ф. ↓) **1.** ***в кого (что)*** Испытывающий чувство любовного влечения к кому-л., влюбившийся в кого-л. *Смирнов, влюбленный в свою однокурсницу, не решался сказать ей об этом* **2.** ***в кого (что)*** Испытывающий чувство восхищения кем-л., любви, привязанности к кому-л., влюбившийся в кого-л. *Весь класс, влюбленный в нового учителя, выполнял его задания с особой тщательностью* **3.** ***во что*** Испытывающий чувство восхищения чем-л., сильной увлеченности чем-л. *Этот юноша, с детства влюбленный в море, мечтал стать капитаном*

В знач. прил. (также *кр. ф.* ↓) Находящийся в состоянии влюбленности, влюбившийся. *Влюбленный человек готов на всё ради любимого*

Ср. прил. **влюблённый,** -ая, -ое, -ые; -ён, -ённа, -ённо, -ённы. Выражающий чувство любовного влечения, восхищения, любви к кому-л. *Влюбленный взгляд. Смотреть на кого-л. влюбленными глазами*

Ср. сущ. **влюблённые,** -ых. Испытывающие любовное влечение друг к другу. *«Коля не давал житья бедным влюбленным».* Чехов, Злой мальчик

ВЛЮБЛЁН, -енá, -енó, -ены́; *кр. ф.**

В глаг. знач. нет

Статив. знач. (также *полн. ф.* ↑) **1.** ***в кого(что)*** *Весь класс влюблен в нового учителя и выполняет все его задания с особой тщательностью* **2.** ***в кого(что)*** *Смирнов был давно влюблен в свою однокурсницу, но не решался сказать ей об этом* **3.** ***во что*** *Этот юноша с детства влюблен в море, мечтает стать капитаном*

В знач. прил. (также *полн. ф.* ↑) *Я поняла, что брат влюблен*

▭ Прич. IV употр. только в статив. знач. и в знач. прил., которые более употр., чем личные ф. глагола и прич. II

ВЛЮБИ́ТЬСЯ, влюблю́сь, влю́бятся, влюби́|лся; ***сов.*** (*несов.* влюбля́ться) **1.** ***в кого(что)*** *Ольга влюбилась в этого человека с первого взгляда* [оказаться охваченным чувством любовного влечения к кому-л., полюбить кого-л.] **2.** ***в кого(что)*** *Весь класс влюбился в нового преподавателя физики* [начать испытывать чувство восхищения кем-л.; *разг.*] **3.** ***во что*** *Петя влюбился в горы и стал альпинистом* [увлечься чем-л., почувствовав очарование чего-л.; *разг.*]

II. ВЛЮБИ́ВШИЙСЯ, -аяся, -ееся, -иеся; *действ. прош.*

Синт.: **а, б** — в глаг. знач. 1—3; **в** — в глаг. знач. 1

ВЛЮБЛЯ́ТЬ, влюбля́|ют, влюбля́|л; ***несов. к*** влюби́ть (см.)

I. ВЛЮБЛЯ́ЮЩИЙ, -ая, -ее, -ие; *действ. наст.*

Синт.: **а, б** — в глаг. знач. 1, 2

II. ВЛЮБЛЯ́ВШИЙ, -ая, -ее, -ие; *действ. прош.*

Синт.: **а, б** — в глаг. знач. 1, 2

III. ВЛЮБЛЯ́ЕМЫЙ, -ая, -ое, -ые; *страд. наст.**

Синт.: **а, б** — в глаг. знач. 1

▭ Прич. III во 2 глаг. знач. не употр.

ВЛЮБЛЯ́ТЬСЯ, влюбля́|ются, влюбля́|лся; ***несов. к*** влюби́ться (см.)

I. ВЛЮБЛЯ́ЮЩИЙСЯ, -аяся, -ееся, -иеся; *действ. наст.*

Синт.: **а, б** — в глаг. знач. 1—3; **в** — в глаг. знач. 1

II. ВЛЮБЛЯ́ВШИЙСЯ, -аяся, -ееся, -иеся; *действ. прош.*

Синт.: **а, б** — в глаг. знач. 1—3; **в** — в глаг. знач. 1

ВМЕНИ́ТЬ, вмен|я́т, вмени́|л; ***сов. к*** вменя́ть (см.)

II. ВМЕНИ́ВШИЙ, -ая, -ее, -ие; *действ. прош.*

Синт.: **а, б** — в глаг. знач.

IV. ВМЕНЁННЫЙ, -ая, -ое, -ые; *страд. прош.*

Синт.: **а, б** — в глаг. знач.

ВМЕНЁН, -енá, -енó, -ены́; *кр. ф.*

В глаг. знач.

ВМЕНЯ́ТЬ, вменя́|ют, вменя́|л; ***несов., перех.*** (*сов.* вмени́ть) В выражениях: **вменять в вину** ***что кому*** — обвинять в чем-л. *Людям с темной кожей расисты вменяют в вину даже стремление учиться* (из газет); **вменять в обязанность** ***что*** *и* ***с неопр. ф. кому*** — обязывать сделать что-л. *Нашему отделу дирекция вменяет в обязанность определять качество выпускаемой продукции*

I. ВМЕНЯ́ЮЩИЙ, -ая, -ее, -ие; *действ. наст.*
Синт.: **а, б** — в глаг. знач.

II. ВМЕНЯ́ВШИЙ, -ая, -ее, -ие; *действ. прош.*
Синт.: **а, б** — в глаг. знач.

III. ВМЕНЯ́ЕМЫЙ, -ая, -ое, -ые; *страд. наст.*
Синт.: **а, б** — в глаг. знач.
Ср. прил. **вменя́емый,** -ая, -ое, -ые; -ем, -ема, -емо, -емы. Способный действовать совершенно сознательно и нести ответственность за свои поступки. *Экспертиза признала преступника вменяемым*

ВМЕСТИ́ТЬ, вмещу́, вмест|я́т, вмести́|л; ***сов. к*** вмеща́ть в 1, 2 знач. (см.)

II. ВМЕСТИ́ВШИЙ, -ая, -ее, -ие; *действ. прош.*
Синт.: **а, б** — в глаг. знач. 1, 2

IV. ВМЕЩЁННЫЙ, -ая, -ое, -ые; *страд. прош.** [чередование ст/щ]
Синт.: **а, б** — в глаг. знач. 2
ВМЕЩЁН, -ена́, -ено́, -ены́; *кр. ф.**
В глаг. знач. 2

▭ Прич. IV в 1 глаг. знач. не употр.

ВМЕСТИ́ТЬСЯ, вмещу́сь, вместя́тся, вмести́|лся; ***сов. к*** вмеща́ться в 1 знач. (см.)

II. ВМЕСТИ́ВШИЙСЯ, -аяся, -ееся, -иеся; *действ. прош.*
Синт.: **а, б** — в глаг. знач. 1

ВМЕЩА́ТЬ, вмеща́|ют, вмеща́|л; ***несов., перех.*** (*сов.* вмести́ть *к* 1, 2 знач.) **1. *кого(что)*** и ***что; S не лицо*** *Зал не вмещает всех желающих послушать эту лекцию. Моя сумка вмещает все вещи, которые я отобрала для поездки* [заключать, умещать в себе] **2. *что во что*** *Илья с трудом вмещает свои книги в новый шкаф* [помещать что-л. внутрь чего-л.] **3. *что; S не лицо*** *Бассейн вмещает тысячу кубометров воды* [иметь емкость]

I. ВМЕЩА́ЮЩИЙ, -ая, -ее, -ие; *действ. наст.*
Синт.: **а, б** — в глаг. знач. 1—3

II. ВМЕЩА́ВШИЙ, -ая, -ее, -ие; *действ. прош.*
Синт.: **а, б** — в глаг. знач. 1—3

III. ВМЕЩА́ЕМЫЙ, -ая, -ое, -ые; *страд. наст.**
Синт.: **а, б** — в глаг. знач. 2, 3
Субстантив.$_3$ в глаг. знач. 3

▭ Прич. III в 1 глаг. знач. не употр.

ВМЕЩА́ТЬСЯ, вмеща́|ются, вмеща́|лся; ***несов., во что*** (*сов.* вмести́ться *к* 1 знач.); ***S не лицо*** **1.** *Вещи с трудом вмещаются в мой чемодан* [целиком умещаться, помещаться внутри чего-л.] **2.** *В эту бочку вмещается сорок ведер воды* [мочь, быть способным поместиться в чем-л.]

I. ВМЕЩА́ЮЩИЙСЯ, -аяся, -ееся, -иеся; *действ. наст.*
Синт.: **а, б** — в глаг. знач. 1, 2
Ср. прич. в 1 глаг. знач. с прил. **вмести́мый,** -ая, -ое, -ые; -и́м, -и́ма, -и́мо, -и́мы. Способный, могущий вместиться куда-л. *Это вполне вместимый в сумку сверток*

II. ВМЕЩА́ВШИЙСЯ, -аяся, -ееся, -иеся; *действ. прош.*
Синт.: **а, б** — в глаг. знач. 1, 2

ВМИНА́ТЬ, вмина́|ют, вмина́|л; ***несов. к*** вмять (см.)

I. ВМИНА́ЮЩИЙ, -ая, -ее, -ие; *действ. наст.*
Синт.: **а, б** — в глаг. знач. 1, 2

II. ВМИНА́ВШИЙ, -ая, -ее, -ие; *действ. прош.*
Синт.: **а, б** — в глаг. знач. 1, 2

III. ВМИНА́ЕМЫЙ, -ая, -ое, -ые; *страд. наст.*
Синт.: **а, б** — в глаг. знач. 1, 2

ВМИНА́ТЬСЯ, вмина́|ются, вмина́|лся; ***несов. к*** вмя́ться (см.)

I. ВМИНА́ЮЩИЙСЯ, -аяся, -ееся, -иеся; *действ. наст.*
Синт.: **а, б** — в глаг. знач. 1, 2

II. ВМИНА́ВШИЙСЯ, -аяся, -ееся, -иеся; *действ. прош.*
Синт.: **а, б** — в глаг. знач. 1, 2

ВМЯТЬ, вомну́т, вмя|л; ***сов., перех., что*** (*несов.* вмина́ть) **1. *во что,*** также ***чем*** *Мальчик вмял старую проволоку в землю каблуком* (см. § 2) [вдавить, втиснуть во что-л., куда-л.] **2.** также ***чем*** *Самосвал вмял боковую стенку „Москвича", столкнувшись с ним на перекрестке. Мастер вмял стенки ящика двумя руками* (см. § 2) [надавливая, сделать вмятину]

II. ВМЯ́ВШИЙ, -ая, -ее, -ие; *действ. прош.*
Синт.: **а, б** — в глаг. знач. 1, 2

IV. ВМЯ́ТЫЙ, -ая, -ое, -ые; *страд. прош.*
Синт.: **а, б** — в глаг. знач. 1, 2
Ср. прил. **вмя́тый,** -ая, -ое, -ые; -я́т, -та, -то, -ты. С вмятинами, имеющий вмятины, вмявшийся. *На столе стоял самовар с вмятыми боками. Кресло с вмятым сиденьем*
ВМЯТ, -та, -то, -ты; *кр. ф.*
В глаг. знач. 1, 2

ВМЯ́ТЬСЯ, вомну́тся, вмя́|лся; ***сов.*** (*несов.* вмина́ться); ***S не лицо*** **1. *во что*** *Старая проволока сильно вмялась в землю* [вдавиться, втиснуться во что-л., куда-л.] **2.** *Бока старого самовара вмялись, стали тусклыми* [образовать вмятины]

II. ВМЯ́ВШИЙСЯ, -аяся, -ееся, -иеся; *действ. прош.*
Синт.: **а, б** — в глаг. знач. 1, 2; **в** — в глаг. знач. 2

ВНЕДРИ́ТЬ, внедр|я́т, внедри́|л; ***сов., перех., что*** (*несов.* внедря́ть) **1.** *Если мы внедрим новую технику во все отрасли промышленности, производительность труда значительно возрастет* (из газет). *«Теперь уж не установишь, ..сколько рацпредложений внедрили заводские монтажники и слесари».* Аграновский, Суть дела [ввести для использования, работы, заставить прочно войти в употребление] **2. *во что*** *Учительница прочно внедрила в наше сознание понимание огромной роли литературы в духовном развитии общества* [прочно укрепить, заставить укрепиться, укорениться, упрочиться в сознании, в отношениях и т. п.]

II. ВНЕДРИ́ВШИЙ, -ая, -ее, -ие; *действ. прош.*
Синт.: **а, б** — в глаг. знач. 1, 2

IV. ВНЕДРЁННЫЙ, -ая, -ое, -ые; *страд. прош.*
Синт.: **а, б** — в глаг. знач. 1, 2; **в** — в глаг. знач. 1
ВНЕДРЁН, -ена́, -ено́, -ены́; *кр. ф.*
В глаг. знач. 1, 2

ВНЕДРЯ́ТЬ, внедря́|ют, внедря́|л; ***несов. к*** внедри́ть (см.)
I. ВНЕДРЯ́ЮЩИЙ, -ая, -ее, -ие; *действ. наст.*
Синт.: **а, б** — в глаг. знач. 1, 2
II. ВНЕДРЯ́ВШИЙ, -ая, -ее, -ие; *действ. прош.*
Синт.: **а, б** — в глаг. знач. 1, 2
III. ВНЕДРЯ́ЕМЫЙ, -ая, -ое, -ые; *страд. наст.*
Синт.: **а, б** — в глаг. знач. 1, 2; **в** — в глаг. знач. 1
ВНЕДРЯ́ЕМ, -ема, -емо, -емы; *кр. ф.*
В глаг. знач. 1, 2

ВНЕСТИ́, внес|у́т, внёс|, внесла́, -ло́, -ли́; ***сов., перех.*** (*несов.* вноси́ть) **1. *кого(что)*** и ***что*** *Мать внесла ребенка в комнату. Носильщик внес чемоданы в купе* [неся, поместить внутрь чего-л., куда-л.] **2. *что во что*** *Агроном внес в почву достаточное количество удобрений. Мальчик внес инфекцию в рану, и она загноилась* [впустить, вмешать и т. п. что-л. внутрь чего-л.; дать проникнуть во что-л. чему-л.] **3. *кого(что)*** и ***что во что*** *Агитаторы внесли фамилии избирателей в списки для голосования. Автор внес исправления в текст* [включить, вставить, вписать] **4. *что*** *Если вы вовремя не внесли плату за телефон, его на некоторое время могут отключить. Рабочие завода внесли крупную сумму в Фонд мира* [уплатить; сделать добровольный взнос — о деньгах] **5. *что,*** также ***чем*** *Артист внес оживление среди зрителей своим экспромтом* (см. § 1). *Внезапно появившиеся танки внесли замешательство в ряды противника. Частые придирки отца внесли разлад в семью* [вызвать какое-л. состояние, чувство; явиться причиной чего-л., принести с собой что-л.] **6. *что,*** также ***чем*** *Новая вожатая внесла много интересного в работу пионерского отряда. Своими исследованиями ученый внес большой вклад в развитие физики* (см. § 1) [обогатить что-л. чем-л. своим, оригинальным] **7. *что*** *Депутаты внесли новый законопроект на обсуждение. На собрании выступившие внесли интересные предложения* [представить куда-л. для обсуждения, рассмотрения, утверждения и т. п.] **8. *что во что*** *Законодательное собрание внесло в новую конституцию пункт о всеобщем обязательном образовании* [принять новый закон, постановление, инструкции и т. п.]
II. ВНЁСШИЙ, -ая, -ее, -ие; *действ. прош.*
Синт.: **а, б** — в глаг. знач. 1—8
IV. ВНЕСЁННЫЙ, -ая, -ое, -ые; *страд. прош.*
Синт.: **а, б** — в глаг. знач. 1—8
Субстантив.$_3$ в глаг. знач. 1—3, 6—8
ВНЕСЁН, -ена́, -ено́, -ены́; *кр. ф.*
В глаг. знач. 1—8

ВНИКА́ТЬ, вника́|ют, вника́|л; ***несов. к*** вни́кнуть (см.)
I. ВНИКА́ЮЩИЙ, -ая, -ее, -ие; *действ. наст.*
Синт.: **а, б** — в глаг. знач.
II. ВНИКА́ВШИЙ, -ая, -ее, -ие; *действ. прош.*
Синт.: **а, б** — в глаг. знач.

ВНИ́КНУТЬ, вни́кнут, вник|; ***сов., неперех., во что*** (*несов.* вника́ть) *Новый директор уже вник во все проблемы управления производством. Судья вникла в мельчайшие детали дела и вынесла справедливый приговор* [вдуматься в суть чего-л., разобраться всесторонне в чем-л.]
II. ВНИ́КШИЙ, -ая, -ее, -ие; *действ. прош.*
Синт.: **а, б** — в глаг. знач.

ВНОСИ́ТЬ, вношу́, вно́с|ят, вноси́|л; ***несов. к*** внести́ (см.)
I. ВНОСЯ́ЩИЙ, -ая, -ее, -ие; *действ. наст.*
Синт.: **а, б** — в глаг. знач. 1 — 8
II. ВНОСИ́ВШИЙ, -ая, -ее, -ие; *действ. прош.*
Синт.: **а, б** — в глаг. знач. 1 — 8
III. ВНОСИ́МЫЙ, -ая, -ое, -ые; *страд. наст.*
Синт.: **а, б** — в глаг. знач. 1 — 8
Субстантив.$_3$ в глаг. знач. 1—3, 6—8

ВНУША́ТЬ, внуша́|ют, внуша́|л; ***несов., перех., что кому(чему)*** (*сов.* внуши́ть) **1.** *Олег каждый день внушал сыну мысль о необходимости заниматься спортом* [заставлять усвоить какую-л. мысль, прийти к какому-л. убеждению] **2.** *Эта женщина внушала окружающим чувство жалости. Успехи космонавтики внушают чувство гордости за нашу науку* (из газет) [вызывать, возбуждать в ком-л. какие-л. чувства]
I. ВНУША́ЮЩИЙ, -ая, -ее, -ие; *действ. наст.*
Синт.: **а, б** — в глаг. знач. 1, 2
II. ВНУША́ВШИЙ, -ая, -ее, -ие; *действ. прош.*
Синт.: **а, б** — в глаг. знач. 1, 2
III. ВНУША́ЕМЫЙ, -ая, -ое, -ые; *страд. наст.*
Синт.: **а, б** — в глаг. знач. 1, 2
В знач. прил. (также *кр. ф.* ↓) Легко поддающийся внушению. *Внушаемый человек. Человек с внушаемой психикой*
Субстантив.$_3$ в глаг. знач. 1
ВНУША́ЕМ, -ема, -емо, -емы; *кр. ф.**
В глаг. знач. 1
В знач. прил. (также *полн. ф.* ↑) *Этот человек очень внушаем*
▭ Кр. ф. прич. III во 2 глаг. знач. не употр.

ВНУШИ́ТЬ, внуш|а́т, внуши́|л; ***сов. к*** внуша́ть (см.)
II. ВНУШИ́ВШИЙ, -ая, -ее, -ие; *действ. прош.*
Синт.: **а, б** — в глаг. знач. 1, 2
IV. ВНУШЁННЫЙ, -ая, -ое, -ые; *страд. прош.*
Синт.: **а, б** — в глаг. знач. 1, 2
ВНУШЁН, -ена́, -ено́, -ены́; *кр. ф.*
В глаг. знач. 1, 2

ВОВЛЕКА́ТЬ, вовлека́|ют, вовлека́|л; ***несов. к*** вовле́чь (см.)
I. ВОВЛЕКА́ЮЩИЙ, -ая, -ее, -ие; *действ. наст.*
Синт.: **а, б** — в глаг. знач.
II. ВОВЛЕКА́ВШИЙ, -ая, -ее, -ие; *действ. прош.*
Синт.: **а, б** — в глаг. знач.
III. ВОВЛЕКА́ЕМЫЙ, -ая, -ое, -ые; *страд. наст.*
Синт.: **а, б** — в глаг. знач.

ВОВЛЕ́ЧЬ, вовлеку́, вовлечёт, вовлек|у́т, вовлёк|, вовлекла́, -ло́, -ли́; ***сов., перех., кого(что) во что*** (*несов.* вовлека́ть) *Именно коммунисты* *вовлекли миллионы честных людей в борьбу за мир* (из газет) [сделать участником чего-л., склонить к какой-л. деятельности]

II. ВОВЛЁКШИЙ, -ая, -ее, -ие; *действ. прош.*
Синт.: **а, б** — в глаг. знач.

IV. ВОВЛЕЧЁННЫЙ, -ая, -ое, -ые; *страд. прош.*
[чередование к/ч]
Синт.: **а, б** — в глаг. знач.
ВОВЛЕЧЁН, -ена́, -ено́, -ены́; *кр. ф.*
В глаг. знач.

ВОГНУ́ТЬ, вогну́т, вогну́|л; ***сов., перех., что*** (*несов.* вгиба́ть) *Мастер вогнул края металлической коробки внутрь. Рабочий слегка вогнул центральную часть сиденья стула* [прогнуть, вдавить что-л. внутрь; сделать в чем-л. углубление]

II. ВОГНУ́ВШИЙ, -ая, -ее, -ие; *действ. прош.*
Синт.: **а, б** — в глаг. знач.

IV. ВО́ГНУТЫЙ, -ая, -ое, -ые; *страд. прош.*
Синт.: **а, б** — в глаг. знач.
Ср. прил. **во́гнутый,** -ая, -ое, -ые. Имеющий дугообразную поверхность, обращенную внутрь. *Вогнутое зеркало. Вогнутые стенки ящика*
ВО́ГНУТ, -та, -то, -ты; *кр. ф.*
В глаг. знач.

ВОДИ́ТЬ, вожу́, во́д|ят, води́|л; ***несов. 1. перех., кого(что)*** *Отец не водил малыша за руку, приучая его к самостоятельности. Медсестра водила больного по коридору* [о движении, совершаемом в одном направлении не один раз или в разных направлениях: идя рядом, направлять движение; помогать кому-л. или заставлять кого-л. идти] ***2. перех., что*** *Андрей прекрасно водит машину* [уметь управлять каким-л. транспортным средством] ***3. перех., что*** *Ивану приходилось водить поезда в густом тумане. «Прежде чем стать командиром, Дубах долгое время водил поезда».* Диковский, Патриоты. *Олег водит пароходы по Волге* [управлять каким-л. транспортным средством — о движении в одном направлении не один раз или в разных направлениях; работать машинистом, капитаном, рулевым и т. п.] ***4. перех., что с кем*** *Этот человек с соседями дружбу не водит* [поддерживать дружбу, знакомство и т. п.] ***5. неперех., чем по чему*** *Мальчик неуверенно водил смычком по струнам. Малыш водил пальцем по стеклу. Больной водил глазами по потолку* [двигать чем-л., перемещать что-л. по какой-л. поверхности — о движении, совершаемом в одном направлении не один раз или в разных направлениях; перемещать взгляд с одного места на другое] ***6. неперех.*** *Кому водить? Я вожу* [в подвижных играх: выполнять особые обязанности согласно правилам игры]. Ср. вести́

I. ВОДЯ́ЩИЙ, -ая, -ее, -ие; *действ. наст.*
Синт.: **а, б** — в глаг. знач. 1 — 6; **в** — в глаг. знач. 6

I. ВОДИ́ВШИЙ, -ая, -ее, -ие; *действ. прош.*
Синт.: **а, б** — в глаг. знач. 1 — 6; **в** — в глаг. знач. 6

III. ВОДИ́МЫЙ, -ая, -ое, -ые; *страд. наст.** (*редко*)
Синт.: **а, б** — в глаг. знач. 1—3
Субстантив.₃ не употр.

IV. ВО́ЖЕННЫЙ, -ая, -ое, -ые; *страд. прош.** (*редко*)
[чередование д/ж]
Синт.: **а, б** — в глаг. знач. 1
Субстантив.₂ не употр.
ВО́ЖЕН, -ена, -ено, -ены; *кр. ф.** (*редко*)
В глаг. знач. 1

□ Прич. III в 4 глаг. знач. не употр. Прич. IV во 2—4 глаг. знач. не употр.

ВОДРУЖА́ТЬ, водружа́|ют, водружа́|л; ***несов. к*** водрузи́ть (см.)

I. ВОДРУЖА́ЮЩИЙ, -ая, -ее, -ие; *действ. наст.*
Синт.: **а, б** — в глаг. знач.

II. ВОДРУЖА́ВШИЙ, -ая, -ее, -ие; *действ. прош.*
Синт.: **а, б** — в глаг. знач.

III. ВОДРУЖА́ЕМЫЙ, -ая, -ое, -ые; *страд. наст.*
Синт.: **а, б, в** — в глаг. знач.

ВОДРУЗИ́ТЬ, водружу́, водруз|я́т, водрузи́|л; ***сов., перех., что на чем*** (*несов.* водружа́ть) *Под обстрелом фашистов советские солдаты в 1945 году водрузили над рейхстагом Знамя Победы. На стене нового клуба студенты водрузили большой транспарант* [установить, укрепить на высоте где-л., на чем-л.]

II. ВОДРУЗИ́ВШИЙ, -ая, -ее, -ие; *действ. прош.*
Синт.: **а, б** — в глаг. знач.

IV. ВОДРУЖЁННЫЙ, -ая, -ое, -ые; *страд. прош.*
[чередование з/ж]
Синт.: **а, б, в** — в глаг. знач.
ВОДРУЖЁН, -ена́, -ено́, -ены́; *кр. ф.*
В глаг. знач.

ВОЕВА́ТЬ, вою́|ют, воева́|л; ***несов., неперех. 1. с кем(чем)*** и ***без дополн.*** *Советский Союз воевал с фашистской Германией четыре года и потерял в этой войне 20 миллионов человек* [вести войну против кого-л., с кем-л.] **2.** *Мой отец воевал на западном фронте* [принимать участие в войне, сражаться] ***3. с кем(чем)*** и ***с чем*** *Мы воюем с невежеством и косностью, с бюрократами и взяточниками* (*из газет*) [стараться искоренить, устранить что-л.; *разг.*] ***4. с кем(чем)*** и ***без дополн.*** *Олег воюет с сыном из-за того, что тот слишком мало занимается спортом. Соседи воюют сегодня с утра* [ссориться; *разг.*]

I. ВОЮ́ЮЩИЙ, -ая, -ее, -ие; *действ. наст.*
Синт.: **а, б** — в глаг. знач. 1 — 4; **в** — в глаг. знач. 1, 2

II. ВОЕВА́ВШИЙ, -ая, -ее, -ие; *действ. прош.*
Синт.: **а, б** — в глаг. знач. 1 — 4; **в** — в глаг. знач. 1, 2

ВОЗБУДИ́ТЬ, возбужу́, возбуд|я́т, возбуди́|л; ***сов., перех.*** (*несов.* возбужда́ть) ***1. что,*** также ***чем*** *Брат возбудил в нас любопытство своим предложением. Опыты с дельфинами возбудили всеобщий интерес* [вызвать, пробудить какие-л. мысли, чувства, какое-л. состояние] ***2. кого(что),*** также ***чем*** *Оратор возбудил слушателей своей пламенной речью* (см. § 1). *Сообщение о сделанном открытии возбудило аудито-*

рию [привести в состояние взволнованности, нервного подъема] **3. *кого(что),*** также ***чем*** *Врач своим появлением возбудил ребенка, и никто не мог его успокоить* (см. § 1). *Игры перед сном так возбудили детей, что они долго не могли уснуть. Лекарство возбудило больного* [вывести нервную систему из нормального состояния, привести кого-л. в ненормально приподнятое, беспокойное настроение] **4. *что*** *Иван возбудил судебное дело против своего соседа* [предложить что-л. для обсуждения и решения обычно в официальном учреждении]

II. ВОЗБУДИ́ВШИЙ, -ая, -ее, -ие; *действ. прош.*

Синт.: **а, б** — в глаг. знач. 1 — 4

IV. ВОЗБУЖДЁННЫЙ, -ая, -ое, -ые; *страд. прош.**

[чередование д/жд]

Синт.: **а, б** — в глаг. знач. 2 — 4

В знач. прил. (также *кр. ф.* ↓) Находящийся в нервно-приподнятом состоянии, возбудившийся. *Возбужденный человек*

Ср. прил. **возбуждённый,** -ая, -ое, -ые; -ён, -ённа, -ённо, -ённы. Выражающий состояние возбуждения. *Возбужденный вид. Возбужденный голос. Возбужденное лицо. Речь Олега слишком возбуждена*

Субстантив.$_3$ не употр.

ВОЗБУЖДЁН, -ена́, -ено́, -ены́; *кр. ф.**

В глаг. знач. 2 — 4

В знач. прил. (также *полн. ф.* ↑) *Девочка была возбуждена, что-то быстро говорила*

□ Прич. IV в 1 глаг. знач. не употр.

ВОЗБУДИ́ТЬСЯ, возбужу́сь, возбудя́тся, возбуди́|лся; **сов.** (*несов.* возбужда́ться) *Выслушав сообщение директора о предстоящей поездке в Музей космонавтики, ребята возбудились, начали шуметь, обсуждая новость* [прийти во взволнованное, нервно-приподнятое состояние]

II. ВОЗБУДИ́ВШИЙСЯ, -аяся, -ееся, -иеся; *действ. прош.*

Синт.: **а, б, в** — в глаг. знач.

ВОЗБУЖДА́ТЬ, возбужда́|ют, возбужда́|л; ***несов., перех.*** (*сов.* возбуди́ть) **1. *что,*** также ***чем*** *Андрей возбуждал в нас любопытство своими рассуждениями* (см. § 1). *Опыты с дельфинами возбуждали всеобщий интерес* [вызывать, пробуждать какие-л. мысли, чувства, какое-л. состояние] **2. *кого(что),*** также ***чем*** *Оратор явно возбуждал слушателей своей пламенной речью* (см. § 1). *Появление актрисы каждый раз возбуждало зрителей* [приводить в состояние взволнованности, нервного подъема] **3. *кого(что),*** также ***чем*** *Врач своим появлением возбуждал ребенка, и никакие лекарства не могли его успокоить* (см. § 1). *Игры перед сном так возбуждали детей, что они долго не засыпали. Это лекарство возбуждает больного, надо его отменить* [выводить нервную систему из нормального состояния, приводить кого-л. в ненормально приподнятое, беспокойное настроение] **4. *что*** *Иван возбуждает судебное дело против своего соседа* [предлагать что-л. для обсуждения и решения обычно в официальном учреждении]

I. ВОЗБУЖДА́ЮЩИЙ, -ая, -ее, -ие; *действ. наст.*

Синт.: **а, б** — в глаг. знач. 1 — 4

Ср. прил. **возбужда́ющий,** -ая, -ее, -ие; -ющ, -юща, -юще, -ющи. Вызывающий состояние подъема, возбуждения. *Возбуждающий напиток. Возбуждающая мелодия. Возбуждающий танец. Возбуждающая песня*

II. ВОЗБУЖДА́ВШИЙ, -ая, -ее, -ие; *действ. прош.*

Синт.: **а, б** — в глаг. знач. 1 — 4

III. ВОЗБУЖДА́ЕМЫЙ, -ая, -ое, -ые; *страд. наст.*

Синт.: **а, б** — в глаг. знач. 1 — 4; **в** — в глаг. знач. 4

Ср. прич. в 3 глаг. знач. с прил. **возбуди́мый,** -ая, -ое, -ые; -и́м, -и́ма, -и́мо, -и́мы. Быстро приходящий в состояние возбуждения, легко возбуждающийся. *Возбудимый человек. Этот ребенок слишком возбудим. Возбудимая нервная система*

Субстантив.$_3$ не употр.

ВОЗБУЖДА́ТЬСЯ, возбужда́|ются, возбужда́|лся; ***несов. к*** возбуди́ться (см.)

I. ВОЗБУЖДА́ЮЩИЙСЯ, -аяся, -ееся, -иеся; *действ. наст.*

Синт.: **а, б** — в глаг. знач.

II. ВОЗБУЖДА́ВШИЙСЯ, -аяся, -ееся, -иеся; *действ. прош.*

Синт.: **а, б** — в глаг. знач.

ВОЗВЕСТИ́, возвед|у́т, возвёл, возвела́, -ло́, -ли́; ***сов. к*** возводи́ть (см.)

II. ВОЗВЕ́ДШИЙ, -ая, -ее, -ие; *действ. прош.*

Синт.: **а, б** — в глаг. знач. 1—3

IV. ВОЗВЕДЁННЫЙ, -ая, -ое, -ые; *страд. прош.*

Синт.: **а, б** — в глаг. знач. 1—3; **в** — в глаг. знач. 2

Субстантив.$_3$ в глаг. знач. 1, 2

ВОЗВЕДЁН, -ена́, -ено́, -ены́; *кр. ф.*

В глаг. знач. 1—3

ВОЗВОДИ́ТЬ, возвожу́, возво́д|ят, возводи́|л; ***несов., перех.*** (*сов.* возвести́) **1. *что во что*** *В нашем доме Ольга возводит чистоту в настоящий культ* [придавать чему-л. особое, важное значение] **2. *что*** *Вокруг монастырей древние строители возводили мощные укрепления* [сооружать, строить] **3. *что на кого (что)*** *Ира сама на себя возводит напраслину* [обвинять, клеветать, приписывать кому-л. что-л. предосудительное — в сочетании с сущ. *обвинение, клевета, ложь* и т. п.]

I. ВОЗВОДЯ́ЩИЙ, -ая, -ее, -ие; *действ. наст.*

Синт.: **а, б** — в глаг. знач. 1—3

II. ВОЗВОДИ́ВШИЙ, -ая, -ее, -ие; *действ. прош.*

Синт.: **а, б** — в глаг. знач. 1—3

III. ВОЗВОДИ́МЫЙ, -ая, -ое, -ые; *страд. наст.*

Синт.: **а, б** — в глаг. знач. 1—3; **в** — в глаг. знач. 2

Субстантив.$_3$ в глаг. знач. 1, 2

ВОЗВОДИ́М, -и́ма, -и́мо, -и́мы; *кр. ф.* *(редко)* В глаг. знач. 1—3

ВОЗВРАТИ́ТЬ, возвращу́, возврат|я́т, возврати́|л; ***сов., перех.*** (*несов.* возвраща́ть) **1. *кого (что)*** и ***что*** *Террористы возвратили заложников и сложили оружие* (из газет). *Соседка возвратила мне долг* [отдать обратно кого-л., захваченного силой, или что-л. взятое; вернуть полученное ранее] **2. *что кому(чему),*** также ***чем*** *Врачи возвратили брату здоровье. Судья своим решением возвратил нам веру в справедливость* (см. § 1) [помочь вновь получить, обрести что-л. утраченное] **3. *кого(что)*** *Хирург возвратил раненых в строй. Капитан милиции возвратил беглеца домой* [способствовать возвращению кого-л. к кому-л. или к чему-л.] **4. *кого (что)*** *Учителя школы приложили много усилий, чтобы возвратить сына родителям* [способствовать восстановлению утраченных связей, отношений кого-л. с кем-л.] **5. *кого(что) к чему,*** также ***чем*** *Слова отца сразу возвратили брата к действительности. Друзья своим письмом возвратили меня к прошлому* (см. § 1) [заставить вновь обратиться к тому, что забыто или отвергнуто, отложено и т. п.]

II. ВОЗВРАТИ́ВШИЙ, -ая, -ее, -ие; *действ. прош.*
С и н т.: **а, б** — в глаг. знач. 1—5

IV. ВОЗВРАЩЁННЫЙ, -ая, -ое, -ые; *страд. прош.*
[чередование т/щ]
С и н т.: **а, б** — в глаг. знач. 1—5
С у б с т а н т и в.$_2$ в глаг. знач. 3, 5; с у б с т а н т и в.$_3$ в глаг. знач. 1
ВОЗВРАЩЁН, -ена́, -ено́, -ены́; *кр. ф.* В глаг. знач. 1—5

ВОЗВРАЩА́ТЬ, возвраща́|ют, возвраща́|л; ***несов. к*** возврати́ть (см.)

I. ВОЗВРАЩА́ЮЩИЙ, -ая, -ее, -ие; *действ. наст.*
С и н т.: **а, б** — в глаг. знач. 1—5

II. ВОЗВРАЩА́ВШИЙ, -ая, -ее, -ие; *действ. прош.*
С и н т.: **а, б** — в глаг. знач. 1—5

III. ВОЗВРАЩА́ЕМЫЙ, -ая, -ое, -ые; *страд. наст.*
С и н т.: **а, б** — в глаг. знач. 1—5
С у б с т а н т и в.$_2$ в глаг. знач. 3, 5; с у б с т а н т и в.$_3$ в глаг. знач. 1

ВОЗВЫ́СИТЬ, возвы́шу, возвы́с|ят, возвы́си|л; ***сов., перех.*** (*несов.* возвыша́ть) **1. *кого(что)*** и ***что; S не лицо*** *Героический поступок возвысил моего друга в глазах всей школы* [сделать объектом уважительного отношения, вызвать понимание значимости, значительности кого-чего-л.] **2. *кого(что)*** *«..Бадейкина незаслуженно обошли, а его, Акимова, незаслуженно возвысили».* Казакевич, Сердце друга [создать кому-л. более высокое общественное положение, более высокую репутацию, возвеличить]

II. ВОЗВЫ́СИВШИЙ, -ая, -ее, -ие; *действ. прош.*
С и н т.: **а, б** — в глаг. знач. 1, 2

IV. ВОЗВЫ́ШЕННЫЙ, -ая, -ое, -ые; *страд. прош.**
[чередование с/ш]
С и н т.: **а, б** — в глаг. знач. 2
С р. прил. **возвы́шенный**, -ая, -ое, -ые; -ен, -енна, -енно, -енны. **1.** (только *полн. ф.*) Расположенный выше окружающего, возвышающийся над чем-л., высокий. *Возвышенный берег озера. Возвышенное место* **2.** Исполненный высокого значения, содержания. *Возвышенная цель. Возвышенные чувства. Возвышенные устремления.* **3.** Устремленный к идеальному, к благородным мыслям и чувствам, далекий от повседневности, от реальной жизни. *Твоя знакомая слишком умна и возвышенна.* **4.** Приподнятый, торжественный — о языке, стиле. *Возвышенный стиль. Возвышенный слог*
ВОЗВЫ́ШЕН, -ена, -ено, -ены; *кр. ф.** В глаг. знач. 2

□ Прич. IV в 1 глаг. знач. не употр.

ВОЗВЫША́ТЬ, возвыша́|ют, возвыша́|л; ***несов., перех.*** (*сов.* возвы́сить *к* 1, 2 знач.) **1. *кого(что)*** и ***что; S не лицо*** *Героический поступок возвышал моего друга в глазах всей школы* [делать объектом уважительного отношения, вызывать понимание значимости, значительности кого-чего-л.] **2. *кого(что)*** *Петрова на работе всегда незаслуженно возвышали* [создавать кому-л. более высокое общественное положение, более высокую репутацию, возвеличивать] **3. *кого(что); S не лицо*** *Творческий труд возвышает людей. Любовь возвышает и облагораживает человека* [нравственно поднимать, облагораживать, совершенствовать кого-л.]

I. ВОЗВЫША́ЮЩИЙ, -ая, -ее, -ие; *действ. наст.*
С и н т.: **а, б** — в глаг. знач. 1—3
В з н а ч. п р и л. Способный нравственно совершенствовать, облагораживать кого-л. *Возвышающие чувства. Возвышающая музыка. Возвышающая любовь*

II. ВОЗВЫША́ВШИЙ, -ая, -ее, -ие; *действ. прош.*
С и н т.: **а, б** — в глаг. знач. 1—3

III. ВОЗВЫША́ЕМЫЙ, -ая, -ое, -ые; *страд. наст.**
С и н т.: **а, б** — в глаг. знач. 2

□ Прич. III в 1, 3 глаг. знач. не употр.

ВОЗГЛА́ВИТЬ, возгла́влю, возгла́в|ят, возгла́ви|л; ***сов., перех., кого (что)*** и ***что*** (*несов.* возглавля́ть) *Известный ученый возглавил группу исследователей — участников экспедиции в Антарктиду. 24 октября 1917 года В. И. Ленин прибыл в Смольный и возглавил восстание* [стать во главе кого-чего-л., взять на себя руководство кем-чем-л.]

II. ВОЗГЛА́ВИВШИЙ, -ая, -ее, -ие; *действ. прош.*
С и н т.: **а, б** — в глаг. знач.

IV. ВОЗГЛА́ВЛЕННЫЙ, -ая, -ое, -ые; *страд. прош.*
[чередование в/вл]
С и н т.: **а, б** — в глаг. знач.
С у б с т а н т и в.$_2$ и с у б с т а н т и в.$_3$ не употр.
ВОЗГЛА́ВЛЕН, -ена, -ено, -ены; *кр. ф.* В глаг. знач.

ВОЗГЛАВЛЯ́ТЬ, возглавля́|ют, возглавля́|л; ***несов. к*** возгла́вить (см.)

I. ВОЗГЛАВЛЯ́ЮЩИЙ, -ая, -ее, -ие; *действ. наст.*

Синт.: **а, б** — в глаг. знач.

II. ВОЗГЛАВЛЯ́ВШИЙ, -ая, -ее, -ие; *действ. прош.*

Синт.: **а, б** — в глаг. знач.

III. ВОЗГЛАВЛЯ́ЕМЫЙ, -ая, -ое, -ые; *страд. наст.*

Синт.: **а, б** — в глаг. знач.

ВОЗГЛАВЛЯ́ЕМ, -ема, -емо, -емы; *кр. ф.* (*редко*)

В глаг. знач.

ВОЗДВИГА́ТЬ, воздвига́|ют, воздвига́|л; ***несов. к*** воздви́гнуть (см.)

I. ВОЗДВИГА́ЮЩИЙ, -ая, -ее, -ие; *действ. наст.*

Синт.: **а, б** — в глаг. знач.

II. ВОЗДВИГА́ВШИЙ, -ая, -ее, -ие; *действ. прош.*

Синт.: **а, б** — в глаг. знач.

III. ВОЗДВИГА́ЕМЫЙ, -ая, -ое, -ые; *страд. наст.*

Синт.: **а, б, в** — в глаг. знач.

ВОЗДВИ́ГНУТЬ, воздви́гнут, воздви́г| и воздви́гну|л, воздви́гла, -ло, -ли; ***сов., перех., что*** (*несов.* воздвига́ть) *Во многих странах воздвигли памятники воинам, погибшим в боях за освобождение от фашизма* (из газет) [построить, соорудить, возвести что-л. значительное; *книжн.*]

II. ВОЗДВИ́ГНУВШИЙ, -ая, -ее, -ие и ВОЗДВИ́ГШИЙ, -ая, -ее, -ие; *действ. прош.*

Синт.: **а, б** — в глаг. знач.

IV. ВОЗДВИ́ГНУТЫЙ, -ая, -ое, -ые; *страд. прош.*

Синт.: **а, б** — в глаг. знач.

ВОЗДВИ́ГНУТ, -та, -то, -ты; *кр. ф.*

В глаг. знач.

ВОЗДЕ́ЛАТЬ, возде́лают, возде́ла|л; ***сов., перех., что*** (*несов.* возде́лывать) **1.** *Рабочие совхозов нашего района уже возделали поля для посадки льна* [подготовить почву к посеву, посадке каких-л. растений] **2.** *В нашем районе решили возделать хлопчатник на большой территории* [вырастить, развести какие-л. растения]

II. ВОЗДЕ́ЛАВШИЙ, -ая, -ее, -ие; *действ. прош.*

Синт.: **а, б** — в глаг. знач. 1, 2

IV. ВОЗДЕ́ЛАННЫЙ, -ая, -ое, -ые; *страд. прош.*

Синт.: **а, б** — в глаг. знач. 1, 2

Субстантив.$_3$ в глаг. знач. 2

ВОЗДЕ́ЛАН, -ана, -ано, -аны; *кр. ф.*

В глаг. знач. 1, 2

ВОЗДЕ́ЛЫВАТЬ, возде́лыва|ют, возде́лыва|л; ***несов.*** к возде́лать (см.)

I. ВОЗДЕ́ЛЫВАЮЩИЙ, -ая, -ее, -ие; *действ. наст.*

Синт.: **а, б** — в глаг. знач. 1, 2

II. ВОЗДЕ́ЛЫВАВШИЙ, -ая, -ее, -ие; *действ. прош.*

Синт.: **а, б** — в глаг. знач. 1, 2

III. ВОЗДЕ́ЛЫВАЕМЫЙ, -ая, -ое, -ые; *страд. наст.*

Синт.: **а, б** — в глаг. знач. 1, 2; **в** — в глаг. знач. 1

Субстантив.$_3$ в глаг. знач. 2

ВОЗДЕРЖА́ТЬСЯ, воздержу́сь, возде́ржатся, воздержа́|лся; ***сов.*** (*несов.* возде́рживаться) **1.** ***от чего*** и ***без дополн.*** *Я, пожалуй, воздержусь от еды. «[Ростов] хотел что-то сказать, но, видимо, воздержался».* Л. Толстой, Война и мир [удержать себя от какого-л. действия, отказаться от чего-л.] **2.** *При голосовании воздержались два человека* [во время голосования не выразить своего мнения, уклониться]

II. ВОЗДЕРЖА́ВШИЙСЯ, -аяся, -ееся, -иеся; *действ. прош.*

Синт.: **а, б** — в глаг. знач. 1, 2

В знач. сущ. **воздержа́вшийся**, -егося, *м.*; **воздержа́вшаяся**, -ейся, *ж.* Тот (та), кто уклонился, не принял участия в голосовании

ВОЗДЕ́РЖИВАТЬСЯ, возде́ржива|ются, возде́ржива|лся; ***несов., неперех.*** (*сов.* воздержа́ться) **1. *от чего*** и ***без дополн.*** *Больной воздерживается от еды. Смирнов хочет что-то сказать, но воздерживается* [удерживать себя от какого-л. действия, отказываться от чего-л.] **2.** *При голосовании новые сотрудники воздерживаются* [во время голосования не выражать своего мнения, уклоняться]

I. ВОЗДЕ́РЖИВАЮЩИЙСЯ, -аяся, -ееся, -иеся; *действ. наст.*

Синт.: **а, б** — в глаг. знач. 1, 2

Ср. прич. в 1 глаг. знач. с прил. **возде́ржанный**, -ая, -ое, -ые; -ан, -анна, -анно, -анны в знач. 'не позволяющий себе излишеств, проявляющий умеренность в пище, питье, чувственных удовольствиях'. *Воздержанный человек*

II. ВОЗДЕ́РЖИВАВШИЙСЯ, -аяся, -ееся, -иеся; *действ. прош.*

Синт.: **а, б** — в глаг. знач. 1, 2

ВОЗИ́ТЬ, вожу́, во́з|ят, вози́|л; ***несов., перех., кого(что)*** и ***что*** **1.** *Мальчик возит тачку с песком. Мы возим овощи на машине. Этот автобус возит детей в пионерский лагерь* [о движении, совершаемом в одном направлении не один раз или в разных направлениях: перемещать, заставлять передвигаться какие-л. средства передвижения; перемещать кого-что-л. при помощи средств передвижения; передвигаясь, перемещаясь, доставлять кого-что-л. куда-л. — о средствах передвижения] **2.** *Дима возит с собой на дачу книги. Илья возит на рыбалку всех своих друзей* [отправляясь в поездку, брать с собой — о действии, совершаемом не один раз]. Ср. везти́

I. ВОЗЯ́ЩИЙ, -ая, -ее, -ие; *действ. наст.*

Синт.: **а, б** — в глаг. знач. 1, 2

II. ВОЗИ́ВШИЙ, -ая, -ее, -ие; *действ. прош.*

Синт.: **а, б** — в глаг. знач. 1, 2

III. ВОЗИ́МЫЙ, -ая, -ое, -ые; *страд. наст.*

Синт.: **а, б** — в глаг. знач. 1, 2

IV. ВО́ЖЕННЫЙ, -ая, -ое, -ые; *страд. прош.* * (*редко*)

[чередование з/ж]

Синт.: **а, б** — в глаг. знач. 1

ВО́ЖЕН, -ена, -ено, -ены; *кр. ф.** *(редко)* В глаг. знач. 1

□ Прич. IV во 2 глаг. знач. не употр.

ВОЗМЕСТИ́ТЬ, возмещу́, возмест|я́т, возмести́|л; ***сов., перех.*** (*несов.* возмеща́ть) **1. *что,*** также ***чем*** *Кто нам возместит нанесенный ущерб? Потерянное время человек ничем не возместит* (см. § 2) [восполнить, заменить утраченное чем-л. равноценным] **2. *что чем*** *Недостаток таланта этот писатель возместил административными способностями* (см. § 3) [заменить недостающее чем-л. другим]

II. ВОЗМЕСТИ́ВШИЙ, -ая, -ее, -ие; *действ. прош.*

Синт.: **а, б** — в глаг. знач. 1, 2

IV. ВОЗМЕЩЁННЫЙ, -ая, -ое, -ые; *страд. прош.*

[чередование ст/щ]

Синт.: **а, б, в** — в глаг. знач. 1, 2

Субстантив.₃ не употр.

ВОЗМЕЩЁН, -ена́, -ено́, -ены́; *кр. ф.*

В глаг. знач. 1, 2

ВОЗМЕЩА́ТЬ, возмеща́|ют, возмеща́|л; ***несов. к*** возмести́ть (см.)

I. ВОЗМЕЩА́ЮЩИЙ, -ая, -ее, -ие; *действ. наст.*

Синт.: **а, б** — в глаг. знач. 1, 2

II. ВОЗМЕЩА́ВШИЙ, -ая, -ее, -ие; *действ. прош.*

Синт.: **а, б** — в глаг. знач. 1, 2

III. ВОЗМЕЩА́ЕМЫЙ, -ая, -ое, -ые; *страд. наст.*

Синт.: **а, б** — в глаг. знач. 1, 2

Субстантив.₃ не употр.

ВОЗМУЖА́ТЬ, возмужа́ют, возмужа́|л; ***сов., неперех.*** *«— Возмужал, Игорек, возмужал! — довольно говорил он, оглядывая раздавшуюся в плечах фигуру Семенова».* Караваева, Разбег. *«Мы возмужали; рок сулил И нам житейски испытанья».* Пушкин, Чем чаще празднует лицей [стать более взрослым на вид, физически окрепнуть; достигнуть полной зрелости, стать взрослым]

II. ВОЗМУЖА́ВШИЙ, -ая, -ее, -ие; *действ. прош.*

Синт.: **а, б, в** — в глаг. знач.

Ср. прил. **возмужа́лый,** -ая, -ое, -ые. **1.** Достигший полного физического развития, зрелый. *Возмужалый юноша* **2.** Выражающий состояние полного развития, зрелости. *Возмужалый вид*

ВОЗМУТИ́ТЬ, возмущу́, возмут|я́т, возмути́|л; ***сов., перех., кого (что),*** также ***чем*** (*несов.* возмуща́ть) *Олег возмутил нас своим пренебрежительным отношением к людям* (см. § 1). *Ваша беспечность возмутила весь коллектив* [вызвать негодование, гнев]

II. ВОЗМУТИ́ВШИЙ, -ая, -ее, -ие; *действ. прош.*

Синт.: **а, б** — в глаг. знач.

IV. ВОЗМУЩЁННЫЙ, -ая, -ое, -ые; *страд. прош.*

[чередование т/щ]

Синт.: **а, б** — в глаг. знач.

В знач. прил. (только *полн. ф.*) Испытывающий негодование, сильный гнев, возмутившийся. *Возмущенный отец не отвечал на вопросы*

Ср. прил. **возмущённый,** -ая, -ое, -ые; -ён, -ённа, -ённо, -ённы. Выражающий негодование, сильный гнев; гневный, полный недовольства, негодования. *Возмущенное лицо. Возмущенный взгляд. Возмущенные возгласы. Возмущенные реплики. Возмущенное восклицание. Возмущенные письма*

ВОЗМУЩЁН, -ена́, -ено́, -ены́; *кр. ф.*

В глаг. знач.

ВОЗМУТИ́ТЬСЯ, возмущу́сь, возмутя́тся, возмути́|лся; ***сов.*** (*несов.* возмуща́ться) *Все сотрудники нашего отдела возмутились, узнав, что присланная на завод аппаратура быстро вышла из строя* [прийти в негодование]

II. ВОЗМУТИ́ВШИЙСЯ, -аяся, -ееся, -иеся; *действ. прош.*

Синт.: **а, б** — в глаг. знач.

ВОЗМУЩА́ТЬ, возмуща́|ют, возмуща́|л; ***несов. к*** возмути́ть (см.)

I. ВОЗМУЩА́ЮЩИЙ, -ая, -ее, -ие; *действ. наст.*

Синт.: **а, б** — в глаг. знач.

II. ВОЗМУЩА́ВШИЙ, -ая, -ее, -ие; *действ. прош.*

Синт.: **а, б** — в глаг. знач.

III. ВОЗМУЩА́ЕМЫЙ, -ая, -ое, -ые; *страд. наст.* *(редко)*

Синт.: **а, б** — в глаг. знач.

Субстантив.₂ не употр.

ВОЗМУЩА́ТЬСЯ, возмуща́|ются, возмуща́|лся; ***несов. к*** возмути́ться (см.)

I. ВОЗМУЩА́ЮЩИЙСЯ, -аяся, -ееся, -иеся; *действ. наст.*

Синт.: **а, б** — в глаг. знач.

II. ВОЗМУЩА́ВШИЙСЯ, -аяся, -ееся, -иеся; *действ. прош.*

Синт.: **а, б** — в глаг. знач.

ВОЗНЕНАВИ́ДЕТЬ, возненави́жу, возненави́д|ят, возненави́де|л; ***сов., перех., кого(что)*** и ***что*** *Сережа возненавидел этого человека. Мы с детства возненавидели ложь, лицемерие, лесть* [проникнуться ненавистью к кому-чему-л.]

II. ВОЗНЕНАВИ́ДЕВШИЙ, -ая, -ее, -ие; *действ. прош.*

Синт.: **а, б** — в глаг. знач.

IV. ВОЗНЕНАВИ́ДЕННЫЙ, -ая, -ое, -ые; *страд. прош.*

Синт.: **а, б** — в глаг. знач.

□ Кр. ф. прич. IV не употр.

ВОЗНИКА́ТЬ, возника́|ют, возника́|л; ***несов. к*** возни́кнуть (см.)

I. ВОЗНИКА́ЮЩИЙ, -ая, -ее, -ие; *действ. наст.*

Синт.: **а, б** — в глаг. знач. 1—3

II. ВОЗНИКА́ВШИЙ, -ая, -ее, -ие; *действ. прош.*

Синт.: **а, б** — в глаг. знач. 1—3

ВОЗНИ́КНУТЬ, возни́кнут, возни́к|; ***сов., неперех.*** (*несов.* возника́ть) **1. *S не лицо*** *На Севере возникли новые города, электростанции, дороги* [получить основание, начало, открыться]

2. ***S* не лицо** *У меня возникла мысль написать пьесу* [появиться, зародиться] **3.** *Геологи возникли на противоположном склоне горы неожиданно. На горизонте возникло белое облако, а потом исчезло* [показаться, предстать перед глазами]

II. ВОЗНИ́КШИЙ, -ая, -ее, -ие; *действ. прош.*

Синт.: **а, б** — в глаг. знач. 1—3

ВОЗОБНОВИ́ТЬ, возобновлю́, возобнов|я́т, возобнови́|л; ***сов., перех., что*** (*несов.* возобновля́ть) **1.** *Мы возобновили прерванный разговор* [начать что-л. делать снова после перерыва] **2.** *Эти страны возобновили договор о дружбе и взаимопомощи. «*[*Мигаев:*] *Я с ней контракта не возобновлю».* А. Островский, Таланты и поклонники [восстановить, повторить вновь]

II. ВОЗОБНОВИ́ВШИЙ, -ая, -ее, -ие; *действ. прош.*

Синт.: **а, б** — в глаг. знач. 1, 2

IV. ВОЗОБНОВЛЁННЫЙ, -ая, -ое, -ые; *страд. прош.*

[чередование в/вл]

Синт.: **а, б, в** — в глаг. знач. 1, 2

Субстантив.$_3$ не употр.

ВОЗОБНОВЛЁН, -ена́, -ено́, -ены́; *кр. ф.*

В глаг. знач. 1, 2

ВОЗОБНОВЛЯ́ТЬ, возобновля́|ют, возобновля́|л; ***несов. к*** возобнови́ть (см.)

I. ВОЗОБНОВЛЯ́ЮЩИЙ, -ая, -ее, -ие; *действ. наст.*

Синт.: **а, б** — в глаг. знач. 1, 2

II. ВОЗОБНОВЛЯ́ВШИЙ, -ая, -ее, -ие; *действ. прош.*

Синт.: **а, б** — в глаг. знач. 1, 2

III. ВОЗОБНОВЛЯ́ЕМЫЙ, -ая, -ое, -ые; *страд. наст.*

Синт.: **а, б, в** — в глаг. знач. 1, 2

Субстантив.$_3$ не употр.

ВОЗОБНОВЛЯ́ЕМ, -ема, -емо, -емы; *кр. ф.*

В глаг. знач. 1, 2

ВОЗРАЖА́ТЬ, возража́|ют, возража́|л; ***несов., неперех.*** (*сов.* возразить *ко* 2 знач.) **1.** ***против чего*** и ***с придат. дополнит.*** *Я возражаю против этой поездки. Родители не возражают, если мы поедем за город* [быть несогласным с чем-л., с чьими-л. действиями] **2.** ***кому(чему)*** *Брат мне никогда не возражает* [выражать несогласие с кем-чем-л., высказывать доводы против чего-л.]

I. ВОЗРАЖА́ЮЩИЙ, -ая, -ее, -ие; *действ. наст.*

Синт.: **а, б** — в глаг. знач. 1, 2

II. ВОЗРАЖА́ВШИЙ, -ая, -ее, -ие; *действ. прош.*

Синт.: **а, б** — в глаг. знач. 1, 2

ВОЗРАЗИ́ТЬ, возражу́, возразя́т, возрази́|л; ***сов. к*** возража́ть во 2 знач. (см.)

II. ВОЗРАЗИ́ВШИЙ, -ая, -ее, -ие; *действ. прош.*

Синт.: **а, б** — в глаг. знач. 2

ВОЗРАСТА́ТЬ, возраста́|ют, возраста́|л; ***несов., неперех.*** (*сов.* возрасти́); ***S* не лицо** *Количество осадков в нашем регионе с каждым годом возрастает. Требования в школе возрастают* [увеличиваться — о размере, качестве, объеме, силе и т. п. чего-л.]

I. ВОЗРАСТА́ЮЩИЙ, -ая, -ее, -ие; *действ. наст.*

Синт.: **а, б, в** — в глаг. знач.

II. ВОЗРАСТА́ВШИЙ, -ая, -ее, -ие; *действ. прош.*

Синт.: **а, б, в** — в глаг. знач.

ВОЗРАСТИ́, возрасту́т, возро́с|, возросла́, -ло́, -ли́; ***сов. к*** возраста́ть (см.)

II. ВОЗРО́СШИЙ, -ая, -ее, -ие; *действ. прош.*

Синт.: **а, б, в** — в глаг. знач.

ВОЗРОДИ́ТЬ, возрожу́, возрод|я́т, возроди́|л; ***сов., перех., что*** (*несов.* возрожда́ть) *Советский народ быстро возродил разрушенные войной города* [восстановить до полного расцвета что-л. разрушенное, пришедшее в упадок и т. п.; *книжн.*]

II. ВОЗРОДИ́ВШИЙ, -ая, -ее, -ие; *действ. прош.*

Синт.: **а, б** — в глаг. знач.

IV. ВОЗРОЖДЁННЫЙ, -ая, -ое, -ые; *страд. прош.*

[чередование д/жд]

Синт.: **а, б** — в глаг. знач.

В знач. прил. (только *полн. ф.*) Восстановившийся, появившийся после разрушения, упадка и т. п., возродившийся; *книжн.* *Возрожденные леса. Возрожденное искусство*

ВОЗРОЖДЁН, -ена́, -ено́, -ены́; *кр. ф.*

В глаг. знач.

ВОЗРОДИ́ТЬСЯ, возрожу́сь, возродя́тся, возроди́|лся; ***сов.*** (*несов.* возрожда́ться) **1.** ***S* не лицо** *Заводы перестали заражать почву и воду своими отходами, и леса в этом районе возродились. Проведенная в стране реформа привела к тому, что сельское хозяйство быстро возродилось* (из газет) [восстановиться, воссоздаться, возобновиться после периода упадка] **2.** *Я буквально возродился после лечения в санатории* [почувствовать прилив энергии, новой жизненной силы; *разг.*]

II. ВОЗРОДИ́ВШИЙСЯ, -аяся, -ееся, -иеся; *действ. прош.*

Синт.: **а, б** — в глаг. знач. 1, 2; **в** — в глаг. знач. 1

Субстантив.$_1$ не употр.

ВОЗРОЖДА́ТЬ, возрожда́|ют, возрожда́|л; ***несов. к*** возроди́ть (см.)

I. ВОЗРОЖДА́ЮЩИЙ, -ая, -ее, -ие; *действ. наст.*

Синт.: **а, б** — в глаг. знач.

II. ВОЗРОЖДА́ВШИЙ, -ая, -ее, -ие; *действ. прош.*

Синт.: **а, б** — в глаг. знач.

III. ВОЗРОЖДА́ЕМЫЙ, -ая, -ое, -ые; *страд. наст.*

Синт.: **а, б** — в глаг. знач.

ВОЗРОЖДА́ТЬСЯ, возрожда́|ются, возрожда́|лся; ***несов. к*** возроди́ться (см.)

I. ВОЗРОЖДА́ЮЩИЙСЯ, -аяся, -ееся, -иеся; *действ. наст.*

Синт.: **а, б** — в глаг. знач. 1, 2; **в** — в глаг. знач. 1

Субстантив.₁ не употр.

II. ВОЗРОЖДА́ВШИЙСЯ, -аяся, -ееся, -иеся; *действ. прош.*

Синт.: **а, б** — в глаг. знач. 1, 2; **в** — в глаг. знач. 1

Субстантив.₁ не употр.

ВОЙТИ́, войду́т, вошёл, вошла́, -ло́, -ли́; ***сов. к*** входи́ть (см.)

II. ВОШЕ́ДШИЙ, -ая, -ее, -ие; *действ. прош.* [от основы -шед- + суффикс -ш-]

Синт.: **а, б** — в глаг. знач. 1 — 7

ВОЛНОВА́ТЬ, волну́|ют, волнова́|л; ***несов., перех.*** (*сов.* взволнова́ть *ко* 2, 4 знач.) **1. *что; S не лицо*** *Сильный ветер волновал воду: на озере появились волны. «Их [кости] моют дожди, засыпает их пыль, И ветер волнует над ними ковыль».* Пушкин, Песнь о вещем Олеге [приводить в колебательное движение, заставлять колебаться] **2. *кого(что)*** и ***что***, *также* ***чем*** *Русские народные песни волнуют слушателей. «[Дон-Жуан:] И не решу, что мне волнует кровь: Любовь ли здесь так к ненависти близко..»* А. К. Толстой, Дон-Жуан. *Актриса волновала зрителей своей игрой* (см. § 1) [приводить в состояние волнения, радостно-приподнятого возбуждения] **3. *кого(что)*** и ***что,*** также ***чем; S не лицо*** *«Этот вопрос волнует всех конструкторов: хочется заранее знать, над чем придется работать...»* Панова, Кружилиха. *Полученные данные о существовании планет, вращающихся вокруг некоторых звезд, волнуют умы и сердца ученых, воображение писателей-фантастов* [быть источником творчески-возбужденного состояния] **4. *кого (что),*** также ***чем*** *Родственники и знакомые явно волновали больного рассказами о семейных делах, о работе* (см. § 1). *Отсутствие писем от дочери волновало мать* [беспокоить, тревожить]

I. ВОЛНУ́ЮЩИЙ, -ая, -ее, -ие; *действ. наст.*

Синт.: **а, б** — в глаг. знач. 1 — 4

Ср. прил. **волну́ющий,** -ая, -ее, -ие; -ющ, -юща, -юще, -ющи. Яркий, незаурядный, вызывающий состояние волнения, радостно-приподнятого возбуждения. *Волнующий спектакль. Волнующая пьеса. Волнующее зрелище. Волнующая речь*

II. ВОЛНОВА́ВШИЙ, -ая, -ее, -ие; *действ. прош.*

Синт.: **а, б** — в глаг. знач. 1 — 4

III. ВОЛНУ́ЕМЫЙ, -ая, -ое, -ые; *страд. наст.*

Синт.: **а, б** — в глаг. знач. 1—4

Субстантив.₂ и субстантив.₃ не употр.

□ Прич. I, II в 1 глаг. знач. менее употр., чем во 2 — 4 глаг. знач. Прич. IV не употр.

ВОЛНОВА́ТЬСЯ, волну́|ются, волнова́|лся; ***несов. к*** взволнова́ться (см.)

I. ВОЛНУ́ЮЩИЙСЯ, -аяся, -ееся, -иеся; *действ. наст.*

Синт.: **а, б, в** — в глаг. знач. 1 — 3

II. ВОЛНОВА́ВШИЙСЯ, -аяся, -ееся, -иеся; *действ. прош.*

Синт.: **а, б, в** — в глаг. знач. 1 — 3

ВОЛОЧИ́ТЬ, волочу́, воло́ч|ат и волоч|а́т, волочи́|л; ***несов., перех.*** **1. *кого (что)*** и ***что*** *Молодой солдат волочил раненого, стараясь выйти из-под обстрела. Брат волочил за собой огромную елку* [тащить, тянуть, не отрывая от поверхности чего-л.] **2. *что*** *В этом цехе волочат проволоку* [вытягивать на волочильном станке, изготовлять путем вытягивания на волочильном станке; *техн.*]

I. ВОЛОЧА́ЩИЙ, -ая, -ее, -ие; *действ. наст.*

Синт.: **а, б** — в глаг. знач. 1, 2

II. ВОЛОЧИ́ВШИЙ, -ая, -ее, -ие; *действ. прош.*

Синт.: **а, б** — в глаг. знач. 1, 2

IV. ВОЛО́ЧЕННЫЙ, -ая, -ое, -ые и ВОЛОЧЁННЫЙ, -ая, -ое, -ые; *страд. прош.*

Синт.: **а, б** — в глаг. знач. 1, 2

Ср. прич. во 2 глаг. знач. с прил. **волочё́ный,** -ая, -ое, -ые. Полученный путем вытягивания на волочильном станке. *Волоченая проволока*

ВОЛО́ЧЕН, -ена, -ено, -ены и ВОЛОЧЁН, -ена́, -ено́, -ены́; *кр. ф. (редко)*

В глаг. знач. 1, 2

□ Прич. III не употр.

ВОЛО́ЧЬ, волоку́, волочёт, волок|у́т, воло́к|, волокла́, -ло́, -ли́; ***несов., перех., кого (что)*** и ***что*** *Молодой солдат с трудом волок за собой раненого, стараясь выйти из-под обстрела. Волк крепко держал в зубах добычу и волок ее по снегу* [тянуть, тащить, не отрывая от поверхности чего-л., волочить]

I. ВОЛОКУ́ЩИЙ, -ая, -ее, -ие; *действ. наст.*

Синт.: **а, б** — в глаг. знач.

II. ВОЛО́КШИЙ, -ая, -ее, -ие; *действ. прош.*

Синт.: **а, б** — в глаг. знач.

IV. ВОЛОЧЁННЫЙ, -ая, -ое, -ые; *страд. прош.*

[чередование к/ч]

Синт.: **а, б** — в глаг. знач.

ВОЛОЧЁН, -ена́, -ено́, -ены́; *кр. ф. (редко)*

В глаг. знач.

□ Прич. III не образуется

ВОНЗА́ТЬ, вонза́|ют, вонза́|л; ***несов. к*** вонзи́ть в 1 знач. (см.)

I. ВОНЗА́ЮЩИЙ, -ая, -ее, -ие; *действ. наст.*

Синт.: **а, б** — в глаг. знач. 1

II. ВОНЗА́ВШИЙ, -ая, -ее, -ие; *действ. прош.*

Синт.: **а, б** — в глаг. знач. 1

III. ВОНЗА́ЕМЫЙ, -ая, -ое, -ые; *страд. наст.*

Синт.: **а, б** — в глаг. знач. 1

ВОНЗИ́ТЬ, вонжу́, вонз|я́т, вонзи́|л; ***сов., перех., что в кого (что)*** и ***во что*** (*несов.* вонза́ть *к* 1 знач.) **1.** *В слепой ярости юноша вонзил кинжал в ствол дерева. Рабочий с силой вонзил лопату в землю* [воткнуть, всадить что-л. острием, острым концом] **2.** *«Дюковский вонзил свой взгляд в лицо Псекова и не оторвал его..»* Чехов, Шведская спичка [устремить пронизывающий, испытующий взгляд, взор; *книжн.*]

II. ВОНЗИ́ВШИЙ, -ая, -ее, -ие; *действ. прош.*

Синт.: **а, б** — в глаг. знач. 1, 2

IV. ВОНЗЁННЫЙ, -ая, -ое, -ые; *страд. прош.**

Синт.: **а, б** — в глаг. знач. 1

ВОНЗЁН, -ена́, -ено́, -ены́; *кр. ф.**

В глаг. знач. 1

□ Прич. IV во 2 глаг. знач. не употр.

ВООБРАЖА́ТЬ, вообража́|ют, вообража́|л; **несов.** (*сов.* вообрази́ть *к* 1—3 знач.) **1. перех., кого (что)** и **что** и **с придат. дополнит.** *Мальчик воображал картину битвы с великанами. Дима воображал, что летит на воздушном шаре через океан* [представлять себе мысленно, воспроизводить, фантазируя, в уме кого-что-л.] **2. перех., кого кем** *Ольга воображала себя актрисой. Наш новый сослуживец воображал себя специалистом высокого класса* [находить у себя какие-л. несуществующие качества, способности и т. п.— в сочетании с мест. *себя*] **3. неперех., с придат. дополнит.** *Олег воображал, что без него мы ничего не сможем сделать* [ошибочно думать, предполагать, считать] **4. неперех.** *Эта ученица воображает, поэтому ребята ее не любят* [вести себя высокомерно, относиться с пренебрежением к окружающим] **5. неперех.** *Олег много о себе воображает* [быть чрезмерно высокого мнения о себе, считать себя лучше, значительнее, чем на самом деле — в сочетании со словами *о себе*; *разг.*]

I. ВООБРАЖА́ЮЩИЙ, -ая, -ее, -ие; *действ. наст.*

Синт.: **а, б** — в глаг. знач. 1—5; **в** — в глаг. знач. 4

II. ВООБРАЖА́ВШИЙ, -ая, -ее, -ие; *действ. прош.*

Синт.: **а, б** — в глаг. знач. 1—5; **в** — в глаг. знач. 4

III. ВООБРАЖА́ЕМЫЙ, -ая, -ое, -ые; *страд. наст.**

Синт.: **а, б** — в глаг. знач. 1

В знач. прил. (только *полн. ф.*) Мнимый, не существующий в действительности. *Воображаемые трудности*

Субстантив.$_2$ не употр.

□ Прич. III во 2 глаг. знач. не употр.

ВООБРАЗИ́ТЬ, воображу́, вообраз|я́т, вообрази́|л; **сов.** (*несов.* вообража́ть) **1. перех., кого (что)** и **что** и **с придат. дополнит.** *Мальчик вообразил картину битвы с великанами. Дима вообразил, что летит на воздушном шаре через океан* [представить себе мысленно, воспроизвести, фантазируя, в уме кого-что-л.] **2. перех., кого кем** *Ольга вообразила себя актрисой. Наш новый сотрудник вообразил себя специалистом высокого класса* [найти у себя какие-л. несуществующие качества, способности и т. п.— в сочетании с мест. *себя*] **3. неперех., с придат. дополнит.** *Этот человек вообразил, что без него мы ничего не сможем сделать* [ошибочно подумать, предположить, счесть]

II. ВООБРАЗИ́ВШИЙ, -ая, -ее, -ие; *действ. прош.*

Синт.: **а, б** — в глаг. знач. 1 — 3

IV. ВООБРАЖЁННЫЙ, -ая, -ое, -ые; *страд. прош.**

[чередование з/ж]

Синт.: **а, б** — в глаг. знач. 1

Ср. прил. **вообрази́мый**, -ая, -ое, -ые; -и́м, -и́ма, -и́мо, -и́мы. Могущий быть воображенным, представленным в уме. *Илья говорил о вещах, легко вообразимых*

ВООБРАЖЁН, -ена́, -ено́, -ены́; *кр. ф.**

В глаг. знач. 1

□ Прич. IV во 2 глаг. знач. не употр.

ВООДУШЕВИ́ТЬ, воодушевлю́, воодушев|я́т, воодушеви́|л; **сов., перех., кого(что)** (*несов.* воодушевля́ть) *Коммунистическая партия воодушевила народ на борьбу против всего отжившего, косного* (из газет) [побудить к активной деятельности, вызвать сильный душевный подъем, вдохновить]

II. ВООДУШЕВИ́ВШИЙ, -ая, -ее, -ие; *действ. прош.*

Синт.: **а, б** — в глаг. знач.

IV. ВООДУШЕВЛЁННЫЙ, -ая, -ое, -ые; *страд. прош.*

[чередование в/вл]

Синт.: **а, б** — в глаг. знач.

В знач. прил. (также *кр. ф.* ↓) Испытывающий воодушевление, воодушевившийся. *Воодушевленный народ борется за претворение в жизнь принятых партией решений* (из газет)

Ср. прил. **воодушевлённый**, -ая, -ое, -ые; -ён, -ённа, -ённо, -ённы. Проникнутый воодушевлением, вдохновенный. *Воодушевленная речь. Воодушевленные лица. Воодушевленный труд. Воодушевленная вера в победу*

ВООДУШЕВЛЁН, -ена́, -ено́, -ены́; *кр. ф.*

В глаг. знач.

В знач. прил. (также *полн. ф.* ↑) *Все воодушевлены, работа кипит*

ВООДУШЕВИ́ТЬСЯ, воодушевлю́сь, воодушевя́тся, воодушеви́|лся; **сов.,** также **чем** (*несов.* воодушевля́ться) *Заметив, что слушатели заинтересовались рассказом, Дима очень этим воодушевился и стал красочно описывать прошедшие соревнования* [прийти в состояние душевного подъема, вдохновиться]

II. ВООДУШЕВИ́ВШИЙСЯ, -аяся, -ееся, -иеся; *действ. прош.*

Синт.: **а, б, в** — в глаг. знач.

ВООДУШЕВЛЯ́ТЬ, воодушевля́|ют, воодушевля́|л; **несов., перех., кого(что)** (*сов.* воодушеви́ть) *Коммунистическая партия воодушевляет народ на борьбу против всего отжившего, косного* (из газет) [побуждать к активной деятельности, вызывать сильный душевный подъем, вдохновлять]

I. ВООДУШЕВЛЯ́ЮЩИЙ, -ая, -ее, -ие; *действ. наст.*

Синт.: **а, б** — в глаг. знач.

В знач. прил. Вызывающий уверенность в еще больших успехах в будущем, стремление к продолжению какой-л. деятельности. *Мы получили воодушевляющие результаты. Воодушевляющий эксперимент*

II. ВООДУШЕВЛЯ́ВШИЙ, -ая, -ее, -ие; *действ. прош.*

Синт.: **а, б** — в глаг. знач.

III. ВООДУШЕВЛЯ́ЕМЫЙ, -ая, -ое, -ые; *страд. наст.*

Синт: **а, б** — в глаг. знач.

ВООДУШЕВЛЯ́ТЬСЯ, воодушевля́|ются, воодушевля́|лся; **несов. к** воодушеви́ться (см.)

I. ВООДУШЕВЛЯ́ЮЩИЙСЯ, -аяся, -ееся, -иеся; *действ. наст.*
Синт.: **а, б** — в глаг. знач.
II. ВООДУШЕВЛЯ́ВШИЙСЯ, -аяся, -ееся, -иеся; *действ. прош.*
Синт.: **а, б** — в глаг. знач.

ВООРУЖА́ТЬ, вооружа́|ют, вооружа́|л; ***несов. к*** вооружи́ть (см.)
I. ВООРУЖА́ЮЩИЙ, -ая, -ее, -ие; *действ. наст.*
Синт.: **а, б** — в глаг. знач. 1—3
II. ВООРУЖА́ВШИЙ, -ая, -ее, -ие; *действ. прош.*
Синт.: **а, б** — в глаг. знач. 1—3
III. ВООРУЖА́ЕМЫЙ, -ая, -ое, -ые; *страд. наст.*
Синт.: **а, б** — в глаг. знач. 1—3; **в** — в глаг. знач. 1

ВООРУЖА́ТЬСЯ, вооружа́|ются, вооружа́|лся; ***несов. к*** вооружи́ться (см.)
I. ВООРУЖА́ЮЩИЙСЯ, -аяся, -ееся, -иеся; *действ. наст.*
Синт.: **а, б** — в глаг. знач. 1—3; **в** — в глаг. знач. 1
II. ВООРУЖА́ВШИЙСЯ, -аяся, -ееся, -иеся; *действ. прош.*
Синт.: **а, б** — в глаг. знач. 1—3; **в** — в глаг. знач. 1

ВООРУЖИ́ТЬ, вооруж|а́т, вооружи́|л; ***сов., перех., кого(что)*** (*несов.* вооружа́ть) **1.** также ***чем*** *Кто вооружил террористов? Гитлеровская Германия вооружила свою армию новейшим оружием* (см. § 2) [снабдить оружием, военной техникой, военным снаряжением] **2. *чем*** *Молодая республика за короткий срок вооружила промышленность новейшей техникой* (см. § 2) [снабдить, обеспечить какими-л. средствами, материалами и т. д., необходимыми для какой-л. деятельности] **3. *чем*** *Партия вооружила рабочий класс передовой революционной теорией* (см. § 2) [помочь овладеть какими-л. знаниями, сведениями и т. п., необходимыми для какой-л. деятельности; *книжн.*]
II. ВООРУЖИ́ВШИЙ, -ая, -ее, -ие; *действ. прош.*
Синт.: **а, б** — в глаг. знач. 1—3
IV. ВООРУЖЁННЫЙ, -ая, -ое, -ые; *страд. прош.*
Синт.: **а, б** — в глаг. знач. 1—3
В знач. прил. (также *кр. ф.* ↓) Имеющий оружие, снабженный оружием, вооружившийся. *Вооруженный отряд. Вооруженные солдаты. Вооруженный бандит*
Ср. прил. **вооружённый,** -ая, -ое, -ые. Сопровождаемый военными действиями, боевыми столкновениями, производимый с применением оружия. *Вооруженная борьба. Вооруженное восстание. Вооруженное нападение* ◊ **Вооруженные силы** — армия, войска
ВООРУЖЁН, -ена́, -ено́, -ены́; *кр. ф.*
В глаг. знач. 1 — 3
В знач. прил. (также *полн. ф.* ↑) *Отряд вооружен. Бандиты были вооружены*

ВООРУЖИ́ТЬСЯ, вооружа́тся, вооружи́|лся; ***сов.*** (*несов.* вооружа́ться) **1.** *«Вечером Григорий Алексеевич вооружился и выехал из крепости».* Лермонтов, Бэла [запастись оружием, военным снаряжением] **2. *чем*** *Илья вооружился шестом и ловко оттолкнул лодку от берега* [запастись, обзавестись нужными средствами для какой-л. деятельности] **3. *чем*** *Если мы вооружимся знаниями, мы быстро сумеем продвинуть дело вперед. Докладчик вооружился конкретными фактами и доказал, что работа велась плохо* [приобрести какие-л. знания, сведения и т. п., необходимые для использования в какой-л. деятельности]
II. ВООРУЖИ́ВШИЙСЯ, -аяся, -ееся, -иеся; *действ. прош.*
Синт.: **а, б** — в глаг. знач. 1—3; **в** — в глаг. знач. 1

ВОПЛОТИ́ТЬ, воплощу́, воплот|я́т, воплоти́|л; ***сов., перех., что в ком(чем)*** и ***в чем*** (*несов.* воплоща́ть) *Композитор воплотил в своей симфонии идею борьбы добра и зла* [выразить в какой-л. конкретной форме, в вещественном образе]
II. ВОПЛОТИ́ВШИЙ, -ая, -ее, -ие; *действ. прош.*
Синт.: **а, б** — в глаг. знач.
IV. ВОПЛОЩЁННЫЙ, -ая, -ое, -ые; *страд. прош.*
[чередование т/щ]
Синт.: **а, б** — в глаг. знач.
Ср. прил. **воплощённый,** -ая, -ое, -ые. Выражающий собой что-л. в наивысшей степени — в составе именного сказуемого. *Мой брат — воплощенная доброта и деликатность*
ВОПЛОЩЁН, -ена́, -ено́, -ены́; *кр. ф.*
В глаг. знач.

ВОПЛОЩА́ТЬ, воплоща́|ют, воплоща́|л; ***несов. к*** воплоти́ть (см.)
I. ВОПЛОЩА́ЮЩИЙ, -ая, -ее, -ие; *действ. наст.*
Синт.: **а, б** — в глаг. знач.
II. ВОПЛОЩА́ВШИЙ, -ая, -ее, -ие; *действ. прош.*
Синт.: **а, б** — в глаг. знач.
III. ВОПЛОЩА́ЕМЫЙ, -ая, -ое, -ые; *страд. наст.*
Синт.: **а, б** — в глаг. знач.
ВОПЛОЩА́ЕМ, -ема, -емо, -емы; *кр. ф.*
В глаг. знач.

ВОПРОСИ́ТЬ, вопрошу́, вопрос|я́т, вопроси́|л; ***сов. к*** вопроша́ть (см.)
II. ВОПРОСИ́ВШИЙ, -ая, -ее, -ие; *действ. прош.*
Синт.: **а, б** — в глаг. знач.
IV. ВОПРОШЁННЫЙ, -ая, -ое, -ые; *страд. прош.*
[чередование с/ш]
Синт.: **а, б** — в глаг. знач.
ВОПРОШЁН, -ена́, -ено́, -ены́; *кр. ф.*
В глаг. знач.

ВОПРОША́ТЬ, вопроша́|ют, вопроша́|л; ***несов., перех., кого(что)*** (*сов.* вопроси́ть) *«Царь Салтан гостей сажает За свой стол и вопрошает: — Ой вы, гости-господа, Долго ль ездили? куда?»* Пушкин, Сказка о царе Салтане [спрашивать, задавать вопрос обычно важным, значительным тоном; *книжно-поэтич.*]

I. ВОПРОША́ЮЩИЙ, -ая, -ее, -ие; *действ. наст.*
Синт.: **а, б** — в глаг. знач.
В знач. прил. Как бы спрашивающий, выражающий вопрос, недоумение. *Вопрошающий вид. Вопрошающее лицо.* (Ср. прил. **вопроси́тельный,** -ая, -ое, -ые в знач. 'выражающий вопрос, недоумение'. *Вопросительный взгляд. Вопросительная интонация*)
II. ВОПРОША́ВШИЙ, -ая, -ее, -ие; *действ. прош.*
Синт.: **а, б** — в глаг. знач.
III. ВОПРОША́ЕМЫЙ, -ая, -ое, -ые; *страд. наст.*
Синт.: **а, б** — в глаг. знач.
ВОПРОША́ЕМ, -ема, -емо, -емы; *кр. ф.*
В глаг. знач.
▭ Прич. I в знач. прил. нейтрально и более употр., чем личные ф. глагола и прич. II, III

ВОРОВА́ТЬ, ворý|ют, воровá|л; ***несов. 1. перех., кого(что)*** и ***что*** *Эти люди, как рассказывает бабушка, воровали детей. «В твой царский сад повадилась Жар-Птица, И яблоки заветные ворует».* Языков, Жар-Птица [похищать принадлежащее другим, красть] **2. *неперех.*** *« — Затем я вас набрал, чтоб воровали? — грозно крикнул царь».* Костылев, Иван Грозный [заниматься воровством]
I. ВОРУ́ЮЩИЙ, -ая, -ее, -ие; *действ. наст.*
Синт.: **а, б** — в глаг. знач. 1, 2
II. ВОРОВА́ВШИЙ, -ая, -ее, -ие; *действ. прош.*
Синт.: **а, б** — в глаг. знач. 1, 2
III. ВОРУ́ЕМЫЙ, -ая, -ое, -ые; *страд. наст.*
Синт.: **а, б** — в глаг. знач. 1
IV. ВОРО́ВАННЫЙ, -ая, -ое, -ые; *страд. прош.*
Синт.: **а, б** — в глаг. знач. 1
Ср. прил. **воро́ванный,** -ая, -ое, -ые. Краденый, похищенный кем-л. у кого-л. *Ворованные вещи*
ВОРО́ВАН, -ана, -ано, -аны; *кр. ф.* (редко)
В глаг. знач. 1

ВОРО́ЧАТЬ, воро́ча|ют, воро́ча|л; ***несов.* 1. *перех., кого(что)*** и ***что*** *Мальчики ворочали огромные камни, ища старинную монету. Мы с трудом ворочали больного с боку на бок* [переворачивать, передвигать кого-л. грузного, тяжелого, что-л. тяжелое, громоздкое] **2. *неперех., чем*** *Нефтяные магнаты Америки ворочают миллионами* [распоряжаться по своему усмотрению, управлять; *разг.*]
I. ВОРО́ЧАЮЩИЙ, -ая, -ее, -ие; *действ. наст.*
Синт.: **а, б** — в глаг. знач. 1, 2
II. ВОРО́ЧАВШИЙ, -ая, -ее, -ие; *действ. прош.*
Синт.: **а, б** — в глаг. знач. 1, 2
IV. ВОРО́ЧЕННЫЙ, -ая, -ое, -ые; *страд. прош.* (редко)
Синт.: **а, б** — в глаг. знач. 1
ВОРО́ЧЕН, -ена, -ено, -ены; *кр. ф.* (редко)
В глаг. знач. 1
▭ Прич. III не употр.

ВОРОШИ́ТЬ, ворош|áт, вороши́|л; ***несов., перех., что* 1.** также ***чем*** *Колхозники ворошили сено вилами* (см. § 2) [переворачивать, шевелить, разгребая, гребя] **2. *S не лицо*** *Ветер ворошил на столе бумаги* [шевелить, двигать] **3.** *Он не любит ворошить прошлое* [вспоминать, обращаться мысленно к чему-л. неприятному, тяжелому]
I. ВОРОША́ЩИЙ, -ая, -ее, -ие; *действ. наст.**
Синт.: **а, б** — в глаг. знач. 1, 2
II. ВОРОШИ́ВШИЙ, -ая, -ее, -ие; *действ. прош.**
Синт.: **а, б** — в глаг. знач, 1, 2
IV. ВОРОШЁННЫЙ, -ая, -ое, -ые; *страд. прош.**
Синт.: **а, б** — в глаг. знач. 1, 2
Ср. прил. **ворошёный,** -ая, -ое, -ые. Подвергшийся ворошению. *Ворошеное сено. Ворошеная солома*
ВОРОШЁН, -ена́, -ено́, -ены́; *кр. ф.** (редко)
В глаг. знач. 1, 2
▭ Прич. I, II в 3 глаг. знач. не употр. Прич. III не употр. Прич. IV в 3 глаг. знач. не употр.

ВОРЧА́ТЬ, ворч|áт, ворчá|л; ***несов., неперех.* 1. *на кого(что)*** и ***без дополн.*** *Наш дедушка ворчит на всех весь день. «Он всё, бывало, ворчал, недовольный и едой, и врачами, и палатой».* Горбатов, Непокоренные [сердито бормотать, выражая неудовольствие, брюзжать] **2. *S не лицо*** *Собака тихо ворчала в своей конуре* [издавать негромкие, низкие звуки, выражающие угрозу, недовольство — о животных]
I. ВОРЧА́ЩИЙ, -ая, -ее, -ие; *действ. наст.*
Синт.: **а, б, в** — в глаг. знач. 1, 2
Ср. прич. в 1 глаг. знач. с прил. **ворчли́вый,** -ая, -ое, -ые; -и́в, -и́ва, -и́во, -и́вы. **1.** Склонный ворчать, брюзжать. *Ворчливый старик.* **2.** Выражающий недовольство, раздражение. *Ворчливый голос. Ворчливый тон*
II. ВОРЧА́ВШИЙ, -ая, -ее, -ие; *действ. прош.*
Синт.: **а, б, в** — в глаг. знач. 1, 2

ВОСКРЕСА́ТЬ, воскресá|ют, воскресá|л; ***несов. к*** воскре́снуть (см.)
I. ВОСКРЕСА́ЮЩИЙ, -ая, -ее, -ие; *действ. наст.*
Синт.: **а, б** — в глаг. знач. 1—3; **в** — в глаг. знач. 1
Субстантив.$_1$ в глаг. знач. 1
II. ВОСКРЕСА́ВШИЙ, -ая, -ее, -ие; *действ. прош.*
Синт.: **а, б** — в глаг. знач. 1—3; **в** — в глаг. знач. 1
Субстантив.$_1$ в глаг. знач. 1

ВОСКРЕСИ́ТЬ, воскрешý, воскрес|я́т, воскреси́|л; ***сов. к*** воскрешáть (см.)
II. ВОСКРЕСИ́ВШИЙ, -ая, -ее, -ие; *действ. прош.*
Синт.: **а, б** — в глаг. знач. 1—4
IV. ВОСКРЕШЁННЫЙ, -ая, -ое, -ые; *страд. прош.**
[чередование с/ш]
Синт.: **а, б** — в глаг. знач. 1, 2, 4; **в** — в глаг. знач. 1

Субстантив.₂ в глаг. знач. 1; субстантив.₃ в глаг. знач. 4
ВОСКРЕШЁН, -ена́, -ено́, -ены́; *кр. ф.** В глаг. знач. 1, 2, 4
▭ Прич. IV в 3 глаг. знач. не употр.

ВОСКРЕ́СНУТЬ, воскре́снут, воскре́с| и *устар.* воскре́сну|л; ***сов., неперех.*** (*несов.* воскреса́ть) **1.** *В сказке царевна воскресла* [в религиозно-мистических представлениях: стать вновь живым] **2.** *Больные воскресли от лесного воздуха* [стать бодрее, приобрести новые силы, ожить] **3.** ***S не лицо*** *В памяти воскресло детство, когда мы приехали в родную деревню* [возникнуть в памяти с яркостью, силой, возродиться — о чувствах, мыслях, представлениях и т. п.]

II. ВОСКРЕ́СШИЙ, -ая, -ее, -ие и *доп.* ВОСКРЕ́СНУВШИЙ, -ая, -ее, -ие; *действ. прош.*
Синт.: **а, б** — в глаг. знач. 1—3; **в** — в глаг. знач. 1
Субстантив.₁ в глаг. знач. 1

ВОСКРЕША́ТЬ, воскреша́|ют, воскреша́|л; ***несов., перех.*** (*сов.* воскреси́ть) **1.** ***кого(что)*** *Царевну в этой сказке воскрешает добрая фея* [в религиозно-мистических представлениях: делать вновь живым]. **2.** ***кого(что); S не лицо*** *Морской воздух за несколько недель воскрешает больного* [придавать силы, бодрости, делать здоровым] **3.** ***что; S не лицо*** *Эти старинные крепости воскрешают перед туристами жизнь средневековья* [вызывать представление о чем-л.] **4.** ***что*** *Зимой я часто воскрешаю в памяти картины летнего похода на байдарках* [восстанавливать в сознании что-л., оставившее впечатление в прошлом]

I. ВОСКРЕША́ЮЩИЙ, -ая, -ее, -ие; *действ. наст.*
Синт.: **а, б** — в глаг. знач. 1 — 4
В знач. прил. Целебный, придающий силы, бодрости. *Воскрешающий воздух. Воскрешающие ванны. Воскрешающий душ*

II. ВОСКРЕША́ВШИЙ, -ая, -ее, -ие; *действ. прош.*
Синт.: **а, б** — в глаг. знач. 1 — 4

III. ВОСКРЕША́ЕМЫЙ, -ая, -ое, -ые; *страд. наст.**
Синт.: **а, б** — в глаг. знач. 1, 2, 4; **в** — в глаг. знач. 1
Субстантив.₂ в глаг. знач. 1; субстантив.₃ в глаг. знач. 4
ВОСКРЕША́ЕМ, -ема, -емо, -емы; *кр. ф.** (редко)*
В глаг. знач. 1, 2, 4
▭ Прич. III в 3 глаг. знач. не употр.

ВОСПАЛИ́ТЬ, воспал|я́т, воспали́|л; ***сов., перех., что*** (*несов.* воспаля́ть); *устар.* *«Кто сей народ? и что их сила, И кто им вождь, и отчего Сердца их дерзость воспалила. И их надежда на кого?..»* Пушкин, Когда владыка ассирийский [возбудить, разгорячить, разжечь чувства, воображение и т. п.]

II. ВОСПАЛИ́ВШИЙ, -ая, -ее, -ие; *действ. прош.*
Синт.: **а, б** — в глаг. знач.

IV. ВОСПАЛЁННЫЙ, -ая, -ое, -ые; *страд. прош.*
Синт.: **а, б** — в глаг. знач.
В знач. прил. (также *кр. ф.* ↓) В состоянии воспаления, воспалившийся. *Воспаленные веки. Воспаленные от бессонницы глаза. Воспаленные губы*
Ср. прил. **воспалённый,** -ая, -ое, -ые. Возбужденный, разгоряченный. *«Связь событий терялась в его воспаленном мозгу; предметы, мысли проходили перед ним вопросами..».* Гарин-Михайловский, Детство Темы. *Воспаленный взор*
ВОСПАЛЁН, -ена́, -ено́, -ены́; *кр. ф.*
В глаг. знач.
В знач. прил. (также *полн. ф.* ↑) *Веки воспалены. Глаза воспалены от бессонницы. Губы воспалены*
▭ Неопр. ф., личные ф. глагола, прич. II, IV в глаг. знач. устарели. Прич. IV употр. только в знач. прил.

ВОСПАЛИ́ТЬСЯ, воспаля́тся, воспали́|лся; ***сов.*** (*несов.* воспаля́ться); ***S не лицо*** *Горло воспалилось. Глаза у мальчика воспалились* [прийти в состояние воспаления]

II. ВОСПАЛИ́ВШИЙСЯ, -аяся, -ееся, -иеся; *действ. прош.*
Синт.: **а, б, в** — в глаг. знач.

ВОСПАЛЯ́ТЬ, воспаля́|ют, воспаля́|л; ***несов. к*** воспали́ть (см.)

I. ВОСПАЛЯ́ЮЩИЙ, -ая, -ее, -ие; *действ. наст.*
Синт.: **а, б** — в глаг. знач.

II. ВОСПАЛЯ́ВШИЙ, -ая, -ее, -ие; *действ. прош.*
Синт.: **а, б** — в глаг. знач.

III. ВОСПАЛЯ́ЕМЫЙ, -ая, -ое, -ые; *страд. наст.*
Синт.: **а, б** — в глаг. знач.

ВОСПАЛЯ́ТЬСЯ, воспаля́|ются, воспаля́|лся; ***несов. к*** воспали́ться (см.)

I. ВОСПАЛЯ́ЮЩИЙСЯ, -аяся, -ееся, -иеся; *действ. наст.*
Синт.: **а, б, в** — в глаг. знач.

II. ВОСПАЛЯ́ВШИЙСЯ, -аяся, -ееся, -иеся; *действ. прош.*
Синт.: **а, б, в** — в глаг. знач.

ВОСПИТА́ТЬ, воспита́ют, воспита́|л; ***сов., перех.*** (*несов.* воспи́тывать) **1.** ***кого(что)*** *Феликс хорошо воспитал своих детей* [вырастить, обучив правилам поведения, дав образование] **2.** ***кого(что),*** также ***кем*** и ***каким*** *Наш коллектив воспитал немало хороших, знающих работников. Олег воспитал своего сына скромным и трудолюбивым, борцом за справедливость* (см. § 3) [путем систематического воздействия, влияния сформировать чей-л. характер, образ мыслей, систему взглядов и т. п.] **3.** ***что в ком(чем)*** и ***у кого(чего)*** *Учительница воспитала в учениках чувство ответственности за свои поступки. Родители воспитали у ребенка любовь к труду и уважение к старшим* [добиться возникновения каких-л. чувств, качеств, черт характера, навыков]

II. ВОСПИТА́ВШИЙ, -ая, -ее, -ие; *действ. прош.*
Синт.: **а, б** — в глаг. знач. 1 — 3

IV. ВОСПИ́ТАННЫЙ, -ая, -ое, -ые; *страд. прош.*
Синт.: **а, б** — в глаг. знач. 1 — 3
Ср. прил. **воспи́танный,** -ая, -ое, -ые; -ан, **-анна, -анно, -анны.** Отличающийся хорошим воспитанием, умеющий вести себя. *Воспитанный ребенок. Воспитанный человек*
Субстантив.$_2$ в глаг. знач. 1; субстантив.$_3$ не употр.
ВОСПИ́ТАН, -ана, -ано, -аны; *кр. ф.*
В глаг. знач. 1 — 3

ВОСПИ́ТЫВАТЬ, воспи́тыва́|ют, воспи́тыва|л; ***несов., перех.*** (*сов.* воспита́ть) **1.** ***кого(что)*** *Феликс и Ольга хорошо воспитывают своих детей* [растить, обучая правилам поведения, давая образование] **2.** ***кого(что),*** также ***кем*** и ***каким*** *Наш коллектив воспитывает хороших, знающих работников. Олег воспитывает сына скромным, трудолюбивым, борцом за справедливость* (см. § 3) [путем систематического воздействия, влияния формировать чей-л. характер, образ мыслей, систему взглядов и т. п.] **3.** ***что в ком(чем)*** и ***у кого(чего)*** *Эта учительница воспитывает в учениках чувство ответственности за свои поступки. Родители воспитывают у ребенка любовь к труду и уважение к старшим* [активно добиваться возникновения каких-л. чувств, качеств, черт характера, навыков]
I. ВОСПИ́ТЫВАЮЩИЙ, -ая, -ее, -ие; *действ. наст.*
Синт.: **а, б** — в глаг. знач. 1 — 3
Ср. прил. **воспита́тельный,** -ая, -ое, -ые. Относящийся к формированию личности, к воспитанию. *Воспитательная система. Воспитательная работа. Воспитательные меры. Воспитательный характер бесед о природе*
II. ВОСПИ́ТЫВАВШИЙ, -ая, -ее, -ие; *действ. прош.*
Синт.: **а, б** — в глаг. знач. 1 — 3
III. ВОСПИ́ТЫВАЕМЫЙ, -ая, -ое, -ые; *страд. наст.*
Синт.: **а, б** — в глаг. знач. 1 — 3
Субстантив.$_2$ в глаг. знач. 1; субстантив.$_3$ не употр.

ВОСПРЕТИ́ТЬ, воспрещу́, воспрет|я́т, воспрети́|л; ***сов., перех., что*** и ***с неопр. ф.*** (*несов.* воспреща́ть) *Въезд автомашин в лесопарк воспретили давно* [запретить, не разрешить; *офиц.*]
II. ВОСПРЕТИ́ВШИЙ, -ая, -ее, -ие; *действ. прош.*
Синт.: **а, б** — в глаг. знач.
IV. ВОСПРЕЩЁННЫЙ, -ая, -ое, -ые; *страд. прош.*
[чередование т/щ]
Синт.: **а, б** — в глаг. знач.
Субстантив.$_3$ не употр.
ВОСПРЕЩЁН, -ена́, -ено́, -ены́; *кр. ф.*
В глаг. знач.
В знач. прил. (только *кр. ф.*) Не разрешается, запрещается официальными органами. *Вход воспрещен. Въезд в парк воспрещен*

ВОСПРЕЩА́ТЬ, воспреща́|ют, воспреща́|л; ***несов. к*** воспрети́ть (см.)
I. ВОСПРЕЩА́ЮЩИЙ, -ая, -ее, -ие; *действ. наст.*
Синт.: **а, б** — в глаг. знач.
II. ВОСПРЕЩА́ВШИЙ, -ая, -ее, -ие; *действ. прош.*
Синт.: **а, б** — в глаг. знач.
III. ВОСПРЕЩА́ЕМЫЙ, -ая, -ое, -ые; *страд. наст.*
Синт.: **а, б** — в глаг. знач.
Субстантив.$_3$ не употр.

ВОСПРИНИМА́ТЬ, воспринима́|ют, воспринима́|л; ***несов., перех., что*** (*сов.* восприня́ть) **1.** *Растения и живые организмы в условиях полета на космическом корабле воспринимают тепло, свет, звуки* [реагировать, принимая, получая] **2.** *Школьники легко воспринимают содержание этого сложного музыкального произведения. Наш директор воспринимает критику правильно* [усваивать, постигать, понимать]
I. ВОСПРИНИМА́ЮЩИЙ, -ая, -ее, -ие; *действ. наст.*
Синт.: **а, б** — в глаг. знач. 1, 2
II. ВОСПРИНИМА́ВШИЙ, -ая, -ее, -ие; *действ. прош.*
Синт.: **а, б** — в глаг. знач. 1, 2
III. ВОСПРИНИМА́ЕМЫЙ, -ая, -ое, -ые; *страд. наст.*
Синт.: **а, б** — в глаг. знач. 1, 2
В знач. прил. (также *кр. ф.* ↓) Могущий быть понятым, усвоенным, постигнутым. *Это вполне воспринимаемая музыка. Воспринимаемая живопись*
ВОСПРИНИМА́ЕМ, -ема, -емо, -емы; *кр. ф.*
В глаг. знач. 1, 2
В знач. прил. (также *полн. ф.* ↑) *Такая музыка воспринимаема. Картины молодого художника не воспринимаемы*

ВОСПРИНЯ́ТЬ, восприму́, восприи́мут, восприи́ня|л, восприняла́, восприи́няло, -ли; ***сов. к*** воспринима́ть (см.)
II. ВОСПРИНЯ́ВШИЙ, -ая, -ее, -ие; *действ. прош.*
Синт.: **а, б** — в глаг. знач. 1, 2
IV. ВОСПРИ́НЯТЫЙ, -ая, -ое, -ые; *страд. прош.*
Синт.: **а, б** — в глаг. знач. 1, 2
ВОСПРИ́НЯТ, воспринята́, восприи́нято, -ты; *кр. ф.*
В глаг. знач. 1, 2

ВОСПРОИЗВЕСТИ́, воспроизвед|у́т, воспроизвёл, воспроизвела́, -ло́, -ли́; ***сов. к*** воспроизводи́ть (см.)
II. ВОСПРОИЗВЕ́ДШИЙ, -ая, -ее, -ие; *действ. прош.*
Синт.: **а, б** — в глаг. знач. 1 — 3
IV. ВОСПРОИЗВЕДЁННЫЙ, -ая, -ое, -ые; *страд. прош.*
Синт.: **а, б** — в глаг. знач. 1—3; **в** — в глаг. знач. 1
Субстантив.$_3$ в глаг. знач. 2, 3
ВОСПРОИЗВЕДЁН, -ена́, -ено́, -ены́; *кр. ф.*
В глаг. знач. 1 — 3

ВОСПРОИЗВОДИ́ТЬ, воспроизвожу́, воспроизво́д|ят, воспроизводи́|л; ***несов., перех., что***

(*сов.* воспроизвести́) **1.** также ***без дополн.*** *Общество в процессе производства непрерывно воспроизводит капитал. «Условия производства суть в то же время условия воспроизводства. Ни одно общество не может непрерывно производить, т. е. воспроизводить, не превращая известной части своего продукта снова в средства производства, или элементы нового производства».* Маркс, Капитал [производить вновь] **2.** *Артист точно воспроизводит облик старого, больного человека. Отец несколько раз воспроизводил рассказ бабушки в деталях. На этом полотне художник во всех деталях воспроизводит старую крепость* [копировать, повторяя в точности; реалистически описывать, рисовать, изображать] **3.** *Друзья воспроизводили в памяти все новые и новые подробности летнего отдыха* [восстанавливать, вызывать в памяти, припоминая]

I. ВОСПРОИЗВОДЯ́ЩИЙ, -ая, -ее, -ие; *действ. наст.*
Синт.: **а, б** — в глаг. знач. 1 — 3

II. ВОСПРОИЗВОДИ́ВШИЙ, -ая, -ее, -ие; *действ. прош.*
Синт.: **а, б** — в глаг. знач. 1 — 3

III. ВОСПРОИЗВОДИ́МЫЙ, -ая, -ое, -ые; *страд. наст.*
Синт.: **а, б** — в глаг. знач. 1 — 3; **в** — в глаг. знач. 1
В знач. прил. (также *кр. ф.* ↓) Могущий быть скопированным, в точности повторенным. *Звуки дождя — трудно воспроизводимые звуки*
Субстантив.$_3$ в глаг. знач. 2, 3
ВОСПРОИЗВОДИ́М, -и́ма, -и́мо, -и́мы; *кр. ф.*
В глаг. знач. 1 — 3
В знач. прил. (также *полн. ф.* ↑) *Звуки дождя воспроизводимы*

ВОССТАВА́ТЬ, восста|ю́т, восстава́|л; ***несов., неперех.*** (*сов.* восста́ть) **1. *против кого(чего)*** и ***против чего*** *Народы Южной Африки не раз восставали против своих поработителей* (из газет) [подниматься для борьбы с кем-чем-л., против кого-чего-л.] **2.** *Рабы в Древнем Риме восставали много раз, но все восстания были подавлены* [поднимать восстание] **3. *против кого(чего)*** и ***против чего*** *Мы не раз восставали против бюрократизма и равнодушия* [решительно выступать против чего-л., противиться чему-л.]

I. ВОССТАЮ́ЩИЙ, -ая, -ее, -ие; *действ. наст.*
Синт.: **а, б** — в глаг. знач. 1 — 3; **в** — в глаг. знач. 2
Субстантив.$_1$ в глаг. знач. 1, 2 (обычно *мн.*)

II. ВОССТАВА́ВШИЙ, -ая, -ее, -ие; *действ. прош.*
Синт.: **а, б** — в глаг. знач. 1 — 3; **в** — в глаг. знач. 2
Субстантив.$_1$ в глаг. знач. 1, 2 (обычно *мн.*)

ВОССТАНА́ВЛИВАТЬ, восстана́влива|ют, восстана́влива|л; ***несов. к*** восстанови́ть (см.)

I. ВОССТАНА́ВЛИВАЮЩИЙ, -ая, -ее, -ие; *действ. наст.*
Синт.: **а, б** — в глаг. знач. 1 — 4

II. ВОССТАНА́ВЛИВАВШИЙ, -ая, -ее, -ие; *действ. прош.*
Синт.: **а, б** — в глаг. знач. 1 — 4

III. ВОССТАНА́ВЛИВАЕМЫЙ, -ая, -ое, -ые; *страд. наст.*
Синт.: **а, б** — в глаг. знач. 1 — 4; **в** — в глаг. знач. 1

ВОССТАНОВИ́ТЬ, восстановлю́, восстано́в|ят, восстанови́|л; ***сов., перех.*** (*несов.* восстана́вливать) **1. *что*** *Советские люди за короткий срок восстановили промышленность, разрушенную войной. Сережа быстро восстановил свое здоровье* [привести в прежнее состояние что-л. разрушенное, возродить, возобновить] **2. *что*** *Друзья восстановили в памяти подробности встречи с однополчанами. «..по этим письмам к тебе можно восстановить всю жизнь мою с 1834 года».* Герцен, Письмо Н. А. Захарьиной, 17 февр. 1837 [вновь представить себе что-л. забытое; воспроизвести] **3. *кого(что)*** *Этого сотрудника уже восстановили в должности. Сестру восстановили на работе после вмешательства депутата* [возвратить кого-л. в прежнее общественное, служебное, правовое положение] **4. *кого(что) против кого(чего),*** также ***чем*** *Андрей восстановил против нового ученика весь класс. Своим выступлением Иванов восстановил против себя всех присутствующих* (см. § 1) [враждебно, недружелюбно настроить]

II. ВОССТАНОВИ́ВШИЙ, -ая, -ее, -ие; *действ. прош.*
Синт.: **а, б** — в глаг. знач. 1 — 4

IV. ВОССТАНО́ВЛЕННЫЙ, -ая, -ое, -ые; *страд. прош.*
[чередование в/вл]
Синт.: **а, б** — в глаг. знач. 1 — 4; **в** — в глаг. знач. 1
ВОССТАНО́ВЛЕН, -ена, -ено, -ены; *кр. ф.*
В глаг. знач. 1 — 4

ВОССТА́ТЬ, восста́нут, восста́|л; ***сов. к*** восстава́ть (см.)

II. ВОССТА́ВШИЙ, -ая, -ее, -ие; *действ. прош.*
Синт.: **а, б** — в глаг. знач. 1—3; **в** — в глаг. знач. 2
Субстантив.$_1$ в глаг. знач. 1, 2 (обычно *мн.*)

ВОСХИТИ́ТЬ, восхищу́, восхит|я́т, восхити́|л; ***сов., перех., кого(что),*** также ***чем*** (*несов.* восхища́ть) *Молодая балерина восхитила зрителей своим танцем. Мужество советских моряков восхитило весь мир* [вызвать состояние высшей степени удовлетворения, удовольствия, восторга]

II. ВОСХИТИ́ВШИЙ, -ая, -ее, -ие; *действ. прош.*
Синт.: **а, б** — в глаг. знач.

IV. ВОСХИЩЁННЫЙ, -ая, -ое, -ые; *страд. прош.**
[чередование т/щ]
Синт.: в глаг. знач. нет; **а, б** — в статив. знач.
Статив. знач., ***кем(чем)*** и ***чем*** (также *кр. ф.* ↓) Испытывающий восхищение, восхищающийся кем-чем-л., находящийся в

состоянии восхищения от кого-чего-л. *Зрители, восхищенные танцем балерины, кричали «браво!»*

Ср. прил. **восхищённый,** -ая, -ое, -ые; -ён, -ённа, -ённо, -ённы. Исполненный восхищения; выражающий восхищение. *Восхищенный вид. Восхищенный взгляд. Восхищенный шепот. Слушать кого-л. с восхищенным вниманием*

ВОСХИЩЁН, -ена́, -ено́, -ены́; *кр. ф.**

В глаг. знач. нет

Статив. знач., ***кем(чем)*** и ***чем*** (также *полн. ф.* ↑) *Зрители восхищены танцем балерины. Мы восхищены вашей смелостью*

□ Прич. IV употр. только в статив. знач.

ВОСХИТИ́ТЬСЯ, восхищу́сь, восхитя́тся, восхити́|лся; ***сов. к*** восхища́ться (см.)

II. ВОСХИТИ́ВШИЙСЯ, -аяся, -ееся, -иеся; *действ. прош.*

Синт.: **а, б** — в глаг. знач.

ВОСХИЩА́ТЬ, восхища́|ют, восхища́|л; ***несов. к*** восхити́ть (см.)

I. ВОСХИЩА́ЮЩИЙ, -ая, -ее, -ие; *действ. наст.*

Синт.: **а, б** — в глаг. знач.

II. ВОСХИЩА́ВШИЙ, -ая, -ее, -ие; *действ. прош.*

Синт.: **а, б** — в глаг. знач.

□ Прич. III не употр.

ВОСХИЩА́ТЬСЯ, восхища́|ются, восхища́|лся; ***несов., кем(чем)*** и ***чем*** (*сов.* восхити́ться) *Слушатели восхищались манерой игры этих юных музыкантов* [приходить в состояние высшей степени удовлетворения, удовольствия, восторга от кого-чего-л.]

I. ВОСХИЩА́ЮЩИЙСЯ, -аяся, -ееся, -иеся; *действ. наст.*

Синт.: **а, б** — в глаг. знач.

II. ВОСХИЩА́ВШИЙСЯ, -аяся, -ееся, -иеся; *действ. прош.*

Синт.: **а, б** — в глаг. знач.

ВОСХОДИ́ТЬ, восхожу́, восхо́д|ят, восходи́|л; ***несов., неперех.*** (*сов.* взойти́ *ко* 2 знач.); ***S не лицо*** **1.** *Дым от нескольких тысяч факелов восходил к небу замысловатыми кольцами. Мощные звуки органа восходили к высокому куполу собора* [подниматься вверх, на высоту, возноситься; *книжно-поэтич.*] **2.** *На небе восходит луна* [появляться, подниматься над горизонтом — о небесных светилах] **3.** ***к чему*** и ***к кому*** *Многие обычаи восходят к глубокой древности. «Его поэзия восходила к Уитмену и Верхарну, но в то же время стихи Малашкина были самобытны».* Ф. Богородский, Воспоминания художника. *«Сегодня я беседовала с венгерским магнатом, род которого восходит к XIV столетию».* Павленко, Счастье [иметь что-л. своим началом, исходным пунктом, источником; вести свое происхождение от кого-чего-л.]

I. ВОСХОДЯ́ЩИЙ, -ая, -ее, -ие; *действ. наст.*

Синт.: **а, б** — в глаг. знач. 1 — 3; **в** — в глаг. знач. 2

В знач. прил. **1.** Поднимающийся, повышающийся. *Восходящая линия на графике* **2.** Более прогрессивный, передовой, совершенный в сравнении с прежним состоянием чего-л. *Восходящая ступень в развитии чего-л.* **3.** Начинающий приобретать славу, известность в какой-л. области науки, искусства, техники — в сочетании с существительными в переносном значении обозначающими человека. *Восходящее светило в физике. Восходящая звезда в балете. Восходящая величина в литературе* ◇ **Восходящее ударение; восходящая интонация** — в языкознании: ударение (интонация) с постепенным повышением тона

II. ВОСХОДИ́ВШИЙ, -ая, -ее, -ие; *действ. прош.*

Синт.: **а, б** — в глаг. знач. 1—3; **в** — в глаг. знач. 2

ВОЩИ́ТЬ, вощ|а́т, вощи́|л; ***несов., перех., что*** (*сов.* навощи́ть) *Рабочий вощил пол. В этом цехе вощат бумагу* [натирать или пропитывать воском]

I. ВОЩА́ЩИЙ, -ая, -ее, -ие; *действ. наст.*

Синт.: **а, б** — в глаг. знач.

II. ВОЩИ́ВШИЙ, -ая, -ее, -ие; *действ. прош.*

Синт.: **а, б** — в глаг. знач.

IV. ВОЩЁННЫЙ, -ая, -ое, -ые; *страд. прош.*

Синт.: **а, б** — в глаг. знач.

Ср. прил. **вощёный,** -ая, -ое, -ые. Пропитанный или натертый воском. *Вощеная бумага* (Ср. прил. **вощано́й,** -а́я, -о́е, -ы́е. **1.** Сделанный из воска. *Вощаная пластинка* **2.** Пропитанный или натертый воском. *Вощаной столик*)

ВОЩЁН, -ена́, -ено́, -ены́; *кр. ф.* (*редко*)

В глаг. знач.

□ Прич. III не употр.

ВПАДА́ТЬ, впада́|ют, впада́|л; ***несов., неперех.*** (*сов.* впасть *к* 1, 2 знач.) **1.** ***S не лицо*** *Когда мой друг долго болеет, у него впадают щеки* [вваливаться, вдавливаться внутрь, становиться впалым] **2.** ***во что*** *Больной часто впадал в забытье. Смирнов никогда не впадает в уныние. Этот философ иногда впадал в идеализм* [приходить в какое-л. состояние, положение, обычно неприятное, тяжелое; приходить, склоняться в своих взглядах, поведении к чему-л. неверному, неправильному] **3.** ***во что; S не лицо*** *Волга впадает в Каспийское море* [втекать, вливаться в реку, озеро, море — о реке, ручье]

I. ВПАДА́ЮЩИЙ, -ая, -ее, -ие; *действ. наст.*

Синт.: **а, б** — в глаг. знач. 1 — 3

II. ВПАДА́ВШИЙ, -ая, -ее, -ие; *действ. прош.*

Синт.: **а, б** — в глаг. знач. 1 — 3

ВПАСТЬ, впаду́т, впа|л; ***сов., неперех.*** (*несов.* впада́ть) **1.** ***S не лицо*** *После болезни у брата впали щеки* [ввалиться, вдаться внутрь, стать впалым] **2.** ***во что*** *Больной впал в забытье. Смирнов не впадет в уныние из-за того, что опыт не получился. Этот философ явно впал в идеализм* [прийти в какое-л. состояние, положение — обычно неприятное, тяжелое; прийти, склониться в своих взглядах, поведении к чему-л. неверному, неправильному]

II. ВПА́ВШИЙ, -ая, -ее, -ие; *действ. прош.*

Синт.: **а, б** — в глаг. знач. 1, 2
Ср. прич. в 1 глаг. знач. с прил. **впа́лый,** -ая, -ое, -ые. Вдавшийся внутрь, ввалившийся. *Впалая грудь. Впалые щеки*

ВПЕЧАТЛЯ́ТЬ, впечатля́|ют, впечатля́|л; ***несов., неперех.,*** также ***чем; S не лицо*** *Эта картина впечатляет. Новая пьеса молодого драматурга впечатляет остротой конфликта* [производить сильное впечатление]
I. ВПЕЧАТЛЯ́ЮЩИЙ, -ая, -ее, -ие; *действ. наст.*
Синт.: **а, б** — в глаг. знач.
Ср. прил. **впечатля́ющий,** -ая, -ее, -ие; -ющ, -юща, -юще, -ющи. Необыкновенный, яркий, производящий сильное впечатление. *Впечатляющая картина. Впечатляющее зрелище. Лицо гипнотизера было впечатляюще*
II. ВПЕЧАТЛЯ́ВШИЙ, -ая, -ее, -ие; *действ. прош.*
Синт.: **а, б** — в глаг. знач.

ВПИСА́ТЬ, впишу́, впи́шут, вписа́|л; ***сов., перех.*** (*несов.* впи́сывать) **1.** ***кого (что)*** и ***что во что*** *Агитатор вписал молодых избирателей в список для голосования. Бабушка вписала еще несколько строк в текст письма* [написать, внести что-л. дополнительно в текст, в список и т. п.] **2.** ***что во что*** *Ученик вписал прямоугольник в круг* [вычертить одну фигуру внутри другой с соблюдением определенных условий — в математике] **3.** ***что во что*** *Архитектор очень удачно вписал новый дом в ряд построек 18 века* [расположить таким образом, чтобы что-л. гармонировало с окружающим]
II. ВПИСА́ВШИЙ, -ая, -ее, -ие; *действ. прош.*
Синт.: **а, б** — в глаг. знач. 1 — 3
IV. ВПИ́САННЫЙ, -ая, -ое, -ые; *страд. прош.*
Синт.: **а, б** — в глаг. знач. 1—3 и в статив. знач.
Статив. знач., ***с нареч.*** (также *кр. ф.*↓) Находящийся в гармонии с окружающим по своему местоположению, вписавшийся. *Туристы осматривали скалу, необыкновенно гармонично вписанную в рельеф местности*
В знач. прил. (только *полн. ф.*) Заключенный в пределы какой-л. геометрической фигуры с соблюдением определенных условий — в математике. *Вписанный треугольник. Вписанный квадрат*
ВПИ́САН, -ана, -ано, -аны; *кр. ф.*
В глаг. знач. 1 — 3
Статив. знач., ***с нареч.*** (также *полн. ф.* ↑) *Эта скала была необыкновенно гармонично вписана в рельеф местности*

ВПИСА́ТЬСЯ, впишу́сь, впи́шутся, вписа́|лся; ***сов., во что*** (*несов.* впи́сываться); ***S не лицо*** *Эта скала очень гармонично вписалась в рельеф местности. Новое здание удачно вписалось в архитектурный ансамбль площади* [подойти по виду, характеру к окружающему]
I. ВПИСА́ВШИЙСЯ, -аяся, -ееся, -иеся; *действ. прош.*
Синт.: **а, б** — в глаг. знач.

ВПИ́СЫВАТЬ, впи́сыва|ют, впи́сыва|л; ***несов. к*** вписа́ть (см.)
I. ВПИ́СЫВАЮЩИЙ, -ая, -ее, -ие; *действ. наст.*
Синт.: **а, б** — в глаг. знач. 1 — 3
II. ВПИ́СЫВАВШИЙ, -ая, -ее, -ие; *действ. прош.*
Синт.: **а, б** — в глаг. знач. 1 — 3
III. ВПИ́СЫВАЕМЫЙ, -ая, -ое, -ые; *страд. наст.*
Синт.: **а, б** — в глаг. знач. 1 — 3
Субстантив.$_3$ в глаг. знач. 1, 2

ВПИ́СЫВАТЬСЯ, впи́сыва|ются, впи́сыва|лся; ***несов. к*** вписа́ться (см.)
I. ВПИ́СЫВАЮЩИЙСЯ, -аяся, -ееся, -иеся; *действ. наст.*
Синт.: **а, б** — в глаг. знач.
II. ВПИ́СЫВАВШИЙСЯ, -аяся, -ееся, -иеся; *действ. прош.*
Синт.: **а, б** — в глаг. знач.

ВПИТА́ТЬ, впита́|ют, впита́|л; ***сов., перех., что*** (*несов.* впи́тывать) **1.** ***S не лицо*** *Сухая земля быстро впитала влагу. Вата впитала йод* [постепенно поглотить, вобрать в себя] **2.** *«Перед отъездом в Нижний я старался впитать в себя как можно больше впечатлений».* Ф. Богородский, Воспоминания художника [воспринять, усвоить — обычно в сочетании со словами *в себя*]
II. ВПИТА́ВШИЙ, -ая, -ее, -ие; *действ. прош.*
Синт.: **а, б** — в глаг. знач. 1, 2
IV. ВПИ́ТАННЫЙ, -ая, -ое, -ые; *страд. прош.*
Синт.: **а, б** — в глаг. знач. 1, 2
Субстантив.$_3$ в глаг. знач. 1
ВПИ́ТАН, -ана, -ано, -аны; *кр. ф.*
В глаг. знач. 1, 2

ВПИ́ТЫВАТЬ, впи́тыва|ют, впи́тыва|л; ***несов. к*** впита́ть (см.)
I. ВПИ́ТЫВАЮЩИЙ, -ая, -ее, -ие; *действ. наст.*
Синт.: **а, б** — в глаг. знач. 1, 2
II. ВПИ́ТЫВАВШИЙ, -ая, -ее, -ие; *действ. прош.*
Синт.: **а, б** — в глаг. знач. 1, 2
III. ВПИ́ТЫВАЕМЫЙ, -ая, -ое, -ые; *страд. наст.*
Синт.: **а, б** — в глаг. знач. 1, 2
Субстантив.$_3$ в глаг. знач. 1

ВПЛЕСТИ́, вплет|у́т, вплёл, вплела́, -ло́, -ли́; ***сов., перех., что во что*** (*несов.* вплета́ть) *Девочка вплела в косы красные ленты. Мы вплели в венок ромашки* [вставить, присоединить, плетя, ввить]
II. ВПЛЁТШИЙ, -ая, -ее, -ие; *действ. прош.*
[чередование е/ё]
Синт.: **а, б** — в глаг. знач.
IV. ВПЛЕТЁННЫЙ, -ая, -ое, -ые; *страд. прош.*
Синт.: **а, б** — в глаг. знач.
ВПЛЕТЁН, -ена́, -ено́, -ены́; *кр. ф.*
В глаг. знач.

ВПЛЕТА́ТЬ, вплета́|ют, вплета́|л; ***несов. к*** вплести́ (см.)
I. ВПЛЕТА́ЮЩИЙ, -ая, -ее, -ие; *действ. наст.*
Синт.: **а, б** — в глаг. знач.
II. ВПЛЕТА́ВШИЙ, -ая, -ее, -ие; *действ. прош.*
Синт.: **а, б** — в глаг. знач.
III. ВПЛЕТА́ЕМЫЙ, -ая, -ое, -ые; *страд. наст.*
Синт.: **а, б** — в глаг. знач.
ВПЛЕТА́ЕМ, -ема, -емо, -емы; *кр. ф.*
В глаг. знач.

ВРАЖДОВА́ТЬ, вражду́|ют, враждова́|л; ***несов., неперех.*** *«Певец! издревле меж собою Враждуют наши племена..»* Пушкин, Графу Олизару [находиться в состоянии вражды]

I. ВРАЖДУ́ЮЩИЙ, -ая, -ее, -ие; *действ. наст.*

Синт.: **а, б, в** — в глаг. знач.; **в** — только мн.

Ср. прил. **враждéбный,** -ая, -ое, -ые в знач. 'находящийся в состоянии вражды'. *Враждебные стороны*

II. ВРАЖДОВА́ВШИЙ, -ая, -ее, -ие; *действ. прош.*

Синт.: **а, б, в** — в глаг. знач.; **в** — только мн.

ВРАТЬ, вр|ут, вра|л, врала́, вра́ло, -ли; **несов.** (*сов.* совра́ть *к* 1 знач.; *сов.* навра́ть *к* 1, 2 знач.) **1. *неперех.*** *Мальчишка врет на каждом шагу* [говорить неправду, лгать; *разг.*] **2. *неперех.*** *Девочка играла на пианино неуверенно, часто врала, у нее явно не было слуха* [фальшивить, ошибаться в пении, в игре на музыкальном инструменте; *разг.*] **3. *неперех.; S не лицо*** *Твои часы врут* [неверно показывать время, давление и т. п.— о часах, каком-л. приборе; *разг.*] **4. *перех., что*** *Олег всё вам врет, не верьте ему* [намеренно изображать, представлять что-л. в ложном свете; *разг.*]

I. ВРУ́ЩИЙ, -ая, -ее, -ие; *действ. наст.**

Синт.: **а, б** — в глаг. знач. 1, 4; **в** — в глаг. знач. 1

II. ВРА́ВШИЙ, -ая, -ее, -ие; *действ. прош.**

Синт.: **а, б** — в глаг. знач. 1, 4; **в** — в глаг. знач. 1

▭ Прич. I, II во 2, 3 глаг. знач. не употр. Прич. III не образуется. Прич. IV не употр.

ВРАЩА́ТЬ, враща́|ют, враща́|л; ***несов., перех., что*** *Мальчик вращал колесо. Вода вращает турбину* [заставлять двигаться по окружности, вертеть]

I. ВРАЩА́ЮЩИЙ, -ая, -ее, -ие; *действ. наст.*

Синт.: **а, б** — в глаг. знач.

Ср. прил. **враща́тельный,** -ая, -ое, -ые в знач. 'производящий вращение'. *Вращательная сила*

II. ВРАЩА́ВШИЙ, -ая, -ее, -ие; *действ. прош.*

Синт.: **а, б** — в глаг. знач.

III. ВРАЩА́ЕМЫЙ, -ая, -ое, -ые; *страд. наст.*

Синт.: **а, б, в** — в глаг. знач.

ВРАЩА́ТЬСЯ, враща́|ются, враща́|лся; **несов. 1.** ***S не лицо*** *Смотрите, как быстро вращается колесо* [двигаться вокруг чего-л. по окружности, вертеться] **2. *S не лицо*** *В нашем театре сцена вращается* [иметь свойство двигаться вокруг чего-л. по окружности, вертеться] **3. *около чего-л.*** и ***вокруг чего-л.; S не лицо*** *«Мысли его неотвязно, неотступно вращались вокруг Сеньки и его моста».* Грибачев, У старого перевоза [постоянно возвращаться, обращаться в мыслях, разговоре, споре и т. п. к кому-чему-л.] **4.** *Олег долгое время вращался среди актеров. Ольга вращалась в среде врачей и мечтала быть хирургом* [постоянно, часто бывать в каком-л. обществе, в какой-л. среде]

I. ВРАЩА́ЮЩИЙСЯ, -аяся, -ееся, -иеся; *действ. наст.*

Синт.: **а, б** — в глаг. знач. 1 — 4, **в** — в глаг. знач. 1

В знач. прил. Способный, могущий двигаться вокруг чего-л. по окружности, вертеться — о предметах. *Вращающаяся сцена. Вращающаяся реклама. Вращающийся манекен*

II. ВРАЩА́ВШИЙСЯ, -аяся, -ееся, -иеся; *действ. прош.*

Синт.: **а, б** — в глаг. знач. 1 — 4; **в** — в глаг. знач. 1

ВРЕДИ́ТЬ, врежу́, вред|я́т, вреди́|л; **несов. к** повреди́ть в 1 знач. (см.)

I. ВРЕДЯ́ЩИЙ, -ая, -ее, -ие; *действ. наст.*

Синт.: **а, б** — в глаг. знач. 1

II. ВРЕДИ́ВШИЙ, -ая, -ее, -ие; *действ. прош.*

Синт.: **а, б** — в глаг. знач. 1

ВРÉЗАТЬ, врéжут, врéза|л; ***сов., перех., что во что*** (*несов.* вреза́ть) *Дима врезал новый замок в дверь. Мастер врезал серебряную дощечку в крышку коробки* [вставить, вделать в вырезанное углубление]

II. ВРÉЗАВШИЙ, -ая, -ее, -ие; *действ. прош.*

Синт.: **а, б** — в глаг. знач.

IV. ВРÉЗАННЫЙ, -ая, -ое, -ые; *страд. прош.*

Синт.: **а, б** — в глаг. знач. и в статив. знач.

Статив. знач. (также *кр. ф.* ↓) Запечатлевшийся, прочно закрепившийся, сохраняющийся в памяти, в сознании, в душе и т. п., врезавшийся в память, в сознание, в душу и т. п. *«Но врезанные в память письмена Бегущие столетья не сотрут».* Сонеты Шекспира в переводе Маршака, 55

ВРÉЗАН, -ана, -ано, -аны; *кр. ф.*

В глаг. знач.

Статив. знач. (также *полн. ф.* ↑) *Эти строки врезаны в память на вечные времена*

ВРЕЗА́ТЬ, вреза́|ют, вреза́|л; **несов. к** врéзать (см.)

I. ВРЕЗА́ЮЩИЙ, -ая, -ее, -ие; *действ. наст.*

Синт.: **а, б** — в глаг. знач.

II. ВРЕЗА́ВШИЙ, -ая, -ее, -ие; *действ. прош.*

Синт.: **а, б** — в глаг. знач.

III. ВРЕЗА́ЕМЫЙ, -ая, -ое, -ые; *страд. наст.*

Синт.: **а, б, в** — в глаг. знач.

ВРÉЗАТЬСЯ, врéжутся, врéза|лся; **сов.** (*несов.* вреза́ться) **1. *во что; S не лицо*** *«..Лодка мягко врезалась в прибрежный песок».* Поповкин, Семья Рубанюк. *Пила легко врезалась в дерево* [воткнуться чем-л. узким, острым во что-л.; войти в ткань чего-л. режущей частью, острием] **2. *во что; S не лицо*** *«Песчаная коса, которая врезалась в него [море] на горизонте, казалась нежно-фиолетовой».* Куприн, Морская болезнь [о месте расположения чего-л.: глубоко вклиниться во что-л., вдаться узкой полосой] **3. *во что*** *Всадник на скаку врезался в толпу* [стремительно проникнуть, ворваться в толпу, скопление чего-л. и т. п.] **4. *во что; S не лицо*** *«В память мою крепко врезалось сердитое лицо Толстого и колючий взгляд его глаз».* М. Горький, Леонид Красин [запечатлеться, закрепиться, сохраниться — в сочетании со словами *в память, в сознание, в душу* и т. п.] **5.** ***в кого(что)*** и ***во что*** *Мотоциклист на полной скорости врезался в витрину магазина* [при стремительном движении налететь, наскочить на кого-что-л.]

II. ВРЕ́ЗАВШИЙСЯ, -аяся, -ееся, -иеся; *действ. прош.*

Синт.: **а, б** — в глаг. знач. 1 — 5

ВРЕЗА́ТЬСЯ, вреза́|ются, вреза́|лся; ***несов. к*** вре́заться (см.)

I. ВРЕЗА́ЮЩИЙСЯ, -аяся, -ееся, -иеся; *действ. наст.*

Синт.: **а, б** — в глаг. знач. 1 — 5

II. ВРЕЗА́ВШИЙСЯ, -аяся, -ееся, -иеся; *действ. прош.*

Синт.: **а, б** — в глаг. знач. 1 — 5

ВРУЧА́ТЬ, вруча́|ют, вруча́|л; ***несов. к*** вручи́ть (см.)

I. ВРУЧА́ЮЩИЙ, -ая, -ее, -ие; *действ. наст.*

Синт.: **а, б** — в глаг. знач. 1 — 3

II. ВРУЧА́ВШИЙ, -ая, -ее, -ие; *действ. прош.*

Синт.: **а, б** — в глаг. знач. 1 — 3

III. ВРУЧА́ЕМЫЙ, -ая, -ое, -ые; *страд. наст.*

Синт.: **а, б** — в глаг. знач. 1 — 3

Субстантив.₃ в глаг. знач. 1

ВРУЧИ́ТЬ, вруч|а́т, вручи́|л; ***сов., перех., что кому(чему)*** (*несов.* вруча́ть) **1.** ***«Войдя к Ремизову, Сабуров вручил ему приказ».*** Симонов, Дни и ночи. *Почтальон вручил мне письмо* [передать из рук в руки] **2.** *Директор завода вручил группе работников медали «Ветеран труда». Секретарь райкома вручил нам комсомольские билеты* [отдать непосредственно, лично кому-л. при торжественной церемонии] **3.** ***«Ее судьбу, милостивый государь, я не могу вручить всякому».*** А. Островский, Богатые невесты. *Солдаты вручили свою жизнь опытному командиру* [поручить, полностью доверяя, вверить]

II. ВРУЧИ́ВШИЙ, -ая, -ее, -ие; *действ. прош.*

Синт.: **а, б** — в глаг. знач. 1 — 3

IV. ВРУЧЁННЫЙ, -ая, -ое, -ые; *страд. прош.*

Синт.: **а, б** — в глаг. знач. 1 — 3

Субстантив.₃ в глаг. знач. 1

ВРУЧЁН, -ена́, -ено́, -ены́; *кр. ф.*

В глаг. знач. 1 — 3

ВСЕЛИ́ТЬ, всел|я́т и *доп.* все́лят, всели́|л; ***сов., перех.*** (*несов.* вселя́ть) **1.** ***кого(что) во что*** *В этом году мы вселили несколько молодых семей нашего завода в новые квартиры* [поместить на жительство] **2.** ***что в кого(что)*** *Главный инженер вселил в нас уверенность в том, что испытания новой конструкции пройдут успешно. «Детей не пускали даже на край оврага, и это вселило в них страх к оврагу».* М. Горький, Фома Гордеев [внушить, заронить какое-л. чувство и т. п.]

II. ВСЕЛИ́ВШИЙ, -ая, -ее, -ие; *действ. прош.*

Синт.: **а, б** — в глаг. знач. 1, 2

IV. ВСЕЛЁННЫЙ, -ая, -ое, -ые; *страд. прош.*

Синт.: **а, б** — в глаг. знач. 1, 2

Субстантив.₃ не употр.

ВСЕЛЁН, -ена́, -ено́, -ены́; *кр. ф.*

В глаг. знач. 1, 2

□ Прич. IV во 2 глаг. знач. менее употр., чем прич. II и личные ф. глагола

ВСЕЛЯ́ТЬ, вселя́|ют, вселя́|л; ***несов. к*** всели́ть (см.)

I. ВСЕЛЯ́ЮЩИЙ, -ая, -ее, -ие; *действ. наст.*

Синт.: **а, б** — в глаг. знач. 1, 2

II. ВСЕЛЯ́ВШИЙ, -ая, -ее, -ие; *действ. прош.*

Синт.: **а, б** — в глаг. знач. 1, 2

III. ВСЕЛЯ́ЕМЫЙ, -ая, -ое, -ые; *страд. наст.*

Синт.: **а, б** — в глаг. знач. 1, 2

Субстантив.₃ не употр.

ВСЕЛЯ́ЕМ, -ема, -емо, -емы; *кр. ф.*

В глаг. знач. 1, 2

ВСКА́КИВАТЬ, вска́кива|ют, вска́кива|л; ***несов. к*** вскочи́ть (см.)

I. ВСКА́КИВАЮЩИЙ, -ая, -ее, -ие; *действ. наст.*

Синт.: **а, б** — в глаг. знач. 1 — 4

II. ВСКА́КИВАВШИЙ, -ая, -ее, -ие; *действ. прош.*

Синт.: **а, б** — в глаг. знач. 1 — 4

ВСКА́РМЛИВАТЬ, вска́рмлива|ют, вска́рмлива|л; ***несов. к*** вскорми́ть в 1 знач. (см.)

I. ВСКА́РМЛИВАЮЩИЙ, -ая, -ее, -ие; *действ. наст.*

Синт.: **а, б** — в глаг. знач. 1

II. ВСКА́РМЛИВАВШИЙ, -ая, -ее, -ие; *действ. прош.*

Синт.: **а, б** — в глаг. знач. 1

III. ВСКА́РМЛИВАЕМЫЙ, -ая, -ое, -ые; *страд. наст.*

Синт.: **а, б** — в глаг. знач. 1

ВСКИПЯТИ́ТЬ, вскипячу́, вскипят|я́т, вскипяти́|л; ***сов. к*** кипяти́ть в 1 знач. (см.)

II. ВСКИПЯТИ́ВШИЙ, -ая, -ее, -ие; *действ. прош.*

Синт.: **а, б** — в глаг. знач. 1

IV. ВСКИПЯЧЁННЫЙ, -ая, -ое, -ые; *страд. прош.*

[чередование т/ч]

Синт.: **а, б, в** — в глаг. знач. 1

ВСКИПЯЧЁН, -ена́, -ено́, -ены́; *кр. ф.*

В глаг. знач. 1

ВСКЛОКО́ЧИВАТЬ, всклоко́чива|ют, всклоко́чива|л; ***несов. к*** всклоко́чить (см.)

I. ВСКЛОКО́ЧИВАЮЩИЙ, -ая, -ее, -ие; *действ. наст.*

Синт.: **а, б** — в глаг. знач.

II. ВСКЛОКО́ЧИВАВШИЙ, -ая, -ее, -ие; *действ. прош.*

Синт.: **а, б** — в глаг. знач.

III. ВСКЛОКО́ЧИВАЕМЫЙ, -ая, -ое, -ые; *страд. наст.*

Синт.: **а, б** — в глаг. знач.

Субстантив.₃ не употр.

ВСКЛОКО́ЧИТЬ, всклоко́ч|ат, всклоко́чи|л; ***сов., перех., что*** (*несов.* всклоко́чивать) *Клоун перед выходом на сцену всклокочил волосы и приклеил усы* [привести в беспорядок, спутать, взлохматить, поднять клоками волосы, шерсть и т. п.]

II. ВСКЛОКО́ЧИВШИЙ, -ая, -ее, -ие; *действ. прош.*

Синт.: **а, б** — в глаг. знач.

IV. ВСКЛОКО́ЧЕННЫЙ, -ая, -ое, -ые; *страд. прош.*

Синт.: **а, б** — в глаг. знач.

В знач. прил. (также *кр. ф.* ↓) Спутанный, взлохмаченный, в беспорядке. *Вскло-*

коченные волосы. Всклокоченная борода
Субстантив.3 не употр.
ВСКЛОКО́ЧЕН, -ена, -ено, -ены; *кр. ф.*
В глаг. знач.
В знач. прил. (также *полн. ф.* ↑) *У него волосы всегда всклокочены, костюм мятый*

▭ Прич. IV в знач. прил. более употр., чем личные ф. глагола, прич. II и прич. IV в глаг. знач.

ВСКОРМИ́ТЬ, вскормлю́, вско́рм|ят, вскорми́|л; ***сов., перех.*** (*несов.* вска́рмливать *к* 1 знач.) **1. *кого(что)* *** *Эта птица вскормила в неволе двух птенцов* [кормя, вырастить — о животных, птицах] **2. *кого(что)*** *«— Я ее, может, вскормила, вспоила... берегла пуще алмаза изумрудного, деточку мою».* Чехов, Брак по расчету [воспитать кого-л.— часто в сочетании „вскормить, вспоить"; *высок.*]

II. ВСКОРМИ́ВШИЙ, -ая, -ее, -ие; *действ. прош.*
Синт.: **а, б** — в глаг. знач. 1, 2

IV. ВСКО́РМЛЕННЫЙ, -ая, -ое, -ые и *поэтич.* ВСКОРМЛЁННЫЙ, -ая, -ое, -ые; *страд. прош.*
[чередование м/мл]
Синт.: **а, б** — в глаг. знач. 1, 2
ВСКО́РМЛЕН, -ена, -ено, -ены и *поэтич.* ВСКОРМЛЁН, -ена́, -ено́, -ены́; *кр. ф.*
В глаг. знач. 1, 2

ВСКОЧИ́ТЬ, вскочу́, вско́чат, вскочи́|л; ***сов., неперех.*** (*несов.* вска́кивать) **1.** *Олег вскочил на ноги от неожиданности. Рано утром я вскочил с постели от звонка будильника* [быстрым, резким движением подняться с места] **2. *на кого ** и *на что*** *Девушка вскочила на коня и скрылась в лесу. Мальчик вскочил на подножку трамвая и помахал нам рукой* [прыгнуть на кого-что-л., прыжком подняться куда-л., вспрыгнуть] **3. *во что*** *Человек вскочил в поезд на ходу* [прыгнуть внутрь чего-л., впрыгнуть] **4. *S не лицо*** *У ребенка на голове вскочила шишка* [внезапно появиться, образоваться — о волдыре, шишке и т. п.]

II. ВСКОЧИ́ВШИЙ, -ая, -ее, -ие; *действ. прош.*
Синт.: **а, б** — в глаг. знач. 1 — 4, **в** — в глаг. знач. 4

ВСПАХА́ТЬ, вспашу́, вспа́шут, вспаха́|л; ***сов., перех., что,*** также ***чем*** (*несов.* вспа́хивать и паха́ть) *Колхоз вспахал поле под озимые. Соседи вспахали огород трактором* (см. § 2) [разрыхлить почву для посева не вручную, с помощью каких-л. орудий, техники]

II. ВСПАХА́ВШИЙ, -ая, -ее, -ие; *действ. прош.*
Синт.: **а, б** — в глаг. знач.

IV. ВСПА́ХАННЫЙ, -ая, -ое, -ые; *страд. прош.*
Синт.: **а, б, в** — в глаг. знач.
ВСПА́ХАН, -ана, -ано, -аны; *кр. ф.*
В глаг. знач.

ВСПА́ХИВАТЬ, вспа́хива|ют, вспа́хива|л; ***несов. к*** вспаха́ть (см.)

I. ВСПА́ХИВАЮЩИЙ, -ая, -ее, -ие; *действ. наст.*
Синт.: **а, б** — в глаг. знач.

II. ВСПА́ХИВАВШИЙ, -ая, -ее, -ие; *действ. прош.*
Синт.: **а, б** — в глаг. знач.

III. ВСПА́ХИВАЕМЫЙ, -ая, -ое, -ые; *страд. наст.*
Синт.: **а, б, в** — в глаг. знач.

ВСПЕ́НИВАТЬ, вспе́нива|ют, вспе́нива|л; ***несов. к*** вспе́нить (см.)

I. ВСПЕ́НИВАЮЩИЙ, -ая, -ее, -ие; *действ. наст.*
Синт.: **а, б** — в глаг. знач. 1, 2

II. ВСПЕ́НИВАВШИЙ, -ая, -ее, -ие; *действ. прош.*
Синт.: **а, б** — в глаг. знач. 1, 2

III. ВСПЕ́НИВАЕМЫЙ, -ая, -ое, -ые; *страд. наст.*
Синт.: **а, б** — в глаг. знач. 1, 2; **в** — в глаг. знач. 1

ВСПЕ́НИВАТЬСЯ, вспе́нива|ются, вспе́нива|лся; ***несов. к*** вспе́ниться (см.)

I. ВСПЕ́НИВАЮЩИЙСЯ, -аяся, -ееся, -иеся; *действ. наст.*
Синт.: **а, б, в** — в глаг. знач.

II. ВСПЕ́НИВАВШИЙСЯ, -аяся, -ееся, -иеся; *действ. прош.*
Синт.: **а, б, в** — в глаг. знач.

ВСПЕ́НИТЬ, вспе́н|ят, вспе́ни|л; ***сов., перех.*** (*несов.* вспе́нивать) **1. *что,*** также ***чем*** *«Большой изжелта-красный сазан поднялся на поверхность, вспенил воду и ..опять шарахнулся вглубь».* Шолохов, Тихий Дон. *Ольга вспенила белок ложкой и вылила в тесто* (см. § 2) [образовать пену, обратить в пену; взбить до появления пены] **2. *кого(что)* *** *Всадник вспенил коня бешеной ездой* (см. § 3) [довести до сильной испарины, заставить покрыться пеной, взмылить лошадь]

II. ВСПЕ́НИВШИЙ, -ая, -ее, -ие; *действ. прош.*
Синт.: **а, б** — в глаг. знач. 1, 2

IV. ВСПЕ́НЕННЫЙ, -ая, -ое, -ые и *доп. устар.* ВСПЕНЁННЫЙ, -ая, -ое, -ые; *страд. прош.*
Синт.: **а, б** — в глаг. знач. 1, 2; **в** — в глаг. знач. 1
В знач. прил. **1.** (только *полн. ф.*) Покрывшийся пеной, в сильной испарине — о лошади. *«Марья Николаевна остановила наконец свою вспененную забрызганную лошадь..».* Тургенев, Вешние воды **2.** (также *кр. ф.* ↓) Покрытый пеной, обратившийся в пену, вспенившийся. *«Вода кипела, как вспененное молоко, буграми».* Куприн, Морская болезнь. *После порогов вспененная река была белого цвета*
ВСПЕ́НЕН, -ена, -ено, -ены и *доп. устар.* ВСПЕНЁН, -ена́, -ено́, -ены́; *кр. ф.*
В глаг. знач. 1, 2
В знач. прил. (также *полн. ф.* в знач. 2 ↑) *После порогов река вся вспенена*

ВСПЕ́НИТЬСЯ, вспе́нятся, вспе́ни|лся; ***сов.*** (*несов.* вспе́ниваться) *«Вспенилась, взлетела брызгами вода на перекате».* Бабаевский, Кавалер Золотой Звезды [обратиться в пену, покрыться пеной]

II. ВСПЕ́НИВШИЙСЯ, -аяся, -ееся, -иеся; *действ. прош.*

Синт.: а, б, в — в глаг. знач.

ВСПОМИНА́ТЬ, вспомина́|ют, вспомина́|л; ***несов. к*** вспо́мнить (см.)

I. ВСПОМИНА́ЮЩИЙ, -ая, -ее, -ие; *действ. наст.*
Синт.: **а, б** — в глаг. знач. 1 — 6

II. ВСПОМИНА́ВШИЙ, -ая, -ее, -ие; *действ. прош.*
Синт.: **а, б** — в глаг. знач. 1 — 6

III. ВСПОМИНА́ЕМЫЙ, -ая, -ое, -ые; *страд. наст.*
Синт.: **а, б** — в глаг. знач. 1 — 4
Субстантив.₃ в глаг. знач. 1, 3, 4

ВСПО́МНИТЬ, вспо́мн|ят, вспо́мни|л; ***сов.*** (*несов.* вспомина́ть) **1. *перех., кого(что)*** и ***что, о ком (чем)*** и ***о чем*** и ***с придат. дополнит.*** *Бабушка вспомнила своих отца и мать, братьев и сестер, деревню, где она родилась* [обратиться мысленно к кому-чему-л.] **2. *перех., что*** и ***с придат. дополнит.*** *Сережа вспомнил глаза, голос, улыбку девушки, и ему захотелось поскорее увидеть ее* [воспроизвести в памяти то, что произвело какое-л. впечатление] **3. *перех., что*** и ***с придат. дополнит.*** *Илья, наконец, вспомнил адрес и телефон своей первой учительницы, и мы поехали к ней. Ты вспомнил мелодию новой песни? Дима вспомнил, где он видел этого человека* [прилагая усилия, восстановить, воспроизвести в памяти] **4. *перех., кого (что)*** и ***что, о ком (чем)*** и ***о чем*** и ***с придат. дополнит.*** *На вечере встречи выпускников университета мы вспомнили всех своих преподавателей* [восстанавливая в памяти кого-что-л., говорить об этом] **5. *неперех., о ком (чем)*** *Ну, наконец-то Олег вспомнил о дяде и написал ему письмо* [после долгого перерыва подумать, побеспокоиться о ком-л.; *разг.*] **6. *неперех., о ком (чем)*** и ***о чем*** и ***с придат. дополнит.*** *Ольга вдруг вспомнила о подруге, с которой договорилась встретиться, и побежала на остановку автобуса. Хорошо, что ты вспомнила о невыключенном утюге и вернулась домой! К счастью, Сергей вовремя вспомнил, что брат ждет его у дома без ключей* [внезапно, вдруг воспроизвести в памяти то, что оказалось забытым]

II. ВСПО́МНИВШИЙ, -ая, -ее, -ие; *действ. прош.*
Синт.: **а, б** — в глаг. знач. 1—6

IV. ВСПО́МНЕННЫЙ, -ая, -ое, -ые; *страд. прош.**
Синт.: **а, б** — в глаг. знач. 1, 3
ВСПО́МНЕН, -ена, -ено, -ены; *кр. ф.**
В глаг. знач. 1, 3
□ Прич. IV во 2, 4 глаг. знач. не употр.

ВСПЫ́ХИВАТЬ, вспы́хива|ют, вспы́хива|л; ***несов. к*** вспы́хнуть (см.)

I. ВСПЫ́ХИВАЮЩИЙ, -ая, -ее, -ие; *действ. наст.*
Синт.: **а, б** — в глаг. знач. 1 — 5

II. ВСПЫ́ХИВАВШИЙ, -ая, -ее, -ие; *действ. прош.*
Синт.: **а, б** — в глаг. знач. 1 — 5

ВСПЫ́ХНУТЬ, вспы́хнут, вспы́хну|л; ***сов., неперех.*** (*несов.* вспы́хивать) **1. *S не лицо*** *Бумага вспыхнула, но костер не разгорался* [внезапно и быстро воспламениться, загореться] **2. *S не лицо*** *Впереди вспыхнули и погасли фары остановившегося автомобиля. «В глубине штрека вспыхнул луч электровозного рефлектора».* Игишев, Шахтеры [ярко засветиться] **3. *S не лицо*** *В семье вспыхнула ссора. Между этими странами вспыхнула война* [внезапно начаться, возникнуть] **4.** *Смирнов вспыхнул, но сдержался и ничего не сказал* [внезапно прийти в возбужденное, раздраженное состояние] **5.** также ***от чего*** *Девушка вся вспыхнула от смущения. Лицо сестры вспыхнуло, а потом побледнело* [внезапно сильно покраснеть от волнения, смущения]

II. ВСПЫ́ХНУВШИЙ, -ая, -ее, -ие; *действ. прош.*
Синт.: **а, б** — в глаг. знач. 1—5; **в** — в глаг. знач. 1

ВСТАВА́ТЬ, вста|ю́т, встава́|л; ***несов. к*** встать (см.)

I. ВСТАЮ́ЩИЙ, -ая, -ее, -ие; *действ. наст.*
Синт.: **а, б** — в глаг. знач. 1 — 12; **в** — в глаг. знач. 10

II. ВСТАВА́ВШИЙ, -ая, -ее, -ие; *действ. прош.*
Синт.: **а, б** — в глаг. знач. 1 — 12, **в** — в глаг. знач. 10

ВСТА́ВИТЬ, вста́влю, вста́в|ят, вста́ви|л; ***сов., перех.*** (*несов.* вставля́ть) **1. *что во что*** *Олег, наконец, вставил стекла в новую оправу очков. Мастер сегодня вставил в окна зимние рамы* [поместить, вделать внутрь чего-л.] **2. *что во что*** *Корректор вставил пропущенное слово в текст* [внести какое-л. дополнение в рукописный или печатный текст] **3. *что*** *Мы разговаривали, Смирнов вставил язвительное замечание, и разговор прекратился* [сказать что-л., вмешавшись в чей-л. разговор, в чью-л. речь] **4. *что*** *Ольга вставила себе золотые зубы* [подвергнувшись специальной операции, сделать себе искусственные зубы, глаз и т. п.]

II. ВСТА́ВИВШИЙ, -ая, -ее, -ие; *действ. прош.*
Синт.: **а, б** — в глаг. знач. 1 — 4

IV. ВСТА́ВЛЕННЫЙ, -ая, -ое, -ые; *страд. прош.*
[чередование в/вл]
Синт.: **а, б** — в глаг. знач. 1 — 4; **в** — в глаг. знач. 1, 2, 4
Ср. прич. в 1, 4 глаг. знач. с прил. **вставно́й,** -а́я, -о́е, -ы́е. Приспособленный для вставки, вставляющийся; вставленный, вделанный во что-л. *Вставная челюсть. Вставные дверцы. Вставное зеркало*
Субстантив.₃ в глаг. знач. 1 — 3
ВСТА́ВЛЕН, -ена, -ено, -ены; *кр. ф.*
В глаг. знач. 1 — 4

ВСТАВЛЯ́ТЬ, вставля́|ют, вставля́|л; ***несов. к*** вста́вить (см.)

I. ВСТАВЛЯ́ЮЩИЙ, -ая, -ее, -ие; *действ. наст.*
Синт.: **а, б** — в глаг. знач. 1 — 4

II. ВСТАВЛЯ́ВШИЙ, -ая, -ее, -ие; *действ. прош.*
Синт.: **а, б** — в глаг. знач. 1 — 4

III. ВСТАВЛЯ́ЕМЫЙ, -ая, -ое, -ые; *страд. наст.*

Синт.: **а, б** — в глаг. знач. 1—4; **в** — в глаг. знач. 1, 2, 4

Субстантив.$_3$ в глаг. знач. 1 — 3

ВСТАТЬ, вста́нут, вста|л; ***сов., неперех.*** (*несов.* встава́ть) **1.** *Мальчик встал со стула и подошел к бабушке* [принять стоячее положение, подняться на ноги] **2. *на что*** *Акробаты встали на руки. По команде дрессировщика львы встали на задние лапы* [принять вертикальное положение, опираясь на какую-л. часть тела] **3. *S не лицо*** *Град и ливень помяли посевы, но они быстро встали* [подняться, приняв снова вертикальное положение — о растениях, некоторых предметах, приведенных в горизонтальное положение] **4.** *Мы встали под навес, чтобы укрыться от дождя. Малыш встал на весы* [занять где-л. место, расположиться, разместиться где-л. стоя] **5.** *Сегодня Дима встал в шесть часов утра* [проснувшись, подняться с постели] **6.** *Девочка заболела ангиной и встала только через две недели* [выздороветь, перестать болеть] **7.** *В годы Великой Отечественной войны весь народ встал на защиту Родины* [подняться защищать что-л., бороться за что-л.] **8.** *Многие выпускники нашей школы встали к станку. Девушки совсем недавно встали за прилавок* [приступить к какой-л. работе, деятельности, обычно связанной с пребыванием в стоячем положении] **9. *перед кем(чем)*** и ***перед чем; S не лицо*** *Перед нами встал вопрос: ехать или не ехать на юг. Вся жизнь этого человека встала перед нашими глазами* [возникнуть, появиться, предстать] **10. *S не лицо*** *Солнце встало из-за леса* [появиться над горизонтом — о солнце, луне и т. п.] **11. *S не лицо*** *Ваши часы встали. Конвейер встал* [перестать действовать или двигаться, остановиться] **12. *S не лицо*** *Стол прекрасно встал у стены* [поместиться куда-л.]

II. ВСТА́ВШИЙ, -ая, -ее, -ие; *действ. прош.*

Синт.: **а, б** — в глаг. знач. 1 — 12; **в** — в глаг. знач. 10, 11

ВСТРА́ИВАТЬ, встра́ива|ют, встра́ива|л; ***несов. к*** встро́ить (см.)

I. ВСТРА́ИВАЮЩИЙ, -ая, -ее, -ие; *действ. наст.*

Синт.: **а, б** — в глаг. знач.

II. ВСТРА́ИВАВШИЙ, -ая, -ее, -ие; *действ. прош.*

Синт.: **а, б** — в глаг. знач.

III. ВСТРА́ИВАЕМЫЙ, -ая, -ое, -ые; *страд. наст.*

Синт.: **а, б, в** — в глаг знач.

ВСТРЕВО́ЖИТЬ, встрево́ж|ат, встрево́жи|л; ***сов., перех., кого (что),*** также ***чем*** (*несов.* трево́жить) *Андрей очень встревожил нас своим сообщением* (см. § 1). *Поведение дочери встревожило родителей* [вызвать в ком-л. беспокойство, тревогу, какие-л. опасения]

II. ВСТРЕВО́ЖИВШИЙ, -ая, -ее, -ие; *действ. прош.*

Синт.: **а, б** — в глаг. знач.

IV. ВСТРЕВО́ЖЕННЫЙ, -ая, -ое, -ые; *страд. прош.*

Синт.: **а, б** — в глаг. знач.

В знач. прил. (также *кр. ф.* ↓) Находящийся в состоянии тревоги, беспокойства, встревожившийся. *Встревоженный человек*

Ср. прил. **встрево́женный,** -ая, -ое, -ые; -ен, -енна, -енно, -енны. Выражающий тревогу, беспокойство. *Встревоженное лицо. Встревоженный вид. Встревоженные голоса. Глаза девушки встревоженны.*

ВСТРЕВО́ЖЕН, -ена, -ено, -ены; *кр. ф.*

В глаг. знач.

В знач. прил. (также полн. ф. ↑) *Девушка встревожена, бледна*

ВСТРЕВО́ЖИТЬСЯ, встрево́жатся, встрево́жи|лся; ***сов., неперех.*** (*несов.* трево́житься) *Родители встревожились, заметив, что дочь не спит уже несколько ночей* [прийти в тревожное, беспокойное состояние]

II. ВСТРЕВО́ЖИВШИЙСЯ, -аяся, -ееся, -иеся; *действ. прош.*

Синт.: **а, б, в** — в глаг. знач.

ВСТРЕПА́ТЬ, встреплю́, встре́плют, встрепа́|л; ***сов., перех., что,*** также ***чем*** (*несов.* встрёпывать) *Клоун встрепал двумя руками волосы и вышел на арену* (см. § 2). *Ветер встрепал девушке волосы* [привести в беспорядок, взъерошить волосы]

II. ВСТРЕПА́ВШИЙ, -ая, -ее, -ие; *действ. прош.*

Синт.: **а, б** — в глаг. знач.

IV. ВСТРЁПАННЫЙ, -ая, -ое, -ые; *страд. прош.*

Синт.: **а, б** — в глаг. знач.

В знач. прил. (также *кр. ф.* ↓) **1.** Взъерошенный, лохматый. *Встрепанные волосы* **2.** Со взъерошенными волосами. *Встрепанный человек*

Ср. прил. **встрёпанный,** -ая, -ое, -ые. Неопрятный, неряшливый. *Встрепанный вид*

Субстантив.$_3$ не употр.

ВСТРЁПАН, -ана, -ано, -аны; *кр. ф.*

В глаг. знач.

В знач. прил. (также *полн. ф.* ↑) **1.** *Волосы у клоуна были встрепаны* **2.** *«[Целованьева:] Встрепана ты очень, Паша...»* М. Горький, Зыковы

ВСТРЁПЫВАТЬ, встрёпыва|ют, встрёпыва|л; ***несов. к*** встрепа́ть (см.)

I. ВСТРЁПЫВАЮЩИЙ, -ая, -ее, -ие; *действ. наст.*

Синт.: **а, б** — в глаг. знач.

II. ВСТРЁПЫВАВШИЙ, -ая, -ее, -ие; *действ. прош.*

Синт.: **а, б** — в глаг. знач.

III. ВСТРЁПЫВАЕМЫЙ, -ая, -ое, -ые; *страд. наст.*

Синт.: **а, б** — в глаг. знач.

Субстантив.$_3$ не употр.

ВСТРЕ́ТИТЬ, встре́чу, встре́т|ят, встре́ти|л; ***сов., перех.*** (*несов.* встреча́ть) **1. *кого (что)*** *Я встретил друга около школы. Петя встретил свою учительницу в театре* [увидеть кого-л., сойтись с кем-л., идя или придя куда-л.] **2. *что*** *«Странно, что до сих пор он не встретил ни жилья, ни кочевья. Он и не знал, что тундра так мертва».* Горбатов, Торговец Лобас. *В лесу мы встретили* *небольшое озеро и искупались в нем* [увидеть, остановиться взглядом на том, что попадается на пути; неожиданно обнаружить перед собой] **3. что** *«В одном из этих писем встретили мы неизвестные стихи Вольтера».* Пушкин, Вольтер [обнаружить, увидеть что-л. при чтении, исследовании, каком-л. процессе и т. п.] **4. что; S не лицо** *В темноте моя рука, вытянутая вперед, вдруг встретила преграду* [прийти в соприкосновение с чем-л. при движении] **5. кого(что)** *Тысячи москвичей восторженно встретили первого космонавта Земли Юрия Гагарина* [выйдя навстречу прибывшему, принять, приветствовать его] **6. кого(что)** *Олегу нужно было встретить бабушку, которая приезжала скорым поездом в восемь утра* [придти, приехать на вокзал, станцию и т. п. для приветствия или сопровождения приехавшего, прилетевшего и т. п.] **7. что** *Ольга спокойно встретила мой осуждающий взгляд* [посмотрев на кого-л., не отвести глаз, уловить ответное выражение глаз, лица — в сочетании с сущ. *взгляд, взор*] **8. что** *Мы встретили рассвет в пути. Илья встретил восход солнца на берегу моря* [дождаться наступления, появления чего-л.] **9. что** *Друзья встретили Новый год в лесу* [устроить празднование в честь чего-л.] **10. кого(что)** и **что чем** *Танкисты встретили противника ураганным огнем* (см. § 2). *Зрители встретили актеров бурными аплодисментами* (см. § 2) [ответить какими-л. действиями на появление кого-чего-л., выражая свое отношение] **11. кого(что)** и **что как** *Нового мастера рабочие встретили сначала с недоверием. Последний роман этого писателя критика встретила плохо* [воспринять кого-что-л., отнестись к кому-чему-л. каким-л. образом] **12. что** *Спортсмены и гости Игр доброй воли встретили в Москве радушный прием* (из газет). *В этой семье Сережа встретил понимание и сочувствие* [испытать по отношению к себе какие-л. действия, чувства со стороны других] **13. что; S не лицо** *Миролюбивая политика Советского Союза встретила одобрение и поддержку всех прогрессивных сил планеты* (из газет). *Предложение мастера отложить реконструкцию цеха встретило отпор со стороны рабочих* [вызвать какую-л. реакцию у кого-л., какое-л. отношение со стороны кого-чего-л.]

II. ВСТРЕ́ТИВШИЙ, -ая, -ее, -ие; *действ. прош.*
Синт.: **а, б** — в глаг. знач. 1—13

IV. ВСТРЕ́ЧЕННЫЙ, -ая, -ое, -ые; *страд. прош.**
[чередование т/ч]
Синт.: **а, б** — в глаг. знач. 1—12; **в** — в глаг. знач. 6
Субстантив.$_2$ в глаг. знач. 5, 6, 11; субстантив.$_3$ в глаг. знач. 2, 4, 11
ВСТРЕ́ЧЕН, -ена, -ено, -ены; *кр. ф.**
В глаг. знач. 1—3, 5—11

▭ Прич. IV в 13 глаг. знач. не употр. Кр. ф. прич. IV в 4, 12, 13 глаг. знач. не употр.

ВСТРЕЧА́ТЬ, встреча́|ют, встреча́|л; **несов. к** встре́тить (см.)

I. ВСТРЕЧА́ЮЩИЙ, -ая, -ее, -ие; *действ. наст.*
Синт.: **а, б** — в глаг. знач. 1—13

II. ВСТРЕЧА́ВШИЙ, -ая, -ее, -ие; *действ. прош.*
Синт.: **а, б** — в глаг. знач. 1—13

III. ВСТРЕЧА́ЕМЫЙ, -ая, -ое, -ые; *страд. наст.**
Синт.: **а, б** — в глаг. знач. 1—12
Субстантив.$_2$ в глаг. знач. 5, 6, 11; субстантив.$_3$ в глаг. знач. 2, 4, 11

▭ Прич. III в 13 глаг. знач. не употр.

ВСТРО́ИТЬ, встро́|ят, встро́и|л; **сов., перех., что** (*несов.* встра́ивать) *По плану архитекторов бригада строителей встроила гаражи в нижние этажи здания* [построить что-л. внутри чего-л.]

II. ВСТРО́ИВШИЙ, -ая, -ее, -ие; *действ. прош.*
Синт.: **а, б** — в глаг. знач.

IV. ВСТРО́ЕННЫЙ, -ая, -ое, -ые; *страд. прош.*
Синт.: **а, б** — в глаг. знач.
В знач. прил. в выражении: **встроенный шкаф** — шкаф, сделанный в стене квартиры, кабинета и т. п.
ВСТРО́ЕН, -ена, -ено, -ены; *кр. ф.*
В глаг. знач.

ВСТРЯ́ХИВАТЬ, встря́хива|ют, встря́хива|л; **несов. к** встряхну́ть (см.)

I. ВСТРЯ́ХИВАЮЩИЙ, -ая, -ее, -ие; *действ. наст.*
Синт.: **а, б** — в глаг. знач. 1 — 5
Субстантив.$_1$ в глаг. знач. 1, 2, 5

II. ВСТРЯ́ХИВАВШИЙ, -ая, -ее, -ие; *действ. прош.*
Синт.: **а, б** — в глаг. знач. 1 — 5
Субстантив.$_1$ в глаг. знач. 1, 2, 5

III. ВСТРЯ́ХИВАЕМЫЙ, -ая, -ое, -ые; *страд. наст.**
Синт.: **а, б** — в глаг. знач. 1—3; **в** — в глаг. знач. 1, 2
Субстантив.$_3$ в глаг. знач. 1

▭ Прич. III в 4 глаг. знач. не употр.

ВСТРЯХНУ́ТЬ, встряхну́т, встряхну́|л; **сов.** (*несов.* встря́хивать) **1. перех., что** *Бабушка встряхнула скатерть и постелила ее на стол* [потрясти резким движением, распрямляя, очищая от пыли, мусора] **2. перех., что** *Андрей встряхнул остановившиеся часы, но они не пошли* [держа в руке, заставить сотрястись, качнуться, тряхнуть что-л.] **3. перех., что; S не лицо** *«Гулкий пушечный выстрел встряхнул воздух».* Диковский, Осечка. *«Взрыв встряхнул землю».* Б. Полевой, Рождение эпоса [вызвать сильное сотрясение] **4. перех., кого(что)** *«— Ах, Илья, Илья! — сказал Штольц.— Нет, я тебя не оставлю так.. Постой, я встряхну тебя».* И. Гончаров, Обломов. *Сообщение об успешном опыте встряхнуло нас, придало бодрости* [вывести из состояния вялости, побудить к активной деятельности] **5. неперех., чем** *Ольга встряхнула своими густыми волосами и засмеялась* [быстрым, порывистым движением качнуть, тряхнуть волосами, головой и т. п.]

II. ВСТРЯХНУ́ВШИЙ, -ая, -ее, -ие; *действ. прош.*
Синт.: **а, б** — в глаг. знач. 1 — 5
Субстантив.$_1$ в глаг. знач. 1, 2, 5

IV. ВСТРЯ́ХНУТЫЙ, -ая, -ое, -ые; *страд. прош.**
Синт.: **а, б** — в глаг. знач. 1, 2
Субстантив.₃ в глаг. знач. 1
ВСТРЯ́ХНУТ, -та, -то, -ты; *кр. ф.**
В глаг. знач. 1, 2
□ Прич. IV в 3, 4 глаг. знач. не употр.

ВСХОДИ́ТЬ, всхожу́, всхо́д|ят, всходи́|л; ***несов. к*** взойти́ (см.)
I. ВСХОДЯ́ЩИЙ, -ая, -ее, -ие; *действ. наст.*
Синт.: **а, б** — в глаг. знач. 1—3; **в** — в глаг. знач. 2, 3
II. ВСХОДИ́ВШИЙ, -ая, -ее, -ие; *действ. прош.*
Синт.: **а, б** — в глаг. знач. 1 — 3; **в** — в глаг. знач. 2, 3

ВТА́ЛКИВАТЬ, вта́лкива|ют, вта́лкива|л; ***несов. к*** втолкну́ть (см.)
I. ВТА́ЛКИВАЮЩИЙ, -ая, -ее, -ие; *действ. наст.*
Синт.: **а, б** — в глаг. знач. 1, 2
II. ВТА́ЛКИВАВШИЙ, -ая, -ее, -ие; *действ. прош.*
Синт.: **а, б** — в глаг. знач. 1, 2
III. ВТА́ЛКИВАЕМЫЙ, -ая, -ое, -ые; *страд. наст.*
Синт.: **а, б** — в глаг. знач. 1, 2

ВТОЛКНУ́ТЬ, втолкну́т, втолкну́|л; ***сов., перех.*** (*несов.* вта́лкивать) **1. *кого(что)*** *Фашисты втолкнули в подвал всех женщин и детей деревни* [толкая, заставить войти куда-л.] **2. *что во что*** *Рабочие с трудом втолкнули большой ящик в машину* [толчками вдвинуть, поместить что-л. куда-л.]
II. ВТОЛКНУ́ВШИЙ, -ая, -ее, -ие; *действ. прош.*
Синт.: **а, б** — в глаг. знач. 1, 2
IV. ВТО́ЛКНУТЫЙ, -ая, -ое, -ые; *страд. прош.*
Синт.: **а, б** — в глаг. знач. 1, 2
ВТО́ЛКНУТ, -та, -то, -ты; *кр. ф.*
В глаг. знач. 1, 2
□ Прич. IV менее употр., чем личные ф. глагола и прич. II

ВТОРГА́ТЬСЯ, вторга́|ются, вторга́|лся; ***несов. к*** вто́ргнуться (см.)
I. ВТОРГА́ЮЩИЙСЯ, -аяся, -ееся, -иеся; *действ. наст.*
Синт.: **а, б** — в глаг. знач. 1 — 4
II. ВТОРГА́ВШИЙСЯ, -аяся, -ееся, -иеся; *действ. прош.*
Синт.: **а, б** — в глаг. знач. 1 — 4

ВТО́РГНУТЬСЯ, вто́ргнутся, вто́рг|ся и вто́ргну|лся, вто́рглась, -лось, -лись; ***сов.*** (*несов.* вторга́ться) **1.** *22 июня 1941 года фашистская Германия вторглась на территорию СССР без объявления войны* [насильственно войти, ворваться куда-л.] **2. *во что*** *«Студенческие волнения в Московском университете в конце 1910 г. ..явились поводом для.. полиции вторгнуться в жизнь университета».* С. Вавилов, Пути развития отечественной науки [бесцеремонно вмешаться во что-л.] **3. *S не лицо*** *Мощный холодный циклон вторгся в Западную Европу, принеся с собой мороз и снегопады* [появиться, проникнуть куда-л. большой массой] **4. *S не лицо*** *Залив глубоко вторгся в сушу в северной части полуострова* [располагаться, глубоко вдаваясь, врезаясь во что-л.]
II. ВТО́РГШИЙСЯ, -аяся, -ееся, -иеся и ВТО́РГНУВШИЙСЯ, -аяся, -ееся, -иеся; *действ. прош.*
Синт.: **а, б** — в глаг. знач. 1 — 4

ВТЯ́ГИВАТЬ, втя́гива|ют, втя́гива|л; ***несов. к*** втяну́ть (см.)
I. ВТЯ́ГИВАЮЩИЙ, -ая, -ее, -ие; *действ. наст.*
Синт.: **а, б** — в глаг. знач. 1 — 4
II. ВТЯ́ГИВАВШИЙ, -ая, -ее, -ие; *действ. прош.*
Синт.: **а, б** — в глаг. знач. 1—4
III. ВТЯ́ГИВАЕМЫЙ, -ая, -ое, -ые; *страд. наст.*
Синт.: **а, б** — в глаг. знач. 1—4
Субстантив.₃ в глаг. знач. 1

ВТЯ́ГИВАТЬСЯ, втя́гива|ются, втя́гива|лся; ***несов. к*** втяну́ться (см.)
I. ВТЯ́ГИВАЮЩИЙСЯ, -аяся, -ееся, -иеся; *действ. наст.*
Синт.: **а, б** — в глаг. знач. 1—3
II. ВТЯ́ГИВАВШИЙСЯ, -аяся, -ееся, -иеся; *действ. прош.*
Синт.: **а, б** — в глаг. знач. 1—3

ВТЯНУ́ТЬ, втяну́, втя́нут, втяну́|л; ***сов., перех.*** (*несов.* втя́гивать) **1. *кого(что)*** и ***что*** *Вдвоем мы втянули Ольгу за руку на плот. Друзья с трудом втянули лодку на берег* [таща кого-л., ввести, вволочь, поднять куда-л., внутрь чего-л.; таща, волоча что-л. тяжелое, поднять, втащить куда-л., внутрь чего-л.] **2. *что*** *Больной глубоко втянул в себя воздух* [вобрать в себя, захватить внутрь] **3. *что*** *Мальчик втянул живот, показывая мне упражнение йогов* [вобрать внутрь живот, щеки и т. п.] **4. *кого(что) во что*** *Смирнов втянул в спор всех гостей. Страну втянули в орбиту гегемонистских устремлений* (из газет) [вовлечь во что-л., привлечь к участию в чем-л.]
II. ВТЯНУ́ВШИЙ, -ая, -ее, -ие; *действ. прош.*
Синт.: **а, б** — в глаг. знач. 1 — 4
IV. ВТЯ́НУТЫЙ, -ая, -ое, -ые; *страд. прош.*
Синт.: **а, б** — в глаг. знач. 1 — 4
В знач. прил. (также *кр. ф.* ↓) Впалый, ввалившийся, втянувшийся. *Втянутый живот. Втянутые щеки. Втянутые бока*
Субстантив.₃ в глаг. знач. 1
ВТЯ́НУТ, -та, -то, -ты; *кр. ф.*
В глаг. знач. 1 — 4
В знач. прил. (также *полн. ф.* ↑) *Живот у больного втянут, дышит он тяжело*

ВТЯНУ́ТЬСЯ, втяну́сь, втя́нутся, втяну́|лся; ***сов.*** (***несов.*** втя́гиваться) **1. *S не лицо*** *У Олега щеки втянулись после болезни* [впасть, вобраться внутрь] **2. *во что*** *«В июне Добровольческая армия уже втянулась в бои».* Шолохов, Тихий Дон [вовлечься, принять участие в чем-л.] **3. *во что*** *Ольга постепенно втянулась в работу, которая сначала ей так не нравилась. «Было у него еще одно развлечение, в которое он втянулся незаметно».* Чехов, Ионыч [постепенно привыкнуть к чему-л., освоиться с чем-л., найти в чем-л. удовлетворение, удовольствие]

II. ВТЯНУ́ВШИЙСЯ, -аяся, -ееся, -иеся; *действ. прош.*

Синт.: **а, б** — в глаг. знач. 1 — 3; **в** — в глаг. знач. 1

ВХОДИ́ТЬ, вхожу́, вхо́д|ят, входи́|л; ***несов., неперех.*** (*сов.* войти́) **1.** *Делегаты фестиваля входили в зал с транспарантами, флагами, воздушными шарами. Мальчик входит в холодную воду со страхом* [идя, проникать куда-л., в пределы чего-л.] **2.** ***во что; S не лицо*** *Лопата с трудом входила в землю. Мы наблюдали, как космический корабль входил в плотные слои атмосферы* [проникать вглубь, внутрь чего-л.] **3.** ***во что*** *В состав нового правительства входят представители нескольких партий. Эти рассказы входят в собрание сочинений А. П. Чехова* [включаться в состав чего-л., быть составной частью чего-л.] **4.** ***во что; S не лицо*** *Не все книги входят в шкаф. Одежда не входит в чемодан* [вмещаться во что-л.] **5.** ***во что*** *Новый главный инженер постепенно входил в дела и проблемы завода* [вникать во что-л., разбираться в чем-л.] **6.** ***с чем*** *Бригадир несколько раз входил в дирекцию с предложением рабочих по усовершенствованию станков* [обращаться в официальные органы с каким-л. предложением, предоставлять что-л. для рассмотрения, решения; *офиц.*] **7.** ***во что; S не лицо*** *Длинные юбки снова входят в моду. Занятия аэробикой по вечерам входят у многих в привычку* [укореняться, распространяться — в сочетании с существительными, обозначающими какое-л. свойство, состояние, положение и т. п.]

I. ВХОДЯ́ЩИЙ, -ая, -ее, -ие; *действ. наст.*

Синт.: **а, б** — в глаг. знач. 1 — 7

В знач. прил. Поступающий в учреждение — о документе, корреспонденции и т. п.; *офиц. Входящая почта. Входящая бумага.*

В знач. сущ. **входя́щая,** -ей, *ж.* Бумага, получаемая учреждением, поступающая в учреждение; *офиц.*

II. ВХОДИ́ВШИЙ, -ая, -ее, -ие; *действ. прош.*

Синт.: **а, б** — глаг. знач. 1 — 7

ВЫБЕГА́ТЬ, выбега́|ют, выбега́|л; ***несов. к*** вы́бежать (см.)

I. ВЫБЕГА́ЮЩИЙ, -ая, -ее, -ие; *действ. наст.*

Синт.: **а, б** — в глаг. знач. 1, 2

II. ВЫБЕГА́ВШИЙ, -ая, -ее, -ие; *действ. прош.*

Синт.: **а, б** — в глаг. знач. 1, 2

ВЫ́БЕЖАТЬ, вы́бегут, вы́бежа|л; ***сов., неперех.*** (*несов.* выбега́ть) **1.** *Мальчик выбежал из комнаты* [двигаясь бегом, удалиться откуда-л.] **2.** *Дети выбежали на опушку леса* [двигаясь бегом, появиться где-л.]

II. ВЫ́БЕЖАВШИЙ, -ая, -ее, -ие; *действ. прош.*

Синт.: **а, б** — в глаг. знач. 1, 2

ВЫБИВА́ТЬ, выбива́|ют, выбива́|л; ***несов. к*** вы́бить (см.)

I. ВЫБИВА́ЮЩИЙ, -ая, -ее, -ие; *действ. наст.*

Синт.: **а, б** — в глаг. знач. 1 — 8

II. ВЫБИВА́ВШИЙ, -ая, -ее, -ие; *действ. прош.*

Синт.: **а, б** — в глаг. знач. 1 — 8

III. ВЫБИВА́ЕМЫЙ, -ая, -ое, -ые; *страд. наст.*

Синт.: **а, б** — в глаг. знач. 1—8; **в** — в глаг. знач. 1, 3, 5—7

Субстантив.₃ в глаг. знач. 3, 5, 8

ВЫБИРА́ТЬ, выбира́|ют, выбира́|л; ***несов. к*** вы́брать (см.)

I. ВЫБИРА́ЮЩИЙ, -ая, -ее, -ие; *действ. наст.*

Синт.: **а, б** — в глаг. знач. 1 — 4

II. ВЫБИРА́ВШИЙ, -ая, -ее, -ие; *действ. прош.*

Синт.: **а, б** — в глаг. знач. 1 — 4

III. ВЫБИРА́ЕМЫЙ, -ая, -ое, -ые; *страд. наст.**

Синт.: **а, б** — в глаг. знач. 1 — 3

Субстантив.₃ в глаг. знач. 1

▭ Прич. III в 4 глаг. знач. не употр.

ВЫ́БИТЬ, вы́бьют, вы́би|л; ***сов., перех.*** (*несов.* выбива́ть) **1.** ***что,*** также ***чем*** *Пожарные выбили дверь топором* (см. § 2) [ударом, резким толчком заставить выпасть из чего-л., откуда-л., вышибить] **2.** ***кого(что)*** *Партизанский отряд выбил противника из деревни* [с боем вытеснить с занимаемых позиций противника] **3.** ***что,*** также ***чем*** *Андрей уже выбил ковер. Мальчик выбил подстилку для собаки толстой палкой* (см. § 2) [ударами очистить от пыли, грязи и т. п.] **4.** ***что; S не лицо*** *Крупные капли дождя выбили на песке небольшие углубления* [ударами, падением воды и т. п. сделать углубление в чем-л.] **5.** ***что*** *Неизвестный мастер выбил рисунок на камне* [сделать что-л. долблением, ударами, выдавливанием и т. п.] **6.** ***что*** *Дима выбил косу, и мы отправились косить. Рабочие выбили листы жести* [ударами молотка сделать тоньше, острее, придать нужное качество] **7.** ***что*** *Кассирша выбила чек и дала мне сдачу* [отпечатать на ленте кассового аппарата стоимость покупки] **8.** ***что*** *«[Бровкин] принял со стола барабан.. и ударил, раскатился горохом,— выбил сбор, зорю, походный марш».* А. Н. Толстой, Петр Первый. *Олег пустился в пляс и мастерски выбил дробь* [ударяя чем-л. обо что-л., произвести, извлечь дробные звуки, выстукать что-л.]

II. ВЫ́БИВШИЙ, -ая, -ее, -ие; *действ. прош.*

Синт.: **а, б** — в глаг. знач. 1 — 8

IV. ВЫ́БИТЫЙ, -ая, -ое, -ые; *страд. прош.**

Синт.: **а, б** — в глаг. знач. 1 — 7; **в** — в глаг. знач. 1, 3, 5 — 7

Субстантив.₃ в глаг. знач. 3 — 5

ВЫ́БИТ, -та, -то, -ты; *кр. ф.**

В глаг. знач. 1 — 7

▭ Прич. IV в 8 глаг. знач. не употр.

ВЫБРА́СЫВАТЬ, выбра́сыва|ют, выбра́сыва|л; ***несов. к*** вы́бросить (см.)

I. ВЫБРА́СЫВАЮЩИЙ, -ая, -ее, -ие; *действ. наст.*

Синт.: **а, б** — в глаг. знач. 1—6

II. ВЫБРА́СЫВАВШИЙ, -ая, -ее, -ие; *действ. прош.*

Синт.: **а, б** — в глаг. знач. 1 — 6

III. ВЫБРА́СЫВАЕМЫЙ, -ая, -ое, -ые; *страд. наст.*

Синт.: **а, б** — в глаг. знач. 1 — 6; **в** — в глаг. знач. 1

С у б с т а н т и в.₃ в глаг. знач. 1, 3, 4

ВЫ́БРАТЬ, вы́берут, вы́бра|л; ***сов., перех.*** (*несов.* выбира́ть) **1. *кого(что)*** и ***что*** *Девушка, наконец, выбрала материал на платье* [сравнивая что-л., взять нужное из наличного] **2. *кого(что)*** и ***что*** *«Когда начались танцы, Саша выбрал Катерину».* С. Антонов, Тетя Луша. *Дима выбрал интересную профессию. Ты выбрал неподходящее время для выяснения отношений* [отдав кому-чему-л. предпочтение, принять решение, решить для себя, как поступить] **3. *кого(что), кого(что) кем*** и ***чем*** *Вся страна выбрала вчера депутатов в Верховный Совет. Все единогласно выбрали Смирнова председателем собрания* (см. § 2). *Мы выбрали председателя собрания открытым голосованием* (см. § 2) [избрать голосованием для исполнения каких-л. обязанностей] **4. *что*** *Олег до сих пор не выбрал свободной минуты, чтобы встретиться со мной* [найти, освободить для какой-л. цели какое-л. время]

II. ВЫ́БРАВШИЙ, -ая, -ее, -ие; *действ. прош.*

С и н т.: **а, б** — в глаг. знач. 1 — 4

IV. ВЫ́БРАННЫЙ, -ая, -ое, -ые; *страд. прош.**

С и н т.: **а, б** — в глаг. знач. 1 — 3

С у б с т а н т и в.₃ в глаг. знач. 1

ВЫ́БРАН, -ана, -ано, -аны; *кр. ф.**

В глаг. знач. 1 — 3

▭ Прич. IV в 4 глаг. знач. не употр.

ВЫ́БРОСИТЬ, вы́брошу, вы́брос|ят, вы́броси|л; ***сов., перех.*** (*несов.* выбра́сывать) **1. *что*** *Ольга выбросила все старые вещи. Это дети выбросили сегодняшнюю газету* [бросая наружу, удалить, освободиться от чего-л.] **2. *кого(что)*** *Предприниматели выбросили на улицу тысячи шахтеров, обрекая их на безработицу* [уволить с работы, исключить из учебного заведения и т. п.; *разг.*] **3. *кого(что)*** и ***что,*** также ***чем; S не лицо*** и ***безл.*** *Огромная волна выбросила на берег обломки корабля и человека, держащегося за спасательный круг. На берег выбросило волной много водорослей* [увлекая за собой, принести куда-л.— о течении, волнах и т. п.] **4. *что*** *Автор выбросил целую главу из романа. Журналист выбросил эти куски из корреспонденции* [исключить, выпустить] **5. *что*** *Катя выбросила на эти безвкусные украшения много денег* [истратить, израсходовать попусту, напрасно; *разг.*] **6. *что*** *Делая это упражнение, мальчик резко выбросил вперед руки* [выдвинуть броском, резким движением]

II. ВЫ́БРОСИВШИЙ, -ая, -ее, -ие; *действ. прош.*

С и н т.: **а, б** — в глаг. знач. 1 — 6

IV. ВЫ́БРОШЕННЫЙ, -ая, -ое, -ые; *страд. прош.*

[чередование с/ш]

С и н т.: **а, б** — в глаг. знач. 1 — 6; **в** — в глаг. знач. 1

В з н а ч. п р и л. в выражении: **выброшенные деньги** — деньги, истраченные, израсходованные напрасно

С у б с т а н т и в.₃ в глаг. знач. 1, 3, 4

ВЫ́БРОШЕН, -ена, -ено, -ены; *кр. ф.*

В глаг. знач. 1 — 6

ВЫ́ВЕЗТИ, вы́везут, вы́вез|; ***сов., перех.*** (*несов.* вывози́ть) **1. *кого(что)*** и ***что*** *«[Я] получила благодарность.. за то, что под сильным огнем вывезла раненых с линии фронта».* Каверин, Два капитана. *Всё ценное оборудование с территории завода рабочие по приказу вывезли ночью* [везя, удалить, отправить кого-что-л. куда-л., за пределы чего-л.). **2. *что*** *На рынок вывезли много свежей зелени. Колхозники уже вывезли удобрения на поля* [привезти, доставить куда-л.] **3. *что*** *Дедушка вывез из Турции эти редкие семена цветов* [привезти с собой откуда-л., обычно издалека]

II. ВЫ́ВЕЗШИЙ, -ая, -ее, -ие; *действ. прош.*

С и н т.: **а, б** — в глаг. знач. 1 — 3

IV. ВЫ́ВЕЗЕННЫЙ, -ая, -ое, -ые; *страд. прош.*

С и н т.: **а, б** — в глаг. знач. 1 — 3

ВЫ́ВЕЗЕН, -ена, -ено, -ены; *кр. ф.*

В глаг. знач. 1 — 3

ВЫ́ВЕРНУТЬ, вы́вернут, вы́верну|л; ***сов., перех., что*** (*несов.* вывёртывать; *несов.* вывора́чивать *ко* 2 — 5 знач.) **1.** также ***чем*** *Валерий легко вывернул шуруп большой отверткой* (см. § 2). *Я вывернула перегоревшую лампочку* [вертя что-л., поворачивая обычно против часовой стрелки, в обратную сторону, вынуть, извлечь откуда-л., вывинтить] **2. *что*** *Ураган вывернул с корнями вековые сосны* [выдернуть с силой из своего места что-л. укрепленное, выворотить] **3.** также ***чем*** *Самбист умелым движением вывернул противнику руку* (см. § 2) [придать какой-л. части тела неестественное положение] **4.** *На тренировке гимнастка вывернула себе ногу и не смогла выступать на соревнованиях* [вывихнуть; *разг.*] **5.** *Мальчик вывернул карманы, но носового платка там не было* [перевернуть изнанкой, внутренней стороной наружу]

II. ВЫ́ВЕРНУВШИЙ, -ая, -ее, -ие; *действ. прош.*

С и н т.: **а, б** — в глаг. знач. 1 — 5

IV. ВЫ́ВЕРНУТЫЙ, -ая, -ое, -ые; *страд. прош.*

С и н т.: **а, б** — в глаг. знач. 1 — 5; **в** — в глаг. знач. 1, 5

С р. прил. **вы́вернутый,** -ая, -ое, -ые; -ут, -та, -то, -ты. 1. Выпяченный наружу или повернутый в сторону сильнее обычного, больше нормы. *Человек с вывернутыми носками ног. Вывернутые губы* **2.** (только *полн. ф.*) С необычной постановкой ступней ног, сильно, больше нормы развернутых в стороны. *Вывернутая походка*

С у б с т а н т и в.₃ в глаг. знач. 1, 2, 5

ВЫ́ВЕРНУТ, -та, -то, -ты; *кр. ф.*

В глаг. знач. 1 — 5

ВЫВЁРТЫВАТЬ, вывёртыва*ю*|т, вывёртыва|л; ***несов. к*** вы́вернуть (см.)

I. ВЫВЁРТЫВАЮЩИЙ, -ая, -ее, -ие; *действ. наст.*

С и н т.: **а, б** — в глаг. знач. 1 — 5

II. ВЫВЁРТЫВАВШИЙ, -ая, -ее, -ие; *действ. прош.*

С и н т.: **а, б** — в глаг. знач. 1 — 5

III. ВЫВЁРТЫВАЕМЫЙ, -ая, -ое, -ые; *страд. наст.*

С и н т.: **а, б** — в глаг. знач. 1 — 5; **в** — в глаг. знач. 1, 5

Субстантив.$_3$ в глаг. знач. 1, 2, 5

ВЫ́ВЕСТИ, вы́вед|ут, вы́вел; ***сов., перех.*** (*несов.* выводи́ть) **1.** ***кого(что)*** *Воспитательница детского сада вывела детей на прогулку. Врач вывел больного в сад* [помочь кому-л. выйти откуда-л. куда-л.] **2.** ***кого(что)*** и ***что*** *Незнакомец вывел заблудившихся туристов на дорогу. Илья взял весла и быстро вывел лодку на середину озера* [привести куда-л., помогая идти, указывая дорогу или направляя движение кого-чего-л.] **3.** ***кого(что)*** *Всех маленьких детей дежурная вывела из зала* [увести откуда-л., удалить за пределы чего-л.] **4.** ***кого(что) из чего*** *Собрание вывело Иванова из состава бюро. Этого спортсмена судья вывел из игры* [исключить откуда-л., заставить выбыть, перестать действовать] **5.** ***кого(что) из чего,*** также ***чем*** *Ребенок вывел мать из терпения своими капризами* (см. § 1). *Сообщение вывело собравшихся из равновесия. Новый начальник вывел цех из прорыва умелой расстановкой сил* (см. § 2) [воздействуя каким-л. образом, перевести в какое-л. иное состояние, положение — в сочетании с существительными, обозначающими состояние, положение] **6.** ***кого (что)* *** и ***что,*** также ***чем*** *Катя вывела пятно на юбке этим порошком* (см. § 2). *Сережа быстро вывел всех мух* [истребить, уничтожить] **7.** ***кого (что)*; S не лицо*** *Наша курица вывела недавно цыплят. Все ласточки, живущие у нас под крышей, уже вывели птенцов* [произвести на свет детенышей — о птицах] **8.** ***что*** *Отец вывел новый сорт яблок. Селекционеры нашего района вывели ценную породу скота* [создать новый сорт растений, породу животных, птиц] **9.** ***что*** *Профессор вывел новую закономерность в развитии этих растений. Молодой математик вывел оригинальную формулу* [на основании наблюдений, опытов, рассуждений и т. п. прийти к какому-л. заключению, мнению, сформулировать какой-л. вывод] **10.** ***что,*** также ***чем*** *Малыш старательно вывел красным фломастером букву на большом листе бумаги* (см. § 2) [старательно написать, нарисовать] **11.** ***кого(что)*** и ***что*** *«Я хочу вывести в пьесе господина, который постоянно ссылается на Гейне».* Чехов, Письмо А. С. Суворину, 16 февр. 1894 [изобразить, описать в литературном произведении]

II. ВЫ́ВЕДШИЙ, -ая, -ее, -ие; *действ. прош.*
Синт.: **а, б** — в глаг. знач. 1 — 11

IV. ВЫ́ВЕДЕННЫЙ, -ая, -ое, -ые; *страд. прош.*
Синт.: **а, б** — в глаг. знач. 1 — 11; **в** — в глаг. знач. 6
Субстантив.$_3$ в глаг. знач. 8, 10, 11
ВЫ́ВЕДЕН, -ена, -ено, -ены; *кр. ф.*
В глаг. знач. 1 — 11

ВЫВОДИ́ТЬ, вывожу́, выво́д|ят, выводи́|л; ***несов. к*** вы́вести (см.)

I. ВЫВОДЯ́ЩИЙ, -ая, -ее, -ие; *действ. наст.*
Синт.: **а, б** — в глаг. знач. 1 — 11

II. ВЫВОДИ́ВШИЙ, -ая, -ее, -ие; *действ. прош.*
Синт.: **а, б** — в глаг. знач. 1 — 11

III. ВЫВОДИ́МЫЙ, -ая, -ое, -ые; *страд. наст.*
Синт.: **а, б** — в глаг. знач. 1 — 11; **в** — в глаг. знач. 6
Субстантив.$_3$ в глаг. знач. 10

ВЫВОЗИ́ТЬ, вывожу́, выво́з|ят, вывози́|л; ***несов. к*** вы́везти (см.)

I. ВЫВОЗЯ́ЩИЙ, -ая, -ее, -ие; *действ. наст.*
Синт.: **а, б** — в глаг. знач. 1 — 3

II. ВЫВОЗИ́ВШИЙ, -ая, -ее, -ие; *действ. прош.*
Синт.: **а, б** — в глаг. знач. 1 — 3

III. ВЫВОЗИ́МЫЙ, -ая, -ое, -ые; *страд. наст.*
Синт.: **а, б** — в глаг. знач. 1 — 3

ВЫВОРА́ЧИВАТЬ, вывора́чива́|ют, вывора́чива|л; ***несов. к*** вы́вернуть во 2 — 5 знач. (см.)

I. ВЫВОРА́ЧИВАЮЩИЙ, -ая, -ее, -ие; *действ. наст.*
Синт.: **а, б** — в глаг. знач. 2 — 5

II. ВЫВОРА́ЧИВАВШИЙ, -ая, -ее, -ие; *действ. прош.*
Синт.: **а, б** — в глаг. знач. 2 — 5

III. ВЫВОРА́ЧИВАЕМЫЙ, -ая, -ое, -ые; *страд. наст.*
Синт.: **а, б** — в глаг. знач. 2 — 5; **в** — в глаг. знач. 5
Субстантив.$_3$ в глаг. знач. 2, 5

ВЫГИБА́ТЬ, выгиба́|ют, выгиба́|л; *несов. к* вы́гнуть (см.)

I. ВЫГИБА́ЮЩИЙ, -ая, -ее, -ие; *действ. наст.*
Синт.: **а, б** — в глаг. знач. 1, 2

II. ВЫГИБА́ВШИЙ, -ая, -ее, -ие; *действ. прош.*
Синт.: **а, б** — в глаг. знач. 1, 2

III. ВЫГИБА́ЕМЫЙ, -ая, -ое, -ые; *страд. наст.*
Синт.: **а, б** — в глаг. знач. 1, 2
Субстантив.$_3$ в глаг. знач. 2

ВЫ́ГЛАДИТЬ, вы́глажу, вы́глад|ят, вы́глади|л; ***сов. к*** гладить в 1 знач. (см.)

II. ВЫ́ГЛАДИВШИЙ, -ая, -ее, -ие; *действ. прош.*
Синт.: **а, б** — в глаг. знач. 1

IV. ВЫ́ГЛАЖЕННЫЙ, -ая, -ое, -ые; *страд. прош.*
[чередование д/ж]
Синт.: **а, б, в** — в глаг. знач. 1
ВЫ́ГЛАЖЕН, -ена, -ено, -ены; *кр. ф.*
В глаг. знач. 1

ВЫ́ГНАТЬ, вы́гонят, вы́гна|л; ***сов. к*** выгоня́ть (см.)

II. ВЫ́ГНАВШИЙ, -ая, -ее, -ие; *действ. прош.*
Синт.: **а, б** — в глаг. знач. 1 — 4

IV. ВЫ́ГНАННЫЙ, -ая, -ое, -ые; *страд. прош.*
Синт.: **а, б** — в глаг. знач. 1 — 4
ВЫ́ГНАН, -ана, -ано, -аны; *кр. ф.*
В глаг. знач. 1 — 4

ВЫ́ГНУТЬ, вы́гнут, вы́гну|л; ***сов., перех., что*** (*несов.* выгиба́ть) **1.** ***S не лицо*** *Лебедь выгнул шею особенно грациозно. Тигр выгнул спину перед прыжком* [согнуть какую-л. часть тела, обычно спину, шею, образовав дугу, выгиб] **2.** также ***чем*** *Мастер одной рукой выгнул ручку корзины* (см. § 2) [придать чему-л. гнутую форму]

II. ВЫ́ГНУВШИЙ, -ая, -ее, -ие; *действ. прош.*
Синт.: **а, б** — в глаг. знач. 1, 2

IV. ВЫ́ГНУТЫЙ, -ая, -ое, -ые; *страд. прош.*
Синт.: **а, б** — в глаг. знач. 1, 2
В знач. прил. (также *кр. ф.* ↓) Имеющий

выгиб, изгиб. *Стулья с выгнутыми спинками*
Субстантив.$_3$ в глаг. знач. 2
ВЫ́ГНУТ, -та, -то, -ты; *кр. ф.*
В глаг. знач. 1, 2
В знач. прил. (также *полн. ф.* ↑) *Спинки у кресел выгнуты. Ручка у этой корзины выгнута*

ВЫГОНЯ́ТЬ, выгоня́|ют, выгоня́|л; ***несов., перех.*** (*сов.* вы́гнать) **1. *кого(что)*** *Домовладельцы с помощью полицейских выгоняют бездомных людей из пустующих домов* [заставлять силой уйти, удалять, прогонять откуда-л.] **2. *кого(что)*** *В сказках часто злая мачеха выгоняет падчерицу из дома* [заставлять кого-л. не жить больше вместе с кем-л.] **3. *кого(что)*** *Предприниматели выгоняют с работы хороших специалистов за их политические убеждения* (из газет) [увольнять, исключать кого-л. откуда-л.] **4. *кого (что)* *** *Пастух выгонял коров в поле до восхода солнца* [гоня коров, овец и т. п., заставлять их прийти куда-л.]
I. ВЫГОНЯ́ЮЩИЙ, -ая, -ее, -ие; *действ. наст.*
Синт.: **а, б** — в глаг. знач. 1 — 4
II. ВЫГОНЯ́ВШИЙ, -ая, -ее, -ие; *действ. прош.*
Синт.: **а, б** — в глаг. знач. 1 — 4
III. ВЫГОНЯ́ЕМЫЙ, -ая, -ое, -ые; *страд. наст.*
Синт.: **а, б** — в глаг. знач. 1 — 4

ВЫ́ГРАВИРОВАТЬ, вы́гравируют, вы́гравирова|л; ***сов. к*** гравирова́ть (см.)
II. ВЫ́ГРАВИРОВАВШИЙ, -ая, -ее, -ие; *действ. прош.*
Синт.: **а, б** — в глаг. знач.
IV. ВЫ́ГРАВИРОВАННЫЙ, -ая, -ое, -ые; *страд. прош.*
Синт.: **а, б, в** — в глаг. знач.
ВЫ́ГРАВИРОВАН, -ана, -ано, -аны; *кр. ф.*
В глаг. знач.

ВЫДАВА́ТЬ, выда*ю́*|ют, выдава́|л; ***несов. к*** вы́дать (см.)
I. ВЫДАЮ́ЩИЙ, -ая, -ее, -ие; *действ. наст.*
Синт.: **а, б** — в глаг. знач. 1 — 7
II. ВЫДАВА́ВШИЙ, -ая, -ее, -ие; *действ. прош.*
Синт.: **а, б** — в глаг. знач. 1 — 7
III. ВЫДАВАЕМЫЙ, -ая, -ое, -ые; *страд. наст.**
Синт.: **а, б** — в глаг. знач. 1 — 3, 5 — 7
Субстантив.$_3$ в глаг. знач. 1, 6, 7
▭ Прич. III в 4 глаг. знач. не употр.

ВЫДАВА́ТЬСЯ, выда*ю́*|ются, выдава́|лся; ***несов.*** (*сов.* вы́даться *к* 1 знач.) **1. *S не лицо*** *Скала выдавалась в море на несколько десятков метров* [выдвигаться, выступать за какую-л. границу, линию и т. п.] **2. *чем*** *Мальчик выдавался среди своих сверстников блестящими способностями* [выделяться из окружающей среды, отличаться чем-л.]
I. ВЫДАЮ́ЩИЙСЯ, -аяся, -ееся, -иеся; *действ. наст.**
Синт.: **а, б** — в глаг. знач. 1
Ср. прил. **выдаю́щийся**, -аяся, -ееся, -иеся. **1.** Выделяющийся среди других талантом, способностями. *Выдающийся ученый* **2.** Исключительный, особенно важный. *Выдающиеся заслуги в области космонавтики. Выдающиеся математические способности*
II. ВЫДАВА́ВШИЙСЯ, -аяся, -ееся, -иеся; *действ. прош.**
Синт.: **а, б** — в глаг. знач. 1
▭ Прич. I, II во 2 глаг. знач. не употр.

ВЫ́ДАТЬ, вы́дам, вы́дашь, вы́даст, вы́дадим, вы́дадите, вы́дадут, вы́да|л; ***сов., перех.*** (*несов.* выдава́ть) **1. *что*** и ***чего кому(чему)*** *Кассир выдала рабочим зарплату. Кладовщик выдал туристам крупы и хлеба. Библиотекарь выдаст студентам учебники* [дать, предоставить, отпустить кому-л. что-л., снабдить чем-л. в соответствии с установленным, определенным порядком, положением] **2. *что,*** также ***чем*** *Мальчик выдал чужой секрет. Этим Ольга невольно выдала свое волнение* (см. § 3) [сделать известным или заметным то, что скрывали] **3. *кого (что)*** *Провокатор выдал подпольщиков* [предать] **4. *кого(что),*** также ***чем*** *Охотник выдал себя неосторожным движением. Спрятавшихся мальчиков выдали следы от мокрых ботинок* [дать возможность кому-л. обнаружить, открыть того, кто скрывался, маскировался и т. п.] **5. *кого(что)*** *Олег недавно выдал дочь замуж* [согласившись на замужество дочери, сестры, способствовать замужеству — обычно в сочетании со словом *замуж*] **6. *кого(что) за кого*** и ***что за что*** *Дима выдал своего друга за артиста. Ученик выдал этот текст за свое сочинение* [назвать, представить кого-л. не тем, кем он является на самом деле; назвать, представить что-л. не тем, чем оно является на самом деле] **7. *что*** *Молодые сталевары выдали плавку в честь XII Всемирного фестиваля молодежи и студентов в Москве. Шахтеры выдали миллион тонн высококачественного угля* (из газет) [изготовить, выпустить какую-л. продукцию, изделия]
II. ВЫ́ДАВШИЙ, -ая, -ее, -ие; *действ. прош.*
Синт.: **а, б** — в глаг. знач. 1 — 7
IV. ВЫ́ДАННЫЙ, -ая, -ое, -ые; *страд. прош.**
Синт.: **а, б** — в глаг. знач. 1 — 3, 5 — 7
Субстантив.$_3$ в глаг. знач. 1, 6, 7
ВЫ́ДАН, -ана, -ано, -аны; *кр. ф.**
В глаг. знач. 1 — 3, 5 — 7
▭ Прич. IV в 4 глаг. знач. не употр.

ВЫ́ДАТЬСЯ, вы́дамся, вы́дашься, вы́дастся, вы́дадимся, вы́дадитесь, вы́дадутся, вы́да|лся; ***сов.*** (*несов.* выдава́ться *к* 1 знач.); ***S не лицо*** **1.** *Скала выдалась в море на несколько десятков метров* [выдвинуться, выступить за какую-л. границу, линию и т. п.] **2.** *Лето в этом году выдалось сырое и холодное. Вчера выдался солнечный денек. Наконец, у меня выдалась свободная минута* [оказаться каким-л.— обычно о времени, времени суток, года и т. п.]
II. ВЫ́ДАВШИЙСЯ, -аяся, -ееся, -иеся; *действ. прош.*
Синт.: **а, б** — в глаг. знач. 1, 2

ВЫДВИГА́ТЬ, выдвига́|ют, выдвига́|л; ***несов. к*** вы́двинуть (см.)
I. ВЫДВИГА́ЮЩИЙ, -ая, -ее, -ие; *действ. наст.*
Синт.: **а, б** — в глаг. знач. 1 — 4

II. ВЫДВИГА́ВШИЙ, -ая, -ее, -ие; *действ. прош.*
Синт.: **а, б** — в глаг. знач. 1 — 4
III. ВЫДВИГА́ЕМЫЙ, -ая, -ое, -ые; *страд. наст.*
Синт.: **а, б** — в глаг. знач. 1 — 4; **в** — в глаг. знач. 1, 3
Субстантив.$_3$ в глаг. знач. 1, 2

ВЫ́ДВИНУТЬ, вы́двинут, вы́двину|л; ***сов., перех.*** (*несов.* выдвига́ть) **1. *что*** *Валерий выдвинул все ящики письменного стола, но письма не нашел* [извлечь изнутри наружу что-л. вставленное] **2. *что*** *Мы выдвинули стол на середину комнаты* [двигая, переместить, выставив вперед] **3. *что*** *Молодой ученый выдвинул новую гипотезу о происхождении метеоритов. Советское правительство выдвинуло конкретные предложения по разоружению* (из газет) [объявить, высказать, представить для обсуждения, рассмотрения и т. п.] **4. *кого(что)*** *Дирекция выдвинула молодые кадры на руководящую работу. Илью недавно выдвинули на должность главного инженера* [отличив, выделив кого-л. среди других, предложить для более ответственной работы, деятельности]
II. ВЫ́ДВИНУВШИЙ, -ая, -ее, -ие; *действ. прош.*
Синт.: **а, б** — в глаг. знач. 1 — 4
IV. ВЫ́ДВИНУТЫЙ, -ая, -ое, -ые; *страд. прош.*
Синт.: **а, б** — в глаг. знач. 1 — 4; **в** — в глаг. знач. 1, 3
Субстантив.$_3$ в глаг. знач. 1, 2
ВЫ́ДВИНУТ, -та, -то, -ты; *кр. ф.*
В глаг. знач. 1 — 4

ВЫ́ДЕЛИТЬ, вы́дел|ят, вы́дели|л; ***сов. к*** выделя́ть в 1 — 4 знач. (см.)
II. ВЫ́ДЕЛИВШИЙ, -ая, -ее, -ие; *действ. прош.*
Синт.: **а, б** — в глаг. знач. 1 — 4
IV. ВЫ́ДЕЛЕННЫЙ, -ая, -ое, -ые; *страд. прош.*
Синт.: **а, б** — в глаг. знач. 1 — 4; **в** — в глаг. знач. 3
Субстантив.$_3$ в глаг. знач. 3, 4
ВЫ́ДЕЛЕН, -ена, -ено, -ены; *кр. ф.*
В глаг. знач. 1 — 4

ВЫДЕЛЯ́ТЬ, выделя́|ют, выделя́|л; ***несов., перех.*** (*сов.* вы́делить *к* 1—4 знач.) **1. *кого(что)*** *Отстающих учеников преподаватель выделял в особую группу. Спорткомитет выделяет для участия в международных соревнованиях лучших спортсменов* [отбирать кого-л. для какой-л. деятельности, работы и т. п.] **2. *что*** *Завод выделяет молодоженам квартиры в новом доме. Для уборки урожая правление выделяет несколько новых машин* [предоставлять в пользование или владение что-л., вычлененное из целого] **3. *что,*** также ***чем*** *Ученики часто не выделяют причастные обороты запятыми* (см. § 2). *Наборщик выделяет эту строку в тексте особым шрифтом* (см. § 2) [отличать, отмечать каким-л. способом среди других] **4. *что*** *Смотри, это вещество выделяет при нагревании газ* [выводить что-л. наружу, удалять из своего состава, из своего организма] **5. *что*** *Человек выделяет какую-то энергию, природа которой еще не разгадана наукой. Ночью растения выделяют углекислый газ* [иметь свойство выводить что-л. наружу, удалять из своего состава, из своего организма]
I. ВЫДЕЛЯ́ЮЩИЙ, -ая, -ее, -ие; *действ. наст.*
Синт.: **а, б** — в глаг. знач. 1 — 5
II. ВЫДЕЛЯ́ВШИЙ, -ая, -ее, -ие; *действ. прош.*
Синт.: **а, б** — в глаг. знач. 1—5
III. ВЫДЕЛЯ́ЕМЫЙ, -ая, -ое, -ые; *страд. наст.*
Синт.: **а, б** — в глаг. знач. 1 — 5; **в** — в глаг. знач. 3
Субстантив.$_3$ в глаг. знач. 3, 4

ВЫ́ДЕРЖАТЬ, вы́держат, вы́держа|л; ***сов.*** (*несов.* выде́рживать) **1. *перех., кого(что)*** и ***что; S не лицо*** *Новая плотина выдержала мощный напор воды. Лед выдержал людей* [подвергаясь действию давления, веса и т. п., сохранить свои свойства, качества] **2. *перех., что*** *Советский народ с честью выдержал все испытания войны. Солдаты выдержали бешеную атаку противника* [проявить стойкость и мужество, устоять, перенеся лишения; не отступить перед напором врага] **3. *перех., что*** *«[Еременко] без наркоза выдержал ампутацию раздробленной кисти руки».* Диковский, На острове Анна [проявить выдержку, вытерпеть, стойко перенести до конца] **4. *перех., что*** *Андрей выдержал приемные экзамены в энергетический институт. Советский космический корабль „Союз" выдержал проверку на прочность* [подвергаясь проверке, испытанию, оказаться годным, удовлетворить каким-л. требованиям] **5. *перех., что*** *При постройке дачного домика мы выдержали все нужные размеры. Сегодня водители строго выдержали график движения автобусов* [не допустить отклонений, отступлений от чего-л., соблюсти что-л.] **6. *перех., что*** *Дедушка выдержал сыр, соблюдая все правила, и он получился очень вкусным* [долгим хранением в специальных условиях довести до высокого качества] **7. *перех., кого(что)*** *Родители выдержали больного ребенка в постели, и он быстро поправился* [продержать кого-л. в необходимых условиях нужное время; *разг.*] **8. *неперех.*** *Ольга не выдержала и рассказала о случившемся* [сдержаться, удержаться от чего-л., проявить выдержку — обычно с отрицанием]
II. ВЫ́ДЕРЖАВШИЙ, -ая, -ее, -ие; *действ. прош.*
Синт.: **а, б** — в глаг. знач. 1 — 8
IV. ВЫ́ДЕРЖАННЫЙ, -ая, -ое, -ые; *страд. прош.*
Синт.: **а, б** — в глаг. знач. 1—7
В знач. прил. (только *полн. ф.*) Доведенный до высокого качества в результате долгого хранения в соответствующих условиях. *Выдержанный сыр. Выдержанный табак*
Ср. прил. **вы́держанный**, -ая, -ое, -ые; -ан, -анна, -анно, -анны. **1.** обычно *с нареч.* Точно следующий чему-л., последовательный.

Принципиально выдержанная и политически целесообразная программа действий. Идеологически выдержанная книга **2.** Обладающий выдержкой, умеющий владеть собой. *Выдержанный человек. Эта девушка умна, выдержанна*
ВЫ́ДЕРЖАН, -ана, -ано, -аны; *кр. ф.*
В глаг. знач. 1—7

ВЫДЕ́РЖИВАТЬ, выде́ржива|ют, выде́ржива|л; ***несов. к*** вы́держать (см.)

I. ВЫДЕ́РЖИВАЮЩИЙ, -ая, -ее, -ие; *действ. наст.*
С и н т.: **а, б** — в глаг. знач. 1 — 8
С у б с т а н т и в.$_1$ в глаг. знач. 1—7

II. ВЫДЕ́РЖИВАВШИЙ, -ая, -ее, -ие; *действ. прош.*
С и н т.: **а, б** — в глаг. знач. 1 — 8
С у б с т а н т и в.$_1$ в глаг. знач. 1—7

III. ВЫДЕ́РЖИВАЕМЫЙ, -ая, -ое, -ые; *страд. наст.*
С и н т.: **а, б** — в глаг. знач. 1—7

▭ Прич. III в 3 глаг. знач. менее употр., чем личные ф. глагола и прич. I, II

ВЫ́ДОЛБИТЬ, вы́долблю, вы́долб|ят, вы́долби|л; ***сов. к*** долби́ть во 2 знач. (см.)

II. ВЫ́ДОЛБИВШИЙ, -ая, -ее, -ие; *действ. прош.*
С и н т.: **а, б** — в глаг. знач. 2

IV. ВЫ́ДОЛБЛЕННЫЙ, -ая, -ое, -ые; *страд. прош.*
[чередование б/бл]
С и н т.: **а, б, в** — в глаг. знач. 2
ВЫ́ДОЛБЛЕН, -ена, -ено, -ены; *кр. ф.*
В глаг. знач. 2

ВЫ́ДРЕССИРОВАТЬ, вы́дрессируют, вы́дрессирова|л; ***сов. к*** дрессирова́ть (см.)

II. ВЫ́ДРЕССИРОВАВШИЙ, -ая, -ее, -ие; *действ. прош.*
С и н т.: **а, б** — в глаг. знач.

IV. ВЫ́ДРЕССИРОВАННЫЙ, -ая, -ое, -ые; *страд. прош.*
С и н т.: **а, б, в** — в глаг. знач.
ВЫ́ДРЕССИРОВАН, -ана, -ано, -аны; *кр. ф.*
В глаг. знач.

ВЫ́ДУБИТЬ, вы́дублю, вы́дуб|ят, вы́дуби|л; ***сов. к*** дуби́ть (см.)

II. ВЫ́ДУБИВШИЙ, -ая, -ее, -ие; *действ. прош.*
С и н т.: **а, б** — в глаг. знач.

IV. ВЫ́ДУБЛЕННЫЙ, -ая, -ое, -ые; *страд. прош.*
[чередование б/бл]
С и н т.: **а, б, в** — в глаг. знач.
ВЫ́ДУБЛЕН, -ена, -ено, -ены; *кр. ф.*
В глаг. знач.

ВЫ́ДУМАТЬ, вы́дума|ют, вы́дума|л; ***сов., перех.*** (*несов.* выду́мывать) **1.** ***кого (что)*** и ***что*** и ***с придат. дополнит.*** *Эту женщину поэт выдумал, она на самом деле не существовала. Поездку в Крым мальчик выдумал, ее не было. Маша выдумала, что мы ходили в кино* [создать воображением то, чего не было, нет на самом деле, сфантазировать] **2.** ***что*** *Польский спортсмен выдумал новую игру „Ринго"* [придумать, изобрести; *разг.*]

II. ВЫ́ДУМАВШИЙ, -ая, -ее, -ие; *действ. прош.*
С и н т.: **а, б** — в глаг. знач. 1, 2

IV. ВЫ́ДУМАННЫЙ, -ая, -ое, -ые; *страд. прош.*
С и н т.: **а, б** — в глаг. знач. 1, 2
В з н а ч. п р и л. (только *полн. ф.*) Не существующий в действительности, вымышленный. *Выдуманный случай. Выдуманный спор*
С у б с т а н т и в.$_2$ не употр.; с у б с т а н т и в.$_3$ в глаг. знач. 1
ВЫ́ДУМАН, -ана, -ано, -аны; *кр. ф.*
В глаг. знач. 1, 2

▭ Прич. IV во 2 глаг. знач. менее употр., чем в 1 глаг. знач.

ВЫДУ́МЫВАТЬ, выду́мыва|ют, выду́мыва|л; ***несов. к*** вы́думать (см.)

I. ВЫДУ́МЫВАЮЩИЙ, -ая, -ее, -ие; *действ. наст.*
С и н т.: **а, б** — в глаг. знач. 1, 2

II. ВЫДУ́МЫВАВШИЙ, -ая, -ее, -ие; *действ. прош.*
С и н т.: **а, б** — в глаг. знач. 1, 2

III. ВЫДУ́МЫВАЕМЫЙ, -ая, -ое, -ые; *страд. наст.*
С и н т.: **а, б** — в глаг. знач. 1, 2
С у б с т а н т и в.$_2$ не употр.; с у б с т а н т и в.$_3$ в глаг. знач. 1

▭ Прич. III во 2 глаг. знач. менее употр., чем в 1 глаг. знач.

ВЫ́ДУТЬ, вы́дуют, вы́ду|л; ***сов. к*** дуть в 3 знач. (см.)

II. ВЫ́ДУВШИЙ, -ая, -ее, -ие; *действ. прош.*
С и н т.: **а, б** — в глаг. знач. 3

IV. ВЫ́ДУТЫЙ, -ая, -ое, -ые; *страд. прош.*
С и н т.: **а, б, в** — в глаг. знач. 3
ВЫ́ДУТ, -та, -то, -ты; *кр. ф.*
В глаг. знач. 3

ВЫ́ЖЕЧЬ, вы́жг|ут, вы́жег|, вы́жгла, -ло, -ли; ***сов., перех., что*** (*несов.* выжига́ть) **1.** ***S не лицо*** *На этом участке огонь огнеметов выжег всю растительность. Солнце выжгло посевы* [уничтожить что-л., испепелив, растворив и т. п.] **2.** *На крышке коробки мастер выжег цифры* [сделать на чем-л. знак, рисунок и т. п. раскаленным металлом или едким веществом]

II. ВЫ́ЖЕГШИЙ, -ая, -ее, -ие; *действ. прош.*
С и н т.: **а, б** — в глаг. знач. 1, 2

IV. ВЫ́ЖЖЕННЫЙ, -ая, -ое, -ые; *страд. прош.*
[чередование г/ж]
С и н т.: **а, б** — в глаг. знач. 1, 2; **в** — в глаг. знач. 2
В з н а ч. п р и л. (только *полн. ф.*) Без растительности, построек, голый в результате пожаров, засухи. *Выжженная земля. Выжженное поле*
ВЫ́ЖЖЕН, -ена, -ено, -ены; *кр. ф.*
В глаг. знач. 1, 2

ВЫЖИГА́ТЬ, выжига́|ют, выжига́|л; ***несов. к*** вы́жечь (см.)

I. ВЫЖИГА́ЮЩИЙ, -ая, -ее, -ие; *действ. наст.*
С и н т.: **а, б** — в глаг. знач. 1, 2

II. ВЫЖИГА́ВШИЙ, -ая, -ее, -ие; *действ. прош.*

С и н т.: **а, б** — в глаг. знач. 1, 2

III. ВЫЖИГА́ЕМЫЙ, -ая, -ое, -ые; *страд. наст.*

С и н т.: **а, б** — в глаг. знач. 1, 2; **в** — в глаг. знач. 2

ВЫ́ЗВАТЬ, вы́зовут, вы́зва|л; ***сов. к*** вызыва́ть (см.)

II. ВЫ́ЗВАВШИЙ, -ая, -ее, -ие; *действ. прош.*

С и н т.: **а, б** — в глаг. знач. 1 — 6

IV. ВЫ́ЗВАННЫЙ, -ая, -ое, -ые; *страд. прош.*

С и н т.: **а, б** — в глаг. знач. 1 — 6

С у б с т а н т и в.₃ не употр.

ВЫ́ЗВАН, -ана, -ано, -аны; *кр. ф.*

В глаг. знач. 1 — 6

ВЫЗДОРА́ВЛИВАТЬ, выздора́влива|ют, выздора́влива|л; ***несов., неперех.*** (*сов.* вы́здороветь) *Мой друг медленно выздоравливает после гриппа* [становиться здоровым после болезни, поправляться]

I. ВЫЗДОРА́ВЛИВАЮЩИЙ, -ая, -ее, -ие; *действ. наст.*

С и н т.: **а, б, в** — в глаг. знач.

II. ВЫЗДОРА́ВЛИВАВШИЙ, -ая, -ее, -ие; *действ. прош.*

С и н т.: **а, б, в** — в глаг. знач.

ВЫ́ЗДОРОВЕТЬ, вы́здоровеют, вы́здорове|л; ***сов. к*** выздора́вливать (см.)

II. ВЫ́ЗДОРОВЕВШИЙ, -ая, -ее, -ие; *действ. прош.*

С и н т.: **а, б, в** — в глаг. знач.

ВЫЗЫВА́ТЬ, вызыва́|ют, вызыва́|л; ***несов., перех.*** (*сов.* вы́звать) **1.** ***кого (что)*** *Родственники больного несколько раз вызывали медсестру из палаты, чтобы узнать, как он себя чувствует. Зрители не один раз вызывали артистов на сцену* [просить кого-л. выйти откуда-л. куда-л.] **2.** ***кого (что)*** *Каждое утро директор завода вызывает начальников цехов на короткие совещания. Бабушка не ходит в поликлинику, а вызывает врача на дом* [просить, предлагать прийти, приехать, явиться куда-л.] **3.** ***кого (что)*** *Учительница вызывает к доске сначала слабых учеников, а потом сильных* [предлагать учащемуся отвечать на вопросы во время занятий] **4.** ***кого (что) на что*** и ***с неопр. ф.*** *Каждый год мы вызываем соседнюю бригаду на соревнование. Брат несколько раз вызывал меня на откровенность. Дима вызывал нас помериться силой* [побуждать к каким-л. действиям, побуждать отозваться, откликнуться на что-л.] **5.** ***что,*** также ***чем*** *Олег вызывал сочувствие у слушателей своими рассказами* (см. § 1). *Этот фильм вызывает противоречивые чувства у зрителей* [заставлять появляться, порождать] **6.** ***что; S не лицо*** *Запахи с кухни вызывали у гостей аппетит и любопытство. Несоблюдение техники безопасности не раз вызывало пожар* [являться причиной появления чего-л.]

I. ВЫЗЫВА́ЮЩИЙ, -ая, -ее, -ие; *действ. наст.*

С и н т.: **а, б** — в глаг. знач. 1 — 6

С р. прил. **вызыва́ющий,** -ая, -ее, -ие; -ющ, -юща, -юще, -ющи. Обращающий на себя внимание дерзостью, наглостью, содержащий вызов. *Вызывающий тон. Вызывающее поведение. Вызывающий вид*

II. ВЫЗЫВА́ВШИЙ, -ая, -ее, -ие; *действ. прош.*

С и н т.: **а, б** — в глаг. знач. 1 — 6

III. ВЫЗЫВА́ЕМЫЙ, -ая, -ое, -ые; *страд. наст.*

С и н т.: **а, б** — в глаг. знач. 1 — 6

С у б с т а н т и в.₃ не употр.

ВЫ́ИГРАТЬ, вы́игра|ют, вы́игра|л; ***сов.*** (*несов.* выи́грывать) **1.** ***перех., что*** *Наши соседи выиграли по лотерейному билету машину* [приобрести, получить при розыгрыше тиража спортлото, займа, лотереи и т. п.] **2.** ***перех., что*** *«Павлику повезло, и он выиграл несколько пиастров».* Катаев, Хуторок в степи [приобрести игрой в карты, лото и т. п.] **3.** ***перех., что*** *Мальчик выиграл партию в шахматы у мастера спорта. Наша команда выиграла матч. На Куликовом поле русские войска выиграли сражение* [стать победителем в каком-л. матче, спортивной встрече, в сражении и т. д.] **4.** ***перех., что*** *Применив новую технологию, мы выиграли целый квартал. Если ты поедешь на такси, выиграешь полчаса* [сэкономить время, получив возможность использовать его для каких-л. целей] **5.** ***неперех.*** *Олег выиграл в этом споре* [одержать победу в споре, игре и т. д.] **6.** ***неперех., от чего*** *Население выиграло от снижения цен* [получить выгоду, пользу от чего-л., выгадать] **7.** ***неперех., в чем; S не лицо*** *Книга сильно выиграла в оформлении, вы согласны?* [стать лучше в каком-л. отношении] **8.** ***неперех., в чем*** *Смирнов выиграл во мнении собравшихся, не согласившись с предыдущим оратором. «Как дядя должен выиграть в этот вечер в глазах жены!»* И. Гончаров, Обыкновенная история [заслужить одобрительную оценку, добиться успеха в чем-л.]

II. ВЫ́ИГРАВШИЙ, -ая, -ее, -ие; *действ. прош.*

С и н т.: **а, б** — в глаг. знач. 1—8

IV. ВЫ́ИГРАННЫЙ, -ая, -ое, -ые; *страд. прош.*

С и н т.: **а, б** — в глаг. знач. 1 — 4; **в** — в глаг. знач. 2 — 4

С у б с т а н т и в.₃ в глаг. знач. 1, 2

ВЫ́ИГРАН, -ана, -ано, -аны; *кр. ф.*

В глаг. знач. 1 — 4

ВЫИ́ГРЫВАТЬ, выи́грыва|ют, выи́грыва|л; ***несов. к*** вы́играть (см.)

I. ВЫИ́ГРЫВАЮЩИЙ, -ая, -ее, -ие; *действ. наст.*

С и н т.: **а, б** — в глаг. знач. 1—8

II. ВЫИ́ГРЫВАВШИЙ, -ая, -ее, -ие; *действ. прош.*

С и н т.: **а, б** — в глаг. знач. 1—8

III. ВЫИ́ГРЫВАЕМЫЙ, -ая, -ое, -ые; *страд. наст.*

С и н т.: **а, б** — в глаг. знач. 1 — 4; **в** — в глаг. знач. 2 — 4

С у б с т а н т и в.₃ в глаг. знач. 1, 2

ВЫ́ЙТИ, вы́йдут, вы́шел, вы́шла, -ло, -ли; ***сов. к*** выходи́ть в 1 — 14 знач. (см.)

II. ВЫ́ШЕДШИЙ, -ая, -ее, -ие; *действ. прош.**

[от основы -шед- + суффикс -ш-]

Синт.: **а, б** — в глаг. знач. 1 — 10, 12, 14; **в** — в глаг. знач. 9

▭ Прич. II в 11, 13 глаг. знач. не употр.

ВЫКА́ПЫВАТЬ, выка́пыва|ют, выка́пыва|л; ***несов. к*** вы́копать (см.)

I. ВЫКА́ПЫВАЮЩИЙ, -ая, -ее, -ие; *действ. наст.*

Синт.: **а, б** — в глаг. знач. 1 — 3

II. ВЫКА́ПЫВАВШИЙ, -ая, -ее, -ие; *действ. прош.*

Синт.: **а, б** — в глаг. знач. 1 — 3

III. ВЫКА́ПЫВАЕМЫЙ, -ая, -ое, -ые; *страд. наст.*

Синт.: **а, б** — в глаг. знач. 1 — 3; **в** — в глаг. знач. 1, 2

Субстантив.$_3$ в глаг. знач. 1, 2

▭ Прич. III в 3 глаг. знач. менее употр., чем в 1, 2 глаг. знач.

ВЫКЛЮЧА́ТЬ, выключа́|ют, выключа́|л; ***несов. к*** вы́ключить (см.)

I. ВЫКЛЮЧА́ЮЩИЙ, -ая, -ее, -ие; *действ. наст.*

Синт.: **а, б** — в глаг. знач. 1, 2

II. ВЫКЛЮЧА́ВШИЙ, -ая, -ее, -ие; *действ. прош.*

Синт.: **а, б** — в глаг. знач. 1, 2

III. ВЫКЛЮЧА́ЕМЫЙ, -ая, -ое, -ые; *страд. наст.*

Синт.: **а, б** — в глаг. знач. 1, 2; **в** — в глаг. знач. 1

ВЫ́КЛЮЧИТЬ, вы́ключ|ат, вы́ключи|л; ***сов., перех.*** (*несов.* выключа́ть) **1. *что*** *Тракторист выключил мотор и подозвал детей к себе. Ольга перед уходом на работу выключила свет в доме. На ночь Смирновы выключили телефон* [прервать, остановить действие какого-л. механизма; отъединив, отсоединив от источника энергии, прервать действие чего-л.] **2. *кого(что)*** *Руководитель группы выключил Иванова из списка туристов* [исключить из состава кого-чего-л.]

II. ВЫ́КЛЮЧИВШИЙ, -ая, -ее, -ие; *действ. прош.*

Синт.: **а, б** — в глаг. знач. 1, 2

IV. ВЫ́КЛЮЧЕННЫЙ, -ая, -ое, -ые; *страд. прош.*

Синт.: **а, б** — в глаг. знач. 1, 2; **в** — в глаг. знач. 1

ВЫ́КЛЮЧЕН, -ена, -ено, -ены; *кр. ф.*

В глаг. знач. 1, 2

ВЫ́КОВАТЬ, вы́куют, вы́кова|л; ***сов. к*** кова́ть во 2 знач. (см.)

II. ВЫ́КОВАВШИЙ, -ая, -ее, -ие; *действ. прош.*

Синт.: **а, б** — в глаг. знач. 2

IV. ВЫ́КОВАННЫЙ, -ая, -ое, -ые; *страд. прош.*

Синт.: **а, б, в** — в глаг. знач. 2

ВЫ́КОВАН, -ана, -ано, -аны; *кр. ф.*

В глаг. знач. 2

ВЫ́КОПАТЬ, вы́копают, вы́копа|л; ***сов., перех., что*** (*несов.* выка́пывать; *несов.* копа́ть *к* 1, 2 знач.) **1.** также ***чем*** *Недалеко от нашей дачи рабочие выкопали колодец. Мы выкопали яму лопатой, и посадили молодую яблоню* (см. § 2). *Брат выкопал погреб рядом с домом* [вынимая, выбрасывая землю, сделать углубление, выемку, яму, вырыть] **2.** также ***чем*** *Мы уже выкопали весь картофель. Илья выкопал корни лопуха ножом* (см. § 2) [достать, извлечь из земли, отвалив ее] **3.** *Сережа где-то выкопал эту древнюю книгу* [отыскать, извлечь; *разг.*]

II. ВЫ́КОПАВШИЙ, -ая, -ее, -ие; *действ. прош.*

Синт.: **а, б** — в глаг. знач. 1 — 3

IV. ВЫ́КОПАННЫЙ, -ая, -ое, -ые; *страд. прош.*

Синт.: **а, б** — в глаг. знач. 1 — 3; **в** — в глаг. знач. 1, 2

Субстантив.$_3$ в глаг. знач. 1, 2

ВЫ́КОПАН, -ана, -ано, -аны; *кр. ф.*

В глаг. знач. 1 — 3

▭ Прич. II, IV в 3 глаг. знач. менее употр., чем в 1, 2 глаг. знач.

ВЫКРА́ИВАТЬ, выкра́ива|ют, выкра́ива|л; ***несов. к*** вы́кроить во 2 знач. (см.)

I. ВЫКРА́ИВАЮЩИЙ, -ая, -ее, -ие; *действ. наст.*

Синт.: **а, б** — в глаг. знач. 2

II. ВЫКРА́ИВАВШИЙ, -ая, -ее, -ие; *действ. прош.*

Синт.: **а, б** — в глаг. знач. 2

III. ВЫКРА́ИВАЕМЫЙ, -ая, -ое, -ые; *страд. наст.*

Синт.: **а, б** — в глаг. знач. 2

ВЫ́КРАСИТЬ, вы́крашу, вы́крас|ят, вы́краси|л; ***сов. к*** кра́сить в 1, 3 знач. (см.)

II. ВЫ́КРАСИВШИЙ, -ая, -ее, -ие; *действ. прош.*

Синт.: **а, б** — в глаг. знач. 1, 3

IV. ВЫ́КРАШЕННЫЙ, -ая, -ое, -ые; *страд. прош.*

[чередование с/ш]

Синт.: **а, б, в** — в глаг. знач. 1, 3

ВЫ́КРАШЕН, -ена, -ено, -ены; *кр. ф.*

В глаг. знач. 1, 3

ВЫ́КРОИТЬ, вы́кро|ят, вы́крои|л; ***сов., перех., что*** (*несов.* выкра́ивать *ко* 2 знач.; *несов.* кро́ить *к* 1 знач.) **1.** *Портной выкроил костюм из светлой ткани* [вырезать по мерке части чего-л.— изготовляемой одежды, обуви и т. п.] **2.** *Молодожены выкроили деньги на покупку видеомагнитофона* [с трудом выделить для какой-л. цели; *разг.*]

II. ВЫ́КРОИВШИЙ, -ая, -ее, -ие; *действ. прош.*

Синт.: **а, б** — в глаг. знач. 1, 2

IV. ВЫ́КРОЕННЫЙ, -ая, -ое, -ые; *страд. прош.*

Синт.: **а, б** — в глаг. знач. 1, 2

ВЫ́КРОЕН, -ена, -ено, -ены; *кр. ф.*

В глаг. знач. 1, 2

ВЫ́КУПАТЬ, вы́купают, вы́купа|л; ***сов. к*** купа́ть (см.)

II. ВЫ́КУПАВШИЙ, -ая, -ее, -ие; *действ. прош.*

Синт.: **а, б** — в глаг. знач.

IV. ВЫ́КУПАННЫЙ, -ая, -ое, -ые; *страд. прош.*

Синт.: **а, б, в** — в глаг. знач.

ВЫ́КУПАН, -ана, -ано, -аны; *кр. ф.*

В глаг. знач.

ВЫЛА́ЩИВАТЬ, выла́щива|ют, выла́щива|л; ***несов. к*** вы́лощить (см.)

I. ВЫЛА́ЩИВАЮЩИЙ, -ая, -ее, -ие; *действ. наст.*
Синт.: **а, б** — в глаг. знач. 1, 2

II. ВЫЛА́ЩИВАВШИЙ, -ая, -ее, -ие; *действ. прош.*
Синт.: **а, б** — в глаг. знач. 1, 2

III. ВЫЛА́ЩИВАЕМЫЙ, -ая, -ое, -ые; *страд. наст.*
Синт.: **а, б, в** — в глаг. знач. 1, 2

ВЫЛЕЗА́ТЬ, вылеза́|ют, вылеза́|л; ***несов. к*** вы́лезти и вы́лезть (см.)

I. ВЫЛЕЗА́ЮЩИЙ, -ая, -ее, -ие; *действ. наст.*
Синт.: **а, б** — в глаг. знач. 1 — 6; **в** — в глаг. знач. 4, 5

II. ВЫЛЕЗА́ВШИЙ, -ая, -ее, -ие; *действ. прош.*
Синт.: **а, б** — в глаг. знач. 1—6; **в** — в глаг. знач. 4, 5

ВЫ́ЛЕЗТИ и **ВЫ́ЛЕЗТЬ,** вы́лезут, вы́лез|; ***сов., неперех.*** (*несов.* вылеза́ть; *несов.* лезть *к* 5 знач.) **1.** *Мальчики вылезли в сад через окно* [выбраться откуда-л. куда-л., цепляясь за что-л. руками и ногами] **2.** ***из чего*** *Дима с трудом вылез из ямы. Летчик вылез из кабины самолета* [оставить пределы чего-л. с определенными усилиями] **3.** ***S не лицо*** *У малыша из-под шапки вылезли волосы* [высунуться, выбиться наружу из-под чего-л.] **4.** ***S не лицо*** *В этом диване все пружины вылезли. Вся зубная паста из тюбика вылезла* [оказаться за пределами какого-л. места, емкости и т. п., в которых предмет, вещество и т. п. должны находиться] **5.** ***у кого; S не лицо*** *У нашей собаки вылезла шерсть* [выпасть — о волосах, шерсти] **6.** *Петя вылез вчера некстати со своими замечаниями* [неуместно, некстати сказать что-л., поступить каким-л. образом; *разг.*]

II. ВЫ́ЛЕЗШИЙ, -ая, -ее, -ие; *действ. прош.*
Синт.: **а, б** — в глаг. знач. 1 — 6; **в** — в глаг. знач. 4, 5

ВЫ́ЛЕПИТЬ, вы́леплю, вы́леп|ят, вы́лепи|л; ***сов. к*** лепи́ть в 1 знач. (см.)

II. ВЫ́ЛЕПИВШИЙ, -ая, -ее, -ие; *действ. прош.*
Синт.: **а, б** — в глаг. знач. 1

IV. ВЫ́ЛЕПЛЕННЫЙ, -ая, -ое, -ые; *страд. прош.*
[чередование п/пл]
Синт.: **а, б** — в глаг. знач. 1
ВЫ́ЛЕПЛЕН, -ена, -ено, -ены; *кр. ф.*
В глаг. знач. 1

ВЫ́ЛЕЧИТЬ, вы́лечат, вы́лечи|л; ***сов. к*** лечи́ть (см.)

II. ВЫ́ЛЕЧИВШИЙ, -ая, -ее, -ие; *действ. прош.*
Синт.: **а, б** — в глаг. знач. 1, 2

IV. ВЫ́ЛЕЧЕННЫЙ, -ая, -ое, -ые; *страд. прош.*
Синт.: **а, б, в** — в глаг. знач. 1, 2
ВЫ́ЛЕЧЕН, -ена, -ено, -ены; *кр. ф.*
В глаг. знач. 1, 2

ВЫЛИВА́ТЬ, вылива́|ют, вылива́|л; ***несов. к*** вы́лить в 1, 2 знач. (см.)

I. ВЫЛИВА́ЮЩИЙ, -ая, -ее, -ие; *действ. наст.*
Синт.: **а, б** — в глаг. знач. 1, 2

II. ВЫЛИВА́ВШИЙ, -ая, -ее, -ие; *действ. прош.*
Синт.: **а, б** — в глаг. знач. 1, 2

III. ВЫЛИВА́ЕМЫЙ, -ая, -ое, -ые; *страд. наст.*
Синт.: **а, б** — в глаг. знач. 1, 2
Субстантив.$_3$ в глаг. знач. 1

ВЫ́ЛИНЯТЬ, вы́линяют, вы́линя|л; ***сов. к*** линя́ть в 3 знач. (см.)

II. ВЫ́ЛИНЯВШИЙ, -ая, -ее, -ие; *действ. прош.*
Синт.: **а, б, в** — в глаг. знач. 3

ВЫ́ЛИТЬ, вы́льют, вы́ли|л; ***сов., перех., что*** (*несов.* вылива́ть *к* 1, 2 знач.) **1.** *Бабушка вылила кислое молоко из бидона. Илья вылил из чашки остатки чая* [заставить жидкость вытечь, удалить ее откуда-л., наклонив или опрокинув сосуд] **2.** *Свое негодование брат вылил на меня. «Шульгович уже успел вылить свой гнев в крике».* Куприн, Поединок [дать исход какому-л. чувству, обратив на кого-что-л.; выразить, излить] **3.** *Скульптор вылил эту статую из бронзы* [изготовить литьем, отлить]

II. ВЫ́ЛИВШИЙ, -ая, -ее, -ие; *действ. прош.*
Синт.: **а, б** — в глаг. знач. 1 — 3

IV. ВЫ́ЛИТЫЙ, -ая, -ое, -ые; *страд. прош.*
Синт.: **а, б** — в глаг. знач. 1—3
Ср. прил. **вы́литый,** -ая, -ое, -ые. Очень похожий на кого-л.— в составе именного сказ. *Дочь — вылитая мать. Этот человек — вылитый Эйнштейн*
Субстантив.$_3$ в глаг. знач. 1, 3
ВЫ́ЛИТ, -та, -то, -ты; *кр. ф.*
В глаг. знач. 1 — 3

ВЫ́ЛОЩИТЬ, вы́лощ|ат, вы́лощи|л; ***сов., перех., что*** (*несов.* выла́щивать и лощи́ть) **1.** также ***чем*** *Бабушка вылощила паркет воском* (см. § 2) [натереть до блеска] **2.** *Мастер вылощил кожу* [отполировать, навести лоск, глянец на что-л.]

II. ВЫ́ЛОЩИВШИЙ, -ая, -ее, -ие; *действ. прош.*
Синт.: **а, б** — в глаг. знач. 1, 2

IV. ВЫ́ЛОЩЕННЫЙ, -ая, -ое, -ые; *страд. прош.*
Синт.: **а, б** — в глаг. знач. 1, 2
В знач. прил. (только *полн. ф.*) Блестящий от наведенного лоска, лощеный. *Вылощенный паркет. Вылощенная шляпа*
ВЫ́ЛОЩЕН, -ена, -ено, -ены; *кр. ф.*
В глаг. знач. 1, 2

ВЫ́ЛУДИТЬ, вы́лужу, вы́луд|ят, вы́луди|л; ***сов. к*** луди́ть (см.)

II. ВЫ́ЛУДИВШИЙ, -ая, -ее, -ие; *действ. прош.*
Синт.: **а, б** — в глаг. знач.

IV. ВЫ́ЛУЖЕННЫЙ, -ая, -ое, -ые; *страд. прош.*
[чередование д/ж]
Синт.: **а, б, в** — в глаг. знач.
ВЫ́ЛУЖЕН, -ена, -ено, -ены; *кр. ф.*
В глаг. знач.

ВЫМУ́ЧИВАТЬ, выму́чива|ют, выму́чива|л; ***несов. к*** вы́мучить (см.)

I. ВЫМУ́ЧИВАЮЩИЙ, -ая, -ее, -ие; *действ. наст.*
Синт.: **а, б** — в глаг. знач. 1, 2
II. ВЫМУ́ЧИВАВШИЙ, -ая, -ее, -ие; *действ. прош.*
Синт.: **а, б** — в глаг. знач. 1, 2
III. ВЫМУ́ЧИВАЕМЫЙ, -ая, -ое, -ые; *страд. наст.*
Синт.: **а, б, в** — в глаг. знач. 1, 2
Субстантив.₃ не употр.

ВЫ́МУЧИТЬ, вы́муч|ат, вы́мучи|л; ***сов., перех., что*** (*несов.* выму́чивать) **1.** *Мальчик, наконец, вымучил из себя признание* [сделать что-л. с чрезвычайной неохотой, с большим внутренним сопротивлением — обычно в сочетании со словами *из себя; разг.*] **2.** *Начинающий поэт буквально вымучил нужную рифму* [создать, написать, сделать и т. п. что-л. без увлечения, вдохновения, путем мучительных усилий]
II. ВЫ́МУЧИВШИЙ, -ая, -ее, -ие; *действ. прош.*
Синт.: **а, б** — в глаг. знач. 1, 2
IV. ВЫ́МУЧЕННЫЙ, -ая, -ое, -ые; *страд. прош.*
Синт.: **а, б** — в глаг. знач. 1, 2
Ср. прил. **вы́мученный,** -ая, -ое, -ые; -ен, -енна, -енно, -енны. Неестественный, насильственный, полученный в результате мучительных усилий. *Вымученные стихи. Вымученный рассказ. Вымученные остроты. Вымученный смех. Улыбка у этой девушки вымученна*
ВЫ́МУЧЕН, -ена, -ено, -ены; *кр. ф.*
В глаг. знач. 1, 2

ВЫ́МЫСЛИТЬ, вы́мышлю, вы́мысл|ят, вы́мысли|л; ***сов., перех., что*** (*несов.* вымышля́ть); *устар. Рассказчик вымыслил все имена и события* [создать воображением, выдумать]
II. ВЫ́МЫСЛИВШИЙ, -ая, -ее, -ие; *действ. прош.*
Синт.: **а, б** — в глаг. знач.
IV. ВЫ́МЫШЛЕННЫЙ, -ая, -ое, -ые; *страд. прош.*
[чередование с/ш]
Синт.: **а, б** — в глаг. знач.
Ср. прил. **вы́мышленный,** -ая, -ое, -ые. Представляющий собой вымысел, не существующий в действительности, выдуманный. *Вымышленное имя. Вымышленный случай. Вымышленные события*
ВЫ́МЫШЛЕН, -ена, -ено, -ены; *кр. ф.*
В глаг. знач.

ВЫ́МЫТЬ, вы́моют, вы́мы|л; ***сов. к*** мыть (см.)
II. ВЫ́МЫВШИЙ, -ая, -ее, -ие; *действ. прош.*
Синт.: **а, б** — в глаг. знач. 1, 2
IV. ВЫ́МЫТЫЙ, -ая, -ое, -ые; *страд. прош.*
Синт.: **а, б, в** — в глаг. знач. 1, 2
ВЫ́МЫТ, -та, -то, -ты; *кр. ф.*
В глаг. знач. 1, 2

ВЫ́МЫТЬСЯ, вы́моются, вы́мы|лся; ***сов. к*** мы́ться в 1 знач. (см.)
II. ВЫ́МЫВШИЙСЯ, -аяся, -ееся, -иеся; *действ. прош.*
Синт.: **а, б, в** — в глаг. знач. 1

ВЫМЫШЛЯ́ТЬ, вымышля́|ют, вымышля́|л; ***несов. к*** вы́мыслить (см.)
I. ВЫМЫШЛЯ́ЮЩИЙ, -ая, -ее, -ие; *действ. наст.*
Синт.: **а, б** — в глаг. знач.
II. ВЫМЫШЛЯ́ВШИЙ, -ая, -ее, -ие; *действ. прош.*
Синт.: **а, б** — в глаг. знач.
III. ВЫМЫШЛЯ́ЕМЫЙ, -ая, -ое, -ые; *страд. наст.*
Синт.: **а, б** — в глаг. знач.

ВЫНА́ШИВАТЬ, вына́шива|ют, вына́шива|л; ***несов. к*** вы́носить (см.)
I. ВЫНА́ШИВАЮЩИЙ, -ая, -ее, -ие; *действ. наст.*
Синт.: **а, б** — в глаг. знач. 1—4
II. ВЫНА́ШИВАВШИЙ, -ая, -ее, -ие; *действ. прош.*
Синт.: **а, б** — в глаг. знач. 1—4
III. ВЫНА́ШИВАЕМЫЙ, -ая, -ое, -ые; *страд. наст.**
Синт.: **а, б** — в глаг. знач. 1, 2, 4; **в** — в глаг. знач. 1, 2
Субстантив.₃ в глаг. знач. 4
□ Прич. III в 3 глаг. знач. не употр.

ВЫНА́ШИВАТЬСЯ, вына́шива|ются, вына́шива|лся; ***несов. к*** вы́носиться (см.)
I. ВЫНА́ШИВАЮЩИЙСЯ, -аяся, -ееся, -иеся; *действ. наст.*
Синт.: **а, б** — в глаг. знач. 1, 2
II. ВЫНА́ШИВАВШИЙСЯ, -аяся, -ееся, -иеся; *действ. прош.*
Синт.: **а, б** — в глаг. знач. 1, 2

ВЫ́НЕСТИ, вы́нес|ут; вы́нес|; ***сов. к*** выноси́ть в 1—8 знач. (см.)
II. ВЫ́НЕСШИЙ, -ая, -ее, -ие; *действ. прош.*
Синт.: **а, б** — в глаг. знач. 1—8
IV. ВЫ́НЕСЕННЫЙ, -ая, -ое, -ые; *страд. прош.*
Синт.: **а, б** — в глаг. знач. 1—8; **в** — в глаг. знач. 7
Субстантив.₃ в глаг. знач. 1, 2, 4, 5, 8
ВЫ́НЕСЕН, -ена, -ено, -ены; *кр. ф.*
В глаг. знач. 1—8

ВЫНИМА́ТЬ, вынима́|ют; вынима́|л; ***несов. к*** вы́нуть (см.)
I. ВЫНИМА́ЮЩИЙ, -ая, -ее, -ие; *действ. наст.*
Синт.: **а, б** — в глаг. знач.
II. ВЫНИМА́ВШИЙ, -ая, -ее, -ие; *действ. прош.*
Синт.: **а, б** — в глаг. знач.
III. ВЫНИМА́ЕМЫЙ, -ая, -ое, -ые; *страд. наст.*
Синт.: **а, б** — в глаг. знач.

ВЫ́НОСИТЬ, вы́ношу, вы́нос|ят, вы́носи|л; ***сов., перех.*** (*несов.* вына́шивать) **1. *кого(что)*** *«У каждого ребенка по природе вещей одна мать,— та мать, которая его выносила и произвела на свет».* Мамин-Сибиряк, Любовь [проносить в себе ребенка, детеныша какой-л. срок до родов] **2. *что*** *Ученый действительно выносил идею создания солнечных электростанций* [обдумать до полной ясности, зрелости] **3. *кого(что)*** *Бабушка буквально выносила на своих руках внука* [вынянчить, вырастить с особой старательностью; *разг.*] **4. *что*** *Мы выносили свои лыжные* *куртки до дыр* [длительной ноской привести в ветхость, негодность, износить; *разг.*]

II. ВЫ́НОСИВШИЙ, -ая, -ее, -ие; *действ. прош.*

Синт.: **а, б** — в глаг. знач. 1—4

IV. ВЫ́НОШЕННЫЙ, -ая, -ое, -ые; *страд. прош.**

[чередование с/ш]

Синт.: **а, б** — в глаг. знач. 1, 2, 4

В знач. прил. (только *полн. ф.*) **1.** Обдуманный, зрелый. *Выношенная идея. Выношенные стихи* **2.** Ветхий, негодный от длительной носки. *Выношенное пальто. Выношенный костюм*

Субстантив.₃ в глаг. знач. 4

ВЫ́НОШЕН, -ена, -ено, -ены; *кр. ф.**

В глаг. знач. 1, 2, 4

□ Прич. IV в 3 глаг. знач. не употр.

ВЫНОСИ́ТЬ, выношу́, выно́с|ят, выноси́|л; ***несов., перех.*** (*сов.* вы́нести *к* 1—8 знач.) **1.** ***кого (что)*** и ***что*** *Носильщик выносит вещи из вагона Пожарники выносят детей из горящего дома.* [неся, удалять откуда-л., уносить за пределы чего-л.] **2.** ***что*** *Мы выносим комментарий к тексту в конец книги. Часть замечаний редактор выносит на поля рукописи* [помещать что-л., какую-л. часть отдельно, вне целого] **3.** ***что*** *Профбюро выносит это предложение на общее собрание* [предлагать, представлять для обсуждения, ознакомления, решения] **4.** ***кого(что)*** и ***что; S не лицо*** *Лошади выносят сани на поляну* [быстро вывозить, мчать куда-л.] **5.** ***кого(что)*** и ***что; S не лицо*** *Волны выносят пловцов и лодку на берег* [увлекая за собой, быстро, стремительно перемещать, приносить, выбрасывать куда-л.— о волнах, течении, ветре и т. п.] **6.** ***что*** *Зрители выносят от этого спектакля самые разные впечатления* [извлекать, получать в результате ознакомления, наблюдения над кем-чем-л.] **7.** ***что*** *Директор выносит благодарность лучшим работникам издательства. Общее собрание выносит решение о работе сверхурочно в Фонд мира* [в результате рассмотрения официально принимать какое-л. решение и объявлять о нем — в сочетании с сущ. *решение, постановление, приговор, благодарность* и т. д.] **8.** ***что*** *В годы войны наш народ выносил тяжкие испытания. Ольга с трудом выносит разлуку с маленьким сыном* [не сдаваться перед лишениями, трудностями; терпеть, выдерживать, переносить что-л.] **9.** ***что*** *«[Козуля] не выносит высоких гор, покрытых осыпями, и густых хвойных лесов».* Арсеньев, Дерсу Узала. *Я не выношу жару* [обладать приспособленностью к чему-л., способностью выдерживать что-л.— обычно с отрицанием] **10.** ***кого(что)*** и ***что*** *Илья не выносит жадность. Сережа не выносит сплетников и болтунов* [мириться с кем-чем-л., терпимо относиться к кому-чему-л.— обычно с отрицанием]

I. ВЫНОСЯ́ЩИЙ, -ая, -ее, -ие; *действ. наст.*

Синт.: **а, б** — в глаг. знач. 1—10

II. ВЫНОСИ́ВШИЙ, -ая, -ее, -ие; *действ. прош.*

Синт.: **а, б** — в глаг. знач. 1—10

III. ВЫНОСИ́МЫЙ, -ая, -ое, -ые; *страд. наст.**

Синт.: **а, б** — в глаг. знач. 1—8, 10

Субстантив.₂ в глаг. знач. 1, 4, 5; субстантив.₃ в глаг. знач. 1, 2, 4, 5, 8

□ Прич. III в 9 глаг. знач. не употр.

ВЫ́НОСИТЬСЯ, вы́носятся, вы́носи|лся; ***сов.*** (*несов.* вына́шиваться); ***S не лицо*** **1.** *«Одни из лучших минут в жизни моей были те, когда я наконец клал на бумагу то, что выносилось.. в моих мыслях».* Гоголь, Авторская исповедь [в результате долгого обдумывания, наблюдений и т. п. получить полную ясность, зрелость, завершенность в чьем-л. сознании] **2.** *Подкладка у моей шубы совсем выносилась* [прийти в ветхость, негодность из-за долгой носки, износиться; *разг.*]

II. ВЫ́НОСИВШИЙСЯ, -аяся, -ееся, -иеся; *действ. прош.*

Синт.: **а, б** — в глаг. знач. 1, 2; **в** — в глаг. знач. 2

ВЫ́НУДИТЬ, вы́нужу, вы́нуд|ят, вы́нуди|л; ***сов., перех.*** (*несов.* вынужда́ть) **1.** ***кого(что) с неопр. ф.*** и ***к чему*** *Мальчика вынудили сказать неправду. Танкисты вынудили противника к отступлению* [заставить кого-л. сделать что-л.] **2.** ***что у кого(чего)*** *Олег вынудил у Димы согласие поехать вместе в Ленинград. Брат вынудил у знакомого геолога обещание привезти ему горный хрусталь* [добиться чего-л. принуждением]

II. ВЫ́НУДИВШИЙ, -ая, -ее, -ие; *действ. прош.*

Синт.: **а, б** — в глаг. знач. 1, 2

IV. ВЫ́НУЖДЕННЫЙ, -ая, -ое, -ые; *страд. прош.**

[чередование д/жд]

Синт.: в глаг. знач. нет; **а, б** — в статив. знач.

Статив. знач., ***с неопр. ф.*** (также *кр. ф.* ↓) В силу каких-л. обстоятельств, причин обязанный делать что-л., поступать каким-л. образом против собственного желания. *Брат, вынужденный уехать из санатория раньше, чем его друзья, сильно огорчился*

Ср. прил. **вы́нужденный,** -ая, -ое, -ые; -ен, -ен**на**, -ен**но**, -ен**ны**. Вызванный необходимостью, какими-л. обстоятельствами, не добровольный. *Вынужденное молчание. Вынужденное признание. Вынужденный отказ. Вынужденная посадка самолета. Вынужденный простой в работе*

Субстантив.₃ не употр.

ВЫ́НУЖДЕН, -ена, -ено, -ены; *кр. ф.**

В глаг. знач. нет

Статив. знач., ***с неопр. ф.*** (также *полн. ф.* ↑) *Брат был вынужден уехать из санатория раньше срока*

□ Прич. IV употр. только в статив. знач.

ВЫНУЖДА́ТЬ, вынужда́|ют, вынужда́|л; ***несов.*** ***к*** вы́нудить (см.)

I. ВЫНУЖДА́ЮЩИЙ, -ая, -ее, -ие; *действ. наст.*

Синт.: **а, б** — в глаг. знач. 1, 2

II. ВЫНУЖДА́ВШИЙ, -ая, -ее, -ие; *действ. прош.*

Синт.: **а, б** — в глаг. знач. 1, 2

III. ВЫНУЖДА́ЕМЫЙ, -ая, -ое, -ые; *страд. наст.*

Синт.: **а, б** — в глаг. знач. 1, 2

Субстантив.3 не употр.

ВЫ́НУТЬ, вы́нут, вы́ну|л; ***сов., перех., что из чего*** (*несов.* вынима́ть) *Первоклассники вынули книги из портфеля и положили на парты. Я уже вынул газеты из почтового ящика* [достать, извлечь из чего-л., откуда-л.]

II. ВЫ́НУВШИЙ, -ая, -ее, -ие; *действ. прош.*

Синт.: **а, б** — в глаг. знач.

IV. ВЫ́НУТЫЙ, -ая, -ое, -ые; *страд. прош.*

Синт.: **а, б** — в глаг. знач.

ВЫ́НУТ, -та, -то, -ты; *кр. ф.*

В глаг. знач.

ВЫПАДА́ТЬ, выпада́|ют, выпада́|л; ***несов. к*** вы́пасть (см.)

I. ВЫПАДА́ЮЩИЙ, -ая, -ее, -ие; *действ. наст.**

Синт.: **а, б** — в глаг. знач. 1 — 4

II. ВЫПАДА́ВШИЙ, -ая, -ее, -ие; *действ. прош.**

Синт.: **а, б** — в глаг. знач. 1—4

□ Прич. I, II в 5 глаг. знач. не употр.

ВЫ́ПАСТЬ, вы́падут, вы́па|л; ***сов., неперех.*** (*несов.* выпада́ть) **1.** *Ребенок выпал из коляски. Птенец выпал из гнезда. У вас из кармана выпало письмо* [вывалиться, упасть откуда-л. при толчке, непрочном положении и т. п.] **2. *у кого (чего); S не лицо*** *У ребенка выпали молочные зубы. У больного за лето выпали почти все волосы* [вывалиться из своего места или вылезти — о зубах, волосах и т. п.] **3. *S не лицо*** *В этом году в Сибири снег выпал очень рано* [пойти, упасть вниз, на землю, появиться — об атмосферных осадках] **4. *S не лицо*** *На их долю выпали серьезные испытания. Нам выпало трудное задание, но мы с ним справились* [прийтись на чью-л. долю] **5. *S не лицо*** *Ночь выпала очень холодная. «Лето выпало жаркое, без дождей».* Паустовский, Дремучий медведь. *День выпал тяжелый* [оказаться каким-л., выдаться — обычно о времени года, времени суток и т. п.]

II. ВЫ́ПАВШИЙ, -ая, -ее, -ие; *действ. прош.**

Синт.: **а, б** — в глаг. знач. 1 — 4; **в** — в глаг. знач. 3

□ Прич. II в 5 глаг. знач. не употр.

ВЫ́ПИСАТЬ, вы́пишут, вы́писа|л; ***сов., перех.*** (*несов.* выпи́сывать) **1. *что из чего***, также ***чем*** *Из книг Андрей выписал много интересного. Ольга выписала цитату карандашом* (см. § 2). *По заданию учителя мы выписали в правый столбик существительные первого склонения, а в левый — второго* [списать откуда-л. часть текста; выбрать что-л. из текста, записывая в определенном порядке] **2. *что кому*** *В прачечной приемщица выписала мне квитанцию. Олегу уже выписали ордер на новую квартиру* [составить, написать для выдачи кому-л. какой-л. документ] **3. *что*** *Мальчик красиво выписал слова «мир и дружба»* [написать или нарисовать что-л., тщательно передавая детали] **4. *что*** *Илья выписал в этом году газету „Правда" и журнал „Радио"* [сделать письменно заказ на присылку чего-л.] **5. *кого(что)*** *Аню врач уже выписал из больницы* [разрешить кому-л. покинуть больницу, госпиталь и т. п. обычно после окончания курса лечения]

II. ВЫ́ПИСАВШИЙ, -ая, -ее, -ие; *действ. прош.*

Синт.: **а, б** — в глаг. знач. 1 — 5

IV. ВЫ́ПИСАННЫЙ, -ая, -ое, -ые; *страд. прош.*

Синт.: **а, б** — в глаг. знач. 1 — 5; **в** — в глаг. знач. 1, 2, 4, 5

Субстантив.3 в глаг. знач. 1

ВЫ́ПИСАН, -ана, -ано, -аны; *кр. ф.*

В глаг. знач. 1 — 5

ВЫПИ́СЫВАТЬ, выпи́сыва|ют, выпи́сыва|л; ***несов. к*** вы́писать (см.)

I. ВЫПИ́СЫВАЮЩИЙ, -ая, -ее, -ие; *действ. наст.*

Синт.: **а, б** — в глаг. знач. 1 — 5

II. ВЫПИ́СЫВАВШИЙ, -ая, -ее, -ие; *действ. прош.*

Синт.: **а, б** — в глаг. знач. 1 — 5

III. ВЫПИ́СЫВАЕМЫЙ, -ая, -ое, -ые; *страд. наст.*

Синт.: **а, б** — в глаг. знач. 1 — 5; **в** — в глаг. знач. 1, 2, 4, 5

Субстантив.3 в глаг. знач. 1

ВЫ́ПЛАВИТЬ, вы́плав|ят, вы́плави|л; ***сов. к*** пла́вить во 2 знач. (см.)

II. ВЫ́ПЛАВИВШИЙ, -ая, -ее, -ие; *действ. прош.*

Синт.: **а, б** — в глаг. знач. 2

IV. ВЫ́ПЛАВЛЕННЫЙ, -ая, -ое, -ые; *страд. прош.*

[чередование п/пл]

Синт.: **а, б, в** — в глаг. знач. 2

ВЫ́ПЛАВЛЕН, -ена, -ено, -ены; *кр. ф.*

В глаг. знач. 2

ВЫ́ПОЛНИТЬ, вы́полн|ят, вы́полни|л; ***сов. к*** выполня́ть (см.)

II. ВЫ́ПОЛНИВШИЙ, -ая, -ее, -ие; *действ. прош.*

Синт.: **а, б** — в глаг. знач. 1, 2

IV. ВЫ́ПОЛНЕННЫЙ, -ая, -ое, -ые; *страд. прош.*

Синт.: **а, б** — в глаг. знач. 1, 2; **в** — в глаг. знач. 1

Субстантив.3 в глаг. знач. 2

ВЫ́ПОЛНЕН, -ена, -ено, -ены; *кр. ф.*

В глаг. знач. 1, 2

ВЫПОЛНЯ́ТЬ, выполня́|ют, выполня́|л; ***несов., перех., что*** (*сов.* вы́полнить) **1.** *Мальчик выполнял все мои поручения очень быстро. Наша бригада всегда выполняет взятые на себя обязательства. Сережа обычно выполняет свои обещания* [осуществлять, совершать что-л. намеченное, задуманное, порученное и т. п.] **2.** *Макет нового микрорайона архитекторы выполняли особенно тщательно* [изготовлять, создавать, делать]

I. ВЫПОЛНЯ́ЮЩИЙ, -ая, -ее, -ие; *действ. наст.*

Синт.: **а, б** — в глаг. знач. 1, 2

II. ВЫПОЛНЯ́ВШИЙ, -ая, -ее, -ие; *действ. прош.*

Синт.: **а, б** — в глаг. знач. 1, 2

III. ВЫПОЛНЯ́ЕМЫЙ, -ая, -ое, -ые; *страд. наст.*

Синт.: **а, б** — в глаг. знач. 1, 2

Ср. прич. в 1 глаг. знач. с прил. **выполни́мый,** -ая, -ое, -ые; -и́м, -и́ма, -и́мо, -и́мы. Такой, который можно выполнить, возможный для исполнения. *Выполнимые планы. Ваше желание вполне выполнимо*

Субстантив.₃ в глаг. знач. 2

ВЫ́ПОТРОШИТЬ, вы́потрош|ат, вы́потроши|л; ***сов. к*** потроши́ть в 1 знач. (см.)

II. ВЫ́ПОТРОШИВШИЙ, -ая, -ее, -ие; *действ. прош.*

Синт.: **а, б** — в глаг. знач. 1

IV. ВЫ́ПОТРОШЕННЫЙ, -ая, -ое, -ые; *страд. прош.*

Синт.: **а, б, в** — в глаг. знач. 1

ВЫ́ПОТРОШЕН, -ена, -ено, -ены; *кр. ф.* В глаг. знач. 1

ВЫ́ПРАВИТЬ, вы́правлю, вы́прав|ят, вы́прави|л; ***сов. к*** пра́вить[2] в 1 знач. (см.)

II. ВЫ́ПРАВИВШИЙ, -ая, -ее, -ие; *действ. прош.*

Синт.: **а, б** — в глаг. знач. 1

IV. ВЫ́ПРАВЛЕННЫЙ, -ая, -ое, -ые; *страд. прош.*

[чередование в/вл]

Синт.: **а, б, в** — в глаг. знач. 1

ВЫ́ПРАВЛЕН, -ена, -ено, -ены; *кр. ф.* В глаг. знач. 1

ВЫ́ПРЯМИТЬ, вы́прямлю, вы́прям|ят, вы́прями|л; ***сов., перех., что*** (*несов.* выпрямля́ть) **1.** также ***чем*** *Мальчик выпрямил проволоку тисками* (см. § 2) [сделать прямым что-л. согнутое, искривленное] **2.** *Делая это упражнение, Аня выпрямила спину и развела руки в стороны* [сделать прямым, распрямить спину, плечи, тело и т. п.]

II. ВЫ́ПРЯМИВШИЙ, -ая, -ее, -ие; *действ. прош.*

Синт.: **а, б** — в глаг. знач. 1, 2

IV. ВЫ́ПРЯМЛЕННЫЙ, -ая, -ое, -ые; *страд. прош.*

[чередование м/мл]

Синт.: **а, б** — в глаг. знач. 1, 2; **в** — в глаг. знач. 1

В знач. прил. (только *полн. ф.*) Без изгибов, прямой. *Человек с выпрямленной спиной* (Ср. прил. **прямо́й,** -а́я, -о́е, -ы́е в знач. 'без изгибов, ровный'. *Прямая спина. Прямая проволока*)

Субстантив.₃ в глаг. знач. 1

ВЫ́ПРЯМЛЕН, -ена, -ено, -ены; *кр. ф.* В глаг. знач. 1, 2

ВЫПРЯМЛЯ́ТЬ, выпрямля́|ют, выпрямля́|л; ***несов. к*** вы́прямить (см.)

I. ВЫПРЯМЛЯ́ЮЩИЙ, -ая, -ее, -ие; *действ. наст.*

Синт.: **а, б** — в глаг. знач. 1, 2

II. ВЫПРЯМЛЯ́ВШИЙ, -ая, -ее, -ие; *действ. прош.*

Синт.: **а, б** — в глаг. знач. 1, 2

III. ВЫПРЯМЛЯ́ЕМЫЙ, -ая, -ое, -ые; *страд. наст.*

Синт.: **а, б** — в глаг. знач. 1, 2; **в** — в глаг. знач. 1

Субстантив.₃ в глаг. знач. 1

ВЫПУСКА́ТЬ, выпуска́|ют, выпуска́|л; ***несов., перех.*** (*сов.* вы́пустить) **1. *кого(что)*** *Связная выпускала подпольщиков из квартиры по одному. Полицейские не выпускали никого из зала* [давать возможность или разрешать кому-л. уйти, удалиться откуда-л., куда-л., отпускать] **2. *кого(что)*** и ***что*** *Отец не выпускал детей из своих объятий. Каждый раз перед прыжком под куполом цирка акробат выпускал из рук канат. Мальчик не выпускал голубя из ладоней* [переставать держать, упускать из рук] **3. *что*** *Аня выпускала воду из ванной постепенно. Рабочий выпускает бензин из бака через шланг* [давать или заставлять вытекать, выходить жидкость, дым, пар и т. п.] **4. *кого(что)*** *Арестованных забастовщиков власти долго не выпускали на свободу* [освобождать, отпускать из заключения, из-под ареста] **5. *кого(что)*** *Каждый год наше училище выпускает около ста квалифицированных специалистов* [доводя до конца обучения в учебном заведении, предоставлять соответствующие права и звания] **6. *что*** *Завод выпускает продукцию высокого качества* [производить, вырабатывать] **7. *что*** *Студенты каждый месяц выпускают устный журнал. Наше издательство выпускает словари и энциклопедии. К юбилеям часто выпускают новые марки* [издавать, печатать, публиковать; пускать в обращение] **8. *что*** *Кошка выпускает когти, когда ей что-нибудь не нравится. Дима всегда выпускает воротничок рубашки поверх свитера* [высовывать, выставлять наружу] **9. *что*** *Портниха сейчас выпускает рукава у платья. Ольга пополнела и стала выпускать все платья в талии* [делать длиннее или шире, употребляя запас — в шитье] **10. *что*** *Писатель выпускает из рукописи целую главу* [исключать, выбрасывать часть написанного]

I. ВЫПУСКА́ЮЩИЙ, -ая, -ее, -ие; *действ. наст.*

Синт.: **а, б** — в глаг. знач. 1 — 10

В знач. сущ. **выпуска́ющий,** -его, *м.*; **выпуска́ющая,** -ей, *ж.* Сотрудник (сотрудница) издательства, редакции журнала или газеты, находящиеся при типографии и наблюдающие за печатанием и выпуском издания; *проф.*

II. ВЫПУСКА́ВШИЙ, -ая, -ее, -ие; *действ. прош.*

Синт.: **а, б** — в глаг. знач. 1 — 10

III. ВЫПУСКА́ЕМЫЙ, -ая, -ое, -ые; *страд. наст.*

Синт.: **а, б** — в глаг. знач. 1 — 10

Субстантив.₂ в глаг. знач. 1, 4; субстантив.₃ в глаг. знач. 3, 6, 7

ВЫ́ПУСТИТЬ, вы́пущу, вы́пуст|ят, вы́пусти|л; ***сов. к*** выпуска́ть (см.)

II. ВЫ́ПУСТИВШИЙ, -ая, -ее, -ие; *действ. прош.*

Синт.: **а, б** — в глаг. знач. 1 — 10

IV. ВЫ́ПУЩЕННЫЙ, -ая, -ое, -ые; *страд. прош.*

[чередование ст/щ]
Синт.: **а, б** — в глаг. знач. 1 — 10; **в** — в глаг. знач. 6
Субстантив.$_2$ в глаг. знач. 1, 4; субстантив.$_3$ в глаг. знач. 3, 6, 7
ВЫ́ПУЩЕН, -ена, -ено, -ены; *кр. ф.*
В глаг. знач. 1 — 10

ВЫПУ́ЧИВАТЬ, выпу́чива|ют, выпу́чива|л; ***несов. к*** вы́пучить (см.)
I. ВЫПУ́ЧИВАЮЩИЙ, -ая, -ее, -ие; *действ. наст.*
Синт.: **а, б** — в глаг. знач.
II. ВЫПУ́ЧИВАВШИЙ, -ая, -ее, -ие; *действ. прош.*
Синт.: **а, б** — в глаг. знач.
III. ВЫПУ́ЧИВАЕМЫЙ, -ая, -ое, -ые; *страд. наст.*
Синт.: **а, б** — в глаг. знач.
Субстантив.$_3$ не употр.

ВЫ́ПУЧИТЬ, вы́пуч|ат, вы́пучи|л; ***сов., перех., что*** (*несов.* выпу́чивать) *«Славик выпучил большие серые глаза».* С. Антонов, Царский двугривенный [широко раскрыть глаза — от удивления, неожиданности, страха и т. д., вытаращить; *разг.*]
II. ВЫ́ПУЧИВШИЙ, -ая, -ее, -ие; *действ. прош.*
Синт.: **а, б** — в глаг. знач.
IV. ВЫ́ПУЧЕННЫЙ, -ая, -ое, -ые; *страд. прош.*
Синт.: **а, б** — в глаг. знач.
В знач. прил. (также *кр. ф.* ↓) Широко раскрытый, вытаращенный. *Человек с выпученными глазами*
Субстантив.$_3$ не употр.
ВЫ́ПУЧЕН, -ена, -ено, -ены; *кр. ф.*
В глаг. знач.
В знач. прил. (также *полн. ф.* ↑) *Глаза у него выпучены, лицо отекшее*
□ Прич. IV в глаг. знач. менее употр., чем в знач. прил.

ВЫ́ПЯТИТЬ, вы́пячу, вы́пят|ят, вы́пяти|л; ***сов., перех., что*** (*несов.* выпя́чивать) **1.** *«Орлов гордо выпятил грудь, глядя на жену возбужденными глазами».* М. Горький, Супруги Орловы. *Мальчик смешно выпятил губы* [выставить, выдвинуть вперед некоторые части тела] **2.** *Критик сознательно выпятил все недостатки статьи* [выдвинуть на первый план, сделать слишком заметным, чересчур выделить; *разг.*]
II. ВЫ́ПЯТИВШИЙ, -ая, -ее, -ие; *действ. прош.*
Синт.: **а, б** — в глаг. знач. 1, 2
IV. ВЫ́ПЯЧЕННЫЙ, -ая, -ое, -ые; *страд. прош.*
[чередование т/ч]
Синт.: **а, б** — в глаг. знач. 1, 2
В знач. прил. (также *кр. ф.* ↓) Выдвинутый вперед больше обычного, больше нормы, выпятившийся. *Выпяченные губы. Выпяченный живот. Человек с выпяченной грудью*
ВЫ́ПЯЧЕН, -ена, -ено, -ены; *кр. ф.*
В глаг. знач. 1, 2
В знач. прил. (также *полн. ф.* ↑) *У этой девушки губы выпячены, нос с горбинкой, волосы вьются*

ВЫ́ПЯТИТЬСЯ, вы́пячусь, вы́пятятся, вы́пяти|лся; ***сов.*** (*несов.* выпя́чиваться); ***S не лицо*** *«Агеев вдруг разозлился, нахмурился и засопел, нижняя губа его выпятилась».* Казаков, Адам и Ева [выставиться, выдвинуться вперед]
II. ВЫ́ПЯТИВШИЙСЯ, -аяся, -ееся, -иеся; *действ. прош.*
Синт.: **а, б, в** — в глаг. знач.

ВЫПЯ́ЧИВАТЬ, выпя́чива|ют, выпя́чива|л; ***несов. к*** вы́пятить (см.)
I. ВЫПЯ́ЧИВАЮЩИЙ, -ая, -ее, -ие; *действ. наст.*
Синт.: **а, б** — в глаг. знач. 1, 2
II. ВЫПЯ́ЧИВАВШИЙ, -ая, -ее, -ие; *действ. прош.*
Синт.: **а, б** — в глаг. знач. 1, 2
III. ВЫПЯ́ЧИВАЕМЫЙ, -ая, -ое, -ые; *страд. наст.*
Синт.: **а, б, в** — в глаг. знач. 1, 2

ВЫПЯ́ЧИВАТЬСЯ, выпя́чива|ются, выпя́чива|лся; ***несов. к*** вы́пятиться (см.)
I. ВЫПЯ́ЧИВАЮЩИЙСЯ, -аяся, -ееся, -иеся; *действ. наст.*
Синт.: **а, б, в** — в глаг. знач.
II. ВЫПЯ́ЧИВАВШИЙСЯ, -аяся, -ееся, -иеся; *действ. прош.*
Синт.: **а, б, в** — в глаг. знач.

ВЫРАБА́ТЫВАТЬ, вырабатыва|ют, выраба́тыва|л; ***несов. к*** вы́работать (см.)
I. ВЫРАБА́ТЫВАЮЩИЙ, -ая, -ее, -ие; *действ. наст.*
Синт.: **а, б** — в глаг. знач. 1 — 4
II. ВЫРАБА́ТЫВАВШИЙ, -ая, -ее, -ие; *действ. прош.*
Синт.: **а, б** — в глаг. знач. 1 — 4
III. ВЫРАБА́ТЫВАЕМЫЙ, -ая, -ое, -ые; *страд. наст.*
Синт.: **а, б** — в глаг. знач. 1 — 4
Субстантив.$_3$ в глаг. знач. 1 — 3

ВЫ́РАБОТАТЬ, вы́работают, вы́работа|л; ***сов., перех., что*** (*несов.* выраба́тывать) **1.** ***S не лицо*** *Северные электростанции выработали в этом году большое количество электроэнергии* [произвести что-л.] **2.** *«— Дуняшка вошла в славу!.. Она выработала семьсот трудодней».* Николаева, Жатва [работая, добиться выполнения каких-л. производственных норм в процентах, гектарах, трудоднях и т. п.] **3.** *Партком и профбюро совместно выработали программу заседания* [создать что-л. в результате изучения, обдумывания] **4.** *Сережа выработал в себе выдержку* [развить, воспитать определенные качества путем упражнений]
II. ВЫ́РАБОТАВШИЙ, -ая, -ее, -ие; *действ. прош.*
Синт.: **а, б** — в глаг. знач. 1 — 4
IV. ВЫ́РАБОТАННЫЙ, -ая, -ое, -ые; *страд. прош.*
Синт.: **а, б** — в глаг. знач. 1 — 4; **в** — в глаг. знач. 1 — 3
Сустантив.$_3$ в глаг. знач. 1 — 3
ВЫ́РАБОТАН, -ана, -ано, -аны; *кр. ф.*
В глаг. знач. 1 — 4

ВЫР

ВЫРА́ВНИВАТЬ, выра́внива*а*|ют, выра́внива|л; ***несов. к*** вы́ровнять (см.)

I. ВЫРА́ВНИВАЮЩИЙ, -ая, -ее, -ие; *действ. наст.*

Синт.: **а, б** — в глаг. знач. 1 — 3

II. ВЫРА́ВНИВАВШИЙ, -ая, -ее, -ие; *действ. прош.*

Синт.: **а, б** — в глаг. знач. 1 — 3

III. ВЫРА́ВНИВАЕМЫЙ, -ая, -ое, -ые; *страд. наст.*

Синт.: **а, б, в** — в глаг. знач. 1 — 3

Субстантив.$_2$ не употр.; субстантив.$_3$ в глаг. знач. 1

ВЫРАЖА́ТЬ, выража́|ют, выража́|л; ***несов. к*** вы́разить (см.)

I. ВЫРАЖА́ЮЩИЙ, -ая, -ее, -ие; *действ. наст.*

Синт.: **а, б** — в глаг. знач. 1 — 6

II. ВЫРАЖА́ВШИЙ, -ая, -ее, -ие; *действ. прош.*

Синт.: **а, б** — в глаг. знач. 1 — 6

III. ВЫРАЖА́ЕМЫЙ, -ая, -ое, -ые; *страд. наст.*

Синт.: **а, б** — в глаг. знач. 1—6

Субстантив.$_3$ в глаг. знач. 3—5

□ Прич. III в 3 глаг. знач. менее употребительно, чем личные ф. глагола и прич. I, II

ВЫРАЖА́ТЬСЯ, выража́|ются, выража́|лся; ***несов.*** (*сов.* вы́разиться *к* 1 — 3 знач.) **1. *в чем; S не лицо*** *Характер писателя часто выражается в его произведениях* [проявляться, воплощаться в чем-л.] **2.** *Наш директор любит выражаться точно и кратко* [передавать свою мысль теми или иными словами] **3. *в чем; S не лицо*** *Расходы на космические исследования выражаются в миллиардах рублей* [исчисляться, находить себе выражение в каких-л. единицах, мерах и т. п.] **4.** *Этот человек вчера выражался при детях* [произносить бранные, неприличные слова; *разг.*]

I. ВЫРАЖА́ЮЩИЙСЯ, -аяся, -ееся, -иеся; *действ. наст.*

Синт.: **а, б** — в глаг. знач. 1 — 4; **в** — в глаг. знач. 4

II. ВЫРАЖА́ВШИЙСЯ, -аяся, -ееся, -иеся; *действ. прош.*

Синт.: **а, б** — в глаг. знач. 1—4; **в** — в глаг. знач. 4

ВЫ́РАЗИТЬ вы́ражу, вы́раз|ят, вы́рази|л; ***сов., перех., что*** (*несов.* выража́ть) **1.** также ***чем*** *Жестами иностранец выразил свое восхищение* (см. § 2). *Делегаты фестиваля выразили свою признательность москвичам за теплый, радушный прием* [передать, показать жестами, письменно и т. п. какое-л. чувство] **2.** *Аня выразила свою мысль очень кратко* [сформулировать мысль, мнение и т. п.] **3. *S не лицо*** *Ее взгляд выразил нежность. Лицо Ольги выразило досаду* [показать, обнаружить каким-л. внешним проявлением какое-л. чувство — о взгляде, выражении лица и т. п.] **4.** также ***чем*** *Яркими красками художник выразил свое радостное мироощущение* (см. § 2) [передать, изобразить средствами какого-л. искусства] **5.** *Студентам было дано задание выразить сопротивление в омах* [обозначить, исчислить что-л. в каких-л. единицах, мерах и т. п.] **6. *S не лицо*** *Это словосочетание не может выразить смысл всего высказывания* [явиться выражением, отображением чего-л., обозначить]

II. ВЫ́РАЗИВШИЙ, -ая, -ее, -ие; *действ. прош.*

Синт.: **а, б** — в глаг. знач. 1 — 6

IV. ВЫ́РАЖЕННЫЙ, -ая, -ое, -ые; *страд. прош.*

[чередование з/ж]

Синт.: **а, б** — в глаг. знач. 1—6 и в статив. знач.

Статив. знач., ***с нареч.*** (только *полн. ф.*) Имеющий какое-л. внешнее проявление, обнаруживающийся, заметный, выражающийся каким-л. образом. *Слабо выраженная сыпь. Для Смирнова характерны скромность, простота, ярко выраженное доброжелательное отношение к людям*

Субстантив.$_3$ в глаг. знач. 3—5

ВЫ́РАЖЕН, -ена, -ено, -ены; *кр. ф.*

В глаг. знач. 1—6

□ Прич. IV в 3 глаг. знач. менее употребительно, чем личные ф. глагола и прич. II

ВЫ́РАЗИТЬСЯ, вы́ражусь, вы́разятся, вы́рази|лся; ***сов. к*** выража́ться в 1 — 3 знач. (см.)

II. ВЫ́РАЗИВШИЙСЯ, -аяся, -ееся, -иеся; *действ. прош.*

Синт.: **а, б** — в глаг. знач. 1 — 3

ВЫРАСТА́ТЬ, выраста́|ют, выраста́|л; ***несов. к*** вы́расти в 1 — 3, 5 — 7, 10 — 12 знач. (см.)

I. ВЫРАСТА́ЮЩИЙ, -ая, -ее, -ие; *действ. наст.*

Синт.: **а, б** — в глаг. знач. 1 — 3, 5 — 7, 10 — 12; **в** — в глаг. знач. 5

Субстантив.$_1$ в глаг. знач. 1, 3

II. ВЫРАСТА́ВШИЙ, -ая, -ее, -ие; *действ. прош.*

Синт.: **а, б** — в глаг. знач. 1 — 3, 5 — 7, 10 — 12; **в** — в глаг. знач. 5

Субстантив.$_1$ в глаг. знач. 1, 3

ВЫ́РАСТИ, вы́растут, вы́рос|; ***сов., неперех.*** (*несов.* выраста́ть *к* 1 — 3, 5 — 7, 10 — 12 знач.) **1.** *Мой сын вырос за год на пять сантиметров. За лето щенок вырос. Яблоня заметно выросла и скоро будет цвести* [стать выше, длиннее, больше и т. п. в результате происходящих жизненных процессов — о человеке, животном, растении и т. п.] **2. *S не лицо*** *В саду выросли клены, хотя мы их там не сажали. У сына выросли усы* [появиться где-л., достичь полного развития — о растениях, волосах, ногтях и т. д.] **3. *из чего*** *Дочь за год выросла из школьной формы* [стать больше ростом настолько, что одежда, обувь становится мала] **4.** *Я выросла в городе. Ребенок вырос в дружной семье* [провести где-л., в каких-л. условиях свое детство, ранние годы жизни] **5.** *«Вы привыкли обращаться со мной, как с маленькой, но ведь я уже выросла».* Чехов, Три сестры. *Когда этот мальчик вырастет, он станет большим художником* [стать взрослым, достичь зрелого возраста] **6. *кем*** *Девочка выросла эгоисткой* [сформироваться, приобрести какие-л. черты характера, склонности и т. п. в процессе роста, развития] **7.** ***S не лицо*** *Добыча нефти за пятилетку значительно выросла* (из газет) [увеличиться в объеме, размерах, количестве, силе] **8.** ***S не лицо*** *Политическая активность масс заметно выросла. Популярность актрисы в последнее время очень выросла* [стать сильнее в своем проявлении, усилиться, окрепнуть, развиться — о чувстве, состоянии, свойстве и т. п.] **9.** *Этот художник значительно вырос. Олег благодаря работе очень вырос, духовно возмужал* [развиться, стать более зрелым, развитым, опытным и т. п.] **10.** ***S не лицо*** *Рядом с нашим поселком вырос целый город* [получив начало, стать существующим] **11.** ***во что; S не лицо*** *Маленький поселок вырос в крупный промышленный центр* [развиваясь, качественно измениться, достигнуть какой-л. степени, чего-л.] **12.** *«Дверь быстро распахнулась, и громоздкий черноголовый человек с сердитыми темными глазами вырос на пороге».* Николаева, Жатва. *Перед глазами выросли очертания гор* [появиться перед чьим-л. взором — о ком-чем-л. высоком]

II. ВЫ́РОСШИЙ, -ая, -ее, -ие; *действ. прош.*

С и н т.: **а, б** — в глаг. знач. 1 — 12; **в** — в глаг. знач. 1, 5, 7, 8

С у б с т а н т и в.₁ в глаг. знач. 1, 3, 4, 6

ВЫ́РАСТИТЬ, вы́ращу, вы́раст|ят, вы́расти|л; ***сов., перех.*** (*несов.* выра́щивать *ко* 2 знач.) **1.** ***кого(что)*** *Сестра одна вырастила двух сыновей* [заботясь о ребенке, детеныше, довести до взрослого состояния] **2.** ***что*** *Ребята сами вырастили во дворе школы розы* [ухаживая за каким-л. растением, добиться его роста, цветения и т. п.] **3.** ***кого(что)*** *На заводе вырастили прекрасные молодые кадры* [заботясь, передавая опыт, прививая навыки и т. п., сделать кого-л. каким-л.] **4.** ***кого*** *В этой семье вырастили тунеядца. Мать, потакая дочери во всем, вырастила эгоистку. Смирновы вырастили прекрасных детей* [воспитать в ком-л. какие-л. черты характера, привычки и т. п.]

II. ВЫ́РАСТИВШИЙ, -ая, -ее, -ие; *действ. прош.*

С и н т.: **а, б** — в глаг. знач. 1—4

IV. ВЫ́РАЩЕННЫЙ, -ая, -ое, -ые; *страд. прош.**

[чередование ст/щ]

С и н т.: **а, б** — в глаг. знач. 1 — 3

С у б с т а н т и в.₂ не употр.

ВЫ́РАЩЕН, -ена, -ено, -ены; *кр. ф.**

В глаг. знач. 1 — 3

▭ Прич. IV в 4 глаг. знач. не употр.

ВЫРА́ЩИВАТЬ, выра́щива|ют, выра́щива|л; ***несов. к*** вы́растить во 2 знач. (см.)

I. ВЫРА́ЩИВАЮЩИЙ, -ая, -ее, -ие; *действ. наст.*

С и н т.: **а, б** — в глаг. знач. 2

II. ВЫРА́ЩИВАВШИЙ, -ая, -ее, -ие; *действ. прош.*

С и н т.: **а, б** — в глаг. знач. 2

III. ВЫРА́ЩИВАЕМЫЙ, -ая, -ое, -ые; *страд. наст.*

С и н т.: **а, б, в** — в глаг. знач. 2

С у б с т а н т и в.₂ не употр.

ВЫ́РЕЗАТЬ, вы́режут, вы́реза|л; ***сов. к*** выреза́ть (см.)

II. ВЫ́РЕЗАВШИЙ, -ая, -ее, -ие; *действ. прош.*

С и н т.: **а, б** — в глаг. знач. 1 — 5

IV. ВЫ́РЕЗАННЫЙ, -ая, -ое, -ые; *страд. прош.*

С и н т.: **а, б** — в глаг. знач. 1 — 5; **в** — в глаг. знач. 1, 2

С у б с т а н т и в.₂ только мн.

ВЫ́РЕЗАН, -ана, -ано, -аны; *кр. ф.*

В глаг. знач. 1 — 5

ВЫРЕЗА́ТЬ, выреза́|ют, выреза́|л; ***несов., перех.*** (*сов.* вы́резать) **1.** ***что,*** также ***чем*** *Мальчик вырезал из газет портреты всех космонавтов* [разрезая, вынимать, удалять откуда-л.] **2.** ***что*** *Врач вырезал малышу гланды* [удалять с помощью хирургических инструментов] **3.** ***что*** *Дедушка вырезал внуку свисток из палочки. Мальчик вырезает человечков из цветной бумаги* [делать посредством резьбы, резания] **4.** ***что,*** также ***чем*** *Олег вырезает перочинным ножом на коре березы фигурки животных* (см. § 2) [делать, наносить чем-л. острым, режущим и т. п. какую-л. надпись, рисунок] **5.** ***кого (что)*** *Фашисты вырезали все мужское население в захваченных деревнях* [убивать холодным оружием]

I. ВЫРЕЗА́ЮЩИЙ, -ая, -ее, -ие; *действ. наст.*

С и н т.: **а, б** — в глаг. знач. 1 — 5

II. ВЫРЕЗА́ВШИЙ, -ая, -ее, -ие; *действ. прош.*

С и н т.: **а, б** — в глаг. знач. 1 — 5

III. ВЫРЕЗА́ЕМЫЙ, -ая, -ое, -ые; *страд. наст.*

С и н т.: **а, б** — в глаг. знач. 1 — 5

С у б с т а н т и в.₂ только мн.

▭ Прич. III в 5 глаг. знач. менее употр., чем личные ф. глагола и прич. I, II

ВЫ́РОВНЯТЬ, вы́ровня|ют, вы́ровня|л; ***сов., перех.*** (*несов.* выра́внивать; *несов.* ровня́ть *к* 1, 3 знач.) **1.** ***что,*** также ***чем*** *Рабочие выровняли асфальт огромным катком* (см. § 2). *Портниха выровняла подол платья* [сделать гладким поверхность чего-л.; сделать ровным что-л.] **2.** ***что*** *«Над деревьями он [летчик] выровнял самолет».* Саянов, Небо и земля [выпрямить, расположить по прямой линии в горизонтальной или вертикальной плоскостях] **3.** ***кого(что)*** и ***что*** *Прежде чем сдать рапорт, пионервожатая выровняла шеренгу пионеров* [расположить многих в ряд или ряды по прямой линии]

II. ВЫ́РОВНЯВШИЙ, -ая, -ее, -ие; *действ. прош.*

С и н т.: **а, б** — в глаг. знач. 1 — 3

IV. ВЫ́РОВНЕННЫЙ, -ая, -ое, -ые; *страд. прош.*

С и н т.: **а, б, в** — в глаг. знач. 1 — 3

С у б с т а н т и в.₂ не употр.; с у б с т а н т и в.₃ в глаг. знач. 1

ВЫ́РОВНЕН, -ена, -ено, -ены; *кр. ф.*

В глаг. знач. 1 — 3

ВЫ́РЫТЬ, вы́роют, вы́ры|л; ***сов. к*** рыть в 1, 3 знач. (см.)

II. ВЫ́РЫВШИЙ, -ая, -ее, -ие; *действ. прош.*

С и н т.: **а, б** — в глаг. знач. 1, 3

IV. ВЫ́РЫТЫЙ, -ая, -ое, -ые; *страд. прош.*

Синт.: **а, б** — в глаг. знач. 1, 3
ВЫ́РЫТ, -та, -то, -ты; *кр. ф.*
В глаг. знач. 1, 3

ВЫСЕКА́ТЬ, высека́|ют, высека́|л; ***несов. к*** вы́сечь[1] (см.)
I. ВЫСЕКА́ЮЩИЙ, -ая, -ее, -ие; *действ. наст.*
Синт.: **а, б** — в глаг. знач. 1 — 3
II. ВЫСЕКА́ВШИЙ, -ая, -ее, -ие; *действ. прош.*
Синт.: **а, б** — в глаг. знач. 1 — 3
III. ВЫСЕКА́ЕМЫЙ, -ая, -ое, -ые; *страд. наст.*
Синт.: **а, б** — в глаг. знач. 1 — 3; **в** — в глаг. знач. 1, 3
Субстантив.$_3$ в глаг. знач. 1, 2

ВЫ́СЕЧЬ[1], вы́секу, вы́сечет, вы́сек|ут, вы́сек|; ***сов., перех.*** (*несов.* высека́ть) **1.** ***что*** *Кто-то высек на камне надпись* [выдолбить, вырубить на камне, в камне] **2.** ***что из чего*** *Скульптор высек этот бюст из мрамора* [выдолбить, вырубить из камня] **3.** ***что*** *Спички отсырели, и альпинист высек огонь* [добыть огонь, искру ударами по кремню]
II. ВЫ́СЕКШИЙ, -ая, -ее, -ие; *действ. прош.*
Синт.: **а, б** — в глаг. знач. 1 — 3
IV. ВЫ́СЕЧЕННЫЙ, -ая, -ое, -ые; *страд. прош.*
[чередование к/ч]
Синт.: **а, б** — в глаг. знач. 1 — 3; **в** — в глаг. знач. 1, 3
Субстантив.$_3$ в глаг. знач. 1, 2
ВЫ́СЕЧЕН, -ена, -ено, -ены; *кр. ф.*
В глаг. знач. 1 — 3

ВЫ́СЕЧЬ[2], вы́секу, вы́сечет, вы́сек|ут, вы́сек|; ***сов. к*** сечь в 1 знач. (см.)
II. ВЫ́СЕКШИЙ, -ая, -ее, -ие; *действ. прош.*
Синт.: **а, б** — в глаг. знач. 1
IV. ВЫ́СЕЧЕННЫЙ, -ая, -ое, -ые; *страд. прош.*
[чередование к/ч]
Синт.: **а, б** — в глаг. знач. 1
ВЫ́СЕЧЕН, -ена, -ено, -ены; *кр. ф.*
В глаг. знач. 1

ВЫСКА́КИВАТЬ, выска́кива|ют, выска́кива|л; ***несов., неперех.*** (*сов.* вы́скочить) **1.** *Из-за угла выскакивали мальчишки и бежали навстречу машине. Обычно в этом месте выскакивала собака и лаяла на нас* [скачком, прыжком неожиданно появляться откуда-л., где-л.] **2.** *Из-за поворота неожиданно выскакивает грузовик* [выезжая, выкатываясь и т. п., внезапно появляться откуда-л., где-л.; *разг.*] **3.** *Ребята выскакивают из трамвая на полном ходу* [скачком, прыжком перемещаться за пределы чего-л., выпрыгивать откуда-л.] **4.** ***S не лицо*** *Пружина часто выскакивает, и часы останавливаются* [вываливаться, выпадать откуда-л.] **5.** *Зачем ты выскакиваешь со своими замечаниями?* [неуместно, некстати говорить что-л., поступать как-л.; *разг.*] **6.** ***S не лицо*** *На коже у девочки выскакивают прыщики, когда она долго бывает на солнце* [неожиданно образовываться, появляться на поверхности чего-л.]
I. ВЫСКА́КИВАЮЩИЙ, -ая, -ее, -ие; *действ. наст.*
Синт.: **а, б** — в глаг. знач. 1 — 6; **в** — в глаг. знач. 4, 6
В знач. прил. Имеющий свойство выскакивать. *Мастер сделал часы с выскакивающей кукушкой. Это механизм с выскакивающей пружиной*
II. ВЫСКА́КИВАВШИЙ, -ая, -ее, -ие; *действ. прош.*
Синт.: **а, б** — в глаг. знач. 1 — 6; **в** — в глаг. знач. 4, 6

ВЫ́СКОЧИТЬ, вы́скочат, вы́скочи|л; ***сов. к*** выска́кивать (см.)
II. ВЫ́СКОЧИВШИЙ, -ая, -ее, -ие; *действ. прош.*
Синт.: **а, б** — в глаг. знач. 1 — 6; **в** — в глаг. знач. 4, 6

ВЫ́СОХНУТЬ, вы́сохнут, вы́сох|; ***сов. к*** со́хнуть в 1, 4 — 7 знач. (см.)
II. ВЫ́СОХШИЙ, -ая, -ее, -ие; *действ. прош.*
Синт.: **а, б** — в глаг. знач. 1, 4 — 7; **в** — в глаг. знач. 1, 4

ВЫ́СТАВИТЬ, вы́ставлю, вы́став|ят, вы́стави|л; ***сов., перех.*** (*несов.* выставля́ть) **1.** ***что*** *Илья выставил кресло на балкон* [поставить, вынести куда-л., за пределы чего-л.] **2.** ***что*** *Делая это упражнение, мальчик выставил ногу вперед* [поставить, выдвинуть вперед] **3.** ***что*** *Рабочий выставил раму из окна* [вынуть вставленное] **4.** ***кого(что)*** *Дежурный выставил этих молодых людей из зала* [выгнать, удалить откуда-л.; *разг.*] **5.** ***что*** *На выставке выставили картины молодых художников* [поместить куда-л. для обозрения] **6.** ***что*** *Хозяйка выставила на стол угощение* [поставить на виду, предлагая, угощая] **7.** ***кого (что)*** *Командир выставил караулы вдоль леса* [поставить, поместить охрану, караул и т. п.] **8.** ***кого(что),*** также ***кем*** *Писатель выставил своего героя в смешном виде. «Чтобы.. выставить себя еще бо́льшим мучеником, я сказал небрежно: — Но это пустяки».* В. Беляев, Старая крепость (см. § 3) [представить, изобразить кем-л. или в каком-л. виде] **9.** ***что*** *Учителя уже выставили ученикам годовые отметки* [выразить отметкой оценку знаний учащихся] **10.** ***что*** *Забастовочный комитет выставил требование повысить заработную плату рабочим* [предложить для официального решения, обсуждения и т. п., выдвинуть]
II. ВЫ́СТАВИВШИЙ, -ая, -ее, -ие; *действ. прош.*
Синт.: **а, б** — в глаг. знач. 1 — 10
IV. ВЫ́СТАВЛЕННЫЙ, -ая, -ое, -ые; *страд. прош.*
[чередование в/вл]
Синт.: **а, б** — в глаг. знач. 1 — 10; **в** — в глаг. знач. 3, 5—7, 9
Субстантив.$_2$ в глаг. знач. 4, 8; субстантив.$_3$ в глаг. знач. 1, 5, 6
ВЫ́СТАВЛЕН, -ена, -ено, -ены; *кр. ф.*
В глаг. знач. 1 — 10

ВЫСТАВЛЯ́ТЬ, выставля́|ют, выставля́|л; ***несов. к*** вы́ставить (см.)
I. ВЫСТАВЛЯ́ЮЩИЙ, -ая, -ее, -ие; *действ. наст.*
Синт.: **а, б** — в глаг. знач. 1 — 10
II. ВЫСТАВЛЯ́ВШИЙ, -ая, -ее, -ие; *действ. прош.*

Синт.: **а, б** — в глаг. знач. 1 — 10
III. ВЫСТАВЛЯ́ЕМЫЙ, -ая, -ое, -ые; *страд. наст.*
Синт.: **а, б** — в глаг. знач. 1 — 10; **в** — в глаг. знач. 3, 5—7, 9
Субстантив.$_2$ в глаг. знач. 4, 8; субстантив.$_3$ в глаг. знач. 1, 5, 6

ВЫ́СТЕЛИТЬ *см.* вы́стлать

ВЫСТИЛА́ТЬ, выстила́|ют, выстила́|л; **несов. к** вы́стлать и вы́стелить (см.)
I. ВЫСТИЛА́ЮЩИЙ, -ая, -ее, -ие; *действ. наст.*
Синт.: **а, б** — в глаг. знач.
II. ВЫСТИЛА́ВШИЙ, -ая, -ее, -ие; *действ. прош.*
Синт.: **а, б** — в глаг. знач.
III. ВЫСТИЛА́ЕМЫЙ, -ая, -ое, -ые; *страд. наст.*
Синт.: **а, б** — в глаг. знач.

ВЫ́СТИРАТЬ, вы́стирают, вы́стира|л; **сов. к** стира́ть[2] (см.)
II. ВЫ́СТИРАВШИЙ, -ая, -ее, -ие; *действ. прош.*
Синт.: **а, б** — в глаг. знач.
IV. ВЫ́СТИРАННЫЙ, -ая, -ое, -ые; *страд. прош.*
Синт.: **а, б, в** — в глаг. знач.
ВЫ́СТИРАН, -ана, -ано, -аны; *кр. ф.*
В глаг. знач.

ВЫ́СТЛАТЬ и **ВЫ́СТЕЛИТЬ,** вы́стелят, вы́стла|л и вы́стели|л; **сов., перех., что чем** (*несов.* выстила́ть) *Туристы выстлали пол в палатке хвоей* (см. § 2) [сплошь покрыть, устлать чем-л. какую-л. поверхность]
II. ВЫ́СТЛАВШИЙ, -ая, -ее, -ие и ВЫ́СТЕЛИВШИЙ, -ая, -ее, -ие; *действ. прош.*
Синт.: **а, б** — в глаг. знач.
IV. ВЫ́СТЛАННЫЙ, -ая, -ое, -ые и ВЫ́СТЕЛЕННЫЙ, -ая, -ое, -ые; *страд. прош.*
Синт.: **а, б** — в глаг. знач.
ВЫ́СТЛАН, -ана, -ано, -аны и ВЫ́СТЕЛЕН, -ена, -ено, -ены; *кр. ф.*
В глаг. знач.

ВЫ́СТРАДАТЬ, вы́страдают, вы́страда|л; **сов. 1. неперех.** *«Она думала о том, как она много пережила, сколько выстрадала за всё время».* Чехов, Три года [пережить, перенести много страданий, горя] **2. перех., что** *Эта женщина выстрадала свое счастье* [достигнуть, получить страданиями]
II. ВЫ́СТРАДАВШИЙ, -ая, -ее, -ие; *действ. прош.*
Синт.: **а, б** — в глаг. знач. 1, 2
IV. ВЫ́СТРАДАННЫЙ, -ая, -ое, -ые; *страд. прош.*
Синт.: **а, б** — в глаг. знач. 2
В знач. прил. (только *полн. ф.*) **1.** Потребовавший тяжелого труда, сильного напряжения, затраты физических или моральных сил. *Выстраданный проект. Выстраданный диплом. Выстраданная поездка. Выстраданное решение* **2.** Полученный в результате тяжелых переживаний, страданий и т. п. *Выстраданное счастье*
ВЫ́СТРАДАН, -ана, -ано, -аны; *кр. ф.*
В глаг. знач. 2

ВЫСТУПА́ТЬ, выступа́|ют, выступа́|л; **несов., неперех.** (*сов.* вы́ступить *к* 1 — 4, 6 — 8 знач.) **1.** *Из толпы выступают несколько человек* [выходить вперед, отделяясь от кого-чего-л.] **2. S не лицо** *Из воды постепенно выступали островки суши* [появляться за пределами чего-л., выдаваться наружу] **3. на чем; S не лицо** *Слезы выступают на глазах. Пот выступает на лбу. Краска стыда выступает на ее лице* [выходить наружу, появляться, проступать] **4. S не лицо** *Из темноты выступают очертания деревьев* [становиться видимым, заметным в окружающей среде] **5. S не лицо** *«Правый низменный берег выступал вперед мысом».* Арсеньев, В горах Сихотэ-Алиня. *У этого мальчика скулы слишком сильно выступают* [образовывать выступ в общей линии, границе и т. п. чего-л., выдаваться вперед] **6.** *В поход мы выступаем завтра. Наша часть выступает на рассвете* [выходить, сниматься со стоянки, отправляться в поход, в путь и т. п.] **7.** *Этот рабочий выступал на собрании дважды. Артисты выступали с концертами в совхозе. Вчера адвокат Смирнов не выступал в суде* [представать перед аудиторией, публикой, на собрании и т. п. с каким-л. сообщением, заявлением или как исполнитель чего-л.] **8.** *Советский народ выступает против гонки вооружений и испытаний ядерного оружия. Мы выступаем в защиту мира* [публично высказывать, выражать свое отношение к кому-чему-л., свое мнение по поводу чего-л.] **9.** *Олег уже пять лет выступает в Большом театре. Сережа выступает защитником в суде* [быть деятелем на каком-л. поприще, работать там, где нужно появляться перед публикой] **10.** *«А сама-то величава, Выступает, будто пава».* Пушкин, Сказка о царе Салтане [ходить, идти чинно, важной поступью]
I. ВЫСТУПА́ЮЩИЙ, -ая, -ее, -ие; *действ. наст.*
Синт.: **а, б** — в глаг. знач. 1 — 10; **в** — в глаг. знач. 7
Субстантив.$_1$ в глаг. знач. 6 — 10
II. ВЫСТУПА́ВШИЙ, -ая, -ее, -ие; *действ. прош.*
Синт.: **а, б** — в глаг. знач. 1 — 10; **в** — в глаг. знач. 7
Субстантив.$_1$ в глаг. знач. 6 — 10

ВЫ́СТУПИТЬ, вы́ступлю, вы́ступят, вы́ступи|л; **сов. к** выступа́ть в 1 — 4, 6 — 8 знач. (см.)
II. ВЫ́СТУПИВШИЙ, -ая, -ее, -ие; *действ. прош.*
Синт.: **а, б** — в глаг. знач. 1 — 4, 6 — 8; **в** — в глаг. знач. 3, 7

ВЫСУ́ШИВАТЬ, высу́шива|ют, высу́шива|л; **несов. к** вы́сушить в 1, 2 знач. (см.)
I. ВЫСУ́ШИВАЮЩИЙ, -ая, -ее, -ие; *действ. наст.*
Синт.: **а, б** — в глаг. знач. 1, 2
II. ВЫСУ́ШИВАВШИЙ, -ая, -ее, -ие; *действ. прош.*
Синт.: **а, б** — в глаг. знач. 1, 2
III. ВЫСУ́ШИВАЕМЫЙ, -ая, -ое, -ые; *страд. наст.*
Синт.: **а, б** — в глаг. знач. 1, 2

С у б с т а н т и в.$_3$ в глаг. знач. 1

ВЫ́СУШИТЬ, вы́суш|ат, вы́суши|л; ***сов., перех.*** (*несов.* высу́шивать *к* 1, 2 знач.; *несов.* суши́ть *к* 1 знач.) **1. *что*** *Мы высушили свою одежду на солнце. Ветер быстро высушил белье* [держа на воздухе или в теплом, жарком месте, дать возможность стать сухим чему-л. влажному, мокрому, сырому; сделать сухим что-л. влажное, мокрое, сырое] **2. *что; S не лицо*** *Засуха сожгла травы, высушила почву. Знойный ветер высушил губы* [сделать чрезмерно сухим, лишить необходимой влаги, иссушить] **3. *кого (что); S не лицо*** *Ольгу высушили страдания, горести и заботы* [измучить, извести, доведя до истощения, худобы]

II. ВЫ́СУШИВШИЙ, -ая, -ее, -ие; *действ. прош.*

С и н т.: **а, б** — в глаг. знач. 1—3

IV. ВЫ́СУШЕННЫЙ, -ая, -ое, -ые; *страд. прош.*

С и н т.: **а, б** — в глаг. знач. 1—3; **в** — в глаг. знач. 1

С у б с т а н т и в.$_2$ не употр.; с у б с т а н т и в.$_3$ в глаг. знач. 1

ВЫ́СУШЕН, -ена, -ено, -ены; *кр. ф.*

В глаг. знач. 1—3

ВЫ́СЫПАТЬ, вы́сыплют, вы́сыпа|л; ***сов.*** (*несов.* высыпа́ть) **1. *перех., что из чего*** *Бабушка высыпала крупу из пакетов в банки. Мальчик нечаянно высыпал конфеты из вазочки* [сыпля, удалить откуда-л.] **2. *неперех.*** *Все жители деревни высыпали на улицу* [выйти, выехать, выбежать в большом количестве — о людях] **3. *неперех.; S не лицо*** *Звезды высыпали на небе. У ребенка сыпь высыпала на руках* [появиться, выступить в большом количестве]

II. ВЫ́СЫПАВШИЙ, -ая, -ее, -ие; *действ. прош.*

С и н т.: **а, б** — в глаг. знач. 1 — 3; **в** — в глаг. знач. 3

С у б с т а н т и в.$_1$ в глаг. знач. 1

IV. ВЫ́СЫПАННЫЙ, -ая, -ое, -ые; *страд. прош.*

С и н т.: **а, б** — в глаг. знач. 1

ВЫ́СЫПАН, -ана, -ано, -аны; *кр. ф.*

В глаг. знач. 1

ВЫСЫПА́ТЬ, высыпа́|ют, высыпа́|л; ***несов. к*** вы́сыпать (см.)

I. ВЫСЫПА́ЮЩИЙ, -ая, -ее, -ие; *действ. наст.*

С и н т.: **а, б** — в глаг. знач. 1 — 3

С у б с т а н т и в.$_1$ в глаг. знач. 1

II. ВЫСЫПА́ВШИЙ, -ая, -ее, -ие; *действ. прош.*

С и н т.: **а, б** — в глаг. знач. 1 — 3

С у б с т а н т и в.$_1$ в глаг. знач. 1

III. ВЫСЫПА́ЕМЫЙ, -ая, -ое, -ые; *страд. наст.*

С и н т.: **а, б** — в глаг. знач. 1

ВЫТА́СКИВАТЬ, выта́скива|ют, вытаскива|л; ***несов. к*** вы́тащить (см.)

I. ВЫТА́СКИВАЮЩИЙ, -ая, -ее, -ие; *действ. наст.*

С и н т.: **а, б** — в глаг. знач. 1 — 5

II. ВЫТА́СКИВАВШИЙ, -ая, -ее, -ие; *действ. прош.*

С и н т.: **а, б** — в глаг. знач. 1 — 5

III. ВЫТА́СКИВАЕМЫЙ, -ая, -ое, -ые; *страд. наст.*

С и н т.: **а, б** — в глаг. знач. 1 — 5

С у б с т а н т и в.$_2$ в глаг. знач. 1

ВЫТА́ЧИВАТЬ, вытачива|ют, вытачива|л; ***несов. к*** вы́точить (см.)

I. ВЫТА́ЧИВАЮЩИЙ, -ая, -ее, -ие; *действ. наст.*

С и н т.: **а, б** — в глаг. знач.

II. ВЫТА́ЧИВАВШИЙ, -ая, -ее, -ие; *действ. прош.*

С и н т.: **а, б** — в глаг. знач.

III. ВЫТА́ЧИВАЕМЫЙ, -ая, -ое, -ые; *страд. наст.*

С и н т.: **а, б, в** — в глаг. знач.

ВЫ́ТАЩИТЬ, вы́тащ|ат, вы́тащи|л; ***сов., перех.*** (*несов.* вытаскивать) **1. *кого(что)*** и ***что*** *Мы быстро вытащили из ямы попавшего туда человека. Мальчики вытащили бревно из воды* [таща, извлечь кого-что-л. откуда-л.] **2. *что из чего,*** также ***чем*** *Петя вытащил занозу из пальца. Илья с трудом вытащил плоскогубцами гвоздь из доски* (см. § 2) [вынуть, извлечь что-л. укрепленное, завязшее и т. п.] **3. *что*** *Девушка вытащила из кармана платок и вытерла слезы* [достать откуда-л., вынуть что-л., лежащее, находящееся внутри] **4. *кого(что)*** *Друзья вытащили, наконец, меня в театр* [убедить, уговорить кого-л. пойти, поехать куда-л.; *разг.*] **5. *что*** *«Однажды у старухи-пассажирки кто-то вытащил кошель с деньгами».* М. Горький, В людях [тайком вынуть, украсть, похитить; *разг.*]

II. ВЫ́ТАЩИВШИЙ, -ая, -ее, -ие; *действ. прош.*

С и н т.: **а, б** — в глаг. знач. 1 — 5

IV. ВЫ́ТАЩЕННЫЙ, -ая, -ое, -ые; *страд. прош.*

С и н т.: **а, б** — в глаг. знач. 1 — 5

С у б с т а н т и в.$_2$ в глаг. знач. 1

ВЫ́ТАЩЕН, -ена, -ено, -ены; *кр. ф.*

В глаг. знач. 1 — 5

ВЫТЕКА́ТЬ, вытека́|ют, вытека́|л; ***несов., неперех., из чего*** (*сов.* вы́течь *к* 1 знач.); ***S не лицо*** **1.** *Молоко вытекает из пакета по капле* [выливаться струей или капля за каплей] **2.** *Нева вытекает из Ладожского озера* [брать начало откуда-л.— о реке, ручье] **3.** *Стремление к миру вытекает из самой природы социалистического государства* (из газет) [являться выводом, логическим следствием чего-л.]

I. ВЫТЕКА́ЮЩИЙ, -ая, -ее, -ие; *действ. наст.*

С и н т.: **а, б** — в глаг. знач. 1 — 3

II. ВЫТЕКА́ВШИЙ, -ая, -ее, -ие; *действ. прош.*

С и н т.: **а, б** — в глаг. знач. 1 — 3

ВЫ́ТЕРЕТЬ, вы́трут, вы́тер|; ***сов., перех., что*** (*несов.* вытира́ть) **1.** также ***чем*** *Дима вытер руки чистым полотенцем* (см. § 2). *Ольга вытерла пол и проветрила комнату* [обтирая, сделать сухим, чистым] **2.** также ***чем*** *Бабушка вытерла пыль с книжных полок. Я вытерла воду, пролитую на пол, сухой тряпкой* (см. § 2) [стирая, смахивая, впитывая во что-л., удалить пыль, грязь, влагу и т. д.] **3.** *Мальчик сильно вытер куртку на локтях* [износить, сделать потертым в результате частого употребления, трения]

II. ВЫ́ТЕРШИЙ, -ая, -ее, -ие; *действ. прош.*
Синт.: **а, б** — в глаг. знач. 1 — 3

IV. ВЫ́ТЕРТЫЙ, -ая, -ое, -ые; *страд. прош.*
Синт.: **а, б** — в глаг. знач. 1—3; **в** — в глаг. знач. 1, 2
В знач. прил. (только *полн. ф.*) Сильно поношенный, потертый, вытершийся. *Вытертый воротник. Вытертые рукава. Вытертые брюки*
Субстантив.₃ в глаг. знач. 1, 3
ВЫ́ТЕРТ, -та, -то, -ты; *кр. ф.*
В глаг. знач. 1 — 3

ВЫ́ТЕРЕТЬСЯ, вы́трутся, вы́тер|ся; ***сов.*** (*несов.* вытира́ться) **1.** *Сережа вытерся махровым полотенцем* [вытереть себя, сделав кожу сухой] **2.** ***S не лицо*** *У моего сына на этих брюках коленки вытерлись* [износиться от трения, частого употребления]

II. ВЫ́ТЕРШИЙСЯ, -аяся, -ееся, -иеся; *действ. прош.*
Синт.: **а, б** — в глаг. знач. 1, 2; **в** — в глаг. знач. 2

ВЫ́ТЕРПЕТЬ, вы́терплю, вы́терп|ят, вы́терпе|л; ***сов.*** **1.** ***перех., что*** *Ольга вытерпела боль во время перевязки. Эта женщина вытерпела все унижения ради детей* [терпеливо перенести боль, страдание и т. п.] **2.** ***неперех.*** *Брат не вытерпел и стал смеяться* [проявив выдержку, терпение, сдержаться, удержаться — обычно с отрицанием]

II. ВЫ́ТЕРПЕВШИЙ, -ая, -ее, -ие; *действ. прош.*
Синт.: **а, б** — в глаг. знач. 1, 2

IV. ВЫ́ТЕРПЛЕННЫЙ, -ая, -ое, -ые; *страд. прош.* (*редко*)
[чередование п/пл]
Синт.: **а, б** — в глаг. знач. 1
ВЫ́ТЕРПЛЕН, -ена, -ено, -ены; *кр. ф.* (*редко*)
В глаг. знач. 1

ВЫ́ТЕЧЬ, вы́текут, вы́тек|; ***сов. к*** вытека́ть в 1 знач. (см.)

II. ВЫ́ТЕКШИЙ, -ая, -ее, -ие; *действ. прош.*
Синт.: **а, б** — в глаг. знач. 1

ВЫТИРА́ТЬ, вытира́|ют, вытира́|л; ***несов. к*** вы́тереть (см.)

I. ВЫТИРА́ЮЩИЙ, -ая, -ее, -ие; *действ. наст.*
Синт.: **а, б** — в глаг. знач. 1 — 3

II. ВЫТИРА́ВШИЙ, -ая, -ее, -ие; *действ. прош.*
Синт.: **а, б** — в глаг. знач. 1 — 3

III. ВЫТИРА́ЕМЫЙ, -ая, -ое, -ые; *страд. наст.*
Синт.: **а, б** — в глаг. знач. 1 — 3; **в** — в глаг. знач. 1, 2
Субстантив.₃ в глаг. знач. 1, 3

ВЫТИРА́ТЬСЯ, вытира́|ются, вытира́|лся; ***несов. к*** вы́тереться (см.)

I. ВЫТИРА́ЮЩИЙСЯ, -аяся, -ееся, -иеся; *действ. наст.*
Синт.: **а, б** — в глаг. знач. 1, 2; **в** — в глаг. знач. 2

II. ВЫТИРА́ВШИЙСЯ, -аяся, -ееся, -иеся; *действ. прош.*
Синт.: **а, б** — в глаг. знач. 1, 2; **в** — в глаг. знач. 2

ВЫ́ТОЧИТЬ, вы́точ|ат, вы́точи|л; ***сов., перех., что*** (*несов.* выта́чивать и точи́ть) *Молодой рабочий выточил очень сложную деталь* [изготовить, обработав на токарном станке]

II. ВЫ́ТОЧИВШИЙ, -ая, -ее, -ие; *действ. прош.*
Синт.: **а, б** — в глаг. знач.

IV. ВЫ́ТОЧЕННЫЙ, -ая, -ое, -ые; *страд. прош.*
Синт.: **а, б, в** — в глаг. знач.
Ср. выражение: **словно (будто, как) выточенный** — правильный, с тонкими, изящными линиями (о чертах лица, формах тела) *Носик у девушки словно выточенный*
ВЫ́ТОЧЕН, -ена, -ено, -ены; *кр. ф.*
В глаг. знач.

ВЫТЬ, во́|ют, вы|л; ***несов., неперех.*** **1.** ***S не лицо*** *«[Собака], почуявшая волка, неистово выла».* Чехов, Белолобый [издавать вой] **2.** ***S не лицо*** *Ветер воет за окном. Сирена воет* [издавать звуки, похожие на вой] **3.** *«Бабы громко выли; мужики изредка вытирали слезы кулаком».* Пушкин, Дубровский [плакать в голос; *прост.*]

I. ВО́ЮЩИЙ, -ая, -ее, -ие; *действ. наст.*
Синт.: **а, б, в** — в глаг. знач. 1 — 3
В знач. прил. Похожий на вой — о звуках. *Воющий звук*

II. ВЫ́ВШИЙ, -ая, -ее, -ие; *действ. прош.*
Синт.: **а, б, в** — в глаг. знач. 1 — 3

ВЫТЯ́ГИВАТЬ, вытя́гива|ют, вытя́гива|л; ***несов., перех.*** (*сов.* вы́тянуть к 1—3, 5—11 знач.) **1.** ***что,*** также ***чем*** *Старый мастер вытягивал кожу руками* (см. § 2) [увеличивать в длину, натягивая, расправляя] **2.** ***что*** *Делая упражнение, девушки вытягивали ноги, не сгибая колен* [распрямлять, протягивать, располагая по прямой линии руки, ноги и т. п.] **3.** ***кого(что)*** и ***что*** *Командование специально вытягивало дивизию вдоль линии фронта, чтобы обеспечить успех прорыва* [располагать кого-что-л. в длину, по одной линии] **4.** ***что; S не лицо*** *Специальное вентиляционное устройство хорошо вытягивает дым из кухни. Подорожник быстро вытягивает гной из раны* [иметь свойство тягой, высасыванием, всасыванием и т. п. удалять что-л. откуда-л.] **5.** ***что,*** также ***чем*** *Бабушка вытягивает гной из раны подорожником* (см. § 3). *Вентиляционное устройство сломалось и не вытягивало дым из кухни* [удалять что-л. откуда-л. с помощью чего-л. высасывающего, всасывающего и т. п.] **6.** ***кого(что)*** и ***что*** *Геологи с трудом вытягивали попавших в расщелину скалы. Солдаты вытягивали попавшие в трясину машины с помощью специальных приспособлений* [вытаскивать, извлекать откуда-л., таща] **7.** ***кого(что)**** *Рыбак вытягивает одного за другим карасей, окуней, щук* [извлекать из водоема рыбу, дергая удочку, спиннинг и т. п.] **8.** ***что*** *К концу года этот цех все-таки вытягивал план* [с напряжением, с большим трудом делать что-л.; *разг.*]

9. кого(что) *Молодая учительница вытягивает всех слабых учеников* [затрачивая много усилий, помогать кому-л. выйти из числа отстающих; *разг.*] **10. что** *Я с трудом вытягивала ответы у обиженного мальчика* [с трудом, постепенно добиваться чего-л., получать что-л. от кого-л.] **11. что** и **без дополн.** *Трудные восхождения новички-альпинисты сначала не вытягивали* [справляться с чем-л., осиливать, выдерживать что-л.; *разг.*]

I. ВЫТЯ́ГИВАЮЩИЙ, -ая, -ее, -ие; *действ. наст.*

Синт.: **а, б** — в глаг. знач. 1 — 11

В знач. прил. Способный вытягивать что-л., служащий для вытягивания чего-л. *Вытягивающая мазь. Вытягивающий пластырь. Вытягивающее устройство* (Ср. прил. **вытяжно́й,** -а́я, -о́е, -ы́е в знач. 'служащий для вытягивания, вытяжки'. *Вытяжной пластырь. Вытяжной шкаф. Вытяжное кольцо у парашюта*)

II. ВЫТЯ́ГИВАВШИЙ, -ая, -ее, -ие; *действ. прош.*

Синт.: **а, б** — в глаг. знач. 1 — 11

III. ВЫТЯ́ГИВАЕМЫЙ, -ая, -ое, -ые; *страд. наст.**

Синт.: **а, б** — в глаг. знач. 1—3, 5—11; **в** — в глаг. знач. 1, 2

Субстантив.$_2$ в глаг. знач. 6; субстантив.$_3$ в глаг. знач. 1, 6

▭ Прич. III в 4 глаг. знач. не употр.

ВЫТЯ́ГИВАТЬСЯ, вытя́гива|ются, вытя́гива|лся; **несов. к** вы́тянуться (см.)

I. ВЫТЯ́ГИВАЮЩИЙСЯ, -аяся, -ееся, -иеся; *действ. наст.*

Синт.: **а, б** — в глаг. знач. 1 — 7; **в** — в глаг. знач. 1

II. ВЫТЯ́ГИВАВШИЙСЯ, -аяся, -ееся, -иеся; *действ. прош.*

Синт.: **а, б** — в глаг. знач. 1 — 7; **в** — в глаг. знач. 1

ВЫ́ТЯНУТЬ, вы́тянут, вы́тяну|л; **сов., перех.** (*несов.* вытя́гивать) **1. что,** также **чем** *Старый мастер вытянул кожу руками* (см. § 2) [увеличить в длину, натянув, расправив] **2. что** *Делая упражнение, девушки вытянули ноги, не сгибая колен* [распрямить, протянуть, расположив по прямой линии руки, ноги и т. п.] **3. кого(что)** и **что** *Командование специально вытянуло армию вдоль побережья, чтобы обеспечить успех наступлению* [расположить кого-что-л. в длину, по одной линии] **4. что,** также **чем** *Бабушка вытянула гной из раны подорожником* (см. § 3). *Это вентиляционное устройство хорошо вытянуло дым из помещения. Подорожник быстро вытянул гной из раны* [удалить что-л. откуда-л. с помощью чего-л. высасывающего, всасывающего и т. п.; тягой, высасыванием, всасыванием и т. п. удалить что-л. откуда-л.] **5. кого(что)** и **что** *Геологи с трудом вытянули попавших в расщелину скалы. Солдаты вытянули машины из трясины с помощью специальных приспособлений* [вытащить, извлечь откуда-л., тащa] **6. кого(что)*** *Рыбак вытянул огромную щуку* [извлечь из водоема рыбу, дернув удочку, спиннинг и т. п.] **7. что** *К концу года этот цех все-таки вытянул план* [с напряжением, с большим трудом сделать что-л.; *разг.*] **8. кого(что)** *Молодая учительница вытянула всех слабых учеников* [затратив много усилий, помочь кому-л. выйти из числа отстающих; *разг.*] **9. что** *Я с трудом вытянула ответ у обиженного мальчика* [с трудом, постепенно добиться чего-л., получить что-л. от кого-л.] **10. что** и **без дополн.** *Трудное восхождение новички-альпинисты сначала не вытянули* [справиться с чем-л., осилить, выдержать что-л.; *разг.*]

II. ВЫ́ТЯНУВШИЙ, -ая, -ее, -ие; *действ. прош.*

Синт.: **а, б** — в глаг. знач. 1 — 10

IV. ВЫ́ТЯНУТЫЙ, -ая, -ое, -ые; *страд. прош.*

Синт.: **а, б** — в глаг. знач. 1—10 и в статив. знач.; **в** — в глаг. знач. 1, 2

Статив. знач. (также *кр. ф.* ↓) Расположенный по одной линии, вытянувшийся на большом протяжении, вдоль чего-л. *С вертолета был хорошо виден поселок, вытянутый вдоль реки на несколько километров*

В знач. прил. (только *полн. ф.*) **1.** Слабый, потерявший свойство упругости, вытянувшийся. *Вытянутая резинка* **2.** Имеющий продолговатую, удлиненную форму. *У этого предмета вытянутая форма. Человек с вытянутым худощавым лицом* ◇ **Вытянутое лицо, вытянутая физиономия** — о выражении удивления, разочарования, досады на лице

Субстантив.$_2$ в глаг. знач. 5; субстантив.$_3$ в глаг. знач. 1, 5

ВЫ́ТЯНУТ, -та, -то, -ты; *кр. ф.*

В глаг. знач. 1—10

Статив. знач. (также *полн. ф.* ↑) *Поселок был вытянут вдоль реки на несколько километров*

ВЫ́ТЯНУТЬСЯ, вы́тянутся, вы́тяну|лся; **сов.** (*несов.* вытя́гиваться) **1. S не лицо** *Резинка у свитера сильно вытянулась* [стать длиннее, увеличиться в длину] **2.** *«К пятнадцати годам Лидия вытянулась, оставаясь всё такой же тоненькой и легкой».* М. Горький, Жизнь Клима Самгина [вырасти, стать высоким] **3. S не лицо** *«Веревка, которую опустил штамповщик, вытянулась перпендикулярно трубе».* Диковский, Труба [натянуться, протянуться в каком-л. направлении] **4.** *«Снова вытянулись мы редкой цепочкой и пошли вверх по тропе».* Закруткин, Кавказские записки [двигаясь по одной линии или вереницей, цепью, оказаться расположенным на большом протяжении и т. п.] **5. S не лицо** *«Лениво течет речка Чангул, по берегу ее стройно вытянулись белые хаты».* М. Горький, На Чангуле [быть расположенным по одной линии на большом протяжении] **6.** *«Едва я вытянулся на лавке, как счастливая усталость вконец овладела мной».* Шефнер, Облака над дорогой [лечь, распрямив свое тело] **7.** *Солдат вытянулся, отдавая честь офицеру. «Начальник станции вытянулся для рапорта».* Бек, Курако [стать прямо по требованию воинской или служебной дисциплины]

II. ВЫ́ТЯНУВШИЙСЯ, -аяся, -ееся, -иеся; *действ. прош.*

Синт.: **а, б** — в глаг. знач. 1 — 7; **в** — в глаг. знач. 1, 7

ВЫУ́ЧИВАТЬ, выу́чива|ют, выу́чива|л; ***несов. к*** вы́учить в 1 знач. (см.)

I. ВЫУ́ЧИВАЮЩИЙ, -ая, -ее, -ие; *действ. наст.*

Синт.: **а, б** — в глаг. знач. 1

II. ВЫУ́ЧИВАВШИЙ, -ая, -ее, -ие; *действ. прош.*

Синт.: **а, б** — в глаг. знач. 1

III. ВЫУ́ЧИВАЕМЫЙ, -ая, -ое, -ые; *страд. наст.*

Синт.: **а, б** — в глаг. знач. 1

ВЫ́УЧИТЬ, вы́уч|ат, вы́учи|л; ***сов., перех.*** (*несов.* выу́чивать *к* 1 знач.; *несов.* учи́ть *к* 1, 2 знач.) **1. *что*** *Мальчик легко выучил длинное стихотворение. Аня выучила наизусть отрывок из пьесы* [повторяя что-л., запомнить, усвоить] **2. *что*** *Петя быстро выучил уроки и пошел гулять* [выполнить данное в школе домашнее задание] **3. *кого(что) чему*** и ***с неопр. ф.*** *Бабушка выучила всех своих дочерей плести кружева. Дима выучил меня играть на гитаре* [обучить чему-л., научить делать что-л.]

II. ВЫ́УЧИВШИЙ, -ая, -ее, -ие; *действ. прош.*

Синт.: **а, б** — в глаг. знач. 1—3

IV. ВЫ́УЧЕННЫЙ, -ая, -ое, -ые; *страд. прош.*

Синт.: **а, б** — в глаг. знач. 1—3; **в** — в глаг. знач. 1, 2

Субстантив.$_3$ в глаг. знач. 1

ВЫ́УЧЕН, -ена, -ено, -ены; *кр. ф.*

В глаг. знач. 1—3

ВЫХОДИ́ТЬ, выхо́д|ят, выходи́|л; ***несов., неперех.*** (*сов.* вы́йти *к* 1 — 14 знач.) **1.** *Девушка несколько раз выходила из комнаты. Мы выходили из дома в восемь часов утра* [уходить откуда-л., оставлять пределы чего-л.] **2.** *Скоро отец выходит из больницы* [покидать что-л., прекращать свое пребывание где-л., обычно в больнице, госпитале и т. п.] **3. *из чего*** *Олег выходит из состава этой комиссии* [переставать участвовать в чем-л. или переставать быть членом чего-л.] **4.** *Певица три раза выходила на сцену на бис. Наконец, мы выходим на опушку леса* [появляться где-л., уйдя откуда-л., идя куда-л.] **5. *S не лицо*** *Корабли выходят в море. Комбайны выходят в поле. Танки выходят к переправе* [о транспортных средствах, военной технике и т. п.: направляться в какое-л. место, которое обозначено существительным; достигать места назначения, которое обозначено существительным] **6.** *Дети выходят на прогулку. Все сотрудники института выходят на коммунистический субботник. Сережа из-за болезни несколько раз не выходил на дежурство* [отправляться с какой-л. целью, которая обозначена существительным; приходить куда-л. для выполнения каких-л. обязанностей, для какой-л. деятельности, которые обозначены существительным] **7. *из чего*** *Андрей явно выходит из терпения. Дети совсем выходят из повиновения* [переставать находиться в каком-л. состоянии, которое указано существительным] **8. *из чего; S не лицо*** *Керосиновые лампы выходят из употребления. Этот фасон выходит из моды* [переставать соответствовать определенным требованиям, находиться в определенном положении, которое обозначено существительным] **9. *S не лицо*** *Собрание сочинений А. С. Пушкина выходит из печати. На экраны страны выходит многосерийный фильм о Великой Отечественной войне* [становиться изданным, выпущенным] **10.** *Аня выходит замуж за хирурга* [становиться чьей-л. женой — обычно в сочетании со словом *замуж*] **11. *из кого*** *Из учеников нашей школы выходят хорошие музыканты* [становиться кем-л. в результате развития, обучения, труда и т. п.] **12. *из чего; S не лицо*** *Из этого куска шелка выходят два платья* [получаться, образовываться в результате каких-л. действий, работы над чем-л.] **13. *S не лицо*** *Из-за ваших неправильных действий всегда выходили одни неприятности* [получаться, происходить как следствие чего-л.] **14. *в кого*** и ***кем*** *Молодые рабочие бригады выходят в передовики. Наш цех выходит победителем в социалистическом соревновании* [делаться, становиться кем-л.— обычно в сочетании с предлогом *в* и старой ф. вин. мн.] **15. *S не лицо*** *В месяц у нас выходит около 200 рублей на питание* [расходоваться, тратиться; *разг.*] **16. *S не лицо*** *Окно моей комнаты выходит в вишневый сад* [быть обращенным куда-л., в какую-л. сторону]

I. ВЫХОДЯ́ЩИЙ, -ая, -ее, -ие; *действ. наст.**

Синт.: **а, б** — в глаг. знач. 1—10, 12, 14, 16; **в** — в глаг. знач. 9

II. ВЫХОДИ́ВШИЙ, -ая, -ее, -ие; *действ. прош.**

Синт.: **а, б** — в глаг. знач. 1 — 10, 12, 14, 16; **в** — в глаг. знач. 9

▭ Прич. I, II в 11, 13, 15 глаг. знач. не употр.

ВЫХОЛА́ЩИВАТЬ, выхола́щива|ют, выхола́щива|л; ***несов. к*** вы́холостить (см.)

I. ВЫХОЛА́ЩИВАЮЩИЙ, -ая, -ее, -ие; *действ. наст.*

Синт.: **а, б** — в глаг. знач.

II. ВЫХОЛА́ЩИВАВШИЙ, -ая, -ее, -ие; *действ. прош.*

Синт.: **а, б** — в глаг. знач.

III. ВЫХОЛА́ЩИВАЕМЫЙ, -ая, -ое, -ые; *страд. наст.*

Синт.: **а, б** — в глаг. знач.

Субстантив.$_3$ не употр.

ВЫ́ХОЛИТЬ, вы́хол|ят, вы́холи|л; ***сов., перех., кого(что)*** и ***что*** *Мальчик выхолил коня, ухаживая за ним с необыкновенным старанием. Катя выхолила свои руки с помощью многочисленных кремов* [заботливым, тщательным уходом добиться наилучшего состояния]

II. ВЫ́ХОЛИВШИЙ, -ая, -ее, -ие; *действ. прош.*

Синт.: **а, б** — в глаг. знач.

IV. ВЫ́ХОЛЕННЫЙ, -ая, -ое, -ые; *страд. прош.*

Синт.: **а, б** — в глаг. знач.

В знач. прил. (только *полн. ф.*) Имеющий холеный вид в результате заботливого, тщательного ухода. *Выхоленный конь. Выхоленный ребенок. Выхоленная борода*

ВЫ́ХОЛЕН, -ена, -ено, -ены; *кр. ф.*

В глаг. знач.

ВЫ́ХОЛОСТИТЬ, вы́холощу, вы́холост|ят, вы́холости|л; ***сов., перех., что*** (*несов.* выхола́щивать) *Редактор выхолостил из статьи живые мысли. «Педантичное следование букве режиссерского сценария обязательно выхолостит из фильма живую действительность..»* С. Герасимов, Жизнь, фильмы, споры [лишить живого содержания, отбросить, устранить что-л. ценное, плодотворное]

II. ВЫ́ХОЛОСТИВШИЙ, -ая, -ее, -ие; *действ. прош.*

Синт.: **а, б** — в глаг. знач.

IV. ВЫ́ХОЛОЩЕННЫЙ, -ая, -ое, -ые; *страд. прош.*

[чередование ст/щ]

Синт.: **а, б** — в глаг. знач.

В знач. прил. (только *полн. ф.*) Лишенный живого содержания, творческой силы; невыразительный, бедный. *Выхолощенные мысли. Выхолощенный язык*

Субстантив.$_3$ не употр.

ВЫ́ХОЛОЩЕН, -ена, -ено, -ены; *кр. ф.*

В глаг. знач.

ВЫЧЁРКИВАТЬ, вычёркива|ют, вычёркива|л; ***несов., перех., что из чего*** (*сов.* вы́черкнуть) *Поэт несколько раз вычеркивал эти строчки из стихотворения, а потом снова вписывал их. Мы не вычеркивали вашу фамилию из списка* [зачеркивая, исключать что-л. из написанного, напечатанного]

I. ВЫЧЁРКИВАЮЩИЙ, -ая, -ее, -ие; *действ. наст.*

Синт.: **а, б** — в глаг. знач.

В знач. прил. Предназначенный для вычеркивания чего-л. *Вычеркивающее автоматическое устройство*

II. ВЫЧЁРКИВАВШИЙ, -ая, -ее, -ие; *действ. прош.*

Синт.: **а, б** — в глаг. знач.

III. ВЫЧЁРКИВАЕМЫЙ, -ая, -ое, -ые; *страд. наст.*

Синт.: **а, б, в** — в глаг. знач.

ВЫ́ЧЕРКНУТЬ, вы́черкнут, вы́черкну|л; ***сов. к*** вычёркивать (см.)

II. ВЫ́ЧЕРКНУВШИЙ, -ая, -ее, -ие; *действ. прош.*

Синт.: **а, б** — в глаг. знач.

IV. ВЫ́ЧЕРКНУТЫЙ, -ая, -ое, -ые; *страд. прош.*

Синт.: **а, б, в** — в глаг. знач.

ВЫ́ЧЕРКНУТ, -та, -то, -ты; *кр. ф.*

В глаг. знач.

ВЫ́ЧЕСТЬ, вы́чт|ут, вы́чел, вы́чла, -ло, -ли; ***сов. к*** вычита́ть (см.)

IV. ВЫ́ЧТЕННЫЙ, -ая, -ое, -ые; *страд. прош.*

Синт.: **а, б** — в глаг. знач. 1, 2

ВЫ́ЧТЕН, -ена, -ено, -ены; *кр. ф.*

В глаг. знач. 1, 2

□ Прич. II не образуется

ВЫ́ЧИСЛИТЬ, вы́числ|ят, вы́числи|л; ***сов. к*** вычисля́ть (см.)

II. ВЫ́ЧИСЛИВШИЙ, -ая, -ее, -ие; *действ. прош.*

Синт.: **а, б** — в глаг. знач.

IV. ВЫ́ЧИСЛЕННЫЙ, -ая, -ое, -ые; *страд. прош.*

Синт.: **а, б, в** — в глаг. знач.

ВЫ́ЧИСЛЕН, -ена, -ено, -ены; *кр. ф.*

В глаг. знач.

ВЫЧИСЛЯ́ТЬ, вычисля́|ют, вычисля́|л; ***несов., перех., что*** (*сов.* вы́числить) *Ученые точно вычисляли скорость и направление движения межпланетных космических станций. Наш отдел вычисляет стоимость новых ЭВМ с помощью самих ЭВМ* [устанавливать искомое, производя действие над числами, подсчитывать, высчитывать]

I. ВЫЧИСЛЯ́ЮЩИЙ, -ая, -ее, -ие; *действ. наст.*

Синт.: **а, б** — в глаг. знач.

В знач. прил. Предназначенный для вычислений. *Вычисляющее устройство* (Ср. прил. **вычисли́тельный**,-ая, -ое, -ые. Относящийся к вычислению; предназначенный для вычислений. *Вычислительные работы. Вычислительные операции. Вычислительные машины*)

II. ВЫЧИСЛЯ́ВШИЙ, -ая, -ее, -ие; *действ. прош.*

Синт.: **а, б** — в глаг. знач.

III. ВЫЧИСЛЯ́ЕМЫЙ, -ая, -ое, -ые; *страд. наст.*

Синт.: **а, б, в** — в глаг. знач.

ВЫЧИТА́ТЬ, вычита́|ют, вычита́|л; ***несов., перех., что из чего*** (*сов.* вы́честь) **1.** *Первоклассники вслух вычитали из ста двадцать* [производить вычитание одного числа из другого] **2.** *Бухгалтерия по моей просьбе вычитает у меня из зарплаты сумму для уплаты за квартиру, телефон и электричество* [удерживать, не выдавать какую-л. сумму денег, причитающихся к выдаче]

I. ВЫЧИТА́ЮЩИЙ, -ая, -ее, -ие; *действ. наст.*

Синт.: **а, б** — в глаг. знач. 1, 2

II. ВЫЧИТА́ВШИЙ, -ая, -ее, -ие; *действ. прош.*

Синт.: **а, б** — в глаг. знач. 1, 2

III. ВЫЧИТА́ЕМЫЙ, -ая, -ое, -ые; *страд. наст.*

Синт.: **а, б** — в глаг. знач. 1, 2

Ср. сущ. **вычита́емое**, -ого, *ср.* Число или выражение, которое вычитается из другого числа или выражения

ВЫШИВА́ТЬ, вышива́|ют, вышива́|л; ***несов.*** (*сов.* вы́шить *к* 1, 2 знач.) **1. *перех., кого(что)*** и ***что*** *Катя вышивает якорь на рукаве кофты. Бабушка вышивает цветы на скатерти* [изображать, делать изображение на чем-л. особым шитьем] **2. *перех., что,*** также ***чем*** *Моя подруга вышивает скатерть. Девочка вышивает платье гладью* (см. § 2) [украшать ткань, кожу и т. п. узорным шитьем] **3. *неперех.*** *Ольга прекрасно вышивает* [уметь особым шитьем делать изображение чего-л. на чем-л., украшать ткань, кожу и т. п.]

I. ВЫШИВА́ЮЩИЙ, -ая, -ее, -ие; *действ. наст.*

Синт.: **а, б** — в глаг. знач. 1 — 3; **в** — в глаг. знач. 1

В знач. прил. Занимающийся вышиванием, любящий вышивать. *Вышивающие женщины организовали клуб „Вышивка" в нашем поселке*

II. ВЫШИВА́ВШИЙ, -ая, -ее, -ие; *действ. прош.*
Синт.: **а, б** — в глаг. знач. 1—3; **в** — в глаг. знач. 1

III. ВЫШИВА́ЕМЫЙ, -ая, -ое, -ые; *страд. наст.*
Синт.: **а, б, в** — в глаг. знач. 1, 2
Субстантив.$_2$ не употр.

ВЫ́ШИТЬ, вы́шьют, вы́ши|л; ***сов., перех.*** (*несов.* вышива́ть) **1. *кого(что)*** и ***что*** *Катя вышила якорь на рукаве кофты. Бабушка вышила цветы на скатерти* [изобразить, сделать изображение на чем-л. особым шитьем] **2. *что***, также ***чем*** *Моя подруга вышила очень красивую скатерть. Девочка вышила платье гладью* (см. § 2) [украсить ткань, кожу и т. п. узорным шитьем]

II. ВЫ́ШИВШИЙ, -ая, -ее, -ие; *действ. прош.*
Синт.: **а, б** — в глаг. знач. 1, 2

IV. ВЫ́ШИТЫЙ, -ая, -ое, -ые; *страд. прош.*
Синт.: **а, б** — в глаг. знач. 1, 2; **в** — в глаг. знач. 1
В знач. прил. (только *полн. ф.*) С вышивкой, украшенный вышивкой. *Вышитая скатерть. Вышитые занавески. Вышитое платье*
Субстантив.$_2$ не употр.
ВЫ́ШИТ, -та, -то, -ты; *кр. ф.*
В глаг. знач. 1, 2

ВЯЗА́ТЬ, вяжу́, вя́ж|ет, вяза́|л; ***несов.*** (*сов.* связа́ть *к* 1—3 знач.) **1. *перех., что,*** также ***чем*** *Аня вяжет свитер. Моя подруга вяжет скатерть крючком* (см. § 2) [плести что-л. спицами, крючком, на вязальной машине из каких-л. ниток] **2. *перех., что*** *Женщины вязали снопы. Туристы быстро вязали плоты* [делать что-л., связывая, скрепляя, стягивая, соединяя части в одно целое] **3. *перех., кого(что)*** *В этой сцене крестьяне вяжут пойманного разбойника* [стягивать чем-л. руки, ноги, лишая свободы движений] **4. *перех., что; S не лицо*** и ***безл.*** *Настой дубовой коры сильно вяжет рот. Во рту вяжет* [оказывать стягивающее действие, вызывать во рту ощущение стягивания; об ощущении стягивания, терпкости во рту] **5. *перех., что*** и ***без дополн.; S не лицо*** *Этот раствор прекрасно вяжет все твердые материалы* [обладать свойством скреплять, сцеплять твердые материалы; *спец.*] **6. *неперех.; S не лицо*** *Танин вяжет* [обладать свойством вызывать во рту ощущение стягивания, терпкости] **7. *неперех.*** *Ольга хорошо вяжет. Моя соседка вяжет и шьет* [уметь плести что-л. из ниток спицами, крючком и т. п.]

I. ВЯ́ЖУЩИЙ, -ая, -ее, -ие; *действ. наст.*
Синт.: **а, б** — в глаг. знач. 1—7; **в** — в глаг. знач. 1
В знач. прил. **1.** Умеющий вязать и занимающийся вязанием. *Вяжущие женщины в нашем доме организовали клуб* **2.** Благоприятно воздействующий на рыхлые ткани, как бы стягивающий их. *Вяжущие лекарства. Вяжущие средства* **3.** Вызывающий во рту ощущение терпкости, стягивания. *Вяжущий вкус* **4.** Обладающий свойством скреплять, сцеплять твердые материалы; *спец. Вяжущие материалы*

II. ВЯЗА́ВШИЙ, -ая, -ее, -ие; *действ. прош.*
Синт.: **а, б** — в глаг. знач. 1—7; **в** — в глаг. знач. 1

IV. ВЯ́ЗАННЫЙ, -ая, -ое, -ые; *страд. прош.**
Синт.: **а, б** — в глаг. знач. 1—3
Ср. прич. в 1 глаг. знач. с прил. **вя́заный,** -ая, -ое, -ые. Изготовленный вязанием. *Вязаная кофта. Вязаные перчатки*
Субстантив.$_3$ в глаг. знач. 1
ВЯ́ЗАН, -ана, -ано, -аны; *кр. ф.**
В глаг. знач. 1—3

▭ Прич. III не образуется. Прич. IV в 4, 5 глаг. знач. не употр.

ВЯ́ЗНУТЬ, вя́зн|ут, вяз и вя́зну|л, вя́зла, -ло, -ли; ***несов., неперех., в чем*** (*сов.* завя́знуть и увя́знуть *к* 1 знач.) **1.** *Лошади вязнут в песке. Люди часто вязли в этом болоте. Колеса вязнут в грязи* [застревать в чем-л. вязком, липком, сыпучем] **2. *S не лицо*** *Мясо в зубах вязнет* [застревать — о пище; *разг.*]

I. ВЯ́ЗНУЩИЙ, -ая, -ее, -ие; *действ. наст.*
Синт.: **а, б** — в глаг. знач. 1, 2

II. ВЯ́ЗНУВШИЙ, -ая, -ее, -ие; *действ. прош.*
Синт.: **а, б** — в глаг. знач. 1, 2

ВЯ́ЛИТЬ, вя́л|ят, вя́ли|л; ***несов., перех., что*** *Дедушка вялил рыбу. Геологи вялили медвежье мясо* [сушить на солнце, на открытом воздухе и т. п. для заготовки впрок]

I. ВЯ́ЛЯЩИЙ, -ая, -ее, -ие; *действ. наст.*
Синт.: **а, б** — в глаг. знач.

II. ВЯ́ЛИВШИЙ, -ая, -ее, -ие; *действ. прош.*
Синт.: **а, б** — в глаг. знач.

IV. ВЯ́ЛЕННЫЙ, -ая, -ое, -ые; *страд. прош.*
Синт.: **а, б** — в глаг. знач.
Ср. прил. **вя́леный**, -ая, -ое, -ые. Приготовленный вялением. *Вяленая рыба. Вяленое мясо. Вяленая дыня*
ВЯ́ЛЕН, -ена, -ено, -ены; *кр. ф.*
В глаг. знач.

▭ Прич. III не употр.

ВЯ́НУТЬ, вя́н|ут, вял и вя́ну|л, вя́ла, -ло, -ли; ***несов., неперех.*** (*сов.* завя́нуть и увя́нуть); ***S не лицо*** *Листья начинают вянуть. Сорванные розы быстро вянут* [терять свежесть, сохнуть, увядать — о растениях]

I. ВЯ́НУЩИЙ, -ая, -ее, -ие; *действ. наст.*
Синт.: **а, б, в** — в глаг. знач.

II. ВЯ́НУВШИЙ, -ая, -ее, -ие; *действ. прош.*
Синт.: **а, б, в** — в глаг. знач.

Г

ГАДА́ТЬ, гада́|ют, гада́|л; ***несов., неперех.* 1. *на чем*** и ***без дополн.*** *Цыганка гадала на картах* [предсказывать, „узнавать" судьбу, будущее или прошлое, раскладывая гадальные карты или другими способами] **2. *о чем, с придат. дополнит.*** и ***без дополн.*** *Об этом мы можем только гадать. Дима сидит и гадает, придут к нему гости или нет* [предполагать, не имея точных сведений, уверенности в чем-л.]

I. ГАДА́ЮЩИЙ, -ая, -ее, -ие; *действ. наст.*

Синт.: **а, б** — в глаг. знач. 1, 2; **в** — в глаг. знач. 1

Субстантив.₁ в глаг. знач. 1

II. ГАДА́ВШИЙ, -ая, -ее, -ие; *действ. прош.*

Синт.: **а, б** — в глаг. знач. 1, 2; **в** — в глаг. знач. 1

Субстантив.₁ в глаг. знач. 1

□ Прич. I, II во 2 глаг. знач. менее употр., чем в 1 глаг. знач.

ГАЗИРОВА́ТЬ и **ГАЗИ́РОВАТЬ,** газиру́|ют и гази́ру|ют, газирова́|л и гази́рова|л; ***несов., перех., что*** *В этом цехе рабочие газировали воду* [насыщать газом]

I. ГАЗИРУ́ЮЩИЙ, -ая, -ее, -ие и ГАЗИ́РУЮЩИЙ, -ая, -ее, -ие; *действ. наст.*

Синт.: **а, б** — в глаг. знач.

II. ГАЗИРОВА́ВШИЙ, -ая, -ее, -ие и ГАЗИ́РОВАВШИЙ, -ая, -ее, -ие; *действ. прош.*

Синт.: **а, б** — в глаг. знач.

III. ГАЗИРУ́ЕМЫЙ, -ая, -ое, -ые и ГАЗИ́РУЕМЫЙ, -ая, -ое, -ые; *страд. наст.*

Синт.: **а, б, в** — в глаг. знач.

IV. ГАЗИРО́ВАННЫЙ, -ая, -ое, -ые и ГАЗИ́РОВАННЫЙ, -ая, -ое, -ые; *страд. прош.*

Синт.: **а, б** — в глаг. знач.

В знач. прил. **газиро́ванный** (только *полн. ф.*) Насыщенный газом — о жидкости. *Газированная вода*

ГАЗИРО́ВАН, -ана, -ано, -аны и ГАЗИ́РОВАН, -ана, -ано, -аны; *кр. ф.*

В глаг. знач.

ГАЗИФИЦИ́РОВАТЬ, газифици́ру|ют, газифици́рова|л; ***сов.*** и ***несов., перех., что*** *Горсовет принял решение газифицировать самые отдаленные районы области* [провести или проводить газопровод, снабдив или снабжая промышленность, жилища газовым топливом]

I. ГАЗИФИЦИ́РУЮЩИЙ, -ая, -ее, -ие; *действ. наст.*

Синт.: **а, б** — в глаг. знач.

II. ГАЗИФИЦИ́РОВАВШИЙ, -ая, -ее, -ие; *действ. прош.*

Синт.: **а, б** — в глаг. знач.

III. ГАЗИФИЦИ́РУЕМЫЙ, -ая, -ое, -ые; *страд. наст.*

Синт.: **а, б, в** — в глаг. знач.

IV. ГАЗИФИЦИ́РОВАННЫЙ, -ая, -ое, -ые; *страд. прош.*

Синт.: **а, б** — в глаг. знач.

В знач. прил. (только *полн. ф.*) С проведенным газопроводом, снабженный газовым топливом. *Газифицированный район. Газифицированный дом. Газифицированный завод*

ГАЗИФИЦИ́РОВАН, -ана, -ано, -аны; *кр. ф.*

В глаг. знач.

ГАРАНТИ́РОВАТЬ, гаранти́ру|ют, гаранти́рова|л; ***сов.*** и ***несов., перех., что*** и ***с придат. дополнит.*** *Новое правительство гарантирует неприкосновенность всех дипломатических работников. Я гарантирую, что наша команда выиграет* [обеспечить или обеспечивать что-л.; дать или давать гарантию в чем-л.]

I. ГАРАНТИ́РУЮЩИЙ, -ая, -ее, -ие; *действ. наст.*

Синт.: **а, б** — в глаг. знач.

II. ГАРАНТИ́РОВАВШИЙ, -ая, -ее, -ие; *действ. прош.*

Синт.: **а, б** — в глаг. знач.

III. ГАРАНТИ́РУЕМЫЙ, -ая, -ое, -ые; *страд. наст.*

Синт.: **а, б** — в глаг. знач.

Субстантив.₃ не употр.

IV. ГАРАНТИ́РОВАННЫЙ, -ая, -ое, -ые; *страд. прош.*

Синт.: **а, б** — в глаг. знач.

В знач. прил. (только *полн. ф.*) **1.** Обеспечиваемый по закону, по условиям договора. *Гарантированный отпуск. Гарантированная зарплата* **2.** Обязательно осуществляющийся в силу благоприятных обстоятельств. *Гарантированный урожай* (Ср. прил. **гаранти́йный**, -ая, -ое, -ые. Содержащий гарантию, служащий гарантией, относящийся к гарантии. *Гарантийное письмо. Гарантийный ремонт*)

ГАРАНТИ́РОВАН, -ана, -ано, -аны; *кр. ф.*

В глаг. знач.

Статив. знач. (только *кр. ф.*) **1. *от чего*** Имеющий надежную защиту, огражденный от чего-л. нежелательного, плохого. *В этой ситуации мы гарантированы от случайностей и всяких неожиданностей. Никто не гарантирован от ошибок* **2. *кому*** Должный обязательно осуществиться, появиться, быть. *Хорошее настроение нам гарантировано. В такой неудобной обуви мозоли вам гарантированы. Успех спектаклю гарантирован*

ГАРМОНИ́РОВАТЬ, гармони́ру|ют, гармони́рова|л; ***несов., неперех., с чем; S не лицо*** *Голос девушки, низкий и мелодичный, гармонировал со всем ее обликом. Архитектура здания гармонировала с окружающим пейзажем* [быть в соответствии, в созвучии с чем-л., находиться в гармонии, согласовываться, сочетаться]

I. ГАРМОНИ́РУЮЩИЙ, -ая, -ее, -ие; *действ. наст.*

Синт.: **а, б** — в глаг. знач.

Ср. прил. **гармони́чный**, -ая, ое, -ые; -чен, -чна, -чно, -чны. **1.** Согласованный, соразмеренный, находящийся в стройном сочетании, взаимном соответствии частей, исполненный гармонии. *Гармоничное развитие личности. Гармоничные пропорции. Гармоничные краски.* **2.** Благозвучный, стройный. *Гармоничные звуки*

II. ГАРМОНИ́РОВАВШИЙ, -ая, -ее, -ие; *действ. прош.*

Синт.: **а, б** — в глаг. знач.

ГАСИ́ТЬ, гашу́, га́с|ят, гаси́|л; ***несов., перех., что*** (*сов.* погаси́ть *к* 1, 3, 4 знач.) **1.** также ***чем*** *Бабушка гасила свет рано. Отец всегда гасил свечу длинными щипцами* (см. § 2) [выключать электричество, электрические приборы; прекращать горение, тушить] **2.** *Ольга научилась быстро гасить возникающее раздражение. Принятые решения безусловно гасили творческие порывы сотрудников нашего отдела* [подавлять, насильственно заглушать, не давать развиваться чему-л.] **3.** также ***чем*** *На почте гасили почтовые марки штемпелем* (см. § 2). *Мы всегда вовремя гасили задолженность по квартплате* [прекращать действие чего-л., ликвидировать, лишать значения, силы, делать недействительным что-л.] **4.** также ***чем*** *Во время опыта лаборант гасил колебания мембраны особым прибором* (см. § 2). *«И он добился своего: его глушитель гасил звук выстрела почти наполовину».* В. Кожевников, Ганси Киля [уменьшать или устранять что-л., прекращать или ослаблять действие чего-л.] ◊ **Гасить известь** — смешивать едкую (негашеную) известь с водой

I. ГА́СЯЩИЙ, -ая, -ее, -ие и ГАСЯ́ЩИЙ, -ая, -ее, -ие; *действ. наст.*

Синт.: **а, б** — в глаг. знач. 1 — 4

II. ГАСИ́ВШИЙ, -ая, -ее, -ие; *действ. прош.*

Синт.: **а, б** — в глаг. знач. 1 — 4

III. ГАСИ́МЫЙ, -ая, -ое, -ые; *страд. наст.* (*редко*)

Синт.: **а, б** — в глаг. знач. 1—4

Субстантив.$_3$ не употр.

IV. ГА́ШЕННЫЙ, -ая, -ое, -ые; *страд. прош.** (*редко*)

[чередование с/ш]

Синт.: **а, б** — в глаг. знач. 1, 3, 4

Ср. прил. **гашёный**, -ая, -ое, -ые в выражениях: **гашеная известь** — строительная известь, получаемая при смешении негашеной извести с водой; **гашеная марка** — марка со знаком почтового (или иного) погашения

Субстантив.$_3$ не употр.

ГА́ШЕН, -ена, -ено, -ены; *кр. ф.** (*редко*)

В глаг. знач. 1, 3, 4

▭ Прич. IV во 2 глаг. знач. не употр.

ГА́СНУТЬ, га́сн|ут, гас и *доп.* га́сну|л, га́сла, -ло, -ли; ***несов., неперех.*** (*сов.* пога́снуть); ***S не лицо*** **1.** *Костер гас медленно. С наступлением утра звезды медленно гасли* [переставать гореть, тухнуть, затухать; переставать светить] **2.** *Взрыв веселья постепенно гас, гости стали расходиться* [ослабевать, исчезать — о чувствах, мыслях и т. п.]

I. ГА́СНУЩИЙ, -ая, -ее, -ие; *действ. наст.*

Синт.: **а, б** — в глаг. знач. 1, 2; **в** — в глаг. знач. 1

II. ГА́СНУВШИЙ, -ая, -ее, -ие; *действ. прош.*

Синт.: **а, б** — в глаг. знач. 1, 2; **в** — в глаг. знач. 1

ГАСТРОЛИ́РОВАТЬ, гастроли́ру|ют, гастроли́рова|л; ***несов., неперех.*** *Летом наш театр гастролирует в Средней Азии* [давать спектакли, концерты, уезжая куда-л.]

I. ГАСТРОЛИ́РУЮЩИЙ, -ая, -ее, -ие; *действ. наст.*

Синт.: **а, б, в** — в глаг. знач.

Ср. прил. **гастро́льный,** -ая, -ое, -ые в знач. 'постоянно выезжающий на гастроли, выездной'. *Гастрольная труппа*

II. ГАСТРОЛИ́РОВАВШИЙ, -ая, -ее, -ие; *действ. прош.*

Синт.: **а, б, в** — в глаг. знач.

ГЕРМЕТИЗИ́РОВАТЬ, герметизи́ру|ют, герметизи́рова|л; ***сов.*** и ***несов., перех., что*** *Кабину космического корабля герметизируют самым тщательным образом* [произвести или производить герметизацию чего-л., сделать или делать герметичным, непроницаемым для жидкостей, газов]

I. ГЕРМЕТИЗИ́РУЮЩИЙ, -ая, -ее, -ие; *действ. наст.*

Синт.: **а, б** — в глаг. знач.

II. ГЕРМЕТИЗИ́РОВАВШИЙ, -ая, -ее, -ие; *действ. прош.*

Синт.: **а, б** — в глаг. знач.

III. ГЕРМЕТИЗИ́РУЕМЫЙ, -ая, -ое, -ые; *страд. наст.*

Синт.: **а, б, в** — в глаг. знач.

IV. ГЕРМЕТИЗИ́РОВАННЫЙ, -ая, -ое, -ые; *страд. прош.*

Синт.: **а, б, в** — в глаг. знач.

Ср. прил. **гермети́ческий,** -ая, -ое, -ые. Непроницаемый для жидкостей и газов. *Герметические стенки барокамеры*

Ср. прил. **гермети́чный,** -ая, -ое, -ые; -чен, -чна, -чно, -чны. То же, что герметический. *Герметичный сосуд*

ГЕРМЕТИЗИ́РОВАН, -ана, -ано, -аны; *кр. ф.*

В глаг. знач.

ГИ́БНУТЬ, ги́бн|ут, гиб и ги́бну|л, ги́бла, -ло, -ли; ***несов. к*** поги́бнуть (см.)

I. ГИ́БНУЩИЙ, -ая, -ее, -ие; *действ. наст.*

Синт.: **а, б** — в глаг. знач. 1 — 4; **в** — в глаг. знач. 1 — 3

Субстантив.$_1$ в глаг. знач. 1, 2

II. ГИ́БНУВШИЙ, -ая, -ее, -ие; *действ. прош.*

Синт.: **а, б** — в глаг. знач. 1 — 4; **в** — в глаг. знач. 1 — 3

Субстантив.$_1$ в глаг. знач. 1, 2

ГИПНОТИЗИ́РОВАТЬ, гипнотизи́ру|ют, гипнотизи́рова|л; ***несов., перех., кого(что)*** (*сов.* загипнотизи́ровать) **1.** *Врач гипнотизировал больного* [приводить в состояние гипноза] **2.** также ***чем*** *Оратор гипнотизировал слушающих своей волей, убежденностью, страстной интонацией* (см. § 1). *«Окна магазинов гипнотизировали нас, и мы.. покупали массу ненужных.. вещей».* Чехов, Ариадна [подчинять кого-л. своей воле, производя неотразимо сильное впечатление; приводить в состояние оцепенения, лишать воли, способности контроля за своими действиями]

I. ГИПНОТИЗИ́РУЮЩИЙ, -ая, -ее, -ие; *действ. наст.*

Синт.: **а, б** — в глаг. знач. 1, 2

В знач. прил. Такой, который подчиняет своему влиянию; такой, который лишает воли, способности контроля за своими действиями. *У этого человека был гипнотизирующий взгляд. Гипнотизирующая сила музыки* (Ср. прил. **гипноти́ческий,** -ая, -ое, -ие в знач. 'обладающий большой силой воздействия'. *Гипнотическое влияние*)

II. ГИПНОТИЗИ́РОВАВШИЙ, -ая, -ее, -ие; *действ. прош.*

Синт.: **а, б** — в глаг. знач. 1, 2

III. ГИПНОТИЗИ́РУЕМЫЙ, -ая, -ое, -ые; *страд. наст.*

Синт.: **а, б** — в глаг. знач. 1, 2; **в** — в глаг. знач. 1

IV. ГИПНОТИЗИ́РОВАННЫЙ, -ая, -ое, -ые; *страд. прош.*

Синт.: **а, б** — в глаг. знач. 1, 2

ГИПНОТИЗИ́РОВАН, -ана, -ано, -аны; *кр. ф.*

В глаг. знач. 1, 2

ГЛАВЕ́НСТВОВАТЬ, главе́нству|ют, главе́нствова|л; ***несов., неперех.*** **1.** *В нашей семье главенствует бабушка. Над этой местностью главенствовали партизаны* [подчинять своей воле, влиянию и т. п. окружающих; подчинять что-л. своему контролю, власти и т. п.; *книжн.*] **2.** ***S не лицо*** *Здесь главенствует дух взаимопомощи и взаимопонимания* [являться преобладающим, главным, основным; *книжн.*]

I. ГЛАВЕ́НСТВУЮЩИЙ, -ая, -ее, -ие; *действ. наст.*

Синт.: **а, б** — в глаг. знач. 1, 2

В знач. прил. Основной, господствующий. *Играть главенствующую роль. Занимать главенствующее положение* (Ср. прил. **гла́вный,** -ая, -ое, -ые в знач. 'самый важный, самый существенный, основной'. *Главная роль. Главное событие. Главный герой фильма*)

II. ГЛАВЕ́НСТВОВАВШИЙ, -ая, -ее, -ие; *действ. прош.*

Синт.: **а, б** — в глаг. знач. 1, 2

ГЛА́ДИТЬ, гла́жу, гла́д|ят, гла́ди|л; ***несов., перех.*** (*сов.* вы́гладить *к* 1 знач.; *сов.* погла́дить) **1.** ***что,*** также ***чем*** и ***без дополн.*** *Сергей гладит брюки слишком горячим утюгом* (см. § 2). *Бабушка гладила весь день* [делать гладкой поверхность чего-л. при помощи горячего утюга] **2.** ***что,*** также ***чем*** *«Петр Иваныч начал в задумчивости гладить бакенбарды».* И. Гончаров, Обыкновенная история. *У Димы была привычка гладить бровь карандашом, когда он занимался* [проводить ладонью, пальцами и т. п., приглаживая что-л.] **3.** ***кого(что)*** *Малыш долго гладил собаку. Старик гладил ребенка по голове* [ласкать, легко проводя ладонью, пальцами по поверхности чего-л.]

I. ГЛА́ДЯЩИЙ, -ая, -ее, -ие; *действ. наст.*

Синт.: **а, б** — в глаг. знач. 1 — 3; **в** — в глаг. знач. 1

II. ГЛА́ДИВШИЙ, -ая, -ее, -ие; *действ. прош.*

Синт.: **а, б** — в глаг. знач. 1 — 3; **в** — в глаг. знач. 1

IV. ГЛА́ЖЕННЫЙ, -ая, -ое, -ые; *страд. прош.** [чередование д/ж]

Синт.: **а, б** — в глаг. знач. 1

Ср. прил. **гла́женый,** -ая, -ое, -ые. Ставший гладким после глаженья. *Глаженая скатерть. Глаженые брюки*

Субстантив.$_3$ в глаг. знач. 1

ГЛА́ЖЕН, -ена, -ено, -ены; *кр. ф.**

В глаг. знач. 1

□ Прич. III не употр. Прич. IV во 2, 3 глаг. знач. не употр.

ГЛАЗИРОВА́ТЬ, глазиру́|ют, глазирова́|л; ***сов.*** и ***несов., перех., что*** **1.** *Бабушка умело глазировала торт. В этом цехе глазируют сырки* [покрыть или покрывать густым сахарным сиропом] **2.** *Рабочие глазировали бумагу* [придать или придавать глянец, сделать или делать глянцевитым]

I. ГЛАЗИРУ́ЮЩИЙ, -ая, -ее, -ие; *действ. наст.*

Синт.: **а, б** — в глаг. знач. 1, 2

II. ГЛАЗИРОВА́ВШИЙ, -ая, -ее, -ие; *действ. прош.*

Синт.: **а, б** — в глаг. знач. 1, 2

III. ГЛАЗИРУ́ЕМЫЙ, -ая, -ое, -ые; *страд. наст.*

Синт.: **а, б, в** — в глаг. знач. 1, 2

IV. ГЛАЗИРО́ВАННЫЙ, -ая, -ое, -ые; *страд. прош.*

Синт.: **а, б** — в глаг. знач. 1, 2

В знач. прил. (только *полн. ф.*) **1.** Покрытый густым сахарным сиропом или слоем шоколада. *Глазированные сырки. Глазированный торт.* **2.** Покрытый глянцем, глянцевитый. *Глазированная бумага*

ГЛАЗИРО́ВАН, -ана, -ано, -аны; *кр. ф.*

В глаг. знач. 1, 2

ГЛАЗУРОВА́ТЬ, глазуру́|ют, глазурова́|л; ***сов.*** и ***несов., перех., что*** *В этом цехе рабочие глазуровали посуду* [покрыть или покрывать керамические изделия особым стекловидным сплавом — глазурью, поливой]

I. ГЛАЗУРУ́ЮЩИЙ, -ая, -ее, -ие; *действ. наст.*

Синт.: **а, б** — в глаг. знач.

II. ГЛАЗУРОВА́ВШИЙ, -ая, -ее, -ие; *действ. прош.*

Синт.: **а, б** — в глаг. знач.

III. ГЛАЗУРУ́ЕМЫЙ, -ая, -ое, -ые; *страд. наст.*

Синт.: **а, б, в** — в глаг. знач.

IV. ГЛАЗУРО́ВАННЫЙ, -ая, -ое, -ые; *страд. прош.*

Синт.: **а, б** — в глаг. знач.

В знач. прил. (только *полн. ф.*) Покрытый глазурью, поливой — особым стекловидным сплавом. *Глазурованный кирпич. Глазурованные плитки. Глазурованная посуда*

ГЛАЗУРО́ВАН, -ана, -ано, -аны; *кр. ф.*

В глаг. знач.

ГЛОДА́ТЬ, гложу́, гло́ж|ут, глода́|л; ***несов., перех.*** **1.** ***что*** *Собака гложет кость. Ранней весной лоси гложут кору* [обгрызать, грызть, объедая, обкусывая мякоть зубами] **2.** ***кого(что); S не лицо*** *По вечерам меня гложет тоска. Отца гложет раскаяние. Олега гложет тревога* [мучить, терзать — о чувствах, переживаниях и т. п.]

I. ГЛО́ЖУЩИЙ, -ая, -ее, -ие; *действ. наст.*

Синт.: **а, б** — в глаг. знач. 1, 2

В знач. прил. Непрерывно терзающий кого-л. *Гложущая тоска не давала мне покоя*

II. ГЛОДА́ВШИЙ, -ая, -ее, -ие; *действ. прош.**

Синт.: **а, б** — в глаг. знач. 1

IV. ГЛО́ДАННЫЙ, -ая, -ое, -ые; *страд. прош.**

Синт.: **а, б** — в глаг. знач. 1

Ср. прил. **гло́даный,** -ая, -ое, -ые. С поврежденной зубами поверхностью после глодания. *Глодаsuccessive стволы деревьев. Глоданые кости*

ГЛО́ДАН, -ана, -ано, -аны; *кр. ф.** (редко) В глаг. знач. 1

□ Прич. II, IV во 2 глаг. знач. не употр. Прич. III не употр.

ГЛОТА́ТЬ, глота́|ют, глота́|л; ***несов., перех.* 1. *что*** и ***без дополн.*** *Бабушка утром глотала кучу таблеток. Ребенок глотает с трудом* [движением мускулов глотки проталкивать что-л. в пищевод] **2. *что*** *Мальчик быстро глотал горячий суп, боясь опоздать на соревнования* [есть или пить быстро, жадно, большими глотками] **3. *что*** *Дима глотал одну книгу за другой* [быстро, много читать; *разг.*] **4. *что*** *Мать глотала все оскорбления хозяйки, потому что зависела от нее* [выслушивать без протеста что-л. неприятное, оскорбительное; *разг.*]

I. ГЛОТА́ЮЩИЙ, -ая, -ее, -ие; *действ. наст.* Синт.: **а, б** — в глаг. знач. 1 — 4

II. ГЛОТА́ВШИЙ, -ая, -ее, -ие; *действ. прош.* Синт.: **а, б** — в глаг. знач. 1 — 4

III. ГЛОТА́ЕМЫЙ, -ая, -ое, -ые; *страд. наст.** Синт.: **а, б** — в глаг. знач. 1, 2; **в** — в глаг. знач. 1.

□ Прич. III в 3, 4 глаг. знач. не употр. Прич. IV не употр.

ГЛО́ХНУТЬ, гло́хн|ут, глох и гло́хну|л, гло́хла, -ло, -ли; ***несов., неперех.*** (*сов.* огло́хнуть *к* 1 знач.; *сов.* загло́хнуть *ко* 2 — 5 знач.) **1.** *Бабушка начала глохнуть совсем недавно* [терять слух, становиться глухим] **2. *S не лицо*** *Голос глох среди этих отвесных скал. Неприятные звуки постепенно глохли* [переставать звучать, становиться неслышным, затихать — о звуках] **3. *S не лицо*** *Мотор в нашей машине явно глохнет* [переставать работать, действовать — о моторах, механизмах, действия которых сопровождаются звуками, шумом] **4. *S не лицо*** *Чувства тоски и уныния глохли и исчезали совсем* [притупляться, делаться слабее — о чувствах] **5. *S не лицо*** *Ваш участок без хозяина глохнет. Наш сад постепенно глохнул* [приходить в запустение, в упадок; дичая, зарастать сорными травами, густой растительностью]

I. ГЛО́ХНУЩИЙ, -ая, -ее, -ие; *действ. наст.* Синт.: **а, б** — в глаг. знач. 1 — 5; **в** — в глаг. знач. 1, 3

II. ГЛО́ХНУВШИЙ, -ая, -ее, -ие; *действ. прош.* Синт.: **а, б** — в глаг. знач. 1 — 5; **в** — в глаг. знач. 1, 3

ГЛУШИ́ТЬ, глуш|а́т, глуши́|л; ***несов., перех.*** (*сов.* оглуши́ть *к* 1 знач.; *сов.* заглуши́ть *к* 3—6 знач.) **1. *кого(что),*** также ***чем; S не лицо*** *«Прибой глушил нас всех раскатами И гнал валы издалека».* Матусовский, Раковина [лишать на время ясности слуха, способности слышать] **2. *кого(что)**,*** также ***чем*** *Браконьеры глушили рыбу динамитом* (см. § 2) [ударами по льду, сильным взрывом приводить в состояние оцепенения] **3. *что; S не лицо*** *Ковры глушили звуки шагов. Это приспособление глушит звук мотора* [делать менее слышным] **4. *что; S не лицо*** *Одуванчики каждый год глушили наши посадки* [разрастаясь, препятствовать росту, развитию каких-л. соседних растений] **5. *что,*** также ***чем*** *Усилием воли Олег глушил в себе чувство зависти* [препятствовать проявлению, развитию чего-л., подавлять] **6. *что*** *Рыбаки глушили мотор только при очень сильном ветре* [прекращать работу, действие мотора, двигателя и т. п., сопровождаемые звуками]

I. ГЛУША́ЩИЙ, -ая, -ее, -ие; *действ. наст.* Синт.: **а, б** — в глаг. знач. 1 — 6

II. ГЛУШИ́ВШИЙ, -ая, -ее, -ие; *действ. прош.* Синт.: **а, б** — в глаг. знач. 1 — 6

IV. ГЛУШЁННЫЙ, -ая, -ое, -ые; *страд. прош.** (редко) Синт.: **а, б** — в глаг. знач. 2 Ср. прил. **глушёный**, -ая, -ое, -ые. Потерявший способность двигаться, впавший в шок в результате взрыва — о рыбе. *Глушеная рыба* Субстантив.$_2$ и субстантив.$_3$ не употр. ГЛУШЁН, -ена́, -ено́, -ены́; *кр. ф.** (редко) В глаг. знач. 2

□ Прич. III не употр. Прич. IV в 1, 3 — 6 глаг. знач. не употр.

ГНАТЬ, гоню́, го́н|ят, гна|л, гнала́, гна́ло, -ли; ***несов., перех.*** (*сов.* прогнать *к* 6, 7 знач.) **1. *кого(что)*** *«[Пленных] уже построили в колонны и гнали в тыл».* Симонов, Солдатами не рождаются. *Пастух гонит стадо. Мальчик гнал лошадей на водопой* [заставлять кого-л. двигаться, понуждать к передвижению — о действии, совершаемом в одном направлении, один раз] **2. *что; S не лицо*** *Ветер гонит на нас дым* [перемещать, направляя движение чего-л.] **3. *что*** *Дима гонит машину слишком сильно* [вести автомобиль, поезд и т. п. на очень большой или предельной скорости] **4. *что*** *«Со станции порожняком гнали телеги».* Никулин, Московские зори. *В половодье по этой реке гонят плоты* [направлять движение чего-л., вести, управляя] **5. *кого(что)**** *Девушка гнала лошадь во весь опор* [понуждать к очень быстрому движению] **6. *кого(что)*** *«Он меня не гнал, но мне самому неловко было жить у него без дела».* Морозов, Повести моей жизни [выгонять, принуждать удалиться откуда-л.— о действии, совершаемом один раз] **7. *что*** *Ольга гонит от себя тяжелые мысли* [стараться избавиться от каких-л. мыслей, чувств]. Ср. гоня́ть

I. ГОНЯ́ЩИЙ, -ая, -ее, -ие и ГО́НЯЩИЙ, -ая, -ее, -ие; *действ. наст.* Синт.: **а, б** — в глаг. знач. 1 — 7

II. ГНА́ВШИЙ, -ая, -ее, -ие; *действ. прош.* Синт.: **а, б** — в глаг. знач. 1—7

III. ГОНИ́МЫЙ, -ая, -ое, -ые; *страд. наст.** (*книжн.*) Синт.: **а, б** — в глаг. знач. 2, 6 Субстантив.$_3$ в глаг. знач. 2 ГОНИ́М, -и́ма, -и́мо, -и́мы; *кр. ф.** (*книжн.*) В глаг. знач. 2, 6

□ Прич. III в 1, 3 — 5, 7 глаг. знач. не употр. Прич. IV не употр.

ГНЕСТИ́, гнет|у́т, прош. не употр.; ***несов., перех.; S не лицо* 1. *кого(что),*** также ***чем*** *Сестру гнетет чувство вины. Тоска гнетет меня. Эти дома гнетут нас своим унылым видом* [вызывать тягостное чувство, приводить в подавленное состояние] **2.** ***кого(что)*** и ***что*** *« ..тресты, финансовая олигархия, дороговизна и проч., п о з в о л я я подкупать горстки верхов, все сильнее давят, гнетут, губят, мучают м а с с у пролетариата и полупролетариата».* Ленин, Империализм и раскол социализма. *Бюрократизм гнетет, губит творческие силы народа* [подвергать притеснениям, гонениям, угнетать]

I. ГНЕТУ́ЩИЙ, -ая, -ее, -ие; *действ. наст.*
С и н т.: **а, б** — в глаг. знач. 1, 2
В з н а ч. п р и л. Тягостный, угнетающий — о чувствах, мыслях и т. п. *Гнетущее впечатление. Гнетущее чувство одиночества. Гнетущие мысли*

▭ Прич. II не образуется. Глагол не имеет прич. III, IV. Неопр. ф. устар.

ГНИТЬ, гни|ю́т, гни|л, гнила́, гни́ло, -ли; ***несов. к*** сгнить (см.)

I. ГНИЮ́ЩИЙ, -ая, -ее, -ие; *действ. наст.*
С и н т.: **а, б, в** — в глаг. знач.

II. ГНИ́ВШИЙ, -ая, -ее, -ие; *действ. прош.*
С и н т.: **а, б, в** — в глаг. знач.

ГНУСА́ВИТЬ, гнуса́влю, гнуса́в|ят, гнуса́ви|л; ***несов., неперех.*** *Девочка гнусавит* [говорить или петь с неприятным носовым призвуком]

I. ГНУСА́ВЯЩИЙ, -ая, -ее, -ие; *действ. наст.*
С и н т.: **а, б** — в глаг. знач.
В з н а ч. п р и л. Такой, у которого есть неприятный носовой призвук в голосе. *Гнусавящий человек* (С р. прил. **гнуса́вый,** -ая, -ое, -ые. **1.** Говорящий, поющий в нос. *«Это был некто Мотька Гундосый, рыжий, с перебитым носом, гнусавый человек».* Куприн, Гамбринус **2.** С неприятным носовым призвуком — о голосе. *Гнусавый голос. Гнусавая речь*)

II. ГНУСА́ВИВШИЙ, -ая, -ее, -ие; *действ. прош.*
С и н т.: **а, б** — в глаг. знач.

ГНУТЬ, гн|ут, гну|л; ***несов.*** (*сов.* согну́ть *к* 1, 2 знач.) **1.** ***перех., что,*** также ***чем*** *Мальчик гнул проволоку до тех пор, пока она не лопнула на месте сгиба. Этот человек с легкостью гнул подковы руками* (см. § 2) [придавать изогнутую или дугообразную форму, сгибать] **2.** ***перех., что; S не лицо*** *Ветер гнул деревья и кусты* [наклонять, пригибать] **3.** ***перех., что*** *Предприниматель гнул свое — требовал от рабочих выполнения всех обязательств. Илья настойчиво гнул свою линию* [направлять свои действия, вести речь к определенной цели; *разг.*] **4.** ***неперех.*** *К чему он гнет? Куда она гнет, не пойму* [клонить к чему-л.; *разг.*]

I. ГНУ́ЩИЙ, -ая, -ее, -ие; *действ. наст.*
С и н т.: **а, б** — в глаг. знач. 1 — 4

II. ГНУ́ВШИЙ, -ая, -ее, -ие; *действ. прош.*
С и н т.: **а, б** — в глаг. знач. 1 — 4

IV. ГНУ́ТЫЙ, -ая, -ое, -ые; *страд. прош.**
С и н т.: **а, б** — в глаг. знач. 1
С р. прил. **гну́тый,** -ая, -ое, -ые. Имеющий изогнутую форму; изготовленный гнутьем. *Гнутая спинка стула. Гнутая мебель. Гнутая проволока.*
ГНУТ, -та, -то, -ты; *кр. ф.** (*редко*)
В глаг. знач. 1

▭ Прич. III не образуется. Прич. IV во 2, 3 глаг. знач. не употр.

ГНУ́ТЬСЯ, гн|у́тся, гну́|лся; ***несов., неперех.*** **1.** *Гимнастка делает шпагат и гнется назад* [придавать телу изогнутую, дугообразную форму, изгибаться] **2.** ***S не лицо*** *«Играют волны, ветер свищет, И мачта гнется и скрипит».* Лермонтов, Парус. *Деревья гнутся от сильного ветра. Палка гнется от груза* [принимать изогнутую, дугообразную форму, становиться изогнутым] **3.** ***S не лицо*** *Этот картон не гнется. Проволока гнется* [иметь способность сгибаться] **4.** *Девочка хорошо гнется* [обладать гибкостью, способностью изгибаться]

I. ГНУ́ЩИЙСЯ, -аяся, -ееся, -иеся; *действ. наст.*
С и н т.: **а, б** — в глаг. знач. 1 — 4
В з н а ч. п р и л. Имеющий способность гнуться. *Гнущаяся резина. Гнущееся стекло*

II. ГНУ́ВШИЙСЯ, -аяся, -ееся, -иеся; *действ. прош.*
С и н т.: **а, б** — в глаг. знач. 1 — 4

ГОВОРИ́ТЬ, говор|я́т, говори́|л; ***несов.*** (*сов.* сказа́ть *к* 9, 10 знач.) **1.** ***неперех.*** *Наш сын начал говорить рано. Этот робот говорит, как человек* [владеть устной речью; иметь свойство, способность произносить слова, фразы] **2.** ***неперех.*** *Илья хорошо говорит по-английски. Смирнов говорит на трех языках* [владеть каким-л., обычно иностранным, языком] **3.** ***неперех.*** *Мальчик говорил шепотом* [произносить что-л.— обычно в *сочетании с нареч.*] **4.** ***неперех., с кем(чем), о ком(чем)*** и ***о чем*** *Центр управления говорит с летающими космонавтами несколько раз в день. Мы говорим сейчас о планах на лето* [вести разговор, беседовать] **5.** ***неперех.; S не лицо*** *Эти факты говорят о необходимости вести борьбу за мир. Появившаяся в газете статья говорит не в вашу пользу* [указывать на что-л., свидетельствовать о чем-л.] **6.** ***неперех., о ком(чем)*** и ***о чем*** *«Это было в его практике самое большое дело, о котором говорил целый город».* Мамин-Сибиряк, Человек с прошлым. *О статье, разоблачающей преступления Сталина, говорили все* [обсуждать что-л. с кем-л., толковать о ком-чем-л.— о действии, совершаемом многими] **7.** ***неперех., в ком(чем); S не лицо*** *В вас говорит тщеславие. В Анне говорит чувство зависти* [проявляться, сказываться в чьих-л. поступках, словах и т. п.] **8.** ***неперех., кому(чему); S не лицо*** *Внутренний голос говорил Ольге, что выступать на собрании не нужно. «Какое-то странное предчувствие говорило мне, что между нами завяжется интересный флирт».* Куприн, Прапорщик армейский [подсказывать, предсказывать — о предчувствии] **9.** ***неперех., о ком(чем)*** и ***о чем кому*** *Ольга говорит о своем новом друге отцу. Дима говорит о задуманном путешествии только Илье* [делиться с кем-л., доверительно сообщать что-л. кому-л.] **10.** ***перех., что*** и ***с придат. дополнит.*** *Этот человек говорит правду. Мальчик говорил глупости, и мы перестали его слушать. Илья говорит, что не пойдет в театр* [выражать в устной речи какие-л. мысли, мнения, сообщать какие-л. факты и т. п.]

I. ГОВОРЯ́ЩИЙ, -ая, -ее, -ие; *действ. наст.*
Синт.: **а, б** — в глаг. знач. 1 — 10
В знач. прил. **1.** Обладающий свойством говорить как человек. *Говорящий робот. Говорящая кукла. ЭВМ с говорящим устройством* **2.** Очень выразительный, отражающий настроение, состояние. *Говорящие глаза. Говорящее лицо. Говорящие руки* (Ср. прил. **говорли́вый,** -ая, -ое, -ые; -и́в, -и́ва, -и́во, -и́вы. Любящий поговорить, словоохотливый, разговорчивый. *Говорливая женщина*)

II. ГОВОРИ́ВШИЙ, -ая, -ее, -ие; *действ. прош.*
Синт.: **а, б** — в глаг. знач. 1 — 10

III. ГОВОРИ́МЫЙ, -ая, -ое, -ые; *страд. наст.*
Синт.: **а, б** — в глаг. знач. 10

IV. ГОВОРЁННЫЙ, -ая, -ое, -ые; *страд. прош.*
Синт.: **а, б** — в глаг. знач. 10
ГОВОРЁН, -ена́, -ено́, -ены́; *кр. ф.* (*редко*)
В глаг. знач. 10

ГОДИ́ТЬСЯ, гожу́сь, год|я́тся, годи́|лся; **несов. 1. кому(чему), на что, для чего** и **без дополн.** *Туфли мне не годятся. Ситец на платье годится, давай его купим. Этот человек не годится для преподавательской работы. Корзина без крышки не годится, давай возьмем сумку* [подходить, быть годным для чего-л., удовлетворять определенным требованиям] **2. кому в кого** *Ольга ему в дочери годится. «— Я знаю, что я гожусь ему в тетки, но я не хочу скрывать от вас, что я стала чаще думать о нем».* Тургенев, Отцы и дети [подходить, соответствовать по возрасту — в сочетании с предлогом *в* и старой ф. вин. мн.]

I. ГОДЯ́ЩИЙСЯ, -аяся, -ееся, -иеся; *действ. наст.*
Синт.: **а, б** — в глаг. знач. 1, 2
Ср. прич. в 1 глаг. знач. с прил. **го́дный,** -ая, -ое, -ые; го́ден, годна́, го́дно, го́дны и годны́, ***на что, для чего*** и ***к чему*** Подходящий для использования, удовлетворяющий определенным требованиям, пригодный. *Лекарство, годное для употребления. Этот юноша годен к военной службе*

II. ГОДИ́ВШИЙСЯ, -аяся, -ееся, -иеся; *действ. прош.*
Синт.: **а, б** — в глаг. знач. 1, 2

ГОЛОДА́ТЬ, голода́|ют, голода́|л; **несов., неперех. 1.** *Во время блокады ленинградцы голодали* [крайне скудно питаться, испытывать голод в течение долгого времени] **2.** *Ольга голодает один раз в неделю и хорошо себя чувствует* [ничего не есть, обычно в лечебных целях]

I. ГОЛОДА́ЮЩИЙ, -ая, -ее, -ие; *действ. наст.*
Синт.: **а, б** — в глаг. знач. 1, 2; **в** — в глаг. знач. 1
Ср. прич. в 1 глаг. знач. с прил. **голо́дный,** -ая, -ое, -ые; го́лоден, голодна́, го́лодно, голодны́ и го́лодны в знач. ‘чувствующий голод, несытый’. *Голодные люди*

II. ГОЛОДА́ВШИЙ, -ая, -ее, -ие; *действ. прош.*
Синт.: **а, б** — в глаг. знач. 1, 2; **в** — в глаг. знач. 1

ГОЛОСОВА́ТЬ, голосу́|ют, голосова́|л; **несов.** (*сов.* проголосова́ть *к* 1, 4 знач.) **1. неперех., за кого(что)** и **за что, против кого(чего)** и **против чего** *На выборах в Верховный Совет мы голосовали за директора нашего завода. Против этого предложения голосует меньшинство собравшихся* [определить свою позицию, свое отношение к кому-чему-л., отдавая свой голос за или против выдвинутой кандидатуры или предложения — при выборах, обсуждении какого-л. вопроса, предложения и т. п.] **2. неперех.** *Дима еще ни разу не голосовал — ему только 16 лет* [участвовать в выборах в качестве избирателя в соответствии с данными Конституцией правами] **3. неперех.** *Илья на этом шоссе несколько раз голосовал, и его подвозили до дома* [поднятием руки просить остановиться попутную машину; *разг.*] **4. перех., кого(что)** и **что** *«— Нужно избрать пять человек, а здесь — восемь. Будем голосовать каждого в отдельности, так?»* Горбатов, Мое поколение. *Собрание решило голосовать резолюцию после перерыва* [ставить на голосование, выбирая кого-л. куда-л., решая что-л. путем голосования]

I. ГОЛОСУ́ЮЩИЙ, -ая, -ее, -ие; *действ. наст.*
Синт.: **а, б** — в глаг. знач. 1 — 4; **в** — в глаг. знач. 2

II. ГОЛОСОВА́ВШИЙ, -ая, -ее, -ие; *действ. прош.*
Синт.: **а, б** — в глаг. знач. 1 — 4; **в** — в глаг. знач. 2

III. ГОЛОСУ́ЕМЫЙ, -ая, -ое, -ые; *страд. наст.*
Синт.: **а, б, в** — в глаг. знач. 4
Субстантив.$_2$ и субстантив.$_3$ не употр.

▭ Прич. IV не употр.

ГОНЯ́ТЬ, гоня́|ют, гоня́|л; **несов. 1. перех., кого(что)** *Фашисты гоняли пленных на работу через этот овраг. Пастух гоняет стадо на водопой каждое утро. Мальчик гоняет лошадей по этому полю* [заставлять двигаться куда-л.— о действии, совершаемом не один раз или в разных направлениях] **2. перех., кого(что)** *Олег не раз гонял с огорода ворон* [прогонять, принуждать удалиться откуда-л.— о действии, совершаемом не один раз] **3. перех., кого(что)** *Петя всегда гонял младшего брата за билетами в кино* [много раз посылать кого-л. с поручениями; *разг.*] **4. перех., что** *Зря вы гоняете машину порожняком* [отправлять много раз с какой-л. целью; *разг.*] **5. перех., что** *Мальчишки во дворе с утра до вечера гоняют мяч* [перекатывать, перебрасывать с места на место; *разг.*] **6. перех., кого(что)** *Преподаватель гоняет студентов на экзамене по всему курсу* [проверять знания ученика, студента и т. п. по разным частям учебной программы; *разг.*] **7. неперех.** *Эти ребята целый день гоняли по улицам* [бегать, ходить где-л., обычно без цели, праздно, длительное время; *разг.*]. Ср. гнать

I. ГОНЯ́ЮЩИЙ, -ая, -ее, -ие; *действ. наст.*
Синт.: **а, б** — в глаг. знач. 1 — 7

II. ГОНЯ́ВШИЙ, -ая, -ее, -ие; *действ. прош.*
Синт.: **а, б** — в глаг. знач. 1 — 7

III. ГОНЯ́ЕМЫЙ, -ая, -ое, -ые; *страд. наст.*

Синт.: **а, б** — в глаг. знач. 1 — 6
Субстантив.$_2$ в глаг. знач. 1, 2, 6; субстантив.$_3$ не употр.
▭ Прич. IV не употр.

ГО́РБИТЬ, го́рблю, го́рб|ят, го́рби|л; ***несов. к*** сго́рбить (см.)
I. ГО́РБЯЩИЙ, -ая, -ее, -ие; *действ. наст.*
Синт.: **а, б** — в глаг. знач. 1, 2
II. ГО́РБИВШИЙ, -ая, -ее, -ие; *действ. прош.*
Синт.: **а, б** — в глаг. знач. 1, 2
IV. ГО́РБЛЕННЫЙ, -ая, -ое, -ые; *страд. прош.* (*редко*)
[чередование б/бл]
Синт.: **а, б** — в глаг. знач. 1, 2
Субстантив.$_3$ не употр.
ГО́РБЛЕН, -ена, -ено, -ены; *кр. ф.* (*редко*)
В глаг. знач. 1, 2
▭ Прич. III не употр.

ГО́РБИТЬСЯ, го́рблюсь, го́рб|ятся, го́рби|лся; ***несов. к*** сго́рбиться в 1, 2 знач. (см.)
I. ГО́РБЯЩИЙСЯ, -аяся, -ееся, -иеся; *действ. наст.*
Синт.: **а, б, в** — в глаг. знач. 1, 2
II. ГО́РБИВШИЙСЯ, -аяся, -ееся, -иеся; *действ. прош.*
Синт.: **а, б, в** — в глаг. знач. 1, 2

ГОРДИ́ТЬСЯ, горжу́сь, горд|я́тся, горди́|лся; ***несов. 1. кем(чем)*** и ***чем*** и ***с придат. дополнит.*** *Мы гордимся своей Родиной. Мать гордится успехами сына. Я горжусь, что живу в Советском Союзе* [испытывать гордость от чего-л.] **2.** *«[Надворный советник Бламанже] успел снискать себе всеобщее уважение в городе тем, что не задирал носа и не гордился».* Салтыков-Щедрин, Помпадуры и помпадурши [быть высокомерным, надменным]
I. ГОРДЯ́ЩИЙСЯ, -аяся, -ееся, -иеся; *действ. наст.**
Синт.: **а, б** — в глаг. знач. 1
С р. прил. **го́рдый**, -ая, -ое, -ые; горд, горда́, го́рдо, горды́ *чем* в знач. 'испытывающий чувство удовлетворения, гордости'. *«Соня, гордая предложением Долохова, своим отказом и объяснением с Николаем, кружилась еще дома...»* Л. Толстой, Война и мир.
II. ГОРДИ́ВШИЙСЯ, -аяся, -ееся, -иеся; *действ. прош.**
Синт.: **а, б** — в глаг знач. 1
▭ Прич. I, II во 2 глаг. знач. не употр.

ГОРЕ́ТЬ, гор|я́т, горе́|л; ***несов., неперех.*** (*сов.* сгоре́ть в 1, 2, 13 знач.) **1.** *Экипаж танка горит, они не смогли открыть люк. Эти дрова сырые, поэтому плохо горят* [уничтожаться огнем, поддаваться действию огня] **2. *S не лицо*** *Масло на сковороде горит. Пирог горит в духовке* [сильно подгорать, пригорать] **3. *S не лицо*** *Костер горит очень ярко. «В полночь пил у них чай в тихой семейной обстановке, когда горел камин».* Чехов, О любви. *В комнате горел рефлектор* [пылать, быть, иметь место — об огне, пламени; топиться или быть включенным в электросеть и излучать тепло — о печи, камине, электрообогревателях и т. п.] **4. *S не лицо*** *Лампочка почему-то не горит. Свеча горит* [давать свет, пламя] **5.** *Ребенок весь горит* [быть в жару, в лихорадочном состоянии] **6. *S не лицо*** *У девочки уши горят от стыда. Щеки горят от мороза. Голова горит* [краснеть от прилива крови; быть в воспаленном состоянии — о частях тела] **7. *S не лицо*** *У этого человека в глазах горит ненависть* [с силой проявляться] **8. *чем*** *Студенты горят желанием поехать на стройку* [быть охваченным каким-л. сильным чувством] **9. *чем; S не лицо.*** *«Его некрасивое лицо, оживленное быстрой ездой, горело смелой удалью и твердой решимостью».* Тургенев, Бежин луг. *Лицо незнакомца горело ненавистью* [выражать какое-л. сильное чувство, напряженную мысль — о лице] **10. *S не лицо*** *Капли росы горели на солнце* [сверкать, отражая свет] **11. *S не лицо*** *Глаза девочки горят от радости* [сверкать, блестеть под влиянием какого-л. чувства — о глазах] **12.** *Ольга горит на работе* [отдаваться полностью какому-л. делу, идее; *разг.*] **13. *S не лицо*** *Сено горит в копнах. Хлеб горит в этом зернохранилище* [гнить или преть от перегрева при слеживании из-за неправильного хранения — о сене, зерне и т. п.] **14. *на ком(чем); S не лицо*** *На Диме обувь просто горит* [слишком быстро изнашиваться, рваться; *разг.*] **15. *S не лицо*** *План горит. У Олега путевка в санаторий горит* [быть под угрозой срыва, провала из-за упущения сроков, опоздания и т. п.; *разг.*]
I. ГОРЯ́ЩИЙ, -ая, -ее, -ие; *действ. наст.*
Синт.: **а, б** — в глаг. знач. 1 — 15; **в** — в глаг. знач. 1 — 4, 6, 15
В знач. прил. **1.** Выражающий состояние высшего эмоционального подъема, сверкающий, блестящий — о глазах. *Горящий взор.* **2.** В выражении: **горящая путевка** — путевка в санаторий, дом отдыха и т. п., продающаяся накануне начала срока ее действия
Субстантив.$_1$ в глаг. знач. 1, 8
II. ГОРЕ́ВШИЙ, -ая, -ее, -ие; *действ. прош.*
Синт.: **а, б** — в глаг. знач. 1 — 15; **в** — в глаг. знач. 1 — 4, 6, 15
Субстантив.$_1$ в глаг. знач. 1, 8

ГОСПО́ДСТВОВАТЬ, госпо́дству|ют, госпо́дствова|л; ***несов., неперех., S не лицо*** **1.** *Здесь наша авиация господствовала в воздухе. Это государство в древности господствовало на суше и на море* [обладать обычно военным преимуществом перед кем-чем-л., властью над кем-чем-л.] **2.** *На картинах художника господствует синий цвет. В племени господствовало верование, что все животные священны* [иметь преимущественное распространение, преобладать] **3. *над чем*** *Здание санатория господствует над местностью* [сильно возвышаться над окружающими предметами — о горах, зданиях и т. п.]
I. ГОСПО́ДСТВУЮЩИЙ, -ая, -ее, -ие; *действ. наст.*
Синт.: **а, б** — в глаг. знач. 1 — 3
В знач. прил. **1.** Имеющий власть, находящийся у власти. *Господствующие классы. Господствующие нации в колониальных странах.* **2.** Наиболее распространенный, преобладающий. *Господствующие породы деревьев. Господствующее мнение.*

3. Возвышающийся над чем-л. *Господствующая высота*

II. ГОСПО́ДСТВОВАВШИЙ, -ая, -ее, -ие; *действ. прош.*

Синт.: **а, б** — в глаг. знач. 1 — 3.

ГОТО́ВИТЬ, гото́влю, гото́в|ят, гото́ви|л; ***несов.*** (*сов.* пригото́вить *к* 1, 3, 6 знач.; *сов.* подгото́вить *к* 1 — 3 знач.; *сов.* загото́вить *к* 5 знач.) ***1. перех., что к чему*** и ***для чего*** *Комсомольцы готовят Москву к фестивалю. Инженеры и рабочие тщательно готовили завод к пуску. Редактор готовил рукопись к набору. Художник готовит холст для работы* [делать готовым, пригодным для использования, годным к чему-л.] ***2. перех., кого(что)*** *Тренер готовил хоккеистов к Олимпийским играм. Врачи готовят космонавтов к полету* [обучать, давать необходимые знания, тренировать и т. п. для какой-л. цели] ***3. перех., что*** *Директор готовит доклад к партийному собранию. Ребята тщательно готовят диспут на тему „Люди будущего"* [трудиться над созданием чего-л., разрабатывать что-л.] ***4. перех., что*** *Пионеры готовят ветеранам торжественную встречу. Командование готовит удар по врагу* [предпринимать какие-л. действия для осуществления чего-л.] ***5. перех., что*** *Мы готовим на зиму грибы, компоты, варенье, сушим травы* [делать запасы чего-л. для последующего употребления, запасать] ***6. перех., что*** *Ольга сейчас готовит обед* [приготовлять какую-л. пищу, варить, жарить, печь и т. п. что-л., стряпать] ***7. неперех.*** *Бабушка готовит на всю семью. В походе мы готовим на костре. Кто у вас в семье готовит?* [осуществлять приготовление пищи] ***8. неперех.*** *Олег хорошо готовит* [уметь приготовлять любую пищу]

I. ГОТО́ВЯЩИЙ, -ая, -ее, -ие; *действ. наст.*

Синт.: **а, б** — в глаг. знач. 1 — 8

II. ГОТО́ВИВШИЙ, -ая, -ее, -ие; *действ. прош.*

Синт.: **а, б** — в глаг. знач. 1 — 8

IV. ГОТО́ВЛЕННЫЙ, -ая, -ое, -ые; *страд. прош.**

[чередование в/вл]

Синт.: **а, б** — в глаг. знач. 6

ГОТО́ВЛЕН, -ена, -ено, -ены; *кр. ф.** (*редко*)

В глаг. знач. 6

□ Прич. III не употр. Прич. IV в 1 — 5 глаг. знач. не употр.

ГОТО́ВИТЬСЯ, гото́влюсь, гото́в|ятся, гото́ви|лся; ***несов.*** (*сов.* пригото́виться *к* 1 знач.; *сов.* подгото́виться *ко* 2 знач.) ***1. к чему*** и ***с неопр. ф.*** *Волейболисты готовились к соревнованиям. Илья готовится к отъезду в Болгарию. Спортсмен готовился бежать на длинную дистанцию* [делать приготовления к чему-л., намереваясь что-л. делать] ***2. к чему*** *Ольга готовится к поступлению в институт. Десятиклассники готовились к экзаменам. Смирнов готовится к лекции, которую будет читать на заводе* [изучать что-л., работать над чем-л. с какой-л. целью, для подготовки к какой-л. деятельности] ***3. S не лицо*** *Готовятся интересные события «[Поэт:] Сегодня, я чувствую, готовится что-то неслыханное. Слишком горяч воздух. Слишком пуста душа».* Блок, Король на площади [назревать, приближаться, предстоять — о событиях, явлениях природы]

I. ГОТО́ВЯЩИЙСЯ, -аяся, -ееся, -иеся; *действ. наст.*

Синт.: **а, б** — в глаг. знач. 1 — 3; **в** — в глаг. знач. 3

II. ГОТО́ВИВШИЙСЯ, -аяся, -ееся, -иеся; *действ. прош.*

Синт.: **а, б** — в глаг. знач. 1 — 3; **в** — в глаг. знач. 3

ГОФРИРОВА́ТЬ, гофриру́|ют, гофрирова́|л; ***сов.*** и ***несов., перех., что*** *В этом цехе гофрируют ткань. Рабочий гофрировал жесть* [сделать или делать на чем-л. ряды параллельных волнообразных складок]

I. ГОФРИРУ́ЮЩИЙ, -ая, -ее, -ие; *действ. наст.*

Синт.: **а, б** — в глаг. знач.

Ср. прил. **гофрирова́льный,** -ая, -ое, -ые. Предназначенный, служащий для гофрировки. *Гофрировальная машина. Гофрировальная мастерская.*

II. ГОФРИРОВА́ВШИЙ, -ая, -ее, -ие; *действ. прош.*

Синт.: **а, б** — в глаг. знач.

III. ГОФРИРУ́ЕМЫЙ, -ая, -ое, -ые; *страд. наст.*

Синт.: **а, б, в** — в глаг. знач.

IV. ГОФРИРО́ВАННЫЙ, -ая, -ое, -ые; *страд. прош.*

Синт.: **а, б** — в глаг. знач.

В знач. прил. (только *полн. ф.*) С рядом параллельных волнообразных складок на чем-л. *Гофрированное железо. Гофрированная бумага. Гофрированная юбка*

ГОФРИРО́ВАН, -ана, -ано, -аны; *кр. ф.*

В глаг. знач.

ГРА́БИТЬ, гра́блю, гра́б|ят, гра́би|л; ***несов., перех.*** (*сов.* огра́бить) **1. *кого(что)*** и ***что*** *Банда грабила прохожих и квартиры* [отнимать силой в разбойном нападении; похищать чужое имущество] **2. *кого(что),*** также ***чем*** *Помещики грабили крестьян непомерными налогами* (см. § 2) [доводить до нищеты, разорять, обременяя налогами, поборами и т. п.]

I. ГРА́БЯЩИЙ, -ая, -ее, -ие; *действ. наст.*

Синт.: **а, б** — в глаг. знач. 1, 2

II. ГРА́БИВШИЙ, -ая, -ее, -ие; *действ. прош.*

Синт.: **а, б** — в глаг. знач. 1, 2

IV. ГРА́БЛЕННЫЙ, -ая, -ое, -ые; *страд. прош.* (*редко*)

[чередование б/бл]

Синт.: **а, б** — в глаг. знач. 1, 2

Ср. прил. **гра́бленый,** -ая, -ое, -ые. Добытый, полученный грабежом, в отличие от купленного или сделанного. *Грабленые вещи*

Субстантив.₃ не употр.

ГРА́БЛЕН, -ена, -ено, -ены; *кр. ф.* (*редко*)

В глаг. знач. 1, 2

□ Прич. III не употр.

ГРАВИРОВА́ТЬ, гравиру́|ют, гравирова́|л; ***несов., перех., что*** (*сов.* вы́гравировать) *Мальчик старательно гравировал рисунок на кости. В* *этой мастерской гравировали портреты* [воспроизводить рисунок или надпись на гладкой поверхности какого-л. твердого материала при помощи режущих инструментов или химических средств]

I. ГРАВИРУ́ЮЩИЙ, -ая, -ее, -ие; *действ. наст.*
С и н т.: **а, б** — в глаг. знач.
С р. прил. **гравирова́льный,** -ая, -ое, -ые. Относящийся к гравировке; служащий для гравирования. *Гравировальное искусство. Гравировальные инструменты.*
С р. прил. **гравёрный,** -ая, -ое, -ые. Относящийся к гравировке. *Граверное искусство. Граверная мастерская*

II. ГРАВИРОВА́ВШИЙ, -ая, -ее, -ие; *действ. прош.*
С и н т.: **а, б** — в глаг. знач.

III. ГРАВИРУ́ЕМЫЙ, -ая, -ое, -ые; *страд. наст.*
С и н т.: **а, б, в** — в глаг. знач.

IV. ГРАВИРО́ВАННЫЙ, -ая, -ое, -ые; *страд. прош.*
С и н т.: **а, б** — в глаг. знач.
В з н а ч. п р и л. (только *полн. ф.*) С гравировкой. *Гравированная доска*
ГРАВИРО́ВАН, -ана, -ано, -аны; *кр. ф.* В глаг. знач.

ГРАНИ́ТЬ, гран|я́т, грани́|л, ***несов., перех., что*** (*сов.* ограни́ть) *В этом цехе гранят хрусталь. Ювелир осторожно гранил алмаз* [делать грани на обрабатываемом камне, стекле, металле резкой или шлифовкой]

I. ГРАНЯ́ЩИЙ, -ая, -ее, -ие; *действ. наст.*
С и н т.: **а, б** — в глаг. знач.
С р. прил. **грани́льный,** -ая, -ое, -ые. Относящийся к гранению. *Гранильная фабрика. Гранильное искусство*

II. ГРАНИ́ВШИЙ, -ая, -ее, -ие; *действ. прош.*
С и н т.: **а, б** — в глаг. знач.

IV. ГРАНЁННЫЙ, -ая, -ое, -ые; *страд. прош.*
С и н т.: **а, б** — в глаг. знач.
С р. прил. **гранёный,** -ая, -ое, -ые. **1.** Имеющий грани. *Граненый стакан.* **2.** Подвергшийся гранению. *Граненый хрусталь*
ГРАНЁН, -ена́, -ено́, -ены́; *кр. ф.* (*редко*) В глаг. знач.

□ Прич. III не употр.

ГРАССИ́РОВАТЬ, грасси́ру|ют, грасси́рова|л; ***несов., неперех.*** *Девушка слегка грассировала* [произносить звук „р" подобно французскому]

I. ГРАССИ́РУЮЩИЙ, -ая, -ее, -ие; *действ. наст.*
С и н т.: **а, б** — в глаг. знач.
В з н а ч. п р и л. **1.** Имеющий артикуляционную особенность речи — произношение звука „р" подобно французскому. *Грассирующие люди* **2.** С произнесением звука „р" подобно французскому. *Грассирующее произношение. Грассирующий выговор*

II. ГРАССИ́РОВАВШИЙ, -ая, -ее, -ие; *действ. прош.*
С и н т.: **а, б** — в глаг. знач.

ГРАФИ́ТЬ, графлю́, граф|я́т, графи́|л; ***несов., перех., что*** (*сов.* разграфи́ть) *Дима графит бумагу* [расчерчивать на графы]

I. ГРАФЯ́ЩИЙ, -ая, -ее, -ие; *действ. наст.*
С и н т.: **а, б** — в глаг. знач.

II. ГРАФИ́ВШИЙ, -ая, -ее, -ие; *действ. прош.*
С и н т.: **а, б** — в глаг. знач.

IV. ГРАФЛЁННЫЙ, -ая, -ое, -ые; *страд. прош.* [чередование ф/фл]
С и н т.: **а, б** — в глаг. знач.
С р. прил. **графлёный,** -ая, -ое, -ые. Расчерченный на графы, с графами. *Графленая бумага*
ГРАФЛЁН, -ена́, -ено́, -ены́; *кр. ф.* (*редко*) В глаг. знач.

□ Прич. III не употр.

ГРЕМЕ́ТЬ, гремлю́, грем|я́т, греме́|л; ***несов., неперех.*** (*сов.* прогреме́ть *к* 3 знач.) **1. *S не лицо*** *Гром гремел все сильнее. За холмом гремели выстрелы* [издавать резкие, громкие, раскатистые звуки, грохотать] **2. *чем*** *Мальчик гремел пустыми ведрами. Бабушка гремела посудой* [производить чем-л. резкие, громкие звуки] **3.** *Этот человек гремел по всей округе как непревзойденный фокусник. Ее имя гремело повсюду* [славиться чем-л., иметь громкую известность]

I. ГРЕМЯ́ЩИЙ, -ая, -ее, -ие; *действ. наст.*
С и н т.: **а, б** — в глаг. знач. 1 — 3; **в** — в глаг. знач. 1
С у б с т а н т и в.$_1$ в глаг. знач. 2

II. ГРЕМЕ́ВШИЙ, -ая, -ее, -ие; *действ. прош.*
С и н т.: **а, б** — в глаг. знач. 1 — 3; **в** — в глаг. знач. 1

□ Прич. I в 3 глаг. знач. менее употр., чем личные ф. глагола и прич. II

ГРЕСТИ́ [1], греб|у́т, грёб|, гребла́, -ло́, -ли́; ***несов., неперех.,*** также ***чем*** *Брат не умеет грести. Мальчик хорошо гребет байдарочными веслами* [работать веслом или веслами, приводя в движение лодку]

I. ГРЕБУ́ЩИЙ, -ая, -ее, -ие; *действ. наст.*
С и н т.: **а, б, в** — в глаг. знач.

II. ГРЁБШИЙ, -ая, -ее, -ие; *действ. прош.*
С и н т.: **а, б, в** — в глаг. знач.

ГРЕСТИ́ [2], греб|у́т, грёб|, гребла́, -ло́, -ли́; ***несов., перех., что,*** также ***чем*** (*сов.* сгрести́) *Взрослые гребли сено, а дети складывали его в копны. Дворник гребет мусор лопатой* (см. § 2) [подбирать граблями, лопатой и т. п., собирать в кучу]

I. ГРЕБУ́ЩИЙ, -ая, -ее, -ие; *действ. наст.*
С и н т.: **а, б** — в глаг. знач.

II. ГРЁБШИЙ, -ая, -ее; -ие; *действ. прош.*
С и н т.: **а, б** — в глаг. знач.

IV. ГРЕБЁННЫЙ, -ая, -ое, -ые; *страд. прош.* (*редко*)
С и н т.: **а, б** — в глаг. знач.
С у б с т а н т и в.$_3$ не употр.
ГРЕБЁН, -ена́, -ено́, -ены́; *кр. ф.* (*редко*) В глаг. знач.

□ Прич. III не образуется.

ГРЕТЬ, гре́|ют, гре|л; ***несов., перех.*** (*сов.* согре́ть *к* 3, 4 знач.; *сов.* нагре́ть *к* 1, 5 знач.) **1. *что*** и ***без дополн.; S не лицо*** *Печь хорошо грела нашу комнату. Солнце греет песок и камни* [делать теплым, передавая свое тепло] **2. *что*** и ***без дополн.; S не лицо*** *Шерстяные носки хорошо греют ноги. Новые варежки совсем не греют* [сохранять тепло, защищать от холода — об одежде] **3. *что*** *Оля греет у печки озябшие руки* [помещая в теплое место, подставляя солнцу и т. п., делать замерзшую, холодную часть тела теплой] **4. *кого(что),*** также ***чем*** *Обхватив малыша руками и прижимая к себе, Аня греет его дыханием. Горячее молоко греет меня* [согревать кого-л., передавая кому-л. свое тепло] **5. *что*** *Тамара уже начала греть воду. Мама греет ужин* [ставить на огонь, электрическую плиту и т. п. с целью сделать теплым, горячим]

I. ГРЕ́ЮЩИЙ, -ая, -ее, -ие; *действ. наст.*
Синт.: **а, б** — в глаг. знач. 1—5
II. ГРЕ́ВШИЙ, -ая, -ее, -ие; *действ. прош.*
Синт.: **а, б** — в глаг. знач. 1—5
III. ГРЕ́ЕМЫЙ, -ая, -ое, -ые; *страд. наст.*
Синт.: **а, б** — в глаг. знач. 1—5; **в** — в глаг. знач. 5
Субстантив.₃ в глаг. знач. 5
IV. ГРЕ́ТЫЙ, -ая, -ое, -ые; *страд. прош.**
Синт.: **а, б, в** — в глаг. знач. 5
ГРЕТ, -та, -то, -ты; *кр. ф.**
В глаг. знач. 5
▭ Прич. IV в 1 — 4 глаг. знач. не употр.

ГРЕШИ́ТЬ, греш|а́т, греши́|л; ***несов., неперех.*** (*сов.* согреши́ть *к* 1 знач.; *сов.* погреши́ть *ко* 2 знач.) **1.** *Этот человек много грешил в молодости* [совершать грех, грехи] **2. *против чего*** *Поэт грешит против истины* [допускать ошибку, нарушать какие-л. правила, действовать в противоречии с чем-л.] **3. *чем*** *«Обычно начинающие писатели грешат обилием образов и эпитетов».* Паустовский, Поэзия прозы. *Его картины грешат однообразием красок и отсутствием мысли* [иметь какой-л. недостаток, какую-л. погрешность]

I. ГРЕША́ЩИЙ, -ая, -ее, -ие; *действ. наст.*
Синт.: **а, б** — в глаг. знач. 1 — 3; **в** — глаг. знач. 1
Ср. прич. в 1 глаг. знач. с прил. **гре́шный,** -ая, -ое, -ые; гре́шен, грешна́, гре́шно, грешны́ и гре́шны в знач. 'имеющий много грехов'. *Грешный человек*
II. ГРЕШИ́ВШИЙ, -ая, -ее, -ие; *действ. прош.*
Синт.: **а, б** — в глаг. знач. 1 — 3; **в** — глаг. знач. 1

ГРОЗИ́ТЬ, грожу́, гроз|я́т, грози́|л; ***несов., неперех.* 1. *с неопр. ф.*** и ***чем*** *Фашисты грозили уничтожить наш город. «..теперь, когда Войной грозят нам, я всегда Припоминаю этот зал».* Симонов, Митинг в Канаде [угрожать, предупреждать с угрозой о каких-л. страшных, тяжелых действиях] **2. *с неопр. ф.*** и ***чем; S не лицо*** *Вода грозит залить все посевы. Промедление грозит гибелью. Каждая ваша оплошность грозит невыполнением плана* [заключать в себе какую-л. опасность для кого-чего-л., угрозу осуществления чего-л. крайне нежелательного] **3. *кому(чему) чем*** *Мать грозит шалуну пальцем. Мальчишка грозил кому-то кулаком* [делать угрожающий, выражающий неодобрение жест] **4. *кому(чему)*** и ***чему; S не лицо*** *Ему грозят большие неприятности. Тамаре грозит опасность. Электростанции грозит остановка* [быть близким к осуществлению, предстоять при определенных условиях — в сочетании с существительными, обозначающими что-л. тяжелое, страшное, неприятное для кого-л.]

I. ГРОЗЯ́ЩИЙ, -ая, -ее, -ие; *действ. наст.*
Синт.: **а, б** — в глаг. знач. 1 — 4
В знач. прил. Такой, который может произойти — о чем-л. крайне нежелательном. *Друзья не испугались грозящих неприятностей и не подчинились неправильному распоряжению*
II. ГРОЗИ́ВШИЙ, -ая, -ее, -ие; *действ. прош.*
Синт.: **а, б** — в глаг. знач. 1 — 4

ГРОМИ́ТЬ, громлю́, гром|я́т, громи́|л; ***несов., перех.*** (*сов.* разгроми́ть) **1. *что*** *Мятежники громили склады с оружием* [разбивать, уничтожать, разрушать] **2. *кого(что)*** *Советская Армия, перейдя в наступление, громила гитлеровцев на всех фронтах* [разбивать наголову неприятельские войска] **3. *кого (что)*** *«[Цветаев] за все хватался сам и, не охватив полностью работы, начинал громить своих помощников за бездеятельность».* Н. Островский, Как закалялась сталь [резко критиковать, обличать; *разг.*]

I. ГРОМЯ́ЩИЙ, -ая, -ее, -ие; *действ. наст.*
Синт.: **а, б** — в глаг. знач. 1 — 3
II. ГРОМИ́ВШИЙ, -ая, -ее, -ие; *действ. прош.*
Синт.: **а, б** — в глаг. знач. 1 — 3
IV. ГРОМЛЁННЫЙ, -ая, -ое, -ые; *страд. прош.* (*редко*)
Синт.: **а, б** — в глаг. знач. 1 — 3
Субстантив.₂ не употр.
▭ Прич. III не употр. Кр. ф. прич. IV не употр.

ГРОМОЗДИ́ТЬ, громозжу́, громозд|я́т, громозди́|л; ***несов. к*** нагромозди́ть в 1, 3 знач. (см.)

I. ГРОМОЗДЯ́ЩИЙ, -ая, -ее, -ие; *действ. наст.*
Синт.: **а, б** — в глаг. знач. 1, 3
Субстантив.₁ в глаг. знач. 1
II. ГРОМОЗДИ́ВШИЙ, -ая, -ее, -ие; *действ. прош.*
Синт.: **а, б** — в глаг. знач. 1, 3
Субстантив.₁ в глаг. знач. 1
▭ Прич. III, IV не употр.

ГРО́ХАТЬ, гро́ха|ют, гро́ха|л; ***несов. к*** гро́хнуть (см.)

I. ГРО́ХАЮЩИЙ, -ая, -ее, -ие; *действ. наст.*
Синт.: **а, б** — в глаг. знач. 1 — 4; **в** — в глаг. знач. 3
Субстантив.₁ в глаг. знач. 1, 2
II. ГРО́ХАВШИЙ, -ая, -ее, -ие; *действ. прош.*
Синт.: **а, б** — в глаг. знач. 1 — 4; в — в глаг. знач. 3
Субстантив.₁ в глаг. знач. 1, 2
▭ Прич. III не употр.

ГРО́ХНУТЬ, гро́хнут, гро́хну|л; ***сов.*** (*несов.* гро́хать) **1. *перех., что*** *Петя нечаянно грохнул ящик с книгами на пол. Аня грохнула на стол поднос с чашками* [бросить или уронить, поставить с сильным шумом, грохотом что-л. тяжелое; *разг.*] **2. *неперех., чем обо что*** и ***по чему*** *Олег неожиданно грохнул чашкой об пол. «Он изо всей силы грохнул кулаком по столу».*

М. Горький, Коновалов [ударить с силой и шумом] **3. неперех.; S не лицо** *Вдали грохнул выстрел. В соседней комнате что-то грохнуло и покатилось по полу* [произвести сильный шум, грохот] **4. неперех.** *После его рассказа все собравшиеся так и грохнули* [очень громко расхохотаться; *разг.*]

II. ГРО́ХНУВШИЙ, -ая, -ее, -ие; *действ. прош.*

Синт.: **а, б** — в глаг. знач. 1 — 4; **в** — в глаг. знач. 3

Субстантив.$_1$ в глаг. знач. 1, 2

▭ Прич. IV не употр.

ГРУБЕ́ТЬ, грубе́|ют, грубе́|л; ***несов., неперех.*** (*сов.* огрубе́ть; *сов.* загрубе́ть *ко* 2 знач.) **1. *S не лицо*** *У Димы голос постепенно грубеет* [становиться ниже по тембру, иногда неприятным на слух] **2. *S не лицо*** *От мороза и ветра руки грубеют* [становиться жестким, твердым, шершавым, утрачивая мягкость; становиться резким, утрачивая прежнюю тонкость] **3.** *С годами некоторые люди, к сожалению, грубеют* [становиться неделикатным, резким с окружающими, утрачивать душевную тонкость]

I. ГРУБЕ́ЮЩИЙ, -ая, -ее, -ие; *действ. наст.*

Синт.: **а, б** — в глаг. знач. 1 — 3; **в** — в глаг. знач. 1, 2

II. ГРУБЕ́ВШИЙ, -ая, -ее, -ие; *действ. прош.*

Синт.: **а, б** — в глаг. знач. 1 — 3; **в** — в глаг. знач. 1, 2

ГРУБИ́ТЬ, грублю́, груб|я́т, груби́|л; ***несов., неперех., кому*** и ***без дополн.*** (*сов.* нагруби́ть) *Ольга грубит каждому, кто хочет дать ей совет. Ваша дочь стала грубить* [говорить грубости]

I. ГРУБЯ́ЩИЙ, -ая, -ее, -ие; *действ. наст.*

Синт.: **а, б, в** — в глаг. знач.

II. ГРУБИ́ВШИЙ, -ая, -ее, -ие; *действ. прош.*

Синт.: **а, б** — в глаг. знач.

ГРУЗИ́ТЬ, гружу́, гру́з|ят, грузи́|л; ***несов., перех.*** (*сов.* нагрузи́ть *к* 1 знач.; *сов.* погрузи́ть[1] *ко* 2 знач.) **1. *что чем*** *Автоматические краны грузили вагоны зерном* (см. § 2). *Туристы грузили лодки продуктами* (см. § 2) [наполнять что-л. грузом] **2. *кого(что)* *** и ***что во что и на что,*** также ***чем*** *Туристы грузили продукты в лодку. Мы грузили станки на пароход кранами* (см. § 2) [помещать куда-л. в качестве груза]

I. ГРУЗЯ́ЩИЙ, -ая, -ее, -ие; *действ. наст.*

Синт.: **а, б** — в глаг. знач. 1, 2

II. ГРУЗИ́ВШИЙ, -ая, -ее, -ие; *действ. прош.*

Синт.: **а, б** — в глаг. знач. 1, 2

IV. ГРУ́ЖЕННЫЙ, -ая, -ое, -ые и ГРУЖЁННЫЙ, -ая, -ое, -ые; *страд. прош.* [чередование з/ж]

Синт.: **а, б** — в глаг. знач. 1, 2

Ср. прил. **гружёный,** -ая, -ое, -ые. С грузом. *Груженая лодка. Груженые вагоны*

ГРУ́ЖЕН, -ена, -ено, -ены и ГРУЖЁН, -ена́, -ено́, -ены́, *кр. ф.*

В глаг. знач. 1, 2

▭ Прич. III не употр.

ГРУСТИ́ТЬ, грущу́, груст|я́т, грусти́|л; ***несов., неперех.*** *«Под этот вальс грустили мы, когда подруги нет».* Исаковский, В прифронтовом лесу [испытывать чувства грусти, печали]

I. ГРУСТЯ́ЩИЙ, -ая, -ее, -ие; *действ. наст.*

Синт.: **а, б, в** — в глаг. знач.

Ср. прил. **гру́стный,** -ая, -ое, -ые; гру́стен, грустна́, гру́стно, грустны́ и гру́стны в знач. 'исполненный грусти, испытывающий грусть, печаль'. *Грустная девушка*

II. ГРУСТИ́ВШИЙ, -ая, -ее, -ие; *действ. прош.*

Синт.: **а, б, в** — в глаг. знач.

ГРЫЗТЬ, грыз|у́т, грыз|; ***несов., перех.*** **1. *что*** *Мальчик грыз орехи. Собака грызет кость. Девочки грызли семечки* [раздроблять, раскусывать что-л. твердое, крепко сдавливая зубами] **2. *кого(что)*** *Свекровь изо дня в день грызла меня* [постоянно докучать, приставать к кому-л. с придирками, упреками; *разг.*] **3. *кого(что); S не лицо*** *Меня грызет совесть. Смирнова грызли сомнения. Всех присутствующих грызло любопытство* [тревожить, терзать, мучить — о чувствах, мыслях и т. п.; *разг.*]

I. ГРЫЗУ́ЩИЙ, -ая, -ее, -ие; *действ. наст.*

Синт.: **а, б** — в глаг. знач. 1 — 3

II. ГРЫ́ЗШИЙ, -ая, -ее, -ие; *действ. прош.*

Синт.: **а, б** — в глаг. знач. 1 — 3

III. ГРЫЗО́МЫЙ, -ая, -ое, -ые; *страд. наст.** (*редко; поэтич.*)

Синт.: **а, б** — в глаг. знач. 3

IV. ГРЫ́ЗЕННЫЙ, -ая, -ое, -ые; *страд. прош.** (*редко*)

Синт.: **а, б** — в глаг. знач. 1

ГРЫ́ЗЕН, -ена, -ено, -ены; *кр. ф.** (*редко*)

В глаг. знач. 1

▭ Прич. III в 1, 2 глаг. знач. не употр. Прич. IV во 2, 3 глаг. знач. не употр.

ГРЯСТИ́, гряд|у́т, прош. не употр.; ***несов., неперех; S не лицо*** *Грядут новые поколения смелых и умных людей. Грядет новое, прекрасное время* [приближаться, наступать, появляться; *книжн.*]

I. ГРЯДУ́ЩИЙ, -ая, -ее, -ие; *действ. наст.*

Синт.: **а, б** — в глаг. знач.

Ср. прил. **гряду́щий,** -ая, -ее, -ие. Будущий, приближающийся; *книжн. Грядущие поколения. Грядущее время* ◇ **На сон грядущий** — перед сном

В знач. сущ. **гряду́щее,** -его, *ср.* Будущее; *книжн.*

▭ Прич. II не образуется. Неопр. ф. не употр.

ГУБИ́ТЬ, гублю́, гу́б|ят, губи́|л; ***несов., перех.*** (*сов.* погуби́ть) **1. *что,*** также ***чем*** *Браконьеры губят посадки этими зарубками* (см. § 1). *Сильные ливни губят посевы* [портить, делать негодным; приводить что-л. к гибели, уничтожению] **2. *кого(что); S не лицо*** *«Холера губила не одних людей».* Белинский, Письмо П. П. и Ф. С. Ивановым, 13 янв. 1831 [приводить к смерти, убивать] **3. *кого(что)*** *Страсть к азартным играм губит моего приятеля. «[Вышневский:] Растолкуй ей, чтобы она не губила своей дочери, не отдавала за этого дурака».* А. Островский, Доходное место [оказывать очень вредное, пагубное влияние на кого-л.; делать несчастным, лишать нормального существования] **4. *что,*** также ***чем*** *Аня губила свою молодость, проводя всё свободное время в лаборатории. Ты губишь свое здоровье совершенно ненормальным образом жизни* [нарушать естественное развитие, течение, состояние чего-л.; разрушать, подрывать что-л.]

I. ГУ́БЯЩИЙ, -ая, -ее, -ие; *действ. наст.*
Синт.: **а, б** — в глаг. знач. 1 — 4
Ср. прич. во 2 — 4 глаг. знач. с прил. **губительный,** -ая, -ое, -ые; -лен, -льна,-льно, -льны. Пагубный, разрушающий физически и нравственно. *Губительное влияние среды. Губительная страсть*

II. ГУБИ́ВШИЙ, -ая, -ее, -ие; *действ. прош.*
Синт.: **а, б** — в глаг. знач. 1 — 4

IV. ГУ́БЛЕННЫЙ, -ая, -ое, -ые; *страд. прош.** (*редко*)
[чередование б/бл]
Синт.: **а, б** — в глаг. знач. 1
Субстантив.$_3$ не употр.
ГУ́БЛЕН, -ена, -ено, -ены; *кр. ф.** (*редко*)
В глаг. знач. 1

▭ Прич. III не употр. Прич. IV во 2 — 4 глаг. знач. не употр.

ГУДЕ́ТЬ, гужу́, гуд|я́т, гуде́|л; ***несов., неперех.*** **1.** ***S не лицо*** *Провода гудят* [издавать длительный однотонный низкий звук] **2.** ***S не лицо*** *Машины в городе теперь не гудят. Гудок гудит* [издавать протяжные низкие звуки-сигналы с помощью особого приспособления] **3.** *Толпа встревоженно гудела* [одновременно говорить, кричать и т. п.— о действии, совершаемом многими] **4.** ***S не лицо*** *От работы у сестры гудели руки и ноги* [испытывать непрерывную ноющую, ломящую боль — о какой-л. части тела]

I. ГУДЯ́ЩИЙ, -ая, -ее, -ие; *действ. наст.*
Синт.: **а, б, в** — в глаг. знач. 1 — 4
Субстантив.$_1$ не употр.

II. ГУДЕ́ВШИЙ, -ая, -ее, -ие; *действ. прош.*
Синт.: **а, б, в** — в глаг. знач. 1 — 4
Субстантив.$_1$ не употр.

ГУЛЯ́ТЬ, гуля́|ют, гуля́|л; ***несов., неперех.*** **1.** *Всей семьей каждое воскресенье мы гуляем в парке. Наташа гуляет с детьми* [совершать прогулку; находиться на свежем воздухе, на улице] **2.** ***S не лицо*** *Ветер гуляет по чердаку* [перемещаться в разных направлениях, распространяться] **3.** *Мы гуляли на этой неделе четыре дня* [иметь выходной день, быть свободным от работы; *разг.*] **4.** *В следующее воскресенье брат гуляет на свадьбе своего друга* [веселиться, развлекаться, кутить; *прост.*] **5.** ***с кем*** *«— Сказывал Гурка, твоя Дунайка с Фомушкиным гуляет..»* Л. Толстой, Казаки [находиться в любовных отношениях с кем-л.; *прост.*] **6.** *«[Павел:] ..у меня жена гуляет».* М. Горький, Васса Железнова (Мать) [вести распутный образ жизни; *прост.*]

I. ГУЛЯ́ЮЩИЙ, -ая, -ее, -ие; *действ. наст.*
Синт.: **а, б** — в глаг. знач. 1 — 6; **в** — в глаг. знач. 1
Ср. прич. в 4—6 глаг. знач. с прил. **гуля́щий,** -ая, -ее, -ие. **1.** Любящий непрерывно веселиться, развлекаться, кутить, разгульный. *Это народ гулящий. Гулящая компания* **2.** Распутный, развратный — о женщине. *Гулящая женщина*

II. ГУЛЯ́ВШИЙ, -ая, -ее, -ие; *действ. прош.*
Синт.: **а, б** — в глаг. знач. 1 — 6; **в** — в глаг. знач. 1

Д

ДАВА́ТЬ, да|ю́т, дава́|л; ***несов. к*** дать (см.)

I. ДАЮ́ЩИЙ, -ая, -ее, -ие; *действ. наст.*
Синт.: **а, б** — в глаг. знач. 1 — 18

II. ДАВА́ВШИЙ, -ая, -ее, -ие; *действ. прош.*
Синт.: **а, б** — в глаг. знач. 1 — 18

III. ДАВА́ЕМЫЙ, -ая, -ое, -ые; *страд. наст.**
Синт.: **а, б** — в глаг. знач. 1 — 4, 6, 9 — 14

▭ Прич. III в 5, 7, 8 глаг. знач. не употр.

ДАВИ́ТЬ, давлю́, да́в|ят, дави́|л; ***несов.*** (*сов.* раздави́ть *к* 10 знач.) **1.** ***неперех., на что; S не лицо*** *Снег давит на крышу. Пар с силой давит на стенки сосуда* [прижимать, действуя силой тяжести; производить давление, действуя силой упругости] **2.** ***неперех., на что,*** также ***чем*** *Мальчик давил на кнопку звонка изо всех сил. Шофер давил ногой на тормоз, но машина не останавливалась* [нажимать, надавливать с силой] **3.** ***неперех., на что*** и ***без дополн.; S не лицо*** *Задник ботинка давит на пятку. Кольцо давит на опухший палец. Ослабь мне пояс, он давит* [сжимать, сдавливать, вызывая ощущение неловкости, боли и т. п.] **4.** ***неперех., на кого(что),*** также ***чем*** *Новый сотрудник давит на всех своим мрачным видом, высокомерием* [вызывать гнетущее чувство, тяготить, угнетать] **5.** ***неперех., на кого(что)*** *«В таких случаях будь тактичен, не дави на меня».* Володин, Назначение [оказывать на кого-л. нажим, давление, склоняя к каким-л. действиям, выводам и т. п.; *разг.*] **6.** ***перех., что; S не лицо*** *Воротник давит шею. Ботинок давит ногу* [будучи меньшим, чем нужно, по размеру, сжимать, сдавливать] **7.** ***перех., кого(что)*** *В троллейбусе Иванова давили со всех сторон* [из-за тесноты стискивать, сжимать, не давать возможности двигаться] **8.** ***перех., кого(что)*** и ***что; S не лицо*** *Тоска меня давит. Чувство злобы давило ему грудь* [угнетать, терзать, теснить — о чувствах] **9.** ***безл.*** *Почему-то ей давит грудь. « — Вроде бы угарно,— подумал Андрей.— Так и давит сердце!»* Бубеннов, Белая береза [о чувстве стеснения, боли в груди, в сердце, в желудке и т. п.] **10.** ***перех., что,*** также ***чем*** *«..солдаты уже не замечали весенней прелести, давили сапогами тюльпаны и маки..»* Свиридов, Рядовой Коржавин. *Колеса машин давили валявшиеся на шоссе картонные коробки* [ломать, мять, расплющивать что-л., надавливая] **11.** ***перех., что,*** также ***чем*** *Бабушка давила ягоды деревянной ступкой* (см. § 2) [сплющивать, разминать что-л., обычно для извлечения сока, масла] **12.** ***перех., кого(что)**** *Ребята давили комаров в палатках, но это не помогало* [убивать насекомых, прижимая, придавливая] **13.** ***перех., кого(что)*** *Толпа бежала и давила сбитых с ног людей. На этом перекрестке машины несколько раз давили собак* [убивать или калечить, сбивая с ног, подминая под себя] **14.** ***перех., кого(что)*; S не лицо*** *Лиса давила наших кур ночью* [убивать, сдавливая горло — о животных] **15.** ***перех., кого(что),*** также ***кем*** и ***чем*** *«И только тот один, кто всех собой давил, Свободно и дышал, и действовал, и жил».* Н. Некрасов, Родина [стеснять чью-л. свободу, притеснять; *разг.*] **16.** ***перех., что,*** также ***чем*** *Зачем ты давишь инициативу у своих подчиненных своей мелочной придирчивостью?* [не давать свободно проявляться; *разг.*]

I. ДА́ВЯЩИЙ, -ая, -ее, -ие и ДАВЯ́ЩИЙ, -ая, -ее, -ие; *действ. наст.*
Синт.: **а, б** — в глаг. знач. 1—8, 10—16
В знач. прил. **давя́щий. 1.** Оказывающий давление на психику, тяжелый, гнетущий. *Давящая скука. Давящая тоска* **2.** Тяжелый, распирающий, вызывающий чувство стеснения — о боли. *Давящая боль*

II. ДАВИ́ВШИЙ, -ая, -ее, -ие; *действ. прош.*
Синт.: **а, б** — в глаг. знач. 1—8, 10—16

III. ДАВИ́МЫЙ, -ая, -ое, -ые; *страд. наст.**
Синт.: **а, б** — в глаг. знач. 10 — 14

IV. ДА́ВЛЕННЫЙ, -ая, -ое, -ые; *страд. прош.** [чередование в/вл]
Синт.: **а, б** — в глаг. знач. 11
Ср. прил. **да́вленый,** -ая, -ое, -ые. **1.** Помятый, расплющенный давлением. *Давленый лимон. Давленые помидоры* **2.** Удушенный; *разг. Давленые куры. Давленая дичь*
ДА́ВЛЕН, -ена, -ено, -ены; *кр. ф.** (*редко*)
В глаг. знач. 11

□ Прич. III в 6 — 8, 15, 16 глаг. знач. не употр. Прич. IV в 6—8, 10, 12—16 глаг. знач. не употр.

ДАРИ́ТЬ, дарю́, да́р|ят, дари́|л; ***несов., перех., кого(что)*** и ***что кому(чему)*** (*сов.* подари́ть) *Каждый год в день Восьмого марта сын дарит мне рисунок* [давать в качестве подарка, отдавать безвозмездно]

I. ДАРЯ́ЩИЙ, -ая, -ее, -ие; *действ. наст.*
Синт.: **а, б** — в глаг. знач.

II. ДАРИ́ВШИЙ, -ая, -ее, -ие; *действ. прош.*
Синт.: **а, б** — в глаг. знач.

III. ДАРИ́МЫЙ, -ая, -ое, -ые; *страд. наст.*
Синт.: **а, б** — в глаг. знач.

IV. ДА́РЕННЫЙ, -ая, -ое, -ые; *страд. прош.*
Синт.: **а, б** — в глаг. знач.
Ср. прил. **дарёный,** -ая, -ое, -ые. Полученный в качестве подарка, не купленный, не найденный и т. п., подаренный; *разг. Дареные часы. Дареному коню в зубы не смотрят* (пословица)
ДА́РЕН, -ена, -ено, -ены; *кр. ф.*
В глаг. знач.

ДАТИ́РОВАТЬ, дати́ру|ют, дати́рова|л; ***сов.*** и ***несов., перех., что*** **1.** также ***чем*** *Сережа всегда датирует свои письма. Мы датировали заявление сегодняшним числом* (см. § 2) [надписать или надписывать дату на чем-л.] **2.** *Ученый датировал эти события пятым веком до нашей эры* (см. § 2) [определить или определять дату какого-л. факта, время совершения чего-л.]

I. ДАТИ́РУЮЩИЙ, -ая, -ее, -ие; *действ. наст.*
Синт.: **а, б** — в глаг. знач. 1, 2

II. ДАТИ́РОВАВШИЙ, -ая, -ее, -ие; *действ. прош.*
Синт.: **а, б** — в глаг. знач. 1, 2

III. ДАТИ́РУЕМЫЙ, -ая, -ое, -ые; *страд. наст.*
Синт.: **а, б** — в глаг. знач. 1, 2
ДАТИ́РУЕМ, -ема, -емо, -емы; *кр. ф.*
В глаг. знач. 1, 2

IV. ДАТИ́РОВАННЫЙ, -ая, -ое, -ые; *страд. прош.*
Синт.: **а, б** — в глаг. знач. 1, 2
В знач. прил. (только *полн. ф.*) Имеющий дату, с датой. *Датированное письмо. Датированный документ*
ДАТИ́РОВАН, -ана, -ано, -аны; *кр. ф.*
В глаг. знач. 1, 2

ДАТЬ, дам, дашь, даст, дади́м, дади́те, даду́т, да|л, дала́, дало́ и да́ло, да́ли; ***сов.*** (*несов.* дава́ть) **1.** ***перех., что*** и ***чего кому(чему)*** *Таня дала малышу конфету. Мать дала мне в дорогу хлеба и молока* [передать из рук в руки, заставить взять, вручить] **2.** ***перех., что кому(чему)*** *Молодоженам дали новую двухкомнатную квартиру. Для поездки за город сотрудникам института даду́т автобус* [предоставить в чье-л. распоряжение, пользование] **3.** ***перех., что кому(чему)*** *Илья даст мне свой домашний телефон. Оля дала новой знакомой свой адрес* [сообщить] **4.** ***перех., что кому(чему)*** *Смирнов дал высшее образование своим детям* [обеспечить кому-л. получение, достижение чего-л., создав для этого все необходимые условия] **5.** ***перех., что; S не лицо*** *Наши усилия дали хороший результат. Эта работа дала нам моральное удовлетворение* [доставить, принести что-л., как результат] **6.** ***перех., что*** *Сталевары дали стране высококачественную сталь* [произвести, выработать что-л.] **7.** ***перех., что; S не лицо*** *Озимые дали хорошие всходы. Корова дала всего три литра молока. «К великой радости и гордости, после многих трудов, растение дало, наконец, цветы».* Вересаев, В юные годы [в соответствии со своей природой, со своим назначением принести, произвести что-л.] **8.** ***перех., что; S не лицо*** *Стена дала трещину. Минеральная вода дала осадок. Труба дала течь* [проявиться, появиться как результат определенного состояния, действия] **9.** ***перех., что*** *Спорткомитет дал обед в честь победителей спартакиады. Театр дал на этой неделе только два спектакля. Многие самодеятельные коллективы дадут концерты во время народных гуляний* [организовать, устроить обед, завтрак, бал и т. п. по случаю официальной встречи, в ознаменование какого-л. события; выступить перед публикой с концертом, спектаклем и т. п.] **10.** ***перех., что*** *Оля дала мне хороший совет. Я думаю, Смирнов даст согласие на переезд в Ленинград. Илья дал обещание больше не опаздывать. Врач дал разрешение больному гулять* [с некоторыми существительными образует сочетания со значением того или иного действия в зависимости от смысла существительного] **11.** ***перех., что*** *«[Незнакомка] ..положила на губы палец и дала знак следовать за собою».* Гоголь, Невский проспект. *Мы дали звонок, чтобы все знали, что лекция начинается. «Выйдя на речку, Хутунка дал два выстрела».* Арсеньев, Сквозь тайгу [с некоторыми существительными образует сочетания со значением: произвести, сделать то, что названо существительным] **12.** ***перех., что кому(чему)*** *Учитель дает ребятам зада-*

ние — определить породы деревьев. Бригадир дал студентам трудную работу — расчистить строительную площадку [поручить, определить, назначить] **13.** ***перех., что кому(чему)*** *За эту работу пионерам дали почетную грамоту. Молодой певице дали звание лауреата международного конкурса вокалистов* [предоставить, присвоить что-л. в качестве награды, поощрения] **14.** ***перех., что*** *Все знают, что Ольга дала Иванову пощечину. Мать дала озорнику подзатыльник* [нанести удар, ударить каким-л. образом] **15.** ***неперех., кому(чему) с неопр. ф.*** *Мать не дала дочери смотреть телевизор позже одиннадцати. Дай мне спокойно почитать!* [позволить, не мешать сделать что-л.] **16.** ***неперех., чему с неопр. ф.*** *Оля дала воде закипеть, а потом посолила ее. Дима дал ягодам созреть, не стал рвать зелеными* [своими действиями не прервать естественный процесс совершения чего-л.] **17.** ***неперех., кому(чему)*** и ***чему с неопр. ф.; S не лицо*** *Ветер нам не даст переплыть реку. Плотина не дала воде прорваться и затопить поселок* [стать препятствием для совершения каких-л. действий, для чего-л.— обычно с отрицанием] **18.** ***неперех., кому*** *Сережа дал нашему гостю не меньше сорока лет. На вид ей нельзя было дать и тридцати* [определить возраст]

II. ДА́ВШИЙ, -ая, -ее, -ие; *действ. прош.*

Синт.: **а, б** — в глаг. знач. 1 — 18

IV. ДА́ННЫЙ, -ая, -ое, -ые; *страд. прош.**

Синт.: **а, б** — в глаг. знач. 1 — 4, 6, 9 — 14

Ср. прил. **да́нный,** -ая, -ое, -ые. Именно этот. *В данный момент директор занят. В данном случае ты поступила правильно. Я не высказывалась по данному вопросу*

◊ **Данная величина** — в математике: величина, заранее известная и служащая для определения других

Ср. сущ. **да́нные,** -ых, *мн.* **1.** Сведения, показатели, характеризующие кого-что-л., служащие для каких-л. выводов, решений. *Статистические данные. Основные данные* **2.** Свойства, способности, основания, необходимые для чего-л. *У него большие данные, он может стать архитектором. Артистические данные*

Субстантив.$_3$ в глаг. знач. 1

ДАН, дана́, -но́, -ны́; *кр. ф.**

В глаг. знач. 1 — 4, 6, 9 — 14

Ср. **дано́,** ***безл.*** **1.** ***кому,*** также ***с неопр. ф.*** Об обладании от природы каким-л. даром, умением; о способностях делать, осуществлять, выполнять что-л. *Ему от природы много дано. «Суждены вам благие порывы, но свершить ничего не дано».* Н. Некрасов, Рыцарь на час. *«Скажу еще, что здесь, в глуши, Меня понять дано немногим».* Жаров, Варя Одинцова **2.** В математике: форма записи условия задачи, теоремы. *Дано: (далее пишется условие задачи, теоремы)*

▭ Прич. IV в 5, 7, 8 глаг. знач. не употр.

ДВИ́ГАТЬ, дви́гаю и дви́жу, дви́га|ют и дви́ж|ут, дви́га|л; ***несов.*** **1.** (дви́гают) ***перех., что*** *Мы все вместе двигаем мебель во время ремонта* [перемещать, толкая или таща] **2.** (дви́гают) ***перех., кого(что)*** и ***что*** *Командование двигало войска в северном направлении* [управлять перемещением, передвижением войск, военной техники] **3.** (дви́гают и *книжн.* дви́жут) ***перех.*** *«Мы мечтаем о коммунизме, мы хотим учиться, технику двигать вперед».* Гранин, Искатели. *Эти исследования двигают науку вперед* [содействовать развитию чего-л., вызывать прогресс чего-л.] **4.** (дви́жут) ***перех., что; S не лицо*** *Пружина движет часовой механизм* [приводить в действие, в движение] **5.** (дви́гают) ***неперех., чем*** *Зрители двигают стульями, усаживаясь* [немного подвигать, смещать, сдвигать] **6.** (дви́гают) ***неперех., чем*** *Дети быстро двигали руками и ногами, чтобы согреться* [шевелить, производить движения частями тела] **7.** (дви́жут) ***неперех., кем(чем); S не лицо*** *Олегом движет только любовь к детям. Этим человеком движет тщеславие* [побуждать к каким-л. действиям, быть причиной каких-л. поступков]

I. ДВИ́ГАЮЩИЙ, -ая, -ее, -ие и ДВИ́ЖУЩИЙ, -ая, -ее, -ие; *действ. наст.*

Синт. **дви́гающий: а, б** — в глаг. знач. 1—3, 5, 6

Синт. **дви́жущий: а, б** — в глаг. знач. 3, 4, 7

Ср. прич. **дви́жущий** в глаг. знач. с прил. **дви́жущий,** -ая, -ее, -ие. Главный, направляющий, ведущий. *Движущие силы общества. Движущая пружина событий*

II. ДВИ́ГАВШИЙ, -ая, -ее, -ие; *действ. прош.**

Синт.: **а, б** — в глаг. знач. 1 — 3, 5, 6

III. ДВИ́ГАЕМЫЙ, -ая, -ое, -ые и ДВИ́ЖИМЫЙ, -ая, -ое, -ые; *страд. наст.*

Синт. **дви́гаемый: а, б** — в глаг. знач. 1 — 3

Синт. **дви́жимый: а, б** — в глаг. знач. 3, 4 и в статив. знач.

Статив. знач. **дви́жимый,** ***чем*** (также *кр. ф.* ↓) Руководствующийся в своих действиях каким-л. внутренним чувством, стремлением к чему-л., убеждением в чем-л. и т. п. *Илья делал это, движимый чувством справедливости*

В знач. прил. **дви́жимый** (только *полн. ф.*) Такой, который может быть перемещен из одного места в другое — об имуществе; *спец. Движимое имущество*

Субстантив.$_3$ в глаг. знач. 1, 4

ДВИ́ЖИМ, -има, -имо, -имы; *кр. ф.* *

В глаг. знач. нет

Статив. знач., ***чем*** (также *полн. ф.* ↑) *Илья был движим чувством справедливости, когда поступал так*

IV. ДВИ́ГАННЫЙ, -ая, -ое, -ые; *страд. прош.** (*редко*)

Синт.: **а, б** — в глаг. знач. 1

ДВИ́ГАН, -ана, -ано, -аны; *кр. ф.** (*редко*)

В глаг. знач. 1

▭ Прич. II в 4, 7 глаг. знач. не употр. Прич. IV во 2—4 глаг. знач. не употр.

ДВИ́ГАТЬСЯ, дви́жусь и дви́гаюсь, дви́ж|утся и

дви́га|ются, дви́га|лся; ***несов.*** **1.** (дви́жутся); ***S не лицо*** *Вагон быстро двигался вдоль перрона. Земля движется вокруг Солнца. Стрелка часов движется по циферблату* [перемещаться, находиться в движении] **2.** (дви́жутся и дви́гаются) *«Волнуясь, конница летит, Пехота движется за нею».* Пушкин, Полтава. *Солдаты медленно двигались по направлению к переднему краю* [направляться, идти, передвигаться в каком-л. направлении — обычно о большом количестве людей, транспортных средств и т. п.] **3.** (дви́жутся); ***S не лицо*** *Время движется слишком медленно* [длиться, протекать, идти — о времени] **4.** (дви́гаются); ***S не лицо*** *«..каждый раз казалось, что дело не двигается».* Катаев, Белеет парус одинокий [подвигаться, идти вперед — о какой-л. работе, деле и т. п.] **5.** (дви́жутся) *Нельзя останавливаться на достигнутом — необходимо двигаться вперед* (из газет). *Было очевидно, что художник постепенно движется к ранней манере письма* [развиваться в каком-л. направлении] **6.** (дви́гаются) *Туристы после перехода через перевал не могли двигаться от усталости* [шевелиться] **7.** (дви́гаются); ***S не лицо*** *Ноги не двигаются после такой напряженной тренировки. У дедушки рука не двигается* [иметь способность движения] **8.** (дви́гаются) обычно ***в неопр. ф.*** *Пора двигаться в путь* [в сочетании со словами *пора, надо* и т. п.: трогаться с места, отправляться, идти куда-л.— в составе глаг. сказ.]

I. ДВИ́ГАЮЩИЙСЯ, -аяся, -ееся, -иеся и ДВИ́ЖУЩИЙСЯ, -аяся, -ееся, -иеся; *действ. наст.**

Синт. **дви́гающийся: а, б** — в глаг. знач. 2, 4, 6, 7

Синт. **дви́жущийся: а, б** — в глаг. знач. 1—3, 5; **в** — в глаг. знач. 1

В знач. прил. **дви́жущийся.** Имеющий способность, свойство двигаться. *В нашем театре движущаяся сцена*

II. ДВИ́ГАВШИЙСЯ, -аяся, -ееся, -иеся; *действ. прош.**

Синт. **а, б** — в глаг. знач. 1—7; **в** — в глаг. знач. 1

▭ Прич. I (дви́гающийся), II в 8 глаг. знач. не употр.

ДЕЖУ́РИТЬ, дежу́р|ят, дежу́ри|л; ***несов., неперех.*** **1.** *Сын дежурит сегодня в школе. Кто из врачей дежурит ночью в больнице?* [исполнять в порядке очереди какие-л. служебные или общественные обязанности] **2.** *Сестра дежурила всю ночь у постели больного* [неотлучно, в течение долгого времени находиться при ком-чем-л.]

I. ДЕЖУ́РЯЩИЙ, -ая, -ее, -ие; *действ. наст.*

Синт.: **а, б** — в глаг. знач. 1, 2

Ср. прич. в 1 глаг. знач. с прил. **дежу́рный,** -ая, -ое, -ые в знач. 'выполняющий в порядке очереди какие-л. служебные или общественные обязанности'. *Дежурный учитель. Дежурный врач*

II. ДЕЖУ́РИВШИЙ, -ая, -ее, -ие; *действ. прош.*

Синт.: **а, б** — в глаг. знач. 1, 2

ДЕЗИНФИЦИ́РОВАТЬ, дезинфици́ру|ют, дезинфици́рова|л; ***сов.*** и ***несов., перех.*** **1.** ***что*** *Мы дезинфицировали помещение. Санитары дезинфицировали одежду больного* [произвести или производить дезинфекцию чего-л., обеззараживать что-л.] **2.** (только ***несов.***) ***что*** и ***без дополн.; S не лицо*** *Этот раствор хорошо дезинфицирует помещения и одежду* [иметь свойство уничтожать болезнетворных микробов, обеззараживать что-л.]

I. ДЕЗИНФИЦИ́РУЮЩИЙ, -ая, -ее, -ие; *действ. наст.*

Синт.: **а, б** — в глаг. знач. 1, 2

В знач. прил. Предназначенный для дезинфицирования. *Дезинфицирующий раствор. Дезинфицирующие средства* (Ср. прил. **дезинфекцио́нный,** -ая, -ое, -ые. Относящийся к дезинфекции. *Дезинфекционная камера. Дезинфекционный отряд*)

II. ДЕЗИНФИЦИ́РОВАВШИЙ, -ая, -ее, -ие; *действ. прош.*

Синт.: **а, б** — в глаг. знач. 1, 2

III. ДЕЗИНФИЦИ́РУЕМЫЙ, -ая, -ое, -ые; *страд. наст.**

Синт.: **а, б, в** — в глаг. знач. 1

IV. ДЕЗИНФИЦИ́РОВАННЫЙ, -ая, -ое, -ые; *страд. прош.**

Синт.: **а, б, в** — в глаг. знач. 1

ДЕЗИНФИЦИ́РОВАН, -ана, -ано, -аны; *кр. ф.**

В глаг. знач. 1

▭ Прич. III, IV во 2 глаг. знач. не употр.

ДЕЗИНФОРМИ́РОВАТЬ, дезинформи́ру|ют, дезинформи́рова|л; ***сов.*** и ***несов., перех., кого(что)*** *Некоторые радиостанции капиталистических государств сознательно дезинформируют слушателей* [ввести или вводить в заблуждение ложной информацией]

I. ДЕЗИНФОРМИ́РУЮЩИЙ, -ая, -ее, -ие; *действ. наст.*

Синт.: **а, б** — в глаг. знач.

В знач. прил. Ложный, содержащий дезинформацию. *Дезинформирующие сведения. Дезинформирующая радиопередача* (Ср. прил. **дезинформацио́нный,** -ая, -ое, -ые. Ложный, содержащий дезинформацию. *Дезинформационные сведения. Дезинформационная передача*)

II. ДЕЗИНФОРМИ́РОВАВШИЙ, -ая, -ее, -ие; *действ. прош.*

Синт.: **а, б** — в глаг. знач.

III. ДЕЗИНФОРМИ́РУЕМЫЙ, -ая, -ое, -ые; *страд. наст.*

Синт.: **а, б, в** — в глаг. знач.

ДЕЗИНФОРМИ́РУЕМ, -ема, -емо, -емы; *кр. ф.*

В глаг. знач.

IV. ДЕЗИНФОРМИ́РОВАННЫЙ, -ая, -ое, -ые; *страд. прош.*

Синт.: **а, б** — в глаг. знач.

В знач. прил. (только *полн. ф.*) Получивший и воспринявший ложную информацию. *Дезинформированный читатель. Дезинформированный противник*

ДЕЗИНФОРМИ́РОВАН, -ана, -ано, -аны; *кр. ф.*

В глаг. знач.

ДЕЗОРГАНИЗОВА́ТЬ, дезорганизу́|ют, дезорганизова́|л; ***сов.*** и ***несов.*** (прош. только ***сов.***), ***перех., что,*** также ***чем*** *Диспетчер дезорганизовал движение транспорта на этом участке неправильными указаниями* (см. § 1). *Наводнение полностью дезорганизовало работу органов снабжения* [вызвать или вызывать беспорядок в чем-л., внести или вносить дезорганизацию]

I. ДЕЗОРГАНИЗУ́ЮЩИЙ, -ая, -ее, -ие; *действ. наст.*

Синт.: **а, б** — в глаг. знач.

В знач. прил. Приводящий к дезорганизации. *Дезорганизующее предложение. Дезорганизующий момент. Дезорганизующая резолюция. Дезорганизующие действия*

II. ДЕЗОРГАНИЗОВА́ВШИЙ, -ая, -ее, -ие; *действ. прош.*

Синт.: **а, б** — в глаг. знач.

III. ДЕЗОРГАНИЗУ́ЕМЫЙ, -ая, -ое, -ые; *страд. наст.*

Синт.: **а, б** — в глаг. знач.

IV. ДЕЗОРГАНИЗО́ВАННЫЙ, -ая, -ое, -ые; *страд. прош.*

Синт.: **а, б** — в глаг. знач.

В знач. прил. (только *полн. ф.*) С нарушенным, расстроенным порядком, находящийся в состоянии дезорганизации. *«[Минная флотилия] должна была.. окончательно добить дезорганизованные и отступающие силы противника».* Новиков-Прибой, Цусима

ДЕЗОРГАНИЗО́ВАН, -ана, -ано, -аны; *кр. ф.*

В глаг. знач.

ДЕЗОРИЕНТИ́РОВАТЬ, дезориенти́ру|ют, дезориенти́рова|л; ***сов*** и ***несов., перех., кого(что),*** также ***чем*** *Дима дезориентировал меня своим сообщением* (см. § 1). *Передвижением войск на север командование дезориентировало противника* (см. § 2) [ввести или вводить в заблуждение, лишить или лишать правильной ориентации, правильного представления о чем-л.]

I. ДЕЗОРИЕНТИ́РУЮЩИЙ, -ая, -ее, -ие; *действ. наст.*

Синт.: **а, б** — в глаг. знач.

В знач. прил. Содержащий ложную информацию, лишающую кого-л. правильной ориентации. *Дезориентирующие сведения. Дезориентирующая информация. Дезориентирующие действия*

II. ДЕЗОРИЕНТИ́РОВАВШИЙ, -ая, -ее, -ие; *действ. прош.*

Синт.: **а, б** — в глаг. знач.

III. ДЕЗОРИЕНТИ́РУЕМЫЙ, -ая, -ое, -ые; *страд. наст.*

Синт.: **а, б, в** — в глаг. знач.

IV. ДЕЗОРИЕНТИ́РОВАННЫЙ, -ая, -ое, -ые; *страд. прош.*

Синт.: **а, б** — в глаг. знач.

В знач. прил. (только *полн. ф.*) Введенный в заблуждение ложной информацией. *Дезориентированные читатели. Дезориентированный противник*

ДЕЗОРИЕНТИ́РОВАН, -ана, -ано, -аны; *кр. ф.*

В глаг. знач.

ДЕ́ЙСТВОВАТЬ, де́йству|ют, де́йствова|л; ***несов., неперех.*** (*сов.* поде́йствовать *к* 7—9 знач.) **1.** *Смирнов в минуту опасности действовал решительно и смело* [совершать какие-л. действия, поступки] **2.** *Партизанский отряд действовал в тылу врага уже несколько месяцев* [вести какие-л. военные действия, операции и т. п. против кого-л.] **3.** ***S не лицо*** *Прибор нормально действует* [быть в исправности, работать, функционировать — о механизмах] **4.** ***S не лицо*** *У дедушки перестала действовать рука* [функционировать, осуществлять свои функции — о руках, ногах] **5.** ***чем*** *Во дворе мальчишки ловко действовали метлой, сгребая сухие листья. «Брызги воды и пены ослепляли их поминутно и часто мешали действовать веслами».* Григорович, Рыбаки [двигать, управлять чем-л.] **6.** ***S не лицо*** *Этот закон уже не действует* [применяться, иметь силу] **7.** ***на кого(что)*** и ***на что*** *Смирнов хорошо действует на Ольгу. Ваши уговоры на меня не действуют. Музыка благотворно действует на формирование личности* [оказывать воздействие, влияние] **8.** ***на кого(что); S не лицо*** *Эта картина на всех действует по-разному. Пафос оратора действовал на аудиторию* [производить впечатление] **9.** ***на кого(что)*** и ***на что; S не лицо*** *Новое лекарство действует на меня хорошо. Эти вещества действуют прежде всего на эндокринную систему* [изменять состояние здоровья; изменять внутренние свойства, состояние, работу и т. п. чего-л.]

I. ДЕ́ЙСТВУЮЩИЙ, -ая, -ее, -ие; *действ. наст.*

Синт.: **а, б** — в глаг. знач. 1 — 9; **в** — в глаг. знач. 3, 6

В знач. прил. **1.** Находящийся в действии, работающий. *Действующие предприятия* **2.** Способный оказывать какое-л. действие. *Действующее лекарство* (Ср. прил. **де́йственный,** -ая, -ое, -ые. Способный активно и результативно воздействовать на кого-что-л. *Действенные меры. Действенное средство*) ◇ **Действующий вулкан** — непотухший вулкан, способный к извержению. **Действующая армия** — части армии, находящиеся во время войны на фронте. **Действующее лицо** — персонаж литературного произведения; участник какого-л. события. **Действующие лица и исполнители** — принятый способ представления персонажей пьесы и актеров в театральной программе или афише

II. ДЕ́ЙСТВОВАВШИЙ, -ая, -ее, -ие; *действ. прош.*

Синт.: **а, б** — в глаг. знач. 1 — 9; **в** — в глаг. знач. 3, 6

ДЕ́ЛАТЬ, де́ла|ют, де́ла|л; ***несов., перех.*** (*сов.* сде́лать *ко* 2 — 14 знач.) **1. что** и ***без дополн.*** *Что он сейчас делает? Он ничего сейчас не делает, отдыхает* [действовать, быть занятым чем-л.] **2. что** *Илья делает книжные полки сам. На этом заводе делают прекрасную посуду.*

Художник делает эскизы к будущей картине [изготовлять, производить какие-л. изделия, обычно с помощью инструментов, машин и т. п.; создавать какие-л. произведения живописи, литературы, музыки и т. п.] **3. что** *Врачи делают все для выздоровления больного. Мы делали это в соответствии с инструкцией* [осуществлять, совершать что-л. целенаправленно] **4. что** и **без дополн.** *Что нам делать? Не знаю, что делать в этом случае. В подобных случаях я делаю иначе* [поступать каким-л. образом] **5. что** *Моя дочь делает домашние задания сразу после школы. Аня делает задачи по физике с трудом* [работать над чем-л., занимаясь, исполняя, выполняя что-л.; решать задачи, примеры и т. п.] **6. что** *Ольга делает ошибку за ошибкой. Мы делаем гимнастику под музыку. Друзья не раз делали попытку пойти в театр, но не могли достать билетов* [в сочетании с некоторыми существительными употребляется в значении: совершать, производить то, что названо существительным] **7. что** *Шофер делал три рейса в смену. Колесо делает сто оборотов в минуту* [в сочетании с существительными, обозначающими меру, количество, употребляется в значении: совершать работу, движение и т. п. в этом объеме, в этом количестве] **8. что** *В этом ателье я делаю себе костюм* [заказывать, поручать изготовлять что-л. для себя — обычно в сочетании с мест. *себе; разг.*] **9. что** *Наша бабушка всегда делала добро людям. Дима делает любезность соседу, принося ему газеты. Олег часто делал мне разные одолжения* [оказывать кому-л. что-л.] **10. что с кем(чем)** *Что вы со мной делаете? Что только врачи с больным ни делали, ничего не помогало* [действовать, поступать как-л. по отношению к кому-л.] **11. кого(что)** и **что** и **с придат. дополнит. из кого(чего)** и **из чего** *Этот педагог делает из своих учеников настоящих мастеров. Жена делала из мужа, что хотела* [обращать, превращать в кого-что-л.] **12. кого(что)** и **что кем** и **чем** *Смирнов делает меня своим заместителем* (см. § 2). *Зачем вы делаете этого человека посмешищем?* (см. § 2). *Непрерывные дожди делали проселочные дороги сплошным месивом из глины и камней* (см. § 2) [приводить в какое-л. состояние или положение] **13. кого(что)** и **что кем** и **каким; S не лицо** *Этот наряд делает тебя старухой. Острый перец делал кушанье несъедобным. Очки делали его лицо смешным* [являться причиной изменения качества, свойства чего-л., чьего-л. состояния, внешнего вида и т. п.] **14. кого(что)** и **что из кого(чего)** и **из чего** *Друзья делают из Андрея героя. Ольга делает из пустяков трагедию* [придавать кому-чему-л. не присущие ему черты, свойства, качества и т. п.]

I. ДЕ́ЛАЮЩИЙ, -ая, -ее, -ие; *действ. наст.*
Синт.: **а, б** — в глаг. знач. 1 — 14

II. ДЕ́ЛАВШИЙ, -ая, -ее, -ие; *действ. прош.*
Синт.: **а, б** — в глаг. знач. 1 — 14

III. ДЕ́ЛАЕМЫЙ, -ая, -ое, -ые; *страд. наст.**
Синт.: **а, б** — в глаг. знач. 2, 3, 5 — 9
Субстантив.$_3$ в глаг. знач. 2, 3

IV. ДЕ́ЛАННЫЙ, -ая, -ое, -ые; *страд. прош.**
Синт.: **а, б** — в глаг. знач. 2, 3, 5, 8
Ср. прил. **де́ланный,** -ая, -ое, -ые. Неестественный, искусственно принужденный. *Деланный смех. Деланный жест. Деланная улыбка. Деланные слезы*
Субстантив.$_3$ в глаг. знач. 2
ДЕ́ЛАН, -ана, -ано, -аны; *кр. ф.** (*редко*)
В глаг. знач. 2, 3, 5, 8

□ Прич. III в 1, 4, 10—14 глаг. знач. не употр.
Прич. IV в 1, 4, 6, 7, 9 — 14 глаг. знач. не употр.

ДЕЛИ́ТЬ, делю́, де́л|ят, дели́|л; ***несов., перех.*** (*сов.* раздели́ть *к* 1 — 6, 9 знач.) **1. что** *Дети делят яблоко на две части* [разъединять на части] **2. кого(что) на что** *Командир делил отряд на небольшие группы* [образовывать из кого-чего-л. более мелкие подразделения, объединения и т. п.] **3. что; S не лицо** *Длинный овраг делил луг на две части. Внутренняя лестница делила здание на две половины* [отделять собой одну часть от другой] **4. что** *Братья всегда делят конфеты поровну* [распределять что-л., давая каждому часть] **5. что с кем** *Последний кусок хлеба солдат всегда делил с другом* [делиться чем-л. с кем-л., давать кому-л. часть чего-л. своего] **6. что с кем(чем)** *Я делю с друзьями горе и радость* [переживать, испытывать вместе с кем-л. какое-л. состояние, чувство и т. п.] **7. что между кем(чем)** и **кем(чем)** и **что между чем** и **чем** *Бабушка делила свою заботу и нежность между сыном и внуками. Сережа делит свое время между домом и библиотекой* [распространять, устремлять, расходовать внимание, заботу, время и т. п. не на один, а на несколько объектов] **8. кого(что)** и **что на кого(что)** и **на что** *Илья делит людей на добрых и злых. Дима делит всю музыку на веселую и грустную* [относить части целого к различным классам, разрядам и т. п., классифицировать] **9. что** *Первоклассники с легкостью делили двузначные числа на два* [производить действие деления — в математике]

I. ДЕ́ЛЯЩИЙ, -ая, -ее, -ие и ДЕЛЯ́ЩИЙ, -ая, -ее, -ие; *действ. наст.*
Синт.: **а, б** — в глаг. знач. 1 — 9

II. ДЕЛИ́ВШИЙ, -ая, -ее, -ие; *действ. прош.*
Синт.: **а, б** — в глаг. знач. 1 — 9

III. ДЕЛИ́МЫЙ, -ая, -ое, -ые; *страд. наст.*
Синт.: **а, б** — в глаг. знач. 1 — 9
В знач. прил. (также *кр. ф.* ↓) **1.** Способный подвергнуться делению. *Делимое вещество.* **2.** Способный подвергаться действию деления — в математике. *Делимое число. Делимая величина*
Ср. сущ. **дели́мое,** -ого, *ср.* В математике — число или величина, подвергаемые делению
Субстантив.$_2$ не употр; субстантив.$_3$ в глаг. знач. 1, 3, 4, 9
ДЕЛИ́М, -и́ма, -и́мо, -и́мы; *кр. ф.* (*редко*)
В глаг. знач. 1—9
В знач. прил. (также *полн. ф.* ↑) **1.** *Это вещество делимо* **2.** *Это число делимо. Данная величина делима*

IV. ДЕЛЁННЫЙ, -ая, -ое, -ые; *страд. прош.*
Синт.: **а, б** — в глаг. знач. 1—9

ДЕЛЁН, -енá, -енó, -ены́; *кр. ф. (редко)*
В глаг. знач. 1—9

ДЕМОБИЛИЗОВА́ТЬ, демобилизу́|ют, демобилизова́|л; ***сов.*** и ***несов., перех., кого(что)*** **1.** *Брата демобилизовали недавно* [уволить или увольнять военнослужащих из вооруженных сил по окончании войны или срока действительной службы] **2.** также ***чем*** *Своими распоряжениями начальник строительства только ухудшил дело, демобилизовал рабочих* (см. § 1) [ослабить или ослаблять активность, готовность к каким-л. действиям]

I. ДЕМОБИЛИЗУ́ЮЩИЙ, -ая, -ее, -ие; *действ. наст.*
Синт.: **а, б** — в глаг. знач. 1, 2
В знач. прил. Такой, который снижает активность, энергию, стремление действовать. *Демобилизующие разговоры. Демобилизующие предложения* (Ср. прил. **демобилизацио́нный,** -ая, -ое, -ые в знач. 'характеризующийся снижением активности, энергии, силы'. *Демобилизационные настроения*)

II. ДЕМОБИЛИЗОВА́ВШИЙ, -ая, -ее, -ие; *действ. прош.*
Синт.: **а, б** — в глаг. знач. 1, 2

III. ДЕМОБИЛИЗУ́ЕМЫЙ, -ая, -ое, -ые; *страд. наст.*
Синт.: **а, б** — в глаг. знач. 1, 2; **в** — в глаг. знач. 1

IV. ДЕМОБИЛИЗО́ВАННЫЙ, -ая, -ое, -ые; *страд. прош.*
Синт.: **а, б** — в глаг. знач. 1, 2; **в** — в глаг. знач. 1
В знач. сущ. **демобилизо́ванный,** -ого, *м.* Тот, кто уволен из армии по демобилизации
ДЕМОБИЛИЗО́ВАН, -ана, -ано, -аны; *кр. ф.*
В глаг. знач. 1, 2

ДЕМОРАЛИЗОВА́ТЬ, деморализу́|ют, деморализова́|л; ***сов.*** и ***несов., перех., кого(что)*** *Советские подвижные части стремительно продвинулись в глубокий тыл и деморализовали противника. Поражение под Сталинградом деморализовало гитлеровскую армию* [вызвать или вызывать упадок дисциплины, разложение, потерю способности к действию]

I. ДЕМОРАЛИЗУ́ЮЩИЙ, -ая, -ее, -ие; *действ. наст.*
Синт.: **а, б** — в глаг. знач.
В знач. прил. Такой, который способен вызвать или вызывает упадок дисциплины, разложение, потерю способности к действию. *Деморализующий призыв. Деморализующие действия. Деморализующая акция*

II. ДЕМОРАЛИЗОВА́ВШИЙ, -ая, -ее, -ие; *действ. прош.*
Синт.: **а, б** — в глаг. знач.

III. ДЕМОРАЛИЗУ́ЕМЫЙ, -ая, -ое, -ые; *страд. наст.*
Синт.: **а, б** — в глаг. знач.

IV. ДЕМОРАЛИЗО́ВАННЫЙ, -ая, -ое, -ые; *страд. прош.*
Синт.: **а, б** — в глаг. знач.
В знач. прил. (только *полн. ф.*) В состоянии разложения, потерявший способность к действию, утративший дисциплину. *Деморализованный противник. Деморализованные солдаты*
ДЕМОРАЛИЗО́ВАН, -ана, -ано, -аны; *кр. ф.*
В глаг. знач.

ДЁРГАТЬ, дёрга|ют, дёрга|л; ***несов.*** **1.** ***перех., кого(что)*** и ***что,*** также ***за что*** *Малыш дергает бабушку за руку. Мальчик дергал веревку, но она за что-то зацепилась. Малыш дергал за конец шнурка, стараясь развязать его* [тянуть, тащить резкими, отдельными движениями] **2.** ***перех., что*** *Олег дергал свеклу из грядки* [рывком удалять откуда-л., выдергивая; *разг.*] **3.** ***перех., кого(что)*** *Начальник дергал меня весь день* [беспокоить, мешать кому-л. работать мелкими требованиями, придирками; *разг.*] **4.** ***неперех., чем*** *Женщина как-то странно дергала плечом. Старик что-то сердито говорил и дергал бровью* [делать резкое движение какой-л. частью тела] **5.** ***неперех., безл.*** *Больного всего дергало* [вызывать резкое судорожное движение какой-л. части тела]

I. ДЁРГАЮЩИЙ, -ая, -ее, -ие; *действ. наст.*
Синт.: **а, б** — в глаг. знач. 1 — 4
В знач. прил. Резкий и прерывистый — о боли. *Дергающая боль в руке*

II. ДЁРГАВШИЙ, -ая, -ее, -ие; *действ. прош.*
Синт.: **а, б** — в глаг. знач. 1 — 4

III. ДЁРГАЕМЫЙ, -ая, -ое, -ые; *страд. наст.*
Синт.: **а, б** — в глаг. знач. 1 — 3

IV. ДЁРГАННЫЙ, -ая, -ое, -ые; *страд. прош.**
Синт.: **а, б** — в глаг. знач. 1, 2
Ср. прил. **дёрганый,** -ая, -ое, -ые. Болезненно возбудимый в результате большого количества дел, слишком большого количества забот и т. п. *Дерганый человек*
ДЁРГАН, -ана, -ано, -аны; *кр. ф.**
В глаг. знач. 1, 2

□ Прич. IV в 3 глаг. знач. не употр.

ДЕРЖА́ТЬ, держу́, де́рж|ат, держа́|л; ***несов., перех.*** **1.** ***кого(что)*** и ***что*** *Мать держит ребенка на руках. Кошка держала котенка в зубах. Ты неправильно держишь ложку* [взяв в руки, в зубы, в рот и т. п., не давать выпасть, не давать упасть] **2.** ***кого(что)*** и ***что*** *Бабушка крепко держала за руку вырывавшегося внука. Хозяин держит за ошейник огромную рыжую собаку. Олег держал дверь, пока все дети не вышли на улицу* [ухватив за что-л., не давать кому-л. вырваться, чему-л. двигаться] **3.** ***что*** *Солдаты держали рубеж несмотря на превосходящие силы противника. Команда советских шахматистов держит первенство на международных соревнованиях* [прилагая усилия, сохранять за собой, не отдавать] **4.** ***что; S не лицо*** *«Сено в стогах держит тепло всю зиму».* Паустовский, Мещерская сторона. *Термос хорошо держит температуру налитой в него жидкости* [иметь свойство сохранять, удерживать что-л.] **5.** ***кого(что)*** и ***что; S не лицо*** *Лед гнулся и трещал, но держал лыжников. Четыре бетонных балки держат перекрытие. Заграждения не* *могли держать толпу. Плотина уже не могла держать воду* [служить опорой чему-л., поддерживать, сохраняя в определенном положении; сдерживать, останавливать движение, напор чего-л.] **6. *что*** *Больной держал ногу вытянутой. «Руки он держал за спиной.. и вид имел беззаботный».* Крымов, Инженер [придав чему-л. определенное положение, оставлять в этом положении какое-л. время] **7. *что в чем*** и ***каким*** *Держи ноги в тепле, а голову в холоде* (поговорка). *Илья всегда держит свои инструменты в полном порядке* [сохранять что-л. в каком-л. состоянии] **8. *кого(что)**** и ***что*** *Собаку наши соседи держат летом на балконе. Мы все овощи держим в холодильнике. Старые письма Таня держит в этом ящике* [помещать куда-л. на какое-л. время — о животных; хранить что-л. где-л.] **9. *кого(что)*** *До установления точного диагноза больного держали в изоляторе. Фашисты держали детей в этом холодном сыром подвале* [заставлять кого-л., обычно против воли, находиться, оставаться где-л.] **10. *кого(что)*** *Оля держит друзей в неведении о своих планах. Родители держали нас в строгости. Руководитель лаборатории держал под контролем всех участников опыта* [заставлять кого-л. находиться в каком-л. состоянии, положении] **11. *кого(что) **** *Илья три года держал морскую свинку. Мы не держим кур* [иметь у себя, в своем хозяйстве каких-л. животных] **12. *что*** *Студенты держали экзамен на месяц раньше срока. Сережа всегда держит слово. « — Мне было приказано.. связь держать со штабом до последней возможности».* А. Н. Толстой, Смельчаки [в сочетании с некоторыми существительными означает: осуществлять, выполнять, совершать то, что названо существительным]

I. ДЕРЖА́ЩИЙ, -ая, -ее, -ие; *действ. наст.*
Синт.: **а, б** — в глаг. знач. 1 — 12

II. ДЕРЖА́ВШИЙ, -ая, -ее, -ие; *действ. прош.*
Синт.: **а, б** — в глаг. знач. 1 — 12

IV. ДЕ́РЖАННЫЙ,-ая, -ое, -ые; *страд. прош.** *(редко)*
Синт.: **а, б** — в глаг. знач. 1 — 3, 6 — 11
Ср. прил. **де́ржаный,** -ая, -ое, -ые. Находившийся в употреблении, старый, подержанный. *Держаные книги*
Субстантив.$_2$ и субстантив.$_3$ не употр.
ДЕ́РЖАН, -ана, -ано, -аны; *кр. ф.* (редко)*
В глаг. знач. 1 — 3, 6 — 11

□ Прич. III не употр. Прич. IV в 4, 5, 12 глаг. знач. не употр.

ДЕФОРМИ́РОВАТЬ, деформи́ру|ют, деформи́рова|л; ***сов.*** и ***несов., перех., что; S не лицо*** *Тяжелые книги сильно деформировали книжные полки* [изменить или изменять форму чего-л. силой своей тяжести, столкновением с чем-л. и т. п.]

I. ДЕФОРМИ́РУЮЩИЙ, -ая, -ее, -ие; *действ. наст.*
Синт.: **а, б** — в глаг. знач.

II. ДЕФОРМИ́РОВАВШИЙ, -ая, -ее, -ие; *действ. прош.*
Синт.: **а, б** — в глаг. знач.

III. ДЕФОРМИ́РУЕМЫЙ, -ая, -ое, -ые; *страд. наст.*
Синт.: **а, б** — в глаг. знач.

IV. ДЕФОРМИ́РОВАННЫЙ, -ая, -ое, -ые; *страд. прош.*
Синт.: **а, б** — в глаг. знач.
В знач. прил. (также *кр. ф.* ↓) С измененной формой под действием каких-л. сил, деформировавшийся. *Деформированные полки. Деформированные предметы. Деформированная мебель*
ДЕФОРМИ́РОВАН, -ана, -ано, -аны; *кр. ф.*
В глаг. знач.
В знач. прил. (также *полн. ф.* ↑) *Полки были деформированы. Мебель деформирована*

ДЕФОРМИ́РОВАТЬСЯ, деформи́ру|ются, деформи́рова|лся; ***сов.*** и ***несов.; S не лицо*** **1.** *Книжные полки сильно деформировались* [изменить или изменять свою форму под действием чего-л.] **2.** (только ***несов.***) *Этот пластик деформируется, не покупай его* [иметь свойство изменять, утрачивать свою первоначальную форму]

I. ДЕФОРМИ́РУЮЩИЙСЯ, -аяся, -ееся, -иеся; *действ. наст.*
Синт.: **а, б** — в глаг. знач. 1, 2
В знач. прил. Обладающий свойством изменять, утрачивать свою первоначальную форму. *Деформирующийся материал*

II. ДЕФОРМИ́РОВАВШИЙСЯ, -аяся, -ееся, -иеся; *действ. прош.*
Синт.: **а, б, в** — в глаг. знач. 1, 2

ДЕШИФРОВА́ТЬ, дешифру́|ют, дешифрова́|л; ***сов.*** и ***несов., перех., что*** *Нам удалось дешифровать доставленные разведкой документы. Ученые дешифровали эту древнюю рукопись* [разобрать или разбирать написанное шифром, тайнописью или на неизвестном древнем языке, расшифровать или расшифровывать]

I. ДЕШИФРУ́ЮЩИЙ, -ая, -ее, -ие; *действ. наст.*
Синт.: **а, б** — в глаг. знач.
В знач. прил. Предназначенный, служащий для дешифровки. *Дешифрующее устройство*

II. ДЕШИФРОВА́ВШИЙ, -ая, -ее, -ие; *действ. прош.*
Синт.: **а, б** — в глаг. знач.

III. ДЕШИФРУ́ЕМЫЙ, -ая, -ое, -ые; *страд. наст.*
Синт.: **а, б, в** — в глаг. знач.

IV. ДЕШИФРО́ВАННЫЙ, -ая, -ое, -ые; *страд. прош.*
Синт.: **а, б, в** — в глаг. знач.
ДЕШИФРО́ВАН, -ана, -ано, -аны; *кр. ф.*
В глаг. знач.

ДИАГНОСТИ́РОВАТЬ, диагности́ру|ют, диагности́рова|л; ***сов.*** и ***несов., перех., что*** *Болезни сердца врачи диагностируют с помощью нового аппарата* [поставить или ставить диагноз, определить или определять болезнь]

I. ДИАГНОСТИ́РУЮЩИЙ, -ая, -ее, -ие; *действ. наст.*
Синт.: **а, б** — в глаг. знач.

В знач. прил. Предназначенный, служащий для диагностирования. *Диагностирующая аппаратура* (Ср. прил. **диагности́ческий,** -ая, -ое, -ие. Относящийся к диагнозу, диагностике. *Диагностические методы. Диагностическое отделение больницы*)

II. ДИАГНОСТИ́РОВАВШИЙ, -ая, -ее, -ие; *действ. прош.*
Синт.: **а, б** — в глаг. знач.

III. ДИАГНОСТИ́РУЕМЫЙ, -ая, -ое, -ые; *страд. наст.*
Синт.: **а, б, в** — в глаг. знач.
Субстантив.$_3$ не употр.

IV. ДИАГНОСТИ́РОВАННЫЙ, -ая, -ое, -ые; *страд. прош.*
Синт.: **а, б** — в глаг. знач.
Субстантив.$_3$ не употр.
ДИАГНОСТИ́РОВАН, -ана, -ано, -аны; *кр. ф.*
В глаг. знач.

ДИКТОВА́ТЬ, дикту́|ют, диктова́|л; ***несов. 1. перех., что кому(чему)*** *Смирнов диктовал машинистке текст доклада. Учитель медленно диктует нам условие задачи* [четко произносить вслух какой-л. текст, чтобы слушающий записывал] ***2. перех., что*** *Победившая сторона диктовала условия перемирия. На переговорах представители фирмы пытались диктовать нам условия закупки сырья* [предлагать для беспрекословного, безоговорочного выполнения, предписывать] ***3. перех., что; S не лицо*** *Официальная или неофициальная обстановка диктуют выбор речевых средств говорящим и манеру поведения* [обусловливать, вызывать необходимость каких-л. действий] ***4. неперех., кому с неопр. ф.*** *Так поступить диктовал ей внутренний голос. Благоразумие диктовало Олегу не вмешиваться в этот спор* [внушать, подсказывать; *книжн.*]

I. ДИКТУ́ЮЩИЙ, -ая, -ее, -ие; *действ. наст.*
Синт.: **а, б** — в глаг. знач. 1 — 4
В знач. прил. Предназначенный, служащий для диктовки. *Диктующее устройство*

II. ДИКТОВА́ВШИЙ, -ая, -ее, -ие; *действ. прош.*
Синт.: **а, б** — в глаг. знач. 1 — 4

III. ДИКТУ́ЕМЫЙ, -ая, -ое, -ые; *страд. наст.*
Синт.: **а, б** — в глаг. знач. 1 — 3; **в** — в глаг. знач. 1

IV. ДИКТО́ВАННЫЙ, -ая, -ое, -ые; *страд. прош.**
Синт.: **а, б** — в глаг. знач. 1
ДИКТО́ВАН, -ана, -ано, -аны; *кр. ф.**
В глаг. знач. 1

▭ Прич. IV во 2, 3 глаг. знач. не употр.

ДИСТИЛЛИРОВА́ТЬ и **ДИСТИЛЛИ́РОВАТЬ,** дистиллиру́|ют и дистилли́ру|ют, дистиллирова́|л и дистилли́рова|л; ***сов.*** и ***несов., перех., что*** *Здесь дистиллируют воду* [очистить или очищать перегонкой]

I. ДИСТИЛЛИРУ́ЮЩИЙ, -ая, -ее, -ие и ДИСТИЛЛИ́РУЮЩИЙ, -ая, -ее, -ие; *действ. наст.*
Синт.: **а, б** — в глаг. знач.

II. ДИСТИЛЛИРОВА́ВШИЙ, -ая, -ее, -ие и ДИСТИЛЛИ́РОВАВШИЙ, -ая, -ее, -ие; *действ. прош.*
Синт.: **а, б** — в глаг. знач.

III. ДИСТИЛЛИРУ́ЕМЫЙ, -ая, -ое, -ые и ДИСТИЛЛИ́РУЕМЫЙ, -ая, -ое, -ые; *страд. наст.*
Синт.: **а, б, в** — в глаг. знач.

IV. ДИСТИЛЛИРО́ВАННЫЙ, -ая, -ое, -ые; *страд. прош.*
Синт.: **а, б** — в глаг. знач.
В знач. прил. (только *полн. ф.*) Чистый, без примесей. *Дистиллированная вода*
ДИСТИЛЛИРО́ВАН, -ана, -ано, -аны; *кр. ф.*
В глаг. знач.

ДИСЦИПЛИНИ́РОВАТЬ, дисциплини́ру|ют, дисциплини́рова|л; ***сов.*** и ***несов., перех.; S не лицо*** ***1. кого(что)*** *Чувство ответственности за порученное дело дисциплинировало ребят* [вызвать или вызывать в ком-л. стремление к строгому порядку, организованности, потребность в дисциплине] ***2. что*** *Собранные в этом сборнике логические задачи прекрасно дисциплинируют ум* [сделать или делать строгим, четким, упорядоченным, подчиненным определенным правилам, закономерностям]

I. ДИСЦИПЛИНИ́РУЮЩИЙ, -ая, -ее, -ие; *действ. наст.*
Синт.: **а, б** — в глаг. знач. 1, 2
В знач. прил. Такой, который приводит к соблюдению дисциплины, порядка, к выдержанности. *Дисциплинирующий приказ. Дисциплинирующее воздействие коллектива. Дисциплинирующий распорядок дня*

II. ДИСЦИПЛИНИ́РОВАВШИЙ, -ая, -ее, -ие; *действ. прош.*
Синт.: **а, б** — в глаг. знач. 1, 2

III. ДИСЦИПЛИНИ́РУЕМЫЙ, -ая, -ое, -ые; *страд. наст.*
Синт.: **а, б** — в глаг. знач. 1, 2
Субстантив.$_2$ и субстантив.$_3$ не употр.

IV. ДИСЦИПЛИНИ́РОВАННЫЙ, -ая, -ое, -ые; *страд. прош.* (*редко*)
Синт.: **а, б** — в глаг. знач. 2
Ср. прил. **дисциплини́рованный,** -ая, -ое, -ые; -ан, -анна, -анно, -анны. **1.** Соблюдающий дисциплину, привыкший к строгому порядку, организованности. *Дисциплинированный ученик* **2.** Упорядоченный, подчиненный определенным правилам, закономерностям. *Дисциплинированный ум*
Субстантив.$_2$ и субстантив.$_3$ не употр.
ДИСЦИПЛИНИ́РОВАН, -ана, -ано, -аны; *кр. ф.** (*редко*)
В глаг. знач. 2

▭ Прич. IV в 1 глаг. знач. не употр.

ДИФФЕРЕНЦИ́РОВАТЬ, дифференци́ру|ют, дифференци́рова|л; ***сов.*** и ***несов., перех., что*** *Ученый дифференцировал собранные факты и сделал интересный вывод. Дирекция дифференцировала нормы выработки для работников разной квалификации* [разграничить или разграничивать, расчленить или расчленять разнородные элементы при изучении, рассмотрении чего-л.]

I. ДИФФЕРЕНЦИ́РУЮЩИЙ, -ая, -ее, -ие; *действ. наст.*

Синт.: **а, б** — в глаг. знач.

II. ДИФФЕРЕНЦИ́РОВАВШИЙ, -ая, -ее, -ие; *действ. прош.*

Синт.: **а, б** — в глаг. знач.

III. ДИФФЕРЕНЦИ́РУЕМЫЙ, -ая, -ое, -ые; *страд. наст.*

Синт.: **а, б, в** — в глаг. знач.

Субстантив.$_3$ не употр.

IV. ДИФФЕРЕНЦИ́РОВАННЫЙ, -ая, -ое, -ые; *страд. прош.*

Синт.: **а, б** — в глаг. знач.

В знач. прил. (только *полн. ф.*) Не одинаковый, не однородный, имеющий различия в зависимости от чего-л. *Дифференцированные нормы выработки*

Ср. прил. **дифференци́рованный,** -ая, -ое, -ые; -ан, -анна, -анно, -анны. Такой, который разграничивает, расчленяет разнородные факты, элементы и т. п. *Дифференцированный подход к чему-л. Дифференцированное отношение к чему-л.*

Субстантив.$_3$ не употр.

ДИФФЕРЕНЦИ́РОВАН, -ана, -ано, -аны; *кр. ф.*

В глаг. знач.

ДОБА́ВИТЬ, доба́влю, доба́в|ят, доба́ви|л; ***сов., перех.*** (*несов.* добавля́ть) **1. *что*** *Судья добавил время, и матч продолжался. Оля добавила пять рублей, и я купила эту книгу* [пополнить, дополнить недостающее] **2. *что*** и ***чего*** *Бабушка добавила в кушанье перец. Аня добавила соли в кашу* [насыпать, налить и т. п. еще какое-л. количество, прибавить] **3. *что,*** также ***к чему*** *Сережа добавил к сочинению еще абзац. К написанному автор не добавил ни строчки. К сказанному Дима ничего не добавил* [написать или сказать в дополнение]

II. ДОБА́ВИВШИЙ, -ая, -ее, -ие; *действ. прош.*

Синт.: **а, б** — в глаг. знач. 1 — 3

IV. ДОБА́ВЛЕННЫЙ, -ая, -ое, -ые; *страд. прош.*

[чередование в/вл]

Синт.: **а, б** — в глаг. знач. 1 — 3

Ср. прил. **доба́вочный,** -ая, -ое, -ые. Служащий, являющийся добавлением к чему-л., дополнительный. *Добавочное время. Добавочный вес. Добавочный расход. Добавочные трудности*

ДОБА́ВЛЕН, -ена, -ено, -ены; *кр. ф.*

В глаг. знач. 1 — 3

ДОБАВЛЯ́ТЬ, добавля́|ют, добавля́|л; ***несов. к*** доба́вить (см.)

I. ДОБАВЛЯ́ЮЩИЙ, -ая, -ее, -ие; *действ. наст.*

Синт.: **а, б** — в глаг. знач. 1 — 3

II. ДОБАВЛЯ́ВШИЙ, -ая, -ее, -ие; *действ. прош.*

Синт.: **а, б** — в глаг. знач. 1 — 3

III. ДОБАВЛЯ́ЕМЫЙ, -ая, -ое, -ые; *страд. наст.*

Синт.: **а, б** — в глаг. знач. 1 — 3

ДОБАВЛЯ́ЕМ, -ема, -емо, -емы; *кр. ф.*

В глаг. знач. 1 — 3

ДОБЫВА́ТЬ, добыва́|ют, добыва́|л; ***несов., перех., что*** (*сов.* добы́ть) **1.** *В этом районе добывают каменный уголь* [извлекать из недр земли] **2.** *Охотники добывают за год много пушнины* [получать, охотясь] **3.** *Олег не стал добывать электродрель, а сделал все ручной дрелью* [доставать, разыскивать, чтобы приобрести, получить; *разг.*]

I. ДОБЫВА́ЮЩИЙ, -ая, -ее, -ие; *действ. наст.*

Синт.: **а, б** — в глаг. знач. 1—3

В знач. прил. в выражении: **добывающая промышленность** — общее название отраслей промышленности, занятых добычей различного сырья и топлива из недр земли для обрабатывающей промышленности

II. ДОБЫВА́ВШИЙ, -ая, -ее, -ие; *действ. прош.*

Синт.: **а, б** — в глаг. знач. 1 — 3

III. ДОБЫВА́ЕМЫЙ, -ая, -ое, -ые; *страд. наст.*

Синт.: **а, б** — в глаг. знач. 1 — 3

ДОБЫ́ТЬ, добу́дут, добы́|л, добыла́, добы́ло, -ли; ***сов. к*** добыва́ть (см.)

II. ДОБЫ́ВШИЙ, -ая, -ее, -ие; *действ. прош.*

Синт.: **а, б** — в глаг. знач. 1 — 3

IV. ДОБЫ́ТЫЙ, -ая, -ое, -ые и *доп.* ДО́БЫТЫЙ, -ая, -ое, -ые; *страд. прош.*

Синт.: **а, б** — в глаг. знач. 1 — 3; **в** — в глаг. знач. 1, 2

ДО́БЫТ и *доп.* ДОБЫ́Т, добы́та, до́быто и *доп.* добы́то, до́быты и *доп.* добы́ты; *кр. ф.*

В глаг. знач. 1 — 3

ДОВЕ́РИТЬ, дове́р|ят, дове́ри|л; ***сов.*** (*несов.* доверя́ть) **1. *перех., кого(что)*** и ***что кому (чему)*** *Аня доверила своего ребенка соседке. Я боюсь доверить тебе свою пишущую машинку* [проявив доверие, поручить кого-л. чьим-л. заботам, чьему-л. попечению и т. п.; проявив доверие, передать что-л. кому-л. на время для использования, хранения и т. п.] **2. *перех., что кому (чему)*** *Мальчик доверил матери свою тайну* [рассказать кому-л. что-л. секретное] **3. *неперех., кому(чему) с неопр. ф.*** *Командир доверил мне передать важные документы в штаб. Смирнову доверили выступить с приветствием на открытии фестиваля* [поручить что-л. сделать, оказав доверие]

II. ДОВЕ́РИВШИЙ, -ая, -ее, -ие; *действ. прош.*

Синт.: **а, б** — в глаг. знач. 1 — 3

IV. ДОВЕ́РЕННЫЙ, -ая, -ое, -ые; *страд. прош.*

Синт.: **а, б** — в глаг. знач. 1, 2

Ср. прил. **дове́ренный,** -ая, -ое, -ые. Пользующийся, облеченный чьим-л. доверием, действующий по чьему-л. полномочию. *Доверенное лицо*

Субстантив.$_2$ не употр.

ДОВЕ́РЕН, -ена, -ено, -ены; *кр. ф.*

В глаг. знач. 1, 2

ДОВЕРЯ́ТЬ, доверя́|ют, доверя́|л; ***несов.*** (*сов.* дове́рить *к* 1—3 знач.) **1. *перех., кого(что)*** и ***что кому(чему)*** *Аня часто доверяла своего* *ребенка соседке. Сережа не раз доверял свой магнитофон младшему брату* [проявляя доверие, поручать кого-л. чьим-л. заботам, чьему-л. попечению и т. п.; проявляя доверие, передавать что-л. кому-л. на время для использования, хранения и т. п.] **2.** ***перех., что кому(чему)*** *Мальчик доверяет матери все свои тайны* [рассказывать кому-л. что-л. секретное] **3.** ***неперех., кому (чему) с неопр. ф.*** *Командир доверяет мне передать важные документы в штаб. Смирнову доверяют выступить с приветствием на открытии выставки* [оказывая доверие, поручать что-л. сделать] **4.** ***неперех., кому(чему)*** *Родители полностью доверяли сыну. Ольга мне не доверяет* [испытывать чувство доверия, полагаться на кого-что-л.]

I. ДОВЕРЯ́ЮЩИЙ, -ая, -ее, -ие; *действ. наст.*
Синт.: **а, б** — в глаг. знач. 1 — 4
Ср. прич. в 4 глаг. знач. с прил. **дове́рчивый,** -ая, -ое, -ые; -ив, -ива, -иво, -ивы. Легко доверяющий кому-чему-л. *Доверчивый человек.*
Ср. прич. в 4 глаг. знач. с прил. **довери́тельный,** -ая, -ое, -ые; -лен, -льна, -льно, -льны. Выражающий полное доверие. *Доверительный тон*

II. ДОВЕРЯ́ВШИЙ, -ая, -ее, -ие; *действ. прош.*
Синт.: **а, б** — в глаг. знач. 1 — 4

III. ДОВЕРЯ́ЕМЫЙ, -ая, -ое, -ые; *страд. наст.*
Синт.: **а, б** — в глаг. знач. 1, 2
Субстантив.$_2$ не употр.

ДОВЕСТИ́, довед|у́т, довёл, довела́, -ло́, -ли́; ***сов., перех.*** (*несов.* доводи́ть) **1.** ***кого(что) до чего*** *Петя довел брата до школы. Девочка довела старика до поликлиники* [ведя, доставить до какого-л. места] **2.** ***что до чего*** *Строители в этом году доведут газопровод до южной границы. Эту дорогу довели до районного центра* [продолжить до какого-л. места, границы] **3.** ***что до чего*** *Гонщик довел скорость машины до двухсот километров в час. Мой друг довел свое знание английского языка до совершенства* [сделать так, чтобы что-л. достигло какого-л. предела, размера, уровня, состояния] **4.** ***кого(что) до чего,*** также ***чем*** *Своим рассказом Таня довела всех до слез* (см. § 1). *Сережа довел отца до бешенства. Неудачи довели Аню до отчаяния* [привести в какое-л. эмоциональное состояние] **5.** ***кого(что)*** и ***что до чего,*** также ***чем*** *Своей бесхозяйственностью Петров довел мастерскую до полного упадка* (см. § 1). *«Налоги довели страну почти до нищеты».* Мельников-Печерский, Княжна Тараканова. *Пожары довели леса до полного уничтожения* [вызвать какие-л. отрицательные последствия] **6.** ***что до кого(чего)*** *Председатель собрания довел до сведения всех присутствующих эту новость. Газета доведет необходимую информацию до всех* [сообщить, передать]

II. ДОВЕ́ДШИЙ, -ая, -ее, -ие; *действ. прош.*
Синт.: **а, б** — в глаг. знач. 1 — 6

IV. ДОВЕДЁННЫЙ, -ая, -ое, -ые; *страд. прош.*
Синт.: **а, б** — в глаг. знач. 1 — 6
Субстантив.$_3$ в глаг. знач. 5, 6
ДОВЕДЁН, -ена́, -ено́, -ены́; *кр. ф.*
В глаг. знач. 1 — 6

ДОВОДИ́ТЬ, довожу́, дово́д|ят, доводи́|л; ***несов. к*** довести́ (см.)

I. ДОВОДЯ́ЩИЙ, -ая, -ее, -ие; *действ. наст.*
Синт.: **а, б** — в глаг. знач. 1 — 6

II. ДОВОДИ́ВШИЙ, -ая, -ее, -ие; *действ. прош.*
Синт.: **а, б** — в глаг. знач. 1 — 6

III. ДОВОДИ́МЫЙ, -ая, -ое, -ые; *страд. наст.*
Синт.: **а, б** — в глаг. знач. 1 — 6
Субстантив.$_2$ и субстантив.$_3$ не употр.

ДОГНА́ТЬ, догоню́, дого́нят, догна́|л, догнала́, догна́ло, -ли; ***сов., перех.*** (*несов.* догоня́ть) **1.** ***кого (что)*** *Илья догнал девушку и отдал ей забытый зонтик. Дима догонит друзей в пути* [гонясь за кем-л. уходящим или убегающим, настигнуть; сравняться в пути с кем-л. опередившим] **2.** ***что*** *Люся догнала теплоход только через два дня. Мы отстали от поезда и догнали его на машине на следующий день* [отстав в пути от поезда, парохода, машины и т. п., настигнуть его и продолжать на нем поездку] **3.** ***кого (что)*** и ***что*** *Олег долго болел, но сумел догнать своих одноклассников. По уровню экономического развития эта страна догнала развитые капиталистические страны* [сравняться в успехах, достижениях и т. п. с опередившим] **4.** ***кого (что)*** * и ***что до чего*** *Мальчик догнал лошадей до реки. «— ..давления этой станции вдруг не хватит, чтобы догнать нефть до Невинска».* Ажаев, Далеко от Москвы [заставить двигаться до какого-л. места] **5.** ***что до чего*** *Петя может догнать скорость до ста километров в час. Сережа хочет догнать свой заработок до трехсот рублей* [увеличить, повысить до какого-л. предела; *разг.*]

II. ДОГНА́ВШИЙ, -ая, -ее, -ие; *действ. прош.*
Синт.: **а, б** — в глаг. знач. 1 — 5

IV. ДО́ГНАННЫЙ, -ая, -ое, -ые; *страд. прош.**
Синт.: **а, б** — в глаг. знач. 1, 2, 4, 5
Субстантив.$_3$ не употр.
ДО́ГНАН, -ана, -ано, -аны; *кр. ф.**
В глаг. знач. 1, 2, 4, 5

□ Прич. IV в 3 глаг. знач. не употр.

ДОГОНЯ́ТЬ, догоня́|ют, догоня́|л; ***несов. к*** догна́ть (см.)

I. ДОГОНЯ́ЮЩИЙ, -ая, -ее, -ие; *действ. наст.*
Синт.: **а, б** — в глаг. знач. 1 — 5

II. ДОГОНЯ́ВШИЙ, -ая, -ее, -ие; *действ. прош.*
Синт.: **а, б** — в глаг. знач. 1 — 5

III. ДОГОНЯ́ЕМЫЙ, -ая, -ое, -ые; *страд. наст.*
Синт.: **а, б** — в глаг. знач. 1 — 5
Субстантив.$_3$ не употр.

ДОЖИВА́ТЬ, дожива́|ют, дожива́|л; ***несов.*** (*сов.* дожи́ть *к* 1 — 3 знач.) **1.** ***неперех., до чего*** *Смирнов после этой операции не доживает даже до лета. Новый сорт цветов доживает до заморозков* [быть живым, сохранять жизнеспособность до какого-л. срока, события] **2.** ***неперех., до чего*** *Писатель доживал в деревне до начала зимы, а потом возвращался в город* [быть, жить где-л. до какого-л. срока] **3.** ***перех., что*** *Сейчас наш друг доживает лето со своими детьми на* *даче* [быть остаток какого-л. срока где-л.; *разг.*] **4. *перех., что*** *Старик доживал свои годы в кругу семьи. Старый шахтер доживал жизнь с чувством выполненного долга* [оканчивать свою жизнь, свое существование — обычно в сочетании с сущ. *жизнь, годы, век* и т. п.]

I. ДОЖИВА́ЮЩИЙ, -ая, -ее, -ие; *действ. наст.*
Синт.: **а, б** — в глаг. знач. 1 — 4

II. ДОЖИВА́ВШИЙ, -ая, -ее, -ие; *действ. прош.*
Синт.: **а, б** — в глаг. знач. 1 — 4

III. ДОЖИВА́ЕМЫЙ, -ая, -ое, -ые; *страд. наст.*
Синт.: **а, б** — в глаг. знач. 3, 4
Субстантив.₃ не употр.

ДОЖИ́ТЬ, доживу́т, до́жи|л и *доп.* дожи́|л, дожила́, до́жило и *доп.* дожи́ло, до́жили и *доп.* дожи́ли; **сов.** (*несов.* дожива́ть к 1, 2, 5 знач.) **1. *неперех., до чего*** *Больной после операции до лета не дожил. Мои цветы дожили до заморозков* [остаться живым, сохранить жизнеспособность до какого-л. срока, события] **2. *неперех., до чего*** *Смирнов дожил в деревне до начала зимы, а потом вернулся в город* [пробыть, прожить где-л. до какого-л. срока] **3. *неперех., до чего*** *Ты дожил до двадцати пяти лет, а ведешь себя, как маленький ребенок!* [достичь какого-л. возраста] **4. *неперех., до чего*** *Ну, наконец-то, мы дожили до твоего возвращения! «— Поверите ли, Константин Федорович, курицы нет в доме — до того дожил!»* Гоголь, Мертвые души [дождаться чего-л., стать свидетелем, участником какого-л. долгожданного события; *разг.*; дойти до какого-л. состояния; *разг.*] **5. *перех., что*** *Олег дожил лето со своими детьми на даче, а потом уехал в командировку* [пробыть остаток какого-л. срока где-л.; *разг.*]

II. ДОЖИ́ВШИЙ, -ая, -ее, -ие; *действ. прош.*
Синт.: **а, б** — в глаг. знач. 1 — 5

IV. ДО́ЖИТЫЙ, -ая, -ое, -ые и *доп.* ДОЖИ́ТЫЙ, -ая, -ое, -ые; *страд. прош.*
Синт.: **а, б** — в глаг. знач. 5
Субстантив.₃ не употр.
ДО́ЖИТ и *доп.* ДОЖИ́Т, дожита́, до́жито и *доп.* дожи́то, до́житы и *доп.* дожи́ты; *кр. ф.*
В глаг. знач. 5

ДОЗВО́ЛИТЬ, дозво́л|ят, дозво́ли|л; ***сов., перех., что*** и ***с неопр. ф.*** (*несов.* дозволя́ть) *«[Хозяйка-староверка] суетилась вокруг стола, ..дозволила курить в самой избе!»* Тендряков, Онега [разрешить, позволить; *устар.*]

II. ДОЗВО́ЛИВШИЙ, -ая, -ее, -ие; *действ. прош.*
Синт.: **а, б** — в глаг. знач.

IV. ДОЗВО́ЛЕННЫЙ, -ая, -ое, -ые; *страд. прош.*
Синт.: **а, б** — в глаг. знач.
В знач. прил. (только *полн. ф.*) Разрешаемый, допустимый. *Дозволенные приемы борьбы. Употреблять дозволенные средства для достижения цели*
ДОЗВО́ЛЕН, -ена, -ено, -ены; *кр. ф.*
В глаг. знач.

▭ Прич. IV в знач. прил. не устарело, в отличие от неопр. ф., личных ф. глагола и прич. II, IV в глаг. знач.

ДОЗВОЛЯ́ТЬ, дозволя́|ют, дозволя́|л; ***несов.* к** дозво́лить (см.)

I. ДОЗВОЛЯ́ЮЩИЙ, -ая, -ее, -ие; *действ. наст.*
Синт.: **а, б** — в глаг. знач.

II. ДОЗВОЛЯ́ВШИЙ, -ая, -ее, -ие; *действ. прош.*
Синт.: **а, б** — в глаг. знач.

III. ДОЗВОЛЯ́ЕМЫЙ, -ая, -ое, -ые; *страд. наст.*
Синт.: **а, б** — в глаг. знач.

ДОИ́ТЬ, дою́, до́|ят и до|я́т, дои́|л; ***несов., перех., кого(что)*** * (*сов.* подои́ть) *Бабушка доила корову* [выцеживать молоко из вымени]

I. ДОЯ́ЩИЙ, -ая, -ее, -ие; *действ. наст.*
Синт.: **а, б** — в глаг. знач.
Ср. прил. **дои́льный**, -ая, -ое, -ые. Служащий для доения. *Доильная установка. Доильная машина*

II. ДОИ́ВШИЙ, -ая, -ее, -ие; *действ. прош.*
Синт.: **а, б** — в глаг. знач.

IV. ДО́ЕННЫЙ, -ая, -ое, -ые; *страд. прош.*
Синт.: **а, б** — в глаг. знач.
Ср. прил. **доёный**, -ая, -ое, -ые. Такой, которого подоили, без молока в результате дойки. *Доеная корова. Доеный скот*
ДО́ЕН, -ена, -ено, -ены; *кр. ф.*
В глаг. знач.

▭ Прич. III не употр.

ДОЙТИ́, дойду́т, дошёл, дошла́, -ло́, -ли́; **сов. к** доходи́ть в 1 — 6, 8 — 13 знач. (см.)

II. ДОШЕ́ДШИЙ, -ая, -ее, -ие; *действ. прош.*
[от основы -шед- + суффикс -ш-]
Синт.: **а, б** — в глаг. знач. 1 — 6, 8 — 13; **в** — в глаг. знач. 13

ДОКАЗА́ТЬ, докажу́, дока́жут, доказа́|л; **сов. к** дока́зывать (см.)

II. ДОКАЗА́ВШИЙ, -ая, -ее, -ие; *действ. прош.*
Синт.: **а, б** — в глаг. знач. 1 — 3

IV. ДОКА́ЗАННЫЙ, -ая, -ое, -ые; *страд. прош.*
Синт.: **а, б** — в глаг. знач. 1, 2; **в** — в глаг. знач. 2
Субстантив.₃ не употр.
ДОКА́ЗАН, -ана, -ано, -аны; *кр. ф.*
В глаг. знач. 1, 2

ДОКА́ЗЫВАТЬ, дока́зыва|ют, дока́зыва|л; **несов.** (*сов.* доказа́ть) **1. *перех., что*** *Ученые доказывают правильность своей теории на практике. Солдаты в бою доказывали любовь к Родине. Дима не раз доказывал нам свою преданность* [делать бесспорным, выявлять, обнаруживать истинность чего-л. с помощью фактов, поступков и т. п.] **2. *перех., что*** *Ученик доказывал у доски теорему* [выводить какое-л. положение на основании системы умозаключений] **3. *неперех., кому*** и ***с придат. дополнит.*** *Молодой пловец уже не раз доказывал всем, что его возможности неисчерпаемы. Ученые убедительно доказывают, что на Венере нет жизни* [давать кому-л. удостовериться в чем-л., заставлять поверить во что-л.]

I. ДОКА́ЗЫВАЮЩИЙ, -ая, -ее, -ие; *действ. наст.*
Синт.: **а, б** — в глаг. знач. 1 — 3
II. ДОКА́ЗЫВАВШИЙ, -ая, -ее, -ие; *действ. прош.*
Синт.: **а, б** — в глаг. знач. 1 — 3
III. ДОКА́ЗЫВАЕМЫЙ, -ая, -ое, -ые; *страд. наст.*
Синт.: **а, б** — в глаг. знач. 1, 2; **в** — в глаг. знач. 2
Ср. прил. **доказу́емый,** -ая, -ое, -ые; -ем, -ема, -емо, -емы. Такой, который может быть доказан. *Доказуемое положение. Доказуемое утверждение*
Субстантив.₃ не употр.

ДОКУМЕНТИ́РОВАТЬ, документи́ру|ют, документи́рова|л; ***сов.*** и ***несов., перех., что*** *Следователь документировал сделанное заключение* [обосновать или обосновывать документами]
I. ДОКУМЕНТИ́РУЮЩИЙ, -ая, -ее, -ие; *действ. наст.*
Синт.: **а, б** — в глаг. знач.
II. ДОКУМЕНТИ́РОВАВШИЙ, -ая, -ее, -ие; *действ. прош.*
Синт.: **а, б** — в глаг. знач.
III. ДОКУМЕНТИ́РУЕМЫЙ, -ая, -ое, -ые; *страд. наст.*
Синт.: **а, б** — в глаг. знач.
IV. ДОКУМЕНТИ́РОВАННЫЙ, -ая, -ое, -ые; *страд. прош.*
Синт.: **а, б** — в глаг. знач.
В знач. прил. (также *кр. ф.* ↓) Подтвержденный документами, основанный на документах. *Документированный вывод. Документированное утверждение* (Ср. прил. **документа́льный,** -ая, -ое, -ые в знач. 'полностью, целиком основанный на документах, фактах'. *Документальная повесть*)
ДОКУМЕНТИ́РОВАН, -ана, -ано, -аны; *кр. ф.*
В глаг. знач.
В знач. прил. (также *полн. ф.* ↑) *Этот вывод документирован. Ваше утверждение убедительно, документировано*

ДОЛБИ́ТЬ, долблю́, долб|я́т, долби́|л; ***несов., перех., что*** (*сов.* продолби́ть *к* 1 знач.; *сов.* вы́долбить *ко* 2 знач.) **1.** также ***чем*** *Рабочий долбит отверстие в стене. Рыбаки долбят ломом лед* (см. § 2) [пробивать чем-л. отверстие, углубление в чем-л. частыми ударами] **2.** также ***чем*** *Старик долбил лодку из целого дерева. Мальчик долбит улей ломиком и молотком* (см. § 2) [изготовлять что-л., делая ударами углубление] **3.** *Что ты долбишь одно и то же, перестань!* [постоянно говорить, напоминать, повторяя одно и то же; *разг.*]
I. ДОЛБЯ́ЩИЙ, -ая, -ее, -ие; *действ. наст.*
Синт.: **а, б** — в глаг. знач. 1 — 3
II. ДОЛБИ́ВШИЙ, -ая, -ее, -ие; *действ. прош.*
Синт.: **а, б** — в глаг. знач. 1 — 3
III. ДОЛБИ́МЫЙ, -ая, -ое, -ые; *страд. наст.**
Синт.: **а, б** — в глаг. знач. 1, 2
IV. ДОЛБЛЁННЫЙ, -ая, -ое, -ые; *страд. прош.**
[чередование б/бл]
Синт.: **а, б** — в глаг. знач. 1, 2
Ср. прил. **долблёный,** -ая, -ое, -ые. Изготовленный долблением, выдалбливанием. *Долбленая лодка*
ДОЛБЛЁН, -ена́, -ено́, -ены́; *кр. ф.** (*редко*)
В глаг. знач. 1, 2
▭ Прич. III, IV в 3 глаг. знач. не употр.

ДОМИНИ́РОВАТЬ, домини́ру|ют, домини́рова|л; ***несов., неперех.; S не лицо*** **1.** *В этой статье доминируют идеи научной организации труда* [преобладать, быть основным] **2.** ***над чем*** *Вулкан доминирует над всей местностью* [возвышаться над окружающей местностью, господствовать]
I. ДОМИНИ́РУЮЩИЙ, -ая, -ее, -ие; *действ. наст.*
Синт.: **а, б** — в глаг. знач. 1, 2
В знач. прил. Основной, главный. *Доминирующая мысль. Доминирующие идеи*
II. ДОМИНИ́РОВАВШИЙ, -ая, -ее, -ие; *действ. прош.*
Синт.: **а, б** — в глаг. знач. 1, 2

ДОПО́ЛНИТЬ, допо́лн|ят, допо́лни|л; ***сов., перех.*** (*несов.* дополня́ть) **1.** ***что,*** также ***чем*** *Мы дополнили и исправили текст заявления. Соседка дополнила рассказ Пети новыми подробностями* (см. § 2) [прибавить к чему-л. недостающее, сделав более полным] **2.** ***кого(что)*** *Выступившие в прениях хорошо дополнили докладчика* [добавить что-л. к тому, что сказано другим]
II. ДОПО́ЛНИВШИЙ, -ая, -ее, -ие; *действ. прош.*
Синт.: **а, б** — в глаг. знач. 1, 2
IV. ДОПО́ЛНЕННЫЙ, -ая, -ое, -ые; *страд. прош.**
Синт.: **а, б** — в глаг. знач. 1
В знач. прил. (только *полн. ф.*) С добавлениями в тексте. *Издание 3-е, исправленное и дополненное*
Субстантив.₃ не употр.
ДОПО́ЛНЕН, -ена, -ено, -ены; *кр. ф.**
В глаг. знач. 1
▭ Прич. IV во 2 глаг. знач. не употр.

ДОПОЛНЯ́ТЬ, дополня́|ют, дополня́|л; ***несов. к*** допо́лнить (см.)
I. ДОПОЛНЯ́ЮЩИЙ, -ая, -ее, -ие; *действ. наст.*
Синт.: **а, б** — в глаг. знач. 1, 2
II. ДОПОЛНЯ́ВШИЙ, -ая, -ее, -ие; *действ. прош.*
Синт.: **а, б** — в глаг. знач. 1, 2
III. ДОПОЛНЯ́ЕМЫЙ, -ая, -ое, -ые; *страд. наст.**
Синт.: **а, б** — в глаг. знач. 1
Субстантив.₃ не употр.
▭ Прич. III во 2 глаг. знач. не употр.

ДОПУСКА́ТЬ, допуска́|ют, допуска́|л; ***несов., перех.*** (*сов.* допусти́ть *к* 1 — 4, 6 знач.) **1.** ***кого (что) к кому(чему)*** *К больному врачи никого не допускают* [разрешать, позволять войти, прийти к кому-л., куда-л.] **2.** ***кого(что) к чему*** *Деканат не допускает Олега к экзаменам. Молодого пианиста жюри допускает к конкурсу* [разрешать заниматься чем-л., принимать участие в чем-л., пользоваться чем-л.] **3. что** и **с неопр. ф.** *Мои родители не допускали в доме шумных игр. Редактор не допускает вносить поправки в текст.* [разрешать что-л., считать возможным] **4. что** *Петя часто допускает грубые выходки* [позволять себе что-л.] **5. что; S не лицо** *Толщина льда допускает передвижение машин по озеру* [давать возможность для чего-л., обеспечивать что-л.] **6. что** *Ученые допускают существование жизни на других планетах* [предполагать, считать реальным]

I. ДОПУСКА́ЮЩИЙ, -ая, -ее, -ие; *действ. наст.*
Синт.: **а, б** — в глаг. знач. 1 — 6

II. ДОПУСКА́ВШИЙ, -ая, -ее, -ие; *действ. прош.*
Синт.: **а, б** — в глаг. знач. 1 — 6

III. ДОПУСКА́ЕМЫЙ, -ая, -ое, -ые; *страд. наст.**
Синт.: **а, б** — в глаг. знач. 1 — 4, 6
В знач. прил. Предельный, являющийся крайней границей для чего-л. *Допускаемая глубина. Допускаемая толщина* (Ср. прил. **допусти́мый**, -ая, -ое, -ые; -и́м, -и́ма, -и́мо, -и́мы. Возможный, позволительный, такой, который можно допустить, разрешить. *Допустимая ошибка. Допустимое отклонение. Допустима ли такая фраза?*)
Субстантив.$_3$ не употр.

□ Прич. III в 5 глаг. знач. не употр.

ДОПУСТИ́ТЬ, допущу́, допу́ст|ят, допусти́|л; **сов. к** допуска́ть в 1—4, 6 знач. (см.)

II. ДОПУСТИ́ВШИЙ, -ая, -ее, -ие; *действ. прош.*
Синт.: **а, б** — в глаг. знач. 1 — 4, 6

IV. ДОПУ́ЩЕННЫЙ, -ая, -ое, -ые; *страд. прош.*
[чередование ст/щ]
Синт.: **а, б** — в глаг. знач. 1—4, 6
Субстантив.$_3$ в глаг. знач. 3
ДОПУ́ЩЕН, -ена, -ено, -ены; *кр. ф.*
В глаг. знач. 1 — 4, 6

ДОСТАВА́ТЬ, доста|ю́т, достава́|л; **несов. к** доста́ть (см.)

I. ДОСТАЮ́ЩИЙ, -ая, -ее, -ие; *действ. наст.*
Синт.: **а, б** — в глаг. знач. 1—3

II. ДОСТАВА́ВШИЙ, -ая, -ее, -ие; *действ. прош.*
Синт.: **а, б** — в глаг. знач. 1 — 3

III. ДОСТАВА́ЕМЫЙ, -ая, -ое, -ые; *страд. наст.*
Синт.: **а, б** — в глаг. знач. 1, 2

ДОСТА́ВИТЬ, доста́влю, доста́в|ят, доста́ви|л; **сов., перех.** (*несов.* доставля́ть) **1. кого(что)** и **что** *Врачи „скорой помощи“ быстро доставили больного в больницу. Почтальон доставил телеграмму в срок* [привести, привезти или принести к месту назначения] **2. что кому,** также **чем** *Ваше письмо доставило нам много радости. Брат доставил всем удовольствие своей игрой на скрипке. Ребенок доставил родителям много хлопот* [вызвать, причинить]

II. ДОСТА́ВИВШИЙ, -ая, -ее, -ие; *действ. прош.*
Синт.: **а, б** — в глаг. знач. 1, 2

IV. ДОСТА́ВЛЕННЫЙ, -ая, -ое, -ые; *страд. прош.*
[чередование в/вл]
Синт.: **а, б** — в глаг. знач. 1, 2; **в** — в глаг. знач. 1
ДОСТА́ВЛЕН, -ена, -ено, -ены; *кр. ф.*
В глаг. знач. 1, 2

ДОСТАВЛЯ́ТЬ, доставля́|ют, доставля́|л; **несов. к** доста́вить (см.)

I. ДОСТАВЛЯ́ЮЩИЙ, -ая, -ее, -ие; *действ. наст.*
Синт.: **а, б** — в глаг. знач. 1, 2

II. ДОСТАВЛЯ́ВШИЙ, -ая, -ее, -ие; *действ. прош.*
Синт.: **а, б** — в глаг. знач. 1, 2

III. ДОСТАВЛЯ́ЕМЫЙ, -ая, -ое, -ые; *страд. наст.*
Синт.: **а, б** — в глаг. знач. 1, 2

ДОСТА́ТЬ, доста́нут, доста́|л; **сов.** (*несов.* достава́ть) **1. перех., что** *Олег достал книгу с полки. Бабушка достала вещи из чемодана* [взять что-л., находящееся на расстоянии; извлечь, вынуть откуда-л. изнутри] **2. перех., кого(что)** * и **что** и **чего** *Мальчик где-то достал говорящего попугая. Друзья с трудом достали билеты в Большой театр. Мы достали денег на поездку в Ленинград и уже взяли билеты* [получить, прилагая усилия, раздобыть; *разг.*] **3. неперех., до чего** *Малыш с трудом достал рукой до подоконника. Делая это упражнение, нужно достать рукой до пола* [дотянуться, дотронуться до чего-л., находящегося на расстоянии]

II. ДОСТА́ВШИЙ, -ая, -ее, -ие; *действ. прош.*
Синт.: **а, б** — в глаг. знач. 1 — 3

□ Прич. IV не образуется

ДОСТИГА́ТЬ, достига́|ют, достига́|л; **несов., неперех., чего** (*сов.* дости́чь и дости́гнуть) **1.** *Когда пловцы, наконец, достигают берега, силы оставляют их* [доходить, доезжать, доплывать и т. п. до какого-л. места, предела] **2. S не лицо** *Лучи солнца достигали только верхней части дома. Прибой не достигает этой гранитной глыбы* [доходить, доставать, простираться до какого-л. места, уровня] **3. S не лицо** *Деревья в нашем парке достигают десятиметровой высоты. Зимой морозы у нас достигают 40 градусов* [доходить до какого-л. уровня, предела в развитии, проявлении, размерах и т. д.] **4.** *Каждый год в нашей школе старшеклассники достигают больших успехов в учебе. Мы делали много опытов, но не достигали нужного результата* [добиваться, приобретать что-л. своими усилиями] **5.** *Когда дети в этой стране достигают совершеннолетия, они начинают жить отдельно от родителей* [доживать до какого-л. возраста]

I. ДОСТИГА́ЮЩИЙ, -ая, -ее, -ие; *действ. наст.*
Синт.: **а, б** — в глаг. знач. 1 — 5

II. ДОСТИГА́ВШИЙ, -ая, -ее, -ие; *действ. прош.*
Синт.: **а, б** — в глаг. знач. 1—5

III. ДОСТИГА́ЕМЫЙ, -ая, -ое, -ые; *страд. наст.*
Синт.: **а, б** — в глаг. знач. 1, 4

Ср. прич. в 4 глаг. знач. с прил. **достижи́мый,** -ая, -ое, -ые; -и́м, -и́ма, -и́мо, -и́мы. Такой, которого можно достичь, добиться, осуществимый. *Достижимая цель. Это вполне достижимо*

Субстантив.₃ не употр.

▭ Неперех. глагол имеет прич. III в 1, 4 глаг. знач.

ДОСТИ́ЧЬ и **ДОСТИ́ГНУТЬ,** дости́гнут, дости́г| и дости́гну|л, дости́гла, -ло, -ли; ***сов. к*** достига́ть (см.)

II. ДОСТИ́ГШИЙ, -ая, -ее, -ие и ДОСТИ́ГНУВШИЙ, -ая, -ее, -ие; *действ. прош.*

Синт.: **а, б** — в глаг. знач. 1—5

IV. ДОСТИ́ГНУТЫЙ, -ая, -ое, -ые; *страд. прош.*

Синт.: **а, б** — в глаг. знач. 1, 4; **в** — в глаг. знач. 4

Субстантив.₃ в глаг. знач. 4

ДОСТИ́ГНУТ, -та, -то, -ты; *кр. ф.*

В глаг. знач. 1, 4

▭ Неперех. глагол имеет прич. IV в 1, 4 глаг. знач.

ДО́ХНУТЬ, до́хнут, дох| и до́хну|л, до́хла, -ло, -ли; ***несов., неперех.*** (*сов.* подо́хнуть); ***S не лицо*** *От этого порошка мухи быстро дохнут* [умирать, околевать — о животных, насекомых]

I. ДО́ХНУЩИЙ, -ая, -ее, -ие; *действ. наст.*

Синт.: **а, б, в** — в глаг. знач.

II. ДО́ХНУВШИЙ, -ая, -ее, -ие и *доп.* ДО́ХШИЙ, -ая, -ее, -ие; *действ. прош.*

Синт.: **а, б, в** — в глаг. знач.

ДОХОДИ́ТЬ, дохожу́, дохо́д|ят, доходи́|л; ***несов., неперех.*** (*сов.* дойти́ *к* 1 — 6, 8 — 13 знач.) **1. *до кого(чего)*** и ***до чего*** *До Большого театра мы доходим пешком за полчаса* [идя в каком-л. направлении, достигать какого-л. места] ***2. до чего; S не лицо*** *Катер доходил до мыса и поворачивал обратно* [двигаясь в каком-л. направлении, достигать какого-л. места — о поезде, пароходе, машине и т. п.] ***3. до кого(чего)*** и ***до чего; S не лицо*** *Письма и телеграммы доходят до нашей деревни не очень быстро* [прибывать в место назначения — о письмах, посылках и т. п.] ***4. до кого(чего)*** и ***до чего; S не лицо*** *Странные звуки доходили до наших ушей из темноты. До жителей поселка доходили слухи, что скоро рядом начнут строительство завода* [распространяясь, достигать чьего-л. слуха, обоняния — о звуках, запахах и т. п.; становиться известным — о слухах, толках и т. п.] ***5. до кого(чего)*** и ***до чего; S не лицо*** *Древние рукописные тексты не доходят до нас по разным причинам* [становиться известным, доступным, сохранившись до какого-л. времени — о преданиях, памятниках письменности, предметах древности и т. п.] ***6. до чего; S не лицо*** *Температура воздуха доходила до сорока градусов тепла. Уже не раз вода, прорывая плотину, доходила до жилых домов* [достигать какого-л. предела, уровня; распространяться до какого-л. предела] ***7. до чего; S не лицо*** *По новой моде юбка у платьев доходит до колен. У Ольги занавески на кухне доходят только до подоконника* [иметь определенную длину, определенный размер] ***8. до кого(чего)*** и ***до чего; S не лицо*** *Смысл прочитанного доходил до меня постепенно. Драматизм ситуации явно не доходил до собравшихся. Фильм сразу доходит до сердца зрителя* [становиться ясным, понятным; проникать в сознание, затрагивать чувство, вызывая отклик, понимание] ***9. до чего*** *До причин многих явлений ребенок доходит сам. Олег до всего доходил своим умом* [достигать понимания чего-л., додумываться; *разг.*] ***10. до чего*** *Сережа болен и доходит уже до галлюцинаций. Петя доходил до бешенства, когда видел разгильдяйство. В своих рассуждениях ты доходишь до абсурда* [приходить в какое-л. состояние, положение] ***11. до чего*** *Фермеры доходят до полного разорения в результате конкуренции с крупными монополиями. Эти хозяйства доходят до полного запустения* [достигать чего-л. отрицательного в крайней степени его проявления] ***12. до чего*** *В катании на коньках Ольга доходит, наконец, до совершенства* [производя последовательно какое-л. действие или ряд действий, достигать определенного результата, положения и т. п.] ***13. S не лицо*** *Пирог уже доходит. Помидоры хорошо доходят в темном месте* [довариваться, допекаться; *разг.*; дозревать; *разг.*]

I. ДОХОДЯ́ЩИЙ, -ая, -ее, -ие; *действ. наст.*

Синт.: **а, б** — в глаг. знач. 1 — 13; **в** — в глаг. знач. 13

II. ДОХОДИ́ВШИЙ, -ая, -ее, -ие; *действ. прош.*

Синт.: **а, б** — в глаг. знач. 1 — 13; **в** — в глаг. знач. 13

ДРАЗНИ́ТЬ, дразню́, дра́зн|ят, дразни́|л; ***несов., перех.* 1. *кого(что)*,** также ***чем*** *Малыш дразнил собаку толстой костью* (см. § 2). *Мальчишка дразнит свою маленькую сестру* [сердить, злить, нарочно раздражая чем-л.] ***2. кого(что) кем*** и ***чем*** *«— Вы были [в детстве] такая тощая, длинноногая.., и я дразнил вас цаплей».* Чехов, Черный монах [называть в насмешку каким-л. обидным прозвищем] ***3. что; S не лицо*** *Запах пирога дразнит мой аппетит. Твой рассказ дразнил общее любопытство* [возбуждать, разжигать какое-л. чувство, желание]

I. ДРА́ЗНЯЩИЙ, -ая, -ее, -ие и ДРАЗНЯ́ЩИЙ, -ая, -ее, -ие; *действ. наст.*

Синт.: **а, б** — в глаг. знач. 1 — 3

В знач. прил. **дразня́щий.** Такой, который возбуждает, разжигает какое-л. чувство, желание. *Дразнящий запах. Дразнящий смех. Дразнящая улыбка*

II. ДРАЗНИ́ВШИЙ, -ая, -ее, -ие; *действ. прош.*

Синт.: **а, б** — в глаг. знач. 1 — 3

III. ДРАЗНИ́МЫЙ, -ая, -ое, -ые; *страд. наст.**

Синт.: **а, б** — в глаг. знач. 1, 2

IV. ДРАЗНЁННЫЙ, -ая, -ое, -ые; *страд. прош.**

Синт.: **а, б** — в глаг. знач. 1, 2

ДРАЗНЁН, -ена́, -ено́, -ены́; *кр. ф.** (редко)

В глаг. знач. 1, 2

▭ Прич. III, IV в 3 глаг. знач. не употр.

ДРАМАТИЗИ́РОВАТЬ, драматизи́ру|ют, драматизи́рова|л; *сов.* и *несов., перех., что* **1.** *Молодой писатель драматизировал свою повесть* [переделать или переделывать какое-л. произведение, придав или придавая ему форму драмы] **2.** *Лида всегда драматизирует события* [усилить или усиливать драматизм, напряженность чего-л.]

I. ДРАМАТИЗИ́РУЮЩИЙ, -ая, -ее, -ие; *действ. наст.*

Синт.: **а, б** — в глаг. знач. 1, 2

II. ДРАМАТИЗИ́РОВАВШИЙ, -ая, -ее, -ие; *действ. прош.*

Синт.: **а, б** — в глаг. знач. 1, 2

III. ДРАМАТИЗИ́РУЕМЫЙ, -ая, -ое, -ые; *страд. наст.*

Синт.: **а, б, в** — в глаг. знач. 1, 2

Субстантив.$_3$ не употр.

IV. ДРАМАТИЗИ́РОВАННЫЙ, -ая, -ое, -ые; *страд. прош.*

Синт.: **а, б** — в глаг. знач. 1, 2; **в** — в глаг. знач. 2

В знач. прил. (только *полн. ф.*) Переделанный в форму драмы, имеющий форму драмы. *Драматизированная повесть. Драматизированный роман*

Субстантив.$_3$ не употр.

ДРАМАТИЗИ́РОВАН, -ана, -ано, -аны; *кр. ф.*

В глаг. знач. 1, 2

ДРАПИРОВА́ТЬ, драпиру́|ют, драпирова́|л; ***несов., перех., что,*** также ***чем*** (*сов.* задрапирова́ть) *Олег драпирует дверь. Мастер драпировал стены кабинета шелком* (см. § 2) [украшать, закрывая, обивая что-л. тканями, занавесами и т. п.]

I. ДРАПИРУ́ЮЩИЙ, -ая, -ее, -ие; *действ. наст.*

Синт.: **а, б** — в глаг. знач.

Ср. прил. **драпиро́вочный**, -ая, -ое, -ые. Относящийся к драпировке; служащий для драпировки. *Драпировочная мастерская. Драпировочная ткань*

II. ДРАПИРОВА́ВШИЙ, -ая, -ее, -ие; *действ. прош.*

Синт.: **а, б** — в глаг. знач.

III. ДРАПИРУ́ЕМЫЙ, -ая, -ое, -ые; *страд. наст.*

Синт.: **а, б, в** — в глаг. знач.

IV. ДРАПИРО́ВАННЫЙ, -ая, -ое, -ые; *страд. прош.*

Синт.: **а, б** — в глаг. знач.

В знач. прил. (только *полн. ф.*) **1.** Украшенный, закрытый занавесами из плотной ткани. *Драпированные окна. Драпированные двери* **2.** Обитый, затянутый какой-л. тканью. *Драпированные стены*

ДРАПИРО́ВАН, -ана, -ано, -аны; *кр. ф.*

В глаг. знач.

ДРАТЬ, дер|у́т, дра|л, драла́, дра́ло, -ли; ***несов., перех.*** **1.** ***что*** *«Кто расположился отдыхать, истомившись от боя; кто.. драл на перевязки платки и дорогие одежды, снятые с убитого неприятеля».* Гоголь, Тарас Бульба [разрывать на части] **2.** ***что*** *Дети драли обувь нещадно* [изнашивать до дыр; *разг.*] **3.** ***что*** *Ребята драли кору с упавших деревьев для изготовления разных поделок* [отрывая, отделять, снимать] **4.** ***кого (что) за что*** *Олега в детстве отец часто драл за уши. Злая мачеха драла за волосы провинившихся детей* [наказывая, сильно дергать за уши, за волосы и т. п.; *разг.*] **5.** **кого(что)**, также ***чем*** *Солдат в царской армии драли розгами* [наказывать поркой, сечь; *разг.*] **6.** ***что; S не лицо*** *Горчичник дерет спину. Горчица дерет рот* [раздражать, вызывая боль, неприятное ощущение сильного жжения] **7.** ***что*** и ***без дополн.; S не лицо*** *Тупая бритва дерет кожу. Эта мочалка дерет, лучше мыться губкой* [слишком сильно, чувствительно задевать поверхность кожи при соприкосновении, трении] **8.** ***что чем*** *Банщик с силой драл мне спину мочалкой. Аня старательно драла пол щеткой, но пятна не отмывались* [тереть, скоблить изо всей силы] **9.** ***что*** и ***без дополн.*** *Ростовщик драл огромные проценты со своих клиентов. В этой гостинице хозяин дерет только с иностранцев* [брать, назначать непомерно высокую цену, плату; *прост.*]

I. ДЕРУ́ЩИЙ, -ая, -ее, -ие; *действ. наст.*

Синт.: **а, б** — в глаг. знач. 1 — 9

II. ДРА́ВШИЙ, -ая, -ее, -ие; *действ. прош.*

Синт.: **а, б** — в глаг. знач. 1 — 9

IV. Прич. не употр.

Ср. прил. **дра́ный**, -ая, -ое, -ые. Изношенный, изорванный — о вещах, одежде, обуви; *разг. Драные туфли. Драные простыни*

□ Прич. III не образуется. Прич. IV не употр.

ДРЕБЕЗЖА́ТЬ, дребезжа́|т, дребезжа́|л; ***несов., неперех.; S не лицо*** **1.** *Стекла в доме часто дребезжат* [издавать при сотрясении прерывистый, дрожащий звук] **2.** *Голос этого человека неприятно дребезжит. Пианино дребезжит* [звучать прерывисто, надтреснуто]

I. ДРЕБЕЗЖА́ЩИЙ, -ая, -ее, -ие; *действ. наст.*

Синт.: **а, б** — в глаг. знач. 1, 2; **в** — в глаг. знач. 1

В знач. прил. Прерывистый, надтреснутый — о звуке, голосе. *Дребезжащий звук. Дребезжащий голос*

II. ДРЕБЕЗЖА́ВШИЙ, -ая, -ее, -ие; *действ. прош.*

Синт.: **а, б, в** — в глаг. знач. 1, 2

ДРЕССИРОВА́ТЬ, дрессиру́|ют, дрессирова́|л; ***несов., перех., кого(что)*** * (*сов.* вы́дрессировать) *Моя сестра дрессирует собак* [приучая животных к выполнению каких-л. действий, вырабатывать у них определенные навыки]

I. ДРЕССИРУ́ЮЩИЙ, -ая, -ее, -ие; *действ. наст.*

Синт.: **а, б** — в глаг. знач.

II. ДРЕССИРОВА́ВШИЙ, -ая, -ее, -ие; *действ. прош.*

Синт.: **а, б** — в глаг. знач.

III. ДРЕССИРУ́ЕМЫЙ, -ая, -ое, -ые; *страд. наст.*

Синт.: **а, б, в** — в глаг. знач.

IV. ДРЕССИРО́ВАННЫЙ, -ая, -ое, -ые; *страд. прош.*

Синт.: **а, б** — в глаг. знач.

В знач. прил. (только *полн. ф.*) Умеющий

выполнять какие-л. команды в результате дрессировки — о животных. *Дрессированные собаки*

ДРЕССИРО́ВАН, -ана, -ано, -аны; *кр. ф.* В глаг. знач.

ДРОБИ́ТЬ, дроблю́, дроб|я́т, дроби́|л; ***несов., перех.*** (*сов.* раздроби́ть *к* 1, 3 знач.) **1. *что,*** также ***чем*** *Рабочие дробили камни большой кувалдой* (см. § 2). *Эта машина дробит стекло* [разбивать, раскалывать на мелкие части, размельчать] **2. *кого(что)*** и ***что на что*** *Тренер не дробил большую группу спортсменов на более мелкие* [делить на мелкие группы, объединения, части и т. п.] **3. *что*** *Докладчик слишком дробит вопрос о строительстве школ. Зачем вы так дробите свои силы, вам нужно объединиться* [расчленять, разобщать, разъединять, лишая необходимой целостности, единства и т. п.]

I. ДРОБЯ́ЩИЙ, -ая, -ее, -ие; *действ. наст.*
Синт.: **а, б** — в глаг. знач. 1 — 3

II. ДРОБИ́ВШИЙ, -ая, -ее, -ие; *действ. прош.*
Синт.: **а, б** — в глаг. знач. 1 — 3

III. ДРОБИ́МЫЙ, -ая, -ое, -ые; *страд. наст.*
Синт.: **а, б** — в глаг. знач. 1 — 3

IV. ДРОБЛЁННЫЙ, -ая, -ое, -ые; *страд. прош.**
[чередование б/бл]
Синт.: **а, б** — в глаг. знач. 1
Ср. прил. **дроблёный**, -ая, -ое, -ые. Размельченный, подвергшийся дроблению. *Дробленое зерно. Дробленый кирпич*
Субстантив.$_3$ в глаг. знач. 1
ДРОБЛЁН, -ена́, -ено́, -ены́; *кр. ф.** (*редко*) В глаг. знач. 1

▭ Прич. IV во 2, 3 глаг. знач. не употр.

ДРО́ГНУТЬ [1], дро́гн|ут, дрог и дро́гну|л, дро́гла, -ло, -ли; ***несов., неперех.*** *Друзья несколько часов дрогли на улице в незнакомом городе* [зябнуть, мерзнуть, находясь долгое время на холоде]

I. ДРО́ГНУЩИЙ, -ая, -ее, -ие; *действ. наст.*
Синт.: **а, б** — в глаг. знач.

II. ДРО́ГНУВШИЙ, -ая, -ее, -ие; *действ. прош.*
Синт.: **а, б** — в глаг. знач.

ДРО́ГНУТЬ [2], дро́гнут, дро́гну|л; ***сов., неперех.*** **1. *S не лицо*** *Ее пальцы слегка дрогнули. «В руке не дрогнул пистолет».* Лермонтов, Смерть поэта [слегка дернуться, шевельнуться] **2. *S не лицо*** *«..и голос ее дрогнул, как будто она собиралась заплакать».* Чехов, Три года. *Сестра прочла телеграмму, и лицо ее дрогнуло* [быстро и резко измениться на один миг — о голосе, выражении лица и т. д.] **3.** *Неприятель дрогнул и стал отступать. «Мы не дрогнем в бою за отчизну свою»* (слова из песни) [прийти в замешательство, смятение, не выдержав натиска]

II. ДРО́ГНУВШИЙ, -ая, -ее, -ие; *действ. прош.*
Синт.: **а, б, в** — в глаг. знач. 1 — 3

ДРОЖА́ТЬ, дрож|а́т, дрожа́|л; ***несов., неперех.*** **1.** также ***от чего*** *Мальчик дрожит от холода. Щенок весь дрожал* [трястись, испытывать дрожь] **2.** также ***от чего; S не лицо*** *От сильного ветра дрожали стекла. Пол дрожит от танцев* [делать частые колебательные движения, сотрясаться] **3.** также ***от чего; S не лицо*** *Голос женщины дрожит от волнения* [звучать прерывисто, неровно — о звуке, голосе] **4. *S не лицо*** *Пламя свечи дрожало* [мигать, мерцать — о свете, огне] **5. *за кого(что)*** и ***за что*** *Соседка дрожит за своего сына. Этот человек так дрожит за свою жизнь* [испытывать опасение, тревогу, опасаться] **6. *над кем(чем)*** и ***над чем*** *Ольга дрожит над своими детьми. Петр дрожит над каждой своей книгой* [чрезмерно оберегать, заботиться о ком-чем-л.] **7. *над чем*** *Аня дрожит над каждой копейкой. Андрей экономит бензин, дрожит над каждой каплей* [беречь что-л., скупо расходовать; *разг.*] **8. *перед кем(чем)*** и ***без дополн.*** *Вся семья дрожит перед дедом* [бояться кого-л., трепетать]

I. ДРОЖА́ЩИЙ, -ая, -ее, -ие; *действ. наст.*
Синт.: **а, б** — в глаг. знач. 1 — 8; **в** — в глаг. знач. 1, 2
В знач. прил. **1.** Прерывистый, неровный, изменяющийся — о звуке, голосе. *У этой девушки дрожащий голос* **2.** Такой, который постоянно мерцает. *Илья сделал прибор с дрожащим светом*

II. ДРОЖА́ВШИЙ, -ая, -ее, -ие; *действ. прош.*
Синт.: **а, б** — в глаг. знач. 1 — 8; **в** — в глаг. знач. 1, 2

ДРУЖИ́ТЬ, дружу́, дру́ж|ат, дружи́|л; ***несов., неперех., с кем*** и ***без дополн.*** *Мой сын дружит почти со всеми ребятами из класса. Мы дружим с детства* [быть с кем-л. в дружбе]

I. ДРУ́ЖАЩИЙ, -ая, -ее, -ие и ДРУЖА́ЩИЙ, -ая, -ее, -ие; *действ. наст.*
Синт.: **а, б** — в глаг. знач.; **в** — в глаг. знач. во мн.

II. ДРУЖИ́ВШИЙ, -ая, -ее, -ие; *действ. прош.*
Синт.: **а, б** — в глаг. знач.; **в** — в глаг. знач. во мн.

ДУБИ́ТЬ, дублю́, дуб|я́т, дуби́|л; ***несов., перех., что,*** также ***чем*** (*сов.* вы́дубить) *Мастер дубил кожу. Работницы дубили мех особым раствором* (см. § 2) [обрабатывать кожу, овчину вымачиванием в особых растворах]

I. ДУБЯ́ЩИЙ, -ая, -ее, -ие; *действ. наст.*
Синт.: **а, б** — в глаг. знач.
Ср. прил. **дуби́льный,** -ая, -ое, -ые в знач. 'предназначенный для дубления'. *Дубильные вещества*

II. ДУБИ́ВШИЙ, -ая, -ее, -ие; *действ. прош.*
Синт.: **а, б** — в глаг. знач.

III. ДУБИ́МЫЙ, -ая, -ое, -ые; *страд. наст.*
Синт.: **а, б, в** — в глаг. знач.

IV. ДУБЛЁННЫЙ, -ая, -ое, -ые; *страд. прош.*
[чередование б/бл]
Синт.: **а, б** — в глаг. знач.
Ср. прил. **дублёный,** -ая, -ое, -ые. **1.** Выделанный дублением. *Дубленые кожи* **2.** Сделанный из кож, овчин, подвергшихся дублению. *Дубленый полушубок*
ДУБЛЁН, -ена́, -ено́, -ены́; *кр. ф.* (*редко*) В глаг. знач.

ДУБЛИ́РОВАТЬ, дубли́ру|ют, дубли́рова|л; ***несов., перех.*** **1. *что*** *Ваш институт явно дублирует нашу работу* [делать то же самое второй раз, параллельно с другим] **2. кого(что)** *«..мне пришлось дублировать Ф. И. Шаляпина: в эпизоде сражения с ветряными мельницами я выезжал на лошади, будучи одет и загримирован под Шаляпина».* Н. Черкасов, Записки советского актера [заменять основного исполнителя в какой-л. роли] **3. что** *Наша киностудия дублировала в этом году несколько французских фильмов* [заменять речевую часть звукового фильма новой записью, являющейся переводом на другой язык с языка оригинала] **4. кого(что)** *В этом фильме я дублировала Микки Мауса* [произносить при дублировании фильма переведенный на другой язык текст за исполнителя какой-л. роли]

I. ДУБЛИ́РУЮЩИЙ, -ая, -ее, -ие; *действ. наст.*
Синт.: **а, б** — в глаг. знач. 1 — 4
В знач. прил. Предназначенный для дублирования фильмов. *Дублирующий отдел*

II. ДУБЛИ́РОВАВШИЙ, -ая, -ее, -ие; *действ. прош.*
Синт.: **а, б** — в глаг. знач. 1 — 4

III. ДУБЛИ́РУЕМЫЙ, -ая, -ое, -ые; *страд. наст.*
Синт.: **а, б** — в глаг. знач. 1 — 4; **в** — в глаг. знач. 1, 3
Субстантив.$_2$ не употр.; субстантив.$_3$ в глаг. знач. 3

IV. ДУБЛИ́РОВАННЫЙ, -ая, -ое, -ые; *страд. прош.**
Синт.: **а, б** — в глаг. знач. 1, 3, 4
В знач. прил. (только *полн. ф.*) С переводом речевой части на другой язык. *Дублированный фильм*
Субстантив.$_2$ не употр.; субстантив.$_3$ в глаг. знач. 3
ДУБЛИ́РОВАН, -ана, -ано, -аны; *кр. ф.**
В глаг. знач. 1, 3, 4

□ Прич. IV во 2 глаг. знач. не употр.

ДУ́МАТЬ, ду́ма|ют, ду́ма|л; ***несов., неперех.*** **1. о ком(чем)** и **о чем, над чем** и **без дополн.** *О ком ты думаешь? Я думаю о работе. Ученики думали над задачей два часа и решили ее. Сережа долго думал и принял решение* [направлять мысли на кого-что-л.; размышлять] **2. с придат. дополнит.** и **без дополн.** *Я думаю, что вы правильно перевели эту фразу. Илья тоже так думает. Как ты думаешь, мы можем сегодня пойти в гости?* [полагать, считать] **3. о ком (чем)** и **о чем.** *«— .. прощайте. И думайте обо мне, что хотите».* Тургенев, Новь. *Что ты думаешь о новой выставке картин?* [иметь какое-л. мнение о ком-чем-л.] **4. на кого(что)** *«— Он нисколько не виноват, а ты на него думаешь..»* Гайдар, Военная тайна [считать виноватым в чем-л., подозревать кого-л. в чем-л.] **5. с неопр. ф.** *Валерий думает пойти сегодня в театр* [иметь намерение, собираться делать что-л.] **6. о ком (чем)** и **о чем** *Олег совершенно не думает о своих детях. Ваш сын совсем мало думает об уроках* [проявлять заботу, беспокоиться о ком-чем-л.]

I. ДУ́МАЮЩИЙ, -ая, -ее, -ие; *действ. наст.*
Синт.: **а, б** — в глаг. знач. 1 — 6
В знач. прил. Серьезный, проникающий в суть дела, явления. *Думающий работник. Думающий студент. Думающий инженер*

II. ДУ́МАВШИЙ, -ая, -ее, -ие; *действ. прош.*
Синт.: **а, б** — в глаг. знач. 1 — 6

ДУТЬ, ду́|ют, ду|л; ***несов.*** (*сов.* вы́дуть *к* 3 знач.) **1. неперех.; S не лицо** *Сегодня дует сильный ветер* [приводить воздух в движение, нести струи воздуха, веять — о ветре] **2. неперех., на что** и **во что** *Мальчик дует на горячий чай. Музыкант старательно дует в трубу. Девушка дула на свечку* [выпускать изо рта сильную струю воздуха] **3. перех., что** *В этом цехе дуют бутылки* [изготовлять полые предметы из жидкого стекла с помощью сильной воздушной струи; *тех.*]

I. ДУ́ЮЩИЙ, -ая, -ее, -ие; *действ. наст.*
Синт.: **а, б** — в глаг. знач. 1 — 3

II. ДУ́ВШИЙ, -ая, -ее, -ие; *действ. прош.*
Синт.: **а, б** — в глаг. знач. 1 — 3

IV. ДУ́ТЫЙ, -ая, -ое, -ые; *страд. прош.*
Синт.: **а, б** — в глаг. знач. 3
В знач. прил. (только *полн. ф.*) **1.** Пустой внутри, полый, сделанный посредством дутья. *Дутая бутыль. Дутая пепельница* **2.** Наполненный воздухом, надутый. *Дутые шины*
Ср. прил. **ду́тый**, -ая, -ое, -ые. Намеренно преувеличенный, не соответствующий действительности, фальшивый. *Дутые цифры. Дутый авторитет. Дутая знаменитость*
ДУТ, -та, -то, -ты; *кр. ф.*
В глаг. знач. 3

□ Прич. III. не употр.

ДУШИ́ТЬ [1], душу́, ду́ш|ат, души́|л; ***несов., перех.*** (*сов.* задуши́ть *к* 1, 3 знач.) **1. кого(что),** также **чем** *Палач душил свои жертвы веревкой* (см. § 2) [убивать, с силой сжимая горло] **2. кого (что); S не лицо** *По ночам Ольгу душит сильный кашель. Меня душит смех. Зрителей душили слезы* [лишать возможности дышать, стеснять, затруднять дыхание] **3. что** *Сторонники административно-командной системы управления сознательно душили демократию* [подавлять что-л., мешать росту, развитию чего-л.]

I. ДУ́ШАЩИЙ, -ая, -ее, -ие; *действ. наст.*
Синт.: **а, б** — в глаг. знач. 1 — 3

II. ДУШИ́ВШИЙ, -ая, -ее, -ие; *действ. прош.*
Синт.: **а, б** — в глаг. знач. 1 — 3

III. ДУШИ́МЫЙ, -ая, -ое, -ые; *страд. наст.**
Синт.: **а, б** — в глаг. знач. 1, 3
Субстантив.$_3$ не употр.

IV. ДУ́ШЕННЫЙ, -ая, -ое, -ые; *страд. прош.**
Синт.: **а, б** — в глаг. знач. 1
Субстантив.$_3$ не употр.
ДУ́ШЕН, -ена, -ено, -ены; *кр. ф.** (*редко*)
В глаг. знач. 1

□ Прич. III во 2 глаг. знач. не употр. Прич. IV во 2, 3 глаг. знач. не употр.

ДУШИ́ТЬ [2], душу́, ду́ш|ат, души́|л; ***несов., перех., кого(что)*** и **что,** также **чем** (*сов.* надуши́ть) *Бабушка душит носовые платки только этими духами* (см. § 2) [опрыскивать духами, чем-л. душистым]

I. ДУ́ШАЩИЙ, -ая, -ее, -ие; *действ. наст.*
Синт.: **а, б** — в глаг. знач.
II. ДУШИ́ВШИЙ, -ая, -ее, -ие; *действ. прош.*
Синт.: **а, б** — в глаг. знач.
IV. ДУ́ШЕННЫЙ, -ая, -ое, -ые; *страд. прош.*
Синт.: **а, б** — в глаг. знач.
ДУ́ШЕН, -ена, -ено, -ены; *кр. ф.*
В глаг. знач.
▭ Прич. III не употр.

ДЫША́ТЬ, дышу́, ды́ш|ат, дыша́|л; ***несов., неперех.*** **1.** также ***чем*** *Больной дышал глубоко. Покорители Эвереста дышали на вершине с помощью кислородных баллонов. Рыбы дышат кислородом* [втягивать и выпускать воздух легкими, делая вдохи и выдохи; поглощать кислород, необходимый для обмена веществ в живом организме] **2.** ***кем(чем)*** и ***чем*** *«..она* [мать] *живет, дышит только тобою...»* И. Гончаров, Обыкновенная история. *« — Не знаю я людей в колхозе, не знаю, чем они дышат,— сокрушенно думал он* [Давыдов]*».* Шолохов, Поднятая целина [жить какими-л. интересами, стремлениями, отдаваться душой кому-чему-л., быть поглощенным кем-чем-л.] **3.** ***чем; S не лицо*** *«Лицо ее дышит приветом и лаской».* Тургенев, Татьяна Борисовна и ее племянник [быть проникнутым чем-л., выражать что-л.] **4.** ***чем; S не лицо*** *Плита дышит жаром. Утро дышит прохладой* [веять чем-л., испускать что-л.]
I. ДЫ́ШАЩИЙ, -ая, -ее, -ие; *действ. наст.*
Синт.: **а, б** — в глаг. знач. 1 — 4
Субстантив.$_1$ в глаг. знач. 1
II. ДЫША́ВШИЙ, -ая, -ее, -ие; *действ. прош.*
Синт.: **а, б** — в глаг. знач. 1 — 4
Субстантив.$_1$ в глаг. знач. 1

Е

Е́ЗДИТЬ, е́зжу, е́зд|ят, е́зди|л; ***несов., неперех.*** **1.** *«Никто по этой улице никогда не ездит, редко кто ходит».* Чехов, Приданое. *На работу я езжу на метро* [двигаться, перемещаться по суше или по воде при помощи каких-л. средств передвижения — о движении, совершаемом в одном направлении не один раз или в разных направлениях] **2.** ***S не лицо*** *Машина ездит по кругу* [двигаться, катиться — о движении, совершаемом в одном направлении не один раз или в разных направлениях] **3.** *Ольга очень любит ездить в гости. «..в Александринский театр теперь ездит публика всех слоев общества».* Белинский, Русский театр в Петербурге [бывать где-л., посещать кого-что-л., используя средства передвижения, приезжать] **4.** ***на чем*** *Этот мальчик хорошо ездит на велосипеде* [уметь пользоваться какими-л. средствами передвижения] **5.** ***S не лицо*** *Рюкзак ездит по спине, нужно его закрепить* [двигаться, скользить по чему-л., не будучи закрепленным]. Ср. е́хать
I. Е́ЗДЯЩИЙ, -ая, -ее, -ие; *действ. наст.*
Синт.: **а, б** — в глаг. знач. 1 — 5
II. Е́ЗДИВШИЙ, -ая, -ее, -ие; *действ. прош.*
Синт.: **а, б** — в глаг. знач. 1 — 5

ЕСТЬ, ем, ешь, ест, еди́м, еди́те, ед|я́т, е|л, е́ла, е́ло, е́ли; ***несов., перех.*** (*сов.* съесть *к* 1, 3—7 знач.) **1.** ***что*** *Дима ел суп с удовольствием. «Букреев разрезал картофелину.., круто посыпал солью и принялся есть».* Первенцев, Огненная земля [принимать какую-л. пищу или что-л. в качестве пищи, уничтожать, поедая] **2.** ***что*** *Ира ест все, кроме рыбы* [употреблять в пищу] **3.** ***что; S не лицо*** *Моль ест шерстяные вещи* [портить, грызя или протачивая — о грызунах, насекомых] **4.** ***что; S не лицо*** *Листы железа валяются перед домом, их ест ржавчина* [причинять повреждения чему-л.— о едких, ядовитых веществах, ржавчине и т. п.] **5.** ***кого(что); S не лицо*** *На Печоре нас очень сильно ели комары* [кусать, жалить — о насекомых; *разг.*] **6.** ***кого(что)*** *«— Вы два года ели меня за то, что я не выхожу замуж».* Достоевский, Дядюшкин сон [изводить придирками, упреками, бранью; *разг.*] **7.** ***кого(что); S не лицо*** *Днем и ночью Олега ела невыносимая тоска. «Эта.. мысль ела старика день и ночь».* Мамин-Сибиряк, Хлеб [лишать покоя, терзать — о чувствах, мыслях, переживаниях и т. п.; *разг.*] **8.** ***что; S не лицо*** *Печь сильно дымила, и дым ел нам глаза* [раздражать, разъедать — о дыме]
I. ЕДЯ́ЩИЙ, -ая, -ее, -ие; *действ. наст.**
Синт.: **а, б** — в глаг. знач. 1 — 6, 8
II. Е́ВШИЙ, -ая, -ее, -ие; *действ. прош.**
Синт.: **а, б** — в глаг. знач. 1 — 6, 8
III. ЕДО́МЫЙ, -ая, -ое, -ые; *страд. наст.** (*редко*)
Синт.: **а, б** — в глаг. знач. 1
IV. Е́ДЕННЫЙ, -ая, -ое, -ые; *страд. прош.**
Синт.: **а, б** — в глаг. знач. 1, 3 — 5
Е́ДЕН, -ена, -ено, -ены; *кр. ф.**
В глаг. знач. 1, 3 — 5
▭ Прич. I, II в 7 глаг. знач. не употр. Прич. I в 3 — 6, 8 глаг. знач. менее употр., чем личные ф. глагола и прич. II. Прич. III во 2 — 8 глаг. знач. не употр.; в 1 глаг. знач. употр. только в поэтич. речи. Прич. IV во 2, 6 — 8 глаг. знач. не употр.

Е́ХАТЬ, е́д|ут, е́ха|л; ***несов., неперех.*** **1.** *Сначала Петя ехал на электричке, а потом на метро* [двигаться, перемещаться по суше или по воде при помощи каких-л. средств передвижения — о движении, совершаемом в одном направлении, один раз] **2.** *Сегодня мы едем в гости. На этой неделе Ира едет в Ленинград* [отправляться куда-л. с помощью каких-л. средств передвижения] **3.** ***S не лицо*** *Осторожно, машина едет!* [о движении, совершаемом в одном направлении, один раз: двигаться — о средствах передвижения] **4.** ***S не лицо*** *У тебя шапка все время едет на бок. «..маленький стол наклоняется, поднос с чашками и стаканами едет к нему на колени».* М. Горький, Жалобы. *Сегодня скользко, ноги едут в стороны* [сдвигаться со своего места, соскальзывать, съезжать; скользить в сторону, в стороны]. Ср. е́здить
I. Е́ДУЩИЙ, -ая, -ее, -ие; *действ. наст.*
Синт.: **а, б** — в глаг. знач. 1 — 4; **в** — в глаг. знач. 3
II. Е́ХАВШИЙ, -ая, -ее, -ие; *действ. прош.*

Синт.: **а, б** — в глаг. знач. 1 — 4; **в** — в глаг. знач. 3

Ж

ЖА́ДНИЧАТЬ, жа́днича|ют, жа́днича|л; ***несов., неперех.*** *Малыш явно жадничал, не отдавая игрушку мальчику. «Жил он скупо: недоедал, недопивал.. Страшно жадничал».* Чехов, Крыжовник [проявлять жадность, скупиться]

I. ЖА́ДНИЧАЮЩИЙ, -ая, -ее, -ие; *действ. наст.*
Синт.: **а, б, в** — в глаг. знач.
Ср. прил. **жа́дный,** -ая, -ое, -ые; жа́ден, жадна́, жа́дно, жадны́ и жа́дны в знач. 'скупой, корыстолюбивый'. *Жадный человек*

II. ЖА́ДНИЧАВШИЙ, -ая, -ее, -ие; *действ. прош.*
Синт.: **а, б, в** — в глаг. знач.

ЖАЛЕ́ТЬ, жале́|ют, жале́|л; ***несов.*** (*сов.* пожале́ть) **1. *перех., кого(что)*** *Тамара очень жалеет эту девочку* [чувствовать жалость, сострадание к кому-л.] **2. *перех., кого(что)*** *Ты не жалеешь своих друзей, заставляя так долго тебя ждать* [беречь, оберегать, щадить — обычно с отрицанием] **3. *перех., что*** и ***для кого(чего)*** и ***для чего*** *Для друзей Илья не жалел ничего* [неохотно расходовать, тратить] **4. *неперех., о чем*** и ***с придат. дополнит.*** *Я жалею о несостоявшейся поездке. Этот человек жалел, что не застал вас дома* [печалиться, сожалеть, сокрушаться]

I. ЖАЛЕ́ЮЩИЙ, -ая, -ее, -ие; *действ. наст.*
Синт.: **а, б** — в глаг. знач. 1 — 4

II. ЖАЛЕ́ВШИЙ, -ая, -ее, -ие; *действ. прош.*
Синт.: **а, б** — в глаг. знач. 1 — 4

III. ЖАЛЕ́ЕМЫЙ, -ая, -ое, -ые; *страд. наст.*
Синт.: **а, б** — в глаг. знач. 1 — 3

□ Прич. IV не образуется

ЖА́ЛИТЬ, жа́л|ят, жа́ли|л; ***несов., перех., кого (что)*** (*сов.* ужа́лить *к* 1 знач.); ***S не лицо*** **1.** *Меня пчелы жалили несколько раз* [ранить, впиваясь жалом — о пчелах, змеях и т. п.] **2.** *«Змея литературного самолюбия жалит иногда глубоко и неизлечимо, особенно людей ничтожных и глуповатых».* Достоевский, Село Степанчиково [уязвлять, задевать, ранить, приносить моральные страдания]

I. ЖА́ЛЯЩИЙ, -ая, -ее, -ие; *действ. наст.*
Синт.: **а, б** — в глаг. знач. 1, 2
В знач. прил. Такой, который вызывает чувство острой обиды, задевающий, ранящий. *Жалящий смех*

II. ЖА́ЛИВШИЙ, -ая, -ее, -ие; *действ. прош.*
Синт.: **а, б** — в глаг. знач. 1, 2

III. ЖА́ЛИМЫЙ, -ая, -ое, -ые; *страд. наст.** (*редко*)
Синт.: **а, б** — в глаг. знач. 1

IV. ЖА́ЛЕННЫЙ, -ая, -ое, -ые; *страд. прош.** (*редко*)
Синт.: **а, б** — в глаг. знач. 1

□ Прич. III, IV во 2 глаг. знач. не употр.

ЖА́РИТЬ, жа́р|ят, жа́ри|л; ***несов., перех., что*** **1.** *Ира жарит на ужин рыбу* [приготовлять в пищу, подвергая действию жара без воды в своем соку, в масле, в жирах] **2.** *Бабушка жарит семечки на сковороде. Сестра каждое утро жарит кофе* [подвергать действию сильного жара, прокаливать зерна, семена и т. п.]

I. ЖА́РЯЩИЙ, -ая, -ее, -ие; *действ. наст.*
Синт.: **а, б** — в глаг. знач. 1, 2

II. ЖА́РИВШИЙ, -ая, -ее, -ие; *действ. прош.*
Синт.: **а, б** — в глаг. знач. 1, 2

III. ЖА́РИМЫЙ, -ая, -ое, -ые; *страд. наст.* (*редко*)
Синт.: **а, б** — в глаг. знач. 1, 2

IV. ЖА́РЕННЫЙ, -ая, -ое, -ые; *страд. прош.*
Синт.: **а, б** — в глаг. знач. 1, 2
Ср. прил. **жа́реный,** -ая, -ое, -ые. **1.** Приготовленный жарением. *Жареная картошка* **2.** Имеющий особые вкусовые свойства в результате обработки сильным жаром. *Жареные семечки*
ЖА́РЕН, -ена, -ено, -ены; *кр. ф.* (*редко*)
В глаг. знач. 1, 2

ЖАТЬ, жм|ут, жа|л; ***несов., перех.*** **1. *что*** *Гость крепко жал мне руку на прощанье* [сдавливать, стискивать, сжимать руку, здороваясь, прощаясь и т. п.] **2. *что*** и ***без дополн.; S не лицо*** *Ботинок сильно жмет ногу. Платье жмет в плечах. Новые туфли жмут* [быть тесным — о платье, обуви] **3. *что*** *В этом цехе жмут виноград с помощью автоматов* [давить для выделения жидкости, отделения чего-л. жидкого] **4. *что из чего*** *Ольга жмет сок из лимона* [извлекать, добывать жидкость, давя, надавливая, сжимая что-л.]

I. ЖМУ́ЩИЙ, -ая, -ее, -ие; *действ. наст.*
Синт.: **а, б** — в глаг. знач. 1 — 4; **в** — в глаг. знач. 2

II. ЖА́ВШИЙ, -ая, -ее, -ие; *действ. прош.*
Синт.: **а, б** — в глаг. знач. 1 — 4; **в** — в глаг. знач. 2

IV. ЖА́ТЫЙ, -ая, -ое, -ые; *страд. прош.**
Синт.: **а, б** — в глаг. знач. 1, 3, 4
Ср. прил. **жа́тый,** -ая, -ое, -ые. С поверхностью в беспорядочных близко прилегающих складках, негладкий. *Жатый ситец. Жатая ткань*
Субстантив.$_3$ в глаг. знач. 3
ЖАТ, -та, -то, -ты; *кр. ф.**
В глаг. знач. 1, 3, 4.

□ Прич. III не образуется. Прич. IV во 2 глаг. знач. не употр.

ЖДАТЬ, жд|ут, жда|л, ждала́, жда́ло, -ли; ***несов.*** **1. *перех., кого(что)*** и ***что, чего*** и ***с придат. дополнит.*** *Олег ждет жену у входа в театр. Мы ждем поезда. Ребята ждали, когда перестанет дождь* [находиться, оставаться где-л. некоторое время, зная заранее о предстоящем приходе, прибытии, появлении и т. п. кого-чего-л. или совершении чего-л., ожидать] **2. *перех., кого (что)*** и ***что*** и ***чего*** *Мы ждем телеграмму. Я жду письма от Иры. Все ждали перемен. «Михайла Михайловича не было дома; его ждали к чаю».* Тургенев, Рудин [рассчитывать на приход, прибытие, появление и т. п. кого-чего-л. или совершение чего-л.] **3.** ***перех., кого(что); S не лицо*** *Этих ребят ждет награда за отличную работу. Предателя ждет возмездие* [предназначаться или предстоять кому-л., быть приготовленным для кого-чего-л.] **4.** ***неперех., кого(чего)*** и ***чего; S не лицо*** *Этот дом ждет капитального ремонта. Старый яблоневый сад ждет настоящего хозяина* [находиться в состоянии, положении, предполагающем или требующем для себя чего-л.] **5.** ***неперех., чего*** и ***с придат. дополнит.*** *Ленивый ученик не может ждать похвалы от учителя. Ребята ждали, что учительница отпустит их домой сразу после урока* [надеяться на что-л.] **6.** ***неперех., чего*** и ***с придат. дополнит.*** *Жители поселка ждали урагана. Ждали, что мальчик будет хорошим музыкантом* [предполагать, считать, что что-л. произойдет, случится, осуществится и т. п.]

I. ЖДУ́ЩИЙ, -ая, -ее, -ие; *действ. наст.*
Синт.: **а, б** — в глаг. знач. 1—6

II. ЖДА́ВШИЙ, -ая, -ее, -ие; *действ. прош.*
Синт.: **а, б** — в глаг. знач. 1—6

IV. ЖДА́ННЫЙ, -ая, -ое, -ые; *страд. прош* * *(редко)*
Синт.: **а, б** — в глаг. знач. 2
В знач. прил. (только *полн. ф.*) Такой, которого долго ждали; *разг. Мы переживаем жданный период, желанный период демократизации и гласности* (из газет). *«Березкин лежал тихо, и Глушков вздыхал — лежит Березкин, а рядом жданное письмецо».* В. Гроссман. Жизнь и судьба

□ Прич. III не образуется. Прич. IV в 1, 3 глаг. знач. не употр. Кр. ф. прич. IV не употр.

ЖЕВА́ТЬ, жу|ю́т, жева́|л; ***несов., перех., что*** **1.** *Олег долго жевал непрожаренное мясо* [размельчать пищу или что-л. во рту, перемешивая со слюной] **2.** *«— Довольно! Надоело жевать один и тот же вопрос».* Новиков-Прибой, Цусима [долго и нудно обсуждать, разбирать одно и то же; *разг.*]

I. ЖУЮ́ЩИЙ, -ая, -ее, -ие; *действ. наст.*
Синт.: **а, б** — в глаг. знач. 1, 2; **в** — в глаг. знач. 1

II. ЖЕВА́ВШИЙ, -ая, -ее, -ие; *действ. прош.*
Синт.: **а, б** — в глаг. знач. 1, 2; **в** — в глаг. знач. 1

IV. ЖЁВАННЫЙ, -ая, -ое, -ые; *страд. прош.* [чередование е/ё]
Синт.: **а, б** — в глаг. знач. 1, 2
Ср. прил. **жёваный,** -ая, -ое, -ые. **1.** Измельченный зубами и смоченный слюной. *Жеваный хлеб* **2.** Сильно измятый. *Жеваная рубашка*
Субстантив.₃ глаг. знач. 1
ЖЁВАН, -ана, -ано, -аны; *кр. ф.* (*редко*)
В глаг. знач. 1, 2

□ Прич. III не употр.

ЖЕЛА́ТЬ, жела́|ют, жела́|л; **несов.** (*сов.* пожела́ть *ко* 2 знач.) **1.** ***перех., что, чего, с неопр. ф.*** и ***с придат. дополнит.*** *Малыш желал только синий шар и никакой другой. Мой сын желает невыполнимого. Смирнов желает с вами познакомиться. Мы не желаем вас слушать. Желаю, чтобы вы не уезжали* [испытывать желание, иметь стремление к обладанию чем-л., осуществлению чего-л., хотеть] **2.** ***неперех., чего*** и ***с неопр. ф. кому(чему)*** *Желаем вам всего самого доброго, успехов в работе. Феликс желает вам хорошо повеселиться* [высказывать, выражать кому-чему-л. какие-л. добрые пожелания — благополучия, успехов, здоровья и т. п.]

I. ЖЕЛА́ЮЩИЙ, -ая, -ее, -ие; *действ. наст.*
Синт.: **а, б** — в глаг. знач. 1, 2
В знач. сущ. **жела́ющие,** -их, *мн.* Те, кто желает получить что-л. или принять участие в чем-л., попасть куда-л. *Было много желающих попасть на этот спектакль*

II. ЖЕЛА́ВШИЙ, -ая, -ее, -ие; *действ. прош.*
Синт.: **а, б** — в глаг. знач. 1, 2

III. ЖЕЛА́ЕМЫЙ, -ая, -ое, -ые; *страд. наст.* *(редко)*
Синт.: **а, б** — в глаг. знач. 1
Ср. прил. **жела́тельный,** -ая, -ое, -ые. Соответствующий чьим-л. желаниям, интересам, нужный. *Желательный результат. Желательное направление спора*
В знач. сущ. **жела́емое,** -ого, *ср.* То, к чему (осуществлению чего-л., обладанию чем-л.) кто-л. стремится. *Олег выдает желаемое за действительное*

IV. Прич. не употр.
Ср. прил. **жела́нный,** -ая, -ое, -ые; -а́нен, -а́нна, -а́нно, -а́нны. **1.** Такой, которого желают, к которому стремятся, ожидаемый. *Желанный гость. Желанное письмо* **2.** Милый, дорогой — обычно в обращении; *устар. Желанный друг*

□ Прич. IV не употр.

ЖЕНИ́ТЬ, женю́, же́н|ят, жени́|л; **сов.** и **несов., *перех., кого(что),*** также ***на ком*** *Мой брат в этом году женил сына. «[Сусанна:] ..его женили чуть не насильно на девушке безобразной, злой, развратной и притом же много старше его».* А. Островский, Красавец-мужчина [сделать или делать женатым, соединить или соединять браком мужчину и женщину]

I. ЖЕ́НЯЩИЙ, -ая, -ее, -ие; *действ. наст.*
Синт.: **а, б** — в глаг. знач.

II. ЖЕНИ́ВШИЙ, -ая, -ее, -ие; *действ. прош.*
Синт.: **а, б** — в глаг. знач.

III. ЖЕНИ́МЫЙ, -ая, -ое, -ые; *страд. наст.*
Синт.: **а, б** — в глаг. знач.

□ Прич. IV не употр.

ЖЕЧЬ, жгу, жжёт, жг|ут, жёг|, жгла, -ло, -ли; ***несов., перех.*** (*сов.* сжечь *к* 1 знач.) **1.** ***что*** *В садах жгли сухие листья. Аня жгла старые письма* [уничтожать огнем] **2.** ***что*** *Во дворе жгли кирпичи и известку. Здесь старый гончар жег горшки* [изготовляя, обрабатывая что-л., подвергать действию огня для придания твердости, прочности] **3.** ***что*** *«Не жди меня средь ночи темной, До первых утренних лучей Не жги свечей».* Пушкин, В мою светлицу, друг мой нежный. *В плохую погоду Аня жжет свет даже днем. Зимой мы жгли дрова, а не уголь* [заставлять гореть для освещения, отопления] **4.** ***кого(что)*** и ***что*** и ***без дополн.; S не лицо*** *«И солнце жгло их желтые вершины*

И жгло меня... но спал я мертвым сном». Лермонтов, Сон. *Не прислоняйся к печке, она раскалена и жжет* [сильно палить, печь, припекать — о солнечных лучах, высоких температурах и т. п.] **5. кого(что)** и **что; S не лицо** и **безл.** *Крапива жгла мальчишек, но они упрямо шли вперед через заросли. «Ароматный напиток был так горяч, что жег губы».* С. Аксаков, Семейная хроника. *Мороз жжет щеки. Внутри у него жгло, болело* [вызывать ощущение жжения, ожога, обжигать] **6. кого(что)** и **что; S не лицо** *Мысли о вчерашнем поступке жгли девушку. «И тебе не стыдно, не больно, Илья? не жжет тебя раскаяние, сожаление?»* Гончаров, Обломов. *Эти воспоминания жгут мое сердце* [причинять нравственные страдания, мучить; волновать, тревожить, не давать покоя]

I. ЖГУ́ЩИЙ, -ая, -ее, -ие; *действ. наст.*
Синт.: **а, б** — в глаг. знач. 1 — 6
Ср. прич. в 4 — 6 глаг. знач. с прил. **жгу́чий,** -ая, -ее, -ие; жгуч, -у́ча, -у́че, -у́чи. **1.** Горячий, обжигающий, палящий. *Жгучие лучи солнца. Жгучий воздух пустыни. Жгучий жар* **2.** Вызывающий болезненное ощущение сильного жжения; очень сильный, невыносимый. *Жгучий ветер. Жгучая крапива. Жгучая ледяная вода. Жгучая боль* **3.** Остро переживаемый, не дающий покоя. *Жгучий стыд. Жгучее раскаяние. Жгучая тоска. Жгучее любопытство*

II. ЖЁГШИЙ, -ая, -ее, -ие; *действ. прош.*
Синт.: **а, б** — в глаг. знач. 1 — 6

IV. ЖЖЁННЫЙ, -ая, -ое, -ые; *страд. прош.* * [чередование г/ж]
Синт.: **а, б** — в глаг. знач. 1, 2
Ср. прич. в 1, 2 глаг. знач. с прил. **жжёный,** -ая, -ое, -ые. Подвергшийся горению, обжиганию, обожженный на огне. *Жженая бумага. Жженый кофе. Жженая пробка. Жженый сахар*
ЖЖЁН, -ена́, -ено́, -ены́; *кр. ф.* * (*редко*)
В глаг. знач. 1, 2

□ Прич. III не образуется. Прич. IV в 3 — 6 глаг. знач. не употр.

ЖИТЬ, жив|у́т, жи|л, жила́, жи́ло, -ли; **несов., неперех.** (*сов.* прожи́ть *к* 1, 4 знач.) **1.** *Человек живет сравнительно недолго. Дельфины живут долго. Мой дедушка жил до глубокой старости* [существовать, быть живым, находиться в процессе жизни] **2. S не лицо** *В Илье живет уверенность в успехе начатого дела. В нас живет вера в победу мира на Земле* [иметься, быть — о мыслях, чувствах] **3.** *Я живу в Москве, а моя сестра — в Ленинграде. Где вы живете?* [проводить свою жизнь где-л., в каком-л. месте, пребывать, проживать где-л.] **4.** *Мы жили два месяца на Белом море* [быть, находиться какое-л. время где-л., проводя время каким-л. образом **5. S не лицо** *«..гусеница этой прекрасной бабочки живет преимущественно на крыжовнике и барбарисе».* А. Аксаков, Собирание бабочек [обитать где-л., водиться где-л.— о животных] **6. с кем** *С волками жить — по-волчьи выть* (поговорка). *«С Вашей сестрой жить очень легко».* Тургенев, Письмо Л. Н. Толстому. 25 ноября (7 дек.) 1857. *Вы живете с родителями?* [вести жизнь среди кого-л.; проживать совместно с кем-л.] **7. чем** и **на что** *Мы живем своим трудом. Бабушка живет на пенсию* [поддерживать свое существование чем-л.] **8. кем(чем)** и **чем** *Лида живет только своими детьми. «[Ольга] жила своей фабрикой: все ее мысли, чувства, мечты были там».* Гладков, Энергия. *Всю неделю мы жили надеждами, что вы приедете* [быть целиком занятым, увлеченным, поглощенным кем-чем-л.] **9.** *Этот человек живет слишком беззаботно и весело* [вести тот или иной образ жизни] **10.** *«Надо ехать в поля, на взморье, гулять по цветущим зеленым окрестностям, словом жить. А тут сиди за обедом!»* И. Гончаров, Фрегат „Паллада". *«Отец мой прежде всего и больше всего хотел жить — и жил».* Тургенев, Первая любовь [вести деятельную жизнь; пользоваться жизнью, наслаждаться ею] **11.** *С соседями брат всегда живет дружно* [быть в каких-л. отношениях с кем-л.] **12. с кем** *Всем известно, что Андрей живет с этой женщиной* [находиться в любовной связи с кем-л.; *разг.*]

I. ЖИВУ́ЩИЙ, -ая, -ее, -ие; *действ. наст.*
Синт.: **а, б** — в глаг. знач. 1 — 12
Ср. прич. в 1, 2 глаг. знач. с прил. **живу́чий,** -ая, -ее, -ие; -у́ч, -у́ча, -у́че, -у́чи. **1.** Жизнеспособный, выносливый. *Живучие виды растений. Акулы очень живучи* **2.** Долго сохраняющийся, устойчивый. *Живучие предрассудки*

II. ЖИ́ВШИЙ, -ая, -ее, -ие; *действ. прош.*
Синт.: **а, б** — в глаг. знач. 1 — 12

ЖУЖЖА́ТЬ, жужж|а́т, жужжа́|л; **несов., неперех. 1. S не лицо** *Пчелы жужжали над моей головой* [производить однообразно дребезжащий звук крыльями при полете — о насекомых] **2. S не лицо** *В цеху жужжали пилы* [производить однообразно дребезжащий звук — о движущихся предметах] **3.** *Ты целый час жужжишь у меня над ухом, помолчи, пожалуйста!* [надоедливо непрерывно повторять, твердить что-л., разговаривать о чем-л.; *разг.*]

I. ЖУЖЖА́ЩИЙ, -ая, -ее, -ие; *действ. наст.*
Синт.: **а, б** — в глаг. знач. 1 — 3; **в** — в глаг. знач. 1, 2
В знач. прил. Однообразно дребезжащий, свистящий — о звуках. *Жужжащий звук*

II. ЖУЖЖА́ВШИЙ, -ая, -ее, -ие; *действ. прош.*
Синт.: **а, б** — в глаг. знач. 1 — 3; **в** — в глаг. знач. 1, 2

ЖУРЧА́ТЬ, журч|а́т, журча́|л; **несов., неперех.; S не лицо 1.** *Весной весело журчат ручьи. «Вода журчит за кормой корабля».* Паустовский, Северная повесть [производить легкий, монотонный, булькающий звук, шум — о текущей воде] **2.** *«Слушаю я сказку — ..Тихо речь журчит, И глаза мне крепко Сладкий сон смежит».* И. Суриков, Детство [звучать тихо, монотонно — о речи]

I. ЖУРЧА́ЩИЙ, -ая, -ее, -ие; *действ. наст.*
Синт.: **а, б** — в глаг. знач. 1, 2; **в** — в глаг. знач. 1
В знач. прил. Звучащий тихо, монотон-

но — о звуках. *Журчащий звук. Журчащая речь*

II. ЖУРЧА́ВШИЙ, -ая, -ее, -ие; *действ. прош.*
Синт.: **а, б** — в глаг. знач. 1, 2; **в** — в глаг. знач. 1

З

ЗААСФАЛЬТИ́РОВАТЬ, заасфальти́руют, заасфальти́рова|л; ***сов. к*** асфальти́ровать (см.)

II. ЗААСФАЛЬТИ́РОВАВШИЙ, -ая, -ее, -ие; *действ. прош.*
Синт.: **а, б** — в глаг. знач.

IV. ЗААСФАЛЬТИ́РОВАННЫЙ, -ая, -ое, -ые; *страд. прош.*
Синт.: **а, б, в** — в глаг. знач.
ЗААСФАЛЬТИ́РОВАН, -ана, -ано, -аны; *кр. ф.*
В глаг. знач.

ЗАБЕТОНИ́РОВАТЬ, забетони́руют, забетони́рова|л; ***сов. к*** бетони́ровать (см.)

II. ЗАБЕТОНИ́РОВАВШИЙ, -ая, -ее, -ие; *действ. прош.*
Синт.: **а, б** — в глаг. знач.

IV. ЗАБЕТОНИ́РОВАННЫЙ, -ая, -ое, -ые; *страд. прош.*
Синт.: **а, б, в** — в глаг. знач.
ЗАБЕТОНИ́РОВАН, -ана, -ано, -аны; *кр. ф.*
В глаг. знач.

ЗАБИВА́ТЬ, забива́|ют, забива́|л; ***несов. к*** заби́ть в 1—7, 9, 10 знач.

I. ЗАБИВА́ЮЩИЙ, -ая, -ее, -ие; *действ. наст.*
Синт.: **а, б** — в глаг. знач. 1—7, 9, 10

II. ЗАБИВА́ВШИЙ, -ая, -ее, -ие; *действ. прош.*
Синт.: **а, б** — в глаг. знач. 1—7, 9, 10

III. ЗАБИВА́ЕМЫЙ, -ая, -ое, -ые; *страд. наст.*
Синт.: **а, б** — в глаг. знач. 1 — 7, 9, 10; **в** — в глаг. знач. 1, 6
Субстантив.$_3$ в глаг. знач. 1, 3, 6

ЗАБИНТОВА́ТЬ, забинту́ют, забинтова́|л; ***сов., перех., что*** и ***кого,*** также ***чем*** (*несов.* забинто́вывать и бинтова́ть) *Врач забинтовал мальчику палец стерильным бинтом* (см. § 2). *Медсестра быстро забинтовала раненого* [перевязать, плотно обернув бинтом, марлей и т. п. какую-л. часть тела]

II. ЗАБИНТОВА́ВШИЙ, -ая, -ее, -ие; *действ. прош.*
Синт.: **а, б** — в глаг. знач.

IV. ЗАБИНТО́ВАННЫЙ, -ая, -ое, -ые; *страд. прош.*
Синт.: **а, б, в** — в глаг. знач.
ЗАБИНТО́ВАН, -ана, -ано, -аны; *кр. ф.*
В глаг. знач.

ЗАБИНТО́ВЫВАТЬ, забинто́выва|ют, забинто́выва|л; ***несов. к*** забинтова́ть (см.)

I. ЗАБИНТО́ВЫВАЮЩИЙ, -ая, -ее, -ие; *действ. наст.*
Синт.: **а, б** — в глаг. знач.

II. ЗАБИНТО́ВЫВАВШИЙ, -ая, -ее, -ие; *действ. прош.*
Синт.: **а, б** — в глаг. знач.

III. ЗАБИНТО́ВЫВАЕМЫЙ, -ая, -ое, -ые; *страд. наст.*
Синт.: **а, б, в** — в глаг. знач.

ЗАБИРА́ТЬ, забира́|ют, забира́|л; ***несов к*** забра́ть (см.)

I. ЗАБИРА́ЮЩИЙ, -ая, -ее, -ие; *действ. наст.*
Синт.: **а, б** — в глаг. знач. 1 — 4

II. ЗАБИРА́ВШИЙ, -ая, -ее, -ие; *действ. прош.*
Синт.: **а, б** — в глаг. знач. 1 — 4

III. ЗАБИРА́ЕМЫЙ, -ая, -ое, -ые; *страд. наст.*
Синт.: **а, б** — в глаг. знач. 1 — 4
Субстантив.$_2$ в глаг. знач. 1, 3

ЗАБИ́ТЬ, забью́т, заби́|л; ***сов., перех.*** (*несов.* забива́ть к 1—7, 9, 10 знач.) **1. *что,*** также ***чем*** *Рабочие забили сваю в землю дизель-молотом* (см. § 2) [ударами вогнать, вбить во что-л., вколотить] **2. *что,*** также ***чем*** *Центральный нападающий забил шайбу в ворота противника. Один из игроков забил мяч в свои ворота головой* (см. § 2) [сильным ударом, резким толчком поместить мяч, шайбу, волан и т. п. в ворота, в корзину и т. д.— в спортивной игре] **3. *что чем*** *Дима забил отверстие в стене паклей* (см. § 2) [заполнить что-л. чем-л. до предела] **5. *что; S не лицо*** *«[Грязь] забила перепускные помпы».* Л. Соболев, Моря и океаны. *Песок забил самую узкую часть трубы* [засорить, закупорить] **6. *что,*** *также* ***чем*** *Хозяин дома забил окна досками* (см. § 2) [закрыть наглухо, прибив доски, щиты и т. п.] **7. *кого(что),*** также ***чем*** *Фашисты забили пленных прикладами до смерти* (см. § 2) [побоями довести до смерти, замучить] **8. *кого(что)*** *Этот человек совсем забил свою робкую жену. «— Удары судьбы один за другим падали на его голову, и вот они, наконец, забили этого человека».* М. Горький, Тоска [довести до отупения, лишив способности сопротивляться] **9. *что; S не лицо*** *Крапива совсем забила мои цветы* [заглушить, помешав расти] **10. *кого(что) чем*** *В викторине Смирнов всех забил своей эрудицией* (см. § 2) [превзойти в чем-л., оказаться сильнее, победить; *разг.*]

II. ЗАБИ́ВШИЙ, -ая, -ее, -ие; *действ. прош.*
Синт.: **а, б** — в глаг. знач. 1 — 10

IV. ЗАБИ́ТЫЙ, -ая, -ое, -ые; *страд. прош.**
Синт.: **а, б** — в глаг. знач. 1 — 9; **в** — в глаг. знач. 1, 2, 6
В знач. прил. (только *полн. ф.*) Доведенный до отупения, запуганный, измученный. *Забитый человек. Забитые дети*
С р. прил. **заби́тый,** -ая, -ое, -ые. Выражающий запуганность, отупение. *Забитый вид*
Субстантив.$_3$ в глаг. знач. 1, 3, 6
ЗАБИ́Т, -та, -то, -ты; *кр. ф.**
В глаг. знач. 1 — 9

□ Прич. IV в 10 глаг. знач. не употр.

ЗАБОЛА́ЧИВАТЬ, забола́чива|ют, забола́чива|л; ***несов. к*** заболо́тить (см.)

I. ЗАБОЛА́ЧИВАЮЩИЙ, -ая, -ее, -ие; *действ. наст.*
Синт.: **а, б** — в глаг. знач.

II. ЗАБОЛА́ЧИВАВШИЙ, -ая, -ее, -ие; *действ. прош.*
Синт.: **а, б** — в глаг. знач.
III. ЗАБОЛА́ЧИВАЕМЫЙ, -ая, -ое, -ые; *страд. наст.*
Синт.: **а, б, в** — в глаг. знач.

ЗАБОЛА́ЧИВАТЬСЯ, забола́чива|ются, забола́чива|лся; ***несов. к*** заболо́титься (см.)
I. ЗАБОЛА́ЧИВАЮЩИЙСЯ, -аяся, -ееся, -иеся; *действ. наст.*
Синт.: **а, б, в** — в глаг. знач.
II. ЗАБОЛА́ЧИВАВШИЙСЯ, -аяся, -ееся, -иеся; *действ. прош.*
Синт.: **а, б, в** — в глаг. знач.

ЗАБОЛО́ТИТЬ, заболо́чу, заболо́т|ят, заболо́ти|л; ***сов., перех., что*** (*несов.* забола́чивать) *Для успешного проведения эксперимента с новыми сортами риса ученые заболотили участок земли* [превратить в болото]
II. ЗАБОЛО́ТИВШИЙ, -ая, -ее, -ие; *действ. прош.*
Синт.: **а, б** — в глаг. знач.
IV. ЗАБОЛО́ЧЕННЫЙ, -ая, -ое, -ые; *страд. прош.*
[чередование т/ч]
Синт.: **а, б** — в глаг. знач.
В знач. прил. (также *кр. ф.* ↓) Превратившийся в болото, топкий, заболотившийся. *Заболоченные земли. Заболоченный луг. Заболоченные берега реки*
ЗАБОЛО́ЧЕН, -ена, -ено, -ены; *кр. ф*
В глаг. знач.
В знач. прил. (также *полн. ф.* ↑) *Эти земли заболочены. Луга здесь заболочены. Берега реки заболочены*
□ Прич. IV более употр., чем личные ф. глагола и прич. II

ЗАБОЛО́ТИТЬСЯ, заболо́чусь, заболо́тятся, заболо́ти|лся; ***сов.*** (*несов.* забола́чиваться) *Берега нашей речки заболотились недавно* [превратиться в болото]
II. ЗАБОЛО́ТИВШИЙСЯ, -аяся, -ееся, -иеся; *действ. прош.*
Синт.: **а, б, в** — в глаг. знач.

ЗАБРАКОВА́ТЬ, забраку́ют, забракова́|л; ***сов. к*** бракова́ть (см.)
II. ЗАБРАКОВА́ВШИЙ, -ая, -ее, -ие; *действ. прош.*
Синт.: **а, б** — в глаг. знач. 1, 2
IV. ЗАБРАКО́ВАННЫЙ, -ая, -ое, -ые; *страд. прош.*
Синт.: **а, б, в** — в глаг. знач. 1, 2
ЗАБРАКО́ВАН, -ана, -ано, -аны; *кр. ф.*
В глаг. знач. 1, 2

ЗАБРА́СЫВАТЬ, забра́сыва|ют, забра́сыва|л; ***несов. к*** забро́сить (см.)
I. ЗАБРА́СЫВАЮЩИЙ, -ая, -ее, -ие; *действ. наст.*
Синт.: **а, б** — в глаг. знач. 1 — 5
II. ЗАБРА́СЫВАВШИЙ, -ая, -ее, -ие; *действ. прош.*
Синт.: **а, б** — в глаг. знач. 1 — 5
III. ЗАБРА́СЫВАЕМЫЙ, -ая, -ое, -ые; *страд. наст.*
Синт.: **а, б** — в глаг. знач. 1 — 5

Субстантив.$_3$ в глаг. знач. 1

ЗАБРА́ТЬ, заберу́т, забра́|л, забрала́, забра́ло, -ли; ***сов., перех.*** (*несов.* забира́ть) **1. *кого(что)*** и ***что*** *«[Раненых] только что забрали из госпиталя и везли далеко на восток, на Урал».* Панова, Спутники. *Илья уехал на дачу и забрал с собой газеты* [взять кого-что-л. откуда-л. с собой, к себе] **2. *кого(что)*** и ***что*** *Фашисты забрали в этой деревне всех подростков и отправили их в Германию. У ребенка забрали игрушку, и он стал плакать* [захватить силой; отнять, взять против желания, насильно] **3. *кого(что)*** *Дружинники забрали хулиганов в милицию* [арестовать, задержать] **4. *что во что*** *Портниха забрала в шов в талии слишком много, поэтому платье стало узким* [убавить материал при шитье, чтобы сузить, укоротить и т. п.]
II. ЗАБРА́ВШИЙ, -ая, -ее, -ие; *действ. прош.*
Синт.: **а, б** — в глаг. знач. 1 — 4
IV. ЗА́БРАННЫЙ, -ая, -ое, -ые; *страд. прош.*
Синт.: **а, б** — в глаг. знач. 1—4
Субстантив.$_2$ в глаг. знач. 1, 3
ЗА́БРАН, -ана, -ано, -аны; *кр. ф*
В глаг. знач. 1 — 4

ЗАБРО́СИТЬ, забро́шу, забро́с|ят, забро́си|л; ***сов., перех.*** (*несов.* забра́сывать) **1. *что*** *Мальчишки забросили мяч на крышу* [бросить что-л. куда-л. с определенной целью или случайно закинуть] **2. *что*** *«Тут генерал разразился таким смехом, каким вряд ли когда смеялся человек.. Голову забросил назад и чуть не захлебнулся».* Гоголь, Мертвые души [свободным движением переместить, отвести какую-л. часть тела или часть одежды, откинуть] **3. *кого(что)*** и ***что*** *Командование забросило в тыл врага разведчиков* [доставить, завезти в определенное место; *разг.*] **4. *кого(что); S не лицо*** *Наших знакомых война забросила на север, и с тех пор они живут там* [заставить кого-л. оказаться, очутиться, поселиться где-л.] **5. *кого(что)*** и ***что*** *Моя подруга так увлеклась театром, что забросила детей. Оля совсем забросила учебу. Сестра из-за болезни забросила все свои дела и дом* [перестать заниматься кем-чем-л., оставить без внимания, ухода и т. п.]
II. ЗАБРО́СИВШИЙ, -ая, -ее, -ие; *действ. прош.*
Синт.: **а, б** — в глаг. знач. 1 — 5
IV. ЗАБРО́ШЕННЫЙ, -ая, -ое, -ые; *страд. прош.*
[чередование с/ш]
Синт.: **а, б** — в глаг. знач. 1 — 5
В знач. прил. (также *кр. ф.* ↓) **1.** Оставленный без ухода, надзора. *Заброшенные дети* **2.** Пришедший в запустение. *Заброшенный парк. Заброшенный дом*
Ср. прил. **забро́шенный,** -ая, -ое, -ые; -ен, -енна, -енно, -енны. Обнаруживающий отсутствие ухода, выражающий запустение. *Заброшенный вид*
Субстантив.$_3$ в глаг. знач. 1
ЗАБРО́ШЕН, -ена, -ено, -ены; *кр. ф.*
В глаг. знач. 1 — 5
В знач. прил. (также *полн. ф.* ↑) **1.** *Дети у нее заброшены* **2.** *Приморский парк забро-*

шен. В этой деревне все дома заброшены

ЗАБЫВА́ТЬ, забыва́|ют, забыва́|л; ***несов., перех.*** (*сов.* забы́ть) **1. *кого(что)*** и ***что, о ком(чем)*** и ***о чем*** и ***с придат. дополнит.*** *Мой друг быстро забывает случайных знакомых. Ребенок постепенно забывал свое тяжелое детство. Наш народ никогда не забывает о тех, кто спас мир от фашизма. Вы уже стали забывать, что Андрей помог вам в трудную минуту* [переставать помнить, утрачивать воспоминание о ком-чем-л.] **2. *что, о ком(чем)*** и ***о чем*** и ***с неопр. ф.*** *Олег редко забывает номера телефонов. Таня никогда не забывает о порученном деле. Мальчик иногда забывал накормить собаку* [упускать из памяти, не вспоминать в нужный момент] **3. *кого(что)*** и ***что*** *Представьте себе, одного из туристов нашей группы мы забываем в гостинице! Я часто забываю дома очки. Наш сосед иногда забывал у нас свои книги* [оставлять где-л., не захватывать с собой по рассеянности] **4. *что*** и ***о чем*** *Почему вы так себя ведете? Вы забываете приличия!* [не считаться с чем-л., пренебрегать чем-л.]

I. ЗАБЫВА́ЮЩИЙ, -ая, -ее, -ие; *действ. наст.*
Синт.: **а, б** — в глаг. знач. 1 — 4
Ср. прич. во 2, 3 глаг. знач. с прил. **забы́вчивый,** -ая, -ое, -ые; -ив, -ива, -иво, -ивы. Легко и быстро забывающий, рассеянный. *Сережа стал забывчив*

II. ЗАБЫВА́ВШИЙ, -ая, -ее, -ие; *действ. прош.*
Синт.: **а, б** — в глаг. знач. 1 — 4

III. ЗАБЫВА́ЕМЫЙ, -ая, -ое, -ые; *страд. наст.**
Синт.: **а, б** — в глаг. знач. 1 — 3
Субстантив.$_2$ не употр.; субстантив.$_3$ в глаг. знач. 1, 3

□ Прич. III в 4 глаг. знач. не употр.; в 1, 2 глаг. знач. обычно употр. с нареч. *легко, быстро* и т. п.

ЗАБЫ́ТЬ, забу́дут, забы́|л; ***сов., перех.*** (*несов.* забыва́ть) **1. *кого(что)*** и ***что, о ком(чем)*** и ***о чем*** и ***с придат. дополнит.*** *Мой друг быстро забыл случайных знакомых. Ребенок постепенно забыл свое тяжелое детство. Наш народ никогда не забудет о тех, кто спас мир от фашизма. Вы забыли, что Андрей помог вам в трудную минуту* [перестать помнить, утратить воспоминание о ком-чем-л.] **2. *что, о ком(чем)*** и ***о чем*** и ***с неопр. ф.*** *Дима забыл номер моего телефона. Аня не забыла о порученном деле. Мальчик забыл накормить собаку сегодня утром* [упустить из памяти, не вспомнить в нужный момент] **3. *кого(что)*** и ***что*** *Представьте себе, одного из туристов нашей группы мы забыли в гостинице! Я забыла дома очки. Сосед забыл у нас свои книги* [оставить где-л., не захватить с собой по рассеянности] **4. *что*** и ***о чем*** *Вы забыли все приличия!* [не посчитаться с чем-л., пренебречь чем-л.]

II. ЗАБЫ́ВШИЙ, -ая, -ее, -ие; *действ. прош.*
Синт.: **а, б** — в глаг. знач. 1 — 4

IV. ЗАБЫ́ТЫЙ, -ая, -ое, -ые; *страд. прош.*
Синт.: **а, б** — в глаг. знач. 1—4
В знач. прил. (только *полн. ф.*) **1.** Не сохранившийся в памяти многих. *Цитировать из забытых источников. Забытые обряды.* **2.** Оставленный без внимания, покинутый, заброшенный. *Забытый край. Забытые места* **3.** Оставленный где-л. кем-л. по рассеянности. *Склад забытых вещей*
Субстантив.$_2$ не употр.; субстантив.$_3$ в глаг. знач. 1, 3
ЗАБЫ́Т, -та, -то, -ты; *кр. ф.*
В глаг. знач. 1 — 4

ЗАВА́РИВАТЬ, зава́рива|ют, зава́рива|л; ***несов. к*** завари́ть (см.)

I. ЗАВА́РИВАЮЩИЙ, -ая, -ее, -ие; *действ. наст.*
Синт.: **а, б** — в глаг. знач.

II. ЗАВА́РИВАВШИЙ, -ая, -ее, -ие; *действ. прош.*
Синт.: **а, б** — в глаг. знач.

III. ЗАВА́РИВАЕМЫЙ, -ая, -ое, -ые; *страд. наст.*
Синт.: **а, б, в** — в глаг. знач.

ЗАВАРИ́ТЬ, заварю́, зава́р|ят, завари́|л; ***сов., перех., что*** и ***чего*** (*несов.* зава́ривать) *Бабушка заварила шалфей. Илья заварил свежего чаю* [залить кипятком для получения настоя]

II. ЗАВАРИ́ВШИЙ, -ая, -ее, -ие; *действ. прош.*
Синт.: **а, б** — в глаг. знач.

IV. ЗАВА́РЕННЫЙ, -ая, -ое, -ые; *страд. прош.*
Синт.: **а, б, в** — в глаг. знач.
Ср. прил. **заварно́й,** -а́я, -о́е, -ы́е. Требующий при приготовлении предварительной обработки кипятком, заваривания. *Заварной крем. Заварное тесто*
ЗАВА́РЕН, -ена, -ено, -ены; *кр. ф.*
В глаг. знач.

ЗАВЕ́ДОВАТЬ, заве́ду|ют, заве́дова|л; ***несов., неперех., чем*** *Смирнов заведует редакцией уже много лет* [руководить, управлять каким-л. предприятием, учреждением или частью учреждения, предприятия и т. п.]

I. ЗАВЕ́ДУЮЩИЙ, -ая, -ее, -ие; *действ. наст.*
Синт.: **а, б** — в глаг. знач.
Ср. сущ. **заве́дующий,** -его, *м.*; **заве́дующая,** -ей, *ж.* Тот (та), кто заведует, управляет чем-л. (должность на предприятии, в учреждении, в учебном заведении и т. п.)

II. ЗАВЕ́ДОВАВШИЙ, -ая, -ее, -ие; *действ. прош.*
Синт.: **а, б** — в глаг. знач.

ЗАВЕРША́ТЬ, заверша́|ют, заверша́|л; ***несов., перех., что*** (*сов.* заверши́ть) *Наш завод успешно завершает пятилетний план* [заканчивать какие-л. крупные дела, выполняя все намеченное]

I. ЗАВЕРША́ЮЩИЙ, -ая, -ее, -ие; *действ. наст.*
Синт.: **а, б** — в глаг. знач.
В знач. прил. **1.** Заканчивающий какой-л. процесс, дело и т. п., конечный. *Завершающий этап* **2.** Последний в ряду чего-л. *Завершающий том в собрании сочинений. Завершающий год пятилетки. Сегодня завершающий день соревнований*

II. ЗАВЕРША́ВШИЙ, -ая, -ее, -ие; *действ. прош.*

С и н т.: **а, б** — в глаг. знач.

III. ЗАВЕРША́ЕМЫЙ, -ая, -ое, -ые; *страд. наст.*

С и н т.: **а, б** — в глаг. знач.

ЗАВЕРШИ́ТЬ, заверш|а́т, заверши́|л; ***сов., перех., что*** (*несов.* заверша́ть) *Наш завод успешно завершил пятилетний план* [закончить какие-л. крупные дела, выполнив все намеченное]

II. ЗАВЕРШИ́ВШИЙ, -ая, -ее, -ие; *действ. прош.*

С и н т.: **а, б** — в глаг. знач.

IV. ЗАВЕРШЁННЫЙ, -ая, -ое, -ые; *страд. прош.*

С и н т.: **а, б, в** — в глаг. знач.

В з н а ч. п р и л. (только *полн. ф.*) Обладающий целостностью, полнотой выполнения, законченный. *Завершенный образ. Завершенное произведение искусства*

ЗАВЕРШЁН, -ена́, -ено́, -ены́; *кр. ф.*

В глаг. знач.

ЗАВЕСТИ́, завед|у́т, завёл, завела́, -ло́, -ли́; ***сов., перех.*** (*несов.* заводи́ть) **1. *кого(что)*** и ***что*** *Оля завела ребят за угол дома и велела стоять тихо. «Мы завели лошадей в конюшню и начали их расседлывать».* Тихонов, Кавалькада. *Мальчик завел велосипед под навес* [ведя, отвести за какой-л. предмет, за какой-л. предел; ведя, поместить, ввести куда-л.] **2. *кого(что)*** *Феликс завел своего друга к знакомым* [прийти куда-л. с кем-л., уговорив посетить кого-что-л.] **3. *кого(что)*** *По пути на работу я завел сына в детский сад* [ведя, доставить кого-л. куда-л. мимоходом, по пути] **4. *кого(что)*** *« — Куда ты завел нас? — лях старый вскричал».* Рылеев, Иван Сусанин [увести далеко или не туда, куда нужно] **5. *кого(что); S не лицо*** *Встречи с этим человеком далеко бы завели тебя* [направить, увлечь не по тому пути, который целесообразен, нужен — о поступках, рассуждениях и т. п.] **6. *что*** *Молодожены завели новые порядки в доме* [установить, ввести в обиход] **7. *кого(что)*** и ***что*** *Брат завел новых друзей. Мы завели собаку. Моя дочь завела себе горные лыжи* [приобрести кого-что-л., обзавестись кем-чем-л.] **8. *что*** *Сестра завела разговор на неприятную тему. Пионеры завели переписку с ветеранами войны* [начать что-л.— обычно в сочетании с существительными, обозначающими действие] **9. *что*** *Я забыл завести часы. Шофер завел мотор* [привести в действие, в движение какой-л. механизм] **10. *что*** *Тренер завел гимнастке руки назад, показывая новое упражнение* [отвести, отклонить движением в сторону, назад, вверх и т. д. часть тела, предмет, находящийся в руке, и т. д.]

II. ЗАВЕ́ДШИЙ, -ая, -ее, -ие; *действ. прош.*

С и н т.: **а, б** — в глаг. знач. 1 — 10

IV. ЗАВЕДЁННЫЙ, -ая, -ое, -ые; *страд. прош.**

С и н т.: **а, б** — в глаг. знач. 1 — 4, 6 — 10; **в** — в глаг. знач. 6, 9

С р. выражения: **как (точно, словно) заведенный, как заведенная машина** — без остановок, автоматически, машинально, не раздумывая. *Говорит как заведенный. Наш директор работает как заведенная машина*

С у б с т а н т и в.$_2$ в глаг. знач. 1, 2, 4; с у б с т а н т и в.$_3$ не употр.

ЗАВЕДЁН, -ена́, -ено́, -ены́; *кр. ф.**

В глаг. знач. 1 — 4, 6 — 10

▭ Прич. IV в 5 глаг. знач. не употр.

ЗАВЕСТИ́СЬ, завед|у́тся, завёлся, завела́сь, -ло́сь, -ли́сь; ***сов. к*** заводи́ться (см.)

II. ЗАВЕ́ДШИЙСЯ, -аяся, -ееся, -иеся; *действ. прош.*

Синт.: **а, б** — в глаг. знач. 1 — 3

ЗАВЕЩА́ТЬ, завеща́|ют, завеща́|л; ***сов.*** и ***несов.*** **1. *перех., кого(что)*** и ***что кому(чему)*** *Помещик завещал все имущество и крепостных дочери. Дедушка завещал библиотеку сыну* [передать или передавать в наследство, по завещанию] **2. *неперех., кому с неопр. ф.*** *Наши отцы и деды завещали нам беречь родину и мир* [поручить или поручать кому-л., выразив или выражая в предсмертной воле]

I. ЗАВЕЩА́ЮЩИЙ, -ая, -ее, -ие; *действ. наст.*

Синт.: **а, б** — в глаг. знач. 1, 2

II. ЗАВЕЩА́ВШИЙ, -ая, -ее, -ие; *действ. прош.*

С и н т.: **а, б** — в глаг. знач. 1, 2

III. ЗАВЕЩА́ЕМЫЙ, -ая, -ое, -ые; *страд. наст.*

С и н т.: **а, б** — в глаг. знач. 1, 2

IV. ЗАВЕ́ЩАННЫЙ, -ая, -ое, -ые; *страд. прош.*

С и н т.: **а, б** — в глаг. знач. 1, 2

ЗАВЕ́ЩАН, -ана, -ано, -аны; *кр. ф.*

В глаг. знач. 1, 2

▭ Глагол во 2 неперех. знач. имеет прич. III, IV

ЗАВИНТИ́ТЬСЯ, завинчу́сь, завинтя́тся и *доп.* зави́нтятся, завинти́|лся; ***сов. к*** зави́нчиваться в 1 знач. (см.)

II. ЗАВИНТИ́ВШИЙСЯ, -аяся, -ееся, -иеся; *действ. прош.*

С и н т.: **а, б, в** — в глаг. знач. 1

ЗАВИ́НЧИВАТЬСЯ, зави́нчива|ются, зави́нчива|лся; ***несов.*** (*сов.* завинти́ться *к* 1 знач.); ***S не лицо*** **1.** *Смотри, у банки крышка плохо завинчивается* [закрываться или входить в отверстие путем вращения — об имеющем винтовую резьбу] **2.** *Эта крышка не завинчивается, а закрывается сверху* [быть таким, что можно крепить или довести до нужного положения, вращая — об имеющем винтовую резьбу]

I. ЗАВИ́НЧИВАЮЩИЙСЯ, -аяся, -ееся, -иеся; *действ. наст.*

С и н т.: **а, б** — в глаг. знач. 1, 2

В з н а ч. п р и л. Такой, который имеет винтовую резьбу и может быть закреплен путем вращения. *Завинчивающаяся крышка*

II. ЗАВИ́НЧИВАВШИЙСЯ, -аяся, -ееся, -иеся; *действ. прош.*

С и н т.: **а, б** — в глаг. знач. 1, 2

ЗАВИ́СЕТЬ, зави́шу, зави́с|ят, зави́се|л; ***несов., неперех.*** **1. *от кого(чего)*** *Молодожены зависели от своих родителей, и это стесняло их. Этот человек ни от кого не зависит* [быть в зависимости от кого-чего-л., быть подчиненным кому-л. в чем-л., находиться в чьей-л. власти] **2. *от ко-***

го(чего) и **чего; S не лицо** *Успех дела зависит от нас. Цена на кофе на мировом рынке зависит от многих причин* [быть обусловленным какими-л. причинами, обстоятельствами и т. п.]

I. ЗАВИ́СЯЩИЙ, -ая, -ее, -ие; *действ. наст.*
Синт.: **а, б** — в глаг. знач. 1, 2
Ср. прил. **зави́симый,** -ая, -ое, -ые; -им, -има, -имо, -имы. **1.** Находящийся в чьей-л. власти, в чьем-л. подчинении. *Зависимые страны. Зависимый человек* **2.** Обусловленный, связанный чем-л. (обстоятельствами, чужой волей и т. п.). *Зависимое положение. Зависимая жизнь*

II. ЗАВИ́СЕВШИЙ, -ая, -ее, -ие; *действ. прош.*
Синт.: **а, б** — в глаг. знач. 1, 2

ЗАВОДИ́ТЬ, завожу́, заво́д|ят, заводи́|л; **несов. к** завести́ (см.)

I. ЗАВОДЯ́ЩИЙ, -ая, -ее, -ие; *действ. наст.*
Синт.: **а, б** — в глаг. знач. 1 — 10

II. ЗАВОДИ́ВШИЙ, -ая, -ее, -ие; *действ. прош.*
Синт.: **а, б** — в глаг. знач. 1 — 10

III. ЗАВОДИ́МЫЙ, -ая, -ое, -ые; *страд. наст.**
Синт.: **а, б** — в глаг. знач. 1 — 4, 6 — 10
Субстантив.$_2$ в глаг знач. 1; субстантив.$_3$ не употр.

▭ Прич. III в 5 глаг. знач. не употр.

ЗАВОДИ́ТЬСЯ, завожу́сь, заво́д|ятся, заводи́|лся; **несов.** (*сов.* завести́сь) **1.** *У сына заводятся новые друзья. В необитаемых домах часто заводятся мыши* [появляться, возникать, оказываться в наличии] **2. S не лицо** *Почему-то мотор не заводится* [начинать действовать, получив завод — о моторе, механизме и т. п.] **3.** *Моя соседка по купе была очень нервной, она заводилась из-за пустяков* [приходить в возбуждение, начинать горячиться; *прост.*]

I. ЗАВОДЯ́ЩИЙСЯ, -аяся, -ееся, -иеся; *действ. наст.*
Синт.: **а, б** — в глаг. знач. 1 — 3
Ср. прич. во 2 глаг. знач. с прил. **заводно́й,** -а́я, -о́е, -ы́е в знач. 'с заводом, приводимый в действие специальным механизмом'. *Заводная игрушка*

II. ЗАВОДИ́ВШИЙСЯ, -аяся, -ееся, -иеся; *действ. прош.*
Синт.: **а, б** — в глаг. знач. 1 — 3

ЗАВОРА́ЖИВАТЬ, завора́жива|ют, завора́жива|л; **несов., перех.** (*сов.* заворожи́ть) **1. кого (что)** и **что** *Старики уверяли, что эта женщина завораживает солдат от пуль* [действовать на кого-что-л. чарами, волшебной силой, заколдовывать] **2. кого(что),** также **чем** *Мой приятель завораживал меня рассказами о своих путешествиях* (см. § 1). *Голос лектора завораживал аудиторию* [очаровывать, пленять, всецело овладевать чьим-л. вниманием, мыслями, чувствами]

I. ЗАВОРА́ЖИВАЮЩИЙ, -ая, -ее, -ие; *действ. наст.*
Синт.: **а, б** — в глаг. знач. 1, 2
В знач. прил. Такой, который имеет свойство очаровывать, пленять, всецело овладевать чьим-л. вниманием, чувствами. *Завораживающий взгляд. Завораживающий голос*

II. ЗАВОРА́ЖИВАВШИЙ, -ая, -ее, -ие; *действ. прош.*
Синт.: **а, б** — в глаг. знач. 1, 2

III. ЗАВОРА́ЖИВАЕМЫЙ, -ая, -ое, -ые; *страд. наст.*
Синт.: **а, б** — в глаг. знач. 1, 2
Субстантив.$_2$ в глаг. знач. 1

ЗАВОРОЖИ́ТЬ, заворож|а́т, заворожи́|л; **сов., перех.** (*несов.* завора́живать) **1. кого(что)** и **что** *Старики верили, что эта женщина заворожила солдата от пуль* [подействовать на кого-что-л. чарами, волшебной силой, заколдовать] **2. кого(что),** также **чем** *«Своими чудными очами Тебя старик заворожил».* Пушкин, Полтава (см. § 1). *Голос лектора заворожил аудиторию* [очаровать, пленить, всецело овладеть чьим-л. вниманием, мыслями, чувствами]

II. ЗАВОРОЖИ́ВШИЙ, -ая, -ее, -ие; *действ. прош.*
Синт.: **а, б** — в глаг. знач. 1, 2

IV. ЗАВОРОЖЁННЫЙ, -ая, -ое, -ые; *страд. прош.*
Синт.: **а, б** — в глаг. знач. 1, 2
В знач. прил. (только *полн. ф.*) Очарованный, целиком захваченный чем-л. *Завороженная аудитория. Завороженные зрители. Смотрит как завороженный*
Ср. прил. **заворожённый,** -ая, -ое, -ые. Выражающий состояние очарованности, захваченности кем-чем-л. *Завороженный взгляд. С завороженным видом*
Субстантив.$_2$ в глаг. знач. 1
ЗАВОРОЖЁН, -ена́, -ено́, -ены́; *кр. ф.*
В глаг. знач. 1, 2

ЗАВУАЛИ́РОВАТЬ, завуали́руют, завуали́рова|л; **сов., перех., что** *Комиссия сознательно завуалировала факты* [намеренно сделать неясным, затенить суть чего-л.]

II. ЗАВУАЛИ́РОВАВШИЙ, -ая, -ее, -ие; *действ. прош.*
Синт.: **а, б** — в глаг знач.

IV. ЗАВУАЛИ́РОВАННЫЙ, -ая, -ое, -ые; *страд. прош.*
Синт.: **а, б** — в глаг. знач.
В знач. прил. (только *полн. ф.*) Неясный, намеренно скрытый. *Завуалированные факты. В завуалированном виде. В завуалированной форме*
ЗАВУАЛИ́РОВАН, -ана, -ано, -аны; *кр. ф.*
В глаг. знач.

ЗАВЫВА́ТЬ, завыва́|ют, завыва́|л; **несов., неперех.; S не лицо** *За окнами завывает ветер и навевает тоску* [издавать заунывные, воющие звуки]

I. ЗАВЫВА́ЮЩИЙ, -ая, -ее, -ие; *действ. наст.*
Синт.: **а, б, в** — в глаг. знач.
В знач. прил. Похожий на вой, заунывный. *Завывающий звук. «И этот завывающий, за душу хватающий припев старик повторил несколько раз».* Л. Толстой, Казаки

II. ЗАВЫВА́ВШИЙ, -ая, -ее, -ие; *действ. прош.*
Синт.: **а, б, в** — в глаг. знач.

ЗАВЫ́СИТЬ, завы́шу, завы́с|ят, завы́си|л; **сов.,**

перех., **что** (*несов.* завыша́ть) **1.** *Мастер явно завысил требования к молодым рабочим* [слишком повысить, представить, предъявить и т. п. в бо́льших размерах, объеме и т. п., чем следует] **2.** *Начальник цеха завысил цифры в отчете, чтобы получить премию, и был снят за это с работы. Учитель завысил отметки этим ученикам* [сделать показатели чего-л. выше, лучше, чем есть на самом деле; поставить учащемуся более высокую оценку, чем он заслуживает]

II. ЗАВЫ́СИВШИЙ, -ая, -ее, -ие; *действ. прош.*
Синт.: **а, б** — в глаг. знач. 1, 2

IV. ЗАВЫ́ШЕННЫЙ, -ая, -ое, -ые; *страд. прош.*
[чередование с/ш]
Синт.: **а, б** — в глаг. знач. 1, 2
В знач. прил. (только *полн. ф.*) **1.** Больше, чем есть на самом деле. *Завышенные цифры в отчете. Завышенные показатели* **2.** Превышающий реальные возможности и т. п. кого-чего-л.; выше чего-л. установленного, принятого. *Завышенные нормы. Завышенные планы. Завышенные требования. Завышенные оценки*
Субстантив.₃ не употр.
ЗАВЫ́ШЕН, -ена, -ено, -ены; *кр. ф.*
В глаг. знач. 1, 2

ЗАВЫША́ТЬ, завыша́|ют, завыша́|л; **несов. к** завы́сить (см.)

I. ЗАВЫША́ЮЩИЙ, -ая, -ее, -ие; *действ. наст.*
Синт.: **а, б** — в глаг. знач. 1, 2

II. ЗАВЫША́ВШИЙ, -ая, -ее, -ие; *действ. прош.*
Синт.: **а, б** — в глаг. знач. 1, 2

III. ЗАВЫША́ЕМЫЙ, -ая, -ое, -ые; *страд. наст.*
Синт.: **а, б** — в глаг. знач. 1, 2
Субстантив.₃ не употр.

ЗАВЯЗА́ТЬ [1], завяжу́, завя́жут, завяза́|л; **сов., перех., что** (*несов.* завя́зывать) **1.** *Илья завязал галстук по последней моде. Малыш с трудом завязал шнурки ботинок. Альпинист крепко завязал узлы у концов веревки* [соединить, закрепить концы чего-л. узлом, бантом и т. п.; сделать узел на чем-л. без скрепления, соединения концов чего-л.] **2. во что** *Изношенную обувь мы завязали в старую скатерть* [уложив во что-л., стянув узлом концы, края, упаковать, увязать] **3.** также **чем** *Мальчик завязал порезанный палец носовым платком* (см. § 2) [обмотав, скрепить концы веревки, бинта и т. п., обвязать, перевязать] **4.** *Илья завязал знакомство с очень интересными людьми. Противник завязал перестрелку с нашими передовыми постами* [начать какие-л. взаимные действия, дать возникнуть тому, что названо существительным]

II. ЗАВЯЗА́ВШИЙ, -ая, -ее, -ие; *действ. прош.*
Синт.: **а, б** — в глаг. знач. 1 — 4

IV. ЗАВЯ́ЗАННЫЙ, -ая, -ое, -ые; *страд. прош.*
Синт.: **а, б** — в глаг. знач. 1 — 4; **в** — в глаг. знач. 1, 3
Субстантив.₃ в глаг. знач. 1 — 3
ЗАВЯ́ЗАН, -ана, -ано, -аны; *кр. ф.*
В глаг. знач. 1 — 4

ЗАВЯЗА́ТЬ [2], завяза́|ют, завяза́|л; **несов. к** завя́знуть (см.)

I. ЗАВЯЗА́ЮЩИЙ, -ая, -ее, -ие; *действ. наст.*
Синт.: а, б — в глаг. знач. 1 — 3
Субстантив.₁ в глаг. знач. 1, 3

II. ЗАВЯЗА́ВШИЙ, -ая, -ее, -ие; *действ. прош.*
Синт.: **а, б** — в глаг. знач. 1 — 3
Субстантив.₁ в глаг. знач. 1, 3

ЗАВЯ́ЗНУТЬ, завя́знут, завя́з| *и устар.* завя́зну|л, завя́зла, -ло, -ли; **сов., неперех.** (*несов.* завяза́ть [2]; *несов.* вя́знуть *к* 1 знач.) **1. в чем** *Лошади завязли в песке. Ноги завязли в рыхлом снегу. Колеса завязли в грязи* [застрять в чем-л. вязком, липком, сыпучем] **2.** *« — А я вот решил готовиться в академию. А то завязнешь, как завязли в полку наши милые старички».* Игнатьев, Пятьдесят лет в строю [задержаться, остаться надолго где-л., выполняя какие-л. обязанности; *разг.*] **3. в чем** *Наш сосед завяз в долгах. «Трудности и мелочные неполадки были так многочисленны, что порой казалось — он* [Андрей] *завязнет в них, как увязают в болоте».* Николаева, Жатва [оказаться в затруднительном или безвыходном положении, будучи обремененным чем-л.; *разг.*]

II. ЗАВЯ́ЗШИЙ, -ая, -ее, -ие и *доп.* ЗАВЯ́ЗНУВШИЙ, -ая, -ее, -ие; *действ. прош.*
Синт.: **а, б** — в глаг. знач. 1 — 3
Субстантив.₁ в глаг. знач. 1, 3

ЗАВЯ́ЗЫВАТЬ, завя́зыва|ют, завя́зыва|л; **несов. к** завяза́ть [1] (см.)

I. ЗАВЯ́ЗЫВАЮЩИЙ, -ая, -ее, -ие; *действ. наст.*
Синт.: **а, б** — в глаг. знач. 1 — 4

II. ЗАВЯ́ЗЫВАВШИЙ, -ая, -ее, -ие; *действ. прош.*
Синт.: **а, б** — в глаг. знач. 1 — 4

III. ЗАВЯ́ЗЫВАЕМЫЙ, -ая, -ое, -ые; *страд. наст.*
Синт.: **а, б** — в глаг. знач. 1 — 4; **в** — в глаг. знач. 1, 3
Субстантив.₃ в глаг. знач. 1 — 3

ЗАВЯ́НУТЬ, завя́нут, завя́л и *устар.* завя́ну|л, завя́ла, -ло, -ли; **сов. к** вя́нуть (см.)

II. ЗАВЯ́НУВШИЙ, -ая, -ее, -ие; *действ. прош.*
Синт.: **а, б, в** — в глаг. знач.

ЗАГИБА́ТЬ, загиба́|ют, загиба́|л; **несов. к** загну́ть (см.)

I. ЗАГИБА́ЮЩИЙ, -ая, -ее, -ие; *действ. наст.*
Синт.: **а, б** — в глаг. знач. 1 — 4

II. ЗАГИБА́ВШИЙ, -ая, -ее, -ие; *действ. прош.*
Синт.: **а, б** — в глаг. знач. 1 — 4

III. ЗАГИБА́ЕМЫЙ, -ая, -ое, -ые; *страд. наст.**
Синт.: **а, б, в** — в глаг. знач. 1

□ Прич. III во 2 глаг. знач. не употр.

ЗАГИБА́ТЬСЯ, загиба́|ются, загиба́|лся; **несов.** (*сов.* загну́ться); **S не лицо** *Носки его ботинок загибались. Угол страницы загибается* [сгибаясь, завертываться или изгибаться в сторону, вверх, вниз]

I. ЗАГИБА́ЮЩИЙСЯ, -аяся, -ееся, -иеся; *действ. наст.*
Синт.: **а, б, в** — в глаг. знач.
В знач. прил. Не прямой, отклоненный

в сторону, вверх или вниз, загнутый. *Загибающиеся ресницы*

II. ЗАГИБА́ВШИЙСЯ, -аяся, -ееся, -иеся; *действ. прош.*

Синт.: **а, б, в** — в глаг. знач.

ЗАГИПНОТИЗИ́РОВАТЬ, загипнотизи́руют, загипнотизи́рова|л; ***сов. к*** гипнотизи́ровать (см.)

II. ЗАГИПНОТИЗИ́РОВАВШИЙ, -ая, -ее, -ие; *действ. прош.*

Синт.: **а, б** — в глаг. знач. 1, 2

IV. ЗАГИПНОТИЗИ́РОВАННЫЙ, -ая, -ое, -ые; *страд. прош.*

Синт.: **а, б** — в глаг. знач. 1, 2; **в** — в глаг. знач. 1

ЗАГИПНОТИЗИ́РОВАН, -ана, -ано, -аны; *кр. ф.*

В глаг. знач. 1, 2

ЗАГЛО́ХНУТЬ, загло́хнут, загло́х| и *устар.* загло́хну|л, загло́хла, -ло, -ли; ***сов., неперех.*** (*несов.* гло́хнуть *к* 1 — 4 знач.); ***S не лицо* 1.** *Звуки музыки заглохли вдали* [перестать звучать, стать неслышным, затихнуть — о звуках] **2.** *Мотор в нашей машине заглох* [перестать работать, действовать — о моторах, механизмах, действия которых сопровождаются звуками, шумом] **3.** *Чувства тоски и уныния заглохли и исчезли совсем* [притупиться, стать слабее — о чувствах] **4.** *Соседний участок без хозяина постепенно заглох. Наш сад совсем заглох. Тропинка заглохла, еле видна* [прийти в запустение, в упадок; дичая, зарасти сорными травами, густой растительностью] **5.** *«Строительство начатой межколхозной ГЭС заглохло».* Тендряков, Среди лесов [перестать развиваться, прийти в состояние застоя]

II. ЗАГЛО́ХШИЙ, -ая, -ее, -ие и *доп.* ЗАГЛО́ХНУВШИЙ, -ая, -ее, -ие; *действ. прош.*

Синт.: **а, б** — в глаг. знач. 1—5; **в** — в глаг. знач. 2, 3, 5

В знач. прил. **загло́хший.** Оставленный без наблюдения, использования, пришедший в упадок, запущенный. *Заглохший сад. Заглохший цветник. Заглохший пруд. Заглохшая тропинка*

ЗАГЛУША́ТЬ, заглуша́|ют, заглуша́|л; ***несов. к*** заглуши́ть (см.)

I. ЗАГЛУША́ЮЩИЙ, -ая, -ее, -ие; *действ. наст.*

Синт.: **а, б** — в глаг. знач. 1 — 6

II. ЗАГЛУША́ВШИЙ, -ая, -ее, -ие; *действ. прош.*

Синт.: **а, б** — в глаг. знач. 1 — 6

III. ЗАГЛУША́ЕМЫЙ, -ая, -ое, -ые; *страд. наст.*

Синт.: **а, б** — в глаг. знач. 1 — 6

Субстантив.$_3$ не употр.

ЗАГЛУШИ́ТЬ, заглуш|а́т, заглуши́|л; ***сов., перех., что*** (*несов.* заглуша́ть; *несов.* глуши́ть *к* 1, 3, 5, 6 знач.) **1. *S не лицо*** *Ковры заглушили звук шагов. Это приспособление заглушило звук мотора* [сделать менее слышным] **2. *S не лицо*** *Оркестр заглушил голос певца* [превзойдя по силе звука, сделать неслышным] **3.** также ***чем*** *Девочка с трудом заглушила в себе чувство зависти. Усилием воли спортсмен заглушил чувство жажды* (см. § 2) [воспрепятствовать проявлению, развитию чего-л., подавить] **4. *S не лицо*** *Лекарство ненадолго заглушило боль* [ослабить или устранить какое-л. чувство, ощущение и т. п.] **5.** *Летчик заглушил мотор, и самолет сделал мертвую петлю* [прекратить работу, действие мотора, двигателя и т. п., сопровождаемые звуками] **6. *S не лицо*** *Одуванчики заглушили наши посадки. Крапива заглушила цветник* [разрастаясь, помешать росту, развитию каких-л. соседних растений]

II. ЗАГЛУШИ́ВШИЙ, -ая, -ее, -ие; *действ. прош.*

Синт.: **а, б** — в глаг. знач. 1 — 6

IV. ЗАГЛУШЁННЫЙ, -ая, -ое, -ые; *страд. прош.*

Синт.: **а, б** — в глаг. знач. 1 — 6

Субстантив.$_3$ не употр.

ЗАГЛУШЁН, -ена́, -ено́, -ены́; *кр. ф.*

В глаг. знач. 1 — 6

ЗАГНА́ТЬ, загоню́, заго́нят, загна́|л, загнала́, загна́ло, -ли; ***сов., перех.*** (*несов.* загоня́ть) **1. *кого(что)*** *Мальчик загнал лошадей в загон* [заставить кого-л. войти куда-л., оказаться, поместиться где-л.] **2. *что*** *Нападающий неожиданно загнал мяч в ворота своей команды* [гоня, переместить что-л. куда-л.] **3. *кого(что)*** *«— Далеко, однако, вас загнали.— Что значит „загнали“? — недовольно возразила Ольга.— Я сама поехала».* Чаковский, У нас уже утро. *Голод загнал этих людей в большой и совсем чужой город. Дождь загнал нас под большую ель* [вынудить кого-л. оказаться, поселиться где-л. против желания, против собственной воли; *разг.*] **4. *кого(что)*** *Неопытный наездник загнал лошадь* [замучить, довести до крайнего изнеможения ездой, гонкой] **5. *что*** *Старик ловко загнал клин в полено. Рабочие загнали несколько свай в землю* [вбить, забить с силой, глубоко вонзить]

II. ЗАГНА́ВШИЙ, -ая, -ее, -ие; *действ. прош.*

Синт.: **а, б** — в глаг. знач. 1 — 5

IV. ЗА́ГНАННЫЙ, -ая, -ое, -ые; *страд. прош.*

Синт.: **а, б** — в глаг. знач. 1 — 5

В знач. прил. (только *полн. ф.*) **1.** Измученный, обессиленный гоньбой, быстрым бегом. *Загнанная лошадь* **2.** Обессиленный, запуганный преследованием. *Загнанный зверь*

Ср. прил. **за́гнанный,** -ая, -ое, -ые. Запуганный жестоким обращением, несправедливыми обидами, забитый. *Загнанный ребенок*

Субстантив.$_2$ в глаг. знач. 1, 3; субстантив.$_3$ в глаг. знач. 5

ЗА́ГНАН, -ана, -ано, -аны; *кр. ф.*

В глаг. знач. 1 — 5

ЗАГНУ́ТЬ, загну́т, загну́|л; ***сов.*** (*несов.* загиба́ть) **1. *перех., что*** *Дима загнул страницу в книге. Клоун загнул палец* [сгибая, завернуть, подвернуть конец, край чего-л.; изогнуть, отклонить что-л. в сторону, вверх или вниз] **2. *перех., что*** *Ну и загнул словечко наш гость!* [сказать что-л. резкое, бранное или нелепое, неуместное; *прост.*] **3. *неперех.*** *Незнакомец только что загнул за угол* [идя, повернуть, свернуть в сторону; *разг.*]

4. неперех. *« — Тут не просить, а требовать надо..— Ну, это ты тоже загнул,— сказал Василий».* Николаева, Жатва. *В этом месте рассказа Дима явно загнул* [высказать, предположить, потребовать и т. п. что-л. неуместное, нелепое, неправдоподобное; *прост.*]

II. ЗАГНУ́ВШИЙ, -ая, -ее, -ие; *действ. прош.*
Синт.: **а, б** — в глаг. знач. 1 — 4

IV. ЗА́ГНУТЫЙ, -ая, -ое, -ые; *страд. прош.**
Синт.: **а, б, в** — в глаг. знач. 1
Ср. прил. **за́гнутый,** -ая, -ое, -ые; -ут, -та, -то, -ты. Не прямой, отклоненный в сторону, вверх или вниз, загибающийся. *Загнутые ресницы. Нос у старика был немного загнут*
ЗА́ГНУТ, -та, -то, -ты; *кр. ф.**
В глаг. знач. 1

□ Прич. IV во 2 глаг. знач. не употр.

ЗАГНУ́ТЬСЯ, загну́тся, загну́|лся; **сов. к** загиба́ться (см.)

II. ЗАГНУ́ВШИЙСЯ, -аяся, -ееся, -иеся; *действ. прош.*
Синт.: **а, б, в** — в глаг. знач.

ЗАГОНЯ́ТЬ, загоня́|ют, загоня́|л; **несов. к** загна́ть (см.)

I. ЗАГОНЯ́ЮЩИЙ, -ая, -ее, -ие; *действ. наст.*
Синт.: **а, б** — в глаг. знач. 1 — 5

II. ЗАГОНЯ́ВШИЙ, -ая, -ее, -ие; *действ. прош.*
Синт.: **а, б** — в глаг. знач. 1 — 5

III. ЗАГОНЯ́ЕМЫЙ, -ая, -ое, -ые; *страд. наст.*
Синт.: **а, б** — в глаг. знач. 1 — 5
Субстантив.$_2$ в глаг. знач. 1, 3; субстантив.$_3$ в глаг. знач. 5

ЗАГОРА́ЖИВАТЬ, загора́жива|ют, загора́жива|л; **несов. к** загороди́ть (см.)

I. ЗАГОРА́ЖИВАЮЩИЙ, -ая, -ее, -ие; *действ. наст.*
Синт.: **а, б** — в глаг. знач. 1 — 4

II. ЗАГОРА́ЖИВАВШИЙ, -ая, -ее, -ие; *действ. прош.*
Синт.: **а, б** — в глаг. знач. 1 — 4

III. ЗАГОРА́ЖИВАЕМЫЙ, -ая, -ое, -ые; *страд. наст.*
Синт.: **а, б** — в глаг. знач. 1 — 4, **в** — в глаг. знач. 1
Субстантив.$_3$ в глаг. знач. 1

ЗАГОРА́ТЬ, загора́|ют, загора́|л; **несов., неперех.** (*сов.* загоре́ть *ко* 2 знач.) **1.** *Северяне обычно плохо загорают* [иметь свойство становиться смуглым под действием солнечных лучей] **2.** *Ольга каждое лето уезжала на море, плавала, загорала* [подвергая свое тело, кожу воздействию солнечных лучей, становиться смуглым] **3.** *«Кое-где виднелись неподвижные, засосанные грязью грузовики.— Так и будут загорать, бедняги. Хоть бы трактор им подбросили».* В. Чивилихин, Светлое око Сибири [пребывать в вынужденном бездействии; *прост.*]

I. ЗАГОРА́ЮЩИЙ, -ая, -ее, -ие; *действ. наст.*
Синт.: **а, б** — в глаг. знач. 1 — 3; **в** — в глаг. знач. 2

II. ЗАГОРА́ВШИЙ, -ая, -ее, -ие; *действ. прош.*
Синт.: **а, б** — в глаг. знач. 1 — 3; **в** — в глаг. знач. 2

ЗАГОРЕ́ТЬ, загоря́т, загоре́|л; **сов., неперех.** (*несов.* загора́ть) *Дети хорошо загорели за лето* [подвергнув свое тело, кожу воздействию солнечных лучей, стать смуглым]

II. ЗАГОРЕ́ВШИЙ, -ая, -ее, -ие; *действ. прош.*
Синт.: **а, б** — в глаг. знач.
В знач. прил. Смуглый от загара, загорелый. *Загоревшее лицо. Загоревший человек* (Ср. прил. **загоре́лый,** -ая, -ое, -ые. Смуглый от загара, загоревший. *Загорелые дети. Загорелое лицо*)

ЗАГОРОДИ́ТЬ, загорожу́, загоро́д|ят и загороди́т, загороди́|л; **сов., перех.** (*несов.* загора́живать) **1. что,** также **чем** *Мы загородили цветник от животных. Смирнов загородил сад деревянным забором* (см. § 2) [сделать изгородь вокруг или около чего-л.] **2. кого(что)** и **что,** также **кем (чем)** и **чем** *Настольную лампу Илья загородил книгой, чтобы свет не мешал спящему* (см. § 2). *«Алексей Александрович загородил ее [Анну] собою, давая ей время оправиться».* Л. Толстой, Анна Каренина [закрыть, заслонить кем-чем-л. от кого-чего-л.] **3. что,** также **чем** *Соседи загородили коридор старым шкафом* (см. § 2) [закрыть чем-л. или собой доступ, проход и т. п.] **4. что кому(чему)** *Высокий мужчина, севший перед Димой, загородил ему сцену. Овцы загородили нам путь. Стопка книг загородила мне свет* [стать преградой для чего-л.]

II. ЗАГОРОДИ́ВШИЙ, -ая, -ее, -ие; *действ. прош.*
Синт.: **а, б** — в глаг. знач. 1 — 4

IV. ЗАГОРО́ЖЕННЫЙ, -ая, -ое, -ые; *страд. прош.*
[чередование д/ж]
Синт.: **а, б** — в глаг. знач. 1—4; **в** — в глаг. знач. 1—4
Субстантив.$_3$ в глаг. знач. 1
ЗАГОРО́ЖЕН, -ена, -ено, -ены; *кр. ф.*
В глаг. знач. 1 — 4

ЗАГОТО́ВИТЬ, загото́влю, загото́в|ят, загото́ви|л; **сов. к** гото́вить в 5 знач. (см.)

II. ЗАГОТО́ВИВШИЙ, -ая, -ее, -ие; *действ. прош.*
Синт.: **а, б** — в глаг. знач. 5

IV. ЗАГОТО́ВЛЕННЫЙ, -ая, -ое, -ые; *страд. прош.*
[чередование в/вл]
Синт.: **а, б, в** — в глаг. знач. 5
ЗАГОТО́ВЛЕН, -ена, -ено, -ены; *кр. ф.*
В глаг. знач. 5

ЗАГРУБЕ́ТЬ, загрубе́ют, загрубе́|л; **сов., неперех.** (*несов.* грубе́ть); **S не лицо** *Кожа сильно загрубела. Руки загрубели от работы* [стать жестким, твердым, шершавым, утратив мягкость]

II. ЗАГРУБЕ́ВШИЙ, -ая, -ее, -ие; *действ. прош.*
Синт.: **а, б** — в глаг. знач.
В знач. прил. Ставший жестким, твердым, шершавым, загрубелый. *Загрубевшие руки* (Ср. прил. **загрубе́лый,** -ая, -ое, -ые в знач. 'жесткий, шершавый, загрубевший'. *Загрубелая кожа*)

ЗАГРУЖА́ТЬ, загружа́|ют, загружа́|л; **несов. к** загрузи́ть (см.)

I. ЗАГРУЖА́ЮЩИЙ, -ая, -ее, -ие; *действ. наст.*
Синт.: **а, б** — в глаг. знач. 1 — 5
II. ЗАГРУЖА́ВШИЙ, -ая, -ее, -ие; *действ. прош.*
Синт.: **а, б** — в глаг. знач. 1 — 5
III. ЗАГРУЖА́ЕМЫЙ, -ая, -ое, -ые; *страд. наст.*
Синт.: **а, б** — в глаг. знач. 1 — 5; **в** — в глаг. знач. 1, 4
Субстантив.$_3$ в глаг. знач. 1, 4

ЗАГРУЗИ́ТЬ, загружу́, загру́з|ят, загрузи́|л; ***сов., перех.*** (*несов.* загружа́ть) **1.** ***что,*** также ***кем(чем)*** и ***чем*** *Машину загрузили доверху. Лодку мы загрузили продуктами* (см. § 2) [заполнить что-л. каким-л. грузом] **2.** ***кого(что),*** также ***чем*** *Преподавателей в этом году загрузили не очень сильно* [дать кому-л. работу, задание сделать что-л. и т. п. обычно в большом количестве] **3.** ***что,*** также ***чем*** *Новый директор сразу же загрузил свой рабочий день до предела встречами с представителями других организаций, осмотром нового оборудования, заседаниями и т. п.* (см. § 2) [заполнить работой, какими-л. делами какой-л. промежуток времени] **4.** ***что,*** также ***чем*** *Рабочие уже загрузили руду в доменную печь. Мы загрузили печь углем* (см. § 2) [заложить топливо, руду и т. п. в домну, печь и т. п.] **5.** ***что*** *Оператор загрузил данные в блок памяти ЭВМ* [ввести какую-л. информацию в вычислительную машину]
II. ЗАГРУЗИ́ВШИЙ, -ая, -ее, -ие; *действ. прош.*
Синт.: **а, б** — в глаг. знач. 1 — 5
IV. ЗАГРУ́ЖЕННЫЙ, -ая, -ое, -ые и ЗАГРУЖЁННЫЙ, -ая, -ое, -ые; *страд. прош.*
[чередование з/ж]
Синт.: **а, б** — в глаг. знач. 1—5
В знач. прил. **загру́женный. 1.** (только *полн. ф.*) Заполненный кем-чем-л. сверх меры. *Загруженная линия метро. Загруженная железная дорога. Загруженный транспорт* **2.** (также *кр. ф.* ↓) Имеющий слишком большое количество работы — о людях. *Это очень загруженный человек*
Субстантив.$_3$ в глаг. знач. 1, 4
ЗАГРУ́ЖЕН, -ена, -ено, -ены и ЗАГРУЖЁН, -ена́, -ено́, -ены́; *кр. ф.*
В глаг. знач. 1 — 5
В знач. прил. **загру́жен** (также *полн. ф.* в знач. прил. 2 ↑) *Этот человек очень загружен*

ЗАГРЯЗНИ́ТЬ, загрязн|я́т, загрязни́|л; ***сов., перех., что*** (*несов.* загрязня́ть) **1.** *Дети загрязнили пол* [сделать грязным, испачкать] **2.** также ***чем; S не лицо*** *Химический комбинат загрязнил атмосферу и все близлежащие водоемы вредными отходами производства* (см. § 2) [сделать непригодным для жизнедеятельности]
II. ЗАГРЯЗНИ́ВШИЙ, -ая, -ее, -ие; *действ. прош.*
Синт.: **а, б** — в глаг. знач. 1, 2
IV. ЗАГРЯЗНЁННЫЙ, -ая, -ое, -ые; *страд. прош.*
Синт.: **а, б** — в глаг. знач. 1, 2
В знач. прил. (только *полн. ф.*) **1.** Подвергшийся загрязнению, грязный, загрязнившийся. *Загрязненный пруд. Загрязненное помещение* **2.** Непригодный для жизнедеятельности из-за загрязнения чем-л. *Загрязненная атмосфера. Загрязненная окружающая среда* (Ср. прил. **гря́зный,** -ая, -ое, -ые; гря́зен, грязна́, гря́зно, грязны́ и гря́зны в знач. 'покрытый грязью, запачканный, нечистый'. *Грязный пруд. Грязное помещение*)
Субстантив.$_3$ не употр.
ЗАГРЯЗНЁН, -ена́, -ено́, -ены́; *кр. ф.*
В глаг. знач. 1, 2

ЗАГРЯЗНИ́ТЬСЯ, загрязня́тся, загрязни́|лся; ***сов.*** (*несов.* загрязня́ться) *Стекла загрязнились, надо их вымыть* [стать грязным, запачкаться]
II. ЗАГРЯЗНИ́ВШИЙСЯ, -аяся, -ееся, -иеся; *действ. прош.*
Синт.: **а, б, в** — в глаг. знач.

ЗАГРЯЗНЯ́ТЬ, загрязня́|ют, загрязня́|л; ***несов. к*** загрязни́ть (см.)
I. ЗАГРЯЗНЯ́ЮЩИЙ, -ая, -ее, -ие; *действ. наст.*
Синт.: **а, б** — в глаг. знач. 1, 2
II. ЗАГРЯЗНЯ́ВШИЙ, -ая, -ее, -ие; *действ. прош.*
Синт.: **а, б** — в глаг. знач. 1, 2
III. ЗАГРЯЗНЯ́ЕМЫЙ, -ая, -ое, -ые; *страд. наст.*
Синт.: **а, б** — в глаг. знач. 1, 2
Субстантив.$_3$ не употр.

ЗАГРЯЗНЯ́ТЬСЯ, загрязня́|ются, загрязня́|лся; ***несов. к*** загрязни́ться (см.)
I. ЗАГРЯЗНЯ́ЮЩИЙСЯ, -аяся, -ееся, -иеся; *действ. наст.*
Синт.: **а, б, в** — в глаг. знач.
II. ЗАГРЯЗНЯ́ВШИЙСЯ, -аяся, -ееся, -иеся; *действ. прош.*
Синт.: **а, б, в** — в глаг. знач.

ЗАДАВА́ТЬ, зада|ю́т, задава́|л; ***несов. к*** зада́ть (см.)
I. ЗАДАЮ́ЩИЙ, -ая, -ее, -ие; *действ. наст.**
Синт.: **а, б** — в глаг. знач. 1—4
II. ЗАДАВА́ВШИЙ, -ая, -ее, -ие; *действ. прош.**
Синт.: **а, б** — в глаг. знач. 1—4
III. ЗАДАВА́ЕМЫЙ, -ая, -ое, -ые; *страд. наст.*
Синт.: **а, б** — в глаг. знач. 1 — 4
Субстантив.$_3$ в глаг. знач. 1
□ Прич. I, II в 5 глаг. знач. не употр.

ЗАДАВИ́ТЬ, задавлю́, зада́в|ят, задави́|л; ***сов., перех.*** **1.** ***кого(что)*** *Водитель такси задавил голубя, не заметив его. Вчера на этом перекрестке шофер самосвала задавил женщину* [наехав на кого-л. или задев кого-л. машиной, велосипедом и т. п., лишить жизни или ранить — о водителях какого-л. вида транспорта] **2.** ***кого(что),*** также ***чем; S не лицо*** и ***безл.*** *Рухнувший дом задавил несколько человек. Старика задавило бревном* [придавив собой, умертвить, повредить] **3.** ***кого(что); S не лицо*** *Нужда и лишения задавили безработного* [привести в тяжелое состояние своим постоянным присутствием]

II. ЗАДАВИ́ВШИЙ, -ая, -ее, -ие; *действ. прош.*
Синт.: **а, б** — в глаг. знач. 1 — 3
IV. ЗАДА́ВЛЕННЫЙ, -ая, -ое, -ые; *страд. прош.* [чередование в/вл]
Синт.: **а, б** — в глаг. знач. 1 — 3; **в** — в глаг. знач. 1
В знач. прил. (также *кр. ф.* ↓) Забитый, угнетенный, посто́янно подавленный. *«Мечты — принадлежность и утешение слабого, больного, задавленного существа».* Писарев, Женские типы
ЗАДА́ВЛЕН, -ена, -ено, -ены; *кр. ф.*
В глаг. знач. 1 — 3
В знач. прил. (также *полн. ф.* ↑) *Люди задавлены, угнетены*

ЗАДА́ТЬ, зада́м, зада́шь, зада́ст, зададим, задади́те, зададу́т, за́да|л и *доп.* зада́л, задала́, за́дало и *доп.* зада́ло, за́дали и *доп.* зада́ли; **сов.** (*несов.* задава́ть) **1. *перех., что кому(чему)*** *Учитель задал классу трудную задачу по физике. Преподаватель литературы задал нам сочинение на свободную тему* [поручить сделать что-л.] **2. *перех., что*** *В нашей группе тон задали отличники. Курс кораблям задал наш крейсер* [указать, установить, назначить] **3. *перех., что*** *Мои родители задали пир для своих друзей по случаю их приезда к нам* [устроить, организовать] **4. *перех., что кому*** *Бабушка задала внукам настоящую головомойку* [причинить, сделать что-л. неприятное; *разг.*] **5. *неперех.*** *« — Я им покажу, я им задам, разбойникам! — говорил он* [*Ростов*] *про себя».* Л. Толстой, Война и мир [наказать, сделать выговор и т. п.; *разг.*]
II. ЗАДА́ВШИЙ, -ая, -ее, -ие; *действ. прош.**
Синт.: **а, б** — в глаг. знач. 1—4
IV. ЗА́ДАННЫЙ, -ая, -ое, -ые; *страд. прош.*
Синт.: **а, б** — в глаг. знач. 1 — 4
В знач. прил. (только *полн. ф.*) Предписанный, заранее указанный, установленный, предпосланный. *Заданный темп. Заданный ритм. Заданные свойства. Заданная программа*
Субстантив.₃ в глаг. знач. 1
ЗА́ДАН, задана́ и *доп.* за́дана, за́дано, -ны; *кр. ф.*
В глаг. знач. 1 — 4
▭ Прич. II в 5 глаг. знач. не употр.

ЗАДЕВА́ТЬ, задева́|ют, задева́|л; **несов.** (*сов.* заде́ть) **1. *перех., кого(что)*** и ***что,*** также ***чем*** *Проходя мимо, девочка всегда нарочно задевала меня. Шалун специально задевал лампу локтем* (см. § 2) [касаться кого-чего-л. чем-л. при движении] **2. *перех., кого(что); S не лицо*** *Слова докладчика задевали Тамару, вызывали желание выступить с опровержением* [волновать, беспокоить, затрагивать] **3. *перех., кого(что)*** и ***что,*** также ***чем*** *Ольга задевает нас своим высокомерием* (см. § 1). *Насмешливый тон отца всегда задевал мое самолюбие* [обижать, оскорблять, вызывать чувство возмущения, обиды и т. п.] **4. *неперех., за что,*** также ***чем*** *Мальчик задевает рукой за кубики, и пирамида рассыпается. Малыш задевал ногой за порог и падал* [зацепляться за кого-что-л. при движении]
I. ЗАДЕВА́ЮЩИЙ, -ая, -ее, -ие; *действ. наст.*
Синт.: **а, б** — в глаг. знач. 1 — 4
В знач. прил. Обидный для кого-л., оскорбляющий. *Задевающий тон. Задевающие слова*
II. ЗАДЕВА́ВШИЙ, -ая, -ее, -ие; *действ. прош.*
Синт.: **а, б** — в глаг. знач. 1 — 4
III. ЗАДЕВА́ЕМЫЙ, -ая, -ое, -ые; *страд. наст.*
Синт.: **а, б** — в глаг. знач. 1 — 3
Субстантив.₂ в глаг. знач. 1, 3; субстантив.₃ в глаг. знач. 1

ЗАДЁРГАТЬ, задёргают, задёрга|л; ***сов., перех., кого(что),*** также ***чем*** *Жена задергала меня разными поручениями* (см. § 1) [измучить непрерывными придирчивыми требованиями, поручениями, требовательным обращением и т. п.]
II. ЗАДЁРГАВШИЙ, -ая, -ее, -ие; *действ. прош.*
Синт.: **а, б** — в глаг. знач.
IV. ЗАДЁРГАННЫЙ, -ая, -ое, -ые; *страд. прош.*
Синт.: **а, б** — в глаг. знач.
В знач. прил. (также *кр. ф.* ↓) Обессилевший от непрерывных нервных переживаний, измученный невзгодами, придирками и т. п. *Задерганный человек*
ЗАДЁРГАН, -ана, -ано, -аны; *кр. ф.*
В глаг. знач.
В знач. прил. (также *полн. ф.* ↑) *Люди задерганы, нервны*

ЗАДЁРГИВАТЬСЯ, задёргива|ются, задёргива|лся; **несов.** (*сов.* задёрнуться *к* 1, 2, 4 знач.) **1. *чем*** *Бабушка, ложась спать, задергивалась ситцевой занавеской* [закрывать, задергивать себя занавеской, пологом и т. п.] **2. *S не лицо*** *Шторы на окнах с трудом задергивались* [передвигаться, сдвигаться, заслоняя, закрывая собой кого-что-л.— о занавеске, пологе и т. п.] **3. *S не лицо*** *Наши занавески задергиваются, а не поднимаются вверх* [иметь свойство передвигаться, сдвигаться] **4. *чем; S не лицо*** *По утрам склоны гор задергивались мутной дымкой* [затягиваться, обволакиваться туманом, дымом и т. п.]
I. ЗАДЁРГИВАЮЩИЙСЯ, -аяся, -ееся, -иеся; *действ. наст.*
Синт.: **а, б** — в глаг. знач. 1 — 4
В знач. прил. Такой, что можно задернуть. *Задергивающиеся занавески*
II. ЗАДЁРГИВАВШИЙСЯ, -аяся, -ееся, -иеся; *действ. прош.*
Синт.: **а, б** — в глаг. знач. 1 — 4

ЗАДЕРЖА́ТЬ, задержу́, заде́ржат, задержа́|л; ***сов., перех.*** (*несов.* заде́рживать) **1. *кого(что)*** и ***что,*** также ***чем*** *Бегущих спортсменов задержал на переезде проходящий поезд. Мальчик задержал плывущие по воде ветки большой палкой* (см. § 2) [остановить кого-что-л., воспрепятствовать движению кого-чего-л.] **2. *что*** *Диспетчер задержал вылет самолета по неизвестной причине* [отложить осуществление чего-л., приостановить что-л.] **3. *кого(что)*** *Преподаватель задержал студентов в институте на два часа* [заставить пробыть где-л. дольше положенного срока, удержать на какое-л. время] **4. кого(что)** и **что; S не лицо** *Плохая погода задержала уборку урожая. Меня задержали дела, поэтому я не попал в театр* [привести к остановке, замедлению хода чего-л., чьих-л. действий и т. п.] **5. что** *Смирнов задержал свой долг на месяц. Оля задержала библиотечные книги* [не отдать или не сделать что-л. вовремя, в срок] **6. что** *Больной задержал дыхание. Мы невольно задержали шаги* [замедлить что-л., приостановить на время действие чего-л.] **7. кого(что)** *Милиция задержала преступника уже за городом* [арестовать, взять под стражу]

II. ЗАДЕРЖА́ВШИЙ, -ая, -ее, -ие; *действ. прош.*

Синт.: **а, б** — в глаг. знач. 1 — 7

IV. ЗАДЕ́РЖАННЫЙ, -ая, -ое, -ые; *страд. прош.**

Синт.: **а, б** — в глаг. знач. 1 — 3, 5 — 7; **в** — в глаг. знач. 2, 5, 7

Субстантив.₃ не употр.

ЗАДЕ́РЖАН, -ана, -ано, -аны; *кр. ф.**

В глаг. знач. 1 — 3, 5 — 7

□ Прич. IV в 4 глаг. знач. не употр.

ЗАДЕ́РЖИВАТЬ, заде́ржива|ют, заде́ржива|л; **несов. к** задержа́ть (см.)

I. ЗАДЕ́РЖИВАЮЩИЙ, -ая, -ее, -ие; *действ. наст.*

Синт.: **а, б** — в глаг. знач. 1 — 7

II. ЗАДЕ́РЖИВАВШИЙ, -ая, -ее, -ие; *действ. прош.*

Синт.: **а, б** — в глаг. знач. 1 — 7

III. ЗАДЕ́РЖИВАЕМЫЙ, -ая, -ое, -ые; *страд. наст.**

Синт.: **а, б** — в глаг. знач. 1 — 3, 5 — 7; **в** — в глаг. знач. 2, 5, 7

Субстантив.₃ не употр.

□ Прич. III в 4 глаг. знач. не употр.

ЗАДЁРНУТЬСЯ, задёрнутся, задёрну|лся; **сов. к** задёргиваться в 1, 2, 4 знач. (см.)

II. ЗАДЁРНУВШИЙСЯ, -аяся, -ееся, -иеся; *действ. прош.*

Синт.: **а, б** — в глаг. знач. 1, 2, 4; **в** — в глаг. знач. 2

ЗАДЕ́ТЬ, заде́нут, заде́|л; **сов. к** задева́ть (см.)

II. ЗАДЕ́ВШИЙ, -ая, -ее, -ие; *действ. прош.*

Синт.: **а, б** — в глаг. знач. 1 — 4

IV. ЗАДЕ́ТЫЙ, -ая, -ое, -ые; *страд. прош.*

Синт.: **а, б** — в глаг. знач. 1 — 3

Субстантив.₂ в глаг. знач. 1, 3; субстантив.₃ в глаг. знач. 1

ЗАДЕ́Т, -та, -то, -ты; *кр. ф.*

В глаг. знач. 1 — 3

ЗАДРАПИРОВА́ТЬ, задрапиру́ют, задрапирова́|л; **сов., перех., что,** также **чем** (*несов.* драпирова́ть) *Соседи задрапировали окна плотными занавесками* (см. § 2). *Мастер задрапировал стены кабинета шелком* (см. § 2). *Андрей задрапировал свою дверь* [украсить, закрыв, обив что-л. тканями, занавесами и т. п.]

II. ЗАДРАПИРОВА́ВШИЙ, -ая, -ее, -ие; *действ. прош.*

Синт.: **а, б** — в глаг. знач.

IV. ЗАДРАПИРО́ВАННЫЙ, -ая, -ое, -ые; *страд. прош.*

Синт.: **а, б** — в глаг. знач.

В знач. прил. (только *полн. ф.*) **1.** Украшенный, закрытый занавесами из плотной ткани. *Задрапированные окна и двери* **2.** Обитый, затянутый какой-л. тканью. *Задрапированные стены*

ЗАДРАПИРО́ВАН, -ана, -ано, -аны; *кр. ф.*

В глаг. знач.

ЗАДУ́МАТЬ, заду́мают, заду́ма|л; **сов., перех.** (*несов.* заду́мывать) **1. что** и **с неопр. ф.** *Друзья задумали поход в горы. «Сперва задумал наш Евгений Порядок новый учредить».* Пушкин, Евгений Онегин. *Смирнов задумал поехать на Север* [мысленно решить сделать что-л., замыслить] **2. что** *Девочка задумала четырехзначное число* [мысленно выбрать что-л., остановиться на чем-л.]

II. ЗАДУ́МАВШИЙ, -ая, -ее, -ие; *действ. прош.*

Синт.: **а, б** — в глаг. знач. 1, 2

IV. ЗАДУ́МАННЫЙ, -ая, -ое, -ые; *страд. прош.*

Синт.: **а, б, в** — в глаг. знач. 1, 2

ЗАДУ́МАН, -ана, -ано, -аны; *кр. ф.*

В глаг. знач. 1, 2

ЗАДУ́МЫВАТЬ, заду́мыва|ют, заду́мыва|л; **несов. к** заду́мать (см.)

I. ЗАДУ́МЫВАЮЩИЙ, -ая, -ее, -ие; *действ. наст.*

Синт.: **а, б** — в глаг. знач. 1, 2

II. ЗАДУ́МЫВАВШИЙ, -ая, -ее, -ие; *действ. прош.*

Синт.: **а, б** — в глаг. знач. 1, 2

III. ЗАДУ́МЫВАЕМЫЙ, -ая, -ое, -ые; *страд. наст.*

Синт.: **а, б** — в глаг. знач. 1, 2

ЗАДУШИ́ТЬ, задушу́, заду́ш|ат, задуши́|л; **сов. к** души́ть [1] в 1, 3 знач. (см.)

II. ЗАДУШИ́ВШИЙ, -ая, -ее, -ие; *действ. прош.*

Синт.: **а, б** — в глаг. знач. 1, 3

IV. ЗАДУ́ШЕННЫЙ, -ая, -ое, -ые; *страд. прош.*

Синт.: **а, б, в** — в глаг. знач. 1, 3

Субстантив.₃ не употр.

ЗАДУ́ШЕН, -ена, -ено, -ены; *кр. ф.*

В глаг. знач. 1, 3

ЗАЖА́ТЬ, зажму́т, зажа́|л; **сов. к** зажима́ть (см.)

II. ЗАЖА́ВШИЙ, -ая, -ее, -ие; *действ. прош.*

Синт.: **а, б** — в глаг. знач. 1—5

IV. ЗАЖА́ТЫЙ, -ая, -ое, -ые; *страд. прош.**

Синт.: **а, б** — в глаг. знач. 1—4

Субстантив.₂ в глаг. знач. 2; субстантив.₃ в глаг. знач. 1

ЗАЖА́Т, -та, -то, -ты; *кр. ф.**

В глаг. знач. 1—4

□ Прич. IV в 5 глаг. знач. не употр.

ЗАЖЕ́ЧЬ, зажг|у́т, зажёг|, зажгла́, -ло́, -ли́; **сов. к** зажига́ть (см.)

II. ЗАЖЁГШИЙ, -ая, -ее, -ие; *действ. прош.*

Синт.: **а, б** — в глаг. знач. 1 — 3

IV. ЗАЖЖЁННЫЙ, -ая, -ое, -ые; *страд. прош.* [чередование г/ж]

Синт.: **а, б** — в глаг. знач. 1—3; **в** — в глаг. знач. 1

Субстантив.$_2$ не употр.; субстантив.$_3$ в глаг. знач. 1

ЗАЖЖЁН, -ена́, -ено́, -ены́; *кр. ф.*

В глаг. знач. 1—3

□ Прич. IV во 2, 3 глаг. знач. менее употр., чем личные ф. глагола и прич. II

ЗАЖИГА́ТЬ, зажига́|ют, зажига́|л; ***несов., перех.*** (*сов.* зажéчь) **1. *что*** *Мальчик зажигает спичку. Мы не зажигали свет в комнате* [заставлять загореться, гореть, светиться; вызывать горение] **2. *кого(что) чем*** *Выступающий зажигает присутствующих своей эмоциональной речью* (см. § 1). *Страстные призывы оратора к решительным действиям зажигали слушателей* [воодушевлять, вызывать у кого-л. подъем чувств, энергии и т. п.] **3. *что в ком(чем)*** и ***в чем,*** также ***чем*** *Новый учитель географии зажигал в нас страсть к путешествиям. Этот человек зажигал в наших сердцах стремление к подвигам* [пробуждать, возбуждать какие-л. чувства, настроения и т. п.]

I. ЗАЖИГА́ЮЩИЙ, -ая, -ее, -ие; *действ. наст.*

Синт.: **а, б** — в глаг. знач. 1 — 3

Ср. прич. в 1, 2 глаг. знач. с прил. **зажига́тельный,** -ая, -ое, -ые; -лен, -льна, -льно, -льны. **1.** (только *полн. ф.*) Служащий для зажигания, воспламеняющий. *Зажигательная бомба. Зажигательная смесь. Зажигательные средства* **2.** Волнующий, возбуждающий, производящий большое впечатление. *Зажигательная речь. Зажигательное выступление*

II. ЗАЖИГА́ВШИЙ, -ая, -ее, -ие; *действ. прош.*

Синт.: **а, б** — в глаг. знач. 1 — 3

III. ЗАЖИГА́ЕМЫЙ, -ая, -ое, -ые; *страд. наст.**

Синт.: **а, б, в** — в глаг. знач. 1

□ Прич. III во 2, 3 глаг. знач. не употр.

ЗАЖИМА́ТЬ, зажима́|ют, зажима́|л; ***несов., перех.*** (*сов.* зажа́ть) **1. *что,*** также ***чем*** *Ветеринар зажимает клюв орла одной рукой, а другой промывает птице рану* (см. § 2) [сжимать туго, охватив со всех сторон, стискивать, сдавливать] **2. *кого(что)*** *Старика постепенно зажимали в толпе* [затискивать, стоять вплотную со всех сторон, лишая свободы движений] **3. *кого(что)*** *Наши войска зажимают вражескую дивизию в кольцо* [принуждать остаться где-л., не давая возможности двигаться, перемещаться] **4. *что,*** также ***чем*** *Малыш зажимает уши двумя руками* (см. § 2). *Девочка зажимает рот своей кукле* [сжимая, придавливая, плотно закрывать какое-л. отверстие, углубление и т. п.] **5. *кого(что)*** и ***что,*** также ***чем*** *Мастер зажимает инициативу рабочих своими распоряжениями* (см. § 2). *Директору вынесли выговор за то, что он зажимал критику. Начальник отдела явно зажимал молодых специалистов* [мешать свободному проявлению, развитию чего-л.; *разг.*; стеснять в чем-л., мешать свободному проявлению чьих-л. способностей, желаний и т. п.; *разг.*]

I. ЗАЖИМА́ЮЩИЙ, -ая, -ее, -ие; *действ. наст.*

Синт.: **а, б** — в глаг. знач. 1—5

В знач. прил. Служащий для зажима, стискивания, сдавливания чего-л. *Зажимающее устройство*

II. ЗАЖИМА́ВШИЙ, -ая, -ее, -ие; *действ. прош.*

Синт.: **а, б** — в глаг. знач. 1—5

III. ЗАЖИМА́ЕМЫЙ, -ая, -ое, -ые; *страд. наст.*

Синт.: **а, б** — в глаг. знач. 1—5

Субстантив.$_2$ в глаг. знач. 2; субстантив.$_3$ в глаг. знач. 1

ЗАЗЕМЛИ́ТЬ, заземл|я́т, заземли́|л; ***сов., перех., что*** (*несов.* заземля́ть) *Мастер, наконец, заземлил антенну нашего телевизора* [соединить электрическую цепь какого-л. прибора, провод и т. п. с землей]

II. ЗАЗЕМЛИ́ВШИЙ, -ая, -ее, -ие; *действ. прош.*

Синт.: **а, б** — в глаг. знач.

IV. ЗАЗЕМЛЁННЫЙ, -ая, -ое, -ые; *страд. прош.*

Синт.: **а, б** — в глаг. знач.

В знач. прил. (только *полн. ф.*) Имеющий соединение с землей — о предметах, проводящих электричество. *Заземленный провод. Заземленная антенна*

ЗАЗЕМЛЁН, -ена́, -ено́, -ены́; *кр. ф.*

В глаг. знач.

ЗАЗЕМЛЯ́ТЬ, заземля́|ют, заземля́|л; ***несов. к*** заземли́ть (см.)

I. ЗАЗЕМЛЯ́ЮЩИЙ, -ая, -ее, -ие; *действ. наст.*

Синт.: **а, б** — в глаг. знач.

II. ЗАЗЕМЛЯ́ВШИЙ, -ая, -ее, -ие; *действ. прош.*

Синт.: **а, б** — в глаг. знач.

III. ЗАЗЕМЛЯ́ЕМЫЙ, -ая, -ое, -ые; *страд. наст.*

Синт.: **а, б, в** — в глаг. знач.

ЗАИГРА́ТЬ, заигра́ют, заигра́|л; ***сов., перех., что*** (*несов.* заи́грывать[1]) **1.** *Ольга совсем заиграла мою любимую пластинку* [привести в негодность, часто употребляя в игре, часто прослушивая] **2.** *Эту пьесу в театрах заиграли* [слишком часто исполняя, сделать избитым, надоевшим сценическое или музыкальное произведение]

II. ЗАИГРА́ВШИЙ, -ая, -ее, -ие; *действ. прош.*

Синт.: **а, б** — в глаг. знач. 1, 2

IV. ЗАИ́ГРАННЫЙ, -ая, -ое, -ые; *страд. прош.*

Синт.: **а, б** — в глаг. знач. 1, 2

В знач. прил. (только *полн. ф.*) **1.** Испорченный, негодный от частого употребления. *Заигранная пластинка.* **2.** Надоевший, избитый от частого исполнения. *Заигранная пьеса*

Субстантив.$_3$ не употр.

ЗАИ́ГРАН, -ана, -ано, -аны; *кр. ф.*

В глаг. знач. 1, 2

ЗАИ́ГРЫВАТЬ[1], заи́грыва|ют, заи́грыва|л; ***несов. к*** заигра́ть (см.)

I. ЗАИ́ГРЫВАЮЩИЙ, -ая, -ее, -ие; *действ. наст.*

Синт.: **а, б** — в глаг. знач. 1, 2

II. ЗАЙГРЫВАВШИЙ, -ая, -ее, -ие; *действ. прош.*

Синт.: **а, б** — в глаг. знач. 1, 2

III. ЗАЙГРЫВАЕМЫЙ, -ая, -ое, -ые; *страд. наст.*

Синт.: **а, б** — в глаг. знач. 1, 2

Субстантив.₃ не употр.

ЗАЙГРЫВАТЬ [2], зайгрыва|ют, зайгрыва|л; ***несов., неперех., с кем(чем)*** **1.** *Соседка явно заигрывала с тобой* [шутливо кокетничать, ухаживать за кем-л., любезничать, флиртовать] **2.** *Наш заведующий заигрывает с начальством* [заискивать перед кем-л., чтобы добиться расположения]

I. ЗАЙГРЫВАЮЩИЙ, -ая, -ее, -ие; *действ. наст.*

Синт.: **а, б** — в глаг. знач. 1, 2

В знач. прил. Выражающий повышенный интерес к кому-л., желание нравиться, кокетливый, игривый. *Заигрывающий взгляд. Заигрывающая улыбка. Заигрывающий тон*

II. ЗАЙГРЫВАВШИЙ, -ая, -ее, -ие; *действ. прош.*

Синт.: **а, б** — в глаг. знач. 1, 2

ЗАЙМСТВОВАТЬ, займству|ют, займствова|л; ***сов.*** и ***несов., перех., что*** *Наш цех заимствовал опыт у передовиков производства. Молодой писатель заимствовал тему из жизни деревни* [перенять или перенимать, взять или брать у кого-л., откуда-л.]

I. ЗАЙМСТВУЮЩИЙ, -ая, -ее, -ие; *действ. наст.*

Синт.: **а, б** — в глаг. знач.

II. ЗАЙМСТВОВАВШИЙ, -ая, -ее, -ие; *действ. прош.*

Синт.: **а, б** — в глаг. знач.

III. ЗАЙМСТВУЕМЫЙ, -ая, -ое, -ые; *страд. наст.*

Синт.: **а, б** — в глаг. знач.

IV. ЗАЙМСТВОВАННЫЙ, -ая, -ое, -ые; *страд. прош.*

Синт.: **а, б** — в глаг. знач.

В знач. прил. (только *полн. ф.*) **1.** Не исконный. *Заимствованное слово.* **2.** Не новый, взятый из какого-л. источника. *Заимствованный сюжет*

ЗАЙМСТВОВАН, -ана, -ано, -аны; *кр. ф.*

В глаг. знач.

ЗАИНТЕРЕСОВА́ТЬ, заинтересу́ют, заинтересова́|л; ***сов., перех., кого(что),*** также ***чем*** (*несов.* заинтересо́вывать) *Гость заинтересовал нас рассказами о космосе* (см. § 1). *Ученых очень заинтересовали новые фотографии Венеры* [возбудить чей-л. интерес, внимание, любопытство]

II. ЗАИНТЕРЕСОВА́ВШИЙ, -ая, -ее, -ие; *действ. прош.*

Синт.: **а, б** — в глаг. знач.

IV. ЗАИНТЕРЕСО́ВАННЫЙ, -ая, -ое, -ые; *страд. прош.*

Синт.: **а, б** — в глаг. знач. и в статив. знач.

Статив. знач., ***в чем*** (также *кр. ф.* ↓) Имеющий особый интерес к тому, что принесет выгоду, какую-л. пользу и т. п. *Бюрократический аппарат, не заинтересованный в самостоятельности предприятий, тормозит экономическую реформу. Люди, заинтересованные в работе, трудятся с полной отдачей*

В знач. прил. (только *полн. ф.*) **1.** Проявляющий большой интерес к чему-л. *Заинтересованный слушатель* **2.** Связанный практическими интересами, материальными выгодами с каким-л. делом. *Заинтересованные круги. Заинтересованные лица. В переговорах принимали участие заинтересованные стороны. Заинтересованные предприятия* **3.** Не беспристрастный из-за личных связей с кем-чем-л., стремления к личной выгоде — в составе сказуемого. *Не слушайте его! Он — заинтересованная сторона*

Ср. прил. **заинтересо́ванный**, -ая, -ое, -ые; -ан, -**анна**, -**анно**, -**анны**. Выражающий большой интерес к чему-л. *Заинтересованный вид. Заинтересованное выражение лица. Лица у детей заинтересованны, сосредоточенны*

ЗАИНТЕРЕСО́ВАН, -ана, -ано, -аны; *кр. ф.*

В глаг. знач.

Статив. знач., ***в чем*** (также *полн. ф.*↑) *Бюрократический аппарат не заинтересован в самостоятельности предприятий. Илья выигрывал и был поэтому заинтересован в продолжении шахматной игры*

ЗАИНТЕРЕСО́ВЫВАТЬ, заинтересо́выва|ют, заинтересо́выва|л; ***несов. к*** заинтересова́ть (см.)

I. ЗАИНТЕРЕСО́ВЫВАЮЩИЙ, -ая, -ее, -ие; *действ. наст.*

Синт.: **а, б** — в глаг. знач.

II. ЗАИНТЕРЕСО́ВЫВАВШИЙ, -ая, -ее, -ие; *действ. прош.*

Синт.: **а, б** — в глаг. знач.

III. ЗАИНТЕРЕСО́ВЫВАЕМЫЙ, -ая, -ое, -ые; *страд. наст.* (*редко*)

Синт.: **а, б** — в глаг. знач.

Субстантив.₂ не употр.

ЗАИНТРИГОВА́ТЬ, заинтригу́ют, заинтригова́|л; ***сов. к*** интригова́ть во 2 знач. (см.)

II. ЗАИНТРИГОВА́ВШИЙ, -ая, -ее, -ие; *действ. прош.*

Синт.: **а, б** — в глаг. знач. 2

IV. ЗАИНТРИГО́ВАННЫЙ, -ая, -ое, -ые; *страд. прош.*

Синт.: **а, б, в** — в глаг. знач. 2

ЗАИНТРИГО́ВАН, -ана, -ано, -аны; *кр. ф.*

В глаг. знач. 2

ЗАИСКИВАТЬ, зайскива|ют, зайскива|л; ***несов., неперех., перед кем*** *Петров всегда заискивал перед учителями* [угождать, льстить, добиваясь чьего-л. расположения, покровительства]

I. ЗАЙСКИВАЮЩИЙ, -ая, -ее, -ие; *действ. наст.*

Синт.: **а, б** — в глаг. знач.

Ср. прил. **зайскивающий**, -ая, -ее, -ие; -ющ, -юща, -юще, -ющи. Угодливый, подобострастный, льстивый. *Заискивающая улыбка. Заискивающий тон. Заискивающее выражение лица. Заискивающий взгляд*

II. ЗАЙСКИВАВШИЙ, -ая, -ее, -ие; *действ. прош.*

Синт.: **а, б** — в глаг. знач.

ЗАЙТИ́, зайду́т, зашёл, зашла́, -ло́, -ли́; ***сов., неперех.*** (*несов.* заходи́ть) **1.** *Ольга зашла в аптеку по пути домой. Сегодня вечером мы зайдем к друзьям. Заказчик зашел в ателье через два дня* [идя, по пути побывать где-л.; посетить кого-что-л., прийти к кому-л.] **2. *за кем(чем)*** и ***за чем*** *Илья зашел сегодня за сыном в детский сад на час раньше. Корабль зашел в порт за пресной водой. Приятель зашел ко мне за кассетой* [прийти куда-л., чтобы взять с собой кого-что-л.] **3.** *Мы зашли справа от машины* [подойти к чему-кому-л. не прямо, а обходя со стороны] **4. *за что*** *Дети зашли за угол. Луна зашла за облако* [идя, двигаясь, оказаться позади чего-л. или скрыться за чем-л.] **5.** *Незнакомец зашел в сад через калитку. Мальчик зашел в воду по горло и поплыл* [войти, проникнуть куда-л.] **6.** *Разведчики зашли глубоко в тыл врага. Мы зашли в глубь леса и заблудились. Мальчики зашли в болото и не сразу выбрались оттуда* [уйти, попасть слишком далеко; попасть не туда, куда хотелось прийти] **7. *S не лицо*** *Дело зашло слишком далеко* [перейти какую-л. грань, меру] **8. *S не лицо*** *Солнце зашло. Луна зашла* [опуститься за горизонт, закатиться — о небесных светилах] **9. *S не лицо*** *У нас зашел спор, есть ли жизнь на других планетах* [начаться, возникнуть — о речи, разговоре и т. п.]

II. ЗАШЕ́ДШИЙ, -ая, -ее, -ие; *действ. прош.* [от основы -шед- + суффикс -ш-]

Синт.: **а, б** — в глаг. знач. 1—9; **в** — в глаг. знач. 8

ЗАКА́ЛИВАТЬ, зака́лива|ют, зака́лива|л; ***несов. к*** закали́ть в 1, 2 знач. (см.)

I. ЗАКА́ЛИВАЮЩИЙ, -ая, -ее, -ие; *действ. наст.*

Синт.: **а, б** — в глаг. знач. 1, 2

II. ЗАКА́ЛИВАВШИЙ, -ая, -ее, -ие; *действ. прош.*

Синт.: **а, б** — в глаг. знач. 1, 2

III. ЗАКА́ЛИВАЕМЫЙ, -ая, -ое, -ые; *страд. наст.*

Синт.: **а, б, в** — в глаг. знач. 1, 2

Субстантив.$_3$ не употр.

ЗАКАЛИ́ТЬ, закал|я́т, закали́|л; ***сов., перех.*** (*несов.* зака́ливать *к* 1, 2 знач.; *несов.* закаля́ть) **1. *что*** *Рабочие закалили сталь, используя новую технологию* [придать бо́льшую твердость, упругость, прочность путем нагрева до высокой температуры, а затем быстрого охлаждения] **2. *кого (что)*** и ***что,*** также ***чем*** *Валерий закалил своих детей плаванием* (см. § 3). *Купание в холодной воде закалило меня. Олег закалил свой организм, проведя каникулы в трудном походе* [сделать физически крепким, выносливым] **3. *кого (что); S не лицо*** *Тяжелые бои не сломили, а закалили солдат* [сделать нравственно стойким, умеющим преодолевать трудности]

II. ЗАКАЛИ́ВШИЙ, -ая, -ее, -ие; *действ. прош.*

Синт.: **а, б** — в глаг. знач. 1 — 3

IV. ЗАКАЛЁННЫЙ, -ая, -ое, -ые; *страд. прош.*

Синт.: **а, б** — в глаг. знач. 1 — 3

В знач. прил. (только *полн. ф.*) **1.** Обладающий физической закалкой, хорошим здоровьем, не подвергающийся простудам, закалившийся. *У наших соседей закаленные дети* **2.** Выносливый, нравственно стойкий, умеющий преодолевать трудности, лишения. *Закаленный человек. Закаленный революционер*

Субстантив.$_3$ не употр.

ЗАКАЛЁН, -ена́, -ено́, -ены́; *кр. ф.*

В глаг. знач. 1 — 3

ЗАКАЛИ́ТЬСЯ, закаля́тся, закали́|лся; ***сов.*** (*несов.* закаля́ться) **1. *S не лицо*** *Сталь закалилась до необходимой твердости* [получить твердость путем нагрева до высокой температуры и быстрого охлаждения] **2.** *Дети закалились на море* [стать физически крепким, выносливым] **3.** *Комсомольцы закалились в борьбе с разрухой* [стать нравственно стойким, способным к преодолению трудностей, тяжелых условий]

II. ЗАКАЛИ́ВШИЙСЯ, -аяся, -ееся, -иеся; *действ. прош.*

Синт.: **а, б** — в глаг. знач. 1 — 3; **в** — в глаг. знач. 1, 2

ЗАКАЛЯ́ТЬ, закаля́|ют, закаля́|л; ***несов. к*** закали́ть (см.)

I. ЗАКАЛЯ́ЮЩИЙ, -ая, -ее, -ие; *действ. наст.*

Синт.: **а, б** — в глаг. знач. 1—3

II. ЗАКАЛЯ́ВШИЙ, -ая, -ее, -ие; *действ. прош.*

Синт.: **а, б** — в глаг. знач. 1 — 3

III. ЗАКАЛЯ́ЕМЫЙ, -ая, -ое, -ые; *страд. наст.*

Синт.: **а, б** — в глаг. знач. 1 — 3; **в** — в глаг. знач. 1, 2

Субстантив.$_3$ не употр.

ЗАКАЛЯ́ТЬСЯ, закаля́|ются, закаля́|лся; ***несов. к*** закали́ться (см.)

I. ЗАКАЛЯ́ЮЩИЙСЯ, -аяся, -ееся, -иеся; *действ. наст.*

Синт.: **а, б** — в глаг. знач. 1 — 3; **в** — в глаг. знач. 2

II. ЗАКАЛЯ́ВШИЙСЯ, -аяся, -ееся, -иеся; *действ. прош.*

Синт.: **а, б** — в глаг. знач. 1 — 3; **в** — в глаг. знач. 2

ЗАКА́НЧИВАТЬ, зака́нчива|ют, зака́нчива|л; ***несов. к*** зако́нчить (см.)

I. ЗАКА́НЧИВАЮЩИЙ, -ая, -ее, -ие; *действ. наст.*

Синт.: **а, б** — в глаг. знач. 1, 2

II. ЗАКА́НЧИВАВШИЙ, -ая, -ее, -ие; *действ. прош.*

Синт.: **а, б** — в глаг. знач. 1, 2

III. ЗАКА́НЧИВАЕМЫЙ, -ая, -ое, -ые; *страд. наст.*

Синт.: **а, б** — в глаг. знач. 1, 2; **в** — в глаг. знач. 1

Субстантив.$_3$ в глаг. знач. 1

ЗАКЛА́ДЫВАТЬ, закла́дыва|ют, закла́дыва|л; ***несов. к*** заложи́ть в 1, 3—10 знач. (см.)

I. ЗАКЛА́ДЫВАЮЩИЙ, -ая, -ее, -ие; *действ. наст.*

Синт.: **а, б** — в глаг. знач. 1, 3—9

II. ЗАКЛА́ДЫВАВШИЙ, -ая, -ее, -ие; *действ. прош.*

Синт.: **а, б** — в глаг. знач. 1, 3 — 9

III. ЗАКЛА́ДЫВАЕМЫЙ, -ая, -ое, -ые; *страд. наст.*

Синт.: **а, б** — в глаг. знач. 1, 3—9; **в** — в глаг. знач. 3, 7—9

Субстантив.₃ в глаг. знач. 1, 3, 4, 9

ЗАКЛЕЙМИ́ТЬ, заклеймлю́, заклейм|я́т, заклейми́|л; **сов. к** клейми́ть (см.)

II. ЗАКЛЕЙМИ́ВШИЙ, -ая, -ее, -ие; *действ. прош.*

Синт.: **а, б** — в глаг. знач. 1 — 4

IV. ЗАКЛЕЙМЁННЫЙ, -ая, -ое, -ые; *страд. прош.*

Синт.: **а, б** — в глаг. знач. 1 — 4

ЗАКЛЕЙМЁН, -ена́, -ено́, -ены́; *кр. ф.*

В глаг. знач. 1 — 4

ЗАКЛЮЧА́ТЬ, заключа́|ют, заключа́|л; **несов.** (*сов.* заключи́ть *к* 1 — 4, 6 знач.) **1. *перех., кого (что)*** *Особо опасных преступников заключают под стражу до суда над ними* [лишать кого-л. свободы, взяв под стражу, под надзор и т. п.] **2. *перех., кого(что)*** и ***что*** *Дедушка радостно заключает внука в объятия. Часть предложений редактор заключает в скобки* [помещать внутрь чего-л.— обычно в сочетании со словами *в объятия, в скобки* и т. п.] **3. *перех., что чем*** *Смирнов заключает предисловие к своей книге словами благодарности всем, кто ему помогал* (см. § 2) [заканчивать, завершать] **4. *перех., что*** *Представители фирм заключают соглашение о поставках сырья на взаимовыгодных условиях* [в установленной форме официально уславливаться о чем-л., договариваться] **5. *перех., что; S не лицо*** *«...тетрадки, которые заключали в себе подробности этого дела, неизвестно куда утратились».* Салтыков-Щедрин, История одного города. *«[Письмо] заключало только следующие слова: „Вечером в 10 час. на прежнем месте"».* Пушкин, Дубровский [содержать, иметь что-л. своим содержанием] **6. *неперех., с придат. дополнит.*** *Я заключаю из ваших слов, что вы не хотите ехать на соревнования* [делать вывод, строить умозаключение по какому-л. признаку]

I. ЗАКЛЮЧА́ЮЩИЙ, -ая, -ее, -ие; *действ. наст.*

Синт.: **а, б** — в глаг. знач. 1 — 6

II. ЗАКЛЮЧА́ВШИЙ, -ая, -ее, -ие; *действ. прош.*

Синт.: **а, б** — в глаг. знач. 1—6

III. ЗАКЛЮЧА́ЕМЫЙ, -ая, -ое, -ые; *страд. наст.**

Синт.: **а, б** — в глаг. знач. 1 — 4; **в** — в глаг. знач. 4

Субстантив.₃ в глаг. знач. 2

▭ Прич. III в 5 глаг. знач. не употр.

ЗАКЛЮЧА́ТЬСЯ, заключа́|ются, заключа́|лся; **несов.; *S не лицо*** **1. *в чем*** *Проблема заключается в том, что мы не знаем точно время возникновения Земли. Дело заключается в том, что нужно срочно начинать переоборудование нашего цеха* [представлять собой что-л., сводиться к чему-л.] **2.** *В этом выражении заключается особый смысл* [содержаться в чем-л., находиться внутри чего-л.] **3. *чем*** *Воззвание заключалось призывом объединиться в борьбе за мир* [заканчиваться, завершаться]

I. ЗАКЛЮЧА́ЮЩИЙСЯ, -аяся, -ееся, -иеся; *действ. наст.*

Синт.: **а, б** — в глаг. знач. 1 — 3

II. ЗАКЛЮЧА́ВШИЙСЯ, -аяся, -ееся, -иеся; *действ. прош.*

Синт.: **а, б** — в глаг. знач. 1 — 3

ЗАКЛЮЧИ́ТЬ, заключ|а́т, заключи́|л; **сов.** (*несов.* заключа́ть) **1. *перех., кого(что)*** *Преступников заключили под стражу* [лишить кого-л. свободы, взяв под стражу, под надзор и т. п.] **2. *перех., кого(что)*** и ***что*** *Дедушка радостно заключил приехавшего внука в объятия. Эту фразу я заключил в скобки* [поместить внутрь чего-л.] **3. *перех., что чем*** *Автор заключил предисловие к своей книге словами благодарности всем, кто ему помогал* [закончить, завершить] **4. *перех., что*** *Наши страны заключили договор о ненападении. Представители фирм заключили соглашение о поставках сырья* [в установленной форме официально условиться о чем-л., договориться] **5. *неперех., с придат. дополнит.*** *Из этого письма я заключил, что брат не приедет* [сделать вывод, построить умозаключение по какому-л. признаку]

II. ЗАКЛЮЧИ́ВШИЙ, -ая, -ее, -ие; *действ. прош.*

Синт.: **а, б** — в глаг. знач. 1 — 5

IV. ЗАКЛЮЧЁННЫЙ, -ая, -ое, -ые; *страд. прош.**

Синт.: **а, б** — в глаг. знач. 1, 2, 4 и в статив. знач.

Статив. знач., ***в чем*** (также *кр. ф.*↓) Имеющийся, содержащийся, заключающийся в чем-л.— о смысле, содержании и т. п. чего-л. *Смысл, заключенный в твоих словах, я поняла не сразу. Подтекст, заключенный в репликах главного героя пьесы, был понят зрителями сразу же*

Субстантив.₃ в глаг. знач. 2

Ср. сущ. **заключённый**, -ого, *м*; **заключённая**, -ой, *ж*. Человек, находящийся в заключении, под арестом. *Заключенные фашистских концлагерей не раз поднимали восстания*

ЗАКЛЮЧЁН, -ена́, -ено́, -ены́; *кр. ф.**

В глаг. знач. 1, 2, 4

Статив. знач., ***в чем*** (также *полн. ф.*↑) *В твоих словах явно заключен какой-то тайный смысл. В репликах главного героя пьесы был заключен определенный подтекст*

▭ Прич. IV в 3 глаг. знач. не употр.

ЗАКОДИ́РОВАТЬ, закоди́руют, закоди́рова|л; **сов. к** коди́ровать (см.)

II. ЗАКОДИ́РОВАВШИЙ, -ая, -ее, -ие; *действ. прош.*

Синт.: **а, б** — в глаг. знач.

IV. ЗАКОДИ́РОВАННЫЙ, -ая, -ое, -ые; *страд. прош.*

Синт.: **а, б, в** — в глаг. знач.

ЗАКОДИ́РОВАН, -ана, -ано, -аны; *кр. ф.*

В глаг. знач.

ЗАКОЛА́ЧИВАТЬ, закола́чива|ют, закола́чива|л; **несов. к** заколоти́ть в 1, 2 знач. (см.)

I. ЗАКОЛА́ЧИВАЮЩИЙ, -ая, -ее, -ие; *действ. наст.*
Синт.: **а, б** — в глаг. знач. 1, 2
II. ЗАКОЛА́ЧИВАВШИЙ, -ая, -ее, -ие; *действ. прош.*
Синт.: **а, б** — в глаг. знач. 1, 2
III. ЗАКОЛА́ЧИВАЕМЫЙ, -ая, -ое, -ые; *страд. наст.*
Синт.: **а, б, в** — в глаг. знач. 1, 2

ЗАКОЛОТИ́ТЬ, заколочу́, заколо́т|ят, заколоти́|л; ***сов., перех.*** (*несов.* закола́чивать *к* 1, 2 знач.) **1.** ***что,*** также ***чем*** *Мастер быстро заколотил крюк в стену. Мальчик с трудом заколотил большой гвоздь молотком* (см. § 2) [вбить, забить куда-л., во что-л.] **2.** ***что,*** также ***чем*** *Мы заколотили окна досками* (см. § 2). *Илья заколотил ящик и пошел на почту* [плотно заделать, закрыть, прибивая что-л. гвоздями, забить] **3.** ***кого(что)*** *«Злые языки после говорили, что будто бы она даже и заколотила его [сына] в малолетстве».* Писемский, Богатый жених [забить до смерти; довести побоями до отупения]
II. ЗАКОЛОТИ́ВШИЙ, -ая, -ее, -ие; *действ. прош.*
Синт.: **а, б** — в глаг. знач. 1 — 3
IV. ЗАКОЛО́ЧЕННЫЙ, -ая, -ое, -ые; *страд. прош.*
[чередование т/ч]
Синт.: **а, б** — в глаг. знач. 1 — 3; **в** — в глаг. знач. 1, 2
ЗАКОЛО́ЧЕН, -ена, -ено, -ены; *кр. ф.*
В глаг. знач. 1 — 3

ЗАКОНСЕРВИ́РОВАТЬ, законсерви́руют, законсерви́рова|л; ***сов. к*** консерви́ровать (см.)
II. ЗАКОНСЕРВИ́РОВАВШИЙ, -ая, -ее, -ие; *действ. прош.*
Синт.: **а, б** — в глаг. знач. 1, 2
IV. ЗАКОНСЕРВИ́РОВАННЫЙ, -ая, -ое, -ые; *страд. прош.*
Синт.: **а, б, в** — в глаг. знач. 1, 2
Субстантив.$_3$ в глаг. знач. 1
ЗАКОНСЕРВИ́РОВАН, -ана, -ано, -аны; *кр. ф.*
В глаг. знач. 1, 2

ЗАКО́НЧИТЬ, зако́нч|ат, зако́нчи|л; ***сов., перех., что,*** также ***чем*** (*несов.* зака́нчивать) **1.** *Смирнов закончил очерк о поездке в Болгарию описанием национального парка на горе Витоша* (см. § 2). *Я закончу работу не позже шести часов. Строительство новой школы мы закончили* [довести до конца, завершить, окончить] **2.** *Илья закончил училище пять лет назад* [завершить обучение в школе, институте и т. п.; *разг.*]
II. ЗАКО́НЧИВШИЙ, -ая, -ее, -ие; *действ. прош.*
Синт.: **а, б** — в глаг. знач. 1, 2
IV. ЗАКО́НЧЕННЫЙ, -ая, -ое, -ые; *страд. прош.*
Синт.: **а, б, в** — в глаг. знач. 1, 2
Ср. прил. **зако́нченный**, -ая, -ое, -ые; -ен, **-енна**, -енно, -енны. **1.** (только *полн. ф.*) Обладающий полнотой, цельностью. *Законченная мысль. Законченное предложение* **2.** (только *полн. ф.*) Достигший совершенства в каком-л. деле, вполне сформировавшийся. *Законченный мастер. Законченный художник. Законченный артист* **3.** Обладающий совершенными качествами, удовлетворяющий высшим эстетическим ценностям. *Законченное художественное произведение* **4.** (только *полн. ф.*) Имеющий в высшей степени то отрицательное качество, которое выражено существительным. *Законченный негодяй*
Субстантив.$_3$ в глаг. знач. 1
ЗАКО́НЧЕН, -ена, -ено, -ены; *кр. ф.*
В глаг. знач. 1, 2

ЗАКОПТЕ́ТЬ, закопте́ют, закопте́|л; ***сов., неперех.; S не лицо*** *Стены комнаты сильно закоптели* [покрыться копотью, закоптиться]
II. ЗАКОПТЕ́ВШИЙ, -ая, -ее, -ие; *действ. прош.*
Синт.: **а, б** — в глаг. знач.
В знач. прил. Покрытый копотью, закопченный, закоптелый, закоптившийся. *Закоптевшие печные трубы. Закоптевшие стены* (Ср. прил. **закопте́лый**, -ая, -ое, -ые. Покрытый копотью, закоптевший. *Закоптелый потолок*)

ЗАКОПТИ́ТЬ, закопчу́, закопт|я́т, закопти́|л; ***сов., перех., что*** (*несов.* копти́ть *к* 1, 3 знач.) **1.** *Мальчик закоптил стекло и смотрел на солнце* [покрыть копотью] **2.** *Оля закоптила все кастрюли* [из-за небрежности, нерадивости и т. п. допустить покрыться копотью] **3.** *Дедушка закоптил на праздник окорок. Брат закоптил всю пойманную рыбу* [провялить в дыму, приготовив в пищу рыбу, мясо и т. п.]
II. ЗАКОПТИ́ВШИЙ, -ая, -ее, -ие; *действ. прош.*
Синт.: **а, б** — в глаг. знач. 1—3
IV. ЗАКОПЧЁННЫЙ, -ая, -ое, -ые; *страд. прош.*
[чередование т/ч]
Синт.: **а, б** — в глаг. знач. 1 — 3; **в** — в глаг. знач. 3
В знач. прил. (только *полн. ф.*) Покрытый копотью, закоптелый, закоптевший, закоптившийся. *Закопченные стены. Закопченный потолок* (Ср. прил. **закопте́лый**, -ая, -ое, -ые. Покрытый копотью, закопченный. *Закоптелый потолок*)
ЗАКОПЧЁН, -ена́, -ено́, -ены́; *кр. ф.*
В глаг. знач. 1 — 3

ЗАКОПТИ́ТЬСЯ, закопчу́сь, закоптя́тся, закопти́|лся; ***сов.*** (*несов.* копти́ться); ***S не лицо*** **1.** *Стены в комнате сильно закоптились* [покрыться копотью, сажей, закоптеть] **2.** *Окорок хорошо закоптился* [стать готовым к употреблению в результате копчения — о рыбе, мясе]
II. ЗАКОПТИ́ВШИЙСЯ, -аяся, -ееся, -иеся; *действ. прош.*
Синт.: **а, б, в** — в глаг. знач. 1, 2

ЗАКОРЕНЕ́ТЬ, закорене́ют, закорене́|л; ***сов., неперех.*** **1.** ***в чем*** *Эти люди закоренели в своих предрассудках* [целиком предаться какой-л. страсти, привычке] **2.** ***S не лицо*** *В деревне старые привычки закоренели, с ними трудно было бороться* [прочно утвердиться, застареть, укорениться]

II. ЗАКОРЕНЕ́ВШИЙ, -ая, -ее, -ие; *действ. прош.*
С и н т.: **а, б** — в глаг. знач. 1, 2
В з н а ч. п р и л. Укоренившийся, застарелый, закоренелый. *Закореневшие предрассудки* (С р. прил. **закорене́лый**, -ая, -ое, -ые. **1.** Застарелый, укоренившийся. *Закоренелые привычки. Закоренелый предрассудок* **2.** Неисправимый, упорный. *Закоренелый преступник. Закоренелый двоечник*)

ЗАКОРМИ́ТЬ, закормлю́, зако́рм|ят, закорми́|л; **сов. к** корми́ть в 6 знач. (см.)
II. ЗАКОРМИ́ВШИЙ, -ая, -ее, -ие; *действ. прош.*
С и н т.: **а, б** — в глаг. знач. 6
IV. ЗАКО́РМЛЕННЫЙ, -ая, -ое, -ые; *страд. прош.*
[чередование м/мл]
С и н т.: **а, б** — в глаг. знач. 6
ЗАКО́РМЛЕН, -ена, -ено, -ены; *кр. ф.*
В глаг. знач. 6

ЗАКРЕПИ́ТЬ, закреплю́, закреп|я́т, закрепи́|л; **сов., перех.** (*несов.* закрепля́ть; *несов.* крепи́ть *к* 6 знач.) **1. *что,*** также ***чем*** *Илья закрепил шатающуюся доску проволокой* (см. § 2). *Альпинисты закрепили трос* [укрепить, сделать устойчивым, неподвижным, привязав, прибив и т. п.] **2. *что,*** также ***чем*** *Шахматист закрепил завоеванные позиции ходом коня* (см. § 2) [сделать прочным, устойчивым достигнутые успехи] **3. *что за кем (чем)*** и ***за чем,*** также ***чем*** *«Надо было прежде всего попытаться закрепить за собой комнату».* Березко, Необыкновенные москвичи. *Декретом о земле революционное правительство закрепило всю землю за крестьянами* (см. § 2) [обеспечить, утвердить право пользоваться, распоряжаться чем-л.] **4. *кого(что)*** и ***что за кем (чем)*** *За каждым преподавателем мы закрепили одну студенческую группу для проведения соревнований. Местный Совет закрепил за каждым предприятием города определенную территорию для наведения там чистоты и порядка* [поручить чьему-л. ведению, заботам и т. п., возложить на кого-л. ответственность за кого-что-л.] **5. *что; S не лицо*** *Конституция СССР закрепила важнейшие завоевания революции* [сформулировать в виде закона, положения, постановления, решения и т. п. итоги достигнутого, совершившихся событий и т. п.— об официальном документе] **6. *кого(что)*** и ***что; S не лицо*** и ***безл.*** *Рис может закрепить тебя. Это лекарство закрепило желудок. Его закрепило* [сделать крепким желудок, вызвать запор; прекратить понос]
II. ЗАКРЕПИ́ВШИЙ, -ая, -ее, -ие; *действ. прош.*
С и н т.: **а, б** — в глаг. знач. 1—6
IV. ЗАКРЕПЛЁННЫЙ, -ая, -ое, -ые; *страд. прош.**
[чередование п/пл]
С и н т.: **а, б** — в глаг. знач. 1—5; **в** — в глаг. знач. 1
С у б с т а н т и в.$_2$ не употр.; с у б с т а н т и в.$_3$ в глаг. знач. 1
ЗАКРЕПЛЁН, -ена́, -ено́, -ены́; *кр. ф**
В глаг. знач. 1 — 5
□ Прич. IV в 6 глаг. знач. не употр.

ЗАКРЕПЛЯ́ТЬ, закрепля́|ют, закрепля́|л; **несов., перех.** (*сов.* закрепи́ть) **1. *что,*** также ***чем*** *Илья закрепляет шатающуюся доску проволокой* (см. § 2). *Альпинисты долго закрепляли трос* [укреплять, делать устойчивым, неподвижным, привязывая, прибивая и т. п.] **2. *что,*** также ***чем*** *Ходом пешки чемпион явно закрепляет завоеванные позиции* (см. § 2) [делать прочным, устойчивым достигнутые успехи] **3. *что за кем(чем)*** и ***за чем,*** также ***чем*** *Декретом о земле революционное правительство закрепляет всю землю за крестьянами* (см. § 2) [обеспечивать, утверждать право пользоваться, распоряжаться чем-л.] **4. *кого(что)*** и ***что за кем (чем)*** *За каждым преподавателем кафедры физкультуры декан закреплял одну студенческую группу для проведения соревнований. Местный Совет каждую зиму закреплял за предприятиями города определенную территорию для очистки от снега и льда* [поручать чьему-л. ведению, заботам и т. п., возлагать на кого-л. ответственность за кого-что-л.] **5. *что; S не лицо*** *Первая Конституция СССР закрепляла важнейшие завоевания революции* [формулировать в виде закона, положения, постановления, решения и т. п. итоги достигнутого, совершившихся событий и т. п.— об официальном документе] **6. *кого(что)*** и ***что; S не лицо*** и ***безл.*** *Смотри, как быстро это лекарство закрепляет желудок. Рис нас обычно закрепляет* [делать крепким желудок, вызывать запор; прекращать понос]
I. ЗАКРЕПЛЯ́ЮЩИЙ, -ая, -ее, -ие; *действ. наст.*
С и н т.: **а, б** — в глаг. знач. 1 — 6
В з н а ч. п р и л. Предназначенный для закрепления при расстройстве желудка. *Закрепляющие средства* (С р. прил. **закрепи́тельный,** -ая, -ое, -ые. Предназначенный, служащий для закрепления при расстройстве желудка, закрепляющий. *Закрепительные средства*)
II. ЗАКРЕПЛЯ́ВШИЙ, -ая, -ее, -ие; *действ. прош.*
С и н т.: **а, б** — в глаг. знач. 1 — 6
III. ЗАКРЕПЛЯ́ЕМЫЙ, -ая, -ое, -ые; *страд. наст.*
С и н т.: **а, б** — в глаг. знач. 1—6; **в** — в глаг. знач. 1
С у б с т а н т и в.$_2$ не употр.; с у б с т а н т и в.$_3$ в глаг. знач. 1

ЗАКРУГЛИ́ТЬ, закругл|я́т, закругли́|л; **сов., перех.** (*несов.* закругля́ть) **1. *что,*** также ***чем*** *Дети закруглили края бумаги ножницами* (см. § 2) [сделать круглым, круглее] **2. *что*** *Автор закруглил последнюю фразу так, что смысл был потерян* [сделать фразу, часть текста и т. п. стройным, гладким по форме, без шероховатостей, но обычно нечетким по содержанию; *разг.*]
II. ЗАКРУГЛИ́ВШИЙ, -ая, -ее, -ие; *действ. прош.*
С и н т.: **а, б** — в глаг. знач. 1, 2
IV. ЗАКРУГЛЁННЫЙ, -ая, -ое, -ые; *страд. прош.*
С и н т.: **а, б** — в глаг. знач. 1, 2; **в** — в глаг. знач. 1

Ср. прил. **закруглённый**, -ая, -ое, -ые; -ён, -ённа, -ённо, -ённы. **1.** Имеющий округлую форму. *Закругленный край бумаги. Закругленный угол* **2.** Стройный, гладкий по форме, без шероховатостей, но обычно нечеткий по содержанию — о стиле речи. *Закругленные фразы*

Субстантив.$_3$ в глаг. знач. 1

ЗАКРУГЛЁН, -ена́, -ено́, -ены́; *кр. ф.*

В глаг. знач. 1, 2

ЗАКРУГЛЯ́ТЬ, закругля́|ют, закругля́|л; ***несов. к*** закругли́ть (см.)

I. ЗАКРУГЛЯ́ЮЩИЙ, -ая, -ее, -ие; *действ. наст.*

Синт.: **а, б** — в глаг. знач. 1, 2

II. ЗАКРУГЛЯ́ВШИЙ, -ая, -ее, -ие; *действ. прош.*

Синт.: **а, б** — в глаг. знач. 1, 2

III. ЗАКРУГЛЯ́ЕМЫЙ, -ая, -ое, -ые; *страд. наст.*

Синт.: **а, б** — в глаг. знач. 1, 2

Субстантив.$_3$ в глаг. знач. 1

□ Прич. III во 2 глаг. знач. менее употр., чем личные ф. глагола и прич. I, II

ЗАКРЫВА́ТЬ, закрыва́|ют, закрыва́|л; ***несов. к*** закры́ть (см.)

I. ЗАКРЫВА́ЮЩИЙ, -ая, -ее, -ие; *действ. наст.*

Синт.: **а, б** — в глаг. знач. 1 — 13

II. ЗАКРЫВА́ВШИЙ, -ая, -ее, -ие; *действ. прош.*

Синт.: **а, б** — в глаг. знач. 1 — 13

III. ЗАКРЫВА́ЕМЫЙ, -ая, -ое, -ые; *страд. наст.**

Синт.: **а, б** — в глаг. знач. 1 — 9, 11 — 13

Субстантив.$_2$ в глаг. знач. 4; субстантив.$_3$ в глаг. знач. 1

□ Прич. III в 10 глаг. знач. не употр.

ЗАКРЫ́ТЬ, закро́ют, закры́|л; ***сов., перех.*** (*несов.* закрыва́ть) **1.** ***что*** *Я закрыл окно и дверь. Дети с трудом закрыли крышку чемодана. Дима закрыл портфель и положил его в парту* [сдвинуть, соединить, сомкнуть открытые створки, опустить открытую крышку и т. п.; опустив створки, крышку и т. п., соединив створки и т. п., сделать недоступной внутреннюю часть чего-л.] **2.** ***что,*** также ***чем*** *Саша закрыла квартиру старым ключом* (см. § 2) [запереть что-л. с помощью ключа, засова и т. п.] **3.** ***что*** *Мальчик закрыл книгу и положил ее в портфель. Дождь прошел, и прохожие закрыли свои зонтики. Больной закрыл глаза* [сложить, сомкнуть что-л. раскрытое, развернутое] **4.** ***кого(что)*** и ***что чем*** *Мать закрыла спящего ребенка теплым одеялом* (см. § 2). *Актриса, засмеявшись, закрыла лицо руками* (см. § 2) [накрыть, покрыть чем-л.] **5.** ***кого (что)*** и ***что,*** также ***кем*** и ***чем*** *Александр Матросов закрыл своим телом амбразуру, и гитлеровцы не смогли начать атаку* (см. § 2). *В этом бою молодой сержант закрыл собой командира и спас ему жизнь. Огромная туча закрыла солнце* [заградить, заслонить собой] **6.** ***что,*** также ***чем*** *Я закрыл отверстие в трубе куском поролона, и поэтому вода шла со слабым напором* (см. § 2) [заслонить чем-л. отверстие, щель и т. п.] **7.** ***что*** *Мальчик закрыл кран, но вода всё-таки капала* [завернуть, опустить, задвинуть и т. п. что-л., чтобы прекратить доступ чему-л.] **8.** ***что*** *Илья закрыл воду, чтобы починить кран. Мы закрыли газ, так как почувствовали его запах* [остановить движение, действие чего-л., устроив преграду для доступа куда-л., выхода откуда-л.] **9.** ***что,*** также ***чем*** *Правительство особым распоряжением закрыло границу* (см. § 2). *Правящая верхушка новой поправкой к закону практически закрыла дорогу в высшие учебные заведения детям рабочих* (см. § 2) [преднамеренно прекратить чей-л. доступ куда-л.; преднамеренно сделать что-л. недоступным кому-л.] **10.** ***что кому(чему); S не лицо*** *Болезнь закрыла мне дорогу в большой спорт. Политическая деятельность закрыла революционерам доступ в университет* [привести к невозможности осуществить что-л., сделать что-л.] **11.** ***что*** *Магазин закрыли на учет. Театр на лето закроют* [прекратить, прервать деятельность, работу какого-л. учреждения, предприятия и т. п.] **12.** ***что*** *Председатель профкома закрыл собрание* [объявить закончившимся, окончить собрание, дискуссию, митинг и т. д.] **13.** ***что,*** также ***чем*** *Портниха слишком закрыла тебе шею этим воротником* (см. § 2) [сделать покрытым какой-л. частью одежды какую-л. часть тела]

II. ЗАКРЫ́ВШИЙ, -ая, -ее, -ие; *действ. прош.*

Синт.: **а, б** — в глаг. знач. 1 — 13

IV. ЗАКРЫ́ТЫЙ, -ая, -ое, -ые; *страд. прош.**

Синт.: **а, б** — в глаг. знач. 1 — 9, 11 — 13 и в статив. знач.; **в** — в глаг. знач. 7, 9, 11

Статив. знач., ***для кого(чего)*** (также *кр. ф.* ↓) Являющийся недоступным, неосуществимым для кого-л. *Этого спортсмена угнетала мысль о закрытой теперь для него дороге в большой спорт*

В знач. прил. (также *кр. ф.*↓) **1.** Со сдвинутыми, соединенными створками, сомкнутой крышкой и т. п. *Я подошел к закрытому окну. На полу стояли закрытые чемоданы* **2.** Запертый на ключ. *Мы долго стояли перед закрытой квартирой* **3.** Сомкнутый. *Больной лежал с закрытыми глазами*

Ср. прил. **закры́тый**, -ая, -ое, -ые. **1.** Имеющий стенки, навес, покрытие. *Закрытая беседка. Закрытый балкон* **2.** Доступный не для всех желающих. *Закрытый конкурс. Закрытое собрание* **3.** Такой, у которого не оставлены открытыми плечи, шея, руки и т. п. — об одежде, обуви. *Закрытые туфли. Закрытое платье. Кофточка с закрытым воротом* **4.** Не обнаруживающийся явно, внутренний. *Закрытый перелом. Болезнь протекает в закрытой форме* ◊ **Закрытое учебное заведение** — учебное заведение, в котором учащиеся живут на полном пансионе. **В закрытом помещении** — не на воздухе, в помещении. **Закрытое голосование** — тайное голосование. **Закрытое море** — море, представляющее собой территориальные воды одного государства. **С закрытыми глазами** — не размышляя, не думая об опасности

С у б с т а н т и в.$_2$ в глаг. знач. 4; с у б с т а н т и в.$_3$ в глаг. знач. 1

ЗАКРЫ́Т, -та, -то, -ты, *кр. ф.**

В глаг. знач. 1 — 9, 11 — 13

С т а т и в. з н а ч., ***для кого(чего)*** (также *полн. ф.* ↑) *Дорога в большой спорт была для этого спортсмена теперь закрыта*

В з н а ч. п р и л. **1.** (также *полн. ф.* ↑) *Смотрите, окно закрыто! Чемоданы были закрыты* **2.** (также *полн. ф.*↑) *Квартира закрыта* **3.** (также *полн. ф.*↑) *Глаза у больного закрыты* **4.** (только *кр. ф.*) Не работающий, не доступный для покупателей, посетителей и т. п. в соответствии с принятым распорядком дня или по другим причинам. *Магазин закрыт. Театр закрыт. Поликлиника уже закрыта* **5.** (только *кр. ф.*) Не свободный, не доступный для транспорта, прохожих. *Путь закрыт. Это шоссе закрыто*

С р. **закры́то (закры́то на обед, на учет, на ремонт),** ***безл.***— сообщение (обычно в виде таблички, объявления) какого-л. учреждения сферы обслуживания (магазина, кассы, почты и т. д.) о временном прекращении работы

▭ Прич. IV в 10 глаг. знач. не употр.

ЗАЛОЖИ́ТЬ, заложу́, зало́ж|ат, заложи́|л; ***сов., перех.*** (*несов.* закла́дывать к 1, 3—10 знач.) **1.** ***что*** *Бабушка заложила подушки за спину. Илья специально заложил письмо за зеркало, чтобы я его не сразу увидела* [положить, поместить что-л. за что-л., куда-л.] **2.** ***что*** *Брат заложил куда-то книгу и не может ее найти* [положить не на место, так, что трудно найти, засунуть] **3.** ***что*** *«[Саперы] заложили тол и подожгли запал».* Симонов, Дни и ночи. *В этом году колхозники заложили достаточное количество силоса* [положить, поместить куда-л. с какой-л. целью определенное количество, порцию чего-л.; положить, поместить определенное количество чего-л. для хранения] **4.** ***что чем*** *Я заложила письменный стол книгами и рукописями* (см. § 2). *Рабочий заложил отверстие в стене кирпичами* (см. § 2) [заполнить какую-л. поверхность, пространство чем-л. сверх меры; заполнить пустое пространство, закрыть отверстие чем-л.] **5.** ***что чем*** *Мальчик заложил интересное место в книге закладкой* (см. § 2) [вставить что-л. между чем-л., чтобы отметить] **6.** ***что в ком*** *Отец заложил в детях любовь к природе* [способствовать развитию, зарождению каких-л. внутренних склонностей, душевных качеств] **7.** ***что*** *Строители заложили новый дом. В нашем сквере заложили памятник А. С. Пушкину* [начать постройку чего-л.; положить основание для чего-л.] **8.** ***что*** *«Зимой бывало в ночь глухую Заложим тройку удалую».* Пушкин, Братья разбойники. *«[Роман Борисович] велел заложить возок — ехать на службу».* А. Н. Толстой, Петр Первый [запрячь, впрячь в какой-л. экипаж; приготовить экипаж к езде] **9.** ***что*** *Сестра заложила драгоценности в ломбард. Отец заложил свои старинные часы* [отдать в залог, под ссуду] **10.** ***безл., что*** *Нос заложило. Уши заложило. Грудь заложило* [о болезненном ощущении тяжести в носу, в ушах, в груди]

II. ЗАЛОЖИ́ВШИЙ, -ая, -ее, -ие; *действ. прош.*

С и н т.: **а, б** — в глаг. знач. 1—9

IV. ЗАЛО́ЖЕННЫЙ, -ая, -ое, -ые; *страд. прош.*

С и н т.: **а, б** — в глаг. знач. 1—9 и в статив. знач.; **в** — в глаг. знач. 3, 7—9

С т а т и в. з н а ч., ***в ком (чем)*** и ***в чем*** (также *кр. ф.* ↓) Имеющийся в ком-чем-л. как источник чего-л. *Заложенные в человеке таланты должны развиваться. Надо использовать все возможности, заложенные в интенсивной организации учебного процесса*

В з н а ч. п р и л. (также *кр. ф.* ↓) С болезненным ощущением тяжести — об ушах, носе, груди. *Брат все время ходит с заложенными ушами.*

С у б с т а н т и в.$_3$ в глаг. знач. 1, 3, 4, 9

ЗАЛО́ЖЕН, -ена, -ено, -ены; *кр. ф.*

В глаг. знач. 1—9

С т а т и в. з н а ч., ***в ком(чем)*** и ***в чем*** (также *полн. ф.*↑) *В человеке заложены самые разнообразные таланты. В интенсивной организации учебного процесса заложены большие возможности*

В з н а ч. п р и л. (также *полн. ф.* ↑) *У малыша уши заложены, поэтому он плачет*

ЗАМА́НИВАТЬ, зама́нива|ют, зама́нива|л; ***несов. к*** замани́ть (см.)

I. ЗАМА́НИВАЮЩИЙ, -ая, -ее, -ие; *действ. наст.*

С и н т.: **а, б** — в глаг. знач.

II. ЗАМА́НИВАВШИЙ, -ая, -ее, -ие; *действ. прош.*

С и н т.: **а, б** — в глаг. знач.

III. ЗАМА́НИВАЕМЫЙ, -ая, -ое, -ые; *страд. наст.*

С и н т.: **а, б** — в глаг. знач.

ЗАМАНИ́ТЬ, заманю́, зама́н|ят и *доп. устар.* заманя́т, замани́|л; ***сов., перех., кого(что),*** также ***чем*** (*несов.* зама́нивать] *Разведчики заманили вражеских солдат в лес и взяли их в плен. Мальчик заманил белку в клетку орехами* (см. § 2). *Охотники заманили волка в капкан* [привлекая чем-л., заставить прийти куда-л., оказаться где-л., завлечь]

II. ЗАМАНИ́ВШИЙ, -ая, -ее, -ие; *действ. прош.*

С и н т.: **а, б** — в глаг. знач.

IV. ЗАМА́НЕННЫЙ, -ая, -ое, -ые и ЗАМАНЁННЫЙ, -ая, -ое, -ые; *страд. прош.*

С и н т.: **а, б** — в глаг. знач.

ЗАМА́НЕН, -ена, -ено, -ены и ЗАМАНЁН, -ена́, -ено́, -ены́; *кр. ф.*

В глаг. знач.

ЗАМАРИНОВА́ТЬ, замариную́т, замаринова́|л; ***сов. к*** маринова́ть в 1 знач. (см.)

II. ЗАМАРИНОВА́ВШИЙ, -ая, -ее, -ие; *действ. прош.*

С и н т.: **а, б** — в глаг. знач. 1

IV. ЗАМАРИНО́ВАННЫЙ, -ая, -ое, -ые; *страд. прош.*
Синт.: **а, б, в** — в глаг. знач. 1
ЗАМАРИНО́ВАН, -ана, -ано, -аны; *кр. ф.*
В глаг. знач. 1

ЗАМАСКИРОВА́ТЬ, замаскиру́ют, замаскирова́|л; ***сов., перех.*** (*несов.* замаскиро́вывать и маскирова́ть) **1. *кого (что)*** и ***что,*** также ***чем*** *Солдаты замаскировали раненого сеном и ветками* (см. § 2). *Охотник хорошо замаскировал капкан. Вход в шалаш мальчики замаскировали ветками* (см. § 2) [закрыть чем-л., сделав незаметным, невидным] **2. *что,*** также ***чем*** *Люди часто хотят замаскировать серьезные чувства шуткой* (см. § 2) [скрыть сущность чего-л. при помощи чего-л. притворного, показного и т. п.]
II. ЗАМАСКИРОВА́ВШИЙ, -ая, -ее, -ие; *действ. прош.*
Синт.: **а, б** — в глаг. знач. 1, 2
IV. ЗАМАСКИРО́ВАННЫЙ, -ая, -ое, -ые; *страд. прош.*
Синт.: **а, б, в** — в глаг. знач. 1, 2
В знач. прил. (только *полн. ф.*) Скрытый, прикрытый чем-л., тайный. *Замаскированные намерения. В замаскированном виде*
Субстантив.$_3$ в глаг. знач. 1
ЗАМАСКИРО́ВАН, -ана, -ано, -аны; *кр. ф.*
В глаг. знач. 1, 2

ЗАМАСКИРО́ВЫВАТЬ, замаскиро́выва*ю*т, замаскиро́выва|л; ***несов. к*** замаскирова́ть (см.)
I. ЗАМАСКИРО́ВЫВАЮЩИЙ, -ая, -ее, -ие; *действ. наст.*
Синт.: **а, б** — в глаг. знач. 1, 2
II. ЗАМАСКИРО́ВЫВАВШИЙ, -ая, -ее, -ие; *действ. прош.*
Синт.: **а, б** — в глаг. знач. 1, 2
III. ЗАМАСКИРО́ВЫВАЕМЫЙ, -ая, -ое, -ые; *страд. наст.*
Синт.: **а, б** — в глаг. знач. 1, 2
Субстантив.$_3$ в глаг. знач. 1

ЗАМА́СЛИВАТЬ, зама́слива*ю*т, зама́слива|л; ***несов. к*** зама́слить (см.)
I. ЗАМА́СЛИВАЮЩИЙ, -ая, -ее, -ие; *действ. наст.*
Синт.: **а, б** — в глаг. знач.
II. ЗАМА́СЛИВАВШИЙ, -ая, -ее, -ие; *действ. прош.*
Синт.: **а, б** — в глаг. знач.
III. ЗАМА́СЛИВАЕМЫЙ, -ая, -ое, -ые; *страд. наст.*
Синт.: **а, б** — в глаг. знач.

ЗАМА́СЛИВАТЬСЯ, зама́слива*ю*тся, зама́слива|лся; ***несов. к*** зама́слиться (см.)
I. ЗАМА́СЛИВАЮЩИЙСЯ, -аяся, -ееся, -иеся; *действ. наст.*
Синт.: **а, б** — в глаг. знач. 1, 2
II. ЗАМА́СЛИВАВШИЙСЯ, -аяся, -ееся, -иеся; *действ. прош.*
Синт.: **а, б** — в глаг. знач. 1, 2

ЗАМА́СЛИТЬ, зама́сл|ят, зама́сли|л; ***сов., перех., что*** (*несов.* зама́сливать) *Мальчик замаслил свою одежду. Малыш замаслил руки* [испачкать маслом, чем-л. жирным, засалить]
II. ЗАМА́СЛИВШИЙ, -ая, -ее, -ие; *действ. прош.*
Синт.: **а, б** — в глаг. знач.
IV. ЗАМА́СЛЕННЫЙ, -ая, -ое, -ые; *страд. прош.*
Синт.: **а, б** — в глаг. знач.
В знач. прил. (также *кр. ф.* ↓) Испачканный чем-л. жирным, засаленный, замаслившийся. *Брат работал в саду в замасленной рубашке. Сосед ходил в замасленных брюках*
ЗАМА́СЛЕН, -ена, -ено, -ены; *кр. ф.*
В глаг. знач.
В знач. прил. (также *полн. ф.* ↑) *Рубашка у брата была замаслена. У вас брюки замаслены!*

ЗАМА́СЛИТЬСЯ, зама́слятся, зама́сли|лся; ***сов.*** (*несов.* зама́сливаться); ***S не лицо*** **1.** *Платье и пальто сильно замаслились* [запачкаться чем-л. жирным, засалиться] **2.** *Глаза его замаслились от удовольствия* [стать блестящим от удовольствия, вожделения и т. п. — о глазах]
II. ЗАМА́СЛИВШИЙСЯ, -аяся, -ееся, -иеся; *действ. прош.*
Синт.: **а, б, в** — в глаг. знач. 1, 2

ЗАМЕ́ДЛИТЬ, заме́дл|ят, заме́дли|л; ***сов.*** (*несов.* замедля́ть *к* 1, 2 знач.) **1. *перех., что*** *Машинист замедлил ход поезда. Мы замедлили шаги* [сделать более медленным, уменьшить скорость чего-л.] **2. *перех., что*** *Редактор сознательно замедлил выход этой статьи в свет. Мастер цеха замедлил выпуск машины* [затянуть, задержать] **3. *неперех., с чем*** и ***с неопр. ф.*** *Илья немного замедлил с ответом. Ребята не замедлили прийти больному на помощь* [задержаться, запоздать — обычно с отрицанием]
II. ЗАМЕ́ДЛИВШИЙ, -ая, -ее, -ие; *действ. прош.*
Синт.: **а, б** — в глаг. знач. 1 — 3
IV. ЗАМЕ́ДЛЕННЫЙ, -ая, -ое, -ые; *страд. прош.*
Синт.: **а, б** — в глаг. знач. 1, 2
Ср. прил. **заме́дленный,** -ая, -ое, -ые; -ен, -енна, -енно, -енны. **1.** Более медленный, чем обычно. *У нее замедленная реакция. Замедленная речь. Движения замедленны. Замедленные темпы развития* **2.** С уменьшенной скоростью. *Замедленный ход поезда. Поезд идет с замедленной скоростью*
Субстантив.$_3$ не употр.
ЗАМЕ́ДЛЕН, -ена, -ено, -ены; *кр. ф.*
В глаг. знач. 1, 2

ЗАМЕДЛЯ́ТЬ, замедля́|ют, замедля́|л; ***несов. к*** заме́длить в 1, 2 знач. (см.)
I. ЗАМЕДЛЯ́ЮЩИЙ, -ая, -ее, -ие; *действ. наст.*
Синт.: **а, б** — в глаг. знач. 1, 2
II. ЗАМЕДЛЯ́ВШИЙ, -ая, -ее, -ие; *действ. прош.*
Синт.: **а, б** — в глаг. знач. 1, 2
III. ЗАМЕДЛЯ́ЕМЫЙ, -ая, -ое, -ые; *страд. наст.*
Синт.: **а, б** — в глаг. знач. 1, 2
Субстантив.$_3$ не употр.

ЗАМЕНИ́ТЬ, заменю́, заме́н|ят, замени́|л; ***сов. к*** заменя́ть (см.)

II. ЗАМЕНИ́ВШИЙ, -ая, -ее, -ие; *действ. прош.*
Синт.: **а, б** — в глаг. знач. 1 — 4
IV. ЗАМЕНЁННЫЙ, -ая, -ое, -ые; *страд. прош.**
Синт.: **а, б** — в глаг. знач. 1, 3; **в** — в глаг. знач. 3
Субстантив.$_2$ не употр.; субстантив.$_3$ в глаг. знач. 1
ЗАМЕНЁН, -ена́, -ено́, -ены́; *кр. ф.**
В глаг. знач. 1, 3
□ Прич. IV во 2, 4 глаг. знач. не употр.

ЗАМЕНЯ́ТЬ, заменя́|ют, заменя́|л; ***несов., перех.*** (*сов.* замени́ть) **1.** ***кого(что)*** и ***что кем(чем)*** и ***чем*** *Новый директор заменяет плохих работников опытными и любящими дело людьми* (см. § 2). *В этих случаях мы заменяли стекло металлом* (см. § 2) [брать, использовать, назначать взамен другого] **2.** ***кого(что)*** и ***что кому*** *Моя сестра заменяет мальчику рано умершую мать. Телевизор не заменяет нам театра. Книги заменяли ему даже друзей* [занимать место кого-чего-л., будучи равноценным кому-чему-л. или взяв на себя обязанности кого-чего-л.] **3.** ***что*** *Мы несколько раз заменяли телефонный аппарат* [употреблять другое, новое вместо имевшегося] **4.** ***кого(что)*** *Наша молодежь достойно заменяет старшее поколение* [появляться, приходить на смену кому-чему-л.]
I. ЗАМЕНЯ́ЮЩИЙ, -ая, -ее, -ие; *действ. наст.*
Синт.: **а, б** — в глаг. знач. 1 — 4
II. ЗАМЕНЯ́ВШИЙ, -ая, -ее, -ие; *действ. прош.*
Синт.: **а, б** — в глаг. знач. 1 — 4
III. ЗАМЕНЯ́ЕМЫЙ, -ая, -ое, -ые; *страд. наст.**
Синт.: **а, б** — в глаг. знач. 1, 3; **в** — в глаг. знач. 3
Ср. прич. в 1 глаг. знач. с прил. **замени́мый,** -ая, -ое, -ые; -и́м, -и́ма, -и́мо, -и́мы. Такой, что легко заменить другим. *Заменимые части прибора. Эта деталь легко заменима*
Субстантив.$_2$ не употр.; субстантив.$_3$ в глаг. знач. 1
ЗАМЕНЯ́ЕМ, -ема, -емо, -емы; *кр. ф.**
В глаг. знач. 1, 3
□ Прич. III во 2, 4 глаг. знач. не употр.

ЗАМЕРЗА́ТЬ, замерза́|ют, замерза́|л; ***несов. к*** замёрзнуть (см.)
I. ЗАМЕРЗА́ЮЩИЙ, -ая, -ее, -ие; *действ. наст.*
Синт.: **а, б** — в глаг. знач. 1—6; **в** — в глаг. знач. 1—4, 6
II. ЗАМЕРЗА́ВШИЙ, -ая, -ее, -ие; *действ. прош.*
Синт.: **а, б** — в глаг. знач. 1 — 6; **в** — в глаг. знач. 1—4, 6

ЗАМЁРЗНУТЬ, замёрзнут, замёрз|; ***сов., неперех.*** (*несов.* замерза́ть; *несов.* мёрзнуть *к* 1, 4 — 6 знач.) **1.** ***S не лицо*** *Вода в бочке замерзла* [превратиться в лед, затвердеть от холода] **2.** ***S не лицо*** *«Море не замерзло. Снег лежит до самой кромки воды».* Паустовский, Золотая роза [покрыться льдом, ледяной коркой] **3.** *«Без тебя я не добрался бы до города и замерз бы на дороге».* Пушкин, Капитанская дочка [умереть от мороза, стужи] **4.** ***S не лицо*** *Птица замерзла на лету и упала на землю* [погибнуть, окоченев от сильного мороза — о животных] **5.** *Я замерзла даже в шубе* [почувствовать холод, очень сильно озябнуть] **6.** ***S не лицо*** *У меня очень руки замерзли* [потерять чувствительность, подвижность от сильного холода, окоченеть]
II. ЗАМЁРЗШИЙ, -ая, -ее, -ие; *действ. прош.*
Синт.: **а, б, в** — в глаг. знач. 1—6

ЗАМЕ́ТИТЬ, заме́чу, заме́т|ят, заме́ти|л; ***сов.*** (*несов.* замеча́ть) **1.** ***перех., кого (что)*** и ***что*** *На перроне друзья заметили странного человека, который не садился ни в один поезд. Мальчик заметил дым над лесом* [воспринять зрением, увидеть, обнаружить, обратить внимание] **2.** ***перех., что*** и ***с придат. дополнит.*** *Я заметила волнение, с которым Ольга встретила Смирнова. Аня заметила, что дети с интересом слушают ее* [сделать какое-л. наблюдение, подметить что-л.] **3.** ***перех., что*** *Илья заметил дорогу, и мы легко вышли из леса. «[Петя] поставил в торфяном пруду сети на карасей и заметил место: против сети на берегу стояло около десяти маленьких.. березок».* М. Пришвин, Фацелия [обратив внимание, запомнить, отметить в уме характерные признаки чего-л.] **4.** ***неперех.*** *— Вы не правы, — заметил незнакомец* [сказать что-л., вставив в разговор]
II. ЗАМЕ́ТИВШИЙ, -ая, -ее, -ие; *действ. прош.*
Синт.: **а, б** — в глаг. знач. 1 — 4
IV. ЗАМЕ́ЧЕННЫЙ, -ая, -ое, -ые; *страд. прош.*
[чередование т/ч]
Синт.: **а, б** — в глаг. знач. 1—3
Субстантив.$_3$ не употр.
ЗАМЕ́ЧЕН, -ена, -ено, -ены; *кр. ф.*
В глаг. знач. 1 — 3
Ср. выражение: **правильно замечено,** *безл.* — кем-л. сказано правильно

ЗАМЕЧА́ТЬ, замеча́|ют, замеча́|л; ***несов. к*** заме́тить (см.)
I. ЗАМЕЧА́ЮЩИЙ, -ая, -ее, -ие; *действ. наст.**
Синт.: **а, б** — в глаг. знач. 1 — 3
II. ЗАМЕЧА́ВШИЙ, -ая, -ее, -ие; *действ. прош.**
Синт.: **а, б** — в глаг. знач. 1 — 3
III. ЗАМЕЧА́ЕМЫЙ, -ая, -ое, -ые; *страд. наст.*
Синт.: **а, б** — в глаг. знач. 1 — 3
Субстантив.$_2$ и субстантив.$_3$ не употр.
□ Прич. I, II в 4 глаг. знач. не употр.

ЗАМКНУ́ТЬ, замкну́т, замкну́|л; ***сов., перех., что*** (*несов.* замыка́ть) *Лаборант замкнул электрическую цепь и опыт начался. Наши войска замкнули кольцо окружения* [соединить крайние части, концы чего-л., сомкнуть]
II. ЗАМКНУ́ВШИЙ, -ая, -ее, -ие; *действ. прош.*
Синт.: **а, б** — в глаг. знач.
IV. ЗА́МКНУТЫЙ, -ая, -ое, -ые; *страд. прош.*
Синт.: **а, б** — в глаг. знач. и в статив. знач.
Статив. знач., ***чем*** (только *полн. ф.*)

Имеющий вокруг себя что-л., не позволяющее иметь выход, доступ и т. п. куда-л., окруженный со всех сторон чем-л. *«Озеро, замкнутое поясом непроходимых зарослей, поблескивало внизу».* Паустовский, Последний черт

В знач. прил. (только *полн. ф.*) Смыкающийся, соединенный концами, замкнувшийся. *Замкнутая кривая. Замкнутая электрическая цепь*

Ср. прил. **за́мкнутый,** -ая, -ое, -ые; -ут, -та, -то, -ты. **1.** (только *полн. ф.*) Обособленный, отъединенный от общества, недоступный для других. *Замкнутая среда. Вести замкнутую жизнь. Замкнутый кружок. Замкнутая система* **2.** Скрытный, необщительный. *Замкнутый характер. Замкнутый человек*

◇ **Замкнутый круг** — положение, не имеющее выхода

ЗА́МКНУТ, -та, -то, -ты; *кр. ф.*

В глаг. знач.

ЗАМКНУ́ТЬСЯ, замкну́тся, замкну́|лся; ***сов.*** (*несов.* замыка́ться) **1.** ***S не лицо*** *Электрическая цепь замкнулась. Кольцо окружения замкнулось* [соединиться концами, краями, сомкнуться] **2.** ***в ком*** и ***в чем*** *Брат замкнулся в семейном кругу. Мой друг замкнулся в себе* [обособиться, ограничить свою связь с внешним миром — обычно в сочетании со словами *в себе*]

II. ЗАМКНУ́ВШИЙСЯ, -аяся, -ееся, -иеся; *действ. прош.*

Синт.: **а, б** — в глаг. знач. 1, 2; **в** — в глаг. знач. 1

ЗАМОРА́ЖИВАТЬ, замора́жива|ют, замора́жива|л; ***несов. к*** заморо́зить в 1, 3 — 5 знач. (см.)

I. ЗАМОРА́ЖИВАЮЩИЙ, -ая, -ее, -ие; *действ. наст.*

Синт.: **а, б** — в глаг. знач. 1, 3 — 5

II. ЗАМОРА́ЖИВАВШИЙ, -ая, -ее, -ие; *действ. прош.*

Синт.: **а, б** — в глаг. знач. 1, 3 — 5

III. ЗАМОРА́ЖИВАЕМЫЙ, -ая, -ое, -ые; *страд. наст.*

Синт.: **а, б, в** — в глаг. знач. 1, 3 — 5

Субстантив.$_3$ в глаг. знач. 1

ЗАМОРО́ЗИТЬ, заморо́жу, заморо́з|ят, заморо́зи|л; ***сов., перех.*** (*несов.* замора́живать *к* 1, 3—5 знач.; *несов.* моро́зить к 1, 2 знач.) **1.** ***что*** *Мы заморозили пельмени на балконе. Я заморожу ягоды в морозильной камере* [подвергнув действию сильного холода, дать замерзнуть, затвердеть от холода с целью хранения] **2.** ***кого(что)*** *Открывай скорее дверь, ты совсем заморозил гостей!* [допустить, чтобы кто-л. сильно озяб; *разг.*] **3.** ***что*** *Врач заморозил мне десну и вырвал зуб* [обезболить, лишить чувствительности какую-л. часть тела путем применения наркоза] **4.** ***что*** *Дирекция завода заморозила строительство стадиона* [приостановить, задержать начатое дело; *разг.*] **5.** ***что*** *Администрация заморозила средства на переоборудование цехов* [оставить что-л. без применения, употребления; *разг.*]

II. ЗАМОРО́ЗИВШИЙ, -ая, -ее, -ие; *действ. прош.*

Синт.: **а, б** — в глаг. знач. 1 — 5

IV. ЗАМОРО́ЖЕННЫЙ, -ая, -ое, -ые; *страд. прош.**

[чередование з/ж]

Синт.: **а, б** — в глаг. знач. 1, 3 — 5; **в** — в глаг. знач. 1, 3

В знач. прил. (только *полн. ф.*) **1.** Такой, ход, развитие которого прекращено — обычно о строительстве. *Замороженное строительство. Замороженный объект* **2.** Находящийся длительное время без применения, употребления. *Замороженные средства. Замороженные вклады. Замороженная техника. Замороженное оборудование*

Ср. прил. **заморо́женный,** -ая, -ое, -ые. Холодный, равнодушный, невыразительный. *Замороженная улыбка. Замороженное лицо*

Субстантив.$_3$ в глаг. знач. 1

ЗАМОРО́ЖЕН, -ена, -ено, -ены; *кр. ф.**

В глаг. знач. 1, 3 — 5

▭ Прич. IV во 2 глаг. знач. не употр.

ЗАМУ́ЧИТЬ, заму́ч|ат и *доп.* заму́чают, заму́чи|л; ***сов., перех., кого(что)*** (*несов.* му́чить *ко* 2, 3 знач.) **1.** *Фашисты замучили молодую партизанку* [истязаниями довести до смерти] **2.** также ***чем*** *Ольга замучила сына придирками и подозрениями* (см. § 1). *Твои придирки замучили меня* [заставить страдать, мучиться, причинить кому-л. нравственные страдания] **3.** ***S не лицо*** *Эта долгая болезнь замучила Аню. Непрерывные ночные дежурства в клинике замучили Андрея. Лиду замучил кашель. Больного замучила жажда* [вызвать состояние изнуренности, истомленности физической болью, усталостью, острой потребностью организма в чем-л. и т. п., истерзать]

II. ЗАМУ́ЧИВШИЙ, -ая, -ее, -ие; *действ. прош.*

Синт.: **а, б** — в глаг. знач. 1 — 3

IV. ЗАМУ́ЧЕННЫЙ, -ая, -ое, -ые; *страд. прош.*

Синт.: **а, б** — в глаг. знач. 1 — 3

В знач. прил. (только *полн. ф.*) Крайне усталый, изнуренный. *Замученный человек. Замученные дети*

Ср. прил. **заму́ченный,** -ая, -ое, -ые. Выражающий крайнюю усталость, страдание. *Замученный вид. Замученный взгляд*

ЗАМУ́ЧЕН, -ена, -ено, -ены; *кр. ф.*

В глаг. знач. 1 — 3

ЗАМЫКА́ТЬ, замыка́|ют, замыка́|л; ***несов., перех., что*** (*сов.* замкну́ть *к* 1 знач.) **1.** *Лаборант замыкает электрическую цепь перед началом опыта. Наша часть замыкала кольцо окружения* [соединять крайние части, концы чего-л., смыкать] **2.** *Шествие замыкали музыканты* [находиться в конце чего-л. движущегося, заканчивая собой движущуюся часть]

I. ЗАМЫКА́ЮЩИЙ, -ая, -ее, -ие; *действ. наст.*

Синт.: **а, б** — в глаг. знач. 1, 2

В знач. сущ. замыка́**ющий,** -его, *м.*; **замыка́ющая,** -ей, *ж.* Тот (та), кто идет последним в колонне. *На демонстрации мы были замыкающими*

II. ЗАМЫКА́ВШИЙ, -ая, -ее, -ие; *действ. прош.*

Синт.: **а, б** — в глаг. знач. 1, 2

III. ЗАМЫКА́ЕМЫЙ, -ая, -ое, -ые; *страд. наст.*

Синт.: **а, б** — в глаг. знач. 1, 2; **в** — в глаг. знач. 1

ЗАМЫКА́ТЬСЯ, замыка́|ются, замыка́|лся; ***несов. к*** замкну́ться (см.)

I. ЗАМЫКА́ЮЩИЙСЯ, -аяся, -еесся, -иеся; *действ. наст.*

Синт.: **а, б** — в глаг. знач. 1, 2; **в** — в глаг. знач. 1

II. ЗАМЫКА́ВШИЙСЯ, -аяся, -ееся, -иеся; *действ. прош.*

Синт.: **а, б** — в глаг. знач. 1, 2; **в** — в глаг. знач. 1

ЗАНИЖА́ТЬ, занижа́|ют, занижа́|л; ***несов. к*** зани́зить (см.)

I. ЗАНИЖА́ЮЩИЙ, -ая, -ее, -ие; *действ. наст.*

Синт.: **а, б** — в глаг. знач. 1, 2

II. ЗАНИЖА́ВШИЙ, -ая, -ее, -ие; *действ. прош.*

Синт.: **а, б** — в глаг. знач. 1, 2

III. ЗАНИЖА́ЕМЫЙ, -ая, -ое, -ые; *страд. наст.*

Синт.: **а, б, в** — в глаг. знач. 1, 2

Субстантив.$_3$ не употр.

ЗАНИ́ЗИТЬ, зани́жу, зани́з|ят, зани́зи|л; ***сов., перех., что*** (*несов.* занижа́ть) **1.** *Эти рабочие явно занизили требования к выпускаемой продукции* [слишком понизить, представить, предъявить и т. п. в меньших размерах, чем следует, снизить] **2.** *Начальник цеха занизил цифры в отчете. Учитель занизил оценки нескольким ученикам* [сделать показатели чего-л. ниже, чем есть на самом деле; поставить учащемуся более низкую оценку, чем он заслуживает]

II. ЗАНИ́ЗИВШИЙ, -ая, -ее, -ие; *действ. прош.*

Синт.: **а, б** — в глаг. знач. 1, 2

IV. ЗАНИ́ЖЕННЫЙ, -ая, -ое, -ые; *страд. прош.*

[чередование з/ж]

Синт.: **а, б** — в глаг. знач. 1, 2

В знач. прил. (только *полн. ф.*) **1.** Меньше, чем есть на самом деле. *Заниженные цифры в отчете. Заниженные показатели* **2.** Ниже реальных показателей, возможностей и т. п. кого-чего-л.; ниже чего-л. установленного, принятого. *Заниженные оценки. Заниженный уровень шума. Заниженные требования. Заниженная норма*

Субстантив.$_3$ не употр.

ЗАНИ́ЖЕН, -ена, -ено, -ены; *кр. ф.*

В глаг. знач. 1, 2

ЗАНИМА́ТЬ, занима́|ют, занима́|л; ***несов. к*** заня́ть (см.)

I. ЗАНИМА́ЮЩИЙ, -ая, -ее, -ие; *действ. наст.*

Синт.: **а, б** — в глаг. знач. 1 — 11

II. ЗАНИМА́ВШИЙ, -ая, -ее, -ие; *действ. прош.*

Синт.: **а, б** — в глаг. знач. 1 — 11

III. ЗАНИМА́ЕМЫЙ, -ая, -ое, -ые; *страд. наст.*

Синт.: **а, б** — в глаг. знач. 1 — 11

Субстантив.$_3$ в глаг. знач. 1

ЗАНЯ́ТЬ, займу́т, за́ня|л, заняла́, за́няло, -ли; ***сов., перех.*** (*несов.* занима́ть) **1. *что; S не лицо*** *Посуда заняла весь шкаф. Книги заняли много места в чемодане* [заполнить собой какое-л. пространство] **2. *что*** *Мы заняли два купе. Молодожены уже заняли свободную комнату* [расположиться, поместиться где-л.] **3. *что*** *Противник занял эту деревню* [овладеть силой какой-л. территорией, населенным пунктом и т. п.] **4. *что; S не лицо*** *Переезд на новую квартиру занял два дня* [продлиться, заполнить какой-л. промежуток времени] **5. *кого(что)*** и ***что*** *Меня целиком заняла мысль о переезде в Ленинград. Клоун с собачкой занял на время внимание зрителей* [заинтересовать, целиком овладеть вниманием, мыслями и т. п.] **6. *кого(что),*** также ***чем*** *Родители заняли малыша игрушкой* (см. § 2). *Мы заняли гостей просмотром слайдов* (см. § 2) [развлечь, не дать скучать и т. п.] **7. *что*** *Смирнов занял пост министра легкой промышленности. Ольга заняла место секретаря* [вступить в какую-л. должность — в сочетании с сущ. *место, должность* и т. д.] **8. *кого (что)*** *Режиссер занял в новом спектакле только молодых актеров. Строительный трест занял в строительстве электростанции студентов нашего города* [поручить, дать какое-л. дело, работу, занятие] **9. *что кому*** *Илья занял мне место в зале во втором ряду* [сохранить для кого-л. свободное место в вагоне, в столовой и т. п.— в сочетании с сущ. *место*] **10. *что*** *Молодой певец из Латвии занял первое место на конкурсе «Песня-89»* [в ходе соревнований, состязаний, конкурса оказаться на каком-л. месте — в сочетании с сущ. *место*] **11. *что*** *Аня заняла телефон надолго, вам придется позвонить из автомата. Дима занял ванную всего на несколько минут, сейчас она освободится* [временно взять в свое пользование, временно воспользоваться чем-л. так, что на это время предмет, помещение и т. п. становится недоступным для других]

II. ЗАНЯ́ВШИЙ, -ая, -ее, -ие; *действ. прош.*

Синт.: **а, б** — в глаг. знач. 1 — 11

IV. ЗА́НЯТЫЙ, -ая, -ое, -ые; *страд. прош.*

Синт.: **а, б** — в глаг. знач. 1 — 11 и в статив. знач.

Статив. знач. (также *кр. ф.* ↓) **1. *чем*** Работающий, производящий, делающий что-л. *Люди, занятые в нашем кооперативе, работают сдельно* **2. *на чем*** и ***в чем*** Используемый где-л., каким-л. образом. *Два экскаватора и три подъемных крана, занятые на строительстве спортивного комплекса, после окончания строительства будут переведены в другое место* **3. *чем*** Сосредоточивший все внимание, усилия, интерес и т. п. на каком-л. деле, какой-л. работе. *Сотрудники лаборатории, занятые наблюдением за этим странным излучением, не заметили сигнала тревоги. Студенты, занятые сравнительным анализом текстов, не обратили внимания на вошедшего в аудиторию человека*

В знач. прил. (также *кр. ф.* ↓) Не свободный для использования, размещения, проведения каких-л. мероприятий и т. п. *Занятый зал. Занятая комната. Занятое купе. Занятое место* (Ср. прил. **занято́й,** -а́я, -о́е, -ы́е. Не имеющий свободного времени, обремененный делами, работой. *Занятой человек. Занятые люди*)

Субстантив.$_3$ в глаг. знач. 1

ЗА́НЯТ, занята́, за́нято, -ты; *кр. ф.*

В глаг. знач. 1 — 11

Статив. знач. (также *полн. ф.* ↑) **1. *чем*** *Эти люди заняты изготовлением детских игрушек. В нашем цехе все установки заняты производством полиэтиленовых пакетов* **2. *на чем*** и ***в чем*** *Два экскаватора и подъемный кран заняты на строительстве спортивного комплекса* **3. *чем*** *Сотрудники лаборатории были заняты наблюдением за этим странным излучением и не заметили сигнала тревоги*

В знач. прил. **1.** (также *полн. ф.* ↑) *Этот зал занят. Комната была занята. Все купе заняты. Место занято!* **2.** (только *кр. ф.*) Несвободный, занимающийся какими-л. делами, которые не позволяют отвлекаться или заняться чем-л. другим. *Я занят. Ольга очень занята. Мы заняты, поэтому не сможем пойти с вами в театр* **3.** (только *кр. ф.*) Несвободный, используемый кем-л. другим — о телефонной связи. *Ваш номер занят*

Ср. **за́нято,** ***безл.*** — сообщение о том, что телефонная линия недоступна для использования, т. к. абонент говорит в данный момент с другим человеком

ЗАОСТРИ́ТЬ, заостр|я́т, заостри́|л; ***сов., перех., что*** (*несов.* заостря́ть) **1.** также ***чем*** *Туристы заострили колья для палатки ножом* (см. § 2) [сделать острым конец, край чего-л.] **2.** *Выступающий заострил свою мысль о необходимости перепланировки садовых участков и переубедил собрание. Докладчик специально заострил вопрос о необходимости скорейшего внедрения в школы вычислительной техники* [резко обозначить, подчеркнуть главное, существенное в чем-л.] **3.** *Врачи заострили внимание на самых на первый взгляд незаметных проявлениях болезни* [сделать более острым, напряженным, сосредоточенным — обычно в сочетании с сущ. *внимание*]

II. ЗАОСТРИ́ВШИЙ, -ая, -ее, -ие; *действ. прош.*

Синт.: **а, б** — в глаг. знач. 1 — 3

IV. ЗАОСТРЁННЫЙ, -ая, -ое, -ые; *страд. прош.*

Синт.: **а, б** — в глаг. знач. 1 — 3; **в** — в глаг. знач. 1

Ср. прич. в 1 глаг. знач. с прил. **о́стрый,** -ая, -ое, -ые; остр, остра́, остро́ и *доп.* о́стро, остры́ и *доп.* о́стры в знач. 'отточенный, хорошо режущий или колющий'. *Острый меч. Острый нож. Острый кол*

Ср. прил. **заострённый,** -ая, -ое, -ые; -ён, -ённа, -ённо, -ённы. **1.** С острым концом, остроконечный. *Заостренные вершины гор. Заостренные верхушки елей и пихт* **2.** Суживающийся к концу. *Заостренный нос*

Субстантив.$_3$ в глаг. знач. 1

ЗАОСТРЁН, -ена́, -ено́, -ены́; *кр. ф.*

В глаг. знач. 1 — 3

ЗАОСТРЯ́ТЬ, заостря́|ют, заостря́|л; ***несов. к*** заостри́ть (см.)

I. ЗАОСТРЯ́ЮЩИЙ, -ая, -ее, -ие; *действ. наст.*

Синт.: **а, б** — в глаг. знач. 1 — 3

II. ЗАОСТРЯ́ВШИЙ, -ая, -ее, -ие; *действ. прош.*

Синт.: **а, б** — в глаг. знач. 1 — 3

III. ЗАОСТРЯ́ЕМЫЙ, -ая, -ое, -ые; *страд. наст.*

Синт.: **а, б** — в глаг. знач. 1 — 3

Субстантив.$_3$ в глаг. знач. 1

ЗАПЕРЕ́ТЬ, запру́т, за́пер|, заперла́, за́перло, -ли; ***сов., перех.*** (*несов.* запира́ть) **1. *что*** *Дима запер дверь на ключ. Ольга запрет дом, когда уедет* [закрыть на ключ, на замок] **2. *кого(что)*** и ***что*** *Илья случайно запер Андрея в квартире, решив, что Андрей уже ушел. Мальчик запер собаку в соседней комнате. Бабушка заперла драгоценности в шкатулку* [лишить кого-л. возможности выйти из какого-л. помещения, закрыв дверь на ключ, на замок; поместить куда-л., закрыв на замок, на засов и т. п.]

II. ЗА́ПЕРШИЙ, -ая, -ее, -ие; *действ. прош.*

Синт.: **а, б** — в глаг. знач. 1, 2

IV. ЗА́ПЕРТЫЙ, -ая, -ое, -ые; *страд. прош.*

Синт.: **а, б** — в глаг. знач. 1, 2; **в** — в глаг. знач. 1

Субстантив.$_3$ в глаг. знач. 2

ЗА́ПЕРТ, заперта́, за́перто, -ты; *кр. ф.*

В глаг. знач. 1, 2

ЗАПЕ́ТЬ, запою́т, запе́|л; ***сов., перех., что*** *Эту песню молодежь совсем запела* [частым исполнением опошлить, сделать надоевшим — о песне, романсе и т. п.; *разг.*]

II. ЗАПЕ́ВШИЙ, -ая, -ее, -ие; *действ. прош.*

Синт.: **а, б** — в глаг. знач.

IV. ЗАПЕ́ТЫЙ, -ая, -ое, -ые; *страд. прош.*

Синт.: **а, б** — в глаг. знач.

В знач. прил. (только *полн. ф.*) Надоевший частым исполнением — о песне, романсе и т. п. *Запетый романс. Запетые частушки. Запетая песня*

ЗАПЕ́Т, -та, -то, -ты; *кр. ф.*

В глаг. знач.

ЗАПЕЧА́ТАТЬ, запеча́тают, запеча́та|л; ***сов., перех., что*** (*несов.* запеча́тывать) *Перед отправкой брат запечатал письмо сам. Секретарша аккуратно запечатала пакет* [положив в конверт, заклеить; сделать закрытым, заклеив]

II. ЗАПЕЧА́ТАВШИЙ, -ая, -ее, -ие; *действ. прош.*

Синт.: **а, б** — в глаг. знач.

IV. ЗАПЕЧА́ТАННЫЙ, -ая, -ое, -ые; *страд. прош.*

Синт.: **а, б, в** — в глаг. знач.

В знач. прил. (только *полн. ф.*) Не вскрытый при получении — о письмах, бандеролях и т. п. *Главный редактор просил оставлять для него запечатанную корреспонденцию*

ЗАПЕЧА́ТАН, -ана, -ано, -аны; *кр. ф.*

В глаг. знач.

ЗАПЕЧА́ТЫВАТЬ, запеча́тыва|ют, запеча́тыва|л; ***несов.* к** запеча́тать (см.)

I. ЗАПЕЧА́ТЫВАЮЩИЙ, -ая, -ее, -ие; *действ. наст.*
С и н т.: **а, б** — в глаг. знач.

II. ЗАПЕЧА́ТЫВАВШИЙ, -ая, -ее, -ие; *действ. прош.*
С и н т.: **а, б** — в глаг. знач.

III. ЗАПЕЧА́ТЫВАЕМЫЙ, -ая, -ое, -ые; *страд. наст.*
С и н т.: **а, б, в** — в глаг. знач.

ЗАПИРА́ТЬ, запира́|ют, запира́|л; ***несов.* к** запере́ть (см.)

I. ЗАПИРА́ЮЩИЙ, -ая, -ее, -ие; *действ. наст.*
С и н т.: **а, б** — в глаг. знач. 1, 2

II. ЗАПИРА́ВШИЙ, -ая, -ее, -ие; *действ. прош.*
С и н т.: **а, б** — в глаг. знач. 1, 2

III. ЗАПИРА́ЕМЫЙ, -ая, -ое, -ые; *страд. наст.*
С и н т.: **а, б** — в глаг. знач. 1, 2
С у б с т а н т и в.$_3$ в глаг. знач. 2

ЗАПИСА́ТЬ, запишу́, запи́шут, записа́|л; ***сов.* к** запи́сывать (см.)

II. ЗАПИСА́ВШИЙ, -ая, -ее, -ие; *действ. прош.*
С и н т.: **а, б** — в глаг. знач. 1 — 5

IV. ЗАПИ́САННЫЙ, -ая, -ое, -ые; *страд. прош.*
С и н т.: **а, б** — в глаг. знач. 1 — 5; **в** — в глаг. знач. 1
ЗАПИ́САН, -ана, -ано, -аны; *кр. ф.*
В глаг. знач. 1 — 5

ЗАПИ́СЫВАТЬ, запи́сыва|ют, запи́сыва|л; ***несов., перех.*** (*сов.* записа́ть) **1. *что*** *Гость записывает наш новый номер телефона. Мой знакомый журналист записывает все рассказы о войне. Иногда Ольга записывала свои мысли* [заносить на бумагу, излагая, фиксируя что-л. в письменной форме] **2. *что*** *Председатель собрания уже хотел записывать этот пункт в решение, но дискуссия возобновилась с новой силой* [включать в какой-л. документ, делая обязательным для исполнения какое-л. предложение, решение и т. п.] **3. *что*** и ***кого*** *Брат записывает на магнитофон все народные песни. Сейчас друзья записывают Шаляпина* [наносить на пленку голос, музыку с помощью звукозаписывающего устройства] **4. *кого(что)*** *Сегодня к врачу больных записывают с утра. Сестра записывает сына во все интересные туристические поездки. Вы записываете школьников на курсы английского языка?* [вносить в какой-л. список, включать в число кого-л.] **5. *кого(что) в кого*** *Вы рано записываете Семенова в старики!* [начинать считать кем-л., причислять к кому-л.— в сочетании с предлогом *в* и старой ф. вин. мн.; *разг.*]

I. ЗАПИ́СЫВАЮЩИЙ, -ая, -ее, -ие; *действ. наст.*
С и н т.: **а, б** — в глаг. знач. 1 — 5
В з н а ч. п р и л. Служащий, предназначенный для записывания на магнитную ленту. *Записывающее устройство. Записывающая головка у магнитофона*

II. ЗАПИ́СЫВАВШИЙ, -ая, -ее, -ие; *действ. прош.*
С и н т.: **а, б** — в глаг. знач. 1 — 5

III. ЗАПИ́СЫВАЕМЫЙ, -ая, -ое, -ые; *страд. наст.*
С и н т.: **а, б** — в глаг. знач. 1 — 5
С у б с т а н т и в.$_2$ в глаг. знач. 3, 4

ЗАПЛАНИ́РОВАТЬ, заплани́руют, заплани́рова|л; ***сов.* к** плани́ровать в 1, 2 знач. (см.)

II. ЗАПЛАНИ́РОВАВШИЙ, -ая, -ее, -ие; *действ. прош.*
С и н т.: **а, б** — в глаг. знач. 1, 2

IV. ЗАПЛАНИ́РОВАННЫЙ, -ая, -ое, -ые; *страд. прош.*
С и н т.: **а, б, в** — в глаг. знач. 1, 2
ЗАПЛАНИ́РОВАН, -ана, -ано, -аны; *кр. ф.*
В глаг. знач. 1, 2

ЗАПОМИНА́ТЬ, запомина́|ют, запомина́|л; ***несов., перех., кого(что)*** и ***что*** (*сов.* запо́мнить) *Этот человек запоминал всех, кто его критиковал. Наш преподаватель сразу же запоминает фамилии и имена своих учеников. Мой сын хорошо запоминает стихи* [сохранять, удерживать в памяти]

I. ЗАПОМИНА́ЮЩИЙ, -ая, -ее, -ие; *действ. наст.*
С и н т.: **а, б** — в глаг. знач.
С р. выражение **запоминающее устройство** — в вычислительной машине: устройство, записывающее, хранящее и выдающее коды, числа и команды

II. ЗАПОМИНА́ВШИЙ, -ая, -ее, -ие; *действ. прош.*
С и н т.: **а, б** — в глаг. знач.

III. ЗАПОМИНА́ЕМЫЙ, -ая, -ое, -ые; *страд. наст.*
С и н т.: **а, б** — в глаг. знач.

ЗАПО́МНИТЬ, запо́мнят, запо́мни|л; ***сов.* к** запомина́ть (см.)

II. ЗАПО́МНИВШИЙ, -ая, -ее, -ие; *действ. прош.*
С и н т.: **а, б** — в глаг. знач.

IV. ЗАПО́МНЕННЫЙ, -ая, -ое, -ые; *страд. прош.*
С и н т.: **а, б** — в глаг. знач.
ЗАПО́МНЕН, -ена, -ено, -ены; *кр. ф.*
В глаг. знач.

ЗАПРЕТИ́ТЬ, запрещу́, запрет|я́т, запрети́|л; ***сов., перех.*** (*несов.* запреща́ть) **1. *что*** и ***с неопр. ф. кому*** *Ольга запретила нам купание по вечерам. Врачи запретили Смирнову курить. Сестра запретила детям шуметь, когда спит бабушка* [не позволить что-л. делать] **2. *что*** и ***с неопр. ф.*** *Необходимо запретить пропаганду войны во всех странах. У нас в общежитии запретили играть в азартные игры* [признав общественно вредным, наложить официальный запрет на что-л., не разрешить пользоваться чем-л., употреблять что-л.]

II. ЗАПРЕТИ́ВШИЙ, -ая, -ее, -ие; *действ. прош.*
С и н т.: **а, б** — в глаг. знач. 1, 2

IV. ЗАПРЕЩЁННЫЙ, -ая, -ое, -ые; *страд. прош.*
[чередование т/щ]
С и н т.: **а, б** — в глаг. знач. 1, 2
В з н а ч. п р и л. (только *полн. ф.*) Недозволенный, попавший под запрет. *Подпольщики читали запрещенные книги* (С р. прил.

запре́тный, -ая, -ое, -ые. Такой, которым запрещено пользоваться, недозволенный. *Запретная зона* ◊ **Запретный плод** — о чем-либо желанном, заманчивом, но недозволенном, запрещенном)

Субстантив.₃ в глаг. знач. 2

ЗАПРЕЩЁН, -ена́, -ено́, -ены́; *кр. ф.*

В глаг. знач. 1, 2

Ср. **запрещено́**, *безл.* Принятая форма сообщения о запрещении чего-л. официальными органами

ЗАПРЕЩА́ТЬ, запреща́|ют, запреща́|л; ***несов., перех.*** (*сов.* запрети́ть) **1. *что*** и ***с неопр. ф. кому*** *Ольга запрещала нам купание по вечерам. Врачи категорически запрещают брату курить. Сестра запрещает детям шуметь, когда спит бабушка* [не позволять что-л. делать] **2. *что*** и ***с неопр. ф.*** *Необходимо во всех странах запрещать пропаганду войны. В нашем общежитии запрещают играть в азартные игры* [признавая общественно вредным, накладывать официальный запрет на что-л., не разрешать пользоваться чем-л., употреблять что-л.]

I. ЗАПРЕЩА́ЮЩИЙ, -ая, -ее, -ие; *действ. наст.*

Синт.: **а, б** — в глаг. знач. 1, 2

В знач. прил. **1.** Выражающий запрещение. *Запрещающий сигнал. Запрещающий жест. Запрещающий взгляд* **2.** Содержащий запрещение. *Установить запрещающие знаки. Запрещающие инструкции* (Ср. прил. **запрети́тельный**, -ая, -ое, -ые. Содержащий запрещение. *Запретительные меры. Запретительный знак*)

II. ЗАПРЕЩА́ВШИЙ, -ая, -ее, -ие; *действ. прош.*

Синт.: **а, б** — в глаг. знач. 1, 2

III. ЗАПРЕЩА́ЕМЫЙ, -ая, -ое, -ые; *страд. наст.*

Синт.: **а, б** — в глаг. знач. 1, 2

Субстантив.₃ в глаг. знач. 2

ЗАПУГА́ТЬ, запуга́ют, запуга́|л; ***сов., перех., кого(что),*** также ***чем*** (*несов.* запу́гивать) *Мальчик запугал собаку постоянными наказаниями* (см. § 2). *Соседка совсем запугала ребенка* [сделать робким, пугливым из-за постоянных угроз, наказаний и т. п.]

II. ЗАПУГА́ВШИЙ, -ая, -ее, -ие; *действ. прош.*

Синт.: **а, б** — в глаг. знач.

IV. ЗАПУ́ГАННЫЙ, -ая, -ое, -ые; *страд. прош.*

Синт.: **а, б** — в глаг. знач.

В знач. прил. (также *кр. ф.* ↓) Пугливый, робкий от постоянных угроз, наказаний. *Запуганные дети. Запуганная собака*

Ср. прил. **запу́ганный**, -ая, -ое, -ые. Выражающий крайнюю робость, неуверенность, боязнь от постоянных угроз, наказаний. *Запуганный вид. Запуганное выражение лица*

ЗАПУ́ГАН, -ана, -ано, -аны; *кр. ф.*

В глаг. знач.

В знач. прил. (также *полн. ф.* ↑) *Этот человек запуган. Собака явно запугана*

ЗАПУ́ГИВАТЬ, запу́гива|ют, запу́гива|л; ***несов. к*** запуга́ть (см.)

I. ЗАПУ́ГИВАЮЩИЙ, -ая, -ее, -ие; *действ. наст.*

Синт.: **а, б** — в глаг. знач.

II. ЗАПУ́ГИВАВШИЙ, -ая, -ее, -ие; *действ. прош.*

Синт.: **а, б** — в глаг. знач.

III. ЗАПУ́ГИВАЕМЫЙ, -ая, -ое, -ые; *страд. наст.*

Синт.: **а, б, в** — в глаг. знач.

ЗАПУСКА́ТЬ [1], запуска́|ют, запуска́|л; ***несов. к*** запусти́ть [1] (см.)

I. ЗАПУСКА́ЮЩИЙ, -ая, -ее, -ие; *действ. наст.*

Синт.: **а, б** — в глаг. знач. 1 — 7

II. ЗАПУСКА́ВШИЙ, -ая, -ее, -ие; *действ. прош.*

Синт.: **а, б** — в глаг. знач. 1 — 7

III. ЗАПУСКА́ЕМЫЙ, -ая, -ое, -ые; *страд. наст.*

Синт.: **а, б** — в глаг. знач. 1 — 7

Субстантив.₃ в глаг. знач. 2, 7

ЗАПУСКА́ТЬ [2], запуска́|ют, запуска́|л; ***несов. к*** запусти́ть [2] (см.)

I. ЗАПУСКА́ЮЩИЙ, -ая, -ее, -ие; *действ. наст.*

Синт.: **а, б** — в глаг. знач. 1 — 3

II. ЗАПУСКА́ВШИЙ, -ая, -ее, -ие; *действ. прош.*

Синт.: **а, б** — в глаг. знач. 1 — 3

III. ЗАПУСКА́ЕМЫЙ, -ая, -ое, -ые; *страд. наст.*

Синт.: **а, б** — в глаг. знач. 1 — 3

Субстантив.₃ не употр.

ЗАПУСТИ́ТЬ [1], запущу́, запу́ст|ят, запусти́|л; ***сов., перех.*** (*несов.* запуска́ть [1]) **1. *что*** и ***чем в кого(что)*** и ***во что*** *Мальчик запустил яблоко в собаку. Петя запустил камнем в окно* [бросить с размаху обычно со злым намерением] **2. *что*** *В 1961 году Советский Союз впервые в мире запустил в космос космический корабль „Восток", на борту которого был Ю. А. Гагарин. Авиамоделисты запустили планер* [заставить взлететь, дать подняться] **3. *что*** *Тракторист наконец запустил мотор трактора. Рабочий запустил токарный станок* [привести в действие, в движение, пустить] **4. *что во что*** *Мальчик запустил руку в аквариум* [погрузить, засунуть что-л. во что-л., внутрь чего-л.; *разг.*] **5. *что в кого(что)* *** и ***во что*** *Кошка запустила когти в воробья* [вонзить в кого-что-л.; *разг.*] **6. *кого(что)* *** *Мы запустили рыбок в аквариум. Колхозники уже запустили овец на пастбище* [впустить, пустить животных куда-л., во что-л.; *разг.*] **7. *что*** *В производство запустили новые модели телевизоров* [начать серийный выпуск каких-л. изделий, работу над чем-л.; *разг.*]

II. ЗАПУСТИ́ВШИЙ, -ая, -ее, -ие; *действ. прош.*

Синт.: **а, б** — в глаг. знач. 1 — 7

IV. ЗАПУ́ЩЕННЫЙ, -ая, -ое, -ые; *страд. прош.*

[чередование ст/щ]

Синт.: **а, б** — в глаг. знач. 1 — 7; **в** — в глаг. знач. 2, 3

Субстантив.₃ в глаг. знач. 2, 7

ЗАПУ́ЩЕН, -ена, -ено, -ены; *кр. ф.*
В глаг. знач. 1 — 7

ЗАПУСТИ́ТЬ[2], запущу́, запу́ст|ят, запусти́|л; ***сов., перех., что*** (*несов.* запуска́ть[2]) **1.** *Наши соседи совсем запустили свой сад. Ольга запустила хозяйство* [оставив без ухода, наблюдения, надзора, довести до упадка, разрушения, расстройства, запустения] **2.** *Сестра совсем запустила учебу* [перестать заниматься, своевременно делать, выполнять что-л.] **3.** *Олег запустил свою болезнь* [дать развиться какой-л. болезни, упустив время, не начав своевременно лечиться]

II. ЗАПУСТИ́ВШИЙ, -ая, -ее, -ие; *действ. прош.*
Синт.: **а, б** — в глаг. знач. 1—3

IV. ЗАПУ́ЩЕННЫЙ, -ая, -ое, -ые; *страд. прош.*
[чередование ст/щ]
Синт.: **а, б** — в глаг. знач. 1 — 3
В знач. прил. (также *кр. ф.* ↓) Застарелый, не излеченный вовремя. *Запущенная рана. Запущенная болезнь. Запущенная ангина*
Ср. прил. **запу́щенный,** -ая, -ое, -ые; -ен, -**енна**, -**енно**, -**енны**. Находящийся в упадке и запустении, заброшенный. *Запущенный сад. Запущенный парк. Комната грязна и запущенна*
Субстантив.$_3$ не употр.
ЗАПУ́ЩЕН, -ена, -ено, -ены; *кр. ф.*
В глаг. знач. 1 — 3
В знач. прил. (также *полн. ф.* ↑) *Рана запущена. Ваша болезнь запущена. Ангина очень запущена*

ЗАПУ́ТАТЬ, запу́тают, запу́та|л; ***сов., перех.*** (*несов.* запу́тывать; *несов.* пу́тать *к* 1, 3 знач.) **1. *что*** *Котенок запутал нитки. Оля нечаянно запутала магнитофонную ленту. Ветер запутал провода* [беспорядочно переплести, перевить нитки, веревки, волосы и т. д.] **2. *что,*** также ***чем*** *Выступающий окончательно запутал разбираемое дело. Илья еще сильнее запутал этот вопрос недостоверными фактами* (см. § 2). *Предложение Смирновых еще больше запутало проблему* [сделать неясным, трудным для понимания, усложнить] **3. *кого(что),*** также ***чем*** *Ты совсем запутал меня. Слушатели запутали лектора своими вопросами* (см. § 1). *Наши вопросы запутали докладчика* [сбить с толку, ввести в заблуждение, помешать ходу мыслей кого-л.] **4. *что*** *Заяц запутал следы, убегая от волка* [изменив направление движения, сбить преследователя со следа]

II. ЗАПУ́ТАВШИЙ, -ая, -ее, -ие; *действ. прош.*
Синт.: **а, б** — в глаг. знач. 1 — 4

IV. ЗАПУ́ТАННЫЙ, -ая, -ое, -ые; *страд. прош.*
Синт.: **а, б** — в глаг. знач. 1 — 4
В знач. прил. (только *полн. ф.*) Беспорядочно перевитый, переплетенный, спутанный. *Запутанные нитки. Запутанный провод. Запутанные веревки*
Ср. прил. **запу́танный,** -ая, -ое, -ые; -ан, -**анна**, -**анно**, -**анны**. Трудный для понимания, разрешения, усвоения. *Запутанный вопрос. Эта проблема для меня слишком сложна и запутанна*
Субстантив.$_3$ в глаг. знач. 1
ЗАПУ́ТАН, -ана, -ано, -аны; *кр. ф.*
В глаг. знач. 1 — 4

ЗАПУ́ТЫВАТЬ, запу́тыва|ют, запу́тыва|л; ***несов. к*** запу́тать (см.)

I. ЗАПУ́ТЫВАЮЩИЙ, -ая, -ее, -ие; *действ. наст.*
Синт.: **а, б** — в глаг. знач. 1 — 4

II. ЗАПУ́ТЫВАВШИЙ, -ая, -ее, -ие; *действ. прош.*
Синт.: **а, б** — в глаг. знач. 1 — 4

III. ЗАПУ́ТЫВАЕМЫЙ, -ая, -ое, -ые; *страд. наст.*
Синт.: **а, б** — в глаг. знач. 1 — 4
Субстантив.$_3$ в глаг. знач. 1

ЗАПЫЛИ́ТЬ, запыл|я́т, запыли́|л; ***сов., перех., что*** *Ребята устали, запылили в трудном походе всю одежду, но были очень довольны* [допустить, чтобы что-л. покрылось пылью]

II. ЗАПЫЛИ́ВШИЙ, -ая, -ее, -ие; *действ. прош.*
Синт.: **а, б** — в глаг. знач.

IV. ЗАПЫЛЁННЫЙ, -ая, -ое, -ые; *страд. прош.*
Синт.: **а, б** — в глаг. знач.
В знач. прил. **1.** (также *кр. ф.* ↓) Покрытый пылью, запылившийся. *Запыленный человек. Запыленная мебель. Запыленные сапоги* **2.** (только *полн. ф.*) Насыщенный пылью. *Запыленный воздух* (Ср. прил. **пы́льный,** -ая, -ое, -ые; пы́лен, пыльна́, пы́льно, пы́льны в знач. 'пропитанный пылью'. *Пыльная одежда. Пыльный ковер*)
ЗАПЫЛЁН, -ена́, -ено́, -ены́; *кр. ф.*
В глаг. знач.
В знач. прил. (также *полн. ф.* ↑) *Незнакомец был запылен, грязь облепила его сапоги. Мебель сильно запылена. Сапоги запылены*

ЗАПЫЛИ́ТЬСЯ, запыля́тся, запыли́|лся; ***сов.*** *Ребята в походе устали, запылились, но были очень довольны. Почисти сапоги, они у тебя запылились* [покрыться пылью]

II. ЗАПЫЛИ́ВШИЙСЯ, -аяся, -ееся, -иеся; *действ. прош.*
Синт.: **а, б, в** — в глаг. знач.

ЗАРАБА́ТЫВАТЬ, зараба́тыва|ют, зараба́тыва|л; ***несов. к*** зарабо́тать в 1 знач. (см.)

I. ЗАРАБА́ТЫВАЮЩИЙ, -ая, -ее, -ие; *действ. наст.*
Синт.: **а, б** — в глаг. знач. 1

II. ЗАРАБА́ТЫВАВШИЙ, -ая, -ее, -ие; *действ. прош.*
Синт.: **а, б** — в глаг. знач. 1

III. ЗАРАБА́ТЫВАЕМЫЙ, -ая, -ое, -ые; *страд. наст.*
Синт.: **а, б, в** — в глаг. знач. 1

ЗАРАБО́ТАТЬ, зарабо́тают, зарабо́та|л; ***сов., перех., что*** (*несов.* зараба́тывать *к* 1 знач.) **1.** *За лето в строительном студенческом отряде Ольга заработала пятьсот рублей* [получить за работу, обычно деньги] **2.** *Пионеры по праву заработали благодарность ветеранов войны,* *создав музей боевой славы в своей школе* [добиться, получить благодарность, похвалу и т. п. своим трудом, работой, какими-л. делами] **3.** *Молодой преподаватель заработал выговор за грубость. Ты заработаешь себе бронхит, если не наденешь пальто!* [получить что-л. нежелательное в результате чего-л.; *разг.*]

II. ЗАРАБО́ТАВШИЙ, -ая, -ее, -ие; *действ. прош.*

Синт.: **а, б** — в глаг. знач. 1 — 3

IV. ЗАРАБО́ТАННЫЙ, -ая, -ое, -ые; *страд. прош.*

Синт.: **а, б** — в глаг. знач. 1—3; **в** — в глаг. знач. 1

Субстантив.$_3$ в глаг. знач. 1

ЗАРАБО́ТАН, -ана, -ано, -аны; *кр. ф.*

В глаг. знач. 1 — 3

ЗАРАЖА́ТЬ, заража́|ют, заража́|л; ***несов., перех.*** (*сов.* зарази́ть *к* 1 — 4 знач.) **1. кого(что),** также ***чем*** *Дима часто болеет гриппом, заражает всю семью. В детском саду дети заражают друг друга ветрянкой* (см. § 2) [передавать кому-л. инфекцию, заразу] **2. *кого(что) чем*** *Мой друг заражает всех своим весельем* (см. § 1). *Сестра в конце концов заражает нас своим беспокойством* (см. § 1) [передавать, внушать кому-л. свое чувство, состояние, склонность к чему-л.] **3. *кого(что); S не лицо*** *Волнение и пафос поэта заражают аудиторию. Наше веселое настроение заражает и бабушку. Трудолюбие и доброта родителей заражают и детей, оставляют глубокий след в их душе* [распространяясь, передаваясь, охватывать кого-л., увлекать — о чувствах, состоянии и т. п.] **4. *что чем*** *Отступая, фашисты заражали все водоемы какими-то вредными бактериями* (см. § 2) [намеренно вносить в состав чего-л. вещества, вредно действующие на живые организмы] **5. *что; S не лицо*** *Вредные испарения заражали воздух. «...отбросы заражали луг, крестьянский скот страдал от сибирской язвы».* Чехов, В овраге [наполнять собой, проникать в состав чего-л., вредно действуя на живые организмы]

I. ЗАРАЖА́ЮЩИЙ, -ая, -ее, -ие; *действ. наст.*

Синт.: **а, б** — в глаг. знач. 1 — 5

Ср. прич. в 1 глаг. знач. с прил. **зара́зный,** -ая, -ое, -ые; -зен, -зна, -зно, -зны. **1.** Способный передавать кому-л. заразу. *Заразный больной. Заразный ребенок* **2.** Несущий в себе заразу. *Заразная болезнь*

Ср. прич. во 2, 3 глаг. знач. с прил. **зарази́тельный,** -ая, -ое, -ые; -лен, -льна, -льно, -льны. Легко передающийся другим, вызывающий подражание. *Заразительный смех. Заразительное веселье. Дурные примеры заразительны*

II. ЗАРАЖА́ВШИЙ, -ая, -ее, -ие; *действ. прош.*

Синт.: **а, б** — в глаг. знач. 1 — 5

III. ЗАРАЖА́ЕМЫЙ, -ая, -ое, -ые; *страд. наст.*

Синт.: **а, б** — в глаг. знач. 1—5

ЗАРАЗИ́ТЬ, заражу́, зараз|я́т, зарази́|л; ***сов., перех.*** (*несов.* заража́ть) **1. *кого(что),*** также ***чем*** *Брат заразил гриппом всю семью* (см. § 2) [передать кому-л. инфекцию, заразу] **2. *кого(что) чем*** *Гость заразил всех своим весельем* (см. § 1). *Ольга заразила нас своей тревогой* (см. § 1) [передать, внушить кому-л. свое чувство, состояние, склонность к чему-л.] **3. *кого(что); S не лицо*** *Волнение и пафос поэта заразили аудиторию. Всеобщее веселое настроение заразило и бабушку* [распространяясь, передаваясь, охватить кого-л., увлечь — о чувствах, состоянии и т. п.] **4. *что чем*** *Отступая, фашисты заразили все водоемы какими-то вредными бактериями* (см. § 2) [намеренно внести в состав чего-л. вещества, вредно действующие на живые организмы]

II. ЗАРАЗИ́ВШИЙ, -ая, -ее, -ие; *действ. прош.*

Синт.: **а, б** — в глаг. знач. 1—4

IV. ЗАРАЖЁННЫЙ, -ая, -ое, -ые; *страд. прош.*

[чередование з/ж]

Синт.: **а, б** — в глаг. знач. 1—4 и в статив. знач.

Статив. знач., ***чем*** (также *кр. ф.*↓) **1.** Имеющий в своем составе что-л., вредно действующее на живые организмы. *Воздух, зараженный вредными испарениями, необходимо было быстро очистить. Воду, зараженную болезнетворными микробами, нельзя пить. В зону, зараженную радиоактивными веществами, можно входить только в специальных костюмах* **2.** Быть проникнутым верой во что-л. несуществующее, стремлением к чему-л. предосудительному. *Жители деревни, зараженные предрассудками, не хотели принимать лекарства. Мой сосед, зараженный страстью к приобретательству, ничего не читал*

В знач. прил. (только *полн. ф.*) Насыщенный вредными веществами или болезнетворными микробами. *Зараженный воздух. Зараженная местность*

ЗАРАЖЁН, -ена́, -ено́, -ены́; *кр. ф.*

В глаг. знач. 1 — 4

Статив. знач., ***чем*** (также *полн. ф.*↑) **1.** *Воздух здесь заражен вредными испарениями. В озере вода заражена болезнетворными микробами. Эта зона заражена радиоактивными веществами* **2.** *Жители этой деревни заражены предрассудками. Мой сосед заражен страстью к приобретательству*

ЗАРЕ́ЗАТЬ, заре́жут, заре́за|л; ***сов. к*** ре́зать в 5, 6 знач. (см.)

II. ЗАРЕ́ЗАВШИЙ, -ая, -ее, -ие; *действ. прош.*

Синт.: **а, б, в** — в глаг. знач. 5, 6

IV. ЗАРЕ́ЗАННЫЙ, -ая, -ое, -ые; *страд. прош.*

Синт.: **а, б, в** — в глаг. знач. 5, 6

ЗАРЕ́ЗАН, -ана, -ано, -аны; *кр. ф.*

В глаг. знач. 5, 6

ЗАРЖА́ВЕТЬ и ЗАРЖАВЕ́ТЬ, заржа́веют и заржаве́ют, заржа́ве|л и заржаве́|л; ***сов., неперех.*** (*несов.* ржа́веть и ржаве́ть); ***S не лицо*** *Ножи заржавели. Крыша вся заржавела* [покрыться ржавчиной]

II. ЗАРЖА́ВЕВШИЙ, -ая, -ее, -ие и ЗАРЖАВЕ́ВШИЙ, -ая, -ее, -ие; *действ. прош.*

Синт.: **а, б** — в глаг. знач.

В знач. прил. Покрытый ржавчиной, заржавелый, ржавый. *Заржавевший ключ* (Ср. прил. **заржаве́лый,** -ая, -ое, -ые. Покрытый ржавчиной, ржавый, заржавевший. *Заржавелый гвоздь.* Ср. прил. **заржа́вленный,** -ая, -ое, -ые; -ен, -ена, -ено, -ены. Покрытый ржавчиной, заржавевший. *Заржавленный нож. Заржавленное перо*)

ЗАРЯДИ́ТЬ, заряжу́, заря́д|ят, заряди́|л; ***сов., перех.*** (*несов.* заряжа́ть) **1.** ***что,*** также ***чем*** *Солдаты зарядили пушку. Охотник зарядил ружье дробью* (см. § 2) [вложить патрон, снаряд, заряд и т. п. во что-л.] **2.** ***что,*** также ***чем*** *Илья зарядил фотоаппарат цветной пленкой* (см. § 2). *Пожарник зарядил огнетушитель* [приготовить к действию, вставив во что-л., наполнив чем-л.] **3.** ***что*** *Лаборант зарядил электрическую батарейку. Техник зарядил аккумулятор* [сообщить электрическую энергию какому-л. телу, прибору и т. п.] **4.** ***кого(что) чем*** *Командир зарядил боевым духом весь отряд* (см. § 2). *Проводник зарядил туристов бодростью, энергией* (см. § 2) [сообщить кому-л., вызвать у кого-л. какое-л. положительное чувство, состояние]

II. ЗАРЯДИ́ВШИЙ, -ая, -ее, -ие; *действ. прош.*

Синт.: **а, б** — в глаг. знач. 1 — 4

IV. ЗАРЯ́ЖЕННЫЙ, -ая, -ое, -ые и ЗАРЯЖЁННЫЙ, -ая, -ое, -ые; *страд. прош.** [чередование д/ж]

Синт.: **а, б** — в глаг. знач. 1—3 и в статив. знач.

Статив. знач., ***чем*** (также *кр. ф.* ↓) Находящийся в состоянии особого подъема, бодрости и т. п., зарядившийся бодростью, энергией и т. п. *Все участники эксперимента, заряженные бодростью и энергией, работали без отдыха, чтобы получить точную траекторию полета межпланетной станции „Вега" к комете Галлея*

В знач. прил. (только *полн. ф.*) **1.** Со вставленным зарядом. *Заряженная винтовка. Заряженная мина* **2.** Приготовленный к действию. *Заряженная батарейка. Заряженный фотоаппарат* ◇ **Заряженная частица** — частица, имеющая положительный или отрицательный заряд

Субстантив.₂ не употр.; субстантив.₃ в глаг. знач. 1

ЗАРЯ́ЖЕН, -ена, -ено, -ены и ЗАРЯЖЁН, -ена́, -ено́, -ены́; *кр. ф.**

В глаг. знач. 1—3

Статив. знач., ***чем*** (также *полн. ф.* ↑) *Все участники эксперимента заряжены бодростью и энергией, работают без отдыха*

□ Прич. IV в 4 глаг. знач. не употр.

ЗАРЯЖА́ТЬ, заряжа́|ют, заряжа́|л; ***несов. к*** заряди́ть (см.)

I. ЗАРЯЖА́ЮЩИЙ, -ая, -ее, -ие; *действ. наст.*

Синт.: **а, б** — в глаг. знач. 1 — 4

II. ЗАРЯЖА́ВШИЙ, -ая, -ее, -ие; *действ. прош.*

Синт.: **а, б** — в глаг. знач. 1 — 4

III. ЗАРЯЖА́ЕМЫЙ, -ая, -ое, -ые; *страд. наст.*

Синт.: **а, б** — в глаг. знач. 1—4; **в** — в глаг. знач. 1—3

Субстантив.₂ не употр.; субстантив.₃ в глаг. знач. 1

ЗАСА́ЛИВАТЬ, заса́лива|ют, заса́лива|л; ***несов. к*** заса́лить (см.)

I. ЗАСА́ЛИВАЮЩИЙ, -ая, -ее, -ие; *действ. наст.*

Синт.: **а, б** — в глаг. знач.

II. ЗАСА́ЛИВАВШИЙ, -ая, -ее, -ие; *действ. прош.*

Синт.: **а, б** — в глаг. знач.

III. ЗАСА́ЛИВАЕМЫЙ, -ая, -ое, -ые; *страд. наст.*

Синт.: **а, б** — в глаг. знач.

ЗАСА́ЛИВАТЬСЯ, заса́лива|ются, заса́лива|лся; ***несов. к*** заса́литься (см.)

I. ЗАСА́ЛИВАЮЩИЙСЯ, -аяся, -ееся, -иеся; *действ. наст.*

Синт.: **а, б, в** — в глаг. знач.

II. ЗАСА́ЛИВАВШИЙСЯ, -аяся, -ееся, -иеся; *действ. прош.*

Синт.: **а, б, в** — в глаг. знач.

ЗАСА́ЛИТЬ, заса́л|ят, заса́ли|л; ***сов., перех., что*** (*несов.* заса́ливать) *Бабушка засалила рукава кофты. Ольга сильно засалила юбку* [запачкать чем-л. жирным, сальным]

II. ЗАСА́ЛИВШИЙ, -ая, -ее, -ие; *действ. прош.*

Синт.: **а, б** — в глаг. знач.

IV. ЗАСА́ЛЕННЫЙ, -ая, -ое, -ые; *страд. прош.*

Синт.: **а, б** — в глаг. знач.

В знач. прил. (также *кр. ф.* ↓) Лоснящийся от грязи, жира, с жирными пятнами, засалившийся. *Засаленная куртка. Засаленный халат. Засаленная записная книжка. Засаленная колода карт. Засаленная тетрадь* (Ср. прил. **са́льный,** -ая, -ое, -ые в знач. 'лоснящийся от жира, грязи' *Сальные волосы. Сальный ворот*)

ЗАСА́ЛЕН, -ена, -ено, -ены; *кр. ф.*

В глаг. знач.

В знач. прил. (также *полн. ф.* ↑) *Куртка засалена. Халат засален, измят. Колода карт очень засалена. Тетрадь была засалена*

ЗАСА́ЛИТЬСЯ, заса́лятся, заса́ли|лся; ***сов.*** (*несов.* заса́ливаться); ***S не лицо*** *Локти у кофты засалились. Юбка у Ольги засалилась от долгой носки. «..стены посерели от пыли и засалились от спин посетителей».* С. Никитин, Возвращение [стать сальным, жирным, лоснящимся]

II. ЗАСА́ЛИВШИЙСЯ, -аяся, -ееся, -иеся; *действ. прош.*

Синт.: **а, б, в** — в глаг. знач.

ЗАСЕКРЕ́ТИТЬ, засекре́чу, засекре́т|ят, засекре́ти|л; ***сов., перех.*** (*несов.* засекре́чивать) **1.**

что *Все эти документы засекретили недавно* [сделать секретным, недоступным для посторонних] **2.** ***кого(что)*** *Группу сотрудников нового института засекретили* [сделать чью-л. работу секретной]

II. ЗАСЕКРЕ́ТИВШИЙ, -ая, -ее, -ие; *действ. прош.*
Синт.: **а, б** — в глаг. знач. 1, 2

IV. ЗАСЕКРЕ́ЧЕННЫЙ, -ая, -ое, -ые; *страд. прош.*
[чередование т/ч]
Синт.: **а, б** — в глаг. знач. 1, 2
В знач. прил. (только *полн. ф.*) **1.** Являющийся секретным, не предназначенным для посторонних. *Засекреченный документ. Засекреченный архив. Засекреченные переговоры* **2.** Сделанный секретным, относящийся к делам, не подлежащим оглашению. *Засекреченная работа. Засекреченный отдел* (Ср. прил. **секре́тный**, -ая, -ое, -ые. **1.** Являющийся секретом, тайной для посторонних. *Секретный документ. Секретный архив. Секретные переговоры* **2.** Относящийся к делам, не подлежащим оглашению. *Секретная работа. Секретный отдел*)
ЗАСЕКРЕ́ЧЕН, -ена, -ено, -ены; *кр. ф.*
В глаг. знач. 1, 2

ЗАСЕКРЕ́ЧИВАТЬ, засекре́чива|ют, засекре́чива|л; ***несов. к*** засекре́тить (см.)

I. ЗАСЕКРЕ́ЧИВАЮЩИЙ, -ая, -ее, -ие; *действ. наст.*
Синт.: **а, б** — в глаг. знач. 1, 2

II. ЗАСЕКРЕ́ЧИВАВШИЙ, -ая, -ее, -ие; *действ. прош.*
Синт.: **а, б** — в глаг. знач. 1, 2

III. ЗАСЕКРЕ́ЧИВАЕМЫЙ, -ая, -ое, -ые; *страд. наст.*
Синт.: **а, б, в** — в глаг. знач. 1, 2

ЗАСЕЛИ́ТЬ, засел|я́т и *доп.* засе́лят, засели́|л; ***сов., перех., что*** (*несов.* заселя́ть) **1.** также ***кем(чем)*** *Новый дом заселили к новому году. Дом для престарелых власти города заселили жильцами совсем недавно* (см. § 2) [заполнить каким-л. населением, жителями] **2.** *Этот суровый край скотоводческие племена заселили давно* [поселившись, занять собой какую-л. территорию]

II. ЗАСЕЛИ́ВШИЙ, -ая, -ее, -ие; *действ. прош.*
Синт.: **а, б** — в глаг. знач. 1, 2
Субстантив.$_1$ в глаг. знач. 2 только *мн.*

IV. ЗАСЕЛЁННЫЙ, -ая, -ое, -ые; *страд. прош.*
Синт.: **а, б** — в глаг. знач. 1, 2
В знач. прил. (только *полн. ф.*) **1.** Имеющий население, обитаемый. *Заселенный край* **2.** Полностью занятый жителями. *Заселенный дом*
Субстантив.$_3$ в глаг. знач. 1
ЗАСЕЛЁН, -ена́, -ено́, -ены́; *кр. ф.*
В глаг. знач. 1, 2

ЗАСЕЛЯ́ТЬ, заселя́|ют, заселя́|л; ***несов. к*** засели́ть (см.)

I. ЗАСЕЛЯ́ЮЩИЙ, -ая, -ее, -ие; *действ. наст.*
Синт.: **а, б** — в глаг. знач. 1, 2
Субстантив.$_1$ в глаг. знач. 2 только *мн.*

II. ЗАСЕЛЯ́ВШИЙ, -ая, -ее, -ие; *действ. прош.*
Синт.: **а, б** — в глаг. знач. 1, 2
Субстантив.$_1$ в глаг. знач. 2 только *мн.*

III. ЗАСЕЛЯ́ЕМЫЙ, -ая, -ое, -ые; *страд. наст.*
Синт.: **а, б** — в глаг. знач. 1, 2
Субстантив.$_3$ в глаг. знач. 1

ЗАСЛУ́ЖИВАТЬ, заслу́жива|ют, заслу́жива|л; ***несов., неперех., чего*** **1.** *Директор нашего завода заслуживает любви и уважения. Космонавты заслуживают высоких наград Родины. Эти ребята за свои действия заслуживают наказания* [своей деятельностью, поведением и т. п. быть достойным чего-л., вызывать какое-л. отношение] **2.** ***S не лицо*** *Данный вопрос заслуживает особого внимания. Новое оборудование заслуживает бережного отношения к себе. Ваше сообщение заслуживает доверия* [требовать какого-л. отношения, оценки и т. п., обладая теми или иными свойствами, качествами]

I. ЗАСЛУ́ЖИВАЮЩИЙ, -ая, -ее, -ие; *действ. наст.*
Синт.: **а, б** — в глаг. знач. 1, 2

II. ЗАСЛУ́ЖИВАВШИЙ, -ая, -ее, -ие; *действ. прош.*
Синт.: **а, б** — в глаг. знач. 1, 2

ЗАСЛУЖИ́ТЬ, заслужу́, заслу́ж|ат, заслужи́|л; ***сов., перех., что*** *Директор нашего завода заслужил любовь и уважение всего коллектива. Брат быстро заслужил доверие своих коллег. Космонавты своим героическим трудом заслужили высокие награды Родины* (см. § 2) [своей деятельностью, поведением и т. п. стать достойным чего-л., вызвать какое-л. отношение]

II. ЗАСЛУЖИ́ВШИЙ, -ая, -ее, -ие; *действ. прош.*
Синт.: **а, б** — в глаг. знач.

IV. ЗАСЛУ́ЖЕННЫЙ, -ая, -ое, -ые; *страд. прош.*
Синт.: **а, б** — в глаг. знач.
Ср. прил. **заслу́женный,** -ая, -ое, -ые; -ен, -енна, -енно, -енны. **1.** Достигнутый трудом, заслугами. *Заслуженная награда. Заслуженный отдых* **2.** Получаемый в соответствии с поведением, получаемый по заслугам, справедливый. *Заслуженные упреки* **3.** (только *полн. ф.*) Имеющий большие заслуги, приобретший право на уважение, почет. *Заслуженный ученый. Заслуженный воин* **4.** В составе выражений: **заслуженный артист республики; заслуженный деятель науки; заслуженный деятель искусства; заслуженный учитель; заслуженный мастер спорта** — почетные звания в СССР, присваиваемые правительством за выдающуюся деятельность в области науки, искусства, спорта и т. д.
ЗАСЛУ́ЖЕН, -ена, -ено, -ены; *кр. ф. (редко)*
В глаг. знач.

ЗАСОЛИ́ТЬ, засолю́, засо́л|ят и *доп.* засоля́т, засоли́|л; ***сов. к*** соли́ть во 2 знач. (см.)

II. ЗАСОЛИ́ВШИЙ, -ая, -ее, -ие; *действ. прош.*
Синт.: **а, б** — в глаг. знач. 2

IV. ЗАСО́ЛЕННЫЙ, -ая, -ое, -ые; *страд. прош.*
Синт.: **а, б, в** — в глаг. знач. 2

ЗАСО́ЛЕН, -ена, -ено, -ены; *кр. ф.*
В глаг. знач. 2

ЗАСОРИ́ТЬ, засор|я́т, засори́|л; ***сов., перех., что*** (*несов.* засоря́ть) **1.** также ***чем*** *Собравшиеся засорили помещение. Рабочие засорили заводской двор железной стружкой* (см. § 2) [загрязнить каким-л. сором] **2.** также ***чем*** *Мальчик засорил себе глаз угольной пылью* (см. § 2). *Ребенок засорил желудок, съев много семечек* [повредить чем-л. попавшим внутрь, вызвав болезненное состояние] **3.** также ***чем*** *Дима засорил раковину бумагой* (см. § 2) [повредить чем-л. попавшим внутрь, нарушив нормальную работу] **4.** ***S не лицо*** *Осот и одуванчики засорили все огороды* [проникнув в какую-л. среду, причинить вред — обычно о сорных травах]

II. ЗАСОРИ́ВШИЙ, -ая, -ее, -ие; *действ. прош.*
Синт.: **а, б** — в глаг. знач. 1 — 4

IV. ЗАСОРЁННЫЙ, -ая, -ое, -ые; *страд. прош.*
Синт.: **а, б** — в глаг. знач. 1 — 4 и в статив. знач.; **в** — в глаг. знач. 2, 3
Статив. знач., ***чем*** (также *кр. ф.* ↓) Имеющий в своем составе что-л. ненужное, бесполезное. *Память, засоренная ненужными, мелкими подробностями, не удерживала главного, существенного*
В знач. прил. (также *кр. ф.* ↓) **1.** Содержащий много сора, загрязненный. *Засоренное зерно. Засоренное помещение* **2.** Заросший сорными травами. *Засоренные посевы*
Субстантив.$_3$ в глаг. знач. 1, 3
ЗАСОРЁН, -ена́, -ено́, -ены́; *кр. ф.*
В глаг. знач. 1 — 4
Статив. знач., ***чем*** (также *полн. ф.* ↑) *Его память засорена ненужными, мелкими подробностями*
В знач. прил. (также *полн. ф.* ↑) **1.** *Зерно было засорено. Помещение очень засорено.* **2.** *Посевы засорены*

ЗАСОРЯ́ТЬ, засоря́|ют, засоря́|л; ***несов., перех., что*** (*сов.* засори́ть *к* 1—4 знач.) **1.** также ***чем*** *Во время разгрузки машин рабочие засоряют заводской двор стружкой* (см. § 2) [загрязнять каким-л. сором] **2.** также ***чем*** *Если Дима работал без очков, он часто засорял глаза стеклянной пылью* (см. § 2) [повреждать чем-л. попавшим внутрь, вызывая болезненное состояние] **3.** также ***чем*** *Аня часто засоряла раковину остатками пищи* (см. § 2) [повреждать чем-л. попавшим внутрь, нарушая нормальную работу] **4.** ***S не лицо*** *Осот и одуванчики засоряли все огороды* [проникая в какую-л. среду, причинять вред — обычно о сорных травах] **5.** ***что чем*** *Зачем вы засоряете свою речь жаргонными словами?* [употреблять в речи или в письменном тексте что-л. ненужное, не соответствующее норме и т. п.]

I. ЗАСОРЯ́ЮЩИЙ, -ая, -ее, -ие; *действ. наст.*
Синт.: **а, б** — в глаг. знач. 1 — 5

II. ЗАСОРЯ́ВШИЙ, -ая, -ее, -ие; *действ. прош.*
Синт.: **а, б** — в глаг. знач. 1 — 5

III. ЗАСОРЯ́ЕМЫЙ, -ая, -ое, -ые; *страд. наст.*
Синт.: **а, б** — в глаг. знач. 1 — 5

□ Субстантив.$_3$ в глаг. знач. 1, 3

ЗАСО́ХНУТЬ, засо́хнут, засо́х|; ***сов. к*** со́хнуть в 3, 5 знач. (см.)

II. ЗАСО́ХШИЙ, -ая, -ее, -ие; *действ. прош.*
Синт.: **а, б, в** — в глаг. знач. 3, 5

ЗАСТАВА́ТЬ, заста|ю́т, застава́|л; ***несов. к*** заста́ть (см.)

I. ЗАСТАЮ́ЩИЙ, -ая, -ее, -ие; *действ. наст.*
Синт.: **а, б** — в глаг. знач. 1 — 3

II. ЗАСТАВА́ВШИЙ, -ая, -ее, -ие; *действ. прош.*
Синт.: **а, б** — в глаг. знач. 1 — 3

III. ЗАСТАВА́ЕМЫЙ, -ая, -ое, -ые; *страд. наст.*
Синт.: **а, б** — в глаг. знач. 1 — 3
Субстантив.$_2$ не употр.

ЗАСТА́ВИТЬ, заста́влю, заста́вят, заста́ви|л; ***сов., перех., кого(что) с неопр. ф.*** (*несов.* заставля́ть) *Друзья заставили меня пойти в театр. Брат не заставил себя ждать* [принудить сделать что-л., поступить каким-л. образом]

II. ЗАСТА́ВИВШИЙ, -ая, -ее, -ие; *действ. прош.*
Синт.: **а, б** — в глаг. знач.

□ Прич. IV не употр.

ЗАСТАВЛЯ́ТЬ, заставля́|ют, заставля́|л; ***несов. к*** заста́вить (см.)

I. ЗАСТАВЛЯ́ЮЩИЙ, -ая, -ее, -ие; *действ. наст.*
Синт.: **а, б** — в глаг. знач.

II. ЗАСТАВЛЯ́ВШИЙ, -ая, -ее, -ие; *действ. прош.*
Синт.: **а, б** — в глаг. знач.

III. ЗАСТАВЛЯ́ЕМЫЙ, -ая, -ое, -ые; *страд. наст.*
Синт.: **а, в** — в глаг. знач.

ЗАСТА́ТЬ, заста́нут, заста́|л; ***сов., перех.*** (*несов.* застава́ть) **1.** ***кого(что)*** *Илья застал дома только дедушку* [успеть найти, увидеть кого-л. в каком-л. месте] **2.** ***кого(что) за чем*** и ***в каком состоянии*** *Смирнов застал меня за обедом. «— Елена на днях застала меня целующим руки у Зои!»* Тургенев, Накануне [застичь, найти кого-л. делающим что-л.] **3.** ***кого(что); S не лицо*** *«Война застала его в Ленинграде».* Каверин, Два капитана [застичь кого-л. в каком-л. месте, заставив быть участником, свидетелем и т. п.]

II. ЗАСТА́ВШИЙ, -ая, -ее, -ие; *действ. прош.*
Синт.: **а, б** — в глаг. знач. 1 — 3

□ Прич. IV не образуется

ЗАСТЕКЛИ́ТЬ, застекл|я́т, застекли́|л; ***сов., перех., что*** (*несов.* застекля́ть) *Брат сам застеклил окна. Рабочие застеклили витрину магазина* [поставить рамы со стеклами, вставить стекла]

II. ЗАСТЕКЛИ́ВШИЙ, -ая, -ее, -ие; *действ. прош.*
Синт.: **а, б** — в глаг. знач.

IV. ЗАСТЕКЛЁННЫЙ, -ая, -ое, -ые; *страд. прош.*
Синт.: **а, б** — в глаг. знач.
В знач. прил. (только *полн. ф.*) Имеющий рамы со стеклами. *Брат спал на застекленной террасе*
ЗАСТЕКЛЁН, -ена́, -ено́, -ены́; *кр. ф.*
В глаг. знач.

ЗАСТЕКЛЯ́ТЬ, застекля́|ют, застекля́|л; ***несов. к*** застекли́ть (см.)

I. ЗАСТЕКЛЯ́ЮЩИЙ, -ая, -ее, -ие; *действ. наст.*
Синт.: **а, б** — в глаг. знач.
II. ЗАСТЕКЛЯ́ВШИЙ, -ая, -ее, -ие; *действ. прош.*
Синт.: **а, б** — в глаг. знач.
III. ЗАСТЕКЛЯ́ЕМЫЙ, -ая, -ое, -ые; *страд. наст.*
Синт.: **а, б** — в глаг. знач.

ЗАСТИГА́ТЬ, застига́|ют, застига́|л; ***несов. к*** засти́чь и засти́гнуть (см.)
I. ЗАСТИГА́ЮЩИЙ, -ая, -ее, -ие; *действ. наст.*
Синт.: **а, б** — в глаг. знач. 1, 2
II. ЗАСТИГА́ВШИЙ, -ая, -ее, -ие; *действ. прош.*
Синт.: **а, б** — в глаг. знач. 1, 2
III. ЗАСТИГА́ЕМЫЙ, -ая, -ое, -ые; *страд. наст.*
Синт.: **а, б** — в глаг. знач. 1, 2

ЗАСТИ́ЧЬ и **ЗАСТИ́ГНУТЬ,** засти́гнут, засти́г| и засти́гну|л, засти́гла, -ло, -ли; ***сов., перех., кого(что)*** (*несов.* застига́ть) **1.** *Милиция застигла преступника на месте преступления* [внезапно захватить, застать кого-л. где-л., в каком-л. состоянии, действующим каким-л. образом] **2.** ***S не лицо*** *Гроза застигла нас в поле. Это сообщение застигло меня врасплох* [возникнуть, распространиться, появиться и т. п. неожиданно для кого-л., заставив быть участником, свидетелем и т. п., вызвав какую-л. реакцию]
II. ЗАСТИ́ГШИЙ, -ая, -ее, -ие и ЗАСТИ́ГНУВШИЙ, -ая, -ее, -ие; *действ. прош.*
Синт.: **а, б** — в глаг. знач. 1, 2
IV. ЗАСТИ́ГНУТЫЙ, -ая, -ое, -ые; *страд. прош.*
Синт.: **а, б** — в глаг. знач. 1, 2
ЗАСТИ́ГНУТ, -та, -то, -ты; *кр. ф.*
В глаг. знач. 1, 2

ЗАСТЫВА́ТЬ, застыва́|ют, застыва́|л; ***несов. к*** засты́ть и засты́нуть в 1—4 знач. (см.)
I. ЗАСТЫВА́ЮЩИЙ, -ая, -ее, -ие; *действ. наст.*
Синт.: **а, б** — в глаг. знач. 1—4; **в** — в глаг. знач. 1, 4
II. ЗАСТЫВА́ВШИЙ, -ая, -ее, -ие; *действ. прош.*
Синт.: **а, б** — в глаг. знач. 1—4; **в** — в глаг. знач. 1, 4

ЗАСТЫ́ТЬ и **ЗАСТЫ́НУТЬ,** засты́нут, засты́|л; ***сов., неперех.*** (*несов.* застыва́ть *к* 1—4 знач.) **1.** ***S не лицо*** *Клей быстро застыл. У тебя студень застыл?* [стать густым или твердым при охлаждении] **2.** ***S не лицо*** *«Журча еще бежит за мельницу ручей, Но пруд уже застыл».* Пушкин, Осень. *Вода в бочке застыла на утреннем морозе* [покрыться льдом, немного промерзнуть, подмерзнуть] **3.** ***S не лицо*** *Руки на морозе застыли* [сильно озябнуть, окоченеть, подвергшись действию холода] **4.** *Врач увидел, что умерший уже застыл* [стать холодным и твердым, окоченеть — об умершем] **5.** *Брат застыл от изумления. Зрители застыли в восхищении* [замереть, остаться без движения, остановиться неподвижно в какой-л. позе, положении от неожиданности или под влиянием какого-л. чувства и т. п.] **6.** ***S не лицо*** *Улыбка застыла на губах собеседника. «На этом лице застыла важная, спокойная мина».* М. Горький, Тоска [замереть, надолго остаться без изменения — о выражении лица, улыбке и т. п.]
II. ЗАСТЫ́ВШИЙ, -ая, -ее, -ие; *действ. прош.*
Синт.: **а, б** — в глаг. знач. 1—6; **в** — в глаг. знач. 1—4
В знач. прил. **1.** Твердый, затвердевший при охлаждении. *Застывшая грязь. Застывшая лава* **2.** Густой, загустевший. *Купить клей в застывшем виде* **3.** Превратившийся в лед, покрытый льдом — о каком-л. водоеме. *Застывшая река. Застывший пруд* **4.** Остающийся совершенно неподвижным, оцепенелый. *Застывший воздух. Застывшая тишина* **5.** Остановившийся, замерший — о выражении лица, взгляде, улыбке и т. д. *Застывшее выражение лица. Застывшая улыбка* (Ср. прил. **засты́лый,** -ая, -ое, -ые. **1.** Ставший твердым при охлаждении. *Застылая грязь. Застылая лава* **2.** Густой, загустевший, застывший. *Застылый клей* **3.** Неподвижный, оцепенелый. *Застылая тишина* **4.** Остановившийся, замерший — о выражении лица, взгляде, улыбке и т. п. *Застылая усмешка*)

ЗАТА́ИВАТЬ, зата́ива|ют, зата́ива|л; ***несов. к*** затаи́ть (см.)
I. ЗАТА́ИВАЮЩИЙ, -ая, -ее, -ие; *действ. наст.*
Синт.: **а, б** — в глаг. знач.
II. ЗАТА́ИВАВШИЙ, -ая, -ее, -ие; *действ. прош.*
Синт.: **а, б** — в глаг. знач.
III. ЗАТА́ИВАЕМЫЙ, -ая, -ое, -ые; *страд. наст.*
Синт.: **а, б** — в глаг. знач.

ЗАТАЙТЬ, зата|я́т, затаи́|л; ***сов., перех., что*** (*несов.* зата́ивать) *Петр с тех пор затаил злобу на своего соседа. Илья затаил мечту поехать на Байкал* [не обнаружив перед другими, сохранить в тайне какое-л. чувство, мысль]
II. ЗАТАИ́ВШИЙ, -ая, -ее, -ие; *действ. прош.*
Синт.: **а, б** — в глаг. знач.
IV. ЗАТАЁННЫЙ, -ая, -ое, -ые; *страд. прош.*
Синт.: **а, б** — в глаг. знач.
Ср. прил. **затаённый,** -ая, -ое, -ые; -ён, **-ённа,** -ённо, -ённы. Сохраняемый в тайне, скрываемый, сдерживаемый. *Затаенная печаль. Радость ее безгранична, но затаенна*
ЗАТАЁН, -ена́, -ено́, -ены́; *кр. ф.* (*редко*)
В глаг. знач.

ЗАТОПИ́ТЬ, затоплю́, зато́п|ят, затопи́|л; ***сов., перех.*** (*несов.* затопля́ть *к* 1—3 знач.) **1.** ***что; S не лицо*** и ***безл.*** *Море затопило берег. После сильных ливней огород затопило* [покрыть водой поверхность чего-л.] **2.** ***что чем*** *Сосед затопил старый погреб водой* (см. § 2) [заполнить водой какое-л. помещение, какое-л. пространство] **3.** ***что*** *В начале войны старые суда не затопили, а переправили в другое место* [погрузить на дно, потопить] **4.** ***что*** и ***кого*** *Вчера соседи нас затопили* [из-за неисправности в водопроводе, канализации или по небрежности допустить, чтобы скопившаяся на полу вода протекла вниз, пропитав потолок, стены помещений, находящихся ниже этажом; *разг.*]

II. ЗАТОПИ́ВШИЙ, -ая, -ее, -ие; *действ. прош.*

Синт.: **а, б** — в глаг. знач. 1 — 4

IV. ЗАТО́ПЛЕННЫЙ, -ая, -ое, -ые; *страд. прош.*

[чередование п/пл]

Синт.: **а, б** — в глаг. знач. 1 — 4; **в** — в глаг. знач. 1 — 3

Субстантив.₃ в глаг. знач. 1, 3

ЗАТО́ПЛЕН, -ена, -ено, -ены; *кр. ф.*

В глаг. знач. 1 — 4

□ Прич. IV в 4 глаг. знач. менее употр., чем личные ф. глагола и прич. II

ЗАТОПЛЯ́ТЬ, затопля́|ют, затопля́|л; ***несов. к*** затопи́ть в 1—3 знач. (см.)

I. ЗАТОПЛЯ́ЮЩИЙ, -ая, -ее, -ие; *действ. наст.*

Синт.: **а, б** — в глаг. знач. 1—3

II. ЗАТОПЛЯ́ВШИЙ, -ая, -ее, -ие; *действ. прош.*

Синт. **а, б** — в глаг. знач. 1 — 3

III. ЗАТОПЛЯ́ЕМЫЙ, -ая, -ое, -ые; *страд. наст.*

Синт.: **а, б, в** — в глаг. знач. 1 — 3

Субстантив.₃ в глаг знач. 1, 3

ЗАТОРМА́ЖИВАТЬ, заторма́жива|ют, заторма́жива|л; ***несов. к*** затормози́ть в 3 — 5 знач. (см.)

I. ЗАТОРМА́ЖИВАЮЩИЙ, -ая, -ее, -ие; *действ. наст.*

Синт.: **а, б** — в глаг. знач. 3 — 5

II. ЗАТОРМА́ЖИВАВШИЙ, -ая, -ее, -ие; *действ. прош.*

Синт.: **а, б** — в глаг. знач. 3 — 5

III. ЗАТОРМА́ЖИВАЕМЫЙ, -ая, -ое, -ые; *страд. наст.*

Синт.: **а, б** — в глаг. знач. 3—5

Субстантив.₃ не употр.

ЗАТОРМОЗИ́ТЬ, заторможу́, затормоз|я́т, затормози́|л; ***сов.*** (*несов.* заторма́живать *к* 3 — 5 знач.; *несов.* тормози́ть) **1. *неперех.*** *Машинист затормозил перед небольшой станцией. Машина затормозила на повороте* [замедлить ход, движение чего-л.; остановиться при помощи тормоза] **2. *перех., что*** *Тихоходные баржи сильно затормозили ход остальных судов* [замедлить, задержать движение чего-л.] **3. *перех., что,*** также ***чем*** *Дирекция последними решениями сознательно затормозила проведение испытаний* (см. § 1) [задержать развитие, выполнение чего-л.] **4. *перех., что; S не лицо*** *Отсутствие шрифтов затормозило издание этой книги* [привести к задержке в развитии, выполнении чего-л.] **5. *перех., что; S не лицо*** *Это лекарство затормозило двигательные рефлексы* [подавить, притупить течение, проявление в организме физиологических процессов, двигательных способностей и т. п.]

II. ЗАТОРМОЗИ́ВШИЙ, -ая, -ее, -ие; *действ. прош.*

Синт.: **а, б** — в глаг. знач. 1 — 5

IV. ЗАТОРМОЖЁННЫЙ, -ая, -ое, -ые; *страд. прош.*

[чередование з/ж]

Синт.: **а, б** — в глаг. знач. 2—5

Ср. прил. **затормо́женный,** -ая, -ое, -ые; -ен, -енна, -енно, -енны. **1.** С замедленной реакцией на окружающее. *Андрей сегодня какой-то заторможенный* **2.** Отличающийся более медленным темпом, меньшей частотой и т. п. по сравнению с нормой. *Заторможенные движения. Заторможенная речь*

Субстантив.₃ не употр.

ЗАТОРМОЖЁН, -ена́, -ено́, -ены́; *кр. ф.*

В глаг. знач. 2—5

ЗАТРАВИ́ТЬ, затравлю́, затра́в|ят, затрави́|л; ***сов., перех.*** (*несов.* затра́вливать и трави́ть) **1. *кого(что)**** *Охотники затравили двух зайцев* [преследуя, поймать или умертвить зверя, птицу на охоте с помощью собак или ловчих птиц] **2. *кого(что) кем(чем)**** *Фашисты затравили собаками многих заключенных* (см. § 2) [натравив собак или диких зверей на человека, дать им загрызть его] **3. *кого(что)*** *«А почему эти люди, способные затравить человека, ..всегда покорно подчиняются сердитым окрикам матросов..?»* М. Горький, В людях [замучить, извести нападками, преследованиями, гонениями]

II. ЗАТРАВИ́ВШИЙ, -ая, -ее, -ие; *действ. прош.*

Синт.: **а, б** — в глаг. знач. 1 — 3

IV. ЗАТРА́ВЛЕННЫЙ, -ая, -ое, -ые; *страд. прош.*

[чередование в/вл]

Синт.: **а, б** — в глаг. знач. 1 — 3

В знач. прил. (только *полн. ф.*) **1.** Пойманный, загнанный, умерщвленный на охоте с помощью собак или ловчих птиц. *Затравленный волк* **2.** Измученный травлей, гонениями, преследованиями. *Затравленный человек*

Ср. прил. **затра́вленный,** -ая, -ое, -ые; -ен, -енна, -енно, -енны. Выражающий состояние человека, измученного травлей. *Затравленный взгляд. Затравленный вид*

ЗАТРА́ВЛЕН, -ена, -ено, -ены; *кр. ф.*

В глаг. знач. 1 — 3

ЗАТРА́ВЛИВАТЬ, затра́влива|ют, затра́влива|л; ***несов. к*** затрави́ть (см.)

I. ЗАТРА́ВЛИВАЮЩИЙ, -ая, -ее, -ие; *действ. наст.*

Синт.: **а, б** — в глаг. знач. 1 — 3

II. ЗАТРА́ВЛИВАВШИЙ, -ая, -ее, -ие; *действ. прош.*

Синт.: **а, б** — в глаг. знач. 1 — 3

III. ЗАТРА́ВЛИВАЕМЫЙ, -ая, -ое, -ые; *страд. наст.*

Синт.: **а, б** — в глаг. знач. 1 — 3

ЗАТРА́ТИТЬ, затра́чу, затра́т|ят, затра́ти|л; ***сов., перех., что*** (*несов.* затра́чивать) **1.** *Министерство затратило большие средства на капитальное строительство* [израсходовать с какой-л. целью] **2.** *Олег затратил много усилий, чтобы достичь цели. Я затратил массу времени на поиски этой книги* [употребить, потратить]

II. ЗАТРА́ТИВШИЙ, -ая, -ее, -ие; *действ. прош.*

Синт.: **а, б** — в глаг. знач. 1, 2

IV. ЗАТРА́ЧЕННЫЙ, -ая, -ое, -ые; *страд. прош.*
[чередование т/ч]
С и н т.: **а, б** — в глаг. знач. 1, 2
С у б с т а н т и в.₃ в глаг. знач. 1
ЗАТРА́ЧЕН, -ена, -ено, -ены; *кр. ф.*
В глаг. знач. 1, 2

ЗАТРА́ЧИВАТЬ, затра́чива|ют, затра́чива|л; ***несов. к*** затра́тить (см.)
I. ЗАТРА́ЧИВАЮЩИЙ, -ая, -ее, -ие; *действ. наст.*
С и н т.: **а, б** — в глаг. знач. 1, 2
II. ЗАТРА́ЧИВАВШИЙ, -ая, -ее, -ие; *действ. прош.*
С и н т.: **а, б** — в глаг. знач. 1, 2
III. ЗАТРА́ЧИВАЕМЫЙ, -ая, -ое, -ые; *страд. наст.*
С и н т.: **а, б** — в глаг. знач. 1, 2
С у б с т а н т и в.₃ в глаг. знач. 1

ЗАТРУДНИ́ТЬ, затрудн|я́т, затрудни́|л; ***сов., перех.*** (*несов.* затрудня́ть) **1.** ***кого(что),*** также ***чем*** *Илья сильно затруднил меня своей просьбой. Это поручение сильно затруднило меня* [обременить, доставить затруднения кому-л.] **2.** ***что,*** также ***чем*** *Диспетчер затруднил доставку груза своим распоряжением* (см. § 1). *Обвал в горах затруднил проезд через перевал* [сделать затруднительным, неудобным, тяжелым]
II. ЗАТРУДНИ́ВШИЙ, -ая, -ее, -ие; *действ. прош.*
С и н т.: **а, б** — в глаг. знач. 1, 2
IV. ЗАТРУДНЁННЫЙ, -ая, -ое, -ые; *страд. прош.**
С и н т.: **а, б** — в глаг. знач. 2
С р. прил. **затруднённый,** -ая, -ое, -ые; -ён, -ённа, -ённо, -ённы. **1.** Совершаемый с трудом, с усилиями. *Затрудненное дыхание. Затрудненные движения* **2.** Тяжелый, трудный для понимания. *Затрудненный стиль. Затрудненная манера письма* **3.** Содержащий сложности, не простой. *Затрудненные отношения*
С у б с т а н т и в.₃ не употр.
ЗАТРУДНЁН, -ена́, -ено́, -ены́; *кр. ф.**
В глаг. знач. 2
▭ Прич. IV в 1 глаг. знач. не употр.

ЗАТРУДНЯ́ТЬ, затрудня́|ют, затрудня́|л; ***несов., перех.*** (*сов.* затрудни́ть) **1.** ***кого(что),*** также ***чем*** *Вы нисколько не затрудняете меня своими просьбами* (см. § 1). *Эти поручения сильно затрудняли меня* [обременять, доставлять затруднения кому-л.] **2.** ***что,*** также ***чем*** *Своими распоряжениями начальник колонны только затруднял продвижение транспорта на этом участке пути* (см. § 1). *Сильное сердцебиение затрудняло дыхание. Обвал в горах затруднял проезд через перевал* [делать затруднительным, неудобным, тяжелым]
I. ЗАТРУДНЯ́ЮЩИЙ, -ая, -ее, -ие; *действ. наст.*
С и н т.: **а, б** — в глаг. знач. 1, 2
С р. прич. в 1 глаг. знач. с прил. **затрудни́тельный,** -ая, -ое, -ые; -лен, -льна, -льно, -льны в знач. 'причиняющий затруднения, трудный'. *Дать затруднительное поручение*

II. ЗАТРУДНЯ́ВШИЙ, -ая, -ее, -ие; *действ. прош.*
С и н т.: **а, б** — в глаг. знач. 1, 2
III. ЗАТРУДНЯ́ЕМЫЙ, -ая, -ое, -ые; *страд. наст.*
С и н т.: **а, б** — в глаг. знач. 1, 2
С у б с т а н т и в.₃ не употр.

ЗАТЯ́ГИВАТЬ, затя́гива|ют, затя́гива|л; ***несов. к*** затяну́ть (см.)
I. ЗАТЯ́ГИВАЮЩИЙ, -ая, -ее, -ие; *действ. наст.*
С и н т.: **а, б** — в глаг. знач. 1 — 9
II. ЗАТЯ́ГИВАВШИЙ, -ая, -ее, -ие; *действ. прош.*
С и н т.: **а, б** — в глаг. знач. 1 — 9
III. ЗАТЯ́ГИВАЕМЫЙ, -ая, -ое, -ые; *страд. наст.*
С и н т.: **а, б** — в глаг. знач. 1 — 8; **в** — в глаг. знач. 1, 5, 8
С у б с т а н т и в.₃ в глаг. знач. 2, 3, 6

ЗАТЯ́ГИВАТЬСЯ, затя́гива|ются, затя́гива|лся; ***несов. к*** затяну́ться (см.)
I. ЗАТЯ́ГИВАЮЩИЙСЯ, -аяся, -ееся, -иеся; *действ. наст.*
С и н т.: **а, б** — в глаг. знач. 1 — 7; **в** — в глаг. знач. 4 — 6
II. ЗАТЯ́ГИВАВШИЙСЯ, -аяся, -ееся, -иеся; *действ. прош.*
С и н т.: **а, б** — в глаг. знач. 1 — 7; **в** — в глаг. знач. 4—6

ЗАТЯНУ́ТЬ, затяну́, затя́нут, затяну́|л; ***сов.*** (*несов.* затя́гивать) **1.** ***перех., что*** *Альпинист затянул узел веревки слишком туго. Я затянула пояс потуже* [завязать туго, стянуть концы] **2.** ***перех., что,*** также ***чем*** *Солдат слишком сильно затянул талию ремнем* (см. § 2) [перевязать, стянуть чем-л.] **3.** ***перех., кого(что)*** и ***что; S не лицо*** и ***безл.*** *Водоворот затянул плывшие клочки бумаги, и они пошли на дно. Этого человека затянуло в трясину* [засосать, втянуть куда-л.] **4.** ***перех., кого(что) во что*** *В эту компанию меня затянула Оля. Ты напрасно затянул меня в спор* [вовлечь, заставить принять в чем-л. участие] **5.** ***перех., что; S не лицо*** и ***безл.*** *Тучи затянули всё небо. Небо затянуло, скоро пойдет дождь* [покрыть, подернуть слоем чего-л. целиком, обволакивая чем-л.] **6.** ***перех., что чем*** *Пионеры затянули трибуну красным сукном* (см. § 2). *Демонстранты затянули борта машины праздничными полотнищами* (см. § 2) [натянуть что-л. поверх чего-л., закрыв, обтянув] **7.** ***перех., что; S не лицо*** и ***безл.*** *Тонкая белая пленка затянула рану. «Как только раны чуть затянет, Пойдет солдат на бой опять».* Симонов, Слепец [заживить, закрыть] **8.** ***перех., что*** *Мы слишком затянули собрание. Волейболисты затянули игру* [сделать слишком длинным, замедлить, задержать окончание чего-л.] **9.** ***неперех., с чем*** *Аня затянула с дипломом* [не сделать что-л. в намеченный заранее срок, делая что-л. слишком медленно; *разг.*]
II. ЗАТЯНУ́ВШИЙ, -ая, -ее, -ие; *действ. прош.*
С и н т.: **а, б** — в глаг. знач. 1 — 9
IV. ЗАТЯ́НУТЫЙ, -ая, -ое, -ые; *страд. прош.*

Синт.: **а, б** — в глаг. знач. 1 — 8 и в статив. знач.; **в** — в глаг. знач. 1, 2, 5

Статив. знач., ***во что*** (также *кр. ф.* ↓) **1.** Одетый во что-л. плотно облегающее, стягивающее. *«— И как они все сильны и здоровы физически,— подумал Алексей Александрович, глядя.. на красную шею затянутого в мундир князя».* Л. Толстой, Анна Каренина **2.** Такой, который находится в чем-л. плотно облегающем, стягивающем. *Ольга протянула мне руку, затянутую в белую перчатку*

В знач. прил. **1.** (только *полн. ф.*) Покрытый тонким слоем кожи, слегка заживший — о ране. *Затянутая рана* **2.** (только *полн. ф.*) Покрытый плотным слоем облаков. *Затянутое небо* **3.** (также *кр. ф.* ↓) С повторениями, ненужной детализацией и в результате слишком длинный — обычно о литературном произведении, фильме и т. п. *Затянутый роман. Затянутый фильм. Затянутая пьеса. Затянутый спектакль* **4.** (только *полн. ф.*) Слишком долго продолжающийся, затянувшийся. *Затянутое собрание*

Субстантив.$_3$ в глаг. знач. 2, 3, 6

ЗАТЯ́НУТ, -та, -то, -ты; *кр. ф.*

В глаг. знач. 1 — 8

Статив. знач., ***во что*** (также *полн. ф.*↑) **1.** *Андрей был затянут в новый мундир* **2.** *Руки актрисы затянуты в белые перчатки*

В знач. прил. (также *полн. ф.* в знач. 3↑) *Этот фильм затянут. Пьеса явно затянута. Спектакль затянут*

ЗАТЯНУ́ТЬСЯ, затяну́сь, затя́нутся, затяну́|лся; ***сов.*** (*несов.* затя́гиваться) **1.** также ***чем*** *Ольга так туго затянулась, что с трудом дышала. «Санька туго затянулся ремешком, лихо заломил на висок пилотку».* Мусатов, Стожары [затянуть себя чем-л.] **2. *S не лицо*** *Узел затянулся. Петля затянулась* [завязаться, закрепиться, стягиваясь с концов] **3.** также ***чем; S не лицо*** *Пруд затянулся ряской. Небо затянулось тучами* [покрыться, подернуться легким слоем чего-л.; заволочься] **4. *S не лицо*** *Рана затянулась быстро* [зажить, закрыться — о ране] **5. *S не лицо*** *Собрание затянулось. Зима в этом году затянулась* [замедлиться, задержаться, занять больше обычного времени] **6. *S не лицо*** *«Моя беседа с Карпом Ерофеичем затянулась далеко за полночь».* Чехов, Остров Сахалин [продлиться слишком долгое время] **7.** *«Томский закурил трубку, затянулся».* Пушкин, Пиковая дама [вдохнуть в себя дым при курении]

II. ЗАТЯНУ́ВШИЙСЯ, -аяся, -ееся, -иеся; *действ. прош.*

Синт.: **а, б** — в глаг. знач. 1—7; **в** — в глаг. знач. 2, 4 — 6

ЗАУ́ЧИВАТЬ, зау́чива|ют, зау́чива|л; ***несов. к*** заучи́ть в 1 знач. (см.)

I. ЗАУ́ЧИВАЮЩИЙ, -ая, -ее, -ие; *действ. наст.*

Синт.: **а, б** — в глаг. знач. 1

II. ЗАУ́ЧИВАВШИЙ, -ая, -ее, -ие; *действ. прош.*

Синт.: **а, б** — в глаг. знач. 1

III. ЗАУ́ЧИВАЕМЫЙ, -ая, -ое, -ые; *страд. наст.*

Синт.: **а, б** — в глаг. знач. 1; **в** — в глаг. знач. 1.

ЗАУЧИ́ТЬ, заучу́, зау́ч|ат, заучи́|л; ***сов., перех.*** (*несов.* зау́чивать *к* 1 знач.) **1. *что*** *«— Больше всего я любил басни Крылова, заучил их множество наизусть».* Достоевский, Подросток [уча что-л., запомнить твердо, выучить] **2. *кого(что)*** *Брат совсем заучил своего взрослого сына* [причинить вред кому-л., замучить кого-л. чрезмерной учебой или наставлениями; *разг.*]

II. ЗАУЧИ́ВШИЙ, -ая, -ее, -ие; *действ. прош.*

Синт.: **а, б** — в глаг. знач. 1, 2

IV. ЗАУ́ЧЕННЫЙ, -ая, -ое, -ые; *страд. прош.*

Синт.: **а, б** — в глаг. знач. 1, 2; **в** — в глаг. знач. 1

Ср. прил. **зау́ченный,** -ая, -ое, -ые; -ен, -енна, -енно, -енны. **1.** Автоматический, выработанный частым повторением. *Заученный жест. Заученные движения* **2.** Искусственный, заранее, нарочито выученный, невыразительный. *Заученные фразы. Заученные приветствия*

ЗАУ́ЧЕН, -ена, -ено, -ены; *кр. ф.*

В глаг. знач. 1, 2

ЗАФИКСИ́РОВАТЬ, зафикси́руют, зафикси́рова|л; ***сов. к*** фикси́ровать в 1, 2 знач. (см.)

II. ЗАФИКСИ́РОВАВШИЙ, -ая, -ее, -ие; *действ. прош.*

Синт.: **а, б** — в глаг. знач. 1, 2

IV. ЗАФИКСИ́РОВАННЫЙ, -ая, -ое, -ые; *страд. прош.*

Синт.: **а, б, в** — в глаг. знач. 1, 2

Субстантив.$_3$ в глаг. знач. 1

ЗАФИКСИ́РОВАН, -ана, -ано, -аны; *кр. ф.*

В глаг. знач. 1, 2

ЗАХВАТИ́ТЬ, захвачу́, захва́т|ят, захвати́|л; ***сов. к*** захва́тывать (см.)

II. ЗАХВАТИ́ВШИЙ, -ая, -ее, -ие; *действ. прош.*

Синт.: **а, б** — в глаг. знач. 1 — 7

IV. ЗАХВА́ЧЕННЫЙ, -ая, -ое, -ые; *страд. прош.*

[чередование т/ч]

Синт.: **а, б** — в глаг. знач. 1 — 7; **в** — в глаг. знач. 2, 3

Субстантив.$_2$ в глаг. знач. 2, 5; субстантив.$_3$ в глаг. знач. 1, 2

ЗАХВА́ЧЕН, -ена, -ено, -ены; *кр. ф.*

В глаг. знач. 1 — 7

ЗАХВА́ТЫВАТЬ, захва́тыва|ют, захва́тыва|л; ***несов., перех.*** (*сов.* захвати́ть) **1. *что,*** также ***чем*** *Ковш экскаватора захватывал сразу очень много земли. Малыш захватывает конфеты всей ладошкой и отправляет их в рот* (см. § 2) [крепко охватывая и зажимая руками, пальцами, каким-л. приспособлением и т. д., брать, забирать, схватывать] **2. *кого(что)*** и ***что*** *Разведчики захватывают языка и ведут его в штаб. Террористы не раз безнаказанно захватывали пассажирские самолеты* [брать силой, с помощью оружия, военных действий и т. п.] **3. *что*** *Представители самых крупных монополий не раз захватывали власть в стране. Наша команда захватывает* *инициативу в конце игры* [овладевать] **4.** ***кого(что)*** и ***что*** *Илья часто захватывает своего друга с собой на дачу. Обычно отец захватывал в лес интересную книгу* [брать с собой] **5.** ***кого(что)*** и ***что; S не лицо*** *Чтение захватывает мальчика. Эта работа захватывает Ольгу целиком. Рассказы отца о путешествии в Антарктиду целиком захватывали мое воображение* [сильно увлекать, заинтересовывать] **6.** ***что*** *К счастью, врачи захватывают болезнь в самом начале, и ребенок быстро поправляется* [вовремя принимать меры против чего-л.— болезни, стихийного бедствия и т. п.] **7.** ***что; S не лицо*** *Огонь захватывает очень большую территорию, надо принимать срочные меры* [распространяться, занимать, заполнять собой что-л., охватывать]

I. ЗАХВА́ТЫВАЮЩИЙ, -ая, -ее, -ие; *действ. наст.*

Синт.: **а, б** — в глаг. знач. 1 — 7

Ср. прил. **захва́тывающий,** -ая, -ее, -ие; -ющ, -юща, -юще, -ющи. Увлекательный, притягивающий, крайне интересный. *Захватывающее зрелище. Захватывающая картина*

II. ЗАХВА́ТЫВАВШИЙ, -ая, -ее, -ие; *действ. прош.*

Синт.: **а, б** — в глаг. знач. 1 — 7

III. ЗАХВА́ТЫВАЕМЫЙ, -ая, -ое, -ые; *страд. наст.*

Синт.: **а, б** — в глаг. знач. 1 — 7; **в** — в глаг. знач. 2, 3

Субстантив.$_2$ в глаг. знач. 2, 5; субстантив.$_3$ в глаг. знач. 1, 2

ЗАХЛАМИ́ТЬ, захламлю́, захлам|я́т, захлами́|л; ***сов., перех., что,*** также ***чем*** (*несов.* захламля́ть) *Это помещение сильно захламили. «Людмила Ивановна захламила комнаты каким-то пестрым тряпьем».* С. Никитин, Гости (см. § 2) [наполнить хламом, засорить, замусорить]

II. ЗАХЛАМИ́ВШИЙ, -ая, -ее, -ие; *действ. прош.*

Синт.: **а, б** — в глаг. знач.

IV. ЗАХЛАМЛЁННЫЙ, -ая, -ое, -ые; *страд. прош.*

[чередование м/мл]

Синт.: **а, б** — в глаг. знач.

В знач. прил. (также *кр. ф.* ↓) Засоренный, замусоренный, заваленный хламом. *Захламленное помещение. Захламленные коридоры*

ЗАХЛАМЛЁН, -ена́, -ено́, -ены́; *кр. ф.*

В глаг. знач.

В знач. прил. (также *полн. ф.*↑) *Комнаты в этом доме захламлены, везде висит паутина*

ЗАХЛАМЛЯ́ТЬ, захламля́|ют, захламля́|л; ***несов. к*** захлами́ть (см.)

I. ЗАХЛАМЛЯ́ЮЩИЙ, -ая, -ее, -ие; *действ. наст.*

Синт.: **а, б** — в глаг. знач.

II. ЗАХЛАМЛЯ́ВШИЙ, -ая, -ее, -ие; *действ. прош.*

Синт.: **а, б** — в глаг. знач.

III. ЗАХЛАМЛЯ́ЕМЫЙ, -ая, -ое, -ые; *страд. наст.*

Синт.: **а, б** — в глаг. знач.

ЗАХОДИ́ТЬ, захожу́, захо́д|ят, заходи́|л; ***несов. к*** зайти́ (см.)

I. ЗАХОДЯ́ЩИЙ, -ая, -ее, -ие; *действ. наст.*

Синт.: **а, б** — в глаг. знач. 1 — 9; **в** — в глаг. знач. 8.

II. ЗАХОДИ́ВШИЙ, -ая, -ее, -ие; *действ. прош.*

Синт.: **а, б** — в глаг. знач. 1 — 9; **в** — в глаг. знач. 8

ЗАЧЁРКИВАТЬ, зачёркива|ют, зачёркива|л; ***несов. к*** зачеркну́ть (см.)

I. ЗАЧЁРКИВАЮЩИЙ, -ая, -ее, -ие; *действ. наст.*

Синт.: **а, б** — в глаг. знач. 1, 2

II. ЗАЧЁРКИВАВШИЙ, -ая, -ее, -ие; *действ. прош.*

Синт.: **а, б** — в глаг знач. 1, 2

III. ЗАЧЁРКИВАЕМЫЙ, -ая, -ое, -ые; *страд. наст.*

Синт.: **а, б** — в глаг. знач. 1, 2; **в** — в глаг. знач. 1

Субстантив.$_3$ в глаг. знач. 1

ЗАЧЕРКНУ́ТЬ, зачеркну́т, зачеркну́|л; ***сов., перех., что,*** также ***чем*** (*несов.* зачёркивать) **1.** *Редактор зачеркнула две строки. Илья зачеркнул написанное красным фломастером* (см. § 2) [провести черту, какие-л. линии по тексту, рисунку и т. п., чтобы сделать недействительными, не принимаемыми во внимание] **2.** *«— Не понимаю, неужели так спокойно можно зачеркнуть полтора года своей жизни?»* Гранин, Искатели. *Проведенными экспериментами молодой ученый зачеркнул все теории, существовавшие в этой области* (см. § 2) [свести на нет, признать недействительным, неважным, как бы не существовавшим]

II. ЗАЧЕРКНУ́ВШИЙ, -ая, -ее, -ие; *действ. прош.*

Синт.: **а, б** — в глаг. знач. 1, 2

IV. ЗАЧЁРКНУТЫЙ, -ая, -ое, -ые; *страд. прош.*

[чередование е/ё]

Синт.: **а, б** — в глаг. знач. 1, 2; **в** — в глаг. знач. 1

Субстантив.$_3$ в глаг. знач. 1

ЗАЧЁРКНУТ, -та, -то, -ты; *кр. ф.*

В глаг. знач. 1, 2

ЗАШИФРОВА́ТЬ, зашифру́ют, зашифрова́|л; ***сов. к*** шифрова́ть (см.)

II. ЗАШИФРОВА́ВШИЙ, -ая, -ее, -ие; *действ. прош.*

Синт.: **а, б** — в глаг. знач.

IV. ЗАШИФРО́ВАННЫЙ, -ая, -ое, -ые; *страд. прош.*

Синт.: **а, б, в** — в глаг. знач.

ЗАШИФРО́ВАН, -ана, -ано, -аны; *кр. ф.*

В глаг. знач.

ЗАШТАМПОВА́ТЬ, заштампу́ют, заштампова́|л; ***сов. к*** штампова́ть во 2, 3 знач. (см.)

II. ЗАШТАМПОВА́ВШИЙ, -ая, -ее, -ие; *действ. прош.*

Синт.: **а, б** — в глаг. знач. 2, 3

IV. ЗАШТАМПО́ВАННЫЙ, -ая, -ое, -ые; *страд. прош.*

Синт.: **а, б, в** — в глаг. знач. 2, 3
Субстантив.₃ в глаг. знач. 2
ЗАШТАМПО́ВАН, -ана, -ано, -аны; *кр. ф.*
В глаг. знач. 2, 3

ЗАШТО́ПАТЬ, зашто́пают, зашто́па|л; ***сов. к*** што́пать (см.)
II. ЗАШТО́ПАВШИЙ, -ая, -ее, -ие; *действ. прош.*
Синт.: **а, б** — в глаг. знач. 1, 2
IV. ЗАШТО́ПАННЫЙ, -ая, -ое, -ые; *страд. прош.*
Синт.: **а, б, в** — в глаг. знач. 1, 2
Субстантив.₃ в глаг. знач. 1
ЗАШТО́ПАН, -ана, -ано, -аны; *кр. ф.*
В глаг. знач. 1, 2

ЗАШТРИХОВА́ТЬ, заштриху́ют, заштрихова́|л; ***сов. к*** штрихова́ть (см.)
II. ЗАШТРИХОВА́ВШИЙ, -ая, -ее, -ие; *действ. прош.*
Синт.: **а, б** — в глаг. знач.
IV. ЗАШТРИХО́ВАННЫЙ, -ая, -ое, -ые; *страд. прош.*
Синт.: **а, б, в** — в глаг. знач.
ЗАШТРИХО́ВАН, -ана, -ано, -аны; *кр. ф.*
В глаг. знач.

ЗАЩИТИ́ТЬ, защищу́, защит|я́т, защити́|л; ***сов. к*** защища́ть (см.)
II. ЗАЩИТИ́ВШИЙ, -ая, -ее, -ие; *действ. прош.*
Синт.: **а, б** — в глаг. знач. 1—6
IV. ЗАЩИЩЁННЫЙ, -ая, -ое, -ые; *страд. прош.*
[чередование т/щ]
Синт.: **а, б** — в глаг. знач. 1—6; **в** — в глаг. знач. 6
Субстантив.₃ в глаг. знач. 1, 3
ЗАЩИЩЁН, -ена́, -ено́, -ены́; *кр. ф.*
В глаг. знач. 1—6

ЗАЩИЩА́ТЬ, защища́|ют, защища́|л; ***несов., перех.*** (*сов.* защити́ть) **1. *кого(что)*** и ***что*** *Пограничники надежно защищают границы нашей Родины от врагов. Дима храбро защищал ребенка от собаки. Брестскую крепость советские солдаты защищали до последней капли крови* [ограждать от нападения, посягательств, враждебных действий и т. п., оборонять] **2. *что*** *Долг каждого гражданина СССР — защищать завоевания революции* [охранять что-л., стоять на страже чего-л.] **3. *кого(что)*** и ***что от чего; S не лицо*** *Специальные костюмы хорошо защищают космонавтов от радиации. Скала надежно защищала туристов от ветра. Эти очки защищают глаза не только от ярких солнечных лучей, но и от пыли* [предохранять от чего-л.] **4. *что,*** также ***чем*** *Выступающий с жаром защищал новую теорию происхождения Земли. Докладчик защищал свою точку зрения убедительными аргументами* (см. § 2). *В ООН Советский Союз последовательно защищает интересы развивающихся стран, борющихся за свою независимость* [отстаивать какие-л. взгляды, убеждения, мнение и т. п. перед критикой, возражениями; отстаивать чьи-л. права, интересы и т. п.] **5. *кого(что)*** *Бабушка всегда защищала внуков* [заступаться, вступаться за кого-л.] **6. *что*** *Ольга защищает диссертацию на следующей неделе* [на заседании ученого совета или специальной комиссии добиваться официального признания представленной диссертации, диплома и т. п.]
I. ЗАЩИЩА́ЮЩИЙ, -ая, -ее, -ие; *действ. наст.*
Синт.: **а, б** — в глаг. знач. 1 — 6
Ср. прич. в 3 глаг. знач. с прил. **защи́тный,** -ая, -ое, -ые в знач. 'предназначенный, служащий для защиты'. *Защитные очки. Защитный скафандр космонавта. Защитный костюм*
II. ЗАЩИЩА́ВШИЙ, -ая, -ее, -ие; *действ. прош.*
Синт.: **а, б** — в глаг. знач. 1 — 6
III. ЗАЩИЩА́ЕМЫЙ, -ая, -ое, -ые; *страд. наст.*
Синт.: **а, б** — в глаг. знач. 1—6; **в** — в глаг. знач. 6
Ср. прил. **защити́мый,** -ая, -ое, -ые; -и́м, -и́ма, -и́мо, -и́мы. Такой, которого можно защитить. *Уже в тяжелой, вряд ли защитимой позиции на тридцать первом ходу Карпов просрочил время и поздравил соперника с победой* (из газет)
Субстантив.₃ в глаг. знач. 1, 3

ЗВАТЬ, зов|у́т, зва|л, звала́, зва́ло, -ли; ***несов., перех.*** (*сов.* позва́ть *к* 1, 2 знач.) **1. *кого(что),*** также ***чем*** *Бабушка звала внучку тихим голосом. Человек в лодке звал на помощь* [голосом, сигналами просить приблизиться] **2. *кого(что)*** *Подруга зовет меня в театр. Молодожены зовут своих друзей в гости* [приглашать куда-л.] **3.** (в неопр. ф. и в 3 л. мн.) ***кого(что)*** *Эту женщину зовут Ольгой. Как вас зовут?* [именовать, называть каким-л. именем] **4. *кого(что) кем*** и ***чем*** *Мою подругу домашние звали зайкой. Все звали этого мальчика юлой* [обращаться к кому-л. с тем или иным, не его, именем, прозвищем, кличкой или употреблять их, говоря об этом лице] **5. *кого(что)*** и ***что*** *«Своими сынами зовет их страна, Знакомы народу их лица».* Твардовский, Семья кузнеца. *«Отчего ее зовут „волнушка", кажется понятным. По ярко-розовому полю ее расходятся более бледные круги, как волны по воде от брошенного камня».* Солоухин, Третья охота [обозначать тем или иным словом, наименованием, давать какое-л. наименование, название, называть]
I. ЗОВУ́ЩИЙ, -ая, -ее, -ие; *действ. наст.**
Синт.: **а, б** — в глаг. знач. 1, 2, 4, 5
В знач. прил. Выражающий призыв к интимным отношениям. *Зовущий взгляд. Зовущие интонации*
II. ЗВА́ВШИЙ, -ая, -ее, -ие; *действ. прош.**
Синт.: **а, б** — в глаг. знач. 1, 2, 4, 5
IV. ЗВА́ННЫЙ, -ая, -ое, -ые; *страд. прош.**
Синт.: **а, б** — в глаг. знач. 2
Ср. прил. **зва́ный,** -ая, -ое, -ые. **1.** Получивший приглашение, приглашенный. *Званый гость* **2.** Со специально приглашенными гостями. *Званый вечер. Званый обед. Званый ужин*
ЗВАН, звана́, зва́но, -ны; *кр. ф.**
В глаг. знач. 2

□ Прич. I, II в 3 глаг. знач. не употр. Прич. III не образуется. Прич. IV в 1, 3—5 глаг. знач. не употр.

ЗВЕНЕ́ТЬ, звен|я́т, звене́|л; ***несов., неперех.*** **1.** ***S не лицо*** *Звенит колокольчик. Стекла звенят* [издавать тонкий металлический звук] **2.** ***чем*** *Мальчик звенит монетами* [производить при помощи чего-л. тонкий металлический звук] **3.** ***S не лицо*** *У меня в ушах до сих пор звенит веселый смех девочки. «И нежные женские голоса звенели в теплом ночном воздухе...»* Казакевич, Весна на Одере [раздаваться, звучать как бы с металлическим тембром]

I. ЗВЕНЯ́ЩИЙ, -ая, -ее, -ие; *действ. наст.*
Синт.: **а, б** — в глаг. знач. 1 — 3; **в** — в глаг. знач. 1
В знач. прил. Высокий, напряженный, с металлическим тембром — о звуке, голосе. *Звенящий звук. Звенящий голос*

II. ЗВЕНЕ́ВШИЙ, -ая, -ее, -ие; *действ. прош.*
Синт.: **а, б** — в глаг. знач. 1 — 3; **в** — в глаг. знач. 1

ЗВУЧА́ТЬ, звуч|а́т, звуча́|л; ***несов., неперех.*** (*сов.* прозвуча́ть *к* 4, 5 знач.); ***S не лицо*** **1.** *Где-то звучат голоса* [издавать звуки] **2.** *Тихо звучали струны гитары* [раздаваться, быть слышным — о различных звуках] **3.** *Твое имя звучит красиво* [иметь то или иное звучание при произношении, быть каким-л. на слух] **4.** ***в чем*** *«В голосе Кати звучало сознание своего превосходства».* Леонов, Барсуки. *В словах Димы звучала уверенность* [обнаруживаться, проявляться в звуках голоса, в словах и т. п.] **5.** *«[Ирина:] Когда слышишь свои слова в устах другого, они всегда звучат как-то неубедительно».* Арбузов, Потерянный сын [производить то или иное действие, впечатление на слушающего, иметь тот или иной смысл, характер]

I. ЗВУЧА́ЩИЙ, -ая, -ее, -ие; *действ. наст.*
Синт.: **а, б** — в глаг. знач. 1 — 5
В знач. прил. Обладающий способностью издавать звуки. *Звучащая игрушка. Звучащий буй*

II. ЗВУЧА́ВШИЙ, -ая, -ее, -ие; *действ. прош.*
Синт.: **а, б** — в глаг. знач. 1 — 5

ЗЛИТЬ, зл|ят, зли|л; ***несов., перех., кого(что),*** также ***чем*** (*сов.* разозли́ть) **1.** *Мальчик нарочно злил собаку* [своими действиями стараться вызвать чью-л. злобу, злость] **2.** *Смирнов злит меня своими рассуждениями. Твоя работа злит меня большим количеством ошибок* [вызывать чувство сильного неудовольствия, заставлять сердиться]

I. ЗЛЯ́ЩИЙ, -ая, -ее, -ие; *действ. наст.*
Синт.: **а, б** — в глаг. знач. 1, 2
Ср. прич. в 1 глаг. знач. с прил. **злой**, -а́я, -о́е, -ы́е в знач. 'полный злобы, злости'. *Злой взгляд. Злой человек*
Ср. прич. в 1 глаг. знач. с прил. **зло́бный**, -ая, -ое, -ые; -бен, -бна, -бно, -бны в знач. 'исполненный злобы'. *Злобный взгляд. Злобный характер*

II. ЗЛИ́ВШИЙ, -ая, -ее, -ие; *действ. прош.*
Синт.: **а, б** — в глаг. знач. 1, 2

□ Глагол не имеет прич. III, IV

ЗНАКО́МИТЬ, знако́млю, знако́м|ят, знако́ми|л; ***несов., перех., кого(что)*** (*сов.* познако́мить; *сов.* ознако́мить *ко* 2 знач.) **1.** ***с кем(чем)*** *Сын всегда знакомит меня с новыми товарищами* [делать кого-л. знакомым другому лицу, представлять одного другому или другим] **2.** ***с чем*** *Начальник цеха знакомит молодых специалистов с новой аппаратурой. Учительница знакомила нас с драматургией Чехова* [давать кому-л. сведения о чем-л., делать известным]

I. ЗНАКО́МЯЩИЙ, -ая, -ее, -ие; *действ. наст.*
Синт.: **а, б** — в глаг. знач. 1, 2

II. ЗНАКО́МИВШИЙ, -ая, -ее, -ие; *действ. прош.*
Синт.: **а, б** — в глаг. знач. 1, 2

IV. ЗНАКО́МЛЕННЫЙ, -ая, -ое, -ые; *страд. прош.**
[чередование м/мл]
Синт.: **а, б** — в глаг. знач. 1
ЗНАКО́МЛЕН, -ена, -ено, -ены; *кр. ф.**
В глаг. знач. 1

□ Прич. III не образуется. Прич. IV во 2 глаг. знач. не употр.

ЗНАТЬ, зна́|ют, зна|л; ***несов., перех.*** **1.** ***что о ком(чем)*** и ***о чем*** и ***с придат. дополнит.*** *Мы знаем намерения противника. Я знала о приезде Ильи. Вы не знаете, где он живет?* [иметь сведения о ком-чем-л.] **2.** ***что*** *Илья хорошо знает это стихотворение. Ученик не знает урока* [обладать знанием чего-л.] **3.** ***что*** и ***кого*** *Сергей хорошо знает нетрадиционные методы лечения. Дима хорошо знает Лермонтова* [иметь специальные познания в какой-л. области] **4.** ***кого (что)*** *Я ведь знаю Смирнова с детства* [быть знакомым с кем-л.] **5.** ***что*** *«Худенький, маленький, слабый на вид, он с детских лет знал горе».* Гл. Успенский, Кой про что [испытывать, переживать] **6.** ***что*** *Ольга не знает отдыха, работает не покладая рук. Мы не знали покоя, когда растили детей* [не иметь какого-л. необходимого для человека состояния, не позволять себе быть в каком-л. состоянии — с отрицанием] **7.** ***что*** *Олег всегда знает меру в своих желаниях. Мое нетерпение не знает границ* [соблюдать что-л., считаться с чем-л., признавать]

I. ЗНА́ЮЩИЙ, -ая, -ее, -ие; *действ. наст.*
Синт.: **а, б** — в глаг. знач. 1 — 7
В знач. прил. С глубокими знаниями в какой-л. области. *Знающие люди. Знающий инженер. Знающий преподаватель*

II. ЗНА́ВШИЙ, -ая, -ее, -ие; *действ. прош.*
Синт.: **а, б** — в глаг. знач. 1 — 7

□ Глагол не имеет прич. III, IV

ЗНА́ЧИТЬ, зна́ч|ат, зна́чи|л; ***несов., перех.*** **1.** ***что,*** также ***с придат. дополнит.; S не лицо*** *По-болгарски „майка" значит мать. Что это значит?* [иметь какой-л. смысл, означать что-л.] **2.** ***что*** *Твой друг все-таки что-то значит для тебя или нет? «Человек значит неизмеримо больше, чем принято думать о нем...»* М. Горький, Заметки читателя. *Ваши слова много значат* [иметь значение, важность, ценность, быть существенным]

I. ЗНА́ЧАЩИЙ, -ая, -ее, -ие; *действ. наст.*

Синт.: **а, б** — в глаг. знач. 1, 2

В знач. прил. Обладающий значением — в языкознании. *Значащие части слова* (Ср. прил. **зна́чимый,** -ая, -ое, -ые; -им, -има, -имо, -имы. **1.** Обладающий значением, значащий — в языкознании. *Значимые части слов* **2.** Выражающий что-л. *Значимый жест* **3.** Важный по значению, значительный. *Значимый поступок. Это решение очень значимо для развития животноводства*)

II. ЗНА́ЧИВШИЙ, -ая, -ее, -ие; *действ. прош.*

Синт.: **а, б** — в глаг. знач. 1, 2

▭ Глагол не имеет прич. III, IV

ЗОЛОТИ́ТЬ, золочу́, золот|я́т, золоти́|л; ***несов., перех., что*** (*сов.* позолоти́ть) **1.** *В этом цехе золотят ложки, а в соседнем — серьги* [покрывать позолотой] **2.** ***S не лицо*** *Солнце золотит крыши домов. Свет лампы золотил волосы девушки* [освещая, придавать чему-л. золотистый цвет, оттенок]

I. ЗОЛОТЯ́ЩИЙ, -ая, -ее, -ие; *действ. наст.*

Синт.: **а, б** — в глаг. знач. 1, 2

II. ЗОЛОТИ́ВШИЙ, -ая, -ее, -ие; *действ. прош.*

Синт.: **а, б** — в глаг. знач. 1, 2

IV. ЗОЛОЧЁННЫЙ, -ая, -ое, -ые; *страд. прош.**

[чередование т/ч]

Синт.: **а, б** — в глаг. знач. 1

Ср. прил. **золочёный,** -ая, -ое, -ые. Покрытый позолотой; позолоченный. *Золоченые серьги. Золоченые ложки*

ЗОЛОЧЁН, -ена́, -ено́, -ены́; *кр. ф.**

В глаг. знач. 1

▭ Прич. III не употр. Прич. IV во 2 глаг. знач. не употр.

ЗРЕТЬ, зре́|ют, зре|л; ***несов., неперех.*** (*сов.* созре́ть); ***S не лицо*** **1.** *«А за ним [лесом] открывается песчаная равнина, где зреют, поблескивая и волнуясь под ветром, хлеба».* Паустовский, Золотая роза [спеть, созревать] **2.** *«Талант может зреть не от навыка, не от выучки, но от опыта жизни».* Белинский, Стихотворения В. Бенедиктова. *У Димы зреет решение сделать этот смелый шаг. У наших друзей зреют планы пойти на байдарках на Белое море* [развиваясь, крепнуть; складываться]

I. ЗРЕ́ЮЩИЙ, -ая, -ее, -ие; *действ. наст.*

Синт.: **а, б** — в глаг. знач. 1, 2; **в** — в глаг. знач. 1

II. ЗРЕ́ВШИЙ, -ая, -ее, -ие; *действ. прош.*

Синт.: **а, б** — в глаг. знач. 1, 2; **в** — в глаг. знач. 1

И

ИГРА́ТЬ, игра́|ют, игра́|л; ***несов.*** **1.** ***неперех., с кем(чем)*** и ***с чем, во что*** и ***без дополн.*** *Мать долго играла с ребенком. Девочки играли в мяч. Во дворе играли мальчишки* [заниматься чем-л. для развлечения; забавляться, резвиться, развлекаться] **2.** ***неперех., во что, на чем*** и ***без дополн.*** *По вечерам мы играем в шашки или на бильярде. Футболисты играли с азартом. Шахматисты играют уже два часа* [проводить время в занятии каким-л. видом спорта для заполнения досуга] **3.** ***неперех., во что*** *Мой брат играет в хоккей* [увлекаться какой-л. спортивной или неспортивной игрой, быть ее постоянным участником] **4.** ***неперех., кем(чем)*** и ***чем*** *«— Низко и подло играть так людьми!»* Чехов, Враги. *Этот человек играет своей жизнью* [относиться к кому-чему-л. несерьезно, легкомысленно, распоряжаться по своему произволу] **5.** ***неперех., чем*** *«Тарас играл чайной ложкой, вертя ее между пальцами».* М. Горький, Фома Гордеев. *Сестра нервно играла концами пояса* [бесцельно вертеть, перебирать, двигать] **6.** ***неперех.; S не лицо*** *Луч света играет в гранях хрусталя. Бриллиант играет на солнце* [сверкать, отражаясь в чем-л., от чего-л.— о лучах солнца, о свете и т. п.; переливаться разными цветами] **7.** ***неперех.; S не лицо*** *«Я люблю, когда в тонком стакане играет золотистое вино».* Л. Андреев, Мысль [пениться, искриться — о вине и шипучих напитках] **8.** ***неперех.; S не лицо*** *На ее лице играла улыбка. У этого спортсмена каждый мускул играет* [проявляться каким-л. образом — в движении, живости и т. п.] **9.** ***неперех., на чем*** *Мой брат играет на скрипке* [уметь исполнять что-л. на музыкальном инструменте] **10.** ***неперех.; S не лицо*** *В соседней комнате играло радио. Во дворе играла гармошка. В парке по вечерам играл оркестр* [воспроизводить какую-л. мелодию — о музыкальных инструментах, оркестре, радио и т. п.] **11.** ***неперех., на чем*** *Ребенок умело играл на слабостях своих родителей* [воздействовать на чьи-л. чувства, склонности и т. п. для достижения намеченных целей] **12.** ***неперех.*** *Анна играла в любительских спектаклях* [выступать на сцене, участвовать в сценическом представлении] **13.** ***перех., что*** и ***кого,*** также ***без дополн.*** *Юноша играл сонаты Бетховена. В пустом зале кто-то играл Моцарта. «Целые вечера Даша играла на рояле».* А. Н. Толстой, Сестры [исполнять что-л. на музыкальном инструменте] **14.** ***перех., что*** и ***кого*** *Молодая актриса всегда играла роли старух. В этом спектакле мой знакомый играл Отелло* [исполнять в спектакле какую-л. роль, изображать на сцене] **15.** ***перех., что,*** также ***чем*** *Первую партию в шахматном турнире Смирнов играл белыми* (см. § 2). *Футболисты играли второй тайм с большим подъемом* [проводить партию в какой-л. игре; проводить, осуществлять какую-л. часть спортивной игры]

I. ИГРА́ЮЩИЙ, -ая, -ее, -ие; *действ. наст.*

Синт.: **а, б** — в глаг. знач. 1 — 15; **в** — в глаг. знач. 1, 2, 10

II. ИГРА́ВШИЙ, -ая, -ее, -ие; *действ. прош.*

Синт.: **а, б** — в глаг. знач. 1 — 15; **в** — в глаг. знач. 1, 2, 10

III. ИГРА́ЕМЫЙ, -ая, -ое, -ые; *страд. наст.*

Синт.: **а, б** — в глаг. знач. 13—15

Субстантив.$_3$ в глаг. знач. 13, 14

IV. И́ГРАННЫЙ, -ая, -ое, -ые; *страд. прош.*

Синт.: **а, б** — в глаг. знач. 13 — 15

Ср. прил. **и́граный,** -ая, -ое, -ые. Уже

употреблявшийся для игры. *Играная колода карт*

Субстантив.₃ в глаг. знач. 13, 14

ЙГРАН, -ана, -ано, -аны; *кр. ф.*

В глаг. знач. 13 — 15

ИДЕАЛИЗИ́РОВАТЬ, идеализи́ру|ют, идеализи́рова|л; ***сов.*** и ***несов., перех., кого(что)*** и ***что*** *Илья явно идеализирует своего друга. Некоторые писатели идеализировали старину* [представить или представлять лучшим, чем есть в действительности]

I. ИДЕАЛИЗИ́РУЮЩИЙ, -ая, -ее, -ие; *действ. наст.*

Синт.: **а, б** — в глаг. знач.

II. ИДЕАЛИЗИ́РОВАВШИЙ, -ая, -ее, -ие; *действ. прош.*

Синт.: **а, б** — в глаг. знач.

III. ИДЕАЛИЗИ́РУЕМЫЙ, -ая, -ое, -ые; *страд. наст.*

Синт.: **а, б, в** — в глаг. знач.

IV. ИДЕАЛИЗИ́РОВАННЫЙ, -ая, -ое, -ые; *страд. прош.*

Синт.: **а, б** — в глаг. знач.

В знач. прил. (только *полн. ф.*) Не отражающий реальности, представляемый лучшим, чем есть в действительности, приукрашенный, идеалистичный. *Идеализированные картины быта. Идеализированные представления* (Ср. прил. **идеалисти́ческий,** -ая, -ое, -ие и **идеалисти́чный,** -ая, -ое, -ые; -чен, -чна, -чно, -чны. Проникнутый идеализацией чего-л.; представляемый лучшим, чем есть в действительности. *Идеалистический подход к делу. Идеалистичные картины быта*)

Субстантив.₂ не употр.

ИДЕАЛИЗИ́РОВАН, -ана, -ано, -аны; *кр. ф.*

В глаг. знач.

ИДТИ́, ид|у́т, шёл, шла, шло, шли; ***несов., неперех.*** (*сов.* пойти́ в 1 — 3, 6 — 9, 11, 12, 15, 17, 18, 22, 23 знач.) **1.** *Я иду за хлебом. Брат идет в театр пешком. Почему ты так медленно идешь?* [о движении, совершаемом в одном направлении: двигаться, перемещаться в пространстве, переступая ногами, делая шаги] **2.** ***S не лицо*** *Поезд идет слишком медленно. Лодка идет под парусами. Облака идут к югу. Лед идет по реке* [о движении, совершаемом в одном направлении: двигаться с какой-л. скоростью — о транспорте, средствах передвижения; двигаться, перемещаться в пространстве] **3.** *Друзья идут в поход на байдарках. Я иду сегодня в театр. Сестра идет вечером на выставку* [через какое-л. время отправляться, направляться куда-л. с какой-л. целью — о действии, совершаемом один раз] **4.** ***S не лицо*** *Поезд идет в три часа* [отправляться откуда-л. куда-л., обычно по установленному расписанию — о транспорте] **5.** *Мы смело идем к намеченной цели* [продвигаться к какой-л. цели в результате каких-л. действий] **6.** ***против чего, на что*** и ***с нареч.*** *Сын идет против нашего желания. Этот человек шел наперекор всему. Представители торговой фирмы идут на наши условия* [поступать каким-л. образом, быть готовым к каким-л. действиям] **7.** ***во что, на что, кем*** и ***с неопр. ф.*** *Молодежь идет в колхозы. Выпускники школ идут в институты, в техникумы, в профтехучилища. Олег идет на фабрику помощником мастера. Аня идет учиться на парикмахера* [вступать, поступать куда-л.; приступать к какому-л. делу, работе] **8.** ***за кем(чем)*** *Народ идет за партией коммунистов. В выборе профессии ребята часто идут за любимым учителем* [следовать кому-чему-л. в чем-л., продолжая начатое] **9.** ***S не лицо*** *Письма идут очень быстро. Документы идут на подпись к директору. В комиссию идут предложения от трудящихся* [перемещаться, будучи направленным с какой-л. целью] **10.** ***S не лицо*** *Идет зима. Идет гроза. Сон не шел* [наступать, приближаться, появляться] **11.** ***S не лицо*** *Часы идут хорошо* [работать — о механизме часов] **12.** ***S не лицо*** *Весь день идет снег. Вчера шел дождь. Идет град* [падать на землю — об осадках] **13.** ***S не лицо*** *Работа шла по плану. Идет двенадцатая пятилетка. Жизнь идет. Идут экзамены. Время идет быстро. Переговоры идут к концу. Моему сыну идет шестой год* [длиться, совершаться или, совершаясь, клониться к какому-л. исходу; приближаться к какому-л. возрасту] **14.** ***S не лицо*** *Дорога идет через лес. Улица идет через весь город. Горы идут с севера на юг* [быть расположенным где-л. каким-л. образом, иметь известное направление] **15.** ***из чего; S не лицо*** *Из раны шла кровь. Дым идет из трубы. Пар идет изо рта* [течь, валить и т. п. откуда-л.] **16.** ***от кого(чего)*** и ***чего; S не лицо*** *Все наши неудачи идут от нежелания работать. Твое упрямство идет от отца. Ее талант идет от бабушки* [исходить от кого-чего-л., иметь причину в ком-чем-л.] **17.** ***S не лицо*** *Макулатура идет на бумагу. На платье идет три метра шелка. Овощи идут в пищу* [быть нужным для употребления; расходоваться, употребляться] **18.** *Брат идет конем. Я иду с шестерки* [делать ход в игре — в шахматах, картах] **19.** ***S не лицо*** *Яблоки идут хорошо. Платья модных фасонов идут по более высоким ценам* [распродаваться; *разг.*] **20.** ***кому; S не лицо*** *Эта блузка ей идет. Тебе не идет быть хмурой* [быть к лицу; подходить, годиться] **21.** ***S не лицо*** *Гвоздь идет в стену с трудом. Шкаф не идет в дверь* [входить, вдвигаться — о чем-л. вбиваемом, вдвигаемом, протаскиваемом] **22.** ***S не лицо*** *Какой фильм идет в этом кинотеатре? В театре шел новый спектакль* [исполняться, ставиться, показываться — о пьесе, спектакле, фильме и т. п.] **23.** *Я шла на риск. Этот костюм идет в чистку. Сырье сначала идет в переработку. Партия сумок идет в продажу. Вода идет на убыль. Самолет идет на снижение* [в сочетании с предлогами *в* или *на* и существительными, обозначающими действие, употребляется в значении: подвергаться действию, которое выражено существительным]. Ср. ходи́ть

I. ИДУ́ЩИЙ, -ая, -ее, -ие; *действ. наст.*

Синт.: **а, б** — в глаг. знач. 1 — 23

II. ШЕ́ДШИЙ, -ая, -ее, -ие; *действ. прош.*

[от основы -шед- + суффикс -ш-]

Синт.: **а, б** — в глаг. знач. 1 — 23

Субстантив.$_1$ в глаг. знач. 1, 5, 6, 23

ИЗБАЛОВА́ТЬ, избалу́ют, избалова́|л; ***сов., перех., кого(что)*** **1.** *Молодые родители избаловали своего ребенка* [сделать капризным, эгоистичным исполнением всех желаний и прихотей] **2.** ***S не лицо*** *Успех и внимание публики явно избаловали актрису* [сделать нескромным, несамокритичным, нетребовательным к себе]

II. ИЗБАЛОВА́ВШИЙ, -ая, -ее, -ие; *действ. прош.*

Синт.: **а, б** — в глаг. знач. 1, 2

IV. ИЗБАЛО́ВАННЫЙ, -ая, -ое, -ые; *страд. прош.*

Синт.: **а, б** — в глаг. знач. 1, 2

В знач. прил. (также *кр. ф.* ↓) Изнеженный, капризный, своенравный. *Избалованные дети*

ИЗБАЛО́ВАН, -ана, -ано, -аны; *кр. ф.*

В глаг. знач. 1, 2

В знач. прил. (также *полн. ф.* ↑) *Ваши дети эгоистичны, избалованы*

ИЗБИВА́ТЬ, избива́|ют, избива́|л; ***несов. к*** изби́ть (см.)

I. ИЗБИВА́ЮЩИЙ, -ая, -ее, -ие, *действ. наст.*

Синт.: **а, б** — в глаг. знач.

II. ИЗБИВА́ВШИЙ, -ая, -ее, -ие; *действ. прош.*

Синт.: **а, б** — в глаг. знач.

III. ИЗБИВА́ЕМЫЙ, -ая, -ое, -ые; *страд. наст.*

Синт.: **а, б** — в глаг. знач.

ИЗБИРА́ТЬ, избира́|ют, избира́|л; ***несов. к*** избрать (см.)

I. ИЗБИРА́ЮЩИЙ, -ая, -ее, -ие; *действ. наст.*

Синт.: **а, б** — в глаг. знач. 1 — 3

II. ИЗБИРА́ВШИЙ, -ая, -ее, -ие; *действ. прош.*

Синт.: **а, б** — в глаг. знач. 1 — 3

III. ИЗБИРА́ЕМЫЙ, -ая, -ое, -ые; *страд. наст.*

Синт.: **а, б** — в глаг. знач. 1 — 3

Субстантив.$_3$ не употр.

ИЗБИ́ТЬ, изобьют, изби́|л; ***сов., перех., кого (что)*** (*несов.* избива́ть) *«Хозяин избил батрака до полусмерти и прогнал со двора».* Федин, Похищение Европы [ударами нанести увечья кому-л.]

II. ИЗБИ́ВШИЙ, -ая, -ее, -ие; *действ. прош.*

Синт.: **а, б** — в глаг. знач.

IV. ИЗБИ́ТЫЙ, -ая, -ое, -ые; *страд. прош.*

Синт.: **а, б, в** — в глаг. знач. и в статив. знач.

Статив. знач., ***чем*** (также *кр. ф.* ↓) Приведенный в негодность, испорченный неоднократными ударами. *Мы ехали по дороге, избитой машинами и телегами*

В знач. прил. (только *полн. ф.*) **1.** Неровный, с ухабами, ямами. *Наша машина медленно и с трудом поднималась в гору по избитой дороге* **2.** С вмятинами, неровностями, появившимися в результате ударов, толчков и т. п. *«Кто кивер чистил весь избитый, Кто штык точил, ворча сердито, Кусая длинный ус».* Лермонтов, Бородино

Ср. прил. **изби́тый**, -ая, -ое, -ые. **1.** Протоpенный, всем хорошо известный, привычный — обычно в сочетании с сущ. *путь, дорога* и т. п. *«Он не ходил тропой избитой, Свой путь умея пролагать».* Лермонтов, Тамбовская казначейша **2.** Надоевший, опошленный частым употреблением, повторением, затасканный. *Избитый сюжет. Избитое выражение. Избитая истина*

ИЗБИ́Т, -та, -то, -ты; *кр. ф.*

В глаг. знач.

Статив. знач., ***чем*** (также *полн. ф.* ↑) *Эта дорога совершенно избита машинами и телегами*

ИЗБРА́ТЬ, изберу́т, избра́|л, избрала́, избра́ло, -ли; ***сов., перех.*** (*несов.* избира́ть) **1.** ***что*** *Этот юноша избрал профессию врача. Сестра избрала путь актрисы* [отдать предпочтение кому-чему-л., выбрать; *книжн.*] **2.** ***кого(что) кем, чем*** и ***в качестве кого*** *Почему-то новый ученик избрал именно Петю объектом своих насмешек* (см. § 2). *Илья в этом споре избрал союзником Диму* [выбрать кого-л. для чего-л., с какой-л. целью — обычно в сочетании с предлогом *в* и старой ф. вин. мн.] **3.** ***кого(что),*** также ***чем*** *Сегодня мы избрали депутатов в Верховный Совет СССР. Большинством голосов мы избрали Иванова председателем собрания* (см. § 2) [выбрать голосованием для исполнения каких-л. обязанностей]

II. ИЗБРА́ВШИЙ, -ая, -ее, -ие; *действ. прош.*

Синт.: **а, б** — в глаг. знач. 1 — 3

IV. И́ЗБРАННЫЙ, -ая, -ое, -ые; *страд. прош.*

Синт.: **а, б** — в глаг. знач. 1 — 3

Ср. прил. **и́збранный**, -ая, -ое, -ые. **1.** Отобранный для массового издания. *Избранные сочинения А. С. Пушкина* **2.** Выделяющийся чем-л. среди других, привилегированный. *Избранный круг людей. Избранное общество*

Субстантив.$_3$ не употр.

В знач. сущ. **и́збранные**, -ых, *мн.* Люди, выделяющиеся среди других умом, талантом, общественным положением. *По-настоящему играть Гамлета могут только немногие избранные. Все это предназначено для избранных*

В знач. сущ. **и́збранное**, -ого, *ср.* Однотомник специально отобранных для издания сочинений какого-л. автора. *Избранное И. С. Тургенева. Избранное А. С. Пушкина*

И́ЗБРАН, -ана, -ано, -аны; *кр. ф.*

В глаг. знач. 1 — 3

ИЗВИНИ́ТЬ, извин|я́т, извини́|л; ***сов. к*** извиня́ть (см.)

II. ИЗВИНИ́ВШИЙ, -ая, -ее, -ие; *действ. прош.*

Синт.: **а, б** — в глаг. знач.

IV. ИЗВИНЁННЫЙ, -ая, -ое, -ые; *страд. прош.*

Синт.: **а, б** — в глаг. знач.

ИЗВИНЁН, -ена́, -ено́, -ены́; *кр. ф.* (*редко*)

В глаг. знач.

□ Прич. IV менее употр., чем личные ф. глагола и прич. II.

ИЗВИНИ́ТЬСЯ, извиня́тся, извини́|лся; ***сов. к*** извиня́ться (см.)

II. ИЗВИНИ́ВШИЙСЯ, -аяся, -ееся, -иеся; *действ. прош.*
Синт.: **а, б** — в глаг. знач.

ИЗВИНЯ́ТЬ, извиня́|ют, извиня́|л; ***несов., перех., кого(что),*** также ***за что*** и ***с придат. дополнит.*** (*сов.* извини́ть) *Не извиняй его, он очень виноват! Никого не нужно извинять за грубость* [не считать виновным, прощать]
I. ИЗВИНЯ́ЮЩИЙ, -ая, -ее, -ие; *действ. наст.*
Синт.: **а, б** — в глаг. знач.
В знач. прил. Служащий извинением, оправданием. *Извиняющие обстоятельства. Извиняющая причина*
II. ИЗВИНЯ́ВШИЙ, -ая, -ее, -ие; *действ. прош.*
Синт.: **а, б** — в глаг. знач.
III. ИЗВИНЯ́ЕМЫЙ, -ая, -ое, -ые; *страд. наст.*
Синт.: **а, б** — в глаг. знач.
□ Прич. III менее употр., чем личные ф. глагола и прич. I, II

ИЗВИНЯ́ТЬСЯ, извиня́|ются, извиня́|лся; ***несов.*** (*сов.* извини́ться) *Я извиняюсь перед вами! Почему ты не извиняешься, ведь ты же виноват!* [просить прощения]
I. ИЗВИНЯ́ЮЩИЙСЯ, -аяся, -ееся, -иеся; *действ. наст.*
Синт.: **а, б** — в глаг. знач.
В знач. прил. Выражающий извинение, просьбу простить, просительный. *Извиняющийся тон. Извиняющийся голос. Извиняющийся взгляд. Извиняющееся выражение лица* (Ср. прил. **извини́тельный** -ая, -ое, -ые; -лен, -льна, -льно, -льны. **1.** Заслуживающий извинения, прощения, простительный. *Извинительный поступок* **2.** (только *полн. ф.*) Содержащий просьбу об извинении, прощении; выражающий извинение. *Извинительная записка. Извинительное письмо. Извинительный тон*)
II. ИЗВИНЯ́ВШИЙСЯ, -аяся, -ееся, -иеся; *действ. прош.*
Синт.: **а, б** — в глаг. знач.

ИЗВРАТИ́ТЬ, извращу́, изврат|я́т, изврати́|л; ***сов., перех., что*** (*несов.* извраща́ть) **1.** *Вы извратили истину. Журналистка извратила эти события* [исказить, ложно истолковать] **2. *S* не лицо** *«Воспитание извратило его ум и сердце».* Салтыков-Щедрин, Брусин [оказать дурное влияние, испортить; *книжн.*]
II. ИЗВРАТИ́ВШИЙ, -ая, -ее, -ие; *действ. прош.*
Синт.: **а, б** — в глаг. знач. 1, 2
IV. ИЗВРАЩЁННЫЙ, -ая, -ое, -ые; *страд. прош.*
[чередование т/щ]
Синт.: **а, б** — в глаг. знач. 1, 2
В знач. прил. (только *полн. ф.*) Искаженный. *Извращенное толкование фактов. Извращенная истина. Эта точка зрения была передана в извращенном виде*
Ср. прил. **извращённый**, -ая, -ое, -ые; -ён, -ённа, -ённо, -ённы. Противоестественный, уродливый. *Извращенный вкус. Извращенные привычки*
Субстантив.$_3$ в глаг. знач. 1
ИЗВРАЩЁН, -ена́, -ено́, -ены́; *кр. ф.*
В глаг. знач. 1, 2

ИЗВРАЩА́ТЬ, извраща́|ют, извраща́|л; ***несов. к*** изврати́ть (см.)
I. ИЗВРАЩА́ЮЩИЙ, -ая, -ее, -ие; *действ. наст.*
Синт.: **а, б** — в глаг. знач. 1, 2
II. ИЗВРАЩА́ВШИЙ, -ая, -ее, -ие; *действ. прош.*
Синт.: **а, б** — в глаг. знач. 1, 2
III. ИЗВРАЩА́ЕМЫЙ, -ая, -ое, -ые; *страд. наст.*
Синт.: **а, б** — в глаг. знач. 1, 2
Субстантив.$_3$ в глаг. знач. 1

ИЗГИБА́ТЬ, изгиба́|ют, изгиба́|л; ***несов. к*** изогну́ть (см.)
I. ИЗГИБА́ЮЩИЙ, -ая, -ее, -ие; *действ. наст.*
Синт.: **а, б** — в глаг. знач. 1, 2
II. ИЗГИБА́ВШИЙ, -ая, -ее, -ие; *действ. прош.*
Синт.: **а, б** — в глаг. знач. 1, 2
III. ИЗГИБА́ЕМЫЙ, -ая, -ое, -ые; *страд. наст.*
Синт.: **а, б** — в глаг. знач. 1, 2
Субстантив.$_3$ в глаг. знач. 1

ИЗГИБА́ТЬСЯ, изгиба́|ются, изгиба́|лся; ***несов. к*** изогну́ться (см.)
I. ИЗГИБА́ЮЩИЙСЯ, -аяся, -ееся, -иеся; *действ. наст.*
Синт.: **а, б** — в глаг. знач. 1 — 3; **в** — в глаг. знач. 1, 2
II. ИЗГИБА́ВШИЙСЯ, -аяся, -ееся, -иеся; *действ. прош.*
Синт.: **а, б** — в глаг. знач. 1 — 3; **в** — в глаг. знач. 1, 2

ИЗЛА́МЫВАТЬ, изла́мыва|ют, изла́мыва|л; ***несов. к*** излома́ть (см.)
I. ИЗЛА́МЫВАЮЩИЙ, -ая, -ее, -ие; *действ. наст.*
Синт.: **а, б** — в глаг. знач. 1 — 3
II. ИЗЛА́МЫВАВШИЙ, -ая, -ее, -ие; *действ. прош.*
Синт.: **а, б** — в глаг. знач. 1 — 3
III. ИЗЛА́МЫВАЕМЫЙ, -ая, -ое, -ые; *страд. наст.*
Синт.: **а, б** — в глаг. знач. 1 — 3
Субстантив.$_3$ в глаг. знач. 1

ИЗЛОМА́ТЬ, излома́ют, излома́|л; ***сов., перех.*** (*несов.* изла́мывать) **1. *что*** *Малыш изломал игрушку* [сломать совсем или во многих местах] **2. *что,*** также ***чем*** *«Пусть же получают* [фашисты] *еще и еще за то, что изломали ее жизнь».* Панова, Спутники. *Родители сами изломали характер сына неправильным воспитанием* (см. § 1) [исковеркать, испортить, создав тяжелые условия жизни, неправильно воспитав и т. п.] **3. *кого (что); S* не лицо** *Жизнь изломала эту хрупкую, ничем не защищенную, доверчивую девушку* [вызвать тяжелые, необратимые изменения в ком-л., в чьем-л. характере, взглядах, в отношении к окружающим и т. п.]
II. ИЗЛОМА́ВШИЙ, -ая, -ее, -ие; *действ. прош.*
Синт.: **а, б** — в глаг. знач. 1 — 3
IV. ИЗЛО́МАННЫЙ, -ая, -ое, -ые; *страд. прош.*

Синт.: **а, б** — в глаг. знач. 1 — 3

В знач. прил. (только *полн. ф.*) **1.** Сломанный, испорченный. *Изломанные игрушки валялись на полу.* **2.** Тяжелый, неуравновешенный, с отклонениями от нормы. *Изломанный характер. Изломанная психика* **3.** Испорченный, изуродованный неправильным воспитанием, ненормальными условиями жизни и т. п. *Это был избалованный и изломанный юноша*

Ср. прил. **изло́манный,** -ая, -ое, -ые. **1.** Непрямой, с изломами, с изгибами. *Изломанная трещина. Изломанные линии. Изломанные брови* **2.** Угловатый, острый — о почерке. *У Ольги был изломанный почерк*

Субстантив.₃ в глаг. знач. 1

ИЗЛО́МАН, -ана, -ано, -аны; *кр. ф.*

В глаг. знач. 1 — 3

ИЗМА́ЗАТЬ, изма́жут, изма́за|л; ***сов., перех.*** (*несов.* ма́зать к 1 знач.) **1. *что,*** также ***чем*** *Мальчик измазал куртку глиной* (см. § 2) [допустить, чтобы что-л. стало грязным, испачканным чем-л.] **2. *кого(что) чем*** *Маляр нечаянно измазал меня краской* (см. § 2) [испачкать кого-л. чем-л.]

II. ИЗМА́ЗАВШИЙ, -ая, -ее, -ие; *действ. прош.*

Синт.: **а, б** — в глаг. знач. 1, 2

IV. ИЗМА́ЗАННЫЙ, -ая, -ое, -ые; *страд. прош.*

Синт.: **а, б** — в глаг. знач. 1, 2

В знач. прил. (только *полн. ф.*) Грязный, испачканный. *Олег ходит в измазанной куртке*

ИЗМА́ЗАН, -ана, -ано, -аны; *кр. ф.*

В глаг. знач. 1, 2

ИЗМЕНИ́ТЬ [1], изменю́, изме́н|ят, измени́|л; ***сов. к*** изменя́ть[1] (см.)

II. ИЗМЕНИ́ВШИЙ, -ая, -ее, -ие; *действ. прош.*

Синт.: **а, б** — в глаг. знач. 1, 2

IV. ИЗМЕНЁННЫЙ, -ая, -ое, -ые; *страд. прош.*

Синт.: **а, б** — в глаг. знач. 1, 2; **в** — в глаг. знач. 1

Субстантив.₃ в глаг. знач. 1

ИЗМЕНЁН, -ена́, -ено́, -ены́; *кр. ф.*

В глаг. знач. 1, 2

ИЗМЕНИ́ТЬ [2], изменю́, изме́нят, измени́|л; ***сов., неперех.*** (*несов.* изменя́ть [2]) **1. *чему*** *Эта женщина изменила родине* [перейти на сторону врага, совершить предательство; предать] **2. *чему*** *Смирнов не изменил своим убеждениям. Они изменили присяге* [нарушить верность чему-л.] **3. *кому*** *«С женой [Смирнин] разошелся, так как она ему изменила».* Чехов, Душечка [нарушить супружескую верность или верность в любви] **4. *кому(чему); S не лицо*** *Силы изменили старику, и он упал. Мне изменил слух. Илье изменило чувство юмора* [перестать нормально действовать, ослабеть]

II. ИЗМЕНИ́ВШИЙ, -ая, -ее, -ие; *действ. прош.*

Синт.: **а, б** — в глаг. знач. 1—4; **в** — в глаг. знач. 3

ИЗМЕНЯ́ТЬ [1], изменя́|ют, изменя́|л; ***несов., перех.*** (*сов.* измени́ть [1]) **1. *что*** *Лаборант несколько раз изменял величину давления. В полдень ветер изменяет направление. Революции в корне изменяют весь уклад жизни людей* [делать иным, менять что-л.] **2. *кого(что); S не лицо*** *Семейная жизнь обычно изменяет людей* [вызывать в ком-л. какие-л. изменения]

I. ИЗМЕНЯ́ЮЩИЙ, -ая, -ее, -ие; *действ. наст.*

Синт.: **а, б** — в глаг. знач. 1, 2

II. ИЗМЕНЯ́ВШИЙ, -ая, -ее, -ие; *действ. прош.*

Синт.: **а, б** — в глаг. знач. 1, 2

III. ИЗМЕНЯ́ЕМЫЙ, -ая, -ое, -ые; *страд. наст.*

Синт.: **а, б** — в глаг. знач. 1, 2

В знач. прил. (также *кр. ф.* ↓) Способный изменяться, подверженный изменениям. *Лазеры с изменяемой частотой. Изменяемая величина* ◇ **Изменяемые части речи** — имеющие систему грамматических форм, склоняющиеся или спрягающиеся

Субстантив.₃ в глаг. знач. 1

ИЗМЕНЯ́ЕМ, -ема, -емо, -емы; *кр. ф.*

В глаг. знач. 1, 2

В знач. прил. (также *полн. ф.* ↑) *Эти величины в принципе изменяемы. Частота лазеров изменяема*

ИЗМЕНЯ́ТЬ [2], изменя́|ют, изменя́|л; ***несов. к*** измени́ть [2] (см.)

I. ИЗМЕНЯ́ЮЩИЙ, -ая, -ее, -ие; *действ. наст.*

Синт.: **а, б** — в глаг. знач. 1—4; **в** — в глаг. знач. 3

II. ИЗМЕНЯ́ВШИЙ, -ая, -ее, -ие; *действ. прош.*

Синт.: **а, б** — в глаг. знач. 1—4; **в** — в глаг. знач. 3

ИЗМЕ́РИТЬ, изме́р|ят и *доп.* изме́ряют, изме́ри|л; ***сов. к*** измеря́ть (см.)

II. ИЗМЕ́РИВШИЙ, -ая, -ее, -ие; *действ. прош.*

Синт.: **а, б** — в глаг. знач.

IV. ИЗМЕ́РЕННЫЙ, -ая, -ое, -ые; *страд. прош.*

Синт.: **а, б, в** — в глаг. знач.

ИЗМЕ́РЕН, -ена, -ено, -ены; *кр. ф.*

В глаг. знач.

ИЗМЕРЯ́ТЬ, измеря́|ют, измеря́|л; ***несов., перех., что*** (*сов.* изме́рить) *Ученые уже измеряли глубину этого озера. Мальчик измерял температуру воды. Портниха измеряла длину платья* [определять, мерить величину чего-л. какой-л. мерой]

I. ИЗМЕРЯ́ЮЩИЙ, -ая, -ее, -ие; *действ. наст.*

Синт.: **а, б** — в глаг. знач.

II. ИЗМЕРЯ́ВШИЙ, -ая, -ее, -ие; *действ. прош.*

Синт.: **а, б** — в глаг. знач.

III. ИЗМЕРЯ́ЕМЫЙ, -ая, -ое, -ые; *страд. наст.*

Синт.: **а, б, в** — в глаг. знач.

Ср. прил. **измери́мый,** -ая, -ое, -ые; -и́м, -и́ма, -и́мо, -и́мы. Такой, который можно измерить, поддающийся измерению. *Измеримая величина. Это вполне измеримо*

ИЗМЕРЯ́ЕМ, -ема, -емо, -емы; *кр. ф.*
В глаг. знач.

ИЗМУ́ЧИТЬ, изму́ч|ат и *доп.* изму́чают, изму́чи|л; ***сов., перех., кого(что)*** (*несов.* му́чить) **1.** также ***чем*** *Сын измучил родителей своими капризами* (см. § 1). *Выходки и шалости Петрова измучили учителей* [заставить страдать, мучиться, причинить кому-л. нравственные страдания] **2. *S не лицо*** *Трудный переход измучил людей. Жара измучила нас этим летом. Кашель измучил Лиду. Жажда измучила нас* [вызвать состояние изнуренности, истомленности физической болью, усталостью, острой потребностью в чем-л. и т. п., истерзать]

II. ИЗМУ́ЧИВШИЙ, -ая, -ее, -ие; *действ. прош.*
Синт.: **а, б** — в глаг. знач. 1, 2

IV. ИЗМУ́ЧЕННЫЙ, -ая, -ое, -ые; *страд. прош.*
Синт.: **а, б** — в глаг. знач. 1, 2
В знач. прил. (также *кр. ф.* ↓) Крайне усталый, изнуренный. *Измученный человек. Измученные лошади*
Ср. прил. **изму́ченный,** -ая, -ое, -ые; -ен, -енна, -енно, -енны. Выражающий муки, страдания, крайнюю усталость. *Измученное лицо. Измученный вид*
ИЗМУ́ЧЕН, -ена, -ено, -ены; *кр. ф.*
В глаг. знач. 1, 2
В знач. прил. (также *полн. ф.* ↑) *Ольга измучена, расстроена. Лошади измучены*

ИЗМЯ́ТЬ, изомну́т, измя́|л; ***сов., перех., что*** (*несов.* мять к 1, 2 знач.) **1.** также ***чем*** *Малыш измял рукой край скатерти* (см. § 2). *Зачем вы измяли бумагу?* [давлением, прикосновением сделать неровным, негладким] **2.** *Ты измяла свою юбку, встань со стула!* [допустить, чтобы что-л., обычно одежда, стало мятым] **3. *S не лицо*** *Тяжелый пресс измял случайно попавшие под него детали* [сделать многочисленные вмятины, повредить поверхность чего-л. ударами, толчками и т. п.]

II. ИЗМЯ́ВШИЙ, -ая, -ее, -ие; *действ. прош.*
Синт.: **а, б** — в глаг. знач. 1 — 3

IV. ИЗМЯ́ТЫЙ, -ая, -ое, -ые; *страд. прош.*
Синт.: **а, б** — в глаг. знач. 1 — 3
В знач. прил. **1.** (также *кр. ф.* ↓) Неровный, негладкий от сжатия, надавливания, мятый. *Измятая одежда. Измятая скатерть. Измятая постель* **2.** (только *полн. ф.*) Имеющий много вмятин, неровностей от ударов, толчков и т. п. *Измятая дверца машины. Измятая поверхность детали* **3.** (только *полн. ф.*) Носящий следы сна или утомления, несвежий — о лице. *Измятые лица*
ИЗМЯ́Т, -та, -то, -ты; *кр. ф.*
В глаг. знач. 1 — 3
В знач. прил. (также *полн. ф.* в знач. 1 ↑) *Одежда измята. Скатерть измята. Постель измята*

ИЗМЯ́ТЬСЯ, изомну́тся, измя́|лся; ***сов. к*** мя́ться в 3 знач. (см.)

II. ИЗМЯ́ВШИЙСЯ, -аяся, -ееся, -иеся; *действ. прош.*
Синт.: **а, б, в** — в глаг. знач. 3

ИЗНА́ШИВАТЬ, изна́шива|ют, изна́шива|л; ***несов. к*** износи́ть (см.)

I. ИЗНА́ШИВАЮЩИЙ, -ая, -ее, -ие; *действ. наст.*
Синт.: **а, б** — в глаг. знач.

II. ИЗНА́ШИВАВШИЙ, -ая, -ее, -ие; *действ. прош.*
Синт.: **а, б** — в глаг. знач.

III. ИЗНА́ШИВАЕМЫЙ, -ая, -ое, -ые; *страд. наст.*
Синт.: **а, б** — в глаг. знач.

ИЗНА́ШИВАТЬСЯ, изна́шива|ются, изна́шива|лся; ***несов. к*** износи́ться (см.)

I. ИЗНА́ШИВАЮЩИЙСЯ, -аяся, -ееся, -иеся; *действ. наст.*
Синт.: **а, б** — в глаг. знач. 1 — 3

II. ИЗНА́ШИВАВШИЙСЯ, -аяся, -ееся, -иеся; *действ. прош.*
Синт.: **а, б** — в глаг. знач. 1 — 3

ИЗНЕ́ЖИВАТЬ, изне́жива|ют, изне́жива|л; ***несов. к*** изне́жить (см.)

I. ИЗНЕ́ЖИВАЮЩИЙ, -ая, -ее, -ие; *действ. наст.*
Синт.: **а, б** — в глаг. знач.

II. ИЗНЕ́ЖИВАВШИЙ, -ая, -ее, -ие; *действ. прош.*
Синт.: **а, б** — в глаг. знач.

III. ИЗНЕ́ЖИВАЕМЫЙ, -ая, -ое, -ые; *страд. наст.* (*редко*)
Синт.: **а, б** — в глаг. знач.

ИЗНЕ́ЖИТЬ, изне́ж|ат, изне́жи|л; ***сов., перех., кого(что)*** (*несов.* изне́живать) *Вы слишком изнежили своего ребенка. Постоянные заботы матери и бабушки изнежили мальчика до такой степени, что он ничего не хотел делать сам* [сделать слабым, крайне чувствительным к трудностям, лишениям, приучить к неге, довольству, благоприятным условиям]

II. ИЗНЕ́ЖИВШИЙ, -ая, -ее, -ие; *действ. прош.*
Синт.: **а, б** — в глаг. знач.

IV. ИЗНЕ́ЖЕННЫЙ, -ая, -ое, -ые; *страд. прош.*
Синт.: **а, б** — в глаг. знач.
Ср. прил. **изне́женный,** -ая, -ое, -ые; -ен, -енна, -енно, -енны. **1.** Привыкший к неге, довольству, крайне чувствительный к трудностям, лишениям. *Изнеженный человек. Ваша дочь слишком изнеженна* **2.** Свойственный человеку, привыкшему к неге, довольству. *Изнеженный вид. Изнеженное тело. Изнеженные руки*
ИЗНЕ́ЖЕН, -ена, -ено, -ены; *кр. ф.*
В глаг. знач.

ИЗНОСИ́ТЬ, изношу́, изно́с|ят, износи́|л; ***сов., перех., что*** (*несов.* изна́шивать) *За год сын износил три пары ботинок. Аня уже давно износила свое красивое коричневое платье* [ноской привести в ветхость, сделать негодным]

II. ИЗНОСИ́ВШИЙ, -ая, -ее, -ие; *действ. прош.*
Синт.: **а, б** — в глаг. знач.

IV. ИЗНО́ШЕННЫЙ, -ая, -ое, -ые; *страд. прош.*
[чередование с/ш]

Синт.: **а, б** — в глаг. знач.
В знач. прил. (только *полн. ф.*) Пришедший в ветхость, негодность от носки, износившийся. *Изношенное платье. Изношенные ботинки*
Ср. прил. **изно́шенный**, -ая, -ое, -ые; -ен, -енна, -енно, -енны. **1.** Пришедший в негодность от длительной работы, употребления — о машине, механизме, оборудовании. *Изношенное оборудование* **2.** Преждевременно состарившийся, одряхлевший. *Изношенный организм* **3.** (только *полн. ф.*) Свидетельствующий о преждевременном старении, одряхлении организма. *Изношенное лицо*
ИЗНО́ШЕН, -ена, -ено, -ены; *кр. ф.*
В глаг. знач.

ИЗНОСИ́ТЬСЯ, изношу́сь, изно́сятся, износи́|лся; **сов.** (*несов.* изна́шиваться) **1.** ***S не лицо*** *Летняя обувь у сына быстро износилась. «Ваня еще больше похудел, одежда его износилась, он был весь в пыли».* Фадеев, Молодая Гвардия [прийти в негодность, в ветхость от носки — об одежде, обуви] **2.** ***S не лицо*** *Все оборудование в цехе износилось, его необходимо менять* [прийти в негодность в процессе работы, длительного использования — о машине, механизме, оборудовании] **3.** *«— Молод ты, а я уж износился».* Короленко, Соколинец [состариться, одряхлеть; *разг.*]
II. ИЗНОСИ́ВШИЙСЯ, -аяся, -ееся, -иеся; *действ. прош.*
Синт.: **а, б, в** — в глаг. знач. 1 — 3

ИЗНУРИ́ТЬ, изнур|я́т, изнури́|л; ***сов., перех., кого(что)*** (*несов.* изнуря́ть); ***S не лицо*** *Непосильный труд изнурил рабочих* [довести кого-л. до крайнего утомления, полного истощения сил]
II. ИЗНУРИ́ВШИЙ, -ая, -ее, -ие; *действ. прош.*
Синт.: **а, б** — в глаг. знач.
IV. ИЗНУРЁННЫЙ, -ая, -ое, -ые; *страд. прош.*
Синт.: **а, б** — в глаг. знач.
В знач. прил. (также *кр. ф.* ↓) Крайне утомленный, дошедший до полного истощения сил. *Изнуренные люди. Изнуренные лошади. «Изнуренной пехоте трудно было сделать первый бросок».* Первенцев, Огненная земля
Ср. прил. **изнурённый**, -ая, -ое, -ые; -ён, -ённа, -ённо, -ённы. Выражающий изнурение. *Лица этих людей были бледны, изнуренны. У него был усталый, изнуренный вид*
ИЗНУРЁН, -ена́, -ено́, -ены́; *кр. ф.*
В знач. прил. (также *полн. ф.* ↑) *Люди изнурены. Пехота была изнурена. Лошади изнурены*

ИЗНУРЯ́ТЬ, изнуря́|ют, изнуря́|л; ***несов., перех., кого(что)*** (*сов.* изнури́ть); ***S не лицо*** *Непосильный труд изнурял рабочих* [доводить кого-л. до крайнего утомления, полного истощения сил]
I. ИЗНУРЯ́ЮЩИЙ, -ая, -ее, -ие; *действ. наст.*
Синт.: **а, б** — в глаг. знач.
Ср. прил. **изнуря́ющий,** -ая, -ее, -ие; -ющ, -юща, -юще, -ющи. Крайне утомительный, изнурительный. *Изнуряющая духота. Изнуряющее однообразие конвейера. Жара изнуряюща* (Ср. прил. **изнури́тельный**, -ая, -ое, -ые; -лен, -льна, -льно, -льны. Истощающий здоровье, силы, крайне утомительный. *Изнурительный труд. Изнурительный переход. Изнурительная жара*)
II. ИЗНУРЯ́ВШИЙ, -ая, -ее, -ие; *действ. прош.*
Синт.: **а, б** — в глаг. знач.
III. ИЗНУРЯ́ЕМЫЙ, -ая, -ое, -ые; *страд. наст.*
Синт.: **а, б** — в глаг. знач.

ИЗОБРАЖА́ТЬ, изобража́|ют, изобража́|л; ***несов., перех.*** (*сов.* изобрази́ть *к* 1 — 4 знач.) **1.** ***кого(что)*** и ***что*** *На своих полотнах художник часто изображал жену. Писатель изображал в повестях жизнь деревни* [воспроизводить в художественном образе — в живописи, скульптуре, литературе] **2.** ***кого(что)*** и ***что*** *Артист прекрасно изображал стариков* [представлять кого-что-л. на сцене, создавать сценический образ] **3.** ***кого(что)*** и ***что*** и ***с придат. дополнит.*** *Лиза точно изображала знакомых девочек. Илья изображал, как лектор читает лекцию* [представлять кого-что-л., копируя чей-л. образ, манеры] **4.** ***что,*** также ***чем*** *На схемах мы изображаем частоту колебаний синей кривой* (см. § 2) [передавать, выделять каким-л. образом] **5.** ***кого (что)*** и ***что; S не лицо*** *Точки и линии на этой картине изображали человека. На контурной карте кружочки изображают месторождения угля* [быть, являться изображением кого-чего-л.] **6.** ***кого*** *Брат изображал из себя спортсмена, хотя спортом совсем не занимался* [выдавать себя за кого-что-л., представлять себя кем-чем-л., в действительности таковым не являющимся — обычно в сочетании со словами *из себя*]
I. ИЗОБРАЖА́ЮЩИЙ, -ая, -ее, -ие; *действ. наст.*
Синт.: **а, б** — в глаг. знач. 1 — 6
Ср. прич. в 1 глаг. знач. с прил. **изобрази́тельный**, -ая, -ое, -ые; -лен, -льна, -льно, -льны. Помогающий наглядно представить, хорошо изображающий. *Изобразительный прием. Изобразительные средства*
II. ИЗОБРАЖА́ВШИЙ, -ая, -ее, -ие; *действ. прош.*
Синт.: **а, б** — в глаг. знач. 1 — 6
III. ИЗОБРАЖА́ЕМЫЙ, -ая, -ое, -ые; *страд. наст.**
Синт.: **а, б** — в глаг. знач. 1 — 4
Субстантив.$_2$ в глаг. знач. 1, 3; субстантив.$_3$ в глаг. знач. 1, 3, 4
□ Прич. III в 5, 6 глаг. знач. не употр.

ИЗОБРАЗИ́ТЬ, изображу́, изобраз|я́т, изобрази́|л; ***сов. к*** изобража́ть в 1 — 4 знач. (см.)
II. ИЗОБРАЗИ́ВШИЙ, -ая, -ее, -ие; *действ. прош.*
Синт.: **а, б** — в глаг. знач. 1—4
IV. ИЗОБРАЖЁННЫЙ, -ая, -ое, -ые; *страд. прош.*
[чередование з/ж]
Синт.: **а, б** — в глаг. знач. 1 — 4
Субстантив.$_2$ в глаг. знач. 1, 3; субстантив.$_3$ в глаг. знач. 1, 3, 4
ИЗОБРАЖЁН, -ена́, -ено́, -ены́; *кр. ф.*

В глаг. знач. 1 — 4

ИЗОБРЕСТИ́, изобрет|у́т, изобрёл, изобрела́, -ло́, -ли́; ***сов. к*** изобрета́ть (см.)

II. ИЗОБРЕ́ТШИЙ, -ая, -ее, -ие; *действ. прош.*

С и н т.: **а, б** — в глаг. знач.

IV. ИЗОБРЕТЁННЫЙ, -ая, -ое, -ые; *страд. прош.*

С и н т.: **а, б, в** — в глаг. знач.

ИЗОБРЕТЁН, -ена́, -ено́, -ены́; *кр. ф.*

В глаг. знач.

ИЗОБРЕТА́ТЬ, изобрета́|ют, изобрета́|л; ***несов., перех., что*** (*сов.* изобрести́) *Смирнов изобретает новый способ окраски тканей* [творчески работая, создавать что-л. новое, кому-л. ранее неизвестное]

I. ИЗОБРЕТА́ЮЩИЙ, -ая, -ее, -ие; *действ. наст.*

С и н т.: **а, б** — в глаг. знач.

С р. прил. **изобрета́тельный,** -ая, -ое, -ые; -лен, -льна, -льно, -льны. Находчивый, способный на выдумку, изобретение. *Изобретательный человек. Изобретательный ум*

II. ИЗОБРЕТА́ВШИЙ, -ая, -ее, -ие; *действ. прош.*

С и н т.: **а, б** — в глаг. знач.

III. ИЗОБРЕТА́ЕМЫЙ, -ая, -ое, -ые; *страд. наст.*

С и н т.: **а, б** — в глаг. знач.

ИЗОГНУ́ТЬ, изогну́т, изогну́|л; ***сов., перех., что*** (*несов.* изгиба́ть) **1.** также ***чем*** *Мальчик изогнул проволоку петлей* (см. § 2). *Шмель сел на цветок и изогнул стебель дугой* (см. § 2) [согнуть, придав чему-л. вид дуги, петли, волнистой линии и т. п.] **2.** *Лебедь изогнул шею. Кот изогнул спину* [наклонить, выгнуть шею, спину и т. п., придав дугообразную форму]

II. ИЗОГНУ́ВШИЙ, -ая, -ее, -ие; *действ. прош.*

С и н т.: **а, б** — в глаг. знач. 1, 2

IV. ИЗО́ГНУТЫЙ, -ая, -ое, -ые; *страд. прош.*

С и н т.: **а, б** — в глаг. знач. 1, 2

В з н а ч. п р и л. (также *кр. ф.* ↓) Имеющий вид дуги или извилистой, волнистой линии. *Изогнутая ручка. Сосна с изогнутыми сучьями. Изогнутые края вазы*

С у б с т а н т и в.$_3$ в глаг. знач. 1

ИЗО́ГНУТ, -та, -то, -ты; *кр. ф.*

В глаг. знач. 1, 2

В з н а ч. п р и л. (также *полн. ф.* ↑) *Ручка изогнута. Сучья сосны причудливо изогнуты. Края вазы изогнуты*

ИЗОГНУ́ТЬСЯ, изогну́тся, изогну́|лся; ***сов.*** (*несов.* изгиба́ться) **1.** ***S не лицо*** *Ветка сосны изогнулась под тяжестью снега* [стать изогнутым, непрямым, согнуться, принять изогнутый вид] **2.** также ***чем*** *Мальчик изогнулся и достал застрявший между веток мяч. Кот изогнулся дугой и прыгнул* [сделать телодвижение, наклоняя туловище вбок, вперед и т. п.; принять дугообразное положение] **3.** ***S не лицо*** *Дорога в этом месте изогнулась сначала влево, потом вправо* [сделать изгиб, поворот — о дороге, тропинке, русле реки и т. п.]

II. ИЗОГНУ́ВШИЙСЯ, -аяся, -ееся, -иеся; *действ. прош.**

С и н т.: **а, б, в** — в глаг. знач. 1, 2

□ Прич. II в 3 глаг. знач. не употр.

ИЗОЛИ́РОВАТЬ, изоли́ру|ют, изоли́рова|л; ***сов.*** и ***несов., перех.*** **1.** ***кого(что)*** *В больнице врачи изолируют больного гриппом от окружающих. Преступника сразу же изолировали* [отъединить или отъединять, поместив отдельно, не допуская соприкосновения, сношения с окружающими] **2.** ***кого(что) от чего*** *Родители старались изолировать ребенка от вредных влияний* [разобщив, обособив, отделить или отделять от окружающей среды, обстановки] **3.** ***что*** *Мы изолировали смежные комнаты* [отделить или отделять от соприкасающегося помещения, участка и т. п. без возможности проникновения в это помещение, участок и т. п.] **4.** ***что,*** также ***чем*** *Илья изолировал электрический провод. Рабочие изолировали кабель новым изоляционным материалом* (см. § 2) [защитить или защищать источник, проводник какой-л. энергии каким-л. изоляционным материалом]

I. ИЗОЛИ́РУЮЩИЙ, -ая, -ее, -ие; *действ. наст.*

С и н т.: **а, б** — в глаг. знач. 1 — 4

В з н а ч. п р и л. Применяемый для защиты проводников или источников какой-л. энергии. *Изолирующие материалы* (С р. прил. **изоляцио́нный**, -ая, -ое, -ые. Предназначенный, служащий для защиты проводников или источников какой-л. энергии. *Изоляционная лента*)

II. ИЗОЛИ́РОВАВШИЙ, -ая, -ее, -ие; *действ. прош.*

С и н т.: **а, б** — в глаг. знач. 1 — 4

III. ИЗОЛИ́РУЕМЫЙ, -ая, -ое, -ые; *страд. наст.*

С и н т.: **а, б** — в глаг. знач. 1 — 4; **в** — в глаг. знач. 1, 4

С у б с т а н т и в.$_3$ в глаг. знач. 4

IV. ИЗОЛИ́РОВАННЫЙ, -ая, -ое, -ые; *страд. прош.*

С и н т.: **а, б** — в глаг. знач. 1 — 4 и в статив. знач.

С т а т и в. з н а ч., ***от чего*** (также кр. ф. ↓) Находящийся вне связи с другими явлениями, событиями, фактами и т. п. *Поэзия, не изолированная от многих общественных явлений, отражает всё происходящее особым образом*

В з н а ч. п р и л. (только *полн. ф.*) **1.** Отдельный, не соединенный с другими, обособленный. *Изолированная комната. Изолированное помещение* **2.** Защищенный оболочкой, покровом, предохраняющим от какого-л. соприкосновения. *Изолированные провода*

С р. прил. **изоли́рованный**, -ая, -ое, -ые. Отдельный, единичный. *Изолированные факты. Изолированные явления*

С у б с т а н т и в.$_3$ в глаг. знач. 4

ИЗОЛИ́РОВАН, -ана, -ано, -аны; *кр. ф.*

В глаг. знач. 1 — 4

С т а т и в. з н а ч., ***от чего*** (также *полн. ф.* ↑) «*[Поэзия] существует наряду со многими другими общественными явлениями. Она никак не изолирована от них. Наоборот,* *она тесно связана с ними».* Исаковский, О поэтическом мастерстве

ИЗОРВА́ТЬ, изорву́т, изорва́|л, изорвала́, изорва́ло, -ли; ***сов., перех., что*** *Сестра изорвала письмо в клочки. Мальчик сильно изорвал новую куртку* [разорвать на куски; порвать во многих местах]

II. ИЗОРВА́ВШИЙ, -ая, -ее, -ие; *действ. прош.*

Синт.: **а, б** — в глаг. знач.

IV. ИЗО́РВАННЫЙ, -ая, -ое, -ые; *страд. прош.*

Синт.: **а, б** — в глаг. знач.

В знач. прил. (только *полн. ф.*) Рваный, дырявый, изорвавшийся. *На нем была изорванная куртка. Старуха всегда ходила в изорванной одежде*

ИЗО́РВАН, -ана, -ано, -аны; *кр. ф.*

В глаг. знач.

ИЗОРВА́ТЬСЯ, изорву́тся, изорва́|лся, изорвала́сь, -ло́сь, -ли́сь; ***сов.; S не лицо*** *Куртка изорвалась во многих местах. Пододеяльник совсем изорвался, надо купить новый* [порваться во многих местах, стать рваным, износиться до дыр]

II. ИЗОРВА́ВШИЙСЯ, -аяся, -ееся, -иеся; *действ. прош.*

Синт.: **а, б, в** — в глаг. знач.

ИЗОЩРИ́ТЬ, изощря́т, изощри́|л; ***сов., перех., что***, также ***чем*** (*несов.* изощря́ть) *«Бэкон изощрил свой ум общественными делами; он на людях выучился мыслить».* Герцен, Письма об изучении природы. *Ему удалось изощрить свой слух до такой степени, что он воспринимал звуки, фиксируемые только приборами* [сделать более совершенным, тонким, острым, развить ум, чувства, способности и т. п.]

II. ИЗОЩРИ́ВШИЙ, -ая, -ее, -ие; *действ. прош.*

Синт.: **а, б** — в глаг. знач.

IV. Прич. не употр.

Ср. прил. **изощрённый**, -ая, -ое, -ые; -ён, -ённа, -ённо, -ённы. **1.** Хорошо развитый, утонченный. *Изощренный ум. Изощренный вкус. Изощренный слух* **2.** Выходящий за пределы нормы, доведенный до самой высокой степени. *Изощренные пытки. Изощренные ругательства*

▭ Прич. IV не употр.

ИЗОЩРЯ́ТЬ, изощря́|ют, изощря́|л; ***несов. к*** изощри́ть (см.)

I. ИЗОЩРЯ́ЮЩИЙ, -ая, -ее, -ие; *действ. наст.*

Синт.: **а, б** — в глаг. знач.

II. ИЗОЩРЯ́ВШИЙ, -ая, -ее, -ие; *действ. прош.*

Синт.: **а, б** — в глаг. знач.

▭ Прич. III не употр.

ИЗРЕ́ЗАТЬ, изре́жут, изре́за|л; ***сов.; перех.*** **1.** ***что***, также ***чем*** *Мальчик изрезал цветную бумагу на мелкие полосы. Портной изрезал материал на квадраты большими ножницами* (см. § 2) [разрезать на много частей] **2. *кого(что)*** и ***что***, также ***чем*** *Я шла по камням и изрезала ноги. Хулиганы в драке изрезали этого человека бритвами* (см. § 2). *Во время бритья Илья изрезал себе щеки* [сделать много порезов, надрезов] **3. *что; S не лицо*** *Мелкие бухты изрезали берег. Сеть арыков изрезала все поле* [пересечь собой во многих местах]

II. ИЗРЕ́ЗАВШИЙ, -ая, -ее, -ие; *действ. прош.*

Синт.: **а, б** — в глаг. знач. 1 — 3

IV. ИЗРЕ́ЗАННЫЙ, -ая, -ое, -ые; *страд. прош.*

Синт.: **а, б** — в глаг. знач. 1 — 3

Ср. прил. **изре́занный**, -ая, -ое, -ые; -ан, -**анна**, -**анно**, -**анны**. **1.** Извилистый, неровный, с большим количеством заливов, бухт, выступов — о береговой линии. *Изрезанный берег* **2.** Неровный, с большим количеством холмов, оврагов и т. п., пересеченный. *Изрезанная местность*

Субстантив.$_3$ в глаг. знач. 1

ИЗРЕ́ЗАН, -ана, -ано, -аны; *кр. ф.*

В глаг. знач. 1 — 3

ИЗУВЕ́ЧИВАТЬ, изуве́чива|ют, изуве́чива|л; ***несов. к*** изуве́чить (см.)

I. ИЗУВЕ́ЧИВАЮЩИЙ, -ая, -ее, -ие; *действ. наст.*

Синт.: **а, б** — в глаг. знач.

II. ИЗУВЕ́ЧИВАВШИЙ, -ая, -ее, -ие; *действ. прош.*

Синт.: **а, б** — в глаг. знач.

III. ИЗУВЕ́ЧИВАЕМЫЙ, -ая, -ое, -ые; *страд. наст.*

Синт.: **а, б** — в глаг. знач.

ИЗУВЕ́ЧИТЬ, изуве́ч|ат, изуве́чи|л; ***сов., перех., кого(что)***, также ***чем*** (*несов.* изуве́чивать) *«— Вы меня, я знаю, либо убьете, либо изувечите; но чести своей я терять не намерен».* Тургенев, Три портрета. *Преступник изувечил жертву железным прутом* (см. § 2) [нанести кому-л. увечье, искалечить]

II. ИЗУВЕ́ЧИВШИЙ, -ая, -ее, -ие; *действ. прош.*

Синт.: **а, б** — в глаг. знач.

IV. ИЗУВЕ́ЧЕННЫЙ, -ая, -ое, -ые; *страд. прош.*

Синт.: **а, б** — в глаг. знач.

В знач. прил. (только *полн. ф.*) Имеющий увечья, искалеченный. *Изувеченный солдат*

ИЗУВЕ́ЧЕН, -ена, -ено, -ены; *кр. ф.*

В глаг. знач.

ИЗУМИ́ТЬ, изумлю́, изум|я́т, изуми́|л; ***сов., перех., кого(что)***, также ***чем*** (*несов.* изумля́ть) *Аня изумила всех своим пением. Ваше поведение изумило меня* [вызвать крайнее удивление, поразить]

II. ИЗУМИ́ВШИЙ, -ая, -ее, -ие; *действ. прош.*

Синт.: **а, б** — в глаг. знач.

IV. ИЗУМЛЁННЫЙ, -ая, -ое, -ые; *страд. прош.**

[чередование м/мл]

Синт.: в глаг. знач. нет; **а, б** — в статив. знач.

Статив. знач., ***чем*** (также *кр. ф.* ↓) Испытывающий чувство изумления, крайне удивившийся чему-л., изумившийся. *Ира, изумленная появлением Олега, не сказала ни слова. В комнату вошла явно чем-то изумленная девочка*

Ср. прил. **изумлённый,** -ая, -ое, -ые; -ён,

-ённа, -ённо, -ённы. Выражающий изумление. *Изумленный взгляд. Изумленный вид*
ИЗУМЛЁН, -ена́, -ено́, -ены́; *кр. ф.**
В глаг. знач. нет
Статив. знач., ***чем*** (также *полн. ф.* ↑) *Ира изумлена появлением Олега. Девочка чем-то изумлена*
▭ Прич. IV употр. только в статив. знач.

ИЗУМИ́ТЬСЯ, изумлю́сь, изумя́тся, изуми́|лся; ***сов.*** (*несов.* изумля́ться) *«Видит, белочка при всех Золотой грызет орех, Изумрудец вынимает, А скорлупку собирает.. Изумился князь Гвидон».* Пушкин, Сказка о царе Салтане [прийти в изумление от чего-л., сильно удивиться]
II. ИЗУМИ́ВШИЙСЯ, -аяся, -ееся, -иеся; *действ. прош.*
Синт.: **а, б** — в глаг. знач.

ИЗУМЛЯ́ТЬ, изумля́|ют, изумля́|л; ***несов. к*** изуми́ть (см.)
I. ИЗУМЛЯ́ЮЩИЙ, -ая, -ее, -ие; *действ. наст.*
Синт.: **а, б** — в глаг. знач.
II. ИЗУМЛЯ́ВШИЙ, -ая, -ее, -ие; *действ. прош.*
Синт.: **а, б** — в глаг. знач.
III. ИЗУМЛЯ́ЕМЫЙ, -ая, -ое, -ые; *страд. наст.* (*редко*)
Синт.: **а, б** — в глаг. знач.

ИЗУМЛЯ́ТЬСЯ, изумля́|ются, изумля́|лся; ***несов. к*** изуми́ться (см.)
I. ИЗУМЛЯ́ЮЩИЙСЯ, -аяся, -ееся, -иеся; *действ. наст.*
Синт.: **а, б** — в глаг. знач.
II. ИЗУМЛЯ́ВШИЙСЯ, -аяся, -ееся, -иеся; *действ. прош.*
Синт.: **а, б** — в глаг. знач.

ИЗУРО́ДОВАТЬ, изуро́дуют, изуро́дова|л; ***сов., перех.*** (*несов.* уро́довать) **1. *кого(что),*** также ***чем*** *Разорвавшаяся бомба изуродовала многих людей. «Если охотник не подоспеет, то гуси своими крыльями и носами не только изуродуют сокола, но даже забьют до смерти».* С. Аксаков, Пояснительная заметка к Уряднику сокольничья пути (см. § 1) [сделать калекой, нанеся телесные повреждения, увечья, искалечить, изувечить] **2. *кого (что)*** и ***что; S не лицо*** *Оспа изуродовала девушку. Ожоги изуродовали лицо старого солдата* [сделать уродливым, физически безобразным] **3. *что; S не лицо*** *Выражение неприязни и злобы изуродовало милое лицо Ольги* [сделать неестественным, некрасивым] **4. *что; S не лицо*** *Частые пожары изуродовали сосновый бор. Взрывы мин изуродовали землю* [причинить повреждения] **5. *что*** *Петр изуродовал свою машину* [привести в негодность] **6. *что,*** также ***чем*** *Андрей изуродовал жизнь жены постоянными подозрениями* (см. § 1) [испортить, сделать плохим] **7. *что***, также ***чем*** *Редактор изуродовал статью Смирнова сокращениями и поправками* (см. § 1). *«— Ты только взял чужую мысль, но изуродовал ее и хочешь прилагать к неприложимому».* Л. Толстой, Анна Каренина [представить что-л. в неправильном, искаженном виде в результате сокращения, урезывания, непонимания и т. д.] **8. *кого(что),*** также ***чем*** *«[Софья:] Вас до двадцати пяти лет держали взаперти, в полном неведении, вас изуродовали глупым воспитанием».* А. Островский, Невольницы (см. § 1). *Отец изуродовал детей своей жадностью* (см. § 1) [испортить нравственно, оказав дурное воздействие] **9. *кого чем*** *Парикмахер изуродовал тебя такой прической* (см. § 2) [сделать внешне крайне непривлекательным] **10. *что чем*** *Ты изуродовала комнату этими модными плакатами* (см. § 2) [сделать некрасивым, безвкусно отделанным и т. п.]
II. ИЗУРО́ДОВАВШИЙ, -ая, -ее, -ие; *действ. прош.*
Синт.: **а, б** — в глаг. знач. 1 — 10
IV. ИЗУРО́ДОВАННЫЙ, -ая, -ое, -ые; *страд. прош.*
Синт.: **а, б** — в глаг. знач. 1—10
В знач. прил. (только *полн. ф.*) **1.** С физическим уродством, обезображенный увечьем. *Изуродованная рука. Изуродованное лицо* **2.** С значительными повреждениями, приведенный в негодность. *Изуродованный дом. Изуродованная земля* **3.** Испорченный ненормальными условиями, обстановкой и т. п. *Изуродованная жизнь. Изуродованное детство*
Субстантив.$_2$ в глаг. знач. 1, 2, 9; субстантив.$_3$ в глаг. знач. 4
ИЗУРО́ДОВАН, -ана, -ано, -аны; *кр. ф.*
В глаг. знач. 1—10

ИЗУЧА́ТЬ, изуча́|ют, изуча́|л; ***несов., перех.*** (*сов.* изучи́ть *к* 1, 2, 4 знач.) **1. *что*** *Мы изучаем законы физики. Мой сын изучает английский язык. Дима изучал автомобиль с большим интересом* [усваивать, постигать в процессе обучения, приобретать знания; осваивать что-л.] **2. *кого(что)*** и ***что*** *Этнографы изучают недавно обнаруженное африканское племя. Сейчас не только археологи, но и лингвисты изучают берестяные грамоты. Молодой историк изучает архивы* [научно исследовать, познавать] **3. *кого (что)*** *Я вижу, что брат незаметно изучает незнакомку* [внимательно наблюдать за кем-л., чтобы узнать, понять] **4. *что*** *Мы внимательно изучаем обстановку, прежде чем принять решение. Наш проводник внимательно изучает дорогу через перевал и состояние атмосферы, прежде чем вести группу* [наблюдая, стараться понять свойства, характер, устройство и т. п. чего-л.]
I. ИЗУЧА́ЮЩИЙ, -ая, -ее, -ие; *действ. наст.*
Синт.: **а, б** — в глаг. знач. 1—4
В знач. прил. Внимательный, выражающий желание хорошо узнать, понять. *Изучающий взгляд*
II. ИЗУЧА́ВШИЙ, -ая, -ее, -ие; *действ. прош.*
Синт.: **а, б** — в глаг. знач. 1—4
III. ИЗУЧА́ЕМЫЙ, -ая, -ое, -ые; *страд. наст.*
Синт.: **а, б** — в глаг. знач. 1—4
Субстантив.$_2$ не употр.; субстантив.$_3$ в глаг. знач. 1, 2

ИЗУЧИ́ТЬ, изучу́, изу́ч|ат, изучи́|л; ***сов., перех.*** (*несов.* изуча́ть *к* 1, 2, 4 знач.) **1. *что*** *Мы изучили законы диалектики. Дима неплохо изучил автомобиль* [усвоить, постичь в процессе обучения, приобрести знания; освоить что-л.] **2. *кого(что)***

и **что** *Этнографы хорошо изучили недавно обнаруженное африканское племя. Журналист изучил архивы партизанского отряда* [научно исследовать, познать] **3.** ***кого(что)*** *Олег изучил меня достаточно хорошо* [хорошо узнать, понять кого-л.] **4.** ***что*** *Мы внимательно изучили обстановку, прежде чем приняли решение. Наш проводник изучил дорогу через лес и уверенно повел нас вперед* [понять в результате наблюдений свойства, характер, устройство и т. п. чего-л.]

II. ИЗУЧИ́ВШИЙ, -ая, -ее, -ие; *действ. прош.*

Синт.: **а, б** — в глаг. знач. 1 — 4

IV. ИЗУ́ЧЕННЫЙ, -ая, -ое, -ые; *страд. прош.**

Синт.: **а, б** — в глаг. знач. 1, 2, 4

В знач. прил. (только *полн. ф.*) Хорошо известный, знакомый. *Мы шли домой изученным путем. Они действовали изученным способом*

Субстантив.$_2$ не употр.; субстантив.$_3$ в глаг. знач. 1, 2

ИЗУ́ЧЕН, -ена, -ено, -ены; *кр. ф.**

В глаг. знач. 1, 2, 4

▭ Прич. IV в 3 глаг. знач. не употр.

ИЗЫСКА́ТЬ, изыщу́, изы́щут, изыска́|л; ***сов., перех., что*** (*несов.* изы́скивать) *Министерство изыскало необходимые ресурсы для строительства новой магистрали. Ученые изыскали способ защиты посадок от вредителей* [найти путем старательных поисков, усилий; *книжн.*]

II. ИЗЫСКА́ВШИЙ, -ая, -ее, -ие; *действ. прош.*

Синт.: **а, б** — в глаг. знач.

IV. ИЗЫ́СКАННЫЙ, -ая, -ое, -ые; *страд. прош.*

Синт.: **а, б, в** — в глаг. знач.

Ср. прил. **изы́сканный,** -ая, -ое, -ые; -ан, -анна, -анно, -анны. Изящный, утонченный. *Изысканный вкус. Изысканные манеры*

Субстантив.$_3$ не употр.

ИЗЫ́СКАН, -ана, -ано, -аны; *кр. ф.*

В глаг. знач.

ИЗЫ́СКИВАТЬ, изы́скива|ют, изы́скива|л; ***несов. к*** изыска́ть (см.)

I. ИЗЫ́СКИВАЮЩИЙ, -ая, -ее, -ие; *действ. наст.*

Синт.: **а, б** — в глаг. знач.

II. ИЗЫ́СКИВАВШИЙ, -ая, -ее, -ие; *действ. прош.*

Синт.: **а, б** — в глаг. знач.

III. ИЗЫ́СКИВАЕМЫЙ, -ая, -ое, -ые; *страд. наст.*

Синт.: **а, б** — в глаг. знач.

Субстантив.$_3$ не употр.

ИЛЛЮСТРИ́РОВАТЬ, иллюстри́ру|ют, иллюстри́рова|л; ***сов.*** и ***несов., перех., что*** (*сов. также* проиллюстри́ровать *ко* 2 знач.) **1.** *„Мертвые души" Н. В. Гоголя иллюстрировали многие известные художники* [снабдить или снабжать какой-л. текст рисунками, которые поясняют содержание текста] **2.** также ***чем*** *Докладчик иллюстрировал свои выводы примерами* (см. § 2) [пояснить или пояснять что-л. наглядными примерами]

I. ИЛЛЮСТРИ́РУЮЩИЙ, -ая, -ее, -ие; *действ. наст.*

Синт.: **а, б** — в глаг. знач. 1, 2

II. ИЛЛЮСТРИ́РОВАВШИЙ, -ая, -ее, -ие; *действ. прош.*

Синт.: **а, б** — в глаг. знач. 1, 2

III. ИЛЛЮСТРИ́РУЕМЫЙ, -ая, -ое, -ые; *страд. наст.*

Синт.: **а, б** — в глаг. знач. 1, 2; **в** — в глаг. знач. 1

IV. ИЛЛЮСТРИ́РОВАННЫЙ, -ая, -ое, -ые; *страд. прош.*

Синт.: **а, б** — в глаг. знач. 1, 2

В знач. прил. (только *полн. ф.*) С иллюстрациями — обычно о журналах. *Иллюстрированный журнал*

ИЛЛЮСТРИ́РОВАН, -ана, -ано, -аны; *кр. ф.*

В глаг. знач. 1, 2

ИМЕ́ТЬ, име́|ют, име́|л; ***несов., перех.*** **1.** ***кого (что)*** и ***что*** *В Древнем Риме патриции имели рабов. Брат мечтает иметь большую библиотеку* [владеть кем-чем-л. на правах собственности] **2.** ***кого(что)*** и ***что*** *Не имей сто рублей, а имей сто друзей* (поговорка). *Мой приятель имел хороший характер, с ним было легко и просто* [обладать или располагать кем-чем-л.] **3.** ***что; S не лицо*** *Это лесное озеро имеет три метра глубины и очень прозрачную воду* [обладать каким-л. протяжением, размером, объемом] **4.** ***что*** *«Если адмирал имеет намерение перехватить противника,— давно пора.. давать полный ход».* Лавренев, Стратегическая ошибка. *Это к делу не имеет отношения. Новые комбайны имеют широкое применение* [с некоторыми существительными образуют сочетания со значением: производить какое-л. действие, соответствующее значению этого существительного] **5.** ***что*** *Мой друг не имел мужества сознаться в том, что он боится темноты. Я имела дерзость написать новому знакомому письмо* [в сочетании с существительным в вин. падеже и с последующей неопр. ф. глагола обозначает исполнение действия, выраженного неопр. ф. глагола и являющегося результатом свойства, состояния, выраженного существительным] **6.** ***кого(что) в ком(чем)*** и ***что чем*** *Илья любил читать стихи и имел во мне постоянного слушателя. «Вся теплота земной коры имеет своим первоисточником солнце».* Вернадский, Опыт описательной минералогии [располагать кем-чем-л. в качестве кого-чего-л.; *книжн.*]

I. ИМЕ́ЮЩИЙ, -ая, -ее, -ие; *действ. наст.*

Синт.: **а, б** — в глаг. знач. 1 — 6

II. ИМЕ́ВШИЙ, -ая, -ее, -ие; *действ. прош.*

Синт.: **а, б** — в глаг. знач. 1 — 6

▭ Глагол не имеет прич. III, IV

ИМПРОВИЗИ́РОВАТЬ, импровизи́ру|ют, импровизи́рова|л; ***несов., перех., что*** (*сов.* сымпровизи́ровать) **1.** и ***без дополн.*** *Девушка легко импровизировала стихи. Этот пианист прекрасно импровизирует* [создавать стихи, музыку и т. п. в момент исполнения, без подготовки; обладать способностью создавать стихи, музыку и т. п. в момент исполнения, без подготовки] **2.** *«На возвратном пути наш общий друг Рольстон им-*

провизировал для меня обед». Тургенев, Письмо Я. П. Полонскому, 20 окт. (1 ноября) 1881 [делать, устраивать что-л. без предварительных приготовлений]

I. ИМПРОВИЗИ́РУЮЩИЙ, -ая, -ее, -ие; *действ. наст.*

С и н т.: **а, б** — в глаг. знач. 1, 2

II. ИМПРОВИЗИ́РОВАВШИЙ, -ая, -ее, -ие; *действ. прош.*

С и н т.: **а, б** — в глаг. знач. 1, 2

III. ИМПРОВИЗИ́РУЕМЫЙ, -ая, -ое, -ые; *страд. наст.*

С и н т.: **а, б, в** — в глаг. знач. 1, 2

С у б с т а н т и в.$_3$ не употр.

IV. ИМПРОВИЗИ́РОВАННЫЙ, -ая, -ое, -ые; *страд. прош.*

С и н т.: **а, б** — в глаг. знач. 1, 2

В з н а ч. п р и л. (только *полн. ф.*) **1.** Заранее не подготовленный, сочиненный в момент исполнения. *Импровизированные стихи. Импровизированный рассказ. Импровизированный танец* **2.** Устроенный наскоро, вызванный неожиданной необходимостью. *Импровизированный завтрак. Импровизированный концерт*

С у б с т а н т и в.$_3$ в глаг. знач. 1

ИМПРОВИЗИ́РОВАН, -ана, -ано, -аны; *кр. ф.*

В глаг. знач. 1, 2

ИНСЦЕНИ́РОВАТЬ, инсцени́ру|ют, инсцени́рова|л; ***сов.*** и ***несов., перех., что*** **1.** *Молодой драматург удачно инсценировал несколько романов И. С. Тургенева* [приспособить или приспосабливать для постановки в театре или кино] **2.** *Преступники явно инсценировали ограбление* [притворно изобразить или изображать что-л.]

I. ИНСЦЕНИ́РУЮЩИЙ, -ая, -ее, -ие; *действ. наст.*

С и н т.: **а, б** — в глаг. знач. 1, 2

II. ИНСЦЕНИ́РОВАВШИЙ, -ая, -ее, -ие; *действ. прош.*

С и н т.: **а, б** — в глаг. знач. 1, 2

III. ИНСЦЕНИ́РУЕМЫЙ, -ая, -ое, -ые; *страд. наст.*

С и н т.: **а, б** — в глаг. знач. 1, 2

С у б с т а н т и в.$_3$ в глаг. знач. 1

ИНСЦЕНИ́РУЕМ, -ема, -емо, -емы; *кр. ф.*

В глаг. знач. 1, 2

IV. ИНСЦЕНИ́РОВАННЫЙ, -ая, -ое, -ые; *страд. прош.*

С и н т.: **а, б** — в глаг. знач. 1, 2

В з н а ч. п р и л. (только *полн. ф.*) Приспособленный для постановки на сцене или в кино — о литературном произведении. *Инсценированный рассказ А. П. Чехова*

С у б с т а н т и в.$_3$ в глаг. знач. 1

ИНСЦЕНИ́РОВАН, -ана, -ано, -аны; *кр. ф.*

В глаг. знач. 1, 2

ИНТЕРЕСОВА́ТЬ, интересу́|ют, интересова́|л; ***несов., перех., кого(что)*** *Меня интересует этот человек. Илью интересуют электронные приборы. Ее интересует театр* [возбуждать в ком-л. интерес]

I. ИНТЕРЕСУ́ЮЩИЙ, -ая, -ее, -ие; *действ. наст.*

С и н т.: **а, б** — в глаг. знач.

II. ИНТЕРЕСОВА́ВШИЙ, -ая, -ее, -ие; *действ. прош.*

С и н т.: **а, б** — в глаг. знач.

▭ Глагол не имеет прич. III, IV

ИНТЕРЕСОВА́ТЬСЯ, интересу́|ются, интересова́|лся; ***несов., кем(чем)*** и ***чем*** **1.** *Ученый интересовался коренным населением Тибета. Мой сын интересуется астрономией. Анна очень интересуется русской литературой* [проявлять интерес к кому-чему-л.] **2.** *Какой-то человек вчера интересовался вашим братом* [спрашивать или расспрашивать о ком-чем-л.]

I. ИНТЕРЕСУ́ЮЩИЙСЯ, -аяся, -ееся, -иеся; *действ. наст.*

С и н т.: **а, б** — в глаг. знач. 1, 2

II. ИНТЕРЕСОВА́ВШИЙСЯ, -аяся, -ееся, -иеся; *действ. прош.*

С и н т.: **а, б** — в глаг. знач. 1, 2

ИНТРИГОВА́ТЬ, интригу́|ют, интригова́|л; ***несов.*** (*сов.* заинтригова́ть *ко* 2 знач.) **1.** ***неперех.*** *Наш сосед постоянно интригует, лжет* [совершать неблаговидные скрытые действия против кого-л. для достижения чего-л.] **2.** ***перех., кого(что),*** также ***чем*** *Новый сотрудник явно интригует всех своей скрытностью* (см. § 1). *Эти странные телефонные звонки интригуют меня. Поведение незнакомки интриговало всех* [возбуждать любопытство, интерес чем-л. загадочным, таинственным, неясным]

I. ИНТРИГУ́ЮЩИЙ, -ая, -ее, -ие; *действ. наст.*

С и н т.: **а, б** — в глаг. знач. 1, 2

В з н а ч. п р и л. Загадочный, таинственный, вызывающий интерес. *Интригующее название книги. Интригующие действия. Интригующий взгляд. Интригующая внешность*

II. ИНТРИГОВА́ВШИЙ, -ая, -ее, -ие; *действ. прош.*

С и н т.: **а, б** — в глаг. знач. 1, 2

III. ИНТРИГУ́ЕМЫЙ, -ая, -ое, -ые; *страд. наст.*

С и н т.: **а, б** — в глаг. знач. 2

IV. ИНТРИГО́ВАННЫЙ, -ая, -ое, -ые; *страд. прош. (редко)*

С и н т.: **а, б** — в глаг. знач. 2

ИНТРИГО́ВАН, -ана, -ано, -аны; *кр. ф. (редко)*

В глаг. знач. 2

ИНФОРМИ́РОВАТЬ, информи́ру|ют, информи́рова|л; ***сов.*** и ***несов., перех., кого(что)*** (*сов.* также проинформи́ровать) *«Кудинов по сводкам коротко информировал собравшихся о положении на фронтах».* Шолохов, Тихий Дон [сообщить или сообщать о положении дел в какой-л. области]

I. ИНФОРМИ́РУЮЩИЙ, -ая, -ее, -ие; *действ. наст.*

С и н т.: **а, б** — в глаг. знач.

II. ИНФОРМИ́РОВАВШИЙ, -ая, -ее, -ие; *действ. прош.*

С и н т.: **а, б** — в глаг. знач.

III. ИНФОРМИ́РУЕМЫЙ, -ая, -ое, -ые; *страд. наст.*

Синт.: **а, б** — в глаг. знач.
IV. ИНФОРМИ́РОВАННЫЙ, -ая, -ое, -ые; *страд. прош.*
Синт.: **а, б** — в глаг. знач.
В знач. прил. (только *полн. ф.*) Хорошо осведомленный о чем-л. *Информированный человек. Информированные круги*
ИНФОРМИ́РОВАН, -ана, -ано, -аны; *кр. ф.*
В глаг. знач.

ИСКАЖА́ТЬ, искажа́|ют, искажа́|л; ***несов. к*** искази́ть (см.)
I. ИСКАЖА́ЮЩИЙ, -ая, -ее, -ие; *действ. наст.*
Синт.: **а, б** — в глаг. знач. 1 — 3
II. ИСКАЖА́ВШИЙ, -ая, -ее, -ие; *действ. прош.*
Синт.: **а, б** — в глаг. знач. 1 — 3
III. ИСКАЖА́ЕМЫЙ, -ая, -ое, -ые; *страд. наст.*
Синт.: **а, б** — в глаг. знач. 1 — 3
Субстантив.$_3$ в глаг. знач. 2

ИСКАЗИ́ТЬ, искажу́, исказ|я́т, искази́|л; ***сов., перех., что*** (*несов.* искажа́ть) **1.** *Олег исказил смысл моих слов. Телеграфист исказил смысл телеграммы* [представить сознательно или нечаянно в ложном, неправильном виде] **2.** ***S не лицо*** *Помехи сильно исказили радиосигнал* [сильно изменить, сделать другим] **3.** ***S не лицо*** *Страх исказил ее лицо* [сильно изменить, придать уродливый вид — о лице, наружности]
II. ИСКАЗИ́ВШИЙ, -ая, -ее, -ие; *действ. прош.*
Синт.: **а, б** — в глаг. знач. 1 — 3
IV. ИСКАЖЁННЫЙ, -ая, -ое, -ые; *страд. прош.*
[чередование з/ж]
Синт.: **а, б** — в глаг. знач. 1 — 3
В знач. прил. (только *полн. ф.*) **1.** Совершенно неправильный, переиначенный, извращенный. *У нее искаженное представление об этом. Сестра представила все в искаженном виде* **2.** Потерявший обычный, естественный вид. *Он вошел в комнату с искаженным лицом*
Субстантив.$_3$ в глаг. знач. 2
ИСКАЖЁН, -ена́, -ено́, -ены́; *кр. ф.*
В глаг. знач. 1 — 3

ИСКАЛЕ́ЧИВАТЬ, искале́чива|ют, искале́чива|л; ***несов. к*** искале́чить (см.)
I. ИСКАЛЕ́ЧИВАЮЩИЙ, -ая, -ее, -ие; *действ. наст.*
Синт.: **а, б** — в глаг. знач. 1 — 3
II. ИСКАЛЕ́ЧИВАВШИЙ, -ая, -ее, -ие; *действ. прош.*
Синт.: **а, б** — в глаг. знач. 1— 3
III. ИСКАЛЕ́ЧИВАЕМЫЙ, -ая, -ое, -ые; *страд. наст.*
Синт.: **а, б** — в глаг. знач. 1 — 3
Субстантив.$_3$ не употр.

ИСКАЛЕ́ЧИТЬ, искале́ч|ат, искале́чи|л; ***сов., перех.*** (*несов.* искале́чивать и кале́чить) **1.** ***кого(что)*** *Террористы, подложив взрывчатку в зале дискотеки, искалечили ни в чем не повинных молодых людей* (из газет). *Сильный взрыв газа лишил жизни и искалечил рабочих нескольких цехов* [причинить кому-л. тяжелые увечья, сделать калекой, изувечить, изуродовать] **2.** ***кого(что)*** и ***что,*** также ***чем*** *Вы искалечили этих ребят своей постоянной ложью, двоедушием, стяжательством* (см. § 2). *«Тут вдруг вмешалась Зиночкина мама. Она сказала: довольно! Вы искалечили Зиночкину жизнь».* Панова, Спутники [нравственно испортить, изуродовать; сделать несчастливым, тяжелым] **3.** ***что,*** также ***чем*** *Цензор искалечил немало стихов Пушкина требованием сократить их* (см. § 1) [испортить, изуродовать что-л.]
II. ИСКАЛЕ́ЧИВШИЙ, -ая, -ее, -ие; *действ. прош.*
Синт.: **а, б** — в глаг. знач. 1 — 3
IV. ИСКАЛЕ́ЧЕННЫЙ, -ая, -ое, -ые; *страд. прош.*
Синт.: **а, б** — в глаг. знач. 1 — 3
В знач. прил. (только *полн. ф.*) Имеющий увечья, изувеченный. *Искалеченный солдат*
Субстантив.$_3$ не употр.
ИСКАЛЕ́ЧЕН, -ена, -ено, -ены; *кр. ф.*
В глаг. знач. 1 — 3

ИСКА́ТЬ, ищу́, и́щ|ут, иска́|л; ***несов.*** **1.** ***перех., кого(что)*** и ***что*** *Мальчик ищет пропавшую кошку. Бабушка ищет очки* [стараться найти потерянное, спрятанное, пропавшее] **2.** ***перех., кого(что)*** *Милиция ищет опасного преступника* [разыскивать того, кто скрывает свое местопребывание] **3.** ***перех., кого(что)*** и ***что*** *Мы ищем для дочери хорошего учителя по рисованию. Брат ищет чертежную доску с подставкой, но в магазинах ее пока нет. Молодой инженер ищет причины неисправности ЭВМ. Илья искал подходящее выражение для перевода этого предложения на английский язык* [заниматься поисками кого-чего-л. необходимого, нужного; подбирать, подыскивать что-л.] **4.** ***неперех., чего*** *Сестра искала у вас защиты, но не нашла. Этот человек не искал знакомств ни с кем* [стремиться получить что-л., добиваться чего-л.] **5.** ***неперех.*** *Актеры много работают, ищут, находят новые способы воплощения образа. Настоящий ученый всегда ищет, стремится к строгой научной истине* [стремиться к новому, более совершенному в науке, искусстве, какой-л. работе]
I. И́ЩУЩИЙ, -ая, -ее, -ие; *действ. наст.*
Синт.: **а, б** — в глаг. знач. 1 — 5
В знач. прил. Всегда стремящийся к новому, не удовлетворенный достигнутым, творческий, пытающийся разрешить какие-л. трудные вопросы и т. п. *Ищущий художник. Ищущий инженер. В редакции газеты появилась ищущая, беспокойная молодежь* (из газет). *Ищущая душа*
II. ИСКА́ВШИЙ, -ая, -ее, -ие; *действ. прош.*
Синт.: **а, б** — в глаг. знач. 1 — 5
Субстантив.$_1$ в глаг. знач. 1 — 4
III. Прич. не употр.
Ср. прил. **иско́мый,** -ая,-ое, -ые. **1.** Такой, которого ищут. *Искомый документ, наконец, нашелся* **2.** В математике — подлежа-

щий определению, установлению. *Искомая величина. Искомое число*

IV. ЙСКАННЫЙ, -ая, -ое, -ые; *страд. прош.** *(редко)*

Синт.: **а, б** — в глаг. знач. 1

ЙСКАН, -ана, -ано, -аны; *кр. ф.** *(редко)*

В глаг. знач. 1

▭ Прич. III не употр. Прич. IV во 2, 3 глаг. знач. не употр.

ИСКРИВИ́ТЬ, искривлю́, искрив|я́т, искриви́|л; ***сов., перех., что*** (*несов.* искривля́ть) **1.** *Дима искривил гвоздь, неумело вбивая его в стену. Мальчик искривил себе позвоночник, сидя на слишком низком стуле* [сделать кривым, изогнуть] **2.** ***S не лицо*** *Боль искривила ее лицо. Злая улыбка искривила его губы* [придать чертам лица искаженный вид]

II. ИСКРИВИ́ВШИЙ, -ая, -ее, -ие; *действ. прош.*

Синт.: **а, б** — в глаг. знач. 1, 2

IV. ИСКРИВЛЁННЫЙ, -ая, -ое, -ые; *страд. прош.*

[чередование в/вл]

Синт.: **а, б** — в глаг. знач. 1, 2

В знач. прил. (также *кр. ф.* ↓) Не прямой, изогнутый, искривившийся. *Мальчик с искривленным позвоночником. Искривленные пальцы. Искривленный гвоздь* (Ср. прил. **криво́й,** -а́я, -о́е, -ы́е; крив, крива́, кри́во, кри́вы и *доп.* кривы́ в знач. 'не прямой, изогнутый'. *Кривой позвоночник. Кривые пальцы. Кривая линия*)

Субстантив.$_3$ в глаг. знач. 1

ИСКРИВЛЁН, -ена́, -ено́, -ены́; *кр. ф.*

В глаг. знач. 1, 2

В знач. прил. (также *полн. ф.* ↑) *У ребенка был искривлен позвоночник. Пальцы у старухи искривлены. Гвоздь искривлен*

ИСКРИВИ́ТЬСЯ, искривлю́сь, искривя́тся, искриви́|лся; ***сов.*** (*несов.* искривля́ться) **1. *S не лицо*** *Позвоночник искривился. Пальцы искривились. Гвоздь искривился* [стать кривым, искривленным] **2.** *Лицо сестры искривилось. Губы Ани искривились презрительной улыбкой* [принять искаженное выражение — о лице]

II. ИСКРИВИ́ВШИЙСЯ, -аяся, -ееся, -иеся; *действ. прош.*

Синт.: **а, б, в** — в глаг. знач. 1, 2

ИСКРИВЛЯ́ТЬ, искривля́|ют, искривля́|л; ***несов. к*** искриви́ть (см.)

I. ИСКРИВЛЯ́ЮЩИЙ, -ая, -ее, -ие; *действ. наст.*

Синт.: **а, б** — в глаг. знач. 1, 2

II. ИСКРИВЛЯ́ВШИЙ, -ая, -ее, -ие; *действ. прош.*

Синт.: **а, б** — в глаг. знач. 1, 2

III. ИСКРИВЛЯ́ЕМЫЙ, -ая, -ое, -ые; *страд. наст.*

Синт.: **а, б** — в глаг. знач. 1, 2

Субстантив.$_3$ в глаг. знач. 1

ИСКРИВЛЯ́ТЬСЯ, искривля́|ются, искривля́|лся; ***несов. к*** искриви́ться (см.)

I. ИСКРИВЛЯ́ЮЩИЙСЯ, -аяся, -ееся, -иеся; *действ. наст.*

Синт.: **а, б, в** — в глаг. знач. 1, 2

II. ИСКРИВЛЯ́ВШИЙСЯ, -аяся, -ееся, -иеся; *действ. прош.*

Синт.: **а, б, в** — в глаг. знач. 1, 2

ИСКУПА́ТЬ, искупа́ют, искупа́|л; ***сов. к*** купа́ть (см.)

II. ИСКУПА́ВШИЙ, -ая, -ее, -ие; *действ. прош.*

Синт.: **а, б** — в глаг. знач.

IV. ИСКУ́ПАННЫЙ, -ая, -ое, -ые; *страд. прош.*

Синт.: **а, б** — в глаг. знач.

ИСКУ́ПАН, -ана, -ано, -аны; *кр. ф.*

В глаг. знач.

ИСКУСИ́ТЬ, искушу́, искус|я́т, искуси́|л; ***сов., перех., кого(что),*** также ***чем*** (*несов.* искуша́ть) *«— Что во всей этой чепухе.. может искусить нормального человека?»* Чехов, Припадок [соблазнить, прельстить, призвать сделать что-л. запретное для кого-л.]

II. ИСКУСИ́ВШИЙ, -ая, -ее, -ие; *действ. прош.*

Синт.: **а, б** — в глаг. знач.

IV. ИСКУШЁННЫЙ, -ая, -ое, -ые; *страд. прош.*

[чередование с/ш]

Синт.: **а, б** — в глаг. знач. и в статив. знач.

Статив. знач., ***в чем*** (также *кр. ф.* ↓) **1.** Прошедший какое-л. серьезное испытание, длительную и трудную проверку каких-л. качеств, наученный чем-л. *Это были люди, искушенные в долгой и трудной жизненной борьбе* **2.** Хорошо знающий что-л. по собственному опыту, искусный, опытный в чем-л. *Не искушенному в политике человеку трудно правильно ориентироваться в происходящем*

ИСКУШЁН, -ена́, -ено́, -ены́; *кр. ф.*

В глаг. знач.

Статив. знач., ***в чем*** (также *полн. ф.* ↑) **1.** *Эти люди были искушены в долгой и трудной жизненной борьбе* **2.** *Мой друг не искушен в политике*

▭ Прич. IV в статив. знач. более употр., чем личные ф. глагола и прич. II, IV в глаг. знач.

ИСКУША́ТЬ, искуша́|ют, искуша́|л; ***несов., перех., кого(что),*** также ***чем*** (*сов.* искуси́ть) *«Не искушай меня без нужды Возвратом нежности твоей».* Баратынский, Разуверение (см. § 2) [соблазнять, прельщать, призывать сделать что-л. запретное для кого-л.]

I. ИСКУША́ЮЩИЙ, -ая, -ее, -ие; *действ. наст.*

Синт.: **а, б** — в глаг. знач.

В знач. прил. С призывом сделать что-л. запретное. *Искушающий взгляд. Искушающий вид*

II. ИСКУША́ВШИЙ, -ая, -ее, -ие; *действ. прош.*

Синт.: **а, б** — в глаг. знач.

III. ИСКУША́ЕМЫЙ, -ая, -ое, -ые; *страд. наст.*

Синт.: **а, б** — в глаг. знач.

ИСКУША́ЕМ, -ема, -емо, -емы; *кр. ф.* *(редко)*

В глаг. знач.

ИСПАРИ́ТЬСЯ, испаря́тся, испари́|лся; ***сов. к*** испаря́ться в 1, 3, 4 знач. (см.)

II. ИСПАРИ́ВШИЙСЯ, -аяся, -ееся, -иеся; *действ. прош.*

Синт.: **а, б** — в глаг. знач. 1, 3, 4; **в** — в глаг. знач. 1

Субстантив.$_1$ не употр.

ИСПАРЯ́ТЬСЯ, испаря́|ются, испаря́|лся; ***несов.*** (*сов.* испари́ться *к* 1, 3, 4 знач.) **1.** ***S не лицо*** *Вода постепенно испаряется. Смотри, ртуть в колбе испаряется!* [обращаться в пар] **2.** ***S не лицо*** *Ртуть испаряется* [иметь свойство обращаться в пар] **3.** ***S не лицо*** *Каждый раз неприятное чувство к этому человеку испарялось, когда он начинал рассказывать о своих путешествиях* [переставать существовать, обнаруживаться, исчезать] **4.** *Как только появлялся сторож, мальчишки из яблоневого сада испарялись* [быстро и незаметно уходить, исчезать, оказываться в другом месте; *разг.*]

I. ИСПАРЯ́ЮЩИЙСЯ, -аяся, -ееся, -иеся; *действ. наст.*

Синт.: **а, б** — в глаг. знач. 1—4; **в** — в глаг. знач. 1

В знач. прил. Способный превращаться в пар. *Это испаряющаяся жидкость*

Субстантив.$_1$ не употр.

II. ИСПАРЯ́ВШИЙСЯ, -аяся, -ееся, -иеся; *действ. прош.*

Синт.: **а, б** — в глаг. знач. 1—4; **в** — в глаг. знач. 1

Субстантив.$_1$ не употр.

ИСПА́ЧКАТЬ, испа́чкают, испа́чка|л; ***сов., перех., кого(что)*** и ***что,*** также ***чем*** (*несов.* па́чкать) *Осторожней, ты меня испачкаешь краской!* (см. § 2). *Мальчик испачкал куртку* [загрязнить, измазать, выпачкать]

II. ИСПА́ЧКАВШИЙ, -ая, -ее, -ие; *действ. прош.*

Синт.: **а, б** — в глаг. знач.

IV. ИСПА́ЧКАННЫЙ, -ая, -ое, -ые; *страд. прош.*

Синт.: **а, б** — в глаг. знач.

В знач. прил. (только *полн. ф.*) Грязный, измазанный. *Олег снова надел испачканную куртку. Девочка всегда ходит с испачканными руками*

ИСПА́ЧКАН, -ана, -ано, -аны; *кр. ф.*

В глаг. знач.

ИСПЕ́ЧЬ, испеку́, испечёт, испек|у́т, испёк|, испекла́, -ло́, -ли́; ***сов. к*** печь в 1 знач. (см.)

II. ИСПЁКШИЙ, -ая, -ее, -ие; *действ. прош.*

Синт.: **а, б** — в глаг. знач. 1

IV. ИСПЕЧЁННЫЙ, -ая, -ое, -ые; *страд. прош.* [чередование к/ч]

Синт.: **а, б, в** — в глаг. знач. 1

ИСПЕЧЁН, -ена́, -ено́, -ены́; *кр. ф.*

В глаг. знач. 1

ИСПО́ЛНИТЬ[1], испо́лн|ят, испо́лни|л; ***сов., перех., что*** (*несов.* исполня́ть *к* 1, 2 знач.) **1.** *Отец исполнил все мои желания. Солдаты быстро исполнили приказ командира* [выполнить, осуществить, претворить в жизнь] **2.** *Певица исполнила несколько романсов. Дети прекрасно исполнили грузинский танец* [воспроизвести для слушателей, зрителей песню, танец, пантомиму и т. п.] **3.** также ***чем*** *Перед нами лежала хорошо исполненная пионерами цветная фотография. «Художник пришпилил к мольберту исполненный акварелью этюд: отцветающий лотос, тростник».* Горышин, Родословная [создать, сделать, выполнить]

II. ИСПО́ЛНИВШИЙ, -ая, -ее, -ие; *действ. прош.*

Синт.: **а, б** — в глаг. знач. 1 — 3

IV. ИСПО́ЛНЕННЫЙ, -ая, -ое, -ые; *страд. прош.*

Синт.: **а, б** — в глаг. знач. 1 — 3

Субстантив.$_3$ в глаг. знач. 2, 3

ИСПО́ЛНЕН, -ена, -ено, -ены; *кр. ф.*

В глаг. знач. 1 — 3

▭ Прич. IV в 3 глаг. знач. более употр., чем личные ф. глагола и прич. II

ИСПО́ЛНИТЬ[2], испо́лн|ят, испо́лни|л; ***сов., перех., кого(что) чем; S не лицо*** *« — Боярин подлинно стар! — сказал он [Иоанн] хладнокровно, и умеренность его ввиду явного непокорства [боярина] исполнила всех ожиданием».* А. К. Толстой, Князь Серебряный [наполнить каким-л. чувством, желанием, возбудить в ком-л. какое-л. чувство, состояние; *устар.*]

II. ИСПО́ЛНИВШИЙ, -ая, -ее, -ие; *действ. прош.*

Синт.: **а, б** — в глаг. знач.

IV. ИСПО́ЛНЕННЫЙ, -ая, -ое, -ые; *страд. прош.*

Синт.: в глаг. знач. нет; **а, б** — в статив. знач.

Статив. знач., ***чего*** (также *кр. ф.* ↓) Полный каких-л. чувств, желаний, сил и т. п., проникнутый чем-л.; *книжн.* *«[Ильинична] жила, исполненная суеверного предчувствия, что смерть ..еще не раз переступит порог старого мелеховского дома».* Шолохов, Тихий Дон. *Этот человек, исполненный энергии, всех покорил*

ИСПО́ЛНЕН, -ена, -ено, -ены; *кр. ф.*

В глаг. знач. нет

Статив. знач., ***чего*** (также *полн. ф.* ↑) *Бабушка была исполнена суеверного предчувствия, что должно произойти что-то плохое. Этот человек исполнен кипучей энергии*

▭ Глагол в личных формах и прич. II устар. Прич. IV употр. только в статив. знач.

ИСПОЛНЯ́ТЬ, исполня́|ют, исполня́|л; ***несов., перех., что*** (*сов.* испо́лнить[1] *к* 1, 2 знач.) **1.** *Брат исполнял все мои желания. Солдаты быстро исполняли приказ командира* [выполнять, осуществлять, претворять в жизнь] **2.** *Певица исполняла романсы во втором отделении концерта. Мальчик прекрасно исполнял грузинский танец* [воспроизводить для слушателей, зрителей песню, танец, пантомиму и т. п.] **3.** *Смирнов сейчас исполняет обязанности заведующего редакцией* [выполнять, нести какие-л. служебные обязанности]

I. ИСПОЛНЯ́ЮЩИЙ, -ая, -ее, -ие; *действ. наст.*

Синт.: **а, б** — в глаг. знач. 1 — 3

II. ИСПОЛНЯ́ВШИЙ, -ая, -ее, -ие; *действ. прош.*

Синт.: **а, б** — в глаг. знач. 1 — 3

III. ИСПОЛНЯ́ЕМЫЙ, -ая, -ое, -ые; *страд. наст.*

Синт.: **а, б** — в глаг. знач. 1 — 3

Ср. прич. в 1 глаг. знач. с прил. **исполни́мый,** -ая, -ое, -ые; -и́м, -и́ма, -и́мо, -и́мы. Возможный для исполнения, осуществления. *Исполнимое желание. Исполнимая просьба*

Субстантив.$_3$ в глаг. знач. 2

ИСПО́ЛЬЗОВАТЬ, испо́льзу|ют, испо́льзова|л; ***сов.*** и ***несов., перех.*** **1. *кого(что)*** и ***что*** *Мастер использовал молодых специалистов очень рационально. Руководители предприятия максимально используют новую технику. Наш коллектив постоянно использует опыт передовиков* [употребить или употреблять для какой-л. цели, найти или находить применение кому-чему-л.] **2. *что*** *Смирнов использовал единственную ошибку мастера цеха для несправедливой критики всей его работы* [воспользоваться или пользоваться чем-л. в неблаговидных целях]

I. ИСПО́ЛЬЗУЮЩИЙ, -ая, -ее, -ие; *действ. наст.*

Синт.: **а, б** — в глаг. знач. 1, 2

II. ИСПО́ЛЬЗОВАВШИЙ, -ая, -ее, -ие; *действ. прош.*

Синт.: **а, б** — в глаг. знач. 1, 2

III. ИСПО́ЛЬЗУЕМЫЙ, -ая, -ое, -ые; *страд. наст.*

Синт.: **а, б** — в глаг. знач. 1, 2

Субстантив.$_3$ в глаг. знач. 1

ИСПО́ЛЬЗУЕМ, -ема, -емо, -емы; *кр. ф.*

В глаг. знач. 1, 2

IV. ИСПО́ЛЬЗОВАННЫЙ, -ая, -ое, -ые; *страд. прош.*

Синт.: **а, б** — в глаг. знач. 1, 2

В знач. прил. (только *полн. ф.*) Бывший в употреблении. *Использованная салфетка. Использованная ложка*

Субстантив.$_3$ не употр.

ИСПО́ЛЬЗОВАН, -ана, -ано, -аны; *кр. ф.*

В глаг. знач. 1, 2

ИСПО́РТИТЬ, испо́рчу, испо́рт|ят, испо́рти|л; ***сов., перех.*** (*несов.* по́ртить) **1. *что*** *Кто испортил магнитофон? Аня испортила уже две тетради* [привести в неисправное состояние, причинить повреждения; привести в негодность] **2. *что,*** также ***чем*** *Аня не умела готовить плов и только испортила все продукты. Ты испортила мясо этим соусом* (см. § 2) [сделать несъедобным] **3. *что,*** также ***чем*** *Ольга окончательно испортила себе зрение. Петров испортил себе желудок нерегулярным питанием* (см. § 2) [причинить вред, расстроить, привести в болезненное состояние — обычно в сочетании с мест. *себе*] **4. *что кому(чему),*** также ***чем*** *Твой знакомый испортил всем настроение своей грубостью* (см. § 1). *Плохая погода испортила нам отдых* [сделать скверным, менее приятным, ухудшить] **5. *кого(что),*** также ***чем*** *Таким воспитанием Олег испортит детей* (см. § 1). *Ольга испортила дочь своей нетребовательностью* (см. § 1) [оказать плохое, развращающее влияние на кого-л., привить дурные наклонности]

II. ИСПО́РТИВШИЙ, -ая, -ее, -ие; *действ. прош.*

Синт.: **а, б** — в глаг. знач. 1 — 5

IV. ИСПО́РЧЕННЫЙ, -ая, -ое, -ые; *страд. прош.*

[чередование т/ч]

Синт.: **а, б** — в глаг. знач. 1 — 5

В знач. прил. **1.** (также *кр. ф.* ↓) Пришедший в негодность, неисправный, поврежденный. *Испорченный магнитофон. Испорченный звонок* **2.** (только *полн. ф.*) Гнилой, испортившийся. *Испорченные продукты* **3.** (только *полн. ф.*) Находящийся в болезненном состоянии, больной. *Испорченный желудок. Испорченные зубы* **4.** (только *полн. ф.*) Ставший, оказавшийся скверным, неприятным, дурным, изменившийся к худшему, испортившийся. *Испорченные отношения. Испорченное настроение*

Ср. прил. **испо́рченный,** -ая, -ое, -ые; -ен, **-енна, -енно, -енны.** С дурными наклонностями, распущенный. *Испорченный человек. Дети в этой семье испорченны. Испорченная девушка*

Субстантив.$_3$ в глаг. знач. 1

ИСПО́РЧЕН, -ена, -ено, -ены; *кр. ф.*

В глаг. знач. 1 — 5

В знач. прил. (также *полн. ф.* в знач. прил. 1 ↑) *Этот магнитофон испорчен. Звонок испорчен, стучите громче!*

ИСПО́РТИТЬСЯ, испо́рчусь, испо́ртятся, испо́рти|лся; ***сов.*** (*несов.* по́ртиться) **1. *S не лицо*** *У Димы испортился магнитофон* [прийти в негодность, стать неисправным] **2. *S не лицо*** *Суп испортился, надо его вылить. Мясо испортилось, выброси его* [стать несъедобным, протухнуть, сгнить] **3. *S не лицо*** *У Ани испортилось зрение* [прийти в болезненное состояние, расстроиться] **4. *S не лицо*** *Не знаю, почему у меня испортилось настроение. Наши отношения испортились, а жаль!* [измениться к худшему] **5.** *«— Прежде ты был хорошим мальчиком, но теперь, я вижу, испортился и стал плохим».* Чехов, Дома [стать хуже в нравственном отношении, приобрести дурные наклонности]

II. ИСПО́РТИВШИЙСЯ, -аяся, -ееся, -иеся; *действ. прош.*

Синт.: **а, б, в** — в глаг. знач. 1 — 5

Субстантив.$_1$ не употр.

ИСПРА́ВИТЬ, испра́влю, испра́в|ят, испра́ви|л; ***сов.*** ***к*** исправля́ть (см.)

II. ИСПРА́ВИВШИЙ, -ая, -ее, -ие; *действ. прош.*

Синт.: **а, б** — в глаг. знач. 1 — 3

IV. ИСПРА́ВЛЕННЫЙ, -ая, -ое, -ые; *страд. прош.*

[чередование в/вл]

Синт.: **а, б** — в глаг. знач. 1—3; **в** — в глаг. знач. 1, 2

Субстантив.$_2$ не употр.; субстантив.$_3$ в глаг. знач. 1, 2

Ср. выражение: **исправленному верить** — официальная форма подтверждения пра-

вильности сделанного исправления в тексте
ИСПРА́ВЛЕН, -ена, -ено, -ены; *кр. ф.*
В глаг. знач. 1 — 3

ИСПРАВЛЯ́ТЬ, исправля|ют, исправля|л; ***несов., перех.*** (*сов.* испра́вить) **1. *что*** *Илья исправляет магнитофон, не мешай ему. Мастер исправляет нам звонок* [устранять неисправность, повреждение, делать годным для употребления, действия] **2. *что*** *Редактор исправляет ошибку в рукописи* [устранять погрешности, неточности, ошибки] **3. *кого(что)*** и ***что*** *Педагог умело исправлял характер девочки* [делать лучше, освобождая от каких-л. недостатков, пороков]

I. ИСПРАВЛЯ́ЮЩИЙ, -ая, -ее, -ие; *действ. наст.*
Синт.: **а, б** — в глаг. знач. 1 — 3
Ср. прич. в 3 глаг. знач. с прил. **исправи́тельный,** -ая, -ое, -ые. Предназначенный, служащий для исправления кого-л. *Исправительные меры. Исправительные работы*

II. ИСПРАВЛЯ́ВШИЙ, -ая, -ее, -ие; *действ. прош.*
Синт.: **а, б** — в глаг. знач. 1 — 3

III. ИСПРАВЛЯ́ЕМЫЙ, -ая, -ое, -ые; *страд. наст.*
Синт.: **а, б** — в глаг. знач. 1 — 3
Ср. прил. **исправи́мый,** -ая, -ое, -ые; -и́м, -и́ма, -и́мо, -и́мы. Такой, которого можно исправить, поддающийся исправлению. *Исправимое дело*
Субстантив.$_2$ не употр.; субстантив.$_3$ в глаг. знач. 1, 2

ИСПУГА́ТЬ, испуга́|ют, испуга́|л; ***сов., перех., кого(что),*** также ***чем*** (*несов.* пуга́ть) **1.** *Незнакомец испугал малыша громким кашлем* (см. § 1). *Твой вид испугал меня. Громкий голос испугал ребенка* [вызвать испуг, внушить страх, боязнь] **2.** *Этот человек не испугает меня угрозами* (см. § 1). *Трудности не испугали нас. «[Андрей и Виктор] не были избалованы. Их не испугали бы ни нужда, ни лишения».* Горбатов, Донбасс [ослабить чью-л. решимость, вызывая какие-л. опасения, колебания]

II. ИСПУГА́ВШИЙ, -ая, -ее, -ие; *действ. прош.*
Синт.: **а, б** — в глаг. знач. 1, 2
Субстантив.$_1$ в глаг. знач. 1

IV. ИСПУ́ГАННЫЙ, -ая, -ое, -ые; *страд. прош.*
Синт.: **а, б** — в глаг. знач. 1, 2
В знач. прил. (также *кр. ф.* ↓) Охваченный испугом, испугавшийся. *Испуганный человек*
Ср. прил. **испу́ганный,** -ая, -ое, -ые; -ан, -анна, -анно, -анны. Выражающий испуг. *Испуганный вид. Испуганный взгляд. Испуганные глаза. Лица испуганны*
Субстантив.$_2$ в глаг. знач. 1
ИСПУ́ГАН, -ана, -ано, -аны; *кр. ф.*
В глаг. знач. 1, 2
В знач. прил. (также *полн. ф.* ↑) *Вошедший был явно испуган, растерян*

ИСПУГА́ТЬСЯ, испуга́ются, испуга́|лся; ***сов.*** (*несов.* пуга́ться *к* 1, 2 знач.) **1. *кого(чего)*** и ***чего*** и ***без дополн.*** *Аня испугалась незнакомца. Ребенок сильно испугался* [испытать страх, испуг, боязнь] **2. *чего*** *Комсомольцы не испугались трудностей и взялись за строительство стадиона* [отступить перед чем-л. неприятным из-за неуверенности в своих силах, боязни кого-чего-л.] **3. *кого(чего)*** и ***чего*** *Олег не испугался директора и выступил на собрании. Ребята испугались наказания и ничего не сказали нам о разбитой вазе* [проявить робость, страх перед кем-чем-л.]

II. ИСПУГА́ВШИЙСЯ, -аяся, -ееся, -иеся; *действ. прош.*
Синт.: **а, б** — в глаг. знач. 1—3

ИСПЫТА́ТЬ, испыта́ют, испыта́|л; ***сов., перех.*** (*несов.* испы́тывать) **1. *что*** *Конструкторы испытали новый мотор* [проверить на опыте пригодность чего-л. к чему-л.] **2. *кого(что)*** *Отец хотел испытать сына и дал ему трудное задание* [проверить чьи-л. качества, свойства характера, умение и т. п.] **3. *что*** *Ира испытала смущение при появлении гостя. Я испытала огромную радость, получив, наконец, письмо от сына* [изведать, ощутить какое-л. чувство, состояние и т. п.] **4. *что*** *Многие семьи испытали нужду и лишения во время войны* [претерпеть что-л. тяжелое, неприятное, подвергнуться чему-л. тяжелому, неприятному и т. п.]

II. ИСПЫТА́ВШИЙ, -ая, -ее, -ие; *действ. прош.*
Синт.: **а, б** — в глаг. знач. 1 — 4

IV. ИСПЫ́ТАННЫЙ, -ая, -ое, -ые; *страд. прош.**
Синт.: **а, б** — в глаг. знач. 1, 3, 4; **в** — в глаг. знач. 1, 4
В знач. прил. (только *полн. ф.*) **1.** Проверенный в деле, оправдавший себя, надежный. *Испытанное средство. Испытанный прием* **2.** Доказавший на деле свою преданность, верность, надежность и т. п. *Испытанный боец. Испытанный друг*
ИСПЫ́ТАН, -ана, -ано, -аны; *кр. ф.**
В глаг. знач. 1, 3, 4
▭ Прич. IV во 2 глаг. знач. не употр.

ИСПЫ́ТЫВАТЬ, испы́тыва|ют, испы́тыва|л; ***несов., перех.*** (*сов.* испыта́ть) **1. *что*** *Конструкторы испытывают новый мотор* [проверять на опыте пригодность чего-л. к чему-л.] **2. *кого(что)*** *Отец испытывает сына и поэтому дает ему самое трудное задание* [проверять чьи-л. качества, свойства характера, умение и т. п.] **3. *что*** *Анна испытывает смущение при появлении этого человека. Я испытываю огромную радость, получая письма от брата* [переживать, ощущать какое-л. чувство, состояние и т. п.] **4. *что*** *Многие семьи испытывали нужду и лишения во время войны* [претерпевать что-л. тяжелое, неприятное, подвергаться чему-л. тяжелому, неприятному и т. п.]

I. ИСПЫ́ТЫВАЮЩИЙ, -ая, -ее, -ие; *действ. наст.*
Синт.: **а, б** — в глаг. знач. 1 — 4
Ср. прич. в 1 глаг. знач. с прил. **испыта́тельный,** -ая, -ое, -ые. Предназначенный для испытания, проверки кого-чего-л. *Испытательный срок. Испытательный полет на самолете. Испытательный стенд*

Ср. прил. **испытýющий,** -ая, -ее, -ие; -ющ, -юща, -юще, -ющи. Проницательный, пытливый, внимательный — о взгляде. *Испытующий взгляд*

II. ИСПЫ́ТЫВАВШИЙ, -ая, -ее, -ие; *действ. прош.*

Синт.: **а, б** — в глаг. знач. 1 — 4

III. ИСПЫ́ТЫВАЕМЫЙ, -ая, -ое, -ые; *страд. наст.**

Синт.: **а, б** — в глаг. знач. 1, 3, 4; **в** — в глаг. знач. 1

Ср. прич. в 1 глаг. знач. с прил. **испытýемый,** -ая, -ое, -ые; -ем, -ема, -емо, -емы. Подвергаемый испытанию, проверке пригодности к чему-л., опытному исследованию. *Испытуемое вещество. Испытуемый материал*

□ Прич. III во 2 глаг. знач. не употр.

ИССЛЕ́ДОВАТЬ, исслéду|ют, исслéдова|л; ***сов.*** и ***несов., перех., кого(что)*** и ***что*** **1.** *Этнографы исследуют племена Северной Африки. Ученые исследовали состав пород, доставленных с Луны. Лингвисты исследуют законы развития языка* [подвергнуть или подвергать тщательному научному изучению] **2.** *Врач тщательно исследовал больного и поставил диагноз. Геологи исследовали берега реки* [внимательно осмотреть или осматривать кого-что-л. для выяснения чего-л., обследовать]

I. ИССЛЕ́ДУЮЩИЙ, -ая, -ее, -ие; *действ. наст.*

Синт.: **а, б** — в глаг. знач. 1, 2

Ср. прич. в 1 глаг. знач. с прил. **исслéдовательский,** -ая, -ое, -ие. Связанный с научным исследованием. *Исследовательский институт. Исследовательская работа*

II. ИССЛЕ́ДОВАВШИЙ, -ая, -ее, -ие; *действ. прош.*

Синт.: **а, б** — в глаг. знач. 1, 2

III. ИССЛЕ́ДУЕМЫЙ, -ая, -ое, -ые; *страд. наст.*

Синт.: **а, б, в** — в глаг. знач. 1, 2

ИССЛЕ́ДУЕМ, -ема, -емо, -емы; *кр. ф.*

В глаг. знач. 1, 2

IV. ИССЛЕ́ДОВАННЫЙ, -ая, -ое, -ые; *страд. прош.*

Синт.: **а, б** — в глаг. знач. 1, 2

В знач. прил. (только *полн. ф.*) Ясный, с описанными особенностями, закономерностями и т. п. *Исследованная проблема. Исследованный вопрос*

ИССЛЕ́ДОВАН, -ана, -ано, -аны; *кр. ф.*

В глаг. знач. 1, 2

ИССЯКА́ТЬ, иссякá|ют, иссякá|л; ***несов. к*** иссякнуть (см.)

I. ИССЯКА́ЮЩИЙ, -ая, -ее, -ие; *действ. наст.*

Синт.: **а, б** — в глаг. знач. 1 — 3; **в** — в глаг. знач. 1, 3

II. ИССЯКА́ВШИЙ, -ая, -ее, -ие; *действ. прош.*

Синт.: **а, б** — в глаг. знач. 1 — 3; **в** — в глаг. знач. 1, 3

ИССЯ́КНУТЬ, иссякнут, иссяк| и *устар.* иссякну|л; ***сов., неперех.*** (*несов.* иссякáть); ***S не лицо*** **1.** *Нефтяные источники в этом районе иссякли* [лишиться воды, нефти и т. п.] **2.** *Вода в источнике иссякла* [постепенно исчезнуть] **3.** *Терпение учителя иссякло, и он наказал шалунов. К концу похода запасы продуктов иссякли* [истощиться, исчерпаться]

II. ИССЯ́КШИЙ, -ая, -ее, -ие и *доп.* ИССЯ́КНУВШИЙ, -ая, -ее, -ие; *действ. прош.*

Синт.: **а, б** — в глаг. знач. 1 — 3; **в** — в глаг. знач. 1, 3

ИСТОЛО́ЧЬ, истолк|ýт, истолóк|, истолклá, -лó, -ли́; ***сов. к*** толóчь (см.)

II. ИСТОЛО́КШИЙ, -ая, -ее, -ие; *действ. прош.*

Синт.: **а, б** — в глаг. знач.

IV. ИСТОЛЧЁННЫЙ, -ая, -ое, -ые; *страд. прош.*

[чередование к/ч]

Синт.: **а, б, в** — в глаг. знач.

ИСТОЛЧЁН, -енá, -енó, -ены́; *кр. ф.*

В глаг. знач.

ИСТОМИ́ТЬ, истомлю, истом|я́т, истоми́|л; ***сов., перех., кого(что)*** (*несов.* томи́ть); ***S не лицо*** *«Как истомили, как измучили меня все эти ожиданья и тревоги!»* Гоголь, Письмо П. А. Плетневу, 17 марта 1842 [довести до крайнего утомления, измучить — о мыслях, ощущениях, переживаниях и т. п.]

II. ИСТОМИ́ВШИЙ, -ая, -ее, -ие; *действ. прош.*

Синт.: **а, б** — в глаг. знач.

IV. ИСТОМЛЁННЫЙ, -ая, -ое, -ые; *страд. прош.*

[чередование м/мл]

Синт.: **а, б** — в глаг. знач.

В знач. прил. (также *кр. ф.* ↓) Испытывающий утомление, крайнюю усталость, истомившийся. *Истомленные путники*

Ср. прил. **истомлённый,** -ая, -ое, -ые; -ён, -ённа, -ённо, -ённы. Выражающий крайнюю усталость. *Истомленные лица*

ИСТОМЛЁН, -енá, -енó, -ены́; *кр. ф.*

В глаг. знач.

В знач. прил. (также *полн. ф.* ↑) *Путники истомлены*

ИСТОМИ́ТЬСЯ, истомлюсь, истомя́тся, истоми́|лся; ***сов.*** (*несов.* истомля́ться) *«[Захар] не только не истомился, промучившись в городской жаре двое суток, но даже чувствовал подъем, прилив силы».* Бунин, Захар Воробьев [измучиться, дойти до изнеможения, крайней усталости]

II. ИСТОМИ́ВШИЙСЯ, -аяся, -ееся, -иеся; *действ. прош.*

Синт.: **а, б, в** — в глаг. знач.

ИСТОМЛЯ́ТЬСЯ, истомля́|ются, истомля́|лся; ***несов. к*** истоми́ться (см.)

I. ИСТОМЛЯ́ЮЩИЙСЯ, -аяся, -ееся, -иеся; *действ. наст.*

Синт.: **а, б** — в глаг. знач.

II. ИСТОМЛЯ́ВШИЙСЯ, -аяся, -ееся, -иеся; *действ. прош.*

Синт.: **а, б** — в глаг. знач.

ИСТОПИ́ТЬ, истоплю, истóп|ят, истопи́|л; ***сов. к*** топи́ть [1] (см.)

II. ИСТОПИ́ВШИЙ, -ая, -ее, -ие; *действ. прош.*

Синт.: **а, б** — в глаг. знач. 1, 2

IV. ИСТО́ПЛЕННЫЙ, -ая, -ое, -ые; *страд. прош.*

[чередование п/пл]

Синт.: **а, б, в** — в глаг. знач. 1, 2

Субстантив.$_3$ не употр.

ИСТО́ПЛЕН, -ена, -ено, -ены; *кр. ф.*

В глаг. знач. 1, 2

ИСТОЩА́ТЬ, истощ*á*|ют, истощá|л; ***несов. к*** истощи́ть (см.)

I. ИСТОЩА́ЮЩИЙ, -ая, -ее, -ие; *действ. наст.*

Синт.: **а, б** — в глаг. знач. 1 — 4

II. ИСТОЩА́ВШИЙ, -ая, -ее, -ие; *действ. прош.*

Синт.: **а, б** — в глаг. знач 1 — 4

III. ИСТОЩА́ЕМЫЙ, -ая, -ое, -ые; *страд. наст.*

Синт.: **а, б** — в глаг. знач. 1 — 4

Субстантив.$_2$ в глаг. знач. 1; субстантив.$_3$ не употр.

ИСТОЩА́ТЬСЯ, истощ*á*|ются, истощá|лся; ***несов. к*** истощи́ться (см.)

I. ИСТОЩА́ЮЩИЙСЯ, -аяся, -ееся, -иеся; *действ. наст.*

Синт.: **а, б, в** — в глаг. знач. 1, 2

II. ИСТОЩА́ВШИЙСЯ, -аяся, -ееся, -иеся; *действ. прош.*

Синт.: **а, б, в** — в глаг. знач. 1, 2

ИСТОЩИ́ТЬ, истощ|áт, истощи́|л; ***сов., перех.*** (*несов.* истощáть) **1.** ***кого(что)*** и ***что; S не лицо*** *Голодание не принесло пользу больному, истощило его. Лишения и болезни истощили силы моей матери* [довести до истощения, крайне ослабить] **2.** ***кого(что)*** и ***что; S не лицо*** *«Частые стачки могут истощить рабочих».* Ленин, Развитие революционной стачки и уличных демонстраций. *Непрерывные атаки истощили силы противника* [сделать менее дееспособным] **3.** ***что; S не лицо*** *Неправильные севообороты истощили почву* [сделать неплодородным почву] **4.** ***что,*** также ***чем*** *Такой добычей мы истощили запасы железной руды* (см. § 2). *Этот капризный ребенок истощил наше терпение* [истратить, израсходовать полностью, до конца]

II. ИСТОЩИ́ВШИЙ, -ая, -ее, -ие; *действ. прош.*

Синт.: **а, б** — в глаг. знач. 1 — 4

IV. ИСТОЩЁННЫЙ, -ая, -ое, -ые; *страд. прош.*

Синт.: **а, б** — в глаг. знач. 1 — 4

В знач. прил. (также *кр. ф.* ↓) **1.** Дошедший до полного истощения, ослабевший, изможденный. *Истощенный ребенок. Истощенные люди.* **2.** Ставший неплодородным, истощившийся — о почве. *Истощенная почва. Истощенная земля*

Ср. прил. **истощённый,** -ая, -ое, -ые; -ён, **-ённа, -ённо, -ённы.** Свидетельствующий об истощении, исхудалый. *Истощенное лицо*

Субстантив.$_2$ в глаг. знач. 1; субстантив.$_3$ не употр.

ИСТОЩЁН, -ена́, -ено́, -ены́; *кр. ф.*

В глаг. знач. 1 — 4

В знач. прил. (также *полн. ф.* ↑) **1.** *Девочка была сильно истощена. Люди истощены* **2.** *Почва истощена. Земля истощена*

ИСТОЩИ́ТЬСЯ, истощáтся, истощи́|лся; ***сов.*** (*несов.* истощáться); ***S не лицо*** **1.** *Почва на этих полях истощилась* [стать неплодородным — о почве] **2.** *Силы больного истощились. Запасы продуктов истощились. Мое терпение истощилось, я не стал ждать опаздывающего брата* [прийти к концу, иссякнуть, израсходоваться полностью, исчерпаться]

II. ИСТОЩИ́ВШИЙСЯ, -аяся, -ееся, -иеся; *действ. прош.*

Синт.: **а, б, в** — в глаг. знач. 1, 2

ИСТРА́ТИТЬ, истрáчу, истрáт|ят, истрáти|л; ***сов. к*** трáтить в 1 знач. (см.)

II. ИСТРА́ТИВШИЙ, -ая, -ее, -ие; *действ. прош.*

Синт.: **а, б** — в глаг. знач. 1

IV. ИСТРА́ЧЕННЫЙ, -ая, -ое, -ые; *страд. прош.*

[чередование т/ч]

Синт.: **а, б, в** — в глаг. знач. 1

ИСТРА́ЧЕН, -ена, -ено, -ены; *кр. ф.*

В глаг. знач. 1

ИСТРЕПА́ТЬ, истреплю́, истре́плют, истрепá|л; ***сов., перех.*** (*несов.* истрёпывать) **1.** ***что*** *Малыш сильно истрепал книжку. Сын истрепал пальто за одну зиму* [небрежным обращением или долгим употреблением привести в негодность] **2.** ***кого(что); S не лицо*** *«Беспрерывные бои истрепали людей и коней».* Первенцев, Кочубей [измучить, утомить долгим напряжением, непосильной работой и т. п.]

II. ИСТРЕПА́ВШИЙ, -ая, -ее, -ие; *действ. прош.*

Синт.: **а, б** — в глаг. знач. 1, 2

IV. ИСТРЁПАННЫЙ, -ая, -ое, -ые; *страд. прош.*

[чередование е/ё]

Синт.: **а, б** — в глаг. знач. 1, 2

В знач. прил. (также *кр. ф.* ↓) **1.** Трепаный, рваный от долгого употребления, истрепавшийся. *Истрепанная книга. Истрепанное пальто* **2.** Измученный, изнуренный долгим напряженным физическим трудом, боями и т. д. *«Мы двинулись через Холм в район, где предстояло сменить истрепанный 3-й кавказский корпус».* Вишневский, Мои воспоминания

Ср. прил. **истрёпанный,** -ая, -ое, -ые; -ан, **-анна, -анно, -анны. 1.** Свидетельствующий о крайней изнуренности, усталости и т. п. *Истрепанные лица* **2.** (только *полн. ф.*) Нравственно опустившийся, носящий на себе следы беспорядочной, невоздержанной и т. п. жизни. *«[Кудряшов:] Одна — свежесть, чистота, благоухание; другая — истрепанная, прошедшая огонь и воду, чуть не сорокалетняя женщина».* Гаршин, Два отрывка из неоконченной драмы

Субстантив.$_2$ не употр.

ИСТРЁПАН, -ана, -ано, -аны; *кр. ф.*

В глаг. знач. 1, 2

В знач. прил. (также *полн. ф.* ↑) **1.** *Все книги истрепаны. Пальто совсем истрепано*

2. *Дивизия истрепана, танковый корпус разбит*

ИСТРЕПА́ТЬСЯ, истреплю́сь, истре́плются, истрепа́|лся; *сов.* (*несов.* истрёпываться) **1.** ***S не лицо*** *Книга истрепалась. Пальто истрепалось* [от долгого употребления или небрежного обращения прийти в негодность, стать потертым, ветхим] **2.** *«— Вы изолгались и истрепались до мозга костей, и способны только на попрошайничество и ложь!»* Чехов, Нищий [нравственно опуститься, ведя беспорядочную, невоздержанную жизнь]

II. ИСТРЕПА́ВШИЙСЯ, -аяся, -ееся, -иеся; *действ. прош.*

Синт.: **а, б** — в глаг. знач. 1, 2; **в** — в глаг. знач. 1

Субстантив.₁ не употр.

ИСТРЁПЫВАТЬ, истрёпыва|ют, истрёпыва|л; ***несов. к*** истрепа́ть (см.)

I. ИСТРЁПЫВАЮЩИЙ, -ая, -ее, -ие; *действ. наст.*

Синт.: **а, б** — в глаг. знач. 1, 2

II. ИСТРЁПЫВАВШИЙ, -ая, -ее, -ие; *действ. прош.*

Синт.: **а, б** — в глаг. знач. 1, 2

III. ИСТРЁПЫВАЕМЫЙ, -ая, -ое, -ые; *страд. наст.*

Синт.: **а, б** — в глаг. знач. 1, 2

Субстантив.₂ не употр.

ИСТРЁПЫВАТЬСЯ, истрёпыва|ются, истрёпыва|лся; ***несов. к*** истрепа́ться (см.)

I. ИСТРЁПЫВАЮЩИЙСЯ, -аяся, -ееся, -иеся; *действ. наст.*

Синт.: **а, б** — в глаг. знач. 1, 2; **в** — в глаг. знач. 1

Субстантив.₁ не употр.

II. ИСТРЁПЫВАВШИЙСЯ, -аяся, -ееся, -иеся; *действ. прош.*

Синт.: **а, б** — в глаг. знач. 1, 2; **в** — в глаг. знач. 1

Субстантив.₁ не употр.

ИСЧЕЗА́ТЬ, исчеза́|ют, исчеза́|л; ***несов., неперех.*** (*сов.* исче́знуть) **1.** ***S не лицо*** *Многие виды растений и животных постепенно исчезают. Старые, ветхие дома в нашем городе исчезают, появляются новые, благоустроенные* [переставать существовать как вид, класс, явление и т. п.] **2.** ***S не лицо*** *Улыбка исчезала с ее лица, когда Олег входил в комнату. Нужные слова исчезали из моей памяти в самый неподходящий момент* [утрачиваться, пропадать] **3.** *Работавшие в поле женщины, лес мчались навстречу нашей машине, а потом исчезали в тумане* [скрываться из виду, из поля зрения, становиться невидимым] **4.** *Неожиданно для гостей хозяйка куда-то исчезала из комнаты, возвращалась и снова исчезала* [незаметно или быстро удаляться, покидать какое-л. место; *разг.*] **5.** *Брат исчезал иногда на несколько месяцев, не звонил, не писал, и мы не знали, где он* [переставать появляться где-л. в течение долгого времени; *разг.*] **6.** ***S не лицо*** *У Кости с письменного стола не раз исчезали книги* [пропадать, быть взятым или украденным кем-л.]

I. ИСЧЕЗА́ЮЩИЙ, -ая, -ее, -ие; *действ. наст.*

Синт.: **а, б** — в глаг. знач. 1 — 6; **в** — в глаг. знач. 1

II. ИСЧЕЗА́ВШИЙ, -ая, -ее, -ие; *действ. прош.*

Синт.: **а, б** — в глаг. знач. 1 — 6

ИСЧЁЗНУТЬ, исчёзнут, исчёз и *устар.* исчёзну|л, исчёзла, -ло, -ли; ***сов. к*** исчеза́ть (см.)

II. ИСЧЁЗНУВШИЙ, -ая, -ее, -ие; *действ. прош.*

Синт.: **а, б** — в глаг. знач. 1 — 6; **в** — в глаг. знач. 1

ИСЧЕ́РПАТЬ, исче́рпают, исче́рпа|л; ***сов., перех., что*** (*несов.* исче́рпывать) **1.** *Геологи исчерпали весь запас топлива и медикаментов* [израсходовать полностью] **2.** *В споре с Олегом мы исчерпали все аргументы, но его не убедили. Врачи исчерпали все средства, чтобы спасти больного* [употребить, полностью использовать; *книжн.*] **3.** *Мы исчерпали повестку дня собрания, объявляем собрание закрытым* [довести до конца, выполнить; *книжн.*]

II. ИСЧЕ́РПАВШИЙ, -ая, -ее, -ие; *действ. прош.*

Синт.: **а, б** — в глаг. знач. 1 — 3

IV. ИСЧЕ́РПАННЫЙ, -ая, -ое, -ые; *страд. прош.*

Синт.: **а, б** — в глаг. знач. 1 — 3

В знач. прил. (также *кр. ф.* ↓) Конченый, разрешившийся — в сочетании с сущ. *вопрос, инцидент. «— Будем считать, Зинаида Павловна, инцидент между дирекцией и бюро технической информации исчерпанным».* Кочетов, Журбины

Субстантив.₃ не употр.

ИСЧЕ́РПАН, -ана, -ано, -аны; *кр. ф.*

В глаг. знач. 1 — 3

В знач. прил. (также *полн. ф.* ↑) *Инцидент исчерпан. Вопрос исчерпан*

ИСЧЕ́РПЫВАТЬ, исче́рпыва|ют, исче́рпыва|л; ***несов., перех., что*** (*сов.* исче́рпать) **1.** *Геологи к началу лета исчерпывали весь запас топлива и медикаментов* [расходовать полностью] **2.** *В споре со Смирновым мы быстро исчерпываем все свои аргументы и не можем его убедить в своей правоте* [употреблять, полностью использовать; *книжн.*] **3.** *Они быстро исчерпывают программу встречи с журналистами* [доводить до конца, выполнять; *книжн.*]

I. ИСЧЕ́РПЫВАЮЩИЙ, -ая, -ее, -ие; *действ. наст.*

Синт.: **а, б** — в глаг. знач. 1 — 3

Ср. прил. **исче́рпывающий,** -ая, -ее, -ие; -ющ, -юща, -юще, -ющи. Всесторонний, полный, законченный. *Исчерпывающий ответ. Исчерпывающая информация. Описать опыт с исчерпывающей полнотой*

II. ИСЧЕ́РПЫВАВШИЙ, -ая, -ее, -ие; *действ. прош.*

Синт.: **а, б** — в глаг. знач. 1 — 3

III. ИСЧЕ́РПЫВАЕМЫЙ, -ая, -ое, -ые; *страд. наст.*

Синт.: **а, б** — в глаг. знач. 1 — 3

Субстантив.₃ не употр.

ИСЧИ́СЛИТЬ, исчи́сл|ят, исчи́сли|л; ***сов. к*** исчисля́ть (см.)

II. ИСЧИ́СЛИВШИЙ, -ая, -ее, -ие; *действ. прош.*
Синт.: **а, б** — в глаг. знач.
IV. ИСЧИ́СЛЕННЫЙ, -ая, -ое, -ые; *страд. прош.*
Синт.: **а, б** — в глаг. знач.
ИСЧИ́СЛЕН, -ена, -ено, -ены; *кр. ф.*
В глаг. знач.

ИСЧИСЛЯ́ТЬ, исчисля́|ют, исчисля́|л; ***несов., перех., что*** (*сов.* исчи́слить) *Бухгалтерия исчисляет сумму налога, который берется с зарплаты* [вычислять, высчитывать; *книжн.*]
I. ИСЧИСЛЯ́ЮЩИЙ, -ая, -ее, -ие; *действ. наст.*
Синт.: **а, б** — в глаг. знач.
II. ИСЧИСЛЯ́ВШИЙ, -ая, -ее, -ие; *действ. прош.*
Синт.: **а, б** — в глаг. знач.
III. ИСЧИСЛЯ́ЕМЫЙ, -ая, -ое, -ые; *страд. наст.*
Синт.: **а, б** — в глаг. знач. и в статив. знач.
Статив. знач., ***чем*** (только *полн. ф.*) Выражающийся в каком-л. числе, количестве, равный какому-л. количеству. *Этот завод дает продукцию для медицинской промышленности, исчисляемую тысячами тонн*
ИСЧИСЛЯ́ЕМ, -ема, -емо, -емы; *кр. ф. (редко)*
В глаг. знач.

ИСЧИСЛЯ́ТЬСЯ, исчисля́|ются, исчисля́|лся; ***несов.; S не лицо*** *Запасы нефти и газа исчислялись раньше астрономическими цифрами. Количество студенческих строительных отрядов исчисляется многозначными цифрами* [выражаться в каком-л. количестве, числе; *книжн.*]
I. ИСЧИСЛЯ́ЮЩИЙСЯ, -аяся, -ееся, -иеся; *действ. наст.*
Синт.: **а, б** — в глаг. знач.
II. ИСЧИСЛЯ́ВШИЙСЯ, -аяся, -ееся, -иеся; *действ. прош.*
Синт.: **а, б** — в глаг. знач.

К

КАЗА́ТЬСЯ, кажу́сь, ка́ж|утся, каза́|лся; ***несов.*** (*сов.* показа́ться *ко* 2 — 5 знач.) **1. *кем*** и ***чем*** и ***каким*** *Андрей казался храбрецом. Аня кажется очень умной. Город казался вымершим* [иметь какой-л. вид, выглядеть кем-чем-л., каким-л.] **2. *кому(чему) кем(чем)*** и ***чем*** и ***каким*** *Издалека этот дом казался нам большим холмом* [представляться кому-л. кем-чем-л., каким-л.] **3. *кому(чему) чем; S не лицо*** *Женитьба казалась Олегу единственным выходом из этого трудного положения. «Смерть начинает казаться избавлением, но я еще цепляюсь за жизнь».* Нагибин, Переулки моего детства [будучи объектом для чьих-л. размышлений, вызывать, внушать мысли о чем-л.] **4. *кому(чему) с придат. дополнит.; безл.*** *Мне кажется, что отец уже пришел с работы. Олегу казалось, что он любит Елену* [представляться в мыслях, в воображении, в чувствах, в ощущениях] **5. *кому(чему)*** и ***с придат. дополнит.; S не лицо*** и ***безл.*** *Вам это всё только кажется, на самом деле здесь никого нет. «Ей казалось теперь, что и на юбке, и на чулках, и на ботинках черные пятна крови».* Горбатов, Непокоренные [чудиться, мерещиться]
I. КА́ЖУЩИЙСЯ, -аяся, -ееся, -иеся; *действ. наст.*
Синт.: **а, б** — в глаг. знач. 1—3, 5
В знач. прил. Мнимый, не существующий в действительности, обманчивый. *Кажущееся благополучие. Кажущийся парадокс. Кажущийся успех*
II. КАЗА́ВШИЙСЯ, -аяся, -ееся, -иеся; *действ. прош.*
Синт.: **а, б** — в глаг. знач. 1 — 3, 5

КАЛЕ́ЧИТЬ, кале́ч|ат, кале́чи|л; ***несов. к*** искале́чить (см.)
I. КАЛЕ́ЧАЩИЙ, -ая, -ее, -ие; *действ. наст.*
Синт.: **а, б** — в глаг. знач. 1 — 3
II. КАЛЕ́ЧИВШИЙ, -ая, -ее, -ие; *действ. прош.*
Синт.: **а, б** — в глаг. знач. 1 — 3
III. КАЛЕ́ЧИМЫЙ, -ая, -ое, -ые; *страд. наст.*
Синт.: **а, б** — в глаг. знач. 1 — 3
Субстантив.$_3$ не употр.
IV. КАЛЕ́ЧЕННЫЙ, -ая, -ое, -ые; *страд. прош.*
Синт.: **а, б** — в глаг. знач. 1 — 3
Субстантив.$_3$ не употр.
КАЛЕ́ЧЕН, -ена, -ено, -ены; *кр. ф.*
В глаг. знач. 1 — 3

КАЛИ́ТЬ, кал|я́т, кали́|л; ***несов., перех., что*** **1.** *«..Получалась довольно хорошая паровая баня. Пока одни мылись, другие калили камни».* Арсеньев, По Уссурийской тайге [сильно нагревать, накалять, раскалять] **2.** *Аня калила на сковороде орехи* [поджаривать без масла и воды]
I. КАЛЯ́ЩИЙ, -ая, -ее, -ие; *действ. наст.*
Синт.: **а, б** — в глаг. знач. 1, 2
II. КАЛИ́ВШИЙ, -ая, -ее, -ие; *действ. прош.*
Синт.: **а, б** — в глаг. знач. 1, 2
III. КАЛИ́МЫЙ, -ая, -ое, -ые; *страд. наст.*
Синт.: **а, б, в** — в глаг. знач. 1, 2
IV. КАЛЁННЫЙ, -ая, -ое, -ые; *страд. прош.*
Синт.: **а, б** — в глаг. знач. 1, 2
Ср. прил. **калёный,** -ая, -ое, -ые. **1.** Раскаленный докрасна. *Каленое железо* **2.** Подвергшийся закаливанию — об изделиях из металла. *Каленые стрелы* **3.** Поджаренный без масла и воды. *Каленые орехи. Каленые семечки*
КАЛЁН, -ена́, -ено́, -ены́; *кр. ф. (редко)*
В глаг. знач. 1, 2

КАСА́ТЬСЯ, каса́|ются, каса́|лся; ***несов.*** (*сов.* коснуться *к* 1, 2, 4 знач.) **1. *кого(чего)*** и ***чего чем*** *Девушка изредка касалась меня своей рукой. Делая это упражнение, мальчик касался руками пола. Чайка касалась крылом воды* [дотрагиваться до кого-чего-л., прикасаться к кому-чему-л.] **2. *чего*** *Лектор не касался вопросов внешней политики. Рассказчик касался только основных событий* [затрагивать какой-л. вопрос или тему в изложении, в разговоре] **3. *чего; S не лицо*** *Наши тезисы касаются трех основных направлений в языкознании. Вопросы журналистов касались американо-советских отношений. Этот спор касался технических возможностей* *полета на Марс* [иметь своим содержанием кого-что-л.] **4.** ***кого(чего); S не лицо*** *Перестройка нашей жизни касается всех. Это нас не касается* [иметь отношение к кому-л., затрагивать кого-л.]

I. КАСА́ЮЩИЙСЯ, -аяся, -ееся, -иеся; *действ. наст.*

Синт.: **а, б** — в глаг. знач. 1 — 4

II. КАСА́ВШИЙСЯ, -аяся, -ееся, -иеся; *действ. прош.*

Синт.: **а, б** — в глаг. знач. 1 — 4

КАТА́ТЬ, ката́|ют, ката́|л; ***несов., перех.*** (*сов.* ската́ть *к* 3, 5 знач.) **1.** ***что*** *Мальчик катал шары по полу. «..Морозка научился вставать по гудку, катать вагонетки».* Фадеев, Разгром [заставлять двигаться какой-л. округлый или имеющий колеса предмет — о движении, совершаемом в одном направлении не один раз или в разных направлениях] **2.** ***кого(что)*** *Дедушка катал детей на лошадях. Я катал маленького брата на лодке* [возить на чем-л., на каких-л. животных обычно для забавы, прогулки] **3.** ***что из чего*** *Ира катала шарики из теста* [разминая что-л. руками и двигая по поверхности, придавать округлую форму] **4.** ***что,*** также ***чем*** *Прачки катали белье большим вальком* (см. § 2) [разглаживать при помощи валька, катка] **5.** ***что*** *«В мастерской Поликарпыч катал из поярка шляпу».* Вс. Иванов, Голубые пески [выделывать из битой шерсти обувь, войлоки, шляпы, валять] **6.** ***что*** *«В другом.. цехе сталь катают почти до бумажной тонкости».* Песков, Путешествие с молодым месяцем [плющить или вытягивать железо, проволоку и т. п., производить прокатку; *тех.*]. Ср. кати́ть

I. КАТА́ЮЩИЙ, -ая, -ее, -ие; *действ. наст.*

Синт.: **а, б** — в глаг. знач. 1 — 6

II. КАТА́ВШИЙ, -ая, -ее, -ие; *действ. прош.*

Синт.: **а, б** — в глаг. знач. 1 — 6

III. КАТА́ЕМЫЙ, -ая, -ое, -ые; *страд. наст.*

Синт.: **а, б** — в глаг. знач. 1 — 6

IV. КА́ТАННЫЙ, -ая, -ое, -ые; *страд. прош.*

Синт.: **а, б** — в глаг. знач. 1 — 6

Ср. прил. **ка́таный,** -ая, -ое, -ые. **1.** Разглаженный при помощи валька или катка. *Катаное белье* **2.** Изготовленный путем прокатки — о металлических изделиях. *Катаные трубы* **3.** Сбитый из шерсти путем катания. *Катаные валенки*

Субстантив.$_3$ не употр.

КА́ТАН, -ана, -ано, -аны; *кр. ф.*

В глаг. знач. 1 — 6

КАТИ́ТЬ, качу́, ка́т|ят, кати́|л; ***несов.*** **1.** ***перех., что*** *Мальчик катил шары по направлению к двери. Рабочий катил вагонетку с углем по рельсам. Малыш катил санки по льду* [о движении, совершаемом в одном направлении, один раз: заставлять двигаться какой-л. округлый или имеющий колеса предмет; двигать, перемещать что-л., заставляя скользить] **2.** ***перех., что; S не лицо*** *«Слабый ветерок катил под ноги желтые клубы пыли».* Симонов, Дни и ночи. *Океан катил на берег огромные волны* [передвигать дуновением, течением] **3.** ***неперех., на чем*** *Мальчик катил на велосипеде и пел* [быстро ехать на чем-л.; *разг.*] **4.** ***неперех.; S не лицо*** *«К Смольному и от Смольного с грохотом катят грузовики, набитые людьми».* А. Попов, Воспоминание о костре [быстро, стремительно двигаться, катиться — о машинах, повозках и т. п.; *разг.*]. Ср. ката́ть

I. КАТЯ́ЩИЙ, -ая, -ее, -ие; *действ. наст.*

Синт.: **а, б** — в глаг. знач. 1 — 4

II. КАТИ́ВШИЙ, -ая, -ее, -ие; *действ. прош.*

Синт.: **а, б** — в глаг. знач. 1 — 4

III. КАТИ́МЫЙ, -ая, -ое, -ые; *страд. наст.** *(редко)*

Синт.: **а, б** — в глаг. знач. 1

IV. КА́ЧЕННЫЙ, -ая, -ое, -ые; *страд. прош.** *(редко)*

[чередование т/ч]

Синт.: **а, б** — в глаг. знач. 1

КА́ЧЕН, -ена, -ено, -ены; *кр. ф.** *(редко)*

В глаг. знач. 1

▭ Прич. III, IV во 2 глаг. знач. не употр.

КАЧА́ТЬ, кача́|ют, кача́|л; ***несов.*** **1.** ***перех., кого (что) на чем*** *Ольга по очереди качала детей на качелях* [приводить того, кто сидит на качелях, на качалке и т. п. в состояние ритмического колебания] **2.** ***перех., кого(что)*** *Мать долго качала ребенка, чтобы он быстрее заснул* [успокаивать, убаюкивать ребенка, ритмически раскачивая, потряхивая на руках, в коляске, в колыбели и т. п.] **3.** ***перех., что; S не лицо*** *Ветер качал тонкую березку. Огромные волны качали судно из стороны в сторону* [приводить что-л. в колебательное движение из стороны в сторону или сверху вниз] **4.** ***перех., кого (что)*** *Взволнованные люди качали на площади ветеранов войны* [выражая восхищение, восторг, подбрасывать кого-л. вверх на руках] **5.** ***перех., что*** *С помощью самодельного насоса отец качал воду из погреба* [с помощью какого-л. устройства для накачивания или выкачивания извлекать, вытягивать откуда-л., подавать куда-л. что-л. жидкое, какой-л. газ] **6.** ***перех., что; S не лицо*** *Насос плохо качает воду* [извлекать, вытягивать откуда-л., подавать куда-л. что-л. жидкое, какой-л. газ] **7.** ***неперех., чем*** *«Толя пел, Борис молчал, Николай ногой качал».* Михалков, А что у вас? [делать колебательные движения чем-л.]

I. КАЧА́ЮЩИЙ, -ая, -ее, -ие; *действ. наст.*

Синт.: **а, б** — в глаг. знач. 1 — 7

II. КАЧА́ВШИЙ, -ая, -ее, -ие; *действ. прош.*

Синт.: **а, б** — в глаг. знач. 1 — 7

III. КАЧА́ЕМЫЙ, -ая, -ое, -ые; *страд. наст.*

Синт.: **а, б** — в глаг. знач. 1 — 6

IV. КА́ЧАННЫЙ, -ая, -ое, -ые; *страд. прош.** *(редко)*

Синт.: **а, б** — в глаг. знач. 1, 2, 5, 6

КА́ЧАН, -ана, -ано, -аны; *кр. ф.** *(редко)*

В глаг. знач. 1, 2, 5, 6

▭ Прич. IV в 3, 4 глаг. знач. не употр.

КВАЛИФИЦИ́РОВАТЬ, квалифици́ру|ют, квалифици́рова|л; ***сов.*** и ***несов., перех., что как что*** *Директор квалифицировал это выступление как выпад против него лично* [оценить или оценивать, определить или определять что-л. каким-л. образом]

I. КВАЛИФИЦИ́РУЮЩИЙ, -ая, -ее, -ие; *действ. наст.*
С и н т.: **а, б** — в глаг. знач.
II. КВАЛИФИЦИ́РОВАВШИЙ, -ая, -ее, -ие; *действ. прош.*
С и н т.: **а, б** — в глаг. знач.
III. КВАЛИФИЦИ́РУЕМЫЙ, -ая, -ое, -ые; *страд. наст.*
С и н т.: **а, б** — в глаг. знач.
КВАЛИФИЦИ́РУЕМ, -ема, -емо, -емы; *кр. ф.*
В глаг. знач.
IV. КВАЛИФИЦИ́РОВАННЫЙ, -ая, -ое, -ые; *страд. прош.*
С и н т.: **а, б** — в глаг. знач.
С р. прил. **квалифици́рованный,** -ая, -ое, -ые; -ан, -анна, -анно, -анны. **1.** Имеющий хорошую специальную подготовку, высокую квалификацию, опытный, хорошо знающий свое дело. *Квалифицированный работник. Квалифицированные рабочие* **2.** (только *полн. ф.*) Требующий специальных знаний, высокой квалификации; отражающий глубокие знания. *Квалифицированный труд. Квалифицированные суждения*
КВАЛИФИЦИ́РОВАН, -ана, -ано, -аны; *кр. ф.*
В глаг. знач.

КВА́СИТЬ, ква́шу, ква́с|ят, ква́си|л; ***несов., перех., что*** *Мы квасим капусту в большой бочке* [подвергать кислому брожению]
I. КВА́СЯЩИЙ, -ая, -ее, -ие; *действ. наст.*
С и н т.: **а, б** — в глаг. знач.
II. КВА́СИВШИЙ, -ая, -ее, -ие; *действ. прош.*
С и н т.: **а, б** — в глаг. знач.
IV. КВА́ШЕННЫЙ, -ая, -ое, -ые; *страд. прош.*
[чередование с/ш]
С и н т.: **а, б** — в глаг. знач.
С р. прил. **ква́шеный,** -ая, -ое, -ые. Полученный в результате квашения, кислый. *Квашеная капуста. Квашеное молоко*
КВА́ШЕН, -ена, -ено, -ены; *кр. ф. (редко)*
В глаг. знач.
□ Прич. III не употр.

КИПЕ́ТЬ, киплю́, кип|я́т, кипе́|л; ***несов., неперех.*** **1.** ***S не лицо*** *Суп кипит уже давно. Чайник кипит, выключи газ* [бурлить, испаряясь от сильного нагрева — о жидкости; содержать жидкость, которая бурлит, испаряясь от сильного нагрева — о сосуде] **2.** ***S не лицо*** *Вода кипит при 100° по Цельсию* [иметь свойство доходить до точки кипения, закипать] **3.** ***S не лицо*** *Вода на порогах кипела, покрываясь белой пеной* [бурлить, клокотать при стремительном движении — о реке, потоке и т. п.] **4.** ***кем(чем)*** *; ***S не лицо*** *«Река кипела всеми породами рыб, которые могли сносить ее студеную воду».* С. Аксаков, Семейная хроника [быть наполненным множеством снующих животных] **5.** ***S не лицо*** *Работа на стройке кипела* [протекать оживленно, стремительно, бурно, быть в разгаре — о какой-л. деятельности, жизни и т. п.] **6.** ***S не лицо*** *«Легко и радостно играет в сердце кровь, Желания кипят — я снова счастлив, молод, Я снова жизни полн».* Пушкин, Осень [проявляться, развиваться с силой, бурно, стремительно — о чувствах, мыслях, переживаниях] **7.** ***чем*** *Иванов так и кипел злобой* [быть охваченным каким-л. отрицательным чувством в сильной степени] **8.** *Я вчера весь день кипела, так как никто из нашей группы не пришел на лекцию* [находиться в состоянии раздражения, негодования, возмущаться, кипятиться; *разг.*]
I. КИПЯ́ЩИЙ, -ая, -ее, -ие; *действ. наст.*
С и н т.: **а, б** — в глаг. знач. 1—8; **в** — в глаг. знач. 1
С р. прич. в 3, 5, 6 глаг. знач. с прил. **кипу́чий,** -ая, -ее, -ие; -у́ч, -у́ча, -у́че, -у́чи. **1.** Бурлящий, пенящийся. *Кипучий поток* **2.** Напряженный, деятельный, оживленный. *Кипучая энергия. Кипучая деятельность. Кипучая жизнь* **3.** Активный, полный энергии. *Кипучая натура*
II. КИПЕ́ВШИЙ, -ая, -ее, -ие; *действ. прош.*
С и н т.: **а, б** — в глаг. знач. 1 — 8; **в** — в глаг. знач. 1

КИПЯТИ́ТЬ, кипячу́, кипят|я́т, кипяти́|л; ***несов., перех., что*** (*сов.* вскипяти́ть *к* 1 знач.) **1.** *Мы кипятили молоко* [доводить до кипения, нагревая] **2.** *Бабушка кипятила белье в большом баке* [держать в кипящей жидкости, обычно в мыльной воде, с целью сделать чистым и т. п.]
I. КИПЯТЯ́ЩИЙ, -ая, -ее, -ие; *действ. наст.*
С и н т.: **а, б** — в глаг. знач. 1, 2
II. КИПЯТИ́ВШИЙ, -ая, -ее, -ие; *действ. прош.*
С и н т.: **а, б** — в глаг. знач. 1, 2
IV. КИПЯЧЁННЫЙ, -ая, -ое, -ые; *страд. прош.*
[чередование т/ч]
С и н т.: **а, б** — в глаг. знач. 1, 2
С р. прил. **кипячёный,** -ая, -ое, -ые. Доведенный до состояния кипения — о жидкости. *Кипяченая вода. Кипяченое молоко*
КИПЯЧЁН, -ена́, -ено́, -ены́; *кр. ф. (редко)*
В глаг. знач. 1, 2
□ Прич. III не употр.

КЛАСТЬ, клад|у́т, кла|л; ***несов., перех.*** (*сов.* положи́ть *к* 1 — 7, 9, 12 знач.; *сов.* сложи́ть *к* 8 знач.) **1.** ***кого(что)*** и ***что*** *Санитары клали раненых на носилки. «— Бревно-то.. зачем на моей дороге кладешь?»* Марков, Сибирь [помещать кого-что-л. куда-л. в лежачем положении, приводить в горизонтальное положение] **2.** ***что*** *Мать каждый день клала сыну в карман чистый носовой платок. Мальчик кладет книги в портфель* [помещать куда-л., располагать где-л.] **3.** ***что*** *Олег кладет часть зарплаты на сберкнижку* [помещать деньги на хранение, вносить в банк, в сберкассу и т. п.] **4.** ***кого(что)*** *На будущей неделе дедушку кладут в больницу* [помещать, устраивать кого-л. в больницу, госпиталь, клинику] **5.** ***что*** *Сестра осторожно кладет мазь на рану. Художник особым способом кладет краски на холст* [помещать, накладывать на поверхность чего-л.] **6.** ***что*** *Бабушка клала всем на тарелки пирог с капустой* [накладывать пищу] **7.** ***что*** и ***чего во что*** *Петя кладет слишком много сахару в чай. Ольга обычно кладет в салат перец. Я не кладу масло в кашу* [прибавлять, подмешивать, всыпать в пищу, питье] **8. *что*** *Наш сосед кладет стену из кирпича. Смирнов хорошо кладет печи* [строить из камня, кирпича, возводить путем кладки] **9. *что на что*** *Друзья кладут на эту поездку две недели* [производить расчет необходимого количества денег, времени и т. п., предполагаемых, необходимых для чего-л.; *разг.*] **10. *что на что*** *Мы все свои силы и способности кладем на осуществление нашего замысла* [употреблять, тратить, затрачивать, расходовать; *разг.*] **11. *что; S не лицо*** *«Постоянная напряженность кладет свой отпечаток на лица рабочих: они серьезны, сосредоточенны..»* Серафимович, На заводе [оказывать воздействие, влияние, оставлять след, проявляться в чем-л.— в сочетании с сущ. *печать, отпечаток* и т. п.] **12. *что чему,*** также ***чем*** *Ученый своей работой кладет начало новому направлению в физике* [в сочетании с некоторыми отвлеченными существительными: делать, совершать, производить то, что обозначено существительным]

I. КЛАДУ́ЩИЙ,-ая, -ее, -ие; *действ. наст.*
Синт.: **а, б** — в глаг. знач. 1 — 12

II. КЛА́ВШИЙ, -ая, -ее, -ие; *действ. прош.*
Синт.: **а, б** — в глаг. знач. 1 — 12

▭ Прич. III, IV не образуются

КЛЕ́ИТЬ, кле́|ят, кле́и|л; ***несов., перех.*** **1. *что*** *Мальчик клеил конверты. Мы клеили вчера коробочки на елку* [изготовлять что-л., соединяя его части клеем, клейстером и т. п.] **2. *что; S не лицо*** *Смотри, как плохо клеит бумагу новый клей!* [слеплять, соединять части чего-л. разрозненного] **3. *что*** и ***без дополн.; S не лицо*** *Это вещество хорошо клеит кожу* [иметь свойство слеплять, соединять части чего-л. разрозненного]

I. КЛЕ́ЯЩИЙ, -ая, -ее, -ие; *действ. наст.*
Синт.: **а, б** — в глаг. знач. 1—3
В знач. прил. Способный что-л. склеивать. *Клеящее вещество*

II. КЛЕ́ИВШИЙ, -ая, -ее, -ие; *действ. прош.*
Синт.: **а, б** — в глаг. знач. 1 — 3

III. КЛЕ́ЕМЫЙ, -ая, -ое, -ые; *страд. наст.**
Синт.: **а, б** — в глаг. знач. 1

IV. КЛЕ́ЕННЫЙ, -ая, -ое, -ые; *страд. прош.**
Синт.: **а, б** — в глаг. знач. 1
Ср. прил. **клеёный,** -ая, -ое, -ые. **1.** Пропитанный или смазанный клеем. *Клееная бумага* **2.** Соединенный при помощи клея. *Клееная фанера*
КЛЕ́ЕН, -ена, -ено, -ены; *кр. ф.**
В глаг. знач. 1

▭ Прич. III, IV во 2 глаг. знач. не употр.

КЛЕ́ИТЬСЯ, кле́|ятся, кле́и|лся; ***несов.; S не лицо*** **1.** *От смолы руки клеятся* [становиться клейким, липким; *разг.*] **2.** *Эти обои легко клеятся. Бумага хорошо клеится* [поддаваться склеиванию] **3.** *Дело не клеится. Их дружба не клеилась* [удаваться, ладиться, развиваться успешно — обычно с отрицанием; *разг.*]

I. КЛЕ́ЯЩИЙСЯ, -аяся, -ееся, -иеся; *действ. наст.*
Синт.: **а, б** — глаг. знач. 1 — 3
В знач. прил. Пропитанный особым клеящим составом. *Клеящиеся обои*

II. КЛЕ́ИВШИЙСЯ, -аяся, -ееся, -иеся; *действ. прош.*
Синт.: **а, б** — в глаг. знач. 1 — 3

КЛЕЙМИ́ТЬ, клеймлю, клейм|я́т, клейми́|л; ***несов., перех.*** (*сов.* заклейми́ть) **1. *что*** *В этом цехе клеймят готовые изделия* [ставить клеймо, знак, метку на чем-л.] **2. *кого(что)* *** *Рабочие фермы сейчас клеймят скот* [выжигать клеймо на коже животного] **3. *кого(что)*** *В некоторых государствах осужденных клеймили — выжигали на их теле знак обычно в форме букв* [выжигать клеймо на теле осужденного] **4. *кого(что)*** и ***что*** *«В „Недоросле" он* [*Фонвизин*] *уже не шутит, не смеется, а негодует на порок и клеймит его без пощады».* Вяземский, Фон-Визин [сурово осуждать, бичевать]

I. КЛЕЙМЯ́ЩИЙ, -ая, -ее, -ие; *действ. наст.*
Синт.: **а, б** — в глаг. знач. 1 — 4

II. КЛЕЙМИ́ВШИЙ, -ая, -ее, -ие; *действ. прош.*
Синт.: **а, б** — в глаг. знач. 1—4

III. КЛЕЙМИ́МЫЙ, -ая, -ое, -ые; *страд. наст.*
Синт.: **а, б** — в глаг. знач. 1 — 4

IV. КЛЕЙМЁННЫЙ, -ая, -ое, -ые; *страд. прош.**
Синт.: **а, б** — в глаг. знач. 1 — 3
Ср. прил. **клеймёный,** -ая, -ое, -ые. Имеющий на себе клеймо. *Клейменый скот. Клейменый товар*
КЛЕЙМЁН, -ена́, -ено́, -ены́; *кр. ф.** (*редко*)
В глаг. знач. 1 — 3

▭ Прич. IV в 4 глаг. знач. не употр.

КОВА́ТЬ, ку|ю́т, кова́|л; ***несов., перех.*** (*сов.* вы́ковать *ко* 2 знач.; *сов.* скова́ть *ко* 2 знач.; *сов.* подкова́ть *к* 4 знач.) **1. *что*** *В этом цехе рабочие куют железо* [ударами молота или нажимами пресса обрабатывать раскаленный металл] **2. *что*** *Кузнец ковал подковы* [изготовлять ковкой что-л.] **3. *что*** *В годы Великой Отечественной войны весь советский народ ковал победу над фашизмом* (из газет). *Нужно самому ковать свое счастье* [упорным трудом, напряженными усилиями создавать что-л., добиваться чего-л.; *книжн.*] **4. *кого(что)* *** *В кузнице ковали лошадей* [набивать подковы, подковывать]

I. КУЮ́ЩИЙ, -ая, -ее, -ие; *действ. наст.*
Синт.: **а, б** — в глаг. знач. 1 — 4

II. КОВА́ВШИЙ, -ая, -ее, -ие; *действ. прош.*
Синт.: **а, б** — в глаг. знач. 1 — 4

IV. КО́ВАННЫЙ, -ая, -ое, -ые; *страд. прош.**
Синт.: **а, б** — в глаг. знач. 1, 2, 4
Ср. прил. **ко́ваный,** -ая, -ое, -ые. **1.** Изготовленный ковкой. *Кованый меч. Кованые гвозди* **2.** С подковами, подкованный. *Кованая лошадь* **3.** С металлическими подковками — о сапогах. *Кованые сапоги* **4.** Обитый полосами железа. *Кованый сундук* **5.** Четкий, выразительный — о стихе, стиле и т. п. *Кованый стих*
КО́ВАН, -ана, -ано, -аны; *кр. ф.** (*редко*)
В глаг. знач. 1, 2, 4

▭ Прич. III не образуется. Прич. IV в 3 глаг. знач. не употр.

КОДИ́РОВАТЬ, коди́ру|ют, коди́рова|л; ***сов.*** и ***несов., перех., что*** (*сов.* также закоди́ровать)

Шифровальщик кодировал секретное сообщение очень быстро [представить или представлять смысловое содержание информации посредством какого-л. кода]

I. КОДИ́РУЮЩИЙ, -ая, -ее, -ие; *действ. наст.*

Синт.: **а, б** — в глаг. знач.

В знач. прил. Предназначенный для преобразования какого-л. текста в систему условных знаков посредством какого-л. кода. *Кодирующее устройство*

II. КОДИ́РОВАВШИЙ, -ая, -ее, -ие; *действ. прош.*

Синт.: **а, б** — в глаг. знач.

III. КОДИ́РУЕМЫЙ, -ая, -ое, -ые; *страд. наст.*

Синт.: **а, б, в** — в глаг. знач.

КОДИ́РУЕМ, -ема, -емо, -емы; *кр. ф.*

В глаг. знач.

IV. КОДИ́РОВАННЫЙ, -ая, -ое, -ые; *страд. прош.*

Синт.: **а, б** — в глаг. знач.

В знач. прил. (только *полн. ф.*) Зашифрованный, доступный для понимания только тому, кто знает использованный код — о тексте, информации и т. п. *Кодированный текст*

КОДИ́РОВАН, -ана, -ано, -аны; *кр. ф.*

В глаг. знач.

КОКЕ́ТНИЧАТЬ, коке́тнича|ют, коке́тнича|л; ***несов., неперех.*** **1.** *Ольга кокетничает со всеми подряд* [вести себя так, чтобы понравиться кому-л., заинтересовать собой] **2.** ***чем*** *Аня явно кокетничает своей непосредственностью* [выставлять напоказ что-л. как свое особое достоинство, рисоваться]

I. КОКЕ́ТНИЧАЮЩИЙ, -ая, -ее, -ие; *действ. наст.*

Синт.: **а, б** — в глаг. знач. 1, 2; **в** — в глаг. знач. 1

II. КОКЕ́ТНИЧАВШИЙ, -ая, -ее, -ие; *действ. прош.*

Синт.: **а, б** — в глаг. знач. 1, 2; **в** — в глаг. знач. 1

Ср. прич. в 1 глаг. знач. с прил. **коке́тливый,** -ая, -ое, -ые; -ив, -ива, -иво, -ивы в знач. 'склонный к кокетству, старающийся понравиться'. *Кокетливая девушка*

КОЛЕБА́ТЬ, коле́бл|ют, колеба́|л; ***несов., перех., что; S не лицо*** **1.** *Ветер колеблет пламя костра. «Легкий ветер колебал сосновые ветки».* М. Пришвин, Серая Сова [заставлять мерно раскачиваться, двигаться взад и вперед, из стороны в сторону, сверху вниз] **2.** *Принятое решение колеблет общественные устои. Это сильно колеблет ее авторитет* [делать неустойчивым, расшатывать, подрывать]

I. КОЛЕ́БЛЮЩИЙ, -ая, -ее, -ие; *действ. наст.*

Синт.: **а, б** — в глаг. знач. 1, 2

II. КОЛЕБА́ВШИЙ, -ая, -ее, -ие; *действ. прош.*

Синт.: **а, б** — в глаг. знач. 1, 2

III. КОЛЕ́БЛЕМЫЙ, -ая, -ое, -ые; *страд. наст.*

Синт.: **а, б** — в глаг. знач. 1, 2

Субстантив.$_3$ в глаг. знач. 1

IV. КОЛЕ́БЛЕННЫЙ, -ая, -ое, -ые; *страд. прош.**

Синт.: **а, б** — в глаг. знач. 1

КОЛЕ́БЛЕН, -ена, -ено, -ены; *кр. ф.** *(редко)*

В глаг. знач. 1

□ Прич. IV во 2 глаг. знач. не употр.

КОЛЕБА́ТЬСЯ, коле́бл|ются, колеба́|лся; ***несов.*** **1.** ***S не лицо*** *«[Пламя] колебалось и дрожало».* М. Горький, Коновалов. *Осенние листья колеблются при малейшем дуновении ветерка* [мерно раскачиваться, двигаться взад и вперед, из стороны в сторону, сверху вниз] **2.** ***S не лицо*** *Авторитет нашего мастера стал явно колебаться. «Его деспотическое господство над моею мыслью начинает колебаться».* Писарев, Наша университетская наука [терять прежнюю роль, прежнее значение, расшатываться] **3.** ***S не лицо*** *Цены на зерно колеблются в зависимости от урожая. Уровень реки колеблется* [быть неустойчивым, непостоянным, меняться] **4.** ***в чем*** и ***с придат. дополнит.*** *Комиссия колеблется в оценке этого изобретения. Сестра долго колебалась, ехать ей в Ленинград или нет* [сомневаться, быть в нерешительности, быть неуверенным в чем-л.]

I. КОЛЕ́БЛЮЩИЙСЯ, -аяся, -ееся, -иеся; *действ. наст.*

Синт.: **а, б** — в глаг. знач. 1 — 4; **в** — в глаг. знач. 1, 3

В знач. прил. **1.** С меняющимися очертаниями, как бы дрожащий. *Колеблющиеся тени. Колеблющееся зарево* **2.** Легко поддающийся влиянию, нестойкий в своих убеждениях. *Колеблющийся человек. Колеблющийся политик*

В знач. сущ. **коле́блющиеся,** -ихся, *мн.* Нестойкие в своих убеждениях, легко поддающиеся влиянию других. *«Кто хочет п о м о ч ь колеблющимся, должен начать с того, чтобы перестать колебаться самому».* Ленин, Задачи пролетариата в нашей революции

II. КОЛЕБА́ВШИЙСЯ, -аяся, -ееся, -иеся; *действ. прош.*

Синт.: **а, б** — в глаг. знач. 1 — 4; **в** — в глаг. знач. 1, 3

КОЛО́ТЬ [1], колю́, ко́л|ют, коло́|л; ***несов., перех., что,*** также ***чем*** (*сов.* расколо́ть *к* 1 знач.) **1.** *Дима колол дрова большим топором* (см. § 2). *Вчера ребята кололи во дворе лед* [рассекать на части, на куски или раздроблять, ударяя чем-л. твердым и острым] **2.** *Бабушка колет сахар маленькими щипчиками* (см. § 2) [делить на куски или раздроблять, сжимая чем-л. твердым и острым]

I. КО́ЛЮЩИЙ, -ая, -ее, -ие; *действ. наст.*

Синт.: **а, б** — в глаг. знач. 1, 2

II. КОЛО́ВШИЙ, -ая, -ее, -ие; *действ. прош.*

Синт.: **а, б** — в глаг. знач. 1, 2

IV. КО́ЛОТЫЙ, -ая, -ое, -ые; *страд. прош.*

Синт: **а, б** — в глаг. знач. 1, 2

Ср. прил. **ко́лотый,** -ая, -ое, -ые. Не целый, разбитый на куски, в кусках. *Колотый сахар. Колотый лед. Колотые дрова*

КО́ЛОТ, -та, -то, -ты; *кр. ф.*
В глаг. знач. 1, 2
▭ Прич. III не образуется

КОЛО́ТЬ[2], колю́, ко́л|ют, коло́|л; ***несов.* 1. *перех., кого(что)*** и ***что,*** также ***чем*** *Мальчишка незаметно колол девочку шилом* (см. § 2) [причинять кому-л. боль, касаясь чем-л. острым] **2. *перех., что; S не лицо*** *Иглы хвои и сучья кололи ее босые ноги. Гвоздь в ботинке колет палец* [вызывать ощущение укола] **3. *перех., что кому(чему)*** *Девочке кололи пенициллин три раза в день* [вводить в организм какое-л. лекарство с помощью укола] **4. *перех., кого(что)*** *Вас в больнице кололи или лечили таблетками?* [делать кому-л. уколы для лечения какой-л. болезни; *разг.*] **5. *перех., кого(что)* *** *В деревне к празднику кололи поросят* [убивать чем-л. острым] **6. *перех., кого(что)*** *«[Ракитин:] Но к чему все эти намеки... За что вы меня то и дело колете?»* Тургенев, Месяц в деревне [задевать колкими, неприятными замечаниями, язвительно упрекать] **7. *безл.,*** также ***в чем*** *У меня в боку колет* [вызывать ощущение боли как от уколов]

I. КО́ЛЮЩИЙ, -ая, -ее, -ие; *действ. наст.*
С и н т.: **а, б** — в глаг. знач. 1 — 6
В з н а ч. п р и л. **1.** Такой, которым можно уколоть, проколоть что-л. *Колющие органы у насекомых. Колющее оружие* **2.** Болезненно-резкий, создающий ощущение укола или уколов. *Колющая боль. Ощущение колющей сухости во рту* (С р. прил. **колю́чий,** -ая, -ее, -ие; -ю́ч, -ю́ча, -ю́че, -ю́чи в знач. **1.** Обладающий способностью колоть кого-л.; вызывающий болезненное ощущение, напоминающее укол. *Колючие клешни рака. Колючая борода. Колючие снежинки. Колючая пыль* **2.** Болезненно-резкий, колющий. *«Каждый крик, каждый вздох.. отдается колючею болью в груди».* Добролюбов, Темное царство **3.** Как составная часть некоторых ботанических названий. *Колючий боярышник. Колючий татарник*)
С у б с т а н т и в.$_1$ в глаг. знач. 1, 3, 5

II. КОЛО́ВШИЙ, -ая, -ее, -ие; *действ. прош.*
С и н т.: **а, б** — в глаг. знач. 1 — 6
С у б с т а н т и в.$_1$ в глаг. знач. 1, 3, 5

IV. КО́ЛОТЫЙ, -ая, -ое, -ые; *страд. прош.**
С и н т.: **а, б** — в глаг. знач. 1, 2, 5
С у б с т а н т и в.$_3$ в глаг. знач. 1, 2
КО́ЛОТ, -та, -то, -ты; *кр. ф.**
В глаг. знач. 1, 2, 5
▭ Прич. III не образуется. Прич. IV в 3, 4, 6 глаг. знач. не употр.

КОЛО́ТЬСЯ[1], колю́сь, ко́л|ются, коло́|лся; ***несов.; S не лицо*** *Куски сахара хорошо кололись. Сырые дрова плохо колются* [расщепляться, дробиться от ударов, поддаваться колке]

I. КО́ЛЮЩИЙСЯ, -аяся, -ееся, -иеся; *действ. наст.*
С и н т.: **а, б** — в глаг. знач.
С р. прил. **ко́лкий,** -ая, -ое, -ие. Легко колющийся, удобный для колки. *Колкий сахар. Колкие дрова*

II. КОЛО́ВШИЙСЯ, -аяся, -ееся, -иеся; *действ. прош.*
С и н т.: **а, б** — в глаг. знач.

КОЛО́ТЬСЯ[2], колю́сь, ко́л|ются, коло́|лся; ***несов.* 1.** также ***чем; S не лицо*** *«Этот [еж] кололся твердыми длинными иглами даже... сквозь платок».* Шуртаков, Где ночует солнышко. *Ой, твоя борода колется!* [при прикосновении к поверхности кожи, вызывать ощущение укола] **2. *S не лицо*** *Хвоя колется. Мой шерстяной свитер колется* [обладать способностью причинять боль, вызывать ощущение укола] **3.** *«— Ты у него одного колись,— советовал Капустин.— Сто раз он это вливание делал».* Паустовский, Приказ по военной школе [получать укол или уколы, подвергать себя уколу или уколам; *разг.*] **4.** *Моя знакомая колется уже несколько лет* [вводить наркотик с помощью укола; *разг.*]

I. КО́ЛЮЩИЙСЯ, -аяся, -ееся, -иеся; *действ. наст.*
С и н т.: **а, б** — в глаг. знач. 1 — 4; **в** — в глаг. знач. 1, 4
В з н а ч. п р и л. Такой, который при прикосновении к поверхности кожи вызывает ощущение уколов, колючий. *Колющаяся ткань. Колющийся свитер* (С р. прил. **ко́лкий,** -ая, -ое, -ие в знач. 'причиняющий укол при прикосновении, колющийся, колючий'. *Колкая хвоя. Колкая трава*)

II. КОЛО́ВШИЙСЯ, -аяся, -ееся, -иеся; *действ. прош.*
С и н т.: **а, б** — в глаг. знач. 1—4; **в** — в глаг. знач. 1, 4

КОЛЫХА́ТЬ, колы́шу и *доп.* колыха́ю, колы́ш|ут и *доп.* колыха́|ют, колыха́|л; ***несов., перех., что; S не лицо*** *Ветер колышет пшеницу* [приводить что-л. в мерное движение, слегка колебать, покачивать]

I. КОЛЫ́ШУЩИЙ, -ая, -ее, -ие и *доп.* КОЛЫХА́ЮЩИЙ, -ая, -ее, -ие; *действ. наст.*
С и н т.: **а, б** — в глаг. знач.

II. КОЛЫХА́ВШИЙ, -ая, -ее, -ие; *действ. прош.*
С и н т.: **а, б** — в глаг. знач.

III. КОЛЫ́ШЕМЫЙ, -ая, -ое, -ые и КОЛЫХА́ЕМЫЙ, -ая, -ое, -ые; *страд. наст.*
С и н т.: **а, б** — в глаг. знач.
КОЛЫ́ШЕМ, -ема, -емо, -емы и КОЛЫХА́ЕМ, -ема, -емо, -емы; *кр. ф.* (*редко*)
В глаг. знач.

КОМАНДИРОВА́ТЬ, командиру́|ют, командирова́|л; ***сов.*** и ***несов., перех., кого(что)*** *Иванова командировали в Ленинград на Путиловский завод. Вас командируют в Болгарию в этом году?* [отправить или отправлять куда-л. со служебным поручением]

I. КОМАНДИРУ́ЮЩИЙ, -ая, -ее, -ие; *действ. наст.*
С и н т.: **а, б** — в глаг. знач.
В з н а ч. п р и л. Такой, который посылает кого-л. куда-л. со служебным поручением. *Командирующая организация*

II. КОМАНДИРОВА́ВШИЙ, -ая, -ее, -ие; *действ. прош.*
С и н т.: **а, б** — в глаг. знач.

III. КОМАНДИРУ́ЕМЫЙ, -ая, -ое, -ые; *страд. наст.*

Синт.: **а, б** — в глаг. знач.

IV. КОМАНДИРÓВАННЫЙ, -ая, -ое, -ые; *страд. прош.*

Синт.: **а, б** — в глаг. знач.

В знач. прил. (только *полн. ф.*) Находящийся в командировке, получивший командировку. *Командированные сотрудники института собрались в холле гостиницы*

В знач. сущ. **командирóванный,** -ого, *м.*; **командирóванная,** -ой, *ж.* Тот (та), кто находится в командировке. *Он поселился в доме для командированных. Столовая для командированных*

КОМАНДИРÓВАН, -ана, -ано, -аны; *кр. ф.*

В глаг. знач.

КОМÁНДОВАТЬ, комáнду|ют, комáндова|л; ***несов., неперех.*** (*сов.* скомáндовать *ко* 2 знач.) **1.** *Обычно сержант командовал негромким голосом, но все слышали его* [произносить слова команды] **2.** *Смирнов командует суровым голосом: «Смирно!»* [приказывать сделать что-л., произнося слова команды] **3.** ***чем*** *Отец командовал дивизией во время войны* [быть командиром чего-л.] **4.** ***кем(чем), над кем(чем)*** и ***без дополн.*** *Эта девочка очень любит командовать малышами. Ваш сын во дворе командует над всеми ребятами. Очень уж ты любишь командовать* [приказывать кому-л., распоряжаться, как поступать; *разг.*]

I. КОМÁНДУЮЩИЙ, -ая, -ее, -ие; *действ. наст.*

Синт.: **а, б** — в глаг. знач. 1 — 4

Ср. сущ. **комáндующий,** -его, *м.* Начальник крупного войскового соединения. *Командующий армией. Командующий фронтом*

II. КОМÁНДОВАВШИЙ, -ая, -ее, -ие; *действ. прош.*

Синт.: **а, б** — в глаг. знач. 1—4

КОМБИНИ́РОВАТЬ, комбини́ру|ют, комбини́рова|л; ***несов.*** (*сов.* скомбини́ровать *к* 1 знач.) **1.** ***перех., что*** *Художник удачно комбинирует краски. «[Толя] упрямо комбинировал подключение проводов, стараясь.. достичь нужной последовательности».* Б. Полевой, Золото [сочетать, соединять в определенных соотношениях, располагать в определенном порядке] **2.** ***неперех.*** *«Боеприпасов и продовольствия становилось все меньше.. Часами командир и комиссар просиживали над ведомостями. Они комбинировали, сокращали».* Катаев, Флаг [строить систему замыслов, приемов, действий для достижения чего-л.]

I. КОМБИНИ́РУЮЩИЙ, -ая, -ее, -ие; *действ. наст.*

Синт.: **а, б** — в глаг. знач. 1, 2

II. КОМБИНИ́РОВАВШИЙ, -ая, -ее, -ие; *действ. прош.*

Синт.: **а, б** — в глаг. знач. 1, 2

III. КОМБИНИ́РУЕМЫЙ, -ая, -ое, -ые; *страд. наст.*

Синт.: **а, б** — в глаг. знач. 1

Субстантив.$_3$ не употр.

IV. КОМБИНИ́РОВАННЫЙ, -ая, -ое, -ые; *страд. прош.*

Синт.: **а, б** — в глаг. знач. 1

Ср. прил. **комбини́рованный,** -ая, -ое, -ые. Представляющий собой комбинацию чего-л., основанный на комбинировании чего-л. *Комбинированное платье. Комбинированные корма. Комбинированный удар авиации, пехоты и танков*

Субстантив.$_3$ не употр.

КОМБИНИ́РОВАН, -ана, -ано, -аны; *кр. ф.*

В глаг. знач. 1

КÓМКАТЬ, кóмка|ют, кóмка|л; ***несов. к*** скóмкать (см.)

I. КÓМКАЮЩИЙ, -ая, -ее, -ие; *действ. наст.*

Синт.: **а, б** — в глаг. знач. 1, 2

II. КÓМКАВШИЙ, -ая, -ее, -ие; *действ. прош.*

Синт.: **а, б** — в глаг. знач. 1, 2

IV. КÓМКАННЫЙ, -ая, -ое, -ые; *страд. прош.**

Синт.: **а, б** — в глаг. знач. 1

Субстантив.$_3$ не употр.

КÓМКАН, -ана, -ано, -аны; *кр. ф.**

В глаг. знач. 1

□ Прич. III не употр. Прич. IV во 2 глаг. знач. не употр.

КОММЕНТИ́РОВАТЬ, комменти́ру|ют, комменти́рова|л; ***сов.*** и ***несов., перех., что*** (*сов.* также прокомменти́ровать) **1.** *Произведения Овидия комментировало несколько литературоведов* [составить или составлять комментарий к какому-л. тексту] **2.** *Смирнов комментировал мой рассказ очень удачно. Политический обозреватель комментирует события дня* [дать или давать объяснения, пояснения к чему-л.]

I. КОММЕНТИ́РУЮЩИЙ, -ая, -ее, -ие; *действ. наст.*

Синт.: **а, б** — в глаг. знач. 1, 2

II. КОММЕНТИ́РОВАВШИЙ, -ая, -ее, -ие; *действ. прош.*

Синт.: **а, б** — в глаг. знач. 1, 2

III. КОММЕНТИ́РУЕМЫЙ, -ая, -ое, -ые; *страд. наст.*

Синт.: **а, б, в** — в глаг. знач. 1, 2

IV. КОММЕНТИ́РОВАННЫЙ, -ая, -ое, -ые; *страд. прош.*

Синт.: **а, б** — в глаг. знач. 1, 2

В знач. прил. (только *полн. ф.*) С комментариями. *Комментированный текст. Комментированное издание*

Субстантив.$_3$ не употр.

КОММЕНТИ́РОВАН, -ана, -ано, -аны; *кр. ф.*

В глаг. знач. 1, 2

КОМПЕНСИ́РОВАТЬ, компенси́ру|ют, компенси́рова|л; ***сов.*** и ***несов., перех.*** **1.** ***что кому(чему)*** *Администрация компенсировала пострадавшим от пожара все убытки* [возместить или возмещать что-л., предоставить или предоставлять какую-л. сумму и т. п., выплачиваемые как возмещение, вознаграждение] **2.** ***что; S не лицо*** *Полученные результаты опытов компенсировали все прошлые неудачи* [явиться или являться тем, что возмещает что-л. утраченное]

I. КОМПЕНСИ́РУЮЩИЙ, -ая, -ее, -ие; *действ. наст.*

Синт.: **а, б** — в глаг. знач. 1, 2

II. КОМПЕНСИ́РОВАВШИЙ, -ая, -ее, -ие; *действ. прош.*

Синт.: **а, б** — в глаг. знач. 1, 2

III. КОМПЕНСИ́РУЕМЫЙ, -ая, -ое, -ые; *страд. наст.*

Синт.: **а, б** — в глаг. знач. 1, 2; **в** — в глаг. знач. 1

Субстантив.3 в глаг. знач. 1

КОМПЕНСИ́РУЕМ, -ема, -емо, -емы; *кр. ф.*

В глаг. знач. 1, 2

IV. КОМПЕНСИ́РОВАННЫЙ, -ая, -ое, -ые; *страд. прош.*

Синт.: **а, б** — в глаг. знач. 1, 2; **в** — в глаг. знач. 1

В знач. прил. Прошедший стадию выравнивания развивающихся в организме болезненных процессов; *мед. Компенсированный порок сердца. Компенсированный цирроз печени*

Субстантив.3 в глаг. знач. 1

КОМПЕНСИ́РОВАН, -ана, -ано, -аны; *кр. ф.*

В глаг. знач. 1, 2

КОМПРОМЕТИ́РОВАТЬ, компромети́ру|ют, компромети́рова|л; ***несов., перех., кого(что),*** также ***чем*** (*сов.* скомпромети́ровать) *Своим поведением брат компрометировал Ольгу в глазах друзей* (см. § 1). *Сказанное Димой компрометировало девушку* [вредить репутации, доброму имени кого-л., выставлять в неблаговидном свете]

I. КОМПРОМЕТИ́РУЮЩИЙ, -ая, -ее, -ие; *действ. наст.*

Синт.: **а, б** — в глаг. знач.

В знач. прил. Такой, который выставляет кого-л. в неблаговидном свете. *Компрометирующие документы. Компрометирующее письмо*

II. КОМПРОМЕТИ́РОВАВШИЙ, -ая, -ее, -ие; *действ. прош.*

Синт.: **а, б** — в глаг. знач.

III. КОМПРОМЕТИ́РУЕМЫЙ, -ая, -ое, -ые; *страд. наст.*

Синт.: **а, б** — в глаг. знач.

IV. КОМПРОМЕТИ́РОВАННЫЙ, -ая, -ое, -ые; *страд. прош.*

Синт.: **а, б** — в глаг. знач.

КОМПРОМЕТИ́РОВАН, -ана, -ано, -аны; *кр. ф.*

В глаг. знач.

КОНКРЕТИЗИ́РОВАТЬ, конкретизи́ру|ют, конкретизи́рова|л; ***сов.*** и ***несов., перех., что,*** также ***чем*** *Выступающий конкретизировал общие положения своего доклада примерами* (см. § 2) [представить или представлять что-л. в конкретном виде, придать или придавать чему-л. конкретное выражение]

I. КОНКРЕТИЗИ́РУЮЩИЙ, -ая, -ее, -ие; *действ. наст.*

Синт.: **а, б** — в глаг. знач.

II. КОНКРЕТИЗИ́РОВАВШИЙ, -ая, -ее, -ие; *действ. прош.*

Синт.: **а, б** — в глаг. знач.

III. КОНКРЕТИЗИ́РУЕМЫЙ, -ая, -ое, -ые; *страд. наст.*

Синт.: **а, б, в** — в глаг. знач.

Субстантив.3 не употр.

IV. КОНКРЕТИЗИ́РОВАННЫЙ, -ая, -ое, -ые; *страд. прош.*

Синт.: **а, б, в** — в глаг. знач.

Ср. прил. **конкре́тный,** -ая, -ое, -ые; -тен, -тна, -тно, -тны. Вполне точный и вещественно определенный, в отличие от абстрактного, отвлеченного. *Конкретный пример. Конкретное понятие. Конкретный доклад*

Субстантив.3 не употр.

КОНКРЕТИЗИ́РОВАН, -ана, -ано, -аны; *кр. ф.*

В глаг. знач.

КОНКУРИ́РОВАТЬ, конкури́ру|ют, конкури́рова|л; ***несов., неперех.*** **1.** (чаще в неопр. ф.) ***с кем(чем) в чем*** *С этим спортсменом никто не мог конкурировать в беге на короткие дистанции* [соперничать, стремясь достигнуть лучших результатов, превзойти в чем-л.] **2.** ***с чем; S не лицо*** *Советские меховые изделия успешно конкурируют с зарубежными* [не уступать в каких-л. качествах] **3.** ***с кем(чем)*** и ***с чем*** *В капиталистических странах предприниматели и предприятия конкурируют между собой* [бороться за более выгодные условия производства и сбыта товаров, за обеспечение наивысшей прибыли]

I. КОНКУРИ́РУЮЩИЙ, -ая, -ее, -ие; *действ. наст.*

Синт.: **а, б** — в глаг. знач. 1 — 3

В знач. прил. Находящийся в состоянии соперничества, конкуренции с кем-л. себе подобным. *Конкурирующие организации. Выступать в качестве конкурирующих единиц. Конкурирующая фирма*

II. КОНКУРИ́РОВАВШИЙ, -ая, -ее, -ие; *действ. прош.*

Синт.: **а, б** — в глаг. знач. 1 — 3

КОНСЕРВИ́РОВАТЬ, консерви́ру|ют, консерви́рова|л; ***сов.*** и ***несов., перех., что*** (*сов.* также законсерви́ровать) **1.** *Каждый год мы консервируем яблоки, помидоры, перец* [превратить или превращать в консервы] **2.** *Дирекция завода консервирует строительство нового цеха. В прошлом году правительству пришлось консервировать несколько шахт* [временно приостановить или приостанавливать развитие, ход, деятельность чего-л.]

I. КОНСЕРВИ́РУЮЩИЙ, -ая, -ее, -ие; *действ. наст.*

Синт.: **а, б** — в глаг. знач. 1, 2

II. КОНСЕРВИ́РОВАВШИЙ, -ая, -ее, -ие; *действ. прош.*

Синт.: **а, б** — в глаг. знач. 1, 2

III. КОНСЕРВИ́РУЕМЫЙ, -ая, -ое, -ые; *страд. наст.*

Синт.: **а, б** — в глаг. знач. 1, 2; **в** — в глаг. знач. 1

Субстантив.3 в глаг. знач. 1

IV. КОНСЕРВИ́РОВАННЫЙ, -ая, -ое, -ые; *страд. прош.*

Синт.: **а, б** — в глаг. знач. 1, 2

В знач. прил. (только *полн. ф.*) В виде консервов, превращенный в консервы. *Консер-*

вированное мясо. Консервированные помидоры. Консервированное молоко

Субстантив.₃ в глаг. знач. 1

КОНСЕРВИ́РОВАН, -ана, -ано, -аны; *кр. ф.*

В глаг. знач. 1, 2

КОНСТАТИ́РОВАТЬ, констати́ру|ют, констати́рова|л; ***сов.*** и ***несов., перех., что*** *Врач констатировал улучшение состояния больного. Комиссия констатировала нарушение техники безопасности* [установить или устанавливать наличие, несомненность, отсутствие и т. д. чего-л.]

I. КОНСТАТИ́РУЮЩИЙ, -ая, -ее, -ие; *действ. наст.*

Синт.: **а, б** — в глаг. знач.

В знач. прил. Фиксирующий наличие, несомненность чего-л., выявленные в процессе обсуждения, рассмотрения и т. п. *Констатирующая часть постановления*

II. КОНСТАТИ́РОВАВШИЙ, -ая, -ее, -ие; *действ. прош.*

Синт.: **а, б** — в глаг. знач.

III. КОНСТАТИ́РУЕМЫЙ, -ая, -ое, -ые; *страд. наст.*

Синт.: **а, б** — в глаг. знач.

IV. КОНСТАТИ́РОВАННЫЙ, -ая, -ое, -ые; *страд. прош.*

Синт.: **а, б** — в глаг. знач.

КОНСТАТИ́РОВАН, -ана, -ано, -аны; *кр. ф.*

В глаг. знач.

КОНСУЛЬТИ́РОВАТЬ, консульти́ру|ют, консульти́рова|л; ***несов.*** (*сов.* проконсульти́ровать *к* 1 знач.) **1. *перех., кого(что)*** *Руководитель семинара консультирует студентов по пятницам. Профессор Филатов консультирует молодых врачей* [дополнительно помогать кому-л. усвоить что-л.; давать совет по специальности] **2. *неперех.*** *Смирнов давно ушел на пенсию, но до сих пор консультирует в суде* [быть консультантом в каком-л. учреждении]

I. КОНСУЛЬТИ́РУЮЩИЙ, -ая, -ее, -ие; *действ. наст.*

Синт.: **а, б** — в глаг. знач. 1, 2

Ср. прич. в 1 глаг. знач. с прил. **консультацио́нный,** -ая, -ое, -ые. Имеющий специалистов, дающих советы по различным вопросам. *Консультационное бюро* Ср. прил. **консультати́вный,** -ая, -ое, -ые. Дающий советы, рекомендации по каким-л. вопросам. *Консультативный орган*

II. КОНСУЛЬТИ́РОВАВШИЙ, -ая, -ее, -ие; *действ. прош.*

Синт.: **а, б** — в глаг. знач. 1, 2

III. КОНСУЛЬТИ́РУЕМЫЙ, -ая, -ое, -ые; *страд. наст.*

Синт.: **а, б** — в глаг. знач. 1

IV. КОНСУЛЬТИ́РОВАННЫЙ, -ая, -ое, -ые; *страд. прош.*

Синт.: **а, б** — в глаг. знач. 1

КОНСУЛЬТИ́РОВАН, -ана, -ано, -аны; *кр. ф.*

В глаг. знач. 1

КОНТРОЛИ́РОВАТЬ, контроли́ру|ют, контроли́рова|л; ***несов., перех.*** (*сов.* проконтроли́ровать *к* 1 знач.) **1. *кого(что)*** и ***что*** *«В сущности говоря, весь вопрос о контроле сводится к тому, кто кого контролирует, т. е. какой класс является контролирующим и какой контролируемым».* Ленин, Грозящая катастрофа и как с ней бороться [проверять деятельность кого-л., наблюдать за кем-чем-л. с целью проверки] **2. *что*** *Инженер контролирует работу новой аппаратуры. Это автоматическое устройство контролирует качество записи на магнитной ленте* [регулярно следить за правильностью работы, действий чего-л.]

I. КОНТРОЛИ́РУЮЩИЙ, -ая, -ее, -ие; *действ. наст.*

Синт.: **а, б** — в глаг. знач. 1, 2

В знач. прил. Предназначенный для осуществления контроля. *Контролирующие органы. Контролирующие функции* (Ср. прил. **контро́льный,** -ая, -ое, -ые. **1.** Предназначенный для осуществления контроля. *Контрольные органы. Контрольный пост* **2.** Предназначенный, служащий для контроля. *Контрольная аппаратура*)

II. КОНТРОЛИ́РОВАВШИЙ, -ая, -ее, -ие; *действ. прош.*

Синт.: **а, б** — в глаг. знач. 1, 2

III. КОНТРОЛИ́РУЕМЫЙ, -ая, -ое, -ые; *страд. наст.*

Синт.: **а, б, в** — в глаг. знач. 1, 2

Субстантив.₃ не употр.

IV. КОНТРОЛИ́РОВАННЫЙ, -ая, -ое, -ые; *страд. прош.*

Синт.: **а, б** — в глаг. знач. 1, 2

Субстантив.₃ не употр.

КОНТРОЛИ́РОВАН, -ана, -ано, -аны; *кр. ф.*

В глаг. знач. 1, 2

КОНТУ́ЗИТЬ, конту́жу, конту́з|ят, конту́зи|л; ***сов., перех., кого(что); S не лицо*** и ***безл.*** *Нескольких солдат контузило при взрыве снаряда* [получить травму или ушиб без повреждения наружных покровов тела при разрывах снарядов, завалах землей и т. п.]

II. КОНТУ́ЗИВШИЙ, -ая, -ее, -ие; *действ. прош.*

Синт.: **а, б** — в глаг. знач.

IV. КОНТУ́ЖЕННЫЙ, -ая, -ое, -ые; *страд. прош.*

[чередование з/ж]

Синт.: **а, б** — в глаг. знач.

Ср. прил. **конту́женый,** -ая, -ое, -ые. Имеющий контузию. *Врач осматривал всех раненых и контуженых солдат*

КОНТУ́ЖЕН, -ена, -ено, -ены; *кр. ф.*

В глаг. знач.

КОНЦЕНТРИ́РОВАТЬ, концентри́ру|ют, концентри́рова|л; ***несов., перех.*** (*сов.* сконцентри́ровать *к* 1, 2 знач.) **1. *кого(что)*** и ***что*** *Разведка установила, что противник концентрирует войска на границе* [собирать, сосредоточивать, скапливать в каком-л. месте всех, многих, всё, многое] **2. *что,*** также ***на чем*** *Не все люди умеют концентрировать внимание на самом главном* [направлять, устремлять мысли, внимание, интересы на что-л. одно, сосредоточивать] **3. *что***

Лаборант концентрировал раствор в нужной степени [сгущать, насыщать какой-л. раствор]

I. КОНЦЕНТРИ́РУЮЩИЙ, -ая, -ее, -ие; *действ. наст.*

Синт.: **а, б** — в глаг. знач. 1 — 3

II. КОНЦЕНТРИ́РОВАВШИЙ, -ая, -ее, -ие; *действ. прош.*

Синт.: **а, б** — в глаг. знач. 1 — 3

III. КОНЦЕНТРИ́РУЕМЫЙ, -ая, -ое, -ые; *страд. наст.*

Синт.: **а, б** — в глаг. знач. 1 — 3; **в** — в глаг. знач. 3

IV. КОНЦЕНТРИ́РОВАННЫЙ, -ая, -ое, -ые; *страд. прош.*

Синт.: **а, б** — в глаг. знач. 1 — 3

Ср. прил. **концентри́рованный,** -ая, -ое, -ые; -ан, -анна, -анно, -анны. **1.** Обладающий высокой степенью сосредоточенности на чем-л., устремленности на что-л. *Концентрированное внимание* **2.** Отличающийся насыщенностью, богатым содержанием при незначительном объеме. *Эти схемы содержат концентрированную информацию о свойствах различных минералов* **3.** (только *полн. ф.*) Отличающийся насыщенностью, повышенным содержанием ценных, питательных и т. п. веществ. *Концентрированные удобрения. Концентрированные корма* **4.** (только *полн. ф.*) Отличающийся высокой концентрацией. *Концентрированный раствор. Концентрированная кислота*

Субстантив.₃ не употр.

КОНЦЕНТРИ́РОВАН, -ана, -ано, -аны; *кр. ф.*

В глаг. знач. 1 — 3

КОНЧА́ТЬ, конча́|ют, конча́|л; ***несов. к*** ко́нчить (см.)

I. КОНЧА́ЮЩИЙ, -ая, -ее, -ие; *действ. наст.*

Синт.: **а, б** — в глаг. знач. 1 — 7

II. КОНЧА́ВШИЙ, -ая, -ее, -ие; *действ. прош.*

Синт.: **а, б** — в глаг. знач. 1 — 7

III. КОНЧА́ЕМЫЙ, -ая, -ое, -ые; *страд. наст.*

Синт.: **а, б** — в глаг. знач. 1—5

Субстантив.₃ не употр.

КО́НЧИТЬ, ко́нч|ат, ко́нчи|л; ***сов.*** (*несов.* конча́ть) **1.** ***перех., что*** и ***с неопр. ф.*** *Писатель кончил книгу о студентах. Мы уже кончили убирать квартиру* [завершить, довести до конца, закончить что-л.] **2.** ***перех., что чем*** и ***на чем*** *Студенты кончили концерт песней. Певица кончила арию на высокой ноте* [сделать что-л. в заключение, завершить чем-л.] **3.** ***перех., что*** и ***с неопр. ф.*** *Гость кончил разговор неожиданно для собеседника. Рабочие кончили работу, так как раздался протяжный гудок* [прервать, прекратить какое-л. действие] **4.** ***перех., что, с чем*** и ***с неопр. ф.*** *«Я спокойно ждал, пока Алеша сам ее* [*Наташу*] *бросит.. Пора было кончить их связь».* Достоевский, Униженные и оскорбленные. *«— Я одна здесь виновата,— прервала его Светлана.— И прошу кончить с этим».* С. Антонов, Петрович. *Олег кончил курить* [положить предел чему-л., сделав невозможным для возобновления; *разг.*] **5.** ***перех., что*** *Петя кончил университет. Аня кончила в этом году третий курс* [завершить обучение где-л.; завершить учебу в каком-л. классе, на каком-л. курсе] **6.** ***неперех., кем*** *Меняя постоянно профессии, Олег Николаевич кончил шофером такси* [стать кем-л. в конце жизни] **7.** ***неперех., чем*** *«Я кончу тем, что пожертвую собой за какой-нибудь вздор..»* Тургенев, Рудин [умереть, сделав что-л. в конце своей жизни]

II. КО́НЧИВШИЙ, -ая, -ее, -ие; *действ. прош.*

Синт.: **а, б** — в глаг. знач. 1 — 7

IV. КО́НЧЕННЫЙ, -ая, -ое, -ые; *страд. прош.*

Синт.: **а, б** — в глаг. знач. 1—5

Субстантив.₃ не употр.

Ср. прил. **ко́нченый,** -ая, -ое, -ые. Вполне решенный, законченный, не вызывающий сомнений. *Это дело конченое* ◊ **Конченый человек** — ни на что больше не способный

КО́НЧЕН, -ена, -ено, -ены; *кр. ф.*

В глаг. знач. 1 — 5

Ср. **ко́нчено,** *безл.* **1.** О гибели, смерти кого-л. *«*[*Статуя:*] *Дай руку.* [*Дон Гуан:*] *Вот она... о, тяжело Пожатье каменной его десницы! Оставь меня, пусти — пусти мне руку... Я гибну — кончено — о Дона Анна!»* Пушкин, Каменный гость **2.** ***с кем(чем)*** и ***чем*** О прекращении, окончании чего-л.— каких-л. дел, событий. *С балетной школой у Ани все было кончено, она сломала ногу* **3.** Довольно, хватит — употребляется для подтверждения или усиления категоричности, безусловности высказанного мнения, распоряжения и т. п.; *разг. Кончено, сегодня я больше заниматься не буду! Ты не пойдешь в кино, я сказала и кончено!* ◊ **Между нами (ними** и т. д.) **всё кончено** — наступил полный разрыв отношений между кем-л.

КООРДИНИ́РОВАТЬ, координи́ру|ют, координи́рова|л; ***сов.*** и ***несов., перех., что*** (*сов. также* скоординировать) **1.** *Ребенок не может координировать своих движений. Это лекарство координирует работу сердца* [установить или устанавливать согласованность, слаженность, нормальную последовательность, направленность движений, работы каких-л. органов и т. п.] **2.** *Инженеры координировали свои действия при создании новой машины. Все колхозы района координируют усилия в борьбе против засухи* [согласовать или согласовывать, установить или устанавливать необходимую для достижения какой-л. цели связь, соответствие между какими-л. действиями, явлениями, планами и т. п.]

I. КООРДИНИ́РУЮЩИЙ, -ая, -ее, -ие; *действ. наст.*

Синт.: **а, б** — в глаг. знач. 1, 2

Ср. прич. во 2 глаг. знач. с прил. **координацио́нный,** -ая, -ое, -ые. Согласующий что-л., устанавливающий соответствие между какими-л. действиями, явлениями, планами и т. п. *Координационный центр. Координационная связь*

II. КООРДИНИ́РОВАВШИЙ, -ая, -ее, -ие; *действ. прош.*

Синт.: **а, б** — в глаг. знач. 1, 2

III. КООРДИНИ́РУЕМЫЙ, -ая, -ое, -ые; *страд. наст.*
Синт.: **а, б** — в глаг. знач. 1, 2
Субстантив.3 не употр.

IV. КООРДИНИ́РОВАННЫЙ, -ая, -ое, -ые; *страд. прош.*
Синт.: **а, б** — в глаг. знач. 1, 2
Ср. прил. **координи́рованный,** -ая, -ое, -ые; -ан, -анна, -анно, -анны. **1.** Слаженный, находящийся в соответствии с чем-л. *Координированные движения* **2.** Не противоречащий один другому, согласованный. *Координированные действия. Координированные усилия*
Субстантив.3 не употр.
КООРДИНИ́РОВАН, -ана, -ано, -аны; *кр. ф.*
В глаг. знач. 1, 2

КОПА́ТЬ, копа́|ют, копа́|л; ***несов., перех., что,*** также ***чем*** (*сов.* вы́копать *ко* 2, 3 знач.) **1.** *Мы копали огород до вечера. Брат копал землю старой лопатой* (см. § 2) [разрыхлять, разрывать на мелкие части землю, песок, снег и т. п.] **2.** *Мы копаем канаву для стока воды лопатами* (см. § 2). *Пионеры копают ямы, чтобы посадить яблони. Экскаватор копал котлован для фундамента будущего дома* [вынимая, выбрасывая землю, делать углубление, выемку, яму, рыть] **3.** *Олег копает корни лопуха на своем огороде. Картофелеуборочные машины копали картофель на колхозном поле* [доставать, извлекать из земли, отваливая ее]

I. КОПА́ЮЩИЙ, -ая, -ее, -ие; *действ. наст.*
Синт.: **а, б** — в глаг. знач. 1 — 3

II. КОПА́ВШИЙ, -ая, -ее, -ие; *действ. прош.*
Синт.: **а, б** — в глаг. знач. 1 — 3

III. КОПА́ЕМЫЙ, -ая, -ое, -ые; *страд. наст.*
Синт.: **а, б** — в глаг. знач. 1 — 3

IV. КО́ПАННЫЙ, -ая, -ое, -ые; *страд. прош.*
Синт.: **а, б** — в глаг. знач. 1 — 3
Ср. прил. **ко́паный,** -ая, -ое, -ые. Рыхлый в результате копания. *Копаная земля долго не покрывается сорняками*
КО́ПАН, -ана, -ано, -аны; *кр. ф.*
В глаг. знач. 1 — 3

КОПИ́ТЬ, коплю, ко́п|ят, копи́|л; ***несов., перех., что*** (*сов.* накопи́ть; *сов.* скопи́ть *к* 1 знач.) **1.** *Этот человек копил деньги всю жизнь* [сберегая, откладывая, постепенно делать запас чего-л.] **2.** *Жители деревни копили силы для борьбы с засухой. «Авдотья долго молча копила наблюдения и мысли и, наконец, решила поговорить с Василием».* Николаева, Жатва [накапливать, собирать в себе силы, знания, какие-л. чувства и т. п.]

I. КО́ПЯЩИЙ, -ая, -ее, -ие и КОПЯ́ЩИЙ, -ая, -ее, -ие; *действ. наст.*
Синт.: **а, б** — в глаг. знач. 1, 2

II. КОПИ́ВШИЙ, -ая, -ее, -ие; *действ. прош.*
Синт.: **а, б** — в глаг. знач. 1, 2

III. КОПИ́МЫЙ, -ая, -ое, -ые; *страд. наст.*
Синт.: **а, б** — в глаг. знач. 1, 2
Субстантив.3 в глаг. знач. 1

IV. КО́ПЛЕННЫЙ, -ая, -ое, -ые; *страд. прош.*
[чередование п/пл]
Синт.: **а, б** — в глаг. знач. 1, 2
Субстантив.3 в глаг. знач. 1
КО́ПЛЕН, -ена, -ено, -ены; *кр. ф.*
В глаг. знач. 1, 2

КОПТИ́ТЬ, копчу́, копт|я́т, копти́|л; ***несов.*** (*сов.* закопти́ть *к* 1, 2 знач.) **1.** ***перех., что*** *Мальчик коптит стекло, чтобы наблюдать солнечное затмение* [покрывать копотью] **2.** ***перех., что*** *Охотники коптили окорок* [провяливать в дыму, приготовляя в пищу рыбу, мясо и т. п.] **3.** ***неперех.; S не лицо*** *Лампа начала коптить* [испускать копоть]

I. КОПТЯ́ЩИЙ, -ая, -ее, -ие; *действ. наст.*
Синт.: **а, б** — в глаг. знач. 1 — 3; **в** — в глаг. знач. 3

II. КОПТИ́ВШИЙ, -ая, -ее, -ие; *действ. прош.*
Синт.: **а, б** — в глаг. знач. 1 — 3; **в** — в глаг. знач. 3

IV. КОПЧЁННЫЙ, -ая, -ое, -ые; *страд. прош.*
[чередование т/ч]
Синт.: **а, б** — в глаг. знач. 1, 2
Ср. прил. **копчёный,** -ая, -ое, -ые. Приготовленный в пищу копчением. *Копченая колбаса. Копченая рыба*
Субстантив.3 в глаг. знач. 2
КОПЧЁН, -ена́, -ено́, -ены́; *кр. ф.* (*редко*)
В глаг. знач. 1, 2

□ Прич. III не употр.

КОПТИ́ТЬСЯ, копчу́сь, копт|я́тся, копти́|лся; ***несов. к*** закопти́ться (см.)

I. КОПТЯ́ЩИЙСЯ, -аяся, -ееся, -иеся; *действ. наст.*
Синт.: **а, б, в** — в глаг. знач. 1, 2

II. КОПТИ́ВШИЙСЯ, -аяся, -ееся, -иеся; *действ. прош.*
Синт.: **а, б, в** — в глаг. знач. 1, 2

КОРМИ́ТЬ, кормлю́, ко́рм|ят, корми́|л; ***несов., перех.*** (*сов.* накорми́ть *к* 1 знач.; *сов.* прокорми́ть *к* 4 знач.; *сов.* закорми́ть *к* 6 знач.) **1.** ***кого (что),*** также ***чем*** *Бабушка кормит нас очень вкусно. «Кормила Татьяна Марковна людей сытно, плотно, до отвала, щами, кашей, по праздникам пирогами и бараниной».* И. Гончаров, Обрыв (см. § 2). *Сережа кормил кошку только рыбой* (см. § 2) [предоставлять кому-л. пищу или корм, предварительно приготовив или купив в готовом виде] **2.** ***кого(что) из чего, с чего*** *После операции больного кормили с ложки. Дима кормит щенка с рук* [вводить пищу в рот, помогать в еде тому, кто не умеет, не может взять еду самостоятельно] **3.** ***кого(что)*** *Ольга еще кормит ребенка. Мать не могла сама кормить новорожденного. Кошка кормила котят* [питать ребенка, детеныша своим молоком] **4.** ***кого(что)*** *Отец кормил всю семью* [содержать на своем иждивении] **5.** ***кого(что); S не лицо*** *Этот яблоневый сад и корова кормили во время войны большую семью Андрея* [служить средством пропитания] **6.** ***кого(что) чем*** *Ольга без конца кормит малыша шоколадом* [давать есть что-л. в очень большом количестве или против желания, пичкать; *разг.*] **7.** ***кого(что) чем*** *Зачем ты кормишь совсем здоровую дочь лекарствами?* [заставлять принимать без надобности лекарства; *разг.*]

I. КОРМЯ́ЩИЙ, -ая, -ее, -ие; *действ. наст.*
С и н т.: **а, б** — в глаг. знач. 1 — 7
В з н а ч. п р и л. в выражении: **кормящая мать** — женщина, которая питает ребенка своим молоком
II. КОРМИ́ВШИЙ, -ая, -ее, -ие; *действ. прош.*
С и н т.: **а, б** — в глаг. знач. 1 — 7
IV. КО́РМЛЕННЫЙ, -ая, -ое, -ые; *страд. прош.**
[чередование м/мл]
С и н т.: **а, б** — в глаг. знач. 1 — 3, 6
КО́РМЛЕН, -ена, -ено, -ены; *кр. ф.**
В глаг. знач. 1 — 3, 6
▭ Прич. III не употр. Прич. IV в 4, 5, 7 глаг. знач. не употр.

КОРРЕКТИ́РОВАТЬ, корректи́ру|ют, корректи́рова|л; ***несов., перех., что*** (*сов.* скорректи́ровать) *Капитан корректировал курс корабля. Командир корректировал стрельбу* [вносить частичные исправления, поправки во что-л.; производить корректировку стрельбы, огня; *воен.*]
I. КОРРЕКТИ́РУЮЩИЙ, -ая, -ее, -ие; *действ. наст.*
С и н т.: **а, б** — в глаг. знач.
С р. прич. с прил. **корректиро́вочный,** -ая, -ое, -ые. Предназначенный, служащий для внесения частичных исправлений, поправок во что-л., установления точности каких-л. действий. *Корректировочная стрельба. Корректировочный полет*
В з н а ч. п р и л. в выражениях: **корректирующие коды** — коды, обнаруживающие и исправляющие ошибки при передаче и обработке информации в линиях связи или сложных информационных системах; *спец.*; **корректирующий светофильтр** — цветной светофильтр для регулирования спектрального состава света, применяемый в фотоувеличителях, кинокопировальных аппаратах и т. п. при печатании цветных изображений; *спец.*
II. КОРРЕКТИ́РОВАВШИЙ, -ая, -ее, -ие; *действ. прош.*
С и н т.: **а, б** — в глаг. знач.
III. КОРРЕКТИ́РУЕМЫЙ, -ая, -ое, -ые; *страд. наст.*
С и н т.: **а, б, в** — в глаг. знач.
КОРРЕКТИ́РУЕМ, -ема, -емо, -емы; *кр. ф.* (*редко*)
В глаг. знач.
IV. КОРРЕКТИ́РОВАННЫЙ, -ая, -ое, -ые; *страд. прош.*
С и н т.: **а, б** — в глаг. знач.
В з н а ч. п р и л. (только *полн. ф.*) С внесенными исправлениями. *Корректированные планы. Корректированная рукопись. Корректированное задание*
КОРРЕКТИ́РОВАН, -ана, -ано, -аны; *кр. ф.*
В глаг. знач.

КОСИ́ТЬ [1], кошу́, ко́с|ят, коси́|л; ***несов., перех.*** (*сов.* скоси́ть [1] *к* 1 знач.) **1.** ***что,*** также ***чем*** *Я кошу траву новой косой* (см. § 2). *Косилки быстро косят клевер* [срезать травы, хлеба и т. п. косой, косилкой] **2.** ***кого(что); S не лицо*** *Чума и холера косили людей* [губить, убивать многих людей]
I. КО́СЯЩИЙ, -ая, -ее, -ие; *действ. наст.*
С и н т.: **а, б** — в глаг. знач. 1, 2
II. КОСИ́ВШИЙ, -ая, -ее, -ие; *действ. прош.*
С и н т.: **а, б** — в глаг. знач. 1, 2
III. КОСИ́МЫЙ, -ая, -ое, -ые; *страд. наст.*
С и н т.: **а, б** — в глаг. знач. 1, 2
С у б с т а н т и в.$_2$ не употр.
IV. КО́ШЕННЫЙ, -ая, -ое, -ые; *страд. прош.**
[чередование с/ш]
С и н т.: **а, б** — в глаг. знач. 1
С р. прил. **ко́шеный,** -ая, -ое, -ые. **1.** Подвергшийся кошению. *Кошеный луг* **2.** Со срезанными стеблями, скошенный. *Кошеный овес*
КО́ШЕН, -ена, -ено, -ены; *кр. ф.**
В глаг. знач. 1
▭ Прич. IV во 2 глаг. знач. не употр.

КОСИ́ТЬ [2], кошу́, кос|я́т, коси́|л; **несов.** (*сов.* скоси́ть [2] *к* 1 знач.) **1.** ***перех., что*** *Юноша косил рот, презрительно улыбаясь* [делать косым, перекашивать, кривить] **2.** ***перех., что*** *Девочка нарочно косила глаза* [делать глаза косыми, добиваясь неодинакового направления зрачков] **3.** ***неперех., чем*** *«Жеребец косил глазом на егеря, всхрапывал, переступал ногами».* Арамилев, В тайге [устремлять взгляд вбок, в сторону, смотреть искоса, сбоку] **4.** ***неперех.; S не лицо*** *У вас на чертеже верхняя линия явно косит* [отклоняться от нужного направления, располагаться косо] **5.** ***неперех.; S не лицо*** *Материал немного косит* [ложиться, располагаться косо — о материале, частях одежды] **6.** ***неперех.; S не лицо*** *У старика один глаз косит* [быть поставленным или направленным косо — о зрачках глаз] **7.** ***неперех.*** *Эта девушка косит на оба глаза. Олег немного косил* [страдать косоглазием, быть косым]
I. КОСЯ́ЩИЙ, -ая, -ее, -ие; *действ. наст.*
С и н т.: **а, б** — в глаг. знач. 1 — 7; **в** — в глаг. знач. 4 — 7
С р. прич. в 4 — 7 глаг. знач. с прил. **косо́й,** -а́я, -о́е, -ы́е в знач. **1.** Искривленный, перекошенный — о предметах, фигурах и т. п. *Косая линия. Косая дверь. Косой подол у платья* **2.** С направленными косо зрачками — о глазах. *Косые глаза* **3.** Страдающий косоглазием, косоглазый. *Косая девушка*
II. КОСИ́ВШИЙ, -ая, -ее, -ие; *действ. прош.*
С и н т.: **а, б** — в глаг. знач. 1 — 7; **в** — в глаг. знач. 4—7
▭ Прич. III, IV не употр.

КОСНУ́ТЬСЯ, косну́тся, косну́|лся; ***сов. к*** каса́ться в 1, 2, 4 знач. (см.)
II. КОСНУ́ВШИЙСЯ, -аяся, -ееся, -иеся; *действ. прош.*
С и н т.: **а, б** — в глаг. знач. 1, 2, 4

КОЧЕВА́ТЬ, кочу́|ют, кочева́|л; ***несов., неперех.*** **1.** *«Цыганы шумною толпой По Бессарабии кочуют».* Пушкин, Цыганы [переходить или переезжать с места на место с жильем и имуществом, вести кочевой образ жизни] **2.** *«[Анна] жила без средств почти, кочевала по мебли-*

рованным комнатам». Златовратский, Скиталец. *Мы кочуем с нашими книгами из-за ремонта из одной комнаты в другую* [переходить, переезжать с одного места на другое; *разг.*]

I. КОЧУ́ЮЩИЙ, -ая, -ее, -ие; *действ. наст.*
Синт.: **а, б** — в глаг. знач. 1, 2; **в** — в глаг. знач. 1
Ср. прил. **кочево́й,** -а́я, -о́е, -ы́е в знач. **1.** Не имеющий оседлости, кочующий с места на место. *Кочевые племена* **2.** Связанный с частой переменой местожительства. *Кочевая жизнь*

II. КОЧЕВА́ВШИЙ, -ая, -ее, -ие; *действ. прош.*
Синт.: **а, б** — в глаг. знач. 1, 2; **в** — в глаг. знач. 1

КРА́СИТЬ, кра́шу, кра́с|ят, кра́си|л; ***несов.*** (*сов.* покра́сить *к* 1 — 3 знач.; *сов.* вы́красить *к* 1, 3 знач.; *сов.* накра́сить *к* 4 знач.) ***1. перех., что***, также ***чем*** *Мальчик красит забор в зеленый цвет большой кистью* (см. § 2). *Мой дедушка в молодости красил в парках скамейки* [покрывать что-л. краской] ***2. перех., что,*** также ***чем*** *Ольга красила свою кофточку в красный цвет* [помещая что-л. в раствор с красящим веществом, подвергая специальной обработке, придавать чему-л. необходимую окраску] ***3. перех., что***, также ***чем*** *Аня красила волосы хной* (см. § 2). *Олег красит усы и бороду* [подвергая волосы специальной обработке с помощью красящего состава, изменять их цвет] ***4. перех., что,*** также ***чем*** *Таня слегка красит щеки и ресницы. Лена красит брови черным карандашом* (см. § 2) [подкрашивать, подводить брови, губы, ресницы, щеки и т. п.] ***5. перех., кого(что)*** и ***что; S не лицо*** *Не место красит человека, а человек место* (пословица). *Труд красит жизнь человека* [делать богатым по внутреннему содержанию, украшать] ***6. неперех.; S не лицо*** *Эта краска почему-то не красит* [изменять цвет какого-л. предмета] ***7. неперех.; S не лицо*** *Осторожно, не прислоняйся к этой стене, она красит!* [иметь свойство пачкать собой — об окрашенных предметах, вещах]

I. КРА́СЯЩИЙ, -ая, -ее, -ие; *действ. наст.*
Синт.: **а, б** — в глаг. знач. 1 — 7; **в** — в глаг. знач. 7
В знач. прил. **1.** Содержащий краску, служащий для окрашивания чего-л. *Красящее вещество. Красящий шампунь* **2.** Такой, который пачкает собой, красящийся. *Красящий материал*

II. КРА́СИВШИЙ, -ая, -ее, -ие; *действ. прош.*
Синт.: **а, б** — в глаг. знач. 1 — 7; **в** — в глаг. знач. 7

IV. КРА́ШЕННЫЙ, -ая, -ое, -ые; *страд. прош.**
[чередование с/ш]
Синт.: **а, б** — в глаг. знач. 1 — 4
Ср. прил. **кра́шеный,** -ая, -ое, -ые. **1.** Подвергшийся окраске, покрытый краской, выкрашенный, окрашенный. *Крашеный забор. Крашеная кофточка* **2.** Имеющий не природный, а искусственный цвет, полученный в результате окраски. *Крашеные волосы. Крашеная борода* **3.** С выкрашенными волосами, накрашенными губами, бровями и т. п. *Крашеная женщина*
КРА́ШЕН, -ена, -ено, -ены; *кр. ф.**
В глаг. знач. 1 — 4

□ Прич. III не употр. Прич. IV в 5 глаг. знач. не употр.

КРА́СИТЬСЯ, кра́шусь, кра́с|ятся, кра́си|лся; ***несов.*** (*сов.* покра́ситься *ко* 2 знач.; *сов.* накра́ситься *к* 4 знач.) **1. *S не лицо*** *Скамейка еще красится, не садись на нее! Эта кофточка красится, ее нужно стирать отдельно* [иметь свойство пачкать собой — о чем-л. окрашенном] **2. *S не лицо*** *В баке сейчас красится шерсть* [покрываться, пропитываться краской] **3. *S не лицо*** *Этот материал хорошо красится* [иметь свойство в необходимой степени покрываться, пропитываться краской] **4.** *Пока Оля красилась, Аня накрывала на стол* [красить себе губы, брови, щеки и т. п. косметической краской, специальным составом] **5.** *Моя подруга красится, а я нет* [иметь привычку красить себе губы, брови, щеки и т. п. косметической краской, специальным составом]

I. КРА́СЯЩИЙСЯ, -аяся, -ееся, -иеся; *действ. наст.*
Синт.: **а, б** — в глаг. знач. 1 — 5; **в** — в глаг. знач. 2, 4, 5
В знач. прил. Такой, который пачкает собой при соприкосновении, совместной с чем-л. обработке и т. п. *Красящийся материал*

II. КРА́СИВШИЙСЯ, -аяся, -ееся, -иеся; *действ. прош.*
Синт.: **а, б** — в глаг. знач. 1 — 5; **в** — в глаг. знач. 2, 4, 5

КРАСТЬ, крад|у́т, кра|л; ***несов.*** (*сов.* укра́сть *к* 1 знач.) ***1. перех., кого(что)*** и ***что*** *Сосед крал книги в библиотеке* [похищать, присваивать себе что-л. чужое, воровать] ***2. неперех.*** *Заведующий складом крал* [воровать, заниматься кражами, пользуясь своим служебным положением]

I. КРАДУ́ЩИЙ, -ая, -ее, -ие; *действ. наст.*
Синт.: **а, б** — в глаг. знач. 1, 2

II. КРА́ВШИЙ, -ая, -ее, -ие; *действ. прош.*
Синт.: **а, б** — в глаг. знач. 1, 2

IV. КРА́ДЕННЫЙ, -ая, -ое, -ые; *страд. прош.*
Синт.: **а, б** — в глаг. знач. 1
Ср. прил. **кра́деный,** -ая, -ое, -ые. Добытый кражей, украденный. *Краденые книги*
КРА́ДЕН, -ена, -ено, -ены; *кр. ф.*
В глаг. знач. 1

□ Прич. III не образуется

КРА́СТЬСЯ, крад|у́тся, кра́|лся; ***несов.*** **1.** *Я увидела, что какой-то человек крался вдоль стены дома* [пробираться тайком, стараясь быть незамеченным] **2. *S не лицо*** *«[Собака] уменьшила свои шаги и начала красться, как бы зачуяв перед собою дичь».* Тургенев, Воробей [осторожно, незаметно подбираться к добыче — о животных]

I. КРАДУ́ЩИЙСЯ, -аяся, -ееся, -иеся; *действ. наст.*
Синт.: **а, б** — в глаг. знач. 1, 2

В знач. прил. Бесшумный, тихий — о походке. *Крадущаяся походка*

II. КРА́ВШИЙСЯ, -аяся, -ееся, -иеся; *действ. прош.*

Синт.: **а, б** — в глаг. знач. 1, 2

КРЕПИ́ТЬ, креплю́, креп|я́т, крепи́|л; ***несов., перех., что*** (*сов.* закрепи́ть *к* 4 знач.) **1.** *Рабочие крепили к шпалам рельсы* [прочно прикреплять, соединять] **2.** *Крепить паруса! Матросы крепили канаты* [прочно привязывать, закреплять] **3.** *Трудящиеся всей земли крепят солидарность в борьбе за мир* [делать более прочным и надежным, более сильным, укреплять, усиливать] ***4. кого(что)*** и ***что; S не лицо*** и ***безл.*** *Рисовая каша крепит желудок. Меня крепит* [делать крепким желудок, вызывать запор]

I. КРЕПЯ́ЩИЙ, -ая, -ее, -ие; *действ. наст.*

Синт.: **а, б** — в глаг. знач. 1 — 4; **в** — в глаг. знач. 4

II. КРЕПИ́ВШИЙ, -ая, -ее, -ие; *действ. прош.*

Синт.: **а, б** — в глаг. знач. 1 — 4; **в** — в глаг. знач. 4

IV. КРЕПЛЁННЫЙ, -ая, -ое, -ые; *страд. прош.**

[чередование п/пл]

Синт.: **а, б** — в глаг. знач. 1, 2

Ср. прил. **креплёный**, -ая, -ое, -ые. С добавлением спирта — о вине. *Крепленое вино*

КРЕПЛЁН, -ена́, -ено́, -ены́; *кр. ф.** (*редко*)

В глаг. знач. 1, 2

□ Прич. III не употр. Прич. IV в 3, 4 глаг. знач. не употр.

КРЕСТИ́ТЬ, крещу́, кре́ст|ят, крести́|л; ***несов.*** (в 1 знач. также ***сов.***), ***перех., кого(что)*** (*сов.* окрести́ть *к* 1 знач.; *сов.* перекрести́ть *ко* 2 знач.) **1.** *До революции крестили почти всех детей. «Матушка отыскала мой паспорт, хранившийся в ее шкатулке вместе с сорочкою, в которой меня крестили».* Пушкин, Капитанская дочка [совершать или совершить обряд крещения над кем-л.] **2.** также ***чем*** *«И няня девушку с мольбой Крестила дряхлою рукой»* (см. § 2). Пушкин, Евгений Онегин. *Мы вспомнили, как старушка крестила нас на прощанье* [движением руки делать над кем-чем-л. знак креста — символ христианской религии]

I. КРЕСТЯ́ЩИЙ, -ая, -ее, -ие; *действ. наст.*

Синт.: **а, б** — в глаг. знач. 1, 2

II. КРЕСТИ́ВШИЙ, -ая, -ее, -ие; *действ. прош.*

Синт.: **а, б** — в глаг. знач. 1, 2

IV. КРЕЩЁННЫЙ, -ая, -ое, -ые; *страд. прош.**

[чередование ст/щ]

Синт.: **а, б** — в глаг. знач. 1

Ср. прил. **крещёный**, -ая, -ое, -ые. Подвергшийся обряду крещения. *Крещеный ребенок*

КРЕЩЁН, -ена́, -ено́, -ены́; *кр. ф.**

В глаг. знач. 1

□ Прич. III не употр. Прич. IV во 2 глаг. знач. не употр.

КРИЧА́ТЬ, крич|а́т, крича́|л; ***несов.*** **1. *неперех.*** *Во дворе мальчишки кричали очень громко. Больной кричит от боли* [издавать крик] **2. *неперех.; S не лицо*** *По утрам около нашего дома громко кричали вороны* [издавать громкие резкие звуки — о некоторых птицах и животных] **3. *неперех.*** *Малыш кричит по ночам, и мать не может его успокоить* [громко плакать — о грудном ребенке] **4. *неперех.*** *Олег не мог говорить спокойно, кричал* [громко, нервно, возбужденно говорить] **5. *неперех., на кого(что)*** *Новая учительница часто кричит на своих учеников* [громко и резко говорить с кем-л., повышать голос, браня, выговаривая и т. п.] **6. *неперех., о ком(чем)*** и ***о чем*** *Зачем вы везде кричите о поражении этой футбольной команды? Только хвастуны кричат о своих успехах. Газеты кричали о последних событиях в Африке* [привлекать общественное внимание, нарочито много говоря, выступая в печати, обсуждая кого-что-л.; *разг.*] **7. *неперех.; S не лицо*** *У молодого художника краски на всех картинах слишком кричат. «— Это облако* [на картине] *у вас кричит: оно освещено не по-вечернему».* Чехов, Попрыгунья [привлекать к себе внимание, будучи слишком ярким, заметным, броским] **8. *неперех., о чем; S не лицо*** *«Все эти поползновения на роскошь и моду только оттеняли ту безвкусицу, о которой неумолимо кричали золоченые карнизы, цветистые обои».* Чехов, Тина [быть ярким свидетельством чего-л.] **9. *перех., что*** и ***с придат. дополнит.*** *Олег кричал что-то вслед обидчику, но тот уже не слышал его. Иван стоял на подножке трамвая и кричал нам, что приедет завтра* [громким, резким звуком голоса сообщать что-л., выражать какие-л. мысли, эмоции и т. п.]

I. КРИЧА́ЩИЙ, -ая, -ее, -ие; *действ. наст.*

Синт.: **а, б** — в глаг. знач. 1 — 9; **в** — в глаг. знач. 1, 2

Ср. прил. **крича́щий**, -ая, -ее, -ие. **1.** Обращающий на себя внимание чем-л. необычным, странным, вычурным и т. п., крикливый. *Кричащий наряд. Кричащие афиши. Кричащий заголовок статьи* **2.** Крайне резко выраженный, очень заметный, большой по степени проявления. *Кричащие противоречия. Кричащие недостатки*

Субстантив.$_1$ в глаг. знач. 1, 4 — 6, 9

II. КРИЧА́ВШИЙ, -ая, -ее, -ие; *действ. прош.*

Синт.: **а, б** — в глаг. знач. 1 — 9; **в** — в глаг. знач. 1, 2

Субстантив.$_1$ в глаг. знач. 1, 4 — 6, 9

□ Прич. III, IV не образуются

КРОИ́ТЬ, кро|я́т, крои́|л; ***несов., перех., что*** (*сов.* раскрои́ть *к* 1 знач.; *сов.* вы́кроить и скрои́ть *ко* 2 знач.) **1.** также ***чем*** *Бабушка кроила ситец большими ножницами* (см. § 2) [разрезать ткань, кожу на куски определенной формы для изготовления чего-л.] **2.** *Портной кроит костюм из светлой ткани* [вырезать по мерке части чего-л.— изготовляемой одежды, обуви и т. п.]

I. КРОЯ́ЩИЙ, -ая, -ее, -ие; *действ. наст.*

Синт.: **а, б** — в глаг. знач. 1, 2

II. КРОИ́ВШИЙ, -ая, -ее, -ие; *действ. прош.*

Синт.: **а, б** — в глаг. знач. 1, 2

IV. КРО́ЕННЫЙ, -ая, -ое, -ые; *страд. прош.*

Синт.: **а, б** — в глаг. знач. 1, 2

Ср. прил. **кроёный**, -ая, -ое, -ые **1.** Не целый, разрезанный по мерке. *Кроеный кусок ткани* **2.** Изготовленный кройкой для сметывания и шитья. *Кроеное платье*

КРО́ЕН, -ена, -ено, -ены; *кр. ф.*

В глаг. знач. 1, 2

□ Прич. III не употр.

КРОШИ́ТЬ, крошу́, кро́ш|ат и крош|а́т, кроши́|л; **несов.** (*сов.* накроши́ть; *сов.* раскроши́ть *к* 1 знач.) **1. *перех., что*** *Малыш крошил хлеб и ничего не ел. Я крошу капусту* [раздроблять на мелкие части, крошки] **2. *неперех.*** *«Боец все извинялся, что крошит на пол,— ему трудно было есть одной рукой».* Паустовский, Бабушкин сад [сорить крошками]

I. КРОША́ЩИЙ, -ая, -ее, -ие; *действ. наст.*

Синт.: **а, б** — в глаг. знач. 1, 2

II. КРОШИ́ВШИЙ, -ая, -ее, -ие; *действ. прош.*

Синт.: **а, б** — в глаг. знач. 1, 2

IV. КРО́ШЕННЫЙ, -ая, -ое, -ые; *страд. прош.*

Синт.: **а, б** — в глаг. знач. 1

Ср. прил. **кро́шеный**, -ая, -ое, -ые. Состоящий из мелких частей, крошек, накрошенный. *Крошеный табак. Крошеное мясо*

КРО́ШЕН, -ена, -ено, -ены; *кр. ф.*

В глаг. знач. 1

□ Прич. III не употр.

КРУЖИ́ТЬ, кружу́, кру́ж|ат и круж|а́т, кружи́|л; **несов. 1. *перех., кого(что)*** *Андрей кружил девушку в вальсе* [делая кругообразные движения вместе с кем-л., направлять эти движения в ритме музыки, под счет и т. п.] **2. *перех., что; S не лицо*** *Ветер кружил мусор по мостовой* [заставлять что-л. двигаться по кругу, кругообразно, вращать, вертеть] **3. *неперех.*** *«На бледном небе ястреб кружит, Чертя за кругом плавный круг».* Блок, Возмездие. *Планерист кружил над соснами очень долго. Самолет кружил над городом* [делать, описывать круги на лету, кружиться] **4. *неперех.*** *Мы долго кружили по лесу. Друзья весь день кружили по незнакомому городу* [блуждать, ходить, сбившись с дороги, возвращаясь на прежнее место] **5. *неперех.; S не лицо*** *«Кружила метель; тусклые фонари, залепленные снегом, почти вовсе не освещали улицы».* Гайдар, Школа [взметать снег, пыль и т. п., мести — о вьюге, метели и т. п.]

I. КРУЖА́ЩИЙ, -ая, -ее, -ие; *действ. наст.*

Синт.: **а, б** — в глаг. знач. 1 — 5; **в** — в глаг. знач. 5

II. КРУЖИ́ВШИЙ, -ая, -ее, -ие; *действ. прош.*

Синт.: **а, б** — в глаг. знач. 1 — 5; **в** — в глаг. знач. 5

IV. КРУ́ЖЕННЫЙ, -ая, -ое, -ые и КРУЖЁННЫЙ, -ая, -ое, -ые; *страд. прош.* (*редко*)

Синт.: **а, б** — в глаг. знач. 1, 2

КРУ́ЖЕН, -ена, -ено, -ены и КРУЖЁН, -ена́, -ено́, -ены́; *кр. ф.* (*редко*)

В глаг. знач. 1, 2

□ Прич. III не употр.

КРУТИ́ТЬ, кручу́, кру́т|ят, крути́|л; **несов.** (*сов.* скрути́ть *к* 3, 4 знач.) **1. *перех., что*** *Мальчишки крутили колесо велосипеда. Олег крутит ручку кофемолки* [приводить в круговое движение вокруг своей оси, вращать, вертеть] **2. *перех., что,*** также ***чем*** *«Две [девочки] крутили скакалку сперва в одну сторону, потом в другую, а третья прыгала».* Кетлинская, Дни нашей жизни. *Мальчик крутил веревку над головой двумя руками* (см. § 2) [держа в руке какой-л. предмет, приводить его в круговое, вращательное движение] **3. *перех., что*** *Солдаты крутили папиросы из газет* [свертывать из бумаги папиросу, цигарку и т. п.] **4. *перех., что*** *Альпинисты начали крутить толстую веревку из трех тонких* [вертя туго, свивать, изготовляя что-л.] **5. *перех., что; S не лицо*** *Ветер крутит пыль* [придавать вихревое движение чему-л., кружить] **6. *неперех.; S не лицо*** *«Над всей.. холмистой.. открытой местностью крутила теплая метель».* Фадеев, Молодая гвардия [взметать, кружить снег, пыль и т. п.— о метели, вьюге и т. п.] **7. *неперех., чем*** *Ребенок не сидит на месте, крутит головой, капризничает* [быстро поворачивать из стороны в сторону голову, хвост и т. п.]

I. КРУТЯ́ЩИЙ, -ая, -ее, -ие; *действ. наст.*

Синт.: **а, б** — в глаг. знач. 1 — 7; **в** — в глаг. знач. 6

II. КРУТИ́ВШИЙ, -ая, -ее, -ие; *действ. прош.*

Синт.: **а, б** — в глаг. знач. 1 — 7; **в** — в глаг. знач. 6

IV. КРУ́ЧЕННЫЙ, -ая, -ое, -ые; *страд. прош.* [чередование т/ч]

Синт.: **а, б** — в глаг. знач. 1 — 5

Ср. прич. в 4 глаг. знач. с прил. **кручёный**, -ая, -ое, -ые. Изготовленный кручением, скручиванием. *Крученые нитки. Крученый пояс*

Субстантив.₃ в глаг. знач. 3, 4

КРУ́ЧЕН, -ена, -ено, -ены; *кр. ф.*

В глаг. знач. 1 — 5

□ Прич. III не употр.

КРУТИ́ТЬСЯ, кручу́сь, кру́т|ятся; крути́|лся; **несов., неперех. 1.** ***S не лицо*** *Колесо велосипеда крутится очень быстро* [совершать круговое движение, вращаться, вертеться] **2. *S не лицо*** *Новая световая реклама меняет цвет и крутится* [иметь свойство совершать круговые движения, вращаться] **3. *S не лицо*** *«Крутятся снежные вихри».* Арамилев, Перед бурей [быть в состоянии вихревого движения] **4.** *Малыш все время крутится на стуле* [поворачиваться в разные стороны, часто меняя положение] **5.** *Этот человек постоянно крутится около меня. Оля все время крутилась перед зеркалом* [постоянно находиться где-л., около кого-чего-л., мешая или с какой-л. целью; *разг.*] **6. *S не лицо*** *В голове крутится одна и та же мелодия. «Разговор наш снова крутится вокруг колхозных дел».* Грибачев, Чужая вина [постоянно возникать в сознании, в памяти; постоянно обращаться, возвращаться к кому-чему-л.— о мыслях, разговорах, спорах и т. п.] **7.** *Тамара целый день крутится дома по хозяйству* [проводить время в хлопотах, беспокойных делах; *разг.*]

I. КРУТЯ́ЩИЙСЯ, -аяся, -ееся, -иеся; *действ. наст.*

Синт.: **а, б** — в глаг. знач. 1 — 7; **в** — в глаг. знач. 1, 3

В знач. прил. Имеющий свойство двигаться по окружности, вращаясь вокруг своей оси — о предметах. *Крутящаяся реклама. Крутящаяся сцена*

II. КРУТИ́ВШИЙСЯ, -аяся, -ееся, -иеся; *действ. прош.*

Синт.: **а, б** — в глаг. знач. 1—7

КРЫТЬ, кро́|ют, кры|л; ***несов., перех.*** (*сов.* покры́ть) **1. *что***, также ***чем*** *Сегодня рабочие крыли крышу. Солдаты кроют грузовики брезентом* (см. § 2) [делать над чем-л. верх, покрытие, крышу и т. п.] **2. *что чем*** *Олег собирался крыть шестерку тузом, но раздумал* (см. § 2) [в карточной игре: бить карту партнера старшей картой; *разг.*]

I. КРО́ЮЩИЙ, -ая, -ее, -ие; *действ. наст.*

Синт.: **а, б** — в глаг. знач. 1, 2

II. КРЫ́ВШИЙ, -ая, -ее, -ие; *действ. прош.*

Синт.: **а, б** — в глаг. знач. 1, 2

III. КРО́ЕМЫЙ, -ая, -ое, -ые; *страд. наст.*

Синт.: **а, б** — в глаг. знач. 1, 2

IV. КРЫ́ТЫЙ, -ая, -ое, -ые; *страд. прош.*

Синт.: **а, б** — в глаг. знач. 1, 2 и в статив. знач.

Статив. знач., ***чем*** (также *кр. ф.* ↓) Имеющий покрытие, обивку, верх из какой-л. материи, кожи и т. п. *«В церкви Анна стояла впереди всех, одетая в хорошую овчинную шубу, крытую синим сукном».* Марков, Строговы

С р. прил. **кры́тый**, -ая, -ое, -ые. Имеющий крышу, навес. *Крытый рынок. Крытая машина. Крытые скотные дворы*

КРЫТ, -та, -то, -ты; *кр. ф.*

В глаг. знач. 1, 2

Статив. знач., ***чем*** (также *полн. ф.* ↑) *«..потолки лепные, мебель крыта шелком».* Мамин-Сибиряк, Хлеб

КУПА́ТЬ, купа́|ют, купа́|л; ***несов., перех., кого(что)*** (*сов.* вы́купать и искупа́ть) *Валя сейчас купает ребенка* [погружать в воду для мытья, освежения и т. п.]

I. КУПА́ЮЩИЙ, -ая, -ее, -ие; *действ. наст.*

Синт.: **а, б** — в глаг. знач.

II. КУПА́ВШИЙ, -ая, -ее, -ие; *действ. прош.*

Синт.: **а, б** — в глаг. знач.

III. КУПА́ЕМЫЙ, -ая, -ое, -ые; *страд. наст.*

Синт.: **а, б** — в глаг. знач.

КУПА́ЕМ, -ема, -емо, -емы; *кр. ф.*

В глаг. знач.

IV. КУ́ПАННЫЙ, -ая, -ое, -ые; *страд. прош.*

Синт.: **а, б** — в глаг. знач.

КУ́ПАН, -ана, -ано, -аны; *кр. ф.*

В глаг. знач.

КУПИ́ТЬ, куплю́, ку́п|ят, купи́|л; ***сов., перех.*** (*несов.* покупа́ть *к* 1, 2 знач.) **1. *кого(что)*** и ***что*** *Отец купил Алеше щенка. Олег купил билеты на концерт* [приобрести за деньги] **2. *кого (что)*** *«— Петлюру можно купить за соответствующее моральное и материальное вознаграждение..»* Н. Островский, Рожденные бурей [подкупом, взяткой и т. п. привлечь на свою сторону, подкупить; *разг.*] **3. *кого(что) чем*** *«Он надраивал полы и нары и этим так купил завхоза, что тот готов был вечно держать Сапара при себе».* Н. Никитин, Это было в Коканде [расположить чем-л. в свою пользу, вызвать чью-л. симпатию; *разг.*]

II. КУПИ́ВШИЙ, -ая, -ее, -ие; *действ. прош.*

Синт.: **а, б** — в глаг. знач. 1 — 3

IV. КУ́ПЛЕННЫЙ, -ая, -ое, -ые; *страд. прош.** [чередование п/пл]

Синт.: **а, б** — в глаг. знач. 1, 2; **в** — в глаг. знач. 1

КУ́ПЛЕН, -ена, -ено, -ены; *кр. ф.**

В глаг. знач. 1, 2

▭ Прич. IV в 3 глаг. знач. не употр.

КУРИ́ТЬ, курю́, ку́р|ят, кури́|л; ***несов.* 1. *перех., что*** *Старик курил махорку* [втягивать в себя через рот и выдыхать дым какого-л. вещества, обычно табака] **2. *перех., что*** *«Чертопханов.. курил трубку из длинного чубука».* Тургенев, Конец Чертопханова [пользоваться для курения каким-л. прибором] **3. *неперех.*** *Ваш сын курит? У них курит вся семья* [иметь пристрастие, привычку втягивать в себя через рот и выдыхать дым табака]

I. КУРЯ́ЩИЙ, -ая, -ее, -ие; *действ. наст.*

Синт.: **а, б** — в глаг. знач. 1 — 3; **в** — в глаг. знач. 1

В знач. прил. Такой, который имеет пристрастие, привычку к курению. *Все курящие больные пройдут обследование*

В знач. сущ. **куря́щий**, -его, *м.*; **куря́щая**, -ей, *ж.* Тот (та), кто имеет привычку к курению. *Вагон для курящих. Мой сын не курящий*

II. КУРИ́ВШИЙ, -ая, -ее, -ие; *действ. прош.*

Синт.: **а, б** — в глаг. знач. 1 — 3; **в** — в глаг. знач. 1

IV. КУ́РЕННЫЙ, -ая, -ое, -ые; *страд. прош.*

Синт.: **а, б** — в глаг. знач. 1, 2

Субстантив.$_3$ в глаг. знач. 1

КУ́РЕН, -ена, -ено, -ены; *кр. ф.* (*редко*)

В глаг. знач. 1, 2

▭ Прич. III не употр.

КУ́ТАТЬ, ку́та|ют, ку́та|л; ***несов., перех.* 1. *что во что*** и ***чем*** *Бабушка кутала плечи в шерстяной платок. Оля кутала ноги пледом* (см. § 2) [плотно обертывать во что-л. теплое, хорошо укутывать чем-л.] **2. *кого(что)*** *Аня напрасно кутает своего ребенка* [одевать слишком тепло]

I. КУ́ТАЮЩИЙ, -ая, -ее, -ие; *действ. наст.*

Синт.: **а, б** — в глаг. знач. 1, 2

II. КУ́ТАВШИЙ, -ая, -ее, -ие; *действ. прош.*

Синт.: **а, б** — в глаг. знач. 1, 2

IV. КУ́ТАННЫЙ, -ая, -ое, -ые; *страд. прош.*

Синт.: **а, б** — в глаг. знач. 1, 2

Субстантив.$_3$ не употр.

КУ́ТАН, -ана, -ано, -аны; *кр. ф.**

В глаг. знач. 1

▭ Прич. III не употр. Кр. ф. прич. IV во 2 глаг. знач. не употр.

Л

ЛА́ЗАТЬ, ла́за|ют, ла́за|л; ***несов., неперех.*** То же, что ла́зить (см.)

I. ЛА́ЗАЮЩИЙ, -ая, -ее, -ие; *действ. наст.*
Синт.: **а, б** — в глаг. знач. 1—5
II. ЛА́ЗАВШИЙ, -ая, -ее, -ие; *действ. прош.*
Синт.: **а, б** — в глаг. знач. 1—5

ЛА́ЗИТЬ, ла́жу, ла́з|ят, ла́зи|л; **несов., неперех. 1.** *Мальчики лазят на это дерево каждую весну, чтобы укрепить скворечник. Олег лазит через забор, когда калитка бывает заперта. Мы не раз лазили по пожарной лестнице на чердак. Сережа лазил в погреб за яблочным соком по просьбе бабушки* [взбираться, подниматься или опускаться, проникать куда-л., карабкаясь, цепляясь руками или ногами — о движении, совершаемом в одном направлении не один раз] **2.** ***по чему*** *Кто-то лазил по крыше. Мальчики лазят по склону холма, собирая орехи* [двигаться по поверхности чего-л., цепляясь руками или ногами — о движении, совершаемом в разных направлениях, не один раз] **3.** *Малыш часто лазит за шкаф, чтобы спрятаться от нас. Дима лазил под кровать за мячом. Илья несколько раз лазил в палатку за теплыми вещами* [протискиваться куда-л., пробираться ползком, проникать, согнувшись, куда-л.— о движении, совершаемом в одном направлении не один раз] **4.** ***во что*** *Кто-то явно лазил в нашу квартиру через окно* [тайком входить, проникать куда-л.— о действии, совершаемом не один раз] **5.** ***во что*** *Девочка несколько раз лазила в пакет за конфетами* [проникать, забираться рукой во что-л.— о действии, совершаемом не один раз]. Ср. лезть
I. ЛА́ЗЯЩИЙ, -ая, -ее, -ие; *действ. наст.*
Синт.: **а, б** — в глаг. знач. 1 — 5
В знач. прил. **1.** Приспособленный для лазания — о птицах; *в зоологии. Лазящие птицы* **2.** Способный при росте цепляться за что-л.— о растениях; *в ботанике. Лазящий кустарник*
В знач. сущ. **ла́зящие**, -их, *мн.* Отряд птиц, по устройству ног приспособленный для лазания, напр. попугай, дятел и т. д.; *в зоологии*
II. ЛА́ЗИВШИЙ, -ая, -ее, -ие; *действ. прош.*
Синт.: **а, б** — в глаг. знач. 1 — 5

ЛАКИРОВА́ТЬ, лакиру́|ют, лакирова́|л; **несов., перех., что** (*сов.* отлакирова́ть *к* 1 знач.) **1.** *Мы сегодня лакировали пол. Мастер хорошо лакирует мебель* [покрывать лаком] **2.** *Этот писатель явно лакирует действительность* [представлять что-л. в идеализированном виде, приукрашивать]
I. ЛАКИРУ́ЮЩИЙ, -ая, -ее, -ие; *действ. наст.*
Синт.: **а, б** — в глаг. знач. 1, 2
II. ЛАКИРОВА́ВШИЙ, -ая, -ее, -ие; *действ. прош.*
Синт.: **а, б** — в глаг. знач. 1, 2
III. ЛАКИРУ́ЕМЫЙ, -ая, -ое, -ые; *страд. наст.*
Синт.: **а, б, в** — в глаг. знач. 1, 2
Субстантив.$_3$ в глаг. знач. 1
IV. ЛАКИРО́ВАННЫЙ, -ая, -ое, -ые; *страд. прош.**
Синт.: **а, б** — в глаг. знач. 1
В знач. прил. (только *полн. ф.*) Покрытый лаком. *Лакированный пол. Лакированные туфли. Лакированная мебель*
ЛАКИРО́ВАН, -ана, -ано, -аны; *кр. ф.**
В глаг. знач. 1
▭ Прич. IV во 2 глаг. знач. не употр.

ЛАСКА́ТЬ, ласка́|ют, ласка́|л; **несов., перех. 1. кого** *«Детей он ласкал осторожно, какими-то особенно легкими и бережными прикосновениями».* М. Горький, В. И. Ленин (см. § 2). *«Как ласкала его Я в ночной тишине! Как смеялись тогда Мы твоей седине!»* Пушкин, Цыганы [проявлять нежность, любовь, ласку по отношению к кому-л.; осыпать любовными, чувственными ласками] **2.** ***что; S не лицо*** *Тихий плеск морских волн ласкал слух. Мягкое вечернее освещение ласкает глаза* [доставлять приятное ощущение]
I. ЛАСКА́ЮЩИЙ, -ая, -ее, -ие; *действ. наст.*
Синт.: **а, б** — в глаг. знач. 1, 2
В знач. прил. Нежащий, ласковый. *Ласкающий свет. Ласкающее прикосновение. Ласкающий ветерок* (Ср. прил. **ла́сковый**, -ая, -ое, -ые; -ов, -ова, -ово, -овы в знач. **1.** Выражающий нежность. *Ласковый взгляд. Ласковая улыбка* **2.** Доставляющий приятное ощущение, нежащий, ласкающий. *Ласковый плеск волн. Ласковый свет. Ласковое прикосновение. Ласковый ветерок*)
II. ЛАСКА́ВШИЙ, -ая, -ее, -ие; *действ. прош.*
Синт.: **а, б** — в глаг. знач. 1, 2
III. ЛАСКА́ЕМЫЙ, -ая, -ое, -ые; *страд. наст.*
Синт.: **а, б** — в глаг. знач. 1, 2
Субстантив.$_3$ не употр.
ЛАСКА́ЕМ, -ема, -емо, -емы; *кр. ф.*
В глаг. знач. 1, 2
IV. ЛА́СКАННЫЙ, -ая, -ое, -ые; *страд. прош.** *(редко)*
Синт.: **а, б** — в глаг. знач. 1
ЛА́СКАН, -ана, -ано, -аны; *кр. ф.* (редко)*
В глаг. знач. 1
▭ Прич. IV во 2 глаг. знач. не употр.

ЛА́ЯТЬ, ла́|ют, ла́я|л; **несов., неперех.; *S не лицо*** *«Ай, Моська! знать она сильна, Что лает на Слона!»* И. Крылов, Слон и Моська [издавать лай — о собаке, лисице и некоторых других животных]
I. ЛА́ЮЩИЙ, -ая, -ее, -ие; *действ. наст.*
Синт.: **а, б, в** — в глаг. знач.
В знач. прил. Похожий на лай, отрывистый, хриплый — о голосе, звуке и т. п. *Лающий голос. Лающий кашель. Лающий бас. Лающий звук*
II. ЛА́ЯВШИЙ, -ая, -ее, -ие; *действ. прош.*
Синт.: **а, б, в** — в глаг. знач.

ЛЕДЕНИ́ТЬ, леден|я́т, ледени́|л; **несов., перех., *что; S не лицо*** **1.** *Сильный ветер леденит руки и лицо. «Мы начали раскапывать снег своими рукавицами, он попадал за их обшлага и леденил пальцы».* Морозов, Повести моей жизни [пронизывать холодом, студить, холодить] **2.** *Страх леденил сердце. Одна мысль об этом леденила ей мозг. Ужас леденил кровь* [приводить в состояние оцепенения и ужаса — обычно в сочетании с сущ. *сердце, мозг, кровь, душа* и т. п.]
I. ЛЕДЕНЯ́ЩИЙ, -ая, -ее, -ие; *действ. наст.*

Синт.: **а, б** — в глаг. знач. 1, 2

В знач. прил. **1.** Пронизывающий холодом, ледяной. *Леденящий ветер. Леденящий холод* **2.** Приводящий в состояние оцепенения, парализующий. *Леденящий страх. Леденящая мысль. Леденящий ужас.* **3.** Враждебно-холодный, ледяной. *Леденящий взгляд. Леденящий тон* (Ср. прил. **ледяно́й**, -а́я, -о́е, -ы́е в знач. **1.** Очень холодный. *Ледяной ветер. Ледяная вода* **2.** Враждебно-холодный. *Ледяной взгляд. Ледяной тон*)

II. ЛЕДЕНИ́ВШИЙ, -ая, -ее, -ие; *действ. прош.*

Синт.: **а, б** — в знач. 1, 2

▭ Прич. III, IV не употр.

ЛЕЖА́ТЬ, леж|а́т, лежа́|л; ***несов., неперех.*** **1.** *Валерий лежал на кушетке и читал. Я люблю лежать на правом боку* [находиться на чем-л. в горизонтальном положении, опустившись всем телом — о людях и некоторых животных] **2.** ***S не лицо*** *Книги лежали на столе, на полу, на креслах* [находиться на горизонтальной поверхности в неподвижном положении — о предметах] **3.** *Аня лежит с ангиной* [будучи больным, находиться в постели] **4.** *Дедушка лежит в больнице с воспалением легких* [находиться в больнице, госпитале и т. п. на излечении] **5.** ***на чем; S не лицо*** *На елях и соснах лежит снег. Пыль лежала в комнате на всей мебели. На траве лежал иней* [покрывать собою какую-л. поверхность] **6.** ***на ком(чем)*** и ***на чем; S не лицо*** *«Лежит на ней дельности строгой И внутренней силы печать».* Н. Некрасов, Мороз Красный нос. *«На всем лежал отпечаток аккуратности и хозяйственности».* Л. Толстой, Война и мир [быть заметным, отражаться на ком-чем-л.— в сочетании с сущ. *печать, отпечаток, след* и т. п.] **7.** ***S не лицо*** *Апельсины лежат в холодильнике. Полотенце для рук лежит в шкафу* [быть, находиться, помещаться где-л.] **8.** ***S не лицо*** *Вещи лежат в камере хранения. Деньги лежали на книжке в сберкассе* [быть помещенным, отданным куда-л. на хранение] **9.** ***S не лицо*** *Рукопись лежит в редакции уже полгода* [не находить применения, быть без употребления] **10.** ***S не лицо*** *Город лежал в долине* [быть расположенным где-л., иметь где-л. местоположение] **11.** ***S не лицо*** *Наш путь лежит на юг. Курс корабля лежал на север* [иметь направление в какую-л. сторону — о пути, дороге, курсе] **12.** ***S не лицо*** *У тебя волосы плохо лежат, причешись! Складки на юбке лежат ровно* [располагаться тем или иным образом] **13.** ***на ком(чем); S не лицо*** *Все заботы о семье лежат на Олеге. На директоре лежала ответственность за выполнение плана* [составлять чью-л. обязанность, долг, быть на чьей-л. ответственности]

I. ЛЕЖА́ЩИЙ, -ая, -ее, -ие; *действ. наст.*

Синт.: **а, б** — в глаг. знач. 1 — 13; **в** — в глаг. знач. 1

Ср. прил. **лежа́чий**, -ая, -ее, -ие. **1.** Такой, который лежит, находится в горизонтальном положении. *«Голова у него, глядя спереди, была похожа формой на стоячий боб, а сбоку — на лежачий».* Куприн, Обида **2.** Такой, при котором всё тело распростерто на поверхности чего-л. *Лежачее положение* **3.** Такой, который находится в постели, не может встать, ходить — о больных. *Лежачий больной* **4.** Предназначенный для лежания; *разг. Лежачее место в вагоне*

II. ЛЕЖА́ВШИЙ, -ая, -ее, -ие; *действ. прош.*

Синт.: **а, б** — в глаг. знач. 1 — 13; **в** — в глаг. знач. 1

Ср. прич. в 7 глаг. знач. с прил. **лежа́лый**, -ая, -ое, -ые. Несвежий, долго лежавший, залежавшийся. *Лежалый товар. Лежалая мука*

ЛЕЗТЬ, ле́з|ут, лез|; ***несов., неперех.*** (*сов.* вы́лезти и вы́лезть *к* 14 знач.) **1.** *Мальчик лезет на дерево. Олег лезет через забор, так как калитка заперта. Ребята лезли по пожарной лестнице на чердак. Сережа лезет в погреб за яблочным соком* [взбираться, подниматься или опускаться, проникать куда-л., карабкаясь, цепляясь руками или ногами — о движении, совершаемом в одном направлении, один раз] **2.** ***по чему*** *Кто-то лезет по крыше. Мальчики лезли по склону холма* [двигаться по поверхности чего-л., цепляясь руками или ногами — о движении, совершаемом в одном направлении, один раз] **3.** *Малыш лезет за шкаф, чтобы спрятаться от нас. Дима лезет под кровать за мячом. Илья лезет в палатку за теплыми вещами* [протискиваться куда-л., пробираться ползком, проникать, согнувшись, куда-л.— о движении, совершаемом в одном направлении, один раз] **4.** ***во что*** *Кто-то лезет в нашу квартиру через окно* [тайком входить, проникать куда-л.— о действии, совершаемом один раз] **5.** ***во что*** *Девочка лезет в пакет за конфетами* [проникать, забираться рукой во что-л.— о действии, совершаемом один раз] **6.** ***во что*** *Олег с неохотой лезет в воду, ему явно не хочется купаться* [входить, вступать — обычно в какой-л. водоем] **7.** *Этот человек без билета лезет в зал* [с силой, преодолевая сопротивление, входить, проникать куда-л., оказываться где-л., не считаясь с запретом; *прост.*] **8.** ***во что*** *Соседка всегда лезет не в свои дела* [вмешиваться бестактно, грубо в чьи-л. дела, в чью-л. жизнь; *прост.*] **9.** ***к кому с чем*** *Дочь часто лезет ко мне с пустяками* [настойчиво, назойливо обращаться к кому-л. с чем-л., надоедать, приставать; *прост.*] **10.** ***во что; S не лицо*** *Книга не лезет в портфель. Гвоздь не лезет в стену* [помещаться, вмещаться во что-л.; входить, углубляться во что-л.— обычно с отрицанием] **11.** ***кому, на кого*** и ***на что; S не лицо*** *Новые туфли мне не лезут. Пиджак узок и не лезет на Сережу. Эта шляпа не лезет на голову* [быть впору, подходить по размерам, надеваться на кого-что-л.— об одежде, обуви; обычно с отрицанием] **12.** ***S не лицо*** *Волосы лезут в глаза. Шапка лезет на лоб* [сползать, надвигаться, налезать на что-л.; *разг.*] **13.** ***во что; S не лицо*** *«Этот тонкий звук надоедливо лезет в уши».* М. Горький, Трое. *Едкий дым лезет в глаза. Пыль лезет в глаза, в нос* [проникая куда-л., вызывать неприятные ощущения, раздражать] **14.** ***у кого; S не лицо*** *Шерсть у нашей кошки очень лезет. У меня волосы лезут* [выпадать — о волосах, шерсти] **15.** ***S не лицо*** *Платье лезет по швам. Эта старая материя уже лезет от ветхости* [расползаться, рваться; *разг.*]. Ср. ла́зить

I. ЛЕ́ЗУЩИЙ, -ая, -ее, -ие; *действ. наст.*
Синт.: **а, б** — в глаг. знач. 1—15; **в** — в глаг. знач. 14

II. ЛЕ́ЗШИЙ, -ая, -ее, -ие; *действ. прош.*
Синт.: **а, б** — в глаг. знач. 1—15; **в** — в глаг. знач. 14

ЛЕПЕТА́ТЬ, лепечу́, лепе́ч|ут, лепета́|л; ***несов., перех.*** **1.** ***что*** и ***без дополн.*** *Девочка лепечет что-то непонятное. «За стеной звонко лепечет четырехлетний ребенок».* Ажаев, Далеко от Москвы [говорить несвязно, неправильно, неясно произнося слова — о детях] **2.** ***что*** *«Перед взбешенным полковником стоял навытяжку офицер.. и что-то бессвязно лепетал».* Фадеев, Молодая гвардия [говорить невразумительно, невнятно]

I. ЛЕПЕ́ЧУЩИЙ, -ая, -ее, -ие; *действ. наст.*
Синт.: **а, б** — в глаг. знач. 1, 2

II. ЛЕПЕТА́ВШИЙ, -ая, -ее, -ие; *действ. прош.*
Синт.: **а, б** — в глаг. знач. 1, 2

▭ Прич. III, IV не употр.

ЛЕПИ́ТЬ, леплю́, ле́п|ят, лепи́|л; ***несов.*** (*сов.* вы́лепить *к* 1 знач.; *сов.* слепи́ть *к* 3 знач.) **1.** ***перех., что*** и ***кого*** *Мальчик лепил фигурку из глины. «Здесь хотят лепить мой бюст».* Пушкин, Письмо Н. Н. Пушкиной, 14 и 16 мая 1836 [делать чье-л. изображение из пластического материала] **2.** ***перех., что*** *«Задача поэзии сегодня в углублении достигнутого. Классики превосходно лепили образы людей».* Сельвинский, Я буду говорить о стихах [создавать средствами литературы, музыки, живописи художественные образы] **3.** ***перех., что*** *Мы сегодня лепили пельмени. Ребята лепят из снега крепость* [делать, изготовлять, мастерить что-л. из мягкого, вязкого вещества, снега и т. п.] **4.** ***перех., что*** *Олег лепил на столбах объявления об обмене квартиры* [приклеивать; *разг.*] **5.** ***перех., что*** *Мальчик торопливо писал, лепил одну букву на другую* [помещать одно (буквы, слова, строчки) сразу же за другим или на другое, не оставляя промежутков; *разг.*] **6.** ***неперех.; S не лицо*** *«Снег лепил в лицо, порошил глаза».* Паустовский, Северная повесть [попадая на лету во что-л., налипать, залеплять — о снеге]

I. ЛЕ́ПЯЩИЙ, -ая, -ее, -ие; *действ. наст.*
Синт.: **а, б** — в глаг. знач. 1 — 6

II. ЛЕПИ́ВШИЙ, -ая, -ее, -ие; *действ. прош.*
Синт.: **а, б** — в глаг. знач. 1 — 6

IV. ЛЕ́ПЛЕННЫЙ, -ая, -ое, -ые; *страд. прош.*
Синт.: **а, б** — в глаг. знач. 1—5
Субстантив.$_3$ в глаг. знач. 1, 3, 4
ЛЕ́ПЛЕН, -ена, -ено, -ены; *кр. ф.*
В глаг. знач. 1—5

▭ Прич. III не употр.

ЛЕТА́ТЬ, лета́|ют, лета́|л; ***несов., неперех.*** **1.** ***S не лицо*** *Над цветами летали пчелы. Смотри, как высоко летают птицы. Воробьи летали к этой кормушке каждый день* [передвигаться, перемещаться по воздуху с помощью крыльев — о движении, совершаемом в одном направлении не один раз или в разных направлениях] **2.** ***S не лицо*** *Самолеты летают во Владивосток регулярно. В космосе летают искусственные спутники Земли. Над полем весь день летал вертолет* [перемещаться, двигаться по воздуху или в безвоздушном пространстве в одном или разных направлениях, не один раз — о самолетах, вертолетах, космических кораблях и т. п.] **3.** *Эта игрушечная птица не только открывает клюв, но и летает. «[Катерина:] Отчего люди не летают!»* А. Островский, Гроза [иметь способность держаться в воздухе и перемещаться по воздуху] **4.** *Геологи летают в соседний район на вертолете. Смирнов часто летает в Ригу. Космонавты уже летали в открытом космосе* [о движении, совершаемом в одном или разных направлениях, не один раз: использовать самолет, вертолет и т. п. как транспортное средство; перемещаться, двигаться по воздуху или в безвоздушном пространстве при помощи какого-л. летательного аппарата, используя особое приспособление и т. п.] **5.** *Андрей с детства хотел научиться летать и поступил в летную школу* [уметь управлять летательным аппаратом] **6.** ***кем*** и ***на чем*** *Петров третий год летает штурманом. Олег летает на ТУ-154* [работать, служить в авиации, являясь членом экипажа самолета, вертолета и т. п.] **7.** ***S не лицо*** *Снежинки медленно летают в воздухе* [перемещаться, двигаться по воздуху силой ветра, толчков и т. п.— о движении, совершаемом в разных направлениях, не один раз] **8.** ***S не лицо*** *«Бренчат кавалергарда шпоры; Летают ножки милых дам».* Пушкин, Евгений Онегин [передвигаться легко и быстро, едва касаясь земли, пола и т. п.; *разг.*] **9.** *«Лакеи летали туда и назад, в кухню и к экономке».* Л. Толстой, Нет в мире виноватых [торопливо бегать, ходить, ездить в разных направлениях в течение длительного времени; *разг.*]. Ср. лете́ть

I. ЛЕТА́ЮЩИЙ, -ая, -ее, -ие; *действ. наст.*
Синт.: **а, б** — в глаг. знач. 1 — 9; **в** — в глаг. знач. 1, 2
В знач. прил. **1.** Приспособленный к летанию, имеющий свойство летать. *Летающие насекомые. Летающие ящеры.* **2.** Имеющий специальные приспособления, чтобы летать. *Мы купили малышу летающую игрушечную птицу* ◇ **Летающие тарелки** — появляющиеся в атмосфере Земли неопознанные светящиеся объекты округлой или продолговатой формы; *разг.* **Летающая крепость** — название четырехмоторного тяжелого бомбардировщика дальнего действия (Ср. прил. **лета́тельный,** -ая, -ое, -ые. Относящийся к летанию; служащий, приспособленный для летания. *Летательный аппарат. Летательные движения. Летательные способности птиц.* Ср. прил. **лету́чий,** -ая, -ее, -ие в знач. 'способный летать, носиться в воздухе'. *Летучие семена*

II. ЛЕТА́ВШИЙ, -ая, -ее, -ие; *действ. прош.*
Синт.: **а, б** — в глаг. знач. 1 — 9; **в** — в глаг. знач. 1, 2

ЛЕТЕ́ТЬ, лечу́, лет|я́т, лете́|л; ***несов., неперех.*** (*сов.* полете́ть *к* 12, 13 знач.) **1.** ***S не лицо*** *Пчелы летят в улей. Птицы летели на юг. Воробьи летят к кормушке в лесу* [передвигаться, перемещаться по воздуху с помощью крыльев — о движении, совершаемом в одном направлении, один раз] **2.** ***S не лицо*** *Самолет летит во Владивосток. Искусственный спутник Земли летит сейчас над океаном. Вертолет летит над полем* [перемещаться, двигаться по воздуху или в безвоздушном пространстве — о движении, совершаемом в одном направлении, один раз] **3.** *Смирнов летит в Ригу. Геологи летели сначала на маленьком двухместном самолете, а потом на вертолете. Летчик летел в густом тумане. Космонавт летел в открытом космосе* [о движении, совершаемом в одном направлении, один раз: использовать самолет, вертолет и т. п. как транспортное средство; перемещаться, двигаться по воздуху или в безвоздушном пространстве при помощи какого-л. летательного аппарата, используя особое приспособление и т. п.] **4.** ***кем*** *Петров в этом рейсе летит штурманом* [исполнять какие-л. обязанности, находиться при исполнении служебных обязанностей, являясь членом экипажа самолета, вертолета и т. п.— о действии, совершаемом один раз] **5.** ***S не лицо*** *Снежинки летят нам в лицо. «Гремят раскаты молодые, Вот дождик брызнул, пыль летит».* Тютчев, Весенняя гроза. *Мяч летел над сеткой слишком низко* [перемещаться, двигаться по воздуху силой ветра, толчка и т. п.— о движении, совершаемом в одном направлении, один раз] **6.** *И вот мы летим на моторной лодке к противоположному берегу. Мальчик летел домой стрелой* [мчаться по земле или по воде] **7.** *Малыш летит со стула и плачет. Из-за моего неосторожного движения книги летят со стола на пол* [падать с чего-л., откуда-л.; *разг.*] **8.** ***S не лицо*** *«Проходят дни, летят недели, Онегин мыслит об одном».* Пушкин, Евгений Онегин (ранняя редакция) [быстро проходить — о времени] **9.** ***S не лицо*** *«Все думы сердца к ней летят, Об ней в изгнании тоскую».* Пушкин, Бахчисарайский фонтан [стремиться куда-л., уноситься — о думах, мыслях и т. п.] **10.** ***S не лицо*** *«На бирже паника, доллар летит вниз».* А. Н. Толстой, Черная пятница. *Цены на рынке летят вверх* [быстро изменяться — о цене, уровне и т. п.; *разг.*] **11.** ***S не лицо*** *Деньги так и летят* [быстро тратиться, расходоваться; *разг.*] **12.** ***S не лицо*** *«У машины летит задний мост. Нас заводят в военный городок, обещают к утру починить».* Андроников, Путешествие в Ярославль [ломаться, портиться; *разг.*] **13.** ***S не лицо*** *Из-за тебя летят все наши планы* [нарушаться, не осуществляться; *разг.*]

I. ЛЕТЯ́ЩИЙ, -ая, -ее, -ие; *действ. наст.*
Синт.: **а, б** — в глаг. знач. 1 — 13; **в** — в глаг. знач. 1, 2
В знач. прил. **1.** Стремительный, быстрый. *Летящая походка* **2.** При быстром письме — с косыми, как бы устремленными вверх строчками. *Летящий почерк*

II. ЛЕТЕ́ВШИЙ, -ая, -ее, -ие; *действ. прош.*
Синт.: **а, б** — в глаг. знач. 1 — 13; **в** — в глаг. знач. 1, 2

ЛЕЧИ́ТЬ, лечу́, ле́ч|ат, лечи́|л; ***несов., перех.*** (*сов.* вы́лечить) **1.** ***кого(что)*** и ***что,*** также ***чем*** *Этот врач лечит своих больных только травами* (см. § 2). *Олег лечит больных от туберкулеза уже двадцать лет. Современная медицина успешно лечит многие болезни* [будучи врачом, медицинским работником, принимать какие-л. меры для излечения кого-чего-л.] **2.** ***что,*** также ***чем*** *Андрей лечит сердце иглоукалыванием* (см. § 2) [применять какие-л. средства для излечения своего больного органа или какой-л. болезни]

I. ЛЕ́ЧАЩИЙ, -ая, -ее, -ие; *действ. наст.*
Синт.: **а, б** — в глаг. знач. 1, 2
В знач. прил. в выражении: **лечащий врач** — врач в больнице или в поликлинике, осуществляющий постоянное наблюдение за каким-л. больным или его лечение от начала заболевания до полного выздоровления
Ср. прил. **лече́бный,** -ая, -ое, -ые. Предназначенный для лечения. *Лечебные средства. Лечебные учреждения*

II. ЛЕЧИ́ВШИЙ, -ая, -ее, -ие; *действ. прош.*
Синт.: **а, б** — в глаг. знач. 1, 2

III. ЛЕЧИ́МЫЙ, -ая, -ое, -ые; *страд. наст.* (*редко*)
Синт.: **а, б** — в глаг. знач. 1, 2

IV. ЛЕ́ЧЕННЫЙ, -ая, -ое, -ые; *страд. прош.*
Синт.: **а, б** — в глаг. знач. 1, 2
Ср. прил. **ле́ченый,** -ая, -ое, -ые. Подвергшийся лечению — о какой-л. части тела. *Леченый зуб стал болеть*
ЛЕ́ЧЕН, -ена, -ено, -ены; *кр. ф.*
В глаг. знач. 1, 2

ЛЕЧЬ, ля́гут, лёг|, легла́, -ло́, -ли́; ***сов., неперех.*** (*несов.* ложи́ться) **1.** *Отец лег на кушетку и стал читать. Собака легла на спину* [принять горизонтальное положение, опустившись всем телом на что-л.— о людях и некоторых животных] **2.** ***S не лицо*** *Доска легла точно на свое место* [опуститься на какую-л. поверхность, принять горизонтальное положение — о предметах] **3.** *Сегодня мы легли спать рано. Дедушка уже лег, не входите к нему в комнату* [расположиться спать] **4.** ***на что; S не лицо*** *На траву лег иней. Скоро снег ляжет на поля* [покрыть собой поверхность чего-л., оказаться на поверхности чего-л.] **5.** ***S не лицо*** *Платье легло ровными складками* [расположиться тем или иным образом на поверхности чего-л.] **6.** ***на кого(что); S не лицо*** *Все заботы о семье легли на брата. Ответственность за выполнение плана легла на директора* [составить чью-л. обязанность, чей-л. долг] **7.** ***на кого(что); S не лицо*** *Подозрение легло на соседку* [оказаться направленным на кого-л., коснуться кого-л.] **8.** ***S не лицо*** *Судно легло в дрейф. Самолет лег на новый курс* [принять какое-л. положение, взять какое-л. направление — о судах, самолетах и т. п.] **9.** *Олег лег в больницу. Бабушка легла на операцию в клинику глазных болезней* [быть принятым в больницу, госпиталь и т. п. для лечения, обследования] **10.** ***S не лицо*** *«Выражение нежной мягкости легло вокруг рта и на дрогнувшем подбородке штабс-капитана».* Куприн, Штабс-капитан Рыбников. *Печать заботы и тревоги легла на лицо Ольги* [стать заметным — в сочетании с сущ. *печать, отпечаток, след* и т. п.]

II. ЛЁГШИЙ, -ая, -ее, -ие; *действ. прош.*

Синт.: **а, б** — в глаг. знач. 1 — 10

ЛИКОВА́ТЬ, лику́|ют, ликова́|л; ***несов., неперех.*** *Вся страна ликовала, услышав об успешном полете Гагарина в космос. Илья ликовал — эксперимент удался* [восторженно радоваться, торжествовать по случаю успеха, победы в чем-л. и т. п.]

I. ЛИКУ́ЮЩИЙ, -ая, -ее, -ие; *действ. наст.*

Синт.: **а, б, в** — в глаг. знач.

В знач. прил. Восторженно-радостный, торжествующий, выражающий ликование. *Ликующий вид. Ликующий голос*

II. ЛИКОВА́ВШИЙ, -ая, -ее, -ие; *действ. прош.*

Синт.: **а, б, в** — в глаг. знач.

ЛИМИТИ́РОВАТЬ, лимити́ру|ют, лимити́рова|л; ***сов.*** и ***несов., перех., что*** *Осенью в автохозяйстве пришлось лимитировать употребление бензина. Правительство временно лимитировало ввоз некоторых товаров* [установить или устанавливать предельную норму пользования чем-л., расхода чего-л., ограничить или ограничивать]

I. ЛИМИТИ́РУЮЩИЙ, -ая, -ее, -ие; *действ. наст.*

Синт.: **а, б** — в глаг. знач.

II. ЛИМИТИ́РОВАВШИЙ, -ая, -ее, -ие; *действ. прош.*

Синт.: **а, б** — в глаг. знач.

III. ЛИМИТИ́РУЕМЫЙ, -ая, -ое, -ые; *страд. наст.*

Синт.: **а, б, в** — в глаг. знач.

ЛИМИТИ́РУЕМ, -ема, -емо, -емы; *кр. ф.* *(редко)*

В глаг. знач.

IV. ЛИМИТИ́РОВАННЫЙ, -ая, -ое, -ые; *страд. прош.*

Синт.: **а, б** — в глаг. знач.

В знач. прил. (только *полн. ф.*) **1.** Используемый или продаваемый в ограниченном (в пределах установленной нормы) количестве. *Лимитированная подписка на журналы. Лимитированная продажа товаров.* **2.** Такой, на который распространяется лимитирование. *Лимитированный журнал. Лимитированные товары* (Ср. прил. **лими́тный,** -ая, -ое, -ые. Являющийся нормой, в пределах которой разрешено пользоваться чем-л., расходовать что-л., содержащий в себе такую норму. *Лимитные ставки. Лимитные цены*)

ЛИМИТИ́РОВАН, -ана, -ано, -аны; *кр. ф.*

В глаг. знач.

ЛИНОВА́ТЬ, лину́|ют, линова́|л; ***несов., перех., что*** (*сов.* разлинова́ть) *Мальчик старательно линовал листок бумаги* [проводить на чем-л. параллельные линии]

I. ЛИНУ́ЮЩИЙ, -ая, -ее, -ие; *действ. наст.*

Синт.: **а, б** — в глаг. знач.

В знач. прил. Предназначенный, служащий для линования. *Линующее устройство* (Ср. прил. **линова́льный,** -ая, -ое, -ые. Предназначенный, служащий для линования. *Линовальная машина. Линовальное устройство*)

II. ЛИНОВА́ВШИЙ, -ая, -ее, -ие; *действ. прош.*

Синт.: **а, б** — в глаг. знач.

III. ЛИНУ́ЕМЫЙ, -ая, -ое, -ые; *страд. наст.*

Синт.: **а, б, в** — в глаг. знач.

IV. ЛИНО́ВАННЫЙ, -ая, -ое, -ые; *страд. прош.*

Синт.: **а, б** — в глаг. знач.

Ср. прил. **лино́ванный,** -ая, -ое, -ые. С нанесенными параллельными линиями. *Линованная бумага. Линованная тетрадь*

ЛИНО́ВАН, -ана, -ано, -аны; *кр. ф.*

В глаг. знач.

ЛИНЯ́ТЬ, линя́|ют, линя́|л; ***несов., неперех.*** (*сов.* вы́линять *к* 3 знач.; *сов.* полиня́ть *к* 1 знач.); ***S не лицо*** **1.** *Новое платье линяет* [терять первоначальный цвет под действием влаги] **2.** *Этот материал сильно линяет, не покупай его* [иметь свойство терять первоначальный цвет под действием влаги] **3.** *Шерсть у собаки линяет. Наша кошка линяет* [выпадать, заменяясь новой — о шерсти, оперении у животных, птиц; терять шерсть, оперение]

I. ЛИНЯ́ЮЩИЙ, -ая, -ее, -ие; *действ. наст.*

Синт.: **а, б** — в глаг. знач. 1 — 3; **в** — в глаг. знач. 3

В знач. прил. Имеющий свойство линять под действием влаги. *Линяющий материал* (Ср. прил. **линю́чий,** -ая, -ее, -ие. Легко, быстро линяющий; *разг.* *Линючий ситец. Линючий материал.* Ср. прил. **линя́лый,** -ая, -ое, -ые. Выцветший, полинявший. *Линялая занавеска. Линялая гимнастерка*)

II. ЛИНЯ́ВШИЙ, -ая, -ее, -ие; *действ. прош.*

Синт.: **а, б** — в глаг. знач. 1 — 3; **в** — в глаг. знач. 3

ЛИ́ПНУТЬ, ли́пн|ут, лип и ли́пну|л; ли́пла, -ло, -ли; ***несов., неперех.*** **1.** ***к чему; S не лицо*** *Осенние мокрые листья липнут к сапогам. Бумага липла к рукам* [прилипать, приставать, приклеиваться] **2.** ***к кому*** *«[Дети] так и липли к нему..»* Короленко, История моего современника [неотвязно льнуть к кому-л.] **3.** ***S не лицо*** *Волосы липнут от пота. Губы липнут* [слипаться, сделавшись липким] **4.** ***S не лицо*** *У меня уже глаза липнут, так хочется спать* [слипаться, смыкаться — о глазах, веках; *разг.*]

I. ЛИ́ПНУЩИЙ, -ая, -ее, -ие; *действ. наст.*

Синт.: **а, б** — в глаг. знач. 1 — 4; **в** — в глаг. знач. 3

Ср. прич. в 1, 3 глаг. знач. с прил. **ли́пкий,** -ая, -ое, -ие. **1.** Покрытый слоем клейкого или легко прилипающего вещества. *Липкая бумага. Липкие почки тополя* **2.** Легко прилипающий, пристающий. *Липкая грязь* **3.** Такой, который слипается. *Липкие губы*

Ср. прич. в 1 глаг. знач. с прил. **липу́чий,**

-ая, -ее, -ие. Покрытый слоем клейкого или легко прилипающего вещества; клейкий, липкий. *Липучая бумага. Липучая смола*

II. ЛИ́ПНУВШИЙ, -ая, -ее, -ие; *действ. прош.*

Синт.: **а, б** — в глаг. знач. 1 — 4; **в** — в глаг. знач. 3

ЛИТЬ, ль|ют, ли|л, лила́, ли́ло, -ли; ***несов.* 1. *неперех.; S не лицо*** *Дождь льет с утра* [сильно и непрерывно течь, идти] **2. *перех., что*** *Мальчик лил воду из лейки мимо грядки* [заставлять непрерывно течь, вытекать откуда-л. какую-л. жидкость] **3. *перех., что*** *Скульптор льет эту статую из бронзы* [изготовлять литьем, отливать]

I. ЛЬЮ́ЩИЙ, -ая, -ее, -ие; *действ. наст.*

Синт.: **а, б** — в глаг. знач. 1 — 3

II. ЛИ́ВШИЙ, -ая, -ее, -ие; *действ. прош.*

Синт.: **а, б** — в глаг. знач. 1 — 3

IV. ЛИ́ТЫЙ, -ая, -ое, -ые; *страд. прош.*

Синт.: **а, б** — в глаг. знач. 2, 3

Ср. прич. в 3 глаг. знач. с прил. **лито́й**, -а́я, -о́е, -ы́е. Изготовленный литьем, отлитый из плавкого вещества. *Литые изделия. Литая сталь*

ЛИТ, -та, -то, -ты; *кр. ф.*

В глаг. знач. 2, 3

ЛИЦЕВА́ТЬ, лицу́|ют, лицева́|л; ***несов., перех., что*** (*сов.* перелицева́ть) *Бабушка сама лицевала внучке зимнее пальто* [перешивать, делая изнанку лицевой стороной]

I. ЛИЦУ́ЮЩИЙ, -ая, -ее, -ие; *действ. наст.*

Синт.: **а, б** — в глаг. знач.

II. ЛИЦЕВА́ВШИЙ, -ая, -ее, -ие; *действ. прош.*

Синт.: **а, б** — в глаг. знач.

III. ЛИЦУ́ЕМЫЙ, -ая, -ое, -ые; *страд. наст.*

Синт.: **а, б, в** — в глаг. знач.

IV. ЛИЦО́ВАННЫЙ, -ая, -ое, -ые; *страд. прош.*

[чередование е/о]

Синт.: **а, б** — в глаг. знач.

Ср. прил. **лицо́ванный**, -ая, -ое, -ые. Перешитый изнанкой наверх, перелицованный. *Лицованное пальто*

ЛИЦО́ВАН, -ана, -ано, -аны; *кр. ф.*

В глаг. знач.

ЛИША́ТЬ, лиша́|ют, лиша́|л; ***несов. к*** лиши́ть (см.)

I. ЛИША́ЮЩИЙ, -ая, -ее, -ие; *действ. наст.*

Синт.: **а, б** — в глаг. знач. 1, 2

II. ЛИША́ВШИЙ, -ая, -ее, -ие; *действ. прош.*

Синт.: **а, б** — в глаг. знач. 1, 2

III. ЛИША́ЕМЫЙ, -ая, -ое, -ые; *страд. наст.**

Синт.: **а, б** — в глаг. знач. 1

▭ Прич. III во 2 глаг. знач. не употр.

ЛИШИ́ТЬ, лиш|а́т, лиши́|л; ***сов., перех.*** (*несов.* лиша́ть) **1. *кого (что) чего*** *Судейская коллегия лишила этого спортсмена права участвовать в соревнованиях. Врачи лишили меня на время удовольствия гулять на свежем воздухе* [отнять кого-что-л. у кого-л., оставить кого-л. без чего-л.] **2. *кого (что) кого (чего)*** и ***чего; S не лицо*** *Война лишила миллионы людей семьи, детей, крова над головой. Болезнь лишила брата радости видеться с друзьями. Гигантский взрыв лишил эту землю растительности* [вызвать исчезновение чего-л. существующего ранее, привести к каким-л. плохим, неприятным, нежелательным результатам, последствиям]

II. ЛИШИ́ВШИЙ, -ая, -ее, -ие; *действ. прош.*

Синт.: **а, б** — в глаг. знач. 1, 2

IV. ЛИШЁННЫЙ, -ая, -ое, -ые; *страд. прош.**

Синт.: **а, б** — в глаг. знач. 1 и в статив. знач.

Статив. знач., ***чего*** (также *кр. ф.* ↓) Не имеющий чего-л., не обладающий чем-л. *Земля, лишенная растительности, не радует глаз. «[Клим] был удивлен тем, что Яков оказался лишенным каких-либо особых примет».* М. Горький, Жизнь Клима Самгина. *Человек, лишенный чувства юмора, часто попадает в неловкое положение*

ЛИШЁН, -ена́, -ено́, -ены́; *кр. ф.**

В глаг. знач. 1

Статив. знач., ***чего*** (также *полн. ф.* ↑) *Эта местность лишена растительности. Незнакомец был лишен каких-либо особых примет. Наш сосед лишен чувства юмора*

▭ Прич. IV во 2 глаг. знач. не употр.

ЛОВИ́ТЬ, ловлю́, ло́в|ят, лови́|л; ***несов., перех.*** (*сов.* пойма́ть ***к*** 1 — 8 знач.) **1. *что,*** также ***чем*** *Малыш ловит мяч. «Она присела на колодезное бревно и палкой.. стала ловить дужку ведра».* Коптяева, Иван Иванович (см. § 2) [стараться схватить, подхватить то, что летит, брошено; стараться зацепить, поймать что-л. движущееся, удаляющееся] **2. *кого(что)*** *Ребята ловят убегающую девочку* [стараться схватить того, кто удаляется, убегает] **3. *кого(что)*,*** также ***чем*** *Смирнов ловит щук на блесну. Мальчик ловит раков руками* (см. § 2) [захватывать живьем каких-л. животных, птиц, насекомых, захватывать как добычу] **4. *кого(что)*** *Милиция ловит опытного рецидивиста* [искать, выслеживать кого-л., чтобы задержать, арестовать] **5. *кого(что)*** *Илья ловит комсорга только в перерывах между лекциями* [стараться встретить кого-л., увидеться с кем-л., застать кого-л. где-л.; *разг.*] **6. *что*** *Дима ловит такси на площади* [стараться найти, встретиться с чем-л. необходимым; *разг.*] **7. *кого (что) на чем*** *Ольга часто ловила сына на лжи* [уличать, изобличать кого-л. в чем-л.] **8. *кого на чем*** *Я ловлю себя на мысли, что хочу поехать в Ленинград* [внезапно замечать, обнаруживать что-л. в себе самом, за самим собой — в сочетании с мест. *себя*] **9. *что*** *Ребята ловили каждое слово учительницы* [стараться не упустить, воспринять что-л.] **10. *что*** *Мы ловили момент, чтобы начать опыт. «[Мальхен] ловила случай, когда режиссер не смотрел на нее, и робко на него поглядывала».* Григорович, Гуттаперчевый мальчик [стараться воспользоваться для каких-л. действий благоприятными, но быстро исчезающими обстоятельствами]

I. ЛОВЯ́ЩИЙ, -ая, -ее, -ие; *действ. наст.*

Синт.: **а, б** — в глаг. знач. 1 — 10

II. ЛОВИ́ВШИЙ, -ая, -ее, -ие; *действ. прош.*

Синт.: **а, б** — в глаг. знач. 1 — 10

III. ЛОВИ́МЫЙ, -ая, -ое, -ые; *страд. наст.**

Синт.: **а, б** — в глаг. знач. 1 — 4, 6, 7, 9, 10

С у б с т а н т и в.$_2$ в глаг. знач. 2; с у б с т а н т и в.$_3$ в глаг. знач. 1, 3

IV. ЛО́ВЛЕННЫЙ, -ая, -ое, -ые; *страд. прош.** [чередование в/вл]

С и н т.: **а, б** — в глаг. знач. 1, 3, 4

С у б с т а н т и в.$_2$ не употр.

ЛО́ВЛЕН, -ена, -ено, -ены; *кр. ф.** *(редко)* В глаг. знач. 1, 3, 4

□ Прич. III в 5, 8 глаг. знач. не употр. Прич. IV во 2, 5 — 10 глаг. знач. не употр.

ЛОЖИ́ТЬСЯ, лож|а́тся, ложи́|лся; ***несов. к*** лечь (см.)

I. ЛОЖА́ЩИЙСЯ, -аяся, -ееся, -иеся; *действ. наст.*

С и н т.: **а, б** — в глаг. знач. 1 — 10

II. ЛОЖИ́ВШИЙСЯ, -аяся, -ееся, -иеся; *действ. прош.*

С и н т.: **а, б** — в глаг. знач. 1 — 10

ЛОМА́ТЬ, лома́|ют, лома́|л; ***несов., перех.*** (*сов.* слома́ть *к* 1 — 5 знач.) **1.** ***что*** *Ребята ломали сухие ветки для костра. Ураганный ветер ломал вековые сосны* [сгибая, перегибая или ударяя твердый предмет, силой разделять его на части, на куски, отделять части чего-л.] **2.** ***что*** *Малыш ломает все игрушки* [приводить в негодность, повреждать, портить] **3.** ***что*** *В нашем районе ломают старые дома* [разрушать, разбирать на части строение, пришедшее в негодность сооружение и т. п.] **4.** ***что*** *Аня несколько раз ломала правую руку* [получать перелом кости в результате падения, сильного удара и т. п.] **5.** ***что*** *Рабочие нашего цеха ломают устаревшие технические нормы* [разрушать, уничтожать что-л. укоренившееся, упрочившееся] **6.** ***кого(что)*** и ***что*** *«Поступаю я все-таки так, как мне хочется, и ломать себя не хочу».* Писарев, Базаров. *Олег решил ломать свой характер, выработать в себе твердость и решительность* [резко, круто изменять характер, привычки, поведение и т. п.] **7.** ***что*** *«Это те отношения, ради которых ломают жизнь, приносят себя в жертву».* Станиславский, Письмо М. Ф. Андреевой, февр. 1902 [разрушать, изменять в худшую сторону жизнь, карьеру и т. п.] **8.** ***что*** *Мальчик нарочно ломал свой язык, чтобы посмешить товарищей* [неправильно произносить, коверкать слова, язык, речь и т. п.; *разг.*] **9.** ***кого (что); S не лицо*** и ***безл.*** *«Молодой человек чувствовал, как озноб начинает ломать его».* Достоевский, Хозяйка. *Олега знобило и ломало* [вызывать болезненное ощущение ломоты]

I. ЛОМА́ЮЩИЙ, -ая, -ее, -ие; *действ. наст.*

С и н т.: **а, б** — в глаг. знач. 1 — 9

II. ЛОМА́ВШИЙ, -ая, -ее, -ие; *действ. прош.*

С и н т.: **а, б** — в глаг. знач. 1 — 9

III. ЛОМА́ЕМЫЙ, -ая, -ое, -ые; *страд. наст.**

С и н т.: **а, б** — в глаг. знач. 1 — 7

С у б с т а н т и в.$_3$ в глаг. знач. 1 — 3

IV. ЛО́МАННЫЙ, -ая, -ое, -ые; *страд. прош.** *(редко)*

С и н т.: **а, б** — в глаг. знач. 1 — 4

С р. прил. **ло́маный,** -ая, -ое, -ые. **1.** Подвергшийся ломке. *Ломаные вещи* **2.** Неправильный, исковерканный — о языке, речи. *Говорить на ломаном русском языке* **3.** Непрямой, изогнутый под углом, образующий углы. *Он смотрел на ломаную линию берега реки*

С у б с т а н т и в.$_2$ и с у б с т а н т и в.$_3$ не употр.

ЛО́МАН, -ана, -ано, -аны; *кр. ф.** *(редко)* В глаг. знач. 1 — 4

□ Прич. III в 8, 9 глаг. знач. не употр. Прич. IV в 5 — 9 глаг. знач. не употр.

ЛОМА́ТЬСЯ, лома́|ются, лома́|лся; ***несов.*** (*сов.* слома́ться *к* 1, 4 знач.) **1.** ***S не лицо*** *Сучья легко ломались от сильного ветра* [разделяться, распадаться на части, на куски под действием какой-л. силы] **2.** ***S не лицо*** *«— А шпага наша потому гнется, не ломается, что калим ее до малинового цвета..»* А. Толстой, Петр Первый [поддаваться ломке] **3.** ***S не лицо*** *Лед ломался и крошился. Это вещество легко ломается* [распадаться на части, на куски — о хрупких, ломких предметах; быть ломким, хрупким] **4.** ***S не лицо*** *Эти игрушки быстро ломаются* [приходить в негодность, портиться] **5.** ***S не лицо*** *«Ломаются предрассудки, которые долгое время владели многомиллионной деревней».* Киров, Ленинградские большевики между XVI и XVII съездами ВКП(б) [под воздействием чего-л. разрушаться, уничтожаться — о чем-л. устоявшемся, привычном, укоренившемся] **6.** ***S не лицо*** *У подростков характер ломается иногда очень резко* [резко, круто изменяться — о характере, привычках, поведении и т. п.] **7.** ***S не лицо*** *У моего сына голос ломался долго* [изменяться по тембру и диапазону — о мужском голосе в переходном возрасте] **8.** *Маленький мальчик ломался, вертелся, паясничал* [кривляться] **9.** *Ребята сначала ломались, но потом дружно запели* [упрямиться, не соглашаться на что-л. без основательных причин; *разг.*]

I. ЛОМА́ЮЩИЙСЯ, -аяся, -ееся, -иеся; *действ. наст.*

С и н т.: **а, б** — в глаг. знач. 1 — 9; **в** — в глаг. знач. 1 — 4, 7, 8

С р. прич. в 3 глаг. знач. с прил. **ло́мкий,** -ая, -ое, -ие. Легко ломающийся, непрочный. *Ломкое вещество. Ломкий лед*

II. ЛОМА́ВШИЙСЯ, -аяся, -ееся, -иеся; *действ. прош.*

С и н т.: **а, б** — в глаг. знач. 1 — 9; **в** — в глаг. знач. 1 — 4, 7, 8

ЛОМИ́ТЬ, ломлю́, ло́м|ят, ломи́|л; ***несов.*** **1.** ***неперех.*** *Народ ломит в ворота* [стремительно, напролом идти вперед, преодолевая преграду, ломиться — о действии, совершаемом многими; *прост.*] **2.** ***перех., что; безл.*** *У меня ломит поясницу. В висках ломит* [о болезненном ощущении ломоты]

I. ЛОМЯ́ЩИЙ, -ая, -ее, -ие; *действ. наст.*

С и н т.: **а, б** — в глаг. знач. 1

В з н а ч. п р и л. Имеющий болезненное ощущение ломоты. *Ломящая боль в суставах*

II. ЛОМИ́ВШИЙ, -ая, -ее, -ие; *действ. прош.*

С и н т.: **а, б** — в глаг. знач. 1

ЛОСНИ́ТЬСЯ, лосн|я́тся, лосни́|лся; ***несов.; S***

не лицо **1.** *«Стены, выкрашенные масляной краской, лоснились».* Саянов, Небо и земля [блестеть, отсвечивать — о гладкой поверхности] **2.** ***от чего*** и ***без дополн.*** *Его лицо лоснилось от жира. Рукава пиджака лоснились* [быть блестящим, глянцевитым от долгого употребления, загрязнения чем-л. жирным, маслянистым]

I. ЛОСНЯ́ЩИЙСЯ, -аяся, -ееся, -иеся; *действ. наст.*

Синт.: **а, б, в** — в глаг. знач. 1, 2

II. ЛОСНИ́ВШИЙСЯ, -аяся, -ееся, -иеся; *действ. прош.*

Синт.: **а, б, в** — в глаг. знач. 1, 2

ЛОХМА́ТИТЬ, лохма́чу, лохма́т|ят, лохма́ти|л; ***несов., перех., что,*** также ***чем*** (*сов.* взлохма́тить *к* 1 знач.) **1.** *«[Денисов] начал обеими руками.. лохматить.. черные густые волосы».* Л. Толстой, Война и мир (см. § 2). *Сильный ветер лохматил девушке волосы* [делать растрепанным, лохматым] **2.** ***«Ветры врываются в улицы, лохматят на хатах солому».*** В. Чивилихин, Здравствуйте, мама! [делать негладким, с торчащими, поднявшимися над поверхностью частицами]

I. ЛОХМА́ТЯЩИЙ, -ая, -ее, -ие; *действ. наст.*

Синт.: **а, б** — в глаг. знач. 1, 2

II. ЛОХМА́ТИВШИЙ, -ая, -ее, -ие; *действ. прош.*

Синт.: **а, б** — в глаг. знач. 1, 2

IV. ЛОХМА́ЧЕННЫЙ, -ая, -ое, -ые; *страд. прош. (редко)*

[чередование т/ч]

Синт.: **а, б** — в глаг. знач. 1, 2

ЛОХМА́ЧЕН, -ена, -ено, -ены; *кр. ф. (редко)*

В глаг. знач. 1, 2

□ Прич. III не употр.

ЛОЩИ́ТЬ, лощ|а́т, лощи́|л; ***несов., перех., что,*** также ***чем*** (*сов.* вы́лощить и налощи́ть) **1.** *Бабушка всегда лощила паркет воском* (см. § 2) [натирать до блеска] **2.** *Мастер лощил кожу* [полировать, наводить лоск, глянец на что-л.]

I. ЛОЩА́ЩИЙ, -ая, -ее, -ие; *действ. наст.*

Синт.: **а, б** — в глаг. знач. 1, 2

II. ЛОЩИ́ВШИЙ, -ая, -ее, -ие; *действ. прош.*

Синт.: **а, б** — в глаг. знач. 1, 2

IV. ЛОЩЁННЫЙ, -ая, -ое, -ые; *страд. прош.*

Синт.: **а, б** — в глаг. знач. 1, 2

Ср. прич. во 2 глаг. знач. с прил. **лощёный**, -ая, -ое, -ые. **1.** С блеском, глянцевитый. *Лощеная бумага* **2.** Франтоватый, с внешним лоском. *Лощеный молодой человек*

ЛОЩЁН, -ена́, -ено́, -ены́; *кр. ф.*

В глаг. знач. 1, 2

□ Прич. III не употр.

ЛУДИ́ТЬ, лужу́, лу́дят и луд|я́т, луди́|л; ***несов., перех., что*** (*сов.* вы́лудить) *«На корточках сидели лудильные мастера.. и лудили кастрюли».* Саянов, Небо и земля [покрывать полудой]

I. ЛУДЯ́ЩИЙ, -ая, -ее, -ие; *действ. наст.*

Синт.: **а, б** — в глаг. знач.

Ср. прил. **луди́льный**, -ая, -ое, -ые. Относящийся к лужению. *Лудильное дело. Лудильный мастер*

II. ЛУДИ́ВШИЙ, -ая, -ее, -ие; *действ. прош.*

Синт.: **а, б** — в глаг. знач.

IV. ЛУЖЁННЫЙ, -ая, -ое, -ые; *страд. прош.*

[чередование д/ж]

Синт.: **а, б** — в глаг. знач.

Ср. прил. **лужёный**, -ая, -ое, -ые. Покрытый полудой. *Луженая кастрюля*

ЛУЖЁН, -ена́, -ено́, -ены́; *кр. ф.*

В глаг. знач.

□ Прич. III не употр.

ЛЬСТИТЬ, льщу, льст|ят, льсти|л; ***несов., неперех.*** (*сов.* польсти́ть *к* 1 знач.) **1.** ***кому*** и ***без дополн.*** *Этот человек всегда льстит начальству* [лицемерно хвалить кого-л. в корыстных целях] **2.** ***кому(чему)*** и ***чему; S не лицо*** *« — ..он точно каменный, но ему льстит непривычная роль главного судьи».* Куприн, Поединок. *Успехи сына льстят ее самолюбию* [доставлять удовлетворение кому-л., какому-л. чувству]

I. ЛЬСТЯ́ЩИЙ, -ая, -ее, -ие; *действ. наст.*

Синт.: **а, б** — в глаг. знач. 1, 2

Ср. прич. в 1 глаг. знач. с прил. **льсти́вый**, -ая, -ое, -ые в знач. 'склонный к лести'. *Льстивый человек*

II. ЛЬСТИ́ВШИЙ, -ая, -ее, -ие; *действ. прош.*

Синт.: **а, б** — в глаг. знач. 1, 2

ЛЮБИ́ТЬ, люблю́, лю́б|ят, люби́|л; ***несов.*** **1.** ***перех., что*** *Мы любим свою Родину. Я люблю Москву. Дима очень любит этот парк* [быть беспредельно преданным чему-л.; чувствуя тяготение к чему-л., отдавать предпочтение перед чем-л. другим] **2.** ***перех., кого*** *Катя очень любит своих детей. Илья преданно любит свою мать* [чувствовать глубокую привязанность к кому-л.] **3.** ***перех., кого*** и ***без дополн.*** *Олег нежно любит свою жену. «Впервые девственной душой Она любила, знала счастье».* Пушкин, Кавказский пленник [испытывать глубокое интимное чувство, горячую сердечную привязанность, влечение к лицу другого пола] **4.** ***перех., что*** и ***кого*** *Я люблю балет. А. С. Пушкин любил осень. В. И. Ленин любил произведения Бетховена. Олег любит Чехова* [испытывать особое удовольствие от восприятия, созерцания, чтения и т. п. чего-л.] **5.** ***перех., что*** и ***с неопр. ф.*** *Ира любит мороженое. Бабушка всегда любила соленое. Олег любит быструю езду. Илья любит играть в шахматы. Дедушка любит поесть. Мои дети любят путешествовать* [испытывать удовольствие от какой-л. еды, вкусовых ощущений, определенных движений и т. п., отдавать им предпочтение; иметь пристрастие, чувствовать тяготение к чему-л.] **6.** ***перех., кого*** * и ***что*** *Лена любит животных. Тамара любит свою профессию. Дима любит футбол* [чувствовать интерес, склонность, влечение к чему-л.] **7.** ***перех., что; S не лицо*** *Растения любят воду и солнце* [нуждаться в каких-л. условиях как наиболее благоприятных для развития, существования и т. п.— о растениях, животных] **8.** ***неперех., с придат. дополнит.*** *Люблю, чтобы в доме был порядок. Илья любит, когда дети приходят домой не поздно* [быть довольным чем-л., чувствовать удовлетворение от чего-л.]

I. ЛЮ́БЯЩИЙ, -ая, -ее, -ие; *действ. наст.*

Синт.: **а, б** — в глаг. знач. 1 — 8

В знач. прил. **1.** Испытывающий постоянное чувство глубокой привязанности к кому-л. *Любящая мать. Любящий сын* **2.** Испытывающий постоянное глубокое интимное чувство, горячую сердечную привязанность, влечение к лицу другого пола. *Любящая жена. Любящий муж. Любящие супруги* **3.** Выражающий любовь. *Любящий взгляд* (Ср. прил. **любо́вный,** -ая, -ое, -ые. **1.** Выражающий любовь к лицу другого пола, проникнутый такой любовью. *Любовный взгляд* **2.** Связанный с чувством горячей сердечной склонности, влечением к лицу другого пола. *Любовное письмо. Любовное свидание*)

II. ЛЮБИ́ВШИЙ, -ая, -ее, -ие; *действ. прош.*
Синт.: **а, б** — в глаг. знач. 1 — 8; **в** — в глаг. знач. 3

III. ЛЮБИ́МЫЙ, -ая, -ое, -ые; *страд. наст.**
Синт.: **а, б** — в глаг. знач. 1 — 6
Ср. прил. **люби́мый,** -ая, -ое, -ые. **1.** Такой, который внушает и к которому кто-л. испытывает чувство беспредельной преданности. *Любимая Родина* **2.** Такой, который внушает чувство любви лицу другого пола, которому отдана любовь; дорогой, близкий сердцу. *Любимая женщина. Любимый человек* **3.** Принадлежащий тому, кого любят. *Любимое лицо. Любимые глаза* **4.** Такой, который пользуется любовью преимущественно перед другими. *Любимый учитель. Любимый писатель* **5.** Такой, которому отдается предпочтение перед кем-чем-л., излюбленный. *Любимое стихотворение. Любимый город. Любимая работа. Любимое блюдо*
ЛЮБИ́М, -и́ма, -и́мо, -и́мы; *кр. ф.**
В глаг. знач. 1 — 6

□ Прич. III в 7 глаг. знач. не употр. Прич. IV не употр.

М

МА́ЗАТЬ, ма́ж|ут, ма́за|л; ***несов.*** (*сов.* нама́зать *к* 1, 2 знач.; *сов.* изма́зать *к* 3 знач.; *сов.* прома́зать *к* 5 знач.) **1.** ***перех., что чем*** *Девочка мазала хлеб маслом* (см. § 2). *Каждый день брат мажет больной палец мазью* (см. § 2) [покрывать слоем чего-л. вязкого, жирного, жидкого] **2.** ***перех., что,*** также ***чем*** *Сестра мазала губы только темной помадой* (см. § 2) [накладывать краску, грим] **3.** ***перех., что,*** также ***чем*** *Ты каждый день мажешь куртку чем-то белым* [допускать, чтобы что-л. стало грязным, испачканным чем-л.] **4.** ***перех., что*** *Отец весь день мазал стены только что построенной хаты* [промазывать глиной, покрывать слоем глины] **5.** ***неперех.*** *Спортсмен не сразу попал в мишень, он мазал несколько раз* [делать промахи в стрельбе, в игре и т. п.; *разг.*]

I. МА́ЖУЩИЙ, -ая, -ее, -ие; *действ. наст.*
Синт.: **а, б** — в глаг. знач. 1 — 5

II. МА́ЗАВШИЙ, -ая, -ее, -ие; *действ. прош.*
Синт.: **а, б** — в глаг. знач. 1 — 5

IV. МА́ЗАННЫЙ, -ая, -ое, -ые; *страд. прош.**
Синт.: **а, б** — в глаг. знач. 1, 2, 4
Ср. прич. с прил. **ма́заный,** -ая, -ое, -ые. **1.** Грязный, испачканный. *Мазаное платье* **2.** Обмазанный глиной. *Мазаная хата. Мазаный пол*
Субстантив.$_3$ в глаг. знач. 1
МА́ЗАН, -ана, -ано, -аны; *кр. ф.**
В глаг. знач. 1, 2, 4

□ Прич. III не образуется. Прич. IV 3 глаг. знач. не употр.

МАНИ́ТЬ, маню́, ма́н|ят, мани́|л; ***несов., перех.*** **1.** ***кого(что) чем*** *Мальчик манил щенка колбасой* (см. § 2). *Незнакомец манил меня какими-то странными жестами* (см. § 1) [подзывать, показывая что-л., делая знаки рукой, взглядом и т. п.] **2.** ***кого(что),*** также ***чем; S не лицо*** *Нас манит суровая красота Белого моря. Окна в доме манили Олега теплом и уютом* (см. § 1) [привлекать, прельщать, притягивать к себе]

I. МАНЯ́ЩИЙ, -ая, -ее, -ие; *действ. наст.*
Синт.: **а, б** — в глаг. знач. 1, 2
В знач. прил. **1.** Выражающий желание привлечь кого-л. *Манящий взгляд. Манящий жест* **2.** Привлекательный, заманчивый. *Манящая красота. Манящая мечта*

II. МАНИ́ВШИЙ, -ая, -ее, -ие; *действ. прош.*
Синт.: **а, б** — в глаг. знач. 1, 2

III. МАНИ́МЫЙ, -ая, -ое, -ые; *страд. наст.* (*редко*)
Синт.: **а, б** — в глаг. знач. 1, 2

IV. МА́НЕННЫЙ, -ая, -ое, -ые и МАНЁННЫЙ, -ая, -ое, -ые; *страд. прош.* (*редко*)
Синт.: **а, б** — в глаг. знач. 1, 2
МА́НЕН, -ена, -ено, -ены и МАНЁН, -ена́, -ено́, -ены́; *кр. ф.** (*редко*)
В глаг. знач. 1, 2

МАРИНОВА́ТЬ, мариню́|ют, маринова́|л; ***несов., перех.*** (*сов.* замаринова́ть *к* 1 знач.) **1.** ***что*** *Бабушка прекрасно маринует маслята. Отец маринует мясо для шашлыка* [заготовлять впрок или приготовлять что-л. в маринаде] **2.** ***что*** *Это дело мариновали в министерстве три года* [намеренно или по халатности задерживать решение, исполнение чего-л.; *разг.*] **3.** ***кого(что)*** *Директор треста мариновал меня в приемной два часа* [намеренно или из-за плохой организации задерживать кого-л. в каком-л состоянии, положении; *разг.*]

I. МАРИНУ́ЮЩИЙ, -ая, -ее, -ие; *действ. наст.*
Синт.: **а, б** — в глаг. знач. 1 — 3

II. МАРИНОВА́ВШИЙ, -ая, -ее, -ие; *действ. прош.*
Синт.: **а, б** — в глаг. знач. 1 — 3

III. МАРИНУ́ЕМЫЙ, -ая, -ое, -ые; *страд. наст.*
Синт.: **а, б** — в глаг. знач. 1 — 3; **в** — в глаг. знач. 1
Субстантив.$_3$ в глаг. знач. 1

IV. МАРИНО́ВАННЫЙ, -ая, -ое, -ые; *страд. прош.*
Синт.: **а, б** — в глаг. знач. 1 — 3
В знач. прил. (только *полн. ф.*) Приготовленный маринованием. *Маринованные грибы. Маринованные сливы*
Субстантив.$_3$ в глаг. знач. 1

МАРИНО́ВАН, -ана, -ано, -аны; *кр. ф.* В глаг. знач. 1 — 3

□ Прич. IV во 2, 3 глаг. знач. менее употр., чем личные ф. глагола и прич. I, II, III

МАСКИРОВА́ТЬ, маскиру́|ют, маскирова́|л; ***несов., перех.*** (*сов.* замаскирова́ть *к* 1, 2 знач.) **1. *кого(что)*** и ***что,*** также ***чем*** *«[Мы] роем глубокую яму, ставим сеть, маскируем ловушку настилом из веток и травы».* Арамилев, Путешествие на Кульдур (см. § 2). *Охотник маскирует капкан ветками* (см. § 2). *Мальчики маскировали вход в шалаш* [закрывать чем-л., делая незаметным, невидным] **2. *что,*** также ***чем*** *Свое нежелание перестраиваться некоторые маскируют демагогическими заявлениями* (из газет) (см. § 2). *Дима маскирует серьезные чувства шуткой* (см. § 2) [скрывать сущность чего-л. при помощи чего-л. притворного, показного и т. п.] **3. *кого (что)*** и ***что; S не лицо*** *Этот покрой платья хорошо маскирует полноту. Яркая окраска маскирует насекомых, делая их незаметными в окружении цветов* [скрывать собой что-л., делать что-л. незаметным]

I. МАСКИРУ́ЮЩИЙ, -ая, -ее, -ие; *действ. наст.*
С и н т.: **а, б** — в глаг. знач. 1 — 3
С р. прич. в 1 глаг. знач. с прил. **маскиро́вочный,** -ая, -ое, -ые. Служащий для маскировки. *Маскировочный халат*

II. МАСКИРОВА́ВШИЙ, -ая, -ее, -ие; *действ. прош.*
С и н т.: **а, б** — в глаг. знач. 1 — 3

III. МАСКИРУ́ЕМЫЙ, -ая, -ое, -ые; *страд. наст.*
С и н т.: **а, б** — в глаг. знач. 1 — 3

IV. МАСКИРО́ВАННЫЙ, -ая, -ое, -ые; *страд. прош.**
С и н т.: **а, б** — в глаг. знач. 1, 2
С у б с т а н т и в.₂ и с у б с т а н т и в.₃ в глаг. знач. 1
МАСКИРО́ВАН, -ана, -ано, -аны; *кр. ф.**
В глаг. знач. 1, 2

□ Прич. IV во 2 глаг. знач. менее употр., чем личные ф. глагола и прич. I, II, III. Прич. IV в 3 глаг. знач. не употр.

МА́СЛИТЬ, ма́сл|ят, ма́сли|л; ***несов., перех., что*** (*сов.* нама́слить *к* 1 знач.; *сов.* пома́слить *ко* 2 знач.) **1.** *Олег маслит хлеб и кладет сверху сыр* [мазать, покрывать маслом что-л.] **2.** *Бабушка маслит кашу слишком сильно* [добавлять, класть масло во что-л.]

I. МА́СЛЯЩИЙ, -ая, -ее, -ие; *действ. наст.*
С и н т.: **а, б** — в глаг. знач. 1, 2

II. МА́СЛИВШИЙ, -ая, -ее, -ие; *действ. прош.*
С и н т.: **а, б** — в глаг. знач. 1, 2

III. МА́СЛИМЫЙ, -ая, -ое, -ые; *страд. наст.* (*редко*)
С и н т.: **а, б** — в глаг. знач. 1, 2

IV. МА́СЛЕННЫЙ, -ая, -ое, -ые; *страд. прош.*
С и н т.: **а, б** — в глаг. знач. 1, 2
С р. прил. **ма́сленый,** -ая, -ое, -ые. **1.** Намазанный, пропитанный маслом. *Масленый блин. Масленая каша* **2.** Запачканный маслом. *Масленые руки* **3.** Чувственный, сластолюбивый — о взгляде, глазах. *Масленые глазки* **4.** Слащавый, льстивый, заискивающий. *Масленый голос*
МА́СЛЕН, -ена, -ено, -ены; *кр. ф.*
В глаг. знач. 1, 2

МАССИ́РОВАТЬ [1], масси́ру|ют, масси́рова|л; ***несов., перех., кого(что)*** и ***что,*** также ***чем*** *Массажистка энергично массировала больного. Врач массировал больную ногу двумя руками* (см. § 2) [делать массаж]

I. МАССИ́РУЮЩИЙ, -ая, -ее, -ие; *действ. наст.*
С и н т.: **а, б** — в глаг. знач.
В з н а ч. п р и л. **1.** Служащий, предназначенный для массажа. *Массирующее устройство* **2.** Такой, который необходим при массаже. *Массирующие движения*

II. МАССИ́РОВАВШИЙ, -ая, -ее, -ие; *действ. прош.*
С и н т.: **а, б** — в глаг. знач.

III. МАССИ́РУЕМЫЙ, -ая, -ое, -ые; *страд. наст.*
С и н т.: **а, б, в** — в глаг. знач.

IV. МАССИ́РОВАННЫЙ, -ая, -ое, -ые; *страд. прош.*
С и н т.: **а, б, в** — в глаг. знач.
МАССИ́РОВАН, -ана, -ано, -аны; *кр. ф.*
В глаг. знач.

МАССИ́РОВАТЬ [2], масси́ру|ют, масси́рова|л; ***сов.*** и ***несов., перех., что*** *Командование приняло решение массировать артиллерию в местах наступления* [сосредоточить или сосредотачивать, сгруппировать или сгруппировывать в одном месте большое количество войск, артиллерии, авиации и т. п.; *воен.*]

I. МАССИ́РУЮЩИЙ, -ая, -ее, -ие; *действ. наст.*
С и н т.: **а, б** — в глаг. знач.

II. МАССИ́РОВАВШИЙ, -ая, -ее, -ие; *действ. прош.*
С и н т.: **а, б** — в глаг. знач.

III. МАССИ́РУЕМЫЙ, -ая, -ое, -ые; *страд. наст.*
С и н т.: **а, б** — в глаг. знач.
С у б с т а н т и в.₃ не употр.

IV. МАССИ́РОВАННЫЙ, -ая, -ое, -ые; *страд. прош.*
С и н т.: **а, б** — в глаг. знач.
В з н а ч. п р и л. (только *полн. ф.*) Сосредоточенный в одном месте и производимый большим количеством чего-л. *Массированный налет авиации. Массированный огонь артиллерии*
С у б с т а н т и в.₃ не употр.
МАССИ́РОВАН, -ана, -ано, -аны; *кр. ф.*
В глаг. знач.

□ Прич. IV в знач. прил. употр. нейтрально по сравнению с другими ф. глагола

МАХА́ТЬ, машу́ и *доп.* маха́ю, ма́ш|ут и *доп.* маха́|ют, маха́|л; ***несов., неперех., чем*** **1.** *Высоко в небе журавли машут крыльями. По двору бегали мальчишки и махали руками, как крыльями* [делать чем-л. движения, взмахи по воздуху] **2. *кому(чему)*** и ***чему*** *Катя махала мне платком. Отец махал рукой вслед уходящему поезду* [движением руки подавать кому-л. какой-л. знак или выражать какие-л. чувства]

I. МА́ШУЩИЙ, -ая, -ее, -ие и *доп.* МАХА́ЮЩИЙ, -ая, -ее, -ие; *действ. наст.*
Синт.: **а, б** — в глаг. знач. 1, 2
В знач. прил. **ма́шущий.** Такой, который может делать взмахи по воздуху подобно крыльям птицы. *Аппарат с машущим крылом*

II. МАХА́ВШИЙ, -ая, -ее, -ие; *действ. прош.*
Синт.: **а, б** — в глаг. знач. 1, 2

МЕНЯ́ТЬ, меня́|ют, меня́|л; ***несов., перех.*** (*сов.* поменя́ть и обменя́ть *к* 1 знач.; *сов.* разменя́ть *ко* 2 знач.) **1. *кого(что) на кого(что)*** и ***что на что*** *Этот мальчишка менял голубя на попугая. Мы меняем однокомнатную квартиру на двухкомнатную. Олег меняет марки на старинные монеты* [отдавая свое, получать что-л. взамен, обменивать] **2. *что*** *Аня не стала менять пятьдесят рублей на более мелкие купюры* [отдавая крупные денежные купюры, получать взамен более мелкие] **3. *что на что*** *В этом банке меняют рубли на франки* [совершать валютные операции, обменивая одну валюту на другую] **4. *что*** *Больному меняли белье несколько раз в день. Новая лаборантка меняет наряды очень часто. Моя дочь уже два раза меняла работу* [заменять одно другим] **5. *что*** *Наш сосед умеет менять голос до неузнаваемости* [делать иным, изменять] **6. *что*** *Мой друг никогда не менял своих решений* [отказавшись от чего-л., усваивать, принимать взамен новое, другое] **7. *кого(что)*** *Ты меняешь друзей слишком легко. Андрей несколько раз менял преподавателей английского языка. «Да и люди-то такие: меняют уже третью гувернантку в два года».* Достоевский, Бедные люди [отказавшись от общения, каких-л. отношений с кем-л., начинать общаться, вступать в какие-л. отношения с другим, отдавая ему предпочтение]

I. МЕНЯ́ЮЩИЙ, -ая, -ее, -ие; *действ. наст.*
Синт.: **а, б** — в глаг. знач. 1 — 7

II. МЕНЯ́ВШИЙ, -ая, -ее, -ие; *действ. прош.*
Синт.: **а, б** — в глаг. знач. 1 — 7

III. МЕНЯ́ЕМЫЙ, -ая, -ое, -ые; *страд. наст.*
Синт.: **а, б** — в глаг. знач. 1 — 7
Субстантив.$_2$ в глаг. знач. 1; субстантив.$_3$ в глаг. знач. 1 — 3

IV. МЕ́НЯННЫЙ, -ая, -ое, -ые; *страд. прош.**
Синт.: **а, б** — в глаг. знач. 1 — 4
Ср. прич. в 1 глаг. знач. с прил. **ме́нянный,** -ая, -ое, -ые. Такой, который приобретен в результате обмена на что-л. *Менянные вещи. Менянная книга*
Субстантив.$_2$ в глаг. знач. 1; субстантив.$_3$ в глаг. знач. 1 — 3
МЕ́НЯН, -яна, -яно, -яны; *кр. ф.**
В глаг. знач. 1 — 4

▭ Прич. IV в 5 — 7 глаг. знач. не употр.

МЁРЗНУТЬ, мёрзн|ут, мёрз и *доп.* мёрзну|л, мёрзла, -ло, -ли; ***несов., неперех.*** (*сов.* замёрзнуть) **1. *S не лицо*** *Вода в бочке мерзнет по утрам. У девушки слезы мерзли на ресницах* [превращаться в лед, затвердевать от холода] **2. *S не лицо*** *«Птица мерзла на лету и падала на землю».* С. Аксаков, Очерк зимнего дня [гибнуть, коченея от сильного мороза — о животных] **3.** *В сильные морозы я мерзла даже в своей шубе* [чувствовать холод, очень сильно зябнуть] **4. *S не лицо*** *Руки очень мерзнут. У меня в этих сапогах ноги мерзнут* [терять чувствительность, подвижность от сильного холода, коченеть]

I. МЁРЗНУЩИЙ, -ая, -ее, -ие; *действ. наст.*
Синт.: **а, б** — в глаг. знач. 1 — 4; **в** — в глаг. знач. 2—4

II. МЁРЗНУВШИЙ, -ая, -ее, -ие; *действ. прош.*
Синт.: **а, б** — в глаг. знач. 1—4; **в** — в глаг. знач. 2—4

МЕ́РИТЬ, ме́р|ят и *доп.* ме́ря|ют, ме́ри|л; ***несов., перех., что*** **1.** также ***чем*** *Дима мерил температуру воды в ванне большим термометром* (см. § 2). *Сын мерит шагами длину комнаты* (см. § 2). *Ребята мерят глубину реки у обрыва* [определять, измерять величину, глубину, протяженность, размеры чего-л. какой-л. мерой] **2.** *Тамара мерила вечернее платье. Я меряю новые туфли* [надевать, чтобы узнать, впору ли и хорошо ли сидит, примерять одежду, обувь и т. п.]

I. МЕ́РЯЩИЙ, -ая, -ее, -ие и *доп.* МЕ́РЯЮЩИЙ, -ая, -ее, -ие; *действ. наст.*
Синт.: **а, б** — в глаг. знач. 1, 2

II. МЕ́РИВШИЙ, -ая, -ее, -ие; *действ. прош.*
Синт.: **а, б** — в глаг. знач. 1, 2

III. МЕ́РИМЫЙ, -ая, -ое, -ые и *доп.* МЕ́РЯЕМЫЙ, -ая, -ое, -ые; *страд. наст.*
Синт.: **а, б, в** — в глаг. знач. 1, 2

IV. МЕ́РЕННЫЙ, -ая, -ое, -ые; *страд. прош.*
Синт.: **а, б** — в глаг. знач. 1, 2
МЕ́РЕН, -ена, -ено, -ены; *кр. ф.*
В глаг. знач. 1, 2

МЕСИ́ТЬ, мешу́, ме́с|ят, меси́|л; ***несов., перех., что,*** также ***чем*** *Гончар месил глину в большом чане. Бабушка месила тесто правой рукой* (см. § 2). *Мы месили глину с песком специальным приспособлением* (см. § 2) [мять, разминать, перемешивая полужидкую массу, доводя ее до нужной степени вязкости, густоты]

I. МЕСЯ́ЩИЙ, -ая, -ее, -ие; *действ. наст.*
Синт.: **а, б** — в глаг. знач.

II. МЕСИ́ВШИЙ, -ая, -ее, -ие; *действ. прош.*
Синт.: **а, б** — в глаг. знач.

IV. МЕ́ШЕННЫЙ, -ая, -ое, -ые; *страд. прош.*
Синт.: **а, б** — в глаг. знач.
МЕ́ШЕН, -ена, -ено, -ены; *кр. ф.*
В глаг. знач.

▭ Прич. III не употр.

МЕСТИ́, мет|у́т, мёл, мела́, -ло́, -ли́; ***несов.*** (*сов.* подмести́ *к* 1, 2 знач.) **1. *перех., что,*** также ***чем*** *Каждый день дети метут пол* [очищать поверхность пола, земли, удаляя мусор] **2. *перех., что*** также ***чем*** *Девочка метет сор к двери большим веником* (см. § 2) [удалять сор, пыль щеткой, метлой, веником и т. п., обычно с пола, земли] **3. *перех., что; S не лицо*** *Ветер метет по дороге мусор и пыль* [сильным дуновением гнать, вздымая, перенося с места на место] **4. *неперех.; S не лицо*** и ***безл.*** *Метель метет. Уже третьи сутки на дворе метет* [с силой вздымать, кружить снег — о метели, вьюге]

I. МЕТУ́ЩИЙ, -ая, -ее, -ие; *действ. наст.*
Синт.: **а, б** — в глаг. знач. 1 — 4

II. МЁТШИЙ, -ая, -ее, -ие; *действ. прош.**
[чередование е/ё]
Синт.: **а, б** — в глаг. знач. 1, 2
IV. МЕТЁННЫЙ, -ая, -ое, -ые; *страд. прош.**
Синт.: **а, б** — в глаг. знач. 1, 2
Ср. прич. в 1 глаг. знач. с прил. **метёный,** -ая, -ое, -ые. Чистый, выметенный. *Метеный пол. Метеный двор*
МЕТЁН, -ена́, -ено́, -ены́; *кр. ф.**
В глаг. знач. 1, 2
▭ Прич. II в 3, 4 глаг. знач. не употр. Прич. III не образуется. Прич. IV в 3 глаг. знач. не употр.

МЕТА́ТЬ [1], мечу́, ме́ч|ут, мета́|л; ***несов., перех., что*** (*сов.* смета́ть [1] *ко* 2 знач.) **1.** также ***чем*** *Крестьяне быстро мечут вилами сено на возы, чтобы успеть до грозы* (см. § 2) [кидать куда-л., поддевая сено, солому] **2.** *Кооператоры мечут стога в поле с раннего утра* [делать стог, копны, кидая и укладывая сено, солому и т. п.] **3.** ***S не лицо*** *Рыбы мечут икру* [производить потомство — о рыбах и некоторых животных] **4.** *Смотри, она уже мечет на нас горящие взоры* [быстро и часто взглядывать, выражая чувство недовольства, гнева — в сочетании с сущ. *взор, взгляд*]
I. МЕ́ЧУЩИЙ, -ая, -ее, -ие; *действ. наст.*
Синт.: **а, б** — в глаг. знач. 1 — 4
II. МЕТА́ВШИЙ, -ая, -ее, -ие; *действ. прош.*
Синт.: **а, б** — в глаг. знач. 1 — 4
III. МЕТА́ЕМЫЙ, -ая, -ое, -ые; *страд. наст.*
Синт.: **а, б** — в глаг. знач. 1 — 4
Субстантив.$_3$ в глаг. знач. 1
IV. МЁТАННЫЙ, -ая, -ое, -ые; *страд. прош.**
[чередование е/ё]
Синт.: **а, б** — в глаг. знач. 1 — 3
Субстантив.$_3$ не употр.
МЁТАН, -ана, -ано, -аны; *кр. ф.** (*редко*)
В глаг. знач. 1 — 3
▭ Прич. IV в 4 глаг. знач. не употр.

МЕТА́ТЬ [2], мета́|ют, мета́|л; ***несов., перех., что*** *Дальше всех метает копье Сережа* [бросать, кидать копье, гранату, диск и т. п.]
I. МЕТА́ЮЩИЙ, -ая, -ее, -ие; *действ. наст.*
Синт.: **а, б** — в глаг. знач.
Ср. прил. **мета́тельный,** -ая, -ое, -ые. Предназначенный для метания. *Метательный снаряд*
II. МЕТА́ВШИЙ, -ая, -ее, -ие; *действ. прош.*
Синт.: **а, б** — в глаг. знач.
III. МЕТА́ЕМЫЙ, -ая, -ое, -ые; *страд. наст.*
Синт.: **а, б** — в глаг. знач.
IV. МЁТАННЫЙ, -ая, -ое, -ые; *страд. прош.*
[чередование е/ё]
Синт.: **а, б** — в глаг. знач.
МЁТАН, -ана, -ано, -аны; *кр. ф.* (*редко*)
В глаг. знач.

МЕТА́ТЬ [3], мета́|ют, мета́|л; ***несов., перех., что*** (*сов.* намета́ть [2] *к* 1 знач.; *сов.* смета́ть [2] *ко* 2 знач.) **1.** также ***чем*** *Портниха метает швы белыми нитками* (см. § 2) [прошивать крупными стежками, намечая линию шва] **2.** *Сестра метает юбку* [шить крупными стежками, соединяя части чего-л., готовя для примерки]
I. МЕТА́ЮЩИЙ, -ая, -ее, -ие; *действ. наст.*
Синт.: **а, б** — в глаг. знач. 1, 2
II. МЕТА́ВШИЙ, -ая, -ее, -ие; *действ. прош.*
Синт.: **а, б** — в глаг. знач. 1, 2
III. МЕТА́ЕМЫЙ, -ая, -ое, -ые; *страд. наст.*
Синт.: **а, б** — в глаг. знач. 1, 2
IV. МЁТАННЫЙ, -ая, -ое, -ые; *страд. прош.**
[чередование е/ё]
Синт.: **а, б** — в глаг. знач. 1
Субстантив.$_3$ не употр.
МЁТАН, -ана, -ано, -аны; *кр. ф.**
В глаг. знач. 1
▭ Прич. IV во 2 глаг. знач. не употр.

МЕТА́ТЬСЯ, мечу́сь, ме́ч|утся, мета́|лся; ***несов.*** **1.** *Люди метались около горящего дома* [быстро и беспорядочно устремляться то в одну, то в другую сторону] **2.** *Больной метался в бреду* [лежа, беспокойно, беспорядочно двигаться, ворочаться] **3.** *Ольга мечется, не знает, что делать* [быть в смятении, растерянности]
I. МЕ́ЧУЩИЙСЯ, -аяся, -ееся, -иеся; *действ. наст.*
Синт.: **а, б** — в глаг. знач. 1—3; **в** — в глаг. знач. 2, 3
II. МЕТА́ВШИЙСЯ, -аяся, -ееся, -иеся; *действ. прош.*
Синт.: **а, б** — в глаг. знач. 1 — 3; **в** — в глаг. знач. 2

МЕ́ТИТЬ [1], ме́чу, ме́т|ят, ме́ти|л; ***несов., перех., что,*** также ***чем*** (*сов.* поме́тить) *Лесник метил сухие деревья. Бабушка метила носовые платки цветными нитками* (см. § 2) [ставить на чем-л. отличительный знак, метку]
I. МЕ́ТЯЩИЙ, -ая, -ее, -ие; *действ. наст.*
Синт.: **а, б** — в глаг. знач.
II. МЕ́ТИВШИЙ, -ая, -ее, -ие; *действ. прош.*
Синт.: **а, б** — в глаг. знач.
IV. МЕ́ЧЕННЫЙ, -ая, -ое, -ые; *страд. прош.*
[чередование т/ч]
Синт.: **а, б** — в глаг. знач.
Ср. прил. **ме́ченый,** -ая, -ое, -ые. Имеющий какую-л. метку. *Меченые яблони. Меченое белье* ◇ **Меченые атомы** — изотопы (чаще всего радиоактивные), вводимые в механические, химические или биологические системы для изучения протекающих в этих системах процессов
МЕ́ЧЕН, -ена, -ено, -ены; *кр. ф.*
В глаг. знач.
▭ Прич. III не употр.

МЕ́ТИТЬ [2], ме́чу, ме́т|ят; ме́ти|л; ***несов.*** **1. *неперех., в кого(что)*** и ***во что*** *Стрелок старательно метил в скачущего всадника. Мальчик метил в центр круга, а попал в самый край* [целиться, стараться попасть в кого-что-л.] **2. *неперех., в кого(что)*** и ***во что*** *Хотя имен критиковавший оратор не называл, в зале все поняли, в кого он метил* [иметь в виду кого-что-л., намекать на кого-что-л.; *разг.*] **3. *неперех., в кого, на что*** и ***с нареч.*** *Он явно метит в начальники. Ты понимаешь, что Ольга метит на твое место. «Поначалу все думали, что быть ему [Меньшикову] царским шутом. Но он метил выше».* А. Н. Толстой, Петр Первый [стремиться занять какое-л. положение, должность и т. п.— в сочетании с предлогом *в* и старой ф. вин. мн.; *разг.*] **4. *перех., кого(что) в кого*** и ***на что*** *Смирнов метит вас* *в свои заместители. Директор метит Петрова на эту должность* [намечать, прочить — в сочетании с предлогом *в* и старой ф. вин. мн.; *прост.*]

I. МЕ́ТЯЩИЙ, -ая, -ее, -ие; *действ. наст.*
Синт.: **а, б** — в глаг. знач. 1 — 4

II. МЕ́ТИВШИЙ, -ая, -ее, -ие; *действ. прош.*
Синт.: **а, б** — в глаг. знач. 1 — 4

□ Прич. III, IV не употр.

МЕХАНИЗИ́РОВАТЬ, механизи́ру|ют, механизи́рова|л; ***сов.*** и ***несов., перех., что*** **1.** *На нашем предприятии механизи́ровали все трудоемкие работы* [заменить или заменять ручной труд работой механизмов и машин] **2.** *Колхоз механизировал молочную ферму* [оснастить или оснащать машинами, механизмами]

I. МЕХАНИЗИ́РУЮЩИЙ, -ая, -ее, -ие; *действ. наст.*
Синт.: **а, б** — в глаг. знач. 1, 2

II. МЕХАНИЗИ́РОВАВШИЙ, -ая, -ее, -ие; *действ. прош.*
Синт.: **а, б** — в глаг. знач. 1, 2

III. МЕХАНИЗИ́РУЕМЫЙ, -ая, -ое, -ые; *страд. наст.*
Синт.: **а, б, в** — в глаг. знач. 1, 2
Субстантив.$_3$ в глаг. знач. 2

IV. МЕХАНИЗИ́РОВАННЫЙ, -ая, -ое, -ые; *страд. прош.*
Синт.: **а, б** — в глаг. знач. 1, 2
В знач. прил. (только *полн. ф.*) **1.** Оснащенный машинами и механизмами. *Механизированные войска* **2.** Связанный с применением машин и механизмов. *Механизированный труд. Механизированная сборка деталей*
Субстантив.$_3$ в глаг. знач. 2
МЕХАНИЗИ́РОВАН, -ана, -ано, -аны; *кр. ф.*
В глаг. знач. 1, 2

МЕЧТА́ТЬ, мечта́|ют, мечта́|л; ***несов., неперех.*** **1.** *« — Ты мечтаешь, а надо действовать».* Бабаевский, Кавалер Золотой Звезды [предаваться мечтам] **2.** ***о чем*** и ***с неопр. ф.*** *«Отцы о свободе и счастье мечтали, За это сражались не раз».* Михалков, Песня пионеров Советского Союза. *Илья мечтает участвовать в строительстве солнечной электростанции* [сильно желать чего-л., стремиться к чему-л.] **3.** *«Жизнь устроилась именно так, как Василий Петрович иногда втайне мечтал».* Катаев, Хуторок в степи [представлять в воображении]

I. МЕЧТА́ЮЩИЙ, -ая, -ее, -ие; *действ. наст.*
Синт.: **а, б** — в глаг. знач. 1 — 3; **в** — в глаг. знач. 1
Ср. прич. в 1 глаг. знач. с прил. **мечта́тельный**, -ая, -ое, -ые в знач. **1.** Такой, который любит мечтать, имеет склонность к мечтам. *Мечтательный человек* **2.** Свойственный тому, кто мечтает, выражающий состояние того, кто мечтает. *Мечтательный взгляд. Мечтательная улыбка. Мечтательное выражение лица*

II. МЕЧТА́ВШИЙ, -ая, -ее, -ие; *действ. прош.*
Синт.: **а, б** — в глаг. знач. 1 — 3

МЕША́ТЬ [1], меша́|ют, меша́|л; ***несов., перех.*** (*сов.* помеша́ть *к* 1 знач.; *сов.* перемеша́ть *ко* 2, 4 знач.; *сов.* смеша́ть *ко* 2, 3 знач.) **1.** ***что,*** также ***чем*** *Я мешаю кашу, чтобы она не подгорела. Повар мешал суп большим половником* (см. § 2) [водя ложкой, мешалкой и т. п., круговыми движениями взбалтывать, перемешивать что-л.] **2.** ***что с чем*** *Бабушка обычно мешает вино с соком* [соединять в одно что-л. разнородное, разные вещества, смешивать] **3.** ***что*** *Олег всегда мешает разные сорта чая* [соединять вместе, в одно разные виды, сорта и т. п. одного вещества] **4.** ***что*** *Перед тем, как показать фокус, Дима мешал карты* [перемещая, нарушать порядок расположения чего-л.] **5.** ***что с чем*** *Иностранец мешал русские слова с английскими* [употреблять, воспроизводить и т. п., соединяя что-л. разнородное]

I. МЕША́ЮЩИЙ, -ая, -ее, -ие; *действ. наст.*
Синт.: **а, б** — в глаг. знач. 1 — 5

II. МЕША́ВШИЙ, -ая, -ее, -ие; *действ. прош.*
Синт.: **а, б** — в глаг. знач. 1 — 5

III. МЕША́ЕМЫЙ, -ая, -ое, -ые; *страд. наст.*
Синт.: **а, б** — в глаг. знач. 1—5; **в** — в глаг. знач. 1, 3
Субстантив.$_3$ в глаг. знач. 1, 2

IV. МЕ́ШАННЫЙ, -ая, -ое, -ые; *страд. прош.**
Синт.: **а, б** — в глаг. знач. 1, 2, 4
Ср. прил. **ме́шаный**, -ая, -ое, -ые. Подвергшийся перемешиванию. *Мешаное молоко*
Субстантив.$_3$ в глаг. знач. 1, 2
МЕ́ШАН, -ана, -ано, -аны; *кр. ф.**
В глаг. знач. 1, 2, 4

□ Прич. IV в 3, 5 глаг. знач. не употр.

МЕША́ТЬ [2], меша́|ют, меша́|л; ***несов., неперех.*** **1.** ***кому(чему) с неопр. ф.*** *Дети мешают мне работать. Своими разговорами вы мешаете классу писать самостоятельную работу* [создавать препятствия в осуществлении чего-л., не давать делать что-л.] **2.** ***кому(чему)*** и ***чему,*** также ***с неопр. ф.; S не лицо*** *Встречный ветер мешал спортсменам плыть быстро. Наши разногласия мешали собранию принять правильное решение. Сырая промозглая погода мешала выздоровлению Олега* [быть помехой в чем-л., приводить к задержке чего-л.] **3.** ***кому(чему); S не лицо*** *Узкая юбка мешала мне при ходьбе* [вызывать ощущение неудобства, стесненности и т. п.]

I. МЕША́ЮЩИЙ, -ая, -ее, -ие; *действ. наст.*
Синт.: **а, б** — в глаг. знач. 1 — 3

II. МЕША́ВШИЙ, -ая, -ее, -ие; *действ. прош.*
Синт.: **а, б** — в глаг. знач. 1 — 3

МИЛИТАРИЗОВА́ТЬ, милитаризу́|ют, милитаризова́|л; ***сов.*** и ***несов., перех., что*** *Реакционные империалистические круги милитаризуют промышленность страны* [подчинить или подчинять экономику государства усилению военной мощи для подготовки агрессивных войн, подавления национально-освободительного движения]

I. МИЛИТАРИЗУ́ЮЩИЙ, -ая, -ее, -ие; *действ. наст.*
Синт.: **а, б** — в глаг. знач.

II. МИЛИТАРИЗОВА́ВШИЙ, -ая, -ее, -ие; *действ. прош.*
Синт.: **а, б** — в глаг. знач.

III. МИЛИТАРИЗУ́ЕМЫЙ, -ая, -ое, -ые; *страд. наст.*

Синт.: **а, б, в** — в глаг. знач.

IV. МИЛИТАРИЗО́ВАННЫЙ, -ая, -ое, -ые; *страд. прош.*

Синт.: **а, б** — в глаг. знач.

В знач. прил. (только *полн. ф.*) Нацеленный на производство оружия и осуществление агрессивной политики, действующий в условиях милитаризма. *Милитаризованная промышленность.*

МИЛИТАРИЗО́ВАН, -ана, -ано, -аны; *кр. ф.*

В глаг. знач.

МИНОВА́ТЬ, мину́|ют, минова́|л; ***сов.* 1.** (в наст.-буд. также ***несов.***) ***перех., кого(что)*** и ***что*** *Мы минуем остановившихся на отдых туристов и спускаемся к реке. Мы миновали озеро и подъехали к деревне* [пройти или проходить, проехать или проезжать мимо, оставив или оставляя кого-что-л. позади или в стороне] **2.** (в наст.-буд. также ***несов.***) ***перех., кого(что)*** и ***что; S не лицо*** *«[Пуля] прошла мимо височных костей.. и чудом миновала мозг».* Никулин, России верные сыны. *Грипп на этот раз не миновал никого из нашей семьи, болели все* [не затронуть собой кого-что-л.] **3. *безл., неперех., чего*** и ***с неопр. ф.*** *Чему быть, того не миновать* (пословица). *Не миновать мне идти на эту скучную встречу* [не избавиться от чего-л., не избежать чего-л.— с отрицанием] **4. *неперех.; S не лицо*** *Опасность, наконец, миновала. Кризис, к счастью, миновал, Аня стала поправляться* [пройти, окончиться]

I. МИНУ́ЮЩИЙ, -ая, -ее, -ие; *действ. наст.*

Синт.: **а, б** — в глаг. знач. 1, 2, 4

II. МИНОВА́ВШИЙ, -ая, -ее, -ие; *действ. прош.*

Синт.: **а, б** — в глаг. знач. 1, 2, 4

III. МИНУ́ЕМЫЙ, -ая, -ое, -ые; *страд. наст.* (*редко*)

Синт.: **а, б** — в глаг. знач. 1, 2

□ Прич. IV не употр.

МИНУ́ТЬ и *доп.* **МИ́НУТЬ,** ми́нут, мину́|л и ми́ну|л; ***сов., неперех.; S не лицо*** *Опасность минула. Кризис минул. Минуло два года. Минула неделя* [пройти, окончиться, миновать]

II. МИНУ́ВШИЙ, -ая, -ее, -ие и *доп.* МИ́НУВШИЙ, -ая, -ее, -ие; *действ. прош.*

Синт.: **а, б** — в глаг. знач.

В знач. прил. **мину́вший.** Прошлый, прошедший. *В минувшем году. Минувшие дни. Люди минувшей поры*

В знач. сущ. **мину́вшее,** -его, *ср.* Прошлые события, прошедшее, прошлое время. *Следы минувшего*

МИРИ́ТЬ, мир|я́т и *доп.* ми́рят, мири́|л; ***несов., перех.*** (*сов.* помири́ть *к* 1 знач.; *сов.* примири́ть *ко* 2 знач.) **1. *кого*** и ***кого(что) с кем(чем)*** *Отец всегда мирил ссорящихся детей* [восстанавливать согласие, мирные отношения между кем-л.] **2. *кого(что) с кем (чем)*** и ***с чем; S не лицо*** *С тобой меня мирит только твоя доброта. Талант Андрея мирил нас с его плохим характером* [вызывать терпеливое отношение к кому-чему-л., примирять с кем-чем-л.]

I. МИРЯ́ЩИЙ, -ая, -ее, -ие; *действ. наст.*

Синт.: **а, б** — в глаг. знач. 1, 2

II. МИРИ́ВШИЙ, -ая, -ее, -ие; *действ. прош.*

Синт.: **а, б** — в глаг. знач. 1, 2

III. МИРИ́МЫЙ, -ая, -ое, -ые; *страд. наст.**

Синт.: **а, б** — в глаг. знач. 1

IV. МИРЁННЫЙ, -ая, -ое, -ые; *страд. прош.**

Синт.: **а, б** — в глаг. знач. 1

МИРЁН, -ена́, -ено́, -ены́; *кр. ф.** (*редко*)

В глаг знач. 1

□ Прич. III, IV во 2 глаг. знач. не употр.

МНО́ЖИТЬ, мно́ж|ат, мно́жи|л; ***несов., перех., что*** (*сов.* умно́жить; *сов.* помно́жить *к* 1 знач.) **1.** и ***без дополн.*** *Первоклассники уже множат двузначные числа. Мальчик множит два на три. «На счетах он считал плохо, делил и множил в уме».* Панова, Спутники [производить действие умножения над какими-л. числами] **2.** *Молодые рабочие множат ряды новаторов производства* (из газет). *«И каждый миг в унылом сердце множит Все горести несчастливой любви И все мечты безумия тревожит».* Пушкин, Желание [увеличивать в числе, количестве; *книжн.*]

I. МНО́ЖАЩИЙ, -ая, -ее, -ие; *действ. наст.*

Синт.: **а, б** — в глаг. знач. 1, 2

II. МНО́ЖИВШИЙ, -ая, -ее, -ие; *действ. прош.*

Синт.: **а, б** — в глаг. знач. 1, 2

III. МНО́ЖИМЫЙ, -ая, -ое, -ые; *страд. наст.*

Синт.: **а, б** — в глаг. знач. 1, 2

Ср. сущ. **мно́жимое,** -ого, *ср.* Первое из двух перемножаемых чисел или величин — в математике

IV. МНО́ЖЕННЫЙ, -ая, -ое, -ые; *страд. прош.** (*редко*)

Синт.: **а, б** — в глаг. знач. 1

МНО́ЖЕН, -ена, -ено, -ены; *кр. ф.** (*редко*)

В глаг. знач. 1

□ Прич. IV во 2 глаг. знач. не употр.

МОБИЛИЗОВА́ТЬ, мобилизу́|ют, мобилизова́|л; ***сов.*** и ***несов., перех.* 1. *кого(что)*** *Моего отца мобилизовали в самом начале войны* [призвать или призывать на действительную военную службу в связи с объявлением войны] **2. *кого(что) на что*** *Всех комсомольцев мобилизовали на расчистку дорог от снежных завалов* [призвать или призывать, направить или направлять на выполнение какой-л. задачи, какой-л. необходимой общественно полезной работы] **3. *что*** *Смирнов мобилизовал всю свою волю и сумел справиться с трудностями. Коллектив завода перевыполнил план, так как мобилизовал все внутренние резервы* [собрать или собирать, напрячь или напрягать силы, волю, найти или находить дополнительные возможности и т. п. для осуществления, выполнения чего-л.] **4. *кого(что); S не лицо*** *Выступление перед аудиторией всегда мобилизует его* [вызвать или вызывать у кого-л. активность, собранность, способность действовать и т. п.]

I. МОБИЛИЗУ́ЮЩИЙ, -ая, -ее, -ие; *действ. наст.*

Синт.: **а, б** — в глаг. знач. 1 — 4

В знач. прил. Такой, который приводит кого-что-л. в активное состояние, придает способность активно работать, бороться с кем-чем-л., осуществлять что-л. и т. п. *Мобилизующие силы общества. Мобилизую-*

щие силы организма. Мобилизующие решения съезда

II. МОБИЛИЗОВА́ВШИЙ, -ая, -ее, -ие; *действ. прош.*

Синт.: **а, б** — в глаг. знач. 1 — 4

III. МОБИЛИЗУ́ЕМЫЙ, -ая, -ое, -ые; *страд. наст.**

Синт.: **а, б** — в глаг. знач. 1 — 3

Субстантив.$_3$ не употр.

IV. МОБИЛИЗО́ВАННЫЙ, -ая, -ое, -ые; *страд. прош.**

Синт.: **а, б** — в глаг. знач. 1 — 3

Субстантив.$_3$ не употр.

Ср. сущ. **мобилизо́ванный,** -ого, *м.* Тот, кто призван в армию по мобилизации

МОБИЛИЗО́ВАН, -ана, -ано, -аны; *кр. ф.**

В глаг. знач. 1—3

▭ Прич. III, IV в 4 глаг. знач. не употр.

МО́КНУТЬ, мо́кн|ут, мок и *доп.* мо́кну|л, мо́кла, -ло, -ли; **несов., неперех. 1.** *Я сегодня целый день мокла под дождем* [находиться под действием влаги, испытывая неприятное ощущение сырости из-за мокрой, сырой одежды и т. п.] **2.** ***S* не лицо** *Посевы мокнут под дождем. Смотри, твои книги мокнут, под них вода подтекла* [становиться мокрым, сырым от излишней влаги] **3.** ***S* не лицо** *В чанах мокнет кожа. Здесь мокнет лен* [лежать в жидкости для приобретения каких-л. свойств] **4.** ***S* не лицо** *Рана не заживает, а мокнет* [выделять гной — о ранах, лишаях и т. п.]

I. МО́КНУЩИЙ, -ая, -ее, -ие; *действ. наст.*

Синт.: **а, б, в** — в глаг. знач. 1 — 4

II. МО́КНУВШИЙ, -ая, -ее, -ие; *действ. прош.*

Синт.: **а, б, в** — в глаг. знач. 1 — 4

МОЛИ́ТЬ, молю́, мо́л|ят, моли́|л; **несов., перех., кого(что)** и **без дополн.** *«Меня с слезами заклинаний Молила мать; для бедной Тани Все были жребии равны... Я вышла замуж».* Пушкин, Евгений Онегин. *Незнакомка молила о помощи* [сильно просить, умолять]

I. МОЛЯ́ЩИЙ, -ая, -ее, -ие; *действ. наст.*

Синт.: **а, б** — в глаг. знач.

В знач. прил. Выражающий мольбу. *Молящий взгляд. Молящее выражение лица. Молящие глаза*

II. МОЛИ́ВШИЙ, -ая, -ее, -ие; *действ. прош.*

Синт.: **а, б** — в глаг. знач.

III. МОЛИ́МЫЙ, -ая, -ое, -ые; *страд. наст.*

Синт.: **а, б** — в глаг. знач.

IV. МО́ЛЕННЫЙ, -ая, -ое, -ые и МОЛЁННЫЙ, -ая, -ое, -ые; *страд. прош.* (*редко*)

Синт.: **а, б** — в глаг. знач.

МО́ЛЕН, -ена, -ено, -ены и МОЛЁН, -ена́, -ено́, -ены́; *кр. ф.* (*редко*)

В глаг. знач.

МОЛО́ТЬ, мелю́, ме́л|ют, моло́|л; **несов., перех., что** (*сов.* смоло́ть *к* 1, 2 знач.) **1.** *Тамара мелет кофе в кофемолке. Вчера на мельнице мололи рожь* [дробить, размельчать, обычно зерна чего-л., превращая в муку, порошок и т. п.] **2.** *По совету врача перед варкой Ольга обычно молола рыбу или мясо* [размельчать, пропуская через мясорубку] **3.** *Дима молол чепуху, чтобы отвлечь мое внимание. « — Что за вздор ты мелешь!»* Тургенев, Накануне [говорить что-л. вздорное, глупое, болтать; *прост.*]

I. МЕ́ЛЮЩИЙ, -ая, -ее, -ие; *действ. наст.*

Синт.: **а, б** — в глаг. знач. 1 — 3

II. МОЛО́ВШИЙ, -ая, -ее, -ие; *действ. прош.*

Синт.: **а, б** — в глаг. знач. 1 — 3

IV. МО́ЛОТЫЙ, -ая, -ое, -ые; *страд. прош.**

Синт.: **а, б** — в глаг. знач. 1, 2

В знач. прил. (только *полн. ф.*) Состоящий из мелких частиц, размолотый, смолотый. *Молотый кофе. Молотый перец*

МО́ЛОТ, -та, -то, -ты; *кр. ф.** (*редко*)

В глаг. знач. 1, 2

▭ Прич. III не образуется. Прич. IV в 3 глаг. знач. не употр.

МОЛЧА́ТЬ, молч|а́т, молча́|л; **несов., неперех. 1.** *Сережа не отвечал на мои вопросы, молчал* [ничего не говорить, не издавать звуков голосом] **2.** *Больной молчал, терпеливо переносил боль* [не высказывать жалоб, не стонать, терпеливо сносить что-л.] **3.** ***S* не лицо** *Телефон молчит, в трубке нет никаких гудков* [не действовать, не работать — о приборах, подающих звуковые сигналы] **4.** ***S* не лицо** *Пушки на крейсере молчали* [не стрелять — об огнестрельном оружии] **5.** *Андрей молчит, никому не рассказывает о наших планах* [хранить в тайне что-л., не рассказывать, не говорить о ком-чем-л.] **6.** *Диме не нравился тон гостя, но он молчал из вежливости* [не высказывать открыто своего мнения, обходить молчанием что-л.] **7.** *Почему ты молчишь? За два месяца — ни одного письма* [не писать писем, не отвечать на них] **8.** ***S* не лицо** *«[Царь:] Снегурочка, пришла твоя пора: Ищи себе по сердцу друга!.. [Снегурочка:] Молчит мое сердечко».* А. Островский, Снегурочка [не проявляться, не давать о себе знать — о чувствах, переживаниях и т. п.]

I. МОЛЧА́ЩИЙ, -ая, -ее, -ие; *действ. наст.*

Синт.: **а, б** — в глаг. знач. 1 — 8; **в** — в глаг. знач. 1, 3, 4, 8

II. МОЛЧА́ВШИЙ, -ая, -ее, -ие; *действ. прош.*

Синт.: **а, б** — в глаг. знач. 1—8; **в** — в глаг. знач. 1, 3, 4, 8

МОРО́ЗИТЬ, моро́жу, моро́з|ят, моро́зи|л; **несов., перех.** (*сов.* заморо́зить *к* 1, 2 знач.) **1. что** *Мы морозили пельмени на больших листах бумаги* [подвергая действию сильного холода, давать замерзнуть, затвердеть от холода с целью хранения, замораживать] **2. кого(что)** *Друзья опоздали и морозили меня на улице целый час* [допускать, чтобы кто-л. мерз, находясь на морозе; *разг.*] **3. кого(что)** * *В деревнях тараканов раньше морозили* [уничтожать, убивая холодом; *разг.*]

I. МОРО́ЗЯЩИЙ, -ая, -ее, -ие; *действ. наст.*

Синт.: **а, б** — в глаг. знач. 1 — 3

II. МОРО́ЗИВШИЙ, -ая, -ее, -ие; *действ. прош.*

Синт.: **а, б** — в глаг. знач. 1 — 3

IV. МОРО́ЖЕННЫЙ, -ая, -ое, -ые; *страд. прош.**

[чередование з/ж]

Синт.: **а, б** — в глаг. знач. 1

Ср. прил. **моро́женый,** -ая, -ое, -ые. **1.** Под-

вергшийся замораживанию. *Мороженые яблоки. Мороженые ягоды. Мороженое мясо. Мороженая рыба* **2.** Попорченный морозом. *Мороженый картофель*
Субстантив.₃ в глаг. знач. 1
МОРО́ЖЕН, -ена, -ено; -ены; *кр. ф.**
В глаг. знач. 1
□ Прич. III не употр. Прич. IV во 2, 3 глаг. знач. не употр.

МОРОСИ́ТЬ, морошу́, морос|я́т, мороси́|л; ***несов., неперех.; S не лицо*** *На улице моросил дождь* [идти, падать очень мелкими частыми каплями — о дожде]
I. МОРОСЯ́ЩИЙ, -ая, -ее, -ие; *действ. наст.*
Синт.: **а, б, в** — в глаг. знач.
В знач. прил. Такой, который идет, падает очень мелкими частыми каплями. *Моросящие осадки*
II. МОРОСИ́ВШИЙ, -ая, -ее, -ие; *действ. прош.*
Синт.: **а, б, в** — в глаг. знач.

МО́РЩИТЬ, мо́рщ|ат, мо́рщи|л; ***несов., перех., что*** (*сов.* намо́рщить и смо́рщить *к* 1 знач.) **1.** *Малыш морщил лоб, когда смотрел вверх. «Привычная насмешливая улыбка морщила концы губ Долли».* Л. Толстой, Анна Каренина [собирать в морщины кожу на лбу, носу и т. д.] **2. *S не лицо*** *«Теплый ветер повеял нам в лицо И морщит на полях синеющие лужи».* А. К. Толстой, Вновь растворилась дверь на влажное крыльцо [образовывать рябь на гладкой поверхности воды]
I. МО́РЩАЩИЙ, -ая, -ее, -ие; *действ. наст.*
Синт.: **а, б** — в глаг. знач. 1, 2
II. МО́РЩИВШИЙ, -ая, -ее, -ие; *действ. прош.*
Синт.: **а, б** — в глаг. знач. 1, 2
III. МО́РЩИМЫЙ, -ая, -ое, -ые; *страд. наст.**
Синт.: **а, б** — в глаг. знач. 1
Субстантив.₃ не употр.
IV. МО́РЩЕННЫЙ, -ая, -ое, -ые; *страд. прош.**
Синт.: **а, б** — в глаг. знач. 1
Субстантив.₃ не употр.
МО́РЩЕН, -ена, -ено, -ены; *кр. ф.**
В глаг. знач. 1
□ Прич. III, IV во 2 глаг. знач. не употр.

МОРЩИ́ТЬ, морщ|а́т, морщи́|л; ***несов., неперех.; S не лицо*** *«Пальто Уже — не то! Обужена спина. Не там, где надо, складка. Морщит подкладка».* Михалков, Портной на лаврах [лежать негладко, иметь морщины — об одежде]
I. МОРЩА́ЩИЙ, -ая, -ее, -ие; *действ. наст.*
Синт.: **а, б, в** — в глаг. знач.
II. МОРЩИ́ВШИЙ, -ая, -ее, -ие; *действ. прош.*
Синт.: **а, б, в** — в глаг. знач.

МО́РЩИТЬСЯ, мо́рщ|атся, мо́рщи|лся; ***несов. к*** смо́рщиться в 1, 2 знач. (см.)
I. МО́РЩАЩИЙСЯ, -аяся, -ееся, -иеся; *действ. наст.*
Синт.: **а, б, в** — в глаг. знач. 1, 2
II. МО́РЩИВШИЙСЯ, -аяся, -ееся, -иеся; *действ. прош.*
Синт.: **а, б, в** — в глаг. знач. 1, 2

МОТИВИ́РОВАТЬ, мотиви́ру|ют, мотиви́рова|л; ***сов.*** и ***несов., перех., что,*** также ***чем*** *Ольга ничем не мотивировала свой отказ ехать в Ленинград* (см. § 2). *«[Михаил Федорович] находит нужным мотивировать свой приезд какою-нибудь очевидною нелепостью».* Чехов, Скучная история (см. § 2) [привести или приводить доводы, объясняющие, оправдывающие какие-л. действия]
I. МОТИВИ́РУЮЩИЙ, -ая, -ее, -ие; *действ. наст.*
Синт.: **а, б** — в глаг. знач.
II. МОТИВИ́РОВАВШИЙ, -ая, -ее, -ие; *действ. прош.*
Синт.: **а, б** — в глаг. знач.
III. МОТИВИ́РУЕМЫЙ, -ая, -ое, -ые; *страд. наст.*
Синт.: **а, б** — в глаг. знач.
IV. МОТИВИ́РОВАННЫЙ, -ая, -ое, -ые; *страд. прош.*
Синт.: **а, б** — в глаг. знач.
Ср. прил. **мотиви́рованный,** -ая, -ое, -ые; -ан, -анна, -анно, -анны. Оправданный, имеющий основания, причину. *Мотивированный отказ. Мотивированные поступки*
Субстантив.₃ не употр.
МОТИВИ́РОВАН, -ана, -ано, -аны; *кр. ф.*
В глаг. знач.

МОТОРИЗОВА́ТЬ, моторизу́|ют, моторизова́|л; ***сов.*** и ***несов., перех., что*** *Правительство молодой республики моторизовало армию за очень короткий срок* [оснастить или оснащать войска механическим транспортом]
I. МОТОРИЗУ́ЮЩИЙ, -ая, -ее, -ие; *действ. наст.*
Синт.: **а, б** — в глаг. знач.
II. МОТОРИЗОВА́ВШИЙ, -ая, -ее, -ие; *действ. прош.*
Синт.: **а, б** — в глаг. знач.
III. МОТОРИЗУ́ЕМЫЙ, -ая, -ое, -ые; *страд. наст.*
Синт.: **а, б, в** — в глаг. знач.
IV. МОТОРИЗО́ВАННЫЙ, -ая, -ое, -ые; *страд. прош.*
Синт.: **а, б** — в глаг. знач.
В знач. прил. (только *полн. ф.*) Оснащенный механическим транспортом — о войсках. *Моторизованные части. Моторизованный батальон*
Субстантив.₃ не употр.
МОТОРИЗО́ВАН, -ана, -ано, -аны; *кр. ф.*
В глаг. знач.

МОЧИ́ТЬ, мочу́, мо́ч|ат, мочи́|л; ***несов., перех.*** **1. *кого(что)*** и ***что; S не лицо*** *«..и слезы незаметно мочили ему щеки».* Л. Толстой, Альберт. *Дождь мочил нас в пути нещадно* [делать мокрым, влажным] **2. *что*** *Чтобы не мочить волосы, Ольга надела резиновую шапочку. Дедушка боялся мочить ноги в такой холод и не выходил на улицу* [допускать, чтобы что-л. стало мокрым, влажным] **3. *что*** *Колхозницы начали мочить лен вовремя. Наши соседи каждый год мочат яблоки* [держать в воде, пропитывать влагой для придания каких-л. свойств, качеств; заготовлять, вымачивая с пряностями в воде, вине, соке и т. п.]
I. МО́ЧАЩИЙ, -ая, -ее, -ие; *действ. наст.*
Синт.: **а, б** — в глаг. знач. 1 — 3

II. МОЧИ́ВШИЙ, -ая, -ее, -ие; *действ. прош.*
Синт.: **а, б** — в глаг. знач. 1 — 3

IV. МО́ЧЕННЫЙ, -ая, -ое, -ые; *страд. прош.*
Синт.: **а, б** — в глаг. знач. 1—3
Ср. прил. **мочёный**, -ая, -ое, -ые. Приготовленный путем вымачивания в воде, обычно с пряностями. *Моченые яблоки. Моченый арбуз. Моченый горох. Моченая брусника*
Субстантив.$_3$ в глаг. знач. 3
МО́ЧЕН, -ена, -ено, -ены; *кр. ф.*
В глаг. знач. 1—3

▭ Прич. III не употр.

МОЧЬ, могу́, мо́жет, мо́г|ут, мог|, могла́, -ло́, -ли́; ***несов., неперех., с неопр. ф.*** (*сов.* смочь *ко* 2, 3 знач.) **1.** *Мой брат может говорить на пяти языках* [быть способным, уметь что-л. делать] **2.** *Больная не могла встать. Даже ребенок может поднять этот рюкзак* [быть в состоянии, в силах что-л. делать] **3.** *Я могу пойти с вами в театр. Сережа не мог вчера приехать к нам* [иметь возможность что-л. делать] **4.** *Почтальон может не застать меня дома. Может пойти дождь. Телеграмма может прийти в любую минуту* [иметь вероятность, возможность произойти, совершиться]

I. МОГУ́ЩИЙ, -ая, -ее, -ие; *действ. наст.*
Синт.: **а, б** — в глаг. знач. 1 — 4

II. МО́ГШИЙ, -ая, -ее, -ие; *действ. прош.*
Синт.: **а, б** — в глаг. знач. 1 — 4

▭ Прич. I менее употр., чем личные ф. глагола и прич. II

МСТИТЬ, мщу, мст|ят, мсти|л; ***несов., неперех., кому(чему),*** также ***за кого(что)*** и ***за что*** (*сов.* отомсти́ть) *«Мстят сильно иногда бессильные враги».* И. Крылов, Лев и Комар. *Партизаны мстят захватчикам за сожженную землю* [намеренно причинять кому-л. зло с целью отплатить за оскорбления, обиды, надругательство и т. п.]

I. МСТЯ́ЩИЙ, -ая, -ее, -ие; *действ. наст.*
Синт.: **а, б** — в глаг. знач.
Ср. прил. **мсти́тельный**, -ая, -ое, -ые; -лен, -льна, -льно, -льны. **1.** Склонный к мщению, способный мстить. *Мстительный человек.* **2.** Выражающий, заключающий в себе стремление, склонность к мщению. *Мстительное выражение лица. Мстительный взгляд. Мстительная злоба*

II. МСТИ́ВШИЙ, -ая, -ее, -ие; *действ. прош.*
Синт.: **а, б** — в глаг. знач.

МУТИ́ТЬ, мучу́, мут|я́т и *доп.* му́тят, мути́|л; ***несов., перех.*** **1. *что,*** также ***чем*** *«[Ребятишки] мутили босыми ногами стоячую, теплую от солнца воду».* Скиталец, Атаман [делать мутным какую-л. жидкость] **2. *кого(что),*** также ***чем*** *Они напрасно мутят людей слухами, выдуманными фактами* [настраивать против кого-л., возбуждать, приводить в беспокойное состояние; *разг.*] **3. *что; S не лицо*** *Сильная боль мутила сознание больного* [делать неясным, смутным сознание, разум и т. п.]

I. МУТЯ́ЩИЙ, -ая, -ее, -ие; *действ. наст.*
Синт.: **а, б** — в глаг. знач. 1 — 3

II. МУТИ́ВШИЙ, -ая, -ее, -ие; *действ. прош.*
Синт.: **а, б** — в глаг. знач. 1—3

▭ Прич. III, IV не употр.

МУ́ЧИТЬ, му́ч|ат и *доп.* му́ча|ют, му́чи|л; ***несов., перех., кого(что)*** (*сов.* заму́чить и изму́чить *ко* 2, 3 знач.) **1.** *Фашисты мучили и убивали в концлагерях миллионы людей* [причинять физические муки кому-л., истязать] **2.** также ***чем*** *Ольга мучает сына придирками и подозрениями* (см. § 1). *Ребенок мучает родителей своими капризами* (см. § 1) [заставлять страдать, мучиться, причинять кому-л. нравственные страдания] **3. *S не лицо*** *Меня мучит эта жара. Больного мучила жажда. Лиду мучил радикулит* [вызывать состояние изнуренности, истомленности физической болью, усталостью, острой потребностью в чем-л. т. п., терзать] **4. *S не лицо*** *«[Пьера]мучило сознание своей слабости».* Л. Толстой, Война и мир. *Несправедливость принятого решения мучила меня* [вызывать состояние острой неудовлетворенности, недовольства и т. п. чем-л.] **5. *S не лицо*** *Соседку мучит любопытство; она хочет знать, кто к нам пришел* [томить, беспокоить, волновать]

I. МУ́ЧАЩИЙ, -ая, -ее, -ие и *доп.* МУ́ЧАЮЩИЙ, -ая, -ее, -ие; *действ. наст.*
Синт.: **а, б** — в глаг. знач. 1—5
Ср. прич. в 3, 4 глаг. знач. с прил. **мучи́тельный**, -ая, -ое, -ые; -лен, -льна, -льно, -льны. **1.** Причиняющий физические страдания, муки. *Мучительный кашель. Мучительная боль* **2.** Причиняющий нравственные страдания. *Мучительный вопрос. Мучительные раздумья*

II. МУ́ЧИВШИЙ, -ая, -ее, -ие; *действ. прош.*
Синт.: **а, б** — в глаг. знач. 1—5

III. МУ́ЧИМЫЙ, -ая, -ое, -ые и *доп.* МУ́ЧАЕМЫЙ, -ая, -ое, -ые; *страд. наст.*
Синт.: **а, б** — в глаг. знач. 1—5

IV. МУ́ЧЕННЫЙ, -ая, -ое, -ые; *страд. прош.**
Синт.: **а, б** — в глаг. знач. 1
МУ́ЧЕН, -ена, -ено, -ены; *кр. ф.** (*редко*)
В глаг. знач. 1

▭ Прич. IV во 2—5 глаг. знач. не употр.

МУ́ЧИТЬСЯ, му́ч|атся и *доп.* му́ча|ются, му́чи|лся; ***несов.*** **1. *от чего, с чем*** и ***без дополн.*** *Петя мучился от зубной боли три дня. Аня мучается с желудком с детства. «Она ужасно мучилась, стонала».* Лермонтов, Бэла [испытывать, терпеть физические муки, страдания, обычно от какой-л. болезни] **2. *чем, из-за чего*** и ***без дополн.*** *Мои друзья мучатся сомнениями, не знают, как им поступить. Олег мучится угрызениями совести. Дима мучается из-за того, что сказал неправду. Перестань мучиться, ты поступил правильно!* [испытывать тягостное ощущение, мучительное беспокойство, волнение под влиянием какого-л. чувства, состояния и т. п.; испытывать нравственные муки, терзаться, страдать] **3. *с кем (чем)*** *Тамара очень мучается с больным мужем* [испытывать трудности, огорчения из-за кого-л., выполнять тяжелые обязанности по отношению к кому-л.] **4.** *Мой друг мучается всю жизнь* [претерпевать лишения, подвергаться невзгодам] **5. *с чем, над чем*** *Я уже час мучаюсь с замком, не могу его открыть. Андрей мучается* *над этой задачей уже неделю* [испытывать сильные затруднения с чем-л.]

I. МУ́ЧАЩИЙСЯ, -аяся, -ееся, -иеся и *доп.* МУ́ЧАЮЩИЙСЯ, -аяся, -ееся, -иеся; *действ. наст.*

Синт.: **а, б** — в глаг. знач. 1 — 5

II. МУ́ЧИВШИЙСЯ, -аяся, -ееся, -иеся; *действ. прош.*

Синт.: **а, б** — в глаг. знач. 1 — 5

МЫ́ЛИТЬ, мы́л|ят, мы́ли|л; ***несов., перех.*** (*сов.* намы́лить) **1. *кого(что)*** и ***что,*** также ***чем*** *Аня мылит ребенка детским мылом и смывает теплой водой. Мой сын очень долго мылит руки. Дима мылил белье и клал его в бак с горячей водой* [натирать мылом, смоченным в воде] **2. *что*** *Бабушка сначала мылит воду, а потом кладет в нее белье* [растворять мыло в какой-л. жидкости]

I. МЫ́ЛЯЩИЙ, -ая, -ее, -ие; *действ. наст.*

Синт.: **а, б** — в глаг. знач. 1, 2

II. МЫ́ЛИВШИЙ, -ая, -ее, -ие; *действ. прош.*

Синт.: **а, б** — в глаг. знач. 1, 2

IV. МЫ́ЛЕННЫЙ, -ая, -ое, -ые; *страд. прош.*

Синт.: **а, б** — в глаг. знач. 1, 2

МЫ́ЛЕН, -ена, -ено, -ены; *кр. ф.*

В глаг. знач. 1, 2

▭ Прич. III не употр.

МЫ́СЛИТЬ, мы́сл|ят, мы́сли|л; ***несов.* 1. *неперех.*** *Художник мыслит образами. В отличие от животных, человет мыслит. Ольга Ивановна мыслит строго логически* [сопоставлять явления объективной действительности, делая выводы] **2. *перех., что*** и ***с неопр. ф.*** *Как же ты мыслишь всё это осуществить? «Не так, не так мыслил он начинать работу в лавах».* Игишев, Шахтеры [задумывать, предполагать, рассчитывать сделать что-л.— в сочетании со словами *как, так* и т. д.; *книжн.*] **3. *перех., кого(что)*** и ***что*** *«..попытка м ы с л и т ь движение без материи протаскивает м ы с л ь, оторванную от материи, а это и есть философский идеализм».* Ленин, Материализм и эмпириокритицизм. *Аня не мыслит себя вне коллектива. «Без песен народных, Без Пушкина Не мыслю я Русскую речь».* Татьяничева, Мы нашу Отчизну растили. *Молодой ученый мыслит этот препарат как новое средство от астмы* [видеть мысленным взором, представлять в мыслях, рисовать мысленно, воображать в качестве кого-чего-л.]

I. МЫ́СЛЯЩИЙ, -ая, -ее, -ие; *действ. наст.*

Синт.: **а, б** — в глаг. знач. 1 — 3

В знач. прил. Способный глубоко и самостоятельно мыслить, творческий. *Мыслящий человек. Это мыслящий инженер. Она мыслящий врач*

II. МЫ́СЛИВШИЙ, -ая, -ее, -ие; *действ. прош.*

Синт.: **а, б** — в глаг. знач. 1 — 3

III. МЫ́СЛИМЫЙ, -ая, -ое, -ые; *страд. наст.*

Синт.: **а, б** — в глаг. знач. 2, 3

Ср. прил. **мы́слимый**, -ая, -ое, -ые; -им, -има, -имо, -имы. **1.** (только *полн. ф.*) Такой, какой только может быть, какой только можно себе представить *«[Виктор Семенович] получил от Настеньки все мыслимые заверения, что фотография.. понадобилась в самых благовидных целях».* Федин, Первые радости **2.** Возможный, допустимый, вероятный. *Это вполне мыслимый случай. Теоретически мыслимы новые каналы связи с космосом*

МЫ́СЛИМ, -има, -имо, -имы; *кр. ф.*

В глаг. знач. 2, 3

▭ Прич. IV не употр.

МЫТЬ, мо́|ют, мы|л; ***несов., перех.*** (*сов.* вы́мыть) **1. *кого(что)*** и ***что*** *Мы моем малыша через день. Я мою голову раз в неделю* [делать чистым всю кожу, волосы и т. п. с помощью воды, мыла, мочалки, губки и т. п.] **2. *что,*** также ***чем*** *Оля моет посуду теплой водой с мылом* (см. § 2). *Ребята сами моют пол в классе* [очищать что-л. от грязи, используя воду, обычно с мылом, порошком и т. п. или без них, а также другую жидкость]

I. МО́ЮЩИЙ, -ая, -ее, -ие; *действ. наст.*

Синт.: **а, б** — в глаг. знач. 1, 2

В знач. прил. Имеющий способность мыть, отмывать, предназначенный для мытья. *Моющие средства. Моющее приспособление*

II. МЫ́ВШИЙ, -ая, -ее, -ие; *действ. прош.*

Синт.: **а, б** — в глаг. знач. 1, 2

IV. МЫ́ТЫЙ, -ая, -ое, -ые; *страд. прош.*

Синт.: **а, б** — в глаг. знач. 1, 2

В знач. прил. (только *полн. ф.*) Чистый, подвергнутый мытью — об окружающих человека предметах. *Мытые фрукты. Мытые овощи. Мытая тарелка. Мытый пол*

МЫТ, -та, -то, -ты; *кр. ф.*

В глаг. знач. 1, 2

▭ Прич. III не употр.

МЫ́ТЬСЯ, мо́|ются, мы́|лся; ***несов.*** (*сов.* вы́мыться *к* 1 знач.) **1.** *Вчера мы мылись в душе. Моя подруга моется только в бане* [мыть себя, очищаться мытьем от грязи, пыли и т. п.] **2. *S не лицо*** *Эти обои моются* [иметь свойство не терять своих качеств от мытья, допускать очищение от грязи мытьем]

I. МО́ЮЩИЙСЯ, -аяся, -ееся, -иеся; *действ. наст.*

Синт.: **а, б** — в глаг. знач. 1, 2; **в** — в глаг. знач. 1

В знач. прил. Такой, который можно мыть, свойства которого от мытья не меняются. *Моющиеся обои*

II. МЫ́ВШИЙСЯ, -аяся, -ееся, -иеся; *действ. прош.*

Синт.: **а, б** — в глаг. знач. 1, 2; **в** — в глаг. знач. 1

МЯТЬ, мн|ут, мя|л; ***несов., перех.*** (*сов.* измя́ть *ко* 2, 3 знач.; *сов.* смять *ко* 2 — 4 знач.) **1. *что,*** также ***чем*** *Скульптор мнет глину для будущей фигурки. «Когда шкурка [соболя] подсохнет.., ее снимают с пялок и мнут руками до тех пор, пока она не сделается мягкой».* Арсеньев, Охота на соболя (см. § 2) [давя, превращать в мягкую массу, делать мягким] **2. *что,*** также ***чем*** *Малыш мнет рукой край скатерти* (см. § 2). *Зачем вы мнете бумагу?* [давлением, прикосновением делать неровным, негладким] **3. *что*** *Ты мнешь свою юбку,* *встань со стула!* [допускать, чтобы что-л., обычно одежда, стало негладким, неровным] **4.** ***что*** *«Макар мял шапку, растерянно глядя кругом себя».* Серафимович, Сцепщик. *Девочка смущенно мяла носовой платок в руке* [сжимать в комок, комкать] **5.** ***что*** *Петров долго мял мою руку в своей руке* [давить, сжимать; *разг.*] **6.** ***кого(что)*** *«[Рогов] обнял Алексея и в шутку стал мять его так, что тот закряхтел и запросил пощады».* Ажаев, Далеко от Москвы [жать, тискать в объятиях; *разг.*]

I. МНУ́ЩИЙ, -ая, -ее, -ие; *действ. наст.*
Синт.: **а, б** — в глаг. знач. 1 — 6

II. МЯ́ВШИЙ, -ая, -ее, -ие; *действ. прош.*
Синт.: **а, б** — в глаг. знач. 1 — 6

IV. МЯ́ТЫЙ, -ая, -ое, -ые; *страд. прош.**
Синт.: **а, б** — в глаг. знач. 1, 2, 4, 5
В знач. прил. (только *полн. ф.*) Ставший мягким вследствие давления, сжатия. *Мятый картофель*
Ср. прил. **мятый**, -ая, -ое, -ые. **1.** Потерявший свою естественную форму, раздавленный, сплющенный. *Мятые ягоды. Мятые груши* **2.** Неровный, негладкий, скомканный. *Мятая одежда. Мятая скатерть* **3.** Тисненый — об особой выделке бархата, плюша. *Мятый бархат* **4.** Со следами утомления, изнуренный — обычно о лице. *Мятое лицо*
Субстантив.₃ в глаг. знач. 1, 2
МЯТ, -та, -то, -ты; *кр. ф.**
В глаг. знач. 1, 2

□ Прич. III не образуется. Прич. IV в 3, 6 глаг. знач. не употр. Кр. ф. прич. IV в 3—6 глаг. знач. не употр.

МЯ́ТЬСЯ, мн|у́тся, мя́|лся; ***несов.*** (*сов.* измя́ться и смя́ться *к* 3 знач.) **1.** ***S не лицо*** *Эти кожи хорошо мнутся* [иметь свойство делаться мягким при обработке] **2.** ***S не лицо*** *Этот материал мнется* [иметь свойство собираться в складки, морщины, делаться мятым при использовании] **3.** ***S не лицо*** *Встань! У тебя юбка мнется!* [собираться в складки, морщины, делаться неровным, негладким] **4.** *Мальчик мнется, не знает, что сказать* [проявлять нерешительность, смущение, колебаться]

I. МНУ́ЩИЙСЯ, -аяся, -ееся, -иеся; *действ. наст.*
Синт.: **а, б** — в глаг. знач. 1 — 4
В знач. прил. Такой, который имеет свойство собираться в складки, делаться мятым при использовании. *Мнущийся материал*

II. МЯ́ВШИЙСЯ, -аяся, -ееся, -иеся; *действ. прош.*
Синт.: **а, б** — в глаг. знач. 1 — 4; **в** — в глаг. знач. 3

Н

НАБЕЛИ́ТЬ, набелю, набе́лят и *доп. устар.* набел|я́т, набели́|л; ***сов. к*** бели́ть во 2 знач. (см.)

II. НАБЕЛИ́ВШИЙ, -ая, -ее, -ие; *действ. прош.*
Синт.: **а, б** — в глаг. знач. 2

IV. НАБЕЛЁННЫЙ, -ая, -ое, -ые; *страд. прош.*
Синт.: **а, б, в** — в глаг. знач. 2
НАБЕЛЁН, -ена́, -ено́, -ены́; *кр. ф.*
В глаг. знач. 2

НАБИВА́ТЬ, набива́|ют, набива́|л; ***несов. к*** наби́ть в 1 — 6 знач. (см.)

I. НАБИВА́ЮЩИЙ, -ая, -ее, -ие; *действ. наст.*
Синт.: **а, б** — в глаг. знач. 1 — 6

II. НАБИВА́ВШИЙ, -ая, -ее, -ие; *действ. прош.*
Синт.: **а, б** — в глаг. знач. 1 — 6

III. НАБИВА́ЕМЫЙ, -ая, -ое, -ые; *страд. наст.*
Синт.: **а, б** — в глаг. знач. 1 — 6
Субстантив.₃ в глаг. знач. 1—3

НАБИ́ТЬ, набьют, наби́|л; ***сов., перех.*** (*несов.* набива́ть *к* 1 — 6 знач.) **1.** ***что чем*** *Ученик набил ранец книгами* (см. § 2). *Бабушка набила подушку пухом* (см. § 2) [наполнить чем-л., плотно вкладывая, втискивая внутрь] **2.** ***что*** и ***чего*** *Сейчас дедушка набьет табак в трубку и закурит. Илья набил столько книг в портфель, что он не закрывается* [вложить, втиснуть что-л. внутрь чего-л.] **3.** ***что на что*** *Художник набил холст на подрамник и начал рисовать* [приколотить к чему-л., прикрепить к поверхности чего-л.] **4.** ***что на что*** *Мастер набил обруч на кадку* [насадить, надеть ударами] **5.** ***что*** и ***чего*** *Мы набили в стену сарая гвоздей* [вколотить во что-л. в каком-л., обычно большом, количестве] **6.** ***что*** *Малыш набил шишку на голове. Ольга набила себе мозоли на ногах* [ударами или ударом, трением вызвать какое-л. болезненное явление] **7.** ***чего*** *Ну и набила ты посуды!* [разбить в каком-л., обычно большом, количестве; *разг.*] **8.** ***кого (чего)**** и ***чего*** *Охотники набили много дичи* [настрелять в каком-л. количестве]

II. НАБИ́ВШИЙ, -ая, -ее, -ие; *действ. прош.*
Синт.: **а, б** — в глаг. знач. 1 — 8

IV. НАБИ́ТЫЙ, -ая, -ое, -ые; *страд. прош.*
Синт.: **а, б** — в глаг. знач. 1 — 8 и в статив. знач.
Статив. знач. (также *кр. ф.*↓) **1.** ***кем(чем)*** Заполненный до отказа людьми — о помещении. *Мы не смогли войти в зал, набитый местными жителями* **2.** ***чем*** Находящийся в состоянии активной мыслительной деятельности, полный идей, планов, проектов и т. п. — о человеке. *«Пальмин — это тип поэта, если Вы допускаете существование такого типа. Личность поэтическая, вечно восторженная, набитая по горло темами и идеями».* Чехов, Письмо В. В. Билибину, 1 февр. 1886. *Его голова, всегда набитая собственными идеями, проектами, планами, не воспринимала никакой информации*
В знач. прил. (только *полн. ф.*) До отказа наполненный кем-чем-л. *Набитый зал. Набитый портфель. Набитый мешок*
Ср. выражение: **набитый дурак** — очень глупый, тупой человек; *прост.*
Субстантив.₃ в глаг. знач. 1—3
НАБИ́Т, -та, -то, -ты; *кр. ф.*

В глаг. знач. 1 — 8

Статив. знач. (также *полн. ф.*↑) **1.** ***кем (чем)*** *Зал был набит местными жителями* **2.** ***чем*** *Его голова всегда набита новыми идеями, проектами, планами*

НАБЛЮДА́ТЬ, наблюда́|ют, наблюда́|л; ***несов.*** **1.** ***неперех., за кем(чем)*** и ***за чем*** и ***с придат. дополнит.*** *Мальчик почувствовал, что за ним кто-то внимательно наблюдает. Я люблю наблюдать за полетом ласточек. Дети наблюдали, как плавают дельфины. Вожатый с интересом наблюдал, что делают первоклассники на перемене* [следить глазами за кем-чем-л.] **2.** ***неперех., за чем*** *В Центре управления наблюдают за полетом космического корабля. Дружинники наблюдают за порядком на улицах города. «..Иван Федорович лично наблюдал за.. разбивкой* [*сквера*] *и посадкой кустов».* А. Фадеев, Молодая гвардия [следить за соблюдением, выполнением чего-л., осуществлять надзор, заботиться о ком-чем-л.] **3.** ***перех., что*** *Туристы часто наблюдали восход солнца в горах. В этом году мы наблюдали полное солнечное затмение* [созерцать, рассматривать что-л.] **4.** ***перех., кого(что)*** и ***что*** *Врач наблюдает этого больного несколько лет. Ученые наблюдали электромагнитное излучение при высоких температурах. Историк наблюдает развитие событий, делая обобщения* [исследовать, изучать, внимательно следя за кем-чем-л.] **5.** ***перех., что*** *Неумение людей спорить я не раз наблюдал в жизни* [быть свидетелем чего-л., встречаться с чем-л.]

I. НАБЛЮДА́ЮЩИЙ, -ая, -ее, -ие; *действ. наст.*

Синт.: **а, б** — в глаг. знач. 1 — 5

Ср. прил. **наблюда́тельный**, -ая, -ое, -ые; -лен, -льна, -льно, -льны. **1.** Умеющий замечать ускользающие от других факты, явления, детали, отличающийся наблюдательностью. *Наблюдательный человек. Наблюдательный ребенок.* **2.** Служащий для наблюдения за кем-чем-л. *Наблюдательный пункт. Наблюдательная вышка. Наблюдательный пост*

II. НАБЛЮДА́ВШИЙ, -ая, -ее, -ие; *действ. прош.*

Синт.: **а, б** — в глаг. знач. 1 — 5

III. НАБЛЮДА́ЕМЫЙ, -ая, -ое, -ые; *страд. наст.*

Синт.: **а, б** — в глаг. знач. 3 — 5

НАВЕСТИ́, навед|у́т, навёл, навела́, -ло́, -ли́; ***сов. к*** наводи́ть (см.)

II. НАВЁДШИЙ, -ая, -ее, -ие; *действ. прош.*

Синт.: **а, б** — в глаг. знач. 1 — 6

IV. НАВЕДЁННЫЙ, -ая, -ое, -ые; *страд. прош.**

Синт.: **а, б** — в глаг. знач. 1 — 3, 5

Субстантив.$_3$ не употр.

НАВЕДЁН, -ена́, -ено́, -ены́; *кр. ф.**

В глаг. знач. 1 — 3, 5

□ Прич. IV в 4, 6 глаг. знач. не употр.

НАВИСА́ТЬ, нависа́|ют, нависа́|л; ***несов. к*** нави́снуть (см.)

I. НАВИСА́ЮЩИЙ, -ая, -ее, -ие; *действ. наст.*

Синт.: **а, б** — в глаг. знач. 1 — 4

II. НАВИСА́ВШИЙ, -ая, -ее, -ие; *действ. прош.*

Синт.: **а, б** — в глаг. знач. 1 — 4

НАВИ́СНУТЬ, нави́снут, нави́с|; ***сов., неперех.*** (*несов.* нависа́ть); ***S не лицо*** **1.** *Волосы нависли на лоб. Ветки деревьев нависли над рекой* [опустившись книзу, свеситься над чем-л.] **2.** *На ее ресницах нависли снежинки. В уголке глаза нависла слезинка* [укрепившись на чем-л., зацепившись за что-л., остаться висеть] **3.** ***над кем(чем)*** и ***над чем*** *Скала нависла над ущельем. Черная туча нависла над нами* [быть расположенным низко над кем-чем-л.; опуститься всей массой, поверхностью и т. п. низко над кем-чем-л., распростереться] **4.** ***над кем(чем)*** и ***над чем*** *Над городом нависла опасность наводнения. Над сестрой нависла беда* [возникнув, появившись, грозить осуществиться — об опасности, бедствии и т. п.]

II. НАВИ́СШИЙ, -ая, -ее, -ие; *действ. прош.*

Синт.: **а, б** — в глаг. знач. 1 — 4

В знач. прил. **1.** Свисающий, свесившийся над чем-л. *Из-под нависших бровей смотрели веселые глаза* **2.** Расположенный низко над чем-л. *Нависшие скалы*

НАВОДИ́ТЬ, навожу́, наво́д|ят, наводи́|л; ***несов., перех.*** (*сов.* навести́) **1.** ***кого(что) на что*** *В темноте Петя наводит нас на столб. Собаки наводят пограничников на след нарушителей* [ведя, указывая путь кому-л., приводить куда-л.] **2.** ***что на что*** *Ольга медленно наводит бинокль на сцену. На новогоднюю елку, которая стоит в центре площади, наводят прожектор* [направлять на кого-что-л.] **3.** ***что*** *Аня наводит в доме чистоту. Илья сам наводит порядок на своем письменном столе* [придавать чему-л. какое-л. положительное качество, свойство, выраженное существительным] **4.** ***что*** *Эти люди наводят на меня страх. Новый фильм наводит тоску* [вызывать какое-л., обычно тяжелое, чувство, выраженное существительным] **5.** ***что*** *Бойцы наводят мост через реку за полчаса. Строители наводят переправу через ущелье* [устраивать, строить то, что указано существительным] **6.** ***кого(что) на что; S не лицо*** *Этот разговор наводит меня на мысль поехать в Болгарию. Письмо наводит Сережу на грустные воспоминания* [вызывать какую-л. мысль, воспоминание, размышления и т. п., наталкивать мысль на что-л.]

I. НАВОДЯ́ЩИЙ, -ая, -ее, -ие; *действ. наст.*

Синт.: **а, б** — в глаг. знач. 1 — 6

В знач. прил. Такой, который наталкивает на нужную мысль, помогает понять что-л. *Наводящий вопрос*

II. НАВОДИ́ВШИЙ, -ая, -ее, -ие; *действ. прош.*

Синт.: **а, б** — в глаг. знач. 1 — 6

III. НАВОДИ́МЫЙ, -ая, -ое, -ые; *страд. наст.**

Синт.: **а, б** — в глаг. знач. 1—3, 5

Субстантив.$_3$ не употр.

□ Прич. III в 4, 6 глаг. знач. не употр.

НАВОЩИ́ТЬ, навощ|а́т, навощи́|л; ***сов. к*** вощи́ть (см.)

II. НАВОЩИ́ВШИЙ, -ая, -ее, -ие; *действ. прош.*
Синт.: **а, б** — в глаг. знач.
IV. НАВОЩЁННЫЙ, -ая, -ое, -ые; *страд. прош.*
Синт.: **а, б, в** — в глаг. знач.
НАВОЩЁН, -ена́, -ено́, -ены́; *кр. ф.*
В глаг. знач.

НАВРА́ТЬ, наврут, навра́|л, наврала́, навра́ло, -ли; **сов.** (*несов.* врать к 1, 2 знач.) **1. *неперех.*** *Мальчишка вам наврал, не верьте ему* [сказать неправду, солгать; *разг.*] **2. *неперех.*** *Девочка играла на пианино неуверенно, в одном месте наврала и сильно смутилась* [сфальшивить, ошибиться в пении, в игре на музыкальном инструменте; *разг.*] **3. *неперех., в чем*** *Олег не смог решить задачу по физике, потому что наврал в вычислениях* [допустить ошибку, оплошность в чем-л.; *разг.*] **4. *перех., что*** и ***чего*** *Эта женщина наврала вам всякую чепуху, а вы поверили ей* [наговорить неправды, наговорить чепухи, вздору; *разг.*]
II. НАВРА́ВШИЙ, -ая, -ее, -ие; *действ. прош.*
Синт.: **а, б** — в глаг. знач. 1 — 4
IV. НА́ВРАННЫЙ, -ая, -ое, -ые; *страд. прош.*
Синт.: **а, б** — в глаг. знач. 4
НА́ВРАН, -ана, -ано, -аны; *кр. ф.*
В глаг. знач. 4

НАВЯЗА́ТЬ, навяжу́, навя́жут, навяза́|л; **сов., перех.** (*несов.* навя́зывать) **1. *что на что*** *Мальчик навязал леску на удочку. Старик навязал кнут на кнутовище* [намотав, обернув вокруг чего-л., прикрепить] **2. *что*** и ***чего*** *Мы навязали из петрушки и сельдерея пучки и повесили их сушить* [изготовить в каком-л. количестве, связывая что-л.] **3. *что*** и ***чего*** *Бабушка навязала на зиму шерстяных носков* [изготовить, сделать в большом количестве вязанием] **4. *кого(что)*** и ***что кому(чему)*** *Ольга навязала мне свою подругу в попутчики. Молодой художник навязал Сереже эти картины* [заставить взять, принять, взять с собой кого-что-л. против желания, воли] **5. *что кому (чему)*** *Приверженцы политики с позиции силы стремятся навязать миру гонку вооружений* (из газет). *Смирнов навязал собравшимся свое мнение при выработке решения* [заставить начать против воли какие-л. действия, принять чью-л. точку зрения, мнение и т. п.]
II. НАВЯЗА́ВШИЙ, -ая, -ее, -ие; *действ. прош.*
Синт.: **а, б** — в глаг. знач. 1 — 5
IV. НАВЯ́ЗАННЫЙ, -ая, -ое, -ые; *страд. прош.*
Синт.: **а, б** — в глаг. знач. 1 — 5
В знач. прил. (только *полн. ф.*) Принятый к выполнению против воли, принудительно. *Навязанное решение* (Ср. прил. **навя́зчивый**, -ая, -ое, -ые; -ив, -ива, -иво, -ивы в знач. 'внедрившийся в сознание против воли, неотступный'. *Навязчивая идея. Навязчивый мотив. Навязчивая мысль*)
Субстантив.₃ в глаг. знач. 1 — 4
НАВЯ́ЗАН, -ана, -ано, -аны; *кр. ф.*
В глаг. знач. 1 — 5

НАВЯ́ЗЫВАТЬ, навя́зыва|ют, навя́зыва|л; ***несов. к*** навяза́ть (см.)
I. НАВЯ́ЗЫВАЮЩИЙ, -ая, -ее, -ие; *действ. наст.*
Синт.: **а, б** — в глаг. знач. 1—5
II. НАВЯ́ЗЫВАВШИЙ, -ая, -ее, -ие; *действ. прош.*
Синт.: **а, б** — в глаг. знач. 1—5.
III. НАВЯ́ЗЫВАЕМЫЙ, -ая, -ое, -ые; *страд. наст.*
Синт.: **а, б** — в глаг. знач. 1—5.
Субстантив.₃ в глаг. знач. 1 — 4

НАГНЕСТИ́, нагнет|у́т, прош. не употр.; **сов., перех., что** (*несов.* нагнета́ть) **1.** *Сейчас лаборанты нагнетут водород в эту колбу, и мы начнем опыт* [давлением сосредоточить в замкнутом пространстве жидкость, газ, сыпучие тела] **2.** также ***чем*** *Я боюсь, что Смирнов только нагнетет обстановку своим выступлением* (см. § 1) [сделать напряженным, вызвав волнение, неприязненные отношения между кем-л.]
II. НАГНЁТШИЙ, -ая, -ее, -ие; *действ. прош.* (*редко*)
[чередование е/ё]
Синт.: **а, б** — в глаг. знач. 1, 2
IV. НАГНЕТЁННЫЙ, -ая, -ое, -ые; *страд. прош.*
Синт.: **а, б** — в глаг. знач. 1, 2
В знач. прил. (также *кр. ф.*↓) Напряженный, тяжелый, с неприязненными, угрожающими конфликтом отношениями между кем-чем-л. *Нагнетенная обстановка. Нагнетенная атмосфера*
Субстантив.₃ в глаг. знач. 1
НАГНЕТЁН, -ена́, -ено́, -ены́; *кр. ф.*
В глаг. знач. 1, 2
В знач. прил. (также *полн. ф.*↑) *Обстановка очень нагнетена. Атмосфера в доме нагнетена*
□ Прич. II и неопр. ф. менее употр., чем прич. IV и личные ф. глагола

НАГНЕТА́ТЬ, нагнета́|ют, нагнета́|л; **несов., перех., что** (*сов.* нагнести́) **1.** *Сейчас лаборанты нагнетают водород в эту емкость* [давлением сосредоточивать в замкнутом пространстве жидкость, газ, сыпучие тела] **2.** также ***чем*** *Смирнов слишком нагнетает обстановку своим выступлением* (см. § 1) [делать напряженным, вызывая волнение, неприязненные отношения между кем-л.]
I. НАГНЕТА́ЮЩИЙ, -ая, -ее, -ие; *действ. наст.*
Синт.: **а, б** — в глаг. знач. 1, 2
Ср. прич. в 1 глаг. знач. с прил. **нагнета́тельный**, -ая, -ое, -ые. Предназначенный, служащий для нагнетания. *Нагнетательный клапан. Нагнетательная станция*
II. НАГНЕТА́ВШИЙ, -ая, -ее, -ие; *действ. прош.*
Синт.: **а, б** — в глаг. знач. 1, 2
III. НАГНЕТА́ЕМЫЙ, -ая, -ое, -ые; *страд. наст.*
Синт.: **а, б** — в глаг. знач. 1, 2; **в** — в глаг. знач. 1
Субстантив.₃ в глаг. знач. 1

НАГРАДИ́ТЬ, награжу́, наград|я́т, награди́|л; **сов., перех., кого(что) чем** (*несов.* награжда́ть)

1. *Группу сотрудников нашего института наградят орденами и медалями* (см. § 2) [дать что-л. в награду] **2.** *Ольга наградила меня благодарным взглядом* (см. § 2). *Публика наградила выступающих аплодисментами* (см. § 2) [выразить благодарность, одобрение, расположение взглядом, улыбкой и т. п.] **3.** ***S не лицо*** *Природа наградила мальчика прекрасным голосом* [одарить, наделить чем-л.— талантом, способностями и т. п.] **4.** *Разгневанный отец наградил ребенка оплеухой* (см. § 2). *Мать наградила меня за непослушание шлепком* (см. § 2). *Ребята наградили этого учителя смешным прозвищем* (см. § 2) [нанести удар, пощечину и т. п.; *разг.*; дать какое-л. прозвище, необычное имя кому-л.; *разг.*]

II. НАГРАДИ́ВШИЙ, -ая, -ее, -ие; *действ. прош.*

Синт.: **а, б** — в глаг. знач. 1—4

IV. НАГРАЖДЁННЫЙ, -ая, -ое, -ые; *страд. прош.**

[чередование д/жд]

Синт.: **а, б** — в глаг. знач. 1, 2, 4 и в статив. знач.; **в** — в глаг. знач. 1

Статив. знач., ***чем*** (также *кр. ф.* ↓) Имеющий какой-л. талант, необыкновенные способности — обычно в сочетании со словами *от природы*. *Эта девочка, награжденная от природы необыкновенным голосом, вызывала у слушателей волнение*

Субстантив.$_2$ в глаг. знач. 1, 4

НАГРАЖДЁН, -ена́, -ено́, -ены́; *кр. ф.**

В глаг. знач. 1, 2, 4

Статив. знач., ***чем*** (также *полн. ф.* ↑) *Эта девочка награждена от природы необыкновенным голосом*

▭ Прич. IV в 3 глаг. знач. не употр.

НАГРАЖДА́ТЬ, награжда́|ют, награжда́|л; ***несов., перех., кого(что) чем*** (*сов.* награди́ть) **1.** *Группу сотрудников нашего института награждают сегодня орденами и медалями* (см. § 2) [давать что-л. в награду] **2.** *Ольга всегда награждала меня при встрече лучезарной улыбкой* (см. § 2). *Публика награждала всех выступавших аплодисментами* (см. § 2) [выражать благодарность, одобрение, расположение взглядом, улыбкой и т. п.] **3.** ***S не лицо*** *Природа награждала всех рождающихся в этом краю детей хорошим здоровьем* [одарять, наделять чем-л.— талантом, способностями и т. п.] **4.** *Мать награждает меня за непослушание шлепком* (см. § 2). *Ребята награждали всех новичков смешными прозвищами* (см. § 2) [наносить удар, пощечину и т. п.; *разг.*; давать какое-л. прозвище, необычное имя кому-л.; *разг.*]

I. НАГРАЖДА́ЮЩИЙ, -ая, -ее, -ие; *действ. наст.*

Синт.: **а, б** — в глаг. знач. 1—4

Ср. прич. в 1 глаг. знач. с прил. **наградно́й,** -а́я, -о́е, -ы́е в знач. 'занимающийся вопросами награждения кого-л. чем-л.' *Наградной отдел*

II. НАГРАЖДА́ВШИЙ, -ая, -ее, -ие; *действ. прош.*

Синт.: **а, б** — в глаг. знач. 1—4

III. НАГРАЖДА́ЕМЫЙ, -ая, -ое, -ые; *страд. наст.**

Синт.: **а, б** — в глаг. знач. 1, 2, 4

▭ Прич. III в 3 глаг. знач. не употр.

НАГРЕВА́ТЬ, нагрева́|ют, нагрева́|л; ***несов., перех., что*** (*сов.* нагре́ть) **1.** ***S не лицо*** *Электрический камин быстро нагревает нашу комнату. Солнце за день сильно нагревает песок и камни* [передавая свое тепло, делать теплым] **2.** *Девушка нагревала воду на костре* [поставить на огонь, электрическую плиту и т. п. с целью сделать теплым или горячим]

I. НАГРЕВА́ЮЩИЙ, -ая, -ее, -ие; *действ. наст.*

Синт.: **а, б** — в глаг. знач. 1, 2

Ср. прич. в 1 глаг. знач. с прил. **нагрева́тельный,** -ая, -ое, -ые. Предназначенный для нагревания чего-л. *Нагрева́тельный прибор*

II. НАГРЕВА́ВШИЙ, -ая, -ее, -ие; *действ. прош.*

Синт.: **а, б** — в глаг. знач. 1, 2

III. НАГРЕВА́ЕМЫЙ, -ая, -ое, -ые; *страд. наст.*

Синт.: **а, б** — в глаг. знач. 1, 2; **в** — в глаг. знач. 2

НАГРЕВА́ТЬСЯ, нагрева́|ются, нагрева́|лся; ***несов. к*** нагре́ться (см.)

I. НАГРЕВА́ЮЩИЙСЯ, -аяся, -ееся, -иеся; *действ. наст.*

Синт.: **а, б, в** — в глаг. знач.

II. НАГРЕВА́ВШИЙСЯ, -аяся, -ееся, -иеся; *действ. прош.*

Синт.: **а, б, в** — в глаг. знач.

НАГРЕ́ТЬ, нагре́ют, нагре́|л; ***сов., перех., что*** (*несов.* нагрева́ть и греть) **1.** ***S не лицо*** *Рефлектор быстро нагрел нашу комнату. Солнце за день сильно нагрело песок и камни* [передав свое тепло, сделать теплым] **2.** *Девушка нагрела воду на костре* [поставить на огонь, электрическую плиту и т. п. с целью сделать теплым или горячим]

II. НАГРЕ́ВШИЙ, -ая, -ее, -ие; *действ. прош.*

Синт.: **а, б** — в глаг. знач. 1, 2

IV. НАГРЕ́ТЫЙ, -ая, -ое, -ые; *страд. прош.*

Синт.: **а, б** — в глаг. знач. 1, 2; **в** — в глаг. знач. 2

В знач. прил. (только *полн. ф.*) Теплый, нагревшийся. *Нагретая земля. Нагретый воздух*

Субстантив.$_3$ в глаг. знач. 2

НАГРЕ́Т, -та, -то, -ты; *кр. ф.*

В глаг. знач. 1, 2

НАГРЕ́ТЬСЯ, нагре́ются, нагре́|лся; ***сов.*** (*несов.* нагрева́ться); ***S не лицо*** *Мы затопили печь, и комната быстро нагрелась. Утюг уже нагрелся* [получить тепло от чего-л.; стать теплым или горячим]

II. НАГРЕ́ВШИЙСЯ, -аяся, -ееся, -иеся; *действ. прош.*

Синт.: **а, б, в** — в глаг. знач.

НАГРОМОЖДА́ТЬ, нагроможда́|ют, нагромożда́|л; ***несов. к*** нагромозди́ть (см.)

I. НАГРОМОЖДА́ЮЩИЙ, -ая, -ее, -ие; *действ. наст.*

Синт.: **а, б** — в глаг. знач. 1—3

II. НАГРОМОЖДА́ВШИЙ, -ая, -ее, -ие; *действ. прош.*

Синт.: **а, б** — в глаг. знач. 1—3

III. НАГРОМОЖДА́ЕМЫЙ, -ая, -ое, -ые; *страд. наст.*

Синт.: **а, б** — в глаг. знач. 1—3

Субстантив.$_3$ в глаг. знач. 1

НАГРОМОЗДИ́ТЬ, нагромозжу́, нагромозд|я́т, нагромозди́|л; ***сов., перех., что*** и ***чего*** (*несов.* нагроможда́ть; *несов.* громозди́ть *к* 1, 3 знач.) **1.** *Дачники нагромоздили вещи в углу комнаты* [поставить, навалить, наложить и т. п. беспорядочной грудой, кучей] **2.** *«Немцы нагромоздили укреплений вокруг Ленинграда..»* Тихонов, Ленинград принимает бой [построить в чрезмерно большом количестве, тесно или в беспорядке] **3.** *«Боюсь напутать и нагромоздить подробностей, которые будут вредить ясности».* Чехов, Письмо А. С. Суворину, 22 июня 1894 [перенасытить какой-л. текст, музыкальное произведение, картину и т. п. чем-л., привести что-л. в слишком большом количестве]

II. НАГРОМОЗДИ́ВШИЙ, -ая, -ее, -ие; *действ. прош.*

Синт.: **а, б** — в глаг. знач. 1 — 3

Субстантив.$_1$ в глаг. знач. 1

IV. НАГРОМОЖДЁННЫЙ, -ая, -ое, -ые; *страд. прош.*

[чередование зд/жд]

Синт.: **а, б** — в глаг. знач. 1 — 3 и в статив. знач.

Статив. знач., ***с обстоятельств. словами*** (также *кр. ф.* ↓) Расположенный в беспорядке один над другим — о крупных скоплениях чего-л. в природе. *Нагроможденные друг на друга скалы. Деревья, нагроможденные одно на другое. Нагроможденные друг на друга валуны*

Субстантив.$_3$ в глаг. знач. 1

НАГРОМОЖДЁН, -ена́, -ено́, -ены́; *кр. ф.*

В глаг. знач. 1 — 3

Статив. знач. (также *полн. ф.* ↑) *Здесь скалы нагромождены друг на друга*

НАГРУБИ́ТЬ, нагрублю, нагрубя́т, нагруби́|л; ***сов. к*** груби́ть (см.)

II. НАГРУБИ́ВШИЙ, -ая, -ее, -ие; *действ. прош.*

Синт.: **а, б** — в глаг. знач.

НАГРУЖА́ТЬ, нагружа́|ют, нагружа́|л; ***несов. к*** нагрузи́ть (см.)

I. НАГРУЖА́ЮЩИЙ, -ая, -ее, -ие; *действ. наст.*

Синт.: **а, б** — в глаг. знач. 1 — 3

II. НАГРУЖА́ВШИЙ, -ая, -ее, -ие; *действ. прош.*

Синт.: **а, б** — в глаг. знач. 1 — 3

III. НАГРУЖА́ЕМЫЙ, -ая, -ое, -ые; *страд. наст.*

Синт.: **а, б** — в глаг знач. 1 — 3

НАГРУЗИ́ТЬ, нагружу́, нагру́з|ят и *доп. устар.* нагруз|я́т, нагрузи́|л; ***сов., перех.*** (*несов.* нагружа́ть; *несов.* грузи́ть *к* 1 знач.) **1.** ***что чем*** *Автоматические краны нагрузили вагоны мешками с зерном* (см. § 2). *Туристы нагрузят эту лодку продуктами* (см. § 2) [наполнить что-л. грузом] **2.** ***что на кого(что)*** *Ольга нагрузила на мужа не только все продукты, но и большой узел с книгами* [заставить нести на себе что-л. тяжелое] **3.** ***кого(что) чем*** *Диму в этом году слишком нагрузили общественной работой* (см. § 2) [возложить на кого-л. дополнительную работу, обязанности]

II. НАГРУЗИ́ВШИЙ, -ая, -ее, -ие; *действ. прош.*

Синт.: **а, б** — в глаг. знач. 1 — 3

IV. НАГРУ́ЖЕННЫЙ, -ая, -ое, -ые и НАГРУЖЁННЫЙ, -ая, -ое, -ые; *страд. прош.*

[чередование з/ж]

Синт.: **а, б** — в глаг. знач. 1—3

В знач. прил. **нагру́женный** (только *полн. ф.*) Наполненный до краев, целиком каким-л. грузом. *Нагруженная лодка. Нагруженные вагоны* (Ср. прил. **гружёный,** -ая, -ое, -ые. С грузом. *Груженая лодка. Груженые вагоны*)

НАГРУ́ЖЕН, -ена, -ено, -ены и НАГРУЖЁН, -ена́, -ено́, -ены́; *кр. ф.*

В глаг. знач. 1 — 3

НАДЕВА́ТЬ, надева́|ют, надева́|л; ***несов. к*** наде́ть (см.)

I. НАДЕВА́ЮЩИЙ, -ая, -ее, -ие; *действ. наст.*

Синт.: **а, б** — в глаг. знач. 1—5

II. НАДЕВА́ВШИЙ, -ая, -ее, -ие; *действ. прош.*

Синт.: **а, б** — в глаг. знач. 1 — 5

III. НАДЕВА́ЕМЫЙ, -ая, -ое, -ые; *страд. наст.*

Синт.: **а, б** — в глаг. знач. 1 — 5; **в** — в глаг. знач. 1.

Субстантив.$_3$ в глаг. знач. 1, 2, 5

НАДЕ́ТЬ, наде́нут, наде́|л; ***сов., перех.*** (*несов.* надева́ть) **1.** ***что,*** также ***на что*** *Илья надел свой новый костюм. Я надену валенки, а не сапоги. Бабушка надела на голову теплый платок* [покрыть себя или часть своего тела какой-л. одеждой, обувью] **2.** ***что на кого(что)*** и ***на что*** *Мать надела на ребенка меховой комбинезон. Ольга надела чистую наволочку на подушку. Мы надели новые чехлы на кресла* [натянуть на кого-л. какую-л. одежду, обувь; натянуть что-л. на какой-л. предмет, покрывая, облекая] **3.** ***что*** *Ольга надела очки. Ветераны войны в День Победы наденут все ордена. Туристы надели свои тяжелые рюкзаки* [укрепить что-л. на чем-л., приладить, прикрепить что-л. к чему-л.] **4.** ***что на что*** *Мальчик надел наконечник на копье* [укрепить имеющий отверстие предмет на чем-л., вставляемом в это отверстие] **5.** ***кого(что)**** и ***что на что*** *«Язя надели на прутик, и я принес его к отцу».* С. Аксаков, Воспоминания. *Дима надел кусок мяса на палочку и стал разогревать его на костре* [насадить на что-л., продев или проколов]

II. НАДЕ́ВШИЙ, -ая, -ее, -ие; *действ. прош.*

Синт.: **а, б** — в глаг. знач. 1 — 5

IV. НАДЕ́ТЫЙ, -ая, -ое, -ые; *страд. прош.*

Синт.: **а, б** — в глаг. знач. 1—5; **в** — в глаг. знач. 1.

Ср. прич. в 1 глаг. знач. с прил. **надёванный,** -ая, -ое, -ые. Бывший в употреблении, не новый — об одежде, обуви; *разг.*

Это надеванный костюм. Надеванные туфли
Субстантив.₃ в глаг. знач. 1, 2, 5
НАДЕ́Т, -та, -то, -ты; *кр. ф.*
В глаг. знач. 1 — 5

НАДУВА́ТЬ, надува́|ют, надува́|л; ***несов. к*** наду́ть (см.)
I. НАДУВА́ЮЩИЙ, -ая, -ее, -ие; *действ. наст.*
Синт.: **а, б** — в глаг; знач. 1, 2, 5
II. НАДУВА́ВШИЙ, -ая, -ее, -ие; *действ. прош.*
Синт.: **а, б** — в глаг. знач. 1, 2, 5
III. НАДУВА́ЕМЫЙ, -ая, -ое, -ые; *страд. наст.*
Синт.: **а, б** — в глаг. знач. 1, 2, 5; **в** — в глаг. знач. 1
Субстантив.₃ в глаг. знач. 1

НАДУВА́ТЬСЯ, надува́|ются, надува́|лся; ***несов.*** (*сов.* наду́ться *к* 1, 3—7 знач.) **1.** ***S не лицо*** *Смотри, шар надувается! Оболочка этого воздушного шара плохо надувается* [наполняться воздухом, каким-л. газом, становясь упругим] **2.** ***S не лицо*** *Детям купили две резиновые игрушки: одна надувалась, а другая нет* [иметь свойство принимать нужную форму путем надувания воздухом, газом] **3.** ***S не лицо*** *Парус надувался даже при легком ветре* [напрягаться, делаться упругим от напора ветра, воздуха] **4.** *Мальчишки нарочно надувались так, что щеки становились круглыми, как мячики* [наполняя воздухом рот и сжимая губы, раздувать щеки] **5.** ***S не лицо*** *У штангиста на шее надуваются от напряжения жилы* [увеличиваться в объеме, напрягаясь, набухая] **6.** *Стоило похвалить Аню, как она надувалась, важничала, смотрела на всех свысока* [принимать важный, надменный вид; *разг.*] **7.** *Когда Олег не разрешал включать телевизор, мальчик надувался и не отвечал на вопросы* [обижаясь, хмуриться, делать недовольное лицо; *разг.*]
I. НАДУВА́ЮЩИЙСЯ, -аяся, -ееся, -иеся; *действ. наст.*
Синт.: **а, б** — в глаг. знач. 1—7; **в** — в глаг. знач. 1, 2
Ср. прич. во 2 глаг. знач. с прил. **надувно́й,** -а́я, -о́е, -ы́е. Принимающий нужную форму путем надувания воздухом. *Надувной матрац. Надувная лодка. Надувной резиновый круг. Надувные игрушки*
II. НАДУВА́ВШИЙСЯ, -аяся, -ееся, -иеся; *действ. прош.*
Синт.: **а, б** — в глаг. знач. 1 — 7

НАДУ́МАТЬ, наду́мают, наду́ма|л; ***сов.*** **1.** ***неперех., с неопр. ф.*** *Илья надумал поехать в Ригу. Я надумала созвать друзей на праздник* [принять решение, решить после раздумья] **2.** ***перех., что*** *Он все это надумал* [придумать, выдумать; *разг.*]
II. НАДУ́МАВШИЙ, -ая, -ее, -ие; *действ. прош.*
Синт.: **а, б** — в глаг. знач. 1, 2
Субстантив.₁ в глаг. знач. 1
IV. НАДУ́МАННЫЙ, -ая, -ое, -ые; *страд. прош.*
Синт.: **а, б** — в глаг. знач. 2
Ср. прил. **наду́манный,** -ая, -ое, -ые; -ан, -анна, -анно, -анны. Лишенный естественности, нарочито придуманный. *Надуманный образ в романе. Надуманный сюжет*
НАДУ́МАН, -ана, -ано, -аны; *кр. ф.*
В глаг. знач. 2

НАДУ́ТЬ, наду́ют, наду́|л; ***сов., перех.*** (*несов.* надува́ть) **1.** ***что,*** также ***чем*** *Мальчики надули футбольный мяч насосом и стали играть* (см. § 2). *Туристы сейчас надуют резиновую лодку* [наполнить какую-л. оболочку воздухом, газом до упругости] **2.** ***что; S не лицо*** *Ветер надул паруса* [напрячь, сделать упругим что-л.— о ветре] **3.** ***безл., что*** и ***чего,*** также ***чем*** *Сегодня надуло много снегу. Ветром надуло пыли. Из окна надуло холоду* [нанести снег, песок и т. п. ветром] **4.** ***безл., что*** *Малышу уши надуло* [вызвать болезнь, простуду на сквозняке, на ветру] **5.** ***кого (что)*** *«Арина Федотовна соблазнила и надула дочь Русакова».* Добролюбов, Темное царство [обмануть, ввести в заблуждение; *прост.*]
II. НАДУ́ВШИЙ, -ая, -ее, -ие; *действ. прош.*
Синт.: **а, б** — в глаг. знач. 1, 2, 5
IV. НАДУ́ТЫЙ, -ая, -ое, -ые; *страд. прош.*
Синт.: **а, б** — в глаг. знач. 1, 2, 5; **в** — в глаг. знач. 1.
В знач. прил. (также *кр. ф.* ↓) Увеличившийся в объеме, набухший, надувшийся. *Надутые на виске вены. Надутые жилы*
Ср. прил. **наду́тый,** -ая, -ое, -ые. **1.** Высокомерный, чванный, имеющий важный, надменный вид. *Надутый человек* **2.** Обиженный, мрачный, надувшийся. *Ольга сегодня весь день надутая.* **3.** Сердитый, выражающий обиду. *Надутый вид. Надутое лицо*
Субстантив.₃ в глаг. знач. 1
НАДУ́Т, -та, -то, -ты; *кр. ф.*
В глаг. знач. 1, 2, 5
В знач. прил. (также *полн. ф.* ↑) *Вены на виске надуты. Жилы надуты*

НАДУ́ТЬСЯ, наду́ются, наду́|лся; ***сов. к*** надува́ться в 1, 3 — 7 знач. (см.)
II. НАДУ́ВШИЙСЯ, -аяся, -ееся, -иеся; *действ. прош.*
Синт.: **а, б** — в глаг. знач. 1, 3—7; **в** — в глаг. знач. 3, 5, 7

НАДУШИ́ТЬ, надушу́, наду́ш|ат, надуши́|л; ***сов. к*** души́ть [2] (см.)
II. НАДУШИ́ВШИЙ, -ая, -ее, -ие; *действ. прош.*
Синт.: **а, б** — в глаг. знач.
IV. НАДУ́ШЕННЫЙ, -ая, -ое, -ые и *доп.* НАДУШЁННЫЙ, -ая, -ое, -ые; *страд. прош.*
Синт.: **а, б, в** — в глаг. знач.
НАДУ́ШЕН, -ена, -ено, -ены и *доп.* НАДУШЁН, -ена́, -ено́, -ены́; *кр. ф.*
В глаг. знач.

НАЗВА́ТЬ, назову́т, назва́|л, назвала́, назва́ло, -ли; ***сов., перех.*** (*несов.* называ́ть) **1.** ***кого кем*** и ***кого(что)*** и ***что чем, как*** *Молодожены назвали сына Степаном* (см. § 2). *Л. Н. Толстой назвал свой роман „Воскресение". Ребята назвали свой ансамбль „Аквариум". Мы назвали наш двор стадионом для всех* [дать имя кому-л.; дать название, прозвище и т. п. кому-чему-л.] **2.** ***что чем*** *Ученые назвали это явление электропровод-*

ностью (см. § 2). *Разговорную речь некоторые лингвисты назвали функциональным стилем литературного языка* (см. § 2) [обозначив термином, каким-л. словом, словами, определить] **3. кого кем** *«Татьяну Ивановну не всякий назвал бы красавицей.»* Чехов, Тайный советник [отнести к числу кого-л.] **4. кого кем** и **чем** *Кто-то назвал Олега грубияном* (см. § 2) [обозвать кого-л. каким-л. обидным словом] **5. кого(что)** и **что** *Докладчик назвал победителей социалистического соревнования. Смирнов назвал мне несколько книг, которые советовал прочитать* [произнести имя, название кого-чего-л.] **6. что** *Илья не назвал день встречи с друзьями. «— Назовите вашу цену. Торговаться я не собираюсь».* Паустовский, Повесть о лесах [сообщить, объявить]

II. НАЗВА́ВШИЙ, -ая, -ее, -ие; *действ. прош.*

Синт.: **а, б** — в глаг. знач. 1 — 6

IV. НА́ЗВАННЫЙ, -ая, -ое, -ые; *страд. прош.*

Синт.: **а, б** — в глаг. знач. 1 — 6

Ср. устар. прил. **назва́ный,** -ая, -ое, -ые в выражениях: **названый брат** *чей,* **названая сестра** *чья* — тот (та), с которым (с которой) побратались; **названый сын** — приемный сын; **названая дочь** — приемная дочь; **названые родители** — приемные отец и мать по отношению к своим приемным детям

Субстантив.₃ в глаг. знач. 1, 2

НА́ЗВАН, -ана, -ано, -аны; *кр. ф.**

В глаг. знач. 1, 2, 4—6

▭ Кр. ф. прич. IV в 3 глаг. знач. не употр.

НАЗНАЧА́ТЬ, назнача́|ют, назнача́|л; ***несов. к*** назна́чить (см.)

I. НАЗНАЧА́ЮЩИЙ, -ая, -ее, -ие; *действ. наст.*

Синт.: **а, б** — в глаг. знач. 1 — 4

II. НАЗНАЧА́ВШИЙ, -ая, -ее, -ие; *действ. прош.*

Синт.: **а, б** — в глаг. знач. 1 — 4

III. НАЗНАЧА́ЕМЫЙ, -ая, -ое, -ые; *страд. наст.*

Синт.: **а, б** — в глаг. знач. 1 — 4; **в** — в глаг. знач. 2, 3

Субстантив.₃ в глаг. знач. 3

НАЗНА́ЧИТЬ, назна́ч|ат, назна́чи|л; ***сов., перех.*** (*несов.* назнача́ть) **1. что** *Друзья назначили время встречи. Директор назначил заседание на утро. Ира, наконец, назначила день своего приезда в Москву* [наметить, определить срок совершения какого-л. действия] **2. что** *Кто назначил цену на эти яблоки? Олегу назначили хорошую пенсию* [установить, определить в каких-л. размерах] **3. что** *Врач назначил мне новое лекарство от кашля и водные процедуры* [предписать, рекомендовать применять, принимать и т. п. какое-л. лекарство, лечение] **4. кого(что) кем** *Смирнова назначили директором заповедника* (см. § 2). *«— Я решил назначить вас начальником нового отдела».* Ажаев, Далеко от Москвы (см. § 2) [определить, направить на какую-л. должность, работу и т. п.]

I. НАЗНА́ЧИВШИЙ, -ая, -ее, -ие; *действ. прош.*

Синт.: **а, б** — в глаг. знач. 1 — 4

IV. НАЗНА́ЧЕННЫЙ, -ая, -ое, -ые; *страд. прош.*

Синт.: **а, б** — в глаг. знач. 1 — 4; **в** — в глаг. знач. 2, 3

В знач. прил. (только *полн. ф.*) Известный заранее, условленный, определенный — о времени, сроке исполнения, осуществления чего-л. *Приехать в назначенный день. Встретиться в назначенное время. Назначенный срок. Назначенный час*

Субстантив.₃ в глаг. знач. 3

НАЗНА́ЧЕН, -ена, -ено, -ены; *кр. ф.*

В глаг. знач. 1 — 4

НАЗЫВА́ТЬ, называ́|ют, называ́|л; ***несов., перех.*** (*сов.* назва́ть) **1. кого кем** и **кого(что)** и **что чем, как** *В этой семье всех мальчиков из поколения в поколение называли Александрами* (см. § 2). *Молодой писатель называл свои повести именами героев* (см. § 2) [давать имя кому-л.; давать название, прозвище и т. п. кому-чему-л.] **2. что чем** *Ученые называют это явление электропроводностью* (см. § 2). *Разговорную речь некоторые лингвисты называют функциональным стилем литературного языка* (см. § 2) [обозначая термином, каким-л. словом, словами, определять] **3. кого кем** *Разве можно эту женщину называть красавицей?* [относить к числу кого-л.] **4. кого кем** и **чем** *Не раз в этой давке кто-то называл Олега грубияном* (см. § 2) [обзывать кого-л. каким-л. обидным словом] **5. кого(что)** и **что** *Докладчик называет победителей социалистического соревнования. Смирнов называл мне несколько книг, которые советовал прочитать* [произносить имя, название кого-чего-л.] **6. что** *Илья не называл день встречи с друзьями. Продавец арбузов пока не называет цену* [сообщать, объявлять]

I. НАЗЫВА́ЮЩИЙ, -ая, -ее, -ие; *действ. наст.*

Синт.: **а, б** — в глаг. знач. 1 — 6

II. НАЗЫВА́ВШИЙ, -ая, -ее, -ие; *действ. прош.*

Синт.: **а, б** — в глаг. знач. 1 — 6

III. НАЗЫВА́ЕМЫЙ, -ая, -ое, -ые; *страд. наст.*

Синт.: **а, б** — в глаг. знач. 1 — 6

Ср. выражение: **так называемый** — имеющий, носящий название: 1) употребляется перед малоизвестным, не общепринятым, необычным и т. п. названием. *Существует так называемая французская социологическая школа. Так называемый римский нос — это прямой нос с горбинкой;* 2) употребляется для указания на то, что слово, выражение, термин и т. п. по своему значению не отвечает свойствам называемого им предмета, понятия, явления, лица и т. п. *Вот они, ваши так называемые артисты! «Комнаты разделены так называемой глухой стеной, с вполне современной звукопроницаемостью».* Лаврентьев, Последняя легенда

Субстантив.₃ в глаг. знач. 1, 2

НАИГРА́ТЬ, наигра́|ют, наигра́|л; ***сов., перех.,*** **что** (*несов.* наи́грывать) **1.** *«[Балакирев] засел за фортепьяно, наиграл кучу хороших вещей и — о ужас! — пропустил свой обычный час ухода!»*

А. Бородин, Письмо В. В. Стасову, 23 июня 1880 [исполнить, проиграть на музыкальном инструменте подряд много музыкальных пьес, песен и т. п.; *разг.*] **2.** *Композитор наиграл на пианино мелодию новой песни* [играя на музыкальном инструменте, передать основную мелодию, мотив чего-л. или сыграть бегло, тихо]

II. НАИГРА́ВШИЙ, -ая, -ее, -ие; *действ. прош.*
Синт.: **а, б** — в глаг. знач. 1, 2

IV. НАЙГРАННЫЙ, -ая, -ое, -ые; *страд. прош.*
Синт.: **а, б** — в глаг. знач. 1, 2
Ср. прил. **наи́гранный**, -ая, -ое, -ые; -ан, -**анна**, -**анно**, -**анны**. Притворный, неискренний. *Наигранная веселость. Наигранное равнодушие. Наигранные жесты*
НАЙГРАН, -ана, -ано, -аны; *кр. ф.*
В глаг. знач. 1, 2

НАЙГРЫВАТЬ, найгрыва|ют, найгрыва|л; ***несов. к*** наигра́ть (см.)

I. НАЙГРЫВАЮЩИЙ, -ая, -ее, -ие; *действ. наст.*
Синт.: **а, б** — в глаг. знач. 1, 2

II. НАЙГРЫВАВШИЙ, -ая, -ее, -ие; *действ. прош.*
Синт.: **а, б** — в глаг. знач. 1, 2

III. НАЙГРЫВАЕМЫЙ, -ая, -ое, -ые; *страд. наст.*
Синт.: **а, б** — в глаг. знач. 1, 2

НАЙТИ́, найд|у́т, нашёл, нашла́, -ло́, -ли́; ***сов., перех.*** (*несов.* находи́ть) **1.** ***кого(что)*** и ***что*** *Ира нашла белый гриб. Мальчик нашел в лесу ежа и принес домой* [неожиданно обнаружив, взять, поднять; набрести на кого-что-л.] **2.** ***кого(что)*** и ***что*** *Милиция нашла преступников. При обыске полиция нашла у подпольщиков запрещенную литературу* [в результате поисков обнаружить скрывающегося человека или что-л. спрятанное, скрытое] **3.** ***кого(что)*** и ***что*** *Олег быстро нашел наш дом. Я нашла Диму на пляже. Илья, наконец, нашел записную книжку. Мы нашли телефон аптеки в справочнике. Ты нашел на карте Мадагаскар?* [разыскать, отыскать нужного человека, нужную вещь; рассматривая план, карту и т. п., листая или читая книгу, просматривая что-л., отыскать что-л.] **4.** ***кого(что)*** *Мы нашли, наконец, хорошую машинистку. Смирновы нашли няню своему малышу* [подыскать, подобрать работника, врача, няню и т. п.] **5.** ***что*** *В Сибири нашли новое месторождение нефти* [установить наличие каких-л. полезных ископаемых в результате специальных поисков] **6.** ***что*** *Вернувшись домой, я нашла на столе записку от Тамары* [установить наличие чего-л., увидеть что-л., неожиданно заметить что-л.] **7.** ***что*** *Иван найдет верное решение этой задачи. Сережа нашел способ передать мне книгу* [определить, отыскать, открыть что-л. путем умозаключений, наблюдений, вычислений, исследований и т. п.] **8.** ***что*** *При всей своей занятости Таня нашла время, чтобы навестить друзей. Олег не нашел свободной минуты, чтобы поговорить с нами* [выбрать, выделить, специально освободить для чего-л. время] **9.** ***что в чем*** *Валерий нашел радость в работе над книгой. Таня нашла большое удовольствие в беседах с бабушкой о смысле жизни* [испытать чувство радости, удовольствия и т. п. в результате чего-л., в процессе чего-л.] **10.** ***кого (что)*** и ***что в ком(чем)*** *Я нашла в сыне друга. Рассказчик нашел в нас благодарных слушателей. Старик нашел утешение во внуках* [обрести друга, противника; получить утешение, успокоение и т. п. в чьем-л. лице] **11.** ***что у кого(чего)*** *Ольга нашла поддержку у друзей. Олег не нашел сочувствия у окружающих* [получить поддержку, сочувствие, одобрение и т. п. с чьей-л. стороны] **12.** ***кого(что)*** и ***что каким*** *Вернувшись из гостей, мы нашли дверь квартиры открытой, а детей уже спящими* [застать, увидеть кого-что-л. в каком-л. состоянии] **13.** ***кого(что)*** и ***что каким*** и ***с придат. дополнит.*** *Врач нашел ребенка здоровым. Учитель нашел, что этот мальчик очень талантлив* [прийти к заключению, признать, счесть]

II. НАШЕ́ДШИЙ, -ая, -ее, -ие; *действ. прош.*
[от основы -шед- + суффикс -ш-]
Синт.: **а, б** — в глаг. знач. 1 — 13

IV. НА́ЙДЕННЫЙ, -ая, -ое, -ые; *страд. прош.**
Синт.: **а, б** — в глаг. знач. 1—8; **в** — в глаг. знач. 1, 2, 5, 7
Субстантив.$_2$ в глаг. знач. 1; субстантив.$_3$ в глаг. знач. 1, 2
НА́ЙДЕН, -ена, -ено, -ены; *кр. ф.**
В глаг. знач. 1—8

□ Прич. IV в 9—13 глаг. знач. не употр.

НАКАЗА́ТЬ, накажу́, нака́жут, наказа́|л; ***сов. к*** нака́зывать (см.)

II. НАКАЗА́ВШИЙ, -ая, -ее, -ие; *действ. прош.*
Синт.: **а, б** — в глаг. знач. 1, 2

IV. НАКА́ЗАННЫЙ, -ая, -ое, -ые; *страд. прош.*
Синт.: **а, б** — в глаг. знач. 1, 2; **в** — в глаг. знач. 1.
НАКА́ЗАН, -ана, -ано, -аны; *кр. ф.*
В глаг. знач. 1, 2

НАКА́ЗЫВАТЬ, нака́зыва|ют, нака́зыва|л; ***несов., перех., кого(что)*** (*сов.* наказа́ть) **1.** *Наташа никогда не наказывала своего сына* [подвергать наказанию] **2.** ***S не лицо*** *Судьба наказывает тех, кто причиняет зло людям* [осуществлять расплату, возмездие за что-л.]

I. НАКА́ЗЫВАЮЩИЙ, -ая, -ее, -ие; *действ. наст.*
Синт.: **а, б** — в глаг. знач. 1, 2

II. НАКА́ЗЫВАВШИЙ, -ая, -ее, -ие; *действ. прош.*
Синт.: **а, б** — в глаг. знач. 1, 2

III. НАКА́ЗЫВАЕМЫЙ, -ая, -ое, -ые; *страд. наст.*
Синт.: **а, б** — в глаг. знач. 1, 2; **в** — в глаг. знач. 1
Ср. прич. в 1 глаг. знач. с прил. **наказу́емый**, -ая, -ое, -ые; -ем, -ема, -емо, -емы. Такой, который подлежит наказанию. *Наказуемый поступок*

НАКА́ЛИВАТЬ, нака́лива|ют, нака́лива|л; ***несов. к*** накали́ть (см.)

I. НАКА́ЛИВАЮЩИЙ, -ая, -ее, -ие; *действ. наст.*
Синт.: **а, б** — в глаг. знач. 1 — 3

II. НАКА́ЛИВАВШИЙ, -ая, -ее, -ие; *действ. прош.*
Синт.: **а, б** — в глаг. знач. 1—3
III. НАКА́ЛИВАЕМЫЙ, -ая, -ое, -ые; *страд. наст.*
Синт.: **а, б** — в глаг. знач. 1 — 3
Субстантив.$_2$ не употр.; субстантив.$_3$ в глаг. знач. 1, 2

НАКА́ЛИВАТЬСЯ, нака́лива|ются, нака́лива|лся; ***несов. к*** накали́ться (см.)
I. НАКА́ЛИВАЮЩИЙСЯ, -аяся, -ееся, -иеся; *действ. наст.*
Синт.: **а, б, в** — в глаг. знач. 1, 2
II. НАКА́ЛИВАВШИЙСЯ, -аяся, -ееся, -иеся; *действ. прош.*
Синт.: **а, б, в** — в глаг. знач. 1, 2

НАКАЛИ́ТЬ, накал|я́т, накали́|л; ***сов., перех.*** (*несов.* накаля́ть и нака́ливать) **1.** ***что*** *Рабочие накалили металл, а потом стали его охлаждать* [с помощью огня, электропечи, газа и т. п. нагреть что-л. до очень высокой температуры] **2.** ***что; S не лицо*** *Солнце накалило крышу* [передав свое тепло чему-л., нагреть до очень высокой температуры] **3.** ***кого(что)*** и ***что,*** также ***чем*** *Своим выступлением оратор сильно накалил аудиторию* (см. § 1). *Приход Олега еще больше накалил обстановку* [вызвать состояние крайнего напряжения, сделать напряженным, неспокойным]
II. НАКАЛИ́ВШИЙ, -ая, -ее, -ие; *действ. прош.*
Синт.: **а, б** — в глаг. знач. 1 — 3
IV. НАКАЛЁННЫЙ, -ая, -ое, -ые; *страд. прош.*
Синт.: **а, б** — в глаг. знач. 1—3; **в** — в глаг. знач. 1
В знач. прил. (также *кр. ф.* ↓) Чрезвычайно неспокойный, напряженный, чреватый столкновениями между кем-л., накалившийся. *Накаленная международная обстановка. Накаленная атмосфера в семье*
Субстантив.$_2$ не употр.; субстантив.$_3$ в глаг. знач. 1, 2
НАКАЛЁН, -ена́, -ено́, -ены́; *кр. ф.*
В глаг. знач. 1—3
В знач. прил. (также *полн. ф.* ↑) *Международная обстановка накалена. Атмосфера в этой семье накалена*

НАКАЛИ́ТЬСЯ, накаля́тся, накали́|лся; ***сов.*** (*несов.* накаля́ться и нака́ливаться); ***S не лицо*** **1.** *Утюг накалился. Печь накалилась докрасна* [нагреться до очень высокой температуры] **2.** *Атмосфера на собрании накалилась до предела. Страсти в нашей семье накалились. Международная обстановка в этом регионе за последний год сильно накалилась* [стать крайне напряженным, неспокойным, чреватым столкновениями между кем-л.]
II. НАКАЛИ́ВШИЙСЯ, -аяся, -ееся, -иеся; *действ. прош.*
Синт.: **а, б, в** — в глаг. знач. 1, 2

НАКАЛЯ́ТЬ, накаля́|ют, накаля́|л; ***несов. к*** накали́ть (см.)
I. НАКАЛЯ́ЮЩИЙ, -ая, -ее, -ие; *действ. наст.*
Синт.: **а, б** — в глаг. знач. 1 — 3
II. НАКАЛЯ́ВШИЙ, -ая, -ее, -ие; *действ. прош.*
Синт.: **а, б** — в глаг. знач. 1 — 3
III. НАКАЛЯ́ЕМЫЙ, -ая, -ое, -ые; *страд. наст.*
Синт.: **а, б** — глаг. знач. 1 — 3
Субстантив.$_2$ не употр.; субстантив.$_3$ в глаг. знач. 1, 2

НАКАЛЯ́ТЬСЯ, накаля́|ются, накаля́|лся; ***несов. к*** накали́ться (см.)
I. НАКАЛЯ́ЮЩИЙСЯ, -аяся, -ееся, -иеся; *действ. наст.*
Синт.: **а, б, в** — в глаг. знач. 1, 2
II. НАКАЛЯ́ВШИЙСЯ, -аяся, -ееся, -иеся; *действ. прош.*
Синт.: **а, б, в** — в глаг. знач. 1, 2

НАКАТА́ТЬ, episode накатá|ют, наката́|л; ***сов., перех.*** (*несов.* нака́тывать в 1 — 5 знач.) **1.** ***что*** и ***чего*** *Грузчики накатали сюда эти бочки с баржи. Туристы накатали к костру бревен и сделали из них сиденья* [прикатить в несколько приемов какое-л. количество чего-л.] **2.** ***что*** и ***чего*** *Малыш накатал эти шарики из пластилина. Ребята накатали снежков* [катая, приготовить, изготовить в каком-л. количестве] **3.** ***что*** и ***чего*** *Дедушка накатал всем внукам валенки из шерсти и пуха* [катая, сбить, изготовить в каком-л. количестве, навалять] **4.** ***что,*** также ***чем*** *Рабочие накатали разрытый участок дороги тяжелыми катками* (см. § 2) [укатать, утрамбовать, сделать плотной дорогу, колею и т. п.] **5.** ***что*** *Трактора накатали дорогу вдоль просеки* [частой ездой образовать дорогу, колею и т. п.] **6.** ***что*** *«— Постойте, я вам рецептик накатаю, один момент!»* Леонов, Конец мелкого человека [быстро, наспех написать что-л.; *прост.*]
II. НАКАТА́ВШИЙ, -ая, -ее, -ие; *действ. прош.*
Синт.: **а, б** — в глаг. знач. 1 — 6
IV. НАКА́ТАННЫЙ, -ая, -ое, -ые; *страд. прош.**
Синт.: **а, б** — в глаг. знач. 1 — 5
В знач. прил. (только *полн. ф.*) Гладкий, ровный, утрамбованный частой ездой — о дороге, пути. *Накатанная колея. Накатанная дорога*
Субстантив.$_3$ в глаг. знач. 1 — 3
НАКА́ТАН, -ана, -ано, -аны; *кр. ф.**
В глаг. знач. 1 — 5
▭ Прич. IV в 6 глаг. знач. не употр.

НАКА́ТЫВАТЬ, нака́тыва|ют, нака́тыва|л; ***несов. к*** наката́ть в 1 — 5 знач. (см.)
I. НАКА́ТЫВАЮЩИЙ, -ая, -ее, -ие; *действ. наст.*
Синт.: **а, б** — в глаг. знач. 1 — 5
II. НАКА́ТЫВАВШИЙ, -ая, -ее, -ие; *действ. прош.*
Синт.: **а, б** — в глаг. знач. 1 — 5
III. НАКА́ТЫВАЕМЫЙ, -ая, -ое, -ые; *страд. наст.*
Синт.: **а, б** — в глаг. знач. 1 — 5
Субстантив.$_3$ в глаг. знач. 1 — 3

НАКЛА́ДЫВАТЬ, накла́дыва|ют, накла́дыва|л; ***несов. к*** наложи́ть (см.)
I. НАКЛА́ДЫВАЮЩИЙ, -ая, -ее, -ие; *действ. наст.*

Синт.: **а, б** — в глаг. знач. 1 — 7
II. НАКЛА́ДЫВАВШИЙ, -ая, -ее, -ие; *действ. прош.*
Синт.: **а, б** — в глаг. знач. 1 — 7
III. НАКЛА́ДЫВАЕМЫЙ, -ая, -ое, -ые; *страд. наст.*
Синт.: **а, б** — в глаг. знач. 1 — 7; **в** — в глаг. знач. 2, 3, 6, 7
Субстантив.з в глаг. знач. 1, 4

НАКОПИ́ТЬ, накоплю́, нако́п|ят, накопи́|л; ***сов. к*** копи́ть (см.)
II. НАКОПИ́ВШИЙ, -ая, -ее, -ие; *действ. прош.*
Синт.: **а, б** — в глаг. знач. 1, 2
IV. НАКО́ПЛЕННЫЙ, -ая, -ое, -ые; *страд. прош.*
[чередование п/пл]
Синт.: **а, б, в** — в глаг. знач. 1, 2
Субстантив.з в глаг. знач. 1
НАКО́ПЛЕН, -ена, -ено, -ены; *кр. ф.*
В глаг. знач. 1, 2

НАКОРМИ́ТЬ, накормлю́, нако́рм|ят, накорми́|л; ***сов. к*** корми́ть в 1 знач. (см.)
II. НАКОРМИ́ВШИЙ, -ая, -ее, -ие; *действ. прош.*
Синт.: **а, б** — в глаг. знач. 1
IV. НАКО́РМЛЕННЫЙ, -ая, -ое, -ые; *страд. прош.*
[чередование м/мл]
Синт.: **а, б, в** — в глаг. знач. 1
НАКО́РМЛЕН, -ена, -ено, -ены; *кр. ф.*
В глаг. знач. 1

НАКРА́СИТЬ, накра́шу, накра́с|ят, накра́си|л; ***сов. к*** кра́сить в 4 знач. (см.)
II. НАКРА́СИВШИЙ, -ая, -ее, -ие; *действ. прош.*
Синт.: **а, б** — в глаг. знач. 4
IV. НАКРА́ШЕННЫЙ, -ая, -ое, -ые; *страд. прош.*
[чередование с/ш]
Синт.: **а, б, в** — в глаг. знач. 4
НАКРА́ШЕН, -ена, -ено, -ены; *кр. ф.*
В глаг. знач. 4

НАКРА́СИТЬСЯ, накра́шусь, накра́сятся, накра́си|лся; ***сов. к*** кра́ситься в 4 знач. (см.)
II. НАКРА́СИВШИЙСЯ, -аяся, -ееся, -иеся; *действ. прош.*
Синт.: **а, б, в** — в глаг. знач. 4

НАКРОШИ́ТЬ, накрошу́, накро́ш|ат и накроша́т, накроши́|л; ***сов.*** (*несов.* кроши́ть *к* 1, 3 знач.) **1. *перех., что*** и ***чего*** *Малыш только накрошил хлеба и ничего не ел. Я накрошила капусту в кастрюлю* [раздробить на мелкие части, крошки] **2. *перех., что*** и ***чего*** *Сестра накрошила целую тарелку мяса* [наполнить какую-л. емкость чем-л. предварительно измельченным в крошки, раздробленным на мелкие части] **3. *неперех.*** *Дети накрошили на столе и не убрали за собой* [насорить крошками]
II. НАКРОШИ́ВШИЙ, -ая, -ее, -ие; *действ. прош.*
Синт.: **а, б** — в глаг. знач. 1 — 3
IV. НАКРО́ШЕННЫЙ, -ая, -ое, -ые; *страд. прош.*
Синт.: **а, б** — в глаг. знач. 1, 2
НАКРО́ШЕН, -ена, -ено, -ены; *кр. ф.*
В глаг. знач. 1, 2

НАКУ́РИВАТЬ, наку́рива|ют, наку́рива|л; ***несов. к*** накури́ть (см.)
I. НАКУ́РИВАЮЩИЙ, -ая, -ее, -ие; *действ. наст.*
Синт.: **а, б** — в глаг. знач. 1 — 3
II. НАКУ́РИВАВШИЙ, -ая, -ее, -ие; *действ. прош.*
Синт.: **а, б** — в глаг. знач. 1 — 3
III. НАКУ́РИВАЕМЫЙ, -ая, -ое, -ые; *страд. наст.*
Синт.: **а, б, в** — в глаг. знач. 3

НАКУРИ́ТЬ, накурю́, наку́р|ят, накури́|л; ***сов.*** (*несов.* наку́ривать) **1. *неперех., чем*** и ***без дополн.*** *Кто-то накурил махоркой в купе. Зачем ты так накурил в комнате?* [куря, наполнить помещение табачным дымом] **2. *неперех., чем*** *Мы накурили в избе вереском для аромата* [сжигая какое-л. ароматическое вещество, траву и т. п., наполнить помещение ароматным дымом, запахом] **3. *перех., что*** и ***чего*** *Рабочие накурили бочку смолы* [наготовить перегонкой]
II. НАКУРИ́ВШИЙ, -ая, -ее, -ие; *действ. прош.*
Синт.: **а, б** — в глаг. знач. 1 — 3
IV. НАКУ́РЕННЫЙ, -ая, -ое, -ые; *страд. прош.*
Синт.: **а, б, в** — в глаг. знач. 3
Ср. прил. **наку́ренный,** -ая, -ое, -ые. Наполненный табачным дымом от курения. *Накуренное помещение. Накуренное купе*
НАКУ́РЕН, -ена, -ено, -ены; *кр. ф.*
В глаг. знач. 3
Ср. **наку́рено, *безл.*** **1.** О наличии дыма от курения табака. *В комнате накурено.* **2. *чем*** О наличии ароматного дыма, какого-л. запаха в результате курения чем-л. *«В комнате.. накурено ладаном».* Решетников, Где лучше?

НАЛА́ДИТЬ, нала́жу, нала́д|ят, нала́ди|л; ***сов., перех., что*** (*несов.* нала́живать) **1.** *Механик наладил зажигание у остановившегося трактора. Рабочие наладили станки* [сделать пригодным для пользования, приспособить для какой-л. работы, отрегулировав, отточив и т. п.] **2.** *Новый директор за короткое время наладил производство электронного оборудования. «[Георгий] так сумел наладить дело, что на следующих выборах был единодушно избран секретарем парторганизации депо».* Б. Полевой, Золото [устроить, организовать, привести в должный порядок] **3.** *Артист наладил балалайку и начал играть* [настроить на нужный лад музыкальный инструмент; *разг.*]
II. НАЛА́ДИВШИЙ, -ая, -ее, -ие; *действ. прош.*
Синт.: **а, б** — в глаг. знач. 1 — 3
IV. НАЛА́ЖЕННЫЙ, -ая, -ое, -ые; *страд. прош.*
[чередование д/ж]
Синт.: **а, б** — в глаг. знач. 1 — 3; **в** — в глаг. знач. 1, 3
В знач. прил. **1.** (также *кр. ф.* ↓) Хорошо, четко организованный. *Налаженная жизнь. Налаженное производство. Налаженное хозяйство. Налаженное дело.* **2.** (только *полн.*

ф.) Звучащий стройно, слаженно; *разг.* *«Заполняя ночь и делая ее живой, разольются стройные, налаженные голоса».* Серафимович, Железный поток

Субстантив.₃ не употр.

НАЛА́ЖЕН, -ена, -ено, -ены; *кр. ф.*

В глаг. знач. 1 — 3

В знач. прил. (также *полн. ф.* в знач. 1↑) *Жизнь налажена. Производство налажено. Хозяйство налажено. Дело налажено*

НАЛА́ЖИВАТЬ, нала́жива|ют, нала́жива|л; **несов. к** нала́дить (см.)

I. НАЛА́ЖИВАЮЩИЙ, -ая, -ее, -ие; *действ. наст.*

Синт.: **а, б** — в глаг. знач. 1 — 3

II. НАЛА́ЖИВАВШИЙ, -ая, -ее, -ие; *действ. прош.*

Синт.: **а, б** — в глаг. знач. 1 — 3

III. НАЛА́ЖИВАЕМЫЙ, -ая, -ое, -ые; *страд. наст.*

Синт.: **а, б, в** — в глаг. знач. 1 — 3

Субстантив.₃ не употр.

НАЛИВА́ТЬ, налива́|ют, налива́|л; **несов. к** нали́ть (см.)

I. НАЛИВА́ЮЩИЙ, -ая, -ее, -ие; *действ. наст.*

Синт.: **а, б** — в глаг. знач. 1 — 3

II. НАЛИВА́ВШИЙ, -ая, -ее, -ие; *действ. прош.*

Синт.: **а, б** — в глаг. знач. 1 — 3

III. НАЛИВА́ЕМЫЙ, -ая, -ое, -ые; *страд. наст.*

Синт.: **а, б** — в глаг. знач. 1 — 3

Субстантив.₃ в глаг. знач. 1, 3

□ Прич. I, II, III в 3 глаг. знач. менее употр., чем в 1, 2 глаг. знач.

НАЛИ́ТЬ, нальют, на́ли|л и *доп.* нали́|л, налила́, на́лило и *доп.* нали́ло, на́лили и *доп.* нали́ли; **сов., перех.** (*несов.* налива́ть) **1.** ***что*** и ***чего во что*** *Девочка налила горячего молока в чашку. Илья налил воду в ванну* [влить во что-л. какую-л. жидкость] **2.** ***что*** *Лариса налила себе чашку горячего молока* [наполнить жидкостью какой-л. сосуд, служащий мерой количества этой жидкости] **3.** ***что*** и ***чего*** *Дети налили на стол воды* [разлить по поверхности чего-л.]

II. НАЛИ́ВШИЙ, -ая, -ее, -ие; *действ. прош.*

Синт.: **а, б** — в глаг. знач. 1 — 3

IV. НА́ЛИТЫЙ, -ая, -ое, -ые и *доп.* НАЛИ́ТЫЙ, -ая, -ое, -ые; *страд. прош.*

Синт.: **а, б** — в глаг. знач. 1—3 и в статив. знач.

Статив. знач., ***чем*** (также *кр. ф.* ↓) Преисполненный каким-л. отрицательным чувством; обладающий в избытке силой, здоровьем, энергией и т. п. *Человек, налитый злобой, молча смотрел на нас. «Стоит готовая к бою, налитая энергией, переполненная решимостью Красная Армия».* Фурманов, Чапаев

Ср. прил. **налито́й, -а́я, -о́е, -ы́е. 1.** Крепкий, полный и упругий — о плечах, руках, мускулах и т. п. *Налитые мускулы. Налитые плечи* **2.** Созревший, сочный, наливной — о плодах, зерне и т. п. *Налитое яблоко. Налитые колосья*

Субстантив.₃ в глаг. знач. 1, 3

НА́ЛИТ, налита́, на́лито, -ты и *доп.* НАЛИ́Т, налита́, нали́то, -ты; *кр. ф.*

В глаг. знач. 1 — 3

Статив. знач., ***чем*** (также *полн. ф.* ↑) *Этот человек был весь налит злобой. «..и весь он был налит силой, как старый коренастый дуб».* Н. Островский, Как закалялась сталь

НАЛОЖИ́ТЬ, наложу́, нало́ж|ат, наложи́|л; **сов., перех.** (*несов.* накла́дывать) **1.** ***что на что*** *Дима очень осторожно наложил кальку на чертеж. Бабушка наложила выкройку на материю и начала кроить платье* [положить сверху, поверх чего-л.] **2.** ***что,*** также ***на что*** *Медсестра прекрасно наложила повязку. Врач наложил мне на руку гипс* [положив на какую-л. часть тела, закрепить — в медицине] **3.** ***что на что,*** также ***чем*** *Актриса старательно наложила на лицо грим. Художник кисточкой наложил на рамку позолоту* (см. § 2) [покрыть сверху слоем чего-л.] **4.** ***что*** и ***чего*** *Бабушка наложила мне кашу в глубокую тарелку. Валя наложила столько книг в портфель, что он не закрывается* [положить, навалить во что-л.] **5.** ***что*** *Таня наложила мне тарелку картошки. «Чохов наложил для коменданта миску каши».* Казакевич, Дом на площади. *Бабушка наложила нам корзину яблок* [кладя, наполнить чем-л. какую-л. емкость] **6.** ***что,*** также ***чем*** *Директор наложил резолюцию на моем заявлении красным карандашом* (см. § 2) [написать, поставить какой-л. знак, текст и т. п. на каком-л. другом тексте — в сочетании с сущ. *резолюция, виза* и т. п.] **7.** ***что на кого(что)*** и ***на что*** *Инспектор ГАИ наложил штраф на превысившего скорость водителя. Городские власти наложили запрет на использование воды из этого озера. На не выполнившего норму рабочего администрация наложила взыскание* [подвергнуть чему-л., назначить, предписать и т. п. что-л., обозначенное существительным]

II. НАЛОЖИ́ВШИЙ, -ая, -ее, -ие; *действ. прош.*

Синт.: **а, б** — в глаг. знач. 1 — 7

IV. НАЛО́ЖЕННЫЙ, -ая, -ое, -ые; *страд. прош.*

Синт.: **а, б** — в глаг. знач. 1 — 7; **в** — в глаг. знач. 2, 3, 6, 7

Ср. выражение: **наложенный платеж** — вид денежного расчета, когда с получателя взыскивается стоимость товара (который он получил почтой, который ему доставлен железной дорогой и т. п.) для передачи взысканной суммы ее отправителю. *Выслать книги наложенным платежом. Отправить груз наложенным платежом*

Субстантив.₃ в глаг. знач. 1, 4

НАЛО́ЖЕН, -ена, -ено, -ены; *кр. ф.*

В глаг. знач. 1 — 7

НАЛОЩИ́ТЬ, налощ|а́т, налощи́|л; **сов. к** лощи́ть (см.)

II. НАЛОЩИ́ВШИЙ, -ая, -ее, -ие; *действ. прош.*

Синт.: **а, б** — в глаг. знач. 1, 2

IV. НАЛОЩЁННЫЙ, -ая, -ое, -ые; *страд. прош.*

Синт.: **а, б, в** — в глаг. знач. 1, 2

НАЛОЩЁН, -ена́, -ено́, -ены́; *кр. ф.*
В глаг. знач. 1, 2

НАМА́ЗАТЬ, нама́жут, нама́за|л; **сов. к** ма́зать в 1, 2 знач. (см.)

II. НАМА́ЗАВШИЙ, -ая, -ее, -ие; *действ. прош.*
Синт.: **а, б** — в глаг. знач. 1, 2

IV. НАМА́ЗАННЫЙ, -ая, -ое, -ые; *страд. прош.*
Синт.: **а, б** — в глаг. знач. 1, 2; **в** — в глаг. знач. 2
Субстантив.₃ в глаг. знач. 1
НАМА́ЗАН, -ана, -ано, -аны; *кр. ф.*
В глаг. знач. 1, 2

НАМА́СЛИТЬ, нама́сл|ят, нама́сли|л; **сов. к** ма́слить в 1 знач. (см.)

II. НАМА́СЛИВШИЙ, -ая, -ее, -ие; *действ. прош.*
Синт.: **а, б** — в глаг. знач. 1

IV. НАМА́СЛЕННЫЙ, -ая, -ое, -ые; *страд. прош.*
Синт.: **а, б, в** — в глаг. знач. 1
НАМА́СЛЕН, -ена, -ено, -ены; *страд. прош.*
В глаг. знач. 1

НАМЕСТИ́, намет|у́т, намёл, намела́, -ло́, -ли́; **сов., перех.** (*несов.* намета́ть [3]) **1. что** и **чего** *Дворник намел кучу листьев* [метя, сметая, собрать в каком-л. количестве] **2. что; S не лицо** *«Ветер намел песчаные барханы».* А. Гончаров, Наш корреспондент. *Резкий ветер намел груды снега вокруг дома* [увлекая своим движением, нанести, образовать что-л.— о ветре, вьюге и т. п.]

II. НАМЁТШИЙ, -ая, -ее, -ие; *действ. прош.* [чередование е/ё]
Синт.: **а, б** — в глаг. знач. 1—2

IV. НАМЕТЁННЫЙ, -ая, -ое, -ые; *страд. прош.*
Синт.: **а, б** — в глаг. знач. 1—2
НАМЕТЁН, -ена́, -ено́, -ены́; *кр. ф.*
В глаг. знач. 1—2

НАМЕТА́ТЬ [1], намечу́, наме́чут, намета́|л; **сов., перех.** (*несов.* намётывать [1]) **1. что** и **чего,** также **чем** *Колхозники быстро наметали вилами сено на возы, так как приближалась гроза* (см. § 2) [набросать куда-л., поддевая сено, солому] **2. что** и **чего** *Студенты наметали пять больших стогов* [сделать, сложить в каком-л. количестве стога, копны, кидая и укладывая сено, солому и т. п.] **3. что** и **кого(что)*; S не лицо** *Смотри, сколько рыба наметала икры! Лиса и в неволе наметала лисят* [произвести потомство в каком-л. количестве — о рыбах и некоторых животных] **4. что** *Олег хорошо наметал руку, вырезая каждый день фигурки из дерева* [в результате длительного опыта, путем упражнений сделать искусным в каком-л. отношении; *разг.*]

II. НАМЕТА́ВШИЙ, -ая, -ее, -ие; *действ. прош.*
Синт.: **а, б** — в глаг. знач. 1 — 4

IV. НАМЁТАННЫЙ, -ая, -ое, -ые; *страд. прош.**
Синт.: **а, б** — в глаг. знач. 1 — 3
В знач. прил. (*также кр. ф.* ↓) Тренированный, опытный, точно выполняющий необходимые действия. *Наметанная рука. У него наметанный глаз*
Субстантив.₃ в глаг. знач. 1, 2
НАМЁТАН, -ана, -ано, -аны; *кр. ф.**
В глаг. знач. 1—3
В знач. прил. (*также полн. ф.* ↑) *Рука у него наметана*
▭ Прич. IV в 4 глаг. знач. не употр.

НАМЕТА́ТЬ [2], намета́ют, намета́|л; **сов., перех.** (*несов.* намётывать [2]; *несов.* метать [3] *к* 1 знач.) **1. что,** также **чем** *Бабушка наметала шов красными нитками* (см. § 2) [прошить крупными стежками, наметив линию шва] **2. что** и **чего** *Портниха наметала сразу несколько платьев* [приготовить что-л. для примерки в каком-л. количестве, соединив в одно целое скроенные части]

II. НАМЕТА́ВШИЙ, -ая, -ее, -ие; *действ. прош.*
Синт.: **а, б** — в глаг. знач. 1, 2

IV. НАМЁТАННЫЙ, -ая, -ое, -ые; *страд. прош.*
Синт.: **а, б, в** — в глаг. знач. 1, 2
НАМЁТАН, -ана, -ано, -аны; **кр. ф.**
В глаг. знач. 1, 2

НАМЕТА́ТЬ [3], намета́|ют, намета́|л; **несов. к** намести́ (см.)

I. НАМЕТА́ЮЩИЙ, -ая, -ее, -ие; *действ. наст.*
Синт.: **а, б** — в глаг. знач. 1—2

II. НАМЕТА́ВШИЙ, -ая, -ее, -ие; *действ. прош.*
Синт.: **а, б** — в глаг. знач. 1—2

III. НАМЕТА́ЕМЫЙ, -ая, -ое, -ые; *страд. наст.*
Синт.: **а, б** — в глаг. знач. 1—2

НАМЁТЫВАТЬ [1], намётыва|ют, намётыва|л; **несов. к** намета́ть [1] (см.)

I. НАМЁТЫВАЮЩИЙ, -ая, -ее, -ие; *действ. наст.*
Синт.: **а, б** — в глаг. знач. 1 — 4

II. НАМЁТЫВАВШИЙ, -ая, -ее, -ие; *действ. прош.*
Синт.: **а, б** — в глаг. знач. 1 — 4

III. НАМЁТЫВАЕМЫЙ, -ая, -ое, -ые; *страд. наст.**
Синт.: **а, б** — в глаг. знач. 1 — 3
▭ Прич. III в 4 глаг. знач. не употр.

НАМЁТЫВАТЬ [2], намётыва|ют, намётыва|л; **несов. к** намета́ть [2] (см.)

I. НАМЁТЫВАЮЩИЙ, -ая, -ее, -ие; *действ. наст.*
Синт.: **а, б** — в глаг. знач. 1, 2

II. НАМЁТЫВАВШИЙ, -ая, -ее, -ие; *действ. прош.*
Синт.: **а, б** — в глаг. знач. 1, 2

III. НАМЁТЫВАЕМЫЙ, -ая, -ое, -ые; *страд. наст.*
Синт.: **а, б, в** — в глаг. знач. 1, 2

НАМО́РЩИТЬ, намо́рщ|ат, намо́рщи|л; **сов., перех., что** (*несов.* мо́рщить) *Бабушка наморщила лоб. Малыш наморщил нос* [собрать в морщины кожу на лбу, носу и т. п.]

II. НАМО́РЩИВШИЙ, -ая, -ее, -ие; *действ. прош.*

Синт.: **а, б** — в глаг. знач.

IV. НАМО́РЩЕННЫЙ, -ая, -ое, -ые; *страд. прош.*

Синт.: **а, б** — в глаг. знач.

В знач. прил. (только *полн. ф.*) Покрытый морщинами, сморщенный — о коже рук, шеи, лица и т. п. *Наморщенные руки. Наморщенная шея*

Субстантив.$_3$ не употр.

НАМО́РЩЕН, -ена, -ено, -ены; *кр. ф.*

В глаг. знач.

НАМЫ́ЛИТЬ, намы́л|ят, намы́ли|л; ***сов. к*** мы́лить (см.)

II. НАМЫ́ЛИВШИЙ, -ая, -ее, -ие; *действ. прош.*

Синт.: **а, б** — в глаг. знач. 1, 2

IV. НАМЫ́ЛЕННЫЙ, -ая, -ое, -ые; *страд. прош.*

Синт.: **а, б, в** — в глаг. знач. 1, 2

НАМЫ́ЛЕН, -ена, -ено, -ены; *кр. ф.*

В глаг. знач. 1, 2

НАНЕСТИ́, нанес|у́т, нанёс|, нанесла́, -ло́, -ли́; ***сов., перех.*** (*несов.* наноси́ть) **1. *что*** и ***чего*** *Сережа нанес в дом разный хлам. В день рожденья мне нанесли подарков* [принести в большом количестве] **2. *что*** и ***чего; S не лицо*** *Ветер нанес много песка на порог дома. Волны нанесли на берег водоросли* [увлекая своим движением, течением, дуновением, принести, пригнать, навалить обычно в большом количестве] **3. *что; S не лицо*** и ***безл.*** *За ночь вьюга нанесла у порога дома большой сугроб. Посередине реки нанесло отмель* [нагромоздить, образовать что-л., принося ветром или течением] **4. *кого (что)*** и ***что на кого(что)*** и ***на что; S не лицо*** и ***безл.*** *В темноте лошади нанесли телегу на столб. Байдарку нанесло на камень* [увлекая своим движением, течением или за собой, натолкнуть на кого-что-л.] **5. *что на что*** *«Я обошел все берега залива и нанес их на карту».* Паустовский, Кара-Бугаз. *Инженер нанес чертеж на кальку* [обозначить, отметить на чем-л.; сделать, отпечатать, нарисовать рисунок, узор и т. п. на чем-л.] **6. *что на что,*** также ***чем*** *Художник осторожно нанес кисточкой лак на рамку* (см. § 2) [покрыть чем-л. поверхность чего-л.] **7. *что*** *Вы нанесли нам ужасное оскорбление! Боксер нанес удар неожиданно. Ураган нанес большой ущерб этому району. Мы нанесем вам визит в воскресенье* [сделать, причинить то, что выражено существительным]

II. НАНЁСШИЙ, -ая, -ее, -ие; *действ. прош.*

Синт.: **а, б** — в глаг. знач. 1 — 7

IV. НАНЕСЁННЫЙ, -ая, -ое, -ые; *страд. прош.*

Синт.: **а, б** — в глаг. знач. 1 — 7

Ср. прич. во 2, 3 глаг. знач. с прил. **нано́сный,** -ая, -ое, -ые в знач. 'нанесенный ветром, течением воды и т. п.' *Наносный ил. Наносный песок. Наносная мель*

Субстантив.$_3$ в глаг. знач. 1, 2, 4 — 6

НАНЕСЁН, -ена́, -ено́, -ены́; *кр. ф.*

В глаг. знач. 1 — 7

НАНОСИ́ТЬ, наношу́, нано́с|ят, наноси́|л; ***несов. к*** нанести́ (см.)

I. НАНОСЯ́ЩИЙ, -ая, -ее, -ие; *действ. наст.*

Синт.: **а, б** — в глаг. знач. 1 — 7

II. НАНОСИ́ВШИЙ, -ая, -ее, -ие; *действ. прош.*

Синт.: **а, б** — в глаг. знач. 1 — 7

III. НАНОСИ́МЫЙ, -ая, -ое, -ые; *страд. наст.*

Синт.: **а, б** — в глаг. знач. 1 — 7

Субстантив.$_3$ в глаг. знач. 1, 2, 4 — 6

НАПАДА́ТЬ, напада́|ют, напада́|л; ***несов., неперех.*** (*сов.* напа́сть) **1. *на кого(что)*** *Кочевые племена часто нападали на соседей. Медведь нападает на людей редко* [бросать все силы на кого-что-л. с целью разгрома, уничтожения, нанесения ущерба; бросаться на кого-л. с целью уничтожения, защиты и т. п.] **2. *на что; S не лицо*** *На наши посевы каждый год нападает саранча. Очень часто в нашем саду на яблоки нападает червь* [появляясь в большом количестве, наносить вред чему-л., уничтожать, губить что-л. — о вредителях-насекомых, червях и т. п.] **3. *на кого(что)*** и ***на что*** *Ольга нападает на сына несправедливо. За что ты на нее нападаешь? На статьи Смирнова критика не раз нападала с необоснованными обвинениями* [набрасываться на кого-л. с нападками, упреками; выступать с обвинениями, возражениями] **4. *на что*** *В лесу ребята не раз нападали на заросли малины* [находить, обнаруживать что-л., наталкиваться на что-л.] **5. *на что*** *Я нападала на очень интересные мысли в этой скучной книге* [обнаруживать, наталкиваться на какую-л. мысль, идею и т. п.] **6. *на кого(что); S не лицо*** *На ребят часто нападал смех. На мальчика нередко нападал страх* [внезапно овладевать кем-л., охватывать кого-л. — о каком-л. физическом или душевном состоянии]

I. НАПАДА́ЮЩИЙ, -ая, -ее, -ие; *действ. наст.*

Синт.: **а, б** — в глаг. знач. 1 — 6

В знач. сущ. **напада́ющий,** -его, *м.* В футболе, хоккее и некоторых других спортивных играх: игрок, имеющий задачу забивать мяч, шайбу и т. п. в ворота противника

II. НАПАДА́ВШИЙ, -ая, -ее, -ие; *действ. прош.*

Синт.: **а, б** — в глаг. знач. 1 — 6

НАПА́СТЬ, нападу́т, напа́|л; ***сов. к*** напада́ть (см.)

II. НАПА́ВШИЙ, -ая, -ее, -ие; *действ. прош.*

Синт.: **а, б** — в глаг. знач. 1—6

НАПЕЧА́ТАТЬ, напеча́тают, напеча́та|л; ***сов. к*** печа́тать в 1—5 знач. (см.)

II. НАПЕЧА́ТАВШИЙ, -ая, -ее, -ие; *действ. прош.*

Синт.: **а, б** — в глаг. знач. 1—5

IV. НАПЕЧА́ТАННЫЙ, -ая, -ое, -ые; *страд. прош.*

Синт.: **а, б** — в глаг. знач. 1—5; **в** — в глаг. знач. 2

НАПЕЧА́ТАН, -ана, -ано, -аны; *кр. ф.*

В глаг. знач. 1—5

НАПИСА́ТЬ, напишу́, напи́шут, написа́|л; ***сов. к*** писа́ть в 1—6, 9 знач. (см.)

II. НАПИСА́ВШИЙ, -ая, -ее, -ие; *действ. прош.*

Синт.: **а, б** — в глаг. знач. 1—6, 9

IV. НАПИ́САННЫЙ, -ая, -ое, -ые; *страд. прош.*

Синт.: **а, б** — в глаг. знач. 1—6; **в** — в глаг. знач. 1—3, 5, 6

Субстантив.$_3$ в глаг. знач. 1—4

НАПИ́САН, -ана, -ано, -аны; *кр. ф.*

В глаг. знач. 1—6

НАПО́ЛНИТЬ, напо́лн|ят, напо́лни|л; ***сов., перех.*** (*несов.* наполня́ть) **1.** ***что чем*** *Мы быстро наполнили корзину грибами* (см. § 2). *Бабушка наполнила банку вареньем* (см. § 2) [накладывая, наливая, насыпая что-л., заполнить какое-л. вместилище до краев, до предела] **2.** ***что чем*** *«Глеб.. закурил, сразу же наполнил дымом всю комнату и закашлялся»* Саянов, Небо и земля [допустить, чтобы дым, запах и т. п., распространившись, насытил собой какое-л. помещение, пространство] **3.** ***что чем*** *«Не будь у Зотова этих привычек, он не знал бы, чем наполнить свою старость».* Чехов, Нахлебники. *Олег до отказа наполнил все дни недели репетициями, лекциями, встречами с рабочими и студентами* [занять, заполнить чем-л. какое-л. время, период] **4.** ***что*** *Зрители быстро наполнили зал* [занять все свободные места, заполнить собой какое-л. помещение, пространство] **5.** ***что; S не лицо*** *Дождевая вода быстро наполнила бочку* [занять, заполнить собой какую-л. емкость, впадину и т. п.] **6.** ***что; S не лицо*** *Треск сучьев, шорохи, запахи трав наполнили лес. Запах сена наполнил воздух* [распространиться по всему пространству, пронизать, насытить собой всё] **7.** ***кого(что)*** и ***что,*** также ***чем; S не лицо*** *Успехи советских спортсменов на олимпиаде наполнили нас чувством гордости. Радость наполнила сердце матери. Мысль о предстоящей встрече с сыном наполнила мое сердце* [вызвать какое-л. чувство, душевное переживание и т. п., полностью захватывающее, переполняющее кого-л.]

II. НАПО́ЛНИВШИЙ, -ая, -ее, -ие; *действ. прош.*

Синт.: **а, б** — в глаг. знач. 1 — 7

IV. НАПО́ЛНЕННЫЙ, -ая, -ое, -ые; *страд. прош.**

Синт.: **а, б** — в глаг. знач. 1. и в статив. знач.

Статив. знач. (также *кр. ф.* ↓) **1.** ***чем*** Состоящий из множества каких-л. действий, занятий, событий и т. п., полный чего-л.— о времени, каком-л. периоде и т. п. *Ольга живет жизнью, наполненной встречами с интересными людьми, походами, посещениями выставок, театров* **2.** ***кем(чем)*** Имеющий большое количество людей, заполненный кем-л.— о помещении, каком-л. месте. *Мы приехали в город, наполненный моряками* **3.** ***чем*** Занятый до предела чем-л., полный. *Все бочки, наполненные дождевой водой, мы закрыли пленкой.* **4.** ***чем*** Пронизанный чем-л., полный чего-л. *Мы вошли в лес, наполненный запахами цветущих трав* **5.** ***чем*** Испытывающий какое-л. чувство, полный каких-л. чувств. *Болельщики уходили с трибун, наполненные чувством гордости за свою команду*

В знач. прил. (только *полн. ф.*) Полный содержания, значительности, интересный. *Смирнов, как кажется со стороны, живет наполненной жизнью*

НАПО́ЛНЕН, -ена, -ено, -ены; *кр. ф.**

В глаг. знач. 1

Статив. знач. (также *полн. ф.* ↑) **1.** ***чем*** *Жизнь Ольги наполнена встречами с интересными людьми, походами, посещениями выставок, театров* **2.** ***кем(чем)*** *Город был наполнен моряками* **3.** ***чем*** *Все бочки наполнены дождевой водой* **4.** ***чем*** *Лес был наполнен запахами цветущих трав* **5.** ***чем*** *Болельщики наполнены чувством гордости за советскую команду*

□ Прич. IV во 2 — 7 глаг. знач. не употр.

НАПОЛНЯ́ТЬ, наполня́|ют, наполня́|л; ***несов. к*** напо́лнить (см.)

I. НАПОЛНЯ́ЮЩИЙ, -ая, -ее, -ие; *действ. наст.*

Синт.: **а, б** — в глаг. знач. 1 — 7

II. НАПОЛНЯ́ВШИЙ, -ая, -ее, -ие; *действ. прош.*

Синт.: **а, б** — в глаг. знач. 1 — 7

III. НАПОЛНЯ́ЕМЫЙ, -ая, -ое, -ые; *страд. наст.**

Синт.: **а, б** — в глаг. знач. 1

□ Прич. III во 2 — 7 глаг. знач. не употр.

НАПОМИНА́ТЬ, напомина́|ют, напомина́|л; ***несов.*** (*сов.* напо́мнить *к* 1 — 4 знач.) **1.** ***неперех., кому(чему) о ком(чем)*** и ***о чем*** и ***с придат. дополнит.,*** также ***чем*** *Олег еще раз напоминает мне о предстоящей встрече. Илья каждый раз напоминал мне о том, что я должен пойти к врачу. Ребенок напоминал бабушке о себе громким плачем* [говоря о забытом кем-л., делая какие-л. движения, подавая какие-л. знаки и т. п., заставлять кого-л. вспомнить о ком-чем-л.] **2.** ***неперех., о ком(чем)*** и ***о чем,*** также ***кому(чему); S не лицо*** *Старые письма напоминали нам об отце. Старые фотографии напоминали о прошлом* [вызывать в памяти кого-что-л.] **3.** ***перех., что кому(чему)*** *Это место в лесу всегда напоминает мне нашу встречу* [являться причиной для воссоздания, воскресения в памяти картины чего-л.] **4.** ***перех., кого(что)*** и ***что*** *Старик напоминал мне дедушку. Берег реки напоминал берега Волги* [вызывать в памяти кого-л. похожего, что-л. похожее, сходное] **5.** ***перех., кого (что)*** и ***что*** *Твоя новая знакомая напоминает Любовь Орлову. Утес напоминает голову льва* [иметь сходство с кем-чем-л., быть похожим на кого-что-л.]

I. НАПОМИНА́ЮЩИЙ, -ая, -ее, -ие; *действ. наст.*

Синт.: **а, б** — в глаг. знач. 1 — 5

Субстантив.$_1$ в глаг. знач. 1

II. НАПОМИНА́ВШИЙ, -ая, -ее, -ие; *действ. прош.*

Синт.: **а, б** — в глаг. знач. 1 — 5

Субстантив.$_1$ в глаг. знач. 1

III. НАПОМИНА́ЕМЫЙ, -ая, -ое, -ые; *страд. наст.**

Синт.: **а, б** — в глаг. знач. 3

□ Прич. III в 4, 5 глаг. знач. не употр.

НАПО́МНИТЬ, напо́мн|ят, напо́мни|л; ***сов. к*** напомина́ть в 1 — 4 знач. (см.)

II. НАПО́МНИВШИЙ, -ая, -ее, -ие; *действ. прош.*

Синт.: **а, б** — в глаг. знач. 1 — 4

Субстантив.$_1$ в глаг. знач. 1

IV. НАПО́МНЕННЫЙ, -ая, -ое, -ые; *страд. прош.**

Синт.: **а, б** — в глаг. знач. 3

НАПО́МНЕН, -ена, -ено, -ены; *кр. ф.**

В глаг. знач. 3

□ Прич. IV в 4 глаг. знач. не употр.

НАПРА́ВИТЬ, напра́влю, напра́в|ят, напра́ви|л; ***сов., перех.*** (*несов.* направля́ть) **1. *кого(что)*** и ***что к чему, по чему, на что*** и ***с нареч.*** *Регулировщик направил велосипедистов влево. Феликс направил байдарку к правому берегу озера* [придать кому-чему-л. движущемуся какое-л. направление, повернуть кого-что-л. в какую-л. сторону] **2. *кого(что) к чему*** *Мальчик направил меня к крайнему подъезду дома* [показать кому-л. нужное ему направление движения] **3. *что на кого(что)*** и ***на что*** *Ольга направила бинокль на сцену. Охотник направил дуло ружья прямо на медведя* [навести на кого-что-л.] **4. *что на кого(что)*** и ***на что*** *Саша направил взгляд на незнакомца* [устремить, обратить взгляд, взор и т. п. на кого-что-л.] **5. *что на кого(что)*** и ***на что, против кого(чего)*** и ***против чего*** *Советский Союз все свои усилия направил на прекращение гонки вооружений и сохранение мира на земле* (из газет) [предназначить для или против кого-чего-л., обратить на кого-что-л.] **6. *кого(что) во что*** и ***на что*** *После больницы Сережу направили в санаторий. Врач направил Илью на рентген. Павла направили работать на завод* [послать куда-л.; дать назначение] **7. *что кому(чему), во что*** и ***на что*** *Пионеры направили приветствие ветеранам войны. Мы направили это письмо в газету „Правда" и на съезд* [адресовать, отправить письмо, телеграмму, приветствие и т. п. кому-чему-л., куда-л.]

II. НАПРА́ВИВШИЙ, -ая, -ее, -ие; *действ. прош.*

Синт.: **а, б** — в глаг. знач. 1 — 7

IV. НАПРА́ВЛЕННЫЙ, -ая, -ое, -ые; *страд. прош.*

[чередование в/вл]

Синт.: **а, б** — в глаг. знач. 1 — 7 и в статив. знач.

Статив. знач., ***на что*** и ***против чего*** (также *кр. ф.*↓) Служащий, предназначенный для чего-л. *Все действия, направленные на предотвращение ядерной войны, поддерживаются Советским Союзом. В Верховный Совет поступили предложения, направленные на уточнение отдельных положений законопроекта. Необходимы меры, направленные против бюрократизма*

В знач. прил. (только *полн. ф.*) **1.** Устремленный к какой-л. цели, сосредоточенный на чем-л. *Направленная воля. Направленный и вдохновенный труд.* **2.** Работающий в заданных, определенных направлениях; *спец. Направленная антенна. Направленная передача. Направленный взрыв. Направленные наследственные изменения*

Субстантив.$_3$ в глаг. знач. 7

НАПРА́ВЛЕН, -ена, -ено, -ены; *кр. ф.*

В глаг. знач. 1 — 7

Статив. знач., ***на что*** и ***против чего*** (также *полн. ф.*↑) *Все действия Советского Союза направлены на предотвращение ядерной войны. Наши предложения направлены на уточнение отдельных положений законопроекта. Эти меры направлены против бюрократизма*

НАПРАВЛЯ́ТЬ, направля́|ют, направля́|л; ***несов., перех.*** (*сов.* напра́вить) **1. *кого(что)*** и ***что к чему, по чему, на что*** и ***с нареч.*** *Феликс направляет байдарку к правому берегу озера. Регулировщик направляет всех велосипедистов влево* [придавать кому-чему-л. движущемуся какое-л. направление, поворачивать кого-что-л. в какую-л. сторону] **2. *кого(что) к чему*** *Мальчик направляет меня к крайнему подъезду дома* [показывать кому-л. нужное ему направление движения] **3. *что на кого(что)*** и ***на что*** *Ольга направляет бинокль на сцену. Охотник направляет дуло ружья прямо на медведя* [наводить на кого-что-л.] **4. *что на кого (что)*** и ***на что*** *Саша направляет взгляд на незнакомца* [устремлять, обращать взгляд, взор и т. п. на кого-что-л. **5. *что на кого(что)*** и ***на что, против кого(чего)*** и ***против чего*** *Советский Союз все свои усилия направляет на прекращение гонки вооружений и сохранение мира на земле* (из газет) [предназначать для или против кого-чего-л., обращать на кого-что-л.] **6. *кого(что) во что*** и ***на что*** *После больницы Сережу направляют в санаторий. Врач направляет Илью на рентген. Павла направляют работать на завод* [посылать куда-л.; давать назначение] **7. *что кому(чему), во что*** и ***на что*** *Наша организация каждый год направляет приветствие ветеранам войны. Мы направляем это письмо в газету „Правда" и на съезд* [адресовать, отправлять письмо, телеграмму, приветствие и т. п. кому-чему-л., куда-л.]

I. НАПРАВЛЯ́ЮЩИЙ, -ая, -ее, -ие; *действ. наст.*

Синт.: **а, б** — в глаг. знач. 1 — 7

В знач. прил. **1.** Указывающий пути развития, действия. *Направляющая роль Коммунистической партии. Направляющая сила* **2.** Заставляющий что-л. двигаться в определенном направлении; *спец. Направляющие ролики. Направляющий рельс*

В знач. сущ. **направля́ющий,** -его, *м.* Военнослужащий или подразделение, двигающиеся впереди отряда войск в указанном направлении и указывающие направление

II. НАПРАВЛЯ́ВШИЙ, -ая, -ее, -ие; *действ. прош.*

Синт.: **а, б** — в глаг. знач. 1 — 7

III. НАПРАВЛЯ́ЕМЫЙ, -ая, -ое, -ые; *страд. наст.*

Синт.: **а, б** — в глаг. знач. 1 — 7

Субстантив.$_3$ в глаг. знач. 7

НАПРЯГА́ТЬ, напряга́|ют, напряга́|л; ***несов. к*** напря́чь (см.)

I. НАПРЯГА́ЮЩИЙ, -ая, -ее, -ие; *действ. наст.*
С и н т.: **а, б** — в глаг. знач. 1 — 3

II. НАПРЯГА́ВШИЙ, -ая, -ее, -ие; *действ. прош.*
С и н т.: **а, б** — в глаг. знач. 1 — 3

III. НАПРЯГА́ЕМЫЙ, -ая, -ое, -ые; *страд. наст.*
С и н т.: **а, б** — в глаг. знач. 1 — 3
С у б с т а н т и в.₃ не употр.

НАПРЯГА́ТЬСЯ, напряга́|юсь, напряга́|лся; ***несов. к*** напря́чься (см.)

I. НАПРЯГА́ЮЩИЙСЯ, -аяся, -ееся, -иеся; *действ. наст.*
С и н т.: **а, б** — в глаг. знач. 1 — 4; **в** — в глаг. знач. 1, 2, 4

II. НАПРЯГА́ВШИЙСЯ, -аяся, -ееся, -иеся; *действ. прош.*
С и н т.: **а, б** — в глаг. знач. 1 — 4; **в** — в глаг. знач. 1, 2, 4

НАПРЯ́ЧЬ, напряг|у́т, напря́г|, напрягла́, -ло́, -ли́; ***сов., перех., что*** (*несов.* напряга́ть) **1.** *Гимнаст напряг мышцы* [сделать упругим, твердым] **2.** ***S не лицо*** *Ветер напряг паруса* [сделать натянутым, натянуть] **3.** *Разведчики напрягли внимание до предела. Старик напряг слух, но ничего не услышал. Я напряг зрение в темноте* [повысить степень проявления, действия чего-л., прилагая усилия]

II. НАПРЯ́ГШИЙ, -ая, -ее, -ие; *действ. прош.*
С и н т.: **а, б** — в глаг. знач. 1 — 3

IV. НАПРЯЖЁННЫЙ, -ая, -ое, -ые; *страд. прош.**
[чередование г/ж]
С и н т.: **а, б** — в глаг. знач. 1
В з н а ч. п р и л. (также *кр. ф.* ↓) Находящийся в состоянии напряжения, напрягшийся. *Напряженные мускулы. Напряженные руки*
С р. прил. **напряжённый,** -ая, -ое, -ые; кр. ф. м. не употр., **-ённа, -ённо, -ённы. 1.** Требующий больших усилий, сосредоточения сил, внимания и т. п. *Напряженный труд. Напряженный график работы. Напряженная борьба* **2.** Происходящий с усилием, принужденный, неестественный. *Напряженный смех. Напряженный голос.* **3.** Готовый разразиться чем-л. неприятным, неспокойный. *Напряженные отношения. Напряженная обстановка*
С у б с т а н т и в.₃ не употр.
НАПРЯЖЁН, -ена́, -ено́, -ены́; *кр. ф.**
В глаг. знач. 1
В з н а ч. п р и л. (также *полн. ф.* ↑) *Мускулы напряжены. Руки напряжены*

□ Прич. IV во 2, 3 глаг. знач. не употр.

НАПРЯ́ЧЬСЯ, напрягу́тся, напря́г|ся, напрягла́сь, -ло́сь, -ли́сь; ***сов.*** (*несов.* напряга́ться) **1.** ***S не лицо*** *Мускулы напряглись* [стать упругим, твердым, натянутым] **2.** *Олег напрягся, поднимая тяжелый мешок* [собрать все свои силы, производя физическую работу, делая что-л.] **3.** ***S не лицо*** *«Все душевные силы, таившиеся в нем, напряглись и позволили ему совершить то, что он никогда.. не предполагал для себя возможным».* Симонов, От Черного до Баренцева моря [усилиться в своем проявлении] **4.** ***S не лицо*** *Голос Андрея напрягся. Лица людей напряглись* [стать неестественным, принужденным, выразить состояние напряжения]

II. НАПРЯ́ГШИЙСЯ, -аяся, -ееся, -иеся; *действ. прош.*
С и н т.: **а, б** — в глаг. знач. 1 — 4; **в** — в глаг. знач. 1, 2, 4

НАРИСОВА́ТЬ, нарису́ют, нарисова́|л; ***сов. к*** рисова́ть во 2 знач. (см.)

II. НАРИСОВА́ВШИЙ, -ая, -ее, -ие; *действ. прош.*
С и н т.: **а, б** — в глаг. знач. 2

IV. НАРИСО́ВАННЫЙ, -ая, -ое, -ые; *страд. прош.*
С и н т.: **а, б, в** — в глаг. знач. 2
НАРИСО́ВАН, -ана, -ано, -аны; *кр. ф.*
В глаг. знач. 2

НАСЕЛИ́ТЬ, насел|я́т, насели́|л; ***сов., перех., что*** (*несов.* населя́ть) **1.** *В древние времена кочевые племена населили степи* [поселившись, занять собой какую-л. территорию] **2.** ***кем(чем)*** *Человек в будущем населит другие планеты посланцами Земли* (см. § 2). *Люди населили эти пустынные земли животными* (см. § 2) [занять жителями, обитателями, заселить]

II. НАСЕЛИ́ВШИЙ, -ая, -ее, -ие; *действ. прош.*
С и н т.: **а, б** — в глаг. знач. 1, 2

IV. НАСЕЛЁННЫЙ, -ая, -ое, -ые; *страд. прош.*
С и н т.: **а, б** — в глаг. знач. 1, 2 и в статив. знач.
С т а т и в. з н а ч., ***кем(чем)*** (также *кр. ф.* ↓) Имеющий обитателей, поселившихся или издавна живущих где-л. *Места, издавна населенные индейцами, превратились в резервации. Олег охотился в лесах, населенных оленями и кабанами*
В з н а ч. п р и л. (только *полн. ф.*) Имеющий большое количество жителей, жильцов. *Населенный край. Населенный район. Населенная квартира* ◇ **Населенный пункт** — название места, где живут люди — город, деревня и т. п.
С у б с т а н т и в.₃ не употр.
НАСЕЛЁН, -ена́, -ено́, -ены́; *кр. ф.*
В глаг. знач. 1, 2
С т а т и в. з н а ч., ***кем(чем)*** (также *полн. ф.* ↑) *Наши леса населены оленями и кабанами*

НАСЕЛЯ́ТЬ, населя́|ют, населя́|л; ***несов., перех., что*** (*сов.* насели́ть к 1, 2 знач.) **1.** *Кочевые племена быстро населяли степи* [поселяясь, занимать собой какую-л. территорию] **2.** *Наши потомки будут населять другие планеты посланцами Земли* (см. § 2). *Человек населял эти пустынные земли животными* (см. § 2) [занимать жителями, обитателями, заселять] **3.** *Советский Союз населяют различные народности и нации* [составлять население, быть жителями, обитателями чего-л.]

I. НАСЕЛЯ́ЮЩИЙ, -ая, -ее, -ие; *действ. наст.*
С и н т.: **а, б** — в глаг. знач. 1 — 3

Субстантив.$_1$ в глаг. знач. 1, 3 во мн.

II. НАСЕЛЯ́ВШИЙ, -ая, -ее, -ие; *действ. прош.*

Синт.: **а, б** — в глаг. знач. 1 — 3

Субстантив.$_1$ в глаг. знач. 1, 3 во мн.

III. НАСЕЛЯ́ЕМЫЙ, -ая, -ое, -ые; *страд. наст.**

Синт.: **а, б** — в глаг. знач. 1, 2

Субстантив.$_3$ не употр.

▭ Прич. III в 3 глаг. знач. не употр.

НАСИДЕ́ТЬ, насижу́, насид|я́т, насиде́|л; ***сов., перех., что*** (несов. наси́живать к 1 знач.) **1.** ***S не лицо*** *Курица насидела не все яйца* [согреть своим телом яйцо, высиживая птенца; обл. и спец.] **2.** *Федя насидел себе у окна радикулит* [получить, приобрести какое-л. заболевание, что-л. неприятное в результате долгого, неудобного и т. п. сидения, сидячего образа жизни; разг.]

II. НАСИДЕ́ВШИЙ, -ая, -ее, -ие; *действ. прош.*

Синт.: **а, б** — в глаг. знач. 1, 2

IV. НАСИ́ЖЕННЫЙ, -ая, -ое, -ые; *страд. прош.**

[чередование д/ж]

Синт.: **а, б** — в глаг. знач. 1

В знач. прил. (только полн. ф.) Согретый долгим сидением. *Девушка неохотно встала с насиженного места* ◊ **Насиженное место (гнездо)** — место жительства, работы, к которому привыкли, с которым сжились, занимая его долгое время. **Насиженное яйцо** — яйцо с зародышем из-под наседки, негодное в пищу

Субстантив.$_3$ не употр.

НАСИ́ЖЕН, -ена, -ено, -ены; *кр. ф.**

В глаг. знач. 1

▭ Прич. IV во 2 глаг. знач. не употр.

НАСИ́ЖИВАТЬ, наси́жива|ют, наси́жива|л; ***несов. к*** насиде́ть в 1 знач. (см.)

I. НАСИ́ЖИВАЮЩИЙ, -ая, -ее, -ие; *действ. наст.*

Синт.: **а, б** — в глаг. знач. 1

II. НАСИ́ЖИВАВШИЙ, -ая, -ее, -ие; *действ. прош.*

Синт.: **а, б** — в глаг. знач. 1

III. НАСИ́ЖИВАЕМЫЙ, -ая, -ое, -ые; *страд. наст.*

Синт.: **а, б** — в глаг. знач. 1

НАСТА́ИВАТЬ, наста́ива|ют, наста́ива|л; ***несов. к*** настоя́ть (см.)

I. НАСТА́ИВАЮЩИЙ, -ая, -ее, -ие; *действ. наст.*

Синт.: **а, б** — в глаг. знач. 1, 2

II. НАСТА́ИВАВШИЙ, -ая, -ее, -ие; *действ. прош.*

Синт.: **а, б** — в глаг. знач. 1, 2

III. НАСТА́ИВАЕМЫЙ, -ая, -ое, -ые; *страд. наст.*

Синт.: **а, б** — в глаг. знач. 1, 2; **в** — в глаг. знач. 1

НАСТЛА́ТЬ и НАСТЕЛИ́ТЬ, настелю́, насте́л|ют, настла́|л и настели́|л; ***сов. к*** стлать и стели́ть в 4 знач. (см.)

II. НАСТЛА́ВШИЙ, -ая, -ее, -ие и НАСТЕЛИ́ВШИЙ, -ая, -ее, -ие; *действ. прош.*

Синт.: **а, б** — в глаг. знач. 4

IV. НА́СТЛАННЫЙ, -ая, -ое, -ые и НАСТЕ́ЛЕННЫЙ, -ая, -ое, -ые; *страд. прош.*

Синт.: **а, б, в** — в глаг. знач. 4

НА́СТЛАН, -ана, -ано, -аны и НАСТЕ́ЛЕН, -ена, -ено, -ены; *кр. ф.*

В глаг. знач. 4

НАСТОРА́ЖИВАТЬ, настора́жива|ют, настора́жива|л; ***несов., перех., кого(что)*** (сов. насторожи́ть); ***S не лицо*** *Эти сообщения всех нас настораживали. Долгое отсутствие сестры меня настораживает* [вызывать состояние тревоги, беспокойства, напряженного внимания в ожидании чего-л.]

I. НАСТОРА́ЖИВАЮЩИЙ, -ая, -ее, -ие; *действ. наст.*

Синт.: **а, б** — в глаг. знач.

В знач. прил. Такой, который заставляет тревожиться, опасаться чего-л., быть напряженно-внимательным. *Настораживающие действия. Настораживающие сообщения. Настораживающие звуки*

II. НАСТОРА́ЖИВАВШИЙ, -ая, -ее, -ие; *действ. прош.*

Синт.: **а, б** — в глаг. знач.

III. НАСТОРА́ЖИВАЕМЫЙ, -ая, -ое, -ые; *страд. наст.*

Синт.: **а, б** — в глаг. знач.

НАСТОРА́ЖИВАТЬСЯ, настора́жива|ются, настора́жива|лся; ***несов. к*** насторожи́ться (см.)

I. НАСТОРА́ЖИВАЮЩИЙСЯ, -аяся, -ееся, -иеся; *действ. наст.*

Синт.: **а, б, в** — в глаг. знач.

II. НАСТОРА́ЖИВАВШИЙСЯ, -аяся, -ееся, -иеся; *действ. прош.*

Синт.: **а, б, в** — в глаг. знач.

НАСТОРОЖИ́ТЬ, настрож|а́т, насторожи́|л; ***сов., перех., кого(что)*** (несов. настора́живать); ***S не лицо*** *Это сообщение всех нас насторожило. Долгое отсутствие Анны Ивановны меня очень насторожило* [вызвать состояние тревоги, беспокойства, напряженного внимания в ожидании чего-л.]

II. НАСТОРОЖИ́ВШИЙ, -ая, -ее, -ие; *действ. прош.*

Синт.: **а, б** — в глаг. знач.

IV. НАСТОРОЖЕ́ННЫЙ, -ая, -ое, -ые и *доп.* НАСТОРО́ЖЕННЫЙ, -ая, -ое, -ые; *страд. прош.*

Синт.: в глаг. знач. нет

В знач. прил. (также кр. ф. ↓) Напряженно-внимательный и тревожный в ожидании чего-либо, насторожившийся. *Настороженный человек*

Ср. прил. **насторожённый**, -ая, -ое, -ые; -ён, -ённа, -ённо, -ённы и *доп.* **насторо́женный**, -ая, -ое, -ые; -ен, -енна, -енно, -енны. Выражающий состояние тревоги, беспокойства, напряженного внимания в ожидании чего-л. *Настороженный взгляд. Настороженные глаза*

НАСТОРОЖЕ́Н, -ена́, -ено́, -ены́ и *доп.* НАСТОРО́ЖЕН, -ена, -ено, -ены; *кр. ф.*

В глаг. знач. нет.

В знач. прил. (также *полн. ф.* ↑) *Люди насторожены*

□ Прич. IV употр. только в знач. прил.

НАСТОРОЖИ́ТЬСЯ, насторожа́тся, насторожи́|лся; **сов.** (*несов.* насторáживаться) *Охотники насторожились, услышав шорох. Собака насторожилась* [стать бдительным, напряженно-внимательным, чутким, подозревая или предчувствуя какую-л. опасность]

II. НАСТОРОЖИ́ВШИЙСЯ, -аяся, -ееся, -иеся; *действ. прош.*

Синт.: **а, б, в** — в глаг. знач.

НАСТОЯ́ТЬ, настоя́т, настоя́|л; **сов., перех.** (*несов.* настáивать) **1. что** и **чего** *Бабушка настояла много разных трав* [приготовить настой чего-л.] **2. что на чем** *Смирнов настоял водку на рябине* [придать спиртному напитку особый вкус, поместив в него на какое-л. длительное время растительное вещество]

II. НАСТОЯ́ВШИЙ, -ая, -ее, -ие; *действ. прош.*

Синт.: **а, б** — в глаг. знач. 1, 2

IV. НАСТО́ЯННЫЙ, -ая, -ое, -ые; *страд. прош.*

Синт.: **а, б** — в глаг. знач. 1, 2; **в** — в глаг. знач. 1

НАСТО́ЯН, -яна, -яно, -яны; *кр. ф.*

В глаг. знач. 1, 2

НАСТРÁИВАТЬ, настрáива|ют, настрáива|л; **несов. к** настро́ить (см.)

I. НАСТРÁИВАЮЩИЙ, -ая, -ее, -ие; *действ. наст.*

Синт. **а, б** — в глаг. знач. 1 — 4

II. НАСТРÁИВАВШИЙ, -ая, -ее, -ие; *действ. прош.*

Синт.: **а, б** — в глаг. знач. 1 . 4

III. НАСТРÁИВАЕМЫЙ, -ая, -ое, -ые; *страд. наст.*

Синт.: **а, б** — в глаг. знач. 1—4; **в** — в глаг. знач. 1, 2

Субстантив.$_3$ в глаг. знач. 1

НАСТРО́ИТЬ, настро́|ят, настро́и|л; **сов., перех.** (*несов.* настрáивать) **1. что** *Валерий настроил скрипку и стал играть* [придать музыкальному инструменту определенную высоту звука] **2. что** *Токарь настроил станок. Илья настроил приемник на короткие волны* [привести в нужное для работы состояние, отрегулировать; приспособить для приема каких-л. волн] **3. кого(что) на что** *Я никак не могла настроить гостей на веселый лад. Андрей настроил себя на грустные размышления* [привести в какое-л. настроение, придать какую-л. настроенность кому-л.] **4. кого(что)** *Невестка настроила сына против родителей* [внушить кому-л. какие-л. чувства по отношению к кому-чему-л.]

II. НАСТРО́ИВШИЙ, -ая, -ее, -ие; *действ. прош.*

Синт.: **а, б** — в глаг. знач. 1 — 4

IV. НАСТРО́ЕННЫЙ, -ая, -ое, -ые; *страд. прош.*

Синт.: **а, б** — в глаг. знач. 1 — 4 и в статив. знач.; **в** — в глаг. знач. 1, 2

Статив. знач. (также *кр. ф.* ↓) **1. с нареч.** Находящийся в каком-л. настроении, испытывающий какие-л. чувства. *Мы встретили очень весело настроенных юношей и девушек* **2. с нареч.** Имеющий какой-л. образ мыслей, склад характера. *Это был скептически настроенный человек* **3. с неопр. ф.** Склонный, решивший, настроившийся сделать что-л. *Дима, настроенный пойти в театр, вдруг изменил свое решение* **4.** Испытывающий какое-л. чувство по отношению к кому-чему-л. *Ира, настроенная против нашей поездки в Прибалтику, отказалась ехать с нами. Бабушка, настроенная к этой девочке особенно нежно, разрешала ей всё*

Субстантив.$_3$ в глаг. знач. 1

НАСТРО́ЕН, -ена, -ено, -ены; *кр. ф.*

В глаг. знач. 1 — 4

Статив. знач. (также *полн. ф.* ↑) **1. с нареч.** *Эти юноши и девушки очень весело настроены* **2. с нареч.** *Ольга настроена скептически* **3. с неопр. ф.** *Дима настроен идти в театр сегодня* **4.** *Ира настроена против нашей поездки в Прибалтику. Бабушка настроена к этой девочке особенно нежно*

НАСУ́ПИТЬ, насу́п|ят, насу́пи|л; **сов., перех., что** (*несов.* насу́пливать) *Мальчик насупил брови и молчал* [сдвинуть, нахмурить брови, угрюмо наморщить лоб]

II. НАСУ́ПИВШИЙ, -ая, -ее, -ие; *действ. прош.*

Синт.: **а, б** — в глаг. знач.

IV. НАСУ́ПЛЕННЫЙ, -ая, -ое, -ые; *страд. прош.*

[чередование п/пл]

Синт.: **а, б, в** — в глаг. знач.

В знач. прил. (также *кр. ф.* ↓) Мрачный, суровый, насупившийся. *Насупленный человек*

Ср. прил. **насу́пленный**, -ая, -ое, -ые. Полный суровости, неприветливости, угрюмости, выражающий мрачное настроение. *Насупленный вид*

Субстантив.$_3$ не употр.

НАСУ́ПЛЕН, -ена, -ено, -ены; *кр. ф.*

В глаг. знач.

В знач. прил. (также *полн. ф.* ↑) *Аня насуплена, угрюма*

НАСУ́ПИТЬСЯ, насу́пятся, насу́пи|лся; **сов.** (*несов.* насу́пливаться) *Олег насупился и не стал разговаривать* [сдвинув брови, нахмурив лоб, принять суровый, неприветливый вид, нахмуриться]

II. НАСУ́ПИВШИЙСЯ, -аяся, -ееся, -иеся; *действ. прош.*

Синт.: **а, б, в** — в глаг. знач.

НАСУ́ПЛИВАТЬ, насу́плива|ют, насу́плива|л; **несов. к** насу́пить (см.)

I. НАСУ́ПЛИВАЮЩИЙ, -ая, -ее, -ие; *действ. наст.*

Синт.: **а, б** — в глаг. знач.

II. НАСУ́ПЛИВАВШИЙ, -ая, -ее, -ие; *действ. прош.*

Синт.: **а, б** — в глаг. знач.

III. НАСУ́ПЛИВАЕМЫЙ, -ая, -ое, -ые; *страд. наст.*

Синт.: **а, б, в** — в глаг. знач.

Субстантив.₃ не употр.

НАСУ́ПЛИВАТЬСЯ, насу́плива|ются, насу́плива|лся; ***несов. к*** насу́питься (см.)

I. НАСУ́ПЛИВАЮЩИЙСЯ, -аяся, -ееся, -иеся; *действ. наст.*

Синт.: **а, б** — в глаг. знач.

II. НАСУ́ПЛИВАВШИЙСЯ, -аяся, -ееся, -иеся; *действ. прош.*

Синт.: **а, б** — в глаг. знач.

НАСЫ́ТИТЬ, насы́щу, насы́т|ят, насы́ти|л; ***сов., перех.*** (*несов.* насыща́ть) **1. *кого(что); S не лицо*** *Ничто не могло насытить голодного* [накормить досыта] **2. *что; S не лицо*** *Эти сведения не могли насытить любопытство собравшихся* [вполне удовлетворить чьи-л. потребности в информации, эстетические чувства и т. п.] **3. *что чем*** *Делая опыт, мы насытили раствор солями* (см. § 2) [снабдить какое-л. вещество предельным количеством другого вещества]

II. НАСЫ́ТИВШИЙ, -ая, -ее, -ие; *действ. прош.*

Синт.: **а, б** — в глаг. знач. 1 — 3

IV. НАСЫ́ЩЕННЫЙ, -ая, -ое, -ые; *страд. прош.**

[чередование т/щ]

Синт.: **а, б** — в глаг. знач. 3 и в статив. знач.

Статив. знач., ***чем*** (также *кр. ф.* ↓) **1.** Содержащий в своем составе что-л. в большом количестве, в изобилии. *Воздух, насыщенный смолистым запахом, очень полезен. Снег, насыщенный водой, быстро таял* **2.** Имеющий что-л., снабженный чем-л. в изобилии. *Строительство, насыщенное новой техникой, было завершено в очень короткие сроки* **3.** Наполненный, преисполненный чем-л. *Театр ставил спектакли, насыщенные глубоким содержанием*

Ср. прил. **насы́щенный**, -ая, -ое, -ые; -ен, -енна, -енно, -енны. **1.** (только *полн. ф.*) Содержащий в себе предельное количество растворенного или взвешенного вещества. *Насыщенный раствор. Насыщенный пар* **2.** Очень содержательный, с большим количеством чего-л., богатый чем-л. *Насыщенная программа. Насыщенное содержание чего-л. Его лекция была интересна и насыщенна*

НАСЫ́ЩЕН, -ена, -ено, -ены; *кр. ф.**

В глаг. знач. 3

Статив. знач., ***чем*** (также *полн. ф.* ↑) **1.** *Воздух был насыщен смолистым запахом. Снег насыщен водой* **2.** *Строительство насыщено новой техникой* **3.** *Спектакли этого театра насыщены глубоким содержанием*

▭ Прич. IV в 1, 2 глаг. знач. не употр.

НАСЫЩА́ТЬ, насыща́|ют, насыща́|л; ***несов. к*** насы́тить (см.)

I. НАСЫЩА́ЮЩИЙ, -ая, -ее, -ие; *действ. наст.*

Синт.: **а, б** — в глаг. знач. 1 — 3

II. НАСЫЩА́ВШИЙ, -ая, -ее, -ие; *действ. прош.*

Синт.: **а, б** — в глаг. знач. 1 — 3

III. НАСЫЩА́ЕМЫЙ, -ая, -ое, -ые; *страд. наст.**

Синт.: **а, б** — в глаг. знач. 3

▭ Прич. III в 1, 2 глаг. знач. не употр.

НАТОЧИ́ТЬ, наточу́, нато́ч|ат, наточи́|л; ***сов. к*** точи́ть в 1 знач. (см.)

II. НАТОЧИ́ВШИЙ, -ая, -ее, -ие; *действ. прош.*

Синт.: **а, б** — в глаг. знач. 1

IV. НАТО́ЧЕННЫЙ, -ая, -ое, -ые; *страд. прош.*

Синт.: **а, б, в** — в глаг. знач. 1

НАТО́ЧЕН, -ена, -ено, -ены; *кр. ф.*

В глаг. знач. 1

НАТРЕНИРОВА́ТЬ, натренирую́т, натренирова́|л; ***сов., перех.*** (*несов.* тренирова́ть) **1. *кого(что)*** *Молодых хоккеистов хорошо натренировали, и они выиграли этот матч* [путем упражнений, тренировки сделать кого-л. искусным, ловким в чем-л.] **2. *что,*** также ***чем*** *Олег натренировал руку, и она не дрожала. Я прекрасно натренировала память специальными упражнениями* (см. § 2) [путем тренировки укрепить что-л., довести до высокой степени совершенства]

II. НАТРЕНИРОВА́ВШИЙ, -ая, -ее, -ие; *действ. прош.*

Синт.: **а, б** — в глаг. знач. 1, 2

IV. НАТРЕНИРО́ВАННЫЙ, -ая, -ое, -ые; *страд. прош.*

Синт.: **а, б** — в глаг. знач. 1, 2

В знач. прил. (также *кр. ф.* ↓) **1.** Обладающий хорошей выучкой, ловкостью и т. п. в результате долгой тренировки. *Натренированные спортсмены* **2.** Имеющий высокую степень совершенства в результате долгой тренировки. *Натренированная память. Натренированные руки*

НАТРЕНИРО́ВАН, -ана, -ано, -аны; *кр. ф.*

В глаг. знач. 1, 2

В знач. прил. (также *полн. ф.* ↑) **1.** *Спортсмены натренированы, бодры духом* **2.** *У нее память натренирована. Руки натренированы*

НАТЯ́ГИВАТЬ, натя́гива|ют, натя́гива|л; ***несов. к*** натяну́ть (см.)

I. НАТЯ́ГИВАЮЩИЙ, -ая, -ее, -ие; *действ. наст.*

Синт.: **а, б** — в глаг. знач. 1 — 5

II. НАТЯ́ГИВАВШИЙ, -ая, -ее, -ие; *действ. прош.*

Синт.: **а, б** — в глаг. знач. 1 — 5

III. НАТЯ́ГИВАЕМЫЙ, -ая, -ое, -ые; *страд. наст.*

Синт.: **а, б** — в глаг. знач. 1 — 5; **в** — в глаг. знач. 1

Субстантив.₃ в глаг. знач. 1

НАТЯНУ́ТЬ, натяну́, натя́нут, натяну́|л; ***сов., перех.*** (*несов.* натя́гивать) **1. *что*** *Альпинисты сильно натянули канат. Мальчик слабо натянул веревку* [вытягивая, растягивая, сделать тугим] **2. *что на что*** *Валерий натянул новые струны на скрипку* [напрягая, растягивая, прикрепить к чему-л., туго закрепить] **3. *что*** *Таня натянула на себя одеяло* [покрываясь чем-л., надвинуть, натащить на себя] **4. что,** также **на что** *Я с большим трудом натянула сапог. Ира с трудом натянула на опухшую руку перчатку* [надеть с усилием] **5. что кому(чему)** *Учительница еле натянула ему тройку по математике* [сделать что-л., допустив послабление, отступление от требуемого; *разг.*]

II. НАТЯНУ́ВШИЙ, -ая, -ее, -ие; *действ. прош.*

Синт.: **а, б** — в глаг. знач. 1 — 5

IV. НАТЯ́НУТЫЙ, -ая, -ое, -ые; *страд. прош.*

Синт.: **а, б** — в глаг. знач. 1 — 5; **в** — в глаг. знач. 1

Ср. прил. **натя́нутый,** -ая, -ое, -ые; -ут, -та, -то, -ты. Лишенный искренности, естественности, непринужденности, дружелюбия. *Натянутые отношения. Натянутая улыбка. Натянутый разговор*

Субстантив.₃ в глаг. знач. 1, 4

НАТЯ́НУТ, -та, -то, -ты; *кр. ф.*

В глаг. знач. 1 — 5

НАУЧИ́ТЬ, научу́, нау́ч|ат, научи́|л; ***сов. к*** учи́ть в 1 — 4 знач. (см.)

II. НАУЧИ́ВШИЙ, -ая, -ее, -ие; *действ. прош.*

Синт.: **а, б** — в глаг. знач. 1 — 4

IV. НАУ́ЧЕННЫЙ, -ая, -ое, -ые; *страд. прош.*

Синт.: **а, б** — в глаг. знач. 1 — 4

НАУ́ЧЕН, -ена, -ено, -ены; *кр. ф.*

В глаг. знач. 1 — 4

НАХМУ́РИВАТЬ, нахму́рива|ют, нахму́рива|л; ***несов. к*** нахму́рить (см.)

I. НАХМУ́РИВАЮЩИЙ, -ая, -ее, -ие; *действ. наст.*

Синт.: **а, б** — в глаг. знач.

II. НАХМУ́РИВАВШИЙ, -ая, -ее, -ие; *действ. прош.*

Синт.: **а, б** — в глаг. знач.

III. НАХМУ́РИВАЕМЫЙ, -ая, -ое, -ые; *страд. наст.*

Синт.: **а, б** — в глаг. знач.

Субстантив.₃ не употр.

НАХМУ́РИВАТЬСЯ, нахму́рива|ются, нахму́рива|лся; ***несов. к*** нахму́риться (см.)

I. НАХМУ́РИВАЮЩИЙСЯ, -аяся, -ееся, -иеся; *действ. наст.*

Синт.: **а, б, в** — в глаг. знач. 1 — 3

II. НАХМУ́РИВАВШИЙСЯ, -аяся, -ееся, -иеся; *действ. прош.*

Синт.: **а, б, в** — в глаг. знач. 1 — 3

НАХМУ́РИТЬ, нахму́р|ят, нахму́ри|л; ***сов., перех., что*** (*несов.* нахму́ривать и хму́рить) *Отец сердито нахмурил брови в ответ на мое предложение не ехать в Ленинград* [озабоченно или сердито, недовольно наморщить лоб и сдвинуть брови, придав лицу угрюмое выражение]

II. НАХМУ́РИВШИЙ, -ая, -ее, -ие; *действ. прош.*

Синт.: **а, б** — в глаг. знач.

IV. НАХМУ́РЕННЫЙ, -ая, -ое, -ые; *страд. прош.*

Синт.: **а, б, в** — в глаг. знач.

В знач. прил. (также *кр. ф.* ↓) **1.** Мрачный, угрюмый, сурового вида, нахмурившийся. *Нахмуренный человек* **2.** Полный озабоченности, суровости, задумчивости. *Нахмуренное лицо* (Ср. прил. **хму́рый,** -ая, -ое, -ые; хмур, хму́ра, -ро, -ры в знач. 'угрюмый, насупившийся'. *Хмурый вид. Хмурое лицо*)

Субстантив.₃ не употр.

НАХМУ́РЕН, -ена, -ено, -ены; *кр. ф.*

В глаг. знач.

В знач. прил. (также *полн. ф.* ↑) **1.** *Петя был нахмурен, неразговорчив* **2.** *Лицо у него нахмурено*

НАХМУ́РИТЬСЯ, нахму́рятся, нахму́ри|лся; ***сов.*** (*несов.* нахму́риваться) **1. *S не лицо*** *Брови у матери нахмурились, когда вошел Иван* [наморщиться, выражая суровость, задумчивость, озабоченность, недовольство — о бровях, лбе, лице] **2.** *Когда сосед вошел, брат нахмурился* [стать угрюмым, хмурым, нахмурив лоб, брови] **3. *S не лицо*** *Небо нахмурилось, пошел осенний дождь* [стать пасмурным, серым, сумрачным — о небе, погоде и т. п.]

II. НАХМУ́РИВШИЙСЯ, -аяся, -ееся, -иеся; *действ. прош.*

Синт.: **а, б, в** — в глаг. знач. 1 — 3

НАХОДИ́ТЬ, нахожу́, нахо́д|ят, находи́|л; ***несов. к*** найти́ (см.)

I. НАХОДЯ́ЩИЙ, -ая, -ее, -ие; *действ. наст.*

Синт.: **а, б** — в глаг. знач. 1 — 13

II. НАХОДИ́ВШИЙ, -ая, -ее, -ие; *действ. прош.*

Синт.: **а, б** — в глаг. знач. 1 — 13

III. НАХОДИ́МЫЙ, -ая, -ое, -ые; *страд. наст.**

Синт.: **а, б** — в глаг. знач. 1, 2

Субстантив.₂ в глаг. знач. 1

□ Прич. III в 3 — 13 глаг. знач. не употр.

НАХОДИ́ТЬСЯ, нахожу́сь, нахо́д|ятся, находи́|лся; ***несов., неперех.*** **1. *S не лицо*** *Музей В. И. Ленина находится рядом с Красной площадью* [быть расположенным, иметься где-л.] **2.** *«Майор Волошин все время находился на командном пункте».* Бубеннов, Белая береза [быть, пребывать где-л.] **3.** *Долгое время А. С. Пушкин находился под надзором полиции. Я находился в затруднительном положении* [пребывать в том или ином состоянии]

I. НАХОДЯ́ЩИЙСЯ, -аяся, -ееся, -иеся; *действ. наст.*

Синт.: **а, б** — в глаг. знач. 1 — 3

II. НАХОДИ́ВШИЙСЯ, -аяся, -ееся, -иеся; *действ. прош.*

Синт.: **а, б** — в глаг. знач. 1 — 3

НАЦИОНАЛИЗИ́РОВАТЬ, национализи́ру|ют, национализи́рова|л; ***сов.*** и ***несов., перех., что*** *«Мы берем на учет, национализируем решительно всё. И это дает нам возможность регулировать распределение продуктов промышленности».* Ленин, V Всероссийский съезд Советов рабочих, крестьянских, солдатских и красноармейских депутатов 4—10 июля 1918 г. [передать или передавать предприятия, отрасли экономики, земли, банки, жилые и общественные здания из частной собственности в собственность государства]

I. НАЦИОНАЛИЗИ́РУЮЩИЙ, -ая, -ее, -ие; *действ. наст.*

Синт.: **а, б** — в глаг. знач.

II. НАЦИОНАЛИЗИ́РОВАВШИЙ, -ая, -ее, -ие; *действ. прош.*

С и н т.: **а, б** — в глаг. знач.

III. НАЦИОНАЛИЗИ́РУЕМЫЙ, -ая, -ое, -ые; *страд. наст.*

С и н т.: **а, б, в** — в глаг. знач.

IV. НАЦИОНАЛИЗИ́РОВАННЫЙ, -ая, -ое, -ые; *страд. прош.*

С и н т.: **а, б** — в глаг. знач.

В з н а ч. п р и л. (только *полн. ф.*) Принадлежащий государству, находящийся в собственности государства в результате национализации. *Национализированные предприятия*

НАЦИОНАЛИЗИ́РОВАН, -ана, -ано, -аны; *кр. ф.*

В глаг. знач.

НАЧА́ТЬ, начну́т, на́ча|л, начала́, на́чало, -ли; **сов. к** начина́ть (см.)

II. НАЧА́ВШИЙ, -ая, -ее, -ие; *действ. прош.*

С и н т.: **а, б** — в глаг. знач. 1—5

IV. НА́ЧАТЫЙ, -ая, -ое, -ые; *страд. прош.*

С и н т.: **а, б** — в глаг. знач. 1 — 3; **в** — в глаг. знач. 1, 3

С у б с т а н т и в.$_3$ в глаг. знач. 1

НА́ЧАТ, начата́, на́чато, -ты; *кр. ф.*

В глаг. знач. 1 — 3

НАЧЕРТИ́ТЬ, начерчу́, наче́рт|ят, начерти́|л; **сов. к** черти́ть в 1, 2 знач. (см.)

II. НАЧЕРТИ́ВШИЙ, -ая, -ее, -ие; *действ. прош.*

С и н т.: **а, б** — в глаг. знач. 1, 2

IV. НАЧЕ́РЧЕННЫЙ, -ая, -ое, -ые; *страд. прош.*

[чередование т/ч]

С и н т.: **а, б** — в глаг. знач. 1, 2; **в** — в глаг. знач. 2

НАЧЕ́РЧЕН, -ена, -ено, -ены; *кр. ф.*

В глаг. знач. 1, 2

НАЧИНА́ТЬ, начина́|ют, начина́|л; **несов.** (*сов.* нача́ть) **1. *перех.*** и ***с неопр. ф.*** *В этом году мы начинаем освоение новой техники. На Севере начинают строить новую электростанцию* [приступать к какому-л. действию] **2. *перех., что с кого(чего)*** и ***с чего*** и ***чем*** *Преподаватель начинает лекцию с цитат из произведений Чехова. Наш цех начинает работу с проверки инструментов. Ребята начинают концерт песней* (см. § 2) [делать что-л., приступать к чему-л. в первую очередь] **3. *перех., что*** *Мы начинаем новую пачку чая* [брать впервые часть от нетронутого целого, приступать к потреблению чего-л.] **4. *неперех., с неопр. ф.*** *Мама начинает сердиться на нас* [проявлять первые признаки какого-л. состояния] **5. *неперех., с неопр. ф.; S не лицо*** и ***безл.*** *Дождь начинает накрапывать. Начинало светать* [проявлять первые признаки какого-л. действия или состояния]

I. НАЧИНА́ЮЩИЙ, -ая, -ее, -ие; *действ. наст.*

С и н т.: **а, б** — в глаг. знач. 1 — 5

С р. прил. **начина́ющий,** -ая, -ее, -ие. Занимающийся какой-л. деятельностью впервые, недавно приступивший к какой-л. деятельности, какому-л. роду занятий, формирующийся. *Начинающий комсомольский работник. Начинающий преподаватель. Начинающий врач. Начинающий художник*

II. НАЧИНА́ВШИЙ, -ая, -ее, -ие; *действ. прош.*

С и н т.: **а, б** — в глаг. знач. 1 — 5

III. НАЧИНА́ЕМЫЙ, -ая, -ое, -ые; *страд. наст.*

С и н т.: **а, б** — в глаг. знач. 1 — 3

С у б с т а н т и в.$_3$ в глаг. знач. 1

НАШТАМПОВА́ТЬ, наштампу́ют, наштампова́|л; **сов. к** штампова́ть в 1 знач. (см.)

II. НАШТАМПОВА́ВШИЙ, -ая, -ее, -ие; *действ. прош.*

С и н т.: **а, б** — в глаг. знач. 1

IV. НАШТАМПО́ВАННЫЙ, -ая, -ое, -ые; *страд. прош.*

С и н т.: **а, б, в** — в глаг. знач. 1

НАШТАМПО́ВАН, -ана, -ано, -аны; *кр. ф.*

В глаг. знач. 1

НАЭЛЕКТРИЗОВА́ТЬ, наэлектризу́ют, наэлектризова́|л; **сов. к** электризова́ть (см.)

II. НАЭЛЕКТРИЗОВА́ВШИЙ, -ая, -ее, -ие; *действ. прош.*

С и н т.: **а, б** — в глаг. знач. 1, 2

IV. НАЭЛЕКТРИЗО́ВАННЫЙ, -ая, -ое, -ые; *страд. прош.*

С и н т.: **а, б, в** — в глаг. знач. 1, 2

С у б с т а н т и в.$_2$ не употр.

НАЭЛЕКТРИЗО́ВАН, -ана, -ано, -аны; *кр. ф.*

В глаг. знач. 1, 2

НЕГОДОВА́ТЬ, негоду́|ют, негодова́|л; ***несов., неперех.,*** также ***на кого(что)*** и ***против кого(чего)*** *Класс сорвал урок, учительница негодовала. «Я негодовал на Савельича, не сомневаясь, что поединок мой стал известен родителям через него».* Пушкин, Капитанская дочка [испытывать, проявлять крайнее возмущение и недовольство, сильно возмущаться]

I. НЕГОДУ́ЮЩИЙ, -ая, -ее, -ие; *действ. наст.*

С и н т.: **а, б** — в глаг. знач.

С р. прил. **негоду́ющий,** -ая, -ее, -ие; -ющ, -юща, -юще, -ющи. Выражающий негодование, исполненный негодования. *Негодующий взгляд. Негодующие выкрики. Негодующий протест. Негодующая речь*

II. НЕГОДОВА́ВШИЙ, -ая, -ее, -ие; *действ. прош.*

С и н т.: **а, б** — в глаг. знач.

НЕДОУМЕВА́ТЬ, недоумева́|ют, недоумева́|л; ***несов., неперех.*** *Собравшиеся недоумевали, почему лекция так долго не начиналась* [испытывать сомнение, удивление, озадаченность вследствие неясности, непонимания чего-л.]

I. НЕДОУМЕВА́ЮЩИЙ, -ая, -ее, -ие; *действ. наст.*

С и н т.: **а, б, в** — в глаг. знач.

С р. прил. **недоумева́ющий,** -ая, -ее, -ие; -ющ, -юща, -юще, -ющи. Выражающий недоумение, исполненный недоумения. *Недоумевающий взгляд. Недоумевающая улыбка. Недоумевающие глаза*

С р. прил. **недоуме́нный,** -ая, -ое, -ые. Выражающий недоумение, исполненный недоумения. *Недоуменный взгляд. Недоуменный вопрос*

II. НЕДОУМЕВА́ВШИЙ, -ая, -ее, -ие; *действ. прош.*

Синт.: **а, б, в** — в глаг. знач.

НЕНАВИ́ДЕТЬ, ненави́жу, ненави́д|ят, ненави́де|л; ***несов., перех., кого(что)*** и ***что*** *Аня ненавидит своего бывшего мужа. Смирнов всегда ненавидел ложь и несправедливость* [испытывать чувство сильнейшей вражды, неприязни к кому-чему-л.]

I. НЕНАВИ́ДЯЩИЙ, -ая, -ее, -ие; *действ. наст.*

Синт.: **а, б** — в глаг. знач.

Ср. прил. **ненави́дящий**, -ая, -ее, -ие. Выражающий ненависть, исполненный ненависти. *Ненавидящий взгляд. Ненавидящие глаза*

II. НЕНАВИ́ДЕВШИЙ, -ая, -ее, -ие; *действ. прош.*

Синт.: **а, б** — в глаг. знач.

III. НЕНАВИ́ДИМЫЙ, -ая, -ое, -ые; *страд. наст.*

Синт.: **а, б** — в глаг. знач.

НЕСТИ́, нес|у́т, нёс|, несла́, -ло́, -ли́; ***несов., перех.*** (*сов.* понести́ *ко* 2, 5 знач.; *сов.* снести́ *к* 10 знач.) **1. *кого(что)*** и ***что*** *Отец нес сына на руках до самого дома. Илья несет мои чемоданы* [взяв в руки или нагрузив на себя, перемещать, доставлять куда-л.— о действии, совершаемом в один прием] **2. *кого(что)*** и ***что***, также ***чем; S не лицо*** и ***безл.*** *Сильное течение несло пловца на камень. Волны стремительно несли байдарку к берегу. Ветер несет грозовую тучу. Течением лодку несло к порогам* [мчать, увлекать за собой собственным движением] **3. *что; S не лицо*** *Ветер несет к нам запах сена и звуки музыки* [делать слышным, ощутимым звуки, запахи и т. п.] **4. *что; S не лицо*** *Ядерная война несет гибель цивилизации* [приносить собой, влечь за собой как следствие, причинять собой] **5. *что*** *Этот человек несет наказание по заслугам. Из-за непогоды колхоз несет большие потери урожая* [терпеть что-л., подвергать чему-л.— в сочетании с некоторыми существительными обозначает состояние по значению этого существительного] **6. *что*** *Андрей несет службу на границе. Какие обязанности вы несете?* [выполнять поручение, обязанности и т. п.] **7. *что в ком*** и ***в чем*** *«Чтобы быть искренним гуманистом, нужно нести в своем сердце большие чувства любви, долга и самоотвержения».* А. Н. Толстой, На историческом рубеже. *«Но ты несешь в себе старое понимание вещей».* Ромашов, Бойцы [иметь, заключать в себе, быть носителем каких-л. чувств, идей и т. п.— обычно со словами *в себе*] **8. *что*** *Гость несет чепуху. Ты несешь какой-то вздор!* [говорить что-л. пустое, неразумное; *разг.*] **9. *что; S не лицо*** *Центральная опора несет на себе весь каркас. Ствол — надземная часть дерева, которая несет на себе ветви* [поддерживать собой что-л. неподвижное, быть опорой чего-л. неподвижного; *спец.*] **10. *что; S не лицо*** *Курица несет яйца* [класть яйца — о птицах]. Ср. носи́ть

I. НЕСУ́ЩИЙ, -ая, -ее, -ие; *действ. наст.*

Синт.: **а, б** — в глаг. знач. 1 — 10

В знач. прил. Служащий опорой чему-л., поддерживающий собой что-л. неподвижное; *спец. Несущая конструкция. Несущий трос. Несущая арматура. Несущие колонны*

II. НЁСШИЙ, -ая, -ее, -ие; *действ. прош.*

Синт.: **а, б** — в глаг. знач. 1 — 10

III. НЕСО́МЫЙ, -ая, -ое, -ые; *страд. наст.**

Синт.: **а, б** — в глаг. знач. 1 — 3

IV. НЕСЁННЫЙ, -ая, -ое, -ые; *страд. прош.**

Синт.: **а, б** — в глаг. знач. 1, 10

НЕСЁН, -ена́, -ено́, -ены́; *кр. ф.**

В глаг. знач. 1, 10

□ Прич. III в 4 — 10 глаг. знач. не употр. Прич. IV во 2 — 9 глаг. знач. не употр.

НИКЕЛИРОВА́ТЬ, никелиру́|ют, никелирова́|л; ***сов.*** и ***несов., перех., что*** *Рабочие в этом цехе никелируют посуду* [покрыть или покрывать слоем никеля]

I. НИКЕЛИРУ́ЮЩИЙ, -ая, -ее, -ие; *действ. наст.*

Синт.: **а, б** — в глаг. знач.

II. НИКЕЛИРОВА́ВШИЙ, -ая, -ее, -ие; *действ. прош.*

Синт.: **а, б** — в глаг. знач.

III. НИКЕЛИРУ́ЕМЫЙ, -ая, -ое, -ые; *страд. наст.*

Синт.: **а, б, в** — в глаг. знач.

IV. НИКЕЛИРО́ВАННЫЙ, -ая, -ое, -ые; *страд. прош.*

Синт.: **а, б** — в глаг. знач.

В знач. прил. (только *полн. ф.*) Покрытый слоем никеля. *Никелированная посуда. Никелированная кровать*

НИКЕЛИРО́ВАН, -ана, -ано, -аны; *кр. ф.*

В глаг. знач.

НОРМИРОВА́ТЬ, нормиру́|ют, нормирова́|л и *доп.* **НОРМИ́РОВАТЬ,** норми́ру|ют, норми́рова|л; ***сов.*** и ***несов., перех., что*** *На этом предприятии четко нормировали рабочий день* [установить или устанавливать предписываемые всем пределы чего-л., ввести или вводить норму в чем-л.]

I. НОРМИРУ́ЮЩИЙ, -ая, -ее, -ие и *доп.* НОРМИ́РУЮЩИЙ, -ая, -ее, -ие; *действ. наст.*

Синт.: **а, б** — в глаг. знач.

II. НОРМИРОВА́ВШИЙ, -ая, -ее, -ие и *доп.* НОРМИ́РОВАВШИЙ, -ая, -ее, -ие; *действ. прош.*

Синт.: **а, б** — в глаг. знач.

III. НОРМИРУ́ЕМЫЙ, -ая, -ое, -ые и *доп.* НОРМИ́РУЕМЫЙ, -ая, -ое, -ые; *страд. наст.*

Синт.: **а, б, в** — в глаг. знач.

IV. НОРМИРО́ВАННЫЙ, -ая, -ое, -ые и *доп.* НОРМИ́РОВАННЫЙ, -ая, -ое, -ые; *страд. прош.*

Синт.: **а, б** — в глаг. знач.

В знач. прил. (также *кр. ф.* ↓) Имеющий норму, определенный нормой, соответствующий установленной норме. *Нормированный рабочий день. Нормированный труд. Нормированные цены*

НОРМИРО́ВАН, -ана, -ано, -аны и *доп.* НОРМИ́РОВАН, -ана, -ано, -аны; *кр. ф.*
В глаг. знач.
В знач. прил. (также *полн. ф.* ↑) *На этом предприятии рабочий день нормирован. Здесь труд нормирован. Цены нормированы*

НОСИ́ТЬ, ношу́, но́с|ят, носи́|л; ***несов., перех.* 1. *кого(что)*** и ***что*** *Ольга носила больного сына на руках, пока он не заснул. Илья часто носит мои тяжелые сумки. Кто у вас носит белье в прачечную?* [взяв в руки или нагрузив на себя, перемещать, доставлять куда-л.— о действии, совершаемом не в один прием] **2. *что*** *Я ношу все документы в портфеле. Дима носит комсомольский билет в нагрудном кармане. Валя всегда носит с собой деньги* [предпочитать иметь при себе что-л., положив во что-л., держа в руках и т. п.] **3. *что*** *Наш сосед носит только темные костюмы. Ира носит короткую стрижку. Мама носит очки* [длительное время ходить каким-л. образом одетым, причесанным, украшенным и т. п., иметь что-л. на себе] **4. *что*** *Какой длины юбки сейчас носят? «Во время моего детства [мужчины] носили косы».* С. Аксаков, Встреча с мартинистами [надевать на себя что-л., украшать себя чем-л. по принятой моде] **5. *что*** *Тамара носит фамилию мужа* [иметь какое-л. имя, фамилию] **6. *что в ком*** и ***в чем*** *Мы носим в своем сердце чувство глубокого уважения к ветеранам войны. «— Моя любовь,— пишет она в письме,— такая большая, что я не в силах носить ее в себе».* Паустовский, Романтики [иметь, заключать в себе, быть носителем каких-л. чувств, идей и т. п.— обычно со словами *в себе*] **7. *что; S не лицо*** *Обмен мнениями носил конструктивный характер. Обстановка комнаты носила отпечаток тонкого вкуса хозяина. Спор носил бурный характер* [заключать в себе, характеризоваться чем-л., свидетельствовать о чем-л.] С р. нести́

I. НОСЯ́ЩИЙ, -ая, -ее, -ие; *действ. наст.*
Синт.: **а, б** — в глаг. знач. 1 — 7

II. НОСИ́ВШИЙ, -ая, -ее, -ие; *действ. прош.*
Синт.: **а, б** — в глаг. знач. 1 — 7

III. НОСИ́МЫЙ, -ая, -ое, -ые; *страд. наст.**
Синт.: **а, б** — в глаг. знач. 1—6
Субстантив.₃ в глаг. знач. 1—4, 6
НОСИ́М, -и́ма, -и́мо, -и́мы; *кр. ф.**
В глаг. знач. 1 — 4

IV. НО́ШЕННЫЙ, -ая, -ое, -ые; *страд. прош.**
[чередование с/ш]
Синт.: **а, б** — в глаг. знач. 1, 3
С р. прил. **но́шеный**, -ая, -ое, -ые. Бывший в носке, в употреблении. *Ношеная обувь. Ношеное пальто. Ношеное белье*
НО́ШЕН, -ена, -ено, -ены; *кр. ф.**
В глаг. знач. 1, 3

□ Прич. III в полн. ф. в 7 глаг. знач. не употр. Кр. ф. прич. III в 5 — 7 глаг. знач. не употр. Прич. IV во 2, 4 — 7 глаг. знач. не употр.

НРА́ВИТЬСЯ, нра́влюсь, нра́в|ятся, нра́ви|лся; ***несов., кому(чему)*** (*сов.* понра́виться) **1.** *Нам нравится этот артист. Лектор явно нравился аудитории* [производить на кого-л. хорошее, приятное впечатление, вызывать чувство симпатии, располагать к себе] **2.** также ***с неопр. ф.*** и ***с придат. дополнит.; S не лицо*** *Ире очень нравится Москва. Мне нравится этот сок. Андрею нравится читать лежа. Отцу нравилось, что Оля увлекается животными* [соответствовать чьему-л. вкусу, чьему-л. представлению о прекрасном, должном, вкусном и т. п., быть приятным кому-л.] **3.** *Мой брат очень нравится Наташе* [вызывать интерес, влечение у лица другого пола]

I. НРА́ВЯЩИЙСЯ, -аяся, -ееся, -иеся; *действ. наст.*
Синт.: **а, б** — в глаг. знач. 1 — 3
В знач. прил. Такой, который вызывает интерес, влечение у лиц другого пола. *Нравящаяся девушка*

II. НРА́ВИВШИЙСЯ, -аяся, -ееся, -иеся; *действ. прош.*
Синт.: **а, б** — в глаг. знач. 1 — 3

НЫТЬ, но́|ют, ны|л; ***несов., неперех.* 1. *S не лицо*** и ***безл.*** *Зуб ноет с утра. В боку ноет* [болеть, давать о себе знать ощущением непрекращающейся тягучей боли] **2.** *Мальчик ныл весь день* [надоедливо жаловаться на что-л.; *разг.*]

I. НО́ЮЩИЙ, -ая, -ее, -ие; *действ. наст.*
Синт.: **а, б, в** — в глаг. знач. 1, 2
В знач. прил. Тягучий, тупой, не прекращающийся — о боли. *Ноющая боль*

II. НЫ́ВШИЙ, -ая, -ее, -ие; *действ. прош.*
Синт.: **а, б, в** — в глаг. знач. 1, 2

О

ОБВЕНЧА́ТЬ, обвенча́ют, обвенча́|л; ***сов. к*** венча́ть в 4 знач. (см.)

II. ОБВЕНЧА́ВШИЙ, -ая, -ее, -ие; *действ. прош.*
Синт.: **а, б** — в глаг. знач. 4

IV. ОБВЕ́НЧАННЫЙ, -ая, -ое, -ые; *страд. прош.*
Синт.: **а, б** — в глаг. знач. 4; **в** — в глаг. знач. во мн.
ОБВЕ́НЧАН, -ана, -ано, -аны; *кр. ф.*
В глаг. знач. 4

ОБВЕ́ТРИВАТЬ, обве́трива|ют, обве́трива|л; ***несов. к*** обве́трить (см.)

I. ОБВЕ́ТРИВАЮЩИЙ, -ая, -ее, -ие; *действ. наст.*
Синт.: **а, б** — в глаг. знач. 1

II. ОБВЕ́ТРИВАВШИЙ, -ая, -ее, -ие; *действ. прош.*
Синт.: **а, б** — в глаг. знач. 1

III. ОБВЕ́ТРИВАЕМЫЙ, -ая, -ое, -ые; *страд. наст.*
Синт.: **а, б, в** — в глаг. знач. 1

ОБВЕ́ТРИВАТЬСЯ, обве́трива|ются, обве́трива|лся; ***несов. к*** обве́триться (см.)

I. ОБВЕ́ТРИВАЮЩИЙСЯ, -аяся, -ееся, -иеся; *действ. прош.*
Синт.: **а, б, в** — в глаг. знач.

II. ОБВЕ́ТРИВАВШИЙСЯ, -аяся, -ееся, -иеся; *действ. прош.*
Синт.: **а, б, в** — в глаг. знач.

ОБВЕ́ТРИТЬ, обве́тр|ят, обве́три|л; ***сов., перех.,***

что (*несов.* обве́тривать) **1.** *Ольга сильно обветрила себе лицо во время прогулки* [допустить, чтобы кожа лица, рук и т. п. стала грубой, шершавой под действием ветра, от длительного пребывания на воздухе] **2.** ***безл., кому(чему)*** *Девочке обветрило губы* [о погрубении кожи лица, рук и т. п. под действием ветра]

II. ОБВЕ́ТРИВШИЙ, -ая, -ее, -ие; *действ. прош.*

Синт.: **а, б** — в глаг. знач. 1

IV. ОБВЕ́ТРЕННЫЙ, -ая, -ое, -ые; *страд. прош.*

Синт.: **а, б** — в глаг. знач. 1

В знач. прил. (также *кр. ф.* ↓) Ставший шершавым, огрубевший от ветра, от длительного пребывания на воздухе и т. п., обветрившийся. *Обветренные руки. Обветренное лицо. Обветренные губы*

ОБВЕ́ТРЕН, -ена, -ено, -ены; *кр. ф.*

В глаг. знач. 1

В знач. прил. (также *полн. ф.* ↑) *Руки обветрены. Губы обветрены. Лицо у него было обветрено*

ОБВЕ́ТРИТЬСЯ, обве́трятся, обве́три|лся; ***сов.*** (*несов.* обве́триваться); ***S не лицо*** *У Димы обветрилось лицо* [стать грубым, шершавым под действием ветра, от длительного пребывания на воздухе — о коже лица, рук и т. п.]

II. ОБВЕ́ТРИВШИЙСЯ, -аяся, -ееся, -иеся; *действ. прош.*

Синт.: **а, б, в** — в глаг. знач.

ОБВИНИ́ТЬ, обвин|я́т, обвини́|л; ***сов. к*** обвиня́ть (см.)

II. ОБВИНИ́ВШИЙ, -ая, -ее, -ие; *действ. прош.*

Синт.: **а, б** — в глаг. знач. 1 — 3

IV. ОБВИНЁННЫЙ, -ая, -ое, -ые; *страд. прош.*

Синт.: **а, б** — в глаг. знач. 1 — 3

ОБВИНЁН, -ена́, -ено́, -ены́; *кр. ф.*

В глаг. знач. 1 — 3

ОБВИНЯ́ТЬ, обвиня́|ют, обвиня́|л; ***несов., перех., кого(что) в чем*** (*сов.* обвини́ть) **1.** *Лекция не состоялась, преподаватель обвинял в этом студентов. Выступавшие обвиняли директора в зажиме критики* [полагать, считать виновным в чем-л.] **2.** *Учитель обвинял Олега в лицемерии и неискренности* [упрекать в чем-л., осуждать за что-л.] **3.** *Прокурор обвиняет преступника по новой статье уголовного кодекса* [считая виновным, привлекать к суду]

I. ОБВИНЯ́ЮЩИЙ, -ая, -ее, -ие; *действ. наст.*

Синт.: **а, б** — в глаг. знач. 1 — 3

В знач. прил. Выражающий осуждение, упрек, уверенность в виновности кого-л. в чем-л. *Обвиняющий взгляд. Обвиняющее выражение лица* (Ср. прил. **обвини́тельный,** -ая, -ое, -ые. Содержащий в себе обвинение. *Обвинительная речь. Обвинительное заключение. Обвинительный приговор*)

II. ОБВИНЯ́ВШИЙ, -ая, -ее, -ие; *действ. прош.*

Синт.: **а, б** — в глаг. знач. 1 — 3

III. ОБВИНЯ́ЕМЫЙ, -ая, -ое, -ые; *страд. наст.*

Синт.: **а, б** — в глаг. знач. 1 — 3

Ср. сущ. **обвиня́емый,** -ого, *м.*; **обвиня́емая,** -ой, *ж.* Лицо, которому предъявлено обвинение по суду. *Допрос обвиняемого (обвиняемой)*

ОБГОРА́ТЬ, обгора́|ют, обгора́|л; ***несов. к*** обгоре́ть (см.)

I. ОБГОРА́ЮЩИЙ, -ая, -ее, -ие; *действ. наст.*

Синт.: **а, б** — в глаг. знач. 1 — 4

II. ОБГОРА́ВШИЙ, -ая, -ее, -ие; *действ. прош.*

Синт.: **а, б** — в глаг. знач. 1 — 4

ОБГОРЕ́ТЬ, обгоря́т, обгоре́|л; ***сов., неперех.*** (*несов.* обгора́ть) **1.** ***S не лицо*** *Бумага обгорела. У нее ресницы слегка обгорели* [обуглиться, сгореть с краев, снаружи] **2.** *Во время внезапно вспыхнувшего пожара на пароходе несколько пассажиров обгорело и находятся в больнице* [получить сильные ожоги от огня] **3.** *Не сидите на солнце, обгорите! Андрей сильно обгорел сегодня* [получить солнечные ожоги] **4.** ***S не лицо*** *У вас на солнце спина обгорела* [стать болезненно красным в результате слишком долгого пребывания на солнце — о коже]

II. ОБГОРЕ́ВШИЙ, -ая, -ее, -ие; *действ. прош.*

Синт.: **а, б, в** — в глаг. знач. 1 — 4

В знач. прил. **1.** Сильно поврежденный огнем. *Обгоревшие стены сарая* **2.** Болезненно-красный в результате слишком долгого пребывания на солнце — о коже. *Обгоревшая спина. Обгоревший нос* (Ср. прил. **обгоре́лый,** -ая, -ое, -ые. **1.** Сильно поврежденный огнем, обгоревший. *Обгорелые стены сарая* **2.** Болезненно-красный в результате слишком долгого пребывания на солнце, обгоревший. *Обгорелые плечи*)

ОБДИРА́ТЬ, обдира́|ют, обдира́|л; ***несов. к*** ободра́ть (см.)

I. ОБДИРА́ЮЩИЙ, -ая, -ее, -ие; *действ. наст.*

Синт.: **а, б** — в глаг. знач. 1 — 3

II. ОБДИРА́ВШИЙ, -ая, -ее, -ие; *действ. прош.*

Синт.: **а, б** — в глаг. знач. 1 — 3

III. ОБДИРА́ЕМЫЙ, -ая, -ое, -ые; *страд. наст.*

Синт.: **а, б** — в глаг. знач. 1 — 3

Субстантив.$_3$ в глаг. знач. 1

ОБДИРА́ТЬСЯ, обдира́|ются, обдира́|лся; ***несов. к*** ободра́ться в 1 знач. (см.)

I. ОБДИРА́ЮЩИЙСЯ, -аяся, -ееся, -иеся; *действ. наст.*

Синт.: **а, б** — в глаг. знач. 1

II. ОБДИРА́ВШИЙСЯ, -аяся, -ееся, -иеся; *действ. прош.*

Синт.: **а, б** — в глаг. знач. 1

ОБДУ́МАТЬ, обду́мают, обду́ма|л; ***сов., перех., что*** и ***с придат. дополнит.*** (*несов.* обду́мывать) *Командир обдумал план действий в деталях. Я обдумаю ваше предложение. Ольга заранее обдумала, как она выступит на собрании* [мысленно рассмотреть все детали, всесторонне взвесить, вникнуть во что-л., продумать]

II. ОБДУ́МАВШИЙ, -ая, -ее, -ие; *действ. прош.*

Синт.: **а, б** — в глаг. знач.

IV. ОБДУ́МАННЫЙ, -ая, -ое, -ые; *страд. прош.*
Синт.: **а, б** — в глаг. знач.
Ср. прил. **обду́манный**, -ая, -ое, -ые; -ан, -анна, -анно, -анны. Являющийся плодом размышлений, предварительно продуманный, обоснованный. *Обдуманный ответ. Обдуманный план. Обдуманное выступление. Ваши поступки всегда обдуманны*
ОБДУ́МАН, -ана, -ано, -аны; *кр. ф.*
В глаг. знач.

ОБДУ́МЫВАТЬ, обду́мыва|ют, обду́мыва|л; ***несов. к*** обду́мать (см.)
I. ОБДУ́МЫВАЮЩИЙ, -ая, -ее, -ие; *действ. наст.*
Синт.: **а, б** — в глаг. знач.
II. ОБДУ́МЫВАВШИЙ, -ая, -ее, -ие; *действ. прош.*
Синт.: **а, б** — в глаг. знач.
III. ОБДУ́МЫВАЕМЫЙ, -ая, -ое, -ые; *страд. наст.*
Синт.: **а, б, в** — в глаг. знач.

ОБЕДНИ́ТЬ, обедн|я́т, обедни́|л; ***сов., перех., что*** (*несов.* обедня́ть) *Писатель слишком обеднил образ главного героя рассказа* [сделать бедным, невыразительным, бессодержательным]
II. ОБЕДНИ́ВШИЙ, -ая, -ее, -ие; *действ. прош.*
Синт.: **а, б** — в глаг. знач.
IV. ОБЕДНЁННЫЙ, -ая, -ое, -ые; *страд. прош.*
Синт.: **а, б** — в глаг. знач.
В знач. прил. (только *полн. ф.*) Невыразительный, бессодержательный, бедный. *Обедненный образ. Обедненный стиль* (Ср. прил. **бе́дный**, -ая, -ое, -ые; бе́ден, бедна́, бе́дно, бе́дны и бедны́ в знач. 'имеющий недостаток в чем-л., скудный'. *Бедное воображение. Бедный язык*)
Субстантив.$_3$ не употр.
ОБЕДНЁН, -ена́, -ено́, -ены́; *кр. ф.*
В глаг. знач.

ОБЕДНЯ́ТЬ, обедня́|ют, обедня́|л; ***несов. к*** обедни́ть (см.)
I. ОБЕДНЯ́ЮЩИЙ, -ая, -ее, -ие; *действ. наст.*
Синт.: **а, б** — в глаг. знач.
II. ОБЕДНЯ́ВШИЙ, -ая, -ее, -ие; *действ. прош.*
Синт.: **а, б** — в глаг. знач.
III. ОБЕДНЯ́ЕМЫЙ, -ая, -ое, -ые; *страд. наст.*
Синт.: **а, б** — в глаг. знач.
Субстантив.$_3$ не употр.

ОБЕЗБО́ЛИВАТЬ, обезбо́лива|ют, обезбо́лива|л; ***несов., перех., что*** (*сов.* обезбо́лить *к* 1 знач.) **1.** также ***чем*** *Стоматолог обезболивает десну перед удалением зуба. Врачи обезболивают роды гипнозом относительно недавно* (см. § 2) [делать нечувствительным к боли; делать безболезненным] **2.** и ***без дополн.; S не лицо*** *Гипноз обезболивает даже роды. Этот препарат прекрасно обезболивает* [иметь свойство делать нечувствительным к боли]
I. ОБЕЗБО́ЛИВАЮЩИЙ, -ая, -ее, -ие; *действ. наст.*
Синт.: **а, б** — в глаг. знач. 1, 2
В знач. прил. Предназначенный, служащий для обезболивания. *Обезболивающие средства. Обезболивающее лекарство*
II. ОБЕЗБО́ЛИВАВШИЙ, -ая, -ее, -ие; *действ. прош.*
Синт.: **а, б** — в глаг. знач. 1, 2
III. ОБЕЗБО́ЛИВАЕМЫЙ, -ая, -ое, -ые; *страд. наст.**
Синт.: **а, б, в** — в глаг. знач. 1
▭ Прич. III во 2 глаг. знач. не употр.

ОБЕЗБО́ЛИТЬ, обезбо́л|ят, обезбо́ли|л; ***сов., перех., что,*** также ***чем*** (*несов.* обезбо́ливать) *Стоматолог обезболил мне десну новокаином перед удалением зуба* (см. § 2). *Врачи обезболили Ане роды и спасли ребенка* [сделать нечувствительным к боли; сделать безболезненным]
II. ОБЕЗБО́ЛИВШИЙ, -ая, -ее, -ие; *действ. прош.*
Синт.: **а, б** — в глаг. знач.
IV. ОБЕЗБО́ЛЕННЫЙ, -ая, -ое, -ые; *страд. прош.*
Синт.: **а, б, в** — в глаг. знач.
В знач. прил. в выражении: **обезболенные роды** — роды, протекающие без боли благодаря специально принятым врачами мерам
ОБЕЗБО́ЛЕН, -ена, -ено, -ены; *кр. ф.*
В глаг. знач.

ОБЕЗДО́ЛИВАТЬ, обездо́лива|ют, обездо́лива|л; ***несов. к*** обездо́лить (см.)
I. ОБЕЗДО́ЛИВАЮЩИЙ, -ая, -ее, -ие; *действ. наст.*
Синт.: **а, б** — в глаг. знач.
II. ОБЕЗДО́ЛИВАВШИЙ, -ая, -ее, -ие; *действ. прош.*
Синт.: **а, б** — в глаг. знач.
III. ОБЕЗДО́ЛИВАЕМЫЙ, -ая, -ое, -ые; *страд. наст.*
Синт.: **а, б** — в глаг. знач.

ОБЕЗДО́ЛИТЬ, обездо́л|ят, обездо́ли|л; ***сов., перех., кого(что)*** (*несов.* обездо́ливать) *«Сосед мой ткач,.. сына обездолил, парень на крахмальный завод нанялся».* М. Горький, Жизнь Клима Самгина. *Война обездолила миллионы семей* [сделать несчастным, лишив чего-л., отняв самое необходимое]
II. ОБЕЗДО́ЛИВШИЙ, -ая, -ее, -ие; *действ. прош.*
Синт.: **а, б** — в глаг. знач.
IV. ОБЕЗДО́ЛЕННЫЙ, -ая, -ое, -ые; *страд. прош.*
Синт.: **а, б** — в глаг. знач.
В знач. прил. (также *кр. ф.* ↓) Лишенный самого необходимого, находящийся в тяжелом, бедственном положении. *Обездоленные люди. Обездоленный народ*
ОБЕЗДО́ЛЕН, -ена, -ено, -ены; *кр. ф.*
В глаг. знач.
В знач. прил. (также *полн. ф.* ↑) *Эти люди обездолены. Народ обездолен*

ОБЕЗЖИ́РИВАТЬ, обезжи́рива|ют, обезжи́рива|л; ***несов., перех., что*** (*сов.* обезжи́рить) *Перед выделкой мастер обезжиривает шкуру. Эти аппараты обезжиривают смесь* [удалять жир, жировые вещества откуда-л.]

I. ОБЕЗЖИ́РИВАЮЩИЙ, -ая, -ее, -ие; *действ. наст.*
Синт.: **а, б** — в глаг. знач.
II. ОБЕЗЖИ́РИВАВШИЙ, -ая, -ее, -ие; *действ. прош.*
Синт.: **а, б** — в глаг. знач.
В знач. прил. Предназначенный для удаления жира, жировых веществ, способный удалять жир, жировые вещества. *Обезжиривающие средства. Обезжиривающая установка*
III. ОБЕЗЖИ́РИВАЕМЫЙ, -ая, -ое, -ые; *страд. наст.*
Синт.: **а, б, в** — в глаг. знач.

ОБЕЗЖИ́РИТЬ, обезжи́р|ят, обезжи́ри|л; ***сов., перех., что*** (*несов.* обезжи́ривать) *Перед выделкой мастер обезжирил шкуру. Эти аппараты уже обезжирили смесь* [удалить жир, жировые вещества откуда-л.]
II. ОБЕЗЖИ́РИВШИЙ, -ая, -ее, -ие; *действ. прош.*
Синт.: **а, б** — в глаг. знач.
IV. ОБЕЗЖИ́РЕННЫЙ, -ая, -ое, -ые; *страд. прош.*
Синт.: **а, б** — в глаг. знач.
В знач. прил. (только *полн. ф.*) Не содержащий жира или содержащий небольшой процент жира в результате специальной обработки. *Обезжиренное молоко. Обезжиренные продукты*
ОБЕЗЖИ́РЕН, -ена, -ено, -ены; *кр. ф.*
В глаг. знач.

ОБЕЗЛИ́ЧИВАТЬ, обезли́чива|ют, обезли́чива|л; ***несов., перех.*** (*сов.* обезли́чить) **1. *кого(что),*** также ***чем*** *Директор своими действиями всех обезличивает* (см. § 1). *Такие методы руководства обезличивают людей* [лишать самостоятельности в мыслях, в поведении, индивидуальных, отличительных черт, делать похожим на других] **2. *что,*** также ***чем*** *Министерство новой инструкцией обезличивает работу каждого* (см. § 2) [ставить в условия, при которых никто не несет личной ответственности за дело]
I. ОБЕЗЛИ́ЧИВАЮЩИЙ, -ая, -ее, -ие; *действ. наст.*
Синт.: **а, б** — в глаг. знач. 1, 2
В знач. прил. Такой, который ведет к потере самостоятельности в мыслях, поведении, лишает индивидуальности. *Обезличивающий метод воспитания. Обезличивающие условия работы*
II. ОБЕЗЛИ́ЧИВАВШИЙ, -ая, -ее, -ие; *действ. прош.*
Синт.: **а, б** — в глаг. знач. 1, 2
III. ОБЕЗЛИ́ЧИВАЕМЫЙ, -ая, -ое, -ые; *страд. наст.*
Синт.: **а, б, в** — в глаг. знач. 1, 2
Субстантив.$_3$ не употр.

ОБЕЗЛИ́ЧИТЬ, обезли́ч|ат, обезли́чи|л; ***сов., перех.*** (*несов.* обезли́чивать) **1. *кого(что),*** также ***чем*** *Директор своими действиями всех обезличил* (см. § 1). *Такие методы руководства обезличили людей* [лишить самостоятельности в мыслях, в поведении, индивидуальных, отличительных черт, сделать похожим на других] **2. *что,*** также ***чем*** *Министерство новой инструкцией обезличило работу каждого* (см. § 2) [поставить в условия, при которых никто не несет личной ответственности за дело]
II. ОБЕЗЛИ́ЧИВШИЙ, -ая, -ее, -ие; *действ. прош.*
Синт.: **а, б** — в глаг. знач. 1, 2
IV. ОБЕЗЛИ́ЧЕННЫЙ, -ая, -ое, -ые; *страд. прош.*
Синт.: **а, б** — в глаг. знач. 1, 2
В знач. прил. (только *полн. ф.*) **1.** Лишенный индивидуальных особенностей, похожий на других. *Обезличенные ученики. Обезличенные люди* **2.** Такой, за которого никто не несет личной ответственности. *Обезличенная работа*
Субстантив.$_3$ не употр.
ОБЕЗЛИ́ЧЕН, -ена, -ено, -ены; *кр. ф.*
В глаг. знач. 1, 2

ОБЕЗОРУ́ЖИВАТЬ, обезору́жива|ют, обезору́жива|л; ***несов., перех., кого(что)*** (*сов.* обезору́жить) **1.** *Милиционер обезоруживает преступника* [отбирать оружие, делать безоружным] **2.** также ***чем*** *Ваш сын обезоруживает меня своей предупредительностью* (см. § 1). *Ее улыбка всех обезоруживает* [лишать возможности и желания возражать, сопротивляться, противодействовать кому-чему-л.]
I. ОБЕЗОРУ́ЖИВАЮЩИЙ, -ая, -ее, -ие; *действ. наст.*
Синт.: **а, б** — в глаг. знач. 1, 2
В знач. прил. **1.** Такой, который лишает желания сопротивляться, возражать, противодействовать. *Обезоруживающее письмо* **2.** Исполненный обаяния, обладающий особой силой воздействия. *Обезоруживающая улыбка. Обезоруживающий смех*
II. ОБЕЗОРУ́ЖИВАВШИЙ, -ая, -ее, -ие; *действ. прош.*
Синт.: **а, б** — в глаг. знач. 1, 2
III. ОБЕЗОРУ́ЖИВАЕМЫЙ, -ая, -ое, -ые; *страд. наст.*
Синт.: **а, б** — в глаг. знач. 1, 2; **в** — в глаг. знач. 1

ОБЕЗОРУ́ЖИТЬ, обезору́ж|ат, обезору́жи|л; ***сов. к*** обезору́живать (см.)
II. ОБЕЗОРУ́ЖИВШИЙ, -ая, -ее, -ие; *действ. прош.*
Синт.: **а, б** — в глаг. знач. 1, 2
IV. ОБЕЗОРУ́ЖЕННЫЙ, -ая, -ое, -ые; *страд. прош.*
Синт.: **а, б** — в глаг. знач. 1, 2; **в** — в глаг. знач. 1
ОБЕЗОРУ́ЖЕН, -ена, -ено, -ены; *кр. ф.*
В глаг. знач. 1, 2

ОБЕСКРО́ВИТЬ, обескро́в|ят, обескро́ви|л; ***сов., перех.*** (*несов.* обескро́вливать) **1. *что*** *Охотник обескровил тушу медведя и стал ее обрабатывать* [выпустить всю кровь] **2. *кого(что); S не лицо*** *Ножевая рана обескровила раненого* [привести к очень большой потере крови или потере всей крови] **3. *кого(что)*** *Крупные монополии стремятся обескровить своих конкурентов* [ослабить, дезорганизовать, лишить жизненных сил, сделать бессильным, нежизнеспособным] **4. кого(что); S не лицо** *Ожесточенные бои обескровили дивизию* [привести к большим людским потерям, обычно в результате вооруженного столкновения]

II. ОБЕСКРО́ВИВШИЙ, -ая, -ее, -ие; *действ. прош.*
Синт.: **а, б** — в глаг. знач. 1 — 4

IV. ОБЕСКРО́ВЛЕННЫЙ, -ая, -ое, -ые; *страд. прош.**
[чередование в/вл]
Синт.: **а, б** — в глаг. знач. 1, 3
В знач. прил. (только *полн. ф.*) **1.** Без крови. *Обескровленное мясо* **2.** Лишенный жизнеспособности, необходимых ресурсов, средств и т. п. для нормального существования. *Обескровленная страна* **3.** Имеющий большие людские потери. *Обескровленный отряд. Обескровленная дивизия*
Ср. прил. **обескро́вленный,** -ая, -ое, -ые. Очень бледный. *Обескровленное лицо. Обескровленные губы*
Субстантив.$_2$ и субстантив.$_3$ не употр.
ОБЕСКРО́ВЛЕН, -ена, -ено, -ены; *кр. ф.**
В глаг. знач. 1, 3

□ Прич. IV во 2, 4 глаг. знач. не употр.

ОБЕСКРО́ВЛИВАТЬ, обескро́влива|ют, обескро́влива|л; ***несов. к*** обескро́вить (см.)

I. ОБЕСКРО́ВЛИВАЮЩИЙ, -ая, -ее, -ие; *действ. наст.*
Синт.: **а, б** — в глаг. знач. 1 — 4

II. ОБЕСКРО́ВЛИВАВШИЙ, -ая, -ее, -ие; *действ. прош.*
Синт.: **а, б** — в глаг. знач. 1 — 4

III. ОБЕСКРО́ВЛИВАЕМЫЙ, -ая, -ое, -ые; *страд. наст.**
Синт.: **а, б** — в глаг. знач. 1, 3, 4; **в** — в глаг. знач. 1
Субстантив.$_2$ и субстантив.$_3$ не употр.

□ Прич. III во 2 глаг. знач. не употр.

ОБЕСКУРА́ЖИВАТЬ, обескура́жива|ют, обескура́жива|л; ***несов., перех., кого(что)*** (*сов.* обескура́жить) *Сережа часто обескураживает нас своими неожиданными выходками* (см. § 1). *Непредсказуемые поступки Ани всех обескураживают* [приводить в состояние полной растерянности, озадачивать]

I. ОБЕСКУРА́ЖИВАЮЩИЙ, -ая, -ее, -ие; *действ. наст.*
Синт.: **а, б** — в глаг. знач.
В знач. прил. Не соответствующий принятым нормам, вызывающий сильное удивление, озадаченность, недоумение. *Обескураживающее поведение. Обескураживающие манеры. Обескураживающий вид*

II. ОБЕСКУРА́ЖИВАВШИЙ, -ая, -ее, -ие; *действ. прош.*
Синт.: **а, б** — в глаг. знач.

III. ОБЕСКУРА́ЖИВАЕМЫЙ, -ая, -ое, -ые; *страд. наст.*
Синт.: **а, б** — в глаг. знач.

ОБЕСКУРА́ЖИТЬ, обескура́ж|ат, обескура́жи|л; ***сов., перех., кого(что)*** (*несов.* обескура́живать) *Олег обескуражил нас неожиданной выходкой* (см. § 1). *Поступок Ани всех обескуражил* [привести в состояние полной растерянности, озадачить]

II. ОБЕСКУРА́ЖИВШИЙ, -ая, -ее, -ие; *действ. прош.*
Синт.: **а, б** — в глаг. знач.

IV. ОБЕСКУРА́ЖЕННЫЙ, -ая, -ое, -ые; *страд. прош.*
Синт.: **а, б** — в глаг. знач.
В знач. прил. (также *кр. ф.* ↓) В высшей степени растерянный, озадаченный. *Обескураженный человек*
Ср. прил. **обескура́женный,** -ая, -ое, -ые; -ен, -енна, -енно, -енны. Выражающий сильную растерянность, озадаченность. *Обескураженный вид. Обескураженное лицо*
ОБЕСКУРА́ЖЕН, -ена, -ено, -ены; *кр. ф.*
В глаг. знач.
В знач. прил. (также *полн. ф.* ↑) *Он был бледен, обескуражен*

ОБЕСПЕ́ЧИВАТЬ, обеспе́чива|ют, обеспе́чива|л; ***несов. к*** обеспе́чить (см.)

I. ОБЕСПЕ́ЧИВАЮЩИЙ, -ая, -ее, -ие; *действ. наст.*
Синт.: **а, б** — в глаг. знач. 1 — 3

II. ОБЕСПЕ́ЧИВАВШИЙ, -ая, -ее, -ие; *действ. прош.*
Синт.: **а, б** — в глаг. знач. 1 — 3

III. ОБЕСПЕ́ЧИВАЕМЫЙ, -ая, -ое, -ые; *страд. наст.*
Синт.: **а, б** — в глаг. знач. 1 — 3
Субстантив.$_3$ не употр.

ОБЕСПЕ́ЧИТЬ, обеспе́ч|ат, обеспе́чи|л; ***сов., перех.*** (*несов.* обеспе́чивать) **1. *кого(что)*** *Смирнов обеспечил свою семью* [предоставить достаточные материальные средства для жизни] **2. *кого(что)*** и ***что кем(чем)*** и ***чем*** *Сестра обеспечила нас овощами* (см. § 2). *Поставщики полностью обеспечили заводы сырьем* (см. § 2) [снабдить чем-л. в достаточном количестве] **3. *что*** *Рабочие завода обеспечили выполнение плана. Мы хотим обеспечить прочный мир на земле* (из газет) [сделать реально выполнимым, возможным, действительным, гарантировать]

II. ОБЕСПЕ́ЧИВШИЙ, -ая, -ее, -ие; *действ. прош.*
Синт.: **а, б** — в глаг. знач. 1 — 3

IV. ОБЕСПЕ́ЧЕННЫЙ, -ая, -ое, -ые; *страд. прош.*
Синт.: **а, б** — в глаг. знач. 1 — 3
Ср. прил. **обеспе́ченный,** -ая, -ое, -ые; -ен, -енна, -енно, -енны. **1.** Обладающий достатком, не испытывающий материальных затруднений. *Обеспеченный человек.* **2.** Благополучный, не знающий нужды, безбедный. *Обеспеченная старость. Обеспеченная жизнь*
Субстантив.$_3$ не употр.
ОБЕСПЕ́ЧЕН, -ена, -ено, -ены; *кр. ф.*
В глаг. знач. 1 — 3

ОБЕСПОКО́ИТЬ, обеспоко́|ят, обеспоко́и|л; ***сов., перех., кого(что)*** (*несов.* беспоко́ить) **1.** также ***чем*** *«Никто не знал, как долго и чем он болел: и никого не обеспокоил, не затруднил Мысливечек* *заботами и уходом за собой..»* Шагинян, Воскрешение из мертвых [затруднить чем-л., доставить беспокойство, хлопоты] **2.** ***S* не лицо** *Отсутствие писем от дочери обеспокоило мать* [вызвать тревогу, взволновать]

II. ОБЕСПОКО́ИВШИЙ, -ая, -ее, -ие; *действ. прош.*

Синт.: **а, б** — в глаг. знач. 1, 2

IV. ОБЕСПОКО́ЕННЫЙ, -ая, -ое, -ые; *страд. прош.**

Синт.: **а, б** — в глаг. знач. 2

В знач. прил., обычно ***с нареч.*** (также *кр. ф.* ↓) Охваченный беспокойством, встревоженный. *В комнату вошел явно обеспокоенный отец*

Ср. прил. **обеспоко́енный**, -ая, -ое, -ые. Выражающий беспокойство, тревогу. *Обеспокоенное лицо. Обеспокоенный взгляд*

ОБЕСПОКО́ЕН, -ена, -ено, -ены; *кр. ф.**

В глаг. знач. 2

В знач. прил., обычно ***с нареч.*** (также *полн. ф.* ↑) *Отец был явно обеспокоен*

□ Прич. IV в 1 глаг. знач. не употр.

ОБЕССИ́ЛЕТЬ, обесси́леют, обесси́ле|л; ***сов., неперех.*** *Путешественники обессилели от долгого перехода и тяжелого снаряжения. Больной обессилел* [ослабеть, стать бессильным, потерять силы]

II. ОБЕССИ́ЛЕВШИЙ, -ая, -ее, -ие; *действ. прош.*

Синт.: **а, б, в** — в глаг. знач.

ОБЕССИ́ЛИВАТЬ, обесси́лива|ют, обесси́лива|л; ***несов., перех., кого(что)*** (*сов.* обесси́лить); ***S* не лицо** *Болезнь все больше обессиливала девушку. Бессонные ночи обессиливали меня* [лишать сил, делать бессильным, слабым]

I. ОБЕССИ́ЛИВАЮЩИЙ, -ая, -ее, -ие; *действ. наст.*

Синт.: **а, б** — в глаг. знач.

В знач. прил. Такой, который лишает сил, делает бессильным, слабым. *Обессиливающая работа. Обессиливающий переход через ущелье*

II. ОБЕССИ́ЛИВАВШИЙ, -ая, -ее, -ие; *действ. прош.*

Синт.: **а, б** — в глаг. знач.

III. ОБЕССИ́ЛИВАЕМЫЙ, -ая, -ое, -ые; *страд. наст.*

Синт.: **а, б** — в глаг. знач.

ОБЕССИ́ЛИТЬ, обесси́л|ят, обесси́ли|л; ***сов., перех., кого(что)*** (*несов.* обесси́ливать); ***S* не лицо** *Трудный переход в горах обессилил людей. Болезнь обессилила девушку. Бессонная ночь совсем обессилила меня* [лишить сил, сделать бессильным, слабым]

II. ОБЕССИ́ЛИВШИЙ, -ая, -ее, -ие; *действ. прош.*

Синт.: **а, б** — в глаг. знач.

IV. ОБЕССИ́ЛЕННЫЙ, -ая, -ое, -ые; *страд. прош.*

Синт.: **а, б** — в глаг. знач.

В знач. прил. (также *кр. ф.* ↓) Лишившийся сил, обессилевший, очень слабый физически. *Обессиленные люди не могли идти дальше*

ОБЕССИ́ЛЕН, -ена, -ено, -ены; *кр. ф.*

В глаг. знач.

В знач. прил. (также *полн. ф.* ↑) *Люди измотаны, обессилены*

ОБЕСЦВЕ́ТИТЬ, обесцве́т|ят, обесцве́ти|л; ***сов., перех.*** (*несов.* обесцве́чивать) **1. *что,*** также ***чем*** *Тамара обесцветила волосы гидроперитом* (см. § 2) [сделать бесцветным] **2. *что; S* не лицо** *Солнце обесцветило занавески* [сделать менее ярким по окраске] **3. *что*** *Преподаватель совершенно обесцветил свою лекцию, не использовав наглядные пособия* [лишить ярких, своеобразных черт, сделать невыразительным]

II. ОБЕСЦВЕ́ТИВШИЙ, -ая, -ее, -ие; *действ. прош.*

Синт.: **а, б** — в глаг. знач. 1 — 3

IV. ОБЕСЦВЕ́ЧЕННЫЙ, -ая, -ое, -ые; *страд. прош.**

[чередование т/ч]

Синт.: **а, б** — в глаг. знач. 1, 2; **в** — в глаг. знач. 1

Ср. прич. в 1 глаг. знач. с прил. **бесцве́тный**, -ая, -ое, -ые; -тен, -тна, -тно, -тны в знач. 'не имеющий цвета'. *Бесцветная жидкость*

Субстантив.$_3$ в глаг. знач. 1, 2

ОБЕСЦВЕ́ЧЕН, -ена, -ено, -ены; *кр. ф.**

В глаг. знач. 1, 2

□ Прич. IV в 3 глаг. знач. не употр.

ОБЕСЦВЕ́ЧИВАТЬ, обесцве́чива|ют, обесцве́чива|л; ***несов., перех.*** (*сов.* обесцве́тить *к* 1, 2, 4 знач.) **1. *что,*** также ***чем*** *Тамара обесцвечивает волосы гидроперитом* (см. § 2) [делать бесцветным] **2. *что; S* не лицо** *Солнце постепенно обесцвечивает занавески* [делать менее ярким по окраске] **3. *что*** и ***без дополн.; S* не лицо** *Гидроперит хорошо обесцвечивает волосы* [обладать свойством делать что-л. бесцветным] **4. *что*** *Ты явно обесцвечиваешь свою лекцию, не показывая диапозитивов* [лишать ярких, своеобразных черт, делать невыразительным]

I. ОБЕСЦВЕ́ЧИВАЮЩИЙ, -ая, -ее, -ие; *действ. наст.*

Синт.: **а, б** — в глаг. знач. 1 — 4

В знач. прил. Служащий, предназначенный для уничтожения окраски чего-л. *Обесцвечивающие средства. Обесцвечивающие вещества*

II. ОБЕСЦВЕ́ЧИВАВШИЙ, -ая, -ее, -ие; *действ. прош.*

Синт.: **а, б** — в глаг. знач. 1 — 4

III. ОБЕСЦВЕ́ЧИВАЕМЫЙ, -ая, -ое, -ые; *страд. наст.**

Синт.: **а, б** — в глаг. знач. 1, 2; **в** — в глаг. знач. 1

Субстантив.$_3$ в глаг. знач. 1, 2

□ Прич. III в 3, 4 глаг. знач. не употр.

ОБЕЩА́ТЬ, обеща́|ют, обеща́|л; ***сов.*** и ***несов.*** **1. *перех., кого(что)**** и ***что кому(чему)*** *Я не могу отдать вам этого попугая, я обещала его Ане. Илья уже обещал новое собрание сочинений Пушкина моему другу* [дать или давать обещание кому-л. передать или предоставить ему кого-что-л.] **2.** (только ***несов.***) ***перех., что; S* не лицо** *Теплый ветер с утра обещает хороший* *день. Обильные дожди обещают хороший урожай* [являться предвестником, условием, признаком наступления, осуществления чего-л.] **3.** ***неперех., с неопр. ф., придат. дополнит.*** и ***без дополн.*** *Олег обещал написать об этом рассказ. Я обещаю, что приеду завтра к вам в гости. Если обещал — держи слово!* [дать или давать обещание сделать что-л., поступить каким-л. образом] **4.** (только ***несов.***) ***неперех., с неопр. ф.*** ***кем*** и ***каким*** *Маша обещает стать красавицей. День обещает быть жарким* [иметь признаки того, что должно развиться, наступить и т. п.]

I. ОБЕЩА́ЮЩИЙ, -ая, -ее, -ие; *действ. наст.*

Синт.: **а, б** — в глаг. знач. 1 — 4

В знач. прил. Такой, который позволяет надеяться на особое расположение, более близкие отношения и т. п. *Обещающий взгляд. Обещающая улыбка*

II. ОБЕЩА́ВШИЙ, -ая, -ее, -ие; *действ. прош.*

Синт.: **а, б** — в глаг. знач. 1 — 4

IV. ОБЕ́ЩАННЫЙ, -ая, -ое, -ые; *страд. прош.**

Синт.: **а, б** — в глаг. знач. 1

ОБЕ́ЩАН, -ана, -ано, -аны; *кр. ф.**

В глаг. знач. 1

□ Прич. III не употр. Прич. IV во 2 глаг. знач. не употр.

ОБЖЕ́ЧЬ, обожгу́, обожжёт, обожг|у́т, обжёг|, обожгла́, -ло́, -ли́; ***сов., перех.*** (*несов.* обжига́ть) **1.** ***что*** *Мальчик обжег в костре конец палки* [подвергнув действию огня, заставить обгореть, обуглиться со всех сторон] **2.** ***что*** *Гончар обжег вазу в печи* [подвергнуть действию огня при изготовлении, обработке для придания твердости, прочности и т. п.] **3.** ***что,*** также ***чем*** *Аня обожгла палец. «Я сегодня обожгла себе утюгом левую руку.. Работать никак нельзя».* Достоевский, Бедные люди (см. § 2) [повредить кожный покров огнем или чем-л. горячим — обычно в сочетании с мест. *себе*] **4.** ***безл., что*** *Молнией обожгло вершину сосны* [привести к обугливанию, повреждению поверхности чего-л. в результате возгорания от молнии, взрыва и т. п.] **5.** ***кого(что)*** и ***что чем*** *Во время опыта лаборант обжег себе руку кислотой* (см. § 2) *Олег нечаянно обжег меня карболкой* (см. § 2) [повредить кожный покров чем-л. едким, жгучим и т. п.— обычно в сочетании с мест. *себе*] **6.** ***кого(что)*** и ***что; S не лицо*** *Ледяная вода обожгла Илью. Крапива обожгла мне ноги. «Коньяк сначала обжег горло, потом Аггею стало тепло».* А. Н. Толстой, Мечтатель [вызвать ощущение жжения, ожога, временное покраснение кожи] **7.** ***кого(что); S не лицо*** *Эта мысль обожгла Аню. Твои слова обожгли меня* [внезапно вызвать острое и неприятное чувство, потрясти]

II. ОБЖЁГШИЙ, -ая, -ее, -ие; *действ. прош.*

Синт.: **а, б** — в глаг. знач. 1 — 3, 5 — 7

IV. ОБОЖЖЁННЫЙ, -ая, -ое, -ые; *страд. прош.**

[чередование г/ж]

Синт.: **а, б** — в глаг. знач. 1 — 3, 5; **в** — в глаг. знач. 3

Субстантив.$_2$ в глаг. знач. 5; субстантив.$_3$ в глаг. знач. 1, 2

ОБОЖЖЁН, -ена́, -ено́, -ены́; *кр. ф.**

В глаг. знач. 1 — 3, 5

□ Прич. IV в 6, 7 глаг. знач. не употр.

ОБЖИВА́ТЬ, обжива́|ют, обжива́|л; ***несов. к*** обжи́ть (см.)

I. ОБЖИВА́ЮЩИЙ, -ая, -ее, -ие; *действ. наст.*

Синт.: **а, б** — в глаг. знач.

II. ОБЖИВА́ВШИЙ, -ая, -ее, -ие; *действ. прош.*

Синт.: **а, б** — в глаг. знач.

III. ОБЖИВА́ЕМЫЙ, -ая, -ое, -ые; *страд. наст.*

Синт.: **а, б, в** — в глаг. знач.

Субстантив.$_3$ не употр.

ОБЖИГА́ТЬ, обжига́|ют, обжига́|л; ***несов., перех.*** (*сов.* обже́чь) **1.** ***что*** *Мальчик обжигает в костре конец палки* [подвергая действию огня, заставлять обгореть, обуглиться со всех сторон] **2.** ***что*** *Гончар обжигает вазу в печи* [подвергать действию огня при изготовлении, обработке для придания твердости, прочности и т. п.] **3.** ***что,*** также ***чем*** *Я часто обжигаю себе что-нибудь, работая с горящим газом. Аня не раз обжигала себе руку горячим утюгом* (см. § 2) [повреждать кожный покров огнем или чем-л. горячим — обычно в сочетании с мест. *себе*] **4.** ***безл., что*** *Вершину этой сосны не раз обжигало молнией* [приводить к обугливанию, повреждению поверхности чего-л. в результате возгорания от молнии, взрыва и т. п.] **5.** ***кого(что)*** и ***что чем*** *Олег не раз обжигал меня карболкой* (см. § 2). *Во время опытов лаборант часто обжигал себе пальцы кислотой* (см. § 2) [повреждать кожный покров чем-л. едким, жгучим и т. п.— обычно в сочетании с мест. *себе*] **6.** ***кого(что)*** и ***что; S не лицо*** *Ледяная вода обжигала нас. Крапива обжигала мальчикам ноги, но они шли вперед. Ветер обжигает лицо* [вызывать ощущение жжения, ожога, временное покраснение кожи] **7.** ***кого(что); S не лицо*** *Эта мысль вдруг обжигает Аню. Твои слова обжигали меня как огнем* [внезапно вызывать острое и неприятное чувство, потрясать]

I. ОБЖИГА́ЮЩИЙ, -ая, -ее, -ие; *действ. наст.*

Синт.: **а, б** — в глаг. знач. 1 — 3, 5 — 7

В знач. прил. **1.** Такой, который может вызвать ожог — о чем-л. едком, жгучем. *Будьте осторожны — это обжигающий раствор!* **2.** Резкий, холодный, вызывающий чувство жжения. *Обжигающий ветер* (Ср. прил. **жгу́чий**, -ая, -ее, -ие; жгуч, -у́ча, -у́че, -у́чи в знач. 'вызывающий ощущение жжения, причиняющий острую боль'. *Жгучая крапива. Жгучий ветер*]

II. ОБЖИГА́ВШИЙ, -ая, -ее, -ие; *действ. прош.*

Синт.: **а, б** — в глаг. знач. 1 — 3, 5 — 7

III. ОБЖИГА́ЕМЫЙ, -ая, -ое, -ые; *страд. наст.**

Синт.: **а, б** — в глаг. знач. 1 — 3, 5, 6; **в** — в глаг. знач. 1—3

Субстантив.$_2$ в глаг. знач. 5; субстантив.$_3$ в глаг. знач. 1, 2

▭ Прич. III в 7 глаг. знач. не употр.

ОБЖИ́ТЬ, обживу́т, о́бжи|л и обжи́|л, обжила́, о́бжило и обжи́ло, о́бжили и обжи́ли; ***сов., перех., что*** (*несов.* обжива́ть) *Молодожены быстро обжили новую квартиру. Геологи за неделю обжили этот пустынный остров* [поселившись на новом месте, сделать его пригодным, удобным для жилья]

II. ОБЖИ́ВШИЙ, -ая, -ее, -ие; *действ. прош.*

Синт.: **а, б** — в глаг. знач.

IV. О́БЖИТЫЙ, -ая, -ое, -ые и ОБЖИ́ТЫЙ, -ая, -ое, -ые; *страд. прош.*

Синт.: **а, б** — в глаг. знач.

Ср. прил. **обжито́й, -а́я, -о́е, -ы́е. 1.** Освоенный, заселенный людьми. *Обжитое место. Обжитой край* **2.** Такой, в котором уже живут, приспособленный, удобный для жилья. *Обжитой дом. Обжитая квартира*

О́БЖИТ, обжита́, о́бжито, -ты и ОБЖИ́Т, обжита́, обжи́то, -ты; *кр. ф.*

В глаг. знач.

ОБИ́ДЕТЬ, оби́жу, оби́д|ят, оби́де|л; ***сов., перех., кого(что)*** (*несов.* обижа́ть *к* 1, 2 знач.) **1.** также ***чем*** *Ольга сильно обидела меня своим замечанием* (см. § 1). *Кто вас обидел? Слова дочери меня обидели* [вызвать огорчение несправедливым упреком, обвинением, каким-л. поступком, нанести обиду] **2.** *Соглашайтесь с нами работать, мы вас не обидим* [нанести ущерб кому-л. в делах, обычно денежных, дать чего-л. меньше, чем следует — обычно с отрицанием; *разг.*] **3.** ***чем; S не лицо*** *Природа не обидела его талантом* (см. § 2) [лишить чего-л., наделить чем-л. в незначительной степени — обычно с отрицанием и в сочетании с сущ. *природа, судьба*]

II. ОБИ́ДЕВШИЙ, -ая, -ее, -ие; *действ. прош.*

Синт.: **а, б** — в глаг. знач. 1 — 3

IV. ОБИ́ЖЕННЫЙ, -ая, -ое, -ые; *страд. прош.* [чередование д/ж]

Синт.: **а, б** — в глаг. знач. 1—3 и в статив. знач.

Статив. знач., ***на кого(что)*** и ***на что*** (также *кр. ф.*↓) Испытывающий чувство обиды, обидевшийся на кого-что-л. *Сын, обиженный на меня, даже не пошел с нами в театр. Писатель, обиженный на критику, решил написать опровержение*

Ср. прил. **оби́женный, -ая, -ое, -ые.** Выражающий испытываемое кем-л. чувство обиды. *Обиженный вид. Обиженное лицо. Обиженный взгляд. Обиженный тон*

ОБИ́ЖЕН, -ена, -ено, -ены; *кр. ф.*

В глаг. знач. 1 — 3

Статив. знач., ***на кого(что)*** и ***на что*** (также *полн. ф.*↑) *Брат обижен на меня. Этот писатель обижен на критику его повести*

ОБИ́ДЕТЬСЯ, оби́дятся, оби́де|лся; ***сов., на кого (что)*** и ***на что*** (*несов.* обижа́ться) *Аня на тебя обиделась. Докладчик обиделся на критику* [почувствовать обиду, оскорбиться]

II. ОБИ́ДЕВШИЙСЯ, -аяся, -ееся, -иеся; *действ. прош.*

Синт.: **а, б** — в глаг. знач.

ОБИЖА́ТЬ, обижа́|ют, обижа́|л; ***несов., перех., кого(что)*** (*сов.* оби́деть *к* 1, 2 знач.) **1.** также ***чем*** *Ольга часто обижает меня своими замечаниями* (см. § 1). *Кто тебя обижает? Слова дочери обижали Тамару* [вызывать огорчение несправедливым упреком, обвинением, каким-л. поступком, наносить обиду] **2.** *«Уж очень народ обижаем... Лошадь ли меняем, покупаем ли что, работника ли нанимаем — на всем обман».* Чехов, В овраге. *Соглашайтесь с ними работать, они никого не обижают* [наносить ущерб кому-л. в делах, обычно денежных, давать чего-л. меньше, чем следует — обычно с отрицанием; *разг.*] **3.** ***чем*** *«Ну, насчет курортов донбассовцы — специалисты: путевками нас никогда не обижали».* Попов, Сталь и шлак [какими-л. поступками, действиями лишать чего-л. или наделять чем-л. в незначительной степени — обычно с отрицанием; *разг.*]

I. ОБИЖА́ЮЩИЙ, -ая, -ее, -ие; *действ. наст.*

Синт.: **а, б** — в глаг. знач. 1 — 3

II. ОБИЖА́ВШИЙ, -ая, -ее, -ие; *действ. прош.*

Синт.: **а, б** — в глаг. знач. 1 — 3

III. ОБИЖА́ЕМЫЙ, -ая, -ое, -ые; *страд. наст.**

Синт.: **а, б** — в глаг. знач. 1, 2

▭ Прич. III в 3 глаг. знач. не употр.

ОБИЖА́ТЬСЯ, обижа́|ются, обижа́|лся; ***несов. к*** оби́деться (см.)

I. ОБИЖА́ЮЩИЙСЯ, -аяся, -ееся, -иеся; *действ. наст.*

Синт.: **а, б** — в глаг. знач.

II. ОБИЖА́ВШИЙСЯ, -аяся, -ееся, -иеся; *действ. прош.*

Синт.: **а, б** — в глаг. знач.

ОБЛЕГА́ТЬ, облега́|ют, облега́|л; ***несов., перех., что; S не лицо*** (*сов.* обле́чь[2] *к* 1 знач.) **1.** *Тучи плотно облегали небо* [окутывать собой, распространяясь где-л.] **2.** *Платье красиво облегало фигуру* [прилегая, обхватывать поверхность чего-л.— об одежде]

I. ОБЛЕГА́ЮЩИЙ, -ая, -ее, -ие; *действ. наст.*

Синт.: **а, б** — в глаг. знач. 1, 2

В знач. прил. Такой, который плотно обхватывает фигуру, подчеркивая ее линии. *На ней было облегающее платье. Облегающая юбка. Облегающий свитер*

II. ОБЛЕГА́ВШИЙ, -ая, -ее, -ие; *действ. прош.*

Синт.: **а, б** — в глаг. знач. 1, 2

III. ОБЛЕГА́ЕМЫЙ, -ая, -ое, -ые; *страд. наст.**

Синт.: **а, б** — в глаг. знач. 2

Субстантив.$_3$ не употр.

▭ Прич. III в 1 глаг. знач. не употр.

ОБЛЕГЧА́ТЬ, облегча́|ют, облегча́|л; ***несов., перех.*** (*сов.* облегчи́ть) **1.** ***что*** *Перед порогами туристы обычно облегчали лодку, чтобы она не садилась на камни* [уменьшать вес чего-л., делать более легким, освобождая от лишнего груза, уменьшая тяжесть] **2.** ***что*** *Ты нам значительно облегчаешь задачу, давая совет не углубляться в детали. Художник сильно облегчает оформление спектакля* [делать менее сложным по характеру, устройству и т. п., упрощать] **3.** ***что,*** также ***чем*** *Мы облегчаем условия труда в этом цехе автоматизацией большинства про-*

цессов (см. § 2). *Друзья своей помощью значительно облегчают положение Ани* (см. § 1) [делать менее тяжелым, трудным] **4. *что; S не лицо*** *Лекарство сразу же облегчало боль в ноге* [смягчать, ослаблять] **5. *кого(что)*** и ***что; S не лицо*** *Музыка всегда облегчала матери душу. Разговор с тобой в тяжелую минуту всегда облегчает меня* [приносить успокоение, умиротворение]

I. ОБЛЕГЧА́ЮЩИЙ, -ая, -ее, -ие; *действ. наст.*

Синт.: **а, б** — в глаг. знач. 1 — 5

В знач. прил. Такой, который смягчает, ослабляет физическую или душевную боль. *Облегчающие слезы. Это лекарство оказывает облегчающее действие*

II. ОБЛЕГЧА́ВШИЙ, -ая, -ее, -ие; *действ. прош.*

Синт.: **а, б** — в глаг. знач. 1 — 5

III. ОБЛЕГЧА́ЕМЫЙ, -ая, -ое, -ые; *страд. наст.**

Синт.: **а, б** — в глаг. знач. 1 — 4; **в** — в глаг. знач. 1

Субстантив.$_3$ не употр.

▭ Прич. III в 5 глаг. знач. не употр.

ОБЛЕГЧИ́ТЬ, облегч|а́т, облегчи́|л; ***сов., перех.*** (*несов.* облегча́ть) **1. *что*** *Туристы облегчили лодку, и она сошла с камня* [уменьшить вес чего-л., сделать более легким, освободив от лишнего груза, уменьшив тяжесть] **2. *что*** *Ты нам значительно облегчил задачу, дав совет не углубляться в детали. Художник немного облегчил оформление спектакля* [сделать менее сложным по характеру, устройству и т. п., упростить] **3. *что,*** также ***чем*** *Мы облегчили условия труда в этом цехе автоматизацией большинства процессов* (см. § 2). *Друзья своей помощью значительно облегчили положение Ани* (см. § 1) [сделать менее тяжелым, трудным] **4. *что; S не лицо*** *Лекарство сразу же облегчило боль в ноге* [смягчить, ослабить] **5. *кого(что)*** и ***что; S не лицо*** *Музыка облегчила матери душу. Разговор с тобой не облегчил меня* [принести успокоение, умиротворение]

II. ОБЛЕГЧИ́ВШИЙ, -ая, -ее, -ие; *действ. прош.*

Синт.: **а, б** — в глаг. знач. 1 — 5

IV. ОБЛЕГЧЁННЫЙ, -ая, -ое, -ые; *страд. прош.**

Синт.: **а, б** — в глаг. знач. 1 — 4; **в** — в глаг. знач. 1

В знач. прил. (только *полн. ф.*) **1.** Сделанный или ставший более легким по весу. *Облегченный инструмент. Облегченный драп* **2.** Менее сложный по составу, способу исполнения, устройству, упрощенный. *Облегченная конструкция. Постройка облегченного типа* **3.** Избавившийся от нравственных мук. *Ушел с облегченным сердцем* (Ср. прил. **лёгкий,** -ая, -ое, -ие; лёгок, легка́, -гко́, -гки́ в знач. **1.** Незначительный по весу. *Легкий инструмент. Легкий драп* **2.** Несложный по составу, способу исполнения, устройству. *Легкая конструкция*)

Ср. прил. **облегчённый,** -ая, -ое, -ые. Выражающий успокоение, облегчение. *Облегченный вздох*

Субстантив.$_3$ не употр.

ОБЛЕГЧЁН, -ена́, -ено́, -ены́; *кр. ф.**

В глаг. знач. 1 — 4

▭ Прич. IV в 5 глаг. знач. не употр.

ОБЛЕДЕНЕВА́ТЬ, обледенева́|ют, обледенева́|л; ***несов. к*** обледене́ть (см.)

I. ОБЛЕДЕНЕВА́ЮЩИЙ, -ая, -ее, -ие; *действ. наст.*

Синт.: **а, б, в** — в глаг. знач.

II. ОБЛЕДЕНЕВА́ВШИЙ, -ая, -ее, -ие; *действ. прош.*

Синт.: **а, б, в** — в глаг. знач.

ОБЛЕДЕНЕ́ТЬ, обледене́ют, обледене́|л; ***сов., неперех.*** (*несов.* обледенева́ть); ***S не лицо*** *Дорожки в парке обледенели* [покрыться льдом]

II. ОБЛЕДЕНЕ́ВШИЙ, -ая, -ее, -ие; *действ. прош.*

Синт.: **а, б** — в глаг. знач.

В знач. прил. Покрытый льдом, обледенелый. *Мы ходили по обледеневшим дорожкам парка* (Ср. прил. **обледене́лый,** -ая, -ое, -ые. Покрытый льдом, обледеневший. *Обледенелые ступеньки лестницы*)

ОБЛЕЗА́ТЬ, облеза́|ют, облеза́|л; ***сов. к*** облéзть (см.)

I. ОБЛЕЗА́ЮЩИЙ, -ая, -ее, -ие; *действ. наст.*

Синт.: **а, б, в** — в глаг. знач. 1 — 4

II. ОБЛЕЗА́ВШИЙ, -ая, -ее, -ие; *действ. прош.*

Синт.: **а, б, в** — в глаг. знач. 1 — 4

ОБЛЕ́ЗТЬ, облéзут, облéз|; ***сов., неперех.*** (*несов.* облеза́ть); ***S не лицо*** **1.** *Волосы у обезьяны облезли* [постепенно выпасть — о волосах, шерсти, перьях у животных и птиц] **2.** *Наша кошка совсем облезла* [постепенно лишиться волос, шерсти, перьев — о животных, птицах] **3.** *Лак с крышки облез* [сойти с поверхности чего-л. — о краске, лаке и т. п.] **4.** *Стены дома облезли* [утратить краску, лак и т. п., которыми было что-л. покрашено]

II. ОБЛЕ́ЗШИЙ, -ая, -ее, -ие; *действ. прош.*

Синт.: **а, б** — в глаг. знач. 1 — 4; **в** — в глаг. знач. 1, 3

В знач. прил. **1.** Постепенно потерявший волосы, шерсть, перья, облезлый — о животных, птицах. *Облезшая кошка* **2.** С облупившейся краской, штукатуркой, полинялый, облезлый. *Облезшие стены дома. Облезшая крышка коробки* (Ср. прил. **обле́злый,** -ая, -ое, -ые. **1.** С вылезшими волосами, шерстью, перьями, облезший. *Облезлая кошка* **2.** С облупившейся краской, штукатуркой, полинялый, облезший. *Облезлые стены дома. Облезлая крышка коробки*)

ОБЛЕКА́ТЬ, облека́|ют, облека́|л; ***несов. к*** обле́чь [1] (см.)

I. ОБЛЕКА́ЮЩИЙ, -ая, -ее, -ие; *действ. наст.*

Синт.: **а, б** — в глаг. знач. 1 — 4

II. ОБЛЕКА́ВШИЙ, -ая, -ее, -ие; *действ. прош.*

Синт.: **а, б** — в глаг. знач. 1 — 4

III. ОБЛЕКА́ЕМЫЙ, -ая, -ое, -ые; *страд. наст.*

Синт.: **а, б** — в глаг. знач. 1 — 4

ОБЛЕ́ЧЬ [1] облек|у́т, облёк|, облекла́, -ло́, -ли́; ***сов., перех.*** (*несов.* облека́ть) **1. *кого(что) во что***

Актера облекли в тяжелые царские одежды [одеть во что-л., обычно большое, громоздкое; *книжн.*] **2.** ***что чем*** *Все свои дела Дима облек тайной* (см. § 2) [создать вокруг кого-чего-л. какую-л. атмосферу] **3.** ***кого(что) чем*** *Директора облекли неограниченной властью. Избиратели облекли доверием молодых депутатов нашего района* (см. § 2) [наделить чем-л.— обычно в сочетании с сущ. *власть, доверие, полномочия* и т. п.; *книжн.*] **4.** ***что во что*** *«А они* [дети] *чувствуют тайну и стараются облечь ее в образы».* Короленко, Ночью [выразить в какой-л. форме, воплотить в какую-л. форму]

II. ОБЛЁКШИЙ, -ая, -ее, -ие; *действ. прош.*
Синт.: **а, б** — в глаг. знач. 1 — 4

IV. ОБЛЕЧЁННЫЙ, -ая, -ое, -ые; *страд. прош.* [чередование к/ч]
Синт.: **а, б** — в глаг. знач. 1 — 4
ОБЛЕЧЁН, -ена́, -ено́, -ены́; *кр. ф.*
В глаг. знач. 1 — 4

▭ Прич. IV в 1, 3 глаг. знач. более употр., чем личные ф. глагола и прич. II

ОБЛЕ́ЧЬ[2], облягут, облёг|, облегла́, -ло́, -ли́; ***сов. к*** облега́ть в 1 знач. (см.)

II. ОБЛЁГШИЙ, -ая, -ее, -ие; *действ. прош.*
Синт.: **а, б** — в глаг. знач. 1

▭ Прич. IV не образуется

ОБЛИВА́ТЬ, облива́|ют, облива́|л; ***несов. к*** обли́ть (см.)

I. ОБЛИВА́ЮЩИЙ, -ая, -ее, -ие; *действ. наст.*
Синт.: **а, б** — в глаг. знач. 1 — 3

II. ОБЛИВА́ВШИЙ, -ая, -ее, -ие; *действ. прош.*
Синт.: **а, б** — в глаг. знач. 1 — 3

III. ОБЛИВА́ЕМЫЙ, -ая, -ое, -ые; *страд. наст.*
Синт.: **а, б** — в глаг. знач. 1—3

ОБЛИ́ТЬ, оболью́т, о́бли|л и обли́|л, облила́, о́блило и обли́ло, о́блили и обли́ли; ***сов., перех.*** (*несов.* облива́ть) **1.** ***кого(что)*** и ***что,*** также ***чем*** *Брат нечаянно облил меня водой* (см. § 2). *Мальчик схватил ведро с водой и облил загоревшуюся модель планера* [обдать, полить со всех сторон или сверху чем-л. жидким] **2.** ***что чем*** *Валерий нечаянно облил скатерть соком* (см. § 2) [запачкать, замочить, пролив что-л.] **3.** ***что чем*** *Мастер облил блюдо глазурью* (см. § 2) [покрыть каким-л. жидким, застывающим составом; *спец.*]

II. ОБЛИ́ВШИЙ, -ая, -ее, -ие; *действ. прош.*
Синт.: **а, б** — в глаг. знач. 1 — 3

IV. О́БЛИТЫЙ, -ая, -ое, -ые и ОБЛИ́ТЫЙ, -ая, -ое, -ые; *страд. прош.*
Синт.: **а, б** — в глаг. знач. 1—3 и в статив. знач.
Статив. знач., ***чем*** (также *кр. ф.* ↓) **1.** Весь, целиком покрытый чем-л. влажным — потом, слезами, росой и т. п. *Олег не мог забыть лицо женщины, облитое слезами. «*[*Ордынов*] *проснулся, весь облитый холодным, ледяным потом».* Достоевский, Хозяйка **2.** Весь, целиком освещенный, озаренный лучами чего-л. *«Снега ярко блестели, облитые лунным сиянием».* Короленко, Сон Макара

О́БЛИТ, облита́, о́блито, -ты и ОБЛИ́Т, облита́, обли́то, -ты; *кр. ф.*
В глаг. знач. 1 — 3
Статив. знач., ***чем*** (также *полн. ф.* ↑) **1.** *«*[*Зинаида*] *выпрямилась... все лицо ее было облито слезами».* Тургенев, Первая любовь **2.** *Снега облиты лунным сиянием*

ОБЛИЧА́ТЬ, облича́|ют, облича́|л; ***несов., перех.*** (*сов.* обличи́ть *к* 1 знач.) **1.** ***кого(что)*** и ***что*** *Оратор обличал бюрократизм и безынициативность. Статья в журнале обличает лживость буржуазной прессы* [сурово порицать, разоблачать, вскрывая что-л. преступное, вредное, неблаговидное] **2.** ***кого(что)*** и ***что в ком; S не лицо*** *Эти привычки обличали в нем человека аккуратного и собранного. Все обличало в нем талант* [служить свидетельством чего-л., обнаруживать, показывать; *книжн.*]

I. ОБЛИЧА́ЮЩИЙ, -ая, -ее, -ие; *действ. наст.*
Синт.: **а, б** — в глаг. знач. 1, 2
В знач. прил. Такой, который содержит в себе что-л. разоблачающее какое-л. отрицательное явление, обличительный. *Обличающие статьи. Обличающие речи. Обличающие слова* (Ср. прил. **обличи́тельный,** -ая, -ое, -ые; -лен, -льна, -льно, -льны. Имеющий целью обличение, содержащий в себе обличение, разоблачающий, обличающий. *Обличительная статья*

II. ОБЛИЧА́ВШИЙ, -ая, -ее, -ие; *действ. прош.*
Синт.: **а, б** — в глаг. знач. 1, 2

III. ОБЛИЧА́ЕМЫЙ, -ая, -ое, -ые; *страд. наст.**
Синт.: **а, б, в** — в глаг. знач. 1

▭ Прич. III во 2 глаг. знач. не употр. Глагол во 2 знач. более употр. в личных ф., чем в ф. прич. I, II

ОБЛИЧИ́ТЬ, облич|а́т, обличи́|л; ***сов. к*** облича́ть в 1 знач. (см.)

II. ОБЛИЧИ́ВШИЙ, -ая, -ее, -ие; *действ. прош.*
Синт.: **а, б** — в глаг. знач. 1

IV. ОБЛИЧЁННЫЙ, -ая, -ое, -ые; *страд. прош.*
Синт.: **а, б, в** — в глаг. знач. 1
ОБЛИЧЁН, -ена́, -ено́, -ены́; *кр. ф.*
В глаг. знач. 1

ОБЛУПИ́ТЬ, облуплю́, облу́п|ят, облупи́|л; ***сов., перех., что*** (*несов.* облу́пливать) *Мальчик сам облупил остатки краски с коробки* [очистить от скорлупы, коры, кожицы и т. п.]

II. ОБЛУПИ́ВШИЙ, -ая, -ее, -ие; *действ. прош.*
Синт.: **а, б** — в глаг. знач.

IV. ОБЛУ́ПЛЕННЫЙ, -ая, -ое, -ые; *страд. прош.*
[чередование п/пл]
Синт.: **а, б** — в глаг. знач.
В знач. прил. (также *кр. ф.* ↓) Такой, у которого облез верхний слой, облезлый, облупившийся. *Облупленные стены. Облупленная крышка чемодана* ◇ **Знать как облупленного** — очень хорошо знать кого-л.

ОБЛУ́ПЛЕН, -ена, -ено, -ены; *кр. ф.*

В глаг. знач.

В знач. прил. (также *полн. ф.* ↑) *Стены облуплены. Крышка чемодана облуплена*

ОБЛУПИ́ТЬСЯ, облуплю́сь, облу́пятся, облупи́|лся; ***сов.*** (*несов.* облу́пливаться); ***S не лицо*** **1.** *Краска на крышке коробки облупилась* [отпасть кусками, осы́паться, обвалиться — о верхнем слое чего-л.] **2.** *Стены дома облупились* [лишиться верхнего, покрывающего слоя] **3.** *Нос у Валерия загорел и уже облупился* [лишиться верхних слоев кожного покрова от действия солнца, ветра и т. п.— о частях тела]

II. ОБЛУПИ́ВШИЙСЯ, -аяся, -ееся, -иеся; *действ. прош.*

Синт.: **а, б, в** — в глаг. знач. 1 — 3

ОБЛУ́ПЛИВАТЬ, облу́плива*а*|ют, облу́плива|л; ***несов. к*** облупи́ть (см.)

I. ОБЛУ́ПЛИВАЮЩИЙ, -ая, -ее, -ие; *действ. наст.*

Синт.: **а, б** — в глаг. знач.

II. ОБЛУ́ПЛИВАВШИЙ, -ая, -ее, -ие; *действ. прош.*

Синт.: **а, б** — в глаг. знач.

III. ОБЛУ́ПЛИВАЕМЫЙ, -ая, -ое, -ые; *страд. наст.*

Синт.: **а, б, в** — в глаг. знач.

ОБЛУ́ПЛИВАТЬСЯ, облу́плива*а*|ются, облу́плива|лся; ***несов. к*** облупи́ться (см.)

I. ОБЛУ́ПЛИВАЮЩИЙСЯ, -аяся, -ееся, -иеся; *действ. наст.*

Синт.: **а, б, в** — в глаг. знач. 1 — 3

II. ОБЛУ́ПЛИВАВШИЙСЯ, -аяся, -ееся, -иеся; *действ. прош.*

Синт.: **а, б, в** — в глаг. знач. 1 — 3

ОБМАНУ́ТЬ, обману́, обма́нут, обману́|л; ***сов., перех.*** (*несов.* обма́нывать) **1.** ***кого(что)*** и ***что*** *Разведчикам удалось обмануть преследователей, запутать следы. Аня обманула меня, сказав, что написала письмо бабушке. Похитители обманули бдительность сторожей* [намеренно ввести кого-л. в заблуждение, прибегнув к какой-л. хитрости, уловке, притворству, сказав неправду и т. п.] **2.** ***кого(что)*** и ***без дополн.*** *Мальчик обманул эту девочку, не дав обещанную книгу. Смирновы обещали приехать в гости, но обманули, не приехали* [не выполнить, нарушить обещание] **3.** ***кого(что)*** и ***без дополн.*** *Продавец обманул покупателя, неправильно взвесил яблоки. «— Писарь.. подрядчику чужие доски продал, обманул, значит».* Чехов, По делам службы [прибегнуть к жульничеству, обману с целью выгоды, наживы, поступить нечестно по отношению к кому-л.] **4.** ***что*** *Этот человек обманул наше доверие. Погода обманула мои ожидания* [не оправдать чьих-л. надежд, ожиданий, доверия и т. п.] **5.** ***кого(что)*** *Все знали, что Николай Петрович обманул жену* [нарушить верность, изменить жене или мужу; *разг.*] **6.** ***кого(что)*** *«Этот самый племянник.. увлек и обманул Катюшу и, сунув ей в последний день сторублевую бумажку, уехал».* Л. Толстой, Воскресение [обольстить, соблазнить девушку, женщину]

II. ОБМАНУ́ВШИЙ, -ая, -ее, -ие; *действ. прош.*

Синт.: **а, б** — в глаг. знач. 1 — 6

IV. ОБМА́НУТЫЙ, -ая, -ое, -ые; *страд. прош.**

Синт.: **а, б** — в глаг. знач. 1 — 3, 5, 6; **в** — в глаг. знач. 3, 5, 6

В знач. прил. (только *полн. ф.*) Не получивший осуществления, воплощения, поддержки и т. п. из-за несоответствия реальному положению дел, реальным обстоятельствам и т. п. *Обманутые ожидания. Обманутые надежды. Обманутое доверие*

ОБМА́НУТ, -та, -то, -ты; *кр. ф.*

В глаг. знач. 1 — 3, 5, 6

□ Прич. IV в 4 глаг. знач. не употр.

ОБМА́НЫВАТЬ, обма́ныва*а*|ют, обма́нывa|л; ***несов. к*** обману́ть (см.)

I. ОБМА́НЫВАЮЩИЙ, -ая, -ее, -ие; *действ. наст.*

Синт.: **а, б** — в глаг. знач. 1 — 6

II. ОБМА́НЫВАВШИЙ, -ая, -ее, -ие; *действ. прош.*

Синт.: **а, б** — в глаг. знач. 1 — 6

III. ОБМА́НЫВАЕМЫЙ, -ая, -ое, -ые; *страд. наст.**

Синт.: **а, б** — в глаг. знач. 1 — 3, 5, 6; **в** — в глаг. знач. 3, 5, 6

□ Прич. III в 4 глаг. знач. не употр.

ОБМЕНЯ́ТЬ, обменя́ют, обменя́|л; ***сов. к*** меня́ть в 1 знач. (см.)

II. ОБМЕНЯ́ВШИЙ, -ая, -ее, -ие; *действ. прош.*

Синт.: **а, б** — в глаг. знач. 1

IV. ОБМЕ́НЯННЫЙ, -ая, -ое, -ые; *страд. прош.*

Синт.: **а, б, в** — в глаг. знач. 1

ОБМЕ́НЯН, -яна, -яно, -яны; *кр. ф.*

В глаг. знач. 1

ОБНАЖА́ТЬ, обнажа́*а*|ют, обнажа́|л; ***несов. к*** обнажи́ть (см.)

I. ОБНАЖА́ЮЩИЙ, -ая, -ее, -ие; *действ. наст.*

Синт.: **а, б** — в глаг. знач. 1 — 4

II. ОБНАЖА́ВШИЙ, -ая, -ее, -ие; *действ. прош.*

Синт.: **а, б** — в глаг. знач. 1 — 4

III. ОБНАЖА́ЕМЫЙ, -ая, -ое, -ые; *страд. наст.*

Синт.: **а, б** — в глаг. знач. 1 — 4; **в** — в глаг. знач. 1, 3

Субстантив.$_3$ не употр.

ОБНАЖА́ТЬСЯ, обнажа́*а*|ются, обнажа́|лся; ***несов. к*** обнажи́ться (см.)

I. ОБНАЖА́ЮЩИЙСЯ, -аяся, -ееся, -иеся; *действ. наст.*

Синт.: **а, б, в** — в глаг. знач. 1 — 5

II. ОБНАЖА́ВШИЙСЯ, -аяся, -ееся, -иеся; *действ. прош.*

Синт.: **а, б, в** — в глаг. знач. 1 — 5

ОБНАЖИ́ТЬ, обнаж|а́т, обнажи́|л; ***сов., перех., что*** (*несов.* обнажа́ть) **1.** *Мальчик обнажил ушибленное колено. Солдаты обнажили головы* [снять одежду, покров с какой-л. части тела] **2.** ***S не лицо*** *Ветер обнажил деревья, уже наполовину потерявшие листву* [лишить листвы, хвои — о растительности] **3.** *Хирург сделал надрез на коже больного и обнажил нерв. Археологи, начав раскопки, обнажили корни де-*

ревьев [сделать ничем не прикрытым, видимым что-л. прежде скрытое, лежащее под чем-л.] **4.** *Этот человек обнажил низменные черты своего характера. «[Революция] обнажила зло, разъедающее общество».* Дзержинский, Из дневника заключенного, 21 мая 1908 [сделать явным, раскрыть, обнаружить]

II. ОБНАЖИ́ВШИЙ, -ая, -ее, -ие; *действ. прош.*

С и н т.: **а, б** — в глаг. знач. 1 — 4

IV. ОБНАЖЁННЫЙ, -ая, -ое, -ые; *страд. прош.**

С и н т.: **а, б** — в глаг. знач. 1, 3, 4

В з н а ч. п р и л. **1.** (также *кр. ф.* ↓) Ничем не прикрытый — о частях человеческого тела; без одежды, обнажившийся — о человеке. *Обнаженная рука. Обнаженные плечи. Обнаженный человек. Обнаженные девушки* **2.** (только *полн. ф.*) Без листвы, хвои, обнажившийся — о растительности. *Обнаженные деревья* **3.** (также *кр. ф.* ↓) Лежащий на поверхности, ничем не прикрытый, обнажившийся. *Обнаженные корни деревьев. Обнаженные гранитные глыбы* **4.** (только *полн. ф.*) Явный, откровенный, обнажившийся. *Обнаженное зло. Обнаженная лесть*

С у б с т а н т и в.$_3$ в глаг. знач. 1

ОБНАЖЁН, -ена́, -ено́, -ены́; *кр. ф.**

В глаг. знач. 1, 3, 4

В з н а ч. п р и л. **1.** (также *полн. ф.* в знач. прил. 1 ↑) *Ее руки и плечи были обнажены. Девушка была обнажена* **2.** (также *полн. ф.* в знач. прил. 3 ↑) *Корни деревьев обнажены. Гранитные глыбы были обнажены*

□ Прич. IV во 2 глаг. знач. не употр.

ОБНАЖИ́ТЬСЯ, обнажу́сь, обнажа́тся, обнажи́|лся; **сов.** (*несов.* обнажа́ться) **1.** *Натурщица обнажилась, и художник начал рисовать ее* [обнажить свое тело, снять с себя всю одежду] **2.** ***S не лицо*** *Руки девушки обнажились до локтя, когда она подняла их вверх* [стать ничем не прикрытым, голым — о какой-л. части тела] **3.** ***S не лицо*** *«Поздняя осень. Грачи улетели, Лес обнажился, поля опустели».* Н. Некрасов, Несжатая полоса [лишиться листвы, хвои] **4.** ***S не лицо*** *Корни берез обнажились. Нерв обнажился* [оказаться ничем не прикрытым, лежащим на поверхности] **5.** ***S не лицо*** *«Меры эти.. были приняты, и тогда обнажилась тактика Стремова».* Л. Толстой, Анна Каренина [стать явным, раскрыться, обнаружиться]

I. ОБНАЖИ́ВШИЙСЯ, -аяся, -ееся, -иеся; *действ. прош.*

С и н т.: **а, б, в** — в глаг. знач. 1 — 5

ОБНИЩА́ТЬ, обнища́ют, обнища́|л; **сов., неперех.** *«Кто приголубит старуху безродную? Вся обнищала вконец».* Некрасов, В деревне. *«В три года Горюхино совершенно обнищало».* Пушкин, История села Горюхина [впасть в нищету, обеднеть]

II. ОБНИЩА́ВШИЙ, -ая, -ее, -ие; *действ. прош.*

С и н т.: **а, б, в** — в глаг. знач.

В з н а ч. п р и л. **1.** Впавший в нищету, обнищалый. *Обнищавшая семья* **2.** Пришедший в упадок, обнищалый. *Обнищавшая деревня. Обнищавшее хозяйство* (С р. прил. **обнища́лый**, -ая, -ое, -ые. **1.** Впавший в нищету, обнищавший. *Обнищалая семья* **2.** Пришедший в упадок, обнищавший. *Обнищалая деревня. Обнищалое хозяйство*)

ОБНОВИ́ТЬ, обновлю́, обнов|я́т, обнови́|л; **сов., перех.** (*несов.* обновля́ть) **1.** ***что*** *Мы обновили наш старый дом и поселились в нем* [восстановить, придать чему-л. вид нового путем починки, замены износившихся частей] **2.** ***что*** *Илья обновил всю мебель в новой квартире. Наш завод обновил за год почти всё устаревшее оборудование. Театр в этом году обновил репертуар* [заменить всё негодное, устаревшее чем-л. новым; изменить, пополнить внесением нового] **3.** ***кого(что)*** и ***что; S не лицо*** *Занятия музыкой, увлечение поэзией обновили Олега. Любовь обновила мою душу* [сделать иным, новым, возродить] **4.** ***кого(что); S не лицо*** *Плавание в бассейне просто обновило меня* [освежить, оживить, придать новые силы] **5.** ***что*** *Мы, наконец-то, сегодня обновили наши лыжи. Дима обновил свой костюм* [впервые употребить, использовать новую вещь; *разг.*]

II. ОБНОВИ́ВШИЙ, -ая, -ее, -ие; *действ. прош.*

С и н т.: **а, б** — в глаг. знач. 1 — 5

IV. ОБНОВЛЁННЫЙ, -ая, -ое, -ые; *страд. прош.*

[чередование в/вл]

С и н т.: **а, б** — в глаг. знач. 1 — 5; **в** — в глаг. знач. 1, 2

В з н а ч. п р и л. (только *полн. ф.*) Вновь возродившийся, оживший, приобретший новые, свежие силы, обновившийся. *Обновленная природа. Обновленная жизнь. Обновленные нервы*

С у б с т а н т и в.$_2$ в глаг. знач. 3; с у б с т а н т и в.$_3$ не употр.

ОБНОВЛЁН, -ена́, -ено́, -ены́; *кр. ф.*

В глаг. знач. 1 — 5

ОБНОВИ́ТЬСЯ, обновлю́сь, обновя́тся, обнови́|лся; **сов.** (*несов.* обновля́ться); ***S не лицо*** **1.** *«[Токарев] жадно дышал утренней прохладой. Как будто каждый мускул, каждый нерв обновились в нем..»* Вересаев, На повороте. *Природа обновилась* [снова ожить, возродиться] **2.** *Жизнь обновилась. Наш город обновился* [приобрести новые черты, свойства и т. п. в результате каких-л. перемен, изменений, преобразований, стать обновленным] **3.** *Репертуар нашего театра сильно обновился* [стать новым по составу]

II. ОБНОВИ́ВШИЙСЯ, -аяся, -ееся, -иеся; *действ. прош.*

С и н т.: **а, б, в** — в глаг. знач. 1 — 3

ОБНОВЛЯ́ТЬ, обновля́|ют, обновля́|л; **несов. к** обнови́ть (см.)

I. ОБНОВЛЯ́ЮЩИЙ, -ая, -ее, -ие; *действ. наст.*

С и н т.: **а, б** — в глаг. знач. 1 — 5

II. ОБНОВЛЯ́ВШИЙ, -ая, -ее, -ие; *действ. прош.*

С и н т.: **а, б** — в глаг. знач. 1 — 5

III. ОБНОВЛЯ́ЕМЫЙ, -ая, -ое, -ые; *страд. наст.*

Синт.: **а, б** — в глаг. знач. 1 — 5; **в** — в глаг. знач. 1, 2

Субстантив.₂ в глаг. знач. 3; субстантив.₃ не употр.

ОБНОВЛЯ́ТЬСЯ, обновля́|ются, обновля́|лся; *несов. к* обнови́ться *(см.)*

I. ОБНОВЛЯ́ЮЩИЙСЯ, -аяся, -ееся, -иеся; *действ. наст.*

Синт.: **а, б, в** — в глаг. знач. 1 — 3

II. ОБНОВЛЯ́ВШИЙСЯ, -аяся, -ееся, -иеся; *действ. прош.*

Синт.: **а, б, в** — в глаг. знач. 1 — 3

ОБОБЩА́ТЬ, обобща́|ют, обобща́|л; ***несов., перех., что*** (*сов.* обобщи́ть) **1.** *Этот ученый сразу обобщает свои наблюдения* [делать выводы из наблюдения отдельных фактов, явлений, выражая их в форме общего положения] **2.** *Мы обобщаем опыт передовых предприятий* [вскрывать общее в отдельных явлениях, вещах, фактах]

I. ОБОБЩА́ЮЩИЙ, -ая, -ее, -ие; *действ. наст.*

Синт.: **а, б** — в глаг. знач. 1, 2

В знач. прил. Содержащий в себе выводы, положения общего характера, возникающие в результате анализа, наблюдения над отдельным, частным. *Обобщающий фундаментальный труд. Обобщающее исследование. Обобщающее понятие. Усиливается роль таких обобщающих показателей и нормативов, как прибыль, рост производительности труда* (из газет)

II. ОБОБЩА́ВШИЙ, -ая, -ее, -ие; *действ. прош.*

Синт.: **а, б** — в глаг. знач. 1, 2

III. ОБОБЩА́ЕМЫЙ, -ая, -ое, -ые; *страд. наст.*

Синт.: **а, б, в** — в глаг. знач. 1, 2

ОБОБЩА́ЕМ, -ема, -емо, -емы; *кр. ф.*

В глаг. знач. 1, 2

ОБОБЩИ́ТЬ, обобщ|а́т, обобщи́|л; ***сов., перех., что*** (*несов.* обобща́ть) **1.** *Ученый сразу обобщил все свои наблюдения* [сделать выводы из наблюдения отдельных фактов, явлений, выразив их в форме общего положения] **2.** *Мы обобщили опыт передовых предприятий* [вскрыть общее в отдельных явлениях, вещах, фактах]

II. ОБОБЩИ́ВШИЙ, -ая, -ее, -ие; *действ. прош.*

Синт.: **а, б** — в глаг. знач. 1, 2

IV. ОБОБЩЁННЫЙ, -ая, -ое, -ые; *страд. прош.*

Синт.: **а, б** — в глаг. знач. 1, 2

В знач. прил. (только *полн. ф.*) **1.** Являющийся обобщением, сложившийся в результате наблюдения, изучения отдельных частных явлений. *Обобщенное понятие. Обобщенные данные* **2.** Типизированный. *Обобщенный образ в художественном произведении*

Ср. прил. **обобщённый**, -ая, -ое, -ые; -ён, -ённа, -ённо, -ённы. Не затрагивающий частностей. *Обобщенное изложение материала. Обобщенный подход к чему-л.*

ОБОБЩЁН, -ена́, -ено́, -ены́; *кр. ф.*

В глаг. знач. 1, 2

ОБОДРА́ТЬ, обдеру́т, ободра́|л, ободрала́, ободра́ло, -ли; ***сов., перех.*** (*несов.* обдира́ть) **1.** ***что*** *Лесник ободрал кору с упавшего дерева* [содрать со всех сторон, со всей поверхности чего-л. верхний слой, покров и т. п.] **2.** ***кого (что)**** *Волк ободрал ягненка* [снять, содрать шкуру с животного] **3.** ***что*** *Мальчик сильно ободрал себе колени. Я ободрала носок нового сапога* [поцарапать, исцарапать; *разг.*]

II. ОБОДРА́ВШИЙ, -ая, -ее, -ие; *действ. прош.*

Синт.: **а, б** — в глаг. знач. 1 — 3

IV. ОБО́ДРАННЫЙ, -ая, -ое, -ые; *страд. прош.*

Синт.: **а, б** — в глаг. знач. 1 — 3

В знач. прил. (только *полн. ф.*) **1.** Отставший от стен, какой-л. поверхности, висящий клочьями. *Ободранные обои* **2.** Ставший рваным, изодранный, ободравшийся. *Ободранное пальто*

Ср. прил. **обо́дранный**, -ая, -ое, -ые; -ан, -анна, -анно, -анны. В рваной одежде, в лохмотьях, ободравшийся; *разг.* *Вошел грязный, ободранный старик. Нищие были ободранны, худы*

Субстантив.₃ в глаг. знач. 1

ОБО́ДРАН, -ана, -ано, -аны; *кр. ф.*

В глаг. знач. 1 — 3

ОБОДРА́ТЬСЯ, обдеру́тся, ободра́|лся, ободрала́сь, -ло́сь, -ли́сь; ***сов.*** (*несов.* обдира́ться *к* 1 знач.) **1.** ***S не лицо*** *Обои на стенах ободрались. Кора у старого дуба ободралась* [сойти с поверхности, отделиться — о верхнем слое, покрове и т. п.] **2.** ***S не лицо*** *Мое пальто совсем ободралось* [изорваться, обтрепаться; *прост.*] **3.** *Геологи в этой трудной экспедиции совсем ободрались* [истрепать, изорвать всю свою одежду, обувь; *прост.*]

II. ОБОДРА́ВШИЙСЯ, -аяся, -ееся, -иеся; *действ. прош.*

Синт.: **а, б, в** — в глаг. знач. 1 — 3

ОБОДРИ́ТЬ, ободр|я́т, ободри́|л; ***сов. к*** ободря́ть (см.)

II. ОБОДРИ́ВШИЙ, -ая, -ее, -ие; *действ. прош.*

Синт.: **а, б** — в глаг. знач.

IV. ОБОДРЁННЫЙ, -ая, -ое, -ые; *страд. прош.*

Синт.: **а, б, в** — в глаг. знач.

ОБОДРЁН, -ена́, -ено́, -ены́; *кр. ф.*

В глаг. знач.

ОБОДРЯ́ТЬ, ободря́|ют, ободря́|л; ***несов., перех., кого(что),*** также ***чем*** (*сов.* ободри́ть) *Отец всегда ободряет сына шуткой в нужную минуту* (см. § 1). *Твои слова ободряют меня* [вселять бодрость, уверенность, поднимать настроение у кого-л.]

I. ОБОДРЯ́ЮЩИЙ, -ая, -ее, -ие; *действ. наст.*

Синт.: **а, б** — в глаг. знач.

Ср. прил. **ободря́ющий,** -ая, -ее, -ие; -ющ, -юща, -юще, -ющи. Такой, который вселяет бодрость, уверенность, поднимает настроение. *Ободряющая улыбка. Ободряющие слова. Ободряющий жест*

II. ОБОДРЯ́ВШИЙ, -ая, -ее, -ие; *действ. прош.*

Синт.: **а, б** — в глаг. знач.

III. ОБОДРЯ́ЕМЫЙ, -ая, -ое, -ые; *страд. наст.*

Синт.: **а, б, в** — в глаг. знач.

ОБОЗНАЧА́ТЬ, обознача́|ют, обознача́|л; ***несов., перех.*** (*сов.* обозна́чить *к* 1, 2 знач.) **1. *что*** *Ребята обозначают на контурной карте месторождения полезных ископаемых* [отмечать, указывать каким-л. знаком, меткой] **2. *что чем*** *Ученики обозначают одно неизвестное иксом, другое — игреком* (см. § 2) [давать чему-л. условное выражение, обозначение] **3. *что; S не лицо*** *Что обозначает это слово?* [иметь тот или иной смысл, значение, значить]

I. ОБОЗНАЧА́ЮЩИЙ, -ая, -ее, -ие; *действ. наст.*

Синт.: **а, б** — в глаг. знач. 1 — 3

II. ОБОЗНАЧА́ВШИЙ, -ая, -ее, -ие; *действ. прош.*

Синт.: **а, б** — в глаг. знач. 1 — 3

III. ОБОЗНАЧА́ЕМЫЙ, -ая, -ое, -ые; *страд. наст.*

Синт.: **а, б** — в глаг. знач. 1 — 3

Субстантив.₃ в глаг. знач. 1, 2

ОБОЗНАЧА́ТЬСЯ, обознача́|ются, обознача́|лся; ***несов. к*** обозна́читься (см.)

I. ОБОЗНАЧА́ЮЩИЙСЯ, -аяся, -ееся, -иеся; *действ. наст.*

Синт.: **а, б** — в глаг. знач. 1 — 3

II. ОБОЗНАЧА́ВШИЙСЯ, -аяся, -ееся, -иеся; *действ. прош.*

Синт.: **а, б** — в глаг. знач. 1 — 3

ОБОЗНА́ЧИТЬ, обозна́ч|ат, обозна́чи|л; ***сов., перех.*** (*несов.* обознача́ть *к* 1, 2 знач.) **1. *что*** *Ребята обозначили на контурной карте месторождения полезных ископаемых* [отметить, указать каким-л. знаком, меткой] **2. *что чем*** *Ученики обозначили одно неизвестное иксом, другое игреком* (см. § 2) [дать чему-л. условное выражение, обозначение] **3. *что; S не лицо*** *Худоба резко обозначила его скулы* [сделать хорошо заметным, видным]

II. ОБОЗНА́ЧИВШИЙ, -ая, -ее, -ие; *действ. прош.*

Синт.: **а, б** — в глаг. знач. 1 — 3

IV. ОБОЗНА́ЧЕННЫЙ, -ая, -ое, -ые; *страд. прош.*

Синт.: **а, б** — в глаг. знач. 1 — 3

В знач. прил., ***с нареч.*** (также *кр. ф.* ↓) Такой, который имеет видимые очертания, четко выявляется, заметен, обозначившийся. *Брат узнал этого человека только по резко обозначенным жилам на руках и шее. Сестра сделала больному укол в отчетливо обозначенную вену на правой руке*

Субстантив.₃ в глаг. знач. 1, 2

ОБОЗНА́ЧЕН, -ена, -ено, -ены; *кр. ф.*

В глаг. знач. 1 — 3

В знач. прил., ***с нареч.*** (также *полн. ф.* ↑) *У этого человека резко обозначены жилы на руках и шее. У больного на правой руке вены были отчетливо обозначены*

ОБОЗНА́ЧИТЬСЯ, обозна́чатся, обозна́чи|лся; ***сов.*** (*несов.* обознача́ться); ***S не лицо*** **1.** *«Впереди показалось красное, мутное пятно, мало-помалу обозначились высокие ворота и длинный забор».* Чехов, Воры [стать видимым, различимым при приближении, усилении освещения и т. п., обрисоваться] **2.** *«Резкие морщины обозначились у нее на лбу».* Паустовский, Соранг [появившись, получить отчетливость очертаний] **3.** *«Явственно обозначилось стремление противника перейти в контрнаступление».* Москаленко, На юго-западном направлении [стать явным, очевидным, выявиться, наметиться]

II. ОБОЗНА́ЧИВШИЙСЯ, -аяся, -ееся, -иеся; *действ. прош.*

Синт.: **а, б** — в глаг. знач. 1 — 3; **в** — в глаг. знач. 3

ОБОРВА́ТЬ, оборву́т, оборва́|л, оборвала́, оборва́ло, -ли; ***сов., перех.*** (*несов.* обрыва́ть) **1. *что*** *Дети оборвали все сливы с дерева. Девочка оборвала лепестки у ромашки* [сорвать все, со всех сторон, кругом] **2. *что***, также ***чем*** *Малыш нечаянно оборвал телефонный провод. Я оборвала нитку зубами* (см. § 2) [дернув, резким движением нарушить целостность чего-л., разорвать] **3. *что*** *Ольга оборвала наш разговор на полуслове. Бабушка оборвала чтение, услышав шаги. Певец неожиданно оборвал песню* [резко прекратить действие, течение чего-л.] **4. *кого (что),*** также ***чем*** *Незнакомец оборвал девочку грубым замечанием* (см. § 2). *Ребята оборвали болтуна* [заставить замолчать резким, грубым замечанием]

II. ОБОРВА́ВШИЙ, -ая, -ее, -ие; *действ. прош.*

Синт.: **а, б** — в глаг. знач. 1 — 4

IV. ОБО́РВАННЫЙ, -ая, -ое, -ые; *страд. прош.*

Синт.: **а, б** — в глаг. знач. 1 — 4; **в** — в глаг. знач. 1 — 3

В знач. прил. (только *полн. ф.*) Представляющий собой незаконченные части, обрывки чего-л. *Оборванные мысли. Оборванные фразы*

Ср. прил. **обо́рванный**, -ая, -ое, -ые; -ан, -анна, -анно, **-анны**. **1.** В рваной одежде, оборвавшийся. *Оборванный старик. Нищие были оборванны, худы* **2.** (только *полн. ф.*) Рваный, изодранный. *Оборванное пальто*

Субстантив.₃ в глаг. знач. 1, 2

ОБО́РВАН, -ана, -ано, -аны; *кр. ф.*

В глаг. знач. 1 — 4

ОБОРВА́ТЬСЯ, оборву́тся, оборва́|лся, оборвала́сь, -ло́сь, -ли́сь; ***сов.*** (*несов.* обрыва́ться *к* 1, 2 знач.) **1. *S не лицо*** *Вешалка у пальто оборвалась. Веревка оборвалась* [оторвавшись, отделиться от чего-л.; разделиться на части от натяжения, рывка, порваться] **2. *S не лицо*** *Наш разговор неожиданно оборвался* [прекратиться, прерваться внезапно, сразу] **3.** *Геологи похудели и оборвались за время трудного перехода в горах* [истрепать, износить до дыр свою одежду, обноситься; *разг.*]

II. ОБОРВА́ВШИЙСЯ, -аяся, -ееся, -иеся; *действ. прош.*

Синт.: **а, б, в** — в глаг. знач. 1—3

ОБОСНОВА́ТЬ, обоснуют *и доп.* обосну́ют, обосно́ва́|л; ***сов., перех., что*** (*несов.* обосно́вывать) *Докладчик обосновал свою новую теорию о строении вселенной. Рабочие обосновали свои предложения* [подкрепить убедительными доказательствами, привести убедительные доводы в пользу чего-л.]

II. ОБОСНОВА́ВШИЙ, -ая, -ее, -ие; *действ. прош.*

Синт.: **а, б** — в глаг. знач.

IV. ОБОСНО́ВАННЫЙ, -ая, -ое, -ые; *страд. прош.*

Синт.: **а, б** — в глаг. знач.

Ср. прил. **обосно́ванный**, -ая, -ое, -ые; -ан, -анна, -анно, -анны. **1.** Подтвержденный фактами, серьезными доводами, убедительный. *Обоснованный вывод. Твое утверждение убедительно и обоснованно* **2.** Имеющий основания, причины для появления, проявления. *Ваша тревога обоснованна*

ОБОСНО́ВАН, -ана, -ано, -аны; *кр. ф.*

В глаг. знач.

ОБОСНО́ВЫВАТЬ, обосно́выва|ют, обосно́выва|л; ***несов. к*** обоснова́ть (см.)

I. ОБОСНО́ВЫВАЮЩИЙ, -ая, -ее, -ие; *действ. наст.*

Синт.: **а, б** — в глаг. знач.

II. ОБОСНО́ВЫВАВШИЙ, -ая, -ее, -ие; *действ. прош.*

Синт.: **а, б** — в глаг. знач.

III. ОБОСНО́ВЫВАЕМЫЙ, -ая, -ое, -ые; *страд. наст.*

Синт.: **а, б** — в глаг. знач.

ОБОСО́БИТЬ, обосо́б|ят, обосо́би|л; ***сов., перех.*** (*несов.* обособля́ть) **1.** ***кого(что)*** и ***что*** *«[Трофимов] именно этот участок у бухточки огородил, обособил».* Горбатов, Большая вода. *Естественный отбор обособил этот вид животных* [отделить, выделить из общего, целого; поставить в особое положение] **2.** ***что*** *Ученики обособили в этих предложениях определения* [интонацией, а на письме запятыми, выделить какой-л. смысловой отрезок внутри предложения — в грамматике]

II. ОБОСО́БИВШИЙ, -ая, -ее, -ие; *действ. прош.*

Синт.: **а, б** — в глаг. знач. 1, 2

IV. ОБОСО́БЛЕННЫЙ, -ая, -ое, -ые; *страд. прош.*

[чередование б/бл]

Синт.: **а, б** — в глаг. знач. 1, 2

Ср. прил. **обосо́бленный**, -ая, -ое, -ые; -ен, -енна, -енно, -енны. **1.** Расположенный отдельно от других, стоящий особняком. *Мы увидели несколько обособленных деревьев. Изба лесника одинока, обособленна* **2.** Не связанный с другими, отдельный, замкнутый. *Обособленная жизнь. Занимать обособленное положение* **3.** (только *полн. ф.*) Относительно самостоятельный, интонационно выделенный по смыслу — в грамматике. *Обособленное определение*

Субстантив.$_2$ не употр.; субстантив.$_3$ в глаг. знач. 2

ОБОСО́БЛЕН, -ена, -ено, -ены; *кр. ф.*

В глаг. знач. 1, 2

ОБОСОБЛЯ́ТЬ, обособля́|ют, обособля́|л; ***несов. к*** обосо́бить (см.)

I. ОБОСОБЛЯ́ЮЩИЙ, -ая, -ее, -ие; *действ. наст.*

Синт.: **а, б** — в глаг. знач. 1, 2

II. ОБОСОБЛЯ́ВШИЙ, -ая, -ее, -ие; *действ. прош.*

Синт.: **а, б** — в глаг. знач. 1, 2

III. ОБОСОБЛЯ́ЕМЫЙ, -ая, -ое, -ые; *страд. наст.*

Синт.: **а, б, в** — в глаг. знач. 1, 2

Субстантив.$_2$ не употр.; субстантив.$_3$ в глаг. знач. 2

ОБОСТРИ́ТЬ, обостр|я́т, обостри́|л; ***сов., перех., что*** (*несов.* обостря́ть) **1.** ***S не лицо*** *Работа с этим аппаратом обострила зрение и слух Ильи. Отъезд отца обострил чувство одиночества. Твое письмо обострило мое желание увидеть брата* [сделать более острым — о чувстве, ощущении и т. п.] **2.** ***S не лицо*** *Все эти обстоятельства обострили болезнь Олега. Волнение обострило боль* [сделать более тяжелым; сделать более резким, ощутимым] **3.** *Иван сознательно обострил наши отношения. Выступление директора обострило разногласия в коллективе* [сделать более напряженным, грозящим столкновением, разрывом]

II. ОБОСТРИ́ВШИЙ, -ая, -ее, -ие; *действ. прош.*

Синт.: **а, б** — в глаг. знач. 1 — 3

IV. ОБОСТРЁННЫЙ, -ая, -ое, -ые; *страд. прош.*

Синт.: **а, б** — в глаг. знач. 1 — 3

В знач. прил. **1.** (только *полн. ф.*) Заострившийся, обострившийся от исхудания, болезни и т. п.— о чертах лица. *Обостренный нос. Обостренные скулы. Обостренный подбородок* **2.** (также *кр. ф.* ↓) Повышенно чувствительный, более острый по сравнению с обычным — об ощущении, восприятии и т. п. *Обостренный слух. Обостренное зрение* **3.** (также *кр. ф.* ↓) Напряженный, неприязненный, грозящий столкновением, разрывом. *Обостренные отношения*

Ср. прил. **обострённый**, -ая, -ое, -ые. Крайне сильный, в высшей степени острый. *Обостренная обидчивость. Обостренное внимание. Обостренное желание*

Субстантив.$_3$ не употр.

ОБОСТРЁН, -ена́, -ено́, -ены́; *кр. ф.*

В глаг. знач. 1 — 3

В знач. прил. **1.** (также *полн. ф.* в знач. прил. 2 ↑) *Слух обострен. Зрение обострено* **2.** (также *полн. ф.* в знач. прил. 3 ↑) *Отношения обострены*

ОБОСТРИ́ТЬСЯ, обостря́тся, обостри́|лся; ***сов.*** (*несов.* обостря́ться); ***S не лицо*** **1.** *Лицо больного обострилось* [стать очень худым, стать острее, тоньше — о чертах лица] **2.** *После тренировок у этих людей слух и зрение заметно обострились* [стать более острым, резко выраженным — о чувстве, ощущении и т. п.] **3.** *Болезнь обострилась* [принять более тяжелую форму] **4.** *Отношения между капиталистическими странами обострились* [стать более напряженным, грозящим полным разрывом]

II. ОБОСТРИ́ВШИЙСЯ, -аяся, -ееся, -иеся; *действ. прош.*

Синт.: **а, б, в** — в глаг. знач. 1 — 4

ОБОСТРЯ́ТЬ, обостря́|ют, обостря́|л; ***несов. к*** обостри́ть (см.)

I. ОБОСТРЯ́ЮЩИЙ, -ая, -ее, -ие; *действ. наст.*

Синт.: **а, б** — в глаг. знач. 1 — 3

II. ОБОСТРЯ́ВШИЙ, -ая, -ее, -ие; *действ. прош.*

Синт.: **а, б** — в глаг. знач. 1 — 3

III. ОБОСТРЯ́ЕМЫЙ, -ая, -ое, -ые; *страд. наст.*

Синт.: **а, б** — в глаг. знач. 1 — 3

Субстантив.₃ не употр.

ОБОСТРЯ́ТЬСЯ, обостря́|ются, обостря́|лся; ***несов. к*** обостри́ться *(см.)*

I. ОБОСТРЯ́ЮЩИЙСЯ, -аяся, -ееся, -иеся; *действ. наст.*

Синт.: **а, б, в** — в глаг. знач. 1 — 4

II. ОБОСТРЯ́ВШИЙСЯ, -аяся, -ееся, -иеся; *действ. прош.*

Синт.: **а, б, в** — в глаг. знач. 1 — 4

ОБРАБА́ТЫВАТЬ, обраба́тыва|ют, обраба́тыва|л; ***несов., перех., что*** (*сов.* обрабо́тать) **1.** также ***чем*** *Мастер особым способом обрабатывает шкуру животных* (см. § 2). *На этом станке школьники обрабатывают мелкие детали* [подвергать выделке или специальной отделке в процессе изготовления] **2.** также ***чем*** *Совхоз обрабатывает землю новыми тракторами* (см. § 2) [готовить для посева, посадки, возделывать] **3.** также ***чем*** *Хирург тщательно обрабатывает рану дезинфицирующими средствами* (см. § 2) [очищать, дезинфицировать, готовя к перевязке, операции, проводя лечение] **4.** *Молодой журналист очень тщательно обрабатывает материалы для своих очерков. Лаборант обрабатывает результаты опытов* [упорядочивать, приводить в состояние готовности для дальнейшего применения, использования]

I. ОБРАБА́ТЫВАЮЩИЙ, -ая, -ее, -ие; *действ. наст.*

Синт.: **а, б** — в глаг. знач. 1 — 4

В знач. прил. в выражениях; **обрабатывающая промышленность** — отрасли промышленности, занятые, в отличие от добывающей промышленности, обработкой сырья и изготовлением изделий; **обрабатывающий центр** — станок-автомат с замкнутым технологическим циклом, производящий все операции, необходимые для обработки изделия. *Производство прогрессивных вычислительных систем, обрабатывающих центров, роторно-конвейерных линий возросло в 1,5 — 2 раза* (из газет)

II. ОБРАБА́ТЫВАВШИЙ, -ая, -ее, -ие; *действ. прош.*

Синт.: **а, б** — в глаг. знач. 1 — 4

III. ОБРАБА́ТЫВАЕМЫЙ, -ая, -ое, -ые; *страд. наст.*

Синт.: **а, б, в** — в глаг. знач. 1 — 4

Субстантив.₃ в глаг. знач. 1—3

ОБРАБО́ТАТЬ, обрабо́тают, обрабо́та|л; ***сов. к*** обраба́тывать (см.)

II. ОБРАБО́ТАВШИЙ, -ая, -ее, -ие; *действ. прош.*

Синт.: **а, б** — в глаг. знач. 1 — 4

IV. ОБРАБО́ТАННЫЙ, -ая, -ое, -ые; *страд. прош*

Синт.: **а, б, в** — в глаг. знач. 1 — 4

Субстантив.₃ в глаг. знач. 1—3

ОБРАБО́ТАН, -ана, -ано, -аны; *кр. ф.*

В глаг. знач. 1 — 4

ОБРА́ДОВАТЬ, обра́дуют, обра́дова|л; ***сов., перех., кого(что)***, также ***чем*** (*несов.* ра́довать) *Друзья обрадовали Тамару своим приходом* (см. § 1). *Твое письмо обрадовало Ольгу* [доставить радость кому-л.]

II. ОБРА́ДОВАВШИЙ, -ая, -ее, -ие; *действ. прош.*

Синт.: **а, б** — в глаг. знач.

IV. ОБРА́ДОВАННЫЙ, -ая, -ое, -ые; *страд. прош.*

Синт.: **а, б** — в глаг. знач.

Ср. прил. **обра́дованный**, -ая, -ое, -ые. Выражающий радость. *Обрадованный вид. Обрадованный взгляд. Обрадованное лицо*

ОБРА́ДОВАН, -ана, -ано, -аны; *кр. ф.*

В глаг. знач.

ОБРАЗОВА́ТЬ, образу́|ют, образова́|л; ***сов.*** (наст. также ***несов.***), ***перех., что*** (*несов.* образо́вывать) **1.** ***S не лицо*** *Песчаная отмель и мыс образуют залив. Дорога образует здесь петлю. Портьера в одном месте загнулась и образовала узкую щель* [имея или принимая какую-л. форму, вид, строение, создать или создавать, составить или составлять что-л., вызвать или вызывать появление, возникновение чего-л.] **2.** ***S не лицо*** *Пятнадцать союзных республик образуют Советский Союз* [составить или составлять какое-л. целое] **3.** *Мы образовали комиссию для организации спортивных соревнований* [основать или основывать, организовать или организовывать что-л. из кого-чего-л.]

I. ОБРАЗУ́ЮЩИЙ, -ая, -ее, -ие; *действ. наст.*

Синт.: **а, б** — в глаг. знач. 1 — 3

В знач. прил. в выражении: **образующая линия** — в математике: линия, движением которой создается какая-л. поверхность

В знач. сущ. **образу́ющая**, -ей, *ж.* То же, что образующая линия

II. ОБРАЗОВА́ВШИЙ, -ая, -ее, -ие; *действ. прош.*

Синт.: **а, б** — в глаг. знач. 1 — 3

III. ОБРАЗУ́ЕМЫЙ, -ая, -ое, -ые; *страд. наст.*

Синт.: **а, б** — в глаг. знач. 1 — 3

Субстантив.₃ в глаг. знач. 1, 2

IV. ОБРАЗО́ВАННЫЙ, -ая, -ое, -ые; *страд. прош.*

Синт.: **а, б** — в глаг. знач. 1 — 3

Ср. прил. **образо́ванный**, -ая, -ое, -ые; -ан, -анна, -анно, -анны. Получивший, имеющий образование; имеющий разносторонние

знания. *Образованный человек. Аня умна и образованна*
Субстантив.$_3$ в глаг. знач. 1, 2
ОБРАЗО́ВАН, -ана, -ано, -аны; *кр. ф.*
В глаг. знач. 1 — 3

ОБРАЗО́ВЫВАТЬ, образо́выва|ют, образо́выва|л; ***несов. к*** образова́ть (см.)
I. ОБРАЗО́ВЫВАЮЩИЙ, -ая, -ее, -ие; *действ. наст.*
Синт.: **а, б** — в глаг. знач. 1 — 3
II. ОБРАЗО́ВЫВАВШИЙ, -ая, -ее, -ие; *действ. прош.*
Синт.: **а, б** — в глаг. знач. 1 — 3
III. ОБРАЗО́ВЫВАЕМЫЙ, -ая, -ое, -ые; *страд. наст.*
Синт.: **а, б** — в глаг. знач. 1—3
Субстантив.$_3$ в глаг. знач. 1, 2

ОБРЕКА́ТЬ, обрека́|ют, обрека́|л; ***несов. к*** обре́чь (см.)
I. ОБРЕКА́ЮЩИЙ, -ая, -ее, -ие; *действ. наст.*
Синт.: **а, б** — в глаг. знач.
II. ОБРЕКА́ВШИЙ, -ая, -ее, -ие; *действ. прош.*
Синт.: **а, б** — в глаг. знач.
III. ОБРЕКА́ЕМЫЙ, -ая, -ое, -ые; *страд. наст.*
Синт.: **а, б** — в глаг. знач.

ОБРЕМЕНИ́ТЬ, обремен|я́т, обремени́|л; ***сов. к*** обременя́ть (см.)
II. ОБРЕМЕНИ́ВШИЙ, -ая, -ее, -ие; *действ. прош.*
Синт.: **а, б** — в глаг. знач.
IV. ОБРЕМЕНЁННЫЙ, -ая, -ое, -ые; *страд. прош.*
Синт.: **а, б** — в глаг. знач.
ОБРЕМЕНЁН, -ена́, -ено́, -ены́; *кр. ф.*
В глаг. знач.

ОБРЕМЕНЯ́ТЬ, обременя́|ют, обременя́|л; ***несов., перех., кого(что),*** также **чем** (*сов.* обремени́ть) *Олег обременяет вас своей просьбой?* (см. § 1). *Ваше поручение меня не очень обременяет* [затруднять, доставлять хлопоты, неудобства]
I. ОБРЕМЕНЯ́ЮЩИЙ, -ая, -ее, -ие; *действ. наст.*
Синт.: **а, б** — в глаг. знач.
В знач. прил. Такой, который доставляет много хлопот, затруднений, неудобств кому-л., обременительный. *Обременяющая просьба. Обременяющее поручение* (Ср. прил. **обремени́тельный**, -ая, -ое, -ые; -лен, -льна, -льно, -льны. Доставляющий много хлопот, затруднений. *Это обременительная просьба. Обременительные обязанности*)
II. ОБРЕМЕНЯ́ВШИЙ, -ая, -ее, -ие; *действ. прош.*
Синт.: **а, б** — в глаг. знач.
III. ОБРЕМЕНЯ́ЕМЫЙ, -ая, -ое, -ые; *страд. наст.*
Синт.: **а, б** — в глаг. знач.

ОБРЕ́ЧЬ, обрек|у́т, обрёк|, обрекла́, -ло́, -ли́; ***сов., перех., кого(что) на что*** (*несов.* обрека́ть) *«Протасов обрек себя на мучительное одиночество».* Ильенков, Большая дорога. *Гитлеровская Германия обрекла на страдания многие народы* [предназначить к какой-л., обычно тяжелой, участи, уготовить кому-л. какую-л., обычно тяжелую, участь]
II. ОБРЁКШИЙ, -ая, -ее, -ие; *действ. прош.*
Синт.: **а, б** — в глаг. знач.
IV. ОБРЕЧЁННЫЙ, -ая, -ое, -ые; *страд. прош.*
[чередование к/ч]
Синт.: **а, б** — в глаг. знач. и в статив. знач.
Статив. знач. (также *кр. ф.* ↓) **1. *на что*** Такой, которому предопределено что-л. неприятное, плохое — со словами неудача, провал, одиночество и т. п. *Олег говорит о своих планах, заранее обреченных на неудачу. Журналист пишет об обреченных на провал происках военщины. Человек, обреченный на одиночество, имеет особые черты характера.* **2. *с неопр. ф.*** Обязанный против своей воли поступать, действовать, жить и т. п. каким-л. образом. *Старик, обреченный жить теперь среди чужих людей, стойко переносил это испытание*
В знач. прил. (также *кр. ф.* ↓) Такой, которому суждена гибель, полное крушение. *Обреченный человек. Обреченный класс*
Ср. прил. **обречённый,** -ая, -ое, -ые; -ён, -ённа, -ённо, -ённы. Выражающий обреченность, крайнее разочарование, неверие в осуществление каких-л. надежд, успех дела и т. п. *Обреченное лицо. Обреченный взгляд*
ОБРЕЧЁН, -ена́, -ено́, -ены́; *кр. ф.*
В глаг. знач.
В статив. знач. (также *полн. ф.* ↑) **1. *на что*** *Эти планы обречены на неудачу. Происки военщины обречены на провал. Старик обречен на одиночество.* **2. *с неопр. ф.*** *Аня обречена жить теперь среди чужих людей*
В знач. прил. (также *полн. ф.* ↑) *Этот больной обречен. Империализм обречен*

ОБРЫВА́ТЬ, обрыва́|ют, обрыва́|л; ***несов. к*** оборва́ть (см.)
I. ОБРЫВА́ЮЩИЙ, -ая, -ее, -ие; *действ. наст.*
Синт.: **а, б** — в глаг. знач. 1 — 4
II. ОБРЫВА́ВШИЙ, -ая, -ее, -ие; *действ. прош.*
Синт.: **а, б** — в глаг. знач. 1 — 4
III. ОБРЫВА́ЕМЫЙ, -ая, -ое, -ые; *страд. наст.*
Синт.: **а, б** — в глаг. знач. 1 — 4
Субстантив.$_3$ в глаг. знач. 1, 2

ОБРЫВА́ТЬСЯ, обрыва́|ются, обрыва́|лся; ***несов. к*** оборва́ться в 1, 2 знач. (см.)
I. ОБРЫВА́ЮЩИЙСЯ, -аяся, -ееся, -иеся; *действ. наст.*
Синт.: **а, б** — в глаг. знач. 1, 2; **в** — в глаг. знач. 1
II. ОБРЫВА́ВШИЙСЯ, -аяся, -ееся, -иеся; *действ. прош.*
Синт.: **а, б** — в глаг. знач. 1, 2; **в** — в глаг. знач. 1

ОБСЛУ́ЖИВАТЬ, обслу́жива|ют, обслу́жива|л; ***несов., перех.*** (*сов.* обслужи́ть к 1 знач.) **1. *кого (что)*** *Эта ремонтная мастерская обслуживает несколько совхозов. Молодой продавец прекрасно обслуживает покупателей* [производить работу, совершать какие-л. действия для удовлетворения чьих-л. нужд, потребностей] **2.** ***что*** *Ткачиха обслуживает одновременно несколько станков* [работать по эксплуатации машин, станков и т. п.]

I. ОБСЛУ́ЖИВАЮЩИЙ, -ая, -ее, -ие; *действ. наст.*

Синт.: **а, б** — в глаг. знач. 1, 2

В знач. прил. в выражении: **обслуживающий персонал** — работники гостиниц, домов отдыха, пансионатов и т. п., в обязанности которых входит обеспечение удобств приезжающих, чистоты, порядка и т. д.

II. ОБСЛУ́ЖИВАВШИЙ, -ая, -ее, -ие; *действ. прош.*

Синт.: **а, б** — в глаг. знач. 1, 2

III. ОБСЛУ́ЖИВАЕМЫЙ, -ая, -ое, -ые; *страд. наст.*

Синт.: **а, б** — в глаг. знач. 1, 2

Субстантив.$_3$ не употр.

ОБСЛУЖИ́ТЬ, обслу́ж|ат, обслужи́|л; ***сов. к*** обслу́живать в 1 знач. (см.)

II. ОБСЛУЖИ́ВШИЙ, -ая, -ее, -ие; *действ. прош.*

Синт.: **а, б** — в глаг. знач. 1

IV. ОБСЛУ́ЖЕННЫЙ, -ая, -ое, -ые; *страд. прош.*

Синт.: **а, б, в** — в глаг. знач. 1

Субстантив.$_3$ не употр.

ОБСЛУ́ЖЕН, -ена, -ено, -ены; *кр. ф.*

В глаг. знач.

ОБТЕКА́ТЬ, обтека́|ют, обтека́|л; ***несов., перех., что*** (*сов.* обте́чь *к* 1 знач.); ***S не лицо*** **1.** *В этом месте ручей обтекает скалу* [огибать, обходить своим течением] **2.** *Воздух беспрепятственно обтекает корпус новой модели самолета* [огибать какой-л. предмет при его движении]

I. ОБТЕКА́ЮЩИЙ, -ая, -ее, -ие; *действ. наст.*

Синт.: **а, б** — в глаг. знач. 1, 2

II. ОБТЕКА́ВШИЙ, -ая, -ее, -ие; *действ. прош.*

Синт.: **а, б** — в глаг. знач. 1, 2

III. ОБТЕКА́ЕМЫЙ, -ая, -ое, -ые; *страд. наст.*

Синт.: **а, б** — в глаг. знач. 1, 2

Ср. прил. **обтека́емый**, -ая, -ое, -ые. **1.** Такой, внешняя форма, очертания которого обеспечивают при движении наименьшее сопротивление воздуха, воды, газа. *Обтекаемая форма* **2.** Обходящий острые места, дающий возможность различного понимания, уклончивый. *Обтекаемый ответ. Обтекаемая формулировка*

ОБТЕКА́ЕМ, -ема, -емо, -емы; *кр. ф.*

В глаг. знач. 1, 2

ОБТЕ́ЧЬ, обтеку́т, обтёк|, обтекла́, -ло́, -ли́; ***сов. к*** обтека́ть в 1 знач. (см.)

II. ОБТЁКШИЙ, -ая, -ее, -ие; *действ. прош.*

Синт.: **а, б** — в глаг. знач. 1

□ Прич. IV не употр.

ОБТРЕПА́ТЬ, обтреплю́, обтре́плют, обтрепа́|л; ***сов., перех., что*** (*несов.* обтрёпывать) *Мальчик очень быстро обтрепал новую одежду* [ноской, употреблением привести в негодность, изорвать, обычно края чего-л.]

II. ОБТРЕПА́ВШИЙ, -ая, -ее, -ие; *действ. прош.*

Синт.: **а, б** — в глаг. знач.

IV. ОБТРЁПАННЫЙ, -ая, -ое, -ые; *страд. прош.*

Синт.: **а, б** — в глаг. знач.

В знач. прил. (только *полн. ф.*) Сильно поношенный, обветшавший от долгого употребления, оборванный, обтрепавшийся. *Обтрепанные брюки. Обтрепанное пальто*

Ср. прил. **обтрёпанный**, -ая, -ое, -ые; -ан; -**анна**, -**анно**, -**анны**. Одетый в сильно поношенную одежду, обтрепавшийся. *Обтрепанный человек. Нищие худы, обтрепанны*

ОБТРЁПАН, -ана, -ано, -аны; *кр. ф.*

В глаг. знач.

ОБТРЕПА́ТЬСЯ, обтреплю́сь, обтре́плются, обтрепа́|лся; ***сов.*** (*несов.* обтрёпываться *к* 1 знач.) **1.** ***S не лицо*** *Рукава у пальто обтрепались. Чехлы на мебели обтрепались* [изорваться, истрепаться от долгой носки, употребления] **2.** *За долгий переход через горы путешественники обтрепались, сильно похудели* [износить, изорвать в разных местах свое платье, обувь; *разг.*]

II. ОБТРЕПА́ВШИЙСЯ, -аяся, -ееся, -иеся; *действ. прош.*

Синт.: **а, б** — в глаг. знач. 1, 2; **в** — в глаг. знач. 1

ОБТРЁПЫВАТЬ, обтрёпыва|ют, обтрёпыва|л; ***несов. к*** обтрепа́ть (см.)

I. ОБТРЁПЫВАЮЩИЙ, -ая, -ее, -ие; *действ. наст.*

Синт.: **а, б** — в глаг. знач.

II. ОБТРЁПЫВАВШИЙ, -ая, -ее, -ие; *действ. прош.*

Синт.: **а, б** — в глаг. знач.

III. ОБТРЁПЫВАЕМЫЙ, -ая, -ое, -ые; *страд. наст.*

Синт.: **а, б** — в глаг. знач.

ОБТРЁПЫВАТЬСЯ, обтрёпыва|ются, обтрёпыва|лся; ***несов. к*** обтрепа́ться в 1 знач. (см.)

I. ОБТРЁПЫВАЮЩИЙСЯ, -аяся, -ееся, -иеся; *действ. наст.*

Синт.: **а, б** — в глаг. знач. 1

II. ОБТРЁПЫВАВШИЙСЯ, -аяся, -ееся, -иеся; *действ. прош.*

Синт.: **а, б** — в глаг. знач. 1

ОБУВА́ТЬ, обува́|ют, обува́|л; ***несов. к*** обу́ть (см.)

I. ОБУВА́ЮЩИЙ, -ая, -ее, -ие; *действ. наст.*

Синт.: **а, б** — в глаг. знач. 1 — 3

II. ОБУВА́ВШИЙ, -ая, -ее, -ие; *действ. прош.*

Синт.: **а, б** — в глаг. знач. 1 — 3

III. ОБУВА́ЕМЫЙ, -ая, -ое, -ые; *страд. наст.*

Синт.: **а, б** — в глаг. знач. 1 — 3; **в** — в глаг. знач. 1, 2

ОБУ́ТЬ, обу́ют, обу́|л; ***сов., перех.*** (*несов.* обува́ть) **1.** ***что*** *Девочка обула валенки* [надеть на ноги какую-л. обувь] **2.** ***кого(что)*** *Мать обула ребенка* [надеть на кого-л. обувь] **3.** ***кого(что)*** *Брат обул всю свою семью* [обеспечить, снабдить обувью; *разг.*]

II. ОБУ́ВШИЙ, -ая, -ее, -ие; *действ. прош.*

Синт.: **а, б** — в глаг. знач. 1 — 3

IV. ОБУ́ТЫЙ, -ая, -ое, -ые; *страд. прош.*

Синт.: **а, б** — в глаг. знач. 1 — 3; **в** — в глаг. знач. 1

В знач. прил. (также *кр. ф.* ↓) Имеющий обувь на ногах. *На кровати лежал обутый мужчина. Он спал обутый*

ОБУ́Т, -та, -то, -ты; *кр. ф.*

В глаг. знач. 1 — 3

В знач. прил. **1.** (также *полн. ф.* ↑) *Спящий на кровати мужчина был обут* **2.** (только *кр. ф.*) Обеспеченный обувью, не испытывающий нужды в обуви. *Теперь, наконец-то, мы все обуты, одеты и сыты*

ОБУЧА́ТЬ, обуча́|ют, обуча́|л; ***несов., перех., кого(что) чему*** и ***с неопр. ф.*** (*сов.* обучи́ть) *Смирнов работает в авиации не первый год, он обучает летному мастерству молодых курсантов. «Каждый день с рассвета и дотемна Комариков обучал свою роту бросать гранаты, ходить в атаку..»* Ильенков, Большая дорога [передавать кому-л. какие-л. знания, навыки, учить чему-л.]

I. ОБУЧА́ЮЩИЙ, -ая, -ее, -ие; *действ. наст.*

Синт.: **а, б** — в глаг знач.

В знач. прил. Такой, который выполняет по заданной программе ряд функций преподавателя в процессе обучения — о техническом устройстве. *Обучающее устройство. Обучающая машина*

II. ОБУЧА́ВШИЙ, -ая, -ее, -ие; *действ. прош.*

Синт.: **а, б** — в глаг. знач.

III. ОБУЧА́ЕМЫЙ, -ая, -ое, -ые; *страд. наст.*

Синт.: **а, б** — в глаг. знач.

ОБУЧИ́ТЬ, обучу́, обу́ч|ат, обучи́|л; ***сов. к*** обуча́ть (см.)

II. ОБУЧИ́ВШИЙ, -ая, -ее, -ие; *действ. прош.*

Синт.: **а, б** — в глаг. знач.

IV. ОБУ́ЧЕННЫЙ, -ая, -ое, -ые; *страд. прош.*

Синт.: **а, б** — в глаг. знач.

ОБУ́ЧЕН, -ена, -ено, -ены; *кр. ф.*

В глаг. знач.

ОБЪЕДИНИ́ТЬ, объедин|я́т, объедини́|л; ***сов., перех.*** (*несов.* объединя́ть) **1.** ***что*** *Директор школы объединил два десятых класса в один. Все люди доброй воли объединили усилия в борьбе за мир* (из газет) [образовать целое из отдельных, самостоятельных единиц; соединить воедино] **2.** ***кого(что); S не лицо*** *Это испытание объединило нас* [сделать кого-л. дружным, единодушным, сплотить]

II. ОБЪЕДИНИ́ВШИЙ, -ая, -ее, -ие; *действ. прош.*

Синт.: **а, б** — в глаг. знач. 1, 2

IV. ОБЪЕДИНЁННЫЙ, -ая, -ое, -ые; *страд. прош.*

Синт.: **а, б** — в глаг. знач. 1, 2; **в** — в глаг. знач. 1

В знач. прил. (только *полн. ф.*) **1.** Состоящий из нескольких разнородных единиц, представителей разных стран и т. п. *Объединенный институт ядерных исследований* **2.** Совместный, соединенный. *Объединенные исследования. Объединенное заседание. Объединенный пленум*

Субстантив.$_2$ во мн.

ОБЪЕДИНЁН, -ена́, -ено́, -ены́; *кр. ф.*

В глаг. знач. 1, 2

ОБЪЕДИНЯ́ТЬ, объединя́|ют, объединя́|л; ***несов., перех.*** (*сов.* объедини́ть) **1.** ***что*** *Директор школы объединяет два десятых класса в один. Все люди доброй воли объединяют усилия в борьбе за мир* [образовывать целое из отдельных, самостоятельных единиц; соединять воедино] **2.** ***кого(что); S не лицо*** *Это испытание объединяет нас* [делать кого-л. дружным, единодушным, сплачивать]

I. ОБЪЕДИНЯ́ЮЩИЙ, -ая, -ее, -ие; *действ. наст.*

Синт.: **а, б** — в глаг. знач. 1, 2

В знач. прил. Такой, который объединяет, сплачивает. *Объединяющие действия. Объединяющий фактор* (Ср. прил. **объедини́тельный,** -ая, -ое, -ые. Ведущий к объединению, сплочению. *Объединительный съезд*)

II. ОБЪЕДИНЯ́ВШИЙ, -ая, -ее, -ие; *действ. прош.*

Синт.: **а, б** — в глаг. знач. 1, 2

III. ОБЪЕДИНЯ́ЕМЫЙ, -ая, -ое, -ые; *страд. наст.*

Синт.: **а, б** — в глаг. знач. 1, 2; **в** — в глаг. знач. 1

Субстантив.$_2$ во мн.

ОБЪЯСНИ́ТЬ, объясн|я́т, объясни́|л; ***сов. к*** объясня́ть (см.)

II. ОБЪЯСНИ́ВШИЙ, -ая, -ее, -ие; *действ. прош.*

Синт.: **а, б** — в глаг. знач. 1, 2

IV. ОБЪЯСНЁННЫЙ, -ая, -ое, -ые; *страд. прош.*

Синт.: **а, б** — в глаг. знач. 1, 2; **в** — в глаг. знач. 1

Субстантив.$_3$ в глаг. знач. 1

ОБЪЯСНЁН, -ена́, -ено́, -ены́; *кр. ф.*

В глаг. знач. 1, 2

ОБЪЯСНЯ́ТЬ, объясня́|ют, объясня́|л; ***несов., перех.*** (*сов.* объясни́ть) **1.** ***что*** и ***с придат. дополнит.,*** также ***кому*** *Валерий очень хорошо объяснял решение трудных задач по физике. Учитель объяснял нам, что такое гравитация* [растолковывая, делать для кого-л. более ясным, понятным] **2.** ***что чем*** *Невесомость в космосе ученые объясняют отсутствием взаимных давлений частиц друг на друга* [истолковывать, устанавливать причину, закономерность, смысл чего-л.]

I. ОБЪЯСНЯ́ЮЩИЙ, -ая, -ее, -ие; *действ. наст.*

Синт.: **а, б** — в глаг. знач. 1, 2

В знач. прил. Содержащий объяснение. *Объясняющие причины. Объясняющие факты. Объясняющие доводы* (Ср. прил. **объясни́тельный,** -ая, -ое, -ые. Содержащий объяснение; сопровождаемый объяснениями. *Объяснительная записка. Объяснительное чтение*)

II. ОБЪЯСНЯ́ВШИЙ, -ая, -ее, -ие; *действ. прош.*

Синт.: **а, б** — в глаг. знач. 1, 2

III. ОБЪЯСНЯ́ЕМЫЙ, -ая, -ое, -ые; *страд. наст.*

Синт.: **а, б** — в глаг. знач. 1, 2

Ср. прил. **объясни́мый**, -ая, -ое, -ые; -и́м, -и́ма, -и́мо, -и́мы. Доступный для объяснения, понятный, оправданный. *Объяснимый поступок. Объяснимое желание. Ее отъезд вполне объясним*
Субстантив.$_3$ в глаг. знач. 1
ОБЪЯСНЯ́ЕМ, -ема, -емо, -емы; *кр. ф.*
В глаг. знач. 1, 2

ОБЯЗА́ТЬ, обяжу́, обя́жут, обяза́|л; ***сов., перех., кого(что)*** (*несов.* обя́зывать) **1. *с неопр. ф.*** *Тренер обязал Олега явиться на эту тренировку* [предписать в обязательном порядке сделать что-л.] **2.** также ***чем*** *«[Мерич:] Сделайте милость, если заметите, что она будет очень грустить, утешайте ее, вы меня этим много обяжете».* А. Островский, Бедная невеста [заставить почувствовать благодарность, необходимость отплатить за оказанную услугу, доброе отношение и т. п.]
II. ОБЯЗА́ВШИЙ, -ая, -ее, -ие; *действ. прош.*
Синт: **а, б** — в глаг. знач. 1, 2
Субстантив.$_1$ в глаг. знач. 1
IV. ОБЯ́ЗАННЫЙ, -ая, -ое, -ые; *страд. прош.**
Синт.: в глаг. знач. нет; **а, б** — в статив. знач.
Статив. знач. (также *кр. ф.* ↓) **1. *с неопр. ф.*** Имеющий что-л. своим долгом, обязанностью. *Дима, обязанный явиться на занятия точно в срок, не поехал с нами на дачу* **2. *кому(чему) чем*** Имеющий что-л., достигший чего-л. благодаря кому-чему-л. *Этот спортсмен, всем обязанный своему тренеру, всегда помнил об этом. Туристы, обязанные аквалангисту своим спасением, написали о нем в газету*
ОБЯ́ЗАН, -ана, -ано, -аны; *кр. ф.**
В глаг. знач. нет
Статив. знач. (также *полн. ф.* ↑) **1. *с неопр. ф.*** *Брат обязан явиться на работу точно в срок. Друзья обязаны помочь ей. Все честные люди обязаны бороться за мир* **2. *кому(чему) чем*** *Этот спортсмен всем обязан своему тренеру. Туристы своим спасением обязаны аквалангисту* ◇ **Я (мы) вам (тебе) очень обязан (обязаны)** — одна из форм выражения признательности за что-л.
▭ Прич. IV употр. только в статив. знач.

ОБЯ́ЗЫВАТЬ, обя́зыва|ют, обя́зыва|л; ***несов., перех.*** (*сов.* обяза́ть *к* 1, 2 знач.) **1. *кого(что) с неопр. ф.*** *Тренер обязывал Олега являться на все тренировки* [предписывать в обязательном порядке делать что-л.] **2. *кого(что),*** также ***чем*** *«Уж не знаю, ..доктор, как вас и благодарить.. Прямо можно сказать, навеки нас обязываете».* Вересаев, Записки врача [заставлять почувствовать благодарность, необходимость отплатить за оказанную услугу, доброе отношение и т. п.] **3. *кого(что) с неопр. ф.*** и ***без дополн.; S не лицо*** *Правила поведения в метро обязывают пассажиров не курить. Положение обязывает* [налагать известные обязанности, заставлять вести себя определенным образом]
I. ОБЯ́ЗЫВАЮЩИЙ, -ая, -ее, -ие; *действ. наст.*
Синт.: **а, б** — в глаг. знач. 1 — 3
В знач. прил. Вызывающий необходимость сделать что-л. в ответ. *Обязывающее заявление. Обязывающая похвала. Обязывающий подарок.*
Субстантив.$_1$ в глаг. знач. 1
II. ОБЯ́ЗЫВАВШИЙ, -ая, -ее, -ие; *действ. прош.*
Синт.: **а, б** — в глаг. знач. 1 — 3
Субстантив.$_1$ в глаг. знач. 1
III. ОБЯ́ЗЫВАЕМЫЙ, -ая, -ое, -ые; *страд. наст.**
Синт.: **а, б** — в глаг. знач. 1
▭ Прич. III во 2, 3 глаг. знач. не употр.

ОГЛО́ХНУТЬ, огло́хнут, огло́х| и *устар.* огло́хну|л, огло́хла, -ло, -ли; ***сов. к*** гло́хнуть **в 1 знач.** (см.)
II. ОГЛО́ХШИЙ, -ая, -ее, -ие и ОГЛО́ХНУВШИЙ, -ая, -ее, -ие; *действ. прош.*
Синт.: **а, б, в** — в глаг. знач. 1

ОГЛУША́ТЬ, оглуша́|ют, оглуша́|л; ***несов., перех., кого(что)*** (*сов.* оглуши́ть) **1.** также ***чем*** *Мальчик часто оглушал меня пронзительным свистом* (см. § 1). *Взрывы при прокладке тоннеля оглушали всех, кто находился поблизости* [сильными звуками, шумом лишать на время ясности слуха, способности слышать] **2.** *И вот разведчики нападают на часовых и оглушают их* [сильным ударом по голове лишать сознания] **3.** также ***чем*** *Этот человек каждый раз буквально оглушал меня неожиданными новостями* (см. § 3). *Эта новость буквально оглушает нас* [чем-л. неожиданным приводить в замешательство, ошеломлять]
I. ОГЛУША́ЮЩИЙ, -ая, -ее, -ие; *действ. наст.*
Синт.: **а, б** — в глаг. знач. 1 — 3
В знач. прил. **1.** Такой, который способен лишить на время ясности слуха, способности слышать. *Оглушающий звук. Оглушающий удар грома. Оглушающий шум* **2.** Такой, который способен ошеломить, привести в замешательство. *Оглушающая новость* (Ср. прил. **оглуши́тельный,** -ая, -ое, -ые; -лен, -льна, -льно, -льны. Очень громкий, способный оглушить, оглушающий. *Оглушительные звуки. Оглушительный удар грома. Оглушительный взрыв*)
II. ОГЛУША́ВШИЙ, -ая, -ее, -ие; *действ. прош.*
Синт.: **а, б** — в глаг. знач. 1—3
III. ОГЛУША́ЕМЫЙ, -ая, -ое, -ые; *страд. наст.*
Синт.: **а, б** — в глаг. знач. 1 — 3
Субстантив.$_2$ в глаг. знач. 1, 2
▭ Прич. I, II, III в 3 глаг. знач. менее употр., чем личные ф. глагола

ОГЛУШИ́ТЬ, оглуш|а́т, оглуши́|л; ***сов. к*** оглуша́ть (*см.*); ***сов. к*** глуши́ть в 1 знач.
II. ОГЛУШИ́ВШИЙ, -ая, -ее, -ие; *действ. прош.*
Синт.: **а, б** — в глаг. знач. 1 — 3
IV. ОГЛУШЁННЫЙ, -ая, -ое, -ые; *страд. прош.*
Синт.: **а, б** — в глаг. знач. 1 — 3; **в** — в глаг. знач. 2

Субстантив.₂ в глаг. знач. 1, 2
ОГЛУШЁН, -ена́, -ено́, -ены́; *кр. ф.*
В глаг. знач. 1 — 3
▭ Прич. II, IV в 3 глаг. знач. менее употр., чем личные ф. глагола

ОГОЛИ́ТЬ, огол|я́т, оголи́|л; ***сов., перех., что*** (*несов.* оголя́ть) **1.** *Мальчик оголил ушибленное колено. Медсестра оголила руку ребенка для укола* [снять одежду, покров с какой-л. части тела, обнажить] **2.** ***S не лицо*** *Ветер оголил деревья* [лишить деревья, кусты листвы, хвои — о ветре, дожде и т. п.] **3.** *Электрик оголил провод. Ураган оголил корни деревьев* [сделать ничем не прикрытым, видимым что-л. прежде скрытое, лежащее под чем-л.] **4.** *Командир оголил левый фланг. Командованию пришлось оголить несколько участков фронта для главного прорыва* [сделать беззащитным, открытым для врага]
II. ОГОЛИ́ВШИЙ, -ая, -ее, -ие; *действ. прош.*
Синт.: **а, б** — в глаг. знач. 1 — 4
IV. ОГОЛЁННЫЙ, -ая, -ое, -ые; *страд. прош.*
Синт.: **а, б** — в глаг. знач. 1 — 4
В знач. прил. (также *кр. ф.* ↓) **1.** Не прикрытый одеждой, нагой, голый, оголившийся. *Оголенная шея. Оголенные плечи* **2.** Без листвы, хвои, оголившийся. *Оголенные деревья* **3.** Ничем не прикрытый, лишенный покрывающего слоя, оголившийся. *Оголенный провод. Оголенный нерв* **4.** Без прикрытия, не защищенный от врага, оголившийся. *Оголенный участок фронта. Оголенная огневая позиция*
Ср. прил. **оголённый,** -ая, -ое, -ые. **1.** Лишенный растительности. *Оголенная земля. Оголенная местность* **2.** Явный, ничем не скрытый. *В оголенном виде*
Субстантив.₃ не употр.
ОГОЛЁН, -ена́, -ено́, -ены́; *кр. ф.*
В глаг. знач. 1 — 4
В знач. прил. (также *полн. ф.* ↑) **1.** *Шея оголена. Плечи были оголены* **2.** *Деревья оголены* **3.** *Провод в этом месте оголен. Нерв оголен* **4.** *Этот участок фронта оголен*

ОГОЛИ́ТЬСЯ, оголя́тся, оголи́|лся; **сов.** (*несов.* оголя́ться); ***S не лицо*** **1.** *Девушка подняла руку, которая оголилась почти до локтя* [стать голым, ничем не прикрытым — о какой-л. части тела] **2.** *«Была глубокая осень.. Деревья уже оголились..»* Гаршин, Attalea princeps [лишиться листвы, хвои] **3.** *В одном месте провод оголился, и произошло короткое замыкание. Корни вековых деревьев оголились* [оказаться ничем не прикрытым, лежащим на поверхности, стать видимым — о чем-л. прежде скрытом, лежащем под чем-л.] **4.** *«Рота пошла на прорыв. Но наша оборона оголилась в этом месте».* Вершигора, Люди с чистой совестью [стать беззащитным, открытым для врага]
II. ОГОЛИ́ВШИЙСЯ, -аяся, -ееся, -иеся; *действ. прош.*
Синт.: **а, б, в** — в глаг. знач. 1 — 4

ОГОЛЯ́ТЬ, оголя́|ют, оголя́|л; **несов. к** оголи́ть (см.)
I. ОГОЛЯ́ЮЩИЙ, -ая, -ее, -ие; *действ. наст.*
Синт.: **а, б** — в глаг. знач. 1 — 4
II. ОГОЛЯ́ВШИЙ, -ая, -ее, -ие; *действ. прош.*
Синт.: **а, б** — в глаг. знач. 1 — 4
III. ОГОЛЯ́ЕМЫЙ, -ая, -ое, -ые; *страд. наст.*
Синт.: **а, б** — в глаг. знач. 1 — 4; **в** — в глаг. знач. 1, 3, 4
Субстантив.₃ не употр.

ОГОЛЯ́ТЬСЯ, оголя́|ются, оголя́|лся; **несов. к** оголи́ться (см.)
I. ОГОЛЯ́ЮЩИЙСЯ, -аяся, -ееся, -иеся; *действ. наст.*
Синт.: **а, б, в** — в глаг. знач. 1 — 4
II. ОГОЛЯ́ВШИЙСЯ, -аяся, -ееся, -иеся; *действ. прош.*
Синт.: **а, б, в** — в глаг. знач. 1 — 4

ОГОРЧА́ТЬ, огорча́|ют, огорча́|л; ***несов., перех., кого(что),*** также ***чем*** (*сов.* огорчи́ть) *Дочь огорчала мать своим отношением к учебе* (см. § 1). *Петя часто огорчал родителей. Твои отметки по физике огорчают меня* [причинять огорчение кому-л., расстраивать]
I. ОГОРЧА́ЮЩИЙ, -ая, -ее, -ие; *действ. наст.*
Синт.: **а, б** — в глаг. знач.
В знач. прил. Такой, который вызывает огорчение, расстраивает кого-л. *Огорчающие итоги работы за год. Огорчающий спад активности избирателей на парламентских выборах* (из газет) (Ср. прил. **огорчи́тельный,** -ая, -ое, -ые; -лен, -льна, -льно, -льны. Причиняющий огорчение; досадный, неприятный. *Огорчительное известие. Огорчительный поступок. Огорчительные мысли*)
II. ОГОРЧА́ВШИЙ, -ая, -ее, -ие; *действ. прош.*
Синт.: **а, б** — в глаг. знач.
III. ОГОРЧА́ЕМЫЙ, -ая, -ое, -ые; *страд. наст.*
Синт.: **а, б** — в глаг. знач.
▭ Прич. III менее употр., чем прич. I, II и личные ф. глагола

ОГОРЧА́ТЬСЯ, огорча́|ются, огорча́|лся; **несов. к** огорчи́ться (см.)
I. ОГОРЧА́ЮЩИЙСЯ, -аяся, -ееся, -иеся; *действ. наст.*
Синт.: **а, б** — в глаг. знач.
II. ОГОРЧА́ВШИЙСЯ, -аяся, -ееся, -иеся; *действ. прош.*
Синт.: **а, б** — в глаг. знач.

ОГОРЧИ́ТЬ, огорч|а́т, огорчи́|л; ***сов., перех., кого(что),*** также ***чем*** (*несов.* огорча́ть) *Аня огорчила мать этим поступком* (см. § 1). *Олег очень огорчил родителей. Твое поведение огорчило меня* [причинить огорчение кому-л., расстроить]
II. ОГОРЧИ́ВШИЙ, -ая, -ее, -ие; *действ. прош.*
Синт.: **а, б** — в глаг. знач.
IV. ОГОРЧЁННЫЙ, -ая, -ое, -ые; *страд. прош.*
Синт.: **а, б** — в глаг. знач.
В знач. прил. (также *кр. ф.* ↓) Расстроенный, огорчившийся по какому-л. поводу. *Олег пришел огорченный*
Ср. прил. **огорчённый,** -ая, -ое, -ые. Выражающий испытываемое кем-л. огорчение. *Огорченный вид. Огорченный взгляд. Огорченное лицо*
ОГОРЧЁН, -ена́, -ено́, -ены́; *кр. ф.*

В глаг. знач.

В знач. прил. (также *полн. ф.*↑) *Девушка явно огорчена*

ОГОРЧИ́ТЬСЯ, огорча́тся, огорчи́|лся; ***сов.*** (*несов.* огорча́ться) *Валерий огорчился, узнав, что вы не придете* [почувствовать огорчение, расстроиться]

II. ОГОРЧИ́ВШИЙСЯ, -аяся, -ееся, -иеся; *действ. прош.*

Синт.: **а, б** — в глаг. знач.

ОГРА́БИТЬ, огра́блю, огра́б|ят, огра́би|л; ***сов. к*** гра́бить (см.)

II. ОГРА́БИВШИЙ, -ая, -ее, -ие; *действ. прош.*

Синт.: **а, б** — в глаг. знач. 1, 2

IV. ОГРА́БЛЕННЫЙ, -ая, -ое, -ые; *страд. прош.*

[чередование б/бл]

Синт.: **а, б** — в глаг. знач. 1, 2; **в** — в глаг. знач. 1

Субстантив.₃ не употр.

ОГРА́БЛЕН, -ена, -ено, -ены; *кр. ф.*

В глаг. знач. 1, 2

ОГРАНИ́ТЬ, огран|я́т, ограни́|л; ***сов. к*** грани́ть (см.)

II. ОГРАНИ́ВШИЙ, -ая, -ее, -ие; *действ. прош.*

Синт.: **а, б** — в глаг. знач.

IV. ОГРАНЁННЫЙ, -ая, -ое, -ые; *страд. прош.*

Синт.: **а, б, в** — в глаг. знач.

ОГРАНЁН, -ена́, -ено́, -ены́; *кр. ф.*

В глаг. знач.

ОГРАНИ́ЧИВАТЬ, ограни́чива*ю*|ют, ограни́чива|л; ***несов., перех.*** (*сов.* ограни́чить *к* 1, 2 знач.) **1.** ***что*** *Комиссия ограничивает прием в эту спортивную секцию. Химики ограничивают применение новых удобрений* [ставить в какие-л. рамки, границы, уменьшая степень, количество, объем чего-л.] **2.** ***кого(что) в чем*** *Врачи ограничивают меня в питании. Мой друг ограничивает себя во всем* [стеснять кого-л. определенными условиями] **3.** ***что; S не лицо*** *С одной стороны площадь ограничивает ограда парка* [отделяя, отгораживая, быть границей, пределом чего-л.]

I. ОГРАНИ́ЧИВАЮЩИЙ, -ая, -ее, -ие; *действ. наст.*

Синт.: **а, б** — в глаг. знач. 1 — 3

В знач. прил. Такой, который создает ограничения в чем-л. *Ограничивающие меры* (С р. прил. **ограничи́тельный,** -ая, -ое, -ые; -лен, -льна, -льно, -льны. Служащий для ограничения чего-л. *Ограничительные меры*)

II. ОГРАНИ́ЧИВАВШИЙ, -ая, -ее, -ие; *действ. прош.*

Синт.: **а, б** — в глаг. знач. 1 — 3

III. ОГРАНИ́ЧИВАЕМЫЙ, -ая, -ое, -ые; *страд. наст.*

Синт.: **а, б** — в глаг. знач. 1 — 3; **в** — в глаг. знач. 1

Субстантив.₃ не употр.

ОГРАНИ́ЧИТЬ, ограни́ч|ат, ограни́чи|л; ***сов., перех.*** (*несов.* ограни́чивать) **1.** ***что*** *Комиссия ограничила прием в эту спортивную секцию. Химики ограничили область применения новых удобрений* [поставить в какие-л. рамки, границы, уменьшив степень, количество, объем чего-л.] **2.** ***кого(что) в чем*** *Врач ограничил меня в питании. Мой друг ограничил себя во всем* [стеснить кого-л. определенными условиями]

II. ОГРАНИ́ЧИВШИЙ, -ая, -ее, -ие; *действ. прош.*

Синт.: **а, б** — в глаг. знач. 1, 2

IV. ОГРАНИ́ЧЕННЫЙ, -ая, -ое, -ые; *страд. прош.*

Синт.: **а, б** — в глаг. знач. 1, 2 и в статив. знач.

Статив. знач., ***чем*** и ***с нареч.,*** (также *кр. ф.*↓) Имеющий предел, ограничение, какую-л. границу. *Площадь, ограниченная парком, была очень красива. Лексически ограниченные синтаксические конструкции должны быть описаны в специальном разделе учебника*

В знач. прил. (только *полн. ф.*) Осуществляемый в меньшей степени, количестве, объеме, чем предполагалось или было ранее. *Ограниченный прием на курсы кройки и шитья*

С р. прил. **ограни́ченный,** -ая, -ое, -ые; -ен, **-енна, -енно, -енны. 1.** Незначительный, небольшой, имеющий достаточно узкие пределы. *Ограниченные возможности. Ограниченные ресурсы. В ограниченных масштабах. Ограниченный круг потребителей. Ограниченная область применения.* **2.** С узким кругозором, с небольшими познаниями, с узкими интересами. *Ограниченный человек. Девочка глупа и ограниченна*

Субстантив.₃ не употр.

ОГРАНИ́ЧЕН, -ена, -ено, -ены; *кр. ф.*

В глаг. знач. 1, 2

Статив., знач., ***чем*** и ***с нареч.*** (также *полн. ф.*↑) *Площадь была ограничена парком. Эти синтаксические модели лексически ограничены. Ее интересы ограничены домом и детьми*

ОГРУБЕ́ТЬ, огрубе́ют, огрубе́|л; ***сов., неперех.,*** (*несов.* грубе́ть *к* 1—3 знач.) **1.** ***S не лицо*** *У Ильи голос огрубел* [стать ниже по тембру, иногда неприятным на слух] **2.** ***S не лицо*** *От мороза и ветра кожа рук огрубела. Черты лица у Ольги с годами огрубели* [стать жестким, твердым, шершавым, утрачивая мягкость; стать резким, утратив прежнюю тонкость] **3.** *С годами мой приятель, к сожалению, огрубел* [стать неделикатным, резким с окружающими, утратить душевную тонкость] **4.** *Аня внешне огрубела, перестала следить за собой* [утратить прежнее изящество, хрупкость]

II. ОГРУБЕ́ВШИЙ, -ая, -ее, -ие; *действ. прош.*

Синт.: **а, б** — в глаг. знач. 1 — 4; **в** — в глаг. знач. 1 — 3

С р. прил. **огрубе́лый,** -ая, -ое, -ые. **1.** Ставший жестким, твердым, шершавым. *Огрубелые руки* **2.** Ставший внешне более простым, грубым, без прежнего изящества, хрупкости. *Огрубелые люди* **3.** Ставший менее чутким, отзывчивым. *Огрубелое сердце*

ОДА́РИВАТЬ, ода́рива*ю*|ют, ода́рива|л; ***несов. к*** одари́ть (см.)

I. ОДА́РИВАЮЩИЙ, -ая, -ее, -ие; *действ. наст.*
Синт.: **а, б** — в глаг. знач. 1, 2
II. ОДА́РИВАВШИЙ, -ая, -ее, -ие; *действ. прош.*
Синт.: **а, б** — в глаг. знач. 1, 2
III. ОДА́РИВАЕМЫЙ, -ая, -ое, -ые; *страд. наст.*
Синт.: **а, б** — в глаг. знач. 1, 2

ОДАРИ́ТЬ, одар|я́т, одари́|л; ***сов., перех.*** (*несов.* ода́ривать и одаря́ть) **1. *кого(что) чем*** *На новогодней елке Дед Мороз одарил всех детей игрушками* (см. § 2) [подарить что-л. многим] **2. *кого(что),*** также ***чем; S не лицо*** *Природа щедро одарила Валерия умом и талантом* [щедро наделить какими-л. качествами, свойствами — в сочетании с сущ. *природа, судьба* и т. д.]
II. ОДАРИ́ВШИЙ, -ая, -ее, -ие; *действ. прош.*
Синт.: **а, б** — в глаг. знач. 1, 2
IV. ОДАРЁННЫЙ, -ая, -ое, -ые; *страд. прош.**
Синт.: **а, б** — в глаг. знач. 1 и в статив. знач.
Статив. знач., ***чем*** (также *кр. ф.* ↓) Имеющий от природы какие-л. незаурядные, исключительные способности, свойства, черты характера и т. п. *Эта девушка, одаренная редкой способностью распознавать цвет на ощупь, привлекла внимание врачей. Мой друг, одаренный талантом импровизатора, стал сочинять музыку*
Ср. прил. **одарённый,** -ая, -ое, -ые; -ён, -ённа, -ённо, -ённы. В высшей степени талантливый. *Одаренный актер. Одаренный юноша. Дети брата очень одаренны*
ОДАРЁН, -ена́, -ено́, -ены́; *кр. ф.**
В глаг. знач. 1
Статив. знач., ***чем*** (также *полн. ф.* ↑) *Эта девушка одарена редкой способностью распознавать цвет на ощупь. Мой друг одарен талантом импровизатора*
□ Прич. IV во 2 глаг. знач. не употр.

ОДАРЯ́ТЬ, одаря́|ют, одаря́|л; ***несов. к*** одари́ть (см.)
I. ОДАРЯ́ЮЩИЙ, -ая, -ее, -ие; *действ. наст.*
Синт.: **а, б** — в глаг. знач. 1, 2
II. ОДАРЯ́ВШИЙ, -ая, -ее, -ие; *действ. прош.*
Синт.: **а, б** — в глаг. знач. 1, 2
III. ОДАРЯ́ЕМЫЙ, -ая, -ое, -ые; *страд. наст.*
Синт.: **а, б** — в глаг. знач. 1, 2

ОДЕВА́ТЬ, одева́|ют, одева́|л; ***несов. к*** оде́ть (см.)
I. ОДЕВА́ЮЩИЙ, -ая, -ее, -ие; *действ. наст.*
Синт.: **а, б** — в глаг. знач. 1 — 3
II. ОДЕВА́ВШИЙ, -ая, -ее, -ие; *действ. прош.*
Синт.: **а, б** — в глаг. знач. 1 — 3
III. ОДЕВА́ЕМЫЙ, -ая, -ое, -ые; *страд. наст.*
Синт.: **а, б** — в глаг. знач. 1 — 3

ОДЕ́ТЬ, оде́нут, оде́|л; ***сов., перех., кого(что)*** (*несов.* одева́ть) **1.** также ***во что*** *Бабушка одела внука. Мать одела ребенка во все новое* [облечь, покрыть кого-л. какой-л. одеждой] **2.** *Валерий одел и обул всю свою семью. Смирнов одел дочь с ног до головы* [обеспечить, снабдить одеждой] **3.** *Мать одела детей по последней моде* [дать возможность носить одежду и обувь того или иного фасона, качества и т. п. — в сочетании с обстоятельств. словами]
II. ОДЕ́ВШИЙ, -ая, -ее, -ие; *действ. прош.*
Синт.: **а, б** — в глаг. знач. 1 — 3
IV. ОДЕ́ТЫЙ, -ая, -ое, -ые; *страд. прош.*
Синт.: **а, б** — в глаг. знач. 1 — 3 и в статив. знач.; **в** — в глаг. знач. 1
Статив. знач., ***во что, как*** (также *кр. ф.* ↓) **1.** Одевающийся каким-л. образом — в сочетании со словом *всегда. Одетая всегда в белое Тамара выглядит моложе своих лет. Валя, одетая всегда скромно и со вкусом, прекрасно выглядит* **2.** В одежде того или иного фасона, качества и т. п. *Аня, одетая в шерстяное платье, страдала от жары. Плохо одетая девушка чувствовала себя неловко*
В знач. прил. (также *кр. ф.* ↓) В платье, одежде. *На кровати лежал одетый мужчина. Он спал одетый*
Субстантив.$_2$ в глаг. знач. 1, 3
ОДЕ́Т, -та, -то, -ты; *кр. ф.*
В глаг. знач. 1 — 3
Статив. знач., ***во что, как*** (также *полн. ф.* ↑) **1.** *Тамара одета всегда в белое. Валя одета всегда скромно и со вкусом.* **2.** *Аня одета в шерстяное платье. Девушка была плохо одета.*
В знач. прил. **1.** (также *полн. ф.* ↑) *Человек был одет и спал сидя* **2.** (только *кр. ф.*) Обеспеченный одеждой, не испытывающий нужды в одежде. *Благодаря матери семья всегда одета и обута*

ОДО́БРИТЬ, одо́бр|ят, одо́бри|л; ***сов. к*** одобря́ть (см.)
II. ОДО́БРИВШИЙ, -ая, -ее, -ие; *действ. прош.*
Синт.: **а, б** — в глаг. знач. 1, 2
IV. ОДО́БРЕННЫЙ, -ая, -ое, -ые; *страд. прош.*
Синт.: **а, б** — в глаг. знач. 1, 2
ОДО́БРЕН, -ена, -ено, -ены; *кр. ф.*
В глаг. знач. 1, 2

ОДОБРЯ́ТЬ, одобря́|ют, одобря́|л; ***несов., перех., что*** (*сов.* одо́брить) **1.** *Отец одобряет твой выбор. Семья не одобряет решение брата перейти на другую работу* [положительно и с похвалой отзываться о чем-л.] **2.** *Технические эксперты одобряют проект строительства нового спортивного комплекса. Собрание одобряет проект этого постановления. Дирекция одобряет ваши предложения* [официально принимать что-л., соглашаться с чем-л.]
I. ОДОБРЯ́ЮЩИЙ, -ая, -ее, -ие; *действ. наст.*
Синт.: **а, б** — в глаг. знач. 1, 2
В знач. прил. Выражающий одобрение, одобрительный. *Одобряющие возгласы. Одобряющие взгляды. Одобряющие жесты* (Ср. прил. **одобри́тельный,** -ая, -ое, -ые; -лен, -льна, -льно, -льны. Содержащий в себе одобрение; выражающий одобрение. *Одобрительный отзыв о книге. Одобрительные возгласы. Одобрительный жест*)
II. ОДОБРЯ́ВШИЙ, -ая, -ее, -ие; *действ. прош.*
Синт.: **а, б** — в глаг. знач. 1, 2

III. ОДОБРЯ́ЕМЫЙ, -ая, -ое, -ые; *страд. наст.*
Синт.: **а, б** — в глаг. знач. 1, 2

ОДУХОТВОРИ́ТЬ, одухотвор|я́т, одухотвори́|л; ***сов., перех., что*** (*несов.* одухотворя́ть) *«Местные туземцы одухотворили причудливые камни и в появлении их на земле усмотрели вмешательство сверхъестественной силы».* Арсеньев, Сквозь тайгу [приписать животным, вещам, явлениям природы высшие духовные способности]

II. ОДУХОТВОРИ́ВШИЙ, -ая, -ее, -ие; *действ. прош.*
Синт.: **а, б** — в глаг. знач.

IV. ОДУХОТВОРЁННЫЙ, -ая, -ое, -ые; *страд. прош.**
Синт.: в глаг. знач. нет; **а, б** — в статив. знач.
Статив. знач., ***чем*** (также *кр. ф.* ↓) Проникнутый, воодушевленный высоким содержанием, смыслом, идеями и т. п. *«Немолодое, усталое — одухотворенное силой любви, оно было прекрасно, простое лицо русской женщины и матери».* Л. Соболев, Невеста. *Человек, одухотворенный высокими помыслами, прекрасен*
Ср. прил. **одухотворённый,** -ая, -ое, -ые; -ён, -ённа, -ённо, -ённы. **1.** (только *полн. ф.*) Исполненный духовной красоты, благородства, возвышенный. *Одухотворенная натура* **2.** Выражающий возвышенность помыслов и стремлений. *Одухотворенное лицо. Одухотворенная речь*
ОДУХОТВОРЁН, -ена́, -ено́, -ены́; *кр. ф.**
В глаг. знач. нет
Статив. знач., ***чем*** (также *полн. ф.* ↑) *Лицо женщины было одухотворено любовью. Этот человек одухотворен высокими помыслами*

▭ Прич. IV употр. только в статив. знач.

ОДУХОТВОРЯ́ТЬ, одухотворя́|ют, одухотворя́|л; ***несов., перех., что*** (*сов.* одухотвори́ть) *Туземцы одухотворяли камни, животных, некоторые предметы* [приписывать животным, вещам, явлениям природы высшие духовные способности]

I. ОДУХОТВОРЯ́ЮЩИЙ, -ая, -ее, -ие; *действ. наст.*
Синт.: **а, б** — в глаг. знач.
В знач. прил. Такой, который вызывает возвышенные помыслы, благородные чувства. *Одухотворяющая сила любви*

II. ОДУХОТВОРЯ́ВШИЙ, -ая, -ее, -ие; *действ. прош.*
Синт.: **а, б** — в глаг. знач.

III. ОДУХОТВОРЯ́ЕМЫЙ, -ая, -ое, -ые; *страд. наст.*
Синт.: **а, б** — в глаг. знач.
Субстантив.₃ не употр.

ОДУШЕВИ́ТЬ, одушевлю́, одушев|я́т, одушеви́|л; ***сов., перех., что*** (*несов.* одушевля́ть) *Первобытные люди одушевили природу, наделив ее человеческими свойствами* [представить в образе живого существа]

II. ОДУШЕВИ́ВШИЙ, -ая, -ее, -ие; *действ. прош.*
Синт.: **а, б** — в глаг. знач.

IV. ОДУШЕВЛЁННЫЙ, -ая, -ое, -ые; *страд. прош.*
[чередование в/вл]
Синт.: **а, б** — в глаг. знач.
Ср. прил. **одушевлённый,** -ая, -ое, -ые. **1.** Относящийся к миру живых существ, живой. *«Цветы и камни были для нее существами одушевленными».* Павленко, Счастье **2.** Относящийся к категории имен существительных, обозначающих названия живых существ — в грамматике. *Одушевленные имена существительные*
Субстантив.₃ не употр.
ОДУШЕВЛЁН, -ена́, -ено́, -ены́; *кр. ф.*
В глаг. знач.

ОДУШЕВЛЯ́ТЬ, одушевля́|ют, одушевля́|л; ***несов. к*** одушеви́ть (см.)

I. ОДУШЕВЛЯ́ЮЩИЙ, -ая, -ее, -ие; *действ. наст.*
Синт.: **а, б** — в глаг. знач.

II. ОДУШЕВЛЯ́ВШИЙ, -ая, -ее, -ие; *действ. прош.*
Синт.: **а, б** — в глаг. знач.

III. ОДУШЕВЛЯ́ЕМЫЙ, -ая, -ое, -ые; *страд. наст.*
Синт.: **а, б** — в глаг. знач.
Субстантив.₃ не употр.

ОЖЕСТОЧА́ТЬ, ожесточа́|ют, ожесточа́|л; ***несов. к*** ожесточи́ть (см.)

I. ОЖЕСТОЧА́ЮЩИЙ, -ая, -ее, -ие; *действ. наст.*
Синт.: **а, б** — в глаг. знач.

II. ОЖЕСТОЧА́ВШИЙ, -ая, -ее, -ие; *действ. прош.*
Синт.: **а, б** — в глаг. знач.

III. ОЖЕСТОЧА́ЕМЫЙ, -ая, -ое, -ые; *страд. наст.*
Синт.: **а, б** — в глаг. знач.

ОЖЕСТОЧА́ТЬСЯ, ожесточа́|ются, ожесточа́|лся; ***несов. к*** ожесточи́ться (см.)

I. ОЖЕСТОЧА́ЮЩИЙСЯ, -аяся, -ееся, -иеся; *действ. наст.*
Синт.: **а, б, в** — в глаг. знач.

II. ОЖЕСТОЧА́ВШИЙСЯ, -аяся, -ееся, -иеся; *действ. прош.*
Синт.: **а, б, в** — в глаг. знач.

ОЖЕСТОЧИ́ТЬ, ожесточ|а́т, ожесточи́|л; ***сов., перех., кого(что),*** также ***чем*** (*несов.* ожесточа́ть) *Отец ожесточил сына постоянными оскорблениями* (см. § 1). *Лишения и нужда ожесточили этого человека. Несправедливые наказания ожесточили мальчика* [сделать суровым, резким, безжалостным, лишить душевной мягкости, вызвать крайнее озлобление]

II. ОЖЕСТОЧИ́ВШИЙ, -ая, -ее, -ие; *действ. прош.*
Синт.: **а, б** — в глаг. знач.

IV. ОЖЕСТОЧЁННЫЙ, -ая, -ое, -ые; *страд. прош.*
Синт.: **а, б** — в глаг. знач.
В знач. прил. (также *кр. ф.* ↓) Исполненный суровости, резкости, крайнего озлобления, ожесточившийся. *Ожесточенный человек*

Ср. прил. **ожесточённый,** -ая, -ое, -ые; -ён, -ённа, -ённо, -ённы. **1.** Безжалостный, суровый, резкий. *Ожесточенный ум. Ожесточенное сердце* **2.** Полный крайнего напряжения, упорства. *Ожесточенная борьба. Ожесточенный спор. Ожесточенная игра*

ОЖЕСТОЧЁН, -ена́, -ено́, -ены́; *кр. ф.*

В глаг. знач.

В знач. прил. (также *полн. ф.* ↑) *Этот человек очень ожесточен*

ОЖЕСТОЧИ́ТЬСЯ, ожесточа́тся, ожесточи́|лся; ***сов.*** (*несов.* ожесточа́ться) *Этот человек слишком ожесточился* [стать суровым, резким, безжалостным, потерять душевную мягкость]

II. ОЖЕСТОЧИ́ВШИЙСЯ, -аяся, -ееся, -иеся; *действ. прош.*

Синт.: **а, б, в** — в глаг. знач.

ОЖИВИ́ТЬ, оживлю́, ожив|я́т, оживи́|л; ***сов., перех.*** (*несов.* оживля́ть) **1.** ***кого(что)*** *В реанимационном отделении врачи оживили человека, попавшего под машину* [возвратить к жизни, сделать снова живым] **2.** ***что,*** также ***чем*** *Иван Петрович своей репликой оживил дискуссию* (см. § 1) [придать живость чему-л.] **3.** ***кого(что); S не лицо*** *Частые прогулки оживили больного* [влить новые силы в кого-л.] **4.** ***что,*** также ***чем*** *Художник оживил картину этим мазком* (см. § 1) [сделать более выразительным, ярким] **5.** ***что; S не лицо*** *Радость оживила ее лицо* [сделать более подвижным, выражающим какие-л. чувства] **6.** ***что*** *Крестьяне буквально оживили этот кусок пустыни* [сделать полным жизни, движения, деятельности и т. п. что-л. безжизненное, находящееся в запустении и т. п.] **7.** ***что; S не лицо*** *Последние решения партийного бюро заметно оживили работу всех отделов. Повышение закупочных цен оживило торговлю* [сделать более творческим, деятельным, активным]

II. ОЖИВИ́ВШИЙ, -ая, -ее, -ие; *действ. прош.*

Синт.: **а, б** — в глаг. знач. 1—7

IV. ОЖИВЛЁННЫЙ, -ая, -ое, -ые; *страд. прош.**

[чередование в/вл]

Синт.: **а, б** — в глаг. знач. 1, 2, 4, 6, 7

В знач. прил. (также *кр. ф.* ↓) Веселый, возбужденный, оживившийся. *В комнату вошел оживленный Олег.*

Ср. прил. **оживлённый,** -ая, -ое, -ые; -ён, -ённа, -ённо, -ённы. **1.** Выражающий оживление. *Оживленные глаза. Оживленный вид. Лица гостей оживленны* **2.** Протекающий особенно живо, бойко. *Оживленная торговля. Оживленная беседа. Оживленное движение на улицах города. Шел оживленный спор* **3.** Исполненный жизни, движения, какой-л. деятельности. *Оживленные улицы*

Субстантив.$_3$ не употр.

ОЖИВЛЁН, -ена́, -ено́, -ены́; *кр. ф.**

В глаг. знач. 1, 2, 4, 6, 7

В знач. прил. (также *полн. ф.* ↑) *Олег был оживлен, говорил без умолку*

▭ Прич. IV в 3, 5 глаг. знач. не употр.

ОЖИВЛЯ́ТЬ, оживля́|ют, оживля́|л; ***несов. к*** оживи́ть (см.)

I. ОЖИВЛЯ́ЮЩИЙ, -ая, -ее, -ие; *действ. наст.*

Синт.: **а, б** — в глаг. знач. 1—7

II. ОЖИВЛЯ́ВШИЙ, -ая, -ее, -ие; *действ. прош.*

Синт.: **а, б** — в глаг. знач. 1—7

III. ОЖИВЛЯ́ЕМЫЙ, -ая, -ое, -ые; *страд. наст.**

Синт.: **а, б** — в глаг. знач. 1, 2, 4, 6, 7

Субстантив.$_3$ не употр.

▭ Прич. III в 3, 5 глаг. знач. не употр.

ОЖИДА́ТЬ, ожида́|ют, ожида́|л; ***несов.*** **1.** ***перех., кого(что)*** *Мы ожидали группу туристов из США* [находиться где-л. некоторое время для встречи, зная о предстоящем приходе, приезде, прибытии кого-л.] **2.** ***перех., кого(что); S не лицо*** *Этих ребят ожидает награда за отличную работу. Нас ожидают большие испытания. Предателя ожидает возмездие* [предстоять, быть уготованным, предназначаться кому-л.] **3.** ***неперех., чего*** *Все ожидали важных известий. Синоптики ожидали урагана* [ждать совершения, проявления и т. п. чего-л., переживать чувство ожидания] **4.** ***неперех., чего*** *Студенты не ожидали награды за свой труд. Совершивший убийство не может ожидать снисхождения* [стремиться получить что-л.] **5.** ***неперех., чего*** и ***с придат. дополнит.*** *От этого инженера мы ожидали бо́льшего. Родители не ожидали, что их сын будет хорошим музыкантом* [предполагать что-л., надеяться на что-л.]

I. ОЖИДА́ЮЩИЙ, -ая, -ее, -ие; *действ. наст.*

Синт.: **а, б** — в глаг. знач. 1—5

В знач. прил. Исполненный ожидания. *Ожидающий взгляд. Ожидающая улыбка*

II. ОЖИДА́ВШИЙ, -ая, -ее, -ие; *действ. прош.*

Синт.: **а, б** — в глаг. знач. 1—5

III. ОЖИДА́ЕМЫЙ, -ая, -ое, -ые; *страд. наст.**

Синт.: **а, б** — в глаг. знач. 1, 3, 4

ОЖИДА́ЕМ, -ема, -емо, -емы; *кр. ф.**

В глаг. знач. 3

▭ Глагол в 3, 4 неперех., знач. имеет прич. III. Прич. III во 2 глаг. знач. не употр. Кр. ф. прич. III в 1, 2 глаг. знач. не употр.

ОЗАБО́ТИТЬ, озабо́чу, озабо́т|ят, озабо́ти|л; ***сов., перех.*** (*несов.* озабо́чивать) **1.** ***кого(что),*** также ***чем*** *Смирнов сильно меня озаботил своей просьбой* [обременить заботой, хлопотами] **2.** ***кого(что); S не лицо*** *Эта новость сильно меня озаботила* [вызвать чувство озабоченности, доставить кому-л. беспокойство]

II. ОЗАБО́ТИВШИЙ, -ая, -ее, -ие; *действ. прош.*

Синт.: **а, б** — в глаг. знач. 1, 2

IV. ОЗАБО́ЧЕННЫЙ, -ая, -ое, -ые; *страд. прош.**

[чередование т/ч]

Синт.: в глаг. знач. нет; **а, б** — в статив. знач.

Статив. знач., ***чем*** (также *кр. ф.* ↓) Испытывающий беспокойство по поводу чего-л. *Мать, сильно озабоченная поведением сына, не знала, что делать*

Ср. прил. **озабо́ченный,** -ая, -ое, -ые; -ен, -енна, -енно, -енны. **1.** Охваченный заботой о чем-л. и испытывающий по этому поводу беспокойство. *Озабоченный человек. Девушка была озабоченна и бледна* **2.** Выражающий беспокойство, озабоченность. *Озабоченный вид. Озабоченное выражение лица. Лица врачей серьезны и озабоченны*

ОЗАБО́ЧЕН, -ена, -ено, -ены; *кр. ф.**

В глаг. знач. нет

Статив. знач., ***чем*** (также *полн. ф.* ↑) *Мать сильно озабочена поведением сына, не знает, что делать*

□ Прич. IV употр. только в статив. знач.

ОЗАБО́ЧИВАТЬ, озабо́чива|ют, озабо́чива|л; ***несов. к*** озабо́тить (см.)

I. ОЗАБО́ЧИВАЮЩИЙ, -ая, -ее, -ие; *действ. наст.*

Синт.: **а, б** — в глаг. знач. 1, 2

II. ОЗАБО́ЧИВАВШИЙ, -ая, -ее, -ие; *действ. прош.*

Синт.: **а, б** — в глаг. знач. 1, 2

III. ОЗАБО́ЧИВАЕМЫЙ, -ая, -ое, -ые; *страд. наст.**

Синт.: **а, б** — в глаг. знач. 1

□ Глагол малоупотр. Прич. III во 2 глаг. знач. не употр.

ОЗАДА́ЧИВАТЬ, озада́чива|ют, озада́чива|л; ***несов., перех., кого(что),*** также ***чем*** (*сов.* озада́чить) *Сын часто озадачивал меня своими вопросами* (см. § 1). *Последние новости серьезно озадачивают нас* [приводить в недоумение, смущать, затруднять]

I. ОЗАДА́ЧИВАЮЩИЙ, -ая, -ее, -ие; *действ. наст.*

Синт.: **а, б** — в глаг. знач.

В знач. прил. Такой, который приводит в недоумение, смущает, затрудняет. *Озадачивающие вопросы*

II. ОЗАДА́ЧИВАВШИЙ, -ая, -ее, -ие; *действ. прош.*

Синт.: **а, б** — в глаг. знач.

III. ОЗАДА́ЧИВАЕМЫЙ, -ая, -ое, -ые; *страд. наст.*

Синт.: **а, б** — в глаг. знач.

ОЗАДА́ЧИТЬ, озада́ч|ат, озада́чи|л; ***сов., перех., кого(что),*** также ***чем*** (*несов.* озада́чивать) *Сын озадачил меня своим вопросом* (см. § 1). *Эта новость серьезно озадачила Олега* [привести в недоумение, смутить, затруднить]

II. ОЗАДА́ЧИВШИЙ, -ая, -ее, -ие; *действ. прош.*

Синт.: **а, б** — в глаг. знач.

IV. ОЗАДА́ЧЕННЫЙ, -ая, -ое, -ые; *страд. прош.*

Синт.: **а, б** — в глаг. знач.

Ср. прил. **озада́ченный,** -ая, -ое, -ые. Выражающий недоумение, замешательство, затруднение. *Озадаченный вид. Озадаченное лицо. Озадаченное выражение лица*

ОЗАДА́ЧЕН, -ена, -ено, -ены; *кр. ф.*

В глаг. знач.

ОЗЕЛЕНИ́ТЬ, озелен|я́т, озелени́|л; ***сов., перех., что*** (*несов.* озеленя́ть) *В этом году школьники озеленили несколько улиц поселка* [произвести посадку деревьев, кустов и т. п.]

II. ОЗЕЛЕНИ́ВШИЙ, -ая, -ее, -ие; *действ. прош.*

Синт.: **а, б** — в глаг. знач.

IV. ОЗЕЛЕНЁННЫЙ, -ая, -ое, -ые; *страд. прош.*

Синт.: **а, б** — в глаг. знач.

В знач. прил. (только *полн. ф.*) Имеющий зелень, с большим количеством зелени. *Озелененный двор. Озелененная площадка для игр. Озелененный проспект. Озелененный район*

Субстантив.$_3$ не употр.

ОЗЕЛЕНЁН, -ена́, -ено́, -ены́; *кр. ф.*

В глаг. знач.

ОЗЕЛЕНЯ́ТЬ, озеленя́|ют, озеленя́|л; ***несов., перех., что*** (*сов.* озелени́ть) *В этом году пионеры озеленяли улицы поселка* [производить посадку деревьев, кустов и т. п.]

I. ОЗЕЛЕНЯ́ЮЩИЙ, -ая, -ее, -ие; *действ. наст.*

Синт.: **а, б** — в глаг. знач.

Ср. прил. **озелени́тельный,** -ая, -ое, -ые. Относящийся к озеленению. *Озеленительные работы*

II. ОЗЕЛЕНЯ́ВШИЙ, -ая, -ее, -ие; *действ. прош.*

Синт.: **а, б** — в глаг. знач.

III. ОЗЕЛЕНЯ́ЕМЫЙ, -ая, -ое, -ые; *страд. наст.*

Синт.: **а, б, в** — в глаг. знач.

Субстантив.$_3$ не употр.

ОЗЛО́БИТЬ, озло́блю, озло́б|ят, озло́би|л; ***сов., перех., кого(что),*** также ***чем*** (*несов.* озлобля́ть) *Ты озлобил ребенка постоянными придирками* (см. § 1). *Неудачи озлобили моего друга* [ожесточить, сделать злобным]

II. ОЗЛО́БИВШИЙ, -ая, -ее, -ие; *действ. прош.*

Синт.: **а, б** — в глаг. знач.

IV. ОЗЛО́БЛЕННЫЙ, -ая, -ое, -ые; *страд. прош.*

[чередование б/бл]

Синт.: **а, б** — в глаг. знач.

В знач. прил. (также *кр. ф.* ↓) Злобно настроенный ко всему окружающему, ставший злобным вследствие чего-л., озлобившийся. *Озлобленный человек. Озлобленные дети*

Ср. прил. **озло́бленный,** -ая, -ое, -ые; -ен, -енна, -енно, -енны. Выражающий злобу, ожесточение; ставший злобным. *Озлобленный вид. Лица озлобленны. Озлобленный характер*

ОЗЛО́БЛЕН, -ена, -ено, -ены; *кр. ф.*

В глаг. знач.

В знач. прил. (также *полн. ф.* ↑) *Девочка явно озлоблена*

ОЗЛО́БИТЬСЯ, озло́блюсь, озло́бятся, озло́би|лся; ***сов.*** (*несов.* озлобля́ться) *«Посидев несколько месяцев в тюрьме, Гогина озлобилась».*

М. Горький, Жизнь Клима Самгина [стать злобным, злобно настроенным ко всему окружающему]

II. ОЗЛО́БИВШИЙСЯ, -аяся, -ееся, -иеся; *действ. прош.*

Синт.: **а, б, в** — в глаг. знач.

ОЗЛОБЛЯ́ТЬ, озлобля́|ют, озлобля́|л; ***несов., перех., кого(что),*** также ***чем*** (*сов.* озло́бить) *Ты озлобляешь ребенка постоянными придирками* (см. § 1). *Неудачи постепенно озлобляли моего друга* [ожесточать, делать злобным]

I. ОЗЛОБЛЯ́ЮЩИЙ, -ая, -ее, -ие; *действ. наст.*

Синт.: **а, б** — в глаг. знач.

В знач. прил. Такой, который вызывает озлобление. *Озлобляющие придирки*

II. ОЗЛОБЛЯ́ВШИЙ, -ая, -ее, -ие; *действ. прош.*

Синт.: **а, б** — в глаг. знач.

III. ОЗЛОБЛЯ́ЕМЫЙ, -ая, -ое, -ые; *страд. наст.*

Синт.: **а, б** — в глаг. знач.

ОЗЛОБЛЯ́ТЬСЯ, озлобля́|ются, озлобля́|лся; ***несов. к*** озло́биться *(см.)*

I. ОЗЛОБЛЯ́ЮЩИЙСЯ, -аяся, -ееся, -иеся; *действ. наст.*

Синт.: **а, б, в** — в глаг. знач.

II. ОЗЛОБЛЯ́ВШИЙСЯ, -аяся, -ееся, -иеся; *действ. прош.*

Синт.: **а, б, в** — в глаг. знач.

ОЗНАКО́МИТЬ, ознако́млю, ознако́м|ят, ознако́ми|л; ***сов. к*** знако́мить во 2 знач. (см.)

II. ОЗНАКО́МИВШИЙ, -ая, -ее, -ие; *действ. прош.*

Синт.: **а, б** — в глаг. знач. 2

IV. ОЗНАКО́МЛЕННЫЙ, -ая, -ое, -ые; *страд. прош.*

[чередование м/мл]

Синт.: **а, б** — в глаг. знач. 2

ОЗНАКО́МЛЕН, -ена, -ено, -ены; *кр. ф.*

В глаг. знач. 2

ОЗНАЧА́ТЬ, означа́|ют, означа́|л; ***несов., перех., что; S не лицо* 1.** *Что означает это слово?* [иметь тот или иной смысл, значение, значить — о словах, жестах, знаках] **2.** *Телеграмма означает отказ. Если Аня не напишет, это будет означать, что нам не надо торопиться с отъездом* [свидетельствовать о чем-л.] **3.** *Переход через линию фронта под огнем противника означал верную гибель* [быть равнозначным, равносильным чему-л.]

I. ОЗНАЧА́ЮЩИЙ, -ая, -ее, -ие; *действ. наст.*

Синт.: **а, б** — в глаг. знач. 1—3

II. ОЗНАЧА́ВШИЙ, -ая, -ее, -ие; *действ. прош.*

Синт.: **а, б** — в глаг. знач. 1—3

□ Прич. III не употр.

ОКАМЕНЕВА́ТЬ, окаменева́|ют, окаменева́|л; ***несов. к*** окамене́ть (см.)

I. ОКАМЕНЕВА́ЮЩИЙ, -ая, -ее, -ие; *действ. наст.*

Синт.: **а, б** — в глаг. знач. 1—4

II. ОКАМЕНЕВА́ВШИЙ, -ая, -ее, -ие; *действ. прош.*

Синт.: **а, б** — в глаг. знач. 1—4

ОКАМЕНЕ́ТЬ, окамене́ют, окамене́|л; ***сов., неперех.*** (*несов.* окаменева́ть) **1.** ***S не лицо*** *Кости мамонта окаменели. Хлеб окаменел* [превратиться в камень; стать черствым, жестким] **2.** ***от чего*** *Сестра окаменела от изумления и неожиданности* [замереть, застыть, стать неподвижным] **3.** ***S не лицо*** *Лицо больного окаменело* [стать безжизненным, застывшим, оцепеневшим] **4.** *«Елена молиться не могла: она окаменела».* Тургенев, Накануне [стать безучастным ко всему, утратить способность к проявлению каких-л. чувств от сильного потрясения, горя и т. п.]

II. ОКАМЕНЕ́ВШИЙ, -ая, -ее, -ие; *действ. прош.*

Синт.: **а, б** — в глаг. знач. 1—4; **в** — в глаг. знач. 1

В знач. прил. **1.** Безучастный ко всему от сильного горя, потрясения и т. п. *Анна сидела окаменевшая, не отвечала на вопросы* **2.** Безжизненный, застывший, оцепеневший, окаменелый. *Окаменевшее лицо. Окаменевший взгляд* (Ср. прил. **окамене́лый,** -ая, -ое, -ые. **1.** Превратившийся в камень; очень твердый, черствый, жесткий, окаменевший. *Окаменелые кости мамонта. Окаменелый кусок сыра* **2.** Безучастный ко всему, ставший неподвижным, окаменевший. *«Липа сидела окаменелая, все с тем же выражением, как в церкви».* Чехов, В овраге **3.** Безжизненный, застывший, оцепенелый, окаменевший. *Окаменелое лицо*

ОККУПИ́РОВАТЬ, оккупи́ру|ют, оккупи́рова|л; ***сов.*** и ***несов., перех., что*** *Фашистская Германия оккупировала многие страны Европы* [насильственно, с применением военной силы занять или занимать чужую территорию]

I. ОККУПИ́РУЮЩИЙ, -ая, -ее, -ие; *действ. наст.*

Синт.: **а, б** — в глаг. знач.

II. ОККУПИ́РОВАВШИЙ, -ая, -ее, -ие; *действ. прош.*

Синт.: **а, б** — в глаг. знач.

III. ОККУПИ́РУЕМЫЙ, -ая, -ое, -ые; *страд. наст.*

Синт.: **а, б, в** — в глаг. знач.

Субстантив.$_3$ не употр.

IV. ОККУПИ́РОВАННЫЙ, -ая, -ое, -ые; *страд. прош.*

Синт.: **а, б** — в глаг. знач.

В знач. прил. (только *полн. ф.*) Такой, который насильственно захвачен врагом. *Во время войны бабушка прожила на оккупированной территории несколько месяцев*

ОККУПИ́РОВАН, -ана, -ано, -аны; *кр. ф.*

В глаг. знач.

ОКОЧЕНЕ́ТЬ, окочене́ют, окочене́|л; ***сов., неперех.* 1.** *Мальчик совершенно окоченел, стоя на ветру* [сильно замерзнуть] **2. *S не лицо*** *Руки на морозе озябли, а пальцы окоченели* [утратить от холода подвижность и чувствительность] **3. *S не лицо*** *В больницу привезли труп человека, который давно окоченел* [стать холодным и твердым, застыть — о трупе]

II. ОКОЧЕНЕ́ВШИЙ, -ая, -ее, -ие; *действ. прош.*

Синт.: **а, б, в** — в глаг. знач. 1—3

Ср. прил. **окочене́лый**, -ая, -ое, -ые. **1.** Застывший от холода, сильно озябший, окоченевший. *Окоченелая от холода птица. Окоченелые пальцы* **2.** Холодный и твердый, застывший, окоченевший — о трупе. *Окоченелый труп*

ОКРА́СИТЬ, окра́шу, окра́с|ят, окра́си|л; ***сов., перех.*** (*несов.* окра́шивать) **1. *что,*** также ***чем*** *Валерий осторожно окрасил известью стволы молодых яблонь* (см. § 2) [покрыть поверхность чего-л. со всех сторон краской, известью и т. п.] **2. *что; S не лицо*** *«Порошок и точно окрасил воду вокруг* [*подводной*] *лодки».* Л. Соболев, Рассказы капитана 2-го ранга Кирдяги. *Разлившаяся нефть окрасила снег в черный цвет* [растворившись, впитавшись, придать чему-л. какой-л. цвет] **3. *кого(что)*** и ***что,*** также ***чем; S не лицо*** *Отблеск заката окрасил людей, деревья, дома в цвет красной меди. «Девушка опустила глаза, и чуть заметный румянец окрасил ее бледные щеки».* Мамин-Сибиряк, Человек с прошлым [придать красноватый оттенок кому-чему-л.— о лучах солнца, румянце, огне и т. п.] **4. *что; S не лицо*** *Слишком большое количество отрицательных фактов окрасило статью в мрачные тона, сделало выводы неоправданно пессимистическими. « — Если бы ты любила меня, чувство любви окрасило бы для тебя в розовый цвет все предметы».* Марлинский, Несколько отрывков из романа Вадимов [придать чему-л. тот или иной смысл, характер, наложить свой отпечаток на что-л.]

II. ОКРА́СИВШИЙ, -ая, -ее, -ие; *действ. прош.*

Синт.: **а, б** — в глаг. знач. 1—4

IV. ОКРА́ШЕННЫЙ, -ая, -ое, -ые; *страд. прош.*

[чередование с/ш]

Синт.: **а, б** — в глаг. знач. 1—4 и в статив. знач.

Статив. знач. (также *кр. ф.* ↓) **1. *во что, с нареч.*** Имеющий ту или иную природную окраску — о живых существах. *«Дикие канарейки.., не так ярко окрашенные в желтый цвет,.. стаями перелетали из куста в куст».* Гончаров, Фрегат Паллада. *Зимородок — небольшая, ярко окрашенная птичка* **2. *чем*** Имеющий тот или иной характер, свойства, качества и т. п. *«Юмор Антоши Чехова и его братьев был удивительно светлым и, при всем своем лукавстве и дерзости, добрым, окрашенным любовью к жизни, к людям».* Ермилов, Драматургия Чехова. *Твое окрашенное неприязнью отношение к Игорю нельзя было не заметить*

Субстантив.$_2$ не употр.; субстантив.$_3$ в глаг. знач. 1, 2

ОКРА́ШЕН, -ена, -ено, -ены; *кр. ф.*

В глаг. знач. 1—4

Статив. знач. (также *полн. ф.* ↑) **1. *во что, с нареч.*** *Домашние канарейки обычно ярко окрашены в желтый цвет. Смотри, как ярко окрашена эта бабочка!* **2. *чем*** *Юмор Чехова окрашен любовью к жизни, к людям. Твое отношение к Ане окрашено неприязнью*

Ср. выражение: **Осторожно, окрашено!** — принятая форма предупреждения о том, что краска еще не высохла и может испачкать кого-л.

ОКРА́ШИВАТЬ, окра́шива|ют, окра́шива|л; ***несов. к*** окра́сить (см.)

I. ОКРА́ШИВАЮЩИЙ, -ая, -ее, -ие; *действ. наст.*

Синт.: **а, б** — в глаг. знач. 1—4

II. ОКРА́ШИВАВШИЙ, -ая, -ее, -ие; *действ. прош.*

Синт.: **а, б** — в глаг. знач. 1—4

III. ОКРА́ШИВАЕМЫЙ, -ая, -ое, -ые; *страд. наст.*

Синт.: **а, б** — в глаг. знач. 1—4; **в** — в глаг. знач. 1

Субстантив.$_2$ не употр.; субстантив.$_3$ в глаг. знач. 1, 2

ОКРЕСТИ́ТЬ, окрещу́, окре́ст|ят, окрести́|л; ***сов. к*** крести́ть в 1 знач. (см.)

II. ОКРЕСТИ́ВШИЙ, -ая, -ее, -ие; *действ. прош.*

Синт.: **а, б** — в глаг. знач. 1

IV. ОКРЕЩЁННЫЙ, -ая, -ое, -ые; *страд. прош.*

[чередование ст/щ]

Синт.: **а, б, в** — в глаг. знач. 1

ОКРЕЩЁН, -ена́, -ено́, -ены́; *кр. ф.*

В глаг. знач. 1

ОКРОВА́ВИТЬ, окрова́влю, окрова́в|ят, окрова́ви|л; ***сов., перех., что,*** также ***чем*** (*несов.* окрова́вливать) *Юноша окровавил себе лицо осколком стекла* (см. § 3) [поранив себе какую-л. часть тела, залить, испачкать кровью]

II. ОКРОВА́ВИВШИЙ, -ая, -ее, -ие; *действ. прош.*

Синт.: **а, б** — в глаг. знач.

IV. ОКРОВА́ВЛЕННЫЙ, -ая, -ое, -ые; *страд. прош.*

[чередование в/вл]

Синт.: **а, б** — в глаг. знач.

В знач. прил. (также *кр. ф.* ↓) Покрытый, залитый кровью. *Окровавленная одежда. Окровавленный нож* (Ср. прил. **крова́вый**, -ая, -ое, -ые в знач. 'покрытый, залитый кровью'. *«Рука бойцов колоть устала, И ядрам пролетать мешала Гора кровавых тел».* Лермонтов, Бородино

Субстантив.$_3$ не употр.

ОКРОВА́ВЛЕН, -ена, -ено, -ены; *кр. ф.*

В глаг. знач.

В знач. прил. (также *полн. ф.* ↑) *Одежда окровавлена. Нож был окровавлен*

□ Прич. IV в знач. прил. более употр., чем личные ф. глагола и прич. II

ОКРОВА́ВЛИВАТЬ, окрова́влива|ют, окрова́влива|л; ***несов. к*** окрова́вить (см.)

I. ОКРОВА́ВЛИВАЮЩИЙ, -ая, -ее, -ие; *действ. наст.*

Синт.: **а, б** — в глаг. знач.

II. ОКРОВА́ВЛИВАВШИЙ, -ая, -ее, -ие; *действ. прош.*

Синт.: **а, б** — в глаг. знач.

III. ОКРОВА́ВЛИВАЕМЫЙ, -ая, -ое, -ые; *страд. наст.*

Синт.: **а, б** — в глаг. знач.

Субстантив.$_3$ не употр.

▭ Глагол малоупотр.

ОКРУГЛИ́ТЬ, округл|я́т, округли́|л; ***сов., перех., что*** (*несов.* округля́ть) **1.** *Мальчик округлил губы. Ребенок округлил глаза* [сделать круглым, придать округлую форму] **2.** *Я округлил при подсчетах все цифры* [выразить в круглых цифрах] **3.** *К концу жизни фермер округлил свой капитал* [довести до значительных размеров, увеличить]

II. ОКРУГЛИ́ВШИЙ, -ая, -ее, -ие; *действ. прош.*

Синт.: **а, б** — в глаг. знач. 1—3

IV. ОКРУГЛЁННЫЙ, -ая, -ое, -ые; *страд. прош.**

Синт.: **а, б** — в глаг. знач. 2, 3; **в** — в глаг. знач. 2

В знач. прил. (только *полн. ф.*) Округлый, круглый, округлившийся. *Округленные глаза. Округленный живот* (Ср. прил. **окру́глый**, -ая, -ое, -ые в знач. **1.** С закругленными линиями, очертаниями. *Округлый почерк. Округлые черты лица. Округлые формы* **2.** Плавный, размеренный, лишенный резкости — о движениях. *Округлый жест. Округлое движение руки*)

Ср. прил. **округлённый**, -ая, -ое, -ые. **1.** Имеющий закругленные линии, очертания, округлый. *Округленные верхушки деревьев. Округленные ручки кресел* **2.** Плавный, размеренный, лишенный резкости — о движениях. *Округленные жесты* **3.** Пополневший, потолстевший, полный; *разг. Округленная фигура*

Субстантив.$_3$ в глаг. знач. 2

ОКРУГЛЁН, -ена́, -ено́, -ены́; *кр. ф.**

В глаг. знач. 2, 3

▭ Прич. IV в 1 глаг. знач. не употр.

ОКРУГЛИ́ТЬСЯ, округля́тся, округли́|лся; ***сов.*** (*несов.* округля́ться); ***S не лицо*** **1.** *«У многих из команды побледнели лица, округлились глаза. Начиналась паника».* Новиков-Прибой, Цусима [приобрести округлую форму] **2.** *«Он стал как бы выше ростом, словно распрямился, и все в нем округлилось, подобрело».* Гранин, Кто-то должен. *После родов плечи и лицо у Ани заметно округлились* [пополнеть, стать полным или более полным; *разг.*] **3.** *«Уж округлился капитал. В купцы бы надо вскоре».* Н. Некрасов, Горе старого Наума [достичь значительных размеров, увеличиться; *разг.*]

II. ОКРУГЛИ́ВШИЙСЯ, -аяся, -ееся, -иеся; *действ. прош.*

Синт.: **а, б, в** — в глаг. знач. 1—3

ОКРУГЛЯ́ТЬ, округля́|ют, округля́|л; ***несов. к*** округли́ть (см.)

I. ОКРУГЛЯ́ЮЩИЙ, -ая, -ее, -ие; *действ. наст.*

Синт.: **а, б** — в глаг. знач. 1—3

II. ОКРУГЛЯ́ВШИЙ, -ая, -ее, -ие; *действ. прош.*

Синт.: **а, б** — в глаг. знач. 1—3

III. ОКРУГЛЯ́ЕМЫЙ, -ая, -ое, -ые; *страд. наст.**

Синт.: **а, б** — в глаг. знач. 2, 3; **в** — в глаг. знач. 2

Субстантив.$_3$ в глаг. знач. 2

▭ Прич. III в 1 глаг. знач. не употр.

ОКРУГЛЯ́ТЬСЯ, округля́|ются, округля́|лся; ***несов. к*** округли́ться (см.)

I. ОКРУГЛЯ́ЮЩИЙСЯ, -аяся, -ееся, -иеся; *действ. наст.*

Синт.: **а, б** — в глаг. знач. 1—3; **в** — в глаг. знач. 3

II. ОКРУГЛЯ́ВШИЙСЯ, -аяся, -ееся, -иеся; *действ. прош.*

Синт.: **а, б** — в глаг. знач. 1—3; **в** — в глаг. знач. 3

ОКРУЖА́ТЬ, окружа́|ют, окружа́|л; ***несов., перех.*** (*сов.* окружи́ть *к* 1—5 знач.) **1. *кого(что)*** и ***что,*** также ***чем*** *Деда Мороза окружали малыши. Ребята окружают рассказчика плотным кольцом* (см. § 2) [располагаясь, становясь вокруг кого-чего-л., заключать в замкнутый круг] **2. *что чем*** *В очень холодные ночи туристы окружали палатки кострами* (см. § 2). *Строители окружали крепость рвом, наполненным водой* (см. § 2) [располагать что-л. вокруг кого-чего-л., обводить, обносить чем-л. вокруг] **3. *кого(что)*** и ***что*** *Наша армия несколько раз окружала крупные соединения противника* [брать в кольцо, лишая возможности выхода, отступления, связи с кем-чем-л.] **4. *кого(что) чем*** *Пионеры окружают вниманием и заботой пенсионеров нашего района* (см. § 1) [создавать вокруг кого-л. какую-л. обстановку, устанавливать, делать обычным то или иное отношение к кому-л.] **5. *кого(что) кем*** *Постепенно Олег окружает себя преданными людьми* [создавать из каких-л. лиц чье-л. окружение — обычно в сочетании с мест. себя] **6. *кого(что)*** и ***что; S не лицо*** *Альпинистов окружали казавшиеся неприступными скалы. Наш дом окружал парк* [находиться, быть расположенным вокруг кого-чего-л.] **7. *кого(что)*** *Смирнова окружают друзья* [составлять чью-л. среду, находиться в числе тех, с кем кто-л. постоянно общается] **8. *кого(что); S не лицо*** *Старого учителя окружают уважение и почет. Мою новую знакомую окружает какая-то тайна* [существовать, иметься по отношению к кому-л.]

I. ОКРУЖА́ЮЩИЙ, -ая, -ее, -ие; *действ. наст.*

Синт.: **а, б** — в глаг. знач. 1—8

Ср. прил. **окружающий**, -ая, -ее, -ие. **1.** Находящийся вокруг кого-чего-л., поблизости. *Окружающие люди. Окружающие предметы. Окружающая местность* **2.** Составляющий чью-л. среду. *Окружающий мир. Окружающая обстановка* ◇ **Окружающая среда** — природа, естественные богатства, среди которых живет человек

Субстантив.$_1$ в глаг. знач. 1—5

Ср. сущ. **окружа́ющее**, -его, *ср.* Среда, обстановка, то, что окружает человека. *Брат тяготится окружающим*

Ср. сущ. **окружа́ющие**, -их, *мн.:* Люди, которые окружают кого-л., составляют чье-л. окружение. *Быть благодарным за что-л. окружающим. Скрыть что-л. от окружающих*

II. ОКРУЖА́ВШИЙ, -ая, -ее, -ие; *действ. прош.*

Синт.: **а, б** — в глаг. знач. 1—8

Субстантив.$_1$ в глаг. знач. 1—5

III. ОКРУЖА́ЕМЫЙ, -ая, -ое, -ые; *страд. наст.**

Синт.: **а, б** — в глаг. знач. 1—4

Субстантив.$_3$ в глаг. знач. 2

▭ Прич. III в 5—8 глаг. знач. не употр.

ОКРУЖИ́ТЬ, окруж|а́т, окружи́|л; ***сов., перех.*** (*несов.* окружа́ть) **1.** ***кого(что)*** и ***что,*** также ***чем*** *Малыши окружили Деда Мороза. Ребята окружили рассказчика плотным кольцом* (см. § 2) [расположившись, став вокруг кого-чего-л., заключить в замкнутый круг] **2.** ***что чем*** *Из-за сильного холода туристы окружили палатку кострами* (см. § 2). *Строители окружили крепость рвом, наполненным водой* (см. § 2) [расположить что-л. вокруг кого-чего-л., обвести, обнести чем-л. вокруг] **3.** ***кого(что)*** и ***что*** *Наша армия окружила крупные соединения противника* [взять в кольцо, лишив возможности выхода, отступления, связи с кем-чем-л.] **4.** ***кого(что) чем*** *Пионеры окружили вниманием и заботой пенсионеров нашего района* (см. § 1) [создать вокруг кого-л. какую-л. обстановку, установить, сделать обычным то или иное отношение к кому-л.] **5.** ***кого(что) кем*** *Директор окружил себя преданными людьми* [создать из каких-л. лиц чье-л. окружение — обычно в сочетании с мест. *себя*]

II. ОКРУЖИ́ВШИЙ, -ая, -ее, -ие; *действ. прош.*

Синт.: **а, б** — в глаг. знач. 1—5

IV. ОКРУЖЁННЫЙ, -ая, -ое, -ые; *страд. прош.**

Синт.: **а, б** — в глаг. знач. 1—4 и в статив. знач.; **в** — в глаг. знач. 3

Статив. знач. (также *кр. ф.*↓) **1.** ***чем*** Находящийся, расположенный в центре чего-л., имеющий что-л. вокруг себя. *Крепость, окруженная лесами и болотами, была неприступна* **2.** ***кем*** Находящийся в чьем-л. окружении, имеющий какое-л. окружение. *Начальник, окруженный льстецами, не может нормально работать*

Субстантив.$_3$ в глаг. знач. 2

ОКРУЖЁН, -ена́, -ено́, -ены́; *кр. ф.**

В глаг. знач. 1—4

Статив. знач. (также *полн. ф.*↑) **1.** ***чем*** *Крепость окружена дремучими лесами* **2.** ***кем*** *Начальник окружен льстецами*

▭ Прич. IV в 5 глаг. знач. не употр.

ОЛИЦЕТВОРИ́ТЬ, олицетвор|я́т, олицетвори́|л; ***сов., перех., что*** (*несов.* олицетворя́ть) **1.** *Художник в этом полотне поэтически олицетворил природу* [представить в образе живого существа] **2.** *«..олицетворить значит — отвлеченную идею воплотить в образ..»* В. Г. Белинский, Ледяной дом. Соч. И. И. Лажечникова. *Писателю хотелось олицетворить благородство души* [воплотить, выразить в каком-л. образе, в какой-л. вещественной форме]

II. ОЛИЦЕТВОРИ́ВШИЙ, -ая, -ее, -ие; *действ. прош.*

Синт.: **а, б** — в глаг. знач. 1, 2

IV. ОЛИЦЕТВОРЁННЫЙ, -ая, -ое, -ые; *страд. прош.**

Синт.: **а, б** — в глаг. знач. 1

В знач. прил. (только *полн. ф.*) Являющийся выражением, воплощением каких-л. положительных качеств, свойств. *Моя сестра — олицетворенная кротость и добродетель*

ОЛИЦЕТВОРЁН, -ена́, -ено́, -ены́; *кр. ф.**

В глаг. знач. 1

▭ Прич. IV во 2 глаг. знач. не употр.

ОЛИЦЕТВОРЯ́ТЬ, олицетворя́|ют, олицетворя́|л; ***несов., перех., что*** (*сов.* олицетвори́ть к 1 и 2 знач.) **1.** *Художник в этом полотне поэтически олицетворяет природу* [представлять в образе живого существа] **2.** *Олицетворять, по словам Белинского,— значит отвлеченную идею воплощать в образ* [воплощать, выражать в каком-л. образе, в какой-л. вещественной форме] **3.** *Этот человек олицетворяет собой благородство и скромность* [являться живым воплощением каких-л. положительных свойств, качеств — обычно в сочетании с мест. *собой*]

I. ОЛИЦЕТВОРЯ́ЮЩИЙ, -ая, -ее, -ие; *действ. наст.*

Синт.: **а, б** — в глаг. знач. 1 — 3

II. ОЛИЦЕТВОРЯ́ВШИЙ, -ая, -ее, -ие; *действ. прош.*

Синт.: **а, б** — в глаг. знач. 1 — 3

III. ОЛИЦЕТВОРЯ́ЕМЫЙ, -ая, -ое, -ые; *страд. наст.**

Синт.: **а, б, в** — в глаг. знач. 1

▭ Прич. III во 2, 3 глаг. знач. не употр.

ОМЕРТВЕ́ТЬ, омертве́ют, омертве́|л; ***сов., неперех.*** **1.** ***S не лицо*** *Пальцы на ногах омертвели. Стопа омертвела* [потерять чувствительность, стать мертвым — о клетках, тканях, частях тела] **2.** ***от чего*** *Девочка омертвела от ужаса* [стать неподвижным, оцепенеть под влиянием чего-л.] **3.** ***S не лицо*** *Все омертвело вокруг* [перестать быть наполненным жизнью, движением, оживлением, опустеть, затихнуть]

II. ОМЕРТВЕ́ВШИЙ, -ая, -ее, -ие; *действ. прош.*

Синт.: **а, б** — в глаг. знач. 1 — 3

В знач. прил. **1.** Утративший чувствительность, ставший мертвым — о клетках, тканях, частях тела. *Омертвевшие пальцы. Омертвевшие стопы* **2.** Неподвижный, застывший, безжизненный. *Омертвевший взгляд. Омертвевшее выражение лица* **3.** Лишившийся жизни, движения, опустевший, затихший. *Омертвевшие улицы* (Ср. прил. **омертве́лый**, -ая, -ое, -ые. **1.** Утративший чувствительность, ставший мертвым, омертвевший — о клетках, тканях, частях тела. *Омертвелые уши. Омертвелый нос* **2.** Неподвижный, застывший, безжизненный, омертвевший. *Омертвелый* *взгляд. Омертвелое лицо* **3.** Опустевший, затихший, омертвевший. *Омертвелый город*)

ОНЕМЕ́ТЬ, онеме́ют, онеме́|л; ***сов., неперех.*** **1.** *«Вторая его дочка, трехлетний ребенок, от страха онемела и оглохла в один день».* Тургенев, Часы [стать немым, утратить способность речи] **2.** ***от чего*** *Бабушка просто онемела от удивления и неожиданности* [утратить на время дар речи от неожиданной радости, удивления и т. п.] **3.** ***S не лицо*** *У Пети онемели рука и плечо* [утратить чувствительность, гибкость]

II. ОНЕМЕ́ВШИЙ, -ая, -ее, -ие; *действ. прош.*

С и н т.: **а, б** — в глаг. знач. 1 — 3

В з н а ч. п р и л. Утративший чувствительность, гибкость. *Онемевшая шея. Онемевшее плечо* (С р. прил. **онеме́лый**, -ая, -ое, -ые. Утративший чувствительность, гибкость, онемевший. *Онемелая рука. Онемелое плечо*)

ОПА́ЗДЫВАТЬ, опа́здыва*|ют, опа́здыва|л; ***несов., неперех.*** (*сов.* опозда́ть) **1.** *Андрей всегда опаздывает на лекции. Отец каждый раз опаздывал к обеду. Вы не опаздываете на поезд?* [приходить, появляться где-л. позже, чем нужно] **2.** ***S не лицо*** *Поезд опаздывает на пять минут* [прибывать к месту назначения позже, чем указано в расписании — о транспортных средствах] **3.** ***с чем*** и ***с неопр. ф.*** *Ты каждое лето опаздываешь подать заявление на путевку. Наш отдел сильно опаздывает с разработкой проекта* [делать что-л. позже, чем нужно]

I. ОПА́ЗДЫВАЮЩИЙ, -ая, -ее, -ие; *действ. наст.*

С и н т.: **а, б** — в глаг. знач. 1 — 3; **в** — в глаг. знач. 2

В з н а ч. п р и л. Привыкший опаздывать, склонный к опозданиям. *Опаздывающие люди с трудом входят в рабочий ритм*

II. ОПА́ЗДЫВАВШИЙ, -ая, -ее, -ие; *действ. прош.*

С и н т.: **а, б** — в глаг. знач. 1 — 3; **в** — в глаг. знач. 1, 2

ОПЕРЕДИ́ТЬ, опережу́, оперед|я́т, опереди́|л; ***сов. к*** опережа́ть (см.)

II. ОПЕРЕДИ́ВШИЙ, -ая, -ее, -ие; *действ. прош.*

С и н т.: **а, б** — в глаг. знач. 1 — 3

IV. ОПЕРЕЖЁННЫЙ, -ая, -ое, -ые; *страд. прош.*

[чередование д/ж]

С и н т.: **а, б** — в глаг. знач. 1 — 3

С у б с т а н т и в.$_2$ в глаг. знач. 1, 3

ОПЕРЕЖЁН, -ена́, -ено́, -ены́; *кр. ф.*

В глаг. знач. 1 — 3

ОПЕРЕЖА́ТЬ, опережа́|ют, опережа́|л; ***несов., перех., кого (что)*** (*сов.* опереди́ть) **1.** *Спортсменка опережала соперницу всего на полметра* [двигаясь в одном направлении с кем-чем-л., оказываться впереди, обгонять] **2.** *Когда нужно было подать кому-нибудь пальто, старший брат всегда опережал младшего* [делать что-л. раньше другого] **3.** ***в чем*** *Аня явно опережает брата в знаниях по математике. Советский Союз опережает многие страны в исследовании космоса* [достигать лучших результатов по сравнению с кем-чем-л., превосходить]

I. ОПЕРЕЖА́ЮЩИЙ, -ая, -ее, -ие; *действ. наст.*

С и н т.: **а, б** — в глаг. знач. 1 — 3

В з н а ч. п р и л. Более быстрый, чем предполагалось по плану. *Опережающие темпы развития промышленности. Опережающее наращивание энергетического потенциала*

II. ОПЕРЕЖА́ВШИЙ, -ая, -ее, -ие; *действ. прош.*

С и н т.: **а, б** — в глаг. знач. 1 — 3

III. ОПЕРЕЖА́ЕМЫЙ, -ая, -ое, -ые; *страд. наст.*

С и н т.: **а, б** — в глаг. знач. 1 — 3

С у б с т а н т и в.$_2$ в глаг. знач. 1, 3

ОПИСА́ТЬ, опишу́, опи́шут, описа́|л; ***сов., перех.*** (*несов.* опи́сывать) **1.** ***кого(что)*** и ***что*** *Олег в письме с большими подробностями описал своих новых друзей. Девочка подробно описала события этого дня в своем дневнике* [рассказать о ком-чем-л. письменно] **2.** ***кого(что)*** и ***что*** *Ребята описали незнакомца по памяти. Отец описал нам в деталях дом, в котором он родился* [изобразить что-л., рассказать о ком-чем-л. устно] **3.** ***кого(что)*** и ***что*** *Этнографы подробно описали это исчезающее племя. Студенты описали особенности одного из северных диалектов* [с научной целью, в системе письменно изложить особенности, признаки, закономерности, состав кого-чего-л.] **4.** ***что*** *Представители власти описали имущество преступника* [сделать письменный перечень чего-л. с целью учета, по постановлению судебных органов и т. п.] **5.** ***что*** *Ученик описал окружность вокруг квадрата* [начертить одну фигуру вокруг другой с соблюдением определенных условий — в математике] **6.** ***что*** *Планерист плавно описал круг и пошел на снижение. Ракета описала дугу и медленно погасла в небе* [совершить движение по кривой]

II. ОПИСА́ВШИЙ, -ая, -ее, -ие; *действ. прош.*

С и н т.: **а, б** — в глаг. знач. 1 — 6

IV. ОПИ́САННЫЙ, -ая, -ое, -ые; *страд. прош.*

С и н т.: **а, б** — в глаг. знач. 1 — 6; **в** — в глаг. знач. 3, 4

В з н а ч. п р и л. (только *полн. ф.*) **1.** Такой, все стороны которого являются касательными к данной окружности — о многоугольнике и т. п. — в математике. *Описанный многоугольник* **2.** Такой, на котором лежат все вершины вписанного многоугольника — в математике. *Описанная окружность*

С у б с т а н т и в.$_2$ не употр.; с у б с т а н т и в.$_3$ в глаг. знач. 1 — 5

ОПИ́САН, -ана, -ано, -аны; *кр. ф.*

В глаг. знач. 1 — 6

ОПИ́СЫВАТЬ, опи́сыва*|ют, опи́сыва|л; ***несов. к*** описа́ть (см.)

I. ОПИ́СЫВАЮЩИЙ, -ая, -ее, -ие; *действ. наст.*

С и н т.: **а, б** — в глаг. знач. 1 — 6

II. ОПИ́СЫВАВШИЙ, -ая, -ее, -ие; *действ. прош.*

С и н т.: **а, б** — в глаг. знач. 1 — 6

III. ОПИ́СЫВАЕМЫЙ, -ая, -ое, -ые; *страд. наст.*

Синт.: **а, б** — в глаг. знач. 1 — 6; **в** — в глаг. знач. 3, 4

Субстантив.$_2$ не употр.; субстантив.$_3$ в глаг. знач. 1 — 5

ОПОЗДА́ТЬ, опозда́ют, опозда́|л; ***сов. к*** опа́здывать (см.)

II. ОПОЗДА́ВШИЙ, -ая, -ее, -ие; *действ. прош.*

Синт.: **а, б** — в глаг. знач. 1 — 3; **в** — в глаг. знач. 1, 2

ОПРАВДА́ТЬ, оправда́ют, оправда́|л; ***сов., перех.*** (*несов.* опра́вдывать) **1. *кого(что)*** *Мать оправдала сына во всех его действиях* [признать правым, поступившим правильно] **2. *кого(что)*** *Суд в конце концов оправдал подсудимого* [вынести приговор о чьей-л. невиновности] **3. *что,*** также ***чем*** *Валерий оправдал ее странное поведение наивностью и молодостью* (см. § 2) [признать допустимым в силу чего-л.] **4. *что*** *Депутаты оправдали доверие своих избирателей. Комсомольцы оправдают эту высокую награду Родины* [показать себя достойным чего-л.— принадлежности к чему-л., присвоенного звания, оказанного доверия и т. п.] **5. *что*** *Мы в конце концов оправдали все затраты и усилия* [возместить, окупить; *разг.*] **6. *что; S не лицо*** *Усиленные тренировки оправдают себя в будущем. Эти затраты еще оправдают себя* [сделать не напрасным, дать положительный результат — в сочетании с мест. *себя*] **7. *что чем*** *Казначей оправдала все расходы счетами и расписками* (см. § 2) [официально удостоверить сделанное, правильность чего-л. сделанного]

II. ОПРАВДА́ВШИЙ, -ая, -ее, -ие; *действ. прош.*

Синт.: **а, б** — в глаг. знач. 1 — 7

IV. ОПРА́ВДАННЫЙ, -ая, -ое, -ые; *страд. прош.**

Синт.: **а, б** — в глаг. знач. 1 — 5, 7; **в** — в глаг. знач. 2

Ср. прил. **опра́вданный,** -ая, -ое, -ые; -ан, **-анна, -анно, -анны.** Находящий оправдание, целесообразный, необходимый. *Оправданный риск. Оправданное решение. Эти действия оправданны*

Субстантив.$_3$ не употр.

ОПРА́ВДАН, -ана, -ано, -аны; *кр. ф.**

В глаг. знач. 1 — 5, 7

□ Прич. IV в 6 глаг. знач. не употр.

ОПРА́ВДЫВАТЬ, опра́вдыва|ют, опра́вдыва|л; ***несов., перех.*** (*сов.* оправда́ть) **1. *кого(что)*** *Мать оправдывает сына во всем* [признавать правым, правильно поступающим] **2. *кого(что)*** *Суд в конце концов оправдывает подсудимого* [выносить приговор о чьей-л. невиновности] **3. *что,*** также ***чем*** *Смирнов оправдывал ее странное поведение наивностью и молодостью* (см. § 2) [признавать допустимым в силу чего-л.] **4. *что*** *Депутаты оправдывают доверие своих избирателей. Комсомольцы оправдывают высокие награды Родины* [показывать себя достойным чего-л.— принадлежности к чему-л., присвоенного звания, оказанного доверия и т. п.] **5. *что*** *Мы в конце концов всегда оправдываем наши затраты и усилия* [возмещать, окупать; *разг.*] **6. *что; S не лицо*** *Усиленные тренировки всегда оправдывают себя в будущем. Такие затраты быстро оправдывают себя* [делать не напрасным, давать положительный результат — в сочетании с мест. *себя*] **7. *что чем*** *Казначей оправдывает все расходы счетами и расписками* [официально удостоверять сделанное, правильность чего-л. сделанного]

I. ОПРА́ВДЫВАЮЩИЙ, -ая, -ее, -ие; *действ. наст.*

Синт.: **а, б** — в глаг. знач. 1 — 7

Ср. прич. во 2, 7 глаг. знач. с прил. **оправда́тельный,** -ая, -ое, -ые. **1.** Содержащий в себе признание невиновным — о приговоре. *Оправдательный приговор* **2.** Содержащий в себе официальное удостоверение правильности чего-л. *Оправдательный документ*

II. ОПРА́ВДЫВАВШИЙ, -ая, -ее, -ие; *действ. прош.*

Синт.: **а, б** — в глаг. знач. 1 — 7

III. ОПРА́ВДЫВАЕМЫЙ, -ая, -ое, -ые; *страд. наст.**

Синт.: **а, б** — в глаг. знач. 1 — 5, 7; **в** — в глаг. знач. 2

Субстантив.$_3$ не употр.

□ Прич. III в 6 глаг. знач. не употр.

ОПРЕДЕЛИ́ТЬ, определ|я́т, определи́|л; ***сов., перех.*** (*несов.* определя́ть) **1. *что*** и ***с придат. дополнит.*** *Ребята неправильно определили направление ветра. Смирнов точно определил возраст незнакомки. «Колокол звонил около нас, рядом, но где именно — определить было невозможно».* В. Беляев, Старая крепость [установить, выяснить, распознать что-л. по каким-л. признакам, данным] **2. *что*** *Астрономы, наконец, определили расстояние до этой звезды. Илья правильно определил площадь круга* [вывести какую-л. величину путем измерения, вычисления и т. п.] **3. *что*** и ***с придат. дополнит.*** *«Самгин слушал рассеянно и пытался окончательно определить свое отношение к Бердникову».* М. Горький, Жизнь Клима Самгина. *Олег до сих пор не определил, какую профессию он хочет для себя выбрать* [разобраться в чем-л., решить, уяснить для себя что-л.] **4. *что*** *Молодой ученый точно определил это научное понятие. «...кто-то определил сумасшествие как преобладание деятельности какого-нибудь одного из свойств психики над всеми другими».* М. Горький, Ошибка [дать характеристику, формулировку чему-л., раскрывающую содержание, сущность чего-л.] **5. *что*** *Друзья не определили час встречи. Мы заранее определили порядок выступлений на собрании* [установить, назначить] **6. *что*** *Суд определил меру наказания военным преступникам* [вынести официальное решение о чем-л., постановить] **7. *что; S не лицо*** *Встреча с Вами определила мою дальнейшую судьбу. Работа с животными определила направление исследований ученого* [явившись причиной чего-л., обусловить что-л.]

II. ОПРЕДЕЛИ́ВШИЙ, -ая, -ее, -ие; *действ. прош.*

Синт.: **а, б** — в глаг. знач. 1 — 7

IV. ОПРЕДЕЛЁННЫЙ, -ая, -ое, -ые; *страд. прош.**

Синт.: **а, б** — в глаг. знач. 1, 2, 4 — 6; **в** — в глаг. знач. 4

Ср. прил. **определённый**, -ая, -ое, -ые; -ёнен, -ённа, -ённо, -ённы. **1.** (только *полн. ф.*) Твердо установленный. *Директор принимает в определенное время. Определенный порядок* **2.** Ясный, не допускающий сомнений; вполне сложившийся, определившийся. *Вполне определенный вывод. Дать определенный ответ. Человек без определенных занятий* **3.** (только *полн. ф.*) Некоторый, тот или иной. *Играть определенную роль в чем-л. В определенных случаях* **4.** (только *полн. ф.*) Безусловный, несомненный, бесспорный. *Это — определенный успех* **5.** Отчетливо очерченный, резкий — о чертах лица. *«Князь Болконский был небольшого роста, весьма красивый молодой человек с определенными и сухими чертами».* Л. Толстой, Война и мир

Субстантив.$_3$ в глаг. знач. 1

ОПРЕДЕЛЁН, -ена́, -ено́, -ены́; *кр. ф.** В глаг. знач. 1, 2, 4 — 6

▭ Прич. IV в 3, 7 глаг. знач. не употр.

ОПРЕДЕЛЯ́ТЬ, определя́|ют, определя́|л; ***несов., перех.*** (*сов.* определи́ть) **1.** ***что*** и ***с придат. дополнит.*** *Оказывается, ребята неправильно определяли направление ветра. Олег всегда правильно определял, что означает звуковой сигнал. Вы умеете определять возраст незнакомого человека?* [устанавливать, выяснять, распознавать что-л. по каким-л. признакам, данным] **2.** ***что*** *Астрономы определяют расстояние до сверхновой звезды. Ученики определяют площадь круга* [выводить какую-л. величину путем измерения, вычисления и т. п.] **3.** ***что*** и ***с придат. дополнит.*** *Я даже не пыталась определять твое отношение ко мне. Олег долго определял, куда ему идти работать* [разбираться в чем-л., решать, уяснять для себя что-л.] **4.** ***что*** *Как ученые определяют гравитацию?* [давать характеристику, формулировку чему-л., раскрывающую содержание, сущность чего-л.] **5.** ***что*** *Раньше мы заранее определяли порядок выступлений на собраниях, теперь мы отказались от этого. Когда вы определяете время встреч друг с другом?* [устанавливать, назначать] **6.** ***что*** *Суд определяет сейчас меру наказания преступникам* [выносить официальное решение о чем-л., выносить постановление] **7.** ***что; S не лицо*** *Встречи с Вами определяют мою дальнейшую судьбу. Работа с животными определяет направление исследований ученого* [являясь причиной чего-л., обуславливать что-л.]

I. ОПРЕДЕЛЯ́ЮЩИЙ, -ая, -ее, -ие; *действ. наст.*

Синт.: **а, б** — в глаг. знач. 1 — 7

В знач. прил. Главный, наиболее важный, существенный. *Играть определяющую роль в чем-л. Найти определяющий принцип подхода к чему-л. Иметь определяющий характер в чем-л. Определяющее направление в развитии данной отрасли промышленности*

II. ОПРЕДЕЛЯ́ВШИЙ, -ая, -ее, -ие; *действ. прош.*

Синт.: **а, б** — в глаг. знач. 1 — 7

III. ОПРЕДЕЛЯ́ЕМЫЙ, -ая, -ое, -ые; *страд. наст.**

Синт.: **а, б** — в глаг. знач. 1, 2, 4 — 6

Ср. прич. в 1, 2 глаг. знач. с прил. **определи́мый**, -ая, -ое, -ые; -и́м, -и́ма, -и́мо, -и́мы. Доступный для определения, такой, который может быть определен. *Вполне определимое понятие. Данная величина определима*

Субстантив.$_3$ в глаг. знач. 1

▭ Прич. III в 3, 7 глаг. знач. не употр.

ОПУСКА́ТЬ, опуска́|ют, опуска́|л; ***несов. к*** опусти́ть (см.)

I. ОПУСКА́ЮЩИЙ, -ая, -ее, -ие; *действ. наст.*

Синт.: **а, б** — в глаг. знач. 1 — 8

II. ОПУСКА́ВШИЙ, -ая, -ее, -ие; *действ. прош.*

Синт.: **а, б** — в глаг. знач. 1—8

III. ОПУСКА́ЕМЫЙ, -ая, -ое, -ые; *страд. наст.*

Синт.: **а, б** — в глаг. знач. 1 — 8; **в** — в глаг. знач. 1, 6—8

Субстантив.$_3$ в глаг. знач. 1, 2, 5, 8

ОПУСКА́ТЬСЯ, опуска́|ются, опуска́|лся; ***несов.*** (*сов.* опусти́ться *к* 1—3, 5—10 знач.) **1.** *Парашютисты плавно опускаются на землю. Листья высыхали и опускались вниз* [перемещаться вниз, занимая более низкое положение] **2.** ***S не лицо*** *Птица несколько раз опускалась на край гнезда, держа в клюве червячка* [перемещаясь по воздуху сверху вниз, касаться какой-л. поверхности, садиться, приземляться, спускаться] **3.** ***S не лицо*** *Каждое утро на город опускался туман* [окутывать собой, сходя, ложась на что-л.— о тумане, темноте и т. п.] **4.** ***S не лицо*** *Сцена в нашем театре опускается* [иметь свойство перемещаться в более низкое положение] **5.** ***S не лицо*** *Крышка рояля опускается с трудом* [перемещаться из вертикального или наклонного положения в горизонтальное, открывая или закрывая что-л.] **6.** ***S не лицо*** *Занавес не опускался* [перемещаться сверху вниз, спускаться — о чем-л. закрепленном вверху, верхним концом] **7.** ***S не лицо*** *Мальчик засыпал стоя, голова его постепенно опускалась на грудь* [склоняться, наклоняться] **8.** *Каждый день, приходя с работы, отец устало опускался в кресло* [менять стоячее положение на сидячее, лежачее и т. п., садиться или ложиться на что-л., куда-л.] **9.** *В этом месте водолазы опускались на дно несколько раз* [сходить, перемещаться, спускаться вниз] **10.** *Я с тревогой наблюдала за тем, как мой друг начал опускаться, перестал следить за собой* [становиться неряшливым, терять интерес к делу, искусству и т. п., разлагаться в моральном отношении]

I. ОПУСКА́ЮЩИЙСЯ, -аяся, -ееся, -иеся; *действ. наст.*

Синт.: **а, б** — в глаг. знач. 1 — 10; **в** — в глаг. знач. 1, 3, 5, 6, 10

В з н а ч. п р и л. Способный перемещаться в более низкое положение. *Опускающаяся сцена. Опускающийся занавес. Опускающаяся ручка. Опускающийся рычаг*

II. ОПУСКА́ВШИЙСЯ, -аяся, -ееся, -иеся; *действ. прош.*

С и н т.: **а, б** — в глаг. знач. 1 — 10; **в** — в глаг. знач. 1, 3, 5, 6, 10

ОПУСТЕ́ТЬ, опусте́ют, опусте́|л; ***сов., неперех.; S не лицо* 1.** *Наша квартира опустела, мы перевезли из нее всю мебель в новый дом* [стать пустым, ничем не заполненным] **2.** *Летом в воскресенье улицы города опустели. Зимой все дачи опустели* [стать безлюдным, пустынным, малолюдным; стать пустым, необитаемым]

II. ОПУСТЕ́ВШИЙ, -ая, -ее, -ие; *действ. прош.*

С и н т.: **а, б** — в глаг. знач. 1, 2

В з н а ч. п р и л. **1.** Ставший пустым. *Опустевший дом* **2.** Ставший безлюдным, пустынным, необитаемым. *Опустевший город* (С р. прил. **опусте́лый,** -ая, -ое, -ые. Ставший пустым, безлюдным, пустынным, опустевший. *Опустелый дом. Опустелые улицы*)

ОПУСТИ́ТЬ, опущу́, опу́ст|ят, опусти́|л; ***сов., перех.*** (*несов.* опуска́ть) **1.** ***что*** *Физкультурники по команде опустили руки с флажками. Строители опустили плиту на несколько метров ниже. «Стрела запела. В шею коршуна задела — Коршун в море кровь пролил, Лук царевич опустил».* Пушкин, Сказка о царе Салтане [переместить в более низкое положение] **2. *кого(что)*** и ***что на что*** *Отец осторожно опустил девочку на землю. «Ольга опустила письмо на колени и задумалась».* Чаковский, У нас уже утро [переместив сверху вниз, в более низкое положение, положить, поставить на что-л.] **3. *что*** *Девушка в смущении опустила голову. «Что ты ржешь, мой конь ретивый, Что ты шею опустил?»* Пушкин, Конь [наклонить вниз, нагнуть шею, голову и т. п.] **4. *что*** *Ученик покраснел и опустил глаза* [устремить вниз, потупить глаза, взор] **5. *что во что*** *Андрей опустил письмо в почтовый ящик. Мальчик уже опустил монетку в телефон-автомат* [поместить, погрузить в глубь чего-л.] **6. *что*** *Пианист опустил крышку рояля* [перевести из наклонного или вертикального положения в горизонтальное, открывая или закрывая что-л.] **7. *что*** *Занавес опустили раньше времени* [освободив закрепленный край, конец и т. п., позволить чему-л. спуститься, упасть вниз] **8. *что*** *При чтении стихотворения автор опустил целое четверостишие* [сделать пропуск чего-л., исключить, пропустить]

II. ОПУСТИ́ВШИЙ, -ая, -ее, -ие; *действ. прош.*

С и н т.: **а, б** — в глаг. знач. 1 — 8

IV. ОПУ́ЩЕННЫЙ, -ая, -ое, -ые; *страд. прош.* [чередование ст/щ]

С и н т.: **а, б** — в глаг. знач. 1 — 8; **в** — в глаг. знач. 3, 4 — 8

С р. выражение: **как (словно, будто) в воду опущенный** — сильно удрученный, печальный

С у б с т а н т и в.$_3$ в глаг. знач. 1, 2, 5, 8

ОПУ́ЩЕН, -ена, -ено, -ены; *кр. ф.*

В глаг. знач. 1 — 8

ОПУСТИ́ТЬСЯ, опущу́сь, опу́стятся, опусти́|лся; ***сов. к*** опуска́ться в 1—3, 5—10 знач. (см.)

II. ОПУСТИ́ВШИЙСЯ, -аяся, -ееся, -иеся; *действ. прош.*

С и н т.: **а, б** — в глаг. знач. 1—3, 5—10; **в** — в глаг. знач. 1, 3, 5, 6, 10

ОПУСТОША́ТЬ, опустоша́|ют, опустоша́|л; ***несов., перех.*** (*сов.* опустоши́ть) **1. *что*** *Олег сильно проголодался и опустошал уже вторую тарелку щей. «Они принялись опустошать свои вещевые мешки. На земле валялись полотенца,.. котелки, запасные ботинки».* Б. Полевой, Золото [освобождать от содержимого, делать пустым, опорожнять] **2. *что,*** также ***чем*** *Воинственные племена опустошали этот цветущий край частыми набегами* (см. § 1) [разорять, приводить в запустение, делать пустынным] **3. *кого(что)*** и ***что,*** также ***чем*** *Демагоги своими пустыми обещаниями не укрепляют веру в торжество справедливости, а разрушают ее, опустошают людей. Лживые рапорты о якобы сделанной работе развращали молодежь, опустошали их души* [лишать нравственных, духовных идеалов, сил, веры, делать неспособным к активной, творческой жизни]

I. ОПУСТОША́ЮЩИЙ, -ая, -ее, -ие; *действ. наст.*

С и н т.: **а, б** — в глаг. знач. 1 — 3

В з н а ч. п р и л. Такой, который приводит к разорению, запустению, губительный, опустошительный. *Опустошающие набеги диких племен. Опустошающие налеты саранчи* (С р. прил. **опустоши́тельный,** -ая, -ое, -ые; -лен, -льна, -льно, -льны. Производящий опустошение, губительный, разорительный. *Опустошительные войны. Опустошительные набеги диких племен. Опустошительные налеты саранчи*)

II. ОПУСТОША́ВШИЙ, -ая, -ее, -ие; *действ. прош.*

С и н т.: **а, б** — в глаг. знач. 1 — 3

III. ОПУСТОША́ЕМЫЙ, -ая, -ое, -ые; *страд. наст.*

С и н т.: **а, б** — в глаг. знач. 1 — 3

С у б с т а н т и в.$_2$ не употр.; с у б с т а н т и в.$_3$ в глаг. знач. 1

ОПУСТОШИ́ТЬ, опустош|а́т, опустоши́|л; ***сов., перех.*** (*несов.* опустоша́ть) **1. *что*** *Ребята, проголодавшись, опустошили большую банку с вареньем* [освободить от содержимого, сделать пустым, опорожнить] **2. *что,*** также ***чем*** *Воинственные племена опустошили этот цветущий край частыми набегами* (см. § 1) [разорить, привести в запустение, сделать пустынным] **3. *кого(что)*** и ***что,*** также ***чем*** *«— Какая это была прелестная, нежная и кроткая женщина! Я развратил ее, опустошил».* А. Н. Толстой, Сестры. *Лживые рапорты о якобы сделанной работе развратили людей, опустошили их души* [лишить нравственных, духовных идеалов, сил, веры, сделать неспособным к активной, творческой жизни]

II. ОПУСТОШИ́ВШИЙ, -ая, -ее, -ие; *действ. прош.*
Синт.: **а, б** — в глаг. знач. 1 — 3

IV. ОПУСТОШЁННЫЙ, -ая, -ое, -ые; *страд. прош.*
Синт.: **а, б** — в глаг. знач. 1 — 3
В знач. прил. (также *кр. ф.* ↓) Ощущающий духовную пустоту, потерявший веру в идеалы, неспособный к активной жизни. *Опустошенный человек. Чувствовать себя опустошенным*
Ср. прил. **опустошённый,** -ая, -ое, -ые. Исполненный духовной пустоты, неверия, бессилия; выражающий духовную пустоту, неверие, бессилие. *Опустошенная душа. Опустошенный взгляд. «Опустошенным взором она смотрела на Витюшу».* Федин, Первые радости
Субстантив.$_2$ не употр.; субстантив.$_3$ в глаг. знач. 1
ОПУСТОШЁН, -ена́, -ено́, -ены́; *кр. ф.*
В глаг. знач. 1 — 3
В знач. прил. (также *полн. ф.* ↑) *Я совершенно опустошен*

ОПУХА́ТЬ, опуха́|ют, опуха́|л; ***несов. к*** опу́хнуть (см.)

I. ОПУХА́ЮЩИЙ, -ая, -ее, -ие; *действ. наст.*
Синт.: **а, б, в** — в глаг. знач. 1, 2

II. ОПУХА́ВШИЙ, -ая, -ее, -ие; *действ. прош.*
Синт.: **а, б, в** — в глаг. знач. 1, 2

ОПУ́ХНУТЬ, опу́хнут, опу́х|; ***сов., неперех.*** (*несов.* опуха́ть и пу́хнуть) **1.** ***S не лицо*** *У бабушки ноги опухли. У девочки опухла щека. Глаза опухли от слез* [стать болезненно припухлым, отечным, вздутым] **2.** *Эти люди опухли от голода. Больная опухла от лекарств* [получить болезненные отеки рук, ног, лица и т. п.]

II. ОПУ́ХШИЙ, -ая, -ее, -ие; *действ. прош.*
Синт.: **а, б, в** — в глаг. знач. 1, 2
В знач. прил. Отечный, болезненно-пухлый. *Опухшая щека. Опухшее колено. Опухшие пальцы* (Ср. прил. **опу́хлый,** -ая, -ое, -ые. Отечный, болезненно-пухлый, опухший; *разг. Опухлое лицо*)

ОРГАНИЗОВА́ТЬ, организу́|ют, организова́|л; ***сов.*** и ***несов.*** (прош. только ***сов.***), ***перех.*** **1.** ***что*** *Старшеклассники организовали театральную студию. Спорткомитет организует новое спортивное общество* [основать или основывать, учредить или учреждать что-л., имеющее общественный характер] **2.** ***что*** *Правительство организовало помощь пострадавшим от землетрясения. Профком организует на нашем предприятии занятия спортом* [подготовить или подготавливать, наладить или налаживать, устроить или устраивать что-л.] **3.** ***кого(что)*** *Комсомольцы организовали всю молодежь на борьбу против снежных заносов* [объединить или объединять, сплотить или сплачивать для какой-л. цели] **4.** ***что*** *Ольга прекрасно организует свой рабочий день. Дирекция хорошо организовала жизнь и быт молодых строителей* [внести или вносить во что-л. известный порядок, планомерность, упорядочить или упорядочивать что-л.] **5.** ***что кому*** *Сосед организовал нам билеты в театр. Моя дочь сейчас вам организует яичницу* [достать или доставать, приготовить или приготовлять что-л. для кого-л.; *прост.*]

I. ОРГАНИЗУ́ЮЩИЙ, -ая, -ее, -ие; *действ. наст.*
Синт.: **а, б** — в глаг. знач. 1 — 5
В знач. прил. Являющийся основной силой в упорядочении чего-л., необходимым, главным условием достижения каких-л. результатов. *Коммунистическая партия Советского Союза — направляющая, организующая и мобилизующая сила перестройки. Организующим моментом может быть здесь темп речи. Организующая и направляющая роль*

II. ОРГАНИЗОВА́ВШИЙ, -ая, -ее, -ие; *действ. прош.*
Синт.: **а, б** — в глаг. знач. 1 — 5

III. ОРГАНИЗУ́ЕМЫЙ, -ая, -ое, -ые; *страд. наст.*
Синт.: **а, б** — в глаг. знач. 1 — 5
Субстантив.$_2$ не употр.; субстантив.$_3$ в глаг. знач. 1

IV. ОРГАНИЗО́ВАННЫЙ, -ая, -ое, -ые; *страд. прош.**
Синт.: **а, б** — в глаг. знач. 1 — 4 и в статив. знач.
Статив. знач., ***с обстоятельств. словами*** (также *кр. ф.* ↓) Имеющий определенный порядок, внутреннюю структуру, расположенный каким-л. образом. *Список иностранных слов, организованный особым образом, мы даем в приложении к учебнику*
Ср. прил. **организо́ванный,** -ая, -ое, -ые; -ан, -анна, -анно, -анны. **1.** Отличающийся строгим порядком, подчиненный определенному плану, упорядоченный. *Организованные действия. Организованная борьба* **2.** (только *полн. ф.*) Объединенный, сплоченный для какой-л. цели, входящий в состав какого-л. объединения, организации. *Организованный пролетариат* **3.** Отличающийся собранностью и самодисциплиной, действующий точно и планомерно. *Организованный человек. Она аккуратна и организованна*
Субстантив.$_2$ не употр.; субстантив.$_3$ в глаг. знач. 1
ОРГАНИЗО́ВАН, -ана, -ано, -аны; *кр. ф.**
В глаг. знач. 1 — 4
Статив. знач., ***с обстоятельств. словами*** (также *полн. ф.* ↑) *В приложении к учебнику список иностранных слов организован особым образом*

▭ Прич. IV в 5 глаг. знач. не употр.

ОСВЕ́ДОМИТЬ, осве́домлю, осве́дом|ят, осве́доми|л; ***сов., перех., кого(что) о чем*** (*несов.* осведомля́ть) *Ведущий пресс-конференцию осведомил собравшихся о начавшихся переговорах* [официально сообщить кому-л. какие-л. сведения, поставить в известность]

II. ОСВЕ́ДОМИВШИЙ, -ая, -ее, -ие; *действ. прош.*
Синт.: **а, б** — в глаг. знач.

IV. ОСВЕДОМЛЁННЫЙ, -ая, -ое, -ые; *страд. прош.*

[чередование м/мл]

Синт.: **а, б** — в глаг. знач. и в статив. знач.

Статив. знач., ***в чем*** (также *кр. ф.* ↓) Имеющий какие-л. сведения, знания о существенных сторонах чего-л. *К нам в отдел пришел не очень осведомленный в химии молодой инженер*

Ср. прил. **осведомлённый,** -ая, -ое, -ые; -ён, -ённа, -ённо, -ённы. Сведущий, обладающий большими познаниями. *Смирнов очень осведомленный специалист. Сведения из осведомленных кругов*

ОСВЕДОМЛЁН, -ена́, -ено́, -ены́; *кр. ф.*

В глаг. знач.

Статив. знач., ***в чем*** (также *полн. ф.* ↑) *Молодой инженер не очень осведомлен в химии. Аня осведомлена во многих вопросах истории и археологии*

ОСВЕДОМЛЯ́ТЬ, осведомля́|ют, осведомля́|л; ***несов., перех., кого(что) о чем*** (*сов.* осве́домить) *Ведущий пресс-конференцию осведомляет собравшихся о начале переговоров* [официально сообщать кому-л. какие-л. сведения, ставить в известность]

I. ОСВЕДОМЛЯ́ЮЩИЙ, -ая, -ее, -ие; *действ. наст.*

Синт.: **а, б** — в глаг. знач.

Ср. прил. **осведоми́тельный,** -ая, -ое, -ые. Относящийся к осведомлению, сообщающий кому-л. сведения о ком-чем-л. *Осведомительное письмо. Осведомительная работа*

II. ОСВЕДОМЛЯ́ВШИЙ, -ая, -ее, -ие; *действ. прош.*

Синт.: **а, б** — в глаг. знач.

III. ОСВЕДОМЛЯ́ЕМЫЙ, -ая, -ое, -ые; *страд. наст.*

Синт.: **а, б** — в глаг. знач.

ОСВЕЖА́ТЬ, освежа́|ют, освежа́|л; ***несов., перех.*** (*сов.* освежи́ть) **1. *что; S не лицо*** *Этот препарат хорошо освежает помещение. Прохладный ветерок освежал лицо* [делать свежим, чистым, прохладным; вызывать ощущение свежести, прохлады, охлаждать] **2. *что*** *Реставраторы освежают краски на картине. Аня каждый год освежает свой туалет. Андрей постоянно освежает свои знания по аэродинамике* [обновлять, подновлять; дополнять вновь появившимися сведениями] **3. *кого(что); S не лицо*** *Прогулки в лесу всегда освежают меня. Сон на воздухе освежает человека. Этот напиток очень освежает* [восстанавливать силы, возвращать бодрость кому-л.] **4. *что*** *Смирнов пишет мемуары, он освежает в памяти события двадцатилетней давности* [возобновлять, восстанавливать — со словами *в памяти*]

I. ОСВЕЖА́ЮЩИЙ, -ая, -ее, -ие; *действ. наст.*

Синт.: **а, б** — в глаг. знач. 1 — 4

В знач. прил. Благотворный, целебный, хорошо действующий на организм. *Оказывать освежающее действие. Освежающий воздух. Освежающий ветер. Освежающий напиток. Освежающий сон. Освежающие прогулки* (Ср. прил. **освежи́тельный,** -ая, -ое, -ые; -лен, -льна, -льно, -льны. Дающий ощущение свежести, освежающий. *Освежительный сон*)

II. ОСВЕЖА́ВШИЙ, -ая, -ее, -ие; *действ. прош.*

Синт.: **а, б** — в глаг. знач. 1 — 4

III. ОСВЕЖА́ЕМЫЙ, -ая, -ое, -ые; *страд. наст.*

Синт.: **а, б** — в глаг. знач. 1 — 4; **в** — в глаг. знач. 2

Субстантив.$_3$ не употр.

ОСВЕЖИ́ТЬ, освеж|а́т, освежи́|л; ***сов., перех.*** (*несов.* освежа́ть) **1. *что; S не лицо*** *Этот препарат хорошо освежил помещение. Прохладный ветерок освежил лицо* [сделать свежим, чистым, прохладным; вызвать ощущение свежести, прохлады, охладить] **2. *что*** *Реставраторы освежили краски на картине. Аня освежила свой туалет. Андрей освежил свои знания по аэродинамике* [обновить, подновить; дополнить вновь появившимися сведениями] **3. *кого(что); S не лицо*** *Прогулка в лесу освежила меня. Сон на воздухе освежил больного. Этот напиток освежил нас* [восстановить силы, возвратить бодрость кому-л.] **4. *что*** *Олег пишет мемуары, он освежил в памяти события двадцатилетней давности* [возобновить, восстановить — со словами *в памяти*]

II. ОСВЕЖИ́ВШИЙ, -ая, -ее, -ие; *действ. прош.*

Синт.: **а, б** — в глаг. знач. 1 — 4

IV. ОСВЕЖЁННЫЙ, -ая, -ое, -ые; *страд. прош.*

Синт.: **а, б** — в глаг. знач. 1 — 4; **в** — в глаг. знач. 2

В знач. прил. (только *полн. ф.*) Бодрый, чувствующий прилив сил, энергии в результате чего-л. *Друзья вернулись домой из леса освеженные. После холодного душа я, освеженный, вновь принялся за работу*

Субстантив.$_3$ не употр.

ОСВЕЖЁН, -ена́, -ено́, -ены́; *кр. ф.*

В глаг. знач. 1 — 4

ОСВЕТИ́ТЬ, освещу́, осве́тят и освет|я́т, освети́|л; ***сов., перех.*** (*несов.* освеща́ть) **1. *что,*** также ***чем; S не лицо*** *Солнце осветило всю комнату. Новые фонари ярким светом осветили улицы города* (см. § 1) [наполнить светом своих лучей, сделать светлым] **2. *кого(что) чем*** и ***что чем*** *Илья осветил фонариком спящую девочку* (см. § 2) *Пограничники осветили прожектором берег реки* (см. § 2) [направить лучи света на кого-что-л., сделав видимым]

II. ОСВЕТИ́ВШИЙ, -ая, -ее, -ие; *действ. прош.*

Синт.: **а, б** — в глаг. знач. 1, 2

IV. ОСВЕЩЁННЫЙ, -ая, -ое, -ые; *страд. прош.*

[чередование т/щ]

Синт.: **а, б** — в глаг. знач. 1, 2

В знач. прил. **1.** (только *полн. ф.*) Такой, где есть освещение. *Освещенные улицы. Освещенная лестница. Освещенные дорожки парка* **2.** (также *кр. ф.* ↓) Не темный, наполненный светом. *Освещенная комната. Освещенные окна*

ОСВЕЩЁН, -ена́, -ено́, -ены́; *кр. ф.*

В глаг. знач. 1, 2

В знач. прил. (также *полн. ф.* в знач. прил. 2↑) *Комната была освещена. Улицы освещены, праздничны. Лестница освещена. Окна этой квартиры были всегда освещены*

ОСВЕЩА́ТЬ, освещá|ют, освеща́|л; ***несов., перех.*** (*сов.* осветить) **1. *что***, также ***чем; S не лицо*** *Солнце освещало всю комнату. Новые фонари ярким светом освещали улицы города* (см. § 1) [наполнять светом своих лучей, делать светлым] **2. *кого(что)*** и ***что чем*** *Олег освещает фонариком спящую девочку* (см. § 2). *Пограничники освещали берег мощным прожектором* (см. § 2) [направлять лучи света на кого-что-л., делая видимым]

I. ОСВЕЩА́ЮЩИЙ, -ая, -ее, -ие; *действ. наст.*

Синт.: **а, б** — в глаг. знач. 1, 2

Ср. прич. в 1 глаг. знач. с прил. **освети́тельный**, -ая, -ое, -ые. Служащий для искусственного освещения. *Осветительные приборы*

II. ОСВЕЩА́ВШИЙ, -ая, -ее, -ие; *действ. прош.*

Синт.: **а, б** — в глаг. знач. 1, 2

III. ОСВЕЩА́ЕМЫЙ, -ая, -ое, -ые; *страд. наст.*

Синт.: **а, б** — в глаг. знач. 1, 2

ОСВОБОДИ́ТЬ, освобожу́, освобод|я́т, освободи́|л; ***сов., перех.*** (*несов.* освобожда́ть) **1. *кого (что)*** *Советская армия освободила Европу от фашизма. Наша часть освободила военнопленных из фашистского концлагеря* [сделать свободным кого-что-л., предоставить свободу кому-чему-л.] **2. *что*** *Танковая часть освободила эту деревню после тяжелых боев* [отвоевать захваченную неприятелем территорию] **3. *кого(что) от чего*** *Спасибо, ты освободил меня от неприятного разговора. Врач освободил меня от работы на три дня* [избавить от чего-л.; дать возможность не делать чего-л.] **4. *кого(что) от чего*** *Директор освободил этого сотрудника от занимаемой должности. Ивана Ивановича освободили от обязанностей главного редактора* [отстранить от работы, должности, уволить] **5. *что*** *Илья освободил шкаф для книг. Ребята освободят место у стены для пианино* [сделать пустым, никем или ничем не занятым] **6. *что*** *Соседи освободили комнату* [выехать, уйти из какого-л. помещения] **7. *что*** *Олег освободил сегодняшний день для занятий музыкой* [сделать какой-л. отрезок времени свободным для чего-л.]

II. ОСВОБОДИ́ВШИЙ, -ая, -ее, -ие; *действ. прош.*

Синт.: **а, б** — в глаг. знач. 1 — 7

IV. ОСВОБОЖДЁННЫЙ, -ая, -ое, -ые; *страд. прош.*

[чередование д/жд]

Синт.: **а, б** — в глаг. знач. 1—7

В знач. прил. в выражениях: **освобожденный секретарь парторганизации, освобожденный председатель профкома** и т. п.— выполняющий общественные обязанности с освобождением от основной работы

Субстантив.₃ не употр.

ОСВОБОЖДЁН, -ена́, -ено́, -ены́; *кр. ф.*

В глаг. знач. 1 — 7

□ Прич. IV в 7 глаг. знач. менее употр., чем личные ф. глагола и прич. II

ОСВОБОЖДА́ТЬ, освобожда́|ют, освобожда́|л; ***несов., перех.*** (*сов.* освободи́ть) **1. *кого(что)*** и ***что*** *Советская армия освобождала Европу от фашизма. Наша часть освобождала военнопленных из фашистского концлагеря* [делать свободным кого-что-л., предоставлять свободу кому-чему-л.] **2. *что*** *Эту деревню освобождала танковая часть* [отвоевывать захваченную неприятелем территорию] **3. *кого(что) от чего*** *Анна освобождает меня от неприятных разговоров. Врач освобождает меня от работы на несколько дней* [избавлять от чего-л.; давать возможность не делать чего-л.] **4. *кого(что) от чего*** *Директор не освобождает Вас от занимаемой должности. Иванова освобождают от обязанностей главного редактора газеты* [отстранять от работы, должности, увольнять] **5. *что*** *Илья целый день освобождал шкаф для книг. Ребята освобождают место у стены для пианино* [делать пустым, никем или ничем не занятым] **6. *что*** *Соседи долго не освобождали комнату* [выезжать, уходить из какого-л. помещения] **7. *что*** *Олег всегда освобождает несколько часов в день для занятий музыкой* [делать какой-л. отрезок времени свободным для чего-л.]

I. ОСВОБОЖДА́ЮЩИЙ, -ая, -ее, -ие; *действ. наст.*

Синт.: **а, б** — в глаг. знач. 1 — 7

Ср. прич. в 1 глаг. знач. с прил. **освободи́тельный**, -ая, -ое, -ые. Относящийся к освобождению, имеющий целью освобождение от социального или политического гнета. *Освободительная борьба. Освободительное движение. Освободительные войны*

II. ОСВОБОЖДА́ВШИЙ, -ая, -ее, -ие; *действ. прош.*

Синт.: **а, б** — в глаг. знач. 1 — 7

III. ОСВОБОЖДА́ЕМЫЙ, -ая, -ое, -ые; *страд.* наст.

Синт.: **а, б** — в глаг. знач. 1 — 7

Субстантив.₃ не употр.

□ Прич. III в 7 глаг. знач. менее употр., чем личные ф. глагола и прич. I, II

ОСКОРБИ́ТЬ, оскорблю́, оскорб|я́т, оскорби́|л; ***сов., перех.*** (*несов.* оскорбля́ть) **1. *кого(что)*** *Этот человек публично оскорбил отца. Зачем вы оскорбили эту женщину* [сказать кому-л. грубые, крайне унижающие, сильно обижающие слова] **2. *кого(что)*** и ***что***, также ***чем*** *Мой друг оскорбил меня подчеркнутым невниманием. Вы оскорбили мое достоинство, я не хочу Вас больше видеть! Своей грубой шуткой Аня оскорбила самолюбие Олега* [задеть, сильно уязвить кого-л., чье-л. достоинство, самолюбие, честь и т. п.] **3. *что чем*** *«И ему стало безмерно стыдно, что драгоценные последние минуты он готов оскорбить фальшью или ложью».* Л. Соболев, Зеленый луч. *Все замерли при подъеме флага, но мальчишки своим свистом оскорбили торжественность минуты* [осквернить, кощунствуя, чем-л. неподобающим] **4. *что; S не лицо*** *«По всей земле воздвигнутся легкие, светлые здания, ничто вульгарное, пошлое не оскорбит наших глаз».* Куприн, Поединок [вызвать, произвести крайне неприятное, отталкивающее впечатление]

II. ОСКОРБИ́ВШИЙ, -ая, -ее, -ие; *действ. прош.*

Синт.: **а, б** — в глаг. знач. 1 — 4

IV. ОСКОРБЛЁННЫЙ, -ая, -ое, -ые; *страд. прош.**

[чередование б/бл]

Синт.: **а, б, в** — в глаг. знач. 1, 2

Ср. прил. **оскорблённый**, -ая, -ое, -ые. Выражающий испытываемое кем-л. чувство крайней обиды, оскорбления. *Оскорбленный вид. Оскорбленное лицо. Оскорбленное выражение лица* ◊ **Оскорбленное самолюбие** — болезненная чувствительность к любой критике, неприятие ее. *Человек с оскорбленным самолюбием.* **Оскорбленная невинность** — о человеке, который изображает себя якобы незаслуженно обвиненным в чем-л.

Субстантив.$_3$ не употр.

ОСКОРБЛЁН, -ена́, -ено́, -ены́; *кр. ф.**

В глаг. знач. 1, 2

Ср. выражение: **оскорблен в своих лучших чувствах** — быть непонятым и этим сильно обиженным кем-л.

▭ Прич. IV в 3, 4 глаг. знач. не употр.

ОСКОРБЛЯ́ТЬ, оскорбля́|ют, оскорбля́|л; **несов., перех.** (*сов.* оскорби́ть) **1. *кого(что)*** *Петр Иванович часто оскорбляет подчиненных. Зачем вы оскорбляете эту женщину?* [говорить кому-л. грубые, крайне унижающие, сильно обижающие слова] **2. *кого(что)*** и ***что,*** также ***чем*** *Мой друг оскорбляет меня подчеркнутым невниманием. Вы оскорбляете достоинство подчиненных, поэтому Вас не любят в коллективе. Своими грубыми шутками Аня оскорбляла самолюбие Олега* [задевать, сильно уязвлять кого-л., чье-л. достоинство, самолюбие, честь и т. п.] **3. *что чем*** *Андрей понимал, что оскорбляет торжественность минуты своим бестактным смехом* [осквернять, кощунствуя, чем-л. неподобающим] **4. *что; S не лицо*** *Все эти слишком яркие, аляповатые краски, безвкусица оскорбляли взоры посетителей музея* [вызывать, производить крайне неприятное, отталкивающее впечатление]

I. ОСКОРБЛЯ́ЮЩИЙ, -ая, -ее, -ие; *действ. наст.*

Синт.: **а, б** — в глаг. знач. 1 — 4

В знач. прил. Такой, который оскорбляет, грубый, содержащий оскорбление, оскорбительный. *Допускать оскорбляющие действия. Оскорбляющий тон. Оскорбляющий намек* (Ср. прил. **оскорби́тельный**, -ая, -ое, -ые; -лен, -льна, -льно, -льны. Способный оскорбить, содержащий в себе оскорбление, оскорбляющий. *Оскорбительный тон. Оскорбительная выходка. Оскорбительное письмо. Оскорбительный намек. Оскорбительный смех*)

II. ОСКОРБЛЯ́ВШИЙ, -ая, -ее, -ие; *действ. прош.*

Синт.: **а, б** — в глаг. знач. 1 — 4

III. ОСКОРБЛЯ́ЕМЫЙ, -ая, -ое, -ые; *страд. наст.**

Синт.: **а, б, в** — в глаг. знач. 1

Субстантив.$_3$ не употр.

▭ Прич. III во 2 — 4 глаг. знач. не употр.

ОСЛАБЕВА́ТЬ, ослабева́|ют, ослабева́|л; **несов. к** ослабе́ть (см.)

I. ОСЛАБЕВА́ЮЩИЙ, -ая, -ее, -ие; *действ. наст.*

Синт.: **а, б, в** — в глаг. знач. 1 — 4

II. ОСЛАБЕВА́ВШИЙ, -ая, -ее, -ие; *действ. прош.*

Синт.: **а, б, в** — в глаг. знач. 1 — 4

ОСЛАБЕ́ТЬ, ослабе́ют, ослабе́|л; **сов., неперех.** (*несов.* ослабева́ть; *несов.* слабе́ть *к* 1, 2 знач.) **1.** *Больной заметно ослабел. Старик ослабел* [стать физически слабым] **2. *S не лицо*** *Его память и слух ослабели* [стать менее острым, восприимчивым, притупиться] **3. *S не лицо*** *Ветер ослабел. Темпы работы заметно ослабели* [уменьшиться по силе, степени проявления] **4. *S не лицо*** *Пояс ослабел, надо его подтянуть. Мышцы ног ослабели. Петли ослабели, и дверь перекосилась* [стать менее тугим, упругим, натянутым; стать непрочно держащимся, расшататься]

II. ОСЛАБЕ́ВШИЙ, -ая, -ее, -ие; *действ. прош.*

Синт.: **а, б, в** — в глаг. знач. 1 — 4

Ср. прич. в 1 глаг. знач. с прил. **ослабе́лый**, -ая, -ое, -ые. Обессилевший, ставший слабым. *Ослабелый больной*

Ср. прич. в 1, 3, 4 глаг. знач. с прил. **сла́бый**, -ая, -ое, -ые; слаб, слаба́, сла́бо, сла́бы и слабы́ в знач. **1.** Болезненный, нездоровый. *Слабый ребенок* **2.** Небольшой по силе. *Слабый ветер* **3.** Не тугой, свободный. *Слабый пояс*

ОСЛА́БИТЬ, осла́блю, осла́б|ят, осла́би|л; **сов., перех.** (*несов.* ослабля́ть) **1. *кого(что)*** и ***что; S не лицо*** *Наша тактика ослабила неприятеля. Колебания и нерешительность сильно ослабили ваши позиции* [сделать уязвимым в каком-л. отношении, лишив чего-л.] **2. *кого(что)*** и ***что; S не лицо*** *Эти приступы ослабили больного до такой степени, что он не мог вставать. Болезнь сильно ослабила ее организм* [сделать слабым, уменьшить силы кого-чего-л.] **3. *что*** *Рабочие ослабили давление пара. Я ослабил внимание, и опыт не получился. Учителя ослабили в этом классе воспитательную работу* [уменьшить силу, степень, напряженность и т. п. чего-л.] **4. *что,*** также ***чем*** *Альпинист ослабил веревку. Аня ослабила лямки рюкзака. Солдат ослабил ремень здоровой рукой* (см. § 2) [сделать менее тугим, менее натянутым]

II. ОСЛА́БИВШИЙ, -ая, -ее, -ие; *действ. прош.*

Синт.: **а, б** — в глаг. знач. 1 — 4

IV. ОСЛА́БЛЕННЫЙ, -ая, -ое, -ые; *страд. прош.*

[чередование б/бл]

Синт.: **а, б** — в глаг. знач. 1 — 4; **в** — в глаг. знач. 3, 4

В знач. прил. **1.** (также *кр. ф.* ↓) Ставший слабым, восприимчивым к заболеваниям. *Ослабленный организм. Ослабленный больной* **2.** (только *полн. ф.*) Состоящий из людей, склонных к заболеваниям, слабых, перенесших болезнь, операцию и т. п. *Ослабленная группа детей*

Субстантив.$_2$ в глаг. знач. 2; субстантив.$_3$ не употр.

ОСЛА́БЛЕН, -ена, -ено, -ены; *кр. ф.*

В глаг. знач. 1 — 4

В знач. прил. (также *полн. ф.* ↑) *Организм ослаблен. Больные ослаблены*

ОСЛАБЛЯ́ТЬ, ослабля́|ют, ослабля́|л; ***несов. к*** осла́бить (см.)

I. ОСЛАБЛЯ́ЮЩИЙ, -ая, -ее, -ие; *действ. наст.*

Синт.: **а, б** — в глаг. знач. 1 — 4

II. ОСЛАБЛЯ́ВШИЙ, -ая, -ее, -ие; *действ. прош.*

Синт.: **а, б** — в глаг. знач. 1 — 4

III. ОСЛАБЛЯ́ЕМЫЙ, -ая, -ое, -ые; *страд. наст.*

Синт:. **а, б** — в глаг. знач. 1 — 4; **в** — в глаг. знач. 3, 4

Субстантив.$_2$ в глаг. знач. 2; субстантив.$_3$ не употр.

ОСЛЕПИ́ТЬ, ослеплю́, ослеп|я́т, ослепи́|л; ***сов. к*** ослепля́ть (см.)

II. ОСЛЕПИ́ВШИЙ, -ая, -ее, -ие; *действ. прош.*

Синт.: **а, б** — в глаг. знач. 1 — 4

IV. ОСЛЕПЛЁННЫЙ, -ая, -ое, -ые; *страд. прош.*

[чередование п/пл]

Синт.: **а, б** — в глаг. знач. 1 — 4; **в** — в глаг. знач. 1

ОСЛЕПЛЁН, -ена́, -ено́, -ены́; *кр. ф.*

В глаг. знач. 1 — 4

ОСЛЕПЛЯ́ТЬ, ослепля́|ют, ослепля́|л; ***несов., перех., кого(что)*** (*сов.* ослепи́ть) **1.** *Гестаповцы ослепляли военнопленных* [лишать зрения, делать слепым] **2.** также ***чем*** *Мальчик ослепляет нас фонариком* (см. § 3). *Луч прожектора ослеплял зрителей* [временно притуплять зрение воздействием света] **3. *чем*** *Певица ослепляет всех своей красотой* (см. § 1) [поражать, производить сильное впечатление на кого-л.] **4. *S не лицо*** *Ревность ослепляет человека. Гнев ослеплял меня, лишал способности делать правильные выводы* [лишать способности спокойно, здраво рассуждать, действовать]

I. ОСЛЕПЛЯ́ЮЩИЙ, -ая, -ее, -ие; *действ. наст.*

Синт.: **а, б** — в глаг. знач. 1 — 4

В знач. прил. **1.** Имеющий способность делать слепым или притуплять зрение. *Ослепляющие лучи* **2.** Такой, который поражает необычайной красотой, экстравагантностью и т. п., производит очень сильное впечатление. *Ослепляющая красота* (Ср. прил. **ослепи́тельный,** -ая, -ое, -ые; -лен, -льна, -льно, -льны. **1.** Очень яркий, слепящий глаза. *Ослепительный свет солнца. Ослепительная белизна снега. Ослепительные лучи прожектора* **2.** Необычайно красивый, поразительный. *Ослепительная красота*)

II. ОСЛЕПЛЯ́ВШИЙ, -ая, -ее, -ие; *действ. прош.*

Синт.: **а, б** — в глаг. знач. 1 — 4

III. ОСЛЕПЛЯ́ЕМЫЙ, -ая, -ое, -ые; *страд. наст.*

Синт.: **а, б** — в глаг. знач. 1 — 4

Субстантив.$_2$ в глаг. знач. 1, 2, 4

ОСМА́ТРИВАТЬ, осма́трива|ют, осма́трива|л; ***несов. к*** осмотре́ть (см.)

I. ОСМА́ТРИВАЮЩИЙ, -ая, -ее, -ие; *действ. наст.*

Синт.: **а, б** — в глаг. знач. 1 — 4

II. ОСМА́ТРИВАВШИЙ, -ая, -ее, -ие; *действ. прош.*

Синт.: **а, б** — в глаг. знач. 1 — 4

III. ОСМА́ТРИВАЕМЫЙ, -ая, -ое, -ые; *страд. наст.*

Синт.: **а, б** — в глаг. знач. 1 — 4; **в** — в глаг. знач. 3, 4

ОСМОТРЕ́ТЬ, осмотрю́, осмо́тр|ят, осмотре́|л; ***сов., перех.*** (*несов.* осма́тривать) **1. *что*** *Туристы внимательно осмотрели выставку* [обходя и рассматривая, обозреть, ознакомиться полностью] **2. *кого(что)*** и ***что*** *Дети с большим интересом осмотрели со всех сторон клоуна на ходулях. Мы осмотрели это странное сооружение* [посмотреть на кого-что-л. с разных сторон] **3. *кого (что)*** *Врач осмотрел больного* [произвести медицинский осмотр] **4. *что*** *Таможенник внимательно осмотрел багаж. Механик осмотрел машину, но поломку не нашел* [обследовать с какой-л. целью]

II. ОСМОТРЕ́ВШИЙ, -ая, -ее, -ие; *действ. прош.*

Синт.: **а, б** — в глаг. знач. 1 — 4

IV. ОСМО́ТРЕННЫЙ, -ая, -ое, -ые; *страд. прош.*

Синт.: **а, б** — в глаг. знач. 1 — 4; **в** — в глаг. знач. 3, 4

ОСМО́ТРЕН, -ена, -ено, -ены; *кр. ф.*

В глаг. знач. 1 — 4

ОСМЫ́СЛИВАТЬ, осмы́слива|ют, осмы́слива|л; ***несов. к*** осмы́слить (см.)

I. ОСМЫ́СЛИВАЮЩИЙ, -ая, -ее, -ие; *действ. наст.*

Синт.: **а, б** — в глаг. знач.

II. ОСМЫ́СЛИВАВШИЙ, -ая, -ее, -ие; *действ. прош.*

Синт.: **а, б** — в глаг. знач.

III. ОСМЫ́СЛИВАЕМЫЙ, -ая, -ое, -ые; *страд. наст.*

Синт.: **а, б, в** — в глаг. знач.

ОСМЫ́СЛИТЬ, осмы́сл|ят, осмы́сли|л; ***сов., перех., что*** (*несов.* осмы́сливать и осмысля́ть)

Смирнов не сразу осмыслил все происшедшее [уяснить смысл, значение чего-л., понять]

II. ОСМЫ́СЛИВШИЙ, -ая, -ее, -ие; *действ. прош.*

Синт.: **а, б** — в глаг. знач.

IV. ОСМЫ́СЛЕННЫЙ, -ая, -ое, -ые; *страд. прош.*

Синт.: **а, б** — в глаг. знач.

Ср. прил. **осмы́сленный**, -ая, -ое, -ые; -лен, **-енна, -енно, -енны**. Разумный, сознательный. *Осмысленный взгляд. Осмысленный ответ. Осмысленный труд*

ОСМЫ́СЛЕН, -ена, -ено, -ены; *кр. ф.*

В глаг. знач.

ОСМЫСЛЯ́ТЬ, осмысля́|ют, осмысля́|л; ***несов. к*** осмы́слить (см.)

I. ОСМЫСЛЯ́ЮЩИЙ, -ая, -ее, -ие; *действ. наст.*

Синт.: **а, б** — в глаг. знач.

II. ОСМЫСЛЯ́ВШИЙ, -ая, -ее, -ие; *действ. прош.*

Синт.: **а, б** — в глаг. знач.

III. ОСМЫСЛЯ́ЕМЫЙ, -ая, -ое, -ые; *страд. наст.*

Синт.: **а, б, в** — в глаг. знач.

ОСНОВА́ТЬ, буд. не употр., основа́|л; ***сов., перех.*** (*несов.* осно́вывать) ***1. что*** *Москву основал Юрий Долгорукий. Кто основал этот музей?* [положить начало чему-л., учредить] ***2. что на чем*** *Молодой ученый основал свою теорию только на данных этих опытов. На чем профессор основал свои выводы?* [сделать что-л. источником, основой чего-л., исходным, отправным пунктом рассуждений, доказательств и т. п.]

II. ОСНОВА́ВШИЙ, -ая, -ее, -ие; *действ. прош.*

Синт.: **а, б** — в глаг. знач. 1, 2

IV. ОСНО́ВАННЫЙ, -ая, -ое, -ые; *страд. прош.*

Синт.: **а, б** — в глаг. знач. 1, 2 и в статив. знач.

Статив. знач., ***на чем*** (также *кр. ф.* ↓) Имеющий что-л. в своей основе. *Способ производства, основанный на общественной собственности на средства производства, характерен для социалистической формации*

ОСНО́ВАН, -ана, -ано, -аны; *кр. ф.*

В глаг. знач. 1, 2

Статив. знач., ***на чем*** (также *полн. ф.* ↑) *Социалистический способ производства основан на общественной собственности на средства производства*

ОСНО́ВЫВАТЬ, осно́выва|ют, осно́выва|л; ***несов. к*** основа́ть (см.)

I. ОСНО́ВЫВАЮЩИЙ, -ая, -ее, -ие; *действ. наст.*

Синт.: **а, б** — в глаг. знач. 1, 2

II. ОСНО́ВЫВАВШИЙ, -ая, -ее, -ие; *действ. прош.*

Синт.: **а, б** — в глаг. знач. 1, 2

III. ОСНО́ВЫВАЕМЫЙ, -ая, -ое, -ые; *страд. наст.*

Синт.: **а, б** — в глаг. знач. 1, 2

ОСОЗНАВА́ТЬ, осозна|ю́т, осознава́|л; ***несов. к*** осозна́ть (см.)

I. ОСОЗНАЮ́ЩИЙ, -ая, -ее, -ие; *действ. наст.*

Синт.: **а, б** — в глаг. знач.

II. ОСОЗНАВА́ВШИЙ, -ая, -ее, -ие; *действ. прош.*

Синт.: **а, б** — в глаг. знач.

III. ОСОЗНАВА́ЕМЫЙ, -ая, -ое, -ые; *страд. наст.*

Синт.: **а, б** — в глаг. знач.

ОСОЗНА́ТЬ, осозна́ют, осозна́|л; ***сов., перех., что*** (*несов.* осознава́ть) *Валерий осознал в конце концов необходимость этой поездки. Дети осознали свою вину. Я осознала свое положение* [полностью довести до своего сознания, понять]

II. ОСОЗНА́ВШИЙ, -ая, -ее, -ие; *действ. прош.*

Синт.: **а, б** — в глаг. знач.

IV. ОСО́ЗНАННЫЙ, -ая, -ое, -ые; *страд. прош.*

Синт.: **а, б, в** — в глаг. знач.

Ср. прил. **осо́знанный**, -ая, -ое, -ые; -ан, **-анна, -анно, -анны**. Такой, значение, смысл которого полностью сознают, понимают, сознательный, осмысленный. *Осознанный риск. Ее действия вполне разумны и осознанны*

ОСО́ЗНАН, -ана, -ано, -аны; *кр. ф.*

В глаг. знач.

ОСТА́ВИТЬ, оста́влю, оста́в|ят, оста́ви|л; ***сов., перех.*** (*несов.* оставля́ть) ***1. кого(что)*** и ***что*** *Отец оставил детей в деревне. Петя оставил собаку у соседей. Я оставила документы в сейфе* [уходя, удаляясь, намеренно не взять с собой] ***2. что*** *Лида оставила очки дома. Аня оставила книгу в электричке* [не захватить с собой по рассеянности, забыть где-л.] ***3. кого(что) с кем*** *Сестра оставила детей с бабушкой. Я оставила больного ребенка с соседкой* [поручить, доверить кого-л. чьим-л. заботам] ***4. что*** *Андрей оставил вам записку. Этот человек оставил для вас на столе сверток. Сын не оставил мне ключей* [уходя, уезжая и т. п., передать кому-л., положить, поставить где-л. то, что предназначено для кого-л.] ***5. что*** *Кассирша оставила нам билеты на новый спектакль* [сохранить, приберечь] ***6. кого(что) в чем, на чем*** *Полиция оставила террористов на свободе. Совет трудового коллектива оставил нескольких молодых инженеров в прежней должности. После реорганизации в министерстве оставили только самых опытных работников* [не изменить чьего-л. состояния, положения, должности и т. п.] ***7. что каким*** *Ольга оставила окна немытыми. Сережа оставил дверь открытой* [сохранить что-л. в каком-л. положении, состоянии] ***8. что*** *Бабушка оставила мне свою библиотеку* [передать в чье-л. пользование, распоряжение] ***9. кого (что)*** *Хозяин дома оставил меня обедать. После уроков учитель оставил в классе всех, кто хотел заниматься в кружке по радиотехнике* [побудить остаться делать что-л. или находиться где-л., задержать с какой-л. целью] ***10. что***

Войска оставили город на рассвете [покинуть какое-л. место, удалиться откуда-л.] **11.** ***кого (что)*** *Мой друг оставил семью* [покинуть, бросить кого-л., не жить больше вместе] **12.** ***кого (что) в чем*** *Аня не оставила друга в беде* [не поддержать, не оказать помощи в трудную минуту] **13.** ***что*** *Иван оставил эти разговоры навсегда* [прекратить, перестать заниматься чем-л.] **14.** ***кого(что) без чего*** *Тамара оставила нас сегодня без обеда* [не обеспечить чем-л., не предоставить чего-л.] **15.** ***кого(что) кем*** *Дима оставит нас сейчас дураками* (см. § 2) [выиграть у кого-л. в карты или какую-л. другую игру и дать проигравшему прозвище в зависимости от названия игры]

II. ОСТА́ВИВШИЙ, -ая, -ее, -ие; *действ. прош.*

Синт.: **а, б** — в глаг. знач. 1 — 15

IV. ОСТА́ВЛЕННЫЙ, -ая, -ое, -ые; *страд. прош.*

[чередование в/вл]

Синт.: **а, б** — в глаг. знач. 1 — 15

Субстантив.₃ в глаг. знач. 1, 2, 4, 5, 7, 8, 10

ОСТА́ВЛЕН, -ена, -ено, -ены; *кр. ф.*

В глаг. знач. 1 — 15

□ Прич. IV в 13 глаг. знач. менее употр., чем личные ф. глагола и прич. II

ОСТАВЛЯ́ТЬ, оставля́|ют, оставля́|л; ***несов. к*** оста́вить (см.)

I. ОСТАВЛЯ́ЮЩИЙ, -ая, -ее, -ие; *действ. наст.*

Синт.: **а, б** — в глаг. знач. 1 — 15

II. ОСТАВЛЯ́ВШИЙ, -ая, -ее, -ие; *действ. прош.*

Синт.: **а, б** — в глаг. знач. 1 — 15

III. ОСТАВЛЯ́ЕМЫЙ, -ая, -ое, -ые; *страд. наст.**

Синт.: **а, б** — в глаг. знач. 1 — 12, 14, 15

Субстантив.₃ в глаг. знач. 1, 2, 4, 5, 7, 8, 10

□ Прич. III в 13 глаг. знач. не употр.

ОСТАНА́ВЛИВАТЬ, остана́вливa|ют, остана́вливa|л; ***несов. к*** остановить (см.)

I. ОСТАНА́ВЛИВАЮЩИЙ, -ая, -ее, -ие; *действ. наст.*

Синт.: **а, б** — в глаг. знач. 1 — 4

II. ОСТАНА́ВЛИВАВШИЙ, -ая, -ее, -ие; *действ. прош.*

Синт.: **а, б** — в глаг. знач. 1 — 4

III. ОСТАНА́ВЛИВАЕМЫЙ, -ая, -ое, -ые; *страд. наст.*

Синт.: **а, б** — в глаг. знач. 1 — 4; **в** — в глаг. знач. 1, 2

Субстантив.₂ в глаг. знач. 1; субстантив.₃ не употр.

ОСТАНОВИ́ТЬ, остановлю́, остано́в|ят, останови́|л; ***сов., перех.*** (*несов.* остана́вливать) **1.** ***кого (что)*** и ***что*** *Регулировщик остановил демонстрантов. Я остановил прохожего и спросил, как пройти к Большому театру. Олег остановил такси* [прекратить движение кого-чего-л., удержать на месте] **2.** ***что*** *Рабочий остановил станок. Часовщик остановил часы. Судья остановил игру хоккеистов. Цех остановил работу на пять минут* [прекратить, прервать действие, работу, развитие, течение чего-л.] **3.** ***кого(что)*** *Мы остановили мальчишек, собиравшихся лезть на яблоню* [удержать кого-л. от какого-л. действия, поступка, намерения] **4.** ***что на ком (чем)*** и ***на чем*** *Экскурсовод остановил наше внимание на этой картине. На ком вы остановили свой выбор? Я остановил взгляд на старом портрете* [сосредоточить на ком-чем-л., направить на кого-что-л. взгляд, внимание, мысли и т. п.]

II. ОСТАНОВИ́ВШИЙ, -ая, -ее, -ие; *действ. прош.*

Синт.: **а, б** — в глаг. знач. 1 — 4

IV. ОСТАНО́ВЛЕННЫЙ, -ая, -ое, -ые; *страд. прош.*

[чередование в/вл]

Синт.: **а, б** — в глаг. знач. 1 — 4; **в** — в глаг. знач. 1, 2

Субстантив.₂ в глаг. знач. 1; субстантив.₃ не употр.

ОСТАНО́ВЛЕН, -ена, -ено, -ены; *кр. ф.*

В глаг. знач. 1 — 4

ОСУДИ́ТЬ, осужу́, осу́д|ят, осуди́|л; ***сов., перех.*** (*несов.* осужда́ть *к* 1, 2 знач.) **1.** ***кого(что)*** и ***что*** *Друзья осудили Олега за грубость. Все комсомольцы осудили твое выступление на собрании* [выразить неодобрение кому-чему-л., признать что-л. предосудительным] **2.** ***кого(что)*** *Суд осудил преступников* [признать виновным, приговорить к какому-л. наказанию] **3.** ***кого(что) на что*** и ***с неопр. ф.*** *«На долгую разлуку Нас тайный рок, быть может, осудил!»* Пушкин, 19 октября [обречь кого-л. на что-л.; *устар.*]

II. ОСУДИ́ВШИЙ, -ая, -ее, -ие; *действ. прош.*

Синт.: **а, б** — в глаг. знач. 1 — 3

IV. ОСУЖДЁННЫЙ, -ая, -ое, -ые; *страд. прош.**

[чередование д/жд]

Синт.: **а, б** — в глаг. знач. 1, 2 и в статив. знач.; **в** — в глаг. знач. 2

Статив. знач., ***на что*** и ***с неопр. ф.*** (также *кр. ф.* ↓) **1.** Стоящий перед неизбежностью чего-л., обреченный на что-л.— страдания, гибель и т. п. *Осужденный на гибель фашизм развязывает кровопролитные войны* **2.** Вынужденный в силу внутренних или внешних причин и обстоятельств испытывать что-л. тяжелое. *Больной, осужденный терпеть страшную боль, молча переносил страдания*

В знач. сущ. **осуждённый**, -ого, *м.*; **осуждённая**, -ой, *ж.* Тот (та), кто признан судом виновным и приговорен к какому-л. наказанию

ОСУЖДЁН, -ена́, -ено́, -ены́; *кр. ф.**

В глаг. знач. 1, 2

Статив. знач., ***на что*** и ***с неопр. ф.*** (также *полн. ф.* ↑) **1.** *Фашизм осужден на гибель* **2.** *Этот больной осужден терпеть страшную боль*

□ Прич. IV в 3 глаг. знач. не употр.

ОСУЖДА́ТЬ, осужда́|ют, осужда́|л; ***несов., перех.*** (*сов.* осуди́ть) **1.** ***кого(что)*** и ***что*** *Друзья осуждают мальчика за грубость. Все сотрудники*

осуждают твое выступление на собрании [выражать неодобрение кому-чему-л., признавать что-л. предосудительным] **2.** ***кого(что)*** *Суд осуждает этих преступников* [признавать виновным, приговаривать к какому-л. наказанию]

I. ОСУЖДА́ЮЩИЙ, -ая, -ее, -ие; *действ. наст.*
Синт.: **а, б** — в глаг. знач. 1, 2
В знач. прил. Неодобрительный, содержащий неодобрение. *Осуждающий взгляд. Осуждающий жест. Осуждающее письмо*

II. ОСУЖДА́ВШИЙ, -ая, -ее, -ие; *действ. прош.*
Синт.: **а, б** — в глаг. знач. 1, 2

III. ОСУЖДА́ЕМЫЙ, -ая, -ое, -ые; *страд. наст.*
Синт.: **а, б** — в глаг. знач. 1, 2

ОСУША́ТЬ, осуша́|ют, осуша́|л; ***несов., перех., что*** (*сов.* осуши́ть) **1.** *В нашем районе мелиораторы осушают большое болото* [отводя воду, удаляя влагу, делать сухим] **2.** *Друзья осушают бокалы до дна* [пить за один прием содержимое чего-л.]

I. ОСУША́ЮЩИЙ, -ая, -ее, -ие; *действ. наст.*
Синт.: **а, б** — в глаг. знач. 1, 2
Ср. прич. в 1 глаг. знач. с прил. **осуши́тельный**, -ая, -ое, -ые. Служащий для осушения. *Осушительные работы. Осушительный канал*

II. ОСУША́ВШИЙ, -ая, -ее, -ие; *действ. прош.*
Синт.: **а, б** — в глаг. знач. 1, 2

III. ОСУША́ЕМЫЙ, -ая, -ое, -ые; *страд. наст.*
Синт.: **а, б** — в глаг. знач. 1, 2; **в** — в глаг. знач. 1

ОСУШИ́ТЬ, осушу́, осу́ш|ат, осуши́|л; ***сов. к*** осуша́ть (см.)

II. ОСУШИ́ВШИЙ, -ая, -ее, -ие; *действ. прош.*
Синт.: **а, б** — в глаг. знач. 1, 2

IV. ОСУ́ШЕННЫЙ, -ая, -ое, -ые; *страд. прош.*
Синт.: **а, б** — в глаг. знач. 1, 2; **в** — в глаг. знач. 1
ОСУ́ШЕН, -ена, -ено, -ены; *кр. ф.*
В глаг. знач. 1, 2

ОСУЩЕСТВИ́ТЬ, осуществлю, осуществ|я́т, осуществи́|л; ***сов. к*** осуществля́ть (см.)

II. ОСУЩЕСТВИ́ВШИЙ, -ая, -ее, -ие; *действ. прош.*
Синт.: **а, б** — в глаг. знач.

IV. ОСУЩЕСТВЛЁННЫЙ, -ая, -ое, -ые; *страд. прош.*
[чередование в/вл]
Синт.: **а, б, в** — в глаг. знач.
ОСУЩЕСТВЛЁН, -ена́, -ено́, -ены́; *кр. ф.*
В глаг. знач.

ОСУЩЕСТВЛЯ́ТЬ, осуществля́|ют, осуществля́|л; ***несов., перех., что*** (*сов.* осуществи́ть) *Советские ученые успешно осуществляют намеченную программу освоения космоса* [воплощать в действительность, приводить в исполнение]

I. ОСУЩЕСТВЛЯ́ЮЩИЙ, -ая, -ее, -ие; *действ. наст.*
Синт.: **а, б** — в глаг. знач.

II. ОСУЩЕСТВЛЯ́ВШИЙ, -ая, -ее, -ие; *действ. прош.*
Синт.: **а, б** — в глаг. знач.

III. ОСУЩЕСТВЛЯ́ЕМЫЙ, -ая, -ое, -ые; *страд. наст.*
Синт.: **а, б** — в глаг. знач.
Ср. прич. с прил. **осуществи́мый**, -ая, -ое, -ые; -и́м, -и́ма, -и́мо, -и́мы. Такой, который можно осуществить. *Осуществимая программа. Осуществимое желание. Осуществимая мечта*
ОСУЩЕСТВЛЯ́ЕМ, -ема, -емо, -емы; *кр. ф.*
В глаг. знач.

ОСЯЗА́ТЬ, осяза́|ют, осяза́|л; ***несов., перех., что*** **1.** *Человек способен осязать предметы* [воспринимать осязанием, на ощупь свойства предметов] **2.** *Мы реально осязаем результаты научно-технической революции* [ощущать, воспринимать, замечать]

I. ОСЯЗА́ЮЩИЙ, -ая, -ее, -ие; *действ. наст.*
Синт.: **а, б** — в глаг. знач. 1, 2
В знач. прил. Способный воспринимать предметы осязанием, на ощупь. *Осязающие существа* (Ср. прил. **осяза́тельный**, -ая, -ое, -ые в знач. 'служащий для осязания'. *Осязательный орган*)

II. ОСЯЗА́ВШИЙ, -ая, -ее, -ие; *действ. прош.*
Синт.: **а, б** — в глаг. знач. 1, 2

III. ОСЯЗА́ЕМЫЙ, -ая, -ое, -ые; *страд. наст.*
Синт.: **а, б** — в глаг. знач. 1, 2
В знач. прил. (также *кр. ф.* ↓) **1.** Воспринимаемый осязанием. *Осязаемый мир* **2.** Вполне реальный, заметный, ощутимый, существенный. *Осязаемый результат. Осязаемые успехи. Осязаемая сила* (Ср. прил. **осяза́тельный**, -ая, -ое, -ые; -лен, -льна, -льно, -льны в знач. 'заметный, ощутимый'. *Осязательный результат. Осязательные плоды труда*)
Субстантив.$_3$ не употр.
ОСЯЗА́ЕМ, -ема, -емо, -емы; *кр. ф.*
В глаг. знач. 1, 2
В знач. прил. (также *полн. ф.* ↑) **1.** *Мир осязаем* **2.** *Наши успехи осязаемы*

ОТБЕЛИ́ТЬ, отбелю́, отбе́л|ят и *доп. устар.* отбел|я́т, отбели́|л; ***сов. к*** бели́ть в 3 знач. (см.)

II. ОТБЕЛИ́ВШИЙ, -ая, -ее, -ие; *действ. прош.*
Синт.: **а, б** — в глаг. знач. 3

IV. ОТБЕЛЁННЫЙ, -ая, -ое, -ые; *страд. прош.*
Синт.: **а, б, в** — в глаг. знач. 3
ОТБЕЛЁН, -ена́, -ено́, -ены́; *кр. ф.*
В глаг. знач. 3

ОТВА́РИВАТЬ, отва́рива|ют, отва́рива|л; ***несов. к*** отвари́ть (см.)

I. ОТВА́РИВАЮЩИЙ, -ая, -ее, -ие; *действ. наст.*
Синт.: **а, б** — в глаг. знач.

II. ОТВА́РИВАВШИЙ, -ая, -ее, -ие; *действ. прош.*
Синт.: **а, б** — в глаг. знач.

III. ОТВА́РИВАЕМЫЙ, -ая, -ое, -ые; *страд. наст.*
Синт.: **а, б, в** — в глаг. знач.

ОТВАРИ́ТЬ, отварю́, отва́р|ят, отвари́|л; ***сов.,***

перех., что (*несов.* отва́ривать) *Хозяйка сначала отварила мясо, а потом рис* [приготовить кипячением, варкой для дальнейшего использования в каком-л. блюде]

II. ОТВАРИ́ВШИЙ, -ая, -ее, -ие; *действ. прош.*
Синт.: **а, б** — в глаг. знач.

IV. ОТВА́РЕННЫЙ, -ая, -ое, -ые; *страд. прош.*
Синт.: **а, б, в** — в глаг. знач.
Ср. прич. с прил. **отварно́й**, -а́я, -о́е, -ы́е. Сваренный, приготовленный для еды в кипящей жидкости. *Отварное мясо*
ОТВА́РЕН, -ена, -ено, -ены; *кр. ф.*
В глаг. знач.

ОТВЕРГА́ТЬ, отверга́|ют, отверга́|л; ***несов. к*** отве́ргнуть (см.)

I. ОТВЕРГА́ЮЩИЙ, -ая, -ее, -ие; *действ. наст.*
Синт.: **а, б** — в глаг. знач. 1, 2

II. ОТВЕРГА́ВШИЙ, -ая, -ее, -ие; *действ. прош.*
Синт.: **а, б** — в глаг. знач. 1, 2

III. ОТВЕРГА́ЕМЫЙ, -ая, -ое, -ые; *страд. наст.*
Синт.: **а, б** — в глаг. знач. 1, 2; **в** — в глаг. знач. 1
ОТВЕРГА́ЕМ, -ема, -емо, -емы; *кр. ф.*
В глаг. знач. 1, 2

ОТВЕ́РГНУТЬ, отве́ргнут, отве́рг| и отве́ргну|л, отве́ргла, -ло, -ли; ***сов., перех.*** (*несов.* отверга́ть) **1.** ***что*** *Олег отверг предложение о помощи* [решительно отклонить, не принять] **2.** ***кого(что)*** *Девушка отвергла этого хвастуна* [не пожелать сближения с кем-л., не ответить взаимностью кому-л.]

II. ОТВЕ́РГШИЙ, -ая, -ее, -ие и ОТВЕ́РГНУВШИЙ, -ая, -ее, -ие; *действ. прош.*
Синт.: **а, б** — в глаг. знач. 1, 2

IV. ОТВЕ́РГНУТЫЙ, -ая, -ое, -ые; *страд. прош.*
Синт.: **а, б** — в глаг. знач. 1, 2; **в** — в глаг. знач. 1
Ср. прич. во 2 глаг. знач. с прил. **отве́рженный,** -ая, -ое, -ые. Отвергнутый обществом, презираемый, всеми избегаемый. *Отверженное существо*
ОТВЕ́РГНУТ, -та, -то, -ты; *кр. ф.*
В глаг. знач. 1, 2

ОТВЕ́ТИТЬ, отве́чу, отве́т|ят, отве́ти|л; ***сов. к*** отвеча́ть в 1 — 9 знач. (см.)

II. ОТВЕ́ТИВШИЙ, -ая, -ее, -ие; *действ. прош.*
Синт.: **а, б** — в глаг. знач. 1 — 9

IV. ОТВЕ́ЧЕННЫЙ, -ая, -ое, -ые; *страд. прош.* [чередование т/ч]
Синт.: **а, б** — в глаг. знач. 1, 2
Субстантив.₃ в глаг. знач. 1
ОТВЕ́ЧЕН, -ена, -ено, -ены; *кр. ф.*
В глаг. знач. 1, 2

ОТВЕЧА́ТЬ, отвеча́ют, отвеча́|л; ***несов.*** (*сов.* отве́тить *к* 1 — 9 знач.) **1.** ***перех., что, с придат. дополнит.*** и ***без дополн.,*** также ***кому(чему)*** *Отец отвечает что-то на мой вопрос, но я не слышу из-за шума в комнате. Илья отвечает нам, что сможет проводить Иру на вокзал. Ольга не отвечает на мой вопрос* [давать ответ, сообщать что-л. будучи спрошенным] **2.** ***перех., что*** *Петя отвечает урок на пятерку* [рассказывать учителю, экзаменатору и т. п. выученный материал] **3.** ***неперех., кому(чему); S не лицо*** *Вдалеке ржет лошадь; жеребенок отвечает ей слабым ржанием* [откликаться на зов, звук и т. п] **4.** ***неперех.*** *Смирнов почему-то не отвечает на мое приветствие. Я машу Наташе рукой, она отвечает лучезарной улыбкой* [отзываться каким-л. образом на чье-л. приветствие, жест, движение и т. п.] **5.** ***неперех., кому(чему)*** *Аня не отвечает Сереже взаимностью* [отзываться ответным чувством любви, симпатии к кому-л.] **6.** ***неперех., на что чем*** *На нашу заявку министерство уже в третий раз отвечает отказом. Мы всегда отвечаем согласием на предложение поехать на рыбалку* [давать тот или иной ответ, выражая согласие, отказ и т. п.] **7.** ***неперех., на что*** *Иван регулярно отвечает на мои письма* [посылать письмо, открытку и т. п. в ответ на чье-л. письмо, открытку и т. п.] **8.** ***неперех., на что чем*** *Тамара отвечает на дерзость молчанием* [поступать каким-л. образом в ответ на что-л.] **9.** ***неперех., за кого(что)*** и ***за что*** *За этих людей, за причиненное им зло, вы будете отвечать по закону!* [нести наказание за что-л.] **10.** ***неперех., за кого(что)*** и ***за что*** *В детском саду за младшие группы отвечает Валентина Ивановна. Мой друг отвечает в школе за художественную самодеятельность* [быть ответственным за кого-что-л.] **11.** ***неперех., чему; S не лицо*** *Новая конституция отвечает интересам народа. Выпускаемая заводом продукция полностью отвечает мировым стандартам. Диссертация отвечает всем требованиям* [удовлетворять, соответствовать]

I. ОТВЕЧА́ЮЩИЙ -ая, -ее, -ие; *действ. наст.*
Синт.: **а, б** — в глаг. знач. 1 — 11; **в** — в глаг. знач. 2

II. ОТВЕЧА́ВШИЙ, -ая, -ее, -ие; *действ. прош.*
Синт.: **а, б** — в глаг. знач. 1 — 11; **в** — в глаг. знач. 2

III. ОТВЕЧА́ЕМЫЙ, -ая, -ое, -ые; *страд. наст.*
Синт.: **а, б** — в глаг. знач. 1, 2
Субстантив.₃ в глаг. знач. 1

ОТВЛЕКА́ТЬ, отвлека́|ют, отвлека́|л; ***несов., перех.*** (*сов.* отвле́чь) **1.** ***кого(что)*** *Маленький сын часто отвлекает меня от работы* [отрывать от каких-л. дел, занятий] **2.** ***кого(что) от чего*** *Друзья отвлекали Ольгу от тяжелых воспоминаний* [заставлять кого-л. перестать думать о чем-л., направляя его мысли, внимание и т. п. на что-л. другое] **3.** ***что*** *Взвод отвлекает огонь противника на себя* [заставлять изменять направление движения какими-л. действиями, маневрами] **4.** ***что,*** также ***чем*** *Бабушка отвлекала внимание ребенка разными способами* (см. § 2) [давать иное направление чему-л., переводя на что-л. другое]

I. ОТВЛЕКА́ЮЩИЙ, -ая, -ее, -ие; *действ. наст.*
Синт.: **а, б** — в глаг. знач. 1 — 4
В знач. прил. Способный переводить кого-что-л. на другое, давать чему-л. иное направление. *Отвлекающее средство. Отвлекающий маневр. Отвлекающие действия. Отвлекающие игры*

II. ОТВЛЕКА́ВШИЙ, -ая, -ее, -ие; *действ. прош.*

Синт.: **а, б** — в глаг. знач. 1 — 4

III. ОТВЛЕКА́ЕМЫЙ, -ая, -ое, -ые; *страд. наст.*

Синт.: **а, б** — в глаг. знач. 1 — 4

Субстантив.$_3$ не употр.

ОТВЛЕ́ЧЬ, отвлеку́, отвлечёшь, отвлек|у́т, отвлёк|, отвлекла́, -ло́, -ли́; ***сов., перех.*** (*несов.* отвлека́ть *к* 1 — 4 знач.) **1.** ***кого(что)*** *Сын отвлек меня от работы* [оторвать от каких-л. дел, занятий] **2.** ***кого(что) от чего*** *Друзья отвлекли Ольгу от тяжелых мыслей* [заставить кого-л. перестать думать о чем-л., направляя его мысли, внимание и т. п. на что-л. другое] **3.** ***что*** *Взвод отвлек огонь противника на себя* [заставить изменить направление движения какими-л. действиями, маневрами] **4.** ***что,*** *также* ***чем*** *Бабушка отвлекла внимание малыша новой игрушкой* (см. § 2) [дать иное направление чему-л., переведя на что-л. другое] **5.** ***что от чего*** *Нужно отвлечь это явление от его конкретных связей* [выделить из конкретных связей действительности для отдельного рассмотрения, сопоставления и т. п., абстрагировать; *книжн.*]

II. ОТВЛЁКШИЙ, -ая, -ее, -ие; *действ. прош.**

Синт.: **а, б** — в глаг. знач. 1 — 4

IV. ОТВЛЕЧЁННЫЙ, -ая, -ое, -ые; *страд. прош.*

[чередование к/ч]

Синт.: **а, б** — в глаг. знач. 1 — 5

Ср. прил. **отвлечённый,** -ая, -ое, -ые; -ён (*редко*), -ённа, -ённо, -ённы. **1.** Относящийся к абстракции, полученый путем абстрагирования, абстрактный; основанный на отвлечении, на абстракции. *Отвлеченные идеи. Отвлеченное понятие. Отвлеченное мышление.* **2.** Далекий от реальной действительности, не конкретный. *Отвлеченные разговоры. Говорить об отвлеченных предметах*

Субстантив.$_3$ не употр.

ОТВЛЕЧЁН, -ена́, -ено́, -ены́; *кр. ф.**

В глаг. знач. 1 — 4

▭ Прич. II и кр. ф. прич. IV в 5 глаг. знач. не употр.

ОТДАЛИ́ТЬ, отдал|я́т, отдали́|л; ***сов., перех.*** (*несов.* отдаля́ть) **1.** ***что от кого(чего)*** и ***от чего*** *Олег слишком отдалил лупу от текста. Врач слишком отдалил от больного кварцевую лампу* [переместить на некоторое расстояние от кого-чего-л.] **2.** ***что*** *Анна хотела отдалить нашу встречу. Этот человек всеми силами старался отдалить страшную минуту* [отнести, отодвинуть на более поздний срок] **3.** ***кого(что) от кого(чего)*** *«Старый князь отвечал ему ласковым письмом и после этого письма отдалил от себя француженку».* Л. Толстой, Война и мир [прекратить близкие отношения с кем-л.] **4.** ***кого(что) от кого(чего); S не лицо*** *Твой поступок отдалил нас друг от друга* [вызвать отчуждение]

II. ОТДАЛИ́ВШИЙ, -ая, -ее, -ие; *действ. прош.*

Синт.: **а, б** — в глаг. знач. 1 — 4

IV. ОТДАЛЁННЫЙ, -ая, -ое, -ые; *страд. прош.**

Синт.: **а, б** — в глаг. знач. 1, 3

Ср. прил. **отдалённый,** -ая, -ое, -ые; -ён (*редко*), -ённа, -ённо, -ённы. **1.** Находящийся на большом расстоянии от кого-чего-л., в отдалении, далекий. *Отдаленный район* **2.** Доносящийся издалека, звучащий вдалеке — о звуках. *Отдаленные звуки* **3.** Отделенный большим промежутком времени. *Отдаленный период. Отдаленные времена* **4.** Такой, который должен осуществиться в далеком будущем, относящийся к далекому будущему. *Отдаленная перспектива. Отдаленная мечта* **5.** Не имеющий прямой, непосредственной связи с чем-л. *Иметь к чему-либо отдаленное отношение. Отдаленные намеки на что-либо* **6.** Восходящий к далекому общему предку, дальний. *Отдаленное родство* **7.** Незначительный, слабый. *Отдаленное сходство*

Субстантив.$_2$ не употр.; субстантив.$_3$ в глаг. знач. 1

ОТДАЛЁН, -ена́, -ено́, -ены́; *кр. ф.**

В глаг. знач. 1, 3

▭ Прич. IV во 2, 4 глаг. знач. не употр.

ОТДАЛЯ́ТЬ, отдаля́|ют, отдаля́|л; ***несов. к*** отдали́ть (см.)

I. ОТДАЛЯ́ЮЩИЙ, -ая, -ее, -ие; *действ. наст.*

Синт.: **а, б** — в глаг. знач. 1 — 4

II. ОТДАЛЯ́ВШИЙ, -ая, -ее, -ие; *действ. прош.*

Синт.: **а, б** — в глаг. знач. 1 — 4

III. ОТДАЛЯ́ЕМЫЙ, -ая, -ое, -ые; *страд. наст.**

Синт.: **а, б** — в глаг. знач. 1 — 3

Субстантив.$_2$ не употр.; субстантив.$_3$ в глаг. знач. 1

▭ Прич. III в 4 глаг. знач. не употр.

ОТДОХНУ́ТЬ, отдохну́т, отдохну́|л; ***сов. к*** отдыха́ть (см.)

II. ОТДОХНУ́ВШИЙ, -ая, -ее, -ие; *действ. прош.*

Синт.: **а, б** — в глаг. знач. 1 — 3; **в** — в глаг. знач. 1

ОТДЫХА́ТЬ, отдыха́|ют, отдыха́|л; ***несов., неперех.*** (*сов.* отдохну́ть) **1.** *После работы мы отдыхаем в саду, на свежем воздухе* [некоторое время не работать, отдыхом восстанавливать силы] **2.** *Отец сейчас отдыхает, не шумите!* [лежать, расслабившись, или спать некоторое время, восстанавливая свои силы] **3.** *Брат каждый год отдыхает в Крыму в санатории. Где вы отдыхали этим летом?* [проводить свой отпуск, каникулы и т. п. где-л.]

I. ОТДЫХА́ЮЩИЙ, -ая, -ее, -ие; *действ. наст.*

Синт.: **а, б** — в глаг. знач. 1 — 3; **в** — в глаг. знач. 2

В знач. сущ. **отдыха́ющий,** -его, *м.*; **отдыха́ющая,** -ей, *ж.* Тот (та), кто проводит свой отпуск, каникулы и т. п. в санатории, доме отдыха, пансионате и т. п. *В зале были и отдыхающие, и местные жители*

II. ОТДЫХА́ВШИЙ, -ая, -ее, -ие; *действ. прош.*
Синт.: **а, б** — в глаг. знач. 1 — 3; **в** — в глаг. знач. 2

ОТКРЫВА́ТЬ, открыва́|ют, открыва́|л; ***несов. к*** откры́ть (см.)

I. ОТКРЫВА́ЮЩИЙ, -ая, -ее, -ие; *действ. наст.*
Синт.: **а, б** — в глаг. знач. 1 — 16

II. ОТКРЫВА́ВШИЙ, -ая, -ее, -ие; *действ. прош.*
Синт.: **а, б** — в глаг. знач. 1 — 16

III. ОТКРЫВА́ЕМЫЙ, -ая, -ое, -ые; *страд. наст.**
Синт.: **а, б** — в глаг. знач. 1 — 13, 15, 16; **в** — в глаг. знач. 1 — 6, 8 — 10
Субстантив.$_3$ в глаг. знач. 1, 2
▭ Прич. III в 14 глаг. знач. не употр.

ОТКРЫВА́ТЬСЯ, открыва́|ются, открыва́|лся; ***несов.*** (*сов.* откры́ться *к* 1, 3 — 8 знач.) **1. *S не лицо*** *Окно все время открывалось от ветра. Крышка чемодана не открывалась* [раздвигаться, распахиваться, отходить в сторону или подниматься, давая доступ к чему-л., внутрь чего-л.] **2. *S не лицо*** *Эти створки не открываются* [быть таким, что можно раздвинуть, распахнуть, поднять и т. п., получив доступ к чему-л., внутрь чего-л.] **3. *S не лицо*** *Зонтик не открывается, посмотри, в чем дело!* [развертываться, раскрываться] **4. *S не лицо*** *Театр открывается после летнего перерыва. На нашей улице открывается новая гостиница. Навигация открывается через неделю* [начинать деятельность, начинать свое существование; начинаться] **5. *S не лицо*** *Перед нами открывалась панорама гор* [представать взору] **6. *S не лицо*** *Твой обман сразу открывался* [выявляться, обнаруживаться, становиться известным] **7. *кому*** *Наконец брат открывается другу и рассказывает обо всем* [рассказывать о себе откровенно, признаваться в чем-л.] **8. *S не лицо*** *Рана открывалась каждый раз, когда ее перевязывали* [расходиться краями, переставать заживать — о ране]

I. ОТКРЫВА́ЮЩИЙСЯ, -аяся, -ееся, -иеся; *действ. наст.*
Синт.: **а, б** — в глаг. знач. 1 — 8; **в** — в глаг. знач. 1, 4, 8
В знач. прил. Способный автоматически раздвигаться, распахиваться, отходить в сторону или подниматься. *Открывающиеся створки. Открывающаяся крышка. Открывающаяся заслонка*

II. ОТКРЫВА́ВШИЙСЯ, -аяся, -ееся, -иеся; *действ. прош.*
Синт.: **а, б** — в глаг. знач. 1 — 8; **в** — в глаг. знач. 1, 4, 8

ОТКРЫ́ТЬ, откро́ют, откры́|л; ***сов., перех.*** (*несов.* открыва́ть) **1. *что,*** также ***чем*** *Я открыл окно и дверь. Дети с трудом открыли крышку чемодана. Илья открыл портфель и положил туда книги. Брат легко открыл квартиру новым ключом* (см. § 2) [раздвинуть, распахнуть, отвести в стороны или поднять закрытую крышку, створки и т. п.; подняв или сняв крышку, раздвинув створки и т. п., сделать доступным внутреннюю часть чего-л.; отпереть что-л. с помощью ключа, отмычки и т. п.] **2. *что,*** также ***чем*** *Туристы открыли бутылки лимонада и консервы консервным ножом* (см. § 2) [откупорить, распечатать] **3. *что*** *Мальчик открыл книгу. Девушка открыла зонтик. Больной открыл глаза* [развернуть, раскрыть что-л. сложенное, свернутое, закрытое; раскрыть] **4. *что*** *Магазин после обеда уже открыли. Новый театр откроют на будущей неделе* [начать или возобновить деятельность, работу какого-л. учреждения, предприятия и т. п.] **5. *что*** *С 1 января открыли подписку на газеты и журналы* [положить начало чему-л., каким-л. действиям] **6. *что*** *Секретарь партийного бюро открыл собрание* [объявить о начале чего-л.] **7. *что; S не лицо*** *Великая Октябрьская социалистическая революция открыла новую эру в истории человечества* [послужить началом чего-л.] **8. *что*** *Мальчик открыл кран, но воды не было. Дежурный по станции открыл шлагбаум* [повернуть, поднять, отодвинуть и т. п. что-л., сделав свободным, беспрепятственным что-л. закрытое] **9. *что*** *Бабушка открыла газ и воду* [отведя преграду, клапан и т. п., дать чему-л. идти, литься беспрепятственно] **10. *что*** *Саперы открыли путь танкам. Границу открыли несколько месяцев назад* [сделать доступным, свободным для чего-л.] **11. *что*** *Девушка открыла колено, и врач увидел рану. Портниха слишком открыла спину у платья* [обнажить; оставить незакрытой какую-л. часть тела] **12. *что кому*** *Дочь открыла мне всю правду. Сын открыл родителям свои намерения* [сообщить о чем-л. ранее скрываемом] **13. *что*** *Директор открыл перед новыми сотрудниками большое поле деятельности* [дать возможность проявиться чему-л.] **14. *что; S не лицо*** *Блестящие знания математики открыли перед Смирновым широкие возможности. Хорошие физические данные открыли Диме дорогу в большой спорт* [явившись причиной, вызвать ситуацию, при которой что-л. стало доступным кому-л.] **15. *что*** *В этом районе геологи открыли богатые залежи нефти* [установить существование, наличие чего-л. путем изысканий, исследований] **16. *что*** *Педагог открыл в мальчике настоящий талант* [обнаружить, выявить]

II. ОТКРЫ́ВШИЙ, -ая, -ее, -ие; *действ. прош.*
Синт.: **а, б** — в глаг. знач. 1 — 16

IV. ОТКРЫ́ТЫЙ, -ая, -ое, -ые; *страд. прош.**
Синт.: **а, б** — в глаг. знач. 1 — 13, 15, 16 и в статив. знач.; **в** — в глаг. знач. 2, 4
Статив. знач., ***перед кем(чем)*** (также *кр. ф.* ↓) Являющийся доступным, осуществимым для кого-л. *Открытое перед Смирновым широкое поле деятельности в математике не привлекло его, он увлекся историей. Открытая перед Димой дорога в большой спорт требовала упорства в достижении цели и огромного труда*
В знач. прил. (также *кр. ф.* ↓) **1.** С распахнутыми, раздвинутыми и т. п. створками, крышкой, дверью и т. п., не закрытый, не запертый. *Я подошел к открытому окну. На столе стояли открытые чемоданы. Он*

без труда вошел в открытую квартиру **2.** Не сложенный; не сомкнутый. *Илья увидел на столе открытую книгу. Больной лежал с открытыми глазами*

Ср. прил. **откры́тый**, -ая, -ое, -ые. **1.** Ничем не загражденный, не заслоненный, доступный взору — о местности, пространстве. *Открытая степь. Открытое место* **2.** Не имеющий покрытия сверху, с боков. *Открытая веранда. Открытая платформа* **3.** Доступный для всех желающих. *Открытое собрание. Открытое заседание Ученого совета* **4.** Ничем не закрытый, обнажающий тело, с большим вырезом. *Сестра сшила платье с открытой спиной. Открытый ворот. Открытые туфли* **5.** Нескрываемый, явный. *Открытый протест. Открытая неприязнь* **6.** Искренний, ничего не скрывающий; выражающий прямоту и искренность. *Открытый человек. Открытый характер. Открытое лицо* **7.** Наружный, не подземный. *Открытые горные работы* **8.** Внешне заметный, не скрытый, не внутренний; *мед. Открытый перелом* ◇ **День открытых дверей** — день встречи в учебном заведении его преподавателей, администрации с желающими поступить в это учебное заведение. **Ломиться в открытую дверь** — требовать сделать что-л. уже сделанное, осуществленное

Субстантив.₃ в глаг. знач. 1, 2

ОТКРЫ́Т, -та, -то, -ты; *кр. ф.**

В глаг. знач. 1 — 13, 15, 16

Статив. знач., ***перед кем(чем)*** (также *полн. ф.*↑) *Перед Смирновым открыто широкое поле деятельности в математике. Перед Димой открыта дорога в большой спорт*

В знач. прил. **1.** (также *полн. ф.* ↑) *Смотрите, окно открыто! Чемоданы открыты. Квартира открыта* **2.** (также *полн. ф.* ↑) *Книга открыта. Глаза у больного открыты* **3.** (только *кр. ф.*) Работающий, доступный для покупателей, посетителей и т. п. в соответствии с принятым распорядком дня. *Магазин открыт. Театр открыт. Поликлиника еще открыта* **4.** (только *кр. ф.*) Свободный, доступный для транспорта, прохожих. *Путь открыт. Шоссе открыто*

Ср. **откры́то**, *безл.* — принятая форма объявления о том, что какое-л. учреждение сферы обслуживания (магазин, касса, почта и т. д.) работает (после перерыва, учета, ремонта и т. д.)

□ Прич. IV в 14 глаг. знач. не употр.

ОТКРЫ́ТЬСЯ, откро́ются, откры́|лся; ***сов. к*** открыва́ться в 1, 3 — 8 знач. (см.)

II. ОТКРЫ́ВШИЙСЯ, -аяся, -ееся, -иеся; *действ. прош.*

Синт.: **а, б** — в глаг. знач. 1, 3 — 8; **в** — в глаг. знач. 1, 3, 4, 6, 8

ОТЛАКИРОВА́ТЬ, отлакиру́ют, отлакирова́|л; ***сов. к*** лакирова́ть в 1 знач. (см.)

II. ОТЛАКИРОВА́ВШИЙ, -ая, -ее, -ие; *действ. прош.*

Синт.: **а, б** — в глаг. знач. 1

IV. ОТЛАКИРО́ВАННЫЙ, -ая, -ое, -ые; *страд. прош.*

Синт.: **а, б, в** — в глаг. знач. 1

ОТЛАКИРО́ВАН, -ана, -ано, -аны; *кр. ф.*

В глаг. знач. 1

ОТМЕ́ТИТЬ, отме́чу, отме́т|ят, отме́ти|л; ***сов., перех.*** (*несов.* отмеча́ть) **1. *что,*** также ***чем*** *Олег отметил цитату красным карандашом* (см. § 2) [обозначить какой-л. меткой] **2. *кого(что)*** *Преподаватель отметил всех присутствующих в списке. Староста группы отметил опоздавших на лекцию* [сделать какую-л. запись, отметку с целью учета, регистрации и т. п.] **3. *что*** и ***с придат. дополнит.*** *Критики отметили достоинства этой книги. Экскурсанты отметили, что выставка очень богата экспонатами. Мы отметили про себя, что Андрей сильно изменился* [обратить внимание, заметить, указать на кого-что-л.; сделать какое-л. наблюдение] **4. *кого (что),*** также ***чем*** *Жюри отметило молодого способного пианиста. Дирекция отметила передовиков производства грамотами и ценными подарками* (см. § 2) [удостоить похвалы, поощрения, награды и т. п.] **5. *что*** *Вчера наша семья отметила получение ордера на новую квартиру* [отпраздновать какое-л. событие; *разг.*]

II. ОТМЕ́ТИВШИЙ, -ая, -ее, -ие; *действ. прош.*

Синт.: **а, б** — в глаг. знач. 1 — 5

IV. ОТМЕ́ЧЕННЫЙ, -ая, -ое, -ые; *страд. прош.*

[чередование т/ч]

Синт.: **а, б** — в глаг. знач. 1 — 5 и в статив. знач.; **в** — в глаг. знач. 1

Статив. знач., ***чем*** (также *кр. ф.* ↓) Имеющий какие-л. особые признаки, какой-л. особый характер. *Произведения, отмеченные печатью яркого таланта, оказывают большое влияние на читателей*

Субстантив.₃ в глаг. знач. 1

ОТМЕ́ЧЕН, -ена, -ено, -ены; *кр. ф.*

В глаг. знач. 1 — 5

Статив. знач., ***чем*** (также *полн. ф.* ↑) *Эти произведения отмечены печатью яркого таланта*

ОТМЕЧА́ТЬ, отмеча́|ют, отмеча́|л; ***несов. к*** отме́тить (см.)

I. ОТМЕЧА́ЮЩИЙ, -ая, -ее, -ие; *действ. наст.*

Синт.: **а, б** — в глаг. знач. 1 — 5

II. ОТМЕЧА́ВШИЙ, -ая, -ее, -ие; *действ. прош.*

Синт.: **а, б** — в глаг. знач. 1 — 5

III. ОТМЕЧА́ЕМЫЙ, -ая, -ое, -ые; *страд. наст.*

Синт.: **а, б** — в глаг. знач. 1 — 5

Субстантив.₃ в глаг. знач. 1

ОТНЕСТИ́, отнес|у́т, отнёс|, отнесла́, -ло́, -ли́; ***сов., перех.*** (*несов.* относи́ть) **1. *кого(что)*** и ***что*** *Потерявшего сознание мальчика отнесли в ближайшую больницу. Сын отнес щенка к товарищу. Я отнес книгу в библиотеку* [неся, доставить куда-л.; отдать, сходив к кому-л. или куда-л.] **2. *что*** *Туристы отнесли вещи от обочины дороги* [перенести на какое-л. расстояние от чего-л.] **3. что** *Строители отнесли забор на метр влево* [передвинуть, переместить] **4. кого (что)** и **что; S не лицо** и **безл.** *Течение отнесло пловца к противоположному берегу. Сильный ветер отнес лодку под мост. Течением байдарку отнесло на середину реки* [переместить, увлекая своим течением, движением — о ветре, воде] **5. что к чему** *Ученые отнесли этот вид письменности к иероглифической. Юристы отнесли ваш поступок к разряду наказуемых законом* [включить в разряд определенных явлений] **6. что к чему** *Историки отнесли описанные в рукописи события к 15 веку* [счесть свершившимся, произошедшим, появившимся и т. п. в определенное время]

II. ОТНЁСШИЙ, -ая, -ее, -ие; *действ. прош.*
Синт.: **а, б** — в глаг. знач. 1 — 6

IV. ОТНЕСЁННЫЙ, -ая, -ое, -ые; *страд. прош.*
Синт.: **а, б** — в глаг. знач. 1 — 6
ОТНЕСЁН, -ена́, -ено́, -ены́; *кр. ф.*
В глаг. знач. 1 — 6

ОТНЕСТИ́СЬ, отнесу́тся, отнёс|ся, отнесла́сь, -ло́сь, -ли́сь; **сов. к** относи́ться в 1 знач. (см.)

II. ОТНЁСШИЙСЯ, -аяся, -ееся, -иеся; *действ. прош.*
Синт.: **а, б** — в глаг. знач. 1

ОТНОСИ́ТЬ, отношу́, отно́с|ят, относи́|л; **несов. к** отнести́ (см.)

I. ОТНОСЯ́ЩИЙ, -ая, -ее, -ие; *действ. наст.*
Синт.: **а, б** — в глаг. знач. 1 — 6

II. ОТНОСИ́ВШИЙ, -ая, -ее, -ие; *действ. прош.*
Синт.: **а, б** — в глаг. знач. 1 — 6

III. ОТНОСИ́МЫЙ, -ая, -ое, -ые; *страд. наст.*
Синт.: **а, б** — в глаг. знач. 1 — 6

ОТНОСИ́ТЬСЯ, отношу́сь, отно́с|ятся, относи́|лся; **несов.** (*сов.* отнести́сь *к* 1 знач.) **1. к кому (чему)** *Илья очень внимательно относится к матери* [проявлять какие-л. чувства по отношению к кому-л., тот или иной характер обращения с кем-л.] **2. к кому(чему)** и **к чему** *Как вы относитесь к этому фильму?* [иметь то или иное мнение о ком-чем-л.] **3. к кому(чему)** и **к чему** *Этот человек относится к числу незаурядных личностей. Приведенный пример относится к другой области. Эти варианты произношения относятся к северному диалекту* [принадлежать к кому-чему-л., входить в состав, разряд кого-чего-л.] **4. к кому(чему)** и **к чему; S не лицо** *Это к вам не относится. Всё это к делу не относится. «Молодая девушка, к которой относилось это восклицание, остановилась».* Тургенев, Накануне [иметь отношение к кому-чему-л.; быть обращенным к кому-л., предназначенным для кого-л.]

I. ОТНОСЯ́ЩИЙСЯ, -аяся, -ееся, -иеся; *действ. наст.*
Синт.: **а, б** — в глаг. знач. 1 — 4

II. ОТНОСИ́ВШИЙСЯ, -аяся, -ееся, -иеся; *действ. прош.*
Синт.: **а, б** — в глаг. знач. 1 — 4

ОТОМСТИ́ТЬ, отомщу́, отомст|я́т, отомсти́|л; **сов.** (*несов.* мстить *к* 1 знач.) **1. неперех., кому (чему) за кого(что)** и **за что** *Партизаны отомстили захватчикам за сожженные деревни, угнанных женщин и детей. «— Он знает, как я обидел его друга: пусть же узнает, как Сильвио мне отомстил».* Пушкин, Выстрел [намеренно причинить кому-л. зло с целью отплатить за оскорбления, обиды, надругательство и т. п.] **2. перех., кого(что)** *«..я клялся отомстить казненных и обрекал себя на борьбу с этим троном, с этим алтарем».* Герцен, Былое и думы [отплатить за кого-л., совершив акт мести за нанесенные ему кем-л. обиды, оскорбления и т. п.; *устар.*] **3. перех., что** *Сергей Ильич отомстил обиду, нанесенную его сестре* [не оставить без возмездия, выместить кому-л. причиненную обиду, зло и т. п.; *устар.*]

II. ОТОМСТИ́ВШИЙ, -ая, -ее, -ие; *действ. прош.*
Синт.: **а, б** — в глаг. знач. 1 — 3

IV. ОТОМЩЁННЫЙ, -ая, -ое, -ые; *страд. прош.*
[чередование ст/щ]
Синт.: **а, б** — в глаг. знач. 2, 3
В знач. прил. (только *полн. ф.*) Такой, за страдания, обиды и т. п. которого или за наличие, существование чего-л. плохого кто-л. отплатил, совершив акт мести, возмездия и т. п.; *книжн. Художник на переднем плане изобразил суд над фашистскими палачами, а на заднем — их отомщенные жертвы. Сережа думает, что отомщенная обида легче забывается*
ОТОМЩЁН, -ена́, -ено́, -ены́; *кр. ф.*
В глаг. знач. 2, 3

□ Прич. IV во 2, 3 глаг. знач. не устар., употр. в книжн. речи, в отличие от устар. неопр. ф., личных ф. глагола, прич. II

ОТОРВА́ТЬ, оторву́т, оторва́|л, оторвала́, оторва́ло, -ли; **сов., перех.** (*несов.* отрыва́ть) **1. что,** также **чем** *Бабушка зубами оторвала нитку* (см. § 2) [дернув, потянув, отделить часть от целого, что-л. прикрепленное и т. п.] **2. что от чего** *«[Татьяна Власьевна], схватив его руку, старалась оторвать ее от своего плеча».* М. Горький, Трое [резко отнять, отстранить, отвести в сторону] **3. что от кого(чего)** и **от чего** *Я не мог оторвать от нее глаз. Мальчик с трудом оторвал глаза от книги* [перестать смотреть на кого-что-л., думать о ком-чем-л.] **4. кого(что) от чего** *Сын оторвал меня от работы* [отвлечь, помешав делать что-л.] **5. кого(что) от кого (чего)** и **от чего** *Новые знакомые оторвали Андрея от семьи. Работа совсем оторвала Аню от друзей* [разлучить, лишить связи с кем-чем-л.]

II. ОТОРВА́ВШИЙ, -ая, -ее, -ие; *действ. прош.*
Синт.: **а, б** — в глаг. знач. 1 — 5

IV. ОТО́РВАННЫЙ, -ая, -ое, -ые; *страд. прош.*
Синт.: **а, б** — в глаг. знач. 1 — 5 и в статив. знач.; **в** — в глаг. знач. 1
Статив. знач., **от чего** (также *кр. ф.* ↓) Не имеющий, лишенный связи с кем-чем-л. *Оторванные от жизни планы не могут быть осуществлены. Ваши предложения, оторванные от реальной действительности, не*

могут быть приняты. Люди, оторванные от Родины, обычно тоскуют по ней
Субстантив.₃ в глаг. знач. 1
ОТО́РВАН, -ана, -ано, -аны; *кр. ф.**
В глаг. знач. 1, 2, 4, 5
Статив. знач., *от чего* (также *полн. ф.* ↑) *Эти планы оторваны от жизни. Ваши предложения оторваны от реальной действительности. Эти люди оторваны от Родины уже много лет*
▭ Кр. ф. прич. IV в 3 глаг. знач. не употр.

ОТПЕЧА́ТАТЬ, отпеча́тают, отпеча́та|л; ***сов. к*** печа́тать в 1 знач. (см.)
II. ОТПЕЧА́ТАВШИЙ, -ая, -ее, -ие; *действ. прош.*
Синт.: **а, б** — в глаг. знач. 1
IV. ОТПЕЧА́ТАННЫЙ, -ая, -ое, -ые; *страд. прош.*
Синт.: **а, б** — в глаг. знач. 1
ОТПЕЧА́ТАН, -ана, -ано, -аны; *кр. ф.*
В глаг. знач. 1

ОТПОЛИРОВА́ТЬ, отполиру́ют, отполирова́|л; ***сов. к*** полирова́ть (см.)
II. ОТПОЛИРОВА́ВШИЙ, -ая, -ее, -ие; *действ. прош.*
Синт.: **а, б** — в глаг. знач.
IV. ОТПОЛИРО́ВАННЫЙ, -ая, -ое, -ые; *страд. прош.*
Синт.: **а, б, в** — в глаг. знач.
ОТПОЛИРО́ВАН, -ана, -ано, -аны; *кр. ф.*
В глаг. знач.

ОТПРА́ВИТЬ, отпра́влю, отпра́в|ят, отпра́ви|л; ***сов., перех.*** (*несов.* отправля́ть) **1. *что*** *Ольга уже отправила телеграмму* [послать что-л. для доставки куда-л. или кому-л.] **2. *кого(что)*** *Отец отправил детей домой. Директор отправил главного инженера в командировку* [послать кого-л. куда-л.; направить кого-л. с какой-л. целью] **3. *что*** *Диспетчер отправил поезд на две минуты раньше* [дать распоряжение об отходе, отправлении]
II. ОТПРА́ВИВШИЙ, -ая, -ее, -ие; *действ. прош.*
Синт.: **а, б** — в глаг. знач. 1 — 3
IV. ОТПРА́ВЛЕННЫЙ, -ая, -ое, -ые; *страд. прош.*
[чередование в/вл]
Синт.: **а, б** — в глаг. знач. 1 — 3; **в** — в глаг. знач. 1
Субстантив.₃ в глаг. знач. 1
ОТПРА́ВЛЕН, -ена, -ено, -ены; *кр. ф.*
В глаг. знач. 1 — 3

ОТПРАВЛЯ́ТЬ, отправля́|ют, отправля́|л; ***несов. к*** отпра́вить (см.)
I. ОТПРАВЛЯ́ЮЩИЙ, -ая, -ее, -ие; *действ. наст.*
Синт.: **а, б** — в глаг. знач. 1 — 3
II. ОТПРАВЛЯ́ВШИЙ, -ая, -ее, -ие; *действ. прош.*
Синт.: **а, б** — в глаг. знач. 1 — 3
III. ОТПРАВЛЯ́ЕМЫЙ, -ая, -ое, -ые; *страд. наст.*
Синт.: **а, б** — в глаг. знач. 1 — 3; **в** — в глаг. знач. 1
Субстантив.₃ в глаг. знач. 1

ОТПУСКА́ТЬ, отпуска́|ют, отпуска́|л; ***несов. к*** отпусти́ть (см.)
I. ОТПУСКА́ЮЩИЙ, -ая, -ее, -ие; *действ. наст.*
Синт.: **а, б** — в глаг. знач. 1 — 8
II. ОТПУСКА́ВШИЙ, -ая, -ее, -ие; *действ. прош.*
Синт.: **а, б** — в глаг. знач. 1 — 8
III. ОТПУСКА́ЕМЫЙ, -ая, -ое, -ые; *страд. наст.**
Синт.: **а, б** — в глаг. знач. 1 — 7; **в** — в глаг. знач. 4, 6
Субстантив.₃ в глаг. знач. 4
▭ Прич. III в 8 глаг. знач. не употр.

ОТПУСТИ́ТЬ, отпущу́, отпу́ст|ят, отпусти́|л; ***сов., перех.*** (*несов.* отпуска́ть) **1. *кого(что)*** *Мать отпустила детей погулять. Я собрался уходить, но хозяева дома меня не отпустили* [позволить кому-л. отправиться куда-л.; позволить уйти, удалиться откуда-л.] **2. *кого(что)*** *Дети отпустили птицу* [дать свободу, выпустить] **3. *что*** *Альпинист немного отпустил веревку* [сделать менее натянутым, стянутым, ослабить] **4. *что*** *Продавец не успел отпустить весь товар* [продать, выдать покупателям] **5. *что*** *Министерство отпустило большие средства на строительство нового комбината* [назначить, выдать для какой-л. цели денежные средства, сырье и т. п.] **6. *что*** *Сережа отпустил бороду* [отрастить волосы, ногти] **7. *что*** *Олег отпустил очень злую шутку* [сказать что-л. остроумное, неожиданное или не вполне уместное] **8. *кого(что)*** и ***без дополн.; S не лицо*** и ***безл.*** *«Боль тотчас же отпустила ее».* Чехов, Именины. *С утра у Ольги сильно болела голова, но к вечеру немного отпустило* [стать более слабым, уменьшиться по силе проявления — о боли, болезненном ощущении]
II. ОТПУСТИ́ВШИЙ, -ая, -ее, -ие; *действ. прош.*
Синт.: **а, б** — в глаг. знач. 1 — 8
IV. ОТПУ́ЩЕННЫЙ, -ая, -ое, -ые; *страд. прош.**
[чередование ст/щ]
Синт.: **а, б** — в глаг. знач. 1 — 7; **в** — в глаг. знач. 4, 6
Субстантив.₃ в глаг. знач. 4
ОТПУ́ЩЕН, -ена, -ено, -ены; *кр. ф.**
В глаг. знач. 1 — 7
▭ Прич. IV в 8 глаг. знач. не употр.

ОТРАБА́ТЫВАТЬ, отраба́тыва|ют, отраба́тыва|л; ***несов. к*** отрабо́тать в 1 — 4 знач. (см.)
I. ОТРАБА́ТЫВАЮЩИЙ, -ая, -ее, -ие; *действ. наст.*
Синт.: **а, б** — в глаг. знач. 1 — 4
II. ОТРАБА́ТЫВАВШИЙ, -ая, -ее, -ие; *действ. прош.*
Синт.: **а, б** — в глаг. знач. 1 — 4
III. ОТРАБА́ТЫВАЕМЫЙ, -ая, -ое, -ые; *страд. наст.*
Синт.: **а, б** — в глаг. знач. 1 — 4; **в** — в глаг. знач. 1, 3, 4
Субстантив.₃ в глаг. знач. 3

ОТРАБО́ТАТЬ, отрабо́тают, отрабо́та|л; ***сов.*** (*несов.* отраба́тывать *к* 1 — 4 знач.) **1. *перех., что*** и

без дополн. *Олег уже отработал несколько пропущенных дней в середине недели. Я пропустил три дня, придется теперь отработать* [возместить трудом] **2.** ***перех., что*** *Отец отработал на комбинате двадцать пять лет* [провести какое-л. время, работая, проработать какой-л. срок] **3.** ***перех., что*** *Автор окончательно отработал сценарий. Конструкторы отработали проект и передали его на обсуждение* [придать чему-л. окончательный, завершенный вид тщательной отделкой] **4.** ***перех., что*** *Гимнастки отработали технику движений. Этот новый прыжок фигуристы отработают очень скоро. Ребята отработали несколько приемов каратэ* [упражняясь, добиться искусного выполнения чего-л.] **5.** ***неперех.*** *«И всюду люди, бодрые, веселые.. Одни работают, другие уже отработали и отдыхают».* Гайдар, Дальние страны. *Наш дедушка уже отработал* [кончить, перестать работать; оставить работу, проработав длительное время, состарившись на работе или по каким-л. другим причинам]

II. ОТРАБО́ТАВШИЙ, -ая, -ее, -ие; *действ. прош.*

Синт.: **а, б** — в глаг. знач. 1 — 5

IV. ОТРАБО́ТАННЫЙ, -ая, -ое, -ые; *страд. прош.*

Синт.: **а, б** — в глаг. знач. 1 — 4; **в** — в глаг. знач. 1

В знач. прил. (только *полн. ф.*) **1.** Хорошо сделанный, отделанный в деталях в результате тщательной работы. *Отработанный сценарий. Отработанный проект* **2.** Искусный, точно выполняемый в результате тщательных тренировок. *Отработанные движения. Отработанные приемы*

Ср. прил. **отрабо́танный,** -ая, -ое, -ые. Использованный для основной цели и оставшийся после какого-л. технологического процесса. *Отработанный пар. Отработанное масло. Отработанная порода*

Субстантив.$_3$ в глаг. знач. 3

ОТРАБО́ТАН, -ана, -ано, -аны; *кр. ф.*

В глаг. знач. 1 — 4

ОТРАВИ́ТЬ, отравлю́, отра́в|ят, отрави́|л; ***сов. к*** отравля́ть (см.)

II. ОТРАВИ́ВШИЙ, -ая, -ее, -ие; *действ. прош.*

Синт.: **а, б** — в глаг. знач. 1 — 6

IV. ОТРА́ВЛЕННЫЙ, -ая, -ое, -ые; *страд. прош.*

[чередование в/вл]

Синт.: **а, б** — в глаг. знач. 1 — 6; **в** — в глаг. знач. 1, 2

Субстантив.$_3$ в глаг. знач. 2, 4

ОТРА́ВЛЕН, -ена, -ено, -ены; *кр. ф.*

В глаг. знач. 1 — 6

ОТРАВЛЯ́ТЬ, отравля́|ют, отравля́|л; ***несов., перех.*** (*сов.* отрави́ть) **1.** ***кого(что),*** также ***чем*** *По преданию Сальери отравляет Моцарта ядом* (см. § 2) [убивать кого-л. ядом, отравой] **2.** ***что,*** также ***чем*** *Диверсанты отравляли воду в колодцах мышьяком* (см. § 2) [делать что-л. ядовитым, примешивая, высыпая яд] **3.** ***что,*** также ***чем*** *Пьющий отравляет организм алкоголем* (см. § 2) [причинять вред чем-л. ядовитым, допускать возникновение какой-л. болезни] **4.** ***кого(что)*** и ***что; S не лицо*** *Удушливый дым отравляет в этом районе все живое. Отходы от химического завода отравляют здесь воздух* [проникая куда-л., смешиваясь с чем-л., делать непригодным для использования, ядовитым] **5.** ***что,*** также ***чем*** *Долгое время наше сознание отравляли ложью* (см. § 2) [оказывать вредное, губительное влияние на кого-что-л.] **6.** ***что,*** также ***чем*** *Муж просто отравляет жизнь Анне своими бесконечными придирками* (см. § 1). *Непосильный труд отравлял их существование* [лишать радости, делать неприятным, портить]

I. ОТРАВЛЯ́ЮЩИЙ, -ая, -ее, -ие; *действ. наст.*

Синт.: **а, б** — в глаг. знач. 1 — 6

В знач. прил. в выражении: **отравляющие вещества** — ядовитые химические вещества, оказывающие вредное действие на организм человека, на растения и т. п., предназначенные для поражения живой силы противника во время военных действий

II. ОТРАВЛЯ́ВШИЙ, -ая, -ее, -ие; *действ. прош.*

Синт.: **а, б** — в глаг. знач. 1 — 6

III. ОТРАВЛЯ́ЕМЫЙ, -ая, -ое, -ые; *страд. наст.*

Синт.: **а, б** — в глаг. знач. 1 — 6

Субстантив.$_3$ в глаг. знач. 2, 4

ОТРАЖА́ТЬ, отража́|ют, отража́|л; ***несов., перех., что*** (*сов.* отрази́ть *к* 1 — 4, 6, 7 знач.) **1.** *Отряд смело отражает атаки врага* [оказывая противодействие, отбрасывать противника назад, заставлять отступить] **2.** *Боксер умело отражал неожиданные удары. Олег с честью отражал все нападки оппонентов* [оказывая противодействие, отбивать что-л., защищаться от кого-чего-л.; отвечая на обвинения, возражения и т. п., опровергать их] **3.** ***S не лицо*** *Зеркало отражает удивленное лицо мальчика. Поверхность реки отражает кучевые облака* [воспроизводить чье-л. изображение на своей гладкой поверхности] **4.** ***S не лицо*** *Почему-то этот экран не отражает направленный на него луч* [отбрасывать в обратном направлении световые, звуковые волны и т. п.] **5.** ***S не лицо*** *Эта поверхность хорошо отражает световые лучи* [иметь свойство отбрасывать в обратном направлении световые, звуковые волны и т. п.] **6.** ***S не лицо*** *Подписанный договор отражает согласованные позиции наших стран по ключевым международным проблемам* (из газет). *Новая энциклопедия отражает уровень развития современной науки* [показывать, будучи выразителем кого-чего-л.] **7.** *Молодой писатель отражает в повести жизнь деревни* [воспроизводить, изображать, представлять в образах, отображать]

I. ОТРАЖА́ЮЩИЙ, -ая, -ее, -ие; *действ. наст.*

Синт.: **а, б** — в глаг. знач. 1 — 7

В знач. прил. Способный отбрасывать световые, звуковые волны и т. п. в обратном направлении. *Отражающая поверх-*

ность. Отражающая пластинка (Ср. прил. **отража́тельный**, -ая, -ое, -ые. Относящийся к отражению звуковых, электромагнитных волн и т. п. *Отражательная способность*)

II. ОТРАЖА́ВШИЙ, -ая, -ее, -ие; *действ. прош.*
Синт.: **а, б** — в глаг. знач. 1 — 7

III. ОТРАЖА́ЕМЫЙ, -ая, -ое, -ые; *страд. наст.**
Синт.: **а, б** — в глаг. знач. 1 — 4, 6, 7; **в** — в глаг. знач. 4
Субстантив.₃ в глаг. знач. 4

□ Прич. III в 5 глаг. знач. не употр.

ОТРАЗИ́ТЬ, отражу́, отраз|я́т, отрази́|л; ***сов., перех., что*** (*несов.* отража́ть) **1.** *Отряд отразил атаку врага* [оказав противодействие, отбросить противника назад, заставить отступить] **2.** *Боксер умело отразил неожиданный удар. Олег с честью отразил все нападки оппонентов* [оказав противодействие, отбить что-л., защититься от кого-чего-л.; ответив на обвинения, возражения и т. п., опровергнуть их] **3. *S не лицо*** *Зеркало отразило удивленное лицо мальчика. Поверхность реки отразила кучевые облака* [воспроизвести чье-л. изображение на своей гладкой поверхности] **4. *S не лицо*** *Этот экран отразил направленный на него луч* [отбросить в обратном направлении световые, звуковые волны и т. п.] **5. *S не лицо*** *Подписанный договор отразил согласованные позиции наших стран по ключевым международным проблемам* (из газет). *Новая энциклопедия отразила уровень развития современной науки* [показать, будучи выразителем кого-чего-л.] **6.** *«..он* [*Елпатьевский*] *отразил пережитые впечатления в своих очерках и рассказах».* Телешов, Записки писателя [воспроизвести, изобразить, представить в образах, отобразить]

II. ОТРАЗИ́ВШИЙ, -ая, -ее, -ие; *действ. прош.*
Синт.: **а, б** — в глаг. знач. 1 — 6

IV. ОТРАЖЁННЫЙ, -ая, -ое, -ые; *страд. прош.*
[чередование з/ж]
Синт.: **а, б** — в глаг. знач. 1 — 6; **в** — в глаг. знач. 1, 2
В знач. прил. (только *полн. ф.*) Идущий не непосредственно от источника, а от отражающей поверхности. *Отраженный свет. Отраженный луч. Отраженные радиоволны*
Субстантив.₃ в глаг. знач. 4
ОТРАЖЁН, -ена́, -ено́, -ены́; *кр. ф.*
В глаг. знач. 1 — 6

ОТРЫВА́ТЬ, отрыва́|ют, отрыва́|л; ***несов. к*** оторва́ть (см.)

I. ОТРЫВА́ЮЩИЙ, -ая, -ее, -ие; *действ. наст.*
Синт.: **а, б** — в глаг. знач. 1 — 5

II. ОТРЫВА́ВШИЙ, -ая, -ее, -ие; *действ. прош.*
Синт.: **а, б** — в глаг. знач. 1 — 5

III. ОТРЫВА́ЕМЫЙ, -ая, -ое, -ые; *страд. наст.*
Синт.: **а, б** — в глаг. знач. 1 — 5; **в** — в глаг. знач. 1

Субстантив.₃ в глаг. знач. 1

ОТСТАВА́ТЬ, отста|ю́т, отстава́|л; ***несов., неперех.*** (*сов.* отста́ть) **1.** *Мы шли быстро. Мальчик все время отставал и плакал. Спортсменка отставала от соперницы на полметра* [не успевая идти, двигаться в одном темпе, с одной скоростью с кем-чем-л., оставаться позади] **2. *от кого(чего)*** и ***от чего*** *Турист несколько раз отставал от группы и приходил поздно в гостиницу. Мой брат два раза отставал от поезда* [задерживаясь, оставаться, оказываться вне чего-л.; выходя из поезда, автобуса и т. п. на какой-л. остановке, оставаться там, не успевая сесть обратно до отправления поезда, автобуса и т. п.] **3.** *Завод отстает от других предприятий отрасли по многим показателям* (из газет). *Моя подруга явно отставала от моды* [развиваясь или делая что-л. медленнее, оставаться в чем-л. позади других; не достигать нужного уровня в чем-л., останавливаясь на прежнем уровне] **4.** *Студент все время отставал от группы из-за болезни. Этот ученик явно отставал от класса* [учась где-л., не достигать необходимого уровня знаний] **5. *S не лицо*** *Часы отставали на пять минут* [показывать более раннее время, чем в действительности — о часах] **6. *S не лицо*** *Обои отставали только в верхней части стены* [отделяться от чего-л., отваливаться] **7. *от кого*** *Мальчик не отставал от меня со своим вопросом* [переставать надоедать или приставать к кому-л.; *разг.*]

I. ОТСТАЮ́ЩИЙ, -ая, -ее, -ие; *действ. наст.*
Синт.: **а, б** — в глаг. знач. 1 — 7; **в** — в глаг. знач. 5, 6
В знач. прил. Слабый, постоянно имеющий плохие знания и оценки — об учащемся. *Отстающие ученики. Отстающие студенты*
В знач. сущ. **отстаю́щий,** -его, *м.*; **отстаю́щая,** -ей *ж.* Тот (та), кто не справляется с учебой. *Молодая учительница занимается с отстающими*

II. ОТСТАВА́ВШИЙ, -ая, -ее, -ие; *действ. прош.*
Синт.: **а, б** — в глаг. знач. 1—7; **в** — в глаг. знач. 5, 6

ОТСТА́ТЬ, отста́нут, отста́|л; ***сов., неперех.*** (*несов.* отстава́ть) **1.** *Мы пошли быстрее, Сережа сразу же отстал и заплакал. Спортсменка отстала от соперницы на полметра* [остаться позади, не успевая идти, двигаться в одном темпе, с одной скоростью с кем-чем-л.] **2. *от кого(чего)*** и ***от чего*** *Один из туристов отстал от группы. Наш сосед по купе отстал от поезда* [задерживаясь, остаться, оказаться вне чего-л.; выйдя из поезда, автобуса и т. п. на какой-л. остановке, остаться там, не успев сесть обратно до отправления поезда, автобуса и т. п.] **3.** *Завод отстал от других предприятий отрасли в освоении новой техники. Ваша дочь явно отстала от моды* [развиваясь или делая что-л. медленнее, остаться в чем-л. позади других; не достигнуть нужного уровня в чем-л., остановившись на прежнем уровне] **4.** *Студент отстал из-за болезни. Этот ученик отстал от класса* [учась где-л., не достигнуть необходимого уровня знаний] **5. *S не лицо***

Часы отстали на пять минут [показать более раннее время, чем в действительности — о часах] **6.** ***S не лицо*** *Обои отстали только в верхней части стены* [отделиться от чего-л., отвалиться] **7.** ***от кого*** *Мальчик, наконец, отстал от меня с этим вопросом* [перестать надоедать, приставать к кому-л.; *разг.*]

II. ОТСТА́ВШИЙ, -ая, -ее, -ие; *действ. прош.*

Синт.: **а, б** — в глаг. знач. 1 — 7; **в** — в глаг. знач. 4 — 6

Ср. прич. в 3 глаг. знач. с прил. **отста́лый,** -ая, -ое, -ые в знач. **1.** Стоящий на более низком уровне развития сравнительно с другими. *Отсталая техника. Отсталая страна* **2.** Отставший от своего времени, находящийся на более низком уровне развития, чем другие. *Отсталый человек* **3.** Свойственный человеку, стоящему на более низком уровне развития, отставшему от своего времени. *Отсталые взгляды*

ОТСУ́ТСТВОВАТЬ, отсу́тству|ют, отсу́тствова|л; ***несов., неперех.*** **1.** *Этот студент отсутствует на лекции по уважительной причине* [не быть, не присутствовать где-л.] **2.** ***S не лицо*** *В вашей работе отсутствует вводная глава* [не быть в наличии]

I. ОТСУ́ТСТВУЮЩИЙ, -ая, -ее, -ие; *действ. наст.*

Синт.: **а, б** — в глаг. знач. 1, 2

Ср. прил. **отсу́тствующий,** -ая, -ее, -ие. Безразличный, пассивный, не заинтересованный происходящим, окружающим. *Отсутствующий вид. Отсутствующий взгляд*

В знач. сущ. **отсу́тствующие,** -их, *мн.* Те, кто не присутствует, кого нет где-л., в какое-л. время. *Список отсутствующих*

II. ОТСУ́ТСТВОВАВШИЙ, -ая, -ее, -ие; *действ. прош.*

Синт.: **а, б** — в глаг. знач. 1, 2

ОТТА́ЛКИВАТЬ, отта́лкива|ют, отта́лкива|л; ***несов., перех.*** (*сов.* оттолкну́ть) **1.** ***кого(что) от чего*** *Полицейские отталкивали слишком любопытных от разбитой витрины* [резким толчком отстранять, отпихивать кого-л.] **2.** ***что,*** также ***чем*** *Илья отталкивает байдарку от берега веслом* (см. § 2) [толчком отодвигать что-л. от кого-чего-л.] **3.** ***кого(что)*** *Не отталкивай меня в трудную минуту, помоги мне!* [проявлять в обращении с кем-л. равнодушие, бессердечность, холодность, нежелание общаться, отдалять от себя] **4.** ***кого(что),*** также ***чем*** *Эта девушка отталкивает от себя многих своим поведением* (см. § 3). *Его высокомерие отталкивает всех, кто с ним знаком* [своим характером, поведением и т. п. вызывать в ком-л. неприязнь, нежелание общаться]

I. ОТТА́ЛКИВАЮЩИЙ, -ая, -ее, -ие; *действ. наст.*

Синт.: **а, б** — в глаг. знач. 1 — 4

В знач. прил. Такой, который вызывает отвращение, противный, отвратительный. *Отталкивающая внешность. Отталкивающий вид*

II. ОТТА́ЛКИВАВШИЙ, -ая, -ее, -ие; *действ. прош.*

Синт.: **а, б** — в глаг. знач. 1 — 4

III. ОТТА́ЛКИВАЕМЫЙ, -ая, -ое, -ые; *страд. наст.*

Синт.: **а, б** — в глаг. знач. 1 — 4

ОТТА́ЧИВАТЬ, отта́чива|ют, отта́чива|л; ***несов. к*** отточи́ть (см.)

I. ОТТА́ЧИВАЮЩИЙ, -ая, -ее, -ие; *действ. наст.*

Синт.: **а, б** — в глаг. знач. 1 — 3

II. ОТТА́ЧИВАВШИЙ, -ая, -ее, -ие; *действ. прош.*

Синт.: **а, б** — в глаг. знач. 1 — 3

III. ОТТА́ЧИВАЕМЫЙ, -ая, -ое, -ые; *страд. наст.*

Синт.: **а, б** — в глаг. знач. 1 — 3; **в** — в глаг. знач. 1

Субстантив.₃ в глаг. знач. 1

ОТТОЛКНУ́ТЬ, оттолкну́т, оттолкну́|л; ***сов. к*** отта́лкивать (см.)

II. ОТТОЛКНУ́ВШИЙ, -ая, -ее, -ие; *действ. прош.*

Синт.: **а, б** — в глаг. знач. 1 — 4

IV. ОТТО́ЛКНУТЫЙ, -ая, -ое, -ые; *страд. прош.** (*редко*)

Синт.: **а, б** — в глаг. знач. 1, 2

ОТТО́ЛКНУТ, -та, -то, -ты; *кр. ф.** (*редко*)

В глаг. знач. 1, 2

□ Прич. IV в 3, 4 глаг. знач. не употр.

ОТТОЧИ́ТЬ, отточу́, отто́ч|ат, отточи́|л; ***сов., перех., что*** (*несов.* отта́чивать) **1.** *Лесник отточил топор и начал рубить сучья* [сделать острым] **2.** *Актер отточил свое мастерство, довел его до совершенства* [сделать совершенным] **3.** *Писатель отточил каждую фразу своей статьи* [сделать четким, выразительным слова, фразу и т. п.]

II. ОТТОЧИ́ВШИЙ, -ая, -ее, -ие; *действ. прош.*

Синт.: **а, б** — в глаг. знач. 1 — 3

IV. ОТТО́ЧЕННЫЙ, -ая, -ое, -ые; *страд. прош.*

Синт.: **а, б** — в глаг. знач. 1 — 3

Ср. прил. **отто́ченный,** -ая, -ое, -ые; -ен, -енна, -енно, -енны. Доведенный до предельной выразительности, четкости, совершенства. *Отточенные фразы. Отточенные движения. Отточенная речь*

Субстантив.₃ в глаг. знач. 1

ОТТО́ЧЕН, -ена, -ено, -ены; *кр. ф.*

В глаг. знач. 1 — 3

ОТУПЛЯ́ТЬ, отупля́|ют, отупля́|л; ***несов., перех., кого(что); S не лицо*** *Монотонные звуки отупляют меня. Работа на конвейере отупляла рабочих* [лишать способности соображать, делать непонятливым, несообразительным, тупым]

I. ОТУПЛЯ́ЮЩИЙ, -ая, -ее, -ие; *действ. наст.*

Синт.: **а, б** — в глаг. знач.

В знач. прил. Такой, который вызывает чувство отупения. *Отупляющая боль. Отупляющая работа. Отупляющие звуки*

II. ОТУПЛЯ́ВШИЙ, -ая, -ее, -ие; *действ. прош.*

Синт.: **а, б** — в глаг. знач.

III. ОТУПЛЯ́ЕМЫЙ, -ая, -ое, -ые; *страд. наст.*

Синт.: **а, б** — в глаг. знач.

ОТШЛЁПАТЬ, отшлёпают, отшлёпа|л; ***сов. к*** шлёпать во 2 знач. (см.)

II. ОТШЛЁПАВШИЙ, -ая, -ее, -ие; *действ. прош.*

Синт.: **а, б** — в глаг. знач. 2

IV. ОТШЛЁПАННЫЙ, -ая, -ое, -ые; *страд. прош.*

Синт.: **а, б** — в глаг. знач. 2

ОТШЛЁПАН, -ана, -ано, -аны; *кр. ф.*

В глаг. знач. 2

ОТШЛИФОВА́ТЬ, отшлифу́ют, отшлифова́|л; ***сов. к*** шлифова́ть в 1, 2 знач. (см.)

II. ОТШЛИФОВА́ВШИЙ, -ая, -ее, -ие; *действ. прош.*

Синт.: **а, б** — в глаг. знач. 1, 2

IV. ОТШЛИФО́ВАННЫЙ, -ая, -ое, -ые; *страд. прош.*

Синт.: **а, б, в** — в глаг. знач. 1, 2

ОТШЛИФО́ВАН, -ана, -ано, -аны; *кр. ф.*

В глаг. знач. 1, 2

ОТЪЕЗЖА́ТЬ, отъезжа́|ют, отъезжа́|л; ***несов., неперех.*** (*сов.* отъе́хать *к* 1 знач.) **1.** *Чтобы освободить проезд, машины отъезжают назад* [поехав, удаляться в сторону, на какое-л. расстояние от кого-чего-л.] **2.** *Делегация отъезжает в сопровождении представителей министерства* [отправляться в путь, уезжать куда-л.; *офиц.*]

I. ОТЪЕЗЖА́ЮЩИЙ, -ая, -ее, -ие; *действ. наст.*

Синт.: **а, б** — в глаг. знач. 1, 2

В знач. сущ. **отъезжа́ющий,** -его, *м.*; **отъезжа́ющая,** -ей, *ж.* Тот (та), кто отъезжает, отправляется в путь

II. ОТЪЕЗЖА́ВШИЙ, -ая, -ее, -ие; *действ. прош.*

Синт.: **а, б** — в глаг. знач. 1, 2

ОТЪЕ́ХАТЬ, отъе́дут, отъе́ха|л; ***сов. к*** отъезжа́ть в 1 знач. (см.)

II. ОТЪЕ́ХАВШИЙ, -ая, -ее, -ие; *действ. прош.*

Синт.: **а, б** — в глаг. знач. 1

ОХЛАДИ́ТЬ, охлажу́, охлад|я́т, охлади́|л; ***сов., перех.*** (*несов.* охлажда́ть) **1.** ***что*** *Таня сначала охладила напиток, а потом выпила его* [сделать холодным или более холодным] **2.** ***что; S не лицо*** *Ветер охладил ее разгоряченное лицо* [вызвав ощущение прохлады, остудить] **3.** ***кого(что),*** также ***чем*** *«[Петр] плакал у него на плече, пока Базаров не охладил его вопросом: „Не на мокром ли месте у него глаза"».* Тургенев, Отцы и дети. *Шум в зале не охладил оратора* [умерить чью-л. пылкость, силу какого-л. чувства, желания и т. п.]

II. ОХЛАДИ́ВШИЙ, -ая, -ее, -ие; *действ. прош.*

Синт.: **а, б** — в глаг. знач. 1 — 3

IV. ОХЛАЖДЁННЫЙ, -ая, -ое, -ые; *страд. прош.**

[чередование д/жд]

Синт.: **а, б** — в глаг. знач. 1, 2

В знач. прил. (только *полн. ф.*) Имеющий температуру ниже нормы; более холодный, чем такой же другой. *Охлажденные слои воздуха. Охлажденные напитки. Вокруг охлажденного углекислого газа собираются мелкие капельки воды*

Субстантив.₃ в глаг. знач. 1

ОХЛАЖДЁН, -ена́, -ено́, -ены́; *кр. ф.**

В глаг. знач. 1, 2

□ Прич. IV в 3 глаг. знач. не употр.

ОХЛАЖДА́ТЬ, охлажда́|ют, охлажда́|л; ***несов., перех.*** (*сов.* охлади́ть) **1.** ***что*** *Ольга обычно охлаждает коктейль* [делать холодным или более холодным] **2.** ***что; S не лицо*** *Ветер охлаждал ее разгоряченное лицо* [вызывая ощущение прохлады, остужать] **3.** ***кого(что),*** также ***чем*** *Олег охлаждал спорщиков неожиданным вопросом о чем-нибудь совершенно не относящемся к делу. Шум в зале заметно охлаждал оратора* [умерять чью-л. пылкость, силу какого-л. чувства, желания и т. п.]

I. ОХЛАЖДА́ЮЩИЙ, -ая, -ее, -ие; *действ. наст.*

Синт.: **а, б** — в глаг. знач. 1 — 3

В знач. прил. Служащий для охлаждения чего-л. *Охлаждающая установка. Охлаждающий агрегат* (Ср. прил. **охлади́тельный,** -ая, -ое, -ые. Служащий для охлаждения чего-л., охлаждающий. *Охладительная смесь. Охладительная решетка*)

II. ОХЛАЖДА́ВШИЙ, -ая, -ее, -ие; *действ. прош.*

Синт.: **а, б** — в глаг. знач. 1 — 3

III. ОХЛАЖДА́ЕМЫЙ, -ая, -ое, -ые; *страд. наст.**

Синт.: **а, б** — в глаг. знач. 1, 2; **в** — в глаг. знач. 1

Субстантив.₃ в глаг. знач. 1

□ Прич. III в 3 глаг. знач. не употр.

ОХРИ́ПНУТЬ, охри́пнут, охри́п|; ***сов. к*** хри́пнуть (см.)

II. ОХРИ́ПШИЙ, -ая, -ее, -ие; *действ. прош.*

Синт.: **а, б, в** — в глаг. знач. 1, 2

ОЦЕ́НИВАТЬ, оце́нива|ют, оце́нива|л; ***несов., перех.*** (*сов.* оцени́ть) **1.** ***кого(что)*** и ***что*** *На невольничьих рынках рабов оценивали по их росту и физической силе. Эти часы оценивают очень дорого. Специалисты еще не оценивали эту картину* [назначать цену кого-чего-л., определять стоимость чего-л.] **2.** ***что*** *Нина оценивает мое выступление на собрании отрицательно. Как вы оцениваете поступок сына?* [иметь, высказывать мнение, суждение о значении или ценности кого-чего-л.] **3.** ***что*** *Наш учитель всегда оценивает знания учеников объективно* [ставить отметку в соответствии со степенью, уровнем знаний]

I. ОЦЕ́НИВАЮЩИЙ, -ая, -ее, -ие; *действ. наст.*

Синт.: **а, б** — в глаг. знач. 1 — 3

В знач. прил. Пристальный и проницательный — о взгляде. *Оценивающий взгляд*

II. ОЦЕ́НИВАВШИЙ, -ая, -ее, -ие; *действ. прош.*

Синт.: **а, б** — в глаг. знач. 1 — 3

III. ОЦЕ́НИВАЕМЫЙ, -ая, -ое, -ые; *страд. наст.*

Синт.: **а, б** — в глаг. знач. 1 — 3; **в** — в глаг. знач. 1

Субстантив.₃ в глаг. знач. 1

ОЦЕНИ́ТЬ, оценю́, оце́н|ят, оцени́|л; ***сов. к*** оце́нивать (см.)

II. ОЦЕНИ́ВШИЙ, -ая, -ее, -ие; *действ. прош.*
Синт.: **а, б** — в глаг. знач. 1 — 3

IV. ОЦЕНЁННЫЙ, -ая, -ое, -ые; *страд. прош.*
Синт.: **а, б** — в глаг. знач. 1 — 3; **в** — в глаг. знач. 1
Субстантив.$_3$ в глаг. знач. 1
ОЦЕНЁН, -ена́, -ено́, -ены́; *кр. ф.*
В глаг. знач. 1 — 3

ОЧИНИ́ТЬ, очиню́, очи́н|ят, очини́|л; ***сов. к*** чини́ть [1] во 2 знач. (см.)

II. ОЧИНИ́ВШИЙ, -ая, -ее, -ие; *действ. прош.*
Синт.: **а, б** — в глаг. знач. 2

IV. ОЧИ́НЕННЫЙ, -ая, -ое, -ые; *страд. прош.*
Синт.: **а, б, в** — в глаг. знач. 2
ОЧИ́НЕН, -ена, -ено, -ены; *кр. ф.*
В глаг. знач. 2

ОЧИ́СТИТЬ, очи́щу, очи́ст|ят, очи́сти|л; ***сов., перех.*** (*несов.* очища́ть *к* 1, 2, 4 — 7 знач.; *несов.* чи́стить *к* 3 знач.) **1.** ***что от чего*** *Пионеры быстро очистили дорожки от листьев. Ольга с трудом очистила костюм от грязи* [сделать чистым, освободив от грязи, пыли, чего-л. накопившегося, ненужного] **2.** ***что от чего*** *Лаборанты очистили жидкость от примесей* [сделать чистым по составу, освободить от посторонних примесей] **3.** ***что*** *Девочка очистила апельсин и дала мне* [освободить от верхнего слоя, кожуры, чешуи и т. п., приготовляя в пищу] **4.** ***что*** *Полк очистил город от неприятеля. Мы попросили ребят уйти, и они очистили помещение за три минуты* [освободить от присутствия кого-чего-л. враждебного, нежелательного; покинуть что-л., освободив от своего присутствия; *разг.*] **5.** ***что*** *Малыш быстро очистил тарелку с кашей* [съев содержимое, сделать пустым какую-л. емкость; *разг.*] **6.** ***что*** *Воры очистили квартиру* [обворовать, ограбить; *разг.*] **7.** ***что; S не лицо*** *Слезы очистили ее душу* [освободить, избавить от чего-л. тяжелого, гнетущего] **8.** ***кого(что)*** и ***что,*** также ***чем*** *Юноша очистил совесть раскаянием* [сделать чистым в нравственном отношении]

II. ОЧИ́СТИВШИЙ, -ая, -ее, -ие; *действ. прош.*
Синт.: **а, б** — в глаг. знач. 1 — 8

IV. ОЧИ́ЩЕННЫЙ, -ая, -ое, -ые; *страд. прош.**
[чередование ст/щ]
Синт.: **а, б** — в глаг. знач. 1 — 6; **в** — в глаг. знач. 2, 3
В знач. прил. (только *полн. ф.*) Освобожденный от примесей. *Очищенный спирт*
Субстантив.$_3$ в глаг. знач. 1, 2
ОЧИ́ЩЕН, -ена, -ено, -ены; *кр. ф.**
В глаг. знач. 1 — 6

▭ Прич. IV в 7, 8 глаг. знач. не употр.

ОЧИЩА́ТЬ, очища́|ют, очища́|л; ***несов., перех.*** (*сов.* очи́стить) **1.** ***что от чего*** *Пионеры очищали дорожки парка от листьев. Ольга с трудом очищала костюм от грязи* [делать чистым, освобождая от грязи, пыли, чего-л. накопившегося, ненужного] **2.** ***что от чего*** *Лаборанты очищали жидкость от примесей* [освобождать от посторонних примесей, делать чистым по составу] **3.** ***что*** *Город очищали от неприятеля десантные войска. В ответ на нашу просьбу уйти ребята очищают помещение за несколько минут* [освобождать от присутствия кого-чего-л. враждебного, нежелательного; покидать что-л., освобождая от своего присутствия; *разг.*] **4.** ***что*** *Малыш быстро очищает тарелку с кашей* [съедая содержимое, делать пустым какую-л. емкость; *разг.*] **5.** ***что*** *Воры очищали квартиры днем* [обворовывать, грабить; *разг.*] **6.** ***что; S не лицо*** *Слезы очищали ее душу* [освобождать, избавлять от чего-л. тяжелого, гнетущего] **7.** ***кого(что)*** и ***что,*** также ***чем*** *Эта музыка очищала, облагораживала юношу. Он очищал свою совесть раскаянием* [делать чистым в нравственном отношении]

I. ОЧИЩА́ЮЩИЙ, -ая, -ее, -ие; *действ. наст.*
Синт.: **а, б** — в глаг. знач. 1 — 7
В знач. прил. **1.** Служащий для очистки. *Очищающие препараты. Очищающая установка.* **2.** Такой, который делает чистым в нравственном отношении, приносит облегчение. *Очищающая музыка. Очищающие слезы* (Ср. прил. **очисти́тельный,** -ая, -ое, -ые. **1.** Предназначенный, служащий для очищения чего-л. *Очистительная установка* **2.** Искупительный, приносящий нравственное очищение, прощение. *Очистительная жертва.* Ср. прил. **очи́стный,** -ая, -ое, -ые и **очистно́й,** -а́я, -о́е, -ы́е. Относящийся к очистке; предназначенный, служащий для очистки. *Очистные работы. Очистные установки. Очистные сооружения*)

II. ОЧИЩА́ВШИЙ, -ая, -ее, -ие; *действ. прош.*
Синт.: **а, б** — в глаг. знач. 1 — 7

III. ОЧИЩА́ЕМЫЙ, -ая, -ое, -ые; *страд. наст.**
Синт.: **а, б** — в глаг. знач. 1 — 5
Субстантив.$_3$ в глаг. знач. 1, 2

▭ Прич. III в 6, 7 глаг. знач. не употр.

ОШЕЛОМИ́ТЬ, ошеломлю́, ошелом|я́т, ошеломи́|л; ***сов., перех., кого(что),*** также ***чем*** (*несов.* ошеломля́ть) *Друг ошеломил меня своим сообщением* (см. § 1). *Результаты опыта ошеломили ученого* [крайне удивить, потрясти, озадачить]

II. ОШЕЛОМИ́ВШИЙ, -ая, -ее, -ие; *действ. прош.*
Синт.: **а, б** — в глаг. знач.

IV. ОШЕЛОМЛЁННЫЙ, -ая, -ое, -ые; *страд. прош.*
[чередование м/мл]
Синт.: **а, б** — в глаг. знач.
Ср. прил. **ошеломлённый,** -ая, -ое, -ые. Выражающий испытываемое кем-л. потрясение, озадаченность, потрясенный, озадаченный. *Ошеломленный вид*
ОШЕЛОМЛЁН, -ена́, -ено́, -ены́; *кр. ф.*
В глаг. знач.

ОШЕЛОМЛЯ́ТЬ, ошеломля́|ют, ошеломля́|л; ***несов., перех., кого(что),*** также ***чем*** (*сов.* ошеломи́ть) *Олег часто ошеломляет нас сенсационными сообщениями* (см. § 1). *Результаты опытов ошеломляли ученых* [крайне удивлять, потрясать, озадачивать]

I. ОШЕЛОМЛЯ́ЮЩИЙ, -ая, -ее, -ие; *действ. наст.*
Синт.: **а, б** — в глаг. знач.

В з н а ч. п р и л. Такой, который потрясает, крайне удивляет, ошеломительный. *Ошеломляющее впечатление. Ошеломляющая новость. Ошеломляющее известие. Ошеломляющая телеграмма* (С р. прил. **ошеломи́тельный,** -ая, -ое, -ые; -лен, -льна, -льно, -льны. Способный потрясти, крайне удивить, ошеломляющий. *Ошеломительное впечатление. Ошеломительная новость. Ошеломительный успех*)

II. ОШЕЛОМЛЯ́ВШИЙ, -ая, -ее, -ие; *действ. прош.*
С и н т.: **а, б** — в глаг. знач.

III. ОШЕЛОМЛЯ́ЕМЫЙ, -ая, -ое, -ые; *страд. наст.*
С и н т.: **а, б** — в глаг. знач.

ОШПА́РИВАТЬ, ошпа́рива|ют, ошпа́рива|л; ***несов. к*** ошпа́рить (см.)

I. ОШПА́РИВАЮЩИЙ, -ая, -ее, -ие; *действ. наст.*
С и н т.: **а, б** — в глаг. знач. 1, 2

II. ОШПА́РИВАВШИЙ, -ая, -ее, -ие; *действ. прош.*
С и н т.: **а, б** — в глаг. знач. 1, 2

III. ОШПА́РИВАЕМЫЙ, -ая, -ое, -ые; *страд. наст.*
С и н т.: **а, б** — в глаг. знач. 1, 2; **в** — в глаг. знач. 1
С у б с т а н т и в.₃ в глаг. знач. 1

ОШПА́РИТЬ, ошпа́р|ят, ошпа́ри|л; ***сов., перех.*** (*несов.* ошпа́ривать) **1.** ***что,*** также ***чем*** *Дима ошпарил колбасу кипятком* (см. § 2) [облить кипятком с целью дезинфекции и т. п.] **2.** ***кого(что)*** и ***что,*** также ***чем*** *Соседка ошпарила котенка кипятком* (см. § 2). *Сестра ошпарила руку* [обжечь, вызвать ожоги горячей жидкостью, паром]

II. ОШПА́РИВШИЙ, -ая, -ее, -ие; *действ. прош.*
С и н т.: **а, б** — в глаг. знач. 1, 2

IV. ОШПА́РЕННЫЙ, -ая, -ое, -ые; *страд. прош.*
С и н т.: **а, б, в** — в глаг. знач. 1, 2
С р. выражение: **как ошпаренный** (вскочил, выскочил, выбежал, побежал) — в крайнем волнении, возбуждении; *разг.*
С у б с т а н т и в.₃ в глаг. знач. 1
ОШПА́РЕН, -ена, -ено, -ены; *кр. ф.*
В глаг. знач. 1, 2

ОШТУКАТУ́РИТЬ, оштукату́р|ят, оштукату́ри|л; ***сов. к*** штукату́рить (см.)

II. ОШТУКАТУ́РИВШИЙ, -ая, -ее, -ие; *действ. прош.*
С и н т.: **а, б** — в глаг. знач.

IV. ОШТУКАТУ́РЕННЫЙ, -ая, -ое, -ые; *страд. прош.*
С и н т.: **а, б, в** — в глаг. знач.
ОШТУКАТУ́РЕН, -ена, -ено, -ены; *кр. ф.*
В глаг. знач.

ОЩУТИ́ТЬ, ощущу́, ощут|я́т, ощути́|л; ***сов. к*** ощуща́ть (см.)

II. ОЩУТИ́ВШИЙ, -ая, -ее, -ие; *действ. прош.*
С и н т.: **а, б** — в глаг. знач. 1, 2

IV. ОЩУЩЁННЫЙ, -ая, -ое, -ые; *страд. прош.* [чередование т/щ]
С и н т.: **а, б** — в глаг. знач. 1, 2
С у б с т а н т и в.₃ не употр.
ОЩУЩЁН, -ена́, -ено́, -ены́; *кр. ф.*
В глаг. знач. 1, 2

ОЩУЩА́ТЬ, ощуща́|ют, ощуща́|л; ***несов., перех., что*** (*сов.* ощути́ть) **1.** *Я ощущаю жжение во рту* [распознавать, испытывать путем ощущения, чувствовать физически] **2.** *Мы ощущаем радость при встрече с вами* [испытывать какое-л. чувство]

I. ОЩУЩА́ЮЩИЙ, -ая, -ее, -ие; *действ. наст.*
С и н т.: **а, б** — в глаг. знач. 1, 2

II. ОЩУЩА́ВШИЙ, -ая, -ее, -ие; *действ. прош.*
С и н т.: **а, б** — в глаг. знач. 1, 2

III. ОЩУЩА́ЕМЫЙ, -ая, -ое, -ые; *страд. наст.*
С и н т.: **а, б** — в глаг. знач. 1, 2
С р. прил. **ощути́мый,** -ая, -ое, -ые; -и́м, -и́ма, -и́мо, -и́мы. **1.** Заметный, значительный, очевидный. *Ощутимые результаты. Ощутимый пробел в знаниях* **2.** Заметный для органов чувств, для ощущения, очень чувствующийся, ощутительный. *Тишина стала ощутимее. Мороз стал еще более ощутим.* С р. прил. **ощути́тельный,** -ая, -ое, -ые; -лен, -льна, -льно, -льны в знач. 'заметный, очень чувствующийся'. *Ощутительный мороз. Этот запах стал ощутителен*
С у б с т а н т и в.₃ не употр.

П

ПА́ДАТЬ, па́да|ют, па́да|л; ***несов., неперех.*** (*сов.* упа́сть *к* 1, 2, 10, 11 знач.; *сов.* пасть *к* 8, 9, 12 знач.) **1.** *Ребенок падает на ровном месте* [валиться на землю, теряя равновесие] **2.** ***S не лицо*** *С листьев на землю падали капли дождя* [лететь, устремляться сверху вниз под действием собственной тяжести] **3.** ***S не лицо*** *Вчера снег падал хлопьями* [идти, выпадать — об атмосферных осадках] **4.** ***S не лицо*** *У нашего кота стала падать шерсть* [вылезать, выпадать — о волосах, зубах и т. д.] **5.** ***S не лицо*** *«[Дон Жуан:] Как живописно с гребня кружевное ей падает на плечи покрывало».* А. К. Толстой, Дон Жуан. *Ее волосы красиво падают на плечи* [опускаться, свисая — о волосах, одежде] **6.** ***на что; S не лицо*** *Срочная работа падает на первый месяц года. Наши отпуска падают на летнее время* [приходиться, совпадать по времени] **7.** ***на кого(что)*** и ***на что; S не лицо*** *Тень от дерева падает на девочку. Свет из окна падает на яблоню. «..каждый коммунист, на кого падал его [командира] взгляд, подавался вперед».* Б. Полевой, Золото [распространяться в каком-л. направлении, покрывать собою что-л.— о световых явлениях; быть направленным куда-л.— о взгляде] **8.** ***на кого(что); S не лицо*** *Подозрение падает на этого человека* [касаться кого-л., распространяться на кого-л.] **9.** ***на кого(что); S не лицо*** *Все заботы о ребенке падают на бабушку. Когда нужно дежурить в столовой, выбор падает на Илью и Андрея* [приходиться на чью-л. долю, выпадать] **10.** ***S не лицо*** *Летом уровень воды в реке падает* *на полметра. Давление падает* [понижаться, уменьшаться в уровне, размере, силе, напряженности и т. п.] **11.** ***S не лицо*** *У Игоря часто падает настроение* [ухудшаться, портиться] **12.** ***S не лицо*** *Скот в этом районе падает по непонятным причинам* [умирать, дохнуть — о скоте, животных]

I. ПА́ДАЮЩИЙ, -ая, -ее, -ие; *действ. наст.**
Синт.: **а, б** — в глаг. знач. 1 — 11; **в** — в глаг. знач. 1 — 4, 10, 11
В знач. прил. Стоящий не вертикально, а наклонно — о зданиях. *Падающая башня в городе Пизе* ◇ **Падающие звезды** — метеориты

II. ПА́ДАВШИЙ, -ая, -ее, -ие; *действ. прош.**
Синт.: **а, б** — в глаг. знач. 1 — 11; **в** — в глаг. знач. 1 — 4, 10, 11

▭ Прич. I, II в 12 глаг. знач. не употр.

ПАЛИ́ТЬ, пал|я́т, пали́|л; ***несов., перех.*** **1.** ***кого(что)**** *Бабушка палила курицу полчаса* [обжигать пламенем, очищая от чего-л.] **2.** ***кого(что)*** и ***что*** и ***без дополн.; S не лицо*** *Солнце палило археологов нестерпимо. Горячие лучи палили спину. Раскаленная печь палит нещадно* [обдавать жаром, зноем] **3.** ***что,*** также ***чем*** *«[Горничные] нещадно палили себе виски и волосы щипцами».* Катаев, Белеет парус одинокий. *Утюг палит белье* [портить, прожигая чем-л. раскаленным, чрезмерно нагретым, сильным жаром] **4.** ***что*** *Мы напрасно палили дрова, в комнате не стало теплее. Туристы палили костры всю ночь* [жечь в каком-л. количестве; заставлять гореть для каких-л. целей]

I. ПАЛЯ́ЩИЙ, -ая, -ее, -ие; *действ. наст.*
Синт.: **а, б** — в глаг. знач. 1 — 4
В знач. прил. Очень жаркий, горячий, обжигающий. *Палящие лучи солнца. Палящий зной*

II. ПАЛИ́ВШИЙ, -ая, -ее, -ие; *действ. прош.*
Синт.: **а, б** — в глаг. знач. 1 — 4

III. ПАЛИ́МЫЙ, -ая, -ое, -ые; *страд. наст.*
Синт.: **а, б** — в глаг. знач. 1 — 4
Субстантив.$_3$ в глаг. знач. 1
ПАЛИ́М, -и́ма, -и́мо, -и́мы; *кр. ф.* (*редко*)
В глаг. знач. 1 — 4

IV. ПАЛЁННЫЙ, -ая, -ое, -ые; *страд. прош.**
Синт.: **а, б** — в глаг. знач. 1
Ср. прил. **палёный,** -ая, -ое, -ые. Слегка обожженный пламенем; подвергшийся палению. *Запах паленой шерсти. Паленая свиная туша*
Субстантив.$_3$ в глаг. знач. 1
ПАЛЁН, -ена́, -ено́, -ены́; *кр. ф.* (*редко*)
В глаг. знач. 1

▭ Прич. IV во 2 — 4 глаг. знач. не употр.

ПАРАЛИЗОВА́ТЬ, парализу́|ют, парализова́|л; ***сов.*** и ***несов., перех.*** **1.** ***кого(что)*** и ***что; S не лицо*** и ***безл.*** *«Удар, нанесенный ядовитым стилетом в нервный центр, парализует насекомое».* К. Платонов, Занимательная психология. *Моего отца парализовало. От сильного нервного потрясения у него парализовало ноги* [привести или приводить в состояние паралича] **2.** (только ***несов.***) ***кого(что); S не лицо*** *Этот газ парализует людей* [иметь свойство приводить в состояние паралича] **3.** ***кого(что)*** и ***что; S не лицо*** *Страх парализует его. «Грозный вид дворника охватил его.. страхом, связал его ноги, парализовал всё его маленькое, тонкое тело».* Куприн, Белый пудель [привести или приводить в состояние оцепенения, лишить или лишать способности движения] **4.** ***что*** *На этом участке фронта партизаны парализовали силы врага* [лишить или лишать способности действовать, проявляться, развиваться и т. п.]

I. ПАРАЛИЗУ́ЮЩИЙ, -ая, -ее, -ие; *действ. наст.*
Синт.: **а, б** — в глаг. знач. 1 — 4
В знач. прил. Обладающий свойством приводить в состояние паралича. *Этот газ оказывает парализующее действие*

II. ПАРАЛИЗОВА́ВШИЙ, -ая, -ее, -ие; *действ. прош.*
Синт.: **а, б** — в глаг. знач. 1 — 4

III. ПАРАЛИЗУ́ЕМЫЙ, -ая, -ое, -ые; *страд. наст.**
Синт.: **а, б** — в глаг. знач. 1, 3, 4
Субстантив.$_3$ не употр.

IV. ПАРАЛИЗО́ВАННЫЙ, -ая, -ое, -ые; *страд. прош.**
Синт.: **а, б** — в глаг. знач. 1, 3, 4
В знач. прил. (также *кр. ф.* ↓) **1.** Находящийся в состоянии паралича. *Парализованный старик. Палата для парализованных больных* **2.** Пораженный параличом — о какой-л. части тела, органе. *Он живет с парализованной рукой*
Субстантив.$_2$ в глаг. знач. 1; субстантив.$_3$ не употр.
ПАРАЛИЗО́ВАН, -ана, -ано, -аны; *кр. ф.**
В глаг. знач. 1, 3, 4
В знач. прил. (также *полн. ф.*↑) **1.** *Старик парализован* **2.** *Рука парализована*

▭ Прич. III, IV во 2 глаг. знач. не употр.

ПА́РИТЬ, па́р|ят, па́ри|л; ***несов., перех.*** **1.** ***что*** *Аня парит репу в большой кастрюле* [варить при помощи пара в закрытой посуде] **2.** ***что*** *Мы парили кадки из-под огурцов* [подвергать действию пара с целью очищения, размягчения, истребления насекомых и т. п.] **3.** ***что*** *Бабушка долго парила ноги в тазу* [прогревать горячей водой, паром с лечебной целью] **4.** ***кого(что)*** *Дима парил в бане дедушку целый час* [мыть в бане с горячим паром, обычно хлеща березовым, дубовым и т. п. веником]

I. ПА́РЯЩИЙ, -ая, -ее, -ие; *действ. наст.*
Синт.: **а, б** — в глаг. знач. 1 — 4

II. ПА́РИВШИЙ, -ая, -ее, -ие; *действ. прош.*
Синт.: **а, б** — в глаг. знач. 1 — 4

III. ПА́РИМЫЙ, -ая, -ое, -ые; *страд. наст.*
Синт.: **а, б** — в глаг. знач. 1 — 4
Субстантив.$_3$ в глаг. знач. 1

IV. ПА́РЕННЫЙ, -ая, -ое, -ые; *страд. прош.*
Синт.: **а, б** — в глаг. знач. 1 — 4
Ср. прил. **па́реный,** -ая, -ое, -ые. Приготовленный для еды парением. *Пареная репа. Пареные овощи.*
Субстантив.$_2$ не употр.; субстантив.$_3$ в глаг. знач. 1
ПА́РЕН, -ена, -ено, -ены; *кр. ф.*

В глаг. знач. 1 — 4

ПАСТЕРИЗОВА́ТЬ, пастеризу́|ют, пастеризова́|л; ***сов.*** и ***несов., перех., что*** *Этот цех пастеризует молоко* [обработать или обрабатывать жидкие пищевые продукты нагреванием до температуры не достигающей 100 °С для обеззараживания и консервирования]

I. ПАСТЕРИЗУ́ЮЩИЙ, -ая, -ее, -ие; *действ. наст.*

Синт.: **а, б** — в глаг. знач.

II. ПАСТЕРИЗОВА́ВШИЙ, -ая, -ее, -ие; *действ. прош.*

Синт.: **а, б** — в глаг. знач.

III. ПАСТЕРИЗУ́ЕМЫЙ, -ая, -ое, -ые; *страд. наст.*

Синт.: **а, б** — в глаг. знач.

IV. ПАСТЕРИЗО́ВАННЫЙ, -ая, -ое, -ые; *страд. прош.*

Синт.: **а, б** — в глаг. знач.

В знач. прил. (только *полн. ф.*) Прошедший пастеризацию. *Пастеризованное молоко*

ПАСТЕРИЗО́ВАН, -ана, -ано, -аны; *кр. ф.*

В глаг. знач.

ПАСТЬ, паду́т, па|л; ***сов., неперех.*** (*несов.* па́дать *к* 1, 2, 3 знач.) **1. *на кого(что); S не лицо*** *Подозрение пало на этого человека* [коснуться кого-л., распространиться на кого-л.] **2. *на кого(что); S не лицо*** *Нужно было дежурить в столовой, и выбор пал на Илью и Андрея* [прийтись на чью-л. долю, выпасть] **3. *S не лицо*** *Скот пал по непонятным причинам* [умереть, подохнуть — о скоте, животных] **4.** *Отец пал в бою, защищая Москву от фашистов* [погибнуть на поле боя, быть убитым] **5. *S не лицо*** *В феврале 1917 года в России пало царское самодержавие* [быть свергнутым — о правительстве, политическом строе и т. п.] **6. *S не лицо*** *Под натиском танковых частей город пал* [прекратить сопротивление, оказаться побежденным] **7.** *Этот человек очень низко пал* [стать безнравственным, утратить доброе имя из-за предосудительного поведения]

II. ПА́ВШИЙ, -ая, -ее, -ие и *устар.* ПА́ДШИЙ, -ая, -ее, -ие; *действ. прош.*

Синт.: **а, б** — в глаг. знач. 1 — 7; **в** — в глаг. знач. 3 — 5

Ср. прич. в 7 глаг. знач. с прил. **па́дший**, -ая, -ее, -ие. Опустившийся в нравственном отношении. *Падшая женщина. Падший человек*

ПАХА́ТЬ, пашу́, па́ш|ут, паха́|л; ***несов., перех., что,*** также ***чем*** (*сов.* вспаха́ть) *Раньше крестьяне пахали землю плугом* (см. § 2). *Трактор пашет землю* [разрыхлять почву для посева не вручную, с помощью каких-л. орудий, техники]

I. ПА́ШУЩИЙ, -ая, -ее, -ие; *действ. наст.*

Синт.: **а, б, в** — в глаг. знач.

II. ПАХА́ВШИЙ, -ая, -ее, -ие; *действ. прош.*

Синт.: **а, б, в** — в глаг. знач.

IV. ПА́ХАННЫЙ, -ая, -ое, -ые; *страд. прош.*

Синт.: **а, б** — в глаг. знач.

Ср. прил. **па́ханый**, -ая, -ое, -ые. Подвергшийся пахоте, возделанный. *Паханая земля*

ПА́ХАН, -ана, -ано, -аны; *кр. ф.*

В глаг. знач.

▭ Прич. III не употр.

ПА́ЧКАТЬ, па́чка|ют, па́чка|л; ***несов.*** (*сов.* испа́чкать *к* 1 знач.) **1. *перех., кого(что)*** и ***что,*** также ***чем*** *Осторожно, ты же меня пачкаешь. Малыш пачкает лицо вареньем* (см. § 2). *Почему ты каждый раз пачкаешь куртку?* [покрывать грязью, грязнить, мазать] **2. *неперех.; S не лицо*** *Не прикасайся к стене, она пачкает. Эта бумага пачкает, выброси ее* [обладать свойством грязнить, мазать при соприкосновении с чем-л.] **3. *неперех.*** *Ваш знакомый не рисует, а пачкает* [делать что-л. (рисовать, писать) неумело, небрежно, грязно; *разг.*]

I. ПА́ЧКАЮЩИЙ, -ая, -ее, -ие; *действ. наст.*

Синт.: **а, б** — в глаг. знач. 1 — 3

В знач. прил. Такой, который пачкает, мажет при соприкосновении с другим предметом. *Пачкающая бумага. Пачкающий штемпель*

II. ПА́ЧКАВШИЙ, -ая, -ее, -ие; *действ. прош.*

Синт.: **а, б** — в глаг. знач. 1 — 3

IV. ПА́ЧКАННЫЙ, -ая, -ое, -ые; *страд. прош.*

Синт.: **а, б** — в глаг. знач. 1

ПА́ЧКАН, -ана, -ано, -аны; *кр. ф.* (*редко*)

В глаг. знач. 1

▭ Прич. III не употр.

ПАЯ́ТЬ, пая́|ют, пая́|л; ***несов., перех., что*** **1.** *С утра до вечера дедушка паял кастрюли, ведра, самовары* [заделывать дыры в металлической посуде при помощи расплавленного металла] **2.** *Илья весь вечер паял электронную схему* [создавать что-л., соединяя металлические детали при помощи расплавленного металла]

I. ПАЯ́ЮЩИЙ, -ая, -ее, -ие; *действ. наст.*

Синт.: **а, б** — в глаг. знач. 1, 2

В знач. прил. Предназначенный для паяния, способный паять. *Автоматическое паяющее устройство*

II. ПАЯ́ВШИЙ, -ая, -ее, -ие; *действ. прош.*

Синт.: **а, б** — в глаг. знач. 1, 2

III. ПАЯ́ЕМЫЙ, -ая, -ое, -ые; *страд. наст.*

Синт.: **а, б** — в глаг. знач. 1, 2

Субстантив.$_3$ в глаг. знач. 1

IV. ПА́ЯННЫЙ, -ая, -ое, -ые; *страд. прош.*

Синт.: **а, б** — в глаг. знач. 1, 2

Ср. прил. **па́яный**, -ая, -ое, -ые. Починенный, заделанный паянием, с припаянными частями. *Паяный самовар. Паяная кастрюля*

Субстантив.$_3$ в глаг. знач. 1

ПА́ЯН, -яна, -яно, -яны; *кр. ф.*

В глаг. знач. 1, 2

ПЕРЕВЕСТИ́, перевед|у́т, перевёл, перевела́, -ло́, -ли́; ***сов., перех.*** (*несов.* переводи́ть) **1. *кого(что)*** *Воспитательница перевела через улицу всех детей. Проводник перевел через границу вооруженный отряд* [ведя через какое-л. пространство, переместить; указывая путь, сопровождая в пути, помочь пройти где-л., через что-л.] **2. *что*** *Наш институт скоро переведут в другое здание* [изменить местонахождение чего-л.] **3. *кого(что)*** *Новую сотрудницу директор перевел в другой отдел. Илью перевели на должность* *заведующего лабораторией* [назначить, переместить на другое место работы, учебы, на другую должность] **4. кого(что)** *Педсовет переведет в следующий класс не всех учеников* [допустить в следующий класс, на следующий курс и т. п.] **5. что** *Мы перевели стрелки часов на час вперед. Я перевел рычаг справа налево* [переместить, передвинуть рычаг, приспособление и т. п. из одного места в другое, регулируя или приводя в действие что-л.] **6. что на кого(что)** и **на что** *Я перевел взгляд с незнакомца на его спутницу* [направить взор, взгляд, глаза с кого-чего-л. одного на кого-что-л.] **7. что на что** *Отец перевел разговор на другую тему* [придать иное направление, переключить на что-л. другое разговор, беседу и т. п.] **8. что** *Аня перевела мне деньги по телеграфу* [переслать деньги при помощи почты, телеграфа или через банк кому-л., на какой-л. счет] **9. кого(что)** и **что на что** *Врач перевел больного на диетическое питание. Наше предприятие перевели на хозрасчет. Нашу столовую перевели на самообслуживание* [поставить в другие условия, заставить действовать по-иному] **10. что** *Мой друг перевел эти стихи с русского на английский* [передать какой-л. текст, устную речь средствами другого языка] **11. что** *Ученик неправильно перевел данные величины в метрические меры. Нам надо перевести левы в рубли* [выразить в других знаках, в других величинах] **12. что** *Ребята перевели картинки на цветную бумагу* [свести, перенести на что-л. какое-л. изображение]

II. ПЕРЕВЕ́ДШИЙ, -ая, -ее, -ие; *действ. прош.*
Синт.: **а, б** — в глаг. знач. 1 — 12

IV. ПЕРЕВЕДЁННЫЙ, -ая, -ое, -ые; *страд. прош.*
Синт.: **а, б** — в глаг. знач. 1 — 12; **в** — в глаг. знач. 10, 12
С р. прич. в 4, 12 глаг. знач. с прил. **переводно́й** [1], -а́я, -о́е, -ы́е. **1.** Оценивающий знания учащихся при переводе в старший класс. *Переводные экзамены* **2.** Служащий для перевода изображения, копировки; такой, который можно перевести на что-л. *Переводная бумага. Переводные картинки*
С р. прич. в 5, 8, 10 глаг. знач. с прил. **переводно́й** [2], -а́я, -о́е, -ы́е и **перево́дный,** -ая, -ое, -ые. **1.** Предназначенный для перевода, перехода на другой путь, скорость и т. п. *Переводно́й (и перево́дный) клапан. Переводны́е (и перево́дные) механизмы.* **2.** Относящийся к почтовому и телеграфному переводу. *Переводно́й (и перево́дный) бланк.* **3.** Относящийся к переводу с одного языка на другой. *Переводно́й (и перево́дный) роман*
Субстантив.₃ в глаг. знач. 8, 10, 12
ПЕРЕВЕДЁН, -ена́, -ено́, -ены́; *кр. ф.*
В глаг. знач. 1 — 12

ПЕРЕВОДИ́ТЬ, перевожу́, перево́д|ят, переводи́|л; **несов. к** перевести́ (см.)

I. ПЕРЕВОДЯ́ЩИЙ, -ая, -ее, -ие; *действ. наст.*
Синт.: **а, б** — в глаг. знач. 1 — 12

II. ПЕРЕВОДИ́ВШИЙ, -ая, -ее, -ие; *действ. прош.*
Синт.: **а, б** — в глаг. знач. 1 — 12

III. ПЕРЕВОДИ́МЫЙ, -ая, -ое, -ые; *страд. наст.*
Синт.: **а, б** — в глаг. знач. 1 — 12
Субстантив.₃ в глаг. знач. 8, 10, 12
ПЕРЕВОДИ́М, -и́ма, -и́мо, -и́мы; *кр. ф.* (*редко*)
В глаг. знач. 1 — 12

ПЕРЕГОРА́ТЬ, перегора́|ют, перегора́|л; **несов. к** перегоре́ть (см.)

I. ПЕРЕГОРА́ЮЩИЙ, -ая, -ее, -ие; *действ. наст.*
Синт.: **а, б, в** — в глаг. знач. 1 — 5

II. ПЕРЕГОРА́ВШИЙ, -ая, -ее, -ие; *действ. прош.*
Синт.: **а, б, в** — в глаг. знач. 1 — 5

ПЕРЕГОРЕ́ТЬ, перегоря́т, перегоре́|л; **сов., неперех.** (*несов.* перегора́ть); ***S* не лицо** **1.** *На кухне перегорела лампочка. У нас погас свет — пробки перегорели* [испортиться от сильного нагревания, длительного горения] **2.** *Масло на сковороде перегорело* [сильно подгореть, сгореть от чрезмерного жарения] **3.** *Все зерно в старом хранилище перегорело* [сгнить, сопреть] **4.** *Шишки в самоваре перегорели. Трава вся перегорела от солнца* [сгорев полностью, превратиться в пепел, золу и т. п.; стать совсем сухим под действием солнечных лучей] **5.** *«Постепенно горе перегорело в ней, и она вышла из своего мертвенного оцепенения».* Николаева, Жатва [со временем притупиться, перестать ощущаться — о чувствах, переживаниях и т. п.]

II. ПЕРЕГОРЕ́ВШИЙ, -ая, -ее, -ие; *действ. прош.*
Синт.: **а, б** — в глаг. знач. 1 — 5
В знач. прил. **1.** Такой, который испортился от сильного нагревания, длительного горения. *Перегоревшая лампочка. Перегоревшие пробки* **2.** Сгоревший от чрезмерного жарения. *Перегоревшее масло* **3.** Сгнивший, сопревший. *Перегоревшее зерно* (С р. прил. **перегоре́лый,** -ая, -ое, -ые. **1.** Сгоревший от чрезмерного жарения, перегоревший. *Перегорелое масло* **2.** Истлевший, прелый. *Перегорелая почва. Перегорелая листва* **3.** Сгнивший, сопревший. *Перегорелое зерно*)

ПЕРЕДАВА́ТЬ, переда|ю́т, передава́|л; **несов., перех.** (*сов.* переда́ть) **1. кого(что)** и **что** *Мать осторожно передает ребенка бабушке. Почтальон передает мне письма в руки* [отдавать, вручать кому-л.] **2. что** *Отец передает нам посылки через сослуживцев* [посылать, вручать через третьих лиц] **3. что** *Смирнов передает всю свою библиотеку сыну. Дирекция передает это помещение спортсменам* [отдать во владение, в чье-л. ведение] **4. что** *Бабушка по рассеянности передавала кассиру деньги* [давать чего-л. больше, чем нужно] **5. что** *Родители передают своим детям знания и опыт* [делиться с кем-л. знаниями, опытом и т. п., предоставлять кому-л. другому] **6. что** *Комиссия несколько раз передавала дело в товарищеский суд* [отдавать для заключения, на рассмотрение в официальные органы, в следующую инстанцию] **7. что** *Обычно Олег пе-*

редает нам последние новости. Анна передает мои слова неточно. Ваш друг передавал вам привет и просьбу приехать [сообщать, рассказывать, пересказывать что-л. услышанное, порученное другим] **8. *что,*** также ***чем*** *Радист передает приказ азбукой Морзе* (см. § 2). *Этот концерт передавали по радио несколько раз* [распространять, доводить до кого-л. средствами технической связи] **9. *что*** *Переводчик точно передавал мысль автора. Эта актриса очень верно передавала чувства матери* [воспроизводить, излагать; изображать что-л. какими-л. средствами] **10. *что; S не лицо*** *Красный цвет иногда передает настроение радости* [символизировать собой что-л., вызывая какие-л. чувства, настроения и т. п.]

I. ПЕРЕДАЮ́ЩИЙ, -ая, -ее, -ие; *действ. наст.*
С и н т.: **а, б** — в глаг. знач. 1 — 10
В з н а ч. п р и л. Предназначенный для передачи радиоволн, электрических сигналов и т. п. *Передающая антенна. Передающее устройство. Передающая аппаратура*

II. ПЕРЕДАВА́ВШИЙ, -ая, -ее, -ие; *действ. прош.*
С и н т.: **а, б** — в глаг. знач. 1 — 10

III. ПЕРЕДАВА́ЕМЫЙ, -ая, -ое, -ые; *страд. наст.*
С и н т.: **а, б** — в глаг. знач. 1 — 10
С у б с т а н т и в.$_3$ в глаг. знач. 1, 8

ПЕРЕДА́ТЬ, переда́м, переда́шь, переда́ст, передади́м, передади́те, передаду́т, пе́реда|л и переда́|л, передала́, пе́редало и переда́ло, пе́редали и переда́ли; ***сов. к*** передава́ть (см.)

II. ПЕРЕДА́ВШИЙ, -ая, -ее, -ие; *действ. прош.*
С и н т.: **а, б** — в глаг. знач. 1 — 10

IV. ПЕ́РЕДАННЫЙ, -ая, -ое, -ые; *страд. прош.*
С и н т.: **а, б** — в глаг. знач. 1 — 10
С у б с т а н т и в.$_3$ в глаг. знач. 1, 8
ПЕ́РЕДАН, передана́ и *доп.* пе́редана, пе́редано, -ны; *кр. ф.*
В глаг. знач. 1 — 10

ПЕРЕЖИВА́ТЬ, пережива́|ют, пережива́|л; ***несов. к*** пережи́ть [1] (см.)

I. ПЕРЕЖИВА́ЮЩИЙ, -ая, -ее, -ие; *действ. наст.*
С и н т.: **а, б** — в глаг. знач. 1, 2

II. ПЕРЕЖИВА́ВШИЙ, -ая, -ее, -ие; *действ. прош.*
С и н т.: **а, б** — в глаг. знач. 1, 2

III. ПЕРЕЖИВА́ЕМЫЙ, -ая, -ое, -ые; *страд. наст.*
С и н т.: **а, б** — в глаг. знач. 1, 2; **в** — в глаг. знач. 2
С у б с т а н т и в.$_3$ в глаг. знач. 2

ПЕРЕЖИ́ТЬ [1], переживу́т, пе́режи|л и пережи́|л, пережила́, пе́режило и пережи́ло, пе́режили и пережи́ли; ***сов., перех.*** (*несов.* пережива́ть) **1. *что*** и ***без дополн.*** *Жители нашего района пережили ураган. « — Решили — переживем. Картошки в хлеб подмешаем, того, сего — выдюжим!»* Овечкин, Районные будни [остаться в живых, преодолев какие-л. трудности; найти в себе силы вытерпеть, вынести что-л.] **2. *что*** *Мой друг пережил душевный кризис. Дима пережил все муки ревности* [подвергнуться чему-л., испытать что-л.; изведать, узнать какое-л. чувство, ощущение и т. п.]

II. ПЕРЕЖИ́ВШИЙ, -ая, -ее, -ие; *действ. прош.*
С и н т.: **а, б** — в глаг. знач. 1, 2

IV. ПЕ́РЕЖИТЫЙ, -ая, -ое, -ые и ПЕРЕЖИ́ТЫЙ, -ая, -ое, -ые; *страд. прош.*
С и н т.: **а, б** — в глаг. знач. 1, 2; **в** — в глаг. знач. 2
С р. сущ. **пережито́е, -о́го,** *ср.* То, что было испытано, пережито. *Не забыть пережитое*
ПЕ́РЕЖИТ, пережита́, пе́режито, -ты и ПЕРЕЖИ́Т, пережита́, пережи́то, -ты; *кр. ф.*
В глаг. знач. 1, 2

ПЕРЕЖИ́ТЬ [2], переживу́т, пережи́|л, пережила́, пережи́ло, -ли; ***сов., перех.*** **1. *кого(что)*** *Анна пережила мужа на три года. «Князь тихо на череп коня наступил И молвил: — Спи, друг одинокой! Твой старый хозяин тебя пережил».* Пушкин, Песнь о вещем Олеге [прожить дольше кого-л.] **2. *кого(что)*** и ***что; S не лицо*** *Эти обычаи переживут не одно поколение* [не исчезнуть после прекращения существования чего-л., после смерти кого-л.] **3. *что*** *Больной пережил зиму прекрасно. «Деревья в этом году пойдут очень хорошо, так как они уже пережили одно лето и принялись».* Чехов, Письмо О. Л. Книппер, 22 февр. 1901 [прожить какое-л. время]

II. ПЕРЕЖИ́ВШИЙ, -ая, -ее, -ие; *действ. прош.*
С и н т.: **а, б** — в глаг. знач. 1 — 3

IV. ПЕРЕЖИ́ТЫЙ, -ая, -ое, -ые; *страд. прош.**
С и н т.: **а, б** — в глаг. знач. 3
С у б с т а н т и в.$_3$ не употр.
ПЕРЕЖИ́Т, пережита́, пережи́то, -ты; *кр. ф.**
В глаг. знач. 3

□ Прич. IV в 1, 2 глаг. знач. не употр.

ПЕРЕЗРЕВА́ТЬ, перезрева́|ют, перезрева́|л; ***несов. к*** перезре́ть (см.)

I. ПЕРЕЗРЕВА́ЮЩИЙ, -ая, -ее, -ие; *действ. наст.*
С и н т.: **а, б** — в глаг. знач. 1, 2; **в** — в глаг. знач. 1

II. ПЕРЕЗРЕВА́ВШИЙ, -ая, -ее, -ие; *действ. прош.*
С и н т.: **а, б** — в глаг. знач. 1, 2; **в** — в глаг. знач. 1

ПЕРЕЗРЕ́ТЬ, перезре́ют, перезре́|л; ***сов., неперех.*** (*несов.* перезрева́ть) **1. *S не лицо*** *В этом году клубника в нашем саду перезрела* [стать чрезмерно зрелым, переспеть] **2.** *Невеста наша перезрела* [выйти из возраста, обычного для какого-л. положения, состояния; *разг.*]

II. ПЕРЕЗРЕ́ВШИЙ, -ая, -ее, -ие; *действ. прош.*
С и н т.: **а, б** — в глаг. знач. 1, 2; **в** — в глаг. знач. 2
В з н а ч. п р и л. Чрезмерно спелый, переспевший, перезрелый — о плодах, ягодах. *Перезревшие ягоды* (С р. прил. **перезре́лый,** -ая, -ое, -ые. Чрезмерно спелый, переспевший, перезревший — о плодах, ягодах. *Перезрелая малина*)

ПЕРЕЙТИ́, перейд|у́т, перешёл, перешла́, -ло́, -ли́; ***сов. к*** переходи́ть (см.)

II. ПЕРЕШЕ́ДШИЙ, -ая, -ее, -ие; *действ. прош.*

[от основы -шед- + суффикс -ш-]

Синт.: **а, б** — в глаг. знач. 1 — 14

IV. ПЕРЕЙДЕ́ННЫЙ, -ая, -ое, -ые; *страд. прош.*

Синт.: **а, б** — в глаг. знач. 1, 2

Субстантив.$_3$ не употр.

ПЕРЕЙДЕ́Н, -ена́, -ено́, -ены́; *кр. ф.*

В глаг. знач. 1, 2

ПЕРЕКА́ШИВАТЬ, перека́шива|ют, перека́шива|л; ***несов. к*** перекоси́ть (см.)

I. ПЕРЕКА́ШИВАЮЩИЙ, -ая, -ее, -ие; *действ. наст.*

Синт.: **а, б** — в глаг. знач. 1, 2

II. ПЕРЕКА́ШИВАВШИЙ, -ая, -ее, -ие; *действ. прош.*

Синт.: **а, б** — в глаг. знач. 1, 2

III. ПЕРЕКА́ШИВАЕМЫЙ, -ая, -ое, -ые; *страд. наст.*

Синт.: **а, б** — в глаг. знач. 1, 2

Субстантив.$_3$ в глаг. знач. 1

ПЕРЕКА́ШИВАТЬСЯ, перека́шива|ются, перека́шива|лся; ***несов. к*** перекоси́ться (см.)

I. ПЕРЕКА́ШИВАЮЩИЙСЯ, -аяся, -ееся, -иеся; *действ. наст.*

Синт.: **а, б, в** — в глаг. знач. 1 — 3

II. ПЕРЕКА́ШИВАВШИЙСЯ, -аяся, -ееся, -иеся; *действ. прош.*

Синт.: **а, б, в** — в глаг. знач. 1 — 3

ПЕРЕКОСИ́ТЬ, перекошу́, перекос|я́т, перекоси́|л; ***сов., перех.*** (*несов.* перека́шивать) **1. *что*** *Плотник перекосил оконную раму* [сделать косым, несимметричным, искривить] **2. *кого(что)*** и ***что,*** также ***чем; S не лицо*** и ***безл.*** *Недобрая усмешка перекосила его губы. От боли и страха больного перекосило. Лицо перекосило судорогой* [вызвать резкое судорожное изменение в лице, исказить]

II. ПЕРЕКОСИ́ВШИЙ, -ая, -ее, -ие; *действ. прош.*

Синт.: **а, б** — в глаг. знач. 1, 2

IV. ПЕРЕКО́ШЕННЫЙ, -ая, -ое, -ые и ПЕРЕКОШЁННЫЙ, -ая, -ое, -ые; *страд. прош.*

[чередование с/ш]

Синт.: **а, б** — в глаг. знач. 1, 2

В знач. прил. **переко́шенный** (также *кр. ф.*↓) **1.** Несимметричный, искривленный, перекосившийся. *Перекошенная дверь. Перекошенная рама. Перекошенная избушка* **2.** Утративший обычный, естественный вид, искаженный, перекосившийся — о лице, губах. *Перекошенное лицо. Перекошенные губы*

Субстантив.$_3$ в глаг. знач. 1

ПЕРЕКО́ШЕН, -ена, -ено, -ены и ПЕРЕКОШЁН, -ена́, -ено́, -ены́; *кр. ф.*

В глаг. знач. 1, 2

В знач. прил. **переко́шен** (также *полн. ф.*↑) **1.** *Дверь перекошена. Рама перекошена. Избушка перекошена* **2.** *Лицо перекошено. Губы перекошены*

ПЕРЕКОСИ́ТЬСЯ, перекошу́сь, перекося́тся, перекоси́|лся; ***сов.*** (*несов.* перека́шиваться) **1. *S не лицо*** *Рама перекосилась. Стены дома перекосились* [сильно искривиться, стать косым, несимметричным] **2.** *«Очки на нем очень перекосились, и он все поправлял их свободной рукой».* Макаренко, Педагогическая поэма [принять косое положение, сдвинуться в сторону, набок] **3. *S не лицо*** *«Лицо у него от страха перекосилось...»* Куприн, Конокрады [сильно исказиться — о чертах лица]

II. ПЕРЕКОСИ́ВШИЙСЯ, -аяся, -ееся, -иеся; *действ. прош.*

Синт.: **а, б, в** — в глаг. знач. 1 — 3

ПЕРЕКРЕСТИ́ТЬ, перекрещу́, перекре́ст|ят, перекрести́|л; ***сов. к*** крести́ть во 2 знач. (см.)

II. ПЕРЕКРЕСТИ́ВШИЙ, -ая, -ее, -ие; *действ. прош.*

Синт.: **а, б** — в глаг. знач. 2

IV. ПЕРЕКРЕЩЁННЫЙ, -ая, -ое, -ые; *страд. прош.*

[чередование ст/щ]

Синт.: **а, б** — в глаг. знач. 2

ПЕРЕКРЕЩЁН, -ена́, -ено́, -ены́; *кр. ф.*

В глаг. знач. 2

ПЕРЕЛИЦЕВА́ТЬ, перелицу́ют, перелицева́|л; ***сов. к*** лицева́ть (см.)

II. ПЕРЕЛИЦЕВА́ВШИЙ, -ая, -ее, -ие; *действ. прош.*

Синт.: **а, б** — в глаг. знач.

IV. ПЕРЕЛИЦО́ВАННЫЙ, -ая, -ое, -ые; *страд. прош.*

[чередование е/о]

Синт.: **а, б, в** — в глаг. знач.

ПЕРЕЛИЦО́ВАН, -ана, -ано, -аны; *кр. ф.*

В глаг. знач.

ПЕРЕМЕСТИ́ТЬ, перемещу́, перемест|я́т, перемести́|л; ***сов., перех.*** (*несов.* перемеща́ть) **1. *что*** *Молодожены переместили диван на место шкафа. Городские власти переместили памятник ученому со старой площади в новую часть города* [поставить, передвинуть, перенести с одного места на другое] **2. *кого(что)*** и ***что*** *Дирекция переместила наш отдел на другой этаж* [изменить чье-л. местопребывание, перевести в другое место] **3. *кого(что)*** *Смирнова переместили на новую должность* [дать другое служебное назначение, перевести на другую должность]

II. ПЕРЕМЕСТИ́ВШИЙ, -ая, -ее, -ие; *действ. прош.*

Синт.: **а, б** — в глаг. знач. 1 — 3

IV. ПЕРЕМЕЩЁННЫЙ, -ая, -ое, -ые; *страд. прош.*

[чередование ст/щ]

Синт.: **а, б** — в глаг. знач. 1 — 3

Ср. выражение: **перемещенные лица** — лица, насильственным путем увезенные немецкими фашистами в Германию для принудительного труда с временно оккупированных территорий в период второй мировой войны и затем оказавшиеся в различных странах

Субстантив.$_3$ в глаг. знач. 1

ПЕРЕМЕЩЁН, -ена́, -ено́, -ены́; *кр. ф.*

В глаг. знач. 1 — 3

ПЕРЕМЕША́ТЬ, перемеша́ют, перемеша́|л; ***сов.,***

перех. (*несов.* переме́шивать; *несов.* меша́ть [1] *ко* 2, 4 знач.) **1. *что,*** также ***чем*** *Наташа перемешала камушки и стала раздавать их девочкам* [произвести перемещение однородных частиц чего-л., однородных предметов и т. п., смешивая] **2. *что с чем*** *Бабушка перемешала вино с соком* [соединить в одно что-л. разнородное, разные вещества, смешать] **3. *что*** *Составитель сборника перемешал стихи и прозу, фельетоны с серьезными критическими статьями* [поместить, расположить и т. п. вперемежку, чередуя друг с другом или беспорядочно] **4. *что*** *Перед тем, как показать фокус, Саша перемешал карты* [перемещая, нарушить порядок расположения чего-л.]

II. ПЕРЕМЕША́ВШИЙ, -ая, -ее, -ие; *действ. прош.*

Синт.: **а, б** — в глаг. знач. 1 — 4

IV. ПЕРЕМЕ́ШАННЫЙ, -ая, -ое, -ые; *страд. прош.*

Синт.: **а, б** — в глаг. знач. 1 — 4 и в статив. знач.; **в** — в глаг. знач. 1, 4

Статив. знач., ***с чем*** (также *кр. ф.* ↓) Не чистый, не однородный по составу, смешавшийся, соединившийся с чем-л. разнородным. *«Ноги вязли в мягком песке, перемешанном с раковинами».* М. Горький, Емельян Пиляй. *Мы дышим воздухом, перемешанным с пылью и выхлопными газами*

Субстантив.$_3$ в глаг. знач. 1, 2

ПЕРЕМЕ́ШАН, -ана, -ано, -аны; *кр. ф.*

В глаг. знач. 1 — 4

Статив. знач., ***с чем*** (также *полн. ф.* ↑) *Песок на пляже перемешан с раковинами. Воздух перемешан с пылью и выхлопными газами*

ПЕРЕМЕ́ШИВАТЬ, переме́шива|ют, переме́шива|л; ***несов. к*** перемеша́ть (см.)

I. ПЕРЕМЕ́ШИВАЮЩИЙ, -ая, -ее, -ие; *действ. наст.*

Синт.: **а, б** — в глаг. знач. 1 — 4

II. ПЕРЕМЕ́ШИВАВШИЙ, -ая, -ее, -ие; *действ. прош.*

Синт.: **а, б** — в глаг. знач. 1 — 4

III. ПЕРЕМЕ́ШИВАЕМЫЙ, -ая, -ое, -ые; *страд. наст.*

Синт.: **а, б** — в глаг. знач. 1 — 4; **в** — в глаг. знач. 1, 4

Субстантив.$_3$ в глаг. знач. 1, 2

ПЕРЕМЕЩА́ТЬ, перемеща́|ют, перемеща́|л; ***несов. к*** перемести́ть (см.)

I. ПЕРЕМЕЩА́ЮЩИЙ, -ая, -ее, -ие; *действ. наст.*

Синт.: **а, б** — в глаг. знач. 1 — 3

II. ПЕРЕМЕЩА́ВШИЙ, -ая, -ее, -ие; *действ. прош.*

Синт.: **а, б** — в глаг. знач. 1 — 3

III. ПЕРЕМЕЩА́ЕМЫЙ, -ая, -ое, -ые; *страд. наст.*

Синт.: **а, б** — в глаг. знач. 1 — 3; **в** — в глаг. знач. 1

Субстантив.$_3$ в глаг. знач. 1

ПЕРЕНАСЕЛИ́ТЬ, перенасел|я́т, перенасели́|л; ***сов., перех., что*** (*несов.* перенаселя́ть) *Заводское общежитие дирекция явно перенаселила* [населить слишком, чрезмерно]

II. ПЕРЕНАСЕЛИ́ВШИЙ, -ая, -ее, -ие, *действ. прош.*

Синт.: **а, б** — в глаг. знач.

IV. ПЕРЕНАСЕЛЁННЫЙ, -ая, -ое, -ые; *страд. прош.*

Синт.: **а, б** — в глаг. знач.

В знач. прил. (также *кр. ф.* ↓) С избытком населения, чрезмерно населенный. *Перенаселенный дом. Перенаселенный район. Перенаселенный край*

Субстантив.$_3$ не употр.

ПЕРЕНАСЕЛЁН, -ена́, -ено́, -ены́; *кр. ф.*

В глаг. знач.

В знач. прил. (также *полн. ф.* ↑) *Дом перенаселен. Район перенаселен. Этот край перенаселен*

ПЕРЕНАСЕЛЯ́ТЬ, перенаселя́|ют, перенаселя́|л; ***несов. к*** перенасели́ть (см.)

I. ПЕРЕНАСЕЛЯ́ЮЩИЙ, -ая, -ее, -ие; *действ. наст.*

Синт.: **а, б** — в глаг. знач.

II. ПЕРЕНАСЕЛЯ́ВШИЙ, -ая, -ее, -ие; *действ. прош.*

Синт.: **а, б** — в глаг. знач.

III. ПЕРЕНАСЕЛЯ́ЕМЫЙ, -ая, -ое, -ые; *страд. наст.*

Синт.: **а, б, в** — в глаг. знач.

Субстантив.$_3$ не употр.

ПЕРЕНЕСТИ́, перенес|у́т, перенёс|, перенесла́, -ло́, -ли́; ***сов., перех.*** (*несов.* переноси́ть) **1. *кого(что)*** и ***что*** *Олег взял дочь на руки и перенес через ручей* [неся, переместить через какое-л. пространство] **2. *кого(что)*** и ***что*** *Мать перенесла ребенка поближе к окну. Аня перенесла книги в другую комнату* [неся, переместить из одного места в другое] **3. *что*** *12 марта 1918 года столицу РСФСР перенесли из Петрограда в Москву. Валерий перенес сарай на другое место* [изменить местонахождение чего-л., переместив в другое место; переставить, передвинуть, переместить какую-л. постройку] **4. *что*** *Слушание дела перенесли из районного суда в городской* [направить, перевести в другую инстанцию] **5. *что на что*** *«Мы так невзлюбили его, что даже на девочку перенесли чувство, вызванное ее отцом».* М. Горький, Книга [распространить на кого-л. другого, на что-л. другое] **6. *что*** *Редколлегия перенесла несколько статей в следующий номер журнала* [поместить какой-л. текст или часть текста в другом месте] **7. *что*** *Сережа неправильно перенес последний слог слова* [отделить в соответствии с грамматическими правилами часть слова, не уместившуюся в строке, и написать ее на следующей строке] **8. *что*** *Аня перенесла правку на второй и третий экземпляры рукописи. Илья перенес чертежи на кальку. Всё увиденное художник перенес на полотно* [воспроизводя что-л. графически, изобразить, обозначить в другом месте; передать в художественном произведении, картине и т. п. сложившееся в воображении, в мыслях] **9. *что*** *Мы перенесли празднование дня рождения на субботу. Профком перенес собрание на понедельник* [назначить на другое время] **10. что** *В этом году Андрей перенес много неприятностей. Наша учительница перенесла тяжелую болезнь* [испытать что-л. неприятное, тяжелое] **11. что** *Все испытания Олег перенес с честью. Растение легко перенесло засуху* [преодолеть, вынести, выдержать что-л. неприятное, тяжелое]

II. ПЕРЕНЁСШИЙ, -ая, -ее, -ие; *действ. прош.*
Синт.: **а, б** — в глаг. знач. 1 — 11

IV. ПЕРЕНЕСЁННЫЙ, -ая, -ое, -ые; *страд. прош.*
Синт.: **а, б** — в глаг. знач. 1 — 11; **в** — в глаг. знач. 10, 11
Субстантив.3 в глаг. знач. 1, 2, 10
ПЕРЕНЕСЁН, -ена́, -ено́, -ены́; *кр. ф.*
В глаг. знач. 1 — 11

ПЕРЕНОСИ́ТЬ, переношу́, перено́с|ят, переноси́|л; ***несов. к*** перенести́ (см.)

I. ПЕРЕНОСЯ́ЩИЙ, -ая, -ее, -ие; *действ. наст.*
Синт.: **а, б** — в глаг. знач. 1 — 11

II. ПЕРЕНОСИ́ВШИЙ, -ая, -ее, -ие; *действ. прош.*
Синт.: **а, б** — в глаг. знач. 1 — 11

III. ПЕРЕНОСИ́МЫЙ, -ая, -ое, -ые; *страд. наст.*
Синт.: **а, б** — в глаг. знач. 1 — 11
Субстантив.3 в глаг. знач. 1, 2, 10

ПЕРЕОДЕВА́ТЬ, переодева́|ют, переодева́|л; ***несов. к*** переоде́ть (см.)

I. ПЕРЕОДЕВА́ЮЩИЙ, -ая, -ее, -ие; *действ. наст.*
Синт.: **а, б** — в глаг. знач. 1 — 3

II. ПЕРЕОДЕВА́ВШИЙ, -ая, -ее, -ие; *действ. прош.*
Синт.: **а, б** — в глаг. знач. 1 — 3

III. ПЕРЕОДЕВА́ЕМЫЙ, -ая, -ое, -ые; *страд. наст.*
Синт.: **а, б** — в глаг. знач. 1 — 3
Субстантив.3 не употр.

ПЕРЕОДЕ́ТЬ, переоде́нут, переоде́|л; ***сов., перех.*** (*несов.* переодева́ть) **1. кого(что)** *Мать быстро переодела девочку в сухую одежду* [сняв с кого-л. одежду, заменить ее другой] **2. что** *Аня переодела платье, и мы поехали в гости* [сняв с себя что-л., заменить другим] **3. кого(что) кем** и **в кого** *Вожатая переодела девочек мальчиками, и они исполнили матросский танец* [одеть кого-л. так, чтобы его по одежде можно было принять за кого-л. другого]

II. ПЕРЕОДЕ́ВШИЙ, -ая, -ее, -ие; *действ. прош.*
Синт.: **а, б** — в глаг. знач. 1 — 3

IV. ПЕРЕОДЕ́ТЫЙ, -ая, -ое, -ые; *страд. прош.*
Синт.: **а, б** — в глаг. знач. 1 — 3
В знач. прил. (только *полн. ф.*) Одетый так, чтобы не быть узнанным. *Мимо дома ходил переодетый полицейский*
Субстантив.3 не употр.
ПЕРЕОДЕ́Т, -та, -то, -ты; *кр. ф.*
В глаг. знач. 1 — 3

ПЕРЕПИСА́ТЬ, перепишу́, перепи́шут, переписа́|л; ***сов., перех.*** (*несов.* перепи́сывать) **1. что** *Аня переписала первую главу диплома заново* [написать заново, иначе] **2. что** *Я переписала это стихотворение* [сделать копию с какого-л. текста, списать] **3. кого(что)** и **что** *Учитель физкультуры переписал всех учеников, участвующих в соревнованиях. Представители власти переписали имущество убитого* [внести в список, записать всех; произвести опись всего, многого] **4. что на кого(что)** *Смирнов переписал машину на сына* [предоставить право владения чем-л. другому лицу, составив об этом новый документ] **5. что** *Илья переписал несколько новых песен на магнитофон* [скопировать с пластинки или магнитофонной записи музыкальное произведение или речь с помощью магнитофона]

II. ПЕРЕПИСА́ВШИЙ, -ая, -ее, -ие; *действ. прош.*
Синт.: **а, б** — в глаг. знач. 1 — 5

IV. ПЕРЕПИ́САННЫЙ, -ая, -ое, -ые; *страд. прош.*
Синт.: **а, б** — в глаг. знач. 1 — 5; **в** — в глаг. знач. 1 — 3, 5
Субстантив.2 во мн.; субстантив.3 в глаг. знач. 1, 2, 4, 5
ПЕРЕПИ́САН, -ана, -ано, -аны; *кр. ф.*
В глаг. знач. 1 — 5

ПЕРЕПИ́СЫВАТЬ, перепи́сыва|ют, перепи́сыва|л; ***несов. к*** переписа́ть (см.)

I. ПЕРЕПИ́СЫВАЮЩИЙ, -ая, -ее, -ие; *действ. наст.*
Синт.: **а, б** — в глаг. знач. 1 — 5

II. ПЕРЕПИ́СЫВАВШИЙ, -ая, -ее, -ие; *действ. прош.*
Синт.: **а, б** — в глаг. знач. 1 — 5

III. ПЕРЕПИ́СЫВАЕМЫЙ, -ая, -ое, -ые; *страд. наст.*
Синт.: **а, б** — в глаг. знач. 1 — 5; **в** — в глаг. знач. 1 — 3, 5
Субстантив.2 во мн.; субстантив.3 в глаг. знач. 1, 2, 4, 5

ПЕРЕПЛЕСТИ́, переплет|у́т, переплёл, переплела́, -ло́, -ли́; ***сов., перех., что*** (*несов.* переплета́ть) **1.** *Олег сам переплел старые книги* [сшив листы, вставить и закрепить в переплет] **2.** *Мальчик переплел прутья и сделал хлыст* [сплести, соединив] **3.** *Аня снова переплела косу* [распустив, сплести или заплести заново] **4. чем** *Строители точно выполнили замысел архитектора — все карнизы и колонны здания переплели витыми стальными прутьями* (см. § 2). *Девочка переплела косу лентой* (см. § 2) [покрыть сетью чего-л. соединенного крест-накрест, перевитого и т. п.; заплетая, перевить чем-л.] **5. *S* не лицо** *Корни деревьев переплели решетку, поэтому ее нельзя было сдвинуть с места* [перевить, опутать собой]

II. ПЕРЕПЛЁТШИЙ, -ая, -ее, -ие; *действ. прош.*
[чередование е/ё]
Синт.: **а, б** — в глаг. знач. 1 — 5

IV. ПЕРЕПЛЕТЁННЫЙ, -ая, -ое, -ые; *страд. прош.*
Синт.: **а, б** — в глаг. знач. 1 — 5 и в статив. знач.
Статив. знач., ***с чем*** (также *кр. ф.* ↓) Неразрывно связанный, соединенный с кем-

чем-л. *Он написал книгу о судьбе родителей, тесно переплетенной с историей революции*

В знач. прил. (также *кр. ф.* ↓) Свитый, перевившийся, переплетшийся. *Мы смотрели на переплетенные кроны деревьев. Над рекой склонились переплетенные ветви орешника*

ПЕРЕПЛЕТЁН, -ена́, -ено́, -ены́; *кр. ф.*

В глаг. знач. 1 — 5

Статив. знач., ***с чем*** (также *полн. ф.* ↑) *Судьба его родителей тесно переплетена с историей революции*

В знач. прил. (также *полн. ф.* ↑) *Кроны деревьев переплетены и не пропускают солнечных лучей. Ветви орешника переплетены*

ПЕРЕПЛЕСТИ́СЬ, переплет|у́тся, переплёлся, переплела́сь, -ло́сь, -ли́сь; ***сов.*** (*несов.* переплета́ться); ***S не лицо*** **1.** *Корни деревьев переплелись, их нельзя разъединить. Ветви деревьев переплелись и образовали зеленую крышу* [сплестись, перепутаться — о чем-л. гибком, вьющемся и т. п.] **2.** *Наши судьбы переплелись. «Радость победы переплелась с радостью нового охватившего Авдотью чувства».* Николаева, Жатва [неразрывно слиться, соединиться в одно целое]

II. ПЕРЕПЛЁТШИЙСЯ, -аяся, -ееся, -иеся; *действ. прош.*

[чередование е/ё]

Синт.: **а, б, в** — в глаг. знач. 1, 2

ПЕРЕПЛЕТА́ТЬ, переплета́|ют, переплета́|л; ***несов. к*** переплести́ (см.)

I. ПЕРЕПЛЕТА́ЮЩИЙ, -ая, -ее, -ие; *действ. наст.*

Синт.: **а, б** — в глаг. знач. 1 — 5

II. ПЕРЕПЛЕТА́ВШИЙ, -ая, -ее, -ие; *действ. прош.*

Синт.: **а, б** — в глаг. знач. 1 — 5

III. ПЕРЕПЛЕТА́ЕМЫЙ, -ая, -ое; -ые; *страд. наст.*

Синт.: **а, б** — в глаг. знач. 1 — 5

ПЕРЕПЛЕТА́ТЬСЯ, переплета́|ются, переплета́|лся; ***несов. к*** переплести́сь (см.)

I. ПЕРЕПЛЕТА́ЮЩИЙСЯ, -аяся, -ееся, -иеся; *действ. наст.*

Синт.: **а, б, в** — в глаг. знач. 1, 2

II. ПЕРЕПЛЕТА́ВШИЙСЯ, -аяся, -ееся, -иеся; *действ. прош.*

Синт.: **а, б, в** — в глаг. знач, 1, 2

ПЕРЕПУГА́ТЬ, перепуга́ют, перепуга́|л; ***сов., перех., кого(что),*** также ***чем*** *Соседи своими криками перепугали малышей* (см. § 1). *Внезапные выстрелы перепугали жителей деревни* [сильно испугать]

II. ПЕРЕПУГА́ВШИЙ, -ая, -ее, -ие; *действ. прош.*

Синт.: **а, б** — в глаг. знач.

IV. ПЕРЕПУ́ГАННЫЙ, -ая, -ое, -ые; *страд. прош.*

Синт.: **а, б** — в глаг. знач.

В знач. прил. (также *кр. ф.* ↓) Охваченный сильным испугом, перепугавшийся. *«Вы были такой бледный, перепуганный, отчаянный: на вас лица не было..»* Достоевский, Бедные люди

Ср. прил. **перепу́ганный,** -ая, -ое, -ые. Выражающий испуг. *Перепуганный вид. Перепуганное лицо. Перепуганный голос*

ПЕРЕПУ́ГАН, -ана, -ано, -аны; *кр. ф.*

В глаг. знач.

В знач. прил. (также *полн. ф.* ↑) *Мой приятель был перепуган, бледен*

ПЕРЕПУГА́ТЬСЯ, перепуга́ются, перепуга́|лся; ***сов.*** *Сверкнула молния, ударил гром, дети перепугались* [сильно испугаться]

II. ПЕРЕПУГА́ВШИЙСЯ, -аяся, -ееся, -иеся; *действ. прош.*

Синт.: **а, б, в** — в глаг. знач.

ПЕРЕПУ́ТАТЬ, перепу́тают, перепу́та|л; ***сов., перех.*** (*несов.* перепу́тывать *к* 1 знач.; *несов.* пу́тать *ко* 2 — 4 знач.) **1.** ***что*** *Малыш перепутал все нитки* [запутать, сильно спутать] **2.** ***что*** *Котенок перепутал все бумаги на столе* [нарушить порядок в чем-л., перемешать, привести в беспорядок] **3.** ***что,*** также ***чем*** *«Наскок Нины Григорьевны перепутал все намерения, с какими он пришел».* А. Кожевников, Живая вода. *Олег перепутал мои планы своим вмешательством* (см. § 1) [нарушить стройность, ясность чего-л., сделать беспорядочным, сбивчивым, неопределенным; нарушить что-л.] **4.** ***кого(что)*** и ***что*** *Учитель перепутал близнецов и поставил пятерку Диме, а не Илюше. Дима перепутал адрес и не попал поэтому на день рождения* [ошибочно отождествить, принять одного или одно за другого или другое]

II. ПЕРЕПУ́ТАВШИЙ, -ая, -ее, -ие; *действ. прош.*

Синт.: **а, б** — в глаг. знач. 1 — 4

IV. ПЕРЕПУ́ТАННЫЙ, -ая, -ое, -ые; *страд. прош.*

Синт.: **а, б** — в глаг. знач. .1 — 4

В знач. прил. **1.** (также *кр. ф.* ↓) Спутанный, перепутавшийся. *Перепутанные нитки* **2.** (только *полн. ф.*) Неясный, непоследовательный, сбивчивый, перепутавшийся. *Перепутанные мысли*

Субстантив. $_3$в глаг. знач. 1, 2

ПЕРЕПУ́ТАН, -ана, -ано, -аны; *кр. ф.*

В глаг. знач. 1 — 4

В знач. прил. (также *полн. ф.* ↑) *Нитки перепутаны, испачканы*

ПЕРЕПУ́ТАТЬСЯ, перепу́таются, перепу́та|лся; ***сов.*** (*несов.* перепу́тываться; *несов.* пу́таться *к* 3 знач.); ***S не лицо*** **1.** *Нитки в сумке все перепутались* [запутаться, сильно спутаться] **2.** *У брата на столе все бумаги перепутались* [утратить порядок, перемешаться] **3.** *«[Иванов:] Вероятно, я страшно виноват, но мысли мои перепутались, душа скована какою-то ленью, и я не в силах понимать себя».* Чехов, Иванов [утратить стройность, ясность, стать беспорядочным]

II. ПЕРЕПУ́ТАВШИЙСЯ, -аяся, -ееся, -иеся; *действ. прош.*

Синт.: **а, б, в** — в глаг. знач. 1 — 3

ПЕРЕПУ́ТЫВАТЬ, перепу́тыва|ют, перепу́тыва|л; ***несов. к*** перепу́тать в 1 знач. (см.)

I. ПЕРЕПУ́ТЫВАЮЩИЙ, -ая, -ее, -ие; *действ. наст.*

Синт.: **а, б** — в глаг. знач. 1

II. ПЕРЕПУ́ТЫВАВШИЙ, -ая, -ее, -ие; *действ. прош.*
Синт.: **а, б** — в глаг. знач. 1
III. ПЕРЕПУ́ТЫВАЕМЫЙ, -ая, -ое, -ые; *страд. наст.*
Синт.: **а, б** — в глаг. знач. 1

ПЕРЕПУ́ТЫВАТЬСЯ, перепу́тыва|ются, перепу́тыва|лся; ***несов. к*** перепу́таться (см.)
I. ПЕРЕПУ́ТЫВАЮЩИЙСЯ, -аяся, -ееся, -иеся; *действ. наст.*
Синт.: **а, б** — в глаг. знач. 1 — 3; **в** — в глаг. знач. 1
II. ПЕРЕПУ́ТЫВАВШИЙСЯ, -аяся, -ееся, -иеся; *действ. прош.*
Синт.: **а, б** — в глаг. знач. 1 — 3; **в** — в глаг. знач. 1

ПЕРЕРАБА́ТЫВАТЬ, перераба́тыва|ют, перераба́тыва|л; ***несов.*** (*сов.* перерабо́тать) **1. *перех., что*** *На нашем предприятии перерабатывают хлопок* [превращать во что-л. в процессе обработки, работы] **2. *перех., что*** *Кишечник этих животных хорошо перерабатывает самую грубую пищу* [делать пригодным для усвоения, использования и т. п. в результате каких-л. процессов] **3. *перех., что*** *Саша второй раз перерабатывает свою диссертацию* [переделывать, совершенствуя, устраняя недостатки] **4. *перех., что*** и ***без дополн.*** *Наш заведующий все дни недели перерабатывает два часа. Машинистка каждый день перерабатывает* [работать дольше положенного времени] **5. *неперех.*** *Врач сказал моей дочери, что она явно перерабатывает* [работать слишком много, уставая, переутомляясь]
I. ПЕРЕРАБА́ТЫВАЮЩИЙ, -ая, -ее, -ие; *действ. наст.*
Синт.: **а, б** — в глаг. знач. 1 — 5; **в** — в глаг. знач. 5
II. ПЕРЕРАБА́ТЫВАВШИЙ, -ая, -ее, -ие; *действ. прош.*
Синт.: **а, б** — в глаг. знач. 1 — 5; **в** — в глаг. знач. 5
III. ПЕРЕРАБА́ТЫВАЕМЫЙ, -ая, -ое, -ые; *страд. наст.*
Синт.: **а, б** — в глаг. знач. 1 — 4; **в** — в глаг. знач. 1, 3, 4
Субстантив.$_3$ в глаг. знач. 1, 2

ПЕРЕРАБО́ТАТЬ, перерабо́тают, перерабо́та|л; ***сов. к*** перераба́тывать (см.)
II. ПЕРЕРАБО́ТАВШИЙ, -ая, -ее, -ие; *действ. прош.*
Синт.: **а, б** — в глаг. знач. 1 — 5; **в** — в глаг. знач. 5
IV. ПЕРЕРАБО́ТАННЫЙ, -ая, -ое, -ые; *страд. прош.*
Синт.: **а, б, в** — в глаг. знач. 1 — 4
Субстантив.$_3$ в глаг. знач. 1, 2
ПЕРЕРАБО́ТАН, -ана, -ано, -аны; *кр. ф.*
В глаг. знач. 1 — 4

ПЕРЕСЕКА́ТЬ, пересека́|ют, пересека́|л; ***несов. к*** пересе́чь (см.)
I. ПЕРЕСЕКА́ЮЩИЙ, -ая, -ее, -ие; *действ. наст.*
Синт.: **а, б** — в глаг. знач. 1 — 3
II. ПЕРЕСЕКА́ВШИЙ, -ая, -ее, -ие; *действ. прош.*
Синт.: **а, б** — в глаг. знач. 1 — 3
III. ПЕРЕСЕКА́ЕМЫЙ, -ая, -ое, -ые; *страд. наст.* *
Синт.: **а, б** — в глаг. знач. 1, 2
□ Прич. III в 3 глаг. знач. не употр.

ПЕРЕСЕ́ЧЬ, пересеку́, пересечёт, пересек|у́т, пересёк|, пересекла́, -ло́, -ли́; ***сов., перех., что*** (*несов.* пересека́ть) **1.** *Ночью партизаны пересекли линию фронта. Собака пересекла дорогу и побежала через двор* [перейти, переехать через что-л., поперек чего-л.] **2. *S не лицо*** *Эти засушливые земли скоро пересекут оросительные каналы. Овраг пересек поле справа* [протянуться, пролечь в каком-л. направлении, от одного края к другому] **3. *кому(чему)*** *«*[*Росси*] *невольно остановился, когда ему путь пересекла Катрин».* Форш, Михайловский замок [преградить, перерезать путь, дорогу]
II. ПЕРЕСЕ́КШИЙ, -ая, -ее, -ие и *доп.* ПЕРЕСЁКШИЙ, -ая, -ее, -ие; *действ. прош.*
Синт.: **а, б** — в глаг. знач. 1 — 3
IV. ПЕРЕСЕЧЁННЫЙ, -ая, -ое, -ые; *страд. прош.**
[чередование к/ч]
Синт.: **а, б** — в глаг. знач. 1, 2
Ср. прил. **пересечённый,** -ая, -ое, -ые. Неровный, с холмами, оврагами и т. п. — о местности. *Пересеченная местность*
ПЕРЕСЕЧЁН, -ена́, -ено́, -ены́; *кр. ф.**
В глаг. знач. 1, 2
□ Прич. IV в 3 глаг. знач. не употр.

ПЕРЕСПЕВА́ТЬ, переспева́|ют, переспева́|л; ***несов. к*** переспе́ть (см.)
I. ПЕРЕСПЕВА́ЮЩИЙ, -ая, -ее, -ие; *действ. наст.*
Синт.: **а, б, в** — в глаг. знач.
II. ПЕРЕСПЕВА́ВШИЙ, -ая, -ее, -ие; *действ. прош.*
Синт.: **а, б, в** — в глаг. знач.

ПЕРЕСПЕ́ТЬ, переспе́ют, переспе́|л; ***сов., неперех.*** (*несов.* переспева́ть); ***S не лицо*** *В этом году малина в нашем саду переспела* [стать чрезмерно спелым, перезреть]
II. ПЕРЕСПЕ́ВШИЙ, -ая, -ее, -ие; *действ. прош.*
Синт.: **а, б** — в глаг. знач.
В знач. прил. Чрезмерно спелый, перезрелый, переспелый — о плодах, ягодах. *Переспевшие ягоды* (Ср. прил. **переспе́лый,** -ая, -ое, -ые. Чрезмерно спелый, перезрелый, переспевший — о плодах, ягодах. *Переспелая малина*)

ПЕРЕУТОМИ́ТЬ, переутомлю́, переутом|я́т, переутоми́|л; ***сов., перех., кого(что),*** также ***чем*** (*несов.* переутомля́ть) *Друзья явно переутомили больного разговорами о работе* (см. § 1). *Чтение вслух переутомило дедушку* [привести в состояние крайней усталости, чрезмерно утомить]
II. ПЕРЕУТОМИ́ВШИЙ, -ая, -ее, -ие; *действ. прош.*
Синт.: **а, б** — в глаг. знач.
IV. ПЕРЕУТОМЛЁННЫЙ, -ая, -ое, -ые; *страд. прош.*
[чередование м/мл]
Синт.: **а, б** — в глаг. знач.

В знач. прил. (также *кр. ф.*↓) Чрезмерно утомленный, крайне усталый, переутомившийся. *Переутомленные люди не могут продуктивно работать*

Ср. прил. **переутомлённый**, -ая, -ое, -ые. Выражающий переутомление, крайнюю усталость. *Переутомленный вид*

ПЕРЕУТОМЛЁН, -ена́, -ено́, -ены́; *кр. ф.*

В глаг. знач.

В знач. прил. (также *полн. ф.*↑) *Люди переутомлены*

ПЕРЕУТОМИ́ТЬСЯ, переутомлю́сь, переутомя́тся, переутоми́|лся; *сов.* (*несов.* переутомля́ться) *Наташа сильно переутомилась* [прийти в состояние крайней усталости, изнеможения, чрезмерно утомиться]

II. ПЕРЕУТОМИ́ВШИЙСЯ, -аяся, -ееся, -иеся; *действ. прош.*

Синт.: **а, б, в** — в глаг. знач.

ПЕРЕУТОМЛЯ́ТЬ, переутомля́|ют, переутомля́|л; **несов. к** переутоми́ть (см.)

I. ПЕРЕУТОМЛЯ́ЮЩИЙ, -ая, -ее, -ие; *действ. наст.*

Синт.: **а, б** — в глаг. знач.

II. ПЕРЕУТОМЛЯ́ВШИЙ, -ая, -ее, -ие; *действ. прош.*

Синт.: **а, б** — в глаг. знач.

III. ПЕРЕУТОМЛЯ́ЕМЫЙ, -ая, -ое, -ые; *страд. наст.*

Синт.: **а, б** — в глаг. знач.

ПЕРЕУТОМЛЯ́ТЬСЯ, переутомля́|ются, переутомля́|лся; **несов. к** переутоми́ться (см.)

I. ПЕРЕУТОМЛЯ́ЮЩИЙСЯ, -аяся, -ееся, -иеся; *действ. наст.*

Синт.: **а, б, в** — в глаг. знач.

II. ПЕРЕУТОМЛЯ́ВШИЙСЯ, -аяся, -ееся, -иеся; *действ. прош.*

Синт.: **а, б, в** — в глаг. знач.

ПЕРЕХОДИ́ТЬ, перехожу́, перехо́д|ят, переходи́|л; **несов.** (*сов.* перейти́) **1. *перех., что*** *Сестра переходит улицу в одном и том же месте. Мы переходим ручей вброд* [идя, перемещаться с одной стороны чего-л. на другую, чтобы преодолеть] **2. *перех., что*** *Этот человек переходит границы дозволенного. Ваша подруга переходит все грани приличия* [нарушать принятые правила поведения] **3. *неперех., через что*** *Партизаны переходили через минное поле* [идя, перемещаться по какому-л. встретившемуся на пути пространству, чтобы миновать] **4. *неперех.*** *Гости переходят в соседнюю комнату* [проходить, перемещаться из одного места в другое] **5. *неперех.*** *Части повстанцев переходят на сторону народной власти* [покинув кого-л., примыкать к кому-л. другому] **6. *неперех., во что*** *Люди редко переходят из одной веры в другую, например из ислама в христианство* [менять вероисповедание, принимать другое вероисповедание] **7. *неперех., во что*** и ***к кому; S не лицо*** *Власть переходит в руки трудящихся. Библиотека переходит к брату от дедушки. Привычки родителей очень часто переходят к детям* [становиться достоянием кого-л., доставаться кому-л. от кого-л.] **8. *неперех., на что; S не лицо*** *Данный вид грибкового заболевания иногда переходит на внутренние органы* [распространяться на что-л., охватывать что-л. дополнительно, перемещаться] **9. *неперех.*** *Дима переходит на новую работу. Моя дочь переходит в другой институт. Ваш сын уже переходит в десятый класс?* [менять место работы, занятий, должность, место пребывания и т. п.; оканчивая какой-л. класс, курс, становиться учащимся следующего класса, курса] **10. *неперех., к чему, во что*** и ***на что*** *«..рабочие могут и должны перейти и действительно переходят во всех странах к борьбе всего рабочего класса за освобождение всех трудящихся».* Ленин, О стачках. *Войска переходят в наступление. Наше издательство в этом году переходит на хозрасчет* [начинать действовать по-иному, менять образ действий, условия работы и т. п.] **11. *неперех., во что; S не лицо*** *Любовь иногда переходит в ненависть* [постепенно изменяясь, превращаться во что-л. иное] **12. *неперех., к чему*** *Докладчик переходит к новому вопросу* [кончая или оставляя одно, приступать к чему-л. другому] **13. *неперех., от чего к чему; S не лицо*** *Каждый раз наши разговоры переходят от бытовых тем к политике. Беседа в купе переходит от дел в колхозе к семейной жизни* [принимать иное направление, переключаться с одного на что-л. другое — о разговоре, беседе и т. п.] **14. *неперех., от чего к чему*** *От мрачного отчаяния Смирнов постепенно переходит к спокойной уверенности в своей правоте* [освободившись от одного чувства, состояния, начинать испытывать другое]

I. ПЕРЕХОДЯ́ЩИЙ, -ая, -ее, -ие; *действ. наст.*

Синт.: **а, б** — в глаг. знач. 1 — 14

Ср. прич. в 7 глаг. знач. с прил. **переходя́щий**, -ая, -ее, -ие в знач. 'предназначенный для передачи новому победителю в соревновании, спортивном состязании'. *Переходящее знамя. Переходящий кубок*

II. ПЕРЕХОДИ́ВШИЙ, -ая, -ее, -ие; *действ. прош.*

Синт.: **а, б** — в глаг. знач. 1 — 14

III. ПЕРЕХОДИ́МЫЙ, -ая, -ое, -ые; *страд. наст.*

Синт.: **а, б** — в глаг. знач. 1, 2

Субстантив.$_3$ не употр.

ПЕЧА́ТАТЬ, печа́та|ют, печа́та|л; **несов.** (*сов.* напеча́тать *к* 1 — 5 знач.; *сов.* отпеча́тать *к* 1 знач.) **1. *перех., что*** *В какой типографии печатают энциклопедии? Эти машины печатают узоры на материале* [воспроизводить какие-л. знаки, изображения, оттискивая с типографского набора, с клише, с отлитых или выгравированных моделей и т. п. с помощью специальных приспособлений, машин] **2. *перех., что*** *В каких журналах печатал свои произведения Юрий Трифонов?* [помещать что-л. в печати, публиковать] **3. *перех., что; S не лицо*** *Газеты и журналы печатают материалы о новой экономической реформе* [помещать на своих страницах, сообщать о чем-л. печатно — о газетах, журналах и т. п.] **4. *перех., что*** *Ребята печатают сейчас фотографии* [воспроизводить фотоснимок с негатива] **5. *перех., что*** и ***без дополн.*** *Аня сама печатает* *свою статью на машинке. Ольга сейчас печатает, не мешай ей* [воспроизводить какой-л. текст на пишущей машинке] **6. *неперех.*** *Лариса прекрасно печатает на машинке. Вы умеете печатать?* [уметь воспроизводить текст с помощью пишущей машинки]

I. ПЕЧА́ТАЮЩИЙ, -ая, -ее, -ие; *действ. наст.*
Синт.: **а, б** — в глаг. знач. 1 — 6
В знач. прил. **1.** Такой, который умеет воспроизводить текст с помощью пишущей машинки. *Печатающая секретарша может получать зарплату выше, чем непечатающая* **2.** Предназначенный для воспроизведения текста, рисунков и т. п. *Печатающее устройство. Печатающие машины* (Ср. прил. **печа́тный,** -ая, -ое, -ые в знач. 'служащий для печатания, печати'. *Печатная машина. Печатный станок. Печатный цех*)

II. ПЕЧА́ТАВШИЙ, -ая, -ее, -ие; *действ. прош.*
Синт.: **а, б** — в глаг. знач. 1 — 6

III. ПЕЧА́ТАЕМЫЙ, -ая, -ое, -ые; *страд. наст.*
Синт.: **а, б** — в глаг. знач. 1 — 5

IV. ПЕЧА́ТАННЫЙ, -ая, -ое, -ые; *страд. прош.*
Синт.: **а, б** — в глаг. знач. 1 — 5
ПЕЧА́ТАН, -ана, -ано, -аны; *кр. ф.*
В глаг. знач. 1 — 5

ПЕЧЬ, пеку́, печёт, пек|у́т, пёк|, пекла́, -ло́, -ли́; ***несов.*** (*сов.* испе́чь *к* 1 знач.) **1. *перех., что*** *Бабушка всегда печет очень вкусные пироги* [приготовлять в пищу сухим способом, обогревая, прогревая со всех сторон на огне или с помощью раскаленного воздуха в печи, духовке] **2. *перех., что*** *Туристы пекли в золе картофель* [приготовлять для еды, прогревая со всех сторон в горячих углях, золе, раскаленном песке и т. п.] **3. *перех., что*** и ***без дополн.; S не лицо*** *Солнце печет голову. «Солнце уже не просто пекло, а жгло сильно и беспощадно, будто жалило».* Катаев, Поездка на юг [обдавать сильным зноем, жаром, палить, жечь]

I. ПЕКУ́ЩИЙ, -ая, -ее, -ие; *действ. наст.*
Синт.: **а, б** — в глаг. знач. 1 — 3; **в** — в глаг. знач. 3

II. ПЁКШИЙ, -ая, -ее, -ие; *действ. прош.*
Синт.: **а, б** — в глаг. знач. 1 — 3

IV. ПЕЧЁННЫЙ, -ая, -ое, -ые; *страд. прош.**
[чередование к/ч]
Синт.: **а, б** — в глаг. знач. 1, 2
Ср. прил. **печёный,** -ая, -ое, -ые. Приготовленный для еды печением. *Печеный картофель. Печеные яйца*
ПЕЧЁН, -ена́, -ено́, -ены́; *кр. ф.** *(редко)*
В глаг. знач. 1, 2

□ Прич. III не образуется. Прич. IV в 3 глаг. знач. не употр.

ПИЛИ́ТЬ, пилю́, пи́л|ят, пили́|л; ***несов.* 1. *перех., что,*** также ***чем*** *Ребята весь день пилили дрова тупой пилой* (см. § 2) [разрезать пилой] **2. *перех., что чем*** *Мальчик старательно пилил напильником изготовленную им деталь* (см. § 2) [стачивать верхние слои, края чего-л., придавая нужную форму, опиливать] **3. *перех., кого(что)*** *Родители пилят сына с утра до вечера* [беспрерывно упрекать в чем-л.; *разг.*] **4. *неперех.*** *«[Наташа:] В твою комнату я велю переселить Андрея с его скрипкой — пусть там пилит!»* Чехов, Три сестры [играть на смычковом музыкальном инструменте; *разг. неодобр.*]

I. ПИ́ЛЯЩИЙ, -ая, -ее, -ие; *действ. наст.*
Синт.: **а, б** — в глаг. знач. 1 — 4

II. ПИЛИ́ВШИЙ, -ая, -ее, -ие; *действ. прош.*
Синт.: **а, б** — в глаг. знач. 1 — 4

III. ПИЛИ́МЫЙ -ая, -ое, -ые; *страд. наст.*
Синт.: **а, б** — в глаг. знач. 1 — 3

IV. ПИ́ЛЕННЫЙ, -ая, -ое, -ые; *страд. прош.**
Синт.: **а, б** — в глаг. знач. 1
Ср. прил. **пилёный,** -ая, -ое, -ые. Распиленный, обработанный пилением. *Пиленый лес. Пиленый сахар*
ПИ́ЛЕН, -ена, -ено, -ены; *кр. ф.**
В глаг. знач. 1

□ Прич. IV во 2, 3 глаг. знач. не употр.

ПИСА́ТЬ, пишу́, пи́ш|ут, писа́|л; ***несов.*** (*сов.* написа́ть *к* 1 — 6, 9 знач.) **1. *перех., что*** и ***без дополн.*** *Девочка старательно писала буквы. Смотри, как этот мальчик красиво пишет цифры* [изображать на чем-л. какие-л. графические знаки] **2. *перех., что*** *Я пишу письмо. Ольга пишет заявление об отпуске. Аня пишет сочинение* [письменно составлять какой-л. текст, предложение и т. п.] **3. *перех., что*** *Мой друг пишет неплохие рассказы* [сочинять, создавать какое-л. словесное произведение] **4. *перех., что о ком(чем)*** и ***о чем*** и ***с придат. дополнит.*** *Мы пишем правду об Афганистане. Брат в своем письме писал нам, что не приедет в этом году* [сообщать письменно или печатно что-л. соответствующее или не соответствующее действительности] **5. *перех., что*** *П. И. Чайковский писал симфонии, оперы, романсы* [сочинять, создавать музыкальное произведение] **6. *перех., что*** и ***кого*** *Мой знакомый художник пишет сейчас портрет Ганди* [создавать произведение живописи] **7. *неперех.*** *Малыш уже пишет. Аня свободно говорит и пишет по-английский* [уметь изображать буквы, слова и т. п.; уметь выражать свои мысли письменно на иностранном языке] **8. *неперех.; S не лицо*** *Ваш карандаш хорошо пишет. Эта ручка не пишет* [изображать какие-л. знаки на бумаге или ином материале; быть годным для изображения каких-л. знаков на бумаге или ином материале] **9. *неперех., о ком(чем)*** и ***о чем*** *Этот журналист пишет о космических полетах.* [избирать что-л. темой для своих сочинений] **10. *неперех.*** *«Хотел писать — но труд упорный Ему был тошен; ничего Не вышло из пера его».* Пушкин, Евгений Онегин [заниматься литературной деятельностью, быть писателем] **11. *неперех., чем*** *Этот художник пишет акварелью* [рисовать тушью, красками, акварелью и т. п.]

I. ПИ́ШУЩИЙ, -ая, -ее, -ие; *действ. наст.*
Синт.: **а, б** — в глаг. знач. 1 — 11
В знач. прил. **1.** Способный создавать произведения художественной литературы и создающий их. *Мой знакомый — пишущий человек* **2.** Служащий для печатания,

для воспроизведения графических знаков. *Пишущая машинка. Пишущий автомат*

II. ПИСА́ВШИЙ, -ая, -ее, -ие; *действ. прош.*

Синт.: **а, б** — в глаг. знач. 1 — 11

IV. ПИ́САННЫЙ, -ая, -ое, -ые; *страд. прош.* *(редко)*

Синт.: **а, б** — в глаг. знач. 1 — 6

Ср. прил. **пи́саный,** -ая, -ое, -ые. **1.** Закрепленный в письменной форме, а не в устной. *«Писаной инструкции у нас не существовало».* Бек, Талант **2.** Разукрашенный какими-л. узорами, расписной. *Писаная дуга. Писаное крыльцо* ◇ **Писаный красавец, писаная красавица** — об очень красивых мужчине или женщине. **Говорить как по писаному** — гладко, без запинки, уверенно. **Как с писаной торбой носиться** — хлопотать, постоянно говорить, беспокоиться о ком-чем-л., не заслуживающем внимания

Субстантив.₃ в глаг. знач. 1 — 3

ПИ́САН, -ана, -ано, -аны; *кр. ф.* *(редко)*

В глаг. знач. 1 — 6

Ср. выражения: **закон не писан** *кому* — кто-л. действует как ему заблагорассудится; **дуракам закон не писан** — о человеке, совершившем глупость, поступившем неразумно (поговорка); **не про нас писано** — недоступно нашему пониманию, предназначено не для нас; **вилами на воде** (или **по воде) писано** — о чем-л. маловероятном (поговорка)

□ Прич. III не образуется

ПИТЬ, пь|ют, пи|л, пила́, пи́ло, -ли; ***несов.* 1. *перех., что*** и ***без дополн.*** *Мы пьем чай. Малыш пьет молоко. Пить хочется* [проглатывать в каком-л. количестве жидкость] **2. *неперех.*** *«— Мне известно доподлинно, что вы пьете. Это омерзительно».* Куприн, Поединок [употреблять в большом количестве спиртные напитки, пьянствовать] **3. *неперех., за кого(что)*** и ***за что*** *Мы пьем за Вас, за Ваши успехи, за Ваше здоровье* [выпивать вино в честь кого-чего-л., за исполнение какого-л. пожелания]

I. ПЬЮ́ЩИЙ, -ая, -ее, -ие; *действ. наст.*

Синт.: **а, б** — в глаг. знач. 1 — 3

В знач. прил. Имеющий пристрастие к спиртным напиткам. *Пьющие люди приносят своим близким несчастье*

В знач. сущ. **пьющий,** -его, *м.;* **пьющая,** -ей, *ж.* Тот (та), кто имеет пристрастие к спиртным напиткам. *Пьющий выделяется каким-то особым выражением лица, блеском глаз*

II. ПИ́ВШИЙ, -ая, -ее, -ие; *действ. прош.*

Синт.: **а, б** — в глаг. знач. 1 — 3; **в** — в глаг. знач. 2

IV. ПИ́ТЫЙ, -ая, -ое, -ые; *страд. прош.*

Синт.: **а, б** — в глаг. знач. 1

ПИТ, -та, -то, -ты; *кр. ф.*

В глаг. знач. 1

□ Прич. III не образуется

ПЛА́ВАТЬ, пла́ва|ют, пла́ва|л; ***несов., неперех.*** **1.** *Мальчики плавают в реке с утра до вечера. Я увидел, что в воде плавает собака* [о действии, совершаемом в одном направлении не один раз или в разных направлениях: держась на поверхности или в глубине воды, передвигаться по ней, делая определенные движения — о человеке и животных, не живущих в воде] **2. *S не лицо*** *Аня долго наблюдала за тем, как в прозрачной воде плавают мальки* [о действии, совершаемом в одном направлении не один раз или в разных направлениях: передвигаться в воде при помощи приспособленных для этого органов — о рыбах и животных живущих в воде] **3. *S не лицо*** *В море плавало какое-то странное судно, то удаляясь от берега, то приближаясь к нему* [о действии, совершаемом в одном направлении не один раз или в разных направлениях: передвигаться по поверхности или в глубине воды при помощи специальных приспособлений — о корабле, лодке и т. п.] **4.** *Тамара каждое лето плавает на пароходе до Астрахани* [ездить на судне или ином плавучем средстве — о действии, совершаемом не один раз] **5.** *Моя сестра хорошо плавает* [уметь держаться на воде и передвигаться по ней] **6. *S не лицо*** *В воде плавали осенние листья* [держаться на поверхности воды, не тонуть] **7. *S не лицо*** *Дерево, в отличие от камня, плавает* [иметь свойство держаться на поверхности воды, не тонуть] **8. *S не лицо*** *Луна плавает между облаками. Орел плавал над нашими головами* [медленно и плавно двигаться — о движении, совершаемом в одном направлении, не один раз] **9. *кем*** *Мой друг плавает на теплоходе капитаном* [служить на судне в какой-л. должности] **10.** *Эта студентка плавает на каждом экзамене* [не обладая знаниями, говорить, отвечать на вопросы преподавателя, экзаменатора и т. п. наугад; *разг.*]. Ср. плыть

I. ПЛА́ВАЮЩИЙ, -ая, -ее, -ие; *действ. наст.*

Синт.: **а, б** — в глаг. знач. 1 — 10; **в** — в глаг. знач. 1, 2

В знач. прил. **1.** Такой, который обладает способностью плавать. *Плавающее вещество. Плавающие льды. Плавающая птица* **2.** Такой, который имеет специальные приспособления для плавания. *Плавающие игрушки* ◇ **Плавающая буровая установка** — установка для бурения нефтяных скважин в открытом море. **Плавающий палец** — цилиндрическая, свободно вращающаяся деталь шарнирного соединения; *спец.* (Ср. прил. **плаву́чий,** -ая, -ее, -ие. **1.** Находящийся на плаву, расположенный на воде. *Плавучий мост. Плавучая пристань. Плавучий маяк. Плавучий док* **2.** Имеющий свойство держаться на поверхности воды, плавать. *Плавучий материал.* Ср. прил. **пла́вательный,** -ая, -ое, -ые. Служащий для плавания; предназначенный для плавания. *Плавательные перепонки у гуся. Плавательный пузырь. Плавательный бассейн*)

II. ПЛА́ВАВШИЙ, -ая, -ее, -ие; *действ. прош.*

Синт.: **а, б** — в глаг. знач. 1 — 10; **в** — в глаг. знач. 1, 2

ПЛА́ВИТЬ, пла́влю, пла́в|ят, пла́ви|л; ***несов.,***

перех., что (*сов.* вы́плавить ко 2 знач.) **1.** *На этом заводе рабочие плавят металл* [превращать твердое тело, преимущественно металл, в жидкое путем нагревания до высокой температуры] **2.** *Мы плавили из руды чугун по новой технологии* [получать металл в результате превращения твердого тела в жидкое путем нагревания до высокой температуры и других действий]

I. ПЛА́ВЯЩИЙ, -ая, -ее, -ие; *действ. наст.*
Синт.: **а, б** — в глаг. знач. 1, 2
Ср. прил. **плави́льный**, -ая, -ое, -ые. Служащий для плавки, относящийся к плавке. *Плавильная печь. Плавильный цех. Плавильное производство*

II. ПЛА́ВИВШИЙ, -ая, -ее, -ие; *действ. прош.*
Синт.: **а, б** — в глаг. знач. 1, 2

III. ПЛА́ВИМЫЙ, -ая, -ое, -ые; *страд. наст.*
Синт.: **а, б** — в глаг. знач. 1, 2

IV. ПЛА́ВЛЕННЫЙ, -ая, -ое, -ые; *страд. прош.*
[чередование в/вл]
Синт.: **а, б** — в глаг. знач. 1, 2
Ср. прил. **пла́вленый**, -ая, -ое, -ые в выражении: **пла́вленый сыр** — сорт мягкого сыра
ПЛА́ВЛЕН, -ена, -ено, -ены; *кр. ф.*
В глаг. знач. 1, 2

ПЛА́КАТЬ, пла́ч|ут, пла́ка|л; ***несов., неперех.*** **1.** *Девочка горько плакала* [проливать слезы от горя, боли и т. п., обычно издавая при этом нечленораздельные звуки] **2.** ***по кому*** и ***по ком; S не лицо*** *Палка по ней плачет. Тюрьма по нему плачет* [быть предназначенным кому-л.— о чем-л. неприятном, в некоторых разговорных выражениях] **3.** (только прош.); ***S не лицо*** *Плакала моя премия. Плакала наша поездка в Ленинград* [оказываться не осуществленным, пропавшим, не полученным и т. п.; *разг. шутл.*]

I. ПЛА́ЧУЩИЙ, -ая, -ее, -ие; *действ. наст.**
Синт.: **а, б, в** — в глаг. знач. 1

II. ПЛА́КАВШИЙ, -ая, -ее, -ие; *действ. прош. **
Синт.: **а, б, в** — в глаг. знач. 1

▭ Прич. I, II во 2, 3 глаг. знач. не употр.

ПЛАНИ́РОВАТЬ, плани́ру|ют, плани́рова|л; ***несов., перех.*** (*сов.* заплани́ровать *к* 1, 2 знач.) **1.** ***что*** и ***с неопр. ф.*** *Дирекция планирует постройку бассейна около завода. Издательство планирует увеличить выпуск справочной литературы* [предполагать развитие, устройство чего-л.] **2.** ***что*** *Геологи планируют экспедицию на май. Совет ветеранов планирует встречу ветеранов войны со школьниками на весну. «— Давайте лучше планировать выходы в море. Кого выпустим первого?»* Чаковский, У нас уже утро [включать в план, намечать по плану осуществление, совершение чего-л.; составлять план каких-л. мероприятий, действий и т. п.] **3.** ***что*** и ***с неопр. ф.*** *Наташа планирует встречу с сестрой на вечер. Я планирую поехать в феврале в Болгарию* [иметь намерение, предполагать, рассчитывать сделать что-л., иметь в своих личных планах; *разг.*]

I. ПЛАНИ́РУЮЩИЙ, -ая, -ее, -ие; *действ. наст.*
Синт.: **а, б** — в глаг. знач. 1 — 3
В знач. прил. Такой, который занимается разработкой планов. *Планирующие органы. Планирующие организации* (Ср. прил. **пла́новый**, -ая, -ое, -ые в знач. 'занимающийся вопросами планирования'. *Плановый отдел*)

II. ПЛАНИ́РОВАВШИЙ, -ая, -ее, -ие; *действ. прош.*
Синт.: **а, б** — в глаг. знач. 1 — 3

III. ПЛАНИ́РУЕМЫЙ, -ая, -ое, -ые; *страд. наст.*
Синт.: **а, б** — в глаг. знач. 1 — 3

IV. ПЛАНИ́РОВАННЫЙ, -ая, -ое, -ые; *страд. прош.*
Синт.: **а, б** — в глаг. знач. 1 — 3
ПЛАНИ́РОВАН, -ана, -ано, -аны; *кр. ф.*
В глаг. знач. 1 — 3

ПЛЕСКА́ТЬ, плещу́ и *доп.* плеска́ю, пле́щ|ут и *доп.* плеска́|ют, плеска́|л; ***несов.*** (*сов.* плесну́ть *к* 1—3, 5, 6 знач.) **1.** (пле́щут) ***неперех., обо что; S не лицо*** *Волны плещут о скалистый берег* [находясь в движении, ударяясь обо что-л., производить плеск — о воде, жидкости] **2.** (пле́щут) ***неперех.,*** также ***чем; S не лицо*** *Дельфины плещут по воде хвостом* [с плеском бить, ударять во что-л., по чему-л., обо что-л.] **3.** (пле́щут) ***неперех.; S не лицо*** *На озере поднялась волна, вода не раз плескала в лодку* [всплеском достигать чего-л.; попадать куда-л., во что-л.— о воде, жидкости] **4.** (пле́щут) ***неперех.; S не лицо*** *Паруса плещут и мачты скрипят. Флаги плещут на ветру* [колебаться в воздухе — о флагах, парусах и т. п.] **5.** (пле́щут и *доп.* плеска́ют) ***неперех., на кого(что)*** и ***на что*** *Мальчишки плещут друг на друга водой* [обдавать брызгами, струями какой-л. жидкости] **6.** (пле́щут и *доп.* плеска́ют) ***перех., что*** *Девочка плещет воду на пол, а потом подметает его* [лить, проливать крупными порциями]

I. ПЛЕ́ЩУЩИЙ, -ая, -ее, -ие и *доп.* ПЛЕСКА́ЮЩИЙ, -ая, -ее, -ие; *действ. наст.*
Синт.: **а, б** — в глаг. знач. 1 — 6

II. ПЛЕСКА́ВШИЙ, -ая, -ее, -ие; *действ. прош.*
Синт.: **а, б** — в глаг. знач. 1 — 6

III. ПЛЕСКА́ЕМЫЙ, -ая, -ое, -ые; *страд. наст.*
Синт.: **а, б** — в глаг. знач. 6

IV. ПЛЁСКАННЫЙ, -ая, -ое, -ые; *страд. прош.*
Синт.: **а, б** — в глаг. знач. 6

ПЛЕСНУ́ТЬ, плесну́т, плесну́|л; ***сов. к*** плеска́ть в 1 — 3, 5, 6 знач. (см.)

II. ПЛЕСНУ́ВШИЙ, -ая, -ее, -ие; *действ. прош.*
Синт.: **а, б** — в глаг. знач. 1 — 3, 5, 6

ПЛЕСТИ́, плет|у́т, плёл, плела́, -ло́, -ли́; ***несов., перех., что*** **1.** *В нашей деревне девушки плетут красивые корзины. Девочка плетет венок из ромашек* [изготовлять, перевивая, соединяя в одно целое что-л. длинное, обычно узкое] **2.** *Новая лаборантка плетет интриги против всех* [тайно, исподтишка создавать что-л. сложное, запутанное с целью повредить кому-л.; *разг.*] **3.** *Олег плел какую-то чепуху. Свидетель плетет небылицы* [говорить что-л. крайне глупое, несуразное, выдуманное; *разг.*]

I. ПЛЕТУ́ЩИЙ, -ая, -ее, -ие; *действ. наст.*
Синт.: **а, б** — в глаг. знач. 1 — 3
II. ПЛЁТШИЙ, -ая, -ее, -ие; *действ. прош.*
[чередование е/ё]
Синт.: **а, б** — в глаг. знач. 1 — 3
IV. ПЛЕТЁННЫЙ, -ая, -ое, -ые; *страд. прош.**
Синт.: **а, б** — в глаг. знач. 1
Ср. прил. **плетёный,** -ая, -ое, -ые. Изготовленный плетением. *Плетеное кресло. Плетеная корзина. Плетеный пояс. Плетеные туфли*
ПЛЕТЁН, -ена́, -ено́, -ены́; *кр. ф.**
В глаг. знач. 1
▭ Прич. III не образуется. Прич. IV во 2, 3 глаг. знач. не употр.

ПЛЫТЬ, плыв|у́т, плы|л, плыла́, плы́ло, -ли; ***несов., неперех.*** **1.** *Мальчик плывет на другой берег озера. «Ниже моста переправлялись беженцы; среди людей, пересекавших реку на чем попало, плыли лошади и коровы».* Бубеннов, Белая береза [о действии, совершаемом в одном направлении, в один прием: держась на поверхности или в глубине воды, передвигаться по ней, делая определенные движения — о человеке и животных, не живущих в воде] **2.** ***S не лицо*** *Мы увидели, что по направлению к берегу плывет дельфин* [о действии, совершаемом в одном направлении, в один прием: передвигаться в воде при помощи приспособленных для этого органов — о рыбах и животных, живущих в воде] **3.** ***S не лицо*** *В бинокль я увидел, что в море, почти на горизонте, плыл пароход* [о действии, совершаемом в одном направлении, в один прием: передвигаться по поверхности или в глубине воды при помощи специальных приспособлений — о корабле, лодке и т. п.] **4.** *Мы плывем на плоту по горной реке. Ира плывет на пароходе до Астрахани* [ехать на судне или ином плавучем средстве — о действии, совершаемом в одном направлении, в один прием] **5.** ***S не лицо*** *Луна плывет над облаками. Орел плывет над нашими головами высоко в небе* [медленно и плавно двигаться по воздуху — о движении, совершаемом в одном направлении, один раз] **6.** ***кем*** *В этом рейсе Дима плывет помощником капитана* [находиться в плавании, работая на судне в какой-л. должности] **7.** ***S не лицо*** *У него все плывет перед глазами* [представляться взору движущимся, кружащимся, обычно при полуобморочном состоянии] **8.** ***S не лицо*** *Тесто плывет из кастрюли* [переваливаться через край; *разг.*] **9.** ***S не лицо*** *«На куйбышевской стройке он сильно намучился, когда забой плыл от грунтовых вод».* В. Кожевников, Особое подразделение [напитываясь водой, расплываться, перемещаться, растекаться]. Ср. пла́вать
I. ПЛЫВУ́ЩИЙ, -ая, -ее, -ие; *действ. наст.*
Синт.: **а, б** — в глаг. знач. 1 — 9; **в** — в глаг. знач. 1 — 3
Ср. прич. в 9 глаг. знач. с прил. **плыву́чий,** -ая, -ее, -ие. Склонный к перемещению вследствие обильного содержания воды, легко размываемый — о грунте. *Плывучая глина.*
II. ПЛЫ́ВШИЙ, -ая, -ее, -ие; *действ. прош.*
Синт.: **а, б** — в глаг. знач. 1 — 9

ПЛЯСА́ТЬ, пляшу́, пля́ш|ут, пляса́|л; ***несов.*** (*сов.* спляса́ть *к* 1 знач.) **1.** ***перех., что*** и ***без дополн.*** *Мальчик пляшет русскую. Эта девушка хорошо пляшет* [танцевать обычно какой-л. народный танец] **2.** ***неперех.; S не лицо*** *Стрелки на приборе плясали при приближении магнита. На экране плясали тени* [беспорядочно колебаться, трястись, быстро двигаться]
I. ПЛЯ́ШУЩИЙ, -ая, -ее, -ие; *действ. наст.*
Синт.: **а, б** — в глаг. знач. 1, 2; **в** — в глаг. знач. 1
В знач. прил. Имеющий свойство двигаться в разных направлениях как бы в пляске. *Пляшущие человечки*
II. ПЛЯСА́ВШИЙ, -ая, -ее, -ие; *действ. прош.*
Синт.: **а, б** — в глаг. знач. 1, 2; **в** — в глаг. знач. 1

ПОБЕДИ́ТЬ, 1 л. ед. не употр., побед|я́т, победи́|л; ***сов.*** (*несов.* побежда́ть) **1.** ***перех., кого(что)*** и ***что*** и ***без дополн.*** *Наш маленький отряд победил врага в неравной схватке. Советский народ победил в жестокой битве с фашизмом* [выиграть бой, войну, нанести поражение противнику] **2.** ***перех., кого(что)*** и ***без дополн.*** *Дима победил отца в последней партии в шахматы. Кто победил в танцах на льду?* [добиться успеха, одержать верх в чем-л.] **3.** ***перех., что*** *Студент победил свой страх и пошел сдавать экзамен. Молодой организм победил болезнь* [преодолеть, превозмочь] **4.** ***неперех.; S не лицо*** *Политика разрядки, разоружения победила* [утвердиться, стать реальностью в результате борьбы, преодоления чего-л.]
II. ПОБЕДИ́ВШИЙ, -ая, -ее, -ие; *действ. прош.*
Синт.: **а, б** — в глаг. знач. 1 — 4; **в** — в глаг. знач. 1, 2, 4
IV. ПОБЕЖДЁННЫЙ, -ая, -ое, -ые; *страд. прош.*
[чередование д/жд]
Синт.: **а, б, в** — в глаг. знач. 1 — 3
Субстантив.$_3$ не употр.
ПОБЕЖДЁН, -ена́, -ено́, -ены́; *кр. ф.*
В глаг. знач. 1 — 3

ПОБЕЖДА́ТЬ, побежда́|ют, побежда́|л; ***несов. к*** победи́ть (см.)
I. ПОБЕЖДА́ЮЩИЙ, -ая, -ее, -ие; *действ. наст.*
Синт.: **а, б** — в глаг. знач. 1 — 4
II. ПОБЕЖДА́ВШИЙ, -ая, -ее, -ие; *действ. прош.*
Синт.: **а, б** — в глаг. знач. 1 — 4
III. ПОБЕЖДА́ЕМЫЙ, -ая, -ое, -ые; *страд. наст.*
Синт.: **а, б** — в глаг. знач. 1 — 3
Субстантив.$_3$ не употр.

ПОБЕЛИ́ТЬ, побелю́, побе́л|ят и *доп. устар.* побел|я́т, победи́|л; ***сов. к*** бели́ть в 1 знач. (см.)
II. ПОБЕЛИ́ВШИЙ, -ая, -ее, -ие; *действ. прош.*
Синт.: **а, б** — в глаг. знач. 1
IV. ПОБЕЛЁННЫЙ, -ая, -ое, -ые; *страд. прош.*
Синт.: **а, б, в** — в глаг. знач. 1
ПОБЕЛЁН, -ена́, -ено́, -ены́; *кр. ф.*

В глаг. знач. 1

ПОБЕСПОКО́ИТЬ, побеспоко́|ят, побеспоко́и|л; ***сов. к*** беспоко́ить в 1 знач. (см.)

II. ПОБЕСПОКО́ИВШИЙ, -ая, -ее, -ие; *действ. прош.*

Синт.: **а, б** — в глаг. знач. 1

IV. ПОБЕСПОКО́ЕННЫЙ, -ая, -ое, -ые; *страд. прош.*

Синт.: **а, б** — в глаг. знач. 1

ПОБЕСПОКО́ЕН, -ена, -ено, -ены; *кр. ф.*

В глаг. знач. 1

ПОБЛАГОДАРИ́ТЬ, поблагодар|я́т, поблагодари́|л; ***сов. к*** благодари́ть в 1 знач. (см.)

II. ПОБЛАГОДАРИ́ВШИЙ, -ая, -ее, -ие; *действ. прош.*

Синт.: **а, б** — в глаг. знач. 1

IV. ПОБЛАГОДАРЁННЫЙ, -ая, -ое, -ые; *страд. прош.*

Синт.: **а, б** — в глаг. знач. 1

ПОБЛАГОДАРЁН, -ена́, -ено́, -ены́; *кр. ф.*

В глаг. знач. 1

ПОБРИ́ТЬ, побре́ют, побри́|л; ***сов. к*** брить (см.)

II. ПОБРИ́ВШИЙ, -ая, -ее, -ие; *действ. прош.*

Синт.: **а, б** — в глаг. знач.

IV. ПОБРИ́ТЫЙ, -ая, -ое, -ые; *страд. прош.*

Синт.: **а, б, в** — в глаг. знач.

ПОБРИ́Т, -та, -то, -ты; *кр. ф.*

В глаг. знач.

ПОВАЛИ́ТЬ, повалю́, пова́л|ят, повали́|л; ***сов. к*** вали́ть[1] в 1, 2 знач. (см.)

II. ПОВАЛИ́ВШИЙ, -ая, -ее, -ие; *действ. прош.*

Синт.: **а, б** — в глаг. знач. 1, 2

IV. ПОВА́ЛЕННЫЙ, -ая, -ое, -ые; *страд. прош.*

Синт.: **а, б** — в глаг. знач. 1, 2; **в** — в глаг. знач. 2

ПОВА́ЛЕН, -ена, -ено, -ены; *кр. ф.*

В глаг. знач. 1, 2

ПОВЕ́СИТЬ, пове́шу, пове́с|ят, пове́си|л; ***сов. к*** ве́шать[1] (см.)

II. ПОВЕ́СИВШИЙ, -ая, -ее, -ие; *действ. прош.*

Синт.: **а, б** — в глаг. знач. 1 — 3

IV. ПОВЕ́ШЕННЫЙ, -ая, -ое, -ые; *страд. прош.*

[чередование с/ш]

Синт.: **а, б** — в глаг. знач. 1 — 3

Субстантив.$_3$ в глаг. знач. 2

ПОВЕ́ШЕН, -ена, -ено, -ены; *кр. ф.*

В глаг. знач. 1 — 3

ПОВЕСТИ́, повед|у́т, повёл, повела́, -ло́, -ли́; ***сов.*** (*несов.* поводи́ть *к* 6 знач.) **1. *перех., кого(что)*** *Отец повел ребенка за руку. Сестра осторожно повела больного по аллее парка* [идя рядом, направить движение; помочь кому-л. или заставить кого-л. идти] **2. *перех., что*** *Кто поведет машину?* [начать управлять движущимся предметом] **3. *перех., что*** *Строители повели шоссе вдоль реки* [начать прокладывать в каком-л. направлении] **4. *перех., кого(что)*** *Командир повел бойцов в бой* [направить кого-л. для совершения какого-л. действия] **5. *неперех., к чему; S не лицо*** *Эти законы поведут к оздоровлению экономики* [иметь что-л. своим следствием, завершением] **6. *неперех., чем*** *Лошадь повела ушами. Старик повел бровью* [шевельнуть, плавно двинуть]

II. ПОВЕ́ДШИЙ, -ая, -ее, -ие; *действ. прош.*

Синт.: **а, б** — в глаг. знач. 1 — 6

IV. ПОВЕДЁННЫЙ, -ая, -ое, -ые; *страд. прош.*

Синт.: **а, б** — в глаг. знач. 1 — 4

Субстантив.$_3$ не употр.

ПОВЕДЁН, -ена́, -ено́, -ены́; *кр. ф.*

В глаг. знач. 1 — 4

ПОВИДА́ТЬ, повида́ют, повида́|л; ***сов. к*** вида́ть в 1 знач. (см.)

II. ПОВИДА́ВШИЙ, -ая, -ее, -ие; *действ. прош.*

Синт.: **а, б** — в глаг. знач. 1

▭ Прич. IV не употр.

ПОВИ́СНУТЬ, пови́снут, пови́с|; ***сов. к*** ви́снуть (см.)

II. ПОВИ́СШИЙ, -ая, -ее, -ие; *действ. прош.*

Синт.: **а, б** — в глаг. знач. 1 — 3

ПОВОДИ́ТЬ, повожу́, пово́д|ят, поводи́|л; ***несов. к*** повести́ в 6 знач. (см.)

I. ПОВОДЯ́ЩИЙ, -ая, -ее, -ие; *действ. наст.*

Синт.: **а, б** — в глаг. знач. 6

II. ПОВОДИ́ВШИЙ, -ая, -ее, -ие; *действ. прош.*

Синт.: **а, б** — в глаг. знач. 6

ПОВРЕДИ́ТЬ, поврежу́, повред|я́т, повреди́|л; ***сов.*** (*несов.* поврежда́ть *ко* 2 знач.; *несов.* вреди́ть *к* 1 знач.) **1. *неперех., кому(чему)* и *чему; S не лицо*** *Курение повредит тебе. Переохлаждение повредит вашему здоровью. Дружба с этим человеком повредит брату* [принести вред, нанести ущерб кому-чему-л.] **2. *перех., что*** *Я случайно повредил корни растения. Мальчик повредил ногу* [нарушить целостность чего-л., поломать, поранить и т. п.]

II. ПОВРЕДИ́ВШИЙ, -ая, -ее, -ие; *действ. прош.*

Синт.: **а, б** — в глаг. знач. 1, 2

IV. ПОВРЕЖДЁННЫЙ, -ая, -ое, -ые; *страд. прош.*

[чередование д/жд]

Синт.: **а, б** — в глаг. знач. 2

В знач. прил. (также *кр. ф.*↓) Находящийся в неисправном состоянии, имеющий изъяны, поломки, не действующий. *Рабочие быстро заменили поврежденный провод. Связист восстановил поврежденную телефонную связь через минуту*

ПОВРЕЖДЁН, -ена́, -ено́, -ены́; *кр. ф.*

В глаг. знач. 2

В знач. прил. (также *полн. ф.*↑) *Провод в этом месте поврежден. Телефонная связь повреждена*

ПОВРЕЖДА́ТЬ, поврежда́|ют, поврежда́|л; ***несов. к*** повреди́ть во 2 знач. (см.)

I. ПОВРЕЖДА́ЮЩИЙ, -ая, -ее, -ие; *действ. наст.*

Синт.: **а, б** — в глаг. знач. 2

II. ПОВРЕЖДА́ВШИЙ, -ая, -ее, -ие; *действ. прош.*

Синт.: **а, б** — в глаг. знач. 2

III. ПОВРЕЖДА́ЕМЫЙ, -ая, -ое, -ые; *страд. наст.*

Синт.: **а, б** — в глаг. знач. 2

ПОВТОРИ́ТЬ, повтор|я́т, повтори́|л; ***сов., перех.*** (*несов.* повторя́ть) **1. *что*** *Соседка повторила свой рассказ. Фигурист повторил прыжок в три оборота* [сказать или сделать еще раз то же самое] **2. *что*** *Олег повторил рассказ Смирнова о совещании в райкоме. Аня повторила очень точно все движения выступившей гимнастки* [сказать, рассказать кем-л. ранее сказанное, рассказанное; сделать то же, что сделал кто-л. ранее] **3. *кого(что)*** и ***что*** *«И наши дети нас не повторят, Мы в них себя совсем иных увидим».* Рыленков, Земля стара, а жизнь всегда нова. *Ни один узор в этой вышивке не повторил узоры других вышивок, представленных на выставке* [явиться повторением, копией кого-чего-л.] **4. *что; S не лицо*** *Эхо повторило все, что крикнул Андрей* [воспроизвести, воссоздать что-л.] **5. *что,*** также ***в чем*** *«То, что можно выполнить.. из металла, нельзя повторить в кирпиче».* Бартенев, От пирамид до современных зданий [создать что-л. подобное] **6. *что*** *Сын повторил урок. Девочка повторила стихотворение* [возобновить еще раз в памяти ранее заученное]

II. ПОВТОРИ́ВШИЙ, -ая, -ее, -ие; *действ. прош.*
Синт.: **а, б** — в глаг. знач. 1 — 6

IV. ПОВТОРЁННЫЙ, -ая, -ое, -ые; *страд. прош.**
Синт.: **а, б** — в глаг. знач. 1, 2, 4 — 6; **в** — в глаг. знач. 1, 6
Ср. прич. в 1 глаг. знач. с прил. **повто́рный**, -ая, -ое, -ые. Представляющий собой повторение, сделанный или происходящий второй раз, вторичный. *Повторный заказ. Повторный медицинский осмотр. Повторное объяснение. Повторное заболевание*
Ср. прич. в 6 глаг. знач. с прил. **повтори́тельный**, -ая, -ое, -ые. Являющийся повторением, предназначенный для повторения. *Повторительный курс. Повторительный урок. Повторительное упражнение*
Субстантив.$_3$ в глаг. знач. 1, 6
ПОВТОРЁН, -ена́, -ено́, -ены́; *кр. ф.**
В глаг. знач. 1, 2, 4 — 6

□ Прич. IV в 3 глаг. знач. не употр.

ПОВТОРЯ́ТЬ, повторя́|ют, повторя́|л; ***несов. к*** повтори́ть (см.)

I. ПОВТОРЯ́ЮЩИЙ, -ая, -ее, -ие; *действ. наст.*
Синт.: **а, б** — в глаг. знач. 1 — 6

II. ПОВТОРЯ́ВШИЙ, -ая, -ее, -ие; *действ. прош.*
Синт.: **а, б** — в глаг. знач. 1 — 6

III. ПОВТОРЯ́ЕМЫЙ, -ая, -ое, -ые; *страд. наст.**
Синт.: **а, б** — в глаг. знач. 1, 2, 4 — 6; **в** — в глаг. знач. 1, 6
Ср. прич. в 1 глаг. знач. с прил. **повтори́мый**, -ая, -ое, -ые; -и́м, -и́ма, -и́мо, -и́мы. Такой, который можно сделать, осуществить и т. п. еще раз. *«Губы пахнут почкой тополиной, Так они свежи, лесны! Повторимый и неповторимый, Поцелуй мне твой, как весть весны».* В. Боков, Губы пахнут почкой тополиной.. *Как же все это повторимо, тогда под утро тоже шел дождь*
Субстантив.$_3$ в глаг. знач. 1, 6
ПОВТОРЯ́ЕМ, -ема, -емо, -емы; *кр. ф.** (*редко*)
В глаг. знач. 1, 2, 4 — 6

□ Прич. III в 3 глаг. знач. не употр.

ПОВЫ́СИТЬ, повы́шу, повы́с|ят, повы́си|л; ***сов., перех.*** (*несов.* повыша́ть) **1. *что*** *Лаборант повысил температуру воды в колбе. Рабочие повысили давление в котле. Наш отдел повысил производительность труда вдвое* [увеличить степень, количество, интенсивность и т. п. чего-л.] **2. *что*** *Новый сотрудник заметно повысил свою активность на собраниях. Дирекция завода повысила требования к выпускаемой продукции* [усилить что-л.] **3. *что*** *Инженеры повысили качество звукозаписи* [улучшить, усовершенствовать] **4. *кого(что); S не лицо*** *Этот поступок безусловно повысит авторитет молодого учителя* [привести к большему признанию, уважению и т. п.] **5. *кого(что)*** *В будущем году меня обещают повысить в должности* [перевести на более ответственную работу, должность]

II. ПОВЫ́СИВШИЙ, -ая, -ее, -ие; *действ. прош.*
Синт.: **а, б** — в глаг. знач. 1 — 5

IV. ПОВЫ́ШЕННЫЙ, -ая, -ое, -ые; *страд. прош.**
[чередование с/ш]
Синт.: **а, б** — в глаг. знач. 1 — 3, 5
Ср. прил. **повы́шенный**, -ая, -ое, -ые. **1.** Более значительный по количеству, силе и т. п. *Повышенные обязательства. Повышенная заинтересованность. Повышенный спрос* **2.** Ставший выше нормы, выше обычного. *Повышенная температура. Повышенное кровяное давление. Повышенная возбудимость.* **3.** Раздраженный, резкий — о голосе; более громкий, чем обычно — о голосе. *Повышенный голос. Он говорит на повышенных тонах*
Субстантив.$_3$ не употр.
ПОВЫ́ШЕН, -ена, -ено, -ены; *кр. ф.**
В глаг. знач. 1 — 3, 5

□ Прич. IV в 4 глаг. знач. не употр.

ПОВЫША́ТЬ, повыша́|ют, повыша́|л; ***несов. к*** повы́сить (см.)

I. ПОВЫША́ЮЩИЙ, -ая, -ее, -ие; *действ. наст.*
Синт.: **а, б** — в глаг. знач. 1 — 5

II. ПОВЫША́ВШИЙ, -ая, -ее, -ие; *действ. прош.*
Синт.: **а, б** — в глаг. знач. 1 — 5

III. ПОВЫША́ЕМЫЙ, -ая, -ое, -ые; *страд. наст.**
Синт.: **а, б** — в глаг. знач. 1 — 3, 5
Субстантив.$_3$ не употр.

□ Прич. III в 4 глаг. знач. не употр.

ПОГАСИ́ТЬ, погашу́, пога́с|ят, погаси́|л; ***сов. к*** гаси́ть в 1, 3, 4 знач. (см.)

II. ПОГАСИ́ВШИЙ, -ая, -ее, -ие; *действ. прош.*
Синт.: **а, б** — в глаг. знач. 1, 3, 4

IV. ПОГА́ШЕННЫЙ, -ая, -ое, -ые; *страд. прош.*
[чередование с/ш]
Синт.: **а, б** — в глаг. знач. 1, 3, 4; **в** — в глаг. знач. 1, 3
Субстантив.$_3$ не употр.
ПОГА́ШЕН, -ена, -ено, -ены; *кр. ф.*
В глаг. знач. 1, 3, 4

ПОГА́СНУТЬ, пога́снут, пога́с|; ***сов., неперех.*** (*несов.* га́снуть *к* 1, 3 знач.); ***S не лицо* 1.** *Костер наконец погас. С наступлением утра звезды в небе погасли* [перестать гореть, затухнуть; перестать светить] **2.** *«Лицо покрылось глубокими морщинами, глаза, всегда ласковые и веселые, как-то погасли, голубой их цвет точно бы полинял».* Б. Полевой, Золото [перестать блестеть, стать тусклым, безжизненным — о глазах] **3.** *Взрыв веселья погас, гости замолкли, стали расходиться* [исчезнуть, ослабеть — о чувствах, мыслях и т. п.]
II. ПОГА́СШИЙ, -ая, -ее, -ие; *действ. прош.*
Синт.: **а, б, в** — в глаг. знач. 1 — 3

ПОГИБА́ТЬ, погиба́|ют, погиба́|л; ***несов. к*** поги́бнуть (см.)
I. ПОГИБА́ЮЩИЙ, -ая, -ее, -ие; *действ. наст.*
Синт.: **а, б** — в глаг. знач. 1 — 4; **в** — в глаг. знач. 1 — 3
Субстантив.$_1$ в глаг. знач. 1, 2
II. ПОГИБА́ВШИЙ, -ая, -ее, -ие; *действ. прош.*
Синт.: **а, б** — в глаг. знач. 1 — 4; **в** — в глаг. знач. 1 — 3
Субстантив.$_1$ в глаг. знач. 1, 2

ПОГИ́БНУТЬ, поги́бнут, поги́б|; ***сов., неперех.*** (*несов.* погиба́ть и ги́бнуть) **1.** *Эти солдаты погибли под Сталинградом* [умереть в бою, во время сражения] **2.** *Девушка погибла от потери крови. Бабочки погибли, попав в огонь* [умереть, перестать существовать — при катастрофе, бедствии, в результате чего-л. непредвиденного и т. п.] **3.** ***S не лицо*** *Без дождей посевы погибнут. Росток не погиб от мороза. Здание погибло от постоянных колебаний почвы* [полностью уничтожиться, разрушиться, исчезнуть] **4.** *Нужно что-то делать, иначе Олег окончательно погибнет в этой компании бездельников* [нравственно, морально опуститься]
II. ПОГИ́БШИЙ, -ая, -ее, -ие; *действ. прош.*
Синт.: **а, б** — в глаг. знач. 1 — 4; **в** — в глаг. знач. 1 — 3
В знач. прил. Морально опустившийся, не способный вернуться к честной жизни, стать порядочным. *Погибший человек*
Субстантив.$_1$ в глаг. знач. 1, 2

ПОГЛА́ДИТЬ, погла́жу, погла́д|ят, погла́ди|л; ***сов. к*** гла́дить (см.)
II. ПОГЛА́ДИВШИЙ, -ая, -ее, -ие; *действ. прош.*
Синт.: **а, б** — в глаг. знач. 1 — 3
IV. ПОГЛА́ЖЕННЫЙ, -ая, -ое, -ые; *страд. прош.*
[чередование д/ж]
Синт.: **а, б** — в глаг. знач. 1 — 3
Субстантив.$_2$ не употр.; субстантив.$_3$ в глаг. знач. 1
ПОГЛА́ЖЕН, -ена, -ено, -ены; *кр. ф.*
В глаг. знач. 1 — 3

ПОГЛОТИ́ТЬ, поглощу́, погло́тят и поглот|я́т, поглоти́|л; ***сов., перех.*** (*несов.* поглоща́ть); ***S не лицо* 1. *что*** *«Земля.. поглотила всю влагу, упавшую за ночь..»* Горький, Варенька Олесова. *Этот материал поглотил все звуки* [вобрать, впитать в себя] **2. *кого(что)*** и ***что*** *«Дивизия, наступая, углубилась в бескрайние леса, и они поглотили ее».* Казакевич, Звезда. *Море поглотило потерпевших кораблекрушение и обломки корабля* [скрыть в своих недрах, принять в себя] **3. *кого (что)*** *«Она вышла к завтраку, и обычные заботы поглотили ее и отвлекли».* Л. Толстой, Нет в мире виноватых. *Новая работа поглотила Илью целиком* [всецело захватить, увлечь, занять все помыслы] **4. *что*** *«Денег в приказе Большого двора кот наплакал: все поглотила крымская война».* А. Н. Толстой, Петр Первый [взять, потребовать для себя больших затрат, усилий, энергии и т. п.]
II. ПОГЛОТИ́ВШИЙ, -ая, -ее, -ие; *действ. прош.*
Синт.: **а, б** — в глаг. знач. 1 — 4
IV. ПОГЛОЩЁННЫЙ, -ая, -ое, -ые; *страд. прош.**
[чередование т/щ]
Синт.: **а, б** — в глаг. знач. 1, 2, 4 и в статив. знач.
Статив. знач., ***чем*** (также *кр. ф.*↓) Испытывающий чувство сильного, глубокого интереса к чему-л. *Сын, поглощенный чтением, не заметил моего прихода*
Субстантив.$_3$ в глаг. знач. 2
ПОГЛОЩЁН, -ена́, -ено́, -ены́; *кр. ф.**
В глаг. знач. 1, 2, 4
Статив. знач., ***чем*** (также *полн. ф.*↑) *Сын поглощен чтением*
□ Прич. IV в 3 глаг. знач. не употр.

ПОГЛОЩА́ТЬ, поглоща́|ют, поглоща́|л; ***несов., перех.*** (*сов.* поглоти́ть *к* 1, 3 — 5 знач.) **1. *что; S не лицо*** *Земля здесь быстро поглощает влагу. Этот материал поглощал все звуки* [вбирать, впитывать в себя] **2. *что; S не лицо*** *Новое устройство хорошо поглощает не только влагу, но и звуки* [иметь свойство впитывать в себя] **3. *кого(что)*** и ***что; S не лицо*** *Море поглощало потерпевших кораблекрушение и обломки кораблей* [скрывать в своих недрах, впитывать в себя] **4. *кого(что); S не лицо*** *Заботы о детях поглощали ее и помогали справиться с бедой. Новая работа поглощает Диму целиком* [всецело захватывать, увлекать, занимать все помыслы] **5. *что; S не лицо*** *Работа над дипломом поглощала у меня все свободное время* [брать, требовать для себя больших затрат, усилий, энергии и т. п.] **6. *что*** *Мальчики поглощали пирожки в большом количестве* [съедать с жадностью, обычно в большом количестве; *разг.*]
I. ПОГЛОЩА́ЮЩИЙ, -ая, -ее, -ие; *действ. наст.*
Синт.: **а, б** — в глаг. знач. 1 — 6
В знач. прил. Имеющий свойство вби-

рать, впитывать в себя что-л. *Поглощающие материалы. Поглощающее устройство*

II. ПОГЛОЩА́ВШИЙ, -ая, -ее, -ие; *действ. прош.*

Синт.: **а, б** — в глаг. знач. 1—6

III. ПОГЛОЩА́ЕМЫЙ, -ая, -ое, -ые; *страд. наст.**

Синт.: **а, б** — в глаг. знач. 1, 3, 5, 6

Субстантив.$_2$ и субстантив.$_3$ не употр.

▭ Прич. III во 2, 4 глаг. знач. не употр.

ПОГРЕШИ́ТЬ, погреша́т, погреши́|л; ***сов. к*** греши́ть во 2 знач. (см.)

II. ПОГРЕШИ́ВШИЙ, -ая, -ее, -ие; *действ. прош.*

Синт.: **а, б** — в глаг. знач. 2

ПОГРУЖА́ТЬ, погружа́|ют, погружа́|л; ***несов. к*** погрузи́ть[2] (см.)

I. ПОГРУЖА́ЮЩИЙ, -ая, -ее, -ие; *действ. наст.*

Синт.: **а, б** — в глаг. знач. 1, 2

II. ПОГРУЖА́ВШИЙ, -ая, -ее, -ие; *действ. прош.*

Синт.: **а, б** — в глаг. знач. 1, 2

III. ПОГРУЖА́ЕМЫЙ, -ая, -ое, -ые; *страд. наст.*

Синт.: **а, б** — в глаг. знач. 1, 2

ПОГРУЗИ́ТЬ[1], погружу́, погру́з|ят, погрузи́|л; ***сов. к*** грузи́ть во 2 знач. (см.)

II. ПОГРУЗИ́ВШИЙ, -ая, -ее, -ие; *действ. прош.*

Синт.: **а, б** — в глаг. знач. 2

IV. ПОГРУ́ЖЕННЫЙ, -ая, -ое, -ые и ПОГРУЖЁННЫЙ, -ая, -ое, -ые; *страд. прош.*

[чередование з/ж]

Синт.: **а, б** — в глаг. знач. 2

ПОГРУ́ЖЕН, -ена, -ено, -ены и ПОГРУЖЁН, -ена́, -ено́, -ены́; *кр. ф.*

В глаг. знач. 2

ПОГРУЗИ́ТЬ[2], погружу́, погруз|я́т, погрузи́|л; ***сов., перех.*** (*несов.* погружа́ть) **1. *что во что*** *«[Иудушка] взялся за ложку и уж совсем было погрузил ее в суп, но сейчас же опять положил на стол».* Салтыков-Щедрин, Господа Головлевы [опустить что-л. в жидкость, в сыпучее вещество и т. п.] **2. *кого(что) во что; S не лицо*** *«Ощущение новизны и свежести.. и та весенняя нега и мечтательность, с которыми знаком каждый, кто любит одиночество и природу,— все это погрузило меня в состояние полудремоты».* М. Горький, Гривенник [привести в какое-л. состояние]

II. ПОГРУЗИ́ВШИЙ, -ая, -ее, -ие; *действ. прош.*

Синт.: **а, б** — в глаг. знач. 1, 2

IV. ПОГРУЖЁННЫЙ, -ая, -ое, -ые; *страд. прош.**

[чередование з/ж]

Синт.: **а, б** — в глаг. знач. 1 и в статив. знач.

Статив. знач., ***во что*** (также *кр. ф.*↓) **1.** Опустившийся, погрузившийся в жидкость, сыпучее вещество и т. п. *В темноте лодка часто наталкивалась на погруженные в воду ветви прибрежных кустов* **2.** Целиком охваченный чем-л., какими-л. чувствами, мыслями и т. п. *«Григорий закрывал глаза, бросал поводья и, погруженный в воспоминания, предоставлял коню идти бездорожно».* Шолохов, Тихий Дон. *Олег, погруженный в полудремотное состояние, не слышал, как мы ушли* **3.** Целиком охваченный чем-л. *Город, погруженный в мирный сон, был внезапно разбужен гулом землетрясения*

ПОГРУЖЁН, -ена́, -ено́, -ены́; *кр. ф.**

В глаг. знач. 1

Статив. знач., ***во что*** (также *полн. ф.*↑) **1.** *Ветви прибрежных кустов погружены в воду* **2.** *«В свои мечты погружена, Татьяна долго шла одна».* Пушкин, Евгений Онегин. *Дима был погружен в воспоминания* **3.** *«Город был погружен в тьму и мирный сон».* Степанов, Порт-Артур

▭ Прич. IV во 2 глаг. знач. не употр.

ПОГУБИ́ТЬ, погублю́, погу́б|ят, погуби́|л; ***сов. к*** губи́ть (см.)

II. ПОГУБИ́ВШИЙ, -ая, -ее, -ие; *действ. прош.*

Синт.: **а, б** — в глаг. знач. 1 — 4

IV. ПОГУ́БЛЕННЫЙ, -ая, -ое, -ые; *страд. прош.*

[чередование б/бл]

Синт.: **а, б** — в глаг. знач. 1 — 4; **в** — в глаг. знач. 1, 4

Субстантив.$_2$ в глаг. знач. 2; субстантив.$_3$ в глаг. знач. 1

ПОГУ́БЛЕН, -ена, -ено, -ены; *кр. ф.*

В глаг. знач. 1 — 4

ПОДАВИ́ТЬ, подавлю́, пода́в|ят, подави́|л; ***сов., перех.*** (*несов.* подавля́ть) **1. *что*** *Реакционное правительство подавило сопротивление патриотов* [насильственно, вооруженной силой положить конец чему-л., прекратить что-л.] **2. *что*** *Мальчик подавил страх и пошел через лес* [преодолеть, не дать обнаружиться, проявиться] **3. *кого(что)*** и ***что,*** также ***чем*** *Во время состязаний наша команда подавила противников своим количеством* (см. § 2). *Усталость подавила чувство тревоги* [получить перевес над кем-чем-л., превосходя численностью, силой проявления чего-л. и т. п.] **4. *кого(что) чем*** *Наш директор подавил всех своим властным характером* (см. § 1) [своим преимуществом в чем-л., какими-л. свойствами характера и т. п. вызвать в ком-л. ощущение собственной незначительности, ничтожности] **5. *кого(что); S не лицо*** *Это известие окончательно подавило нас* [привести в мрачное, угнетенное состояние]

II. ПОДАВИ́ВШИЙ, -ая, -ее, -ие; *действ. прош.*

Синт.: **а, б** — в глаг. знач. 1 — 5

IV. ПОДА́ВЛЕННЫЙ, -ая, -ое, -ые; *страд. прош.**

[чередование в/вл]

Синт.: **а, б** — в глаг. знач. 1 — 4 и в статив. знач.; **в** — в глаг. знач. 1, 2

Статив. знач., ***чем*** (также *кр. ф.*↓) Находящийся в крайне угнетенном состоянии, тяжело переживающий что-л. *Совершенно* *подавленный сообщением о гибели космической станции, отец не выходил из дома*

В знач. прил. **1.** (также *кр. ф.* ↓) Такой, который находится в мрачном, тяжелом, угнетенном состоянии. *В комнату вошел бледный, подавленный отец* **2.** (только *полн. ф.*) Приглушенный, едва слышный, едва различимый. *Подавленный стон. Подавленный смех*

Ср. прил. **пода́вленный,** -ая, -ое, -ые. **1.** Угрюмый, мрачный, тяжелый. *Подавленное настроение* **2.** Выражающий мрачное, тяжелое, угнетенное состояние, подавленность. *Подавленный вид*

Субстантив.$_2$ и субстантив.$_3$ не употр.

ПОДА́ВЛЕН, -ена, -ено, -ены; *кр. ф.**

В глаг. знач. 1 — 4

Статив. знач., ***чем*** (также *полн. ф.* ↑) *Отец совершенно подавлен сообщением о гибели космической станции*

В знач. прил. (также *полн. ф.* в знач. прил. 1 ↑) *Отец подавлен, не отвечает на вопросы*

▭ Прич. IV в 5 глаг. знач. не употр.

ПОДАВЛЯ́ТЬ, подавля́|ют, подавля́|л; ***несов., перех.*** (*сов.* подави́ть) **1.** ***что*** *Римляне жестоко подавляли восстания рабов* [насильственно, вооруженной силой прекращать что-л.] **2.** ***что*** *Каждый раз мальчик подавлял страх и шел через лес* [преодолевать, не давать обнаружиться, проявиться] **3.** ***кого(что)*** и ***что,*** также ***чем*** *Во время состязаний наша команда подавляла противников своим количеством* (см. § 2). *Усталость подавляет чувство тревоги* [получать перевес над кем-чем-л., превосходя численностью, силой проявления чего-л. и т. п.] **4.** ***кого(что) чем*** *Наш директор подавлял всех своим властным характером* (см. § 1) [своим преимуществом в чем-л., какими-л. свойствами характера и т. п. вызывать в ком-л. ощущение собственной незначительности, ничтожности] **5.** ***кого(что); S не лицо*** *Это несправедливое решение подавляет меня* [приводить в мрачное, угнетенное состояние]

I. ПОДАВЛЯ́ЮЩИЙ, -ая, -ее, -ие; *действ. наст.*

Синт.: **а, б** — в глаг. знач. 1 — 5

В знач. прил. Вызывающий тягостное чувство, гнетущий. *Подавляющая красота. Подавляющая тишина. Подавляющая мрачность. Подавляющие звуки*

Ср. прил. **подавля́ющий,** -ая, -ее, -ие. Значительно превосходящий, преобладающий в каком-л. отношении. *Подавляющее большинство. Подавляющие силы противника. Подавляющее число участников чего-л.*

II. ПОДАВЛЯ́ВШИЙ, -ая, -ее, -ие; *действ. прош.*

Синт.: **а, б** — в глаг. знач. 1 — 5

III. ПОДАВЛЯ́ЕМЫЙ, -ая, -ое, -ые; *страд. наст.**

Синт.: **а, б** — в глаг. знач. 1 — 4; **в** — в глаг. знач. 1, 2

Субстантив.$_3$ не употр.

▭ Прич. III в 5 глаг. знач. не употр.

ПОДАРИ́ТЬ, подарю́, пода́р|ят, подари́|л; ***сов., перех., кого(что)*** и ***что кому(чему)*** (*несов.* дари́ть) *Сережа подарил мне на день рождения свои стихи* [дать в качестве подарка, отдать безвозмездно]

II. ПОДАРИ́ВШИЙ, -ая, -ее, -ие; *действ. прош.*

Синт.: **а, б** — в глаг. знач.

IV. ПОДА́РЕННЫЙ, -ая, -ое, -ые; *страд. прош.*

Синт.: **а, б** — в глаг. знач.

В знач. прил. (только *полн. ф.*) Полученный в качестве подарка, не купленный, не найденный. *Подаренные часы. Подаренная игрушка*

ПОДА́РЕН, -ена, -ено, -ены; *кр. ф.*

В глаг. знач.

ПОДБИРА́ТЬ, подбира́|ют, подбира́|л; ***несов. к*** подобра́ть (см.)

I. ПОДБИРА́ЮЩИЙ, -ая, -ее, -ие; *действ. наст.*

Синт.: **а, б** — в глаг. знач. 1 — 9

II. ПОДБИРА́ВШИЙ, -ая, -ее, -ие; *действ. прош.*

Синт.: **а, б** — в глаг. знач. 1 — 9

III. ПОДБИРА́ЕМЫЙ, -ая, -ое, -ые; *страд. наст.*

Синт.: **а, б** — в глаг. знач. 1 — 9

Субстантив.$_2$ в глаг. знач. 2; субстантив.$_3$ в глаг. знач. 1

ПОДВЕРГА́ТЬ, подверга́|ют, подверга́|л; ***несов. к*** подве́ргнуть (см.)

I. ПОДВЕРГА́ЮЩИЙ, -ая, -ее, -ие; *действ. наст.*

Синт.: **а, б** — в глаг. знач. 1, 2

II. ПОДВЕРГА́ВШИЙ, -ая, -ее, -ие; *действ. прош.*

Синт.: **а, б** — в глаг. знач. 1, 2

III. ПОДВЕРГА́ЕМЫЙ, -ая, -ое, -ые; *страд. наст.*

Синт.: **а, б** — в глаг. знач. 1, 2

ПОДВЕРГА́ЕМ, -ема, -емо, -емы; *кр. ф.*

В глаг. знач. 1, 2

ПОДВЕ́РГНУТЬ, подве́ргнут, подве́рг| и подве́ргну|л, подве́ргла, -ло, -ли; ***сов., перех., кого (что)*** и ***что чему*** (*несов.* подверга́ть) **1.** *Рабочие подвергли критике администрацию завода* [сделать объектом какого-л. действия] **2.** *Вы подвергли нас серьезным испытаниям. Люди подвергли свои жизни опасности* [заставить испытать, пережить что-л.; поставить в какое-л. положение]

II. ПОДВЕ́РГШИЙ, -ая, -ее, -ие и ПОДВЕ́РГНУВШИЙ, -ая, -ее, -ие; *действ. прош.*

Синт.: **а, б** — в глаг. знач. 1, 2

IV. ПОДВЕ́РГНУТЫЙ, -ая, -ое, -ые и *устар.* ПОДВЕ́РЖЕННЫЙ, -ая, -ое, -ые; *страд. прош.*

[чередование г/ж]

Синт.: **а, б** — в глаг. знач. 1, 2 и в статив. знач.

Статив. знач. **подве́рженный,** ***чему*** (также *кр. ф.* ↓) **1.** Постоянно находящийся под воздействием чего-л. нежелательного. *Де-*

ревья, подверженные воздействию ураганных ветров, быстро гибнут **2.** Предрасположенный к чему-л. нежелательному. *Олег, подверженный морской болезни, никогда не плавал на пароходах*

ПОДВЕ́РГНУТ, -та, -то, -ты и *устар.* ПОДВЕ́РЖЕН, -ена, -ено, -ены; *кр. ф.*

В глаг. знач. 1, 2

С т а т и в. з н а ч. **подве́ржен**, *чему* (также *полн. ф.* ↑) **1.** *Этот район подвержен воздействию ураганных ветров* **2.** *Олег подвержен морской болезни*

▭ Прич. IV в форме **подве́рженный** в статив. знач. не устар.

ПОДВЕСТИ́, подвед|у́т, подвёл, подвела́, -ло́, -ли́; ***сов., перех.*** (*несов.* подводи́ть) **1.** ***кого(что) к чему*** *Илья подвел сына к входу в детский сад. Проводник подвел отряд к границе* [ведя, направляя, приблизить к кому-чему-л.] **2.** ***что к чему*** *Дима осторожно подвел байдарку к берегу. Шофер подвел машину прямо к подъезду* [управляя ходом машины, судна и т. п., привести их к нужному месту] **3.** ***кого(что) к чему; S не лицо*** *«Просека подвела к плоскому озеру пресной воды».* А. Н. Толстой, Союз пяти [послужить путем куда-л., привести, вывести к какому-л. месту] **4.** ***кого(что) к чему,*** также ***чем*** *Ольга своим советом подвела меня к правильному решению задачи* (см. § 1) [помочь найти верное решение, сделать нужный вывод и т. п.] **5.** ***что к чему*** *К нашей даче подвели газ. К водохранилищу скоро подведут железную дорогу* [довести строительство, прокладку, сооружение чего-л. до какого-л. места, предела] **6.** ***что подо что*** *Рабочие подвели фундамент под дом* [соорудить, положить, устроить что-л. под чем-л.] **7.** ***что подо что*** *Необходимо подвести техническую базу для развития этой области промышленности* [создать необходимые условия, предпосылки для существования, развития чего-л., обосновать чем-л.] **8.** ***что*** *На собрании отдела мы подвели итоги своей работы за год* [собрав, суммировав, сделать общий вывод из чего-л.] **9.** ***кого(что)*** и ***без дополн.*** *Ваша дочь подвела товарищей. Ты нас сильно подвел* [обманув чьи-л. ожидания, надежды, поставить в трудное положение] **10.** ***кого(что) подо что*** *Смирнов подвел своих коллег под выговор* [причинить своими действиями неприятность кому-л.; *разг.*] **11.** ***что,*** также ***чем*** *Актриса подвела глаза синей тушью* (см. § 2). *Девушка подвела брови* [подкрасить косметическими средствами]

II. ПОДВЕ́ДШИЙ, -ая, -ее, -ие; *действ. прош.*

С и н т.: **а, б** — в глаг. знач. 1 — 11

IV. ПОДВЕДЁННЫЙ, -ая, -ое, -ые; *страд. прош.*

С и н т.: **а, б** — в глаг. знач. 1 — 11; **в** — в глаг. знач. 11

С у б с т а н т и в.$_3$ не употр.

ПОДВЕДЁН, -ена́, -ено́, -ены́; *кр. ф.*

В глаг. знач. 1 — 11

ПОДВОДИ́ТЬ, подвожу́, подво́д|ят, подводи́|л; ***несов. к*** подвести́ (см.)

I. ПОДВОДЯ́ЩИЙ, -ая, -ее, -ие; *действ. наст.*

С и н т.: **а, б** — в глаг. знач. 1 — 11

II. ПОДВОДИ́ВШИЙ, -ая, -ее, -ие; *действ. прош.*

С и н т.: **а, б** — в глаг. знач. 1 — 11

III. ПОДВОДИ́МЫЙ, -ая, -ое, -ые; *страд. наст.*

С и н т.: **а, б** — в глаг. знач. 1 — 11

С у б с т а н т и в.$_3$ не употр.

ПОДГОРА́ТЬ, подгора́|ют, подгора́|л; ***несов. к*** подгоре́ть (см.)

I. ПОДГОРА́ЮЩИЙ, -ая, -ее, -ие; *действ. наст.*

С и н т.: **а, б, в** — в глаг. знач.

II. ПОДГОРА́ВШИЙ, -ая, -ее, -ие; *действ. прош.*

С и н т.: **а, б, в** — в глаг. знач.

ПОДГОРЕ́ТЬ, подгоря́т, подгоре́|л; ***сов., неперех.*** (*несов.* подгора́ть); ***S не лицо*** *Картошка подгорела* [обгореть, слишком перепечься снизу, получить привкус горелого]

II. ПОДГОРЕ́ВШИЙ, -ая, -ее, -ие; *действ. прош.*

С и н т.: **а, б** — в глаг. знач.

В з н а ч. п р и л. Обгоревший снизу при печении, жарении, подгорелый. *Подгоревший пирог* (С р. прил. **подгоре́лый**, -ая, -ое, -ые. Обгоревший снизу при печении, жарении, подгоревший. *Подгорелая картошка. Подгорелый пирог*)

ПОДГОТА́ВЛИВАТЬ, подгота́влива|ют, подгота́влива|л; ***несов. к*** подгото́вить (см.)

I. ПОДГОТА́ВЛИВАЮЩИЙ, -ая, -ее, -ие; *действ. наст.*

С и н т.: **а, б** — в глаг. знач. 1 — 4

II. ПОДГОТА́ВЛИВАВШИЙ, -ая, -ее, -ие; *действ. прош.*

С и н т.: **а, б** — в глаг. знач. 1 — 4

III. ПОДГОТА́ВЛИВАЕМЫЙ, -ая, -ое, -ые; *страд. наст.*

С и н т.: **а, б** — в глаг. знач. 1 — 4; **в** — в глаг. знач. 1

ПОДГОТО́ВИТЬ, подгото́влю, подгото́в|ят, подгото́ви|л; ***сов., перех.*** (*несов.* подгота́вливать; *несов.* гото́вить *к* 1 — 3 знач.) **1.** ***что*** *Директор уже подготовил доклад, с которым собирается выступать на партийном собрании. Ребята хорошо подготовили диспут на тему «Люди будущего»* [выполнить, осуществить, создать что-л.] **2.** ***что к чему*** и ***для чего*** *Москвичи хорошо подготовили свой город к фестивалю. Инженеры и рабочие подготовили завод к пуску. Редактор подготовил рукопись к набору. Художник подготовил холст для картины* [сделать готовым, пригодным для использования, годным к чему-л.] **3.** ***кого (что)*** *Тренер подготовил хоккеистов к Олимпийским играм. Врачи подготовили космонавтов к полету* [обучить, дать необходимые знания, натренировать и т. п. для какой-л. цели] **4.** ***кого(что)*** *Родственники подготовили дедушку для встречи с братом, которого он не видел тридцать лет. Мы подготовили сестру к этому известию* [предварительным сообщением расположить кого-л. к восприятию чего-л.]

II. ПОДГОТО́ВИВШИЙ, -ая, -ее, -ие; *действ. прош.*

С и н т.: **а, б** — в глаг. знач. 1 — 4

IV. ПОДГОТО́ВЛЕННЫЙ, -ая, -ое, -ые; *страд. прош.*

[чередование в/вл]

Синт.: **а, б** — в глаг. знач. 1 — 4; **в** — в глаг. знач. 1

В знач. прил. (только *полн. ф.*) **1.** Получивший нужную подготовку, имеющий достаточный уровень знаний, опыт в чем-л. *Подготовленный читатель. Подготовленные специалисты. На этом участке будут работать подготовленные кадры* **2.** Заранее продуманный, обеспеченный всем необходимым. *Подготовленный диспут даст много его участникам, а неподготовленный может принести только вред* **3.** Заранее спланированный и отличающийся поэтому искусственностью, неестественностью. *Подготовленный экспромт. Подготовленная реплика*

ПОДГОТО́ВЛЕН, -ена, -ено, -ены; *кр. ф.*

В глаг. знач. 1 — 4

ПОДГОТО́ВИТЬСЯ, подгото́влюсь, подгото́вятся, подгото́ви|лся; ***сов. к*** гото́виться во 2 знач. (см.)

II. ПОДГОТО́ВИВШИЙСЯ, -аяся, -ееся, -иеся; *действ. прош.*

Синт.: **а, б** — в глаг. знач. 2

ПОДДЕ́ЛАТЬ, подде́лают, подде́ла|л; ***сов., перех., что*** (*несов.* подде́лывать) *Преступники подделали подпись* [изготовить фальшивое подобие чего-л. с целью обмана]

II. ПОДДЕ́ЛАВШИЙ, -ая, -ее, -ие; *действ. прош.*

Синт.: **а, б** — в глаг. знач.

IV. ПОДДЕ́ЛАННЫЙ, -ая, -ое, -ые; *страд. прош.*

Синт.: **а, б, в** — в глаг. знач.

Ср. прил. **подде́льный,** -ая, -ое, -ые в знач. 'фальшивый, не настоящий'. *Поддельный документ*

ПОДДЕ́ЛАН, -ана, -ано, -аны; *кр. ф.*

В глаг. знач.

ПОДДЕ́ЛЫВАТЬ, подде́лыва|ют, подде́лыва|л; ***несов. к*** подде́лать (см.)

I. ПОДДЕ́ЛЫВАЮЩИЙ, -ая, -ее, -ие; *действ. наст.*

Синт.: **а, б** — в глаг. знач.

II. ПОДДЕ́ЛЫВАВШИЙ, -ая, -ее, -ие; *действ. прош.*

Синт.: **а, б** — в глаг. знач.

III. ПОДДЕ́ЛЫВАЕМЫЙ, -ая, -ое, -ые; *страд. наст.*

Синт.: **а, б, в** — в глаг. знач.

ПОДДЕРЖА́ТЬ, поддержу́, подде́ржат, поддержа́|л; ***сов. к*** подде́рживать (см.)

II. ПОДДЕРЖА́ВШИЙ, -ая, -ее, -ие; *действ. прош.*

Синт.: **а, б** — в глаг. знач. 1 — 6

IV. ПОДДЕ́РЖАННЫЙ, -ая, -ое, -ые; *страд. прош.*

Синт.: **а, б** — в глаг. знач. 1 — 6

Субстантив.₂ в глаг. знач. 1, 3, 4; субстантив.₃ в глаг. знач. 2

ПОДДЕ́РЖАН, -ана, -ано, -аны; *кр. ф.*

В глаг. знач. 1 — 6

ПОДДЕ́РЖИВАТЬ, подде́ржива|ют, подде́рживa|л; ***несов., перех.*** (*сов.* поддержа́ть) **1. *кого (что)*** *Андрей поддерживал хромающую женщину под руку* [не давать кому-л. упасть, придерживая] **2. *что; S не лицо*** *Эти ремни хорошо поддерживают перекладину. Резиновый пояс поддерживает дряблые мышцы* [не давать падать, вываливаться, опускаться и т. п. чему-л.] **3. *кого(что),*** также ***чем*** *Друг всегда поддерживает меня в трудную минуту. Наташа поддерживала сына дружеским советом* (см. § 1) [оказывать кому-л. помощь, содействие] **4. *кого(что)*** и ***что*** *Все выступавшие в прениях поддерживали докладчика. Мы поддерживаем ваше предложение. Заведующий отделом поддерживает мою просьбу* [выступать в защиту кого-чего-л., выражая согласие, одобряя] **5. *что*** *Гости охотно поддерживают разговор о предстоящем путешествии. Мой сын поддерживает порядок в доме, когда мы уезжаем* [не давать прекращаться, нарушаться чему-л.] **6. *кого(что)*** и ***что*** *Мы поддерживаем эту истощившуюся землю: удобряем, поливаем, рыхлим. Заблудившиеся дети погибли бы от голода, если бы не травы, грибы и ягоды, которые их поддерживали* [сохранять существование, не давать погибнуть кому-чему-л.]

I. ПОДДЕ́РЖИВАЮЩИЙ, -ая, -ее, -ие; *действ. наст.*

Синт.: **а, б** — в глаг. знач. 1 — 6

В знач. прил. Предназначенный для того, чтобы не дать упасть, вывалиться и т. п. *Поддерживающие лямки. Поддерживающее приспособление*

II. ПОДДЕ́РЖИВАВШИЙ, -ая, -ее, -ие; *действ. прош.*

Синт.: **а, б** — в глаг. знач. 1 — 6

III. ПОДДЕ́РЖИВАЕМЫЙ, -ая, -ое, -ые; *страд. наст.*

Синт.: **а, б** — в глаг. знач. 1 — 6

Субстантив.₂ в глаг. знач. 1, 3, 4; субстантив.₃ в глаг. знач. 2

ПОДЕ́ЙСТВОВАТЬ, поде́йствуют, поде́йствова|л; ***сов. к*** де́йствовать в 7 — 9 знач. (см.)

II. ПОДЕ́ЙСТВОВАВШИЙ, -ая, -ее, -ие; *действ. прош.*

Синт.: **а, б** — в глаг. знач. 7 — 9

ПОДЖЕ́ЧЬ, подожг|у́т, поджёг|, подожгла́, -ло́, -ли́; ***сов., перех., что*** (*несов.* поджига́ть *к* 1, 2 знач.) **1.** *Мальчишки подожгли бумагу* [поднеся огонь к чему-л., воспламенить, вызвать горение] **2.** *Партизаны подожгли избу, где был фашистский штаб* [намеренно вызвать пожар, совершить поджог] **3.** *Сестра подожгла пирог* [дать подгореть чему-л., испортить сильным огнем, жаром; *разг.*]

II. ПОДЖЁГШИЙ, -ая, -ее, -ие; *действ. прош.*

Синт.: **а, б** — в глаг. знач. 1 — 3

IV. ПОДОЖЖЁННЫЙ, -ая, -ое, -ые; *страд. прош.*

[чередование г/ж]

Синт.: **а, б, в** — в глаг. знач. 1 — 3

ПОДОЖЖЁН, -ена́, -ено́, -ены́; *кр. ф.*

В глаг. знач. 1 — 3

ПОДЖИГА́ТЬ, поджига́|ют, поджига́|л; ***несов. к*** подже́чь в 1, 2 знач. (см.)

I. ПОДЖИГА́ЮЩИЙ, -ая, -ее, -ие; *действ. наст.*

Синт.: **а, б** — в глаг. знач. 1, 2

II. ПОДЖИГА́ВШИЙ, -ая, -ее, -ие; *действ. прош.*

Синт.: **а, б** — в глаг. знач. 1, 2

III. ПОДЖИГА́ЕМЫЙ, -ая, -ое, -ые; *страд. наст.*

Синт.: **а, б, в** — в глаг. знач. 1, 2

ПОДКОВА́ТЬ, подкую́т, подкова́|л; ***сов., перех., кого(что)**** (*несов.* подко́вывать и кова́ть) *В кузнице кузнец подковал нам коня* [набить подковы]

II. ПОДКОВА́ВШИЙ, -ая, -ее, -ие; *действ. прош.*

Синт.: **а, б** — в глаг. знач.

IV. ПОДКО́ВАННЫЙ, -ая, -ое, -ые; *страд. прош.*

Синт.: **а, б, в** — в глаг. знач. и в статив. знач.

Статив. знач., ***в чем*** и ***с нареч.*** (также *кр. ф.* ↓) Хорошо разбирающийся в теории, знающий свое дело. *Это был человек, хорошо подкованный в математике. Молодые специалисты, прекрасно теоретически подкованные, в простых практических делах чувствовали себя неуверенно*

ПОДКО́ВАН, -ана, -ано, -аны; *кр. ф.*

В глаг. знач.

Статив. знач., ***в чем*** и ***с нареч.*** (также *полн. ф.* ↑) *Мой друг хорошо подкован в математике. Молодые специалисты были прекрасно теоретически подкованы*

ПОДКО́ВЫВАТЬ, подко́выва|ют, подко́выва|л; ***несов. к*** подкова́ть (см.)

I. ПОДКО́ВЫВАЮЩИЙ, -ая, -ее, -ие; *действ. наст.*

Синт.: **а, б** — в глаг. знач.

II. ПОДКО́ВЫВАВШИЙ, -ая, -ее, -ие; *действ. прош.*

Синт.: **а, б** — в глаг. знач.

III. ПОДКО́ВЫВАЕМЫЙ, -ая, -ое, -ые; *страд. наст.*

Синт.: **а, б, в** — в глаг. знач.

ПОДКУПА́ТЬ, подкупа́|ют, подкупа́|л; ***несов., перех.*** (*сов.* подкупи́ть) **1. *кого(что)*** *Гангстеры подкупают даже крупных правительственных чиновников* (из газет) [склонять на свою сторону деньгами, подарками и т. п.] **2. *кого(что),*** также ***чем*** *Аня подкупает всех своей добротой и искренностью* (см. § 1). *Доброжелательность наших знакомых подкупает всех* [располагать кого-л. в свою пользу чем-л.] **3. *что*** и ***чего*** *Весной мы часто подкупаем картошку, так как зимние запасы кончаются* [покупать дополнительно в небольшом количестве, прикупать]

I. ПОДКУПА́ЮЩИЙ, -ая, -ее, -ие; *действ. наст.*

Синт.: **а, б** — в глаг. знач. 1 — 3

Ср. прил. **подкупа́ющий,** -ая, -ее, -ие; -ющ, -юща, -юще, -ющи. Вызывающий симпатию, привлекающий, располагающий к себе. *Подкупающая искренность. Подкупающий тон. Подкупающее спокойствие. Подкупающая улыбка*

II. ПОДКУПА́ВШИЙ, -ая, -ее, -ие; *действ. прош.*

Синт.: **а, б** — в глаг. знач. 1 — 3

III. ПОДКУПА́ЕМЫЙ, -ая, -ое, -ые; *страд. наст.*

Синт.: **а, б** — в глаг. знач. 1 — 3; **в** — в глаг. знач. 1, 3

Субстантив.$_2$ в глаг. знач. 1

ПОДКУПИ́ТЬ, подкуплю́, подку́п|ят, подкупи́|л; ***сов. к*** подкупа́ть (см.)

II. ПОДКУПИ́ВШИЙ, -ая, -ее, -ие; *действ. прош.*

Синт.: **а, б** — в глаг. знач. 1 — 3

IV. ПОДКУ́ПЛЕННЫЙ, -ая, -ое, -ые; *страд. прош.*

[чередование п/пл]

Синт.: **а, б** — в глаг. знач. 1 — 3; **в** — в глаг. знач. 1, 3

Субстантив.$_2$ в глаг. знач. 1

ПОДКУ́ПЛЕН, -ена, -ено, -ены; *кр. ф.*

В глаг. знач. 1 — 3

□ Прич. IV во 2 глаг. знач. менее употр., чем личные ф. глагола и прич. II

ПОДМА́ЧИВАТЬ, подма́чива|ют, подма́чива|л; ***несов. к*** подмочи́ть (см.)

I. ПОДМА́ЧИВАЮЩИЙ, -ая, -ее, -ие; *действ. наст.*

Синт.: **а, б** — в глаг. знач. 1, 2

II. ПОДМА́ЧИВАВШИЙ, -ая, -ее, -ие; *действ. прош.*

Синт.: **а, б** — в глаг. знач. 1, 2

III. ПОДМА́ЧИВАЕМЫЙ, -ая, -ое, -ые; *страд. наст.*

Синт.: **а, б** — в глаг. знач. 1, 2

Субстантив.$_3$ в глаг. знач. 1

ПОДМЕСТИ́, подмет|у́т, подмёл, подмела́, -ло́, -ли́; ***сов. к*** подмета́ть (см.); ***сов. к*** мести́ в 1, 2 знач.

II. ПОДМЁТШИЙ, -ая, -ее, -ие; *действ. прош.*

[чередование е/ё]

Синт.: **а, б** — в глаг. знач. 1, 2

IV. ПОДМЕТЁННЫЙ, -ая, -ое, -ые; *страд. прош.*

Синт.: **а, б, в** — в глаг. знач. 1, 2

ПОДМЕТЁН, -ена́, -ено́, -ены́; *кр. ф.*

В глаг. знач. 1, 2

ПОДМЕТА́ТЬ, подмета́|ют, подмета́|л; ***несов., перех., что,*** также ***чем*** (*сов.* подмести́) **1.** *Мой сын каждый вечер подметает пол щеткой* (см. § 2) [очищать от сора, пыли и т. п., метя щеткой, метлой и т. п.] **2.** *Девочка подметала мусор у крыльца веником* (см. § 2) [удалять или собирать, убирать сор, осколки чего-л., метя щеткой, метлой и т. п.]

I. ПОДМЕТА́ЮЩИЙ, -ая, -ее, -ие; *действ. наст.*

Синт.: **а, б** — в глаг. знач. 1, 2

В знач. прил. Предназначенный для удаления сора, пыли с какой-л. поверхности. *Недавно сконструировано подметающее устройство. В нашей лаборатории изобрели подметающих роботов*

II. ПОДМЕТА́ВШИЙ, -ая, -ее, -ие; *действ. прош.*

Синт.: **а, б** — в глаг. знач. 1, 2

III. ПОДМЕТА́ЕМЫЙ, -ая, -ое, -ые; *страд. наст.*
С и н т.: **а, б, в** — в глаг. знач. 1, 2

ПОДМОЧИ́ТЬ, подмочу́, подмо́ч|ат, подмочи́|л; ***сов., перех., что*** (*несов.* подма́чивать) **1.** *Мальчишки подмочили одежду и сухари, переправляясь через речку* [дать подмокнуть] **2.** *Он явно подмочил свою репутацию* [запятнать репутацию и т. п.; *прост.*]

II. ПОДМОЧИ́ВШИЙ, -ая, -ее, -ие; *действ. прош.*
С и н т.: **а, б** — в глаг. знач. 1, 2

IV. ПОДМО́ЧЕННЫЙ, -ая, -ое, -ые; *страд. прош.*
С и н т.: **а, б** — в глаг. знач. 1, 2; **в** — в глаг. знач. 1
В з н а ч. п р и л. (также *кр. ф.* ↓) Несколько испорченный, запятнанный — о репутации, имени и т. п.; *разг. Подмоченная репутация. Подмоченная биография*
С у б с т а н т и в.$_3$ в глаг. знач. 1
ПОДМО́ЧЕН, -ена, -ено, -ены; *кр. ф.*
В глаг. знач. 1, 2
В з н а ч. п р и л. (также *полн. ф.* ↑) *У него репутация подмочена*

ПОДНИМА́ТЬ, поднима́|ют, поднима́|л; ***несов. к*** подня́ть (см.)

I. ПОДНИМА́ЮЩИЙ, -ая, -ее, -ие; *действ. наст.*
С и н т.: **а, б** — в глаг. знач. 1 — 17

II. ПОДНИМА́ВШИЙ, -ая, -ее, -ие; *действ. прош.*
С и н т.: **а, б** — в глаг. знач. 1 — 17

III. ПОДНИМА́ЕМЫЙ, -ая, -ое, -ые; *страд. наст.**
С и н т.: **а, б** — в глаг. знач. 1 — 16; **в** — в глаг. знач. 3, 5, 6, 12, 15
С у б с т а н т и в.$_3$ в глаг. знач. 1, 3, 4
▭ Прич. III в 17 глаг. знач. не употр.

ПОДНЯ́ТЬ, подниму́, подни́мут, по́дня|л и *доп.* подня́л, подняла́, по́дняло и *доп.* подня́ло, по́дняли и *доп.* подня́ли; ***сов., перех.*** (*несов.* поднима́ть) **1. *кого(что)*** и ***что*** *«[Мать] наклонилась, подняла ребенка и посадила его на воз теса».* М. Горький, Мать. *Мальчик поднял книгу с пола* [нагнувшись, взять, подобрать с земли, с полу] **2. *кого(что)*** *Отец поднял сына высоко вверх* [отделив от земли, от пола, удержать на весу] **3. *что*** *Мальчик с трудом поднял этот чемодан* [смочь отделить что-л. от земли и удержать на весу] **4. *кого(что)*** и ***что***, также ***чем*** *Лифтерша подняла экскурсантов на скоростном лифте. Рабочие подняли машину со дна озера подъемным краном* (см. § 2) [переместить куда-л. наверх] **5. *что*** *Ученик поднял руку. Я поднял голову и увидел воздушный шар* [переместить в более высокое положение, сместить по направлению вверх] **6. *что*** *После третьего звонка подняли занавес. Подул ветер, и мы подняли паруса. Пианист поднял крышку рояля* [переместить вверх и закрепить что-л. опускающееся, могущее быть спущенным] **7. *кого(что)*** *Прохожие подняли упавшего человека* [помочь или заставить встать] **8. *что*** *Пионеры подняли повалившийся забор* [вновь придать чему-л. стоячее положение] **9. *кого(что)*** *Командир поднял полк в атаку* [заставить тронуться с места с какой-л. целью, действовать каким-л. образом] **10. *кого(что)*** *«Поручите вы и нам, наконец, такое дело, чтобы подняло оно людей, воодушевило».* Грачевский, Рейс как рейс [воодушевить кого-л. на что-л., вызвать подъем у кого-л.] **11. *что*** *Рабочие подняли насыпь на метр. Ливни подняли уровень воды в реках* [сделать что-л. более высоким] **12. *что*** *Молодые токари подняли производительность труда вдвое. Предприниматели подняли цены на газ* [увеличить, повысить] **13. *что***, также ***чем*** *Артист поднял настроение зала смешным рассказом* (см. § 2). *Проводник поднял дух приунывших туристов, сообщив, что до перевала осталось пятьсот метров* [улучшить, сделать бодрым настроение и т. п.] **14. *что*** *Жители района быстро подняли разрушенное войной хозяйство* [наладить, поправить что-л. пришедшее в упадок, расстройство и т. п.] **15. *что*** *Ребята напрасно подняли тревогу. Соседи подняли шум* [в сочетании с отвлеченными существительными означает: произвести, совершить какое-л. действие, выраженное существительным] **16. *что*** *Народ по призыву партии поднял и освоил целинные земли* [вспахать пар, целину и т. п.] **17. *кого(что)*** *Сестра одна подняла троих детей* [вырастить, воспитать, сделать способным жить самостоятельно; *разг.*]

II. ПОДНЯ́ВШИЙ, -ая, -ее, -ие; *действ. прош.*
С и н т.: **а, б** — в глаг. знач. 1 — 17

IV. ПО́ДНЯТЫЙ, -ая, -ое, -ые; *страд. прош.**
С и н т.: **а, б** — в глаг. знач. 1 — 16; **в** — в глаг. знач. 3, 5, 6, 12, 15
С у б с т а н т и в.$_3$ в глаг. знач. 1, 3, 4
ПО́ДНЯТ, поднята́, по́днято, -ты; *кр. ф.**
В глаг. знач 1 — 16
▭ Прич. IV в 17 глаг. знач. не употр.

ПОДОБА́ТЬ, подоба́|ет, подоба́|ло; ***несов., неперех., кому(чему)*** и ***с неопр. ф.; S не лицо*** и ***безл.*** *Пионеру не подобает такое поведение. Таким образом поступать не подобает. Профессор говорил убежденно, как и подобает говорить настоящему ученому* [соответствовать принятым правилам, обычаям, чьему-л. положению, состоянию, надлежать, следовать]

I. ПОДОБА́ЮЩИЙ, -ая, -ее, -ие; *действ. наст.*
С и н т.: **а, б** — в глаг. знач.
С р. прил. **подоба́ющий**, -ая, -ее, -ие. Такой, который требуется в данных условиях, при данных обстоятельствах и т. п., надлежащий. *Поступить подобающим образом. Занять подобающее место*

II. ПОДОБА́ВШИЙ, -ая, -ее, -ие; *действ. прош.*
С и н т.: **а, б** — в глаг. знач.

ПОДОБРА́ТЬ, подберу́т, подобра́|л, подобрала́, подобра́ло, -ли; ***сов., перех.*** (*несов.* подбира́ть) **1. *что*** *Девушка подобрала с земли рассыпавшиеся апельсины. Мальчик подобрал подкову, которая лежала на дне канавы* [собрать, поднимая, брошенное, рассыпанное и т. п.; взять, поднять что-л. лежащее на земле, на полу и т. п.] **2. *кого (что); S не лицо*** *Нас подобрала попутная маши-*

на [захватить путника, пешехода по дороге, посадив к себе — о каком-л. виде транспорта; *разг.*] **3. *что*** *Аня подобрала волосы под платок* [убрать, спрятать подо что-л.] **4. *что*** *Девушка обиженно подобрала губы. Больной подобрал живот* [втянуть, поджать губы, живот и т. п.] **5. *что*** *Кучер подобрал вожжи, и лошади пошли быстрее* [натянуть потуже, подтянуть] **6. *что*** *Тамара подобрала тяжелые косы, чтобы они не мешали ей работать. Женщины подобрали подолы, обходя большие лужи* [приподнять вверх, завернуть] **7. *кого(что) кому(чему)*** *Директор подобрал себе хорошего помощника* [остановить свой выбор на ком-л. из ряда кандидатов после проверки его способностей, знаний и т. п.] **8. *что к чему*** *Илья быстро подобрал ключ к замку. Ольга подобрала, наконец, сыну галстук к рубашке* [выбирая, взять, найти подходящее, нужное, соответствующее чему-л.] **9. *что*** *«— Все материалы я уже подобрал. Остается только переписать».* Чаковский, Это было в Ленинграде. *Мне нужно подобрать литературу о гравитации* [отбирая для определенной цели, собрать все необходимое]

II. ПОДОБРА́ВШИЙ, -ая, -ее, -ие; *действ. прош.*
Синт.: **а, б** — в глаг. знач. 1 — 9

IV. ПОДО́БРАННЫЙ, -ая, -ое, -ые; *страд. прош.*
Синт.: **а, б** — в глаг. знач. 1 — 9
Ср. прил. **подо́бранный,** -ая, -ое, -ые; -ан, -анна, -анно, -анны. **1.** Подтянутый, собранный. *Учительница всегда подобранна, приветлива* **2.** Опрятный, аккуратный. *Подобранная фигура*
Субстантив.$_2$ в глаг. знач. 2; субстантив.$_3$ в глаг. знач. 1
ПОДО́БРАН, -ана, -ано, -аны; *кр. ф.*
В глаг. знач. 1 — 9

ПОДОЙТЬ, подою, подо́|ят и подоя́т, подой|л; ***сов. к*** дои́ть (см.)

II. ПОДОЙВШИЙ, -ая, -ее, -ие; *действ. прош.*
Синт.: **а, б** — в глаг. знач.

IV. ПОДО́ЕННЫЙ, -ая, -ое, -ые; *страд. прош.*
Синт.: **а, б, в** — в глаг. знач.
ПОДО́ЕН, -ена, -ено, -ены; *кр. ф.*
В глаг. знач.

ПОДОЙТИ́, подойду́т, подошёл, подошла́, -ло́, -ли́; ***сов. к*** подходи́ть (см.)

II. ПОДОШЁДШИЙ, -ая, -ее, -ие; *действ. прош.*
[от основы -шед- + суффикс -ш-]
Синт.: **а, б** — в глаг. знач. 1 — 10; **в** — в глаг. знач. 2

ПОДО́ХНУТЬ, подо́хнут, подо́х|; ***сов. к*** до́хнуть (см.)

II. ПОДО́ХШИЙ, -ая, -ее, -ие; *действ. прош.*
Синт.: **а, б, в** — в глаг. знач.

ПОДПИСА́ТЬ, подпишу́, подпи́шут, подписа́|л; ***сов., перех.*** (*несов.* подпи́сывать) **1. *что*** *Брат тоже подписал поздравительное письмо. Директор подписал приказ о моем назначении на новую должность. Мы все подписали это воззвание* [поставить подпись для подтверждения, удостоверения чего-л.] **2. *что*** *Советский Союз и США подписали договор о сокращении ракет средней дальности* (из газет) [скрепить что-л. подписью, принимая на себя какое-л. обязательство, условие и т. п.] **3. *что к чему*** *Аня подписала еще три строки к своему стихотворению* [приписать дополнительно к чему-л.] **4. *кого(что) на что*** *Я вас подписала на журнал «Дружба народов»* [включить в число подписчиков]

II. ПОДПИСА́ВШИЙ, -ая, -ее, -ие; *действ. прош.*
Синт.: **а, б** — в глаг. знач. 1 — 4

IV. ПОДПИ́САННЫЙ, -ая, -ое, -ые; *страд. прош.*
Синт.: **а, б** — в глаг. знач. 1 — 4; **в** — в глаг. знач. 1, 2
ПОДПИ́САН, -ана, -ано, -аны; *кр. ф.*
В глаг. знач. 1 — 4

ПОДПИ́СЫВАТЬ, подпи́сыва|ют, подпи́сыва|л; ***несов. к*** подписа́ть (см.)

I. ПОДПИ́СЫВАЮЩИЙ, -ая, -ее, -ие; *действ. наст.*
Синт.: **а, б** — в глаг. знач. 1 — 4

II. ПОДПИ́СЫВАВШИЙ, -ая, -ее, -ие; *действ. прош.*
Синт.: **а, б** — в глаг. знач. 1 — 4

III. ПОДПИ́СЫВАЕМЫЙ, -ая, -ое, -ые; *страд. наст.*
Синт.: **а, б** — в глаг. знач. 1 — 4; **в** — в глаг. знач. 1, 2

ПОДПРЫ́ГИВАТЬ, подпры́гива|ют, подпры́гива|л; ***несов., неперех.*** (*сов.* подпры́гнуть) *Девочка все время подпрыгивала на одном месте* [делать небольшие прыжки вверх, подскакивать]

I. ПОДПРЫ́ГИВАЮЩИЙ, -ая, -ее, -ие; *действ. наст.*
Синт.: **а, б, в** — в глаг. знач.
В знач. прил. С резкими колебаниями вверх и вниз. *Подпрыгивающая походка. Подпрыгивающие движения, напоминающие танец. Подпрыгивающие колебания стрелки*

II. ПОДПРЫ́ГИВАВШИЙ, -ая, -ее, -ие; *действ. прош.*
Синт.: **а, б, в** — в глаг. знач.

ПОДПРЫ́ГНУТЬ, подпры́гнут, подпры́гну|л; ***сов. к*** подпры́гивать (см.)

II. ПОДПРЫ́ГНУВШИЙ, -ая, -ее, -ие; *действ. прош.*
Синт.: **а, б, в** — в глаг. знач.

ПОДСКАЗА́ТЬ, подскажу́, подска́жут, подсказа́|л; ***сов., перех.*** (*несов.* подска́зывать) **1. *что*** и ***с придат. дополнит. кому(чему)*** *Ольга подсказала подруге начало стихотворения, и та прочла его без запинки. Мой приятель подсказал мне, как решить задачу по физике* [шепнуть или показать незаметно кому-л. то, что тот должен сказать, сделать и т. п.] **2. *что*** и ***с придат. дополнит. кому(чему)*** *«— Хотелось повидать сначала тебя, потом уж в гостиницу.. Адрес подсказал дежурный».* Герман, Я отвечаю за все. *Именно отец подсказал мне, как поступить* [указать, посоветовать; *разг.*] **3. *что кому(чему); S не лицо*** *Глубокое знание предмета подсказало ученому правильный вывод. Опыт подсказал правильное решение* [вызвать необходимую мысль, решение и т. п., явившись источником, причиной, основанием для этого]

II. ПОДСКАЗА́ВШИЙ, -ая, -ее, -ие; *действ. прош.*

Синт.: **а, б** — в глаг. знач. 1 — 3; **в** — в глаг. знач. 1

IV. ПОДСКА́ЗАННЫЙ, -ая, -ое, -ые; *страд. прош.*

Синт.: **а, б** — в глаг. знач. 1 — 3

Субстантив.$_3$ в глаг. знач. 1

ПОДСКА́ЗАН, -ана, -ано, -аны; *кр. ф.*

В глаг. знач. 1 — 3

ПОДСКА́ЗЫВАТЬ, подска́зыва|ют, подска́зыва|л; ***несов. к*** подсказа́ть (см.)

I. ПОДСКА́ЗЫВАЮЩИЙ, -ая, -ее, -ие; *действ. наст.*

Синт.: **а, б** — в глаг. знач. 1 — 3; **в** — в глаг. знач. 1

II. ПОДСКА́ЗЫВАВШИЙ, -ая, -ее, -ие; *действ. прош.*

Синт.: **а, б** — в глаг. знач. 1 — 3; **в** — в глаг. знач. 1

III. ПОДСКА́ЗЫВАЕМЫЙ, -ая, -ое, -ые; *страд. наст.*

Синт.: **а, б** — в глаг. знач. 1 — 3

Субстантив.$_3$ в глаг. знач. 1

ПОДСЛУ́ШАТЬ, подслу́шают, подслу́ша|л; ***сов. к*** подслу́шивать (см.)

II. ПОДСЛУ́ШАВШИЙ, -ая, -ее, -ие; *действ. прош.*

Синт.: **а, б** — в глаг. знач.

IV. ПОДСЛУ́ШАННЫЙ, -ая, -ое, -ые; *страд. прош.*

Синт.: **а, б, в** — в глаг. знач.

ПОДСЛУ́ШАН, -ана, -ано, -аны; *кр. ф.*

В глаг. знач.

ПОДСЛУ́ШИВАТЬ, подслу́шива|ют, подслу́шива|л; ***несов., перех., кого(что)*** и ***что*** и ***с придат. дополнит.*** (*сов.* подслу́шать) *Соседка подслушивала наш разговор. Нас кто-то подслушивает. Этот человек явно подслушивал, о чем мы говорим* [тайком слушать то, что говорится для других]

I. ПОДСЛУ́ШИВАЮЩИЙ, -ая, -ее, -ие; *действ. наст.*

Синт.: **а, б** — в глаг. знач.

В знач. прил. Предназначенный для подслушивания. *Подслушивающее устройство. Подслушивающий аппарат*

II. ПОДСЛУ́ШИВАВШИЙ, -ая, -ее, -ие; *действ. прош.*

Синт.: **а, б** — в глаг. знач.

III. ПОДСЛУ́ШИВАЕМЫЙ, -ая, -ое, -ые; *страд. наст.*

Синт.: **а, б, в** — в глаг. знач.

ПОДТЯ́ГИВАТЬ, подтя́гива|ют, подтя́гива|л; ***несов. к*** подтяну́ть (см.)

I. ПОДТЯ́ГИВАЮЩИЙ, -ая, -ее, -ие; *действ. наст.*

Синт.: **а, б** — в глаг. знач. 1 — 8

II. ПОДТЯ́ГИВАВШИЙ, -ая, -ее, -ие; *действ. прош.*

Синт.: **а, б** — в глаг. знач. 1 — 8

III. ПОДТЯ́ГИВАЕМЫЙ, -ая, -ое, -ые; *страд. наст.*

Синт.: **а, б** — в глаг. знач. 1 — 7; **в** — в глаг. знач. 4, 5, 7

Субстантив.$_2$ в глаг. знач. 1, 2; субстантив.$_3$ в глаг. знач. 1, 2, 4

ПОДТЯНУ́ТЬ, подтяну́, подтя́нут, подтяну́|л; ***сов.*** (*несов.* подтя́гивать) **1.** ***перех., кого(что)*** и ***что*** *Солдаты подтянули раненого к дереву. Мы подтянули байдарку к берегу* [таща, волоча, приблизить к кому-чему-л., подтащить] **2.** ***перех., кого(что)*** и ***что подо что*** *Ребята подтянули сани под навес* [затащить, затянуть подо что-л.] **3.** ***перех., кого(что)*** и ***что*** *Командующий подтянул все силы к реке. Штаб подтянул резервы к линии фронта* [сосредоточивая, передвинуть ближе к кому-чему-л. какие-л. военные силы] **4.** ***перех., что*** *Альпинист подтянул веревку. Офицер оправил гимнастерку и подтянул пояс* [затянуть, натянуть несколько туже] **5.** ***перех., что*** *Дима на ходу подтянул спустившееся голенище сапога. Мальчик подтянул брюки и осторожно сел на стул* [натянув, поднять кверху, выше] **6.** ***перех., кого(что)*** *Новая учительница быстро подтянула отстающих учеников* [заставить хорошо учиться, работать, быть дисциплинированным] **7.** ***перех., что*** *Йог подтянул живот так, что мы увидели вместо него впадину* [втянуть, вобрать внутрь живот, губы и т. д., подобрать] **8.** ***неперех., кому (чему)*** и ***без дополн.*** *Ребята запели, и я подтянул им* [присоединиться к поющему, подпевая ему]

II. ПОДТЯНУ́ВШИЙ, -ая, -ее, -ие; *действ. прош.*

Синт.: **а, б** — в глаг. знач. 1 — 8

IV. ПОДТЯ́НУТЫЙ, -ая, -ое, -ые; *страд. прош.*

Синт.: **а, б** — в глаг. знач. 1 — 7

В знач. прил. (только *полн. ф.*) Втянутый, ввалившийся — о животе, боках. *«Собаки ходят с подтянутыми животами и даже не лают».* Тургенев, Новь

Ср. прил. **подтя́нутый,** -ая, -ое, -ые; -ут, -ута, -уто, -уты. **1.** Внутренне дисциплинированный, сдержанный, внешне аккуратный, собранный. *Подтянутый юноша. Командир был подтянут, сосредоточен в себе* **2.** Аккуратный. *Подтянутый вид*

Субстантив.$_2$ в глаг. знач. 1, 2; субстантив.$_3$ в глаг. знач. 1, 2, 4

ПОДТЯ́НУТ, -та, -то, -ты; *кр. ф.*

В глаг. знач. 1 — 7

ПОДХОДИ́ТЬ, подхожу́, подхо́д|ят, подходи́|л; ***несов., неперех.*** (*сов.* подойти́) **1.** ***к кому(чему)*** и ***к чему*** *Прохожий несколько раз подходил к плачущему ребенку* [идя, приближаться] **2.** ***к чему; S не лицо*** *Поезд подходит к станции. Автобус подходит к остановке* [подъезжая, подплывая и т. д., приближаться к чему-л.— о поезде, пароходе, автомобиле и т. п.] **3.** *Скоро начнется митинг, люди подходят небольшими группами, некоторые несут плакаты* [прибывать куда-л. к какому-л. времени, с какой-л. целью; *разг.*] **4.** ***к чему; S не лицо*** *Лес в этом месте подходит к полю* [располагаясь, простираясь, находиться в непосредственной близости от чего-л.] **5.** ***к чему*** *Студенты только подходили к изуче-*

нию творчества А. С. Пушкина [осуществлять необходимую предварительную подготовку к чему-л.] **6. *к кому(чему)*** и ***к чему*** *Директор подходил к людям внимательно и требовательно. Журналистка подходит критически ко многим явлениям современной поэзии* [обнаруживать, проявлять какое-л. отношение к кому-чему-л.] **7. *кому(чему)*** и ***к чему; S не лицо*** *Новый свитер вам не подходит. К этой рубашке подходит только темный галстук* [оказываться гармонирующим, удобным, приемлемым, соответствующим кому-чему-л.] **8.** *Новый актер не подходит на роль старика* [годиться для какой-л. работы, для какого-л. дела] **9. *S не лицо*** *Когда подходит удобный момент, Андрей прерывает нас и просит разрешения уйти* [наступать — о времени, явлении, событии и т. п.] **10. *S не лицо*** *Тесто быстро подходило, нужно было готовить начинку для пирогов* [подниматься, вздуваться — о тесте]

I. ПОДХОДЯ́ЩИЙ, -ая, -ее, -ие; *действ. наст.*

С и н т.: **а, б** — в глаг. знач. 1 — 10; **в** — в глаг. знач. 2

С р. прил. **подходя́щий,** -ая, -ее, -ие; -я́щ, -я́ща, -я́ще, -я́щи. Такой, какой нужно, отвечающий каким-л. требованиям, условиям, годный для чего-л. *Подходящий момент. Подходящие условия. Подходящее дело*

II. ПОДХОДИ́ВШИЙ, -ая, -ее, -ие; *действ. прош.*

С и н т.: **а, б** — в глаг. знач. 1 — 10; **в** — в глаг. знач. 2

ПОДЧЁРКИВАТЬ, подчёркива|ют, подчёркива|л; ***несов. к*** подчеркну́ть (см.)

I. ПОДЧЁРКИВАЮЩИЙ, -ая, -ее, -ие; *действ. наст.*

С и н т.: **а, б** — в глаг. знач. 1 — 4

II. ПОДЧЁРКИВАВШИЙ, -ая, -ее, -ие; *действ. прош.*

С и н т.: **а, б** — в глаг. знач. 1 — 4

III. ПОДЧЁРКИВАЕМЫЙ, -ая, -ое, -ые; *страд. наст.*

С и н т.: **а, б** — в глаг. знач. 1 — 4; **в** — в глаг. знач. 1

С у б с т а н т и в.$_3$ в глаг. знач. 1, 3

ПОДЧЕРКНУ́ТЬ, подчеркну́т, подчеркну́|л; ***сов., перех.,*** (*несов.* подчёркивать) **1. *что,*** также ***чем*** *Учитель подчеркнул ошибки красным карандашом* (см. § 2) [провести черту под каким-л. текстом] **2. *что*** и ***с придат. дополнит.*** *Докладчик подчеркнул необходимость внедрения новой технологии. Директор подчеркнул, что решить этот вопрос необходимо как можно скорее* [особо выделить каким-л. образом, чтобы обратить на что-л. чье-л. внимание] **3. *что,*** также ***чем*** *«В устной речи любое слово мы можем подчеркнуть интонацией».* Андроников, Слово написанное и сказанное (см. § 2) [выделить голосом слово, фразу с какой-л. целью] **4. *что; S не лицо*** *«Мечеть, высокая среди курганов и стад, слишком одинока, чтобы казаться величественной. Её рост подчеркнули бы кварталы большого города».* Павленко, Путешествие в Туркменистан [оттеняя собой, сделать заметнее, отчетливее, выразительнее]

II. ПОДЧЕРКНУ́ВШИЙ, -ая, -ее, -ие; *действ. прош.*

С и н т.: **а, б** — в глаг. знач. 1 — 4

IV. ПОДЧЁРКНУТЫЙ, -ая, -ое, -ые; *страд. прош.*

[чередование е/ё]

С и н т.: **а, б** — в глаг. знач. 1 — 4; **в** — в глаг. знач. 1

С р. прил. **подчёркнутый,** -ая, -ое, -ые. Такой, на который хотят обратить внимание, нарочитый. *Подчеркнутая любезность. Подчеркнутая вежливость*

С у б с т а н т и в.$_3$ в глаг. знач. 1, 3

ПОДЧЁРКНУТ, -та, -то, -ты; *кр. ф.*

В глаг. знач. 1 — 4

ПОДЧИНИ́ТЬ, подчин|я́т, подчини́|л; ***сов., перех.*** (*несов.* подчиня́ть) **1. *кого(что)*** *«Дел у Киева было много: подчинить для уплаты дани южные и северные племена славян; высвободить из-под власти хазарских ханов восточные славянские племена».* А. Н. Толстой, Откуда пошла русская земля [сделать подвластным, покорить] **2. *кого (что) кому(чему)*** и ***чему*** *Этот мальчик подчинил себе всех мальчишек в классе. «[Андрей] сразу и накрепко подчинил себя этой мысли и неотступно следовал ей».* Бубеннов, Белая береза [сделать зависимым, поставить в зависимость от кого-чего-л., заставить действовать сообразно чему-л.] **3. *кого(что)*** и ***что кому(чему)*** и ***чему*** *« — Из моряков только тогда выйдет толк, когда их подчинят сухопутному начальству, чтобы они действовали сообща с армией».* Степанов, Порт-Артур. *Наше издательство подчинят Академии наук* [поставить под непосредственное руководство, передать в чье-л. непосредственное ведение]

II. ПОДЧИНИ́ВШИЙ, -ая, -ее, -ие; *действ. прош.*

С и н т.: **а, б** — в глаг. знач. 1 — 3

IV. ПОДЧИНЁННЫЙ, -ая, -ое, -ые; *страд. прош.*

С и н т.: **а, б** — в глаг. знач. 1 — 3 и в статив. знач.

С т а т и в. з н а ч., ***чему*** (также *кр. ф.* ↓) **1.** Стремящийся, устремляющийся к чему-л. *Все помыслы и стремления писателя, подчиненные одной цели — скорее закончить работу над книгой, были понятны нам* **2.** Находящийся в зависимости от каких-л. факторов. *В этом произведении поражало сочетание разностильных элементов, подчиненное ритму стиха*

В з н а ч. п р и л. (только *полн. ф.*) Связанный в чем-л. обстоятельствами, чужой волей и т. п., зависимый. *Подчиненное существование. Подчиненная роль. Подчиненные отношения*

С р. прил. **подчинённый**, -ая, -ое, -ые. Не основной, второстепенный. *Эти явления имеют подчиненный характер*

С р. сущ. **подчинённый,** -ого, *м.*; **подчинённая,** -ой, *ж.* Должностное лицо, которое в служебном отношении подчиняется лицу, старшему по должности или званию

Субстантив.₃ не употр.
ПОДЧИНЁН, -ена́, -ено́, -ены́; *кр. ф.*
В глаг. знач. 1 — 3
Статив. знач., **чему** (также *полн. ф.* ↑) **1.** *Все помыслы и стремления писателя подчинены одной цели — закончить работу над книгой* **2.** *В этом произведении сочетание разностильных элементов подчинено ритму стиха*

ПОДЧИНЯ́ТЬ, подчиня́|ют, подчиня́|л; **несов., перех.** (*сов.* подчини́ть) **1. кого(что)** *Киевское государство подчиняло для уплаты дани племена славян* [делать подвластным, покорять] **2. кого(что) кому(чему)** и **чему** *Этот мальчик подчиняет себе всех учеников класса. «Человек — часть природы.., она подчиняет его своим законам».* Герцен, Программа и план издания журнала [делать зависимым, ставить в зависимость от кого-чего-л., заставлять действовать сообразно чему-л.] **3. кого(что)** и **что кому(чему)** и **чему** *Наше издательство подчиняют Академии наук* [ставить под непосредственное руководство, передавать в чье-л. непосредственное ведение]
I. ПОДЧИНЯ́ЮЩИЙ, -ая, -ее, -ие; *действ. наст.*
Синт.: **а, б** — в глаг. знач. 1 — 3
В знач. прил. Такой, который делает кого-л. зависимым, ставит в зависимость, заставляет действовать сообразно чему-л. *Подчиняющий жест. Подчиняющий взгляд*
II. ПОДЧИНЯ́ВШИЙ, -ая, -ее, -ие; *действ. прош.*
Синт.: **а, б** — в глаг. знач. 1 — 3
III. ПОДЧИНЯ́ЕМЫЙ, -ая, -ое, -ые; *страд. наст.*
Синт.: **а, б** — в глаг. знач. 1 — 3
Субстантив.₃ не употр.

ПОЖАЛЕ́ТЬ, пожале́ют, пожале́|л; **сов. к** жале́ть (см.)
II. ПОЖАЛЕ́ВШИЙ, -ая, -ее, -ие; *действ. прош.*
Синт.: **а, б** — в глаг. знач. 1 — 4
▭ Прич. IV не образуется

ПОЖЕЛА́ТЬ, пожела́ют, пожела́|л; **сов. к** жела́ть во 2 знач. (см.)
II. ПОЖЕЛА́ВШИЙ, -ая, -ее, -ие; *действ. прош.*
Синт.: **а, б** — в глаг. знач. 2

ПОЗВА́ТЬ, позову́т, позва́|л, позвала́, позва́ло, -ли; **сов. к** звать в 1, 2 знач. (см.)
II. ПОЗВА́ВШИЙ, -ая, -ее, -ие; *действ. прош.*
Синт.: **а, б** — в глаг. знач. 1, 2
IV. ПО́ЗВАННЫЙ, -ая, -ое, -ые; *страд. прош.*
Синт.: **а, б** — в глаг. знач. 1, 2
ПО́ЗВАН, -ана, -ано, -аны; *кр. ф.*
В глаг. знач. 1, 2

ПОЗВО́ЛИТЬ, позво́л|ят, позво́ли|л; **сов.** (*несов.* позволя́ть) **1. перех., что** и **с неопр. ф. кому (чему)** *Врач не позволил ребенку чтение без очков. Отец позволил сыну пойти гулять* [разрешить кому-л. делать что-л.] **2. неперех., кому (чему)** и **чему с неопр. ф.; S не лицо** *Обстоятельства не позволили мне поехать в Болгарию. «— Продвигаться будете от участка к участку. Где позволит дорога — на машине, где на своих двоих».* Ажаев, Далеко от Москвы [дать возможность, допустить — об условиях, обстановке и т. п.]
II. ПОЗВО́ЛИВШИЙ, -ая, -ее, -ие; *действ. прош.*
Синт.: **а, б** — в глаг. знач. 1, 2
IV. ПОЗВО́ЛЕННЫЙ, -ая, -ое, -ые; *страд. прош.*
Синт.: **а, б** — в глаг. знач. 1
ПОЗВО́ЛЕН, -ена, -ено, -ены; *кр. ф.*
В глаг. знач. 1
Ср. **позво́лено,** *безл.,* **кому(чему)** Разрешается, одобряется кем-л., не вызывает возражений. *Детям позволено играть в комнате. Мне позволено читать без очков.*

ПОЗВОЛЯ́ТЬ, позволя́|ют, позволя́|л; **несов.** (*сов.* позво́лить) **1. перех., что** и **с неопр. ф. кому(чему)** *Врач не позволяет мне чтение без очков. Аня не позволяет сыну вечером смотреть все телевизионные передачи* [разрешать кому-л. делать что-л.] **2. неперех., кому(чему)** и **чему с неопр. ф.; S не лицо** *Обстоятельства не позволяют мне поехать в Болгарию. Если позволяет здоровье, вы можете заниматься аэробикой* [давать возможность, допускать — об условиях, обстановке и т. п.]
I. ПОЗВОЛЯ́ЮЩИЙ, -ая, -ее, -ие; *действ. наст.*
Синт.: **а, б** — в глаг. знач. 1, 2
II. ПОЗВОЛЯ́ВШИЙ, -ая, -ее, -ие; *действ. прош.*
Синт.: **а, б** — в глаг. знач. 1, 2
III. ПОЗВОЛЯ́ЕМЫЙ, -ая, -ое, -ые; *страд. наст.*
Синт.: **а, б** — в глаг. знач. 1
Ср. прич. в 1 глаг. знач. с прил. **позволи́тельный,** -ая, -ое, -ые; -лен, -льна, -льно, -льны. Такой, который можно позволить, допустить, допустимый, возможный. *Это вполне позволительный поступок*

ПОЗНАВА́ТЬ, позна|ю́т, познава́|л; **несов., перех.** (*сов.* позна́ть) **1. что** *Люди познают сущность вещей не сразу. Человек познает природу* [приобретая знания, получать истинное представление о ком-чем-л., постигать] **2. кого(что)** *Писатель постепенно познавал людей, с которыми ему пришлось жить в тайге* [хорошо узнавать, понимать чей-л. характер] **3. что** *Дети познают радость общения с природой. Молодая женщина постепенно познавала горечь разлуки* [испытывать, переживать]
I. ПОЗНАЮ́ЩИЙ, -ая, -ее, -ие; *действ. наст.*
Синт.: **а, б** — в глаг. знач. 1 — 3
II. ПОЗНАВА́ВШИЙ, -ая, -ее, -ие; *действ. прош.*
Синт.: **а, б** — в глаг. знач. 1 — 3
III. ПОЗНАВА́ЕМЫЙ, -ая, -ое, -ые; *страд. наст.*
Синт.: **а, б** — в глаг. знач. 1 — 3
В знач. прил. (также *кр. ф.* ↓) Такой, который можно познать. *Познаваемые закономерности. Познаваемый мир*
Субстантив.₂ не употр.; субстантив.₃ в глаг. знач. 1
ПОЗНАВА́ЕМ, -ема, -емо, -емы; *кр. ф.**

В глаг. знач. 1, 3
В знач. прил. (также *полн. ф.* ↑) *Мир познаваем. Эти закономерности познаваемы*
▭ Кр. ф. прич. III во 2 глаг. знач. не употр.

ПОЗНАКО́МИТЬ, познако́млю, познако́м|ят, познако́ми|л; ***сов. к*** знако́мить (см.)
II. ПОЗНАКО́МИВШИЙ, -ая, -ее, -ие; *действ. прош.*
Синт.: **а, б** — в глаг. знач. 1, 2
IV. ПОЗНАКО́МЛЕННЫЙ, -ая, -ое, -ые; *страд. прош.*
[чередование м/мл]
Синт.: **а, б** — в глаг. знач. 1, 2
ПОЗНАКО́МЛЕН, -ена, -ено, -ены; *кр. ф.*
В глаг. знач. 1, 2
▭ Прич. IV во 2 глаг. знач. менее употр., чем личные ф. глагола и прич. II

ПОЗНА́ТЬ, позна́ют, позна́|л; ***сов. к*** познава́ть (см.)
II. ПОЗНА́ВШИЙ, -ая, -ее, -ие; *действ. прош.*
Синт.: **а, б** — в глаг. знач. 1 — 3
IV. ПО́ЗНАННЫЙ, -ая, -ое, -ые; *страд. прош.*
Синт.: **а, б** — в глаг. знач. 1 — 3
Субстантив.$_2$ не употр.; субстантив.$_3$ в глаг. знач. 1
ПО́ЗНАН, -ана, -ано, -аны; *кр. ф.**
В глаг. знач. 1, 3
▭ Кр. ф. прич. IV во 2 глаг. знач. не употр.

ПОЗОЛОТИ́ТЬ, позолочу́, позолот|я́т, позолоти́|л; ***сов., перех., что*** (*несов.* золоти́ть) **1.** *Купол этой церкви, архитектурного памятника 14 века, позолотили заново во время реставрации* [покрыть позолотой] **2.** ***S не лицо*** *Лучи солнца позолотили вершины гор* [освещая, придать чему-л. золотистый цвет, оттенок]
II. ПОЗОЛОТИ́ВШИЙ, -ая, -ее, -ие; *действ. прош.*
Синт.: **а, б** — в глаг. знач. 1, 2
IV. ПОЗОЛО́ЧЕННЫЙ, -ая, -ое, -ые и *доп.* ПОЗОЛОЧЁННЫЙ, -ая, -ое, -ые; *страд. прош.*
[чередование т/ч]
Синт.: **а, б** — в глаг. знач. 1, 2
В знач. прил. **позоло́ченный** (только *полн. ф.*) Покрытый позолотой. *Позолоченные ложки. Позолоченные купола. Позолоченная крышка*
ПОЗОЛО́ЧЕН, -ена, -ено, -ены и *доп.* ПОЗОЛОЧЁН, -ена́, -ено́, -ены́; *кр. ф.*
В глаг. знач. 1, 2

ПОЙМА́ТЬ, пойма́ют, пойма́|л; ***сов., перех.*** (*несов.* лови́ть) **1.** ***что,*** также ***чем*** *Малыш поймал мяч. Катя поймала спустившуюся петлю крючком* (см. § 2) [схватить, подхватить то, что летит, брошено; зацепить что-л. движущееся, удаляющееся и т. п., остановив] **2.** ***кого(что)*** *Ребята поймали убегающую девочку* [схватить того, кто удаляется, убегает] **3.** ***кого(что)*** *, также ***чем*** *Вчера Петя поймал большую щуку. Мальчик поймал рака руками* (см. § 2) [захватить живьем каких-л. животных, птиц, насекомых, захватить как добычу] **4.** ***кого(что)*** *Милиция быстро поймала преступника* [задержать, арестовать скрывавшегося] **5.** ***кого(что)*** *Илья поймал комсорга в коридоре в перерыве между лекциями* [застать, встретить, увидеть кого-л. где-л.; *разг.*] **6.** ***что*** *Дима поймал, наконец, такси* [найти, встретиться с чем-л. необходимым; *разг.*] **7.** ***кого(что) на чем*** *Аня поймала сына на лжи* [уличить, изобличить кого-л. в чем-л.] **8.** ***кого(что) на чем*** *Я поймала себя на мысли, что хочу поехать в Ленинград* [внезапно заметить, обнаружить что-л. в себе самом, за самим собой — в сочетании с мест. *себя*]
II. ПОЙМА́ВШИЙ, -ая, -ее, -ие; *действ. прош.*
Синт.: **а, б** — в глаг. знач. 1 — 8
IV. ПО́ЙМАННЫЙ, -ая, -ое, -ые; *страд. прош.**
Синт.: **а, б** — в глаг. знач. 1 — 7; **в** — в глаг. знач. 3, 4
Субстантив.$_2$ в глаг. знач. 2, 4, 7; субстантив.$_3$ в глаг. знач. 1
ПО́ЙМАН, -ана, -ано, -аны; *кр. ф.**
В глаг. знач. 1 — 7
▭ Прич. IV в 8 глаг. знач. не употр.

ПОЙТИ́, пойду́т, пошёл, пошла́, -ло́, -ли́; ***сов. к*** идти́ в 1 — 3, 6 — 9, 11, 12, 15, 17, 18, 22, 23 знач. (см.)
II. ПОШЕ́ДШИЙ, -ая, -ее, -ие; *действ. прош.*
[от основы -шед- + суффикс -ш-]
Синт.: **а, б** — в глаг. знач. 1 — 3, 6 — 9, 11, 12, 15, 17, 18, 22, 23

ПОКАЗА́ТЬ, покажу́, пока́жут, показа́|л; ***сов.*** (*несов.* пока́зывать *к* 1 — 14 знач.) **1.** ***перех., кого(что)*** и ***что кому(чему)*** *Счастливая мать показала нам родившуюся месяц назад дочь. Мальчик показал врачу горло. Я показала рисунок учителю* [дать увидеть, представить для рассматривания, разглядывания] **2.** ***перех., кого(что)*** и ***что кому(чему)*** *Отец показал больную дочь врачу. Студент показал рукопись профессору* [привести кого-л. к кому-л. для осмотра, проверки способностей и т. п.; представить кому-л. для заключения, просмотра и т. п.] **3.** ***перех., что*** *Саша показал интересный фокус. Театр покажет этот спектакль в воскресенье* [публично продемонстрировать; сыграть для зрителей] **4.** ***перех., что кому(чему)*** *Учитель показал новый музей своим ученикам. Старик показал мне дорогу* [ознакомить с чем-л., давая пояснения] **5.** ***перех., кого(что)*** и ***что*** и ***с придат. дополнит. кому(чему)*** *Дима показал гостям своего учителя по математике очень точно и смешно. Мальчик показал нам, как ходят утки* [изобразить, копируя кого-что-л., подражая кому-чему-л.] **6.** ***перех., кого (что)*** и ***что*** *«Я хотел показать людей на границе. Я хотел показать край, превратившийся из заброшенного и дикого в передовой».* Павленко, На Востоке (О моей книге) [изобразить в художественном произведении] **7.** ***перех., что*** и ***с придат. дополнит.*** *Сестра показала мне этот способ вязки. Смирнов показал, как пользоваться микроскопом* [разъяснить наглядно, обучая чему-л.] **8.** ***перех., что,*** также ***чем*** *Ученик показал прекрасные знания в области физики. Пионеры показали свою находчивость. Этим поступком Дима показал нежелание изучать математику* (см. § 1). *Спортсмен показал хорошие результаты в беге* [проявить, обнаружить какое-л.

свойство, качество, состояние и т. п.; дать какие-л. количественные результаты] **9. *перех., что*** и ***с придат. дополнит.; S не лицо*** *«— Я уже сказал вам то, что считал нужным и удобным,— сказал доктор.— Дальнейшее покажет исследование».* Л. Толстой, Смерть Ивана Ильича [сделать явным, очевидным, обнаружить, раскрыть что-л.] **10. *перех., что*** и ***с придат. дополнит.*** *Гость махнул рукой, как бы желая показать свое равнодушие к угощению. «Мои спутники, чтобы показать жителям окрестных деревень, что мы добрались до вершины, зажгли костер».* Миклухо-Маклай, Путешествия [дать понять что-л., побудить догадаться о чем-л. своими действиями, словами, видом и т. п.] **11. *перех., что,*** также ***чем*** *Лектор показал рост производительности труда на графике. На карте мы показали районы месторождений нефти черными кружочками* (см. § 2) [обозначить, отметить тем или иным способом] **12. *перех., что; S не лицо*** *Термометр показал двадцать градусов ниже нуля* [отметить ту или иную величину, количество измеряемого — об измерительных приборах] **13. *неперех., на кого (что)*** и ***на что,*** также ***чем*** *Мальчик показал на звезды. Девушка показала рукой на этого человека* [обратить чье-л. внимание на кого-что-л., обычно сделав жест в направлении кого-чего-л.] **14. *неперех., на кого(что)*** и ***с придат. дополнит.*** *Все очевидцы показали на сторожа как на виновника пожара. Свидетели показали, что сосед во время взрыва в цехе был дома* [обвинить кого-л. в чем-л. при расследовании; дать показания на допросе] **15. *неперех., кому*** *«— Вот погоди, приедет папа, он тебе покажет!»* Гайдар, Тимур и его команда [наказать, дать нагоняй кому-л. за что-л.]

II. ПОКАЗА́ВШИЙ, -ая, -ее, -ие; *действ. прош.**

Синт.: **а, б** — в глаг. знач. 1 — 14

IV. ПОКА́ЗАННЫЙ, -ая, -ое, -ые; *страд. прош.*

Синт.: **а, б** — в глаг. знач. 1 — 12; **в** — в глаг. знач. 3

Субстантив.$_2$ не употр.; субстантив.$_3$ в глаг. знач. 1, 3, 11, 12

ПОКА́ЗАН, -ана, -ано, -аны; *кр. ф.*

В глаг. знач. 1 — 12 и в статив. знач.

Статив. знач. (только *кр. ф.*) Полезный, оказывающий хорошее лечебное воздействие; *книжн. Новый препарат показан при астме. Это лекарство вам не показано. Смирнову показаны ежедневные прогулки в лесу*

□ Прич. II в 15 глаг. знач. не употр.

ПОКАЗА́ТЬСЯ, покажу́сь, пока́жутся, показа́|лся; ***сов.*** (*несов.* каза́ться *к* 1 — 4 знач.; *несов.* пока́зываться *к* 5 — 9 знач.) **1. *кому(чему) кем (чем)*** и ***чем*** и ***каким*** *Издалека дом показался нам большим холмом* [представиться кому-л. кем-чем-л., каким-л.] **2. *кому(чему) чем; S не лицо*** *Уход с работы показался Олегу единственным выходом из этого трудного положения* [будучи объектом для чьих-л. размышлений, вызвать, внушить мысли о чем-л.] **3. *кому(чему) с придат. дополнит.; безл.*** *Мне показалось, что отец уже пришел с работы* [представиться в мыслях, в воображении, в чувствах, в ощущениях] **4. *кому(чему)*** и ***с придат. дополнит.; S не лицо*** и ***безл.*** *Вам это всё только показалось, на самом деле здесь никого нет. Ей показалось, что кто-то вошел в комнату* [почудиться, померещиться] **5.** *«Молодой охотник показался из-за кустарника».* Пушкин, Барышня-крестьянка. *На горизонте показался теплоход* [появиться, стать видным, заметным] **6. *S не лицо*** *От обиды у девочки на глазах показались слезы* [выступить наружу — о слезах, крови, гное и т. п.] **7.** *В таком грязном костюме ты не можешь показаться нигде* [появиться где-л.] **8. *кому (чему)*** *Ольга надела новое платье и пришла показаться мне* [дать увидеть себя кому-л., показать себя кому-л., обычно в новой одежде, с новой прической и т. п.] **9. *кому(чему)*** *У вас воспалилась рана, покажитесь врачу!* [представить себя для осмотра, какого-л. заключения, обычно врачу]

II. ПОКАЗА́ВШИЙСЯ, -аяся, -ееся, -иеся; *действ. прош.*

Синт. **а, б** — в глаг. знач. 1, 2, 4 — 9

ПОКА́ЗЫВАТЬ, пока́зыва|ют, пока́зыва|л; ***несов. к*** показа́ть в 1 — 14 знач. (см.)

I. ПОКА́ЗЫВАЮЩИЙ, -ая, -ее, -ие; *действ. наст.*

Синт.: **а, б** — в глаг. знач. 1 — 14

II. ПОКА́ЗЫВАВШИЙ, -ая, -ее, -ие; *действ. прош.*

Синт.: **а, б** — в глаг. знач. 1—14

III. ПОКА́ЗЫВАЕМЫЙ, -ая, -ое, -ые; *страд. наст.*

Синт.: **а, б** — в глаг. знач. 1 — 12

Субстантив.$_2$ не употр.; субстантив.$_3$ в глаг. знач. 1, 3, 11, 12

ПОКА́ЗЫВАТЬСЯ, пока́зыва́|ются, пока́зыва|лся; ***несов. к*** показа́ться в 5 — 9 знач. (см.)

I. ПОКА́ЗЫВАЮЩИЙСЯ, -аяся, -ееся, -иеся; *действ. наст.*

Синт.: **а, б** — в глаг. знач. 5 — 9

II. ПОКА́ЗЫВАВШИЙСЯ, -аяся, -ееся, -иеся; *действ. прош.*

Синт.: **а, б** — в глаг. знач. 5 — 9

ПОКИДА́ТЬ, покида́|ют, покида́|л; ***несов. к*** поки́нуть (см.)

I. ПОКИДА́ЮЩИЙ, -ая, -ее, -ие; *действ. наст.*

Синт.: **а, б** — в глаг. знач. 1 — 5

II. ПОКИДА́ВШИЙ, -ая, -ее, -ие; *действ. прош.*

Синт.: **а, б** — в глаг. знач. 1 — 5

III. ПОКИДА́ЕМЫЙ, -ая, -ое, -ые; *страд. наст.**

Синт.: **а, б** — в глаг. знач. 1 — 4

Субстантив.$_3$ не употр.

□ Прич. III в 5 глаг. знач. не употр.

ПОКИ́НУТЬ, поки́нут, поки́ну|л; ***сов., перех.*** (*несов.* покида́ть) **1. *кого(что)*** *Мысль, что все покинули мальчика, оставив его одного в незнакомом месте, сильно испугала меня* [перестать находиться с кем-л., уйти от кого-л.] **2. *кого (что)*** *Сосед покинул семью два года назад* [прекратить совместную жизнь с кем-л., оставить кого-л., бросить] **3. что** *Девушка покинула родное село. Я покинул зал заседаний прежде, чем началась дискуссия* [перестать жить, находиться где-л.; уйти, удалиться откуда-л.] **4. что** *Актриса покинула сцену десять лет назад* [перестать заниматься чем-л., работать где-л.] ***5. кого(что); S не лицо*** *«..Григорий нервно улыбался.. Обычное спокойствие покинуло его».* Шолохов, Тихий Дон [перестать существовать или проявляться в ком-л.]

II. ПОКИ́НУВШИЙ, -ая, -ее, -ие; *действ. прош.*

Синт.: **а, б** — в глаг. знач. 1 — 5

IV. ПОКИ́НУТЫЙ, -ая, -ое, -ые; *страд. прош.**

Синт.: **а, б** — в глаг. знач. 1 — 4

В знач. прил. (только *полн. ф.*) **1.** Оставленный, забытый всеми, одинокий. *«Это история покинутой женщины, пережившей свое счастье; больной, измученной и оставленной всеми».* Достоевский, Униженные и оскорбленные **2.** Пустой, в запустении, оставленный жителями. *Геологи прошли мимо трех покинутых деревень. На берегу реки стояли покинутые полуразрушенные дома*

Субстантив.$_3$ не употр.

ПОКИ́НУТ, -та, -то, -ты; *кр. ф.**

В глаг. знач. 1 — 4

□ Прич. IV в 5 глаг. знач. не употр.

ПОКОРИ́ТЬ, покор|я́т, покори́|л; ***сов. к*** покоря́ть (см.)

II. ПОКОРИ́ВШИЙ, -ая, -ее, -ие; *действ. прош.*

Синт.: **а, б** — в глаг. знач. 1 — 3

IV. ПОКОРЁННЫЙ, -ая, -ое, -ые; *страд. прош.*

Синт.: **а, б** — в глаг. знач. 1 — 3; **в** — в глаг. знач. 1, 2

Субстантив.$_2$ в глаг. знач. 1 обычно мн.; субстантив.$_3$ не употр.

ПОКОРЁН, -ена́, -ено́, -ены́; *кр. ф.*

В глаг. знач. 1 — 3

ПОКОРЯ́ТЬ, покоря́|ют, покоря́|л; ***несов., перех.*** (*сов.* покори́ть) **1. *кого(что)*** *Кочевники не раз покоряли эти племена* [завоевывать силой оружия] **2. *что*** *Люди покоряют космос* [познавая сущность, законы развития чего-л. и т. п., подчинять своей власти, влиянию, воле, заставлять повиноваться] **3. *кого(что),*** также ***чем*** *Анна покоряет всех своей женственностью и красотой* (см. § 1). *Ее непосредственность не раз покоряла нас* [внушать доверие, любовь, симпатию к себе, пленять]

I. ПОКОРЯ́ЮЩИЙ, -ая, -ее, -ие; *действ. наст.*

Синт.: **а, б** — в глаг. знач. 1 — 3

В знач. прил. Такой, который вызывает симпатию, подчиняет своему обаянию, очарованию, пленяющий. *Покоряющая простота. Покоряющая улыбка. Покоряющая доброта*

II. ПОКОРЯ́ВШИЙ, -ая, -ее, -ие; *действ. прош.*

Синт.: **а, б** — в глаг. знач. 1 — 3

III. ПОКОРЯ́ЕМЫЙ, -ая, -ое, -ые; *страд. наст.*

Синт.: **а, б** — в глаг. знач. 1 — 3

Субстантив.$_2$ в глаг. знач. 1 обычно *мн*; субстантив.$_3$ не употр.

ПОКРА́СИТЬ, покра́шу, покра́с|ят, покра́си|л; ***сов. к*** кра́сить в 1 — 3 знач. (см.)

II. ПОКРА́СИВШИЙ, -ая, -ее, -ие; *действ. прош.*

Синт.: **а, б** — в глаг. знач. 1 — 3

IV. ПОКРА́ШЕННЫЙ, -ая, -ое, -ые; *страд. прош.*

[чередование с/ш]

Синт.: **а, б, в** — в глаг. знач. 1 — 3

ПОКРА́ШЕН, -ена, -ено, -ены; *кр. ф.*

В глаг. знач. 1 — 3

ПОКРА́СИТЬСЯ, покра́шусь, покра́сятся, покра́си|лся; ***сов. к*** кра́ситься во 2 знач. (см.)

II. ПОКРА́СИВШИЙСЯ, -аяся, -ееся, -иеся; *действ. прош.*

Синт.: **а, б, в** — в глаг. знач. 2

ПОКРЫ́ТЬ, покро́ют, покры́|л; ***сов. к*** крыть (см.)

II. ПОКРЫ́ВШИЙ, -ая, -ее, -ие; *действ. прош.*

Синт.: **а, б** — в глаг. знач. 1, 2

IV. ПОКРЫ́ТЫЙ, -ая, -ое, -ые; *страд. прош.*

Синт.: **а, б** — в глаг. знач. 1, 2

ПОКРЫ́Т, -та, -то, -ты; *кр. ф.*

В глаг. знач. 1, 2

ПОКУПА́ТЬ, покупа́|ют, покупа́|л; ***несов., перех.*** (*сов.* купи́ть) **1. *кого(что)*** и ***что*** *Решено, мы покупаем собаку! Валерий часто покупал нам билеты в театр* [приобретать за деньги] **2. *кого(что)*** *«[Неизвестный:] я и не таких, как ты, покупал.. Вашему брату ничего заветного нет, всё продаст!»* А. Островский, Пучина [подкупом, взяткой и т. п. привлекать на свою сторону, подкупать; *разг.*]

I. ПОКУПА́ЮЩИЙ, -ая, -ее, -ие; *действ. наст.*

Синт.: **а, б** — в глаг. знач. 1, 2

Ср. прич. в 1 глаг. знач. с прил. **покупа́тельный,** -ая, -ое, -ые. Связанный с возможностью купить. *Покупательная способность*

II. ПОКУПА́ВШИЙ, -ая, -ее, -ие; *действ. прош.*

Синт.: **а, б** — в глаг. знач. 1, 2

III. ПОКУПА́ЕМЫЙ, -ая, -ое, -ые; *страд. наст.*

Синт.: **а, б** — в глаг. знач. 1, 2; **в** — в глаг. знач. 1

ПОЛЕТЕ́ТЬ, полечу́, полетя́т, полете́|л; ***сов. к*** лете́ть в 12, 13 знач. (см.)

II. ПОЛЕТЕ́ВШИЙ, -ая, -ее, -ие; *действ. прош.*

Синт.: **а, б** — в глаг. знач. 12, 13

ПО́ЛЗАТЬ, по́лза|ют, по́лза|л; ***несов., неперех.*** ***1. S не лицо*** *Какое-то насекомое ползает по стене. Змея ползала между камнями* [передвигаться по поверхности всем телом или на ножках, лапах — о движении животных, пресмыкающихся или насекомых, совершаемом не в одном направлении, не за один прием, не в одно время] **2.** *Ребенок ползает по ковру* [передвигаться, припадая туловищем к поверхности и перебирая по ней руками и ногами не в одном направлении, не один раз — о человеке]. Ср. ползти́

I. ПО́ЛЗАЮЩИЙ, -ая, -ее, -ие; *действ. наст.*
Синт.: **а, б, в** — в глаг. знач.
II. ПО́ЛЗАВШИЙ, -ая, -ее, -ие; *действ. прош.*
Синт.: **а, б, в** — в глаг. знач.

ПОЛЗТИ́, полз|у́т, полз|, ползла́, -ло́, -ли́; ***несов., неперех.*** **1. *S не лицо*** *Какое-то насекомое ползет по стене. Змея ползет между камнями* [передвигаться по поверхности всем телом или на ножках, лапах — о движении животных, пресмыкающихся или насекомых, совершаемом в одном направлении, за один прием, в одно время] **2.** *Ребенок ползет по ковру за игрушкой* [передвигаться, припадая туловищем к поверхности и перебирая по ней руками и ногами в одном направлении, один раз — о человеке] **3. *S не лицо*** *Поезд едва ползет в гору. Машина еле ползла* [передвигаться, перемещаться очень медленно; *разг.*] **4. *S не лицо*** *Тучи медленно ползли по небу, неся с собой непогоду. «От пашни полз через дорогу сизый поток дыма».* Шолохов, Тихий Дон [медленно продвигаться, занимая собой какое-л. пространство — о тучах, тумане, дыме и т. п.] **5. *S не лицо*** *Тесто ползет из кастрюли* [течь, вытекать откуда-л.— о полужидкой массе] **6. *S не лицо*** *Слухи ползли по городу* [распространяться, передаваться] **7. *S не лицо*** *Плющ ползет по забору* [расти, прилегая к поверхности, цепляясь за нее] **8. *S не лицо*** *Мое платье уже ползет по швам* [распадаться от ветхости — о ткани; *разг.*] **9. *S не лицо*** *Берег ползет* [оползать, осыпаться — обычно о почве]. Ср. по́лзать

I. ПОЛЗУ́ЩИЙ, -ая, -ее, -ие; *действ. наст.*
Синт.: **а, б** — в глаг. знач. 1 — 9; **в** — в глаг. знач. 1, 2
Ср. прич. в 1, 4, 7, 9 глаг. знач. с прил. **ползу́чий,** -ая, -ее, -ие. **1.** Ползающий, передвигающийся ползая. *Ползучие гады* **2.** Распространяющийся, стелющийся низко — о дыме, тумане и т. п. *Ползучий туман* **3.** Стелющийся по земле или цепляющийся за что-л.— о растениях. *Ползучие растения* **4.** Движущийся сплошной массой. *Ползучие льды*
II. ПО́ЛЗШИЙ, -ая, -ее, -ие; *действ. прош.**
Синт.: **а, б** — в глаг. знач. 1 — 6, 8, 9; **в** — в глаг. знач. 1, 2
□ Прич. II в 7 глаг. знач. не употр.

ПОЛИНЯ́ТЬ, полиня́ют, полиня́|л; ***сов., неперех.*** (*несов.* линя́ть); ***S не лицо*** *Новое платье быстро полиняло* [потерять первоначальный цвет под действием влаги]

II. ПОЛИНЯ́ВШИЙ, -ая, -ее, -ие; *действ. прош.*
Синт.: **а, б, в** — в глаг. знач.
Ср. прил. **полиня́лый,** -ая, -ое, -ые. Ставший линялым, полинявший. *«Полинялые штофные кресла.. стояли в печальной симметрии около стен».* Пушкин, Пиковая дама. *Полинялое платье. Полинялый костюм*

ПОЛИРОВА́ТЬ, полиру́|ют, полирова́|л; ***несов., перех., что,*** также ***чем*** (*сов.* отполирова́ть) *Мастер полировал металлическую пластинку наждаком* (см. § 2). *Анна тщательно полирует свои ногти* [натирая, придавать поверхности чего-л. блестящий, гладкий вид]

I. ПОЛИРУ́ЮЩИЙ, -ая, -ее, -ие; *действ. наст.*
Синт.: **а, б** — в глаг. знач.
II. ПОЛИРОВА́ВШИЙ, -ая, -ее, -ие; *действ. прош.*
Синт.: **а, б** — в глаг. знач.
III. ПОЛИРУ́ЕМЫЙ, -ая, -ое, -ые; *страд. наст.*
Синт.: **а, б, в** — в глаг. знач.
IV. ПОЛИРО́ВАННЫЙ, -ая, -ое, -ые; *страд. прош.*
Синт.: **а, б** — в глаг. знач.
В знач. прил. (только *полн. ф.*) Имеющий гладкую, с зеркальным блеском поверхность в результате полировки. *Полированный гранит. Полированная мебель*
ПОЛИРО́ВАН, -ана, -ано, -аны; *кр. ф.*
В глаг. знач.

ПОЛОЖИ́ТЬ, положу́, поло́ж|ат, положи́|л; ***сов., перех.*** (*несов.* класть) **1. *кого(что)*** и ***что*** *Медсестра положила раненого на носилки. Рабочие положили бревна вдоль болотистого берега реки* [поместить кого-что-л. куда-л. в лежачем положении, привести в горизонтальное положение] **2. *что*** *Мальчик положил книги и тетради в портфель* [поместить куда-л., расположить где-л.] **3. *что*** *Смирнов положил все заработанные деньги на сберкнижку* [поместить деньги на хранение, внести в банк, в сберкассу и т. п.] **4. *кого(что)*** *Ольга положила вчера дочь в больницу* [устроить, поместить кого-л. в больницу, госпиталь, клинику] **5. *что*** *Художник особым образом положил краски на холст. Актриса умело положила румяна и пудру на лицо* [поместить, наложить на поверхность чего-л.] **6. *что*** *Бабушка положила всем на тарелки пирог с капустой* [наложить пищу] **7. *что*** или ***чего во что*** *Дима положил слишком много сахару в чай. Бабушка положила в салат черный перец* [прибавить, подмешать, всыпать в пищу, питьё] **8. *что на что*** *Родители положили на поездку три месяца* [произвести расчет необходимого количества денег, времени и т. п., предполагаемых для чего-л.; *разг.*] **9. *что чему,*** также ***чем*** *Мы положили конец нашим спорам. Этой работой молодой ученый положил начало новому направлению в науке* (см. § 1) [в сочетании с некоторыми отвлеченными существительными: сделать, совершить, произвести и т. п. то, что обозначено существительным]

II. ПОЛОЖИ́ВШИЙ, -ая, -ее, -ие; *действ. прош.*
Синт.: **а, б** — в глаг. знач. 1 — 9
IV. ПОЛО́ЖЕННЫЙ, -ая, -ое, -ые; *страд. прош.*
Синт.: **а, б** — в глаг. знач. 1 — 9
Ср. прил. **поло́женный,** -ая, -ое, -ые. Установленный, назначенный заранее, заранее определенный. *В положенное время. В положенный срок. Положенное число людей*
Субстантив.$_3$ в глаг. знач. 1 — 3, 6, 7
ПОЛО́ЖЕН, -ена, -ено, -ены; *кр. ф.*
В глаг. знач. 1 — 9

Ср. поло́жено, *безл.* 1. Полагается, является нормой для чего-л. *На строительство объекта положено три месяца. Нам это положено по закону* 2. также ***с неопр. ф.*** Полагается, общепринято, нужно. *У нас положено спрашивать разрешение прежде, чем входить в аудиторию. Делай, что положено!* 3. также ***с неопр. ф.*** Не разрешается, не дозволяется — с отрицанием. *Этого делать не положено. «— Во время обстрела ходить по территории не положено».* Чаковский, Блокада

ПОЛУЧА́ТЬ, получа́|ют, получа́|л; ***несов. к*** получи́ть (см.)

I. ПОЛУЧА́ЮЩИЙ, -ая, -ее, -ие; *действ. наст.*

Синт.: **а, б** — в глаг. знач. 1 — 11

II. ПОЛУЧА́ВШИЙ, -ая, -ее, -ие; *действ. прош.*

Синт.: **а, б** — в глаг. знач. 1 — 11

III. ПОЛУЧА́ЕМЫЙ, -ая, -ое, -ые; *страд. наст.**

Синт.: **а, б** — в глаг. знач. 1, 2, 4 — 10

Субстантив.₃ в глаг. знач. 1, 2, 7

▭ Прич. III в 3, 11 глаг. знач. не употр.

ПОЛУЧИ́ТЬ, получу́, полу́ч|ат, получи́|л; ***сов., перех.*** (*несов.* получа́ть) 1. ***кого(что)**** и ***что*** *Сестра получила письмо и посылку от старого друга* [взять, принять что-л. присылаемое, вручаемое, выдаваемое] 2. ***что*** *Дима получил за свой труд хорошее вознаграждение. Илья получил в подарок щенка. Мой брат получил в наследство большую библиотеку* [стать обладателем чего-л. предоставляемого, присуждаемого и т. п.] 3. ***кого(что)*** *Мы получили опытного помощника. Школа получила прекрасного педагога по физике* [оказаться обеспеченным какими-л. кадрами, помощниками, консультантами и т. п.] 4. ***что*** *Петя получил, наконец, разрешение поехать в эту научную экспедицию. Смирнов получил доступ к секретным документам* [заполучить желаемое, добиться чего-л.] 5. ***что*** *Недавно певица получила звание народной артистки СССР. Петров получил медаль „Ветеран труда“* [стать отмеченным, награжденным чем-л.] 6. ***что*** *Космонавты получили приказ начать приземление. Лаборант получил распоряжение продолжать опыт* [принять для исполнения приказ, распоряжение и т. п.] 7. ***что*** *Ученые получили интересные результаты после проделанных исследований. Физики получили этот газ из воздуха* [произвести в результате какой-л. работы, каких-л. усилий; добыть, выработать из чего-л.] 8. ***что*** *Гости получили удовольствие от твоего пения. Этот грубиян получил пощечину* [испытать, почувствовать что-л.— в соответствии со значением сочетающегося с глаголом существительного] 9. ***что*** *Малыш получил насморк. Ты съела много мороженого и в результате получила ангину* [заболеть чем-л.; *разг.*] 10. ***что*** *Иванов получил выговор за свою оплошность. Все пострадавшие от землетрясения получили медицинскую помощь. Дети Феликса получили хорошее воспитание и высшее образование* [оказаться имеющим что-л.— в соответствии со значением сочетающегося с глаголом существительного] 11. ***что; S не лицо*** *Роман получил широкую известность. Лекарство получило распространение. Новый метод получил всеобщее признание. Этот способ добычи газа получил широкое применение* [благодаря каким-л. качествам, свойствам стать признанным, известным, распространенным и т. п.— в соответствии со значением сочетающегося с глаголом существительного]

II. ПОЛУЧИ́ВШИЙ, -ая, -ее, -ие; *действ. прош.*

Синт.: **а, б** — в глаг. знач. 1 — 11

IV. ПОЛУ́ЧЕННЫЙ, -ая, -ое, -ые; *страд. прош.**

Синт.: **а, б** — в глаг. знач. 1, 2, 4 — 10; **в** — в глаг. знач. 1, 5 — 7, 10

Субстантив.₃ в глаг. знач. 1, 2, 7

ПОЛУ́ЧЕН, -ена, -ено, -ены; *кр. ф.**

В глаг. знач. 1, 2, 4 — 10

▭ Прич. IV в 3, 11 глаг. знач. не употр.

ПОЛЬСТИ́ТЬ, польщу́, польст|я́т, польсти́|л; ***сов., неперех.*** (*несов.* льстить к 1 знач.) 1. ***кому*** *Этот человек явно польстил директору* [лицемерно похвалить кого-л. в корыстных целях] 2. ***кому*** и ***чему,*** также ***чем*** *Знаменитая актриса обратилась к Олегу с вопросом; это польстило ему. «По его голосу.. я мог судить, что своим визитом я сильно польстил ему».* Чехов, Жена (см. § 3). *Это польстило моему самолюбию* [вызвать чувство удовольствия, удовлетворенного самолюбия]

II. ПОЛЬСТИ́ВШИЙ, -ая, -ее, -ие; *действ. прош.*

Синт.: **а, б** — в глаг. знач. 1, 2

IV. ПОЛЬЩЁННЫЙ, -ая, -ое, -ые; *страд. прош.**

[чередование ст/щ]

Синт.: **а, б** — в глаг. знач. 2

В знач. прил. (также *кр. ф.*↓) Испытывающий удовольствие, удовлетворенный чем-л. лестным для себя. *«Она смеялась и в то же время чувствовала себя польщенной».* Тургенев, Отцы и дети

ПОЛЬЩЁН, -ена́, -ено́, -ены́; *кр. ф.**

В глаг. знач. 2

В знач. прил. (также *полн. ф.*↑) *«[Сыромолотов] говорил с преднамеренным ударением и раздельно: — Польщен и тронут!.. Очень польщен и о-чень тронут!»* Сергеев-Ценский, Пушки выдвигают

▭ Неперех. глагол во 2 знач. имеет прич. IV

ПОМА́СЛИТЬ, пома́сл|ят, пома́сли|л; ***сов. к*** ма́слить во 2 знач. (см.)

II. ПОМА́СЛИВШИЙ, -ая, -ее, -ие; *действ. прош.*

Синт.: **а, б** — в глаг. знач. 2

IV. ПОМА́СЛЕННЫЙ, -ая, -ое, -ые; *страд. прош.*

Синт.: **а, б, в** — в глаг. знач. 2

ПОМА́СЛЕН, -ена, -ено, -ены; *кр. ф.*

В глаг. знач. 2

ПОМЕНЯ́ТЬ, поменя́ют, поменя́|л; ***сов. к*** меня́ть в 1 знач. (см.)

II. ПОМЕНЯ́ВШИЙ, -ая, -ее, -ие; *действ. прош.*

Синт.: **а, б** — в глаг. знач. 1

IV. ПОМЕ́НЯННЫЙ, -ая, -ое, -ые; *страд. прош.*

Синт.: **а, б** — в глаг. знач. 1

ПОМЕ́НЯН, -яна, -яно, -яны; *кр. ф.*

В глаг. знач. 1

ПОМЕ́ТИТЬ, поме́чу, поме́т|ят, поме́ти|л; ***сов. к*** ме́тить [1] (см.)

II. ПОМЕ́ТИВШИЙ, -ая, -ее, -ие; *действ. прош.*

Синт.: **а, б** — в глаг. знач.

IV. ПОМЕ́ЧЕННЫЙ, -ая, -ое, -ые; *страд. прош.*

[чередование т/ч]

Синт.: **а, б, в** — в глаг. знач.

ПОМЕ́ЧЕН, -ена, -ено, -ены; *кр. ф.*

В глаг. знач.

ПОМЕША́ТЬ, помеша́ют, помеша́|л; ***сов. к*** меша́ть [1] в 1 знач. (см.)

II. ПОМЕША́ВШИЙ, -ая, -ее, -ие; *действ. прош.*

Синт.: **а, б** — в глаг. знач. 1

IV. ПОМЕ́ШАННЫЙ, -ая, -ое, -ые; *страд. прош.*

Синт.: **а, б, в** — в глаг. знач. 1

ПОМЕ́ШАН, -ана, -ано, -аны; *кр. ф.*

В глаг. знач. 1

ПОМИРИ́ТЬ, помирю́, помир|я́т и *доп.* поми́рят, помири́|л; ***сов. к*** мири́ть в 1 знач. (см.)

II. ПОМИРИ́ВШИЙ, -ая, -ее, -ие; *действ. прош.*

Синт.: **а, б** — в глаг. знач. 1

IV. ПОМИРЁННЫЙ, -ая, -ое, -ые; *страд. прош.*

Синт.: **а, б** — в глаг. знач. 1; **в** — в глаг. знач. 1 во мн.

ПОМИРЁН, -ена́, ено́, -ены́; *кр. ф.*

В глаг. знач. 1

ПОМНО́ЖИТЬ, помно́ж|ат, помно́жи|л; ***сов. к*** мно́жить в 1 знач. (см.)

II. ПОМНО́ЖИВШИЙ, -ая, -ее, -ие; *действ. прош.*

Синт.: **а, б** — в глаг. знач. 1

IV. ПОМНО́ЖЕННЫЙ, -ая, -ое, -ые; *страд. прош.*

Синт.: **а, б** — в глаг. знач. 1

ПОМНО́ЖЕН, -ена, -ено, -ены; *кр. ф.*

В глаг. знач. 1

ПОМОГА́ТЬ, помога́|ют, помога́|л; ***несов., неперех., кому(чему)*** (*сов.* помо́чь) **1.** также ***чем*** и ***с неопр. ф.*** *Смирнов часто помогает мне советом. Илья всегда помогает Диме решать задачи по физике. Этому больному вставать помогает сестра* [оказывать кому-л. содействие, поддержку в чем-л.] **2.** ***с неопр. ф.; S не лицо*** *Компас помогает мне ориентироваться в лесу. Самая высокая сосна на холме помогала путникам находить дорогу к деревне* [выполнять какое-л. назначение, использоваться для чего-л.] **3.** *Сослуживцы не раз собирали деньги и помогали несчастной женщине* [оказывать материальную поддержку] **4.** *Этот врач помогает всем своим пациентам* [лечить, облегчать страдания] **5.** и ***без дополн.; S не лицо*** *Это лекарство мне помогает. Никакие беседы и уговоры не помогали* [оказывать нужное действие, давать желаемый результат]

I. ПОМОГА́ЮЩИЙ, -ая, -ее, -ие; *действ. наст.*

Синт.: **а, б** — в глаг. знач. 1 — 5

В знач. прил. Такой, который оказывает нужное действие при лечении, облегчающий страдания; *разг. Помогающее лекарство. Помогающее средство*

II. ПОМОГА́ВШИЙ, -ая, -ее, -ие; *действ. прош.*

Синт.: **а, б** — в глаг. знач. 1 — 5

ПОМО́ЧЬ, помогу́, помо́гут, помо́г|, помогла́, -ло́, -ли́; ***сов. к*** помога́ть (см.)

II. ПОМО́ГШИЙ, -ая, -ее, -ие; *действ. прош.*

Синт.: **а, б** — в глаг. знач. 1 — 5

ПОМЯ́ТЬ, помну́т, помя́|л; ***сов., перех., что*** **1.** *Девочка помяла свою только что отглаженную юбку* [допустить, чтобы что-л., обычно одежда, стало негладким, неровным; *разг.*] **2.** *«По счастью сеть стара: кой-как ее порвал, Лишь ножку вывихнул, да крылышки помял!»* И. Крылов, Два Голубя [несколько, слегка повредить] **3.** *Мальчики пошли прямо через поле и помяли пшеницу* [погнув или сломав стебли, пригнуть растения к земле] **4.** *«Евгеша на ходу сорвал веточку туи, помял ее, понюхал и покачал головою».* Ляшко, Первое свидание [сжав, подавить некоторое время, делая мягким, размягчая]

II. ПОМЯ́ВШИЙ, -ая, -ее, -ие; *действ. прош.*

Синт.: **а, б** — в глаг. знач. 1 — 4

IV. ПОМЯ́ТЫЙ, -ая, -ое, -ые; *страд. прош.*

Синт.: **а, б** — в глаг. знач. 1 — 4

В знач. прил. (только *полн. ф.*) **1.** Потерявший свежесть, ставший негладким, неровным и т. п. от долгого или небрежного употребления, ношения, помявшийся. *Помятый костюм. Помятая шляпа* **2.** Со следами ударов, толчков и т. п., потерявший первоначальную форму. *«На столе шумел большой помятый медный самовар».* Бубеннов, Белая береза **3.** С погнутыми или сломанными стеблями, пригнутый к земле — о растениях. *Помятая пшеница. Помятый овес. Помятые цветы*

Ср. прил. **помя́тый,** -ая, -ое, -ые. **1.** Носящий следы утомления, бессонницы или нездорового долгого сна, лежания — о лице, внешнем виде. *У него было бледное помятое лицо* **2.** Утомленный, внешне нездоровый, бледный. *«Усталая, помятая, как человек, не спавший ночь, вышла Гофман».* Федин, Санаторий Арктур

Субстантив.$_3$ в глаг. знач. 1

ПОМЯ́Т, -та, -то, -ты; *кр. ф.*

В глаг. знач. 1 — 4

ПОМЯ́ТЬСЯ, помну́тся, помя́|лся; ***сов.*** **1.** ***S не лицо*** *Юбка сильно помялась. Коробка помялась. Тетради помялись* [стать неровным, негладким, несколько смяться, повредиться] **2.** ***S не лицо*** *«Лицо его от сна помялось, поморщилось и, казалось, стало вдвое меньше».* Чехов, Степь [стать несвежим, утомленным — о лице] **3.** *Мальчик немного помялся в дверях, а потом вошел в класс* [потоптаться, переминаясь с ноги на ногу в нерешительности] **4.** *Смирнов помялся немного, а потом сказал, что не хочет ехать с нами* [проявить некоторую нерешительность, смущение, колебания]

II. ПОМЯ́ВШИЙСЯ, -аяся, -ееся, -иеся; *действ. прош.*

Синт.: **а, б** — в глаг. знач. 1 — 4; **в** — в глаг. знач. 1

ПОНЕСТИ́, понес|у́т, понёс|, понесла́, -ло́, -ли́; ***сов. к*** нести́ во 2, 5 знач. (см.)

II. ПОНЁСШИЙ, -ая, -ее, -ие; *действ. прош.*

Синт.: **а, б** — в глаг. знач. 2, 5

IV. ПОНЕСЁННЫЙ, -ая, -ое, -ые; *страд. прош.*

Синт.: **а, б** — в глаг. знач. 2, 5

Субстантив.$_3$ не употр.

ПОНЕСЁН, -ена́, -ено́, -ены́; *кр. ф.*

В глаг. знач. 2, 5

ПОНИЖА́ТЬ, понижа́|ют, понижа́|л; ***несов. к*** пони́зить (см.)

I. ПОНИЖА́ЮЩИЙ, -ая, -ее, -ие; *действ. наст.*

Синт.: **а, б** — в глаг. знач. 1 — 4

II. ПОНИЖА́ВШИЙ, -ая, -ее, -ие; *действ. прош.*

Синт.: **а, б** — в глаг. знач. 1 — 4

III. ПОНИЖА́ЕМЫЙ, -ая, -ое, -ые; *страд. наст.*

Синт.: **а, б** — в глаг. знач. 1 — 4

Субстантив.$_3$ не употр.

□ Прич. III во 2, 3 глаг. знач. менее употр., чем в 1, 4 глаг. знач.

ПОНИ́ЗИТЬ, пони́жу, пони́з|ят, пони́зи|л; ***сов., перех.*** (*несов.* понижа́ть) **1.** ***что*** *Лаборант понизил температуру воды до одного градуса. Дежурный электрик понизил напряжение в сети* [сделать ниже прежнего уровня, прежней нормы] **2.** ***что*** *Завод, к сожалению, понизил качество продукции* [ухудшить, ослабить] **3.** ***что*** *Гитарист понизил тон струны* [сделать более низким, менее громким по звучанию] **4.** ***кого (что)*** *Администрация понизила Олега в должности* [перевести на более низкую должностную ступень]

II. ПОНИ́ЗИВШИЙ, -ая, -ее, -ие; *действ. прош.*

Синт.: **а, б** — в глаг. знач. 1 — 4

IV. ПОНИ́ЖЕННЫЙ, -ая, -ое, -ые; *страд. прош.*

[чередование з/ж]

Синт.: **а, б** — в глаг. знач. 1 — 4

В знач. прил. (также *кр. ф.*↓) Ниже нормального, обычного. *Пониженная температура. Пониженный тонус. Пониженные нормы*

Субстантив.$_3$ не употр.

ПОНИ́ЖЕН, -ена, -ено, -ены; *кр. ф.*

В глаг. знач. 1 — 4

В знач. прил. (также *полн. ф.*↑) *Температура понижена. Тонус у ребят явно понижен*

□ Прич. IV во 2, 3 глаг. знач. менее употр., чем в 1, 4 глаг. знач.

ПОНИМА́ТЬ, понима́|ют, понима́|л; ***несов., перех.*** (*сов.* поня́ть *к* 1—3 знач.) **1.** ***кого(что)*** и ***что*** *Вы меня неверно понимали. Петя плохо понимает ход решения задачи. Аня не понимала смысл происходящего* [постигать, осознавать смысл сказанного, сделанного кем-л., сущность, значение и т. п. какого-л. явления, задачи и т. п.] **2.** ***кого(что)*** *Ольга хорошо понимает детей. Сын понимает меня* [уяснив себе чьи-л. взгляды, намерения, мысли и т. п., находить их естественными, близкими себе, правомерными и т. п.] **3.** ***что*** *Игорь прекрасно понимал роль специальных упражнений в восстановлении нормального дыхания. Все рабочие нашего завода понимают важность скорейшего внедрения новой техники. Смирнов понимал сложность изучаемой им проблемы* [признавать, оценивать что-л. по достоинству] **4.** ***что как*** *Аэробику я понимаю как вид спорта. «Хорошие жизни всегда начинаются с долгих разговоров о том, как понимать хорошую жизнь».* Павленко, На Востоке [иметь ту или иную точку зрения на что-л., рассматривать что-л. каким-л. образом] **5.** ***что под чем*** *« —..под этими словами люди понимали трудно объяснимое, но явное, присущее только Пришвину, очарование его прозы».* Паустовский, М. М. Пришвин [иметь в виду, подразумевать] **6.** ***что*** *Мой друг глубоко понимает и любит музыку. Илья тонко понимает поэзию. «Говорю это, потому что немножко понимаю в медицине».* Чехов, Письмо И. А. Белоусову, 9 марта 1904 [хорошо разбираться в ком-чем-л., быть сведущим в чем-л., быть знатоком, ценителем чего-л.] **7.** ***что*** *Незнакомец не понимал русскую речь* [уметь постигать смысл речи на чужом языке]

I. ПОНИМА́ЮЩИЙ, -ая, -ее, -ие; *действ. наст.*

Синт.: **а, б** — в глаг. знач. 1—7

В знач. прил. **1.** Хорошо знающий свое дело, свою работу, специальность. *Это понимающий инженер. Понимающий работник* **2.** Способный разбираться в людях, событиях, правильно их оценивать; способный разбираться в людях и сочувствовать им; *разг. В ваших сложных отношениях может разобраться только понимающий человек. «— Тебя очень хвалила [Шура] „Он, говорит, такой сердечный, понимающий"».* Сартаков, Не отдавай королеву **3.** Выражающий понимание кого-л., сочувствие к кому-л. *Понимающий взгляд*

II. ПОНИМА́ВШИЙ, -ая, -ее, -ие; *действ. прош.*

Синт.: **а, б** — в глаг. знач. 1—7

III. ПОНИМА́ЕМЫЙ, -ая, -ое, -ые; *страд. наст.**

Синт.: **а, б** — в глаг. знач. 1—6

Субстантив.$_3$ в глаг. знач. 1

□ Прич. III в 7 глаг. знач. не употр.

ПОНОСИ́ТЬ, поношу́, поно́с|ят, поноси́|л; ***сов., перех.*** **1.** ***кого(что)*** и ***что*** *Отец поносил ребенка немного и положил в коляску. Малыш поносил новую игрушку, а потом отдал ее брату* [ходя в течение некоторого времени, подержать на руках, в руках кого-что-л.] **2.** ***что*** *Брат поносил костюм всего неделю* [походить в течение некоторого времени в чем-л., в какой-л. одежде]

II. ПОНОСИ́ВШИЙ, -ая, -ее, -ие; *действ. прош.*
Синт.: **а, б** — в глаг. знач. 1, 2
IV. ПОНО́ШЕННЫЙ, -ая, -ое, -ые; *страд. прош.**
[чередование с/ш]
Синт.: **а, б** — в глаг. знач. 2
Ср. прил. **поно́шенный,** -ая, -ое, -ые; -ен, -енна, -енно, -енны. Потертый от носки, не новый — об одежде, обуви. *Поношенный костюм. Поношенные сапоги*
ПОНО́ШЕН, -ена, -ено, -ены; *кр. ф.**
В глаг. знач. 2
▭ Прич. IV в 1 глаг. знач. не употр.

ПОНРА́ВИТЬСЯ, понра́влюсь, понра́вятся, понра́ви|лся; ***сов. к*** нра́виться (см.)
II. ПОНРА́ВИВШИЙСЯ, -аяся, -ееся, -иеся; *действ. прош.*
Синт.: **а, б** — в глаг. знач. 1—3

ПОНЯ́ТЬ, пойму́т, по́ня|л, поняла́, по́няло, -ли; ***сов. к*** понима́ть в 1—3 знач. (см.)
II. ПОНЯ́ВШИЙ, -ая, -ее, -ие; *действ. прош.*
Синт.: **а, б** — в глаг. знач. 1—3
IV. ПО́НЯТЫЙ, -ая, -ое, -ые; *страд. прош.*
Синт.: **а, б** — в глаг. знач. 1—3
Субстантив.$_3$ в глаг. знач. 1
ПО́НЯТ, понята́, по́нято, -ты; *кр. ф.*
В глаг. знач. 1—3

ПОПАДА́ТЬ, попада́|ют, попада́|л; ***несов. к*** попа́сть (см.)
I. ПОПАДА́ЮЩИЙ, -ая, -ее, -ие; *действ. наст.*
Синт.: **а, б** — в глаг. знач. 1 — 9
II. ПОПАДА́ВШИЙ, -ая, -ее, -ие; *действ. прош.*
Синт.: **а, б** — в глаг. знач. 1 — 9

ПОПА́СТЬ, попаду́т, попа́|л; ***сов.; неперех.*** (*несов.* попада́ть) **1. *в кого(что)*** и ***во что*** *Мальчик попал мячом в прохожего. Стрелок попал в цель. Куда попал, туда и целился* [достигнуть кого-чего-л. чем-л. брошенным, направленным] **2. *чем во что*** *Дима с трудом попал ключом в замочную скважину. Всадник сразу попал ногой в стремя. Старик долго не мог попасть рукой в рукав пальто* [просунуть что-л. во что-л., в какое-л. отверстие] **3. *чем во что*** и ***на что*** *В темноте Илья попал ногой в лужу. «В момент приземления.. Смолин попал одной ногой на пень и сломал себе ступню».* Г. Линьков, Война в тылу врага [неловким движением угодить куда-л.] **4. *S не лицо*** *Пуля попала в ногу. Камень попал в окно. Мыло попало ребенку в глаза. Вода попала за воротник* [поразить какую-л. цель, достичь чего-л.— о пуле, снаряде, о чем-л. брошенном, пущенном и т. п.; оказаться где-л.] **5. *во что*** *Илья попал в запертую квартиру через балкон* [проникнуть, пройти, пробраться куда-л.] **6.** *Первый раз Андрей попал в Эрмитаж неожиданно для себя. Сестра не попала сегодня в кино. «Прошло, наверное, не меньше часа, пока она попала на улицу, ведущую к дому».* Фадеев, Разгром [оказаться, очутиться где-л.; достичь намеченного места] **7. *во что*** и ***подо что*** *Друзья попали в аварию. Аня попала под дождь. Наш сосед попал вчера под машину* [оказаться в каких-л. неблагоприятных обстоятельствах, условиях; оказаться сбитым движущейся машиной, автобусом и т. п., стать жертвой наезда] **8. *во что*** и ***на что*** *Сережа попал во флот, а Миша в авиацию. Дима попал в авиационный институт* [оказаться назначенным, принятым куда-л.— на работу, учебу и т. п.] **9. *в кого*** *« — Вот то-то мне и духу придает, Что я, совсем без драки, Могу попасть в большие забияки».* И. Крылов, Слон и Моська [стать или прослыть кем-л.— в сочетании с предлогом *в* и старой ф. вин. мн.]
II. ПОПА́ВШИЙ, -ая, -ее, -ие; *действ. прош.*
Синт.: **а, б** — в глаг. знач. 1 — 9

ПОПРА́ВИТЬ, попра́влю, попра́в|ят, попра́ви|л; ***сов. к*** поправля́ть (см.)
II. ПОПРА́ВИВШИЙ, -ая, -ее, -ие; *действ. прош.*
Синт.: **а, б** — в глаг. знач. 1 — 6
IV. ПОПРА́ВЛЕННЫЙ, -ая, -ое, -ые; *страд. прош.**
[чередование в/вл]
Синт.: **а, б** — в глаг. знач. 1—5
Субстантив.$_3$ в глаг. знач. 1, 2
ПОПРА́ВЛЕН, -ена, -ено, -ены; *кр. ф.**
В глаг. знач. 1—5
▭ Прич. IV в 6 глаг. знач. не употр.

ПОПРАВЛЯ́ТЬ, поправля́|ют, поправля́|л; ***несов., перех.*** (*сов.* попра́вить) **1. *что*** *Илья не раз поправлял соседке неисправный выключатель* [устранять неисправность, повреждение в чем-л., делать годным для использования, действия, чинить] **2. *что,*** также ***чем*** *Художник поправлял рисунки учеников, не навязывая им своего стиля. Учитель поправляет стилистические ошибки в сочинениях зелеными чернилами* (см. § 2) [устранять в чем-л. некоторые недостатки, небольшие ошибки, немного исправлять] **3. *кого(что)*** *Когда молодой инженер переоценивал себя, его вовремя поправляли* [указывать кому-л. на ошибки в действиях, в оценке кого-чего-л. и т. п.] **4. *что*** *Актриса перед выходом на сцену с волнением поправляет прическу и платье* [приводить в порядок, в надлежащий вид прическу, платье и т. п.] **5. *что*** *В санатории отец всегда поправлял свое здоровье. В конце концов Петров поправляет свои расстроившиеся дела* [восстанавливать здоровье; приводить в порядок дела, хозяйство и т. п.] **6. *кого(что); S не лицо*** *Физические упражнения, строгий режим питания, прогулки на свежем воздухе быстро поправляли больных* [делать кого-л. здоровым]
I. ПОПРАВЛЯ́ЮЩИЙ, -ая, -ее, -ие; *действ. наст.*
Синт.: **а, б** — в глаг. знач. 1 — 6
II. ПОПРАВЛЯ́ВШИЙ, -ая, -ее, -ие; *действ. прош.*
Синт.: **а, б** — в глаг. знач. 1 — 6
III. ПОПРАВЛЯ́ЕМЫЙ, -ая, -ое, -ые; *страд. наст.**
Синт.: **а, б** — в глаг. знач. 1 — 5
Ср. прич. во 2, 5 глаг. знач. с прил. **поправи́мый,** -ая, -ое, -ые; -и́м, -и́ма, -и́мо, -и́мы. Такой, который можно исправить,

поправить. *Это дело поправимое. Ваша ошибка вполне поправима*
С у б с т а н т и в.$_3$ в глаг. знач. 1, 2
▭ Прич. III в 6 глаг. знач. не употр.

ПОПРОСИ́ТЬ, попрошу́, попро́с|ят, попроси́|л; ***сов. к*** проси́ть в 1 — 6 знач. (см.)
II. ПОПРОСИ́ВШИЙ, -ая, -ее, -ие; *действ. прош.*
С и н т.: **а, б** — в глаг. знач. 1 — 6
IV. ПОПРО́ШЕННЫЙ, -ая, -ое, -ые; *страд. прош.**
С и н т.: **а, б** — в глаг. знач. 2
ПОПРО́ШЕН, -ена, -ено, -ены; *кр. ф.**
В глаг. знач. 2
▭ Прич. IV в 1, 3 — 5 глаг. знач. не употр.

ПОРАЖА́ТЬ, поража́|ют, поража́|л; ***несов., перех.*** (*сов.* порази́ть) **1.** ***кого(что)*** и ***что; S не лицо*** *Снаряды, пущенные из орудий, поражали противника. Этот новый вид оружия поражает цель через несколько минут* [попадать в кого-что-л., в цель, нанося увечья, повреждения, причиняя ущерб] **2.** ***кого(что); S не лицо*** *Оспа не раз поражала жителей древнего города* [делать больным чем-л.] **3.** ***что; S не лицо*** *Туберкулез чаще всего поражает легкие. Экзема поражает любые части тела человека* [вызывать болезненное изменение ткани, какого-л. органа и т. п.] **4.** ***кого(что),*** также ***чем*** *Этот ребенок поражает всех своими феноменальными способностями. Его отношение к работе поражает меня* [производить сильное впечатление, сильно удивлять, изумлять]
I. ПОРАЖА́ЮЩИЙ, -ая, -ее, -ие; *действ. наст.*
С и н т.: **а, б** — в глаг. знач. 1 — 4
В з н а ч. п р и л. Такой, который вызывает чувство очень сильного удивления, производит сильное впечатление. *Поражающая красота. Поражающее сходство. Поражающая грация* (С р. прил. **порази́тельный,** -ая, -ое, -ые; -лен, -льна, -льно, -льны. Производящий большое впечатление, вызывающий сильное удивление, изумление, необыкновенный, поражающий. *Поразительный случай. Поразительная красота. Поразительное сходство. Поразительная грация*)
II. ПОРАЖА́ВШИЙ, -ая, -ее, -ие; *действ. прош.*
С и н т.: **а, б** — в глаг. знач. 1 — 4
III. ПОРАЖА́ЕМЫЙ, -ая, -ое, -ые; *страд. наст.**
С и н т.: **а, б** — в глаг. знач. 1 — 3
С у б с т а н т и в.$_3$ не употр.
▭ Прич. III в 4 глаг. знач. не употр.

ПОРАЗИ́ТЬ, поражу́, пораз|я́т, порази́|л; ***сов., перех.*** (*несов.* поража́ть) **1.** ***кого(что)*** и ***что; S не лицо*** *Снаряды, пущенные из орудий, поразили противника. Этот новый вид оружия поразил цель через несколько минут* [попасть в кого-что-л., в цель, нанеся увечья, повреждения, причинив ущерб] **2.** ***кого(что); S не лицо*** *Судя по раскопанным курганам, оспа поразила жителей древнего города. «Чума распространяется медленно. В Тюркенде она.. поразила лишь несколько семей».* Либединский, Зарево [сделать больным чем-л.] **3.** ***что; S не лицо*** *Туберкулез поразил все внутренние органы больного* [вызвать болезненное изменение ткани, какого-л. органа и т. п.] **4.** ***кого(что),*** также ***чем*** *Наш профорг поразила всех своим выступлением на собрании. Его отношение к работе поразило меня* [сильно удивить, произвести очень сильное впечатление]
II. ПОРАЗИ́ВШИЙ, -ая, -ее, -ие; *действ. прош.**
С и н т.: **а, б** — в глаг. знач. 1—4
IV. ПОРАЖЁННЫЙ, -ая, -ое, -ые; *страд. прош.**
[чередование з/ж]
С и н т.: **а, б** — в глаг. знач. 1—3 и в статив. знач.
С т а т и в. з н а ч., ***чем*** (также *кр. ф.* ↓) Испытывающий чувство крайне сильного удивления, находящийся под очень сильным впечатлением от чего-л. *Ира, пораженная появлением Олега, не сказала ни слова*
В з н а ч. п р и л. (только *полн. ф.*) С патологическими изменениями в результате какого-л. заболевания, повреждения и т. п.— о частях тела, внутренних органах. *Пораженная верхушка легкого долго не рубцевалась. Сестра мазала кожу мазью в пораженных местах*
С у б с т а н т и в.$_3$ не употр.
ПОРАЖЁН, -ена́, -ено́, -ены́; *кр. ф.**
В глаг. знач. 1—3
С т а т и в. з н а ч., ***чем*** (также *полн. ф.* ↑) *Ира поражена появлением Олега. Лариса чем-то поражена*
▭ Глагол во 2 знач. более употр. в ф. прич. IV, чем в личных ф. и прич. II. Прич. IV в 4 глаг. знач. не употр.

ПО́РТИТЬ, по́рчу, по́рт|ят, по́рти|л; ***несов.; перех.*** (*сов.* испо́ртить *к* 1—4, 6 знач.) **1.** ***что*** *Мальчик портил все новые игрушки. Девочка только портит новые тетради* [приводить в неисправное состояние, причинять повреждения; приводить в негодность] **2.** ***что,*** также ***чем*** *Аня не умела готовить и только портила продукты* [делать несъедобным] **3.** ***что,*** также ***чем*** *Тамара портит свое здоровье курением. Дима портит зрение чтением лежа* [причинять вред, расстраивать, приводить в болезненное состояние] **4.** ***что кому(чему),*** также ***чем*** *Твой знакомый явно портит нам праздник своей любовью к спорам. Зачем ты портишь нам настроение разговорами о болезнях? Мачеха портила жизнь этой тихой, скромной девушке* [делать скверным, неприятным, ухудшать] **5.** ***кого(что)*** и ***что; S не лицо*** *Короткая стрижка портила лицо Ольги. «[Мать] целыми днями ходила непричесанная, в измятом платье,.. Это ее портило».* М. Горький, Детство [делать некрасивым, неприглядным] **6.** ***кого(что),*** также ***чем*** *Ольга портит ребенка своим воспитанием. Вы портите дочь нетребовательностью. «[Уланбекова:] Холостая жизнь ужасно портит молодых людей».* А. Островский, Воспитанница [оказывать плохое, развращающее влияние на кого-л., прививать дурные наклонности]
I. ПО́РТЯЩИЙ, -ая, -ее, -ие; *действ. наст.*

Синт.: **а, б** — в глаг. знач. 1 — 6

II. ПО́РТИВШИЙ, -ая, -ее, -ие; *действ. прош.*

Синт.: **а, б** — в глаг. знач. 1 — 6

IV. ПО́РЧЕННЫЙ, -ая, -ое, -ые; *страд. прош.** *(редко)*

[чередование т/ч]

Синт.: **а, б** — в глаг. знач. 1, 2

Ср. прил. **по́рченый**, -ая, -ое, -ые. Утративший нужные качества, непригодный для употребления, негодный — о продуктах. *Порченое мясо. Порченое яблоко*

Субстантив.₃ в глаг. знач. 1

ПО́РЧЕН, -ена, -ено, -ены; *кр. ф.** *(редко)*

В глаг. знач. 1, 2

□ Прич. III не образуется. Прич. IV в 3—6 глаг. знач. не употр.

ПО́РТИТЬСЯ, по́рчусь, по́рт|ятся, по́рти|лся; ***несов.*** (*сов.* испо́ртиться) **1.** ***S не лицо*** *У Димы часто портится магнитофон* [приходить в негодность, становиться неисправным] **2.** ***S не лицо*** *Суп быстро портится на такой жаре. Мясо портится, если держать его не в морозильном шкафу* [делаться несъедобным, протухать, гнить] **3.** ***S не лицо*** *У меня портится зрение* [приходить в болезненное состояние, расстраиваться] **4.** ***S не лицо*** *У Ольги часто портится настроение. Наши отношения явно портятся, а жаль!* [изменяться к худшему] **5.** *Если детей баловать и не приучать к труду, они быстро портятся* [становиться хуже в нравственном отношении, приобретать дурные наклонности]

I. ПО́РТЯЩИЙСЯ, -аяся, -ееся, -иеся; *действ. наст.*

Синт.: **а, б** — в глаг. знач. 1—5; **в** — в глаг. знач. 2—4

В знач. прил. Такой, который не может долго лежать, быстро делается несъедобным. *На всех портящихся продуктах ставится срок годности*

Субстантив.₁ не употр.

II. ПО́РТИВШИЙСЯ, -аяся, -ееся, -иеся; *действ. прош.*

Синт.: **а, б** — в глаг. знач. 1—5

Субстантив.₁ не употр.

ПОСАДИ́ТЬ, посажу́, поса́д|ят, посади́|л; ***сов., перех.*** (*несов.* сажа́ть) **1.** ***что*** *Пионеры посадили весной много саженцев* [зарыть в землю семена, корни, клубни для выращивания] **2.** ***кого(что)*** *Илья посадил малыша за стол. Аня посадила ребенка в коляску. Я посажу бабушку на поезд* [предложить, заставить или помочь сесть где-л.; помочь занять какое-л. место, расположиться где-л. для поездки] **3.** ***кого(что) за что*** и ***с неопр. ф.*** *Валерий посадил сына за уроки. Отец посадил меня заниматься* [заставить заниматься чем-л.] **4.** ***кого(что) на что*** *Врач посадил больного на диету* [заставить придерживаться чего-л., ограничив чем-л.] **5.** ***кого(что)*** *Этого мошенника скоро посадят в тюрьму* [подвергнуть заключению] **6.** ***кого(что)*** *Хозяин посадил собаку на цепь. Девочка посадила птицу в клетку* [поместить куда-л., ограничив каким-л. образом свободу движений, действий и т. п.] **7.** ***что*** *Летчик посадил самолет на поляну* [ведя на посадку, заставить опуститься на землю самолет, вертолет и т. п.] **8.** ***что*** *Капитан посадил корабль на мель* [навести судно на какое-л. препятствие] **9.** ***что на что*** *Дима посадил топор на рукоятку* [надеть на что-л., насадить] **10.** ***что*** *Бабушка посадила пироги в печь* [поставить в горячую печь для выпекания, обжига, сушки и т. п.] **11.** ***что*** *Гость посадил пятно на скатерть* [поставить пятно, кляксу и т. п. на что-л.] **12.** ***что на что*** *Аня посадила заплату на порванный рукав* [пришить заплату на что-л.; *разг.*]

II. ПОСАДИ́ВШИЙ, -ая, -ее, -ие; *действ. прош.*

Синт.: **а, б** — в глаг. знач. 1 — 12

IV. ПОСА́ЖЕННЫЙ, -ая, -ое, -ые; *страд. прош.*

[чередование д/ж]

Синт.: **а, б** — в глаг. знач. 1—12 и в статив. знач.; **в** — в глаг. знач. 1, 5, 7

Статив. знач., ***с нареч.*** (также *кр. ф.*↓) Расположенный каким-л. образом — о голове, глазах и т. п. *«Человек быстро и внимательно оглядел Бистрема и до половины неприятно приоткрыл редко посаженные зубы».* А. Н. Толстой, Эмигранты. *«Настенька.. смотрела на меня исподлобья сияющими глазами. Они были большие, круглые, посаженные немного наискось».* Гладков, Три в одной землянке

Субстантив.₃ в глаг. знач. 1, 8—10

ПОСА́ЖЕН, -ена, -ено, -ены; *кр. ф.*

В глаг. знач. 1—12

Статив. знач., ***с нареч.*** (также *полн. ф.*↑) *У этого человека зубы были посажены редко. Глаза у девушки близко посажены. «Небольшая голова была крепко посажена на могучей, короткой, всегда красной шее».* Мамин-Сибиряк, „Все мы хлеб едим...“

ПОСВЯТИ́ТЬ, посвящу́, посвят|я́т, посвяти́|л; ***сов., перех.*** (*несов.* посвяща́ть) **1.** ***кого(что) во что*** *Сестра посвятила меня в свою тайну* [осведомить о чем-л. тайном, сделать причастным к чему-л.] **2.** ***что чему*** и ***кому(чему)*** *Н. К. Крупская посвятила свою жизнь революционной борьбе. Сын посвятил весь день поискам новой книги о Бетховене. Выходные дни мы посвятили детям* [отдать силы, способности и т. п. чему-л.; отдать энергию, какое-л. время кому-чему-л.] **3.** ***что кому(чему)*** *Поэт посвятил это стихотворение жене* [создать в честь кого-л., предназначить кому-л. как дань своего уважения, любви и т. п., обычно сделав об этом надпись] **4.** ***что кому(чему)*** и ***чему*** *Пионеры посвятили этот сбор Зое Космодемьянской. В Большом театре начался вечер, который его организаторы посвятили столетию со дня рождения Ф. М. Достоевского* [наполнить содержанием, непосредственно относящимся к кому-чему-л.] **5.** ***кого (что) в кого*** *Сегодня на торжественном собрании колхозников, окончивших производственно-техническое училище, посвятили в механизаторы* [торжественно отметить приобщение к какой-л. профессии — в сочетании с предлогом *в* и старой ф. вин. мн.]

II. ПОСВЯТИ́ВШИЙ, -ая, -ее, -ие; *действ. прош.*
Синт.: **а, б** — в глаг. знач. 1 — 5
IV. ПОСВЯЩЁННЫЙ, -ая, -ое, -ые; *страд. прош.*
[чередование т/щ]
Синт.: **а, б** — в глаг. знач. 1 — 5
В знач. прил. (только *полн. ф.*) Знающий, осведомленный о чьих-л. планах, намерениях, действиях, о чьей-л. тайне. *Здесь собрались только посвященные люди*
Субстантив.₃ не употр.
ПОСВЯЩЁН, -ена́, -ено́, -ены́; *кр. ф.*
В глаг. знач. 1—5

ПОСВЯЩА́ТЬ, посвяща́|ют, посвяща́|л; ***несов. к*** посвяти́ть (см.)
I. ПОСВЯЩА́ЮЩИЙ, -ая, -ее, -ие; *действ. наст.*
Синт.: **а, б** — в глаг. знач. 1 — 5
II. ПОСВЯЩА́ВШИЙ, -ая, -ее, -ие; *действ. прош.*
Синт.: **а, б** — в глаг. знач. 1 — 5
III. ПОСВЯЩА́ЕМЫЙ, -ая, -ое, -ые; *страд. наст.*
Синт.: **а, б** — в глаг. знач. 1 — 5
Субстантив.₃ не употр.
ПОСВЯЩА́ЕМ, -ема, -емо, -емы; *кр. ф.** *(редко)*
В глаг. знач. 1
□ Кр. ф. прич. III в глаг. знач. 2—5 не употр.

ПОСЕТИ́ТЬ, посещу́, посет|я́т, посети́|л; ***сов. к*** посеща́ть в 1, 2 знач. (см.)
II. ПОСЕТИ́ВШИЙ, -ая, -ее, -ие; *действ. прош.*
Синт.: **а, б** — в глаг. знач. 1, 2
IV. ПОСЕЩЁННЫЙ, -ая, -ое, -ые; *страд. прош.*
[чередование т/щ]
Синт.: **а, б** — в глаг. знач. 1, 2
Субстантив.₃ не употр.
ПОСЕЩЁН, -ена́, -ено́, -ены́; *кр. ф.*
В глаг. знач. 1, 2

ПОСЕЩА́ТЬ, посеща́|ют, посеща́|л; ***несов., перех.*** (*сов.* посети́ть *к* 1, 2 знач.) ***1. кого(что)*** *Сослуживцы часто посещают своего больного товарища* [приходить к кому-л., бывать у кого-л., навещать, обычно не о близких людях] ***2. что*** *Туристы за один день посещают, как правило, несколько музеев* [приходить, приезжать куда-л. для ознакомления, осмотра] ***3. что*** *Студенты хорошо посещают семинары по философии* [ходить на лекции, занятия и т. п.] ***4. кого (что); S не лицо*** *Изредка меня посещают фантастические мысли о внеземных цивилизациях* [вдруг появляться в чьем-л. сознании, чувствах, мыслях, состоянии и т. п.]
I. ПОСЕЩА́ЮЩИЙ, -ая, -ее, -ие; *действ. наст.*
Синт.: **а, б** — в глаг. знач. 1 — 4
II. ПОСЕЩА́ВШИЙ, -ая, -ее, -ие; *действ. прош.*
Синт.: **а, б** — в глаг. знач. 1 — 4
III. ПОСЕЩА́ЕМЫЙ, -ая, -ое, -ые; *страд. наст.**
Синт.: **а, б** — в глаг. знач. 1 — 3
В знач. прил. (только *полн. ф.*) Пользующийся популярностью, вызывающий интерес у посетителей, такой, куда часто приходят многие. *Посещаемый клуб. Посещаемый кинотеатр*
Субстантив.₃ не употр.
ПОСЕЩА́ЕМ, -ема, -емо, -емы; *кр. ф.**
В глаг. знач. 2, 3
□ Прич. III в 4 глаг. знач. не употр. Кр. ф. прич. III также в 1 глаг. знач. не употр.

ПОСЕ́ЯТЬ, посе́ют, посе́я|л; ***сов. к*** се́ять в 1, 2 знач. (см.)
II. ПОСЕ́ЯВШИЙ, -ая, -ее, -ие; *действ. прош.*
Синт.: **а, б** — в глаг. знач. 1, 2
IV. ПОСЕ́ЯННЫЙ, -ая, -ое, -ые; *страд. прош.*
Синт.: **а, б** — в глаг. знач. 1, 2; **в** — в глаг. знач. 1
Субстантив.₃ в глаг. знач. 1
ПОСЕ́ЯН, -яна, -яно, -яны; *кр. ф.*
В глаг. знач. 1, 2

ПОСЛА́ТЬ, пошлю́т, посла́|л; ***сов., перех.*** (*несов.* посыла́ть) ***1. кого(что)*** и ***что за кем(чем)*** и ***за чем*** и ***с неопр. ф.*** *Олег послал сына за билетами в кино. Мы послали за доктором машину. Илью послали учиться в Высшую партийную школу* [отправить с каким-л. поручением; направить куда-л. с какой-л. целью] ***2. что кому (чему)*** *Друзья послали учителю поздравительную телеграмму. Я послала сыну письмо* [отправить по почте для доставки] ***3. что кому(чему) с кем(чем)*** *Отец послал нам книги с ехавшим в наш район сослуживцем* [отправить с кем-л., попросив доставить куда-л.] ***4. что кому*** *Ваш сосед послал вам привет. Юноша послал актрисе воздушный поцелуй. Прохожий послал вслед велосипедисту ругательство* [передать через кого-л. на словах; выразить жестом, словами и т. п. свое отношение, чувства к кому-л.] ***5. что*** *Баскетболист послал мяч прямо в корзину. Мальчишка послал нам вдогонку снежок* [направить при помощи толчка, броска и т. п.]
II. ПОСЛА́ВШИЙ, -ая, -ее, -ие; *действ. прош.*
Синт.: **а, б** — в глаг. знач. 1 — 5
IV. ПО́СЛАННЫЙ, -ая, -ое, -ые; *страд. прош.*
Синт.: **а, б** — в глаг. знач. 1 — 5; **в** — в глаг. знач. 2
Субстантив.₃ в глаг. знач. 2, 3
ПО́СЛАН, -ана, -ано, -аны; *кр. ф.*
В глаг. знач. 1—5

ПОСЛЕ́ДОВАТЬ, после́дуют, после́дова|л; ***сов., неперех.*** (*несов.* сле́довать *ко* 2, 3 знач.) ***1. за кем(чем)*** *«Швабрин повел Пугачева в светлицу Марьи Ивановны. Я за ним последовал».* Пушкин, Капитанская дочка. *Жены сосланных в Сибирь декабристов последовали за ними* [пойти, поехать вслед] ***2. за чем; S не лицо*** *Ночь последовала за душным днем, не принеся прохлады. Сначала показался огонь, за ним последовал взрыв* [наступить, произойти непосредственно после чего-л., вслед за чем-л.] ***3. чему*** *Олег последовал примеру товарища. Друг последовал моему совету* [поступить, следуя чему-л., руководствуясь чем-л.]

II. ПОСЛЕ́ДОВАВШИЙ, -ая, -ее, -ие; *действ. прош.*
Синт.: **а, б** — в глаг. знач. 1 — 3
Ср. прил. **после́дующий,** -ая, -ее, -ие. Следующий, происходящий потом, после чего-л., вслед за чем-л. *В последующие годы. В последующих лекциях. Последующий период. Последующее развитие*

ПОСМОТРЕ́ТЬ, посмотрю́, посмо́тр|ят, посмотре́|л; **сов.** (*несов.* смотре́ть) **1. *неперех., на кого (что)*** и ***на что, во что*** и ***с придат. дополнит.*** *Девушка посмотрела на вошедшего с удивлением. Мы посмотрели на луну в телескоп. Незнакомец посмотрел мне прямо в глаза. Тренер посмотрел, как мы занимаемся, и сделал несколько замечаний* [направить взгляд куда-л., чтобы увидеть кого-что-л.] **2. *неперех., на кого(что)*** и ***на что*** *Мой сын не посмотрит на нас и сделает все по-своему. Я не посмотрю на Ваши указания и выступлю с критикой организации работы* [не принять во внимание, не посчитаться с кем-чем-л.— с отрицанием; *разг.*] **3. *неперех., на что*** *Я знаю, что мой друг посмотрит на это легко и просто* [так или иначе отнестись к чему-л., оценить что-л. с какой-л. точки зрения] **4. *неперех., на кого (что)*** и ***на что*** и ***с придат. дополнит.*** *Я еще посмотрю на вас, справитесь ли вы с работой! Мы посмотрим, как вы будете выходить из положения* [сделать предметом своего внимания, наблюдений; *разг.*] **5. *неперех., за кем (чем)*** и ***за чем*** и ***с придат. дополнит.*** *Соседка посмотрит за маленьким ребенком. Моя подруга посмотрит за порядком в доме, пока нас не будет. Вы не беспокойтесь, Ольга посмотрит, чтобы сюда никто не входил* [позаботиться о ком-чем-л., последить за кем-чем-л.] **6. *перех., что*** *Вчера мы посмотрели место, где будут строить новый дом. Вы уже посмотрели достопримечательности города? Студенты посмотрели расписание экзаменов* [рассматривая, осматривая, познакомиться с чем-л.; просматривая, читая, познакомиться с содержанием чего-л.] **7. *перех., что*** *Мы уже посмотрели новый спектакль* [будучи зрителем, увидеть какое-л. представление, зрелище] **8. *перех., кого(что)*** *Врач посмотрел больного* [произвести врачебный осмотр, обследование]
II. ПОСМОТРЕ́ВШИЙ, -ая, -ее, -ие; *действ. прош.*
Синт.: **а, б** — в глаг. знач. 1—8
IV. ПОСМО́ТРЕННЫЙ, -ая, -ое, -ые; *страд. прош.**
Синт.: **а, б** — в глаг. знач. 7
ПОСМО́ТРЕН, -ена, -ено, -ены; *кр. ф.** *(редко)*
В глаг. знач. 7
▭ Прич. IV в 6, 8 глаг. знач. не употр.

ПОСОЛИ́ТЬ, посолю́, посо́л|ят и *доп.* посоля́т, посоли́|л; ***сов. к*** соли́ть (см.)
II. ПОСОЛИ́ВШИЙ, -ая, -ее, -ие; *действ. прош.*
Синт.: **а, б** — в глаг. знач. 1, 2
IV. ПОСО́ЛЕННЫЙ, -ая, -ое, -ые; *страд. прош.*
Синт.: **а, б** — в глаг. знач. 1, 2
ПОСО́ЛЕН, -ена, -ено, -ены; *кр. ф.*
В глаг. знач. 1, 2

ПОСПЕ́ТЬ, поспе́ют, поспе́|л; ***сов. к*** спеть (см.)
II. ПОСПЕ́ВШИЙ, -ая, -ее, -ие; *действ. прош.*
Синт.: **а, б, в** — в глаг. знач.

ПОСТА́ВИТЬ, поста́влю, поста́в|ят, поста́ви|л; ***сов. к*** ста́вить в 1—20, 22 знач. (см.)
II. ПОСТА́ВИВШИЙ, -ая, -ее, -ие; *действ. прош.*
Синт.: **а, б** — в глаг. знач. 1—20, 22
IV. ПОСТА́ВЛЕННЫЙ, -ая, -ое, -ые; *страд. прош.*
[чередование в/вл]
Синт.: **а, б** — в глаг. знач. 1—20, 22; **в** — в глаг. знач. 8—17, 20
Субстантив.₃ в глаг. знач. 1, 3, 5, 14, 16, 22
ПОСТА́ВЛЕН, -ена, -ено, -ены; *кр. ф.*
В глаг. знач. 1—20, 22

ПОСТЕЛИ́ТЬ *см.* постла́ть

ПОСТИГА́ТЬ, постига́|ют, постига́|л; ***несов. к*** пости́чь и пости́гнуть (см.)
I. ПОСТИГА́ЮЩИЙ, -ая, -ее, -ие; *действ. наст.**
Синт.: **а, б** — в глаг. знач. 1
II. ПОСТИГА́ВШИЙ, -ая, -ее, -ие; *действ. прош.**
Синт.: **а, б** — в глаг. знач. 1
III. ПОСТИГА́ЕМЫЙ, -ая, -ое, -ые; *страд. наст.**
Синт.: **а, б** — в глаг. знач. 1
ПОСТИГА́ЕМ, -ема, -емо, -емы; *кр. ф.**
В глаг. знач. 1
▭ Прич. I, II, III во 2 глаг. знач. не употр.

ПОСТИ́ЧЬ и **ПОСТИ́ГНУТЬ,** пости́гнут, пости́г| и пости́гну|л; ***сов., перех.*** (*несов.* постига́ть) **1. *что*** *Девушка с трудом постигла смысл сказанного. Люди постигнут когда-нибудь все тайны природы* [понять, уяснить смысл, значение чего-л.] **2. *кого(что)*** и ***что; S не лицо*** *Аню постигла неудача. Эту семью постигло большое горе* [выпасть на чью-л. долю, случиться с кем-л.]
II. ПОСТИ́ГШИЙ, -ая, -ее, -ие и ПОСТИ́ГНУВШИЙ, -ая, -ее, -ие; *действ. прош.*
Синт.: **а, б** — в глаг. знач. 1, 2
IV. ПОСТИ́ГНУТЫЙ, -ая, -ое, -ые; *страд. прош.**
Синт.: **а, б** — в глаг. знач. 1
ПОСТИ́ГНУТ, -та, -то, -ты; *кр. ф.**
В глаг. знач. 1
▭ Прич. IV во 2 глаг. знач. не употр.

ПОСТЛА́ТЬ и **ПОСТЕЛИ́ТЬ,** постелю́, посте́л|ют, постла́|л и постели́|л; ***сов. к*** стлать и стели́ть в 1, 2 знач. (см.)
II. ПОСТЛА́ВШИЙ, -ая, -ее, -ие и ПОСТЕЛИ́ВШИЙ, -ая, -ее, -ие; *действ. прош.*
Синт.: **а, б** — в глаг. знач. 1, 2
IV. ПО́СТЛАННЫЙ, -ая, -ое, -ые и ПОСТЕ́ЛЕННЫЙ, -ая, -ое, -ые; *страд. прош.*
Синт.: **а, б, в** — в глаг. знач. 1, 2
Субстантив.₃ в глаг. знач. 1
ПО́СТЛАН, -ана, -ано, -аны и ПОСТЕ́ЛЕН, -ена, -ено, -ены; *кр. ф.*

В глаг. знач. 1, 2

ПОСТРАДА́ТЬ, пострада́ют, пострада́|л; ***сов. к*** страда́ть в 5, 6 знач. (см.)

II. ПОСТРАДА́ВШИЙ, -ая, -ее, -ие; *действ. прош.*

С и н т.: **а, б** — в глаг. знач. 5, 6

ПОСТРО́ИТЬ, постро́|ят, постро́и|л; ***сов. к*** стро́ить в 1—4, 6, 7, 10 знач. (см.)

II. ПОСТРО́ИВШИЙ, -ая, -ее, -ие; *действ. прош.*

С и н т.: **а, б** — в глаг. знач. 1—4, 6, 7, 10

IV. ПОСТРО́ЕННЫЙ, -ая, -ое, -ые; *страд. прош.*

С и н т.: **а, б** — в глаг. знач. 1—4, 6, 7, 10; **в** — в глаг. знач. 1—4, 10

С у б с т а н т и в.$_3$ в глаг. знач. 1, 2

ПОСТРО́ЕН, -ена, -ено, -ены; *кр. ф.*

В глаг. знач. 1—4, 6, 7, 10

ПОСТУПА́ТЬ, поступа́|ют, поступа́|л; ***несов., неперех.*** (*сов.* поступи́ть) **1.** *Отец всегда поступал в таких случаях справедливо* [совершать какой-л. поступок, действовать как-л.] **2. *с кем(чем)*** и ***с чем*** *Ваня поступал очень благородно с младшим братом, делился с ним своими игрушками. Как вы поступаете с прочитанными газетами, сдаете их в макулатуру?* [относиться к кому-л. как-л., делать что-л. с кем-чем-л.] **3.** *Моя дочь поступает в этом году в институт. Смирнов поступает на работу* [сдавать вступительные экзамены, проходить конкурс, чтобы быть зачисленным в какое-л. учебное заведение; устраиваться куда-л. на работу] **4.** *В больницы поступает много больных с кишечными заболеваниями* [прибывать куда-л., в какое-л. официальное учреждение для лечения, помощи и т. п.] **5. *S не лицо*** *В комиссию поступают заявления о приеме в спортивные секции* [будучи направленным кем-л., достигать места назначения, оказываться доставленным] **6. *S не лицо*** *Пар поступает через этот шланг. Кислород поступает в камеру непрерывно* [двигаясь, будучи направленным, оказываться где-л.— о воздухе, воде и т. п.] **7. *S не лицо*** *Наследство поступает в казну. Отчисления от прибыли поступают в государственный бюджет* [переходить, попадать в ведение, распоряжение кого-чего-л.] **8. *во что; S не лицо*** *Эти книги поступают в продажу в начале квартала. Сырье сразу же поступает в обработку* [в сочетании с некоторыми отглагольными существительными означает: подвергаться действию, выраженному существительным]

I. ПОСТУПА́ЮЩИЙ, -ая, -ее, -ие; *действ. наст.*

С и н т.: **а, б** — в глаг. знач. 1—8

II. ПОСТУПА́ВШИЙ, -ая, -ее, -ие; *действ. прош.*

С и н т.: **а, б** — в глаг. знач. 1—8

В з н а ч. с у щ. **поступа́ющий,** -его, *м.;* **поступа́ющая,** -ей, *ж.* Тот (та), кто подал документы и сдает экзамены для зачисления в какое-л. учебное заведение. *Еще не все поступающие подали документы в приемную комиссию института*

ПОСТУПИ́ТЬ, поступлю́, посту́пят, поступи́|л; ***сов. к*** поступа́ть (см.)

II. ПОСТУПИ́ВШИЙ, -ая, -ее, -ие; *действ. прош.*

С и н т.: **а, б** — в глаг. знач. 1—8

ПОСЧИТА́ТЬ, посчита́ют, посчита́|л; ***сов. к*** счита́ть во 2 знач. (см.)

II. ПОСЧИТА́ВШИЙ, -ая, -ее, -ие; *действ. прош.*

С и н т.: **а, б** — в глаг. знач. 2

IV. ПОСЧИ́ТАННЫЙ, -ая, -ое, -ые; *страд. прош.*

С и н т.: **а, б, в** — в глаг. знач. 2

С у б с т а н т и в.$_2$ во мн.

ПОСЧИ́ТАН, -ана, -ано, -аны; *кр. ф.*

В глаг. знач. 2

ПОСЫЛА́ТЬ, посыла́|ют, посыла́|л; ***несов. к*** посла́ть (см.)

I. ПОСЫЛА́ЮЩИЙ, -ая, -ее, -ие; *действ. наст.*

С и н т.: **а, б** — в глаг. знач. 1—5

II. ПОСЫЛА́ВШИЙ, -ая, -ее, -ие; *действ. прош.*

С и н т.: **а, б** — в глаг. знач. 1—5

III. ПОСЫЛА́ЕМЫЙ, -ая, -ое, -ые; *страд. наст.*

С и н т.: **а, б** — в глаг. знач. 1—5; **в** — в глаг. знач. 2

С у б с т а н т и в.$_3$ в глаг. знач. 2, 3

ПОТЕРЕ́ТЬ, потру́т, потёр|; ***сов., перех.*** (*несов.* потира́ть *к* 3 знач.) **1. *что,*** также ***чем*** *Девочка потерла ушибленное место. Старик потер ладонью виски* (см. § 2) [несколько, слегка растереть, натереть] **2. *что*** и ***чего*** *Валя потерла немного моркови для салата* [натереть, истереть некоторое количество чего-л.] **3. *что*** *«Дмитрий Алексеевич довольно потер руки».* Гранин, Искатели [провести несколько раз одной своей рукой или ногой по другой руке или ноге, чередуя их]

II. ПОТЁРШИЙ, -ая, -ее, -ие; *действ. прош.*

С и н т.: **а, б** — в глаг. знач. 1—3

IV. ПОТЁРТЫЙ, -ая, -ое, -ые; *страд. прош.**

С и н т.: **а, б** — в глаг. знач. 1, 2

С р. прил. **потёртый,** -ая, -ое, -ые; -ёрт, -та, -то, -ты. **1.** Со следами долгого употребления, несколько вытертый, потершийся. *Потертый ковер. Потертый пиджак* **2.** (только *полн. ф.)* Усталый, несвежий, изможденный — о лице, виде. *У него был довольно потертый вид*

ПОТЁРТ, -та, -то, -ты; *кр. ф.**

В глаг. знач. 1, 2

□ Прич. IV в 3 глаг. знач. не употр.

ПОТЕРЕ́ТЬСЯ, потру́тся, потёр|ся; ***несов.*** **1. *обо что*** *«Ребенок во сне чуть пошевелился, улыбнулся и потерся лбом о подушку».* Л. Толстой, Война и мир [тереться некоторое время обо что-л.] **2.** *«Левинсон пошел на собрание заблаговременно — потереться среди мужиков, нет ли каких слухов».* Фадеев, Разгром [побыть среди кого-л., общаясь, наблюдая и т. п. за кем-л.; *разг.*] **3. *S не лицо*** *Свитер у сына потерся на локтях. «Степка возил ночью навоз и привязал лошадь к яблоне. Замотал, подлец, вожжищи туго-натуго, так что кора в трех местах потер-*

лась». Чехов, Черный монах [несколько протереться, истереться от носки, трения и т. п.]

II. ПОТЁРШИЙСЯ, -аяся, -ееся, -иеся; *действ. прош.*

Синт.: **а, б** — в глаг. знач. 1—3; **в** — в глаг. знач. 3

ПОТЕРПЕ́ТЬ, потерплю́, поте́рпят, потерпе́|л; ***сов.*** (*несов.* терпе́ть *к* 1 знач.) **1. *перех., что*** *Шахматисты нашей школы потерпели в этом турнире поражение. Ольга потерпела неудачу. Наша организация потерпела убытки* [испытать, перенести что-л. тяжелое, неприятное, бедственное] **2. *неперех.*** *Потерпи немного, и боль пройдет* [проявить терпение в течение некоторого времени] **3. *неперех., чего*** *Я знаю, моя подруга не потерпит оскорблений* [стерпеть, отнестись к чему-л. терпеливо — с отрицанием]

II. ПОТЕРПЕ́ВШИЙ, -ая, -ее, -ие; *действ. прош.*

Синт.: **а, б** — в глаг. знач. 1—3

Ср. сущ. **потерпе́вший,** -его, *м.*; **потерпе́вшая,** -ей, *ж.* Пострадавший (пострадавшая) от чего-л., понесший (понесшая) урон, убытки. *Оказание помощи потерпевшим*

▭ Прич. IV не употр.

ПОТЕРЯ́ТЬ, потеря́ют, потеря́|л; ***сов., перех.*** (*несов.* теря́ть) **1. *что*** *Мальчик потерял книгу. Дима потерял ключ от квартиры* [лишиться чего-л. по небрежности, роняя, оставляя, забывая и т. п. неизвестно где] **2. *что*** *В тумане туристы потеряли дорогу. Плясавший мальчик потерял такт и остановился. Я отвлеклась и потеряла нить рассказа* [сбиться с чего-л., упустить что-л.] **3. *кого(что)*** *Таня потеряла подругу в толпе. Мы потеряли друг друга в этой непроходимой чаще* [перестать видеть кого-л., знать местонахождение кого-л.] **4. *что*** *После ранения отец потерял зрение. Учитель, в конце концов, потерял терпение. Канатоходец потерял равновесие, но удержался на канате. Зелень потеряла свежесть* [утратить частично или полностью присущие кому-чему-л. качества, свойства, состояние, положение и т. п.] **5. *что*** *Парашютист потерял скорость падения. Самолет потерял высоту* [утратить скорость движения, высоту полета и т. п.] **6. *кого(что)*** и ***что*** *Олег постепенно потерял всех школьных друзей. Журнал потерял много подписчиков. Директор потерял уважение рабочих* [лишиться кого-чего-л., остаться без кого-чего-л., перестать обладать кем-чем-л.] **7. *кого(что)*** *Олег потерял отца. Аня потеряла всех своих родных во время землетрясения. Полк потерял в бою лучших стрелков* [понести утрату в лице кого-л., умершего, убитого в бою и т. п.] **8. *что на чем*** и ***без дополн.*** *Андрей потерял на продаже книг букинисту десять рублей* [лишиться каких-л. выгод, преимуществ, потерпеть ущерб, убытки] **9. *что*** *Зрители напрасно потеряли время. Молодые супруги потеряли по неопытности много денег и времени* [потратить, израсходовать напрасно, нецелесообразно]

II. ПОТЕРЯ́ВШИЙ, -ая, -ее, -ие; *действ. прош.*

Синт.: **а, б** — в глаг. знач. 1—9

IV. ПОТЕ́РЯННЫЙ, -ая, -ое, -ые; *страд. прош.*

Синт.: **а, б** — в глаг. знач. 1—9; **в** — в глаг. знач. 1, 2, 4, 5, 9

Ср. прил. **поте́рянный,** -ая, -ое, -ые. **1.** Потерявший самообладание, присутствие духа, расстроенный. *Он был какой-то потерянный* **2.** Опустившийся, неспособный исправиться, нравственно погибший. *Это потерянный человек* **3.** Выражающий состояние крайней растерянности, угнетенности, расстройства. *С потерянным видом. «Потерянным голосом Евгения Михайловна ответила, что новостей нет никаких».* Сартаков, Медленный гавот ◇ **Потерянное поколение** — о поколении, не способном в силу социальных причин к активной деятельности, нормальному образу жизни

Субстантив.$_2$ не употр.; субстантив.$_3$ в глаг. знач. 1, 8

ПОТЕ́РЯН, -яна, -яно, -яны; *кр. ф.*

В глаг. знач. 1—9

ПОТИРА́ТЬ, потира́|ют, потира́|л; ***несов. к*** потере́ть в 3 знач. (см.)

I. ПОТИРА́ЮЩИЙ, -ая, -ее, -ие; *действ. наст.*

Синт.: **а, б** — в глаг. знач. 3

II. ПОТИРА́ВШИЙ, -ая, -ее, -ие; *действ. прош.*

Синт.: **а, б** — в глаг. знач. 3

III. ПОТИРА́ЕМЫЙ, -ая, -ое, -ые; *страд. наст.* (*редко*)

Синт.: **а, б** — в глаг. знач. 3

Субстантив.$_3$ не употр.

ПОТРАВИ́ТЬ, потравлю́, потра́в|ят, потрави́|л; ***сов. к*** трави́ть в 7 знач. (см.)

II. ПОТРАВИ́ВШИЙ, -ая, -ее, -ие; *действ. прош.*

Синт.: **а, б** — в глаг. знач. 7

IV. ПОТРА́ВЛЕННЫЙ, -ая, -ое, -ые; *страд. прош.*

[чередование в/вл]

Синт.: **а, б, в** — в глаг. знач. 7

Субстантив.$_3$ не употр.

ПОТРА́ВЛЕН, -ена, -ено, -ены; *кр. ф.*

В глаг. знач. 7

ПОТРА́ТИТЬ, потра́чу, потра́т|ят, потра́ти|л; ***сов. к*** тра́тить в 1, 2 знач. (см.)

II. ПОТРА́ТИВШИЙ, -ая, -ее, -ие; *действ. прош.*

Синт.: **а, б** — в глаг. знач. 1, 2

IV. ПОТРА́ЧЕННЫЙ, -ая, -ое, -ые; *страд. прош.*

[чередование т/ч]

Синт.: **а, б** — в глаг. знач. 1, 2

Субстантив.$_3$ в глаг. знач. 1

ПОТРА́ЧЕН, -ена, -ено, -ены; *кр. ф.*

В глаг. знач. 1, 2

ПОТРЕ́БОВАТЬ, потре́буют, потре́бова|л; ***сов. к*** тре́бовать в 1, 2 знач. (см.)

II. ПОТРЕ́БОВАВШИЙ, -ая, -ее, -ие; *действ. прош.*

Синт.: **а, б** — в глаг. знач. 1, 2

IV. ПОТРЕ́БОВАННЫЙ, -ая, -ое, -ые; *страд. прош.**

Синт.: **а, б** — в глаг. знач. 1
Субстантив.₃ не употр.
ПОТРЕ́БОВАН, -ана, -ано, -аны; *кр. ф.**
В глаг. знач. 1
▭ Прич. IV во 2 глаг. знач. не употр.

ПОТРЕВО́ЖИТЬ, потрево́ж|ат, потрево́жи|л; ***сов. к*** трево́жить во 2, 4 знач. (см.)
II. ПОТРЕВО́ЖИВШИЙ, -ая, -ее, -ие; *действ. прош.*
Синт.: **а, б** — в глаг. знач. 2, 4
IV. ПОТРЕВО́ЖЕННЫЙ, -ая, -ое, -ые; *страд. прош.*
Синт.: **а, б** — в глаг. знач. 2, 4; **в** — в глаг. знач. 4
Субстантив.₃ не употр.
ПОТРЕВО́ЖЕН, -ена, -ено, -ены; *кр. ф.*
В глаг. знач. 2, 4

ПОТРЕПА́ТЬ, потреплю́, потре́плют, потрепа́|л; ***сов., перех.*** (*несов.* трепа́ть) **1. *кого(что) по чему,*** также ***чем*** *Мальчик ласково потрепал рукой жеребенка по тонкой шее* (см. § 2). *Смирнов потрепал мальчика по щеке* [слегка похлопать, потормошить, погладить человека или животное по какой-л. части тела, туловища] **2. *что*** *За год Сережа сильно потрепал свою куртку* [привести в негодный вид частой ноской, небрежным обращением; *разг.*] **3. *кого(что)*** и ***что*** *В этом бою танкисты основательно потрепали противника. «Первую атаку удалось отразить. Однако пехоту сильно потрепал пулеметный огонь».* Славин, Два бойца [ослабить, причинить урон в бою; *разг.*] **4. *кого(что); S не лицо*** *«Должно быть, потрепала его, бедного, жизнь!»* Панаева, Воспоминания [подвергнуть кого-л. тяжелым испытаниям, заставить испытывать нужду, поражение и т. п.; *разг.*]
II. ПОТРЕПА́ВШИЙ, -ая, -ее, -ие; *действ. прош.*
Синт.: **а, б** — в глаг. знач. 1—4
IV. ПОТРЕ́ПАННЫЙ, -ая, -ое, -ые; *страд. прош.*
Синт.: **а, б** — в глаг. знач. 1—4
В знач. прил. (также *кр. ф.*↓) **1.** Ставший рваным от долгого или небрежного употребления, истрепавшийся. *Потрепанное пальто. Потрепанные книги.* **2.** Понесший урон в людской силе и технике во время боевых действий, ослабленный. *Потрепанные части врага.*
Ср. прил. **потрёпанный,** -ая, -ое, -ые; -ан, -анна, -анно, -анны. Выражающий сильную усталость, изнуренный, изможденный, утративший свежесть. *Потрепанный вид. Потрепанное лицо*
Субстантив.₃ не употр.
ПОТРЕ́ПАН, -ана, -ано, -аны; *кр. ф.*
В глаг. знач. 1—4
В знач. прил. (также *полн. ф.*↑) **1.** *Пальто потрепано. Книги были потрепаны* **2.** *Части врага сильно потрепаны*
▭ Прич. IV в 1 глаг. знач. менее употр., чем во 2—4 глаг. знач.

ПОТРОШИ́ТЬ, потрош|а́т, потроши́|л; ***несов., перех.*** (*сов.* вы́потрошить *к* 1 знач.; *сов.* распотроши́ть *ко* 2 знач.) **1. *кого(что)**** *Повар потрошил рыбу* [очищать от внутренностей] **2. *что*** *«Выдвинув ящики, он небрежно, по-мужски, потрошил их, комкая крахмальные тряпки и раскидывая по креслам».* Леонов, Скутаревский [беспорядочно, неаккуратно извлекать, вынимать все содержимое чего-л.; *разг.*] **3. *что*** *Незнакомец потрошил чужой бумажник* [опоражнивать, опустошать, воруя; *прост.*]
I. ПОТРОША́ЩИЙ, -ая, -ее, -ие; *действ. наст.*
Синт.: **а, б** — в глаг. знач. 1—3
II. ПОТРОШИ́ВШИЙ, -ая, -ее, -ие; *действ. прош.*
Синт.: **а, б** — в глаг. знач. 1—3
IV. ПОТРОШЁННЫЙ, -ая, -ое, -ые; *страд. прош.**
Синт.: **а, б** — в глаг. знач. 1
Ср. прил. **потрошёный,** -ая, -ое, -ые. Без внутренностей, специально обработанный. *Потрошеная курица. Потрошеная рыба*
Субстантив.₃ в глаг. знач. 1
ПОТРОШЁН, -ена́, -ено́, -ены́; *кр. ф.**
В глаг. знач. 1
▭ Прич. III не употр. Прич. IV во 2, 3 глаг. знач. не употр.

ПОТРЯСА́ТЬ, потряса́|ют, потряса́|л; ***несов.*** (*сов.* потрясти́ *к* 1, 2 знач.) **1. *перех., что; S не лицо*** *«Сильный озноб потрясал его тело, зубы так сильно стучали, что приходилось крепко стискивать челюсти».* Куприн, Молох. *Подземные толчки потрясали здания* [вызывать судорожные движения, содрогания; заставлять дрожать, сотрясаться, колебаться] **2. *перех., кого(что),*** также ***чем*** *Актриса потрясала зрителей своей игрой. Речи этого оратора потрясали слушателей* [сильно волновать, вызывать глубокие переживания] **3. *неперех., чем*** *Офицер потрясал пистолетом и что-то кричал* [встряхивать, взмахивать чем-л. с силой, обычно с угрозой]
I. ПОТРЯСА́ЮЩИЙ, -ая, -ее, -ие; *действ. наст.*
Синт.: **а, б** — в глаг. знач. 1—3
Ср. прич. во 2 глаг. знач. с прил. **потряса́ющий,** -ая, -ее, -ие; -ющ, -юща, -юще, -ющи. **1.** Крайне волнующий, производящий сильное впечатление. *Потрясающие события. Потрясающее зрелище* **2.** Огромный, очень большой по количеству, силе, интенсивности. *Потрясающий успех. Потрясающая точность*
II. ПОТРЯСА́ВШИЙ, -ая, -ее, -ие; *действ. прош.*
Синт.: **а, б** — в глаг. знач. 1—3
III. ПОТРЯСА́ЕМЫЙ, -ая, -ое, -ые; *страд. наст.**
Синт.: **а, б** — в глаг. знач. 1
▭ Прич. III во 2 глаг. знач. не употр.

ПОТРЯСТИ́, потрясу́т, потря́с|, потрясла́, -ло́, -ли́; ***сов.*** (*несов.* потряса́ть *ко* 2, 3 знач.) **1. *перех., кого(что)*** и ***что*** *Врач потряс больного за плечи. Девушка потрясла сумку, и из нее выпали ключи* [трясти некоторое время] **2. *перех., что; S не лицо*** *«Тотчас его замутило больше, и яростный припадок рвоты потряс его тело».* Л. Соболев, Держись, старшина... *Подземный* *толчок потряс здание* [вызвать судорожные движения, содрогания; заставить дрожать, сотрясаться, колебаться] **3.** ***перех., кого(что),*** также ***чем*** *Актриса потрясла зрителей своей игрой* (см. § 1) [сильно взволновать, вызвать глубокие переживания] **4.** ***неперех., чем*** *Девушка потрясла книгой и что-то сказала* [встряхнуть, взмахнуть с силой] **5.** ***неперех., чем*** *Клоун смешно потряс головой* [тряхнуть несколько раз головой, рукой и т. п.]

II. ПОТРЯ́СШИЙ, -ая, -ее, -ие; *действ. прош.*

Синт.: **а, б** — в глаг. знач. 1—5

IV. ПОТРЯСЁННЫЙ, -ая, -ое, -ые; *страд. прош.**

Синт.: **а, б** — в глаг. знач. 1, 3

В знач. прил. (только *полн. ф.*) Пришедший в очень сильное волнение, испытавший глубокое переживание. *«И он стоял, уцепившись за что-то, потрясенный и безмолвный».* Станюкович, В шторм

Ср. прил. **потрясённый,** -ая, -ое, -ые. Выражающий очень сильное волнение, глубокое переживание. *«Девочки молчали, потупясь, с потрясенными лицами».* Каверин, Перед зеркалом

ПОТРЯСЁН, -ена́, -ено́, -ены́; *кр. ф.**

В глаг. знач. 1, 3

▭ Прич. IV во 2 глаг. знач. не употр.

ПОТУ́ХНУТЬ, поту́хнут, поту́х| и *доп.* поту́хну|л; ***сов., неперех.*** (*несов.* ту́хнуть[1] *к* 1 знач.); ***S не лицо*** **1.** *Свеча потухла* [перестать гореть, светить, погаснуть] **2.** *Глаза ее потухли, спина сгорбилась* [перестать блестеть, стать тусклым, безжизненным — о глазах]

II. ПОТУ́ХШИЙ, -ая, -ее, -ие и *доп.* ПОТУ́ХНУВШИЙ, -ая, -ее, -ие; *действ. прош.*

Синт.: **а, б, в** — в глаг. знач. 1, 2

ПОТУШИ́ТЬ, потушу́, поту́ш|ат, потуши́|л; ***сов. к*** туши́ть[1] (см.)

II. ПОТУШИ́ВШИЙ, -ая, -ее, -ие; *действ. прош.*

Синт.: **а, б** — в глаг. знач.

IV. ПОТУ́ШЕННЫЙ, -ая, -ое, -ые; *страд. прош.*

Синт.: **а, б, в** — в глаг. знач.

ПОТУ́ШЕН, -ена, -ено, -ены; *кр. ф.*

В глаг. знач.

ПОХВАЛИ́ТЬ, похвалю́, похва́л|ят, похвали́|л; ***сов. к*** хвали́ть (см.)

II. ПОХВАЛИ́ВШИЙ, -ая, -ее, -ие; *действ. прош.*

Синт.: **а, б** — в глаг. знач.

IV. ПОХВА́ЛЕННЫЙ, -ая, -ое, -ые; *страд. прош.*

Синт.: **а, б, в** — в глаг. знач.

ПОХВА́ЛЕН, -ена, -ено, -ены; *кр. ф.*

В глаг. знач.

ПОЦЕЛОВА́ТЬ, поцелу́ют, поцелова́|л; ***сов. к*** целова́ть (см.)

II. ПОЦЕЛОВА́ВШИЙ, -ая, -ее, -ие; *действ. прош.*

Синт.: **а, б** — в глаг. знач.

IV. ПОЦЕЛО́ВАННЫЙ, -ая, -ое, -ые; *страд. прош.*

Синт.: **а, б, в** — в глаг. знач.

ПОЦЕЛО́ВАН, -ана, -ано, -аны; *кр. ф.*

В глаг. знач.

ПОЧЕРНЕ́ТЬ, почерне́ют, почерне́|л; ***сов., неперех.*** (*несов.* черне́ть *к* 1 знач.) **1.** ***S не лицо*** *Крышка на коробке почернела. Стены почернели от сырости* [стать черным или более черным; потемнеть] **2.** *Брат почернел от загара* [приобрести темный оттенок кожи от загара, копоти, грязи и т. п.] **3.** *Моя подруга почернела от горя* [приобрести крайне болезненный вид, синяки под глазами, нездоровый цвет лица и т. п., глубоко переживая что-л.]

II. ПОЧЕРНЕ́ВШИЙ, -ая, -ее, -ие; *действ. прош.*

Синт.: **а, б** — в глаг. знач. 1—3

В знач. прил. Ставший черным или более черным; потемневший. *Почерневшая земля. Почерневшие стены. Почерневшая солома* (Ср. прил. **почерне́лый,** -ая, -ое, -ые. Ставший черным, почерневший. *Почернелые стены. Почернелая солома*)

ПОЧИНИ́ТЬ, починю́, почи́н|ят, почини́|л; ***сов. к*** чини́ть[1] в 1 знач. (см.)

II. ПОЧИНИ́ВШИЙ, -ая, -ее, -ие; *действ. прош.*

Синт.: **а, б** — в глаг. знач. 1

IV. ПОЧИ́НЕННЫЙ, -ая, -ое, -ые; *страд. прош.*

Синт.: **а, б, в** — в глаг. знач. 1

ПОЧИ́НЕН, -ена, -ено, -ены; *кр. ф.*

В глаг. знач. 1

ПОЧУ́ВСТВОВАТЬ, почу́вствуют, почу́вствова|л; ***сов. к*** чу́вствовать в 1—4, 6 знач. (см.)

II. ПОЧУ́ВСТВОВАВШИЙ, -ая, -ее, -ие; *действ. прош.*

Синт.: **а, б** — в глаг. знач. 1—4, 6

IV. ПОЧУ́ВСТВОВАННЫЙ, -ая, -ое, -ые; *страд. прош.**

Синт.: **а, б** — в глаг. знач. 1—3

Субстантив.$_3$ не употр.

ПОЧУ́ВСТВОВАН, -ана, -ано, -аны; *кр. ф.**

В глаг. знач. 1—3

▭ Прич. IV в 4, 6 глаг. знач. не употр.

ПОЩАДИ́ТЬ, пощажу́, пощад|я́т, пощади́|л; ***сов. к*** щади́ть (см.)

II. ПОЩАДИ́ВШИЙ, -ая, -ее, -ие; *действ. прош.*

Синт.: **а, б** — в глаг. знач. 1—5

IV. ПОЩАЖЁННЫЙ, -ая, -ое, -ые; *страд. прош.**

[чередование д/ж]

Синт.: **а, б** — в глаг. знач. 1—4

Субстантив.$_2$ в глаг. знач. 1; субстантив.$_3$ в глаг. знач. 2

ПОЩАЖЁН, -ена́, -ено́, -ены́; *кр. ф.**

В глаг. знач. 1—4

▭ Прич. IV в 5 глаг. знач. не употр.

ПРА́ВИТЬ[1], пра́влю, пра́в|ят, пра́ви|л; ***несов., неперех.*** **1.** ***чем*** и ***без дополн.*** *Диктатор правил страной много лет. В этой стране правят военные* [управлять, руководить, обладая властью] **2.** ***кем(чем)**** и ***чем*** *Мальчик умело правил лошадью. Андрей правит яхтой как* *настоящий яхтсмен* [направлять чье-л. движение, ход чего-л.]

I. ПРА́ВЯЩИЙ, -ая, -ее, -ие; *действ. наст.*
Синт.: **а, б** — в глаг. знач. 1, 2
В знач. прил. Находящийся у власти. *Правящая партия государства. Правящие круги. Правящий класс. Правящий народ*

II. ПРА́ВИВШИЙ, -ая, -ее, -ие; *действ. прош.*
Синт.: **а, б** — в глаг. знач. 1, 2

ПРА́ВИТЬ[2], пра́влю, пра́в|ят, пра́ви|л; ***несов., перех., что*** (*сов.* вы́править *к* 1 знач.) **1.** *Писатель правил рукопись своего романа несколько раз. Редактор правит корректуру* [устранять ошибки в чем-л. написанном, напечатанном, исправлять] **2.** *«Пока парикмахер правил, насвистывая, бритву, Хмара пристально смотрел за окно».* Паустовский, Рождение моря [оттачивая лезвие чего-л., делать пригодным для пользования, употребления]

I. ПРА́ВЯЩИЙ, -ая, -ее, -ие; *действ. наст.*
Синт.: **а, б** — в глаг. знач. 1, 2

II. ПРА́ВИВШИЙ, -ая, -ее, -ие; *действ. прош.*
Синт.: **а, б** — в глаг. знач. 1, 2

III. ПРА́ВИМЫЙ, -ая, -ое, -ые; *страд. наст.**
Синт.: **а, б** — в глаг. знач. 2

IV. ПРА́ВЛЕННЫЙ, -ая, -ое, -ые; *страд. прош.*
[чередование в/вл]
Синт.: **а, б** — в глаг. знач. 1, 2
Ср. прил. **пра́вленый,** -ая, -ое, -ые. С поправками, исправленный. *Правленая рукопись. Правленая корректура. Правленая заметка*
ПРА́ВЛЕН, -ена, -ено, -ены; *кр. ф.*
В глаг. знач. 1, 2

□ Прич. III. в 1 глаг. знач. не употр.

ПРЕДАВА́ТЬ, преда|ю́т, предава́|л; ***несов. к*** преда́ть (см.)

I. ПРЕДАЮ́ЩИЙ, -ая, -ее, -ие; *действ. наст.*
Синт.: **а, б** — в глаг. знач. 1—3

II. ПРЕДАВА́ВШИЙ, -ая, -ее, -ие; *действ. прош.*
Синт.: **а, б** — в глаг. знач. 1—3

III. ПРЕДАВА́ЕМЫЙ, -ая, -ое, -ые; *страд. наст.*
Синт.: **а, б** — в глаг. знач. 1—3

ПРЕДА́ТЬ, преда́м, преда́шь, преда́ст, предади́м, предади́те, предаду́т, пре́да|л, предала́, пре́дало, -ли; ***сов., перех.*** (*несов.* предава́ть) **1. *кого (что)*** и ***что чему*** *Это произведение потомки предали забвению. Преступника предали суду. Все его письма девушка предала огню* [подвергнуть какому-л. действию, привести в какое-л. состояние, указанное существительным, с которым сочетается глагол; *книжн.*] **2. *кого(что)*** *Провокатор предал подпольщиков* [изменнически выдать] **3. *что*** *Эти люди предали свою родину. Ты предал наше общее дело* [изменить, нарушить верность кому-чему-л.]

II. ПРЕДА́ВШИЙ, -ая, -ее, -ие; *действ. прош.*
Синт.: **а, б** — в глаг. знач. 1—3

IV. ПРЕ́ДАННЫЙ, -ая, -ое, -ые; *страд. прош.*
Синт.: **а, б** — в глаг. знач. 1—3 и в статив. знач.
Статив. знач., ***кому(чему)*** и ***чему*** (также *кр. ф.* ↓) Отдающий все свои силы, знания, способности и т. п. кому-чему-л. *Моя мать, преданная мужу и детям, посвятила им свою жизнь. Люди, преданные своему делу, вызывают чувство глубокого уважения*
Ср. прил. **пре́данный,** -ая, -ое, -ые; -ан, -анна, -анно, -анны. **1.** Постоянный в своих чувствах, привязанностях к кому-чему-л., верный. *Преданный друг. Она добра и преданна.* **2.** (только *полн. ф.*) Исполненный постоянства, верности. *Преданная дружба. Преданная любовь* **3.** (только *полн. ф.*) Выражающий постоянство, верность. *Преданный взгляд*
Субстантив.$_3$ в глаг. знач. 1
ПРЕ́ДАН, -ана, -ано, -аны; *кр. ф.*
В глаг. знач. 1—3
Статив. знач., ***кому(чему)*** и ***чему*** (также *полн. ф.*↑) *Эта женщина предана мужу и семье. Отец предан своему делу*

□ Прич. IV в 3 глаг. знач. менее употр., чем личные ф. глагола и прич. II

ПРЕДЛАГА́ТЬ, предлага́|ют, предлага́|л; ***несов. к*** предложи́ть (см.)

I. ПРЕДЛАГА́ЮЩИЙ, -ая, -ее, -ие; *действ. наст.*
Синт.: **а, б** — в глаг. знач. 1—6

II. ПРЕДЛАГА́ВШИЙ, -ая, -ее, -ие; *действ. прош.*
Синт.: **а, б** — в глаг. знач. 1—6

III. ПРЕДЛАГА́ЕМЫЙ, -ая, -ое, -ые; *страд. наст.*
Синт.: **а, б** — в глаг. знач. 1—4
Субстантив.$_2$ не употр.; субстантив.$_3$ в глаг. знач. 3

ПРЕДЛОЖИ́ТЬ, предложу́, предло́ж|ат, предложи́|л; ***сов.*** (*несов.* предлага́ть) **1. *перех., что*** и ***с придат. дополнит.*** *Инженеры предложили новый проект. Молодой сотрудник предложил интересный метод работы* [сделать что-л. предметом рассмотрения, выбора со стороны других] **2. *перех., кого(что)*** *Наша профсоюзная группа предложила своего кандидата для выборов в профсоюзный комитет* [выставить чью-л. кандидатуру, рекомендовать] **3. *перех., что*** *Друзья предложили свои услуги. Сосед предложил мне свою комнату. Сестра предложила гостю бутерброды и чай. Книжные магазины предложили читателям сборник новых рассказов молодых прозаиков* [заявить о готовности помочь, услужить чем-л., предоставить что-л. в чье-л. распоряжение] **4. *перех., что кому(чему)*** *Преподаватель предложил нам особенно трудные задачи. Профессор предложил студентам вопросы на сообразительность* [дать как материал для размышления, для выполнения какой-л. умственной работы] **5. *неперех., с неопр. ф.*** *Оля предложила написать родителям письмо. Илья предложил поехать в воскресенье за город* [пригласить кого-л. принять в чем-л. участие, заняться чем-л., сделать что-л.] **6. *неперех., кому(чему) с неопр. ф.*** и ***придат. дополнит.*** *Директор предложил цеху закончить работу через два дня. Председатель собрания предложил, чтобы все желающие высказались* *по этому вопросу* [потребовать, предписать что-л. сделать, призвать к чему-л.]

II. ПРЕДЛОЖИ́ВШИЙ, -ая, -ее, -ие; *действ. прош.*

Синт.: **а, б** — в глаг. знач. 1—6

IV. ПРЕДЛО́ЖЕННЫЙ, -ая, -ое, -ые; *страд. прош.*

Синт.: **а, б** — в глаг. знач. 1—4

Субстантив.₂ не употр.; субстантив.₃ в глаг. знач. 3

ПРЕДЛО́ЖЕН, -ена, -ено, -ены; *кр. ф.*

В глаг. знач. 1—4

Ср. **предло́жено,** ***безл., кому(чему) с неопр. ф.*** Получено приказание, предписание для обязательного выполнения. *Отстающим студентам предложено сдать экзамены за десять дней*

ПРЕДНАЗНАЧА́ТЬ, предназнача́|ют, предназнача́|л; ***несов. к*** предназна́чить (см.)

I. ПРЕДНАЗНАЧА́ЮЩИЙ, -ая, -ее, -ие; *действ. наст.*

Синт.: **а, б** — в глаг. знач. 1, 2

II. ПРЕДНАЗНАЧА́ВШИЙ, -ая, -ее, -ие; *действ. прош.*

Синт.: **а, б** — в глаг. знач. 1, 2

III. ПРЕДНАЗНАЧА́ЕМЫЙ, -ая, -ое, -ые; *страд. наст.*

Синт.: **а, б** — в глаг. знач. 1, 2

ПРЕДНАЗНА́ЧИТЬ, предназна́ч|ат, предназна́чи|л; ***сов., перех.*** (*несов.* предназнача́ть) **1. *что*** *Коллекционер предназначил свои картины для передачи в местный музей. Анна предназначила эти деньги для покупки книг* [заранее, наперед определить для какой-л. цели] **2. *кого(что) для кого(чего); S не лицо*** *«...им казалось, что сама судьба предназначила их друг для друга».* Чехов, Дама с собачкой [предопределить что-л. в жизни кого-л.— о судьбе, провидении, боге и т. п.]

II. ПРЕДНАЗНА́ЧИВШИЙ, -ая, -ее, -ие; *действ. прош.*

Синт.: **а, б** — в глаг. знач. 1, 2

IV. ПРЕДНАЗНА́ЧЕННЫЙ, -ая, -ое, -ые; *страд. прош.*

Синт.: **а, б** — в глаг. знач. 1, 2 и в статив. знач.

Статив. знач. (также *кр. ф.* ↓) **1. *кому (чему)*** и ***для кого(чего)*** Имеющий определенное назначение, предназначающийся для кого-чего-л. *Строительный материал, предназначенный для сооружения бассейна, был использован не по назначению. Андрей сказал Илье слова, явно предназначенные мне* **2. *для чего*** и ***с неопр. ф.*** Имеющий определенное предназначение. *«Есть натуры, будто заранее предназначенные для тихого подвига любви».* Короленко, Слепой музыкант. *Эти люди, будто предназначенные испытать все тяготы угнетения и порабощения, выстояли в неравной борьбе с захватчиками*

ПРЕДНАЗНА́ЧЕН, -ена, -ено, -ены; *кр. ф.*

В глаг. знач. 1, 2

Статив. знач. (также *полн. ф.*↑) **1. *кому(чему)*** и ***для кого(чего)*** *Этот строительный материал был предназначен для сооружения бассейна. Андрей сказал Илье слова, которые явно были предназначены мне* **2. *для чего*** и ***с неопр. ф.*** *Есть натуры, которые будто заранее предназначены для подвига любви. «Цветухин — вот кто предназначен испытать еще несмелое увлечение молодых людей».* Федин, Первые радости

Ср. **предназна́чено,** ***безл., кому(чему)*** и ***чему с неопр. ф.*** Предопределено, существует для каких-л. целей. *Именно художественной литературе предназначено быть отражением духовной культуры общества* (из газет). *«..ему пришло в голову, что ему-то именно предназначено вывести русскую армию из этого положения».* Л. Толстой, Война и мир

ПРЕДОСТЕРЕГА́ТЬ, предостерега́|ют, предостерега́|л; ***несов., перех., кого(что)*** (*сов.* предостере́чь) *Ольга всегда предостерегала сына от необдуманных поступков* [заранее предупреждать, остерегать от чего-л.]

I. ПРЕДОСТЕРЕГА́ЮЩИЙ, -ая, -ее, -ие; *действ. наст.*

Синт.: **а, б** — в глаг. знач.

В знач. прил. Такой, который выражает предостережение. *Предостерегающий взгляд. Предостерегающий жест*

II. ПРЕДОСТЕРЕГА́ВШИЙ, -ая, -ее, -ие; *действ. прош.*

Синт.: **а, б** — в глаг. знач.

III. ПРЕДОСТЕРЕГА́ЕМЫЙ, -ая, -ое, -ые; *страд. наст.*

Синт.: **а, б** — в глаг. знач.

ПРЕДОСТЕРЕ́ЧЬ, предостерег|у́т, предостерёг|, предостерегла́, -ло́, -ли́; ***сов. к*** предостерега́ть (см.)

II. ПРЕДОСТЕРЁГШИЙ, -ая, -ее, -ие; *действ. прош.*

Синт.: **а, б** — в глаг. знач.

IV. ПРЕДОСТЕРЕЖЁННЫЙ, -ая, -ое, -ые; *страд. прош.*

[чередование г/ж]

Синт.: **а, б** — в глаг. знач.

ПРЕДОСТЕРЕЖЁН, -ена́, -ено́, -ены́; *кр. ф*

В глаг. знач.

ПРЕДОТВРАТИ́ТЬ, предотвращу́, предотврат|я́т, предотврати́|л; ***сов., перех., что*** (*несов.* предотвраща́ть) *Массовое движение сторонников мира предотвратит новую мировую войну* (из газет). *Минеры предотвратили взрыв* [заблаговременно устранить то, что угрожает кому-чему-л., помешать осуществиться чему-л. неприятному]

II. ПРЕДОТВРАТИ́ВШИЙ, -ая, -ее, -ие; *действ. прош.*

Синт.: **а, б** — в глаг. знач.

IV. ПРЕДОТВРАЩЁННЫЙ, -ая, -ое, -ые; *страд. прош.*

[чередование т/щ]

Синт.: **а, б, в** — в глаг. знач.

Субстантив.₃ не употр.

ПРЕДОТВРАЩЁН, -ена́, -ено́, -ены́; *кр. ф.*

В глаг. знач.

ПРЕДОТВРАЩА́ТЬ, предотвраща́|ют, предотвраща́|л; ***несов. к*** предотврати́ть (см.)

I. ПРЕДОТВРАЩА́ЮЩИЙ, -ая, -ее, -ие; *действ. наст.*

Синт.: **а, б** — в глаг. знач.

II. ПРЕДОТВРАЩА́ВШИЙ, -ая, -ее, -ие; *действ. прош.*

Синт.: **а, б** — в глаг. знач.

III. ПРЕДОТВРАЩА́ЕМЫЙ, -ая, -ое, -ые; *страд. наст.*

Синт.: **а, б** — в глаг. знач.

Субстантив.$_3$ не употр.

ПРЕДПОЛАГА́ТЬ, предполага́|ют, предполага́|л; ***несов.*** (*сов.* предположи́ть *к* 1 знач.) **1. *перех., что*** и ***с придат. дополнит.*** *Илья предполагал самый худший вариант, но вышло все иначе. Маша предполагала, что уедет на следующей неделе* [делать предположение, иметь предварительное суждение о чем-л.] **2. *перех., что; S не лицо*** *Успешное завершение дела предполагает тщательное планирование и хорошую подготовку кадров* [иметь своим условием, предпосылкой] **3. *перех., что*** и ***с придат. дополнит.; S не лицо*** *Данная структура предполагает строгое соотношение частей. «Теория ренты предполагает, что все земледельческое население вполне раскололось на землевладельцев, капиталистов и наемных рабочих».* Ленин, Еще к вопросу о теории реализации [обуславливать, требовать обязательно наличие чего-л., предопределять] **4. *неперех., с неопр. ф.*** *Мы предполагаем начать работу завтра* [иметь намерение]

I. ПРЕДПОЛАГА́ЮЩИЙ, -ая, -ее, -ие; *действ. наст.*

Синт.: **а, б** — в глаг. знач. 1—4

II. ПРЕДПОЛАГА́ВШИЙ, -ая, -ее, -ие; *действ. прош.*

Синт.: **а, б** — в глаг. знач. 1—4

III. ПРЕДПОЛАГА́ЕМЫЙ, -ая, -ое, -ые; *страд. наст.**

Синт.: **а, б** — в глаг. знач. 1, 3; **в** — в глаг. знач. 1

Ср. прич. в 1 глаг. знач. с прил. **предположи́тельный,** -ая, -ое, -ые; -лен, -льна, -льно, -льны. Являющийся предположением, основанный на предположении, предполагаемый. *Предположительный вывод. Предположительный результат*

Субстантив.$_3$ в глаг. знач. 1

□ Прич. III во 2 глаг. знач. не употр.

ПРЕДПОЛОЖИ́ТЬ, предположу́, предполо́ж|ат, предположи́|л; ***сов. к*** предполага́ть в 1 знач. (см.)

II. ПРЕДПОЛОЖИ́ВШИЙ, -ая, -ее, -ие; *действ. прош.*

Синт.: **а, б** — в глаг. знач. 1

IV. ПРЕДПОЛО́ЖЕННЫЙ, -ая, -ое, -ые; *страд. прош.*

Синт.: **а, б** — в глаг. знач. 1

ПРЕДПОЛО́ЖЕН, -ена, -ено, -ены; *кр. ф.* (*редко*)

В глаг. знач. 1

ПРЕДПРИНИМА́ТЬ, предпринима́|ют, предпринима́|л; ***несов., перех., что*** (*сов.* предприня́ть) *Ученые предпринимали несколько попыток расшифровать написанное* [начинать делать что-л., приступать к осуществлению чего-л.]

I. ПРЕДПРИНИМА́ЮЩИЙ, -ая, -ее, -ие; *действ. наст.*

Синт.: **а, б** — в глаг. знач.

II. ПРЕДПРИНИМА́ВШИЙ, -ая, -ее, -ие; *действ. прош.*

Синт.: **а, б** — в глаг. знач.

III. ПРЕДПРИНИМА́ЕМЫЙ, -ая, -ое, -ые; *страд. наст.*

Синт.: **а, б, в** — в глаг. знач.

ПРЕДПРИНЯ́ТЬ, предприму́, предпри́мут, предпри́ня|л, предприняла́, предпри́няло, -ли; ***сов. к*** предпринима́ть (см.)

II. ПРЕДПРИНЯ́ВШИЙ, -ая, -ее, -ие; *действ. прош.*

Синт.: **а, б** — в глаг. знач.

IV. ПРЕДПРИ́НЯТЫЙ, -ая, -ое, -ые; *страд. прош.*

Синт.: **а, б, в** — в глаг. знач.

ПРЕДПРИ́НЯТ, предпринята́, предпри́нято, -ты; *кр. ф.*

В глаг. знач.

ПРЕДСКАЗА́ТЬ, предскажу́, предска́жут, предсказа́|л; ***сов. к*** предска́зывать (см.)

II. ПРЕДСКАЗА́ВШИЙ, -ая, -ее, -ие; *действ. прош.*

Синт.: **а, б** — в глаг. знач. 1, 2

IV. ПРЕДСКА́ЗАННЫЙ, -ая, -ое, -ые; *страд. прош.*

Синт.: **а, б** — в глаг. знач. 1, 2

ПРЕДСКА́ЗАН, -ана, -ано, -аны; *кр. ф.*

В глаг. знач. 1, 2

ПРЕДСКА́ЗЫВАТЬ, предска́зыва|ют, предска́зыва|л; ***несов., перех., что*** и ***с придат. дополнит.*** (*сов.* предсказа́ть) **1.** *Цыганка предсказывала молодому человеку повышение в чине* [заранее сообщать о том, что будет, что должно случиться, исполниться] **2.** *При современных методах исследования атмосферы ученые довольно точно предсказывают погоду. Опытные политики тщательно сопоставляют факты и предсказывают развитие событий* [на основании каких-л. данных делать заключение, высказывать предположение о неизбежности наступления, наличия, хода, развития каких-л. событий, явлений]

I. ПРЕДСКА́ЗЫВАЮЩИЙ, -ая, -ее, -ие; *действ. наст.*

Синт.: **а, б** — в глаг. знач. 1, 2

II. ПРЕДСКА́ЗЫВАВШИЙ, -ая, -ее, -ие; *действ. прош.*

Синт.: **а, б** — в глаг. знач. 1, 2

III. ПРЕДСКА́ЗЫВАЕМЫЙ, -ая, -ое, -ые; *страд. наст.*

Синт.: **а, б** — в глаг. знач. 1, 2

Ср. прил. **предсказу́емый,** -ая, -ое, -ые; -ем, -ема, -емо, -емы, обычно ***с нареч.*** Такой, который можно предсказать — о событиях, действиях и т. п. *Это вполне предсказуемый результат. Заранее предсказуемые события. Трудно предсказуемые поступки*

ПРЕДСТА́ВИТЬ, предста́влю, предста́в|ят, предста́ви|л; ***сов., перех.*** (*несов.* представля́ть *к* 1—

10 знач.) **1. что** *Профорг представил в профком список сотрудников нашего отдела. Заведующий редакцией вовремя представил отчет. Иван Петрович представит справку о состоянии здоровья завтра* [подать что-л. куда-л., предъявить] **2. что** *Молодой ученый представил новые данные по этому вопросу. Оппоненты представили необходимые доказательства своей правоты* [выдвинуть, предложить в качестве довода, основания по чьему-л. требованию, по необходимости] **3. что** *В проспекте автор представил по существу новый тип словаря. Олег еще не представил свою диссертацию для обсуждения на кафедре* [сообщить, показать, предъявить для обсуждения, сведения, знакомства с чем-л.] **4. кого(что) кому(чему)** *Илья представил гостя собравшимся. Заведующий представил нам нового сотрудника* [познакомить с кем-л.] **5. кого(что) к чему** *За эту работу всех сотрудников лаборатории представили к награде* [признав достойным чего-л., ходатайствовать о чем-л. (о награде, повышении в должности и т. п.)] **6. что; S не лицо** *Это поручение не представит для нас затруднений. Диссертация представит для вас значительный интерес* [доставить, причинить, вызвать] **7. кого(что)** и **что** и **с придат. дополнит.** *Друзья представили себе картину прощания и приуныли. Брат представил себе свою дочь на сцене театра* [воспроизвести мысленно, вообразить — обычно в сочетании с мест. *себе*] **8. что** *Молодой инженер представил себе всю сложность поставленной задачи* [понять, осознать — обычно в сочетании с мест. *себе*] **9. что** *Сейчас актеры представят нам сцену из „Отелло"* [воспроизвести, изобразить на сцене, создать какой-л. сценический образ] **10. кого(что)** и **с придат. дополнит.** *Дима представил своего сослуживца довольно точно* [изобразить кого-л., копируя характерные черты] **11. кого(что) кем** *«[Управляющий] старался представить мужиков пьяницами и ворами».* Тургенев, Отцы и дети (см. § 2) [охарактеризовать кого-л. каким-л. образом]

II. ПРЕДСТА́ВИВШИЙ, -ая, -ее, -ие; *действ. прош.*

С и н т.: **а, б** — в глаг. знач. 1 — 11

IV. ПРЕДСТА́ВЛЕННЫЙ, -ая, -ое, -ые; *страд. прош.**

[чередование в/вл]

С и н т.: **а, б** — в глаг. знач. 1 — 5, 7 — 11 и в статив. знач.

С т а т и в. з н а ч. (также *кр. ф.* ↓) Имеющий место в какой-л. форме, существующий где-л. *Гипотеза, представленная в работах психологов, не кажется нам убедительной. Растения, представленные только одним видом, занесены в Красную книгу*

С у б с т а н т и в.$_2$ в глаг. знач. 4, 5, 11; с у б с т а н т и в.$_3$ в глаг. знач. 3, 9

ПРЕДСТА́ВЛЕН, -ена, -ено, -ены; *кр. ф.**

В глаг. знач. 1 — 5, 7 — 11

С т а т и в. з н а ч. (также *полн. ф.* ↑) *Такая точка зрения представлена только в работах психологов. Эти растения представлены одним видом*

▭ Прич. IV в 6 глаг. знач. не употр.

ПРЕДСТАВЛЯ́ТЬ, представля́|ют, представля́|л; **несов.** (*сов.* предста́вить к 1 — 10 знач.) **1. перех., что** *Профорг представляет в профком список сотрудников нашего отдела. Наш заведующий вовремя представляет отчеты за год. Все альпинисты до начала тренировок представляют справку о состоянии здоровья* [подавать что-л. куда-л., предъявлять] **2. перех., что** *Молодой ученый, продолжая опыты, представлял всё новые и новые данные по этому вопросу. Оппоненты представляют необходимые доказательства своей правоты* [выдвигать, предлагать в качестве довода, основания по чьему-л. требованию, по необходимости] **3. перех., что** *В проспекте автор представлял по существу новый тип словаря. Олег пока не представлял свою диссертацию для обсуждения на кафедре* [сообщать, показывать, предъявлять для обсуждения, сведения, знакомства с чем-л.] **4. перех., кого (что) кому(чему)** *Илья сам представляет гостя собравшимся. Заведующий вчера представлял нам нового сотрудника* [знакомить с кем-л.] **5. перех., кого(что) к чему** *За эту работу всех сотрудников лаборатории представляют к награде* [признавая достойным чего-л., ходатайствовать о чем-л. (о награде, повышении в должности)] **6. перех., что; S не лицо** *Это поручение не представляет для нас затруднений. Написанная работа представляет значительный интерес* [доставлять, причинять, вызывать] **7. перех., кого(что)** и **что** и **с придат. дополнит.** *Друзья представляли себе картины прощания. Брат представлял себе свою дочь на сцене театра* [воспроизводить мысленно, воображать — обычно в сочетании с мест. *себе*] **8. перех., что** *Молодой инженер представлял себе всю сложность поставленной задачи* [понимать, осознавать — обычно в сочетании с мест. *себе*] **9. перех., что** *Актеры представляли нам сцену из „Отелло"* [воспроизводить, изображать на сцене, создавать какой-л. сценический образ] **10. перех., кого(что)** и **с придат. дополнит.** *Дима представляет своих сослуживцев в смешном виде* [изображать кого-л., копируя характерные черты] **11. перех., кого(что)** и **что** *Кто представляет вашу организацию на этой конференции?* [быть, являться чьим-л. представителем, осуществлять какие-л. полномочия] **12. неперех.** *Что этот человек из себя представляет? Новый космический корабль представлял собой три отдельных отсека. Эти лыжи представляли собой две коротких дощечки* [быть, являться каким-л. или кем-чем-л.— обычно в сочетании со словами *собой* или *из себя*]

I. ПРЕДСТАВЛЯ́ЮЩИЙ, -ая, -ее, -ие; *действ. наст.*

С и н т.: **а, б** — в глаг. знач. 1 — 12

II. ПРЕДСТАВЛЯ́ВШИЙ, -ая, -ее, -ие; *действ. прош.*

С и н т.: **а, б** — в глаг. знач. 1 — 12

III. ПРЕДСТАВЛЯ́ЕМЫЙ, -ая, -ое, -ые; *страд. наст.**

С и н т.: **а, б** — в глаг. знач. 1 — 5, 7 — 11

С у б с т а н т и в.$_2$ в глаг. знач. 4, 5; с у б-

С у б с т а н т и в.$_3$ в глаг. знач. 9

□ Прич. III в 6 глаг. знач. не употр.

ПРЕДСТОЯ́ТЬ, предсто|я́т, предстоя́|л; ***несов., неперех.,*** также ***кому(чему); S не лицо*** *Студентам предстоит трудная работа. Предстоят соревнования по плаванию* [готовиться, ожидаться в будущем — о том, что должно произойти, быть]

I. ПРЕДСТОЯ́ЩИЙ, -ая, -ее, -ие; *действ. наст.*

С и н т.: **а, б** — в глаг. знач.

В з н а ч. п р и л. Будущий, такой, который скоро наступит, произойдет. *В предстоящем сезоне. Предстоящие соревнования. Предстоящие переговоры*

В з н а ч. с у щ. **предстоя́щее,** -его, *ср.* То, что предстоит в будущем. *Мысли о предстоящем не давали мне спокойно спать*

II. ПРЕДСТОЯ́ВШИЙ, -ая, -ее, -ие; *действ. прош.*

С и н т.: **а, б** — в глаг. знач.

ПРЕДУПРЕДИ́ТЬ, предупрежу́, предупред|я́т, предупреди́|л; ***сов., перех.*** (*несов.* предупрежда́ть) **1. *кого(что) о чем*** *Олег предупредил нас об опасности. Соседка предупредила нас о том, что скоро придет почтальон* [заранее сообщить, известить, уведомить] **2. *что*** *Рабочие предупредили снежный обвал. Эти меры предупредят лесной пожар* [заранее принятыми мерами помешать чему-л. осуществиться, наступить, предотвратить что-л.] **3. *кого(что)*** *Старик хотел поднять тяжелый мешок, но юноша предупредил его* [опередить кого-л. в каком-л. действии] **4. *что*** *Друзья предупредили события. Илья предупредил мою просьбу, дав мне платок* [сделать, предугадав, что-л. чем что-л. раньше, чем что-л. произошло]

II. ПРЕДУПРЕДИ́ВШИЙ, -ая, -ее, -ие; *действ. прош.*

С и н т.: **а, б** — в глаг. знач. 1 — 4

IV. ПРЕДУПРЕЖДЁННЫЙ, -ая, -ое, -ые; *страд. прош.**

[чередование д/жд]

С и н т.: **а, б** — в глаг. знач. 1, 2; **в** — в глаг. знач. 2

С у б с т а н т и в.$_3$ не употр.

ПРЕДУПРЕЖДЁН, -ена́, -ено́, -ены́ *

В глаг. знач. 1, 2

□ Прич. IV в 3, 4 глаг. знач. не употр. Глагол в 3 знач. более употр. в личных ф., чем в ф. прич. II

ПРЕДУПРЕЖДА́ТЬ, предупрежда́|ют, предупрежда́|л; ***несов., перех.*** (*сов.* предупреди́ть) **1. *кого(что) о чем*** *Работники метеостанции всегда предупреждают рыбаков о приближении шторма. Соседка предупреждает нас о том, что скоро придет мастер* [заранее сообщать, извещать, уведомлять] **2. *что*** *Рабочие предупреждают на этом участке снежные обвалы. Эти меры предупреждают лесные пожары* [заранее принятыми мерами мешать чему-л. осуществиться, наступить, предотвращать что-л.] **3. *кого(что)*** *Каждый раз, когда старик хотел поднять тяжелый мешок, юноша предупреждал его* [опережать кого-л. в каком-л. действии] **4. *что*** *Не раз друзья предупреждали нежелательные события. Илья часто предупреждал желания бабушки, принося ей или теплый платок, или очки, или сладкий чай* [делать, предугадывая, что-л. раньше, чем что-л. произошло]

I. ПРЕДУПРЕЖДА́ЮЩИЙ, -ая, -ее, -ие; *действ. наст.*

С и н т.: **а, б** — в глаг. знач. 1 — 4

В з н а ч. п р и л. Выражающий предупреждение, служащий для предупреждения, являющийся предупреждением. *Предупреждающий жест* (С р. прил. **предупреди́тельный,** -ая, -ое, -ые в знач. 'предупреждающий о чем-л., заключающий в себе предупреждение, предупреждающий; предохраняющий от чего-л.' *Предупредительные сигналы. Предупредительный выстрел. Предупредительные меры. Предупредительный ремонт*)

II. ПРЕДУПРЕЖДА́ВШИЙ, -ая, -ее, -ие; *действ. прош.*

С и н т.: **а, б** — в глаг. знач. 1 — 4

III. ПРЕДУПРЕЖДА́ЕМЫЙ, -ая, -ое, -ые; *страд. наст.**

С и н т.: **а, б** — в глаг. знач. 1, 2

С у б с т а н т и в.$_3$ не употр.

□ Прич. III в 3, 4 глаг. знач. не употр. Глагол в 3 знач. более употр. в личных ф., чем в ф. прич. I, II

ПРЕДУСМА́ТРИВАТЬ, предусма́трива|ют, предусма́трива|л; ***несов., перех., что*** (*сов.* предусмотре́ть *к* 1 знач.) **1.** *Смирнов обычно предусматривает все возможные неожиданности в походе* [заранее учитывать, готовиться к чему-л., предвидя возможность чего-л.] **2. *S не лицо*** *План издательства предусматривает выпуск нескольких энциклопедий в год. Конституция СССР предусматривает равные права всех трудящихся перед законом* [учитывать, иметь в своем содержании; иметь в виду, намечать для осуществления]

I. ПРЕДУСМА́ТРИВАЮЩИЙ, -ая, -ее, -ие; *действ. наст.*

С и н т.: **а, б** — в глаг. знач. 1, 2

С р. прич. в 1 глаг. знач. с прил. **предусмотри́тельный,** -ая, -ое, -ые; -лен, -льна, -льно, -льны. Умеющий предусмотреть возможные результаты, события в будущем. *Предусмотрительный человек*

II. ПРЕДУСМА́ТРИВАВШИЙ, -ая, -ее, -ие; *действ. прош.*

С и н т.: **а, б** — в глаг. знач. 1, 2

III. ПРЕДУСМА́ТРИВАЕМЫЙ, -ая, -ое, -ые; *страд. наст.*

С и н т.: **а, б** — в глаг. знач. 1, 2; **в** — в глаг. знач. 1

С у б с т а н т и в.$_3$ не употр.

ПРЕДУСМОТРЕ́ТЬ, предусмо́тр|ят, предусмотре́|л; ***сов., перех., что*** (*несов.* предусма́тривать) *Наш проводник предусмотрел все возможные неожиданности в походе* [заранее учесть, подготовиться к чему-л., предвидя возможность чего-л.]

II. ПРЕДУСМОТРЕ́ВШИЙ, -ая, -ее, -ие; *действ. прош.*

С и н т.: **а, б** — в глаг. знач.

IV. ПРЕДУСМО́ТРЕННЫЙ, -ая, -ое, -ые; *страд. прош.*

Синт.: **а, б, в** — в глаг. знач. и в статив. знач.

Статив. знач., ***чем*** и ***с обстоятельств. словами*** (также *кр. ф.* ↓) Имеющийся, содержащийся в проектах, планах, официальных, юридических документах. *Издательство выпускает несколько энциклопедий в год, предусмотренных планом. Предусмотренный здесь подземный переход еще не начали строить*

Субстантив.$_3$ не употр.

ПРЕДУСМО́ТРЕН, -ена, -ено, -ены; *кр. ф.*

В глаг. знач.

Статив. знач., ***чем*** и ***с обстоятельств. словами*** (также *полн. ф.* ↑) *Планом издательства предусмотрен выпуск нескольких энциклопедий в год. Запасной выход здесь не предусмотрен*

ПРЕДШЕ́СТВОВАТЬ, предше́ству|ют, предше́ствова|л; ***несов., неперех., чему; S не лицо*** *Заключению договора предшествовали многочисленные встречи министров иностранных дел* [происходить, случаться, быть прежде чего-л.]

I. ПРЕДШЕ́СТВУЮЩИЙ, -ая, -ее, -ие; *действ. наст.*

Синт.: **а, б** — в глаг. знач.

В знач. прил. Бывший ранее чего-л., непосредственно перед чем-л., предыдущий. *Предшествующие традиции. Предшествующая практика. Предшествующий опыт работы*

II. ПРЕДШЕ́СТВОВАВШИЙ, -ая, -ее, -ие; *действ. прош.*

Синт.: **а, б** — в глаг. знач.

ПРЕКРАТИ́ТЬ, прекращу́, прекрат|я́т, прекрати́|л; ***сов., перех., что*** и ***с неопр. ф.*** (*несов.* прекраща́ть) *Советский Союз в одностороннем порядке прекратил все ядерные взрывы* (из газет). *Друзья прекратили споры. Спортсмен прекратил тренироваться из-за болезни* [отказаться от продолжения чего-л.; перестать делать что-л.]

II. ПРЕКРАТИ́ВШИЙ, -ая, -ее, -ие; *действ. прош.*

Синт.: **а, б** — в глаг. знач.

IV. ПРЕКРАЩЁННЫЙ, -ая, -ое, -ые; *страд. прош.*

[чередование т/щ]

Синт.: **а, б, в** — в глаг. знач.

Субстантив.$_3$ не употр.

ПРЕКРАЩЁН, -ена́, -ено́, -ены́; *кр. ф.*

В глаг. знач.

ПРЕКРАЩА́ТЬ, прекраща́|ют, прекраща́|л; ***несов. к*** прекрати́ть (см.)

I. ПРЕКРАЩА́ЮЩИЙ, -ая, -ее, -ие; *действ. наст.*

Синт.: **а, б** — в глаг. знач.

II. ПРЕКРАЩА́ВШИЙ, -ая, -ее, -ие; *действ. прош.*

Синт.: **а, б** — в глаг. знач.

III. ПРЕКРАЩА́ЕМЫЙ, -ая, -ое, -ые; *страд. наст.*

Синт.: **а, б** — в глаг. знач.

Субстантив.$_3$ не употр.

ПРЕМИРОВА́ТЬ, премиру́|ют, премирова́|л; ***сов.*** и ***несов., перех., кого(что)*** *Дирекция премирует лучших работников завода* [дать или давать премию, отмечая чем-л. заслуги в чем-л.]

I. ПРЕМИРУ́ЮЩИЙ, -ая, -ее, -ие; *действ. наст.*

Синт.: **а, б** — в глаг. знач.

II. ПРЕМИРОВА́ВШИЙ, -ая, -ее, -ие; *действ. прош.*

Синт.: **а, б** — в глаг. знач.

III. ПРЕМИРУ́ЕМЫЙ, -ая, -ое, -ые; *страд. наст.*

Синт.: **а, б, в** — в глаг. знач.

IV. ПРЕМИРО́ВАННЫЙ, -ая, -ое, -ые; *страд. прош.*

Синт.: **а, б, в** — в глаг. знач.

ПРЕМИРО́ВАН, -ана, -ано, -аны; *кр. ф.*

В глаг. знач.

ПРЕОБЛАДА́ТЬ, преоблада́|ют, преоблада́|л; ***несов., неперех.*** *У него разум преобладает над чувством. В этой местности преобладают лиственные породы деревьев. Среди делегатов съезда преобладали рабочие* [занимать господствующее положение; превосходить по численности, размерам и т. п.]

I. ПРЕОБЛАДА́ЮЩИЙ, -ая, -ее, -ие; *действ. наст.*

Синт.: **а, б** — в глаг. знач.

В знач. прил. Наиболее распространенный, господствующий. *Преобладающее мнение. Преобладающая роль в чем-л. Преобладающие черты*

Субстантив.$_1$ не употр.

II. ПРЕОБЛАДА́ВШИЙ, -ая, -ее, -ие; *действ. прош.*

Синт.: **а, б** — в глаг. знач.

Субстантив.$_1$ не употр.

ПРЕОБРАЖА́ТЬ, преобража́|ют, преобража́|л; ***несов. к*** преобрази́ть (см.)

I. ПРЕОБРАЖА́ЮЩИЙ, -ая, -ее, -ие; *действ. наст.*

Синт.: **а, б** — в глаг. знач.

II. ПРЕОБРАЖА́ВШИЙ, -ая, -ее, -ие; *действ. прош.*

Синт.: **а, б** — в глаг. знач.

III. ПРЕОБРАЖА́ЕМЫЙ, -ая, -ое, -ые; *страд. наст.*

Синт.: **а, б** — в глаг. знач.

ПРЕОБРАЖА́ТЬСЯ, преобража́|ются, преобража́|лся; ***несов. к*** преобрази́ться (см.)

I. ПРЕОБРАЖА́ЮЩИЙСЯ, -аяся, -ееся, -иеся; *действ. наст.*

Синт.: **а, б** — в глаг. знач. 1, 2; **в** — в глаг. знач. 2

II. ПРЕОБРАЖА́ВШИЙСЯ, -аяся, -ееся, -иеся; *действ. прош.*

Синт.: **а, б** — в глаг. знач. 1, 2; **в** — в глаг. знач. 2

ПРЕОБРАЗИ́ТЬ, преображу́, преобраз|я́т; преобрази́|л; ***сов., перех., кого(что)*** и ***что*** (*несов.* преобража́ть) *Этот художник преобразил наш дом. Работа в саду преобразила ребят. Цветы преобразили комнату. Радость преобразила девушку* [изменить состояние, образ, форму, вид кого-чего-л., сделать лучшим]

II. ПРЕОБРАЗИ́ВШИЙ, -ая, -ее, -ие; *действ. прош.*

Синт.: **а, б** — в глаг. знач.

IV. ПРЕОБРАЖЁННЫЙ, -ая, -ое, -ые; *страд. прош.*

[чередование з/ж]

Синт.: **а, б** — в глаг. знач.

В знач. прил. (только *полн. ф.*) Иной, лучший, чем раньше, преобразившийся. *Преображенный край. Преображенный вид. Преображенное лицо*

ПРЕОБРАЖЁН, -ена́, -ено́, -ены́; *кр. ф.*

В глаг. знач.

ПРЕОБРАЗИ́ТЬСЯ, преображу́сь, преобразя́тся, преобрази́|лся; **сов.** (*несов.* преобража́ться) **1.** *Когда вошел Иван, Ира вдруг преобразилась* [принять другой образ, вид, выражение лица и т. п.] **2. *S не лицо*** *За три последних года наш край преобразился* [сильно измениться, стать другим]

II. ПРЕОБРАЗИ́ВШИЙСЯ, -аяся, -ееся, -иеся; *действ. прош.*

Синт.: **а, б** — в глаг. знач. 1, 2; **в** — в глаг. знач. 2

ПРЕРВА́ТЬСЯ, прерву́тся, прерва́|лся, прервала́сь, прервало́сь и *доп.* прерва́лось, прервали́сь и *доп.* прерва́лись; ***сов. к*** прерыва́ться (см.)

II. ПРЕРВА́ВШИЙСЯ, -аяся, -ееся, -иеся; *действ. прош.*

Синт.: **а, б, в** — в глаг. знач. 1 — 4

ПРЕРЫВА́ТЬСЯ, прерыва́|ются, прерыва́|лся; ***несов.*** (*сов.* прерва́ться) **1. *S не лицо*** *Разговор прерывался и возобновлялся снова. Наша переписка не раз прерывалась* [прекращаться, приостанавливаться, обычно внезапно] **2.** *Рассказывая об извержении вулкана, брат несколько раз прерывался, чтобы показать нам слайды* [приостанавливаться, делать паузу при разговоре, рассказе и т. п.] **3. *S не лицо*** *«Он дышал быстро, хватая воздух короткими, жадными вздохами. Голос у него прерывался».* М. Горький, Мать. *«Гул прерывался на мгновенье, вновь начинался с прежней силой и снова стихал».* Саянов, Небо и земля [переставать звучать или звучать с перерывами, прерывисто — о звуке, голосе и т. п.] **4. *S не лицо*** *В пятистах метрах от моря цепь одноэтажных домиков прерывалась. В середине страницы черная линия прерывалась* [разрываться или оканчиваться в каком-л. месте — о линии, ряде, потоке и т. п. чего-л.]

I. ПРЕРЫВА́ЮЩИЙСЯ, -аяся, -ееся, -иеся; *действ. наст.*

Синт.: **а, б** — в глаг. знач. 1 — 4; **в** — в глаг. знач. 1

В знач. прил. **1.** Звучащий с перерывами, прерывистый — о голосе, звуке. *Прерывающийся голос. Прерывающиеся звуки* **2.** Имеющий промежутки, не сплошной, прерывистый. *Прерывающаяся линия* (Ср. прил. **преры́вистый,** -ая -ое, -ые; -ист, -та, -то, -ты. **1.** Звучащий с перерывами, короткими остановками. *Прерывистый гудок. Прерывистые звуки* **2.** Имеющий в своем действии, ходе, развитии и т. п. перерывы. *Прерывистое биение пульса. Прерывистое дыхание* **3.** Имеющий промежутки, не сплошной. *Прерывистая линия*)

II. ПРЕРЫВА́ВШИЙСЯ, -аяся, -ееся, -иеся; *действ. прош.*

Синт.: **а, б** — в глаг. знач. 1 — 4; **в** — в глаг. знач. 1, 3, 4

ПРЕСЛЕ́ДОВАТЬ, пресле́ду|ют, пресле́дова|л; ***несов., перех.*** **1. *кого(что)*** и ***что*** *Охотник преследовал зверя три часа. Армия преследовала отступающего врага* [следовать, гнаться за кем-л., стремясь настичь, захватить, уничтожить] **2. *кого(что)*** *Отвергнутый поклонник долго преследовал Тамару* [навязывать свое общество, не оставлять в покое, проявляя повышенное внимание] **3. *кого(что); S не лицо*** *Эту женщину преследует страх. «Горькое чувство неуверенности.. преследовало меня очень долго».* Каверин, Открытая книга [не оставлять в покое, мучить — о чувстве, мысли, чьем-л. образе и т. п.] **4. *кого(что) чем*** *Мальчишки преследовали девочку насмешками* (см. § 1). *Козни преследовали Ольгу на каждом шагу* [подвергать чему-л. неприятному, донимать чем-л.] **5. *кого(что)*** *В этой стране преследуют верующих* [подвергать гонениям, притеснять, угнетать] **6. *что*** *Дирекция завода преследует здесь определенные цели. Предприниматели преследуют свои интересы, а не интересы рабочих* [стремиться к чему-л., добиваться осуществления чего-л.]

I. ПРЕСЛЕ́ДУЮЩИЙ, -ая, -ее, -ие; *действ. наст.*

Синт.: **а, б** — в глаг. знач. 1 — 6

II. ПРЕСЛЕ́ДОВАВШИЙ, -ая, -ее, -ие; *действ. прош.*

Синт.: **а, б** — в глаг. знач. 1 — 6

III. ПРЕСЛЕ́ДУЕМЫЙ, -ая, -ое, -ые; *страд. наст.*

Синт.: **а, б** — в глаг. знач. 1 — 6; **в** — в глаг. знач. 1, 5

Субстантив.$_3$ не употр.

ПРЕСЛЕ́ДУЕМ, -ема, -емо, -емы; *кр. ф.*

В глаг. знач. 1 — 6

ПРЕССОВА́ТЬ, прессу́|ют, прессова́|л; ***несов., перех., что*** (*сов.* спрессова́ть) *Этот цех прессует хлопок. Завод прессует древесину* [подвергать давлению, сжатию, обработке прессом]

I. ПРЕССУ́ЮЩИЙ, -ая, -ее, -ие; *действ. наст.*

Синт.: **а, б** — в глаг. знач.

Ср. прил. **прессо́вочный,** -ая, -ое, -ые. Предназначенный, служащий для прессовки, прессования. *Прессовочный цех*

II. ПРЕССОВА́ВШИЙ, -ая, -ее, -ие; *действ. прош.*

Синт.: **а, б** — в глаг. знач.

III. ПРЕССУ́ЕМЫЙ, -ая, -ое, -ые; *страд. наст.*

Синт.: **а, б, в** — в глаг. знач.

IV. ПРЕССО́ВАННЫЙ, -ая, -ое, -ые; *страд. прош.*

Синт.: **а, б** — в глаг. знач.

В знач. прил. (только *полн. ф.*) Соединенный в плотную массу прессованием. *Прессованный картон. Прессованный хлопок. Прессованное сено. Прессованная пудра*

ПРЕССО́ВАН, -ана, -ано, -аны; *кр. ф.*

В глаг. знач.

ПРЕСЫ́ТИТЬ, пресы́щу, пресы́т|ят, пресы́ти|л;

сов., перех., кого(что) (*несов.* пресыща́ть); ***S не лицо*** *Все эти бесконечные развлечения пресытили молодого человека* [утомить, сделать равнодушным к чему-л. вследствие чрезмерного удовлетворения потребностей]

II. ПРЕСЫ́ТИВШИЙ, -ая, -ее, -ие; *действ. прош.*
Синт.: **а, б** — в глаг. знач.

IV. ПРЕСЫ́ЩЕННЫЙ, -ая, -ое, -ые; *страд. прош.*
[чередование т/щ]
Синт.: **а, б** — в глаг. знач.
В знач. прил. (только *полн. ф.*) Испытывающий чувство равнодушия, утомления от чрезмерного удовлетворения каких-л. потребностей, неумеренного пользования чем-л., пресытившийся. *Пресыщенный человек*
Ср. прил. **пресы́щенный,** -ая, -ое, -ые. Выражающий чувство пресыщения. *Пресыщенный взгляд. Пресыщенное выражение лица. Пресыщенная улыбка*
ПРЕСЫ́ЩЕН, -ена, -ено, -ены; *кр. ф.*
В глаг. знач.

ПРЕСЫ́ТИТЬСЯ, пресы́щусь, пресы́тятся, пресы́ти|лся; ***сов., кем(чем)*** и ***чем*** (*несов.* пресыща́ться) *Этот юноша пресытился развлечениями* [стать безразличным, равнодушным к кому-чему-л., утомиться вследствие чрезмерного удовлетворения каких-л. потребностей, неумеренного пользования чем-л.]

II. ПРЕСЫ́ТИВШИЙСЯ, -аяся, -ееся, -иеся; *действ. прош.*
Синт.: **а, б** — в глаг. знач.

ПРЕСЫЩА́ТЬ, пресыща́|ют, пресыща́|л; ***несов. к*** пресы́тить (см.)

I. ПРЕСЫЩА́ЮЩИЙ, -ая, -ее, -ие; *действ. наст.*
Синт.: **а, б** — в глаг. знач.

II. ПРЕСЫЩА́ВШИЙ, -ая, -ее, -ие; *действ. прош.*
Синт.: **а, б** — в глаг. знач.

III. ПРЕСЫЩА́ЕМЫЙ, -ая, -ое, -ые; *страд. наст.*
Синт.: **а, б** — в глаг. знач.

ПРЕСЫЩА́ТЬСЯ, пресыща́|ются, пресыща́|лся; ***несов. к*** пресы́титься (см.)

I. ПРЕСЫЩА́ЮЩИЙСЯ, -аяся, -ееся, -иеся; *действ. наст.*
Синт.: **а, б** — в глаг. знач.

II. ПРЕСЫЩА́ВШИЙСЯ, -аяся, -ееся, -иеся; *действ. прош.*
Синт.: **а, б** — в глаг. знач.

ПРЕТЬ, пре́|ют, пре|л; ***несов., неперех.*** (*сов.* сопре́ть *к* 1 знач.; *сов.* упре́ть *к* 4 знач.) **1.** ***S не лицо*** *Сено в стогах преет* [гнить, тлеть от сырости или, будучи сырым, от тепла] **2.** ***S не лицо*** *Земля весной преет* [становиться влажным, сырым от тепла] **3.** ***S не лицо*** *«У меня.. нога прела. Лечил, лечил.. Бросил лечить, а она и зажила».* Л. Толстой, Плоды просвещения [мокнуть и воспаляться — при некоторых заболеваниях кожи; *разг.*] **4.** ***S не лицо*** *Каша преет на костре* [медленно поспевать на жару, небольшом огне в плотно закрытой посуде] **5.** *Старик в своей шубе преет* [сильно потеть; *разг.*]

I. ПРЕ́ЮЩИЙ, -ая, -ее, -ие; *действ. наст.*
Синт.: **а, б** — в глаг. знач. 1 — 5; **в** — в глаг. знач. 1 — 4
Ср. прич. в 1 глаг. знач. с прил. **пре́лый,** -ая, -ое, -ые. Подвергшийся прению, гниению, гнилой. *Прелое сено. Прелый лист*

II. ПРЕ́ВШИЙ, -ая, -ее, -ие; *действ. прош.*
Синт.: **а, б** — в глаг. знач. 1 — 5; **в** — в глаг. знач. 1 — 4

ПРЕУВЕЛИ́ЧИВАТЬ, преувели́чива|ют, преувели́чива|л; ***несов. к*** преувели́чить (см.)

I. ПРЕУВЕЛИ́ЧИВАЮЩИЙ, -ая, -ее, -ие; *действ. наст.*
Синт.: **а, б** — в глаг. знач. 1, 2; **в** — в глаг. знач. 2

II. ПРЕУВЕЛИ́ЧИВАВШИЙ, -ая, -ее, -ие; *действ. прош.*
Синт.: **а, б** — в глаг. знач. 1, 2; **в** — в глаг. знач. 2

III. ПРЕУВЕЛИ́ЧИВАЕМЫЙ, -ая, -ое, -ые; *страд. наст.*
Синт.: **а, б, в** — в глаг. знач. 1
Субстантив.$_3$ не употр.

ПРЕУВЕЛИ́ЧИТЬ, преувели́ч|ат, преувели́чи|л; ***сов.*** (*несов.* преувели́чивать) **1.** ***перех., что*** *Этот человек преувеличил опасность. Бабушка преувеличила трудности предстоящей поездки. Докладчик преувеличил свои заслуги* [представить в бо́льших размерах, чем на самом деле; придать чему-л. чрезмерно важное значение] **2.** ***неперех.*** *Рассказчик явно преувеличил, не верь ему* [присочинить, прибавить лишнего в рассказе, пересказе событий и т. п.]

II. ПРЕУВЕЛИ́ЧИВШИЙ, -ая, -ее, -ие; *действ. прош.*
Синт.: **а, б** — в глаг. знач. 1, 2

IV. ПРЕУВЕЛИ́ЧЕННЫЙ, -ая, -ое, -ые; *страд. прош.*
Синт.: **а, б, в** — в глаг. знач. 1
В знач. прил. (только *полн. ф.*) Чрезмерный, слишком большой, специально усиленный. *Преувеличенная вежливость. Преувеличенное внимание. С преувеличенным жаром делать что-л. Чудовищно преувеличенные слухи*
Субстантив.$_3$ не употр.
ПРЕУВЕЛИ́ЧЕН, -ена, -ено, -ены; *кр. ф.*
В глаг. знач. 1

ПРЕУСПЕВА́ТЬ, преуспева́|ют, преуспева́|л; ***несов., неперех.*** (*сов.* преуспе́ть *к* 3 знач.) **1.** ***S не лицо*** *Наука не может развиваться и преуспевать без борьбы мнений* [успешно развиваться] **2.** *«— Я мог бы жить в Москве и даже, может быть, преуспевал бы, как многие мои товарищи. Но мне не много надо».* Паустовский, Беглые встречи [хорошо жить и хорошо вести свои дела, благоденствовать] **3.** ***в чем*** *Наконец этот юноша преуспевает в искусстве танца и становится знаменитым танцовщиком* [добиваться большого успеха в чем-л.]

I. ПРЕУСПЕВА́ЮЩИЙ, -ая, -ее, -ие; *действ. наст.*
Синт.: **а, б** — в глаг. знач. 1 — 3
В знач. прил. Такой, у которого есть с избытком всё, что удовлетворяет его ма-

териальные и духовные потребности. *Преуспевающие люди*

II. ПРЕУСПЕВА́ВШИЙ, -ая, -ее, -ие; *действ. прош.*

Синт.: **а, б** — в глаг. знач. 1 — 3

□ Прич. I, II во 2 глаг. знач. более употр., чем в 1, 3 глаг. знач.

ПРЕУСПЕ́ТЬ, преуспе́ют, преуспе́|л; ***сов. к*** преуспева́ть в 3 знач. (см.)

II. ПРЕУСПЕ́ВШИЙ, -ая, -ее, -ие; *действ. прош.*

Синт.: **а, б** — в глаг. знач. 3

ПРИБЛИЖА́ТЬ, приближа́|ют, приближа́|л; ***несов. к*** прибли́зить (см.)

I. ПРИБЛИЖА́ЮЩИЙ, -ая, -ее, -ие; *действ. наст.*

Синт.: **а, б** — в глаг. знач. 1 — 6

II. ПРИБЛИЖА́ВШИЙ, -ая, -ее, -ие; *действ. прош.*

Синт.: **а, б** — в глаг. знач. 1 — 6

III. ПРИБЛИЖА́ЕМЫЙ, -ая, -ое, -ые; *страд. наст.*

Синт.: **а, б** — в глаг. знач. 1 — 6

Субстантив.$_3$ в глаг. знач. 1

ПРИБЛИ́ЗИТЬ, прибли́жу, прибли́з|ят, прибли́зи|л; ***сов., перех.*** (*несов.* приближа́ть) **1. *кого (что)*** и ***что к чему*** *Мать приблизила ребенка к теплой печке, и он, согревшись, перестал плакать. Мальчик приблизил лицо к стеклу* [придвинуть, поместить близко или ближе к кому-чему-л.] **2. *что к чему*** *Мы приблизили предприятия к источникам сырья* [расположить близко или ближе к чему-л.] **3. *что к чему*** *Необходимо приблизить литературу к жизни* [сделать отвечающим интересам, потребностям кого-чего-л., непосредственно связанным с кем-чем-л.] **4. *что,*** также ***чем*** *Своим героическим трудом в тылу советский народ приблизил день Победы над фашистской Германией* (см. § 1). *Недавние события приблизили развязку* [сделать более близким по времени, ускорить наступление чего-л.] **5. *кого(что) к кому*** *«Ленский меня приблизил к себе и так обласкал, что я в нем души не чаял».* Орленев, Воспоминания. *Учительница приблизила девочку к себе* [сделать кого-л. близким себе, допустить к близкому общению с собой — в сочетании со словами *к себе*] **6. *что к чему*** *Готовясь к путешествию, ребята приблизили условия своей жизни к походным* [сделать близким к чему-л., сходным с чем-л.]

II. ПРИБЛИ́ЗИВШИЙ, -ая, -ее, -ие; *действ. прош.*

Синт.: **а, б** — в глаг. знач. 1 — 6

IV. ПРИБЛИ́ЖЕННЫЙ, -ая, -ое, -ые; *страд. прош.*

[чередование з/ж]

Синт.: **а, б** — в глаг. знач. 1 — 6

Ср. прич. в 5 глаг. знач. с прил. **приближённый,** -ая, -ое, -ые. Пользующийся особым доверием высокопоставленного лица. *Приближенные лица. Приближенные бояре*

Ср. сущ. **приближённый,** -ого, *м;* **приближённая,** -ой, *ж.* Тот (та), кто пользуется особым доверием высокопоставленного лица. *Президент и его приближенные*

Субстантив.$_3$ в глаг. знач. 1

ПРИБЛИ́ЖЕН, -ена, -ено, -ены; *кр. ф.*

В глаг. знач. 1 — 6

ПРИВЕСТИ́, привед|у́т, привёл, привела́, -ло́, -ли́; ***сов.*** (*несов.* приводи́ть) **1. *перех., кого(что)*** *Учитель привел группу школьников в музей. Сестра привела больного в рентгеновский кабинет. Дружинники привели дебошира в милицию* [помочь прийти куда-л., ведя, указывая путь; заставить, побудить прийти куда-л. вместе с собой, доставить куда-л.] **2. *перех., кого(что); S не лицо*** *Дорога привела нас к озеру. Лестница привела ребят на чердак. Следы привели охотника к норе* [послужить путем к чему-л., указать дорогу куда-л.] **3. *перех., кого(что); S не лицо*** *Сюда меня привели дела. «— Остается установить, почему же вернулся Никита в школу? Привело ли его сюда раскаяние или что-то другое?»* Игишев, Шахтеры [стать причиной, послужить поводом и т. п. для каких-л. действий, приезда, прихода куда-л.] **4. *перех., кого(что)*** и ***что к чему; S не лицо*** *Эти исследования привели ученого к важному открытию. Стойкость и мужество привели советский народ к победе. Неправильный уход за растениями привел ценные сорта роз к гибели* [вызвать, дать какой-л. результат] **5. *перех., кого(что) к чему*** *Талантливый тренер быстро привел свою команду к победе* [руководя кем-л., добиться каких-л. результатов] **6. *перех., кого(что) во что,*** также ***чем*** *Илья привел гостя в замешательство своим замечанием* (см. § 1). *Твое письмо привело нас в хорошее настроение* [вызвать в ком-л. какое-л. чувство, заставить прийти в какое-л. состояние, выраженное существительным с предлогом *в*] **7. *перех., что во что*** *Катя привела в порядок все книги. Инженеры привели в действие этот старый механизм* [сделать, произвести что-л., выраженное существительным с предлогом *в*] **8. *перех., что*** *Смирнов привел в защиту своего мнения убедительные аргументы, и мы согласились с ним. Лектор привел новые данные о раскопках под Смоленском. Ученица привела хороший пример* [сообщить что-л. в подкрепление своего мнения; огласить, довести до чьего-л. сведения] **9. *неперех., к чему; S не лицо*** *Извержение вулкана привело к гибели целого города. Плохая организация дела привела к путанице, неразберихе и невыполнению плана* [повлечь за собой что-л.]

II. ПРИВЕ́ДШИЙ, -ая, -ее, -ие; *действ. прош.*

Синт.: **а, б** — в глаг. знач. 1 — 9

IV. ПРИВЕДЁННЫЙ, -ая, -ое, -ые; *страд. прош.**

Синт.: **а, б** — в глаг. знач. 1, 5 — 8

Субстантив.$_3$ в глаг. знач. 7

ПРИВЕДЁН, -ена́, -ено́, -ены́; *кр. ф.**

В глаг. знач. 1, 5 — 8

□ Прич. IV во 2 — 4 глаг. знач. не употр.

ПРИВЛЕКА́ТЬ, привлека́|ют, привлека́|л; ***несов., перех.*** (*сов.* привле́чь) **1. *кого(что),*** также ***чем; S не лицо*** *Выставка привлекает много любителей живописи. Эти земли привлекают переселенцев своим плодородием* (см. § 1) [вызывая интерес, побуждать приходить, прибывать и т. п.] **2. *что,*** также ***чем*** *Приезжавшие из* *города люди сразу привлекали внимание жителей деревни. Взоры всех присутствующих привлекает странно одетый молодой человек. Картина привлекала внимание посетителей выставки непривычным сочетанием красок* (см. § 2) [возбуждать любопытство к себе, заставлять обращать на себя внимание] **3. *кого(что),*** также ***чем*** *Эта девушка многих привлекает к себе своей красотой* (см. § 1). *Незаурядный ум Смирнова привлекает к нему людей* [вызывать к себе в ком-л. положительное отношение, симпатию, любовь и т. п.] **4. *кого(что) к чему*** *Мы привлекаем к пропагандистской работе самых способных лекторов* [побуждать, вызывать желание принимать участие в чем-л.] **5. *кого(что) к чему*** *Иванова не раз привлекали к ответу за нарушение дисциплины. Взяточников привлекают к суду* [подвергая осуждению, заставлять нести ответственность за свои проступки, неблаговидную деятельность перед официальными органами] **6. *что*** *Молодые ученые привлекают новые объекты для исследований. Автор учебника привлекает интересный языковой материал* [использовать для какой-л. цели, включать куда-л.]

I. ПРИВЛЕКА́ЮЩИЙ, -ая, -ее, -ие; *действ. наст.*

С и н т.: **а, б** — в глаг. знач. 1 — 6

В з н а ч. п р и л. Такой, который кажется заманчивым, интересным. *Привлекающие звуки. Привлекающая улыбка. Привлекающее лицо* (С р. прил. **привлека́тельный**, -ая, -ое, -ые; -лен, -льна, -льно, -льны. **1.** Такой, который привлекает, располагает к себе, миловидный. *Привлекательная внешность* **2.** Такой, который кажется заманчивым, интересным. *Приключения всегда привлекательны для детей*)

II. ПРИВЛЕКА́ВШИЙ, -ая, -ее, -ие; *действ. прош.*

С и н т.: **а, б** — в глаг. знач. 1 — 6

III. ПРИВЛЕКА́ЕМЫЙ, -ая, -ое, -ые; *страд. наст.*

С и н т.: **а, б** — в глаг. знач. 1 — 6

С у б с т а н т и в.₃ не употр.

ПРИВЛЕ́ЧЬ, привлек|у́т, привлёк|, привлекла́, -ло́, -ли́; ***сов. к*** привлека́ть (см.)

II. ПРИВЛЁКШИЙ, -ая, -ее, -ие; *действ. прош.*

С и н т.: **а, б** — в глаг. знач. 1 — 6

IV. ПРИВЛЕЧЁННЫЙ, -ая, -ое, -ые; *страд. прош.*

[чередование к/ч]

С и н т.: **а, б** — в глаг. знач. 1 — 6

С у б с т а н т и в.₂ в глаг. знач. 1, 4, 5; с у б с т а н т и в.₃ не употр.

ПРИВЛЕЧЁН, -ена́, -ено́, -ены́; *кр. ф.*

В глаг. знач. 1 — 6

ПРИВОДИ́ТЬ, привожу́, приво́д|ят, приводи́|л; ***несов. к*** привести́ (см.)

I. ПРИВОДЯ́ЩИЙ, -ая, -ее, -ие; *действ. наст.*

С и н т.: **а, б** — в глаг. знач. 1 — 9

II. ПРИВОДИ́ВШИЙ, -ая, -ее, -ие; *действ. прош.*

С и н т.: **а, б** — в глаг. знач. 1 — 9

III. ПРИВОДИ́МЫЙ, -ая, -ое, -ые; *страд. наст.**

С и н т.: **а, б** — в глаг. знач. 1, 5 — 8

С у б с т а н т и в.₃ в глаг. знач. 7

▭ Прич. III во 2 — 4 глаг. знач. не употр.

ПРИВЯЗА́ТЬ, привяжу́, привя́жут, привяза́|л; ***сов., перех.*** (*несов.* привя́зывать) **1. *что к чему*** *Мальчики привязали к палке веревку* [прикрепить к чему-л., соединить с чем-л., связав, завязав] **2. *кого(что) к кому(чему)*** *Фашисты привязали партизанку к дереву и стали ее допрашивать. Старик привязал собаку к забору* [прикрепить к кому-чему-л. с помощью веревок, ремней и т. п.; посадить на привязь — о животных] **3. *кого(что) к чему; S не лицо*** *Болезнь детей надолго привязала сестру к дому* [заставить, вынудить постоянно быть, находиться где-л., заниматься чем-л.] **4. *кого(что) к кому*** *«[Девочка] так привязала к себе Анну.., что Анна редко вспоминала о сыне».* Л. Толстой, Анна Каренина [внушить кому-л. привязанность, заставить привязаться — в сочетании со словами *к себе*]

II. ПРИВЯЗА́ВШИЙ, -ая, -ее, -ие; *действ. прош.*

С и н т.: **а, б** — в глаг. знач. 1 — 4

IV. ПРИВЯ́ЗАННЫЙ, -ая, -ое, -ые; *страд. прош.**

С и н т.: **а, б** — в глаг. знач. 1 — 3 и в статив. знач.

С т а т и в. з н а ч. (также *кр. ф.*↓) **1. *к чему*** Вынужденный в силу каких-л. обстоятельств находиться где-л., заниматься чем-л.; внутренне склонный к чему-л., предпочитающий что-л. в силу внутренней склонности. *Мы старались помогать Ольге Ивановой, привязанной к хозяйству после смерти отца. Сестра, привязанная к дому, не хочет идти с нами* **2. *к кому(чему)*** Испытывающий чувство глубокой преданности, привязанности к кому-л., сильно привязавшийся. *Дима, очень привязанный к брату, во всем подражает ему. Дочь, сильно привязанная к подруге, тяжело переживала ссору с ней*

ПРИВЯ́ЗАН, -ана, -ано, -аны.*

В глаг. знач. 1 — 3

С т а т и в. з н а ч. (также *полн. ф.*↑) **1. *к чему*** *Ольга привязана к дому* **2, *к кому(чему)*** *Дима очень привязан к брату*

▭ Прич. IV в 4 глаг. знач. не употр.

ПРИВЯЗА́ТЬСЯ, привяжу́сь, привя́жутся, привяза́|лся; ***сов.*** (*несов.* привя́зываться) **1. *к чему*** *Альпинист привязался веревкой к выступу на скале* [привязать себя к чему-л.] **2. *к кому (чему)*** *Девочка быстро привязалась ко мне. Малыш привязался к нашей семье* [почувствовать привязанность к кому-л.] **3. *к кому(чему)*** *На улице ко мне привязался какой-то странный человек и шел за мной до самого дома* [пристать к кому-л., неотступно следовать за кем-л.] **4. *к чему*** *«[Кирила Петрович] грозно взглянул на Шабашкина, ища, к чему привязаться, чтоб его выбранить».* Пушкин, Дубровский [придраться к чему-л.; *разг.*]

ПРИ

II. ПРИВЯЗА́ВШИЙСЯ, -аяся, -ееся, -иеся; *действ. прош.*
С и н т.: **а, б** — в глаг. знач. 1 — 4

ПРИВЯ́ЗЫВАТЬ, привя́зыва|ют, привя́зыва|л; ***несов. к*** привяза́ть (см.)

I. ПРИВЯ́ЗЫВАЮЩИЙ, -ая, -ее, -ие; *действ. наст.*
С и н т.: **а, б** — в глаг. знач. 1 — 4

II. ПРИВЯ́ЗЫВАВШИЙ, -ая, -ее, -ие; *действ. прош.*
С и н т.: **а, б** — в глаг. знач. 1 — 4

III. ПРИВЯ́ЗЫВАЕМЫЙ, -ая, -ое, -ые; *страд. наст.**
С и н т.: **а, б** — в глаг. знач. 1, 2

□ Прич. III в 3 и 4 глаг. знач. не употр.

ПРИВЯ́ЗЫВАТЬСЯ, привя́зыва|ются, привя́зыва|лся; ***несов. к*** привяза́ться (см.)

I. ПРИВЯ́ЗЫВАЮЩИЙСЯ, -аяся, -ееся, -иеся; *действ. наст.*
С и н т.: **а, б** — в глаг. знач. 1 — 4

II. ПРИВЯ́ЗЫВАВШИЙСЯ, -аяся, -ееся, -иеся; *действ. прош.*
С и н т.: **а, б** — в глаг. знач. 1 — 4

ПРИГЛАСИ́ТЬ, приглашу́, приглас|я́т, пригласи́|л; ***сов., перех., кого(что)*** (*несов.* приглаша́ть) **1.** *Илья пригласил вас всех на день рождения. Друзья пригласили меня сегодня в театр* [попросить прийти; попросить пойти куда-л. вместе] **2.** ***на что*** и ***с неопр. ф.*** *Олег пригласил Аню на вальс. Смирнов пригласил нас прогуляться* [предложить кому-л. сделать что-л., принять участие в чем-л., заняться чем-л.] **3.** *Заведующий пригласил к нам на кафедру консультанта. Мою подругу пригласили на работу в пионерский лагерь* [официально предложить кому-л. выполнить какую-л. работу]

II. ПРИГЛАСИ́ВШИЙ, -ая, -ее, -ие; *действ. наст.*
С и н т.: **а, б** — в глаг. знач. 1 — 3

IV. ПРИГЛАШЁННЫЙ, -ая, -ое, -ые; *страд. прош.*
[чередование с/ш]
С и н т.: **а, б** — в глаг. знач. 1 — 3
В з н а ч. с у щ. **приглашённый,** -ого, *м.*; **приглашённая,** -ой, *ж.* Тот (та), кто получил приглашение явиться куда-л., прийти к кому-л., участвовать в чем-л. *Из приглашенных на вечер не пришло всего несколько человек*
ПРИГЛАШЁН, -ена́, -ено́, -ены́; *кр. ф.*
В глаг. знач. 1 — 3

ПРИГЛАША́ТЬ, приглаша́|ют, приглаша́|л; ***несов., перех., кого(что)*** (*сов.* пригласи́ть) **1.** *Илья приглашает вас всех на день рождения. Друзья часто приглашали меня в театр* [просить прийти; просить пойти куда-л. вместе] **2.** ***на что*** и ***с неопр. ф.*** *Олег весь вечер приглашал Аню на вальс. Смирнов приглашает нас прогуляться* [предлагать кому-л. сделать что-л., принять участие в чем-л., заняться чем-л.] **3.** *Заведующий приглашает к нам на кафедру консультанта. Профком нашего завода приглашает на работу в пионерский лагерь всех желающих* [официально предлагать кому-л. выполнить какую-л. работу]

I. ПРИГЛАША́ЮЩИЙ, -ая, -ее, -ие; *действ. наст.*
С и н т.: **а, б** — в глаг. знач. 1 — 3
В з н а ч. п р и л. Выражающий, содержащий приглашение. *Приглашающий жест* (С р. прил. **пригласи́тельный,** -ая, -ое, -ые Содержащий в себе приглашение, являющийся приглашением. *Пригласительный билет*)

II. ПРИГЛАША́ВШИЙ, -ая, -ее, -ие; *действ. прош.*
С и н т.: **а, б** — в глаг. знач. 1 — 3

III. ПРИГЛАША́ЕМЫЙ, -ая, -ое, -ые; *страд. наст.*
С и н т.: **а, б** — в глаг. знач. 1 — 3

ПРИГЛУША́ТЬ, приглуша́|ют, приглуша́|л; ***несов. к*** приглуши́ть (см.)

I. ПРИГЛУША́ЮЩИЙ, -ая, -ее, -ие; *действ. наст.*
С и н т.: **а, б** — в глаг. знач. 1 — 4

II. ПРИГЛУША́ВШИЙ, -ая, -ее, -ие; *действ. прош.*
С и н т.: **а, б** — в глаг. знач. 1 — 4

III. ПРИГЛУША́ЕМЫЙ, -ая, -ое, -ые; *страд. наст.**
С и н т.: **а, б** — в глаг. знач. 1 — 3
С у б с т а н т и в.$_3$ не употр.

□ Прич. III в 4 глаг. знач. не употр.

ПРИГЛУШИ́ТЬ, приглуш|а́т, приглуши́|л; ***сов., перех., что*** (*несов.* приглуша́ть) **1.** ***S не лицо*** *Ковры, тяжелые занавески и мягкая мебель приглушили все звуки* [несколько ослабить, слегка заглушить, сделать менее слышным] **2.** *Капитан приглушил мотор катера* [прекратить на время работу или ослабить действие чего-л., сопровождаемого звуками] **3.** также ***чем*** *Я немного приглушил боль анальгином* (см. § 2). *Это письмо не приглушило ее тоску* [ослабить, умерить какое-л. ощущение, чувство] **4.** *«Самонадеянный и решительный, он сразу же приглушил личную инициативу ребят, за все хватался сам».* Н. Островский, Как закалялась сталь [стеснить, подавить]

II. ПРИГЛУШИ́ВШИЙ, -ая, -ее, -ие; *действ. прош.*
С и н т.: **а, б** — в глаг. знач. 1 — 4

IV. ПРИГЛУШЁННЫЙ, -ая, -ое, -ые; *страд. прош.**
С и н т.: **а, б** — в глаг. знач. 1 — 3
В з н а ч. п р и л. (только *полн. ф.*) Несколько ослабленный, слегка заглушенный — о звуках. *Приглушенный голос. Приглушенный шепот. Приглушенные звуки. Приглушенное ржание лошадей. Приглушенный шум прибоя*
С у б с т а н т и в.$_3$ не употр.
ПРИГЛУШЁН, -ена́, -ено́, -ены́; *кр. ф.**
В глаг. знач. 1 — 3

□ Прич. IV в 4 глаг. знач. не употр.; глагол в 4 знач. более употребителен в личных формах

ПРИГОВА́РИВАТЬ, пригова́рива|ют, пригова́рива|л; ***несов. к*** приговори́ть (см.)

I. ПРИГОВА́РИВАЮЩИЙ, -ая, -ее, -ие; *действ. наст.*

Синт.: **а, б** — в глаг. знач. 1, 2

II. ПРИГОВА́РИВАВШИЙ, -ая, -ее, -ие; *действ. прош.*

Синт.: **а, б** — в глаг. знач. 1, 2

III. ПРИГОВА́РИВАЕМЫЙ, -ая, -ое, -ые; *страд. наст.*

Синт.: **а, б** — в глаг. знач. 1, 2

ПРИГОВОРИ́ТЬ, приговор|я́т, приговори́|л; ***сов., перех., кого(что)*** (*несов.* пригова́ривать) **1. *к чему*** *На Нюрнбергском процессе фашистских палачей приговорили к смертной казни. Суд приговорил преступника к 10 годам тюремного заключения* [вынести приговор, назначить какое-л. наказание] **2.** *Врачи приговорили этого человека* [предсказать неизбежную смерть в результате болезни]

II. ПРИГОВОРИ́ВШИЙ, -ая, -ее, -ие; *действ. прош.*

Синт.: **а, б** — в глаг. знач. 1, 2

IV. ПРИГОВОРЁННЫЙ, -ая, -ое, -ые; *страд. прош.*

Синт.: **а, б** — в глаг. знач. 1, 2; **в** — в глаг. знач. 2

В знач. сущ. **приговорённый,** -ого, *м.*; **приговорённая,** -ой, *ж.* Человек, который приговорен судом к какому-л. наказанию. *«Страх смерти и обстановка казни действуют на приговоренных угнетающим образом».* Чехов, Остров Сахалин

ПРИГОВОРЁН, -ена́, -ено́, -ены́; *кр. ф.*

В глаг. знач. 1, 2

ПРИГОРА́ТЬ, пригора́|ют, пригора́|л; ***несов. к*** пригоре́ть (см.)

I. ПРИГОРА́ЮЩИЙ, -ая, -ее, -ие; *действ. наст.*

Синт.: **а, б** — в глаг. знач. 1 — 3; **в** — в глаг. знач. 1, 2

II. ПРИГОРА́ВШИЙ, -ая, -ее, -ие; *действ. прош.*

Синт.: **а, б** — в глаг. знач. 1 — 3; **в** — в глаг. знач. 1, 2

ПРИГОРЕ́ТЬ, пригоря́т, пригоре́|л; ***сов., неперех.*** (*несов.* пригора́ть); ***S не лицо*** **1.** *Пирог пригорел* [местами обгореть, почернеть — о жареном, печеном] **2.** *Молоко пригорело* [при кипячении, варке начать пахнуть дымом, гарью, пристав ко дну сосуда — о жидкой пище, молоке и т. п.] **3. *к чему*** *Каша пригорела ко дну кастрюли* [пристать к поверхности чего-л., почернев, запекшись при кипячении, варке, жаренье, плавке и т. п.]

II. ПРИГОРЕ́ВШИЙ, -ая, -ее, -ие; *действ. прош.*

Синт.: **а, б** — в глаг. знач. 1 — 3

В знач. прил. **1.** Такой, который пригорел, почернел, стал пригорелым. *Пригоревшая каша.* **2.** Пахнущий дымом, гарью, пригорелый — о жидкой пище, молоке и т. п. *Пригоревшее молоко* (Ср. прил. **пригоре́лый,** -ая, -ое, -ые. **1.** Такой, который пригорел, почернел, пригоревший. *Пригорелая каша. Пригорелый пирог* **2.** Пахнущий дымом, гарью, пригоревший — о жидкой пище, молоке и т. п. *Пригорелое молоко*)

ПРИГОТО́ВИТЬ, пригото́влю, пригото́в|ят, пригото́ви|л; ***сов. к*** готовить в 1, 3, 6 знач. (см.)

II. ПРИГОТО́ВИВШИЙ, -ая, -ее, -ие; *действ. прош.*

Синт.: **а, б** — в глаг. знач. 1, 3, 6

IV. ПРИГОТО́ВЛЕННЫЙ, -ая, -ое, -ые; *страд. прош.*

[чередование в/вл]

Синт.: **а, б** — в глаг. знач. 1, 3, 6; **в** — в глаг. знач. 6

Субстантив.$_3$ в глаг. знач. 6

ПРИГОТО́ВЛЕН, -ена, -ено, -ены; *кр. ф.*

В глаг. знач. 1, 3, 6

ПРИГОТО́ВИТЬСЯ, пригото́влюсь, пригото́вятся, пригото́ви|лся; ***сов. к*** гото́виться в 1 знач. (см.)

II. ПРИГОТО́ВИВШИЙСЯ, -аяся, -ееся, -иеся; *действ. прош.*

Синт.: **а, б** — в глаг. знач. 1

ПРИДУ́МАТЬ, приду́мают, приду́ма|л; ***сов., перех.*** (*несов.* приду́мывать) **1. *что, с неопр. ф.*** и ***с придат. дополнит.*** *Дима придумал, наконец, выход из положения. «.. я придумал пить его* [*чай*] *с сахарным тростником».* Миклухо-Маклай, Путешествия. *«Левин.. не мог придумать, что сказать».* Л. Толстой, Анна Каренина [догадаться сделать что-л., найти какое-л. решение, выход из создавшегося положения] **2. *что*** *Рабочий придумал новое приспособление к станку. Друзья придумали шараду. Илья придумал сказку* [изобрести, выдумать, создать; сочинить] **3. *кого(что)*** и ***что*** и ***с придат. дополнит.*** *Маша придумала этого человека. Охотник придумал случай, на самом деле его не было. Сестра придумала, что я сегодня уезжаю* [выдумать то, чего не было, нет]

II. ПРИДУ́МАВШИЙ, -ая, -ее, -ие; *действ. прош.*

Синт.: **а, б** — в глаг. знач. 1 — 3

IV. ПРИДУ́МАННЫЙ, -ая, -ое, -ые; *страд. прош.*

Синт.: **а, б** — в глаг. знач. 1 — 3

В знач. прил. (только *полн. ф.*) **1.** Искусственный, неестественный, надуманный. *Придуманный сюжет. Придуманные слова. Придуманные жесты* **2.** Не существующий в действительности, выдуманный. *Придуманные терзания. Придуманные волнения. Придуманная ссора*

Субстантив.$_2$ не употр.; субстантив.$_3$ в глаг. знач. 1, 3

ПРИДУ́МАН, -ана, -ано, -аны; *кр. ф.*

В глаг. знач. 1 — 3

ПРИДУ́МЫВАТЬ, приду́мыва|ют, приду́мыва|л; ***несов. к*** приду́мать (см.)

I. ПРИДУ́МЫВАЮЩИЙ, -ая, -ее, -ие; *действ. наст.*

Синт.: **а, б** — в глаг. знач. 1 — 3

II. ПРИДУ́МЫВАВШИЙ, -ая, -ее, -ие; *действ. прош.*

Синт.: **а, б** — в глаг. знач. 1 — 3

III. ПРИДУ́МЫВАЕМЫЙ, -ая, -ое, -ые; *страд. наст.*

Синт.: **а, б** — в глаг. знач. 1 — 3; **в** — в глаг. знач. 2, 3

Субстантив.2 не употр.; субстантив.3 в глаг. знач. 3

ПРИЕЗЖА́ТЬ, приезжа́|ют, приезжа́|л; ***несов., неперех.*** (*сов.* прие́хать) *Брат часто приезжает к нам на велосипеде. Делегация из Болгарии приезжает на наш завод через два дня* [прибывать, достигать какого-л. места, передвигаясь на чем-л.]

I. ПРИЕЗЖА́ЮЩИЙ, -ая, -ее, -ие; *действ. наст.*

Синт.: **а, б** — в глаг. знач.

В знач. сущ. **приезжа́ющие**, -их, *мн.* Те, кто приезжает откуда-л. *Дом для приезжающих. Комнаты для приезжающих* (Ср. сущ. **прие́зжие**, **-их**, *мн.* Те, кто приехал куда-л.)

II. ПРИЕЗЖА́ВШИЙ, -ая, -ее, -ие; *действ. прош.*

Синт.: **а, б** — в глаг. знач.

ПРИЕ́ХАТЬ, прие́дут, прие́ха|л; ***сов. к*** приезжа́ть (см.)

II. ПРИЕ́ХАВШИЙ, -ая, -ее, -ие; *действ. прош.*

Синт.: **а, б** — в глаг. знач.

ПРИЗВА́ТЬ, призову́т, призва́|л, призвала́, -зва́ло, -зва́ли; ***сов., перех.*** (*несов.* призыва́ть) **1.** ***кого(что)*** и ***с неопр. ф.*** *Городской совет призвал на борьбу со снежными заносами всех жителей города. Пожарники призвали на помощь всех окружающих. Директор призвал всех сотрудников строго соблюдать технику безопасности* [обратиться к кому-л. с предложением, просьбой принять участие в каком-л. деле, соблюдать какие-л. правила и т. п.] **2.** ***кого(что)*** *Мы призвали Олега в свидетели* [позвать, пригласить, потребовать прийти куда-л., зачем-л.— в сочетании с предлогом *в* и старой ф. вин. мн.; *книжн.*] **3.** ***кого(что) к чему*** *Саперы призвали всех к спокойствию. Учитель призвал учеников к порядку* [предложить кому-л., потребовать от кого-л. вести себя, действовать каким-л. образом] **4.** ***кого(что)*** *Этих ребят призвали в армию в прошлом году* [потребовать явки на военную службу]

II. ПРИЗВА́ВШИЙ, -ая, -ее, -ие; *действ. прош.*

Синт.: **а, б** — в глаг. знач. 1 — 4

Субстантив.1 в глаг. знач. 1 — 3

IV. ПРИ́ЗВАННЫЙ, -ая, -ое, -ые; *страд. прош.*

Синт.: **а, б** — в глаг. знач. 1 — 4 и в статив. знач.

Статив. знач., ***с неопр. ф.*** (также *кр. ф.* ↓) **1.** Существующий для выполнения каких-л. важных задач. *Агитационные коллективы, призванные играть большую роль в воспитании трудящихся, сделали в свое время очень много* **2.** Имеющий призвание, особые способности, склонность к какой-л. деятельности. *Этот юноша, призванный быть музыкантом, уже в раннем детстве сочинял музыку*

ПРИ́ЗВАН, -ана, -ано, -аны; *кр. ф.*

В глаг. знач. 1 — 4

Статив. знач., ***с неопр. ф.*** (также *полн. ф.* ↑) **1.** *Агитационные коллективы призваны играть большую роль в воспитании трудящихся* **2.** *Этот юноша призван быть музыкантом*

ПРИЗНАВА́ТЬ, призна|ю́т, признава́|л; ***несов.*** к призна́ть (см.)

I. ПРИЗНАЮ́ЩИЙ, -ая, -ее, -ие; *действ. наст.*

Синт.: **а, б** — в глаг. знач. 1 — 5

II. ПРИЗНАВА́ВШИЙ, -ая, -ее, -ие; *действ. прош.*

Синт.: **а, б** — в глаг. знач. 1 —5

III. ПРИЗНАВА́ЕМЫЙ, -ая, -ое, -ые; *страд. наст.*

Синт.: **а, б** — в глаг. знач. 1 — 5

ПРИЗНА́ТЬ, призна́ют, призна́|л; ***сов., перех.*** (*несов.* признава́ть) **1.** ***кого (что) в ком (чем)*** *Смирнов не признал в вошедшем старого знакомого. Я с трудом признала в этой женщине свою одноклассницу* [узнать по внешним признакам или другим данным, распознать] **2.** ***что*** *Суд не признал Ваши права на наследство* [посчитать что-л. имеющим законную силу, утвердить своим согласием право на существование чего-л.] **3.** ***что*** и ***с придат. дополнит.*** *Некоторые ученые признали существование жизни на других планетах. Аня признала, наконец, правоту своего друга. Илья признал, что напрасно погорячился* [счесть истинным, действительным что-л.; согласиться с чем-л.] **4.** ***кого (что)*** и ***что кем*** и ***каким*** и ***с придат. дополнит.*** *Стая признала молодого волка своим вожаком* (см. § 2). *Комиссия признала эти доказательства убедительными. Этот человек признал себя виновным* [счесть, определить, установить что-л., прийти к какому-л. заключению] **5.** ***что*** *«Читательский успех „Войны и мира" был очень велик, хотя критика признала роман не сразу».* Шкловский, Лев Толстой [дать положительную оценку кому-чему-л.]

II. ПРИЗНА́ВШИЙ, -ая, -ее, -ие; *действ. прош.*

Синт.: **а, б** — в глаг. знач. 1 — 5

IV. ПРИ́ЗНАННЫЙ, -ая, -ое, -ые; *страд. прош.*

Синт.: **а, б** — в глаг. знач. 1 — 5

В знач. прил. (только *полн. ф.*) Пользующийся общим признанием, известный. *Признанный талант. Признанный художник. Признанный авторитет*

ПРИ́ЗНАН, -ана, -ано, -аны; *кр. ф.*

В глаг. знач. 1 — 5

ПРИЗЫВА́ТЬ, призыва́|ют, призыва́|л; ***несов., перех.*** (*сов.* призва́ть) **1.** ***кого(что)*** и ***с неопр. ф.*** *Тонущий призывал на помощь стоящих на берегу. Городской совет не раз призывал на борьбу со снежными заносами всех жителей города. На собрании директор призывал всех сотрудников строго соблюдать технику безопасности* [обращаться к кому-л. с предложением, просьбой принять участие в каком-л. деле, соблюдать какие-л. правила и т. п.] **2.** ***кого(что)*** *Мы много раз призывали Олега в свидетели* [звать, приглашать, требовать прийти куда-л., зачем-л. — в сочетании с предлогом *в* и старой ф. вин. мн.; *книжн.*] **3.** ***кого(что) к чему*** *Предсе-*

датель собрания призывал всех к спокойствию [предлагать кому-л., требовать от кого-л. вести себя, действовать каким-л. образом] **4.** ***кого (что)*** *Этих ребят призывали в армию в прошлом году, но дали отсрочку* [требовать явки на военную службу]

I. ПРИЗЫВА́ЮЩИЙ, -ая, -ее, -ие; *действ. наст.*

С и н т.: **а, б** — в глаг. знач. 1 — 4

В з н а ч. п р и л. **1.** Звучащий как мольба, просьба о чем-л. и содержащий призыв к чему-л. *Призывающий клич. Призывающий шепот* **2.** Выражающий мольбу, просьбу о чем-л., призыв к чему-л. *Призывающий взгляд* (С р. прил. **призы́вный,** -ая, -ое, -ые. **1.** Звучащий как мольба, просьба о чем-л. и содержащий призыв к чему-л., призывающий. *Призывный клич. Призывный шепот* **2.** Выражающий мольбу, просьбу о чем-л., призыв к чему-л., призывающий. *Призывный взгляд*)

С у б с т а н т и в.$_1$ в глаг. знач. 1 — 3

II. ПРИЗЫВА́ВШИЙ, -ая, -ее, -ие; *действ. прош.*

С и н т.: **а, б** — в глаг. знач. 1 — 4

С у б с т а н т и в.$_1$ в глаг. знач. 1 — 3

III. ПРИЗЫВА́ЕМЫЙ, -ая, -ое, -ые; *страд. наст.*

С и н т.: **а, б** — в глаг. знач. 1 — 4

ПРИЙТИ́, приду́т, пришёл, пришла́, -ло́, -ли́; ***сов. к*** приходи́ть (см.)

II. ПРИШЕ́ДШИЙ, -ая, -ее, -ие; *действ. прош.* [от основы -шед- + суффикс -ш-]

С и н т.: **а, б** — в глаг. знач. 1 — 12

ПРИКАЗА́ТЬ, прикажу́, прика́жут, приказа́|л; ***сов., неперех., кому с неопр. ф.*** (*несов.* прика́зывать) *Командующий приказал войскам покинуть город* [отдать приказание или приказ сделать что-л.]

II. ПРИКАЗА́ВШИЙ, -ая, -ее, -ие; *действ. прош.*

С и н т.: **а, б** — в глаг. знач.

С р. **прика́зано,** ***безл., с неопр. ф.*** О приказании или приказе, полученном кем-л. *Нам было приказано покинуть город. Делайте, что вам приказано*

▭ Неперех. глагол имеет кр. ф. ср. рода прич. IV в безл. употреблении

ПРИКА́ЗЫВАТЬ, прика́зыва|ют, прика́зыва|л; ***несов., неперех., кому с неопр. ф.*** (*сов.* приказа́ть) *Командующий приказывает войскам покинуть город* [отдавать приказание или приказ сделать что-л.]

I. ПРИКА́ЗЫВАЮЩИЙ, -ая, -ее, -ие; *действ. наст.*

С и н т.: **а, б** — в глаг. знач.

В з н а ч. п р и л. Заключающий в себе приказ. *Приказывающий тон. Приказывающий жест* (С р. прил. **прика́зный,** -ая, -ое, -ые и *доп.* **приказно́й,** -а́я, -о́е, -ы́е. Заключающий в себе приказ, относящийся к приказу. *Приказной тон. В приказном порядке*)

II. ПРИКА́ЗЫВАВШИЙ, -ая, -ее, -ие; *действ. прош.*

С и н т.: **а, б** — в глаг. знач.

ПРИКА́ЛЫВАТЬ, прика́лыва|ют, прика́лыва|л; ***несов. к*** приколо́ть (см.)

I. ПРИКА́ЛЫВАЮЩИЙ, -ая, -ее, -ие; *действ. наст.*

С и н т.: **а, б** — в глаг. знач.

II. ПРИКА́ЛЫВАВШИЙ, -ая, -ее, -ие; *действ. прош.*

С и н т.: **а, б** — в глаг. знач.

III. ПРИКА́ЛЫВАЕМЫЙ, -ая, -ое, -ые; *страд. наст.*

С и н т.: **а, б, в** — в глаг. знач.

ПРИКЛА́ДЫВАТЬ, прикла́дыва|ют, прикла́дыва|л; ***несов. к*** приложи́ть в 1 знач. (см.)

I. ПРИКЛА́ДЫВАЮЩИЙ, -ая, -ее, -ие; *действ. наст.*

С и н т.: **а, б** — в глаг. знач. 1

II. ПРИКЛА́ДЫВАВШИЙ, -ая, -ее, -ие; *действ. прош.*

С и н т.: **а, б** — в глаг. знач. 1

III. ПРИКЛА́ДЫВАЕМЫЙ, -ая, -ое, -ые; *страд. наст.*

С и н т.: **а, б** — в глаг. знач. 1

ПРИКОЛО́ТЬ, приколю́, прико́лют, приколо́|л; ***сов., перех., что к чему,*** также ***чем*** (*несов.* прика́лывать) *Девушка приколола к платью бант. Актриса приколола цветок к волосам несколькими шпильками* (см. § 2) [прикрепить к чему-л. булавкой, шпилькой и т. п.]

II. ПРИКОЛО́ВШИЙ, -ая, -ее, -ие; *действ. прош.*

С и н т.: **а, б** — в глаг. знач.

IV. ПРИКО́ЛОТЫЙ, -ая, -ое, -ые; *страд. прош.*

С и н т.: **а, б, в** — в глаг. знач.

ПРИКО́ЛОТ, -та, -то, -ты; *кр. ф.*

В глаг. знач.

ПРИЛАГА́ТЬ, прилага́|ют, прилага́|л; ***несов. к*** приложи́ть во 2, 3 знач. (см.)

I. ПРИЛАГА́ЮЩИЙ, -ая, -ее, -ие; *действ. наст.*

С и н т.: **а, б** — в глаг. знач. 2, 3

II. ПРИЛАГА́ВШИЙ, -ая, -ее, -ие; *действ. прош.*

С и н т.: **а, б** — в глаг. знач. 2, 3

III. ПРИЛАГА́ЕМЫЙ, -ая, -ое, -ые; *страд. наст.*

С и н т.: **а, б** — в глаг. знач. 2, 3

С у б с т а н т и в.$_3$ в глаг. знач. 2

ПРИЛЕГА́ТЬ, прилега́|ют, прилега́|л; ***несов., неперех., к чему*** (*сов.* приле́чь *к* 1 знач.); ***S не лицо*** **1.** *Платье хорошо прилегает к талии* [располагаться, лежать или стоять, плотно касаясь чего-л.] **2.** *Это поле прилегает к лесу* [располагаться, тесно примыкая к чему-л.]

I. ПРИЛЕГА́ЮЩИЙ, -ая, -ее, -ие; *действ. наст.*

С и н т.: **а, б** — в глаг. знач. 1, 2

В з н а ч. п р и л. Расположенный в непосредственной близости к чему-л. *Этот город вместе с прилегающими районами занимает равнинную часть местности*

II. ПРИЛЕГА́ВШИЙ, -ая, -ее, -ие; *действ. прош.*

С и н т.: **а, б** — в глаг. знач. 1, 2

ПРИЛЕ́ЧЬ, приля́гут, прилёг|, прилегла́, -ло́, -ли́;

сов., неперех. (*несов.* прилегáть *к* 3 знач.) **1.** *Отец прилег на диван* [лечь ненадолго] **2.** *S не лицо* *Травы после сильных дождей прилегли к земле. Рожь на поле высохла и прилегла* [пригнуться, склониться — о траве, злаках и т. п.] **3.** *S не лицо* *«..водолазы шаг за шагом стали проверять, плотно ли прилегла труба ко дну траншеи».* Ажаев, Далеко от Москвы [расположиться, лечь или стать, плотно касаясь чего-л.]

II. ПРИЛЁГШИЙ, -ая, -ее, -ие; *действ. прош.*

Синт.: **а, б** — в глаг. знач. 1 — 3

□ Прич. II более употр. в 1 глаг. знач., чем во 2, 3 глаг. знач.

ПРИЛИПÁТЬ, прилипá|ют, прилипá|л; ***несов.*** к прилипнуть в 1 знач. (см.)

I. ПРИЛИПÁЮЩИЙ, -ая, -ее, -ие; *действ. наст.*

Синт.: **а, б** — в глаг. знач. 1

II. ПРИЛИПÁВШИЙ, -ая, -ее, -ие; *действ. прош.*

Синт.: **а, б** — в глаг. знач. 1

ПРИЛИ́ПНУТЬ, прили́пнут, прили́п|; ***сов., неперех.*** (*несов.* прилипáть) **1.** ***к чему*** *Девочка прилипла к стулу. Мокрые осенние листья прилипли к сапогам. Бумага прилипла к рукам* [крепко пристать к чему-л. липкому, клейкому, вязкому, мокрому] **2.** ***к чему*** *«Ромашов прилип к забору. От острого стыда он покраснел».* Куприн, Поединок. *Услышав звуки полкового оркестра, жители городка прилипли к окнам* [прижаться, прильнуть к чему-л.; *разг.;* приблизить глаза вплотную, чтобы лучше рассмотреть сквозь что-л., прильнуть; *разг.*] **3.** ***к кому*** *«Старшие два, а за ними и меньшие, как это часто бывает с детьми, ..прилипли к новой тете и не отходили от нее».* Л. Толстой, Анна Каренина [неотступно следовать за кем-л., не давая покоя; *разг.*]

II. ПРИЛИ́ПШИЙ, -ая, -ее, -ие; *действ. прош.*

Синт.: **а, б** — в глаг. знач. 1 — 3

□ Во 2, 3 знач. глагол более употребителен в личных ф., чем в ф. прич. II.

ПРИЛОЖИ́ТЬ, приложý, прилóж|ат, приложи́|л; ***сов., перех., что к чему*** (*несов.* приклáдывать *к* 1 знач.; *несов.* прилагáть *ко* 2, 3 знач.) **1.** *Я приложила руку к батарее. Малыш приложил телефонную трубку к уху* [приблизить вплотную к чему-л.] **2.** *Молодой специалист приложил к своему заявлению копию диплома* [представить, подать что-л. вместе с чем-л., присоединить] **3.** *Студент приложил к этой работе все свои знания и энергию. Ученые приложили все силы к тому, чтобы закончить испытания* [направить какие-л. действия на что-л., применить]

II. ПРИЛОЖИ́ВШИЙ, -ая, -ее, -ие; *действ. прош.*

Синт.: **а, б** — в глаг. знач. 1 — 3

IV. ПРИЛÓЖЕННЫЙ, -ая, -ое, -ые; *страд. прош.*

Синт.: **а, б** — в глаг. знач. 1 — 3

Субстантив.$_3$ в глаг. знач. 1, 2

ПРИЛÓЖЕН, -ена, -ено, -ены; *кр. ф.*

В глаг. знач. 1 — 3

ПРИМЕНИ́ТЬ, применю́, примéн|ят, примени́|л; ***сов. к*** применя́ть (см.)

II. ПРИМЕНИ́ВШИЙ, -ая, -ее, -ие; *действ. прош.*

Синт.: **а, б** — в глаг. знач.

IV. ПРИМЕНЁННЫЙ, -ая, -ое, -ые; *страд. прош.*

Синт.: **а, б, в** — в глаг. знач.

ПРИМЕНЁН, -енá, -енó, -ены́; *кр. ф.*

В глаг. знач.

ПРИМЕНЯ́ТЬ, применя́|ют, применя́|л; ***несов., перех., что*** (*сов.* примени́ть) *Ленинградцы применяют новый способ консервирования соков. Студенты на практике применяют знание иностранного языка* [употреблять, использовать каким-л. образом]

I. ПРИМЕНЯ́ЮЩИЙ, -ая, -ее, -ие; *действ. наст.*

Синт.: **а, б** — в глаг. знач.

II. ПРИМЕНЯ́ВШИЙ, -ая, -ее, -ие; *действ. прош.*

Синт.: **а, б** — в глаг. знач.

III. ПРИМЕНЯ́ЕМЫЙ, -ая, -ое, -ые; *страд. наст.*

Синт.: **а, б, в** — в глаг. знач.

С р. прил. **примени́мый**, -ая, -ое, -ые; -и́м, -и́ма, -и́мо, -и́мы. Такой, который можно применять, использовать — обычно с уточняющими словами. *Это вполне применимый способ приготовления лекарства*

ПРИМЕНЯ́ЕМ, -ема, -емо, -емы; *кр. ф.*

В глаг. знач.

ПРИМИРИ́ТЬ, примир|я́т, примири́|л; ***сов., перех.*** (*несов.* примиря́ть; *несов.* мири́ть *ко* 2 знач.) **1.** ***кого(что)*** *Ребята наконец-то примирили поссорившихся одноклассников* [прекратить состояние ссоры, вражды между кем-л., помирить] **2.** ***кого(что) с кем(чем)*** и ***с чем; S не лицо*** *Вкусная еда примирила нас с сердитым поваром. Красота этих мест примирила художника с уединенным образом жизни. Талант брата примирил нас с его плохим характером* [вызвать терпеливое отношение к кому-чему-л., заставить свыкнуться с кем-чем-л.]

II. ПРИМИРИ́ВШИЙ, -ая, -ее, -ие; *действ. прош.*

Синт.: **а, б** — в глаг. знач. 1, 2

IV. ПРИМИРЁННЫЙ, -ая, -ое, -ые; *страд. прош.**

Синт.: **а, б** — в глаг. знач. 1 и в статив. знач.

Статив. знач.: ***с чем*** (также *кр. ф.* ↓) Терпимо относящийся к чему-л., примирившийся с чем-л. *Это был человек, примиренный со всем, что казалось ему раньше непереносимым*

С р. прил. **примирённый**, -ая, -ое, -ые. Выражающий умиротворение, спокойный, мирный. *Примиренный взгляд. Примиренный тон. Примиренный вид*

ПРИМИРЁН, -енá, -енó, -ены́; *кр. ф.**

В глаг. знач. 1

Статив. знач.: ***с чем*** (также *полн. ф.* ↑) *Этот человек примирен теперь со всем, что казалось ему раньше непереносимым*

□ Прич. IV во 2 глаг. знач. не употр.

ПРИМИРИ́ТЬСЯ, примиря́тся, примири́|лся;

сов., с кем(чем) и ***с чем*** (*несов.* примиря́ться) *Олег примирился с тем, что сын уедет учиться в другой город* [терпимо отнестись к кому-чему-л., свыкнуться с кем-чем-л.]

II. ПРИМИРИ́ВШИЙСЯ, -аяся, -ееся, -иеся; *действ. прош.*

Синт.: **а, б** — в глаг. знач.

ПРИМИРЯ́ТЬ, примиря́|ют, примиря́|л; ***несов., перех.*** (*сов.* примири́ть) **1. *кого(что)*** *Ребята примиряют ссорящихся одноклассников* [прекращать состояние ссоры, вражды между кем-л., мирить] **2. *кого(что) с кем(чем)*** и ***с чем; S не лицо*** *Вкусная еда примиряла нас с сердитым поваром. Красота природы примиряла художника с уединенным образом жизни. Талант брата примиряет нас с его плохим характером* [вызывать терпеливое отношение к кому-чему-л., заставлять свыкнуться с кем-чем-л.]

I. ПРИМИРЯ́ЮЩИЙ, -ая, -ее, -ие; *действ. наст.*

Синт.: **а, б** — в глаг. знач. 1, 2

В знач. прил. Выражающий, заключающий в себе стремление прекратить состояние ссоры, вражды между кем-л. *Примиряющий жест. Примиряющий взгляд. Примиряющий тон* (Ср. прил. **примири́тельный,** -ая, -ое, -ые; -лен, -льна, -льно, -льны. Содействующий примирению, свидетельствующий о стремлении к миру, согласию. *Примирительный тон. Примирительная речь. Примирительная улыбка. Его письмо носило примирительный характер*)

II. ПРИМИРЯ́ВШИЙ, -ая, -ее, -ие; *действ. прош.*

Синт.: **а, б** — в глаг. знач. 1, 2

III. ПРИМИРЯ́ЕМЫЙ, -ая, -ое, -ые; *страд. наст.**

Синт.: **а, б** — в глаг. знач. 1

□ Прич. III во 2 глаг. знач. не употр.

ПРИМИРЯ́ТЬСЯ, примиря́|ются, примиря́|лся; ***несов. к*** примири́ться (см.)

I. ПРИМИРЯ́ЮЩИЙСЯ, -аяся, -ееся, -иеся; *действ. наст.*

Синт.: **а, б** — в глаг. знач.

II. ПРИМИРЯ́ВШИЙСЯ, -аяся, -ееся, -иеся; *действ. прош.*

Синт.: **а, б** — в глаг. знач.

ПРИНЕСТИ́, принесу́т, принёс|, принесла́, -ло́, -ли́; ***сов., перех.*** (*несов.* приноси́ть) **1. *кого(что)*** и ***что*** *Отец принес больного ребенка к врачу. Почтальон принес письмо* [неся, доставить] **2. *кого(что)*** и ***что; S не лицо*** и ***безл.*** *«[Ветерок] принес с собой горьковатый запах дыма».* Сартаков, Хребты Саянские. *Течение здесь было сильное, и незадачливых пловцов принесло к острову* [доставить кого-что-л. силою ветра, течения и т. п.] **3. *что; S не лицо*** *Старая яблоня принесла в этом году много яблок* [уродить — о растениях] **4. *кого(что)**; *S не лицо*** *Собака принесла пять щенков* [дать приплод — о животных] **5. *что; S не лицо*** *Усиленные занятия принесли пользу. Упорный труд принес хорошие результаты. Неправильное воспитание принесло огромный вред ребенку* [дать, доставить, причинить что-л. в результате какой-л. деятельности, каких-л. поступков] **6. *что*** *Анна принесла в жертву свою независимость. Друзья принесли нам извинения* [произвести, осуществить что-л. в зависимости от значения существительного, с которым сочетается глагол]

II. ПРИНЁСШИЙ, -ая, -ее, -ие; *действ. прош.*

Синт.: **а, б** — в глаг. знач. 1 — 6

IV. ПРИНЕСЁННЫЙ, -ая, -ое, -ые; *страд. прош.**

Синт.: **а, б** — в глаг. знач. 1, 2, 4 — 6

ПРИНЕСЁН, -ена́, -ено́, -ены́; *кр. ф.**

В глаг. знач. 1, 2, 5, 6

□ Прич. IV в 3 глаг. знач. не употр. Кр. ф. прич. IV не употр. также в 4 глаг. знач.

ПРИНИЖА́ТЬ, принижа́|ют, принижа́|л; ***несов. к*** прини́зить (см.)

I. ПРИНИЖА́ЮЩИЙ, -ая, -ее, -ие; *действ. наст.*

Синт.: **а, б** — в глаг. знач. 1 — 3

II. ПРИНИЖА́ВШИЙ, -ая, -ее, -ие; *действ. прош.*

Синт.: **а, б** — в глаг. знач. 1 — 3

III. ПРИНИЖА́ЕМЫЙ, -ая, -ое, -ые; *страд. наст.**

Синт.: **а, б** — в глаг. знач. 1, 3

Субстантив.₃ не употр.

□ Прич. III во 2 глаг. знач. не употр.

ПРИНИ́ЗИТЬ, прини́жу, прини́з|ят, прини́зи|л; ***сов., перех.*** (*несов.* принижа́ть) **1. *кого(что)*** *Бывший директор всегда стремился принизить подчиненных* [унизить, представив чьи-л. достижения, способности и т. п. ме́ньшими, чем в действительности] **2. *кого(что); S не лицо*** *Страх перед переправой принизил нас в собственных глазах* [вызвать чувство неуважения, переоценку чьих-л. возможностей, способностей и т. п., казавшихся бо́льшими] **3. *что*** *Критики сильно принизили достоинства нового романа. Руководитель работы принизил заслуги молодых инженеров* [умалить значение кого-чего-л.]

II. ПРИНИ́ЗИВШИЙ, -ая, -ее, -ие; *действ. прош.*

Синт.: **а, б** — в глаг. знач. 1 — 3

IV. ПРИНИ́ЖЕННЫЙ, -ая, -ое, -ые; *страд. прош.**

[чередование з/ж]

Синт.: **а, б** — в глаг. знач. 1, 3

В знач. прил. (только *полн. ф.*) **1.** Испытывающий чувство унижения, раболепной покорности. *Приниженные люди. Приниженное существо*

Ср. прил. **прини́женный,** -ая, -ое, -ые; -ен, -енна, -енно, -енны **1.** Выражающий униженность, покорность. *Приниженный вид. Приниженный взгляд* **2.** (только *полн. ф.*) Унизительный, бесправный. *Приниженное положение*

Субстантив.₃ не употр.

ПРИНИ́ЖЕН, -ена, -ено, -ены; *кр. ф.**

В глаг. знач. 1, 3

□ Прич. IV во 2 глаг. знач. не употр.

ПРИНИМА́ТЬ, принима́|ют, принима́|л; ***несов. к*** приня́ть (см.)

I. ПРИНИМА́ЮЩИЙ, -ая, -ее, -ие; *действ. наст.*

Синт.: **а, б** — в глаг. знач. 1 — 19

II. ПРИНИМА́ВШИЙ, -ая, -ее, -ие; *действ. прош.*

Синт.: **а, б** — в глаг. знач. 1 — 19

III. ПРИНИМА́ЕМЫЙ, -ая, -ое, -ые; *страд. наст.**

Синт.: **а, б** — в глаг. знач. 1 — 14, 16 — 19; **в** — в глаг. знач. 2 — 5, 11 — 13, 16, 17

Субстантив.$_2$ в глаг. знач. 6, 7 — 9, 18; субстантив.$_3$ в глаг. знач. 1 — 4, 10, 17, 18

▭ Прич. III в 15 глаг. знач. не употр.

ПРИНОСИ́ТЬ, приношу́, прино́с|ят, приноси́|л; ***несов. к*** принести́ (см.)

I. ПРИНОСЯ́ЩИЙ, -ая, -ее, -ие; *действ. наст.*

Синт.: **а, б** — в глаг. знач. 1 — 6

II. ПРИНОСИ́ВШИЙ, -ая, -ее, -ие; *действ. прош.*

Синт.: **а, б** — в глаг. знач. 1 — 6

III. ПРИНОСИ́МЫЙ, -ая, -ое, -ые; *страд. наст.**

Синт.: **а, б** — в глаг. знач. 1, 2, 6

▭ Прич. III в 3 — 5 глаг. знач. не употр.

ПРИНУ́ДИТЬ, принужу́, прину́д|ят, прину́ди|л; ***сов., перех., кого(что) к чему*** и ***с неопр. ф.*** (*несов.* принужда́ть) **1.** *Крупные корпорации принудили фермеров к этим действиям. Мать принудила сына заниматься музыкой* [заставить что-л. сделать] **2.** ***S не лицо*** *Засуха принудила жителей деревни переселиться на север. Обстоятельства принудили нас к этому. «Я устал и сел отдохнуть на валежник.. Холодная сырость принудила меня подняться и идти дальше».* Арсеньев, Дерсу Узала [вызвать какие-л. действия]

II. ПРИНУ́ДИВШИЙ, -ая, -ее, -ие; *действ. прош.*

Синт.: **а, б** — в глаг. знач. 1, 2

IV. ПРИНУЖДЁННЫЙ, -ая, -ое, -ые; *страд. прош.**

[чередование д/жд]

Синт.: **а, б** — в глаг. знач. 1 и в статив. знач.

Статив. знач., ***с неопр. ф.*** (также *кр. ф.* ↓) Обязанный, вынужденный делать что-л., поступать каким-л. образом в силу каких-л. обстоятельств, причин. *Этот человек, принужденный всю жизнь скитаться, не знал, что такое семья*

Ср. прил. **принуждённый,** -ая, -ое, -ые; -ён, -ённа, -ённо, -ённы. Лишенный простоты и естественности, неестественный, нарочитый. *Принужденный смех. Принужденный поклон. Принужденная улыбка*

ПРИНУЖДЁН, -ена́, -ено́, -ены́; *кр. ф.**

В глаг. знач. 1

Статив. знач., ***с неопр. ф.*** (также *полн. ф.*↑) *Этот человек принужден был всю жизнь скитаться*

▭ Прич. IV во 2 глаг. знач. не употр.

ПРИНУЖДА́ТЬ, принужда́|ют, принужда́|л; ***несов., перех., кого(что) к чему*** и ***с неопр. ф.*** (*сов.* прину́дить) **1.** *Крупные корпорации принуждают фермеров к подобным действиям. Мать принуждала сына заниматься музыкой* [заставлять что-л. делать] **2.** ***S не лицо*** *Засуха принуждала жителей деревни переселяться на север. Обстоятельства принуждали нас к этому* [вызывать какие-л. действия]

I. ПРИНУЖДА́ЮЩИЙ, -ая, -ее, -ие; *действ. наст.*

Синт.: **а, б** — в глаг. знач. 1, 2

Ср. прич. в 1 глаг. знач. с прил. **принуди́тельный,** -ая, -ое, -ые; -лен, -льна, -льно, -льны. Происходящий по принуждению. *Принудительный труд. Принудительная работа. Сделать что-л. в принудительном порядке*

II. ПРИНУЖДА́ВШИЙ, -ая, -ее, -ие; *действ. прош.*

Синт.: **а, б** — в глаг. знач. 1, 2

III. ПРИНУЖДА́ЕМЫЙ, -ая, -ое, -ые; *страд. наст.**

Синт.: **а, б** — в глаг. знач. 1

ПРИНУЖДА́ЕМ, -ема, -емо, -емы; *кр. ф.*

В глаг. знач. 1

▭ Прич. III во 2 глаг. знач. не употр.

ПРИНЯ́ТЬ, приму́, при́мут, при́ня|л; приняла́, при́няло, -ли; ***сов., перех.*** (*несов.* принима́ть) **1. *кого(что)*** и ***что*** *« — Вот вам ваш богатырь. Фенечка приняла ребенка к себе на руки».* Тургенев, Отцы и дети. *Гость с благодарностью принял из рук хозяйки чашку душистого чая* [взять из рук у того, кто дает, отдает кого-что-л.] **2. *что*** *Илья с удовольствием принял подарок* [получить в свое ведение, взять в качестве дара] **3. *что*** *Дежурный принял телефонограмму* [прослушать и зафиксировать передаваемое по телеграфу, телефону, с помощью радио] **4. *что*** *Комиссия приняла готовый дом* [признать удовлетворительным по качеству, годным для употребления, эксплуатации] **5. *что*** *Новый командир принял роту вчера. Заслуженная ткачиха приняла пост директора фабрики* [взять кого-что-л. под свое командование; вступить в управление чем-л., согласившись занять какую-л. должность] **6. *кого(что)*** *Комиссия приняла Ольгу в театральную студию. Тренер не принял Петю в секцию по плаванию* [включить в состав чего-л., допустить к участию в чем-л., зачислить] **7. *кого(что)*** *Депутат принял сегодня много избирателей. Посол примет нашу делегацию в 12 часов. Врач уже принял пятого больного* [допустить, пустить к себе с какой-л. целью (для беседы, переговоров, решения каких-л. вопросов и т. п.); выслушать, осмотреть больного] **8. *кого(что)*** и ***что*** *Туристов в новой гостинице не приняли, их поселили в старую гостиницу. Аэропорт из-за тумана не принял самолет* [предоставить место для жилья, стоянки, хранения и т. п.] **9. *кого(что)*** *Диму в нашем доме приняли тепло* [отнестись к кому-л. каким-л. образом при встрече, знакомстве и т. п.] **10. *что*** *Илья принял новость слишком близко к сердцу. Мы примем к сведению ваше пожелание. Мой друг не принял эти слова на свой счет* [проявить какое-л. отношение к чему-л., воспринять каким-л. образом] **11. *что*** *Девочка приняла мой совет. Директор принял предложенный нами план* [согласиться с чем-л., отнестись к чему-л. положительно] **12. *что*** *Собрание приняло проект решения. Редакция приняла новые социалистические* *обязательства на этот год* [утвердить голосованием, выразить согласие с чем-л.] **13. что** *Друзья приняли решение не ехать в Ленинград. Пожарная команда приняла срочные меры. Солдаты приняли присягу* [совершить, осуществить то, что выражено сочетающимся с глаголом существительным] **14. что** *Девушка приняла неестественную позу. Дима принял важный вид* [изменить положение тела, выражение лица и т. п., обычно намеренно] **15. что; S не лицо** *Дискуссия приняла острую форму. Дело приняло опасный оборот. Спор принял нежелательное направление* [приобрести, получить какое-л. свойство, качество] **16. что** *После тренировки ребята приняли душ. Перед обедом Ольга приняла ванну* [подвергнуть себя какой-л. гигиенической или лечебной процедуре] **17. что** и **чего** *Больной принял микстуру. Катя приняла лекарство. Прими капель!* [выпить какое-л. лекарство] **18. кого(что)** и **что за кого(что)** и **за что** *Дочь по ошибке приняла вошедшего за своего одноклассника. В темноте я приняла столб за дерево* [признать, счесть ошибочно] **19. кого(что)** *Врач принял младенца. Ветеринар принял сегодня жеребенка* [оказать помощь при родах, рождении ребенка или детеныша какого-л. животного]

II. ПРИНЯ́ВШИЙ, -ая, -ее, -ие; *действ. прош.*
Синт.: **а, б** — в глаг. знач. 1 — 19

IV. ПРИ́НЯТЫЙ, -ая, -ое, -ые; *страд. прош.**
Синт.: **а, б** — в глаг. знач. 1 — 14, 16 — 19 и в статив. знач.; **в** — в глаг. знач. 2 — 5, 7, 11 — 13, 16, 17
Статив. знач., ***с обстоятельств. словами*** (только *полн. ф.*) Существующий в какой-л. среде как норма, признаваемый кем-л. необходимым, обязательным. *Обычаи, принятые в этом племени, усиленно изучаются. Принятая в среде молодежи манера одеваться мне очень не нравилась*
В знач. прил. (только *полн. ф.*) Признаваемый, применяемый всеми; общепризнанный, установленный. *Принятый масштаб цен. Принятая терминология. Принятый способ посадки деревьев. Принятый порядок оформления на работу*
Субстантив.$_2$ в глаг. знач. 6, 7 — 9, 18; субстантив.$_3$ в глаг. знач. 1 — 4, 10, 17, 18
ПРИ́НЯТ, принята́, при́нято, -ты; *кр. ф.**
В глаг. знач. 1 — 14, 16 — 19
Ср. **при́нято**, ***безл. с неопр. ф.*** — является нормой, правилом поведения, характерной для большинства формой проявления каких-л. действий и т. п. *В этом племени принято встречать гостей с пением. В вашей среде принято одеваться небрежно. У нас не принято говорить громко в общественных местах* ◊ **Как при́нято** — является нормой, правилом для большинства — в составе вводного выражения. *Они встретили всех, как это принято у нас, радушно. Брат написал, как принято писать в письмах, слова приветствия всем родным*
▭ Прич. IV в 15 глаг. знач. не употр.

ПРИОБРЕСТИ́, приобрет|у́т, приобрёл, приобрела́, -ло́, -ли́; ***сов., перех.*** (*несов.* приобрета́ть) **1. кого(что)** * и **что** *Мальчик приобрел этого щенка на Птичьем рынке. Мы приобрели новую книгу о Пушкине* [стать обладателем кого-чего-л., обзавестись кем-чем-л., купить] **2. что** *Студенты приобрели на стройке огромный опыт. Ученики приобрели в школе глубокие знания* [стать обладателем какого-л. свойства, качества и т. п.] **3. что** *Молодой учитель приобрел огромный авторитет у учеников. Эта женщина приобрела славу экстрасенса* [заслужить, снискать] **4. кого(что)** *Ольга познакомилась с актерами, приобрела среди них друзей. «На этой же репетиции я приобрел себе мелочного, но беспощадного врага»* Куприн, Как я был актером [вступить в дружеские или враждебные отношения с кем-л.] **5. что; S не лицо** *В исполнении молодого актера стихотворение приобрело совсем другой смысл. Слово приобрело новое значение* [получить какие-л. новые черты, свойства и т. п.]

II. ПРИОБРЕ́ТШИЙ, -ая, -ее, -ие; *действ. прош.*
Синт.: **а, б** — в глаг. знач. 1 — 5

IV. ПРИОБРЕТЁННЫЙ, -ая, -ое, -ые; *страд. прош.**
Синт.: **а, б** — в глаг. знач. 1 — 3, 5; **в** — в глаг. знач. 2.
Субстантив.$_2$ не употр.; субстантив.$_3$ в глаг. знач. 1
ПРИОБРЕТЁН, -ена́, -ено́, -ены́; *кр. ф.**
В глаг. знач. 1 — 3, 5
▭ Прич. IV в 4 глаг. знач. не употр.

ПРИОБРЕТА́ТЬ, приобрета́|ют, приобрета́|л; ***несов. к*** приобрести́ (см.)

I. ПРИОБРЕТА́ЮЩИЙ, -ая, -ее, -ие; *действ. наст.*
Синт.: **а, б** — в глаг. знач. 1 — 5

II. ПРИОБРЕТА́ВШИЙ, -ая, -ее, -ие; *действ. прош.*
Синт.: **а, б** — в глаг. знач. 1 — 5

III. ПРИОБРЕТА́ЕМЫЙ, -ая, -ое, -ые; *страд. наст.*
Синт.: **а, б** — в глаг. знач. 1 — 3, 5
Субстантив.$_2$ не употр.; субстантив.$_3$ в глаг. знач. 1
▭ Прич. III в 4 глаг. знач. не употр.

ПРИПЛЮ́СНУТЬ, приплю́снут, приплю́сну|л; ***сов., перех., что,*** также **чем** *Девочка кончиком пальца приплюснула малышу нос* (см. § 2) [прижав, придавив, сделать плоским]

II. ПРИПЛЮ́СНУВШИЙ, -ая, -ее, -ие; *действ. прош.*
Синт.: **а, б** — в глаг. знач.

IV. ПРИПЛЮ́СНУТЫЙ, -ая, -ое, -ые; *страд. прош.*
Синт.: **а, б** — в глаг. знач.
Ср. прил. **приплю́снутый**, -ая, -ое, -ые; -ут, -ута, -уто, -уты. Плоский, придавленный. *У девушки было худое лицо, приплюснутый нос*
ПРИПЛЮ́СНУТ, -ута, -уто, -уты; *кр. ф.*
В глаг. знач.

ПРИПОДНИМА́ТЬ, приподнима́|ют, приподнима́|л; ***несов. к*** приподня́ть (см.)

I. ПРИПОДНИМА́ЮЩИЙ, -ая, -ее, -ие; *действ. наст.*
Синт.: **а, б** — в глаг. знач.
II. ПРИПОДНИМА́ВШИЙ, -ая, -ее, -ие; *действ. прош.*
Синт.: **а, б** — в глаг. знач.
III. ПРИПОДНИМА́ЕМЫЙ, -ая, -ое, -ые; *страд. наст.*
Синт.: **а, б** — в глаг. знач.

ПРИПОДНЯ́ТЬ, приподниму́, приподни́мут, припо́дня|л и *доп.* приподня́л, приподняла́, припо́дняло и *доп.* приподня́ло, припо́дняли и *доп.* приподня́ли; ***сов., перех., кого(что)*** и ***что*** (*несов.* приподнима́ть) *Отец слегка приподнял мальчика. Медсестра приподняла больного. Девочка чуть-чуть приподняла голову. Мужчины с трудом приподняли шкаф* [слегка, немного поднять]
II. ПРИПОДНЯ́ВШИЙ, -ая, -ее, -ие; *действ. прош.*
Синт.: **а, б** — в глаг. знач.
IV. ПРИПО́ДНЯТЫЙ, -ая, -ое, -ые; *страд. прош.*
Синт.: **а, б** — в глаг. знач.
Ср. прил. **припо́днятый**, -ая, -ое, -ые. **1.** Радостно-возбужденный, оживленный. *Приподнятое настроение.* **2.** Торжественный, возвышенный — о языке, стиле. *Приподнятый стиль. Приподнятый слог*
ПРИПО́ДНЯТ, приподнята́, припо́днято, -ты; кр. ф.
В глаг. знач.

ПРИРУЧА́ТЬ, прируча́|ют, прируча́|л; ***несов. к*** приручи́ть (см.)
I. ПРИРУЧА́ЮЩИЙ, -ая, -ее, -ие; *действ. наст.*
Синт.: **а, б** — в глаг. знач. 1, 2
II. ПРИРУЧА́ВШИЙ, -ая, -ее, -ие; *действ. прош.*
Синт.: **а, б** — в глаг. знач. 1, 2
III. ПРИРУЧА́ЕМЫЙ, -ая, -ое, -ые; *страд. наст.*
Синт.: **а, б, в** — в глаг. знач. 1, 2
Субстантив.$_2$ не употр.

ПРИРУЧИ́ТЬ, прируч|а́т, приручи́|л; ***сов., перех.*** (*несов.* прируча́ть) **1. *кого(что)*** * *Дети приручили дикого голубя* [приучить к исполнению воли человека, сделать ручным, послушным] **2. *кого(что)*** *«[Сипягина] явно старалась приручить Нежданова, возбудить в нем доверие к ней..»* Тургенев, Новь [внушить чувство доверия, привязанности, сделать послушным]
II. ПРИРУЧИ́ВШИЙ, -ая, -ее, -ие; *действ. прош.*
Синт.: **а, б** — в глаг. знач. 1, 2
IV. ПРИРУЧЁННЫЙ, -ая, -ое, -ые; *страд. прош.*
Синт.: **а, б** — в глаг. знач. 1, 2
В знач. прил. (только *полн. ф.*) Ставший ручным, привыкший к кому-чему-л. *Прирученные белки. Прирученные голуби*
Субстантив.$_2$ не употр.
ПРИРУЧЁН, -ена́, -ено́, -ены́; *кр. ф.*
В глаг. знач. 1, 2

ПРИСМА́ТРИВАТЬ, присма́трива|ют, присма́трива|л; ***несов. к*** присмотре́ть (см.)
I. ПРИСМА́ТРИВАЮЩИЙ, -ая, -ее, -ие; *действ. наст.*
Синт.: **а, б** — в глаг. знач. 1, 2
II. ПРИСМА́ТРИВАВШИЙ, -ая, -ее, -ие; *действ. прош.*
Синт.: **а, б** — в глаг. знач. 1, 2
III. ПРИСМА́ТРИВАЕМЫЙ, -ая, -ое, -ые; *страд. наст.*
Синт.: **а, б** — в глаг. знач. 2
Субстантив.$_2$ не употр.

ПРИСМОТРЕ́ТЬ, присмотрю́, присмо́тр|ят, присмотре́|л; ***сов.*** (*несов.* присма́тривать) **1. *неперех., за кем(чем)*** и ***за чем*** *Во время нашего отъезда за домом присмотрит сосед. Бабушка присмотрит за вашими детьми* [последить с целью надзора, приглядеть; проявить заботу о ком-л., осуществить уход за кем-л.] **2. *перех., кого(что)*** и ***что*** *Мы присмотрели себе хороших помощников. Аня присмотрела себе комнату и будет туда переезжать* [подыскать, подобрать, наметить для использования, приобретения]
II. ПРИСМОТРЕ́ВШИЙ, -ая, -ее, -ие; *действ. прош.*
Синт.: **а, б** — в глаг. знач. 1, 2
IV. ПРИСМО́ТРЕННЫЙ, -ая, -ое, -ые; *страд. прош.*
Синт.: **а, б** — в глаг. знач. 2
Субстантив.$_2$ не употр.
ПРИСМО́ТРЕН, -ена, -ено, -ены; *кр. ф.*
В глаг. знач. 2
В знач. прил. (только *кр. ф.*) Не оставленный без надзора, без заботы; *разг.* *У нее ребенок присмотрен, одет, сыт*

ПРИСПОСА́БЛИВАТЬ, приспоса́блива|ют, приспоса́блива|л; ***несов. к*** приспосо́бить (см.)
I. ПРИСПОСА́БЛИВАЮЩИЙ, -ая, -ее, -ие; *действ. наст.*
Синт.: **а, б** — в глаг. знач.
II. ПРИСПОСА́БЛИВАВШИЙ, -ая, -ее, -ие; *действ. прош.*
Синт.: **а, б** — в глаг. знач.
III. ПРИСПОСА́БЛИВАЕМЫЙ, -ая, -ое, -ые; *страд. наст.*
Синт.: **а, б** — в глаг. знач.

ПРИСПОСА́БЛИВАТЬСЯ, приспоса́блива|ются, приспоса́блива|лся; ***несов. к*** приспосо́биться (см.)
I. ПРИСПОСА́БЛИВАЮЩИЙСЯ, -аяся, -ееся, -иеся; *действ. наст.*
Синт.: **а, б** — в глаг. знач. 1 — 3
II. ПРИСПОСА́БЛИВАВШИЙСЯ, -аяся, -ееся, -иеся; *действ. прош.*
Синт.: **а, б** — в глаг. знач. 1 — 3

ПРИСПОСО́БИТЬ, приспосо́блю, приспосо́б|ят, приспосо́би|л; ***сов., перех., что для чего, подо что*** и ***к чему*** (*несов.* приспоса́бливать) *Брат приспособил нижнюю полку книжного шкафа для аптечки. Дирекция завода приспособила это помещение под спортивный зал* [сделать пригодным для использования в качестве чего-л., применить к чему-л.]
II. ПРИСПОСО́БИВШИЙ, -ая, -ее, -ие; *действ. прош.*

Синт.: **а, б** — в глаг. знач.

IV. ПРИСПОСО́БЛЕННЫЙ, -ая, -ое, -ые; *страд. прош.*

[чередование б/бл]

Синт.: **а, б** — в глаг. знач. и в статив. знач.

Статив. знач. (также *кр. ф.*↓) **1.** ***для чего*** и ***с нареч.*** Имеющий нужные для чего-л. свойства, качества. *Дирекция завода разместила библиотеку в здании, хорошо приспособленном для этого* **2.** ***к чему*** Приспособившийся, привыкший к каким-л. условиям, делу и т. п., имеющий нужные навыки. *Не приспособленный к жизни человек не умеет бороться с трудностями. Речная выдра оказалась прекрасно приспособленной к охоте на рыбу*

ПРИСПОСО́БЛЕН, -ена, -ено, -ены; *кр. ф.*

В глаг. знач.

Статив. знач. (также *полн. ф.*↑) **1.** ***для чего*** и ***с нареч.*** *Это здание вполне приспособлено для библиотеки* **2.** ***к чему*** *Этот человек не приспособлен к жизни. Речная выдра прекрасно приспособлена к речной охоте*

ПРИСПОСО́БИТЬСЯ, приспосо́блюсь, приспосо́бятся, приспосо́би|лся; ***сов.*** (*несов.* приспоса́бливаться) **1.** ***к кому(чему)*** и ***к чему*** *«Сегодня ты к одному экзаменатору приспособился, а завтра этот экзаменатор сам в экзаменуемые попал».* Салтыков-Щедрин, Пошехонские рассказы. *Молодой геолог долго не мог приспособиться к ритму жизни в экспедиции* [научиться согласовывать, соизмерять свои действия, поступки и т. п. с кем-чем-л.] **2.** ***к чему; S не лицо*** *Организм космонавтов быстро приспособился к состоянию невесомости* [приобрести способность существовать, функционировать в каких-л. особых или изменившихся условиях] **3.** ***с неопр. ф.*** *Дима приспособился просыпаться раньше родителей и готовить себе завтрак* [приобрести навык, умение, способность делать что-л.]

II. ПРИСПОСО́БИВШИЙСЯ, -аяся, -ееся, -иеся; *действ. прош.*

Синт.: **а, б** — в глаг. знач. 1 — 3

ПРИСУДИ́ТЬ, присужу́, прису́д|ят, присуди́|л; ***сов., перех.*** (*несов.* присужда́ть) **1.** ***что кому(чему)*** *Жюри присудило первый приз за лучшее исполнение песни о мире певцу из Польши. Нашему отделу присудили вымпел за досрочное выполнение плана* [постановить, решить большинством голосов о присвоении чего-л.] **2.** ***что кому*** и ***кого(что) к чему*** *Моему другу присудили штраф за превышение скорости. За нарушение общественного порядка этого человека присудили к штрафу* [приговорить к какому-л. наказанию, признавая виновным] **3.** ***что кому*** *Суд присудил истцу тысячу рублей. Комнату присудили одинокому старику* [вынести судебное решение о передаче чего-л. кому-л.]

II. ПРИСУДИ́ВШИЙ, -ая, -ее, -ие; *действ. прош.*

Синт.: **а, б** — в глаг. знач. 1 — 3

IV. ПРИСУЖДЁННЫЙ, -ая, -ое, -ые; *страд. прош.*

[чередование д/жд]

Синт.: **а, б** — в глаг. знач. 1 — 3

Субстантив.$_3$ в глаг. знач. 3

ПРИСУЖДЁН, -ена́, -ено́, -ены́; *кр. ф.*

В глаг. знач. 1 — 3

ПРИСУЖДА́ТЬ, присужда́|ют, присужда́|л; ***несов. к*** присуди́ть (см.)

I. ПРИСУЖДА́ЮЩИЙ, -ая, -ее, -ие; *действ. наст.*

Синт.: **а, б** — в глаг. знач. 1 — 3

II. ПРИСУЖДА́ВШИЙ, -ая, -ее, -ие; *действ. прош.*

Синт.: **а, б** — в глаг. знач. 1 — 3

III. ПРИСУЖДА́ЕМЫЙ, -ая, -ое, -ые; *страд. наст.*

Синт.: **а, б** — в глаг. знач. 1 — 3

Субстантив.$_3$ в глаг. знач. 3

ПРИСУЖДА́ЕМ, -ема, -емо, -емы; *кр. ф.*

В глаг. знач. 1 — 3

ПРИСУ́ТСТВОВАТЬ, прису́тству|ют, прису́тствова|л; ***несов., неперех.*** **1.** *Директор не присутствовал на этом заседании. Кто присутствовал вчера на вечере?* [находиться, быть где-л. в какое-л. время] **2.** ***S не лицо*** *«Очевидно, в нем [Жуковском] все же присутствовало сознание того, что мир не так уж благополучен..»* Вс. Рождественский, В созвездии Пушкина [иметься в ком-чем-л., где-л.]

I. ПРИСУ́ТСТВУЮЩИЙ, -ая, -ее, -ие; *действ. наст.*

Синт.: **а, б** — в глаг. знач. 1, 2

В знач. сущ. **прису́тствующие,** -их, *мн.* Те, кто находится, присутствует где-л. в какое-л. время. *Список присутствующих*

II. ПРИСУ́ТСТВОВАВШИЙ, -ая, -ее, -ие; *действ. прош.*

Синт.: **а, б** — в глаг. знач. 1, 2

ПРИТИХА́ТЬ, притиха́|ют, притиха́|л; ***несов. к*** прити́хнуть (см.)

I. ПРИТИХА́ЮЩИЙ, -ая, -ее, -ие; *действ. наст.*

Синт.: **а, б** — в глаг. знач. 1, 2; **в** — в глаг. знач. 2

II. ПРИТИХА́ВШИЙ, -ая, -ее, -ие; *действ. прош.*

Синт.: **а, б** — в глаг. знач. 1, 2; **в** — в глаг. знач. 2

ПРИТИ́ХНУТЬ, прити́хнут, прити́х| и *поэтич.* прити́хну|л, прити́хла, -ло, -ли; ***сов., неперех.*** (*несов.* притиха́ть) **1.** *Дети притихли* [перестать издавать, производить звуки, шум, умолкнуть] **2.** ***S не лицо*** *Ветер притих* [стать тише, слабее, утихнуть]

II. ПРИТИ́ХШИЙ, -ая, -ее, -ие и *поэтич.* ПРИТИ́ХНУВШИЙ, -ая, -ее, -ие; *действ. прош.*

Синт.: **а, б, в** — в глаг. знач. 1, 2

ПРИТЯ́ГИВАТЬ, притя́гива|ют, притя́гива|л; ***несов., перех.*** (*сов.* притяну́ть к 1 — 3, 5 — 8 знач.) **1.** ***что,*** также ***чем*** *Рыбак багром притягивает лодку к берегу* (см. § 2) [тягой или таща, приближать к чему-л. вплотную] **2.** ***кого(что)*** и ***что к чему чем*** *На тренировках ребята притягивали себя широкими поясами к плоской доске и спускались по ледяной дорожке вниз* (см. § 2) *Всю поклажу дедушка притягивает к саням проволокой* (см. § 2) [прикрепляя к чему-л., затягивать, привязывать чем-л.] **3.** ***что; S не лицо*** *Смотри,* *как эта намагниченная пластинка притягивает металлическую стружку!* [приближать к чему-л. вплотную силой притяжения] **4. *что; S не лицо*** *Магнит притягивает металлические предметы* [обладать свойством приближать к чему-л. вплотную силой притяжения] **5. *кого(что)*** *Дедушка обнимает внука за плечи и ласково притягивает к себе* [приближать, привлекать к себе] **6. *кого(что),*** также ***чем*** *Мой друг своей добротой неудержимо притягивает к себе людей* (см. § 1). *Простота и сердечность, энциклопедические знания Смирнова притягивают к нему многих* [располагать к себе, вызывать интерес, симпатию] **7. *кого(что),*** также ***чем; S не лицо*** *Наша семья отдыхает летом только в этой деревне: нас притягивают сосновый бор и песчаные пляжи. Это место притягивает туристов своей красотой* (см. § 1) [привлекать к себе] **8. *что*** *Докладчик явно притягивал факты, и это вызвало разочарование слушателей* [привлекать без достаточных оснований, неоправданно; *разг.*]

I. ПРИТЯ́ГИВАЮЩИЙ, -ая, -ее, -ие; *действ. наст.*
Синт.: **а, б** — в глаг. знач. 1 — 8
В знач. прил. Привлекающий к себе, вызывающий интерес, симпатию. *Притягивающая улыбка. Притягивающая манера говорить* (Ср. прил. **притяга́тельный,** -ая, -ое, -ые; -лен, -льна, -льно, -льны Располагающий, привлекающий к себе, возбуждающий интерес. *Притягательная сила музыки*)

II. ПРИТЯ́ГИВАВШИЙ, -ая, -ее, -ие; *действ. прош.*
Синт.: **а, б** — в глаг. знач. 1 — 8

III. ПРИТЯ́ГИВАЕМЫЙ, -ая, -ое, -ые; *страд. наст.**
Синт.: **а, б** — в глаг. знач. 1 — 3, 5 — 8
Субстантив.$_2$ в глаг. знач. 2, 5; субстантив.$_3$ в глаг. знач. 2, 3

□ Прич. III в 4 глаг. знач. не употр.

ПРИТЯНУ́ТЬ, притяну́, притя́нут, притяну́|л; ***сов., перех.*** (*несов.* притя́гивать) **1. *что,*** также ***чем*** *Рыбак одним рывком притянул лодку к берегу* (см. § 2) [тягой или таща, приблизить к чему-л. вплотную] **2. *кого(что)*** и ***что к чему чем*** *«Притянули его [Тараса] железными цепями к древесному стволу..»* Гоголь, Тарас Бульба (см. § 2). *Всю поклажу дедушка притянул к саням проволокой* (см. § 2) [прикрепляя к чему-л., затянуть, привязать чем-л.] **3. *что; S не лицо*** *Магнит притянул все металлические предметы* [приблизить к чему-л. вплотную силой притяжения] **4. *кого (что)*** *Дедушка обнял внука за плечи и ласково притянул к себе* [приблизить, привлечь к себе] **5. *кого(что),*** также ***чем*** *«Немногочисленных своих исследователей он [Мысливечек] странным образом притянул к себе и заставил как-то полюбить себя».* Шагинян, Воскрешение из мертвых [расположить к себе, вызвать интерес, симпатию] **6. *кого(что),*** также ***чем; S не лицо*** *«Проездом, впервые, увидал Чудское и решил провести здесь отпуск. Притянули пустынный песчаный берег и громадная вода».* Воронин, Петров день в Кузелеве [привлечь к себе] **7. *что*** *Докладчик явно притянул факты, и это вызвало недоверие слушателей* [привлечь без достаточных оснований, неоправданно; *разг.*]

II. ПРИТЯНУ́ВШИЙ, -ая, -ее, -ие; *действ. прош.*
Синт.: **а, б** — в глаг. знач. 1 — 7

IV. ПРИТЯ́НУТЫЙ, -ая, -ое, -ые; *страд. прош.**
Синт.: **а, б** — в глаг. знач. 1 — 5, 7
В знач. прил. (только *полн. ф.*) Не подходящий к чему-л. *Явно притянутые факты. Притянутая цитата*
Субстантив.$_2$ в глаг. знач. 2, 4; субстантив.$_3$ в глаг. знач. 2, 3
ПРИТЯ́НУТ, -та, -то, -ты; *кр. ф.**
В глаг. знач. 1 — 5, 7

□ Прич. IV в 6 глаг. знач. не употр.

ПРИУКРА́СИТЬ, приукра́шу, приукра́с|ят, приукра́си|л; ***сов., перех., что*** (*несов.* приукра́шивать) **1.** *Ты приукрасил ее умение рисовать. Родители явно приукрасили способности своего ребенка* [представить в более значительном, интересном виде, чем есть на самом деле] **2.** также ***чем*** *Дима приукрасил свой рассказ яркими бытовыми деталями* (см. § 2) [оживить, сделать более интересным какое-л. повествование]

II. ПРИУКРА́СИВШИЙ, -ая, -ее, -ие; *действ. прош.*
Синт.: **а, б** — в глаг. знач. 1, 2

IV. ПРИУКРА́ШЕННЫЙ, -ая, -ое, -ые; *страд. прош.*
[чередование с/ш]
Синт.: **а, б** — в глаг. знач. 1, 2
В знач. прил. (только *полн. ф.*) Представленный в более красивом, значительном, интересном виде, чем в действительности. *Приукрашенная действительность. Приукрашенные факты. Представить события в приукрашенном виде*
ПРИУКРА́ШЕН, -ена, -ено, -ены; *кр. ф.*
В глаг. знач. 1, 2

ПРИУКРА́ШИВАТЬ, приукра́шива|ют, приукра́шива|л; ***несов. к*** приукра́сить (см.)

I. ПРИУКРА́ШИВАЮЩИЙ, -ая, -ее, -ие; *действ. наст.*
Синт.: **а, б** — в глаг. знач. 1, 2

II. ПРИУКРА́ШИВАВШИЙ, -ая, -ее, -ие; *действ. прош.*
Синт.: **а, б** — в глаг. знач. 1, 2

III. ПРИУКРА́ШИВАЕМЫЙ, -ая, -ое, -ые; *страд. наст.*
Синт.: **а, б, в** — в глаг. знач. 1, 2

ПРИХОДИ́ТЬ, прихожу́, прихо́д|ят, приходи́|л; ***несов., неперех.*** (*сов.* прийти́) **1.** *Все эти дни Илья приходил домой очень поздно. Дима часто приходил к нам за советом* [идя, достигать какого-л. места, являться куда-л.; являться куда-л. с какой-л. целью] **2. *S не лицо*** *Поезд приходит на эту станцию ровно в полночь* [прибывать куда-л.— о транспорте] **3.** *Разведчик несколько раз приходил с задания с очень важными сведениями* [возвращаться] **4.** *Когда выпускники институтов приходят на завод, им приходится как бы заново учиться на практике применять свои знания* [поступать, зачисляться куда-л.] **5. *S не лицо*** *Письма и посылки приходят к нам из Моск-*

вы через три или четыре дня [достигать места назначения, быть доставленным — о чем-л. отправленном по почте] **6.** ***S* не лицо** *Приходит время обеда. Приходит пора учиться* [наставать, наступать — о каком-л. времени] **7.** ***S* не лицо** *Иногда известность приходит к писателю уже после его смерти. Оле часто приходит охота пошутить* [возникать, появляться] **8. к кому(чему)** и **к чему** *Не все на Западе приходят к нам, к движению за разоружение, сразу и безоговорочно, но оно постепенно расширяется, вовлекает новых сторонников* (из газет). *Этот ученый приходил к материалистическому мировоззрению постепенно* [присоединяться, примыкать к кому-чему-л. на основании пересмотра своих взглядов, убеждений] **9. к чему** *Очень долго представители двух группировок не приходили к соглашению. К власти приходят демократические силы общества* [достигать, добиваться чего-л. путем каких-л. действий, усилий] **10. к чему** *Тамара приходит постепенно к выводу, что дочь ее обманывает. Ученые приходят к убеждению, что пора начинать опыты* [выбирать какое-л. решение, останавливаться на какой-л. мысли в результате размышлений, опытов и т. п.] **11.** *Зрители приходят в восхищение от этого спектакля. Друзья каждый раз приходят в ярость от его лжи* [проникаться каким-л. чувством, погружаться в переживание, которое выражено существительным] **12.** ***S* не лицо** *Кресло приходит постепенно в негодность. Хозяйство приходит в полный упадок* [доходить до состояния, положения, которое выражено существительным]

I. ПРИХОДЯ́ЩИЙ, -ая, -ее, -ие; *действ. наст.*
Синт.: **а, б** — в глаг. знач. 1 — 12
В знач. прил. Такой, который является куда-л. на время для исполнения каких-л. обязанностей. *Приходящая няня. Приходящая домработница*

II. ПРИХОДИ́ВШИЙ, -ая, -ее, -ие; *действ. прош.*
Синт.: **а, б** — в глаг. знач. 1 — 12

ПРИЧЕСА́ТЬ, причешу́, приче́шут, причеса́|л; ***сов., перех.*** (*несов.* причёсывать) **1. что,** также **чем** *Девочка причесала волосы на косой пробор. Я причесала волосы не расческой, а щеткой* (см. § 2) [гребенкой, щеткой и т. п. пригладить, привести в порядок волосы] **2. кого(что)** *«Мама достала из сумочки гребешок и причесала Сережу».* Панова, Сережа. *Парикмахер причесал девушку по последней моде* [привести в порядок кому-л. волосы; сделать кому-л. прическу] **3. что** *«Мне предложили редактировать его очерки, исправить грамматические грехи его жарких речей, причесать их буйный, встрепанный язык».* М. Горький, Книга рабкора Гудка-Еремеева [убрать шероховатости, стилистические вольности в языке, сделать его гладким, правильным; *разг.*]

II. ПРИЧЕСА́ВШИЙ, -ая, -ее, -ие; *действ. прош.*
Синт.: **а, б** — в глаг. знач. 1 — 3

IV. ПРИЧЁСАННЫЙ, -ая, -ое, -ые; *страд. прош.*
[чередование е/ё]
Синт.: **а, б** — в глаг. знач. 1 — 3 и в статив. знач.; **в** — в глаг. знач. 1, 2
Статив. знач., ***с нареч.*** и ***обстоятельств. словами*** (также *кр. ф.*↓) Сделавший себе какую-л. прическу, причесавшийся как-л. *Моя подруга, всегда аккуратно причесанная, выглядит намного моложе своих лет*
В знач. прил. **1.** (также *кр. ф.* ↓) Не лохматый, с расчесанными, в порядке лежащими волосами. *Вошел маленький причесанный мальчик. Он ходил причесанный, аккуратный* **2.** (только *полн. ф.*) Неестественно гладкий, лишенный индивидуального своеобразия — о фразе, предложении и т. п. *Причесанные бесцветные фразы. Причесанные стихи*
Субстантив.$_3$ не употр.

ПРИЧЁСАН, -ана, -ано, -аны; *кр. ф.*
В глаг. знач. 1 — 3
Статив. знач., ***с нареч.*** и ***обстоятельств. словами*** (также *полн. ф.* ↑) *Эта женщина причесана по последней моде*
В знач. прил. (также *полн. ф.* в знач. прил. 1 ↑) *Соседский мальчик всегда вежлив, аккуратно одет, причесан*

ПРИЧЕСА́ТЬСЯ, причешу́сь, приче́шутся, причеса́|лся; ***сов.*** (*несов.* причёсываться) **1.** *Катя встала поздно, умылась, причесалась и села завтракать* [гребенкой, щеткой и т. п. причесать себе волосы, привести их в порядок] **2.** *Тамара причесалась по-другому и помолодела. Я вчера причесалась в новой парикмахерской* [расположить свои волосы в каком-л. порядке, делая себе прическу расчесыванием, стрижкой, завивкой; сделать прическу у какого-л. мастера]

II. ПРИЧЕСА́ВШИЙСЯ, -аяся, -ееся, -иеся; *действ. прош.*
Синт.: **а, б** — в глаг. знач. 1, 2; **в** — в глаг. знач. 1

ПРИЧЁСЫВАТЬ, причёсыва|ют, причёсыва|л; ***несов. к*** причеса́ть (см.)

I. ПРИЧЁСЫВАЮЩИЙ, -ая, -ее, -ие; *действ. наст.*
Синт.: **а, б** — в глаг. знач. 1 — 3

II. ПРИЧЁСЫВАВШИЙ, -ая, -ее, -ие; *действ. прош.*
Синт.: **а, б** — в глаг. знач. 1 — 3

III. ПРИЧЁСЫВАЕМЫЙ, -ая, -ое, -ые; *страд. наст.*
Синт.: **а, б** — в глаг. знач. 1 — 3; **в** — в глаг. знач. 1, 2
Субстантив.$_3$ не употр.

ПРИЧЁСЫВАТЬСЯ, причёсыва|ются, причёсыва|лся; ***несов. к*** причеса́ться (см.)

I. ПРИЧЁСЫВАЮЩИЙСЯ, -аяся, -ееся, -иеся; *действ. наст.*
Синт.: **а, б** — в глаг. знач. 1, 2; **в** — в глаг. знач. 1

II. ПРИЧЁСЫВАВШИЙСЯ, -аяся, -ееся, -иеся; *действ. прош.*
Синт.: **а, б** — в глаг. знач. 1, 2; **в** — в глаг. знач. 1

ПРИШИБА́ТЬ, пришиба́|ют, пришиба́|л; ***несов. к*** пришиби́ть в 1 знач. (см.)

I. ПРИШИБА́ЮЩИЙ, -ая, -ее, -ие; *действ. наст.*
Синт.: **а, б** — в глаг. знач. 1
II. ПРИШИБА́ВШИЙ, -ая, -ее, -ие; *действ. прош.*
Синт.: **а, б** — в глаг. знач. 1
III. ПРИШИБА́ЕМЫЙ, -ая, -ое, -ые; *страд. наст.*
Синт.: **а, б** — в глаг. знач. 1
□ Прич. III менее употр., чем личные ф. глагола и прич. I, II

ПРИШИБИ́|ТЬ, пришиб|у́т, приши́б; ***сов., перех.*** (*несов.* пришиба́ть *к* 1 знач.) **1. *кого(что),*** также ***чем*** *Старик палкой пришиб бешеную собаку* (см. § 2). *«— Ну, говорит, подавай теперь деньги, а не то.. пришибу».* Салтыков-Щедрин, Губернские очерки [ударом убить; *прост.*] ***2. кого(что); S не лицо*** *«Говорили, что его пришибло какое-то горе».* М. Горький, Жизнь Клима Самгина [привести в крайне угнетенное, подавленное состояние; *разг.*]
II. ПРИШИБИ́ВШИЙ, -ая, -ее, -ие; *действ. прош.*
[от основы неопр. ф.]
Синт.: **а, б** — в глаг. знач. 1,2
IV. ПРИШИ́БЛЕННЫЙ, -ая, -ое, -ые; *страд. прош.*
[чередование б/бл]
Синт.: **а, б** — в глаг. знач. 1, 2
В знач. прил. (только *полн. ф.*) Приниженный, угнетенный, подавленный, нравственно разбитый. *«Перед отцом я трепетал от гнетущего страха и чувствовал себя пришибленным, лишенным языка».* Гладков, Лихая година. *Брат ни с кем не разговаривал, был какой-то пришибленный*
Ср. прил. **приши́бленный,** -ая, -ое, -ые. Выражающий состояние приниженности, угнетенности, подавленности. *Пришибленный вид*
ПРИШИ́БЛЕН, -ена, -ено, -ены; *кр. ф.*
В глаг. знач. 1, 2
□ Прич. II менее употр., чем личные ф. глагола и прич. IV

ПРОБИВА́ТЬ, пробива́|ют, пробива́|л; ***несов. к*** проби́ть [1] в 1 — 6 знач. (см.)
I. ПРОБИВА́ЮЩИЙ, -ая, -ее, -ие; *действ. наст.*
Синт.: **а, б** — в глаг. знач. 1 — 6
II. ПРОБИВА́ВШИЙ, -ая, -ее, -ие; *действ. прош.*
Синт.: **а, б** — в глаг. знач. 1 — 6
III. ПРОБИВА́ЕМЫЙ, -ая, -ое, -ые; *страд. наст.*
Синт.: **а, б** — в глаг. знач. 1 — 6; **в** — в глаг. знач. 1, 5
Субстантив.$_3$ в глаг. знач. 1, 2, 4

ПРОБИ́ТЬ [1], пробьют, проби́|л; ***сов., перех.,*** (*несов.* пробива́ть *к* 1 — 6 знач.; *несов.* бить *к* 7 знач.) **1. *что,*** также ***чем*** *Смирнов пробил отверстие в стене. Археологи пробили ломом плиту, загораживавшую вход в пещеру* (см. § 2) [ударами или ударом проломить, сделать отверстие, проем, проход в чем-л.] ***2. что; S не лицо*** *Пуля пробила стекло. Молодые побеги пробили асфальт* [с силой пройти сквозь что-л., нарушив его целостность; прорастая, пройти сквозь что-л.] ***3. что; S не лицо*** *Лучи солнца пробили тучу и осветили верхушки деревьев* [проникнуть, просочиться сквозь что-л.] **4. *что*** *Юноша пробил билет и передал рядом стоящему пассажиру* [сделать в чем-л. отверстия с помощью специального прибора, компостера и т. п.] **5. *что*** *Молодые инженеры пробили, наконец, свое изобретение* [с трудом добиться осуществления, продвижения чего-л.; *разг.*] **6. *что*** *Это шоссе пробили в горах в рекордно короткий срок. Жители окрестных деревень пробили к роднику тропинки* [проложить, провести, проторить дорогу, тропинку и т. п.] **7. *что*** и ***без дополн.*** *Нападающий пробил штрафной удар в ворота противника. «Мы погнали его [мяч] к воротам противника. Кто-то из наших пробил по воротам, и счет оказался 1 : 0 в нашу пользу».* Носов, Витя Малеев в школе и дома [направить удар, бросок куда-л., во что-л.— в спортивных играх]
II. ПРОБИ́ВШИЙ, -ая, -ее, -ие; *действ. прош.*
Синт.: **а, б** — в глаг. знач. 1 — 7
IV. ПРОБИ́ТЫЙ, -ая, -ое, -ые; *страд. прош.*
Синт.: **а, б** — в глаг. знач. 1 — 7; **в** — в глаг. знач. 1, 4, 7
В знач. прил. (только *полн. ф.*) Не целый, имеющий пробоины, отверстия и т. п. *Пробитая стена*
Субстантив.$_3$ в глаг. знач. 1, 2, 4
ПРОБИ́Т, -та, -то, -ты; *кр. ф.*
В глаг. знач. 1 — 7

ПРОБИ́ТЬ [2], пробьют, про́бил и проби́|л, проби́ла, про́било и проби́ло, про́били и проби́ли; ***сов.*** (*несов.* бить) **1. *неперех., во что*** *Пробили в гонг, что означало конец работы. «Пробили в барабан, мы тронулись».* Пушкин, Путешествие в Арзрум [ударами произвести непродолжительные громкие звуки, стук, звон и т. п.] ***2. перех., что*** *«Между тем на площади пробили зорю».* Л. Толстой, Казаки. *«На наших судах пробили боевую тревогу».* Новиков-Прибой, Цусима [дать сигнал к чему-л.— в сочетании с сущ. *сбор, набат, отбой, тревога, зоря* и т. п.] ***3. перех., что*** и ***без дополн.; S не лицо*** *Часы пробили полночь. «Пробил третий звонок, раздались свистки, и поезд лениво тронулся».* Чехов, Красавицы [отметить ударами, звуками, звоном что-л.; издать звуки, обозначая что-л.]
II. ПРОБИ́ВШИЙ, -ая, -ее, -ие; *действ. прош.*
Синт.: **а, б** — в глаг. знач. 1 — 3
□ Прич. IV не употр.

ПРОБУДИ́ТЬ, пробужу́, пробу́дят и пробуд|я́т, пробуди́|л; ***сов. к*** буди́ть во 2 знач. (см.)
II. ПРОБУДИ́ВШИЙ, -ая, -ее, -ие; *действ. прош.*
Синт.: **а, б** — в глаг. знач. 2
IV. ПРОБУЖДЁННЫЙ, -ая, -ое, -ые; *страд. прош.*
[чередование д/жд]
Синт.: **а, б** — в глаг. знач. 2
Субстантив.$_3$ не употр.
ПРОБУЖДЁН, -ена́, -ено́, -ены́; *кр. ф.*
В глаг. знач. 2

ПРОВЕ́РИТЬ, прове́р|ят, прове́ри|л; ***сов., перех.***

(*несов.* проверя́ть) **1.** ***что*** *С помощью космических аппаратов ученые проверили большое число гипотез и предположений о строении планет Солнечной системы. Учитель проверил все сочинения десятиклассников и отобрал несколько лучших для прочтения в классе* [установить правильность или ошибочность, точность или неточность чего-л.; просмотреть, внимательно прочесть с целью выявления ошибок, недочетов, достоинств и т. п.] **2.** ***кого(что)*** и ***что*** *«В отправлявшейся партии было шестьсот двадцать три мужчины и шестьдесят четыре женщины: всех надо было проверить по статейным спискам».* Л. Толстой, Воскресение. *Летчик проверил горючее; его осталось совсем мало* [удостовериться в наличии или отсутствии кого-чего-л.; установить количество, наличность чего-л.] **3.** ***кого(что)*** *Командир проверил молодых бойцов, дав им трудное задание* [подвергнуть испытанию для выяснения знаний, качеств характера, пригодности к чему-л. и т. п.] **4.** ***что*** *Искусственную кровь врачи сначала проверили на животных, а потом стали применять при сложных операциях на сердце, почках человека. Перед выездом в дальний рейс шофер еще раз проверил мотор у машины* [испытать, исследовать для выяснения качеств, свойств чего-л.; осмотреть с целью выяснения пригодности, готовности к чему-л.] **5.** ***кого(что)*** и ***что*** *«Бригаду Камынина Шаталов проверил.. На одном участке обнаружил плохо заделанное зерно».* Лаптев, „Заря". *Группа народного контроля проверит исполнение этого решения* [обследовать с целью надзора] **6.** ***что*** *Контролер автобуса проверил у нас билеты. «Красноармеец хотя и хорошо знал Ватагина, но пропуск его проверил тщательно».* Гладков, Энергия [просмотреть с целью контроля, проконтролировать]

II. ПРОВЕ́РИВШИЙ, -ая, -ее, -ие; *действ. прош.*
С и н т.: **а, б** — в глаг. знач. 1 — 6

IV. ПРОВЕ́РЕННЫЙ, -ая, -ое, -ые; *страд. прош.*
С и н т.: **а, б, в** — в глаг. знач. 1 — 6
В з н а ч. п р и л. (только *полн. ф.*) **1.** Надежный, испытанный, доказавший своим поведением наличие нужных качеств. *Это проверенный человек. Проверенный работник* **2.** Дающий хорошие результаты. *Проверенный способ лечения*
С у б с т а н т и в.$_3$ в глаг. знач. 2, 4, 5
ПРОВЕ́РЕН, -ена, -ено, -ены; *кр. ф.*
В глаг. знач. 1 — 6

ПРОВЕРЯ́ТЬ, проверя́|ют, проверя́|л; ***несов. к*** прове́рить (см.)

I. ПРОВЕРЯ́ЮЩИЙ, -ая, -ее, -ие; *действ. наст.*
С и н т.: **а, б** — в глаг. знач. 1 — 6

II. ПРОВЕРЯ́ВШИЙ, -ая, -ее, -ие; *действ. прош.*
С и н т.: **а, б** — в глаг. знач. 1 — 6

III. ПРОВЕРЯ́ЕМЫЙ, -ая, -ое, -ые; *страд. наст.*
С и н т.: **а, б, в** — в глаг. знач. 1 — 6
С у б с т а н т и в.$_3$ в глаг. знач. 2, 4, 5

ПРОВЕСТИ́, провед|у́т, провёл, провела́, -ло́, -ли́; ***сов.*** (*несов.* проводи́ть [1]) **1.** ***перех., кого(что)*** и ***что*** *Хозяин дачи провел нас через сад. Мы провели лодки через пороги. Сестра проведет тебя мимо театра, а дальше ты найдешь дорогу сам* [направляя или сопровождая, заставить, помочь пройти где-л.] **2.** ***перех., что*** *Картограф провел на карте границу двух областей* [обозначить, определить линией] **3.** ***перех., что*** *В нашем районе провели телефонный кабель. Здесь проведут нефтепровод* [прокладывая, построить] **4.** ***перех., что*** *Решение принять участие в озеленении района представители нашего отдела провели на общем собрании* [добиться официального утверждения, одобрения, поддержки какой-л. идеи, предложения и т. п.] **5.** ***перех., что*** *Колхозники провели сев досрочно* [выполнить, произвести какие-л. действия, работу] **6.** ***перех., что*** *Валерий провел две недели в Болгарии. Друзья весело провели праздник. Как вы провели день?* [прожить, пробыть какое-л. время где-л.; заполнить чем-л. досуг, длящееся время] **7.** ***перех., кого(что)*** *Нашу учительницу легко не проведешь. Сосед меня ловко провел!* [обмануть, перехитрив; *разг.*] **8.** ***неперех., чем по чему*** *Больной провел рукой по лицу. Девочка провела ладонью по скатерти* [сделать скользящее движение чем-л. по чему-л.]

II. ПРОВЕ́ДШИЙ, -ая, -ее, -ие; *действ. прош.*
С и н т.: **а, б** — в глаг. знач. 1 — 8

IV. ПРОВЕДЁННЫЙ, -ая, -ое, -ые; *страд. прош.*
С и н т.: **а, б** — в глаг. знач. 1 — 7
С у б с т а н т и в.$_2$ в глаг. знач. 1; с у б с т а н т и в.$_3$ в глаг. знач. 1
ПРОВЕДЁН, -ена́, -ено́, -ены́; *кр. ф.*
В глаг. знач. 1 — 7

□ Прич. II в 7 глаг. знач. менее употр., чем личные ф. глагола и прич. IV

ПРОВОДИ́ТЬ [1], провожу́, прово́д|ят, проводи́|л; ***несов. к*** провести́ (см.)

I. ПРОВОДЯ́ЩИЙ, -ая, -ее, -ие; *действ. наст.*
С и н т.: **а, б** — в глаг. знач. 1 — 8

II. ПРОВОДИ́ВШИЙ, -ая, -ее, -ие; *действ. прош.*
С и н т.: **а, б** — в глаг. знач. 1 — 8

III. ПРОВОДИ́МЫЙ, -ая, -ое, -ые; *страд. наст.*
С и н т.: **а, б** — в глаг. знач. 1 — 7
С у б с т а н т и в.$_2$ в глаг. знач. 1; с у б с т а н т и в.$_3$ в глаг. знач. 1

□ Прич. III в 7 глаг. знач. менее употр., чем в 1 — 6 глаг. знач.

ПРОВОДИ́ТЬ [2], провожу́, прово́дят, проводи́|л; ***сов. к*** провожа́ть (см.)

II. ПРОВОДИ́ВШИЙ, -ая, -ее, -ие; *действ. прош.*
С и н т.: **а, б** — в глаг. знач. 1 — 3

□ Прич. IV не употр.

ПРОВОЖА́ТЬ, провожа́|ют, провожа́|л; ***несов., перех.*** (*сов.* проводи́ть [2]) **1.** ***кого(что)*** *Первоклассников первого сентября провожают в школу и мамы, и папы, и бабушки, и дедушки. Илья всегда провожает гостей до лифта* [сопровождая, доводить до какого-л. места; прощаясь с уходящим, уезжающим, идти, ехать вместе с ним куда-л., до какого-л. места] **2. кого(что)** *Наши соседи провожают сына в армию* [снаряжать в дорогу, отправлять куда-л.] **3. кого(что)** и **что чем** *Эту актрису зрители всегда провожают аплодисментами* (см. § 2). *Дети провожали проходящие мимо них поезда, махая им вслед* [выражать каким-л. образом свое отношение к уходящему, отъезжающему, проходящему мимо]

I. ПРОВОЖА́ЮЩИЙ, -ая, -ее, -ие; *действ. наст.*

Синт.: **а, б** — в глаг. знач. 1 — 3

В знач. сущ. **провожа́ющий,** -его, *м.*; **провожа́ющая,** -ей, *ж.* Тот (та), кто сопровождает отъезжающего до поезда, самолета и т. п., прощаясь с ним (Ср. сущ. **провожа́тый,** -ого, *м.* Тот, кто сопровождает кого-л. для охраны, для указания пути. *«— Я дойду и одна. Провожатых мне не нужно».* Гаршин, Надежда Николаевна)

II. ПРОВОЖА́ВШИЙ, -ая, -ее, -ие; *действ. прош.*

Синт.: **а, б** — в глаг. знач. 1 — 3

III. ПРОВОЖА́ЕМЫЙ, -ая, -ое, -ые; *страд. наст.*

Синт.: **а, б** — в глаг. знач. 1 — 3

Субстантив.$_3$ не употр.

ПРОВОЗГЛАСИ́ТЬ, провозглашу́, провозгласͅ|я́т, провозгласи́|л; **сов., перех.** (*несов.* провозглаша́ть) **1. что; S не лицо** *Первый съезд РСДРП провозгласил создание марксистской партии в России. Конституция СССР провозгласила право трудящихся на труд, отдых, равенство перед законом* [придать чему-л. законную силу, узаконить, торжественно, официально объявив, обнародовав] **2. что** *Собравшиеся провозгласили тост в честь юбиляра* [торжественно произнести] **3. кого(что) кем** *Жюри провозгласило победителем соревнования нашу команду* (см. § 2). *Современники провозгласили этого художника гением* (см. § 2) [официально объявить о присвоении какого-л. места, звания и т. п.; заявить о признании кого-л. кем-л., каким-л.]

II. ПРОВОЗГЛАСИ́ВШИЙ, -ая, -ее, -ие; *действ. прош.*

Синт.: **а, б** — в глаг. знач. 1 — 3

IV. ПРОВОЗГЛАШЁННЫЙ, -ая, -ое, -ые; *страд. прош.*

[чередование с/ш]

Синт.: **а, б** — в глаг. знач. 1 — 3; **в** — в глаг. знач. 2

Субстантив.$_3$ в глаг. знач. 2

ПРОВОЗГЛАШЁН, -ена́, -ено́, -ены́; *кр. ф.*

В глаг. знач. 1 — 3

ПРОВОЗГЛАША́ТЬ, провозглаша́|ют, провозглаша́|л; **несов. к** провозгласи́ть (см.)

I. ПРОВОЗГЛАША́ЮЩИЙ, -ая, -ее, -ие; *действ. наст.*

Синт.: **а, б** — в глаг. знач. 1 — 3

II. ПРОВОЗГЛАША́ВШИЙ, -ая, -ее, -ие; *действ. прош.*

Синт.: **а, б** — в глаг. знач. 1 — 3

III. ПРОВОЗГЛАША́ЕМЫЙ, -ая, -ое, -ые: *страд. наст.*

Синт.: **а, б** — в глаг. знач. 1 — 3; **в** — в глаг. знач. 2

Субстантив.$_3$ в глаг. знач. 2

ПРОГЛА́ТЫВАТЬ, прогла́тыва|ют, прогла́тыва|л; **несов. к** проглоти́ть (см.)

I. ПРОГЛА́ТЫВАЮЩИЙ, -ая, -ее, -ие; *действ. наст.*

Синт.: **а, б** — в глаг. знач. 1 — 5

II. ПРОГЛА́ТЫВАВШИЙ, -ая, -ее, -ие; *действ. прош.*

Синт.: **а, б** — в глаг. знач. 1 — 5

III. ПРОГЛА́ТЫВАЕМЫЙ, -ая, -ое, -ые; *страд. наст.*

Синт.: **а, б** — в глаг. знач. 1 — 5; **в** — в глаг. знач. 1

Субстантив.$_3$ в глаг. знач. 1

ПРОГЛОТИ́ТЬ, проглочу́, прогло́т|ят, проглоти́|л; **сов., перех.** (*несов.* прогла́тывать) **1. кого(что)** и **что** *Крокодил мгновенно проглотил рыбу. Больной проглотил таблетку, не запивая водой. Мальчик проглотил конфету целиком* [движением мускулов глотки протолкнуть что-л. в пищевод] **2. что** *Илья быстро проглотил обед, боясь опоздать на соревнование* [съесть или выпить что-л. быстро, жадно, большими глотками; *разг.*] **3. что** *Сестра проглотила эту обиду, ничем не проявив свое возмущение* [выслушать что-л. неприятное, оскорбительное без всякого протеста; *разг.*] **4. что** *От волнения выступающий проглотил конец приветствия* [сказать невнятно, не полностью или совсем не произнести; *разг.*] **5. что** *Дима за лето проглотил кучу книг. Я проглотил этот детектив за одну ночь* [очень быстро, не отрываясь, прочитать; *разг.*]

II. ПРОГЛОТИ́ВШИЙ, -ая, -ее, -ие; *действ. прош.*

Синт.: **а, б** — в глаг. знач. 1 — 5

IV. ПРОГЛО́ЧЕННЫЙ, -ая, -ое, -ые; *страд. прош.*

[чередование т/ч]

Синт.: **а, б** — в глаг. знач. 1 — 5; **в** — в глаг. знач. 1

Субстантив.$_3$ в глаг. знач. 1

ПРОГЛО́ЧЕН, -ена, -ено, -ены; *кр. ф.*

В глаг. знач. 1 — 5

ПРОГНА́ТЬ, прогоню, прого́нят, прогна́|л, прогнала́, прогна́ло, -ли; **сов., перех.** (*несов.* прогоня́ть; *несов.* гнать **к** 3, 4 знач.) **1. кого(что)** *«Часов в 9 вечера по улице прогнали лошадей в ночное».* Н. Успенский, Деревенские картины. *Пастух уже прогнал стадо мимо нашего дома* [гоня, заставить пройти в каком-л. направлении] **2. что** *В половодье по реке прогнали плоты. «От выходной стрелки нужно было прогнать поезд по второму пути в противоположный конец станции».* Макаренко, Педагогическая поэма [направляя движение чего-л., заставить проехать, проплыть, пролететь в каком-л. направлении; *разг.*] **3. кого(что)** *«[Вася] залез на лафет, но его оттуда прогнали».* Степанов, Порт-Артур. *Бабушка прогнала из дома чужую собаку* [выгнать, принудить удалиться откуда-л.] **4. что,** *также* **чем** *«И скуку зимних вечеров Вином и песнями* *прогоним».* Пушкин, К Языкову (см. § 2). *Ольга прогнала от себя тяжелые мысли и занялась уборкой* [избавиться от каких-л. мыслей, чувств]

II. ПРОГНА́ВШИЙ, -ая, -ее, -ие; *действ. прош.*

Синт.: **а, б** — в глаг. знач. 1 — 4

IV. ПРО́ГНАННЫЙ, -ая, -ое, -ые; *страд. прош.*

Синт.: **а, б** — в глаг. знач. 1 — 4

Субстантив.₃ не употр.

ПРО́ГНАН, -ана, -ано, -аны; *кр. ф.*

В глаг. знач. 1 — 4

ПРОГОЛОСОВА́ТЬ, проголосу́ют, проголосова́|л; ***сов. к*** голосова́ть в 1, 4 знач. (см.)

II. ПРОГОЛОСОВА́ВШИЙ, -ая, -ее, -ие; *действ. прош.*

Синт.: **а, б** — в глаг. знач. 1, 4; **в** — в глаг. знач. 1

IV. ПРОГОЛОСО́ВАННЫЙ, -ая, -ое, -ые; *страд. прош.*

Синт.: **а, б, в** — в глаг. знач. 4

Субстантив.₂ и субстантив.₃ не употр.

ПРОГОЛОСО́ВАН, -ана, -ано, -аны; *кр. ф.*

В глаг. знач. 4

ПРОГОНЯ́ТЬ, прогоня́|ют, прогоня́|л; ***несов. к*** прогна́ть (см.)

I. ПРОГОНЯ́ЮЩИЙ, -ая, -ее, -ие; *действ. наст.*

Синт.: **а, б** — в глаг. знач. 1 — 4

II. ПРОГОНЯ́ВШИЙ, -ая, -ее, -ие; *действ. прош.*

Синт.: **а, б** — в глаг. знач. 1 — 4

III. ПРОГОНЯ́ЕМЫЙ, -ая, -ое, -ые; *страд. наст.*

Синт.: **а, б** — в глаг. знач. 1 — 4

Субстантив.₂ в глаг. знач. 3; субстантив.₃ не употр.

ПРОГРЕМЕ́ТЬ, прогремлю́, прогремя́т, прогреме́|л; ***сов. к*** греме́ть в 3 знач. (см.)

II. ПРОГРЕМЕ́ВШИЙ, -ая, -ее, -ие; *действ. прош.*

Синт.: **а, б** — в глаг. знач. 3

ПРОДАВА́ТЬ, прода|ю́т, продава́|л; ***несов., перех.*** (*сов.* прода́ть) **1. *кого(что)*** и ***что*** *В дореволюционной России помещики продавали своих крепостных крестьян. Безработный художник продавал картины за бесценок, чтобы прокормить семью* [отдавать кому-л. за определенную плату] **2. *кого(что)*** *По многочисленным провалам партизаны поняли, что какой-то провокатор продавал товарищей* [совершать предательство из корыстных побуждений, предавать; *разг.*]

I. ПРОДАЮ́ЩИЙ, -ая, -ее, -ие; *действ. наст.*

Синт.: **а, б** — в глаг. знач. 1, 2

II. ПРОДАВА́ВШИЙ, -ая, -ее, -ие; *действ. прош.*

Синт.: **а, б** — в глаг. знач. 1, 2

III. ПРОДАВА́ЕМЫЙ, -ая, -ое, -ые; *страд. наст.**

Синт.: **а, б, в** — в глаг. знач. 1

□ Прич. III во 2 глаг. знач. не употр.

ПРОДАВИ́ТЬ, продавлю́, прода́в|ят, продави́|л; ***сов., перех., что*** (*несов.* прода́вливать) *«— Это вы продавили стул, Афанасий Иванович? — Ничего, не сердитесь, Пульхерия Ивановна: это я».* Гоголь, Старосветские помещики. *Илья нечаянно продавил крышку чемодана* [сильно надавив, нажав, прогнуть, проломить]

II. ПРОДАВИ́ВШИЙ, -ая, -ее, -ие; *действ. прош.*

Синт.: **а, б** — в глаг. знач.

IV. ПРОДА́ВЛЕННЫЙ, -ая, -ое, -ые; *страд. прош.*

[чередование в/вл]

Синт.: **а, б** — в глаг. знач.

В знач. прил. (только *полн. ф.*) С вмятинами на поверхности. *В комнате стояли старые продавленные кресла. Я сел на продавленный стул. Продавленная кушетка*

ПРОДА́ВЛЕН, -ена, -ено, -ены; *кр. ф.*

В глаг. знач.

ПРОДА́ВЛИВАТЬ, прода́влива|ют, прода́влива|л; ***несов. к*** продави́ть (см.)

I. ПРОДА́ВЛИВАЮЩИЙ, -ая, -ее, -ие; *действ. наст.*

Синт.: **а, б** — в глаг. знач.

II. ПРОДА́ВЛИВАВШИЙ, -ая, -ее, -ие; *действ. прош.*

Синт.: **а, б** — в глаг. знач.

III. ПРОДА́ВЛИВАЕМЫЙ, -ая, -ое, -ые; *страд. наст.*

Синт.: **а, б** — в глаг. знач.

ПРОДА́ТЬ, прода́м, прода́шь, прода́ст, продади́м, продади́те, продаду́т, про́да|л и *доп.* прода́|л, продала́, про́дало и *доп.* прода́ло, про́дали и *доп.* прода́ли; ***сов. к*** продава́ть (см.)

II. ПРОДА́ВШИЙ, -ая, -ее, -ие; *действ. прош.*

Синт.: **а, б** — в глаг. знач. 1, 2

IV. ПРО́ДАННЫЙ, -ая, -ое, -ые; *страд. прош.*

Синт.: **а, б** — в глаг. знач. 1, 2; **в** — в глаг. знач. 1

ПРО́ДАН, продана́ и *доп.* про́дана, про́дано, -аны; *кр. ф.*

В глаг. знач. 1, 2

ПРОДВИГА́ТЬ, продвига́|ют, продвига́|л; ***несов. к*** продви́нуть (см.)

I. ПРОДВИГА́ЮЩИЙ, -ая, -ее, -ие; *действ. наст.*

Синт.: **а, б** — в глаг. знач. 1 — 4

II. ПРОДВИГА́ВШИЙ, -ая, -ее, -ие; *действ. прош.*

Синт.: **а, б** — в глаг. знач. 1 — 4

III. ПРОДВИГА́ЕМЫЙ, -ая, -ое, -ые; *страд. наст.*

Синт.: **а, б** — в глаг. знач. 1 — 4

Субстантив.₂ в глаг. знач. 3; субстантив.₃ в глаг. знач. 1

ПРОДВИ́НУТЬ, продви́нут, продви́ну|л; ***сов., перех.*** (*несов.* продвига́ть) **1. *что*** *Ребята продвинули стол к окну* [двинуть, переместить что-л. вперед или в направлении к чему-л.] **2. *кого(что)*** и ***что*** *«— Мы продвинули наш левый фланг на линию Петербург-Смоленск».* А. Н. Толстой, Хлеб. *Командование продвинуло танковую часть к реке* [направить, заставить пройти, проехать вперед или в каком-л. направлении] **3. *кого(что)*** *Этого способного молодого инженера* *очень быстро продвинули по службе. «[Цеховой:] Меня наверняка продвинут на место Невского».* Афиногенов, Страх [переместить на более высокую должность] **4. *что*** *Ребята сильно продвинули создание музея в школе. «Роман я продвинул. Писал не так много, как много думал».* Бек, Почтовая проза [приблизить завершение чего-л., добиться дальнейшего развития чего-л.; *разг.*]

II. ПРОДВИ́НУВШИЙ, -ая, -ее, -ие; *действ. прош.*

Синт.: **а, б** — в глаг. знач. 1 — 4

IV. ПРОДВИ́НУТЫЙ, -ая, -ое, -ые; *страд. прош.*

Синт.: **а, б** — в глаг. знач. 1 — 4

В знач. прил. в выражении: **продвинутый этап обучения** — не начальный, такой, когда у учащегося уже есть необходимые знания

Субстантив.$_2$ в глаг. знач. 3; субстантив.$_3$ в глаг. знач. 1

ПРОДВИ́НУТ, -та, -то, -ты; *кр. ф.*

В глаг. знач. 1 — 4

ПРОДЛЕВА́ТЬ, продлева́|ют, продлева́|л; ***несов. к*** продли́ть (см.)

I. ПРОДЛЕВА́ЮЩИЙ, -ая, -ее, -ие; *действ. наст.*

Синт.: **а, б** — в глаг. знач. 1, 2

II. ПРОДЛЕВА́ВШИЙ, -ая, -ее, -ие; *действ. прош.*

Синт.: **а, б** — в глаг. знач. 1, 2

III. ПРОДЛЕВА́ЕМЫЙ, -ая, -ое, -ые; *страд. наст.*

Синт.: **а, б** — в глаг. знач. 1, 2; **в** — в глаг. знач. 1

Субстантив.$_3$ не употр.

ПРОДЛИ́ТЬ, продл|я́т, продли́|л; ***сов., перех., что*** (*несов.* продлева́ть) **1.** *Я продлил свой отпуск на неделю. «Медленно шла она по темной улице, стараясь продлить минуты одиночества».* Николаева, Жатва [сделать более длительным, увеличить срок чего-л.] **2. *S не лицо*** *Новый искусственный клапан продлит срок работы больного сердца* [вызвать более длительное действие чего-л.]

II. ПРОДЛИ́ВШИЙ, -ая, -ее, -ие; *действ. прош.*

Синт.: **а, б** — в глаг. знач. 1, 2

IV. ПРОДЛЁННЫЙ, -ая, -ое, -ые; *страд. прош.*

Синт.: **а, б, в** — в глаг. знач. 1, 2

В знач. прил. в выражении: **продлённый день** — режим в начальных классах школы, при котором ученики после занятий могут оставаться в школе под присмотром педагогов-воспитателей до окончания рабочего дня родителей; *разг. Группа продленного дня*

Субстантив.$_3$ не употр.

ПРОДЛЁН, -ена́, -ено́, -ены́; *кр. ф.*

В глаг. знач. 1, 2

ПРОДОЛБИ́ТЬ, продолблю́, продолб|я́т, продолби́|л; ***сов. к*** долби́ть в 1 знач. (см.)

II. ПРОДОЛБИ́ВШИЙ, -ая, -ее, -ие; *действ. прош.*

Синт.: **а, б** — в глаг. знач. 1

IV. ПРОДОЛБЛЁННЫЙ, -ая, -ое, -ые; *страд. прош.*

[чередование б/бл]

Синт.: **а, б, в** — в глаг. знач. 1

ПРОДОЛБЛЁН, -ена́, -ено́, -ены́; *кр. ф.*

В глаг. знач. 1

ПРОДОЛЖА́ТЬ, продолжа́|ют, продолжа́|л; ***несов.*** (*сов.* продо́лжить *ко* 2 знач.) **1. *перех., что*** и ***с неопр. ф.*** *Несмотря на шум, оратор продолжал свою речь* [делать начатое дальше, не прекращая, не останавливаясь] **2. *перех., что*** и ***с неопр. ф.*** *После перерыва профессор продолжал свою лекцию* [возобновлять ранее начатое действие] **3. *неперех., с неопр. ф.; S не лицо*** *Атмосферное давление продолжает падать. Температура продолжала подниматься* [не переставать изменяться, действовать, осуществляться]

I. ПРОДОЛЖА́ЮЩИЙ, -ая, -ее, -ие; *действ. наст.*

Синт.: **а, б** — в глаг. знач. 1 — 3

II. ПРОДОЛЖА́ВШИЙ, -ая, -ее, -ие; *действ. прош.*

Синт.: **а, б** — в глаг. знач. 1 — 3

III. ПРОДОЛЖА́ЕМЫЙ, -ая, -ое, -ые; *страд. наст.*

Синт.: **а, б** — в глаг. знач. 1, 2

ПРОДО́ЛЖИТЬ, продо́лж|ат, продо́лжи|л; ***сов., перех., что*** (*несов.* продолжа́ть *к* 1 знач.) **1.** *После перерыва профессор продолжил свою лекцию. Оратор продолжит свою речь на следующем заседании* [возобновить ранее начатое действие] **2.** *Троллейбусную линию продолжили до окраины города* [продлить, удлинить]

II. ПРОДО́ЛЖИВШИЙ, -ая, -ее, -ие; *действ. прош.*

Синт.: **а, б** — в глаг. знач. 1, 2

IV. ПРОДО́ЛЖЕННЫЙ, -ая, -ое, -ые; *страд. прош.*

Синт.: **а, б** — в глаг. знач. 1, 2

Субстантив.$_3$ не употр.

ПРОДО́ЛЖЕН, -ена, -ено, -ены; *кр. ф.*

В глаг. знач. 1, 2

ПРОДУ́МАТЬ, проду́ма|ют, проду́ма|л; ***сов.*** (*несов.* проду́мывать *к* 1 знач.) **1. *перех., что*** *Вожатый продумал план новой игры до мельчайших подробностей. Директор продумал свои действия во всех деталях* [тщательно, обстоятельно обдумать] **2. *неперех.*** *Брат продумал всю ночь* [провести какое-л. время в думах, в размышлениях]

II. ПРОДУ́МАВШИЙ, -ая, -ее, -ие; *действ. прош.*

Синт.: **а, б** — в глаг. знач. 1, 2

IV. ПРОДУ́МАННЫЙ, -ая, -ое, -ые; *страд. прош.*

Синт.: **а, б** — в глаг. знач. 1

Ср. прил. **проду́манный,** -ая, -ое, -ые; -ан, -анна, -анно, -анны. Обоснованный, представляющий собой плод серьезных размышлений. *Продуманный ответ. Продуманный вывод. Продуманное решение*

ПРОДУ́МАН, -ана, -ано, -аны; *кр. ф.*

В глаг. знач. 1

ПРОДУ́МЫВАТЬ, проду́мыва|ют, проду́мыва|л; ***несов. к*** продума́ть в 1 знач. (см.)

I. ПРОДУ́МЫВАЮЩИЙ, -ая, -ее, -ие; *действ. наст.*

Синт.: **а, б** — в глаг. знач. 1

II. ПРОДУ́МЫВАВШИЙ, -ая, -ее, -ие; *действ. прош.*

Синт.: **а, б** — в глаг. знач. 1

III. ПРОДУ́МЫВАЕМЫЙ, -ая, -ое, -ые; *страд. наст.*

Синт.: **а, б** — в глаг. знач. 1

ПРОЕКТИ́РОВАТЬ, проекти́ру|ют, проекти́рова|л; ***несов., перех., что*** (*сов.* спроекти́ровать *к* 1 знач.) **1.** *Наш институт проектирует мосты. Эту плотину проектировал мой знакомый* [разрабатывать, составлять проект чего-л.] **2.** и **с неопр. ф.** *Завод проектирует постройку бассейна. «Сейчас проектируем дать этот газ на квартиры всей Макеевки».* Бек, У взорванных печей [предполагать, намечать, планировать]

I. ПРОЕКТИ́РУЮЩИЙ, -ая, -ее, -ие; *действ. наст.*

Синт.: **а, б** — в глаг. знач. 1, 2

В знач. прил. Такой, который занимается разработкой проектов. *Проектирующие организации. Проектирующие органы* (Ср. прил. **прое́ктный,** -ая, -ое, -ые. Относящийся к проектам; занимающийся проектированием. *Проектное дело. Проектная группа*)

II. ПРОЕКТИ́РОВАВШИЙ, -ая, -ее, -ие; *действ. прош.*

Синт.: **а, б** — в глаг. знач. 1, 2

III. ПРОЕКТИ́РУЕМЫЙ, -ая, -ое, -ые; *страд. наст.*

Синт.: **а, б, в** — в глаг. знач. 1, 2

Субстантив.$_3$ в глаг. знач. 1

ПРОЖЕ́ЧЬ, прожг|у́т, прожёг|, прожгла́, -ло́, -ли́; ***сов., перех.*** (*несов.* прожига́ть *к* 1 знач.) **1. *что чем*** *Девочка прожгла юбку кислотой* (см. § 2). *Дима прожег куртку искрой от костра* (см. § 2) [продырявить огнем или чем-л. едким] **2. *что*** *Мы прожгли свечу всю ночь* [дать гореть чему-л. в течение какого-л. времени]

II. ПРОЖЁГШИЙ, -ая, -ее, -ие; *действ. прош.*

Синт.: **а, б** — в глаг. знач. 1, 2

IV. ПРОЖЖЁННЫЙ, -ая, -ое, -ые; *страд. прош.*

[чередование г/ж]

Синт.: **а, б** — в глаг. знач. 1, 2; **в** — в глаг. знач. 1

Ср. прил. **прожжённый,** -ая, -ое, -ые. Самый отъявленный. *Прожженный плут. Прожженный негодяй*

Субстантив.$_3$ в глаг. знач. 1

ПРОЖЖЁН, -ена́, -ено́, -ены́; *кр. ф.*

В глаг. знач. 1, 2

ПРОЖИВА́ТЬ, прожива́|ют, прожива́|л; ***несов.*** (*сов.* прожи́ть *ко* 2 знач.) **1. *неперех.*** *У вас есть список тех, кто проживает в этом доме?* [жить, пребывать, иметь жилище где-л.; офиц.] **2. *перех., что*** *Молодожены еще не умели вести хозяйство и за две недели проживали месячную зарплату* [расходовать, тратить деньги, средства на существование]

I. ПРОЖИВА́ЮЩИЙ, -ая, -ее, -ие; *действ. наст.*

Синт.: **а, б** — в глаг. знач. 1, 2

II. ПРОЖИВА́ВШИЙ, -ая, -ее, -ие; *действ. прош.*

Синт.: **а, б** — в глаг. знач. 1, 2

III. ПРОЖИВА́ЕМЫЙ, -ая, -ое, -ые; *страд. наст.*

Синт.: **а, б** — в глаг. знач. 2

ПРОЖИГА́ТЬ, прожига́|ют, прожига́|л; ***несов. к*** проже́чь в 1 знач. (см.)

I. ПРОЖИГА́ЮЩИЙ, -ая, -ее, -ие; *действ. наст.*

Синт.: **а, б** — в глаг. знач. 1

II. ПРОЖИГА́ВШИЙ, -ая, -ее, -ие; *действ. прош.*

Синт.: **а, б** — в глаг. знач. 1

III. ПРОЖИГА́ЕМЫЙ, -ая, -ое, -ые; *страд. наст.*

Синт.: **а, б** — в глаг. знач. 1

ПРОЖИ́ТЬ, проживу́т, про́жи|л и *доп.* прожи́|л, прожила́, про́жило и *доп.* прожи́ло, про́жили и *доп.* прожи́ли; **сов.** (*несов.* прожива́ть *к* 3 знач.) **1. *перех., что*** *Моя бабушка прожила до глубокой старости — сто лет* [пробыть живым, просуществовать какое-л. время] **2. *перех., что*** *Мы прожили недолго, почти неделю, в Прибалтике, а потом поехали на юг* [пробыть какое-л. время где-л., живя каким-л. образом] **3. *перех., что*** *Смирнов быстро прожил заработанные летом деньги* [израсходовать, истратить деньги, средства на существование] **4. *неперех.*** *«— Да уезжай, кто тебя держит! Не боюсь я и одна остаться, руки есть — проживу!»* Ажаев, Далеко от Москвы [поддержать свое существование, пользуясь чем-л. как материальным источником своей жизни]

II. ПРОЖИ́ВШИЙ, -ая, -ее, -ие; *действ. прош.*

Синт.: **а, б** — в глаг. знач. 1 — 4

IV. ПРО́ЖИТЫЙ, -ая, -ое, -ые и *доп.* ПРОЖИ́ТЫЙ, -ая, -ое, -ые; *страд. прош.*

Синт.: **а, б** — в глаг. знач. 1 — 3; **в** — в глаг. знач. 3

Субстантив.$_3$ в глаг. знач. 3

Ср. сущ **про́житое,** -ого, *ср.* Совокупность событий в жизни человека. *Воспоминания о прожитом. «Мне пришлось в молодости испытать отраду стариков: ..записывать прожитое».* Герцен, Записки одного молодого человека

ПРО́ЖИТ и *доп.* ПРОЖИ́Т, прожита́, про́жито и *доп.* прожи́то, про́житы и *доп.* прожи́ты; *кр. ф.*

В глаг. знач. 1 — 3

ПРОЗВУЧА́ТЬ, прозвуча́т, прозвуча́|л; ***сов. к*** звуча́ть в 4, 5 знач. (см.)

II. ПРОЗВУЧА́ВШИЙ, -ая, -ее, -ие; *действ. прош.*

Синт.: **а, б** — в глаг. знач. 4, 5

ПРОИЗВЕСТИ́, произвед|у́т, произвёл, произвела́, -ло́, -ли́; ***сов. к*** производи́ть (см.)

II. ПРОИЗВЕ́ДШИЙ, -ая, -ее, -ие; *действ. прош.*

Синт.: **а, б** — в глаг. знач. 1 — 4

IV. ПРОИЗВЕДЁННЫЙ, -ая, -ое, -ые; *страд. прош.*

Синт.: **а, б** — в глаг. знач. 1 — 4

Субстантив.₃ в глаг. знач. 2
ПРОИЗВЕДЁН, -ена́, -ено́, -ены́; *кр. ф.*
В глаг. знач. 1 — 4

ПРОИЗВОДИ́ТЬ, произвожу́, произво́д|ят, производи́|л; ***несов., перех.*** (*сов.* произвести́) **1. *что*** *Рабочий перед началом работы обязательно производит осмотр своего станка. Строители производят ремонт старых зданий* [совершать, делать, выполнять] **2. *что*** *Наш завод производит турбины* [изготовлять, вырабатывать] **3. *что*** *Этот певец производит сильное впечатление на зрителей. Твое появление в доме всегда производит переполох* [вызывать, делать то, что названо существительным] **4. *кого(что) во что*** *В этом году Диму производят в капитаны* [присваивать какой-л. чин, звание кому-л.— в сочетании с предлогом в и старой ф. вин. мн.]

I. ПРОИЗВОДЯ́ЩИЙ, -ая, -ее, -ие; *действ. наст.*
Синт.: **а, б** — в глаг. знач. 1 — 4
Ср. прич. во 2 глаг. знач. с прил. **производи́тельный,** -ая, -ое, -ые; -лен, -льна, -льно, -льны. Создающий, производящий что-л. ценное, продуктивный. *Производительный труд*

II. ПРОИЗВОДИ́ВШИЙ, -ая, -ее, -ие; *действ. прош.*
Синт.: **а, б** — в глаг. знач. 1 — 4

III. ПРОИЗВОДИ́МЫЙ, -ая, -ое, -ые; *страд. наст.*
Синт.: **а, б** — в глаг. знач. 1 — 4
Субстантив.₃ в глаг. знач. 2

ПРОИЗНЕСТИ́, произнесу́т, произнёс|, произнесла́, -ло́, -ли́; ***сов., перех., что*** (*несов.* произноси́ть) **1.** *«Большинство папуасских слов я не мог верно произнести».* Миклухо-Маклай, Путешествия [передать голосом звуки, слова своего или чужого языка, проговорить] **2.** *Больной произнес несколько слов* [сказать какие-л. слова, фразы] **3.** *Начальник строительства произнес речь на открытии новой железной дороги* [сказать, высказать публично, во всеуслышание] **4.** *Судья произнес приговор* [объявить, огласить]

II. ПРОИЗНЁСШИЙ, -ая, -ее, -ие; *действ. прош.*
Синт.: **а, б** — в глаг. знач. 1 — 4

IV. ПРОИЗНЕСЁННЫЙ, -ая, -ое, -ые; *страд. прош.*
Синт.: **а, б** — в глаг. знач. 1 — 4; **в** — в глаг. знач. 2, 3
Субстантив.₃ в глаг. знач. 2
ПРОИЗНЕСЁН, -ена́, -ено́, -ены́; *кр. ф.*
В глаг. знач. 1 — 4

ПРОИЗНОСИ́ТЬ, произношу́, произно́с|ят, произноси́|л; ***несов. к*** произнести́ (см.)

I. ПРОИЗНОСЯ́ЩИЙ, -ая, -ее, -ие; *действ. наст.*
Синт.: **а, б** — в глаг. знач. 1 — 4

II. ПРОИЗНОСИ́ВШИЙ, -ая, -ее, -ие; *действ. прош.*
Синт.: **а, б** — в глаг. знач. 1 — 4

III. ПРОИЗНОСИ́МЫЙ, -ая, -ое, -ые; *страд. наст.*
Синт.: **а, б** — в глаг. знач. 1 — 4; **в** — в глаг. знач. 2, 3
Субстантив.₃ в глаг. знач. 2

ПРОИЗОЙТИ́, произойду́т, произошёл, произошла́, -ло́, -ли́; ***сов., неперех.*** (*несов.* происходи́ть) **1. *S не лицо*** *«Андрей догадался, что в доме произошла какая-то ссора».* Бубеннов, Белая береза. *Произошла химическая реакция* [случиться; совершиться] **2. *S не лицо*** *Крушение произошло из-за размытых ливнями путей. Пожар произошел от неосторожного обращения с огнем* [возникнуть как следствие чего-л.] **3. *от кого(чего)*** *От этой борзой произошло большое потомство. «Дарвин доказал, что человек.. произошел от обезьяны».* Акимушкин, Мир животных [родиться, появиться от кого-л.]

II. ПРОИСШЕ́ДШИЙ, -ая, -ее, -ие и *доп.* ПРОИЗОШЕ́ДШИЙ, -ая, -ее, -ие; *действ. прош.*
[от основы -шед- + суффикс -ш-]
Синт.: **а, б** — в глаг. знач. 1 — 3
В знач. сущ. **происше́дшее,** -его, *ср.* То, что произошло. *Не будем говорить о происшедшем*

ПРОИЛЛЮСТРИ́РОВАТЬ, проиллюстри́руют, проиллюстри́рова|л; ***сов. к*** иллюстри́ровать во 2 знач. (см.)

II. ПРОИЛЛЮСТРИ́РОВАВШИЙ, -ая, -ее, -ие; *действ. прош.*
Синт.: **а, б** — в глаг. знач. 2

IV. ПРОИЛЛЮСТРИ́РОВАННЫЙ, -ая, -ое, -ые; *страд. прош.*
Синт.: **а, б, в** — в глаг. знач. 2
ПРОИЛЛЮСТРИ́РОВАН, -ана, -ано, -аны; *кр. ф.*
В глаг. знач. 2

ПРОИНФОРМИ́РОВАТЬ, проинформи́руют, проинформи́рова|л; ***сов. к*** информи́ровать (см.)

II. ПРОИНФОРМИ́РОВАВШИЙ, -ая, -ее, -ие; *действ. прош.*
Синт.: **а, б** — в глаг. знач.

IV. ПРОИНФОРМИ́РОВАННЫЙ, -ая, -ое, -ые; *страд. прош.*
Синт.: **а, б** — в глаг. знач.
ПРОИНФОРМИ́РОВАН, -ана, -ано, -аны; *кр. ф.*
В глаг. знач.

ПРОИСХОДИ́ТЬ, происхожу́, происхо́д|ят, происходи́|л; ***несов., неперех.*** (*сов.* произойти́ *к* 1—3 знач.) **1. *S не лицо*** *В их семье происходит какая-то ссора. Сейчас происходит химическая реакция* [случаться; совершаться] **2. *S не лицо*** *Крушения поездов на этом участке происходили из-за размытых ливнями путей. Пожары происходят от неосторожного обращения с огнем* [возникать как следствие чего-л.] **3. *от кого (чего)*** *Дарвин доказывает, что человек происходит от обезьяны. От нашей борзой происходило большое потомство* [рождаться, появляться от кого-л.] **4. *S не лицо*** *Репетиции спектакля происходят в малом зале. Действие пьесы происходит на заводе* [иметь место, проходить где-л.] **5. *от чего, из кого(чего)*** и ***из чего*** *Мой друг происходит из рабочих. «[Ржевский] происходил от древнего боярского рода».* Пушкин, Арап

Петра Великого. *«Корней Чеканов происходил из деревни Насоново».* Исаковский, На Ельнинской земле [быть какого-л. происхождения; быть родом откуда-л.]

I. ПРОИСХОДЯ́ЩИЙ, -ая, -ее, -ие; *действ. наст.*

Синт.: **а, б** — в глаг. знач. 1 — 5

В знач. сущ. **происходя́щее,** -его, *ср.* То, что происходит, совершается. *Нас волнует происходящее*

II. ПРОИСХОДИ́ВШИЙ, -ая, -ее, -ие; *действ. прош.*

Синт.: **а, б** — в глаг. знач. 1 — 5

В знач. сущ. **происходи́вшее,** -его, *ср.* То, что происходило, происходит, совершалось, совершается. *Смирнов ничего не говорил по поводу происходившего*

ПРОЙТИ́, пройд|у́т, прошёл, прошла́, -ло́, -ли́; **сов.** (*несов.* проходи́ть) **1. *неперех.*** *Гости прошли вперед. «[Лиза] попробовала было пройти по двору босая, но дерн колол ее нежные ноги».* Пушкин, Барышня-крестьянка [ступая, делая шаги, передвинуться, переместиться где-л., направиться куда-л.] **2. *неперех.*** *Летчик прошел над лесом несколько раз, прежде чем обнаружил очаг пожара. Машина прошла через болото. По реке прошел катер* [проехать, проплыть, пролететь — о средствах передвижения или о людях, находящихся на каком-л. из средств передвижения] **3. *неперех.; S не лицо*** *Прошел слух о том, что ты уезжаешь. О ней прошла худая молва* [распространиться — о слухах, молве и т. п.] **4. *неперех., перед кем(чем)*** и ***перед чем; S не лицо*** *Передо мной прошли события трудного вчерашнего дня. Перед глазами прошли все подробности нашей встречи* [возникнуть, предстать в своей последовательности в воображении] **5. *неперех.; S не лицо*** *По его лицу прошла тень неудовольствия* [появиться на короткое время — об улыбке, мимическом движении лица и т. п.] **6. *неперех.; S не лицо*** *Здесь пройдет газопровод. Новая железная дорога прошла в нескольких километрах от моей родной деревни* [пролечь, протянуться в каком-л. направлении — о дороге, туннеле и т. д.] **7. *неперех.; S не лицо*** *Вчера прошли сильные дожди* [выпасть — об осадках] **8. *неперех.; S не лицо*** *Прошел уже час, а Ильи все не было. Лето прошло очень быстро* [миновать, протечь — о времени, части суток, времени года и т. п.] **9. *неперех.; S не лицо*** *Гроза уже прошла. Обида моя прошла. Голова прошла* [прекратиться, кончиться; перестать ощущаться, исчезнуть; перестать болеть] **10. *неперех.; S не лицо*** *Доклад прошел интересно. День прошел хорошо. Собрание прошло бурно* [протечь, завершиться каким-л. образом, с каким-л. результатом] **11. *неперех.; S не лицо*** *Кресло прошло в дверь. Вода прошла в эти отверстия. Кровь прошла через повязку* [влезть, проникнуть через что-л., сквозь что-л.— о передвигаемом, движущемся, текущем и т. п.; проступить, просочившись] **12. *неперех.*** *Олег не прошел через щель в заборе, хотя изо всех сил протискивался туда* [протиснуться через что-л.] **13. *неперех., во что*** *Дима прошел в институт по конкурсу. Молодые инженеры прошли в штат и выходят на работу завтра* [оказаться в числе принятых, зачисленных, утвержденных в результате голосования, отбора и т. п.] **14. *перех., что, через что*** и ***без дополн.; S не лицо*** *Эти документы прошли регистрацию. Проект прошел все инстанции. Многие стихотворения и даже частные письма Пушкина прошли через цензуру. Наш план не прошел* [подвергнувшись учету, рассмотрению и т. п., получить официальное признание, утверждение и т. п.] **15. *перех., что*** *Все принятые в парашютную секцию прошли врачебную комиссию. Сотрудники нашего отдела уже прошли аттестационную комиссию* [подвергнуться обследованию, осмотру, проверке и т. п. для выявления необходимых для чего-л. свойств, качеств, знаний, умений и т. п.] **16. *перех., что*** и ***через что*** *Мы прошли суровый путь борьбы. В дни Великой Отечественной войны советский народ прошел через суровые испытания. Этот человек прошел через многие сомнения и колебания, прежде чем выбрал профессию учителя* [подвергнуться чему-л., испытать, вынести что-л. тяжелое; пережить, претерпеть какое-л. состояние или влияние чего-л.] **17. *перех., что*** *Мальчик прошел весь путь пешком. Лыжник прошел всю дистанцию. За час поезд прошел сто километров* [преодолеть какое-л. расстояние — о людях, животных, транспортных средствах] **18. *перех., что*** *Я задумалась и прошла остановку. Поезд почему-то прошел эту станцию, не останавливаясь* [передвигаясь, направляясь куда-л., миновать кого-что-л., не задерживаясь или пропустив по рассеянности] **19. *перех., что*** *Шахтеры прошли первый угольный пласт. Трактор прошел все поле* [разработать, обработать, двигаясь в определенном направлении] **20. *перех., что*** *Мы прошли по физике электричество* [выучить, изучить; *разг.*] **21. *перех., что*** *Сестра прошла курс лечения* [выполнить какие-л. обязанности, задания, назначения]

II. ПРОШЕ́ДШИЙ, -ая, -ее, -ие; *действ. прош.* [от основы -шед- + суффикс -ш-]

Синт.: **а, б** — в глаг. знач. 1 — 21; **в** — в глаг. знач. 7, 8, 9

В знач. прил. Прошлый, минувший. *«— Помилуйте, Ирина Павловна,— поспешно начал он,—..То дело прошедшее, в воду кануло».* Тургенев, Дым ◇ **Прошедшее время** — грамматическая категория глагола, указывающая на протекание действия во времени, предшествующем моменту речи или другому действию, совершившемуся в прошлом (Ср. прил. **про́шлый**, -ая, -ое, -ые в знач. 'предшествующий настоящему, минувший, прошедший'. *На прошлой неделе. Прошлым летом. Прошлый год*)

В знач. сущ. **проше́дшее,** -его, *ср.* Минувшее время, минувшие события. *«Скорбь о прошедшем таяла в его душе как весенний снег».* Тургенев, Дворянское гнездо

IV. ПРО́ЙДЕННЫЙ, -ая, -ое, -ые; *страд. прош.*

Синт.: **а, б** — в глаг. знач. 14 — 21; **в** — в глаг. знач. 17, 21

В знач. прил. в выражениях: **пройденный этап** — о том, что ушло в прошлое, к чему нет возврата. *Для меня это уже пройденный этап;* **пройденный путь** — совокупность прошедших событий. *Мы положительно расцениваем пройденный путь и считаем, что заложены хорошие основы для долгосрочных и стабильных отношений на будущее* (из газет)

В знач. сущ. **про́йденное**, -ого, *ср.* **1.** Путь, который преодолен, остался позади. *Пройденное за три дня составило шестьдесят километров* **2.** То, что изучалось, преподавалось в процессе обучения. *«— Если через неделю вы не будете знать.. пройденного, я вам начну ставить единицы..».* Гарин-Михайловский, Детство Темы

Субстантив.$_3$ не употр.

ПРО́ЙДЕН, -ена, -ено, -ены; *кр. ф.*

В глаг. знач. 14 — 21

ПРОКЛИНА́ТЬ, проклина́|ют, проклина́|л; ***несов. к*** проклясть (см.)

I. ПРОКЛИНА́ЮЩИЙ, -ая, -ее, -ие; *действ. наст.*

Синт.: **а, б** — в глаг. знач. 1, 2

II. ПРОКЛИНА́ВШИЙ, -ая, -ее, -ие; *действ. прош.*

Синт.: **а, б** — в глаг. знач. 1, 2

III. ПРОКЛИНА́ЕМЫЙ, -ая, -ое, -ые; *страд. наст.*

Синт.: **а, б** — в глаг. знач. 1, 2

ПРОКЛЯ́СТЬ, проклянут, про́кля|л, прокляла́, про́кляло, -ли; ***сов., перех., кого(что)*** и ***что*** (*несов.* проклина́ть) **1.** *Отец проклял сына за измену родине. «Вырвет старый Тарас седой клок волос из своей чуприны и проклянет и день, и час, в который породил на позор себе такого сына».* Гоголь, Тарас Бульба [подвергнуть, предать проклятию] **2.** *Брат проклял все на свете, женившись на этой женщине* [выражая гнев, негодование, жестоко осудить, выругать, подвергнуть брани; *разг.*]

II. ПРОКЛЯ́ВШИЙ, -ая, -ее, -ие; *действ. прош.*

Синт.: **а, б** — в глаг. знач. 1, 2

IV. ПРО́КЛЯТЫЙ, -ая, -ое, -ые; *страд. прош.*

Синт.: **а, б** — в глаг. знач. 1, 2

Ср. прил. **проклятый**, -ая, -ое, -ые. Ненавистный, проклинаемый. *Проклятая болезнь. Проклятый ветер. Проклятый враг*

◊ **Как про́клятый** — очень много, сверх сил работать, трудиться над чем-л. и т. п.; *прост.*

ПРО́КЛЯТ, проклята́, про́клято, -ты; *кр. ф.*

В глаг. знач. 1, 2

Ср. выражение: **будь ты (он, она, они) про́клят (про́клята, про́кляты)!** — бранное выражение, употребляемое в сильном гневе, в сильном возмущении при осуждении кого-чего-л.

ПРОКОММЕНТИ́РОВАТЬ, прокомменти́руют, прокомменти́рова|л; ***сов. к*** комменти́ровать (см.)

II. ПРОКОММЕНТИ́РОВАВШИЙ, -ая, -ее, -ие; *действ. прош.*

Синт.: **а, б** — в глаг. знач. 1, 2

IV. ПРОКОММЕНТИ́РОВАННЫЙ, -ая, -ое, -ые; *страд. прош.*

Синт.: **а, б** — в глаг. знач. 1, 2; **в** — в глаг. знач. 1

ПРОКОММЕНТИ́РОВАН, -ана, -ано, -аны; *кр. ф.*

В глаг. знач. 1, 2

ПРОКОНСУЛЬТИ́РОВАТЬ, проконсульти́руют, проконсульти́рова|л; ***сов. к*** консульти́ровать в 1 знач. (см.)

II. ПРОКОНСУЛЬТИ́РОВАВШИЙ, -ая, -ее, -ие; *действ. прош.*

Синт.: **а, б** — в глаг. знач. 1

IV. ПРОКОНСУЛЬТИ́РОВАННЫЙ, -ая, -ое, -ые; *страд. прош.*

Синт.: **а, б** — в глаг. знач. 1

ПРОКОНСУЛЬТИ́РОВАН, -ана, -ано, -аны; *кр. ф.*

В глаг. знач. 1

ПРОКОНТРОЛИ́РОВАТЬ, проконтроли́руют, проконтроли́рова|л; ***сов. к*** контроли́ровать в 1 знач. (см.)

II. ПРОКОНТРОЛИ́РОВАВШИЙ, -ая, -ее, -ие; *действ. прош.*

Синт.: **а, б** — в глаг. знач. 1

IV. ПРОКОНТРОЛИ́РОВАННЫЙ, -ая, -ое, -ые; *страд. прош.*

Синт.: **а, б, в** — в глаг. знач. 1

ПРОКОНТРОЛИ́РОВАН, -ана, -ано, -аны; *кр. ф.*

В глаг. знач. 1

ПРОКОРМИ́ТЬ, прокормлю́, проко́рм|ят, прокорми́|л; ***сов. к*** корми́ть в 4 знач. (см.)

II. ПРОКОРМИ́ВШИЙ, -ая, -ее, -ие; *действ. прош.*

Синт.: **а, б** — в глаг. знач. 4

IV. ПРОКО́РМЛЕННЫЙ, -ая, -ое, -ые; *страд. прош.*

[чередование м/мл]

Синт.: **а, б** — в глаг. знач. 4

ПРОКО́РМЛЕН, -ена, -ено, -ены; *кр. ф.*

В глаг. знач. 4

ПРОКУ́РИВАТЬ, проку́рива|ют, проку́рива|л; ***несов. к*** прокури́ть (см.)

I. ПРОКУ́РИВАЮЩИЙ, -ая, -ее, -ие; *действ. наст.*

Синт.: **а, б** — в глаг. знач. 1, 2

II. ПРОКУ́РИВАВШИЙ, -ая, -ее, -ие; *действ. прош.*

Синт.: **а, б** — в глаг. знач. 1, 2

III. ПРОКУ́РИВАЕМЫЙ, -ая, -ое, -ые; *страд. наст.*

Синт.: **а, б** — в глаг. знач. 1, 2

Субстантив.$_3$ не употр.

ПРОКУРИ́ТЬ, прокурю́, проку́р|ят, прокури́|л; ***сов., перех., что*** (*несов.* проку́ривать) **1.** *Хватит тебе дымить, ты и так прокурил всю квартиру* [допустить, чтобы что-л. пропиталось табачным дымом; *разг.*] **2.** *«Я показал на трубку.— А сколько в год прокуришь? Рубля три?»* Л. Толстой, Разговор с прохожим [израсходовать на курение; *разг.*]

II. ПРОКУРИ́ВШИЙ, -ая, -ее, -ие; *действ. прош.*

Синт.: **а, б** — в глаг. знач. 1, 2

IV. ПРОКУ́РЕННЫЙ, -ая, -ое, -ые; *страд. прош.*

Синт.: **а, б** — в глаг. знач. 1, 2; **в** — в глаг. знач. 2

В знач. прил. (также *кр. ф.* ↓) Пропитанный табачным дымом, имеющий запах табачного дыма. *Прокуренное купе. Прокуренная квартира. Прокуренная одежда*

Субстантив.₃ не употр.

ПРОКУ́РЕН, -ена, -ено, -ены; *кр. ф.*

В глаг. знач. 1, 2

В знач. прил. (также *полн. ф.* ↑) *Купе прокурено. Комнаты прокурены. Одежда прокурена*

ПРОМА́ЗАТЬ, прома́жут, прома́за|л; ***сов. к*** ма́зать в 5 знач. (см.)

II. ПРОМА́ЗАВШИЙ, -ая, -ее, -ие; *действ. прош.*

Синт.: **а, б** — в глаг. знач. 5

ПРОНИЗА́ТЬ, пронижу́, прони́жут, пронизá|л; ***сов., перех.*** (*несов.* прони́зывать); ***S не лицо* 1. *кого(что)*** и ***что*** *Ветер пронизал нас до костей. Холод пронизал все тело старика* [оказать сильное, острое действие на кого-что-л., пробрать, пронять] **2. *кого(что)*** *Нас пронизало чувство стыда, когда мы услышали, как грубо эта девушка разговаривала с матерью* [возникнуть с большой силой, остротой в ком-л.— о чувстве, состоянии и т. п.] **3. *что*** *Луч прожектора пронизал темноту. Солнечные лучи пронизали насквозь тонкие листья клена* [проникнуть сквозь что-л., внутрь чего-л.— о свете] **4. *что*** *Густая сеть железнодорожных путей пронизала все побережье* [пройти через что-л. во всех направлениях]

II. ПРОНИЗА́ВШИЙ, -ая, -ее, -ие; *действ. прош.*

Синт.: **а, б** — в глаг. знач. 1 — 4

IV. ПРОНИ́ЗАННЫЙ, -ая, -ое, -ые; *страд. прош.*

Синт.: **а, б** — в глаг. знач. 1 — 4 и в статив. знач.

Статив. знач., ***чем*** (также *кр. ф.* ↓) Имеющий что-л. основным содержанием, стержнем, сущностью. *Произведения этого писателя, пронизанные мыслью о необходимости борьбы со злом, имеют большое воспитательное значение*

Субстантив.₃ не употр.

ПРОНИ́ЗАН, -ана, -ано, -аны; *кр. ф.*

В глаг. знач. 1 — 4

Статив. знач., ***чем*** (также *полн. ф.* ↑) *Произведения этого писателя пронизаны мыслью о необходимости борьбы со злом*

ПРОНИ́ЗЫВАТЬ, прони́зыва|ют, прони́зыва|л; ***несов., перех.*** (*сов.* пронизáть *к* 1 — 4 знач.) **1. *кого(что)*** и ***что; S не лицо*** *Ветер пронизывал нас до костей. Холод пронизывал все тело* [оказывать сильное, острое действие на кого-что-л., пробирать, пронимать] **2. *кого(что); S не лицо*** *Девушка грубо разговаривает с матерью, и нас пронизывает чувство стыда за нее* [возникать с большой силой, остротой в ком-л.— о чувстве, состоянии и т. п.] **3. *что; S не лицо*** *Луч прожектора пронизывает темноту. Солнечные лучи пронизывали насквозь тонкие листья клена* [проникать сквозь что-л., внутрь чего-л.— о свете] **4. *что; S не лицо*** *Густая сеть железнодорожных путей пронизывает все побережье* [проходить через что-л. во всех направлениях] **5. *что; S не лицо*** *Мысль о самоотверженности советской молодежи пронизывает произведения этого писателя* [являться основным содержанием, стержнем, сущностью чего-л.] **6. *кого(что)*** и ***что,*** также ***чем*** *«Санька ходил быстрым, легким шагом, остро пронизывал глазом перелески».* Мусатов, Стожары (см. § 1). *«И вот взгляд Марка Терентьича опять пронизывает толпу».* Златовратский, Из одних воспоминаний [пристально, внимательно вглядываться, всматриваться в кого-что-л.]

I. ПРОНИ́ЗЫВАЮЩИЙ, -ая, -ее, -ие; *действ. наст.*

Синт.: **а, б** — в глаг. знач. 1 — 6

В знач. прил. **1.** Такой, который вызывает ощущение проникновения внутрь. *Дул пронизывающий ветер. В комнате стояла пронизывающая сырость.* **2.** Острый, пронзительный, как бы видящий насквозь— о глазах, взгляде. *Незнакомец смотрел на меня пронизывающим взглядом*

II. ПРОНИ́ЗЫВАВШИЙ, -ая, -ее, -ие; *действ. прош.*

Синт.: **а, б** — в глаг. знач. 1 — 6

III. ПРОНИ́ЗЫВАЕМЫЙ, -ая, -ое, -ые; *страд. наст.*

Синт.: **а, б** — в глаг. знач. 1 — 6

Субстантив.₃ не употр.

ПРОНИКА́ТЬ, проникá|ют, проникá|л; ***несов., неперех.*** (*сов.* прони́кнуть) **1. *S не лицо*** *Свет проникал в комнату через щель в занавеске* [попадать куда-л., достигать какого-л. места — о свете, запахе и т. п.] **2.** *Мальчишки проникают на чердак через окно. Геологи проникали в такие места, куда еще не ступала нога человека* [пробираться внутрь чего-л.; преодолевая трудности, оказываться в пределах чего-л., где-л.] **3. *во что; S не лицо*** *Сведения о готовящемся перевороте проникали в печать. Мысль о необходимости полного уничтожения ядерного оружия всё больше проникает в сознание миллионов простых людей* [становиться известным, доступным многим, распространяться где-л.; входить в чье-л. сознание, охватывать чью-л. душу и т. п.] **4. *во что*** *Ученые постепенно проникали в тайну возникновения света* [понимать, разгадывать, узнавать сущность чего-л., углубляясь, вникая во что-л.]

I. ПРОНИКА́ЮЩИЙ, -ая, -ее, -ие; *действ. наст.*

Синт.: **а, б** — в глаг. знач. 1 — 4

В знач. прил. Способный или связанный со способностью проникать, проходить через большие толщи вещества. *Проникающие лучи. Проникающий вид излучения* ◊ **Проникающая радиация** — один из поражающих факторов при взрыве ядерного боеприпаса

II. ПРОНИКА́ВШИЙ, -ая, -ее, -ие; *действ. прош.*

Синт.: **а, б** — в глаг. знач. 1 — 4

ПРОНИКА́ТЬСЯ, проника́|ются, проника́|лся; ***несов. к*** прони́кнуться (см.)

I. ПРОНИКА́ЮЩИЙСЯ, -аяся, -ееся, -иеся; *действ. наст.*

Синт.: **а, б** — в глаг. знач.

II. ПРОНИКА́ВШИЙСЯ, -аяся, -ееся, -иеся; *действ. прош.*

Синт.: **а, б** — в глаг. знач.

ПРОНИ́КНУТЬ, прони́кнут, прони́к| и *устар.* прони́кну|л; ***сов.*** (*несов.* проника́ть в 1 — 4 знач.) **1. *неперех.; S не лицо*** *Свет проник в комнату через щель в занавеске* [попасть куда-л., достичь какого-л. места — о свете, запахе и т. п.] **2. *неперех.*** *Мальчишки проникли на чердак через окно. Геологи проникли в такие места, куда не ступала нога человека* [пробраться внутрь чего-л.; преодолев трудности, оказаться в пределах чего-л., где-л.] **3. *неперех., во что; S не лицо*** *Сведения о готовящемся перевороте проникли в печать. Мысль о необходимости полного уничтожения ядерного оружия проникла в сознание миллионов простых людей* [стать известным, доступным многим, распространиться где-л.; войти в чье-л. сознание, охватить чью-л. душу и т. п.] **4. *неперех., во что*** *Ученые проникли в тайну возникновения света* [понять, разгадать, узнать сущность чего-л., углубившись, вникнув во что-л.] **5. *перех., что; S не лицо*** *«Любовь к прекрасному всю жизнь его проникла».* Вяземский, Мюнхен. *«Это предчувствие, это ожидание проникло весь мой состав; я дышал им, оно катилось по моим жилам в каждой капле крови».* Тургенев, Первая любовь [целиком, полностью наполнить собой; *устар.*]

II. ПРОНИ́КШИЙ, -ая, -ее, -ие и *доп.* ПРОНИ́КНУВШИЙ, -ая, -ее, -ие; *действ. прош.*

Синт.: **а, б** — в глаг. знач. 1 — 5

IV. ПРОНИ́КНУТЫЙ, -ая, -ое, -ые; *страд. прош.**

Синт.: в глаг. знач. нет; **а, б** — в статив. знач.

Статив. знач., ***чем*** (также *кр. ф.* ↓) **1.** Полностью поглощенный, преисполненный каким-л. убеждением, идеей, чувством, проникшийся чем-л.; *книжн. Этот человек, проникнутый сознанием своего долга, работает день и ночь над новым проектом. Жители степных районов, проникнутые любовью к земле, спасают ее от засухи* **2.** Имеющий что-л. своим содержанием, своей сущностью. *Учитель приносил в класс книги о молодежи, проникнутые высоким нравственным пафосом, гражданственностью.*

ПРОНИ́КНУТ, -та, -то, -ты; *кр. ф.**

В глаг. знач. нет

Статив. знач., ***чем*** (также *полн. ф.* ↑) **1.** *Этот человек был проникнут сознанием своего долга* **2.** *«Лучшие книги о селе проникнуты высоким нравственным пафосом».* Михалков, Идеи Ленина — источник вдохновения

□ Прич. IV в современном литературном языке употр. только в статив. знач.

ПРОНИ́КНУТЬСЯ, прони́кнутся, прони́к|ся и *устар.* прони́кнулся; ***сов., чем*** (*несов.* проника́ться) *Наша бригада прониклась чувством ответственности перед коллективом и решила выполнить задание раньше намеченного срока* [глубоко прочувствовать, осознать что-л., вникнув во что-л.]

II. ПРОНИ́КШИЙСЯ, -аяся, -ееся, -иеся; *действ. прош.*

Синт.: **а, б** — в глаг. знач.

ПРОПАДА́ТЬ, пропада́|ют, пропада́|л; ***несов. к*** пропа́сть в 1 — 8 знач. (см.)

I. ПРОПАДА́ЮЩИЙ, -ая, -ее, -ие; *действ. наст.*

Синт.: **а, б** — в глаг. знач. 1 — 8; **в** — в глаг. знач. 1, 3, 5

II. ПРОПАДА́ВШИЙ, -ая, -ее, -ие; *действ. прош.*

Синт.: **а, б** — в глаг. знач. 1 — 8; **в** — в глаг. знач. 1, 3, 5

ПРОПА́СТЬ, пропаду́т, пропа́|л; ***сов., неперех.*** (*несов.* пропада́ть *к* **1** — 8 знач.) **1. *S не лицо*** *У сестры куда-то пропала библиотечная книга. У нас коляска пропала* [потеряться, исчезнуть неизвестно куда вследствие небрежности, кражи и т. п.] **2.** *«Сергей Срргеевич недоволен, что я пропал из больницы, бросил на произвол судьбы всех своих больных».* Карпов, Не родись счастливым [уйти куда-л. на продолжительное время, перестать появляться где-л.] **3.** *«Мальчик ушел из дому и больше не возвращался. ..ребенок пропал бесследно».* Гладков, Энергия [отправившись, уйдя куда-л., не вернуться, исчезнуть] **4.** *Через несколько минут всадник пропал из виду. Корабль быстро пропал в тумане. «[Тентенников] закричал снова, и снова голос пропал в синем просторе».* Саянов, Небо и земля [перестать быть видимым или слышимым] **5. *S не лицо*** *У нашей преподавательницы вдруг пропал голос. После болезни у ребенка пропал аппетит* [утратиться, исчезнуть] **6. *S не лицо*** *У меня весь день пропал зря. Все наши труды не пропали даром* [пройти бесполезно, безрезультатно — обычно в сочетании с нареч. *зря, даром* и т. п.] **7. *S не лицо*** *У нас пропали билеты в театр. У Смирнова путевка в санаторий пропала* [остаться неиспользованным; *разг.*] **8.** *Олег боялся, что сын без него пропадет* [нравственно опуститься] **9.** *«— Молчать, или вы пропали. Я Дубровский».* Пушкин, Дубровский [погибнуть, умереть] **10.** *Эти ребята не пропадут. «Он смелый, ловкий, расторопный. Он и один не пропадет».* Горбатов, Донбасс [суметь найти выход из любого положения, суметь постоять за себя — с отрицанием]

II. ПРОПА́ВШИЙ, -ая, -ее, -ие; *действ. прош.**

Синт.: **а, б** — в глаг. знач. 1 — 8; **в** — в глаг. знач. 1, 3, 5, 7

Ср. прил. **пропа́щий,** -ая, -ее, -ие. **1.** Такой, который нельзя вернуть, получить назад; *разг. Пропащие деньги* **2.** Неудавшийся, безнадежный; *разг. Дело пропащее* **3.** Такой, которого давно не видели, долго пропадавший где-л.; *разг. Ну, вот вы и пришли, про-*

пащие! **4.** Дурной, нравственно опустившийся, ни к чему не пригодный; *разг.* *«— У нас отец рабочий человек, а не какой-нибудь вроде пропащего Епифана, который Христа ради побирается».* Гайдар, Дальние страны

▭ Прич. II в 9, 10 глаг. знач. не употр.

ПРОПУСКА́ТЬ, пропуска́|ют, пропуска́|л; ***несов., перех.*** (*сов.* пропусти́ть *к* 1 — 15 знач.) **1.** ***кого(что)*** и ***что*** *Мы пропускали детей вперед. Ехавшие в несколько рядов машины пропускают скорую помощь* [посторонившись, потеснившись и т. п., давать дорогу кому-чему-л.] **2.** ***кого(что)*** и ***что*** *На эту выставку пропускают всех желающих. Пост ГАИ не пропускал грузовые машины с плохо упакованным грузом* [разрешать войти или въехать, проходить или проезжать куда-л.] **3.** ***что*** *Издательство не пропускает эту слабую рукопись. Цензура не пропускала в печать многие стихотворения А. С. Пушкина* [разрешать печатать, демонстрировать, ставить что-л.] **4.** ***что*** *Читая, мальчик пропускает несколько абзацев. Пианистка через равные промежутки времени пропускала один такт* [сознательно выбрасывать, не воспроизводить при чтении, исполнении и т. п., выпускать] **5.** ***что*** *Дима этой зимой не пропускал уроков в школе. Друзья не пропускали новых спектаклей. Мы явно пропускаем все сроки* [не являться куда-л.— на собрание, занятие и т. п.; не делать что-л. в срок] **6.** ***что*** *Из-за болезни мальчик пропускал каждый год одну четверть* [не заниматься какое-л. время чем-л., делая перерыв в каком-л. действии] **7.** ***что*** *Тамара пропускала один автобус за другим. Ты пропускаешь удобный случай* [давать пройти мимо себя чему-л.; упускать, не воспользовавшись чем-л.] **8.** ***что*** *Молодая учительница, проверяя сочинения, иногда пропускала ошибки. Смирнов не пропускает нужную ему станцию, хотя плохо знает наш район* [не замечать, не делать чего-л. по невнимательности] **9.** ***кого(что)*** *Врач пропускает за прием около десяти больных. Станции метро пропускают несколько миллионов пассажиров в день* [принимать, осматривать, обслуживать, обрабатывать и т. п. в каком-л. количестве] **10.** ***что*** *Маша ловко пропускала через игольное ушко сразу две нитки. Ольга пропускала концы платка под мышки и завязывала их в тугой узел на спине* [продевать, просовывать] **11.** ***что через что*** *Повар быстро пропускает мясо через мясорубку* [обрабатывать что-л. при помощи какой-л. машины, устройства] **12.** ***кого(что) через что*** *Всех больных пропускали через санпропускник* [заставлять подвергаться действию чего-л.] **13.** ***что через что*** *Лаборант пропускает жидкость через фильтры. Мы пропускали электрический ток через обмотку* [давать возможность чему-л., заставлять что-л. пройти, проникать через что-л., куда-л.] **14.** ***что через что*** *Наш отдел пропускал все проекты через экспертную комиссию* [подвергать официальному рассмотрению, оценке где-л.] **15.** ***что; S не лицо*** *Фильтр пропускает частицы вещества, надо его заменить* [давать пройти, просочиться и т. п. чему-л. сквозь себя] **16.** ***что; S не лицо*** *Эти стены не пропускают звук. Бумага пропускает чернила. Старые сапоги пропускают воду* [обладать свойством давать жидкости, свету, запаху и т. п. проходить, проникать сквозь себя]

I. ПРОПУСКА́ЮЩИЙ, -ая, -ее, -ие; *действ. наст.*

С и н т.: **а, б** — в глаг. знач. 1 — 16

II. ПРОПУСКА́ВШИЙ, -ая, -ее, -ие; *действ. прош.*

С и н т.: **а, б** — в глаг. знач. 1 — 16

III. ПРОПУСКА́ЕМЫЙ, -ая, -ое, -ые; *страд. наст.**

С и н т.: **а, б** — в глаг. знач. 1 — 15; **в** — в глаг. знач. 5, 7, 8

С у б с т а н т и в.$_2$ в глаг. знач. 1, 2, 12; с у б с т а н т и в.$_3$ в глаг. знач. 2 — 4, 8, 10, 11, 13 — 15

▭ Прич. III в 16 глаг. знач. не употр.

ПРОПУСТИ́ТЬ, пропущу́, пропу́ст|ят, пропусти́|л; ***сов. к*** пропуска́ть в 1 — 15 знач. (см.)

II. ПРОПУСТИ́ВШИЙ, -ая, -ее, -ие; *действ. прош.*

С и н т.: **а, б** — в глаг. знач. 1 — 15

IV. ПРОПУ́ЩЕННЫЙ, -ая, -ое, -ые; *страд. прош.* [чередование ст/щ]

С и н т.: **а, б** — в глаг. знач. 1 — 15; **в** — в глаг. знач. 5, 7, 8

С у б с т а н т и в.$_2$ в глаг. знач. 1, 2, 12; с у б с т а н т и в.$_3$ в глаг. знач. 2 — 4, 8, 10, 11, 13 — 15

ПРОПУ́ЩЕН, -ена, -ено, -ены; *кр. ф.*

В глаг. знач. 1 — 15

ПРОРЕЗИ́НИВАТЬ, прорези́нива|ют, прорези́нива|л; ***несов. к*** прорези́нить (см.)

I. ПРОРЕЗИ́НИВАЮЩИЙ, -ая, -ее, -ие; *действ. наст.*

С и н т.: **а, б** — в глаг. знач.

II. ПРОРЕЗИ́НИВАВШИЙ, -ая, -ее, -ие; *действ. прош.*

С и н т.: **а, б** — в глаг. знач.

III. ПРОРЕЗИ́НИВАЕМЫЙ, -ая, -ое, -ые; *страд. наст.*

С и н т.: **а, б, в** — в глаг. знач.

ПРОРЕЗИ́НИТЬ, прорези́н|ят, прорези́ни|л; ***сов., перех., что*** (*несов.* прорези́нивать) *Рабочие прорезинили эту ткань* [пропитать составом из резины, сделать резиновую прослойку, покрытие]

II. ПРОРЕЗИ́НИВШИЙ, -ая, -ее, -ие; *действ. прош.*

С и н т.: **а, б** — в глаг. знач.

IV. ПРОРЕЗИ́НЕННЫЙ, -ая, -ое, -ые; *страд. прош.*

С и н т.: **а, б** — в глаг. знач.

В з н а ч. п р и л. (только *полн. ф.*) Пропитанный составом из резины, с резиновой прослойкой, покрытием. *Прорезиненная ткань. Прорезиненный плащ*

ПРОРЕЗИ́НЕН, -ена, -ено, -ены; *кр. ф.*

В глаг. знач.

ПРОСВЕРЛИ́ТЬ, просверл|я́т, просверли́|л; ***сов. к*** сверли́ть в 1 знач. (см.)

II. ПРОСВЕРЛИ́ВШИЙ, -ая, -ее, -ие; *действ. прош.*

Синт.: **а, б** — в глаг. знач. 1

IV. ПРОСВЕРЛЁННЫЙ, -ая, -ое, -ые; *страд. прош.*

Синт.: **а, б, в** — в глаг. знач. 1

ПРОСВЕРЛЁН, -ена́, -ено́, -ены́; *кр. ф.*

В глаг. знач. 1

ПРОСВЕТИ́ТЬ[1], просвещу́, просвет|я́т, просвети́|л; ***сов., перех., кого(что)*** (*несов.* просвеща́ть) **1.** *«[Учительница] старалась просветить местных жителей: собирала женщин, читала им Пушкина и Льва Толстого».* А. Н. Толстой, Хмурое утро [обогатить кого-л. знаниями, распространить среди кого-л. культуру] **2.** *Сослуживцы просветили Ольгу, рассказав ей о переменах в институте* [сообщить кому-л. какую-л. информацию, уже известную многим; *разг.*]

II. ПРОСВЕТИ́ВШИЙ, -ая, -ее, -ие; *действ. прош.*

Синт.: **а, б** — в глаг. знач. 1, 2

IV. ПРОСВЕЩЁННЫЙ, -ая, -ое, -ые; *страд. прош.**

[чередование т/щ]

Синт.: **а, б** — в глаг. знач. 2

Ср. прил. **просвещённый**, -ая, -ое, -ые; -ён, -ённа, -ённо, -ённы. **1.** Образованный, обладающий высоким уровнем культуры и знаний. *Просвещенный человек* **2.** Отличающийся высоким развитием культуры и широким распространением образования. *Просвещенный век. Просвещенная страна. Просвещенное время*

ПРОСВЕЩЁН, -ена́, -ено́, -ены́; *кр. ф.**

В глаг. знач 2

□ Прич. IV в 1 глаг. знач. не употр.

ПРОСВЕТИ́ТЬ[2], просвечу́, просве́т|ят, просвети́|л; ***сов. к*** просве́чивать в 1 знач. (см.)

II. ПРОСВЕТИ́ВШИЙ, -ая, -ее, -ие; *действ. прош.*

Синт.: **а, б** — в глаг. знач. 1

IV. ПРОСВЕ́ЧЕННЫЙ, -ая, -ое, -ые; *страд. прош.*

[чередование т/ч]

Синт.: **а, б, в** — в глаг. знач. 1

ПРОСВЕ́ЧЕН, -ена, -ено, -ены; *кр. ф.*

В глаг. знач. 1

ПРОСВЕ́ЧИВАТЬ, просве́чива|ют, просве́чива|л; ***несов.*** (*сов.* просвети́ть[2] *к* 1 знач.) **1.** ***перех., кого(что)*** и ***что,*** также ***чем*** *Врачи несколько раз просвечивали больного рентгеновскими лучами* (см. § 2). *Врач-рентгенолог просвечивает легкие ребенка на новом рентгеновском аппарате* [пропускать сквозь кого-что-л. обычно рентгеновские лучи для исследования] **2.** ***неперех.; S не лицо*** *Свет луны просвечивает сквозь плотные шторы* [светиться сквозь что-л.] **3.** ***неперех.; S не лицо*** *Сквозь деревья просвечивало озеро* [виднеться сквозь что-л.] **4.** ***неперех.; S не лицо*** *«Солнце светило прямо в окно, и занавески из тонкой белой материи просвечивали».* Чаковский, Это было в Ленинграде. *Юбка просвечивает* [пропускать сквозь себя свет, казаться прозрачным] **5.** ***неперех.; S не лицо*** *В его словах просвечивает недоброжелательство* [обнаруживаться, становиться заметным — о каком-л. внутреннем состоянии, чувстве, свойстве]

I. ПРОСВЕ́ЧИВАЮЩИЙ, -ая, -ее, -ие; *действ. наст.*

Синт.: **а, б** — в глаг. знач. 1 — 5

В знач. прил. **1.** Служащий, предназначенный для просвечивания. *Просвечивающий аппарат. Просвечивающее устройство* **2.** Такой, который пропускает сквозь себя свет, прозрачный. *Просвечивающий материал*

II. ПРОСВЕ́ЧИВАВШИЙ, -ая, -ее, -ие; *действ. прош.*

Синт.: **а, б** — в глаг. знач. 1 — 5

III. ПРОСВЕ́ЧИВАЕМЫЙ, -ая, -ое, -ые; *страд. наст.*

Синт.: **а, б, в** — в глаг. знач. 1

ПРОСВЕЩА́ТЬ, просвеща́|ют, просвеща́|л; ***несов. к*** просвети́ть[1] (см.)

I. ПРОСВЕЩА́ЮЩИЙ, -ая, -ее, -ие; *действ. наст.*

Синт.: **а, б** — в глаг. знач. 1, 2

II. ПРОСВЕЩА́ВШИЙ, -ая, -ее, -ие; *действ. прош.*

Синт.: **а, б** — в глаг. знач. 1, 2

III. ПРОСВЕЩА́ЕМЫЙ, -ая, -ое, -ые; *страд. наст.*

Синт.: **а, б** — в глаг. знач. 1, 2

ПРОСИ́ТЬ, прошу́, про́с|ят, проси́|л; **несов.** (*сов.* попроси́ть *к* 1 — 6 знач.) **1.** ***перех., кого(что) о чем*** и ***с неопр. ф.*** *Сосед просил меня об этой услуге. Олег просил нас зайти за ним* [обращаться к кому-л. с просьбой исполнить желаемое] **2.** ***перех., что*** и ***чего у кого(чего)*** *Илья просил у меня гитару, чтобы научиться играть. Дима просит у бабушки холодного молока* [обращаться с просьбой предоставить что-л. в чье-л. распоряжение] **3.** ***перех., кого(что) за кого(что)*** *Ребята просили директора школы за своего провинившегося друга. «Я стал просить за Швабрина, и добрый комендант.. решился его освободить».* Пушкин, Капитанская дочка [хлопотать, вступаться за кого-л.] **4.** ***перех., кого(что)*** *Мы просим гостей к столу. Илья просит всех друзей к нам к пяти часам* [приглашать, звать] **5.** ***перех., что*** *Мой знакомый просит за эту книгу пять рублей* [назначать цену, хотеть получить за предназначенное для продажи какую-л. сумму] **6.** ***неперех., чего у кого(чего)*** *Юноша просил у нас прощения за свою оплошность. Илья просит у Димы совета, как лучше сделать подзорную трубу. Альпинисты не просили помощи у спасательных служб и вышли из трудного положения сами* [нуждаясь в чьей-л. поддержке, помощи, чьем-л. совете и т. п., обращаться к кому-л. с просьбой об этом] **7.** ***неперех., чего; S не лицо*** *«Все его здоровое, сильное тело жадно просило работы».* Шолохов, Поднятая целина. *«[Баюра:] Душа музыки просит. Любаша, где гитара?»* Софронов, Человек в отставке [иметь острую потребность в ком-чем-л., нуждаться в чем-л.]

I. ПРОСЯ́ЩИЙ, -ая, -ее, -ие; *действ. наст.*

Синт.: **а, б** — в глаг. знач. 1 — 7

В знач. прил. Выражающий просьбу. *Просящий тон. Просящий взгляд. Просящее выражение лица. Просящий голос* (Ср. прил. **проси́тельный**, -ая, -ое, -ые. Выражающий просьбу, заискивающий. *Просительный тон. Просительный взгляд*)

II. ПРОСИ́ВШИЙ, -ая, -ее, -ие; *действ. прош.*
Синт.: **а, б** — в глаг. знач. 1 — 7

III. ПРОСИ́МЫЙ, -ая, -ое, -ые; *страд. наст.**
Синт.: **а, б** — в глаг. знач. 2, 5, 6
Субстантив.$_3$ в глаг. знач. 2

IV. ПРО́ШЕННЫЙ, -ая, -ое, -ые; *страд. прош.**
[чередование с/ш]
Синт.: **а, б** — в глаг. знач. 2, 5
Субстантив.$_3$ в глаг. знач. 2
ПРО́ШЕН, -ена, -ено, -ены; *кр. ф.** (*редко*)
В глаг. знач. 2, 5

□ Прич. III, IV в 1, 3, 4 глаг. знач. не употр. Глагол в 6 неперех. знач. имеет прич. III

ПРОСЛА́ВИТЬ, просла́влю, просла́в|ят, просла́ви|л; ***сов., перех.*** (*несов.* прославля́ть) **1. *кого (что)*** и ***что,*** также ***чем*** *Советский народ прославил свою родину победой над фашизмом* (см. § 2). *Открытия в области космонавтики прославили К. Э. Циолковского на века* [сделать знаменитым, известным, пользующимся славой, достойным славы] **2. *кого(что)*** и ***что*** *«Прославим в мире женщину — Мать, единую силу, пред которой покорно склоняется Смерть!»* М. Горький, Сказки об Италии. *«Давно бы нашим поэтам следовало прославить бархатные луга за Окой».* М. Пришвин, Заполярный мед [воздать хвалу кому-чему-л., восхвалить; описать или изобразить кого-что-л. в каком-л. произведении искусства, показывая достоинства, заслуги, создавая известность кому-чему-л.] **3. *кого(что) за что*** и ***кем*** *Андрея прославили на всю школу за его неряшливость и частые опоздания. «*[*Чацкий:*] *Безумным вы меня прославили всем хором».* Грибоедов, Горе от ума [распространить о ком-л. дурные слухи, сплетни, клевету; *разг.*]

II. ПРОСЛА́ВИВШИЙ, -ая, -ее, -ие; *действ. прош.*
Синт.: **а, б** — в глаг. знач. 1 — 3

IV. ПРОСЛА́ВЛЕННЫЙ, -ая, -ое, -ые; *страд. прош.*
[чередование в/вл]
Синт.: **а, б** — в глаг. знач. 1 — 3
Ср. прил. **просла́вленный**, -ая, -ое, -ые. Знаменитый, заслуживший славу. *Прославленный писатель. Прославленный герой. Прославленная комедия*
Субстантив.$_3$ в глаг. знач. 2
ПРОСЛА́ВЛЕН, -ена, -ено, -ены; *кр. ф.*
В глаг. знач. 1 — 3

ПРОСЛАВЛЯ́ТЬ, прославля́|ют, прославля́|л; ***несов. к*** просла́вить (см.)

I. ПРОСЛАВЛЯ́ЮЩИЙ, -ая, -ее, -ие; *действ. наст.*
Синт.: **а, б** — в глаг. знач. 1 — 3

II. ПРОСЛАВЛЯ́ВШИЙ, -ая, -ее, -ие; *действ. прош.*
Синт.: **а, б** — в глаг. знач. 1 — 3

III. ПРОСЛАВЛЯ́ЕМЫЙ, -ая, -ое, -ые; *страд. наст.*
Синт.: **а, б** — в глаг. знач. 1 — 3
Субстантив.$_3$ в глаг. знач. 2

ПРОСМА́ТРИВАТЬ, просма́трива|ют, просма́трива|л; ***несов., перех.*** (*сов.* просмотре́ть *к* 1 — 3 знач.) **1. *что*** *Жюри кинофестиваля просматривает по несколько фильмов в день. Сотрудники музея просматривают готовящиеся для выставки экспонаты* [ознакомляться с чем-л., смотря, осматривая и т. п.] **2. *что*** *Каждое утро отец просматривал несколько газет* [бегло, с пропусками читать, проглядывать] **3. *кого(что)*** и ***что*** *Молодой учитель иногда просматривал ошибки в диктантах учеников* [смотря, следя за кем-чем-л., не замечать, пропускать] **4. *что*** *Пограничники внимательно просматривали местность в бинокль* [осматривать, обозревать какое-л. пространство на расстоянии с целью наблюдения]

I. ПРОСМА́ТРИВАЮЩИЙ, -ая, -ее, -ие; *действ. наст.*
Синт.: **а, б** — в глаг. знач. 1 — 4

II. ПРОСМА́ТРИВАВШИЙ, -ая, -ее, -ие; *действ. прош.*
Синт.: **а, б** — в глаг. знач. 1 — 4

III. ПРОСМА́ТРИВАЕМЫЙ, -ая, -ое, -ые; *страд. наст.*
Синт.: **а, б** — в глаг. знач. 1 — 4
В знач. прил. (только *полн. ф.*), обычно ***с нареч.*** Не имеющий препятствий для осмотра, обозрения, наблюдения, такой, который просматривается. *Это была хорошо просматриваемая местность*
Субстантив.$_2$ не употр.; субстантив.$_3$ в глаг. знач. 1, 2

ПРОСМА́ТРИВАТЬСЯ, просма́трива|ются, просма́трива|лся; ***несов.*** *«Спрятаться на день здесь было негде — со скалы просматривалась вся местность».* Л. Соболев, Разведчик Татьян [быть видимым, различимым]

I. ПРОСМА́ТРИВАЮЩИЙСЯ, -аяся, -ееся, -иеся; *действ. наст.*
Синт.: **а, б, в** — в глаг. знач.

II. ПРОСМА́ТРИВАВШИЙСЯ, -аяся, -ееся, -иеся; *действ. прош.*
Синт.: **а, б, в** — в глаг. знач.

ПРОСМОТРЕ́ТЬ, просмотрю́, просмо́тр|ят, просмотре́|л; ***сов., перех.*** (*несов.* просма́тривать *к* 1 — 3 знач.) **1. *что*** *Сегодня жюри кинофестиваля просмотрело четыре фильма. Сотрудники музея просмотрели готовящиеся для выставки экспонаты* [ознакомиться с чем-л., посмотрев, осмотрев и т. п.] **2. *что*** *Утром отец просмотрел несколько газет* [бегло, с пропусками прочитать, проглядеть] **3. *кого(что)*** и ***что*** *«Рябило в глазах, и он* [*Быков*] *боялся просмотреть врага».* Саянов, Небо и земля. *Молодой учитель просмотрел несколько ошибок в диктантах учеников* [смотря, следя за кем-чем-л., не заметить, пропустить] **4. *что*** *Сын весь день просмотрел телевизор* [провести какое-л. время, смотря, наблюдая, рассматривая что-л.]

II. ПРОСМОТРЕ́ВШИЙ, -ая, -ее, -ие; *действ. прош.*
Синт.: **а, б** — в глаг. знач. 1 — 4

IV. ПРОСМО́ТРЕННЫЙ, -ая, -ое, -ые; *страд. прош.**
Синт.: **а, б** — в глаг. знач. 1 — 3
Субстантив.$_2$ не употр.; субстантив.$_3$ в глаг. знач. 1, 2
ПРОСМО́ТРЕН, -ена, -ено, -ены; *кр. ф.**

В глаг. знач. 1 — 3
□ Прич. IV в 4 глаг. знач. не употр.

ПРОСТИ́ТЬ, прощу́, прост|я́т, прости́|л; ***сов. к*** проща́ть (см.)
II. ПРОСТИ́ВШИЙ, -ая, -ее, -ие; *действ. прош.*
С и н т.: **а, б** — в глаг. знач. 1, 2
IV. ПРОЩЁННЫЙ, -ая, -ое, -ые; *страд. прош.*
[чередование ст/щ]
С и н т.: **а, б** — в глаг. знач. 1, 2
С у б с т а н т и в.з не употр.
ПРОЩЁН, -ена́, -ено́, -ены́; *кр. ф.*
В глаг. знач. 1, 2

ПРОСТУДИ́ТЬ, простужу́, просту́д|ят, простуди́|л; ***сов., перех.*** (*несов.* простужа́ть) **1.** ***кого (что)*** *Брат простудил своего маленького сына* [допустить, чтобы кто-л. заболел из-за сильного охлаждения организма, простуды] **2.** ***что*** *Оля простудила горло* [сильно охладив, вызвать болезнь чего-л.]
II. ПРОСТУДИ́ВШИЙ, -ая, -ее, -ие; *действ. прош.*
С и н т.: **а, б** — в глаг. знач. 1, 2
IV. ПРОСТУ́ЖЕННЫЙ, -ая, -ое, -ые; *страд. прош.*
[чередование д/ж]
С и н т.: **а, б** — в глаг. знач. 1, 2
В з н а ч. п р и л. (также *кр. ф.* ↓) **1.** Заболевший из-за сильного охлаждения, простуды, простудившийся. *Простуженный ребенок* **2.** Больной из-за сильного охлаждения. *Простуженное горло. Простуженные легкие*
С р. прил. **просту́женный,** -ая, -ое, -ые. Такой, который бывает при простуде. *Простуженный вид. Простуженный голос*
С у б с т а н т и в.з не употр.
ПРОСТУ́ЖЕН, -ена, -ено, -ены; *кр. ф.*
В глаг. знач. 1, 2
В з н а ч. п р и л. (также *полн. ф.* ↑) **1.** *Ребенок простужен* **2.** *У тебя горло простужено*

ПРОСТУДИ́ТЬСЯ, простужу́сь, просту́дятся, простуди́|лся; ***сов.*** (*несов.* простужа́ться и просту́живаться) *«В дороге она простудилась, схватила флюс и теперь невыносимо страдала».* Чехов, Житейские невзгоды [заболеть от простуды]
II. ПРОСТУДИ́ВШИЙСЯ, -аяся, -ееся, -иеся; *действ. прош.*
С и н т.: **а, б, в** — в глаг. знач.

ПРОСТУЖА́ТЬ, простужа́|ют, простужа́|л; ***несов. к*** простуди́ть (см.)
I. ПРОСТУЖА́ЮЩИЙ, -ая, -ее, -ие; *действ. наст.*
С и н т.: **а, б** — в глаг. знач. 1, 2
II. ПРОСТУЖА́ВШИЙ, -ая, -ее, -ие; *действ. прош.*
С и н т.: **а, б** — в глаг. знач. 1, 2
III. ПРОСТУЖА́ЕМЫЙ, -ая, -ое, -ые; *страд. наст.*
С и н т.: **а, б** — в глаг. знач. 1, 2
С у б с т а н т и в.з не употр.

ПРОСТУЖА́ТЬСЯ, простужа́|ются, простужа́|лся; ***несов. к*** простуди́ться (см.)
I. ПРОСТУЖА́ЮЩИЙСЯ, -аяся, -ееся, -иеся; *действ. наст.*
С и н т.: **а, б, в** — в глаг. знач.
II. ПРОСТУЖА́ВШИЙСЯ, -аяся, -ееся, -иеся; *действ. прош.*
С и н т.: **а, б, в** — в глаг. знач.

ПРОСТУ́ЖИВАТЬСЯ, просту́жива|ются, просту́жива|лся; ***несов. к*** простуди́ться (см.)
I. ПРОСТУ́ЖИВАЮЩИЙСЯ, -аяся, -ееся, -иеся; *действ. наст.*
С и н т.: **а, б, в** — в глаг. знач.
II. ПРОСТУ́ЖИВАВШИЙСЯ, -аяся, -ееся, -иеся; *действ. прош.*
С и н т.: **а, б, в** — в глаг. знач.

ПРОТЕКА́ТЬ, протека́|ют, протека́|л; ***несов., неперех.*** (*сов.* проте́чь *ко* 2, 3 знач.); ***S не лицо*** **1.** *Около нашего дома протекает ручей* [проходить где-л. своим течением — о реке, ручье] **2.** *В байдарку протекает вода* [проникать, просачиваться — о воде, жидкости] **3.** *У нас крыша протекает* [перестать удерживать, не задерживать воду или другую жидкость] **4.** *Болезнь протекает без осложнений. В этом городке протекало мое детство* [проходить каким-л. образом, где-л.]
I. ПРОТЕКА́ЮЩИЙ, -ая, -ее, -ие; *действ. наст.*
С и н т.: **а, б** — в глаг. знач. 1 — 4; **в** — в глаг. знач. 3
II. ПРОТЕКА́ВШИЙ, -ая, -ее, -ие; *действ. прош.*
С и н т.: **а, б** — в глаг. знач. 1 — 4; **в** — в глаг. знач. 3

ПРОТЕ́ЧЬ, протеку́т, протёк|, протекла́, -ло́, -ли́; ***сов. к*** протека́ть во 2, 3 знач. (см.)
II. ПРОТЁКШИЙ, -ая, -ее, -ие; *действ. прош.*
С и н т.: **а, б** — в глаг. знач. 2, 3; **в** — в глаг. знач. 3

ПРОТОРИ́ТЬ, протор|я́т, протори́|л; ***сов., перех., что*** (*несов.* торя́ть) *В поле ребята проторили узкую дорожку* [проложить ходьбой, сделать наезженным]
II. ПРОТОРИ́ВШИЙ, -ая, -ее, -ие; *действ. прош.*
С и н т.: **а, б** — в глаг. знач.
IV. ПРОТОРЁННЫЙ, -ая, -ое, -ые; *страд. прош.*
С и н т.: **а, б** — в глаг. знач.
В з н а ч. п р и л. (только *полн. ф.*) Наезженный, протоптанный — о пути, дороге. *Проторенная дорога*
С р. прил. **проторённый,** -ая, -ое, -ые. Привычный, налаженный, известный. *Мы не пойдем по проторенному пути* ◇ **По проторенной дорожке (идти)** — не ища новых путей, собственных решений, привычным, легким путем. *Петров всегда идет по проторенной дорожке*
С у б с т а н т и в.з не употр.
ПРОТОРЁН, -ена́, -ено́, -ены́; *кр. ф.*
В глаг. знач.

ПРОТОРЯ́ТЬ, проторя́|ют, проторя́|л; ***несов. к*** протори́ть (см.)
I. ПРОТОРЯ́ЮЩИЙ, -ая, -ее, -ие; *действ. наст.*
С и н т.: **а, б** — в глаг. знач.
II. ПРОТОРЯ́ВШИЙ, -ая, -ее, -ие; *действ. прош.*

Синт.: **а, б** — в глаг. знач.

III. ПРОТОРЯ́ЕМЫЙ, -ая, -ое, -ые; *страд. наст.*

Синт.: **а, б, в** — в глаг. знач.

Субстантив.3 не употр.

ПРОТУХА́ТЬ, протуха́|ют, протуха́|л; ***несов. к*** проту́хнуть (см.)

I. ПРОТУХА́ЮЩИЙ, -ая, -ее, -ие; *действ. наст.*

Синт.: **а, б, в** — в глаг. знач.

II. ПРОТУХА́ВШИЙ, -ая, -ее, -ие; *действ. прош.*

Синт.: **а, б, в** — в глаг. знач.

ПРОТУ́ХНУТЬ, проту́хнут, проту́х|; ***сов., неперех.*** (*несов.* ту́хнуть 2 и протуха́ть); ***S не лицо*** *Мясо на жаре протухло* [стать тухлым, испорченным — о продуктах]

II. ПРОТУ́ХШИЙ, -ая, -ее, -ие; *действ. прош.*

Синт.: **а, б** — в глаг. знач.

В знач. прил. Загнивший и издающий дурной запах, тухлый. *Протухшее мясо. Протухшие овощи* (Ср. прил. **проту́хлый,** -ая, -ое, -ые. Тухлый, протухший; *разг. Протухлые яйца*)

ПРОФИЛЬТРОВА́ТЬ, профильтру́ют, профильтрова́|л; ***сов. к*** фильтрова́ть (см.)

II. ПРОФИЛЬТРОВА́ВШИЙ, -ая, -ее, -ие; *действ. прош.*

Синт.: **а, б** — в глаг. знач.

IV. ПРОФИЛЬТРО́ВАННЫЙ, -ая, -ое, -ые; *страд. прош.*

Синт.: **а, б, в** — в глаг. знач.

ПРОФИЛЬТРО́ВАН, -ана, -ано, -аны; *кр. ф.*

В глаг. знач.

ПРОХОДИ́ТЬ, прохожу́, прохо́д|ят, проходи́|л; ***несов.*** (*сов.* пройти́ *к* 1 — 10, 12 — 22 знач.) **1. *неперех.*** *Гости проходят вперед. Мимо нашего дома утром ровно в семь часов проходил почтальон* [ступая, делая шаги, передвигаться, перемещаться где-л., направляться куда-л.] **2. *неперех.*** *Летчик проходит над лесом слишком низко. По реке проходит катер* [проезжать, проплывать, пролетать — о средствах передвижения или о людях, находящихся на каком-л. из средств передвижения] **3. *неперех.; S не лицо*** *В поселке вдруг проходит слух о том, что недалеко от леса скоро начнется строительство большого завода* [распространяться — о слухах, молве и т. п.] **4. *неперех., перед кем(чем)*** и ***перед чем; S не лицо*** *Поздно ночью передо мной снова проходят события сегодняшнего дня, не давая заснуть. Перед глазами проходят все подробности нашей встречи* [возникать, представать в своей последовательности в воображении] **5. *неперех.; S не лицо*** *По его лицу проходит тень неудовольствия* [появляться на короткое время — об улыбке, мимическом движении лица и т. п.] **6. *неперех.; S не лицо*** *Здесь проходит газопровод. Новая железная дорога проходит в нескольких километрах от моей родной деревни* [пролегать, идти в каком-л. направлении — о дороге, туннеле и т. д.] **7. *неперех.; S не лицо*** *В прошлом году здесь проходили сильные дожди* [выпадать — об осадках] **8. *неперех.; S не лицо*** *Проходит неделя, а дождя все нет. Лето проходит* [миновать, протекать — о времени, части суток, времени года и т. п.] **9. *неперех.; S не лицо*** *Гроза уже проходит. Обида на тебя всегда быстро проходит. Голова у меня уже проходит* [прекращаться, кончаться; переставать ощущаться, исчезать; переставать болеть] **10. *неперех.; S не лицо*** *Доклад проходил интересно. Заседание проходило бурно* [протекать, происходить каким-л. образом] **11. *неперех.; S не лицо*** *Собрание проходило в клубе. Встреча с космонавтами проходила в актовом зале* [иметь место, происходить где-л.] **12. *неперех.; S не лицо*** *Пианино в дверь не проходит. В эти отверстия проходила вода. Кровь проходила даже через повязку* [влезать, проникать через что-л., сквозь что-л.— о передвигаемом, движущемся, текущем и т. п.; проступать, просачиваясь] **13. *неперех.*** *Щель в заборе была так мала, что взрослый человек в нее никак не проходил* [протискиваться через что-л. узкое] **14. *неперех., во что*** *Олег несколько раз не проходил в институт по конкурсу* [оказываться в числе принятых, зачисленных, утвержденных в результате голосования, отбора и т. п.] **15. *перех., что, через что*** и ***без дополн.; S не лицо*** *Ваши документы проходят регистрацию. Проект проходит пока необходимые инстанции. Многие стихотворения и даже частные письма Пушкина проходили через цензуру. Наш план действий не проходит* [подвергаясь учету, рассмотрению и т. п., получать официальное признание, утверждение и т. п.] **16. *перех., что*** *Все поступающие в парашютную секцию проходят медицинскую комиссию. Сотрудники нашего отдела сейчас проходят аттестацию* [подвергаться обследованию, осмотру, проверке и т. п. для выявления необходимых для чего-л. свойств, качеств, знаний, умений и т. п.] **17. *перех., что*** и ***через что*** *Борцы за свободу проходят суровый путь борьбы. Нередко молодые люди проходят через многие сомнения и колебания, выбирая профессию по душе* [подвергаться чему-л., испытывать, выносить что-л. тяжелое; переживать, претерпевать какое-л. состояние или влияние чего-л.] **18. *перех., что*** *Малыш уже проходит весь путь пешком. Пловец проходит эту дистанцию без отдыха. За час поезд проходит сто километров* [преодолевать какое-л. расстояние — о людях, животных, транспортных средствах] **19. *перех., что*** *Я часто задумываюсь и прохожу остановку. Поезд почему-то проходит эту станцию, не останавливаясь* [передвигаясь, направляясь куда-л., миновать кого-что-л., не задерживаясь или пропуская по рассеянности] **20. *перех., что*** *Шахтеры проходят первый угольный пласт. Трактор проходит все поле за пятнадцать минут* [разрабатывать, обрабатывать, двигаясь в определенном направлении] **21. *перех., что*** *Мы проходим по физике электричество* [изучать; *разг.*] **22. *перех., что*** *Сестра сейчас проходит курс лечения* [выполнять какие-л. обязанности, задания, назначения]

I. ПРОХОДЯ́ЩИЙ, -ая, -ее, -ие; *действ. наст.*

Синт.: **а, б** — в глаг. знач. 1 — 22; **в** — в глаг. знач. 8, 9

Ср. прич. в 9 глаг. знач. с прил. **преходя́щий**, -ая, -ее, -ие; -я́щ, -я́ща, -я́ще, -я́щи. Временный, недолговечный. *Это преходящее явление. Слава преходяща*

II. ПРОХОДИ́ВШИЙ, -ая, -ее, -ие; *действ. прош.*

Синт.: **а, б** — в глаг. знач. 1 — 22; **в** — в глаг. знач. 8, 9

III. ПРОХОДИ́МЫЙ, -ая, -ое, -ые; *страд. наст.**

Синт.: **а, б** — в глаг. знач. 16 — 18, 20 — 22

Субстантив.$_3$ в глаг. знач. 18, 21

Ср. прил. **проходи́мый**, -ая, -ое, -ые; -и́м, -и́ма, -и́мо, -и́мы. Доступный для прохода, переправы. *Болота эти проходимы*

▭ Прич. III в 15, 19 глаг. знач. не употр.

ПРОЧЕ́СТЬ, прочт|у́т, прочёл, прочла́, -ло́, -ли́; **сов. к** чита́ть в 1, 2, 4, 6 знач. (см.)

IV. ПРОЧТЁННЫЙ, -ая, -ое, -ые; *страд. прош.*

Синт.: **а, б** — в глаг. знач. 1, 2, 4, 6; **в** — в глаг. знач. 1

Субстантив.$_3$ в глаг. знач. 1, 4

▭ Прич. II не образуется

ПРОЧИТА́ТЬ, прочита́ют, прочита́|л; **сов. к** чита́ть в 1, 2, 4, 6 знач. (см.)

II. ПРОЧИТА́ВШИЙ, -ая, -ее, -ие; *действ. прош.*

Синт.: **а, б** — в глаг. знач. 1, 2, 4, 6

IV. ПРОЧИ́ТАННЫЙ, -ая, -ое, -ые; *страд. прош.*

Синт.: **а, б** — в глаг. знач. 1, 2, 4, 6; **в** — в глаг. знач. 1

Субстантив.$_3$ в глаг. знач. 1, 4

ПРОЧИ́ТАН, -ана, -ано, -аны; *кр. ф.*

В глаг. знач. 1, 2, 4, 6

ПРОЧУ́ВСТВОВАТЬ, прочу́вствуют, прочу́вствова|л; **сов., перех., что 1.** *Я прочувствовала это стихотворение до конца. Артист глубоко прочувствовал свою роль* [проникнуть в смысл чего-л., глубоко поняв, воспринять чувствами что-л.] **2.** *«[Дудукин:] Чтоб верно представить положение, надо прочувствовать, пережить если не то самое, то хоть что-нибудь подобное».* А. Островский, Без вины виноватые [испытать, пережить какое-л. чувство, ощущение]

II. ПРОЧУ́ВСТВОВАВШИЙ, -ая, -ее, -ие; *действ. прош.*

Синт.: **а, б** — в глаг. знач. 1, 2

IV. ПРОЧУ́ВСТВОВАННЫЙ, -ая, -ое, -ые; *страд. прош.*

Синт.: **а, б** — в глаг. знач. 1, 2

Ср. прил. **прочу́вствованный**, -ая, -ое, -ые. Искренний, исполненный чувств. *Сказать прочувствованную речь*

Субстантив.$_3$ не употр.

ПРОЧУ́ВСТВОВАН, -ана, -ано, -аны; *кр. ф.*

В глаг. знач. 1, 2

ПРОЩА́ТЬ, проща́|ют, проща́|л; **несов., перех.** (*сов.* прости́ть) **1. кого(что)** и **что кому** *Отец прощал меня не раз. Я прощала Олегу злые шутки* [не ставить в вину чего-л., извинять] **2. что кому** *Сестра прощала друзьям все денежные долги* [освобождать от какого-л. долгового обязательства]

I. ПРОЩА́ЮЩИЙ, -ая, -ее, -ие; *действ. наст.*

Синт.: **а, б** — в глаг. знач. 1, 2

В знач. прил. Выражающий прощение. *Прощающий жест. Прощающий взгляд*

II. ПРОЩА́ВШИЙ, -ая, -ее, -ие; *действ. прош.*

Синт.: **а, б** — в глаг. знач. 1, 2

III. ПРОЩА́ЕМЫЙ, -ая, -ое, -ые; *страд. наст.*

Синт.: **а, б** — в глаг. знач. 1, 2

Субстантив.$_3$ не употр.

ПРОЯВИ́ТЬ, проявлю́, проя́в|ят, прояви́|л; **сов., перех.** (*несов.* проявля́ть) **1. что** *Советский народ проявил истинный героизм в годы Великой Отечественной войны. Друзья проявили заботу обо мне. Смирнов проявил полное непонимание существа дела* [совершая, делая что-л., обнаружить наличие каких-л. качеств, свойств, какого-л. состояния и т. п.] **2. что к кому(чему)** и **к чему** *Аня проявила внимание к моему другу. Девушка проявила безразличие ко всему происходящему* [обнаружить какие-л. чувства, эмоции по отношению к кому-чему-л.] **3. что** *Фотограф проявил пленку* [химически обработав, сделать видимым изображение сфотографированного]

II. ПРОЯВИ́ВШИЙ, -ая, -ее, -ие; *действ. прош.*

Синт.: **а, б** — в глаг. знач. 1 — 3

IV. ПРОЯ́ВЛЕННЫЙ, -ая, -ое, -ые; *страд. прош.*

[чередование в/вл]

Синт.: **а, б** — в глаг. знач. 1 — 3; **в** — в глаг. знач. 3

Субстантив.$_3$ в глаг. знач. 3

ПРОЯ́ВЛЕН, -ена, -ено, -ены; *кр. ф.*

В глаг. знач. 1 — 3

ПРОЯВЛЯ́ТЬ, проявля́|ют, проявля́|л; **несов. к** прояви́ть (см.)

I. ПРОЯВЛЯ́ЮЩИЙ, -ая, -ее, -ие; *действ. наст.*

Синт.: **а, б** — в глаг. знач. 1 — 3

II. ПРОЯВЛЯ́ВШИЙ, -ая, -ее, -ие; *действ. прош.*

Синт.: **а, б** — в глаг. знач. 1 — 3

III. ПРОЯВЛЯ́ЕМЫЙ, -ая, -ое, -ые; *страд. наст.*

Синт.: **а, б** — в глаг. знач. 1 — 3; **в** — в глаг. знач. 3

Субстантив.$_3$ в глаг. знач. 3

ПРЫ́ГАТЬ, пры́га|ют, пры́га|л; **несов., неперех.** (*сов.* пры́гнуть *ко* 2 знач.) **1.** *Девочки прыгали на одной ноге и весело смеялись. «Она ласкаться не умела К отцу, ни к матери своей; Дитя сама, в толпе детей Играть и прыгать не хотела».* Пушкин, Евгений Онегин [делать прыжок или прыжки, передвигаться прыжком или прыжками] **2.** *Мальчишки часто прыгают на ходу в трамвай. Медведь в цирке ловко прыгает через барьер* [прыжком или прыжками перемещаться куда-л., достигать чего-л.] **3. S не лицо** *Смотри, как этот мяч хорошо прыгает. Повозка прыгает по ухабам* [ударяясь обо что-л., отскакивать вверх, в стороны] **4. S не лицо** *Пальцы прыгают от волнения. В этом районе стрелка компаса почему-то пры-*

гает. Отсветы пожара прыгали по стене [резко, беспорядочно колебаться, перемещаться] **5. S не лицо** *У Оли давление прыгает: то высокое, то низкое. Температура у больного прыгает* [резко, беспорядочно меняться; *разг.*]

I. ПРЫ́ГАЮЩИЙ, -ая, -ее, -ие; *действ. наст.*
Синт.: **а, б** — в глаг. знач. 1 — 5; **в** — в глаг. знач. 1, 4
В знач. прил. **1.** С резкими колебаниями, изменениями. *Прыгающее давление* **2.** Не плавный, не ровный. *Прыгающая походка*

II. ПРЫ́ГАВШИЙ, -ая, -ее, -ие; *действ. прош.*
Синт.: **а, б** — в глаг. знач. 1 — 5; **в** — в глаг. знач. 1, 4, 5

ПРЫ́ГНУТЬ, пры́гнут, пры́гну|л; ***сов. к*** пры́гать во 2 знач. (см.)

II. ПРЫ́ГНУВШИЙ, -ая, -ее, -ие; *действ. прош.*
Синт.: **а, б** — в глаг. знач. 2

ПРЯ́ТАТЬ, пря́ч|ут, пря́та|л; ***несов., перех.*** (*сов.* спря́тать *к* 1 знач.) ***1. кого(что)*** и ***что*** *Илья прячет свои книги от маленького брата. Что же бабушка прячет в шкафу?* [класть в скрытое или неизвестное другим место или под запор] ***2. что*** *«Чем сильнее становилось ее чувство, тем глубже она прятала его за колкими шутками».* Гранин, После свадьбы [скрывать, стараться не обнаружить] **3. *что*** *Ольга прячет молоко в погреб, чтобы оно не прокисло* [помещать, класть куда-л. для сохранности, предохранения от чего-л.] **4. *что*** *Дима всегда прятал руки под одеяло. «Девчонки прятали носики от ветра в воротники».* Трунин, Белорусский вокзал [закрывать, прикрывать чем-л. по привычке, защищаясь от чего-л.]

I. ПРЯ́ЧУЩИЙ, -ая, -ее, -ие; *действ. наст.*
Синт.: **а, б** — в глаг. знач. 1 — 4

II. ПРЯ́ТАВШИЙ, -ая, -ее, -ие; *действ. прош.*
Синт.: **а, б** — в глаг. знач. 1 — 4

IV. ПРЯ́ТАННЫЙ, -ая, -ое, -ые; *страд. прош.**
Синт.: **а, б** — в глаг. знач. 1
ПРЯ́ТАН, -ана, -ано, -аны; *кр. ф.**
В глаг. знач. 1

□ Прич. III не употр. Прич. IV во 2 — 4 глаг. знач. не употр.

ПУБЛИКОВА́ТЬ, публику́|ют, публикова́|л; ***несов., перех., что*** (*сов.* опубликова́ть) *Редакция регулярно публикует в газете хронику текущих событий* [предавать гласности, объявлять в печатном органе, делая достоянием общества]

I. ПУБЛИКУ́ЮЩИЙ, -ая, -ее, -ие; *действ. наст.*
Синт.: **а, б** — в глаг. знач.

II. ПУБЛИКОВА́ВШИЙ, -ая, -ее, -ие; *действ. прош.*
Синт.: **а, б** — в глаг. знач.

III. ПУБЛИКУ́ЕМЫЙ, -ая, -ое, -ые; *страд. наст.*
Синт.: **а, б, в** — в глаг. знач.

IV. ПУБЛИКО́ВАННЫЙ, -ая, -ое, -ые; *страд. прош.* (*редко*)
Синт.: **а, б** — в глаг. знач.
ПУБЛИКО́ВАН, -ана, -ано, -аны; *кр. ф.* (*редко*)
В глаг. знач.

ПУГА́ТЬ, пуга́|ют, пуга́|л; ***несов., перех., кого (что)*** (*сов.* испуга́ть *ко* 2, 3 знач.) **1.** также ***кем*** и ***чем*** *Петя часто пугает маленькую сестру домовым* (см. § 2). *Ночью в лесу мальчики нарочно пугали друг друга* [намеренно вызывать страх в ком-л., запугивать] **2.** также ***чем*** *Незнакомец пугал малыша слишком громким кашлем. Темнота пугает ребенка* [вызывать испуг, внушать страх, боязнь] **3. *S не лицо*** *Трудности не пугают нас. Крутизна обрыва не пугала лыжников* [ослаблять чью-л. решимость, вызывая какие-л. опасения, колебания, боязнь] **4. *S не лицо*** *Больной долго не мог говорить, и это пугало врачей* [вызывать в ком-л. опасения, тревогу за положительный результат, исход чего-л.]

I. ПУГА́ЮЩИЙ, -ая, -ее, -ие; *действ. наст.*
Синт.: **а, б** — в глаг. знач. 1 — 4
В знач. прил. Такой, который вызывает у кого-л. страх, боязнь, тревогу за кого-что-л. *У него был пугающий вид. Пугающий взгляд. Пугающие слова. Пугающее поведение*

II. ПУГА́ВШИЙ, -ая, -ее, -ие; *действ. прош.*
Синт.: **а, б** — в глаг. знач. 1 — 4

III. ПУГА́ЕМЫЙ, -ая, -ое, -ые; *страд. наст.**
Синт.: **а, б** — в глаг. знач. 1

IV. ПУ́ГАННЫЙ, -ая, -ое, -ые; *страд. прош.**
Синт.: **а, б** — в глаг. знач. 1
Ср. прил. **пу́ганый,** -ая, -ое, -ые. Напуганный чем-л., всего боящийся, такой, которого часто пугали. *Он еще не пуганый. Пуганая ворона куста боится* (пословица)
ПУ́ГАН, -ана, -ано, -аны; *кр. ф.**
В глаг. знач. 1

□ Прич. III, IV во 2 — 4 глаг. знач. не употр.

ПУГА́ТЬСЯ, пуга́|ются, пуга́|лся; ***несов.*** (*сов.* испуга́ться) ***1. кого(чего)*** и ***чего*** и ***без дополн.*** *Ребенок всё время пугался этого человека. Ночью в лесу мы пугались каждого шороха. Не пугайтесь, собака не кусается!* [испытывать страх, бояться] ***2. чего*** *Комсомольцы никогда не пугались трудностей* [отступать перед чем-л. неприятным из-за неуверенности в своих силах, боязни кого-чего-л.]

I. ПУГА́ЮЩИЙСЯ, -аяся, -ееся, -иеся; *действ. наст.*
Синт.: **а, б** — в глаг. знач. 1, 2
Ср. прич. в 1 глаг. знач. с прил. **пугли́вый,** -ая, -ое, -ые; -и́в, -и́ва, -и́во, -и́вы. Склонный к испугу, всего боящийся; выражающий испуг. *Пугливый человек. Пугливый взгляд*

II. ПУГА́ВШИЙСЯ, -аяся, -ееся, -иеся; *действ. прош.*
Синт.: **а, б** — в глаг. знач. 1, 2

ПУ́ДРИТЬ, пу́др|ят, пу́дри|л; ***несов., перех., что*** *Оля пудрит нос и красит губы* [покрывать пудрой]

I. ПУ́ДРЯЩИЙ, -ая, -ее, -ие; *действ. наст.*
Синт.: **а, б** — в глаг. знач.

II. ПУ́ДРИВШИЙ, -ая, -ее, -ие; *действ. прош.*
Синт.: **а, б** — в глаг. знач.

IV. ПУ́ДРЕННЫЙ, -ая, -ое, -ые; *страд. прош.*
Синт.: **а, б** — в глаг. знач.
Ср. прил. **пу́дреный,** -ая, -ое, -ые. Покры-

тый пудрой. *Пудреный парик. Пудреное лицо*

ПУ́ДРЕН, -ена, -ено, -ены; *кр. ф.*

В глаг. знач.

▭ Прич. III не употр.

ПУСКА́ТЬ, пуска́|ют, пуска́|л; ***несов. к*** пусти́ть (см.)

I. ПУСКА́ЮЩИЙ, -ая, -ее, -ие; *действ. наст.*

Синт.: **а, б** — в глаг. знач. 1 — 13

II. ПУСКА́ВШИЙ, -ая, -ее, -ие; *действ. прош.*

Синт.: **а, б** — в глаг. знач. 1 — 13

III. ПУСКА́ЕМЫЙ, -ая, -ое, -ые; *страд. наст.**

Синт.: **а, б** — в глаг. знач. 2 — 13

Субстантив.$_3$ в глаг. знач. 7, 8

▭ Прич. III в 1 глаг. знач. не употр.

ПУСТИ́ТЬ, пущу́, пу́ст|ят, пусти́|л; ***сов., перех.*** (*несов.* пуска́ть) **1. *кого(что)*** и ***что*** *Пусти меня, не держи! Пусти руку, мне больно!* [перестав держать, дать кому-чему-л. свободу, выпустить] **2. *кого(что)*** *Брат не пустил детей на елку. Заведующий пустил меня в отпуск весной* [разрешить или дать возможность кому-л. куда-л. идти, ехать, что-л. делать] **3. *кого(что)*** *Проводник сейчас нас пустит в вагон. Люди расступились и пустили старика вперед* [позволить кому-л. пройти куда-л., пропустить] **4. *кого(что)*** *Старушка пустила туристов ночевать в свой дом. В пустую комнату Смирнов пустил жильцов* [дать приют кому-л., поместить куда-л.; сдать кому-л. комнату, квартиру] **5. *что*** *Рабочие пустили установку в срок. Мальчик пустил воду из шланга. У нас на даче пустили газ* [привести в движение, в действие, в рабочее состояние; открыть доступ чему-л. по специально сделанному устройству] **6. *что*** *В нашем поселке пустили автобус. «По Амуру пустили глиссеры».* Павленко, На Востоке [организовать движение транспорта между какими-л. пунктами] **7. *кого (что)**** и ***что*** *Жокей пустил лошадь шагом. Малыш пустил пустые санки с горы. Диспетчер пустил колонну грузовиков в объезд* [заставить или дать возможность кому-чему-л. двигаться каким-л. образом или куда-л.] **8. *что*** *Апельсины уже пустили в продажу. Колхозники пустили дальнее поле под овес. Весь первый урожай укропа мы пустили на семена* [подвергнуть какому-л. действию — в соответствии со значением существительного с предлогом *в*, с которым сочетается глагол; предназначить, использовать каким-л. образом — в соответствии со значением существительного с предлогами *под* или *на*, с которыми сочетается глагол] **9. *что*** *Рассказчик умолк и пустил огромный клуб дыма. Ягоды пустили сок* [выделить, выпустить из себя что-л.] **10. *что*** *Здесь пустили слух, что ты уезжаешь. Соседка пустила эту сплетню* [распространить, разгласить; *разг.*] **11. *что*** и ***чем*** *Мальчик пустил палку вслед убегающей собаке. Преступник пустил камнем в окно* [бросить с силой, швырнуть в кого-что-л.] **12. *что; S не лицо*** *Отросток пустил корни в воде* [дать из себя росток, корни — о растениях] **13. *что*** *Художник пустил в этом месте красный цвет* [крася, вышивая и т. п., придать чему-л. какой-л. оттенок, прибавить какой-л. цвет; *разг.*]

II. ПУСТИ́ВШИЙ, -ая, -ее, -ие; *действ. прош.*

Синт.: **а, б** — в глаг. знач. 1 — 13

IV. ПУ́ЩЕННЫЙ, -ая, -ое, -ые; *страд. прош.** [чередование ст/щ]

Синт.: **а, б** — в глаг. знач. 2 — 13

Субстантив.$_3$ в глаг. знач. 7, 8

ПУ́ЩЕН, -ена, -ено, -ены; *кр. ф.**

В глаг. знач. 2 — 13

▭ Прич. IV в 1 глаг. знач. не употр., во 2 глаг. знач. менее употр., чем личные ф. глагола и прич. II

ПУ́ТАТЬ, пу́та|ют, пу́та|л; ***несов., перех.*** (*сов.* запу́тать *к* 1, 6 знач.; *сов.* перепу́тать *ко* 2, 4, 7 знач.) **1. *что*** *«Люди сидят на песке, поджав ноги, почтенные бородатые люди путают и распутывают какие-то веревочки».* М. Пришвин, За волшебным колобком. *Ветер путал волосы девушек* [беспорядочно переплетать, перевивать нитки, веревки, волосы и т. п.] **2. *что*** *Котенок путает все бумаги на столе* [нарушать порядок в чем-л., перемешивать, приводить в беспорядок] **3. *что*** *«Некоторые арестанты двигались, переходя с места на место, и тем путали счет конвойных».* Л. Толстой, Воскресение [намеренно вносить путаницу во что-л.] **4. *что,*** также ***чем*** *Олег своими вопросами мешал работать, путал мысли. «Неожиданный приход Насти путал его планы, вязал руки в самую трудную минуту».* Леонов, Барсуки [нарушать стройность, ясность чего-л., делать беспорядочным, сбивчивым, неопределенным; нарушать что-л.] **5. *что*** и ***без дополн.*** *Не путай факты, говори точнее! Юноша танцевал плохо, путал фигуры. «Вижу, вызывает учитель Щербакова. Он путает, краснеет,— урока не знает».* Вересаев, В юные годы [воспроизводить с ошибкой, неточно, неправильно, сбиваться в чем-л.] **6. *кого(что),*** также ***чем*** *Брат путает меня неожиданными вопросами. Своими подсказками ученики только путали отвечающего у доски мальчика* [сбивать с толку, вводить в заблуждение кого-л., мешать ходу мыслей кого-л.] **7. *кого(что)*** и ***что*** *Я всегда путаю имена, адреса и номера телефонов. Этих братьев все путают, так они похожи* [ошибочно отождествлять, принимать одного или одно за другого или за другое] **8. *что с чем*** *Наш гость путает русскую речь с французской* [смешивать, перемежать одно с другим]

I. ПУ́ТАЮЩИЙ, -ая, -ее, -ие; *действ. наст.*

Синт.: **а, б** — в глаг. знач. 1 — 8

II. ПУ́ТАВШИЙ, -ая, -ее, -ие; *действ. прош.*

Синт.: **а, б** — в глаг. знач. 1 — 8

IV. ПУ́ТАННЫЙ, -ая, -ое, -ые; *страд. прош.**

Синт.: **а, б** — в глаг. знач. 1, 3

Ср. прил. **пу́таный,** -ая, -ое, -ые. **1.** Беспорядочно переплетающийся, запутанный. *Путаные следы* **2.** Нелогичный, сбивчивый, неясный. *Путаная теория. Путаная речь*

Субстантив.$_3$ не употр.

ПУ́ТАН, -ана, -ано, -аны; *кр. ф.**

В глаг. знач. 1, 3

▭ Прич. III не употр. Прич. IV во 2, 4 — 8 глаг. знач. не употр.

ПУ́ТАТЬСЯ, пу́та|ются, пу́та|лся; ***несов. к*** перепу́таться в 3 знач. (см.)

I. ПУ́ТАЮЩИЙСЯ, -аяся, -ееся, -иеся; *действ. наст.*

Синт.: **а, б, в** — в глаг. знач. 3

II. ПУ́ТАВШИЙСЯ, -аяся, -ееся, -иеся; *действ. прош.*

Синт.: **а, б, в** — в глаг. знач. 3

ПУ́ХНУТЬ, пу́хн|ут, пух| и пу́хну|л; ***несов., неперех.*** (*сов.* опу́хнуть *к* 1, 2 знач.) **1. *S не лицо*** *У бабушки ноги пухнут. У девочки пухла щека* [становиться болезненно припухлым, отечным, вздутым] **2.** *Во время блокады Ленинграда люди пухли от голода* [получать болезненные отеки рук, ног, лица и т. п.] **3. *S не лицо*** *«Записные книжки мои пухли день ото дня».* Б. Полевой, В конце концов [увеличиваться в объеме; *разг.*]

I. ПУ́ХНУЩИЙ, -ая, -ее, -ие; *действ. наст.*

Синт.: **а, б** — в глаг. знач. 1 — 3; **в** — в глаг. знач. 1, 2

II. ПУ́ХНУВШИЙ, -ая, -ее, -ие и *доп.* ПУ́ХШИЙ, -ая, -ее, -ие; *действ. прош.*

Синт.: **а, б** — в глаг. знач. 1 — 3; **в** — в глаг. знач. 1, 2

Р

РАБО́ТАТЬ, рабо́та|ют, рабо́та|л; ***несов., неперех.*** **1.** *Отец работает, не мешай ему. В этой комнате сейчас работают машинистки. Ольга работает в саду, пойди помоги ей* [заниматься каким-л. делом, трудиться] **2.** *Вы работаете или учитесь? Игорь работает на заводе* [быть занятым трудом на каком-л. предприятии, состоять где-л. на службе] **3. *кем*** *«Настя работала секретарем в Союзе художников».* Паустовский, Телеграмма. *Илья работает инженером на одном из московских заводов* [иметь какую-л. должность на предприятии, в учреждении и т. п.] **4. *над чем*** *Сергей работает над диссертацией. Молодой поэт работает над новым сборником стихов* [трудясь, создавать, совершенствовать что-л.] **5. *на кого(что)*** *Смирнов работает на всю семью* [занимаясь каким-л. трудом, обеспечивать кого-л. всем необходимым] **6. *на что; S не лицо*** *Завод работал на оборону* [подчинять весь режим работы какой-л. цели, задаче, осуществлению чего-л.] **7. *на кого(что)*** и ***на что; S не лицо*** *Время работает на нас. Молодое социалистическое государство победит, потому что на него работает история* (из газет) [неотвратимо способствовать осуществлению чего-л.] **8. *чем*** *Не все ребята умеют работать веслами. Молодой рабочий ловко работал рычагами* [приводить в действие что-л., управлять, действовать каким-л. инструментом, орудием и т. п.] **9. *чем*** *Мальчишки усиленно работали локтями, пробираясь сквозь толпу* [усиленно двигать какой-л. частью тела] **10. *с чем*** *Переводя трудный текст с английского языка, студенты работают со словарем. Валя работает с микроскопом* [в процессе труда пользоваться чем-л. как инструментом, пособием и т. п.] **11. *с кем(чем)*** и ***среди кого(чего)*** *Олег работает с детьми уже пятый год. Петров работал среди сельской молодежи, объясняя смысл и цель принятых партией решений* [систематически обучать, воспитывать и т. п. кого-л.] **12. *S не лицо*** *Телефон почему-то не работает. Наша электростанция работает на торфе* [быть, находиться в действии, действовать; действовать с помощью тех или иных приспособлений, материалов, сырья и т. д. — о механизмах, аппаратах, устройствах и т. п.] **13. *S не лицо*** *У больного сердце работает с перебоями. У ребенка плохо работают почки* [функционировать, выполнять свое назначение — о внутренних органах человека] **14. *S не лицо*** *Почта сегодня не работает. Поликлиника работает с 8 утра до 9 вечера. Аптеки обычно работают без перерыва на обед* [действовать, функционировать — об организациях, учреждениях и т. п.]

I. РАБО́ТАЮЩИЙ, -ая, -ее, -ие; *действ. наст.*

Синт.: **а, б** — в глаг. знач. 1 — 14; **в** — в глаг. знач. 1, 2, 12, 14

В знач. прил. Проявляющий активность в труде, в работе над чем-л., относящийся к труду творчески, заинтересованно. *Это работающий инженер. Работающие ученые далеки от корыстных устремлений* (Ср. прил. **работя́щий**, -ая, -ее, -ие; -я́щ, -я́ща, -я́ще, -я́щи. Много и хорошо работающий, трудолюбивый; *разг. Работящий парень*)

II. РАБО́ТАВШИЙ, -ая, -ее, -ие; *действ. прош.*

Синт.: **а, б** — в глаг. знач. 1 — 14; **в** — в глаг. знач. 1, 2, 12, 14

РА́ДОВАТЬ, ра́ду|ют, ра́дова|л; ***несов. к*** обра́довать (см.)

I. РА́ДУЮЩИЙ, -ая, -ее, -ие; *действ. наст.*

Синт.: **а, б** — в глаг. знач.

II. РА́ДОВАВШИЙ, -ая, -ее, -ие; *действ. прош.*

Синт.: **а, б** — в глаг. знач.

III. РА́ДУЕМЫЙ, -ая, -ое, -ые; *страд. наст.*

Синт.: **а, б** — в глаг. знач.

РАЗБА́ВИТЬ, разба́влю, разба́в|ят, разба́ви|л; ***сов., перех., что,*** также ***чем*** (*несов.* разбавля́ть) *Врач разбавил спирт водой* (см. § 2) [прибавив воды или другой жидкости, сделать какую-л. жидкость менее крепкой, густой, менее горячей и т. п.]

II. РАЗБА́ВИВШИЙ, -ая, -ее, -ие; *действ. прош.*

Синт.: **а, б** — в глаг. знач.

IV. РАЗБА́ВЛЕННЫЙ, -ая, -ое, -ые; *страд. прош.*

[чередование в/вл]

Синт.: **а, б** — в глаг. знач.

В знач. прил. (только *полн. ф.*) С примесью чего-л., обычно какой-л. жидкости. *Разбавленное молоко. Разбавленный спирт*

РАЗБА́ВЛЕН, -ена, -ено, -ены; *кр. ф.*

В глаг. знач.

РАЗБАВЛЯ́ТЬ, разбавля́|ют, разбавля́|л; ***несов. к*** разба́вить (см.)

I. РАЗБАВЛЯ́ЮЩИЙ, -ая, -ее, -ие; *действ. наст.*

Синт.: **а, б** — в глаг. знач.

II. РАЗБАВЛЯ́ВШИЙ, -ая, -ее, -ие; *действ. прош.*

Синт.: **а, б** — в глаг. знач.
III. РАЗБАВЛЯ́ЕМЫЙ, -ая, -ое, -ые; *страд. наст.*
Синт.: **а, б** — в глаг. знач.

РАЗБА́ЛТЫВАТЬ, разба́лтыв*а*|ют, разба́лтыва|л; ***несов. к*** разболта́ть (см.)
I. РАЗБА́ЛТЫВАЮЩИЙ, -ая, -ее, -ие; *действ. наст.*
Синт.: **а, б** — в глаг. знач. 1, 2
II. РАЗБА́ЛТЫВАВШИЙ, -ая, -ее, -ие; *действ. прош.*
Синт.: **а, б** — в глаг. знач. 1, 2
III. РАЗБА́ЛТЫВАЕМЫЙ, -ая, -ое, -ые; *страд. наст.*
Синт.: **а, б** — в глаг. знач. 1, 2

РАЗБА́ЛТЫВАТЬСЯ, разба́лтыв*а*|ются, разба́лтыва|лся; ***несов. к*** разболта́ться (см.)
I. РАЗБА́ЛТЫВАЮЩИЙСЯ, -аяся, -ееся, -иеся; *действ. наст.*
Синт.: **а, б** — в глаг. знач. 1 — 3; **в** — в глаг. знач. 2
Субстантив.$_1$ не употр.
II. РАЗБА́ЛТЫВАВШИЙСЯ, -аяся, -ееся; -иеся; *действ. прош.*
Синт.: **а, б** — в глаг. знач. 1 — 3; **в** — в глаг. знач. 2
Субстантив.$_1$ не употр.

РАЗБИВА́ТЬ, разбив*а́*|ют, разбива́|л; ***несов. к*** разби́ть (см.)
I. РАЗБИВА́ЮЩИЙ, -ая, -ее, -ие; *действ. наст.*
Синт.: **а, б** — в глаг. знач. 1 — 14
II. РАЗБИВА́ВШИЙ, -ая, -ее, -ие; *действ. прош.*
Синт.: **а, б** — в глаг. знач. 1 — 14
III. РАЗБИВА́ЕМЫЙ, -ая, -ое, -ые; *страд. наст.*
Синт.: **а, б** — в глаг. знач. 1 — 14
Субстантив.$_2$ в глаг. знач. 10 (только *мн.*) и в глаг. знач. 14; субстантив.$_3$ в глаг. знач. 1

РАЗБИРА́ТЬ, разбир*а́*|ют, разбира́|л; ***несов., перех.*** (*сов.* разобра́ть) **1. *кого(что)* *** и ***что*** *Ребята весело разбирали котят, которых Илья вынес во двор в корзине. Участники кросса разбирали приготовленные для них лыжи* [одновременно с другими брать себе часть из некоторого количества однородных предметов, растений, животных и т. п.] **2. *кого(что)*** *В детском саду родители быстро разбирали малышей после новогодней елки* [одновременно с другими брать с собой, к себе и т. п. кого-л. одного из многих] **3. *кого(что)* *** и ***что*** *В зоомагазине морских свинок сразу же разбирали. Покупатели быстро разбирали еще теплый хлеб* [раскупать] **4. *что*** *Ольга разбирала вещи, а я начала вытирать пыль, накопившуюся за время нашего отъезда* [приводя в порядок, рассортировывать, отделять одно от другого] **5. *что*** *Дима разбирает часы, чтобы найти в них неисправность* [разъединять, разнимать что-л. на составные части] **6. *что*** *Пожарники быстро разбирали крышу у горевшего сарая, чтобы она не обвалилась* [разъединяя на части, разрушать что-л.] **7. *что*** *Малыш разбирал свою постель сам, без помощи взрослых* [приготовлять постель для сна, снимая покрывало, отгибая одеяло и т. д.] **8. *что*** *На уроках литературы учительница детально разбирала с нами художественные особенности произведений, которые мы изучали. По вечерам Олег и Илья разбирали сыгранные чемпионами мира шахматные партии* [усваивая, разучивая и т. п., рассматривать, обсуждать, подвергать анализу, оценке] **9. *что*** *На заседании профкома этот вопрос еще не разбирали* [вникая в подробности, рассматривать, обсуждать какой-л. вопрос, дело и т. п.] **10. *что*** *Старуха плохо слышала, поэтому не разбирала слов, которые говорил Смирнов* [различать, распознавать что-л. слухом, зрением, обонянием и т. д.] **11. *что*** *Мы долго разбирали подпись, но так и не поняли, кто послал нам эту записку. Лингвисты многих стран разбирали эту загадочную надпись* [стараться прочесть что-л. неразборчиво или сложно написанное; стараться расшифровать] **12. *кого(что); S не лицо*** *Ольгу разбирает зло на саму себя* [охватывать кого-л.— о сильном чувстве, желании и т. п.; *разг.*] **13. *что*** *На экзамене ученики разбирают сложноподчиненное предложение по членам предложения и по частям речи* [подвергать грамматическому анализу слово, предложение для выяснения состава, построения]
I. РАЗБИРА́ЮЩИЙ, -ая, -ее, -ие; *действ. наст.*
Синт.: **а, б** — в глаг. знач. 1 — 13
II. РАЗБИРА́ВШИЙ, -ая, -ее, -ие; *действ. прош.*
Синт.: **а, б** — в глаг. знач. 1 — 13
III. РАЗБИРА́ЕМЫЙ, -ая, -ое, -ые; *страд. наст.**
Синт.: **а, б** — в глаг. знач. 1 — 11, 13; **в** — в глаг. знач. 4 — 6, 8, 13
Субстантив.$_2$ не употр.; субстантив.$_3$ в глаг. знач. 3, 5
□ Прич. III в 12 глаг. знач. не употр.

РАЗБИРА́ТЬСЯ, разбир*а́*|ются, разбира́|лся; ***несов.*** (*сов.* разобра́ться *к* 1 — 3, 5 знач.) **1.** *Мы только что с вокзала, и мама разбирается в соседней комнате* [раскладывать по местам, приводить в порядок свои вещи, устраиваться, обычно после переезда, переселения и т. п.] **2. *в ком(чем)*** и ***в чем*** *Олег не может понять, что за человек его новый знакомый, все еще разбирается в нем. Дима был на дискуссии о воспитании нового человека и до сих пор разбирается в своих впечатлениях* [быть неуверенным в оценке кого-чего-л., находиться в состоянии противоречивых чувств по отношению к кому-чему-л.] **3. *в чем*** *Илья весь вечер разбирался в сложной электронной схеме* [вникая в особенности, детали чего-л., стараться понять, уяснить его устройство, принцип действия и т. д.] **4. *в ком(чем)*** и ***в чем*** *Смирнов хорошо разбирается в людях. Мой коллега неплохо разбирается в этих вопросах* [обладая жизненным опытом, точно определять, видеть чей-л. характер, склад ума и т. п.; обладать глубокими познаниями в какой-л. области] **5. *S не лицо*** *Помоги мне, диван никак не разбирается!* [поддаваться разъединению на составные части] **6. *S не лицо*** *Эти столы очень* *удобны, они разбираются* [иметь свойство разниматься на части, быть разборным]

I. РАЗБИРА́ЮЩИЙСЯ, -аяся, -ееся, -иеся; *действ. наст.*

Синт.: **а, б** — в глаг. знач. 1 — 6

В знач. прил. Такой, который можно разобрать и вновь собрать, состоящий из отдельных составных частей. *Разбирающаяся трость. Разбирающийся зонт* (Ср. прил. **разбо́рный,** -ая, -ое, -ые. Такой, который можно разобрать и вновь собрать, состоящий из отдельных составных частей, разбирающийся. *Разборный дом. Разборные стены дома. Разборная мебель*)

II. РАЗБИРА́ВШИЙСЯ, -аяся, -ееся, -иеся; *действ. прош.*

Синт.: **а, б** — в глаг. знач. 1 — 6

РАЗБИ́ТЬ, разобью́т, разби́|л; ***сов., перех.*** (*несов.* разбива́ть) **1. *что,*** также ***чем*** *Бабушка нечаянно разбила свою любимую чашку. Мальчик мячом разбил стекло* (см. § 2). *«Урну с водой уронив, об утес ее дева разбила».* Пушкин, Царскосельская статуя [расколоть на куски, ударив чем-л. по чему-л. или обо что-л.] **2. *что,*** также ***чем; S не лицо*** и ***безл.*** *Буря разбила корабль. «Тут же стояло нагое дерево, вершину которого разбило громом».* Гоголь, Тарас Бульба [разломать, разрушить что-л.— о силах природы, стихийном бедствии и т. д.] **3. *что,*** также ***чем*** *Упав, ребенок разбил коленки. Камнем мне разбили голову* (см. § 2) [повредить ударом какую-л. часть тела] **4. *что,*** также ***чем*** *Дети неумелой игрой разбили рояль* (см. § 2) [длительным или небрежным употреблением, физическим воздействием расстроить музыкальный инструмент, сделать непригодным для игры] **5. *что*** *Илья ходил на работу пешком и быстро разбил сапоги* [длительным или небрежным употреблением, физическим воздействием истрепать обувь, повредить подметки и каблуки] **6. *что; S не лицо*** *Тяжелые машины за месяц разбили лесную дорогу* [привести в плохое состояние физическим воздействием, образовать выбоины, ухабы и т. п. на поверхности земли] **7. *что кому(чему)*** *Этот человек разбил жизнь моей сестре* [разрушить, расстроить] **8. *кого(что)*** и ***что*** *«23 июня 1773 года в морском бою у Балаклавы два русских корабля „Корона" и „Таганрог".. наголову разбили турецкий флот».* Новиков-Прибой, Цусима [нанести поражение, победить в результате военных действий] **9. *что*** *Критик разбил все доводы своих противников и доказал, что этот фильм заслуживает самой высокой оценки* [опровергнуть, доказать несостоятельность чьих-л. мнений, доводов и т. п.] **10. *кого(что) на что*** *Учительница разбила школьников на группы. «Новобранцев разбили по росту на несколько групп».* В. Глинка, Старосольская повесть [распределить, найти каждому какое-л. место, объединив с кем-л.] **11. *что на что*** *Автор разбил учебник на две части. Агроном разбил поле на участки* [разделить, расчленить] **12. *что*** *Туристы разбили палатки на берегу моря. Поздно вечером геологи наконец разбили лагерь* [расположить, поставить палатки, лагерь и т. п.] **13. *что*** *Под окнами школы ребята разбили цветник* [распланировав, произвести посадку чего-л.] **14. *кого(что)*** и ***что; S не лицо*** *Моего дедушку разбил паралич. «Неслышно подобралось новое несчастье. Паралич разбил ноги. Теперь ему повиновалась только правая рука».* Н. Островский, Как закалялась сталь [сделать неподвижным, поразив центральную нервную систему — о параличе, ударе и т. п.]

II. РАЗБИ́ВШИЙ, -ая, -ее, -ие; *действ. прош.*

Синт.: **а, б** — в глаг. знач. 1 — 14

IV. РАЗБИ́ТЫЙ, -ая, -ое, -ые; *страд. прош.*

Синт.: **а, б** — в глаг. знач. 1 — 14

В знач. прил. (только *полн. ф.*) **1.** Расколотый на куски, с трещинами, с отбитыми краями и т. п. *Разбитая тарелка. Разбитое стекло* **2.** Поврежденный ударом, ушибом, расшибленный в кровь. *Разбитая голова. Разбитое лицо. Разбитая губа* **3.** Испорченный, поврежденный, ставший почти негодным к употреблению в результате длительной езды, ходьбы, носки, неаккуратного употребления и т. п. *Разбитая дорога. Разбитые сапоги. Разбитый рояль. Разбитая телега* **4.** Разрушенный, погибший. *Разбитая жизнь. Разбитые надежды и мечты* **5.** Потерпевший поражение, побежденный. *Разбитый враг. Разбитая армия*

Ср. прил. **разби́тый,** -ая, -ое, -ые; -и́т, -та, -то, -ты. **1.** Утомленный, обессиленный, больной. *Олег чувствовал себя разбитым* **2.** (только *полн. ф.*) Нетвердый, неуверенный — о походке. *«Разбитая, развинченная походка тоже говорит про усталость».* Фурманов, Мятеж

Субстантив.$_2$ в глаг. знач. 10 (только *мн.*) и в глаг. знач. 14; субстантив.$_3$ в глаг. знач. 1

РАЗБИ́Т, -та, -то, -ты; *кр. ф.*

В глаг. знач. 1 — 14

РАЗБОЛТА́ТЬ, разболта́ют, разболта́|л; ***сов., перех.*** (*несов.* разба́лтывать) **1. *что в чем*** *Сестра разболтала яйцо в молоке* [размешать, болтая, взбалтывая, растворяя в какой-л. жидкости] **2. *что; S не лицо*** *Вибрация разболтала в приборе все гайки* [привести к ослаблению крепления, расшатыванию чего-л. закрепленного, укрепленного, сделать неустойчивым, болтающимся]

II. РАЗБОЛТА́ВШИЙ, -ая, -ее, -ие; *действ. прош.*

Синт.: **а, б** — в глаг. знач. 1, 2

IV. РАЗБО́ЛТАННЫЙ, -ая, -ое, -ые; *страд. прош.*

Синт.: **а, б** — в глаг. знач. 1, 2

В знач. прил. (также *кр. ф.* ↓) Неустойчивый, болтающийся, разболтавшийся. *Разболтанные крепления. Разболтанные гайки*

Ср. прил. **разбо́лтанный,** -ая, -ое, -ые; -ан, -анна, -анно, -анны. **1.** Недисциплинированный, лишенный организованности, собранности. *Разболтанный человек. Разболтанные дети* **2.** Свойственный недисциплинированному, неорганизованному, несобранному человеку. *Разболтанный характер* **3.**

Развинченный, расхлябанный — о походке, движениях, жестах. *Разболтанная походка. Разболтанные движения*
РАЗБО́ЛТАН, -ана, -ано, -аны; *кр. ф.*
В глаг. знач. 1, 2
В знач. прил. (также *полн. ф.* ↑) *Крепления разболтаны. Гайки разболтаны.*

РАЗБОЛТА́ТЬСЯ, разболта́ются, разболта́|лся; **сов.** (*несов.* разба́лтываться) **1.** ***в чем; S не лицо*** *Смотри, порошок хорошо разболтался в воде!* [перемешаться полностью, целиком, раствориться от взбалтывания] **2.** ***S не лицо*** *Гайки у мотора разболтались, надо их подтянуть* [ослабнуть, расшататься — о чем-л. закрепленном, укрепленном] **3.** *Учительница долго болела, и класс без нее немного разболтался* [стать недисциплинированным, непослушным, распуститься; *разг.*]
II. РАЗБОЛТА́ВШИЙСЯ, -аяся, -ееся, -иеся; *действ. прош.*
Синт.: **а, б** — в глаг. знач. 1 — 3; **в** — в глаг. знач. 2, 3
Субстантив.$_1$ не употр.

РАЗБРА́СЫВАТЬ, разбра́сыва|ют, разбра́сыва|л; ***несов. к*** разброса́ть (см.)
I. РАЗБРА́СЫВАЮЩИЙ, -ая, -ее, -ие; *действ. наст.*
Синт.: **а, б** — в глаг. знач. 1 — 6
II. РАЗБРА́СЫВАВШИЙ, -ая, -ее, -ие; *действ. прош.*
Синт.: **а, б** — в глаг. знач. 1 — 6
III. РАЗБРА́СЫВАЕМЫЙ, -ая, -ое, -ые; *страд. наст.**
Синт.: **а, б** — в глаг. знач. 1 — 5; **в** — в глаг. знач. 1 — 3, 5
Субстантив.$_3$ в глаг. знач. 5
▭ Прич. III в 6 глаг. знач. не употр.

РАЗБРОСА́ТЬ, разброса́ют, разброса́|л; ***сов., перех.*** (*несов.* разбра́сывать) **1.** ***что*** *Ребята перекопали большую клумбу перед домом и разбросали цветочные семена* [бросая, разметать по поверхности, бросить в несколько приемов в разных направлениях, раскидать] **2.** ***что*** *Ночью подпольщики разбросали в городе листовки, призывая жителей бороться с фашистами* [бросая, оставляя в разных местах, распространить что-л.] **3.** ***что*** *Туристы разбросали костер, а пепел залили водой. «Утро только началось, а уж он разбросал снег, подчистил у колодца».* Тендряков, Не ко двору [разрушить что-л. целое, разъединяя на части и бросая их в разных направлениях] **4.** ***кого(что)*** *«Старый секач [кабан] разбросал собак, распорол храброму Бульке живот».* Шкловский, Лев Толстой [применяя силу, отбросить от себя собак, волков, людей и т. п. в разные стороны] **5.** ***что*** *Дети разбросали все игрушки* [в беспорядке разложить повсюду, положить не на свои места] **6.** ***кого(что); S не лицо*** *Жизнь разбросала друзей по разным городам* [привести к тому, что те, кто жил рядом, оказались в силу жизненных обстоятельств в разных местах, далеко друг от друга]
II. РАЗБРОСА́ВШИЙ, -ая, -ее, -ие; *действ. прош.*
Синт.: **а, б** — в глаг. знач. 1 — 6
IV. РАЗБРО́САННЫЙ, -ая, -ое, -ые; *страд. прош.*
Синт.: **а, б** — в глаг. знач. 1 — 6 и в статив. знач.; **в** — в глаг. знач. 3, 5
Статив. знач., ***по чему*** (также *кр. ф.* ↓) Расположенный на каком-л. (обычно большом) расстоянии друг от друга, в разных направлениях — о многих предметах. *Впереди показались домики, разбросанные по склону холма. Разбросанные по полю кусты орешника не спасали от зноя*
Ср. прил. **разбро́санный,** -ая, -ое, -ые; -ан, -анна, -анно, -анны. **1.** (только *полн. ф.*) Расположенный в беспорядке, без плана, на расстоянии друг от друга; *разг. Впереди я увидел несколько разбросанных строений* **2.** Не умеющий сосредоточиться на чем-л. одном, склонный заниматься одновременно многим, разбрасывающийся. *Разбросанный человек* **3.** Беспорядочный, хаотичный. *Разбросанные мысли. Записи в блокноте были разбросанны, обрывочны*
Субстантив.$_2$ не употр.; субстантив.$_3$ в глаг. знач. 5
РАЗБРО́САН, -ана, -ано, -аны; *кр. ф.*
В глаг. знач. 1 — 6
Статив. знач., ***по чему*** (также *полн. ф.* ↑) *Домики разбросаны по склону холма. Кусты орешника разбросаны по полю*

РАЗБУДИ́ТЬ, разбужу́, разбу́д|ят, разбуди́|л; ***сов. к*** буди́ть в 1 знач. (см.)
II. РАЗБУДИ́ВШИЙ, -ая, -ее, -ие; *действ. прош.*
Синт.: **а, б** — в глаг. знач. 1
IV. РАЗБУ́ЖЕННЫЙ, -ая, -ое, -ые; *страд. прош.* [чередование д/ж]
Синт.: **а, б, в** — в глаг. знач. 1
РАЗБУ́ЖЕН, -ена, -ено, -ены; *кр. ф.*
В глаг. знач. 1

РАЗБУ́ХНУТЬ, разбу́хнут, разбу́х|; ***сов., неперех.; S не лицо*** **1.** *Зерно разбухло от влаги* [расшириться, увеличиться в объеме, пропитавшись влагой] **2.** *Почки на деревьях разбухли* [налиться соками, питательными веществами] **3.** *В этом учреждении штаты сильно разбухли. Рукопись разбухла* [разрастись, непомерно увеличиться в объеме; *разг.*]
II. РАЗБУ́ХШИЙ, -ая, -ее, -ие; *действ. прош.*
Синт.: **а, б, в** — в глаг. знач. 1 — 3

РАЗВЕРНУ́ТЬ, развернут, разверну́|л; ***сов., перех.*** (*несов.* развёртывать; *несов.* развора́чивать к 1 — 8 знач.) **1.** ***что*** *Мальчик развернул свернутые в трубочку ноты и приготовился играть. Продавец развернул ковер, чтобы показать нам его рисунок* [расположить в длину или ширину по плоскости, по прямой линии, раскрыть что-л. свернутое, скатанное] **2.** ***что*** *Сережа развернул газету и стал читать передовую статью. «Девушка принесла сложенный вчетверо план, развернула его и положила на стол».* Паустовский, Рождение моря [раскрыть что-л. сложенное вдвое или в несколько раз] **3.** ***кого(что)*** и ***что*** *Ольга развернула ребенка, чтобы поменять пеленку. Илья развернул подарок, и мы увидели набор инструментов. Дима развернул сверток и показал нам* *книги, которые он купил* [освободить кого-л. или что-л. завернутое от того, что покрывает, закрывает его со всех сторон] **4. что** *«Сверток издавал сильный запах типографской краски.. Я нетерпеливо развернул бумагу и увидел два номера „Иллюстрированного листка"».* Куприн, Первенец. *Когда мы развернули одеяло, в которое был завернут ребенок, он перестал плакать* [раскрыть или снять то, во что кто-л. или что-л. завернуто] **5. что** *Делая это упражнение, мальчик развернул плечи и носки ног* [развести как можно шире в стороны плечи, носки ног и т. д.] **6. кого(что)** и **что** *Командующий развернул полк с севера на юг* [расположить войсковые части, военную технику и т. п. каким-л. образом] **7. кого(что)** и **что** *Регулировщик развернул колонну демонстрантов, так как проход в этом месте был закрыт. Водитель резко развернул машину. Артиллеристы развернули пушку и стали стрелять в противоположном направлении* [изменить направление движения, дав сигнал повернуть, заставив повернуть; изменить положение чего-л., сделав оборот, поворот] **8. что** *Здесь во время войны развернули походный госпиталь. «Он [Акимов] предложил им с утра развернуть рацию на случай, если противник на время выведет из строя проводную связь».* Казакевич, Сердце друга [организовать, расположить, подготовить к действию] **9. что** *Совхоз развернул строительство в этом районе. «Раскатов и Диденко все заботились, чтобы развернуть настоящую самокритику».* Кетлинская, Дни нашей жизни [организовать, начать осуществлять в полной мере, в широких масштабах] **10. что** *«Именно теперь русский революционер, руководимый истинно революционной теорией, опираясь на истинно революционный и стихийно пробуждающийся класс, может наконец — наконец! — выпрямиться во весь свой рост и развернуть все свои богатырские силы».* Ленин, Что делать? *На этой работе Дима развернул все свои способности* [проявить в полной мере, дать широко развиться] **11. что** *Писатель не развернул в полной мере характеры своих героев. Докладчик развернул свою аргументацию и быстро убедил аудиторию* [показать, изложить, описать и т. п. с достаточной широтой, полнотой]

II. РАЗВЕРНУ́ВШИЙ, -ая, -ее, -ие; *действ. прош.*

С и н т.: **а, б** — в глаг. знач. 1 — 11

IV. РАЗВЁРНУТЫЙ, -ая, -ое, -ые; *страд. прош.**

[чередование е/ё]

С и н т.: **а, б** — в глаг. знач. 1 — 9, 11; **в** — в глаг. знач. 1 — 3, 5

В з н а ч. п р и л. **1.** (также *кр. ф.*↓) Разведенный слишком широко в стороны в результате травмы, от рождения. *Развернутые ступни* **2.** (только *полн. ф.*) Расположенный в ширину. *Танки шли развернутым строем*

С р. прил. **развёрнутый,** -ая, -ое, -ые. **1.** Организованный, осуществляемый в широких размерах. *Развернутое наступление на бюрократизм* **2.** Полный, подробный. *Развернутые тезисы. Развернутый план. Развернутая характеристика. Нам были даны развернутые, аргументированные ответы*

С у б с т а н т и в.$_2$ не употр.; с у б с т а н т и в.$_3$ в глаг. знач. 3

РАЗВЁРНУТ, -та, -то, -ты; *кр. ф.**

В глаг. знач. 1 — 9, 11

В з н а ч. п р и л. (также *полн. ф.* в знач. прил. 1 ↑) *Ступни ног развернуты*

▭ Прич. IV в 10 глаг. знач. не употр.

РАЗВЁРТЫВАТЬ, развёртыва|ют, развёртыва|л; ***несов. к*** разверну́ть (см.)

I. РАЗВЁРТЫВАЮЩИЙ, -ая, -ее, -ие; *действ. наст.*

С и н т.: **а, б** — в глаг. знач. 1 — 11

II. РАЗВЁРТЫВАВШИЙ, -ая, -ее, -ие; *действ. прош.*

С и н т.: **а, б** — в глаг. знач. 1 — 11

III. РАЗВЁРТЫВАЕМЫЙ, -ая, -ое, -ые; *страд. наст.**

С и н т.: **а, б** — в глаг. знач. 1 — 9, 11; **в** — в глаг. знач. 1 — 3, 5, 7 — 9

С у б с т а н т и в.$_2$ не употр.; с у б с т а н т и в.$_3$ в глаг. знач. 3

▭ Прич. III в 10 глаг. знач. не употр.

РАЗВЕСЕЛИ́ТЬ, развесел|я́т, развесели́|л; ***сов. к*** весели́ть в 1 знач. (см.)

II. РАЗВЕСЕЛИ́ВШИЙ, -ая, -ее, -ие; *действ. прош.*

С и н т.: **а, б** — в глаг. знач. 1

IV. РАЗВЕСЕЛЁННЫЙ, -ая, -ое, -ые; *страд. прош.*

С и н т.: **а, б** — в глаг. знач. 1

РАЗВЕСЕЛЁН, -ена́, -ено́, -ены́; *кр. ф.*

В глаг. знач. 1

РАЗВЕСТИ́, развед|у́т, развёл, развела́, -ло́, -ли́; ***сов., перех.*** (*несов.* разводи́ть) **1. кого(что)** *Учителя развели по классам первоклассников. Дежурный офицер развел часовых* [ведя многих, доставить, привести каждого на свое место; расставить по постам] **2. что** *Врач с трудом развел крепко сжатые ладони больного. Мосты еще не развели* [разъединить, отделить одно от другого; раздвинуть, разъединить подвижные части чего-л.] **3. кого(что)** *Случайный прохожий развел дерущихся мальчиков* [отвести силой друг от друга, разъединить дерущихся] **4. кого(что); S не лицо** *Судьба развела друзей. «Соперничество не только не развело нас — напротив, спаяло еще крепче».* Нагибин, Любовь и знамя [отдалить друг от друга, нарушить тесную дружескую связь, взаимопонимание] **5. кого(что)** *Суд развел супругов* [расторгнуть чей-л. брак] **6. что** *Мать развела стиральный порошок в теплой воде* [заставить раствориться в какой-л. жидкости] **7. что,** также **чем** *Бабушка разведет крепкий квас водой* (см. § 2). *Дима развел спирт и положил в него зверобой* [добавить воды или другой жидкости, сделать какую-л. жидкость менее крепкой, разбавить] **8. кого(что)*** и **что** *Ольга развела перед домом цветы. Друзья развели на даче кроликов* [занявшись выращиванием чего-л., уходом за животными, растениями, добиться их роста, размножения] **9. кого(что)*** и **что** *Наши соседи развели тараканов. Олег раз-*

РАЗ

вел в комнате грязь [допустить распространение кого-чего-л. нежелательного из-за небрежности, нечистоплотности и т. п.] **10. *что*** *Смирнов опять развел пустые разговоры. Из-за пустяков ты развел целую философию* [начать пространно, чаще не по существу, говорить — обычно в сочетании с сущ. *разговоры, философия, мораль, канитель; разг.*] **11. *что*** *«[Елизавета:] Ой, какую вы тоску зеленую развели!»* М. Горький, Достигаев и другие. *Зачем он развел дома такие строгости?* [вызвать своими действиями что-л., обычно нежелательное для окружающих; *разг.*] **12. *что*** *Хозяйка развела огонь в печи. Туристы быстро развели костер* [разжечь, растопить, довести до нужной степени то, что указано существительным]

II. РАЗВЕ́ДШИЙ, -ая, -ее, -ие; *действ. прош.*
Синт.: **а, б** — в глаг. знач. 1 — 12

IV. РАЗВЕДЁННЫЙ, -ая, -ое, -ые; *страд. прош.*
Синт.: **а, б** — в глаг. знач. 1 — 12; **в** — в глаг. знач. 2, 12
В знач. прил. (только *полн. ф.*) **1.** Не крепкий, разбавленный какой-л. жидкостью. *Разведенный спирт. Разведенный уксус* **2.** Состоящий в разводе со своим бывшим супругом или со своей бывшей супругой. *Разведенные супруги*
Субстантив.$_2$ в глаг. знач. 1, 5; субстантив.$_3$ в глаг. знач. 7
РАЗВЕДЁН, -ена́, -ено́, -ены́; *кр. ф.*
В глаг. знач. 1 — 12

РАЗВЕТВИ́ТЬ, разветвлю́, разветв|я́т, разветви́|л; ***сов., перех., что*** (*несов.* разветвля́ть) **1.** *Нужно разветвить этот железнодорожный путь. Смирнов напрасно разветвил маршрут поисковой группы, а не послал ее в одном направлении* [разделить на несколько частей, линий, направлений, идущих от одной точки в разные стороны] **2.** *Местные власти сильно разветвили систему ремонтных мастерских* [создать отделения какого-л. учреждения, организации и т. п. в разных местах]

II. РАЗВЕТВИ́ВШИЙ, -ая, -ее, -ие; *действ. прош.*
Синт.: **а, б** — в глаг. знач. 1, 2

IV. РАЗВЕТВЛЁННЫЙ, -ая, -ое, -ые; *страд. прош.*
[чередование в/вл]
Синт.: **а, б** — в глаг. знач. 1, 2
В знач. прил. (также *кр. ф.* ↓) С разветвлениями, ответвлениями, разветвившийся. *Старое разветвленное дерево. Разветвленная крона. Разветвленные корни. «..на загорелых его кистях разветвленные надутые жилы казались зеленоватыми..»* Федин, Санаторий Арктур
С р. прил. **разветвлённый,** -ая, -ое, -ые; -ён, -ённа, -ённо, -ённы. Имеющий большое количество отделений, отделов, отраслей и т. п. *«В лагере он создал разветвленную подпольную организацию».* Казакевич, Весна на Одере. *Разветвленная сеть магазинов. Разветвленная сеть железных дорог. Разветвленная система мастерских*
Субстантив.$_3$ не употр.
РАЗВЕТВЛЁН, -ена́, -ено́, -ены́; *кр. ф.*
В глаг. знач. 1, 2
В знач. прил. (также *полн. ф.* ↑) *Дерево разветвлено. Крона разветвлена. Корни разветвлены*

РАЗВЕТВИ́ТЬСЯ, разветвлю́сь, разветвя́тся, разветви́|лся; ***сов.*** (*несов.* разветвля́ться); ***S не лицо*** **1.** *На повороте лесная дорога разветвилась, и мы пошли налево* [разделиться на несколько частей, линий, направлений, идущих из одного места в разные стороны] **2.** *«Липы выросли, разветвились и бросали на тротуары густую тень».* Кочетов, Журбины. *Корни деревьев сильно разветвились* [дать ветви — о растениях; дать ответвления — о корнях растений]

II. РАЗВЕТВИ́ВШИЙСЯ, -аяся, -ееся, -иеся; *действ. прош.*
Синт.: **а, б, в** — в глаг. знач. 1, 2

РАЗВЕТВЛЯ́ТЬ, разветвля́|ют, разветвля́|л; ***несов. к*** разветви́ть (см.)

I. РАЗВЕТВЛЯ́ЮЩИЙ, -ая, -ее, -ие; *действ. наст.*
Синт.: **а, б** — в глаг. знач. 1, 2

II. РАЗВЕТВЛЯ́ВШИЙ, -ая, -ее, -ие; *действ. прош.*
Синт.: **а, б** — в глаг. знач. 1, 2

III. РАЗВЕТВЛЯ́ЕМЫЙ, -ая, -ое, -ые; *страд. наст.*
Синт.: **а, б** — в глаг. знач. 1, 2
Субстантив.$_3$ не употр.

РАЗВЕТВЛЯ́ТЬСЯ, разветвля́|ются, разветвля́|лся; ***несов. к*** разветви́ться (см.)

I. РАЗВЕТВЛЯ́ЮЩИЙСЯ, -аяся, -ееся, -иеся; *действ. наст.*
Синт.: **а, б, в** — в глаг. знач. 1, 2

II. РАЗВЕТВЛЯ́ВШИЙСЯ, -аяся, -ееся, -иеся; *действ. прош.*
Синт.: **а, б, в** — в глаг. знач. 1, 2

РАЗВИВА́ТЬ [1], развива́|ют, развива́|л; ***несов. к*** разви́ть [1] (см.)

I. РАЗВИВА́ЮЩИЙ, -ая, -ее, -ие; *действ. наст.*
Синт.: **а, б** — в глаг. знач.

II. РАЗВИВА́ВШИЙ, -ая, -ее, -ие; *действ. прош.*
Синт.: **а, б** — в глаг. знач.

III. РАЗВИВА́ЕМЫЙ, -ая, -ое, -ые; *страд. наст.*
Синт.: **а, б** — в глаг. знач.

РАЗВИВА́ТЬ [2], развива́|ют, развива́|л; ***несов. к*** разви́ть [2] (см.)

I. РАЗВИВА́ЮЩИЙ, -ая, -ее, -ие; *действ. наст.*
Синт.: **а, б** — в глаг. знач. 1 — 6

II. РАЗВИВА́ВШИЙ, -ая, -ее, -ие; *действ. прош.*
Синт.: **а, б** — в глаг. знач. 1 — 6

III. РАЗВИВА́ЕМЫЙ, -ая, -ое, -ые; *страд. наст.**
Синт.: **а, б, в** — в глаг. знач. 1, 2, 4 — 6
Субстантив.$_3$ не употр.
□ Прич. III в 3 глаг. знач. не употр.

РАЗВИВА́ТЬСЯ, развива́|ются, развива́|лся; ***несов.*** (*сов.* разви́ться *к* 1 — 3, 5 знач.) **1. *S не лицо***

На камнях каждую весну развивались лишайники и мох. У Ольги постепенно развивалась глухота [вырастать, появляться в результате естественного жизненного процесса; возникать, образовываться] **2.** ***S не лицо*** *Талант у молодого художника развивается постепенно. Мое чувство любви к вам развивалось медленно* [созревать, находясь в процессе постепенного роста, перехода из одного состояния в другое, принимать законченную форму] **3.** ***S не лицо*** *При спуске с горы у санок развивается очень большая скорость* [усиливаться, доходить до значительной степени, величины и т. п.] **4.** ***S не лицо*** *В социалистических странах развивается новый тип отношений между людьми. В современной биологии развиваются новые направления исследований* [появляться и формироваться, складываться, приобретать определенную силу] **5.** *Дети сейчас развиваются очень быстро. Сын у Андрея развивался не по годам, он кончил школу в 14 лет* [созревать физически; созревать духовно, умственно] **6.** ***S не лицо*** *Действие романа развивается медленно* [протекать, происходить]

I. РАЗВИВА́ЮЩИЙСЯ, -аяся, -ееся, -иеся; *действ. наст.*

Синт.: **а, б** — в глаг. знач. 1 — 6; **в** — в глаг. знач. 1, 4

В знач. прил. в выражении: **развивающиеся страны** — страны, освободившиеся от колониальной зависимости

II. РАЗВИВА́ВШИЙСЯ, -аяся, -ееся, -иеся; *действ. прош.*

Синт.: **а, б** — в глаг. знач. 1 — 6; **в** — в глаг. знач. 1, 4

РАЗВИ́ТЬ [1], разовью́т, разви́|л, развила́, разви́ло, -ли; ***сов., перех., что*** (*несов.* развива́ть [1]) *Старик развил толстую веревку. Девушка развила все локоны* [распрямить что-л. свитое, завитое, скрученное]

II. РАЗВИ́ВШИЙ, -ая, -ее, -ие; *действ. прош.*

Синт.: **а, б** — в глаг. знач.

IV. РАЗВИ́ТЫЙ, -ая, -ое, -ые; *страд. прош.*

Синт.: **а, б** — в глаг. знач.

В знач. прил. (только *полн. ф.*) Ставший прямым. *Развитые волосы*

РАЗВИ́Т, развита́ и *доп.* разви́та, разви́то, -ты; *кр. ф.*

В глаг. знач.

РАЗВИ́ТЬ [2], разовью́т, разви́|л, развила́, разви́ло, -ли; ***сов., перех.*** (*несов.* развива́ть [2]) **1.** ***что,*** также ***чем*** *Занимаясь в спортивной секции, ребята сильно развили мускулатуру. Сережа развил свою память специальными упражнениями* (см. § 2) [постепенно совершенствуя, дать чему-л. усилиться, созреть, окрепнуть, укрепиться] **2.** ***что*** *Отец развил во мне интерес к живописи. Необходимо развить творческую активность масс* [помочь возникновению, усилению чего-л.] **3.** ***кого(что)*** *Молодая учительница заметно развила своих учеников, организовав музыкальный кружок. Чтение, посещение театров и музеев сильно развили наших детей* [сделать духовно зрелым, дать раскрыться умственным и духовным способностям, расширить кругозор] **4.** ***что*** *Слаборазвитые страны не могут развить тяжелую промышленность без помощи других стран* [довести до какой-л. степени мощности, совершенства, поднять уровень чего-л.] **5.** ***что*** *Противник развил наступление с флангов. В связи с предстоящим приходом гостей Наташа развила бурную деятельность — поехала на рынок, приготовила вкусный обед, убрала квартиру* [предпринять что-л. с бо́льшим размахом, со всей энергией развернуть что-л.] **6.** ***что*** *Инженеры развили предложенную ученым идею. Докладчик развил эту интересную мысль* [распространить, расширить применение чего-л., углубить содержание чего-л.; последовательно и подробно изложить что-л.]

II. РАЗВИ́ВШИЙ, -ая, -ее, -ие; *действ. прош.*

Синт.: **а, б** — в глаг. знач. 1 — 6

IV. РА́ЗВИТЫЙ, -ая, -ое, -ые и РАЗВИ́ТЫЙ, -ая, -ое, -ые; *страд. прош.**

Синт.: **а, б** — в глаг. знач. 1, 2, 4 — 6; **в** — в глаг. знач. 1

Ср. прил. **развито́й**, -а́я, -о́е, -ы́е; ра́звит, развита́, ра́звито, -ты. **1.** Достигший высокой степени, стадии развития. *Развитое общество. Развитое сельское хозяйство* **2.** Духовно зрелый, просвещенный, с широким кругозором. *Развитой человек* **3.** Достигший полного физического развития, созревший. *Аня вполне развитая девушка* **4.** Достигший совершенного состояния, обычно в результате тренировок. *Юноша с развитыми мускулами. Развитое обоняние*

Субстантив.₃ не употр.

РА́ЗВИТ и РАЗВИ́Т, развита́, ра́звито и разви́то, ра́звиты и разви́ты; *кр. ф.**

В глаг. знач. 1, 2, 4 — 6 и в статив. знач.

Статив. знач. (только *кр. ф.*) Распространен, часто встречается. *В нашем районе развита художественная самодеятельность*

□ Прич. IV в 3 глаг. знач. не употр.

РАЗВИ́ТЬСЯ, разовью́тся, разви́|лся, развила́сь, развило́сь и *доп.* разви́лось, развили́сь и *доп.* разви́лись; ***сов. к*** развива́ться в 1 — 3, 5 знач. (см.)

II. РАЗВИ́ВШИЙСЯ, -аяся, -ееся, -иеся; *действ. прош.*

Синт.: **а, б** — в глаг. знач. 1 — 3, 5; **в** — в глаг. знач. 1

РАЗВОДИ́ТЬ, разво́д|ят, разводи́|л; ***несов. к*** развести́ (см.)

I. РАЗВОДЯ́ЩИЙ, -ая, -ее, -ие; *действ. наст.*

Синт.: **а, б** — в глаг. знач. 1 — 12

II. РАЗВОДИ́ВШИЙ, -ая, -ее, -ие; *действ. прош.*

Синт.: **а, б** — в глаг. знач. 1 — 12

III. РАЗВОДИ́МЫЙ, -ая, -ое, -ые; *страд. наст.*

Синт.: **а, б** — в глаг. знач. 1 — 12; **в** — в глаг. знач. 2, 12

Субстантив.₂ в глаг. знач. 1, 5; субстантив.₃ в глаг. знач. 7

РАЗВОРА́ЧИВАТЬ [1], развора́чива|ют, развора́чива|л; ***несов. к*** разверну́ть в 1 — 8 знач. (см.)

I. РАЗВОРА́ЧИВАЮЩИЙ, -ая, -ее, -ие; *действ. наст.*

Синт.: **а, б** — в глаг. знач. 1 — 8
II. РАЗВОРА́ЧИВАВШИЙ, -ая, -ее, -ие; *действ. прош.*
Синт.: **а, б** — в глаг. знач. 1 — 8
III. РАЗВОРА́ЧИВАЕМЫЙ, -ая, -ое, -ые; *страд. наст.*
Синт.: **а, б** — в глаг. знач. 1 — 8; **в** — в глаг. знач. 1 — 3, 5, 7, 8
Субстантив.₂ не употр.; субстантив.₃ в глаг. знач. 3

РАЗВОРА́ЧИВАТЬ [2], развора́чива|ют, развора́чива|л; ***несов. к*** разворотить (см.)
I. РАЗВОРА́ЧИВАЮЩИЙ, -ая, -ее, -ие; *действ. наст.*
Синт.: **а, б** — в глаг. знач. 1 — 5
II. РАЗВОРА́ЧИВАВШИЙ, -ая, -ее, -ие; *действ. прош.*
Синт.: **а, б** — в глаг. знач. 1 — 5
III. РАЗВОРА́ЧИВАЕМЫЙ, -ая, -ое, -ые; *страд. наст.*
Синт.: **а, б** — в глаг. знач. 1 — 5
Субстантив.₃ в глаг. знач. 4

РАЗВОРОТИ́ТЬ, разворочу́, разворо́т|ят, развороти́|л; ***сов., перех., что*** (*несов.* развора́чивать [2]) **1.** также ***чем*** *Колхозники разворотили вилами слежавшийся навоз и начали грузить его на телегу* (см. § 2) [ворочая, разъединить, разделить что-л. собранное, сложенное в одно место] **2.** *«Неожиданно ему стало жалко.. ту поляну, которую разрыл и разворотил экскаватор».* Гайдар, Дальние страны [разрыть, вскопать большими глыбами] **3.** *При обыске полицейские разворотили постели, все ящики и шкафы, но листовок не нашли* [не заботясь о сохранности чего-л., разбросать, перемешать содержимое чего-л., привести в полный беспорядок] **4.** также ***чем; S не лицо*** и ***безл.*** *Разорвавшийся снаряд разворотил крышу. «Взрывом разворотило угол дома».* Ф. Богородский, Воспоминания художника [разрушить, превратить в груду обломков] **5.** ***S не лицо*** и ***безл.*** *Крупный осколок взорвавшейся бомбы разворотил солдату бедро. «Двух собак повалил выстрел, одному псу разворотило череп».* Чапыгин, Гулящие люди [исковеркать, изуродовать какую-л. часть тела]
II. РАЗВОРОТИ́ВШИЙ, -ая, -ее, -ие; *действ. прош.*
Синт.: **а, б** — в глаг. знач. 1 — 5
IV. РАЗВОРО́ЧЕННЫЙ, -ая, -ое, -ые; *страд. прош.*
[чередование т/ч]
Синт.: **а, б** — в глаг. знач. 1 — 5; **в** — в глаг. знач. 3
В знач. прил. (только *полн. ф.*) Превратившийся в груду искореженных частей. *Развороченные крыши. Развороченные дома*
Субстантив.₃ в глаг. знач. 4
РАЗВОРО́ЧЕН, -ена, -ено, -ены; *кр. ф.*
В глаг. знач. 1 — 5

РАЗВРАТИ́ТЬ, развращу́, разврат|я́т, разврати́|л; ***сов., перех., кого(что)*** (*несов.* развраща́ть) **1.** *«— [Отец] развратил сиротку, которой он был опекуном».* Гоголь, Мертвые души, II. Заключ. гл. [приучить к половому разврату, сделать развратным] **2.** также ***чем*** *Идеологи фашизма развратили многих неискушенных в политике молодых людей* (из газет). *Этот человек своим воспитанием развратил сына* (см. § 1). *Тунеядство развратило девушек* [приучить к безнравственному образу мыслей, образу жизни, сделать нравственно испорченным] **3.** также ***чем*** *«— Он развратил своих крестьян,— говорили помещики,— до того, что они в будни ходят в сапогах да еще имеют у себя батраков».* Герцен, Записки одного молодого человека. *Мать развратила дочь беспрекословным исполнением всех желаний, а теперь жалуется, что дочь ничего не хочет делать* (см. § 2). *«Сытая жизнь.. окончательно меня парализовала и развратила».* Куприн, Чужой хлеб [избаловать, приучить к излишествам, роскоши, лени]
II. РАЗВРАТИ́ВШИЙ, -ая, -ее, -ие; *действ. прош.*
Синт.: **а, б** — в глаг. знач. 1 — 3
IV. РАЗВРАЩЁННЫЙ, -ая, -ое, -ые; *страд. прош.*
[чередование т/щ]
Синт.: **а, б** — в глаг. знач. 1 — 3
В знач. прил. **1.** (также *кр. ф.* ↓) Испорченный, привыкший к дурному образу жизни, развратившийся. *Это эгоистичный, развращенный человек* **2.** (только *полн. ф.*) Отличающийся половой распущенностью, развратный. *«Катерина Афанасьевна была глубоко развращенная женщина.. Целый день в ее доме было, что называется, разливанное море».* Салтыков-Щедрин, Невинные рассказы
Ср. прил. **развращённый**, -ая, -ое, -ые; -ён, -ённа, -ённо, -ённы. **1.** Проникнутый безнравственностью, не имеющий нравственных ограничений. *Развращенный ум. Развращенное общество* **2.** Свойственный человеку, предающемуся половому разврату. *Развращенные лица*
РАЗВРАЩЁН, -ена́, -ено́, -ены́; *кр. ф.*
В глаг. знач. 1 — 3
В знач. прил. (также *полн. ф.* ↑) *Этот человек развращен, эгоистичен*

РАЗВРАТИ́ТЬСЯ, развращу́сь, разврата́тся, разврати́|лся; ***сов.***, (*несов.* развраща́ться) **1.** *«Молодые женщины, не успевшие еще развратиться, идут [на медицинский осмотр], стыдливо опустив головы».* Новиков-Прибой, В запас [приучиться к половой распущенности, стать развратным] **2.** *«С тех пор они оба развратились: он — военной службой, дурной жизнью, она — замужеством с человеком.., который не только не любил всего того, что было когда-то для нее... самым святым и дорогим, но даже не понимал, что это такое».* Л. Толстой, Воскресение [стать нравственно испорченным, приобрести дурные, безнравственные привычки, наклонности] **3.** *Ребята совсем развратились от безделья — ничего не хотят делать* [привыкнуть к безделью, роскоши, лени, избаловаться]
II. РАЗВРАТИ́ВШИЙСЯ, -аяся, -ееся, -иеся; *действ. прош.*
Синт.: **а, б** — в глаг. знач. 1 — 3

РАЗВРАЩА́ТЬ, развраща́|ют, развраща́|л; ***несов., перех., кого(что)*** (*сов.* разврати́ть) **1.** *«Ченцов никогда и ни одной женщины не любил, а только развращал каждую для минутной своей прихоти».* Писемский, Масоны [приучать к половому разврату, делать развратным] **2.** также ***чем*** *Идеологи фашизма развращают многих неискушенных в политике молодых людей. Этот человек своим воспитанием развращал сына* (см. § 1). *Тунеядство и сомнительные друзья развращали девушек* [приучать к безнравственному образу мыслей, образу жизни, делать нравственно испорченным] **3.** также ***чем*** *Мать развращала дочь беспрекословным исполнением всех ее желаний* (см. § 2). *Безделье развращает людей* [баловать, приучать к излишествам, роскоши, лени]

I. РАЗВРАЩА́ЮЩИЙ, -ая, -ее, -ие; *действ. наст.*
Синт.: **а, б** — в глаг. знач. 1 — 3
В знач. прил. **1.** Ведущий к нравственному падению, моральному разложению. *Иметь развращающее влияние. Оказывать развращающее действие* **2.** Ведущий к избалованности, лени, любви к излишествам, роскоши и т. п. *Развращающее безделье*

II. РАЗВРАЩА́ВШИЙ, -ая, -ее, -ие; *действ. прош.*
Синт.: **а, б** — в глаг. знач. 1 — 3

III. РАЗВРАЩА́ЕМЫЙ, -ая, -ое, -ые; *страд. наст.*
Синт.: **а, б** — в глаг. знач. 1 — 3

РАЗВРАЩА́ТЬСЯ, развраща́|ются, развраща́|лся; ***несов. к*** развратиться (см.)

I. РАЗВРАЩА́ЮЩИЙСЯ, -аяся, -ееся, -иеся; *действ. наст.*
Синт.: **а, б** — в глаг. знач. 1 — 3

II. РАЗВРАЩА́ВШИЙСЯ, -аяся, -ееся, -иеся; *действ. прош.*
Синт.: **а, б** — в глаг. знач. 1 — 3

РАЗГРАФИ́ТЬ, разграфлю́, разграф|я́т, разграфи́|л; ***сов. к*** графи́ть (см.)

II. РАЗГРАФИ́ВШИЙ, -ая, -ее, -ие; *действ. прош.*
Синт.: **а, б** — в глаг. знач.

IV. РАЗГРАФЛЁННЫЙ, -ая, -ое, -ые; *страд. прош.*
[чередование ф/фл]
Синт.: **а, б, в** — в глаг. знач.
РАЗГРАФЛЁН, -ена́, -ено́, -ены́; *кр. ф.*
В глаг. знач.

РАЗГРОМИ́ТЬ, разгромлю́, разгром|я́т, разгроми́|л; ***сов. к*** громи́ть (см.)

II. РАЗГРОМИ́ВШИЙ, -ая, -ее, -ие; *действ. прош.*
Синт.: **а, б** — в глаг. знач. 1 — 3

IV. РАЗГРО́МЛЕННЫЙ, -ая, -ое, -ые и РАЗГРОМЛЁННЫЙ, -ая, -ое, -ые; *страд. прош.*
[чередование м/мл]
Синт.: **а, б, в** — в глаг. знач. 1 — 3
Субстантив.$_2$ не употр.
РАЗГРО́МЛЕН, -ена, -ено, -ены и РАЗГРОМЛЁН, -ена́, -ено́, -ены́; *кр. ф.*
В глаг. знач. 1 — 3

РАЗДАВИ́ТЬ, раздавлю́, разда́в|ят, раздави́|л; ***сов. к*** дави́ть в 10 знач. (см.)

II. РАЗДАВИ́ВШИЙ, -ая, -ее, -ие; *действ. прош.*
Синт.: **а, б** — в глаг. знач. 10

IV. РАЗДА́ВЛЕННЫЙ, -ая, -ое, -ые; *страд. прош.*
[чередование в/вл]
Синт.: **а, б, в** — в глаг. знач. 10
РАЗДА́ВЛЕН, -ена, -ено, -ены; *кр. ф.*
В глаг. знач. 10

РАЗДВА́ИВАТЬ, раздва́ива|ют, раздва́ива|л; ***несов. к*** раздвои́ть (см.)

I. РАЗДВА́ИВАЮЩИЙ, -ая, -ее, -ие; *действ. наст.*
Синт.: **а, б** — в глаг. знач. 1, 2

II. РАЗДВА́ИВАВШИЙ, -ая, -ее, -ие; *действ. прош.*
Синт.: **а, б** — в глаг. знач. 1, 2

III. РАЗДВА́ИВАЕМЫЙ, -ая, -ое, -ые; *страд. наст.*
Синт.: **а, б, в** — в глаг. знач. 1, 2
Субстантив.$_3$ в глаг. знач. 1

РАЗДВА́ИВАТЬСЯ, раздва́ива|ются, раздва́ива|лся; ***несов. к*** раздвои́ться (см.)

I. РАЗДВА́ИВАЮЩИЙСЯ, -аяся, -ееся, -иеся; *действ. наст.*
Синт.: **а, б, в** — в глаг. знач. 1 — 4
Субстантив.$_1$ не употр.

II. РАЗДВА́ИВАВШИЙСЯ, -аяся, -ееся, -иеся; *действ. прош.*
Синт.: **а, б, в** — в глаг. знач. 1 — 4
Субстантив.$_1$ не употр.

РАЗДВОИ́ТЬ, раздво|я́т, раздвои́|л; ***сов., перех., что,*** также ***чем*** (*несов.* раздва́ивать) **1.** *Мальчик раздвоил палочку ножом* (см. § 2) *«В эту самую минуту сильный порыв ветра раздвоил тучу».* Григорович, Антон-Горемыка [разделить надвое, на две части] **2.** *Регулировщик преждевременным сигналом раздвоил внимание гонщика, и он сбавил скорость* (см. § 2). *Это лекарство как бы раздвоило мысли больного* [лишив цельности, внутреннего единства, придать проявлению чего-л. разные направления]

II. РАЗДВОИ́ВШИЙ, -ая, -ее, -ие; *действ. прош.*
Синт.: **а, б** — в глаг. знач. 1, 2

IV. РАЗДВО́ЕННЫЙ, -ая, -ое, -ые и РАЗДВОЁННЫЙ, -ая, -ое, -ые; *страд. прош.*
Синт.: **а, б** — в глаг. знач. 1, 2; **в** — в глаг. знач. 1
Ср. прил. **раздво́енный**, -ая, -ое, -ые; -ен, **-енна**, -енно, **-енны** и **раздвоённый**, -ён, **-ённа**, -ённо, -ённы. **1.** Разделившийся надвое, раздвоившийся. *Раздво́енное и раздвоённое копыто. Раздво́енная и раздвоённая борода* **2.** Утративший цельность, внутреннее единство, имеющий две стороны, два направления своего существования, проявления. *Раздво́енное и раздвоённое сознание. Раздво́енная и раздвоённая жизнь*
Субстантив.$_3$ в глаг. знач. 1
РАЗДВО́ЕН, -ена, -ено, -ены и РАЗДВОЁН, -ена́, -ено́, -ены́; *кр. ф.*

В глаг. знач. 1, 2

РАЗДВОИ́ТЬСЯ, раздвоя́тся, раздвои́|лся; ***сов.*** (*несов.* раздва́иваться) **1.** ***S не лицо*** *У опушки леса дорога раздвоилась* [разделиться на две части, надвое] **2.** ***S не лицо*** *«.. его внимание, видимо, раздвоилось между мной и Чепурниковым».* Короленко, Черкес [начать проявляться в двух направлениях] **3.** ***S не лицо*** *Жизнь Олега после женитьбы как бы раздвоилась: он не мог порвать со старыми привычками и должен был жить по новым законам* [получить как бы две формы существования, проявления] **4.** *«Человек чувствует, что он раздвоился. И это раздвоение мучительно раздирает душу его».* Л. Толстой, О жизни [начать испытывать чувство душевного разлада]

II. РАЗДВОИ́ВШИЙСЯ, -аяся, -ееся, -иеся; *действ. прош.*

Синт.: **а, б, в** — в глаг. знач. 1 — 4

Субстантив.$_1$ не употр.

РАЗДЕВА́ТЬ, раздева́|ют, раздева́|л; ***несов. к*** разде́ть (см.)

I. РАЗДЕВА́ЮЩИЙ, -ая, -ее, -ие; *действ. наст.*

Синт.: **а, б** — в глаг. знач. 1, 2

II. РАЗДЕВА́ВШИЙ, -ая, -ее, -ие; *действ. прош.*

Синт.: **а, б** — в глаг. знач. 1, 2

III. РАЗДЕВА́ЕМЫЙ, -ая, -ое, -ые; *страд. наст.*

Синт.: **а, б** — в глаг. знач. 1, 2

РАЗДЕЛИ́ТЬ, разделю́, разде́л|ят, раздели́|л; ***сов., перех.*** (*несов.* дели́ть *к* 1 — 6, 11 знач.; *несов.* разделя́ть *к* 3, 6 — 8, 10 знач.) **1.** ***что*** *Дети разделили яблоко на четыре части* [разъединить на части] **2.** ***кого(что) на что*** *Командир разделил отряд на небольшие группы* [образовать из кого-чего-л. более мелкие подразделения, объединения и т. п.] **3.** ***что; S не лицо*** *Длинный овраг разделил луг на две части. Внутренняя лестница разделила здание на две половины* [поделить собой что-л. целое на составные части] **4.** ***что*** *Мальчики разделили апельсины поровну. «Анна Игнатьевна бережно разделила между ними [девочками] супное мясо».* Каверин, Перед зеркалом [распределить что-л., дав каждому часть] **5.** ***что с кем(чем)*** *Последний кусок хлеба солдат разделит с другом* [поделиться чем-л. с кем-л., дать кому-л. часть чего-л. своего] **6.** ***что*** *Друзья Ильи разделили с ним его радость. «Как бы мне хотелось увидать вас, разделить ваше горе!»* Каверин, Два капитана [пережить, испытать вместе с кем-л. какое-л. состояние, чувство и т. п.] **7.** ***что чем*** *Парикмахер расчесал мне волосы и разделил их косым пробором* (см. § 2) [отделить, разъединить чем-л. одно от другого, одну часть от другой] **8.** ***кого (что)*** *«[Пискарев] отправился вслед за нею; но толпа разделила их».* Гоголь, Невский проспект [разъединить собой кого-л., не дать возможности быть рядом, вместе] **9.** ***что*** *Жители городка разделили участь тех, кто в прошлом году пострадал от землетрясения* [подвергнуться тому же, претерпеть то же самое, обычно неприятное, тяжелое, что и кто-л. другой] **10.** ***что*** *Сережа не разделил моего оптимизма и сказал, что вряд ли мы сможем поехать на юг. «Торопчин не разделил энтузиазма Бубенцова».* Лаптев, „Заря" [проявить единодушие с кем-л. в чем-л., выразить согласие, присоединиться к кому-л.— с отрицанием] **11.** ***что*** *Мальчик с легкостью разделил число десять на два* [произвести действие деления — в математике]

I. РАЗДЕЛИ́ВШИЙ, -ая, -ее, -ие; *действ. прош.*

Синт.: **а, б** — в глаг. знач. 1 — 11

IV. РАЗДЕЛЁННЫЙ, -ая, -ое, -ые; *страд. прош.**

Синт.: **а, б** — в глаг. знач. 1 — 8, 10, 11 и в статив. знач.

Статив. знач. (также *кр. ф.*↓) **1.** ***на что*** Не целый, имеющий несколько составных частей. *Мы шли вдоль реки, разделенной на два рукава* **2.** ***чем*** Благодаря естественной или искусственной преграде находящиеся на расстоянии друг от друга — о людях, предметах и т. п. *Разделенные горной рекой туристы что-то кричали друг другу. «Сельцо приютилось между двух высоких гор, разделенных узким ущельем».* Скиталец, Октава

В знач. прил. (только *полн. ф.*) Испытываемый, переживаемый не в одиночку, вместе с кем-л., кто сопереживает, испытывает то же чувство. *Разделенное горе переносится легче. Разделенная любовь*

Субстантив.$_2$ в глаг. знач. 8; субстантив.$_3$ в глаг. знач. 1, 3, 4

РАЗДЕЛЁН, -ена́, -ено́, -ены́, *кр. ф.**

В глаг. знач. 1 — 8, 10, 11

Статив. знач. (также *полн. ф.*↑) **1.** ***на что*** *Река разделена на два рукава* **2.** ***чем*** *Геологические партии были разделены горной рекой. Две горы разделены узким ущельем*

□ Прич. IV в 9 глаг. знач. не употр.

РАЗДЕЛЯ́ТЬ, разделя́|ют, разделя́|л; ***несов., перех.*** (*сов.* раздели́ть *к* 1, 3 — 6 знач.) **1.** ***что; S не лицо*** *Длинный овраг разделял луг на две части. Внутренняя лестница разделяет здание на две половины* [делить собой что-л. целое на составные части] **2.** ***что; S не лицо*** *Две небольшие деревни разделяло огромное поле. Эти горы разделяло глубокое ущелье* [пролегать, находиться между чем-л., создавая естественную или искусственную границу, отделяющую одно от другого] **3.** ***что чем*** *Бабушка всегда разделяла волосы косым пробором* (см. § 2) [отделять, разъединять чем-л. одно от другого, одну часть от другой] **4.** ***кого(что)*** *Олег видит Аню, бросается к ней, но их разделяет толпа* [разъединять собой кого-л., не давать возможности быть рядом, вместе] **5.** ***что*** *Мы разделяем ваше горе. Друзья Ильи всегда разделяют с ним все радости и огорчения* [сопереживать, испытывать вместе с кем-л. какое-л. состояние, чувство и т. п.] **6.** ***что*** *Илья не разделял моего оптимизма и говорил, что я на все смотрю сквозь розовые очки. Сослуживцы не разделяют энтузиазма молодого инженера в данном вопросе* [проявлять единодушие с кем-л. в чем-л., выражать согласие, присоединяться к кому-л.— с отрицанием]

I. РАЗДЕЛЯ́ЮЩИЙ, -ая, -ее, -ие; *действ. наст.*

Синт.: **а, б** — в глаг. знач. 1 — 6

Ср. прич. в 1, 2 глаг. знач. с прил. **раздели́тельный**, -ая, -ое, -ые. Делящий что-л.; обозначающий раздел, разделение. *Разделительная черта. Разделительный знак*

II. РАЗДЕЛЯ́ВШИЙ, -ая, -ее, -ие; *действ. прош.*

Синт.: **а, б** — в глаг. знач. 1 — 6

III. РАЗДЕЛЯ́ЕМЫЙ, -ая, -ое, -ые; *страд. наст.*

Синт.: **а, б** — в глаг. знач. 1 — 6

Ср. прил. **раздели́мый**, -ая, -ое, -ые. Такой, который можно разделить на составные части, расклассифицировать. *«Жизнь для него — один слитный момент, лишь условно разделимый внутри себя на прошлое, настоящее, будущее».* В. Непомнящий, Поэзия и судьба

Субстантив.$_3$ не употр.

РАЗДЕ́ТЬ, разде́нут, разде́|л; ***сов., перех., кого (что)*** (*несов.* раздева́ть) **1.** *Мать раздела мальчика и уложила спать* [снять с кого-л. одежду] **2.** *«— Тебя разденут в нашем переулке!»* Леонов, Дорога на Океан [ограбить, сняв с кого-л. одежду; *разг.*]

II. РАЗДЕ́ВШИЙ, -ая, -ее, -ие; *действ. прош.*

Синт.: **а, б** — в глаг. знач. 1, 2

IV. РАЗДЕ́ТЫЙ, -ая, -ое, -ые; *страд. прош.*

Синт.: **а, б** — в глаг. знач. 1, 2

В знач. прил. (также *кр. ф.*↓) **1.** Без верхнего платья, не одетый. *Он вышел к нам раздетый. Днем Дима спал раздетый* **2.** Не обеспеченный нужной одеждой, испытывающий нужду в одежде; *разг. У меня сын ходит раздетый — из всего вырос*

РАЗДЕ́Т, -та, -то, -ты; *кр. ф.*

В глаг. знач. 1, 2

В знач. прил. (также *полн. ф.*↑) **1.** *Ребенок был раздет и поэтому простудился* **2.** *У Ольги сын совершенно раздет, за год он из всего вырос*

РАЗДИРА́ТЬ, раздира́|ют, раздира́|л; ***несов., перех.*** (*сов.* разодра́ть *к* 1 — 3 знач.) **1.** ***что*** *Тигренок лапами прижимает мяч к земле, а потом раздирает его в клочья* [с силой разрывать на части] **2.** ***что*** *Мы несколько раз раздирали одежду, задевая за острые шипы* [допускать, чтобы что-л. стало рваным, изодранным] **3.** ***что*** *Мальчишки раздирают себе подошвы ног об эти острые камни* [повреждать, получая рваные раны, глубокие царапины] **4.** ***что; S не лицо*** *«Войны раздирали Европу, миры заключались, троны падали».* Герцен, Долг прежде всего [вызывать внутренние противоречия, разлад, раздор, вражду и т. п.] **5.** ***что,*** также ***чем*** *Старик раздирал мою душу громкими стонами* (см. § 1). *Тоска раздирает мне сердце* [терзать, вызывать сильные муки, страдания и т. п.] **6.** ***кого(что); S не лицо*** *«..Родьку раздирали сомнения..»* Тендряков, Чудотворная. *«Я ничем не выдал колебаний, которые минуту назад раздирали меня».* Бек, Волоколамское шоссе [сильно волновать, мучить нравственно]

I. РАЗДИРА́ЮЩИЙ, -ая, -ее, -ие; *действ. наст.*

Синт.: **а, б** — в глаг. знач. 1 — 6

В знач. прил. **1.** Тяжело действующий на кого-л., невыносимый, ужасный. *Раздирающие сцены. Раздирающие звуки. Раздирающая драма* **2.** Вызванный страданиями и выражающий их; резкий, пронзительный. *Раздирающий крик. Раздирающие стоны*

II. РАЗДИРА́ВШИЙ, -ая, -ее, -ие; *действ. прош.*

Синт.: **а, б** — в глаг. знач. 1 — 6

III. РАЗДИРА́ЕМЫЙ, -ая, -ое, -ые; *страд. наст.*

Синт.: **а, б** — в глаг. знач. 1 — 6

Субстантив.$_3$ в глаг. знач. 1

РАЗДИРА́ТЬСЯ, раздира́|ются, раздира́|лся; ***несов. к*** разодра́ться (см.)

I. РАЗДИРА́ЮЩИЙСЯ, -аяся, -ееся, -иеся; *действ. наст.*

Синт.: **а, б, в** — в глаг. знач.

II. РАЗДИРА́ВШИЙСЯ, -аяся, -ееся, -иеся; *действ. прош.*

Синт.: **а, б, в** — в глаг. знач.

РАЗДРАЖА́ТЬ, раздража́|ют, раздража́|л; ***несов., перех.*** (*сов.* раздражи́ть) **1.** ***кого(что),*** также ***чем*** *Твой новый знакомый раздражает меня. Олег раздражал всех своими неуместными шутками. Реплики из зала только раздражали выступающего* [вызывать состояние нервного возбуждения, досаду, злость] **2.** ***что; S не лицо*** *Эта зубная паста раздражает мне десны* [вызывать боль, зуд, воспаление и т. п.] **3.** ***что,*** также ***чем*** *Лаборант осторожно раздражал обнаженный нерв лягушки тонкой иглой* (см. § 2) [действовать на организм или какой-л. орган каким-л. раздражителем]

I. РАЗДРАЖА́ЮЩИЙ, -ая, -ее, -ие; *действ. наст.*

Синт.: **а, б** — в глаг. знач. 1 — 3

В знач. прил. **1.** Такой, который вызывает чувство раздражения. *Раздражающий тон. Раздражающая манера одеваться. Действовать раздражающим образом.* **2.** Такой, который вызывает ответную реакцию живой клетки — о каком-л. внешнем воздействии. *Раздражающее прикосновение* (Ср. прил. **раздражи́тельный,** -ая, -ое, -ые; -лен, -льна, -льно, -льны. **1.** Быстро и часто раздражающийся. *Раздражительный человек* **2.** Выражающий состояние раздражения; не ровный, нервный, свойственный быстро и часто раздражающемуся человеку. *Раздражительный тон. Раздражительный характер*)

II. РАЗДРАЖА́ВШИЙ, -ая, -ее, -ие; *действ. прош.*

Синт.: **а, б** — в глаг. знач. 1 — 3

III. РАЗДРАЖА́ЕМЫЙ, -ая, -ое, -ые; *страд. наст.**

Синт.: **а, б** — в глаг. знач. 2, 3

Субстантив.$_3$ в глаг. знач. 3

□ Прич. III в 1 глаг. знач. не употр.

РАЗДРАЖА́ТЬСЯ, раздража́|ются, раздража́|лся; ***несов. к*** раздражи́ться (см.)

I. РАЗДРАЖА́ЮЩИЙСЯ, -аяся, -ееся, -иеся; *действ. наст.*

С и н т.: **а, б** — в глаг. знач. 1, 2

II. РАЗДРАЖА́ВШИЙСЯ, -аяся, -ееся, -иеся; *действ. прош.*

С и н т.: **а, б** — в глаг. знач. 1, 2

РАЗДРАЖИ́ТЬ, раздраж|а́т, раздражи́|л; ***сов., перех.*** (*несов.* раздража́ть) **1. *кого(что),*** также ***чем*** *Этот человек раздражил меня своим замечанием. Твоя неуместная шутка только раздражила меня* [привести в состояние нервного возбуждения, вызвать досаду, злость] **2. *что; S не лицо*** *Эта зубная паста раздражила мне десны* [вызвать боль, зуд, воспаление и т. п.] **3. *что,*** также ***чем*** *Лаборант осторожно раздражил обнаженный нерв лягушки тонкой иглой* (см. § 2) [подействовать на организм или отдельный орган каким-л. раздражителем]

II. РАЗДРАЖИ́ВШИЙ, -ая, -ее, -ие; *действ. прош.**

С и н т.: **а, б** — в глаг. знач. 2, 3

IV. РАЗДРАЖЁННЫЙ, -ая, -ое, -ые; *страд. прош.**

С и н т.: **а, б** — в глаг. знач. 2, 3 и в статив. знач.; **в** — в глаг. знач. 3

С т а т и в. з н а ч., ***чем*** (также *кр. ф.*↓) Испытывающий чувство острого недовольства чем-л., досады на что-л. *Олег, раздраженный напускной веселостью Ани, вышел из комнаты*

В з н а ч. п р и л. (также *кр. ф.*↓) **1.** Находящийся в состоянии раздражения, испытывающий раздражение, раздраживщийся. *Раздраженный человек* **2.** Ставший болезненным, воспалившийся, раздраживщийся. *Раздраженный участок кожи. Раздраженные десны надо полоскать настоем ромашки*

С р. прил. **раздражённый**, -ая, -ое, -ые; -ён, -ённа, -ённо, -ённы. Выражающий раздражение. *Раздраженный тон. Раздраженный голос. Раздраженный вид*

С у б с т а н т и в.$_3$ не употр.

РАЗДРАЖЁН, -ена́, -ено́, -ены́; *кр. ф.**

В глаг. знач. 2, 3

С т а т и в. з н а ч., ***чем*** (также *полн. ф.*↑) *Олег раздражен напускной веселостью Ани. Чем вы раздражены?*

В з н а ч. п р и л. (также *полн. ф.*↑) **1.** *Ольга сегодня раздражена и неразговорчива* **2.** *Кожа на руках раздражена. Десны у больного раздражены*

▭ Прич. II, IV в 1 глаг. знач. не употр.

РАЗДРАЖИ́ТЬСЯ, раздража́тся, раздражи́|лся; ***сов.*** (*несов.* раздража́ться) **1.** *«Иван Ильич раздражился, стал делать упреки и поссорился с ним и с ближайшим начальством».* Л. Толстой, Смерть Ивана Ильича [прийти в состояние нервного возбуждения, недовольства, досады, злости] **2. *S не лицо*** *У меня на кистях рук кожа раздражилась* [воспалиться, стать болезненным и т. п.]

II. РАЗДРАЖИ́ВШИЙСЯ, -аяся, -ееся, -иеся; *действ. прош.*

С и н т.: **а, б, в** — в глаг. знач. 1, 2

РАЗДРОБИ́ТЬ, раздроблю́, раздроб|я́т, раздроби́|л; ***сов., перех.*** (*несов.* раздробля́ть; *несов.* дроби́ть *к* 1, 3 знач.) **1. *что,*** также ***чем*** *Рабочий раздробил камень молотом* (см. § 2) [разбить, расколоть на мелкие части, измельчить] **2. *что,*** также ***чем*** *«[Григорий] ранен был в первом же бою, пуля раздробила ему кость левой руки».* Шолохов, Тихий Дон. *Фашист раздробил военнопленному кисть прикладом* (см. § 2) [повредить, разбив на части кость] **3. *что*** *«Чем сильнее развивается рабочее движение, тем более отчаянными бывают попытки буржуазии и крепостников подавить или раздробить его».* Ленин, Развращение рабочих утонченным национализмом [разъединить, разобщить, расчленить, лишив необходимой целостности, единства и т. п.]

II. РАЗДРОБИ́ВШИЙ, -ая, -ее, -ие; *действ. прош.*

С и н т.: **а, б** — в глаг. знач. 1 — 3

IV. РАЗДРО́БЛЕННЫЙ, -ая, -ое, -ые и РАЗДРОБЛЁННЫЙ, -ая, -ое, -ые; *страд. прош.*

[чередование б/бл]

С и н т.: **а, б** — в глаг. знач. 1 — 3; **в** — в глаг. знач. 2

В з н а ч. п р и л. **раздро́бленный. 1.** (только *полн. ф.*) Не целый, раздробившийся на мелкие части. *Раздробленный камень* **2.** (также *кр. ф.*↓) Разрозненный, расчлененный на части, разобщенный. *Раздробленные крестьянские хозяйства. Раздробленные военные части. Раздробленное, неорганизованное выступление масс*

С у б с т а н т и в.$_3$ в глаг. знач. 1

РАЗДРО́БЛЕН, -ена, -ено, -ены и РАЗДРОБЛЁН, -ена́, -ено́, -ены́; *кр. ф.*

В глаг. знач. 1 — 3

В з н а ч. п р и л. **раздро́блен** (также *полн. ф.* в знач. 2↑) *Крестьянские хозяйства раздроблены, нерентабельны. Военные части на этом участке фронта раздроблены*

РАЗДРОБИ́ТЬСЯ, раздроблю́сь, раздробя́тся, раздроби́|лся; ***сов.*** (*несов.* раздробля́ться); ***S не лицо*** *Постепенно камни раздробились, и древняя крепостная стена осела* [разбиться, расколоться на мелкие части, измельчиться]

II. РАЗДРОБИ́ВШИЙСЯ, -аяся, -ееся, -иеся; *действ. прош.*

С и н т.: **а, б, в** — в глаг. знач.

РАЗДРОБЛЯ́ТЬ, раздробля́|ют, раздробля́|л; ***несов. к*** раздроби́ть (см.)

I. РАЗДРОБЛЯ́ЮЩИЙ, -ая, -ее, -ие; *действ. наст.*

С и н т.: **а, б** — в глаг. знач. 1 — 3

II. РАЗДРОБЛЯ́ВШИЙ, -ая, -ее, -ие; *действ. прош.*

С и н т.: **а, б** — в глаг. знач. 1 — 3

III. РАЗДРОБЛЯ́ЕМЫЙ, -ая, -ое, -ые; *страд. наст.*

С и н т.: **а, б** — в глаг. знач. 1 — 3; **в** — в глаг. знач. 1, 2

С у б с т а н т и в.$_3$ в глаг. знач. 1

РАЗДРОБЛЯ́ТЬСЯ, раздробля́|ются, раздробля́|лся; ***несов. к*** раздроби́ться (см.)

I. РАЗДРОБЛЯ́ЮЩИЙСЯ, -аяся, -ееся, -иеся; *действ. наст.*
Синт.: **а, б** — в глаг. знач.
II. РАЗДРОБЛЯ́ВШИЙСЯ, -аяся, -ееся, -иеся; *действ. прош.*
Синт.: **а, б** — в глаг. знач.

РАЗДУВА́ТЬ, раздува́|ют, раздува́|л; ***несов. к*** разду́ть в 1, 2, 4 — 6 знач. (см.)
I. РАЗДУВА́ЮЩИЙ, -ая, -ее, ие; *действ. наст.*
Синт.: **а, б** — в глаг. знач. 1, 2, 4 — 6
II. РАЗДУВА́ВШИЙ, -ая, -ее, -ие; *действ. прош.*
Синт.: **а, б** — в глаг. знач. 1, 2, 4 — 6
III. РАЗДУВА́ЕМЫЙ, -ая, -ое, -ые; *страд. наст.*
Синт.: **а, б** — в глаг. знач. 1, 2, 4 — 6
Субстантив.$_3$ не употр.

РАЗДУВА́ТЬСЯ, раздува́|ются, раздува́|лся; ***несов. к*** разду́ться (см.)
I. РАЗДУВА́ЮЩИЙСЯ, -аяся, -ееся, -иеся; *действ. наст.*
Синт.: **а, б** — в глаг. знач. 1 — 4; **в** — в глаг. знач. 1, 4
II. РАЗДУВА́ВШИЙСЯ, -аяся, -ееся, -иеся; *действ. прош.*
Синт.: **а, б** — в глаг. знач. 1 — 4; **в** — в глаг. знач. 1, 4

РАЗДУ́ТЬ, разду́ют, разду́|л; ***сов., перех., что*** (*несов.* раздува́ть *к* 1, 2, 4 — 6 знач.) **1.** *Мальчик раздул уголек и чуть не обжег себе пальцы. Мы быстро раздули огонь в печи* [притоком воздуха усилить горение чего-л.; разжечь, используя приток воздуха, дуя на что-л.] **2.** *«Вдруг вкусный жирный запах чего-то жареного заставил его раздуть ноздри».* Куприн, Яма. *Ветер раздул паруса* [наполнить воздухом, надуть] **3.** ***безл.*** *Мне раздуло щеку. Живот у ребенка раздуло* [сделать пухлым, вздутым, распухшим, увеличить в объеме; *разг.*] **4.** *Некоторые страны непомерно раздули военные бюджеты. В министерстве сильно раздули штаты* [чрезмерно, неоправданно увеличить, расширить; *разг.*] **5.** *Достоинства нового работника явно раздули* [намеренно сильно преувеличить размеры или значение чего-л.; *разг.*] **6.** ***S не лицо*** *Порыв ветра раздул обрывки бумаги по всему помещению. Сильный ветер раздул облака* [разнести, разогнать в стороны]
II. РАЗДУ́ВШИЙ, -ая, -ее, -ие; *действ. прош.*
Синт.: **а, б** — в глаг. знач. 1, 2, 4 — 6
IV. РАЗДУ́ТЫЙ, -ая, -ое, -ые; *страд. прош.*
Синт.: **а, б** — в глаг. знач. 1, 2, 4 — 6
В знач. прил. **1.** (также *кр. ф.*↓) Наполненный, надутый воздухом. *Раздутые паруса* **2.** (также *кр. ф.* ↓) Вспухший, увеличившийся в объеме, раздувшийся. *Раздутый живот. Раздутая щека. Раздутое лицо* **3.** (также *кр. ф.*↓) Ставший по размерам больше нормы. *Раздутые карманы* **4.** (также *кр. ф.*↓) Непомерно увеличенный, неоправданно большой. *Раздутые военные бюджеты. Раздутые штаты. Раздутое самомнение.* **5.** (только *полн. ф.*) Намеренно преувеличенный. *Раздутые достоинства. Раздутые цифры*
Субстантив.$_3$ не употр.
РАЗДУ́Т, -та, -то, -ты; *кр. ф.*
В глаг. знач. 1, 2, 4 — 6
В знач. прил. (также *полн. ф.* ↑) **1.** *Паруса раздуты* **2.** *Живот раздут. Щека раздута. Лицо раздуто* **3.** *Карманы раздуты* **4.** *Военные бюджеты раздуты. Штаты раздуты. Самомнение раздуто*

РАЗДУ́ТЬСЯ, разду́ются, разду́|лся; ***сов.*** (*несов.* раздува́ться); ***S не лицо*** **1.** *«[Парус] раздулся пузырем; корабль был уже в полосе ветра».* Житков, История корабля. *Ноздри у деда раздулись, глаза сверкали от гнева* [наполнившись воздухом, увеличиться в объеме, расшириться] **2.** *Сумка сильно раздулась от арбузов* [увеличиться в объеме, раздаться от чего-л. положенного или проникшего внутрь] **3.** *Река раздулась после сильных ливней* [стать полноводным, подняться выше обычного уровня — о реке, ручье и т. п.] **4.** *Щека раздулась. «Накануне отъезда у него ночью раздулась губа».* И. Гончаров, Обломов [вспухнуть, распухнуть]
II. РАЗДУ́ВШИЙСЯ, -аяся, -ееся, -иеся; *действ. прош.*
Синт.: **а, б** — в глаг. знач. 1 — 4; **в** — в глаг. знач. 1, 2, 4

РАЗЛАГА́ТЬ, разлага́|ют, разлага́|л; ***несов., перех.*** (*сов.* разложи́ть[1]) **1. *кого(что); S не лицо*** *Безделье разлагает молодежь. Безнаказанность разлагает человека* [расшатывать чьи-л. нравственные устои, делать нравственно, идейно порочным, склонным к безнравственным поступкам, лени и т. п.] **2. *кого(что)*** *Эти люди сознательно разлагали коллектив. Всё это разлагало армию противника* [дезорганизовывать, доводить до полного морального падения, упадка] **3. *что на что*** *На уроке химии мы разлагали воду на кислород и водород* [разделять вещество на составные части, элементы]
I. РАЗЛАГА́ЮЩИЙ, -ая, -ее, -ие; *действ. наст.*
Синт.: **а, б** — в глаг. знач. 1 — 3
В знач. прил. Крайне вредный, доводящий до полного морального разложения. *Оказывать разлагающее действие. Иметь разлагающее влияние. Разлагающее безделье*
II. РАЗЛАГА́ВШИЙ, -ая, -ее, -ие; *действ. прош.*
Синт.: **а, б** — в глаг. знач. 1 — 3
III. РАЗЛАГА́ЕМЫЙ, -ая, -ое, -ые; *страд. наст.*
Синт.: **а, б** — в глаг. знач. 1 — 3
Субстантив.$_2$ в глаг. знач. 1

РАЗЛИНОВА́ТЬ, разлину́ют, разлинова́|л; ***сов. к*** линова́ть (см.)
II. РАЗЛИНОВА́ВШИЙ, -ая, -ее, -ие; *действ. прош.*
Синт.: **а, б** — в глаг. знач.
IV. РАЗЛИНО́ВАННЫЙ, -ая, -ое, -ые; *страд. прош.*
Синт.: **а, б, в** — в глаг. знач.
РАЗЛИНО́ВАН, -ана, -ано, -аны; *кр. ф.*
В глаг. знач.

РАЗЛИЧА́ТЬ, различа́|ют, различа́|л; ***несов., перех., кого(что)*** и ***что*** (*сов.* различи́ть) **1.** *Мы* *с трудом различали в темноте людей и дома* [распознавать зрением или с помощью других внешних чувств] **2.** *Даже родители с трудом различали близнецов. Дальтоники не различают цвета* [распознавать кого-что-л. среди других, устанавливая различие между кем-чем-л., отличать]

I. РАЗЛИЧА́ЮЩИЙ, -ая, -ее, -ие; *действ. наст.*
Синт.: **а, б** — в глаг. знач. 1, 2

II. РАЗЛИЧА́ВШИЙ, -ая, -ее, -ие; *действ. прош.*
Синт.: **а, б** — в глаг. знач. 1, 2

III. РАЗЛИЧА́ЕМЫЙ, -ая, -ое, -ые; *страд. наст.*
Синт.: **а, б** — в глаг. знач. 1, 2
Ср. прил. **различи́мый**, -ая, -ое, -ые; -и́м, -и́ма, -и́мо, -и́мы, обычно ***с нареч.*** Такой, который можно различить, рассмотреть, расслышать. *С трудом различимые краски. Скалы в темноте были едва различимы*
Субстантив.$_2$ и субстантив.$_3$ не употр.

РАЗЛИЧИ́ТЬ, различ|а́т, различи́|л; ***сов. к*** различа́ть (см.)

II. РАЗЛИЧИ́ВШИЙ, -ая, -ее, -ие; *действ. прош.*
Синт.: **а, б** — в глаг. знач. 1, 2

IV. РАЗЛИЧЁННЫЙ, -ая, -ое, -ые; *страд. прош.* (*редко*)
Синт.: **а, б** — в глаг. знач. 1, 2
Субстантив.$_2$ и субстантив.$_3$ не употр.
РАЗЛИЧЁН, -ена́, -ено́, -ены́, *кр. ф.* (*редко*)
В глаг. знач. 1, 2

□ Прич. IV менее употр., чем личные ф. глагола и прич. II

РАЗЛОЖИ́ТЬ [1], разложу́, разло́ж|ат, разложи́|л; ***сов. к*** разлага́ть (см.)

II. РАЗЛОЖИ́ВШИЙ, -ая, -ее, -ие; *действ. прош.*
Синт.: **а, б** — в глаг. знач. 1 — 3

IV. РАЗЛО́ЖЕННЫЙ, -ая, -ое, -ые; *страд. прош.**
Синт.: **а, б** — в глаг. знач. 2, 3
Субстантив.$_2$ не употр.
РАЗЛО́ЖЕН, -ена, -ено, -ены; *кр. ф.**
В глаг. знач. 2, 3

□ Прич. IV в I глаг. знач. не употр.

РАЗЛОЖИ́ТЬ [2], разложу́, разло́ж|ат, разложи́|л; ***сов. к*** раскла́дывать (см.)

II. РАЗЛОЖИ́ВШИЙ, -ая, -ее, -ие; *действ. прош.*
Синт.: **а, б** — в глаг. знач. 1 — 4

IV. РАЗЛО́ЖЕННЫЙ, -ая, -ое, -ые; *страд. прош.*
Синт.: **а, б, в** — в глаг. знач. 1 — 4
Субстантив.$_3$ в глаг. знач. 1
РАЗЛО́ЖЕН, -ена, -ено, -ены; *кр. ф.*
В глаг. знач. 1 — 4

РАЗМЕНЯ́ТЬ, разменя́ют, разменя́|л; ***сов. к*** меня́ть во 2 знач. (см.)

II. РАЗМЕНЯ́ВШИЙ, -ая, -ее, -ие; *действ. прош.*
Синт.: **а, б** — в глаг. знач. 2

IV. РАЗМЕ́НЯННЫЙ, -ая, -ое, -ые; *страд. прош.*
Синт.: **а, б, в** — в глаг. знач. 2
РАЗМЕ́НЯН, -яна, -яно, -яны; *кр. ф.*
В глаг. знач. 2

РАЗМЕ́РИТЬ, разме́р|ят *и доп.* разме́ряют, разме́ри|л; ***сов., перех., что*** (*несов.* размеря́ть) **1.** *Рабочие тщательно размерили место для постройки дома* [измеряя, нанести, обозначить на чем-л. размеры чего-л.] **2.** *Аня точно размерила свои силы и справилась с заданием. Спортсмен не размерил силу удара и повредил руку* [определить, установить меру, степень, величину и т. п. чего-л.]

II. РАЗМЕ́РИВШИЙ, -ая, -ее, -ие; *действ. прош.*
Синт.: **а, б** — в глаг. знач. 1, 2

IV. РАЗМЕ́РЕННЫЙ, -ая, -ое, -ые; *страд. прош.**
Синт.: **а, б** — в глаг. знач. 1
Ср. прил. **разме́ренный**, -ая, -ое, -ые; -ен, -енна, -енно, -енны. **1.** Плавный, ритмичный, неторопливый. *Размеренная походка. Размеренная речь. Размеренные шаги* **2.** Подчиненный определенным правилам, распорядку, упорядоченный. *Размеренная жизнь*
РАЗМЕ́РЕН, -ена, -ено, -ены; *кр. ф.**
В глаг. знач. 1

□ Прич. IV во 2 глаг. знач. не употр.

РАЗМЕРЯ́ТЬ, размеря́|ют, размеря́|л; ***несов. к*** разме́рить (см.)

I. РАЗМЕРЯ́ЮЩИЙ, -ая, -ее, -ие; *действ. наст.*
Синт.: **а, б** — в глаг. знач. 1, 2

II. РАЗМЕРЯ́ВШИЙ, -ая, -ее, -ие; *действ. прош.*
Синт.: **а, б** — в глаг. знач. 1, 2

III. РАЗМЕРЯ́ЕМЫЙ, -ая, -ое, -ые; *страд. наст.**
Синт.: **а, б** — в глаг. знач. 1

□ Прич. III во 2 глаг. знач. не употр.

РАЗНУЗДА́ТЬ, разнузда́ют, разнузда́|л; ***сов., перех.*** (*несов.* разну́здывать) **1. *кого(что)**** *Всадник разнуздал коня и накормил его* [вынуть изо рта лошади удила, отстегнув их от уздечки] **2. *кого(что); S не лицо*** *Безнаказанность разнуздала террористов настолько, что они стали действовать открыто* [довести до крайних пределов своеволия, произвола, распущенности]

II. РАЗНУЗДА́ВШИЙ, -ая, -ее, -ие; *действ. прош.*
Синт.: **а, б** — в глаг. знач. 1, 2

IV. РАЗНУ́ЗДАННЫЙ, -ая, -ое, -ые; *страд. прош.**
Синт.: **а, б** — в глаг. знач. 1
В знач. прил. (только *полн. ф.*) Без удил, освобожденный от удил. *Разнузданные кони паслись на лугу*
Ср. прил. **разну́зданный**, -ая, -ое, -ые; -ан, -анна, -анно, -анны. **1.** Дошедший до крайних пределов распущенности, своеволия, произвола, ничем не сдерживаемый. *Разнузданные молодые люди* **2.** Не имеющий никакого разумного ограничения. *Разнуз-*

данное поведение. Разнузданные чувства
РАЗНУ́ЗДАН, -ана, -ано, -аны; *кр. ф.**
В глаг. знач. 1
□ Прич. IV во 2 глаг. знач. не употр.

РАЗНУ́ЗДЫВАТЬ, разну́здыва|ют, разну́здыва|л; ***несов. к*** разнузда́ть (см.)

I. РАЗНУ́ЗДЫВАЮЩИЙ, -ая, -ее, -ие; *действ. наст.*
Синт.: **а, б** — в глаг. знач. 1, 2

II. РАЗНУ́ЗДЫВАВШИЙ, -ая, -ее, -ие; *действ. прош.*
Синт.: **а, б** — в глаг. знач. 1, 2

III. РАЗНУ́ЗДЫВАЕМЫЙ, -ая, -ое, -ые; *страд. наст.*
Синт.: **а, б** — в глаг. знач. 1, 2; **в** — в глаг. знач. 1

РАЗОБЛАЧА́ТЬ, разоблача́|ют, разоблача́|л; ***несов., перех.*** (*сов.* разоблачи́ть) **1. *кого(что)*** *Необходимо разоблачать взяточников, расхитителей народного добра* [раскрывать, обнаруживать тех, кто совершает злоупотребления, осуществляет враждебные действия, планы и т. п.] **2. *что*** *«Они.. разоблачали плутни начальников станций, весовщиков, кондукторов, рабочих».* М. Горький, Сторож. *В своей статье ученый разоблачает псевдонаучную теорию происхождения человека* [устанавливать, раскрывать, вскрывать, делая известным, что-л. предосудительное, отрицательное, невежественное, неправильное и т. п.]

I. РАЗОБЛАЧА́ЮЩИЙ, -ая, -ее, -ие; *действ. наст.*
Синт.: **а, б** — в глаг. знач. 1, 2
В знач. прил. Такой, который содержит разоблачение. *Разоблачающая статья. Разоблачающие материалы* (Ср. прил. **разоблачи́тельный,** -ая, -ое, -ые; -лен, -льна, -льно, -льны. Являющийся разоблачением, разоблачающий. *Разоблачительная статья. Разоблачительные материалы. Разоблачительная пьеса. Разоблачительные сведения*)

II. РАЗОБЛАЧА́ВШИЙ, -ая, -ее, -ие; *действ. прош.*
Синт.: **а, б** — в глаг. знач. 1, 2

III. РАЗОБЛАЧА́ЕМЫЙ, -ая, -ое, -ые; *страд. наст.*
Синт.: **а, б** — в глаг. знач. 1, 2

РАЗОБЛАЧИ́ТЬ, разоблач|а́т, разоблачи́|л; ***сов. к*** разоблача́ть (см.)

II. РАЗОБЛАЧИ́ВШИЙ, -ая, -ее, -ие; *действ. прош.*
Синт.: **а, б** — в глаг. знач. 1, 2

IV. РАЗОБЛАЧЁННЫЙ, -ая, -ое, -ые; *страд. прош.*
Синт.: **а, б, в** — в глаг. знач. 1, 2
РАЗОБЛАЧЁН, -ена́, -ено́, -ены́; *кр. ф.*
В глаг. знач. 1, 2

РАЗОБРА́ТЬ, разберу́т, разобра́|л, разобрала́, разобра́ло, -ли; ***сов. к*** разбира́ть (см.)

II. РАЗОБРА́ВШИЙ, -ая, -ее, -ие; *действ. прош.*
Синт.: **а, б** — в глаг. знач. 1 — 13

IV. РАЗО́БРАННЫЙ, -ая, -ое, -ые; *страд. прош.**
Синт.: **а, б** — в глаг. знач. 1 — 11, 13; **в** — в глаг. знач. 4 — 8, 13
Субстантив.₂ не употр.; субстантив.₃ в глаг. знач. 3, 5
РАЗО́БРАН, -ана, -ано, -аны; *кр. ф.**
В глаг. знач. 1—11, 13
□ Прич. IV в 12 глаг. знач. не употр.

РАЗОБРА́ТЬСЯ, разберу́тся, разобра́|лся, разобрала́сь, разобрало́сь и *доп.* разобра́лось, разобрали́сь и *доп.* разобра́лись; ***сов. к*** разбира́ться в 1 — 3, 5 знач. (см.)

II. РАЗОБРА́ВШИЙСЯ, -аяся, -ееся, -иеся; *действ. прош.*
Синт.: **а, б** — в глаг. знач. 1 — 3, 5

РАЗОБЩА́ТЬ, разобща́|ют, разобща́|л; ***несов., перех., кого(что); S не лицо*** (*сов.* разобщи́ть) **1.** *Непроходимые леса разобщали пехоту и танковые части и облегчали задачу их окружения* [отделять, обособляя одно или одного от другого, затрудняя связь, сообщение между кем-чем-л. или делая их невозможными] **2.** *Разное отношение к происходящим событиям разобщало братьев* [делать далекими, чуждыми друг другу, отдалять друг от друга]

I. РАЗОБЩА́ЮЩИЙ, -ая, -ее, -ие; *действ. наст.*
Синт.: **а, б** — в глаг. знач. 1, 2
В знач. прил. Такой, который способствует разобщению, приводящий к разобщению. *Эти действия носили разобщающий характер. Разобщающая направленность вашего выступления была очевидна*

II. РАЗОБЩА́ВШИЙ, -ая, -ее, -ие; *действ. прош.*
Синт.: **а, б** — в глаг. знач. 1, 2

III. РАЗОБЩА́ЕМЫЙ, -ая, -ое, -ые; *страд. наст.*
Синт.: **а, б** — в глаг. знач. 1, 2
Субстантив.₂ во мн.

РАЗОБЩИ́ТЬ, разобщ|а́т, разобщи́|л; ***сов., перех., кого(что); S не лицо*** (*несов.* разобща́ть) **1.** *Непроходимые леса разобщили пехоту и танковые части и облегчили задачу их окружения* [отделить, обособив одно или одного от другого, затруднив связь, сообщение между кем-чем-л. или сделав ее невозможной] **2.** *«Эта встреча, казалось бы, еще больше должна была разобщить их».* Л. Толстой, Анна Каренина. *Разное отношение к происходящим событиям окончательно разобщило братьев* [сделать далекими, чуждыми друг другу, отдалить друг от друга]

II. РАЗОБЩИ́ВШИЙ, -ая, -ее, -ие; *действ. прош.*
Синт.: **а, б** — в глаг. знач. 1, 2

IV. РАЗОБЩЁННЫЙ, -ая, -ое, -ые; *страд. прош.*
Синт.: **а, б** — в глаг. знач. 1, 2
В знач. прил. **1.** (также *кр. ф.* ↓) Не имеющие связи, сообщения друг с другом, разъединенные — о многих. *Разобщенные деревни. Разобщенные геологические партии* **2.** (также *кр. ф.* ↓) Далекие, чуждые друг другу, лишенные единства, взаимопонимания и т. п.— о людях. *Разобщенные люди* **3.** (только *полн. ф.*) Расположенные далеко друг от друга, ничем не соединенные — о предметах. *«Вершины соседних гор каза-*

лись разобщенными островами». Арсеньев, По Уссурийской тайге

Ср. прил. **разобщённый,** -ая, -ое, -ые; -ён, -ённа, -ённо, -ённы. Лишенный цельности, единства, общности. *Разобщенные действия. Разобщенный труд*

Субстантив.₂ во мн.

РАЗОБЩЁН, -ена́, -ено́, -ены́; *кр. ф.*

В глаг. знач. 1, 2

В знач. прил. (также *полн. ф.* ↑) **1.** *Деревни разобщены. Геологические партии были разобщены* **2.** *Люди здесь очень разобщены*

РАЗОДРА́ТЬ, раздеру́т, разодра́|л, разодрала́, разодра́ло, -ли; ***сов., перех., что*** (*несов.* раздира́ть) **1.** *Тигренок лапами прижал мяч к земле, а потом разодрал его в клочья* [с силой разорвать на части] **2.** *Ольга разодрала новые брюки, задев за острые шипы* [допустить по неосмотрительности, случайно, чтобы что-л. стало рваным, изодранным] **3.** *Мальчишки разодрали себе подошвы ног об эти острые камни* [повредить, получив рваные раны, глубокие царапины]

II. РАЗОДРА́ВШИЙ, -ая, -ее, -ие; *действ. прош.*

Синт.: **а, б** — в глаг. знач. 1 — 3

IV. РАЗО́ДРАННЫЙ, -ая, -ое, -ые; *страд. прош.*

Синт.: **а, б** — в глаг. знач. 1 — 3

В знач. прил. (также *кр. ф.* ↓) С дырами, изодранный, разодравшийся. *Рукава с разодранными локтями. «Хомут на одной из них, надевавшийся дотоле почти всегда в разодранном виде, ..был искусно зашит».* Гоголь, Мертвые души

Субстантив.₃ в глаг. знач. 1

РАЗО́ДРАН, -ана, -ано, -аны; *кр. ф.*

В глаг. знач. 1 — 3

В знач. прил. (также *полн. ф.* ↑) *Рукава пиджака разодраны. Брюки сзади были разодраны*

РАЗОДРА́ТЬСЯ, раздеру́тся, разодра́|лся, разодрала́сь, разодрало́сь и *доп.* разодра́лось, разодрали́сь и *доп.* разодра́лись; ***сов.*** (*несов.* раздира́ться) *«— Штаны разодрались вдрызг. Выбросил. Других нет».* Горбатов, Мое поколение. *Рукава куртки разодрались на локтях* [стать изодранным, прорванным]

II. РАЗОДРА́ВШИЙСЯ, -аяся, -ееся, -иеся; *действ. прош.*

Синт.: **а, б, в** — в глаг. знач.

РАЗОЗЛИ́ТЬ, разозл|я́т, разозли́|л; ***сов. к*** злить (см.)

II. РАЗОЗЛИ́ВШИЙ, -ая, -ее, -ие; *действ. прош.*

Синт.: **а, б** — в глаг. знач. 1, 2

IV. РАЗОЗЛЁННЫЙ, -ая, -ое, -ые; *страд. прош.*

Синт.: **а, б** — в глаг. знач. 1, 2

РАЗОЗЛЁН, -ена́, -ено́, -ены́; *кр. ф.*

В глаг. знач. 1, 2

РАЗОРВА́ТЬ, разорву́т, разорва́|л, разорвала́, разорва́ло, -ли; ***сов., перех.*** (*несов.* разрыва́ть) **1. *что*** *Ольга разорвала письмо на мелкие кусочки* [рывком, резким движением разделить что-л. на части] **2. *что*** *Иван торопливо разорвал конверт и вынул письмо* [надорвав, вскрыть запечатанный конверт, пакет и т. п.] **3. *кого(что); S не лицо*** *Волки разорвали зайца. «Я слышал не раз, что от собак бежать нельзя — разорвут».* Гладков, Повесть о детстве [растерзав на части, умертвить] **4. *что*** *Дима разорвал новую рубашку. Ольга разорвала чулок об гвоздь* [допустить по неосмотрительности, случайно, чтобы что-л. стало рваным, дырявым, прорвать что-л.] **5. *что*** *Мальчик напрасно старался разорвать цепь окруживших его смеющихся ребят* [разъединить что-л. сомкнутое, соединенное] **6. *что; S не лицо*** и ***безл.*** *Какая-то непонятная сила разорвала колбу на части. Ночью разорвало котел* [взорвать изнутри, разнести на части] **7. *что*** *Эти страны разорвали дипломатические отношения* [прекратить действие чего-л.]

II. РАЗОРВА́ВШИЙ, -ая, -ее, -ие; *действ. прош.*

Синт.: **а, б** — в глаг. знач. 1 — 7

IV. РАЗО́РВАННЫЙ, -ая, -ое, -ые; *страд. прош.**

Синт.: **а, б** — в глаг. знач. 1, 3 — 7; **в** — в глаг. знач. 1, 7

В знач. прил. (также *кр. ф* ↓) Рваный, с дырами, разорвавшийся. *Разорванный чулок. Разорванный платок*

Ср. прил. **разо́рванный,** -ая, -ое, -ые; -ан, -анна, -анно, -анны. **1.** (только *полн. ф.*) Не соединенный, не связанный между собой, имеющий просветы. *«По небу неслись разорванные облака, роняя редкие капли».* Мамин-Сибиряк, Приемыш **2.** Отрывочный, лишенный связи. *Разорванные фразы*

Субстантив.₃ в глаг. знач. 1, 4

РАЗО́РВАН, -ана, -ано, -аны; *кр. ф.**

В глаг. знач. 1, 3 — 7

В знач. прил. (также *полн. ф.* ↑) *Смотри, у тебя чулок разорван. Платок разорван, грязен*

□ Прич. IV во 2 глаг. знач. не употр.

РАЗОРВА́ТЬСЯ, разорву́тся, разорва́|лся, разорвала́сь, разорвало́сь и *доп.* разорва́лось, разорвали́сь и *доп.* разорва́лись; ***сов.*** (*несов.* разрыва́ться); ***S не лицо*** **1.** *Канат разорвался от сильного натяжения* [стать разделенным на части от рывка, резкого натяжения и т. п.] **2.** *Рубашка у Ильи разорвалась в нескольких местах* [стать рваным, дырявым, прорваться в одном или нескольких местах] **3.** *Снаряд разорвался где-то недалеко* [взорвавшись, распасться на части] **4.** *«Я чувствую, что разорвались последние узы, связывавшие меня со светом».* Гоголь, Письмо Н. М. Языкову, 10 февр. 1842 [прекратиться, нарушиться, порваться — о связях, отношениях и т. п.]

II. РАЗОРВА́ВШИЙСЯ, -аяся, -ееся, -иеся; *действ. прош.*

Синт.: **а, б, в** — в глаг. знач. 1 — 4

РАЗОРИ́ТЬ, разор|я́т, разори́|л; ***сов., перех.*** (*несов.* разоря́ть *к* 1, 3 знач.) **1. *кого(что),*** также ***чем*** *Крупные монополии разорили фермеров снижением цен* (см. § 2). *Бесхозяйственность отца разорила семью* [разрушить чье-л. материальное благополучие, довести до нищеты] **2. *кого***

(что) *Ты разоришь меня, если каждый день будешь покупать конфеты и мороженое* [нанести ущерб чьему-л. материальному благополучию; *разг., шутл.*] **3.** ***что*** *Фашисты разорили тысячи наших городов и сел, сожгли деревни, уничтожили памятники культуры. Мальчишки разорили вороньи гнезда* [ломая, уничтожая, опустошая, разрушить]

II. РАЗОРИ́ВШИЙ, -ая, -ее, -ие; *действ. прош.*

С и н т.: **а, б** — в глаг. знач. 1 — 3

IV. РАЗОРЁННЫЙ, -ая, -ое, -ые; *страд. прош.**

С и н т.: **а, б** — в глаг. знач. 1, 3

В з н а ч. п р и л. **1.** (также *кр. ф.* ↓) Потерявший свое имущество, состояние, ставший бедным, разорившийся. *Разоренные фермеры покидают свои земли и становятся жертвами эксплуатации в городах* (из газет) **2.** (только *полн. ф.*) Разрушенный, опустошенный в результате варварского отношения, насилия или бесхозяйственности. *Разоренные села. Разоренный край*

РАЗОРЁН, -ена́, -ено́, -ены́; *кр. ф.**

В глаг. знач. 1, 3

В з н а ч. п р и л. (также *полн. ф.* в знач. прил. 1↑) *Фермеры разорены и поэтому покидают свои земли*

□ Прич. IV во 2 глаг. знач. не употр.

РАЗОРИ́ТЬСЯ, разоря́тся, разори́|лся; ***сов.*** (*несов.* разоря́ться *к* 1 знач.) **1.** *В результате разбойничьей политики монополий многие фермеры разорились* [потерять всё свое имущество, состояние, стать бедным] **2.** *Ты разоришься, покупая так часто конфеты и мороженое!* [нанести ущерб своему материальному благополучию; *разг., шутл.*]

II. РАЗОРИ́ВШИЙСЯ, -аяся, -ееся, -иеся; *действ. прош.*

С и н т.: **а, б** — в глаг. знач. 1, 2; **в** — в глаг. знач. 1

РАЗОРЯ́ТЬ, разоря́|ют, разоря́|л; ***несов., перех.*** (*сов.* разори́ть) **1.** ***кого(что),*** также ***чем*** *Крупные монополии разоряют фермеров снижением цен* (см. § 2). *Бесхозяйственность отца разоряет нас* [разрушать чье-л. материальное благополучие, доводить до нищеты] **2.** ***что*** *Мальчишки разоряют гнезда птиц* [ломая, уничтожая, опустошая, разрушать]

I. РАЗОРЯ́ЮЩИЙ, -ая, -ее, -ие; *действ. наст.*

С и н т.: **а, б** — в глаг. знач. 1, 2

В з н а ч. п р и л. Ведущий к разорению, доводящий до разорения, несущий разорение. *Разоряющие траты* (С р. прил. **разори́тельный,** -ая, -ое, -ые; -лен, -льна, -льно, -льны. Ведущий к разорению, доводящий до разорения, несущий разорение, разоряющий. *Разорительные траты. Разорительный судебный процесс*)

II. РАЗОРЯ́ВШИЙ, -ая, -ее, -ие; *действ. прош.*

С и н т.: **а, б** — в глаг. знач. 1, 2

III. РАЗОРЯ́ЕМЫЙ, -ая, -ое, -ые; *страд. наст.*

С и н т.: **а, б** — в глаг. знач. 1, 2

РАЗОРЯ́ТЬСЯ, разоря́|ются, разоря́|лся; ***несов. к*** разори́ться в 1 знач. (см.)

I. РАЗОРЯ́ЮЩИЙСЯ, -аяся, -ееся, -иеся; *действ. наст.*

С и н т.: **а, б, в** — в глаг. знач. 1

II. РАЗОРЯ́ВШИЙСЯ, -аяся, -ееся, -иеся; *действ. прош.*

С и н т.: **а, б, в** — в глаг. знач. 1

РАЗОЧАРОВА́ТЬ, разочару́ют, разочарова́|л; ***сов., перех., кого(что),*** также ***чем*** (*несов.* разочаро́вывать) *Певец меня разочаровал своим репертуаром. Эта выставка разочаровала меня* [вызвать чувство неудовлетворенности, заставить разочароваться]

II. РАЗОЧАРОВА́ВШИЙ, -ая, -ее, -ие; *действ. прош.*

С и н т.: **а, б** — в глаг. знач.

IV. РАЗОЧАРО́ВАННЫЙ, -ая, -ое, -ые; *страд. прош.**

С и н т.: в глаг. знач. нет; **а, б** — в статив. знач.

С т а т и в. з н а ч., ***в ком(чем)*** и ***в чем*** (также *кр. ф.* ↓) Находящийся в состоянии разочарования в ком-чем-л., разочаровавшийся в ком-чем-л. *Олег, разочарованный в своем новом друге, перестал с ним встречаться. Человеку, разочарованному в жизни, нелегко живется*

В з н а ч. п р и л. (только *полн. ф.*) Испытывающий разочарование в жизни, изверившийся, разочаровавшийся во всем. *Разочарованный человек. Разочарованная девушка*

С р. прил. **разочаро́ванный,** -ая, -ое, -ые; -ан, -анна, -анно, -анны. Выражающий разочарование. *Разочарованный взгляд. Разочарованный тон. Лица зрителей были разочарованны*

РАЗОЧАРО́ВАН, -ана, -ано, -аны; *кр. ф.**

В глаг. знач. нет

С т а т и в. з н а ч., ***в ком(чем)*** и ***в чем*** (также *полн. ф*↑) *Олег был разочарован в своем новом друге*

□ Прич. IV в глаг. знач. не употр.

РАЗОЧАРОВА́ТЬСЯ, разочару́ются, разочарова́|лся; ***сов., в ком(чем)*** и ***в чем*** (*несов.* разочаро́вываться) *«У него нет ни детей, ни друзей. Он разочаровался в жизни, ни во что не верит».* Новиков-Прибой, Капитан 1-го ранга [обмануться в своих ожиданиях, предположениях, надеждах, испытать чувство неудовлетворенности от чего-л. несбывшегося]

II. РАЗОЧАРОВА́ВШИЙСЯ, -аяся, -ееся, -иеся; *действ. прош.*

С и н т.: **а, б** — в глаг. знач.

РАЗОЧАРО́ВЫВАТЬ, разочаро́выва|ют, разочаро́выва|л; ***несов. к*** разочарова́ть (см.)

I. РАЗОЧАРО́ВЫВАЮЩИЙ, -ая, -ее, -ие; *действ. наст.*

С и н т.: **а, б** — в глаг. знач.

II. РАЗОЧАРО́ВЫВАВШИЙ, -ая, -ее, -ие; *действ. прош.*

С и н т.: **а, б** — в глаг. знач.

III. РАЗОЧАРО́ВЫВАЕМЫЙ, -ая, -ое, -ые; *страд. наст.*

С и н т.: **а, б** — в глаг. знач.

Субстантив.$_2$ не употр.

РАЗОЧАРО́ВЫВАТЬСЯ, разочаро́выва|ются, разочаро́выва|лся; ***несов. к*** разочарова́ться (см.)

I. РАЗОЧАРО́ВЫВАЮЩИЙСЯ, -аяся, -ееся, -иеся; *действ. наст.*

Синт.: **а, б** — в глаг. знач.

II. РАЗОЧАРО́ВЫВАВШИЙСЯ, -аяся, -ееся, -иеся; *действ. прош.*

Синт.: **а, б** — в глаг. знач.

РАЗРАБА́ТЫВАТЬ, разраба́тыва|ют, разраба́тыва|л; ***несов. к*** разрабо́тать (см.)

I. РАЗРАБА́ТЫВАЮЩИЙ, -ая, -ее, -ие; *действ. наст.*

Синт.: **а, б** — в глаг. знач. 1 — 4

II. РАЗРАБА́ТЫВАВШИЙ, -ая, -ее, -ие; *действ. прош.*

Синт.: **а, б** — в глаг. знач. 1 — 4

III. РАЗРАБА́ТЫВАЕМЫЙ, -ая, -ое, -ые; *страд. наст.*

Синт.: **а, б, в** — в глаг. знач. 1 — 4

Субстантив.$_3$ в глаг. знач. 2

РАЗРАБО́ТАТЬ, разрабо́тают, разрабо́та|л; ***сов., перех., что*** (*несов.* разраба́тывать) **1.** *Дипломница хорошо разработала свою тему* [тщательно, всесторонне, во всех деталях подготовить] **2.** *Наш институт разработал новый тип электронно-вычислительной машины. «Приехали люди с большого завода, заинтересовались макетом и попросили разработать машину всерьез».* Аграновский, Гадкие утята [создать что-л.] **3.** *Спортсмен хорошо разработал левую руку* [заставляя действовать, работать, сделать способным выполнять необходимые действия, операции и т. п.] **4.** *«[Бабиков] так мне разработал технику и мимику и так поставил мой гибкий голос, что звуки как-то сами рвались из груди бурным потоком».* Орленев, Воспоминания [отделать, усовершенствовать]

II. РАЗРАБО́ТАВШИЙ, -ая, -ее, -ие; *действ. прош.*

Синт.: **а, б** — в глаг. знач. 1 — 4

IV. РАЗРАБО́ТАННЫЙ, -ая, -ое, -ые; *страд. прош.*

Синт.: **а, б** — в глаг. знач. 1 — 4; **в** — в глаг. знач. 2

В знач. прил. (только *полн. ф.*) Способный выполнять необходимые действия в результате предварительных тренировок, подготовки и т. п. *Разработанные пальцы. Разработанные мышцы*

Субстантив.$_3$ в глаг. знач. 2

РАЗРАБО́ТАН, -ана, -ано, -аны; *кр. ф.*

В глаг. знач. 1 — 4

РАЗРЕДИ́ТЬ, разрежу́, разред|я́т, разреди́|л; ***сов., перех., что*** (*несов.* разрежа́ть) **1.** *Лесники разредили посадки елок* [сделать реже, отделив промежутками] **2.** *Лаборант с помощью нового прибора разредил в колбе воздух. Эта установка разредила газ* [уменьшить плотность чего-л., сделать менее насыщенным]

II. РАЗРЕДИ́ВШИЙ, -ая, -ее, -ие; *действ. прош.*

Синт.: **а, б** — в глаг. знач. 1, 2

IV. РАЗРЕЖЕ́ННЫЙ, -ая, -ое, -ые и *доп.* РАЗРЕ́ЖЕННЫЙ, -ая, -ое, -ые; *страд. прош.* [чередование д/ж]

Синт.: **а, б** — в глаг. знач. 1, 2

В знач. прил. (только *полн. ф.*) **1.** Менее частый, менее густой. *Разреженные посевы* **2.** Менее плотный, менее насыщенный. *Разреженный газ. Разреженный воздух*

РАЗРЕЖЁН, -ена́, -ено́, -ены́ и *доп.* РАЗРЕ́ЖЕН, -ена, -ено, -ены, *кр. ф.*

В глаг. знач. 1, 2

РАЗРЕЖА́ТЬ, разрежа́|ют, разрежа́|л; ***несов. к*** разреди́ть (см.)

I. РАЗРЕЖА́ЮЩИЙ, -ая, -ее, -ие; *действ. наст.*

Синт.: **а, б** — в глаг. знач. 1, 2

II. РАЗРЕЖА́ВШИЙ, -ая, -ее, -ие; *действ. прош.*

Синт.: **а, б** — в глаг. знач. 1, 2

III. РАЗРЕЖА́ЕМЫЙ, -ая, -ое, -ые; *страд. наст.*

Синт.: **а, б, в** — в глаг. знач. 1, 2

РАЗРЕША́ТЬ, разреша́|ют, разреша́|л; ***несов., перех.*** (*сов.* разреши́ть) **1. *что*** и ***с неопр. ф. кому(чему)*** *Врачи не разрешают Ире поездку в горы. Катя разрешает детям читать перед сном* [позволять что-л. делать, давать разрешение на что-л.] **2. *что*** *Эту проблему ученые разрешали очень медленно. Учащимся необходимо самостоятельно разрешать все трудные вопросы* [исследуя, обдумывая, решать, находить правильное решение, правильный ответ] **3. *что*** *Отец быстро разрешает все наши споры* [устранять, улаживать]

I. РАЗРЕША́ЮЩИЙ, -ая, -ее, -ие; *действ. наст.*

Синт.: **а, б** — в глаг. знач. 1 — 3

II. РАЗРЕША́ВШИЙ, -ая, -ее, -ие; *действ. прош.*

Синт.: **а, б** — в глаг. знач. 1 — 3

III. РАЗРЕША́ЕМЫЙ, -ая, -ое, -ые; *страд. наст.*

Синт.: **а, б** — в глаг. знач. 1 — 3

Ср. прич. во 2, 3 глаг. знач. с прил. **разреши́мый,** -ая, -ое, -ые; -и́м, -и́ма, -и́мо, -и́мы, обычно ***с нареч.*** **1.** Такой, для которого можно найти правильное решение. *Легко разрешимый вопрос* **2.** Такой, который можно устранить, уладить. *Вполне разрешимый конфликт. Разрешимые противоречия*

Субстантив.$_3$ в глаг. знач. 1

РАЗРЕША́ЕМ, -ема, -емо, -емы; *кр. ф.*

В глаг. знач. 1 — 3

РАЗРЕШИ́ТЬ, разреш|а́т, разреши́|л; ***сов. к*** разреша́ть (см.)

II. РАЗРЕШИ́ВШИЙ, -ая, -ее, -ие; *действ. прош.*

Синт.: **а, б** — в глаг. знач. 1 — 3

IV. РАЗРЕШЁННЫЙ, -ая, -ое, -ые; *страд. прош.*

Синт.: **а, б, в** — в глаг. знач. 1 — 3

Субстантив.$_3$ в глаг. знач. 1

РАЗРЕШЁН, -ена́, -ено́, -ены́; *кр. ф.*

В глаг. знач. 1 — 3

РАЗРО́ЗНИВАТЬ, разро́знива|ют, разро́знива|л; ***несов. к*** разро́знить (см.)

I. РАЗРО́ЗНИВАЮЩИЙ, -ая, -ее, -ие; *действ. наст.*
Синт.: **а, б** — в глаг. знач.
II. РАЗРО́ЗНИВАВШИЙ, -ая, -ее, -ие; *действ. прош.*
Синт.: **а, б** — в глаг. знач.
III. РАЗРО́ЗНИВАЕМЫЙ, -ая, -ое, -ые; *страд. наст.*
Синт.: **а, б, в** — в глаг. знач.

РАЗРО́ЗНИТЬ, разро́зн|ят, разро́зни|л; ***сов., перех., что*** (*несов.* разро́знивать) *Мой друг разрознил свою коллекцию минералов* [нарушить целостность, единство комплекта, совокупности чего-л.]
II. РАЗРО́ЗНИВШИЙ, -ая, -ее, -ие; *действ. прош.*
Синт.: **а, б** — в глаг. знач.
IV. РАЗРО́ЗНЕННЫЙ, -ая, -ое, -ые; *страд. прош.*
Синт.: **а, б** — в глаг. знач.
В знач. прил. (только *полн. ф.*) Неполный, с частично недостающими экземплярами, частями. *Разрозненный комплект белья. Разрозненное собрание сочинений А. П. Чехова. Разрозненный сервиз*
Ср. прил. **разро́зненный,** -ая, -ое, -ые; -ен, -енна, -енно, -енны. **1.** Не составляющий с другим или другими чего-л. целого. *Разрозненные тома сочинений Л. Н. Толстого* **2.** Несогласованный, лишенный единства. *Разрозненные действия* **3.** Разобщенный, разъединенный. *Разрозненные силы. Разрозненные отряды* **4.** Не имеющий цельности. *Разрозненные впечатления*
РАЗРО́ЗНЕН, -ена, -ено, -ены; *кр. ф.*
В глаг. знач.

РАЗРУША́ТЬ, разруша́|ют, разруша́|л; ***несов., перех.*** (*сов.* разру́шить) **1. *что,*** также ***чем*** *Артиллерийским огнем противник разрушает город* (см. § 2). *Подземные толчки разрушают легкие постройки* [уничтожать, руша, ломая] **2. *что,*** также ***чем*** *Председатель колхоза бесхозяйственностью и неорганизованностью разрушает хорошо налаженное хозяйство* (см. § 1). *Сбои в подаче вагонов разрушают отработанный механизм перевозки овощей* (из газет) [причинять большой ущерб, приводить к развалу, упадку и т. п.] **3. *что,*** также ***чем*** *Аня своим легкомысленным поведением разрушает нашу любовь* (см. § 1). *Частые размолвки постепенно разрушали нашу дружбу* [нарушать, расстраивать, губить] **4. *что,*** также ***чем*** *Олег курением разрушает свое здоровье* (см. § 2). *Стрессовые состояния разрушают нервную систему* [приводить в тяжелое, болезненное состояние]
I. РАЗРУША́ЮЩИЙ, -ая, -ее, -ие; *действ. наст.*
Синт.: **а, б** — в глаг. знач. 1 — 4
В знач. прил. Такой, который приводит к уничтожению, губительный. *Разрушающее действие никотина. Разрушающее влияние улицы* (Ср. прил. **разруши́тельный,** -ая, -ое, -ые; -лен, -льна, -льно, -льны. Производящий разрушение, губительный. *Разрушительный ураган. Разрушительная сила*)
II. РАЗРУША́ВШИЙ, -ая, -ее, -ие; *действ. прош.*
Синт.: **а, б** — в глаг. знач. 1 — 4
III. РАЗРУША́ЕМЫЙ, -ая, -ое, -ые; *страд. наст.*
Синт.: **а, б** — в глаг. знач. 1 — 4
Субстантив.$_3$ в глаг. знач. 1

РАЗРУ́ШИТЬ, разру́ш|ат, разру́ши|л; ***сов. к*** разруша́ть (см.)
II. РАЗРУ́ШИВШИЙ, -ая, -ее, -ие; *действ. прош.*
Синт.: **а, б** — в глаг. знач. 1 — 4
IV. РАЗРУ́ШЕННЫЙ, -ая, -ое, -ые; *страд. прош.*
Синт.: **а, б, в** — в глаг. знач. 1 — 4
Субстантив.$_3$ в глаг. знач. 1
РАЗРУ́ШЕН, -ена, -ено, -ены; *кр. ф.*
В глаг. знач. 1 — 4

РАЗРЫВА́ТЬ, разрыва́|ют, разрыва́|л; ***несов. к*** разорва́ть (см.)
I. РАЗРЫВА́ЮЩИЙ, -ая, -ее, -ие; *действ. наст.*
Синт.: **а, б** — в глаг. знач. 1 — 7
II. РАЗРЫВА́ВШИЙ, -ая, -ее, -ие; *действ. прош.*
Синт.: **а, б** — в глаг. знач. 1 — 7
III. РАЗРЫВА́ЕМЫЙ, -ая, -ое, -ые; *страд. наст.*
Синт.: **а, б** — в глаг. знач. 1 — 7
Субстантив.$_3$ в глаг. знач. 1, 6

РАЗРЫВА́ТЬСЯ, разрыва́|ются, разрыва́|лся; ***несов. к*** разорва́ться (см.)
I. РАЗРЫВА́ЮЩИЙСЯ, -аяся, -ееся, -иеся; *действ. наст.*
Синт.: **а, б, в** — в глаг. знач. 1 — 4
II. РАЗРЫВА́ВШИЙСЯ, -аяся, -ееся, -иеся; *действ. прош.*
Синт.: **а, б, в** — в глаг. знач. 1 — 4

РАЗЪЯРИ́ТЬ, разъяр|я́т, разъяри́|л; ***сов., перех., кого(что),*** также ***чем*** (*несов.* разъяря́ть) *Незнакомец разъярил отца своими дерзкими словами* (см. § 1). *Выстрел разъярил медведя* [привести в ярость, в бешенство]
II. РАЗЪЯРИ́ВШИЙ, -ая, -ее, -ие; *действ. прош.*
Синт.: **а, б** — в глаг. знач.
IV. РАЗЪЯРЁННЫЙ, -ая, -ое, -ые; *страд. прош.*
Синт.: **а, б** — в глаг. знач.
В знач. прил. (также *кр. ф.* ↓) Охваченный яростью, бешенством, разъярившийся. *Разъяренный человек. Разъяренный зверь*
Ср. прил. **разъярённый,** -ая, -ое, -ые; -ён, -ённа, -ённо, -ённы. **1.** Выражающий ярость, бешенство. *Разъяренный взгляд. Разъяренное лицо. Разъяренный лай собак* **2.** Неистовый, бурный, неукротимый. *Разъяренная стихия. Разъяренная река*
РАЗЪЯРЁН, -ена́, -ено́, -ены́; *кр. ф.*
В глаг. знач.
В знач. прил. (также *полн. ф.* ↑) *Этот человек разъярен. Зверь был разъярен*

РАЗЪЯРИ́ТЬСЯ, разъяря́тся, разъяри́|лся; ***сов.*** (*несов.* разъяря́ться) *Увидев, что прохожий стал* *ломать ветку молодой яблони, старик разъярился* [прийти в ярость, бешенство]

II. РАЗЪЯРИ́ВШИЙСЯ, -аяся, -ееся, -иеся; *действ. прош.*

Синт.: **а, б, в** — в глаг. знач.

РАЗЪЯРЯ́ТЬ, разъяря́|ют, разъяря́|л; ***несов. к*** разъяри́ть (см.)

I. РАЗЪЯРЯ́ЮЩИЙ, -ая, -ее, -ие; *действ. наст.*

Синт.: **а, б** — в глаг. знач.

II. РАЗЪЯРЯ́ВШИЙ, -ая, -ее, -ие; *действ. прош.*

Синт.: **а, б** — в глаг. знач.

III. РАЗЪЯРЯ́ЕМЫЙ, -ая, -ое, -ые; *страд. наст.*

Синт.: **а, б** — в глаг. знач.

РАЗЪЯРЯ́ТЬСЯ, разъяря́|ются, разъяря́|лся; ***несов. к*** разъяри́ться (см.)

I. РАЗЪЯРЯ́ЮЩИЙСЯ, -аяся, -ееся, -иеся; *действ. наст.*

Синт.: **а, б** — в глаг. знач.

II. РАЗЪЯРЯ́ВШИЙСЯ, -аяся, -ееся, -иеся; *действ. прош.*

Синт.: **а, б** — в глаг. знач.

РАЗЫГРА́ТЬ, разыгра́ют, разыгра́|л; ***сов., перех.*** (*несов.* разы́грывать) **1. *что*** *Старшеклассники разыграли несколько сцен из „Трех сестер" А. П. Чехова. Молодые музыканты разыграли квартет* [играя совместно, исполнить театральную пьесу, музыкальное произведение и т. п.] **2. *кого(что)*** *Дима разыграл на этом вечере немого. На карнавале Ольга разыграла цыганку* [представить, изобразить собою] **3. *что*** *Встретив Аню, мы разыграли удивление и недоумение* [изобразить что-л. не существующее на самом деле] **4. *что*** *Мы с Ильей разыграли партию в шахматы* [провести игру по тому или иному плану, тем или иным способом] **5. *что*** *Книги нам пришлось разыграть, так как их было мало. Ребята разыграли один билет на футбол, и он достался Сереже* [путем лотереи, жребия и т. п. раздать, отдать что-л. претендующим] **6. *кого(что)*** *Первого апреля друзья меня разыграли очень остроумно* [подшучивая над кем-л., обмануть, одурачить]

II. РАЗЫГРА́ВШИЙ, -ая, -ее, -ие; *действ. прош.*

Синт.: **а, б** — в глаг. знач. 1 — 6

IV. РАЗЫ́ГРАННЫЙ, -ая, -ое, -ые; *страд. прош.**

Синт.: **а, б** — в глаг. знач. 1, 3 — 6; **в** — в глаг. знач. 4 — 6

Субстантив.$_2$ в глаг. знач. 6; субстантив.$_3$ в глаг. знач. 5

РАЗЫ́ГРАН, -ана, -ано, -аны; *кр. ф.**

В глаг. знач. 1, 3 — 6

▭ Прич. IV во 2 глаг. знач. не употр.

РАЗЫ́ГРЫВАТЬ, разы́грыва|ют, разы́грыва|л; ***несов. к*** разыгра́ть (см.)

I. РАЗЫ́ГРЫВАЮЩИЙ, -ая, -ее, -ие; *действ. наст.*

Синт.: **а, б** — в глаг. знач. 1 — 6

II. РАЗЫ́ГРЫВАВШИЙ, -ая, -ее, -ие; *действ. прош.*

Синт.: **а, б** — в глаг. знач. 1 — 6

III. РАЗЫ́ГРЫВАЕМЫЙ, -ая, -ое, -ые; *страд. наст.**

Синт.: **а, б** — в глаг. знач. 1, 3 — 6; **в** — в глаг. знач. 4 — 6

Субстантив.$_2$ в глаг. знач. 6; субстантив.$_3$ в глаг. знач. 5

▭ Прич. III во 2 глаг. знач. не употр.

РА́НИТЬ, ра́н|ят, ра́ни|л; ***сов.*** и ***несов., перех.*** **1. *кого(что),*** также ***чем*** *Бандит ранил женщину ножом* (см. § 2) [нанести или наносить кому-л. рану или раны, серьезно повредить или повреждать ткань живого организма] **2. *кого(что),*** также ***чем*** и ***безл.*** *Неизвестный выстрелил в сторожа склада в упор, но, к счастью, только ранил его. Солдата ранило в живот. Отца ранило осколком снаряда* (см. § 2) [вызвать или вызывать ранение, получить или получать рану или раны, в результате разрыва пули, снаряда, бомбы и т. п.] **3. *кого(что)*** и ***что; S не лицо*** *«В оврагах и сырых, болотистых лесах острая осока ранит ноги».* Осеева, Васек Трубачев и его товарищи [повредить или повреждать поверхность кожи, образуя на ней какую-л. рану] **4. *кого(что),*** также ***чем*** *Олег глубоко ранит мать своим невниманием* (см. § 1). *Твои слова ранят меня* [причинить или причинять кому-л. душевную боль, страдание]

I. РА́НЯЩИЙ, -ая, -ее, -ие; *действ. наст.*

Синт.: **а, б** — в глаг. знач. 1 — 4

В знач. прил. Такой, который приносит душевные страдания, вызывает чувство острой обиды. *Ранящие слова*

II. РА́НИВШИЙ, -ая, -ее, -ие; *действ. прош.*

Синт.: **а, б** — в глаг. знач. 1 — 4

III. РА́НИМЫЙ, -ая, -ое, -ые; *страд. наст.* (*редко*)

Синт.: **а, б** — в глаг. знач. 1 — 4

Ср. прил. **рани́мый**, -ая, -ое, -ые; -и́м, -и́ма, -и́мо, -и́мы, обычно ***с нареч.*** **1.** Слабо защищенный, такой, которому легко нанести рану, чью кожу легко повредить. *«[Тело рачка] очень нежное, легко ранимое».* Романова, Рассказ биолога **2.** Такой, которому легко причинить душевную боль, страдание. *Легко ранимый человек. Очень ранимая психика*

IV. РА́НЕННЫЙ, -ая, -ое, -ые; *страд. прош.**

Синт.: **а, б** — в глаг. знач. 1, 2

Ср. прил. **ра́неный**, -ая, -ое, -ые. **1.** Имеющий рану, получивший ранение. *Раненые бойцы* **2.** Поврежденный, пораженный при ранении — о какой-л. части тела. *Раненая рука*

Субстантив.$_3$ не употр.

РА́НЕН, -ена, -ено, -ены; *кр. ф.**

В глаг. знач. 1, 2

▭ Прич. IV в 3, 4 глаг. знач. не употр.

РАСКАЛИ́ТЬ, раскал|я́т, раскали́|л; ***сов., перех., что*** (*несов.* раскаля́ть) **1.** *Кузнец раскалил железный прут докрасна* [нагреть огнем очень сильно, до свечения] **2. *S не лицо*** *Солнце раскалило крышу* [сделать слишком горячим]

II. РАСКАЛИ́ВШИЙ, -ая, -ее, -ие; *действ. прош.*

Синт.: **а, б** — в глаг. знач. 1, 2

IV. РАСКАЛЁННЫЙ, -ая, -ое, -ые; *страд. прош.*
Синт.: **а, б** — в глаг. знач. 1, 2; **в** — в глаг. знач. 1
В знач. прил. (также *кр. ф.* ↓) Сильно нагревшийся, ставший слишком горячим, раскалившийся. *Раскаленные камни. Раскаленная крыша. Раскаленное железо*
РАСКАЛЁН, -ена́, -ено́, -ены́; *кр. ф.*
В глаг. знач. 1, 2
В знач. прил. (также *полн. ф.* ↑) *Камни раскалены. Крыша сильно раскалена. Железо раскалено*

РАСКАЛИ́ТЬСЯ, раскаля́тся, раскали́|лся; ***сов.*** (*несов.* раскаля́ться) *Под палящими солнечными лучами камни раскалились, обжигали ноги. Железо раскалилось* [стать слишком горячим]
II. РАСКАЛИ́ВШИЙСЯ, -аяся, -ееся, -иеся; *действ. прош.*
Синт.: **а, б, в** — в глаг. знач.

РАСКАЛЯ́ТЬ, раскаля́|ют, раскаля́|л; ***несов. к*** раскали́ть (см.)
I. РАСКАЛЯ́ЮЩИЙ, -ая, -ее, -ие; *действ. наст.*
Синт.: **а, б** — в глаг. знач. 1, 2
II. РАСКАЛЯ́ВШИЙ, -ая, -ее, -ие; *действ. прош.*
Синт.: **а, б** — в глаг. знач. 1, 2
III. РАСКАЛЯ́ЕМЫЙ, -ая, -ое, -ые; *страд. наст.*
Синт.: **а, б** — в глаг. знач. 1, 2; **в** — в глаг. знач. 1

РАСКАЛЯ́ТЬСЯ, раскаля́|ются, раскаля́|лся; ***несов. к*** раскали́ться (см.)
I. РАСКАЛЯ́ЮЩИЙСЯ, -аяся, -ееся, -иеся; *действ. наст.*
Синт.: **а, б, в** — в глаг. знач.
II. РАСКАЛЯ́ВШИЙСЯ, -аяся, -ееся, -иеся; *действ. прош.*
Синт.: **а, б, в** — в глаг. знач.

РАСКАЧА́ТЬСЯ, раскача́ются, раскача́|лся; ***сов. к*** раска́чиваться в 1 — 3, 5 знач. (см.)
II. РАСКАЧА́ВШИЙСЯ, -аяся, -ееся, -иеся; *действ. прош.*
Синт.: **а, б** — в глаг. знач. 1 — 3, 5

РАСКА́ЧИВАТЬСЯ, раска́чива|ются, раска́чива|лся; ***несов.*** (*сов.* раскача́ться *к* 1 — 3, 5 знач.) **1.** ***S не лицо*** *Маятник раскачивался из стороны в сторону. «На тоненькой веревочке,.. раскачивалась привязанная за верхний конец увесистая доска».* Федин, Братья [находиться в ритмическом колебательном движении, будучи прикрепленным верхней частью к чему-л.] **2.** *Гимнаст слишком долго раскачивался на брусьях. Девочка раскачивается на стуле и не хочет есть кашу* [приводить свое тело в колебательное движение] **3.** ***S не лицо*** *Маленькая лодка раскачивается на волнах. Вершины сосен раскачивались и шумели* [качаться, колебаться из стороны в сторону или вверх и вниз под действием чего-л.] **4.** *У Олега странная походка — он раскачивается при ходьбе* [переваливаться при ходьбе с боку на бок] **5.** *Как долго вы раскачиваетесь!* [медленно выходить из состояния апатии, бездействия; *разг.*]
I. РАСКА́ЧИВАЮЩИЙСЯ, -аяся, -ееся, -иеся; *действ. наст.*
Синт.: **а, б** — в глаг. знач. 1 — 5; **в** — в глаг. знач. 1
В знач. прил. С покачиванием из стороны в сторону — о походке. *«Кутузов вошел своею ныряющею, раскачивающеюся походкой».* Л. Толстой, Война и мир
II. РАСКА́ЧИВАВШИЙСЯ, -аяся, -ееся, -иеся; *действ. прош.*
Синт.: **а, б** — в глаг. знач. 1 — 5; **в** — в глаг. знач. 1

РАСКЛА́ДЫВАТЬ, раскла́дыва|ют, раскла́дыва|л; ***несов., перех., что*** (*сов.* разложи́ть [2]) **1.** *Ольга раскладывала газеты и журналы по разным полкам* [класть отдельно одно от другого, расставлять, размещать] **2.** *Туристы раскладывают на траве большую скатерть* [развертывая, расправляя, класть на что-л.] **3.** *Дима раскладывал каждый вечер диван-кровать, а Илья — раскладушку* [раздвигать, расставлять что-л. складное] **4.** *В сильные морозы мы раскладывали костры вокруг палаток* [складывая горючий материал, зажигать, разжигать, заставлять разгореться]
I. РАСКЛА́ДЫВАЮЩИЙ, -ая, -ее, ие; *действ. наст.*
Синт.: **а, б** — в глаг. знач. 1 — 4
II. РАСКЛА́ДЫВАВШИЙ, -ая, -ее, -ие; *действ. прош.*
Синт.: **а, б** — в глаг. знач. 1 — 4
III. РАСКЛА́ДЫВАЕМЫЙ, -ая, -ое, -ые; *страд. наст.*
Синт.: **а, б, в** — в глаг. знач. 1 — 4
Субстантив.$_3$ в глаг. знач. 1

РАСКОВА́ТЬ, раскуют, раскова́|л; ***сов., перех.*** (*несов.* раско́вывать) **1.** ***кого(что)**** *Мы расковали лошадей* [освободить копыта, копыто от подков, подковы] **2.** ***кого(что)*** *Узника расковали. «Мы, политические, ликуем. Нас расковали, мы пьем чай, едим колбасу».* Куйбышев, Эпизод из моей жизни [освободить от оков, кандалов] **3.** ***что; S не лицо*** *Весна раньше обычного расковала реки, снег на полях растаял* [освободить ото льда, разморозить водную поверхность, землю] **4.** ***кого(что); S не лицо*** *«Всех будто расковала немудреная прибаутка — люди задвигались, стали решительнее выходить».* Федин, Костер [освободить от чего-л. сдерживающего, от скованности, дать возможность свободно действовать, проявлять свои желания и т. п.] **5.** ***что; S не лицо*** *«Социализм расковал безграничные и разносторонние силы народа и окрылил их высокой гуманной целью».* Грибачев, А она вертится [дать возможность чему-л. свободно развиваться, полностью проявляться]
II. РАСКОВА́ВШИЙ, -ая, -ее, -ие; *действ. прош.*
Синт.: **а, б** — в глаг. знач. 1 — 5
IV. РАСКО́ВАННЫЙ, -ая, -ое, -ые; *страд. прош.*
Синт.: **а, б** — в глаг. знач. 1 — 5; **в** — в глаг. знач. 1 — 3
Ср. прил. **раско́ванный,** -ая, -ое, -ые; -ан, -**анна**, -**анно**, -**анны**. **1.** Лишенный скованности, непринужденный, свободный в своих

действиях, поведении, в обращении с окружающими, расковавшийся. *Раскованный человек* **2.** Проявляющийся свободно, без скованности. *Раскованная манера держаться. Раскованные движения*

Субстантив.$_3$ не употр.

РАСКО́ВАН, -ана, -ано, -аны; *кр. ф.*

В глаг. знач. 1 — 5

РАСКОВА́ТЬСЯ, раскую́тся, раскова́|лся; ***сов.*** (*несов.* раско́вываться) **1.** ***S не лицо*** *«— Дорогой лошадь у меня расковалась, пришлось остановиться в деревеньке».* М. Горький, Жалобы [потерять подкову, подковы — о лошади] **2.** *Бежавшие каторжники еще до побега расковались* [освободиться от оков, кандалов, сняв их с себя] **3.** *За каждой фразой стояло не пустое, общее место, а живой, ощутимый каждым смысл. Мы все как бы „расковались", начинали сознавать себя нужными, происходила переоценка ценностей* (из газет) [освободиться от скованности, начать вести себя свободнее в общении с людьми; *разг.*]

II. РАСКОВА́ВШИЙСЯ, -аяся, -ееся, -иеся; *действ. прош.*

Синт.: **а, б** — в глаг. знач. 1 — 3; **в** — в глаг. знач. 1, 2

РАСКО́ВЫВАТЬ, раско́выва|ют, раско́выва|л; ***несов., перех.*** (*сов.* раскова́ть) **1.** ***кого(что)*** * *Старых лошадей в деревнях расковывали* [освобождать копыто, копыта лошади от подков, подковы] **2.** ***кого(что)*** *Узников расковывали после доставки на место каторжных работ* [освобождать от оков, кандалов] **3.** ***что; S не лицо*** *Весна расковывает реки, снег на полях быстро тает* [освобождать ото льда, размораживать водную поверхность, землю] **4.** ***кого(что); S не лицо*** *Этой цели служит, в частности, специально подобранная музыка. Она расковывает человека, снимает излишнее напряжение* (из газет) [освобождать от чего-л. сдерживающего, от скованности, давать возможность свободно действовать, проявлять свои желания и т. п.] **5.** ***что; S не лицо*** *Научно-фантастические идеи расковывают воображение* [давать возможность чему-л. свободно развиваться, полностью проявляться]

I. РАСКО́ВЫВАЮЩИЙ, -ая, -ее, -ие; *действ. наст.*

Синт.: **а, б** — в глаг. знач. 1 — 5

В знач. прил. Такой, который приводит кого-л. к освобождению от скованности, свободному проявлению чувств, мыслей и т. п. *Расковывающая обстановка. Расковывающая музыка*

II. РАСКО́ВЫВАВШИЙ, -ая, -ее, -ие; *действ. прош.*

Синт.: **а, б** — в глаг. знач. 1 — 5

III. РАСКО́ВЫВАЕМЫЙ, -ая, -ое, -ые; *страд. наст.*

Синт.: **а, б** — в глаг. знач. 1 — 5; **в** — в глаг. знач. 1, 2

Субстантив.$_2$ в глаг. знач. 2; субстантив.$_3$ не употр.

РАСКО́ВЫВАТЬСЯ, раско́выва|ются, раско́выва|лся; ***несов. к*** раскова́ться (см.)

I. РАСКО́ВЫВАЮЩИЙСЯ, -аяся, -ееся, -иеся; *действ. наст.*

Синт.: **а, б** — в глаг. знач. 1 — 3

II. РАСКО́ВЫВАВШИЙСЯ, -аяся, -ееся, -иеся; *действ. прош.*

Синт.: **а, б** — в глаг. знач. 1 — 3

РАСКОЛО́ТЬ, расколю́, раско́лют, расколо́|л; ***сов. к*** коло́ть [1] в 1 знач. (см.)

II. РАСКОЛО́ВШИЙ, -ая, -ее, -ие; *действ. прош.*

Синт.: **а, б** — в глаг. знач. 1

IV. РАСКО́ЛОТЫЙ, -ая, -ое, -ые; *страд. прош.*

Синт.: **а, б, в** — в глаг. знач. 1

РАСКО́ЛОТ, -та, -то, -ты; *кр. ф.*

В глаг. знач. 1

РАСКРОИ́ТЬ, раскро|я́т, раскрои́|л; ***сов. к*** крои́ть в 1 знач. (см.)

II. РАСКРОИ́ВШИЙ, -ая, -ее, -ие; *действ. прош.*

Синт.: **а, б** — в глаг. знач. 1

IV. РАСКРО́ЕННЫЙ, -ая, -ое, -ые; *страд. прош.*

Синт.: **а, б, в** — в глаг. знач. 1

РАСКРО́ЕН, -ена, -ено, -ены; *кр. ф.*

В глаг. знач. 1

РАСКРОШИ́ТЬ, раскрошу́, раскро́ш|ат и раскроша́т, раскроши́|л; ***сов. к*** кроши́ть в 1 знач. (см.)

II. РАСКРОШИ́ВШИЙ, -ая, -ее, -ие; *действ. прош.*

Синт.: **а, б** — в глаг. знач. 1

IV. РАСКРО́ШЕННЫЙ, -ая, -ое, -ые; *страд. прош.*

Синт.: **а, б, в** — в глаг. знач. 1

РАСКРО́ШЕН, -ена, -ено, -ены; *кр. ф.*

В глаг. знач. 1

РАСПИСА́ТЬ, распишу́, распи́шут, расписа́|л; ***сов., перех.*** (*несов.* распи́сывать) **1.** ***что*** *Мы расписали роли и раздали их актерам. Девочка расписала все слова английского текста на карточки, чтобы быстрее их выучить* [выписать, переписать отдельно части какого-л. текста] **2.** ***кого(что) по чему*** *Вожатый всех дежурных пионеров расписал по этажам* [распределив кого-л. между кем-чем-л., сделать запись об этом] **3.** ***что*** и ***с придат. дополнит.*** *Маршрут наш инструктор расписал с особой точностью и тщательностью. Ольга расписала весь день по минутам. «— Какова, а? Министр! Всё расписала по своим графам».* Сергеев-Ценский, Зауряд-полк [определив последовательность, порядок следования частей чего-л., сделать запись об этом; распределив что-л. каким-л. образом, записать, занести это куда-л.] **4.** ***что*** *Художник расписал стены фойе в светлых тонах* [разрисовать красками, покрыть рисунками] **5.** ***кого(что)*** и ***что*** и ***с придат. дополнит.*** *Андрей так расписал свою знакомую — и хороша собой, и прекрасная воспитательница, и спортсменка. Ну и расписал встречу с фигуристами этот журналист!* [подробно, живо, обычно с преувеличениями, охарактеризовать, описать, рассказать, изобразить; *разг.*] **6.** ***кого(что)*** *Вчера молодых людей расписали в загсе* [зарегистрировать вступление в брак; *разг.*]

II. РАСПИСА́ВШИЙ, -ая, -ее, -ие; *действ. прош.*

Синт.: **а, б** — в глаг. знач. 1 — 6

IV. РАСПИ́САННЫЙ, -ая, -ое, -ые; *страд. прош.*

Синт.: **а, б** — в глаг. знач. 1 — 6; **в** — в глаг. знач. 6 (только *мн.*)

В знач. прил. (только *полн. ф.*) Имеющий на поверхности роспись. *Мы осматривали расписанные стены старинного храма. «В фарфоровых, расписанных горшках Цветы поддельные..»* Крылов, Цветы (Ср. прил. **расписно́й**, -а́я, -о́е, -ы́е. Украшенный ярким рисунком, разрисованный красками. *Расписные ложки. Расписные ставни. «Лес, точно терем расписной, Лиловый, золотой, багряный».* Бунин, Листопад)

Субстантив.$_2$ в глаг. знач. 2, 6 (обычно *мн.*); субстантив.$_3$ в глаг. знач. 1, 4, 5

РАСПИ́САН, -ана, -ано, -аны; *кр. ф.*

В глаг. знач. 1 — 6

РАСПИ́СЫВАТЬ, распи́сыва|ют, распи́сыва|л; ***несов. к*** расписа́ть (см.)

I. РАСПИ́СЫВАЮЩИЙ, -ая, -ее, -ие; *действ. наст.*

Синт.: **а, б** — в глаг. знач. 1 — 6

II. РАСПИ́СЫВАВШИЙ, -ая, -ее, -ие; *действ. прош.*

Синт.: **а, б** — в глаг. знач. 1 — 6

III. РАСПИ́СЫВАЕМЫЙ, -ая, -ое, -ые; *страд. наст.*

Синт.: **а, б** — в глаг. знач. 1 — 6; **в** — в глаг. знач. 1, 4

Субстантив.$_2$ в глаг. знач. 2, 6 (обычно *мн.*); субстантив.$_3$ в глаг. знач. 1, 4, 5

РАСПЛЫВА́ТЬСЯ, расплыва́|ются, расплыва́|лся; ***несов.*** (*сов.* расплы́ться *к* 1, 3 — 10 знач.) **1.** ***S не лицо*** *Смотри, чернила расплываются на этой бумаге! Пятна нефти расплывались по воде* [растекаться — о жидкостях, жидких красках] **2.** ***S не лицо*** *Эти краски плохого качества, они расплываются* [иметь свойство растекаться, не создавая четких линий — о чернилах, красках и т. п.] **3.** ***S не лицо*** *Дым от папирос медленно расплывался по комнате* [распространяться, расходиться в каком-л. пространстве — о дыме, тумане и т. п.] **4.** ***S не лицо*** *Пошел дождь, и следы на дорожке начали расплываться. Буквы на размокшей бумаге расплывались, и прочитать слова было невозможно* [размываться, утрачивать первоначальную форму под действием воды или другой жидкости] **5.** ***S не лицо*** *Фигуры людей расплывались в тумане* [утрачивать отчетливые очертания] **6.** *Олег от неподвижного образа жизни заметно расплывается* [сильно полнеть, становиться тучным; *разг.*] **7.** ***S не лицо*** *Опухоль на ноге постепенно расплывалась* [раздаваться в стороны] **8.** *Всякий раз, когда учитель хвалил Сережу, тот расплывался в улыбке* [широко улыбаться, выражая радость, удовольствие от чего-л.] **9.** ***S не лицо*** *Лицо моего друга расплывается в улыбке. По лицу Тани расплывается широкая улыбка* [складываться в широкую улыбку, становиться широким от улыбки — о лице, губах; появляться на лице — об улыбке] **10.** ***S не лицо*** *В этом месте реки бревна медленно расплываются в разные стороны. При нашем появлении утята расплываются по пруду* [плыть в разные стороны под действием течения, волн и т. п.; уплывать в разные стороны]

I. РАСПЛЫВА́ЮЩИЙСЯ, -аяся, -ееся, -иеся; *действ. наст.*

Синт.: **а, б** — в глаг. знач. 1 — 10; **в** — в глаг. знач. 6, 7

В знач. прил. Такой, который растекается, не создавая четких линий — о чернилах, красках и т. п. *Расплывающиеся краски*

II. РАСПЛЫВА́ВШИЙСЯ, -аяся, -ееся, -иеся; *действ. прош.*

Синт.: **а, б** — в глаг. знач. 1 — 10; **в** — в глаг. знач. 6, 7

РАСПЛЫ́ТЬСЯ, расплыву́тся, расплы́|лся, расплыла́сь, расплыло́сь и *доп.* расплы́лось, расплыли́сь и *доп.* расплы́лись, ***что*** (*несов.* расплыва́ться) **1.** ***S не лицо*** *Чернила расплылись на этой бумаге! Пятна нефти расплылись по воде* [растечься — о жидкостях, жидких красках] **2.** ***S не лицо*** *Дым от папирос медленно расплылся по комнате* [распространиться, разойтись в каком-л. пространстве — о дыме, тумане и т. п.] **3.** ***S не лицо*** *Пошел дождь, и следы на дорожке расплылись* [размыться, утратить первоначальную форму под действием воды или другой жидкости] **4.** ***S не лицо*** *Фигуры людей расплылись в тумане* [утратить отчетливые очертания] **5.** *Олег от мучной и обильной пищи постепенно расплылся* [сильно пополнеть, стать тучным; *разг.*] **6.** ***S не лицо*** *Опухоль на ноге немного расплылась* [раздаться в стороны] **7.** *Учитель похвалил Сережу, и тот расплылся в улыбке* [широко улыбнуться, выразив радость, удовольствие от чего-л.] **8.** ***S не лицо*** *Лицо девушки при появлении Олега расплылось в улыбке. По лицу Тани расплылась широкая улыбка* [сложиться в широкую улыбку, стать широким от улыбки — о лице, губах; появиться на лице — об улыбке] **9.** ***S не лицо*** *В этом месте реки бревна расплылись. При нашем появлении утята расплылись по пруду* [уплыть в разные стороны под действием течения; уплыть, поплыть в разные стороны]

II. РАСПЛЫ́ВШИЙСЯ, -аяся, -ееся, -иеся; *действ. прош.*

Синт.: **а, б** — в глаг. знач. 1 — 9; **в** — в глаг. знач. 6

В знач. прил. **1.** Потерявший нормальные очертания. *Расплывшиеся черты лица* **2.** Болезненно толстый, тучный. *Расплывшаяся женщина* **3.** Потерявший свои нормальные очертания от полноты. *Расплывшийся подбородок*

РАСПОЛАГА́ТЬ [1], располага́|ют, располага́|л; ***несов.*** (*сов.* расположи́ть [1] *к* 4, 5 знач.) **1.** ***неперех., кем(чем)*** и ***чем*** *«Уже к концу недели мы* [*партизаны*] *располагали людьми у железнодорожников, на паровых мельницах, среди торговых слу-*

жащих». Бахметьев, У порога. *Ученые располагают новыми данными о комете Галлея* [иметь в своем распоряжении, обладать чем-л.] **2.** ***неперех., кем(чем)*** и ***чем*** *Вы располагаете мной до вечера. Сегодня я располагаю своим временем, как хочу* [иметь возможность использовать кого-что-л. по своему усмотрению] **3.** ***перех., кого (что) к чему; S не лицо*** *Эта обстановка не располагала нас к откровенному разговору. Жизнь на природе располагает человека к философским размышлениям* [способствовать проявлению чего-л.; вызывать какое-л. состояние, развивать склонность к чему-л.] **4.** ***перех., кого(что) к кому(чему)*** и ***к чему,*** также ***чем*** *Сережа сразу располагал к себе людей своей добротой* (см. § 1). *Яркие краски декораций, веселая музыка располагали зрителей к тому, что они видели на сцене* [вызывать в ком-л. симпатию, благоприятное отношение к кому-чему-л.] **5.** ***перех., кого (что)*** и ***что,*** также ***чем*** *Борцы за права трудящихся многочисленными выступлениями на митингах и в печати постепенно располагали общественное мнение в свою пользу* [привлекать на чью-л. сторону, делать чьим-л. союзником — в сочетании со словами *в свою, нашу* и т. п. *пользу*]

I. РАСПОЛАГА́ЮЩИЙ, -ая, -ее, -ие; *действ. наст.*

С и н т.: **а, б** — в глаг. знач. 1 — 5

В з н а ч. п р и л. Такой, который внушает, вызывает симпатию, приятный. *Располагающая внешность. Располагающая манера говорить*

II. РАСПОЛАГА́ВШИЙ, -ая, -ее, -ие; *действ. прош.*

С и н т.: **а, б** — в глаг. знач. 1 — 5

III. РАСПОЛАГА́ЕМЫЙ, -ая, -ое, -ые; *страд. наст.**

С и н т.: **а, б** — в глаг. знач. 3

□ Прич. III в 4, 5 глаг. знач. не употр.

РАСПОЛАГА́ТЬ [2], располага́|ют, располага́|л; ***несов. к*** расположи́ть [2] (см.)

I. РАСПОЛАГА́ЮЩИЙ, -ая, -ее, -ие; *действ. наст.*

С и н т.: **а, б** — в глаг. знач. 1, 2

II. РАСПОЛАГА́ВШИЙ, -ая, -ее, -ие; *действ. прош.*

С и н т.: **а, б** — в глаг. знач. 1, 2

III. РАСПОЛАГА́ЕМЫЙ, -ая, -ое, -ые; *страд. наст.*

С и н т.: **а, б** — в глаг. знач. 1, 2

РАСПОЛОЖИ́ТЬ [1], расположу́, располо́ж|ат, расположи́|л; ***сов., перех.*** (*несов.* располага́ть [1]) **1.** ***кого(что) к кому(чему)*** и ***к чему,*** также ***чем*** *Андрей сразу же расположил нас к себе своим веселым, добрым характером. Яркие краски декораций, веселая музыка расположили зрителей к тому, что они увидели на сцене* [вызвать в ком-л. симпатию, благоприятное отношение к кому-чему-л.] **2.** ***кого(что)*** и ***что,*** также ***чем*** *«..что-то тянуло его продолжать разговор, хотелось расположить в свою пользу этого недоброжелательного человека».* Крымов, Танкер „Дербент". *Борцы за права трудящихся своими выступлениями на митингах и в печати расположили общественное мнение в свою пользу* [привлечь на чью-л. сторону, сделать чьим-л. союзником — в сочетании со словами *в свою, нашу* и т. п. *пользу*]

II. РАСПОЛОЖИ́ВШИЙ, -ая, -ее, -ие; *действ. прош.*

С и н т.: **а, б** — в глаг. знач. 1, 2

IV. РАСПОЛО́ЖЕННЫЙ, -ая, -ое, -ые; *страд. прош.**

С и н т.: в глаг. знач. нет; **а, б** — в статив. знач.

С т а т и в. з н а ч. (также *кр. ф.* ↓) **1.** ***к кому (чему)*** Испытывающий чувство симпатии, хорошо относящийся к кому-л. *Олег, совсем не расположенный к новой знакомой, был угрюм и неразговорчив* **2.** ***к чему*** и ***с неопр. ф.,*** обычно ***с отрицанием.*** Имеющий желание что-л. делать, склонный к чему-л. *Смирнов, не расположенный к пению, вышел из комнаты. Бабушка, не расположенная ехать в гости, ворчала на всех*

РАСПОЛО́ЖЕН, -ена, -ено, -ены; *кр. ф.**

В глаг. знач. нет

С т а т и в. з н а ч. (также *полн. ф.* ↑) **1.** ***к кому(чему)*** *Олег был очень расположен к своей новой знакомой* **2.** ***к чему*** и ***с неопр. ф.,*** обычно ***с отрицанием*** *Смирнов не расположен к пению. Бабушка не расположена ехать в гости*

□ Прич. IV употр. только в статив. знач.

РАСПОЛОЖИ́ТЬ [2], располо́ж|ат, расположи́|л; ***сов., перех.*** (*несов.* располага́ть [2]) **1.** ***что*** *Иллюстраторы расположили рисунки в строгом хронологическом порядке* [разложить, поместить что-л. куда-л. каким-л. образом, по какому-л. признаку] **2.** ***кого(что)*** *Где вы расположили туристов?* [разместить кого-л. где-л.]

II. РАСПОЛОЖИ́ВШИЙ, -ая, -ее, -ие; *действ. прош.*

С и н т.: **а, б** — в глаг. знач. 1, 2

IV. РАСПОЛО́ЖЕННЫЙ, -ая, -ое, -ые; *страд. прош.**

С и н т.: **а, б** — в глаг. знач. 1 и в статив. знач.

С т а т и в. з н а ч. (также *кр. ф.* ↓) Находящийся, размещающийся где-л. *До поселка, расположенного высоко в горах, приходилось добираться пешком. Я не заметила расположенный слева выход из зала*

РАСПОЛО́ЖЕН, -ена, -ено, -ены; *кр. ф.**

В глаг. знач. 1

С т а т и в. з н а ч. (также *полн. ф.* ↑) *Поселок расположен высоко в горах. Выход из зала расположен слева*

□ Прич. IV во 2 глаг. знач. не употр.

РАСПОТРОШИ́ТЬ, распотрош|а́т, распотроши́|л; ***сов. к*** потроши́ть во 2 знач. (см.)

II. РАСПОТРОШИ́ВШИЙ, -ая, -ее, -ие; *действ. прош.*

С и н т.: **а, б** — в глаг. знач. 2

IV. РАСПОТРОШЁННЫЙ, -ая, -ое, -ые; *страд. прош.*

С и н т.: **а, б, в** — в глаг. знач. 2

С у б с т а н т и в.$_3$ не употр.

РАСПОТРОШЁН, -ена́, -ено́, -ены́; *кр. ф.*

В глаг. знач. 2

РАСПРОСТРАНИ́ТЬ, распростран|я́т, распространи́|л; ***сов., перех., что*** (*несов.* распространя́ть) **1.** *Профсоюзный комитет распространил опыт передовиков во всех цехах завода. Общество охраны памятников старины распространило свое влияние на самые различные слои населения* [расширить круг, область действия, применения, существования чего-л.] **2.** *«..Остап Григорьевич предусмотрительно распространил слух, что ребенок болен тифом».* Поповкин, Семья Рубанюк. *Кто-то распространил новость, что скоро начнется строительство бассейна* [сделать что-л. широко известным] **3.** *Партизаны распространили листовки по всему городу. Комсомольцы сами распространят первый номер нового молодежного журнала* [раздать многим, поместить во многих местах; продать в каком-л. количестве среди населения] **4.** *Фокусник неожиданно распространил вокруг себя запах хвои* [наполнить окружающий воздух запахом чего-л.] **5.** *Феодалы распространили свои владения* [увеличить, сделать более обширным]

II. РАСПРОСТРАНИ́ВШИЙ, -ая, -ее, -ие; *действ. прош.*

Синт.: **а, б** — в глаг. знач. 1 — 5

IV. РАСПРОСТРАНЁННЫЙ, -ая, -ое, -ые; *страд. прош.**

Синт. **а, б** — в глаг. знач. 1 — 3, 5 и в статив. знач.

Статив. знач., ***где*** (также *кр. ф.* ↓) Характерный для определенной местности, среды. *Вереск, распространенный в северных районах нашей страны, цветет довольно долго. Обычай здороваться с незнакомым человеком, распространенный в русских деревнях, сохранился до сих пор*

Ср. прил. **распространённый,** -ая, -ое, -ые; -ён, -ённа, -ённо, -ённы. **1.** Часто встречающийся. *«Вот распространенная вьетнамская картинка: буйвол пасется по брюхо в воде.., а на нем сидит вьетнамский мальчик».* Солоухин, Открытки из Вьетнама. *Распространенный способ сушки грибов* **2.** Общепринятый. *Распространенное мнение. Распространенный взгляд на что-л.* ◇ **Распространенное предложение** — в грамматике: предложение с второстепенными членами

Субстантив.$_3$ не употр.

РАСПРОСТРАНЁН, -ена́, -ено́, -ены́; *кр. ф.**

В глаг. знач. 1 — 3, 5

Статив. знач., ***где*** (также *полн. ф.* ↑) *Вереск распространен в северных районах нашей страны. Обычай здороваться с незнакомым человеком распространен в русских деревнях*

▭ Прич. IV в 4 глаг. знач. не употр.

РАСПРОСТРАНИ́ТЬСЯ, распространя́тся, распространи́|лся; **сов.** (*несов.* распространя́ться) **1.** ***S не лицо*** *«Существует много сторонников того взгляда, что жизнь возникла на дне первобытного океана и уже оттуда распространилась на сушу».* В. Комаров, Происхождение растений [перемещаясь, занять собой более широкое пространство] **2.** ***S не лицо*** *Идеи перестройки распространились с необыкновенной быстротой среди всех слоев населения* [расширить круг своего действия, проявления, охватить собой многих] **3.** ***S не лицо*** *«Между тем слухи об этом необыкновенном происшествии распространились по всей столице».* Гоголь, Нос [стать известным многим] **4.** ***S не лицо*** *Запах кофе распространился по всему дому* [наполнить собой окружающий воздух] **5.** *«О художниках я распространился потому, что очень уж они раздражили меня самодовольством».* А. Н. Толстой, Лихорадка [рассказать о ком-чем-л. слишком пространно, длинно; *разг.*]

II. РАСПРОСТРАНИ́ВШИЙСЯ, -аяся, -ееся, -иеся; *действ. прош.*

Синт.: **а, б** — в глаг. знач. 1 — 5; **в** — в глаг. знач. 2 — 4

РАСПРОСТРАНЯ́ТЬ, распространя́|ют, распространя́|л; ***несов. к*** распространи́ть (см.)

I. РАСПРОСТРАНЯ́ЮЩИЙ, -ая, -ее, -ие; *действ. наст.*

Синт.: **а, б** — в глаг. знач. 1 — 5

II. РАСПРОСТРАНЯ́ВШИЙ, -ая, -ее, -ие; *действ. прош.*

Синт.: **а, б** — в глаг. знач. 1 — 5

III. РАСПРОСТРАНЯ́ЕМЫЙ, -ая, -ое, -ые; *страд. наст.*

Синт.: **а, б** — в глаг. знач. 1 — 5

Субстантив.$_3$ не употр.

РАСПРОСТРАНЯ́ТЬСЯ, распространя́|ются, распространя́|лся; ***несов. к*** распространи́ться (см.)

I. РАСПРОСТРАНЯ́ЮЩИЙСЯ, -аяся, -ееся, -иеся; *действ. наст.*

Синт.: **а, б** — в глаг. знач. 1 — 5; **в** — в глаг. знач. 2 — 4

II. РАСПРОСТРАНЯ́ВШИЙСЯ, -аяся, -ееся, -иеся; *действ. прош.*

Синт.: **а, б** — в глаг. знач. 1 — 5; **в** — в глаг. знач. 2 — 4

РАСПУСКА́ТЬ, распуска́|ют, распуска́|л; ***несов. к*** распусти́ть (см.)

I. РАСПУСКА́ЮЩИЙ, -ая, -ее, -ие; *действ. наст.*

Синт.: **а, б** — в глаг. знач. 1 — 11

II. РАСПУСКА́ВШИЙ, -ая, -ее, -ие; *действ. прош.*

Синт.: **а, б** — в глаг. знач. 1 — 11

III. РАСПУСКА́ЕМЫЙ, -ая, -ое, -ые; *страд. наст.*

Синт.: **а, б** — в глаг. знач. 1 — 11; **в** — в глаг. знач. 3 — 8, 11

Субстантив.$_2$ в глаг. знач. 1; субстантив.$_3$ в глаг. знач. 8, 10

РАСПУСКА́ТЬСЯ, распуска́|ются, распуска́|лся; ***несов. к*** распусти́ться (см.)

I. РАСПУСКА́ЮЩИЙСЯ, -аяся, -ееся, -иеся; *действ. наст.*

Синт.: **а, б** — в глаг. знач. 1 — 10; **в** — в глаг. знач. 1, 2, 4 — 8

Субстантив.$_1$ в глаг. знач. 4

II. РАСПУСКА́ВШИЙСЯ, -аяся, -ееся, -иеся; *действ. прош.*

РАС

Синт.: **а, б** — в глаг. знач. 1 — 10; **в** — в глаг. знач. 1, 2, 4 — 8

Субстантив.$_1$ в глаг. знач. 4

РАСПУСТИ́ТЬ, распущу́, распу́ст|ят, распусти́|л; **сов., перех.** (*несов.* распуска́ть) **1.** ***кого(что)*** *Школьников уже распустили на каникулы. «Раздав сии повеления, Иван Кузьмич нас распустил».* Пушкин, Капитанская дочка [отпустить, освободив от занятий, обязанностей многих, нескольких] **2.** ***кого(что)*** и ***что*** *Зачем вы распустили детей по всему музею? «..Он* [*Ванька-Каин*] *и там что-нибудь напакостит: либо стадо распустит, либо коров выдаивать будет».* Салтыков-Щедрин, Пошехонская старина [дать возможность разойтись, разбежаться в разные стороны] **3.** ***что*** *Новое правительство распустило парламент. Профком распустил эту комиссию как не справившуюся с порученным ей делом* [прекратить работу какого-л. учреждения, организации, общества и т. п., расформировать] **4.** ***что*** *Яхтсмены распустили паруса. Физкультурники распустили знамена и вышли на поле стадиона* [развернуть, раскрыть, расправить что-л. сложенное, свернутое] **5.** ***что*** *Аня распустила волосы по плечам* [дать свободно расположиться] **6.** ***что*** *«Я, испуганный, снял с нее плащ, распустил шнуровку ее платья, брызгал водою в лицо ей».* Чернышевский, Мелкие рассказы [развязать, ослабить что-л. туго стянутое, затянутое] **7.** ***что*** *Делая это упражнение, необходимо распустить мышцы* [расслабить, сделать ненапряженным] **8.** ***что*** *Бабушка распустила старый свитер* [спустив петли у связанного, превратить вязанье в нити] **9.** ***кого(что)*** *Новый преподаватель совершенно распустил учеников* [ослабив требовательность, сделать своевольным, плохо повинующимся, недисциплинированным, избалованным] **10.** ***что*** *Художник распустил краску в воде* [растворить в жидкости] **11.** ***что*** *Кто-то распустил слух о том, что этот магазин скоро закроют* [распространить слухи, сплетни и т. п., рассказать многим, обычно что-л. недостоверное]

II. РАСПУСТИ́ВШИЙ, -ая, -ее, -ие; *действ. прош.*

Синт.: **а, б** — в глаг. знач. 1 — 11

IV. РАСПУ́ЩЕННЫЙ, -ая, -ое, -ые; *страд. прош.*

[чередование ст/щ]

Синт.: **а, б** — в глаг. знач. 1 — 11; **в** — в глаг. знач. 3 — 6, 8

Ср. прил. **распу́щенный,** -ая, -ое, -ые; -ен, -енна, -енно, -енны **1.** Недисциплинированный, своевольный, распустившийся. *Распущенный мальчик* **2.** Развратный, безнравственный. *Распущенные нравы. Распущенная жизнь*

Субстантив.$_2$ в глаг. знач. 1; субстантив.$_3$ в глаг. знач. 8, 10

РАСПУ́ЩЕН, -ена, -ено, -ены; *кр. ф.*

В глаг. знач. 1 — 11

РАСПУСТИ́ТЬСЯ, распу́стятся, распусти́|лся; **сов.** (*несов.* распуска́ться) **1.** ***S не лицо*** *Цветы распустились. Липы в саду уже распустились* [раскрыться — о цветах, почках; покрыться листьями — о деревьях] **2.** ***S не лицо*** *У Димы шнуровка на ботинке распустилась* [развязаться, расстегнуться, ослабеть — о чем-л. стянутом, затянутом] **3.** ***S не лицо*** *«Нервное напряжение прошло, окаменевшие мускулы распустились, он почувствовал огромную усталость».* Б. Полевой, Повесть о настоящем человеке [перестать быть напряженным] **4.** *«Вы позволили себе распуститься, впасть в какое-то вялое состояние».* Чаковский, У нас уже утро [потерять выдержку, силу воли, перестать владеть собой] **5.** ***S не лицо*** *Парашют распустился через несколько секунд после прыжка* [развернуться, раскрыться — о чем-л. сложенном, свернутом] **6.** ***S не лицо*** *Локоны от дождя распустились. У Ани волосы распустились по плечам* [развиться, расплестись; свободно расположиться — о волосах] **7.** ***S не лицо*** *У меня чулок распустился. Свитер на плече распустился* [разъединиться в петлях, вновь превратиться в нити — о связанном] **8.** *У нового учителя ученики совсем распустились* [стать непослушным, недисциплинированным] **9.** ***S не лицо*** *Эти краски почему-то не распустились в воде* [раствориться в жидкости] **10.** ***S не лицо*** *«*[*Дорога*] *так распустилась с своею липкою грязью, что ехать было трудно».* И. Аксаков, Бессарабские письма [стать топким, вязким — о грунтовой дороге; *разг.*]

II. РАСПУСТИ́ВШИЙСЯ, -аяся, -ееся, -иеся; *действ. прош.*

Синт.: **а, б** — в глаг. знач. 1 — 10; **в** — в глаг. знач. 1, 2, 5 — 8

Субстантив.$_1$ не употр.

РАСПУ́ХНУТЬ, распу́хнут, распу́х|; **сов. к** пу́хнуть в 1, 3 знач. (см.)

II. РАСПУ́ХШИЙ, -ая, -ее, -ие; *действ. прош.*

Синт.: **а, б** — в глаг. знач. 1, 3; **в** — в глаг. знач. 1

РАСПЫЛИ́ТЬ, распыл|я́т, распыли́|л; **сов., перех., что** (*несов.* распыля́ть) **1.** *Санитар распылил дезинфекционный раствор* [рассеять, разбрызгать с помощью распылителя жидкость, порошок и т. д.] **2.** *Директор распылил средства, отпущенные на строительство школы* [истратить, использовать не целиком, а по частям, лишая этим действенности, силы и т. п.]

II. РАСПЫЛИ́ВШИЙ, -ая, -ее, -ие; *действ. прош.*

Синт.: **а, б** — в глаг. знач. 1, 2

IV. РАСПЫЛЁННЫЙ, -ая, -ое, -ые; *страд. прош.*

Синт.: **а, б** — в глаг. знач. 1, 2; **в** — в глаг. знач. 1

В знач. прил. (только *полн. ф.*) Раздробленный, не соединенный в единое целое, лишенный этим силы, жизнеспособности и т. п. *Распыленные крестьянские хозяйства. Распыленные силы. Распыленные средства*

Субстантив.$_3$ в глаг. знач. 1

РАСПЫЛЁН, -ена́, -ено́, -ены́; *кр. ф.*

В глаг. знач. 1, 2

РАСПЫЛЯ́ТЬ, распыля́|ют, распыля́|л; **несов. к** распыли́ть (см.)

I. РАСПЫЛЯ́ЮЩИЙ, -ая, -ее, -ие; *действ. наст.*
Синт.: **а, б** — в глаг. знач. 1, 2
II. РАСПЫЛЯ́ВШИЙ, -ая, -ее, -ие; *действ. прош.*
Синт.: **а, б** — в глаг. знач. 1, 2
III. РАСПЫЛЯ́ЕМЫЙ, -ая, -ое, -ые; *страд. наст.*
Синт.: **а, б, в** — в глаг. знач. 1, 2
Субстантив.$_3$ в глаг. знач. 1

РАССЕ́ИВАТЬ, рассе́ива|ют, рассе́ива|л; ***несов. к*** рассе́ять (см.)
I. РАССЕ́ИВАЮЩИЙ, -ая, -ее, -ие; *действ. наст.*
Синт.: **а, б** — в глаг. знач. 1 — 8
II. РАССЕ́ИВАВШИЙ, -ая, -ее, -ие; *действ. прош.*
Синт.: **а, б** — в глаг. знач. 1 — 8
III. РАССЕ́ИВАЕМЫЙ, -ая, -ое, -ые; *страд. наст.**
Синт.: **а, б** — в глаг. знач. 1 — 7; **в** — в глаг. знач. 1, 5, 6
Субстантив.$_2$ не употр.; субстантив.$_3$ в глаг. знач. 1
▭ Прич. III в 8 глаг. знач. не употр.

РАССЕ́ИВАТЬСЯ, рассе́ива|ются, рассе́ива|лся; ***несов. к*** рассе́яться (см.)
I. РАССЕ́ИВАЮЩИЙСЯ, -аяся, -ееся, -иеся; *действ. наст.*
Синт.: **а, б** — в глаг. знач. 1 — 7; **в** — в глаг. знач. 1 — 3, 6
II. РАССЕ́ИВАВШИЙСЯ, -аяся, -ееся, -иеся; *действ. прош.*
Синт.: **а, б** — в глаг. знач. 1 — 7; **в** — в глаг. знач. 1 — 3, 6

РАССЕРДИ́ТЬ, рассержу́, рассе́рд|ят, рассерди́|л; ***сов., перех., кого(что),*** также ***чем*** (*несов.* серди́ть) *Мальчик сильно рассердил мать непослушанием* (см. § 1). *Слова сына рассердили меня* [привести в состояние негодования, раздражения, большого неудовольствия]
II. РАССЕРДИ́ВШИЙ, -ая, -ее, -ие; *действ. прош.*
Синт.: **а, б** — в глаг. знач.
IV. РАССЕ́РЖЕННЫЙ, -ая, -ое, -ые; *страд. прош.*
[чередование д/ж]
Синт.: **а, б** — в глаг. знач. и в статив. знач.
Статив. знач., ***на кого(что)*** (также *кр. ф.* ↓) Пришедший в состояние негодования, раздражения, большого неудовольствия, рассердившийся на кого-л. *Олег, рассерженный на опоздавших друзей, не стал их ждать*
В знач. прил. (также *кр. ф.* ↓) Испытывающий раздражение, большое неудовольствие, сердитый. *«Вскоре к Василию явился рассерженный Матвеич: — Погубила рассаду-то непутевая девка!»* Николаева, Жатва. *Рассерженный Илья не ответил на мой вопрос*
Ср. прил. **рассе́рженный,** -ая, -ое, -ые; -ен, **-енна,** -енно, -енны. Выражающий состояние раздражения, негодования, гнева, сердитый. *Рассерженный вид. Рассерженный взгляд. Рассерженное лицо*
РАССЕ́РЖЕН, -ена, -ено, -ены; *кр. ф.*
В глаг. знач.
Статив. знач., ***на кого(что)*** (также *полн. ф.* ↑) *Олег был рассержен на опоздавших друзей*
В знач. прил. (также *полн. ф.* ↑) *Илья рассержен, не спрашивай его ни о чем*

РАССЕРДИ́ТЬСЯ, рассержу́сь, рассе́рдятся, рассерди́|лся; ***сов., на кого(что)*** и ***без дополн.*** (*несов.* серди́ться) *Олег сильно рассердился на друзей за то, что они опоздали. «Игнатьич вдруг рассердился, и воспаленное его лицо исказилось желчным раздражением».* Гладков, Энергия [почувствовать раздражение, большое неудовольствие, негодование]
II. РАССЕРДИ́ВШИЙСЯ, -аяся, -ееся, -иеся; *действ. прош.*
Синт.: **а, б, в** — в глаг. знач.

РАССЕ́ЯТЬ, рассе́ют, рассе́я|л; ***сов., перех.*** (*несов.* рассе́ивать) **1. *что*** *Колхозники уже рассеяли семена огурцов. Сеялка рассеяла семена очень ровно* [посеять, произвести посев на определенной площади, в разных местах] **2. *что; S не лицо*** *Война рассеяла среди лесов и полей одинокие могилы солдат* [привести к тому, что что-л. разместилось, оказалось в разных местах, на большом пространстве, далеко друг от друга] **3. *кого(что),*** также ***чем*** *Полиция рассеяла демонстрантов слезоточивым газом* (см. § 2) [разогнать, заставить разойтись, разбежаться] **4. *кого(что)* *,** также ***чем*** *Мы рассеяли налетевших комаров и мошек дымом* (см. § 2). *«Дым надолго рассеял мошку».* Саянов, Лена [заставить разлететься в разные стороны комаров, мошку́ и т. п.] **5. *что*** *Лаборант рассеял свет с помощью этого аппарата* [сделать не сосредоточенным, не направленным в одно место, распространить по большому пространству] **6. *что,*** также ***чем*** *Сменой цветных изображений врач специально рассеял внимание больного* (см. § 2) [сделать менее сосредоточенным] **7. *что*** *Илья рассеял все мои сомнения и успокоил меня. Эта статья рассеяла ложные слухи* [устранить, уничтожить что-л. неприятное, гнетущее, развеять] **8. *кого,*** также ***чем*** *Отец хотел рассеять себя, отвлечься от тяжелых мыслей. Чтением стихов Сережа пытался немного рассеять сестру, отвлечь от неприятных воспоминаний* [развлечь, отвлечь от неприятных мыслей, переживаний]
II. РАССЕ́ЯВШИЙ, -ая, -ее, -ие; *действ. прош.*
Синт.: **а, б** — в глаг. знач. 1 — 8
IV. РАССЕ́ЯННЫЙ, -ая, -ое, -ые; *страд. прош.**
Синт.: **а, б** — в глаг. знач. 1 — 7 и в статив. знач.; **в** — в глаг. знач. 1
Статив. знач. (также *кр. ф.* ↓) Располагающиеся на большом расстоянии, далеко друг от друга — о большом количестве чего-л. *Туристы любовались домиками, рассеянными по склону холма. Каждый год в День Победы пионеры возлагают венки на солдатские могилы, рассеянные в лесу*
Ср. прил. **рассе́янный,** -ая, -ое, -ые; -ян, **-янна,** -янно, -янны. **1.** (только *полн. ф.*) Ос-

лабленный, не сосредоточенный, не направленный в одно место, распространяющийся на большое пространство, рассеившийся. *Рассеянный свет. Рассеянная энергия* **2.** Не умеющий сосредоточиться, невнимательный. *Рассеянный человек. Аня очень рассеянна* **3.** Не сосредоточенный на чем-л. одном. *Рассеянное внимание* **4.** Выражающий невнимательность, отсутствие интереса к чему-л. *Рассеянный взгляд. Рассеянное выражение лица* **5.** Праздный, наполненный развлечениями, не занятый делами. *Рассеянная жизнь*

Субстантив.$_2$ не употр.; субстантив.$_3$ в глаг. знач. 1

РАССЕ́ЯН, -яна, -яно, -яны; *кр. ф.**

В глаг. знач. 1 — 7

Статив. знач. (также *полн. ф.* †) *Старинные домики были рассеяны по склону холма. Среди лесов рассеяно много одиноких солдатских могил*

□ Прич. IV. в 8 глаг. знач. не употр.

РАССЕ́ЯТЬСЯ, рассе́ются, рассе́я|лся; **сов.** (*несов.* рассе́иваться) **1.** ***S не лицо*** *Лучи света рассеялись* [ослабеть, стать менее сосредоточенным, распространившись по большому пространству] **2.** ***S не лицо*** *Внимание Сережи немного рассеялось* [стать менее сосредоточенным] **3.** ***S не лицо*** *Туман рассеялся, и мы увидели реку* [разрежаясь, разойтись, исчезнуть — о тумане, дыме и т. п.] **4.** *«Сдаться армии было нельзя,— в плен в то время не брали. Рассеяться — перебьют поодиночке».* А. Н. Толстой, Восемнадцатый год [разойтись, разбежаться и т. п. в разные стороны] **5.** ***S не лицо*** *«— Летнюю [саранчу] не трогайте, молодой человек. Она рассеется на еще бо́льшие пространства..»* Леонов, Саранча [разлететься в разные стороны] **6.** ***S не лицо*** *Мои сомнения рассеялись, и я приступила к работе* [пройти, исчезнуть — о неприятном чувстве, неприятных мыслях, угнетенном состоянии и т. п.] **7.** *«Он едва вынес этот удар, поседел в несколько недель; собрался было за границу, чтобы хотя немного рассеяться».* Тургенев, Отцы и дети [отвлечься от чего-л. тяжелого, неприятного, трудного, развлечься]

II. РАССЕ́ЯВШИЙСЯ, -аяся, -ееся, -иеся; *действ. прош.*

Синт.: **а, б** — в глаг. знач. 1 — 7; **в** — в глаг. знач. 1 — 3, 6

РАССЛА́БИТЬ, рассла́блю, рассла́б|ят, рассла́би|л; **сов., перех.** (*несов.* расслабля́ть) **1. что** *Дима слегка расслабил ремень* [сделать менее натянутым, менее тугим что-л. стягивающее] **2. что** *Делая это упражнение, необходимо расслабить мышцы* [сделать ненапряженным] **3. кого(что); *S не лицо*** *Отсутствие трудностей расслабило людей* [сделать несобранным, беспечным, потерявшим рабочий настрой, необходимый ритм в работе, лишить энергии] **4. кого (что); *S не лицо*** *«Питье расслабило его.. Коекак он переполз к койке и повалился за ситцевый полог».* Леонов, Барсуки [вызвать состояние физической расслабленности, истомы, разморить] **5. что; *S не лицо*** *Болезни совсем расслабили волю старого человека* [сильно ослабить, подорвать]

II. РАССЛА́БИВШИЙ, -ая, -ее, -ие; *действ. прош.*

Синт.: **а, б** — в глаг. знач. 1 — 5

IV. РАССЛА́БЛЕННЫЙ, -ая, -ое, -ые; *страд. прош.**

[чередование б/бл]

Синт.: **а, б** — в глаг. знач. 1, 2, 4; **в** — в глаг. знач. 2

В знач. прил. (только *полн. ф.*) **1.** Лишившийся сил, энергии. *«Он лежал до самого утра почти без сна, весь расслабленный и обессиленный, точно избитый».* Медынский, Честь **2.** Находящийся в состоянии физической расслабленности, истомы, расслабившийся. *После нескольких часов сна и вкусного завтрака туристы, расслабленные и разомлевшие, с явной неохотой надевали рюкзаки*

Ср. прил. **рассла́бленный,** -ая, -ое, -ые; -ен, -**енна**, -**енно**, -**енны**. **1.** Выражающий отсутствие физического и умственного напряжения, состояние полного покоя. *Расслабленная поза. Расслабленный голос* **2.** Слабый, не обладающий стойкостью. *Расслабленная воля. Расслабленный организм*

Субстантив.$_2$ в глаг. знач. 4; субстантив.$_3$ не употр.

РАССЛА́БЛЕН, -ена, -ено, -ены; *кр. ф.**

В глаг. знач. 1, 2, 4

□ Прич. IV в 3, 5 глаг. знач. не употр.

РАССЛА́БИТЬСЯ, рассла́блюсь, рассла́бятся, рассла́би|лся; **сов.** (*несов.* расслабля́ться) **1.** *«Главное — ни о чем не думай, расслабься».* Ф. Овчаренко, Письма матери [снять с себя физическое, умственное напряжение, внутреннее возбуждение] **2. *S не лицо*** *«..тело его расслабилось, безвольно закрылись глаза».* Березко, Дом учителя [утратить напряженность — о мышцах] **3.** *«— Совместная работа, она ведь многое значила, не давала расслабиться».* Е. Носов, Не имей десять рублей... [стать несобранным, беспечным, потерять рабочий настрой, лишиться энергии]

II. РАССЛА́БИВШИЙСЯ, -аяся, -ееся, -иеся; *действ. прош.*

Синт.: **а, б, в** — в глаг. знач. 1 — 3

РАССЛАБЛЯ́ТЬ, расслабля́|ют, расслабля́|л; **несов., перех.** (*сов.* рассла́бить к 1 — 4, 6 знач.) **1. что** *Дима после обеда немного расслабляет пояс* [делать менее натянутым, менее тугим что-л. стягивающее] **2. что** *Делая это упражнение, мы расслабляем мышцы* [делать ненапряженным] **3. кого(что); *S не лицо*** *Отсутствие трудностей расслабляло людей* [делать несобранным, беспечным, теряющим рабочий настрой, необходимый ритм в работе, лишать энергии] **4. кого(что); *S не лицо*** *Напиток расслаблял, а не бодрил нас* [вызывать состояние физической расслабленности, истомы] **5. кого (что)** и **без дополн.; *S не лицо*** *Эти лекарства расслабляют больного* [снимать болезненное напряжение, приводить в спокойное состояние]

6. ***что; S не лицо*** *Болезни расслабляли волю старого человека* [сильно ослаблять, подрывать]

I. РАССЛАБЛЯ́ЮЩИЙ, -ая, -ее, ие; *действ. наст.*

Синт.: **а, б** — в глаг. знач. 1 — 6

В знач. прил. Снимающий болезненное напряжение, приводящий в спокойное, лишенное энергии состояние. *Лекарство оказывает расслабляющее действие. Напиток имеет расслабляющий эффект*

II. РАССЛАБЛЯ́ВШИЙ, -ая, -ее, -ие; *действ. прош.*

Синт.: **а, б** — в глаг. знач. 1 — 6

III. РАССЛАБЛЯ́ЕМЫЙ, -ая, -ое, -ые; *страд. наст.**

Синт.: **а, б** — в глаг. знач. 1, 2, 4 — 6; **в** — в глаг. знач. 2

Субстантив.₃ не употр.

▭ Прич. III в 3 глаг. знач. не употр.

РАССЛАБЛЯ́ТЬСЯ, расслабля́|ются, расслабля́|лся; ***несов. к*** рассла́биться (см.)

I. РАССЛАБЛЯ́ЮЩИЙСЯ, -аяся, -ееся, -иеся; *действ. наст.*

Синт.: **а, б, в** — в глаг. знач. 1 — 3

II. РАССЛАБЛЯ́ВШИЙСЯ, -аяся, -ееся, -иеся; *действ. прош.*

Синт.: **а, б, в** — в глаг. знач. 1 — 3

РАССТРА́ИВАТЬ, расстра́ива|ют, расстра́ива|л; ***несов. к*** расстро́ить (см.)

I. РАССТРА́ИВАЮЩИЙ, -ая, -ее, -ие; *действ. наст.*

Синт.: **а, б** — в глаг. знач. 1 — 7

II. РАССТРА́ИВАВШИЙ, -ая, -ее, -ие; *действ. прош.*

Синт.: **а, б** — в глаг. знач. 1 — 7

III. РАССТРА́ИВАЕМЫЙ, -ая, -ое, -ые; *страд. наст.*

Синт.: **а, б** — в глаг. знач. 1 — 7

Субстантив.₃ не употр.

РАССТРА́ИВАТЬСЯ, расстра́ива|ются, расстра́ива|лся; ***несов. к*** расстро́иться (см.)

I. РАССТРА́ИВАЮЩИЙСЯ, -аяся, -ееся, -иеся; *действ. наст.*

Синт.: **а, б, в** — в глаг. знач. 1—7

II. РАССТРА́ИВАВШИЙСЯ, -аяся, -ееся, -иеся; *действ. прош.*

Синт.: **а, б, в** — в глаг. знач. 1—7

РАССТРО́ИТЬ, расстро́|ят, расстро́и|л; ***сов., перех.*** (*несов.* расстра́ивать) **1. *что,*** также ***чем*** *Партизаны внезапной атакой расстроили ряды противника* (см. § 1). *Внезапная атака партизан расстроила ряды противника* [нарушить строй, порядок расположения, следования и т. п. чего-л.] **2. *что,*** также ***чем*** *Неправильным использованием посевных площадей прежнее руководство расстроило дела совхоза* (см. § 2). *Империалистическая война расстроила хозяйство России* [причинить большой ущерб чему-л., привести в упадок] **3. *что,*** также ***чем*** *Курением Олег сильно расстроил свое здоровье* (см. § 2) [привести в ненормальное, болезненное состояние, расшатать] **4. *что кому,*** также ***чем*** *Этим лекарством Петя расстроил себе желудок* (см. § 2) [вызвать расстройство деятельности кишечника, выражающееся в частых и жидких испражнениях — в сочетании с сущ. *желудок*] **5. *что,*** также ***чем*** *Смирнов такими действиями расстроил наши замыслы* (см. § 1). *Неожиданная танковая атака расстроила планы врага* [помешать осуществлению чего-л.] **6. *кого(что),*** также ***чем*** *Андрей сильно расстроил мать своим поступком* (см. § 1). *Твое письмо меня очень расстроило* [привести в плохое настроение, огорчить] **7. *что,*** также ***чем*** *Неумелой игрой мальчик расстроил рояль* (см. § 2). *Олег расстроил наш новый приемник* [нарушить строй, лад музыкального инструмента; нарушить работу аппарата для приема электромагнитных волн]

II. РАССТРО́ИВШИЙ, -ая, -ее, -ие; *действ. прош.*

Синт.: **а, б** — в глаг. знач. 1—7

IV. РАССТРО́ЕННЫЙ, -ая, -ое, -ые; *страд. прош.*

Синт.: **а, б** — в глаг. знач. 1—7

В знач. прил. **1.** (только *полн. ф.*) Утративший правильность расположения, четкость построения и т. п., беспорядочный. *Расстроенные ряды противника* **2.** (также *кр. ф.* ↓) Пришедший в упадок. *Расстроенное хозяйство* **3.** (также *кр. ф.* ↓) Пришедший в ненормальное, болезненное состояние. *Расстроенные нервы. Расстроенное здоровье. Расстроенное воображение. Расстроенный желудок* **4.** (также *кр. ф.* ↓) Находящийся в расстройстве, огорченный, расстроившийся. *Расстроенный человек. Он пришел расстроенный* **5.** (также *кр. ф.* ↓) С нарушенным музыкальным строем, ладом. *Расстроенный рояль*

Ср. прил. **расстро́енный**, -ая, -ое, -ые; -ен, -**енна**, -**енно**, -**енны**. Выражающий расстройство, огорчение. *Расстроенное лицо. Расстроенный вид*

Субстантив.₃ не употр.

РАССТРО́ЕН, -ена, -ено, -ены; *кр. ф.*

В глаг. знач. 1—7

В знач. прил. **1.** (также *полн. ф.* в знач. 2 ↑) *Хозяйство страны было расстроено* **2.** (также *полн. ф.* в знач. 3 ↑) *У Ани нервы расстроены. Здоровье расстроено. Воображение расстроено* **3.** (также *полн. ф.* в знач. 4 ↑) *Олег был явно расстроен* **4.** (также *полн. ф.* в знач. 5 ↑) *Рояль сильно расстроен*

РАССТРО́ИТЬСЯ, расстро́ятся, расстро́и|лся; ***сов.*** (*несов.* расстра́иваться) **1. *S не лицо*** *«Правая колонна, увертываясь от таранного удара шального корабля, расстроилась».* Новиков-Прибой, Цусима [потерять правильность, четкость построения, расположения, стать беспорядочным] **2. *S не лицо*** *За год хозяйство Ивановых расстроилось* [прийти в упадок, потерпеть большой ущерб] **3. *S не лицо*** *Здоровье у дедушки расстроилось* [прийти в ненормальное, болезненное состояние, расшататься] **4. *S не лицо*** *У ребенка расстроился желудок* [иметь частые и жидкие испражнения — о кишечнике] **5. *S не лицо*** *«[Сергей Михайлыч] испугался, что расстроятся их прежние дружеские отношения».* Л. Толстой, Семейное счастье. *Наши планы на лето расстроились* [нарушиться, прерваться в своем ходе, течении, действии; не осуществиться из-за каких-л. помех] **6.** *Ольга сильно расстроилась, получив это письмо* [огорчиться, прийти в плохое настроение] **7.** ***S не лицо*** *Рояль расстроился, надо пригласить настройщика. Наш приемник расстроился, нужно его чинить* [потерять свой строй, лад — о музыкальном инструменте; утратить настройку для приема электромагнитных волн]

II. РАССТРО́ИВШИЙСЯ, -аяся, -ееся, -иеся; *действ. прош.*

Синт.: **а, б, в** — в глаг. знач. 1—7

РАССЧИТА́ТЬ, рассчита́ют, рассчита́|л; ***сов.*** (*несов.* рассчи́тывать *к* 1—4 знач.) **1.** ***перех., что*** и ***с придат. дополнит.*** *Наш отдел рассчитал стоимость строительства электростанции. Олег рассчитал, сколько денег потребуется для поездки на Сахалин. Инженер рассчитал нагрузку конструкции* [произвести подсчеты, исчисление чего-л.; сделать технический расчет чего-л.] **2.** ***перех., что*** *Парашютист точно рассчитал свой прыжок. Я не рассчитал своих сил* [оценить, взвесить, учесть данные и возможности для чего-л.] **3.** ***перех., кого(что)*** *Предприниматель рассчитал всех рабочих* [уволить, дать расчет] **4.** ***перех., кого(что)*** *Командир рассчитал роту* [произвести подсчет людей по номерам, при котором каждый стоящий в строю называет свой порядковый номер] **5.** ***неперех., с придат. дополнит.*** *Дима рассчитал, что всё кончится благополучно* [учтя все обстоятельства, заранее определить, прийти к какому-л. выводу, решить что-л.]

II. РАССЧИТА́ВШИЙ, -ая, -ее, -ие; *действ. прош.*

Синт.: **а, б** — в глаг. знач. 1—5

IV. РАССЧИ́ТАННЫЙ, -ая, -ое, -ые; *страд. прош.*

Синт.: **а, б** — в глаг. знач. 1—4 и в статив. знач.; **в** — в глаг. знач. 1

Статив. знач. (также *кр. ф.* ↓) **1.** ***на кого(что)*** и ***на что*** Сделанный для определенной цели, предназначенный для кого-чего-л. *Эта книга, рассчитанная на языковедов, издается небольшим тиражом. Завод часов, рассчитанный на сутки, почему-то кончился раньше* **2.** ***на что*** Такой, который должен вызвать что-л., иметь какие-л. последствия. *Слова старика, рассчитанные на жалость, не помогли*

В знач. прил. (только *полн. ф.*) Преднамеренный, умышленный, не случайный. *Рассчитанная холодность в обращении. Рассчитанная резкость. Рассчитанная медлительность*

Субстантив.₂ в глаг. знач. 3; субстантив.₃ в глаг. знач. 1

РАССЧИ́ТАН, -ана, -ано, -аны; *кр. ф.*

В глаг. знач. 1—4

Статив. знач. (также *полн. ф.* ↑) **1.** ***на кого(что)*** и ***на что*** *Эта книга рассчитана на узкий круг специалистов. Завод этих часов рассчитан на сутки* **2.** ***на что*** *Слова старика явно рассчитаны на жалость*

РАССЧИ́ТЫВАТЬ, рассчи́тыва|ют, рассчи́тыва|л; ***несов.*** (*сов.* рассчита́ть *к* 1—4 знач.) **1.** ***перех., что*** и ***с придат. дополнит.*** *Наш отдел рассчитывал стоимость строительства электростанции. В нашей семье отец рассчитывает, сколько денег потребуется в месяц на питание, одежду и т. п. Опытные инженеры завода рассчитывают нагрузку конструкций* [производить подсчеты, исчисление чего-л.; делать технический расчет чего-л.] **2.** ***перех., что*** *Парашютисты всегда точно рассчитывают свои прыжки* [оценивать, взвешивать, учитывать данные и возможности для чего-л.] **3.** ***перех., кого(что)*** *Предприниматели, если им это выгодно, не задумываясь, рассчитывают рабочих* [увольнять, давать расчет] **4.** ***перех., кого(что)*** *Командир рассчитывает роту перед посадкой на машины* [производить подсчет людей по номерам, при котором каждый стоящий в строю называет свой порядковый номер] **5.** ***неперех., на что*** и ***с придат. дополнит.*** *Спортсменка не рассчитывала на успех. Мы рассчитываем на ваше гостеприимство. Илья рассчитывал, что ты приедешь раньше* [надеяться на что-л., на осуществление чего-л.] **6.** ***неперех., на кого(что)*** *Ты можешь рассчитывать на своих друзей, они всегда помогут. Олег в этом деле рассчитывает только на свои силы* [связывать с кем-чем-л. свои надежды на успешное осуществление чего-л., полагаться] **7.** ***неперех., с неопр. ф.*** *Мы рассчитываем прожить на даче весь отпуск* [иметь намерение, предполагать]

I. РАССЧИ́ТЫВАЮЩИЙ, -ая, -ее, -ие; *действ. наст.*

Синт.: **а, б** — в глаг. знач. 1—7

II. РАССЧИ́ТЫВАВШИЙ, -ая, -ее, -ие; *действ. прош.*

Синт.: **а, б** — в глаг. знач. 1—7

III. РАССЧИ́ТЫВАЕМЫЙ, -ая, -ое, -ые; *страд. наст.*

Синт.: **а, б** — в глаг. знач. 1—4; **в** — в глаг. знач. 1

Субстантив.₂ в глаг. знач. 3; субстантив.₃ в глаг. знач. 1

РАСТВОРИ́ТЬ, раствор|я́т, раствори́|л; ***сов. к*** растворя́ть (см.)

II. РАСТВОРИ́ВШИЙ, -ая, -ее, -ие; *действ. прош.*

Синт.: **а, б** — в глаг. знач.

IV. РАСТВОРЁННЫЙ, -ая, -ое, -ые; *страд. прош.*

Синт.: **а, б, в** — в глаг. знач.

РАСТВОРЁН, -ена́, -ено́, -ены́; *кр. ф.*

В глаг. знач.

РАСТВОРИ́ТЬСЯ, растворя́тся, раствори́|лся; ***сов. к*** растворя́ться в 1, 3 знач. (см.)

II. РАСТВОРИ́ВШИЙСЯ, -аяся, -ееся, -иеся; *действ. прош.*

Синт.: **а, б** — в глаг. знач. 1, 3

РАСТВОРЯ́ТЬ, растворя́|ют, растворя́|л; ***несов., перех., что*** (*сов.* раствори́ть) *Рабочие растворяли известь в воде* [заставлять растворяться, образовывать в соединении с жидкостью однородную смесь]

I. РАСТВОРЯ́ЮЩИЙ, -ая, -ее, -ие; *действ. наст.*

Синт.: **а, б** — в глаг. знач.

II. РАСТВОРЯ́ВШИЙ, -ая, -ее, -ие; *действ. прош.*

Синт.: **а, б** — в глаг. знач.

III. РАСТВОРЯ́ЕМЫЙ, -ая, -ое, -ые; *страд. наст.*

Синт.: **а, б, в** — в глаг. знач.

Ср. прил. **раствори́мый,** -ая, -ое, -ые; -и́м, -и́ма, -и́мо, -и́мы. Поддающийся растворению, образованию в соединении с жидкостью однородной смеси. *Растворимый кофе*

РАСТВОРЯ́ТЬСЯ, растворя́|ются, растворя́|лся; ***несов.*** (*сов.* раствори́ться *к* 1, 3 знач.) **1.** ***S не лицо*** *Смотри, кристалл растворяется в спирте!* [исчезать, образуя в соединении с жидкостью однородную смесь] **2.** ***S не лицо*** *Сода растворяется в воде* [иметь свойство образовывать в соединении с жидкостью однородную смесь] **3.** ***S не лицо*** *«Красные сигнальные фонарики медленно растворялись в предутреннем сумраке».* Чаковский, У нас уже утро [становиться незаметным, теряться среди кого-чего-л., исчезать] **4.** *«Нынешний настоящий герой не имеет даже имени.., ибо он весь растворяется в своем деле».* Мамин-Сибиряк, Хлеб [сливаться с кем-чем-л., становиться частью чего-л., отдавая кому-чему-л. все способности, силы и т. п.]

I. РАСТВОРЯ́ЮЩИЙСЯ, -аяся, -ееся, -иеся; *действ. наст.*

Синт.: **а, б** — в глаг. знач. 1—4

В знач. прил. Имеющий свойство образовывать в соединении с жидкостью однородную смесь, растворимый. *Растворяющиеся вещества*

Субстантив.$_1$ не употр.

II. РАСТВОРЯ́ВШИЙСЯ, -аяся, -ееся, -иеся; *действ. прош.*

Синт.: **а, б** — в глаг. знач. 1—4

Субстантив.$_1$ не употр.

РАСТЕ́РИВАТЬ, расте́рива|ют, расте́рива|л; ***несов. к*** растеря́ть (см.)

I. РАСТЕ́РИВАЮЩИЙ, -ая, -ее, -ие; *действ. наст.*

Синт.: **а, б** — в глаг. знач. 1—3

II. РАСТЕ́РИВАВШИЙ, -ая, -ее, -ие; *действ. прош.*

Синт.: **а, б** — в глаг. знач. 1—3

III. РАСТЕ́РИВАЕМЫЙ, -ая, -ое, -ые; *страд. наст.**

Синт.: **а, б** — в глаг. знач. 1

▭ Прич. III во 2, 3 глаг. знач. не употр.

РАСТЕРЯ́ТЬ, растеря́ют, растеря́|л; ***сов., перех.*** (*несов.* расте́ривать) **1.** ***что*** *Олег растерял много хороших книг* [потерять что-л. по небрежности, одно за другим] **2.** ***что*** *Максим постепенно растерял знания по астрономии, перестав заниматься ею* [постепенно утратить что-л.] **3.** ***кого(что)*** *Ольга растеряла всех своих друзей* [потерять связь с кем-л., утратить контакты]

II. РАСТЕРЯ́ВШИЙ, -ая, -ее, -ие; *действ. прош.*

Синт.: **а, б** — в глаг. знач. 1—3

IV. РАСТЕ́РЯННЫЙ, -ая, -ое, -ые; *страд. прош.*

Синт.: **а, б, в** — в глаг. знач. 1—3

В знач. прил. (также *кр. ф.* ↓) Утративший самообладание, не знающий, как поступить, растерявшийся. *Растерянная девушка не знала, к кому обратиться*

Ср. прил. **расте́рянный,** -ая, -ое, -ые; -ян, **-янна, -янно, -янны.** Выражающий, обнаруживающий состояние растерянности. *Растерянный вид. Глаза девушки испуганны и растерянны*

РАСТЕ́РЯН, -яна, -яно, -яны; *кр. ф.*

В глаг. знач. 1—3

В знач. прил. (также *полн. ф.* ↑) *Девушка растеряна, не знает, что делать*

РАСТЕРЯ́ТЬСЯ, растеря́ются, растеря́|лся; ***сов.*** **1.** ***S не лицо*** *Все вещи растерялись* [пропасть, потеряться постепенно] **2.** *Ольга растерялась от неожиданности* [прийти в состояние растерянности, нерешительности, не знать, как поступить]

II. РАСТЕРЯ́ВШИЙСЯ, -аяся, -ееся, -иеся; *действ. прош.*

Синт.: **а, б, в** — в глаг. знач. 1, 2

РАСТИ́, раст|у́т, рос|, росла́, -ло́, -ли́; ***несов., неперех.*** **1.** *У Ани растет сын. Наш щенок растет очень быстро. Смотри, как хорошо растут маки* [увеличиваться, становиться больше, выше, длиннее и т. п. в результате происходящих жизненных процессов — о человеке, животном, растении и т. п.] **2.** *Поэт рос в городе. Ребенок растет в дружной семье* [проводить где-л., в каких-л. условиях свое детство, ранние годы жизни] **3.** *«По мере того, как они [дети] росли — росла и их привязанность к отцу».* Шолохов, Тихий Дон [становиться взрослым, достигать зрелого возраста] **4.** ***кем*** *Девочка растет эгоисткой* [формироваться, приобретать какие-л. черты характера, склонности и т. п. в процессе развития, роста] **5.** *Этот художник заметно растет. Талант актрисы растет* [совершенствоваться, развиваться, становиться более зрелым, развитым, опытным и т. п.] **6.** ***S не лицо*** *Материальное благосостояние нашего народа растет* [увеличиваться в объеме, размерах, количестве, силе] **7.** ***S не лицо*** *Политическая активность масс растет. Популярность певца росла* [становиться сильнее в своем проявлении, крепнуть] **8.** ***S не лицо*** *Олег не давал о себе знать, и наша тревога росла с каждым днем. «Вместе с радостью росла и благодарность к секретарю райкома..»* Тендряков, Под лежач камень... [усиливаться, становиться сильнее — о чувстве, состоянии и т. п.] **9.** ***S не лицо*** *«..глухой шум деревьев то рос, то ослабевал».* Вересаев, На повороте [приобретать бо́льшую силу, крепость, усиливаться] **10.** ***S не лицо*** *В этом саду растут груши* [быть, находиться — о растениях] **11.** ***S не лицо*** *Эвкалипты растут в Австралии и других южных странах* [иметь распространение где-л., водиться, произрастать — о каких-л. видах растений] **12.** ***S не лицо*** *У моего сына уже растут усы. На голове у девочки растет шишка* [появившись где-л., начать развиваться, увеличиваться в длину, ширину, в объеме и т. п.] **13.** ***S не лицо*** *Рядом с нашим поселком растет город* [развиваться, строиться, получать законченные формы]

I. РАСТУ́ЩИЙ, -ая, -ее, -ие; *действ. наст.*
Синт.: **а, б** — в глаг. знач. 1—13; **в** — в глаг. знач. 1, 6, 7
В знач. прил. Такой, который становится более зрелым, развитым, знающим, умелым. *Растущий работник. Растущий писатель*
Субстантив.$_1$ в глаг. знач. 1, 2, 4

II. РО́СШИЙ, -ая, -ее, -ие; *действ. прош.*
Синт.: **а, б** — в глаг. знач. 1—13; **в** — в глаг. знач. 6, 7
Субстантив.$_1$ в глаг. знач. 1, 2, 4

РАСТОПИ́ТЬ, растоплю́, расто́п|ят, растопи́|л; ***сов. к*** топи́ть^2 в 1 знач. (см.)

II. РАСТОПИ́ВШИЙ, -ая, -ее, -ие; *действ. прош.*
Синт.: **а, б** — в глаг. знач. 1

IV. РАСТО́ПЛЕННЫЙ, -ая, -ое, -ые; *страд. прош.*
[чередование п/пл]
Синт.: **а, б, в** — в глаг. знач. 1
РАСТО́ПЛЕН, -ена, -ено, -ены; *кр. ф.*
В глаг. знач. 1

РАСТРЕПА́ТЬ, растреплю́, растре́плют, растрепа́|л; ***сов., перех., что*** (*несов.* растрёпывать) **1.** также ***чем*** *Клоун со смехом растрепал себе волосы двумя руками* (см. § 2). *Ветер растрепал его волосы* [привести в беспорядок волосы, бороду и т. п., сделать торчащим в разные стороны, спутанным и т. п.] **2.** *Малыш растрепал все свои книги* [привести в негодный вид, плохое состояние небрежным обращением, длительным употреблением]

II. РАСТРЕПА́ВШИЙ, -ая, -ее, -ие; *действ. прош.*
Синт.: **а, б** — в глаг. знач. 1, 2

IV. РАСТРЁПАННЫЙ, -ая, -ое, -ые; *страд. прош.*
[чередование е/ё]
Синт.: **а, б** — в глаг. знач. 1, 2
В знач. прил. (также *кр. ф.* ↓) **1.** В беспорядке, спутанный, торчащий в разные стороны, растрепавшийся. *Растрепанные волосы. Растрепанная борода* **2.** Со спутанными, торчащими в разные стороны волосами. *Растрепанный человек* **3.** Находящийся в плохом состоянии от небрежного обращения, длительного употребления, потерявший первоначальный вид. *Растрепанные книги*
Ср. прил. **растрёпанный,** -ая, -ое, -ые; -ан, -анна, -анно, -анны. **1.** (только *полн. ф.*) Небрежный, неопрятный, неаккуратный. *Растрепанный вид* **2.** Беспорядочный, лишенный стройности, логики и т. п. *Растрепанные мысли* ◊ **В растрепанных чувствах** — в состоянии сильного волнения, расстройства, смятения; *разг.*
Субстантив.$_3$ в глаг. знач. 2
РАСТРЁПАН, -ана, -ано, -аны; *кр. ф.*
В глаг. знач. 1, 2
В знач. прил. (также *полн. ф.* ↑) **1.** *Волосы у неё растрепаны. Борода растрепана* **2.** *Аня растрепана* **3.** *Книги растрепаны*

РАСТРЕПА́ТЬСЯ, растреплю́сь, растре́плются, растрепа́|лся; ***сов.*** (*несов.* растрёпываться) **1.** ***S не лицо «Его большие волосы и борода растрепались от ветра».*** А. Н. Толстой, Егор Абозов [прийти в беспорядок, спутаться, стать торчащим в разные стороны] **2.** *«*[*Таня*] *посмотрела на себя в зеркало, чтобы узнать, не очень ли она растрепалась».* Каверин, Песочные часы [принять неопрятный вид из-за пришедших в беспорядок волос] **3.** ***S не лицо*** *Книги у Ани растрепались, у некоторых не было обложки* [прийти в негодный вид, плохое состояние от небрежного обращения, длительного употребления]

II. РАСТРЕПА́ВШИЙСЯ, -аяся, -ееся, -иеся; *действ. прош.*
Синт.: **а, б** — в глаг. знач. 1—3; **в** — в глаг. знач. 1, 3
Субстантив.$_1$ не употр.

РАСТРЁПЫВАТЬ, растрёпыва|ют, растрёпыва|л; ***несов. к*** растрепа́ть (см.)

I. РАСТРЁПЫВАЮЩИЙ, -ая, -ее, -ие; *действ. наст.*
Синт.: **а, б** — в глаг. знач. 1, 2

II. РАСТРЁПЫВАВШИЙ, -ая, -ее, -ие; *действ. прош.*
Синт.: **а, б** — в глаг. знач. 1, 2

III. РАСТРЁПЫВАЕМЫЙ, -ая, -ое, -ые; *страд. наст.*
Синт.: **а, б** — в глаг. знач. 1, 2
Субстантив.$_3$ в глаг. знач. 2

РАСТРЁПЫВАТЬСЯ, растрёпыва|ются, растрёпыва|лся; ***несов. к*** растрепа́ться (см.)

I. РАСТРЁПЫВАЮЩИЙСЯ, -аяся, -ееся, -иеся; *действ. наст.*
Синт.: **а, б** — в глаг. знач. 1—3; **в** — в глаг. знач. 1, 3
Субстантив.$_1$ не употр.

II. РАСТРЁПЫВАВШИЙСЯ, -аяся, -ееся, -иеся; *действ. прош.*
Синт.: **а, б** — в глаг. знач. 1—3; **в** — в глаг. знач. 1, 3
Субстантив.$_1$ не употр.

РАСТРО́ГАТЬ, растро́гают, растро́га|л; ***сов., перех., кого(что),*** также ***чем*** *Илья растрогал нас своим вниманием* (см. § 1). *«Письмо это растрогало Таню, а последние строки его с приветом Лубенцову причинили ей острую боль».* Казакевич, Весна на Одере [вызвать состояние приятной взволнованности, умиления, заставить расчувствоваться]

II. РАСТРО́ГАВШИЙ, -ая, -ее, -ие; *действ. прош.*
Синт.: **а, б** — в глаг. знач.

IV. РАСТРО́ГАННЫЙ, -ая, -ое, -ые; *страд. прош.*
Синт.: **а, б** — в глаг. знач.
В знач. прил. (также *кр. ф.* ↓) Приятно взволнованный, пришедший в умиление, растрогавшийся. *Растроганная бабушка благодарила внуков за подарки*
Ср. прил. **растро́ганный,** -ая, -ое, -ые; -ан, -анна, -анно, -анны. Выражающий взволнованность, умиление. *Растроганный голос. Растроганный вид*

РАСТРО́ГАН, -ана, -ано, -аны; *кр. ф.*
В глаг. знач.
В знач. прил. (также *полн. ф.* ↑) *Бабушка была растрогана, благодарила нас за подарки*

РАСТРО́ГАТЬСЯ, растро́гаются, растро́га|лся; ***сов.*** *Бабушка растрогалась, когда внуки подарили ей любимую пластинку* [приятно взволноваться, расчувствоваться, прийти в умиление]

II. РАСТРО́ГАВШИЙСЯ, -аяся, -ееся, -иеся; *действ. прош.*
Синт.: **а, б, в** — в глаг. знач.

РАСТЯ́ГИВАТЬ, растя́гива|ют, растя́гива|л; ***несов. к*** растяну́ть (см.)

I. РАСТЯ́ГИВАЮЩИЙ, -ая, -ее, -ие; *действ. наст.*
Синт.: **а, б** — в глаг. знач. 1—8

II. РАСТЯ́ГИВАВШИЙ, -ая, -ее, -ие; *действ. прош.*
Синт.: **а, б** — в глаг. знач. 1—8

III. РАСТЯ́ГИВАЕМЫЙ, -ая, -ое, -ые; *страд. наст.*
Синт.: **а, б** — в глаг. знач. 1—8; **в** — в глаг. знач. 1, 2, 5, 8
Субстантив.3 в глаг. знач. 1

РАСТЯ́ГИВАТЬСЯ, растя́гива|ются, растя́гива|лся; ***несов.*** (*сов.* растяну́ться *к* 1, 2, 4, 6—10 знач.) **1.** ***S не лицо*** *Мои перчатки постепенно растягивались* [становиться большего размера, раздаваясь в длину, в ширину] **2.** ***S не лицо*** *Смотри, как плохо растягивается эта резинка* [увеличиваться в длину в результате натягивания] **3.** ***S не лицо*** *Материал, который я купила, очень растягивается* [иметь свойство увеличиваться в длину, в ширину] **4.** ***S не лицо*** *Жалко, что эта резинка у свитера стала растягиваться* [терять упругость в результате частого натягивания] **5.** ***S не лицо*** *Эти крепления, к сожалению, растягиваются* [иметь свойство терять упругость в результате частого натягивания] **6.** ***S не лицо*** *У Андрея часто растягиваются связки на правой ноге* [оказываться поврежденным в результате сильного натяжения — о связках, сухожилиях] **7.** ***S не лицо*** *Поселок растягивается по всему берегу реки* [располагаться, размещаться на большом протяжении] **8.** *Олег с удовольствием растягивается на диване* [ложиться вытянувшись; *разг.*] **9.** *Мальчик не смотрел себе под ноги и не раз растягивался посреди дороги* [падать всем телом; *разг.*] **10.** ***S не лицо*** *Репетиция концерта иногда растягивалась на несколько месяцев* [длиться чрезмерно долго, затягиваться]

I. РАСТЯ́ГИВАЮЩИЙСЯ, -аяся, -ееся, -иеся; *действ. наст.*
Синт.: **а, б** — в глаг. знач. 1—10; **в** — в глаг. знач. 1, 2, 4, 6, 10
В знач. прил. **1.** Такой, который имеет свойство увеличиваться в длину, в ширину. *Растягивающийся материал* **2.** Такой, который имеет свойство терять упругость. *Растягивающаяся резина*

II. РАСТЯ́ГИВАВШИЙСЯ, -аяся, -ееся, -иеся; *действ. прош.*
Синт.: **а, б** — в глаг. знач. 1—10; **в** — в глаг. знач. 1, 2, 4, 6, 10

РАСТЯНУ́ТЬ, растяну́, растя́нут, растяну́|л; ***сов., перех., что*** (*несов.* растя́гивать) **1.** *Друзья быстро растянули на песке одеяло и начали загорать* [натягивая, разложить на какой-л. поверхности] **2.** *Сапожник растянул туфли, которые были мне малы* [натягивая, увеличить в размере] **3.** *Ты растянул мои подтяжки. Аня растянула мне свитер* [частым натягиванием лишить упругости; сделать большего размера, надевая] **4.** *Ольга растянула связки* [повредить чрезмерно сильным натяжением связки, сухожилия] **5.** *Девочка старалась растянуть удовольствие и ела мороженое понемножку* [удлинить, продлить время совершения, протекания или употребления чего-л.] **6.** *Мне кажется, что директор растянул свой доклад. Вы растянули эту работу на несколько месяцев!* [сделать что-л. слишком длинным; сделать что-л. слишком длительным, продолжающимся слишком долго] **7.** *Центральную улицу поселка слишком растянули* [расположить, проложить и т. п. на большом протяжении] **8.** *Мальчик немного растянул гласный звук и произнес английское слово правильно* [произнося, протянуть звук, слово и т. п.]

II. РАСТЯНУ́ВШИЙ, -ая, -ее, -ие; *действ. прош.*
Синт.: **а, б** — в глаг. знач. 1—8

IV. РАСТЯ́НУТЫЙ, -ая, -ое, -ые; *страд. прош.*
Синт.: **а, б** — в глаг. знач. 1—8 и в статив. знач.; **в** — в глаг. знач. 2, 4, 5, 8
Статив. знач. (также *кр. ф.* ↓) Располагающийся, размещающийся, растянувшийся в длину на каком-л., обычно значительном, пространстве. *Войска, растянутые по всему побережью, готовились к наступлению*
В знач. прил. (также *кр. ф.* ↓) **1.** Ставший слишком большим или широким, свободным, длинным, растянувшийся. *Растянутые карманы. Растянутые петли* **2.** Ставший неупругим, потерявший упругость, растянувшийся. *Растянутые подтяжки* **3.** Излишне длинный по изложению или по затрачиваемому времени. *Растянутый доклад. Растянутая пьеса. Растянутая работа* **4.** Расположенный излишне длинным рядом, на большом протяжении. *Растянутый эшелон. Растянутые колонны демонстрантов. Растянутый поселок*
Ср. прил. **растя́нутый,** -ая, -ое, -ые; -ут, -та, -то, -ты. Имеющий вытянутую в длину форму, удлиненный. *Растянутая тень. Растянутые облака*
Субстантив.3 в глаг. знач. 1, 3

РАСТЯ́НУТ, -та, -то, -ты; *кр. ф.*
В глаг. знач. 1—8
Статив. знач. (также *полн. ф.* ↑) *Войска были растянуты по всему побережью*
В знач. прил. (также *полн. ф.* ↑) **1.** *Карманы куртки растянуты. Петли у пальто растянуты* **2.** *Подтяжки растянуты* **3.** *Доклад*

растянут. Пьеса растянута **4.** *Эшелон растянут. Колонна демонстрантов растянута. Поселок очень растянут*

РАСТЯНУ́ТЬСЯ, растяну́сь, растя́нутся, растяну́|лся; ***сов. к*** растя́гиваться в 1, 2, 4, 6—10 знач. (см.)

II. РАСТЯНУ́ВШИЙСЯ, -аяся, -ееся, -иеся; *действ. прош.*

С и н т.: **а, б** — в глаг. знач. 1, 2, 4, 6—10; **в** — в глаг. знач. 1, 2, 4, 6, 10

РАСФАСОВА́ТЬ, расфасу́ют, расфасова́|л; ***сов. к*** фасова́ть (см.)

II. РАСФАСОВА́ВШИЙ, -ая, -ее, -ие; *действ. прош.*

С и н т.: **а, б** — в глаг. знач.

IV. РАСФАСО́ВАННЫЙ, -ая, -ое, -ые; *страд. прош.*

С и н т.: **а, б, в** — в глаг. знач.

РАСФАСО́ВАН, -ана, -ано, -аны; *кр. ф.*

В глаг. знач.

РАСШАТА́ТЬ, расшата́ют, расшата́|л; ***сов., перех., что*** (*несов.* расша́тывать) **1.** ***«****Случайно нащупав гвоздь, вбитый в стену, он расшатал его, вытащил и спрятал за голенищем».* Березко, Мирный город. *Рабочие сначала расшатали столб, а затем выкопали его* [шатая, заставить непрочно держаться в чем-л.] **2.** *Дима расшатал себе зуб* [неосторожными действиями сделать шатающимся] **3.** *Дети расшатали все стулья* [шатая, сделать неустойчивым] **4.** *Ольга совершенно расшатала свое здоровье* [расстроить здоровье, нервы] **5.** *«Вы хотите расшатать Россию..— ничего не можете сделать,— и не сделаете!»* Вишневский, Раскинулось море широко. *«Штурмовщина расшатала дисциплину труда и снизила заработок рабочим».* Укусов, После войны [подорвать, привести в состояние упадка]

II. РАСШАТА́ВШИЙ, -ая, -ее, -ие; *действ. прош.*

С и н т.: **а, б** — в глаг. знач. 1—5

IV. РАСША́ТАННЫЙ, -ая, -ое, -ые; *страд. прош.*

С и н т.: **а, б** — в глаг. знач. 1—5

В з н а ч. п р и л. (также *кр. ф.* ↓) **1.** Непрочно держащийся в чем-л., расшатавшийся. *Расшатанный винт. Расшатанный столб. Расшатанные петли двери. Расшатанные зубы* **2.** С неплотно пригнанными составными частями, шатающийся, перекошенный и т. п. в результате долгого или неаккуратного употребления, расшатавшийся. *Расшатанные стулья* **3.** Испорченный, расстроенный, расшатавшийся — о здоровье, нервах. *Расшатанное здоровье. Расшатанные нервы* **4.** Пришедший в состояние упадка, ослабленный, расшатавшийся. *Расшатанная дисциплина. Расшатанные устои феодального общества*

С у б с т а н т и в.$_3$ в глаг. знач. 3

РАСША́ТАН, -ана, -ано, -аны; *кр. ф.*

В глаг. знач. 1—5

В з н а ч. п р и л. (также *полн. ф.* ↑) **1.** *Все винты расшатаны* **2.** *Стулья были расшатаны* **3.** *Здоровье расшатано. Нервы расшатаны* **4.** *Дисциплина была расшатана*

РАСШАТА́ТЬСЯ, расшата́ются, расшата́|лся; ***сов.*** (*несов.* расша́тываться); ***S не лицо*** **1.** *Винт расшатался, надо его подкрутить. Петли у двери расшатались. Зубы расшатались* [стать непрочно держащимся в чем-л.] **2.** *Стулья расшатались. Шкаф расшатался* [стать шатающимся, перекошенным, с неплотно пригнанными частями и т. п.] **3.** *Нервы совсем расшатались* [испортиться, расстроиться — о здоровье, нервах] **4.** *Дисциплина в классе расшаталась. Устои феодального общества расшатались* [прийти в состояние упадка, ослабеть]

II. РАСШАТА́ВШИЙСЯ, -аяся, -ееся, -иеся; *действ. прош.*

С и н т.: **а, б, в** — в глаг. знач. 1—4

РАСША́ТЫВАТЬ, расша́тыва|ют, расша́тыва|л; ***несов. к*** расшата́ть (см.)

I. РАСША́ТЫВАЮЩИЙ, -ая, -ее, -ие; *действ. наст.*

С и н т.: **а, б** — в глаг. знач. 1—5

II. РАСША́ТЫВАВШИЙ, -ая, -ее, -ие; *действ. прош.*

С и н т.: **а, б** — в глаг. знач. 1—5

III. РАСША́ТЫВАЕМЫЙ, -ая, -ое, -ые; *страд. наст.*

С и н т.: **а, б** — в глаг. знач. 1—5; **в** — в глаг. знач. 1

С у б с т а н т и в.$_3$ в глаг. знач. 3

РАСША́ТЫВАТЬСЯ, расша́тыва|ются, расша́тыва|лся; ***несов. к*** расшата́ться (см.)

I. РАСША́ТЫВАЮЩИЙСЯ, -аяся, -ееся, -иеся; *действ. наст.*

С и н т.: **а, б, в** — в глаг. знач. 1—4

II. РАСША́ТЫВАВШИЙСЯ, -аяся, -ееся, -иеся; *действ. прош.*

С и н т.: **а, б, в** — в глаг. знач. 1—4

РАСШЕВЕЛИ́ТЬ, расшевел|я́т и *доп.* расшеве́лят, расшевели́|л; ***сов. к*** шевели́ть в 4 знач. (см.)

II. РАСШЕВЕЛИ́ВШИЙ, -ая, -ее, -ие; *действ. прош.*

С и н т.: **а, б** — в глаг. знач. 4

IV. РАСШЕВЕЛЁННЫЙ, -ая, -ое, -ые; *страд. прош.*

С и н т.: **а, б** — в глаг. знач. 4

РАСШЕВЕЛЁН, -ена́, -ено́, -ены́; *кр. ф.*

В глаг. знач. 4

РАСШИ́РИТЬ, расши́р|ят, расши́ри|л; ***сов., перех., что*** (*несов.* расширя́ть) **1.** также ***чем*** *Рабочий ломом расширил отверстие в стене* (см. § 2). *Мы расширим дорожки перед домом. Врач специальным лекарством расширил мне зрачки* (см. § 2) [сделать более широким] **2.** *Дирекция магазина расширила ассортимент колбасных изделий. Наша фабрика расширит производство детских игрушек* [увеличить в числе, объеме] **3.** *Издательство значительно расширили, организовав несколько новых редакций* [сделать более крупным по составу, более мощным и т. д.] **4.** *Ребята за лето расширили свой кругозор. Это государство заметно расширило сферу влияния в южном регионе* [сделать более обширным круг действия, охвата чего-л.]

II. РАСШИ́РИВШИЙ, -ая, -ее, -ие; *действ. прош.*

С и н т.: **а, б** — в глаг. знач. 1—4

IV. РАСШИ́РЕННЫЙ, -ая, -ое, -ые; *страд. прош.*

Синт.: **а, б** — в глаг. знач. 1—4

В знач. прил. (только *полн. ф.*) **1.** Более широкий, чем обычно, расширившийся. *Расширенные зрачки. Расширенные сосуды* **2.** Более полный, широкий, чем обычно, по составу, содержанию и т. п., увеличенный. *Расширенный ассортимент. Расширенная программа. Расширенное воспроизводство*

Ср. прил. **расши́ренный,** -ая, -ое, -ые. **1.** С привлечением широкого круга участников. *Расширенный пленум. Расширенное заседание* **2.** Допускающий отступление от буквального понимания, расширительный. *Расширенное толкование закона* (Ср. прил. **расшири́тельный,** -ая, -ое, -ые; -лен, -льна, -льно, -льны. Допускающий отступление от буквального понимания, расширенный. *Расширительное понимание закона. Расширительное толкование текста*)

Субстантив.$_3$ в глаг. знач. 1

РАСШИ́РЕН, -ена, -ено, -ены; *кр. ф.*

В глаг. знач. 1—4

РАСШИ́РИТЬСЯ, расши́рятся, расши́ри|лся; **сов.** (*несов.* расширя́ться); ***S* не лицо 1.** *Отверстие в скале расширилось под действием ветра и воды* [стать более широким] **2.** *Ассортимент молочных продуктов заметно расширился* [увеличиться в числе, объеме] **3.** *«Электростанция расширилась: там было теперь шесть передвижных установок».* Ажаев, Далеко от Москвы [стать более крупным, более мощным] **4.** *Кругозор ребят за лето заметно расширился. Фронт строительных работ на Севере значительно расширился* [стать более широким по охвату]

II. РАСШИ́РИВШИЙСЯ, -аяся, -ееся, -иеся; *действ. прош.*

Синт.: **а, б, в** — в глаг. знач. 1—4

РАСШИРЯ́ТЬ, расширя́|ют, расширя́|л; ***несов. к*** расши́рить (см.)

I. РАСШИРЯ́ЮЩИЙ, -ая, -ее, -ие; *действ. наст.*

Синт.: **а, б** — в глаг. знач. 1—4

II. РАСШИРЯ́ВШИЙ, -ая, -ее, -ие; *действ. прош.*

Синт.: **а, б** — в глаг. знач. 1—4

III. РАСШИРЯ́ЕМЫЙ, -ая, -ое, -ые; *страд. наст.*

Синт.: **а, б, в** — в глаг. знач. 1—4

Субстантив.$_3$ в глаг. знач. 1

РАСШИРЯ́ТЬСЯ, расширя́|ются, расширя́|лся; ***несов. к*** расши́риться (см.)

I. РАСШИРЯ́ЮЩИЙСЯ, -аяся, -ееся, -иеся; *действ. наст.*

Синт.: **а, б, в** — в глаг. знач. 1—4

II. РАСШИРЯ́ВШИЙСЯ, -аяся, -ееся, -иеся; *действ. прош.*

Синт.: **а, б, в** — в глаг. знач. 1—4

РВАТЬ, рв|ут, рва|л, рвала́, рва́ло, -ли; ***несов., перех.* 1. *что*** *Андрей рвал мои письма* [резким движением разделять на части, разрывать] **2. *что,*** также ***чем*** *Олег своей палкой с гвоздем часто рвал сеть. «..острые колючки рвали мою одежду».* Лермонтов, Бэла [делать рваным, дырявым] **3. *кого(что); S* не лицо** *«*— [*Собаки*] *прошлый год на клоки разорвали нищенку, рвут пастухов и овец,— только подгони стадо к хутору!»* Бунин, Хороших кровей [раздирая на части, умерщвлять] **4. *что*** *Неожиданно Илья рвет все связи со старыми друзьями и уезжает. Новое правительство рвет дипломатические отношения с соседними странами без видимых причин* [прекращать, прерывать отношения, связи и т. п.] **5. *что,*** также ***чем*** *Рабочие на этом участке дороги рвут скалы динамитом. «Изредка доносятся тупые звуки взрывов: возле плотины рвут лед».* С. Антонов, Утром [взрывом разносить на части] **6. *что; S* не лицо** *«Ветер рвал полотнище транспаранта, мотая его из стороны в сторону».* Кассиль, Вратарь республики [с силой, рывками развевать, трепать — о ветре] **7. *что*** *Мальчик двумя руками схватил вмерзшую в лед доску и стал рвать ее на себя. «Бабы ходят словно пьяные. Друг у дружки рвут товар».* Н. Некрасов, Коробейники [сильно, резкими движениями дергать; вырывать, выхватывать] **8. *что; S* не лицо** и ***безл.*** *Ветер рвал весла из рук. «Ветер крепчал, начиналась метель. Крышу мастерской рвало, и казалось, вот-вот опрокинет».* А. Иванов, Повелитель [силой своего давления вырывать что-л. откуда-л.] **9. *что*** *«*[*Фельдшер*] *с невероятной храбростью и быстротой рвет зубы».* Куприн, Мелюзга [удалять зубы хирургическим путем; *разг.*] **10. *что*** *Мы рвали вишни. Девочки рвут цветы* [брать, отделяя от корня, обламывая стебель, ветку и т. п.] **11. *безл., что*** *У меня всю правую щеку рвет* [о жгучей, дергающей боли, испытываемой кем-л.; *разг.*]

I. РВУ́ЩИЙ, -ая, -ее, -ие; *действ. наст.*

Синт.: **а, б** — в глаг. знач. 1—10

В знач. прил. Жгучий, дергающий, нестерпимый — о боли. *Андрей испытывал рвущую зубную боль*

II. РВА́ВШИЙ, -ая, -ее, -ие; *действ. прош.*

Синт.: **а, б** — в глаг. знач. 1—10

IV. Прич. не употр.

Ср. прил. **рва́ный,** -ая, -ое, -ые. **1.** Разорванный на части. *Рваная бумага. Рваные нитки* **2.** С дырками, изорванный. *Рваные носки* **3.** С неровными краями; с неровными, прерывистыми очертаниями. *Рваная рана. Рваные облака*

□ Прич. III не образуется. Прич. IV не употр.

РЕГЛАМЕНТИ́РОВАТЬ, регламенти́ру|ют, регламенти́рова|л; ***сов.*** и ***несов., перех., что* 1.** *Председатель собрания строго регламентировал все выступления* [подчинить или подчинять регламенту] **2.** *Совет мастеров контролировал и регламентировал процесс производства* (из газет). *Определенные правила регламентировали жизнь на метеостанции* [подчинить или подчинять правилам, регулирующим порядок какой-л. деятельности]

I. РЕГЛАМЕНТИ́РУЮЩИЙ, -ая, -ее, -ие; *действ. наст.*

Синт.: **а, б** — в глаг. знач. 1, 2

II. РЕГЛАМЕНТИ́РОВАВШИЙ, -ая, -ее, -ие; *действ. прош.*

Синт.: **а, б** — в глаг. знач. 1, 2

III. РЕГЛАМЕНТИ́РУЕМЫЙ, -ая, -ое, -ые; *страд. наст.*

Синт.: **а, б** — в глаг. знач. 1, 2; **в** — в глаг. знач. 1

IV. РЕГЛАМЕНТИ́РОВАННЫЙ, -ая, -ое, -ые; *страд. прош.*

Синт.: **а, б** — в глаг. знач. 1, 2; **в** — в глаг. знач. 1

В знач. прил. (только *полн. ф.*) В строгих рамках, подчиненный определенным правилам, точно определенный. *Регламентированная форма обсуждения*

РЕГЛАМЕНТИ́РОВАН, -ана, -ано, -аны; *кр. ф.*

В глаг. знач. 1, 2

РЕ́ЗАТЬ, ре́ж|ут, ре́за|л; ***несов.*** (*сов.* заре́зать *к* 5, 6 знач.; *сов.* сре́зать *к* 13 знач.) **1. *перех., что,*** также ***чем*** *Дети режут бумагу ножницами* (см. § 2). *Бабушка режет пирог на четыре части* [разделять на части, отделять от целого чем-л. острым] **2. *перех., что; S не лицо*** *Этот станок хорошо режет металл* [иметь свойство, способность разделять что-л. на части] **3. *перех., что*** *Нарыв нужно резать* [оперировать, делая надрез, вскрывать; *разг.*] **4. *перех., что,*** также ***чем; S не лицо*** *«В ослепительно-золотой лагуне.. спокойно резали воду крутыми черными спинами дельфины».* Гладков, Энергия [плывя, летая, раздвигать в стороны, бороздить водную поверхность, воздух] **5. *перех., кого(что),*** также ***чем*** *«По ночам янычары.. подползали с кривыми ножами к русским окопам и резали часовых».* А. Н. Толстой, Петр I. *«Турки жгут болгарские деревни. При этом режут болгар нещадно».* Гаршин, Письмо Е. С. Гаршиной, 29 июля 1877 [убивать острым орудием; истреблять резней] **6. *перех., кого(что)*** * *Мой отец сам режет гусей* [убивать на мясо домашнюю птицу, животных] **7. *перех., кого(что),*** также ***чем*** *Директор просто режет нас только что изданным приказом* [ставить кого-л. в безвыходное положение; *разг.*] **8. *перех., кого(что),*** также ***чем*** *Члены ученого совета явно режут диссертанта своими вопросами. Зачем вы режете своих же учеников на экзамене?* [стараться доказать, что кто-л. некомпетентен в чем-л., проваливать; *разг.*] **9. *перех., что; S не лицо*** *Громкие звуки режут слух. Яркий свет лампы резал глаза. Цвет твоего платья режет глаз* [вызывать неприятные ощущения чем-л. резким, неприятно действовать на глаза, слух и т. п.] **10. *перех., что; S не лицо*** *Ремень режет плечо* [впиваясь в тело, причинять боль] **11. *перех., что*** и ***без дополн.*** *Олег всегда режет правду в глаза. «[Настя] с холодным ожесточением резала: — Сказано тебе: нет горючего».* Коновалов, Вчера [говорить неприятные для собеседника вещи прямо, открыто; *разг.*] **12. *перех., что*** *В нашей деревне многие режут ложки* [изготовлять, вырезая из твердого материала] **13. *перех., что*** и ***без дополн.*** *Олег умеет прекрасно резать мяч* [подавать, бить мяч, шар при игре в теннис, волейбол, бильярд и т. п. резким ударом по касательной к мячу, шару — в спорте] **14. *неперех.; S не лицо*** *Этот нож не режет. Ножницы не режут, надо их точить* [действовать при употреблении — об острых орудиях] **15. *неперех.*** *Сережа прекрасно режет по металлу* [наносить на гладкую поверхность какого-л. твердого материала рисунок или надпись острым инструментом] **16. *неперех.; S не лицо*** *Пиджак режет в проймах* [из-за меньшего размера, чем нужно, сдавливать какую-л. часть тела] **17. *неперех.; безл.*** *Режет в животе* [об ощущении рези в какой-л. части тела]

I. РЕ́ЖУЩИЙ, -ая, -ее, -ие; *действ. наст.*

Синт.: **а, б** — в глаг. знач. 1 — 16

В знач. прил. **1.** Предназначенный для резания, осуществляющий резание. *Режущие инструменты. Пресс с лазерным режущим узлом. Режущее орудие* **2.** Имеющий целью разрезать, рассечь что-л. *Режущий удар хлыстом* **3.** Очень резкий и сильный, направленный по касательной. *Режущая подача мячом* **4.** Резкий и острый — о боли. *Режущая боль* **5.** Резкий, вызывающий неприятные ощущения. *Режущий свет*

II. РЕ́ЗАВШИЙ, -ая, -ее, -ие; *действ. прош.*

Синт.: **а, б** — в глаг. знач. 1 — 16

IV. РЕ́ЗАННЫЙ, -ая, -ое, -ые; *страд. прош.**

Синт.: **а, б** — в глаг. знач. 1, 3, 5, 6, 12

Ср. прил. **ре́заный,** -ая, -ое, -ые. **1.** Разрезанный на куски, подвергшийся резке. *Резаный картон. Резаный хлеб* **2.** Нанесенный режущим орудием. *Резаная рана* **3.** В спорте: производимый по касательной к мячу, шару, в бок, как бы срезая; направленный таким ударом — о мяче, шаре. *Резаный удар. Резаная подача. Резаный мяч*

Субстантив.$_3$ в глаг. знач. 1

РЕ́ЗАН, -ана, -ано, -аны; *кр. ф.**

В глаг. знач. 1, 3, 5, 6, 12

□ Прич. III не образуется. Прич. IV во 2, 4, 7 — 11, 13 глаг. знач. не употр.

РЕКОМЕНДОВА́ТЬ, рекоменду́|ют, рекомендова́|л; ***сов.*** и ***несов., перех.*** **1. *кого(что)*** *Смирнов рекомендует нам опытного работника. Я рекомендовал Аню как хорошую секретаршу* [давая хороший отзыв, предложить или предлагать использовать кого-л. на службе, в работе и т. п.] **2. *кого*** *Кто рекомендовал вас в комсомол? «— Ты, например, можешь стать коммунистом? — Могу,— твердо ответил Царицын.— У меня две рекомендации, и меня еще рекомендует комсомольская ячейка».* Нилин, Жестокость [дать или давать обычно письменный благоприятный отзыв о ком-л. с ручательством за него — при вступлении в какую-л. организацию] **3. *кого(что); S не лицо*** *Это выступление плохо рекомендует вашего сослуживца* [характеризовать кого-л. каким-л. образом] **4. *что*** и ***с неопр. ф.*** *Врач рекомендовал мне активный отдых. Я рекомендую вам прочесть эту книгу* [советовать или посоветовать] **5. *что; S не лицо*** *Инструкция рекомендует новые правила использования электронной аппаратуры* [предписать или предписывать что-л.]

I. РЕКОМЕНДУ́ЮЩИЙ, -ая, -ее, -ие; *действ. наст.*

Синт.: **а, б** — в глаг. знач. 1 — 5

С р. прич. в 1, 4 глаг. знач. с прил. **рекоменда́тельный**, -ая, -ое, -ые. Содержащий рекомендацию. *Рекомендательное письмо. Рекомендательный список литературы*

II. РЕКОМЕНДОВА́ВШИЙ, -ая, -ее, -ие; *действ. прош.*

Синт.: **а, б** — в глаг. знач. 1 — 5

III. РЕКОМЕНДУ́ЕМЫЙ, -ая, -ое, -ые; *страд. наст.**

Синт.: **а, б** — в глаг. знач. 1, 2, 4, 5

IV. РЕКОМЕНДО́ВАННЫЙ, -ая, -ое, ые; *страд. прош.**

Синт.: **а, б** — в глаг. знач. 1, 2, 4, 5

РЕКОМЕНДО́ВАН, -ана, -ано, -аны; *кр. ф.**

В глаг. знач. 1, 2, 4, 5

▭ Прич. III, IV в 3 глаг. знач. не употр.

РЕОРГАНИЗОВА́ТЬ, реорганизу́|ют, реорганизова́|л; ***сов.*** и ***несов.*** (прош. только *сов.*), ***перех., что*** *Новое правительство реорганизует несколько министерств* [организовать или организовывать на новых началах, преобразовать или преобразовывать]

I. РЕОРГАНИЗУ́ЮЩИЙ, -ая, -ее, -ие; *действ. наст.*

Синт.: **а, б** — в глаг. знач.

В знач. прил. Ведущий к организации чего-л. на новых началах. *Реорганизующие действия. Реорганизующие меры* (С р. прил. **реорганизацио́нный,** -ая, -ое, -ые. Относящийся к реорганизации. *Реорганизационный период*)

II. РЕОРГАНИЗОВА́ВШИЙ, -ая, -ее, -ие; *действ. прош.*

Синт.: **а, б** — в глаг. знач.

III. РЕОРГАНИЗУ́ЕМЫЙ, -ая, -ое, -ые; *страд. наст.*

Синт.: **а, б** — в глаг. знач.

IV. РЕОРГАНИЗО́ВАННЫЙ, -ая, -ое, -ые; *страд. прош.*

Синт.: **а, б, в** — в глаг. знач.

РЕОРГАНИЗО́ВАН, -ана, -ано, -аны; *кр. ф.*

В глаг. знач.

РЕША́ТЬ, реша́|ют, реша́|л; ***несов.*** (*сов.* реши́ть *ко* 2 — 7 знач.) **1. *неперех., с придат. дополнит.*** *Ирина решает, ехать ей в Ленинград или нет* [обдумывать необходимость каких-л. действий] **2. *неперех., с неопр. ф.*** и ***с придат. дополнит.*** *Неожиданно Валя решает остаться дома* [размышляя, обдумывая, приходить к какому-л. выводу, заключению] **3. *неперех., с неопр. ф.*** *Общее собрание завода решает перечислить заработанные на субботнике деньги в Фонд мира* [обсуждая, принимать, выносить решение, постановление о чем-л.] **4. *перех., что*** *Молодые инженеры решают очень сложные технические проблемы. Дирекция медленно решает вопрос о переоборудовании нашего цеха. Наша бригада успешно решает трудности с кадрами* [находить разрешение чему-л., объясняя, выполняя, осуществляя что-л.] **5. *перех., что*** *Эти вопросы решает только общее собрание. Сейчас товарищеские суды решают возникающие конфликты* [разбирать, обсуждать какой-л. вопрос, принимать по нему официальное решение, заключение, постановление] **6. *перех., что*** *Илья решает задачи по физике очень быстро. Друзья решают кроссворд* [искать требующийся ответ, определять искомое] **7. *перех., что*** *Люди, а не военная техника в конечном счете решают исход сражения. Эти опыты решают судьбу эксперимента* [являться главным, определяющим условием в осуществлении чего-л.]

I. РЕША́ЮЩИЙ, -ая, -ее, -ие; *действ. наст.*

Синт.: **а, б** — в глаг. знач. 1 — 7

В знач. прил. **1.** Главный, основной, наиболее важный. *Решающая сила. Решающий участок борьбы* **2.** Такой, в течение которого определяется успех или неуспех, осуществление и т. п. чего-л. *Решающий момент. Решающая минута* **3.** Такой, от которого зависит дальнейший ход, развитие чего-л. *Решающее слово. Решающий удар*

II. РЕША́ВШИЙ, -ая, -ее, -ие; *действ. прош.*

Синт.: **а, б** — в глаг. знач. 1 — 7

III. РЕША́ЕМЫЙ, -ая, -ое, -ые; *страд. наст.**

Синт.: **а, б** — в глаг. знач. 4 — 6

В знач. прил. (также *кр. ф.* ↓) Поддающийся решению, осуществлению и т. п. *В принципе это решаемый вопрос. Мы говорили о вполне решаемой проблеме с кадрами*

Субстантив.₃ в глаг. знач. 5

РЕША́ЕМ, -ема, -емо, -емы; *кр. ф.**

В глаг. знач. нет

В знач. прил. (также *полн. ф.* ↑) *Между прочим, гласность — это и есть способ возбуждения общественной активности. Словом, проблема решаема. И решать ее надо незамедлительно* (из газет). *Данные вопросы все решаемы*

▭ Прич. III в 7 глаг. знач. не употр. Кр. ф. прич. III употр. только в знач. прил.

РЕШИ́ТЬ, реш|а́т, реши́|л; ***сов.*** (*несов.* реша́ть *к* 1 — 6 знач.) **1. *неперех., с неопр. ф.*** и ***с придат. дополнит.*** *Валя решила не ехать на дачу. Ирина решила, что поедет в Ленинград* [после размышления, обдумывания прийти к какому-л. выводу, заключению, принять решение] **2. *неперех., с неопр. ф.*** *Общее собрание завода решило перечислить заработанные на субботнике деньги в Фонд мира* [обсудив, принять, вынести решение, постановление о чем-л.] **3. *перех., что*** *Молодые инженеры решили очень сложную техническую проблему. Дирекция решила, наконец, вопрос о переоборудовании нашего цеха. Наша бригада успешно решила все трудности с кадрами* [найти разрешение чему-л., объяснив, выполнив, осуществив что-л.] **4. *перех., что*** *Общее собрание решило этот вопрос правильно. Товарищеский суд справедливо решил возникший конфликт* [разобрать, обсудить какой-л. вопрос, принять по нему официальное решение, заключение, постановление] **5. *перех., что*** *Илья решил очень трудную задачу по физике. Друзья решили кроссворд* [найти требующийся ответ, определить искомое] **6. *перех., что*** *Люди, а не военная техника в конечном счете решили исход сражения. Последние опыты решили судьбу эксперимента* [явиться главным, определяющим условием в осуществлении чего-л.] **7. *пе-***

рех., что *Этот человек решил мою судьбу* [кардинальным образом повлиять на чье-либо будущее, исход чего-л., предопределить чье-л. будущее, исход чего-л.]

II. РЕШИ́ВШИЙ, -ая, -ее, -ие; *действ. прош.*
Синт.: **а, б** — в глаг. знач. 1 — 7

IV. РЕШЁННЫЙ, -ая, -ое, -ые; *страд. прош.**
Синт.: **а, б** — в глаг. знач. 3 — 6; **в** — в глаг. знач. 3, 5
В знач. прил. (только *полн. ф.*) Не подлежащий изменению, пересмотру, такой, в отношении которого принято окончательное решение — обычно в составе именного сказ. *Дело решенное. Это — уже вопрос решенный. Решенная поездка*
Субстантив.$_3$ в глаг. знач. 4
РЕШЁН, -ена́, -ено́, -ены́; *кр. ф.**
В глаг. знач. 3 — 6 и в статив. знач.
Статив. знач. (только *кр. ф.*) Имеющий определенный, обусловленный какими-л. обстоятельствами, заранее известный результат, характер развития и т. п. *Исход сражения решен. Судьба эксперимента решена. Участь моя решена*
С р. **решено́**, *безл.* **1.** О принятом кем-л. решении. *Решено, я завтра уезжаю* **2.** ***с чем*** Имеет какой-л. результат, закончилось, завершилось каким-л. образом — о существенных, важных, долго не разрешавшихся вопросах, ситуациях и т. п. *У тебя с дипломом решено? Наконец-то со строительством электростанции было решено*
▭ Прич. IV в 7 глаг. знач. не употр.

РЖА́ВЕТЬ и **РЖАВЕ́ТЬ**, ржа́ве|ют и ржаве́|ют, ржа́вел и ржаве́|л; ***несов., неперех.*** (*сов.* заржа́веть и заржаве́ть *к* 1 знач.); ***S не лицо*** **1.** *Ножи ржавеют. Крыша от сырости ржавеет* [покрываться ржавчиной] **2.** *Этот металл ржавеет* [иметь свойство покрываться ржавчиной]

I. РЖА́ВЕЮЩИЙ, -ая, -ее, -ие и РЖАВЕ́ЮЩИЙ, -ая, -ее, -ие; *действ. наст.*
Синт.: **а, б** — в глаг. знач. 1, 2; **в** — в глаг. знач. 1
В знач. прил. Такой, который имеет свойство ржаветь. *Это ржавеющий металл*

II. РЖАВЕ́ВШИЙ, -ая, -ее, -ие; *действ. прош.*
Синт.: **а, б** — в глаг. знач. 1, 2

РИСОВА́ТЬ, рису́|ют, рисова́|л; ***несов.*** (*сов.* нарисова́ть *ко* 2 знач.) **1.** ***неперех.*** *Андрей прекрасно рисует* [владеть искусством воспроизведения, изображения на плоскости карандашом, красками, углем и т. д. людей, животных, предметов и т. д.] **2.** ***перех., кого(что)*** и ***что***, также ***чем*** *Мальчик рисует космонавтов. Малыш рисует домик мелом* (см. § 2) [воспроизводить, изображать на плоскости людей, животных, предметы и т. п. карандашом, красками, углем и т. п.] **3.** ***перех., кого(что)*** и ***что*** *Писатель рисует в романе молодых строителей и новый тип отношений между людьми. «[Лиза:] Люблю, когда ты говоришь так... люблю тебя, и жизнь мне кажется такой, как ты ее рисуешь,— простой, красивой».* М. Горький, Дети солнца [изображать, описывать в словесной форме] **4.** ***перех., кого(что)*** и ***что*** *Олег рисовал себе в воображении картины будущей жизни в экспедиции. «[Лаптев] сидел уже часа полтора, и воображение его в это время рисовало московскую квартиру, московских друзей, лакея Петра, письменный стол».* Чехов, Три года [мысленно представлять, воспроизводить что-л. в каких-л. образах, формах и т. п.] **5.** ***перех., что; S не лицо*** *Картины русских передвижников рисуют жизнь простых людей. Эта повесть рисует быт и нравы островитян* [являться изображением чего-л.; являться описанием чего-л.]

I. РИСУ́ЮЩИЙ, -ая, -ее, -ие; *действ. наст.*
Синт.: **а, б** — в глаг. знач. 1 — 5; **в** — в глаг. знач. 2
В знач. прил. Умеющий рисовать и занимающийся рисованием. *Все рисующие дети были записаны в студию*

II. РИСОВА́ВШИЙ, -ая, -ее, -ие; *действ. прош.*
Синт.: **а, б** — в глаг. знач. 1 — 5; **в** — в глаг. знач. 2

III. РИСУ́ЕМЫЙ, -ая, -ое, -ые; *страд. наст.**
Синт.: **а, б** — в глаг. знач. 2 — 4

IV. РИСО́ВАННЫЙ, -ая, -ое, -ые; *страд. прош.**
Синт.: **а, б** — в глаг. знач. 2
В знач. прил. (только *полн. ф.*) Созданный способом графической или объемной мультипликации. *Рисованные персонажи мультфильма. Рисованный, а не кукольный мультфильм*
РИСО́ВАН, -ана, -ано, -аны; *кр. ф.** *(редко)*
В глаг. знач. 2
▭ Прич. III в 5 глаг. знач. не употр. Прич. IV в 3 — 5 глаг. знач. не употр.

РОВНЯ́ТЬ, ровня́|ют, ровня́|л; ***несов. к*** вы́ровнять в 1, 3 знач. (см.)

I. РОВНЯ́ЮЩИЙ, -ая, -ее, -ие; *действ. наст.*
Синт.: **а, б** — в глаг. знач. 1, 3

II. РОВНЯ́ВШИЙ, -ая, -ее, -ие; *действ. прош.*
Синт.: **а, б** — в глаг. знач. 1, 3

III. РОВНЯ́ЕМЫЙ, -ая, -ое, -ые; *страд. наст.*
Синт.: **а, б** — в глаг. знач. 1, 3
Субстантив.$_2$ не употр.; субстантив.$_3$ в глаг. знач. 1

РОДИ́ТЬ, рожу́, род|я́т, роди́|л, роди́ла (и *сов.* родила́ *к* 1, 4 знач.), роди́ло, роди́ли; ***сов.*** и ***несов.; перех.*** (*несов.* также рожа́ть *к* 1 знач.; *несов.* также рожда́ть *к* 3, 4 знач.) **1.** (*сов.* также родила́) ***кого(что),*** также ***без дополн.*** *Жена Олега родила́ близнецов. Моя сестра роди́ла не один раз* [произвести или производить на свет младенца путем родов — о женщине] **2.** ***кого(что)*** *«А Дорофей Родил двенадцать сыновей».* Пушкин, Езерский [дать или давать жизнь кому-л., стать или быть причиной рождения кого-л.] **3.** ***кого(что)*** и ***что; S не лицо*** *Революция роди́ла своих героев. «Свой отклик в воздухе пустом Родишь ты* [эхо] *вдруг».* Пушкин, Эхо [вызвать или вызывать к жизни кого-что-л.; дать или давать начало чему-л.] **4.** (*сов.* также родила́) ***что; S не лицо*** *Эти опыты и эксперименты родили мысль о существовании новой химической реакции. Ваши действия родили недоверие и подозрительность* [послужить или служить причиной появления чего-л.] **5.** ***что*** и ***без дополн.; S не лицо*** *Старая* *яблоня родит мелкие, кислые яблоки. Наша вишня хорошо родит* [принести или приносить плоды] **6.** ***что*** и ***без дополн.; S не лицо*** *Эта засоленная почва ничего не родит уже три года. Удобренная земля хорошо родит* [дать или давать урожай — о почве]

I. РОДЯ́ЩИЙ, -ая, -ее, -ие; *действ. наст.**

Синт.: **а, б** — в глаг. знач. 1, 3 — 6; **в** — в глаг. знач. 1

II. РОДИ́ВШИЙ, -ая, -ее, -ие; *действ. прош.*

Синт.: **а, б** — в глаг. знач. 1 — 6; **в** — в глаг. знач. 1

IV. РОЖДЁННЫЙ, -ая, -ое, -ые; *страд. прош.**

[чередование д/жд]

Синт.: **а, б** — в глаг. знач. 1 — 4 и в статив. знач.

Статив. знач. (также *кр. ф.*↓) **1.** ***для чего*** Предназначенный, живущий для чего-л., каких-л. дел, действий и т. п. *Человек, рожденный для созидания, преобразует мир* **2.** ***с неопр. ф.*** Имеющий от рождения какие-л. свойства, способности и т. п. *«Рожденный ползать — летать не может!»* М. Горький, Песня о Соколе

РОЖДЁН, -ена́, -ено́, -ены́; *кр. ф.**

В глаг. знач. 1 — 4

Статив. знач. (также *полн. ф.*↑) **1.** ***для чего*** *«Мы рождены для вдохновенья, Для звуков сладких и молитв».* Пушкин, Поэт и толпа **2.** ***с неопр. ф.*** *Андрей рожден быть композитором*

▭ Прич. I во 2 глаг. знач. не употр. Прич. III не употр. Прич. IV в 5, 6 глаг. знач. не употр.

РОЖА́ТЬ, рожа́|ют, рожа́|л; ***несов., перех., кого(что)*** и ***без дополн.*** (*сов.* роди́ть) *Каждые три года жена Олега рожала мальчиков. Жена брата сейчас рожает* [производить на свет младенца путем родов — о женщине; *разг.*]

I. РОЖА́ЮЩИЙ, -ая, -ее, -ие; *действ. наст.*

Синт.: **а, б, в** — в глаг. знач.

II. РОЖА́ВШИЙ, -ая, -ее, -ие; *действ. прош.*

Синт.: **а, б, в** — в глаг. знач.

III. РОЖА́ЕМЫЙ, -ая, -ое, -ые; *страд. наст.*

Синт.: **а, б, в** — в глаг. знач.

РОЖДА́ТЬ, рожда́|ют, рожда́|л; ***несов., перех.*** (*сов.* роди́ть); ***S не лицо*** **1.** ***кого(что)*** и ***что*** *Каждая эпоха рождает своих героев* [вызывать к жизни кого-что-л., давать начало чему-л.] **2.** ***что*** *Эти опыты и эксперименты рождают мысль о существовании новой химической реакции. Ваши действия рождают недоверие и подозрительность* [служить причиной появления чего-л.]

I. РОЖДА́ЮЩИЙ, -ая, -ее, -ие; *действ. наст.*

Синт.: **а, б** — в глаг. знач. 1, 2

II. РОЖДА́ВШИЙ, -ая, -ее, -ие; *действ. прош.*

Синт.: **а, б** — в глаг. знач. 1, 2

III. РОЖДА́ЕМЫЙ, -ая, -ое, -ые; *страд. наст.**

Синт.: **а, б** — в глаг. знач. 1

▭ Прич. III во 2 глаг. знач. не употр.

РОКОТА́ТЬ, рокочу́, роко́ч|ут, рокота́|л; ***несов., неперех.; S не лицо*** **1.** *Море рокочет* [издавать однообразный раскатистый звук] **2.** *«Он говорил словоохотливо, наставительно, и густой бас его гулко рокотал в каюте».* Гладков, Вольница [звучать, раздаваться как рокот — о голосе, звуках]

I. РОКО́ЧУЩИЙ, -ая, -ее, -ие; *действ. наст.*

Синт.: **а, б, в** — в глаг. знач. 1, 2

В знач. прил. **1.** Громкий, раскатистый. *Рокочущий звук. Рокочущий гул* **2.** Звучащий громко, раскатисто — о голосе. *Рокочущий бас. Рокочущий голос*

II. РОКОТА́ВШИЙ, -ая, -ее, -ие; *действ. прош.*

Синт.: **а, б, в** — в глаг. знач. 1, 2

РУБИ́ТЬ, рублю́, ру́б|ят, руби́|л; ***несов., перех.*** (*сов.* сруби́ть *к* 3, 6 знач.) **1.** ***что***, также ***чем*** *Илья рубит дрова. Бабушка рубит капусту большим ножом* (см. § 2) [с размаху, с силой ударяя секущим орудием, разделять что-л. на части; многократно ударяя чем-л. острым, измельчать] **2.** ***что***, также ***чем*** *«Пешнями и топорами они принялись рубить во льду широкие лунки».* Ажаев, Далеко от Москвы (см. § 2) [вырубать, прорубать какое-л. отверстие в чем-л.] **3.** ***что*** *«[Мужики] рубили строевой лес на избы».* Гладков, Повесть о детстве [подсекая, отделяя от основания, валить на землю, обычно деревья] **4.** ***что***, также ***чем*** *Туристы рубят сухие ветки для костра топорами* (см. § 2) [отделять, отсекать от чего-л. сильным ударом режущего орудия] **5.** ***кого(что)***, также ***чем*** *«[Горцы] били казаков из пистолетов и рубили их шашками».* Л. Толстой, Хаджи-Мурат (см. § 2) [нанося удары, поражать кого-л. холодным оружием] **6.** ***что*** *Бригада плотников рубит избу* [строить что-л. деревянное, из бревен] **7.** ***что***, также ***чем*** *Шахтеры рубят уголь новым способом* (см. § 2) [добывать — в сочетании с сущ. *уголь, руда* и т. п.] **8.** ***что*** *«Он так и рубит правду, как есть».* Стасов, Выставка В. В. Верещагина в Париже [говорить, высказываться о чем-л. прямо и резко; *разг.*]

I. РУ́БЯЩИЙ, -ая, -ее, -ие; *действ. наст.*

Синт.: **а, б** — в глаг. знач. 1 — 8

II. РУБИ́ВШИЙ, -ая, -ее, -ие; *действ. прош.*

Синт.: **а, б** — в глаг. знач. 1 — 8

IV. РУ́БЛЕННЫЙ, -ая, -ое, -ые; *страд. прош.**

[чередование б/бл]

Синт.: **а, б** — в глаг. знач. 1 — 7

Ср. прил. **ру́бленый**, -ая, -ое, -ые. **1.** Подвергшийся рубке, измельчению. *Рубленое мясо* **2.** Приготовленный из продуктов, подвергшихся рубке, измельчению. *Рубленые котлеты* **3.** Нанесенный топором, саперной лопаткой и т. п. *«— Раны бывают сквозные, колотые и рубленые».* Куприн, Гамбринус **4.** Бревенчатый, построенный из бревен с помощью топора. *«Он живет в новом рубленом доме, стены которого еще пахнут смолой».* Каверин, Два капитана **5.** Произнесенный отрывисто, резко. *«[Булыгин] с видимым усилием, слово за словом произносит рубленые фразы приказа».* С. Антонов, Серебряная свадьба

Субстантив.$_3$ в глаг. знач. 6

РУ́БЛЕН, -ена, -ено, -ены; *кр. ф.**

В глаг. знач. 1 — 7

▭ Прич. III не употр. Прич. IV в 8 глаг. знач. не употр.

РУКОВОДИ́ТЬ, руковожу́, руковод|ят, руководи́|л; ***несов., неперех.* 1. *кем(чем)*** и ***чем*** *«Необычно и странно было видеть Ленина гуляющим в парке Горок,— до такой степени срослось с его образом представление о человеке, который.. умело, ловко руководит прениями товарищей».* М. Горький, В. И. Ленин. *«Практическая деятельность социал-демократов ставит себе, как известно, задачей руководить классовой борьбой пролетариата..»* Ленин, Задачи русских социал-демократов. *Кто-то руководит действиями подростков* [направлять, наставлять, вести по какому-л. пути, учить, как следует действовать] **2. *чем*** *«Меньшевики согласились на словах руководить восстанием, на деле же всячески тормозили его».* Паустовский, Черное море. *«Ступицына руководила до войны комсомольской организацией».* Павленко, Счастье [быть во главе чего-л.] **3. *кем(чем)*** *Татьяна Сергеевна много лет руководит аспирантами и дипломниками* [осуществлять один из видов преподавательской работы — консультировать дипломников, аспирантов и т. п. при написании диссертации, дипломной работы и т. п.] **4. *чем*** *Смирнов руководит научно-исследовательским институтом уже пять лет* [занимать должность заведующего, директора, управляющего и т. п.] **5. *кем(чем)*** и ***чем; S не лицо*** *«..им руководило не только желание хорошо поработать, но и потребность внутреннего спокойствия».* Лидин, Ночные поезда. *Действиями этих подростков руководило стремление к справедливости* [являться побудительной причиной чьих-л. действий, поступков, чего-л.]

I. РУКОВОДЯ́ЩИЙ, -ая, -ее, -ие; *действ. наст.*
Синт.: **а, б** — в глаг. знач. 1 — 5
В знач. прил. **1.** Такой, которому принадлежит руководство в какой-л. области. *Руководящий центр. Руководящий орган* **2.** Стоящий во главе какого-л. учреждения, предприятия и т. п. *Руководящие кадры. Руководящий работник*
Ср. прил. **руководя́щий**, -ая, -ее, -ие. **1.** Такой, которым следует руководствоваться, содержащий наставление, указание как действовать. *Руководящие указания. Руководящая статья* **2.** Важнейший, главенствующий. *Руководящая роль*

II. РУКОВОДИ́ВШИЙ, -ая, -ее, -ие; *действ. прош.*
Синт.: **а, б** — в глаг. знач. 1 — 5

III. РУКОВОДИ́МЫЙ, -ая, -ое, -ые; *страд. наст.*
Синт.: **а, б** — в глаг. знач. 1 — 5
Субстантив.₂ в глаг. знач. 1, 5; субстантив.₃ не употр.
РУКОВОДИ́М, -и́ма, -и́мо, -и́мы; *кр. ф.*
В глаг. знач. 1 — 5

□ Неперех. глагол имеет прич. III

РЫДА́ТЬ, рыда́|ют, рыда́|л; ***несов., неперех.*** *Девочка рыдала* [громко плакать, судорожно всхлипывая]

I. РЫДА́ЮЩИЙ, -ая, -ее, -ие; *действ. наст.*
Синт.: **а, б, в** — в глаг. знач.
В знач. прил. Похожий на рыдание, такой, как при рыдании — о звуке, голосе. *Рыдающие звуки*

II. РЫДА́ВШИЙ, -ая, -ее, -ие; *действ. прош.*
Синт.: **а, б, в** — в глаг. знач.

РЫТЬ, ро́|ют, ры|л; ***несов.*** (*сов.* вы́рыть к **1**, 3 знач.) **1. *перех., что***, также ***чем*** *Рабочие экскаватором рыли глубокий котлован* (см. § 2). *Олег роет яму в саду* [вынимая, выбрасывая землю, делать углубление, выемку, яму, копать] **2. *перех., что; S не лицо*** *Кабан рыл носом землю* (см. § 2) [разрывать, разрыхлять, обычно землю, делая углубление — о животных] **3. *перех., что*** *«— Весной люди-то стали падать, как мухи.. Мякину ели, корни рыли».* Гладков, Повесть о детстве [копая, доставать, извлекать из земли] **4. *неперех.*** *Не рой у меня на столе!* [перебирать, ворошить, ища что-л.; *разг.*]

I. РО́ЮЩИЙ, -ая, -ее, -ие; *действ. наст.*
Синт.: **а, б** — в глаг. знач. 1 — 4
В знач. прил. **1.** Приспособленный для копания, рытья. *Передние, роющие лапы крота мало помогают при ходьбе. Роющее приспособление* **2.** Строящий гнездо в земле с одной или чаще с несколькими ячейками; *зоол. Роющие осы*

II. РЫ́ВШИЙ, -ая, -ее, -ие; *действ. прош.*
Синт.: **а, б** — в глаг. знач. 1 — 4

IV. РЫ́ТЫЙ, -ая, -ое, -ые; *страд. прош.**
Синт.: **а, б** — в глаг. знач. 1
РЫТ, -та, -то, -ты; *кр. ф.**
В глаг. знач. 1

□ Прич. III не употр. Прич. IV во 2, 3 глаг. знач. не употр.

С

САЖА́ТЬ, сажа́|ют, сажа́|л; ***несов. к*** посади́ть (см.)

I. САЖА́ЮЩИЙ, -ая, -ее, -ие; *действ. наст.*
Синт.: **а, б** — в глаг. знач. 1 — 12

II. САЖА́ВШИЙ, -ая, -ее, -ие; *действ. прош.*
Синт.: **а, б** — в глаг. знач. 1 — 12

III. САЖА́ЕМЫЙ, -ая, -ое, -ые; *страд. наст.*
Синт.: **а, б** — в глаг. знач. 1 — 12; **в** — в глаг. знач. 1, 7
Субстантив.₃ в глаг. знач. 1, 10

СБИВА́ТЬ, сбива́|ют, сбива́|л; ***несов. к*** сбить (см.)

I. СБИВА́ЮЩИЙ, -ая, -ее, -ие; *действ. наст.*
Синт.: **а, б** — в глаг. знач. 1 — 15

II. СБИВА́ВШИЙ, -ая, -ее, -ие; *действ. прош.*
Синт.: **а, б** — в глаг. знач. 1 — 15

III. СБИВА́ЕМЫЙ, -ая, -ое, -ые; *страд. наст.**
Синт.: **а, б** — в глаг. знач. 1 — 8, 10 — 15; **в** — в глаг. знач. 14, 15
Субстантив.₃ в глаг. знач. 1, 4, 12 — 14

□ Прич. III в 9 глаг. знач. не употр.

СБИТЬ, собью́т, сби|л; ***сов., перех.*** (*несов.* сбива́ть) **1. *что с чего***, также ***чем*** *Мальчик сбил сосновую шишку с ветки длинной палкой* (см. § 2). *Мы сбили снег с валенок и вошли в дом. Рабочие сбили замок с петель и открыли ворота* [ударом или ударами, толчком отделить от чего-л., удалить откуда-л., заставить упасть с чего-л., сшибить с чего-л.] **2. кого(что)** и **что**, также **чем** *Боксер сильным ударом сбил противника с ног* (см. § 2). *Девочка ловко сбила кеглю* [ударом, толчком и т. п. повалить кого-л., заставить упасть кого-что-л.] **3. кого(что)** *Шофер превысил скорость и сбил пешехода* [наехав или задев какой-л. частью машины, мотоцикла, велосипеда и т. п., повалить кого-л. и нанести ему увечье] **4. что,** также **чем** *Летчики сбили три вражеских самолета. Пограничники сбили самолет-разведчик ракетой* (см. § 2) [заставить упасть, подстрелив, подбив на лету] **5. что** *Больной сбил повязку во сне* [сдвинуть с места резким движением, толчком и т. п.] **6. что** *Лошадь сбила подковы, надо их менять. Олег сбил каблуки у новых ботинок* [ударами обо что-л. покривить, стереть, притупить и т. п.; стоптать, скривить обувь] **7. что** *«Петр.. до крови сбил палец».* А. Н. Толстой, Петр Первый. *Олег сбил пятку и не мог идти дальше* [ссадить, стереть кожу на каком-л. участке тела; *разг.*] **8. кого(что) с чего,** также **чем** *Старик специально сбил нас с дороги. Илья сбил Диму со счета своим вопросом* (см. § 1) [заставить отклониться в сторону от принятого или правильного направления; заставить отклониться от точного выполнения, осуществления чего-л.] **9. кого(что); S не лицо** *Старый маяк сбил капитана с правильного курса* [вызвать отклонение от принятого или правильного направления] **10. кого(что),** также **чем** *Аня сбила лектора своей репликой* (см. § 1). *«Марья Федоровна.. на первых же тактах.. сбилась сама, сбила певца и сконфузилась».* Куприн, Страшная минута. *Ты собьешь его, молчи! Реплики из зала сбили выступающего* [заставить кого-л. ошибиться, спутаться, привести в замешательство] **11. что,** также **чем** *Я сбил высокую температуру аспирином* (см. § 2). *«Мы скоро их уломали, сбили азарт».* Фурманов, Мятеж. *Конкуренты сбили цену на зерно* [добиться исчезновения или уменьшения чего-л.; уменьшить, снизить] **12. что,** также **чем** *Дима сбил две доски гвоздями* [соединить, прибив одно к другому, сколотить] **13. что из чего** *Брат собьет из этих досок ящик* [изготовить что-л. из соединенных и прибитых одна к другой частей] **14. что,** также **чем** *Я сбила белки миксером* (см. § 2) [взбалтывая, взбивая, вспенить, превратить в однородную массу] **15. что,** также **чем** *Тамара сбила крем для торта деревянной лопаточкой* (см. § 2) [приготовить что-л., сгустив взбалтыванием]

II. СБИ́ВШИЙ, -ая, -ее, -ие; *действ. прош.*
Синт.: **а, б** — в глаг. знач. 1 — 15

IV. СБИ́ТЫЙ, -ая, -ое, -ые; *страд. прош.**
Синт.: **а, б** — в глаг. знач. 1 — 8, 10 — 15; **в** — в глаг. знач. 3 — 5, 11, 12, 14, 15

В знач. прил. **1.** (также *кр. ф.* ↓) Поврежденный ударом, ударами. *Сбитая рукоятка. Сбитая подкова* **2.** (также кр. ф. ↓) Стоптанный — об обуви. *Сбитые сапоги* **3.** (также *кр. ф.* ↓) Со стертой, ссаженной кожей. *Сбитая пятка* **4.** (только *полн. ф.*) Вспененный посредством сбивания. *Сбитые сливки*

Ср. прил. **сби́тый**, -ая, -ое, -ые. **1.** Изъезженный или утоптанный — о дороге, поле. *Сбитая дорога. Сбитое жнивье* **2.** Плотный, крепкий — о телосложении человека; *разг.* *У Олега было красивое, тренированное, сбитое тело* **3.** Сильно спутанный, свалявшийся — о волосах, шерсти и т. п. *Лошади с густыми сбитыми гривами*

Субстантив.$_3$ в глаг. знач. 1, 4, 12 — 14

СБИТ, -та, -то, -ты; *кр. ф.**

В глаг. знач. 1 — 8, 10 — 15

В знач. прил. (также *полн. ф.* ↑) **1.** *Подковы у лошади сбиты, надо их менять* **2.** *Каблуки у ботинок сбиты, подошва отстала* **3.** *Пятки у мальчика сбиты, кровоточат*

□ Прич. IV в 9 глаг. знач. не употр.

СВАЛИ́ТЬ, свалю́, сва́л|ят, свали́|л; **сов. к** вали́ть [1] (см.)

II. СВАЛИ́ВШИЙ, -ая, -ее, -ие; *действ. прош.*
Синт.: **а, б** — в глаг. знач. 1 — 6

IV. СВА́ЛЕННЫЙ, -ая, -ое, -ые; *страд. прош.*
Синт.: **а, б** — в глаг. знач. 1 — 6
Субстантив.$_2$ в глаг. знач. 1; субстантив.$_3$ в глаг. знач. 1, 5
СВА́ЛЕН, -ена, -ено, -ены; *кр. ф.*
В глаг. знач. 1 — 6

СВАРИ́ТЬ, сварю́, сва́р|ят, свари́|л; **сов. к** вари́ть (см.)

II. СВАРИ́ВШИЙ, -ая, -ее, -ие; *действ. прош.*
Синт.: **а, б** — в глаг. знач.

IV. СВА́РЕННЫЙ, -ая, -ое, -ые; *страд. прош.*
Синт.: **а, б, в** — в глаг. знач.
СВА́РЕН, -ена, -ено, -ены; *кр. ф.*
В глаг. знач.

СВЕРКА́ТЬ, сверка́|ют, сверка́|л; **несов., неперех.; S не лицо** **1.** *Над моей головой сверкали звезды* [сиять ярким, искристым, переливчатым светом] **2.** *Вдали сверкали молнии* [ярко, ослепительно вспыхивать] **3.** также **чем** *«Река.. сверкала и казалась расплавленным металлом».* Короленко, Ушел! *Бриллиант сверкал всеми цветами радуги. Слезы сверкали на глазах* [ярко блестеть, переливаться, отражая свет, лучи] **4.** также **чем** *Елка сверкала. Город сверкал огнями* [быть ярко освещенным, залитым светом, огнями] **5. чем** и **без дополн.** *Палуба сверкала белизной. Комната сверкала безукоризненной чистотой. Посуда у Ольги всегда сверкает* [отличаться белизной, исключительной чистотой, яркостью цвета] **6.** также **чем** *«Седина сверкала и в его черной бороде».* Куприн, Суламифь. *«В густой траве.. яркими кровавыми каплями сверкал дикий мак».* Сергеев-Ценский. Сад [резко выделяться среди чего-л. своим светлым или ярким цветом] **7.** *Ее глаза сверкают от возбуждения* [ярко блестеть, выражая сильные переживания, чувства — о глазах] **8.** *«Лицо у нее побледнело, в глазах сверкал ужас, негодование».* М. Горький, Трое [ярко выражаться, обнаруживаться в блеске глаз, особом выражении лица — о чувствах, переживаниях] **9.** *«Заметки, выходившие из-под его пера, оказывались маленькими шедеврами. В них сверкал юмор».* Олеша, об Ильфе [ярко проявляться, обнаруживаться — о свойствах кого-чего-л.]

I. СВЕРКА́ЮЩИЙ, -ая, -ее, -ие; *действ. наст.*
С и н т.: **а, б** — в глаг. знач. 1 — 9; **в** — в глаг. знач. 1, 2
В з н а ч. п р и л. **1.** Яркий, блестящий. *Сверкающий гранит* **2.** Полный яркого света, сияния, блеска. *Сверкающий весенний день* **3.** Поражающий своей яркостью, ослепительный. *Сверкающая красота. Сверкающая белизна скатерти*

II. СВЕРКА́ВШИЙ, -ая, -ее, -ие; *действ. прош.*
С и н т.: **а, б** — в глаг. знач. 1 — 9; **в** — в глаг. знач. 1, 2

СВЕРЛИ́ТЬ, сверл|я́т, сверли́|л; ***несов., перех.*** (*сов.* просверли́ть *к* 1 знач.) **1. *что,*** также ***чем*** *Рабочие сверлили кусок металла. Илья сверлит отверстие в доске тоненьким сверлом* (см. § 2) [делать в чем-л. углубление, отверстие, вращая сверлом] **2. *что*** *Врач долго сверлил мне зуб* [расчищать бормашиной полость зуба для лечения] **3. *что; S не лицо*** *Гусеница сверлит древесину* [протачивать, проедать отверстия, ходы в чем-л.— о животных, растениях] **4. *кого (что) чем*** *Незнакомец сверлил меня взглядом* [пристально, упорно, не отрывая взгляда, всматриваться] **5. *что; S не лицо*** *«Тревога за жизнь любимого сверлила мозг [Аксиньи]..»* Шолохов, Тихий Дон [неотступно тревожить, причиняя мучительное, острое беспокойство] **6. *безл., что*** *Весь день сверлило поясницу. В ухе сверлит* [причинять непрерывную, ноющую боль; *разг.*]

I. СВЕРЛЯ́ЩИЙ, -ая, -ее, -ие; *действ. наст.*
С и н т.: а, **б** — в глаг. знач. 1 — 6
В з н а ч. п р и л. **1.** Острый, пронизывающий и непрерывный — о боли. *Сверлящая боль в ухе* **2.** Раздражающий слух, резкий, пронзительный — о звуках. *Мы услышали сверлящий свист падающих бомб* **3.** Пристальный, проницательный. *Он смотрел на меня сверлящим взглядом*

II. СВЕРЛИ́ВШИЙ, -ая, -ее, -ие; *действ. прош.*
С и н т.: **а, б** — в глаг. знач. 1 — 6

IV. СВЕРЛЁННЫЙ, -ая, -ое, -ые; *страд. прош.**
С и н т.: **а, б** — в глаг. знач. 1, 2
С р. прил. **сверлёный**, -ая, -ое, -ые. Со следами сверления, с отверстием, отверстиями, полученными сверлением. *Сверлёная плита*
С у б с т а н т и в.$_3$ в глаг. знач. 1
СВЕРЛЁН, -ена́, -ено́, -ены́; *кр. ф.** (*редко*)
В глаг. знач. 1, 2

▭ Прич. III не употр. Прич. IV в 3 — 5 глаг. знач. не употр.

СВЕРНУ́ТЬ, сверну́т, сверну́|л; ***сов.*** (*несов.* свёртывать *к* 1 — 6 знач.; *несов.* сворачивать *к* 7 знач.) **1. *перех., что*** *Студенты быстро свернули свои чертежи. Уборщица свернула ковер* [скатать в трубку, в свиток] **2. *перех., что*** *Туристы аккуратно свернули палатку* [плотно сложить что-л. развернутое, раскрытое, загибая, заворачивая края внутрь] **3. *перех., что; S не лицо*** *Розы свернули лепестки* [закрыть, сжать лепестки или листья — о растениях] **4. *перех., что*** *Министерство свернуло строительство этого объекта. Предприниматели свернут производство бумаги, чтобы повысить на нее цену* [временно сократить или прекратить деятельность чего-л.; уменьшить, сократить во времени, протяженности, размерах, количестве и т. п.] **5. *перех., что*** *Дима свернул ключ от двери. Андрей свернул кран у самовара* [сильно нажав, надавив и т. п., сбить, сдвинуть в сторону, сломав что-л.] **6. *перех., что*** *«..Замятин повернул голову так круто, что казалось, он свернет себе шею».* Короленко, Феодалы [повернув слишком сильно, резко, свихнуть шею, ногу и т. п.— обычно в сочетании с мест. *себе*] **7. *неперех.*** *У леса ребята свернули с дороги. Мальчик свернул в этом месте налево* [сойти или съехать в сторону с дороги, меняя направление движения, повернуть куда-л.]

II. СВЕРНУ́ВШИЙ, -ая, -ее, -ие; *действ. прош.*
С и н т.: **а, б** — в глаг. знач. 1 — 7

IV. СВЁРНУТЫЙ, -ая, -ое, -ые; *страд. прош.**
[чередование е/ё]
С и н т.: **а, б, в** — в глаг. знач. 1, 2, 4—6
В з н а ч. п р и л. **1.** (также *кр. ф.* ↓) Не раскрытый, свернувшийся, закрывшийся — о листьях, лепестках. *Свернутые лепестки розы* **2.** (только *полн. ф.*) Такой, деятельность которого сужена, ограничена, сокращена. *Свернутое производство*
С у б с т а н т и в.$_3$ в глаг. знач. 1, 2
СВЁРНУТ, -та, -то, -ты; *кр. ф.**
В глаг. знач. 1, 2, 4 — 6
В з н а ч. п р и л. (также *полн. ф.* в знач. 1 ↑) *Лепестки роз были свернуты*

▭ Прич. IV в 3 глаг. знач. не употр.

СВЁРТЫВАТЬ, свёртыва|ют, свёртыва|л; ***несов.* к** сверну́ть в 1 — 6 знач. (см.)

I. СВЁРТЫВАЮЩИЙ, -ая, -ее, -ие; *действ. наст.*
С и н т.: **а, б** — в глаг. знач. 1 — 6

II. СВЁРТЫВАВШИЙ, -ая, -ее, -ие; *действ. прош.*
С и н т.: **а, б** — в глаг. знач. 1 — 6

III. СВЁРТЫВАЕМЫЙ, -ая, -ое, -ые; *страд. наст.**
С и н т.: **а, б** — в глаг. знач. 1, 2, 4 — 6; **в** — в глаг. знач. 1, 2, 4
С у б с т а н т и в.$_3$ в глаг. знач. 1, 2

▭ Прич. III в 3 глаг. знач. не употр.

СВЕТИ́ТЬСЯ, свечу́сь, све́т|ятся, свети́|лся; ***несов.*** **1. *S не лицо*** *На небе светились звезды. Вдали светились огоньки* [излучать свет] **2. *S не лицо*** *Фосфор в темноте светится. У моих часов циферблат светится* [обладать свойством излучать свет] **3. *S не лицо*** *Окна дома светились от заходящего солнца* [блестеть, отражая свет, лучи] **4. *S не лицо*** *В волосах мамы уже светится седина* [выделяться светлым цветом, проглядывать — о чем-л. светлом] **5. *S не лицо*** *У свитера локти светятся. У твоих брюк колени уже светятся!* [в результате длительной носки сильно протираться в каком-л. месте — об одежде; *разг.*] **6. *S не лицо*** *Лицо* *бабушки ласково светилось* [обнаруживать радостное чувство, освещаться счастьем, радостью — о лице, глазах и т. п.] **7.** ***чем; S не лицо*** *Глаза Маши светились добротой. Лицо Смирнова светится добродушием и участием к собеседнику* [выражать какое-л. чувство, состояние и т. п.— о лице, глазах, внешнем виде] **8.** ***в чем*** и ***на чем; S не лицо*** *В глазах Ильи светилась радость. «На многих загорелых обветрившихся лицах светится безмолвный восторг».* Станюкович, Человек за бортом [проявляться, внешне обнаруживаться — о каких-л. чувствах, переживаниях и т. п.] **9.** *Ольга вся светится от счастья. «— Он весел, доволен, так весь и светится».* Златовратский, Золотые сердца [обнаруживать своим видом удовольствие, радость, счастье]

I. СВЕТЯ́ЩИЙСЯ, -аяся, -ееся, -иеся; *действ. наст.*
Синт.: **а, б** — в глаг. знач. 1 — 9; **в** — в глаг. знач. 1
В знач. прил. Такой, который может излучать свет в темноте. *Часы со светящимся циферблатом. Компас со светящимися стрелками*
Субстантив.$_1$ не употр.

II. СВЕТИ́ВШИЙСЯ, -аяся, -ееся, -иеся; *действ. прош.*
Синт.: **а, б** — в глаг. знач. 1 — 9; **в** — в глаг. знач. 1
Субстантив.$_1$ не употр.

СВЕ́ШАТЬ, све́шают, све́ша|л; ***сов. к*** ве́шать [2] (см.)

II. СВЕ́ШАВШИЙ, -ая, -ее, -ие; *действ. прош.*
Синт.: **а, б** — в глаг. знач.

IV. СВЕ́ШАННЫЙ, -ая, -ое, -ые; *страд. прош.*
Синт.: **а, б, в** — в глаг. знач.
СВЕ́ШАН, -ана, -ано, -аны; *кр. ф.*
В глаг. знач.

СВИСТЕ́ТЬ, свищу́, свист|я́т, свисте́|л; ***несов.*** **1.** ***неперех.*** *Мальчик тихо свистит* [издавать, производить свист без помощи механического прибора] **2.** ***неперех.*** *Милиционер свистит и останавливает пешехода. Паровоз протяжно свистел* [производить свист посредством особого прибора, свистка] **3.** ***неперех., кому(чему)*** *«..Некоторые зрители наклонились в мою сторону и со злобой мне свистят».* Станиславский, Моя жизнь в искусстве [выражать свое неодобрение, осуждение свистом] **4.** ***неперех.; S не лицо*** *«Пел соловей. Он щелкал и свистел».* Л. Соболев, Соловей. *Послушай, как свистят суслики* [издавать резкие, высокие звуки, напоминающие свист — о птицах, животных] **5.** ***неперех.; S не лицо*** *Вокруг нас свистели пули* [быстро, резко рассекая воздух, производить звуки, напоминающие свист] **6.** ***перех., что*** *Олег весело свистел свою любимую мелодию* [свистом воспроизводить мелодию, мотив]

I. СВИСТЯ́ЩИЙ, -ая, -ее, -ие; *действ. наст.*
Синт.: **а, б** — в глаг. знач. 1 — 6; **в** — в глаг. знач. 1
В знач. прил. Такой, который похож на свист. *Свистящий звук. Свистящий голос. Тяжелое, свистящее дыхание* ◊ **Свистящие согласные** — переднеязычные согласные (например, „з“, „с“), при произнесении которых воздух проходит через узкую щель между зубами и языком

II. СВИСТЕ́ВШИЙ, -ая, -ее, -ие; *действ. прош.*
Синт.: **а, б** — в глаг. знач. 1 — 6; **в** — в глаг. знач. 1
□ Прич. III, IV не образуются

СВИТЬ, совью́т, сви|л, свила́, сви́ло, -ли; ***сов. к*** вить (см.)

II. СВИ́ВШИЙ, -ая, -ее, -ие; *действ. прош.*
Синт.: **а, б** — в глаг. знач.

IV. СВИ́ТЫЙ, -ая, -ое, -ые; *страд. прош.*
Синт.: **а, б, в** — в глаг. знач.
СВИТ, свита́ и *доп.* сви́та, сви́то, -ты; *кр. ф.*
В глаг. знач.

СВОРА́ЧИВАТЬ, свора́чива|ют, свора́чива|л; ***несов. к*** сверну́ть в 7 знач. (см.)

I. СВОРА́ЧИВАЮЩИЙ, -ая, -ее, -ие; *действ. наст.*
Синт.: **а, б** — в глаг. знач. 7

II. СВОРА́ЧИВАВШИЙ, -ая, -ее, -ие; *действ. прош.*
Синт.: **а, б** — в глаг. знач. 7

СВЯЗА́ТЬ, свяжу́, свя́жут, связа́|л; ***сов., перех.*** (*несов.* свя́зывать *к* 1 — 12, 14 знач.; *несов.* вяза́ть *ко* 2, 4, 13 знач.) **1.** ***что*** *Альпинисты связали концы веревок* [скрепить что-л. разъединенное или отдельное, соединяя концы узлом] **2.** ***что*** *Туристы связали плоты из тонких бревен. Колхозницы быстро связали снопы. «Из.. лыж и лыжных палок связали мачту вышиной в пять сажен».* Каверин, Два капитана [сделать что-л., связав, скрепив, стянув, соединив части в одно целое] **3.** ***что,*** также ***чем*** *Илья связал старые учебники и тетради капроновой бечевкой* (см. § 2). *Аня связала вещи в большой узел. Мальчики связали два мешка веревкой* (см. § 2) [собрав, сложив вместе что-л., обвязать, перевязать веревкой, тесемкой и т. п.; привязать чем-л. одно к другому] **4.** ***кого(что)*** *Дружинники связали бандита* [стянуть чем-л. руки, ноги, лишив свободы движений] **5.** ***кого(что)*** и ***что,*** также ***чем*** *«В первые дни Андрей Иванович опасался за свою независимость, чтобы как-нибудь гость не связал его, не стеснил какими-нибудь изменениями в образе жизни».* Гоголь, Мертвые души. *Новый приказ связал нашу инициативу. «— Семейная жизнь связала бы меня навеки».* Чехов, Ионыч [лишить возможности действовать, проявляться и т. п. свободно] **6.** ***кого(что) чем*** *Мой друг связал меня данным обещанием. К сожалению, я связал себя словом* [стеснить какими-л. обязательствами, заставить поступать в зависимости от чего-л.] **7.** ***кого(что)*** и ***что с кем(чем)*** и ***с чем*** *Телефонистка связала штаб с батареей. «Фома связал Федю с наборщиком-партийцем и поручил им расширить знакомства в типографиях».* Ляшко, Минучая смерть [установить связь, сношения кого-чего-л. с кем-чем-л.] **8.** ***что с чем*** *Открыв эту воздушную трассу, мы связали северную часть Якутии с Дальним Востоком. «Дороги связали Сибирь с Европейской частью России».* Сартаков, Хребты

Саянские [установить сообщение между какими-л. районами, городами и т. п.] **9.** ***кого(что); S не лицо*** *Общая работа связала нас на всю жизнь. Интерес к технике связал этих ребят надолго* [сблизить нравственно, духовно, вызвать необходимость общения] **10.** ***что во что*** *«Игрок брал не более пяти-шести нот, лениво тянул их, не стараясь связать их в мотив».* Чехов, Свирель. *«Доктрина Маркса связала в одно неразрывное целое теорию и практику классовой борьбы».* Ленин, Предисловие к русскому переводу писем К. Маркса к Л. Кугельману [соединить, объединить отдельные звуки, краски, мысли, идеи и т. д. в одно, качественно новое целое] **11.** ***что с чем*** *Автор статьи подчеркивал, как важно самым тесным образом связать учебу с трудовой деятельностью школьников. «— Я понимаю, вас прельщает возможность связать вашу теорию с практикой».* Гранин, Искатели [сделать взаимопроникающим, взаимосвязанным, зависимым одно от другого] **12.** ***что с чем*** *Дипломник не связал сделанные выводы с описанным материалом. «Константин Семенович связал задачи школы с общими задачами страны».* Матвеев, Семнадцатилетние. *Ольга не связала эти два факта между собой* [показать связь, зависимость между чем-л.— обычно в сочетании со словами *между собой*] **13.** ***что,*** также ***чем*** *Бабушка связала внуку теплый свитер. Моя подруга связала скатерть крючком* (см. § 2) [сплести что-л. спицами, крючком, на вязальной машине из каких-л. ниток] **14.** ***что*** *Во время этого опыта нам не удалось связать свободный азот* [вывести из свободного состояния; *спец.*]

II. СВЯЗА́ВШИЙ, -ая, -ее, -ие; *действ. прош.*
Синт.: **а, б** — в глаг. знач. 1 — 14

IV. СВЯ́ЗАННЫЙ, -ая, -ое, -ые; *страд. прош.**
Синт.: **а, б** — в глаг. знач. 1 — 10, 12 — 14 и в статив. знач.; **в** — в глаг. знач. 1 — 4, 13
Статив. знач. (также *кр. ф.*↓) **1.** ***с кем (чем)*** и ***с чем*** Имеющий тесные, непосредственные отношения с кем-чем-л. *Несколько дельцов, связанных с иностранными банками, принадлежали к террористической организации* (из газет). *Смирнов, связанный с революционерами, распространял листовки* **2.** ***с кем(чем)*** и ***с чем*** Имеющий отношение, касательство к кому-чему-л. *В диссертации рассматриваются вопросы, связанные с космической медициной. Сестра бережет все документы и письма, связанные с отцом* **3.** ***с чем*** Влекущий за собой что-л., сопряженный с чем-л. *Поездка, связанная с большими волнениями, была мне не по душе. Друзья взялись за дело, связанное с риском* **4.** ***с чем*** Имеющий что-л. своей причиной. *Рождение термодинамики, связанное с потребностями производства, было закономерным. Мы фиксировали расхождения данных, связанные с плохой работой аппаратуры. Произошло замыкание, никак с аварией не связанное.* **5.** Имеющий с кем-чем-л. связь, взаимозависимость, общие черты, признаки и т. п. *Смирнов писал о трех связанных между собой разделах термодинамики. Смежные помещения нашей лаборатории, связанные технологически, очень удобны для экспериментов. Автор снял несколько глав, не связанных по содержанию*
Ср. прил. **свя́занный,** -ая, -ое, -ые; -ан, -анна, -анно, -анны. **1.** Протекающий, совершающийся не свободно, с затруднениями, не легко. *Связанные движения. Связанная речь* **2.** (только *полн. ф.*) Находящийся в химическом соединении с каким-л. веществом, не свободный; свойственный такому веществу, элементу. *Связанный углерод. Водород в связанном состоянии*
Субстантив.$_3$ в глаг. знач. 1, 3, 10, 12, 13
СВЯ́ЗАН, -ана, -ано, -аны; *кр. ф.**
В глаг. знач. 1 — 10, 12 — 14
Статив. знач. (также *полн. ф.*↑) **1.** ***с кем (чем)*** и ***с чем*** *Дельцы связаны с иностранными банками. Смирнов связан с революционерами* **2.** ***с кем(чем)*** и ***с чем*** *Данные вопросы связаны с космической медициной. Эти документы и письма связаны с отцом* **3.** ***с чем*** *Поездка на Север связана с большими волнениями. Ваше дело связано с риском* **4.** ***с чем*** *Рождение термодинамики было связано с потребностями производства. Расхождение данных связано с плохой работой аппаратуры. Замыкание с аварией не связано* **5.** *Новые разделы физики связаны между собой. В нашей лаборатории смежные помещения связаны технологически. Главы этой работы совсем не связаны по содержанию*
▭ Прич. IV в 11 глаг. знач. не употр.

СВЯ́ЗЫВАТЬ, свя́зыва|ют, свя́зыва|л; ***несов. к*** связа́ть в 1 — 12, 14 знач. (см.)

I. СВЯ́ЗЫВАЮЩИЙ, -ая, -ее, -ие; *действ. наст.*
Синт.: **а, б** — в глаг. знач. 1 — 12, 14
Ср. прич. в 7, 8, 9 глаг. знач. с прил. **связу́ющий,** -ая, -ее, -ие. Связывающий, объединяющий кого-что-л. *Связующее звено. Связующая нить*

II. СВЯ́ЗЫВАВШИЙ, -ая, -ее, -ие; *действ. прош.*
Синт.: **а, б** — в глаг. знач. 1 — 12, 14

III. СВЯ́ЗЫВАЕМЫЙ, -ая, -ое, -ые; *страд. наст.*
Синт.: **а, б** — в глаг. знач. 1 — 12, 14; **в** — в глаг. знач. 1 — 4
Субстантив.$_3$ в глаг. знач. 1 — 3

СГИБА́ТЬ, сгиба́|ют, сгиба́|л; ***несов. к*** согну́ть (см.)

I. СГИБА́ЮЩИЙ, -ая, -ее, -ие; *действ. наст.*
Синт.: **а, б** — в глаг. знач. 1 — 5

II. СГИБА́ВШИЙ, -ая, -ее, -ие; *действ. прош.*
Синт.: **а, б** — в глаг. знач. 1 — 5

III. СГИБА́ЕМЫЙ, -ая, -ое, -ые; *страд. наст.*
Синт.: **а, б** — в глаг. знач. 1 — 5
Субстантив.$_3$ в глаг. знач. 1, 2

СГИБА́ТЬСЯ, сгиба́|ются, сгиба́|лся; ***несов. к*** согну́ться (см.)

I. СГИБА́ЮЩИЙСЯ, -аяся, -ееся, -иеся; *действ. наст.*

Синт.: **а, б** — в глаг. знач. 1 — 6; **в** — в глаг. знач. 1 — 4

II. СГИБА́ВШИЙСЯ, -аяся, -ееся, -иеся; *действ. прош.*

Синт.: **а, б** — в глаг. знач. 1 — 6; **в** — в глаг. знач. 1 — 4

СГЛА́ДИТЬ, сгла́жу, сгла́д|ят, сгла́ди|л; ***сов., перех.*** (*несов.* сгла́живать) **1. *что; S не лицо*** *Течение реки давно сгладило поверхность дна. «С весны пронесся один короткий ливень, воды сгладили поверхность и сбежали стремительно, не напоив землю».* Федин, Необыкновенное лето [сделать гладким поверхность чего-л., уничтожив неровности, шероховатости и т. п.] **2. *что,*** также ***чем*** *Мы сгладили все неровности бумаги горячим утюгом* (см. § 2) [уничтожить неровности, складки, морщины и т. п., расправляя, разглаживая] **3. *что*** *Редактор сгладил все неровности стиля молодого писателя* [устранить резкие различия, то, что нарушает гармонию, общую целостность] **4. *что; S не лицо*** *«Тут были и.. тулянки, и кержанки, но заводская поденщина давно сгладила всякую племенную разницу».* Мамин-Сибиряк, Три конца [привести к исчезновению или ослаблению различий между кем-чем-л., разницы в чем-л.] **5. *что,*** также ***чем*** *Олег шуткой пытался сгладить резкость слов своей жены* (см. § 2). *Друзьям не удалось сгладить возникшие противоречия* [смягчить, сделать менее заметным, резким, сильным, менее ощутимым что-л. неприятное, тягостное и т. п.]

II. СГЛА́ДИВШИЙ, -ая, -ее, -ие; *действ. прош.*

Синт.: **а, б** — в глаг. знач. 1 — 5

IV. СГЛА́ЖЕННЫЙ, -ая, -ое, -ые; *страд. прош.*

[чередование д/ж]

Синт.: **а, б** — в глаг. знач. 1 — 5

В знач. прил. (только *полн. ф.*) **1.** Лишенный неровностей, шероховатостей, гладкий. *Сглаженный рельеф. «Жигули открылись зелеными, кое-где тронутыми ржавчиной ковригами сглаженных гор».* Паустовский, Рождение моря **2.** Ставший менее заметным, ощутимым, сгладившийся. *Сглаженные противоречия. Сглаженная резкость. Сглаженная острота горя*

Субстантив.$_3$ не употр.

СГЛА́ЖЕН, -ена, -ено, -ены; *кр. ф.*

В глаг. знач. 1 — 5

СГЛА́ЖИВАТЬ, сгла́жива|ют, сгла́жива|л; ***несов. к*** сгла́дить (см.)

I. СГЛА́ЖИВАЮЩИЙ, -ая, -ее, -ие; *действ. наст.*

Синт.: **а, б** — в глаг. знач. 1 — 5

II. СГЛА́ЖИВАВШИЙ, -ая, -ее, -ие; *действ. прош.*

Синт.: **а, б** — в глаг. знач. 1 — 5

III. СГЛА́ЖИВАЕМЫЙ, -ая, -ое, -ые; *страд. наст.*

Синт.: **а, б** — в глаг. знач. 1 — 5

Субстантив.$_3$ не употр.

СГНИТЬ, сгниют, сгни|л, сгнила́, сгни́ло, -ли; ***сов., неперех.*** (*несов.* гнить); ***S не лицо*** *Одна балка на крыше сарая совсем сгнила. Из-за частых дождей сено сгнило. Рыба сгнила на солнце* [разрушиться, испортиться, подвергнувшись органическому разложению]

II. СГНИ́ВШИЙ, -ая, -ее, -ие; *действ. прош.*

Синт.: **а, б, в** — в глаг. знач.

Ср. прил. **гнило́й**, -а́я, -о́е, -ы́е в знач. 'испорченный, разрушенный гниением, сгнивший'. *Гнилые зубы. Гнилая картошка*

СГОРА́ТЬ, сгора́|ют, сгора́|л; ***несов. к*** сгоре́ть в 1, 3 — 9 знач. (см.)

I. СГОРА́ЮЩИЙ, -ая, -ее, -ие; *действ. наст.*

Синт.: **а, б** — в глаг. знач. 1, 3 — 9

Субстантив.$_1$ в глаг. знач. 1, 5, 9

II. СГОРА́ВШИЙ, -ая, -ее, -ие; *действ. прош.*

Синт.: **а, б** — в глаг. знач. 1, 3 — 9

Субстантив.$_1$ в глаг. знач. 1, 5, 9

СГО́РБИТЬ, сго́рблю, сго́рб|ят, сго́рби|л; ***сов., перех.*** (*несов.* го́рбить) **1. *что*** *Актриса сгорбила спину и стала похожа на древнюю старуху* [изогнуть горбом спину, ссутулить] **2. *кого(что); S не лицо*** *Старость и невзгоды сгорбили этого человека* [сделать согнутым, сутулым]

II. СГО́РБИВШИЙ, -ая, -ее, -ие; *действ. прош.*

Синт.: **а, б** — в глаг. знач. 1, 2

IV. СГО́РБЛЕННЫЙ, -ая, -ое, -ые; *страд. прош.*

[чередование б/бл]

Синт.: **а, б** — в глаг. знач. 1, 2

В знач. прил. **1.** (также *кр. ф.* ↓) Сутулый, с согнутой спиной, сгорбившийся. *Сгорбленный старик* **2.** (только *полн. ф.*) Изогнутый горбом, согнутый — о спине. *Сгорбленная спина. Сгорбленная фигура*

Субстантив.$_3$ не употр.

СГО́РБЛЕН, -ена, -ено, -ены; *кр. ф.*

В глаг. знач. 1, 2

В знач. прил. (также *полн. ф.* в знач. 1 ↑) *Старик был худ, сгорблен, бледен*

СГО́РБИТЬСЯ, сго́рблюсь, сго́рбятся, сго́рби|лся; ***сов.*** (*несов.* го́рбиться *к* 1, 2 знач.) **1.** *Актриса сгорбилась и стала похожа на древнюю старуху* [согнуть спину горбом, ссутулиться] **2. *S не лицо*** *Спина у бабушки постепенно сгорбилась, волосы поседели* [стать сутулым — о спине] **3.** *«Еще больше сгорбился и одряхлел Михайло».* Гладков, Повесть о детстве [стать согнутым, сутулым от старости, болезни, горя и т. п.]

II. СГО́РБИВШИЙСЯ, -аяся, -ееся, -иеся; *действ. прош.*

Синт.: **а, б, в** — в глаг. знач. 1 — 3

СГОРЕ́ТЬ, сгоря́т, сгоре́|л; ***сов., неперех.*** (*несов.* сгора́ть *к* 1, 3 — 9 знач.; *несов.* горе́ть *к* 1 — 3 знач.) **1.** *Экипаж танка сгорел во время боя. Дом родителей Олега сгорел из-за замыкания в электропроводке* [оказаться сожженным, уничтоженным, истребленным огнем] **2. *S не лицо*** *Пирог сгорел, какая жалость! Котлеты сгорели* [сильно подгореть, пригореть] **3. *S не лицо*** *«..если бы перепадали дождички, все зерно сгорело бы».* Емельянова, Новая фигура [сгнить, сопреть от перегрева при слеживании — о сене, зерне и т. п.] **4.** ***S* не лицо** *Трава вся сгорела во время засухи* [иссохнуть от солнечного зноя — о растительности] **5.** *Не сиди на солнце, сгоришь!* [сильно обгореть на солнце, получить солнечные ожоги] **6.** ***S* не лицо** *Свеча вся сгорела, принеси новую!* [израсходоваться при горении для освещения, отопления и т. п.] **7.** ***S* не лицо** *«Что делать? Дальше лететь — наверняка сгорит мотор».* Соколов-Микитов, Последнее путешествие [испортиться, выйти из строя — об электрических аппаратах, приборах и т. п.] **8.** *Старый мастер сгорел на работе. «Жену скрутила холера, сгорел и сынишка, и он остался один».* Гладков, Лихая година [погибнуть от чрезмерного напряжения сил, от быстро протекающей болезни и т. п.] **9.** ***от чего*** *Рассказывай скорее, а то я сгорю от нетерпения! Я вчера сгорел от стыда, увидев тебя в таком виде* [испытать с чрезвычайной силой какое-л. чувство, подавляющее все другие]

II. СГОРÉВШИЙ, -ая, -ее, -ие; *действ. прош.*
Синт.: **а, б** — в глаг. знач. 1 — 9; **в** — в глаг. знач. 1, 2, 6, 7
Субстантив.$_1$ в глаг. знач. 1, 5

СГРЕСТИ́, сгребу́т, сгрёб|, сгребла́, -ло́, -ли́; ***сов. к*** грести́ [2] (см.)

II. СГРЁБШИЙ, -ая, -ее, -ие; *действ. прош.*
Синт.: **а, б** — в глаг. знач.

IV. СГРЕБЁННЫЙ, -ая, -ое, -ые; *страд. прош.*
Синт.: **а, б, в** — в глаг. знач.
СГРЕБЁН, -ена́, -ено́, -ены́; *кр. ф.*
В глаг. знач.

СГУСТИ́ТЬ, сгущу́, сгуст|я́т, сгусти́|л; ***сов., перех., что*** (*несов.* сгуща́ть) **1.** *Ольга слишком сгустила соус, получилось не очень вкусно* [сделать густым или более густым, чем нужно] **2.** *Художник специально сгустил все цвета в этом месте картины* [сосредоточить на небольшом пространстве, сконцентрировать]

II. СГУСТИ́ВШИЙ, -ая, -ее, -ие; *действ. прош.*
Синт.: **а, б** — в глаг. знач. 1, 2

IV. СГУЩЁННЫЙ, -ая, -ое, -ые; *страд. прош.*
[чередование ст/щ]
Синт.: **а, б** — в глаг. знач. 1, 2
В знач. прил. (только *полн. ф.*) **1.** Подвергнувшийся сгущению путем выпаривания части воды. *Сгущенное молоко. Сгущенные сливки* **2.** Такой, при котором что-л. концентрируется, размещается в большом количестве на небольшом пространстве. *Сгущенная посадка овощей*
Субстантив.$_3$ в глаг. знач. 1
СГУЩЁН, -ена́, -ено́, -ены́; *кр. ф.*
В глаг. знач. 1, 2

СГУЩА́ТЬ, сгуща́|ют, сгуща́|л; ***несов. к*** сгусти́ть (см.)

I. СГУЩА́ЮЩИЙ, -ая, -ее, -ие; *действ. наст.*
Синт.: **а, б** — в глаг. знач. 1, 2

II. СГУЩА́ВШИЙ, -ая, -ее, -ие; *действ. прош.*
Синт.: **а, б** — в глаг. знач. 1, 2

III. СГУЩА́ЕМЫЙ, -ая, -ое, -ые; *страд. наст.*
Синт.: **а, б** — в глаг. знач. 1, 2
Субстантив.$_3$ в глаг. знач. 1

СДАВА́ТЬ, сда|ю́т, сдава́|л; ***несов. к*** сдать (см.)

I. СДАЮ́ЩИЙ, -ая, -ее, -ие; *действ. наст.*
Синт.: **а, б** — в глаг. знач. 1 — 19
Субстантив.$_1$ в глаг. знач. 1 — 14

II. СДАВА́ВШИЙ, -ая, -ее, -ие; *действ. прош.*
Синт.: **а, б** — в глаг. знач. 1 — 19
Субстантив.$_1$ в глаг. знач. 1 — 14

III. СДАВА́ЕМЫЙ, -ая, -ое, -ые; *страд. наст.*
Синт.: **а, б** — в глаг. знач. 1 — 13; **в** — в глаг. знач. 1, 6, 8, 9, 13
Субстантив.$_3$ в глаг. знач. 2 — 4, 6 — 10

СДАВИ́ТЬ, сдавлю́, сда́в|ят, сдави́|л; ***сов., перех.*** (*несов.* сда́вливать) **1.** ***что,*** также ***чем*** *«[Глеб] схватил ее руки и сдавил их так, что затрещали косточки».* Гладков, Цемент. *«Горло сдавят грязной веревкой.. да в канаву».* Тургенев, Стучит! (см. § 2) [сжать с силой, крепко стиснуть] **2.** ***что; S* не лицо** *Шляпа была мне мала, она сдавила голову, пришлось ее снять. Воротник сдавил шею* [будучи меньше, чем нужно, по размеру, вызвать болезненное ощущение сдавленности, стесненности, связанности] **3.** ***кого(что)*** *Толпа сдавила нас очень сильно. Петя сдавил меня в объятиях* [плотно окружив или обхватив руками и т. п., стиснуть, не дав свободы движений] **4.** ***что; S* не лицо** *«Спазмы сдавили его горло».* Шолохов-Синявский, Волгины [вызвать ощущение болезненного стеснения в горле, в груди, затруднив, перехватив дыхание] **5.** ***что; S* не лицо** *«Грозные и гневные подозрения сдавили мне сердце».* Гайдар, Судьба барабанщика [вызвать чувство подавленности, душевной тяжести, ощущение тяжести, боли в сердце]

II. СДАВИ́ВШИЙ, -ая, -ее, -ие; *действ. прош.*
Синт.: **а, б** — в глаг. знач. 1 — 5

IV. СДА́ВЛЕННЫЙ, -ая, -ое, -ые; *страд. прош.*
[чередование в/вл]
Синт.: **а, б** — в глаг. знач. 1 — 5
Ср. прил. **сда́вленный,** -ая, -ое, -ые. Приглушенный, сдерживаемый, ослабленный — обычно о голосе, стоне и т. п. *Сдавленный стон. Сдавленный голос. Сдавленные рыдания. Сдавленный шепот*
Субстантив.$_3$ в глаг. знач. 1, 2
СДА́ВЛЕН, -ена, -ено, -ены; *кр. ф.*
В глаг. знач. 1 — 5

СДА́ВЛИВАТЬ, сда́влива|ют, сда́влива|л; ***несов. к*** сдави́ть (см.)

I. СДА́ВЛИВАЮЩИЙ, -ая, -ее, -ие; *действ. наст.*
Синт.: **а, б** — в глаг. знач. 1 — 5

II. СДА́ВЛИВАВШИЙ, -ая, -ее, -ие; *действ. прош.*
Синт.: **а, б** — в глаг. знач. 1 — 5

III. СДА́ВЛИВАЕМЫЙ, -ая, -ое, -ые; *страд. наст.*
Синт.: **а, б** — в глаг. знач. 1 — 5
Субстантив.$_3$ в глаг. знач. 1, 2

СДАТЬ, сдам, сдашь, сдаст, сдади́м, сдади́те, сдаду́т, сда|л, сдала́, сда́ло, -ли; ***сов.*** (*несов.* сдава́ть) **1. *перех., что,*** также ***кому(чему)*** *Утром Илья сдал дежурство Смирнову. «Бывший председатель думал сдать дела быстро, как и сам принимал».* Овечкин, Районные будни. *Мой сменщик сдал мне станок в отличном состоянии* [передать кому-л. по смене или при отстранении от обязанностей порученное дело, вещь и т. п.] **2. *перех., что*** *Колхозники сдали картофель на заготовительный пункт. Строители сдали новый спортивный комплекс в срок* [передать в надлежащее место, официальному лицу и т. п. результаты, продукты своего труда для их дальнейшего использования] **3. *перех., что*** *Мы сдали вещи в багаж. Олег сдал белье в стирку. Почему ты не сдал кровь на анализ?* [поместить, передать куда-л. с какой-л. целью] **4. *перех., что*** *Дима сдал книги в библиотеку вовремя. Смирнов еще не сдал лыжи в прокатный пункт* [возвратить что-л., находившееся во временном пользовании] **5. *перех., кого(что)*** *Ребята сдали задержанного в милицию* [передать задержанного нарушителя общественного порядка, преступника и т. п. в милицию, представителю власти; *разг.*] **6. *перех., что*** *Кассирша сдала мне два рубля сдачи* [возвратить излишек при денежном расчете] **7. *перех., что*** *«— Классный комитет постановил, чтобы ты сдал револьвер в комиссариат..»* Гайдар, Школа [отдать официальному лицу, учреждению вещь, которую не разрешается держать у себя] **8. *перех., что кому*** *Бабушка сдала на лето часть дома дачникам. Ваш сосед сдаст нам комнату?* [отдать внаем, в аренду] **9. *перех., что*** *Дима успешно сдал все экзамены. Смирнов еще не сдал нормы по плаванию* [успешно пройти испытания в знании чего-л., умении что-л. делать] **10. *перех., что*** *Противник сдал крепость* [прекратив сопротивление, не удержав в бою, отдать неприятелю] **11. *перех., что*** *Чемпион мира по шахматам сдал партию после двух часов игры. Мы сдали свои позиции в этом споре* [потерпев неудачу, отказаться от дальнейшей игры, борьбы, спора] **12. *перех., что*** *Шедший к финишу впереди всех, Олег сдал темп* [уменьшить, ослабить силу, напряжение, интенсивность чего-л., не выдержав] **13. *перех., что*** *Мы сдали карты и начали играть в дурака* [раздать играющим — о картах] **14. *неперех., в чем*** *Если только сдашь в работе — Не показывайся мне!* (частушка) [начать делать что-л. хуже, чем обычно] **15. *неперех.; S не лицо*** *Мороз сдал, подули теплые ветры. «На четвертой неделе поста сдала зима».* Шолохов, Тихий Дон [стать слабее, утратить силу, интенсивность] **16. *неперех.*** *За последний год отец сильно сдал. «..утомленные походом эскадронные кони быстро сдали».* Н. Никитин, Это было в Коканде [утратить здоровье; ослабеть физически] **17. *неперех.; S не лицо*** *У меня сердце заметно сдало* [начать работать, действовать и т. п. плохо в результате какого-л. заболевания, перенапряжения и т. п.; *разг.*] **18. *неперех.*** *«Я напрягаю силы, уверенный, что, если сдам,.. мне уже не овладеть собою».* Бахметьев, У порога [ослабеть нравственно, потерять выдержку, самообладание] **19. *неперех.; S не лицо*** *Неожиданно мотор сдал* [перестать действовать, вследствие неисправности, порчи и т. п., испортиться]

II. СДА́ВШИЙ, -ая, -ее, -ие; *действ. прош.*
Синт.: **а, б** — в глаг. знач. 1 — 19; **в** — в глаг. знач. 15, 17, 19

IV. СДА́ННЫЙ, -ая, -ое, -ые; *страд. прош.*
Синт.: **а, б** — в глаг. знач. 1 — 13; **в** — в глаг. знач. 1, 9 — 13
Субстантив.$_3$ в глаг. знач. 2 — 4, 6 — 10
СДАН, -ана́, -ано́, -аны́; *кр. ф.*
В глаг. знач. 1 — 13

СДЕ́ЛАТЬ, сде́ла|ют, сде́ла|л; ***сов. к*** де́лать во 2 — 14 знач. (см.)

II. СДЕ́ЛАВШИЙ, -ая, -ее, -ие; *действ. прош.*
Синт.: **а, б** — в глаг. знач. 2 — 14

IV. СДЕ́ЛАННЫЙ, -ая, -ое, -ые; *страд. прош.**
Синт.: **а, б** — в глаг. знач. 2, 3, 5 — 9, 12, 14; **в** — в глаг. знач. 2, 5, 6
Субстантив.$_3$ в глаг. знач. 2, 3, 8
СДЕ́ЛАН, -ана, -ано, -аны; *кр. ф.**
В глаг. знач. 2, 3, 5 — 9, 12, 14

□ Прич. IV в 4, 10, 11, 13 глаг. знач. не употр.

СДЕРЖА́ТЬ, сдержу́, сде́ржат, сдержа́|л; ***сов., перех.*** (*несов.* сде́рживать) **1. *кого(что)*** и ***что; S не лицо*** *«[Скворец] попытался.. вылететь из гнезда, но не сдержали неумелые крылья, и он упал».* А. Н. Толстой, Детство Никиты. *«Мокрые стебли не могут сдержать даже пустого, с выпавшим зерном колоса».* Тендряков, Среди лесов [смочь удержать, не дать упасть кому-чему-л.] **2. *кого(что)*** *Полицейские не смогли сдержать возмущенную толпу* [остановить продвижение большого количества людей] **3. *что,*** также ***чем*** *Шахтеры сдержали напор воды специальными заграждениями* (см. § 2) [смочь противостоять напору, натиску чего-л.] **4. *кого(что)*** и ***что,*** также ***чем*** *«Немцы откатывались к Днепру, яростно огрызаясь. Но сдержать советских солдат.. они уже не могли».* М. Алексеев, Солдаты. *Наша батарея сдержала натиск противника артиллерийским огнем* (см. § 2) [остановить продвижение противника, устоять перед его натиском] **5. *кого(что)* *** и ***что*** *Всадники сдержали лошадей. Проходя мимо памятника советским воинам, рота сдержала шаг* [остановить, задержать, замедлить чей-л. ход, бег, движение, шаги] **6. *что,*** также ***чем*** *Ольга с трудом сдержала слезы. Я усилием воли сдержала гнев* (см. § 2) [не дать обнаружиться полностью, проявиться в полную силу] **7. *кого(что); S не лицо*** *Слезы бабушки сдержали Олега, он не стал рассказывать о случившемся* [удержать от каких-л. действий, помешать, воспрепятствовать чему-л.] **8. *что*** *Мой друг сдержал обещание. Друзья сдержали клятву* [исполнить, выполнить что-л. обещанное]

II. СДЕРЖА́ВШИЙ, -ая, -ее, -ие; *действ. прош.*
Синт.: **а, б** — в глаг. знач. 1 — 8

IV. СДЕ́РЖАННЫЙ, -ая, -ое, -ые; *страд. прош.**
Синт.: **а, б** — в глаг. знач. 2 — 6, 8; **в** — в глаг. знач. 6, 8
Ср. прил. **сде́ржанный,** -ая, -ое, -ые; -ан, **-анна, -анно, -анны. 1.** Умеющий владеть собой, не обнаруживать свои чувства. *Сдержанный человек. Ольга молчалива и сдержанна* **2. *в чем*** Такой, который имеет

слабые, недостаточно интенсивные в своем проявлении действия, реакции и т. п. *Сдержанный в движениях. Сдержанный в еде* **3.** ***на что*** Умеющий ограничивать полноту проявления, выражения чего-л. *Сдержанный на похвалы. Сдержанный на обещания* **4.** Выражающий среднюю оценку чего-л., невысокое мнение о чем-л. *Сдержанные аплодисменты. Сдержанная похвала. Сдержанная оценка* **5.** Спокойный, не резкий — о движениях, речи. *Сдержанные жесты* **6.** Не резкий, не оскорбительный, тактичный. *Сдержанный ответ. Сдержанный тон статьи* **7.** Не обнаруживаемый, не проявляемый в полной мере, подавляемый. *Сдержанное волнение. Сдержанный смех. Сдержанное любопытство*

Субстантив.$_2$ в глаг. знач. 2 во мн.; субстантив.$_3$ не употр.

СДЕ́РЖАН, -ана, -ано, -аны; *кр. ф.**

В глаг. знач. 2 — 6, 8

▭ Прич. IV в 1, 7 глаг. знач. не употр.

СДЕ́РЖИВАТЬ, сде́ржива|ют, сде́ржива|л; ***несов., перех.*** (*сов.* сдержа́ть) **1.** ***кого(что)*** и ***что; S не лицо*** *Мощные нижние ветки дерева сдерживают высохший ствол. «Он постоянно покачивался, как будто ноги подкашивались под ним, не будучи в состоянии сдерживать туловища».* Салтыков-Щедрин, Пошехонская старина [удерживать, не давать упасть кому-чему-л.] **2.** ***кого (что)*** *Полицейские сдерживали возмущенную толпу* [останавливать продвижение большого количества людей] **3.** ***что,*** также ***чем*** *Шахтеры сдерживали напор воды специальными заграждениями* (см. § 2) [противостоять напору, натиску чего-л.] **4.** ***кого(что)*** и ***что,*** также ***чем*** *Наша батарея сдерживала натиск противника артиллерийским огнем* (см. § 2) [останавливать продвижение противника, противостоять его натиску] **5.** ***кого(что)**** и ***что*** *Всадники сдерживают лошадей. Проходя мимо памятника советским воинам, рота сдерживала шаг* [останавливать, задерживать, замедлять чей-л. ход, бег, движение, шаги] **6.** ***что,*** также ***чем*** *Ольга с трудом сдерживает слезы. Усилием воли я сдерживала свой гнев* (см. § 2) [не давать обнаруживаться полностью, проявляться в полную силу] **7.** ***кого(что); S не лицо*** *Слезы бабушки сдерживали Олега, он не решался рассказать о случившемся* [удерживать от каких-л. действий, мешать, препятствовать чему-л.] **8.** ***что*** *Мой друг всегда сдерживает свои обещания. Было похоже, что друзья не сдерживают клятву* [исполнять, выполнять что-л. обещанное]

I. СДЕ́РЖИВАЮЩИЙ, -ая, -ее, -ие; *действ. наст.*

Синт.: **а, б** — в глаг. знач. 1 — 8

В знач. прил. Такой, который препятствует возникновению, развитию, проявлению чего-л. *Сдерживающие силы. Являться сдерживающим моментом* ◇ **Иметь сдерживающие центры** — о способности, умении удерживаться от проявления каких-л. чувств, желания поступить каким-л. образом

II. СДЕ́РЖИВАВШИЙ, -ая, -ее, -ие; *действ. прош.*

Синт.: **а, б** — в глаг. знач. 1 — 8

III. СДЕ́РЖИВАЕМЫЙ, -ая, -ое, -ые; *страд. наст.*

Синт.: **а, б** — в глаг. знач. 1 — 8

Субстантив.$_2$ в глаг. знач. 2 во мн.; субстантив.$_3$ не употр.

СДЕ́РЖИВАЕМ, -ема, -емо, -емы; *кр. ф.**

В глаг. знач. 1 — 6

▭ Кр. ф. прич. III в 7, 8 глаг. знач. не употр.

СЕРДИ́ТЬ, сержу́, се́рд|ят, серди́|л; ***несов., перех., кого(что),*** также ***чем*** (*сов.* рассерди́ть) *Сын часто сердил родителей своим непослушанием* (см. § 1). *Твои высказывания сердят меня* [приводить в состояние негодования, раздражения, большого неудовольствия]

I. СЕРДЯ́ЩИЙ, -ая, -ее, -ие; *действ. наст.*

Синт.: **а, б** — в глаг. знач.

II. СЕРДИ́ВШИЙ, -ая, -ее, -ие; *действ. прош.*

Синт.: **а, б** — в глаг. знач.

III. СЕРДИ́МЫЙ, -ая, -ое, -ые; *страд. наст.* (*редко*)

Синт.: **а, б** — в глаг. знач.

СЕРДИ́ТЬСЯ, сержу́сь, се́рд|ятся, серди́|лся; ***несов. к*** рассерди́ться (см.)

I. СЕРДЯ́ЩИЙСЯ, -аяся, -ееся, -иеся; *действ. наст.*

Синт.: **а, б, в** — в глаг. знач.

II. СЕРДИ́ВШИЙСЯ, -аяся, -ееся, -иеся; *действ. прош.*

Синт.: **а, б, в** — в глаг. знач.

СЕЧЬ, секу́, сечёт, сек|у́т, сёк|, секла́, -ло́, -ли́; ***несов.*** (*сов.* вы́сечь [2] *к* 1 знач.) **1.** ***перех., кого(что),*** также ***чем*** *В царской России в гимназиях учеников секли розгами* (см. § 2) [бить розгами, ремнем, наказывая] **2.** ***перех., что,*** также ***чем*** *Аня сечет капусту острым ножом* (см. § 2) [рубить на части, измельчать] **3.** ***перех., что,*** также ***чем*** *Повинную голову меч не сечет* (пословица). *Мальчик ловко сек крапиву под корень длинной палкой* (см. § 2) [срубать, отрубать; разрубать стебель, ветку и т. п.] **4.** ***перех., что*** *Рабочие начали сечь камень* [обтесывать камень, мрамор и т. п.] **5.** ***перех., что*** *В этой мастерской секли из мрамора ступеньки для лестниц, подоконники, постаменты* [изготовлять из камня, мрамора и т. п.] **6.** ***неперех., S не лицо*** *Дождь сечет по лицу. Мокрый снег сечет, не переставая* [с силой бить, хлестать — о ветре, дожде, снеге и т. п.]

I. СЕКУ́ЩИЙ, -ая, -ее, -ие; *действ. наст.*

Синт.: **а, б** — в глаг. знач. 1 — 6

В знач. прил. **1.** Косо падающий струями под действием сильного ветра — о дожде, снеге. *Секущий дождь. Секущий снег* **2.** Отсекающий, пересекающий что-л.— в математике. *Секущая плоскость*

В знач. сущ. **секу́щая,** -ей, *ж.* Прямая, пересекающая кривую в двух или более точках — в математике

II. СЕ́КШИЙ, -ая, -ее, -ие *и* доп. СЁКШИЙ, -ая, -ее, -ие; *действ. прош.*

Синт.: **а, б** — в глаг. знач. 1 — 6

III. СЕКО́МЫЙ, -ая, -ое, -ые; *страд. наст.** (*редко*)

Синт.: **а, б** — в глаг. знач. 1

IV. СЕЧЁННЫЙ, -ая, -ое, -ые и СЕ́ЧЕННЫЙ, -ая, -ое, -ые; *страд. прош.*

Синт.: **а, б** — в глаг. знач. 1 — 5

Ср. прил. **се́ченый,** -ая, -ое, -ые. **1.** Полученный путем сечения. *Каменные сеченые карнизы* **2.** Полученный в результате рассечения поверхности чего-л. *Сеченая рана*

Субстантив.₃ в глаг. знач. 2, 5

СЕЧЁН, -ена́, -ено́, -ены́ и СЕ́ЧЕН, -ена, -ено, -ены; *кр. ф.*

В глаг знач. 1 — 5

▭ Прич. III во 2 — 5 глаг. знач. не употр.

СЕ́ЯТЬ, се́|ют, се́я|л; ***несов.*** (*сов.* посе́ять **к** 1, 2 знач.) **1. *перех., что*** *Наш колхоз сеет рожь на больших площадях* [рассыпая, сажать семена в почву] **2. *перех., что*** *«Сейте разумное, доброе, вечное, Сейте! Спасибо вам скажет сердечное Русский народ».* Н. Некрасов, Сеятелям. *Решительные действия предпринимателей сеяли смятение и страх среди части рабочих* [распространять какие-л. идеи, мысли, настроения и т. п.; *книжн.*] **3. *неперех.; S не лицо*** *Сеет мелкий осенний дождь* [идти — о мелком дожде]

I. СЕ́ЮЩИЙ, -ая, -ее, -ие; *действ. наст.*

Синт.: **а, б** — в глаг. знач. 1 — 3

II. СЕ́ЯВШИЙ, -ая, -ее, -ие; *действ. прош.*

Синт.: **а, б** — в глаг. знач. 1 — 3

III. СЕ́ЕМЫЙ, -ая, -ое, -ые; *страд. наст.*

Синт.: **а, б** — в глаг. знач. 1, 2

Субстантив.₃ в глаг. знач. 1

IV. СЕ́ЯННЫЙ, -ая, -ое, -ые; *страд. прош.**

Синт.: **а, б** — в глаг. знач. 1

Ср. прил. **се́яный,** -ая, -ое, -ые. **1.** Очищенный от посторонних примесей, просеянный. *Сеяная мука* **2.** Посеянный человеком, в отличие от дикорастущего. *Сеяные травы. Сеяные хлеба* **3.** С растительностью, посеянной человеком. *Сеяные луга. Сеяные сенокосы*

Субстантив.₃ в глаг. знач. 1

СЕ́ЯН, -яна, -яно, -яны; *кр. ф.**

В глаг. знач. 1

▭ Прич. IV во 2 глаг. знач. не употр.

СЖАТЬ, сожму́т, сжа|л; ***сов., перех.*** (*несов.* сжима́ть) **1. *что,*** также ***чем*** *Лаборант сжал газ в колбе и включил измерительные приборы. Мальчик сжал пружину тонким пинцетом* (см. § 2) [заставить уплотниться или уменьшиться в объеме] **2. *что,*** также ***чем*** *Тренер сильно сжал мою руку, показывая прием самбо. Ольга сжала голову руками и застонала* (см. § 2) [сдавить с силой, крепко стиснуть] **3. *что в чем*** *«Я сжал в руке рукоятку маузера».* Г. Линьков, Война в тылу врага. *Фокусник сжал в зубах палочку, из которой вдруг посыпались разноцветные шарики* [зажать, крепко держа что-л.] **4. *что; S не лицо*** *Шапка была мне мала и сильно сжала голову* [будучи меньше, чем нужно, по размеру, вызвать болезненное ощущение сдавленности, стесненности, связанности] **5. *кого(что)*** и ***что*** *Толпа сжала нас, мы не могли сделать ни шагу. Льды сжали корабль. Приехавший брат сжал меня в объятиях* [плотно окружив или обхватив руками и т. п., стиснуть, не давая свободы движений] **6. *что*** *Ребенок крепко сжал губы, не желая есть кашу. Больной сжал зубы. Олег сжал пальцы в кулак* [прижав друг к другу два или несколько однородных предметов, плотно соединить] **7. *что; S не лицо*** *Тоска сжала сердце. Спазмы сжали горло* [вызвать ощущение тяжести, боли; стеснить горло, грудь, затруднив дыхание] **8. *что*** *Автор сильно сжал статью. Дирекция сжала сроки выполнения этих работ* [ввести в более тесные пределы, ограничить]

II. СЖА́ВШИЙ, -ая, -ее, -ие; *действ. прош.*

Синт.: **а, б** — в глаг. знач. 1 — 8

IV. СЖА́ТЫЙ, -ая, -ое, -ые; *страд. прош.*

Синт.: **а, б** — в глаг. знач. 1 — 8 и в статив. знач.; **в** — в глаг. знач. 6

Статив. знач., ***чем*** (только *полн. ф.*) Находящийся в тесном пространстве, окруженный со всех сторон чем-л. сильно стесняющим, отгораживающим от чего-л. *Река, сжатая скалами, кипела и пенилась*

В знач. прил. **1.** (только *полн. ф.*) Уплотненный давлением. *Сжатый воздух. Сжатая горючая смесь* **2.** (также *кр. ф.* ↓) Коротко изложенный, без подробностей, в немногих точных фразах. *Сжатое изложение. Сжатые доводы. Сжатый очерк. Сжатая информация* **3.** (также *кр. ф.* ↓) Непродолжительный по времени. *Сжатые сроки*

Субстантив.₃ в глаг. знач. 1

СЖАТ, -та, -то, -ты; *кр. ф.*

В глаг. знач. 1 — 8

В знач. прил. **1.** (также *полн. ф.* в знач. 2 ↑) *Изложение сжато. Доводы сжаты. Информация сжата, лаконична* **2.** (также *полн. ф.* в знач. 3 ↑) *Сроки слишком сжаты, поэтому неприемлемы*

СЖЕЧЬ, сожгу́, сожжёт, сожг|у́т, сжёг|, сожгла́, -ло́, -ли́; ***сов. к*** жечь в 1 знач. (см.)

II. СЖЁГШИЙ, -ая, -ее, -ие; *действ. прош.*

Синт.: **а, б** — в глаг. знач. 1

IV. СОЖЖЁННЫЙ, -ая, -ое, -ые; *страд. прош.* [чередование г/ж]

Синт.: **а, б, в** — в глаг. знач. 1

СОЖЖЁН, -ена́, -ено́, -ены́; *кр. ф.*

В глаг. знач. 1

СЖИДИ́ТЬ, сжижу́, сжид|я́т, сжиди́|л; ***сов., перех., что*** (*несов.* сжижа́ть) *Лаборант сжидил газ и включил измерительные приборы* [превратить в жидкое состояние; *спец.*]

II. СЖИДИ́ВШИЙ, -ая, -ее, -ие; *действ. прош.*

Синт.: **а, б** — в глаг. знач.

IV. СЖИ́ЖЕННЫЙ, -ая, -ое, -ые; *страд. прош.* [чередование д/ж]

Синт.: **а, б** — в глаг. знач.

В знач. прил. (только *полн. ф.*) Находящийся в жидком состоянии. *Сжиженный пар. Сжиженный газ*

СЖИ́ЖЕН, -ена, -ено, -ены; *кр. ф.*

В глаг. знач.

СЖИЖА́ТЬ, сжижа́|ют, сжижа́|л; ***несов. к*** сжиди́ть (см.)

I. СЖИЖА́ЮЩИЙ, -ая, -ее, -ие; *действ. наст.*

Синт.: **а, б** — в глаг. знач.

II. СЖИЖА́ВШИЙ, -ая, -ее, -ие; *действ. прош.*

Синт.: **а, б** — в глаг. знач.

III. СЖИЖА́ЕМЫЙ, -ая, -ое, -ые; *страд. наст.*
Синт.: **а, б, в** — в глаг. знач.

СЖИМА́ТЬ, сжима́|ют, сжима́|л; ***несов. к*** сжать (см.)

I. СЖИМА́ЮЩИЙ, -ая, -ее, -ие; *действ. наст.*
Синт.: **а, б** — в глаг. знач. 1 — 8

II. СЖИМА́ВШИЙ, -ая, -ее, -ие; *действ. прош.*
Синт.: **а, б** — в глаг. знач. 1 — 8

III. СЖИМА́ЕМЫЙ, -ая, -ое, -ые; *страд. наст.*
Синт.: **а, б** — в глаг. знач. 1 — 8; **в** — в глаг. знач. 1
Субстантив.₃ в глаг. знач. 1

СИДЕ́ТЬ, сижу́, сид|я́т, сиде́|л; ***несов., неперех.*** **1.** *Мальчик сидит на стуле* [находиться в положении, когда ноги согнуты или вытянуты, а нижняя часть туловища опирается на что-л.] **2.** ***S не лицо*** *Птица сидит на верхушке сосны. На цветке сидел шмель* [находиться неподвижно на одном месте — о птицах, насекомых] **3.** ***S не лицо*** *Морская свинка сидит в большой клетке. Собака сидит на цепи. Пироги уже сидят в духовке* [будучи помещенным куда-л., находиться в каком-л. месте — о животных, предметах] **4.** *Олег целый день сидит дома. Это произошло, когда мы сидели в кафе. Я не собираюсь сидеть у вас долго* [находиться где-л. с какой-л. целью] **5.** *Аня сидит на даче. «— Я все сидел в Петербурге и теперь спешу к дядюшке».* Достоевский, Село Степанчиково [находиться где-л. длительное время; *разг.*] **6.** *Этот человек сидит в тюрьме за воровство. Андрей сидел под арестом два часа* [находиться в заключении, быть лишенным свободы или возможности свободного передвижения] **7.** ***S не лицо*** *«Пробка сидела в горле бутылки плотно».* М. Горький, Мальва. *«Голова благородной формы сидела изящно и легко на тонкой шее».* Куприн, Памяти Н. Г. Михайловского (Гарина) [быть расположенным каким-л. образом где-л.] **8.** *«[Констанция:] Я не привыкла без дела сидеть».* Леонов, Обыкновенный человек. *«— Сготовила обед хороший. Накрыла на стол. Сижу — жду».* С. Антонов, Дальние поезда [находиться в состоянии бездеятельности, покоя, отдыха и т. п.] **9.** ***с кем*** *Бабушка сидит с ребенком. Аня сидела с больным, а Дима был в это время в командировке* [ухаживать, присматривать за кем-л., кто не может о себе заботиться] **10.** ***за чем, над чем*** и ***на чем*** *Илья сидит за чертежами. Сын сидит над этой задачей второй день. Сережа сидел на веслах, а я вычерпывала из лодки воду* [заниматься чем-л., трудиться над чем-л., делать что-л.] **11.** ***на чем*** *Тамара сидит на диете по предписанию врачей. Я сижу на овощах и фруктах, чтобы похудеть* [следовать какому-л. режиму, ограничивать себя чем-л.] **12.** ***без чего*** *Молодожены часто сидят без денег, не научившись еще хозяйничать. Мы сидим без горячей воды, так как на трассе идет ремонт* [не иметь чего-л.; *разг.*] **13.** ***в ком; S не лицо*** *В каждом человеке сидит червь сомнения. «Когда я придумывал разные предлоги, чтобы пойти к ней, во мне уже сидела крепкая уверенность, что я это непременно сделаю».* Чехов, Жена [глубоко таиться в ком-л., корениться] **14.** ***S не лицо*** *Байдарка сидит низко. Корабль сидит достаточно глубоко* [иметь какую-л. осадку — о судне, пароме, плоте и т. п.] **15.** ***S не лицо*** *Новый костюм хорошо на тебе сидит* [будучи надетым, располагаться на фигуре или частях тела тем или иным образом — об одежде, обуви]

I. СИДЯ́ЩИЙ, -ая, -ее, -ие; *действ. наст.*
Синт.: **а, б** — в глаг. знач. 1 — 15; **в** — в глаг. знач. 1
Ср. прил. **сидя́чий**, -ая, -ее, -ие. **1.** Такой, который может сидеть — о больном, раненом и т. п. *Сидячий больной. «Ползут, увязая в песках, телеги с сидячими, лежачими ранеными».* Бахметьев, У порога **2.** Такой, в котором находятся сидя — о положении, позе и т. п. *Сидячая поза. Находиться в сидячем положении* **3.** Связанный с пребыванием на одном месте; требующий сидения, малоподвижный. *Сидячий образ жизни. Сидячая работа* **4.** Предназначенный для сидения; *разг. Сидячие места*

II. СИДЕ́ВШИЙ, -ая, -ее, -ие; *действ. прош.*
Синт.: **а, б** — в глаг. знач. 1 — 15; **в** — в глаг. знач. 1

СИСТЕМАТИЗИ́РОВАТЬ, систематизи́ру|ют, систематизи́рова|л; ***сов.*** и ***несов., перех., что*** *Ученый систематизировал свои многолетние наблюдения* [привести или приводить в систему]

I. СИСТЕМАТИЗИ́РУЮЩИЙ, -ая, -ее, -ие; *действ. наст.*
Синт.: **а, б** — в глаг. знач.

II. СИСТЕМАТИЗИ́РОВАВШИЙ, -ая, -ее, -ие; *действ. прош.*
Синт.: **а, б** — в глаг. знач.

III. СИСТЕМАТИЗИ́РУЕМЫЙ, -ая, -ое, -ые; *страд. наст.*
Синт.: **а, б, в** — в глаг. знач.

IV. СИСТЕМАТИЗИ́РОВАННЫЙ, -ая, -ое, -ые; *страд. прош.*
Синт.: **а, б** — в глаг. знач.
В знач. прил. (только *полн. ф.*) **1.** Имеющий определенный порядок в расположении частей. *Систематизированное изложение фактов* **2.** Не хаотичный, не беспорядочный и случайный, имеющий определенную систему. *Университет дает студентам систематизированные знания в разных областях науки*
СИСТЕМАТИЗИ́РОВАН, -ана, -ано, -аны; *кр. ф.*
В глаг. знач.

СИЯ́ТЬ, сия́|ют, сия́|л; ***несов., неперех.*** **1.** ***S не лицо*** *На небе сияли звезды* [испускать сияние, ярко светиться] **2.** *также* ***чем; S не лицо*** *«Чертог сиял. Гремели хором Певцы при звуке флейт и лир».* Пушкин, Египетские ночи. *Новогодняя елка сияет множеством разноцветных лампочек* [быть ярко освещенным, залитым светом] **3.** ***S не лицо*** *«Мрачные ставни были открыты; стекла сияли при месяце».* Гоголь, Майская ночь [отражая свет, лучи, блестеть, сверкать, блистать] **4.** ***чем; S не лицо*** *Вымытые окна сияли чистотой. «С утра еще небо сияло чистейшей голубизной».* Волынский, Буран [отличаться безукоризненной чистотой; отличаться ярким цветом] **5.** также ***от чего; S не лицо*** *«[Ольга:] Но вот прошел год, и мы вспоминаем об этом легко, ты уже в белом платье, лицо твое сияет».* Чехов, Три сестры. *Глаза Ани сияли от счастья* [освещаться выражением радости, счастья — о лице; блестеть от радости, счастья — о глазах] **6.** также ***от чего*** *Мальчик сияет от радости* [обнаруживать своим внешним видом радость, счастье] **7.** ***в чем*** и ***на чем; S не лицо*** *Радость сияла в его глазах. «..любовь и счастье так и сияли на их лицах».* Вересаев, Проездом [ярко проявляться, обнаруживаться — о чувствах]

I. СИЯ́ЮЩИЙ, -ая, -ее, -ие; *действ. наст.*
Синт.: **а, б** — в глаг. знач. 1 — 7
В знач. прил. **1.** Исполненный радости, удовольствия, счастья. *Сияющие молодожены* **2.** Выражающий радость, счастье. *Сияющее лицо. Сияющие глаза. Сияющая улыбка*

II. СИЯ́ВШИЙ, -ая, -ее, -ие; *действ. прош.*
Синт.: **а, б** — в глаг. знач. 1 — 7

СКАЗА́ТЬ, скажу́, ска́жут, сказа́|л; ***сов.*** (несов. говори́ть) **1.** ***перех., что*** и ***с придат. дополнит.*** *Этот человек сказал правду. Андрей сказал явную глупость. Илья сказал, что не пойдет в театр сегодня* [выразить в устной речи какие-л. мысли, мнения, сообщить какие-л. факты и т. п.] **2.** ***неперех., о ком(чем)*** и ***о чем кому*** *Ольга сказала о своем новом друге только отцу. Дима сказал о задуманном путешествии Илье* [поделиться с кем-л. своим секретом, доверительно сообщить что-л. кому-л.]

II. СКАЗА́ВШИЙ, -ая, -ее, -ие; *действ. прош.*
Синт.: а, б — в глаг. знач. 1, 2

IV. СКА́ЗАННЫЙ, -ая, -ое, -ые; *страд. прош.*
Синт.: **а, б, в** — в глаг. знач. 1
СКА́ЗАН, -ана, -ано, -аны; *кр. ф.*
В глаг. знач. 1
Ср. **ска́зано,** ***безл.*** **1.** ***с неопр. ф.*** Велено, приказано. *Тебе сказано не ходить туда, а ты пошел!* **2.** В поговорке: **ска́зано — сде́лано** — говорится, когда чье-л. распоряжение или высказанное намерение быстро выполняется или когда слово не расходится с делом

СКАКА́ТЬ, скачу́, ска́ч|ут, скака́|л; ***несов., неперех.*** **1.** *Мальчик скачет на одной ноге. Заяц скакал через поле* [прыгать, подпрыгивать; передвигаться, быстро бежать скачками, прыжками] **2.** *Всадник скакал на белом коне* [ехать на лошади вскачь, очень быстро] **3.** *Кто сегодня скачет вторым?* [участвовать в скачках] **4.** ***S не лицо*** *Температура у больного скачет. Цены на рынке скачут* [быстро и внезапно меняться] **5.** ***S не лицо*** *Разговор скачет с одного предмета на другой. Мысли скачут, не могу сосредоточиться* [беспорядочно переходить в мыслях, разговоре с одного предмета на другой, затрагивать то одну, то другую тему] **6.** ***S не лицо*** *Ты пишешь так, что у тебя все буквы и строчки скачут* [быть написанным, изображенным неровно, на разной высоте, криво и т. п. — о буквах, строчках и т. п.; *разг.*] **7.** ***S не лицо*** *У меня буквы скачут перед глазами* [восприниматься зрением искаженно, в виде неровных, кривых и т. п. элементов]

I. СКА́ЧУЩИЙ, -ая, -ее, -ие; *действ. наст.*
Синт.: **а, б** — в глаг. знач. 1 — 7
В знач. прил. **1.** С резкими изменениями, переходами. *Скачущая температура. Скачущие цены. Скачущие ритмы* **2.** Беспорядочный, не сосредоточенный. *Скачущие мысли* **3.** Неровный, кривой. *Скачущие буквы. Скачущие строчки*

II. СКАКА́ВШИЙ, -ая, -ее, -ие; *действ. прош.**
Синт.: а, б — в глаг. знач. 1 — 3

□ Прич. II в 4 — 7 глаг. знач. не употр. Глагол в 4 — 7 знач. более употр. в ф. наст. вр.

СКАТА́ТЬ, ската́ют, ската́|л; ***сов. к*** ката́ть в 3, 5 знач. (см.)

II. СКАТА́ВШИЙ, -ая, -ее, -ие; *действ. прош.*
Синт.: **а, б** — в глаг. знач. 3, 5

IV. СКА́ТАННЫЙ, -ая, -ое, -ые; *страд. прош.*
Синт.: **а, б, в** — в глаг. знач. 3, 5
СКА́ТАН, -ана, -ано, -аны; *кр. ф.*
В глаг. знач. 3, 5

СКА́ШИВАТЬСЯ, ска́шива|ются, ска́шива|лся; ***несов. к*** скоси́ться (см.)

I. СКА́ШИВАЮЩИЙСЯ, -аяся, -ееся, -иеся; *действ. наст.*
Синт.: **а, б** — в глаг. знач. 1, 2; **в** — в глаг. знач. 1

II. СКА́ШИВАВШИЙСЯ, -аяся, -ееся, -иеся; *действ. прош.*
Синт.: **а, б** — в глаг. знач. 1, 2; **в** — в глаг. знач. 1

СКЛА́ДЫВАТЬ, скла́дыва|ют, скла́дыва|л; ***несов. к*** сложи́ть (см.)

I. СКЛА́ДЫВАЮЩИЙ, -ая, -ее, -ие; *действ. наст.*
Синт.: **а, б** — в глаг. знач. 1 — 9

II. СКЛА́ДЫВАВШИЙ, -ая, -ее, -ие; *действ. прош.*
Синт.: **а, б** — в глаг. знач. 1 — 9

III. СКЛА́ДЫВАЕМЫЙ, -ая, -ое, -ые; *страд. наст.*
Синт.: **а, б** — в глаг. знач. 1 — 9; **в** — в глаг. знач. 3, 5, 7
Субстантив.₃ в глаг. знач. 1, 4, 5, 7

СКЛА́ДЫВАТЬСЯ, скла́дыва|ются, скла́дыва|лся; ***несов.*** (*сов.* сложи́ться *к* 1, 3 — 9 знач.) **1.** ***S не лицо*** *Стол почему-то не складывается* [составляться из отдельных элементов, частей] **2.** ***S не лицо*** *У Сережи зонтик складывается, это очень удобно* [иметь свойство уменьшать объем, принимая новую форму путем изменения расположения составных частей] **3.** *Тело акробата складывалось пополам. При виде девочки губы Сережи всегда складывались в улыбку* [сгибаясь, изгибаясь, принимать какое-л. положение; изгибаясь, принимать какую-л. форму, вид] **4.** ***S не лицо*** *У нас в редакции постепенно складывается хороший, дружный коллектив* [организовываться, создаваться — о группе людей, коллективе] **5.** ***S не лицо*** *У Олега постепенно складывался небольшой рассказ о нашей поездке на Байкал* [создаваться в процессе творчества — о стихах, песне и т. п.] **6.** ***S не лицо*** *Обстоятельства складывались благоприятно. Жизнь Ани* *складывалась не совсем так, как она хотела* [принимать тот или иной оборот, течение] **7. *S* не лицо** *Мои привычки складывались постепенно. В недавно возникшем производственном объединении складывается новая система служб и отделов* [возникнув, приобретать законченную форму, вид, структуру и т. п.] **8. *S* не лицо** *Характер ребенка складывается постепенно* [определяться, приобретать те или иные характерные черты, свойства, качества] **9.** *Получив стипендию, друзья складываются и покупают новые пластинки* [давать деньги на какое-л. общее дело, устраивать складчину — о многих; *разг.*]

I. СКЛА́ДЫВАЮЩИЙСЯ, -аяся, -ееся, -иеся; *действ. наст.*

Синт.: **а, б** — в глаг. знач. 1 — 9

В знач. прил. Такой, который можно сложить. *Складывающийся стульчик. Складывающийся зонтик*

II. СКЛА́ДЫВАВШИЙСЯ, -аяся, -ееся, -иеся; *действ. прош.*

Синт.: **а, б** — в глаг. знач. 1 — 9

СКОВА́ТЬ, скую́т, скова́|л; ***сов., перех.*** (*несов.* ско́вывать *ко* 2 — 9 знач.; *несов.* кова́ть *к* 1 знач.) **1. *что*** *Кузнец сковал подкову* [изготовить ковкой] **2. *что*** *Мастер сковал два звена разорванной цепи* [соединить, скрепить ковкой] **3. *кого(что)*** *Жандармы сковали заключенных* [соединить оковами, кандалами кого-л. с кем-л.] **4. *кого(что)*** и ***что*** *Осужденного сковали по рукам и ногам. «Палачи отпустили законное число ударов* [осужденному],.. *сковали ноги».* Герцен, Былое и думы [надеть кандалы, оковы на кого-что-л.] **5. *кого(что)*** и ***что; S* не лицо** *Ужас сковал мальчика, он не мог пошевелиться. «На мгновение страх сковал ее движения».* Н. Островский, Рожденные бурей [лишить возможности двигаться или лишить свободы, легкости в движениях] **6. *кого(что); S* не лицо** *Непривычная обстановка, незнакомые люди сковали юношу* [вызвать чувство неловкости, стесненности в движениях, действиях и т. п.] **7. *кого(что)*** и ***что,*** также ***чем*** *«Николаевский и Горбунов должны были только сковать противника, отвлечь на себя его резервы».* Березко, Ночь полководца. *Мы сковали силы противника сильным артиллерийским огнем* (см. § 2) [держа противника под угрозой нападения, лишить возможности действовать свободно, активно] **8. *что; S* не лицо** *Лед сковал пруд* [заморозив, покрыть льдом реку, озеро и т. п.] **9. *что; S* не лицо** и ***безл.*** *Холода сковали землю. Морозом сковало дорогу* [заморозив, сделать твердым землю, грязь и т. п.]

II. СКОВА́ВШИЙ, -ая, -ее, -ие; *действ. прош.*

Синт.: **а, б** — в глаг. знач. 1 — 9

IV. СКО́ВАННЫЙ, -ая, -ое, -ые; *страд. прош.**

Синт.: **а, б** — в глаг. знач. 1 — 5, 7 — 9; **в** — в глаг. знач. 1 — 3

Ср. прил. **ско́ванный,** -ая, -ое, -ые; -ан, -анна, -анно, -анны. **1.** *в чем* Лишенный свободы в действиях, в движениях. *Больные, перенесшие эту операцию, были скованны в движениях* **2.** Лишенный непринужденности в поведении. *Она была молчалива и скованна* **3.** Лишенный свободы, легкости, естественности. *Скованные движения. Скованные мысли. «Он прошел мимо скованным шагом, устремив взгляд вперед».* Б. Полевой, Золото

Субстантив.$_2$ в глаг. знач. 3 — 5; субстантив.$_3$ в глаг. знач. 1, 2

СКО́ВАН, -ана, -ано, -аны; *кр. ф.*

В глаг. знач. 1 — 5, 7 — 9

▭ Прич. IV в 6 глаг. знач. не употр.

СКО́ВЫВАТЬ, ско́выва|ют, ско́выва|л; ***несов. к*** скова́ть во 2 — 9 знач. (см.)

I. СКО́ВЫВАЮЩИЙ, -ая, -ее, -ие; *действ. наст.*

Синт.: **а, б** — в глаг. знач. 2 — 9

II. СКО́ВЫВАВШИЙ, -ая, -ее, -ие; *действ. прош.*

Синт.: **а, б** — в глаг. знач. 2 — 9

III. СКО́ВЫВАЕМЫЙ, -ая, -ое, -ые; *страд. наст.**

Синт.: **а, б** — в глаг. знач. 2 — 5, 7 — 9; **в** — в глаг. знач. 2, 3

Субстантив.$_2$ в глаг. знач. 3 — 5; субстантив.$_3$ в глаг. знач. 2

▭ Прич. III в 6 глаг. знач. не употр.

СКОЛЬЗИ́ТЬ, скольжу́, скольз|я́т, скользи́|л; ***несов., неперех.*** **1.** *Мальчики медленно скользили по льду. Девочка скользила по натертому паркету* [плавно двигаться по гладкой, скользкой поверхности, не отрывая, не отделяя от нее ног] **2.** *Пешеход скользил и падал. В гололедицу ноги скользят и разъезжаются* [не имея твердой опоры, терять устойчивость на скользкой поверхности] **3. *S* не лицо** *Мыло скользит, его трудно удержать. Мокрая рыба скользит в руках* [с трудом удерживаться, стремиться выпасть — об очень гладком, скользком предмете, животном и т. п.] **4. *S* не лицо** *Тени скользили по саду. Луч луны скользил по озеру* [быстро и плавно распространяться, двигаться, перемещаться] **5. *S* не лицо** *«Его шальной насмешливый взгляд скользил по дороге, по обозу, по небу, ни на чем не останавливался».* Чехов, Степь [переходить с предмета на предмет, не сосредоточиваясь, не задерживаясь на чем-л. одном — о взгляде] **6. *S* не лицо** *«На ее выразительно раздвигавшихся тонких губах скользила усмешка».* С. Елеонский, Зарок [появляться и быстро исчезать — об улыбке, усмешке, гримасе и т. п.]

I. СКОЛЬЗЯ́ЩИЙ, -ая, -ее, -ие; *действ. наст.*

Синт.: **а, б** — в глаг. знач. 1 — 6

В знач. прил. Имеющий гладкую поверхность и двигающийся посредством скольжения. *Скользящий поршень*

Ср. прил. **скользя́щий,** -ая, -ее, -ие. **1.** Плавный, легкий — о движениях, походке. *Скользящая походка. Скользящие движения* **2.** Меняющийся соответственно изменению чего-л., непостоянный. *Скользящий график. Скользящие тарифы*

II. СКОЛЬЗИ́ВШИЙ, -ая, -ее, -ие; *действ. прош.*

Синт.: **а, б** — в глаг. знач. 1 — 6

СКОМА́НДОВАТЬ, скома́ндуют, скома́ндова|л; ***сов. к*** кома́ндовать во 2 знач. (см.)

II. СКОМА́НДОВАВШИЙ, -ая, -ее, -ие; *действ. прош.*
Синт.: **а, б** — в глаг. знач. 2

СКОМБИНИ́РОВАТЬ, скомбини́руют, скомбини́рова|л; ***сов. к*** комбини́ровать в 1 знач. (см.)
II. СКОМБИНИ́РОВАВШИЙ, -ая, -ее, -ие; *действ. прош.*
Синт.: **а, б** — в глаг. знач. 1
IV. СКОМБИНИ́РОВАННЫЙ, -ая, -ое, -ые; *страд. прош.*
Синт.: **а, б** — в глаг. знач. 1
СКОМБИНИ́РОВАН, -ана, -ано, -аны; *кр. ф.*
В глаг. знач. 1

СКО́МКАТЬ, ско́мка|ют, ско́мка|л; ***сов., перех., что*** (*несов.* ко́мкать) **1.** *Прохожий скомкал газету и бросил ее в урну* [смять, превратить в комок] **2.** *Профессор скомкал лекцию* [наспех, торопливо закончить высказывание, статью, работу и т. п., испортив спешкой, торопливостью]
II. СКО́МКАВШИЙ, -ая, -ее, -ие; *действ. прош.*
Синт.: **а, б** — в глаг. знач. 1, 2
IV. СКО́МКАННЫЙ, -ая, -ое, -ые; *страд. прош.*
Синт.: **а, б** — в глаг. знач. 1, 2; **в** — в глаг. знач. 2
В знач. прил. (также *кр. ф.* ↓) Сильно смятый, превращенный в комок. *Скомканная скатерть. Скомканный платок*
Субстантив.$_3$ в глаг. знач. 1
СКО́МКАН, -ана, -ано, -аны; *кр. ф.*
В глаг. знач. 1, 2
В знач. прил. (также *полн. ф.* ↑) *Скатерть была скомкана, в пятнах*

СКОМПРОМЕТИ́РОВАТЬ, скомпромети́руют, скомпромети́рова|л; ***сов. к*** компромети́ровать (см.)
II. СКОМПРОМЕТИ́РОВАВШИЙ, -ая, -ее, -ие; *действ. прош.*
Синт.: **а, б** — в глаг. знач.
IV. СКОМПРОМЕТИ́РОВАННЫЙ, -ая, -ое, -ые; *страд. прош.*
Синт.: **а, б, в** — в глаг. знач.
СКОМПРОМЕТИ́РОВАН, -ана, -ано, -аны; *кр. ф.*
В глаг. знач.

СКОНЦЕНТРИ́РОВАТЬ, сконцентри́руют, сконцентри́рова|л; ***сов. к*** концентри́ровать в 1, 2 знач. (см.)
II. СКОНЦЕНТРИ́РОВАВШИЙ, -ая, -ее, -ие; *действ. прош.*
Синт.: **а, б** — в глаг. знач. 1, 2
IV. СКОНЦЕНТРИ́РОВАННЫЙ, -ая, -ое, -ые; *страд. прош.*
Синт.: **а, б** — в глаг. знач. 1, 2
Субстантив.$_3$ не употр.
СКОНЦЕНТРИ́РОВАН, -ана, -ано, -аны; *кр. ф.*
В глаг. знач. 1, 2

СКООРДИНИ́РОВАТЬ, скоордини́руют, скоордини́рова|л; ***сов. к*** координи́ровать (см.)
II. СКООРДИНИ́РОВАВШИЙ, -ая, -ее, -ие; *действ. прош.*
Синт.: **а, б** — в глаг. знач. 1, 2
IV. СКООРДИНИ́РОВАННЫЙ, -ая, -ое, -ые; *страд. прош.*
Синт.: **а, б, в** — в глаг. знач. 1, 2
Субстантив.$_3$ не употр.
СКООРДИНИ́РОВАН, -ана, -ано, -аны; *кр. ф.*
В глаг. знач. 1, 2

СКОПИ́ТЬ, скоплю́, ско́п|ят, скопи́|л; ***сов. к*** копи́ть в 1 знач. (см.)
II. СКОПИ́ВШИЙ, -ая, -ее, -ие; *действ. прош.*
Синт.: **а, б** — в глаг. знач. 1
IV. СКО́ПЛЕННЫЙ, -ая, -ое, -ые; *страд. прош.*
[чередование п/пл]
Синт.: **а, б, в** — в глаг. знач. 1
СКО́ПЛЕН, -ена, -ено, -ены; *кр. ф.*
В глаг. знач. 1

СКОРРЕКТИ́РОВАТЬ, скорректи́руют, скорректи́рова|л; ***сов. к*** корректи́ровать (см.)
II. СКОРРЕКТИ́РОВАВШИЙ, -ая, -ее, -ие; *действ. прош.*
Синт.: **а, б** — в глаг. знач.
IV. СКОРРЕКТИ́РОВАННЫЙ, -ая, -ое, -ые; *страд. прош.*
Синт.: **а, б, в** — в глаг. знач.
СКОРРЕКТИ́РОВАН, -ана, -ано, -аны; *кр. ф.*
В глаг. знач.

СКОСИ́ТЬ [1], скошу́, ско́с|ят, скоси́|л; ***сов. к*** коси́ть [1] в 1 знач. (см.)
II. СКОСИ́ВШИЙ, -ая, -ее, -ие; *действ. прош.*
Синт.: **а, б** — в глаг. знач. 1
IV. СКО́ШЕННЫЙ, -ая, -ое, -ые; *страд. прош.*
[чередование с/ш]
Синт.: **а, б, в** — в глаг. знач. 1
СКО́ШЕН, -ена, -ено, -ены; *кр. ф.*
В глаг. знач. 1

СКОСИ́ТЬ [2], скошу́, скос|я́т, скоси́|л; ***сов., перех., что*** (*несов.* коси́ть [2] *к* 1 знач.) **1.** *Мальчик нарочно скосил рот* [сделать косым, перекосить, скривить] **2.** *Брат в смущении скосил глаза и не ответил на мой вопрос* [устремить взгляд вбок, в сторону] **3.** *Чертежник немного скосил правую деталь на чертеже. Портной сильно скосил сзади юбку. Плотник скосил раму* [сделать неровным, косым]
II. СКОСИ́ВШИЙ, -ая, -ее, -ие; *действ. прош.*
Синт.: **а, б** — в глаг. знач. 1 — 3
IV. СКО́ШЕННЫЙ, -ая, -ое, -ые и СКОШЁННЫЙ, -ая, -ое, -ые; *страд. прош.*
[чередование с/ш]
Синт.: **а, б** — в глаг. знач. 1 — 3; **в** — глаг. знач. 3
В знач. прил. **ско́шенный** (также *кр. ф.* ↓) Неровный, с кривизной, скосившийся. *Окна со скошенными рамами*
Ср. прил. **ско́шенный,** -ая, -ое, -ые; -ен, **-енна**, -**енно**, -**енны**. Расположенный, идущий наклонно, под углом к какой-л. плоскости. *Скошенный подбородок. Скошенный лоб. Скошенная лопасть у весла*
Субстантив.$_3$ в глаг. знач. 3
СКО́ШЕН, -ена, -ено, -ены и СКОШЁН, -ена́, -ено́, -ены́; *кр. ф.*
В глаг. знач. 1 — 3

В знач. прил. ско́шен (также *полн. ф.* ↑) *Рамы у окон были скошены, с трещинами*

СКОСИ́ТЬСЯ, скошу́сь, скося́тся, скоси́|лся; ***сов.*** (*несов.* ска́шиваться) **1.** ***S не лицо*** *Старый домик скосился набок. Рамы скосились, крыша протекает, нужен срочный ремонт* [стать косым, неровным, с кривизной] **2.** ***на кого(что)*** и ***на что*** *«Чубатый голландский гусак высокомерно скосился на хромавшего мимо Григория».* Шолохов, Тихий Дон [обратить, повернуть в сторону, вбок направление взгляда, скосить глаза на кого-что-л.]

II. СКОСИ́ВШИЙСЯ, -аяся, -ееся, -иеся; *действ. прош.*

Синт.: **а, б** — в глаг. знач. 1, 2; **в** — в глаг. знач. 1

СКРОИ́ТЬ, скро|я́т, скрои́|л; ***сов. к*** крои́ть во 2 знач. (см.)

II. СКРОИ́ВШИЙ, -ая, -ее, -ие; *действ. прош.*

Синт.: **а, б** — в глаг. знач. 2

IV. СКРО́ЕННЫЙ, -ая, -ое, -ые; *страд. прош.*

Синт.: **а, б, в** — в глаг. знач. 2

СКРО́ЕН, -ена, -ено, -ены; *кр. ф.*

В глаг. знач. 2

СКРУТИ́ТЬ, скручу́, скру́т|ят, скрути́|л; ***сов. к*** крути́ть в 3, 4 знач. (см.)

II. СКРУТИ́ВШИЙ, -ая, -ее, -ие; *действ. прош.*

Синт.: **а, б** — в глаг. знач. 3, 4

IV. СКРУ́ЧЕННЫЙ, -ая, -ое, -ые; *страд. прош.* [чередование т/ч]

Синт.: **а, б** — в глаг. знач. 3, 4; **в** — в глаг. знач. 3

СКРУ́ЧЕН, -ена, -ено, -ены; *кр. ф.*

В глаг. знач. 3, 4

СКРЫВА́ТЬ, скрыва́|ют, скрыва́|л; ***несов. к*** скрыть (см.)

I. СКРЫВА́ЮЩИЙ, -ая, -ее, -ие; *действ. наст.*

Синт.: **а, б** — в глаг. знач. 1 — 7

II. СКРЫВА́ВШИЙ, -ая, -ее, -ие; *действ. прош.*

Синт.: **а, б** — в глаг. знач. 1 — 7

III. СКРЫВА́ЕМЫЙ, -ая, -ое, -ые; *страд. наст.**

Синт.: **а, б** — в глаг. знач. 1 —3, 5 — 7; **в** — в глаг. знач. 1, 3, 5, 6

Субстантив.$_3$ в глаг. знач. 2, 7

□ Прич. III в 4 глаг. знач. не употр.

СКРЫТЬ, скро́ют, скры|л; ***сов., перех.*** (*несов.* скрыва́ть) **1.** ***кого(что)*** *Смелая женщина скрыла в своем доме двух партизан* [спрятать, предоставить убежище спасающемуся от преследования, опасности] **2.** ***что*** *«Он сел и скрыл свое разгоревшееся лицо за плечом Андрея».* М. Горький, Мать [поместить куда-л., чтобы другие не могли увидеть, обнаружить, спрятать] **3.** ***что*** *«Седоватые волосы были зачесаны с таким расчетом, чтобы скрыть лысину».* Инбер, Место под солнцем [закрыть, прикрыть и т. п. так, чтобы сделать незаметным, не привлекающим внимания] **4.** ***кого(что)*** и ***что; S не лицо*** *Тучи скрыли солнце. «Ветви деревьев переплелись так, что совершенно скрыли небо».* Арсеньев, Дерсу Узала [сделать недоступным взору, взгляду, заслонить собой, закрыть] **5.** ***что*** *Наташа скрыла волнение. «[Раиса Павловна] выбежала в переднюю, чтобы скрыть хлынувшие из глаз слезы».* Мамин-Сибиряк, Горное гнездо [не дать обнаружиться какому-л. чувству, состоянию и т. п., не дать возможности другим заметить их] **6.** ***что*** *Мастер цеха скрыл невыполнение плана* [утаить, не сообщить] **7.** ***что от кого(чего)*** *«[Яков:] ..давайте скроем от мамы этот случай, чтобы не волновать ее».* М. Горький, Последние [сохранить в тайне от кого-л.]

II. СКРЫ́ВШИЙ, -ая, -ее, -ие; *действ. прош.*

Синт.: **а, б** — в глаг. знач. 1 — 7

IV. СКРЫ́ТЫЙ, -ая, -ое, -ые; *страд. прош.*

Синт.: **а, б** — в глаг. знач. 1 — 7 и в статив. знач.; **в** — в глаг. знач. 1, 3, 6

Статив. знач. (также *кр. ф.* ↓) **1.** ***в чем*** Имеющийся, находящийся где-л., но остающийся еще не обнаруженным, не использованным. *Скрытые в земле запасы природного газа неисчерпаемы* **2.** ***в ком(чем)*** и ***в чем*** Заключенный в ком-чем-л., присущий кому-чему-л., но остающийся не раскрытым или раскрытым не в полной мере. *Скрытые в человеке таланты могут не проявиться. Богатейшие возможности, скрытые в новом методе, не использованы в полной мере. «Критика и существует затем, чтобы разъяснить смысл, скрытый в созданиях художника».* Добролюбов, Темное царство

В знач. прил. (только *полн. ф.*) Скрываемый, не обнаруживаемый явно, тайный. *Скрытая досада. Скрытая угроза. Скрытая насмешка*

Ср. прил. **скры́тый,** -ая, -ое, -ые. Присущий кому-чему-л., но внешне не заметный или еще не проявившийся. *Скрытые возможности. В ваших словах есть скрытый смысл. В этом человеке была какая-то скрытая сила* ◇ **Скрытая камера** (или **съемка**) — метод съемки в фотографии, кино, на телевидении, при котором снимаемый не знает, что на него направлен объектив

Субстантив.$_3$ в глаг. знач. 2, 7

СКРЫТ, -та, -то, -ты; *кр. ф.*

В глаг. знач. 1 — 7

Статив. знач. (также *полн. ф.* ↑) **1.** ***в чем*** *В земле скрыты неисчерпаемые запасы природного газа* **2.** ***в ком(чем)*** и ***в чем*** *В Ане явно скрыты многочисленные таланты. В новом методе скрыты богатейшие возможности. Какой смысл скрыт в этой картине?*

СКУЧА́ТЬ, скуча́|ют, скуча́|л; ***несов., неперех.*** **1.** ***от чего*** и ***без дополн.*** *Мой сын никогда не скучает. Люди скучают от безделья* [испытывать скуку] **2.** ***по кому(чему)*** и ***по чему, о ком(чем)*** и ***о чем, по ком*** *Аня скучает по дому. Мой друг скучает по театру. Я скучаю о тебе. Сережа скучает по вас* [томиться, тосковать без кого-чего-л.]

I. СКУЧА́ЮЩИЙ, -ая, -ее, -ие; *действ. наст.*

Синт.: **а, б** — в глаг. знач. 1, 2; **в** — в глаг. знач. 1

В знач. прил. **1.** Испытывающий скуку. *Скучающие люди вызывают у брата удивление* **2.** Выражающий скуку. *Скучающий* *вид. Скучающий взгляд. Скучающее выражение лица*

II. СКУЧА́ВШИЙ, -ая, -ее, -ие; *действ. прош.*

Синт.: **а, б** — в глаг. знач. 1, 2; **в** — в глаг. знач. 1

СЛАБЕ́ТЬ, слабе́|ют, слабе́|л; ***несов. к*** ослабе́ть в 1, 2 знач. (см.)

I. СЛАБЕ́ЮЩИЙ, -ая, -ее, -ие; *действ. наст.*

Синт.: **а, б, в** — в глаг. знач. 1, 2

II. СЛАБЕ́ВШИЙ, -ая, -ее, -ие; *действ. прош.*

Синт.: **а, б, в** — в глаг. знач. 1, 2

СЛА́ДИТЬ, сла́жу, сла́д|ят, сла́ди|л; ***сов.*** **1.** ***перех., что*** *«— Как они сладили это дело, не знаю..»* Лермонтов, Бэла [устроить, уладить, упорядочить; *прост.*] **2.** ***неперех., с кем(чем)*** *Молодая учительница не могла сладить с новым учеником* [справиться с кем-л., привести к повиновению, послушанию] **3.** ***неперех., с чем*** *Выступающий не мог сладить со своим волнением* [пересилить, превозмочь в себе какое-л. чувство, желание и т. п.; *разг.*]

II. СЛА́ДИВШИЙ, -ая, -ее, -ие; *действ. прош.*

Синт.: **а, б** — в глаг. знач. 1 — 3

IV. СЛА́ЖЕННЫЙ, -ая, -ое, -ые; *страд. прош.* [чередование д/ж]

Синт.: **а, б, в** — в глаг. знач. 1

Ср. прил. **сла́женный,** -ая, -ое, -ые; -ен, -енна, -енно, -енны. Согласованный, стройный, упорядоченный. *Слаженная работа. Слаженное пение*

Субстантив.₃ не употр.

СЛА́ЖЕН, -ена, -ено, -ены; *кр. ф.*

В глаг. знач. 1

СЛЕ́ДОВАТЬ, сле́ду|ют, сле́дова|л; ***несов., неперех.*** (*сов.* после́довать *ко* 2, 6 знач.) **1.** ***за кем(чем)*** и ***за чем*** *Незнакомец следовал за мной по пятам. Мотоциклист следовал за нашей машиной* [двигаться следом, непосредственно за кем-чем-л.] **2.** ***за чем; S не лицо*** *События следуют одно за другим* [наступать, происходить непосредственно после чего-л., вслед за чем-л.] **3.** ***за чем; S не лицо*** *«За огородами следовали крестьянские избы».* Гоголь, Мертвые души. *«Здесь же перечислялись все его родоначальники и предки.., а затем следовала подпись и печать отца».* Н. Морозов, Повесть моей жизни [находиться, располагаться непосредственно за чем-л., после чего-л.] **4.** *Колонна демонстрантов следовала по центральной улице. Поезд следует до Владивостока* [направляться, ехать, двигаться] **5.** ***кому в чем*** *Младший брат во всем следует старшему брату* [поступать подобно кому-л., подражать] **6.** ***чему*** *Андрей следует моему совету. Ольга во всем следует моде* [поступать, руководствуясь чем-л.] **7.** ***чему*** *Мой друг всегда следует велению сердца. «..раз начав, он всю жизнь следовал поставленной цели».* Гранин, Эта странная жизнь [руководствоваться чем-л., быть сторонником чего-л., разделять, принимать какие-л. положения, правила и т. п.] **8.** ***S не лицо*** *Отсюда следует вывод. Из этого ничего не следует* [вытекать из чего-л., быть результатом чего-л.] **9.** ***S не лицо*** *«Сколько с нас следует?»* Чехов, Дуэль [причитаться к уплате, выдаче и т. п.] **10.** ***безл., с неопр. ф.*** *Следовало поехать в Ленинград немедленно. Не следует делать преждевременные выводы* [нужно, должно, полагается]

I. СЛЕ́ДУЮЩИЙ, -ая, -ее, -ие; *действ. наст.**

Синт.: **а, б** — в глаг. знач. 1 — 8

Ср. прил. **сле́дующий,** -ая, -ее, -ие. **1.** Наступающий или наступивший непосредственно вслед за чем-л.; ближайший по очереди после кого-чего-л. *На следующей неделе. В следующий раз. Следующий этап. В следующем номере журнала. Кто следующий?* **2.** Такой, который располагается вслед за чем-л. *Мы перешли в следующую комнату* **3.** Именно такой, который перечисляется далее — в знач. определительного мест. *Вызываются следующие лица. Сказаны были следующие слова*

Ср. прич. в 9 глаг. знач. с прил. **сле́дуемый,** -ая, -ое, -ые. Причитающийся, такой, который должен быть уплачен, выдан кому-л.; *офиц. Получить следуемые деньги*

В знач. сущ. **сле́дующее,** -его, *ср.* То, что следует далее; вот что. *Я должен вам сказать следующее. «Произошло следующее. Вблизи шведских берегов.. заметили на горизонте немецкий крейсер».* Паустовский, Северная повесть

II. СЛЕ́ДОВАВШИЙ, -ая, -ее, -ие; *действ. прош.**

Синт.: **а, б** — в глаг. знач. 1 — 8

□ Прич. I, II в 9 глаг. знач. не употр.

СЛЕПИ́ТЬ, слеплю́, сле́п|ят, слепи́|л; ***сов. к*** лепи́ть в 3 знач. (см.)

II. СЛЕПИ́ВШИЙ, -ая, -ее, -ие; *действ. прош.*

Синт.: **а, б** — в глаг. знач. 3

IV. СЛЕ́ПЛЕННЫЙ, -ая, -ое, -ые; *страд. прош.* [чередование п/пл]

Синт.: **а, б, в** — в глаг. знач. 3

СЛЕ́ПЛЕН, -ена, -ено, -ены; *кр. ф.*

В глаг. знач. 3

СЛОЖИ́ТЬ, сложу́, сло́ж|ат, сложи́|л; ***сов., перех., что*** (*несов.* скла́дывать; *несов.* класть *к* 5 знач.) **1.** *Илья сложил дрова у забора. Олег сложил книги в небольшие стопки* [соединяя вместе, поместить что-л. в определенное место; положить в определенном порядке, придав какой-л. вид, форму] **2.** *Ты сложил чемоданы? Ведь поезд уходит через два часа!* [собрать, уложить во что-л. вещи, чтобы взять с собой в дорогу] **3.** *Первоклассники правильно сложили все нечетные цифры* [произвести сложение чисел, прибавить одно число к другому] **4.** *Дети сложили из кубиков фигурки зверей. Аня старательно сложила вместе клочки разорванного письма* [собрать, составить целое из каких-л. частей] **5.** *Наш сосед сложил эту печь сам* [построить из камня, кирпича, возвести путем кладки] **6.** *«Вот как две женщины сложили песню..»* М. Горький, Как сложили песню [сочинить стихи, песню и т. п.] **7.** *Смирнов сложил газету и положил ее в портфель* [перегнуть, свернуть что-л., придав какое-л. положение, вид, форму] **8.** *Ира сложила зонтик, потому что дождь уже прошел* [сблизить подвижные части складного предмета, придав ему компактную форму] **9.** *Бабушка сложила руки на животе, закрыла глаза и задремала. Оля сложила губы трубочкой* [придать какое-л. положение, форму рукам, губам, ногам, пальцам, согнув их, изогнув, соединив и т. п.]

II. СЛОЖИ́ВШИЙ, -ая, -ее, -ие; *действ. прош.*

Синт.: **а, б** — в глаг. знач. 1 — 9

IV. СЛО́ЖЕННЫЙ, -ая, -ое, -ые; *страд. прош.*

Синт.: **а, б** — в глаг. знач. 1 — 9; **в** — в глаг. знач. 2, 3, 5, 7, 8

Ср. прил. **сложённый,** -ая, -ое, -ые; -ён, -ена́, -ено́, -ены́; ***с нареч.*** Обладающий тем или иным телосложением. *Ира хорошо сложена*

Субстантив.₃ в глаг. знач. 1, 4, 5, 7

СЛО́ЖЕН, -ена, -ено, -ены; *кр. ф.*

В глаг. знач. 1 — 9

СЛОЖИ́ТЬСЯ, сложу́сь, сло́жатся, сложи́|лся; ***сов. к*** скла́дываться в 1, 3 — 9 знач. (см.)

II. СЛОЖИ́ВШИЙСЯ, -аяся, -ееся, -иеся; *действ. прош.*

Синт.: **а, б** — в глаг. знач. 1, 3 — 9; **в** — в глаг. знач. 1, 4, 7, 8

СЛОМА́ТЬ, слома́ют, слома́|л; ***сов., перех.*** (*несов.* лома́ть *к* 1 — 5 знач.) **1. *что*** *Мальчик сломал сухой сук у дерева. Сильный ветер сломал старую яблоню* [согнув, перегнув, ударив твердый предмет, силой разделить на части, на куски, отделить части чего-л.] **2. *что*** *Малыш сломал новую игрушку* [привести в негодность, повредить, испортить] **3. *что*** *В нашем районе все старые дома постепенно сломали и на их месте построили новые* [разрушить, разобрать на части строение, пришедшее в негодность сооружение и т. п.] **4. *что*** *Аня сломала ногу* [получить перелом кости в результате падения, сильного удара и т. п.] **5. *что*** *«Старую веру сломали, а новой веры нет».* А. Н. Толстой, На дыбе. *«Революция сломала привычный уклад жизни, перевернула старые представления и понятия».* Рыбаков, Екатерина Воронина [разрушить, уничтожить что-л. укоренившееся, упрочившееся] **6. *что*** *«Одним болеют все — торопят победу; одним болеют — сломать фашистский фронт, полностью разгромить врага».* А. Н. Толстой, Народ и армия [прорвать фронт, линию обороны и т. п.] **7. *кого(что),*** также ***чем*** *Фашисты даже пытками не сломали молодую партизанку* (см. § 2). *Невзгоды не смогли сломать моих друзей* [лишить силы, воли, энергии, ослабить физически или подавить нравственно]

II. СЛОМА́ВШИЙ, -ая, -ее, -ие; *действ. прош.*

Синт.: **а, б** — в глаг. знач. 1 — 7

IV. СЛО́МАННЫЙ, -ая, -ое, -ые; *страд. прош.*

Синт.: **а, б** — в глаг. знач. 1 — 7; **в** — в глаг. знач. 1, 3, 4

В знач. прил. (также *кр. ф.*↓) Поврежденный, испорченный, не действующий, сломавшийся. *Сломанная игрушка. Сломанные часы*

Субстантив.₃ в глаг. знач. 1 — 3

СЛО́МАН, -ана, -ано, -аны; *кр. ф.*

В глаг. знач. 1 — 7

В знач. прил. (также *полн. ф.*↑) *Игрушка сломана. Часы сломаны*

СЛОМА́ТЬСЯ, слома́ются, слома́|лся; ***сов. к*** лома́ться в 1, 4 знач. (см.)

II. СЛОМА́ВШИЙСЯ, -аяся, -ееся, -иеся; *действ. прош.*

Синт.: **а, б, в** — в глаг. знач. 1, 4

СЛОМИ́ТЬ, сломлю́, сло́м|ят, сломи́|л; ***сов., перех.*** **1. *что; S не лицо*** *Буря сломила дерево пополам* [ломая, свалить] **2. *что*** *Наши войска сломили сопротивление врага* [одолеть, победить кого-л. или подавить, преодолев что-л.] **3. *кого(что)*** и ***что,*** также ***чем*** *Фашисты не сломили волю патриотов пытками* (см. § 2). *Невзгоды сломили старика* [лишить силы, воли, мужества; ослабить физически или подавить нравственно]

II. СЛОМИ́ВШИЙ, -ая, -ее, -ие; *действ. прош.*

Синт.: **а, б** — в глаг. знач. 1 — 3

IV. СЛО́МЛЕННЫЙ, -ая, -ое, -ые; *страд. прош.*

[чередование м/мл]

Синт.: **а, б** — в глаг. знач. 1 — 3

Субстантив.₃ не употр.

СЛО́МЛЕН, -ена, -ено, -ены; *кр. ф.*

В глаг. знач. 1 — 3

СЛУЖИ́ТЬ, служу́, слу́ж|ат, служи́|л; ***несов.*** **1. *неперех.*** *Олег служит в армии* [исполнять воинские обязанности] **2. *неперех., кем*** *Моя подруга служит секретарем в министерстве* [исполнять обязанности служащего, работать в качестве служащего где-л.] **3. *неперех.*** *«У тети каждую неделю менялись кухарка и горничные.. Из своих деревенских никто не хотел служить».* Чехов, В родном углу [быть слугой, прислугой богатого помещика, барина и т. п.] **4. *неперех., кому(чему)*** *«— Скрывавшиеся в лесах остатки побежденных вернулись в город и стали служить победителям».* А. Н. Толстой, Аэлита. *«[Глафира:] Рада служить вам всем, чем могу».* А. Островский, Волки и овцы [исполнять какие-л. обязанности по отношению к кому-л., находясь в чьей-л. власти, подчиняясь кому-л.; оказывать кому-л. какие-л. услуги] **5. *неперех.; S не лицо*** *«Я утомился от усиленной работы, мозг отказывался служить».* Серафимович, Прогулка [выполнять свое назначение — о частях, органах тела, вещах, орудиях и т. п.] **6. *неперех., кому(чему)*** и ***чему*** *«Я лиру посвятил народу своему. Быть может, я умру неведомый ему, Но я ему служил — и сердцем я спокоен».* Н. Некрасов, Элегия. *Всю свою жизнь отец служил делу революции. Мой друг беззаветно служит искусству* [делать что-л. для кого-чего-л., направлять свою деятельность на пользу чего-л.] **7. *неперех., чем*** и ***для чего; S не лицо*** *Табуретка служила нам столом. Кисть служит для окраски рам* [иметь своим назначением что-л., использоваться для чего-л.] **8. *неперех., чем*** *Новый ученик служит примером для всего класса. Этот его жест служил признаком сильного волнения. Заботы Тамары о стариках служат доказательством ее доброты* [быть, являться чем-л.— в сочетании с некоторыми существительными] **9. *неперех., кому(чему); S не лицо*** *Туфли пока еще мне служат* [выполнять свое назначение — о вещи] **10. *неперех.; S не лицо*** *Моя собака служит* [стоять на задних лапах — о некоторых животных] **11. *перех., что*** *Батюшка* *служил обедню* [отправлять церковную службу, совершать богослужение]

I. СЛУ́ЖАЩИЙ, -ая, -ее, -ие; *действ. наст.*
Синт.: **а, б** — в глаг. знач. 1 — 11; **в** — в глаг. знач. 1
В знач. сущ. **слу́жащий,** -его, *м.;* **слу́жащая,** -ей, *ж.* Работник (работница) нефизического, умственного труда, получающий заработную плату или (в капиталистических странах) жалованье, т. е. фиксированный заработок. *Служащие советских учреждений. Рабочие и служащие*

II. СЛУЖИ́ВШИЙ, -ая, -ее, -ие; *действ. прош.*
Синт.: **а, б** — в глаг. знач. 1 — 11; **в** — в глаг. знач. 1

IV. СЛУ́ЖЕННЫЙ, -ая, -ое, -ые; *страд. прош.*
Синт.: **а, б** — в глаг. знач. 11
Субстантив.$_3$ не употр.
СЛУ́ЖЕН, -ена, -ено, -ены; *кр. ф.*
В глаг. знач. 11

□ Прич. III не употр.

СЛУ́ШАТЬ, слу́ша|ют, слу́ша|л; **несов., перех. 1. кого(что)** и **что** *Дети с интересом слушали бабушку. Мы слушали симфонию Бетховена. Тамара внимательно слушает эту интересную историю* [обращать, направлять слух на что-л., чтобы услышать, воспринять произносимое, исполняемое на музыкальном инструменте и т. п.] **2. кого(что)** и **что** *В прошлом году Дима слушал высшую математику в Московском университете. Ольга сейчас слушает лучших профессоров* [изучать, посещая лекции; посещать чьи-л. лекции] **3. кого(что)** *Молодой врач всегда очень внимательно слушал больных* [исследовать, определять на слух состояние и работу внутренних органов] **4. что** *Вчера мы слушали отчет профорга о проделанной работе* [разбирать, обсуждать какой-л. вопрос на каком-л. заседании] **5. что** *Какое дело слушают сегодня в суде?* [публично разбирать какое-л. судебное дело] **6. кого(что)** *Дима каждый день говорит, что нужно поехать в Ленинград, но его никто не слушает. «[Шура:] Надо лечиться серьезно. Ты — никого не слушаешь».* М. Горький, Егор Булычов и другие [принимать во внимание чьи-л. советы, просьбы, слова и т. п.] **7. кого(что)** *Ты меня не слушала, и вот что из этого вышло!* [подчиняться чьим-л. распоряжениям, следовать чьим-л. советам, слушаться; *разг.*]

I. СЛУ́ШАЮЩИЙ, -ая, -ее, -ие; *действ. наст.*
Синт.: **а, б** — в глаг. знач. 1 — 7

II. СЛУ́ШАВШИЙ, -ая, -ее, -ие; *действ. прош.*
Синт.: **а, б** — в глаг. знач. 1 — 7

III. СЛУ́ШАЕМЫЙ, -ая, -ое, -ые; *страд. наст.**
Синт.: **а, б** — в глаг. знач. 1, 2, 5
Субстантив.$_2$ и субстантив.$_3$ не употр.

IV. СЛУ́ШАННЫЙ, -ая, -ое, -ые; *страд. прош.**
Синт.: **а, б** — в глаг. знач. 1, 2, 4, 5
Субстантив.$_2$ не употр.; субстантив.$_3$ в глаг. знач. 5
СЛУ́ШАН, -ана, -ано, -аны; *кр. ф.** (*редко*)
В глаг. знач. 1, 2, 4, 5

□ Прич. III в 3, 4, 6, 7 глаг. знач. не употр. Прич. IV в 3, 6, 7 глаг. знач. не употр.

СЛЫ́ШАТЬ, слы́ш|ат, слы́ша|л; **несов.** (*сов.* услы́шать *к* 1 — 3 знач.) **1. перех., кого(что)** и **что** *Ты меня слышишь? Аня плохо слышала голос певца* [различать, воспринимать слухом] **2. перех., кого(что)** и **что** *Наш мастер слышит только высокое начальство. Олег совершенно не слышит критику в свой адрес* [воспринимать содержание сказанного, реагировать на высказанное мнение, оценку, предложение и т. п.] **3. перех., что, о ком(чем)** и **о чем, про кого(что)** и **про что** и **с придат. дополнит.** *«[Вожеватов:] Слышали новость, Мокий Парменыч? Лариса Дмитриевна замуж выходит».* А. Островский, Бесприданница. *Смирнов ничего не слышал об этой певице. Мы слышали, что вы собираетесь уехать на месяц* [получать какие-л. сведения, узнавать из разговоров, лекции и т. п.] **4.** (только прош.) **перех., кого(что)** *Моя бабушка слышала Шаляпина* [присутствовать на концерте, спектакле, собрании, митинге и т. п., где выступает какой-л. прославленный артист, ученый, государственный деятель и т. п.] **5. перех., что** и **с придат. дополнит.** *Аня хорошо слышит запахи. «Она слышала в себе движение новой жизни».* Л. Толстой, Анна Каренина. *Вдруг слышу, что по руке ползет гусеница* [распознавать путем ощущения, чувствовать, замечать] **6. неперех.** *Девочка не слышит* [обладать слухом]

I. СЛЫ́ШАЩИЙ, -ая, -ее, -ие; *действ. наст.**
Синт.: **а, б** — в глаг. знач. 1 — 3, 5, 6; **в** — в глаг. знач. 6

II. СЛЫ́ШАВШИЙ, -ая, -ее, -ие; *действ. прош.*
Синт.: **а, б** — в глаг. знач. 1 — 6

III. СЛЫ́ШИМЫЙ, -ая, -ое, -ые; *страд. наст.**
Синт.: **а, б** — в глаг. знач. 1, 3, 5
Ср. прил. **слы́шный,** -ая, -ое, -ые; слы́шен, слышна́, слы́шно, слышны́ и слы́шны. **1.** *с нареч.* Такой, что можно слышать. *Еле слышный шепот. Едва слышное пение* **2.** (только *кр. ф.*) Слышащийся, звучащий. *Слышны чьи-то шаги* **3.** (только *кр. ф.*) Воспринимаемый обонянием. *Слышен запах свежего сена* **4.** (только *кр. ф.*) Такой, который заметен, находит проявление в чем-л., чувствуется. *В его словах слышна ирония*
Субстантив.$_3$ в глаг. знач. 1, 3
СЛЫ́ШИМ, -има, -имо, -имы; *кр. ф.**
В глаг. знач. 1, 5

IV. СЛЫ́ШАННЫЙ, -ая, -ое, -ые; *страд. прош.**
Синт.: **а, б** — в глаг. знач. 1, 3, 5
Субстантив.$_3$ в глаг. знач. 1, 3
СЛЫ́ШАН, -ана, -ано, -аны; *кр. ф.** (*редко*)
В глаг. знач. 1, 3, 5

□ Прич. I в 4 глаг. знач. не употр. Прич. III, IV во 2, 4 глаг. знач. не употр. Кр. ф. прич. III не употр. также в 3 глаг. знач.

СМЕТА́ТЬ [1], смечу́, сме́чут, смета́|л; **сов.** *к* мета́ть [1] во 2 знач. (см.)

II. СМЕТА́ВШИЙ, -ая, -ее, -ие; *действ. прош.*
Синт.: **а, б** — в глаг. знач. 2

IV. СМЁТАННЫЙ, -ая, -ое, -ые; *страд. прош.*

Синт.: **а, б, в** — в глаг. знач. 2
СМЕ́ТАН, -ана, -ано, -аны; *кр. ф.*
В глаг. знач. 2

СМЕТА́ТЬ[2], сметают, смета́|л; ***сов. к*** метать[3] во 2 знач. (см.)

II. СМЕТА́ВШИЙ, -ая, -ее, -ие; *действ. прош.*
Синт.: **а, б** — в глаг. знач. 2

IV. СМЕ́ТАННЫЙ, -ая, -ое, -ые; *страд. прош.*
Синт.: **а, б, в** — в глаг. знач. 2
СМЕ́ТАН, -ана, -ано, -аны; *кр. ф.*
В глаг. знач. 2

СМЕША́ТЬ, смешают, смеша́|л; ***сов., перех.*** (*несов.* сме́шивать; *несов.* мешать[1] *к* 1, 2 знач.) **1. *что*** и ***что, что с чем*** *Бабушка смешала рис и пшено. Мы смешали сок с водой* [соединить в одно что-л. разнородное, разные вещества, составив смесь или раствор] **2. *что*** *Олег смешал разные сорта чая* [соединить вместе, в одно разные виды, сорта и т. п. одного вещества] **3. *что*** *Игроки смешали шахматные фигуры* [перемешав, нарушить порядок расположения чего-л.] **4. *что*** *Малыш смешал бумаги, лежавшие на столе* [перепутать, привести в беспорядок] **5. *что*** *Ученик смешал два понятия* [ошибочно принять одно за другое, не различить, спутать]

II. СМЕША́ВШИЙ, -ая, -ее, -ие; *действ. прош.*
Синт.: **а, б** — в глаг. знач. 1 — 5

IV. СМЕ́ШАННЫЙ, -ая, -ое, -ые; *страд. прош.*
Синт.: **а, б** — в глаг. знач. 1 — 5 и в статив. знач.; **в** — в глаг. знач. 1, 2
Статив. знач., ***с чем*** (также *кр. ф.*↓) Сочетающий в своем составе что-л. разнородное. *Шел дождь, смешанный со снегом. Лицо девушки выражало радость, смешанную с испугом*
Ср. прил. **сме́шанный**, -ая, -ое, -ые. **1.** Образовавшийся путем смешения, скрещивания. *Смешанные породы скота* **2.** Состоящий из разнородных частей, элементов, разнородный по составу. *Смешанный репертуар. Смешанная комиссия. Смешанное чувство. Смешанный лес*
Субстантив.$_3$ в глаг. знач. 1
СМЕ́ШАН, -ана, -ано, -аны; *кр. ф.*
В глаг. знач. 1 — 5
Статив. знач. ***с чем*** (также *полн. ф.*↑) *Дождь был смешан со снегом. Радость, которую выражало лицо девушки, была смешана с испугом*

СМЕ́ШИВАТЬ, сме́шива|ют, сме́шива|л; ***несов. к*** смешать (см.)

I. СМЕ́ШИВАЮЩИЙ, -ая, -ее, -ие; *действ. наст.*
Синт.: **а, б** — в глаг. знач. 1 — 5

II. СМЕ́ШИВАВШИЙ, -ая, -ее, -ие; *действ. прош.*
Синт.: **а, б** — в глаг. знач. 1 — 5

III. СМЕ́ШИВАЕМЫЙ, -ая, -ое, -ые; *страд. наст.*
Синт.: **а, б** — в глаг. знач. 1 — 5; **в** — в глаг. знач. 1 — 3
Субстантив.$_3$ в глаг. знач. 1

СМЕЯ́ТЬСЯ, сме|ю́тся, смея́|лся; ***несов.*** **1.** *Зрители смеялись до слез* [издавать прерывистые характерные звуки, вызываемые короткими и сильными выдыхательными движениями при выражении радости, веселья, удовольствия, иногда при нервных потрясениях] **2. *над кем (чем)*** *«..смеяться над огорченным человеком во всяком случае непростительно».* Салтыков-Щедрин, Благонамеренные речи [подвергать кого-л. насмешкам] **3. *над чем*** *Ребята смеялись над моим нарядом* [высмеивать что-л.] **4. *над чем*** *Этот человек всегда смеялся над опасностями* [пренебрегать чем-л., не знать страха перед чем-л.] **5.** *Не обращай на них внимания, они смеются* [шутить, говорить не серьезно; *разг.*]

I. СМЕЮ́ЩИЙСЯ, -аяся, -ееся, -иеся; *действ. наст.**
Синт.: **а, б** — в глаг. знач. 1 — 4; **в** — в глаг. знач. 1
В знач. прил. Выражающий радость, веселье, полноту удовольствия. *Смеющиеся глаза. Смеющийся взгляд. Смеющееся лицо*

II. СМЕЯ́ВШИЙСЯ, -аяся, -ееся, -иеся; *действ. прош.**
Синт.: **а, б** — в глаг. знач. 1 — 4; **в** — в глаг. знач. 1
▭ Прич. I, II в 5 глаг. знач. не употр.

СМИНА́ТЬ, смина́|ют, смина́|л; ***несов. к*** смять в 4, 6, 7 знач. (см.)

I. СМИНА́ЮЩИЙ, -ая, -ее, -ие; *действ. наст.*
Синт.: **а, б** — в глаг. знач. 4, 6, 7

II. СМИНА́ВШИЙ, -ая, -ее, -ие; *действ. прош.*
Синт.: **а, б** — в глаг. знач. 4, 6, 7

III. СМИНА́ЕМЫЙ, -ая, -ое, -ые; *страд. наст.*
Синт.: **а, б** — в глаг. знач. 4, 6, 7
Субстантив.$_2$ в глаг. знач. 6

СМОЛО́ТЬ, смелю́, сме́лют, смоло́|л; ***сов. к*** моло́ть в 1, 2 знач. (см.)

II. СМОЛО́ВШИЙ, -ая, -ее, -ие; *действ. прош.*
Синт.: **а, б** — в глаг. знач. 1, 2

IV. СМО́ЛОТЫЙ, -ая, -ое, -ые; *страд. прош.*
Синт.: **а, б, в** — в глаг. знач. 1, 2
СМО́ЛОТ, -та, -то, -ты; *кр. ф.*
В глаг. знач. 1, 2

СМО́РЩИВАТЬСЯ, смо́рщива|ются, смо́рщива|лся; ***несов. к*** смо́рщиться в 1, 4 знач. (см.)

I. СМО́РЩИВАЮЩИЙСЯ, -аяся, -ееся, -иеся; *действ. наст.*
Синт.: **а, б** — в глаг. знач. 1, 4

II. СМО́РЩИВАВШИЙСЯ, -аяся, -ееся, -иеся; *действ. прош.*
Синт.: **а, б** — в глаг. знач. 1, 4

СМО́РЩИТЬ, смо́рщ|ат, смо́рщи|л; ***сов., перех., что*** (*несов.* мо́рщить) *Мальчик сморщил нос. Сестра сморщила лоб* [собрать в морщины кожу на лбу, носу и т. д.]

II. СМО́РЩИВШИЙ, -ая, -ее, -ие; *действ. прош.*
Синт.: **а, б** — в глаг. знач.

IV. СМО́РЩЕННЫЙ, -ая, -ое, -ые; *страд. прош.*
Синт.: **а, б** — в глаг. знач.
Ср. прил. **смо́рщенный**, -ая, -ое, -ые; -ен, -енна, -енно, -енны. **1.** Покрытый морщинами, ставший морщинистым. *Сморщенные руки. Сморщенное лицо* **2.** (только *полн. ф.*) С морщинистым лицом. *Сморщенный старик* **3.** (только *полн. ф.*) Съежившийся, покры-

тый складками, покоробленный, сморщившийся. *Сморщенный тулуп. Сморщенные листья. Сморщенный от дождей рюкзак*

Субстантив.$_3$ не употр.

СМО́РЩЕН, -ена, -ено, -ены; *кр. ф.*

В глаг. знач.

СМО́РЩИТЬСЯ, смо́рщатся, смо́рщи|лся; ***сов.*** (*несов.* смо́рщиваться *к* 1, 4 знач.; *несов.* мо́рщиться *к* 1, 2 знач.) **1. *S не лицо*** *Его лицо сморщилось* [собраться в морщины] **2.** *Девочка сморщилась при виде жабы* [сморщить лицо, сделать гримасу] **3.** *Старушка вся сморщилась, поседела* [стать морщинистым, похудев, постарев] **4. *S не лицо*** *Кора дерева сморщилась, почернела. Обложка книги сморщилась* [покрыться складками, съежиться, покоробиться]

II. СМО́РЩИВШИЙСЯ, -аяся, -ееся, -иеся; *действ. прош.*

Синт.: **а, б** — в глаг. знач. 1 — 4; **в** — в глаг. знач. 1, 2, 4

Субстантив.$_1$ в глаг. знач. 2

СМОТРЕ́ТЬ, смотрю́, смо́тр|ят, смотре́|л; ***несов.*** (*сов.* посмотре́ть *к* 1, 3, 4, 6, 9 — 12 знач.) **1. *неперех., на кого(что)*** и ***на что, во что*** и ***с придат. дополнит.*** *Мы смотрим на луну в телескоп. Мальчик смотрел на прохожих из окна. Девушка смотрела мне прямо в глаза. «Степан смотрел, как пробиралась Валя колючим кустарником».* Горбатов, Непокоренные [направлять взгляд куда-л., чтобы увидеть кого-что-л.] **2. *неперех.*** *«[Гульд:] Вы слишком робко смотрите в будущее».* Симонов, Русский вопрос [направлять, устремлять свою мысль куда-л., на что-л.] **3. *неперех., на кого(что)*** и ***на что*** *К сожалению, Олег не смотрит на родителей и делает всё посвоему. «Федора-то немного ворчлива; да вы на это не смотрите, Варенька».* Достоевский, Бедные люди [не принимать во внимание, не считаться с кем-чем-л.— с отрицанием; *разг.*] **4. *неперех., на кого(что)*** и ***на что*** *Смирнов смотрит на жизнь легко и просто. Аня смотрит на друзей слишком критически* [так или иначе относиться к кому-чему-л., оценивать кого-что-л. с какой-л. точки зрения] **5. *неперех., на кого(что)*** и ***на что как на кого(что)*** и ***как на что*** *«Когда я шел на вокзал.., то смеялся без причины, и на меня смотрели, как на пьяного».* Чехов, Моя жизнь. *Олег не хотел, чтобы сотрудники отдела смотрели на него как на контролера* [считать кем-чем-л., принимать за кого-что-л.] **6. *неперех., на кого(что)*** и ***на что, без дополн.*** и ***с придат. дополнит.*** *«[Стогов:] Я думал, что ты с Яковлевым живешь хорошо.. Но вот смотрю я на вас.. и вижу, что ошибся».* М. Горький, Фальшивая монета. *Сначала я не соглашалась с Ильей, но прошло время, смотрю — он прав. Ольга смотрит, как мы живем, и удивляется* [делать предметом своего внимания, наблюдений; *разг.*] **7. *неперех.*** *Теперь он жалуется на дочь, а чего же сам раньше смотрел? Чего ты смотришь, иди скорее, тебя ждут!* [не пресекать что-л., давая возможность появиться, утвердиться чему-л. отрицательному; *разг.*; проявлять медлительность, нерешительность в чем-л.; *разг.*] **8. *неперех., на что*** и ***во что; S не лицо*** *Окна нашей квартиры смотрят во двор* [быть обращенным, направленным в какую-л. сторону, куда-л.] **9. *неперех., за кем (чем)*** и ***за чем*** и ***с придат. дополнит.*** *Соседка смотрела за маленьким ребенком. Брат смотрел за порядком в доме, пока нас не было. Аня смотрит, чтобы никто не вошел сейчас в комнату* [заботиться о ком-чем-л., следить за кем-чем-л.] **10. *перех., что*** *Вчера мы смотрели место, где будут строить новый дом. Ольга смотрит расписание экзаменов* [рассматривая, осматривая, знакомиться с чем-л.; просматривая, читая, знакомиться с содержанием чего-л.] **11. *перех., что*** *Вы смотрели новый балет в Большом театре?* [быть зрителем на каком-л. представлении, зрелище] **12. *перех., кого(что)*** *Врач сейчас смотрит больного* [производить врачебный осмотр, обследование]

I. СМОТРЯ́ЩИЙ, -ая, -ее, -ие; *действ. наст.**

Синт.: **а, б** — в глаг. знач. 1 — 5, 8 — 12

II. СМОТРЕ́ВШИЙ, -ая, -ее, -ие; *действ. прош.**

Синт.: **а, б** — в глаг. знач. 1 — 5, 8 — 12

IV. СМО́ТРЕННЫЙ, -ая, -ое, -ые; *страд. прош.**

Синт.: **а, б** — в глаг. знач. 11

Субстантив.$_3$ не употр.

СМО́ТРЕН, -ена, -ено, -ены; *кр. ф.**

В глаг. знач. 11

□ Прич. I, II в 6, 7 глаг. знач. не употр. Прич. III не употр. Прич. IV в 10, 12 глаг. знач. не употр.

СМОЧЬ, смогу́, смо́жет, смо́гут, смог|, смогла́, -ло́, -ли́; ***сов. к*** мочь во 2, 3 знач. (см.)

II. СМО́ГШИЙ, -ая, -ее, -ие; *действ. прош.*

Синт.: **а, б** — в глаг. знач. 2, 3

СМУТИ́ТЬ, смущу́, смут|я́т, смути́|л; ***сов., перех.*** (*несов.* смуща́ть) **1. *кого(что),*** также ***чем*** *Гость смутил сестру подчеркнутым вниманием* (см. § 1). *«Слишком пристальный взгляд секретаря смутил Авдотью».* Николаева, Жатва [привести в смущение, замешательство] **2. *что*** *«Валентина Васильевна сильно смутила его воображение».* А. Н. Толстой, Егор Абозов. *Это предложение смутило мою душу* [растревожить, нарушить спокойствие, вызвать смятение, волнение]

II. СМУТИ́ВШИЙ, -ая, -ее, -ие; *действ. прош.*

Синт.: **а, б** — в глаг. знач. 1, 2

IV. СМУЩЁННЫЙ, -ая, -ое, -ые; *страд. прош.* [чередование т/щ]

Синт.: **а, б** — в глаг. знач. 1, 2

В знач. прил. (также *кр. ф.*↓) Находящийся в смущении, испытывающий смущение, смутившийся. *Вошла смущенная мама*

С р. прил. **смущённый,** -ая, -ое, -ые; смущён (*малоупотр.*), -ённа, -ённо, -ённы. Полный смущения, выражающий смущение, свидетельствующий о нем. *Смущенная улыбка. Смущенный вид. Смущенное лицо. Смущенная покорность*

Субстантив.$_3$ не употр.

СМУЩЁН, -ена́, -ено́, -ены́; *кр. ф.*

В глаг. знач. 1, 2

В знач. прил. (также *полн. ф.*↑) *Мама была смущена*

СМУТИ́ТЬСЯ, смущу́сь, смутя́тся, смути́|лся;

сов. (*несов.* смущáться) «[*Настя*] *смутилась так сильно, что на глазах у нее выступили слезы*». Паустовский, Секвойя [прийти в смущение, замешательство]

II. СМУТИ́ВШИЙСЯ, -аяся, -еея, -иеся; *действ. прош.*

С и н т.: **а, б, в** — в глаг. знач.

СМУЩÁТЬ, смущá|ют, смущá|л; ***несов., перех.*** (*сов.* смути́ть) **1.** ***кого(что),*** также ***чем*** *Гость смущал сестру подчеркнутым вниманием* (см. § 1). *Приход Олега смущает собравшихся* [приводить в смущение, замешательство] **2.** ***что*** *Твой друг смущает мой покой. Ваше предложение смущает мою душу* [тревожить, нарушать спокойствие, вызывать смятение, волнение]

I. СМУЩÁЮЩИЙ, -ая, -ее, -ие; *действ. наст.*

С и н т.: **а, б** — в глаг. знач. 1, 2

В з н а ч. п р и л. Такой, который вызывает смущение, замешательство у окружающих. *Смущающий взгляд. Смущающая улыбка. Смущающий жест*

II. СМУЩÁВШИЙ, -ая, -ее, -ие; *действ. прош.*

С и н т.: **а, б** — в глаг. знач. 1, 2

III. СМУЩÁЕМЫЙ, -ая, -ое, -ые; *страд. наст.*

С и н т.: **а, б** — в глаг. знач. 1, 2

С у б с т а н т и в.$_3$ не употр.

СМУЩÁТЬСЯ, смущá|ются, смущá|лся; ***несов. к*** смути́ться (см.)

I. СМУЩÁЮЩИЙСЯ, -аяся, -ееся, -иеся; *действ. наст.*

С и н т.: **а, б, в** — в глаг. знач.

II. СМУЩÁВШИЙСЯ, -аяся, -ееся, -иеся; *действ. прош.*

С и н т.: **а, б, в** — в глаг. знач.

СМЯГЧÁТЬ, смягчá|ют, смягчá|л; ***несов., перех.*** (*сов.* смягчи́ть *к* 1, 3 — 9 знач.) **1.** ***что,*** также ***чем*** *Мы смягчали кожу особым раствором* (см. § 2) [делать более мягким, эластичным, лишать твердости, жесткости] **2.** ***что; S не лицо*** *Этот крем хорошо смягчает кожу* [иметь свойство делать что-л. более мягким, эластичным] **3.** ***кого(что)*** и ***что,*** также ***чем*** *Внуки смягчают старика. Олег смягчал бабушку своим вниманием* (см. § 1). *Хорошие отметки сына смягчают сердце отца* [делать менее суровым, строгим, вызывать чувство доброты, мягкости, уступчивости] **4.** ***что*** *Отец смягчал свой суровый голос, обращаясь к матери. Суровое лицо моего друга смягчала улыбка* [делать более приветливым, сердечным взгляд, выражение лица, голос и т. п.] **5.** ***что; S не лицо*** *Толстая куртка смягчала удары. Лекарство смягчает боль* [ослаблять, умерять] **6.** ***что*** *Родители часто смягчают наказание детям* [делать менее суровым и тяжелым] **7.** ***что,*** также ***чем*** *Олег смягчает свой отказ обещанием выполнить поручение в следующий раз* (см. § 2) [делать менее прямолинейным, грубым, резким] **8.** ***что*** *Художник смягчает краски, когда рисует небо. Зеленый абажур смягчает свет в комнате* [делать менее резким, более приятным для глаз, слуха] **9.** ***что; S не лицо*** *Леса смягчают суровый климат* [делать погоду, климат более теплым, без резких колебаний температуры]

I. СМЯГЧÁЮЩИЙ, -ая, -ее, -ие; *действ. наст.*

С и н т.: **а, б** — в глаг. знач. 1 — 9

В з н а ч. п р и л. **1.** Такой, который придает чему-л. бóльшую мягкость, эластичность. *Смягчающие вещества. Смягчающий крем* **2.** Такой, который может сделать что-л. менее тяжелым, менее резким. *Смягчающая улыбка. Смягчающие обстоятельства*

II. СМЯГЧÁВШИЙ, -ая, -ее, -ие; *действ. прош.*

С и н т.: **а, б** — в глаг. знач. 1 — 9

III. СМЯГЧÁЕМЫЙ, -ая, -ое, -ые; *страд. наст.**

С и н т.: **а, б** — в глаг. знач. 1, 3 — 9; **в** — в глаг. знач. 1, 6, 7

С у б с т а н т и в.$_3$ в глаг. знач. 1

□ Прич. III во 2 глаг. знач. не употр.

СМЯГЧÁТЬСЯ, смягчá|ются, смягчá|лся; ***несов. к*** смягчи́ться (см.)

I. СМЯГЧÁЮЩИЙСЯ, -аяся, -ееся, -иеся; *действ. наст.*

С и н т.: **а, б** — в глаг. знач. 1 — 8

II. СМЯГЧÁВШИЙСЯ, -аяся, -ееся, -иеся; *действ. прош.*

С и н т.: **а, б** — в глаг. знач. 1 — 8

СМЯГЧИ́ТЬ, смягч|áт, смягчи́|л; ***сов., перех.*** (*несов.* смягчáть) **1.** ***что,*** также ***чем*** *Мы смягчили кожу особым раствором* (см. § 2) [сделать более мягким, эластичным, лишить твердости, жесткости] **2.** ***кого(что)*** и ***что,*** также ***чем*** «*Юлии хотелось смягчить старика, внушить ему чувство жалости..*» Чехов, Три года. *Внук явно смягчил бабушку своим вниманием* (см. § 1). *Хорошие отметки сына смягчили сердце отца* [сделать менее суровым, строгим, вызвать чувство доброты, мягкости, уступчивости] **3.** ***что*** «— *Вера! — сказал отец, стараясь смягчить свой сухой и твердый голос*». Л. Андреев, Молчание. *Суровое лицо друга смягчила улыбка* [сделать более приветливым, сердечным взгляд, выражение лица, голос и т. п.] **4.** ***что; S не лицо*** *Толстая куртка смягчила удар. Лекарство смягчило боль* [ослабить, умерить] **5.** ***что*** *Родители смягчили наказание детям. Верховный суд смягчил приговор* [сделать менее суровым и тяжелым] **6.** ***что,*** также ***чем*** «*Марья Кириловна смягчила в своем переводе грубые выражения отца*». Пушкин, Дубровский. *Олег смягчил свой отказ обещанием поехать с нами в следующий раз* (см. § 2) [сделать менее прямолинейным, грубым, резким] **7.** ***что*** *Художник несколько смягчил краски. Этот абажур смягчит свет в комнате* [сделать менее резким, более приятным для глаз, слуха] **8.** ***что; S не лицо*** *Леса смягчили суровый климат этого района* [сделать погоду, климат более теплым, без резких колебаний температуры]

II. СМЯГЧИ́ВШИЙ, -ая, -ее, -ие; *действ. прош.*

С и н т.: **а, б** — в глаг. знач. 1 — 8

IV. СМЯГЧЁННЫЙ, -ая, -ое, -ые; *страд. прош.*

С и н т.: **а, б** — в глаг. знач. 1 — 8; **в** — в глаг. знач. 1, 5, 6

В з н а ч. п р и л. (только *полн. ф.*) **1.** Ставший кротким, уступчивым, утративший суровость, строгость, смягчившийся. *Мы увидели его смягченным, радостным* **2.** Мягкий, приветливый, сердечный, смягчившийся.

Он смотрел на сестру смягченным взглядом **3.** Не резкий, приятный для глаз, слуха. *Смягченный свет. Смягченные звуки*
Субстантив.$_3$ в глаг. знач. 1
СМЯГЧЁН, -ена́, -ено́, -ены́; *кр. ф.*
В глаг. знач. 1 — 8

СМЯГЧИ́ТЬСЯ, смягча́тся, смягчи́|лся; ***сов.*** (*несов.* смягча́ться) **1.** ***S не лицо*** *Под действием этого раствора кожа смягчилась* [стать более мягким, эластичным, лишиться твердости, жесткости] **2.** *«Закричит он, а потом смягчится..»* Решетников, Между людьми [стать менее суровым и строгим, стать более мягким, уступчивым] **3.** ***S не лицо*** *«В первый раз за эти два дня лицо его смягчилось, подобрело».* Атаров, Магистральная горка. *Взгляд дедушки смягчился, когда он увидел внука* [стать мягким, приветливым, сердечным — о лице, взгляде, глазах и т. п.] **4.** ***S не лицо*** *Боль в ноге смягчилась* [стать менее сильным и резким] **5.** ***S не лицо*** *«Было еще очень рано, утренний холодок еще не смягчился».* Достоевский, Преступление и наказание [ослабнуть, уменьшиться] **6.** ***S не лицо*** *«..Во всяком случае, участь ваша, верно, смягчится».* Гоголь, Мертвые души [стать менее суровым и тяжелым] **7.** ***S не лицо*** *Свет смягчился. Звуки смягчились* [стать менее резким, более приятным для глаз, слуха] **8.** ***S не лицо*** *«Хорошо еще, что здесь зима вдруг смягчилась».* Достоевский, Письмо А. Н. Майкову, 18 февр. 1868 [стать более мягким, без резких колебаний температуры — о погоде, климате]
II. СМЯГЧИ́ВШИЙСЯ, -аяся, -ееся, -иеся; *действ. прош.*
Синт.: **а, б** — в глаг. знач. 1 — 8

СМЯТЬ, сомну́т, смя|л; ***сов., перех.*** (*несов.* смина́ть *к* 4, 6, 7 знач.; *несов.* мять *к* 1 — 3 знач.) **1.** ***что***, также ***чем*** *Малыш смял рукой край скатерти* (см. § 2). *Зачем вы смяли бумагу?* [давлением, прикосновением сделать неровным, негладким] **2.** ***что*** *Ты смяла свою юбку, встань со стула! Олег сел на постель и смял покрывало* [допустить, чтобы что-л., обычно одежда, стало мятым] **3.** ***что*** *Девочка смяла носовой платок в руке* [сжать в комок, скомкать] **4.** ***что; S не лицо*** *Тяжелый пресс смял случайно попавшую под него деталь* [повредить поверхность чего-л., сплющить давлением, ударом и т. п.] **5.** ***что*** *«Еще никто.. не смял этих невинных цветов».* Гл. Успенский, Письма с дороги. *Сильный ливень смял пшеницу* [пригнуть, придавить, притоптать растения к земле] **6.** ***кого(что)*** *«Кондратий Трифоныч видит во сне, что он сделался медведем, что он смял Ваньку под себя и торжествует».* Салтыков-Щедрин, Невинные рассказы [навалившись на кого-л., придавить к земле или натиском сбить с ног, заставить упасть] **7.** ***кого(что)*** *Танкисты смяли противника, заставили отступить* [нарушить боевой порядок, внести расстройство в чьи-л. ряды]
II. СМЯ́ВШИЙ, -ая, -ее, -ие; *действ. прош.*
Синт.: **а, б** — в глаг. знач. 1 — 7
IV. СМЯ́ТЫЙ, -ая, -ое, -ые; *страд. прош.*
Синт.: **а, б** — в глаг. знач. 1 — 7
В знач. прил. **1.** (также *кр. ф.*↓) Негладкий, неровный, со складками, морщинами. *Смятая скатерть. Смятая бумага. Смятая постель* **2.** (только *полн. ф.*) С поврежденной поверхностью, сплющенный. *Смятые детали. Смятая дверца машины* **3.** (только *полн. ф.*) Пригнутый, придавленный, притоптанный к земле — о растениях. *Смятый овес. Смятая трава*
Субстантив.$_2$ в глаг. знач. 6; субстантив.$_3$ в глаг. знач. 1, 2, 4
СМЯТ, -та, -то, -ты; *кр. ф.*
В глаг. знач. 1 — 7
В знач. прил. (также *полн. ф.* в знач. прил. 1↑) *Скатерть смята. Бумага смята. Постель смята*

СМЯ́ТЬСЯ, сомну́тся, смя́|лся; ***сов. к*** мя́ться в 3 знач. (см.)
II. СМЯ́ВШИЙСЯ, -аяся, -ееся, -иеся; *действ. прош.*
Синт.: **а, б, в** — в глаг. знач. 3

СНЕСТИ́, снесу́т, снёс|, снесла́, -ло́, -ли́, ***сов. к*** нести́ в 10 знач. (см.)
II. СНЁСШИЙ, -ая, -ее, -ие; *действ. прош.*
Синт.: **а, б** — в глаг. знач. 10
IV. СНЕСЁННЫЙ, -ая, -ое, -ые; *страд. прош.*
Синт.: **а, б, в** — в глаг. знач. 10
СНЕСЁН, -ена́, -ено́, -ены́; *кр. ф.*
В глаг. знач. 10

СНИЖА́ТЬ, снижа́|ют, снижа́|л; ***несов. к*** сни́зить (см.)
I. СНИЖА́ЮЩИЙ, -ая, -ее, -ие; *действ. наст.*
Синт.: **а, б** — в глаг. знач. 1 — 5
II. СНИЖА́ВШИЙ, -ая, -ее, -ие; *действ. прош.*
Синт.: **а, б** — в глаг. знач. 1 — 5
III. СНИЖА́ЕМЫЙ, -ая, -ое, -ые; *страд. наст.*
Синт.: **а, б** — в глаг. знач. 1 — 5; **в** — в глаг. знач. 1
Субстантив.$_3$ в глаг. знач. 5

СНИ́ЗИТЬ, сни́жу, сни́з|ят, сни́зи|л; ***сов., перех., что*** (*несов.* снижа́ть) **1.** *Рабочий снизил давление в котле. Шофер снизил скорость. Рабочие снизили требования к качеству своей продукции* [сделать ниже прежнего уровня, прежней нормы] **2.** *Актер заметно снизил свое мастерство* [ухудшить, ослабить] **3.** также ***чем*** *Этой трактовкой пьесы режиссер спектакля снизил замысел драматурга* (см. § 2) [лишить значимости, важности, приподнятости и т. п., упростить, обеднить] **4.** *Мальчик снизил голос до шепота. Музыканты снизили тон звука* [сделать звук, голос и т. п. более низким по тону, менее громким по звучанию] **5.** *Летчик снизил высоту над аэродромом* [уменьшить высоту полета самолета, планера, вертолета и т. п.]
II. СНИ́ЗИВШИЙ, -ая, -ее, -ие; *действ. прош.*
Синт.: **а, б** — в глаг. знач. 1 — 5
IV. СНИ́ЖЕННЫЙ, -ая, -ое, -ые; *страд. прош.*
[чередование з/ж]
Синт.: **а, б** — в глаг. знач. 1 — 5; **в** — в глаг. знач. 1
Ср. прил. **сни́женный**, -ая, -ое, -ые. Не соответствующий нормам литературного языка, с элементами просторечия. *Сниженный стиль речи. Сниженная разговорная речь. Сниженные языковые средства*
Субстантив.$_3$ в глаг. знач. 5

СНИ́ЖЕН, -ена, -ено, -ены; *кр. ф.*
В глаг. знач. 1 — 5

СНИМА́ТЬ, снима́|ют, снима́|л; ***несов. к*** снять (см.)

I. СНИМА́ЮЩИЙ, -ая, -ее, -ие; *действ. наст.*
Синт.: **а, б** — в глаг. знач. 1 — 23

II. СНИМА́ВШИЙ, -ая, -ее, -ие; *действ. прош.*
Синт.: **а, б** — в глаг. знач. 1 — 23

III. СНИМА́ЕМЫЙ, -ая, -ое, -ые; *страд. наст.*
Синт.: **а, б** — в глаг. знач. 1 — 23; **в** — в глаг. знач. 3, 6, 7, 10, 17, 19 — 23
Субстантив.$_2$ в глаг. знач. 11 — 13, 21; субстантив.$_3$ в глаг. знач. 1, 2, 4 — 6, 9, 12, 18, 21, 22

СНЯТЬ, сниму́, сни́мут, сня|л, сняла́, сня́ло, -ли; ***сов., перех.*** (*несов.* снима́ть) **1. *что*** *Дима снял книгу с полки. Девушка сняла телефонную трубку. Я сняла плащ с вешалки и положила его в сумку* [достать, взять что-л., находящееся сверху, на поверхности чего-л. или где-л. висящее] **2. *что*** *Оля сняла картину со стены и вместо нее повесила фотографии родителей. Илья снял чайник с огня. Мы сняли паутину со стен и вымыли полы* [убрать, удалить то, что находится на поверхности чего-л.] **3. *что*** *«[Кочевники] сняли юрты и погнали стада на запад».* А. Н. Толстой, Аэлита. *С нового дома уже сняли строительные леса* [убрать, удалить что-л. построенное, установленное где-л.] **4. *что*** *Рабочие осторожно сняли рамы с петель. «Цепочка звякнула. Но ее не сняли, напротив надели, чтобы, приоткрыв дверь, посмотреть на меня».* Каверин, Два капитана [открепить, отделить что-л. прикрепленное, приделанное к чему-л.] **5. *что с чего*** *Смирнов вылез из байдарки и снял ее с огромного камня. Не прошло и получаса, как буксирный пароход снял их с мели* [сдвинув, стащив что-л. застрявшее с мели, рифов, камней и т. д., освободить, дать возможность свободно двигаться] **6. *что*** *Старик снял шляпу. Мать сняла пальто с малыша. Дети сняли валенки. Мы еще не сняли чехлы с мебели* [удалить то, что надето или покрывает, окутывает кого-что-л.] **7. *что*** *Актриса сняла грим и переоделась. Археологи осторожно сняли верхний пласт земли* [стирая, срезая, сдирая и т. п., удалить что-л., плотно покрывающее какую-л. поверхность или составляющее верхний слой чего-л.] **8. *что*** *В этом году колхозники сняли богатый урожай яблок* [собрать, убрать после созревания зерно, плоды, овощи и т. п.] **9. *кого(что) с чего*** *«— Наш пограничный полк сняли с границы».* Шолохов, Тихий Дон [отозвать, отвести, удалить с какого-л. поста, позиций] **10. *кого(что)*** *Разведчики бесшумно сняли часового и проникли в дом* [убив, связав и т. п., удалить кого-л. откуда-л., лишить возможности действовать] **11. *кого(что) с чего*** *Команда спасателей сняла всех пассажиров с тонущего корабля. Пожарный снял плачущего мальчика с крыши* [заставить кого-л. или помочь кому-л. покинуть какое-л. место в экстремальной ситуации] **12. *кого(что)*** и ***что с чего*** *Деканат снял первокурсников с занятий и направил на профилактический врачебный осмотр. Автобус сняли с маршрута из-за неисправности тормоза* [освободить от какого-л. дела, занятия, работы с какой-л. целью, по какой-л. причине] **13. *кого (что) с чего*** *Иванова сняли с работы за серьезные ошибки. Олега сняли с учета в нашей партийной организации* [сделать для кого-л. невозможным продолжать заниматься чем-л., работать где-л., пользоваться какими-л. услугами и т. п.] **14. *что с кого(чего)*** *Через полгода с Олега сняли выговор* [упразднить, сделать недействительным что-л. назначенное, определенное кому-л., возложенное на кого-л.] **15. *что; S не лицо*** *Твой приход снял неловкость, возникшую между Ольгой и Иваном. «Отъезд Рудина снял большую тяжесть с ее сердца».* Тургенев, Рудин [вызвать исчезновение чего-л.] **16. *что с кого*** *«Бригадир хочет снять с себя всякую ответственность за уборку сена».* Жестев, Под одной крышей [освободить, избавить себя от чего-л.— в сочетании со словами *с себя*] **17. *что*** *Врачи сняли запрет на купание. Олег снял свое предложение* [отменить, объявить недействительным, прекратить действие чего-л.] **18. *что*** *Эту марку телевизоров уже сняли с производства. Фильм сняли с экрана* [прекратить выпуск, демонстрацию и т. п. чего-л.] **19. *что*** *Молодой инженер снял противоречия в проекте* [устранить] **20. *что*** *Картографы сняли план местности. Портной снял с меня мерку. Я снял копию с диплома* [изготовить, сделав копию оригинала, обмерив кого-что-л. и т. п.] **21. *кого(что)*** и ***что*** *Известный режиссер недавно снял новый фильм. Фотограф снял детей на цветную пленку* [запечатлеть на фото- или кинопленке] **22. *что*** *Молодожены сняли комнату на год* [взять внаем] **23. *что*** и ***без дополн.*** *Игорь снял карты, и я начал показывать фокус. «Дорофея перетасовала карты, дала снять, сдала».* Панова, Времена года [переложить верхнюю часть стасованных карт под низ перед их сдачей для карточной игры, показом фокусов и т. п.]

II. СНЯ́ВШИЙ, -ая, -ее, -ие; *действ. прош.*
Синт.: **а, б** — в глаг. знач. 1 — 23

IV. СНЯ́ТЫЙ, -ая, -ое, -ые; *страд. прош.*
Синт.: **а, б** — в глаг. знач. 1 — 23; **в** — в глаг. знач. 3, 6, 7, 10, 17, 19 — 23
Ср. прил. **снято́й** в выражении: **снятое молоко** — молоко, с которого сняты сливки
Субстантив.$_2$ в глаг. знач. 11 — 13, 21; субстантив.$_3$ в глаг. знач. 1, 2, 4 — 6, 9, 12, 18, 21, 22
СНЯТ, снята́, сня́то, -ты; *кр. ф.*
В глаг. знач. 1 — 22

СОБИРА́ТЬ, собира́|ют, собира́|л; ***несов. к*** собра́ть (см.)

I. СОБИРА́ЮЩИЙ, -ая, -ее, -ие; *действ. наст.*
Синт.: **а, б** — в глаг. знач. 1 — 21

II. СОБИРА́ВШИЙ, -ая, -ее, -ие; *действ. прош.*
Синт.: **а, б** — в глаг. знач. 1 — 21

III. СОБИРА́ЕМЫЙ, -ая, -ое, -ые; *страд. наст.**
Синт.: **а, б** — в глаг. знач. 1 — 16, 18 — 21; **в** — в глаг. знач. 2, 3, 6, 7, 9, 10 — 12, 14, 21

Субстантив.₃ в глаг. знач. 3 — 5, 6, 10, 15, 19

□ Прич. III в 17 глаг. знач. не употр.

СОБИРА́ТЬСЯ, собира́|ются, собира́|лся; ***несов. к*** собра́ться (см.)

I. СОБИРА́ЮЩИЙСЯ, -аяся, -ееся, -иеся; *действ. наст.*

Синт.: **а, б** — в глаг. знач. 1 — 12

II. СОБИРА́ВШИЙСЯ, -аяся, -ееся, -иеся; *действ. прош.*

Синт.: а, б — в глаг. знач. 1 — 12

СОБРА́ТЬ, соберу́т, собра́|л, собрала́, собра́ло, -ли; ***сов., перех.*** (*несов.* собира́ть) **1.** ***кого(что)*** *Экскурсовод собрал туристов у входа в музей. В день своего пятидесятилетия Смирнов собрал у себя друзей. Председатель колхоза собрал людей на борьбу со снежными заносами* [сосредоточить, соединить в одном месте многих, созвав или заставив прибыть куда-л.] **2.** ***что*** *Директор собрал совещание начальников цехов. «— Надо собрать слет стахановцев и наладить обмен опытом».* Крымов, Инженер. *Главный врач собрал консилиум* [организовать работу коллегиального органа, совещания, собрания и т. п., созвав его членов, участников и т. п.] **3.** ***что*** и ***чего*** *Дети собрали разноцветные камушки и ракушки на берегу реки. Мы быстро собрали для костра хворост и сухие ветки. Илья собрал корзину белых грибов за два часа* [сорвав с деревьев, с кустов и т. п., подобрав с земли, набрать в каком-л. количестве] **4.** ***что*** и ***чего*** *Валерий уже собрал с грядки все огурцы* [снять, сорвать с поля, с грядки, с дерева, куста созревший плод, зерно и т. п. при уборке урожая] **5.** ***что*** *Мальчик собрал в ящик разбросанные по всей комнате игрушки. Дима собрал осколки от тарелки в совок* [сложить, поместить что-л. в одно место, вместе; подобрать, поднять что-л. упавшее, рассыпавшееся и т. п.] **6.** ***что*** *Сережа уже собрал вещи в дорогу. Аня собрала белье для прачечной* [отобрав и соединив в одном месте, сложить во что-л., приготовить для дороги, для починки, стирки и т. п.] **7.** ***что*** *Ты уже собрал чемодан? Мы быстро собрали сумки и поехали на вокзал* [заполнить чемодан, сумку и т. п. вещами для дороги, уложив их в определенном порядке] **8.** ***кого(что)*** *Мать собрала детей в пионерский лагерь. Бабушка собрала малышей в школу* [приготовить кого-л. для дороги, поездки и т. п., дать уезжающему, уходящему куда-л. всё необходимое] **9.** ***что*** *Мой друг геолог собрал большую коллекцию минералов. Мы собрали хорошую библиотеку по искусству* [составить коллекцию, собрание чего-л. по частям, приобретая постепенно] **10.** ***что*** *Сережа собрал большую сумму денег для поездки на Дальний Восток* [постепенно приобретая, присоединяя одну часть к другой, скопить] **11.** ***что*** *Наш профорг уже собрал членские взносы. Мы собрали подписи под воззванием о мире* [получить что-л., беря, взимая у разных лиц на нужды общественной организации, для общественных целей и т. п.] **12.** ***что*** *Корреспондент собрал сведения о ходе соревнований. Мы собрали мнения судейской коллегии. Писатель собрал материал для повести о пограничниках* [опросив многих, всех, познакомившись с документами и т. п., узнать что-л.] **13.** ***что*** *Наш кандидат собрал на выборах сто процентов голосов* [получить за себя, в свою пользу, за свою кандидатуру при голосовании] **14.** ***что*** *Мальчик сам собрал часы. Рабочие собрали станок за три часа* [соединив отдельные разрозненные части чего-л., создать, восстановить целое] **15.** ***что во что*** *Аня собрала волосы в пучок. «Ольга Петровна встала, собрала в стопку пустые тарелки».* Сартаков, Хребты Саянские [соединить, сложить отдельные предметы вместе, компактно, придав им какую-л. форму] **16.** ***что в чем*** *Составитель собрал в этой книге сказки и загадки народов Севера* [поместить где-л. вместе, в каком-л. одном издании что-л. существовавшее, изданное отдельно] **17.** ***что*** *Больная собрала последние силы и открыла дверь. Альпинист собрал всю свою волю и двинулся дальше* [мобилизовать себя, напрячь весь запас сил, способностей, воли и т. п.] **18.** ***что*** *Гимнаст собрал тело для прыжка* [принять удобную позу и напрячь мышцы, приготовившись к стремительному движению] **19.** ***что*** *Портниха собрала платье в талии* [сделать сборки, мелкие складки на чем-л.] **20.** ***что во что*** *«[Протасов] собрал в морщины умный лоб».* Шишков, Угрюм-река [стянуть, свести мышцы, образовав морщины, складки на коже] **21.** ***что*** и ***с неопр. ф.*** *Ира собрала ужин. Мы собрали поесть* [приготовив все необходимое для еды, подать на стол]

II. СОБРА́ВШИЙ, -ая, -ее, -ие; *действ. прош.*

Синт.: **а, б** — в глаг. знач. 1 — 21

IV. СО́БРАННЫЙ, -ая, -ое, -ые; *страд. прош.*

Синт.: **а, б** — в глаг. знач. 1 — 21; **в** — в глаг. знач. 2, 3, 6, 7, 9, 10 — 12, 14, 21

В знач. прил., обычно с мест. ***весь*** (также *кр. ф.* ↓) С напряженными мышцами, вниманием, готовый к стремительному движению, решительному действию, собравшийся для такого движения, действия. *«[Половцев] ..нагнулся, весь собранный, готовый, как крупный хищный зверь перед прыжком».* Шолохов, Поднятая целина

Ср. прил. **со́бранный,** -ая, -ое, -ые; -ан, -анна, -анно, -анны. **1.** Умеющий сосредоточить свои мысли, чувства, волю на чем-л., целенаправленный. *Собранный человек. Ольга всегда подтянута и собранна* **2.** Подобранный, подтянутый. *У этой женщины стройная, собранная фигура*

Субстантив.₃ в глаг. знач. 3 — 5, 6, 10, 15, 16, 19, 21

СО́БРАН, -ана, -ано, -аны; *кр. ф.*

В глаг. знач. 1 — 21

В знач. прил., обычно с мест. ***весь*** (также *полн. ф.* ↑) *Солдаты все собраны, готовы отразить любое нападение*

СОБРА́ТЬСЯ, соберу́тся, собра́|лся, собрала́сь, собрало́сь и *доп.* собра́лось, собрали́сь и *доп.* собра́лись; ***сов.*** (*несов.* собира́ться) **1.** *Все друзья собрались у Смирнова в день его пятидесятилетия* [сойтись, съехаться, сосредоточиться в одном месте] **2.** ***S не лицо*** *«Дальневосточный съезд*

Советов собрался в конце декабря прошлого года». Павленко, Комсомольск [начать свою работу — о съезде, совещании и т. п.] **3.** ***S не лицо*** *В подвале собралась вода* [постепенно набраться в каком-л. количестве, скопиться где-л.— о воде, паре и т. п.] **4.** ***S не лицо*** *«Можно было ждать — соберется дождь».* Федин, Необыкновенное лето [постепенно надвинуться, начаться, разразиться — о дожде, грозе] **5.** ***S не лицо*** *У Смирнова собрался интересный материал о французском движении Сопротивления. У меня собралась хорошая коллекция марок* [постепенно составиться, соединиться в одном месте, в одних руках, скопиться] **6.** *Ребята собрались в круг и стали петь туристские песни* [расположиться близко друг к другу, составив, образовав что-л. единое] **7.** ***во что; S не лицо*** *«Лицо колдуньи собралось в недовольную гримасу».* Куприн, Олеся [сморщиться] **8.** ***S не лицо*** *«Около голубых глаз [Ваньки] собрались лучистые складки».* М. Горький, Хороший Ванькин день [образоваться — о морщинах, складках] **9.** ***с неопр. ф.*** *Илья собрался ехать в Ленинград* [принять решение что-л. сделать] **10.** *Ребята уже собрались в поход. «Собрались в кино, но Юлька не пошла».* Панова, Времена года. *Мы собрались в гости* [снарядиться, приготовиться, чтобы отправиться куда-л.] **11.** ***с чем*** *Больной собрался с силами и встал. «Так неожиданно было все, что случилось с ним за последние два часа, что хотелось собраться с мыслями, продумать всё еще раз».* Крымов, Инженер [напрячь, побудить к действию весь запас сил, воли, мыслей и т. п.] **12.** *Гимнаст собрался для прыжка вниз* [приняв удобную позу и напрягши мышцы, внимание, приготовиться к стремительному движению]

II. СОБРА́ВШИЙСЯ, -аяся, -ееся, -иеся; *действ. прош.*

Синт.: **а, б** — в глаг. знач. 1 — 12

СОВЕРШЕ́НСТВОВАТЬ, соверше́нству|ют, соверше́нствова|л; ***несов. к*** усоверше́нствовать (см.)

I. СОВЕРШЕ́НСТВУЮЩИЙ, -ая, -ее, -ие; *действ. наст.*

Синт.: **а, б** — в глаг. знач.

II. СОВЕРШЕ́НСТВОВАВШИЙ, -ая, -ее, -ие; *действ. прош.*

Синт.: **а, б** — в глаг. знач.

III. СОВЕРШЕ́НСТВУЕМЫЙ, -ая, -ое, -ые; *страд. наст.*

Синт.: **а, б, в** — в глаг. знач.

СОВМЕСТИ́ТЬ, совмещу́, совмест|я́т, совмести́|л; ***сов., перех.*** (*несов.* совмеща́ть) **1.** ***что*** и ***что с чем*** *Я не могу совместить все это с моими убеждениями. Писатель совместил в своей повести реализм с чертами романтизма* [соединить вместе, сочетая] **2.** ***что в ком*** и ***в чем*** *Олег совместил в своем характере противоположные черты. Ваша работа совместила в себе информативность и наглядность* [явиться обладателем, носителем разнородных свойств, черт и т. п.— обычно в сочетании со словами *в себе*] **3.** ***кого в ком*** *Скрябин совместил в себе замечательного композитора и пианиста* [представить, воплотить, соединить в своем лице одновременно разные способности, таланты и т. п.— обычно в сочетании со словами *в себе*] **4.** ***что с чем*** *Олег не смог совместить работу с учебой и ушел из института* [выполнить, осуществить какие-л. разнородные действия, задачи] **5.** ***что*** *Рабочий совместил две детали и получил нужную форму* [достичь совпадения во всех точках при наложении фигур, линий и т. п.]

II. СОВМЕСТИ́ВШИЙ, -ая, -ее, -ие; *действ. прош.*

Синт.: **а, б** — в глаг. знач. 1 — 5

IV. СОВМЕЩЁННЫЙ, -ая, -ое, -ые; *страд. прош.**

[чередование ст/щ]

Синт.: **а, б** — в глаг. знач. 1, 4, 5 и в статив. знач.; **в** — в глаг. знач. 5

Статив. знач., ***в чем*** (также *кр. ф.* ↓) Присущий чему-л., существующий в чем-л. в неразрывном сочетании с чем-л. другим. *Информативность, совмещенная в вашей работе с наглядностью, вызвала одобрение комиссии. Мягкость и жесткость, так странно совмещенные в характере Сережи, проявляются с одинаковой силой*

В знач. прил. (только *полн. ф.*) **1.** Предполагающий одновременное выполнение чего-л. *Совмещенный график работ* **2.** Соединяющий в себе элементы различных построек, сооружений. *Сооружения совмещенного типа* ◇ **Совмещенный санузел** — ванная и уборная в одном помещении

Субстантив.$_3$ в глаг. знач. 5

СОВМЕЩЁН, -ена́, -ено́, -ены́; *кр. ф.**

В глаг. знач. 1, 4, 5

Статив. знач., ***в чем*** (также *полн. ф.* ↑) *Информативность совмещена в вашей работе с наглядностью. Мягкость и жесткость странно совмещены в характере Сережи*

□ Прич. IV во 2, 3 глаг. знач. не употр.

СОВМЕЩА́ТЬ, совмеща́|ют, совмеща́|л; ***несов., перех.*** (*сов.* совмести́ть *к* 1 — 4, 6 знач.) **1.** ***что*** и ***что с чем*** *Я не могу совмещать ваши требования с моими убеждениями. Писатель во всех своих произведениях совмещал реализм с чертами романтизма* [соединять вместе, сочетая] **2.** ***что в ком*** и ***в чем*** *Олег совмещал в своем характере противоположные черты. Плакат совмещает в себе публицистичность и красочность* [быть обладателем, носителем разнородных свойств, черт и т. п.— обычно в сочетании со словами *в себе*] **3.** ***кого в ком*** *Скрябин совмещает в себе замечательного композитора и пианиста* [представлять, воплощать, соединять в своем лице одновременно разные способности, таланты и т. п.— обычно в сочетании со словами *в себе*] **4.** ***что с чем*** *Максим не смог совмещать работу с учебой* [выполнять, осуществлять какие-л. разнородные действия, задачи] **5.** ***что*** *Ольга совмещает должности заведующего сектором и преподавателя* [выполнять одновременно две или несколько оплачиваемых служебных обязанностей, занимать одновременно две или несколько должностей, быть совместителем] **6.** ***что*** *Рабочий совмещает две детали и получает нужную форму* [достигать совпадения во всех точках при наложении фигур, линий и т. п.]

I. СОВМЕЩА́ЮЩИЙ, -ая, -ее, -ие; *действ. наст.*
Синт.: **а, б** — в глаг. знач. 1 — 6
II. СОВМЕЩА́ВШИЙ, -ая, -ее, -ие; *действ. прош.*
Синт.: **а, б** — в глаг. знач. 1 — 6
III. СОВМЕЩА́ЕМЫЙ, -ая, -ое, -ые; *страд. наст.**
Синт.: **а, б** — в глаг. знач. 1, 4 — 6; **в** — в глаг. знач. 6
Ср. прил. **совмести́мый,** -ая, -ое, -ые; -и́м, -и́ма, -и́мо, -и́мы. Не противоречащий чему-л., не исключающий чего-л., допускающий сосуществование, такой, который можно соединить, сочетать с чем-л. *Это вполне совместимые понятия. Ваши требования совместимы с моими убеждениями*
Субстантив.$_3$ в глаг. знач. 6
□ Прич. III во 2, 3 глаг. знач. не употр.

СОВРА́ТЬ, совру́т, совра́|л, соврала́, совра́ло, -ли; ***сов. к*** врать в 1 знач. (см.)
II. СОВРА́ВШИЙ, -ая, -ее, -ие; *действ. прош.*
Синт.: **а, б, в** — в глаг. знач. 1

СОГЛАСОВА́ТЬ, согласу́|ют, согласова́|л; ***сов., перех.*** (*несов.* согласо́вывать) **1.** ***что*** и ***что с чем*** *Командование согласовало действия танков и авиации. Мы согласовали расписание самолетов с движением поездов* [привести в соответствие, нужное соотношение с чем-л.] **2.** ***что с кем (чем)*** и ***с чем*** *«— Я ведь согласовал этот вопрос с главком».* Чаковский, У нас уже утро [обсудив, выработать единое мнение о чем-л., получить согласие официального органа, лица и т. п. на что-л.] **3.** ***что с чем*** *В упражнении надо согласовать причастие с существительным в падеже и числе* [поставить зависимое слово в том же падеже, числе, роде, лице, в каком стоит то слово, от которого оно зависит — в грамматике]
I. СОГЛАСУ́ЮЩИЙ, -ая, -ее, -ие; *действ. наст.*
Синт.: **а, б** — в глаг. знач. 1 — 3
II. СОГЛАСОВА́ВШИЙ, -ая, -ее, -ие; *действ. прош.*
Синт.: **а, б** — в глаг. знач. 1 — 3
III. СОГЛАСУ́ЕМЫЙ, -ая, -ое, -ые; *страд. наст.*
Синт.: **а, б** — в глаг. знач. 1 — 3; **в** — в глаг. знач. 3
IV. СОГЛАСО́ВАННЫЙ, -ая, -ое, -ые; *страд. прош.*
Синт.: **а, б** — в глаг. знач. 1 — 3 и в статив. знач.; **в** — в глаг. знач. 3
Статив. знач., ***с чем*** и со словами *между собой, друг с другом* (также *кр. ф.* ↓) Находящийся в необходимом соответствии с чем-л., имеющий необходимую гармонию, соотносительность, соразмерность, согласующийся с чем-л. *Резкость ее жестов, согласованная с эмоциональной речью, производила сильное впечатление на слушателей. Статьи Иванова о генетике и его последние выступления, совершенно не согласованные между собой, свидетельствуют о научной недобросовестности ученого*
В знач. прил. (только *полн. ф.*) Получивший одобрение после обсуждения. *Согласованный список. Согласованное расписание*
Ср. прил. **согласо́ванный,** -ая, -ое, -ые; -ан, -анна, -анно, -анны. Гармоничный, проникнутый единством целей, задач, общностью и соотносительностью действий, единомыслием, согласием. *Согласованная работа. Согласованные действия*
Субстантив.$_3$ в глаг. знач. 2, 3
СОГЛАСО́ВАН, -ана, -ано, -аны; *кр. ф.*
В глаг. знач. 1 — 3
Статив. знач., ***с чем*** и со словами *между собой, друг с другом* (также *полн. ф.* ↑) *Резкость жестов актрисы вполне согласована с характером роли. Статьи Иванова о генетике и его последние выступления совершенно не согласованы между собой*
□ Глагол сов. вида имеет прич. I и III

СОГЛАСО́ВЫВАТЬ, согласо́выва|ют, согласо́выва|л; ***несов. к*** согласова́ть (см.)
I. СОГЛАСО́ВЫВАЮЩИЙ, -ая, -ее, -ие; *действ. наст.*
Синт.: **а, б** — в глаг. знач. 1 — 3
II. СОГЛАСО́ВЫВАВШИЙ, -ая, -ее, -ие; *действ. прош.*
Синт.: **а, б** — в глаг. знач. 1 — 3
III. СОГЛАСО́ВЫВАЕМЫЙ, -ая, -ое, -ые; *страд. наст.**
Синт.: **а, б** — в глаг. знач. 1, 2
Субстантив.$_3$ в глаг. знач. 2
□ Прич. III в 3 глаг. знач. не употр.

СОГНУ́ТЬ, согну́т, согну́|л; ***сов., перех.*** (*несов.* сгиба́ть; *несов.* гнуть *к* 1, 2 знач.) **1.** ***что,*** также ***чем*** *Андрей согнул железную палку руками* (см. § 2). *«— Прежде, бывало, я мог согнуть и разогнуть в одной руке медный пятак и лошадиную подкову».* Гоголь, Ночь перед рождеством [придать чему-л. изогнутую или дугообразную форму] **2.** ***что; S не лицо*** *Ураган со́гнул деревья и кусты. «Сквозной ветер согнул пламя свечи».* Паустовский, Разливы рек [наклонить, пригнуть] **3.** ***что*** *Девочка согнула руку в локте. Врач согнул мне пальцы. Согните ноги в коленях. Велосипедист согнул спину дугой и приподнялся над сиденьем* (см. § 2) [сложить под углом в суставе конечность; наклонить шею, спину, придав дугообразную форму] **4.** ***кого(что); S не лицо*** *Годы согнули Петра Ильича. «Время согнуло ее пополам, черные когда-то глаза были тусклы и слезились».* М. Горький, Старуха Изергиль [сделать сутулым, сгорбленным, лишить прямого стана] **5.** ***кого(что); S не лицо*** *Несчастья не согнули Олега* [сломить чей-л. дух, силу воли, сделать покорным]
II. СОГНУ́ВШИЙ, -ая, -ее, -ие; *действ. прош.*
Синт.: **а, б** — в глаг. знач. 1 — 5
IV. СО́ГНУТЫЙ, -ая, -ое, -ые; *страд. прош.*
Синт.: **а, б** — в глаг. знач. 1 — 5 и в статив. знач.; **в** — в глаг. знач. 1, 3
Статив. знач. (также *кр. ф.* ↓) **1.** ***над кем (чем)*** и ***над чем*** Склонившийся, наклонившийся, согнувшийся над кем-чем-л. *Дети видели отца, вечно согнутого над письменным столом* **2.** Сгорбившийся, находящийся в наклонном положении, согнувшийся. *Нас*

удивил вид людей, согнутых в странных позах

В знач. прил. (только *полн. ф.*) **1.** Имеющий, получивший дугообразную или искривленную форму. *Он родился с согнутой шеей. «Жалкий вид ее согнутой фигуры.. и послушное подчинение — всё это внушало ему заботу о ней».* М. Горький, Жизнь Матвея Кожемякина. *Согнутые деревья мешали нам идти* **2.** Сгорбленный, согнувшийся от старости, от болезни. *Мы увидели согнутого старика и девочку*

Субстантив.₃ в глаг. знач. 1, 2

СО́ГНУТ, -та, -то, -ты; *кр. ф.*

В глаг. знач. 1 — 5

Статив. знач. (также *полн. ф.* †) **1.** ***над кем (чем)*** и ***над чем*** *Отец вечно согнут над письменным столом* **2.** *Люди были неподвижны, согнуты в странных позах*

СОГНУ́ТЬСЯ, согну́тся, согну́|лся; ***сов.*** (*несов.* сгиба́ться) **1.** ***S не лицо*** *«Удилище согнулось в дугу, леска со свистом врезалась в воду».* Паустовский, Золотой линь [принять форму дуги или сложиться под углом] **2.** ***S не лицо*** *«Под толщей нависшего снега согнулись ветви».* В. Попов, Закипела сталь [наклониться, пригнуться книзу] **3.** ***S не лицо*** *Пальцы больного согнулись непроизвольно* [сложиться под углом в суставе — о конечностях] **4.** *Мать согнулась над швейной машинкой. «..согнусь — разогнуться не могу; разогнусь — согнуться невмочь».* Салтыков-Щедрин, Сон в летнюю ночь [согнуть спину, корпус, наклониться над чем-л.] **5.** *«[Нина Капитоновна] стала совсем старенькая, согнулась и похудела».* Каверин, Два капитана [стать сутулым, сгорбленным, сгорбиться] **6.** *«..мать немела и тряслась перед дедом.. А теперь и Катя вот согнулась и замолчала».* Гладков, Повесть о детстве [покориться чьей-л. силе, перестать сопротивляться]

II. СОГНУ́ВШИЙСЯ, -аяся, -ееся, -иеся; *действ. прош.*

Синт.: **а, б** — в глаг. знач. 1 — 6; **в** — в глаг. знач. 1 — 5

СОГРЕВА́ТЬ, согрева́|ют, согрева́|л; ***несов., перех.*** (*сов.* согре́ть) **1.** ***что; S не лицо*** *Печь хорошо согревает нашу комнату. Солнце согревает землю* [передавая свое тепло, делать теплым] **2.** ***что*** *Оля согревала у печки озябшие руки* [помещая в теплое место, подставляя солнцу и т. п., делать замерзшую, холодную часть тела теплой] **3.** ***кого(что),*** также ***чем*** *Мы накрылись одеялом с головой и согревали детей дыханием* (см. § 2). *Горячее молоко не согревает меня* [греть кого-л., передавая кому-л. свое тепло] **4.** ***что*** *Мы согреваем воду для стирки в баке* [ставить на огонь, электрическую плиту и т. п. с целью сделать теплым, горячим] **5.** ***кого(что)*** и ***что,*** также ***чем*** *Ободряющие слова друзей согревали нас. Бабушка согревала детей своей лаской и заботой* (см. § 1). *Твои ласковые письма согревали мне душу* [поддерживать, ободрять, утешать участливым, заботливым и т. п. отношением] **6.** ***что; S не лицо*** *Теплые чувства и искренность согревают эти нескладные стихотворные строки. Вера в добро, благородные мечты согревали наши молодые годы* [делать задушевным, сердечным; оживлять, наполнять светлым, радостным чувством, смыслом, мыслью и т. п.]

I. СОГРЕВА́ЮЩИЙ, -ая, -ее, -ие; *действ. наст.*

Синт.: **а, б** — в глаг. знач. 1 — 6

В знач. прил. Такой, который способствует согреванию тела — о питье. *Согревающий напиток* ◊ **Согревающий компресс** — компресс, вызывающий длительное расширение кровеносных сосудов, увеличение притока крови к коже и глубже лежащим тканям и прогревание их

В знач. сущ. **согрева́ющее,** -его, *ср.* То, что способствует согреванию тела — о питье. *Выпить согревающее*

II. СОГРЕВА́ВШИЙ, -ая, -ее, -ие; *действ. прош.*

Синт.: **а, б** — в глаг. знач. 1 — 6

III. СОГРЕВА́ЕМЫЙ, -ая, -ое, -ые; *страд. наст.*

Синт.: **а, б** — в глаг. знач. 1 — 6

Субстантив.₃ в глаг. знач. 4

СОГРЕ́ТЬ, согре́ют, согре́|л; ***сов. к*** согрева́ть (см.); ***сов. к*** греть в 3, 4 знач.

II. СОГРЕ́ВШИЙ, -ая, -ее, -ие; *действ. прош.*

Синт.: **а, б** — в глаг. знач. 1 — 6

IV. СОГРЕ́ТЫЙ, -ая, -ое, -ые; *страд. прош.*

Синт.: **а, б** — в глаг. знач. 1 — 6; **в** — в глаг. знач. 4

Субстантив.₃ в глаг. знач. 4

СОГРЕ́Т, -та, -то, -ты; *кр. ф.*

В глаг. знач. 1 — 6

СОГРЕШИ́ТЬ, согреша́т, согреши́|л; ***сов. к*** греши́ть в 1 знач. (см.)

II. СОГРЕШИ́ВШИЙ, -ая, -ее, -ие; *действ. прош.*

Синт.: **а, б, в** — в глаг. знач. 1

СОЕДИНИ́ТЬ, соедин|я́т, соедини́|л; ***сов., перех.*** (*несов.* соединя́ть) **1.** ***что,*** также ***чем*** *Электрик соединил концы провода. Шоферы соединили машину и тягач стальным тросом* (см. § 2) [скрепить, сцепить, связать одно с другим] **2.** ***что чем*** *Строители соединили две реки каналом* (см. § 2). *Наш поселок соединят с городом автострадой* (см. § 2) [установить сообщение, связь между чем-л., сделать сообщающимся одно с другим] **3.** ***что; S не лицо*** *Быстро образующаяся отмель скоро соединит берег с островом* [стать связующей частью между чем-л., связать собой что-л.] **4.** ***кого(что)*** *Телефонистка почему-то не соединила абонентов. Автомат быстро соединил меня с Москвой* [установить связь между кем-чем-л. по телефону] **5.** ***кого(что); S не лицо*** *«Общая печаль соединила у гроба его людей всех состояний».* Чернышевский, А. С. Пушкин. *Случай соединил нас* [связать кого-л. какими-л. отношениями, чувствами и т. п.] **6.** ***что*** *«[Алексей Антонович] соединил азотную и серную кислоты и оставил смесь фильтроваться».* Сартаков, Хребты Саянские. *Лаборант в начале эксперимента соединил водород с кислородом* [смешать вместе; привести в химическое взаимодействие] **7.** ***что*** *Все эти огороды скоро соединят и будут сеять здесь гречиху. Командование соединило партизанские отряды, действующие в этом районе.*

Наши издательства соединили, образовав новое объединение [составить из чего-л. одно целое] **8. что** *Мы соединим свои усилия в борьбе против бюрократизма* [слить воедино, сделать единым, объединить] **9. что** и **что с чем** *Журналист удачно соединил в статье жанры фельетона и памфлета. Я хочу соединить приятное с полезным* [сочетая одно с другим, сделать существующим вместе, в единстве, согласовании] **10. что в ком** и **в чем** *Олег соединил в своем характере противоположные черты. Эта схема соединила в себе информативность и наглядность* [явиться обладателем, носителем разнородных свойств, черт и т. п., совместить в себе что-л.— обычно в сочетании со словами *в себе*] **11. кого в ком** *Чюрлёнис соединил в себе замечательного художника и композитора* [представить, воплотить, совместить в своем лице одновременно разные способности, таланты и т. п.— в сочетании со словами *в себе*]

II. СОЕДИНИ́ВШИЙ, -ая, -ее, -ие; *действ. прош.*

Синт.: **а, б** — в глаг. знач. 1 — 11

IV. СОЕДИНЁННЫЙ, -ая, -ое, -ые; *страд. прош.**

Синт.: **а, б** — в глаг. знач. 1 — 9 и в статив. знач.

Статив. знач. (также *кр. ф.* ↓) **1. с чем** и со словами *между собой, друг с другом* Соединяющийся с чем-л., сцепленный, спаянный с чем-л. *Подводные скалы, причудливо соединенные между собой, производили впечатление сказочных нагромождений* **2. в ком(чем)** и **в чем** Присущий чему-л., существующий в чем-л. в неразрывном сочетании с чем-л. другим. *Противоположные черты, причудливо соединенные в характере Сережи, выделяли его среди других детей*

В знач. прил. (только *полн. ф.*) Объединенный, совместный, общий. *Соединенные усилия*

Субстантив.$_3$ в глаг. знач. 1, 6

СОЕДИНЁН, -ена́, -ено́, -ены́; *кр. ф.**

В глаг. знач. 1 — 9

Статив. знач. (также *полн. ф.* ↑) **1.** со словами *между собой, друг с другом Подводные скалы причудливо соединены между собой* **2. в ком(чем)** и **в чем** *Противоположные черты причудливо соединены в характере Сережи*

□ Прич. IV в 10, 11 глаг. знач. не употр.

СОЕДИНЯ́ТЬ, соединя́|ют, соединя́|л; **несов., перех.** (*сов.* соедини́ть) **1. что,** также **чем** *Электрик соединяет концы оборвавшегося провода. Шоферы соединяли машину и тягач стальным тросом* (см. § 2) [скреплять, сцеплять, связывать одно с другим] **2. что чем** *Строители соединяют две реки каналом* (см. § 2). *Наш поселок соединяют с городом автострадой* (см. § 2) [устанавливать сообщение, связь между чем-л., делать сообщающимся одно с другим] **3. что; S не лицо** *Отмель соединяет берег с островом* [являться связующей частью между чем-л., связывать собой что-л.] **4. кого(что)** *Телефонистка очень долго соединяла абонентов. Автомат не соединял меня с Москвой* [устанавливать связь между кем-чем-л. по телефону] **5. кого(что); S не лицо** *Случай иногда соединяет людей на всю жизнь. Нас с тобой соединяла только любовь к музыке* [связывать кого-л. какими-л. отношениями, чувствами и т. п.] **6. что** *Лаборант соединял разные вещества в колбе. Школьники несколько раз соединяли водород с кислородом* [смешивать вместе; приводить в химическое взаимодействие] **7. что** *Все огороды соединяют и будут сеять здесь гречиху. Командование соединяло партизанские отряды, готовясь к наступлению. Наши издательства соединяют, чтобы образовать новое объединение* [составлять из чего-л. одно целое] **8. что** *Борцы за мир соединяют свои силы. Мы соединяем усилия в борьбе против бюрократизма* [сливать воедино, делать единым, объединять] **9. что** и **что с чем** *Дима всегда соединяет приятное с полезным. Журналист удачно соединяет в своих очерках жанры фельетона и памфлета* [сочетать одно с другим, делать существующим вместе, в единстве, согласовании] **10. что в ком** и **в чем** *Олег соединял в своем характере противоположные черты. Эти схемы соединяют в себе информативность и наглядность* [являться обладателем, носителем разнородных свойств, черт и т. п., совмещать в себе что-л.— обычно в сочетании со словами *в себе*] **11. кого в ком** *Чюрлёнис соединял в себе художника и композитора* [представлять, воплощать, совмещать в своем лице одновременно разные способности, таланты и т. п.— в сочетании со словами *в себе*]

I. СОЕДИНЯ́ЮЩИЙ, -ая, -ее, -ие; *действ. наст.*

Синт.: **а, б** — в глаг. знач. 1 — 11

В знач. прил. Служащий для соединения, скрепления и т. п. чего-л. *Соединяющий рычаг. Соединяющий клапан. Соединяющий стержень. Соединяющая пластина* (Ср. прил. **соедини́тельный**, -ая, -ое, -ые. Служащий для скрепления или соединения чего-л. *Соединительные планки. Соединительные материалы. Соединительные пути* ◇ **Соединительные гласные** — служащие для соединения частей сложного слова. **Соединительные союзы** — служащие для соединения однородных членов предложения и частей сложносочиненного предложения)

II. СОЕДИНЯ́ВШИЙ, -ая, -ее, -ие; *действ. прош.*

Синт.: **а, б** — в глаг. знач. 1 — 11

III. СОЕДИНЯ́ЕМЫЙ, -ая, -ое, -ые; *страд. наст.**

Синт.: **а, б** — в глаг. знач. 1 — 9; **в** — в глаг. знач. 1, 7

Ср. прил. **соедини́мый**, -ая, -ое, -ые; -и́м, -и́ма, -и́мо, -и́мы. **1.** Такой, который можно скрепить, сцепить вместе. *Соединимые детали* **2.** Не противоречащий один другому, сочетающийся, могущий быть в единстве, согласовании. *Вполне соединимые понятия*

Субстантив.$_3$ в глаг. знач. 1, 6

□ Прич. III в 10, 11 глаг. знач. не употр.

СОЗДАВА́ТЬ, созда|ю́т, создава́|л; ***несов.* к** созда́ть (см.)

I. СОЗДАЮ́ЩИЙ, -ая, -ее, -ие; *действ. наст.*
Синт.: **а, б** — в глаг. знач. 1 — 6

II. СОЗДАВА́ВШИЙ, -ая, -ее, -ие; *действ. прош.*
Синт.: **а, б** — в глаг. знач. 1 — 6

III. СОЗДАВА́ЕМЫЙ, -ая, -ое, -ые; *страд. наст.*
Синт.: **а, б** — в глаг. знач. 1 — 6; **в** — в глаг. знач. 3, 4
Субстантив.$_3$ в глаг. знач. 1 — 3

СОЗДА́ТЬ, созда́м, созда́шь, созда́ст, создади́м, создади́те, создаду́т, со́зда|л *и доп.* созда́л, создала́, со́здало и *доп.* созда́ло, со́здали и *доп.* созда́ли; ***сов., перех.*** (*несов.* создава́ть) **1. *кого (что)*** и ***что*** *«Сама природа, казалось, создала Зачатиевского для услуги».* Салтыков-Щедрин, Благонамеренные речи. *В годы Великой Отечественной войны мы создали на востоке страны мощную оборонную промышленность* [вызвать к жизни, сделать существующим] **2. *что,*** также ***чем*** *Комсомольцы создают спортивный комплекс своими силами* (см. § 2). *Дети сами создали эти деревянные игрушки* [построить, возвести; сделать, изготовить] **3. *что*** *Шостакович создал 15 симфоний. Кто создал эту картину? О. Ю. Шмидт создал новую теорию происхождения земли. Молодые инженеры создали способ измерения расстояния с большой точностью* [сочинить научное, литературное, музыкальное произведение, написать картину и т. п.; изобрести, произвести что-л. новое, прежде неизвестное] **4. *что*** *В. И. Ленин создал партию нового типа. Мы создали кооператив „Нянюшка". В нашей поликлинике создали спортивно-оздоровительные группы для пенсионеров* [основать, организовать; образовать, сформировать] **5. *что*** *Новый заведующий создал в лаборатории творческую обстановку. Родители создали детям прекрасные условия для занятий спортом* [обеспечить что-л., устроив, подготовив всё необходимое] **6. *что; S не лицо*** *Новая установка создала опасную вибрацию в лаборатории. Ваш приветливый вид создал иллюзию, что вы больше не сердитесь на меня. Неурожай создал в этом году большие затруднения с продовольствием* [вызвать появление чего-л., стать причиной чего-л.]

II. СОЗДА́ВШИЙ, -ая, -ее, -ие; *действ. прош.*
Синт.: **а, б** — в глаг. знач. 1 — 6

IV. СО́ЗДАННЫЙ, -ая, -ое, -ые; *страд. прош.*
Синт.: **а, б** — в глаг. знач. 1 — 6 и в статив. знач.; **в** — в глаг. знач. 3, 4
Статив. знач. (также *кр. ф.* ↓) **1. *для кого (чего)*** и ***для чего*** Имеющий такие свойства, способности, черты характера и т. п., которые предопределяют род деятельности, поведение, взаимоотношения и т. д. *Человек, созданный для науки, рано или поздно проявит свои способности. Эти люди, созданные друг для друга, были разлучены* **2. *из чего*** Имеющий какие-л. особенности, характерные черты, свойства. *Мой приятель, созданный из противоречий, часто поражал окружающих неожиданными поступками*
Субстантив.$_3$ в глаг. знач. 1 — 3
СО́ЗДАН, создана́ и *доп.* со́здана, со́здано, -аны; *кр. ф.*
В глаг. знач. 1 — 6
Статив. знач. (также *полн. ф.* ↑) **1. *для кого(чего)*** и ***для чего*** *Он создан для науки. Эти молодые люди созданы друг для друга* **2. *из чего*** *Мой приятель создан из противоречий*

СОЗРЕ́ТЬ, созре́ют, созре́|л; ***сов.* к** зреть (см.)

II. СОЗРЕ́ВШИЙ, -ая, -ее, -ие; *действ. прош.*
Синт.: **а, б, в** — в глаг. знач. 1, 2

СОЙТИ́, сойду́т, сошёл, сошла́, -ло́, -ли́; ***сов., неперех.*** (*несов.* сходи́ть) **1.** *Ребята сошли с горы с большими трудностями. Больной сошел с лестницы с помощью сестры. Девушка сошла с тротуара на мостовую* [идя вниз, спуститься; перейти с более высокой поверхности на более низкую] **2. *с чего*** *Туристы сошли с тропинки и углубились в лес* [оставить какое-л. место, перейдя на другое] **3. *с чего; S не лицо*** *Поезд сошел с рельсов. Шина сошла с колеса* [соскочить, сместиться с предназначенного места, обычно при движении] **4. *с чего*** *«Он взял меня за руку, заставил сойти с дивана и подвел к зеркалу».* Гаршин, Надежда Николаевна [встать с чего-л., оставив свое место] **5.** *Еще не все пассажиры сошли с поезда. Валерий сошел с автобуса на остановку раньше* [выйти, высадиться из вагона, судна, самолета и т. п.— о пассажире] **6. *с чего; S не лицо*** *«Первые серийные машины сошли с конвейера».* Сизов, Сердца беспокойные [стать готовым изделием — о судах, автомашинах и т. п.] **7. *с чего; S не лицо*** *Фильм сошел с экрана. Спектакль быстро сошел со сцены* [перестать демонстрироваться, исполняться — о фильмах, пьесах] **8. *с чего; S не лицо*** *Снег сошел с полей. Загар уже сошел со спины* [исчезнуть с поверхности чего-л.] **9. *S не лицо*** *Грибы уже сошли* [перестать родиться, созревать, расцветать и т. п. с окончанием сезона] **10. *S не лицо*** *Все сойдет и так. Все сошло хорошо* [пройти, закончиться удачно, благополучно, оказаться приемлемым в то время как ожидалось обратное] **11.** *«— Уж если в профессора не гожусь, то в сторожах сойду».* Леонов, Скутаревский. *Ничего, эти фотографии вполне приличные, сойдут!* [оказаться приемлемым, пригодным; *разг.*] **12. *за кого*** и ***за что*** *Ольга сошла за контролера. Эти монеты сошли за рубли* [оказаться признанным, принятым за кого-что-л.; оказаться равноценным кому-чему-л.]

II. СОШЕ́ДШИЙ, -ая, -ее, -ие; *действ. прош.*
[основа -шед- + суффикс -ш-]
Синт.: **а, б** — в глаг. знач. 1 — 12; **в** — в глаг. знач. 8, 9

СОКРАТИ́ТЬ, сокращу́, сократ|я́т, сократи́|л; ***сов., перех.*** (*несов.* сокраща́ть) **1. *что*** *Журналист сократил очерк. Мы сократили путь, пройдя через двор. Врачи сократили нам срок пребывания на метеостанции. «Чай пили долго, стараясь сократить ожидание».* М. Горький, Мать [сделать короче, менее длинным; сделать короче по времени, менее продолжительным] **2. что** *«Прочитав на дверях надпись.., я немедленно сократил ее. Получилось — ОЗК».* В. Беляев, Старая крепость [выразить кратко, обозначив начальной буквой, частью слова или более коротким словом] **3. что** *Молодожены сократили расходы. СССР и США сократят запасы стратегического оружия* [уменьшить в количестве, объеме, величине] **4. кого(что)** *В министерстве сократили половину служащих* [уволить со службы вследствие уменьшения штатов] **5. что** *Ученик быстро сократил дробь* [выразить в меньших числах какое-л. математическое отношение, разделив обе части его на какое-л. число — в математике]

II. СОКРАТИ́ВШИЙ, -ая, -ее, -ие; *действ. прош.*

Синт.: **а, б** — в глаг. знач. 1 — 5

IV. СОКРАЩЁННЫЙ, -ая, -ое, -ые; *страд. прош.*

[чередование т/щ]

Синт.: **а, б** — в глаг. знач. 1 — 5

В знач. прил. (только *полн. ф.*) **1.** Меньшего объема, величины, чем первоначальный объем, величина, краткий, короткий. *Сокращенная программа. Сокращенный курс обучения. Сокращенный вариант пьесы* **2.** Менее длительный, продолжительный, чем обычно, короткий. *Сокращенный рабочий день* **3.** Выраженный кратко, обозначенный начальными буквами, частью слова или более коротким словом. *Сокращенное наименование. Сокращенное имя. Сокращенное слово*

Субстантив.₃ не употр.

СОКРАЩЁН, -ена́, -ено́, -ены́; *кр. ф.*

В глаг. знач. 1 — 5

СОКРАЩА́ТЬ, сокраща́|ют, сокраща́|л; **несов. к** сократи́ть (см.)

I. СОКРАЩА́ЮЩИЙ, -ая, -ее, -ие; *действ. наст.*

Синт.: **а, б** — в глаг. знач. 1 — 5

II. СОКРАЩА́ВШИЙ, -ая, -ее, -ие; *действ. прош.*

Синт.: **а, б** — в глаг. знач. 1 — 5

III. СОКРАЩА́ЕМЫЙ, -ая, -ое, -ые; *страд. наст.*

Синт.: **а, б, в** — в глаг. знач. 1 — 5

Субстантив.₃ не употр.

СОКРУША́ТЬ, сокруша́|ют, сокруша́|л; **несов., перех.** (*сов.* сокруши́ть) **1. что** *Танки сокрушали вражеские укрепления. Ледокол сокрушал ледяные глыбы. Неофашисты сокрушали витрины* [разрушать, разбивать, ломать] **2. кого (что)** *Советские солдаты сокрушали в боях отборные фашистские части* [уничтожать, наносить полное поражение] **3. кого(что)** и **что**, также **чем** *Олег беспощадно сокрушал противника своей железной логикой* (см. § 1). *«[Романтическая критика] пустилась сокрушать авторитеты..»* Белинский, Русская литература в 1844 г. *Мы сокрушаем все планы сторонников войны* [низвергать, ниспровергать; расстраивать, разрушать] **4. кого(что); S не лицо** *Нетерпимость и грубость дочери сильно сокрушали Анну* [вызывать состояние глубокой печали, отчаяния]

I. СОКРУША́ЮЩИЙ, -ая, -ее, -ие; *действ. наст.*

Синт.: **а, б** — в глаг. знач. 1 — 4

В знач. прил. Очень сильный, разрушительный, губительный, сокрушительный. *Сокрушающий удар. Сокрушающая сила* (Ср. прил. **сокруши́тельный,** -ая, -ое, -ые; -лен, -льна, -льно, -льны. Уничтожающий, разрушительный, сокрушающий. *Сокрушительный удар. Сокрушительная сила*)

II. СОКРУША́ВШИЙ, -ая, -ее, -ие; *действ. прош.*

Синт.: **а, б** — в глаг. знач. 1 — 4

III. СОКРУША́ЕМЫЙ, -ая, -ое, -ые; *страд. наст.**

Синт.: **а, б** — в глаг. знач. 1 — 3

Субстантив.₃ в глаг. знач. 1

□ Прич. III в 4 глаг. знач. не употр.

СОКРУША́ТЬСЯ, сокруша́|ются, сокруша́|лся; **несов. 1.** *«Мать сильно сокрушалась, лежала разбитая, целые дни разливалась-плакала».* Боборыкин, Василий Теркин [предаваться скорби, печали, грусти] **2.** *«— Почему руководитель района не подумал, как поднять урожай товарной пшеницы..? Мало, конечно, сокрушаться и качать головой».* Бабаевский, Кавалер Золотой Звезды [сильно огорчаться, сожалеть о чем-л.]

I. СОКРУША́ЮЩИЙСЯ, -аяся, -ееся, -иеся; *действ. наст.*

Синт.: **а, б** — в глаг. знач. 1, 2

II. СОКРУША́ВШИЙСЯ, -аяся, -ееся, -иеся; *действ. прош.*

Синт.: **а, б** — в глаг. знач. 1, 2

СОКРУШИ́ТЬ, сокруш|а́т, сокруши́|л; **сов., перех.** (*несов.* сокруша́ть) **1. что** *Танки сокрушили вражеские укрепления. Ледокол сокрушил ледяные глыбы. Неофашисты сокрушили витрины* [разрушить, разбить, сломать] **2. кого (что)** *Советские солдаты сокрушили в боях отборные фашистские части* [уничтожить, нанести полное поражение] **3. кого(что)** и **что**, также **чем** *Нелицеприятная критика сокрушила все авторитеты. «Одним ударом сокрушили бы мы все планы мятежников».* Фурманов, Мятеж (см. § 2) [низвергнуть, ниспровергнуть; расстроить, разрушить] **4. кого(что); S не лицо** *Тяжелое известие сокрушило Олега* [привести в состояние глубокой печали, отчаяния]

II. СОКРУШИ́ВШИЙ, -ая, -ее, -ие; *действ. прош.*

Синт.: **а, б** — в глаг. знач. 1 — 4

IV. СОКРУШЁННЫЙ, -ая, -ое, -ые; *страд. прош.**

Синт.: **а, б** — в глаг. знач. 1 — 3

В знач. прил. (только *полн. ф.*) Повергнутый в глубокую печаль, скорбь, сокрушающийся о ком-чем-л. *«Я смотрю на мать, сокрушенную и печальную. Причитая, она жалуется на свою судьбу..»* Новиков-Прибой, Судьба

Ср. прил. **сокрушённый**, -ая, -ое, -ые. Пронизанный чувством глубокой печали, скорби; выражающий глубокую печаль, скорбь. *«Дьякон говорил искренно, с сокрушенным сердцем, и даже слезы выступили у него на глазах».* Чехов, Письмо. *Сокрушенный взгляд. Андрей сидел с сокрушенным видом*

Субстантив.₃ в глаг. знач. 1

СОКРУШЁН, -ена́, -ено́, -ены́; *кр. ф.**

В глаг. знач. 1 — 3

▭ Прич. IV в 4 глаг. знач. не употр.

СОЛИ́ТЬ, солю́, со́л|ят и *доп.* соля́т, соли́|л; ***несов., перех., что*** (*сов.* посоли́ть; *сов.* засоли́ть *ко* 2 знач.) **1.** *Тамара не солит суп* [класть соль для вкуса] **2.** *Мы солим грибы и капусту* [готовить, заготавливать впрок с солью, в соленом растворе]

I. СОЛЯ́ЩИЙ, -ая, -ее, -ие; *действ. наст.*

Синт.: **а, б** — в глаг. знач. 1, 2

II. СОЛИ́ВШИЙ, -ая, -ее, -ие; *действ. прош.*

Синт.: **а, б** — в глаг. знач. 1, 2

III. СОЛИ́МЫЙ, -ая, -ое, -ые; *страд. наст.*

Синт.: **а, б, в** — в глаг. знач. 1, 2

IV. СО́ЛЕННЫЙ, -ая, -ое, -ые; *страд. прош.*

Синт.: **а, б** — в глаг. знач. 1, 2

Ср. прил. **солёный**, -ая, -ое, -ые; со́лон, солона́, со́лоно, солоны́ и со́лоны в знач. **1.** Приправленный солью и имеющий придаваемый ею характерный вкус — о пище. *Соленый суп* **2.** Приготовленный впрок с солью, в растворе соли — о пищевых продуктах. *Соленые грибы*

СО́ЛЕН, -ена, -ено, -ены; *кр. ф.*

В глаг. знач. 1, 2

СООБЩА́ТЬ, сообща́|ют, сообща́|л; ***несов., перех.*** (*сов.* сообщи́ть *к* 1, 2 знач.) **1. *что, о чем*** и ***с придат. дополнит.***, также ***кому(чему)*** *Комсорг заранее сообщает нам тему собраний. Диспетчер сообщает о прибытии самолетов. Диктор сообщает, что завтра ожидается похолодание* [уведомлять кого-л., доводить до чьего-л. сведения, извещать] **2. *что, о ком(чем)*** и ***о чем кому(чему)*** *Дима сообщает мне все свои планы. Мальчишки сообщали учительнице о незнакомце всё, что им удавалось узнать* [рассказывать о ком-чем-л.] **3. *что чему; S не лицо*** *Раствор сообщает ткани непроницаемость. «Кроме того, этот цвет туману сообщают красные кирпичные лондонские дома».* К. Паустовский, Золотая роза [придавать чему-л. какие-л. качества, свойства]

I. СООБЩА́ЮЩИЙ, -ая, -ее, -ие; *действ. наст.*

Синт.: **а, б** — в глаг. знач. 1 — 3

II. СООБЩА́ВШИЙ, -ая, -ее, -ие; *действ. прош.*

Синт.: **а, б** — в глаг. знач. 1 — 3

III. СООБЩА́ЕМЫЙ, -ая, -ое, -ые; *страд. наст.**

Синт.: **а, б** — в глаг. знач. 1 —3

СООБЩА́ТЬСЯ, сообща́|ются, сообща́|лся; ***несов.*** (*сов.* сообщи́ться *ко* 2 знач.) **1. *о ком(чем)*** и ***о чем*** и ***с придат. дополнит.*** *«Шел пленум горкома, об этом сообщалось в газетах».* Чаковский, Блокада. *В журнале сообщалось, что найдены следы „снежного человека“* [доводиться до чьего-л. сведения, объявляться] **2. *кому (чему); S не лицо*** *И вот радостное настроение сообщается всем, кто был в аудитории* [передаваться другому] **3. *с кем(чем)*** и ***с чем*** *Мы сообщаемся с диспетчером по телефону. Как вы сообщаетесь с городом?* [иметь связь при помощи телефона, телеграфа, какими-л. приемами и т. п.] **4. *S не лицо*** *Как сообщаются между собой эти тоннели?* [быть соединенным с чем-л. или друг с другом посредством чего-л., иметь какое-л. соединение, сообщение — о помещении, постройке, емкости и т. п.]

I. СООБЩА́ЮЩИЙСЯ, -аяся, -ееся, -иеся; *действ. наст.*

Синт.: **а, б** — в глаг. знач. 1 — 4

В знач. прил. в выражении: **сообщающиеся сосуды** — емкости, соединенные между собой в нижней части, жидкость в которых устанавливается на одном уровне

II. СООБЩА́ВШИЙСЯ, -аяся, -ееся, -иеся; *действ. прош.*

Синт.: **а, б** — в глаг. знач. 1 — 4

СООБЩИ́ТЬ, сообщ|а́т, сообщи́|л; ***сов. к*** сообща́ть в 1, 2 знач. (см.)

II. СООБЩИ́ВШИЙ, -ая, -ее, -ие; *действ. прош.*

Синт.: **а, б** — в глаг. знач. 1, 2

IV. СООБЩЁННЫЙ, -ая, -ое, -ые; *страд. прош.*

Синт.: **а, б** — в глаг. знач. 1, 2

СООБЩЁН, -ена́, -ено́, -ены́; *кр. ф.*

В глаг. знач. 1, 2

СООБЩИ́ТЬСЯ, сообща́тся, сообщи́|лся; ***сов. к*** сообща́ться во 2 знач. (см.)

II. СООБЩИ́ВШИЙСЯ, -аяся, -ееся, -иеся; *действ. прош.*

Синт.: **а, б** — в глаг. знач. 2

СООТВЕ́ТСТВОВАТЬ, соотве́тству|ют, соотве́тствова|л; ***несов., неперех., чему*** **1. *S не лицо*** *Данные факты не соответствуют действительности. Ваши слова соответствуют истине* [находиться в согласованности, равенстве в каком-л. отношении с чем-л.] **2.** *Молодой инженер соответствует своей должности* [иметь качества, свойства, способности, знания и т. п., отвечающие каким-л. требованиям]

I. СООТВЕ́ТСТВУЮЩИЙ, -ая, -ее, -ие; *действ. наст.*

Синт.: **а, б** — в глаг. знач. 1, 2

Ср. прил. **соотве́тствующий**, -ая, -ее, -ие. Подходящий для данного случая, должный, такой, как следует, надлежащий. *Сказать соответствующие слова. Поступить соответствующим образом. Принять соответствующие меры*

Ср. прил. **соотве́тственный**, -ая, -ое, -ые; -ен, -енна, -енно, -енны. **1. *чему*** Заключающий в себе соответствие чему-л. *Успех, соответственный ожиданиям* **2.** (только *полн. ф.*) Нужный, подходящий для данного случая, соответствующий. *Иметь соответственный штат*

II. СООТВЕ́ТСТВОВАВШИЙ, -ая, -ее, -ие; *действ. прош.*

Синт.: **а, б** — в глаг. знач. 1, 2

СООТНЕСТИ́, соотнесу́т, соотнёс|, соотнесла́, -ло́, -ли́; *сов. к* соотноси́ть (см.)

II. СООТНЁСШИЙ, -ая, -ее, -ие; *действ. прош.*
Синт.: **а, б** — в глаг. знач.

IV. СООТНЕСЁННЫЙ, -ая, -ое, -ые; *страд. прош.*
Синт.: **а, б, в** — в глаг. знач.
СООТНЕСЁН, -ена́, -ено́, -ены́; *кр. ф.*
В глаг. знач.

СООТНОСИ́ТЬ, соотношу́, соотно́с|ят, соотноси́|л; *несов., перех.,* **что** (*сов.* соотнести́) *Автор исследования почему-то не соотносит приведенные факты между собой* [устанавливать взаимное отношение, взаимную связь, зависимость между чем-л., сопоставляя, сравнивая]

I. СООТНОСЯ́ЩИЙ, -ая, -ее, -ие; *действ. наст.*
Синт.: **а, б** — в глаг. знач.

II. СООТНОСИ́ВШИЙ, -ая, -ее, -ие; *действ. прош.*
Синт.: **а, б** — в глаг. знач.

III. СООТНОСИ́МЫЙ, -ая, -ое, -ые; *страд. наст.*
Синт.: **а, б, в** — в глаг. знач.
Ср. прил. **соотноси́мый**, -ая, -ое, -ые; -и́м, -и́ма, -и́мо, -и́мы. Такой, который может быть соотнесен с чем-л. на основании каких-л., обычно сходных, признаков, свойств и т. п. *Соотносимые понятия. Соотносимые величины. Эти понятия вполне соотносимы. Данные величины соотносимы*
Ср. прил. **соотноси́тельный**, -ая, -ое, -ые; -лен, -льна, -льно, -льны. Такой, который может быть соотнесен с чем-л., соотносимый. *Соотносительные понятия. Соотносительные признаки*
СООТНОСИ́М, -и́ма, -и́мо, -и́мы; *кр. ф.*
В глаг. знач.

СОПОСТА́ВИТЬ, сопоста́влю, сопоста́в|ят, сопоста́ви|л; *сов. к* сопоставля́ть (см.)

II. СОПОСТА́ВИВШИЙ, -ая, -ее, -ие; *действ. прош.*
Синт.: **а, б** — в глаг. знач.

IV. СОПОСТА́ВЛЕННЫЙ, -ая, -ое, -ые; *страд. прош.*
[чередование в/вл]
Синт.: **а, б** — в глаг. знач.
СОПОСТА́ВЛЕН, -ена, -ено, -ены; *кр. ф.*
В глаг. знач.

СОПОСТАВЛЯ́ТЬ, сопоставля́|ют, сопоставля́|л; *несов., перех.,* **что** (*сов.* сопоста́вить) *Ученый сопоставляет множество фактов, прежде чем сделать окончательный вывод* [сравнивая, рассматривать, соотносить, обсуждать с какой-л. общей точки зрения]

I. СОПОСТАВЛЯ́ЮЩИЙ, -ая, -ее, -ие; *действ. наст.*
Синт.: **а, б** — в глаг. знач.

II. СОПОСТАВЛЯ́ВШИЙ, -ая, -ее, -ие; *действ. прош.*
Синт.: **а, б** — в глаг. знач.

III. СОПОСТАВЛЯ́ЕМЫЙ, -ая, -ое, -ые; *страд. наст.*
Синт.: **а, б, в** — в глаг. знач.
Ср. прил. **сопостави́мый**, -ая, -ое, -ые; -и́м, -и́ма, -и́мо, -и́мы. Такой, который может быть сопоставлен с чем-л. на основании каких-л., обычно сходных, признаков, свойств и т. п., с какой-л. общей точки зрения. *Сопоставимые явления. Сопоставимые величины. Сопоставимые понятия. Сопоставимые цены*

СОПРЕ́ТЬ, сопре́ют, сопре́|л; *сов. к* преть в 1 знач. (см.)

II. СОПРЕ́ВШИЙ, -ая, -ее, -ие; *действ. прош.*
Синт.: **а, б, в** — в глаг. знач. 1

СОПРОВОДИ́ТЬ, сопровожу́, сопровод|я́т, сопроводи́|л; *сов. к* сопровожда́ть во 2 — 7 знач. (см.)

II. СОПРОВОДИ́ВШИЙ, -ая, -ее, -ие; *действ. прош.*
Синт.: **а, б** — в глаг. знач. 2 — 7

IV. СОПРОВОЖДЁННЫЙ, -ая, -ое, -ые; *страд. прош.**
[чередование д/жд]
Синт.: **а, б** — в глаг. знач. 2, 3, 5 — 7
Субстантив.$_2$ в глаг. знач. 2; субстантив.$_3$ в глаг. знач. 3
СОПРОВОЖДЁН, -ена́, -ено́, -ены́; *кр. ф.**
В глаг. знач. 2, 3, 5 — 7
□ Прич. IV в 4 глаг. знач. не употр.

СОПРОВОЖДА́ТЬ, сопровожда́|ют, сопровожда́|л; *несов., перех.* (*сов.* сопроводи́ть ко 2 — 7 знач.) **1. кого(что)** *Иру сопровождал какой-то незнакомый человек* [идти, ехать, следовать рядом с кем-чем-л. в качестве спутника, провожатого] **2. кого(что)** и **что** *Машину президента сопровождал почетный эскорт мотоциклистов* [идти, ехать, следовать рядом с кем-чем-л. на официальной церемонии в качестве эскорта, официального представителя и т. п.] **3. кого(что)** и **что** *Кто сопровождает вашу спортивную делегацию? «Груз сопровождали семь человек японцев-сдатчиков».* Новиков-Прибой, Цусима [следовать вместе с кем-чем-л., обеспечивая охрану, сохранность, необходимые услуги, указывая путь и т. п.] **4. кого(что)** и **что; S не лицо** *Успех сопровождает все выступления актрисы. Буря сопровождала наш корабль. Томик стихотворений Пушкина сопровождал меня во всех моих странствиях* [иметь место, сопутствуя кому-чему-л.; быть, находиться вместе с кем-л. во время пути, следования куда-л.] **5. что чем** *Оратор сопровождал свою речь жестами* (см. § 2) [производить действие, сопутствующее другому, обычно основному] **6. что чем** *Автор работы сопровождает свои выводы большим фактическим материалом* (см. § 2) [дополнять чем-л.] **7. что чем** *Заявление в соответствии с инструкцией обычно сопровождают справкой или соответствующими документами* [прибавлять, присоединять к какому-л. официальному документу, тексту при подаче, отправлении и т. п.; *офиц.*]

I. СОПРОВОЖДА́ЮЩИЙ, -ая, -ее, -ие; *действ. наст.*
Синт.: **а, б** — в глаг. знач. 1 — 7
Ср. прич. в 7 глаг. знач. с прил. **сопроводи́тельный**, -ая, -ое, -ые. Приложенный к чему-л., сопровождающий что-л. отправ-

ляемое, посылаемое — обычно о документе, письме и т. п.; *офиц. Сопроводительное письмо. Сопроводительная записка*

В знач. сущ. **сопровожда́ющий**, -его, *м.* Тот, кто следует вместе с кем-л., обеспечивая охрану, необходимые услуги, указывая путь и т. п.

II. СОПРОВОЖДА́ВШИЙ, -ая, -ее, -ие; *действ. прош.*

Синт.: **а, б** — в глаг. знач. 1 — 7

III. СОПРОВОЖДА́ЕМЫЙ, -ая, -ое, -ые; *страд. наст.*

Синт.: **а, б** — в глаг. знач. 1 — 7

Субстантив.₂ в глаг. знач. 1 — 3; субстантив.₃ в глаг. знач. 3

СОПУ́ТСТВОВАТЬ, сопу́тству|ют, сопу́тствова|л; ***несов., неперех.*** **1.** ***кому(чему); S не лицо*** *Во всех делах ему сопутствует удача* [иметь место, появляться, сопровождая кого-л. в чем-л.] **2.** ***чему; S не лицо*** *Заболеванию сопутствовало ослабление зрения. Сверхпроводимости всегда сопутствует магнетизм* [находиться в тесной связи, происходить, протекать вместе, одновременно с чем-л., быть неразрывно связанным с чем-л.]

I. СОПУ́ТСТВУЮЩИЙ, -ая, -ее, -ие; *действ. наст.*

Синт.: **а, б** — в глаг. знач. 1, 2

В знач. прил. Тесно связанный с чем-л., сопровождающий что-л., добавочный. *Сопутствующие обстоятельства. Сопутствующие изменения* ◇ **Сопутствующие товары** — изделия, которыми торгует магазин в дополнение к основному ассортименту

II. СОПУ́ТСТВОВАВШИЙ, -ая, -ее, -ие; *действ. прош.*

Синт.: **а, б** — в глаг. знач. 1, 2

СОРВА́ТЬ, сорву́т, сорва́|л, сорвала́, сорва́ло, -ли; ***сов., перех.*** (*несов.* срыва́ть) **1.** ***что*** *Старик сорвал мне с яблони самое большое яблоко. Девочка сорвала цветок и протянула его мне* [надломив, отделить от стебля, корня и т. п. плод, цветок, лист и т. п.] **2.** ***что*** *Олег с трудом сорвал замок с горящего сарая. Ураганный ветер сорвал дверь с петель* [дернув, рванув, отделить что-л. приделанное, прикрепленное] **3.** ***что*** *Я сорвал с себя тугой галстук. Ветер сорвал шапку с головы мальчика* [рывком, резким движением, сильным порывом снять, сбросить что-л. надетое, лежащее, висящее] **4.** ***кого(что) с чего*** *«— Ты сорвал детей с места, оторвал жену от нормальной жизни!..»* Николаева, Битва в пути [заставить, понудить кого-л. неожиданно или без достаточных оснований оставить, бросить работу, какие-л. занятия, местожительство и т. п.; *разг.*] **5.** ***что*** *«От волнения Илья никак не мог свернуть с места вторую гайку. Все углы у нее сорвал».* Замойский, Лапти [резким движением повредить, испортить резьбу, нарезку и т. п.] **6.** ***что*** *Ученики пятого класса сорвали сегодня урок. Вы сорвали график дежурств* [нарушить ход, течение чего-л., помешать осуществлению чего-л.] **7.** ***что; S не лицо*** *Сильный дождь сорвал все наши планы* [вызвать нарушение хода чего-л., невозможность осуществления чего-л.] **8.** ***что на ком(чем)*** *Отец сорвал свое плохое настроение на детях* [выместить на ком-л. злобу, гнев, досаду и т. п.] **9.** ***что*** *Артист сорвал аплодисменты, спев модные куплеты. «И тут этакие итальяночки, такие розанчики, так вот и хочется сорвать поцелуй».* Гоголь, Сцены из комедии „Женихи“ [добиться чего-л., не затратив особых усилий; *разг.*]

II. СОРВА́ВШИЙ, -ая, -ее, -ие; *действ. прош.*

Синт.: **а, б** — в глаг. знач. 1 — 9

IV. СО́РВАННЫЙ, -ая, -ое, -ые; *страд. прош.*

Синт.: **а, б** — в глаг. знач. 1 — 9; **в** — в глаг. знач. 1, 2, 5, 6

Субстантив.₃ в глаг. знач. 1, 3

СО́РВАН, -ана, -ано, -аны; *кр. ф.*

В глаг. знач. 1 — 9

СОСА́ТЬ, сос|у́т, соса́|л; ***несов., перех.*** **1.** ***что*** и ***без дополн.*** *Ребенок хорошо сосет сок из бутылочки с соской. Младенец жадно сосал грудь матери. Жеребенок совсем мал, он еще сосет* [втягивать в рот губами и языком что-л. жидкое; втягивать в рот губами и языком молоко из груди, вымени; питаться молоком матери, втягивая в рот губами и языком молоко из груди, вымени] **2.** ***что*** *Малыш сосет конфету* [держать во рту, разминая языком, губами и растворяя слюной] **3.** ***что,*** также ***чем; S не лицо*** *Бабочки сосут соки цветов хоботком* (см. § 2). *Комары сосут не только кровь, но и соки растений* [всасывать в себя какую-л. жидкость при помощи специальных органов — о насекомых, животных] **4.** ***что*** *Мальчик до сих пор сосет соску. Малыш сосал палец. Медведь сосет лапу* [взяв что-л. в рот и смачивая слюной, производить втягивающие движения языком и губами] **5.** ***кого (что)*** и ***что; S не лицо*** *«И нетерпение сосет больную грудь, И ты идешь одна, украдкой, озираясь».* Фет, Когда мечтательно я предан тишине. *«Смутная, неясная тревога сосала его».* Серафимович, Епишка [неотвязно мучить, причинять душевную боль — о каком-л. чувстве, переживании] **6.** ***безл.*** *От голода сосало в животе. У меня сосет под ложечкой* [о тупой, ноющей боли от голода, недомогания и т. п. — обычно в желудке, в животе]

I. СОСУ́ЩИЙ, -ая, -ее, -ие; *действ. наст.*

Синт.: **а, б** — в глаг. знач. 1 — 5

В знач. прил. **1.** Такой, который питается молоком матери. *Сосущий молодняк* **2.** Тяжелый, мучительный, неотвязный. *Сосущая тоска* **3.** Тупой, ноющий, неотвязный — о боли, неприятных ощущениях в желудке, в животе. *Сосущая боль в желудке* (Ср. прил. **соса́тельный,** -ая, -ое, -ые. Относящийся к сосанию. *Сосательные движения*)

II. СОСА́ВШИЙ, -ая, -ее, -ие; *действ. прош.*

Синт.: **а, б** — в глаг. знач. 1 — 5

IV. СО́САННЫЙ, -ая, -ое, -ые; *страд. прош.** (*редко*)

Синт.: **а, б** — в глаг. знач. 1 — 4

Субстантив.₃ в глаг. знач. 1

СО́САН, -ана, -ано, -аны; *кр. ф.** (*редко*)

В глаг. знач. 1 — 4

□ Прич. III не образуется. Прич. IV в 5 глаг. знач. не употр.

СОСРЕДОТО́ЧИВАТЬ и *доп.* **СОСРЕДОТА́ЧИВАТЬ,** сосредото́чива|ют и *доп.* сосредота́чива|ют, сосредото́чива|л и *доп.* сосредота́чива|л; ***несов. к*** сосредото́чить (см.)

I. СОСРЕДОТО́ЧИВАЮЩИЙ, -ая, -ее, -ие и *доп.* СОСРЕДОТА́ЧИВАЮЩИЙ, -ая, -ее, -ие; *действ. наст.*
Синт.: **а, б** — в глаг. знач. 1 — 4

II. СОСРЕДОТО́ЧИВАВШИЙ, -ая, -ее, -ие и *доп.* СОСРЕДОТА́ЧИВАВШИЙ, -ая, -ее, -ие; *действ. прош.*
Синт.: **а, б** — в глаг. знач. 1 — 4

III. СОСРЕДОТО́ЧИВАЕМЫЙ, -ая, -ое, -ые и *доп.* СОСРЕДОТА́ЧИВАЕМЫЙ, -ая, -ое, -ые; *страд. наст.*
Синт.: **а, б** — в глаг. знач. 1 — 4
Субстантив.$_3$ в глаг. знач. 1

СОСРЕДОТО́ЧИВАТЬСЯ и *доп.* **СОСРЕДОТА́ЧИВАТЬСЯ,** сосредото́чива|ются и *доп.* сосредота́чива|ются, сосредото́чива|лся и *доп.* сосредота́чива|лся; ***несов. к*** сосредото́читься (см.)

I. СОСРЕДОТО́ЧИВАЮЩИЙСЯ, -аяся, -ееся, -иеся и *доп.* СОСРЕДОТА́ЧИВАЮЩИЙСЯ, -аяся, -ееся, -иеся; *действ. наст.*
Синт.: **а, б** — в глаг. знач. 1 — 6

II. СОСРЕДОТО́ЧИВАВШИЙСЯ, -аяся, -ееся, -иеся и *доп.* СОСРЕДОТА́ЧИВАВШИЙСЯ, -аяся, -ееся, -иеся; *действ. прош.*
Синт.: **а, б** — в глаг. знач. 1 — 6

СОСРЕДОТО́ЧИТЬ, сосредото́ч|ат, сосредото́чи|л; ***сов., перех.*** (*несов.* сосредото́чивать и *доп.* сосредота́чивать) **1. *кого(что)*** и ***что*** *Командование сосредоточило войска у переправы* [собрать, сконцентрировать в одном месте] **2. *что*** *Этот человек сосредоточил в своих руках неограниченную власть. Министерства сосредоточили в своих руках право распоряжаться всем сырьем. Монополии сосредоточили в своих руках несметные богатства* [получить или присвоить себе право распоряжаться чем-л., имеющим общественную значимость, стать обладателем огромного количества чего-л.— в сочетании со словами *в своих руках*] **3. *что*** *«Всю энергию своей страстной души он умел сосредоточить для служения одной всепоглощающей цели».* Кржижановский, О Владимире Ильиче [привести в состояние собранности, напрячь мысли, внимание, душевные силы и т. п.] **4. *что на ком(чем)*** и ***на чем*** *Инженер сосредоточил все внимание на работающей машине. Я не могла ни на чем сосредоточить свои мысли* [направить, напрячь, устремляя на что-л. одно]

II. СОСРЕДОТО́ЧИВШИЙ, -ая, -ее, -ие; *действ. прош.*
Синт.: **а, б** — в глаг. знач. 1 — 4

IV. СОСРЕДОТО́ЧЕННЫЙ, -ая, -ое, -ые; *страд. прош.*
Синт.: **а, б** — в глаг. знач. 1 — 4 и в статив. знач.
Статив. знач. **1.** со словами ***в руках*** кого-чего-л., ***в*** чьих-л. ***руках*** (также *кр. ф.*↓) Имеющийся в чьем-л. распоряжении, находящийся в чьей-л. власти — о чем-л. общественно значимом; являющийся чьей-л. собственностью — о большом количестве чего-л. *Неограниченная власть, сосредоточенная в руках одного человека, несовместима с подлинной демократией. Запасы нефти, сосредоточенные в руках монополий, составляют бо́льшую часть всей добываемой нефти в стране* (из газет) **2.** (также *кр. ф.*↓) Имеющийся, находящийся, обычно в большом количестве, где-л. *Большая часть сосновых лесов, сосредоточенных в Азии, находится на территории СССР* **3. *на чем*** (также *кр. ф.*↓) Целиком погруженный во что-л., занятый чем-л., сосредоточившийся на чем-л. *Это был человек, целиком сосредоточенный на своей работе* **4.** со словами ***в себе, в самом (в самой) себе*** (только *полн. ф.*) Необщительный, погруженный в свои мысли, в свой душевный мир. *Мне нравился этот сосредоточенный в себе, неразговорчивый человек*
В знач. прил. (только *полн. ф.*) Соединенный в одном месте, объединенный, сконцентрированный. *Вести борьбу со снежными заносами сосредоточенными силами*
Ср. прил. **сосредото́ченный,** -ая, -ое, -ые; -ен, -енна, -енно, -енны. **1.** Устремивший все внимание, мысли на что-л. одно. *Я наблюдала за Костей, сосредоточенным, старательно делавшим гимнастику йогов. Ольга была сосредоточенна и спокойна* **2.** Выражающий состояние напряжения, внимания, устремленности на что-л. одно. *Сосредоточенный вид. Сосредоточенный взгляд. Сосредоточенное выражение лица. Лица людей сосредоточенны, серьезны* **3.** Напряженный, устремленный всецело на что-л. одно. *Сосредоточенное внимание. Сосредоточенная мысль* **4.** (только *полн. ф.*) Направленный в одно место, в одну точку. *Луч сосредоточенного действия*
Субстантив.$_3$ в глаг. знач. 1

СОСРЕДОТО́ЧЕН, -ена, -ено, -ены; *кр. ф.*
В глаг. знач. 1 — 4
Статив. знач. **1.** со словами ***в руках*** кого-чего-л., ***в*** чьих-л. ***руках*** (также *полн. ф.*↑) *В руках этого человека сосредоточена неограниченная власть. Большие запасы нефти сосредоточены в руках монополий* **2.** (также *полн. ф.*↑) *Большая часть сосновых лесов сосредоточена в Азии* **3. *на чем*** (также *полн. ф.*↑) *Мой друг целиком сосредоточен на своей работе*

СОСРЕДОТО́ЧИТЬСЯ, сосредото́чатся, сосредото́чи|лся; ***сов.*** (*несов.* сосредото́чиваться и *доп.* сосредота́чиваться) **1.** *«Командир бригады принял решение.. к утру подтянуть резервы, сосредоточиться на подступах к Вешенской».* Шолохов, Тихий Дон [перемещаясь, соединиться, собраться, сконцентрироваться где-л. в одном месте] **2. *S не лицо*** *В их руках сосредоточилось огромное количество разнообразных сводок. Огромные богатства сосредоточились* *в руках монополий* [оказаться в чьем-л. распоряжении, стать чьей-л. собственностью — о большом количестве чего-л., в сочетании со словами *в руках* кого-чего-л., *в чьих-л. руках*] **3. *в ком(чем)*** и ***в чем; S не лицо*** *«В Пушкине сосредоточились лучшие стороны великой нации, ее простота, широта, любовь к людям, любовь к свободе, тонкий ум и необыкновенное чувство красоты».* С. Вавилов, Речь на Московском митинге у памятника А. С. Пушкину. *«В служебном мире сосредоточился для него весь интерес жизни».* Л. Толстой, Смерть Ивана Ильича [воплотиться, оказаться заключенным, соединенным в ком-чем-л.] **4. *на ком(чем)*** и ***на чем*** и ***без дополн.*** *Ты должен сосредоточиться на самом основном, читая эти тексты. Не мешай мне, пожалуйста, я не могу сосредоточиться* [направить внимание на кого-что-л.; собрать мысли, напрячь внимание, чтобы делать что-л.] **5. *на ком(чем)*** и ***на чем; S не лицо*** *«Вечная жажда любви, томившая ее, теперь, как в фокусе, сосредоточилась на Настеньке».* Мамин-Сибиряк, Переводчица на приисках. *Вся его энергия сосредоточилась на работе* [устремиться, направиться исключительно на кого-что-л.] **6.** *«[Бабушка] как будто совсем не слушала мать, а мучительно сосредоточилась в себе».* Гладков, Повесть о детстве [не интересоваться окружающим, погрузиться в свой душевный мир, в свои мысли, переживания — в сочетании со словами *в себе, в самом себе*]

II. СОСРЕДОТО́ЧИВШИЙСЯ, -аяся, -ееся, -иеся; *действ. прош.*

Синт.: **а, б** — в глаг. знач. 1 — 6

СОСТА́ВИТЬ, соста́влю, соста́в|ят, соста́ви|л; ***сов., перех., что*** (*несов.* составля́ть) **1.** *Мы составили всю посуду на полку. Гости составили стулья в угол, и танцы начались. Бабушка составила цветы с подоконника на пол* [переместить, переставить какие-л. предметы куда-л., поставив рядом или в одно место; переставить сверху вниз] **2.** *Друзья составили столы. Зрители составили стулья* [приставить друг к другу, тесно сдвинув] **3.** *Иностранец составил фразу с большим трудом. Ученик быстро составил уравнение. Смирнов составил список участников похода. Преподаватели нашей кафедры составили сборник упражнений по русскому языку* [создать, образовать что-л. целое, подобрав и соединив отдельные части; создать, написать что-л., подобрав и объединив какие-л. материалы, данные] **4.** *Я не составила определенного представления об этом человеке. Друзья уже составили хорошее мнение о новом знакомом* [создать, выработать путем наблюдений, логических умозаключений какое-л. мнение, представление и т. п. о ком-чем-л.] **5. *S не лицо*** *Затраты на строительство составят крупную сумму. Собрание сочинений писателя составило десять томов* [стать равным какому-л. количеству, объему и т. п. будучи объединенным — о многом, соединенном, присоединенном одно к другому] **6.** *Эти музыканты составят прекрасный ансамбль* [образовать собой что-л.] **7. *S не лицо*** *«..это было дело, долженствующее получить громадные размеры, составить эпоху».* Л. Толстой, Анна Каренина. *Ваша помощь старикам не составила исключения из общего правила. Сделать это не составит большого труда* [явиться тем, вызвать появление того, что указано существительным; *книжн.*]

II. СОСТА́ВИВШИЙ, -ая, -ее, -ие; *действ. прош.*

Синт.: **а, б** — в глаг. знач. 1 — 7

IV. СОСТА́ВЛЕННЫЙ, -ая, -ое, -ые; *страд. прош**

[чередование в/вл]

Синт.: **а, б** — в глаг. знач. 1 — 4; **в** — в глаг. знач. 2

Субстантив.$_3$ в глаг. знач. 1, 2

СОСТА́ВЛЕН, -ена, -ено, -ены; *кр. ф.**

В глаг. знач. 1 — 4

□ Прич. IV в 5 — 7 глаг. знач. не употр.

СОСТАВЛЯ́ТЬ, составля́|ют, составля́|л; ***несов. к*** соста́вить (см.)

I. СОСТАВЛЯ́ЮЩИЙ, -ая, -ее, -ие; *действ. наст.*

Синт.: **а, б** — в глаг. знач. 1 — 7

Субстантив.$_1$ в глаг. знач. 1 — 4

II. СОСТАВЛЯ́ВШИЙ, -ая, -ее, -ие; *действ. прош.*

Синт.: **а, б** — в глаг. знач. 1 — 7

Субстантив.$_1$ в глаг. знач. 1 — 4

III. СОСТАВЛЯ́ЕМЫЙ, -ая, -ое, -ые; *страд. наст.**

Синт.: **а, б** — в глаг. знач. 1 — 4; **в** — в глаг. знач. 2

Субстантив.$_3$ в глаг. знач. 1, 2

□ Прич. III в 5 — 7 глаг. знач. не употр.

СО́ХНУТЬ, со́хнут, сох и *доп.* со́хну|л, со́хла, -ло, -ли; ***несов., неперех.*** (*сов.* вы́сохнуть *к* 1, 4 — 7 знач.; *сов.* засо́хнуть *к* 3, 5 знач.) **1. *S не лицо*** *Белье на солнце хорошо сохнет. На батарее сохли шерстяные носки* [становиться сухим, теряя влагу — о чем-л. мокром, сыром] **2. *S не лицо*** *Земля сохнет без дождей. У меня от жажды сохнут губы* [становиться чрезмерно сухим, теряя влагу, пересыхать] **3. *S не лицо*** *Хлеб без упаковки быстро сохнет. Клей сохнет, скорее заклеивай конверт!* [становиться твердым, теряя влагу] **4. *S не лицо*** *«[Астров:] Лесов всё меньше и меньше, реки сохнут, дичь перевелась».* Чехов, Дядя Ваня. *«В роще сохла роса с солнечной стороны».* Л. Толстой, Тихон и Маланья [иссякать, теряя влагу; исчезать, испаряясь — о росе, слезах и т. п.] **5. *S не лицо*** *Под палящим солнцем без дождей трава сохнет. В нашем саду сохнут две яблони* [вянуть, гибнуть — о растениях] **6. *S не лицо*** *После операции у Олега сохнет рука* [терять упругость мышц, чрезмерно худеть в результате болезни — о какой-л. части тела] **7.** также ***от чего*** *Больной сохнет на глазах. Аня сохнет от любви. Старик сох от тоски по родной деревне* [сильно худеть от болезни, непосильной работы, душевных страданий]

I. СО́ХНУЩИЙ, -ая, -ее, -ие; *действ. наст.*

Синт.: **а, б** — в глаг. знач. 1 — 7; **в** — в глаг. знач. 1 — 6

II. СО́ХНУВШИЙ, -ая, -ее, -ие; *действ. прош.*

Синт.: **а, б** — в глаг. знач. 1 — 7; **в** — в глаг. знач. 1 — 6

СОХРАНИ́ТЬ, сохран|я́т, сохрани́|л; ***сов. к*** храни́ть в 1, 3, 4, 8 знач. (см.)

II. СОХРАНИ́ВШИЙ, -ая, -ее, -ие; *действ. прош.*

Синт.: **а, б** — в глаг. знач. 1, 3, 4, 8

IV. СОХРАНЁННЫЙ, -ая, -ое, -ые; *страд. прош.*

Синт.: **а, б** — в глаг. знач. 1, 3, 4, 8

Субстантив.₃ в глаг. знач. 1, 3, 8

СОХРАНЁН, -ена́, -ено́, -ены́; *кр. ф.*

В глаг. знач. 1, 3, 4, 8

СОЧУ́ВСТВОВАТЬ, сочу́вству|ют, сочу́вствова|л; ***несов., неперех., кому(чему)*** и ***чему*** **1.** *Я вам сочувствую. Мы сочувствуем вашему горю* [относиться к кому-чему-л. сочувственно, проявлять отзывчивое, участливое отношение к переживаниям, несчастью других] **2.** *«Массы сочувствуют большевикам, вступая повсюду на путь революции».* Ленин, В лакейской. *Мой дедушка сначала сочувствовал революции, и затем стал ее активным участником* [поддерживать, одобрять деятельность какой-л. партии, организации, быть идейно близким им]

I. СОЧУ́ВСТВУЮЩИЙ, -ая, -ее, -ие; *действ. наст.*

Синт.: **а, б** — в глаг. знач. 1, 2

В знач. прил. Выражающий сочувствие. *Сочувствующий взгляд* (Ср. прил. **сочу́вственный**, -ая, -ое, -ые; -ен, -енна, -енно, -енны. Выражающий, заключающий в себе сочувствие, сочувствующий. *Сочувственный взгляд. Сочувственное отношение. Сочувственный отзыв. Сочувственное внимание*)

В знач. сущ. **сочу́вствующий**, -его, *м.*; **сочу́вствующая**, -ей, *ж.* Тот (та), кто поддерживает, одобряет деятельность какой-л. организации, партии, кто идейно близок ей

II. СОЧУ́ВСТВОВАВШИЙ, -ая, -ее, -ие; *действ. прош.*

Синт.: **а, б** — в глаг. знач. 1, 2

СПА́ИВАТЬ, спа́ива|ют, спа́ива|л; ***несов. к*** спая́ть (см.)

I. СПА́ИВАЮЩИЙ, -ая, -ее, -ие; *действ. наст.*

Синт.: **а, б** — в глаг. знач. 1, 2

II. СПА́ИВАВШИЙ, -ая, -ее, -ие; *действ. прош.*

Синт.: **а, б** — в глаг. знач. 1, 2

III. СПА́ИВАЕМЫЙ, -ая, -ое, -ые; *страд. наст.*

Синт.: **а, б** — в глаг. знач. 1, 2; **в** — в глаг. знач. 1

Субстантив.₂ не употр.

СПА́РИВАТЬ, спа́рива|ют, спа́рива|л; ***несов. к*** спа́рить (см.)

I. СПА́РИВАЮЩИЙ, -ая, -ее, -ие; *действ. наст.*

Синт.: **а, б** — в глаг. знач. 1 — 3

II. СПА́РИВАВШИЙ, -ая, -ее, -ие; *действ. прош.*

Синт.: **а, б** — в глаг. знач. 1 — 3

III. СПА́РИВАЕМЫЙ, -ая, -ое, -ые; *страд. наст.*

Синт.: **а, б, в** — в глаг. знач. 1 — 3

Субстантив.₃ в глаг. знач. 1

СПА́РИТЬ, спа́р|ят, спа́ри|л; ***сов., перех.*** (*несов.* спа́ривать) **1. *кого(что)**** и ***что*** *Ямщики спарили лошадей перед дальней дорогой. Рабочие спарили сеялки* [соединить каким-л. образом в пару для совместной работы, действия] **2. *кого(что)**** *Олег спарил кроликов — самца и самку* [свести самца и самку для случки, случить] **3. *что*** *В прошлом году нам спарили телефоны* [включить два телефонных аппарата с различными номерами в одну абонентскую линию]

II. СПА́РИВШИЙ, -ая, -ее, -ие; *действ. прош.*

Синт.: **а, б** — в глаг. знач. 1 — 3

IV. СПА́РЕННЫЙ, -ая, -ое, -ые; *страд. прош.*

Синт.: **а, б** — в глаг. знач. 1 — 3; **в** — в глаг. знач. 2

В знач. прил. (только *полн. ф.*) **1.** Состоящий из двух частей, сдвоенный. *Спаренные моторы. Спаренные водоемы* **2.** В выражении: **спаренные телефоны** — два телефонных аппарата с различными номерами, включенные в одну абонентскую линию

Субстантив.₃ в глаг. знач. 1

СПА́РЕН, -ена, -ено, -ены; *кр. ф.*

В глаг. знач. 1 — 3

СПАСА́ТЬ, спаса́|ют, спаса́|л; ***несов., перех.*** (сов. спасти́) **1. *кого(что)*** и ***что*** *Группа спасателей именно на этом склоне спасала альпинистов, попавших в беду. Советские воины не раз спасали памятники культуры от уничтожения. Хирург спасает жизнь самым безнадежным больным* [избавлять от смерти, гибели, уничтожения и т. п.] **2. *кого(что)*** и ***что от чего,*** также ***чем*** *Своим появлением Илья спасает меня от неприятного разговора* (см. § 1). *Пользуясь новым средством, Тамара спасает шубу от моли* [избавлять кого-что-л. от кого-чего-л. неприятного, мешающего и т. п.] **3. *кого(что)*** и ***что от чего; S не лицо*** *Валенки и тулуп спасают меня от мороза* [служить защитой, быть средством избавления от чего-л. неприятного, мешающего и т. п.] **4. *что*** *«— Вот, жил разбойник, обижал народ, грабил его.. Смутился совестью, пошел душу спасать».* М. Горький, Исповедь [подвижничеством, постом, молитвой замаливать грехи, избавлять себя от вечных мук в загробной жизни — в христианском вероучении]

I. СПАСА́ЮЩИЙ, -ая, -ее, -ие; *действ. наст.*

Синт.: **а, б** — в глаг. знач. 1 — 4

Ср. прич. в 1 глаг. знач. с прил. **спаса́тельный**, -ая, -ое, -ые. Служащий для спасания утопающих, потерпевших аварию и т. п. *Спасательные работы. Спасательная шлюпка. Спасательный пояс. Спасательная станция*

Ср. прич. в 3 глаг знач. с прил. **спаси́тельный**, -ая, -ое, -ые; -лен, -льна, -льно, -льны. Несущий спасение, избавление от чего-л. опасного, неприятного и т. п. *Спасительное лекарство. Спасительное средство. Спасительный совет. Спасительный выход из тяжелого положения*

II. СПАСА́ВШИЙ, -ая, -ее, -ие; *действ. прош.*

Синт.: **а, б** — в глаг. знач. 1 — 4

III. СПАСА́ЕМЫЙ, -ая, -ое, -ые; *страд. наст.**

Синт.: **а, б** — в глаг. знач. 1, 2, 4; **в** — в глаг. знач. 1, 4

Субстантив.₃ в глаг. знач. 1, 2
▭ Прич. III в 3 глаг. знач. не употр.

СПАСТИ́, спасу́т, спас|, спасла́, -ло́, -ли́; ***сов. к*** спаса́ть (см.)

II. СПА́СШИЙ, -ая, -ее, -ие; *действ. прош.*
Синт.: **а, б** — в глаг. знач. 1 — 4

IV. СПАСЁННЫЙ, -ая, -ое, -ые; *страд. прош.**
Синт.: **а, б** — в глаг. знач. 1, 2, 4; **в** — в глаг. знач. 1, 4
Субстантив.₃ в глаг. знач. 1, 2
СПАСЁН, -ена́, -ено́, -ены́; *кр. ф.**
В глаг. знач. 1, 2, 4
▭ Прич. IV в 3 глаг. знач. не употр.

СПАТЬ, сплю, сп|ят, спа|л, спала́, спа́ло, -ли; ***несов., неперех.*** **1.** *Бабушка еще спит* [находиться в состоянии сна] **2.** *Да ты же спишь на работе!* [быть бездеятельным, пассивным, вялым; *разг.*]

I. СПЯ́ЩИЙ, -ая, -ее, -ие; *действ. наст.**
Синт.: **а, б, в** — в глаг. знач. 1
В знач. прил. в выражениях: **спящее царство** — о многих людях, находящихся в состоянии крепкого сна; **спящие почки** — почки растения, существующие несколько или много лет и развертывающиеся при старении дерева, повреждении кроны, гибели или срубании ствола

II. СПА́ВШИЙ, -ая, -ее, -ие; *действ. прош.**
Синт.: **а, б, в** — в глаг. знач. 1
▭ Прич. I, II во 2 глаг. знач. не употр.

СПАЯ́ТЬ, спая́ют, спая́|л; ***сов., перех.*** (*несов.* спа́ивать) **1. *что*** *Мальчики спаяли концы проволоки* [соединить паянием] **2. *кого(что); S не лицо*** *Интересная работа спаяла наш коллектив. Преодоление многих трудностей спаяло нас* [прочно, неразрывно объединить, сделать дружным]

II. СПАЯ́ВШИЙ, -ая, -ее, -ие; *действ. прош.*
Синт.: **а, б** — в глаг. знач. 1, 2

IV. СПА́ЯННЫЙ, -ая, -ое, -ые; *страд. прош.*
Синт.: **а, б** — в глаг. знач. 1, 2; **в** — в глаг. знач. 1
Ср. прил. **спа́янный**, -ая, -ое, -ые; **-ян, -янна, -янно, -янны.** Прочно связанный дружбой, единством интересов, взаимопониманием; единый, дружный. *Спаянный коллектив. Спаянная и дружная семья*
Субстантив.₂ не употр.
СПА́ЯН, -яна, -яно, -яны; *кр. ф.*
В глаг. знач. 1, 2

СПЕТЬ, спе́|ют, спе|л; ***несов., неперех.*** (*сов.* поспе́ть); ***S не лицо*** *В лесу спеет малина* [становиться спелым, созревать, зреть]

I. СПЕ́ЮЩИЙ, -ая, -ее, -ие; *действ. наст.*
Синт.: **а, б, в** — в глаг. знач.

II. СПЕ́ВШИЙ, -ая, -ее, -ие; *действ. прош.*
Синт.: **а, б, в** — в глаг. знач.
Ср. прил. **спе́лый**, -ая, -ое, -ые; спел, спела́, спе́ло, спе́лы и спелы́. Вполне зрелый, пригодный к употреблению. *Спелая малина*

СПЕШИ́ТЬ, спеш|а́т, спеши́|л; ***несов., неперех.*** **1.** *Я спешу домой. Отец спешит на самолет. Извините, мы спешим* [быстро идти, двигаться; стараться быстрее попасть куда-л.] **2.** *«Спешу поделиться с вами большой радостью: я женюсь».* Тургенев, Бретер. *«Пишу я к вам наскоро, спешу, работу к сроку кончаю».* Достоевский, Бедные люди [стараться сделать, исполнить что-л. в возможно более короткий срок] **3. *с чем*** *Директор спешит с разрешением этого вопроса* [не медлить, делать что-л. быстро] **4.** *Тебе трудно аккомпанировать, ты слишком спешишь* [делать что-л. слишком быстро, чересчур быстрым темпом] **5. *S не лицо*** *Мои часы спешат на пять минут* [показывать неверное время из-за убыстренного хода механизма — о часах]

I. СПЕША́ЩИЙ, -ая, -ее, -ие; *действ. наст.*
Синт.: **а, б** — в глаг. знач. 1 — 5; **в** — в глаг. знач. 1, 5

II. СПЕШИ́ВШИЙ, -ая, -ее, -ие; *действ. прош.**
Синт.: **а, б** — в глаг. знач. 1 — 4; **в** — в глаг. знач. 1
▭ Прич. II в 5 глаг. знач. не употр.

СПЛА́ЧИВАТЬ, спла́чива|ют, спла́чива|л; ***несов. к*** сплоти́ть (см.)

I. СПЛА́ЧИВАЮЩИЙ, -ая, -ее, -ие; *действ. наст.*
Синт.: **а, б** — в глаг. знач. 1 — 3

II. СПЛА́ЧИВАВШИЙ, -ая, -ее, -ие; *действ. прош.*
Синт.: **а, б** — в глаг. знач. 1 — 3

III. СПЛА́ЧИВАЕМЫЙ, -ая, -ое, -ые; *страд. наст.**
Синт.: **а, б** — в глаг. знач. 1, 2
Субстантив.₃ не употр.
▭ Прич. III в 3 глаг. знач. не употр.

СПЛА́ЧИВАТЬСЯ, спла́чива|ются, спла́чива|лся; ***несов. к*** сплоти́ться (см.)

I. СПЛА́ЧИВАЮЩИЙСЯ, -аяся, -ееся, -иеся; *действ. наст.*
Синт.: **а, б, в** — в глаг. знач. 1, 2

II. СПЛА́ЧИВАВШИЙСЯ, -аяся, -ееся, -иеся; *действ. прош.*
Синт.: **а, б, в** — в глаг. знач. 1, 2

СПЛОТИ́ТЬ, сплочу́, сплот|я́т; сплоти́|л; ***сов., перех.*** (*несов.* спла́чивать) **1. *что*** *Демонстранты сплотили свои ряды* [вплотную сблизить, сомкнуть] **2. *кого(что)*** *Новый директор быстро сплотил наш коллектив* [своими действиями добиться единства, сплоченности, объединить] **3. *кого(что); S не лицо*** *Близкая опасность сплотила друзей* [вызвать появление чьего-л. единства, единодушия, взаимопонимания, спаянности]

II. СПЛОТИ́ВШИЙ, -ая, -ее, -ие; *действ. прош.*
Синт.: **а, б** — в глаг. знач. 1 — 3

IV. СПЛОЧЁННЫЙ, -ая, -ое, -ые; *страд. прош.**
[чередование т/ч]
Синт.: **а, б** — в глаг. знач. 1, 2 и в статив. знач.
Статив. знач. (также *кр. ф.*↓) Находящийся в полном единстве, спаянности, сплотившийся для осуществления чего-л. *Советский народ, сплоченный вокруг коммунистической партии, победил фашизм*
В знач. прил. **1.** (только *полн. ф.*) Состоящий из тесно сблизившихся друг с дру-

гом, вплотную соединенных, сомкнутых друг с другом людей. *«Они шли отдельной сплоченной группой, строго сохраняя военный порядок».* Б. Полевой, Золото **2.** (также *кр. ф.*↓) Тесно сблизившийся друг с другом, вплотную соединенный, сомкнутый друг с другом — о предметах. *«Всюду преграждали нам путь сплоченные льды, недоступные для проводки слабых грузовых судов».* Бадигин, Три зимовки во льдах Арктики

Ср. прил. **сплочённый**, -ая, -ое, -ые; -ён, -ённа, -ённо, -ённы. Дружный, единодушный, спаянный. *Сплоченный коллектив*

Субстантив.₃ не употр.

СПЛОЧЕ́Н, -ена́, -ено́, -ены́; *кр. ф.**

В глаг. знач. 1, 2

Статив. знач. (также *полн. ф.*↑) *Советский народ сплочен вокруг коммунистической партии в борьбе за осуществление ленинской программы строительства социализма* (из газет)

В знач. прил. (также *полн. ф.* в знач. прил. 2↑) *Льды сплочены, недоступны для проводки легких судов*

▭ Прич. IV в 3 глаг. знач. не употр.

СПЛОТИ́ТЬСЯ, сплотя́тся, сплоти́|лся; **сов.** (*несов.* спла́чиваться) **1.** ***S не лицо*** *Ряды демонстрантов сплотились* [стать плотным, тесным в результате сближения, расположения людей вплотную друг к другу] **2.** *После прихода нового директора наш коллектив быстро сплотился, исчезли нарушения трудовой дисциплины* [достичь согласованности, сплоченности, единодушия и т. п. в действиях, поступках, стать согласованным, сплоченным, единодушным в чем-л.]

II. СПЛОТИ́ВШИЙСЯ, -аяся, -ееся, -иеся; *действ. прош.*

Синт.: **а, б, в** — в глаг. знач. 1, 2

СПЛЮ́ЩИВАТЬ, сплю́щива|ют, сплю́щива|л; **несов. к** сплющить (см.)

I. СПЛЮ́ЩИВАЮЩИЙ, -ая, -ее, -ие; *действ. наст.*

Синт.: **а, б** — в глаг. знач.

II. СПЛЮ́ЩИВАВШИЙ, -ая, -ее, -ие; *действ. прош.*

Синт.: **а, б** — в глаг. знач.

III. СПЛЮ́ЩИВАЕМЫЙ, -ая, -ое, -ые; *страд. наст.*

Синт.: **а, б, в** — в глаг. знач.

СПЛЮ́ЩИВАТЬСЯ, сплю́щива|ются, сплю́щива|лся; **несов. к** сплю́щиться (см.)

I. СПЛЮ́ЩИВАЮЩИЙСЯ, -аяся, -ееся, -иеся; *действ. наст.*

Синт.: **а, б, в** — в глаг. знач.

II. СПЛЮ́ЩИВАВШИЙСЯ, -аяся, -ееся, -иеся; *действ. прош.*

Синт.: **а, б, в** — в глаг. знач.

СПЛЮ́ЩИТЬ, сплющ|ат, сплю́щи|л; **сов., перех., что** (*несов.* сплю́щивать) *Силач сплющил железную болванку* [давлением или ударом сделать плоским, смять]

II. СПЛЮ́ЩИВШИЙ, -ая, -ее, -ие; *действ. прош.*

Синт.: **а, б** — в глаг. знач.

IV. СПЛЮ́ЩЕННЫЙ, -ая, -ое, -ые; *страд. прош.*

Синт.: **а, б** — в глаг. знач.

В знач. прил. (также *кр. ф.*↓) Плоский от давления, надавливания, сжатия, сплющившийся. *Сплющенная болванка. Сплющенная гильза. Сплющенный болт*

Ср. прил. **сплю́щенный,** -ая, -ое, -ые. **1.** Плоской формы, приплюснутый — о пальцах, носе. *Сплющенный нос. Сплющенные пальцы* **2.** Сжатый с боков — о голове. *Сплющенный череп*

СПЛЮ́ЩЕН, -ена, -ено, -ены; *кр. ф.*

В глаг. знач.

В знач. прил. (также *полн. ф.*↑) *Болванка была сплющена. Гильза сплющена. Болт сплющен*

СПЛЮ́ЩИТЬСЯ, сплю́щатся, сплю́щи|лся; **сов.** (*несов.* сплю́щиваться); ***S не лицо*** *Кузов машины сплющился от столкновения с самосвалом. При аварии кабина у машины сильно сплющилась* [стать плоским от давления или удара, расплющиться]

II. СПЛЮ́ЩИВШИЙСЯ, -аяся, -ееся, -иеся; *действ. прош.*

Синт.: **а, б, в** — в глаг. знач.

СПЛЯСА́ТЬ, спляшу́, спля́шут, спляса́|л; **сов. к** плясать в 1 знач. (см.)

II. СПЛЯСА́ВШИЙ, -ая, -ее, -ие; *действ. прош.*

Синт.: **а, б** — в глаг. знач. 1

IV. СПЛЯ́САННЫЙ, -ая, -ое, -ые; *страд. прош.* (*редко*)

Синт.: **а, б** — в глаг. знач. 1

СПЛЯ́САН, -ана, -ано, -аны; *кр. ф.* (*редко*)

В глаг. знач. 1

СПРА́ШИВАТЬ, спра́шива|ют, спра́шива|л; **несов.** (*сов.* спроси́ть) **1. перех., кого(что) о ком(чем)** и **о чем** и **с придат. дополнит.** *Илья спрашивает вас о Чехове. Я спрашиваю, когда приедет ваш сын* [обращаться к кому-л. с вопросом, чтобы узнать, выяснить что-л., осведомляться] **2. перех., кого(что)** *Сколько времени спрашивал учеников экзаменатор?* [проверять знания учащегося, задавая вопросы] **3. перех., что** и **чего** *Дима спрашивает в библиотеке сборник стихов Пушкина. Ольга спрашивает у мужа совета* [обращаться с просьбой дать, предоставить что-л.; обращаться к кому-л. за советом, разрешением, согласием и т. п.] **4. перех., кого (что)** *Там кто-то спрашивает тебя!* [вызывать кого-л., заявлять о желании видеть кого-л.] **5. перех., что с кого(чего)** *С кого же мне теперь спрашивать свою книгу?* [требовать вернуть; *разг.*] **6. неперех., с кого(чего)** *Смирнов спрашивает со своих детей очень строго* [требовать ответа, отчета за кого-что-л., проявлять высокую требовательность]

I. СПРА́ШИВАЮЩИЙ, -ая, -ее, -ие; *действ. наст.*

Синт.: **а, б** — в глаг. знач. 1 — 6

В знач. прил. Выражающий вопрос, недоумение, желание узнать что-л. *Спрашивающий взгляд. Спрашивающие глаза. Спрашивающие лица*

II. СПРА́ШИВАВШИЙ, -ая, -ее, -ие; *действ. прош.*

Синт.: **а, б** — в глаг. знач. 1 — 6
III. СПРА́ШИВАЕМЫЙ, -ая, -ое, -ые; *страд. наст.*
Синт.: **а, б** — в глаг. знач. 1 — 5
Субстантив.₂ в глаг. знач. 1, 2

СПРЕССОВА́ТЬ, спрессу́ют, спрессова́|л; **сов., перех., что** (*несов.* прессова́ть) *Рабочий спрессовал хлопок. Новый станок прекрасно спрессовал древесину* [подвергнуть давлению, сжатию, обработке прессом]
II. СПРЕССОВА́ВШИЙ, -ая, -ее, -ие; *действ. прош.*
Синт.: **а, б** — в глаг. знач.
IV. СПРЕССО́ВАННЫЙ, -ая, -ое, -ые; *страд. прош.*
Синт.: **а, б** — в глаг. знач.
В знач. прил. (только *полн. ф.*) **1.** Соединенный в плотную массу прессованием. *Спрессованная древесина. Спрессованное сено* **2.** Слежавшийся, уплотнившийся, спрессовавшийся. *Спрессованный снег*
СПРЕССО́ВАН, -ана, -ано, -аны; *кр. ф.*
В глаг. знач.

СПРЕССОВА́ТЬСЯ, спрессу́ются, спрессова́|лся; **сов.** (*несов.* спрессо́вываться); ***S* не лицо** **1.** *Древесина хорошо спрессовалась* [соединиться в плотную массу в результате прессования] **2.** *Под колесами машин снег спрессовался в плотную массу* [уплотниться, слежаться под тяжестью, под давлением чего-л.]
II. СПРЕССОВА́ВШИЙСЯ, -аяся, -ееся, -иеся; *дейст. прош.*
Синт.: **а, б, в** — в глаг. знач. 1, 2

СПРЕССО́ВЫВАТЬСЯ, спрессо́выва|ются, спрессо́вывал|ся; **несов. к** спрессова́ться (см.)
I. СПРЕССО́ВЫВАЮЩИЙСЯ, -аяся, -ееся, -иеся; *действ. наст.*
Синт.: **а, б, в** — в глаг. знач. 1, 2
II. СПРЕССО́ВЫВАВШИЙСЯ, -аяся, -ееся, -иеся; *действ. прош.*
Синт.: **а, б, в** — в глаг. знач. 1, 2

СПРОЕКТИ́РОВАТЬ, спроекти́руют, спроекти́рова|л; **сов. к** проекти́ровать в 1 знач. (см.)
II. СПРОЕКТИ́РОВАВШИЙ, -ая, -ее, -ие; *действ. прош.*
Синт.: **а, б** — в глаг. знач. 1
IV. СПРОЕКТИ́РОВАННЫЙ, -ая, -ое, -ые; *страд. прош.*
Синт.: **а, б, в** — в глаг. знач. 1
СПРОЕКТИ́РОВАН, -ана, -ано, -аны; *кр. ф.*
В глаг. знач. 1

СПРОСИ́ТЬ, спрошу́, спро́с|ят, спроси́|л; **сов. к** спра́шивать (см.)
II. СПРОСИ́ВШИЙ, -ая, -ее, -ие; *действ. прош.*
Синт.: **а, б** — в глаг. знач. 1 — 6
IV. СПРО́ШЕННЫЙ, -ая, -ое, -ые; *страд. прош.* [чередование с/ш]
Синт.: **а, б** — в глаг. знач. 1 — 5; **в** — в глаг. знач. 2
Субстантив.₂ в глаг. знач. 1, 2
СПРО́ШЕН, -ена, -ено, -ены; *кр. ф.*
В глаг. знач. 1 — 5

СПРЯ́ТАТЬ, спря́чут, спря́та|л; **сов. к** пря́тать в 1 знач. (см.)
II. СПРЯ́ТАВШИЙ, -ая, -ее, -ие; *действ. прош.*
Синт.: **а, б** — в глаг. знач. 1
IV. СПРЯ́ТАННЫЙ, -ая, -ое, -ые; *страд. прош.*
Синт.: **а, б, в** — в глаг. знач. 1
СПРЯ́ТАН, -ана, -ано, -аны; *кр. ф.*
В глаг. знач. 1

СПУ́ТАТЬ, спу́тают, спу́та|л; **сов., перех.** (*несов.* спу́тывать) **1. что** *Малыш спутал все нитки. Сильный ветер спутал волосы девушек* [запутать, перепутать] **2. что** *Котенок спутал бумаги на столе* [нарушить порядок в чем-л., перемешать, привести в беспорядок] **3. что,** также **чем** *Олег своим вопросом помешал мне сформулировать вывод, спутал мысли* (см. § 1). *Твой неожиданный приход спутал все планы Сережи* [нарушить стройность, ясность чего-л., сделать беспорядочным, сбивчивым, неопределенным; нарушить что-л.] **4. что** *Дети начали танцевать, но спутали фигуры и остановились. Рассказчик спутал факты и поэтому исказил весь смысл происшедшего* [сбиться в чем-л., допустить ошибку, неточность, неправильность] **5. кого (что)** и **что** *«Вы спутали два глагола: заживать и заживлять».* М. Горький, Письмо И. И. Морозову, март 1911. *Учительница спутала братьев-близнецов и поставила пятерку Саше, а не Диме* [ошибочно отождествить, принять одного или одно за другого или другое] **6. кого(что)*,** также **чем** *«Роман отвязал коня и спутал его ременным путом».* Седых, Даурия (см. § 2) [связать передние ноги пасущейся лошади]
II. СПУ́ТАВШИЙ, -ая, -ее, -ие; *действ. прош.*
Синт.: **а, б** — в глаг. знач. 1 — 6
IV. СПУ́ТАННЫЙ, -ая, -ое, -ые; *страд. прош.*
Синт.: **а, б** — в глаг. знач. 1 — 6; **в** — в глаг. знач. 6
В знач. прил. (только *полн. ф.*) Беспорядочно перевитый, переплетенный, запутанный, спутавшийся. *Спутанные нитки. Спутанный провод. Спутанные веревки. Спутанные волосы*
Ср. прил. **спу́танный,** -ая, -ое, -ые. Неясный, бессвязный, сбивчивый. *«..и в его спутанной речи были понятны для меня только слова: „Моя мать! Где моя мать?“»* Чехов, Моя жизнь
Субстантив.₂ не употр.; субстантив.₃ в глаг. знач. 1
СПУ́ТАН, -ана, -ано, -аны; *кр. ф.*
В глаг. знач. 1 — 6

СПУ́ТАТЬСЯ, спу́таются, спу́та|лся; **сов.** (*несов.* спу́тываться) **1. *S* не лицо** *Все нитки спутались, надо их распутать* [беспорядочно переплестись, перепутаться, запутаться] **2. *S* не лицо** *Строй катеров и барж спутался, они сбились в кучу* [нарушить свой порядок расположения, смешаться] **3. *S* не лицо** *Мысли у меня в голове спутались, я всё забыл. «Всё в нем перемешалось и спуталось; он потерял нить собственных мыслей».* Тургенев, Дым [утратить ясность, четкость, отчетливость, стройность — о мыслях, сознании и т. п.] **4.** *«[Гайдар] начинал.. читать всю повесть наизусть.. Он ни разу не спутался и не замялся».* Паустовский, Встречи с Гайдаром [допустить неправильности, ошибки в чем-л., сбиться]

II. СПУ́ТАВШИЙСЯ, -аяся, -ееся, -иеся; *действ. прош.*
Синт.: а, б, в — в глаг. знач. 1 — 4

СПУ́ТЫВАТЬ, спу́тыва|ют, спу́тыва|л; ***несов. к*** спу́тать (см.)
I. СПУ́ТЫВАЮЩИЙ, -ая, -ее, -ие; *действ. наст.*
Синт.: а, б — в глаг. знач. 1 — 6
II. СПУ́ТЫВАВШИЙ, -ая, -ее, -ие; *действ. прош.*
Синт.: а, б — в глаг. знач. 1 — 6
III. СПУ́ТЫВАЕМЫЙ, -ая, -ое, -ые; *страд. наст.*
Синт.: а, б — в глаг. знач. 1 — 6; в — в глаг. знач. 6
Субстантив.$_2$ не употр.; субстантив.$_3$ в глаг. знач. 1

СПУ́ТЫВАТЬСЯ, спу́тыва|ются, спу́тыва|лся; ***несов. к*** спу́таться (см.)
I. СПУ́ТЫВАЮЩИЙСЯ, -аяся, -ееся, -иеся; *действ. наст.*
Синт.: а, б — в глаг. знач. 1 — 4
II. СПУ́ТЫВАВШИЙСЯ, -аяся, -ееся, -иеся; *действ. прош.*
Синт.: а, б — в глаг. знач. 1 — 4

СРА́ВНИВАТЬ[1], сра́внива|ют, сра́внива|л; ***несов., перех.*** (*сов.* сравни́ть) **1. *кого(что)*** и ***что*** *Татьяна Сергеевна постоянно сравнивала своих новых и старых учеников. Ученый сравнивает славянские языки с романскими. Мы сравниваем два числа* [рассматривать одно в связи с другим, сопоставлять для установления сходства или различия] **2. *кого(что)*** и ***что с кем(чем)*** и ***с чем*** *Поэт сравнивает девушку с розой* [приравнивать к чему-л., уподоблять кому-л.]
I. СРА́ВНИВАЮЩИЙ, -ая, -ее, -ие; *действ. наст.*
Синт.: а, б — в глаг. знач. 1, 2
Ср. прич. в 1 глаг. знач. с прил. **сравни́тельный**, -ая, -ое, -ые в знач. **1.** Основанный на сравнении, на установлении соотношений между различными явлениями путем сопоставления. *Сравнительный метод исследования. Сравнительная анатомия. Сравнительное изучение славянских языков* **2.** Полученный на основе сравнения, в результате сравнения. *Сравнительные данные. Сравнительная таблица*
II. СРА́ВНИВАВШИЙ, -ая, -ее, -ие; *действ. прош.*
Синт.: а, б — в глаг. знач. 1, 2
III. СРА́ВНИВАЕМЫЙ, -ая, -ое, -ые; *страд. наст.*
Синт.: а, б — в глаг. знач. 1, 2; в — в глаг. знач. 1
Ср. прил. **сравни́мый**, -ая, -ое, -ые; -и́м, -и́ма, -и́мо, -и́мы. Такой, который можно сравнивать. *Сравнимые величины*

СРА́ВНИВАТЬ[2], сра́внива|ют, сра́внива|л; ***несов. к*** сравня́ть во 2 знач. (см.)
I. СРА́ВНИВАЮЩИЙ, -ая, -ее, -ие; *действ. наст.*
Синт.: а, б — в глаг. знач. 2
II. СРА́ВНИВАВШИЙ, -ая, -ее, -ие; *действ. прош.*
Синт.: а, б — в глаг. знач. 2
III. СРА́ВНИВАЕМЫЙ, -ая, -ое, -ые; *страд. наст.*
Синт.: а, б — в глаг. знач. 2

СРАВНИ́ТЬ, сравн|я́т, сравни́|л; ***сов. к*** сра́внивать[1] (см.)
II. СРАВНИ́ВШИЙ, -ая, -ее, -ие; *действ. прош.*
Синт.: а, б — в глаг. знач. 1, 2
IV. СРАВНЁННЫЙ, -ая, -ое, -ые; *страд. прош.*
Синт.: а, б — в глаг. знач. 1, 2
СРАВНЁН, -ена́, -ено́, -ены́; *кр. ф.*
В глаг. знач. 1, 2

СРАВНЯ́ТЬ, сравня́ют, сравня́|л; ***сов., перех.*** (*несов.* сра́внивать[2] *ко* 2 знач.) **1. *кого(что) в чем*** *Конституция СССР сравняла в правах все национальности* [сделать равным в каком-л. отношении, уравнять] **2. *что с чем*** *Молодожены сравняли наконец расходы с доходами* [сделать равным одно с другим по величине, количеству и т. п.]
II. СРАВНЯ́ВШИЙ, -ая, -ее, -ие; *действ. прош.*
Синт.: а, б — в глаг. знач. 1, 2
IV. СРА́ВНЕННЫЙ, -ая, -ое, -ые; *страд. прош.* [корень равн- + суффикс -енн-]
Синт.: а, б — в глаг. знач. 1, 2
СРА́ВНЕН, -ена, -ено, -ены; *кр. ф.*
В глаг. знач. 1, 2

СРЕ́ЗАТЬ, сре́жут, сре́за|л; ***сов. к*** ре́зать в 13 знач. (см.)
II. СРЕ́ЗАВШИЙ, -ая, -ее, -ие; *действ. прош.*
Синт.: а, б — в глаг. знач. 13
IV. СРЕ́ЗАННЫЙ, -ая, -ое, -ые; *страд. прош.*
Синт.: а, б, в — в глаг. знач. 13
Субстантив.$_3$ не употр.
СРЕ́ЗАН, -ана, -ано, -аны; *кр. ф.*
В глаг. знач. 13

СРУБИ́ТЬ, срублю́, сру́б|ят, сруби́|л; ***сов. к*** руби́ть в 3, 6 знач. (см.)
II. СРУБИ́ВШИЙ, -ая, -ее, -ие; *действ. прош.*
Синт.: а, б — в глаг. знач. 3, 6
IV. СРУ́БЛЕННЫЙ, -ая, -ое, -ые; *страд. прош.* [чередование б/бл]
Синт.: а, б, в — в глаг. знач. 3, 6
СРУ́БЛЕН, -ена, -ено, -ены; *кр. ф.*
В глаг. знач. 3, 6

СРЫВА́ТЬ, срыва́|ют, срыва́|л; ***несов. к*** сорва́ть (см.)
I. СРЫВА́ЮЩИЙ, -ая, -ее, -ие; *действ. наст.*
Синт.: а, б — в глаг. знач. 1 — 9
II. СРЫВА́ВШИЙ, -ая, -ее, -ие; *действ. прош.*
Синт.: а, б — в глаг. знач. 1 — 9
III. СРЫВА́ЕМЫЙ, -ая, -ое, -ые; *страд. наст.*
Синт.: а, б — в глаг. знач. 1 — 9; в — в глаг. знач. 1, 2, 6
Субстантив.$_3$ в глаг. знач. 1, 3

СТА́ВИТЬ, ста́влю, ста́в|ят, ста́ви|л; ***несов., перех.*** (*сов.* поста́вить *к* 1 — 20, 22 знач.) **1. *что*** *«Он со стуком.. ставил во флигель ружье, выходил к нам на крылечко и садился рядом с женой».* Чехов, Тайный советник. *Мы ставим книги на полке в два ряда* [придавать чему-л. стоячее положение, располагать, укреплять в стоячем, вертикальном положении] **2. *кого(что) на что*** *«Пра-*

порщики трясли людей, ставили на ноги». А. Н. Толстой, Петр Первый. *Родители ставили девочку на стул, и она пела перед гостями* [заставлять или помогать кому-л. встать, подняться на ноги или занять где-л. место в стоячем положении] **3. что** *Андрей ставит сейчас автомобиль в гараж. Бабушка ставит кастрюлю на плиту. Пора ставить тарелки на стол* [помещать что-л. куда-л., располагать что-л. где-л.] **4. что кому(чему)** *Больному ставили телефон у кровати, когда все уходили на работу. «Харитону Ивановичу, когда приезжает кино, всегда ставят кресло».* С. Антонов, По дороге идут машины [давать, подавать кому-л. какие-л. предметы] **5. что** *Когда к нам кто-нибудь приходил, бабушка ставила на стол всё, что было в доме* [подавать на стол для еды] **6. кого(что)** *Командир ставит часовых на посты. «[Кочегаров] выносили под душ,.. и дав им немного отдохнуть, снова ставили на работу».* Новиков-Прибой, Цусима [назначать кого-л. на какую-л. работу, заставлять делать что-л., обычно стоя] **7. что** *Малыш неправильно ставил ногу при ходьбе. Делая это упражнение, Илья ставит пятки вместе, носки в стороны* [придавать какое-л. положение чему-л., располагать что-л. каким-л. образом] **8. что** *Профессор ставил голос начинающим певцам. Кто ставил руку этому скрипачу? Каждый день я ставлю часы утром* [приводить в нужное, правильное состояние, положение и т. п. для какой-л. деятельности, работы] **9. что** *Нам ставят телефон. Яхтсмены ставят парус* [устанавливать для работы, действия] **10. что** *Мы собираемся ставить избу на опушке леса. Где будут ставить этот памятник?* [строить, сооружать; *разг.*] **11. что** *Ира ставила сыну горчичники и банки. Больной ставит термометр. Я ставлю на больное колено компресс* [накладывать, прикладывать, оставлять с какой-л., обычно медицинской, целью] **12. что** *Бабушка ставит шелковую подкладку на пальто. Илья ставит набойки на каблуки. Я ставлю заплату на рубашку* [приделывать, прикреплять к чему-л. при изготовлении, починке] **13. что** *Директор ставит свою подпись на всех документах. Ты неправильно ставишь знаки препинания. Нужно ставить печать на эту справку?* [писать, изображать на письме, делать оттиск на чем-л., где-л.] **14. что** *«[Студент] отвратительно отвечает мне на экзаменах, а я ставлю ему единицы».* Чехов, Скучная история [выставлять какую-л. оценку учащемуся] **15. что** *Учащиеся ставят в этой лаборатории опыты* [производить, осуществлять] **16. что** *Мы ставим спектакль о комсомольцах-целинниках* [осуществлять постановку на сцене] **17. что** *Ты правильно ставишь вопрос. Сережа ставит перед нами трудную задачу. Председатель собрания ставит ваше предложение на голосование. Дирекция ставит нам твердые сроки для выполнения задания* [предлагать для обсуждения, выводов, решения, выполнения] **18. кого(что)** *Ты ставишь нас в трудное положение* [создавать для кого-чего-л. определенные условия, обстановку, приводить в какое-л. состояние, положение] **19. кого(что)** *Дима ставит нас в известность, что сестра не приедет. Директор ставит вашу работу под контроль. Молодому инженеру ставят в упрек частые опоздания* [в сочетании с некоторыми существительными с предлогом обозначает действие по значению данного существительного] **20. что** *Бегуны ставят новые рекорды. Наш врач всегда ставит правильный диагноз. Смотри, этот шалун ставит подножку девочке!* [в сочетании с некоторыми существительными употребляется в значении: производить, делать то, что обозначает существительное] **21. кого (что)** и **что** *«[Мольера] ставят чуть-чуть не наравне с Шекспиром!»* Белинский, В тихом озере черти водятся. *«Балетное искусство он ставил выше всякого искусства на свете».* Достоевский, Неточка Незванова [расценивать каким-л. образом, считать каким-л., относиться к кому-чему-л. каким-л. образом — обычно в сочетании с нареч. *высоко, низко* и т. п.] **22. что** *«— Если это игра, так она похожа на ту, когда человек ставит последний грош на карту, а другой рукой щупает пистолет в кармане».* Гончаров, Обрыв [вносить какую-л. ставку в банк, делать ставку на что-л.— в азартных играх]

I. СТА́ВЯЩИЙ, -ая, -ее, -ие; *действ. наст.*
С и н т.: **а, б** — в глаг. знач. 1 — 22

II. СТА́ВИВШИЙ, -ая, -ее, -ие; *действ. прош.*
С и н т.: **а, б** — в глаг. знач. 1 — 22

IV. СТА́ВЛЕННЫЙ, -ая, -ое, -ые; *страд. прош.** (*редко*)
[чередование в/вл]
С и н т.: **а, б** — в глаг. знач. 1, 3 — 5, 7, 11, 14
С у б с т а н т и в.₃ в глаг. знач. 1, 3, 5, 14, 16, 22
СТА́ВЛЕН, -ена, -ено, -ены; *кр. ф.** (*редко*)
В глаг. знач. 1, 3 — 5, 7, 11, 14

□ Прич. III не употр. Прич. IV в глаг. знач. 2, 6, 8 — 10, 12, 13, 15 — 22 не употр.

СТА́ПТЫВАТЬ, ста́птыва|ют, ста́птыва|л; **несов. к** стопта́ть (см.)

I. СТА́ПТЫВАЮЩИЙ, -ая, -ее, -ие; *действ. наст.*
С и н т.: **а, б** — в глаг. знач.

II. СТА́ПТЫВАВШИЙ, -ая, -ее, -ие; *действ. прош.*
С и н т.: **а, б** — в глаг. знач.

III. СТА́ПТЫВАЕМЫЙ, -ая, -ое, -ые; *страд. наст.*
С и н т.: **а, б, в** — в глаг. знач.

СТЕЛИ́ТЬ *см.* стлать

СТЕЛИ́ТЬСЯ *см.* стла́ться

СТЕРЕ́ТЬ, сотру́т, стёр|, стёрла, -ло, -ли; **сов., перех.** (*несов.* стира́ть [1]) **1. что,** также **чем** *Ольга стерла пыль с рояля. Я стерла грязь с кожи носовым платком* (см. § 2) [трением удалить что-л. с поверхности, проведя по ней чем-л.] **2. что,** также **чем** *Мальчик стер свой рисунок. «Он.. написал что-то пальцем на стекле и стер написанное ладонью».* М. Горький, Жизнь Клима Самгина (см. § 2) [уничтожить рисунок, надпись и т. п. соскабливанием, вытиранием и т. п.] **3. что; S не лицо** *«Как все прошедшее ясно и резко отлилось в моей памяти! Ни одной черты, ни одного оттенка не стерло время».* Лермонтов, Княжна Мери [изгладить из памяти; уничтожить]

4. что *Ира сильно стерла ногу* [трением, частым прикосновением повредить кожный покров на чем-л., верхний слой чего-л.] **5. что** *Лаборант стер мел в порошок* [растирая, измельчить, превратить в мелкую однородную массу]

II. СТЁРШИЙ, -ая, -ее, -ие; *действ. прош.*
Синт.: **а, б** — в глаг. знач. 1 — 5

IV. СТЁРТЫЙ, -ая, -ое, -ые; *страд. прош.*
Синт.: **а, б** — в глаг. знач. 1 — 5; **в** — в глаг. знач. 1, 2, 5
В знач. прил. (только *полн. ф.*) Поврежденный трением, с ранами. *Мальчик ходит со стертыми ногами*
Ср. прил. **стёртый**, -ая, -ое, -ые; стёрт, -та, -то, -ты. **1.** Поврежденный, ставший тусклым, шероховатым и т. п. от трения, частого прикосновения, стершийся. *Стертая монета. Старинная, стертая надпись. «Крашеные полы были стерты».* Паустовский, Повесть о лесах **2.** Невыразительный; утративший своеобразие, оригинальность. *Стертые черты лица. Стертые фразы*
Субстантив.$_3$ в глаг. знач. 1, 2, 5
СТЁРТ, -та, -то, -ты; *кр. ф.*
В глаг. знач. 1 — 5

СТЕРИЛИЗОВА́ТЬ, стерилизу́|ют, стерилизова́|л; ***сов.*** и ***несов., перех., что*** *В этом цехе стерилизовали молоко. Автоматические установки стерилизуют бинты и марлю* [сделать или делать таким, в котором или на котором нет микроорганизмов, подвергнуть или подвергать стерилизации]

I. СТЕРИЛИЗУ́ЮЩИЙ, -ая, -ее, -ие; *действ. наст.*
Синт.: **а, б** — в глаг. знач.
В знач. прил. Предназначенный для стерилизации, способный осуществлять стерилизацию. *Стерилизующее устройство. Стерилизующий аппарат* (Ср. прил. **стерилизацио́нный**, -ая, -ое, -ые. Предназначенный для стерилизации. *Стерилизационный аппарат*)

II. СТЕРИЛИЗОВА́ВШИЙ, -ая, -ее, -ие; *действ. прош.*
Синт.: **а, б** — в глаг. знач.

III. СТЕРИЛИЗУ́ЕМЫЙ, -ая, -ое, -ые; *страд. наст.*
Синт.: **а, б, в** — в глаг. знач.

IV. СТЕРИЛИЗО́ВАННЫЙ, -ая, -ое, -ые; *страд. прош.*
Синт.: **а, б** — в глаг. знач.
В знач. прил. (только *полн. ф.*) Прошедший стерилизацию, без микробов. *Стерилизованный бинт. Стерилизованное молоко. Стерилизованные консервы* (Ср. прил. **сте-ри́льный**, -ая, -ое, -ые; -лен, -льна, -льно, -льны. Обеззараженный, очищенный от микроорганизмов. *Стерильный бинт. Стерильный халат*)
СТЕРИЛИЗО́ВАН, -ана, -ано, -аны; *кр. ф.*
В глаг. знач.

СТИРА́ТЬ [1], стира́|ют, стира́|л; ***несов. к*** стере́ть (см.)

I. СТИРА́ЮЩИЙ, -ая, -ее, -ие; *действ. наст.*
Синт.: **а, б** — в глаг. знач. 1 — 5

II. СТИРА́ВШИЙ, -ая, -ее, -ие; *действ. прош.*
Синт.: **а, б** — в глаг. знач. 1 — 5

III. СТИРА́ЕМЫЙ, -ая, -ое, -ые; *страд. наст.*
Синт.: **а, б** — в глаг. знач. 1 — 5; **в** — в глаг. знач. 1, 2, 4, 5
Субстантив.$_3$ в глаг. знач. 1, 2, 5

СТИРА́ТЬ [2], стира́|ют, стира́|л; ***несов., перех., что*** и ***без дополн.,*** также ***чем*** (*сов.* вы́стирать) *Сестра стирает белье детским мылом* (см. § 2). *Мы сейчас стираем* [мыть с мылом или другим моющим средством одежду, белье и т. п.]

I. СТИРА́ЮЩИЙ, -ая, -ее, -ие; *действ. наст.*
Синт.: **а, б, в** — в глаг. знач.
Ср. прил. **стира́льный**, -ая, -ое, -ые. Служащий для стирки. *Стиральная машина. Стиральный порошок*

II. СТИРА́ВШИЙ, -ая, -ее, -ие; *действ. прош.*
Синт.: **а, б, в** — в глаг. знач.

III. СТИРА́ЕМЫЙ, -ая, -ое, -ые; *страд. наст.*
Синт.: **а, б, в** — в глаг. знач.

IV. СТИ́РАННЫЙ, -ая, -ое, -ые; *страд. прош.*
Синт.: **а, б** — в глаг. знач.
Ср. прил. **сти́раный**, -ая, -ое, -ые. **1.** Чистый, подвергшийся стирке. *Стираные платки* **2.** Не новый, уже бывший в стирке. *Это платье стираное*
СТИ́РАН, -ана, -ано, -аны; *кр. ф.*
В глаг. знач.

СТЛАТЬ и **СТЕЛИ́ТЬ**, стелю́, сте́л|ют, стла|л и стели́|л; ***несов., перех.*** (*сов.* постла́ть и постели́ть *к* 1, 2 знач.; *сов.* настла́ть *и* настели́ть *к* 4 знач.) **1. что** *Лида стелет на стол белую скатерть* [класть, раскладывать, покрывая поверхность чего-л.] **2. что** и ***без дополн.,*** также ***кому (чему)*** *Бабушка стелет постель. «В квартире Михеича Феня ночевала дня три, жена старого слесаря стлала ей на сундуке».* Кремлев, Большевики [раскладывать постельные принадлежности, приготовляя постель] **3. что** *Девушки с песнями стлали лен* [раскладывать, расстилать на поверхности земли лен, коноплю и т. п. для мочки под дождем, росой или для беления на солнце, для сушки] **4. что** *Мастер стлал пол. Сережа стелет паркет* [сооружать, делать, укладывая плотно рядом составные части]

I. СТЕ́ЛЮЩИЙ, -ая, -ее, -ие; *действ. наст.*
Синт.: **а, б** — в глаг. знач. 1 — 4

II. СТЛА́ВШИЙ, -ая, -ее, -ие и СТЕЛИ́ВШИЙ, -ая, -ее, -ие; *действ. прош.*
Синт.: **а, б** — в глаг. знач. 1 — 4

III. СТЕЛИ́МЫЙ, -ая, -ое, -ые; *страд. наст.*
Синт.: **а, б** — в глаг. знач. 1 — 4
Субстантив.$_3$ в глаг. знач. 1

IV. СТЕ́ЛЕННЫЙ, -ая, -ое, -ые; *страд. прош.*
Синт.: **а, б** — в глаг. знач. 1 — 4
Субстантив.$_3$ в глаг. знач. 1
СТЕ́ЛЕН, -ена, -ено, -ены; *кр. ф.*
В глаг. знач. 1 — 4

СТЛА́ТЬСЯ и **СТЕЛИ́ТЬСЯ**, стелю́сь, сте́л|ются, стла́|лся и стели́|лся; ***несов.; S не лицо*** **1.** *По земле стелется вьюн* [расти, распространяя стебли, ветви, листья по поверхности чего-л.] **2.** *Туман стелется в долине* [распространяться, лежать горизонтально над поверхностью чего-л.]

I. СТЕ́ЛЮЩИЙСЯ, -аяся, -ееся, -иеся; *действ. наст.*

С и н т.: **а, б** — в глаг. знач. 1, 2

В з н а ч. п р и л. Со стеблем, растущим горизонтально и простирающимся над самой землей. *Стелющиеся растения* ◊ **Стелющаяся культура** — выращенная в виде стланика (низкорослой формы деревьев и кустарников, стелющихся по земле) культура яблони, груши, сливы

II. СТЛА́ВШИЙСЯ, -аяся, -ееся, -иеся и СТЕЛИ́ВШИЙСЯ, -аяся, -ееся, -иеся; *действ. прош.*

С и н т.: **а, б** — в глаг. знач. 1, 2

СТО́ИТЬ, сто́|ят, сто́и|л; ***несов., неперех.*** **1.** *Сколько стоит билет до Тбилиси? Эта книга стоит пять рублей. Породистый щенок стоит очень дорого* [иметь ту или иную цену, денежную стоимость] **2.** ***чего*** *Всё это ведь денег стоит! Игра не стоит свеч* (поговорка) [иметь измеряемую чем-л., соотносимую с чем-л. ценность, значимость] **3.** ***кого(чего)*** и ***чего*** *Он тебя не стоит. Ваше предложение стоит внимания* [заслуживать по своим свойствам, качествам и т. п. кого-чего-л., быть достойным кого-чего-л.] **4.** ***кого(чего)*** *Иногда и один стоит семерых* [соответствовать, быть равным кому-чему-л.] **5.** ***кому чего*** и ***с нареч.; S не лицо*** *Это стоило нам большого труда* [требовать или потребовать для осуществления] **6.** ***безл., с неопр. ф.*** *Фильм стоит посмотреть. Об этом предложении стоит подумать. Не стоит идти туда* [имеет смысл; следует, нужно]

I. СТО́ЯЩИЙ, -ая, -ее, -ие; *действ. наст.*

С и н т.: **а, б** — в глаг. знач. 1 — 5

С р. прил. **сто́ящий**, -ая, -ее, -ие; -ящ, -яща, -яще, -ящи. Представляющий собой ценность, заслуживающий внимания. *Стоящее предложение. Стоящий фильм. Стоящий работник. Стоящие люди*

II. СТО́ИВШИЙ, -ая, -ее, -ие; *действ. прош.*

С и н т.: **а, б** — в глаг. знач. 1 — 5

СТОПТА́ТЬ, стопчу́, сто́пчут, стопта́|л; ***сов., перех., что*** (*несов.* ста́птывать) *Малыш быстро стоптал ботинки* [ноской сбить, покривить каблуки, обувь]

II. СТОПТА́ВШИЙ, -ая, -ее, -ие; *действ. прош.*

С и н т.: **а, б** — в глаг. знач.

IV. СТО́ПТАННЫЙ, -ая, -ое, -ые; *страд. прош.*

С и н т.: **а, б** — в глаг. знач.

В з н а ч. п р и л. (также *кр. ф.*↓) Сбитый, покривившийся — о каблуках, обуви. *Стоптанные башмаки. Стоптанные каблуки*

СТО́ПТАН, -ана, -ано, -аны; *кр. ф.*

В глаг. знач.

В з н а ч. п р и л. (также *полн. ф.*↑) *Башмаки были стоптаны, грязны*

СТОЯ́ТЬ, сто|я́т, стоя́|л; ***несов., неперех.*** **1.** *Этот человек не сидит, а стоит. Ольга стояла перед зеркалом и причесывалась* [находиться в вертикальном положении, не передвигаясь; занимать место где-л., находясь в таком положении — о людях, животных] **2.** *Часовой стоит на посту уже час. Дима стоял в карауле два часа. Сережа стоял у штурвала всю ночь* [выполнять какую-л. работу, заниматься каким-л. делом, связанным с пребыванием в стоячем положении] **3.** ***S не лицо*** *От сильной наэлектризованности у нас волосы стояли дыбом. «*[*Подколесин (надевая воротнички):*] *Проклятая прачка, так скверно накрахмалила воротнички — никак не стоят».* Гоголь, Женитьба [держаться вертикально, принимать вертикальное положение] **4.** ***S не лицо*** *«Необношенный тулупчик, опоясанный шарфом, стоял на Славке торчком».* Николаева, Жатва [топорщиться, плохо прилегать — обычно в сочетании с нареч. *торчком, колом* и т. п.] **5.** ***S не лицо*** *Посуда стоит в шкафу. В углу стоял книжный шкаф. «Стол уже был накрыт. Стояли синие старые чашки с золотыми ободками, кувшин с топленым молоком, мед, начатая бутылка вина».* Паустовский, Дождливый рассвет [помещаться, находиться где-л., в чем-л. в вертикальном положении — о предметах] **6.** ***S не лицо*** *Санаторий стоит на горе. «У дороги стояла стройная, высокая березка».* Гл. Успенский, Деревенские встречи [находиться где-л., быть расположенным где-л.] **7.** ***на чем; S не лицо*** *«Дом.. стоял на каменном фундаменте..»* Дудин, Где наша не пропадала. *Голубятня стояла на четырех высоких столбах* [быть установленным, укрепленным на каком-л. основании, опоре, держаться на чем-л.] **8.** ***S не лицо*** *У меня в паспорте печать стоит почему-то не на том месте. «На письме.. стоял адрес одной ее дрезденской приятельницы».* Тургенев, Дым. *В дневнике стоит пятерка, а не тройка* [быть отмеченным, изображенным, напечатанным, написанным и т. п. где-л., на чем-л.] **9.** *Туристы стоят на острове всего три дня. «Отряд Левинсона стоял на отдыхе уже пятую неделю».* Фадеев, Разгром [располагаться, размещаться где-л. на постой, стоянку, отдых] **10.** *Войска стояли на передних рубежах. «Стоял тот полк на рижском участке германского фронта».* Гайдар, Школа [занимать какую-л. позицию, защищая или обороняя ее, быть дислоцированным где-л.] **11.** *«— Теперь стойте крепко,— сказал комендант,— будет приступ».* Пушкин, Капитанская дочка. *Защищая родину от немецко-фашистских захватчиков, наши войска стояли насмерть* [не сдавать своих позиций, оборонять-ся, защищаться, стойко держаться в бою] **12.** *Не стой, а то замерзнешь! «Отсюда вижу я, как бьют в пруде ключи И над травой стоят недвижные форели».* Фет, Старый парк. *«Черной точкой стоит в небе коршун».* М. Горький, Большая любовь [быть неподвижным, не двигаться, располагаться где-л. в неподвижном состоянии] **13.** ***S не лицо*** *Автобус стоит уже час. «*[*Поезд*] *долго стоял на каждой станции».* Сергеев-Ценский, Ближний [прекратив движение, быть, находиться на остановке, стоянке и т. п.— о транспортных средствах] **14.** ***S не лицо*** *Часы стоят. Завод стоит уже третий день* [не действовать, не работать] **15.** ***S не лицо*** *Работа стоит. Жизнь не стоит на месте* [не продвигаться вперед, не развиваться] **16.** ***S не лицо*** *Стоит страшная жара. В аудитории шум стоит страшный. Лето стоит холодное* [быть, иметь место, сохраняясь, удерживаясь]

17. ***S* не лицо** *В комнате стоит запах духов. «В воздухе стояла осенняя пронизывающая сырость».* Чехов, Тяжелые люди. *«Дым волнами стоял до самого потолка».* Мамин-Сибиряк, Сестры [не рассеиваться, заполняя какое-л. пространство — о дыме, паре, пыли и т. п.] **18.** ***S* не лицо** *«— Учитель в старшем классе говорит, что земля миллионы лет стоит».* Н. Островский, Как закалялась сталь. *Черная смородина, протертая с сахаром, долго стоит* [быть на свете, существовать; сохраняться неизменным, не портиться] **19.** ***S* не лицо** *Солнце стоит высоко. Вода в канале стоит выше обычного уровня. «— При этой болезни температура стоит ниже нормы».* Паустовский, Колхида [держаться, быть на каком-л. уровне] **20.** ***S* не лицо** *Этот дом долго стоял заколоченным* [находиться в каком-л. положении, состоянии] **21.** ***S* не лицо** *«Она говорила, говорила, а на глазах у нее стояли слезы».* С. Антонов, Тетя Луша. *Страх стоял в глазах мальчика* [удерживаясь, быть заметным на лице, в глазах — о каком-л. чувстве, слезах и т. п.] **22.** *Лицо отца живо стояло в памяти Глеба* [не исчезать из сознания, постоянно быть в памяти, воображении] **23.** *В нашей стране у власти стоит трудовой народ. Кто стоит во главе этого института?* [занимать какое-л. положение, имея какие-л. права, выполняя какую-л. работу, обязанности] **24.** *«Человек современности стоит в центре внимания Николая Тихонова».* Федин, Николай Тихонов. *В этой семье трудовое воспитание детей стоит на первом плане* [занимать какое-л. место среди чего-л., какое-л. положение по отношению к чему-л.] **25.** ***S* не лицо** *Перед цехом остро стоит вопрос о выполнении плана. Перед нашей партийной организацией стоят важные задачи* [иметься в наличии, нуждаясь в разрешении] **26.** ***за кем(чем)*** и ***за чем*** *Кто стоит за этими людьми? Что за этим стоит?* [быть, иметься не явно] **27.** ***за кого(что)*** и ***за что*** *Мы стоим за мир. Илья стоит за своего друга горой* [защищать, отстаивать кого-что-л.; действовать в чьих-л. интересах, держать чью-л. сторону] **28.** ***на чем*** *«..педагоги училища стояли на реалистических позициях».* Ф. Богородский, Воспоминания художника. *«— Пуще всего — лишнего не высказывай, стой на одном».* Л. Толстой, Воскресение [держаться какого-л. взгляда, точки зрения, не изменять какого-л. мнения, убеждения]

I. СТО́ЯЩИЙ, -ая, -ее, -ие; *действ. наст.*

С и н т.: **а, б** — в глаг. знач. 1 — 28; **в** — в глаг. знач. 1, 13, 14

С р. прил. **стоя́чий**, -ая, -ее, -ие. **1.** Такой, который стоит, находится в вертикальном положении. *Стоячий воротник. Стоячая лампа. «Навстречу Брагину выбежало несколько.. собак с стоячими ушами».* Мамин-Сибиряк, Дикое счастье **2.** С непроточной, нетекучей водой. *Стоячие пруды. Стоячее болото* **3.** Застоявшийся, не свежий — о воздухе. *Стоячий воздух*

II. СТО́ЯВШИЙ, -ая, -ее, -ие; *действ. прош.*

С и н т.: **а, б** — в глаг. знач. 1 — 28; **в** — в глаг. знач. 1, 13, 14

СТРАДА́ТЬ, страда́|ют, страда́|л; ***несов., неперех.*** (*сов.* пострада́ть к 5, 6 знач.) **1.** ***от чего*** и ***без дополн.*** *Старик страдает от боли в ногах. Моя подруга очень страдала от любви к этому человеку. «Иногда он очень страдает. Рана его горит, лихорадка трясет его».* Гаршин, Трус [мучиться, испытывать страдания от физической или душевной боли] **2.** ***чем*** *Моя сестра страдает сильными головными болями* [иметь какую-л. хроническую болезнь] **3.** ***чем*** *Мой приятель страдает самомнением. Его аргументы страдают односторонностью. Ваши выводы страдают предвзятостью* [обладать, отличаться каким-л. отрицательным свойством, качеством] **4.** ***за кого(что)*** *Мальчик страдает за больного друга* [сочувствуя, болезненно переживать чье-л. горе, неудачу] **5.** ***за кого(что)*** и ***за что, из-за кого(чего)*** и ***из-за чего*** *Они страдали за правду. «— И все другие люди за народ страдают, в тюрьмы идут и в Сибирь, умирают».* М. Горький, Мать. *«[Морозке] горько было думать о том, что он страдает из-за подлости людей».* Фадеев, Разгром [принимать, претерпевать муки, гонения, преследования во имя кого-чего-л., из-за кого-чего-л.] **6.** ***от чего; S* не лицо** *Посевы страдают от сорняков. Город страдает от наводнений* [терпеть урон, ущерб] **7.** ***S* не лицо** *В классе страдает дисциплина. Грамотность у тебя страдает* [быть плохим, несовершенным, не на должном уровне; *разг.*]

I. СТРАДА́ЮЩИЙ, -ая, -ее, -ие; *действ. наст.**

С и н т.: **а, б** — в глаг. знач. 1 — 6

В з н а ч. п р и л. **1.** Постоянно испытывающий страдания. *«Мне опротивело играть.. роль страдающего человека».* М. Горький, Репетиция **2.** Выражающий страдание, страдальческий. *Страдающий взгляд. Страдающие глаза. Страдающее выражение лица* (С р. прил. **страда́льческий**, -ая, -ое, -ие. Исполненный страданий; выражающий страдание, страдающий. *Страдальческая жизнь. Страдальческий взгляд. Страдальческое выражение лица*)

II. СТРАДА́ВШИЙ, -ая, -ее, -ие; *действ. прош.**

С и н т.: **а, б** — в глаг. знач. 1 — 6

□ Прич. I, II в 7 глаг. знач. не употр.

СТРЕЛЯ́ТЬ, стреля́|ют, стреля́|л; ***несов.*** **1.** ***неперех., из чего, в кого(что)*** и ***во что*** *На полигоне спортсмены, тренируясь, стреляли в мишень. Олег хорошо стреляет из ружья* [производить выстрелы; уметь обращаться с огнестрельным оружием, уметь пользоваться огнестрельным оружием] **2.** ***неперех., S* не лицо** *В печи стреляли сухие дрова. Мотор стрелял, но не работал* [производить резкие, отрывистые звуки, похожие на выстрелы] **3.** ***перех., кого(что)*** * *Охотник не раз стрелял в этом лесу куропаток* [убивать из огнестрельного оружия, охотясь] **4.** ***безл.*** *В ухе стреляет* [колоть — о коротком, остром болевом ощущении]

I. СТРЕЛЯ́ЮЩИЙ, -ая, -ее, -ие; *действ. наст.*

С и н т.: **а, б** — в глаг. знач. 1 — 3

В з н а ч. п р и л. Мгновенный, резкий, острый — о боли. *Стреляющая боль в ноге*

II. СТРЕЛЯ́ВШИЙ, -ая, -ее, -ие; *действ. прош.*
Синт.: **а, б** — в глаг. знач. 1 — 3
III. СТРЕЛЯ́ЕМЫЙ, -ая, -ое, -ые; *страд. наст.*
Синт.: **а, б** — в глаг. знач. 3
Субстантив.$_3$ не употр.
IV. СТРЕ́ЛЯННЫЙ, -ая, -ое, -ые; *страд. прош.* (*редко*)
Синт.: **а, б** — в глаг. знач. 3
Ср. прил. **стре́ляный,** -ая, -ое, -ые. **1.** Убитый из ружья, не давленый — о дичи; *спец. Стреляные утки* **2.** Такой, в которого стреляли, бывший под выстрелами. *Стреляная птица. Стреляная утка. Стреляная ворона куста боится* (пословица) **3.** Бывший в боях, обстрелянный, опытный, бывалый. *Он стреляный солдат* **4.** Такой, из которого уже стреляли, использованный для стрельбы. *Стреляные гильзы*
Субстантив.$_3$ не употр.
СТРЕ́ЛЯН, -яна, -яно, -яны; *кр. ф.* (*редко*)
В глаг. знач. 3

СТРИЧЬ, стригу́, стрижёт, стриг|у́т, стриг|; ***несов., перех.*** **1.** ***что,*** также ***чем*** *Аня стрижет малышу ногти маникюрными ножницами* (см. § 2). *Дворник стрижет траву* [подрезать ножницами, машинкой и т. п. волосы, шерсть, ногти и т. п.] **2.** ***кого(что)*** и ***что,*** также ***чем*** *Этот парикмахер стрижет только детей. Пастухи стригут овец. Садовник стрижет газон. Я стригу кусты перед домом секатором* (см. § 2) [удалять стрижкой у кого-л. в каком-л. количестве волосы, шерсть; придавать чему-л. какую-л. форму, вид, срезая или подрезая траву, ветви, сучья и т. п.] **3.** ***что*** *«[Бабушка] стригла седые волосы и ходила.. с открытой головой».* Гончаров, Обрыв. *Дима стрижет волосы очень коротко* [носить короткие волосы, постоянно подстригать их, стричься; носить волосы, усы, бороду подрезанными каким-л. образом] **4.** ***что,*** также ***чем*** *Мальчик с увлечением стрижет большими ножницами картон* (см. § 2). *Мы готовимся к карнавалу и стрижем цветные лоскутки* [разрезать ножницами на кусочки, полоски и т. п.]
I. СТРИГУ́ЩИЙ, -ая, -ее, -ие; *действ. наст.*
Синт.: **а, б** — в глаг. знач. 1 — 4
Ср. прил. в выражении: **стригущий лишай** — заразное заболевание кожи животных и человека, вызываемое грибком
II. СТРИ́ГШИЙ, -ая, -ее, -ие; *действ. прош.*
Синт.: **а, б** — в глаг. знач. 1 — 4
IV. СТРИ́ЖЕННЫЙ, -ая, -ое, -ые; *страд. прош.** [чередование г/ж]
Синт.: **а, б** — в глаг. знач. 1, 2, 4
Ср. прил. **стри́женый,** -ая, -ое, -ые. **1.** С короткими подстриженными волосами. *Стриженая девочка* **2.** Короткий в результате стрижки — о волосах. *«..И мокрой щеткою своей Не гладит стриженых кудрей».* Пушкин, Граф Нулин **3.** С подстриженной, подрезанной травой, подрезанными ветвями деревьев, кустов. *Стриженая лужайка. Стриженая липовая аллея. Стриженые акации*
СТРИ́ЖЕН, -ена, -ено, -ены; *кр. ф.**
В глаг. знач. 1, 2, 4

□ Прич. III не употр. Прич. IV в 3 глаг. знач. не употр.

СТРО́ИТЬ, стро́|ят, стро́и|л; ***несов., перех.*** (*сов.* постро́ить, *к* 1 — 4, 6, 7, 10 знач.) **1.** ***что*** и ***без дополн.*** *Феликс строит дом. Через Волгу строят новый мост. «Мы должны строить быстро, дешево, прочно и хорошо».* Киров, Статьи и речи 1934 [сооружать, возводить, воздвигать здание, постройку, сооружение и т. п.] **2.** ***что*** *Мой дедушка в молодости строил турбины* [изготовлять механизм, машину и т. п.] **3.** ***что*** *«[Софья:] Надо учиться самой строить свою жизнь».* М. Горький, Зыковы *Молодые строят новую семью* [созидать, создавать] **4.** ***что*** *Ира строит треугольник, а я усеченный конус и квадрат* [вычерчивать на основании заданных размеров геометрические фигуры, графики и т. п. — в математике, технике] **5.** ***что*** *Друзья строили на лето разные планы. Олег строит всевозможные гипотезы о происхождении Тунгусского метеорита* [мысленно намечать, создавать в уме планы, проекты и т. п.] **6.** ***что на чем*** *Наш преподаватель строит лекции на надежных источниках. На чем они строят свою тактику? «Реутов решил.. свои отношения с дочерью строить не на страхе, а на любви и взаимном доверии».* Кремлев, Большевики [основывать на чем-л. при создании, формировании чего-л.] **7.** ***что*** *Девочка неправильно строит фразы. Андрей строит свои рассуждения очень странно. «[Стефан Цвейг] строил сюжет с мопассановской легкостью..»* Федин, Драма Стефана Цвейга. *Илья разумно строит свой день, чередуя работу с отдыхом* [составлять, создавать что-л., отбирая и организуя определенным образом словесный, научный, художественный и т. п. материал; организовывать в определенном порядке, в определенной системе] **8.** ***что*** *Мальчик строит гримасы. Малыш строит рожи. Моя подружка всем строит глазки* [в сочетании с некоторыми существительными обозначает: делать то, на что указывает существительное] **9.** ***кого,*** также ***из кого*** *Хватит простачка-то строить. Олег строит из себя умника* [представлять, изображать себя кем-л., каким-л. — обычно в сочетании со словами *из себя; разг.*] **10.** ***кого(что)*** *Вожатый строил пионеров в две шеренги. «..командир батальона не обязан сам строить походную колонну».* Симонов, Дни и ночи [ставить кого-л. в строй; создавать колонну, шеренгу и т. п., ставя кого-л. в строй]
I. СТРО́ЯЩИЙ, -ая, -ее, -ие; *действ. наст.*
Синт.: **а, б** — в глаг. знач. 1 — 10
II. СТРО́ИВШИЙ, -ая, -ее, -ие; *действ. прош.*
Синт.: **а, б** — в глаг. знач. 1 — 10
III. СТРО́ИМЫЙ, -ая, -ое, -ые; *страд. наст.**
Синт.: **а, б** — в глаг. знач. 1 — 8, 10
Субстантив.$_3$ в глаг. знач. 1, 2
IV. СТРО́ЕННЫЙ, -ая, -ое, -ые; *страд. прош.**
Синт.: **а, б** — в глаг. знач. 1, 2, 4, 10
Субстантив.$_3$ в глаг. знач. 1, 2
СТРО́ЕН, -ена, -ено, -ены; *кр. ф.** (*редко*)
В глаг. знач. 1, 2, 4, 10

□ Прич. III в 9 глаг. знач. не употр. Прич. IV в 3, 5 — 9 глаг. знач. не употр.

СТУЧА́ТЬ, стуч|а́т, стуча́|л; ***несов., неперех.***

1. также **чем** *Кто-то стучит в дверь. В соседней квартире мальчик стучит молотком* [производить короткие отрывистые звуки] **2.** ***S* не лицо** *Сердце стучит* [сильно биться] **3. *безл.*** *В висках стучит. Стучит в голове* [об ощущении пульсирования, напоминающего стук]

I. СТУЧА́ЩИЙ, -ая, -ее, -ие; *действ. наст.*
Синт.: **а, б** — в глаг. знач. 1, 2

II. СТУЧА́ВШИЙ, -ая, -ее, -ие; *действ. прош.*
Синт.: **а, б** — в глаг. знач. 1, 2

СТЫТЬ и **СТЫ́НУТЬ,** сты́н|ут, стыл и сты́ну|л, стыла, -ло, -ли; ***несов., неперех.; S* не лицо** **1.** *Кофе стынет. Утюг стынет* [теряя тепло, становиться холодным, остывать] **2.** *У меня ноги стынут* [мерзнуть, коченеть от холода]

I. СТЫ́НУЩИЙ, -ая, -ее, -ие; *действ. наст.*
Синт.: **а, б, в** — в глаг. знач. 1, 2

II. СТЫ́НУВШИЙ, -ая, -ее, -ие; *действ. прош.*
Синт.: **а, б, в** — в глаг. знач. 1, 2

СТЯ́ГИВАТЬ, стя́гива|ют, стя́гива|л; ***несов.* к** стяну́ть в 1 — 6, 8 знач. (см.)

I. СТЯ́ГИВАЮЩИЙ, -ая, -ее, -ие; *действ. наст.*
Синт.: **а, б** — в глаг. знач. 1 — 6

II. СТЯ́ГИВАВШИЙ, -ая, -ее, -ие; *действ. прош.*
Синт.: **а, б** — в глаг. знач. 1 — 6

III. СТЯ́ГИВАЕМЫЙ, -ая, -ое, -ые; *страд. наст.*
Синт.: **а, б** — в глаг. знач. 1 — 6; **в** — в глаг. знач. 4

СТЯНУ́ТЬ, стяну́, стя́нут, стяну́|л; ***сов., перех.*** (*несов.* стя́гивать *к* 1 — 6, 8 знач.) **1. *что*** *Лариса немного стянула петлю у жакета и стала обшивать ее кожей* [сделать более узким, тесным, менее растянутым] **2. *что,*** также ***чем*** *Отец туго стянул шинель ремнем* (см. § 2) [сжимая, туго перевязать, связать, затянуть] **3. *кого(что)*** и ***что*** *Командование стянуло войска и технику к переправе* [собрать, свести в одно место] **4. *что*** *Связисты стянули концы оборванного провода* [соединить концы, края чего-л., сблизив путем натяжения] **5. *что*** *Брат неожиданно стянул с меня одеяло* [снять, волоча, стащить; *разг.*] **6. *что*** *Ольга с трудом стянула сапог с распухшей ноги* [с трудом снять плотно облегающую одежду, обувь] **7. *что*** *Кто-то стянул кошелек* [утащить, украсть; *прост.*] **8. *безл., что*** *Кожу на лице стянуло от сильного ветра. «Как она высохла! Нос заострился, губы стянуло».* Сартаков, Хребты Саянские [собрать в складки, сморщить]

II. СТЯНУ́ВШИЙ, -ая, -ее, -ие; *действ. прош.*
Синт.: **а, б** — в глаг. знач. 1 — 7

IV. СТЯ́НУТЫЙ, -ая, -ое, -ые; *страд. прош.*
Синт.: **а, б** — в глаг. знач. 1 — 7; **в** — в глаг. знач. 4
В знач. прил. (также *кр. ф.* ↓) Сморщившийся, собравшийся в складки. *Стянутая кожа болела*
СТЯ́НУТ, -та, -то, -ты; *кр. ф.*
В глаг. знач. 1 — 7
В знач. прил. (также *полн. ф.* ↑) *Кожа стянута, покраснела*

СУДИ́ТЬ, сужу́, су́д|ят, суди́|л; ***несов.*** (также ***сов. в*** 5 знач.) **1. *неперех., о ком(чем)*** и ***о чем*** *Ты судишь об этом человеке по его словам, а не по его делам. Не суди о том, чего не знаешь* [составлять какое-л. мнение, суждение о ком-чем-л., делать вывод, заключение относительно чего-л.] **2. *перех., кого(что)*** *Преступника судили три дня. Нашего соседа судили товарищеским судом* [рассматривать чье-л. дело в судебном порядке; разбирать чье-л. поведение в общественном, товарищеском суде] **3. *перех., кого(что)*** *Не судите эту девушку строго. «[Карандышев:] ..она виновата, но судить ее, кроме меня, никто не имеет права».* А. Островский, Бесприданница [осуждать, обвинять, укорять в чем-л.] **4. *перех., что*** *Дорохов судит сейчас футбольный матч* [следить за соблюдением правил игры и разрешать возникающие споры — в спорте] **5. *перех., что кому(чему)*** и ***с неопр. ф.; S* не лицо** *Судьба судила нам другое. «На московских изогнутых улицах Умереть, знать, судил мне бог».* Есенин, Да! Теперь решено [предназначать или предназначить кому-л. что-л. непредвиденное, не зависящее от воли человека — о судьбе, роке, боге и т. п.]

I. СУ́ДЯЩИЙ, -ая, -ее, -ие и СУДЯ́ЩИЙ, -ая, -ее, -ие; *действ. наст.**
Синт.: **а, б** — в глаг. знач. 1 — 4

II. СУДИ́ВШИЙ, -ая, -ее, -ие; *действ. прош.**
Синт.: **а, б** — в глаг. знач. 1 — 4

III. СУДИ́МЫЙ, -ая, -ое, -ые; *страд. наст.**
Синт.: **а, б** — в глаг. знач. 2 — 4
СУДИ́М, -и́ма, -и́мо, -и́мы; *кр. ф.**
В глаг. знач. 2 — 4

IV. СУ́ЖЕННЫЙ, -ая, -ое, -ые; *страд. прош.** (*редко*)
[чередование д/ж]
Синт.: **а, б** — в глаг. знач. 2 — 4
Субстантив.₃ не употр.
СУ́ЖЕН, -ена, -ено, -ены; *кр. ф.** (*редко*)
В глаг. знач. 2 — 4
СУЖДЁННЫЙ, -ая, -ое, -ые; *страд. прош.** (*устар.*)
[чередование д/жд]
Синт.: **а, б** — в глаг. знач. 5
СУЖДЁН, суждена́, -ено́, -ены́; *кр. ф.** (*устар.*)
В глаг. знач. 5
Статив. знач. **суждён,** -ена́, -ено́, -ены́, ***кому*** Предназначен или предопределен кому-л.— о чем-л., не зависящем от воли человека. *Суждены нам благие порывы.*
Ср. **суждено,** ***безл., с неопр. ф.*** *«Природой здесь нам суждено в Европу прорубить окно».* Пушкин, Медный всадник. *Нам не суждено больше встретиться. «В девятнадцать лет встретилась девушка, которую мне суждено было любить».* М. Горький, Сказки об Италии

□ Прич. I, II, III, IV(су́женный) в 5 глаг. знач. не употр. Устар. прич. IV (суждённый) употр. только в 5 глаг. знач.; кр. ф. употр. также в статив. знач.

СУЖА́ТЬ, сужа́|ют, сужа́|л; ***несов.* к** су́зить в 3, 4 знач. (см.)

I. СУЖА́ЮЩИЙ, -ая, -ее, -ие; *действ. наст.*

Синт.: **а, б** — в глаг. знач. 3, 4

II. СУЖА́ВШИЙ, -ая, -ее, -ие; *действ. прош.*

Синт.: **а, б** — в глаг. знач. 3, 4

III. СУЖА́ЕМЫЙ, -ая, -ое, -ые; *страд. наст.*

Синт.: **а, б** — в глаг. знач. 3, 4

Субстантив.$_3$ не употр.

СУЖА́ТЬСЯ, сужа́|ются, сужа́|лся; ***несов. к*** су́зиться (см.)

I. СУЖА́ЮЩИЙСЯ, -аяся, -ееся, -иеся; *действ. наст.*

Синт.: **а, б, в** — в глаг. знач. 1, 2

II. СУЖА́ВШИЙСЯ, -аяся, -ееся, -иеся; *действ. прош.*

Синт.: **а, б, в** — в глаг. знач. 1, 2

СУ́ЖИВАТЬ, су́жива|ют, су́жива|л; ***несов. к*** су́зить в 1, 2 знач. (см.)

I. СУ́ЖИВАЮЩИЙ, -ая, -ее, -ие; *действ. наст.*

Синт.: **а, б** — в глаг. знач. 1, 2

II. СУ́ЖИВАВШИЙ, -ая, -ее, -ие; *действ. прош.*

Синт.: **а, б** — в глаг. знач. 1, 2

III. СУ́ЖИВАЕМЫЙ, -ая, -ое, -ые; *страд. наст.*

Синт.: **а, б, в** — в глаг. знач. 1, 2

Субстантив.$_3$ в глаг. знач. 1

СУ́ЖИВАТЬСЯ, су́жива|ются, су́жива|лся; ***несов. к*** су́зиться (см.)

I. СУ́ЖИВАЮЩИЙСЯ, -аяся, -ееся, -иеся; *действ. наст.*

Синт.: **а, б, в** — в глаг. знач. 1, 2

II. СУ́ЖИВАВШИЙСЯ, -аяся, -ееся, -иеся; *действ. прош.*

Синт.: **а, б, в** — в глаг. знач. 1, 2

СУ́ЗИТЬ, су́жу, су́з|ят, су́зи|л; ***сов., перех., что*** (*несов.* су́живать *к* 1, 2 знач.; *несов.* сужа́ть *к* 3, 4 знач.) **1.** также ***чем*** *Врач сузил мне зрачки специальным лекарством* (см. § 2). *Рабочие временно сузили проход на строительную площадку. «Аксинья сузила глаза, шевельнув черными бровями».* Шолохов, Тихий Дон [сделать более узким] **2.** *Портниха сузила мне новое платье* [сделать чересчур узким, тесным одежду, обувь] **3.** *Научный руководитель несколько сузил тему моего диплома. «Ошибка проф. Ключевского состоит в том, что он слишком сузил понятие политического средства..»* Плеханов, История русской общественной мысли [сделать менее широким, менее полным по своему содержанию, охвату каких-л. явлений и т. п.] **4.** *Учительница сузила круг обязанностей дежурных по классу* [уменьшить, сократить что-л. в количестве, объеме]

II. СУ́ЗИВШИЙ, -ая, -ее, -ие; *действ. прош.*

Синт.: **а, б** — в глаг. знач. 1 — 4

IV. СУ́ЖЕННЫЙ, -ая, -ое, -ые; *страд. прош.* [чередование з/ж]

Синт.: **а, б** — в глаг. знач. 1 — 4

В знач. прил. (также *кр. ф.* ↓) **1.** Узкий по форме по сравнению с нормальной шириной, сузившийся. *Суженный кишечник. Суженное русло реки* **2.** *с нареч.* Имеющий узкую, уменьшенную по ширине форму. *Мне не нравились такие суженные книзу колонны*

Субстантив.$_3$ в глаг. знач. 1

СУ́ЖЕН, -ена, -ено, -ены; *кр. ф.*

В глаг. знач. 1 — 4

В знач. прил. (также *полн. ф.* ↑) **1.** *У нее сужен кишечник. Здесь русло реки сужено* **2.** *с нареч. Колонны сужены книзу*

СУ́ЗИТЬСЯ, су́зятся, су́зи|лся; ***сов.*** (*несов.* су́живаться и сужа́ться); ***S не лицо*** **1.** *Русло реки постепенно сузилось. Кишечник больного сузился на несколько миллиметров* [стать у́же, уменьшиться в ширине] **2.** *«Круг городских знакомых Самгина значительно сузился».* М. Горький, Жизнь Клима Самгина [уменьшиться, сократиться в количестве, объеме]

II. СУ́ЗИВШИЙСЯ, -аяся, -ееся, -иеся; *действ. прош.*

Синт.: **а, б, в** — в глаг. знач. 1, 2

СУШИ́ТЬ, сушу́, су́ш|ат, суши́|л; ***несов., перех.*** (*сов.* вы́сушить *к* 1, 2 знач.) **1.** ***что*** *Наши соседи сушат белье на улице. Солнце быстро сушит белье* [держа на воздухе или в теплом, жарком месте, давать возможность стать сухим чему-л. влажному, мокрому, сырому; делать сухим что-л. влажное, мокрое, сырое] **2.** ***что; S не лицо*** *«Июль. Жар сушит почву, обращая ее в пыль».* Вишневский, Война. *Знойный ветер сушит губы. Спирт сушит кожу* [делать чрезмерно сухим, лишая необходимой влаги, жира и т. п.] **3.** ***что; S не лицо*** *Облепиха сушит горло* [вызывать ощущение сухости] **4.** ***что*** *Бабушка всегда сушила на зиму грибы, малину, цветки липы. Мы сушим лекарственные травы на чердаке* [давать возможность влаге испаряться из растений, плодов и т. п., приспосабливая для хранения, заготовляя впрок] **5.** ***кого(что); S не лицо*** *Сестру сушат горести и заботы* [подрывать здоровье, мучить, доводя до истощения, худобы] **6.** ***кого(что); S не лицо*** *Такая работа сушит человека* [лишать душевной теплоты, чуткости, делать сухим, черствым, неотзывчивым]

I. СУ́ШАЩИЙ, -ая, -ее, -ие; *действ. наст.*

Синт.: **а, б** — в глаг. знач. 1 — 6

Ср. прич. в 1 глаг. знач. с прил. **суши́льный**, -ая, -ое, -ые. Служащий для сушки, высушивания чего-л. *Сушильный шкаф*

II. СУШИ́ВШИЙ, -ая, -ее, -ие; *действ. прош.*

Синт.: **а, б** — в глаг. знач. 1 — 6

IV. СУ́ШЕННЫЙ, -ая, -ое, -ые; *страд. прош.**

Синт.: **а, б** — в глаг. знач. 1, 4

Ср. прич. в 4 глаг. знач. с прил. **сушёный**, -ая, -ое, -ые. Приготовленный сушкой, вялением. *Сушеные грибы. Сушеная рыба*

Субстантив.$_3$ в глаг. знач. 1

СУ́ШЕН, -ена, -ено, -ены; *кр. ф.**

В глаг. знач. 1, 4

□ Прич. III не употр. Прич. IV во 2, 3, 5, 6 глаг. знач. не употр.

СУЩЕСТВОВА́ТЬ, существу́|ют, существова́|л; ***несов., неперех.*** **1.** ***S не лицо*** *Письменность существует с незапамятных времен. «Не существовало ни крыши, ни оконных рам, ни дверей, ни полов. Все, что способно было гореть, сгорело».* Н. Павленко, Счастье [быть в действительности, иметься в наличии] **2.** ***для кого(чего)*** *Друзья, семья для него не существуют, когда он увлечен работой* [иметь значение для кого-л., пользоваться чьим-л. вниманием, заботой и т. п.] **3.** *«Без пищи люди не могут существовать».* А. П. Чехов, Учитель словесности [жить, быть живым] **4. на что** *Этот человек существует на случайные заработки* [содержать себя, добывая средства к жизни] **5.** *Ты же не живешь, а существуешь* [вести образ жизни, лишенный цели, смысла, духовных интересов, в противоположность активному, осмысленному образу жизни]

I. СУЩЕСТВУ́ЮЩИЙ, -ая, -ее, -ие; *действ. наст.*

Синт.: **а, б** — в глаг. знач. 1 — 5; **в** — в глаг. знач. 1

Субстантив.₁ в глаг. знач. 4, 5

В знач. сущ. **существу́ющее**, -его, *ср.* Всё, что окружает человека

II. СУЩЕСТВОВА́ВШИЙ, -ая, -ее, -ие; *действ. прош.*

Синт.: **а, б** — в глаг. знач. 1 — 5

Субстантив.₁ в глаг. знач. 4, 5

СФОРМИРОВА́ТЬ, сформиру́ют, сформирова́|л; **сов. к** формирова́ть (см.)

II. СФОРМИРОВА́ВШИЙ, -ая, -ее, -ие; *действ. прош.*

Синт.: **а, б** — в глаг. знач. 1 — 5

IV. СФОРМИРО́ВАННЫЙ, -ая, -ое, -ые; *страд. прош.**

Синт.: **а, б** — в глаг. знач. 1, 3 — 5; **в** — в глаг. знач. 3 — 5

Субстантив.₃ не употр.

СФОРМИРО́ВАН, -ана, -ано, -аны; *кр. ф.**

В глаг. знач. 1, 3 — 5

□ Прич. IV во 2 глаг. знач. не употр.

СФОТОГРАФИ́РОВАТЬ, сфотографи́руют, сфотографи́рова|л; **сов. к** фотографи́ровать (см.)

II. СФОТОГРАФИ́РОВАВШИЙ, -ая, -ее, -ие; *действ. прош.*

Синт.: **а, б** — в глаг. знач.

IV. СФОТОГРАФИ́РОВАННЫЙ, -ая, -ое, -ые; *страд. прош.*

Синт.: **а, б, в** — в глаг. знач.

СФОТОГРАФИ́РОВАН, -ана, -ано, -аны; *кр. ф.*

В глаг. знач.

СХВАТИ́ТЬ, схвачу́, схва́т|ят, схвати́|л; **сов., перех.** (*несов.* схва́тывать; *несов.* хвата́ть **к** 1, 2, 5 знач.) **1. кого (что)** и **что,** также **чем** *Тамара неожиданно схватила меня за руку. Мальчик схватил ветку и стал махать ею перед лицом, отпугивая комаров. Собака схватила зубами кость и убежала* (см. § 2) [взяться за что-л. резким, поспешным движением рукой, зубами, ртом и т. п., сжимая, удерживая и т. п.; взять кого-что-л. в руки, на руки, в зубы, в пасть и т. п. резким, поспешным движением] **2. кого(что)** *«— Мы хотели его схватить, только он вырвался и как заяц бросился в кусты».* Лермонтов, Княжна Мери. *Полиция схватила террористов* [силой задержать кого-л., не давая уйти, убежать; арестовать; *разг.*] **3. что** *«И тщетно он, в борьбе с людьми, с собою, Рвался схватить земное счастье с бою».* Тютчев, Байрон [получить, добыть благодаря удаче, усилиям] **4. что** *Иван схватил сильный насморк* [получить, подхватить какую-л. болезнь; *разг.*] **5. что** *Катя на первом экзамене неожиданно схватила тройку. Игорь схватил выговор за грубость* [получить что-л. нежелательное, неприятное, плохую отметку, выговор и т. п.; *разг.*] **6. что** *Художник очень точно схватил выражение его лица* [подметить и запечатлеть что-л. в рисунке, в книге, в фильме и т. п.] **7. что** *Мальчик быстро схватил мелодию песни. Илья схватил мою мысль моментально* [быстро воспринять, понять, усвоить что-л.] **8. что чем** *Рабочие схватили бревна скобами* (см. § 2) [соединить, скрепить; *разг.*] **9. что; S не лицо** *Клей хорошо схватил заплатку. «Мороз схватит сырые пески, выпадет снег, сизое небо провиснет над домом».* Паустовский, Кордон „273" [скрепить, соединить при затвердевании, застывании — о действии клейких и вяжущих веществ; *разг.*; соединив в плотную массу, сделать твердым землю, почву, снег и т. п. — о действии холода; *разг.*] **10. что; S не лицо** *Браслет был ей явно мал, он туго схватил запястье, вызвав боль* [стянуть, плотно обвиться вокруг чего-л.]

II. СХВАТИ́ВШИЙ, -ая, -ее, -ие; *действ. прош.*

Синт.: **а, б** — в глаг. знач. 1 — 10

IV. СХВА́ЧЕННЫЙ, -ая, -ое, -ые; *страд. прош.* [чередование т/ч]

Синт.: **а, б** — в глаг. знач. 1 — 10

Субстантив.₃ в глаг. знач. 1, 6, 8, 9

СХВА́ЧЕН, -ена, -ено, -ены; *кр. ф.*

В глаг. знач. 1 — 10

СХВА́ТЫВАТЬ, схва́тыва|ют, схва́тыва|л; **несов. к** схвати́ть (см.)

I. СХВА́ТЫВАЮЩИЙ, -ая, -ее, -ие; *действ. наст.*

Синт.: **а, б** — в глаг. знач. 1 — 10

II. СХВА́ТЫВАВШИЙ, -ая, -ее, -ие; *действ. прош.*

Синт.: **а, б** — в глаг. знач. 1 — 10

III. СХВА́ТЫВАЕМЫЙ, -ая, -ое, -ые; *страд. наст.*

Синт.: **а, б** — в глаг. знач. 1 — 10

Субстантив.₃ в глаг. знач. 1, 6, 8, 9

СХОДИ́ТЬ, схо́д|ят, сходи́|л; **несов. к** сойти́ (см.)

I. СХОДЯ́ЩИЙ, -ая, -ее, -ие; *действ. наст.*

Синт.: **а, б** — в глаг. знач. 1 — 12; **в** — в глаг. знач. 8, 9

II. СХОДИ́ВШИЙ, -ая, -ее, -ие; *действ. прош.*

Синт.: **а, б** — в глаг. знач. 1 — 12; **в** — в глаг. знач. 8, 9

СЧИТА́ТЬ, счита́|ют, счита́|л; **несов.** (*сов.* посчита́ть **ко** 2 знач.) **1. неперех.** *Этот ребенок уже считает и читает. Малыш считает до пяти* [зная названия и последовательность чисел, уметь производить арифметические действия; называть числа в последовательном порядке] **2. перех., кого(что)** и **что** *Воспитательница считает детей после прогулки. Мы считаем звезды. Ребята считали товарные вагоны проходящего поезда* [определять количество кого-чего-л.] **3. перех., кого(что)** и **что** *Если не считать Олега, всем фильм понравился. Если не считать плохую погоду, поездка удалась* [принимать во внимание, в расчет — обычно с отрицанием] **4. перех., кого(что) кем** и **с придат. дополнит.** *Все считают Валерия хорошим работником. Я счи-*

таю, что вы не правы [делать какое-л. заключение о ком-чем-л., признавать, полагать]
I. СЧИТА́ЮЩИЙ, -ая, -ее, -ие; *действ. наст.**
С и н т.: **а, б** — в глаг. знач. 1, 2, 4; **в** — в глаг. знач. 1
II. СЧИТА́ВШИЙ, -ая, -ее, -ие; *действ. прош.**
С и н т.: **а, б** — в глаг. знач. 1, 2, 4; **в** — в глаг. знач. 1
III. СЧИТА́ЕМЫЙ, -ая, -ое, -ые; *страд. наст.**
С и н т.: **а, б, в** — в глаг. знач. 2
С у б с т а н т и в.$_2$ во мн.
IV. СЧИ́ТАННЫЙ, -ая, -ое, -ые; *страд. прош.**
С и н т.: **а, б** — в глаг. знач. 2
С р. прил. **счи́танный,** -ая, -ое, -ые. Очень небольшой по количеству, единичный. *Считанные минуты остались до встречи. Мы тратим на это считанные копейки. «Патронов у казаков оставалось считанное количество».* В. Кожевников, Казаки
С у б с т а н т и в.$_2$ во мн.
СЧИ́ТАН, -ана, -ано, -аны; *кр. ф.** (*редко*)
В глаг. знач. 2
▭ Прич. I, II в 3 глаг. знач. не употр. Прич. III, IV в 3, 4 глаг. знач. не употр.

СШИТЬ, сошью́т, сши|л; ***сов. к*** шить в 1, 2 знач. (см.)
II. СШИ́ВШИЙ, -ая, -ее, -ие; *действ. прош.*
С и н т.: **а, б** — в глаг. знач. 1, 2
IV. СШИ́ТЫЙ, -ая, -ое, -ые; *страд. прош.*
С и н т.: **а, б** — в глаг. знач. 1, 2; **в** — в глаг. знач. 1
СШИТ, -та, -то, -ты; *кр. ф.*
В глаг. знач. 1, 2

СЪЕДА́ТЬ, съеда́|ют, съеда́|л; ***несов. к*** съесть (см.)
I. СЪЕДА́ЮЩИЙ, -ая, -ее, -ие; *действ. наст.*
С и н т.: **а, б** — в глаг. знач. 1 — 10
С у б с т а н т и в.$_1$ в глаг. знач. 1, 2
II. СЪЕДА́ВШИЙ, -ая, -ее, -ие; *действ. прош.*
С и н т.: **а, б** — в глаг. знач. 1 — 10
С у б с т а н т и в.$_1$ в глаг. знач. 1, 2
III. СЪЕДА́ЕМЫЙ, -ая, -ое, -ые; *страд. наст.*
С и н т.: **а, б** — в глаг. знач. 1 — 10; **в** — в глаг. знач. 1
С у б с т а н т и в.$_3$ в глаг. знач. 1, 2, 4, 5

СЪЕСТЬ, съем, съешь, съест, съеди́м, съеди́те, съед|я́т, съе|л; ***сов., перех.*** (*несов.* съеда́ть; *несов.* есть *к* 1, 4, 5, 7 — 9 знач.) **1. *кого(что)*** и ***что*** *Дима съел суп и два яблока. Волк съел ягненка* [принять какую-л. пищу или что-л. в качестве пищи; уничтожить, поедая] **2. *кого(что)**** и ***что*** *«Лошадь у них пала, хлеб весь они съели еще в начале февраля».* М. Горький, Мальва [израсходовать всё без остатка на еду] **3. *что; S не лицо*** *Эти опыты съели все наши запасы кислоты* [полностью поглотить, израсходовав на себя; *разг.*] **4. *что; S не лицо*** *Моль съела шерстяную кофту* [испортить, повредить, грызя или протачивая — о грызунах, насекомых] **5. *что; S не лицо*** *«Края ее [каски] ржавчина съела, Осколком проломлено дно».* Грибачев, Каска [причинить повреждения чему-л. — о едких, ядовитых веществах, ржавчине и т. п.] **6. *кого(что)*** и ***что*** *«Ходили неясные толки о том, кто кого свалит — Фотий ли министра Голицына, Голицын ли Фотия, или Аракчеев съест их обоих».* Тынянов, Кюхля. *«Новый театр.. был для конторы, как бельмо на глазу. Театр надо было съесть,— и его съели».* Щепкина-Куперник, Театр в моей жизни [не дать действовать, работать, существовать; *разг.*] **7. *кого(что); S не лицо*** *На Печоре нас комары съели* [заесть, искусать — о насекомых; *разг.*] **8. *кого(что)*** *«Да отец-то съест меня, как узнает, что я за околицу вас ночью пустила».* Мельников-Печерский, В лесах [извести придирками, упреками, бранью; *разг.*] **9. *кого(что); S не лицо*** *«— Тоска меня, мамынька, съела.., места не нахожу».* Гладков, Повесть о детстве [лишить покоя, истерзать — о чувствах, переживаниях и т. п.; *разг.*] **10. *что*** *Старуха съела наполовину все свои зубы* [стереть, сточить зубы; *разг.*]
II. СЪЕ́ВШИЙ, -ая, -ее, -ие; *действ. прош.*
С и н т.: **а, б** — в глаг. знач. 1 — 10
С у б с т а н т и в.$_1$ в глаг. знач. 1, 2
IV. СЪЕ́ДЕННЫЙ, -ая, -ое, -ые; *страд. прош.**
С и н т.: **а, б** — в глаг. знач. 1 — 8, 10; **в** — в глаг. знач. 1
В з н а ч. п р и л. (только *полн. ф.*) Стертый, сточенный — о зубах. *Изможденный вид, съеденные зубы, мешки под глазами говорили о тяжелой жизни этого человека*
С у б с т а н т и в.$_2$ в глаг. знач. 1; с у б с т а н т и в.$_3$ в глаг. знач. 1, 2, 4, 5
СЪЕ́ДЕН, -ена, -ено, -ены; *кр. ф.**
В глаг. знач. 1 — 8, 10
▭ Прич. IV в 9 глаг. знач. не употр.

СЫГРА́ТЬ, сыгра́ют, сыгра́|л; ***сов.*** **1. *неперех.*** *Наша футбольная команда сыграла в этом матче прекрасно. Друзья сыграли в шахматы* [провести время в занятии каким-л. видом спорта, играя во что-л.] **2. *неперех., на чем*** *Мой приятель умело сыграл на слабостях своих близких* [воздействовать на чьи-л. чувства, склонности и т. п. для достижения намеченных целей] **3. *перех., что*** *Ребята с увлечением сыграли партию в шашки. Футболисты сыграли второй тайм с большим подъемом* [провести и закончить партию в какой-л. игре, провести, осуществить какую-л. часть спортивной игры] **4. *перех., что*** и ***кого,*** также ***на чем*** *Пианист на бис сыграл седьмую сонату Бетховена. Девочка сыграла на рояле несколько пьес. Я вам сыграю сейчас Шопена и Листа* [исполнить что-л. на музыкальном инструменте] **5. *перех., что*** и ***кого*** *Артисты плохо сыграли этот спектакль. Молодая актриса прекрасно сыграла роль старухи. В этом спектакле мой знакомый сыграл Отелло* [принять участие в сценическом представлении, выступить на сцене; исполнить в спектакле какую-л. роль, изобразить на сцене]
II. СЫГРА́ВШИЙ, -ая, -ее, -ие; *действ. прош.*
С и н т.: **а, б** — в глаг. знач. 1 — 5
IV. СЫ́ГРАННЫЙ, -ая, -ое, -ые; *страд. прош.*
С и н т.: **а, б** — в глаг. знач. 3 — 5
С р. прил. **сы́гранный,** -ая, -ое, -ые; -ан, -анна, -анно, -анны. Согласованный, слаженный в игре. *Сыгранный ансамбль. Сыгранный оркестр. Эта команда сыгранна*
С у б с т а н т и в.$_3$ в глаг. знач. 4, 5

СЫ́ГРАН, -ана, -ано, -аны; *кр. ф.*
В глаг. знач. 3 — 5

СЫМПРОВИЗИ́РОВАТЬ, сымпровизи́руют, сымпровизи́рова|л; **сов. к** импровизи́ровать (см.)

II. СЫМПРОВИЗИ́РОВАВШИЙ, -ая, -ее, -ие; *действ. прош.*
Синт.: **а, б** — в глаг. знач. 1, 2

IV. СЫМПРОВИЗИ́РОВАННЫЙ, -ая, -ое, -ые; *страд. прош.*
Синт.: **а, б, в** — в глаг. знач. 1, 2
СЫМПРОВИЗИ́РОВАН, -ана, -ано, -аны; *кр. ф.*
В глаг. знач. 1, 2

СЫ́ПАТЬ, сы́пл|ют и *доп.* сы́п|ят, сы́па|л; **несов. 1. перех., что** *Женщины сыплют муку в мешки* [заставлять падать куда-л., во что-л., выпуская постепенно, что-л. сыпучее, мелкое] **2. перех., что** *«Сережа стал хватать мокрый песок и с ожесточением сыпал в своих врагов».* Серафимович, Сережа [бросать в кого-что-л., на кого-что-л., разбрасывать что-л. сыпучее, мелкое] **3. перех., что,** также **чем** *«Я держал ее в своих объятиях и сыпал поцелуи на ее огненное плечо».* Лермонтов, Два брата. *Партизан, защищаясь, сыпал удары прикладом направо и налево* [направлять что-л. на кого-что-л. во множестве; *разг.*] **4. неперех.; S не лицо** *Снег так и сыплет. Дождь сыплет уже пять часов* [идти, падать — о мелком, частом снеге, дожде] **5. неперех., чем** *Докладчик просто сыпал цитатами. Смирнов так и сыпал остротами. Выступающие сыпали цифрами* [произносить, говорить что-л. беспрерывно, одно за другим; *разг.*]

I. СЫ́ПЛЮЩИЙ, -ая, -ее, -ие и *доп.* СЫ́ПЯЩИЙ, -ая, -ее, -ие; *действ. наст.*
Синт.: **а, б** — в глаг. знач. 1 — 5; **в** — в глаг. знач. 4

II. СЫ́ПАВШИЙ, -ая, -ее, -ие; *действ. прош.*
Синт.: **а, б** — в глаг. знач. 1 — 5; **в** — в глаг. знач. 4

IV. СЫ́ПАННЫЙ, -ая, -ое, -ые; *страд. прош.**
Синт.: **а, б** — в глаг. знач. 1, 2
СЫ́ПАН, -ана, -ано, -аны; *кр. ф.**
В глаг. знач. 1, 2

□ Прич. III не употр. Прич. IV в 3 глаг. знач. не употр.

Т

ТАНЦЕВА́ТЬ, танцу́|ют, танцева́|л; **несов. 1. перех., что** *Ребята танцуют вальс* [исполнять какой-л. танец] **2. перех., кого** и **что** *«Все последние дни мама волновалась. Она готовилась впервые танцевать Золушку..»* Паустовский, Растрепанный воробей [исполнять в балете какую-л. роль] **3. неперех.** *Ира прекрасно танцует* [уметь исполнять какие-л. танцы] **4. неперех.** *«[Мнишек:] мы, старики, уж нынче не танцуем. Музыки гром не призывает нас».* Пушкин, Борис Годунов [принимать участие в танце, танцах] **5. неперех.** *Олег танцует в ансамбле при Доме культуры. «У него старший брат танцует в балете».* Каверин, Неизвестный друг [выступать на сцене в составе какого-л. художественного коллектива, исполняя танец, танцы; быть артистом балета] **6. неперех.; S не лицо** *«Хамдам перебирал поводья. Его текинец танцевал под ним».* Н. Никитин, Это было в Коканде [не стоять на месте, переступать с ноги на ногу, идти подпрыгивая — о лошади] **7. неперех.; S не лицо** *«Их [оводов] целые полчища танцуют возле нас».* М. Пришвин, В краю непуганых птиц [двигаться в воздухе в определенных повторяющихся направлениях — обычно о множестве собравшихся вместе летающих насекомых] **8. неперех.; S не лицо** *Пламя свечи танцует на ветру* [колебаться, дрожать — о пламени, световых бликах и т. п.]

I. ТАНЦУ́ЮЩИЙ, -ая, -ее, -ие; *действ. наст.*
Синт.: **а, б** — в глаг. знач. 1 — 8; **в** — в глаг. знач. 1, 8
В знач. прил. **1.** Умеющий танцевать. *Всех танцующих юношей просим пройти в зал* **2.** Раскачивающийся и подпрыгивающий, пружинящий — о шагах, походке и т. п. *Танцующая походка. Он шел танцующим шагом* **3.** Дрожащий, колеблющийся, не устойчивый. *Мы шли по танцующим доскам*
В знач. сущ. **танцу́ющие,** -их, *мн.* Участники, исполнители танца, танцев

II. ТАНЦЕВА́ВШИЙ, -ая, -ее, -ие; *действ. прош.*
Синт.: **а, б** — в глаг. знач. 1 — 8; **в** — в глаг. знач. 1, 8

III. ТАНЦУ́ЕМЫЙ, -ая, -ое, -ые; *страд. наст.*
Синт.: **а, б** — в глаг. знач. 1, 2

IV. ТАНЦО́ВАННЫЙ, -ая, -ое, -ые; *страд. прош.** (*редко*)
Синт.: **а, б** — в глаг. знач. 1
ТАНЦО́ВАН, -ана, -ано, -аны; *кр. ф.** (*редко*)
В глаг. знач. 1

□ Прич. IV во 2 глаг. знач. не употр.

ТЕРЕ́ТЬ, тр|ут, тёр|; **несов., перех. 1. что,** также **чем** *Девочка трет глаз платком* (см. § 2). *Лыжник тер нос, чтобы не отморозить его* [нажимая, водить чем-л. по какой-л. поверхности] **2. что** *Бабушка трет морковь и свеклу для салата* [превращать в мелкие частицы, водя с нажимом по терке] **3. что** *Художник долго тер краски. «[Матушка] расставила аптечные пузырьки и терла мазь в ступке».* А. Н. Толстой, Логутка [превращать в порошок, в однородную массу давлением, разминанием] **4. что; S не лицо** *Новые туфли трут пятку. Воротник трет шею* [вызывать при движении тела боль своим прикосновением — о тесной, грубой, неудобной обуви, одежде и т. п.]

I. ТРУ́ЩИЙ, -ая, -ее, -ие; *действ. наст.*
Синт.: **а, б** — в глаг. знач. 1 — 4; **в** — в глаг. знач. 4

II. ТЁРШИЙ, -ая, -ее, -ие; *действ. прош.*
Синт.: **а, б** — в глаг. знач. 1 — 4; **в** — в глаг. знач. 4

IV. ТЁРТЫЙ, -ая, -ое, -ые; *страд. прош.**
Синт.: **а, б** — в глаг. знач. 1 — 3
В знач. прил. (только *полн. ф.*) **1.** Измельченный с помощью терки. *Тертый сыр. Тер-*

тая редька. **2.** Превращенный в однородную массу толчением, растиранием, разминанием. *Тертые краски. Тертый кирпич*

Ср. прил. **тёртый**, -ая, -ое, -ые. Бывалый, опытный, много видевший и испытавший; *разг.* *«— ..я человек тертый, всякого народу на своем веку видал».* Куприн, Погибшая сила

◇ **Тертый калач** — об опытном, часто хитром, много видавшем и испытавшем человеке

Субстантив.$_3$ в глаг. знач. 1, 2

ТЁРТ, -та, -то, -ты; *кр. ф.**

В глаг. знач. 1 — 3

▭ Прич. III не образуется. Прич. IV в 4 глаг. знач. не употр.

ТЕРПЕ́ТЬ, терплю́, те́рп|ят, терпе́|л; ***несов., перех.*** (*сов.* потерпе́ть *к* 5 знач.) **1. *что*** и ***без дополн.*** *Больной терпит сильную боль. Ребенку очень больно, но он терпит* [безропотно и стойко переносить страдание, боль, неприятности и т. п.] **2. *кого(что)*** и ***что*** *Олег не любит, но терпит этого человека. Как вы терпите такое безобразие?* [мириться с наличием, существованием кого-чего-л., допускать что-л.] **3. *кого(что)*** и ***что*** *Я не терплю своего начальника. Петров не терпит возражений* [очень не любить, не переносить кого-что-л.— с отрицанием] **4. *чего; S не лицо*** *«— Дело очень важное, не терпит отлагательств».* Казакевич, Дом на площади. *«Служенье муз не терпит суеты».* Пушкин, 19 октября [не допускать наличия или возможности чего-л.— с отрицанием] **5. *что*** *Каждый раз на этой дистанции спортсменка терпела поражение. Ольга терпела неудачу за неудачей. Наша организация в данное время терпит убытки* [испытывать, переносить что-л. неприятное, тяжелое, бедственное]

I. ТЕ́РПЯЩИЙ, -ая, -ее, -ие; *действ. наст.*

Синт.: **а, б** — в глаг. знач. 1 — 5

II. ТЕРПЕ́ВШИЙ, -ая, -ее, -ие; *действ. прош.*

Синт.: **а, б** — в глаг. знач. 1 — 5

III. Прич. не употр.

Ср. прил. **терпи́мый**, -ая, -ое, -ые; -и́м, -и́ма, -и́мо, -и́мы. **1.** Такой, что можно терпеть, с которым можно мириться. *Терпимые условия. Терпимое явление. Жизнь на маяке была терпима* **2.** Умеющий терпеливо и без вражды относиться к чужому мнению, характеру и т. п., снисходительный. *Человек, терпимый к чужим недостаткам* **3.** Заключающий в себе снисходительность. *Терпимое отношение к чему-л.*

▭ Прич. III, IV не употр.

ТЕРЯ́ТЬ, теря́|ют, теря́|л; ***несов. к*** потеря́ть (см.)

I. ТЕРЯ́ЮЩИЙ, -ая, -ее, -ие; *действ. наст.*

Синт.: **а, б** — в глаг. знач. 1 — 9

II. ТЕРЯ́ВШИЙ, -ая, -ее, -ие; *действ. прош.*

Синт.: **а, б** — в глаг. знач. 1 — 9

III. ТЕРЯ́ЕМЫЙ, -ая, -ое, -ые; *страд. наст.*

Синт.: **а, б** — в глаг. знач. 1 — 9

Субстантив.$_2$ не употр.; субстантив.$_3$ в глаг. знач. 1, 8

IV. ТЕ́РЯННЫЙ, -ая, -ое, -ые; *страд. прош.** (*редко*)

Синт.: **а, б** — в глаг. знач. 1

ТЕ́РЯН, -яна, -яно, -яны; *кр. ф.** (*редко*)

В глаг. знач. 1

▭ Прич. IV во 2 — 9 глаг. знач. не употр.

ТЕЧЬ, тек|у́т, тёк|, текла́, -ло́, -ли́; ***несов., неперех.; S не лицо*** **1.** *Волга течет с севера на юг* [перемещать свои воды в каком-л. направлении — о реке, ручье и т. п.] **2.** *«Идет дождь. Холодные струйки текут по спине, по ногам».* Ляшко, С отарою. *Кровь течет из раны тонкой струйкой* [литься непрерывной струей, потоком и т. п., струиться] **3.** *Электрический ток течет по проводам непрерывно. «Пар по замотанной в парусину трубе тек в перегонные кубы».* Сергеев-Ценский, Лаванда [перемещаться, двигаться — о газе, паре, электрическом токе и т. п.] **4.** *«Речь его течет гладко, ровно».* Чехов, Оратор [плавно и непрерывно звучать — о размеренной, неторопливой речи] **5.** *«..на площадь текут и текут нескончаемые потоки людей».* Шуртаков, Возвратная любовь [идти, двигаться сплошным, непрерывным потоком, массой] **6.** *«Откуда-то текли к нему деньги, и слава о нем, как о человеке почтенном, достигала его ушей».* М. Горький, Извозчик. *«Текли через банки иностранные кредиты».* Вишневский, Война [поступать, прибывать в большом количестве] **7.** *«..он долго лежал, глядел в темноту,— текли, текли одинокие мысли».* А. Н. Толстой, Аэлита [следовать друг за другом непрерывно — о мыслях, воспоминаниях и т. п.] **8.** *«Дни, недели, месяцы текли с быстротой, которая как будто всё усиливалась».* М. Горький, Жизнь Клима Самгина [проходить, протекать — о времени] **9.** *«Болезнь текла вяло..»* Федин, Необыкновенное лето. *Всё течет, всё изменяется* (изречение Гераклита) [осуществляться, совершаться; идти своим чередом] **10.** *Кран течет. «Он видел, что лодка его течет..»* Л. Толстой, Анна Каренина. *Крыша течет* [пропускать воду через щели, дыры; иметь щель, дыру, пробоину и т. п., через которые проникает вода, жидкость]

I. ТЕКУ́ЩИЙ, -ая, -ее, -ие; *действ. наст.*

Синт.: **а, б** — в глаг. знач. 1 — 10; **в** — в глаг. знач. 10

Ср. прил. **теку́щий**, -ая, -ее, -ие. **1.** Наличествующий в данное, настоящее время, теперешний. *Текущий год. Текущий момент* **2.** Совершаемый каждый день, повседневный. *Текущие дела* ◇ **Текущий ремонт** — не капитальный, устраняющий мелкие неисправности. **Текущий счет** — счет вкладчика банка или сберкассы

Ср. прил. **теку́чий**, -ая, -ее, -ие в знач. **1.** Жидкий, способный течь. *Текучая смесь. Текучие глины. Текучий грунт.* **2.** Находящийся в движении, текущий, проточный, не стоячий — о воде. *Текучая вода*

II. ТЁКШИЙ, -ая, -ее, -ие; *действ. прош.*

Синт.: **а, б** — в глаг. знач. 1 — 10; **в** — в глаг. знач. 10

ТКАТЬ, тк|ут, тка|л, ткала́ и *доп.* тка́ла, тка́ло, -ли; ***несов.*** **1. *неперех.*** *«..если, например, кустарь сам сеял лен, сам прял и ткал,— он был почти независим от других».* Ленин, Что такое «друзья народа» и как они воюют против социал-демократов? [заниматься ткачеством, быть ткачом] **2.** ***перех., что*** и ***без дополн.*** *Бабушка ткала полотно очень искусно. Девушки ткали и пели старинную русскую песню* [изготовлять ткань путем плотного присоединения друг к другу накрест переплетенных нитей— продольных и поперечных] **3.** ***перех., что чем*** *«И в поход ему далекий Седельце сама Чистым шелком вышивала, Золотом ткала».* Сурков, Ой, крикнули серы гуси... (из Шевченко) (см. § 2) [украшая что-л., делать посредством тканья рисунок, узор золотой, серебряной и т. п. нитью] **4.** ***перех., что; S не лицо*** *Паук ткет паутину* [плести нити, паутину, делая что-л. сетчатое — о насекомых]

I. ТКУ́ЩИЙ, -ая, -ее, -ие; *действ. наст.*
Синт.: **а, б** — в глаг. знач. 1 — 4; **в** — в глаг. знач. 1, 2

II. ТКА́ВШИЙ, -ая, -ее, -ие; *действ. прош.*
Синт.: **а, б** — в глаг. знач. 1 — 4; **в** — в глаг. знач. 1, 2

IV. ТКА́ННЫЙ, -ая, -ое, -ые; *страд. прош.**
Синт.: **а, б** — в глаг. знач. 2, 3
Ср. прил. **тка́ный**, -ая, -ое, -ые. Изготовленный тканьем. *Тканая одежда. Тканый узор. Тканый ковер*
ТКАН, -а́на, -а́но, -а́ны; *кр. ф.** (*редко*)
В глаг. знач. 2, 3

▭ Прич. III не образуется. Прич. IV в 4 глаг. знач. не употр.

ТОЛКА́ТЬ, толка́|ют, толка́|л; ***несов., перех.*** (*сов.* толкну́ть *ко* 2 — 6 знач.) **1.** ***кого(что)*** и ***что,*** также ***чем*** *«Крикливая, раскрасневшаяся баба толкала одуревшего мужа к дому».* В. Соллогуб, Тарантас. *Мальчик с трудом толкал тяжелую тачку. «Привяжу насос — он и будет поршнем воду наверх толкать».* Гладков, Повесть о детстве (см. § 2) [толчком, толчками заставлять кого-л. идти; толчком, толчками двигать, перемещать что-л. в каком-л. направлении] **2.** ***кого(что),*** также ***чем*** *Илья толкал Диму, чтобы тот не замерз. Ира толкала меня локтем, когда я засыпал* (см. § 2) [дотрагиваться до кого-л. коротким резким движением, толчком] **3.** ***кого(что),*** также ***чем*** *Когда нужно было запевать следующий куплет, Аня незаметно толкала меня ногой* (см. § 2) [несильным толчком подавать какой-л. знак, обращать чье-л. внимание на что-л.] **4.** ***кого(что)*** и ***что,*** также ***чем*** *Дима руками толкает Олега с лестницы* (см. § 2). *Мальчишки по очереди толкали комья слежавшейся глины с обрыва в воду* [подталкивая, заставлять падать с высоты, сталкивать] **5.** ***кого(что) на что*** *Этот человек сознательно толкал детей на преступление. «Опьянение.. приводило его в мрачное, обидчивое настроение и толкало на ссоры».* Куприн, Яма [побуждать к какой-л. предосудительной деятельности, неблаговидному поступку, выбору какого-л. нежелательного пути и т. п.] **6.** ***кого(что) к чему; S не лицо*** *«Познание правды действительности толкает художника к поискам правды изображения..»* Федин, О мастерстве [вызывать какие-л. действия, поступки и т. п.]

I. ТОЛКА́ЮЩИЙ, -ая, -ее, -ие; *действ. наст.*
Синт.: **а, б** — в глаг. знач. 1 — 6

II. ТОЛКА́ВШИЙ, -ая, -ее, -ие; *действ. прош.*
Синт.: **а, б** — в глаг. знач. 1 — 6

III. ТОЛКА́ЕМЫЙ, -ая, -ое, -ые; *страд. наст.**
Синт.: **а, б** — в глаг. знач. 1 — 5
Субстантив.$_2$ в глаг. знач. 1, 2, 4, 5

▭ Прич. III в 6 глаг. знач. не употр.

ТОЛКНУ́ТЬ, толкну́т, толкну́|л; ***сов. к*** толка́ть во 2 — 6 знач. (см.)

II. ТОЛКНУ́ВШИЙ, -ая, -ее, -ие; *действ. прош.*
Синт.: **а, б** — в глаг. знач. 2 — 6

▭ Прич. IV не употр.

ТОЛО́ЧЬ, толк|у́т, толо́к|, толкла́, -ло́, -ли́; ***несов., перех., что,*** также ***чем*** (*сов.* истоло́чь) *Бабушка толчет сахар. Тамара толкла горох деревянной толкушей* (см. § 2) [дробя, разминая, измельчать что-л.]

I. ТОЛКУ́ЩИЙ, -ая, -ее, -ие; *действ. наст.*
Синт.: **а, б** — в глаг. знач.

II. ТОЛО́КШИЙ, -ая, -ее, -ие; *действ. прош.*
Синт.: **а, б** — в глаг. знач.

IV. ТОЛЧЁННЫЙ, -ая, -ое, -ые; *страд. прош.* [чередование к/ч]
Синт.: **а, б** — в глаг. знач.
Ср. прил. **толчёный**, -ая, -ое, -ые. Подвергшийся толчению, измельченный. *Толченый сахар. Толченая соль. Толченый миндаль*
ТОЛЧЁН, -ена́, -ено́, -ены́; *кр. ф.* (*редко*)
В глаг. знач.

▭ Прич. III не образуется

ТОМИ́ТЬ, томлю́, том|я́т, томи́|л; ***несов., перех.*** (*сов.* истоми́ть *ко* 2 знач.) **1.** ***кого(что); S не лицо*** *Жажда томила солдат. Днем зной томил геологов, они работали по ночам* [мучить, изнурять, доводить до изнеможения] **2.** ***кого(что); S не лицо*** *«Грусть непонятная, тяжелая, томила Петю».* Саянов, Лена. *«Меня томило недовольство собой, было жаль своей жизни..»* Чехов, Дом с мезонином [мучительно тревожить, беспокоить, тяготить — о мыслях, ощущениях, переживаниях и т. п.] **3.** ***кого(что)*** *Фашисты томили в тюрьмах тысячи неповинных людей* [держать в заключении, в неволе] **4.** ***кого(что); S не лицо*** *«Незримый, ты мне был уж мил, Твой чудный взгляд меня томил».* Пушкин, Евгений Онегин. *«Красота Венеции и трогает, и возбуждает желания; она томит и дразнит неопытное сердце».* Тургенев, Накануне [вызывать истому, чувство приятной расслабленности, сладкого изнеможения] **5.** ***что*** *Бабушка томила в русской печи щи. «Няня томила себе в горшочке дикие груши».* И. Новиков, Калина в палисаднике [долго па́рить на медленном огне в закрытой посуде]

I. ТОМЯ́ЩИЙ, -ая, -ее, -ие; *действ. наст.*
Синт.: **а, б** — в глаг. знач. 1 — 5
В знач. прил. **1.** Тяжелый, изнурительный, вызывающий чувство изнеможения. *Томящая духота. Томящий зной. Томящий запах* **2.** Приятный, вызывающий чувство истомы, расслабленности. *Томящий весенний воздух. Томящая нега. Томящая теплота* (Ср. прил. **томи́тельный**, -ая, -ое, -ые; -лен, -льна, -льно, -льны в знач. **1.** Нестерпимый, доводящий до изнеможения, изнуряющий, томящий. *Томительный зной* **2.**

Приятный, вызывающий чувство приятной расслабленности, сладкого изнеможения. *Испытывать томительное чувство. Томительный аромат. Томительные звуки*)

II. ТОМИ́ВШИЙ, -ая, -ее, -ие; *действ. прош.*
С и н т.: **а, б** — в глаг. знач. 1 — 5

III. ТОМИ́МЫЙ, -ая, -ое, -ые; *страд. наст.*
С и н т.: **а, б** — в глаг. знач. 1 — 5
ТОМИ́М, -и́ма, -и́мо, -и́мы; *кр. ф.*
В глаг. знач. 1 — 5

IV. ТОМЛЁННЫЙ, -ая, -ое, -ые; *страд. прош.**
[чередование м/мл]
С и н т.: **а, б** — в глаг. знач. 5
С р. прил. **томлёный**, -ая, -ое, -ые. Подвергшийся долгому томлению на медленном огне. *Томленые щи*
ТОМЛЁН, -ена́, -ено́, -ены́; *кр. ф.* (*редко*)
В глаг. знач. 5

□ Прич. IV в 1 — 4 глаг. знач. не употр.

ТОПИ́ТЬ[1], топлю́, то́п|ят, топи́|л; ***несов., перех.*** (*сов.* истопи́ть) **1.** ***что*** *Мы топим печь* [разводить и поддерживать огонь в печи, камине и т. п.] **2.** ***что*** и ***без дополн.*** *«[Смотритель] не топил больницу до ноября».* Л. Толстой, Фальшивый купон. *На дворе похолодало, а у нас еще не топят* [обогревать какое-л. помещение, разводя огонь в печи или включая отопительные приборы]

I. ТО́ПЯЩИЙ, -ая, -ее, -ие и ТОПЯ́ЩИЙ, -ая, -ее, -ие; *действ. наст.*
С и н т.: **а, б** — в глаг. знач. 1, 2

II. ТОПИ́ВШИЙ, -ая, -ее, -ие; *действ. прош.*
С и н т.: **а, б** — в глаг. знач. 1, 2

III. ТОПИ́МЫЙ, -ая, -ое, -ые; *страд. наст.*
С и н т.: **а, б** — в глаг. знач. 1, 2
С у б с т а н т и в.₃ в глаг. знач. 1
ТОПИ́М, -и́ма, -и́мо, -и́мы; *кр. ф.* (*редко*)
В глаг. знач. 1, 2

IV. ТО́ПЛЕННЫЙ, -ая, -ое, -ые; *страд. прош.*
[чередование п/пл]
С и н т.: **а, б** — в глаг. знач. 1, 2
С у б с т а н т и в.₃ не употр.
ТО́ПЛЕН, -ена, -ено, -ены; *кр. ф.*
В глаг. знач. 1, 2

ТОПИ́ТЬ[2], топлю́, то́п|ят, топи́|л; ***несов., перех., что*** (*сов.* растопи́ть *к* 1 знач.) **1.** *Мальчики топили воск и лепили из него фигурки зверей* [нагревая, делать мягким, жидким, расплавлять] **2.** *«[Китоловы], поймав кита, на океане же топят и жир из него».* И. Гончаров, Фрегат „Паллада" [вытапливать или перетапливать масло, жир, сало] **3.** *Бабушка не пила сырое молоко, она сначала топила его* [кипятить, выдерживая в печи на легком жару молоко, сливки]

I. ТО́ПЯЩИЙ, -ая, -ее, -ие и ТОПЯ́ЩИЙ, -ая, -ее, -ие; *действ. наст.*
С и н т.: **а, б** — в глаг. знач. 1 — 3

II. ТОПИ́ВШИЙ, -ая, -ее, -ие; *действ. прош.*
С и н т.: **а, б** — в глаг. знач. 1 — 3

III. ТОПИ́МЫЙ, -ая, -ое, -ые; *страд. наст.*
С и н т.: **а, б** — в глаг. знач. 1 — 3
С у б с т а н т и в.₃ в глаг. знач. 1, 3

IV. ТО́ПЛЕННЫЙ, -ая, -ое, -ые; *страд. прош.* (*редко*)
[чередование п/пл]
С и н т.: **а, б** — в глаг. знач. 1 — 3
С р. прил. **топлёный**, -ая, -ое, -ые. **1.** Полученный путем перетапливания. *Топленое масло. Топленый жир. Топленое сало* **2.** Приготовленный путем длительного кипячения и выдерживания в печи на легком жару. *Топленое молоко. Топленые сливки*
С у б с т а н т и в.₃ не употр.
ТО́ПЛЕН, -ена, -ено, -ены; *кр. ф.* (*редко*)
В глаг. знач. 1 — 3

ТОПИ́ТЬ[3], топлю́, то́п|ят, топи́|л; ***несов., перех.*** (*сов.* утопи́ть) **1.** ***кого(что)*** и ***что*** *«Лебедь около плывет, Злого коршуна клюет, Гибель близкую торопит, Бьет крылом и в море топит».* Пушкин, Сказка о царе Салтане. *«..[моряки] беспощадно расстреливают и топят вражеские военные корабли и транспорты».* Новиков-Прибой, Боевые традиции русских моряков [губить, силой погружая в воду, пуская ко дну] **2.** ***что; S не лицо*** *«Грузила топили нижние края сети и держали ее в вертикальном положении».* Чаковский, У нас уже утро [вызывать погружение в воду] **3.** ***кого(что)*** *«[Ольга:] Почему вы ушли с собрания? Блех вас топит».* А. Н. Толстой, Патент [клеветать, наговаривать на кого-л., предавать кого-л.; *разг.*]

I. ТО́ПЯЩИЙ, -ая, -ее, -ие и ТОПЯ́ЩИЙ, -ая, -ее, -ие; *действ. наст.*
С и н т.: **а, б** — в глаг. знач. 1 — 3

II. ТОПИ́ВШИЙ, -ая, -ее, -ие; *действ. прош.*
С и н т.: **а, б** — в глаг. знач. 1 — 3

III. ТОПИ́МЫЙ, -ая, -ое, -ые; *страд. наст.**
С и н т.: **а, б** — в глаг. знач. 1, 3

IV. ТО́ПЛЕННЫЙ, -ая, -ое, -ые; *страд. прош.** (*редко*)
[чередование п/пл]
С и н т.: **а, б** — в глаг. знач. 1
ТО́ПЛЕН, -ена, -ено, -ены; *кр. ф.** (*редко*)
В глаг. знач. 1

□ Прич. III во 2 глаг. знач. не употр. Прич. IV во 2, 3 глаг. знач. не употр.

ТОПТА́ТЬ, топчу́, то́пч|ут, топта́|л; ***несов., перех.*** **1.** ***что,*** также ***чем*** *Кабаны топчут молодые посевы. На краю поля кто-то, будто нарочно, топчет овес* [при ходьбе, беге мять что-л., ломая, давя, распластывая по земле лапами, ногами] **2.** ***кого(что) чем*** *«Все как один с воплями кинулись бежать в разные стороны, теряя по дороге шляпы, зонтики, обувь. Упавших топтали ногами».* Степанов, Порт-Артур [при ходьбе, беге попирать ногами, наступать, давя, на лежащего, упавшего] **3.** ***кого(что) чем*** *«Подозреваемых в краже мужиков урядник и стражники пытали. Избивали ногайками,.. топтали ногами».* Кузьмин, Круг царя Соломона [бить ногами упавшего, лежащего человека, нанося увечья] **4.** ***кого(что) кем(чем)**** *«Собиравшихся кучками рабочих казаки били плетьми, прикладами, топтали лошадьми».* Серафимович, Город в степи [наезжая лошадью, сбивать кого-л. с ног, давя, калеча] **5.** ***что,*** также ***чем*** *Дети топчут чистый пол. «Эти драгоценные ковры, которыми устлан весь пол,— так жаль их топтать.. грязными сапогами».* Фурманов, Мятеж [пачкать, грязнить ногами при ходьбе] **6.** ***что чем*** *«[Старик] схватил медальон, с силой бросил его на пол, и с бешен-*

ством начал топтать ногою». Достоевский, Униженные и оскорбленные [с силой давить что-л. ногой, ногами] **7. *что,*** также ***чем*** *«Мужики принялись топтать огонь и оттаскивать сено в сторону».* Замойский, Лапти [уничтожать, гасить пламя, наступая ногами] **8. *что*** *«— Если бы вы знали, какой наш край благодатный! А между тем его топчут, его терзают..»* Тургенев, Накануне. *«Привычка — не то, что не уважать авторитета, но топтать всё, что можно топтать безнаказанно,— вот ужасная школа, в которой мы воспитывались».* Салтыков-Щедрин, Один из деятелей русской мысли [попирать, разрушать что-л. ценное, гуманное и т. п., глумясь, унижая и т. п.]

I. ТО́ПЧУЩИЙ, -ая, -ее, -ие; *действ. наст.*
Синт.: **а, б** — в глаг. знач. 1 — 8

II. ТОПТА́ВШИЙ, -ая, -ее, -ие; *действ. прош.*
Синт.: **а, б** — в глаг. знач. 1 — 8

IV. ТО́ПТАННЫЙ, -ая, -ое, -ые; *страд. прош.**
Синт.: **а, б** — в глаг. знач. 1
ТО́ПТАН, -ана, -ано, -аны; *кр. ф.** (*редко*)
В глаг. знач. 1

□ Прич. III. не образуется. Прич. IV. во 2 — 8 глаг. знач. не употр.

ТОРГОВА́ТЬ, торгу́|ют, торгова́|л; ***несов., неперех.* 1. *кем(чем)*** и ***чем*** *«Все, чем для прихоти обильной Торгует Лондон щепетильный.. Всё украшало кабинет Философа в осьмнадцать лет».* Пушкин, Евгений Онегин. *Этот магазин торгует хлебом и кондитерскими изделиями* [вести торговлю чем-л., продавать что-л.] **2. *с чем*** *«Венеция торговала с Востоком, с Египтом, с далекой Персией и Бухарой».* Шкловский, Марко Поло [иметь торговые отношения с каким-л. государством и т. п.] **3.** *«Аксинья торговала в лавке, и слышно было во дворе, как звенели бутылки и деньги..»* Чехов, В овраге [отпускать товары покупателям] **4.** *Мой дедушка торговал в хозяйственном магазине* [быть торговцем или продавцом] **5. *S не лицо*** *Магазины торгуют в субботу до 8 часов вечера* [быть открытым для торговли — о торговом предприятии] **6. *кем(чем)*** и ***чем*** *«Балашова слушали внимательно.., но, как только он дошел до злополучной директивы, какая-то старуха.. крикнула:— Мы своим председателем не торгуем!»* С. Антонов, Петрович. *Этот юноша явно торгует своими убеждениями* [отказываться от кого-чего-л., поступаться кем-чем-л. ради своей выгоды, из корыстных соображений]

I. ТОРГУ́ЮЩИЙ, -ая, -ее, -ие; *действ. наст.*
Синт.: **а, б** — в глаг. знач. 1 — 6
В знач. прил., обычно *мн.* Занятый вопросами торговли, торговых отношений, торговлей — о предприятии, организации. *Торгующие организации. Торгующие предприятия* (Ср. прил. **торго́вый,** -ая, -ое, -ые в знач. 'ведущий торговлю; имеющий отношение к торговле'. *Торговая сеть. Торговые точки. Торговый работник*)

II. ТОРГОВА́ВШИЙ, -ая, -ее, -ие; *действ. прош.*
Синт.: **а, б** — в глаг. знач. 1 — 6

ТОРЖЕСТВОВА́ТЬ, торжеству́|ют, торжествова́|л; ***несов., неперех.* 1. *над чем*** и ***без дополн.; S не лицо*** *Добро торжествует над злом. Истина всегда торжествует* [брать верх, одерживать победу] **2.** *Члены комиссии торжествуют, их выводы признаны правильными* [ликовать, радоваться по поводу своей победы над кем-л., успеха в чем-л., испытывать чувство торжества]

I. ТОРЖЕСТВУ́ЮЩИЙ, -ая, -ее, -ие; *действ. наст.*
Синт.: **а, б** — в глаг. знач. 1, 2
В знач. прил. Выражающий ликование, радость по какому-л. поводу, радостный, ликующий. *Торжествующий возглас. Торжествующий взгляд. Торжествующее выражение лица. Торжествующая улыбка*

II. ТОРЖЕСТВОВА́ВШИЙ, -ая, -ее, -ие; *действ. прош.*
Синт.: **а, б** — в глаг. знач. 1, 2

ТОРМОЗИ́ТЬ, торможу́, тормоз|я́т, тормози́|л; ***несов.*** (*сов.* затормози́ть) **1. *неперех.*** *«[Машинист] бросился к регулятору и закричал..: „Тормоз!" А уже помощник сам изо всех сил тормозил, отчаянно налегая на рукоять».* Серафимович, Стрелочник. *На повороте машина резко тормозит* [приводить в рабочее состояние тормоз, замедляя ход, движение чего-л.; останавливаться при помощи тормоза] **2. *перех., что*** *«Теперь было видно, насколько тормозили ход эскадры тихоходные броненосцы».* Степанов, Порт-Артур [замедлять, задерживать движение чего-л.] **3. *перех., что,*** также ***чем*** *Дирекция своими распоряжениями сознательно тормозит проведение испытаний* (см. § 1). *«Меньшевики согласились на словах руководить восстанием, на деле же всячески тормозили его».* Паустовский, Черное море [задерживать, замедлять развитие, выполнение чего-л.] **4. *перех., что; S не лицо*** *Отсутствие шрифтов тормозит издание этимологического словаря* [приводить к задержке в развитии, выполнении чего-л.] **5. *перех., что; S не лицо*** *Новое лекарство тормозит двигательные рефлексы* [подавлять, притуплять течение, проявление в организме физиологических процессов, двигательных способностей и т. п.]

I. ТОРМОЗЯ́ЩИЙ, -ая, -ее, -ие; *действ. наст.*
Синт.: **а, б** — в глаг. знач. 1 — 5; **в** — в глаг. знач. 1
В знач. прил. **1.** Такой, который задерживает развитие, действие чего-л. *Тормозящая сила. Тормозящие факторы* **2.** Такой, который активно задерживает, подавляет деятельность нервных центров, рабочих органов — в физиологии. *Тормозящие раздражители. Тормозящие лекарства*

II. ТОРМОЗИ́ВШИЙ, -ая, -ее, -ие; *действ. прош.*
Синт.: **а, б** — в глаг. знач. 1 — 5; **в** — в глаг. знач. 1

IV. ТОРМОЖЁННЫЙ, -ая, -ое, -ые; *страд. прош.**
[чередование з/ж]
Синт.: **а, б** — в глаг. знач. 2, 3, 5
Субстантив.₃ не употр.
ТОРМОЖЁН, -ена́, -ено́, -ены́; *кр. ф.**
(*редко*)

В глаг. знач. 2, 3, 5

▭ Прич. III не употр. Прич. IV в 4 глаг. знач. не употр.

ТОСКОВА́ТЬ, тоску́|ют, тоскова́|л; ***несов., неперех.*** ***1. о ком(чем)*** и ***о чем, по ком(чем)*** и ***по чем, по кому(чему)*** и ***по чему*** и ***без дополн.*** *Бабушка не привыкла к городу и тоскует о родной деревне. Ирина тоскует по друзьям. В больнице маленькие дети обычно тоскуют по родителям. «Елена очень тосковала и долго по ночам заснуть не могла, когда узнала о смерти Кати».* Тургенев, Накануне [испытывать сильную душевную тревогу, грусть, уныние] ***2. по чему; S не лицо*** *У Валерия руки тоскуют по скрипке. «Ведь уж давно.. не был он в бане. Тело тосковало по мочалке и мылу».* Б. Полевой, Золото [испытывать непреодолимую потребность в чем-л.]

I. ТОСКУ́ЮЩИЙ, -ая, -ее, -ие; *действ. наст.*
Синт.: **а, б** — в глаг. знач. 1, 2
В знач. прил. Исполненный тоски, выражающий тоску, тоскливый. *Тоскующий взор. Тоскующий взгляд. Тоскующие глаза. Смотреть с тоскующим укором* (Ср. прил. **тосkли́вый**, -ая, -ое, -ые; -и́в, -и́ва, -и́во, -и́вы в знач. 'исполненный тоски, выражающий тоску'. *Тоскливый взор. Тоскливый взгляд*)

II. ТОСКОВА́ВШИЙ, -ая, -ее, -ие; *действ. прош.*
Синт.: **а, б** — в глаг. знач. 1, 2

ТОЧИ́ТЬ, точу́, то́ч|ат, точи́|л; ***несов., перех.*** (*сов.* наточи́ть *к* 1 знач.; *сов.* вы́точить *к* 4 знач.) ***1. что,*** также ***чем*** *Мы точим коньки каждые полгода. Точильщик точит ножницы. Илья точит свой нож бруском* (см. § 2) [делать острым трением о камень, кожу и т. п.] ***2. что,*** также ***чем*** *Феликс точит карандаши специальной точилкой* (см. § 2) [делать острым конец карандаша, пера] ***3. что; S не лицо*** *«[Кошка].. начала грозно точить когти о табуретку».* Успенская, Наше лето [заострять или ровнять путем трения обо что-л. когти, зубы, клюв — о животных, птицах] ***4. что*** *Рабочий точит детали на станке с программным управлением* [изготовлять что-л., обрабатывая на токарном станке] ***5. что; S не лицо*** *Червь точит яблоню. Моль точит сукно. Короед точит древесину сосны* [грызя, проедая, делать дыры в чем-л., повреждать что-л. — о насекомых, животных-грызунах] ***6. что; S не лицо*** *Ржавчина точит железо. Капля точит камень* (поговорка) [постепенно разрушать своим воздействием] ***7. кого(что)*** и ***что; S не лицо*** *Болезнь точила дедушку. «И опять тоска и обида точили сердце Игната Сысоича».* Соколов, Искры [мучить, изнурять, изводить неотступно, не переставая — о болезни, тяжелых мыслях, чувствах]

I. ТОЧА́ЩИЙ, -ая, -ее, -ие; *действ. наст.*
Синт.: **а, б** — в глаг. знач. 1 — 7

II. ТОЧИ́ВШИЙ, -ая, -ее, -ие; *действ. прош.*
Синт.: **а, б** — в глаг. знач. 1 — 7

III. ТОЧИ́МЫЙ, -ая, -ое, -ые; *страд. наст.*
Синт.: **а, б** — в глаг. знач. 1 — 7; **в** — в глаг. знач. 1, 2
Субстантив.$_3$ в глаг. знач. 1, 5, 6

IV. ТО́ЧЕННЫЙ, -ая, -ое, -ые; *страд. прош.**
Синт.: **а, б** — в глаг. знач. 1 — 6
Ср. прил. **точёный**, -ая, -ое, -ые в знач. **1.** Острый, наточенный. *Точеные коньки* **2.** Изготовленный токарной обточкой. *Точеные перила*
ТО́ЧЕН, -ена, -ено, -ены; *кр. ф.* (редко)*
В глаг. знач. 1 — 6

▭ Прич. IV в 7 глаг. знач. не употр.

ТРАВИ́ТЬ, травлю́, тра́в|ят, трави́|л; ***несов., перех.*** (*сов.* затрави́ть *к* 8 — 10 знач.; *сов.* потрави́ть *к* 7 знач.) ***1. кого(что)*,*** также ***чем*** *Санэпидстанция травит мышей быстродействующим ядом* (см. § 2) [истреблять насекомых, животных, отравляя ядовитыми веществами] ***2. кого(что),*** также ***чем*** *«— Они меня уж раз ядом травили..»* А. Н. Толстой, Петр I (см. § 2) [умерщвлять или пытаться умертвить кого-л. ядом, отравой; *разг.*] ***3. кого(что)*** и ***что чем*** *Олег травит себя алкоголем. Аня напрасно травит свой организм курением* [употребляя вредные для организма вещества, причинять вред своему здоровью; *разг.*] ***4. что чем*** *«— Что с руками? — Кислотой травила, чтобы видимость чесотки придать».* В. Попов, Закипела сталь [вызывать раздражение, изъязвление кожи, слизистой оболочки каким-л. едким веществом] ***5. кого(что)*** и ***что,*** также ***чем*** *«— Ты, Чижик, лучше не расспрашивай. Ты иди, делай, не трави меня. Мне, брат, без твоих расспросов тошно».* Тендряков, Не ко двору. *Не трави свое сердце ревностью и подозрениями!* [заставлять чувствовать, переживать что-л. тяжелое, неприятное; *разг.*] ***6. что,*** также ***чем*** *Художник сначала травит медную доску кислотой, а затем наносит рисунок* (см. § 2). *Дима травит рисунок на пластинке кислотой* (см. § 2) [обрабатывать поверхность чего-л. кислотой или другими химическими веществами для очистки перед нанесением рисунка и т. п.; наносить рисунок, узор с помощью кислоты или других химических веществ] ***7. что; S не лицо*** *Кабаны травят посевы* [поедая, топча, повреждать посевы, наносить ущерб лугам, полям] ***8. кого(что)**** *Охотники травили зайцев в этой части леса* [преследуя, ловить, убивать зверя, птицу на охоте с помощью собак или ловчих птиц] ***9. кого(что) кем(чем)**** *Фашисты травили заключенных собаками* (см. § 2) [натравливать, напускать на кого-л. собак или диких зверей] ***10. кого(что)*** *«В Одессе его травили, рассматривая как ссыльного, мелкого чиновника и не считаясь с его дарованием».* М. Горький, [А. С. Пушкин] *«— Сама догадывайся, зачем вашу сестру травят свои же бабы».* Мамин-Сибиряк, Три конца [мучить, изводить нападками, преследованиями, гонениями]

I. ТРАВЯ́ЩИЙ, -ая, -ее, -ие; *действ. наст.**
Синт.: **а, б** — в глаг. знач. 1 — 4, 6 — 10

II. ТРАВИ́ВШИЙ, -ая, -ее, -ие; *действ. прош.**
Синт.: **а, б** — в глаг. знач. 1 — 4, 6 — 10

III. ТРАВИ́МЫЙ, -ая, -ое, -ые; *страд. наст.**
Синт.: **а, б** — в глаг. знач. 1 — 4, 6 — 10

IV. ТРА́ВЛЕННЫЙ, -ая, -ое, -ые; *страд. прош.**
[чередование в/вл]
Синт.: **а, б** — в глаг. знач. 1, 2, 4, 6 — 10

Ср. прил. **тра́вленый**, -ая, -ое, -ые. **1.** Обработанный травлением; полученный травлением. *Травленое серебро. Травленый узор.* **2.** Подвергшийся травле — о звере. *Травленый заяц*

ТРА́ВЛЕН, -ена, -ено, -ены; *кр. ф.** (*редко*)

В глаг. знач. 1, 2, 4, 6 — 10

□ Прич. I, II, III в 5 глаг. знач. не употр.

Прич. IV в 3, 5 глаг. знач. не употр.

ТРА́ТИТЬ, тра́чу, тра́т|ят, тра́ти|л; ***несов., перех.*** (*сов.* истра́тить *к* 1 знач.; *сов.* потра́тить *к* 1, 2 знач.) **1.** ***что*** *Илья все деньги тратит на книги* [расходовать деньги] **2.** ***что*** *Ты напрасно тратишь время. Смирнов тратит силы и здоровье на эти опыты* [неоправданно употребляя на что-л., лишаться чего-л.] **3.** ***кого на что*** *«[Муратов:] Но на какие пустяки тратите вы себя — это ужас!»* М. Горький, Зыковы [неоправданно расходовать свои силы, способности, энергию — в сочетании с мест. *себя*]

I. ТРА́ТЯЩИЙ, -ая, -ее, -ие; *действ. наст.*

Синт.: **а, б** — в глаг. знач. 1 — 3

II. ТРА́ТИВШИЙ, -ая, -ее, -ие; *действ. прош.*

Синт.: **а, б** — в глаг. знач. 1 — 3

IV. ТРА́ЧЕННЫЙ, -ая, -ое, -ые; *страд. прош.** [чередование т/ч]

Синт.: **а, б** — в глаг. знач. 1, 2

Субстантив.$_3$ в глаг. знач. 1

ТРА́ЧЕН, -ена, -ено, -ены; *кр. ф.** (*редко*)

В глаг. знач. 1, 2

□ Прич. III не образуется. Прич. IV в 3 глаг. знач. не употр.

ТРЕ́БОВАТЬ, тре́бу|ют, тре́бова|л; ***несов.*** (*сов.* потре́бовать *к* 1, 2 знач.) **1.** ***перех., что*** и ***чего*** и ***с придат. дополнит.*** *Дежурный требует у нас пропуск. Контролер требует билет. Я требую объяснений. Директор требует, чтобы вы немедленно выполнили его распоряжение* [в настойчивой, категорической форме просить предъявить что-л.; в настойчивой, категорической форме предлагать сделать что-л.] **2.** ***перех., кого(что)*** *Заведующий требует вас к себе* [предлагать, заставлять явиться куда-л., вызывать] **3.** ***неперех.*** *«Николай Александрович и задавал много, и требовал много, и в классе не позволял лениться».* Мамин-Сибиряк, Новичок [спрашивать с кого-л. выполнения каких-л. обязанностей] **4.** ***неперех., чего, с придат. дополнит.*** и ***с неопр. ф.*** *Этот ребенок требует особого подхода. Крутой склон требовал, чтобы альпинисты были особенно внимательны. Этикет требовал приседать при приветствии* [вызывать необходимость каких-л. действий, обязывать к чему-л.] **5.** ***неперех., чего; S не лицо*** *Здоровье Ани требует усиленного внимания. Старая крыша требует починки* [нуждаться в чем-л., иметь потребность в чем-л.] **6.** ***неперех., чего от кого(чего)*** и ***от чего*** *Смешно требовать сочувствия от эгоиста. Зритель требует от фильмов правдивого изображения действительности* [ожидать от кого-чего-л. каких-л. действий, проявления каких-л. свойств и т. п.]

I. ТРЕ́БУЮЩИЙ, -ая, -ее, -ие; *действ. наст.*

Синт.: **а, б** — в глаг. знач. 1 — 6

Ср. прич. в 3 глаг. знач. с прил. **тре́бовательный**, -ая, -ое, -ые; -лен, -льна, -льно, -льны в знач. 'строгий, взыскательный'. *Требовательный педагог*

II. ТРЕ́БОВАВШИЙ, -ая, -ее, -ие; *действ. прош.*

Синт.: **а, б** — в глаг. знач. 1 — 6

III. ТРЕ́БУЕМЫЙ, -ая, -ое, -ые; *страд. наст.*

Синт.: **а, б** — в глаг. знач. 1, 2

В знач. прил. (*только полн. ф.*) Нужный, необходимый для чего-л. *Требуемая звукоизоляция стен обеспечивается этими конструкциями. Феликс нашел требуемое лекарство*

Субстантив.$_2$ и субстантив.$_3$ не употр.

IV. ТРЕ́БОВАННЫЙ, -ая, -ое, -ые; *страд. прош.** (*редко*)

Синт.: **а, б** — в глаг. знач. 1

Субстантив.$_3$ не употр.

ТРЕ́БОВАН, -ана, -ано, -аны; *кр. ф.** (*редко*)

В глаг. знач. 1

□ Прич. IV во 2 глаг. знач. не употр.

ТРЕВО́ЖИТЬ, трево́ж|ат, трево́жи|л; ***несов., перех.*** (*сов.* встрево́жить *к* 1 знач.; *сов.* потрево́жить *ко* 2, 4 знач.) **1.** ***кого(что); S не лицо*** *Отсутствие писем нас тревожит. Состояние больного тревожит врачей* [вызывать в ком-л. беспокойство, тревогу, какие-л. опасения] **2.** ***кого(что)*** *Весь день нас тревожили посетители. Аня напрасно тревожит больного* [нарушать покой, спокойствие, мешая кому-л., беспокоя] **3.** ***кого (что); S не лицо*** *«Роднева начало тревожить старое ранение».* Тендряков, Среди лесов [причинять боль, неудобство, беспокоить] **4.** ***что*** *Мальчик постоянно тревожит больную ногу. «Колхозницы заспорили: перевозить ли сено отсюда в овраг или не тревожить стогов».* Б. Полевой, Золото [нарушать обычное положение, состояние чего-л., трогая, прикасаясь]

I. ТРЕВО́ЖАЩИЙ, -ая, -ее, -ие; *действ. наст.*

Синт.: **а, б** — в глаг. знач. 1 — 4

В знач. прил. Такой, который приводит в состояние тревоги, беспокойства, волнующий. *Тревожащий звук. Тревожащая весть. Тревожащий взгляд. Тревожащие запахи*

(Ср. прил. **трево́жный**, -ая, -ое, -ые; -жен, -жна, -жно, -жны в знач. **1.** Полный тревоги, волнения, выражающий тревогу. *Тревожная весть. Тревожный взгляд. Тревожный звук. Тревожный голос* **2.** Вызывающий тревогу, беспокойство. *Тревожные сведения*)

II. ТРЕВО́ЖИВШИЙ, -ая, -ее, -ие; *действ. прош.*

Синт.: **а, б** — в глаг. знач. 1 — 4

III. ТРЕВО́ЖИМЫЙ, -ая, -ое, -ые; *страд. наст.**

Синт: **а, б** — в глаг. знач. 2, 4

Субстантив.$_3$ не употр.

IV. ТРЕВО́ЖЕННЫЙ, -ая, -ое, -ые; *страд. прош.** (*редко*)

Синт.: **а, б** — в глаг. знач. 2, 4

Субстантив.$_3$ не употр.

□ Прич. III, IV в 1, 3 глаг. знач. не употр. Кр. ф. прич. IV не употр.

ТРЕВО́ЖИТЬСЯ, трево́ж|атся, трево́жи|лся; *несов. к* встрево́житься (см.)

I. ТРЕВО́ЖАЩИЙСЯ, -аяся, -ееся, -иеся; *действ. наст.*

С и н т.: **а, б** — в глаг. знач.

II. ТРЕВО́ЖИВШИЙСЯ, -аяся, -ееся, -иеся; *действ. прош.*

С и н т.: **а, б** — в глаг. знач.

ТРЕНИРОВА́ТЬ, трениру́|ют, тренирова́|л; *несов., перех.* (*сов.* натренирова́ть) **1.** ***кого(что)*** *Смирнов сейчас тренирует команду хоккеистов* [путем упражнений, тренировки делать кого-л. искусным, ловким в чем-л.] **2.** ***что,*** также ***чем*** *Я тренирую память. Илья тренирует сердце бегом* (см. § 2) [путем тренировки укреплять что-л., доводить до высокой степени совершенства]

I. ТРЕНИРУ́ЮЩИЙ, -ая, -ее, -ие; *действ. наст.*

С и н т.: **а, б** — в глаг. знач. 1, 2

С р. прил. **трениро́вочный,** -ая, -ое, -ые. Служащий для тренировки. *Тренировочный костюм. Тренировочный полет. Тренировочный зал*

II. ТРЕНИРОВА́ВШИЙ, -ая, -ее, -ие; *действ. прош.*

С и н т.: **а, б** — в глаг. знач. 1, 2

III. ТРЕНИРУ́ЕМЫЙ, -ая, -ое, -ые; *страд. наст.*

С и н т.: **а, б, в** — в глаг. знач. 1, 2

IV. ТРЕНИРО́ВАННЫЙ, -ая, -ое, -ые; *страд. прош.*

С и н т.: **а, б** — в глаг. знач. 1, 2

В з н а ч. п р и л. (только *полн. ф.*) **1.** Прошедший хорошую выучку, тренировку. *Тренированный футболист. Тренированный хоккеист. Тренированная овчарка* **2.** Хорошо развитый систематической тренировкой. *Тренированное сердце. Тренированные мышцы. Тренированное тело. Смотреть тренированным взглядом*

ТРЕНИРО́ВАН, -ана, -ано, -аны; *кр. ф.*

В глаг. знач. 1, 2

ТРЕПА́ТЬ, треплю́, тре́пл|ют, трепа́|л; ***несов., перех.*** (*сов.* потрепа́ть *к* 3, 7, 8, 10 знач.) **1.** ***что,*** также ***чем*** *«Косьма Васильич трепал и теребил свою великолепную бороду».* Эртель, Гарденины. *«Дядя Терень треплет рукой пушистые хвосты* [*песцов*]*, белые с искрой».* Горбатов, Большая вода (см. § 2) [дергать, теребить, тормошить бороду, шерсть, хвост, гриву и т. п.] **2.** ***что; S не лицо*** *Порывистый ветер надувает паруса, треплет яхтсменам волосы. «Ветер трепал на Аксинье юбку, перебирал на смуглой шее мелкие пушистые завитки».* Шолохов, Тихий Дон [шевеля, приподнимая и т. п., приводить в беспорядочное движение, развевать, колыхать — о ветре] **3.** ***кого(что) по чему,*** также ***чем*** *«*[*Казбич*] *трепал рукою по гладкой шее своего скакуна..»* Лермонтов, Бэла (см. § 2). *«Старик улыбается, глядя на тебя; он ласково треплет тебя по щеке».* Салтыков-Щедрин, Запутанное дело [слегка похлопывать, тормошить, поглаживать человека или животное по какой-л. части тела, туловища] **4.** ***что; S не лицо*** *«*[*Дворняга*] *трепала кусок вялого мяса, зажав его в лапах».* Б. Полевой, Повесть о настоящем человеке [сильно дергать, таскать, стараясь разорвать, растрепать] **5.** ***кого(что)*** *«Отец схватил меня за волосы и начал невыносимо больно трепать».* Гладков, Повесть о детстве. *Мать трепала провинившегося шалуна за уши* [дергать, таскать за волосы, за уши, причиняя боль] **6.** ***что; S не лицо*** *«Всю ночь штормовало; волны трепали лодку».* Чехов, Остров Сахалин [с силой, резко сотрясать, раскачивая из стороны в сторону, приподнимая вверх и опуская вниз, бить обо что-л., причиняя ущерб — о волнах, ветре; *разг.*] **7.** ***кого(что)*** и ***что*** *«Безо дня и часа передышки.. мы будем бить, трепать, уничтожать их* [*гитлеровцев*] *армии».* А. Н. Толстой, Крушение немецких иллюзий [ослаблять, причинять урон в бою; *разг.*] **8.** ***кого(что); S не лицо*** *Этого человека сильно трепала жизнь* [не раз подвергать кого-л. тяжелым испытаниям, заставляя испытывать нужду, поражение и т. п.] **9.** ***кого(что); S не лицо*** *Девушку трепал озноб. «Луку Назарыча трепала жестокая лихорадка, так что стучали зубы».* Мамин-Сибиряк, Три конца [бить, трясти — о дрожи; вызывать дрожь, озноб — о болезни] **10.** ***что*** *«— Где тебя носит..? Только сапоги даром треплешь».* Паустовский, Ленька с Малого озера. *Андрей зря треплет новую форму* [приводить в негодный вид частой ноской, небрежным обращением; *разг.*] **11.** ***что*** *«Они бы вам разъяснили, что такое война и можно ли это слово трепать, кому не лень».* Овечкин, С фронтовым приветом [часто, без нужды легкомысленно упоминать, повторять; *разг.*] **12.** ***что*** *Женщины весь день трепали лен* [очищать волокно, разминая, разрыхляя и раздергивая его; *спец.*]

I. ТРЕ́ПЛЮЩИЙ, -ая, -ее, -ие; *действ. наст.*

С и н т.: **а, б** — в глаг. знач. 1 — 12

II. ТРЕПА́ВШИЙ, -ая, -ее, -ие; *действ. прош.*

С и н т.: **а, б** — в глаг. знач. 1 — 12

III. ТРЕ́ПЛЕМЫЙ, -ая, -ое, -ые; *страд. наст.** *(редко)*

С и н т.: **а, б** — в глаг. знач. 1 — 7, 10 — 12

С у б с т а н т и в.₃ в глаг. знач. 1, 2, 4, 6, 10

IV. ТРЁПАННЫЙ, -ая, -ое, -ые; *страд. прош.** *(редко)*

С и н т.: **а, б** — в глаг. знач. 4, 5, 7, 12

С р. прил. **трёпаный,** -ая, -ое, -ые. **1.** Подвергшийся трепанию; *спец. Трепаный лен. Трепаная шерсть* **2.** Изорванный, драный, поношенный; *разг. Трепаная книга. Трепаное пальто* **3.** Растрепанный, непричесанный. *Трепаные волосы. Трепаная голова*

С у б с т а н т и в.₃ в глаг. знач. 4

ТРЁПАН, -ана, -ано, -аны; *кр. ф.** *(редко)*

В глаг. знач. 4, 5, 7, 12

□ Прич. III в 8, 9 глаг. знач. не употр. Прич. IV в 1 — 3, 6, 8 — 11 глаг. знач. не употр.

ТРО́ГАТЬ[1], тро́га|ют, тро́га|л; ***несов., перех.*** (*сов.* тро́нуть [1]) **1.** ***кого(что)*** и ***что,*** также ***чем*** *Малыш осторожно трогал мать за лицо. Аня трогает одним пальцем клавиши рояля* (см. § 2) [прикасаться к кому-чему-л., дотрагиваться до кого-чего-л.] **2.** ***что*** *Я не трогал твои книги, их взял кто-то другой!* [брать что-л., пользоваться чем-л. без разрешения — обычно с отрицанием]

3. что *У бабушки есть земляничное варенье, но она его до Нового года не трогает* [использовать, пускать в дело, в оборот — обычно с отрицанием] **4. что** *«В передней тоже не будут трогать стен до твоего приезда».* Чехов, Письмо М. П. Чеховой, 29 августа 1899 [в сочетании с некоторыми существительными означает: приниматься, браться за работу над тем, что названо существительным — обычно с отрицанием] **5. кого(что)** *Малыш заснул прямо в манеже, но мать его не трогала, боясь разбудить* [нарушать чей-л. покой, причинять беспокойство, тревожить — обычно с отрицанием; *разг.*] **6. кого(что)** *«Мы жили.. в самых дружелюбных отношениях. Ни он нас не трогал, ни мы его не обижали».* Салтыков-Щедрин, Помпадуры и помпадурши [задевать в ссоре, в драке и т.п., обижать кого-л.— обычно с отрицанием; *разг.*] **7. кого(что)** и **что; S не лицо** *«Если корма достаточно, тигр не трогает домашний скот».* Арсеньев, По Уссурийской тайге. *Не бойтесь, проходите, наша собака не трогает чужих, если хозяин дома* [нападать на кого-л., чтобы съесть — обычно с отрицанием; нападать на кого-л., проявляя враждебность — обычно с отрицанием] **8. кого(что)** *Полиция пока не трогала подпольщиков, хотя знала их явки* [применять против кого-л. акты насилия, дискриминационные меры, запреты и т. п.— обычно с отрицанием] **9. что; S не лицо** *«Только следы зверей и редкий лыжный след трогали сверкающую белизну безграничных пространств».* Вишневский, Песнь человеческая. *«Волга была совсем гладкая, чуть трогала ее местами рябь».* А. Н. Толстой, Большие неприятности. *«Иногда вдруг легкая усмешка трогала ее алые губки».* Гоголь, Сорочинская ярмарка [оставлять легкие следы на поверхности чего-л. при своем проявлении; вызывать легкое движение чего-л.]

I. ТРО́ГАЮЩИЙ, -ая, -ее, -ие; *действ. наст.*
Синт.: **а, б** — в глаг. знач. 1 — 9

II. ТРО́ГАВШИЙ, -ая, -ее, -ие; *действ. прош.*
Синт.: **а, б** — в глаг. знач. 1 — 9

III. ТРО́ГАЕМЫЙ, -ая, -ое, -ые; *страд. наст.** *(редко)*
Синт.: **а, б** — в глаг. знач. 1 — 3, 5 — 8
Субстантив.$_2$ в глаг. знач. 1, 8; субстантив.$_3$ в глаг. знач. 1

IV. ТРО́ГАННЫЙ, -ая, -ое, -ые; *страд. прош.**
Синт.: **а, б** — в глаг. знач. 1 — 3
Субстантив.$_3$ в глаг. знач. 1
ТРО́ГАН, -ана, -ано, -аны; *кр. ф.**
В глаг. знач. 1 — 3

□ Прич. III в 4, 9 глаг. знач. не употр. Прич. IV в 4 — 9 глаг. знач. не употр.

ТРО́ГАТЬ [2], тро́га|ют, тро́га|л; ***несов., перех.*** (*сов.* тро́нуть [2]) **1. кого(что); S не лицо** *«— Меня трогает судьба этого человека».* Л. Толстой, Анна Каренина. *Измученный и несчастный вид девушки трогает нас до глубины души* [вызывать сочувствие, сострадание к себе] **2. кого(что),** также **чем** *«Оба они всегда трогали меня своим участием».* Гладков, Клятва. *«Яркая роскошь южной природы не трогала старика, но зато многое восхищало Сергея, бывшего здесь впервые».* Куприн, Белый пудель [вызывать чувство умиления, волнения]

I. ТРО́ГАЮЩИЙ, -ая, -ее, -ие; *действ. наст.*
Синт.: **а, б** — в глаг. знач. 1, 2
В знач. прил. Такой, который вызывает чувство умиления, волнения, трогательный. *Трогающая доброта. Трогающая забота. Трогающий рассказ* (Ср. прил. **тро́гательный,** -ая, -ое, -ые; -лен, -льна, -льно, -льны. Вызывающий чувство умиления, волнения, трогающий. *Трогательная доброта. Трогательная заботливость. Трогательный рассказ. Трогательные слова*)

II. ТРО́ГАВШИЙ, -ая, -ее, -ие; *действ. прош.*
Синт.: **а, б** — в глаг. знач. 1, 2

□ Прич. III, IV не употр.

ТРО́НУТЬ [1], тро́нут, тро́ну|л; ***сов., перех.*** (*несов.* тро́гать [1] к 1 — 9 знач.) **1. кого(что)** и **что,** также **чем** *Кто-то осторожно тронул меня за плечо. Девушка тронула одним пальцем лепесток цветка* (см. § 2) [прикоснуться к кому-чему-л., дотронуться до кого-чего-л.] **2. что** *Мы вошли в комнату и увидели, что побывавшие здесь до нас люди ничего не тронули* [взять что-л., попользоваться чем-л. без разрешения — обычно с отрицанием] **3. что** *Мы не тронули до Нового года земляничное варенье* [использовать, пустить в дело, в оборот — обычно с отрицанием] **4. что** *Мастера не тронули стен до нашего прихода, не зная, в какой цвет их красить* [в сочетании с некоторыми существительными означает: приняться, взяться за работу над тем, что названо существительным — обычно с отрицанием] **5. кого(что)** *Малыш заснул прямо в манеже, но мать не тронула его, боясь разбудить* [нарушить чей-л. покой, причинить беспокойство, потревожить — обычно с отрицанием] **6. кого(что)** *Бандиты напали на деревню, но детей они не тронули* [задеть в ссоре, в драке и т. п., обидеть кого-л.— обычно с отрицанием; *разг.*] **7. кого(что)** и **что; S не лицо** *Тигр не тронул домашний скот. Разъяренная собака не тронула ребенка* [напасть на кого-л., чтобы съесть — обычно с отрицанием; напасть на кого-л., проявляя враждебность — обычно с отрицанием] **8. кого(что)** *Полиция почему-то не тронула подпольщиков, хотя знала их явки* [применить против кого-л. акт насилия, дискриминационные меры, запреты и т. п.— обычно с отрицанием] **9. что; S не лицо** *«..загар тронул только щеки и гранью лег на уровень белесых бровей».* Шолохов, Тихий Дон. *Гладкую поверхность озера чуть тронула легкая рябь. Усмешка едва заметно тронула губы Кости* [оставить легкие следы на поверхности чего-л. при своем проявлении; вызвать легкое движение чего-л.] **10. что; S не лицо** *«Время порядком тронуло его облик, но не коснулось его живой, чуткой души».* П. В. Быков, Силуэты далекого прошлого. *Мороз слегка тронул ягоды шиповника. Осень уже тронула листья берез, они стали желтеть и слетать с деревьев* [вызвать некоторые изменения в чем-л. своим воздействием, слегка испортив, повредив и т. п.] **11. кого(что)** и **что; S не лицо** *Несмотря на антисанитарные условия* *жизни, брюшной тиф не тронул их семью. «Пожар не тронул дома Бровкиных».* А. Н. Толстой, Петр Первый [оказать гибельное воздействие, погубить, истребить — обычно с отрицанием; *разг.*]

II. ТРО́НУВШИЙ, -ая, -ее, -ие; *действ. прош.*
Синт.: **а, б** — в глаг. знач. 1 — 11

IV. ТРО́НУТЫЙ, -ая, -ое, -ые; *страд. прош.*
Синт.: **а, б** — в глаг. знач. 1 — 11
Ср. прил. **тро́нутый,** -ая, -ое, -ые. **1.** Слегка испорченный, начавший портиться; *прост. Тронутое вино. «— Видать в земле была* [*пшеница*]*: видишь, тронутая».* Шолохов, Поднятая целина **2.** Имеющий странности, несколько ненормальный психически; *разг. «Человек он вздорный, несимпатичный, немножко тронутый».* Гарин-Михайловский, Несколько лет в деревне
Субстантив.$_2$ в глаг. знач. 1, 5 — 8; субстантив.$_3$ в глаг. знач. 1, 2, 4, 9 — 11
ТРО́НУТ, -та, -то, -ты; *кр. ф.**
В глаг. знач. 1 — 4, 6 — 11

□ Кр. ф. прич. IV в 5 глаг. знач. не употр.

ТРО́НУТЬ [2], тро́нут, тро́ну|л; *сов. к* тро́гать [2] (см.)

II. ТРО́НУВШИЙ, -ая, -ее, -ие; *действ. прош.*
Синт.: **а, б** — в глаг. знач. 1, 2

IV. ТРО́НУТЫЙ, -ая, -ое, -ые; *страд. прош.*
Синт.: **а, б** — в глаг. знач. 1, 2
ТРО́НУТ, -та, -то, -ты; *кр. ф.*
В глаг. знач. 1, 2

ТРУДИ́ТЬСЯ, тружу́сь, тру́д|ятся, труди́|лся; ***несов.*** **1.** *Несмотря на преклонный возраст, ученый продолжает трудиться. Мы трудимся на благо отчизны* [заниматься каким-л. делом, трудом, работать] **2.** ***над чем*** *Смирнов трудится над учебником по истории Франции* [работать над созданием, изготовлением чего-л.] **3.** ***с неопр. ф.*** и ***без дополн.*** *Не трудитесь разыскивать эти документы. Вы хотите заставить нас делать бесполезную работу? Напрасно трудитесь!* [прилагать усилия, стараться сделать что-л.]

I. ТРУДЯ́ЩИЙСЯ, -аяся, -ееся, -иеся; *действ. наст.*
Синт.: **а, б** — в глаг. знач. 1 — 3
В знач. прил. Живущий своим трудом, трудовой. *Трудящийся человек. Трудящиеся массы. Трудящиеся классы общества. Трудящийся крестьянин*
Ср. сущ. **трудя́щийся,** -егося, *м.*, **трудя́щаяся,** -ейся, *ж.* Живущий (живущая) заработком от своего труда. *Демонстрация трудящихся. Отдых трудящихся*

II. ТРУДИ́ВШИЙСЯ, -аяся, -ееся, -иеся; *действ. прош.*
Синт.: **а, б** — в глаг. знач. 1 — 3

ТРЯСТИ́, тряс|у́т, тряс|, трясла́, -ло́, -ли́; ***несов.*** **1.** ***перех., кого(что)*** и ***что,*** также ***чем*** *«*[*Пьер*] *схватил своею большою рукой Анатоля за воротник мундира и стал трясти из стороны в сторону».* Л. Толстой, Война и мир. *Мальчик сначала тряс яблоню одной рукой, а потом собирал опавшие яблоки в корзину* (см. § 2) [толчками, рывками качать, шатать, колебать из стороны в сторону или вверх и вниз] **2.** ***перех., что*** *Ребята трясли сливы и тут же с удовольствием ели их* [вызывать падение плодов, ягод, с силой раскачивая ветки деревьев, кусты] **3.** ***перех., что*** *Дима и Илья трясут одеяла, а потом укладывают их в рюкзаки. Во дворе соседи трясли ковры* [с силой встряхивая что-л., размахивая чем-л., очищать от пыли, сора и т. п.] **4.** ***перех., кого(что); S не лицо*** *«— Что, кума! — вскричал вошедший кум,— тебя всё еще трясет лихорадка?»* Гоголь, Сорочинская ярмарка [вызывать озноб, дрожь — о болезни; *разг.*] **5.** ***перех., что*** *«..Марья Ивановна ..и жнет, и боронует, и сено трясет..»* Салтыков-Щедрин, Соседи [ворошить, растрясать сено, солому и т. п. для просушивания] **6.** ***неперех.; S не лицо*** и ***безл.*** *Эта машина сильно трясет. В автобусе трясет* [быть тряским; вызывать при езде тряску, подвергать тряске] **7.** ***неперех., чем*** *Больная трясет головой. Конь трясет гривой* [двигать из стороны в сторону, качать делать взмахи в воздухе чем-л.]

I. ТРЯСУ́ЩИЙ, -ая, -ее, -ие; *действ. наст.*
Синт.: **а, б** — в глаг. знач. 1 — 7
Ср. прич. в 6 глаг. знач. с прил. **тря́ский,** -ая, -ое, -ие; тря́сок, тряска́ и тря́ска, тря́ско, -ки в знач. 'такой, который трясет, подбрасывает кого-что-л. при езде'. *Тряская телега. Тряский вагон*

II. ТРЯ́СШИЙ, -ая, -ее, -ие; *действ. прош.*
Синт.: **а, б** — в глаг. знач. 1 — 7

IV. ТРЯСЁННЫЙ, -ая, -ое, -ые; *страд. прош.**
Синт.: **а, б** — в глаг. знач. 1, 3, 5
Субстантив.$_3$ в глаг. знач. 1, 3
ТРЯСЁН, -ена́, -ено́, -ены́; *кр. ф.** (*редко*)
В глаг. знач. 1, 3, 5

□ Прич. I в 5 глаг. знач. менее употр., чем личные ф. глагола и прич. II. Прич. III не употр. Прич. IV во 2, 4 глаг. знач. не употр.

ТУ́ХНУТЬ [1], ту́хн|ут, тух и *доп.* ту́хну|л, ту́хла, -ло, -ли; ***несов. к*** потухнуть в 1 знач. (см.)

I. ТУ́ХНУЩИЙ, -ая, -ее, -ие; *действ. наст.*
Синт.: **а, б, в** — в глаг. знач. 1

II. ТУ́ХНУВШИЙ, -ая, -ее, -ие; *действ. прош.*
Синт.: **а, б, в** — в глаг. знач. 1

ТУ́ХНУТЬ [2], ту́хн|ут, тух и *доп.* ту́хну|л, ту́хла, -ло, -ли; ***несов. к*** проту́хнуть (см.)

I. ТУ́ХНУЩИЙ, -ая, -ее, -ие; *действ. наст.*
Синт.: **а, б, в** — в глаг. знач.

II. ТУ́ХНУВШИЙ, -ая, -ее, -ие; *действ. прош.*
Синт.: **а, б, в** — в глаг. знач.

ТУШИ́ТЬ [1], тушу́, ту́ш|ат, туши́|л; ***несов., перех., что*** (*сов.* потуши́ть) *Аня тушит свечи на новогоднем пироге* [прекращать горение чего-л., гасить]

I. ТУ́ШАЩИЙ, -ая, -ее, -ие; *действ. наст.*
Синт.: **а, б** — в глаг. знач.

II. ТУШИ́ВШИЙ, -ая, -ее, -ие; *действ. прош.*
Синт.: **а, б** — в глаг. знач.

III. ТУШИ́МЫЙ, -ая, -ое, -ые; *страд. наст.*
Синт.: **а, б** — в глаг. знач.

IV. ТУ́ШЕННЫЙ, -ая, -ое, -ые; *страд. прош.*
Синт.: **а, б** — в глаг. знач.
ТУ́ШЕН, -ена, -ено, -ены; *кр. ф.* (*редко*)
В глаг. знач.

ТУШИ́ТЬ [2], тушу́, ту́ш|ат, туши́|л; ***несов., перех.,***

что Бабушка тушит мясо на ужин [варить на медленном огне в закрытой посуде в собственном соку]

I. ТУ́ШАЩИЙ, -ая, -ее, -ие; *действ. наст.* Синт.: **а, б** — в глаг. знач.

II. ТУШИ́ВШИЙ, -ая, -ее, -ие; *действ. прош.* Синт.: **а, б** — в глаг. знач.

III. ТУШИ́МЫЙ, -ая, -ое, -ые; *страд. наст.* *(редко)* Синт.: **а, б** — в глаг. знач.

IV. ТУ́ШЕННЫЙ, -ая, -ое, -ые; *страд. прош.* Синт.: **а, б** — в глаг. знач.

Ср. прил. **тушёный**, -ая, -ое, -ые. Приготовленный варкой в закрытой посуде в собственном соку. *Тушеное мясо*

ТУ́ШЕН, -ена, -ено, -ены; *кр. ф.* *(редко)* В глаг. знач.

ТЯНУ́ТЬ, тяну́, тя́н|ут, тяну́|л; ***несов.*** **1. *перех., что*** *Альпинист тянул канат на себя. «[Тема] хватает за платье сестру..— Пусти! — отчаянно кричит сестра и тянет свое платье».* Гарин-Михайловский, Детство Темы [взяв, ухватив край, конец чего-л., натягивая, перемещать, приближать к себе с силой, усилием] **2. *перех., кого(что) за что*** *«Мать молча тянула его за руку к столу».* М. Горький, Мать. *Малыш тянул собаку за поводок* [держа за руку, за поводок и т. п., силой заставлять идти] **3. *перех., что*** *Мальчик с трудом тянул за собой санки, в которых сидели две девочки и собака. «Лошадь лениво тянула большущее.. бревно».* Тендряков, Среди лесов. *Буксир тянул баржу* [перемещать за собой, везти силой тяги, направляя куда-л.] **4. *перех., что*** *Две девушки тянули бельевую веревку через двор. «Связисты.. тянули к командному пункту провод».* Поповкин, Семья Рубанюк [укрепив один конец, перемещать канат, веревку, провод и т. п. в нужном направлении, натягивая] **5. *перех., что*** *Связисты тянут телефонный кабель. Трубопровод тянут вдоль леса* [прокладывать, проводить, располагая по длине в нужном направлении] **6. *перех., что из чего*** *Девочка изо всех сил тянула ведро с водой из колодца* [извлекать что-л. откуда-л. силой тяги] **7. *перех., что; S не лицо*** *Насос хорошо тянет воду. «Разросшийся бурьян тянул в себя все соки земли».* Б. Полевой, Повесть о настоящем человеке [всасывать, втягивать, вбирать какую-л. жидкость] **8. *перех., что*** *Илья с удовольствием тянул виноградный сок через соломинку* [пить медленно, неторопливо, втягивая в себя жидкость небольшими порциями] **9. *перех., что*** *Мы по очереди тянули свернутые бумажки со знаком плюс или минус из шапки Олега* [вынимать, доставать откуда-л. билетик, бумажку и т. п. обычно при жеребьевке] **10. *перех., что*** *Малыш изо всех сил тянул шею вверх. Олег тянет руку к выключателю, но не может достать его* [вытягивать или протягивать в каком-л. направлении] **11. *перех., что*** *«Абакумыч и Шевардин.. мяли карамельную массу, пробовали ее, тянули».* Ляшко, Сладкая каторга [увеличивать в длину, в ширину вытягиванием, натягиванием] **12. *перех., кого(что)*** и ***что; S не лицо*** *Намокшая одежда тянула плывущего ко дну. Созревшие яблоки тянули ветки дерева вниз* [тащить, оттягивать вниз из-за большого веса, большой тяжести] **13. *перех., что*** и ***без дополн.; S не лицо*** *«Рубашка всё же оказалась ему узка, тянула при ходьбе плечи и трещала».* Л. Андреев, Жили-были. *Подтяжки сильно тянут. Кофта тянет в плечах* [вызывать ощущение тесноты, давления] **14. *перех., что*** *Чешка слишком тянула русские слова. «Проезжий мужик тянет унылую песню».* Н. Успенский, Декалов [растягивать звуки при пении и произношении; петь, произносить что-л. медленно, протяжно] **15. *перех., что*** *«— Почему одни тянут всё: и фронт, и тыл, всякие прорывы, подъемы, а другие ничего?»* А. Кожевников, Живая вода [нести какие-л. обязанности, выполнять какую-л. работу, обычно трудную или с трудом, через силу; *разг.*] **16. *перех., кого(что)*** *«— А ребятишки — мал-мала меньше. Вот и тяну троих одна».* Кетлинская, Дни нашей жизни [с трудом обеспечивать кого-л. средствами существования, являясь кормильцем, опорой для кого-л.; *разг.*] **17. *перех., кого(что)*** *Ира тянет меня в гости. «— Никто его в колхоз силком не тянул, сам по доброй воле вписался».* Шолохов, Слово о Родине. *«— Вы можете сами теперь судить, куда тянут меньшевики. Они тянут назад от революции».* Соколов, Искры [настойчиво просить, убеждать пойти или поехать и т. п. куда-л. с собой, за собой; склонять к чему-л.] **18. *перех., кого(что); S не лицо*** и ***безл.*** *Бездействие тянуло этих людей к бессмысленным выходкам. Валерия тянет на работу. «Его неудержимо тянули к Луше даже дикие вспышки гнева и нелепые капризы».* Мамин-Сибиряк, Горное гнездо. *Меня тянет к друзьям* [вызывать стремление к чему-л.; влечь, привлекать к кому-л.] **19. *перех., что*** *Олег специально тянет это дело. «Красноармейцы понимали, что дальше тянуть борьбу немыслимо».* Фурманов, Мятеж. *«Больше невозможно тянуть такие отношения».* Сальников, Экзамен Гали Перфильевой [затягивать течение чего-л., медлить с осуществлением чего-л.; продолжать далее что-л. слишком долго длящееся] **20. *перех., что; S не лицо*** *Этот мешок тянет три кило* [весить; *разг.*] **21. *неперех.; S не лицо*** *«— Машина не тянет, товарищ секретарь..— Вчера еще тянула, сегодня не тянет?»* Овечкин, Районные будни [перемещаться или перемещать что-л., иметь тяговую силу — о транспортных средствах или животных; *разг.*] **22. *неперех.,*** также ***чем; S не лицо*** и ***безл.*** *С моря тянет легкий ветерок. Из трубы тянул дым. Тянет свежестью. Тянуло гарью* [слабо дуть, веять — о ветре; распространяться с током воздуха, под воздействием тяги и т. п., веять, обдавать каким-л. запахом, теплом, холодом и т. п.] **23. *неперех., на кого(что)*** и ***на что*** *Наш новый заведующий вполне тянет на директора. Ваша работа не тянет на диссертацию* [удовлетворять по своим свойствам каким-л. требованиям, соответствовать чему-л.; *разг.*] **24. *безл.*** *«Или весна, что ли, здешняя такая вредная?.. Всё тело разломило и тянет».* А. Н. Толстой, Петр Первый [о болезненном ощущении тяжести, тупой, разлитой боли при недомогании]

I. ТЯ́НУЩИЙ, -ая, -ее, -ие; *действ. наст.*
Синт.: **а, б** — в глаг. знач. 1 — 23
В знач. прил. **1.** Непрерывный, тупой, ноющий — обычно о боли. *Тянущие боли в руках и ногах* **2.** Тоскливый, выражающий душевное беспокойство. *Тянущее чувство*

II. ТЯНУ́ВШИЙ, -ая, -ее, -ие; *действ. прош.*
Синт.: **а, б** — в глаг. знач. 1 — 23

IV. ТЯ́НУТЫЙ, -ая, -ое, -ые; *страд. прош.** *(редко)*
Синт.: **а, б** — в глаг. знач. 1 — 12
Ср. прил. **тя́нутый,** -ая, -ое, -ые. Изготовленный путем вытягивания, волочения. *Тянутая проволока. Тянутые ремни. Тянутый капрон*
Субстантив.₃ в глаг. знач. 1, 3, 4, 6, 8, 9, 12
ТЯ́НУТ, -та, -то, -ты; *кр. ф.** *(редко)*
В глаг. знач. 1 — 12

□ Прич. III не образуется. Прич. IV в 13 — 20 глаг. знач. не употр.

У

УБАЮ́КАТЬ, убаю́кают, убаю́ка|л; ***сов. к*** убаюкивать (см.)

II. УБАЮ́КАВШИЙ, -ая, -ее, -ие; *действ. прош.*
Синт.: **а, б** — в глаг. знач. 1 — 3

IV. УБАЮ́КАННЫЙ, -ая, -ое, -ые; *страд. прош.*
Синт.: **а, б** — в глаг. знач. 1 — 3; **в** — в глаг. знач. 1
УБАЮ́КАН, -ана, -ано, -аны; *кр. ф.*
В глаг. знач. 1 — 3

УБАЮ́КИВАТЬ, убаю́кива|ют, убаю́кива|л; ***несов., перех., кого(что)*** (*сов.* убаю́кать) **1.** *Аня убаюкивает сына* [баюкая, усыплять] **2.** ***S не лицо*** *Однообразное покачивание вагона убаюкивало нас* [действовать усыпляюще, нагонять сон, дремоту] **3.** также ***чем*** *Предприниматели убаюкивают часть рабочих лживыми обещаниями* (см. § 1). *Чрезмерная похвала убаюкивает человека. Аня убаюкивает себя надеждой на его возвращение* (см. § 3) [побуждать к бездействию, приводить в состояние успокоенности, недооценки опасности чего-л.; утешать, успокаивать себя, надеясь на что-л. без каких-л. оснований — с мест. *себя*]

I. УБАЮ́КИВАЮЩИЙ, -ая, -ее, -ие; *действ. наст.*
Синт.: **а, б** — в глаг. знач. 1 — 3
В знач. прил. **1.** Монотонный, однообразный, нагоняющий сон, дремоту. *Убаюкивающие звуки. Убаюкивающий шум реки* **2.** Успокоительный, умиротворяющий, расслабляющий. *Убаюкивающие размышления*

II. УБАЮ́КИВАВШИЙ, -ая, -ее, -ие; *действ. прош.*
Синт.: **а, б** — в глаг. знач. 1 — 3

III. УБАЮ́КИВАЕМЫЙ, -ая, -ое, -ые; *страд. наст.*
Синт.: **а, б** — в глаг. знач. 1 — 3; **в** — в глаг. знач. 1

УБЕДИ́ТЬ, 1 л. ед. неуп., убед|я́т, убеди́|л; ***сов., перех., кого(что)*** (*несов.* убежда́ть) **1.** также ***в чем, чем*** и ***с придат. дополнит.*** *«Он должен меня убедить так, чтобы во мне не было места никакому сомнению».* Лесков, Невинный Пруденций. *Тамара убедила меня в своей правоте только фактами* (см. § 2). *«..она делала всевозможные усилия, чтобы убедить себя, что она заблуждается, что она.. пристрастна к своим детям».* Л. Толстой, Анна Каренина [приводя различные доказательства, заставить поверить чему-л., согласиться с чем-л.] **2.** ***с неопр. ф.*** *Мы убедили Андрея поступить в институт* [уговаривая, склонить к чему-л., заставить сделать что-л.] **3.** также ***в чем*** и ***с придат. дополнит.; S не лицо*** *«Счеты, списки, приходы и расходы должны были убедить Сергея Васильевича, что он проживал больше, чем получал доходов».* Григорович, Переселенцы [явившись свидетельством, доказательством чего-л., вызвать у кого-л. уверенность в истинности чего-л., в чьей-л. правоте]

II. УБЕДИ́ВШИЙ, -ая, -ее, -ие; *действ. прош.*
Синт.: **а, б** — в глаг. знач. 1 — 3

IV. УБЕЖДЁННЫЙ, -ая, -ое, -ые; *страд. прош.**
[чередование д/жд]
Синт.: **а, б** — в глаг. знач. 1, 2 и в статив. знач.
Статив. знач., ***в чем*** и ***с придат. дополнит.*** (также *кр. ф.*↓) Не сомневающийся в чем-л., твердо верящий в истинность чего-л. *Мать писала сыну письма, убежденная в том, что он их получит*
Ср. прил. **убеждённый,** -ая, -ое, -ые. **1.** Непреклонный в своих убеждениях, взглядах. *Олег убежденный марксист* **2.** Последовательный, упорный в своих привычках, жизненных правилах и т. п. *Убежденный холостяк. Убежденный вегетарианец* **3.** Проникнутый убежденностью, выражающий убежденность. *Убежденный тон. Убежденный голос. Он говорил с убежденным видом*
УБЕЖДЁН, -ена́, -ено́, -ены́; *кр. ф.**
В глаг. знач. 1, 2
Статив. знач., ***в чем*** и ***с придат. дополнит.*** (также *полн. ф.*↑) *Брат убежден в твоей искренности. Мы были убеждены в том, что ты приедешь*

□ Прич. IV в 3 глаг. знач. не употр.

УБЕЖДА́ТЬ, убежда́|ют, убежда́|л; ***несов., перех., кого(что)*** (*сов.* убеди́ть) **1.** также ***в чем, чем*** и ***с придат. дополнит.*** *В споре нельзя навязывать свои мысли, нужно убеждать собеседника. Тамара всегда убеждала меня в своей правоте только фактами* (см. § 2). *«Он стал убеждать ее, что ехать необходимо».* Н. Чуковский, Балтийское небо [приводя различные доказательства, заставлять поверить чему-л., согласиться с чем-л.] **2.** ***с неопр. ф.*** *Мы долго убеждали Андрея поступать в институт* [уговаривая, склонять к чему-л., заставлять сделать что-л.] **3.** также ***в чем*** и ***с придат. дополнит.; S не лицо*** *«Победа нравственная, та, которая убеждает противника в прав-*

ственном превосходстве врага и в своем бессилии, была одержана русскими под Бородиным». Л. Толстой, Война и мир [являясь свидетельством, доказательством чего-л., вызывать у кого-л. уверенность в истинности чего-л., в чьей-л. правоте]

I. УБЕЖДА́ЮЩИЙ, -ая, -ее, -ие; *действ. наст.*

Синт.: **а, б** — в глаг. знач. 1 — 3

В знач. прил. Такой, который внушает уверенность в правдивости, правоте кого-чего-л., истинности чего-л., убедительный. *Убеждающая сила марксизма. Ее убеждающий тон, голос, манера говорить подействовали на собравшихся* (Ср. прил. **убеди́тельный**, -ая, -ое, -ые; -лен, -льна, -льно, -льны в знач. 'заставляющий убедиться в чем-л., поверить во что-л., доказательный, убеждающий'. *Убедительный ответ. Убедительный довод*)

II. УБЕЖДА́ВШИЙ, -ая, -ее, -ие; *действ. прош.*

Синт.: **а, б** — в глаг. знач. 1 — 3

III. УБЕЖДА́ЕМЫЙ, -ая, -ое, -ые; *страд. наст.**

Синт.: **а, б** — в глаг. знач. 1, 2

▭ Прич. III в 3 глаг. знач. не употр.

УБИВА́ТЬ, убива́|ют, убива́|л; ***несов., перех.*** (*сов.* уби́ть *к* 1 — 5 знач.) **1. *кого(что)*** *Фашисты убивали стариков и детей. Охотник не раз убивал волков* [лишать жизни] **2. *что*** *Сначала врач убивает нерв, а потом уже лечит зуб. Алкоголь убивает клетки печени* [приводить к гибели путем внешнего или внутреннего воздействия] **3. *кого(что),*** также ***чем*** *Вы убиваете меня своим отказом. Грубость внука убивает бабушку* [приводить в полное отчаяние, в состояние безнадежности] **4. *что*** *Он убивает во мне надежду* [уничтожать, разрушать] **5. *что*** *Вы напрасно убиваете время на эти опыты. Соседи убивают на постройку дома огромное количество денег* [тратить, расходовать непроизводительно, без пользы для себя; *разг.*] **6. *кого(что)*** и ***что; S не лицо*** *Этот цвет убивает тебя. В картине яркий оранжевый тон убивает все остальные тона* [создавать впечатление бледности, нездоровья; лишать яркости, естественности тона, окраски]

I. УБИВА́ЮЩИЙ, -ая, -ее, -ие; *действ. наст.*

Синт.: **а, б** — в глаг. знач. 1 — 6

В знач. прил. Такой, который создает впечатление бледности, нездоровья. *Убивающий цвет кофточки*

II. УБИВА́ВШИЙ, -ая, -ее, -ие; *действ. прош.*

Синт.: **а, б** — в глаг. знач. 1 — 6

III. УБИВА́ЕМЫЙ, -ая, -ое, -ые; *страд. наст.**

Синт.: **а, б** — в глаг. знач. 1, 2, 4, 5; **в** — в глаг. знач. 1

Субстантив.$_2$ в глаг. знач. 1; субстантив.$_3$ не употр.

▭ Прич. III в 3, 6 глаг. знач. не употр.

УБИ́ТЬ, убью́т, уби́|л; ***сов., перех.*** (*несов.* убива́ть) **1. *кого(что)*** *В этой деревне фашисты убили всех стариков и детей. Охотник убил волка* [лишить жизни] **2. *что*** *Врач убил нерв и стал лечить зуб. Алкоголь убил клетки печени* [привести к гибели путем внешнего или внутреннего воздействия] **3. *кого(что),*** также ***чем*** *Вы убили меня отказом* (см. § 1). *Эта новость убьет Олега* [привести в полное отчаяние, в состояние безнадежности] **4. *что*** *Он убил во мне надежду* [уничтожить, разрушить] **5. *что*** *Вы только напрасно убьете время на опыты. Соседи убили на постройку дома огромное количество денег* [потратить, израсходовать непроизводительно, без пользы для себя; *разг.*]

II. УБИ́ВШИЙ, -ая, -ее, -ие; *действ. прош.*

Синт.: **а, б** — в глаг. знач. 1 — 5

IV. УБИ́ТЫЙ, -ая, -ое, -ые; *страд. прош.*

Синт.: **а, б** — в глаг. знач. 1 — 5; **в** — в глаг. знач. 1

В знач. прил., ***с нареч.*** (также *кр. ф.* ↓) Находящийся в состоянии полного отчаяния, подавленный, угнетенный каким-л. большим горем, несчастьем. *Вошел совершенно убитый отец*

Ср. прил. **уби́тый**, -ая, -ое, -ые. Выражающий подавленность, угнетенное состояние. *Убитый вид. Сестра говорила убитым голосом*

Субстантив.$_2$ в глаг. знач. 1, 3; субстантив.$_3$ не употр.

Ср. сущ. **уби́тый**, -ого, *м.;* **уби́тая**, -ой, *ж.* Тот(та), кого убили. *В бою было много раненых и убитых* ◊ **Спит как убитый** — очень крепко спит

УБИ́Т, -та, -то, -ты; *кр. ф.*

В глаг. знач. 1 — 5

В знач. прил., ***с нареч.*** (также *полн. ф.* ↑) *Отец был совершенно убит*

УБЫСТРИ́ТЬ, убыстр|я́т, убыстри́|л; ***сов., перех., что*** (*несов.* убыстря́ть) *Пионеры убыстрили шаг. Переводчик убыстрил темп речи* [сделать более быстрым, ускорить]

II. УБЫСТРИ́ВШИЙ, -ая, -ее, -ие; *действ. прош.*

Синт.: **а, б** — в глаг. знач.

IV. УБЫСТРЁННЫЙ, -ая, -ое, -ые; *страд. прош.*

Синт.: **а, б** — в глаг. знач.

В знач. прил. (также *кр. ф.*↓) Быстрее, чем обычно, убыстрившийся. *Убыстренное дыхание. Убыстренный темп речи*

Субстантив.$_3$ не употр.

УБЫСТРЁН, -ена́, -ено́, -ены́; *кр. ф.*

В глаг. знач.

В знач. прил. (также *полн. ф.* ↑) *Темп речи убыстрен. Дыхание убыстрено*

УБЫСТРЯ́ТЬ, убыстря́|ют, убыстря́|л; ***несов. к*** убыстри́ть (см.)

I. УБЫСТРЯ́ЮЩИЙ, -ая, -ее, -ие; *действ. наст.*

Синт.: **а, б** — в глаг. знач.

II. УБЫСТРЯ́ВШИЙ, -ая, -ее, -ие; *действ. прош.*

Синт.: **а, б** — в глаг. знач.

III. УБЫСТРЯ́ЕМЫЙ, -ая, -ое, -ые; *страд. наст.*

Синт.: **а, б, в** — в глаг. знач.

Субстантив.$_3$ не употр.

УБЫСТРЯ́ЕМ, -ема, -емо, -емы; *кр. ф.* В глаг. знач.

УВАЖА́ТЬ, уважа́|ют, уважа́|л; ***несов., перех.*** **1.** ***кого(что)*** *Учителя и ученики школы очень уважают Петра Васильевича — нашего директора* [относиться с уважением к кому-чему-л.] **2.** ***что*** *Почему вы бросили здесь папиросу? Вы не уважаете труд уборщиц! «Ты приехал к нам в дом и изволь уважать чужие порядки».* Розов, В добрый час [считаться с чем-л., соблюдать что-л., принимая во внимание чьи-л. интересы]

I. УВАЖА́ЮЩИЙ, -ая, -ее, -ие; *действ. наст.*

Синт.: **а, б** — в глаг. знач. 1, 2

Ср. прил. **уважи́тельный**, -ая, -ое, -ые; -лен, -льна, -льно, -льны в знач. 'проникнутый уважением'. *Уважительное отношение. Уважительный взгляд*

II. УВАЖА́ВШИЙ, -ая, -ее, -ие; *действ. прош.*

Синт.: **а, б** — в глаг. знач. 1, 2

III. УВАЖА́ЕМЫЙ, -ая, -ое, -ые; *страд. наст.**

Синт.: **а, б** — в глаг. знач. 1

В знач. прил. (только *полн. ф.*) Пользующийся уважением, достойный уважения. *Среди кандидатов в депутаты — уважаемые и авторитетные люди. Он уважаемый человек. Уважаемые товарищи!* (при обращении к аудитории, слушателям)

В знач. сущ. **уважа́емый**, -ого, *м.*; **уважа́емая**, -ой, *ж.* Употребляется как одна из форм обращения. *Уважаемый, проходите побыстрее!*

УВАЖА́ЕМ, -ема, -емо, -емы; *кр. ф.**

В глаг. знач. 1

▭ Прич. III во 2 глаг. знач. не употр.

УВЕЛИ́ЧИВАТЬ, увели́чива|ют, увели́чива|л; ***несов., перех., что*** (*сов.* увели́чить) **1.** *Ученый увеличивает количество экспериментов. Завод увеличивает производительность труда вдвое. Мне постепенно увеличивали дозу лекарства* [делать бо́льшим по количеству, величине] **2.** также ***чем*** *Врач увеличивал больному зрачки не атропином, а каким-то новым лекарством* (см. § 2). *Лаборант увеличивал размер баллона, накачивая туда водород* [делать бо́льшим, чем раньше, размер, объем чего-л.] **3.** ***S не лицо*** *Платье в крупную клетку несколько увеличивает твою фигуру* [создавать впечатление о бо́льшем, чем в действительности, размере, объеме чего-л.] **4.** *Олег увеличивает портрет сына. Сережа увеличивал чертеж в заданном преподавателем масштабе. Этот микроскоп увеличивает невидимые частицы в сотни тысяч раз* [воспроизводить что-л. в бо́льшем размере] **5.** также ***чем*** *Аня своими репликами лишь увеличивала волнение аудитории* (см. § 1). *Отсутствие телеграммы увеличивало нашу тревогу* [вызывать бо́льшую силу, степень, интенсивность чего-л., усиливать]

I. УВЕЛИ́ЧИВАЮЩИЙ, -ая, -ее, -ие; *действ. наст.*

Синт.: **а, б** — в глаг. знач. 1 — 5

Ср. прич. в 4 глаг. знач. с прил. **увеличи́тельный**, -ая, -ое, -ые в знач. 'служащий для увеличения изображения чего-л.'. *Увеличительное стекло. Увеличительная линза*

II. УВЕЛИ́ЧИВАВШИЙ, -ая, -ее, -ие; *действ. прош.*

Синт.: **а, б** — в глаг. знач. 1 — 5

III. УВЕЛИ́ЧИВАЕМЫЙ, -ая, -ое, -ые; *страд. наст.*

Синт.: **а, б** — в глаг. знач. 1 — 5; **в** — в глаг. знач. 1, 2, 4

Субстантив.₃ в глаг. знач. 4

УВЕЛИ́ЧИВАТЬСЯ, увели́чива|ются, увели́чива|лся; ***несов. к*** увели́читься (см.)

I. УВЕЛИ́ЧИВАЮЩИЙСЯ, -аяся, -ееся, -иеся; *действ. наст.*

Синт.: **а, б, в** — в глаг. знач. 1 — 3

II. УВЕЛИ́ЧИВАВШИЙСЯ, -аяся, -ееся, -иеся; *действ. прош.*

Синт.: **а, б, в** — в глаг. знач. 1 — 3

УВЕЛИ́ЧИТЬ, увели́ч|ат, увели́чи|л; ***сов., перех., что*** (*несов.* увели́чивать) **1.** *Ученый увеличил количество экспериментов. Завод увеличил производительность труда вдвое. Мне увеличили дозу лекарства* [сделать бо́льшим по количеству, величине] **2.** также ***чем*** *Врач увеличил больному зрачки каким-то новым лекарством* (см. § 2). *Лаборант увеличил размер баллона, накачав туда водород* [сделать бо́льшим, чем раньше, размер, объем чего-л.] **3.** ***S не лицо*** *Платье в крупную клетку несколько увеличило твою фигуру* [создать впечатление о бо́льшем, чем в действительности, размере, объеме чего-л.] **4.** *Олег увеличил портрет сына. Сережа увеличил чертеж в заданном преподавателем масштабе. Микроскоп увеличил невидимые частицы в сотни тысяч раз* [воспроизвести что-л. в бо́льшем размере] **5.** также ***чем*** *Аня своими репликами лишь увеличила волнение аудитории* (см. § 1) *Отсутствие телеграммы увеличило нашу тревогу* [вызвать бо́льшую силу, степень, интенсивность чего-л., усилить]

II. УВЕЛИ́ЧИВШИЙ, -ая, -ее, -ие; *действ. прош.*

Синт.: **а, б** — в глаг. знач. 1 — 5

IV. УВЕЛИ́ЧЕННЫЙ, -ая, -ое, -ые; *страд. прош.*

Синт.: **а, б** — в глаг. знач. 1 — 5; **в** — в глаг. знач. 1, 4

В знач. прил. (также *кр. ф.* ↓) Бо́льший по величине, не соответствующий норме, увеличившийся. *У ребенка увеличенные железки. Увеличенные зрачки*

Субстантив.₃ в глаг. знач. 4

УВЕЛИ́ЧЕН, -ена, -ено, -ены; *кр. ф.*

В глаг. знач. 1 — 5

В знач. прил. (также *полн. ф.* ↑) *У ребенка железки увеличены. Зрачки увеличены*

УВЕЛИ́ЧИТЬСЯ, увели́чатся, увели́чи|лся; ***сов.*** (*несов.* увели́чиваться) **1.** ***S не лицо*** *Количество экспериментов в нашей лаборатории за последний год увеличилось. Производительность труда на нашем заводе увеличилась вдвое* [стать бо́льшим по количеству, величине] **2.** ***S не лицо*** *Зрачки у больного увеличились. Размер баллона по непонятным причинам увеличился. Железки у ребенка увеличились* [стать бо́льшим, чем раньше, по размеру, объему] **3.** ***S не лицо*** *Волнение аудитории увеличилось после выступле-*

ния Ани. Наша тревога увеличилась из-за отсутствия телеграммы [стать бо́льшим по силе, степени, интенсивности, усилиться]

II. УВЕЛИ́ЧИВШИЙСЯ, -аяся, -ееся, -иеся; *действ. прош.*

Синт.: **а, б, в** — в глаг. знач. 1 — 3

УВЕНЧА́ТЬ, увенча́ют, увенча́|л; ***сов. к*** венча́ть во 2 знач. (см.)

II. УВЕНЧА́ВШИЙ, -ая, -ее, -ие; *действ. прош.*

Синт.: **а, б** — в глаг. знач. 2

IV. УВЕ́НЧАННЫЙ, -ая, -ое, -ые; *страд. прош.*

Синт.: **а, б** — в глаг. знач. 2

УВЕ́НЧАН, -ана, -ано, -аны; *кр. ф.*

В глаг. знач. 2

УВЕ́РИТЬ, уве́р|ят, уве́ри|л; ***сов., перех., кого (что) в чем*** и ***с придат. дополнит.*** (*несов.* уверя́ть) *Наташа уверила нас в своей правоте. «И дядюшка хочет уверить меня, что счастье — химера».* Гончаров, Обыкновенная история [заставить поверить во что-л., убедить]

II. УВЕ́РИВШИЙ, -ая, -ее, -ие; *действ. прош.*

Синт.: **а, б** — в глаг. знач.

IV. УВЕ́РЕННЫЙ, -ая, -ое, -ые; *страд. прош.**

Синт.: в глаг. знач. нет; **а, б** — в статив. знач.

Статив. знач., ***в чем*** и ***с придат. дополнит.*** (также *кр. ф.* ↓) Твердо верящий во что-л., убежденный в чем-л. *Наташа, уверенная в своей правоте, не поехала с нами. Вратарь, уверенный, что его команда победит, ослабил внимание и пропустил мяч в ворота*

Ср. прил. **уве́ренный,** -ая, -ое, -ые; -ен, -енна, -енно, -енны. **1.** Проникнутый сознанием своей силы, своих возможностей, не колеблющийся. *Учительница спокойна и уверенна. Он был человеком уверенным и сильным* **2.** Выражающий уверенность, решительность. *Уверенные движения. Уверенная походка. Уверенный стук в дверь* **3.** Выражающий убежденность в своей правоте, веру в собственные силы. *Уверенный тон. Уверенный вид. Уверенный ответ* **4.** Отличающийся четкостью, ясностью, твердостью. *Уверенные штрихи художника. Линии на карте уверенны и упруги*

УВЕ́РЕН, -ена, -ено, -ены; *кр. ф.**

В глаг. знач. нет

Статив. знач., ***в чем*** и ***с придат. дополнит.*** (также *полн. ф.* ↑) *Команда уверена в победе. Мы уверены, что ты сдашь экзамен. Наташа уверена в своей правоте*

▭ Прич. IV употр. только в статив. знач.

УВЕРЯ́ТЬ, уверя́|ют, уверя́|л; ***несов. к*** уве́рить (см.)

I. УВЕРЯ́ЮЩИЙ, -ая, -ее, -ие; *действ. наст.*

Синт.: **а, б** — в глаг. знач.

II. УВЕРЯ́ВШИЙ, -ая, -ее, -ие; *действ. прош.*

Синт.: **а, б** — в глаг. знач.

III. УВЕРЯ́ЕМЫЙ, -ая, -ое, -ые; *страд. наст.*

Синт.: **а, б** — в глаг. знач.

УВИ́ДЕТЬ, увижу, уви́дят, уви́де|л; ***сов. к*** ви́деть в 1, 2, 5 знач. (см.)

II. УВИ́ДЕВШИЙ, -ая, -ее, -ие; *действ. прош.*

Синт.: **а, б** — в глаг. знач. 1, 2, 5

IV. УВИ́ДЕННЫЙ, -ая, -ое, -ые; *страд. прош.**

Синт.: **а, б** — в глаг. знач. 1

Субстантив.$_2$ не употр.

УВИ́ДЕН, -ена, -ено, -ены; *кр. ф.**

В глаг. знач. 1

▭ Прич. IV во 2, 5 глаг. знач. не употр.

УВЛЕКА́ТЬ, увлека́|ют, увлека́|л; ***несов., перех.*** (*сов.* увле́чь) **1.** ***кого(что)*** и ***что*** *Толпа двигалась к площади и увлекала за собой всех, кто был на ее пути. Сильное течение увлекает лодку на скалы* [подхватывать, уносить с собой силой собственного движения, течением и т. п.] **2.** ***кого(что)*** *В этой игре один мальчик хватал другого за руку и увлекал его за собой в темную комнату* [стремительно уводить с собой кого-л., взяв его за руки, обхватив, обняв, взяв за плечи и т. п.] **3.** ***кого(что)*** *Не раз командир увлекал в атаку уставших бойцов* [побуждать кого-л. следовать своему примеру, действовать так же] **4.** ***кого(что),*** также ***чем; S не лицо*** *Работа увлекает Илью. Эта книга увлекает читателя глубиной философской мысли* [вызывать чувство глубокого интереса, завладевать чувствами, вниманием и т. п.] **5.** ***кого(что) чем*** *Смирнов умел увлекать сотрудников своими замыслами. Олег увлекал археологией всех своих друзей* [возбуждать в ком-л. стремление целиком отдаться тому, чем занят сам] **6.** ***кого(что)*** *Этот человек меня не увлекает* [привлекая чем-л., вызывать чувство любви]

I. УВЛЕКА́ЮЩИЙ, -ая, -ее, -ие; *действ. наст.*

Синт.: **а, б** — в глаг. знач. 1 — 6

В знач. прил. Такой, который сильно заинтересовывает, увлекательный. *Увлекающий рассказ. Увлекающее зрелище. Увлекающий сюжет* (Ср. прил. **увлека́тельный,** -ая, -ое, -ые; -лен, -льна, -льно, -льны в знач. 'такой, который сильно заинтересовывает, занимательный, интересный'. *Увлекательный рассказ. Увлекательное зрелище. Увлекательная прогулка*)

II. УВЛЕКА́ВШИЙ, -ая, -ее, -ие; *действ. прош.*

Синт.: **а, б** — в глаг. знач. 1 — 6

III. УВЛЕКА́ЕМЫЙ, -ая, -ое, -ые; *страд. наст.**

Синт.: **а, б** — в глаг. знач. 1 — 3

УВЛЕКА́ЕМ, -ема, -емо, -емы; *кр. ф.** (*редко*)

В глаг. знач. 1 — 3

▭ Прич. III в 4 — 6 глаг. знач. не употр.

УВЛЕКА́ТЬСЯ, увлека́|ются, увлека́|лся; ***несов.*** (*сов.* увле́чься) **1.** ***чем*** и ***кем*** *Моя сестра увлекается живописью. Ира слишком увлекается играми. В молодости отец увлекался этим художником* [проявлять сильный, особенный интерес к чему-л. или кому-л., целиком отдаваться какому-л. занятию, чувству и т. п.] **2.** ***чем*** и ***без дополн.*** *Дима увлекался чтением и не замечал ничего вокруг. Лектор иногда увлекался и не успевал изложить весь материал* [всецело отдаваться какому-л. занятию, переживанию и т. п., оказываться поглощенным, захваченным чем-л. одним] **3.** ***кем*** и ***без дополн.*** *Ольга серьезно увлекается новым знакомым. Он слишком часто увлекается* [влюбляться в кого-л.]

I. УВЛЕКА́ЮЩИЙСЯ, -аяся, -ееся, -иеся; *действ. наст.*

Синт.: **а, б** — в глаг. знач. 1 — 3

В знач. прил. **1.** Такой, который страстно, с увлечением, всей душой, целиком предается чему-л. *Увлекающаяся натура. Увлекающийся человек* **2.** Легко и часто влюбляющийся в кого-л. *Увлекающийся юноша*

II. УВЛЕКА́ВШИЙСЯ, -аяся, -ееся, -иеся; *действ. прош.*

Синт.: **а, б** — в глаг. знач. 1 — 3; **в** — в глаг. знач. 3

УВЛЕ́ЧЬ, увлек|у́т, увлёк|, увлекла́, -ло́, -ли́; ***сов., перех.*** (*несов.* увлека́ть) **1.** ***кого(что)*** и ***что*** *Толпа, двигаясь к площади, увлекла за собой всех, кто был на ее пути. Сильное течение увлекло лодку к противоположному берегу* [подхватить, унести с собой силой собственного движения, течением и т. п.] **2.** ***кого(что)*** *Мальчик схватил друга за руку и увлек за собой в пещеру* [стремительно увести с собой кого-л., взяв его за руки, обхватив, взяв за плечи и т. п.] **3.** ***кого(что)*** *«Под Львовом Григорий самовольно увлек сотню в атаку, отбил австрийскую гаубичную батарею вместе с прислугой».* Шолохов, Тихий Дон [побудить кого-л. следовать своему примеру, действовать так же] **4.** ***кого(что),*** также ***чем; S не лицо*** *Работа увлекла Илью. Эта книга увлекла читателя глубиной философской мысли* [вызвать чувство глубокого интереса, завладеть чувствами, вниманием и т. п.] **5.** ***кого(что) чем*** *«Лобанов умел увлечь сотрудников своими замыслами».* Гранин, Искатели. *Олег увлек археологией всех своих друзей* [возбудить в ком-л. стремление целиком отдаться тому, чем занят сам] **6.** ***кого(что)*** *«Катерина Федоровна поразила и увлекла его».* Достоевский, Униженные и оскорбленные [привлекая чем-л., вызвать чувство любви]

II. УВЛЁКШИЙ, -ая, -ее, -ие; *действ. прош.*

Синт.: **а, б** — в глаг. знач. 1 — 6

IV. УВЛЕЧЁННЫЙ, -ая, -ое, -ые; *страд. прош.**

[чередование к/ч]

Синт.: **а, б** — в глаг. знач. 1 — 3 и в статив. знач.

Статив. знач. (также *кр. ф.* ↓) **1.** ***чем*** Целиком отдающийся какому-л. делу, занятию и т. п., увлекающийся. *Мы не встречали до сих пор человека, столь увлеченного математикой. Мой брат, увлеченный спортом, стал реже бывать дома* **2.** ***кем*** Испытывающий чувство влюбленности, увлекшийся кем-л. *Мой сын, сильно увлеченный этой девушкой, стал хуже учиться*

В знач. прил. (только *полн. ф.*) Испытывающий сильный интерес к чему-л., проникнутый горячей заинтересованностью, целиком отдающийся чему-л. *Было приятно слушать столь увлеченного человека*

Ср. прил. **увлечённый,** -ая, -ое, -ые; -ён, -ённа, -ённо, -ённы. Выражающий состояние увлеченности чем-л., исполненный увлечения. *Увлеченные лица. Увлеченные голоса*

УВЛЕЧЁН, -ена́, -ено́, -ены́; *кр. ф.**

В глаг. знач. 1 — 3

Статив. знач. (также *полн. ф.* ↑) **1.** ***чем*** *Мой друг увлечен математикой. Брат сильно увлечен спортом* **2.** ***кем*** *Дима увлечен этой девушкой*

□ Прич. IV в 4 — 6 глаг. знач. не употр.

УВЛЕ́ЧЬСЯ, увлеку́тся, увлёк|ся; ***сов. к*** увлека́ться (см.)

II. УВЛЁКШИЙСЯ, -аяся, -ееся, -иеся; *действ. прош.*

Синт.: **а, б** — в глаг. знач. 1 — 3; **в** — в глаг. знач. 3

УВЯДА́ТЬ, увяда́|ют, увяда́|л; ***несов. к*** увя́нуть в 1, 2 знач. (см.)

I. УВЯДА́ЮЩИЙ, -ая, -ее, -ие; *действ. наст.*

Синт.: **а, б, в** — в глаг. знач. 1, 2

II. УВЯДА́ВШИЙ, -ая, -ее, -ие; *действ. прош.*

Синт.: **а, б, в** — в глаг. знач. 1, 2

УВЯЗА́ТЬ, увяза́|ют, увяза́|л; ***несов. к*** увя́знуть (см.)

I. УВЯЗА́ЮЩИЙ, -ая, -ее, -ие; *действ. наст.*

Синт.: **а, б** — в глаг. знач. 1, 2

II. УВЯЗА́ВШИЙ, -ая, -ее, -ие; *действ. прош.*

Синт.: **а, б** — в глаг. знач. 1, 2

УВЯ́ЗНУТЬ, увя́знут, увя́з| и *устар.* увя́зну|л, увя́зла, -ло, -ли; ***сов., неперех., в чем*** (*несов.* увяза́ть; *несов.* вя́знуть *к* 1 знач.) **1.** *Лошади увязли в песке. Ноги увязли в этом рыхлом снегу. Колеса увязли в грязи* [застрять в чем-л. вязком, липком, сыпучем] **2.** *Я увяз в этой работе, не могу найти правильного решения* [углубившись в какое-л. дело, работу, исследование и т. п., оказаться в затруднительном положении; *разг.*]

II. УВЯ́ЗШИЙ, -ая, -ее, -ие и *доп.* УВЯ́ЗНУВШИЙ, -ая, -ее, -ие; *действ. прош.*

Синт.: **а, б** — в глаг. знач. 1, 2

УВЯ́НУТЬ, увя́нут, увя́л и *устар.* увя́ну|л, увя́ла, -ло, -ли; ***сов., неперех.*** (*несов.* увяда́ть *к* 1, 2 знач.; *несов.* вя́нуть *к* 1 знач.) **1.** ***S не лицо*** *Листья увяли. Букет роз увял* [потерять свежесть, засохнуть — о растениях] **2.** *«[Анна] занималась воспитанием сестры и, казалось, уже примирилась с мыслью увянуть в глуши».* Тургенев, Отцы и дети *Красота этой девушки быстро увяла* [утратить молодость, свежесть, красоту; утратить яркость, свежесть, силу, поблекнуть] **3.** *«Некоторые из южан в Сибири словно увяли, опустились, а у нее энергия, собранность, высокий тонус жизни».* Бек, Тимофей — Открытое сердце [потерять бодрость, жизнерадостность, энергию; *разг.*]

II. УВЯ́НУВШИЙ, -ая, -ее, -ие; *действ. прош.**

Синт.: **а, б, в** — в глаг. знач. 1, 2

Ср. прил. **увя́дший,** -ая, -ее, -ие. **1.** Засохший, потерявший свежесть. *Увядшие цветы* **2.** Потерявший свежий, здоровый вид, яркость, поблекший. *Увядшие губы. Увядшие щеки. Увядшее лицо. Увядшее тело* **3.** Потерявший молодость и красоту. *Увядшая женщина*

□ Прич. II в 3 глаг. знач. не употр.

УГЛУБИ́ТЬ, углуб|я́т, углуби́|л; ***сов., перех., что*** (*несов.* углубля́ть) **1.** *Мы углубим колодец* *на два метра* [сделать более глубоким] **2.** *Рабочие углубили сваю на метр* [поместить, вбить глубже] **3.** *Ребята углубили свои знания о живописи* [сделать более основательным, более содержательным, более серьезным] **4.** также ***чем*** *Правительство этим постановлением лишь углубит дисбаланс в экономике* (см. § 1). *Такие действия углубят противоречия между западными странами* (из газет) [усилить]

II. УГЛУБИ́ВШИЙ, -ая, -ее, -ие; *действ. прош.*

С и н т.: **а, б** — в глаг. знач. 1 — 4

IV. УГЛУБЛЁННЫЙ, -ая, -ое, -ые; *страд. прош.*

[чередование б/бл]

С и н т.: **а, б** — в глаг. знач. 1 — 4 и в статив. знач.

С т а т и в. з н а ч. (также *кр. ф.* ↓) **1.** ***во что*** Мысленно занятый чем-л., погруженный, углубившийся во что-л. *Брат, углубленный в чтение, не отвечал на вопросы* **2.** ***на что*** Имеющий какую-л. глубину от поверхности чего-л. *В скале ты должен найти расщелину, углубленную на метр*

В з н а ч. п р и л. (только *полн. ф.*) Расположенный более глубоко, ниже какой-л. поверхности; имеющий некоторую глубину. *С самолета были хорошо видны углубленные полосы на песке. Камень с углубленным изображением птицы. Художнику удалось передать углубленные дали и переливы света*

С р. прил. **углублённый,** -ая, -ое, -ые; -ён, -ённа, -ённо, -ённы. Основательный, серьезный, тщательный. *Углубленный интерес. Предметом обстоятельного и углубленного рассмотрения явились вопросы, касающиеся современной литературы. Практика углубленных политических консультаций*

С у б с т а н т и в.$_3$ в глаг. знач. 1

УГЛУБЛЁН, -ена́, -ено́, -ены́; *кр. ф.*

В глаг. знач. 1 — 4

С т а т и в. з н а ч. (также *полн. ф.* ↑) **1.** ***во что*** *Брат был углублен в чтение и не отвечал на вопросы* **2.** ***на что*** *Расщелина в скале углублена на метр*

УГЛУБИ́ТЬСЯ, углубя́тся, углуби́|лся; **сов.** (*несов.* углубля́ться) **1.** ***S не лицо*** *Русло реки заметно углубилось* [стать глубже] **2.** *«Землекопы углубились в грунт выше колен..»* Павленко, Труженики мира [погрузиться глубже в массу, толщу чего-л.] **3.** ***S не лицо*** *Противоречия между этими странами заметно углубились* [усилиться] **4.** ***во что*** *Мы углубились в лес* [продвинуться, пройти в глубь чего-л.] **5.** ***во что*** *Брат углубился в изучение психологии. Друзья углубились в воспоминания* [предаться какому-л. занятию, погрузиться во что-л.]

II. УГЛУБИ́ВШИЙСЯ, -аяся, -ееся, -иеся; *действ. прош.*

С и н т.: **а, б** — в глаг. знач. 1 — 5; **в** — в глаг. знач. 1, 3

УГЛУБЛЯ́ТЬ, углубля́|ют, углубля́|л; ***несов. к*** углуби́ть (см.)

I. УГЛУБЛЯ́ЮЩИЙ, -ая, -ее, -ие; *действ. наст.*

С и н т.: **а, б** — в глаг. знач. 1 — 4

II. УГЛУБЛЯ́ВШИЙ, -ая, -ее, -ие; *действ. прош.*

С и н т.: **а, б** — в глаг. знач. 1 — 4

III. УГЛУБЛЯ́ЕМЫЙ, -ая, -ое, -ые; *страд. наст.*

С и н т.: **а, б, в** — в глаг. знач. 1 — 4

С у б с т а н т и в.$_3$ в глаг. знач. 1

УГЛУБЛЯ́ТЬСЯ, углубля́|ются, углубля́|лся; ***несов. к*** углуби́ться (см.)

I. УГЛУБЛЯ́ЮЩИЙСЯ, -аяся, -ееся, -иеся; *действ. наст.*

С и н т.: **а, б** — в глаг. знач. 1 — 5; **в** — в глаг. знач. 1, 3

II. УГЛУБЛЯ́ВШИЙСЯ, -аяся, -ееся, -иеся; *действ. прош.*

С и н т.: **а, б** — в глаг. знач. 1 — 5; **в** — в глаг. знач. 1, 3

УГНА́ТЬ, уго́нят, угна́|л, угнала́, угна́ло, -ли; ***сов., перех.*** (*несов.* угоня́ть) **1.** ***кого(что)*** * *Пастух угнал стадо за несколько километров от дома* [гоня, подгоняя, увести куда-л.] **2.** ***кого(что)*** * и ***что*** *Террористы угнали самолет. Кто-то угнал машину. Мальчишки угнали лошадь* [похитить какое-л. транспортное средство, лошадь, корову и т. д.] **3.** ***кого(что)*** *Фашисты угнали в неволю всех жителей села* [насильственно отправить куда-л.; *разг.*]

II. УГНА́ВШИЙ, -ая, -ее, -ие; *действ. прош.*

С и н т.: **а, б** — в глаг. знач. 1 — 3

IV. У́ГНАННЫЙ, -ая, -ое, -ые; *страд. прош.*

С и н т.: **а, б** — в глаг. знач. 1 — 3; **в** — в глаг. знач. 2

У́ГНАН, -ана, -ано, -аны; *кр. ф.*

В глаг. знач. 1 — 3

УГНЕСТИ́, угнет|у́т, прош. не употр.; *устар.*; ***сов. к*** угнета́ть (см.)

IV. УГНЕТЁННЫЙ, -ая, -ое, -ые; *страд. прош.**

С и н т.: в глаг. знач. нет; **а, б** — в статив. знач.; **в** — в знач. прил.

С т а т и в. з н а ч., ***чем*** (также *кр. ф.* ↓) Находящийся в подавленном состоянии, сильно удрученный чем-л. *Режиссер, угнетенный провалом спектакля, не выходил из дома*

В з н а ч. п р и л. (только *полн. ф.*) Такой, которого угнетают. *Освобождение угнетенных народов*

С р. прил. **угнетённый,** -ая, -ое, -ые. Выражающий подавленное состояние, настроение; удрученный, подавленный. *Угнетенный вид. Угнетенное настроение. Угнетенное состояние*

УГНЕТЁН, -ена́, -ено́, -ены́; *кр. ф.**

В глаг. знач. нет

С т а т и в. з н а ч., ***чем*** (также *полн. ф.* ↑) *Режиссер угнетен провалом спектакля*

□ Прич. II не образуется. Прич. IV в статив. знач. и в знач. прил. не устарело, в отличие от глаг. знач.

УГНЕТА́ТЬ, угнета́|ют, угнета́|л; ***несов., перех.*** (*сов. устар.* угнести́) **1.** ***кого(что)*** *Помещики угнетали крестьян. Крупные империалистические* *державы угнетают слаборазвитые страны* [жестоко притеснять, ущемлять чьи-л. права, интересы, не давать свободно жить] **2. *кого(что) чем*** *«..он угнетал ее своим сумасбродством,.. желанием упразднить в доме всякий след красоты».* Федин, Необыкновенное лето [подавлять чью-л. волю, свободу проявления личности] **3. *кого (что); S не лицо*** *Ольгу угнетали мрачные мысли. Меня угнетает эта странная тишина. Нас угнетала невыносимая жара* [мучить, отягощать сознание, душу; вызывать тяжелое физическое или психическое состояние] **4. *что; S не лицо*** *Кислород угнетает действие бактерий. Это лекарство угнетает сознание* [задерживать, тормозить, подавлять действие, развитие, рост и т. п. чего-л.]

I. УГНЕТА́ЮЩИЙ, -ая, -ее, -ие; *действ. наст.*
Синт.: **а, б** — в глаг. знач. 1 — 4
В знач. прил. **1.** Обладающий властью и силой, направленными на угнетение, порабощение кого-л. *Угнетающий класс. Угнетающие нации* **2.** Способный вызывать у человека, животного состояние угнетенности — о лекарственных препаратах. *Угнетающие препараты. Угнетающее лекарство* **3.** Такой, который гнетет, удручает, вызывает тяжелое физическое или психическое состояние. *Угнетающая жара. Угнетающая тишина* **4.** Мучительно тяжелый, гнетущий. *Угнетающее впечатление. Действовать угнетающим образом*

II. УГНЕТА́ВШИЙ, -ая, -ее, -ие; *действ. прош.*
Синт.: **а, б** — в глаг. знач. 1 — 4

III. УГНЕТА́ЕМЫЙ, -ая, -ое, -ые; *страд. наст.*
Синт.: **а, б** — в глаг. знач. 1 — 4; **в** — в глаг. знач. 1

УГОНЯ́ТЬ, угоня́|ют, угоня́|л; ***несов. к*** угна́ть (см.)

I. УГОНЯ́ЮЩИЙ, -ая, -ее, -ие; *действ. наст.*
Синт.: **а, б** — в глаг. знач. 1 — 3

II. УГОНЯ́ВШИЙ, -ая, -ее, -ие; *действ. прош.*
Синт.: **а, б** — в глаг. знач. 1 — 3

III. УГОНЯ́ЕМЫЙ, -ая, -ое, -ые; *страд. наст.*
Синт.: **а, б** — в глаг. знач. 1 — 3; **в** — в глаг. знач. 2

УГРОЖА́ТЬ, угрожа́|ют, угрожа́|л; ***несов., неперех.*** **1. *кому(чему),*** также ***чем*** и ***с придат. дополнит.*** *Бандит угрожал ребятам оружием. Сестра угрожала, что уедет навсегда* [запугивать чем-л., склоняя к каким-л. действиям; с угрозой предупреждать о чем-л.] **2. *чему; S не лицо*** *Загрязнение окружающей среды угрожает здоровью людей. Фашистское порабощение угрожало всему миру* [быть опасным для кого-чего-л., ставить под угрозу что-л.] **3. *с неопр. ф.; S не лицо*** *Река угрожала залить новый район. Здание угрожает обрушиться* [заключать, таить в себе опасность каких-л. действий] **4. *кому (чему); S не лицо*** *Партизанам угрожало окружение. Нам угрожает разлука* [представлять собой близкую, реальную опасность для кого-л.]

I. УГРОЖА́ЮЩИЙ, -ая, -ее, -ие; *действ. наст.*
Синт.: **а, б** — в глаг. знач. 1 — 4
В знач. прил. Такой, который грозит неприятностями, опасный. *Угрожающее положение. Угрожающая обстановка* (Ср. прил. **угрожа́емый,** -ая, -ое, -ые. Грозящий опасностью. *Угрожаемое положение. Угрожаемая обстановка. Угрожаемое состояние*)
Ср. прил. **угрожа́ющий,** -ая, -ее, -ие; -ющ, -юща, -юще, -ющи. Заключающий в себе угрозу, выражающий угрозу. *Угрожающая тишина. Угрожающая поза. Угрожающий жест. Угрожающий взгляд*

II. УГРОЖА́ВШИЙ, -ая, -ее, -ие; *действ. прош.*
Синт.: **а, б** — в глаг. знач. 1 — 4

УДАЛИ́ТЬ, удал|я́т, удали́|л; ***сов., перех.*** (*несов.* удаля́ть) **1. *что*** *Рабочие удалили кабель от здания на пятьдесят метров* [переместить на более далекое расстояние, отдалить] **2. *что*** *«Начался спуск шлака. Его надо было удалить полностью, так как с возрастанием температуры в печи из шлака в сталь.. перешел бы.. фосфор».* В. Попов, Закипела сталь [убрать, вынести, вывести и т. п. что-л. лишнее, ненужное, мешающее] **3. *что,*** также ***чем*** *Врач удалил зуб без боли. Олег быстро удалил занозу из пальца. Мы сами удалили пятна с костюма пятновыводителем* (см. § 2). *«[Роман Макарович] вернулся к семье в Петроград бледный, слабый — удалили половину желудка».* Уксусов, После войны [устранить что-л., сняв, срезав, вырвав и т. п.; устранить что-л. оперативным путем, вырезать] **4. *кого (что)*** *Врач удалил из комнаты всех посторонних. Шумевших учеников учитель удалил из класса* [заставить уйти, уехать, покинуть какое-л. место]

II. УДАЛИ́ВШИЙ, -ая, -ее, -ие; *действ. прош.*
Синт.: **а, б** — в глаг. знач. 1 — 4

IV. УДАЛЁННЫЙ, -ая, -ое, -ые; *страд. прош.*
Синт.: **а, б** — в глаг. знач. 1 — 4 и в статив. знач.; **в** — в глаг. знач. 2, 3
Статив. знач., ***от чего*** (также *кр. ф.* ↓) Находящийся, расположенный на далеком расстоянии от чего-л. *Районы, достаточно удаленные от цивилизации. Дом, слишком удаленный от школы*
В знач. прил. (только *полн. ф.*) Слишком далеко расположенный. *Удаленные места*
УДАЛЁН, -ена́, -ено́, -ены́; *кр. ф.*
В глаг. знач. 1 — 4
Статив. знач., ***от чего*** (также *полн. ф.* ↑) *Эти районы удалены от цивилизации. Наш дом слишком удален от школы. Эти деревни очень удалены от центра*

УДАЛЯ́ТЬ, удаля́|ют, удаля́|л; ***несов. к*** удали́ть (см.)

I. УДАЛЯ́ЮЩИЙ, -ая, -ее, -ие; *действ. наст.*
Синт.: **а, б** — в глаг. знач. 1 — 4

II. УДАЛЯ́ВШИЙ, -ая, -ее, -ие; *действ. прош.*
Синт.: **а, б** — в глаг. знач. 1 — 4

III. УДАЛЯ́ЕМЫЙ, -ая, -ое, -ые; *страд. наст.*
Синт.: **а, б** — в глаг. знач. 1 — 4; **в** — в глаг. знач. 2, 3

УДА́РИТЬ, уда́р|ят, уда́ри|л; ***сов.*** (*несов.* ударя́ть) **1. *перех., кого(что),*** также ***чем*** *Малыш* *ударил девочку по руке. Бандит ударил Петю ногой в живот* (см. § 2) [нанести удар кому-л., причинив боль] **2.** ***перех., что; S не лицо*** *Часы ударили полночь* [ударами обозначить что-л., известить о чем-л.] **3.** ***перех., что*** *«Низкорослый полковник ударил сбор.., чтобы собрать своих, рассыпавшихся далеко по всему полю».* Гоголь, Тарас Бульба [подать какой-л. сигнал при помощи звуков, произведенных ударами] **4.** ***неперех., по чему, во что*** и ***обо что,*** также ***чем*** *Я ударил кулаком по столу. Мальчик ударил ногой в дверь* [произвести удар обо что-л.] **5.** ***неперех., во что; S не лицо*** *«В одно из стекол вдруг с такой силой ударил громадный кусок льду, что оно разбилось..»* Куприн, Олеся. *«С левой стороны из лесу прожужжала пуля и ударила в лафет».* Л. Толстой, Рубка леса [попасть, угодить куда-л., во что-л.— о движущемся, падающем предмете] **6.** ***неперех., во что*** *Звонарь ударил в колокол. Пионеры ударили в барабаны* [ударом произвести резкие звуки] **7.** ***S не лицо*** *Ударил гром* [раздаться, прозвучать — о резком звуке] **8.** ***неперех., по кому(чему)*** *Партизаны неожиданно ударили по вражеским тылам* [напасть, обрушиться вооруженной силой] **9.** ***неперех., по кому(чему)*** и ***по чему*** *По бесхозяйственности и разгильдяйству нужно ударить как следует* [пресечь что-л. отрицательное, чьи-л. отрицательные действия; *разг.*] **10.** ***неперех., во что*** *Музыканты разом ударили в барабаны* [сразу, резко начать действовать чем-л., обозначенным существительным] **11.** ***неперех.; S не лицо*** *«Раздался взрыв. Целый фонтан кирпича ударил вверх».* Б. Полевой, Золото. *«Пар столбом ударил в висячую лампу..»* Яшин, Сирота [внезапно, с силой вырваться откуда-л., устремиться вверх, внутрь и т. п.— о жидкости, паре и т. п.] **12.** ***неперех., во что; S не лицо*** *«В ноздри ударил густой и горький запах махорочного дыма».* Шолохов, Тихий Дон [воздействовать с большой силой на кого-л., стремительно проникнув куда-л.] **13.** ***неперех.; S не лицо*** *Вчера ударили морозы* [внезапно, с силой наступить, начаться — о явлениях природы] **14.** ***неперех.; S не лицо*** *Вино ударило Ольге в голову* [сильно подействовать на кого-л.]

II. УДА́РИВШИЙ, -ая, -ее, -ие; *действ. прош.*
Синт.: **а, б** — в глаг. знач. 1 — 14

IV. УДА́РЕННЫЙ, -ая, -ое, -ые; *страд. прош.**
Синт.: **а, б** — в глаг. знач. 1
УДА́РЕН, -ена, -ено, -ены; *кр. ф.**
В глаг. знач. 1

□ Прич. IV во 2, 3 глаг. знач. не употр.

УДАРЯ́ТЬ, ударя́|ют, ударя́|л; ***несов. к*** уда́рить (см.)

I. УДАРЯ́ЮЩИЙ, -ая, -ее, -ие; *действ. наст.*
Синт.: **а, б** — в глаг. знач. 1 — 14

II. УДАРЯ́ВШИЙ, -ая, -ее, -ие; *действ. прош.*
Синт.: **а, б** — в глаг. знач. 1 — 14

III. УДАРЯ́ЕМЫЙ, -ая, -ое, -ые; *страд. наст.**
Синт.: **а, б** — в глаг. знач. 1

□ Прич. III во 2, 3 глаг. знач. не употр.

УДВА́ИВАТЬ, удва́ива|ют, удва́ива|л; ***несов. к*** удво́ить (см.)

I. УДВА́ИВАЮЩИЙ, -ая, -ее, -ие; *действ. наст.*
Синт.: **а, б** — в глаг. знач. 1, 2

II. УДВА́ИВАВШИЙ, -ая, -ее, -ие; *действ. прош.*
Синт.: **а, б** — в глаг. знач. 1, 2

III. УДВА́ИВАЕМЫЙ, -ая, -ое, -ые; *страд. наст.*
Синт.: **а, б, в** — в глаг. знач. 1, 2
Субстантив.$_3$ не употр.

УДВО́ИТЬ, удво́|ят, удво́и|л; ***сов., перех., что*** (*несов.* удва́ивать) **1.** *Нефтяные магнаты удвоили цену на нефть* [увеличить вдвое] **2.** *Мы удвоили внимание во время опыта. Гребцы удвоили свои усилия* [значительно увеличить, усилить]

II. УДВО́ИВШИЙ, -ая, -ее, -ие; *действ. прош.*
Синт.: **а, б** — в глаг. знач. 1, 2

IV. УДВО́ЕННЫЙ, -ая, -ое, -ые; *страд. прош.*
Синт.: **а, б** — в глаг. знач. 1, 2
В знач. прил. (только *полн. ф.*) **1.** Вдвое больший, двойной. *Удвоенная порция. Удвоенная доза лекарства. Удвоенные караулы* **2.** Усиленный, сильно увеличенный. *С удвоенной силой. С удвоенным любопытством. Удвоенное внимание*
Субстантив.$_3$ не употр.
УДВО́ЕН, -ена, -ено, -ены; *кр. ф.*
В глаг. знач. 1, 2

УДИВИ́ТЬ, удив|я́т, удиви́|л; ***сов., перех., кого (что),*** также ***чем*** (*несов.* удивля́ть) *Смирнов удивил всех своим выступлением на собрании. Твое письмо удивило меня* [вызвать чувство удивления, поразить необычностью чего-л.]

II. УДИВИ́ВШИЙ, -ая, -ее, -ие; *действ. прош.*
Синт.: **а, б** — в глаг. знач.

IV. УДИВЛЁННЫЙ, -ая, -ое, -ые; *страд. прош.*
[чередование в/вл]
Синт.: **а, б** — в глаг. знач.
Ср. прил. **удивлённый**, -ая, -ое, -ые. **1.** Выражающий удивление. *Удивленное лицо. Удивленные глаза. Удивленная улыбка. Удивленный взгляд* **2.** Проникнутый удивлением; содержащий в себе удивление. *Удивленное молчание. Удивленное любопытство. Удивленная реплика*
УДИВЛЁН, -ена́, -ено́, -ены́; *кр. ф.*
В глаг. знач.

УДИВИ́ТЬСЯ, удивлю́сь, удивя́тся, удиви́|лся; ***сов., чему*** и ***с придат. дополнит.*** (*несов.* удивля́ться) *«..Григорий наблюдал за стариком и удивился легкости, с какой тот метнул на седло свое костистое старое тело».* Шолохов, Тихий Дон. *Ира удивилась, что Олег пришел домой на час раньше* [прийти в удивление, поразиться необычностью чего-л.]

II. УДИВИ́ВШИЙСЯ, -аяся, -ееся, -иеся; *действ. прош.*
Синт.: **а, б** — в глаг. знач.

УДИВЛЯ́ТЬ, удивля́|ют, удивля́|л; ***несов., перех., кого(что),*** также ***чем*** (*сов.* удиви́ть) *Смирнов каждый раз удивляет всех своими выступлениями на собрании. Твое письмо удивляет* *меня* [вызывать чувство удивления, поражать необычностью чего-л.]

I. УДИВЛЯ́ЮЩИЙ, -ая, -ее, -ие; *действ. наст.*

Синт.: **а, б** — в глаг. знач.

В знач. прил. Такой, который вызывает удивление. *Удивляющие поступки. Удивляющие рисунки. Удивляющие показатели. Удивляющие цифры* (Ср. прил. **удиви́тельный,** -ая, -ое, -ые; -лен, -льна, -льно, -льны. **1.** Вызывающий удивление, необычайный. *Удивительный случай. Удивительные поступки.* **2.** Превосходный, необычайно хороший. *Удивительные рисунки. Удивительное здоровье*)

II. УДИВЛЯ́ВШИЙ, -ая, -ее, -ие; *действ. прош.*

Синт.: **а, б** — в глаг. знач.

III. УДИВЛЯ́ЕМЫЙ, -ая, -ое, -ые; *страд. наст.*

Синт.: **а, б** — в глаг. знач.

УДИВЛЯ́ТЬСЯ, удивля́|ются, удивля́|лся; **несов. к** удиви́ться (см.)

I. УДИВЛЯ́ЮЩИЙСЯ, -аяся, -ееся, -иеся; *действ. наст.*

Синт.: **а, б** — в глаг. знач.

II. УДИВЛЯ́ВШИЙСЯ, -аяся, -ееся, -иеся; *действ. прош.*

Синт.: **а, б** — в глаг. знач.

УДЛИНИ́ТЬ, удлин|я́т, удлини́|л; ***сов., перех., что*** (*несов.* удлиня́ть) **1.** *Портниха удлинила мне платье* [сделать длиннее, увеличить в длину] **2.** ***S не лицо*** *Эта шляпа несколько удлинила твое лицо* [создать впечатление большей длины, чем есть на самом деле] **3.** *Туристы удлинили маршрут своего путешествия. Ребята удлинили свой рабочий день по собственной инициативе* [сделать более длительным, продолжительным]

II. УДЛИНИ́ВШИЙ, -ая, -ее, -ие; *действ. прош.*

Синт.: **а, б** — в глаг. знач. 1 — 3

IV. УДЛИНЁННЫЙ, -ая, -ое, -ые; *страд. прош.*

Синт.: **а, б** — в глаг. знач. 1 — 3; **в** — в глаг. знач. 1, 3

В знач. прил. (только *полн. ф.*) **1.** Длиннее, чем обычно. *Удлиненная пройма. Платье с удлиненной талией* **2.** Продолжительнее, чем обычно. *Удлиненный рабочий день. Удлиненная кинопрограмма*

Ср. прил. **удлинённый,** -ая, -ое, -ые; -ён, -ённа, -ённо, -ённы. Вытянутый в длину, продолговатый. *Удлиненный овал лица. Удлиненный разрез глаз. Остров удлиненной формы*

Субстантив.$_3$ в глаг. знач. 1

УДЛИНЁН, -ена́, -ено́, -ены́; *кр. ф.*

В глаг. знач. 1 — 3

УДЛИНЯ́ТЬ, удлиня́|ют, удлиня́|л; **несов. к** удлини́ть (см.)

I. УДЛИНЯ́ЮЩИЙ, -ая, -ее, -ие; *действ. наст.*

Синт.: **а, б** — в глаг. знач. 1 — 3

II. УДЛИНЯ́ВШИЙ, -ая, -ее, -ие; *действ. прош.*

Синт.: **а, б** — в глаг. знач. 1 — 3

III. УДЛИНЯ́ЕМЫЙ, -ая, -ое, -ые; *страд. наст.*

Синт.: **а, б** — в глаг. знач. 1 — 3; **в** — в глаг. знач. 1, 3

Субстантив.$_3$ в глаг. знач. 1

УДОВЛЕТВОРИ́ТЬ, удовлетвор|я́т, удовлетвори́|л; **сов.** (*несов.* удовлетворя́ть) **1. *перех., что*** *Директор удовлетворил все мои просьбы. В ближайшее время магазины удовлетворят спрос покупателей на эти товары* [исполнить, осуществить желание, просьбу, претензии и т. п.] **2. *перех., кого(что); S не лицо*** *Ответ ученика не удовлетворил учителя. Ваше объяснение удовлетворило меня* [сделать кого-л. довольным чем-л., доставить удовлетворение кому-л.] **3. *неперех., чему; S не лицо*** *Новый космический корабль удовлетворит всем современным требованиям* [оказаться вполне отвечающим чему-л., на должном уровне]

II. УДОВЛЕТВОРИ́ВШИЙ, -ая, -ее, -ие; *действ. прош.*

Синт.: **а, б** — в глаг. знач. 1 — 3

IV. УДОВЛЕТВОРЁННЫЙ, -ая, -ое, -ые; *страд. прош.*

Синт.: **а, б** — в глаг. знач. 1, 2

Ср. прил. **удовлетворённый,** -ая, -ое, -ые. Выражающий удовлетворение от чего-л. *Удовлетворенный вид. Удовлетворенный взгляд. Удовлетворенная улыбка*

Субстантив.$_3$ не употр.

УДОВЛЕТВОРЁН, -ена́, -ено́, -ены́; *кр. ф.*

В глаг. знач. 1, 2

УДОВЛЕТВОРИ́ТЬСЯ, удовлетворя́тся, удовлетвори́|лся; ***сов., чем*** (*несов.* удовлетворя́ться) *«— Мне следовало бы взять с вас подписку о невыезде отсюда,.. но я удовлетворюсь вашим словом — не уедете?».* М. Горький, Жизнь Клима Самгина [ограничиться чем-л., посчитать приемлемым что-л.]

II. УДОВЛЕТВОРИ́ВШИЙСЯ, -аяся, -ееся, -иеся; *действ. прош.*

Синт.: **а, б** — в глаг. знач.

УДОВЛЕТВОРЯ́ТЬ, удовлетворя́|ют, удовлетворя́|л; **несов.** (*сов.* удовлетвори́ть) **1. *перех., что*** *Директор удовлетворяет все мои просьбы. Магазины удовлетворяют спрос покупателей на эти товары* [исполнять, осуществлять желание, просьбу, претензии и т. п.] **2. *перех., кого (что); S не лицо*** *Ответ ученика не удовлетворяет учителя. Ваше объяснение вполне удовлетворяет меня* [делать кого-л. довольным чем-л., доставлять удовлетворение кому-л.] **3. *неперех., чему; S не лицо*** *Новый космический корабль удовлетворяет всем современным требованиям* [оказываться вполне отвечающим чему-л., быть на должном уровне]

I. УДОВЛЕТВОРЯ́ЮЩИЙ, -ая, -ее, -ие; *действ. наст.*

Синт.: **а, б** — в глаг. знач. 1 — 3

В знач. прил. Такой, который приемлем, достаточно отвечает каким-л. требованиям. *Удовлетворяющий ответ. Это было удовлетворяющее объяснение* (Ср. прил. **удовлетвори́тельный,** -ая, -ое, -ые; -лен, -льна, -льно, -льны. **1.** Удовлетворяющий каким-л. требованиям, неплохой. *Удовлет-*

ворительное состояние больного **2.** Достаточно полный, определенный. *Удовлетворительное объяснение. Удовлетворительный ответ*)

II. УДОВЛЕТВОРЯ́ВШИЙ, -ая, -ее, -ие; *действ. прош.*

Синт.: **а, б** — в глаг. знач. 1 — 3

III. УДОВЛЕТВОРЯ́ЕМЫЙ, -ая, -ое, -ые; *страд. наст.*

Синт.: **а, б** — в глаг. знач. 1, 2; **в** — в глаг. знач. 1

Субстантив.₃ не употр.

УДОВЛЕТВОРЯ́ТЬСЯ, удовлетворя́|ются, удовлетворя́|лся; ***несов. к*** удовлетвори́ться (см.)

I. УДОВЛЕТВОРЯ́ЮЩИЙСЯ, -аяся, -ееся, -иеся; *действ. наст.*

Синт.: **а, б** — в глаг. знач.

II. УДОВЛЕТВОРЯ́ВШИЙСЯ, -аяся, -ееся, -иеся; *действ. прош.*

Синт.: **а, б** — в глаг. знач.

УДРУЧА́ТЬ, удруча́|ют, удруча́|л; ***несов., перех., кого(что),*** также ***чем*** (*сов.* удручи́ть) *Сын удручал родителей своим плохим поведением в школе* (см. § 1). *Твой отказ помочь сестре удручает всех нас* [сильно огорчать, вызывать тяжелое, подавленное настроение, приводить в угнетенное состояние]

I. УДРУЧА́ЮЩИЙ, -ая, -ее, -ие; *действ. наст.*

Синт.: **а, б** — в глаг. знач.

В знач. прил. Очень плохой, вызывающий сильное огорчение. *Удручающее поведение. Удручающая новость. Действовать удручающим образом. Удручающее впечатление.*

Ср. прил. **удруча́ющий,** -ая, -ее, -ие; -ющ, -юща, -юще, -ющи. Тягостный, гнетущий. *Удручающая обстановка. Удручающая тишина*

II. УДРУЧА́ВШИЙ, -ая, -ее, -ие; *действ. прош.*

Синт.: **а, б** — в глаг. знач.

III. УДРУЧА́ЕМЫЙ, -ая, -ое, -ые; *страд. наст.*

Синт.: **а, б** — в глаг. знач.

УДРУЧИ́ТЬ, удруч|а́т, удручи́|л; ***сов., перех., кого(что),*** также ***чем*** (*несов.* удруча́ть) *Сын сильно удручил родителей своим плохим поведением в школе* (см. § 1). *Твой отказ помочь сестре удручил всех нас* [сильно огорчить, вызвать тяжелое, подавленное настроение, привести в угнетенное состояние]

II. УДРУЧИ́ВШИЙ, -ая, -ее, -ие; *действ. прош.*

Синт.: **а, б** — в глаг. знач.

IV. УДРУЧЁННЫЙ, -ая, -ое, -ые; *страд. прош.*

Синт.: **а, б** — в глаг. знач.

В знач. прил. (также *кр. ф.* ↓) Испытывающий сильное огорчение, находящийся в подавленном, угнетенном состоянии. *Удрученный человек*

Ср. прил. **удручённый,** -ая, -ое, -ые. **1.** Выражающий подавленное, угнетенное состояние. *Удрученный вид. Удрученный взгляд* **2.** Тяжелый, подавленный. *Удрученное настроение. Удрученное состояние*

УДРУЧЁН, -ена́, -ено́, -ены́; *кр. ф.*

В глаг. знач.

В знач. прил. (также *полн. ф.* ↑) *Он был удручен и бледен*

□ Прич. IV более употр., чем личные ф. глагола и прич. II

УЕДИНИ́ТЬ, уедин|я́т, уедини́|л; ***сов., перех., кого(что)*** (*несов.* уединя́ть) *«Он нравственно уединил себя от всех людей».* А. К. Толстой, Князь Серебряный. *Жизнь на хуторе уединила его, свела к минимуму общение с другими людьми* [удалить от общения с людьми]

II. УЕДИНИ́ВШИЙ, -ая, -ее, -ие; *действ. прош.*

Синт.: **а, б** — в глаг. знач.

IV. УЕДИНЁННЫЙ, -ая, -ое, -ые; *страд. прош.**

Синт.: в глаг. знач. нет; **а, б** — в статив. знач.

Статив. знач., ***от кого(чего)*** (также *кр. ф.* ↓) Живущий вне связи с окружающими, изолированно, уединившийся. *Духовно и нравственно уединенный от всех, Олег вел себя по их понятиям странно*

Ср. прил. **уединённый,** -ая, -ое, -ые; -ён, -ённа, -ённо, -ённы. **1.** Расположенный вдали от людных мест, особняком от других. *Уединенный дом. Уединенное место. Уединенная комната* **2.** Происходящий, протекающий вдали от других, обособленно, в уединении. *Уединенная жизнь. Уединенные беседы*

УЕДИНЁН, -ена́, -ено́, -ены́; *кр. ф.**

В глаг. знач. нет

Статив. знач., ***от кого(чего)*** (также *полн. ф.* ↑) *Ирина была внутренне уединена от всех*

□ Прич. IV употр. только в статив. знач.

УЕДИНЯ́ТЬ, уединя́|ют, уединя́|л; ***несов. к*** уедини́ть (см.)

I. УЕДИНЯ́ЮЩИЙ, -ая, -ее, -ие; *действ. наст.*

Синт.: **а, б** — в глаг. знач.

II. УЕДИНЯ́ВШИЙ, -ая, -ее, -ие; *действ. прош.*

Синт.: **а, б** — в глаг. знач.

□ Прич. III не употр.

УЕЗЖА́ТЬ, уезжа́|ют, уезжа́|л; ***несов., неперех.*** (*сов.* уе́хать) *Я уезжаю в санаторий* [покидая какое-л. место, отправляться куда-л., пользуясь какими-л. транспортными средствами]

I. УЕЗЖА́ЮЩИЙ, -ая, -ее, -ие; *действ. наст.*

Синт.: **а, б** — в глаг. знач.

II. УЕЗЖА́ВШИЙ, -ая, -ее, -ие; *действ. прош.*

Синт.: **а, б** — в глаг. знач.

УЕ́ХАТЬ, уе́дут, уе́ха|л; ***сов. к*** уезжа́ть (см.)

II. УЕ́ХАВШИЙ, -ая, -ее, -ие; *действ. прош.*

Синт.: **а, б** — в глаг. знач.

УЖА́ЛИТЬ, ужа́л|ят, ужа́ли|л; ***сов. к*** жа́лить в 1 знач. (см.)

II. УЖА́ЛИВШИЙ, -ая, -ее, -ие; *действ. прош.*

Синт.: **а, б** — в глаг. знач. 1

IV. УЖА́ЛЕННЫЙ, -ая, -ое, -ые; *страд. прош.*

Синт.: **а, б** — в глаг. знач. 1

УЖА́ЛЕН, -ена, -ено, -ены; *кр. ф.*

В глаг. знач. 1

УЖАСА́ТЬ, ужаса́|ют, ужаса́|л; ***несов., перех., кого(что)*** (*сов.* ужасну́ть) *Ребенок ужасает всех* *своим поведением. Меня ужасает мысль о нашей разлуке* [приводить в ужас, сильно пугать]

I. УЖАСА́ЮЩИЙ, -ая, -ее, -ие; *действ. наст.*

Синт.: **а, б** — в глаг. знач.

В знач. прил. **1.** Такой, который приводит в ужас, очень страшный, ужасный. *Ужасающий вид. Раздался ужасающий крик.* **2.** Очень большой, громадный; *разг. С ужасающей силой. Ужасающие размеры* (Ср. прил. **ужа́сный,** -ая, -ое, -ые; -сен, -сна, -сно, -сны в знач. **1.** Наводящий ужас, очень страшный, ужасающий. *Ужасный вид. Ужасный крик* **2.** Очень большой, громадный. *С ужасной силой*)

II. УЖАСА́ВШИЙ, -ая, -ее, -ие; *действ. прош.*

Синт.: **а, б** — в глаг. знач.

▭ Прич. III не употр.

УЖАСНУ́ТЬ, ужасну́т, ужасну́|л; ***сов., перех., кого(что)*** (*несов.* ужаса́ть) *Андрей ужаснул нас своим видом. Меня ужаснула мысль о нашей разлуке* [привести в ужас, сильно испугать]

II. УЖАСНУ́ВШИЙ, -ая, -ее, -ие; *действ. прош.*

Синт.: **а, б** — в глаг. знач.

▭ Прич. IV не образуется

УЗАКО́НИВАТЬ, узако́нива|ют, узако́нива|л; ***несов. к*** узако́нить (см.)

I. УЗАКО́НИВАЮЩИЙ, -ая, -ее, -ие; *действ. наст.*

Синт.: **а, б** — в глаг. знач. 1, 2

II. УЗАКО́НИВАВШИЙ, -ая, -ее, -ие; *действ. прош.*

Синт.: **а, б** — в глаг. знач. 1, 2

III. УЗАКО́НИВАЕМЫЙ, -ая, -ое, -ые; *страд. наст.*

Синт.: **а, б** — в глаг. знач. 1, 2; **в** — в глаг. знач. 1

Субстантив.$_3$ в глаг. знач. 1

▭ Прич. III во 2 глаг. знач. менее употр., чем личные ф. глагола и прич. I, II

УЗАКО́НИТЬ, узако́н|ят, узако́ни|л; ***сов., перех., что*** (*несов.* узако́нивать) **1.** *Мои друзья узаконили свой брак* [придать чему-л. законную силу, утвердить на законном основании] **2.** *«Отец узаконил мое чтение словами: — чтение — не баловство, а для души».* Гладков, Повесть о детстве [признать правильным, допустимым что-л., ввести в обиход, сделать окончательно утвердившимся]

II. УЗАКО́НИВШИЙ, -ая, -ее, -ие; *действ. прош.*

Синт.: **а, б** — в глаг. знач. 1, 2

IV. УЗАКО́НЕННЫЙ, -ая, -ое, -ые; *страд. прош.*

Синт.: **а, б** — в глаг. знач. 1, 2; **в** — в глаг. знач. 1

В знач. прил. (только *полн. ф.*) Установленный, определенный, принятый каким-л. законом, постановлением. *Узаконенное время. Узаконенное количество. Узаконенный способ*

Субстантив.$_3$ в глаг. знач. 1

УЗАКО́НЕН, -ена, -ено, -ены; *кр. ф.*

В глаг. знач. 1, 2

УЙТИ́, уйду́т, ушёл, ушла́, -ло́, -ли́; ***сов., неперех.*** (*несов.* уходи́ть) **1.** *Аня уже ушла домой. Илья и Дима ушли в поход на байдарках* [покинуть какое-л. место, чье-л. общество, удалиться; отправиться куда-л.] **2.** ***S не лицо*** *Бандероль ушла с вечерней почтой. «Мой „Чапаев“ ушел в печать едва ли не с первой корректуры».* Фурманов, Письмо А. М. Горькому, 9 сент. 1925 [быть отправленным, направленным по назначению] **3.** ***S не лицо*** *«Солнце ушло за лес. Стало быстро темнеть в вагоне».* Панова, Времена года. *«Грозовые тучи ушли, гром умолк».* Чехов, Рассказ госпожи NN [переместиться, удалившись] **4.** ***S не лицо*** *Автобус давно ушел* [покинуть место стоянки, направляясь по своему маршруту — о поезде, автобусе, пароходе и т. п.] **5.** *Байдарочники ушли вниз по реке. Рыбаки ушли в море на рассвете* [уехать, уплыть, отправиться по воздуху на каком-л. транспортном средстве] **6.** *Диссертант во второй главе ушел от первоначального плана, нарушив композицию работы. Разговор ушел в сторону* [отклониться от нужного направления в повествовании, беседе и т. п.] **7.** *Девушка ушла от прямого ответа на этот вопрос. «Я слишком ясно вижу безотчетность в собственных действиях, чтобы уйти от этого вопроса».* Каверин, Перед зеркалом [намеренно уклониться от чего-л.] **8.** *Террористы ушли от погони. Ночью из тюрьмы ушел опасный преступник* [убежать, скрыться, спастись от кого-чего-л.] **9.** ***от чего*** *Преступник ушел от наказания. «Лучинин почувствовал тот стыд, от которого человек не уйдет».* Мамин-Сибиряк, Человек с прошлым [избежать чего-л.; избавиться, освободиться от чего-л.] **10.** ***от кого(чего)*** *«..я решила уйти от тебя.. решила это твердо».* М. Горький, Дети солнца. *Аня давно ушла от мужа* [прекратить совместную жизнь с кем-л., оставить, покинуть кого-л.] **11.** *Актриса ушла со сцены. Юра ушел из издательства в прошлом году. Старые специалисты ушли от дел* [оставить какое-л. занятие, службу, перестать заниматься чем-л.] **12.** *Отец скоро уйдет на пенсию. Мой начальник ушел в отпуск. Наш бывший командир ушел в отставку* [в сочетании с некоторыми существительными означает: перейти в какое-л. иное состояние, выраженное существительным, прекратив, прервав свою деятельность] **13.** ***S не лицо*** *Увы, молодость ушла. «Та старая эпоха известна, о ней много сказано, а современность уйдет, забудется..»* Конашевич, О себе и своем деле [пройти, миновать, остаться в прошлом — о времени, эпохе и т. п.] **14.** ***S не лицо*** *Счастье не ушло, оно вернется. «..ушло из памяти то, что случилось вчера».* Слонимский, Лавровы [пропасть, исчезнуть, утратиться] **15.** *«Да, в мученьях жизнь провел он, И в мучениях ушел».* Блок, Праматерь [умереть] **16.** ***на что; S не лицо*** *Вся бумага ушла на плакаты. Деньги ушли на путевку в санаторий. На платье уйдет три метра* [израсходоваться, быть употребленным на что-л.] **17.** *«[Бутлеров] в теоретических взглядах ушел значительно вперед от своих европейских собратьев по науке».* Л. Гумилевский, С востока свет! *«Алексей поражался, как далеко ушла советская авиация за сравнительно небольшое время».* Б. Полевой,

Повесть о настоящем человеке [добиться бо́льших успехов, достичь лучших результатов в чем-л., по сравнению с кем-чем-л.— в сочетании с нареч. *вперед, далеко* и т. п.] **18.** ***во что; S не лицо*** *Столб ушел в землю на метр. «В глубине двора ушла в землю по самые оконца старенькая избушка».* Гладков, Вольница [погрузиться, углубиться] **19.** ***во что; S не лицо*** *У старика голова ушла в плечи. «Лицо у Гриши худощавое, глаза ушли глубоко, а нос, наоборот, чересчур выдался».* Володин, Полинка из Леснова [оказаться втянутым куда-л., глубоко запасть, ввалиться] **20.** ***во что; S не лицо*** *Вода ушла в землю. Жидкость ушла в песок* [вобраться, впитаться во что-л.— о жидкости] **21.** ***во что*** *Ира вся ушла в науку. Илья весь ушел в решение этой задачи* [целиком отдаться чему-л.— обычно в сочетании с мест. *весь*] **22.** ***S не лицо*** *Часы ушли на пять минут* [начать показывать время большее, чем есть в действительности — о часах]

II. УШЕ́ДШИЙ, -ая, -ее, -ие; *действ. прош.*
[от основы -шед- + суффикс -ш-]
Синт.: **а, б** — в глаг. знач. 1 — 22; **в** — в глаг. знач. 4, 13, 14

УКАЗА́ТЬ, укажу́, ука́жут, указа́|л; ***сов.*** (*несов.* ука́зывать *к* 1 — 4 знач.) **1.** ***перех., кого(что)*** и ***что,*** также ***кому(чему)*** *Ребята указали нужного нам человека. Старик указал туристам путь* [показать кого-л. искомого или что-л. искомое] **2.** ***перех., что*** *Читатель указал свой адрес и телефон. На квитанции указали срок уплаты за телефонный разговор* [назвать, сообщить, довести до чьего-л. сведения в официальном общении] **3.** ***неперех., на кого(что)*** и ***на что,*** также ***чем*** *Девочка указала пальцем на вошедшего* [движением, жестом и т. п. обратить внимание, показать на кого-что-л.] **4.** ***неперех., на что*** *Редактор указал ему на ошибку* [выделяя, отмечая что-л., привлечь к этому чье-л. внимание] **5.** ***неперех., кому за что*** и ***без дополн.*** *Начальнику хозяйственного отдела указали за беспорядок в помещении* [объявить официальное порицание]

II. УКАЗА́ВШИЙ, -ая, -ее, -ие; *действ. прош.*
Синт.: **а, б** — в глаг. знач. 1 — 5

IV. УКА́ЗАННЫЙ, -ая, -ое, -ые; *страд. прош.*
Синт.: **а, б** — в глаг. знач. 1, 2
Субстантив.$_2$ не употр.; субстантив.$_3$ в глаг. знач. 2
УКА́ЗАН, -ана, -ано, -аны; *кр. ф.*
В глаг. знач. 1, 2

УКА́ЗЫВАТЬ, ука́зыва|ют, ука́зыва|л; ***несов.*** (*сов.* указа́ть) **1.** ***перех., кого(что)*** и ***что,*** также ***кому(чему)*** *Ребята указывают нужного нам человека. Старик указывал туристам самый короткий путь через перевал* [показывать кого-л. искомого или что-л. искомое] **2.** ***перех., что*** *Читатели указывают свой адрес и телефон. На квитанции обычно указывали срок уплаты за телефонный разговор* [называть, сообщать, доводить до чьего-л. сведения в официальном общении] **3.** ***неперех., на кого(что)*** и ***на что,*** также ***чем*** *Девочка указывала пальцем на вошедшего* [движением, жестом и т. п. обращать внимание, показывать на кого-что-л.] **4.** ***неперех., на что*** *Редактор указывал ему на ошибки* [выделяя, отмечая что-л., привлекать к этому чье-л. внимание]

I. УКА́ЗЫВАЮЩИЙ, -ая, -ее, -ие; *действ. наст.*
Синт.: **а, б** — в глаг. знач. 1 — 4
Ср. прич. в 1 глаг. знач. с прил. **указа́тельный**, -ая, -ое, -ые. Предназначенный, служащий для указания на что-л. *Указательные знаки.* Ср. также выражение: **указующий перст** — указывающий, показывающий на что-л. палец; *с ироническим оттенком*

II. УКА́ЗЫВАВШИЙ, -ая, -ее, -ие; *действ. прош.*
Синт.: **а, б** — в глаг. знач. 1 — 4

III. УКА́ЗЫВАЕМЫЙ, -ая, -ое, -ые; *страд. наст.*
Синт.: **а, б** — в глаг. знач. 1, 2; **в** — в глаг. знач. 2
Субстантив.$_2$ не употр.; субстантив.$_3$ в глаг. знач. 2

УКАТА́ТЬ,уката́ют, уката́|л; ***сов., перех.*** (*несов.* ука́тывать) **1.** ***что,*** также ***чем*** *Рабочие быстро укатали на дороге щебень новыми катками* (см. § 2) [сделать гладким при помощи каких-л. приспособлений или продолжительной ездой] **2.** ***кого(что)*** *Брат укатал меня на своей машине* [измучить ездой; *разг.*] **3.** ***кого(что); S не лицо*** *Жизнь здорово его укатала* [лишить сил, бодрости; *прост.*]

II. УКАТА́ВШИЙ, -ая, -ее, -ие; *действ. прош.*
Синт.: **а, б** — в глаг. знач. 1 — 3

IV. УКА́ТАННЫЙ, -ая, -ое, -ые; *страд. прош.*
Синт.: **а, б** — в глаг. знач. 1 — 3; **в** — в глаг. знач. 1
В знач. прил. (также *кр. ф.* ↓) Гладкий, ровный в результате частой езды — о дороге, лыжне и т. п. *Укатанная дорога. Укатанная лыжня. Мы шли на лыжах по укатанному снегу*
УКА́ТАН, -ана, -ано, -аны; *кр. ф.*
В глаг. знач. 1 — 3
В знач. прил. (также *полн. ф.* ↑) *Дорога была укатана. Снег был хорошо укатан*

УКА́ТЫВАТЬ, ука́тыва|ют, ука́тыва|л; ***несов. к*** уката́ть (см.)

I. УКА́ТЫВАЮЩИЙ, -ая, -ее, -ие; *действ. наст.*
Синт.: **а, б** — в глаг. знач. 1 — 3

II. УКА́ТЫВАВШИЙ, -ая, -ее, -ие; *действ. прош.*
Синт.: **а, б** — в глаг. знач. 1 — 3

III. УКА́ТЫВАЕМЫЙ, -ая, -ое, -ые; *страд. наст.*
Синт.: **а, б** — в глаг. знач. 1 — 3; **в** — в глаг. знач. 1

УКОРА́ЧИВАТЬ, укора́чива|ют, укора́чива|л; ***несов. к*** укороти́ть (см.)

I. УКОРА́ЧИВАЮЩИЙ, -ая, -ее, -ие; *действ. наст.*
Синт.: **а, б** — в глаг. знач. 1 — 3

II. УКОРА́ЧИВАВШИЙ, -ая, -ее, -ие; *действ. прош.*

Синт.: **а, б** — в глаг. знач. 1 — 3

III. УКОРА́ЧИВАЕМЫЙ, -ая, -ое, -ые; *страд. наст.*

Синт.: **а, б** — в глаг. знач. 1 — 3; **в** — в глаг. знач. 1

Субстантив.$_3$ в глаг. знач. 1

УКОРОТИ́ТЬ, укорот|я́т, укороти́|л; ***сов., перех., что*** (*несов.* укора́чивать) **1.** *Портниха укоротила мне платье на сантиметр* [сделать короче, уменьшить в длину] **2.** ***S не лицо*** *Эта шляпа несколько укоротила твое лицо* [создать впечатление меньшей длины, чем есть на самом деле] **3.** *Туристы укоротили свой маршрут и не поехали на Кавказ. Рабочие укоротили сроки выполнения задания* [сделать менее продолжительным по времени, сократить сроки чего-л.]

II. УКОРОТИ́ВШИЙ, -ая, -ее, -ие; *действ. прош.*

Синт.: **а, б** — в глаг. знач. 1 — 3

IV. УКОРО́ЧЕННЫЙ, -ая, -ое, -ые; *страд. прош.*

[чередование т/ч]

Синт.: **а, б** — в глаг. знач. 1 — 3

В знач. прил. (только *полн. ф.*) **1.** Более короткий, чем обычно. *Сейчас в моде укороченные юбки* **2.** Сокращенный, уменьшенный, менее продолжительный, чем обычно. *Укороченный рабочий день. Укороченные сроки*

Субстантив.$_3$ в глаг. знач. 1

УКОРО́ЧЕН, -ена, -ено, -ены; *кр. ф.*

В глаг. знач. 1 — 3

УКРА́СИТЬ, укра́шу, укра́с|ят, укра́си|л; ***сов. к*** украша́ть (см.)

II. УКРА́СИВШИЙ, -ая, -ее, -ие; *действ. прош.*

Синт.: **а, б** — в глаг. знач. 1 — 3

IV. УКРА́ШЕННЫЙ, -ая, -ое, -ые; *страд. прош.**

[чередование с/ш]

Синт.: **а, б, в** — в глаг. знач. 1

УКРА́ШЕН, -ена, -ено, -ены; *кр. ф.**

В глаг. знач. 1

▭ Прич. IV во 2, 3 глаг. знач. не употр.

УКРА́СТЬ, украд|у́т; укра́|л; ***сов. к*** красть в 1 знач. (см.)

II. УКРА́ВШИЙ, -ая, -ее, -ие; *действ. прош.*

Синт.: **а, б** — в глаг. знач. 1

IV. УКРА́ДЕННЫЙ, -ая, -ое, -ые; *страд. прош.*

Синт.: **а, б, в** — в глаг. знач. 1

УКРА́ДЕН, -ена, -ено, -ены; *кр. ф.*

В глаг. знач. 1

УКРАША́ТЬ, украша́|ют, украша́|л; ***несов., перех.*** (*сов.* укра́сить) **1.** ***что***, также ***чем*** *Пионеры украшают к празднику школу. Мы украшаем новогоднюю елку разноцветными шарами* (см. § 2) [придавать чему-л. красивый вид] **2.** ***кого (что); S не лицо*** *Бусы очень украшают Олю. Скромность украшает человека* [делать кого-л. нарядным, привлекательным; делать лучше, более привлекательным в глазах окружающих] **3.** ***что*** *Театр украшает наше существование* [делать полнее, богаче по внутреннему содержанию жизнь, существование]

I. УКРАША́ЮЩИЙ, -ая, -ее, -ие; *действ. наст.*

Синт.: **а, б** — в глаг. знач. 1 — 3

Ср. прил. **украша́тельский**, -ая, -ое, -ие. Отличающийся стремлением к излишним внешним эффектам, к приукрашиванию чего-л. *Украшательские тенденции в архитектуре*

II. УКРАША́ВШИЙ, -ая, -ее, -ие; *действ. прош.*

Синт.: **а, б** — в глаг. знач. 1 — 3

III. УКРАША́ЕМЫЙ, -ая, -ое, -ые; *страд. наст.**

Синт.: **а, б, в** — в глаг. знач. 1

▭ Прич. III во 2, 3 глаг. знач. не употр.

УКРЕПИ́ТЬ, укреп|я́т, укрепи́|л; ***сов., перех.*** (*несов.* укрепля́ть) **1.** ***что***, также ***чем*** *«— Корпус ему [буксиру] надо укрепить, а то разобьет волнами».* Паустовский, Героический юго-восток. *Мы укрепили плот стальным тросом* (см. § 2) [сделать более крепким, более прочным] **2.** ***что*** *Рабочие укрепили забор* [сделать крепко держащимся, придать устойчивое положение] **3.** ***что***, также ***чем*** *Противник укрепил линию обороны противотанковыми рвами* (см. § 2) [снабдить средствами обороны, построить, возвести оборонительные сооружения] **4.** ***кого(что)*** и ***что; S не лицо*** *Свежий воздух укрепил больного. Прогулки, зарядка, без сомнения, укрепят ваше здоровье* [сделать более выносливым, сильным, здоровым] **5.** ***что*** *Новому учителю удалось укрепить дисциплину в классе. Эти меры укрепили колхоз* [сделать более надежным, устойчивым; сделать более основательным, крепким] **6.** ***что***, также ***чем*** *Олег своими действиями лишь укрепил мою уверенность в том, что он не бескорыстен* [придать силу, стойкость каким-л. убеждениям, чувствам]

II. УКРЕПИ́ВШИЙ, -ая, -ее, -ие; *действ. прош.*

Синт.: **а, б** — в глаг. знач. 1 — 6

IV. УКРЕПЛЁННЫЙ, -ая, -ое, -ые; *страд. прош.**

[чередование п/пл]

Синт.: **а, б** — в глаг. знач. 1 — 3, 5; **в** — в глаг. знач. 1, 3

В знач. прил. (только *полн. ф.*) Предназначенный для обороны, занятый оборонительными сооружениями. *Укрепленная местность. Укрепленная полоса. Укрепленный район*

Субстантив.$_3$ в глаг. знач. 1, 2

УКРЕПЛЁН, -ена́, -ено́, -ены́; *кр. ф.**

В глаг. знач. 1 — 3, 5

▭ Прич. IV в 4, 6 глаг. знач. не употр.

УКРЕПЛЯ́ТЬ, укрепля́|ют, укрепля́|л; ***несов., перех.*** (*сов.* укрепи́ть) **1.** ***что***, также ***чем*** *Команда укрепляла корпус буксира, чтобы сильные волны не разбили его. Ребята укрепляли плот стальным тросом* (см. § 2) [делать более крепким, более прочным] **2.** ***что*** *Рабочие укрепляли забор* [делать крепко держащимся, придавать устойчивое положение] **3.** ***что***, также ***чем*** *Противник укреплял линию обороны противотанковыми рвами* (см. § 2) [снабжать средствами обороны, строить, возводить оборонительные сооружения] **4. кого(что)** и **что; S не лицо** *Свежий воздух постепенно укреплял больного. Прогулки, зарядка укрепляют здоровье* [делать более выносливым, сильным, здоровым] **5. что** *Новый учитель не укреплял дисциплину в классе. Эти меры укрепляли колхоз* [делать более надежным, устойчивым; делать более основательным, крепким] **6. что,** также **чем** *Олег своими действиями лишь укреплял мою уверенность в том, что он не бескорыстен* [придавать силу, стойкость каким-либо убеждениям, чувствам]

I. УКРЕПЛЯ́ЮЩИЙ, -ая, -ее, -ие; *действ. наст.*
Синт.: **а, б** — в глаг. знач. 1 — 6
Ср. прич. в 1, 2 глаг. знач. с прил. **укрепи́тельный,** -ая, -ое, -ые. Служащий для придания чему-л. устойчивости, прочности. *Укрепительные сооружения. Укрепительные устройства на дамбе*
В знач. прил. **1.** Способный сделать более здоровым, сильным, крепким. *Укрепляющее средство. Укрепляющий сон. Укрепляющий воздух* **2.** Способный сделать что-л. более устойчивым, твердым, сильным. *Укрепляющие меры*

II. УКРЕПЛЯ́ВШИЙ, -ая, -ее, -ие; *действ. прош.*
Синт.: **а, б** — в глаг. знач. 1 — 6

III. УКРЕПЛЯ́ЕМЫЙ, -ая, -ое, -ые; *страд. наст.**
Синт.: **а, б** — в глаг. знач. 1 — 3, 5; **в** — в глаг. знач. 1 — 3
Субстантив.$_3$ в глаг. знач. 1, 2
□ Прич. III в 4, 6 глаг. знач. не употр.

УКРУПНИ́ТЬ, укрупн|я́т, укрупни́|л; **сов., перех., что** (*несов.* укрупня́ть) **1.** *Проектировщики укрупнили панели для боковых стен строения* [сделать более крупным по размерам, величине] **2.** *В нашем районе укрупнили колхозы* [сделать более мощным, крупным по составу, масштабам и т. п.]

II. УКРУПНИ́ВШИЙ, -ая, -ее, -ие; *действ. прош.*
Синт.: **а, б** — в глаг. знач. 1, 2

IV. УКРУПНЁННЫЙ, -ая, -ое, -ые; *страд. прош.*
Синт.: **а, б** — в глаг. знач. 1, 2
В знач. прил. (только *полн. ф.*) Крупный, мощный, составленный из нескольких самостоятельных частей, ставших единым целым. *Укрупненные колхозы. Укрупненное хозяйство. Укрупненные организации*
Субстантив.$_3$ в глаг. знач. 1
УКРУПНЁН, -ена́, -ено́, -ены́; *кр. ф.*
В глаг. знач. 1, 2

УКРУПНЯ́ТЬ, укрупня́|ют, укрупня́|л; **несов. к** укрупни́ть (см.)

I. УКРУПНЯ́ЮЩИЙ, -ая, -ее, -ие; *действ. наст.*
Синт.: **а, б** — в глаг. знач. 1, 2

II. УКРУПНЯ́ВШИЙ, -ая, -ее, -ие; *действ. прош.*
Синт.: **а, б** — в глаг. знач. 1, 2

III. УКРУПНЯ́ЕМЫЙ, -ая, -ое, -ые; *страд. наст.*
Синт.: **а, б, в** — в глаг. знач. 1, 2
Субстантив.$_3$ в глаг. знач. 1

УЛА́ВЛИВАТЬ, ула́влива|ют, ула́влива|л; **несов., перех., что** (*сов.* улови́ть) **1.** *Рыбаки улавливали в тишине странный звук. Наташа не видела ландышей, но улавливала их аромат* [воспринимать органами чувств что-л. слабо проявляющееся, едва видимое, слышимое и т. п.] **2.** *Больной с трудом улавливал смысл того, что говорил врач* [осознавать, воспринимать рассудком, понимать, постигать мысль, смысл чего-л.] **3.** *Мы не улавливали подходящего момента, чтобы высказать свое мнение* [выжидая, использовать благоприятное стечение обстоятельств для какого-л. действия] **4. S не лицо** *Новое фильтрующее устройство прекрасно улавливает все побочные продукты плавки* [втягивать, поглощать, извлекая или удаляя что-л. откуда-л.]

I. УЛА́ВЛИВАЮЩИЙ, -ая, -ее, -ие; *действ. наст.*
Синт.: **а, б** — в глаг. знач. 1 — 4

II. УЛА́ВЛИВАВШИЙ, -ая, -ее, -ие; *действ. прош.*
Синт.: **а, б** — в глаг. знач. 1 — 4

III. УЛА́ВЛИВАЕМЫЙ, -ая, -ое, -ые; *страд. наст.*
Синт.: **а, б** — в глаг. знач. 1 — 4
Ср. прич. в 1, 2, 4 глаг. знач. с прил. **улови́мый**, -ая, -ое, -ые; -и́м, -и́ма, -и́мо, -и́мы. **1.** Такой, который можно воспринять органами чувств — обычно в сочетании с нареч. *едва, еле, чуть. Едва уловимые звуки и запахи* **2.** Доступный пониманию, такой, который можно осознать — обычно в сочетании с нареч. *едва, вполне* и т. д. *Едва уловимый смысл* **3.** Такой, который можно поглотить, втянуть специальным устройством — о пыли, побочных продуктах производства и т. п. *Это безусловно уловимые частицы* **4.** Заметный — в сочетании с нареч. *едва. Она говорила с едва уловимым акцентом*
Субстантив.$_3$ в глаг. знач. 4

УЛА́ДИТЬ, ула́д|ят, ула́ди|л; **сов., перех., что** (*несов.* ула́живать) *«— С начальником цеха дело твое постараюсь уладить».* Б. Полевой, Горячий цех. *Мы не сразу уладили этот спорный вопрос. Андрей быстро уладил все недоразумения, возникшие на работе* [привести к желаемому концу, результату; примирить, ликвидировать какие-л. противоречия, разногласия, недоразумения]

II. УЛА́ДИВШИЙ, -ая, -ее, -ие; *действ. прош.*
Синт.: **а, б** — в глаг. знач.

IV. УЛА́ЖЕННЫЙ, -ая, -ое, -ые; *страд. прош.*
[чередование д/ж]
Синт.: **а, б, в** — в глаг. знач.
Субстантив.$_3$ не употр.
УЛА́ЖЕН, -ена, -ено, -ены; *кр. ф.*
В глаг. знач.

УЛА́ЖИВАТЬ, ула́жива|ют, ула́жива|л; **несов. к** ула́дить (см.)

I. УЛА́ЖИВАЮЩИЙ, -ая, -ее, -ие; *действ. наст.*
Синт.: **а, б** — в глаг. знач.
II. УЛА́ЖИВАВШИЙ, -ая, -ее, -ие; *действ. прош.*
Синт.: **а, б** — в глаг. знач.
III. УЛА́ЖИВАЕМЫЙ, -ая, -ое, -ые; *страд. наст.*
Синт.: **а, б, в** — в глаг. знач.
Субстантив.₃ не употр.

УЛОВИ́ТЬ, уло́в|ят, улови́|л; ***сов. к*** ула́вливать (см.)
II. УЛОВИ́ВШИЙ, -ая, -ее, -ие; *действ. прош.*
Синт.: **а, б** — в глаг. знач. 1 — 4
IV. УЛО́ВЛЕННЫЙ, -ая, -ое, -ые; *страд. прош.*
[чередование в/вл]
Синт.: **а, б** — в глаг. знач. 1 — 4
Субстантив.₃ в глаг. знач. 4
УЛО́ВЛЕН, -ена, -ено, -ены; *кр. ф.*
В глаг. знач. 1 — 4

УЛУЧША́ТЬ, улучша́|ют, улучша́|л; ***несов. к*** улу́чшить (см.)
I. УЛУЧША́ЮЩИЙ, -ая, -ее, -ие; *действ. наст.*
Синт.: **а, б** — в глаг. знач. 1, 2
II. УЛУЧША́ВШИЙ, -ая, -ее, -ие; *действ. прош.*
Синт.: **а, б** — в глаг. знач. 1, 2
III. УЛУЧША́ЕМЫЙ, -ая, -ое, -ые; *страд. наст.*
Синт.: **а, б, в** — в глаг. знач. 1, 2
Субстантив.₃ не употр.

УЛУ́ЧШИТЬ, улу́чш|ат, улу́чши|л; ***сов., перех., что*** (*несов.* улучша́ть) **1.** *Архитекторы значительно улучшили планировку квартир. Мы улучшили качество продукции* [сделать лучше по качеству, свойствам, привести в лучшее состояние] **2.** *Наши пловцы улучшили мировой рекорд* [получить более высокие показатели в работе, в спортивном состязании и т. п.]
II. УЛУ́ЧШИВШИЙ, -ая, -ее, -ие; *действ. прош.*
Синт.: **а, б** — в глаг. знач. 1, 2
IV. УЛУ́ЧШЕННЫЙ, -ая, -ое, -ые; *страд. прош.*
Синт.: **а, б** — в глаг. знач. 1, 2
В знач. прил. (только *полн. ф.*) Лучший по качеству, по свойствам. *Улучшенная планировка. Улучшенные товары*
Субстантив.₃ не употр.
УЛУ́ЧШЕН, -ена, -ено, -ены; *кр. ф.*
В глаг. знач. 1, 2

УМЕНЬША́ТЬ, уменьша́|ют, уменьша́|л; ***несов., перех., что*** (*сов.* уме́ньшить) **1.** *Мы уменьшаем нагрузку на платформу. Лаборант постепенно уменьшал содержание кальция в растворе* [делать меньшим по количеству, величине] **2.** *Олег уменьшает изображение на экране, и оно становится более четким* [воспроизводить что-л. в меньших размерах, меньшем объеме] **3.** ***S не лицо*** *Это письмо несколько уменьшает наши сомнения. Ваше сообщение уменьшает мою тревогу* [ослаблять степень, силу, интенсивность проявления чего-л.]
I. УМЕНЬША́ЮЩИЙ, -ая, -ее, -ие; *действ. наст.*
Синт.: **а, б** — в глаг. знач. 1 — 3
Ср. прич. во 2 глаг. знач. с прил. **уменьши́тельный**, -ая, -ое, -ые в знач. 'служащий для уменьшения изображения видимых предметов'. *Уменьшительное стекло*
II. УМЕНЬША́ВШИЙ, -ая, -ее, -ие; *действ. прош.*
Синт.: **а, б** — в глаг. знач. 1 — 3
III. УМЕНЬША́ЕМЫЙ, -ая, -ое, -ые; *страд. наст.*
Синт.: **а, б, в** — в глаг. знач. 1 — 3
Ср. сущ. **уменьша́емое**, -ого, *ср.* Число или выражение, из которого вычитают другое число или выражение
Субстантив.₃ в глаг. знач. 2

УМЕ́НЬШИТЬ, уме́ньш|ат, уме́ньши|л; ***сов., перех., что*** (*несов.* уменьша́ть) **1.** *Мы уменьшили нагрузку на платформу. Лаборант уменьшил содержание кальция в растворе* [сделать меньшим по количеству, величине] **2.** *Олег уменьшил изображение на экране и оно стало более четким* [воспроизвести что-л. в меньших размерах, меньшем объеме] **3.** ***S не лицо*** *Это письмо несколько уменьшило наши сомнения. Ваше сообщение немного уменьшило мою тревогу* [ослабить степень, силу, интенсивность проявления чего-л.]
II. УМЕ́НЬШИВШИЙ, -ая, -ее, -ие; *действ. прош.*
Синт.: **а, б** — в глаг. знач. 1 — 3
IV. УМЕ́НЬШЕННЫЙ, -ая, -ое, -ые; *страд. прош.*
Синт.: **а, б** — в глаг. знач. 1 — 3
В знач. прил. (только *полн. ф.*) Несколько меньший по сравнению с нормой, с обычным количеством, величиной, степенью и т. п. *Уменьшенная нагрузка. В уменьшенных размерах. В уменьшенном виде. В уменьшенном количестве*
Субстантив.₃ в глаг. знач. 2
УМЕ́НЬШЕН, -ена, -ено, -ены; *кр. ф.*
В глаг. знач. 1 — 3

УМЕРЕ́ТЬ, умру́т, у́мер|; ***сов., неперех.*** (*несов.* умира́ть) **1.** *Солдат умер от ран* [перестать жить] **2.** ***S не лицо*** *Правда никогда не умрет* [исчезнуть, прекратиться] **3.** ***от чего*** *В гостях Илья чуть не умер от скуки. Зрители умрут от любопытства. Ты же умрешь от стыда!* [испытать в сильной степени то, предаться в сильной степени тому, что указано существительным с предлогом, с которыми сочетается глагол; *разг.*]
II. УМЕ́РШИЙ, -ая, -ее, -ие; *действ. прош.**
Синт.: **а, б, в** — в глаг. знач. 1
▭ Прич. II во 2, 3 глаг. знач. не употр.

УМЕ́РИТЬ, уме́р|ят, уме́ри|л; ***сов., перех., что*** (*несов.* умеря́ть) *Заказчики умерили свои требования. Оратор умерил свой пыл. Зрители, наконец, умерили свои восторги* [уменьшить, ограничить величину, степень, силу проявления чего-л.]
II. УМЕ́РИВШИЙ, -ая, -ее, -ие; *действ. прош.*
Синт.: **а, б** — в глаг. знач.

IV. УМЕ́РЕННЫЙ, -ая, -ое, -ые; *страд. прош.*
Синт.: **а, б** — в глаг. знач.
Ср. прил. **уме́ренный**, -ая, -ое, -ые; -ен, -енна, -енно, -енны. **1.** Средний между крайностями — не сильный и не слабый, не большой и не маленький и т. п. *Умеренный жар. Умеренный аппетит. Умеренные требования. Умеренные восторги* **2.** (только *полн. ф.*) Занимающий среднюю, нейтральную линию между крайними политическими течениями. *Умеренный либерал. Умеренная политика* **3.** (только *полн. ф.*) Средний между жарким и холодным — о климате и районе с таким климатом. *Умеренный климат. Умеренный климатический пояс* **4.** Не предающийся излишествам, скромный в своих требованиях. *Он умерен в еде. «..Арина Петровна была умеренна до скупости..»* Салтыков-Щедрин, Господа Головлевы
Субстантив.$_3$ не употр.
УМЕ́РЕН, -ена, -ено, -ены; *кр. ф.*
В глаг. знач.

УМЕРЯ́ТЬ, умеря́|ют, умеря́|л; ***несов. к*** уме́рить (см.)
I. УМЕРЯ́ЮЩИЙ, -ая, -ее, -ие; *действ. наст.*
Синт.: **а, б** — в глаг. знач.
II. УМЕРЯ́ВШИЙ, -ая, -ее, -ие; *действ. прош.*
Синт.: **а, б** — в глаг. знач.
III. УМЕРЯ́ЕМЫЙ, -ая, -ое, -ые; *страд. наст.*
Синт.: **а, б, в** — в глаг. знач.
Субстантив.$_3$ не употр.

УМЕ́ТЬ, уме́|ют, уме́|л; ***несов., неперех., с неопр. ф.*** **1.** *Ребенок уже умеет рисовать. Я не умею танцевать. Сережа умеет делать мостик. Дима умеет шевелить ушами* [обладать умением делать что-л. благодаря знаниям, навыкам, таланту; быть в состоянии, мочь сделать что-л. необыкновенное, требующее особых навыков] **2.** *Твоя подруга умеет пустить пыль в глаза. Смирнов не умеет притворяться. Илья умеет хорошо организовать работу* [иметь способность поступать, делать что-л. каким-л. образом]
I. УМЕ́ЮЩИЙ, -ая, -ее, -ие; *действ. наст.*
Синт.: **а, б** — в глаг. знач. 1, 2
Ср. прил. **уме́лый**, -ая, -ое, -ые **1.** Обладающий особым умением делать что-л. *Умелый рассказчик. Умелый руководитель* **2.** Обладающий сноровкой, ловкий — о руках, пальцах. *Умелые руки* **3.** Осуществленный или осуществляемый с большим умением, искусно. *Умелая расстановка сил. Умелое использование природных ресурсов*
II. УМЕ́ВШИЙ, -ая, -ее, -ие; *действ. прош.*
Синт.: **а, б** — в глаг. знач. 1, 2

УМИЛИ́ТЬ, умил|я́т, умили́|л; ***сов., перех., кого(что),*** также ***чем*** (*несов.* умиля́ть) *Девочка умилила нас своим поступком* (см. § 1). *Первые слова малыша умилили молодых родителей* [привести в умиление, растрогать]
II. УМИЛИ́ВШИЙ, -ая, -ее, -ие; *действ. прош.*
Синт.: **а, б** — в глаг. знач.
IV. УМИЛЁННЫЙ, -ая, -ое, -ые; *страд. прош.*
Синт.: **а, б** — в глаг. знач.
В знач. прил. (только *полн. ф.*) Пришедший в умиление, растроганный, умилившийся. *«Он был свидетель умиленный ее младенческих забав..»* Пушкин, Евгений Онегин (Ср. прил. **уми́льный**, -ая, -ое, -ые. **1.** Пребывающий в умилении, умиленный. *«К собору, не спеша, приходили.. чиновники,.. генералы, умильные старушки».* А. Н. Толстой, Четыре века **2.** Выражающий умиление; исполненный умиления. *Умильное лицо. Умильная почтительность*)
Ср. прил. **умилённый**, -ая, -ое, -ые; -ён, -ённа, -ённо, -ённы. **1.** Выражающий умиление. *Умиленные взгляды. Умиленное лицо* **2.** Исполненный умиления. *Быть в умиленном расположении духа*
УМИЛЁН, -ена́, -ено́, -ены́; *кр. ф.*
В глаг. знач.

УМИЛИ́ТЬСЯ, умиля́тся, умили́|лся; ***сов.*** (*несов.* умиля́ться) *Услышав первые слова малыша, родители умилились* [прийти в умиление, растрогаться]
II. УМИЛИ́ВШИЙСЯ, -аяся, -ееся, -иеся; *действ. прош.*
Синт.: **а, б, в** — в глаг. знач.

УМИЛЯ́ТЬ, умиля́|ют, умиля́|л; ***несов., перех., кого(что),*** также ***чем*** (*сов.* умили́ть) *Эта девочка умиляла нас своими вопросами* (см. § 1). *Первые слова малыша умиляли молодых родителей* [приводить в умиление, состояние растроганности]
I. УМИЛЯ́ЮЩИЙ, -ая, -ее, -ие; *действ. наст.*
Синт.: **а, б** — в глаг. знач.
В знач. прил. Способный привести в умиление. *Умиляющее зрелище. Умиляющий текст* (Ср. прил. **умили́тельный**, -ая, -ое, -ые; -лен, -льна, -льно, -льны. **1.** Вызывающий умиление, приводящий в умиление. *Умилительное зрелище. Умилительный ребенок* **2.** Выражающий умиление; исполненный умиления. *Умилительный взгляд. Умилительные улыбки*)
II. УМИЛЯ́ВШИЙ, -ая, -ее, -ие; *действ. прош.*
Синт.: **а, б** — в глаг. знач.
III. УМИЛЯ́ЕМЫЙ, -ая, -ое, -ые; *страд. наст.*
Синт.: **а, б** — в глаг. знач.

УМИЛЯ́ТЬСЯ, умиля́|ются, умиля́|лся; ***несов. к*** умили́ться (см.)
I. УМИЛЯ́ЮЩИЙСЯ, -аяся, -ееся, -иеся; *действ. наст.*
Синт.: **а, б, в** — в глаг. знач.
II. УМИЛЯ́ВШИЙСЯ, -аяся, -ееся, -иеся; *действ. прош.*
Синт.: **а, б, в** — в глаг. знач.

УМИРА́ТЬ, умира́|ют, умира́|л; ***несов., неперех.*** (*сов.* умере́ть) **1.** *Солдат умирает от ран* [переставать жить] **2.** ***S не лицо*** *Правда не умирает* [исчезать, прекращаться] **3.** ***от чего*** *В гостях Андрей всегда умирает от скуки. На концерте я буквально умирала от смеха. Зрители умирали от любопытства. Аня умирает от стыда*

[испытывать в сильной степени то, предаваться в сильной степени тому, что указано существительным с предлогом, с которыми сочетается глагол; *разг.*]

I. УМИРА́ЮЩИЙ, -ая, -ее, -ие; *действ. наст.*
Синт.: **а, б** — в глаг. знач. 1 — 3; **в** — в глаг. знач. 1
В знач. прил. в выражении: **умирающий голос** — очень тихий, слабый

II. УМИРА́ВШИЙ, -ая, -ее, -ие; *действ. прош.*
Синт.: **а, б** — в глаг. знач. 1 — 3; **в** — в глаг. знач. 1

УМНО́ЖИТЬ, умно́ж|ат, умно́жи|л; ***сов. к*** мно́жить (см.)

II. УМНО́ЖИВШИЙ, -ая, -ее, -ие; *действ. прош.*
Синт.: **а, б** — в глаг. знач. 1, 2

IV. УМНО́ЖЕННЫЙ, -ая, -ое, -ые; *страд. прош.**
Синт.: **а, б** — в глаг. знач. 1
УМНО́ЖЕН, -ена, -ено, -ены; *кр. ф.**
В глаг. знач. 1

□ Прич. IV во 2 глаг. знач. не употр.

УМОЛИ́ТЬ, умолю́, умо́л|ят, умоли́|л; ***сов. к*** умоля́ть (см.)

II. УМОЛИ́ВШИЙ, -ая, -ее, -ие; *действ. прош.*
Синт.: **а, б** — в глаг. знач.

IV. УМОЛЁННЫЙ, -ая, -ое, -ые; *страд. прош.*
Синт.: **а, б** — в глаг. знач.
УМОЛЁН, -ена́, -ено́, -ены́; *кр. ф.*
В глаг. знач.

□ Прич. IV менее употр., чем личные ф. глагола и прич. II

УМОЛЯ́ТЬ, умоля́|ют, умоля́|л; ***несов., перех., кого(что) с неопр. ф.*** (*сов.* умоли́ть) *Девочка умоляла отца разрешить ей уехать в Москву. Ребята умоляли контролера пропустить их в цирк без билетов* [мольбами, просьбами склонять к чему-л., упрашивать]

I. УМОЛЯ́ЮЩИЙ, -ая, -ее, -ие; *действ. наст.*
Синт.: **а, б** — в глаг. знач.
В знач. прил. **1.** Выражающий мольбу, просьбу. *Умоляющий взгляд. Умоляющий голос. Говорить с умоляющим видом* **2.** Содержащий мольбу, просьбу. *Умоляющее письмо*

II. УМОЛЯ́ВШИЙ, -ая, -ее, -ие; *действ. прош.*
Синт.: **а, б** — в глаг. знач.

III. УМОЛЯ́ЕМЫЙ, -ая, -ое, -ые; *страд. наст.*
Синт.: **а, б** — в глаг. знач.

УНИЖА́ТЬ, унижа́|ют, унижа́|л; ***несов., перех.*** (*сов.* уни́зить) **1.** ***кого(что)*** и ***что*** *Плох тот руководитель, который всячески унижает подчиненных, их человеческое достоинство* [оскорблять чье-л. самолюбие, достоинство, ставить в унизительное положение] **2.** ***кого(что)*** и ***что,*** также ***чем*** *Олег унижал меня своей жалостью* (см. § 1) *Введенный порядок проверки дисциплины унижает человека, его достоинство* (из газет) [вызывать ощущение унизительности своего положения, приводить к оскорблению чьего-л. самолюбия]

I. УНИЖА́ЮЩИЙ, -ая, -ее, -ие; *действ. наст.*
Синт.: **а, б** — в глаг. знач. 1, 2
В знач. прил. Такой, который оскорбляет чье-л. достоинство, оскорбительный. *Унижающие слова. Унижающий жест* (Ср. прил. **унизи́тельный,** -ая, -ое, -ые; -лен, -льна, -льно, -льны. Оскорбительный для чьего-л. достоинства, самолюбия. *Унизительное положение. Унизительное предложение*)

II. УНИЖА́ВШИЙ, -ая, -ее, -ие; *действ. прош.*
Синт.: **а, б** — в глаг. знач. 1, 2

III. УНИЖА́ЕМЫЙ, -ая, -ое, -ые; *страд. наст.*
Синт.: **а, б** — в глаг. знач. 1, 2

УНИ́ЗИТЬ, уни́жу, уни́з|ят, уни́зи|л; ***сов., перех.*** (*несов.* унижа́ть) **1.** ***кого(что)*** и ***что*** *Этот человек намеренно унизил меня* [оскорбить чье-л. самолюбие, достоинство, поставить в унизительное положение] **2.** ***кого(что)*** и ***что,*** также ***чем*** *Олег унизил мое самолюбие своей жалостью* (см. § 1). *Жалость Андрея унизила меня* [вызвать ощущение унизительности своего положения, привести к оскорблению чьего-л. самолюбия]

II. УНИ́ЗИВШИЙ, -ая, -ее, -ие; *действ. прош.*
Синт.: **а, б** — в глаг. знач. 1, 2

IV. УНИ́ЖЕННЫЙ, -ая, -ое, -ые; *страд. прош.*
[чередование з/ж]
Синт.: **а, б** — в глаг. знач. 1, 2
В знач. прил. (только *полн. ф.*) **1.** Такой, достоинство и самолюбие которого оскорбили, испытывающий унижение, раболепно смиренный. *Униженный человек* **2.** Такой, который терпит унижения, притеснения. *Униженный народ. Униженная нация*
Ср. прил. **уни́женный,** -ая, -ое, -ые; -ен, -енна, -енно, -енны. **1.** Выражающий раболепное смирение, униженность. *Униженный взгляд* **2.** Полный, исполненный раболепного смирения, униженности. *Их просьбы были робки и униженны*
УНИ́ЖЕН, -ена, -ено, -ены; *кр. ф.*
В глаг. знач. 1, 2

УНИФИЦИ́РОВАТЬ, унифици́ру|ют, унифици́рова|л; ***сов.*** и ***несов., перех., что*** *Авторы учебника унифицировали некоторые правила. Редактор унифицирует подачу в словаре грамматических форм* [привести или приводить к единообразию]

I. УНИФИЦИ́РУЮЩИЙ, -ая, -ее, -ие; *действ. наст.*
Синт.: **а, б** — в глаг. знач.

II. УНИФИЦИ́РОВАВШИЙ, -ая, -ее, -ие; *действ. прош.*
Синт.: **а, б** — в глаг. знач.

III. УНИФИЦИ́РУЕМЫЙ, -ая, -ое, -ые; *страд. наст.*
Синт.: **а, б, в** — в глаг. знач.
УНИФИЦИ́РУЕМ, -ема, -емо, -емы; *кр. ф.*
В глаг. знач.

IV. УНИФИЦИ́РОВАННЫЙ, -ая, -ое, -ые; *страд. прош.*
Синт.: **а, б** — в глаг. знач.
В знач. прил. (только *полн. ф.*) Единообразный, имеющий единую систему. *Унифицированные правила. Унифицированный подход к чему-л.*
УНИФИЦИ́РОВАН, -ана, -ано, -аны; *кр. ф.*

В глаг. знач.

УНИЧТОЖА́ТЬ, уничтожа́|ют, уничтожа́|л; ***несов., перех.*** (*сов.* уничто́жить *к* 1, 3 — 7 знач.) **1. *кого(что)*** и ***что***, также ***чем*** *«Неизвестные окружили село, выставили посты, а затем стали подряд ходить из хаты в хату и уничтожать жителей».* Вершигора, Люди с чистой совестью. *Этим средством мы уничтожаем насекомых-вредителей* (см. § 2) [лишать кого-л. жизни, убивать; истреблять] **2. *кого(что)*** и ***что*** *Радиация в больших дозах уничтожает людей, животных, всё живое на земле* [иметь свойство убивать, лишать жизни] **3. *что*** *Молодой поэт уничтожает свои слабые стихи. Пожары уничтожают леса и посевы, нанося огромный ущерб хозяйству* [прекращать существование чего-л., сжигая, разрушая и т. п.] **4. *что*** *В этом романе глава государства уничтожает безработицу, бедность, несправедливость с помощью реформ. «..процесс обучения в школе и производство продукции.. определяют личность потому, что они уничтожают ту грань, которая лежит между физическим и умственным трудом..»* Макаренко, Из опыта работы [упразднять, ликвидировать что-л.] **5. *что***, также ***чем*** *Олег уничтожал последнюю надежду на примирение своим письмом* (см. § 1). *«..порядок доказательств, которыми они [женщины] уничтожают свои предубеждения, очень оригинален».* Лермонтов, Княжна Мери [разрушать, рассеивать надежды, сомнения и т. п.] **6. *что*** *Проголодавшиеся дети садились за стол и за одну минуту уничтожали обед* [съедать или выпивать что-л. без остатка; *разг.*] **7. *кого(что)*** *Докладчик буквально уничтожал всех, кто выступал когда-либо с критикой в его адрес* [принижать, посрамлять, унижать, дискредитировать]

I. УНИЧТОЖА́ЮЩИЙ, -ая, -ее, -ие; *действ. наст.*

Синт.: **а, б** — в глаг. знач. 1 — 7

В знач. прил. (только *полн. ф.*) Губительный, убивающий, лишающий жизни. *Уничтожающие лучи. Уничтожающий огонь артиллерии*

Ср. прил. **уничтожа́ющий**, -ая, -ее, -ие; -ющ, -юща, -юще, -ющи. **1.** Резкий, беспощадный. *Уничтожающая речь. Уничтожающие слова. Уничтожающая критика* **2.** Выражающий презрение, ненависть. *Уничтожающие взгляды*

II. УНИЧТОЖА́ВШИЙ, -ая, -ее, -ие; *действ. прош.*

Синт.: **а, б** — в глаг. знач. 1 — 7

III. УНИЧТОЖА́ЕМЫЙ, -ая, -ое, -ые; *страд. наст.**

Синт.: **а, б** — в глаг. знач. 1, 3 — 7; **в** — в глаг. знач. 3

Субстантив.₃ в глаг. знач. 3

УНИЧТОЖА́ЕМ, -ема, -емо, -емы; *кр. ф.**

В глаг. знач. 1, 3 — 7

□ Прич. III во 2 глаг. знач. не употр., в 5 глаг. знач. менее употр., чем личные ф. глагола и прич. II

УНИЧТО́ЖИТЬ, уничто́ж|ат, уничто́жи|л; ***сов., перех.*** (*несов.* уничтожа́ть) **1. *кого(что)*** и ***что***, также ***чем*** *«[Дмитрий:] Сим мечом клянусь, Что всякого, кто помешать захочет Моей священной воле, уничтожу И прах его развею далеко».* А. Островский, Дмитрий Самозванец и Василий Шуйский. *Этим средством мы уничтожили насекомых-вредителей* (см. § 2). *Сильное радиоактивное излучение уничтожило в этом районе людей, животных, всё живое* [лишить кого-л. жизни, убить; истребить] **2. *что*** *Поэт уничтожил все свои слабые стихи. Пожары уничтожили леса и посевы на большой территории* [прекратить существование чего-л., подвергнув огню, разрушив и т. п.] **3. *что*** *В этом романе глава государства уничтожил безработицу, бедность, несправедливость с помощью реформ. Какие общественные процессы уничтожат грань, существующую между физическим и умственным трудом?* [упразднить, ликвидировать что-л.] **4. *что***, также ***чем*** *Олег уничтожил надежду на примирение своим письмом* (см. § 1). *Твой приход уничтожил все наши сомнения* [разрушить, рассеять надежды, сомнения и т. п.] **5. *что*** *Проголодавшиеся дети за одну минуту уничтожили приготовленный мною обед* [съесть или выпить что-л. без остатка; *разг.*] **6. *кого(что)*** *Докладчик буквально уничтожил всех, кто выступал когда-либо с критикой в его адрес* [принизить, посрамить, унизить, морально подавить]

II. УНИЧТО́ЖИВШИЙ, -ая, -ее, -ие; *действ. прош.*

Синт.: **а, б** — в глаг. знач. 1 — 6

IV. УНИЧТО́ЖЕННЫЙ, -ая, -ое, -ые; *страд. прош.*

Синт.: **а, б** — в глаг. знач. 1 — 6; **в** — в глаг. знач. 1, 3

В знач. прил. (только *полн. ф.*) Совершенно униженный, подавленный, оказавшийся в безвыходном положении. *Ольга сидела уничтоженная, обессилевшая*

Субстантив.₃ в глаг. знач. 1, 2

УНИЧТО́ЖЕН, -ена, -ено, -ены; *кр. ф.*

В глаг. знач. 1 — 6

УПА́СТЬ, упаду́т, упа́|л; ***сов. к*** па́дать в 1, 2, 10, 11 знач. (см.)

II. УПА́ВШИЙ, -ая, -ее, -ие; *действ. прош.*

Синт.: **а, б** — в глаг. знач. 1, 2, 10, 11; **в** — в глаг. знач. 1, 10, 11

УПЛОТНИ́ТЬ, уплотн|я́т, уплотни́|л; ***сов., перех.*** (*несов.* уплотня́ть) **1. *что*** *Рабочие слегка уплотнили рыхлую массу опилок. Гончар уплотнил слой глины* [сделать более плотным, твердым, утрамбовывая, сжимая] **2. *кого(что)*** и ***что*** *Городской совет временно уплотнил жильцов новых домов, чтобы расселить пострадавших от наводнения. «Квартиры горожан тесно уплотнили».* Гладков, Мать [заставить жить теснее, поселив еще кого-л. на ту же жилую площадь; заселить плотнее, бо́льшим числом жильцов] **3. *что*** *Строители уплотнили рабочий день и повысили производительность труда. Директор завода уплотнил свое рабочее время до предела* [заполнить какое-л. время бо́льшим количеством дел, занятий, сделать более насыщенным]

II. УПЛОТНИ́ВШИЙ, -ая, -ее, -ие; *действ. прош.*
Синт.: **а, б** — в глаг. знач. 1 — 3

IV. УПЛОТНЁННЫЙ, -ая, -ое, -ые; *страд. прош.*
Синт.: **а, б** — в глаг. знач. 1 — 3
В знач. прил. **1.** (также *кр. ф.* ↓) Более плотный, более твердый, чем обычно, уплотнившийся. *Уплотненный слой глины. Уплотненная почва. Уплотненный желвак. Уплотненная мышца* **2.** (только *полн. ф.*) Более насыщенный, более заполненный, чем обычно; укороченный по времени. *Уплотненный график. Уплотненное рабочее время. Уплотненные сроки*
Субстантив.₃ в глаг. знач. 1
УПЛОТНЁН, -ена́, -ено́, -ены́; *кр. ф.*
В глаг. знач. 1 — 3
В знач. прил. (также *полн. ф.* в знач. прил. 1 ↑) *Почва уплотнена. Желвак уплотнен*

УПЛОТНИ́ТЬСЯ, уплотня́тся, уплотни́|лся; **сов.** (*несов.* уплотня́ться) **1.** ***S* не лицо** *«Утром песок уплотнился так, что на нем даже не оставалось следов ног».* Арсеньев, Дерсу Узала. *За две недели желвак на щеке у Олега уплотнился* [стать плотнее, тверже] **2.** *В автобус нельзя сесть, водитель просит пассажиров уплотниться* [сдвинувшись, потеснившись, поместиться более тесно, плотно; *разг.*] **3.** *«— Завтра буду других уплотнять, а сам что же?.. Я первый завтра уплотнюсь».* Шолохов-Синявский, Волгины [начать жить теснее, поселив к себе кого-л.; *разг.*] **4.** ***S* не лицо** *Наш рабочий день уплотнился до предела* [стать уплотненным, целиком заполненным работой, делами]

II. УПЛОТНИ́ВШИЙСЯ, -аяся, -ееся, -иеся; *действ. прош.*
Синт.: **а, б** — в глаг. знач. 1 — 4; **в** — в глаг. знач. 1 — 3

УПЛОТНЯ́ТЬ, уплотня́|ют, уплотня́|л; ***несов.* к** уплотни́ть (см.)

I. УПЛОТНЯ́ЮЩИЙ, -ая, -ее, -ие; *действ. наст.*
Синт.: **а, б** — в глаг. знач. 1 — 3

II. УПЛОТНЯ́ВШИЙ, -ая, -ее, -ие; *действ. прош.*
Синт.: **а, б** — в глаг. знач. 1 — 3

III. УПЛОТНЯ́ЕМЫЙ, -ая, -ое, -ые; *страд. наст.*
Синт.: **а, б** — в глаг. знач. 1 — 3; **в** — в глаг. знач. 1, 2
Субстантив.₃ в глаг. знач. 1

УПЛОТНЯ́ТЬСЯ, уплотня́|ются, уплотня́|лся; ***несов.* к** уплотни́ться (см.)

I. УПЛОТНЯ́ЮЩИЙСЯ, -аяся, -ееся, -иеся; *действ. наст.*
Синт.: **а, б** — в глаг. знач. 1 — 4; **в** — в глаг. знач. 1 — 3

II. УПЛОТНЯ́ВШИЙСЯ, -аяся, -ееся, -иеся; *действ. прош.*
Синт.: **а, б** — в глаг. знач. 1 — 4; **в** — в глаг. знач. 1 — 3

УПОЛНОМО́ЧИВАТЬ, уполномо́чива|ют, уполномо́чива|л; ***несов.* к** уполномо́чить (см.)

I. УПОЛНОМО́ЧИВАЮЩИЙ, -ая, -ее, -ие; *действ. наст.*
Синт.: **а, б** — в глаг. знач.

II. УПОЛНОМО́ЧИВАВШИЙ, -ая, -ее, -ие; *действ. прош.*
Синт.: **а, б** — в глаг. знач.

III. УПОЛНОМО́ЧИВАЕМЫЙ, -ая, -ое, -ые; *страд. наст.*
Синт.: **а, б** — в глаг. знач.

УПОЛНОМО́ЧИТЬ, уполномо́ч|ат, уполномо́чи|л; ***сов., перех., кого(что)*** (*несов.* уполномо́чивать) *Наш коллектив уполномочил меня передать вам это заявление* [дать полномочия на что-л., доверить что-л. сделать от своего имени, от имени коллектива, учреждения]

II. УПОЛНОМО́ЧИВШИЙ, -ая, -ее, -ие; *действ. прош.*
Синт.: **а, б** — в глаг. знач.

IV. УПОЛНОМО́ЧЕННЫЙ, -ая, -ое, -ые; *страд. прош.*
Синт.: **а, б** — в глаг. знач.
В знач. сущ. **уполномо́ченный**, -ого, *м.*; **уполномо́ченная**, -ой, *ж.* Официальное доверенное лицо, действующее на основании каких-л. полномочий. *Работать уполномоченным Госстраха*
УПОЛНОМО́ЧЕН, -ена, -ено, -ены; *кр. ф.*
В глаг. знач.

УПРАВЛЯ́ТЬ, управля́|ют, управля́|л; ***несов., неперех.*** **1.** ***кем(чем)*** * и ***чем*** *«Худые руки ее научились ловко и чутко управлять конем».* А. Н. Толстой, Гадюка. *Девушка очень ловко управляла санками. Эти приборы управляют полетом космического корабля* [пользуясь какими-л. средствами, приборами, рычагами и т. п., направлять, регулировать движение, ход, работу кого-чего-л.] **2.** ***кем(чем)*** и ***чем*** *«Ботаническим садом управлял отличный ученый директор и не допускал никакого беспорядка».* Гаршин, Attalea princeps. *Этой страной управляет парламент* [руководить, направлять деятельность кого-чего-л.] **3.** ***чем; S* не лицо** *Этот глагол управляет дательным падежом существительного* [в грамматике: требовать после себя определенного управления, синтаксически подчинять себе какое-л. слово]

I. УПРАВЛЯ́ЮЩИЙ, -ая, -ее, -ие; *действ. наст.*
Синт.: **а, б** — в глаг. знач. 1 — 3
В знач. прил. Такой, который предназначен для направления движения, действия, хода чего-л., связан с управлением. *Управляющий рычаг. Управляющая кнопка. Этот щит и многочисленные кнопки осуществляют управляющую функцию*
В знач. сущ. **управля́ющий**, -его, *м.* Тот, кто руководит каким-л. учреждением, организацией, отделом и т. п. *Он работает управляющим треста*

II. УПРАВЛЯ́ВШИЙ, -ая, -ее, -ие; *действ. прош.*
Синт.: **а, б** — в глаг. знач. 1 — 3

III. УПРАВЛЯ́ЕМЫЙ, -ая, -ое, -ые; *страд. наст.*
Синт.: **а, б** — в глаг. знач. 1 — 3

В знач. прил. (также *кр. ф.* ↓) Такой, движение, работу которого можно направлять автоматически. *Управляемая ракета. Управляемый снаряд. Управляемый полет*

Субстантив.₃ в глаг. знач. 1

УПРАВЛЯ́ЕМ, -ема, -емо, -емы; *кр. ф.**

В глаг. знач. 1, 2

В знач. прил. (также *полн. ф.* ↑) *Этот снаряд управляем*

□ Неперех. глагол имеет в 1 — 3 знач. прич. III. Кр. ф. прич. III в 3 глаг. знач. не употр.

УПРЕ́ТЬ, упре́ют, упре́|л; ***сов. к*** преть в 4 знач. (см.)

II. УПРЕ́ВШИЙ, -ая, -ее, -ие; *действ. прош.*

Синт.: **а, б, в** — в глаг. знач. 4

УПРОСТИ́ТЬ, упрощу́, упрост|я́т, упрости́|л; ***сов., перех., что*** (*несов.* упроща́ть) **1.** *Инженеры упростили конструкцию моста. Сейчас упростили правила приема в институты. Учитель упростил условие задачи* [сделать проще, более простым] **2.** *Вы сильно упростили смысл происходящего* [представить проще, чем на самом деле, лишив глубины и сложности, вульгаризировать]

II. УПРОСТИ́ВШИЙ, -ая, -ее, -ие; *действ. прош.*

Синт.: **а, б** — в глаг. знач. 1, 2

IV. УПРОЩЁННЫЙ, -ая, -ое, -ые; *страд. прош.*

[чередование ст/щ]

Синт.: **а, б** — в глаг. знач. 1, 2

В знач. прил. (только *полн. ф.*) Представляющий собой более простую разновидность чего-л., несложный. *Упрощенный механизм. Представить в упрощенном виде новую схему ЭВМ*

Ср. прил. **упрощённый**, -ая, -ое, -ые; -ён, -ённа, -ённо, -ённы. **1.** Поверхностный, примитивный, недостаточно глубокий. *Упрощенная концепция. Упрощенные рассуждения. Упрощенные приемы* **2.** Освобожденный от требований морали, правил приличия, чрезмерно вольный. *Упрощенные отношения. Упрощенная любовь*

Субстантив.₃ не употр.

УПРОЩЁН, -ена́, -ено́, -ены́; *кр. ф.*

В глаг. знач. 1, 2

УПРОЩА́ТЬ, упроща́|ют, упроща́|л; ***несов. к*** упрости́ть (см.)

I. УПРОЩА́ЮЩИЙ, -ая, -ее, -ие; *действ. наст.*

Синт.: **а, б** — в глаг. знач. 1, 2

II. УПРОЩА́ВШИЙ, -ая, -ее, -ие; *действ. прош.*

Синт.: **а, б** — в глаг. знач. 1, 2

III. УПРОЩА́ЕМЫЙ, -ая, -ое, -ые; *страд. наст.*

Синт.: **а, б** — в глаг. знач. 1, 2; **в** — в глаг. знач. 1

Субстантив.₃ не употр.

УРАВНОВЕ́СИТЬ, уравнове́шу, уравнове́с|ят, уравнове́си|л; ***сов., перех., что,*** также ***чем*** (*несов.* уравнове́шивать) **1.** *Продавец маленькой гирькой уравновесил чашки весов* (см. § 2) [привести в равновесие, сделать равным по весу] **2.** *Художник уравновесил темные тона двумя мазками белой краски* (см. § 2). *Исход боя за высоту уравновесил силы противников* [сделать равно соответствующим чему-л., уравнять одно с другим]

II. УРАВНОВЕ́СИВШИЙ, -ая, -ее, -ие; *действ. прош.*

Синт.: **а, б** — в глаг. знач. 1, 2

IV. УРАВНОВЕ́ШЕННЫЙ, -ая, -ое, -ые; *страд. прош.*

[чередование с/ш]

Синт.: **а, б** — в глаг. знач. 1, 2; **в** — в глаг. знач. 1

В знач. прил. (только *полн. ф.*) Такой, который находится в равновесии, в соответствии с чем-л. *Уравновешенный торговый баланс. Уравновешенный веревочный мост*

Ср. прил. **уравнове́шенный**, -ая, -ое, -ые; -ен, -енна, -енно, -енны. **1.** Обладающий ровным, спокойным, выдержанным характером. *Уравновешенный человек* **2.** Спокойный, ровный — о характере, поведении, образе жизни. *Уравновешенный характер. Уравновешенная жизнь*

Субстантив.₃ в глаг. знач. 1

УРАВНОВЕ́ШЕН, -ена, -ено, -ены; *кр. ф.*

В глаг. знач. 1, 2

УРАВНОВЕ́ШИВАТЬ, уравнове́шива|ют, уравнове́шива|л; ***несов. к*** уравнове́сить (см.)

I. УРАВНОВЕ́ШИВАЮЩИЙ, -ая, -ее, -ие; *действ. наст.*

Синт.: **а, б** — в глаг. знач. 1, 2

II. УРАВНОВЕ́ШИВАВШИЙ, -ая, -ее, -ие; *действ. прош.*

Синт.: **а, б** — в глаг. знач. 1, 2

III. УРАВНОВЕ́ШИВАЕМЫЙ, -ая, -ое, -ые; *страд. наст.*

Синт.: **а, б** — в глаг. знач. 1, 2; **в** — в глаг. знач. 1

Субстантив.₃ в глаг. знач. 1

УРО́ДОВАТЬ, уро́ду|ют, уро́дова|л; ***несов. к*** изуро́довать (см.)

I. УРО́ДУЮЩИЙ, -ая, -ее, -ие; *действ. наст.*

Синт.: **а, б** — в глаг. знач. 1 — 10

II. УРО́ДОВАВШИЙ, -ая, -ее, -ие; *действ. прош.*

Синт.: **а, б** — в глаг. знач. 1 — 10

III. УРО́ДУЕМЫЙ, -ая, -ое, -ые; *страд. наст.*

Синт.: **а, б** — в глаг. знач. 1— 10

Субстантив.₂ в глаг. знач. 1, 8, 9; субстантив.₃ не употр.

УСИ́ЛИВАТЬ, уси́лива|ют, уси́лива|л; ***несов. к*** уси́лить (см.)

I. УСИ́ЛИВАЮЩИЙ, -ая, -ее, -ие; *действ. наст.*

Синт.: **а, б** — в глаг. знач. 1 — 5

II. УСИ́ЛИВАВШИЙ, -ая, -ее, -ие; *действ. прош.*

Синт.: **а, б** — в глаг. знач. 1 — 5

III. УСИ́ЛИВАЕМЫЙ, -ая, -ое, -ые; *страд. наст.*

Синт.: **а, б** — в глаг. знач. 1 — 5

Субстантив.₃ не употр.

УСИ́ЛИТЬ, уси́л|ят, уси́ли|л; ***сов., перех.*** (*несов.*

уси́ливать) **1.** ***что,*** также ***кем(чем)*** и ***чем*** *Совет трудового коллектива решил усилить отдел технической информации опытными специалистами* (из газет) (см. § 2). *«[Голицын] усилил свое войско бывшими в Оренбурге пехотными отрядами и казаками».* Пушкин, История Пугачева (см. § 2) [увеличив количественно или придав что-л. дополнительно, сделать более сильным, действенным, мощным и т. п.] **2.** ***что*** *«[Фашисты] усилили обстрел. Пулеметные очереди вновь хлестали вдоль и поперек..»* М. Алексеев, Солдаты. *Техник усилил вибрацию и звучание прибора. «— Надо устроить покатый ровный спуск без ступенек, затем усилить освещение».* Степанов, Порт-Артур [повысить степень интенсивности какого-л. действия; повысить степень интенсивности какого-л. процесса, явления и т. п.] **3.** ***что*** *Ребята явно усилили внимание, когда ветеран войны начал свой рассказ о Сталинградской битве* [сделав дополнительные усилия, повысить степень активного проявления внимания, бдительности, старания и т. п.] **4.** ***что,*** также ***чем*** *Эти люди своими провокационными действиями сознательно усилили недовольство масс* (см. § 1). *«У Привалова тихо закружилась голова от этой песни, и он закрыл глаза, чтобы усилить впечатление».* Мамин-Сибиряк, Приваловские миллионы. *Массаж лишь усилил боль в ноге* [сделать более сильным, глубоким, острым, резким какое-л. чувство, ощущение, состояние и т. п.] **5.** ***что; S не лицо*** *Лунный свет усилил голубизну снега. Длинное черное платье усилило сходство Тани с матерью* [вызвать впечатление о более сильном, интенсивном проявлении каких-л. свойств, качеств и т. п.]

II. УСИ́ЛИВШИЙ, -ая, -ее, -ие; *действ. прош.*

Синт.: **а, б** — в глаг. знач. 1 — 5

IV. УСИ́ЛЕННЫЙ, -ая, -ое, -ые; *страд. прош.*

Синт.: **а, б** — в глаг. знач. 1 — 5

В знач. прил. (только *полн. ф.*) **1.** Увеличенный в объеме, количестве, численности и т. п. *Усиленная охрана. Усиленная доза лекарства. Усиленное питание* **2.** Очень сильный по степени проявления, более сильный, чем обычно — о действии, процессе, явлении. *Усиленный обстрел. Усиленная вибрация. Усиленное звучание* **3.** Совершаемый с бо́льшими, чем обычно, усилиями, напряженный, интенсивный. *Усиленная ходьба. Усиленное чтение. Усиленная работа. Слушать с усиленным вниманием. Делать с усиленным старанием*

Ср. прил. **уси́ленный,** -ая, -ое, -ые. Многократно повторяющийся, неотступный, настойчивый. *Усиленные просьбы. Усиленные приглашения*

Субстантив.₃ не употр.

УСИ́ЛЕН, -ена, -ено, -ены; *кр. ф.*

В глаг. знач. 1 — 5

УСКО́РИТЬ, уско́р|ят, уско́ри|л; ***сов., перех., что*** (*несов.* ускоря́ть) **1.** *Прохожий ускорил шаги. Строители ускорили темпы отделочных работ* [сделать более скорым, более быстрым] **2.** *Брат ускорил свой отъезд. Это ускорило развязку* [приблизить наступление чего-л.]

II. УСКО́РИВШИЙ, -ая, -ее, -ие; *действ. прош.*

Синт.: **а, б** — в глаг. знач. 1, 2

IV. УСКО́РЕННЫЙ, -ая, -ое, -ые; *страд. прош.*

Синт.: **а, б** — в глаг. знач. 1, 2

В знач. прил. (только *полн. ф.*) **1.** Осуществляющийся с большей, чем обычно, скоростью. *Ускоренные шаги. Ускоренные темпы* **2.** Более частый, чем обычно — о дыхании, пульсе и т. п. *Ускоренное дыхание* **3.** Осуществляемый в более короткие, чем обычно, сроки. *Ускоренное решение сложных проблем. Ускоренный подъем сельского хозяйства*

Ср. прил. **уско́ренный,** -ая, -ое, -ые. Дающий какие-л. знания, специальность и т. п. в более короткие, чем обычно, сроки. *Ускоренное обучение. Ускоренные курсы английского языка. Ускоренная программа*

Субстантив.₃ не употр.

УСКО́РЕН, -ена, -ено, -ены; *кр. ф.*

В глаг. знач. 1, 2

УСКОРЯ́ТЬ, ускоря́|ют, ускоря́|л; ***несов. к*** уско́рить (см.)

I. УСКОРЯ́ЮЩИЙ, -ая, -ее, -ие; *действ. наст.*

Синт.: **а, б** — в глаг. знач. 1, 2

II. УСКОРЯ́ВШИЙ, -ая, -ее, -ие; *действ. прош.*

Синт.: **а, б** — в глаг. знач. 1, 2

III. УСКОРЯ́ЕМЫЙ, -ая, -ое, -ые; *страд. наст.*

Синт.: **а, б** — в глаг. знач. 1, 2; **в** — в глаг. знач. 1

Субстантив.₃ не употр.

УСЛОЖНИ́ТЬ, усложн|я́т, усложни́|л; ***сов., перех., что*** (*несов.* усложня́ть) **1.** *Архитектор усложнил проект. Инженер усложнил конструкцию детали* [сделать более сложным по строению, форме, характеру составных частей] **2.** *Ты очень усложнил нам работу. Тренер усложнил упражнения* [сделать более трудным, требующим бо́льших усилий для осуществления, исполнения, понимания и т. п.] **3.** *Вы напрасно усложнили себе жизнь* [сделать более напряженным, затруднительным]

II. УСЛОЖНИ́ВШИЙ, -ая, -ее, -ие; *действ. прош.*

Синт.: **а, б** — в глаг. знач. 1 — 3

IV. УСЛОЖНЁННЫЙ, -ая, -ое, -ые; *страд. прош.*

Синт.: **а, б** — в глаг. знач. 1 — 3

В знач. прил. (только *полн. ф.*) **1.** Отличающийся большой сложностью, очень сложный по строению, форме, характеру составных частей. *Усложненная техника* **2.** Трудный, не простой, требующий больших усилий для понимания, принятия правильных решений и т. п. *Усложненная обстановка* **3.** Очень сложный, отличающийся разнообразием ситуаций, событий, требующих напряжения сил. *Усложненная жизнь*

Субстантив.₃ не употр.

УСЛОЖНЁН, -ена́, -ено́, -ены́; *кр. ф.*

В глаг. знач. 1 — 3

УСЛОЖНЯ́ТЬ, усложня́|ют, усложня́|л; ***несов. к*** усложнить (см.)

I. УСЛОЖНЯ́ЮЩИЙ, -ая, -ее, -ие; *действ. наст.*

Синт.: **а, б** — в глаг. знач. 1 — 3

II. УСЛОЖНЯ́ВШИЙ, -ая, -ее, -ие; *действ. прош.*

Синт.: **а, б** — в глаг. знач. 1 — 3

III. УСЛОЖНЯ́ЕМЫЙ, -ая, -ое, -ые; *страд. наст.*

Синт.: **а, б** — в глаг. знач. 1 — 3; **в** — в глаг. знач. 1, 2

Субстантив.$_3$ не употр.

УСЛЫ́ШАТЬ, услы́шат, услы́ша|л; ***сов., перех.*** (*несов.* слы́шать *к* 1 — 3 знач.) **1. *кого(что)*** и ***что*** и ***с придат. дополнит.*** *Смирнов услышал меня не сразу. Аня услышала чей-то смех. Илья услышал, что я открываю замок своим ключом* [различить, воспринять что-л. слухом] **2. *кого(что)*** и ***что*** *Наш мастер услышал на собрании только то, что говорило начальство, а не предложения рабочих. Олег, наконец, услышал критику в свой адрес* [воспринять содержание сказанного, отреагировать на высказанное мнение, оценку, предложение и т. п.] **3. *что, о ком(чем)*** и ***о чем, про кого(что)*** и ***про что*** и ***с придат. дополнит.*** *Вчера мы услышали новость — к нам приедут артисты из Москвы. Ребята на этой лекции услышали много интересного о происхождении Земли* [получить какие-л. сведения, узнать из разговоров, лекции и т. п.] **4. *что*** *Ира услышала запах гари* [ощутить, почувствовать запах чего-л.]

II. УСЛЫ́ШАВШИЙ, -ая, -ее, -ие; *действ. прош.*

Синт.: **а, б** — в глаг. знач. 1 — 4

IV. УСЛЫ́ШАННЫЙ, -ая, -ое, -ые; *страд. прош.**

Синт.: **а, б** — в глаг. знач. 1 — 3

В знач. прил. (также *кр. ф.* ↓) Не прозвучавший напрасно, воспринятый, вызвавший необходимую реакцию. *Услышанный протест. Услышанный призыв*

Субстантив.$_2$ в глаг. знач. 1

УСЛЫ́ШАН, -ана, -ано, -аны; *кр. ф.**

В глаг. знач. 1 — 3

В знач. прил. (также *полн. ф.* ↑) *Наш протест услышан. Призыв Ольги услышан*

□ Прич. IV в 4 глаг. знач. не употр.

УСОВЕРШЕ́НСТВОВАТЬ, усоверше́нствуют, усоверше́нствова|л; ***сов., перех., что*** (*несов.* соверше́нствовать) *Мой сын усовершенствовал магнитофон. Мастер усовершенствовал двигатель. Инженеры усовершенствовали свой проект. Рабочие усовершенствовали этот метод* [внеся изменения в конструкцию чего-л., сделать ее лучше, совершеннее; изменив, сделать лучше, совершеннее]

II. УСОВЕРШЕ́НСТВОВАВШИЙ, -ая, -ее, -ие; *действ. прош.*

Синт.: **а, б** — в глаг. знач.

IV. УСОВЕРШЕ́НСТВОВАННЫЙ, -ая, -ое, -ые; *страд. прош.*

Синт.: **а, б** — в глаг. знач.

В знач. прил. (только *полн. ф.*) Отличающийся высокой степенью совершенства, более совершенный, чем ранее. *Усовершенствованный двигатель. Усовершенствованный метод. Усовершенствованный магнитофон*

УСОВЕРШЕ́НСТВОВАН, -ана, -ано, -аны; *кр. ф.*

В глаг. знач.

УСПЕВА́ТЬ, успева́|ют, успева́|л; ***несов., неперех.*** (*сов.* успе́ть *к* 1 — 4 знач.) **1. *с неопр. ф.*** *Я успеваю сходить в воскресенье и в библиотеку, и в театр* [оказываться в состоянии делать что-л. за определенный промежуток времени] **2. *с неопр. ф.; S не лицо*** *Краски не успевают высохнуть, а малыш уже кладет сверху новый лист бумаги* [приходить в какое-л. состояние за определенный промежуток времени] **3. *за кем (чем)*** *Я не успеваю за тобой! Иди помедленнее! «На большом и умном лице Шалавина внимание; не успевает он за быстрым и уверенным лётом лекторской мысли».* Либединский, Комиссары [быть в состоянии делать что-л. так же быстро, как кто-л. другой — обычно с отрицанием] **4. *к чему, на что*** *Илья все-таки успевает к обеду. Ира явно не успевает на поезд. Я не успеваю к началу занятий* [прибывать куда-л. вовремя, в срок; *разг.*] **5.** *Дочь успевает по всем предметам* [хорошо учиться, успешно заниматься учебными предметами; *разг.*]

I. УСПЕВА́ЮЩИЙ, -ая, -ее, -ие; *действ. наст.*

Синт.: **а, б** — в глаг. знач. 1 — 5

В знач. прил. Успешно занимающийся. *В этом классе только успевающие ученики*

II. УСПЕВА́ВШИЙ, -ая, -ее, -ие; *действ. прош.*

Синт.: **а, б** — в глаг. знач. 1 — 5

УСПЕ́ТЬ, успе́ют, успе́|л; ***сов. к*** успева́ть в 1 — 4 знач. (см.)

II. УСПЕ́ВШИЙ, -ая, -ее, -ие; *действ. прош.*

Синт.: **а, б** — в глаг. знач. 1 — 4

Субстантив.$_1$ в глаг. знач. 1, 4

УСПОКА́ИВАТЬ, успока́ива|ют, успока́ива|л; ***несов., перех.*** (*сов.* успоко́ить) **1. *кого(что),*** также ***чем*** *Аня как могла успокаивала встревоженного отца разумными доводами* (см. § 1). *Твои слова всегда меня успокаивали* [рассеивать чье-л. беспокойство, тревогу, волнение, приводить в спокойное состояние] **2. *кого(что)*** *Я успокаивала плачущего ребенка* [заставлять кого-л. вести себя тихо, делать спокойным] **3. *что,*** также ***чем*** *Тамара успокаивает свои нервы валериановыми каплями* (см. § 3). *Это лекарство быстро успокаивает зубную боль* [умерять, облегчать или прекращать какое-л. болезненное состояние]

I. УСПОКА́ИВАЮЩИЙ, -ая, -ее, -ие; *действ. наст.*

Синт.: **а, б** — в глаг. знач. 1 — 3

В знач. прил. **1.** Такой, который приводит в состояние спокойствия, рассеивает тревогу, беспокойство. *Успокаивающий тон* **2.** Способный успокоить, умерить, облегчить или прекратить болезненное состояние, успокоительный. *Успокаивающее лекарство* (Ср. прил. **успоко́ительный,** -ая, -ое, -ые; -лен, -льна, -льно, -льны. Приносящий успокоение, умеряющий, облегчающий или прекращающий болезненное состояние, успокаивающий. *Успокоительное лекарство*)

II. УСПОКА́ИВАВШИЙ, -ая, -ее, -ие; *действ. прош.*

Синт.: **а, б** — в глаг. знач. 1 — 3

III. УСПОКА́ИВАЕМЫЙ, -ая, -ое, -ые; *страд. наст.*

Синт.: **а, б** — в глаг. знач. 1 — 3

Субстантив.$_3$ не употр.

УСПОКА́ИВАТЬСЯ, успока́ива|ются, успока́ива|лся; ***несов. к*** успоко́иться (см.)

I. УСПОКА́ИВАЮЩИЙСЯ, -аяся, -ееся, -иеся; *действ. наст.*

Синт.: **а, б** — в глаг. знач. 1 — 5

II. УСПОКА́ИВАВШИЙСЯ, -аяся, -ееся, -иеся; *действ. прош.*

Синт.: **а, б** — в глаг. знач. 1 — 5

УСПОКО́ИТЬ, успоко́|ят, успоко́и|л; ***сов., перех.*** (*несов.* успока́ивать) **1. *кого(что),*** также ***чем*** *Аня успокоила встревоженного отца разумными доводами* (см. § 1). *Твои слова меня успокоили* [рассеять чье-л. беспокойство, тревогу, волнение, привести в спокойное состояние] **2. *кого(что)*** *Я успокоила плачущего ребенка* [заставить кого-л. вести себя тихо, сделать спокойным] **3. *что*** *Тамара успокоила свои нервы валериановыми каплями* (см. § 3). *Это лекарство быстро успокоило боль* [умерить, облегчить или прекратить какое-л. болезненное состояние]

II. УСПОКО́ИВШИЙ, -ая, -ее, -ие; *действ. прош.*

Синт.: **а, б** — в глаг. знач. 1 — 3

IV. УСПОКО́ЕННЫЙ, -ая, -ое, -ые; *страд. прош.*

Синт.: **а, б** — в глаг. знач. 1 — 3

В знач. прил. (только *полн. ф.*) **1.** Находящийся в состоянии умиротворения, не испытывающий больше беспокойства, тревоги, волнения, успокоившийся. *Сын казался успокоенным, веселым* **2.** Выражающий состояние умиротворения, успокоенности после тревоги, волнения. *Успокоенный вид*

Субстантив.$_3$ не употр.

УСПОКО́ЕН, -ена, -ено, -ены; *кр. ф.*

В глаг. знач. 1 — 3

□ Прич. IV в 3 глаг. знач. менее употр., чем личные ф. глагола и прич. II

УСПОКО́ИТЬСЯ, успоко́ятся, успоко́и|лся; ***сов.*** (*несов.* успока́иваться) **1.** *«Оскорбленный Сергей Никанорыч никак не мог успокоиться и всё пожимал плечами и бормотал что-то».* Чехов, Убийство [стать спокойным, подавив свое волнение, тревогу, горячность, возбуждение] **2.** *«Все хохочут долго, дружно.. Наконец кое-как, с трудом успокоились».* И. Гончаров, Обломов [перестать шуметь, громко говорить, смеяться и т. п.] **3. *S не лицо*** *«К ночи море совершенно успокоилось».* Арсеньев, В горах Сихотэ-Алиня [прийти в состояние покоя] **4. *S не лицо*** *Вьюга успокоилась. Боль успокоилась* [стать слабее, меньше, прекратиться — о стихийных явлениях; стихнуть, утихнуть — о боли, болезненных явлениях] **5. *на чем*** *Олег успокоился на достигнутом* [прекратить дальнейшую деятельность, перестать стремиться к чему-л., удовлетворившись чем-л.]

II. УСПОКО́ИВШИЙСЯ, -аяся, -ееся, -иеся; *действ. прош.*

Синт.: **а, б** — в глаг. знач. 1 — 5

УСТАВА́ТЬ, уста*ю́*т, устава́|л; ***несов. к*** уста́ть (см.)

I. УСТАЮ́ЩИЙ, -ая, -ее, -ие; *действ. наст.*

Синт.: **а, б** — в глаг. знач. 1, 2

II. УСТАВА́ВШИЙ, -ая, -ее, -ие; *действ. прош.*

Синт.: **а, б** — в глаг. знач. 1, 2

УСТАРЕВА́ТЬ, устарев*а́*|ют, устарева́|л; ***несов. к*** устаре́ть (см.)

I. УСТАРЕВА́ЮЩИЙ, -ая, -ее, -ие; *действ. наст.*

Синт.: **а, б, в** — в глаг. знач.

II. УСТАРЕВА́ВШИЙ, -ая, -ее, -ие; *действ. прош.*

Синт.: **а, б, в** — в глаг. знач.

УСТАРЕ́ТЬ, устаре́ют, устаре́|л; ***сов., неперех.*** (*несов.* устарева́ть); ***S не лицо*** *Такие методы руководства устарели. Мода на короткие женские юбки не устарела* [выйти из употребления, не отвечать современным требованиям, запросам]

II. УСТАРЕ́ВШИЙ, -ая, -ее, -ие; *действ. прош.*

Синт.: **а, б** — в глаг. знач.

В знач. прил. Вышедший из употребления, не соответствующий современности, устарелый. *Устаревшая мода. Устаревшее оборудование. Устаревшие методы* (Ср. прил. **устаре́лый,** -ая, -ое, -ые. Вышедший из употребления, не соответствующий современности, устаревший. *Устарелый фасон. Устарелые взгляды. Устарелые обычаи*)

УСТА́ТЬ, уста́нут, уста́|л; ***сов., неперех.*** (*несов.* устава́ть) **1.** *Я очень устала сегодня. Друзья устали с дороги* [почувствовать усталость] **2. *с неопр. ф.*** *Сергей уже устал тебя ждать* [почувствовать душевное утомление от однообразия и длительно продолжающегося действия, повторяющихся впечатлений и т. п.]

II. УСТА́ВШИЙ, -ая, -ее, -ие; *действ. прош.*

Синт.: **а, б** — в глаг. знач. 1, 2; **в** — в глаг. знач. 1

В знач. прил. Выражающий, обнаруживающий усталость. *Уставший вид. Уставшие глаза. Уставшее лицо* (Ср. прил. **уста́лый,** -ая, -ое, -ые. **1.** Испытывающий слабость, упадок сил после движения, продолжительной работы и т. п. *Усталый человек* **2.** Обнаруживающий, выражающий усталость. *Усталый вид. Усталый голос. Усталое лицо. Усталые глаза*)

УСТРА́ИВАТЬ, устра́ива|ют, устра́ива|л; ***несов. к*** устро́ить в 1, 3 — 9 знач. (см.)

I. УСТРА́ИВАЮЩИЙ, -ая, -ее, -ие; *действ. наст.*

Синт.: **а, б** — в глаг. знач. 1, 3 — 9

II. УСТРА́ИВАВШИЙ, -ая, -ее, -ие; *действ. прош.*

Синт.: **а, б** — в глаг. знач. 1, 3 — 9

III. УСТРА́ИВАЕМЫЙ, -ая, -ое, -ые; *страд. наст.**

Синт.: **а, б** — в глаг. знач. 1, 3 — 8
Субстантив.2 в глаг. знач. 7; субстантив.3 в глаг. знач. 1
▭ Прич. III в 9 глаг. знач. не употр.

УСТРАША́ТЬ, устраша́|ют, устраша́|л; ***несов., перех., кого(что)*** (*сов.* устраши́ть); ***S не лицо*** *Советский народ не устрашали никакие трудности и препятствия в годы войны* [вызывать, внушать страх, пугать — обычно с отрицанием]

I. УСТРАША́ЮЩИЙ, -ая, -ее, -ие; *действ. наст.*
Синт.: **а, б** — в глаг. знач.
В знач. прил. Такой, который вызывает, внушает страх. *Устрашающее зрелище. Устрашающий вид. Устрашающий голос. Устрашающие размеры чего-л.*

II. УСТРАША́ВШИЙ, -ая, -ее, -ие; *действ. прош.*
Синт.: **а, б** — в глаг. знач.

III. УСТРАША́ЕМЫЙ, -ая, -ое, -ые; *страд. наст.*
Синт.: **а, б** — в глаг. знач.

УСТРАШИ́ТЬ, устраш|а́т, устраши́|л; ***сов. к*** устраша́ть (см.)

II. УСТРАШИ́ВШИЙ, -ая, -ее, -ие; *действ. прош.*
Синт.: **а, б** — в глаг. знач.

IV. УСТРАШЁННЫЙ, -ая, -ое, -ые; *страд. прош.*
Синт.: **а, б** — в глаг. знач.
УСТРАШЁН, -ена́, -ено́, -ены́; *кр. ф.*
В глаг. знач.

УСТРО́ИТЬ, устро́|ят, устро́и|л; ***сов., перех.*** (*несов.* устра́ивать *к* 1, 3 — 9 знач.) **1. *что*** *Ребята из сдвинутых скамеек устроили сцену. Пионеры устроили кормушку для белок на сосне* [сделать, соорудить, изготовить] **2. *кого(что); S не лицо*** *«— Судьба так устроила француза: что б он ни делал, он все учит».* Герцен, Сорока-воровка [создать, сотворить, придавая кому-л. какие-л. свойства, черты] **3. *что*** *Молодые супруги устроят свою жизнь по-новому. Илья быстро устроил все свои дела* [наладить, придав нужный порядок, вид] **4. *кого(что)*** *«— Кажется, я все делаю, чтобы не отстать от века: крестьян устроил, фермы завел».* Тургенев, Отцы и дети [создать кому-л. необходимые условия существования, обеспечить, наладить чью-л. жизнь; *разг.*] **5. *что*** *На заводе рабочие устроили концерт в честь Дня космонавтики. В школе ребята устроили выставку детского рисунка* [подготовить и осуществить что-л., организовать] **6. *что*** *Ольга устроила мужу скандал. Мальчишки устроили потасовку* [вызвать своими действиями что-л. нежелательное, предосудительное, учинить] **7. *кого(что)*** *Мой друг устроил меня на работу. Сережа устроил мать в лечебницу* [помочь поступить куда-л., получить место где-л., определить куда-л.] **8. *что кому(чему)*** *Это Аня устроила нам билеты в театр* [посодействовать в получении, достижении чего-л.; *разг.*] **9. *кого(что); S не лицо*** *Ваши предложения нас не устроили. «— Довоенного уровня в совхозе мы достигнем скоро, в этом я уверен. Но довоенный уровень разве нас устроит? — говорил Павел».* Шолохов-Синявский, Волгины [оказаться подходящим, удобным для кого-л., удовлетворить кого-л.; *разг.*]

II. УСТРО́ИВШИЙ, -ая, -ее, -ие; *действ. прош.*
Синт.: **а, б** — в глаг. знач. 1 — 9

IV. УСТРО́ЕННЫЙ, -ая, -ое, -ые; *страд. прош.**
Синт.: **а, б** — в глаг. знач. 1 — 8 и в статив. знач.
Статив. знач., ***с обстоятельств. словами*** (также *кр. ф.*↓) Имеющий какое-л. устройство, какое-л. соотношение частей, совокупность свойств и т. п. *Человеческий мозг, устроенный очень сложно, не изучен еще до конца*
В знач. прил. (только *полн. ф.*) **1.** Приведенный в порядок, налаженный, благоустроенный. *Устроенное хозяйство. Устроенная квартира* **2.** Благополучный. *Устроенная жизнь* **3.** Имеющий все необходимое. *Устроенный человек*
Субстантив.2 в глаг. знач. 7; субстантив.3 в глаг. знач. 1
УСТРО́ЕН, -ена, -ено, -ены; *кр. ф.**
В глаг. знач. 1 — 8
Статив. знач., ***с обстоятельств. словами*** (также *полн. ф.* ↑) *Как устроен человеческий мозг? Жизнь так устроена, что человек преодолевает любые препятствия*
▭ Прич. IV в 9 глаг. знач. не употр.

УСЫПИ́ТЬ, усыплю́, усып|я́т, усыпи́|л; ***сов. к*** усыпля́ть (см.)

II. УСЫПИ́ВШИЙ, -ая, -ее, -ие; *действ. прош.*
Синт.: **а, б** — в глаг. знач. 1 — 5

IV. УСЫПЛЁННЫЙ, -ая, -ое, -ые; *страд. прош.*
[чередование п/пл]
Синт.: **а, б** — в глаг. знач. 1 — 5; **в** — в глаг. знач. 3
Субстантив.2 в глаг. знач. 1, 2; субстантив.3 не употр.
УСЫПЛЁН, -ена́, -ено́, -ены́; *кр. ф.*
В глаг. знач. 1 — 5

УСЫПЛЯ́ТЬ, усыпля́|ют, усыпля́|л; ***несов., перех.*** (*сов.* усыпи́ть) **1. *кого(что); S не лицо*** *Стук колес усыпляет меня мгновенно* [вызывать сон, заставлять заснуть] **2. *кого(что),*** также ***чем*** *Этот гипнотизер движениями рук усыпляет меня очень быстро* (см. § 1) [заставлять заснуть при помощи гипноза, наркотиков] **3. *кого(что)**** *Старых и больных животных ветеринары усыпляют* [вызывать смерть животного с помощью каких-л. препаратов] **4. *кого(что),*** также ***чем*** *Лектор усыплял нас своей монотонной речью* (см. § 1). *Монотонная речь лектора усыпляла нас* [доводить до полусонного состояния] **5. *что,*** также ***чем*** *Отвлекающим маневром мы усыпляли бдительность противника* (см. § 2). *Лживые обещания предпринимателей усыпляли боевой дух некоторых профсоюзных лидеров* (из газет) [ослаблять, притуплять, делать бездейственным]

I. УСЫПЛЯ́ЮЩИЙ, -ая, -ее, -ие; *действ. наст.*

Синт.: **а, б** — в глаг. знач. 1 — 5

В знач. прил. **1.** Такой, который оказывает снотворное действие. *Усыпляющее лекарство. Усыпляющее средство. Усыпляющие препараты* **2.** Такой, который навевает сон или сонное состояние своей монотонностью, однообразием. *Усыпляющие звуки. Усыпляющий голос* **3.** Скучный, неинтересный, вызывающий сонное состояние. *Усыпляющая лекция. Усыпляющий рассказ*

II. УСЫПЛЯ́ВШИЙ, -ая, -ее, -ие; *действ. прош.*

Синт.: **а, б** — в глаг. знач. 1 — 5

III. УСЫПЛЯ́ЕМЫЙ, -ая, -ое, -ые; *страд. наст.*

Синт.: **а, б** — в глаг. знач. 1 — 5; **в** — в глаг. знач. 3

Субстантив.$_2$ в глаг. знач. 1, 2; субстантив.$_3$ не употр.

УТА́ПТЫВАТЬ, ута́птыва|ют, ута́птыва|л; ***несов. к*** утопта́ть (см.)

I. УТА́ПТЫВАЮЩИЙ, -ая, -ее, -ие; *действ. наст.*

Синт.: **а, б** — в глаг. знач.

II. УТА́ПТЫВАВШИЙ, -ая, -ее, -ие; *действ. прош.*

Синт.: **а, б** — в глаг. знач.

III. УТА́ПТЫВАЕМЫЙ, -ая, -ое, -ые; *страд. наст.*

Синт.: **а, б, в** — в глаг. знач.

УТВЕРДИ́ТЬ, утвержу́, утверд|я́т, утверди́|л; ***сов. к*** утвержда́ть в 1 — 5 знач. (см.)

II. УТВЕРДИ́ВШИЙ, -ая, -ее, -ие; *действ. прош.*

Синт.: **а, б** — в глаг. знач. 1 — 5

IV. УТВЕРЖДЁННЫЙ, -ая, -ое, -ые; *страд. прош.**

[чередование д/жд]

Синт.: **а, б** — в глаг. знач. 1, 2, 4, 5; **в** — в глаг. знач. 4

Субстантив.$_3$ в глаг. знач. 4

УТВЕРЖДЁН, -ена́, -ено́, -ены́; *кр. ф.**

В глаг. знач. 1, 2, 4, 5

▭ Прич. IV в 3 глаг. знач. не употр.

УТВЕРЖДА́ТЬ, утвержда́|ют, утвержда́|л; ***несов., перех.*** (*сов.* утверди́ть *к* 1 — 5 знач.) **1. *что*** *«Наряду с классикой Малый театр утверждал русскую бытовую драму».* Юрьев, Записки [устанавливать, вводить что-л. на прочных основаниях, упрочивать что-л.] **2. *что за кем(чем)*** *Мы утверждаем за писателями право и обязанность первыми показывать обществу грозящие ему беды* (из газет) [закреплять, оставлять что-л. за кем-л., признавать кого-л. обладающим какими-л. полномочиями, возможностями и т. п.] **3. *кого(что) в чем; S не лицо*** *Твое поведение лишь утверждает меня в намерении поскорее уехать домой. «Слова самого Гоголя утверждают меня в том мнении, что он начал писать „Мертвые души" как любопытный и забавный анекдот».* С. Аксаков, Знакомство с Гоголем [укреплять в каком-л. мнении, взглядах, намерениях и т. п., окончательно убеждать; *книжн.*] **4. *что,*** также ***чем*** *«Несколько дней назад на правлении утверждали разработанный Василием план строительных работ».* Николаева, Жатва. *Собрание утверждает повестку дня открытым голосованием* (см. § 2). *Кто утверждает приговор суда?* [официально одобрять, признавать установленным, принятым; подтверждать юридическую законность, правильность чего-л.] **5. *кого(что) в чем*** *Валерия сейчас утверждают в новой должности. Ольгу долго не утверждали в звании профессора. Почему суд не утверждает детей в правах наследства* [давать окончательную санкцию на назначение кого-л. куда-л., получение какого-л. звания и т. п.; подтверждать юридически законность прав, обязанностей и т. п. кого-л.] **6. *что* и *с придат. дополнит.*** *Илья всегда утверждает обратное. Ученые утверждают, что жизнь на Марсе не существует* [уверенно высказывать что-л.] **7. *что*** *«Все утверждают огромное преимущество нашей артиллерии, а также неотразимость наших штыковых атак».* А. Н. Толстой, По Волыни. *«Лишь букетик лесных цветов.. утверждал существование леса, только что пройденного нами».* Солоухин, Владимирские проселки [подтверждать что-л.; свидетельствовать о чем-л.]

I. УТВЕРЖДА́ЮЩИЙ, -ая, -ее, -ие; *действ. наст.*

Синт.: **а, б** — в глаг. знач. 1 — 7

Ср. прич. в 4 глаг. знач. с прил. **утверди́тельный,** -ая, -ое, -ые; -лен, -льна, -льно, -льны. Содержащий согласие, положительный. *Утвердительный ответ. Утвердительная резолюция*

II. УТВЕРЖДА́ВШИЙ, -ая, -ее, -ие; *действ. прош.*

Синт.: **а, б** — в глаг. знач. 1 — 7

III. УТВЕРЖДА́ЕМЫЙ, -ая, -ое, -ые; *страд. наст.**

Синт.: **а, б** — в глаг. знач. 1, 2, 4 — 7; **в** — в глаг. знач. 4

Субстантив.$_3$ в глаг. знач. 4, 6

▭ Прич. III в 3 глаг. знач. не употр.

УТЕПЛИ́ТЬ, утепл|я́т, утепли́|л; ***сов., перех., что*** (*несов.* утепля́ть) *Тихомировы утеплили летнюю дачу. Мастер утеплил дверь* [сделать более теплым, сохраняющим тепло]

II. УТЕПЛИ́ВШИЙ, -ая, -ее, -ие; *действ. прош.*

Синт.: **а, б** — в глаг. знач.

IV. УТЕПЛЁННЫЙ, -ая, -ое, -ые; *страд. прош.*

Синт.: **а, б** — в глаг. знач.

В знач. прил. (только *полн. ф.*) Сохраняющий тепло, предохраняющий от действия холода в результате утепления. *Утепленная обувь. Утепленный грунт для прокладки труб. Утепленный гараж*

УТЕПЛЁН, -ена́, -ено́, -ены́; *кр. ф.*

В глаг. знач.

УТЕПЛЯ́ТЬ, утепля́|ют, утепля́|л; ***несов., перех., что*** (*сов.* утепли́ть) *Тихомировы утепляют летнюю дачу. Мастер утепляет дверь* [делать более теплым, сохраняющим тепло]

I. УТЕПЛЯ́ЮЩИЙ, -ая, -ее, -ие; *действ. наст.*

Синт.: **а, б** — в глаг. знач.

В знач. прил. Предназначенный, служащий для утепления, утеплительный. *Утепляющие материалы* (Ср. прил. **утепли́тельный,** -ая, -ое, -ые. Предназначенный, служащий для утепления. *Утеплительные материалы*)

II. УТЕПЛЯ́ВШИЙ, -ая, -ее, -ие; *действ. прош.*

Синт.: **а, б** — в глаг. знач.

III. УТЕПЛЯ́ЕМЫЙ, -ая, -ое, -ые; *страд. наст.*

Синт.: **а, б, в** — в глаг. знач.

УТИХА́ТЬ, утиха́|ют, утиха́|л; ***несов. к*** ути́хнуть (см.)

I. УТИХА́ЮЩИЙ, -ая, -ее, -ие; *действ. наст.*

Синт.: **а, б** — в глаг. знач. 1—4; **в** — в глаг. знач. 1 — 3

II. УТИХА́ВШИЙ, -ая, -ее, -ие; *действ. прош.*

Синт.: **а, б** — в глаг. знач. 1—4; **в** — в глаг. знач. 1 — 3

УТИ́ХНУТЬ, ути́хнут, ути́х| и *устар.* ути́хну|л, ути́хла, -ло, -ли; ***сов., неперех.*** (*несов.* утиха́ть) **1.** ***S не лицо*** *Перезвон колоколов утих* [стать тихим, тише, перестать звучать, раздаваться — о звуке, шуме] **2.** *Толпа утихла, все стояли молча. «Около двух часов* [*ночи*] *утихла артиллерия..»* Фурманов, Чапаев [перестать шуметь, кричать и т. п.; перестать издавать или производить какие-л. звуки] **3.** ***S не лицо*** *Буря утихла. Ветер утих. Боль утихла* [ослабеть в действии, силе, прекратиться] **4.** *«Расспрашивать* [*Анну Федоровну*] *о грустной истории Верочки мне было трудно, надо было дать успокоиться ей, утихнуть».* Гл. Успенский, Новые времена, новые заботы. *«Долго плакала дьячиха. В конце концов она глубоко вздохнула и утихла».* Чехов, Ведьма [прийти в спокойное состояние, успокоиться; перестать плакать, стонать, метаться и т. п.]

II. УТИ́ХШИЙ, -ая, -ее, -ие и *поэтич.* УТИ́ХНУВШИЙ, -ая, -ее, -ие; *действ. прош.*

Синт.: **а, б** — в глаг. знач. 1 — 4; **в** — в глаг. знач. 1—3

УТОЛСТИ́ТЬ, утолщу́, утолст|я́т, утолсти́|л; ***сов., перех., что*** (*несов.* утолща́ть) *Рабочие утолстили канат* [сделать толще, более толстым в поперечнике, в обхвате]

II. УТОЛСТИ́ВШИЙ, -ая, -ее, -ие; *действ. прош.*

Синт.: **а, б** — в глаг. знач.

IV. УТОЛЩЁННЫЙ, -ая, -ое, -ые; *страд. прош.*

[чередование ст/щ]

Синт.: **а, б** — в глаг. знач.

В знач. прил. (также *кр. ф.* ↓) Имеющий утолщение, несколько увеличенный в толщину, утолстившийся. *Утолщенный корень. Утолщенные суставы*

УТОЛЩЁН, -ена́, -ено́, -ены́; *кр. ф.*

В глаг. знач.

В знач. прил. (также *полн. ф.* ↑) *Корень в конце утолщен. Суставы утолщены*

УТОЛСТИ́ТЬСЯ, утолщу́сь, утолстя́тся, утолсти́|лся; ***сов.*** (*несов.* утолща́ться); ***S не лицо*** *В этом месте корень дерева утолстился* [стать толще]

II. УТОЛСТИ́ВШИЙСЯ, -аяся, -ееся, -иеся; *действ. прош.*

Синт.: **а, б, в** — в глаг. знач.

УТОЛЩА́ТЬ, утолща́|ют, утолща́|л; ***несов. к*** утолсти́ть (см.)

I. УТОЛЩА́ЮЩИЙ, -ая, -ее, -ие; *действ. наст.*

Синт.: **а, б** — в глаг. знач.

II. УТОЛЩА́ВШИЙ, -ая, -ее, -ие; *действ. прош.*

Синт.: **а, б** — в глаг. знач.

III. УТОЛЩА́ЕМЫЙ, -ая, -ое, -ые; *страд. наст.*

Синт.: **а, б, в** — в глаг. знач.

УТОЛЩА́ТЬСЯ, утолща́|ются, утолща́|лся; ***несов. к*** утолсти́ться (см.)

I. УТОЛЩА́ЮЩИЙСЯ, -аяся, -ееся, -иеся; *действ. наст.*

Синт.: **а, б, в** — в глаг. знач.

II. УТОЛЩА́ВШИЙСЯ, -аяся, -ееся, -иеся; *действ. прош.*

Синт.: **а, б, в** — в глаг. знач.

УТОМИ́ТЬ, утомлю́, утом|я́т, утоми́|л; ***сов., перех., кого(что)*** и ***что,*** также ***чем*** (*несов.* утомля́ть) *Валя утомила бабушку своими рассказами* (см. § 1). *Долгая беседа утомила больного. Илья утомил глаза непрерывным чтением* (см. § 3) [привести в состояние усталости, утомления]

II. УТОМИ́ВШИЙ, -ая, -ее, -ие; *действ. прош.*

Синт.: **а, б** — в глаг. знач.

IV. УТОМЛЁННЫЙ, -ая, -ое, -ые; *страд. прош.*

[чередование м/мл]

Синт.: **а, б** — в глаг. знач.

В знач. прил. (также *кр. ф.* ↓) Испытывающий утомление, утомившийся; очень усталый. *Утомленный человек. Утомленные лошади. Утомленный мозг*

Ср. прил. **утомлённый,** -ая, -ое, -ые. Выражающий утомление, усталость. *Утомленное лицо. Утомленный вид*

Субстантив.₃ не употр.

УТОМЛЁН, -ена́, -ено́, -ены́; *кр. ф.*

В глаг. знач.

В знач. прил. (также *полн. ф.* ↑) *Отец утомлен. Лошади утомлены. Мозг утомлен*

УТОМИ́ТЬСЯ, утомлю́сь, утомя́тся, утоми́|лся; ***сов.*** (*несов.* утомля́ться) *«Я до вечера бродил пешком..., утомился ужасно».* Лермонтов, Княжна Мери. *Бабушка утомилась от долгой беседы* [почувствовать утомление, усталость, устать]

II. УТОМИ́ВШИЙСЯ, -аяся, -ееся, -иеся; *действ. прош.*

Синт.: **а, б, в** — в глаг. знач.

УТОМЛЯ́ТЬ, утомля́|ют, утомля́|л; ***несов., перех., кого(что)*** и ***что,*** также ***чем*** (*сов.* утоми́ть) *Валя утомляет бабушку своими рассказами* (см. § 1). *Долгая беседа утомляет больного. Илья утомляет глаза непрерывным чтением* (см. § 3) [приводить в состояние усталости, утомления]

I. УТОМЛЯ́ЮЩИЙ, -ая, -ее, -ие; *действ. наст.*

Синт.: **а, б** — в глаг. знач.
В знач. прил. Такой, который вызывает утомление, утомительный. *Утомляющая ходьба. Утомляющее чтение. Утомляющие разговоры* (Ср. прил. **утоми́тельный,** -ая, -ое, -ые; -лен, -льна, -льно, -льны. Вызывающий утомление, доводящий до усталости, утомляющий. *Утомительное путешествие. Утомительный разговор*)
II. УТОМЛЯ́ВШИЙ, -ая, -ее, -ие; *действ. прош.*
Синт.: **а, б** — в глаг. знач.
III. УТОМЛЯ́ЕМЫЙ, -ая, -ое, -ые; *страд. наст.*
Синт.: **а, б** — в глаг. знач.
Субстантив.$_3$ не употр.

УТОМЛЯ́ТЬСЯ, утомля́|ются, утомля́|лся; ***несов. к*** утоми́ться (см.)
I. УТОМЛЯ́ЮЩИЙСЯ, -аяся, -ееся, -иеся; *действ. наст.*
Синт.: **а, б** — в глаг. знач.
II. УТОМЛЯ́ВШИЙСЯ, -аяся, -ееся, -иеся; *действ. прош.*
Синт.: **а, б** — в глаг. знач.

УТОНЧА́ТЬ, утонча́|ют, утонча́|л; ***несов. к*** утончи́ть (см.)
I. УТОНЧА́ЮЩИЙ, -ая, -ее, -ие; *действ. наст.*
Синт.: **а, б** — в глаг. знач.
II. УТОНЧА́ВШИЙ, -ая, -ее, -ие; *действ. прош.*
Синт.: **а, б** — в глаг. знач.
III. УТОНЧА́ЕМЫЙ, -ая, -ое, -ые; *страд. наст.*
Синт.: **а, б** — в глаг. знач.

УТОНЧИ́ТЬ, утонч|а́т, утончи́|л; ***сов., перех., что*** (*несов.* утонча́ть) *Матросы утончили канат* [сделать тоньше, более тонким в поперечнике, в обхвате]
II. УТОНЧИ́ВШИЙ, -ая, -ее, -ие; *действ. прош.*
Синт.: **а, б** — в глаг. знач.
IV. УТОНЧЁННЫЙ, -ая, -ое, -ые; *страд. прош.*
Синт.: **а, б, в** — в глаг. знач.
Ср. прил. **утончённый**, -ая, -ое, -ые; -ён, -ённа, -ённо, -ённы и *доп.* **уто́нченный,** -ая, -ое, -ые; -ен, -енна, -енно, -енны. **1.** Имеющий гибкий, тонкий ум, чувствительную, развитую нервную организацию. *Утонченная натура. «Смягчились нравы. Все мы стали гораздо более культурны и утонченны».* М. Горький, Как ее обвенчали **2.** Изысканный, изощренный. *Его манеры утонченны. Утонченный вкус. Утонченные чувства. Утонченная жестокость* **3.** Отвечающий требованиям самого тонкого, изысканного вкуса. *Утонченные кушанья. Утонченные вина* **4.** Отличающийся тонкой одухотворенностью, выразительностью, изящными линиями. *Утонченные черты лица. Утонченная внешность*
УТОНЧЁН, -ена́, -ено́, -ены́; *кр. ф.*
В глаг. знач.

УТОПА́ТЬ, утопа́|ют, утопа́|л; ***несов., неперех., в чем* 1.** *Охотник утопал в снегу. Больная утопала в мягких подушках. Лошади утопали в грязи* [глубоко погружаться во что-л. мягкое, сыпучее, вязкое] **2.** ***S не лицо*** *Дома утопали в зелени* [становиться почти незаметным, неразличимым в массе чего-л.] **3.** *Этот человек утопает в роскоши* [пользоваться чем-л. в излишестве, отдаваться, предаваться чему-л. сверх меры, нормы]
I. УТОПА́ЮЩИЙ, -ая, -ее, -ие; *действ. наст.*
Синт.: **а, б** — в глаг. знач. 1—3
Ср. сущ. **утопа́ющий,** -его, *м.* Тот, кто тонет (от *устар.* знач. глагола **утопа́ть** 'погружаться, опускаться на дно, тонуть'). *Иван не раз спасал утопающих*
II. УТОПА́ВШИЙ, -ая, -ее, -ие; *действ. прош.*
Синт.: **а, б** — в глаг. знач. 1—3

УТОПИ́ТЬ, утоплю́, уто́п|ят, утопи́|л; ***сов. к*** топи́ть [3] (см.)
II. УТОПИ́ВШИЙ, -ая, -ее, -ие; *действ. прош.*
Синт.: **а, б** — в глаг. знач. 1—3
IV. УТО́ПЛЕННЫЙ, -ая, -ое, -ые; *страд. прош.**
[чередование п/пл]
Синт.: **а, б** — в глаг. знач. 1, 2
УТО́ПЛЕН, -ена, -ено, -ены; *кр. ф.**
В глаг. знач. 1, 2
▭ Прич. IV в 3 глаг. знач. не употр.

УТОПТА́ТЬ, утопчу́, уто́пчут, утопта́|л; ***сов., перех., что,*** также ***чем*** (*несов.* утаптывать) *Ребята утоптали землю босыми ногами* (см. § 2). *«Труб уже не было видно под землей. Вадим велел двум ребятам взять трамбовки и утоптать первый слой».* Трифонов, Студенты [топча ногами какую-л. массу или поверхность, уплотнить, плотно умять; уплотнить, трамбуя чем-л.]
II. УТОПТА́ВШИЙ, -ая, -ее, -ие; *действ. прош.*
Синт.: **а, б** — в глаг. знач.
IV. УТО́ПТАННЫЙ, -ая, -ое, -ые; *страд. прош.*
Синт.: **а, б** — в глаг. знач.
В знач. прил. (также *кр. ф.*↓) Плотный, утрамбованный; сильно примятый. *Утоптанные дорожки. Утоптанная земля. Утоптанная трава*
УТО́ПТАН, -ана, -ано, -аны; *кр. ф.*
В глаг. знач.
В знач. прил. (также *полн. ф.*↑) *Дорожки утоптаны. Трава утоптана*

УТРА́ТИТЬ, утра́чу, утра́т|ят, утра́ти|л; ***сов., перех., что*** (*несов.* утра́чивать) *Ты утратил чувство меры. Старик утратил способность различать цвета. Аня утратила все иллюзии* [перестать обладать чем-л., потерять, лишиться чего-л.]
II. УТРА́ТИВШИЙ, -ая, -ее, -ие; *действ. прош.*
Синт.: **а, б** — в глаг. знач.
IV. УТРА́ЧЕННЫЙ, -ая, -ое, -ые; *страд. прош.*
[чередование т/ч]
Синт.: **а, б** — в глаг. знач.
В знач. прил. (только *полн. ф.*) Исчезнувший, больше не существующий. *Утраченные иллюзии*

УТРА́ЧЕН, -ена, -ено, -ены; *кр. ф.*
В глаг. знач.

УТРА́ЧИВАТЬ, утра́чива|ют, утра́чива|л; ***несов. к*** утра́тить (см.)

I. УТРА́ЧИВАЮЩИЙ, -ая, -ее, -ие; *действ. наст.*
С и н т.: **а, б** — в глаг. знач.

II. УТРА́ЧИВАВШИЙ, -ая, -ее, -ие; *действ. прош.*
С и н т.: **а, б** — в глаг. знач.

III. УТРА́ЧИВАЕМЫЙ, -ая, -ое, -ые; *страд. наст.*
С и н т.: **а, б, в** — в глаг. знач.

УТРИ́РОВАТЬ, утри́ру|ют, утри́рова|л; ***сов.*** и ***несов., перех., что*** *Олег утрирует факты* [представить или представлять в преувеличенном виде, исказить или искажать излишним подчеркиванием каких-л. сторон, черт в чем-л.]

I. УТРИ́РУЮЩИЙ, -ая, -ее, -ие; *действ. наст.*
С и н т.: **а, б** — в глаг. знач.

II. УТРИ́РОВАВШИЙ, -ая, -ее, -ие; *действ. прош.*
С и н т.: **а, б** — в глаг. знач.

III. УТРИ́РУЕМЫЙ, -ая, -ое, -ые; *страд. наст.*
С и н т.: **а, б, в** — в глаг. знач.

IV. УТРИ́РОВАННЫЙ, -ая, -ое, -ые; *страд. прош.*
С и н т.: **а, б** — в глаг. знач.
В з н а ч. п р и л. (только *полн. ф.*) Искаженный преувеличением, доведением чего-л. до крайности. *Представлять события в утрированном виде. Играть роль в утрированной манере*
УТРИ́РОВАН, -ана, -ано, -аны; *кр. ф.*
В глаг. знач.

УХОДИ́ТЬ, ухожу́, ухо́д|ят, уходи́|л; ***несов. к*** уйти́ (см.)

I. УХОДЯ́ЩИЙ, -ая, -ее, -ие; *действ. наст.*
С и н т.: **а, б** — в глаг. знач. 1—22; **в** — в глаг. знач. 4, 13, 14

II. УХОДИ́ВШИЙ, -ая, -ее, -ие; *действ. прош.*
С и н т.: **а, б** — в глаг. знач. 1—22; **в** — в глаг. знач. 4, 13, 14

УХУДША́ТЬ, ухудша́|ют, ухудша́|л; ***несов. к*** уху́дшить (см.)

I. УХУДША́ЮЩИЙ, -ая, -ее, -ие; *действ. наст.*
С и н т.: **а, б** — в глаг. знач.

II. УХУДША́ВШИЙ, -ая, -ее, -ие; *действ. прош.*
С и н т.: **а, б** — в глаг. знач.

III. УХУДША́ЕМЫЙ, -ая, -ое, -ые; *страд. наст.*
С и н т.: **а, б** — в глаг. знач.
С у б с т а н т и в.$_3$ не употр.

УХУ́ДШИТЬ, уху́дш|ат, уху́дши|л; ***сов., перех., что*** (*несов.* ухудша́ть) *Мне кажется, ты ухудшишь свою повесть, если изменишь конец. Происшедший инцидент только ухудшил положение дел в редакции. Сход лавин с горы ухудшил снабжение геологов* [сделать хуже, более плохим]

II. УХУ́ДШИВШИЙ, -ая, -ее, -ие; *действ. прош.*
С и н т.: **а, б** — в глаг. знач.

IV. УХУ́ДШЕННЫЙ, -ая, -ое, -ые; *страд. прош.*
С и н т.: **а, б** — в глаг. знач.
В з н а ч. п р и л. (только *полн. ф.*) Ставший хуже, более плохим по сравнению с прежним. *Ухудшенное качество. Ухудшенная порода*
С у б с т а н т и в.$_3$ не употр.
УХУ́ДШЕН, -ена, -ено, -ены; *кр. ф.*
В глаг. знач.

УЦЕ́НИВАТЬ, уце́нива|ют, уце́нива|л; ***несов. к*** уцени́ть (см.)

I. УЦЕ́НИВАЮЩИЙ, -ая, -ее, -ие; *действ. наст.*
С и н т.: **а, б** — в глаг. знач.

II. УЦЕ́НИВАВШИЙ, -ая, -ее, -ие; *действ. прош.*
С и н т.: **а, б** — в глаг. знач.

III. УЦЕ́НИВАЕМЫЙ, -ая, -ое, -ые; *страд. наст.*
С и н т.: **а, б, в** — в глаг. знач.

УЦЕНИ́ТЬ, уценю́, уце́н|ят, уцени́|л; ***сов., перех., что*** (*несов.* уце́нивать) *Комиссия уценила часть обуви* [убавить, снизить цену, обычно на старый, залежавшийся или вышедший из моды товар]

II. УЦЕНИ́ВШИЙ, -ая, -ее, -ие; *действ. прош.*
С и н т.: **а, б** — в глаг. знач.

IV. УЦЕНЁННЫЙ, -ая, -ое, -ые; *страд. прош.*
С и н т.: **а, б** — в глаг. знач.
В з н а ч. п р и л. (только *полн. ф.*) Продающийся по сниженной цене. *Уцененная обувь. Магазин уцененных товаров*
УЦЕНЁН, -ена́, -ено́, -ены́; *кр. ф.*
В глаг. знач.

УЧАСТИ́ТЬ, учащу́, участ|я́т, участи́|л; ***сов., перех., что*** (*несов.* учаща́ть) **1.** *Лаборант участил обороты колеса* [сделать более скорым, быстрым] **2.** *Футбольная команда участила тренировки* [сделать более частым]

II. УЧАСТИ́ВШИЙ, -ая, -ее, -ие; *действ. прош.*
С и н т.: **а, б** — в глаг. знач. 1, 2

IV. УЧАЩЁННЫЙ, -ая, -ое, -ые; *страд. прош.**
[чередование ст/щ]
С и н т.: **а, б** — в глаг. знач. 1
В з н а ч. п р и л. **1.** (только *полн. ф.*) Более частый, чем обычно. *Учащенные шаги* **2.** (также *кр. ф.*↓) Ускоренный, участившийся. *Учащенное дыхание. Учащенный пульс*
С у б с т а н т и в.$_3$ не употр.
УЧАЩЁН, -ена́, -ено́, -ены́; *кр. ф.**
В глаг. знач. 1
В з н а ч. п р и л. (также *полн. ф.* в знач. 2↑) *Дыхание учащено. Пульс учащен*
□ Прич. IV во 2 глаг. знач. не употр.

УЧАСТИ́ТЬСЯ, учащу́сь, участя́тся, участи́|лся; ***сов.*** (*несов.* учаща́ться); ***S не лицо*** **1.** *Пульс у больного участился. Обороты колеса участились* [стать более скорым, быстрым в смене однородных движений, звуков, моментов и т. п.] **2.** *В нашей спортивной секции тренировки* *участились. «Времена наступили довольно бурные: участились стачки и митинги безработных».* Короленко, Без языка [стать более частым, повторяться, происходить через более короткие промежутки времени]

II. УЧАСТИ́ВШИЙСЯ, -аяся, -ееся, -иеся; *действ. прош.*

Синт.: **а, б, в** — в глаг. знач. 1, 2

УЧАЩА́ТЬ, учаща́|ют, учаща́|л; ***несов. к*** участи́ть (см.)

I. УЧАЩА́ЮЩИЙ, -ая, -ее, -ие; *действ. наст.*

Синт.: **а, б** — в глаг. знач. 1, 2

II. УЧАЩА́ВШИЙ, -ая, -ее, -ие; *действ. прош.*

Синт.: **а, б** — в глаг. знач. 1, 2

III. УЧАЩА́ЕМЫЙ, -ая, -ое, -ые; *страд. наст.**

Синт.: **а, б, в** — в глаг. знач. 1

Субстантив.₃ не употр.

▭ Прич. III во 2 глаг. знач. не употр.

УЧАЩА́ТЬСЯ, учаща́|ются, учаща́|лся; ***несов. к*** участи́ться (см.)

I. УЧАЩА́ЮЩИЙСЯ, -аяся, -ееся, -иеся; *действ. наст.*

Синт.: **а, б, в** — в глаг. знач. 1, 2

II. УЧАЩА́ВШИЙСЯ, -аяся, -ееся, -иеся; *действ. прош.*

Синт.: **а, б, в** — в глаг. знач. 1, 2

УЧЕ́СТЬ, учт|у́т, учёл, учла́, -ло́, -ли́; ***сов., перех.*** (*несов.* учи́тывать) **1.** ***что*** *Мы учтем все расходы. Продавец учел все непроданные товары* [установить наличие чего-л. путем подсчета, описи] **2.** ***что*** и ***с придат. дополнит.*** *Молодые специалисты учли наш опыт. Сережа не учел, что машине необходим профилактический осмотр* [принять во внимание]

IV. УЧТЁННЫЙ, -ая, -ое, -ые; *страд. прош.*

Синт.: **а, б** — в глаг. знач. 1, 2

Субстантив.₃ в глаг. знач. 1

УЧТЁН, -ена́, -ено́, -ены́; *кр. ф.*

В глаг. знач. 1, 2

▭ Прич. II не образуется

УЧИНИ́ТЬ, учин|я́т, учини́|л; ***сов. к*** чини́ть² (см.)

II. УЧИНИ́ВШИЙ, -ая, -ее, -ие; *действ. прош.*

Синт.: **а, б** — в глаг. знач.

IV. УЧИНЁННЫЙ, -ая, -ое, -ые; *страд. прош.*

Синт.: **а, б** — в глаг. знач.

УЧИНЁН, -ена́, -ено́, -ены́; *кр. ф.*

В глаг. знач.

УЧИ́ТЫВАТЬ, учи́тыва|ют, учи́тыва|л; ***несов. к*** уче́сть (см.)

I. УЧИ́ТЫВАЮЩИЙ, -ая, -ее, -ие; *действ. наст.*

Синт.: **а, б** — в глаг. знач. 1, 2

II. УЧИ́ТЫВАВШИЙ, -ая, -ее, -ие; *действ. прош.*

Синт.: **а, б** — в глаг. знач. 1, 2

III. УЧИ́ТЫВАЕМЫЙ, -ая, -ое, -ые; *страд. наст.*

Синт.: **а, б** — в глаг. знач. 1, 2

Субстантив.₃ в глаг. знач. 1

УЧИ́ТЬ, учу́, у́ч|ат, учи́|л; ***несов.*** (*сов.* научи́ть *к* 1—4 знач.; *сов.* вы́учить *к* 5, 6 знач.) **1.** ***перех., кого(что) чему*** и ***с неопр. ф.*** *Смирнов учит Илью французскому языку. Бабушка учит меня плести кружева. Дима учит друга играть на гитаре* [обучать, передавать какие-л. знания, навыки] **2.** ***перех., кого(что) чему*** и ***с неопр. ф.*** *Родители учили нас только хорошему. Мать учит детей всегда говорить правду* [воспитывать в ком-л., прививать кому-л. какие-л. качества, черты характера и т. п.] **3.** ***перех., кого(что) с неопр. ф.*** и ***с придат. дополнит.*** *Явно кто-то учит Сережу просить у родителей деньги на школьные завтраки, хотя завтрак в школе дают бесплатно. « — Это вы его хорошо учили тогда, чтобы он сам на себя пошел и сказал».* Достоевский, Преступление и наказание [наставлять, давать указания, советы сделать что-л.] **4.** ***перех., кого(что); S не лицо*** *«Опыт революции учит массы быстро».* Ленин, Грозящая катастрофа и как с ней бороться. *Эта авария учит нас тому, как опасно успокаиваться на достигнутом и проявлять беспечность* (из газет) [будучи источником приобретения знаний, обогащать опытом, пониманием окружающего] **5.** ***перех., что*** *Я учу стихотворение* [повторяя что-л., запоминать, усваивать] **6.** ***перех., что*** *Дети учат уроки* [выполнять данное в школе домашнее задание] **7.** ***перех., кого(что)*** *Ольга учит детей в сельской школе* [быть учителем, заниматься педагогической деятельностью, преподавать; *разг.*] **8.** ***перех., кого(что)*** *«— Нет, брат, вашего брата учить надо. Ты с мошенником подделал* [*купон*].. *Сидор! Кликни-ка полицейского».* Л. Толстой, Фальшивый купон [наказывать кого-л. за что-л.; *разг.*] **9.** ***неперех., с придат. дополнит.*** *«Владимир Ильич учил, что для полной победы над бюрократизмом необходимо вовлечение всего населения в управление государством».* Фотиева, Как работал В. И. Ленин [развивать, обосновывать какую-л. мысль, теорию, положение и т. п.]

I. У́ЧАЩИЙ, -ая, -ее, -ие и УЧА́ЩИЙ, -ая, -ее, -ие; *действ. наст.*

Синт.: **а, б** — в глаг. знач. 1—9

II. УЧИ́ВШИЙ, -ая, -ее, -ие; *действ. прош.*

Синт.: **а, б** — в глаг. знач. 1—9

IV. У́ЧЕННЫЙ, -ая, -ое, -ые; *страд. прош.**

Синт.: **а, б** — в глаг. знач. 1—3, 5, 6, 8

Ср. прил. **учёный**, -ая, -ое, -ые; -ён, -ёна, -ёно, -ёны в знач. **1.** Выученный, наученный чему-л. *«Онегин был, по мненью многих (Судей решительных и строгих), Ученый малый, но педант».* Пушкин, Евгений Онегин **2.** Много знающий в какой-л. области науки. *Ученый человек* **3.** Выдрессированный — о животных. *Ученый кот* **4.** Проученный каким-л. образом, получивший урок, приобретший опыт в чем-л. *« — Грязный сезон пересидеть надо, потому что насчет грязи мы теперь ученые».* Сергеев-Ценский, Лютая зима

Субстантив.₂ в глаг. знач. 1, 8; субстантив.₃ в глаг. знач. 5

У́ЧЕН, -ена, -ено, -ены; *кр. ф.**

В глаг. знач. 1—3, 5, 6, 8

▭ Прич. III не употр. Прич. IV в глаг. знач. 4, 7 не употр.

УЧИ́ТЬСЯ, учу́сь, у́ч|атся, учи́|лся; ***несов.* 1.** ***чему*** и ***с неопр. ф.*** *Олег учился пению у известного певца. Я учусь рисовать* [усваивать какие-л. знания, приобретать какие-л. навыки] **2.** *Мой сын еще учится в школе. Петя учится на повара* [получать образование, специальность в каком-л. учебном заведении; *разг.*] **3.** ***чему*** и ***с неопр. ф.*** *Моя дочь учится терпению у бабушки. Мы учимся быть стойкими* [воспитывать, вырабатывать в себе какие-л. качества, черты характера и т. п.]

I. УЧА́ЩИЙСЯ, -аяся, -ееся, -иеся; *действ. наст.*

Синт.: **а, б** — в глаг. знач. 1—3

Ср. сущ. **уча́щийся,** -егося, *м.;* **уча́щаяся,** -ейся, *ж.* Тот (та), кто учится в каком-л. учебном заведении. *Учащиеся школы. Проездные билеты для учащихся*

II. УЧИ́ВШИЙСЯ, -аяся, -ееся, -иеся; *действ. прош.*

Синт.: **а, б** — в глаг. знач. 1—3

УЩЕМИ́ТЬ, ущемлю́, ущем|я́т, ущеми́|л; ***сов., перех.*** (*несов.* ущемля́ть) **1.** ***что,*** также ***чем*** *Дима ущемил хвост котенка дверью* (см. § 2). *Мальчик ущемил палец* [сжать, сдавить что-л. между чем-л., причинив боль, защемить] **2.** ***что,*** также ***чем*** *Отец своим недоверием ко мне сильно ущемил мое самолюбие* (см. § 1) [сильно задеть, обидеть] **3.** ***кого(что)*** и ***что*** *Высказывания и высказывавшиеся были самые разные; всем дали слово, никого не ущемили* (из газет). *Новый закон принят в интересах крупных монополий, он ущемил права трудящихся* [стеснить в правах, действиях, возможностях и т. п.; ограничить, сильно урезать чьи-л. права, возможности и т. п.]

II. УЩЕМИ́ВШИЙ, -ая, -ее, -ие; *действ. прош.*

Синт.: **а, б** — в глаг. знач. 1—3

IV. УЩЕМЛЁННЫЙ, -ая, -ое, -ые; *страд. прош.*

[чередование м/мл]

Синт.: **а, б** — в глаг. знач. 1—3

В знач. прил. (только *полн. ф.*) **1.** Испытывающий чувство постоянного неудовольствия своим положением, отношением окружающих, терзаемый сомнениями в своих способностях и т. п. *Ущемленный человек* **2.** Оскорбленный, уязвленный. *Ущемленное самолюбие. Ущемленная гордость* **3.** Незаконно ограниченный. *Ущемленные права трудящихся*

Субстантив.$_3$ в глаг. знач. 1

УЩЕМЛЁН, -ена́, -ено́, -ены́; *кр. ф.*

В глаг. знач. 1—3

УЩЕМЛЯ́ТЬ, ущемля́|ют, ущемля́|л; ***несов. к*** ущеми́ть (см.)

I. УЩЕМЛЯ́ЮЩИЙ, -ая, -ее, -ие; *действ. наст.*

Синт.: **а, б** — в глаг. знач. 1—3

II. УЩЕМЛЯ́ВШИЙ, -ая, -ее, -ие; *действ. прош.*

Синт.: **а, б** — в глаг. знач. 1—3

III. УЩЕМЛЯ́ЕМЫЙ, -ая, -ое, -ые; *страд. наст.*

Синт.: **а, б** — в глаг. знач. 1—3; **в** — в глаг. знач. 2, 3

Субстантив.$_3$ в глаг. знач. 1

УЯЗВИ́ТЬ, уязвлю́, уязв|я́т, уязви́|л; ***сов., перех., кого(что)*** и ***что,*** также ***чем*** (*несов.* уязвля́ть) *Андрей глубоко уязвил меня своей репликой* (см. § 1). *Недоверие отца уязвило самолюбие Олега* [глубоко обидеть, болезненно задеть кого-что-л., оскорбить]

II. УЯЗВИ́ВШИЙ, -ая, -ее, -ие; *действ. прош.*

Синт.: **а, б** — в глаг. знач.

IV. УЯЗВЛЁННЫЙ, -ая, -ое, -ые; *страд. прош.*

[чередование в/вл]

Синт.: **а, б** — в глаг. знач.

В знач. прил. (только *полн. ф.*) Сильно задетый, оскорбленный. *Уязвленное самолюбие. Уязвленная гордость*

Субстантив.$_3$ не употр.

УЯЗВЛЁН, -ена́, -ено́, -ены́; *кр. ф.*

В глаг. знач.

УЯЗВЛЯ́ТЬ, уязвля́|ют, уязвля́|л; ***несов., перех., кого(что)*** и ***что,*** также ***чем*** (*сов.* уязви́ть) *Андрей всегда уязвлял меня этими словами* (см. § 1). *Недоверие отца уязвляло самолюбие Олега* [глубоко обижать, болезненно задевать кого-что-л., оскорблять]

I. УЯЗВЛЯ́ЮЩИЙ, -ая, -ее, -ие; *действ. наст.*

Синт.: **а, б** — в глаг. знач.

В знач. прил. Содержащий обиду, оскорбление, болезненно задевающий кого-л. *Уязвляющий тон. Уязвляющий жест. Уязвляющая записка*

II. УЯЗВЛЯ́ВШИЙ, -ая, -ее, -ие; *действ. прош.*

Синт.: **а, б** — в глаг. знач.

III. УЯЗВЛЯ́ЕМЫЙ, -ая, -ое, -ые; *страд. наст.*

Синт.: **а, б** — в глаг. знач.

Ср. прил. **уязви́мый,** -ая, -ое, -ые; -и́м, -и́ма, -и́мо, -и́мы в знач. **1.** Такой, которого легко уязвить, обидеть. *Уязвимый человек* **2.** Болезненный, легко, по незначительным поводам, выходящий из состояния равновесия, ранимый. *Уязвимое самолюбие. Уязвимая психика*

Ф

ФАЛЬСИФИЦИ́РОВАТЬ, фальсифици́ру|ют, фальсифици́рова|л; ***сов.*** и ***несов., перех., что*** **1.** *Следователь явно фальсифицировал свидетельские показания* [подделать или подделывать что-л.] **2.** *Этот журналист фальсифицировал исторические факты* [выдать или выдавать что-л. ложное, мнимое за подлинное, настоящее]

I. ФАЛЬСИФИЦИ́РУЮЩИЙ, -ая, -ее, -ие; *действ. наст.*

Синт.: **а, б** — в глаг. знач. 1, 2

II. ФАЛЬСИФИЦИ́РОВАВШИЙ, -ая, -ее, -ие; *действ. прош.*

Синт.: **а, б** — в глаг. знач. 1, 2

III. ФАЛЬСИФИЦИ́РУЕМЫЙ, -ая, -ое, -ые; *страд. наст.*

Синт.: **а, б, в** — в глаг. знач. 1, 2

IV. ФАЛЬСИФИЦИ́РОВАННЫЙ, -ая, -ое, -ые; *страд. прош.*
Синт.: **а, б** — в глаг. знач. 1, 2
В знач. прил. (только *полн. ф.*) **1.** Поддельный. *Фальсифицированные документы* **2.** Не соответствующий действительности, сознательно выданный за подлинный. *Фальсифицированная история. Фальсифицированные факты*
ФАЛЬСИФИЦИ́РОВАН, -ана, -ано, -аны; *кр. ф.*
В глаг. знач. 1, 2

ФАРШИРОВА́ТЬ, фарширу́|ют, фарширова́|л; ***несов., перех., что*** *К празднику Наташа всегда фарширует щуку* [начинять рыбу, перец и т. п. фаршем, приготовляя для еды]
I. ФАРШИРУ́ЮЩИЙ, -ая, -ее, -ие; *действ. наст.*
Синт.: **а, б** — в глаг. знач.
В знач. прил. Предназначенный для фаршировки, могущий фаршировать. *Фаршируюший автомат. Фарширующее устройство*
II. ФАРШИРОВА́ВШИЙ, -ая, -ее, -ие; *действ. прош.*
Синт.: **а, б** — в глаг. знач.
III. ФАРШИРУ́ЕМЫЙ, -ая, -ое, -ые; *страд. наст.*
Синт.: **а, б, в** — в глаг. знач.
IV. ФАРШИРО́ВАННЫЙ, -ая, -ое, -ые; *страд. прош.*
Синт.: **а, б** — в глаг. знач.
В знач. прил. (только *полн. ф.*) Приготовленный фаршированием. *Фаршированные помидоры. Фаршированный перец*
ФАРШИРО́ВАН, -ана, -ано, -аны; *кр. ф.*
В глаг. знач.

ФАСОВА́ТЬ, фасу́|ют, фасова́|л; ***несов., перех., что*** (*сов.* расфасова́ть) *Масло фасуют автоматы. В этом помещении рабочие фасуют овощи* [развешивая, раскладывая на части определенного веса, упаковывать]
I. ФАСУ́ЮЩИЙ, -ая, -ее, -ие; *действ. наст.*
Синт.: **а, б** — в глаг. знач.
В знач. прил. Предназначенный для фасовки, могущий развешивать, раскладывать что-л. на части определенного веса и упаковывать их. *Фасующий автомат. Фасующая машина* (Ср. прил. **фасо́вочный,** -ая, -ое, -ые в знач. 'предназначенный, служащий для фасовки'. *Фасовочная машина*)
II. ФАСОВА́ВШИЙ, -ая, -ее, -ие; *действ. прош.*
Синт.: **а, б** — в глаг. знач.
III. ФАСУ́ЕМЫЙ, -ая, -ое, -ые; *страд. наст.*
Синт.: **а, б, в** — в глаг. знач.
IV. ФАСО́ВАННЫЙ, -ая, -ое, -ые; *страд. прош.*
Синт.: **а, б** — в глаг. знач.
В знач. прил. (только *полн. ф.*) Предварительно развешанный в определенных количествах и упакованный. *Фасованный товар. Фасованная колбаса. Фасованный сыр*
ФАСО́ВАН, -ана, -ано, -аны; *кр. ф.*
В глаг. знач.

ФИКСИ́РОВАТЬ, фикси́ру|ют, фикси́рова|л; ***несов.*** (неопр. ф. и прош. также ***сов.***), ***перех.*** (*сов.* зафикси́ровать *к* 1, 2 знач.) **1. *что*** *Секретарь собрания фиксирует в протоколе предложения выступавших. Олег невольно фиксировал в памяти все подробности происходящего. «Радиотелескопы фиксировали странные картины радиоволн, приходящих из Вселенной..»* Агапов, Взбирается разум [записывать, запоминать, зарисовывать и т. п. какое-л. явление, событие и т. п.; регистрировать — об аппаратах, устройствах] **2. *что*** *Представители спортивных делегаций фиксировали время и место предстоящих соревнований* [окончательно устанавливать] **3. *что на чем*** *Ученые фиксируют внимание на этой химической реакции. Во время опыта лаборант фиксирует свой взгляд на колеблющейся стрелке прибора* [направлять, сосредоточивать внимание, взгляд и т. п. на ком-чем-л.] **4. *что*** *Врач фиксирует повязку недалеко от локтевого сустава* [закреплять в определенном положении — в медицине]
I. ФИКСИ́РУЮЩИЙ, -ая, -ее, -ие; *действ. наст.*
Синт.: **а, б** — в глаг. знач. 1—4
В знач. прил. Закрепленный в определенном положении— в медицине. *Фиксирующая повязка*
II. ФИКСИ́РОВАВШИЙ, -ая, -ее, -ие; *действ. прош.*
Синт.: **а, б** — в глаг. знач. 1—4
III. ФИКСИ́РУЕМЫЙ, -ая, -ое, -ые; *страд. наст.*
Синт.: **а, б** — в глаг. знач. 1—4; **в** — в глаг. знач. 4
Субстантив.₃ в глаг. знач. 1
IV. ФИКСИ́РОВАННЫЙ, -ая, -ое, -ые; *страд. прош.*
Синт.: **а, б** — в глаг. знач. 1—4
В знач. прил. (только *полн. ф.*) **1.** Закрепленный, постоянно находящийся в одном положении. *Фиксированная стрелка. Приемник с фиксированной настройкой. Фиксированная длина радиоволны* **2.** Сосредоточенный на чем-л. одном, не рассеянный. *Фиксированное внимание. Фиксированный взгляд*
Субстантив.₃ в глаг. знач. 1
ФИКСИ́РОВАН, -ана, -ано, -аны; *кр. ф.*
В глаг. знач. 1—4

ФИЛЬТРОВА́ТЬ, фильтру́|ют, фильтрова́|л; ***несов., перех., что*** (*сов.* профильтрова́ть) *На этой установке рабочие фильтруют воду* [очищать, пропуская через фильтр жидкость, газ]
I. ФИЛЬТРУ́ЮЩИЙ, -ая, -ее, -ие; *действ. наст.*
Синт.: **а, б** — в глаг. знач.
В знач. прил. **1.** Предназначенный, служащий для фильтрования. *Фильтрующее приспособление. Фильтрующее устройство* **2.** Являющийся фильтром. *Фильтрующая бумага. Фильтрующие вещества* (Ср. прил. **фильтрова́льный,** -ая, -ое, -ые. **1.**

Предназначенный, служащий для фильтрования. *Фильтровальная установка* **2.** Являющийся фильтром. *Фильтровальная ткань*)

II. ФИЛЬТРОВА́ВШИЙ, -ая, -ее, -ие; *действ. прош.*
С и н т.: **а, б** — в глаг. знач.

III. ФИЛЬТРУ́ЕМЫЙ, -ая, -ое, -ые; *страд. наст.*
С и н т.: **а, б, в** — в глаг. знач.

IV. ФИЛЬТРО́ВАННЫЙ, -ая, -ое, -ые; *страд. прош.*
С и н т.: **а, б** — в глаг. знач.
В з н а ч. п р и л. (только *полн. ф.*) Чистый, без примесей после фильтрования. *Фильтрованные жидкости. Фильтрованный газ*
ФИЛЬТРО́ВАН, -ана, -ано, -аны; *кр. ф.*
В глаг. знач.

ФОРМИРОВА́ТЬ, формиру́|ют, формирова́|л; ***несов., перех.*** (*сов.* сформирова́ть) **1.** ***что*** *«Мартын Мартынович бережно, заботливо воспитывал каждое дерево.. Сам прививал, сам формировал кроны, сам подрезал».* Гладков, Березовая роща [придавать чему-л. какую-л. форму, вид] **2.** ***кого(что)*** и ***что*** *Сначала родители и школа формируют трудолюбивого, доброго, порядочного человека, а потом жизнь вносит свои коррективы* (из газет). *Суровая северная природа формирует стойкие, сильные характеры* [вырабатывать, воспитывать в ком-л. определенные качества, черты характера] **3.** ***что*** *Президент формирует новое правительство* [создавать, составлять, организовывать какой-л. коллектив, орган и т. п.] **4.** ***что*** *«[Пархоменко] формировал и отправлял на фронт один батальон за другим».* Вс. Иванов, Пархоменко [организовывать воинское подразделение, комплектуя людьми, снаряжением, военной техникой] **5.** ***что*** *На этой станции формируют железнодорожные составы* [составлять поезд, сцепляя вагоны в определенном порядке]

I. ФОРМИРУ́ЮЩИЙ, -ая, -ее, -ие; *действ. наст.*
С и н т.: **а, б** — в глаг. знач. 1 — 5

II. ФОРМИРОВА́ВШИЙ, -ая, -ее, -ие; *действ. прош.*
С и н т.: **а, б** — в глаг. знач. 1 — 5

III. ФОРМИРУ́ЕМЫЙ, -ая, -ое, -ые; *страд. наст.*
С и н т.: **а, б** — в глаг. знач. 1 — 5; **в** — в глаг. знач. 3 — 5
С у б с т а н т и в.₂ и с у б с т а н т и в.₃ не употр.

IV. ФОРМИРО́ВАННЫЙ, -ая, -ое, -ые; *страд. прош.**
С и н т.: **а, б** — в глаг. знач. 1, 3 — 5
С у б с т а н т и в.₃ не употр.
ФОРМИРО́ВАН, -ана, -ано, -аны; *кр. ф.**
В глаг. знач. 1, 3 — 5

▭ Прич. IV во 2 глаг. знач. не употр.

ФОРСИ́РОВАТЬ, форси́ру|ют, форси́рова|л; ***сов.*** и ***несов., перех.*** **1.** ***что*** *Дирекция форсировала переоборудование цехов завода. Представители социалистических стран форсировали развитие переговоров* [ускорить или ускорять] **2.** ***что*** *Войска быстро форсировали реку* [обычно с боем преодолеть или преодолевать какой-л. рубеж, естественное препятствие, чаще водное]

I. ФОРСИ́РУЮЩИЙ, -ая, -ее, -ие; *действ. наст.*
С и н т.: **а, б** — в глаг. знач. 1, 2

II. ФОРСИ́РОВАВШИЙ, -ая, -ее, -ие; *действ. прош.*
С и н т.: **а, б** — в глаг. знач. 1, 2

III. ФОРСИ́РУЕМЫЙ, -ая, -ое, -ые; *страд. наст.*
С и н т.: **а, б** — в глаг. знач. 1, 2; **в** — в глаг. знач. 2
С у б с т а н т и в.₃ в глаг. знач. 2

IV. ФОРСИ́РОВАННЫЙ, -ая, -ое, -ые; *страд. прош.*
С и н т.: **а, б** — в глаг. знач. 1, 2
В з н а ч. п р и л. (только *полн. ф.*) **1.** Протекающий быстрее обычного, ускоренный, усиленный, требующий особого напряжения. *Форсированные темпы. Форсированное развитие промышленности* **2.** В шахматной игре: очень скорый, убыстренный. *Форсированный мат. Форсированный размен пешек* ◇ **Форсированный марш** — походное движение войск со значительным увеличением скорости движения
С у б с т а н т и в.₃ в глаг. знач. 2
ФОРСИ́РОВАН, -ана, -ано, -аны; *кр. ф.*
В глаг. знач. 1, 2

ФОТОГРАФИ́РОВАТЬ, фотографи́ру|ют, фотографи́рова|л; ***несов., перех., кого(что)*** и ***что*** (*сов.* сфотографи́ровать) *Моя подруга фотографирует только детей. Космические станции фотографировали поверхность Венеры и Марса* [снимать фотографическим аппаратом]

I. ФОТОГРАФИ́РУЮЩИЙ, -ая, -ее, -ие; *действ. наст.*
С и н т.: **а, б** — в глаг. знач.

II. ФОТОГРАФИ́РОВАВШИЙ, -ая, -ее, -ие; *действ. прош.*
С и н т.: **а, б** — в глаг. знач.

III. ФОТОГРАФИ́РУЕМЫЙ, -ая, -ое, -ые; *страд. наст.*
С и н т.: **а, б, в** — в глаг. знач.

IV. ФОТОГРАФИ́РОВАННЫЙ, -ая, -ое, -ые; *страд. прош.*
С и н т.: **а, б** — в глаг. знач.
ФОТОГРАФИ́РОВАН, -ана, -ано, -аны; *кр. ф.*
В глаг. знач.

X

ХВАЛИ́ТЬ, хвалю́, хва́л|ят, хвали́|л; ***несов., перех., кого(что)*** и ***что,*** также ***за что*** (*сов.* похвали́ть) *Илья хвалит сына за трудолюбие и скромность. Дима очень хвалил этот спектакль* [выражать, высказывать одобрение, похвалу кому-чему-л. за что-л.]

I. ХВА́ЛЯЩИЙ, -ая, -ее, -ие и ХВАЛЯ́ЩИЙ, -ая, -ее, -ие; *действ. наст.*
С и н т.: **а, б** — в глаг. знач.

II. ХВАЛИ́ВШИЙ, -ая, -ее, -ие; *действ. прош.*
Синт.: **а, б** — в глаг. знач.

III. ХВАЛИ́МЫЙ, -ая, -ое, -ые; *страд. наст.*
Синт.: **а, б, в** — в глаг. знач.
ХВАЛИ́М, -и́ма, -и́мо, -и́мы; *кр. ф.*
В глаг. знач.

IV. ХВА́ЛЕННЫЙ, -ая, -ое, -ые; *страд. прош.*
Синт.: **а, б** — в глаг. знач.
Ср. прил. **хвалёный,** -ая, -ое, -ые. Расхваленный, высоко оцененный за что-л., но обычно вызвавший разочарование, не оправдавший похвал. *Хваленые достоинства. Хваленые пироги. Хваленые работники*
ХВА́ЛЕН, -ена, -ено, -ены; *кр. ф.*
В глаг. знач.

ХВАТА́ТЬ, хвата́|ют, хвата́|л; **несов., перех.** (*сов.* схвати́ть *к* 1, 2, 4 знач.) **1. кого(что)** и **что,** также **чем** *«Руслан, не говоря ни слова, С коня долой, к нему спешит, Поймал, за бороду хватает, Волшебник силится, кряхтит».* Пушкин, Руслан и Людмила. *«..Но старуха не говорила ни слова и хватала его руками».* Гоголь, Вий (см. § 2). *«Человек.. хватал длинными клещами огнедышащий.. брусок и подкладывал его под боек молота».* Трифонов, Студенты (см. § 2) [браться за что-л. резким, поспешным движением рукой, зубами, ртом и т. п., сжимая, удерживая и т. п.; брать кого-что-л. в руки, на руки, в зубы, в пасть и т. п. резким, поспешным движением] **2. кого(что)** *«Мятежники хватали их [солдат] в тесных проходах между завалами и избами..»* Пушкин, История Пугачева. *Полиция хватала зачинщиков беспорядков* [силой задерживать кого-л., не давая уйти, убежать; арестовывать; *разг.*] **3. что** *«..Катя бегала по магазинам, закупала продукты, выбирать некогда — хватаешь что подвернется».* Гранин, Искатели [поспешно, без разбора, обычно в большом количестве приобретать что-л. для себя; *разг.*] **4. что** *Игорь не раз хватал выговоры за опоздания на работу. «— Ты это брось! — Что? — Двойки хватать!»* Дубов, Сирота [получать что-л. нежелательное, неприятное — плохую отметку, выговор и т. п.; *разг.*]

I. ХВАТА́ЮЩИЙ, -ая, -ее, -ие; *действ. наст.*
Синт.: **а, б** — в глаг. знач. 1 — 4
В знач. прил. **1.** Такой, который направлен на схватывание, подхватывание кого-чего-л. резким порывистым движением. *Хватающий жест. Хватающие движения* **2.** Цепкий, все подмечающий, быстро схватывающий, проницательный; *разг. Хватающий взгляд* (Ср. прил. **хвата́тельный,** -ая, -ое, -ые. Предназначенный, служащий для хватания; такой, который направлен на схватывание, подхватывание кого-чего-л. резким, порывистым движением. *Хватательные органы у насекомых. Хватательный инстинкт. Хватательные движения*)

II. ХВАТА́ВШИЙ, -ая, -ее, -ие; *действ. прош.*
Синт.: **а, б** — в глаг. знач. 1 — 4

III. ХВАТА́ЕМЫЙ, -ая, -ое, -ые; *страд. наст.*
Синт.: **а, б** — в глаг. знач. 1 — 4
Субстантив.$_3$ в глаг. знач. 1, 3

□ Прич. IV не употр.

ХЛЕ́СТА́ТЬ, хлещу́, хле́щ|ут, хлеста́|л; **несов. 1. перех., кого(что)** и **что чем** *Кучер хлестал лошадь кнутом* (см. § 2). *Дедушка любил долго париться в бане и хлестать спину березовым веником* (см. § 2) [бить, ударять чем-л. гибким, стегать] **2. перех., кого(что); S не лицо** *«Острые иглы кипарисов.. хлестали его [Сергея] по лицу».* Куприн, Белый пудель [бить, стегать движущегося сквозь заросли — о ветвях, стеблях и т. п.] **3. перех., кого(что) по чему** *«..— Лизка самого-то по щекам хлестала, три оплеухи нанесла».* Шишков, Емельян Пугачев [наносить сильные удары рукой по лицу, щекам; *разг.*] **4. неперех., во что** и **обо что; S не лицо** *Волны хлестали в борт шхуны* [с силой плескать, ударять во что-л.] **5. неперех.; S не лицо** *Вода хлещет из крана. Дождь хлещет как из ведра* [литься очень сильно, с шумом] **6. неперех.** *«[Антонюк] хлестал свинцом по каждому, кто попадал на мушку».* Н. Островский, Как закалялась сталь [стрелять непрерывными пулеметными, винтовочными и т. п. очередями; *разг.*]

I. ХЛЕ́ЩУЩИЙ, -ая, -ее, -ие; *действ. наст.*
Синт.: **а, б** — в глаг. знач. 1 — 6

II. ХЛЕСТА́ВШИЙ, -ая, -ее, -ие; *действ. прош.*
Синт.: **а, б** — в глаг. знач. 1 — 6

IV. ХЛЕ́СТАННЫЙ, -ая, -ое, -ые; *страд. прош.* (*редко*)
Синт.: **а, б** — в глаг. знач. 1 — 3
ХЛЕ́СТАН, -ана, -ано, -аны; *кр. ф.* (*редко*)
В глаг. знач. 1 — 3

□ Прич. III не употр.

ХЛО́ПАТЬ, хло́па|ют, хло́па|л; **несов.** (*сов.* хло́пнуть *к* 1 — 4 знач.) **1. перех., кого(что),** также **чем** *Мой друг всегда хлопает Сережу по плечу при встрече. Клоун кувыркался, хлопал себя рукой по лбу, вызывая общее веселье* [ударять, бить — обычно чем-л. плашмя] **2. неперех.; S не лицо** *В парадном постоянно хлопала дверь от ветра* [вызывать глухой, короткий, резкий звук в результате удара, толчка и т. п.] **3. неперех., чем** *Олег всегда хлопает дверью* [не удерживая что-л., обычно тяжелое, производить в результате его резкого соединения с чем-л. глухой, короткий, резкий звук] **4. неперех.; S не лицо** *Вдали хлопали выстрелы. Детям нравится, как хлопают хлопушки* [издавать резкие, отрывистые, короткие звуки — о выстреле, хлопушке и т. д.] **5. неперех.; S не лицо** *На ветру хлопали разноцветные флаги* [производить глухие, отрывистые звуки, развеваясь на ветру] **6. неперех., кому (чему)** *Мы долго хлопали талантливому артисту* [рукоплескать, аплодировать]

I. ХЛО́ПАЮЩИЙ, -ая, -ее, -ие; *действ. наст.*
Синт.: **а, б** — в глаг. знач. 1 — 6; **в** — в глаг. знач. 2, 6
В знач. прил. Резкий, отрывистый, короткий — о звуке. *Мы слышали хлопающие звуки*

II. ХЛО́ПАВШИЙ, -ая, -ее, -ие; *действ. прош.*
Синт.: **а, б** — в глаг. знач. 1 — 6; **в** — в глаг. знач. 2, 6

□ Прич. III не употр.

ХЛО́ПНУТЬ, хло́пнут, хло́пну|л; ***сов. к*** хло́пать в 1 — 4 знач. (см.)

II. ХЛО́ПНУВШИЙ, -ая, -ее, -ие; *действ. прош.*

Синт.: **а, б** — в глаг. знач. 1 — 4

▭ Прич. IV не употр.

ХЛОРИ́РОВАТЬ, хлори́ру|ют, хлори́рова|л; ***сов.*** и ***несов., перех., что*** *Питьевую воду в городах хлорируют. Этот аппарат хлорирует воду* [обеззаразить или обеззараживать с помощью хлора и его соединений]

I. ХЛОРИ́РУЮЩИЙ, -ая, -ее, -ие; *действ. наст.*

Синт.: **а, б** — в глаг. знач.

В знач. прил. Предназначенный для хлорирования. *Хлорирующий аппарат. Хлорирующая автоматическая установка*

II. ХЛОРИ́РОВАВШИЙ, -ая, -ее, -ие; *действ. прош.*

Синт.: **а, б** — в глаг. знач.

III. ХЛОРИ́РУЕМЫЙ, -ая, -ое, -ые; *страд. наст.*

Синт.: **а, б, в** — в глаг. знач.

IV. ХЛОРИ́РОВАННЫЙ, -ая, -ое, -ые; *страд. прош.*

Синт.: **а, б** — в глаг. знач.

В знач. прил. (только *полн. ф.*) Насыщенный хлором, обработанный хлором. *Хлорированная вода*

ХЛОРИ́РОВАН, -ана, -ано, -аны; *кр. ф.*

В глаг. знач.

ХЛЮ́ПАТЬ, хлю́па|ют, хлю́па|л; ***несов., неперех.*** **1.** ***S не лицо*** *Под ногами хлюпает грязь* [издавать чавкающие звуки — о грязи, жиже, воде и т. п.] **2.** ***чем*** *«Отец идет, по пояс мокрый, хлюпает тяжелыми сапогами».* Бунин, Далекое [производить чавкающие звуки при ходьбе или езде по грязи, жиже, воде и т. п.] **3.** *Мы хлюпали по болоту весь день* [идти по чему-л. жидкому, вязкому, нетвердому, производя ногами чавкающие звуки; *разг.*] **4.** *Обиженный малыш хлюпает в углу* [плача, всхлипывать; *разг.*]

I. ХЛЮ́ПАЮЩИЙ, -ая, -ее, -ие; *действ. наст.*

Синт.: **а, б** — в глаг. знач. 1 — 4; **в** — в глаг. знач. 1

В знач. прил. **1.** Возникающий при ходьбе, ударах и т. п. по чему-л. жидкому, вязкому, чавкающий — о звуках. *Хлюпающие удары* **2.** Возникающий при всхлипываниях, плаче и т. п.— о звуках. *«Послышались прерывистые, хлюпающие звуки в горле Харлова — точно он захлебывался».* Тургенев, Степной король Лир

II. ХЛЮ́ПАВШИЙ, -ая, -ее, -ие; *действ. прош.*

Синт.: **а, б** — в глаг. знач. 1 — 4

ХМУ́РИТЬ, хму́р|ят, хму́ри|л; ***несов. к*** нахму́рить (см.)

I. ХМУ́РЯЩИЙ, -ая, -ее, -ие; *действ. наст.*

Синт.: **а, б** — в глаг. знач.

II. ХМУ́РИВШИЙ, -ая, -ее, -ие; *действ. прош.*

Синт.: **а, б** — в глаг. знач.

IV. ХМУ́РЕННЫЙ, -ая, -ое, -ые; *страд. прош.*

Синт.: **а, б** — в глаг. знач.

Субстантив.₃ не употр.

ХМУ́РЕН, -ена, -ено, -ены; *кр. ф.* (*редко*)

В глаг. знач.

▭ Прич. III не употр.

ХОДИ́ТЬ, хожу́, хо́д|ят, ходи́|л; ***несов., неперех.*** **1.** *Этот больной уже ходит. Ваш малыш еще не ходит?* [быть в состоянии, обладать способностью передвигаться, ступая ногами, делая шаги — о человеке и животном] **2.** *Я хожу на работу пешком. Ночью кто-то ходил в саду. Смирнов, взволнованный, ходил по комнате* [о движении, совершаемом в одном направлении не один раз или в разных направлениях: передвигаться, ступая ногами, делая шаги] **3.** ***S не лицо*** *Поезда ходят туда по воскресеньям. По этому маршруту автобусы ходят только до двух часов ночи* [о движении, совершаемом в определенном направлении не один раз: ехать, плыть по определенному маршруту — о наземных или водных средствах передвижения] **4.** *Олег ходит в театр почти каждый день. Мы часто ходим в гости к нашим друзьям* [о действии, совершаемом не один раз: отправляться, направляться куда-л.; бывать где-л., посещать кого-л.] **5.** ***S не лицо*** *Эти часы ходят хорошо* [работать — о механизме часов] **6.** ***S не лицо*** *Мальчики долго смотрели, как легко ходит напильник по поверхности бруска* [двигаться по какой-л. поверхности] **7.** ***S не лицо*** *Ходят слухи, что скоро будет снижение цен. Про этого человека ходили смешные анекдоты* [распространяться, становиться известным многим] **8.** ***S не лицо*** *«Плавно ходит на петлях не притворенная в другое отделение дверь».* Бунин, Новая дорога [двигаться взад и вперед, из стороны в сторону] **9.** ***S не лицо*** *Доски мостика так и ходят. «Здесь почва ходила и зыбилась под ногами».* Куприн, Черная молния [колыхаться, дрожать, трястись] **10.** ***чем*** и ***с чего*** *Дима ходит конем. Бабушка ходит с шестерки* [делать ход в игре — в шахматах, в шашках и т. п.] **11.** *Аня зимой ходит только в шубе* [одеваться во что-л., носить что-л.] **12.** *Наш преподаватель ходит с бородой. Ольга ходит лохматая* [иметь какой-л. внешний вид] **13.** *Илья ходит весь день веселый. Ребенок с утра ходит голодный* [находиться в каком-л. состоянии, настроении и т. п.] **14.** ***за кем*** *В этой семье бабушка ходит за ребенком* [заботиться о ком-л., ухаживать; *разг.*] **15.** ***S не лицо*** *Лошадь весь день ходит под седлом* [использоваться в какой-л. упряжке, двигаться каким-л. образом] **16.** *Ребенок сам ходит на горшок* [мочиться или испражняться; *разг.*]. Ср. идти́

I. ХОДЯ́ЩИЙ, -ая, -ее, -ие; *действ. наст.*

Синт.: **а, б** — в глаг. знач. 1 — 16

Ср. прич. в 1 глаг. знач. с прил. **ходя́чий**, -ая, -ее, -ие в знач. 'могущий ходить, двигаться'; *разг. Ходячий больной*

II. ХОДИ́ВШИЙ, -ая, -ее, -ие; *действ. прош.*

Синт.: **а, б** — в глаг. знач. 1 — 16

ХО́ЛИТЬ, хо́л|ят, хо́ли|л; ***несов., перех.*** **1.** ***кого (что)*** *«Григорий Александрович наряжал ее, как куколку, холил и лелеял; и она у нас так похорошела, что чудо».* Лермонтов, Бэла. *Этот мальчик холит свою лошадь* [заботливо, с большим вниманием ухаживать за кем-чем-л.] **2.** ***что*** *Ольга холит свою кожу и поэтому выглядит* *очень молодо* [держать в чистоте, порядке, делать необходимые процедуры и т. п.]

I. ХО́ЛЯЩИЙ, -ая, -ее, -ие; *действ. наст.*
Синт.: **а, б** — в глаг. знач. 1, 2

II. ХО́ЛИВШИЙ, -ая, -ее, -ие; *действ. прош.*
Синт.: **а, б** — в глаг. знач. 1, 2

III. ХО́ЛИМЫЙ, -ая, -ое, -ые; *страд. наст.* (*редко*)
Синт.: **а, б** — в глаг. знач. 1, 2

IV. ХО́ЛЕННЫЙ, -ая, -ое, -ые; *страд. прош.* (*редко*)
Синт.: **а, б** — в глаг. знач. 1, 2
Ср. прил. **хо́леный,** -ая, -ое, -ые и *доп.* **холёный,** -ая, -ое, -ые. **1.** Изнеженный уходом и заботой. *«Это был плотный и неразговорчивый человек с наружностью холеного барина».* Паустовский, Черное море **2.** Опрятный, чистый, гладкий, свидетельствующий о постоянном и внимательном уходе. *Холеное лицо. Холеные руки. Холеная борода*
ХО́ЛЕН, -ена, -ено, -ены; *кр. ф.* (*редко*)
В глаг. знач. 1, 2

ХОТЕ́ТЬ, хочу́, хот|я́т, хоте́|л; ***несов.* 1. *перех.*, что** и **чего, *с неопр. ф.*** и ***с придат. дополнит.*** *Малыш хочет конфетку. Володя хочет кофе и пирожное. Мы устали и хотим чаю. Ребенок хочет спать. Отец хочет, чтобы письмо пришло вовремя* [ощущать потребность в чем-л., испытывать желание, потребность в осуществлении чего-л.] **2. *перех.*, кого** и **что** *Сергей и его жена очень хотели сына, но у них родилась дочь. Аня хочет швейную машину, давайте подарим ей ее на свадьбу* [испытывать желание иметь кого-что-л.; *разг.*] **3. *неперех.*, *с неопр. ф.*** *Оля хочет поехать за город. Дима хочет принять душ. Я хочу заняться спортом* [собираться, намереваться делать, сделать что-л.] **4. *неперех.*, чего, *с неопр. ф.*** и ***с придат. дополнит.*** *Все люди доброй воли хотят мира на земле. Мы хотим приносить пользу людям. Советский народ хочет, чтобы никогда не было войны* [стремиться к чему-л., стараться достичь чего-л., добиваться осуществления чего-л.]

I. ХОТЯ́ЩИЙ, -ая, -ее, -ие; *действ. наст.*
Синт.: **а, б** — в глаг. знач. 1 — 4

II. ХОТЕ́ВШИЙ, -ая, -ее, -ие; *действ. прош.*
Синт.: **а, б** — в глаг. знач. 1 — 4

□ Прич. III, IV не образуются

ХРАНИ́ТЬ, хран|я́т, храни́|л; ***несов.*, *перех.*** (*сов.* сохрани́ть *к* 1, 3, 4, 8 знач.) **1. что** *Бабушка хранила все старые письма* [беречь, заботиться о сохранении чего-л., не давать утратиться] **2. что** *Мясо хранят в морозильных камерах. Мы храним продукты в погребе* [держать, поместив куда-л., в какие-л. условия, чтобы избежать порчи, ущерба и т. п.] **3. что** *Многие из нас будут хранить в памяти встречи на Московском фестивале молодежи и студентов* [не забывать, всегда помнить] **4. что** *Жители села бережно хранили старые обычаи* [выполнять, соблюдать, поддерживать, не давать исчезнуть] **5. кого(что); *S не лицо*** *«Судьба Евгения хранила: Сперва Madame за ним ходила. Потом Monsieur ее сменил».* Пушкин, Евгений Онегин [оберегать, защищать от опасности, беды, какого-л. вреда — обычно со словами *бог, судьба* и т. п.] **6. что; *S не лицо*** *«..облака хранили розово-лиловый, с каждой минутой тускневший отблеск солнца».* В. Андреев, История одного путешествия. *Лицо женщины хранило следы былой красоты* [не утрачивать чего-л. до конца, продолжать удерживать какие-л. черты, признаки, следы чего-л.] **7. что** *Олег хранил гордый вид. Зал хранил молчание* [продолжать удерживать, не изменять, не нарушать — в сочетании с некоторыми существительными, обозначающими какое-л. состояние, положение и т. п.] **8. что** *Все свои планы Дима хранил в секрете* [не разглашать, скрывать что л. — в сочетании со словами *в тайне, в секрете* и т. п.]

I. ХРАНЯ́ЩИЙ, -ая, -ее, -ие; *действ. наст.*
Синт.: **а, б** — в глаг. знач. 1 — 8

II. ХРАНИ́ВШИЙ, -ая, -ее, -ие; *действ. прош.*
Синт.: **а, б** — в глаг. знач. 1 — 8

III. ХРАНИ́МЫЙ, -ая, -ое, -ые; *страд. наст.*
Синт.: **а, б** — в глаг. знач. 1 — 8
Субстантив.$_3$ в глаг. знач. 1 — 3, 8
ХРАНИ́М, -и́ма, -и́мо, -и́мы; *кр. ф.*
В глаг. знач. 1 — 8

IV. ХРАНЁННЫЙ, -ая, -ое, -ые; *страд. прош.**
Синт.: **а, б** — в глаг. знач. 1, 2
ХРАНЁН, -ена́, -ено́, -ены́; *кр. ф.** (*редко*)
В глаг. знач. 1, 2

□ Прич. IV в 3 — 8 глаг. знач. не употр.

ХРИПЕ́ТЬ, хриплю́, хрип|я́т, хрипе́|л; ***несов.*, *неперех.* 1.** *Ребенок съел много мороженого и теперь хрипит* [издавать при дыхании глуховатые, сипящие звуки в результате заболевания] **2.** *«У меня уже нет голоса: я только хриплю».* Гладков, Повесть о детстве [иметь в голосе хрипоту, издавать при речи, пении, крике глуховатые, сипящие звуки] **3. *S не лицо*** *«— Она чуть кашлянула, чтобы голос не хрипел».* А. Н. Толстой, Петр I. *«Хрипела кривая дудка,.. бухал турецкий барабан».* А. Н. Толстой, Эмигранты [быть хриплым — о голосе; звучать хрипло — о музыкальных инструментах]

I. ХРИПЯ́ЩИЙ, -ая, -ее, -ие; *действ. наст.*
Синт.: **а, б, в** — в глаг. знач. 1 — 3
В знач. прил. Звучащий хрипло, не чистый по тону, глуховатый, сиплый. *Хрипящий голос. Хрипящие звуки* (Ср. прил. **хри́плый,** -ая, -ое, -ые; хрипл, хрипла́ и хри́пла, хри́пло, хри́плы в знач. 'не чистый по тону, глуховатый, сиплый, хрипящий'. *Хриплый голос. Хриплый крик*)

II. ХРИПЕ́ВШИЙ, -ая, -ее, -ие; *действ. прош.*
Синт.: **а, б, в** — глаг. знач. 1 — 3

ХРИ́ПНУТЬ, хри́пн|ут, хрип и хри́пну|л, хри́пла, -ло, -ли; ***несов.*, *неперех.*** (*сов.* охри́пнуть) **1. *S не лицо*** *У бабушки голос хрипнет* [становиться хриплым] **2.** *Наташа часто хрипнет от простуды* [утрачивать чистоту голоса, начиная говорить хрипло]

I. ХРИ́ПНУЩИЙ, -ая, -ее, -ие; *действ. наст.*
Синт.: **а, б, в** — в глаг. знач. 1, 2

II. ХРИ́ПНУВШИЙ, -ая, -ее, -ие; *действ. прош.*

Синт.: **а, б, в** — в глаг. знач. 1, 2

ХРОМА́ТЬ, хрома́|ют, хрома́|л; ***несов., неперех.*** **1.** *Этот человек хромает* [ходить ковыляя из-за укороченной или больной ноги] **2. *S не лицо*** *Дело хромает из-за плохой подготовки. Математика у Андрея явно хромает* [быть в неудовлетворительном состоянии, иметь недостатки; *разг.*; быть недостаточно твердо усвоенным — о каком-л. учебном предмете; *разг.*] **3. *по чему*** *Мальчик хромает по математике* [плохо знать какой-л. учебный предмет, не успевать по какому-л. учебному предмету; *разг.*]

I. ХРОМА́ЮЩИЙ, -ая, -ее, -ие; *действ. наст.*
Синт.: **а, б** — в глаг. знач. 1 — 3; **в** — в глаг. знач. 1
Ср. прич. в 1 глаг. знач. с прил. **хромо́й,** -а́я, -о́е, -ы́е; хром, хрома́, хро́мо, хро́мы. **1.** Имеющий укороченную или больную ногу, хромающий. *Хромой человек* **2.** Более короткий, чем другой, вызывающий хромоту — о ноге. *Хромая нога*

II. ХРОМА́ВШИЙ, -ая, -ее, -ие; *действ. прош.*
Синт.: **а, б** — в глаг. знач. 1 — 3; **в** — в глаг. знач. 1

ХРУСТЕ́ТЬ, хрущу́, хруст|я́т, хрусте́|л; ***несов., неперех.*** **1. *S не лицо*** *Снег хрустит под ногами. Песок хрустел на зубах* [подвергаясь воздействию, издавать звук, похожий на сухой треск от чего-л. ломающегося, раздробляемого и т. п.] **2. *S не лицо*** *«Морозно.. вдоль эшелона хрустели торопливые шаги».* Е. Носов, Красное вино победы [сопровождаться звуком, похожим на сухой треск — о шагах, ударах и т. п.] **3. *чем*** *Малыш аппетитно хрустел яблоком* [с хрустом жевать, разжевывать] **4. *чем; S не лицо*** *«Правая рука была у него в кармане и судорожно хрустела новенькими бумажками».* Куприн, Поединок [воздействуя на что-л., производить звук, похожий на сухой треск]

I. ХРУСТЯ́ЩИЙ, -ая, -ее, -ие; *действ. наст.*
Синт.: **а, б** — в глаг. знач. 1 – 4
В знач. прил. **1.** Похожий на сухой звук при трескании чего-л., ломке, дроблении. *Хрустящий звук* **2.** Обладающий свойством производить при движении, воздействии и т. п. звук, похожий на сухой треск от чего-л. ломающегося, раздробляемого и т. п. *Хрустящая крахмальная скатерть. Хрустящая корочка* ◇ **Хрустящие хлебцы** — вид сухого хлеба

II. ХРУСТЕ́ВШИЙ, -ая, -ее, -ие; *действ. прош.*
Синт.: **а, б** — в глаг. знач. 1 — 4

Ц

ЦА́РСТВОВАТЬ, ца́рству|ют, ца́рствова|л; ***несов., неперех.*** **1.** *«[Царь:] Достиг я высшей власти; Шестой уж год я царствую спокойно. Но счастья нет моей душе».* Пушкин, Борис Годунов [править страной, будучи царем, царицей] **2. *S не лицо*** *Здесь царствовала тишина* [все охватывать, наполнять, заполнять собой, царить — о тишине, покое, мраке и т. п.; *книжн.*]

I. ЦА́РСТВУЮЩИЙ, -ая, -ее, -ие; *действ. наст.*
Синт.: **а, б** — в глаг. знач. 1, 2
В знач. прил. **1.** Такой, который является царем, управляет царством, государством. *Царствующий герцог* **2.** Связанный с царствованием. *Царствующий дом. Царствующая фамилия*

II. ЦА́РСТВОВАВШИЙ, -ая, -ее, -ие; *действ. прош.*
Синт.: **а, б** — в глаг. знач. 1, 2

ЦВЕСТИ́, цвет|у́т, цвёл, цвела́, -ло́, -ли́; ***несов., неперех.*** **1. *S не лицо*** *Розы цветут* [распускаться — о цветах] **2. *S не лицо*** *Вишня цветет. Наш сад цветет* [иметь на себе распустившиеся цветки, быть в цвету — о кустах, деревьях; иметь деревья, кусты в цвету — о саде, аллее и т. п.] **3.** *«Вы не больны, душечка, вовсе не больны; вы цветете, право цветете».* Достоевский, Бедные люди [находиться в поре расцвета — физического, духовного, быть красивым, здоровым] **4. *от чего*** *«Васька просто цвел от удовольствия».* Укусов, После войны [светиться радостью, удовольствием от чего-л.; *разг.*] **5. *S не лицо*** *«На берегу заветных вод Цветут богатые станицы».* Пушкин, Кавказский пленник [преуспевать, процветать, быть сильным, богатым] **6. *S не лицо*** *Наш пруд цветет раз в три года* [покрываться ряской, тиной — о водоеме]

I. ЦВЕТУ́ЩИЙ, -ая, -ее, -ие; *действ. наст.**
Синт.: **а, б** — в глаг. знач. 1 — 3, 5, 6; **в** — в глаг. знач. 1, 2
Ср. прил. **цвету́щий,** -ая, -ее, -ие; -у́щ, -у́ща, -у́ще, -у́щи. **1.** Полный сил, здоровья. *Цветущие юноши и девушки. Цветущий человек.* **2.** Свидетельствующий о прекрасном здоровье. *Цветущий вид. Цветущее лицо* **3.** Успешно развивающийся, процветающий. *Цветущая держава. Цветущий край*

II. ЦВЕ́ТШИЙ, -ая, -ее, -ие; *действ. прош.**
Синт.: **а, б** — в глаг. знач. 1, 2, 5, 6; **в** — в глаг. знач. 1, 2
▭ Прич. I в 4 глаг. знач. не употр. Прич. II в 3, 4 глаг. знач. не употр.

ЦЕДИ́ТЬ, цежу́, це́д|ят, цеди́|л; ***несов., перех., что*** **1.** *Мать цедила молоко сразу после дойки* [пропускать жидкость через сито, марлю и т. п. для очистки] **2.** *Буфетчица цедила квас из бочки в кружки* [лить медленно через узкое отверстие] **3.** *«[Кобылица] долго обнюхивала ведро и потом, точно решившись, брезгливо стала цедить воду сквозь зубы».* Первенцев, Кочубей [пить медленно, пропуская жидкость сквозь зубы] **4.** и ***без дополн.*** *Ольга цедила слова сквозь зубы* [медленно и небрежно произносить, говорить что-л. сквозь зубы; *разг.*]

I. ЦЕ́ДЯЩИЙ, -ая, -ее, -ие и ЦЕДЯ́ЩИЙ, -ая, -ее, -ие; *действ. наст.*
Синт.: **а, б** — в глаг. знач. 1 — 4

II. ЦЕДИ́ВШИЙ, -ая, -ее, -ие; *действ. прош.*
Синт.: **а, б** — в глаг. знач. 1 — 4

III. ЦЕДИ́МЫЙ, -ая, -ое, -ые; *страд. наст.*
Синт.: **а, б** — в глаг. знач. 1 — 4; **в** — в глаг. знач. 1

IV. ЦЁЖЕННЫЙ, -ая, -ое, -ые; *страд. прош.** [чередование д/ж]
Синт.: **а, б** — в глаг. знач. 1, 2
Ср. прил. **цежёный,** -ая, -ое, -ые. Очищенный от примесей процеживанием. *Цеженый бульон. Цеженое молоко*
ЦЁЖЕН, -ена, -ено, -ены; *кр. ф.**
В глаг. знач. 1, 2
▭ Прич. IV в 3, 4 глаг. знач. не употр.

ЦЕЛОВА́ТЬ, целу́|ют, целова́|л; ***несов., перех., кого(что)*** и ***что*** (*сов.* поцелова́ть) *Мать нежно целует сына. Верующие целовали крест* [прикасаться губами к кому-чему-л. в знак любви, преданности, дружбы и т. п.]
I. ЦЕЛУ́ЮЩИЙ, -ая, -ее, -ие; *действ. наст.*
Синт.: **а, б** — в глаг. знач.
II. ЦЕЛОВА́ВШИЙ, -ая, -ее, -ие; *действ. прош.*
Синт.: **а, б** — в глаг. знач.
III. ЦЕЛУ́ЕМЫЙ, -ая, -ое, -ые; *страд. наст.*
Синт.: **а, б, в** — в глаг. знач.
ЦЕЛУ́ЕМ, -ема, -емо, -емы; *кр. ф.*
В глаг. знач.
IV. ЦЕЛО́ВАННЫЙ, -ая, -ое, -ые; *страд. прош.*
Синт.: **а, б, в** — в глаг. знач.
ЦЕЛО́ВАН, -ана, -ано, -аны; *кр. ф.*
В глаг. знач.

ЦЕНИ́ТЬ, ценю́, це́н|ят, цени́|л; ***несов., перех.*** **1.** ***кого(что)*** и ***что*** *Вы очень дешево цените эту вещь* [назначать, определять цену кому-чему-л., оценивать; *разг.*] **2.** ***кого(что)*** и ***что*** *«Жизнь научила меня ценить людей не по внешности и не по положению, а по искренности и прямоте».* Г. Линьков, Война в тылу врага. *Старый мастер ценил сделанное его учениками очень строго, придираясь к каждой мелочи* [судить о ком-чем-л., составлять мнение, давать оценку, оценивать] **3.** ***что в ком(чем)*** *«Приученный с самого раннего детства выше всего ценить в людях ум, я отказался ради Кати от обычного для меня мерила человеческой ценности».* Нагибин, Любовь и знамя [признавать значение, достоинства, ценность чего-л.] **4.** ***кого(что)*** *В школе Петра Ивановича ценили и ученики, и учителя* [относиться с уважением к кому-л., признавая достоинства, ум и т. п.] **5.** ***что*** *Мы ценим время, поэтому не любим, когда кто-нибудь опаздывает* [дорожить чем-л.]
I. ЦЕ́НЯЩИЙ, -ая, -ее, -ие; *действ. наст.*
Синт.: **а, б** — в глаг. знач. 1 — 5
II. ЦЕНИ́ВШИЙ, -ая, -ее, -ие; *действ. прош.*
Синт.: **а, б** — в глаг. знач. 1 — 5
III. ЦЕНИ́МЫЙ, -ая, -ое, -ые; *страд. наст.*
Синт.: **а, б** — в глаг. знач. 1 — 5
Субстантив.₃ в глаг. знач. 3
ЦЕНИ́М, -и́ма, -и́мо, -и́мы; *кр. ф.*
В глаг. знач. 1 — 5
IV. ЦЕНЁННЫЙ, -ая, -ое, -ые; *страд. прош.** (*редко*)
Синт.: **а, б** — в глаг. знач. 5
ЦЕНЁН, -ена́, -ено́, -ены́; *кр. ф.** (*редко*)
В глаг. знач. 5
▭ Прич. IV в 1 — 4 глаг. знач. не употр.

ЦЕНТРАЛИЗОВА́ТЬ, централизу́|ют, централизова́|л; ***сов.*** и ***несов., перех., что*** *Необходимо централизовать работу диспетчеров* [сосредоточить или сосредоточивать в одном центре, объединить или объединять в одном месте, в одних руках]
I. ЦЕНТРАЛИЗУ́ЮЩИЙ, -ая, -ее, -ие; *действ. наст.*
Синт.: **а, б** — в глаг. знач.
II. ЦЕНТРАЛИЗОВА́ВШИЙ, -ая, -ее, -ие; *действ. прош.*
Синт.: **а, б** — в глаг. знач.
III. ЦЕНТРАЛИЗУ́ЕМЫЙ, -ая, -ое, -ые; *страд. наст.*
Синт.: **а, б, в** — в глаг. знач.
IV. ЦЕНТРАЛИЗО́ВАННЫЙ, -ая, -ое, -ые; *страд. прош.*
Синт.: **а, б** — в глаг. знач.
В знач. прил. (только *полн. ф.*) **1.** Сосредоточенный в одних руках. *Централизованное руководство. Централизованная государственная власть* **2.** Исходящий из одного центра. *Централизованное снабжение. Централизованная подача воды*
ЦЕНТРАЛИЗО́ВАН, -ана, -ано, -аны; *кр. ф.*
В глаг. знач.

ЦИВИЛИЗОВА́ТЬ, цивилизу́|ют, цивилизова́|л; ***сов.*** и ***несов., перех., кого(что)*** и ***что; S не лицо*** *Распространение знаний, появление радио и телевидения в самых глухих районах континента цивилизует отсталые народности. «Пребывание пап в Авиньоне несомненно цивилизовало этот, тогда еще довольно дикий уголок средневековой Франции..»* Никулин, Во Франции [приобщить или приобщать к современной мировой культуре]
I. ЦИВИЛИЗУ́ЮЩИЙ, -ая, -ее, -ие; *действ. наст.*
Синт.: **а, б** — в глаг. знач.
В знач. прил. Такой, который вносит собой черты современной мировой культуры. *Цивилизующее начало. Цивилизующая сила. Оказывать цивилизующее влияние*
II. ЦИВИЛИЗОВА́ВШИЙ, -ая, -ее, -ие; *действ. прош.*
Синт.: **а, б** — в глаг. знач.
III. ЦИВИЛИЗУ́ЕМЫЙ, -ая, -ое, -ые; *страд. наст.*
Синт.: **а, б, в** — в глаг. знач.
IV. ЦИВИЛИЗО́ВАННЫЙ, -ая, -ое, -ые; *страд. прош.*
Синт.: **а, б** — в глаг. знач.
Ср. прил. **цивилизо́ванный,** -ая, -ое, -ые; -ан, -**анна**, -**анно**, -**анны**. Находящийся на высокой ступени современной мировой культуры, культурный, развитой, просвещенный. *Цивилизованные народы*
ЦИВИЛИЗО́ВАН, -ана, -ано, -аны; *кр. ф.*
В глаг. знач.

Ч

ЧА́ВКАТЬ, ча́вка|ют, ча́вка|л; ***несов., неперех.*** **1.** *Старик неприятно чавкает, когда ест* [производить губами и языком громкие, причмокивающие звуки во время еды] **2.** *S* **не лицо** *«Противно чавкала под сапогами липкая глина».* Н. Островский, Как закалялась сталь [издавать прерывистый звук, похожий на причмокивание — о жидких, вязких веществах] **3. чем** *Туристы довольно долго чавкали сапогами по грязи* [производить прерывистый звук, похожий на причмокивание, при движении по жидкому, вязкому]

I. ЧА́ВКАЮЩИЙ, -ая, -ее, -ие; *действ. наст.*
Синт.: **а, б** — в глаг. знач. 1 — 3; **в** — в глаг. знач. 1
В знач. прил. **1.** Похожий на причмокивание, прерывистый — о звуках. *Чавкающий звук* **2.** Издающий звук, похожий на причмокивание. *Чавкающие шаги*

II. ЧА́ВКАВШИЙ, -ая, -ее, -ие; *действ. прош.*
Синт.: **а, б** — в глаг. знач. 1 — 3; **в** — в глаг. знач. 1

ЧАРОВА́ТЬ, чару́|ют, чарова́|л; ***несов., перех., кого(что)*** и **что,** также **чем** *Певец чаровал слушателей своим голосом* (см. § 1). *Девушка чарует нас прекрасной улыбкой* (см. § 1). *«..пальмы, олеандры, лавровые деревья чаруют взоры».* Салтыков-Щедрин, Круглый год [производить неотразимое впечатление, подчиняя своему обаянию, пленять, обвораживать; *книжн.*]

I. ЧАРУ́ЮЩИЙ, -ая, -ее, -ие; *действ. наст.*
Синт.: **а, б** — в глаг. знач.
Ср. прил. **чару́ющий,** -ая, -ее, -ие; -ющ, -юща, -юще, -ющи. Обаятельный, пленительный, привлекательный. *Чарующий голос. Чарующая улыбка. Чарующая красота. Чарующие звуки. Чарующее впечатление*

II. ЧАРОВА́ВШИЙ, -ая, -ее, -ие; *действ. прош.*
Синт.: **а, б** — в глаг. знач.

III. ЧАРУ́ЕМЫЙ, -ая, -ое, -ые; *страд. наст.* (*редко*)
Синт.: **а, б** — в глаг. знач.
ЧАРУ́ЕМ, -ема, -емо, -емы; *кр. ф.* (*редко*)
В глаг. знач.

ЧЕРНЕ́ТЬ, черне́|ют, черне́|л; ***несов.*** **к** почерне́ть в 1 знач. (см.)

I. ЧЕРНЕ́ЮЩИЙ, -ая, -ее, -ие; *действ. наст.*
Синт.: **а, б, в** — в глаг. знач. 1

II. ЧЕРНЕ́ВШИЙ, -ая, -ее, -ие; *действ. прош.*
Синт.: **а, б, в** — в глаг. знач. 1

ЧЕРТИ́ТЬ, черчу́, че́рт|ят, черти́|л; ***несов.*** (*сов.* начерти́ть *к* 1, 2 знач.) **1. *перех., что,*** также **чем** *Дети чертят палочками прямые линии на песке* (см. § 2) [проводить черту, черты, линии на чем-л.] **2. *перех., что*** *Олег чертит карту местности. Я черчу колесо самолета* [изготовлять чертеж чего-л.] **3. *неперех.*** *Миша хорошо чертит* [уметь изготовлять чертежи]

I. ЧЕ́РТЯЩИЙ, -ая, -ее, -ие; *действ. наст.*
Синт.: **а, б** — в глаг. знач. 1 — 3; **в** — в глаг. знач. 2

II. ЧЕРТИ́ВШИЙ, -ая, -ее, -ие; *действ. прош.*
Синт.: **а, б** — в глаг. знач. 1 — 3; **в** — в глаг. знач. 2

III. ЧЕРТИ́МЫЙ, -ая, -ое, -ые; *страд. наст.* (*редко*)
Синт.: **а, б** — в глаг. знач. 1, 2

IV. ЧЕ́РЧЕННЫЙ, -ая, -ое, -ые; *страд. прош.* [чередование т/ч]
Синт.: **а, б** — в глаг. знач. 1, 2
ЧЕ́РЧЕН, -ена, -ено, -ены; *кр. ф.*
В глаг. знач. 1, 2

ЧЕСА́ТЬ, чешу́, че́ш|ут, чеса́|л; ***несов., перех.*** **1. *что*** и ***без дополн.,*** также **чем** *«Мальчик стоял потупясь и чесал одной босой ногой другую».* Паустовский, Далекие годы (см. § 2). *Собака чешет за ухом лапой* [скрести, тереть кожу для облегчения зуда] **2. *кого(что)*** и ***что чем*** *Каждый день мать чесала ребенка частым гребешком* (см. § 2). *Ольга чешет волосы большой массажной щеткой* (см. § 2) [расчесывать, расправлять и приглаживать кому-л. или себе волосы гребнем, щеткой и т. п.] **3. *что,*** также **чем** *Бабушка чешет лен старинной чесалкой* (см. § 2) [очищать от примесей и разравнивать гребнем, щеткой, чесалкой и т. п.] **4. *что,*** также **чем** *Аня чешет пух у кролика деревянным гребешком* (см. § 2) [извлекать путем чесания]

I. ЧЕ́ШУЩИЙ, -ая, -ее, -ие; *действ. наст.*
Синт.: **а, б** — в глаг. знач. 1 — 4

II. ЧЕСА́ВШИЙ, -ая, -ее, -ие; *действ. прош.*
Синт.: **а, б** — в глаг. знач. 1 — 4

IV. ЧЁСАННЫЙ, -ая, -ое, -ые; *страд. прош.*
Синт.: **а, б** — в глаг. знач. 1 — 4
Ср. прил. **чёсаный,** -ая, -ое, -ые. Подвергшийся чесанию, обработке чесанием. *Чесаный лен. Чесаная шерсть*
ЧЁСАН, -ана, -ано, -аны; *кр. ф.*
В глаг. знач. 1 — 4

▭ Прич. III не образуется. Прич. IV в 1 глаг. знач. менее употр., чем во 2 — 4 глаг. знач.

ЧИНИ́ТЬ [1], чиню́, чи́н|ят, чини́|л; ***несов., перех., что*** (*сов.* почини́ть *к* 1 знач.; *сов.* очини́ть *ко* 2 знач.) **1.** *Илья чинит телевизор сам. Бабушка чинила старые платья* [исправляя, делать вновь пригодным для употребления, действия] **2.** также **чем** *Мальчик чинил карандаши бритвой* (см. § 2) [делать острым конец карандаша, пера и т. п.]

I. ЧИ́НЯЩИЙ, -ая, -ее, -ие; *действ. наст.*
Синт.: **а, б** — в глаг. знач. 1, 2

II. ЧИНИ́ВШИЙ, -ая, -ее, -ие; *действ. прош.*
Синт.: **а, б** — в глаг. знач. 1, 2

III. ЧИНИ́МЫЙ, -ая, -ое, -ые; *страд. наст.* (*редко*)
Синт.: **а, б** — в глаг. знач. 1, 2

IV. ЧИ́НЕННЫЙ, -ая, -ое, -ые; *страд. прош.*
Синт.: **а, б** — в глаг. знач. 1, 2
Ср. прил. **чинёный,** -ая, -ое, -ые. Бывший в починке. *Чиненые ботинки. Чиненое белье. Чиненые часы*
ЧИ́НЕН, -ена, -ено, -ены; *кр. ф.*
В глаг. знач. 1, 2

ЧИНИ́ТЬ [2], чин|я́т, чини́|л; ***несов., перех., что*** (*сов.* учини́ть) *Петров во всем чинит нам препятствия. Предприниматели чинят беззаконие, увольняя рабочих. «Отступая, они* [*фашисты*] *чинили свои зверства открыто, словно мстили мирным жителям за.. поражение..»* Закруткин, Кавказские записки [устраивать, совершать — в сочетании с некоторыми существительными, обозначающими что-л. нежелательное, не отвечающее принятым нормам]

I. ЧИНЯ́ЩИЙ, -ая, -ее, -ие; *действ. наст.*
Синт.: **а, б** — в глаг. знач.
II. ЧИНИ́ВШИЙ, -ая, -ее, -ие; *действ. прош.*
Синт.: **а, б** — в глаг. знач.
III. ЧИНИ́МЫЙ, -ая, -ое, -ые; *страд. наст.*
Синт.: **а, б** — в глаг. знач.
ЧИНИ́М, -и́ма, -и́мо, -и́мы; *кр. ф.* (*редко*)
В глаг. знач.
IV. ЧИНЁННЫЙ, -ая, -ое, -ые; *страд. прош.*
Синт.: **а, б** — в глаг. знач.
Субстантив.₃ не употр.
ЧИНЁН, -ена́, -ено́, -ены́; *кр. ф.* (*редко*)
В глаг. знач.

ЧИ́СТИТЬ, чи́щу, чи́ст|ят, чи́сти|л; ***несов., перех.*** (*несов.* очистить *к* 4 знач.) **1. *кого(что)* *** и ***что,*** также ***чем*** *Мальчики чистили коней специальными щетками* (см. § 2). *Мы чистим ковры пылесосом* (см. § 2). *«Перед окном на толстом проводе сидел молоденький воробышек и чистил перышки».* Дягилев, Доктор Голубев [делать чистым, удаляя грязь, пыль и т. п. с кого-чего-л.] **2. *что,*** также ***чем*** *Я чищу зубы только зубным порошком* (см. § 2) [очищать зубы от остатков пищи, налетов и т. п. обычно с помощью зубной щетки и зубной пасты, зубного порошка и т. п.] **3. *что,*** также ***чем*** *Андрей чистит обувь только бесцветным гуталином* (см. § 2). *Аня чистит ножи до блеска. «[Алексей] начал вдруг ежедневно гладить себе брюки, чистить мелом пуговицы форменной куртки».* Б. Полевой, Повесть о настоящем человеке (см. § 2) [удаляя налет пыли, ржавчины, окиси и т. п., наводить на что-л. глянец, блеск] **4. *что,*** также ***чем*** *Мы весь вечер чистили грибы. Ира чистит апельсин маленьким ножичком* (см. § 2) [освобождать от верхнего слоя, кожуры, чешуи и т. п., приготовляя в пищу] **5. *что,*** также ***чем*** *Ребята чистят дно канавы граблями* (см. § 2). *Мы чистим наш сад два раза в год* [освобождать от чего-л. загрязняющего, засоряющего, чуждого, вредного]
I. ЧИ́СТЯЩИЙ, -ая, -ее, -ие; *действ. наст.*
Синт.: **а, б** — в глаг. знач. 1 — 5
В знач. прил. Предназначенный для очистки. *Чистящие средства. Чистящие порошки*
II. ЧИ́СТИВШИЙ, -ая, -ее, -ие; *действ. прош.*
Синт.: **а, б** — в глаг. знач. 1 — 5
IV. ЧИ́ЩЕННЫЙ, -ая, -ое, -ые; *страд. прош.*
[чередование ст/щ]
Синт.: **а, б** — в глаг. знач. 1 — 5
Ср. прил. **чи́щеный,** -ая, -ое, -ые. **1.** С чистой поверхностью. *Чищеные ботинки* **2.** Без кожуры; без сора, ненужных, неупотребляемых в пищу частей. *Чищеный апельсин. Чищеные грибы* **3.** Чистый, без зарослей, с чистой водой. *Чищеный пруд*
Субстантив.₃ в глаг. знач. 1, 3, 4
ЧИ́ЩЕН, -ена, -ено, -ены; *кр. ф.*
В глаг. знач. 1 — 5
▭ Прич. III не употр.

ЧИТА́ТЬ, чита́|ют, чита́|л; ***несов.*** (*сов.* прочита́ть и проче́сть *к* 1, 2, 4, 6 знач.) **1. *перех., что*** и ***без дополн.*** *Илья читает поэмы Пушкина. Бабушка читает газету. Видишь, Дима читает, не мешай ему!* [воспринимать написанное или напечатанное буквами или другими письменными знаками, произнося вслух или воспроизводя про себя] **2. *перех., что*** *Ольга читает мои мысли. «Против него сидела она, и он так ясно читал в ее глазах любовь, вниманье!»* Герцен, Кто виноват? [распознавать, угадывать по каким-л. внешним признакам внутренний смысл чего-л., чьи-л. переживания] **3. *перех., что*** *Илья свободно читает чертежи. Петр Иванович умеет читать звездные карты* [знать, понимать какие-л. обозначения, знаки] **4. *перех., что*** *Молодая актриса прекрасно читает стихи* [произносить, декламировать какой-л. текст] **5. *перех., что*** *Бабушка всем читает нравоучения. Отец часто читал нам нотации* [произносить с целью наставления, поучения] **6. *перех., что*** *Профессор Смирнов читает лекции на старших курсах* [излагать устно перед аудиторией] **7. *неперех.*** *Малыш уже читает* [уметь воспринимать, понимать что-л. написанное или напечатанное буквами]
I. ЧИТА́ЮЩИЙ, -ая, -ее, -ие; *действ. наст.*
Синт.: **а, б** — в глаг. знач. 1 — 7; **в** — в глаг. знач. 1
В знач. прил. **1.** Любящий читать произведения художественной литературы. *Читающая публика. Читающие студенты* **2.** Автоматически распознающий изображения букв, цифр и их сочетаний. *Читающее устройство. Читающий автомат*
II. ЧИТА́ВШИЙ, -ая, -ее, -ие; *действ. прош.*
Синт.: **а, б** — в глаг. знач. 1 — 7; **в** — в глаг. знач. 1
III. ЧИТА́ЕМЫЙ, -ая, -ое, -ые; *страд. наст.*
Синт.: **а, б** — в глаг. знач. 1 — 6; **в** — в глаг. знач. 1, 4
В знач. прил. **1.** (только *полн. ф.*) Такой, знаки и обозначения которого можно понять. *Читаемый чертеж. Читаемые карты* **2.** (также *кр. ф.* ↓) Популярный, распространенный среди читателей. *Читаемые книги. Читаемая литература*
Субстантив.₃ в глаг. знач. 1, 4, 6
ЧИТА́ЕМ, -ема, -емо, -емы; *кр. ф.* (*редко*)
В глаг. знач. 1 — 6
В знач. прил. (также *полн. ф.* в знач. прил. 2↑) *Эти книги явно читаемы*
IV. ЧИ́ТАННЫЙ, -ая, -ое, -ые; *страд. прош.**
Синт.: **а, б** — в глаг. знач. 1, 4, 6
Ср. прил. **чи́таный,** -ая, -ое, -ые. Такой, который уже читали, не свежий. *Читаные газеты и журналы можно убрать*
ЧИ́ТАН, -ана, -ано, -аны; *кр. ф.**
В глаг. знач. 1, 4, 6
▭ Прич. IV во 2, 3, 5 глаг. знач. не употр.

ЧТИТЬ, чту, чт|ят и чт|ут, чти|л; ***несов., перех., кого(что)*** и ***что*** **1.** *Мы чтим память всех погибших в Великой Отечественной войне* [чувствовать и проявлять к кому-чему-л. глубокое уважение, почтение, почитать; *книжн.*] **2.** *«Старался ль ты закон господний соблюдать И, кроме вышнего, не чтить другого бога?»* Пушкин, Исповедь бедного стихотворца. *«..но к иконе, спасенной из огня, особое отношение. Ее берегут, ее чтят».* Солоухин, Черные доски [преклоняться перед кем-чем-л., почитать как божество, святыню]

I. ЧТЯ́ЩИЙ, -ая, -ее, -ие и ЧТУ́ЩИЙ, -ая, -ее, -ие; *действ. наст.*
Синт.: **а, б** — в глаг. знач. 1, 2
II. ЧТИ́ВШИЙ, -ая, -ее, -ие; *действ. прош.*
Синт.: **а, б** — в глаг. знач. 1, 2
III. ЧТИ́МЫЙ, -ая, -ое, -ые; *страд. наст.*
Синт.: **а, б** — в глаг. знач. 1, 2
ЧТИМ, -и́ма, -и́мо, -и́мы; *кр. ф.*
В глаг. знач. 1, 2
▭ Прич. IV не образуется

ЧУ́ВСТВОВАТЬ, чу́вству|ют, чу́вствова|л; ***несов., перех.*** (*сов.* почу́вствовать *к* 1 — 4, 6 знач.) **1.** ***что*** и ***с придат. дополнит.*** *Я чувствую потребность в отдыхе. Туристы чувствовали голод. Друзья чувствовали, как подступает усталость* [испытывать какое-л. физическое ощущение, состояние и т. п.] **2.** ***что*** *Все делегаты съезда чувствовали волнение перед его открытием. Дети чувствовали страх, оставшись одни в незнакомом лесу. Мальчик чувствовал раскаяние* [испытывать какое-л. душевное состояние, какое-л. чувство] **3.** ***что*** и ***с придат. дополнит.,*** также ***чем*** *Ночью Илья и Валерий чувствовали холод, проникающий в их спальные мешки. Девочка чувствует рукой тепло батареи. Я чувствую, как запах газа распространяется по квартире* [воспринимать органами чувств, ощущать] **4.** ***что*** и ***с придат. дополнит.*** *«Она не смотрела на гостей, но видно было, что чувствовала их присутствие».* Л. Толстой, Хаджи-Мурат. *Мать чувствовала, что сын не спит* [воспринимать интуицией, чутьем наличие, совершение чего-л.] **5.** ***кого в ком(чем)*** и ***с придат. дополнит.*** *«Всем существом он чувствовал в нем [главном инженере] чужака, но доказать это было трудно».* В. Попов, Сталь и шлак. *«Она чувствовала, что впереди ее ждет горе».* М. Горький, Мать [предчувствовать, предугадывать интуицией] **6.** ***что*** и ***с придат. дополнит.*** *«[Аркадий] уже начинал подчиняться ей, и Катя это чувствовала и не удивлялась».* Тургенев, Отцы и дети. *Ольга чувствовала, что сыну стыдно* [понимать, осознавать] **7.** ***что*** *Ребенок хорошо чувствует музыку. Илья прекрасно чувствует живопись* [уметь воспринимать красоту, прекрасное в окружающей действительности, в искусстве]

I. ЧУ́ВСТВУЮЩИЙ, -ая, -ее, -ие; *действ. наст.*
Синт.: **а, б** — в глаг. знач. 1 — 7
Ср. прил. **чувстви́тельный,** -ая, -ое, -ые; -лен, -льна, -льно, -льны в знач. 'обладающий повышенной восприимчивостью'. *Чувствительный ребенок*
II. ЧУ́ВСТВОВАВШИЙ, -ая, -ее, -ие; *действ. прош.*
Синт.: **а, б** — в глаг. знач. 1 — 7
III. ЧУ́ВСТВУЕМЫЙ, -ая, -ое, -ые; *страд. наст.**
Синт.: **а, б** — в глаг. знач. 1 — 3, 7
Субстантив.$_3$ не употр.
IV. ЧУ́ВСТВОВАННЫЙ, -ая, -ое, -ые; *страд. прош.** (*редко*)
Синт.: **а, б** — в глаг. знач. 1 — 3, 7
Субстантив.$_3$ не употр.
ЧУ́ВСТВОВАН, -ана, -ано, -аны; *кр. ф.** (*редко*)
В глаг. знач. 1 — 3, 7
▭ Прич. III, IV в 4 — 6 глаг. знач. не употр.

Ш

ШАГА́ТЬ, шага́|ют, шага́|л; ***несов., неперех.*** (*сов.* шагну́ть *ко* 2 знач.) **1.** *Незнакомец шагал по дороге очень быстро* [делать шаги при ходьбе] **2.** ***через кого(что)*** и ***через что*** *Малыш смело шагает через высокий порог* [переступать, делая шаг] **3.** *«Петров-то как шагает; всего сорок лет, а уж он член судебной палаты».* Мамин-Сибиряк, Суд идет. *«— Райком помог встать на ноги, а дальше самим надо шагать!»* Николаева, Жатва [продвигаться по службе; *разг.*; развиваться в каком-л. направлении; *разг.*] **4.** ***S не лицо*** *«И экскаватор шагал в эту ночь, неся на стреле маленькую красную светящуюся звезду».* Паустовский, Рождение моря [передвигаться на шагающем ходу — о машинах, механизмах]

I. ШАГА́ЮЩИЙ, -ая, -ее, -ие; *действ. наст.*
Синт.: **а, б** — в глаг. знач. 1—4
В знач. прил. **1.** Осуществляющийся при помощи поочередной перестановки опорных частей в направлении движения — в машинах, механизмах. *Шагающий ход. Шагающая гидравлическая подача* **2.** Передвигающийся с помощью поочередной перестановки опорных частей в направлении движения — о машинах, механизмах. *Шагающий подъемный кран. Шагающий экскаватор. Шагающий автомат*
II. ШАГА́ВШИЙ, -ая, -ее, -ие; *действ. прош.*
Синт.: **а, б** — в глаг. знач. 1 — 4

ШАГНУ́ТЬ, шагну́т, шагну́|л; ***сов. к*** шага́ть во 2 знач. (см.)

II. ШАГНУ́ВШИЙ, -ая, -ее, -ие; *действ. прош.*
Синт.: **а, б** — в глаг. знач. 2

ША́РКАТЬ, ша́рка|ют, ша́рка|л; ***несов., неперех.*** **1.** ***чем*** *«Невыспавшиеся дворники шаркали метлами..»* Куприн, Черный туман. *Дедушка тяжело шаркал подошвами* [двигать, водить с шумом, шорохом по чему-л.] **2.** ***по чему*** *«Иудушка притворялся чуть живым, шаркал по коридору».* Салтыков-Щедрин, Господа Головлевы [ходить, не поднимая ног, волоча ноги, производя при этом шуршащий звук, шорох] **3.** ***чем*** *Приказчик магазина, почтительно улыбаясь, шаркал ножкой* [приставлять одну ногу к другой, ударяя слегка каблук о каблук — при поклоне, приветствии и т. п. у мужчин]

I. ША́РКАЮЩИЙ, -ая, -ее, -ие; *действ. наст.*
Синт.: **а, б** — в глаг. знач. 1 — 3
В знач. прил. **1.** Шуршащий, как бы скребущий по поверхности — о звуках. *Шаркающий звук* **2.** Такой, который издает шуршащий, как бы скребущий по поверхности звук. *Шаркающие шаги*
II. ША́РКАВШИЙ, -ая, -ее, -ие; *действ. прош.*
Синт.: **а, б** — в глаг. знач. 1 — 3

ШЕВЕЛИ́ТЬ, шевелю́, шевел|я́т и *доп.* шеве́лят, шевели́|л; ***несов.*** (*сов.* расшевели́ть *к* 4 знач.) **1.** ***перех., что,*** также ***чем*** *Мальчик длинной пал-*

кой шевелил листья (см. § 2). *«Вода чуть-чуть шевелила в этой заводи белые головки кувшинок».* Короленко, Слепой музыкант [касаясь чего-л., трогая что-л. чем-л., приводить в легкое движение] **2.** ***перех., что,*** также ***чем*** *«Юлия Ипполитовна брезгливо шевелила вилкой кусочки нарезанной колбасы».* Вересаев, К жизни (см. § 2) [трогая, передвигать, переворачивать] **3.** ***перех., что,*** также ***чем*** *Пионеры из нашего лагеря сейчас в поле сено шевелят* [разгребая, гребя, передвигать, переворачивать для просушки, ворошить] **4.** ***перех., кого(что)*** *Этого больного врач заставлял гулять, читать, всячески шевелил его* [выводить из состояния вялости, безразличия, побуждать к деятельности; *разг.*] **5.** ***неперех., чем*** *Старуха беззвучно шевелила губами. Петя умеет шевелить ушами* [слегка двигать]

I. ШЕВЕЛЯ́ЩИЙ, -ая, -ее, -ие; *действ. наст.*
Синт.: **а, б** — в глаг. знач. 1 — 5

II. ШЕВЕЛИ́ВШИЙ, -ая, -ее, -ие; *действ. прош.*
Синт.: **а, б** — в глаг. знач. 1 — 5

IV. ШЕВЕЛЁННЫЙ, -ая, -ое, -ые; *страд. прош.**
Синт.: **а, б** — в глаг. знач. 1 — 3; **в** — в глаг. знач. 3
ШЕВЕЛЁН, -ена́, -ено́, -ены́; *кр. ф.** (*редко*)
В глаг. знач. 1 — 3

□ Прич. III не употр. Прич. IV в 4 глаг. знач. не употр.

ШЕЛЕСТЕ́ТЬ, 1 л. ед. не употр., шелест|я́т, шелесте́|л; ***несов., неперех.*** **1.** ***S не лицо*** *Листья шелестят. Страницы книги тихо шелестели — бабушка читала* [издавать легкий шорох, шелест] **2.** ***чем*** *Девушки шелестели накрахмаленными юбками. Ветер шелестит травой* [производить легкий шорох, шелест]

I. ШЕЛЕСТЯ́ЩИЙ, -ая, -ее, -ие; *действ. наст.*
Синт.: **а, б** — в глаг. знач. 1, 2; **в** — в глаг. знач. 1
В знач. прил. Тихий, подобный шороху — о звуках. *Шелестящий звук*

II. ШЕЛЕСТЕ́ВШИЙ, -ая, -ее, -ие; *действ. прош.*
Синт.: **а, б** — в глаг. знач. 1, 2; **в** — в глаг. знач. 1

ШЕПТА́ТЬ, шепчу́, ше́пч|ут, шепта́|л; ***несов., перех., что*** и ***без дополн.*** *Юноша шептал девушке что-то на ухо. Старики шептали молитвы. Мальчик шепчет: „Скорее бы прошла гроза!“* [говорить, произносить очень тихо, шепотом]

I. ШЕ́ПЧУЩИЙ, -ая, -ее, -ие; *действ. наст.*
Синт.: **а, б** — в глаг. знач.

II. ШЕПТА́ВШИЙ, -ая, -ее, -ие; *действ. прош.*
Синт.: **а, б** — в глаг. знач.

IV. ШЕ́ПТАННЫЙ, -ая, -ое, -ые; *страд. прош.* (*редко*)
Синт.: **а, б** — в глаг. знач.
ШЕ́ПТАН, -ана, -ано, -аны; *кр. ф.* (*редко*)
В глаг. знач.

□ Прич. III не образуется

ШИПЕ́ТЬ, шиплю́, шип|я́т, шипе́|л; ***несов., неперех.*** **1.** ***S не лицо*** *Змея шипела в кустах. «Масло шипело и трещало; в кухне стоял чад и дым».* Серафимович, Из детской жизни [издавать глухие звуки, напоминающие протяжное произношение звука „ш“] **2.** ***на кого(что)*** *Старуха непрерывно на всех шипит* [злобно и тихо ворчать на кого-л.; *разг.*] **3.** *«Бывало, он только что зашевелится на своем стуле, а уж она и шипит: — Куда? Сиди смирно».* Тургенев, Дворянское гнездо [говорить тихо сдавленным голосом; *разг.*]

I. ШИПЯ́ЩИЙ, -ая, -ее, -ие; *действ. наст.*
Синт.: **а, б** — в глаг. знач. 1 — 3; **в** — в глаг. знач. 1
Ср. прич. с прил. **шипу́чий,** -ая, -ее, -ие; -у́ч, -у́ча, -у́че, -у́чи. **1.** Издающий шипение; *разг. Шипучая волна. Шипучее пламя. Шипучая змея* **2.** Издающий шипение, обычно при наливании, в результате выделения пузырьков углекислого газа — о напитках. *Шипучие напитки. Шипучие вина.*
В знач. прил. С шипением — о голосе, звуках. *Шипящий голос*
◇ **Шипящий согласный** — шумный щелевой переднеязычный согласный, при произношении которого язык принимает седлообразную форму

II. ШИПЕ́ВШИЙ, -ая, -ее, -ие; *действ. прош.*
Синт.: **а, б** — в глаг. знач. 1 — 3; **в** — в глаг. знач. 1

ШИТЬ, шь|ют, ши|л; ***несов.*** (*сов.* сшить *к* 1, 2 знач.) **1.** ***перех., что*** *Ольга шьет новое платье. Мой сын сам шьет себе брюки* [изготовлять одежду, обувь и т. п., скрепляя нитью края выкроенной ткани, кожи и т. п.] **2.** ***перех., что*** и ***без дополн.*** *Олег шьет обувь в ателье. У кого ты шьешь?* [пользоваться услугами портного, ателье и т. п. для изготовления одежды, обуви] **3.** ***неперех.*** *Бабушка шила на машинке. «Длинными зимними вечерами Авдотья шила, Прасковья вязала».* Николаева, Жатва [скреплять, соединять нитью края ткани, кожи и т. п. при изготовлении одежды, обуви и т. п.] **4.** ***неперех.*** *«Приходил.. портной Спиридон, единственный во всем уезде портной, дерзавший шить на господ».* Чехов, Тайный советник. *Лидия Александровна шила и этим кормила всю семью* [заниматься изготовлением одежды как ремеслом] **5.** ***неперех.,*** также ***чем по чему*** *Галя шьет шелком по канве* [вышивать]

I. ШЬЮ́ЩИЙ, -ая, -ее, -ие; *действ. наст.*
Синт.: **а, б** — в глаг. знач. 1 — 5; **в** — в глаг. знач. 3

II. ШИ́ВШИЙ, -ая, -ее, -ие; *действ. прош.*
Синт.: **а, б** — в глаг. знач. 1 — 5; **в** — в глаг. знач. 3

IV. ШИ́ТЫЙ, -ая, -ое, -ые; *страд. прош.*
Синт.: **а, б** — в глаг. знач. 1, 2
Ср. прил. **ши́тый,** -ая, -ое, -ые. Украшенный шитьем, вышитый. *Шитое полотенце. Шитая скатерть. Шитый ворот рубашки*
ШИТ, -та, -то, -ты; *кр. ф.*
В глаг. знач. 1, 2

□ Прич. III не образуется

ШИФРОВА́ТЬ, шифру́|ют, шифрова́|л; ***несов., перех., что*** (*сов.* зашифрова́ть) *Молодой офицер всю ночь шифровал донесения и телеграммы* [писать при помощи системы условных знаков для секретной корреспонденции]

I. ШИФРУ́ЮЩИЙ, -ая, -ее, -ие; *действ. наст.*
Синт.: **а, б** — в глаг. знач.
В знач. прил. Служащий, предназначенный для шифрования. *Шифрующее устройство* (С р. прил. **шифрова́льный,** -ая, -ое, -ые. Относящийся к шифрованию, шифровке. *Шифровальное устройство. Шифровальный отдел*)
II. ШИФРОВА́ВШИЙ, -ая, -ее, -ие; *действ. прош.*
Синт.: **а, б** — в глаг. знач.
III. ШИФРУ́ЕМЫЙ, -ая, -ое, -ые; *страд. наст.*
Синт.: **а, б, в** — в глаг. знач.
ШИФРУ́ЕМ, -ема, -емо, -емы; *кр. ф.*
В глаг. знач.
IV. ШИФРО́ВАННЫЙ, -ая, -ое, -ые; *страд. прош.*
Синт.: **а, б** — в глаг. знач.
В знач. прил. (только *полн. ф.*) Написанный шифром. *Шифрованная телеграмма. Шифрованный текст*
ШИФРО́ВАН, -ана, -ано, -аны; *кр. ф.*
В глаг. знач.

ШЛЁПАТЬ, шлёп*а*|ют, шлёпа|л; ***несов.*** (*сов.* отшлёпать *ко* 2 знач.) **1. *перех., кого(что) чем,*** также ***по чему*** *Ребята весело шлепали друг друга березовыми вениками* (см. § 2) [с шумом ударять, бить плашмя чем-л. мягким] **2. *перех., кого (что),*** также ***чем*** и ***по чему*** *Мать шлепала ребенка и ругала его. «Она стала шлепать меня мокрой тряпкой..»* М. Горький, Детство (см. § 2) [наносить побои, удары ладонью или чем-л. мягким] **3. *неперех.; S не лицо*** *На бумагу шлепали огромные капли* [с шумом падать, ударяться обо что-л., шлепаться] **4. *неперех., по чему,*** также ***чем*** *«Он слышал, как в соседней комнате шлепает босыми ногами по полу и вздыхает мать».* Дангулов, Дипломаты. *«Генерал шлепал по залу в валяных туфлях».* Шолохов, Тихий Дон [ходить, ступать, производя шум босыми ногами или просторной, спадающей с ног обувью; *разг.*] **5. *неперех., по чему*** *«В мокром пальто.. я шлепала по лужам, и запах весны веял мне в лицо».* Тэсс, Путешествие без спутников [идти по лужам, мелкой воде и т. п., поднимая брызги и производя ногами шум; *разг.*]
I. ШЛЁПАЮЩИЙ, -ая, -ее, -ие; *действ. наст.*
Синт.: **а, б** — в глаг. знач. 1 — 5
В знач. прил. **1.** Резкий, отрывистый, похожий на шлепок — о звуках. *Шлепающий звук* **2.** Такой, который производит резкий, отрывистый, похожий на шлепок, звук. *Шлепающие шаги*
II. ШЛЁПАВШИЙ, -ая, -ее, -ие; *действ. прош.*
Синт.: **а, б** — в глаг. знач. 1 — 5
IV. ШЛЁПАННЫЙ, -ая, -ое, -ые; *страд. прош.*
Синт.: **а, б** — в глаг. знач. 1, 2
ШЛЁПАН, -ана, -ано, -аны; *кр. ф.*
В глаг. знач. 1, 2
▭ Прич. III не образуется

ШЛИФОВА́ТЬ, шлифу́|ют, шлифова́|л; ***несов., перех.*** (*сов.* отшлифова́ть *к* 1, 2 знач.) **1. *что,*** также ***чем*** *Рабочий тщательно шлифовал на станке каждую деталь* [обрабатывать поверхность металла, дерева, стекла и т. п. трением для придания гладкости, точных размеров, определенной формы] **2. *что,*** также ***чем*** *«[Князь Андрей] целый день.. читает романы французские и ногти шлифует».* Куприн, Картина. *«..ледяной язык сглаживает все выступы, шлифует и обдирает скалы».* Савельев, Следы на камне [сглаживать какие-л. неровности, делать гладкой, чистой, блестящей поверхность чего-л.] **3. *что*** *Артисты тщательно шлифовали номер, прежде чем показать его зрителям. Молодой поэт старательно шлифовал свои стихи. «Актер постепенно в этот период овладевает ролью, шлифует ее».* Пашенная, Искусство актрисы [совершенствовать, улучшать]
I. ШЛИФУ́ЮЩИЙ, -ая, -ее, -ие; *действ. наст.*
Синт.: **а, б** — в глаг. знач. 1 — 3
С р. прич. в 1 глаг. знач. с прил. **шлифова́льный,** -ая, -ое, -ые. Предназначенный, служащий для шлифования. *Шлифовальный станок. Шлифовальный круг*
II. ШЛИФОВА́ВШИЙ, -ая, -ее, -ие; *действ. прош.*
Синт.: **а, б** — в глаг. знач. 1 — 3
III. ШЛИФУ́ЕМЫЙ, -ая, -ое, -ые; *страд. наст.*
Синт.: **а, б** — в глаг. знач. 1 — 3; **в** — в глаг. знач. 1
ШЛИФУ́ЕМ, -ема, -емо, -емы; *кр. ф.*
В глаг. знач. 1 — 3
IV. ШЛИФО́ВАННЫЙ, -ая, -ое, -ые; *страд. прош.**
Синт.: **а, б** — в глаг. знач. 1, 2
В знач. прил. (только *полн. ф.*) Подвергшийся шлифованию, гладкий, получивший определенную форму. *Шлифованный камень. Шлифованная деталь*
ШЛИФО́ВАН, -ана, -ано, -аны; *кр. ф.**
В глаг. знач. 1, 2
▭ Прич. IV в 3 глаг. знач. не употр.

ШТАМПОВА́ТЬ, штампу́|ют, штампова́|л; ***несов., перех., что*** (*сов.* наштампова́ть *к* 1 знач.; *сов.* заштампова́ть *ко* 2, 3 знач.) **1.** *«Перья штампуют из той же стали, которая завтра пойдет на штыки».* Симонов, Победитель. *Рабочие штампуют детали на станках с автоматическим управлением* [изготовлять путем сжатия изделия, детали, заготовки в штампах — специальных формах для серийного изготовления деталей или каких-л. предметов] **2.** *Аня штампует на почте письма и посылки* [ставить на что-л. штамп] **3.** *«..он [актер] изо дня в день пользуется одними и теми же готовыми приемами, штампует сцены».* Горин-Горейнов, Мой театральный опыт [делать что-л. формально, по готовым, избитым образцам; *разг.*]
I. ШТАМПУ́ЮЩИЙ, -ая, -ее, -ие; *действ. наст.*
Синт.: **а, б** — в глаг. знач. 1 — 3
С р. прич. в 1 глаг. знач. с прил. **штампо́вочный,** -ая, -ое, -ые в знач. 'предназначенный, служащий для штампования, штамповки'. *Штамповочный пресс. Штамповочный молот;* **штампова́льный,** -ая, -ое, -ые. Предназначенный, служащий для штампования, штамповки. *Штамповальный пресс. Штамповальный станок*

II. ШТАМПОВА́ВШИЙ, -ая, -ее, -ие; *действ. прош.*
Синт.: **а, б** — в глаг. знач. 1 — 3
III. ШТАМПУ́ЕМЫЙ, -ая, -ое, -ые; *страд. наст.*
Синт.: **а, б, в** — в глаг. знач. 1 — 3
Субстантив.₃ в глаг. знач. 1, 2
IV. ШТАМПО́ВАННЫЙ, -ая, -ое, -ые; *страд. прош.*
Синт.: **а, б** — в глаг. знач. 1 — 3
В знач. прил. (только *полн. ф.*) **1.** Изготовленный при помощи штамповки. *Штампованная деталь* **2.** Следующий штампу, шаблонный, банальный, избитый. *Штампованные фразы. Штампованные слова. Штампованные жесты*
Субстантив.₃ в глаг. знач. 1, 2
ШТАМПО́ВАН, -ана, -ано, -аны; *кр. ф.*
В глаг. знач. 1 — 3

ШТО́ПАТЬ, што́па|ют, што́па|л; ***несов., перех., что*** (*сов.* зашто́пать) **1.** также ***чем*** *Бабушка штопала шерстяные носки. Ольга штопала рукава у кофты черными нитками* (см. § 2) [заделывать дыру в какой-л. ткани, переплетая нити, не затягивая края в рубец] **2.** *«Рыбаки вынимали сырые сети,.. девчата штопали порванные ячейки».* Стариков, Волны шумят [чинить, обычно сеть, связывая, переплетая каким-л. образом оборванные нити; *разг.*]
I. ШТО́ПАЮЩИЙ, -ая, -ее, -ие; *действ. наст.*
Синт.: **а, б** — в глаг. знач. 1, 2
В знач. прил. Служащий, предназначенный для штопания. *Олег сделал специальное штопающее приспособление* (Ср. прил. **што́пальный,** -ая, -ое, -ые. Служащий, предназначенный для штопания. *Штопальная игла*)
II. ШТО́ПАВШИЙ, -ая, -ее, -ие; *действ. прош.*
Синт.: **а, б** — в глаг. знач. 1, 2
IV. ШТО́ПАННЫЙ, -ая, -ое, -ые; *страд. прош.*
Синт.: **а, б** — в глаг. знач. 1, 2
Ср. прил. **што́паный,** -ая, -ое, -ые. Со штопкой, не новый, заштопанный. *Штопаные чулки. Штопаная скатерть*
Субстантив.₃ в глаг. знач. 1
ШТО́ПАН, -ана, -ано, -аны; *кр. ф.*
В глаг. знач. 1, 2
□ Прич. III не образуется

ШТРИХОВА́ТЬ, штриху́|ют, штрихова́|л; ***несов., перех., что,*** также ***чем*** (*сов.* заштрихова́ть) *Илья штрихует чертеж черным карандашом* (см. § 2) [наносить штрихи на что-л., покрывать штрихами]
I. ШТРИХУ́ЮЩИЙ, -ая, -ее, -ие; *действ. наст.*
Синт.: **а, б** — в глаг. знач.
В знач. прил. Служащий, предназначенный для штриховки. *Штрихующее устройство. Штрихующее приспособление*
II. ШТРИХОВА́ВШИЙ, -ая, -ее, -ие; *действ. прош.*
Синт.: **а, б** — в глаг. знач.
III. ШТРИХУ́ЕМЫЙ, -ая, -ое, -ые; *страд. наст.*
Синт.: **а, б, в** — в глаг. знач.
IV. ШТРИХО́ВАННЫЙ, -ая, -ое, -ые; *страд. прош.*
Синт.: **а, б** — в глаг. знач.
В знач. прил. (только *полн. ф.*) С нанесенными штрихами. *Штрихованная бумага*
ШТРИХО́ВАН, -ана, -ано, -аны; *кр. ф.*
В глаг. знач.

ШТУКАТУ́РИТЬ, штукату́р|ят, штукату́ри|л; ***несов., перех., что*** (*сов.* оштукату́рить) *Мы штукатурили садовый домик три дня* [покрывать стены, потолки и т. п. слоем штукатурки]
I. ШТУКАТУ́РЯЩИЙ, -ая, -ее, -ие; *действ. наст.*
Синт.: **а, б** — в глаг. знач.
II. ШТУКАТУ́РИВШИЙ, -ая, -ее, -ие; *действ. прош.*
Синт.: **а, б** — в глаг. знач.
III. ШТУКАТУ́РИМЫЙ, -ая, -ое, -ые; *страд. наст.*
Синт.: **а, б, в** — в глаг. знач.
IV. ШТУКАТУ́РЕННЫЙ, -ая, -ое, -ые; *страд. прош.*
Синт.: **а, б** — в глаг. знач.
Ср. прил. **штукату́реный,** -ая, -ое, -ые. Покрытый штукатуркой, со штукатуркой. *«Комната была, как и все комнаты в ..доме — высокая, штукатуреная, со старой ..мебелью».* А. Н. Толстой, Мишуха Налымов
ШТУКАТУ́РЕН, -ена, -ено, -ены; *кр. ф.*
В глаг. знач.

ШУМЕ́ТЬ, шумлю́, шум|я́т, шуме́|л; ***несов., неперех.*** **1.** ***S не лицо*** *Лес угрюмо шумел. Уютно шумит самовар* [издавать неясные глухие звуки, сливающиеся в однообразное звучание, шум] **2.** *Дети сильно шумели* [производить шум, громко говоря, смеясь, крича и т. п.] **3.** *Зоя шумит из-за пустяков* [громко выражать недовольство, негодуя, возмущаясь; *разг.*] **4.** *«— Где твоя высоковольтная магистраль.., о которой шумели в газетах?»* Леонов, Скутаревский [излишне много говорить, писать о чем-л., излишне волноваться по поводу чего-л., делая предметом всеобщего внимания; *разг.*]
I. ШУМЯ́ЩИЙ, -ая, -ее, -ие; *действ. наст.*
Синт.: **а, б** — в глаг. знач. 1 — 4; **в** — в глаг. знач. 1, 2
Ср. прич. во 2 глаг. знач. с прил. **шумли́вый,** -ая, -ое, -ые; -и́в, -и́ва, -и́во, -и́вы в знач. 'склонный шуметь, производить шум, громко говоря, смеясь, крича и т. п.' *Шумливый ребенок;* **шу́мный,** -ая, -ое, -ые; шу́мен, шумна́, шу́мно, шумны́ и шу́мны в знач. **1.** Производящий шум, громко говоря, смеясь, крича и т. п. *Шумная компания* **2.** Такой, где много шума. *Шумный зал*
II. ШУМЕ́ВШИЙ, -ая, -ее, -ие; *действ. прош.*
Синт.: **а, б** — в глаг. знач. 1 — 4; **в** — в глаг. знач. 1, 2

ШУРША́ТЬ, шурш|а́т, шурша́|л; ***несов., неперех.*** **1.** ***S не лицо*** *Песок и сухие листья шуршали у нас под ногами* [издавать легкий шорох, шум, шелест] **2.** ***чем*** *Мальчик долго шуршал бумагой* [производить чем-л. легкий шум, шелест, шорох]
I. ШУРША́ЩИЙ, -ая, -ее, -ие; *действ. наст.*
Синт.: **а, б** — в глаг. знач. 1, 2; **в** — в глаг. знач. 1
В знач. прил. Глухой, похожий на шорох, шелест — о зву́ках. *Шуршащие звуки*

II. ШУРША́ВШИЙ, -ая, -ее, -ие; *действ. прош.*
С и н т.: **а, б** — в глаг. знач. 1, 2; **в** — в глаг. знач. 1

ШУТИ́ТЬ, шучу́, шу́т|ят, шути́|л; ***несов., неперех.*** **1.** *Валерий всегда шутит с детьми. Моя новая знакомая любит шутить* [весело и забавно говорить, поступать; делать что-л. ради забавы, развлечения] **2.** ***над кем(чем)*** и ***над чем*** *«—..а Вы еще молоды шутить надо мной,— отрезал капитан».* Писемский, Тысяча душ. *«Я никогда не осмелюсь шутить над вашими годами и над вашим характером».* Достоевский, Бедные люди [подшучивать, подтрунивать, смеяться над кем-л.] **3.** *Ира шутит! Она не поедет в Киев. «[Василий] весь вечер шутливо ухаживал за ней. Это не накладывало на него никаких обязательств, девчонка была еще слишком молода, все понимали, что он шутит».* Николаева, Жатва [говорить или поступать не всерьез, заставлять кого-л. верить в несуществующее] **4.** ***чем*** *«Я их [детей] будущностью и собственностию шутить не могу».* Пушкин, Письмо Н. И. Павлищеву, 13 авг. 1836. *Нельзя шутить своим здоровьем* [относиться несерьезно, без должного внимания, пренебрегать чем-л.]

I. ШУ́ТЯЩИЙ, -ая, -ее, -ие и ШУТЯ́ЩИЙ, -ая, -ее, -ие; *действ. наст.*
С и н т.: **а, б** — в глаг. знач. 1 — 4; **в** — в глаг. знач. 1
С р. прич. в 1 глаг. знач. с прил. **шутли́вый**, -ая, -ое, -ые; -и́в, -и́ва, -и́во, -и́вы в знач. 'склонный к шуткам'. *Шутливый человек*

II. ШУТИ́ВШИЙ, -ая, -ее, -ие; *действ. прош.*
С и н т.: **а, б** — в глаг. знач. 1 — 4

□ Прич. I, II в 4 глаг. знач. менее употр., чем личные ф. глагола

Щ

ЩАДИ́ТЬ, щажу́, щад|я́т, щади́|л; ***несов., перех.*** (*сов.* пощади́ть) **1.** ***кого(что)*** *Фашисты сжигали деревни, не щадили стариков и детей* [проявляя милосердие, сострадание, не губить, давать пощаду кому-л.] **2.** ***что*** *«Долго каратели щадили дом дочери Евдокима Юткина».* Марков, Строговы [не разрушать, оставлять нетронутым, сохранять без изменений] **3.** ***кого(что); S не лицо*** *«Нужда не щадит даже таких изящных и хорошеньких девиц, как эта Алиса Осиповна»* Чехов, Дорогие уроки [не оказывать вредного воздействия — обычно с отрицанием] **4.** ***кого(что)*** и ***что*** *Новый сотрудник говорил о недостатках остро, не щадил никого. «Петр не считал проповедника обязанным щадить слабости и пороки сильных».* Л. Толстой, Материалы к роману времен Петра I [относиться снисходительно, терпеливо к недостаткам, слабостям и т. п. кого-л.— обычно с отрицанием] **5.** ***кого(что)*** и ***что*** *Хозяин магазина щадил детей, не заставлял их работать наравне со взрослыми. Ольга щадила самолюбие сына и не делала ему замечаний в нашем присутствии. Смирнов не щадит своего здоровья, работая без отдыха* [относиться к кому-чему-л. бережно, осторожно, чтобы не причинить вреда, не расстроить и т. п.]

I. ЩАДЯ́ЩИЙ, -ая, -ее, -ие; *действ. наст.*
С и н т.: **а, б** — в глаг. знач. 1 — 5
В з н а ч. п р и л. Такой, который имеет ограничения в работе, поднятии тяжестей, употреблении определенных продуктов и т. д., обычно предписанные врачом. *Щадящий режим. Щадящая диета*

II. ЩАДИ́ВШИЙ, -ая, -ее, -ие; *действ. прош.*
С и н т.: **а, б** — в глаг. знач. 1 — 5

IV. ЩАЖЁННЫЙ, -ая, -ое, -ые; *страд. прош.** (*редко*)
[чередование д/ж]
С и н т.: **а, б** — в глаг. знач. 1, 2, 5
С у б с т а н т и в.$_2$ в глаг. знач. 5; с у б с т а н т и в.$_3$ в глаг. знач. 2
ЩАЖЁН, -ена́, -ено́, -ены́; *кр. ф.** (*редко*)
В глаг. знач. 1, 2

□ Прич. III не употр. Прич. IV в 3, 4 глаг. знач. не употр. Кр. ф. прич. IV не употр. также в 5 глаг. знач.

ЩЕБЕТА́ТЬ, щебечу́, щебе́ч|ут, щебета́|л; ***несов., неперех.*** **1.** *В роще щебетали птицы* [петь — о щеглах, ласточках и некоторых других птицах] **2.** *Ребенок вертел в руках игрушку и что-то щебетал* [говорить быстро, без умолку — о детях, молодых женщинах; *разг.*]

I. ЩЕБЕ́ЧУЩИЙ, -ая, -ее, -ие; *действ. наст.*
С и н т.: **а, б** — в глаг. знач. 1, 2; **в** — в глаг. знач. 1

II. ЩЕБЕТА́ВШИЙ, -ая, -ее, -ие; *действ. прош.*
С и н т.: **а, б** — в глаг. знач. 1, 2; **в** — в глаг. знач. 1

ЩЕКОТА́ТЬ, щекочу́, щеко́ч|ут, щекота́|л; ***несов., перех.*** **1.** ***кого(что)*** и ***что*** *Дедушка щекотал внука, и оба смеялись. «..они [мухи] ..ползали по лицу, досадно щекотали вспотевшую кожу».* М. Горький, Жизнь ненужного человека [прикосновением к коже вызывать у кого-л. легкое нервное, сопровождающееся смехом, возбуждение] **2.** ***что; S не лицо*** *Фильмы ужасов щекочут нервы пресыщенной публике. Отзыв на статью щекочет самолюбие автора* [приятно возбуждать, тешить] **3.** ***что; S не лицо*** и ***безл.*** *«Все пошли в ту комнату, откуда несшийся запах давно начинал приятным образом щекотать ноздри гостей».* Гоголь, Мертвые души. *«Пыль щекотала у Шурки в носу..»* В. Смирнов, Открытие мира. *В горле щекочет. В носу щекочет* [вызывать легкое раздражение в носу, горле и т. п.— о дыме, пыли, запахе и т. п.]

I. ЩЕКО́ЧУЩИЙ, -ая, -ее, -ие; *действ. наст.*
С и н т.: **а, б** — в глаг. знач. 1 — 3
В з н а ч. п р и л. Имеющий свойство вызывать ощущение щекотки; похожий на ощущение, вызываемое щекоткой. *Щекочущая ткань. Щекочущее ощущение*

II. ЩЕКОТА́ВШИЙ, -ая, -ее, -ие; *действ. прош.*
С и н т.: **а, б** — в глаг. знач. 1 — 3

IV. ЩЕКО́ЧЕННЫЙ, -ая, -ое, -ые; *страд. прош.**
С и н т.: **а, б** — в глаг. знач. 1
С у б с т а н т и в.$_3$ не употр.
ЩЕКО́ЧЕН, -ена, -ено, -ены; *кр. ф.**
В глаг. знач. 1

□ Прич. III не употр. Прич. IV во 2, 3 глаг. знач. не употр.

ЩЁЛКАТЬ, щёлка|ют, щёлка|л; ***несов.* 1. *неперех., чем*** *Мальчики, танцуя, щелкали пальцами. «Изредка она [девушка] щелкала языком, неодобрительно качала головой и что-то говорила..»* Паустовский, Итальянские записи [производить короткие, отрывистые звуки языком, пальцами] **2. *неперех.; S не лицо*** *В кустах щелкала какая-то птичка* [петь — о некоторых птицах] **3. *неперех., чем*** *Старая кассирша щелкала костяшками на счетах. Гусары при приветствии щелкали каблуками. Кто-то щелкает выключателем* [производить короткий сухой звук резким ударом, хлопком, толчком или при включении, приведении в действие чего-л.] **4. *неперех.; S не лицо*** *Каждое утро щелкали замки соседних квартир — взрослые уходили на работу* [издавать резкий, короткий, сухой звук при работе, действии каких-л. механизмов, орудий и т. п., при ударе, падении и т. п.] **5. *неперех.; S не лицо*** *«Багратион подъехал к рядам, по которым то там, то здесь быстро щелкали выстрелы, заглушая говор и командные крики».* Л. Толстой, Война и мир [звучать, раздаваться — о выстрелах] **6. *неперех., чем*** *Гиены щелкали зубами, приближаясь к убитой лани* [производить короткий сухой звук, соединяя верхние и нижние зубы] **7. *неперех.; S не лицо*** *«..и от таких мыслей зубы у нее [волчихи] щелкали».* Чехов, Белолобый [лязгать — о зубах] **8. *перех., кого(что)*** *«Форсила методически щелкает малыша в лоб, пока у того на глазах не выступят слезы».* Куприн, На переломе [давать щелчки кому-л.; *разг.*] **9. *перех., что*** *Ребята с удовольствием щелкали орехи и семечки* [раздроблять скорлупу с хрустом]

I. ЩЁЛКАЮЩИЙ, -ая, -ее, -ие; *действ. наст.*
Синт.: **а, б** — в глаг. знач. 1 — 9
В знач. прил. Резкий, отрывистый, короткий, сухой — о звуках. *Щелкающий звук*

II. ЩЁЛКАВШИЙ, -ая, -ее, -ие; *действ. прош.*
Синт.: **а, б** — в глаг. знач. 1 — 9

III. ЩЁЛКАЕМЫЙ, -ая, -ое, -ые; *страд. наст.*
Синт.: **а, б** — в глаг. знач. 8, 9
Субстантив.$_3$ не употр.

IV. ЩЁЛКАННЫЙ, -ая, -ое, -ые; *страд. прош.*
Синт.: **а, б** — в глаг. знач. 8, 9
ЩЁЛКАН, -ана, -ано, -аны; *кр. ф.*
В глаг. знач. 8, 9

ЩЕМИ́ТЬ, щемлю́, щем|я́т, щеми́|л; ***несов., перех., что* 1. *S не лицо*** *Повязка щемит кожу* [сжимать, стискивать] **2.** *Грустный, протяжный напев щемил душу. Воспоминания щемили сердце* [вызывать ощущение подавленности, угнетенности — в сочетании с сущ. *сердце, грудь, душа*] **3. *безл.*** *Сердце щемит. Щемит в боку. Щемит грудь* [болеть, ныть — о сердце, груди и т. п.]

I. ЩЕМЯ́ЩИЙ, -ая, -ее, -ие; *действ. наст.*
Синт.: **а, б** — в глаг. знач. 1, 2
В знач. прил. **1.** Ноющий, тупой. *Щемящая боль* **2.** Гнетущий, мучительный. *Щемящее чувство. Щемящая тоска. Щемящий голод*

II. ЩЕМИ́ВШИЙ, -ая, -ее, -ие; *действ. прош.*
Синт.: **а, б** — в глаг. знач. 1, 2
□ Прич. III не употр.

Э

ЭВАКУИ́РОВАТЬ, эвакуи́ру|ют, эвакуи́рова|л; ***сов.*** и ***несов., перех., кого(что)*** и ***что*** *Мы эвакуируем из опасной зоны жителей домов и некоторые предприятия* [произвести или производить организованный вывоз, выезд кого-чего-л. из подверженной какой-л. опасности местности]

I. ЭВАКУИ́РУЮЩИЙ, -ая, -ее, -ие; *действ. наст.*
Синт.: **а, б** — в глаг. знач.
Ср. прил. **эвакуацио́нный,** -ая, -ое, -ые. Относящийся к эвакуации; предназначенный для эвакуации. *Эвакуационная комиссия. Эвакуационные работы*

II. ЭВАКУИ́РОВАВШИЙ, -ая, -ее, -ие; *действ. прош.*
Синт.: **а, б** — в глаг. знач.

III. ЭВАКУИ́РУЕМЫЙ, -ая, -ое, -ые; *страд. наст.*
Синт.: **а, б, в** — в глаг. знач.

IV. ЭВАКУИ́РОВАННЫЙ, -ая, -ое, -ые; *страд. прош.*
Синт.: **а, б, в** — в глаг. знач.
В знач. сущ. **эвакуи́рованный,** -ого, *м.*; **эвакуи́рованная,** -ой, *ж.* Тот (та), кто вывезен, удален из подверженной какой-л. опасности местности. *Сотрудники райисполкома размещали эвакуированных из зоны землетрясения*
ЭВАКУИ́РОВАН, -ана, -ано, -аны; *кр. ф.*
В глаг. знач.

ЭКРАНИЗИ́РОВАТЬ, экранизи́ру|ют, экранизи́рова|л; ***сов.*** и ***несов., перех., что*** *«[Произведения Чехова] передают по радио, читают с эстрады, изучают в школах, ставят в театрах, экранизируют».* Павленко, Наш Чехов [снять или снимать фильм на основе какого-л. романа, пьесы и т. п., не предназначенных специально для кино]

I. ЭКРАНИЗИ́РУЮЩИЙ, -ая, -ее, -ие; *действ. наст.*
Синт.: **а, б** — в глаг. знач.

II. ЭКРАНИЗИ́РОВАВШИЙ, -ая, -ее, -ие; *действ. прош.*
Синт.: **а, б** — в глаг. знач.

III. ЭКРАНИЗИ́РУЕМЫЙ, -ая, -ое, -ые; *страд. наст.*
Синт.: **а, б, в** — в глаг. знач.

IV. ЭКРАНИЗИ́РОВАННЫЙ, -ая, -ое, -ые; *страд. прош.*
Синт.: **а, б** — в глаг. знач.
В знач. прил. (только *полн. ф.*) Снятый в кино; легший в основу фильма. *Экранизированный спектакль. Экранизированный роман*
ЭКРАНИЗИ́РОВАН, -ана, -ано, -аны; *кр. ф.*
В глаг. знач.

ЭКСПОРТИ́РОВАТЬ, экспорти́ру|ют, экспорти́рова|л; ***сов.*** и ***несов., перех., кого(что)**** и ***что***

СССР экспортирует станки в разные страны [вывезти или вывозить за границу для продажи]

I. ЭКСПОРТИ́РУЮЩИЙ, -ая, -ее, -ие; *действ. наст.*

Синт.: **а, б** — в глаг. знач.

Ср. прил. **э́кспортный,** -ая, -ое, -ые в знач. 'относящийся к экспорту, производящий экспорт каких-л. товаров'. *Экспортные организации*

II. ЭКСПОРТИ́РОВАВШИЙ, -ая, -ее, -ие; *действ. прош.*

Синт.: **а, б** — в глаг. знач.

III. ЭКСПОРТИ́РУЕМЫЙ, -ая, -ое, -ые; *страд. наст.*

Синт.: **а, б, в** — в глаг. знач.

ЭКСПОРТИ́РУЕМ, -ема, -емо, -емы; *кр. ф.*

В глаг. знач.

IV. ЭКСПОРТИ́РОВАННЫЙ, -ая, -ое, -ые; *страд. прош.*

Синт.: **а, б, в** — в глаг. знач.

ЭКСПОРТИ́РОВАН, -ана, -ано, -аны; *кр. ф.*

В глаг. знач.

ЭЛЕКТРИЗОВА́ТЬ, электризу́|ют, электризова́|л; ***сов.*** и ***несов., перех.*** (*сов.* также наэлектризова́ть) **1. *что*** *Лаборанты электризовали металлические пластинки* [сообщить или сообщать телу электрический заряд] **2. *кого(что)*** и ***что*** *Речь оратора электризует участников митинга. «[Герцен] электризовал мысль собеседника, не давал ей покоя, поднимал ее, заставлял идти вперед».* Шелгунов, Воспоминания [привести или приводить кого-л. в возбужденное состояние; настроить или настраивать определенным образом, обострить или обострять]

I. ЭЛЕКТРИЗУ́ЮЩИЙ, -ая, -ее, -ие; *действ. наст.*

Синт.: **а, б** — в глаг. знач. 1, 2

В знач. прил. Способный сообщать электрический заряд. *Электризующие вещества. Электризующие ткани*

II. ЭЛЕКТРИЗОВА́ВШИЙ, -ая, -ее, -ие; *действ. прош.*

Синт.: **а, б** — в глаг. знач. 1, 2

III. ЭЛЕКТРИЗУ́ЕМЫЙ, -ая, -ое, -ые; *страд. наст.*

Синт.: **а, б, в** — в глаг. знач. 1, 2

Субстантив.$_2$ не употр.; субстантив.$_3$ в глаг. знач. 1

IV. ЭЛЕКТРИЗО́ВАННЫЙ, -ая, -ое, -ые; *страд. прош.**

Синт.: **а, б** — в глаг. знач. 1

В знач. прил. (только *полн. ф.*) Имеющий электрический заряд, наэлектризовавшийся. *Электризованные провода опасны*

Субстантив.$_3$ не употр.

ЭЛЕКТРИЗО́ВАН, -ана, -ано, -аны; *кр. ф.**

В глаг. знач. 1

□ Прич. IV во 2 глаг. знач. не употр.

ЭЛЕКТРИФИЦИ́РОВАТЬ, электрифици́ру|ют, электрифици́рова|л; ***сов.*** и ***несов., перех., что*** *«Они своими силами восстановили плотину.. и с помощью шефов-железнодорожников электрифицировали ферму и хутор».* Овечкин, На одном собрании [внедрить или внедрять электрическую энергию в хозяйство, в быт]

I. ЭЛЕКТРИФИЦИ́РУЮЩИЙ, -ая, -ее, -ие; *действ. наст.*

Синт.: **а, б** — в глаг. знач.

II. ЭЛЕКТРИФИЦИ́РОВАВШИЙ, -ая, -ее, -ие; *действ. прош.*

Синт.: **а, б** — в глаг. знач.

III. ЭЛЕКТРИФИЦИ́РУЕМЫЙ, -ая, -ое, -ые; *страд. наст.*

Синт.: **а, б, в** — в глаг. знач.

IV. ЭЛЕКТРИФИЦИ́РОВАННЫЙ, -ая, -ое, -ые; *страд. прош.*

Синт.: **а, б** — в глаг. знач.

В знач. прил. (только *полн. ф.*) Снабженный приборами, станками, установками и т. п., действующими при помощи электроэнергии, снабженный электричеством. *Электрифицированное хозяйство. Электрифицированные районы*

ЭЛЕКТРИФИЦИ́РОВАН, -ана, -ано, -аны; *кр. ф.*

В глаг. знач.

ЭМАЛИРОВА́ТЬ, эмалиру́|ют, эмалирова́|л; ***несов., перех., что*** *В этом цехе рабочие эмалируют посуду* [покрывать эмалью]

I. ЭМАЛИРУ́ЮЩИЙ, -ая, -ее, -ие; *действ. наст.*

Синт.: **а, б** — в глаг. знач.

Ср. прил. **эмалиро́вочный,** -ая, -ое, -ые. Относящийся к эмалировке; предназначенный для эмалировки. *Эмалировочное производство. Эмалировочные работы. Эмалировочные материалы*

II. ЭМАЛИРОВА́ВШИЙ, -ая, -ее, -ие; *действ. прош.*

Синт.: **а, б** — в глаг. знач.

III. ЭМАЛИРУ́ЕМЫЙ, -ая, -ое, -ые; *страд. наст.*

Синт.: **а, б, в** — в глаг. знач.

IV. ЭМАЛИРО́ВАННЫЙ, -ая, -ое, -ые; *страд. прош.*

Синт.: **а, б** — в глаг. знач.

В знач. прил. (только *полн. ф.*) Покрытый эмалью. *Эмалированная кастрюля. Эмалированная посуда*

ЭМАЛИРО́ВАН, -ана, -ано, -аны; *кр. ф.*

В глаг. знач.

ЭМАНСИПИ́РОВАТЬ, эмансипи́ру|ют, эмансипи́рова|л; ***сов.*** и ***несов., перех., кого(что); S не лицо*** *Революция эмансипировала женщин* [освободить или освобождать от какой-л. зависимости, отменить или отменять какие-л. ограничения, уравнить или уравнять в правах с мужчинами]

I. ЭМАНСИПИ́РУЮЩИЙ, -ая, -ее, -ие; *действ. наст.*

Синт.: **а, б** — в глаг. знач.

II. ЭМАНСИПИ́РОВАВШИЙ, -ая, -ее, -ие; *действ. прош.*

Синт.: **а, б** — в глаг. знач.

III. ЭМАНСИПИ́РУЕМЫЙ, -ая, -ое, -ые; *страд. наст.*

Синт.: **а, б, в** — в глаг. знач.

IV. ЭМАНСИПИ́РОВАННЫЙ, -ая, -ое, -ые; *страд. прош.*

Синт.: **а, б** — в глаг. знач.

В знач. прил. (только *полн. ф.*) Получивший независимость, равные права с мужчинами; ведущий себя независимо, свободомыслящий — о женщине. *Эмансипированная женщина. Эмансипированная особа*

ЭМАНСИПИ́РОВАН, -ана, -ано, -аны; *кр. ф.*

В глаг. знач.

□ Прич. IV в знач. прил. более употр., чем неопр. ф., личные ф. глагола и прич. I, II, III

Ю

ЮЛИ́ТЬ, юл|я́т, юли́|л; ***несов., неперех.*** **1.** *Ребенок не сидел на месте, юлил* [суетиться, вертеться, крутиться] **2.** ***перед кем*** и ***без дополн.*** *Эта секретарша все время юлит перед директором* [заискивать, лебезить] **3.** *Напроказивший мальчик юлил, изворачивался* [не быть откровенным, ловчить, хитрить]

I. ЮЛЯ́ЩИЙ, -ая, -ее, -ие; *действ. наст.*

Синт.: **а, б** — в глаг. знач. 1 — 3; **в** — в глаг. знач. 3

Субстантив.$_1$ в глаг. знач. 2, 3

II. ЮЛИ́ВШИЙ, -ая, -ее, -ие; *действ. прош.*

Синт.: **а, б** — в глаг. знач. 1 — 3; **в** — в глаг. знач. 3

Субстантив.$_1$ в глаг. знач. 2, 3

ЮТИ́ТЬСЯ, ючу́сь, ют|я́тся, юти́|лся; ***несов.*** **1.** *«[Федор] ютился в углу меблированных комнат, работая по ночам, когда все уже спали».* Гл. Успенский, Новые времена, новые заботы [жить или иметь пристанище в тесном, небольшом помещении, в неудобных условиях] **2.** ***S не лицо*** *«Дом большой, старый, огороженный со стороны двора палисадником, ютился в саду»* [располагаться, помещаться на каком-л. небольшом пространстве] **3.** *«Закутанные в зимние овчины мужики ютились вокруг костра на поленьях».* Леонов, Соть [тесниться, размещаться где-л., прижимая, стесняя друг друга]

I. ЮТЯ́ЩИЙСЯ, -аяся, -ееся, -иеся; *действ. наст.*

Синт.: **а, б** — в глаг. знач. 1 — 3

II. ЮТИ́ВШИЙСЯ, -аяся, -ееся, -иеся; *действ. прош.*

Синт.: **а, б** — в глаг. знач. 1 — 3

Я

ЯВИ́ТЬСЯ, явлю́сь, я́вятся, яви́|лся; ***несов. к*** явля́ться в 1 — 5 знач. (см.)

II. ЯВИ́ВШИЙСЯ, -аяся, -ееся, -иеся; *действ. прош.*

Синт.: **а, б** — в глаг. знач. 1 — 5

ЯВЛЯ́ТЬСЯ, явля́|ются, явля́|лся; ***несов.*** (сов. яви́ться *к* 1 — 5 знач.) **1.** *Спортсменка является на соревнования с опозданием* [приходить, прибывать куда-л. по вызову, по официальному требованию, официальной надобности] **2.** *Сережа в последнее время является домой очень поздно* [приходить куда-л., прибывать] **3.** *Клоуны являлись перед зрителями то на велосипедах, то верхом на пони, то на самокатах* [представать, показываться перед чьими-л. глазами] **4.** ***S не лицо*** *Илье в нужный момент всегда является спасительная мысль, и он выходит из трудного положения* [возникать, начинать существовать в чьем-л. сознании, воображении] **5.** ***S не лицо*** *Переохлаждение является причиной простуды. Эти выводы являются результатом огромного количества экспериментов* [становиться, оказываться, быть следствием чего-л.] **6.** ***кем(чем)*** *А. С. Пушкин является основоположником современного русского литературного языка. Поэма «Василий Теркин» является вершиной творчества А. Т. Твардовского* [быть, служить кем-чем-л., представлять собой кого-что-л.]

I. ЯВЛЯ́ЮЩИЙСЯ, -аяся, -ееся, -иеся; *действ. наст.*

Синт.: **а, б** — в глаг. знач. 1 — 6

II. ЯВЛЯ́ВШИЙСЯ, -аяся, -ееся, -иеся; *действ. прош.*

Синт.: **а, б** — в глаг. знач. 1 — 6

УКАЗАТЕЛЬ

УКАЗАТЕЛЬ

Указатель

возроди́вший *см.* возроди́ть
возроди́вшийся *см.* возроди́ться
возрожда́вший *см.* возрожда́ть
возрожда́вшийся *см.* возрожда́ться

возрожда́емый } *см.* возрожда́ть
возрожда́ющий

возрожда́ющийся *см.* возрожда́ться
возрождён } *см.* возроди́ть
возрождённый (зп)
возро́сший *см.* возрасти́
возя́щий *см.* вози́ть
волнова́вший *см.* волнова́ть
волнова́вшийся *см.* волнова́ться
волну́емый } *см.* волнова́ть
волну́ющий (п2)
волну́ющийся *см.* волнова́ться
волоку́щий } *см.* воло́чь
воло́кший
волоча́щий } *см.* волочи́ть
воло́чен* и **волочён***[1]
волочён*[2] *см.* воло́чь
волочённый[1] (п1) и **воло́ченный** *см.* волочи́ть
волочённый[2] *см.* воло́чь
волочи́вший *см.* волочи́ть

вонза́вший } *см.* вонза́ть
вонза́емый
вонза́ющий

вонзён } *см.* вонзи́ть
вонзённый
вонзи́вший

вообража́вший } *см.* вообража́ть
вообража́емый (зп)
вообража́ющий

воображён } *см.* вообрази́ть
воображённый (п3)
вообрази́вший
воодушеви́вший *см.* воодушеви́ть
воодушеви́вшийся *см.* воодушеви́ться
воодушевлён (зп) } *см.* воодушеви́ть
воодушевлённый (зп, п2)
воодушевля́вший *см.* воодушевля́ть
воодушевля́вшийся *см.* воодушевля́ться
воодушевля́емый } *см.* воодушевля́ть
воодушевля́ющий (зп)
воодушевля́ющийся *см.* воодушевля́ться
вооружа́вший *см.* вооружа́ть
вооружа́вшийся *см.* вооружа́ться
вооружа́емый } *см.* вооружа́ть
вооружа́ющий
вооружа́ющийся *см.* вооружа́ться
вооружён (зп) } *см.* вооружи́ть
вооружённый (зп, п2)
вооружи́вший
вооружи́вшийся *см.* вооружи́ться
воплоти́вший *см.* воплоти́ть
воплоща́вший } *см.* воплоща́ть
воплоща́ем
воплоща́емый
воплоща́ющий
воплощён } *см.* воплоти́ть
воплощённый (п2)
вопроси́вший *см.* вопроси́ть

вопроша́вший } *см.* вопроша́ть
вопроша́ем
вопроша́емый
вопроша́ющий (зп, п3)
вопрошён } *см.* вопроси́ть
вопрошённый
ворова́вший } *см.* ворова́ть
воро́ван*
воро́ванный (п2)
воро́чавший } *см.* воро́чать
воро́чающий
воро́чен*
воро́ченный*

вороша́щий } *см.* вороши́ть
ворошён*
ворошённый (п1)
вороши́вший

вору́емый } *см.* ворова́ть
вору́ющий

ворча́вший } *см.* ворча́ть
ворча́щий (п3)

воскреса́вший } *см.* воскреса́ть
воскреса́ющий
воскреси́вший *см.* воскреси́ть
воскре́сший и *доп.* **воскре́снувший** *см.* воскре́снуть
воскреша́вший } *см.* воскреша́ть
воскреша́ем*
воскреша́емый
воскреша́ющий (зп)
воскрешён } *см.* воскреси́ть
воскрешённый
воспалён (зп) } *см.* воспали́ть
воспалённый (зп, п2)
воспали́вший
воспали́вшийся *см.* воспали́ться
воспаля́вший *см.* воспаля́ть
воспаля́вшийся *см.* воспаля́ться
воспаля́емый } *см.* воспаля́ть
воспаля́ющий
воспаля́ющийся *см.* воспаля́ться
воспита́вший } *см.* воспита́ть
воспи́тан
воспи́танный (п2)
воспи́тывавший } *см.* воспи́тывать
воспи́тываемый
воспи́тывающий (п3)
воспрети́вший *см.* воспрети́ть

воспреща́вший } *см.* воспреща́ть
воспреща́емый
воспреща́ющий

воспрещён (зп) } *см.* воспрети́ть
воспрещённый
воспринима́вший } *см.* воспринима́ть
воспринима́ем (зп)
воспринима́емый (зп)
воспринима́ющий
восприня́вший } *см.* восприня́ть
воспри́нят
воспри́нятый
воспроизведён } *см.* воспроизвести́
воспроизведённый
воспроизве́дший

воспроизводи́вший
воспроизводи́м (зп)
воспроизводи́мый (зп) } *см.* воспроизводить
воспроизводя́щий
восстава́вший *см.* восстава́ть
восста́вший *см.* восста́ть
восстана́вливавший
восстана́вливаемый } *см.* восстана́вливать
восстана́вливающий
восстанови́вший
восстано́влен } *см.* восстанови́ть
восстано́вленный
восстаю́щий *см.* восстава́ть
восхити́вший *см.* восхити́ть
восхити́вшийся *см.* восхити́ться
восхища́вший *см.* восхища́ть
восхища́вшийся *см.* восхища́ться
восхища́ющий *см.* восхища́ть
восхища́ющийся *см.* восхища́ться
восхищён (стз)
восхищённый (стз, п2) } *см.* восхити́ть
восходи́вший
восходя́щий (зп) } *см.* восходи́ть
воше́дший *см.* войти́
воща́щий
вощён*
вощённый (п1, п3) } *см.* вощи́ть
вощи́вший
во́ющий (зп) *см.* выть
вою́ющий *см.* воева́ть
впа́вший (п3) *см.* впасть
впада́вший
впада́ющий } *см.* впада́ть
впечатля́вший
впечатля́ющий (п2) } *см.* впечатля́ть
вписа́вший *см.* вписа́ть
вписа́вшийся *см.* вписа́ться
впи́сан (стз)
впи́санный (стз, зп) } *см.* вписа́ть
впи́сывавший *см.* впи́сывать
впи́сывавшийся *см.* впи́сываться
впи́сываемый
впи́сывающий } *см.* впи́сывать
впи́сывающийся *см.* впи́сываться
впита́вший
впи́тан } *см.* впита́ть
впи́танный
впи́тывавший
впи́тываемый } *см.* впи́тывать
впи́тывающий
вплета́вший
вплета́ем
вплета́емый } *см.* вплета́ть
вплета́ющий
вплетён
вплетённый } *см.* вплести́
вплётший
вра́вший *см.* врать
враждова́вший
вражду́ющий (п3) } *см.* враждова́ть
враща́вший *см.* враща́ть
враща́вшийся *см.* враща́ться
враща́емый
враща́ющий (п3) } *см.* враща́ть
враща́ющийся (зп) *см.* враща́ться

вреди́вший
вредя́щий } *см.* вреди́ть
вре́завший *см.* вре́зать
вреза́вший *см.* вреза́ть
вре́завшийся *см.* вре́заться
вреза́вшийся *см.* вреза́ться
вреза́емый *см.* вреза́ть
вре́зан (стз)
вре́занный (стз) } *см.* вре́зать
вреза́ющий *см.* вреза́ть
вреза́ющийся *см.* вреза́ться
вруча́вший
вруча́емый } *см.* вруча́ть
вруча́ющий
вручён
вручённый } *см.* вручи́ть
вручи́вший
вру́щий *см.* врать
вселён
вселённый } *см.* всели́ть
всели́вший
вселя́вший
вселя́ем
вселя́емый } *см.* вселя́ть
вселя́ющий
вска́кивавший
вска́кивающий } *см.* вска́кивать
вска́рмливавший
вска́рмливаемый } *см.* вска́рмливать
вска́рмливающий
вскипяти́вший
вскипячён } *см.* вскипяти́ть
вскипячённый
всклоко́чен (зп)
всклоко́ченный (зп) } *см.* всклоко́чить
всклоко́чивавший
всклоко́чиваемый } *см.* всклоко́чивать
всклоко́чивающий
всклоко́чивший *см.* всклоко́чить
вскорми́вший
вско́рмлен и *поэтич.*
вскормлён
вско́рмленный и *поэтич.* } *см.* вскорми́ть
вскормлённый
вскочи́вший *см.* вскочи́ть
вспаха́вший
вспа́хан } *см.* вспаха́ть
вспа́ханный
вспа́хивавший
вспа́хиваемый } *см.* вспа́хивать
вспа́хивающий
вспе́нен и *доп. устар.*
вспенён (зп)
вспе́ненный и *доп. устар.* } *см.* вспе́нить
вспенённый (зп)
вспе́нивавший *см.* вспе́нивать
вспе́нивавшийся *см.* вспе́ниваться
вспе́ниваемый
вспе́нивающий } *см.* вспе́нивать
вспе́нивающийся *см.* вспе́ниваться
вспе́нивший *см.* вспе́нить
вспе́нившийся *см.* вспе́ниться
вспомина́вший
вспомина́емый } *см.* вспомина́ть
вспомина́ющий

Г

гравиро́ванный (зп)
гравиру́емый } см. гравирова́ть
гравиру́ющий (п3)
гранён*
гранённый (п1)
грани́вший } см. грани́ть
граня́щий (п3)
грасси́ровавший } см. грасси́ровать
грасси́рующий (п3)
графи́вший
графлён*
графлённый (п1) } см. графи́ть
графя́щий
гребён*
гребённый* } см. грести́ [2]
гребу́щий см. грести́ [1], грести́ [2]
грёбший см. грести́ [1]
гре́вший } см. греть
гре́емый
греме́вший } см. греме́ть
гремя́щий
грет } см. греть
гре́тый
греша́щий (п3) } см. греши́ть
греши́вший
гре́ющий см. греть
грози́вший } см. грози́ть
грозя́щий (зп)
громи́вший } см. громи́ть
громлённый*
громозди́вший } см. громозди́ть
громоздя́щий
громя́щий см. громи́ть
гро́хавший } см. гро́хать
гро́хающий
гро́хнувший см. гро́хнуть
грубе́вший } см. грубе́ть
грубе́ющий
груби́вший } см. груби́ть
грубя́щий
гру́жен* и гружён*
гружённый (п1) и гру́женный
грузи́вший } см. грузи́ть
грузя́щий
грусти́вший } см. грусти́ть
грустя́щий (п3)
гры́зен*
гры́зенный*
грызо́мый* } см. грызть
грызу́щий
гры́зший
гряду́щий (п2, зс) см. грясти́
губи́вший
гу́блен*
гу́бленный* } см. губи́ть
гу́бящий (п3)
гуде́вший } см. гуде́ть
гудя́щий
гуля́вший } см. гуля́ть
гуля́ющий (п3)

Д

дава́вший } см. дава́ть
дава́емый
дави́вший
дави́мый
да́влен* } см. дави́ть
да́вленный (п1)
да́вший см. дать
давя́щий (зп) и да́вящий см. дави́ть
дан } см. дать
да́нный (п2, с)
да́рен
да́ренный (п1)
дари́вший } см. дари́ть
дари́мый
даря́щий
дати́ровавший
дати́рован
дати́рованный (зп) } см. дати́ровать
дати́руем
дати́руемый
дати́рующий
даю́щий см. дава́ть
дви́гавший см. дви́гать
дви́гавшийся см. дви́гаться
дви́ган*
дви́ганный*
дви́жим (стз) } см. дви́гать
дви́жимый (стз, зп) и дви́гаемый
дви́жущий (п2) и дви́гающий
дви́жущийся (зп) и дви́гающийся см. дви́гаться
дежу́ривший } см. дежу́рить
дежу́рящий (п3)
дезинфици́ровавший
дезинфици́рован
дезинфици́рованный } см. дезинфици́ровать
дезинфици́руемый
дезинфици́рующий (зп, п3)
дезинформи́ровавший
дезинформи́рован
дезинформи́рованный (зп) } см. дезинформи́ровать
дезинформи́руем
дезинформи́руемый
дезинформи́рующий (зп, п3)
дезорганизова́вший
дезорганизо́ван
дезорганизо́ванный (зп) } см. дезорганизова́ть
дезорганизу́емый
дезорганизу́ющий (зп)
дезориенти́ровавший
дезориенти́рован
дезориенти́рованный (зп) } см. дезориенти́ровать
дезориенти́руемый
дезориенти́рующий (зп)
де́йствовавший } см. де́йствовать
де́йствующий (зп, п3)
де́лавший
де́лаемый
де́лан* } см. де́лать
де́ланный (п2)
де́лающий
делён*
делённый
дели́вший } см. дели́ть
дели́м* (зп)
дели́мый (зп, с)
де́лящий

допуска́вший
допуска́емый (зп, п3) *см.* допуска́ть
допуска́ющий
допусти́вший
допу́щен *см.* допусти́ть
допу́щенный
достава́вший *см.* достава́ть
достава́емый
доста́вивший
доста́влен *см.* доста́вить
доста́вленный
доставля́вший
доставля́емый *см.* доставля́ть
доставля́ющий
доста́вший *см.* доста́ть
достаю́щий *см.* достава́ть
достига́вший
достига́емый (п3) *см.* достига́ть
достига́ющий
дости́гнут
дости́гнутый *см.* дости́чь и дости́гнуть
дости́гший и **дости́гнувший**
до́хнувший и *доп.* **до́хший** *см.* до́хнуть
до́хнущий *см.* до́хнуть
доходи́вший *см.* доходи́ть
доходя́щий
доше́дший *см.* дойти́
доя́щий (п3) *см.* дои́ть
дра́вший *см.* драть
дразнён*
дразнённый
дразни́вший *см.* дразни́ть
дразни́мый
дразня́щий (зп) и **дра́знящий**
драматизи́ровавший
драматизи́рован
драматизи́рованный (зп) *см.* драматизи́ровать
драматизи́руемый
драматизи́рующий
драпирова́вший
драпиро́ван
драпиро́ванный (зп) *см.* драпирова́ть
драпиру́емый
драпиру́ющий (п3)
дребезжа́вший *см.* дребезжа́ть
дребезжа́щий (зп)
дрессирова́вший
дрессиро́ван
дрессиро́ванный (зп) *см.* дрессирова́ть
дрессиру́емый
дрессиру́ющий
дроби́вший
дроби́мый
дроблён* *см.* дроби́ть
дроблённый (п1)
дробя́щий
дро́гнувший *см.* дро́гнуть [1], дро́гнуть [2]
дро́гнущий *см.* дро́гнуть [1]
дрожа́вший *см.* дрожа́ть
дрожа́щий (зп)
дру́жащий *см.* дружи́ть
дружи́вший
дуби́вший
дуби́мый
дублён* *см.* дуби́ть
дублённый (п1)
дубли́ровавший
дубли́рован
дубли́рованный (зп) *см.* дубли́ровать
дубли́руемый
дубли́рующий (зп)
дубя́щий (п3) *см.* дуби́ть
ду́вший *см.* дуть
ду́мавший *см.* ду́мать
ду́мающий (зп)
дут *см.* дуть
ду́тый (зп, п2)
ду́шащий *см.* души́ть [1], души́ть [2]
ду́шен* *см.* души́ть [1]
ду́шен *см.* души́ть [2]
ду́шенный *см.* души́ть [1], души́ть [2]
души́вший
души́мый *см.* души́ть [1]
ду́ющий *см.* дуть
дыша́вший *см.* дыша́ть
ды́шащий

Е

е́вший
е́ден
е́денный *см.* есть
едо́мый*
е́дущий *см.* е́хать
едя́щий *см.* есть
е́здивший (п3) *см.* е́здить
е́здящий
е́хавший *см.* е́хать

Ж

жа́вший *см.* жать
жа́дничавший *см.* жа́дничать
жа́дничающий (п3)
жале́вший *см.* жале́ть
жале́емый
жа́ленный* *см.* жа́лить
жале́ющий *см.* жале́ть
жа́ливший
жа́лимый* *см.* жа́лить
жа́лящий (зп)
жа́рен*
жа́ренный (п1)
жа́ривший *см.* жа́рить
жа́римый*
жа́рящий
жат *см.* жать
жа́тый (п2)
жгу́щий (п3) *см.* жечь
жда́вший
жда́нный* (зп) *см.* ждать
жду́щий
жева́вший
жёван* *см.* жева́ть
жёванный (п1)
жёгший *см.* жечь

загиба́емый } *см.* загиба́ть
загиба́ющий
загиба́ющийся (зп) *см.* загиба́ться
загипнотизи́ровавший
загипнотизи́рован } *см.* загипнотизи́ровать
загипнотизи́рованный
загло́хший (зп) и *доп.* **загло́хнувший** *см.* загло́хнуть
заглуша́вший
заглуша́емый } *см.* заглуша́ть
заглуша́ющий
заглушён
заглушённый } *см.* заглуши́ть
заглуши́вший
загна́вший
за́гнан } *см.* загна́ть
за́гнанный (зп, п2)
загну́вший *см.* загну́ть
загну́вшийся *см.* загну́ться
за́гнут } *см.* загну́ть
за́гнутый (п2)
загоня́вший
загоня́емый } *см.* загоня́ть
загоня́ющий
загора́вший *см.* загора́ть
загора́живавший
загора́живаемый } *см.* загора́живать
загора́живающий
загора́ющий *см.* загора́ть
загоре́вший (зп, п3) *см.* загоре́ть
загороди́вший
загоро́жен } *см.* загороди́ть
загоро́женный
загото́вивший
загото́влен } *см.* загото́вить
загото́вленный
загрубе́вший (зп, п3) *см.* загрубе́ть
загружа́вший
загружа́емый } *см.* загружа́ть
загружа́ющий
загру́жен (зп) и **загружён**
загру́женный (зп) и **загружённый** } *см.* загрузи́ть
загрузи́вший
загрязнён
загрязнённый (зп, п3) } *см.* загрязни́ть
загрязни́вший
загрязни́вшийся *см.* загрязни́ться
загрязня́вший *см.* загрязня́ть
загрязня́вшийся *см.* загрязня́ться
загрязня́емый } *см.* загрязня́ть
загрязня́ющий
загрязня́ющийся *см.* загрязня́ться
задава́вший } *см.* задава́ть
задава́емый
задави́вший
зада́влен (зп) } *см.* задави́ть
зада́вленный (зп)
зада́вший
за́дан } *см.* зада́ть
за́данный (зп)
задаю́щий *см.* задава́ть
задева́вший
задева́емый } *см.* задева́ть
задева́ющий (зп)
заде́вший *см.* заде́ть

задёргавший
задёрган (зп) } *см.* задёргать
задёрганный (зп)
задёргивавшийся } *см.* задёргиваться
задёргивающийся (зп)
задержа́вший
заде́ржан } *см.* задержа́ть
заде́ржанный
заде́рживавший
заде́рживаемый } *см.* заде́рживать
заде́рживающий
задёрнувшийся *см.* задёрнуться
заде́т } *см.* заде́ть
заде́тый
задрапирова́вший
задрапиро́ван } *см.* задрапирова́ть
задрапиро́ванный (зп)
заду́мавший
заду́ман } *см.* заду́мать
заду́манный
заду́мывавший
заду́мываемый } *см.* заду́мывать
заду́мывающий
заду́шен
заду́шенный } *см.* задуши́ть
задуши́вший
зажа́вший
зажа́т } *см.* зажа́ть
зажа́тый
зажёгший
зажжён } *см.* заже́чь
зажжённый
зажига́вший
зажига́емый } *см.* зажига́ть
зажига́ющий (п3)
зажима́вший
зажима́емый } *см.* зажима́ть
зажима́ющий (зп)
заземлён
заземлённый (зп) } *см.* заземли́ть
заземли́вший
заземля́вший
заземля́емый } *см.* заземля́ть
заземля́ющий
заигра́вший
заи́гран } *см.* заигра́ть
заи́гранный (зп)
заи́грывавший *см.* заи́грывать [1], заи́грывать [2]
заи́грываемый *см.* заи́грывать [1]
заи́грывающий [1] *см.* заи́грывать [1]
заи́грывающий [2] (зп) *см.* заи́грывать [2]
заи́мствовавший
заи́мствован
заи́мствованный (зп) } *см.* заи́мствовать
заи́мствуемый
заи́мствующий
заинтересова́вший
заинтересо́ван (стз) } *см.* заинтересова́ть
заинтересо́ванный (стз, зп, п2)
заинтересо́вывавший
заинтересо́вываемый* } *см.* заинтересо́вывать
заинтересо́вывающий
заинтригова́вший
заинтриго́ван } *см.* заинтригова́ть
заинтриго́ванный

заселя́вший
заселя́емый } *см.* заселя́ть
заселя́ющий
заслу́жен*
заслу́женный (п2) } *см.* заслужи́ть
заслу́живавший
заслу́живающий } *см.* заслу́живать
заслужи́вший *см.* заслужи́ть
засо́лен
засо́ленный } *см.* засоли́ть
засоли́вший
засорён (стз, зп)
засорённый (стз, зп) } *см.* засори́ть
засори́вший
засоря́вший
засоря́емый } *см.* засоря́ть
засоря́ющий
засо́хший *см.* засо́хнуть
застава́вший
застава́емый } *см.* застава́ть
заста́вивший *см.* заста́вить
заставля́вший
заставля́емый } *см.* заставля́ть
заставля́ющий
заста́вший *см.* заста́ть
застаю́щий *см.* застава́ть
застеклён
застеклённый (зп) } *см.* застекли́ть
застекли́вший
застекля́вший
застекля́емый } *см.* застекля́ть
застекля́ющий
застига́вший
застига́емый } *см.* застига́ть
застига́ющий
засти́гнут
засти́гнутый } *см.* засти́чь и засти́гнуть
засти́гший и **засти́гнувший**
застыва́вший
застыва́ющий } *см.* застыва́ть
засты́вший (зп, п3) *см.* засты́ть и засты́нуть
затаён*
затаённый (п2) } *см.* затаи́ть
зата́ивавший
зата́иваемый } *см.* зата́ивать
зата́ивающий
затаи́вший *см.* затаи́ть
затопи́вший
зато́плен } *см.* затопи́ть
зато́пленный
затопля́вший
затопля́емый } *см.* затопля́ть
затопля́ющий
заторма́живавший
заторма́живаемый } *см.* заторма́живать
заторма́живающий
заторможён
заторможённый (п2) } *см.* затормози́ть
затормози́вший
затрави́вший
затра́влен } *см.* затрави́ть
затра́вленный (зп, п2)
затра́вливавший
затра́вливаемый } *см.* затра́вливать
затра́вливающий
затра́тивший
затра́чен } *см.* затра́тить
затра́ченный
затра́чивавший
затра́чиваемый } *см.* затра́чивать
затра́чивающий
затруднён
затруднённый (п2) } *см.* затрудни́ть
затрудни́вший
затрудня́вший
затрудня́емый } *см.* затрудня́ть
затрудня́ющий (п3)
затя́гивавший *см.* затя́гивать
затя́гивавшийся *см.* затя́гиваться
затя́гиваемый
затя́гивающий } *см.* затя́гивать
затя́гивающийся *см.* затя́гиваться
затяну́вший *см.* затяну́ть
затяну́вшийся *см.* затяну́ться
затя́нут (стз, зп)
затя́нутый (стз, зп) } *см.* затяну́ть
зау́чен
зау́ченный (п2) } *см.* заучи́ть
зау́чивавший
зау́чиваемый } *см.* зау́чивать
зау́чивающий
заучи́вший *см.* заучи́ть
зафикси́ровавший
зафикси́рован } *см.* зафикси́ровать
зафикси́рованный
захвати́вший *см.* захвати́ть
захва́тывавший
захва́тываемый } *см.* захва́тывать
захва́тывающий (п2)
захва́чен
захва́ченный } *см.* захвати́ть
захлами́вший
захламлён (зп) } *см.* захлами́ть
захламлённый (зп)
захламля́вший
захламля́емый } *см.* захламля́ть
захламля́ющий
заходи́вший
заходя́щий } *см.* заходи́ть
зачёркивавший
зачёркиваемый } *см.* зачёркивать
зачёркивающий
зачеркну́вший
зачёркнут } *см.* зачеркну́ть
зачёркнутый
заше́дший *см.* зайти́
зашифрова́вший
зашифро́ван } *см.* зашифрова́ть
зашифро́ванный
заштампова́вший
заштампо́ван } *см.* заштампова́ть
заштампо́ванный
зашто́павший
зашто́пан } *см.* зашто́пать
зашто́панный
заштрихова́вший
заштрихо́ван } *см.* заштрихова́ть
заштрихо́ванный
защити́вший *см.* защити́ть

И

кати́вший
кати́мый* } *см.* кати́ть
катя́щий
кача́вший
кача́емый
ка́чан* } *см.* кача́ть
ка́чанный*
кача́ющий
ка́чен*
ка́ченный* } *см.* кати́ть
квалифици́ровавший
квалифици́рован
квалифици́рованный (п2) } *см.* квалифици́ровать
квалифици́руем
квалифици́руемый
квалифици́рующий
ква́сивший
ква́сящий
ква́шен* } *см.* ква́сить
ква́шенный (п1)
кипе́вший *см.* кипе́ть
кипяти́вший
кипятя́щий
кипячён* } *см.* кипяти́ть
кипячённый (п1)
кипя́щий (п3) *см.* кипе́ть
кла́вший
кладу́щий } *см.* класть
кле́емый
кле́ен
кле́енный (п1) } *см.* кле́ить
кле́ивший
кле́ившийся *см.* кле́иться
клеймён*
клеймённый (п1)
клейми́вший } *см.* клейми́ть
клейми́мый
клеймя́щий
кле́ящий (зп) *см.* кле́ить
кле́ящийся (зп) *см.* кле́иться
кова́вший
ко́ван* } *см.* кова́ть
ко́ванный (п1)
коди́ровавший
коди́рован
коди́рованный (зп) } *см.* коди́ровать
коди́руем
коди́руемый
коди́рующий (зп)
коке́тничавший (п3)
коке́тничающий } *см.* коке́тничать
колеба́вший *см.* колеба́ть
колеба́вшийся *см.* колеба́ться
коле́блемый
коле́блен*
коле́бленный } *см.* колеба́ть
коле́блющий
коле́блющийся (зп, зс) *см.* колеба́ться
коло́вший *см.* коло́ть[1], коло́ть[2]
коло́вшийся *см.* коло́ться[1], коло́ться[2]
ко́лот *см.* коло́ть[1], коло́ть[2]
ко́лотый[1] (п2) *см.* коло́ть[1]
ко́лотый[2] *см.* коло́ть[2]

колыха́вший
колы́шем и колыха́ем
колы́шемый и колыха́емый } *см.* колыха́ть
колы́шущий и *доп.* колыха́ющий
ко́лющий[1] *см.* коло́ть[1]
ко́лющий[2] (зп, п3) *см.* коло́ть[2]
ко́лющийся[1] (п3) *см.* коло́ться[1]
ко́лющийся[2] (зп, п3) *см.* коло́ться[2]
командирова́вший
командиро́ван
командиро́ванный (зп, зс) } *см.* командирова́ть
командиру́емый
командиру́ющий (зп)
кома́ндовавший
кома́ндующий (с) } *см.* кома́ндовать
комбини́ровавший
комбини́рован
комбини́рованный (п2) } *см.* комбини́ровать
комбини́руемый
комбини́рующий
ко́мкавший
ко́мкан
ко́мканный } *см.* ко́мкать
ко́мкающий
комменти́ровавший
комменти́рован
комменти́рованный (зп) } *см.* комменти́ровать
комменти́руемый
комменти́рующий
компенси́ровавший
компенси́рован
компенси́рованный (зп)
компенси́руем } *см.* компенси́ровать
компенси́руемый
компенси́рующий
компромети́ровавший
компромети́рован
компромети́рованный } *см.* компромети́ровать
компромети́руемый
компромети́рующий (зп)
конкретизи́ровавший
конкретизи́рован
конкретизи́рованный (п3) } *см.* конкретизи́ровать
конкретизи́руемый
конкретизи́рующий
конкури́ровавший
конкури́рующий (зп) } *см.* конкури́ровать
консерви́ровавший
консерви́рован
консерви́рованный (зп) } *см.* консерви́ровать
консерви́руемый
консерви́рующий
констати́ровавший
констати́рован
констати́рованный } *см.* констати́ровать
констати́руемый
констати́рующий (зп)
консульти́ровавший
консульти́рован
консульти́рованный } *см.* консульти́ровать
консульти́руемый
консульти́рующий (п3)

Л

лакирова́вший
лакиро́ван
лакиро́ванный (зп) } *см.* лакирова́ть
лакиру́емый
лакиру́ющий

ласка́вший
ласка́ем
ласка́емый
ла́скан* } *см.* ласка́ть
ла́сканный*
ласка́ющий (зп, пЗ)

ла́ющий (зп)
ла́явший } *см.* ла́ять

лёгший *см.* лечь

ледени́вший
леденя́щий (зп, пЗ) } *см.* ледени́ть

лежа́вший (пЗ)
лежа́щий (пЗ) } *см.* лежа́ть

ле́зущий
ле́зший } *см.* лезть

лепета́вший
лепе́чущий } *см.* лепета́ть

лепи́вший
ле́плен } *см.* лепи́ть
ле́пленный
ле́пящий

лета́вший
лета́ющий (зп, пЗ) } *см.* лета́ть

лете́вший
летя́щий (зп) } *см.* лете́ть

ле́чащий (зп, пЗ)
ле́чен
ле́ченный (п1) } *см.* лечи́ть
лечи́вший
лечи́мый*

ли́вший *см.* лить

ликова́вший
лику́ющий (зп) } *см.* ликова́ть

лимити́ровавший
лимити́рован
лимити́рованный (зп, пЗ)
лимити́руем* } *см.* лимити́ровать
лимити́руемый
лимити́рующий

линова́вший
лино́ван
лино́ванный (п2) } *см.* линова́ть
лину́емый
лину́ющий (зп, пЗ)

линя́вший
линя́ющий (зп, пЗ) } *см.* линя́ть

ли́пнувший
ли́пнущий (пЗ) } *см.* ли́пнуть

лит
ли́тый (пЗ) } *см.* лить

лицева́вший
лицо́ван
лицо́ванный (п2) } *см.* лицева́ть
лицу́емый
лицу́ющий

лиша́вший
лиша́емый } *см.* лиша́ть
лиша́ющий

лишён (стз)
лишённый (стз) } *см.* лиши́ть
лиши́вший

лови́вший
лови́мый
ло́влен* } *см.* лови́ть
ло́вленный*
ловя́щий

ложа́щийся
ложи́вшийся } *см.* ложи́ться

лома́вший *см.* лома́ть
лома́вшийся *см.* лома́ться

лома́емый
ло́ман*
ло́манный* (п1) } *см.* лома́ть
лома́ющий

лома́ющийся (пЗ) *см.* лома́ться
ломи́вший *см.* ломи́ть
ломи́вшийся *см.* ломи́ться
ломя́щий (зп) *см.* ломи́ть

лосни́вшийся
лосня́щийся } *см.* лосни́ться

лохма́тивший
лохма́тящий
лохма́чен* } *см.* лохма́тить
лохма́ченный*

лоща́щий
лощён
лощённый (п1) } *см.* лощи́ть
лощи́вший

луди́вший
лудя́щий (пЗ)
лужён } *см.* луди́ть
лужённый (п1)

льсти́вший
льстя́щий (пЗ) } *см.* льстить

лью́щий *см.* лить

люби́вший
люби́м
люби́мый (п2) } *см.* люби́ть
лю́бящий (зп, пЗ)

М

ма́жущий
ма́завший
ма́зан } *см.* ма́зать
ма́занный (п1)

ма́нен* и **манён***
ма́ненный* и **манённый***
мани́вший } *см.* мани́ть
мани́мый*
маня́щий (зп)

маринова́вший
марино́ван
марино́ванный (зп) } *см.* маринова́ть
марину́емый
марину́ющий

маскирова́вший
маскиро́ван
маскиро́ванный } *см.* маскирова́ть
маскиру́емый
маскиру́ющий (пЗ)

ма́слен
ма́сленный (п1)
ма́сливший
ма́слимый*
ма́слящий } *см.* ма́слить

масси́ровавший
масси́рован } *см.* масси́ровать[1], масси́ровать[2]

масси́рованный[1] *см.* масси́ровать[1]
масси́рованный[2] (зп) *см.* масси́ровать[2]
масси́руемый *см.* масси́ровать[1], масси́ровать[2]
масси́рующий[1] (зп) *см.* масси́ровать[1]
масси́рующий[2] *см.* масси́ровать[2]

маха́вший
ма́шущий (зп) и *доп.* **маха́ющий** } *см.* маха́ть

ме́лющий *см.* моло́ть

меня́вший
меня́емый
ме́нян
ме́нянный (п2)
меня́ющий } *см.* меня́ть

ме́рен
ме́ренный } *см.* ме́рить

мёрзнувший
мёрзнущий } *см.* мёрзнуть

ме́ривший
ме́римый и *доп.* **ме́ряемый**
ме́рящий и *доп.* **ме́ряющий** } *см.* ме́рить

меси́вший
меся́щий } *см.* меси́ть

мета́вший *см.* мета́ть[1], мета́ть[2], мета́ть[3]
мета́вшийся *см.* мета́ться
мета́емый *см.* мета́ть[1], мета́ть[2], мета́ть[3]
мётан*[1] *см.* мета́ть[1], мета́ть[2]
мётан[2] *см.* мета́ть[3]
мётанный *см.* мета́ть[1], мета́ть[2], мета́ть[3]
мета́ющий[1] (п3) *см.* мета́ть[2]
мета́ющий[2] *см.* мета́ть[3]

метён
метённый (п1) } *см.* мести́

ме́тивший *см.* ме́тить[1], ме́тить[2]

мету́щий
мётший } *см.* мести́

ме́тящий *см.* ме́тить[1], ме́тить[2]

механизи́ровавший
механизи́рован
механизи́рованный (зп)
механизи́руемый
механизи́рующий } *см.* механизи́ровать

ме́чен
ме́ченный (п1) } *см.* ме́тить[1]

мечта́вший
мечта́ющий (п3) } *см.* мечта́ть

ме́чущий *см.* мета́ть[1]
ме́чущийся *см.* мета́ться
меша́вший *см.* меша́ть[1], меша́ть[2]

меша́емый
ме́шан
ме́шанный (п1) } *см.* меша́ть[1]

меша́ющий *см.* меша́ть[1], меша́ть[2]

ме́шен
ме́шенный } *см.* меси́ть

милитаризова́вший
милитаризо́ван
милитаризо́ванный (зп)
милитаризу́емый
милитаризу́ющий } *см.* милитаризова́ть

минова́вший *см.* минова́ть
мину́вший (зп, зс) и *доп.* **ми́нувший** *см.* мину́ть и *доп.* ми́нуть

мину́емый*
мину́ющий } *см.* минова́ть

мирён*
мирённый
мири́вший
мири́мый
миря́щий } *см.* мири́ть

мно́жащий
мно́жен*
мно́женный*
мно́живший
мно́жимый (с) } *см.* мно́жить

мну́щий *см.* мять
мну́щийся (зп) *см.* мя́ться

мобилизова́вший
мобилизо́ван
мобилизо́ванный (с)
мобилизу́емый
мобилизу́ющий (зп) } *см.* мобилизова́ть

могу́щий
мо́гший } *см.* мочь

мо́кнувший
мо́кнущий } *см.* мо́кнуть

мо́лен* и **молён***
мо́ленный* и **молённый***
моли́вший
моли́мый } *см.* моли́ть

моло́вший
мо́лот*
мо́лотый (зп) } *см.* моло́ть

молча́вший
молча́щий } *см.* молча́ть

моля́щий (зп) *см.* моли́ть

моро́жен
моро́женный (п1)
моро́зивший
моро́зящий } *см.* моро́зить

мороси́вший
морося́щий (зп) } *см.* мороси́ть

мо́рщащий *см.* мо́рщить
морща́щий *см.* морщи́ть
мо́рщащийся *см.* мо́рщиться

мо́рщен
мо́рщенный
мо́рщивший } *см.* мо́рщить

морщи́вший *см.* морщи́ть
мо́рщившийся *см.* мо́рщиться
мо́рщимый *см.* мо́рщить

мотиви́ровавший
мотиви́рован
мотиви́рованный (п2)
мотиви́руемый
мотиви́рующий } *см.* мотиви́ровать

Указатель

наполня́вший
наполня́емый } *см.* наполня́ть
наполня́ющий
напомина́вший
напомина́емый } *см.* напомина́ть
напомина́ющий
напо́мнен
напо́мненный } *см.* напо́мнить
напо́мнивший
напра́вивший
напра́влен (стз) } *см.* напра́вить
напра́вленный (стз, зп)
направля́вший
направля́емый
направля́ющий (зп, зс) } *см.* направля́ть
напряга́вший *см.* напряга́ть
напряга́вшийся *см.* напряга́ться
напряга́емый
напряга́ющий } *см.* напряга́ть
напряга́ющийся *см.* напряга́ться
напря́гший *см.* напря́чь
напря́гшийся *см.* напря́чься
напряжён (зп)
напряжённый (зп, п2) } *см.* напря́чь
нарисова́вший
нарисо́ван } *см.* нарисова́ть
нарисо́ванный
населён (стз)
населённый (стз, п2) } *см.* насели́ть
насели́вший
населя́вший
населя́емый } *см.* населя́ть
населя́ющий
насиде́вший
наси́жен } *см.* насиде́ть
наси́женный (зп)
наси́живавший
наси́живаемый } *см.* наси́живать
наси́живающий
наста́ивавший
наста́иваемый } *см.* наста́ивать
наста́ивающий
настла́вший и **настели́вший**
на́стлан и **насте́лен** } *см.* настла́ть и
на́стланный и **насте́ленный** настели́ть
настора́живавший *см.* настора́живать
настора́живавшийся *см.* настора́живаться
настора́живаемый
настора́живающий (зп) } *см.* настора́живать
настора́живающийся *см.* настора́живаться
насторожён и *доп.* **насторо́жен**
насторожённый и *доп.* **насторо́женный** (зп, п2) } *см.* насторожи́ть
насторожи́вший
насторожи́вшийся *см.* насторожи́ться
настоя́вший
насто́ян } *см.* настоя́ть
насто́янный
настра́ивавший
настра́иваемый } *см.* настра́ивать
настра́ивающий
настро́ен (стз)
настро́енный (стз) } *см.* настро́ить
настро́ивший
насу́пивший *см.* насу́пить
насу́пившийся *см.* насу́питься
насу́плен (зп)
насу́пленный (зп, п2) } *см.* насу́пить
насу́пливавший *см.* насу́пливать
насу́пливавшийся *см.* насу́пливаться
насу́пливаемый
насу́пливающий } *см.* насу́пливать
насу́пливающийся *см.* насу́пливаться
насы́тивший *см.* насы́тить
насыща́вший
насыща́емый } *см.* насыща́ть
насыща́ющий
насы́щен (стз)
насы́щенный (стз, п2) } *см.* насы́тить
нато́чен
нато́ченный } *см.* наточи́ть
наточи́вший
натренирова́вший
натрениро́ван (зп) } *см.* натренирова́ть
натрениро́ванный (зп)
натя́гивавший
натя́гиваемый } *см.* натя́гивать
натя́гивающий
натяну́вший
натя́нут } *см.* натяну́ть
натя́нутый (п2)
нау́чен
нау́ченный } *см.* научи́ть
научи́вший
нахму́рен (зп)
нахму́ренный (зп, п3) } *см.* нахму́рить
нахму́ривавший *см.* нахму́ривать
нахмурива́вшийся *см.* нахму́риваться
нахму́риваемый
нахму́ривающий } *см.* нахму́ривать
нахму́ривающийся *см.* нахму́риваться
нахму́ривший *см.* нахму́рить
нахму́рившийся *см.* нахму́риться
находи́вший *см.* находи́ть
находи́вшийся *см.* находи́ться
находи́мый
находя́щий } *см.* находи́ть
находя́щийся *см.* находи́ться
национализи́ровавший
национализи́рован
национализи́рованный (зп) } *см.* национализи́ровать
национализи́руемый
национализи́рующий
нача́вший
на́чат } *см.* нача́ть
на́чатый
начерти́вший
наче́рчен } *см.* начерти́ть
наче́рченный
начина́вший
начина́емый } *см.* начина́ть
начина́ющий (п2)
наше́дший *см.* найти́
наштампова́вший
наштампо́ван } *см.* наштампова́ть
наштампо́ванный

П

Указатель

приколо́вший
прико́лот } *см.* приколо́ть
прико́лотый
прилага́вший
прилага́емый } *см.* прилага́ть
прилага́ющий
прилега́вший
прилега́ющий (зп) } *см.* прилега́ть
прилёгший *см.* приле́чь
прилипа́вший
прилипа́ющий } *см.* прилипа́ть
прили́пший *см.* прили́пнуть
прило́жен
прило́женный } *см.* приложи́ть
приложи́вший
применён
применённый } *см.* примени́ть
примени́вший
применя́вший
применя́ем
применя́емый (п3) } *см.* применя́ть
применя́ющий
примирён (стз)
примирённый (стз, п2) } *см.* примири́ть
примири́вший
примири́вшийся *см.* примири́ться
примиря́вший *см.* примиря́ть
примиря́вшийся *см.* примиря́ться
примиря́емый
примиря́ющий (зп, п3) } *см.* примиря́ть
примиря́ющийся *см.* примиря́ться
принесён
принесённый } *см.* принести
принёсший
принижа́вший
принижа́емый } *см.* принижа́ть
принижа́ющий
прини́жен
прини́женный (зп, п2) } *см.* прини́зить
прини́зивший
принима́вший
принима́емый } *см.* принима́ть
принима́ющий
приноси́вший
приноси́мый } *см.* приноси́ть
принося́щий
прину́дивший *см.* прину́дить
принужда́вший
принужда́ем
принужда́емый } *см.* принужда́ть
принужда́ющий (п3)
принуждён (стз)
принуждённый (стз, п2) } *см.* прину́дить
приня́вший
при́нят } *см.* приня́ть
при́нятый (стз, зп)
приобрета́вший
приобрета́емый } *см.* приобрета́ть
приобрета́ющий
приобретён
приобретённый } *см.* приобрести́
приобре́тший
приплю́снувший
приплю́снут } *см.* приплю́снуть
приплю́снутый (п2)

приподнима́вший
приподнима́емый } *см.* приподнима́ть
приподнима́ющий
приподня́вший
припо́днят } *см.* приподня́ть
припо́днятый (п2)
прируча́вший
прируча́емый } *см.* приручи́ть
приручи́ющий
приручён
приручённый (зп) } *см.* приручи́ть
приручи́вший
присма́тривавший
присма́триваемый } *см.* присма́тривать
присма́тривающий
присмотре́вший
присмо́трен (зп) } *см.* присмотре́ть
присмо́тренный
приспоса́бливавший *см.* приспоса́бливать
приспоса́бливавшийся *см.* приспоса́бливаться
приспоса́бливаемый
приспоса́бливающий } *см.* приспоса́бливать
приспоса́бливающийся *см.* приспоса́бливаться
приспосо́бивший *см.* приспосо́бить
приспосо́бившийся *см.* приспосо́биться
приспосо́блен (стз)
приспосо́бленный (стз) } *см.* приспосо́бить
присуди́вший *см.* присуди́ть
присужда́вший
присужда́ем
присужда́емый } *см.* присужда́ть
присужда́ющий
присуждён
присуждённый } *см.* присуди́ть
прису́тствовавший
прису́тствующий (зс) } *см.* прису́тствовать
притиха́вший
притиха́ющий } *см.* притиха́ть
прити́хший и *поэтич.* **прити́хнувший** *см.* прити́хнуть
притя́гивавший
притя́гиваемый } *см.* притя́гивать
притя́гивающий (зп, п3)
притяну́вший
притя́нут } *см.* притяну́ть
притя́нутый (зп)
приукра́сивший
приукра́шен } *см.* приукра́сить
приукра́шенный (зп)
приукра́шивавший
приукра́шиваемый } *см.* приукра́шивать
приукра́шивающий
приходи́вший
приходя́щий (зп) } *см.* приходи́ть
причеса́вший *см.* причеса́ть
причеса́вшийся *см.* причеса́ться
причёсан (стз, зп)
причёсанный (стз, зп) } *см.* причеса́ть
причёсывавший *см.* причёсывать
причёсывавшийся *см.* причёсываться
причёсываемый
причёсывающий } *см.* причёсывать
причёсывающийся *см.* причёсываться
прише́дший *см.* прийти́

про́йден
про́йденный (зп, зс) *см.* пройти́
проклина́вший
проклина́емый *см.* проклина́ть
проклина́ющий
прокля́вший
про́клят *см.* прокля́сть
про́клятый (п2)
прокомменти́ровавший
прокомменти́рован *см.* прокомменти́ровать
прокомменти́рованный
проконсульти́ровавший
проконсульти́рован *см.* проконсульти́ровать
проконсульти́рованный
проконтроли́ровавший
проконтроли́рован *см.* проконтроли́ровать
проконтроли́рованный
прокорми́вший
проко́рмлен *см.* прокорми́ть
проко́рмленный
проку́рен (зп)
проку́ренный (зп) *см.* прокури́ть
проку́ривавший
проку́риваемый *см.* проку́ривать
проку́ривающий
прокури́вший *см.* прокури́ть
прома́завший *см.* прома́зать
прониза́вший
прони́зан (стз) *см.* прониза́ть
прони́занный (стз)
прони́зывавший
прони́зываемый *см.* прони́зывать
прони́зывающий (зп)
проника́вший *см.* проника́ть
проника́вшийся *см.* проника́ться
проника́ющий (зп) *см.* проника́ть
проника́ющийся *см.* проника́ться
прони́кнут (стз)
прони́кнутый (стз) *см.* прони́кнуть
прони́кший и *доп.* **прони́кнувший**
прони́кшийся *см.* прони́кнуться
пропа́вший (п3) *см.* пропа́сть
пропада́вший
пропада́ющий *см.* пропада́ть
пропуска́вший
пропуска́емый *см.* пропуска́ть
пропуска́ющий
пропусти́вший
пропу́щен *см.* пропусти́ть
пропу́щенный
прорези́нен
прорези́ненный (зп) *см.* прорези́нить
прорези́нивавший
прорези́ниваемый *см.* прорези́нивать
прорези́нивающий
прорези́нивший *см.* прорези́нить
просверлён
просверлённый *см.* просверли́ть
просверли́вший
просвети́вший *см.* просвети́ть [1], просвети́ть [2]
просве́чен
просве́ченный *см.* просвети́ть [2]
просве́чивавший
просве́чиваемый *см.* просве́чивать
просве́чивающий (зп)
просвеща́вший
просвеща́емый *см.* просвеща́ть
просвеща́ющий
просвещён
просвещённый (п2) *см.* просвети́ть [1]
проси́вший
проси́мый *см.* проси́ть
просла́вивший
просла́влен *см.* просла́вить
просла́вленный (п2)
прославля́вший
прославля́емый *см.* прославля́ть
прославля́ющий
просма́тривавший *см.* просма́тривать
просма́тривавшийся *см.* просма́триваться
просма́триваемый (зп) *см.* просма́тривать
просма́тривающий
просма́тривающийся *см.* просма́триваться
просмотре́вший
просмо́трен *см.* просмотре́ть
просмо́тренный
прости́вший *см.* прости́ть
простуди́вший *см.* простуди́ть
простуди́вшийся *см.* простуди́ться
простужа́вший *см.* простужа́ть
простужа́вшийся *см.* простужа́ться
простужа́емый
простужа́ющий *см.* простужа́ть
простужа́ющийся *см.* простужа́ться
просту́жен (зп)
просту́женный (зп, п2) *см.* простуди́ть
просту́живавшийся
просту́живающийся *см.* просту́живаться
прося́щий (зп, п3) *см.* проси́ть
протека́вший
протека́ющий *см.* протека́ть
протёкший *см.* проте́чь
проторён
проторённый (зп, п2) *см.* протори́ть
протори́вший
проторя́вший
проторя́емый *см.* проторя́ть
проторя́ющий
протуха́вший
протуха́ющий *см.* протуха́ть
протýхший (зп, п3) *см.* протýхнуть
профильтрова́вший
профильтро́ван *см.* профильтрова́ть
профильтро́ванный
проходи́вший
проходи́мый (п2) *см.* проходи́ть
проходя́щий (п3)
прочита́вший
прочи́тан *см.* прочита́ть
прочи́танный
прочтённый *см.* проче́сть
прочу́вствовавший
прочу́вствован *см.* прочу́вствовать
прочу́вствованный (п2)
проше́дший (зп, п3, зс) *см.* пройти́
про́шен*
про́шенный *см.* проси́ть
проща́вший
проща́емый *см.* проща́ть
проща́ющий (зп)

разврати́вший *см.* разврати́ть
разврати́вшийся *см.* разврати́ться
развраща́вший *см.* развраща́ть
развраща́вшийся *см.* развраща́ться
развраща́емый
развраща́ющий (зп) *см.* развраща́ть
развраща́ющийся *см.* развраща́ться
развращён (зп)
развращённый (зп, п2) *см.* разврати́ть
разграфи́вший
разграфлён *см.* разграфи́ть
разграфлённый
разгроми́вший *см.* разгро-
разгро́млен и **разгромлён** ми́ть
разгро́мленный и **разгромлённый**
раздави́вший
разда́влен *см.* раздави́ть
разда́вленный
раздва́ивавший *см.* раздва́ивать
раздва́ивавшийся *см.* раздва́иваться
раздва́иваемый
раздва́ивающий *см.* раздва́ивать
раздва́ивающийся *см.* раздва́иваться
раздво́ен и **раздвоён**
раздво́енный и **раздвоённый** (п2) *см.* раздвои́ть
раздвои́вший
раздвои́вшийся *см.* раздвои́ться
раздева́вший
раздева́емый *см.* раздева́ть
раздева́ющий
разде́вший *см.* разде́ть
разделён (стз)
разделённый (стз, зп) *см.* раздели́ть
раздели́вший
разделя́вший
разделя́емый (п3) *см.* разделя́ть
разделя́ющий (п3)
разде́т (зп) *см.* разде́ть
разде́тый (зп)
раздира́вший *см.* раздира́ть
раздира́вшийся *см.* раздира́ться
раздира́емый
раздира́ющий (зп) *см.* раздира́ть
раздира́ющийся *см.* раздира́ться
раздража́вший *см.* раздража́ть
раздража́вшийся *см.* раздража́ться
раздража́емый
раздража́ющий (зп, п3) *см.* раздража́ть
раздража́ющийся *см.* раздража́ться
раздражён (стз, зп)
раздражённый (стз, зп, п2) *см.* раздражи́ть
раздражи́вший
раздражи́вшийся *см.* раздражи́ться
раздроби́вший *см.* раздроби́ть
раздроби́вшийся *см.* раздроби́ться
раздро́блен (зп) и **раздроблён**
раздро́бленный (зп) и *см.* раздроби́ть
раздроблённый
раздробля́вший *см.* раздробля́ть
раздробля́вшийся *см.* раздробля́ться
раздробля́емый
раздробля́ющий *см.* раздробля́ть
раздробля́ющийся *см.* раздробля́ться
раздува́вший *см.* раздува́ть
раздува́вшийся *см.* раздува́ться
раздува́емый *см.* раздува́ть
раздува́ющий
раздува́ющийся *см.* раздува́ться
разду́вший *см.* разду́ть
разду́вшийся *см.* разду́ться
разду́т (зп) *см.* разду́ть
разду́тый (зп)
разлага́вший
разлага́емый *см.* разлага́ть
разлага́ющий (зп)
разлинова́вший
разлино́ван *см.* разлинова́ть
разлино́ванный
различа́вший
различа́емый (п3) *см.* различа́ть
различа́ющий
различён*
различённый* *см.* различи́ть
различи́вший
разло́жен
разло́женный *см.* разложи́ть [1], разложи́ть [2]
разложи́вший
разменя́вший
разме́нян *см.* разменя́ть
разме́нянный
разме́рен
разме́ренный (п2) *см.* разме́рить
разме́ривший
размеря́вший
размеря́емый *см.* размеря́ть
размеря́ющий
разнузда́вший
разну́здан *см.* разнузда́ть
разну́зданный (зп, п2)
разну́здывавший
разну́здываемый *см.* разну́здывать
разну́здывающий
разоблача́вший
разоблача́емый *см.* разоблача́ть
разоблача́ющий (зп, п3)
разоблачён
разоблачённый *см.* разоблачи́ть
разоблачи́вший
разобра́вший *см.* разобра́ть
разобра́вшийся *см.* разобра́ться
разо́бранный *см.* разобра́ть
разобща́вший
разобща́емый *см.* разобща́ть
разобща́ющий (зп)
разобщён (зп)
разобщённый (зп, п2) *см.* разобщи́ть
разобщи́вший
разодра́вший *см.* разодра́ть
разодра́вшийся *см.* разодра́ться
разо́дран (зп) *см.* разодра́ть
разо́дранный (зп)
разозлён
разозлённый *см.* разозли́ть
разозли́вший
разорва́вший *см.* разорва́ть
разорва́вшийся *см.* разорва́ться
разо́рван (зп)
разо́рванный (зп, п2) *см.* разорва́ть
разорён (зп)
разорённый (зп) *см.* разори́ть
разори́вший

У

увлёкший *см.* увле́чь
увлёкшийся *см.* увле́чься
увлечён (стз)
увлечённый (стз, зп, п2) } *см.* увле́чь
увяда́вший
увяда́ющий } *см.* увяда́ть
увяза́вший
увяза́ющий } *см.* увяза́ть
увя́зший и *доп.* **увя́знувший** *см.* увя́знуть
увя́нувший (п3) *см.* увя́нуть
углуби́вший *см.* углуби́ть
углуби́вшийся *см.* углуби́ться
углублён (стз)
углублённый (стз, зп, п2) } *см.* углуби́ть
углубля́вший *см.* углубля́ть
углубля́вшийся *см.* углубля́ться
углубля́емый
углубля́ющий } *см.* углубля́ть
углубля́ющийся *см.* углубля́ться
угна́вший
у́гнан } *см.* угна́ть
у́гнанный
угнета́вший
угнета́емый } *см.* угнета́ть
угнета́ющий (зп)
угнетён (стз)
угнетённый (стз, зп, п2) } *см.* угнести́
угоня́вший
угоня́емый } *см.* угоня́ть
угоня́ющий
угрожа́вший
угрожа́ющий (зп, п3, п2) } *см.* угрожа́ть
удалён (стз)
удалённый (стз, зп) } *см.* удали́ть
удали́вший
удаля́вший
удаля́емый } *см.* удаля́ть
удаля́ющий
уда́рен
уда́ренный } *см.* уда́рить
уда́ривший
ударя́вший
ударя́емый } *см.* ударя́ть
ударя́ющий
удва́ивавший
удва́иваемый } *см.* удва́ивать
удва́ивающий
удво́ен
удво́енный (зп) } *см.* удво́ить
удво́ивший
удиви́вший *см.* удиви́ть
удиви́вшийся *см.* удиви́ться
удивлён
удивлённый (п2) } *см.* удиви́ть
удивля́вший *см.* удивля́ть
удивля́вшийся *см.* удивля́ться
удивля́емый
удивля́ющий (зп, п3) } *см.* удивля́ть
удивля́ющийся *см.* удивля́ться
удлинён
удлинённый (зп, п2) } *см.* удлини́ть
удлини́вший
удлиня́вший
удлиня́емый } *см.* удлиня́ть
удлиня́ющий
удовлетворён
удовлетворённый (п2) } *см.* удовлетвори́ть
удовлетвори́вший
удовлетвори́вшийся *см.* удовлетвори́ться
удовлетворя́вший *см.* удовлетворя́ть
удовлетворя́вшийся *см.* удовлетворя́ться
удовлетворя́емый
удовлетворя́ющий (зп, п3) } *см.* удовлетворя́ть
удовлетворя́ющийся *см.* удовлетворя́ться
удруча́вший
удруча́емый } *см.* удруча́ть
удруча́ющий (зп, п2)
удручён (зп)
удручённый (зп, п2) } *см.* удручи́ть
удручи́вший
уединён (стз)
уединённый (стз, п2) } *см.* уедини́ть
уедини́вший
уединя́вший
уединя́ющий } *см.* уединя́ть
уезжа́вший
уезжа́ющий } *см.* уезжа́ть
уе́хавший *см.* уе́хать
ужа́лен
ужа́ленный } *см.* ужа́лить
ужа́ливший
ужаса́вший
ужаса́ющий (зп, п3) } *см.* ужаса́ть
ужасну́вший *см.* ужасну́ть
узако́нен
узако́ненный (зп) } *см.* узако́нить
узако́нивавший
узако́ниваемый } *см.* узако́нивать
узако́нивающий
узако́нивший *см.* узако́нить
указа́вший
ука́зан } *см.* указа́ть
ука́занный
ука́зывавший
ука́зываемый } *см.* ука́зывать
ука́зывающий (п3)
episode
уката́вший
ука́тан (зп) } *см.* уката́ть
ука́танный (зп)
ука́тывавший
ука́тываемый } *см.* ука́тывать
ука́тывающий
укора́чивавший
укора́чиваемый } *см.* укора́чивать
укора́чивающий
укороти́вший
укоро́чен } *см.* укороти́ть
укоро́ченный (зп)
укра́вший
укра́ден } *см.* укра́сть
укра́денный
укра́сивший *см.* укра́сить
украша́вший
украша́емый } *см.* украша́ть
украша́ющий (п3)
укра́шен
укра́шенный } *см.* укра́сить
укрепи́вший
укреплён } *см.* укрепи́ть
укреплённый (зп)

укрепля́вший
укрепля́емый } *см.* укрепля́ть
укрепля́ющий (п3, зп)
укрупнён
укрупнённый (зп) } *см.* укрупни́ть
укрупни́вший
укрупня́вший
укрупня́емый } *см.* укрупня́ть
укрупня́ющий
ула́вливавший
ула́вливаемый (п3) } *см.* ула́вливать
ула́вливающий
ула́дивший
ула́жен } *см.* ула́дить
ула́женный
ула́живавший
ула́живаемый } *см.* ула́живать
ула́живающий
улови́вший
уло́влен } *см.* улови́ть
уло́вленный
улучша́вший
улучша́емый } *см.* улучша́ть
улучша́ющий
улу́чшен
улу́чшенный (зп) } *см.* улу́чшить
улу́чшивший
уме́вший *см.* уме́ть
уменьша́вший
уменьша́емый (с) } *см.* уменьша́ть
уменьша́ющий (п3)
уме́ньшен
уме́ньшенный (зп) } *см.* уме́ньшить
уме́ньшивший
уме́рен
уме́ренный (п2) } *см.* уме́рить
уме́ривший
уме́рший *см.* умере́ть
умеря́вший
умеря́емый } *см.* умеря́ть
умеря́ющий
уме́ющий (п3) *см.* уме́ть
умилён
умилённый (зп, п3, п2) } *см.* умили́ть
умили́вший
умили́вшийся *см.* умили́ться
умиля́вший *см.* умиля́ть
умиля́вшийся *см.* умиля́ться
умиля́емый
умиля́ющий (зп, п3) } *см.* умиля́ть
умиля́ющийся *см.* умиля́ться
умира́вший
умира́ющий (зп) } *см.* умира́ть
умно́жен
умно́женный } *см.* умно́жить
умно́живший
умолён
умолённый } *см.* умоли́ть
умоли́вший
умоля́вший
умоля́емый } *см.* умоля́ть
умоля́ющий (зп)
унижа́вший
унижа́емый } *см.* унижа́ть
унижа́ющий (зп, п3)

уни́жен
уни́женный (зп, п2) } *см.* уни́зить
уни́зивший
унифици́ровавший
унифици́рован
унифици́рованный (зп) } *см.* унифици́ровать
унифици́руем
унифици́руемый
унифици́рующий
уничтожа́вший
уничтожа́ем
уничтожа́емый } *см.* уничтожа́ть
уничтожа́ющий (зп, п2)
уничто́жен
уничто́женный (зп) } *см.* уничто́жить
уничто́живший
упа́вший *см.* упа́сть
уплотнён (зп)
уплотнённый (зп) } *см.* уплотни́ть
уплотни́вший
уплотни́вшийся *см.* уплотни́ться
уплотня́вший *см.* уплотня́ть
уплотня́вшийся *см.* уплотня́ться
уплотня́емый
уплотня́ющий } *см.* уплотня́ть
уплотня́ющийся *см.* уплотня́ться
уполномо́чен
уполномо́ченный (зс) } *см.* уполномо́чить
уполномо́чивавший
уполномо́чиваемый } *см.* уполномо́чивать
уполномо́чивающий
уполномо́чивший *см.* уполномо́чить
управля́вший
управля́ем (зп)
управля́емый (зп) } *см.* управля́ть
управля́ющий (зп, зс)
упре́вший *см.* упре́ть
упрости́вший *см.* упрости́ть
упроща́вший
упроща́емый } *см.* упроща́ть
упроща́ющий
упрощён
упрощённый (зп, п2) } *см.* упрости́ть
уравнове́сивший
уравнове́шен } *см.* уравнове́сить
уравнове́шенный (зп, п2)
уравнове́шивавший
уравнове́шиваемый } *см.* уравнове́шивать
уравнове́шивающий
уро́довавший
уро́дуемый } *см.* уро́довать
уро́дующий
уси́лен
уси́ленный (зп, п2) } *см.* уси́лить
уси́ливавший
уси́ливаемый } *см.* уси́ливать
уси́ливающий
уси́ливший *см.* уси́лить
уско́рен
уско́ренный (зп, п2) } *см.* уско́рить
уско́ривший
ускоря́вший
ускоря́емый } *см.* ускоря́ть
ускоря́ющий

учащён (зп)
учащённый (зп)
см. участи́ть

у́ча́щий *см.* учи́ть
уча́щийся (с) *см.* учи́ться

у́чен
у́ченный (п1)
учи́вший
см. учи́ть

учи́вшийся *см.* учи́ться

учинён
учинённый
учини́вший
см. учини́ть

учи́тывавший
учи́тываемый
учи́тывающий
см. учи́тывать

учтён
учтённый
см. уче́сть

уше́дший *см.* уйти́

ущеми́вший
ущемлён
ущемлённый (зп)
см. ущеми́ть

ущемля́вший
ущемля́емый
ущемля́ющий
см. ущемля́ть

уязви́вший
уязвлён
уязвлённый (зп)
см. уязви́ть

уязвля́вший
уязвля́емый (п3)
уязвля́ющий (зп)
см. уязвля́ть

Ф

фальсифици́ровавший
фальсифици́рован
фальсифици́рованный (зп)
фальсифици́руемый
фальсифици́рующий
см. фальсифици́ровать

фарширова́вший
фарширо́ван
фарширо́ванный (зп)
фарширу́емый
фарширу́ющий (зп)
см. фарширова́ть

фасова́вший
фасо́ван
фасо́ванный (зп)
фасу́емый
фасу́ющий (зп, п3)
см. фасова́ть

фикси́ровавший
фикси́рован
фикси́рованный (зп)
фикси́руемый
фикси́рующий (зп)
см. фикси́ровать

фильтрова́вший
фильтро́ван
фильтро́ванный (зп)
фильтру́емый
фильтру́ющий (зп, п3)
см. фильтрова́ть

формирова́вший
формиро́ван
формиро́ванный
формиру́емый
формиру́ющий
см. формирова́ть

форси́ровавший
форси́рован
форси́рованный (зп)
форси́руемый
форси́рующий
см. форси́ровать

фотографи́ровавший
фотографи́рован
фотографи́рованный
фотографи́руемый
фотографи́рующий
см. фотографи́ровать

Х

хва́лен
хва́ленный (п1)
хвали́вший
хвали́м
хвали́мый
хва́лящий
см. хвали́ть

хвата́вший
хвата́емый
хвата́ющий (зп, п3)
см. хвата́ть

хлеста́вший
хлёстан*
хлёстанный*
хле́щущий
см. хлеста́ть

хло́павший
хло́пающий (зп)
см. хло́пать

хло́пнувший *см.* хло́пнуть

хлори́ровавший
хлори́рован
хлори́рованный (зп)
хлори́руемый
хлори́рующий (зп)
см. хлори́ровать

хлю́павший
хлю́пающий (зп)
см. хлю́пать

хму́рен*
хму́ренный
хму́ривший
хму́рящий
см. хму́рить

ходи́вший
ходя́щий (п3)
см. ходи́ть

хо́лен*
хо́ленный* (п1)
хо́ливший
хо́лимый*
хо́лящий
см. хо́лить

хоте́вший
хотя́щий
см. хоте́ть

хранён*
хранённый
храни́вший
храни́м
храни́мый
храня́щий
см. храни́ть

хрипе́вший *см.* хрипе́ть

хри́пнувший
хри́пнущий
см. хри́пнуть

хрипя́щий (зп, п3) *см.* хрипе́ть

хрома́вший
хрома́ющий (п3)
см. хрома́ть

хрусте́вший
хрустя́щий (зп)
см. хрусте́ть

СОДЕРЖАНИЕ

Справочное издание

САЗОНОВА
Инна Кузьминична

РУССКИЙ ГЛАГОЛ И ЕГО ПРИЧАСТНЫЕ ФОРМЫ

Зав. редакцией
В. В. ПЧЕЛКИНА
Ведущий редактор
Н. Г. ЗАЙЦЕВА
Редакторы:
В. С. РОЗОВА,
Е. А. КАЛИНКИНА,
Е. В. ТРОСТНИКОВА
Художественный редактор
В. С. ГОЛУБЕВ
Технический редактор
Л. П. КОНОВАЛОВА
Корректор
М. Х. КАМАЛУТДИНОВА

ИБ № 6004

Сдано в набор 24.10.88. Подписано в печать 18.10.89. Формат $70 \times 100^1/_{16}$. Бумага кн.-журн. имп. Гарнитура Кудряшовская энциклопедическая. Печать офсетная. Усл. печ. л. 48,1. Усл. кр.-отт. 96,2. Уч.-изд. л. 74,7. Тираж 40 000 экз. Заказ № 1793. Цена 5 р.

Издательство «Русский язык» В/О «Совэкспорткнига» Государственного комитета СССР по делам издательств, полиграфии и книжной торговли. 103012, Москва, Старопанский пер., д. 1/5. Ордена Октябрьской Революции, ордена Трудового Красного Знамени Ленинградское производственно-техническое объединение «Печатный Двор» имени А. М. Горького при Госкомпечати СССР. 197136, Ленинград, П-136, Чкаловский пр., 15.